契約不履行法の理論

白石友行

契約不履行法の理論

学術選書
107
民　法

信山社

はしがき

　契約（債務）不履行に基づく損害賠償のあり方が大きな問題となっている。言うまでもなく、具体的な問題を理論的に解明し、制度を構築する際には、その前提となる基本構想を検討しておかなければならない。今日では、不法行為法との共通性に着目する伝統的理論と合意を基礎に据えた理論との対立構図が描かれており、帰責の根拠を出発点とする争いが議論の中心に置かれている。しかし、こうした議論だけでは、契約（債務）不履行に基づく損害賠償の基本構想の全貌を浮かび上がらせることはできない。そのためには、帰責の問題をより緻密に分析し、その背後にある思考プロセスを抽出することを前提に、根拠の問題とは別のレベルで、契約（債務）不履行に基づく損害賠償の本質をどのように把握し、これをどのような論理構造の下で捉えるのかという視点を持つことが重要である。

　このような問題関心から従来の議論を眺めると、そこでは、損害賠償の根拠をどのように理解するのかにかかわらず、それを不履行によって生じた損害を賠償するための制度として理解する発想が当然の前提とされてきたことが分かる。しかし、契約（債務）不履行に基づく損害賠償を賠償の論理の中で捉える構想は必然的なものではなく、実現されなかった契約や債権の履行を確保するための制度として捉えることも十分に可能である。このように、根拠の問題とは独立した形で問題を捉える際の思考プロセスに着目したモデルを立てることは、従来の議論を相対化してそこに内在する諸問題を明らかにし、それらを新たな視点から捉え直すことに繋がる。そして、こうした視角からの検討は、実定法の理論化・正当化という点のみならず、契約不履行法や民事責任法の体系化、これらの法領域の学理的な把握に際しても有用な視座となりうる。

　本書は、以上のような問題意識の下、契約（債務）不履行に基づく損害賠償について、それを不履行によって生じた損害を賠償するための制度として認識する伝統的なモデル＝賠償モデルと、履行されなかった契約や債権を実現するための制度として構築するモデル＝履行モデルという２つの基本モデルを抽出し、これらを基本的な分析枠組みとして、契約（債務）不履行に基づく損害賠償に関わる問題を解釈論的・制度設計論的に分析するとともに、その成果を契約不履行法や損害賠償法全体へと接合することを通じて、あるべき契約（債務）不履行に基づく損害賠償の基本構想＝履行モデルを提示しようとするものである。

　本書は、筆者が慶應義塾大学に提出した博士学位論文「契約不履行に基づく損害賠償の理論」に若干の加筆・修正を施したものである（なお、博士学位論文では、末尾に引用文献・判例一覧を付していたが、膨大な量になるので省略した）。また、本書の一

はしがき

部は、筆者が、法学政治学論究、法学研究等に公表してきた後掲の諸論文を基礎としている。もっとも、既発表論文については、紙幅の都合等のため十分に意を尽せなかった部分も多く、また、それぞれを単行論文として公表せざるをえなかったという事情により、統一的・包括的な構想が見えにくかったことから、博士学位論文としてまとめるに際し、既発表論文に対しほぼ原形をとどめない程に大幅な加筆を施した上で、統一的・包括的な構想を前面に押し出すことにした。もちろん、両者の間で基本的な考え方に変化はないが、既発表論文は各問題についての概要を提示したものであり、本書によってその内容が補完されたものとご理解いただければ幸いである。

これと関連して、本書のタイトルについても一言しておく。博士学位論文では、「契約不履行に基づく損害賠償の理論」というタイトルを付した（なお、日本私法学会第76回大会においても、同名のタイトルで報告をさせていただいた）。これは、当初の研究の主眼が契約（債務）不履行に基づく損害賠償の理論化・正当化にあったこと、そして、そこでの分析枠組みを用いて契約不履行法や損害賠償法等のより広い問題領域を検討するという手法が採用されていたことに起因する。しかし、本書の中でも示しているように、契約不履行に基づく損害賠償に関する2つの理論モデルは、損害賠償のみならず、不履行法全体の把握に際しても大きな意味を持つものであり、その後、筆者の研究は、本書の内容を出発点として、契約不履行法全体の理論化・構造化・体系化へと向かっている。他方、損害賠償法・民事責任法に関する研究は、本書の内容を基礎とするもののほかに、これとは別系統に位置付けられるべき研究として結実しつつある（その一部については、本書の脚注の中で示してある）。これらの事情から、筆者自身の研究課題を明確にし、本書を今後の契約不履行法研究の基礎としつつ、契約不履行法の構造、体系、展開に関わる研究へと発展させていくとの決意も込めて、「契約不履行法の理論」というより大きなタイトルを付けた次第である。

ところで、今日では、民法（債権関係）改正に向けた議論が進行中であり、契約（債務）不履行に基づく損害賠償の問題は、そこでの議論でも重要な課題として位置付けられている。こうした中で、あるべき契約（債務）不履行に基づく損害賠償の基本構想＝履行モデルを提示することに、どれだけの意味があるのかという疑問が生ずるかもしれない。しかし、本書が提示する契約不履行に基づく損害賠償に関する2つの理論モデル、とりわけ、履行モデルは、現行民法の解釈枠組みとしてのみならず、制度設計のための枠組みとしても有用なものである。今後、民法（債権関係）の改正がどのような形で行われるのかは（本書脱稿の時点では）明らかではないが、不遜な言い方をすれば、本書の見方は、実定法の制約を受けない普遍的なモデルであり、改正後の契約（債務）不履行に基づく損害賠償についても十分に適応するものと思われる。こうした点に鑑みると、むしろ、激動の時期に本書を刊行することにこ

はしがき

　そ、大きな意味があると言えるのではないか。また、本書は、契約（債務）不履行に基づく損害賠償の解釈枠組みを提示するために、フランス民事責任法の包括的な分析を行っており、少なくとも基礎研究としての資料的な価値は有するものと考えている。

　このような形で本書をまとめる過程では、多くの方々からのご指導、ご助言、ご支援を得ることができた。とりわけ、池田真朗先生（慶應義塾大学法学部・同大学院法務研究科教授）には、学部2年時の債権各論における一方的な出会いから、学部のゼミ、大学院、そして今日に至るまで、多くの学恩を賜っている。先生は、常に筆者を温かく見守り、自由な環境の下で研究を続けさせて下さった。筆者が研究者の道を志した時点で、法科大学院が設立され、また、重要な立法・法改正が相次いでいたこともあり、法学研究者という存在の意義を日々問いかけざるをえなかった中で、先生が研究者としての1つのあるべき姿と「節」をその背中で示し続けて下さったことは、筆者にとって、かけがえのない財産となっている。本書の内容は、先生から授かった有形・無形のご指導からすれば余りに粗雑であり、そこから大きくかけ離れてしまっているかもしれないが、先生が筆者に寄せて下さった無条件の信頼と学部卒業の際にいただいた「独創」という言葉を胸に、研究者としての歩みを始めた不肖の弟子の第1歩として、本書を先生にお届けしたいと思う。

　また、博士学位論文を審査して下さり、（本書には十分に反映されていないが）ドイツ法やヨーロッパ契約法研究のご指導をいただいた北居功先生（慶應義塾大学大学院法務研究科教授）、同じく、学位論文の審査の労をおとりいただいた武川幸嗣先生（同法学部教授）、カルボニエやポルタリスの原典を用いてフランス法研究の楽しさを教えていただいた金山直樹先生（同大学院法務研究科教授）、折に触れ貴重なご助言を下さった片山直也先生（同大学院法務研究科委員長）にも、多くの学恩を賜った。

　その他、全ての方々のお名前を挙げることはできないが、慶應義塾大学法学部、同大学院法務研究科の先生方、三重大学人文学部の先生方、学会や研究会、私信、論文や著書等の中で貴重なご意見・ご批判を賜った先生方、講義や演習の場で常に刺激を与えてくれる学生達、そして、筆者を支えてくれている全ての方々に感謝したい。末尾になってしまったが、本書のように大部な書籍の出版をお引き受けいただいた信山社出版株式会社、そして、細心の気遣いと驚くほどに丁寧な仕事で筆者をサポートしてくれた同社編集部今井守氏に厚く御礼申し上げる。

　　2013年2月

　　　　　　　　　　　　　　　　　　　　　　　　　　　白　石　友　行

〈目　次〉

序　論

第1項　問題の所在………(3)
第2項　契約不履行に基づく損害賠償に関する2つの理論モデル
　　　　………(8)
　(1)　賠償方式としての契約不履行に基づく損害賠償
　　　——「賠償モデル」(9)
　(2)　履行方式としての契約不履行に基づく損害賠償
　　　——「履行モデル」(14)
　(3)　契約不履行に基づく損害賠償に関する2つの理論モデル
　　　の意味 (19)
第3項　問題の設定………(20)
　(1)　本書の課題 (20)
　(2)　検討の素材 (33)

第1部　原　理

第1章　性　質 ———— 65

◇第1節　帰責と実現……………………………………66
　第1款　フランスにおける契約不履行に基づく損害賠償の性質論と契約
　　　　上のフォート……………………………………69
　　第1項　賠償方式としての契約不履行に基づく損害賠償と契約上の
　　　　　　フォート………(70)
　　　(1)　契約上のフォートと不法行為上のフォートの同化 (81)
　　　(2)　契約不履行に基づく損害賠償の基礎としての契約上の
　　　　　　フォート (91)
　　第2項　履行方式としての契約不履行に基づく損害賠償と不履行
　　　　　　………102
　　　(1)　契約上のフォートと不法行為上のフォートの峻別 (105)
　　　(2)　契約不履行に基づく損害賠償の基礎としての契約と
　　　　　　不履行 (116)
　第2款　契約不履行に基づく損害賠償の性質論と帰責事由及び不履行
　　　　………………………………………………122

第 1 項　賠償方式としての契約不履行に基づく損害賠償と不履行＋
　　　　　　帰責事由……… (123)
　　　　(1) 帰責事由と過失の同化の論理構造 (124)
　　　　(2) 帰責事由と不履行の同化の論理構造 (132)
　　　第 2 項　履行方式としての契約不履行に基づく損害賠償と不履行＋
　　　　　　限界……… (134)
　　　　(1) 合意の意味と不履行＋限界の有用性 (134)
　　　　(2) 合意の限界と不履行＋限界の優位性 (141)
　　第 1 節の結論 ……………………………………………………………… (145)
　◇第 2 節　異別と同一 ……………………………………………… 146
　　第 1 款　フランスにおける契約不履行に基づく損害賠償と契約債権の
　　　　　関係 ……………………………………………………………… 149
　　　第 1 項　賠償方式としての契約不履行に基づく損害賠償と契約債権の
　　　　　　関係……… (150)
　　　　(1) 損害賠償債権の発生と契約債権の消滅 (152)
　　　　(2) 損害賠償債権の発生と契約債権の帰趨 (160)
　　　第 2 項　履行方式としての契約不履行に基づく損害賠償と契約債権の
　　　　　　関係……… (175)
　　　　(1) 損害賠償債権の不発生と契約債権の不消滅 (176)
　　　　(2) 契約債権の存続 (185)
　　第 2 款　契約不履行に基づく損害賠償と契約債権の関係 ……………… 193
　　　第 1 項　賠償方式としての契約不履行に基づく損害賠償と契約債権の
　　　　　　同一性？……… (195)
　　　　(1) 賠償論理の下における同一性の理論的問題 (195)
　　　　(2) 賠償論理の下における同一性の実践的問題 (199)
　　　第 2 項　履行方式としての契約不履行に基づく損害賠償と契約債権の
　　　　　　「同一性」……… (209)
　　　　(1) 履行論理の下における「同一性」の意味 (210)
　　　　(2) 履行論理の下における「同一性」の評価 (211)
　　第 2 節の結論 ……………………………………………………………… (222)

◆第 2 章◆　対　象 ─────────────────── 224

　◇第 1 節　損害と契約 …………………………………………………… 225
　　第 1 款　フランスにおける契約不履行に基づく損害賠償の対象 ……… 229

第1項　契約不履行に基づく損害賠償における損害要件の地位
　　　　　………（229）
　　　　（1）損害要件の放棄と復権（232）
　　　　（2）損害要件をめぐる混迷と秩序（240）
　　　第2項　契約不履行に基づく損害賠償における損害要件の意味
　　　　　………（250）
　　　　（1）損害賠償の対象としての損害（251）
　　　　（2）履行実現の対象としての損害（262）
　　第2款　契約不履行に基づく損害賠償の対象 …………………………… 267
　　　第1項　賠償方式としての契約不履行に基づく損害賠償と損害
　　　　　………（269）
　　　第2項　履行方式としての契約不履行に基づく損害賠償と損害
　　　　　………（277）
　　第1節の結論 ……………………………………………………………（280）
◇第2節　制限と完全 ……………………………………………………… 282
　　第1款　フランスにおける契約不履行に基づく損害賠償の範囲の
　　　　　理論的基礎 ……………………………………………………… 287
　　　第1項　賠償方式としての契約不履行に基づく損害賠償と
　　　　　予見可能性………（290）
　　　　（1）「完全賠償原則」に対する例外の正当化（297）
　　　　（2）「完全賠償原則」への回帰（306）
　　　第2項　履行方式としての契約不履行に基づく損害賠償と
　　　　　予見可能性………（314）
　　　　（1）「完全履行原則」の適用（315）
　　　　（2）「完全履行原則」適用の不都合？（330）
　　第2款　契約不履行に基づく損害賠償の範囲の理論的基礎 …………… 335
　　　第1項　賠償方式としての契約不履行に基づく損害賠償と
　　　　　民法416条の正当化………（337）
　　　　（1）賠償論理の下における正当化の問題（339）
　　　　（2）賠償論理の下における例外ルールの原則化（351）
　　　第2項　履行方式としての契約不履行に基づく損害賠償と
　　　　　民法416条の正当化………（355）
　　　　（1）履行論理の下における正当化（356）
　　　　（2）履行論理の下における例外ルールの意味（357）
　　第2節の結論 ……………………………………………………………（359）
◇第1部の結論 …………………………………………………………………… 362

第2部　統合

第1章　解釈 ── 366

第1節　理論モデルの確立 …………………… 368
第1款　フランス民法典における契約不履行に基づく損害賠償の構造
　　　　　………………………………………………………………… 370
第1項　履行方式としての契約不履行に基づく損害賠償の誕生
　　　　　………（371）
　　　（1）2つのモデルの萌芽（371）
　　　（2）履行モデルの生成（376）
第2項　履行方式としての契約不履行に基づく損害賠償の展開
　　　　　………（395）
　　　（1）2つの履行モデル（395）
　　　（2）履行モデルの帰結（399）
第2款　日本民法における債務不履行に基づく損害賠償の構造 ……… 408
第1項　旧民法における履行方式としての契約不履行に基づく
　　　　　損害賠償の動揺？………（409）
　　　（1）2つの履行モデルと2つの理論モデルの存在（410）
　　　（2）履行モデルの動揺？（423）
第2項　現行民法における履行方式としての契約不履行に基づく
　　　　　損害賠償の終焉？………（427）
　　　（1）2つの理論モデルの混在（428）
　　　（2）2つの理論モデルの整合性（440）
第1節の結論 …………………………………………………………（446）

第2節　理論モデルの展開 ………………………………………… 448
第1款　賠償方式としての契約不履行に基づく損害賠償の構造と意義
　　　　　………………………………………………………………… 449
第1項　フランスにおける賠償方式としての契約不履行に基づく
　　　　　損害賠償の生成………（452）
　　　（1）賠償モデルの誕生（453）
　　　（2）賠償モデルの発展（497）
第2項　日本における賠償方式としての契約不履行に基づく
　　　　　損害賠償の生成………（546）
　　　（1）賠償モデルの製造（546）
　　　（2）賠償モデルの利用（554）

第2款　賠償方式としての契約不履行に基づく損害賠償の限界？……568
　　　第1項　フランスにおける契約不履行に基づく損害賠償に関する
　　　　　　 理論モデルの展開………（568）
　　　　（1）賠償モデルの課題（571）
　　　　（2）履行モデルの復権（626）
　　　第2項　日本における契約不履行に基づく損害賠償に関する
　　　　　　 理論モデルの意義………（669）
　　　　（1）賠償モデルの問題（670）
　　　　（2）履行モデルの提唱（699）
　　第2節の結論……………………………………………………（709）

◆第2章◆　設　計 ──────────────── 711

◇第1節　理論モデルの利用 …………………………………… 712
　第1款　フランスの制度設計論 ……………………………… 712
　　第1項　フランスにおける契約不履行に基づく損害賠償の制度
　　　　　　 設計………（714）
　　　　（1）賠償モデルからのアプローチ（714）
　　　　（2）履行モデルからのアプローチ（748）
　　第2項　フランスから見た契約不履行に基づく損害賠償の制度
　　　　　　 設計………（763）
　　　　（1）「フランス民法学」の理解（764）
　　　　（2）履行モデルからの理解（777）
　第2款　日本の制度設計論 …………………………………… 781
　　第1項　従来の契約不履行に基づく損害賠償の制度設計………（787）
　　　　（1）不法行為＝賠償モデルからの議論（788）
　　　　（2）契約＝賠償モデルからの議論（798）
　　第2項　新しい契約不履行に基づく損害賠償の制度設計………（809）
　第1節の結論 ………………………………………………………（814）
◇第2節　理論モデルの影響 …………………………………… 817
　第1款　契約不履行法への影響 ……………………………… 817
　　第1項　履行請求と契約不履行に基づく損害賠償の関係………（818）
　　　　（1）履行と賠償（819）
　　　　（2）履行と履行（830）
　　第2項　契約解除と契約不履行に基づく損害賠償の関係………（834）

　　　　（1）制裁と賠償〈835〉
　　　　（2）離脱と実現〈838〉
　　第 2 款　民事責任法への影響 …………………………………………… 843
　　　第 1 項　契約不履行に基づく損害賠償と不法行為に基づく損害賠償の
　　　　　　　制度的関係………〈845〉
　　　　（1）制度の類似〈846〉
　　　　（2）制度の別異〈853〉
　　　第 2 項　契約不履行に基づく損害賠償と不法行為に基づく損害賠償の
　　　　　　　領域的関係………〈854〉
　　　　（1）領域の拡大〈855〉
　　　　（2）領域の「縮小」？〈858〉
　　第 2 節の結論 ……………………………………………………………〈862〉
◇第 2 部の結論 ………………………………………………………………… 864

◆　結　論　◆

第 1 項　本書の結論………〈865〉
第 2 項　残された課題………〈865〉

法令等索引（巻末）
事項索引（巻末）

〈Abréviations〉

フランスの文献・判例等の略語は、以下のものを用いた。

Administrer : Revue administrer
AJDI. : Actualité juridique : Droit immobilier
Arch. Philo. : Archives de philosophie du droit
Bull. civ. : Bulltein des arrêts de la Cour de cassation（chambres civiles）
Bull. crim. : Bulltein des arrêts de la Cour de cassation（chambre criminelle）
Cah. dr. : Les cahiers de droit
Contra. conc. consom. : Contrats Concurrence Consommation
D. : Dalloz
D. aff. : Dalloz Affaires
DH. : Dalloz hebdomadaire
Defrénois : Répertoire du Notariat Defrénois
Dr. et pat. : Droit et patrimoine
Dr. fam. : Droit de la famille
Droits : Droits, revue française de théorie juridique, de philosophie et de cultures juridiques
Droit et cultures : Droit et cultures : cahiers du Centre de recherche de l'U.E.R. de sciences juridiques
ERCL : European Review of Contract Law
Gaz. Pal. : Gazette du Palais
J-Cl. : Juris-Classeur
JCP. : Semaine juridique, édition générale
JCP. éd. E. : Semaine juridique, édition entreprise
JDI. : Journal du droit international
Loyers et copr. : Loyers et copropriété
Petites affiches : Les petites affiches
RDC. : Revue des contrats
RDI. : Revue de droit immobilier
RDT. : Revue de droit du travail
Resp. civ. et assur. : Responsabilité civile et assurance
Rev. arb. : Revue de l'arbitrage
Rev. crit. : Revue critique de législation et de jurisprudence
Rev. crit. dr. inter. privé : Revue critique de droit international privé
Rev. crit. juris. belge : Revue critique de jurisprudence belge
Rev. dr. UE. : Revue du droit de l'Union européenne
Rev. hist. dr. : Revue historique de droit français et de droit étranger
Rev. hist. fac. dr. : Revue d'histoire des facultés de droit et de la science juridique

RGAT. : Revue générale des assurances terrestres
RGDA. : Revue générale de droit des assurances
RIDC. : Revue internationale de droit comparé
RJ com. : Revue de jurisprudence commerciale (Journal des agréés)
RJDA. : Revue de jurisprudence de droit des affaires
RJPF. : Revue juridique personnes et famille
RLDA. : Revue Lamy de droit des affaires
RLDC. : Revue Lamy de droit civil
RRJ. : Revue de la recherche juridique
RTD civ. : Revue trimestrielle de droit civil
RTD com. : Revue trimestrielle de droit commercial
RTD eur. : Revue trimestrielle de droit européen
S. : Sirey

Cass. ass. plén. : Cour de cassation, assemblée plénière
Cass. ch. mixte : Cour de cassation, chambre mixte
Cass. ch. réun. : Cour de cassation, chambre réunies
Cass. 1re civ. : Cour de cassation, première chambre civile
Cass. 2ème civ. : Cour de cassation, deuxième chambre civile
Cass. 3ème civ. : Cour de cassation, troisième chambre civile
Cass. com. : Cour de cassation, chambre commerciale
Cass. crim. : Cour de cassation, chambre criminelle
Cass. soc. : Cour de cassation, chambre sociale
Cass. req. : Cour de cassation, chambre des requêtes
CJCE. : Cour de justice des Communautés européennes

なお、日本の文献・判例等の略語は、一般的に使われているものを用いた。

契約不履行法の理論

◆ 序　論 ◆

◇第１項　問題の所在

　本書は、契約不履行に基づく損害賠償の理論枠組みという視角から、契約不履行法、「契約責任」論、履行障害論を再検討し、その成果を契約法、損害賠償法の基礎理論と接合しようとするものである[1]。

　これまで、契約（債務）不履行に基づく損害賠償は、有責かつ違法な不履行によって生じた損害を賠償するための制度として理解されてきた。この理解によれば、契約（債務）不履行に基づく損害賠償は、故意又は過失による権利侵害・利益侵害の結果生じた損害の賠償を任務とする不法行為に基づく損害賠償と共通の原理に服することになる。つまり、民法上に存在する２つの損害賠償は、いずれも、「有責かつ違

---

[1]　筆者は、この問題について、以下の論文を発表している。①「契約不履行に基づく損害賠償に関する二つの理論モデル──フランスにおける契約不履行に基づく損害賠償の性質論の検討」法政論究 70 号（2006 年）299 頁以下（理論モデル）、②「契約不履行に基づく損害賠償の範囲の理論的基礎──契約不履行に基づく損害賠償に関する二つの理論モデルと「予見可能性」」法政論究 71 号（2006 年）257 頁以下（賠償範囲の理論的基礎）、③「契約不履行に基づく損害賠償における「帰責」と「実現」──契約不履行に基づく損害賠償に関する二つの理論モデルと「帰責事由」の要否」法政論究 72 号（2007 年）383 頁以下（帰責と実現）、④「契約不履行に基づく損害賠償に関する理論モデルの変遷──民法典における債務不履行に基づく損害賠償の意義と賠償理論の実践的意図」法政論究 74 号（2007 年）255 頁以下（変遷）、⑤「契約不履行に基づく損害賠償の対象──契約不履行に基づく損害賠償に関する二つの理論モデルと「損害」要件の意義」法政論究 75 号（2007 年）269 頁以下（対象）、⑥「契約不履行に基づく損害賠償の原理と体系──民法（債権関係）改正を巡る議論に寄せて」池田真朗＝平野裕之＝西原慎治編『民法（債権法）改正の論理（別冊タートンヌマン）』（新青出版・2010 年）463 頁以下（原理と体系）、⑦「契約不履行に基づく損害賠償の理論（1）～（3・完）」法研 85 巻 1 号（2012 年）79 頁以下、2 号 35 頁以下、3 号 37 頁以下（理論）、⑧「債務不履行による損害賠償の改正に向けた基本問題〈特集 若手研究者・実務家から見た債権法改正〉」三色旗 769 号（2012 年）15 頁以下（基本問題）、⑨「契約（債務）不履行による損害賠償の基本構想」法時 84 巻 9 号（2012 年）86 頁以下（基本構想）、⑩「契約不履行に基づく損害賠償と契約（債権）の関係──フランス法」法経論叢 30 巻 1 号（2012 年）47 頁以下（関係）、⑪「契約不履行に基づく損害賠償の解釈枠組み（1）（2・完）」法経論叢 30 巻 1 号（2012 年）77 頁以下、2 号（2013 年）121 頁以下（解釈枠組み）、⑫「契約不履行に基づく損害賠償における「賠償」と「履行」の背景（1）──フランス法」法経論叢 30 巻 2 号（2013 年）93 頁以下（背景）。

　本書の一部は、これらの論文を基礎とするものであるが、既発表論文には、ほぼ原形をとどめないほどに加筆・補正が加えられている。日本における契約（債務）不履行に基づく損害賠償、あるいは、より広く、「契約責任」、履行障害、契約不履行法に関する議論は、近年大きな展開を見せており、これらの議論に応接しておく必要があったこと、これらの議論と連動するようにして、現在、民法（債権関係）改正に向けた作業が進行中であるところ、契約不履行に基づく損害賠償に関する２つの理論モデルを、現行民法を説明するための理論枠組みとしてのみならず、契約不履行に関わる立法提案を分析し、立法のあり方を問うための枠組みとしても提示する必要があったこと、このような状況は、先に引用した諸論文の中で比較の対象としたフランス法においても同様に見られ、「ヨーロッパ契約法」の動向も含め、そこでの議論を新たに分析する必要があったこと、先に引用した論文の中では、紙幅の都合上、分析・検討を最小限に止め、基本的な考え方の大枠を提示したに過ぎなかったところ、より包括的な形で従来の議論を分析し、筆者の考えを提示する必要があったこと、また、文献についても補充する必要があったこと等がその理由である。もちろん、現在においても、その基本的な考え方に変化はない。

◆序　論◆

法な行為によって他人に損害を生じさせた者は、当該行為によって惹起された損害を賠償しなければならない」という原理に基礎を置く制度であるという点において、パラレルな構造を持つものとして構想されるのである。

このような構想は、債務不履行に基づく損害賠償と不法行為に基づく損害賠償を「損害賠償債権」という項目の下で統一的に論じていた、かつての支配的学説の中に顕著な形で現れている[2]。そこでは、2つの損害賠償制度は、「損害ノ賠償ヲ目的トスル点ニ於テ共通ノ性質ヲ有シ且共通ノ原則ニ支配セラルヘキモノ」とされ[3]、両損害賠償制度に共通の枠組みが作り上げられていた。すなわち、要件面では、客観的要件として不履行ないし不法行為と違法性、帰責のための主観的要件として過失責任主義に基礎付けられた故意・過失が要求され[4]、効果に関しては、損害賠償の範囲は相当因果関係によって決せられるとの理解が一般的に受け入れられていたのである[5]。その後、2つの損害賠償制度を「損害賠償債権」という項目の下で統一的に論ずる手法は放棄されたが[6]、こうした枠組みそれ自体は基本的に維持されてきた[7]。

この伝統的理解に対しては、今日激しい批判が提起され、契約（債務）不履行に基づく損害賠償をめぐる議論は新たな局面に移行している。一方で、帰責事由については、手段債務・結果債務の区別や[8]、過失責任・保証責任の帰責二元論を基礎として[9]、債務内容に応じた帰責判断や帰責原理の相違が説かれており、今日では契約ないし契約債務を起点とした帰責事由論が展開されるに至っている[10]。他方で、損

---

(2) 石坂音四郎『日本民法第三編 債権 第一巻（訂正第2版）』（有斐閣書房・1912年）271頁以下〔初版・1912年〕、鳩山秀夫『増訂改版 日本債権法総論』（岩波書店・1925年）64頁以下〔初版・1916年〕、富井政章『民法原論 第三巻 債権総論 上』（有斐閣・1929年）196頁以下、勝本正晃『債権総論 上巻（訂正3版）』（巌松堂書店・1934年）279頁以下〔初版・1930年〕等。

(3) 富井・前掲注(2)198頁。

(4) 石坂・前掲注(2)275頁以下・412頁以下、鳩山・前掲注(2)58頁以下・110頁以下、富井・前掲注(2)201頁以下、勝本・前掲注(2)308頁以下、同『債権総論 中巻之二』（巌松堂書店・1936年）115頁以下等。

(5) 石坂・前掲注(2)287頁以下、鳩山・前掲注(2)60頁以下、富井・前掲注(2)206頁以下・229頁以下、勝本・前掲注(2)346頁以下、同・前掲注(4)365頁以下等。

(6) 我妻栄『民法講義IV債権総論』（岩波書店・1940年）以降の学説は、一般的に、民法の編別に従って、債務不履行に基づく損害賠償と不法行為に基づく損害賠償を別個に論ずる。

(7) 於保不二雄『債権総論（新版）』（有斐閣・1972年）89頁以下〔初版・1959年〕、我妻栄『民法講義IV新訂債権総論』（岩波書店・1964年）98頁以下〔初版・1940年〕等。

(8) 吉田邦彦「債権の各種──「帰責事由」論の再検討」同『契約法・医事法の関係的展開』（有斐閣・2003年）1頁以下〔初出・1990年〕、森田宏樹「結果債務・手段債務の区別の意義について──債務不履行における「帰責事由」」同『契約責任の帰責構造』（有斐閣・2002年）1頁以下〔初出・1993年〕、平野裕一「契約上の「債務の不履行」と「帰責事由」」椿寿夫教授古稀記念『現代取引法の基礎的課題』（有斐閣・1999年）489頁以下等。

(9) 円谷峻『現代契約法の課題──国際取引と民法理論』（一粒社・1997年）187頁以下、同『新・契約の成立と責任』（成文堂・2004年）247頁以下、渡辺達徳「契約責任における「過失」の機能に関する覚書」新報105巻2=3号（1998年）241頁以下、笠井修『保証責任と契約法理論』（弘文堂・1999年）、潮見佳男『債権総論Ⅰ（第2版）』（信山社・2003年）267頁以下〔初版・1994年〕等。

(10) 近時の学説を概観するには、小粥太郎「債務不履行の帰責事由」ジュリ1318号（2006年）117

◆ 第1項 ◆ 問題の所在

害賠償の範囲に関しては、昭和30年代以降、民法416条が制限賠償原則を採用したものであるとの認識を前提とした批判理論が登場し、損害賠償法に対して大きな影響を与えてきたのである[11]。しかし、これらの議論は、伝統的な契約（債務）不履行に基づく損害賠償の理論枠組み、つまり、契約（債務）不履行に基づく損害賠償を、不履行によって生じた損害を賠償するための制度として捉える構想それ自体を否定するものではない。近時の有力学説は、過失責任主義を前提とした伝統的理解とは異なる帰責事由の判断枠組みを提唱するものであるが、損害賠償責任を債務者に転嫁・帰責するための概念として帰責事由を要求していることに変わりはないし[12]、制限賠償原則も、不履行から生じた損害のうち一定の範囲に属する損害のみを賠償すれば足りるというもの、つまり、損害賠償の範囲を制限するという思考を前提とするものだからである。

ところで、一般的な理解によれば、契約（債務）不履行に基づく損害賠償請求権は、本来的債権の拡張または内容の変更であって、本来的債権と同一性を有するとされる[13]。そして、こうした理解を前提として、判例は、損害賠償請求権の消滅時効が本来的債権の履行を請求しうる時から進行し、本来的債権が時効により消滅した場合にはもはや損害賠償を請求することはできないという解決を導き[14]、また、「履行したこと」や「債務者の責めに帰すことができない事由」の証明責任が債務者の負担に属するという解決を基礎付けているのである[15]。しかし、契約（債務）不履行に基づく損害賠償が、不法行為に基づく損害賠償と同じく、有責な行為によって生じた損害を賠償するための制度であるとするならば、損害賠償は、有責な行為によって損害が惹起された場合に初めて発生する債権であり、本来的債権とは法的に別個の存在であると言うべきではないのか[16]。何故、同じ原理に服するはずの2つの損害賠償の性質が異なるのか。

頁以下が有益である。
(11) 平井宜雄『損害賠償法の理論』（東京大学出版会・1971年）、北川善太郎『日本法学の歴史と理論』（日本評論社・1968年）63頁以下、同「損害賠償法における理論と判例」於保不二雄先生還暦記念『民法学の基礎的課題 上』（有斐閣・1971年）91頁以下等。
(12) 例えば、森田・前掲注(8)54頁は、帰責事由の存否が、「債務不履行に対して賠償責任という法的サンクションを付与すべきか否かを決定する要件として重要な意義」を有すると説いているし、潮見・前掲注(9)262頁も、「「債権者に生じた不利益を、損害賠償責任の法技術を用いて債務者に帰属（転嫁）させる」際の判断枠組を構成する基本概念として」、帰責事由という要件を捉えている。
(13) 於保・前掲注(7)123頁、我妻・前掲注(7)101頁、林良平（安永正昭補訂）＝石田喜久夫＝高木多喜男『債権総論（第3版）』（青林書院・1996年）132頁〔林執筆部分〕〔初版・1978年〕、奥田昌道『債権総論（増補版）』（悠々社・1992年）149頁〔初版・1982年〕、平井宜雄『債権総論（第2版）』（弘文堂・1994年）74頁〔初版・1985年〕等。
(14) 大判大正8年10月29日民録25輯1854頁、最判昭和35年11月1日民集14巻13号2781頁、最判平成10年4月24日判時1661号66頁等。
(15) 前者につき、大判大正8年7月22日民録25輯1344頁、後者につき、大判大正14年2月27日民集4巻97頁。
(16) 前田達明「安全配慮義務違反と消滅時効」同『民法随筆』（成文堂・1989年）132頁〔初出・1983年〕。

5

◆序　論◆

　あるいは、本来的債権と損害賠償請求権の同一性は、契約（債務）不履行に基づく損害賠償が、不法行為的なサンクションの手段から本来的債権の強制手段へと移行し、近代民法典において「債権の効力」として把握されるに至ったという歴史的経緯によって説明されうるとも言われている[17]。しかし、ここで言う契約（債務）不履行に基づく損害賠償は、有責な不履行によって生じた損害の賠償を任務とするものなのか。このコンテクストにおいて、契約（債務）不履行に基づく損害賠償は、本来的債権の「貨幣形態においての強行」、つまり、金銭という形式で履行されなかった債務の履行を確保するための制度として構想されているように見えるのである。

　また、近時においては、契約関係において獲得しようとした契約利益の実現へと向けられた権利・義務の体系として契約機構を把握し、そこから、契約規範において保護されている契約利益を起点とした契約不履行理論を構想する立場が有力に主張されている[18]。しかし、契約不履行に基づく損害賠償を契約利益の価値的実現という方向性で捉える立場は、それを損害の賠償を任務とする制度としてではなく、履行プロセスの一部として構想する理論枠組みに、より適合するようにも思われるのである。

　ここから、以下のような一連の疑問が生じてくる。仮に、契約（債務）不履行に基づく損害賠償が金銭という形式による履行確保の手段として捉えられるべきものであるとすれば、それを不法行為に基づく損害賠償に接近させ、有責な不履行によって生じた損害の賠償を確保するための制度として捉える必要はあるのか。本来的に契約債務の履行方式として把握されるべきものを損害の賠償方式として構成するならば、実質と法形式を乖離させることに繋がるのではないか。賠償という構成は、契約（債務）不履行に基づく損害賠償を「債権の効力」として位置付けている民法の構造に適合するのか。むしろ、本来的債権の代替的な履行手段という実質を反映した理論枠組みを構築するべきではないのか。

　日本の学説は、契約（債務）不履行に基づく損害賠償に対し、履行されなかった債務の実現を確保するための制度としての実質を与えながら、それが債務の不履行によって生じた損害を賠償するための制度であることを前提として議論を構築している。しかし、履行の実現と損害の賠償は、明確に区別されなければならない。というのは、契約（債務）不履行に基づく損害賠償の理論枠組みを、履行の実現という視点から構成するのか、それとも、損害の賠償という思考を中心に据えて構成するのかによって、契約（債務）不履行に基づく損害賠償に関わる諸問題や契約不履行法・履行障害法へのアプローチは、大きく異なってくるからである。具体的には、契約（債務）不履行に基づく損害賠償の要件枠組み、損害賠償の範囲の捉え方、契約（債務）不履行に基づく損害賠償の性質に関わる問題（損害賠償請求権の消滅時効の問題

---

(17) 川島武宜『債権法総則講義第一』（岩波書店・1949 年）84 頁以下。
(18) 潮見・前掲注(9)22 頁以下・258 頁以下等。

◆ 第1項 ◆ 問題の所在

等)、契約(債務)不履行に基づく損害賠償とその他の救済手段との関係、典型契約上の債務不履行の捉え方、契約(債務)不履行に基づく損害賠償の適用領域、2つの損害賠償制度の関係等の問題について、2つの構成によって大きな差異が生ずることになろう。本書は、以上のような問題意識から出発する。

ここで、フランスにおける議論に目を向けてみよう。フランスでは、日本の議論とは対照的に、契約不履行に基づく損害賠償の性質をめぐって多くの議論の蓄積が存在する。すなわち、フランスの伝統的通説は、「契約責任」と不法行為責任を、同一の性質を持つ2つの責任制度として理解し、その結果、契約不履行に基づく損害賠償を、不法行為に基づく損害賠償と同じく、フォート(faute)によって惹起された損害を賠償するための制度として捉えてきた[19]。ところが、近年では、歴史的・比較法的研究に依拠しながら、賠償という機能を持つ「契約責任」概念に異論を提起し、契約不履行に基づく損害賠償を「等価物による履行」、「強制弁済」という視角から再構成しようとする立場が有力となっており[20]、また、このような議論の展開

---

[19] 文献の所在も含めて、Cf. Henri et Léon Mazeaud, Jean Mazeaud et François Chabas, Leçons de droit civil, t. II, vol. 2, 9ème éd., Montchrestien, Paris, 1998, pp. 360 et s. ; Geneviève Viney, Traité de droit civil : Introduction à la responsabilité, 3ème éd., LGDJ., Paris, 2008, nos 161 et s., pp. 395 et s. ; etc.

[20] ここでは、代表的な文献のみを掲げておく。Denis Tallon, L'inexécution du contrat : pour une autre présentation, RTD civ., 1994, pp. 223 et s. ; Id., pourquoi parler de faute contractuelle ?, in, Droit civil, procédure, linguistique juridique, Écrits en hommage à Gérard Cornu, PUF., Paris, 1994, pp. 429 et s. ; Philippe Rémy, Critique du système français de responsabilité civile, Droit et cultures 1996, pp. 31 et s. ; Id., La «responsabilité contractuelle»: histoire d'un faux concept, RTD civ., 1997, pp. 323 et s. ; Christian Lapoyade Deschamps, Le Mythe de la responsabilité contractuelle en Droit français, in, Failure of Contracts, Contractual, Restitutionary and Proprietary Consequences, Hart Publishing Oxford, 1997, pp. 175 et s. ; Id., Droit des obligations, ellipses, Paris, 1998, pp. 115 et s. ; Claude Ophèle, Le droit à dommages-intérêts du créancier en cas d'inexécution contractuelle due à la démence du débiteur, RGDA., 1997, pp. 457 et s. ; Id., La responsabilité contractuelle dans la jurisprudence de la chambre criminelle, in, Mélanges en l'honneur de Jean Stouffet, LGDJ., Paris, 2001, pp. 263 et s. ; Id., Faute délictuelle et faute contractuelle, in, La responsabilité pour faute, Actes du colloque organisé par le Centre de droit de la responsabilité de l'Université du Maine (CDRUM) et le Centre de recherches en droit privé de Tours (CRDP), le 17 janv. 2003, Resp. civ. et assur., juin 2003, pp. 78 et s. ; Laurence Leturmy, La responsabilité délictuelle du contractant, RTD civ., 1998, pp. 839 et s. ; Pauline Rémy-Corlay, Exécution et réparation : deux concepts ?, RDC., 2005, pp. 13 et s. ; Philippe Le Tourneau, Droit de la responsabilité et des contrats, 2010-2011, 9ème éd., Dalloz, Paris, 2010, nos 801 et s., pp. 320 et s. ; etc. テーズとして、Jean Bellissent, Contribution à l'analyse de la distinction des obligations de moyens et des obligations de résultat : à propos de l'évolution des ordres de responsabilité civile, th. Montpellier, préf. Rémy Cabrillac, Bibliothèque de droit privé, t. 354, LGDJ., Paris, 2001 ; Hélène Aubry, L'influence du droit communautaire sur le droit français des contrats, th. Paris II, préf. Alain Ghozi, PUAM., Aix-en-Provance, 2002 ; Vincent Perruchot-Triboulet, Régime général des obligations et responsabilité civile, th. Aix Marseilles, préf. Jacques Mestre, PUAM., Aix-en-Provence, 2002 ; Marianne Faure-Abbad, Le fait générateur de la responsabilité contractuelle : Contribution à la théorie de l'inexécution du contrat, th. Poitiers, préf. Philippe Rémy, Collection de la faculté de Droit et des Sciences sociales de Poitiers, t. 2, LGDJ., Paris, 2003 ; Paul Coëffard, Garantie des vices cachés et «responsabilité contractuelle de droit commun», th. Poitiers, préf. Philippe Rémy, Collection de la faculté de Droit et des Sciences sociales de Poitiers, t. 9, LGDJ., 2005 ; etc.

◆序　論◆

を受けて、契約不履行に基づく損害賠償を賠償という視角から捉える伝統的通説も、それに履行という位置付けを与えようとする立場に対して、批判と反論を提示しているのである[21]。従って、前述のような問題意識に鑑みれば、フランスにおける契約不履行に基づく損害賠償の性質に関する議論を分析することは極めて有益であると考えられる。

そこで、以下では、まず、契約不履行に基づく損害賠償の理論枠組みという視角から、契約不履行法、「契約責任」論、履行障害論を再検討し、その成果を契約法、損害賠償法の基礎理論と接合するための準備的考察として、フランスにおける契約不履行に基づく損害賠償の性質をめぐる議論を分析し、契約不履行に基づく損害賠償に関する2つの理論モデルを抽出してみよう。

◇第2項　契約不履行に基づく損害賠償に関する2つの理論モデル[22]

フランスにおける契約不履行に基づく損害賠償の性質に関する議論は、一方で、契約不履行に基づく損害賠償を賠償という視点から捉え、不法行為に基づく損害賠償とパラレルな構造を持つ制度として構想する19世紀末以降の伝統的通説と、他方で、契約不履行に基づく損害賠償を「債務の効果」と位置付けているフランス民法典の立場や、「ヨーロッパ契約法」の動向を踏まえながら、それを履行プロセスの一部として把握しようとする立場との間で展開されている。これら2つの立場の間で争われている問題は多岐にわたるが、ここでそれらを一般的・包括的に分析する

---

(21) ここでは、代表的な文献のみを掲げておく。Patrice Jourdain, Réflexion sur la notion de responsabilité contractuelle, in, Publication de la Faculté de droit et des sciences sociales de Poitiers t.32, PUF., Paris, 1997, pp.65 et s. ; Éric Savaux, La fin de la responsabilité contractuelle ? RTD civ., 1999, pp.1 et s. ; Éric Savaux et Rose-Noëlle Schütz, Exécution par équivalent, responsabilité et droits subjectifs : Réflexions à partir du contrat de bail, in, Mélanges offerts à Jean-Luc Aubert, Propos sur les obligations et quelques autres thèmes fondamentaux du droit, Dalloz, Paris, 2005, pp.271 et s. ; Christian Larroumet, Pour la responsabilité contractuelle, in, Études offertes à Pierre Catala, Le droit français à la fin du XX siècle, Litec, Paris, 2001, pp.543 et s. ; Georges Durry, Responsabilité délictuelle et responsabilité contractuelle : dualité ou unite ?, in, La responsabilité civile à l'aube du XXI siècle : Bilan prospectif, Colloque organisé par la Faculté de droit et économie de l'Université de Savoie et le Barreau de l'Ordre des avocats de Chambéry les 7 et 8 décembre 2000, Resp. civ. et assur., juin 2001, pp.20 et s. ; Geneviève Viney, La responsabilité contractuelle en question, in, Études offertes à Jacques Ghestin, Le contrat au début du XXI siècle, LGDJ., Paris, 2001, pp.921 et s. ; Pascal Ancel, La responsabilité contractuelle, in, Les concepts contractuels française à heure des Principes du droit européen des contrats, sous la direction de Pauline Rémy-Corlay et Dominique Fenouillet, Dalloz, Paris, 2003, pp.243 et s. ; Luc Grynbaum, Responsabilité et contrat : L'union libre. Variations sur la responsabilité contractuelle, le préjudice corporel et les groupes de contrats, in, Libre droit, Mélanges en l'honneur de Philippe Le Tourneau, Dalloz, Paris, 2008, pp.409 et s. ; etc. テーズとして、Paul Grosser, Les remèdes à l'inexécution du contrat : essai de classification, th. Paris I, dactyl, 2000 ; Marie-Noëlle Courtiau, Responsabilité contractuelle et inexécution (Pour une autonomie de la responsabilité contractuelle), th. Paris I, dactyl., 2001 ; Yves-Marie Laithier, Étude comparative des sanctions de l'inexécution du contrat, th. Paris I, préf. Horatia Muir Watt, Bibliothèque de droit privé, t.419, LGDJ., Paris, 2004 ; etc.

(22) 本項の叙述は、拙稿・前掲注(1)「理論モデル」に加筆・補正を加えたものである。

◆ 第2項 ◆ 契約不履行に基づく損害賠償に関する2つの理論モデル

必要はない。以下では、それぞれの立場の契約不履行に基づく損害賠償の理論枠組みと、それらを理解するために必要な限度で各理論モデルから導かれる幾つかの論理的帰結を検討することにしよう。

(1) 賠償方式としての契約不履行に基づく損害賠償——「賠償モデル」

フランスにおいては、民事責任という観念の下に不法行為責任と「契約責任」を統一的に把握する構想が一般的に受け入れられている。「「民事責任」という表現は、現在の法律用語においては、他人に損害を生じさせた者に対し、その被害者に補償を提供することによって、当該損害を賠償することを義務付ける規範の総体を意味する。それ故、民事責任は、不法行為責任だけでなく契約責任をも包含する」とされ[23]、契約責任と不法行為責任は、「同じ機能、同じ目的を持つ。そこでは、惹起された損害を賠償することが問題となっているのであり、損害が契約債務の不履行から生じたものであるかどうかは、ほとんど重要ではない」とされている[24]。つまり、フランスの伝統的通説によれば、「契約責任」は、不法行為責任と同じく、惹起された損害を賠償するための制度として構想され、不法行為責任と同一の原理に服するものと理解されているのである。

このような理解は、19世紀末以降に展開された「契約責任」と不法行為責任の関係をめぐる議論、すなわち、「契約責任」と不法行為責任を完全に同一視する立場と[25]、両者を全く別個の性質を持つ制度として捉える立場[26]との間で展開された論争を経て、1930年前後に出されたテーゼや論文[27]によって形成された「学理的には2つの責任は存在しない。2つの責任「制度」が存在するだけである」[28]との立場を前提とするものであり、ごく最近に至るまで、ほぼ異論なく受け入れられてきた。

「契約責任」と不法行為責任を、同一の性質を有する2つの責任制度として理解す

---

(23) Viney, supra note 19, n° 1, p.1.
(24) Christian Larroumet, Droit civil : Les obligations, t.III, Le contrat, 2ème partie : Effets, 6ème éd., Economica, Paris, 2007, n° 599, p.628.
(25) A. F. Lefebvre, De la responsabilité, délictuelle, contractuelle, Rev. crit., 1886, pp.485 et s. ; Jean Grandmoulin, Nature délictuelle de la responsabilité pour violation des obligations contractuelles dans l'ancien droit romain et dans le droit français avec application à la combinaison de l'incapacité et de la responsabilité dans le Droit français, th. Rennes, 1892 ; Jules Aubin, Responsabilité délictuelle et responsabilité contractuelle, th. Bordeaux, 1897 ; etc.
(26) Charles Sainctelette, De la responsabilité et de la garantie : Accidents de transport et de travail, Bruylant-Christophe & Comp., Bruxelles, Librarie A. Marescq, Ainé, Paris, 1884 ; etc.
(27) Maurice Meignié, Responsabilité et contrat : Essai d'une délimitation des responsabilités contractuelle et délictuelle, th. Lille, 1924 ; Henri Mazeaud, Responsabilité délictuelle et responsabilité contractuelle, RTD civ., 1929, pp.551 et s. ; André Brun, Rapports et domaines des responsabilités contractuelle et délictuelle, th. Lyon, préf. Louis Josserand, Sirey, Paris, 1931 ; Jean Van Ryn, Responsabilité aquilienne et contrat en droit positif, th. Bruxelles, préf. René Marcq, Sirey, Paris, 1933 ; etc.
(28) Brun, supra note 27, n° 352, p.382.

◆序　論◆

るためには、両者をともに債務者ないし不法行為者のフォートを基礎とする債務発生原因として理解する必要がある。「契約責任」は、契約の中にその源を有するのではない。それ自体、債務発生原因として捉えられているのである。このような理解を前提として、契約不履行に基づく損害賠償を不履行によって生じた損害の賠償方式として理解する立場は、その論理構造を以下のように捉える[29]。契約当事者間には契約から生じた債務が存在する。しかし、契約債務が履行されなかった場合に債権者が被った損害を賠償する債務は、契約債務とは法的に別個の存在である。というのは、契約不履行に基づく損害賠償は、「契約責任」から生ずる新たな債務だからである。従って、「契約責任」が問題となる場合には、契約の締結によって一次的債務が発生し、その不履行によって二次的な損害賠償債務が発生するのである[30]。

　かくして、フランスの伝統的通説が前提としている契約不履行に基づく損害賠償の理論枠組みは、以下のような内実を持つものとして理解することができる。債権者が債務者から完全な履行を受けることができない場合、言い換えれば、債務者による債務の不履行が存在する場合、当該債務の不履行によって債権者に生じた損害を賠償するための制度が必要となる。これが契約不履行に基づく損害賠償である。ここで、契約不履行に基づく損害賠償の債務は、不法行為に基づく損害賠償の債務が不法行為の要件を充足して初めて発生するように、契約責任から生ずる新たな債務、つまり、本来的な契約債務とは法的に別個の債務である。以下では、このような契約不履行に基づく損害賠償の理論枠組みを「賠償モデル」と呼ぶことにしよう。

　賠償モデルを前提とする場合、契約不履行に基づく損害賠償は、不履行によって生じた損害を賠償するための責任制度として捉えられる。従って、契約不履行に基づく損害賠償は、不法行為に基づく損害賠償のように、「責任を生じさせる行為ないし所為（le fait générateur de la responsabilité）」としての「フォート（不履行）」「によって」「損害」が発生したこと、つまり、フォート（不履行）、損害、因果関係という3

---

[29] Mazeaud, supra note 27, pp.551 et s. ; Henri, Léon Mazeaud et André Tunc, Traité théorique et pratique de la responsabilité civile délictuelle et contractuelle, t.I, 6ème éd., Montchrestien, Paris, 1965, n°s 96 et s., pp.101 et s. ; H. et L. Mazeaud, J. Mazeaud et Chabas, supra note 19, n° 376, pp.367 et s., et n°s 390 et s., pp.384 et s. ; etc.

[30] もっとも、契約債務と損害賠償債務の関係をどのように理解するかについては議論が存在する。アンリ・マゾー（Henri Mazeaud）は、損害賠償債務が契約債務に代わる債務であると理解し、これを更改のメカニズムによって説明する（Mazeaud, supra note 27, n° 6, pp.558-559. 更に、Cf. H. et L. Mazeaud, J. Mazeaud et Chabas, supra note 19, n° 376, p.368）。また、アンドレ・ブラン（André Brun）は、更改や代位に類似するものと見ている（Brun, supra note 27, n° 92, p.113）。これに対して、アンドレ・タンク（André Tunc）は、更改による説明を過剰な論理であると評価し、損害賠償債務が契約債務を統合する、あるいは、前者が後者に付け加わると説明している（H. et L. Mazeaud et Tunc, supra note 29, n° 101, pp.107-108 et note 4. もっとも、こうした構想に対する理論的な説明は付されていない）。これらの議論は、本書の問題関心にとっても極めて重要なものであるが、契約不履行に基づく損害賠償に関する2つの理論モデルの提示を目的とする現段階においては、日本の通説的見解のように、本来的債務と損害賠償債務が同一性を有するとは理解されていないことを確認しておけば十分である。この点については、第1部・第1章・第2節・第1款・第1項152頁以下を参照。

◆第2項◆ 契約不履行に基づく損害賠償に関する2つの理論モデル

要件を充足することによって初めて認められることになる[31]。とりわけ、フォートが責任の基礎として重要な役割を果たすことは明らかであろう[32]。

このことは、以下の歴史的経緯からも明確になる。すなわち、20世紀の初頭、マルセル・プラニオル（Marcel Planiol）は[33]、フォートに「先存債務に対する違反」という定義を与え、契約上のフォートと不法行為上のフォートを包含する統一的な民事フォートの概念を作り上げた。その結果、プラニオルは、従来、債務発生原因として理解されていなかった契約上のフォートを、不法行為上のフォートと同じく、損害賠償債務の源として観念することに成功した。つまり、プラニオルは、契約の論理に従って、不法行為領域においても先存債務を観念し（従来、この意味での先存債務は観念されていなかった）、不法行為の論理に依拠することで、2つの領域における先存債務の違反が、いずれも債務発生原因としてのフォートを構成すると捉えることにより、2つの損害賠償制度の同一性を導いたのである[34]。

これに対して、プラニオル以降の学説は、「先存債務に対する違反」というフォートの定義について、義務と債務を混同するものとして激しい批判を提示してきた[35]。しかし、多くの学説は、「契約外の義務」と、「契約から生じ、もしくは、契約に接ぎ木された義務及び債務」とを区別しながら[36]、これらに対する違反を、いずれも「責任を生じさせる行為ないし所為」としての民事フォートと理解しているのであって[37]、債務の不履行を責任原因である契約上のフォートと把握する点にお

---

(31) H. et L. Mazeaud, J. Mazeaud et Chabas, supra note 19, pp. 410 et s. ; Geneviève Viney et Patrice Jourdain, Les conditions de la responsabilité, 3ème éd., LGDJ., Paris, 2006, n[OS] 246 et s., pp. 1 et s. ; etc.

(32) ここでは、さしあたり、フォート以外の責任原因、とりわけ、レイモン・サレイユ（Raymond Saleilles）やルイ・ジョスラン（Louis Josserand）によって提唱された民事責任の基礎としてのリスクの問題は（Raymond Saleilles, Les accidents de travail et la responsabilité civile : Essai d'une théorie objective de la responsabilité délictuelle, Librairie Nouvelle de Droit et de Jurisprudence, Arthur Rousseau, Paris, 1897 ; Louis Josserand, De la responsabilité du fait des choses inanimées, Arthur Rousseau, Paris, 1897)、検討の対象外とする。

(33) Marcel Planiol, Classification des sources des obligations, Rev. crit., 1904, pp. 224 et s. ; Id., Études sur la responsabilité civile : du fondement de la responsabilité civile, Rev. crit., 1905, pp. 277 et s. ; Id., Traité élémentaire de droit civil conforme au programme officiel des facultés de droit, t. II, 2ème éd., Paris, 1902, n[OS] 862 et s., pp. 261 et s.

(34) 以上の叙述につき、Cf. Rémy, supra note 20, La responsabilité contractuelle..., n[OS] 12 et s., pp. 332 et s. ; Bellissent, supra note 20, n[OS] 393 et s., pp. 199 et s. ; Faure-Abbad, supra note 20, n° 189, pp. 161 et s. ; Gilles Babert, Le système de Planiol : bilan d'un moment doctrinal, th. Poitiers, dactyl., 2002, n[OS] 119 et s., pp. 141 et s., et n[OS] 206 et s., pp. 224 et s. とりわけ、ジル・バベル（Gilles Babert）のテーズは、プラニオルの法学一般を対象としつつ、彼によって提示されたフォートや責任の一元性の構想を論ずるものであり、極めて示唆に富む。

(35) プラニオルによるフォートの定義は、「術語の不十分」（Eugène Gaudemet, Théorie générale des obligations, Sirey, 1937, pp. 391 et s.)、「過度に単純化したもの」（Larroumet, supra note 21, n° 8, 548)、「幻想的」（Philippe Malaurie, Laurent Aynès et Philippe Stoffel-Munck, Droit civil, Les obligations, 4ème éd., Defrénois, Paris, 2009, n° 51, p.29)、「悪しき言葉遊び」（Tallon, supra note 20, pourquoi parler de faute contractuelle ?, p. 432）等と評されている。

(36) これは、Viney et Jourdain, supra note 31, p. 374 et p. 428 の表現である。

(37) 民事フォートについては、違法性、義務違反、行為の過誤等の客観的要素のみによって基礎付ける立場と（H. et L. Mazeaud et Tunc, supra note 29, n[OS] 387 et s., pp. 465 et s. ; H. et L.

◆序　論◆

いて、プラニオルとその後の学説とにおいて差異は存在しない。このように、契約不履行に基づく損害賠償を惹起された損害の賠償方式として捉える限り、不履行の中に契約上のフォートを見出し、「責任を生じさせる行為ないし所為」として理解する必要性が生じてくるのである[38]。

賠償モデルによれば、契約不履行に基づく損害賠償は、不履行によって惹起された損害を賠償するための制度として捉えられるから、当事者が契約において予定した利益の不獲得以外の要素も、それが債務の不履行から生じた損害であると認められる限り、契約不履行に基づく損害賠償の対象となりうる。つまり、賠償モデルを前提とすれば、契約において予定された利益とは関わりのない損害を賠償するために、契約不履行に基づく損害賠償を利用することが可能となるのである。

その最も古典的かつ典型的な例が、いわゆる安全債務である[39]。すなわち、破毀院民事部1911年11月21日判決が、「運送契約の履行は、運送人につき、目的地まで乗客を安全に導く債務を包含する」と判示し、運送契約における安全債務の存在を認めてから[40]、安全債務は様々な契約の中に発見され、今やそのリストを作成することが困難であるとまで評される程に拡散してきた[41]。安全債務は、元来、フォートなしの不法行為責任の知的伝統がないことを前提として[42][43]、身体的損害を

　　Mazeaud, J. Mazeaud et Chabas, supra note 19, n°s 440 et s., pp.450 et s.; Gabriel Marty et Pierre Raynaud, Droit civil, Les obligations, t.1, Les sources, 2ème éd., Sirey, Paris, 1988, n°s 454 et s., pp.507 et s.; etc.）、そこに、帰責性という主観的要素を付け加える立場がある（René Savatier, Traité de la responsabilité civile en droit français, t.I, LGDJ., Paris, 1939, n°s 161 et s., pp.207 et s.; Marcel Planiol et Georges Ripert, Traité pratique de droit civil français, 2ème éd., t.6, par Paul Esmain, LGDJ., Paris, 1952, n°s 379 et s., pp.499 et s., et n°s 477 et s., pp.642 et s.; etc.）ところ、いずれの立場においても、フォートの前提として、義務違反ないし債務不履行が観念されていることに変わりはないのである。

(38) 本文の叙述は、結果債務の不履行をフォートに基づく責任と理解する通説的見解に沿ったものである。これに対して、一部の学説は結果債務の不履行をフォートに基づかない客観的責任と見ていることに注意をしておく必要がある（最近のものでは、Larroumet, supra note 24, n°s 604 et s., pp.632 et s.; etc）。

(39) 安全債務の生成過程や判例の現状、問題状況等を概観するには、1996年11月15日に開催されたコロック「安全債務の発展（Le développement de l'obligation de sécurité）」における報告が収められたGaz. Pal., 1997, 2, doc., pp.1176 et s. が有益である。

(40) Cass. civ., 21 nov. 1911, D., 1913, 1, 249, note Louis Sarrut; S., 1912, 1, 73, note Charles Lyon-Caen.

(41) Philippe Delebecque, La dispersion des obligations de sécurité dans les contrats spéciaux, in, Le développement de l'obligation de sécurité, Colloque de Chambéry du 15 nov. 1996, Gaz. Pal., 1997, 2, doc., pp.1184 et s.; Viney et Jourdain, supra note 31, n°s 499 et s., pp.453 et s., et n°s 550 et s., pp.542 et s.; Philippe Le Tourneau et Matthieu Poumarède, Contrats et obligations / Classification des obligations : La distinction des obligations de moyens et des obligations de résultat et l'obligations de sécurité, J.-Cl. Civil, Art. 1136 à 1145, Fasc. 20-1, 2008; etc において、判例の状況が簡潔に整理されている。また、フランス法における安全債務の問題を扱った日本の文献として、高世三郎「フランス法における安全配慮義務」司研68号（1981年）23頁以下、石川良雄「フランス判例における安全債務の諸問題」判タ614号（1984年）45頁以下、伊藤浩「手段債務としての安全債務と結果債務としての安全債務(1)(2・完)——安全配慮義務の解釈視点」立教28号（1987年）50頁以下、31号（1988年）81頁以下等がある。

(42) Rémy, supra note 20, Critique du système français..., pp.34 et s. フランス民法典制定過程における議論につき、Bellissent, supra note 20, n°s 162 et s., pp.93 et s.

◆ 第 2 項 ◆ 契約不履行に基づく損害賠償に関する 2 つの理論モデル

被った被害者を保護するために（フォートの証明を回避させるために）発見されたものである。このような手法の背景には、契約の内容を人為的に拡大し契約の中に安全債務を観念することで、その不履行によって生じた身体的ないし財産的損害を契約不履行に基づく損害賠償により塡補することが可能になるという論理構造が存在する。つまり、当事者の契約目的とは関わりを持たない身体的・財産的損害を賠償するために契約不履行に基づく損害賠償を用いるには、それを債務の不履行によって惹起された損害を賠償するための制度として構想することが必要とされるのである。

また、賠償モデルを前提とする場合、契約不履行に基づく損害賠償は不履行によって惹起された損害を賠償するための制度として捉えられるから、賠償されるべき損害には、不履行によって惹起された損害の全てが含まれることになる。つまり、「責任の基礎がどのようなものであっても、責任を負う者は、生じさせた損害を完全に賠償しなければならない」のである[44]。従って、悪意（dol）のケースを除き、契約締結時の予見可能性を基準とした賠償範囲確定ルールを規定するフランス民法典1150条は[45]、「完全賠償原則」に対する例外を定めたテクストということになり、何らかの論拠によって正当化されなければならないことになる。

最も古典的で現在においても援用され続けている論拠は、契約当事者の意思である。つまり、契約締結時における当事者の意思は賠償されるべき損害の範囲をも拘束し、1150条を「意思自治の原則を民事責任の中に持ち込む唯一のテクスト」と見るのである[46]。このような理解に対しては、意思への絶対的な従属を放棄した現代契約法には適合しないとの批判が提起されうるであろう[47]。それ故、一部の有力な学説は、「賠償の観点から見た場合、契約責任と不法行為責任との間には、設けるべき根本的な区別は存在しない」として[48]、民法典1150条の撤廃を主張するか[49]、

---

(43) 判例上、物の所為に基づく不法行為責任を初めて明確に認めたのは、破毀院民事部1896年6月16日判決であり（Cass. civ. 16 juin 1896, D., 1897, 1, 433, concl. Louis Sarrut, note, Raymond Saleilles ; S., 1897, 1, 17, note, Adémar Esmain）、それがフォートの推定に基づく責任ではなく責任の推定であることを明らかにしたのは、破毀院連合部1930年2月13日判決である（Cass. ch. réun. 13 fév. 1930, DH., 1930, 129 ; D., 1930, 1, 57 ; S., 1930, 1, 121, note Paul Esmain ; Gaz. Pal., 1930, 1, 393 ; RTD civ., 1930, 375, obs., René Demogue）。

(44) Viney supra note 19, n° 172, p.452.

(45) フランス民法典1150条「債務者は、債務が履行されないことが何らその者の悪意によるのでないときは、契約のときに予見し、又は予見することのできた損害賠償についてでなければ、義務を負わない（原文は、Le débiteur n'est tenu que des dommages et intérêts qui ont été prévus ou qu'on a pu prévoir lors du contrat, lorsque ce n'est point par son dol que l'obligation n'est point exécutée.）」。なお、本書におけるフランス民法典の翻訳は、法務大臣官房司法法制調査部『フランス民法典——物権・債権関係』（1982年）を基礎とし、適宜、修正を加えたものである。

(46) Ives Souleau, La prévisibilité du dommage contractuel (Défense et illustration de l'article 1150 du Code Civil), th. Paris II, dactyl., 1979, n° 460, p.465.

(47) Geneviève Viney et Patrice Jourdain, Les effets de la responsabilité, 3ème éd., LGDJ., Paris, 2011, n° 331, pp.722 et s. また、Laithier, supra note 21, n° 93, pp.131 et s. は、民法典1150条を擁護するためには、意思自治という基礎付けを放棄する以外に選択肢はないと説く。

(48) Marie-Ève Roujou de Boubée, Essai sur la notion de réparation, th. Toulouse, préf. Pierre

あるいは、同条の適用領域が極めて限られたものであることを前提に[50]、「完全賠償原則」から導かれる帰結が過度である場合の「損害賠償の司法的緩和という政策的手段」としてのみ同条を維持しようとしているのである[51]。このように、賠償モデルを前提として、民法典1150条を「完全賠償原則」に対する例外と見る場合、この例外の正当化は困難となり、あるいは、非常に限られた範囲内においてのみ妥当するものとならざるをえないのである。

(2) 履行方式としての契約不履行に基づく損害賠償——「履行モデル」

近時の有力学説は、契約不履行に基づく損害賠償を、賠償という視点からではなく、履行プロセスの一部として捉えている。そこでは、契約不履行に基づく損害賠償は、給付の金銭的等価物による契約の履行方法、すなわち、金銭という形式で履行されなかった債務の履行を確保するための制度として構想されているのである[52]。

契約不履行に基づく損害賠償を実現されなかった契約債務の履行方式として理解する場合、2つの損害賠償制度の相違は明確な形で現れることになる[53]。不法行為責任は、他人に対して損害を惹起した者はその損害を賠償しなければならないという規律に由来する。また、不法行為に基づく損害賠償は、不法行為の要件を充足す

Hébraud, Bibliothèque de droit privé, t.135, LGDJ., Paris, 1974, p.310.
(49) Henri, Léon Mazeaud et François Chabas, Traité théorique et pratique de la responsabilité civile délictuelle et contractuelle, t.III, vol.2, 6ème éd., 1983, n° 2391, pp.745 et s.
(50) Viney et Jourdain, supra note 47, n° 319, p.707 は、比較法的に見れば「完全賠償原則」が主流であること、判例上、民法1150条を適用した事例が相対的に少ないことを強調する。
(51) Viney et Jourdain, supra note 47, n°s 331 et s., pp.722 et s.
(52) 契約不履行に基づく損害賠償を履行確保の手段として捉える構想は、ドゥニ・タロン（Denis Tallon）やフィリップ・レミィ（Philippe Rémy）の論文、フィリップ・ル・トゥルノー（Philippe Le Tourneau）のトレテを嚆矢とし、今や「フランスの民法理論は歴史の分岐点にある」（Savaux, supra note 21, n° 1, p.1）とも評される程に有力となり、契約不履行理論の一大潮流となっている（cf. supra note 20）。もっとも、それ以前にも同様の視点からの議論が存在しなかったわけではない。例えば、ジャン・カルボニエ（Jean Carbonnier）は、断片的なものではあるが、古くから、「契約上の損害賠償は債権者・債務者間に作られた先存関係の帰結ないしその投影として現れる」（Jean Carbonnier, Droit civil, t.IV, Les obligations, 22ème éd., PUF., Paris, 2000, n° 154, pp.293 et s.）、あるいは、「契約責任と呼ばれているものは、非常に限られたものとして、つまり、債権者が契約から期待した、（金銭による）利益の等価物を債権者に獲得させる債務として理解されなければならない。契約責任は、折れた腕と人間の死をその中に入れさせる策略である。そのような悲劇は、1382条以下の管轄に属するのである」（n° 295, p.520）と述べてきたし、ボリ・スタルク（Boris Starck）も、契約の拘束力を起点に、契約不履行に基づく損害賠償の機能を契約において予定された利益の保障に求めていた（Boris Starck, Essai d'une théorie générale de la responsabilité civile considérée en sa double fonction de garantie et de peine privé, th. Paris, préf. Maurice Picard, L. Rodstein, Paris, 1947, pp.269 et s.）。また、契約不履行に基づく損害賠償の機能を「弁済」と「賠償」に区別するジェローム・ユエ（Jérôme Huet）のテーズも、伝統的通説の立場とは一線を画している（Jérôme Huet, responsabilité contractuelle et responsabilité délictuelle : Essai de délimitation entre les deux ordres de responsabilité, th. Paris II, dactyl., 1978）.
(53) Rémy, supra note 20, La responsabilité contractuelle..., n°s 1 et s., pp.323 et s. ; Le Tourneau, supra note 20, n°s 806 et s., pp.322 et s.

◆ 第 2 項 ◆ 契約不履行に基づく損害賠償に関する 2 つの理論モデル

ることによって新たに発生する債務である。これに対して、契約不履行に基づく損害賠償が問題となる場合には、状況が全く異なる。債務を履行しなかった者に対して契約不履行に基づく損害賠償の支払いが命ぜられるのは、「合意は守られなければならない（pacta sunt servanda）」の帰結でしかないのである。すなわち、契約当事者は合意を履行しなければならない。そして、契約当事者の一方が債務を履行しない場合には、他方当事者は満足を得ることができない。この場合、債務の履行を受けられなかった当事者は、債務の履行が与えていたであろう利益を獲得するために、履行の等価物である契約不履行に基づく損害賠償を請求するのである。対象は異なるが、これは、まさに等価物による契約の履行プロセスである。従って、契約不履行に基づく損害賠償の源は、契約それ自体の中に存し、それは、いわば契約から生じた先存債務の「履行の延長」なのである。以下では、このように契約不履行に基づく損害賠償を契約ないし契約債務の履行方式として捉える理論枠組みを、「履行モデル」と呼ぶことにしよう。

　契約不履行に基づく損害賠償を履行という視角から捉える近時の有力学説は、それを違法かつ有責な行為によって惹起された損害を賠償するための制度として理解する伝統的通説を批判しながら、履行モデルの優位を以下のように説いている。

　フランス民法典は、ジャン・ドマ（Jean Domat）やロベール・ジョセフ・ポティエ（Robert-Joseph Pothier）の体系に従って[54]、「債務の効果（De l'effet des obligations）」と題する節の中で、「債務不履行の結果生ずる損害賠償（Des dommages et intérêts résultant de l'inexécution de l'obligation）」を扱っており、そこでは、契約それ自体の中に源を有する契約不履行に基づく損害賠償と、「合意なしに形成される債務（Des engagements qui se forment sans convention）」としての不法行為に基づく損害賠償が明確に区別されている。つまり、フランス民法典において、契約不履行に基づく損害賠償は、「債務の効果」として、言い換えれば、債権者による債務の強制手段として位置付けられているのである[55]。

[54] ドマは、契約不履行に基づく損害賠償を、「合意による任意かつ相互の債務」と題する章の中で、「合意に必然的に続く債務」として捉え、「全ての合意において、自己が為し、あるいは、保持している合意に違反した者が、（合意の実現が―筆者注）できなかったのか、あるいは欲しなかったのかを問わず、合意の性質、不履行または遅滞の質、及び諸状況に応じて、他方に対して損害賠償を義務付けられるのは、債務の二次的な効果である」と述べているし（Jean Domat, Les loix civiles dans leur ordre naturel, nouv. éd., chez Bernard Brunet, Paris, 1745, Liv. I, Tit. I, Sec. III, N°IV）、ポティエも、「債務の効果」と題する章において、「債務不履行もしくは履行遅滞の結果生ずる損害賠償」を体系的に論じている（Robert-Joseph Pothier, Traité des obligations, in, Œuvre de Pothier annotées et mises en corrélation avec le Code civil et législtation actuelle, par M. Bugnet, t. II, Casse et N. Delamotte, Paris, 1848, n°s 159 et s., pp. 76 et s）。
[55] Rémy, supra note 20, La responsabilité contractuelle..., n°s 2 et s., pp. 324 et s. このような見方は、今日のフランス民法学において、「契約責任」という概念を擁護する立場も含め、一般的に受け入れられているものである。Cf. Malaurie, Aynès et Stoffel-Munck, supra note 35, n° 934, pp. 494 et s. ; François Terré, Philippe Simler et Yves Lequette, Droit civil, Les obligations, 10ème éd., Dalloz, Paris, 2009, n° 559, p. 565 ; Le Tourneau, supra note 20, n° 805-2, p. 322 ; Larroumet, supra note 21, n° 3, pp. 544-545 ; Savaux, supra note 21, n° 3, p. 3 ;

◆序　論◆

　ここから、賠償モデルに対しては、契約不履行に基づく損害賠償を「債務の効果」として規定する民法典の構造に適合しないとの批判が提起されうる。すなわち、2つの損害賠償制度が同一の性質を有するのであれば、それらの間に存在する制度上の相違を正当化することは可能か。とりわけ、賠償モデルを前提とする場合には、契約時の予見可能性によって損害賠償の範囲を確定するフランス民法典1150条の正当化が困難となる。しかし、同条は、契約不履行に基づく損害賠償を債務の履行プロセスとして把握する立場を基礎とすれば、契約不履行に基づく損害賠償の性質上、当然の事理を規定したものと捉えられるのではないか。履行モデルを前提とする場合、民法典1150条は、以下のように正当化されることになる[56]。

　民法典1150条は、ポティエのシステムを採用したものであるが、そこでは、「債務者は、契約締結時に、債務の不履行によって被りうることを予見することができた損害賠償に関してのみ義務を負う。というのは、債務者は、それらの損害賠償につき義務を負うものとみなされているからである」とされていた。そして、通常、当事者は、債務の対象である物それ自体との関連で被りうる損害（内在的損害）のみを予見し、債務不履行が債権者のその他の財産に対して惹起した損害（外在的損害）については予見していなかったものとみなされるが、契約によって外在的損害が予定され、債務者によってそれが明示もしくは黙示に引き受けられていた場合には、外在的損害であっても、契約不履行に基づく損害賠償の対象となりうるとされた[57]。このように、ポティエのシステムにおいては、通常、契約の対象それ自体との関連で被りうる損害のみが契約不履行に基づく損害賠償の中に含まれるが、契約の対象とは関わりのない損害であっても、それが契約内容として取り込まれている場合には、その対象となりうることが示されている。つまり、ここで言う予見可能性は、債務の目的によって制御された客観的概念として理解されており、従って、契約不履行に基づく損害賠償の範囲は、約束されたが獲得することのできなかった利益を基準として決せられることになるのである。このように、契約不履行に基づく損害賠償が契約ないし契約債務の等価物による履行手段として構成されるのであれば、その範囲が、当事者が契約で予定したものを基準として決せられることも当然と言える。

　伝統的通説は、賠償モデルを前提に、「契約責任」と不法行為責任を同一の性質を有する2つの責任制度として捉えるが、このような構想は、民事責任システムの混乱の原因となっている[58]。とりわけ、契約不履行に基づく損害賠償の賠償手段化を

---

(56) Le Tourneau, supra note 20, n°s 1034 et s., pp. 400 et s. ; Rémy, supra note 20, La responsabilité contractuelle…, n°s 41 et s., pp. 350 et s. ; Aubry, supra note 20, n° 432, pp. 420 et s. ; Faure-Abbad, supra note 20, n°s 230 et s., pp. 205 et s. ; Rémy-Corlay, supra note 20, pp. 27 et s. ; etc.

(57) Pothier, supra note 54, n°s 160 et s., pp. 76 et s.

(58) Rémy, supra note 20, La responsabilité contractuelle…, n°s 16 et s., pp. 336 et s. ; Id., supra

◆ 第2項 ◆ 契約不履行に基づく損害賠償に関する2つの理論モデル

前提として成り立つ安全債務については、以下のような問題が指摘されている[59]。①2つの責任秩序の境界線が問題となる事例が増加し、「契約責任」の時的、場所的、人的範囲が不明瞭となる。②非競合（non-cumul）原則[60]の正当化が困難となる。すなわち、同じ法的状況で被った損害を、契約当事者であるかどうかによって、異なる規律に服せしめる理由はどこに存するのか。③安全債務も契約債務である以上、手段債務・結果債務に区分され、その結果、債務の性質決定によって被害者の置かれる法的地位は著しく異なることになるが（フォートの証明の要否）、その基準が明確ではないし、④不法行為領域においては、物の所為に基づく責任が発見され、フォートなしの責任が認められるようになっているから、安全債務が手段債務と性質決定される場合には、非競合原則によって、「契約責任」しか援用することのできない被害者は、安全債務の債権者でなければ免れていたはずのフォートの証明を義務付けられることになる。

このような混乱を前にして[61]、近時の有力学説は、以下のように主張する。歴史的・理論的に見れば、実定法の無秩序は、「契約責任」を不法行為責任と同じ賠償の手段として把握する理論枠組み、そして、契約目的とは何ら関わりを持たない身体的損害を契約不履行に基づく損害賠償の対象としたことに由来する。全ての奇異や不正義の原因は、民事責任の一部として構想された「契約責任」に存するのである。これに対して、契約不履行に基づく損害賠償を、賠償ではなく、契約の履行という視点から構築するのであれば、契約と責任は、それぞれ弁済と賠償という本来のカテゴリーに止まることができる。その結果、契約利益の不獲得以外の要素は、民事

---

note 20, Critique du système français...., pp.31 et s. ; Deschamps, supra note 20, Le Mythe de la responsabilité contractuelle...., pp.175 et s. ; Leturmy, supra note 20, pp.839 et s. ; Faure-Abbad, supra note 20, n°s 106 et s., pp.86 et s., et n°s 201 et s., pp.171 et s. ; Ophèle, supra note 20, Faute délictuelle et faute contractuelle...., pp.78 et s. ; etc. 論じられている問題は多岐にわたるが、契約不履行に基づく損害賠償に関する2つの理論モデルを抽出するという本項の問題意識に鑑み、以下では、安全債務の問題に叙述を限定する。

(59) 以下の叙述につき、注(41)、(58)掲記の諸論稿のほか、Cf. Yvonne Lambert-Faivre, Fondement et régime de l'obligation de sécurité, D.,1994, chr., pp.81 et s. ; Patrice Jourdain, L'obligation de sécurité (À propos de quelques arrêts récents), Gaz. Pal., 1993, 2, doc., pp.1171 et s. ; Eric Bramat, L'obligation de sécurité (pruduits et services mis sur le marche), th. Montpellier I, dactyl., 2000 ; Cyril Bloch, L'obligation contractuelle de sécurité, th. Aix-Marseille, préf. Roger Bout, PUAM, Aix-en-Provence, 2002 ; Julia Sourd, L'obligation de sécurité en droit privé, th.Bordeaux IV, dactyl., 2004 ; etc.

(60) 「契約債務の債権者は、当該債務の債務者に対して、たとえそれをなすにつき利益を有する場合であっても、不法行為責任規範を利用することができない」（Cass. 1re civ., 4 nov. 1992, Bull. civ., I, n° 276 ; Cass. 3ème civ., 9 juin 1993, Bull. civ., III, n° 204 ; etc.）。

(61) 賠償モデルを前提とする伝統的通説も、本文で述べたような状況に対応すべく、一定の解決策を提唱している。例えば、安全債務の部分的な非契約化（Jourdain, supra note 59, pp.1171 et s. ; Lambert-Faivre, supra note 59, pp.81 et s. ; Viney et Jourdain, supra note 31, n° 501-1, pp.471 et s. ; etc）、非競合原則の柔軟化（Viney, supra note 19, n°s 239 et s., pp.649 et s. ; etc）、物の所為に基づく契約責任の発見（Cass. 1re civ., 17 janv. 1995, Bull. civ., I, n° 43 ; D., 1995, 350, note, Patrice Jourdain : D., 1996, somm., 16, obs., Gilles Paisant : JCP., 1995, I, 3853, chr., Geneviève Viney : RTD civ., 1995, 631, chr., Patrice Jourdain）等がそれである。

17

◆序　論◆

責任のメカニズムによって統一的に規律されることになり、2つの責任秩序の関係という克服困難な問題も解消されることになるのである[62]。

更に、賠償モデルとの対比で言えば、履行モデルを前提とする場合、フォート、因果関係、損害という3要件が不要になることも指摘しておかなければならない。契約不履行に基づく損害賠償は、履行プロセス、つまり、履行されなかった債務の履行を確保するための制度として捉えられるから、不履行の有無、契約で予定された利益の不実現を確定すれば足りるのである。従って、伝統的通説のように、責任の基礎としての契約上のフォートを問題にする必要も、債務の不履行を契約上のフォートに置き換える必要もないのである[63]。

ところで、履行モデルに対しては、以下のような批判が提起されている。①契約不履行に基づく損害賠償は、履行に類似する機能を持つが、履行と同一視することはできない[64]、②債務不履行から生ずる損害は、内在的損害と外在的損害に分類されるところ、履行モデルによれば、後者についての賠償が否定されてしまう。これらの損害は、不履行それ自体が不法行為と評価されない限り、不法行為責任によってカバーされえない[65]。仮に、不法行為責任を肯定するとしても、③等価物による履行と賠償の区別は明瞭ではないし[66]、④等価物による履行と損害の賠償について、訴訟が二元的に構成されることになってしまう[67]。

しかし、いずれの批判も、適切なものとは言えない。まず、履行モデルは、フランス民法典が「債務の効果」として契約不履行に基づく損害賠償を位置付けていることを前提に、契約不履行に基づく損害賠償を契約債務の実現プロセスとして把握し、こうした実質に適合的な理論枠組みを提供しようとするものであるから、①の批判は適切ではない。また、履行モデルは、損害賠償の範囲を、内在的損害、つまり、債務の対象それ自体の価値に限定するものではない。外在的損害であっても、それが契約内容として取り込まれている場合には、契約不履行に基づく損害賠償の対象となりうる。つまり、履行モデルによれば、契約不履行に基づく損害賠償の範

---

(62) 履行モデルにおいても、債権者の身体的安全が債務の対象とされている場合に、それに対する侵害が契約不履行法によって規律されることはもちろんである。

(63) Tallon, supra note 20, Pourquoi parler de faute contractuelle ?, pp. 429 et s. ; Ophèle, Faute délictuelle et faute contractuelle..., supra note 20, pp. 78 et s. ; Aubry, supra note 20, n°s 413 et s., pp. 401 et s. ; Faure-Abbad, supra note 20 ; etc.

(64) Jourdain, supra note 21, p. 69 ; Viney, supra note 21, n° 11, p. 932 ; Savaux, supra note 21, n° 41, pp. 25 et s.

(65) Viney, supra note 21, n°s 12 et s., pp. 939 et s. 以下の具体例を挙げる。①種を購入した農家が、その種に瑕疵が存在していたために収穫できなかった場合、②警報装置を備え付けた商人が、当該装置が役に立たず盗難にあった、あるいは、当該装置の不備により火災が発生した場合、③銀行に融資の助言を依頼した企業が、その助言の誤りのために、悪条件の融資契約を締結するに至った場合。

(66) Larroumet, supra note 21, n° 2, p. 544 ; Viney, supra note 21, n° 15, p. 936 ; Jean-Luc Aubert, Yvonne Flour et Éric Savaux, Droit civil : Les obligations : 3. Le rapport d'obligation, 6ème éd., Sirey, Paris, 2009, n° 172, p. 139.

(67) Viney, supra note 21, n° 15, p. 936.

囲は、債権者によって追求された利益が実現された場合を金銭によって表現したものに相当するのである[68]。従って、②ないし④の批判は、履行モデルに対する誤解に由来するものと言える。

(3) 契約不履行に基づく損害賠償に関する2つの理論モデルの意味

以上のように、賠償モデル・履行モデルという枠組みは、フランスの契約不履行に基づく損害賠償の性質をめぐる議論において、賠償と履行という異なる発想を基礎とする2つの潮流が存在することに着目して抽出したものである。つまり、賠償モデルと履行モデルは、契約不履行に基づく損害賠償に関わる様々な言明が前提としている思考枠組み、あるいは、その基礎となる考え方を元に構築したものと言うことができる。従って、それぞれのモデルが単一の内容を持つものでないことはもちろんであるし、各モデルの内部において更なる下位モデルを想定することも可能である。実際、以下の叙述においては、賠償モデル・履行モデルのそれぞれの中で更に下位モデルを構想し、それらを分析の視角として用いることが、しばしば行われている。

しかし、ここで重要なのは、本書が設定する賠償モデル・履行モデルという最上位のモデルが、日本の契約（債務）不履行に基づく損害賠償の議論においては、ほとんど意識されてこなかったという事実である。本書の問題意識も、まさにこの点に由来する。

先に触れたように、今日では、不法行為法との共通性に着目して議論を構築する伝統的理論と、合意の違反を起点に据えた契約責任を標榜する新しい契約責任論との対立構図が描かれており、こうした帰責の根拠を出発点とする争いが、契約（債務）不履行に基づく損害賠償の議論の中心に置かれている。しかし、不法行為法の論理を借用するのか、合意の拘束力に対する違反を基軸とするのかという問い、つまり、契約（債務）に基づく損害賠償の根拠に関わる問いだけでは、その基本構想の全貌を浮かび上がらせ、各議論に内在する課題を明らかにすることはできない。そのためには、帰責の問題とは別の次元で、各議論の背景にある思考プロセスを抽出して、契約（債務）不履行に基づく損害賠償をどのような論理構造の上に乗せるのかという視点を持たなければならない。というのは、(2)で明らかにしたように、賠償・履行という視点は、契約（債務）不履行に基づく損害賠償の様々な局面で大きな意味を持つにもかかわらず、これまでの日本の議論では、不法行為法の構造を借用

---

(68) 注(65)の例で言えば、種を購入した農家が、その種に瑕疵が存在していたために収穫できなかった事例、警報装置を備え付けた商人が、当該装置が役に立たなかったために盗難にあった事例、銀行に融資の助言を依頼した企業が、その助言が誤っていたために悪条件の融資契約を締結するに至った事例における、作物を収穫する、盗難を防止する、好条件の融資を受けるといった要素も、それが各契約の中に取り込まれる限りにおいて、契約不履行に基づく損害賠償の対象となりうるのである。

◆序　論◆

し損害賠償の源を債務者の故意・過失に求める立場であっても、あるいは、その根拠を合意の違反に求める立場であっても、契約（債務）不履行に基づく損害賠償を捉える際には賠償の論理を所与の前提としているため、こうした思考モデルそれ自体を相対化しない限り、従来の議論に内在する課題・問題を浮かび上がらせることができないからである。

　これをより一般化すれば、以下のように言うことができよう。賠償モデル・履行モデルという各理論モデル内部における下位モデルも、その基礎においては、賠償ないし履行という発想を起点に据えており、この限りにおいて、それらの下位モデルは、賠償モデル・履行モデルというより上位の思考に規定されている。そうであるならば、契約（債務）不履行に基づく損害賠償を論ずるに際しての分析視点としては、本論の中で言及する下位モデルではなく、賠償モデル・履行モデルというより上位の思考モデルを採用することが適切である。そして、このような視点を持つことによって初めて、従来の契約（債務）不履行に基づく損害賠償をめぐる議論に新たな光が当てられ、そこに存在する様々な問題・課題を指摘することが可能となる。本書が、冒頭において、契約（債務）不履行に基づく損害賠償の理論枠組みを抽出したのは、以上のような考えに基づくものである。従って、契約不履行に基づく損害賠償に関する2つの理論モデルは、これまでに展開されてきた様々な法律論、解釈論、立法論、制度設計論の背後にある思考枠組みを基に構築したものであって、単に形式的・図式的な形で整理したものなどではないのである。

◇第3項　問題の設定

　本書は、第2項で抽出した賠償モデル・履行モデルという理論枠組みを用いて、契約（債務）不履行に基づく損害賠償に関する諸問題を検討し、それを契約不履行法、民事責任法の中に位置付けることで、契約（債務）不履行に基づく損害賠償の理論枠組みが持つ意味を明確にし、履行の実現という視点から、つまり、履行モデルの考え方を基礎としながら、契約（債務）不履行に基づく損害賠償の議論を構築する可能性を提示しようとするものである。以下で、本書の課題と検討対象をより明確に提示しておくことにする。

(1) 本書の課題

　賠償モデルと履行モデルは、契約（債務）不履行に基づく損害賠償を損害の賠償手段として理解するのか、それとも、契約の実現手段として把握するのかという点において、異なる原理を背景としている。このような原理の相違は、抽象的な理念のレベルにおける対立に止まるものではない。契約（債務）不履行に基づく損害賠償の基礎をどのように理解するかによって、より具体的な現象のレベルにおいても大きな違いが生じてくるからである。そして、これまでの契約（債務）不履行に基づく

◆ 第3項 ◆ 問題の設定

損害賠償をめぐる議論の理論的・実際的な問題の多くは、この2つの原理を明確に区別してこなかったことにその原因を求めることができるように思われる。

日本の契約（債務）不履行に基づく損害賠償をめぐる議論の特質は、損害の賠償という発想を所与の前提としていること、しかし、時に、履行という異なる原理を意識的、あるいは、無意識のうちに利用していること、その結果、様々な局面において、極めて困難な問題を抱え込むに至っていることに存する。本書の第1の課題は、日本の契約（債務）不履行に基づく損害賠償に関する議論には、その前提とする原理のレベルにおいて、多くの理論的・実際的問題が内包されているだけでなく、新たな契約不履行法の理論を構築するための枠組みとしても、多くの課題が存在することを明らかにし、契約（債務）不履行に基づく損害賠償を履行の実現手段として捉える方向性の意義と優位を提示することに存する（第1部）。

このような問題意識をより具体的な検討課題として提示するならば、以下のような2つの問題に定式化することができる。

1つは、契約（債務）不履行に基づく損害賠償の性質に関わる問題、すなわち、契約（債務）不履行に基づく損害賠償の源はどこに存するのか、契約（債務）不履行に基づく損害賠償はどのような性質を持つ債権なのかという問題である（第1章）。ここでは、契約（債務）不履行に基づく損害賠償と契約あるいは契約から生じた債権との関係が問われることになる。このような問題の定式化に対しては、契約（債務）不履行に基づく損害賠償の性質を抽象的な形で論ずることにどれだけの意味があるのかという異論が提示されるかもしれない。しかし、契約（債務）不履行に基づく損害賠償の性質論は、これまで、日本において、多くの議論が展開されてきた問題と密接な関わりを持っている。

第1に、契約（債務）不履行に基づく損害賠償における帰責事由の問題である（第1節）。日本の伝統的通説は、債務不履行によって損害賠償請求権を生ずるためには、不履行という客観的状態のほかに、主観的要件としての帰責事由が必要であるとし、ここで言う帰責事由とは、債務者の故意・過失または信義則上これと同視すべき事由を意味すると理解してきた[69]。これは、契約（債務）不履行に基づく損害賠償を、不法行為に基づく損害賠償と同じく、有責な行為によって惹起された損害を賠償するための責任制度として構想し、そこから、帰責事由の内容についても、不法行為法の場合と同じように、過失責任主義を基礎として解釈したものと理解することができる。従って、ここで、帰責事由は、契約（債務）不履行に基づく損害賠償が契約あるいは契約から生じた債務とは法的に別個の存在であることを前提に、不法行為領域における故意・過失と同じく、債務者に損害賠償債務を課すための正当化根拠として作用しているのである。

---

[69] 我妻・前掲注[7]100頁以下、於保・前掲注[7]93頁以下、林〔安永補訂〕＝石田＝高木・前掲注[13]90頁以下〔林執筆部分〕、奥田・前掲注[13]124頁以下等。

◆序　論◆

　こうした論理構造は、伝統的通説を激しく批判し、帰責事由の中身を債務者が自らの意思によって設定した契約規範に従わなかったことに求める近時の有力学説の中にも[70]、見出すことができる。これらの学説が、帰責事由は不履行と一体的に判断されると説きながら、なお帰責事由という要件を維持しているのは、契約不履行に基づく損害賠償が契約あるいは契約から生じた債権とは論理的に別個の存在であることを前提に、前者を債務者に転嫁するための枠組みを必要としているからにほかならない。このように見てくると、帰責事由という枠組みそれ自体が、賠償の論理に規定されていることが分かる。従って、契約（債務）不履行に基づく損害賠償の性質をどのように理解するのかという問題を検討しなければ、帰責事由要件の理論的な意味やその要否を解明することはできないと言うことができよう。これまでの議論においては、こうした視点が欠落していたのである。

　第2に、契約（債務）不履行に基づく損害賠償の消滅時効起算点に関わる問題である（第2節）。判例は、古くから、債務不履行に基づく損害賠償請求権の消滅時効は本来的債権の履行を請求しうる時から進行し、本来的債権が時効により消滅した場合には、もはや損害賠償を請求することはできないとの立場を採用しており[71]、学説の多くも、このような解決を支持してきた[72]。しかし、契約（債務）不履行に基づく損害賠償が、不法行為に基づく損害賠償と同じく、有責な行為によって生じた損害を賠償するための制度であるとするならば、損害賠償は、有責な行為によって損害が惹起された場合に初めて発生する債権であり、本来的債権とは法的に別個の存在であると言わなければならないのではないか。そうであるならば、少なくとも、損害賠償請求権の消滅時効起算点を、本来的債権の履行を請求しうる時に求めることはできないのではないか[73]。それにもかかわらず、このような問いが深刻に受け止められることなく、判例の解決がいわば漫然と受け入れられてきたのは、言うまでもなく、履行と賠償という契約（債務）不履行に基づく損害賠償に関する2つの原理が明確に区別されてこなかったからにほかならない。従って、ここでもまた、契約（債務）不履行に基づく損害賠償の性質からの議論が、極めて大きな意味を持つことになるのである。

　先に述べた問題意識から導かれるもう1つの具体的な検討課題は、契約（債務）不履行に基づく損害賠償の対象に関わる問題、すなわち、契約（債務）不履行に基づく損害賠償によって塡補ないし充足される対象は何かという問題である（第2章）。ここに提示した契約（債務）不履行に基づく損害賠償の対象という課題設定も、これま

---

(70) ニュアンスの相違はあるが、森田・前掲注(8)46頁以下、潮見・前掲注(9)267頁以下等。
(71) 大判大正8年10月29日民録25輯1854頁、最判昭和35年11月1日民集14巻13号2781頁、最判平成10年4月24日判時1661号66頁。
(72) 鳩山・前掲注(2)68頁、我妻・前掲注(7)101頁等。
(73) 前田・前掲注(16)132頁以下。また、中松纓子「契約法の再構成についての覚書」判タ341号（1977年）35頁以下も参照。

で多くの議論が積み重ねられてきた問いに関わるものである。

　第1に、損害の意味である（第1節）。伝統的な議論においては、主として、損害を事実として把握するのか、それとも、違法行為がなかったならばそうであったであろう状態と現在の状態との差として捉えるのかが争われてきた[74]。このような対立構図は、不法行為に基づく損害賠償の領域におけるそれと同一であり、ここでも、契約（債務）不履行に基づく損害賠償が損害の賠償を目的とする制度であるという考え方が前提となっていることが分かる。しかし、果たして、このような問題の立て方は適切なのか。契約規範によって規律されている者同士の間で問題となる損害賠償と、そうでない者の間で問題となる損害賠償とにおいて、賠償の対象となる損害を同一の概念によって把握することは可能なのか。近時の学説のように、契約を起点とした「契約責任」論を標榜するのであれば、違法行為がなかったならばそうであったであろう状態と現在の状態との間に差が存在しない場合であっても、損害賠償を認めるべきケースが存在するのではないか。これらの問いが明確な形で提示されてこなかったのも、まさに、履行と賠償という契約（債務）不履行に基づく損害賠償に関する2つの原理が明確に区別されてこなかったことに起因している。従って、損害の意味についても、損害賠償の原理のレベルから、もう一度、問い直してみる必要があると言える。

　第2に、契約（債務）不履行に基づく損害賠償の範囲である（第2節）。日本の民法は、債務不履行に基づく損害賠償の範囲についてのみ、通常損害・特別損害の区別と予見可能性を中核とする賠償範囲確定ルールを設けている。ところが、日本の伝統的通説は、賠償されるべき損害の範囲は債務不履行と相当因果関係に立つ全損害であるところ、民法416条はこの相当因果関係の内容を定めた規定であると理解し[75]、この規定が不法行為に基づく損害賠償についても類推適用ないし準用される、あるいは、相当因果関係による規律が416条を適用した場合と同一の結果をもたらすと理解してきた[76]。言うまでもなく、このような理解の背後には、契約（債務）不履行に基づく損害賠償を不法行為に基づく損害賠償と同じ原理によって基礎付ける構想が存在する。他方、伝統的通説に対して、民法416条の沿革研究と相当因果関係の理論的考察を基礎に、相当因果関係は完全賠償原則と密接に結び付いており、民法416条が前提とする制限賠償原則の下では意味を持たないとの批判を提起し、それに代わる理論枠組みとして、民法416条を、債務不履行と事実的因果関係にある損害のうち賠償されるべき損害の範囲を制限する政策的な価値判断、つまり、保護範囲確定のための基準を与える規定として理解する立場の背後にも[77]、賠

---

(74) 議論の詳細については、高橋眞「損害論──日本における学説史と現状」同『損害概念序説』（有斐閣・2005年）121頁以下〔初出・1990年〕を参照。
(75) 鳩山・前掲注(2)60頁以下、我妻・前掲注(7)117頁以下、於保・前掲注(7)138頁以下等。
(76) 鳩山秀夫『増訂日本債権法各論 下巻』（岩波書店・1924年）942頁以下、我妻栄『事務管理・不当利得・不法行為』（日本評論社・1937年）202頁以下等。

◆序　論◆

償の発想を指摘することができる。というのは、ここでは、本来ならば不履行によって生じた損害の全てが賠償の対象とされるべきところ、それを政策的価値判断により一定の範囲に限定するという考え方、そして、このような価値判断は2つの損害賠償に区別なく妥当し、かつ、規範の保護目的という同一の論理によって実現されるという考え方が採用されているからである。かくして、完全賠償原則・制限賠償原則という思考様式それ自体が、賠償の論理に規定されていると見ることができる。従って、契約（債務）不履行に基づく損害賠償の範囲を確定するルールのあり方、そして、債務不履行についてのみ、通常損害・特別損害の区別と予見可能性を中核とする賠償範囲確定ルールを設けている民法416条の意味を解明するためには、契約（債務）不履行に基づく損害賠償を原理のレベルから捉え直さなければならないのである。

　これらの検討を通じて、従来の契約（債務）不履行に基づく損害賠償をめぐる議論に存在する様々な問題が明らかにされ、契約（債務）不履行に基づく損害賠償を履行実現のための手段として捉える方向性の意義と理論的な優位が提示されることになる。もっとも、これだけでは、先に提示した契約不履行に基づく損害賠償の分析枠組み、そして、それを履行方法として把握するモデルの有用性を完全に示したことにはならない。このことを明確にするためには、一方で、個々の検討課題から明らかにされる成果を総体として捉え、解釈のための枠組みとして提示すること、契約（債務）不履行に基づく損害賠償を損害の賠償方式として捉える立場が何を目的として構想されたのか、その目的が達成されているのか、今日、契約（債務）不履行に基づく損害賠償を契約ないし債権の履行方式として捉える必要があるのかを明らかにすることが必要であり、他方で、現行民法の債務不履行や損害賠償の規定を解釈するための枠組みに止まらず、契約（債務）不履行に基づく損害賠償に関する制度設計のあり方、契約不履行法の体系化、民事責任法全体の捉え方を問うための枠組みとしても有用であることを示す必要が存する。これが、本書における第2の課題である（第2部）。

　こうした問題関心からは、以下の諸点を検討することが必要不可欠となろう。
　まず、契約不履行に基づく損害賠償に関する2つの理論モデルを用いて、現行民法における債務不履行に基づく損害賠償の意義を分析しなければならない。もちろん、民法本来の立場を明らかにすることを目的とした先行研究は数多く存在し、これらが極めて有益な視点を提供していることに疑いはない[78]。しかし、既に述べた

---

(77) 平井・前掲注(11)。
(78) 債務不履行の学説史を含めて、福島正夫「明治民法典における損害賠償規定の形成」同『福島正夫著作集第4巻 民法（土地・登記）』（勁草書房・1993年）182頁以下〔初出・1957年〕、山田晟＝来栖三郎「損害賠償の範囲および方法に関する日独両法の比較研究」来栖三郎『来栖三郎著作集Ⅰ法律家・法の解釈・財産法・財産法判例評釈 (1)〔総則・物権〕』（信山社・2004年）500頁以下〔初出・1957年〕、北川・前掲注(11)「日本法学」34頁以下、早川眞一郎「不完全履行・積極的債権侵害」星野英一編代『民法講座4債権総論』（有斐閣・1985年）54頁以下、國井和郎「債務

◆ 第3項 ◆ 問題の設定

ところからも明らかとなるように、従来の議論においては、契約（債務）不履行に基づく損害賠償の原理について、損害の賠償という発想が所与の前提とされていたことから、その限りにおいて、民法の立場を正確に把握することができなかったのではないかとの疑問も生じうる。日本の民法において、債務不履行による損害賠償は「債権の効力」と題する節に存在しており、それ自体が債務の発生原因である不法行為による損害賠償とは明確に区別されている。すなわち、不法行為に基づく損害賠償は、故意又は過失による権利侵害・利益侵害と損害発生の結果として新たに発生する債務であるのに対し、債務不履行による損害賠償は、民法上、有責な不履行の結果生ずる債務ではなく、先存する「債権の効力」として位置付けられているのである。

このような民法の構想を前提とするならば、2つの損害賠償制度は明確に区別されなければならず、両者は全く別個の性質を有する制度として捉えられるべきではないのか。民法が要件・効果の両面について2つの損害賠償制度を別異に扱っているのは、それらの性質が異なることを前提としているからではないのか。契約（債務）不履行に基づく損害賠償を履行されなかった先存債務の履行を実現するための手段として捉えるならば、民法における債務不履行規定を統一的に説明することができるのではないか。民法施行後の学説が契約（債務）不履行に基づく損害賠償に関する様々な局面において困難な問題を抱えるに至ったのは、契約（債務）不履行に基づく損害賠償を有責な不履行によって惹起された損害を賠償するための制度として捉える構想を前提としたからではないのか。これらの問いを解明することによって初めて、契約（債務）不履行に基づく損害賠償を契約ないし債権の履行方式として捉える構想の解釈論的な有用性が明確に提示されることになるのである（第1章・第1節）。

仮に民法の債務不履行規定が履行の実現という考え方を前提として作られたものであるという認識が正当であるならば、今度は、その後の議論が契約（債務）不履行に基づく損害賠償を賠償の論理に基づいて解釈したのは何故かという問題が検討課題として浮かび上がってくる。こうした理論モデルの変遷の背後には、何らかの理論的ないし実践的な意図が存在し、その意図が正当なものとして評価されたからこそ、今日に至るまで、賠償モデルが何ら問題に付されることなく維持されてきたとも考えられるからである。従って、先に述べた本書の問題関心からすれば、契約（債務）不履行に基づく損害賠償に関する2つのモデルを用いて、民法における債務不

――――――――――
不履行における損害賠償の範囲」星野英一編代『民法講座4債権総論』（有斐閣・1985年）499頁以下、石崎泰雄「債務不履行体系の基本構造――履行遅滞・履行不能・不完全履行の三分体系の検討」早院51号（1989年）6頁以下、吉田・前掲注(8)論文、難波譲治「民法416条の立法沿革」高島平蔵先生古稀記念論集『民法学の新たな展開』（成文堂・1993年）319頁以下、潮見佳男「債務不履行・契約責任論史――明治期から1995年まで」同『債務不履行の救済法理』（信山社・2010年）13頁以下〔初出・1997年〕、中田裕康「民法415条・416条（債務不履行による損害賠償）」広中俊雄＝星野英一編『民法典の百年Ⅲ個別的考察（2）債権編』（有斐閣・1998年）1頁以下等。

◆序　論◆

履行による損害賠償の規定の意義を分析し、その後の理論モデルの変遷を「履行モデルから賠償モデルへ」という形で跡付けることで、賠償モデルの理論的・実践的意図を明らかにするとともに、その限界をも明確にしなければならないのである。そして、また、ここでは併せて、本書が「賠償モデルから履行モデルへ」の再転換を主張することの意義も明らかにしておかなければならないであろう（第1章・第2節）。

次に、契約不履行に基づく損害賠償に関する2つの理論モデルを用いて、その制度設計のあり方を探求し、現在進行中の民法（債権関係）改正に向けた諸提案と議論を分析するとともに、あるべき契約（債務）不履行に基づく損害賠償の形を提示することが必要となる。周知のように、法制審議会は、民法（債権関係）の規定の見直しに向けた検討を開始し、契約不履行法、契約（債務）不履行に基づく損害賠償に関する部分ついては、中間的な論点整理のための議論が行われ、「民法（債権関係）の改正に関する中間的な論点整理」が公表されるとともに、中間試案の作成に向けた議論が展開されている[79]。また、学界有志の研究グループの手になる改正提案についても、議論の進展が見られる。一方で、民法（債権法）改正検討委員会は、「債権法改正の基本方針」（以下では、「改正検討委員会・基本方針」で引用）を提示して、その詳細な解説を示しているし[80]、他方で、民法改正研究会も、日本私法学会提出案、平成21年新年案に続き、その後の研究成果を踏まえて、「民法改正 国民・法曹・学界有志案」を提示した（以下では、「改正研究会案」で引用）[81]。そして、多くの研究

---

(79) 民法（債権関係）部会の審議は http://www.moj.go.jp/shingi1/shingikai_saiken.html で閲覧可能である。以下では、法制審議会・民法（債権関係）部会における配布資料である「民法（債権関係）の改正に関する検討事項」、「民法（債権関係）の改正に関する検討事項（詳細版）」、「民法（債権関係）の改正に関する論点の検討」については、「検討事項○（該当の番号。以下同じ）」、「検討事項（詳細版）○」、「論点の検討○」で、同部会及び各分科会における議事録については、「第○回会議議事録」、「第○分科会第○回会議議事録」で、同部会の作成した「民法（債権関係）の改正に関する中間的な論点整理」、「民法（債権関係）の改正に関する中間的な論点整理の補足説明」については、「中間的な論点整理」「中間的な論点整理の補足説明」で、公表されている委員等提供資料については、委員と資料名で、それぞれ引用する。なお、これらの資料に関しては、本書脱稿の時点で、民事法研究会編集部編『民法（債権関係）の改正に関する検討事項──法制審議会民法（債権関係）部会資料〈詳細版〉』（民事法研究会・2011年）、商事法務編『民法（債権関係）の改正に関する中間的な論点整理の補足説明』（商事法務・2011年）、同編『民法（債権関係）部会資料集第1集〈第1巻〉～〈第6巻〉』（商事法務・2011年～2012年）、同編『民法（債権関係）部会資料集第2集〈第1巻〉～〈第2巻〉』（商事法務・2012年）が公刊されている。また、「中間的な論点整理」に対して寄せられた意見をまとめた、金融財政事情研究会編『『民法（債権関係）の改正に関する中間的な論点整理』に対して寄せられた意見の概要』（金融財政事情研究会・2012年）。

(80) 民法（債権法）改正検討委員会編『詳解 債権法改正の基本方針Ⅰ～Ⅴ』（商事法務・2009年～2010年）（以下では、「基本方針○（該当の巻数）」で引用）。また、同編『債権法改正の基本方針（別冊NBL126号）』（商事法務・2009年）、同編『シンポジウム「債権法改正の基本方針」（別冊NBL127号）』（商事法務・2009年）、NBL編集部編『インタビュー「債権法改正の基本方針」のポイント（別冊NBL133号）』（商事法務・2010年）、内田貴『債権法の新時代「債権法改正の基本方針」の概要』（商事法務・2009年）も参照。

(81) 民法改正研究会『民法改正と世界の民法典』（信山社・2009年）、同編『民法改正 国民・法曹・学界有志案（法律時報増刊）』（日本評論社・2009年）。なお、同委員会には、平成20年日本私法

◆ 第 3 項 ◆ 問題の設定

者・実務家が、法制審議会・民法（債権関係）部会の議論や学理的な諸提案に関して様々な角度からの検討を加え[82]、あるいは、改正に向けた問題点を抽出している[83]。

　　　　学会提出案、平成21年新年案、「国民・法曹・学会有志案」が存在するが、以下では、特に断りのない限り、最新の「国民・法曹・学会有志案」を引用・検討の対象とする。
　[82] 本書が扱う問題領域に限定しても、法制審議会・民法（債権関係）部会のHPで公開されている各種資料のほか、まず、一般的なものとして、大阪弁護士会『実務家からみた民法改正――「債権法改正の基本方針」に対する意見書（別冊NBL131号）』（商事法務・2009年）、佐藤正俊＝良永和隆＝角田伸一編『民法（債権法）改正の要点』（ぎょうせい・2010年）、伊藤滋夫編『債権法改正と要件事実（法科大学院要件事実教育研究所報第8号）』（日本評論社・2010年）、高須順一『民法（債権法）改正を問う――改正の必要性とあるべき姿』（酒井書店・2010年）、東京弁護士会法友全期会債権法改正プロジェクトチーム編『弁護士からの提言 債権法改正を考える』（第一法規・2011年）、大阪弁護士会編『民法（債権法）改正の論点と実務〈上〉〈下〉 法制審の検討事項に対する意見書』（商事法務・2011年）、東京弁護士会編『『民法（債権関係）の改正に関する中間的な論点整理』に対する意見書』（信山社・2011年）、福岡県弁護士会編『判例・実務からみた民法（債権法）改正への提案』（民事法研究会・2011年）がある。次に、契約（債務）不履行に基づく損害賠償、あるいは、契約（債務）不履行法を対象とする論稿として、民法改正研究会・前掲注[81]「国民・法曹・学界有志案」所収の山本豊「日本の学説・判例の展開から見た債務不履行法提案」42頁以下、中田邦博「ヨーロッパ契約法・消費者法から見た債務不履行法」44頁以下、長坂純「成立要件からみた債務不履行法」46頁以下、中村博「損害賠償ルールの混乱に憂慮 受け入れがたい過失責任主義の放棄〔徹底解説!「債権法改正の基本方針」実務家の視点〕」ビジネス法務2009年8月号76頁以下、五島丈裕「「契約の重大な不履行」を解除要件とすることの問題点〔徹底解説!「債権法改正の基本方針」実務家の視点〕」ビジネス法務2009年8月号80頁以下、佐々川直幸「瑕疵担保法定責任説を廃棄する改正――学理のための改正か国民のための改正か〔徹底解説!「債権法改正の基本方針」実務家の視点〕」ビジネス法務2009年8月号83頁以下、林邦彦「契約責任の現代化 債務不履行に基づく損害賠償責任の免責事由、契約の解除、瑕疵担保責任〔特集「いよいよ動き出す「民法（債権法）改正」――6.13シンポジウム・改正検討委員会の基本方針の紹介」〕」自正2009年9月号31頁以下、潮見佳男「債務不履行の救済手段」同『債務不履行の救済法理』（信山社・2010年）89頁以下〔初出・2009年〕、同「債権法改正議論と取締役の責任」同・前掲書129頁以下〔初出・2010年〕、同「表明保証と債権法改正論」銀法719号（2010年）20頁以下、同「瑕疵担保責任〔特集 民法（債権法）改正議論から民法を理解する〕」法セ679号（2011年）20頁以下、岡正晶「民法（債権法）改正の論点 実務家からの情報発信――企業間取引を中心に」ひろば2009年10月号37頁以下、北居功「契約の効力と契約の解除〔特集「債権法改正の基本方針」を読む〕」法時81巻10号（2009年）43頁以下、渡辺達徳「債務不履行（履行障害）〔特集「債権法改正の基本方針を読む」〕」法時81巻10号（2009年）11頁以下、同「債務不履行による損害賠償と帰責の構造（1）」法学76巻1号（2012年）1頁以下、山本豊「債務不履行・約款〔特集「民法の現在 債権法改正・成年年齢引下げ」〕」ジュリ1392号（2010年）84頁以下、青山大樹＝宇田川法也「不実表示等と表明保証〔企業取引実務から見た民法（債権法）改正の論点 第1回〕」NBL919号（2009年）9頁以下、阿多博文「未来予測 債権法改正の基本方針下での契約実務――損害賠償、解除の関連で〔特集「事務家の目線で考える債権法改正10の視点」〕」NBL920号（2010年）8頁以下、澤口実「企業間契約実務と債権法改正の基本方針」NBL921号（2010年）6頁以下、石崎泰雄「『債権法改正の基本方針』の検討――契約の不履行の基本構造」都法50巻2号（2010年）107頁以下、同「瑕疵担保責任の「不履行」への統合――法制審議会の議論をめぐって」都法52巻1号（2011年）1頁以下、同「不履行における「帰責事由」の機能――法制審議会の議論をめぐって」都法52巻2号（2012年）、森田宏樹「買主が悪意の場合における他人の権利の売主の責任――「手段債務」としての権利移転義務〔債権法改正を深める第1回〕」法教355号（2010年）49頁以下、同「手段債務における債務不履行と免責事由の要件相互の関係〔債権法改正を深める第2回〕」法教356号（2010年）78頁以下、同「結果債務と手段債務の交錯・融合――具体的な行為義務違反の立証責任が緩和された手段債務〔債権法改正を深める第3回〕」法教357号（2010年）88頁以下、同「危険負担の解除権構成（1）（2）〔債権法改正を深める 第4回、第5回〕」法教358号（2010年）87頁以下、359号62頁以下、飛松純一＝倉持喜史「債務不履行〔企業取引実務から見た民法（債権法）改正の論点 第7回〕」NBL927号（2010年）60頁以下、永石一郎「契約の解釈と債務不履行改正――弁護士の立場から」伊藤滋夫編『要件事実論と基礎法学』（日本評論社・2010年）69頁以下、同「解釈の転換を図る債務不履行に基づく損害賠償請求〔特集 債権法改正「契約」の変更点〕」ビジネス法務2011年1月号43頁以下、島田真琴「イギリス法との比較

27

◆序　論◆

これらの先行研究によって、契約（債務）不履行に基づく損害賠償、あるいはより広

による債権法改正基本方針の検討──国際取引法務の観点から」慶應法学19号（2011年）471頁以下、越智保見「「買主、注意せよ」から「売主、開示せよ」への契約観の転換──債権法改正が表明保証実務に及ぼす意義と東京地裁平成18年1月17日判決の再検討」NBL949号（2011年）26頁以下、同「「買主、注意せよ」から「売主、開示せよ」への契約観の転換──債権法改正の基本方針の詐欺・不実表示・情報提供義務・債務不履行概念と表明保証・東京地裁平成18年1月17日判決の総合的検討」早法86巻3号（2011年）1頁以下、平野望「契約解除の要件」NBL950号（2011年）62頁以下、山本健司「債務不履行による損害賠償について〔債権法改正の争点〔第3回〕債務不履行と解除〕」ジュリ1423号（2011年）82頁以下、稲田正毅「手続的アプローチを重視した解除制度の提案〔債権法改正の争点〔第3回〕債務不履行と解除〕」ジュリ1423号（2011年）87頁以下、池田清治「解除の要件と効果〔債権法改正の争点〔第3回〕債務不履行と解除〕」ジュリ1423号（2011年）91頁以下、山本敬三「債務不履行責任における「帰責事由」〔特集 民法（債権法）改正議論から民法を理解する〕」法セ679号（2011年）10頁以下、田中教雄「債務不履行における過失責任の原則について」法政78巻1号（2011年）168頁以下、瀬川信久「債務不履行による損害賠償の範囲〔特集 民法（債権法）改正議論から民法を理解する〕」法セ686号（2012年）50頁以下、長坂純「債務不履行による損害賠償請求権の成立要件──民法（債権法）改正案の検討」法論84巻4＝5号（2012年）57頁以下等がある。また、座談会「債権法改正をめぐって──企業実務の観点から〔特集「民法の現在 債権法改正・成年年齢引下げ」〕」ジュリ1392号（2010年）4頁以下、座談会「債権法改正をめぐって──裁判実務の観点から〔特集「民法の現在 債権法改正・成年年齢引下げ」〕」ジュリ1392号（2010年）46頁以下等も参照。

(83) 本書が扱う問題領域に限定しても、特別座談会「債権法の改正に向けて（上）（下）──民法改正委員会の議論の現状」ジュリ1307号（2006年）102頁以下、1308号13頁以下、森田修「「民法典」という問題の性格──債権法改正作業の「文脈化」のために」ジュリ1319号（2006年）36頁以下、同「「新しい契約責任論」は新しいか──債権法改正作業の文脈化のために」ジュリ1325号（2006年）210頁以下、同「履行請求権か remedy approach か──債権法改正作業の文脈化のために」ジュリ1329号（2007年）82頁以下、同「「契約の尊重（favor contractus）」について──債権法改正作業の文脈化のために」遠藤光男元最高裁判所判事喜寿記念文集『実務法学における現代的諸問題』（遠藤光男元最高裁判所判事喜寿記念文集編集委員会・2007年）199頁以下、同「「契約目的」概念と解除の要件論──債権法改正作業の文脈化のために」下森定先生傘寿記念論文集『債権法の近未来像』（酒井書店・2010年）231頁以下、椿寿夫＋新美育文＝平野裕之＝河野玄逸編『民法改正を考える（法律時報増刊）』（日本評論社・2008年）所収の、織田博子「手段債務と結果債務という概念を規定する必要があるか」185頁以下、下森定「履行（給付）障害法の立法構想に関する基本的提言」192頁以下、高橋眞「安全配慮義務・付随義務違反による債務不履行責任についてどのように規定すればよいか」195頁以下、石崎泰雄「債務不履行の要件をどのように考えるか」197頁以下、長坂純「不完全履行を独自の規定として加える必要はあるか」200頁以下、渡辺達徳「損害賠償の範囲についてどのように考えるか」203頁、長坂純『債務不履行責任（契約責任）法の再構築へ向けた基礎的考察』同『契約責任の構造と射程──完全性利益侵害の帰責構造を中心に』（勁草書房・2010年）421頁以下〔初出・2008年〕、石崎泰雄「債権法改正における債務不履行法体系の基本構造」同『契約不履行法の基本構造 民法典の制定とその改正への道』（成文堂・2009年）3頁以下〔初出・2009年〕、半田吉信『ドイツ新債務法と民法改正』（信山社・2009年）、円谷峻編『社会の変容と民法典』（成文堂・2010年）所収の、長坂純「契約責任（債務不履行）法の再構築──伝統的理論の修正と新理論の評価」180頁以下（同・前掲書421頁以下に所収）、北居功「弁済の提供──債務不履行責任の免責および追及要件」242頁以下、有賀恵美子「契約交渉破棄の責任──その関連条文の明確化の必要性」293頁以下、鹿野菜穂子「契約解除と危険負担──解除の要件論を中心に」347頁以下、円谷峻「瑕疵担保責任──担保責任と債務不履行責任の接合」381頁以下、池田＝平野＝西原編・前掲注（1）所収の、加藤雅之「債権法改正と不法行為法──契約責任と不法行為責任との関係について」203頁以下、栗田晶「事情変更に基づく契約目的の不到達（民法改正検討委員会の提案に関連して）」329頁以下、杉本好央「「債権法改正の基本方針」における法定解除制度と判例・実務・制定法──客観的要件論を中心に」577頁以下、武川幸嗣「複合契約関係における契約責任と「当事者」「第三者」683頁以下、中田裕康「債権法における合意の意義」新世代法政策学研究8号（2010年）1頁以下、小粥太郎「債権法改正論議と請求権競合問題──川島武宜の復活？〔小特集 実体法と手続法〕」法時82巻11号（2010年）101頁以下、北居功「債務不履行における債権者の救済要件──厳格訴権体系から誠実訴権体系への転換」慶應法学19号（2011年）3頁以下等がある。

◆ 第3項 ◆ 問題の設定

く、契約不履行法の改正に向けた議論・問題点は、既に検討し尽されたようにも見える。

しかし、果たして、このように評価することは許されるのか。従来の議論とは異なる視点から、民法（債権関係）の改正をめぐる議論をより豊かなものとし、契約（債務）不履行法のあり方を探求する方途が、なお残されているのではないか。そして、契約（債務）不履行に基づく損害賠償に関わる基本原理からの考察は、このような可能性を秘めているのではないか。これらの問いは、極めて重要である。というのは、これらの問いに応接することによって、契約（債務）不履行に基づく損害賠償を実現されなかった契約の履行方式として捉える構想の制度設計レベルでの有用性が明確に示されることになるからである（第2章・第1節）。

以上に述べた検討課題は、いずれも、契約（債務）不履行に基づく損害賠償それ自体を対象とするものである。しかし、本書の冒頭で提示した2つの理論モデルは、より一般的に、契約不履行法、契約法、損害賠償法、民事責任法等との関連においても、大きな意味を持つものである。本書が、契約不履行に基づく損害賠償の理論枠組みという視角から、契約不履行法、「契約責任」論、履行障害論を再検討し、その成果を契約法、損害賠償法の基礎理論に還元するという問題関心に導かれているのは、そのためである。もちろん、これらは、契約（債務）不履行に基づく損害賠償の原理を確定すれば直ちに解答が与えられるというような問題ではない。しかし、従来の議論においては、契約（債務）不履行に基づく損害賠償を不履行によって生じた損害を賠償するための制度として捉える構想が所与の前提とされていたことから、契約（債務）不履行に基づく損害賠償と契約不履行法、契約法、民事責任法との影響関係が見過ごされてきてしまっているように見受けられる。従って、これまで抜け落ちていた視点を補うという意味でも、契約不履行に基づく損害賠償の理論モデルという視角から、契約不履行法、民事責任法を検討することには、大きな意義が認められるように思われる。かくして、本書における次なる課題は、契約不履行に基づく損害賠償に関する2つの理論モデルと、契約不履行法、契約法、民事責任法との関連性を明らかにし、それぞれの理論モデルから導かれる論理的な結果を分析した上で、契約（債務）不履行に基づく損害賠償を履行の実現という視点から捉える方向性が、これらの局面においても有用であることを示すことに存する（第2章・第2節）。

このような問題意識からは、以下の問題が検討の対象とされることになる。

第1に、契約（債務）不履行に基づく損害賠償は、契約（債務）不履行に対するその他の救済手段とどのような関係にあるのかという問題である。この問いは、一見したところ、平凡なものであるように思われる。実際、履行請求と損害賠償請求との関係、解除と損害賠償請求との関係については、今日に至るまで多くの議論の蓄積が存在し、現在進行中の民法（債権関係）改正の議論に際しても、とりわけ履行請求の位置付けを中心に、掘り下げた検討がなされているところである。しかし、契

◆序　論◆

約（債務）不履行に基づく損害賠償の原理、理論モデルという視点から、契約（債務）不履行に対する救済相互間の関係を眺めてみると、その把握の仕方、更には、制度設計に際して考慮されるべき本質的な疑問が浮かび上がってくることになる。従来の議論においては、それぞれの関係を構築するに際して、捩れや歪みが生じてしまっているのではないか。このことの意味をより詳しく見ていこう[84]。

契約（債務）不履行に基づく損害賠償と履行請求との関係について、従来の議論においては、主として、履行請求は損害賠償請求との関係で一義的な性格を持つのか、あるいは、履行請求は債権や契約の効力なのか、それとも、債務不履行後に認められる救済手段なのかという形で問題が設定されてきた[85]。判例によれば、履行が不能となるか（あるいは不能に準じた状態になるか[86]）、契約が解除されない限り、原則として填補賠償を請求することはできないが、債権者が相当期間を定めて催告しその期間内に履行がなされない場合には、填補賠償の請求が認められるとされるが[87]、これも、上記のような枠組みの中で理解されることになる。もちろん、このような問題設定が不要というわけではない。しかし、2つの制度の関係を検討する際には、両者の性質やその基礎にある考え方の異同を前提としなければならないはずであるのに、ここでは、契約（債務）不履行に基づく損害賠償の性質が全く考慮されないまま、議論が展開されている。契約（債務）不履行に基づく損害賠償を、債務不履行によって生じた損害を賠償するための制度として理解するのか、それとも、実現されなかった契約の履行を確保するための制度として把握するのかによって、

---

[84] もちろん、契約（債務）不履行に基づく損害賠償との関係が問題となりうる契約（債務）不履行の救済手段は、履行請求と解除に限られない。例えば、代金減額請求についても、契約（債務）不履行に基づく損害賠償との関係が考察されるべきである。後に述べるように、契約（債務）不履行に基づく損害賠償を履行の実現という視角から捉えようとする立場に対しては、時に、その対象を代金減額の範囲に限定するものであるとの理解を前提とした批判がなされることがある。こうした批判に応えるためにも、代金減額請求と損害賠償請求との関係を整理しておく必要が存すると言える。もっとも、先行研究が示唆しているように（森田修「契約総則上の制度としての代金減額——債権法改正作業の文脈化のために」東大ロー3号（2008年）262頁以下。また、森田修「売買代金減額制度と明治民法典（1）（2・完）——梅の果断と躊躇」法協126巻2号（2009年）1頁以下、4号1頁以下も参照）、代金減額請求については、契約の拘束力の原則や契約の改定といった問題との関連においても検討されなければならず、これらの課題に対応することは、本書の問題関心から大きく外れることになってしまう。そこで、本書においては、代金減額請求と契約（債務）不履行に基づく損害賠償との関係につき、独立の項目を設けて検討することはせずに、適宜、問題となる場面で考察を行うことにした。さしあたり、Cf. Christophe Albiges, Le développement discret de la réfaction du contrat, in, Mélanges Michel Cabrillac, Litec, Paris, 1999, pp.3 et s. ; Karine de la Asuncion Planes, La réfaction du contrat, th. Perpignan Via Domitia, préf. Yves Picod, Bibliothèque de droit privé, t.476, LGDJ., Paris, 2005 ; Patrice Jourdain, À la recherche de la réfaction du contrat, sanction méconnue de l'inexécution, in, Libre droit, Mélanges en l'honneur de Philippe Le Tourneau, Dalloz, Paris, 2008, pp.449 et s. ; etc.

[85] 近時の学説を概観するには、窪田充見「履行請求権」ジュリ1318号（2006年）103頁以下が有益である。

[86] 大判大正4年6月12日民録21輯931頁等。

[87] 大判昭和8年6月13日民集12巻14号1437頁。もっとも、その先例的価値については議論が存在する。

両者の関係性は大きく変わるはずである。更に言えば、いずれの理論枠組みを基礎とするのかによって、これまでの議論において前提とされていた、履行請求権の一義性、契約の拘束力に対する侵害といった視点の持つ意味も、異なりうるはずである。かくして、「契約責任論の再構築」が叫ばれ[88]、それが民法（債権関係）改正の1つの重要なテーマとなっている今、契約不履行に基づく損害賠償の理論枠組みという視角から、不履行に基づく損害賠償と履行請求との関係を検討することには、大きな意味が認められるのである。

　より深刻な問題は、契約（債務）不履行に基づく損害賠償と解除との関係に現れる。周知のように、解除と損害賠償の関係をどのように理解するのかについては、解除の法的構成と関連して、古くから多くの議論が存在するが[89]、判例と学説の多数は、ここで言う損害賠償は415条のそれと異なるものではないと理解している[90]。他方、今日においては、契約の解除それ自体に関して、それを帰責事由に基づく債務不履行責任と捉える伝統的理解と[91]、債務者に対する制裁ではなく、有用ではなくなった契約からの離脱を可能にするための制度として把握しようとする立場[92]との間で、激しい議論が展開されている。こうした議論の状況に対して、何ら問題は存しないと言うことができるか。そこには、なお検討すべき課題が残されているのではないか。伝統的理解が、解除の遡及効の有無に関する議論とは別に、解除のケースにおける損害賠償を民法415条のそれと同一に理解してきた背後には、契約（債務）不履行に基づく損害賠償についての一定の見方が存在するのではないか。反対に、解除を契約からの離脱を目的とする制度と捉え、かつ、ここでの損害賠償を契約利益の実現を目的とする制度として理解するのであれば、これらの両立可能性を認めることは、原理のレベルで矛盾を抱えることになるのではないか。これらは、素朴な疑問ではあるが、論理的には極めて重要である。というのは、解除と契約（債務）不履行に基づく損害賠償との関係という議論し尽されたかのように見える問題を再検討することは、契約（債務）不履行に基づく損害賠償と解除の原理

---

[88] 第70回日本私法学会シンポジウムのテーマである（2006年10月9日、大阪市立大学）。シンポジウム「契約責任論の再構築」私法69号（2007年）3頁以下、「特集 契約責任論の再構築（2006年日本私法学会シンポジウム資料）」ジュリ1318号（2006年）81頁以下を参照。

[89] 議論の状況については、平野裕之「契約解除と損害賠償義務（1）～（3・完）——売買契約をめぐる各論的考察をかねて」法ため69巻3・4号（1997年）195頁以下、6号27頁以下、70巻1号125頁以下等を参照。

[90] 大判明治38年7月10日民録11輯1150頁等。また、我妻栄『民法講義V1 債権各論 上巻』（岩波書店・1954年）199頁以下、星野英一『民法概論IV契約』（良書普及会・1986年）93頁等。

[91] 我妻・前掲注（90）156頁、三宅正男『契約法（総論）』（青林書院新社・1978年）187頁等。

[92] 好美清光「契約の解除の効力——とりわけ双務契約を中心として」遠藤浩＝林良平＝水本浩監修『現代契約法大系 第2巻 現代契約の法理（2）』（有斐閣・1984年）179頁以下、辰巳直彦「契約解除と帰責事由」『谷口知平先生追悼論文集2 契約法』（信山社・1993年）331頁以下、山田到史子「契約解除における「重大な契約違反」と帰責事由（1）（2・完）——1980年国際動産売買契約に関する国連条約に示唆を得て」民商110巻2号（1994年）77頁以下、3号64頁以下、渡辺達徳「履行遅滞解除の要件再構成に関する一考察」新報105巻8=9号（1999年）1頁以下等。

◆序　論◆

それ自体を問うことにほかならないからである。従って、解除の機能と契約（債務）不履行に基づく損害賠償の理論枠組みという２つの視角を用いて、従来の議論において暗黙の前提とされていた論理構造を解明し、それぞれの理論枠組みの中で、理論的に如何なる可能性が存在するのかを明らかにすることは、本書の問題関心から見ても極めて有用なものとなるのである。

　第２に、契約（債務）不履行に基づく損害賠償は、不法行為に基づく損害賠償とどのような関係にあるのかという問題である。この問いには、２つの意味が込められている。１つは、それぞれの領域、とりわけ、契約（債務）不履行に基づく損害賠償の領域をどのように画定するのかという問いである。この問いは、いわゆる「契約責任の拡大」[93]、「請求権競合」問題として[94]、多くの議論が展開されてきた問題に関わる。もう１つは、それぞれの制度の相違をどのように理解するのか、より具体的に言えば、２つの損害賠償はいずれも損害の賠償を目的とする点において共通しているとの理解を前提に、類似の枠組みを用意し、それに基づいて制度を構築すべきなのか、それとも、２つの損害賠償が全く性質の異なる制度であることを前提として、類似の枠組みを用意する必要はないと考えるのかという問いである。この点は、これまで、一方の領域に存在する規定を他方の領域に準用ないし類推適用することができるのかという問題、とりわけ、民法416条を不法行為に基づく損害賠償に準用ないし類推適用することは可能かという問題として議論されてきた[95]。これらの問題が、契約（債務）不履行に基づく損害賠償の理論枠組みと密接に関わるものであることは、容易に理解できるであろう。

　まず、契約（債務）不履行に基づく損害賠償の領域は、それが何を塡補ないし充足するものなのかという問題、すなわち、契約（債務）不履行に基づく損害賠償の対象と密接に関わる。契約（債務）不履行に基づく損害賠償の対象をどのように理解す

(93) このような傾向の頂点に位置するのが、いわゆる「統一的保護関係論」である。下森定「契約責任の再構成をめぐる覚書」Law school 27号（1980年）4頁以下、同「契約責任（債務不履行責任）の再構成」内山尚三＝黒木三郎＝石川利夫先生還暦記念『現代民法学の基本問題 中』（第一法規・1983年）163頁以下、宮本健蔵『安全配慮義務と契約責任の拡張』（信山社・1993年）所収の諸論稿等を参照。
(94) 文献の所在も含めて、川島武宜「契約不履行と不法行為との関係について――請求権競合論に関する一考察」同『民法解釈学の諸問題』（弘文堂・1949年）1頁以下〔初出・1934年〕、三ケ月章「法条競合論の訴訟法的評価――新訴訟物理論の立場よりの一考察」同『民事訴訟法研究 第1巻』（有斐閣・1962年）129頁以下〔初出・1958年〕、四宮和夫『請求権競合論』（一粒社・1978年）〔初出・1973年～1977年〕、奥田昌道「債務不履行と不法行為」星野英一編代『民法講座4債権総論』（有斐閣・1985年）565頁以下、平野裕之「契約責任と不法行為責任の競合論について――保管型契約に関する商事特別規定をめぐって」法論68巻3＝4＝5号（1996年）327頁以下、半田吉信「責任競合論――請求権競合説への回帰」北川善太郎先生還暦記念『契約責任の現代的諸相（上巻）』（東京布井出版・1996年）167頁以下、大久保邦彦「民法における法条競合に関する一考察(1)(2・完)――請求権規範競合説、特にその系譜を中心として」民商101巻1号（1989年）91頁以下、2号17頁以下、同「新実体法説に関する一考察」神戸学院24巻1号（1994年）1頁以下、同「請求権競合問題について」神戸学院24巻3＝4号（1995年）152頁以下等を参照。
(95) この点については、既に、民法416条をめぐる議論の問題関心を提示するに際して言及した。

るのかに応じて、それによってカバーされる領域も異なることになるからである。あるいは、契約（債務）不履行に基づく損害賠償に含ませる領域を拡大させるために、賠償という特定の理論枠組みを採用していると言うこともできる。というのは、賠償の論理の下では、債務ないし義務を増大し、その不履行を通じて判断される責任原因を多様化すればするほど、契約（債務）不履行に基づく損害賠償の領域も拡大することができるからである。そうすると、ここから更に、以下のような問題が浮かび上がってくる。本書冒頭で提示した契約不履行に基づく損害賠償に関する2つの理論モデルは、債務や義務の問題と密接不可分の関係にある契約観、契約思想、契約構想といった問題について、特定の考え方を前提としているのか。契約（債務）不履行に基づく損害賠償について、その基本原理を賠償に求めるのか、それとも、履行に求めるのかという問題及びその態度決定は、契約について、一定の見方を前提としない限り、なしえないものなのか。ここにおいて、契約不履行に基づく損害賠償の理論枠組みに関する考察は、契約の基礎理論についての検討と接合されることになる。

　次に、2つの損害賠償における制度の類似性ないし相違という問題は、契約（債務）不履行に基づく損害賠償がどのような内容を持つ債権なのかという問題、すなわち、契約（債務）不履行に基づく損害賠償の性質に関わる。契約（債務）不履行に基づく損害賠償の原理をどのように捉えるのかによって、故意又は過失による権利侵害・利益侵害の結果生じた損害の賠償を任務とする不法行為に基づく損害賠償との制度レベルにおける類似ないし相違のあり方も、大きく変わることになるからである。従って、この問題は、現行民法の解釈というコンテクストでは、2つの損害賠償の間に存在する制度の相違をどのように正当化するのかという問いに、立法論のコンテクストでは、2つの損害賠償に関する制度設計をどのように行うのかという問いに結実することになる。

　なお、これらの（広い意味での）民事責任法に関わる検討課題については、第2部の考察全体を通じて明らかにされることになる。

(2) 検討の素材

　以上のような課題に応えるために、本書においては、主として、フランス法との比較を基礎とした検討を行う。既に本書冒頭で指摘したように、日本とは異なり、フランスにおいては、契約不履行に基づく損害賠償の性質をめぐって、多くの議論の蓄積が存在する。すなわち、フランスの伝統的通説は、「契約責任」と不法行為責任を、同一の性質を有する2つの責任制度として理解し、その結果、契約不履行に基づく損害賠償を、不法行為に基づく損害賠償と同じく、フォートによって惹起された損害を賠償するための制度として捉えてきた。ところが、近年では、歴史的・比較法的研究に依拠しながら、賠償という機能を持つ「契約責任」概念に異論を提

◆序　論◆

起し、契約不履行に基づく損害賠償を「等価物による履行」、「強制弁済」という視角から再構成しようとする立場が有力となっており、また、このような議論の展開を受けて、契約不履行に基づく損害賠償を賠償という視角から捉える伝統的通説も、それに履行という位置付けを与えようとする立場に対して、批判と反論を提示しているのである。従って、本書の問題意識からは、フランスにおける議論の分析は極めて有益であると考えられる。

　もっとも、「契約不履行に基づく損害賠償の理論枠組み」について、「フランス法」を検討の対象とする場合には、序論において、なお以下の2点を明確にしておく必要がある。

　1つは、「フランス法」の中身、あるいは、検討素材としての「フランス法」に関わる問題である。とりわけ、ここで指摘しておかなければならないのは、上記のような問題意識で行われる「フランス法」研究との関連で、債務法改正、「ヨーロッパ契約法」という、近年のフランス法を取り巻く2つの動きを、どのような形で検討すれば良いかということである。

　周知のように、フランスにおいては、数年前から債務法改正に向けた作業が進行している[96]。2004年に民法典が200周年を迎えたこと、2000年前後から「ヨーロッパ契約法」が現実味を帯びてきたことを主たる契機として、債務法改正に向けた議論が活発となった[97]。2005年9月22日には、ピエール・カタラ（Pierre Catala）

(96) フランスにおける債務法改正の動向については、北村一郎「フランス民法典200年記念とヨーロッパの影」ジュリ1281号（2004年）92頁以下、金山直樹「フランス民法典改正の動向」石井三記編『コード・シヴィルの200年』（創文社・2007年）289頁以下〔初出・2005年〕、大村敦志「フランス民法典の動向と講演会の趣旨」ジュリ1303号（2005年）72頁以下、平野裕之「フランス民法改正動向から日本民法改正をどのようにみるか」椿ほか編・前掲注（83）31頁以下、野澤正充「民法改正の国際的動向――フランス法」民法改正研究会・前掲注（81）「世界の民法典」67頁以下〔初出・2008年〕、ピエール・カタラ（野澤正充訳）「フランス民法典――債務法改正草案への動き」民法改正研究会・前掲注（81）「世界の民法典」371頁以下〔初出・2008年〕、山岡真治「フランス・ナントで考える仏法の行方など」帝塚山18号（2009年）388頁以下を参照。また、ブランディーヌ・マレ＝ブリクレ（野澤正充訳）「フランス契約法の将来――フランスおよびヨーロッパの視点から」立教ロー4号（2011年）57頁以下、ロラン・ルヴヌール（幡野弘樹訳）「現代フランスにおける民法の法典化および再法典化――国会、執行府および大学教授の役割」ジュリ1426号（2011年）79頁以下、ジャン＝ルイ・アルペラン（都築満雄訳）「フランス契約法にいかなる改正がなされるのか？」南山34巻2号（2011年）207頁以下も参照。

(97) 債務法の領域に限定しても、例えば、契約法雑誌（Revue des contrats）の2004年10月号には、「民法典第3編・第3章を改正すべきか？（Faut-il réformer le titre III du Livre III du code civil?）」と題する特集が組まれている（Pierre Catala, Au-delà du bicentenaire, pp.1145 et s.; Jacques Ghestin, Le futur : exemples étrangers : Le code civil en France aujourd'hui, pp.1152 et s.; Jacques Mestre, Faut-il réformer le titre III du livre III du Code civil?, pp.1167 et s.; Philippe Rémy, Réviser le titre III du livre troisième du Code civil?, pp.1169 et s.; Alain Sériaux, Vanitas vanitatum : De l'inanité d'une refonte du titre III du livre III du Code civil, pp.1187 et s.; Denis Tallon, La rénovation du titre III, livre III du Code civil : une approche comparative, pp.1190 et s.）。また、民法典200周年の記念本である『民法典1804年から2004年：200周年記念本（Le Code Civil 1804-2004, Livre du Bicentenaire）』（Dalloz, Litec, 2004）に所収されている、Jacques Mestre, Les difficultés de la recodification pour la théorie générale du contrat, pp.221 et s.; Geneviève Viney, Les difficultés de la recodification du droit de la responsabilité civile, pp.255 et s. も参照。

を中心とする委員会の手になる「債務法及び時効法改正準備草案（Avant-projet de réforme du droit des obligations et de la prescription）（以下では、「債務法及び時効法改正準備草案」で引用）」が公表され[98][99]、その意義、内容等を検討するコロックが開催されたり、専門誌に特集が組まれたりする等、多くの注目を集めた[100]。また、2008

(98) Pierre Catala (sous la dir.), Avant-projet de réforme du droit des obligations et de la prescription, La Documentation Française, 2006. 翻訳として、上井長十「〔資料〕フランス債務法及び時効法改正草案構想（avant-projet）――カタラ草案一試訳(1)～(4・完)」法経論叢26巻2号（2009年）145頁以下、27巻1号21頁以下、28巻1号（2010年）47頁以下、2号（2011年）127頁以下がある。また、全般的な紹介として、角田光隆「フランスの債務法改正案と欧州契約法の諸原則」信州13号（2009年）1頁以下、個別の問題を検討するものとして、山岡真治「フランス債権法改正準備草案における錯誤及び詐欺の検討――日本民法改正への示唆をもとめて」川角ほか編・後掲注(108)「展開と課題」451頁以下〔初出・2006年～2007年〕、同「錯誤に関するヨーロッパ契約法原則とフランス債権法改正草案との比較」帝塚山12号（2006年）144頁以下、同「フランス債権法改正準備草案における強迫に関する一考察(1)」帝塚山16号（2008年）1頁以下、廣峰正子『民事責任における抑止と制裁 フランス民事責任の研究』（日本評論社・2010年）107頁以下〔原論文は、「フランス債務法改正草案に関する覚書――懲罰的損害賠償制度導入をはじめとする民事責任の変容と発展について」法科39号（2008年）〕、中山布紗「フランス債務法改正にみる虚偽表示（反対証書）規定とその意義」北九州35巻2=3=4号（2008年）216頁以下、都築満雄「複合契約中の契約の消滅の判断枠組みと法的根拠に関する一考察――複合契約論考・その二」南山33巻1号（2009年）14頁以下、大澤彩「事業者間契約における不当条項規制をめぐる立法論的視点(1)――近時のフランス法を素材に」志林108巻4号（2011年）21頁以下、荻野奈緒「フランス契約法改正諸草案にみる「契約責任」の一断面」同法62巻6号（2011年）517頁以下、中原・後掲注(167)(6)53頁以下、中田裕康「フランス民法改正案における継続的契約」淡路剛久先生古稀祝賀『社会の発展と権利の創造――民法・環境法学の最前線』（有斐閣・2012年）198頁以下等がある。

(99) このうち時効の部分については、「民事時効の改正に関する2008年6月17日の法律」によって、既に改正が実現している。改正の経緯も含め、金山直樹＝香川崇「フランスの新時効法――混沌からの脱却の試み」金山直樹編『消滅時効法の現状と改正提言（別冊NBL122号）』（商事法務・2008年）165頁以下（及び同書243頁以下の条文訳）を参照。また、香川崇「消滅時効の起算点・停止に関する基礎的考察――フランスにおける『訴えることのできない者に対して時効は進行しない（Contra non valentem agree non currit praescriptio）』の意義(2・完)」富経54巻3号（2009年）74頁以下も参照。

(100) 例えば、契約法雑誌の2006年1月号には、2005年10月25日に開催された「契約法の改正：草案と展望」と題するコロックの報告集が収められている（以下の叙述で頻繁に利用するので、ここでまとめて引用しておく。Philippe Malaurie, Présentation du l'avant-projet de réforme du droit des obligations et du droit de la prescription, pp.7 et s.; Pierre Catala, La genèse et le dessein du projet, pp.11 et s.; Gérard Cornu, Étude législative, pp.19 et s.; Rémy Cabrillac, Réforme du droit des contrats : Révision-modification ou révision-complication?, pp.25 et s.; Alain Bénabent, Autour de la méthode générale, ainsi que des nullités et autres sanctions, pp.33 et s.; Bertrand Fages, Autour de l'objet et de la cause, pp.37 et s.; Philippe Stoffel-Munck, Autour du consentement et de la violence économique, pp.45 et s.; Laurent Aynès, Les effets du contrat à l'égard des tiers, pp.63 et s.; Dominique Fenouillet, Les effets du contrat entre les parties : ni révolution, ni conservation, mais un《entre-deux》perfectible, pp.67 et s.; Jérôme Huet, Des distinctions entre les obligations, pp.89 et s.; Philippe Delebecque, L'exécution forcée, pp.99 et s.; Pascal Ancel, Quelques observations sur la structure des sections relatives à l'exécution et à l'inexécution des contrats, pp.105 et s.; Judith Rochfeld, Remarques sur les propositions relatives à l'exécution et à l'inexécution du contrat : la subjectivation du droit de l'exécution, pp.113 et s.; Denis Tallon, Teneur et valeur du projet appréhendé dans une perspective comparative, pp.131 et s.; Hugh Beale, La réforme du droit français des contrats et le《droit européen des contrats》: perspective de la law commission anglaise, pp.135 et s.; Bénédicte Fauvarque-Cosson, La réforme du droit français des contrats : perspective comparative, pp.147 et s.; Ole Lando, L'avant-projet de réforme du droit des obligations et les principes du droit européen du contrat : analyse de certaines différences, pp.167 et s.; Denis

◆ 序　論 ◆

Mazeaud, Observations conclusives, pp.177 et s.)。
　また、同誌 2007 年 1 月号には、2006 年 5 月 12 日に開催された「責任法の改正草案 (L'avant-projet de réforme du droit de la responsabilité)」と題するコロックの報告集が掲載されている（同じく、以下の叙述で頻繁に利用するので、ここでまとめて引用しておく。起草担当者の手になるものとして、Geneviève Viney, Présentation des textes, pp.9 et s. ; Georges Durry, Conclusion, pp.181 et s.）契約責任と契約外責任の関係について、Pascal Ancel, Présentation des solutions de l'avant-projet, pp.19 et s. ; Jérôme Huet, Observations sur la distinction entre les responsabilités contractuelle et délictuelle dans l'avant-projet de réforme du droit des obligations, pp.31 et s. ; Éric Savaux, Brèves observations sur la responsabilité contractuelle dans l'avant-projet de réforme du droit de la responsabilité, pp.45 et s. ; Stephan Lorenz, La responsabilité contractuelle dans l'avant-projet : un point de vue allemande, pp.57 et s. 自己の行為に基づく責任及び物の所為に基づく責任について、Fabrice Leduc, La responsabilité du fait personnel – La responsabilité du fait des choses, pp.67 et s. ; François Chabas, Observations sur le fait personnel et le fait des choses, pp.73 et s. ; Christophe Radé, Brefs propos sur une réforme en demi-teinte, pp.77 et s. ; Simon Whittaker, La responsabilité pour fait personnel dans l'avant-projet de réforme du droit de la responsabilité : donner voix aux silences de code civil, pp.89 et s. 他人の行為に基づく責任について、Philippe Brun, Avant-projet de réforme du droit des obligations : le fait d'autrui, présentation sommaire, pp.103 et s. ; Philippe Le Tourneau, Les responsabilités du fait d'autrui dans l'avant-projet de réforme, pp.109 et s. ; Bertrand Fages, Réforme de la responsabilité du fait d'autrui et sort réserve aux sociétés mères, pp.115 et s. ; Bernard Dubuisson, Les responsabilités du fait d'autrui (article 1355 à 1362) : point de vue d'un justice belge, pp.125 et s. 責任の効果について、Patrice Jourdain, Présentation des dispositions de l'avant-projet sur les effets de la responsabilité, pp.141 et s. ; Denis Mazeaud, Les conventions portant sur la réparation, pp.149 et s. ; Yvonne Lambert-Faivre, Les effets de la responsabilité (Les article 1367 à 1383 nouveaux du code civil), pp.163 et s. ; Pierre Wessner, Les effets de la responsabilité civile dans la perspective d'une révision du code civil français : quelques observations débridées d'un justice suisse, pp.171 et s.)。
　更に、主として債務法及び時効法改正準備草案を検討する論文で、総論的なもの及び本書で検討の対象とする領域を扱うものに限定しても、Geneviève Viney (Entretien), Projet de réforme du droit des obligations : les éléments clés en matière de droit de responsabilité, RLDC, nov. 2005, pp.7 et s. ; Charles Hécart, L'article 1342 de l'avant-projet Catala : quelle cohérence ?, D., 2006, point de vue, pp.2268 et s. ; Matthieu Poumarède, Les régimes particuliers de responsabilité civile, ces oubliés de l'avant-projet Catala, D., 2006, chr., pp.2420 et s. ; Pascal Deumier, La doctrine collective législatrice : une nouvelle source de droit ?, Avant projet de réforme du droit des obligations et du droit de la prescription ; Principes Unidroit relatives aux contrats du commerce international ; Principes du droit européen du contrat ; Proposition de règlement du Parlement européen et du conseil sur la loi applicable aux obligations contractuelles, RTD civ., 2006, pp.63 et s. ; Bénédicte Fauvarque-Cosson et Denis Mazeaud, L'avant-projet français de réforme du droit des obligations et du droit de la prescription et les principes du droit européen du contrat ; variations sur les champs magnétiques dans l'univers contractual, Petites affiches, 24 juill. 2006, n° 146, pp.3 et s. ; Soraya Messaï-Bahri, La sanction de l'inexécution des avant-contrats au lendemain de l'avant-projet de réforme du droit des obligations, Petites affiches, 24 juill. 2006, n° 146, pp.12 et s. ; Cécile Pérès, Avant-projet de réforme du droit des obligations et sources du droit, RDC, 2006, pp.281 et s. ; Suzanne Carval, Vers l'introduction en droit français de dommages-intérêts punitifs ?, RDC., 2006, pp.822 et s. ; Patrick Maistre du Chambon, Brèves observations sur quelques aspects de l'avant-projet de recodification du droit de la responsabilité civile, in, Études offertes à Hubert Groutel, Responsabilité civile et assurances, Litec, Paris, 2006, pp.263 et s. ; Marianne Faure Abbad, La présentation de l'inexécution contractuelle dans l'avant-projet Catala, D., 2007, chr., pp.165 et s. ; Philippe Le Tourneau, Brefs propos critiques sur la《responsabilité contractuelle》dans l'avant-projet de réforme du droit des obligations, D., 2007, chr., pp.2180 et s. ; Geneviève Viney, Le droit de la responsabilité dans l'avant-projet Catala, in, Mélanges en l'honneur de Jacques Boré, La création du droit jurisprudentiel, Dalloz, Paris, 2007, pp.473 et s. ; Pierre Catala, Bref aperçu sur l'avant-projet de réforme du droit des obligations, in, Études offertes au professeur Philippe Malinvaud, Litec, Paris, 2007, pp.145 et s. ; Id., Interprétation et

◆ 第3項 ◆ 問題の設定

年7月、司法省は、契約法の部分について、「契約法改正草案（Le projet de réforme du droit des contrats）（以下では、「司法省契約法改正草案」で引用）」を公にした[101]。この草案については、とりわけ、草案の発想源、審議や起草のあり方、契約法と責任法の分離、契約法の基本原理（Principes directeurs）（15条以下）、コーズの削除と契約への利益（L'intérêt au contrat）の創設（85条以下）等について、多くの議論が展開され[102]、その後、公表はされていないようであるが、一定の修正が施されている[103]。

qualification dans l'avant-projet de réforme des obligations, in, Études offertes à Geneviève Viney, LGDJ., Paris, 2008, pp.243 et s. ; Rémy Cabrillac, L'avant-projet français de réforme du droit des obligations et de la prescription, in, Le contrat en europe aujourd'hui et demain, Colloque du 22 juin 2007, préf. Rémy Cabrillac, Denis Mazeaud et André Prüm, Droit privé comparé et européen vol.8, Société de législation comparée, Paris, 2008, pp.75 et s. ; Denis Mazeaud, La réforme du droit français des contrats : Trois projets en concurrence, Liber Amicorum Cristian Larroumet, Economica, Paris, 2010, pp.329 et s. ; etc. がある。

(101) 司法省契約法改正草案は、期間を限定して、インターネット上で公開されたものである。

(102) 以下のような論文がある。Félix Rome, Compartiment《rumeurs》, D., 2008, Editorial, p.1329 ; Laurent Aynès, Alain Bénabent et Denis Mazeaud, Projet de réforme du droit des contrats : éclosion ou enlisement ?, D., 2008, point de vue, p.1421 ; Pascale Fombeur (Entretien), La réforme du droit des contrats, D., 2008, AL., p.1972 ; Christian Larroumet, De la cause de l'obligation à l'intérêt au contrat (à propos du projet de réforme du droit des contrats), D., 2008, point de vue, pp.2441 et s. ; Philippe Malinvaud, Le《contenu certain》du contrat dans l'avant-projet《chancellerie》de code des obligations ou le stoemp bruxellois aux légumes, D., 2008, point de vue, pp.2551 et s. ; Olivier Tournafond, Pourquoi il faut conserver la théorie de la cause en droit civil français, D., 2008, point de vue, pp.2607 et s. ; Alain Ghozi et Yves Lequette, La réforme du droit des contrats : brèves observations sur le projet de la chancellerie, D., 2008, chr., pp.2609 et s. ; Denis Mazeaud, Réforme du droit des contrats : haro, en Hérault, sur le projet !, D., 2008, chr., pp.2675 et s. ; Bénédicte Fauvarque-Cosson, Droit des contrats, septembre 2007 - septembre 2008, D., 2008, pan., pp.2965 et s. ; Rémy Cabrillac, Le projet de réforme du droit des contrats : Premières impressions, JCP., 2008, I, 190, pp.17 et s. ; Muriel Fabre-Magnan (Entretien), Réforme du droit des contrats :《Un très bon projet》, JCP., 2008, I, 199, pp.13 et s. ; Pascal Ancel, Philippe Brun, Vincent Forray, Olivier Gout, Geneviève Pignarre et Sébastien Pimont, Points de vue convergents sur le projet de réforme du droit des contrats, JCP., 2008, I, 213, pp.18 et s. ; Laurent Leveneur, Projet de la Chancellerie de réforme du droit des contrats : à améliorer, Contra. conc. consom., nov. 2008, n° 10, pp.1 et s. ; Xavier Henry, Brèves observations sur le projet de réforme de droit des contrats … et ses commentaires, D., 2009, point de vue, pp.28 et s. ; Daniel Mainguy, Défense, critique et illustration de certains points du projet de réforme du droit des contrats, D., 2009, chr., pp.308 et s. ; Cécile Pérès, La liberté contractuelle et l'ordre public dans le projet de réforme du droit des contrats de la chancellerie (à propos de l'article 16, alinéa 2, du projet), D., 2009, chr., pp.381 et s. ; Jacques Ghestin, Droit des contrats, JCP., 2009, I, 138, pp.18 et s. ; Philippe Malaurie, Petite note sur le projet de réforme du droit des contrats, JCP., 2009, I, 204, pp.17 et s. ; Laurent Aynès, Vers une plus grande sécurité ?, Dr. et pat., janv. 2009, p.3. ; etc.

また、契約法雑誌の2009年1月号には、「フランス実体契約法の改正（La réforme du droit français des contrats en droit positif）」と題する特集が組まれている（以下の叙述で頻繁に利用するので、ここでまとめて引用しておく。Georges Rouhette, Préface, pp.265 et s. ; François Ancel, Genèse, sources, esprit, structure et méthode, pp.273 et s. ; Dominique Fenouillet, Regards sur un projet en quête de nouveaux équilibres : présentation des dispositions du projet de réforme du droit des contrats relatives à la formation et à la validité du contrat, pp.279 et s. ; Claude Witz, Effets, interprétation et qualification du contrat, pp.318 et s. ; Philippe Stoffel-Munck, Exécution et inexécution du contrat, pp.333 et s. ; Jean-François Guillemin, Emmanuel Brochier, Christian Pisani et Isabelle Trémeau, Table ronde : Le regard des professionnels, pp.353 et s. ; Bénédicte Fauvarque-Cosson, Marcel Fontaine, Reiner Schulze et Simon Whittaker, Table ronde : Le regard des juristes européens, pp.371 et s. (Bénédicte

37

◆序　論◆

更に、司法省契約法改正草案においては触れられていなかった民事責任（契約責任を含む）の分野については、2009 年 7 月に、元老院（Sénat）が、「民事責任：その必然的な展開（Responsabilité civile : des évolutions nécessaires）（以下では、「民事責任調査報告書」で引用）」と題する調査報告書を出し(104)、その後、2010 年 7 月には、「民事責任の改正に関する法案（Proposition de loi portant réforme de la responsabilité civile）（以下では、「民事責任法案」で引用）」が元老院に提出されており(105)、今後の議論が注目される。他方、フランソワ・テレ（François Terré）を中心とする「道徳政治科学アカデミー（L'Académie des sciences morales et politiques）」の研究グループも、2009 年 3 月に、「契約法改正の諸提案（Propositions de réforme du droit des contrats）（以下、「契約法改正の諸提案」で引用）」を、2011 年 3 月に、「民事責任法改正の提案（Proposition de réforme du droit de la responsabilité civile）」（以下、「民事責任法改正の提案」で引用）」を、それぞれ公表している(106)(107)。　このように、フランス債務法は、まさ

　　Fauvarque-Cosson, Presentation, pp.371 et s. ; Marcel Fontaine, Quelques observations à propos du projet de la Chancellerie de réforme du droit des contrats, pp. 372 et s. ; Reiner Schulze, L'avant-projet de la Chancellerie et la discussion européenne sur le droit des contrats, pp.380 et s. ; Simon Whittaker, Le point de vue d'un juriste anglais, pp.386 et s.) ; Denis Mazeaud, Rapport de synthèse, pp.397 et s.）。

(103) Cf. Observations sur le projet de réforme du droit des contrats, sous la direction de Jacques Ghestin, Petites affiches, 12 fév. 2009, n° 31, pp.2 et s. (Jacques Ghestin, pp.5 et s. ; Yves-Marie Serinet, pp.34 et s. ; Natacha Sauphanor-Brouillaud, pp.54 et s. ; François Labarthe, pp.63 et s. ; Muriel Chagny, pp.65 et s. ; Grégoire Loiseau, pp.69 et s. ; Marc Billiau, p.73 ; Xavier Lagarde, pp.74 et s. ; Thomas Genicon, pp.81 et s. ; Mustapha Mekki, pp.103 et s.）なお、本書が検討の対象とするのは、2008 年 7 月に公表されたオリジナル・ヴァージョンである（条文番号等にも相違があるので注意しておく必要がある）。

(104) Rapport d'information, n° 558 (2008-2009). 報告書については、http://www.senat.fr/rap/r08-558/r08-558.html で閲覧可能である。また、民事責任法案も含め、Cf. Inès Gallmeister, Proposition de loi portant réforme de la responsabilité civile, D., 2010, p.1940 ; Félix Rome, Proposition de loi du Sénat sur la responsabilité civile : demandez le programme !, D., 2010, p.2080 ; Philippe Brun (Entretien), Une réforme de la responsabilité civile ?, D., 2010, p.2144 ; Denis Mazeaud, Réforme du droit des contrats, RDC., 2010, pp.23 et s. ; Blandine Thellier de Poncheville, Analyse de la responsabilité contractuelle en termes d'obligation, RRJ., 2011, pp.655 et s. 更に、本報告書を検討する邦語文献として、廣峰正子「フランス債務法改正の最新動向——懲罰的損害賠償導入の可能性」法時 82 巻 11 号（2010 年）127 頁以下、荻野奈緒「元老院調査報告書 558 号（2008-2009）の概要——フランス民事責任法の現代的課題」同法 62 巻 2 号（2010 年）217 頁以下、中原・後掲注(167)(6) 65 頁以下がある。

(105) Proposition de loi, n° 657. 法案については、http://www.senat.fr/leg/ppl09-657.html で閲覧可能である。

(106) François Terré (sous la dir.), Pour une réforme du droit des contrats, Dalloz, Paris, 2009. ; Id., Pour une réforme du droit de la responsabilité civile, Dalloz, Paris, 2011.

(107) もっとも、債務法及び時効法改正準備草案、司法省契約法改正草案と比べた場合（注(100)及び注(102)）、契約法改正の諸提案（及び民事責任法改正の提案）については、それほど多くの検討がなされているわけではない。詳細な検討をしているのは、Denis Mazeaud, Une nouvelle rhapsodie doctrinal pour une réforme du droit des contrats, D., 2009, chr., pp.1364 et s. ; Claudine Bernfeld, Rapport Terré ; Feu la réparation intégrale, JCP., 2012, pp.40 et s. ぐらいである。その他、グループの代表者の手になるものとして、François Terré, La réforme du droit des contrats, D., 2008, Entretien, p.2992 ; Id., (Entretien), Quelle réforme pour le droit des contrats ?, Petites affiches, 26 fév. 2008, n° 41, pp.4 et s. ごく簡単な論評として、Félix Rome, L'avant-projet nouveau est arrivé …, D., 2008, Editorial, p.2849.

38

に発展の途上にあると言うことができるのである。

　これらの草案・提案について、本書の問題関心からは、2つの視点に基づき検討が行われることになる。第1に、フランス法に外在的な視点である。すなわち、本書冒頭で提示した契約不履行に基づく損害賠償に関する2つの理論モデルを深化させ、分析枠組みを明確なものとするために、フランスにおける債務法の改正草案・提案を用いるのである。従って、このような視点から見れば、フランスにおける債務法の改正草案・提案は、比較モデルのために用いられることになる。

　第2に、フランス法に内在的な視点である。既に繰り返し指摘しているように、フランスにおいては、今日、契約不履行に基づく損害賠償の性質について多くの議論がなされているところ、このような状況において一定の立法的な態度決定がなされた理論的、思想的、社会的、歴史的背景を探求することによって、契約不履行に基づく損害賠償の理論モデルという視角から捉えた各草案・提案の持つ意味を明らかにし、日本における議論の対照軸とするわけである。言い換えれば、各改正草案・提案は、それぞれの理論モデルの背後にある思考を抽出するための道具となりうるのである。本書においては、これら2つの視点に基づき、改正草案・提案の検討が行われる。

　これに対して、「ヨーロッパ契約法」については、より慎重な態度が必要である。EUにおける私法あるいは契約法の統一・調和に向けた動きは[108]、既に1980年前

---

(108)　「ヨーロッパ民法典」あるいは「ヨーロッパ契約法」をめぐる動向を知るには、北居功「EU契約法」庄司克宏編『EU法：実務篇』（岩波書店・2008年）237頁以下、ジュディット・ロシュフェルド（馬場圭太訳）「ヨーロッパ契約法の構築とフランスにおける改正案への影響」民商145巻6号（2012年）1頁以下が、極めて有益である。また、川角由和＝中田邦博＝潮見佳男＝松岡久和編『ヨーロッパ私法の動向と課題』（日本評論社・2003年）、同編『ヨーロッパ私法の展開と課題』（日本評論社・2008年）、同編『ヨーロッパ私法の現在と日本法の課題』（日本評論社・2011年）、ユルゲン・バセドウ編（半田吉信ほか訳）『ヨーロッパ統一契約法への道』（法律文化社・2004年）、ペーター・シュレヒトリーム編（半田吉信ほか訳）『ヨーロッパ債務法の変遷』（信山社・2007年）所収の諸論稿のほか（とりわけ、川角ほか編「展開と課題」所収の、ユルゲン・バーゼドー（中田邦博訳）「ヨーロッパ私法の漸進的生成」21頁以下〔初出・2003年〕及びその「質疑応答」45頁以下〔初出・2005年〕、西谷祐子「ヨーロッパ法統一の中でのヨーロッパ契約法原則の意義と問題点」273頁以下〔初出・2008年〕）、高杉直「ヨーロッパ契約法原則について」香川16巻1号（1996年）132頁以下、ハネス・ロェスラー（中田邦博訳）「ヨーロッパ私法および消費者法における弱者保護——基本構造、限界、改革の方向性」中田邦博＝鹿野菜穂子編『ヨーロッパ消費者法・広告規制法の動向と日本法』（日本評論社・2011年）48頁以下〔初出・2007年〕、アーサー・S・ハートカンプ（廣瀬久和訳）「ヨーロッパ民法典への動向」民法改正研究会・前掲注(81)「世界の民法典」455頁以下〔初出・2008年〕、廣瀬久和「「ヨーロッパ民法典への動向」が語るもの——ハートカンプ論文に思う」民法改正研究会・前掲注(81)「世界の民法典」469頁以下〔初出・2008年〕、北居功「ヨーロッパ連合における民法典論議——統一性と多様性の相克と調和」民法改正研究会・前掲注(81)「世界の民法典」475頁以下、マリー＝ローズ・マクガイアー（大中有信訳）「ヨーロッパ契約法原則から共通参照枠へ(1)(2・完)——現行ヨーロッパ契約法の立案グループとその基盤」民商140巻2号（2009年）1頁以下、3号42頁以下、同（高嶌英弘訳）「消費者法に関するアキ・コミュノテール（共同体法蓄積事項）——ヨーロッパ契約法に向けた準備作業とヨーロッパ消費者保護法の見直し作業との関係について」中田＝鹿野編・前掲書92頁以下〔初出・2009年〕、ラインハルト・ツィンマーマン（吉政知広訳）「ヨーロッパ契約法の現況」民商140巻6号（2009年）1頁以下、松岡久和「ヨーロッパ民法典構想の現在 不当利得法に関するDCFR第Ⅶ編を素材として」戒能通厚＝石田眞＝上村達男編『法創造の比較法学：先端的課題への挑戦』

39

◆序　論◆

後から始まっており、複数の研究グループの手になる成果が相次いで公刊されてきた。有名な「ヨーロッパ契約法委員会（Commission on European Contract Law）」の「ヨーロッパ契約法原則（Principles of European Contract Law（PECL）；Principes de droit européen du contrat（PDEC））（以下では、慣例に従って、「ヨーロッパ契約法原則」あるいは「PECL」で引用）」(109)、「ヨーロッパ私法学者アカデミー（l'Académie des privatistes européens）」の「ヨーロッパ契約法典草案（Code europeén des contrats（CEDC））（以下では、慣例に従って、「ヨーロッパ契約法典草案」あるいは「CEDC」で引用）」が(110)、それである。他方、ヨーロッパ委員会は、2001年7月、「ヨーロッパ契

（日本評論社・2010年）181頁以下、ミニ・シンポジウム「ヨーロッパ契約法原則」比研68号（2007年）131頁以下所収の諸論稿（西谷佑子「ヨーロッパ法統一の中でのヨーロッパ契約法原則」134頁以下、中田邦博「ヨーロッパ契約法原則とドイツ法」141頁以下、馬場圭太「ヨーロッパ契約法原則とフランス法」145頁以下、潮見佳男「ヨーロッパ契約法とわが国における民法の現代化」154頁以下）、ヘルムート・コツィオール（山本周平訳）「ヨーロッパにおける損害賠償法の改革Ⅰ（1）（2・完）──立法の方法と過誤行為の帰責要素」民商143巻4＝5号（2011年）1頁以下、6号1頁以下、山本周平「「ヨーロッパにおける損害賠償法の改革Ⅰ」をめぐる議論の概要」民商143巻6号（2011年）21頁以下も参照。更に、角田光隆「ヨーロッパ共通私法への潮流（1）～（3）」琉法59号（1998年）115頁以下、60号101頁以下、62号（1999年）207頁以下、同「ヨーロッパ私法へのアプローチ」琉法61号（1999年）61頁以下、同「ヨーロッパの政治・経済統合と私法の体系（1）（2）」琉法63号（2000年）114頁以下、66号（2001年）222頁以下、同「ヨーロッパ契約法原理について」石川明教授古稀記念論文集『EU法・ヨーロッパ法の諸問題』（信山社・2002年）323頁以下、同「ヨーロッパ契約法原理の将来性」琉法68号（2002年）168頁以下、同「EU私法の展開（1）（2・完）」北法55巻1号（2004年）338頁以下、2号394頁以下、同「欧州民事法典研究グループの売買法に関する比較法的考察──国連国際物品売買条約との比較」信州5号（2005年）1頁以下、同「欧州契約法原則と国際商事契約原則との比較──欧州委員会の文書」信州6号（2006年）1頁以下、同「EU諸国における契約法の諸原則に関する比較法的考察──契約の成立・解釈（1）（2）」信州7号（2006年）1頁以下、10号（2008年）1頁以下、同「欧州共同体における契約法の改革とその意義──契約の成立に関連する諸問題」信州8号（2007年）29頁以下もある。

(109) Commission on European Contract Law, Ole Lando and Hugh Beale (eds.), Principles of European contract law, parts I and II, Kluwer Law International, 2000 ; Ole Lando, Eric Clive, André Prim and Reinhard Zimmermann (eds.), part III, 2003. フランス語版として、Principes du droit européen du contrat, version française préparée par Georges Rouhette avec le concours de Isabelle de Lamberterie, Denis Tallon et Claude Witz, Société de législation comparée, Paris, 2003. 翻訳として、オーレ・ランドー＝ヒュー・ビール編（潮見佳男＝中田邦博＝松岡久和監訳）『ヨーロッパ契約法原則Ⅰ・Ⅱ』（法律文化社・2006年）、オーレ・ランドー＝エリック・クライフ＝アンドレ・プリュム＝ラインハルト・ツィンマーマン編（潮見佳男＝中田邦博＝松岡久和監訳）『ヨーロッパ契約法原則Ⅲ』（法律文化社・2008年）。なお、ヨーロッパ契約法原則の訳出に際しては、これらの論稿を参照しながらも、ほかの提案やモデル・ルールにおける訳語との調整を図るために、適宜修正を加えている。

(110) L'Académie des privatistes européens, Code européen des contrats, avant-projet, Livre premier, A. Giuffre, 2002, Livre deuxième, Des contrats en particulier, Titre premier, De la vente, 2008. グループの代表者の手になる論稿として、Giuseppe Gandolfi, Pour un code européen des contrats, RTD civ., 1992, pp.707 et s. ; Id., Le code européen des contrats, in, Le code civil français dans le droit européen, Edité par Jean Philippe Dunand et Bénédict Winiger, Actes du colloque sur le bicentenaire du Code civil français organisé à Genève les 26-28 février 2004, Bruylant, Bruxelles, 2005, pp.275 et s. ; Id., Le code européen des contrats, in, Le contrat en europe aujourd'hui et demain, Colloque du 22 juin 2007, préf. Rémy Cabrillac, Denis Mazeaud et André Prüm, Droit privé comparé et européen vol.8, Société de législation comparée, Paris, 2008, pp.115 et s. がある。また、第1編の翻訳として、平野裕之「ヨーロッパ契約法典草案（パヴィア草案）第1編（1）（2・完）──各国国内法の調和から新ヨーロッパ契約法へ」法論76巻2

◆　第 3 項　◆　問題の設定

約法」に関する通達を公表して、広く意見を聴取した後[111]、2003 年 2 月に、「より一貫性のあるヨーロッパ契約法：アクション・プラン（A more coherent european contract law. An action plan；Un droit européen des contrats plus coherent. Un action plan）」を発表し[112]、「共通参照枠（Common Frame of Reference（CFR）, Cadre commun de référence（CCR））」の策定へと動き出した。これを受けて、「ヨーロッパ民法典研究グループ（Study Group on European Civil Code）」[113]、「アキ・グループ（Research Group on the Existing EC Private Law（Acquis Group））」、「保険法グループ（Project Group on a Restatement of European Insurance Contract Law（Insurance Groupe））」[114]を中心に、「ヨーロッパ私法に関するジョイント・ネットワーク（Joint Network on European Private Law（CoPECL））」が結成され[115]、2009 年には、「共通参照枠草案（Draft Common Frame of Reference（DCFR）, Projet de Cadre commun de référence（PCCR））（以下では、慣例に従って、「共通参照枠草案」あるいは「DCFR」で引用）」が公表されている[116]。また、これらのグループも、独自の研究成果を公にしており、本書が対象とする問題領域に限定しても、アキ・グループは、「アキ原則（Principles of the Existing EC Contract Law（Acquis Principles））（以下では、慣例に従って、「アキ原則」あるいは「ACQP」で引用）」を公表している[117]。更に、ヨーロッパ委

　　＝ 3 号（2004 年）75 頁以下、6 号 115 頁以下。また、平田健治「無効・取消の要件・効果の一般的枠組──ヨーロッパ私法律家アカデミーヨーロッパ契約法草案を参考に」阪法 52 巻 3＝4 号（2002 年）177 頁以下も参照。本書におけるヨーロッパ契約法典草案のテクストの翻訳は、これらの論稿を参照しつつ、適宜修正を加えたものである。
(111)　COM（2001）398.
(112)　COM（2003）68 final.
(113)　研究成果として、Study Group on a European Civil Code, Principles of European Law, 13 vol., sellier. european law publishers, Bruylant, Oxford University Press and Staempfli Publishers が順次刊行されている。
(114)　研究成果として、Project Group on a Restatement of European Insurance Contract Law, Principles of European Insurance Contract Law（PEICL）, sellier. european law publishers, 2009；Principles of European Insurance Contract Law : A model Optional Instrument, sellier. european law publishers, 2011 が公表されている。
(115)　その他、ヨーロッパ私法に関するジョイント・ネットワークに参加しているグループは、アンリ・カピタン協会（比較立法協会、公証人会と共同。Association Henri Capitant together with Société de Législation Comparée and the Conseil Supérieur du Notariat）、コモンコア・グループ（Common Core Group. 同グループの手になる研究成果として、Common Core Evaluating Group, Luisa Antoniolli, Francesca Fiorentini, A Factual Assessment of the Draft Common Frame of Reference, sellier. european law publishers, 2010 がある）、契約法ルールの経済的評価に関するリサーチ・グループ（Research Group on the Economic Assessment of Contract Law Rules（Economic Impact Group. 同グループの手になる研究成果として、Pierre Larouche and Fiomena Chrico（Eds.）, Economic Analysis of the DCFR, The work of the Economic Impact Group within CoPECL, sellier. european law publishers, 2010 がある）、データベース・グループ（Database Group）、ヨーロッパ法アカデミー（Academy of European Law（ERA））である。
(116)　Study Group on a European Civil Code and Research Groupe on EC Private Law（Acquis Group）, Christian von Bar and Eric Clive（Eds.）, Principles, Definitions and Model Rules of European Private Law, Draft Common Frame of Reference（DCFR）, Full edition, 6 vol., sellier. european law publishers, 2009. なお、概要版（Outline edition）は同年初頭に、暫定概要版（Interim Outline Edition）は 2008 年に、それぞれ公表されている。
(117)　Research Group on the Existing EC Private law（Acquis Group）, Principles of the Existing

◆序　論◆

員会は、2011 年 10 月 11 日に、「ヨーロッパ委員会からヨーロッパ議会、ヨーロッパ理事会、ヨーロッパ経済社会評議会及び地域委員会への報告書：単一市場における国境を越えた取引を促進するためのヨーロッパ共通売買法（Communication from the Commission to the European Parliament, the Council, the European Economic and Social Committee and the Committee of the Regions : A Common European Sales Law to facilitate cross-border transactions in the single market ; Communication de la commission au parlement européen, au conseil, au comité économique et social européen et au comité des régions : Un droit commun européen de la vente pour faciliter les transactions transfrontières sur le marché unique）（以下では、慣例に従って、「ヨーロッパ共通売買法草案」あるいは「CESL」で引用）」を公にした[118]。

本書の問題関心からは、これらの「ヨーロッパ契約法」をめぐる動向について、以下の2つの視点に基づき検討を行う可能性がある。

第1に、フランス法とは無関係に、それ自体1つの比較対象として、契約不履行に基づく損害賠償の理論枠組みという視角から分析を行う可能性である。このコンテクストにおいて、EU レベルでの立法提案やモデル・ルールは、「国際物品売買契約に関する国際連合条約（United nations convention on contracts for the international sale of goods（CISG））（以下では、慣例に従って「CISG」で引用）」や[119]、ユニドロワ（UNIDROIT）の「国際商事契約原則（Principles of International Commercial Contracts

---

　　EC Contract Law（Acquis Principles）, Contract I, Pre-contractual Obligations, Conclusion of Contract, Unfair Terms, sellier. european law publishers, 2007 ; Id., Contract II, General Provisions, Delivery of Goods, Package Travel and Payment Services, sellier. european law publishers, 2009.

(118)　COM (2011) 636 final ; 2011 / 0284(COD). 翻訳として、内田貴（監訳）『共通欧州売買法（草案）共通欧州売買法に関する欧州議会および欧州理事会規則のための提案（別冊 NBL140 号）』（商事法務・2012 年）。また、石田京子「「共通欧州売買法」の制定に向けた EU の動向〈紹介〉」NBL974 号（2012 年）21 頁以下、山田到史子「共通ヨーロッパ売買法提案（Proposal for a Common European Sales Law）の概要──1980 年国際動産売買契約に関する国連条約との比較において」関学 63 巻 1 号（2012 年）71 頁以下、シュテファン・ヴルブカ「消費者とヨーロッパ共通売買法規則提案～どの道もローマに通じないのか？～（上）（下）」際商 40 巻 9 号（2012 年）1317 頁以下、10 号 1529 頁以下、同「ヨーロッパ共通売買法規則提案（1）（2・完）──消費者保護のための正しい方向性か」民商 146 巻 4 = 5 号（2012 年）1 頁以下、6 号 1 頁以下、アンヌ＝ソフィ・ショネ＝グリマルディ（齋藤哲志訳）「ヨーロッパ共通売買法」新世代法政策学研究 18 号（2012 年）229 頁以下。

(119)　同条約については、多くの研究・紹介が存在するが、さしあたり、単行書として、曽野和明＝山手正史『国際売買法』（青林書院・1993 年）、ペーター・シュレヒトリーム（内田貴＝曽野裕夫訳）『国際統一売買法成立過程からみたウィーン売買条約』（商事法務・1997 年）、甲斐道太郎＝石田喜久夫＝田中英司編『注釈国際統一売買法Ｉ、Ⅱ』（法律文化社・2000 年、2003 年）、潮見佳男＝中田邦博＝松岡久和編『概説国際物品売買条約』（法律文化社・2010 年）、2008 年 7 月の批准以降の解説として、曽野裕夫＝中村光一＝船橋伸行「ウィーン売買条約（CISG）の解説（1）～（5・完）」NBL887 号（2008 年）22 頁以下、888 号 44 頁以下、890 号 82 頁以下、891 号 65 頁以下、895 号 49 頁以下、曽野裕夫「国際物品売買契約に関する国際連合条約（CISG）の解説（1）～（3・完）」民月 64 巻 1 号（2009 年）7 頁以下、2 号 31 頁以下、4 号 7 頁以下、同「国際物品売買契約に関する国際連合条約（CISG）の概要（1）～（3・完）」民情 275 号（2009 年）10 頁以下、276 号 2 頁以下、277 号 14 頁以下を参照。なお、同条約に関する文献の所在は、CISG - Japan Datebase（http://www.juris.hokudai.ac.jp/~sono/cisg/index.html#head）で知ることができる。

◆ 第3項 ◆ 問題の設定

(PICC), Principes relatives aux contrats du commerce international (PCCI))（以下では、慣例に従って「PICC」で引用）」[120]と同列に扱われることになる。もっとも、これらの提案やモデル・ルールについては、既に、日本においても多くの貴重な先行業績が存在する[121]。従って、比較モデルという視点からの検討が有益であることを留

---

(120) International Institute for the Unification of Private Law, Unidroit principles of international commercial contracts, 2004, Rome, 2004. 1994年版の翻訳として、曽野和明＝廣瀬久和＝内田貴＝曽野裕夫訳『UNIDROIT 国際商事契約原則』（商事法務・2004年）、2004年版の解説として、内田貴「ユニドロワ国際商事契約原則2004──改訂版の解説 (1) ～ (5)」NBL811号（2005年）38頁以下、812号71頁以下、813号69頁以下、814号64頁以下、815号45頁以下。「ユニドロワ国際商事契約原則」の訳出に際しては、これらの論稿を参照しながらも、ほかの提案やモデル・ルールとの訳語の調整を図るために、適宜修正を加えている。

(121) 本書が対象とする問題領域に限定しても、国際物品売買契約に関する国際連合条約について、久保宏之「国際動産売買契約国連条約の履行不能「免責」について」同『経済変動と契約理論』（成文堂・1992年）281頁以下〔初出・1989年〕、渡辺達徳「「ウィーン売買条約」（CISG）における契約違反の構造」商討41巻4号（1991年）109頁以下、同「「ウィーン売買条約」（CISG）における契約目的の実現と、契約からの離脱 (1) (2・完)」商討42巻1号（1991年）177頁以下、43巻1=2号（1992年）131頁以下、同「国際動産売買法と契約責任の再構成」新法104巻6=7号（1998年）33頁以下、同「ウィーン売買条約における契約解除の抑制原理──ドイツ BGH1996年4月3日判決を手がかりとして」新法108巻5=6号（2001年）333頁以下、同「ウィーン売買条約と日本民法への影響〔特集 ウィーン売買条約 国際的な物品売買契約に対する意義と影響〕」ジュリ1375号（2009年）20頁以下、潮見佳男「国連国際売買条約における損害賠償責任の免責事由」同『契約責任の体系』（有斐閣・2000年）130頁以下〔初出・1994年〕、同「国際物品売買条約における売主・買主の義務および救済システム」同『債務不履行の救済法理』（信山社・2010年）337頁以下〔初出・2008年〕、山田・前掲注(92)論文、同「解除における「重大な契約違反」と「付加期間設定」要件の関係──ドイツ、英米、CISG、PICC、DCFR の議論に示唆を得て」関学62巻1号・上（2011年）177頁以下、石崎泰雄「瑕疵担保責任と債務不履行責任との統合理論」同『契約不履行法の基本構造 民法典の制定とその改正への道』（成文堂・2009年）37頁以下〔初出・1995年〕、円谷・前掲注(9)「現代契約法の課題」104頁以下・164頁以下・215頁以下・337頁以下、同「ファヴォール・コントラクトス（契約の尊重）」好美清光先生古稀記念論文集『現代契約法の展開』（経済法令研究会・2000年）3頁以下、松井和彦「「契約危殆」状態における履行確保 (2・完)──不安の抗弁権から履行停止権への展開」修道20巻2号（1998年）194頁以下、同「売主の追完権に関する一考察──契約法に関する国際ルールを手がかりに」金沢45巻2号（2003年）199頁以下、同「契約危殆状態における法的救済に関する一考察──ウィーン国連売買条約・ユニドロワ国際商事契約原則・ヨーロッパ契約法原則を手がかりに」川角ほか編・前掲注(108)「動向と課題」179頁以下、同「法定解除権の正当化根拠と催告解除 (1)」阪法61巻1号（2011年）55頁以下、中村肇「事情変更法理における債務解放機能と債務内容改定機能──ドイツ債務法現代化法および国際取引法規範における事情変更問題への対応を中心に」成城72号（2004年）39頁以下、野田和裕「分割履行契約の不履行と一部解除──国連国際動産売買条約、ヨーロッパ契約法原則、ユニドロワ国際商事契約原則およびドイツ法の分析を中心に」川角ほか編・前掲注(108)「展開と課題」233頁以下〔初出・2006年～2008年〕）、齋藤彰「ウィーン売買条約と契約実務──その実践的な役割を批判的に考察する」神戸57巻3号（2007年）138頁以下、吉川吉樹『履行請求権と損害軽減義務 履行期前の履行拒絶に関する考察』（東京大学出版会・2010年）127頁以下〔初出・2007年～2008年〕、吉政知広「ウィーン売買条約（CISG）と履行請求権の限界──ドイツ国内法との交錯」名法227号（2008年）447頁以下、ユニドロワ国際商事契約原則について（上に引用した文献を除く）、山田то史子「ヨーロッパ契約法原則・UNIDROIT 国際商事契約原則における契約解除システム」『貝田守教授定年退官記念論文集』（大阪外国語大学・1998年）463頁以下、渡辺達徳「ハードシップ（事情変更の原則）に関する国際的潮流──ユニドロワ国際商事契約原則、ヨーロッパ契約法原則を素材として」新法105巻6＝7号（1999年）281頁以下、青野博之「特別損害と予見可能性」好美清光先生古稀記念論文集『現代契約法の展開』（経済法令研究会・2000年）135頁以下、中村嘉孝「UNIDROIT 原則における不履行の概念」神戸外大論叢54巻5号（2003年）57頁以下、ヨーロッパ契約法原則について（上に引用した文献は除く）、潮見佳男「最近のヨーロッパにおける契約責任・履行障害法の展開──改正オランダ民法典・ドイツ債務法改正委員会草案・ヨーロッパ契約法原則」同・前掲書86頁以下〔初出・1997年〕、同「ヨーロッパ

◆序　論◆

保しつつ、本書では、この第1の可能性については、ごく簡単に言及するだけに止めておく。

　第2に、「フランス」あるいは「フランスの民法学」の視点から、「ヨーロッパ契約法」の分析を行う可能性である(122)。かつて、フランスにおいては、「ヨーロッパ契約法」に消極的あるいは否定的な見解が多数を占めていた(123)。とりわけ、2001

　契約法とわが国における民法の現代化」川角ほか編・前掲注（108）「展開と課題」339頁以下〔初出・2006年〕、渡辺達徳「「ヨーロッパ契約法の諸原則」における不履行法の体系（1）～（3・完）」志林85巻1号（1997年）31頁以下、3号37頁以下、96巻1号（1998年）35頁以下、同「ヨーロッパ契約法原則の現在（覚書）——契約保障体系の考察に向けて」新法111巻7=8号（2005年）337頁以下、齋田統「契約締結上の過失責任——ヨーロッパ契約法原則における規律を契機として」秋田47＝48号（2007年）139頁以下、同「ヨーロッパ契約法原則における不履行法について」秋田49号（2007年）27頁以下、共通参照枠草案について、大中有信「共通準拠枠草案における契約締結前の情報提供義務（1）（2・完）ドイツ法におけるヨーロッパ契約法に関する議論の一端」法政ロー5巻1号（2009年）57頁以下、6巻1号（2010年）47頁以下等。

(122) フランスにおける「ヨーロッパ契約法」の議論状況については、イヴ・ルケット（馬場圭太訳）「我々は共通民法典へと向かうべきか」川角ほか編・前掲注（108）「展開と課題」141頁以下〔初出・2004年〕（Yves Lequette, Vers un code civile européen?, Pouvoirs, 2003の翻訳）、大久保泰甫「ヨーロッパ共通民法典をめぐる大議論——フランスを中心として・その1、その2」南山大学ヨーロッパ研究センター報11号（2005年）1頁以下、12号（2006年）51頁以下、アルペラン・前掲注(96)217頁以下を参照。また、「ヨーロッパ契約法」と密接な関係を持つ消費財指令の転換について、窪幸治「フランスにおける消費財指令の転換作業について」比較法41号（2004年）323頁以下、馬場圭太「EU指令とフランス民法典——消費動産売買指令の国内法化をめぐる動向」甲法46巻3号（2005年）69頁以下、ローラン・ルヴヌール（平野裕之訳）「ヨーロッパにおいて販売された消費財についての新たな担保責任——統一、多様性または共通の土台？」ジュリ1303号（2005年）90頁以下、平野裕之「フランスにおける消費財の担保責任のオルドナンス」慶應法学4号（2006年）271頁以下、野澤正充「売買の目的物に瑕疵がある場合における買主の救済——フランス」同『民法学と消費者法学の軌跡』（信山社・2009年）203頁以下〔初出・2007年〕等を参照。

(123) 1994年に公表されたユニドロワの国際商事契約原則については、民法学者を含め、当時、多くの論稿が著されたのに対して（Jean-Paul Béraudo, Les principes d'Unidroit relatifs au droit du commerce international, JCP., 1995, I, 3842, pp.189 et s. ; Jérôme Huet, Les contrats commerciaux internationaux et les nouveaux principes d'Unidroit : Une nouvelle Lex Mercatoria?, Petites affiches, 10 nov. 1995, n° 135, pp.8 et s. ; Andrea Giardina, Les Principes UNIDROIT sur les contrats internationaux, JDI., 1995, pp.547 et s. ; Catherine Kessedjian, Un exercice de rénovation des sources du droit des contrats du commerce international : Les Principes proposés par l'Unidroit, Rev. crit. dr. inter. privé, 1995, pp.641 et s. ; Franco Ferrari, Le champ d'application des 《principes pour les contrats commerciaux internationaux》 élaborés par Unidroit, RIDC., 1995, pp.985 et s. ; Frédérique-Marine Bannes, L'impact de l'adoption des principes unidroit 1994 sur l'unification du droit commercial international : réalité ou utopie?, RRJ., 1996, pp.933 et s. ; Christian Larroumet, La valeur des principes d'Unidroit applicables aux contrats de commerce international, JCP., 1997, I, 4011, pp.147 et s. ; Richard Marty, Conflits d'application entre les principes d'Unidroit et la loi française applicable au contrat. A propos d'un dualisme juridique, D. aff., 1997, pp.100 et s. ; Bénédicte Fauvarque-Cosson, Les contrats du commerce international, une approche nouvelle : Les principes d'unidroit relatifs aux contrats de commerce international, RIDC., 1998, pp.463 et s. また、Cf. Pascale Deumier, Les Principes Unidroit on 10 ans ; bilan en demi teinte, RDC., 2004, pp.774 et s.）、ほぼ時期（1995年）に第1部が公表されたヨーロッパ契約法原則については、一部を除き、それほど関心が寄せられなかったという事実は、このことを明確に示すものと言えよう（20世紀に公表されたものに限定すれば、ヨーロッパ契約法原則の起草に関与した者（Denis Tallon, Vers un droit européen du contrat?, in, Mélanges offerts à André Colomer, Litec, Paris, 1993, pp.487 et s. ; Id., Les principes pour le droit européen du contrat : Quelles perspectives pour la pratique?, Defrénois, 2000, art. 37182, pp.683 et s. その後の著作として、

44

◆　第3項　◆　問題の設定

年7月にヨーロッパ委員会が「ヨーロッパ契約法」に関する通達を出して、「ヨーロッパ契約法」のための4つの方法を明らかにし[124]、クリスチャン・フォン・バール (Christian von Bar) が破毀院で「諸原則から法典へ：ヨーロッパ私法への展望 (From Principles to Codification: Prospects for European Private Law)」と題する講演を行った後には[125]、「ヨーロッパ民法典」[126]に対して、激しい批判が巻き起こった[127]。も

Id., Droit uniforme américain, Code civil européen : quels rapports ?, in, Law and Justice in a Multistate World, Essays in Honor of Arthur T. Von Mehren, Edited by James A. R. Nafziger and Symeon C. Symeonides, Transnational Publishers, inc, Ardsley, New York, 2002, pp.835 et s.; Id., L'avenir du code en présence des projets d'unification européenne du droit civil, in, Université Panthéon-Assas (Paris II), 1804-2004, Le Code Civil, un passé, un present, un avenir, Dalloz, Paris, 2004, pp.997 et s.; Id., Variations autour de la loi du 30 ventose an XII 《contenant la réunion des lois civiles en un seul corps de lois, sous le titre de code civil des française》à l'intention de futurs codificateurs français ou européens, in, De tous Horizons, Mélanges Xavier Blanc-Jouvan, Société de législation comparée, Paris, 2005, pp.837 et s.)、民法以外の研究者 (Bruno Oppetit, Droit commun et droit européen, in, Mélanges en l'honneur de Yvon Loussouarn, L'internationalisation du droit, Dalloz, Paris, 1994, pp.311 et s.; Jacques Raynard, Les 《Principes du droit européen du contrat》: une lex mercatoria à la mode européen, RTD civ., 1998, pp.1006 et s. また、Le droit privé européen, sous la direction de Pascal de Vareilles-Sommières, Actes du colloque organisé à Reims sous les auspices du Centre de recherche en droit des affaires (Université de Reims-Champagne-Ardenne), les 30 janvier et 1er février 1997 sous le titre 《Un droit privé pour l'Union européen》, Economica, Paris, 1998 所収の Laurence Idot, Les bases communautaires d'un droit privé européen (traité de Maastricht et traité de Rome), pp.22 et s.; Richard Crone, Problèmes pratiques des contrats européens, pp.61 et s. も参照)、外国の研究者 (Reiner Schulze, Le droit privé commun européen, RIDC., 1995, pp.7 et s.; Pierre Legrand, Sens et non-sens d'un code civil européen, RIDC., 1996, pp.779 et s.; Jürgen Basedow, Un droit commun des contrats pour le marché commun, RIDC., 1998, pp.7 et s.; Mauro Bussani et Ugo Mattei, Le fonds commun du droit privé européen, RIDC., 2000, pp.29 et s.) による紹介や検討は存在するが、民法学者によるそれは、クリストフ・ジャマン (Christophe Jamin) の論文を見出しうる程度である (Christophe Jamin, Un droit européen des contrats ?, in, Le droit privé européen, sous la direction de Pascal de Vareilles-Sommières, Actes du colloque organisé à Reims sous les auspices du Centre de recherche en droit des affaires (Université de Reims-Champagne-Ardenne), les 30 janvier et 1er février 1997 sous le titre 《Un droit privé pour l'union européen》, Economica, Paris, 1998, pp.40 et s.。この論文については、馬場圭太「フランスからみたヨーロッパ契約法の一断面──クリストフ・ジャマンの所説の紹介」川角ほか編・前掲注(108)「動向と課題」159頁以下に紹介がある)。

(124) ①市場に委ねる、②強制力のない共通原則を構想する、③アキ・コミュノテール (acquis communautaire) を改良する、④共同体レベルでの統一法を作成するというのが、それである。

(125) そのフランス語版は、Les Annonces de la Seine, 3 juin 2002, n° 33, pp.1 et s. で読むことができる。

(126) 当時のフランス民法学が想定し、批判の対象としていたのは、主として、共同体レベルでの「ヨーロッパ民法典」の構想であった (注(124)の④)。フランス民法学から見たとき、この構想は極めてラディカルであったために、参照枠としての「ヨーロッパ契約法」には、それほど注意が払われていなかったようにも見受けられる。そのため、以下で述べるように、極めて辛辣な批判が展開されたのである。

(127) Gérard Cornu, Un code civil n'est pas un instrument communautaire, D., 2002, chr., pp.351 et s.; Yves Lequette, Quelques remarques à propos du projet de code civil européen de M. Von Bar, D., 2002, chr., pp.2202 et s.; Philippe Malinvaud, Réponse – hors délai – à la Commission européenne : à propos d'un code européen des contrats, D., 2002, chr., pp.2542 et s.; Jérôme Huet, Nous faut-il un 《euro》 droit civil ?, (propos sur la communication de la Commission concernant le 《droit européen des contrats》, et plus généralement, sur l'uniformisation du droit civil au niveau européen), D., 2002, point de vue, pp.2611 et s.; Nicolas Charbit, L'esperant du droit ? La rencontre du droit communautaire et du droit des contrats : À propos de la

◆序　論◆

ちろん、「ヨーロッパ民法典」ではなく「ヨーロッパの契約法」の必要性を説き、これを正当化しようとする論稿も存在したが(128)、多くは、実質のレベルで、文化、言語、歴史の多様性(129)、「市民社会の構成原理（la constitution civil）」、象徴、「記憶の場（les lieux de mémoire）」としての民法典(130)、民法典の一体性(131)、法的多様性の価

Communication de la Commission européenne relative au droit européen des contrats, JCP., 2002, I, 100, pp.9 et s. ; Philippe Malaurie, Le Code civil européen des obligations et des contrats : Une question toujours ouverte : Colloque de Leuven (Belgique) (30 nov. - 1er déc. 2001), JCP., 2002, I, 110, pp.281 et s. (Cf. Id., Droit romain des obligations. Droit français contemporain des contrats et l'europe d'aujourd'hui, JCP., 2000, I, 246, pp.1415 et s.); Vincent Heuzé, À propos d'une《initiative européenne en matière de droit des contrats》, JCP., 2002, I, 152, pp.1341 et s. ; Bénédicte Fauvarque-Cosson, Faut-il un Code civil européen ?, RTD civ., 2002, pp.463 et s. ; Philippe Glaudet, Le Code civil européen : une utopie ?, Dr. et pat., avril 2004, pp.32 et s. ; etc. また、契約法ではなく、民事責任を対象とするものであるが、Geneviève Viney, L'harmonisation des droits de la responsabilité civile en europe, in, Mélanges en l'honneur de Yvonne Lambert-Faivre et Denis-Clais Lambert, Droit et économie de l'assurance et de la santé, Dalloz, Paris, 2002, pp.417 et s. 更に、Cf. Groupe d'étude sur la justice sociale en droit privé européen, Manifeste pour une justice sociale en droit européen des contrats, RTD civ., 2005, pp.713 et s.

　なお、これらの論稿のうち、ジェラール・コルニュ（Gérard Cornu, pp.57 et s.）、イヴ・ルケット（Yves Lequette, pp.69 et s.）、ベネディクト・フォヴァルク・コソン（Bénédicte Fauvarque-Cosson, pp.99 et s.）、ヴァンサン・ユゼ（Vincent Heuzé, pp. 201 et s.）、ジェローム・ユエ（pp.211 et s.）、フィリップ・マロリー（Philippe Malaurie, pp.219 et s.）、フィリップ・マランボー（Philippe Malinvaud, pp.231 et s.）のものは、Pensé juridique français et harmonisation européenne du droit, Textes rassemblés par Bénédicte Fauvarque-Cosson et Denis Mazeaud, Droit privé comparé et européen. Collection dirigée par Bénédicte Fauvarque-Cosson, vol.1, Société de législation comparée, Paris, 2003. に所収されている（同書には、ヨーロッパ委員会の「アクション・プラン」等のフランス語版も収められている。なお、本書における引用は原論文で行う）。

(128) Denis Mazeaud, À propos du droit virtuel des contrats : Réflexions sur les principes d'Unidroit et de la commission Lando, in, Mélanges Michel Cabrillac, Litec, Paris, 1999, pp.205 et s. ; Claude Witz, Plaidoyer pour une code européen des obligations, D., 2000, chr., pp.79 et s. ; Catherine Prieto, Une culture contractuelle commune en europe, in, Catherine Prieto (sous la dir.), Regards croisés sur les principes du droit européen du contrat et sur le droit français, PUAM., Aix-en-Provence, 2003, pp. 17 et s. ; Id., Pour l'expérimentation d'un droit commun des contrats transfrontalier sous l'égide d'un institut du droit européen (Réponse à la Commission européenne sur son Plan d'action en faveur du droit européen du contrat), pp.67 et s. ; Id., Un code civil européen : de l'utopie à la prospective juridique, in, Code civil – Les défis d'une nouveau siècle, Paris, 16-19 mai 2004, Petite affiches, 7 mai 2004, n° 92, pp. 19 et s. ; Jean-Baptiste Racine, Pourquoi unifier le droit des contrats en Europe ? : Plaidoyer en faveur de l'unification, Rev. dr. UE., 2003, pp.369 et s. ; etc.
(129) Cornu, supra note 127, p.351 ; Lequette, supra note 127, n° 12, p.2207 et n° 16, p.2209 ; Malinvaud, supra note 127, pp.2547 et s. ; Huet, supra note 127, n° 4, p.1612 ; Malaurie, supra note 127, Le Code civil…, n°s 12 et s., pp. 283 et s. ; Fauvarque-Cosson, supra note 127, n°s 26 et s., pp. 473 et s. ; Glaudet, supra note 127, p.34.
(130) Lequette, supra note 127, n°s 9 et s., p.2206 ; Malaurie, supra note 127, Le Code civil…, n° 11, p.283 ; Glaudet, supra note 127, p.34. ここでは、しばしば、ジャン・カルボニエの有名な論文「コード・シヴィル（Le Code civil）」が引用されている（Jean Carbonnier, Le Code civil, in, Les lieux de mémoire, sous la direction de Pierre Nora, t.2, Gallimard, Paris, 1986. 翻訳として、ジャン・カルボニエ（野上博義＝金山直樹訳）「コード・シヴィル」石井三記編『コード・シヴィルの200年』（創文社・2007年）165頁以下がある）。
(131) Cornu, supra note 127, pp.351 et s. ; Lequette, supra note 127, n° 8, pp.2205 et s. et n° 10, p.2206. このコンテクストでは、民法典から契約法のみを取り出すこと、民法を経済的な視点のみから捉えることに対する批判が述べられている。

◆ 第3項 ◆ 問題の設定

値(132)を説き、方法のレベルでは、EU の権限の問題(133)、作業グループの問題(134)を指摘し、結果のレベルで、統一法に関する解釈の問題(135)、市場統一への貢献という根拠に対する疑問(136)を述べて、「ヨーロッパ民法典」に反対(137)、あるいは、「ヨーロッパ契約法」への懐疑、もしくは、それが時期尚早であることを説いた(138)。ところが、その後、2003 年 2 月の「アクション・プラン」により、議論の中心が共通参照枠の策定に移ってからは、若干、状況が変化しているように見える。今日においては、「ヨーロッパ契約法」に対する否定的な論調を維持するのか、態度を留保する

---

(132) Lequette, supra note 127, n°5, p.2204. 例えば、以下のように説かれる。法が多様であることは、各国内法の発展に寄与するだけでなく、法改正の際に研究所 (laboratoire) としての役割を果たすのである。

(133) Malinvaud, supra note 127, pp.2543 et s. ; Fauvarque-Cosson, supra note 127, n°S 8 et s., pp.466 et s. ; Viney, supra note 127, p.423 ; Glaudet, supra note 127, pp.35 et s.

(134) ヨーロッパ民法典研究グループが「ヨーロッパ民法典」の起草を行うとの前提に出たものであるが、Lequette, supra note 127, n°S 14 et s., pp.2208 et s. ; Malinvaud, supra note 127, pp.2550 et s. ; Viney, supra note 127, p.427. このコンテクストでは、作業グループの権威、作業言語、メンバー構成等が問題視されている。

(135) Lequette, supra note 127, n°6, p.2205 ; Malinvaud, supra note 127, p.2547 ; Huet, supra note 127, n°5, p.2613 ; Malaurie, supra note 127, Le Code civil..., n°6, p.282 et n°15, pp.284 et s. ; Fauvarque-Cosson, supra note 127, n°23, pp.471 et s. ; Viney, supra note 127, p.427. ここでは、国際物品売買契約に関する国際連合条約に関する各国裁判所の解釈の相違や、同一内容の民法典を持つフランスとベルギーにおける判例の相違等が、指摘されている。

(136) Lequette, supra note 127, n°5, pp.2204 et s. ; Malinvaud, supra note 127, p.2547 et pp.2549 et s. ; Huet, supra note 127, n°4, p.1612 et s. ; Malaurie, supra note 127, Le Code civil..., n°15, pp.284 et s. ; Fauvarque-Cosson, supra note 127, n°S 12 et s., pp.467 et s. ; Glaudet, supra note 127, pp.32 et s. このコンテクストでは、多元的なルールを持つアメリカやカナダの例を指摘するのが一般的である。また、法の調和・統一により実現される利益は、それに要するコスト、実現した場合に生ずる弊害よりも小さいことが強調される。

(137) とりわけ、ジェラール・コルニュ、イヴ・ルケット、フィリップ・マランボーの批判は辛辣であった (もっとも、これらの論者においても、批判の力点の置き方は異なる。コルニュは、主として、自身の研究領域である「法と言語」の観点から、マランボーは、アンリ・カピタン協会の会長 (Président. 当時) としての立場で、ルケットは、「ヨーロッパ民法典」への敵対心を前面に出して、批判を展開している)。コルニュは言う。ヨーロッパ民法典は、市民社会の領域を略奪、侵略するものである。「共同体における統一主義は、還元的かつ後退的で、一言で表現するならば、全体主義的な企てである。融合主義者の妄想は、文化的な非常識」と言わなければならない。民法典の 200 周年は、そのレクイエムなどではないのである (Cornu, supra note 127, pp.351 et s.)。ルケットも言う。ヨーロッパ民法典の構想には、「常軌を逸した (extravagant) ものが存在する。これは、その言葉本来の意味、つまり、異常な (extraordinaire)、そして、不合理な (déraisonnable) ものである」(Lequette, supra, note 127, n°3, p.2203)。フランス社会は、民法のおかげで、歴史のうねりを乗り越えることができた。民法は、「我が法の文典 (la grammaire)」なのであり、これをヨーロッパに移動させることは、「各法体系の核を変容させる」ことを意味するのである (ibid., n°S 9-10, p.2206)。また、マランボーも、前 2 者よりも穏健的ではあるが、以下のように述べる。フランスのように、民法が文化の中に息づいている国においては、民法典の放棄は激しい痛みを伴う。法の背後には、人民と人間が存在するのであり、彼らを、チェスボードの上を自由に動かすことができる駒のように扱うことはできないのである (Malinvaud, supra note 127, pp.2547 et s.)。

(138) 例えば、フランスの経験を援用して、以下のように説かれている。1804 年のフランス民法典は短期間で準備されたように見えるが、そこに結実するまでには、慣習法を調査し、それらを統合しようとした学識法の長年にわたる努力が存在した。法の統一・調和は、今日における「ヨーロッパ契約法」の構想のように、短期間のうちに実現できるようなものではないのである。そもそも、かつてのフランスは、慣習法こそ異なっていたものの、人民、国家、言語においては 1 つであった (Lequette, supra note 127, n°24, p.2213 ; Malinvaud, supra note 127, p.2546)。

47

◆序　論◆

のか、あるいは、その有用性を肯定するのかにかかわらず[139]、「ヨーロッパ契約法」の現状や歴史を解説し[140]、各提案やモデル・ルールの基本理念、テクストの内容を

(139) あるべき「ヨーロッパ契約法」の姿、その方法論を探求するものとして、Christophe Jamin, Vers un droit européen des contrats ? (Réflexion sur une double stratégie), RJ com., janv. / fév. 2006, pp.94 et s. ; Dominique Blanc et Jérôme Deroulez, La longue marche vers un droit européen des contrats, D., 2007, chr., pp.1615 et s. ; Dominique Blanc, Droit européen des contrats : un processus en voir de dilution ?, D., 2008, pp.564 et s. ; Bénédicte Fauvarque-Cosson, Le rôle de la doctrine en droit privé européen, in, Études offertes à Geneviève Viney, LGDJ., Paris, 2008, pp.419 et s. ; Id., L'opportunité économique d'une harmonisation du droit des contrats en Europe, in, Droit et économie des contrats, sous la direction de Christophe Jamin, LGDJ., Paris, 2008, pp.257 et s. ; Bruno Deffains, Harmoniser le droit des contrats en Europe : Une perspective économique, in, Droit et économie des contrats, sous la direction de Christophe Jamin, LGDJ., Paris, 2008, pp.281 et s. ; Juliette Gest, Les travaux préparatoires du projet de Cadre commun de référence sous la Présidence française de Conseil de l'Union européenne, D., 2009, chr., pp.1431 et s.

(140) 「ヨーロッパ契約法」の現状を解説・検討するものとして、2003年以降のものに限定しても、Bénédicte Fauvarque-Cosson, Droit européen des contrats : première réaction au plan d'action de la Commission, D., 2003, point de vue, pp.1171 et s. ; Id., Regards nouveaux sur le projet d'unification du droit européen du contrat, RDC., 2005, pp.1213 et s. ; Id., Droit européen et international des contrats : l'apport des codifications doctrinales, D., 2007, chr., pp.96 et s. ; Id., Droit européen des contrats : les offres sont faites, les dés non encore jetés, D., 2008, point de vue, pp.556 et s. ; Id., Droit des contrats, septembre 2007 - septembre 2008, D., 2008, pan., pp.2968 et s. ; Id., L'élaboration du cadre commun de référence : regards comparatifs sur les travaux académiques, RDC., 2008, pp.527 et s. ; Id., Regards croisés sur le Cadre commun de référence, RDC., 2008, pp.917 et s. ; Id., Terminologie, principes, élaboration de règles modèles : les trois volets du cadre commun de référence, RTD eur., 2008, pp.695 et s. ; Id., Droit des contrats, octobre 2008 - décembre 2009, D., 2010, pan., pp.225 et s. ; Id. (Entretien), Lancement d'une consultation sur le droit européen des contrats, D., 2010, p.1696 ; Id., Droit européen des contrats : bilan et perspectives pour la prochaine décennie, RDC., 2010, pp.316 et s. ; Id., Projet de Cadre commun de référence : la Chambre des lords ne cache pas son manque d'enthousiasme, RDC., 2010, pp.731 et s. ; Dirk Staudenmayer, Le plan d'action de la commission européenne concernant le droit européen des contrats, JCP., 2003, I, 127, pp.709 et s. ; Id., Un instrument optionnel en droit européen des contrats ?, RTD civ., 2003, pp.629 et s. ; Pauline Rémy-Corlay, Plan d'action sur le droit européen des contrats : une réponse au plan d'action, Petites affiches, 4 sept. 2003, nº 177, pp.3 et s. ; Id., Les principles the Existing EC Contract Law (Acquis Principles), Contract I, rédigés par le Groupe Acquis Communautaire, sont sortis !, RTD civ., 2007, pp.740 et s. ; Anne Debet, Le Code européen des contrats. Avant-projet, RDC., 2003, pp.217 et s. ; Astrid Marais, Plan d'action sur le droit européen des contrats, RDC., 2004, pp.460 et s. ; Id., Codification et simplification du droit à l'aune du droit européen des contrats, RDC., 2006, pp.523 et s. ; Id., Cadre commun de référence et Code civil européen, RDC., 2006, pp.1276 et s. ; Id., Le Code européen des contrats : le Parlement n'a pas dit son dernier mot, RDC., 2009, pp.229 et s. ; Cyril Nourissat, Droit civil de l'Union européenne : panorama 2005, D., 2006, pan., pp.1260 et s. ; Id. (Entretien), L'absence d'un vocabulaire et de concepts communs est source de difficultés, Dr. et pat., déc. 2007, pp.52 et s. ; Id., Droit civil de l'Union européenne, juin 2006 - novembre 2007, D., 2008, pan., p.41 ; Loïc Grard, L'Union européenne et l'art de légiférer : l'ordre du jour n'est pas au Code civil européen, in, Le code civil, une leçon de législique ?, sous la direction de Bertrand Saintourens, Economica, Paris, 2006, pp.187 et s. ; Carole Aubert de Vincelles, Bénédicte Fauvarque-Cosson, Denis Mazeaud et Judith Rochfeld, Droit européen des contrats : évolutions et circonvolutions..., Dr. et pat., déc. 2007, pp.40 et s. ; Id., Doctrine française et cadre commun de référence : la politique de la chaise... pleine, Dr. et pat., déc. 2007, pp.47 et s. ; Carole Aubert de Vincelles, Politique générale de la commission et du parlement européen : entre développement du marché intérieur et protection des consommateurs, RTD eur., 2010, pp.695 et s. ; Id., Nouvelles orientations : directive-cadre sur les droits des consommateurs et Livre vert sur la création d'un droit européen

des contrats, RDC., 2010, pp.1284 et s. ; Id., Réponses au livre vert sur le droit européen des contrats, RTD eur., 2011, pp.615 et s. ; Id., Double harmonisation du droit européen des contrats : Instrument optionnel et directive cadre, RTD eur., 2011, pp.621 et s. ; Félix Rome, Droit européen des contrats : requiem ou renaissance ?, D., 2008, Editorial, p.2649 ; Bénédicte Fauvarque-Cosson et Walter van Gerven, La convergence des droits en europe, Petites affiches, 19 avril 2007, n° 79, pp.63 et s. ; Jean-Sylvestre Bergé, Terminologie contractuelle commune et droit européen : les mots de la comparaison, RDC., 2008, pp.1351 et s. ; Judith Rochfeld, La communautarisation des sources du droit – De l'harmonisation maximale, RDC., 2009, pp.11 et s. ; Id., L'européanisation des sources du droit des contrats – État des lieux des discussions institutionnelles relatives à la proposition de directive-cadre du 8 octobre 2008... encore et toujours, RDC., 2010, pp.15 et s. ; Georges Rouhette, La contribution française au projet de cadre commun de référence, RDC., 2009, pp.739 et s. ; Vlad Constantinesco, La《codification》communautaire de droit privé à l'épreuve du titre de compétence de l'Union européenne, RTD eur., 2008, pp.707 et s. ; Carele Aubert de Vincelles et Judith Rochfeld, Les apports de l'《Acquis communautaire》au cadre commun de référence, RTD eur., 2008, pp.741 et s. ; Aurélie Thieriet-Duquesne, Les limites de l'harmonisation totale, in, Approche critique du vocabulaire juridique européen : l'harmonisation totale, Petites affiches, 27 avril 2009, pp.9 et s. ; Thomas Riehm, Vers une harmonisation totale de la terminologie?, in, Approche critique du vocabulaire juridique européen : l'harmonisation totale, Petites affiches, 27 avril 2009, pp.13 et s. ; Aline Teneubaum, L'élaboration en Europe d'une terminologie contractuelle commune : l'exemple de l'ordre public et des règles impératives, in, Approche critique du vocabulaire juridique européen : La terminologie contractuelle commune, Petites affiches, 29 juin 2009, pp.11 et s. ; Xavier Lagarde, Du bon usage de la terminologie contractuelle commune, in, Approche critique du vocabulaire juridique européen : La terminologie contractuelle commune, Petites affiches, 29 juin 2009, pp.15 et s. ; Jean-Sébastien Borghetti, L'immunité et les droits européens de la responsabilité civile, in, Les immunités de responsabilité civile, sous la direction de Olivier Deshayes, CEPRISCA, Collection Colloques, PUF, Paris, 2009. pp.141 et s.

次に、「ヨーロッパ契約法」の歴史を紐解き、議論の展開をフォローするものとして、Claude Witz, La longue gestation d'un code européen des contrats : Rappel de quelques initiatives oubliées, RTD civ., 2003, pp.447 et s. ; Marie-Anne Ribeyre, Le Code européen des contrats : histoire d'un malentendu, Dr. et pat., avril 2003, pp.6 et s.

更に、外国の研究者の手になる仏語文献として、Christian von Bar, Le Groupe d'étude sur un code civil européen, RIDC., 2001, pp.127 et s. ; Rodolfo Sacco, Les problèmes d'unification du droit, in, Droit Global Law, Unifier le droit : Le rêve impossible?, sous la direction de Louis Vogel, Editions Panthéon-Assas, Paris, 2001, pp.9 et s. ; Anna De Vita, Au croisement des itinéraires des droits européens. Analyse comparative en matière de responsabilité civile : tentatives et tentations, in, Droit Global Law, Unifier le droit : Le rêve impossible?, sous la direction de Louis Vogel, Editions Panthéon-Assas, Paris, 2001, pp.73 et . ; Maria Letizia Ruffini Gandolfi, Problèmes d'unification du droit en europe et le code européen des contrats, RIDC., 2002, pp.1075 et s. ; Id., Le code européen des contrats – Livre. I, à l'institut de France (et les travaux préparatoires du Livre II, à l'université de Pavie), RIDC., 2006, pp.953 et s. ; Luigi Moccia, Du 'Marché' à la 'Citoyenneté' : À la recherche d'un droit privé européen durable et de sa base juridique, RIDC., 2004, pp.291 et s. ; Barbara Dauner-Lieb, Vers un droit européen des obligations ? : Enseignements tirés de la réforme allemande du droit des obligations, RIDC., 2004, pp.559 et s. ; Stefan Vogenauer et Stephan Weatherill, La compétence de la Communauté européenne pour harmoniser le droit des contrats – une analyse empirique, RDC., 2005, pp.1215 et s. ; Reinhard Zimmermann, Le droit comparé et l'européanisation du droit privé, RTD civ., 2007, pp.451 et s. ; Hans Schulte-Nölke (Entretien), Un code optionnel pour développer une identité et une culture juridique européennes, Dr. et pat., déc. 2007, pp.54 et s. ; Martin Oudin, Un droit européen...pour quel contrat ? : Recherche sur frontières du contrat en droit comparé, RIDC., 2007, pp.475 et s. ; Reiner Schulze, Le nouveau Cadre commun de référence et l'acquis communautaire, RDC., 2008, pp.922 et s. ; Horst Eidenmüller, Florian Faust, Hans Christoph Grigoleit, Nils Jansen, Gehard Wagner et Reinhard Zimmermann, Le cadre commun de référence pour le droit privé européen, RTD eur., 2008, pp.761 et s. ; Ole Lando, La contribution française au droit européen du contrat, RDC., 2009, pp.729 et s.

◆序　論◆

紹介・検討し、フランス法と対比する論稿が増えているのである[141][142]。近年、「ヨ

> (141)　「ヨーロッパ契約法」とフランス民法との比較検討を行うものとして、Bertrand Fages, Quelques évolutions du droit français des contrats à la lumières des Principes de la Commission Lando, D., 2003, chr., pp.2386 et s. ; Hugues Lemaire et Agnès Maurin, Droit français et principes du droit européen du contrat, in, Code civil – Les défis d'une nouveau siècle, Paris, 16-19 mai 2004, Petite affiches, 7 mai 2004, n○ 92, pp.38 et s. ; Mikaël Benillouche, La valeur primordiale du devoir de bonne foi en droit européen des contrats est-elle une originalité purement formelle ?, Petites affiches, 29 juill. 2004, n○ 151, pp.6 et s. ; Denis Mazeaud, Faut-il avoir peur d'un droit européen des contrats ?, in, De tous Horizons, Mélanges Xavier Blanc-Jouvan, Société de législation comparée, Paris, 2005, pp.309 et s. ; Id., Un droit européen en quête d'identité. Principes du droit européen du contrat, D., 2007, chr., pp.2959 et s.（この論文は、後に、Le contrat en europe aujourd'hui et demain, Colloque du 22 juin 2007, préf. Rémy Cabrillac, Denis Mazeaud et André Prüm, Droit privé comparé et européen vol.8, Société de législation comparée, Paris, 2008, pp.97 et s. に所収されている。以下での引用はダロズ論文で行う）; Id., Faut-il avoir peur d'un droit européen des contrats ? (Bis sed non repetita...), Études offertes au professeur Philippe Malinvaud, Litec, Paris, 2007, pp.397 et s. ; Id., Principes de droit européen du droit du contrat, Projet de cadre commun de référence, Principes contractuels communs, Trois codifications savantes, trois visions de l'avenir contractuel européen, RTD eur., 2008, pp.723 et s. ; Id., Le droit européen des contrats et ses influences sur droit français, ERCL, 1 / 2010, pp.1 et s. ; Céline Castets-Renard et Hiroki Hatano, L'influence des PDEC sur les projets de réforme des droits français et japonais des contrats, RIDC, 2010, pp.713 et s. ; Jean-Sylvestre Bergé, Décryptage : le dialogue du droit des contrats et du droit européen, RDC, 2011, pp.1303 et s.
>
> 　また、カトリーヌ・プリエト（Catherine Prieto）を中心とするグループも、ヨーロッパ契約法原則とフランス民法典の対比を、制度ごと、あるいは、逐条的に行っている（以下の叙述で利用することがあるので、ここでまとめて引用しておく。Principes du droit européen du contrat : regards croisés avec le droit français, Dr. et pat., avril 2003, pp.39 et s.（Catherine Prieto (Entretien), En marche vers un droit européen du contrat, pp.40 et s. ; Jacques Mestre, Bonne foi, pp.42 et s. ; Bertrand Fages, Caractère raisonnable, p.44 ; Dominique Velardocchio, Clause d'intégralité, pp.45 et s. ; Alexis Bugada, Promesses obligatoires sans acceptation, pp.46 et s. ; Catherine Prieto, Moment de conclusion du contrat, pp.50 et s. ; Didier Poracchia, Erreur fondamentale de fait ou de droit, pp.51 et s. ; Jean-Michel Marmayou, Déclarations donnant naissance à des obligations contractuelles, pp.54 et s. ; Adeline Cerati-Gauthier, Modalités d'exécution, pp.58 et s. ; Guilhem Gil, Exécution par un tiers, pp.60 et s. ; Stéphane Valory, Refus de recevoir un bien, pp.62 et s. ; Arnaud Cermolacce, Inexécution, pp.66 et s. ; Philippe Bonfils, Exonération résultant d'un empêchement, pp.72 et s. ; Anne-Marie de Matos, Obligations autres que de sommes d'argent, pp.74 et s. ; Vincent Perruchot-Triboulet, Dommages et intérêts, pp.79 et s.）及び、Catherine Prieto (sous la dir.), Regards croisés sur les principes du droit européen du contrat et sur le droit français, PUAM., Aix-en-Provence, 2003）。更に、民責責任の分野では、Philippe Brun, Regards hexagonaux sur les principes du droit européen de la responsabilité civile, in, Études offertes à Geneviève Viney, LGDJ., Paris, 2008, pp.187 et s. がある。
>
> (142)　「ヨーロッパ契約法」と関連して、消費者法の問題、とりわけ、2008年10月に公表された消費者の権利に関する指令案、2011年10月に採択された消費者の権利に関する欧州議会及び理事会指令を紹介・検討するものとして、Jean Beauchard, Les principes enropéens du droit des contrats et le droit de la consommation, in, Liber amicorum Jean Calais-Auloy, Études de droit de la consommation, Dalloz, Paris, 2004, pp.55 et s. ; Camille Jauffret-Spinosi, Le code civil à l'épreuve des directives communautaires et des principes relatifs au contrat (principes européens du contrat et principes Unidroit), in, Mélanges Xavier Blanc-Jouvan, De tous Horizons, Société de législation comparée, Paris, 2005, pp.297 et s. ; Astrid Marais, Le Code européen de la consommation, premier acte du Code européen des contrats ?, RDC, 2007, pp.901 et s. ; Simon Whittaker, Clauses abusives et garanties des consommateurs : la proposition de directive aux droits des consommateurs et la portée de l'《harmonisation complète》, D., 2009, chr., pp.1152 et s. ; Céline Castets-Renard, La proposition de directive relative aux droits des consommateurs et

◆ 第3項 ◆ 問題の設定

ーロッパ契約法」に関する著作や特集が増えていること[143]、ヨーロッパ私法に関

---

la construction d'un droit européen des contrats, D., 2009, chr., pp.1158 et s.; Jean-Sylvestre Bergé, La corrélation《droit européen》et《droit des contrats》(À propos de la proposition de directive relative aux droits des consommateurs), RDC., 2009, pp.697 et s.; Id., L'hypothèse d'un 28e droit européen des contrats, RDC., 2010, pp.1401 et s.; Judith Rochfeld, L'actualité des sources du droit des contrats – L'état des lieux des discussions relatives à la proposition de directive-cadre sur les droits du consommateur du 8 octobre 2008, RDC., 2009, pp.981 et s.; Cécile Pérès, Livre vert de la Commission européen: les sources contractuelles à l'heure de la démocratie participative, RDC., 2011, pp.13 et s.; Fabien Marchadier, Judith Rochfeld, Jean-Sylvestre Bergé, Denis Mazeaud, Jean-Pierre Marguénaud, Le titre III du Livre III du Code civil a-t-il un avenir européen?, RDC., 2011, pp.229 et s. なお、本指令案及び本指令の紹介・翻訳として、右近潤一「ヨーロッパ私法の新たな動向——消費者の権利に関する指令案について」中田=鹿野編・前掲注(108)162頁以下〔初出・2009年〕、同「消費者の権利に関する欧州議会及び理事会の指令に関する提案(試訳)」京園60-61号(2010年)71頁以下、寺川永=馬場圭太=原田昌和「2011年10月25日の消費者の権利に関する欧州議会及び理事会指令」関法62巻3号(2012年)436頁以下がある。また、角田光隆「EU消費者法——契約法に関する消費者保護指令を巡って(1)〜(6)」信州14号(2010年)1頁以下、15号91頁以下、16号(2011年)95頁以下、17号33頁以下、18号(2012年)25頁以下、20号21頁以下も参照。

更に、ヨーロッパ共通売買法草案を紹介・検討するものとして、Gilles Paisant, La proposition d'un droit commun de la vente ou l'espéranto contractuel de la Commission européenne, JCP., 2012, pp.912 et s.; Vincent Heuzé, Le technocrate et l'imbécile; Essai d'explication du droit commun européen de la vente, JCP., 2012, pp.1225 et s.; Carole Aubert de Vincelles, Naissance d'un droit commun européen de la vente et des contrats, RDC., 2012, pp.457 et s.; Id., Naissance d'un droit commun européen des contrats, RTD eur., 2012, pp.661 et s.

(143) 例えば、契約法雑誌の2009年4月号には、「ヨーロッパ連合には、どのようなヨーロッパ契約法が必要か?(Quel droit européen des contrats pour l'Union européenne?)」と題する特集が組まれ(RDC., 2009, pp.767 et s.)、これまでヨーロッパ契約法を主導してきた各国の第一人者が、論稿を寄せている(本書が扱う問題領域に関わるものだけを引用しておく。Luboš Tichý, Dommages as a remedy in breach of contract under the DCFR (short remark), pp.899 et s.; Damjan Možina, Specific performance in the Draft common frame of reference, pp.906 et s.; Eric Clive, Termination: the divorce of contract law?, pp.919 et s.; Fernando Pombo, Limited liability provisions, foreseeability of damage, spesific performance, pp.928 et s.)。また、同誌の2011年7月号及び10月号にも、「契約によるヨーロッパ:未だそして常に!(L'Europe contractuelle, encore et toujours!)」と題する特集が組まれている(RDC., 2011, pp.1027 et s., et pp.1361 et s.)。

また、アキ・グループに参加しているフランス人研究者グループによって著された、Carole Aubert de Vincelles et Judith Rochfeld (sous la dir.), L'acquis communautaire: Les sanctions de l'inexécution du contrat, Economica, Paris, 2006、取引法・契約法研究センターが2007年9月13日に開催したコロックの報告集である Guillaume Wicker (sous la dir.), Droit européen du contrat et droits du contrat en europe: Quelles perspectives pour quel équilibre?, Actes du colloque organisé par le Centre d'étude et de recherche en droit des affaires et des contrats (CERDAC) le 19 septembre 2007, Litec, Paris, 2008 (後の叙述で引用するものだけを引用しておく。Hélène Boucard, Les instruments internationaux d'unification: concurrence ou modèle pour les droits nationaux?, pp.21 et s.; Didier Ferrier, L'adéquation de l'offre de lois contractuelles aux besoins de la pratique des affaires, pp.39 et s.; Éric Savaux, L'adéquation de l'offre de lois contractuelles aux besoins des consommateurs, pp.51 et s.; Denis Mazeaud, Rapport de synthèse, pp.77 et s.)、比較立法協会が2007年6月22日に開催したコロックの報告集である、Rémy Cabrillac, Denis Mazeaud et André Prüm (sous la dir.), Le contrat en europe aujourd'hui et demain, Droit privé comparé et européen vol.8, Société de législation comparée, Paris, 2008(ヨーロッパ契約法に関連するものとして、Bruno Deffains, Nécessité économique d'une harmonisation du droit des contrats en europe, pp.85 et s.; Verica Trstenjak, Les difficultés d'une interprétation et d'une application unitaires du droit communautaire, pp.147 et s.; Ole Lando, The contract in Europe: Today and tomorrow, Final remarks, pp.177 et s.) 等がある(また、時期的には、少し遡るが、Pauline Rémy-Corlay et Dominique Fenouillet (sous la dir.), Les concepts contractuels français à l'heure des Principes du droit européen des contrats, Dalloz,

◆序　論◆

するジョイント・ネットワークに参与しているアンリ・カピタン協会（Association Henri Capitant）と比較立法協会（Société de législation comparée）が、ヨーロッパ契約法原則の改定版とでも言うべき「共通参照枠草案：共通契約原則（Projet de Cadre Commun de Référence : Principes Contractuels Communs）（以下では、慣例に従って、「共通契約原則」あるいは「PCC」で引用）」[144]と、「共通参照枠草案：共通契約術語（Projet de Cadre Commun de Référence : Terminologie Contractuelle Commune）（以下では、「共通契約術語」で引用）」[145]を公表していることは、このことを示すものと言えよう。こうした状況の下では[146]、「フランス民法学から見たヨーロッパ契約法」の意義を検討することが有益である。フランスにおいては、今日、契約不履行に基づく損害賠償の性質について多くの議論がなされているところ、このような損害賠償の性質論を基礎に据えた場合に、「ヨーロッパ契約法」におけるテクストがどのように評価されうるのか、そのような評価の背後にある理由はどのようなものかといった問題を、フランスの視点から探求することによって、フランス法の議論をより良く理解することができるだけでなく、契約不履行に基づく損害賠償の理論モデルという視角から捉えた各草案・提案の持つ意味を明らかにし、日本における議論を分析する際の軸を提供することができるからである。本書における「ヨーロッパ契約法」の検討は、主として、以上のような視角から行われる。

　　　Paris, 2003 も貴重な業績である）。
　　　更に、近年においては、「ヨーロッパ契約法」を主たるテーマとしたテーズも公表されている。Éve Truilhe, Vers un droit communautaire des contrats, th. Aix-Marseilles III, dactyl., 2002 ; Élise Poillot, Droit européen de la consommation et uniformisation du droit des contrats, th. Paris I, préf. Pascal de Vareilles-Sommières, Bibliothèque de droit privé, t. 463, LGDJ., Paris, 2006 ; Guillaume Busseuil, Contribution à l'étude de la notion de contrat en droit privé européen, th. Paris X, préf. Marie-Jeanne Campana, Collection des Thèses, t. 27, LGDJ., Paris, 2009.
(144) Projet de cadre commun de référence, Principes contractuels communs, Droit privé comparé et européen, vol. 7, Société de législation comparée, Paris, 2008. 英語版として、Association Henri Capitant and Société de legislation comparée, European Contract Law, Materials for a Common Frame of Reference : Terminology, Guiding Principles, Model Rules, sellier. european law publishers, 2008. なお、紹介として、角田光隆「フランスの欧州契約法の諸原則と日本法」信州12号（2009年）97頁以下がある。
(145) Projet de cadre commun de référence, Terminologie contractuelle commune, Droit privé comparé et européen, vol. 6, Société de législation comparée, Paris, 2008.
(146) （本書の課題の下ではどのような形で「フランス法」を検討すれば良いかという問題に応えるために必要な範囲で）以上に一瞥したフランスにおける「ヨーロッパ契約法」をめぐる議論は、民法（債権関係）改正の必要性が叫ばれている日本の議論にも大きな示唆を与えうるものであるし、また、より広く「民法典」の意味を考える際の素材ともなりうる。筆者は、大学院の学生時代に、フランス民法典に関する最も神聖なテクストとされる、ジャン・エティエンヌ・マリー・ポルタリス（Jean-Étienne-Marie Portalis）の「民法典序論（Discours préliminaire prononcé lors de la présentation du projet de la commission du gouvernement）」(in, Recueil complet des travaux préparatoires du code civil, t. 1, 1827, pp. 463 et s. 翻訳として、野田良之訳『民法典序論』（日本評論社・1947年）がある）と、ジャン・カルボニエの「民法典」（注 (130)）を読む機会に恵まれたが、これらのテクストの中で展開されている議論との対比においても、近年の民法のヨーロッパ化をめぐる議論は極めて興味深いものがある。こうした点については、本書の問題関心からは外れるため、「フランス民法学研究」のプログラムの一環として、機会を見て別稿で論ずることを考えている。

◆ 第3項 ◆ 問題の設定

　もう1つは、本書テーマについての「フランス法」研究、あるいは、検討対象としての「契約不履行に基づく損害賠償の理論枠組み」に関わる問題である。より具体的に言えば、既に数多く存在する先行研究との関連で、契約不履行に基づく損害賠償、そして、上記に示した問題意識からすれば、より広く、「契約責任」、契約不履行、民事責任についてのフランス法研究をどのように行うかということである[147]。

　「契約責任」全般については、フランス「契約責任」論の展開が紹介された後[148]、不法行為責任との関係における「契約責任」[149]、「契約責任」の帰責構造[150]についての検討が行われており、近時においては、結果債務・手段債務、保証責任・過失責任という二元論を再考察するため、「契約責任」論の構造と展開が社会的背景との関連において分析されるに至っている[151]。これらの先行業績によって、フランスの「契約責任」論は、かなり詳細に検討されていると言って良い。それにもかかわらず、本書が、フランスにおける議論を検討の素材とするのは、これらの論稿においては、契約不履行に基づく損害賠償の理論枠組みという視点が必ずしも明確に提示されておらず、従って、本書の分析視角に依拠することによって、従来のフランス法の理解に対しても、別の見方、別の読み方を示すことができると考えられるからである。確かに、本書が冒頭で整理したフランスにおける近時の議論についても、既に簡単な紹介がなされており[152]、履行方式としての契約不履行に基づく損害賠

---

(147) 日本におけるフランス民法研究の過去、現在、未来を展望するには、大村敦志『フランス民法――日本における研究状況』（信山社・2010年）が極めて有益である（とりわけ、本書の研究対象との関連では、「契約責任」について198頁以下、不法行為責任について208頁以下を参照）。また、一般的なものとして、山口俊夫『フランス債権法』（東京大学出版会・1986年）96頁以下・206頁以下、同『概説フランス法 下』（東京大学出版会・2004年）126頁以下・155頁以下も参照。
(148) 平野裕之「一九世紀後半におけるフランス契約責任論の胎動――完全性利益の侵害と契約責任論」法論60巻4＝5号（1988年）615頁以下、同「二〇世紀におけるフランス契約責任論の展開――完全性利益の侵害と契約責任論」法論60巻6号（1988年）45頁以下。また、これらの論文に先立つ「契約責任の本質と限界――契約責任の拡大に対する批判的考察（序説）」法論58巻4＝5号（1986年）578頁以下も参照。更に、同著者の手になるものとして、同「契約責任の要件としての契約の存在――フランス法における契約責任と不法行為責任の接点（その一）」法論67巻2＝3号（1995年）276頁以下、同「契約責任と第三者――フランス法における契約責任と不法行為責任の接点（その二）」法論67巻4＝5＝6号（1995年）367頁以下も参照。
(149) 高畑順子「責任論からみた契約（関係）における契約規範と法規範――フランスにおける契約責任と不法行為責任の共存現象を素材として」同『フランス法における契約規範と法規範』（法律文化社・2003年）145頁以下〔初出・1994年～1999年〕、同「契約上の債務と損害賠償義務との関係――フランスにおける責任一元論から二元論への移行過程での一考察」北九州23巻1=2号（1995年）163頁以下。また、同「債務発生原因論からみた意思と法――フランスにおける19世紀の学説を通して」同・前掲書118頁以下〔初出・1996年〕も参照。
(150) 森田・前掲注(8)1頁以下、同「「他人の行為による契約責任」の帰責構造」同『契約責任の帰責構造』（有斐閣・2002年）65頁以下〔初出・1996年〕、同「「他人の行為による契約責任」の二元性――主催旅行契約における旅行業者の責任を素材として」同・前掲書101頁以下〔初出・1996年〕。
(151) 今野正規「フランス契約責任論の形成（1）～（3・完）」北法54巻4号（2003年）255頁以下、5号235頁以下、6号346頁以下。
(152) 拙稿・前掲注(1)「理論モデル」以前のものとして、高畑・前掲・注(149)「契約規範と法規範」283頁（シャルル・サンクトレット（Charles Sainctelette）の論文（supra note 26）を検討す

53

◆序　論◆

償は、「従来のフランスにおける契約責任論において存した一つの見方をある方向に純化したものにすぎ」ないとの評価もなされている[153]。しかし、従来の紹介の中に看過しえない誤解が存在すること[154]、必ずしも適切な理解がなされていないように見えることは別としても[155]、本書が問題にするのは、まさに「従来のフランスにおける契約責任論において存した一つの見方をある方向に純化したもの」という評価の当否それ自体なのである。具体的なことは以下の叙述において明らかにされることになるが、近年のフランスにおける契約不履行に基づく損害賠償の性質論においては、「純化」というレベルでは語ることのできない、損害賠償の原理が問われているのであり、こうした分析枠組みを設定することによって初めて、フランスにおける議論、そして、契約不履行に基づく損害賠償の展開過程に新たな光が当てられるだけでなく、日本における議論に対しても、意味のある成果を提供することができると考えられるのである。

また、先に(1)の中で抽出した各論的な問題についても、議論の蓄積が存在する。すなわち、帰責事由の問題との関連で言えば、フランスにおけるフォートの概念(不法行為を含む)[156]、及び、手段債務・結果債務の区別については[157]、古くから多く

る中で、ごく簡単にフィリップ・レミィの論文 (supra note 20, La responsabilité...) に触れている)、吉田邦彦「プラニオルの民事責任論と方法論的特色——後世への遺産と時代的制約の比較法的考察」北法52巻5号(2002年) 308頁(マルセル・プラニオルの民事責任論を検討する序論として、フィリップ・レミィの論文 (supra note 20, La responsabilité...) とドゥニ・タロンの論文 (supra note 20, L'inexécution du contrat..., et Pourquoi parler...) に触れている)、森田・前掲注(8)〔後記〕63頁(議論が存在することを紹介している)、守山浩江「民法学のあゆみ・高畑順子『フランス法における契約規範と法規範』」法時77巻10号(2005年) 132頁(高畑・前掲注(149)「契約規範と法規範」を紹介・検討する中で、近時の議論に触れている)、今野・前掲注(151)(3・完) 380頁以下(フランス契約責任論の形成プロセスを跡付ける中で、その再構成のあり方を模索する議論として、近時の学説が紹介されている)。また、Bellissent, supra note 20 の書評として、小島彩「Jean Bellissent, Contribution à l'analyse de la distinction des obligations de moyens et des obligations de résultat : à propos de l'évolution des ordres de responsabilité civile, th. Montpellier, préf. Rémy Cabrillac, Bibliothèque de droit privé t.354 (Paris, L.G.D.J., 2001, 527 p.)」国家117巻5=6号(2003年) 211頁以下、Rémy, supra note 20, La responsabilité... の翻訳として、フィリップ・レミィ(平野裕之訳)「「契約責任」、誤った観念の歴史」法論74巻2=3号(2001年) 271頁以下がある。

(153) 森田・前掲注(8)〔後記〕63頁。
(154) 例えば、守山・前掲注(152) 132頁は、以下のように述べている。「フランスでは20世紀末頃より再び、「契約責任」という概念自体は誤っており、契約により負われる(原文ママ)のは約束された履行またはそれに代わるものに過ぎないとして Grandmoulon の責任一元論に通じうる主張がなされ、少数説ではあるものの議論を呼んでいる」。しかし、既に契約不履行に基づく損害賠償に関する2つの理論モデルを抽出するコンテクストで簡単に言及し、以下の叙述でも詳しく指摘するように、近時の有力学説の主張は、少なくとも原理のレベルで言えば、ジャン・グランムーラン (Jean Grandmoulin) の理論 (supra, note 25) とは対極に位置するものと評価されなければならない。
(155) 平野・前掲注(152)は、Rémy, supra note 20, La responsabilité... の翻訳の「訳者あとがき」において、自説がフィリップ・レミィの見解と同じであるとの評価をなしているが、後に述べるように、これら2つの見解には、大きな相違が存在するように見受けられるのである。
(156) 牧野英一「民事責任の基礎としての過失の概念」法協23巻8号(1905年) 1143頁以下、野田良之「フランス民法における faute の概念」我妻先生還暦記念『損害賠償法の研究 上』(有斐閣・1957年) 109頁以下、田中通裕「フランスの損害補償制度におけるフォート (faute) ——その重大性、程度が考慮される場合を中心として」関学27巻1号(1976年) 109頁以下、高畑順子

54

第3項　問題の設定

の論文が存在するし(158)、損害賠償の対象というコンテクストでは、フランスにおける賠償範囲の確定ルールが(159)、検討の対象とされてきたのである。もちろん、これらの先行研究が極めて有用であることに疑いはない。しかし、「契約責任」全般を扱った先行業績と同じく、これらの論文においても、契約不履行に基づく損害賠償の原理面からの分析・検討は、十分になされているわけではない(160)。むしろ、そこでは、契約不履行に基づく損害賠償を民事責任の枠組みの中で捉える伝統的通説の分析に規定された検討がなされているに過ぎないとも言える。従って、こうした議論状況においては、本書が採用する契約不履行に基づく損害賠償の理論枠組みという視点から、なおフランス法の議論を分析することで、フランス法の理解という面でも、日本の議論への示唆という面でも、新たな視角を得ることができると考えられるのである。

「フォート（faute）から因果関係へ――フランス民事責任法の一考察」関学34巻2号（1983年）163頁以下、吉田雅章「フランス不法行為法におけるフォートの評価について」阪法148号（1988年）321頁以下、飛世昭裕「フランス私法学史における「フォオト」概念の成立（1）」北法41巻5＝6号（1991年）531頁以下、同「サレイユの「フォオト」概念とドネルスの「クルパ」定義――サレイユの『労働災害と民事責任』論文にみられる歴史的論拠（1）」帝塚山9号（2005年）163頁以下、新関輝夫「フランス不法行為法におけるフォート概念の変容」森島昭夫教授還暦記念論文集『不法行為法の現代的課題と展開』（日本評論社・1995年）65頁以下、廣峰・前掲注(98)83頁以下［原論文は、「フランス民事責任におけるフォート概念の存在意義」立命323号（2009年）］。また、アンドレ・タンク（星野英一訳）「不法行為責任におけるフォート（faute）の地位」法協82巻6号（1966年）1頁以下、フランソワ・シャバス「フランス民事責任法における客観的過失（faute objective）概念の進化」北村一郎編『現代ヨーロッパ法の展望』（東京大学出版会・1998年）323頁以下、更には、アンドレ・タンク（國井和郎訳）「過失責任の将来」阪法148号（1988年）261頁以下、ジュヌヴィエーヴ・ヴィネ（下村信江訳）「過失責任原則の妥当性」國井和郎先生還暦記念論文集『民法学の軌跡と展望』（日本評論社・2002年）3頁以下も参照。

(157) 森田・前掲注(8)論文が代表的な研究であるが、それに先立つものとして、浜上則雄「フランスにおける製造物責任の理論（2）」民商64巻2号（1971年）56頁以下、同「製造物責任における証明問題（6）」判タ316号（1975年）9頁以下、木村常信「結果債務と手段債務（1）（2）」産法6巻4号（1973年）1頁以下、7巻3号22頁以下、織田博子「フランスにおける手段債務・結果債務理論の意義と機能について」早院20号（1979年）55頁以下、伊藤浩「手段債務と結果債務」立教院2号（1981年）1頁以下、同・前掲注(41)論文がある。

(158) また、契約上のフォート（faute contractuel）と密接な関係を持つ不可抗力について、荻野奈緒「契約責任における不可抗力の位置づけ――フランスにおける議論を中心として」同法58巻5号（2006年）353頁以下、同「フランスにおける不可抗力の予見可能性要件をめぐる最近の動向」同法59巻3号（2007年）227頁以下。

(159) 関口晃「フランス法における損害賠償の範囲及び方法について」東京都立大十周年記念論文集〔法経編〕（1960年）93頁以下、松野友芳「フランス法における損害賠償の範囲について（1）（2・完）」法雑26巻2号（1979年）60頁以下、27巻1号（1980年）75頁以下、難波譲治「フランス法における契約損害の予見可能性（1）（2）・完」論叢124巻2号（1988年）40頁以下、125巻3号（1989年）80頁以下、加藤雅之「19世紀フランス法における損害賠償範囲論――不法行為に基づく損害賠償の範囲について」法政論究51号（2001年）365頁以下（ただし、タイトルからも分かる通り、不法行為に基づく損害賠償の範囲を扱ったものである）。

(160) 誤解のないように付言しておけば、注(156)に掲げたフォートに関する論文は、主として、不法行為上のフォートを扱うものである。従って、契約不履行に基づく損害賠償の原理という視点が介在していないのは、むしろ当然と言えるかもしれない。しかし、フランスの伝統的通説は、不法行為責任と「契約責任」を民事責任というカテゴリーの中で論じ、それぞれに共通の枠組みを構築しているのであるから、不法行為責任のコンテクストにおけるフォートの議論は、「契約責任」にも妥当することになるのである。

55

◆序　論◆

　更に、本書の問題関心からは、契約不履行に基づく損害賠償のみならず、広く契約不履行法、民事責任法全般をも視野に入れた考察がなされるべきことになるが、この点についても、フランス法に関する先行業績は存在している。まず、契約不履行法については、近年におけるフランス解除法に関する一連の研究を挙げておかなければならない(161)。もっとも、これらの研究によって、解除の性質、解除における当事者と裁判官の役割等については明らかにされたが、それと損害賠償との関係については手つかずのままである。日本と同じように、解除と損害賠償を併置する立法の下において(162)、それらの両立可能性がどのような形で論じられてきたのかを検討することは、極めて有用であろう。また、履行請求と損害賠償請求との関係については、附遅滞に関する重厚な研究が存在し(163)、フランス法の理解という面においても、日本の議論への示唆という面においても、極めて有益な視点が提供されている。しかし、フランスにおける近年の議論（附遅滞、損害賠償の性質）、破毀院判例の展開を踏まえ(164)、契約不履行に基づく損害賠償の理論枠組みという視角から

---

(161) 福本忍「フランス債務法における法定解除の法的基礎（fondement juridique）と要件論（1）（2・完）——19世紀の学説・判例による「黙示の解除条件」構成の実質的修正に着目して」立命299号（2005年）321頁以下、302号181頁以下、同「現代フランス債務法における法定解除の法的基礎（fondement juridique）の構造変容」立命309号（2006年）167頁以下、同「19世紀初頭のフランス民法学における解除条項理論の一断面」立命327=328号（2009年）744頁以下、同「近時のフランス債務法における契約解除規定改正動向の一断面——いわゆるテレ草案の規定の分析を通じて」立命332号（2010年）31頁以下、齋藤哲志「フランスにおける契約の解除（1）（2・完）——解除訴訟における判事の役割を中心として」法協123巻7号（2006年）113頁以下、8号179頁以下、杉本好央「仏民一六五七条小論（1）（2・完）——法定解除制度の基礎的研究（その二）」法雑54巻1号（2007年）223頁以下、55巻3=4号（2009年）326頁以下。また、主として解除の第三者効力の問題を扱うものであるが、武川幸嗣「解除の対第三者効力論（1）（2・完）」法研78巻12号（2005年）1頁以下、79巻1号（2006年）61頁以下（なお、これに先立って、同「解除の第三者効力に関する一試論——売主保護の法的手段と対第三者効の視点から」みんけん564号（2004年）3頁以下で、概要が示されている）。更に、これらの論稿に先立つものとして、後藤巻則「契約解除の存在意義に関する覚書」比較法学28巻1号（1994年）1頁以下、山下りえ子「フランスにおける契約解除法制について」比較法31号（1994年）91頁以下がある。

(162) フランス民法典1184条「解除条件は、双務契約において、両当事者の一方がその債務を何ら満たさない場合について常に予定されている（原文は、La condition résolutoire est toujours sous-entendue dans les contrats synallagmatiques, pour le cas où l'une des deux parties ne satisfera point à son engagement.）。
　この場合には、契約は、何ら法律上当然に解除されない。債務の履行を何ら受けなかった当事者は、あるいはそれが可能であるときは合意の履行を他方当事者に強制し、あるいはその解除を損害賠償とともに請求する選択権を有する（原文は、Dans ce cas, le contrat n'est point résolu de plein droit. La partie envers laquelle l'engagement n'a point été exécuté, a le choix ou de forcer l'autre à l'exécution de la convention lorsqu'elle est possible, ou d'en demander la résolution avec dommages et intérêts.）。
　解除は、裁判上でしなければならない。被告には、状況に従って期限を付与することができる（原文は、La résolution doit être demandée en justice, et il peut être accordé au défendeur un délai selon les circonstances.）」。

(163) 森田修「フランス法における「附遅滞」」同『契約責任の法学的構造』（有斐閣・2006年）99頁以下〔初出・1992年〕。

(164) とりわけ、Cass. ch. mixte, 6 juill. 2007, Bull. civ. ch. mixte, n° 9 ; D., 2007, AJ., 1956, obs. Inès Gallmeister ; D., 2007, 2642, note Geneviève Viney ; D., 2007, pan., 2974, obs. Bénédicte Fauvarque Cosson ; JCP., 2007, II, 10175, note Mustapha Mekki ; JCP., 2008, I, 125, obs. Philippe Stoffel-Munck ; Gaz. Pal., 2007, 2574, note Marie-Laure Lanthiez ; RTD civ., 2007, 787,

◆ 第3項 ◆ 問題の設定

更なる分析を試みることによって、先行研究とは異なる読みを提示することができると考えることは可能であろう。本書におけるフランス法研究は、このような企てと言うことができる。

次に、フランス民事責任法についても、多くの先行研究の存在を見出すことができる。フランス民法典における民事責任の規定とジャン・ドマの理論との関係[165]、判例法の展開による物の所為に基づく不法行為責任[166]、及び、他人の行為に基づく不法行為責任[167]、非競合原則[168]、責任無能力者の責任[169]、過失相殺[170]、民事

---

obs., Patrice Jourdain；Contra. conc. consom., déc. 2007, n° 295, 16, note Laurent Leveneur；Dr. et pat., mai 2008, 94, chr., Laurent Aynès et Philippe Stoffel-Munck；Petites affiches, 27 sept. 2007, n° 194, 17, note Stéphane Prigent；Pettites affiches, 8 janv. 2008, n° 6.9, note Philippe Cosson；Petites affiches, 25 janv. 2008, n° 19, 15, note Mathias Latina；Defrénois, 2007, art. 38667, 1442, note Éric Savaux；RDC, 2007, 1115, obs., Denis Mazeaud；RLDC, nov. 2007, 6, note E. Garaud. が重要である。

(165) 野田良之「ジャン・ドマとフランス民法典——特に民事責任の規定を中心として」比雑3巻2号（1956年）1頁以下。

(166) 佐藤昌三「フランス民法第千三百八十四条第一項後段論——特に自動車事故賠償に於ける客観的責任に関連して」法論13巻4号（1934年）16頁以下、野田良之「自動車事故に関するフランス民事責任法（1）〜（3・完）」法協57巻2号（1939年）1頁以下、3号39頁以下、4号80頁以下、新関輝夫『フランス不法行為責任の研究』（法律文化社・1991年）所収の諸論稿（「無生物責任の成立」1頁以下〔初出・1973年〕、「フランスの損害賠償制度における無生物責任法理の展開」38頁以下〔初出・1974年〕、「無生物責任法理の自動車事故への適用過程」66頁以下〔初出・1977年〕、「フランス不法行為法における無生物責任法理の理論的基礎に関する研究」118頁以下〔初出・1980年〜1990年〕）、後藤巻則「フランス法における「物の行為についての責任」の責任原理」早院22号（1980年）93頁以下、同「無生物責任の心神喪失者への適用——判例分析（1）（2・完）」早院24号（1981年）117頁以下、30号（1983年）143頁以下、奥野久雄「幼少年者と物の行為による責任——フランス法」大阪商大75号（1986年）123頁以下。また、下村信江「フランス法における建造物責任の機能に関する一考察」阪法55巻3＝4号（2005年）419頁以下も参照。

(167) 小沼進一「フランス不法行為法論における一胎児——未成年者の行為による父母の責任と「保証」の観念」青法16巻3＝4号（1975年）151頁以下、石川良雄「フランス判例における父母の責任について」司研93号（1995年）37頁以下、久保野恵美子「子の行為に関する親の不法行為責任（1）（2）——フランス法を中心として」法協116巻4号（1999年）1頁以下、117巻1号（2000年）82頁以下、新関輝夫「フランス法における精神障害者の監督者の民事責任——民法1384条1項の新たな解釈をめぐって」福法44巻1号（1999年）39頁以下、同「フランス法における他人の管理者に関する責任制度の展開」福法47巻1号（2002年）1頁以下、北村一郎「フランス法における《他人の所為による責任》の一般原理の形成」高翔龍先生日韓法学交流記念『21世紀の日韓民事法学』（信山社・2005年）435頁以下。また、使用者責任について、勝本正晃「仏蘭西民法に於ける使用者の責任」同『民法研究 第1巻』（厳松堂書店・1932）1頁以下〔初出・1924年〕、國井和郎「フランスにおける使用者責任論」阪法79号（1971年）1頁以下、中原太郎「事業遂行者の責任規範と責任原理（3）〜（6）」法協128巻3号（2011年）111頁以下、4号1頁以下、5号1頁以下、6号1頁以下。更に、瀬川信久「フランス法における、児童を預かった者の安全確保義務——慈善活動・青少年活動において預かった場合を中心に」北法38巻5＝6号（1988年）119頁以下も参照。

(168) 川島・前掲注（94）82頁以下、松浦聖子「フランス民法における non-cumul 法理について」法政論究21号（1995年）95頁以下、能登真規子「契約責任と不法行為責任の競合問題（1）（2・完）」名法175号（1998年）105頁以下、176号355頁以下。

(169) 福田伸子「精神障害者の民事責任と過失責任主義——仏民法典四七八－二条（一九六八年一月三日の法律）を中心に」名法96号（1983年）442頁以下。また、奥野久雄「フランス法における幼少年者の不法行為責任」大阪商大74号（1985年）125頁以下も参照。

(170) 松原哲「フランス過失相殺論の形成——責任推定制度確立期における被害者のフォートについて」早院46号（1988年）215頁以下、同「フランス過失相殺論の変遷」高岡1巻1号（1990年）233頁以下。なお、素因の問題について、遠藤史啓「フランス不法行為法における被害者の素因の

57

◆序論◆

罰としての不法行為責任[171]、社会法と民事責任との関係[172]のほか、様々な分野における民事責任法の発展・展開が、日本に紹介されている[173]。もちろん、本書は、契約（債務）不履行に基づく損害賠償の考察に必要な範囲で民事責任法を論じよう

位置づけ——不法行為法における交錯問題に関連づけて」神戸61巻1＝2号（2011年）79頁以下、竹村壮太郎「訴因減額の理論的課題（1）（2・完）——フランス法との比較検討から」上智55巻2号（2011年）69頁以下、3＝4号（2012年）133頁以下。

(171) 廣峰・前掲注(98)35頁以下（原論文は、「民事責任における抑止と制裁（2・完）——フランスにおける民事罰概念の生成と展開を手がかりに」立命299号（2005年））、同「フランス〔ミニ・シンポジウム「懲罰的賠償の現在」〕」比研72号（2011年）122頁以下。

(172) 山口俊夫「社会法と民事責任——とくに社会法による民事責任排除の意義について」日仏4号（1967年）1頁以下。また、保険法との関係について、野田良之「フランスの責任保険法（1）～（4・完）」法協56巻1号（1938年）1頁以下、2号89頁以下、3号26頁以下、4号31頁以下、労働災害との関係について、岩村正彦『労災補償と損害賠償』（東京大学出版会・1984年）〔初出・1983年〕。

(173) 本書の叙述に関連するものだけを挙げておく。比較的初期にフランス民事責任論を概観するものとして、岡松参太郎『無過失損害賠償責任論』（有斐閣・1953年）〔初版は京都法学会・1916年〕、吉永栄助「民事責任理論の発展——フランスに於ける過失責任の拡張技術」一橋論叢3巻3号（1939年）335頁以下のほか、フランス人民法学者の手になる、レオン・マゾウ「アンリ・カピタンと佛國民事責任理論の形成」日本佛語法曹会＝日佛会館＝日佛協会編『アンリ・カピタン教授追悼講演集』（1938年）37頁以下、ジュリオ・ド・ラ・モランディエール（石崎政一郎訳）「佛国法に於ける民事責任に就て」同『現代法の諸問題』（日本佛語法曹会、日佛会館・1938年）231頁以下、ボリ・スタルクの保障理論を基礎に、とりわけ、フランスにおける人身損害の問題を検討するものとして、淡路剛久「不法行為法における権利保障——スタルク教授の「保障理論」」同『不法行為法における権利保障と損害の評価』（有斐閣・1984年）18頁以下〔初出・1979年〕、同「人身不法行為における過失責任原則の克服——フランス民事責任法からの考察」加藤一郎先生古稀記念『現代社会と民法学の動向 上』（有斐閣・1992年）1頁以下、同「不法行為責任の客観化と被害者の権利の拡大——日仏比較法の視点から」立教73号（2007年）1頁以下、社会思想との関連で19世紀フランス民事責任論を跡付けるものとして、今野正規「民事責任と社会秩序（1）（2・完）——社会思想からみた19世紀フランスにおける民事責任の変遷」関法60巻5号（2011年）135頁以下、61巻2号89頁以下、因果関係を中心にフランス民事責任論の展開を跡付けるものとして、瀬川信久「不法行為——因果関係概念の展開」北村一郎編『フランス民法典の200年』（有斐閣・2006年）333頁以下（因果関係については、その他、加藤雅之「フランス民事責任法における因果関係概念の機能」法政論究58号（2003年）171頁以下も参照）、フランスにおける専門家責任について、須永醇「フランスにおける「専門家の責任」」川井健編『専門家の責任』（日本評論社・1993年）159頁以下、医療と民事責任の問題を紹介・検討するものとして、尾中晋二「医療過誤に関するフランスの判例——放射線による治療の結果皮膚炎に冒された場合の医師の責任について」帝京3巻2号（1971年）21頁以下、同「医療過誤における医師の責任——1970年と1971年のフランス破毀院の判決について」大東1号（1974年）31頁以下、同「医療過誤における民事責任——フランスの判例・学説を中心として」小野幸二教授還暦記念論集『21世紀の民法』（法学書院・1996年）157頁以下、石川良雄「フランス判例における医療責任の諸問題（1）～（6・完）」判タ328号（1976年）38頁以下、329号12頁以下、330号23頁以下、332号50頁以下、333号46頁以下、334号35頁以下、フランソワ・シャバス（野村豊弘訳）「フランス私法における医療責任」日仏14号（1986年）38頁以下、奥野久雄「精神障害者に生じた事故についての精神病院の損害賠償責任——フランス法」小野幸二教授還暦記念論集『21世紀の民法』（法学書院・1996年）784頁以下、ローラン・ルヴヌール（小粥太郎訳）「医療責任に関する最近のフランス民事判例」ジュリ1205号（2001年）68頁以下、HIV感染事件を素材にフランス民事責任法の展開・発展を跡付けるものとして、今野正規「リスク社会と民事責任（1）～（4・完）——フランスHIV感染事件を中心に」北法59巻5号（2009年）582頁以下、60巻1号296頁以下、3号152頁以下、5号（2010年）194頁以下、711条の構造理解のためにフランス法の愛情損害を歴史的に跡付けるものとして、大澤逸平「民法711条における法益保護の構造（1）（2・完）——不法行為責任の政策的加重に関する一考察」法協128巻1号（2011年）228頁以下、2号183頁以下。その他、製造物責任や交通事故に関する判例法理の展開、立法の制定も重要であるが、これらに関するの先行業績は、本論の中で引用する。

とするものであるから、これらの問題それ自体を検討の対象とするものではない。しかし、フランスにおける契約不履行に基づく損害賠償の理論枠組みは、民事責任法の発展・展開に影響を与え、かつ、そこから大きな影響を受けているのであるから、従前の先行業績とは別に、本書の視点からこれらの問題を検討することには、フランス法の理解という面でも、日本の議論への示唆という面でも、大きな意味が認められることになるのである。

　このような見方は、契約法と民事責任法の交錯領域にも妥当する。より正確に言えば、これらの領域こそ、上記のような問題関心に基づく検討が意味を持つと考えることができる。というのは、そこでの議論は、一方で、民事責任法の発展を促し、他方で、契約不履行に基づく損害賠償の理論枠組みを変容させてきたからである。従って、契約締結前の責任や[174]、安全債務[175]、情報債務の理論[176]、第三者に対する契約当事者の責任[177]等についても、既に、その発展過程がフォロー、検討されて

---

(174) 平野裕之「フランスにおける「契約締結上の過失」理論素描――わが国の議論へのプロローグ」法論61巻4＝5号（1989年）663頁以下。

(175) 髙世・前掲注(41)論文、石川・前掲注(41)論文、伊藤・前掲注(41)論文のほか、伊藤浩「フランス法における売買契約上の安全債務と製造物責任」松山17巻1号（2005年）159頁以下。

(176) 詐欺、錯誤、合意の瑕疵の文脈で情報提供義務を検討するものも含めて、柳本祐加子「フランスにおける情報提供義務に関する議論について」早院49号（1989年）161頁以下、後藤巻則『消費者契約の法理論』（弘文堂・2002年）2頁以下〔原論文は、「フランス契約法における詐欺・錯誤と情報提供義務（1）～（3・完）」民商102巻2号（1990年）、3号、4号、「フランス消費法典における事業者の一般的情報提供義務」獨協49号（1999年）、「助言義務と専門家の責任」早法74巻3号（1999年）〕、馬場圭太「説明義務違反と適用規範との関係――フランスにおける情報提供義務・助言義務に関する議論を参考に」早院77号（1996年）155頁以下、同「フランス法における情報提供義務の生成と展開（1）（2・完）」早法73巻2号（1997年）55頁以下、74巻1号（1998年）43頁以下、同「説明義務の履行と証明責任――フランスにおける判例の分析を中心に」早法74巻4号（1999年）551頁以下、山下純司「情報の収集と錯誤の利用（1）（2）未完」法協119巻5号（2002年）1頁以下、123巻1号（2006年）1頁以下。

(177) 「契約当事者の第三者に対する責任」と言っても、そこには様々な問題が含まれる。詳細は本論の中で検討するが、ここでは、フランスにおける契約連鎖、直接訴権、契約当事者の第三者に対する責任の性質を論じた最近の先行業績として（これまでに引用したものを除く）、加賀山茂「民法613条の直接訴権《action directe》について（1）」阪法102号（1977年）87頁以下、野澤正充「契約の相対的効力と特定承継人の地位」同『民法学と消費者法学の軌跡』（信山社・2009年）47頁以下〔初出・1989年〕、森田宏樹「瑕疵担保責任に関する基礎的考察（3）」法協108巻5号（1991年）145頁以下、松浦聖子「契約締結者と第三者の関係における責任の性質に関する一考察――フランス民法を中心に」慶院法36号（1995年）205頁以下、同「フランスにおける契約当事者と第三者の関係および契約複合理論」法研70巻12号（1997年）561頁以下、工藤祐巌「フランス法における直接訴権（action directe）の根拠について（1）（2）」南山20巻2号（1996年）23頁以下、3＝4号（1997年）277頁以下、都築満雄『複合取引の法的構造』（成文堂・2007年）77頁以下〔原論文は、「契約責任と第三者（1）～（7）――フランス契約群理論の検討を通じて」早院100号（2001年）、101号（2002年）、102号、103号、104号、105号（2003年）、106号〕（また、契約の消滅の局面を扱う前掲書193頁以下〔原論文は、「フランスにおける契約の相互依存化の展開――契約の消滅の局面を中心に」早誌53巻（2003年）〕、同・前掲注(98) 1頁以下、同「複合契約中の契約の消滅の判断枠組に関する序論的考察――フランスにおけるコーズの主観化に関する判例の分析を中心に――複合契約論考・その一」藤岡康宏先生古稀記念論文集『民法学における古典と革新』（成文堂・2011年）293頁以下も参照）、山田希「フランス直接訴権論からみたわが国の債権者代位制度（1）～（3・完）」名法179号（1999年）181頁以下、180号253頁以下、192号（2002年）93頁以下、荻野奈緒「契約不履行により経済的損害を被った第三者の不法行為法による保護――フランス破毀院全部会2006年10月6日判決前後の議論を中心に」同法60巻6号

◆序　論◆

いるところであるが、契約不履行に基づく損害賠償の理論枠組みに直接・間接の影響を与えたものとして、なお分析の余地があると言わなければならないのである。

（2009年）391頁以下、同「運送人の第三者に対する不法行為責任と運送契約上の責任制限の対第三者効」同法60巻7号（2009年）651頁以下、武川・前掲注(83)691頁以下を挙げておく。

〈第1部〉

原　理

日本における契約（債務）不履行に基づく損害賠償に関する議論は、これまで、それが不履行によって生じた損害の賠償を目的とする制度であるという認識を暗黙の前提として展開されてきた。本書が以下で行おうとするのは、契約（債務）不履行に基づく損害賠償を賠償の原理で捉える方法（賠償モデル）のほかに、それを履行の実現という視角から理解する方法（履行モデル）が存在するという認識を基礎として、賠償モデルに内在している諸問題を明らかにし、履行モデルの理論的かつ実際的な意義を明確にすることである。既に序論において予告したように、第１部では、契約（債務）不履行に基づく損害賠償の性質及び対象という問題が扱われる。これらの問題を検討することによって、契約不履行に基づく損害賠償に関する２つの理論モデルの意味がより明確な形で提示されるだけでなく、日本の契約（債務）不履行に基づく損害賠償に関する議論の中には、その前提とする原理のレベルにおいて様々な理論的・実際的問題が内包されていること、新たな契約不履行法の体系を構築するための理論枠組みとしても多くの課題が存在することが明らかにされ、契約（債務）不履行に基づく損害賠償を履行の実現という方向性から捉えるモデルの意義と優位が示されることになる。第１部は、序論において提示した第１の問題、すなわち、契約（債務）不履行に基づく損害賠償の性質及び対象という具体的・個別的な問題を検討することを通じて、そこから得られた成果を民法の解釈論及び制度設計論にまで高めるための作業を行う基礎を構築するという意味を有するものである。

　このように、個別の問題を出発点とし、その後に、個別問題の検討成果を抽象的・一般的なレベルの議論として構築するという方法は、一見すると奇異に思われるかもしれない。しかし、これまでの日本における議論の状況と、序論において述べた本書の問題関心及び本書が採用する分析枠組みからすれば、こうした考察スタイルを採用することは必要不可欠であると言わなければならない。その理由は、以下の通りである。

　まず、賠償モデル・履行モデルという分析枠組みは、契約（債務）不履行に基づく損害賠償についての様々な問題を議論する際に用いられていた思考方法から抽出して設定されたものであるため、その有用性は、何よりも、これまで議論が積み重ねられてきた個々の問題の検討の中に現れることになる。従って、各モデルの理論的な含意とそこに内在する課題を明らかにするためには、抽象的な問題から説き起こすよりも、具体的な場面を想定して議論を展開するスタイルの方が適している。これと関連して、本書の冒頭で提示した契約不履行に基づく損害賠償に関する２つの理論枠組みは、一般論の形で示されるべきものというよりも、個々の問題を考える際に依拠している思考モデル、言いかえれば、様々なコンテクストの中に存在する思考の断片を繋ぎ合わせて構築されたものである。そうであるとすれば、民法における債務不履行規定の意義、契約（債務）不履行に基づく損害賠償の制度設計のあり方を論ずる前に、その性質や対象といった具体的な諸問題を考察しておく必要が存

するのである。最後に、契約（債務）不履行に基づく損害賠償を履行の実現手段として把握する構想は、従来の議論においては、明確な形で提示されてこなかったものである。その結果、具体的な局面を問題にすることなく一般論を展開したとしても、観念的かつ独善的な議論であるとして排斥されてしまう可能性がある。このようなリスクを回避するためにも、まずは、個々の問題を議論の対象とすることが要求されるのである。

　これらの理由から、本書は、まず、第１部において、これまで議論が積み重ねられてきた問題を俎上に載せ、次いで、第２部において、その成果を一般的な議論として構築するという方法を採用することにしたのである。

　ここで、予め、第１部で行う考察の順序を明らかにしておこう。以下の叙述においては、それぞれの問題について、まず、日本における議論の現状を整理して問題意識を生成し、次いで、フランスの議論を検討して分析視角を設定した後に、再度、日本の議論へと戻るという方法が採用されている。このような考察スタイルを採用するのは、先に述べた方針に従えば、第２部以下の検討に先立ち、まずは、個々の問題についての議論を整理し、これを契約不履行に基づく損害賠償に関する２つの理論モデルを用いて分析しておく必要が存するとの理由に基づく。言い換えれば、契約（債務）不履行に基づく損害賠償に関わる諸問題を賠償の原理に基づいて検討する手法が一般的に受け入れられてきた日本の議論を、契約不履行に基づく損害賠償の性質をめぐって多くの議論の蓄積が存在するフランス法を分析することによって相対化し、それぞれの局面において、本書が提示する契約不履行に基づく損害賠償の理論モデルがどのような意味を持ちうるのかを明確にしておかなければならないのである。

　なお、冒頭において提示した契約不履行に基づく損害賠償の理論枠組みは、フランスにおける議論の分析成果を基礎として設定されたものであるが、フランスにおいても、その原理によって考え方が異なりうると思われる事項、つまり、第１部で検討の対象とする問題の全てについて議論がなされているわけではない[178]。従って、以下の叙述では、その要因についても言及することになる。そうすることによって、本書が提示しようとする契約不履行に基づく損害賠償の理論モデルと、フランスの学説が説く契約不履行に基づく損害賠償の見方との間に存在する差異とその理由が明確になるとともに、日本・フランス両国における契約（債務）不履行に基づく損害賠償についての議論の仕方、その展開過程の相違を分析する際の有用な視座を構築することにもなりうるのである。

---

[178] この限りにおいて、本文で述べた考察スタイルは、各問題に応じて若干の修正が加えられることになる。

◆第1章◆ 性　質

　契約（債務）不履行に基づく損害賠償の源はどこに存するのか。また、契約（債務）不履行に基づく損害賠償はどのような性質を持つ存在として位置付けられるのか。これらが、本章において検討の対象とされる問題である。

　一方で、賠償モデルによれば、不法行為に基づく損害賠償がその要件を充足することによって初めて発生する債権であるように、契約（債務）不履行に基づく損害賠償も、その要件を充足することによって発生するもの、つまり、本来的な契約債権とは別個の存在として理解されることになる。また、近時の有力学説のように、契約を起点に据えて議論を構築するとしても、契約不履行に基づく損害賠償を不履行によって生じた損害を塡補するための手段として捉えるならば、損害賠償は、やはり契約債権とは別個の存在として観念される。これに対して、履行モデルによれば、契約（債務）不履行に基づく損害賠償は、契約ないし契約債権の代替的な履行手段として位置付けられるから、その源は契約ないし債権それ自体の中に存し、従って、契約（債務）不履行に基づく損害賠償も、契約ないし契約債権と同質的なものとして構想されるのである。

　以下では、このような原理レベルでの理解の差異が顕著な形で現れる、帰責事由の法学的意味及びその要否をめぐる議論と（第1節）、損害賠償請求権の消滅時効起算点に関する議論（第2節）を素材として、契約（債務）不履行に基づく損害賠償の性質について、より踏み込んだ考察を行うことにしよう。

◆第1章◆ 性　質

◆第1節　帰責と実現[179]

　日本の伝統的通説は、債務不履行によって損害賠償請求権を生ずるためには、不履行という客観的状態のほかに、主観的要件としての帰責事由が必要であるとし、ここで言う「帰責事由」とは、債務者の故意・過失または信義則上これと同視すべき事由を意味すると理解してきた[180]。このような理解は、契約（債務）不履行に基づく損害賠償と不法行為に基づく損害賠償を「損害賠償債権」という項目の下で統一的に論じ、損害の賠償を目的とする点において共通の性質を持ち、かつ、共通の原則に支配されるべきものと把握する立場を前提として、両者を過失責任主義に基礎を置く責任制度として構想したかつての支配的学説の[181]、その基本的枠組みにおいて承継したものであった。つまり、伝統的通説は、契約（債務）不履行に基づく損害賠償を、不法行為に基づく損害賠償と同じく、有責な行為によって惹起された損害を賠償するための責任制度と構想し（賠償モデル）、そこから、帰責事由について、過失責任主義を基礎とした損害賠償責任の発生原因として捉えているのである。従って、上記のような契約（債務）不履行に基づく損害賠償の基本認識から出発し、2つの損害賠償制度における主観的要件を同一の枠組みによって規律しようとした伝統的通説の立場には、少なくとも損害賠償の理論枠組みという視点から見れば、理論的な一貫性が認められるとも言える。

　しかし、既に指摘されているように、行為債務あるいは手段債務の領域においては、不履行の判断と善管注意義務違反を中核とする帰責事由（過失）の判断を明確に区別することは困難である[182]。また、伝統的通説が説くような帰責事由の概念は、判例において、必ずしも機能しているとは言えない[183]。更に、伝統的通説の立場によれば、帰責事由の有無を善管注意義務違反という画一的な基準によって決することになるから、理論上、契約の多様性に応じて損害賠償責任の成否を判定することができなくなる。この点、一部の学説は、債務不履行における帰責事由には、契約内容の差異等を反映して、高度の注意義務が要求されるものからそれを不要とするものまで、無限のヴァリエーションが存在することを説く[184]。しかし、このよ

---

(179)　本節の一部は、拙稿・前掲注(1)「帰責と実現」、同・前掲注(1)「理論（1）」86頁以下を基礎とするものである。その主張内容に変化はないが、ほぼ原形をとどめないほど大幅に加筆されている。
(180)　我妻・前掲注(7)100頁以下、於保・前掲注(7)93頁以下、林（安永補訂）＝石田＝高木・前掲注(13)90頁以下〔林執筆部分〕、奥田・前掲注(13)124頁以下等。
(181)　石坂・前掲注(2)271頁以下、鳩山・前掲注(2)64頁以下、富井・前掲注(2)196頁以下、勝本・前掲注(2)279頁以下等。
(182)　中野貞一郎「診療債務の不完全履行と証明責任」同『過失の推認』（弘文堂・1978年）67頁以下〔初出・1974年〕等を参照。
(183)　長尾治助『債務不履行の帰責事由』（有斐閣・1975年）、平井・前掲注(13)78頁以下、吉田・前掲注(8)48頁以下等を参照。
(184)　加藤雅信『新民法大系Ⅲ債権総論』（有斐閣・2005年）149頁以下等。

うに理解する場合には、契約（債務）不履行に基づく損害賠償が、不法行為に基づく損害賠償と同じく、不履行によって惹起された損害を賠償するための責任制度であるとしながら、何故に、帰責事由が契約内容に応じて異なりうるのか、あるいは、何故に、帰責事由が要求されるものとそれを不要とするものが存在するのかという問題が、帰責事由を抗弁として位置付けるための理論的基礎という問題とともに提起されることになろうが、このような問いに対して明確な解答は与えられていないように思われるのである[185]。

これに対して、近時の有力学説は、上記の問題を克服するため、契約あるいは契約債務を起点とした帰責事由論を展開する[186]。そこでは、フランス法における手段債務・結果債務区分論の精緻な分析を踏まえて、債務不履行責任における帰責性は、約束したことを履行しなかったこと、つまり、債務者が自らの意思によって設定した契約規範に従わなかったことに求めることができ、その帰責の根拠は、契約の拘束力にあると説かれる[187]。あるいは、債務不履行責任の帰責原理としては、保証された事態が発生しない場合に、債務者の具体的行為の当否を問題にすることなく、結果保証を帰責事由として責任を負わせる保証責任と、履行過程における給付義務の具体化としての行為義務の違反を問題とする過失責任が存在する[188]等と主張されているのである。

確かに、これらの見解によれば、伝統的通説が抱える上記の諸問題は一定の範囲で解消されることになろう。しかし、仮に帰責事由が不履行と一体的に評価されるべきものとするのであれば、不履行という要件とは別に帰責事由を論ずる意味はどこに存するのか。この点、先に言及した有力学説は、帰責事由の存否が、「債務不履行に対して賠償責任という法的サンクションを付与すべきか否かを決定する要件として重要な意義」を有するとか[189]、「債権者に生じた不利益を、損害賠償責任の法技術を用いて債務者に帰属（転嫁）させる」際の判断枠組みを構成する基本概念として、帰責事由要件は大きな意味を持つ[190]等と説いている。つまり、契約不履行に基づく損害賠償は不履行によって惹起された損害を賠償するための責任制度である、言い換えれば、本来的な契約の履行とは別個の賠償プロセスであるとの理解を前提とするならば、損害賠償責任を債務者に負担させるための枠組みが必要となるところ、ここでは、そのための要件として帰責事由が要求されていると見ることができるのである。

他方、近時の有力学説の中には、債務不履行と過失の完全な一元化を構想し、債

---

(185) 森田宏樹＝加藤雅信＝加藤新太郎「〔鼎談〕瑕疵担保責任とは何か」加藤雅信＝加藤新太郎編著『現代民法学と実務（下）』（判例タイムズ社・2008年）21頁以下〔初出・2006年〕を参照。
(186) 文献の所在も含め、近時の学説を観観するには、小粥・前掲注(10)117頁以下が有益である。
(187) 森田・前掲注(8)46頁以下。
(188) 潮見・前掲注(9)267頁以下。
(189) 森田・前掲注(8)54頁。
(190) 潮見・前掲注(9)262頁。

務内容及びその違反レベルに議論を一元化して、主観化され過ぎていた債務不履行責任の客観化を志向する見解も存在する[191]。先に触れた見解が、不履行と帰責事由の判断を一体的に行いながらも、要件レベルにおける両者の独立性・自律性を維持するのに対して、この見解は、更に議論を進めて、要件レベルにおいても、これまで帰責事由の名の下に行われてきた判断を不履行の中に一体化させようとするものと理解することができる。しかし、このように理解する場合には、客観的責任を問うための根拠や基礎が問題になるであろうし[192]、何よりも、契約不履行に基づく損害賠償の原理について、賠償の発想を前提としながら、あらゆる事例について、債務者に損害賠償責任を課すための枠組みとして帰責事由を設定することなく、契約不履行に基づく損害賠償の帰責構造を説明することができるのかという問題が生じえよう。

　ここから、更に、以下のような問題が浮かび上がってくる。仮に以上のような認識が正当であるとするならば、不履行に加えて帰責事由という要件を設定せざるをえなくなるような契約不履行に基づく損害賠償の理論枠組み、あるいは、損害賠償責任を債務者に転嫁するための根拠を説明せざるをえなくなるような契約不履行に基づく損害賠償の理論枠組みそれ自体が問題とされるべきではないのか。言い換えれば、契約（債務）不履行に基づく損害賠償を、不履行によって惹起された損害を賠償するための制度として捉える構想が、本来ならば不履行という判断を行えば足りるはずの損害賠償の要件に、帰責という無用な枠組みを付加させているのではないか。もし契約（債務）不履行に基づく損害賠償を履行されなかった契約ないし契約債務の履行を確保するための制度として捉えることができるのであれば、損害賠償を債務者に転嫁するために帰責の要素を論ずる必要はなく、専ら、不履行の有無、つまり、実現の有無だけを問題とする要件論を構築することが可能になるのではないか。

　かくして、本節における課題は、以下のように設定される。すなわち、契約（債務）不履行に基づく損害賠償における帰責事由要件の法学的意味、その要否という問題を、賠償モデル・履行モデルという分析枠組みを用いて検討することである。

　そのために、以下では、フランス法における契約上のフォートをめぐる議論を検討する。本書冒頭で言及したように、フランスにおいては、契約不履行に基づく損

---

(191) 吉田・前掲注(8)43頁以下。
(192) 吉田・前掲注(8)65頁以下〔付記〕は、森田・前掲注(8)論文に応接する中で、「本章の分析では、契約責任の要件構造として、従来の主観的色彩の残る「帰責事由」論は一応廃棄して、「不可抗力」的な免責事由論に帰着させ、債務不履行のレベルで一元的に考える（中略）。そして帰責の根拠としては、pacta 原則なり、債権者の期待の保護なりで、多元的に考えればよいというのが私見である」と述べている。このような評価の前提として、どのような損害賠償の理論枠組みを採用しているのかは明らかではないが、仮に本書の分析枠組みで言う賠償モデルを前提とするのであれば、帰責の原理を説明するための枠組みとしての帰責事由を放棄することには問題が存するのではないか。

害賠償の性質について、それを、債務の不履行によって惹起された損害を賠償するための制度として捉える立場と、履行されなかった契約ないし契約債務の履行を確保するための制度として理解する立場が対立しており、これら2つの立場の間で、契約上のフォートの存在理由ないしその要否という問題につき、多くの議論の蓄積が存在する。従って、前述のような問題意識に鑑みれば、フランス法の分析は極めて有益であると考えられる。また、繰り返し指摘されているように、民法の債務不履行規定がフランス民法典のテクストに由来すること[193]、更に、ドイツ的な過失責任主義の見直しの契機となったのが、フランス法の検討や、それを踏まえた上での議論であったことも[194]、ここで改めて強調しておくべきであろう。

　以上のように、本節の課題は、契約不履行に基づく損害賠償の理論枠組みという視角から、帰責事由要件の法学的意味、その要否という問題を再検討することに存する。従って、契約不履行上のその他の救済手段、とりわけ、契約解除における帰責事由に関わる問題や、いわゆる履行補助者の故意・過失ないし他人の行為に基づく契約責任、責任能力等の問題は、さしあたり本節の直接的な考察の対象からは外される[195]。

第1款　フランスにおける契約不履行に基づく損害賠償の性質論と契約上のフォート

　フランスにおける契約上のフォートの存在理由ないしその要否をめぐる議論は、契約不履行に基づく損害賠償を、不履行によって生じた損害を賠償するための制度として捉え、不法行為に基づく損害賠償とパラレルな構造を持つ制度として理解することを前提に、フォートを契約不履行に基づく損害賠償の中心的要件として構想する20世紀初頭以来の伝統的通説と、契約不履行に基づく損害賠償を「債務の効果」として位置付けているフランス民法典本来の立場や近時の国際的ルールの動向を踏まえながら、それを契約の履行方式として把握することで、フォートをその要件から排除しようとする近時の有力学説との間で、展開されている。

　以下では、各々の立場における契約不履行に基づく損害賠償の理論枠組みという視点から、フランス法における契約上のフォートをめぐる議論を検討していくことにする。

---

[193] 川島・前掲注(17)85頁以下等。
[194] 日本法における議論の展開につき、吉田・前掲注(8)4頁以下、潮見・前掲注(78)13頁以下等を参照。
[195] これらの問題については、本節及び第2部・第2章・第2節の中で適宜言及されることになる。

◆第1章◆　性　質

◇第1項　賠償方式としての契約不履行に基づく損害賠償と契約上のフォート

　フランスの伝統的通説は、20世紀初頭以来、「契約責任」と不法行為責任を、同一の性質を有する2つの責任制度として位置付けている。民事責任とは、何らかの行為によって他人に損害を惹起した者に対して、その損害を賠償することを義務付ける規範を意味するから、そこには、「契約責任」と不法行為責任の両者が含まれる。従って、このような理解によれば、「契約責任」は、不法行為責任と同じく、惹起された損害を賠償するための責任制度として構想され、不法行為責任と同一の原理に服することになるのである[196]。

　こうした理解を前提とする場合、債権者による契約不履行に基づく損害賠償の請求は、不法行為に基づく損害賠償の場合と同じく、責任の原因となる行為ないし所為によって損害が発生したことを契機として、言い換えれば、「責任を生じさせる行為ないし所為」、損害、両者の間の因果関係という3つの要件を充足することによって初めて認められることになる[197]。これを先に述べた日本の議論の状況と照らし合わせるならば、フランスの伝統的通説においては、「責任を生じさせる行為ないし所為」という要素に対して、日本の一般的理解における帰責事由と同じ役割が与えられていると見ることができる。従って、以下では、この「責任を生じさせる行為ないし所為」が、「契約責任」の領域において、どのような意味を持ち、どのような役割を果たしているのかという点を考察の対象としなければならない。

　もっとも、考察に先立って、更に、以下のような形で検討対象を限定しておく必要がある。それは、「責任を生じさせる行為ないし所為」の中身に関わる限定である。フランスの一般的な理解によれば、民事責任の領域における「責任を生じさせる行為ないし所為」のうち、最も重要なものは、債務者ないし行為者のフォートであるとされている。これは、責任法においては、フォートに基づく責任が原則であるとのフランス民法典の立場を前提とした理解であると言うことができる[198]。しか

---

(196)　この点については、文献の所在も含め、序論9頁以下を参照。

(197)　H. et L. Mazeaud, J. Mazeaud et Chabas, supra note 19, pp. 410 et s. ; Viney et Jourdain, supra note 31 ; Carbonnier, supra note 52, n°s 155 et s., pp. 295 et s. ; etc.

(198)　フランス民法典1382条「他人に損害を生じさせる人の行為は、如何なるものであっても全て、フォートによってそれを生じさせた者に対して、それを賠償する義務を負わせる（原文は、Tout fait quelconque de l'homme, qui cause à autrui un dommage, oblige celui par la faute duquel il est arrivé, à le réparer.）」。

　同1383条「各人は、自己の行為によって生じさせた損害だけでなく、その懈怠によって、又はその不注意によって生じさせた損害についても責任を負う（原文は、Chacun est responsable du dommage qu'il a causé non seulement par son fait, mais encore par sa négligence ou par son imprudence.）」。

　なお、フォートに基づく責任がフランス民法典の原則として構想されるに至った歴史的経緯についても、考察されるべき重要な問題として設定されなければならないが、これは、本書の問題関心からは外れる。この点については、さしあたり、Cf. Olivier Deschamps, Les origines de la responsabilité pour faute personnelle dans le Code civil de 1804, th. Paris II, préf. Anne Lefebure-Teillard, Bibliothèque de droit privé, t.436, LGDJ., Paris, 2005. また、同じ著者の手

し、「責任を生じさせる行為ないし所為」として観念されているのは、債務者ないし行為者の人的行為・所為（フォート）だけではない。不法行為の領域においては、判例法上、民法典1384条1項を根拠テクストとして[199]、物の所為に基づく不法行為責任[200]、他人の行為に基づく不法行為責任[201]の一般原則が確立されている[202]。

になる同テーゼの要約的な論文として、Id., L'esprit de l'article 1382 du code civil ou de la consécration du principe général de responsabilité pour faute personnelle, Droits, t.41, 2005, pp.91 et s.

[199] フランス民法典1384条「自己の行為によって生じさせる損害だけでなく、自己が責任を負うべき者の行為又は自己が保管する物から生ずる損害についても責任を負う（原文は、On est responsable non seulement du dommage que l'on cause par son propre fait, mais encore de celui qui est causé par le fait des personnes dont on doit répondre, ou des choses que l'on a sous sa garde.）。

ただし、如何なる名義であれ、火災が発生した不動産又は動産の全部もしくは一部を保有する者は、その火災がその者のフォート又はその者が責任を負う者のフォートに帰せられるべきことが証明される場合でなければ、この火災によって生じた損害について、第三者に対し責任を負わない（原文は、Toutefois, celui qui détient, à un titre quelconque, tout ou partie de l'immeuble ou des biens mobiliers dans lesquels un incendie a pris naissance ne sera responsable, vis-à-vis des tiers, des dommages causés par cet incendie que s'il est prouvé qu'il doit être attribué à sa faute ou à la faute des personnes dont il est responsable.）。

前項の規定は、所有者と賃借人との間の関係には適用されない。それは、民法典第1733条及び第1734条によって規律される（原文は、Cette disposition ne s'applique pas aux rapports entre propriétaires et locataires, qui demeurent régis par les articles 1733 et 1734 du code civil.）。

父及び母は、親権を行使する限りにおいて、それらの者と同居する未成年子が生じさせた損害について、連帯して責任を負う（原文は、Le père et la mère, en tant qu'ils exercent l'autorité parentale, sont solidairement responsables du dommage causé par leurs enfants mineurs habitant avec eux.）。

主人及び使用者は、その家内使用人及び被用者が雇用に関わる職務において生じさせた損害について、責任を負う（原文は、Les maîtres et les commettants, du dommage causé par leurs domestiques et préposés dans les fonctions auxquelles ils les ont employés.）。

教師及び職人は、その生徒及び見習者がその監督下にある期間中に生じさせた損害について、責任を負う（原文は、Les instituteurs et les artisans, du dommage causé par leurs élèves et apprentis pendant le temps qu'ils sont sous leur surveillance.）。

前数項の責任は、父母及び職人がこの責任を生じさせる行為を阻止することができなかったことを証明しない限り、生ずる（原文は、La responsabilité ci-dessus a lieu, à moins que les père et mère et les artisans ne prouvent qu'ils n'ont pu empêcher le fait qui donne lieu à cette responsabilité.）。

教師に関しては、侵害を生じさせたものとして援用されるフォート、不注意、又は懈怠は、訴訟上、普通法に従って、原告が証明しなければならない（原文は、En ce qui concerne les instituteurs, les fautes, imprudences ou négligences invoquées contre eux comme ayant causé le fait dommageable, devront être prouvées, conformément au droit commun, par le demandeur, à l'instance.）」。

[200] 判例上、物の所為に基づく不法行為責任が初めて認められたのは、Cass. civ., 16 juin 1896, supra note 43 においてであり、それがフォートの推定に基づく責任ではなく、責任の推定であることが明確にされたのは、Cass. ch. réun., 13 fév. 1930, supra note 43 においてである。

[201] 物の所為に基づく不法行為責任は、判例上、19世紀末から20世紀の初頭にかけて確立されたものである（注(200)で掲記した破毀院判例、注(166)で引用した諸論稿を参照）。これに対して、民法典が予定している類型（同居する未成年子に関する父母の責任（1384条4項）、家内使用人・被用者が職務において生じさせた損害に関する主人及び使用者の責任（同条5項）、生徒・見習いが生じさせた損害に関する教師及び職人の責任（同条6項））以外の他人の行為に基づく不法行為責任の可能性が認められたのは、ごく最近のことである。

すなわち、かつて、判例は、民法典1384条1項について、同条で列挙されている者に対してのみ責任を課した規定であるとの理解を示していた。例えば、破毀院民事第2部1956年2月15日判決は、仕事の後学校に行くために無灯火でバイクに乗っていた16歳の少年Aと衝突して負傷

したXが、Aの家内使用人であるYに対して損害賠償を請求したという事案で、民法典1384条を類推適用してXの請求を認容した原審を破棄するにあたり、「この条文は、同条が列挙する者に対して、フォートの推定を規定したものである。従って、これらの規定は、厳格に解釈されなければならず、それ以外のケースに拡大することはできない」(Chapeau)と判示している(Cass. 2ème civ., 15 fév. 1956, D., 1956, 410, note Emmanuel Blanc ; S., 1956, 8 ; JCP., 1956, II, 9564, note René Rodière)。また、破毀院民事第2部1976年11月24日判決も、母によってセーヌにある児童社会扶助機関(service de l'Aide sociale à l'enfance. 以下では「Y」とする)に預けられていた未成年者Aが、Xの自動車を盗難し、衝突事故を起こしてその自動車を大破させたという事案で、Yには民法典1384条1項に基づき責任の推定が課されると判断してXの請求を認容した原審を、同項をビザ(visa)とし、同項の文言をそのままシャポー(chapeau)として引用しつつ、破棄している(Cass. 2ème civ., 24 nov. 1976, D., 1977, 595, note Christian Larroumet)。

ところが、破毀院は、1990年代に入って、突如、方向転換する。破毀院連合部1991年3月29日判決がそれである(Cass. ass. plén., 29 mars 1991, Bull. civ. ass. plén., n° 1 ; D., 1991, 324, note Christian Larroumet ; D., 1991, somm., 324, obs., Jean-Luc Aubert ; JCP., 1991, II, 21673, concl., D. H. Dontenwille, obs., Jacques Ghestin ; Gaz. Pal., 1992, 2, 513, note François Chabas ; RTD civ., 1991, 312, obs., Jean Hauser ; RTD civ., 1991, 541, obs., Patrice Jourdain ; RTD com., 1991, 258, obs., E. Alfandari et M. Jeantin ; Defrénois, 1991, art. 35062, 729, obs., Jean-Luc Aubert ; RFDA., 1991, 991, obs., P. Bon)。事案は、精神障害者で労働保護センター(Centre d'aide par le travail)に寄宿していたAが、X夫妻の所有する森に火を付けたことを理由に、Xが、労働保護センターを運営するYとその保険会社に対して、損害の賠償を求めたというものである。破毀院連合部は、民法典1384条1項に基づきYらの責任を肯定した原審に対する上告に応えて、以下のように判示している。「原審は、Yによって運営されているセンターが、精神障害者を受け入れ、保護下に置くことを目的としており、Aが、日中、自由に移動できる状態にあったことを認定している。これらの事実関係によれば、Yは、この精神障害者の生活方法を永続的に組織し、監督する責任を引き受けていたと言うことができるから、控訴院は、Yが、民法典1384条1項に照らし、Xに対して責任を負うこと、Aが生じさせた損害を賠償する義務を負うことを正当に判示した。よって、上告には理由がない」。

(202) もっとも、他人の行為に基づく不法行為責任については、以下のような留保が必要である。破毀院連合部1991年3月29日判決の評釈においては、同判決について、他人の行為に基づく不法行為責任の一般原則を確立した判決として理解する立場と(Larroumet, supra note 201, n°s 4 et s., pp.324 et s. ; Ghestin, supra note 201, n° 1, p.176 ; etc)、同判決が一般論を提示せず事実に依拠する形で判決を下している点等を捉えて、必ずしも他人の行為に基づく不法行為責任の一般論を提示したものではないと理解する立場が存在した(事例判決としての理解。Jourdain, supra note 201, pp.533 et s. ; etc.)。その後、破毀院は、①上記判決と同じく未成年者を保護する機関の責任のみならず(例えば、以下のような破毀院判例が存在する。民法典375条に基づき、少年事件担当裁判官の決定によって未成年者の監護を委託された者は、当該未成年者の不法行為について責任を負うと判断した判決として、Cass. crim., 10 oct. 1996, D., 1997, 209, note Michel Huyette ; JCP., 1997, II, 22833, note François Chabas ; Dr. fam., 1997, n° 83, note P. Murat ; Cass. crim., 26 mars 1997, Bull. crim., n° 124 ; D., 1997, 496, note Patrice Jourdain ; D., 1998, somm., 201, obs., Denis Mazeaud ; JCP., 1997, II, 22868, rapport Frédéric Desportes ; JCP., 1997, I, 4070, obs., Geneviève Viney ; JCP., 1998, II, 10015, note Michel Huyette ; Dr. fam., 1997, n° 98, note P. Murat ; RTD com., 1997, 480, obs., E. Alfandari. ; Cass. 2ème civ., 9 déc. 1999, Bull. civ., II, n° 189 ; RTD civ., 2000, 338, obs., Patrice Jourdain ; Petites affiches, 23 mars 2000, note M.-C. Meyzeayd-Graud. ; Cass. 2ème civ., 20 janv. 2000, D., 2000, 571, note Michel Huyette ; JCP., 2000, I, 241, obs., Geneviève Viney ; RTD civ., 2000, 688, obs., Patrice Jourdain. ; Cass. crim., 15 juin 2000, Bull. crim., n° 233 ; D., 2001, 653, note Michel Huyette. ; Cass. 2ème civ., 6 juin 2002, Bull. civ., II, n° 120 ; D., 2002, 2750, note Michel Huyette ; JCP., 2003, II, 10068, note Adeline Gouttenoire ; JCP., 2003, I, 154, obs., Geneviève Viney ; RTD civ., 2002, 825, obs., Patrice Jourdain ; Dr. et pat., sept. 2002, n° 3139, obs., François Chabas ; Dr. fam., 2002, n° 109, note J. Julien ; RJPF., 2002 / 11, 32, note François Chabas (この判決は、未成年者Aが不法行為を犯した時点において、Aが施設を離れて両親と同居していたという事案で、以下のように判示する。「少年事件担当裁判官の決定によって、永続的に、未成年者の生活方法を組織し、監督する責任を負ったアソシアシオンは、この未成年者がその両親と居住しているときであっても、如何なる司法上の判決もこの教育上の任務を失効もしくは中断させていない以上、上記テクスト(民法典1384条1項―筆者注)の適用により、この未成年者によって犯された損害を生じさせる行為

第 1 節 ◆ 帰責と実現

について当然に責任を負う」))、②メンバーの行為に関するスポーツ・アソシアシオンの責任 (Cass. 2ème civ., 22 mai 1995 (2 arrêts), Bull. civ., II, n° 155 ; D., 1996, somm., 29, obs. François Alaphilippe ; JCP., 1995, II, 22550, note Jean Mouly ; Gaz. Pal., 1996, 1, 16, note François Chabas ; RTD civ., 1995, 899, obs., Patrice Jourdain ; Resp. civ. et assur., oct. 1995, n° 36, 1, chr., Hubert Groutel ; Petites affiches, 2 fév. 1996, n° 15, note Sophie Hocquet-Berg ; Defrénois, 1996, art. 36272, 357, obs., Denis Mazeaud (まず、第 1 事件は、ラグビーの試合中に、プレイヤーである X が、別のプレイヤー A (ただし、このプレイヤーが誰であるのかは特定されていない) の行為によって負傷したという事案に関するものである。破毀院は、プレイヤーに対する指揮・監督権の存在を理由にアソシアシオン Y とその保険会社に対する X の賠償請求を肯定した原審につき、「原審は、X がスポーツの大会に参加していたこと、X に重傷を負わせたのが Y のプレイヤーであることを明らかにした。これらの理由のみによって、原審の判断は、法律上正当化されている」と判示した。次に、第 2 事件は、ラグビーの試合中に乱闘が起き、A のメンバーであった X が死亡したので、その遺族が相手チーム Y に対して損害賠償を請求したという事案に関するものである。破毀院は、「スポーツのアソシアシオンは、スポーツの試合の際に、メンバーの活動を組織し、指揮し、監督することを任務としているのであるから、1384 条 1 項に基づき、メンバーがその際に生じさせた損害について責任を負う。原審は、Y のプレイヤーがスポーツの試合に参加していたこと、X に暴行を加えたのがこのアソシアシオンのプレイヤーであることを認定している。これらの理由のみによって、原審の判断は、法律上正当化されている」と判示した）; Cass. 2ème civ., 3 fév. 2000, Bull. civ., II, n° 26 ; D., 2000, 862, note Stéphanie Denoix de Saint Marc ; JCP., 2000, I, 241, obs., Geneviève Viney ; Dr. et pat., mai 2000, n° 2566, 107, obs., François Chabas ; Defrénois, 2000, art. 37188, 724, obs., Denis Mazeaud (ラグビーの試合中に、相手チーム Y のプレイヤー A に殴打され、目を負傷した X が、Y に対して損害賠償を請求したという事案につき、破毀院は、上記の第 2 判決とほぼ同じ内容の理由を述べて、X の請求を認容した原審に対する Y の上告を棄却した）; Cass. 2ème civ., 12 déc. 2002, Bull. civ., II, n° 289 ; D., 2003, somm., 2541, obs., Franck Lagarde ; JCP., 2003, I, 154, obs., Geneviève Viney ; RTD civ., 2003, 305, obs., Patrice Jourdain (バトンガールの行進の際にメンバーの 1 人がほかのメンバーに生じさせた損害について、当該メンバーが所属するアソシアシオンは責任を負わなければならないと判示した判決である）; Cass. 2ème civ., 5 oct. 2006, D., 2007, 2004, note Jean Mouly ; D., 2007, pan., 2353, obs., Franck Lagarde ; etc.)、③未成年者の行為に関する未成年後見人である義理の父の責任 (Cass. crim., 28 mars 2000, Bull. crim., n° 140 ; D., 2000, somm., 466, obs., Denis Mazeaud ; JCP., 2000, I, 241, obs., Geneviève Viney ; JCP., 2001, II, 10456, note Corinne Robaczewski ; RTD civ., 2000, 586, obs., Patrice Jourdain ; Petites affiches, 16 juin 2000, n° 120, 17, note Anne-Marie Galliou-Scanvion ; RJPF., 2000, n° 42, 19, note François Chabas (後見人として指定された義理の父 Y と同居していた未成年者 A が、カービン銃で遊んでいた際に、B を負傷させてしまったという事案である。控訴院は、「Y は、後見人として、未成年者の保護とその生活方法を永続的に組織し、監督する責任を引き受けていたことを明らかにして、民法典 1384 条 1 項に基づき、Y が A について責任を負うものと判示している。これらの理由によって、第 2 審裁判所は、その判決を正当化した」と判示した)) を肯定している。しかしながら、他方で、破毀院は、とりわけ近年に至り、①被保護者の行為に関する後見人ないし法定管理人の責任 (Cass. 25 fév. 1998, D., 1998, 315, concl., Roland Kessous ; JCP., 1998, II, 10149, note Geneviève Viney ; RTD civ., 1998, 388, obs., Patrice Jourdain ; Dr. et pat., juill.-août 1998, n° 1989, obs., François Chabas (父の法定管理下に置かれ、Y の運営する教育医学協会に半寄宿していた A が、施設のバスで両親が住む住居の近くまで送り届けられた後、X の住居に放火したという事案で、破毀院は、X の Y に対する損害賠償請求を棄却した原審を支持している))、②組合員の行為に関する全国農業経営者組合連盟の責任 (Cass. 2ème civ., 26 oct. 2006, Bull. civ., II, n° 299 ; D., 2007, 204, note Jean-Baptiste Laydu ; JCP., 2007, II, 10004, note Jean Mouly ; JCP., 2007, I, 115, obs., Philippe Stoffel-Munck ; RTD civ., 2007, 357, obs., Patrice Jourdain ; RDT., 2007, 258, obs., O. Leclerc ; Resp. civ. et assur., 2006, comm., 365, note Christophe Radé (農民保護運動の際、全国農業経営者組合連盟 (Fédération nationale des syndicats d'exploitants agricoles, FNSEA. 以下では「Y」とする) の組合員であった農民達が、スーパーマーケット X の営業を妨害したという事案である。X から、Y に対して、民法典 1384 条 1 項に基づく損害賠償請求がなされたが、破毀院は、「組合は、組合員が参加する運動やデモの間、組合員の活動を組織し、指揮し、監督することを任務としていないから、組合員が個人的に犯したフォートは、その組合に対し当然責任を課すものではない」。「小審裁判所は、Y の加盟組合のメンバーがデモの際にスーパーマーケット周辺を破損したことを認定しつつ、Y は民法典 1384 条 1 項に基づいてそのメンバ

73

◆第1章◆性　質

　そして、学説も、このような判例法理を肯定的に受け止めている。つまり、不法行為法においては、フォート、物の所為、他人の行為という形で、「責任を生じさせる行為ないし所為」の三分体系が確立されているのである(203)。

　もっとも、冒頭において設定した本節の課題とフランスの議論状況に鑑みれば、契約領域においては、債務者の人的行為（フォート）の問題だけを検討すれば十分である(204)。その理由を一言で言えば、ここでの課題が、契約不履行に基づく損害賠

　　　一のフォートにつき当然に責任を負うものではないと正当に判断した」と判示した））、③メンバーである勢子の行為に関する狩猟のアソシアシオンの責任（Cass. 2ème civ., 11 sept. 2008, D., 2009, pan., 519, obs. Centre de droit d'économie du sport de Limoges ; D., 2010, pan., 51, obs. Olivier Gout ; JCP., 2008, II, 10184, note Jean Mouly ; JCP., 2009, I, 123, obs. Philippe Stoffel-Munck ; Resp. civ. et assur., 2008, com., 313, note Hubert Groutel（Xが、勢子として、Yの主催するノロの狩りたてに参加していたところ、何者かが放った銃弾によって負傷したという事案に、破毀院は、農業法典L.222-2条によれば、「狩猟のアソシアシオンは、そのメンバーの活動を組織し、指揮し、監督することを任務としていないから、そのメンバーについて責任を負わない」と判断し、XのYに対する損害賠償請求を棄却した原審を維持している））について、他人の行為に基づく不法行為責任の可能性を否定しており、破毀院連合部1991年3月29日判決の提示した「組織、指揮、監督」という基準が、必ずしも明確な形で機能しているとは言えない状況にあるようにも見えるのである。
　　　また、これらの判決においては、物の所為に基づく不法行為責任と対比しうるような、他人の行為に基づく不法行為責任の一般原則が提示されているわけではなく、あくまでも、事案の解決として、当該他人の行為について責任を負うとされているだけであることにも注意が必要である（もっとも、民法典1384条1項がビザとして挙げられていることもまた事実である）。
(203) H. et L. Mazeaud et Chabas, supra note 19, pp.434 et s. ; Viney et Jourdain, supra note 31, n°s 438 et s., pp.359 et s. ; Carbonnier, supra note 52, n°s 230 et s., pp.401 et s. ; Alain Sériaux, Droit civil, Droit des obligations, 2ème éd., PUF, Paris, 1998, n°s 102 et s., pp.357 et s. ; Boris Starck, Henri Roland et Laurent Boyer, Droit civil, les obligations, t.1, Responsabilité délictuelle, 2ème éd., Litec, Paris, 1985, n°s 167 et s., pp.103 et s. ; Yvaine Buffelan-Lanore, Droit civil, Deuxième année, 8ème éd., Armand Colin, Paris, 2002, n°s 904 et s., pp.366 et s. ; Malaurie, Aynès et Stoffel-Munck, supra note 35, n°s 47 et s., pp.27 et s., et n°s 149 et s., pp.69 et s. ; Terré, Simler et Lequette, supra note 55, n°s 714 et s., pp.729 et s. ; Philippe Malinvaud et Dominique Fenouillet, Droit des obligations, 11ème éd., Litec, Paris, 2010, n°s 572 et s., pp.455 et s. ; Alain Bénabent, Droit civil : Les obligations, 12ème éd., Montchrestien, Paris, 2010, n°s 538 et s., pp.383 et s., n°s 565 et s., pp.407 et s., et n°s 600 et s., pp.402 et s. ; Philippe Delebecque et Frédéric-Jérôme Pansier, Droit des obligations, 2. responsabilité civile, Délit et quasi-délit, 3ème éd., Litec, Paris, 2006, n°s 80 et s., pp.55 et s., et n°s 164 et s., pp.115 et s. ; Philippe Brun, Responsabilité civile extracontractuelle, Litec, Paris, 2005, n°s 333 et s., pp.173 et s. ; Luc Grynbaum, Droit civil, Les obligations, Hachette, Paris, 2005, n°s 502 et s., pp.203 et s. ; Jean-Luc Aubert et Éric Savaux, Les obligations : 2. Le fait juridique, Quasi - contrats, Responsabilité civile, 12ème éd., Sirey, Paris, 2007, n°s 96 et s., pp.95 et s. ; Muriel Fabre-Magnan, Droit des obligations, 2 - Responsabilité civile et quasi-contrats, Collection Thémis : Droit, PUF, Paris, 2007, n°s 63 et s., pp.157 et s. ; Mireille Bacache-Gibeili, Droit civil, sous la direction de Christian Larroumet, Les obligations, La responsabilité civile extracontractuelle, t.5, Economica, Paris, 2007, n°s 103 et s., pp.113 et s. ; Bertrand Fages, Droit des obligations, 2ème éd., LGDJ, Paris, 2009, n°s 490 et s., pp.375 et s. ; Le Tourneau, supra note 20, n°s 6701 et s., pp.1469 et s. ; etc.
(204) 誤解のないように付言しておけば、「債務者の人的行為（フォート）の問題だけを検討すれば十分である」というのは、あくまでも、「帰責と実現」という本節の課題を考察する際に、物の所為に基づく責任や他人の行為に基づく責任を分析する必要はないということを意味する。これを反対から言えば、第2部で予定されている、フランス「契約責任」論、民事責任論の展開に関する考察では、これらの問題を避けて通ることはできないということである。実際、フランス民事責任法、あるいは、より広くフランス法において、物の所為に基づく不法行為責任は、19世紀末から20世紀初頭にかけての重大な関心事であり、他人の行為に基づく不法行為責任は、20世紀末

償を賠償の論理の中で捉える立場において、日本の一般的な理解における帰責事由あるいはフランスの伝統的理解における「責任を生じさせる行為ないし所為」が、その論理構造の中で、どのような役割・機能を果たしているのかという問いに応答することにあるからである。

　より具体的に言えば、以下の通りである。物の所為に基づく責任、他人の行為に基づく責任という分類は、債務者や行為者の人的行為（フォート）に還元することのできないカテゴリーを示したものに過ぎず、物や他人の行為・所為に基づく責任と言うだけでは何らかの帰責根拠を説明したことにはならない。そのため、これらの領域においては、かつて、レイモン・サレイユやルイ・ジョスランが物の所為に基

から 21 世紀初頭におけるフランス民法学の一大争点となっているのである。
　前者については、日本においても多くの先行研究が存在するので、ここでは、後者に関する主要な文献だけを掲げておこう。日本の法学の世界と比べて、単行論文が書かれることの少ないフランスにおいて、これだけの研究論文が執筆されていることは、その関心の高さを示すものと言える（評釈や関連するテーズを含めれば、夥しい数の文献が存在するということになる）。Geneviève Viney, Vers un élargissement de la catégorie des《personnes dont on doit répondre》: la porte entrouverte sur une nouvelle interprétation de l'article 1384, alinéa 1er, du code civil, D., 1991, pp.157 et s. ; Christophe Radé, Le renouveau de la responsabilité du fait d'autrui (apologie de l'arrêt Bertrand, deuxième Chambre civile, 19 février 1997), D., 1997, chr., pp.279 et s. ; Gérard Blanc, À propos de la responsabilité des grands-parents... (brève contribution à la réflexion sur la responsabilité du fait d'autrui), D., 1997, chr., pp.327 et s. ; Marie-Christine Lebreton, Vers un interprétation restrictive de la jurisprudence Blieck ?, Petites affiches, 24 fév.1997, n° 24, pp.6 et s. ; Marie-Pierre Blin-Franchomme, Le critère de《garde》des personnes au regard du principe général de responsabilité civile du fait d'autrui, Petites affiches, 24 nov. 1997, n° 141, pp.5 et s. ; Anne-Marie Galliou-Scanvion, L'article 1384 alinéa 1er et la responsabilité du fait d'autrui : un fardeau non transférable sur les épaules du tuteur, D., 1998, chr., pp.240 et s. ; Jean-Christophe Saint-Pau, La responsabilité du fait d'autrui est-elle devenue une responsabilité personnelle et directe ?, Resp. civ. et assur., oct. 1998, chr., n° 22, pp.4 et s. ; Jean-Baptiste Laydu et Anne-Lorraine Guillou, L'"effet Blieck" : Des mutations au bouleversement ?, RRJ., 1998, pp.479 et s. ; Muriel Josselin-Gall, La responsabilité du fait d'autrui sur le fondement de l'article 1384, alinéa 1er : Une théorie générale est-elle possible ?, JCP., 2000, I, 268, pp.2011 et s. ; Françoise Alt-Maes, La responsabilité civile et pénale : un outil de la socialisation des mineurs ?, Petites affiches, 27 juin 2000, n° 127, pp.18 et s. ; Marie-Christine Lebreton, La responsabilité parentale : L'abandon d'un système de responsabilité classique pour un système d'indemnisation, RRJ., 2002, pp.1269 et s. ; Patrice Jourdain, La responsabilité du fait d'autrui à la recherche de ses fondements, in, Études à la mémoire de Christian Lapoyade-Deschamps, Presses Universitaires de Bordeaux, Pessac, 2003, pp.67 et s. ; Philippe Brun, Le nouveau visage de la responsabilité du fait d'autrui (Vers l'irresponsabilité des petits ?), in, Études à la mémoire de Christian Lapoyade-Deschamps, Presses Universitaires de Bordeaux, Pessac, 2003, pp.105 et s. ; Christophe Radé, Faut-il reconnaître l'existence d'un principe général de responsabilité du fait d'autrui ?, in, Études offertes à Hubert Groutel, Responsabilité civile et assurances, Litec, Paris, 2006, pp.375 et s. ; Jérôme François, Fait générateur de la responsabilité du fait d'autrui : confirmation ou évolution ?, D., 2007, chr., pp.2408 et s. ; Stéphane Prigent, La responsabilité civile du fait d'autrui : Essai d'une théorie, RRJ., 2008, pp.953 et s. ; Matthieu Poumarède, L'avènement de la responsabilité civile du fait d'autrui, in, Libre droit, Mélanges en l'honneur de Philippe Le Tourneau, Dalloz, Paris, 2008, pp.839 et s. ; Marie-Christine Lebreton, La responsabilité civile des services éducatifs à la recherche de nouveaux contours, RRJ., 2009, pp.607 et s. ; Caroline Siffrein-Blanc, Vers une réforme de la responsabilité civile des parents, RTD civ., 2011, pp.479 et s. ; Grégoire Jiogue, L'article 1384 aliéna 1er in medio du c. civ. et la réparation des dommages causés par un membre indéterminé d'un groupe, RRJ., 2011, pp.355 et s.etc.

づく不法行為責任の基礎として提示したリスクのように[205]、フォート以外の責任根拠を提示するか、あるいは、伝統的な意味でのフォートの概念を変質させる必要に迫られるわけである。確かに、このことは、責任の基礎というレベルでは、極めて大きな意味を持つと言うことができるが、責任を負うべき者に対して賠償を課すための論理構造という面から見れば、これらの責任は、債務者の人的行為（フォート）に基づく責任の場合と同じような形で捉えることができる。従って、先に設定した本節の検討課題からすれば、債務者の人的行為（フォート）に基づく責任のみを取り上げれば十分ということになるのである。

また、ここでは、そもそも、他人の行為に基づく責任や物の所為に基づく責任を、債務者の人的行為（フォート）に基づく責任とは異なるものとして把握すべきなのかという点についても、多くの議論が存在することを付言しておかなければならない。例えば、20世紀フランス民事責任法の第一人者であるアンリ・マゾーは、古くから、物の所為に基づく不法行為責任を保管におけるフォート（La faute dans la garde）の問題として捉えてきた[206]。また、判例も、他人の行為に基づく不法行為責任に関しては、近年に至るまで、それが管理者等のフォートに基づく責任なのか、それとも、それ以外の根拠に基づく責任なのかという問題、更に、責任の要件として行為者自身のフォートが必要とされるのかという問題につき、明確な立場を示してこなかった[207][208]。更に、「契約責任」の領域においては、債務者の人的行為に基

---

(205) Saleilles, supra note 32 ; Josserand, supra note 32.

(206) 最初期の論文 Henri Mazeaud, La faute dans la garde, RTD civ., 1925, pp.793 et s. 以来の見解である。なお、このような保管におけるフォートという構想の背後には、アンリ・マゾーのフォートに対する一定の見方、フォートの中身についての特殊な理解が存在する。この点については、本論の中で言及する。

(207) 本文で述べた点に関する判例法理の展開は、フランス民事責任論の発展、民事責任法におけるフォートの意義等、本書の問題関心とも密接に関わるので、ここで、まとめて紹介しておこう。他人の行為に基づく不法行為責任が管理者等のフォートに基づく責任なのか、それとも、それ以外の根拠に基づく責任なのかという問題、そして、責任の要件として行為者自身のフォートが必要とされるのかという問題に関わる判例法理を理解するためには、民法典1384条1項を根拠とする他人の行為に基づく責任と、同条4項を根拠とする父母の責任に関する判例を併せて検討しておく必要がある。

まず、父母の責任については、民法典1384条7項が、「前数項の責任は、父母及び職人がこの責任を生じさせる行為を阻止することができなかったことを証明しない限り、生じる」と規定しているため、このテクストの意味をどのように理解するのかという点が問題となりうる。判例は、不可抗力と被害者のフォートだけが責任を負うべき者にとっての免責事由となりうるとして、ここでは父母の監督上のフォートを問題にする必要はないと判断した（Cass. 2ème civ., 19 fév. 1997, Bull. civ., II, n° 56 ; D., 1997, 265, note Patrice Jourdain ; D., 1997, somm., 290, obs., Denis Mazeaud ; JCP., 1997, I, 4025, obs., Geneviève Viney ; JCP., 1997, II, 22848, concl., Roland Kessous, note Geneviève Viney ; Gaz. Pal., 1997, 2, 572, note François Chabas ; RTD civ., 1997, 648, obs., Jean Hausser ; RTD civ., 1997, 668, obs., Patrice Jourdain ; Dr. et pat., mai 1997, n° 1675, obs., François Chabas ; Resp. civ. et assur., avril 1997, n° 9, 7, chr. Fabrice Leduc. （12歳の少年 A が、自転車を運転中に X の運転するバイクと衝突し、X を負傷させたという事案で（なお、事故の原因は全て A にあると認定されている）、A の親である Y に対する損害賠償請求を認容した原審に対し、Y は、監督・教育上のフォートの不存在を証明すれば責任を免れるはずであるのに、不可抗力ないし被害者のフォートの証明を要するとした原審の判断には違法があるとして上告した。これに対して、破毀院は、以下のように判示する。「控訴院は、不可抗力もしくは被

◆ 第1節 ◆ 帰責と実現

害者のフォートのみが、同居する未成年子によって惹起された損害についての当然責任から Y を免れさせることを正確に判示したのであるから、父による監督の懈怠があったかどうかを探求する必要はなかった」）; Cass. 2ème civ., 2 déc. 1998, Bull. civ., II, n° 292 ; RTD civ., 1999, 410, obs., Patrice Jourdain（14歳の子供 A が、親 Y とともに、X が経営する店舗の中を歩いていたところ、滑ってショーケースへと倒れ込み、これを壊してしまったという事案である。原審は、A が普通に店内を歩いていたに過ぎないこと、Y に監督義務違反がなかったことを理由に、X の Y に対する損害賠償請求を棄却したが、破毀院は、上記判決と同じ一般論を述べた後に、本件事案において不可抗力は明らかにされていないとして、原審を破棄した）; Cass. 2ème civ., 9 mars 2000, Bull. civ., II, n° 44 ; JCP., 2000, II, 10374, note Adeline Gouttenoire-Cornut（9歳の少年 A が、医療・教育センターに預けられていたところ、同センターに預けられていた B の投げた鉛筆によって目を負傷したという事案である。A の両親である X が、B の両親である Y に対して、損害賠償の支払いを求めたのに対し、破毀院は、上記判決と同じ一般論を述べた後に、本件事案において不可抗力は明らかにされていないとして、X の請求を棄却した原審を破棄した）; Cass. 2ème civ., 20 avril 2000, Bull. civ., II, n° 66 ; D., 2000, somm., 468, obs. Patrice Jourdain ; Cass. 2ème civ., 18 mai 2000, Bull. civ., II, n° 86 ; D., 2000, somm., 468, obs. Patrice Jourdain（17歳の少年 A が、モーテルを襲撃したという事案である。襲撃を受けた被害者 B の承継人 C が、犯罪被害者基金 X から補償を受けたので、X が加害者の両親である Y に対して求償権を行使した。破毀院は、両親にはフォートが存在しないとして請求を棄却した原審を破棄した））。つまり、ここでは、両親の責任は監督・教育上のフォートに基づく責任ではないと判断されているのである。ここにおいて、両親の責任は、後に述べる民法典1384条1項に基づく責任と同様、フォートに基づかない客観的責任として構成されることになったのである。

　しかし、このように理解すると、今度は、父母が未成年子に対し教育・監督上の義務を負うことを前提として設けられたはずの1384条4項の「同居」という要件の意味が問題となる（フランス民法典1384条4項は、「父及び母は、親権を行使する限りにおいて、その同居する未成年子が生じさせた損害について、連帯して責任を負う」と規定する）。そこで、破毀院は、この同居という要件についても、これを緩和ないし空洞化する方向性を示すことになる（Cass. 2ème civ., 20 janv. 2000, Bull. civ., II, n° 14 ; D., 2000, somm., 469, obs. Denis Mazeaud ; JCP., 2000, I, 241, obs., Geneviève Viney ; JCP., 2000, II, 10374, note Adeline Gouttenoire-Cornut ; RTD civ., 2000, 340, obs., Patrice Jourdain ; Resp. civ. et assur., mai 2000, comm., n° 146, obs., Hubert Groutel（破毀院は、以下のように判示する。「民法典1384条4項が規定する子供の父母との同居は、両親あるいは両親の1人の住所に、子供が日常的に居住していることから生ずる」。「農業用建物に放火した3人の子供のうち2人の両親は、たとえ離婚していたとしても、子供達に対し共同の親権を有していたこと、事件の当時、彼らの子供達は父方の祖母の家にいたこと、彼らの父が、その訪問・宿泊権を行使して、10日ほど前から子供たちを父方の祖母に預けていたこと、祖母が、3人目の子供についての監視を委託されていたことを認定した後、このような数日間の居所の変更も、祖母の家と母の家との距離も、子供と母親との間の同居を中断させるものではないと評価した控訴院は、正当である」）; Cass. 2ème civ., 9 mars 2000, supra（原審は、A の両親 X による B の両親 Y に対する損害賠償請求について、事故当時、B はセンターに預けられていたのであるから、Y が当該行為を回避することはできなかったとして、これを棄却した。これに対し、破毀院は、「Y が一時的に医療・教育センターに B を預けていたという事情は、子供とその両親の同居を停止させるものではない」として、控訴院の判決を破棄した）; Cass. 2ème civ., 16 nov. 2000, Bull. civ., II, n° 69 ; D., 2002, somm., 1309, obs., Patrice Jourdain ; RTD civ., 2001, 603, obs., Patrice Jourdain（A 農業学校の寄宿舎に入っていた17歳の少年 B が、火の付いたタバコを投げ捨て、建物に火災を引き起こしたので、A に対して保険金を支払った保険会社 X が、B の両親 Y に対して、損害賠償の支払いを求める訴訟を提起したという事案である。破毀院は、寄宿制度は1つの教育方法に過ぎないから、子供と父母との間の同居を中断させるものではないと判断した）; Cass. 2ème civ., 29 mars 2001, Bull. civ., II, n° 69 ; D., 2002, somm., 1309, obs., Patrice Jourdain ; Resp. civ. et assur., 2001, comm., n° 177, note Hubert Groutel（私立の教育施設の寄宿舎に入っていた少年 A が、レクレーションの際に、同じ施設に入所した B に対してテニスボールを投げ、B の目を負傷させたという事案である。B の両親 X による A の両親 Y に対する損害賠償請求について、原審は、Y が A と同居していなかったことを理由に請求を棄却したが、破毀院は、未成年者が寄宿制度の下で教育施設に居たとしても、それは父母との同居を消滅させるものではないと判示して、原審を破棄した）; Cass. crim., 25 sept. 2002, Gaz. Pal., 2003, 996, note François Chabas（寄宿舎に入居していた未成年者による強姦事件である。破毀院は、同居は中断していないと判断した）; Cass. crim., 29 oct. 2002, Bull. crim., n° 197 ; JCP., 2003, I, 154, obs.,

77

◆第1章◆性　質

Geneviève Viney ; RTD civ., 2003, 101, obs., Patrice Jourdain（16歳の少年 A が、母親 Y の申し込んだバカンス・センターに滞在中、強盗事件を起こしたという事案である。破毀院は、「子供と両親との同居は、両親の住居もしくは両親の一方の住居における日常的な居住（la residence habituelle）から生ずるものであるから、未成年者が、契約によってバカンスの機構に預けられていたとしても、この機構が、永続的に、子供の生活方法を組織し、監督する義務を負わない以上、同居が中断することはない」と判示した）; Cass. crim., 18 mai 2004, Bull. crim., n° 123 ; RTD civ., 2005, 140, obs., Patrice Jourdain（寄宿舎に預けられていたというだけでは同居は中断しないと判断した判決である））。

　破毀院の歩みは、これだけに止まらなかった。破毀院は、未成年子の行為に基づく父母の責任においては、それを認める前提として、当該未成年子の責任要件が充足されているかどうか（つまり、未成年子にフォートがあるかどうか）を確定する必要はないと判断したのである（Cass. 2ème civ., 10 mai 2001, Bull. civ., II, n° 96 ; D., 2001, 2851, rapport Pierre Guerder et note Olivier Tournafond ; D., 2002, somm., 1315, obs., Denis Mazeaud ; JCP., 2001, II, 10613, note Jean Mouly ; RTD civ., 601, obs., Patrice Jourdain ; Defrénois, 2001, art. 37423, 1275, obs., Éric Savaux（中学校の生徒である A は、休み時間に仲間とラグビーのゲームをしていたところ、B のタックルを受け、目を負傷してしまった。そこで、A の両親である X は、B の両親である Y らに対して、損害賠償の支払いを求める訴訟を提起した。原審は、B にフォートが存在しないことを理由として請求を棄却した。これに対し、破毀院は、「同居する未成年子によって惹起された損害についての父母の当然責任は、子供のフォートの存在に従属するものではなく、それを認める前提として、子供の責任を検討する必要はない」（chapeau）と判断して、原審を破棄した）; Cass. ass. plén., 13 déc. 2002 (2 arrêts), Bull. ass. plén., n°s 3 et 4 ; D., 2003, 231, note Patrice Jourdain ; JCP., 2003, II, 10010, note Anne Hervio-Lelong ; JCP., 2003, I, 154, obs. Geneviève Viney（第1事件は、運動会の際に、A が、バランスを崩した B の下敷きになり、頭部を負傷したという事案に関するものである。A の両親 X による B の両親 Y に対する損害賠償請求について、破毀院は、「同居する未成年者について親権を行使する父母の当然責任が認められるためには、被害者によって主張されている損害が、未成年者の行為によって直接的に惹起されたものであれば十分であり、その行為にフォートがあるかどうかは問わない。不可抗力もしくは被害者のフォートのみが、その責任から父母を免れさせる」と判示し、B にフォートは存在しないとして請求を棄却した原審を破棄した。第2事件は、仲間内で遊んでいた X が、A のタックルを原因とする B の転倒に巻き込まれて負傷したという事案に関するものである。X による A の両親 Y₁ 及び B の両親 Y₂ に対する損害賠償請求について、破毀院は、第1事件と同じ一般論を述べて、A 及び B について何らのフォートも立証されていないとして X の請求を棄却した原審を破棄した）; Cass. 2ème civ., 17 fév. 2011, D., 2011, 1117, note Magali Bouteille ; JCP., 2011, 859, note David Bakouche ; RTD civ., 2011, 544, obs., Patrice Jourdain ; RCA., 2011, comm., 164, obs., Fabrice Leduc（X は、競馬場の周りに整備されたサイクリング・コースの上を自転車で走行中、歩行者及び自転車専用道路との交差点で、この道路上をローラースケートで走ってきた10歳の少年 A と衝突し、負傷した。そこで、X は、A の父親である Y₁ 及びその保険会社 Y₂ に対して、損害賠償の支払いを求める訴訟を提起した。原審は、X の請求を棄却した。これに対し、破毀院は、民法典1384条1項、4項、7項をビザに、以下のように判示して原審を破棄した。「同居する未成年者について親権を行使する父母の当然責任を問うためには、被害者が被った損害が、たとえフォートあるものでなくても、未成年者の行為によって直接生じたものであるというだけで十分である」（chapeau）。「控訴院は、サイクリングの参加者が高速で走行している時に、自転車だけに許されたコースに A が居たことが、X の損害の直接的な原因であることを認定しながら、かつ、X について認定されたフォートが、Y にとって、予見不能かつ抵抗不能な出来事であったかどうかを確認することなく、未成年者の父にその当然責任を完全に免れさせているのであるから、上記のテクストに違反した」））。このようにして、子の行為に関する父母の責任は、完全に客観化されることになったのである。

　他方、民法典1384条1項を根拠とする他人の行為に基づく責任について、破毀院は、当初、責任を負うべき者のフォートを要求するかのような判断を示していたが（Cass. 2ème civ., 18 sept. 1996, Bull. civ., II, n° 217 ; D., 1998, 118, note Muriel Rebourg ; RTD civ., 1997, 436, obs., Patrice Jourdain ; Resp. civ. et assur., déc. 1996, comm., n° 379, 7, note Hubert Groutel（事案は、10歳の少年 A が、バカンスで祖母 Y₁ と叔母 Y₂ の家に滞在していたとき、自転車を走行中、X と衝突し負傷させたというものである。破毀院は、「原審は、民法典1384条4項の責任が父母にしか適用されないことを正確に判示した後、子供の祖母と叔母について、如何なるフォートも立証されていないことを認定している。従って、民法典1384条1項の適用要件は充足されていない

78

づく損害賠償とは別に、物の所為に基づく契約責任や他人の行為に基づく契約責任を観念することには、不法行為の領域以上に議論が存在する。物の所為に基づく契約責任は、1995年1月17日の破毀院民事第1部判決によって承認されたものであるが[209]、その後、この点について判断を示した破毀院判決は現れておらず、また、

のであるから、原審は、その判決を法律上正当化した」と判示した))。その後、この責任がフォートに基づかない客観的な責任であることを明確にするに至っている (Cass. crim., 26 mars 1997, supra note 202（民法典375条に基づき教育施設Yに預けられていたAらが、Xの自動車を窃盗したという事案である。Yのフォートを性格付ける必要はないとしてXの請求を認容した原審に対する上告について、破毀院は、「上記のように判示しているのであるから、控訴院は、法律を正確に適用した。実際、民法典1384条1項に基づき他人の行為について責任を負う者は、何らフォートを犯さなかったと証明することによって、このテクストの当然責任を免れることはできない。よって、上告は棄却されなければならない」と判示した)。

もっとも、子の行為に関する父母の責任とは異なり、民法典1384条1項を根拠とする他人の行為に基づく責任の局面においては、破毀院が行為者自身のフォートを要求していることに注意する必要がある（ただし、いずれも、スポーツのアソシアシオンの責任に関する事例であることにも留意が必要である。つまり、以下で引用する判決に関しては、スポーツの事案についてのみ、その特殊性から、行為者のフォートを要求しているとも読むことができるわけである。Cass. 2ème civ., 20 nov. 2003, D., 2004, 300, note Guillaume Bouché ; D., 2005, pan., 187, obs., Denis Mazeaud ; JCP., 2004, II, 10017, note Jean Mouly ; RTD civ., 2004, 106, obs., Patrice Jourdain（スポーツ・アソシアシオンYのメンバーであるXが、ラグビーの試合に参加中、脊髄に重傷を負ったという事案である。XのYに対する損害賠償請求を棄却した原審に対し、Xは、Yの責任を認めるために行為者のフォートを証明する必要はないとして上告した。これに対し、破毀院は、「ルール違反によって特徴付けられ、プレイヤーの1人、つまり、Xが所属していたスポーツ・アソシアシオンのメンバーの責めに帰すべきフォートは何ら立証されていない」と述べて、原審の判断を法律上正当なものと判示した）; Cass. 2ème civ., 21 oct. 2004, Bull. civ., II, n° 477 ; D., 2005, 40, note Jean-Baptiste Laydu ; RTD civ., 2005, 412, obs., Patrice Jourdain（ラグビーのアソシアシオンYのメンバーであるXが、スクラム戦術の練習中に転倒し、負傷したという事案である。XのYに対する損害賠償請求を認容した原審に対し、破毀院は、「このテクスト（民法典1384条1項―筆者注）によれば、スポーツ団体は、そのメンバーの活動を組織し、指揮し、監督することを任務としているのであるから、ルール違反によって特徴付けられるフォートがメンバーの1人ないし複数人の責めに帰すべきものであるときには、たとえその者が特定されなかったとしても、メンバーがスポーツの際に生じさせた損害について責任を負う」(chapeau) との一般論を述べた後、本件においては、フォートが立証されていないのであるから、Yの責任を肯定した原審は、民法典1384条1項に違反していると判示した）; Cass. 2ème civ., 22 sept. 2005 (2 arrêts), JCP., 2006, II, 10000, note David Bakouche（柔道のアソシアシオンのメンバーが柔道の練習中に負傷したという事案である。いずれの判決も、メンバーが損害を生じさせたという証明がないとして請求を棄却した原審を維持している）; Cass. ass. plén., 29 juin 2007, Bull. ass. plén., n° 7 ; D., 2007, AJ. 1957, obs., Inès Gallmeister ; D., 2007, pan., 2353, obs., Franck Lagarde ; D., 2007, 2408, note J. François ; D., 2007, pan., 2903, obs., Philippe Brun ; JCP., 2007, II, 10150, note Jean-Michel Marmayou ; RTD civ., 2007, 782, obs., Patrice Jourdain（破毀院は、以下のように判示した。「スポーツ団体は、そのメンバーの活動を組織し、指揮し、監督することを任務としているのであるから、ルール違反によって特徴付けられるフォートがメンバーの1人ないし複数人の責めに帰すべきものであるときには、たとえその者が特定されなかったとしても、メンバーがスポーツの際に生じさせた損害について責任を負う」)）。

(208) 本書の問題関心からは外れるが、注(202)及び(207)で言及した判例法理の展開は、フランス民事責任論の展開という視点のみならず、フランスの判例及び民法学が、家族、子、親、団体、人といった基本概念に対して、どのような眼差しを有しているのか、また、不法行為責任、家族、団体、人という異なる法領域の間において、それぞれの基本原理、概念がどのような形で調和され、あるいは、どのような変容を受けているのかという視点からも、大きな関心を呼び起こすものである。これらの問題については、日本法の状況も含めて、別稿で論ずることにしたい。

(209) Cass. 1re civ., 17 janv. 1995, supra note 61. 詳細は後に検討するが、4歳の少女が、私立学校の校庭において、プラスチック製のシーソー（精神運動のために用いられている）で遊んでいたところ、その破片により、右目を負傷したという事案で、破毀院は、「教育施設は、契約上、預

79

◆第 1 章◆ 性　質

　1995 年 1 月 17 日判決の論理を用いることができたはずの事案で、それを利用せず、別の理由付けによって損害賠償請求の可否を判断した破毀院判決も数多く存在することから[210]、判例上、物の所為に基づく契約責任が確立されているかという点に

　　けられた生徒の安全を確保する義務を負うのであるから、そのフォートによって生徒に生じさせた損害だけでなく、教育機関が契約債務を履行するために使用する物の所為によって生じた損害についても責任を負う」と判示したのである。
(210) 例えば、以下の破毀院判例がそれに当たる（しかも、これらはその一部に過ぎない）。Cass. 1re civ., 14 mars 1995, Bull. civ., I, n° 129 ; RTD civ., 1996, 632, obs. Patrice Jourdain (3 歳の子供が、積み上げられた椅子で立ち入りを禁止されていたレストランのプールに入り、溺れてしまったという事案である。被害者のフォートを認定してレストランに対する損害賠償請求を棄却した原審について、破毀院は、「レストランの経営者は、その施設の整備、組織及び作用について、客の安全が要求する注意及び監督の規範を遵守する義務を負う」と判示して、これを破棄した); Cass. 1re civ., 14 mars 1995, Bull. civ., I, n° 128 ; RTD civ., 1996, 632, obs. Patrice Jourdain (乗馬クラブの練習生が練習中に馬から転落して負傷したという事案である。乗馬クラブのフォートを認定した原審について、破毀院は、原審の理由からはフォートの存在は明らかとならないとして、これを破棄した); Cass. 1re civ., 21 nov. 1995, Bull. civ., I, n° 424 ; RTD civ., 1996, 632, obs. Patrice Jourdain (体操クラブの練習生がつり輪の練習中に負傷したという事案である。請求の一部を認容した原審に対する上告について、破毀院は、「スポーツクラブも、そのコーチも、スポーツの練習における加入者の安全について、手段債務しか負わない」ことを、原審は正当に判示したと述べて、これを棄却した); Cass. 1re civ., 5 nov. 1996, Bull. civ., I, n° 280 ; D., 1998, somm., 37, obs. Alain Lacabarats (X が、Y によって組織されていた実習の中で、初めてパラグライダーに乗ったところ、着陸時における事故で負傷したという事案である。原審は、Y にはフォートが存在しないとして X の請求を棄却した。これに対して、破毀院は、コーチの行態については、行われているスポーツの危険な性格に照らして評価すべきであるところ、原審は、コーチが、初飛行の前に、用心を重ねて研修生の身体的・精神的状態を調査したかどうかを明らかにしていないとして、原審を破棄した); Cass. 1re civ., 5 mai 1998, Bull. civ., I, n° 164 ; Contra. conc. consom., 1998, oct. n° 110, note Laurent Leveneur (乗馬クラブ Y の会員である X が、活動中に馬から転落し負傷したという事案である。コーチが無免許であったことは Y のフォートではないとして X の損害賠償請求を棄却した原審につき、破毀院は、「乗馬の監督を行う責めを負っていたコーチの免許が存在しなかったことは、手段債務に対する違反である」として、これを破棄した); Cass. 1re civ., 1er déc. 1999 (2 arrêts), D., 2000, 287, note Jeau Mouly ; Contra. conc. consom., avril 2000, n° 59, 12, note Laurent Leveneur (第 1 事件は、X が、Y 社によって企画されたゴーカートの入門講座に参加していたところ、カートが転倒し負傷したという事案に関するものである。破毀院は、以下のように判示した。「原審は、主催会社が安全に関する手段債務しか負わないことを正当に判示している。次いで、原審は、X がコーチからスピードと安全に関して守るべき注意事項について忠告を受けていたこと、「カート」の設備がこのレベルの使用に際して要求される規範に適合していたことを明らかにし、ネットの不設置が主催会社の安全債務違反を構成するわけではないこと、事故はスピード超過に帰すべきもので、損害は専ら被害者の行為に由来するものであることを導くことができたのである」。第 2 事件は、14 歳の少女 X が、Y の経営するコース上でカートを運転していたところ、ヘルメットを装着していなかったために、その髪の毛が後輪の回転軸に巻き付き、頭皮を剥奪してしまったという事案に関するものである。X の Y に対する損害賠償請求を棄却した原審に対し、破毀院は、以下のように判示している。「主催者は、安全に関する手段債務を負い、利用者の行態について継続的に監督を行わなければならない」にもかかわらず、原審は、Y の安全債務違反は存在しなかったと判断しているのであるから、民法典 1147 条のテクストに違反した); Cass. 1re civ., 28 nov. 2000, Bull. civ., I, n° 310 ; JCP., 2002, II, 10010, note Christophe Lievremont (12 歳の少女 A が、Y の実施する乗馬レッスンに参加中、ブラシかけをするために馬をつなぐ準備をしていたところ、馬が言うことをきかず、負傷してしまったという事案である。破毀院は、Y にフォートは存在しないとして A の親 X による損害賠償請求を棄却した原審を維持している); Cass. 1re civ., 16 oct. 2001, Bull. civ., I, n° 260 ; D., 2002, somm., 2711, obs. Alain Lacabarats ; Gaz. Pal., 2002, 1374, Pascal Polère ; RTD civ., 2002, 107, obs. Patrice Jourdain ; Contra. conc. consom., fév. 2002, n° 21, 8, note Laurent Leveneur ; Dr. et pat., mars 2002, n° 3044, obs. François Chabas (事案の概要は、以下の通りである。X は、グライダーの素人であったところ、まず、アソシアシオン Y₁ のインストラクター

ついては懐疑的な見解が多数を占めている[211]。また、既に紹介されているように、他人の行為に基づく契約責任についても、それを自律的な責任類型として把握すべきかどうかについて、多くの議論が存在しており[212]、むしろ、その自律性を否定するのが一般的な見解であると言うことができるのである[213]。

従って、ここで、もし、物の所為に基づく責任や他人の行為に基づく責任が、債務者の人的行為に基づく責任と異なるものではないとするならば、より一層、本項における検討の対象を債務者の人的行為（フォート）に限定すべき理由が存在するということになろう。本書は、第2部・第1章において上記の議論に立ち入ることになるが、ここでは、さしあたり、以上の点を述べておけば十分である。

このような形で本項の検討対象を限定した上で、再度、以下の叙述における課題を示しておこう。契約不履行に基づく損害賠償を賠償の枠組みの中で理解するフランスの伝統的通説において、契約上のフォートは、どのような役割を果たす要件として捉えられているのか。この点を明らかにするためには、今日の伝統的通説が形成されるに至った過程を分析することが不可欠である。

(1) 契約上のフォートと不法行為上のフォートの同化

19世紀の末から20世紀の初頭にかけて、フランスにおいては、「契約責任」と不法行為責任を完全に同一視する立場（一元論）と[214]、両者を全く別個の性質を持つ

　Y2と伴に飛行し、その後、Y1の管理する飛行区域において、単独でグライダーを操縦しようとした。ところが、牽引作業中に事故が起こり、Xは負傷してしまった。そこで、Xは、Y1及びY2に対して、損害賠償の支払いを求める訴訟を提起した。「スポーツのコーチは、参加者の安全に関して、手段債務を負う。しかしながら、危険なスポーツの場合には、より厳格に評価される」。このように述べて、破毀院は、結果債務を負うとした原審を破棄した）

(211) Cass. 1re civ. 17 janv. 1995, supra note 61 の評釈や、同判決を契機とする論稿の中では（Philippe Rémy, Nouveaux développements de la responsabilité civile, RGAT., 1995, pp.529 et s.; Fabrice Leduc, La spécificité de la responsabilité contractuelle du fait des choses, D., 1996, chr., pp.166 et s.; Geneviève Viney et Pierre Sargos, La responsabilité contractuelle du fait des choses, Débat autour de l'arrêt de la première chambre civile de la Cour de cassation du 17 janvier 1995, in, La responsabilité du fait des choses : réflexions autour d'un centenaire, Economica, Paris, 1997, pp.87 et s.; etc.)、破毀院が物の所為に基づく契約責任を認めたのかどうか、仮に認めたとして、それは物の所為に基づく不法行為責任と同一のものなのか、物の所為に基づく契約責任と安全債務とはどのような関係にあるのか等が盛んに議論されていた。しかしながら、今日においては、判例上、物の所為に基づく契約責任の一般原則が確立されたと見ることに否定的な見解が多数を占めていると言ってよい（Viney et Jourdain, supra note 31, nos 740 et s., pp.786 et s.; Aubert, Flour et Savaux, supra note 66, nos 205 et s., pp.173 et s.; etc.)。

(212) この点については、森田・前掲注(150)「他人の行為による契約責任の帰責構造」160頁以下を参照。

(213) Émile Becqué, De la responsabilité du fait d'autrui en matière contractuelle : Contribution à l'étude du droit comparé des obligations, RTD civ., 1914, pp.251 et s. 以来の一般的見解である。また、比較的近年のものとして、Cf. Didier Rebut, De la responsabilité contractuelle du fait d'autrui et de son caractère autonome, RRJ., 1996, pp.409 et s.

(214) Lefebvre, supra note 25 ; Grandmoulin, supra note 25 ; Aubin, supra note 25 ; J. Popesco-Albota, Le problème des deux ordres de responsabilité civile, contractuelle et délictuelle : Le droit d'option, Arthur Rousseau, Paris, 1933 ; etc.

◆第1章◆ 性　質

制度であると理解する立場（二元論）との間で[215]、激しい議論が展開された[216]。このうち、前者（一元論）は、当時一般的な見解であったとされる[217]後者（二元論）に対して、債務発生原因としての法と契約、そして、契約債務と法律上の債務を同じものとして把握するという議論を前提に[218]、同じ性質を持つ契約債務と法律上の債務の違反がいずれもフォートを構成し、このフォートによって責任が発生するという論理構造と[219]、「契約責任という定式は、誤っている」、つまり、「責任は、必然的に、不法行為責任である」[220]、「責任は１つであり不法行為である（中略）。法律上の債務であろうと、契約上の債務であろうと、債務者または第三者が生じさせた侵害は全て不法行為である」[221]、「２つの民事責任秩序は存在しない。２種類の

(215) Sainctelette, supra note 26 ; etc.
(216) 文献の所在も含めて、当時の議論については、Cf. H. et L. Mazeaud et Tunc, supra note 29, n°s 96 et s., pp.101 et s. ; Viney, supra note 19, n°s 161 et s., pp.395 et s. ; etc. それに先立つ時期の議論については、本款・第２項105頁以下の考察のほか、第２部・第１章・第１節・第１款・第２項395頁以下で詳細に検討する。
(217) 本文において、「一般的な見解であった」ではなく、「一般的な見解であったとされる」との表現を用いたのは、以下の理由に基づく。一元論が当時の支配的な見解として念頭に置いていたのは、シャルル・サンクトレットのテーズであり（supra note 26）、また、今日においても、サンクトレットの見解は19世紀末までの一般的な見解として引用されるのが通常である。従って、一元論の学説史的なコンテクストの理解、及び、今日のフランス民法学における「読み」の理解という点では、サンクトレットの見解を19世紀末から20世紀初頭にかけての通説的理解として捉えておかなければならない。しかし、このような把握の仕方は、一面においては正当であるが、別の角度から見れば正確さを欠くと言うべきである。というのは、第２部・第１章・第１節・第１款・第２項395頁以下、及び、同章・第２節・第１款・第１項453頁以下で述べるように、サンクトレットのテーズと19世紀の一般的な学説との間には看過することのできない重大な相違が存在し、この相違の中に、契約不履行に基づく損害賠償に関する理論モデルの変遷の端緒を見出すことができるからである。そうであるとすれば、必ずしも、サンクトレットの議論と19世紀の議論とを同一視することは適切ではないと言わなければならない。このような考慮から、本文では、「一般的な見解であったとされる」という表現を用いたのである。
(218) Lefebvre, supra note 25, pp.486 et s. ; Grandmoulin, supra note 25, pp.4 et s. ; Aubin, supra note 25, pp.43 et s. 法律は市民の一般意思に基づくものであり、契約は法律である（フランス民法典1134条１項）というわけである。
(219) ルフェーブル（Lefebvre）は、以下のように説いている。フォートは違法行為であり、かつ、契約違反と法律違反が同一であると理解するならば、フォートのない責任は存在しえないことが明らかになる。「責任はフォートから生じ、法律もしくは契約条項の違反は全てフォートである。ここで重要なのは、フォートと責任という、２つの思考を固く結び付けることである。フォートは責任を生じさせ、責任はフォートからしか生じえないのである」（Lefebvre, supra note 25, p.487）。
　　　また、ジャン・グランムーラン（Jean Grandmoulin）も、以下のように述べている。合意や合意上の債務は責任を生じさせるものではない。契約は第一次的な債務を生じさせるが、賠償債務は二次的・派生的債務であり、当初の債務の違反から生ずるものである。第一次的な債務の発生とその違反に対するサンクションという２つの区別された領域が存在するのである（Grandmoulin, supra note 25, pp.31 et s.）。
　　　更に、ジュレ・オバン（Jules Aubin）も言う。フォートは、合理的かつ自由な存在によって犯された義務違反であり、責任、つまり、損害賠償債務を生じさせる（Aubin, supra note 25, p.5）。この構造は、契約と不法行為とにおいて共通である。法律違反と契約違反に本質的な差異は存在しないのであり、いずれも不法行為を構成する（Ibid., p.51）。そして、フランス民法典1382条と1383条は極めて広い射程を持つ以上、合意の履行において犯されたフォートも、不法行為を構成するのである（Ibid., p.38）。
(220) Lefebvre, supra note 25, p.485.
(221) Grandmoulin, supra note 25, pp.33 et s.

適用が存在するだけである」(222)等との命題を導き(223)、批判を提起した。

　学説史的に見れば、この立場は、それまで明確に区別・対置されていた契約不履行に基づく損害賠償と不法行為に基づく損害賠償とを、同一の論理構造の中で捉えたという点において、今日における通説的見解の端緒となったものである。しかし、純粋な一元論は、法と契約を同一視するという前提に多くの問題を抱えていたため(224)、学説の支持を集めることはなかった(225)。もっとも、ここでは、一元論の当否それ自体よりも、一元論の論理の中で、不法行為上のフォートと契約上のフォートが、いずれも損害賠償責任を発生させるための要素として捉えられていることに注意しておく必要がある。つまり、一元論の下においては、法＝契約という命題を前提にしたものではあるが、法及び契約に違反すること、すなわち、フォートが、いずれも損害賠償責任の発生という効果をもたらす要件として把握され、そこから、契約不履行に基づく損害賠償と不法行為に基づく損害賠償との同一性が導かれているのである。

　確かに、一元論は、法＝契約という命題を前提としており、この点において、そこから演繹される結論が、当時の学説に受け入れられることはなかった。また、フランス民法典の構造とテクストに反して、契約違反を同1382条以下における不法行為の問題として理解しようとする発想にも無理があった。しかし、この一元論において、契約領域におけるフォートは、損害賠償責任を生じさせる事由として把握されるに至ったのであり、この点で、その後の議論にとって、極めて大きな意味を持つテーゼであったと言うことができるのである。

　その後に登場したマルセル・プラニオルの議論は(226)、こうした一元論における

---

(222)　Popesco-Albota supra note 214, pp.34 et s.
(223)　ここでの「契約責任は誤っている」という命題が、今日の学説の言う「契約責任は誤った観念である」という命題と、その意味を全く異にすることは言うまでもない。一方は、契約不履行に基づく損害賠償と不法行為に基づく損害賠償とを完全に同一視し、他方は、契約不履行に基づく損害賠償と不法行為に基づく損害賠償とを全く別個の制度として把握するものだからである。
(224)　例えば、以下のような批判が提起された。他人の権利の尊重を要請する法律上の義務と、給付の実現が問題となる合意から生ずる義務は、全く性質を異にするのであるから、両者は明確に区別されなければならない。これらを区別しない一元論には、無理解（le mépris）、混同（la confusion）が存在する（Henri Fromageot, La faute comme source de la responsabilité en droit privé, th. Paris, Arthur Rousseau, Paris, 1891, pp.15 et s.）。法律と契約には明確な相違がある。法律上の債務は課された債務であるのに対して、契約上の債務は同意された債務である。法律上の債務は客観的であるのに対して、契約上の債務は主観的なのである（Albert Chenevier, Responsabilité contractuelle et responsabilité délictuelle, th. Nancy, 1899, pp.61 et s.）。また、時代的には一元論よりも前のものであるが、Cf. Sainctelette, supra note 26, pp.5 et s.（契約不履行に基づく損害賠償＝「保証」と不法行為に基づく損害賠償＝「責任」の区別は、契約と法律の区別から導かれるものである。従って、両者の区別を否定することは、私的利益の確保を目的とする合意と、公序の確保を目的とする法律とを混同することにほかならない。
(225)　当時、一元論に対して向けられた批判一般については、契約債務と契約不履行に基づく損害賠償との関係を検討する、本章・第２節・第１款・第２項176頁以下、及び、契約不履行に基づく損害賠償に関する理論モデルの変遷を分析する、第２部・第１章・第２節・第１款・第１項456頁以下において検討する。
(226)　Planiol, supra note 33, Classification des sources..., pp.224 et s.; Id., supra note 33,

◆第1章◆ 性　質

フォートの意味付けを前提としつつ、それを法＝契約という命題に依拠することなく正当化しようとしたものである。プラニオルの見解は、今日の通説的見解の基礎となったものであり、また、契約上のフォートの意義を明らかにする上でも、極めて重要な意味を持つものである[227]。

　プラニオルは、19世紀の学説が強調していた契約上のフォートと不法行為上のフォートの相違、とりわけ、前者の存在は推定されるが、後者は証明されなければならないという理解と[228]、当時、学説において有力となりつつあった民事責任の基礎としてのリスクを反駁する中で[229]、フォートに対し、「他人に損害を惹起した場合に、法律が賠償を命ずるところの先存する債務に対する違反」という定義を与え[230]、契約上のフォートと不法行為上のフォートを包含する統一的な民事フォート概念を作り上げた。しかし、そこでは、上に述べた一元論とは異なり、契約と法律が同一視されることはなかった[231]。すなわち、プラニオルは、契約と法律とい

　　　Études sur la responsabilité civile..., pp. 277 et s.; Id., supra note 33, Traité élémentaire de droit civil..., n°s 862 et s., pp. 261 et s.
(227) 以下の叙述につき、Cf. Rémy, supra note 20, La responsabilité contractuelle..., n°s 12 et s., pp. 332 et s.; Bellissent, supra note 20, n°s 393 et s., pp. 199 et s.; Faure-Abbad, supra note 20, n° 189, pp. 161 et s.; Babert, supra note 34, n°s 119 et s., pp. 141 et s., et n°s 206 et s., pp. 224 et s. また、今野・前掲注(151)(1) 267頁以下も参照。
(228) ここでは、19世紀の学説においては、契約上のフォートと不法行為上のフォートが明確に峻別されていたことを確認しておけば足りる。19世紀の学説の詳細については、本款・第2項108頁以下を参照。
(229) レイモン・サレイユやルイ・ジョスランによってリスクの考え方が提唱されたのは、19世紀末のことであり（Cf. supra note 32）、プラニオルが注(33)掲記の諸論文及びその続編であるÉtudes sur la responsabilité civile : deuxième étude. Responsabilité du fait des choses, Rev. crit., 1905, pp. 80 et s. を執筆したのは、その直後のことであった。プラニオルは言う。フォートなしの責任を認めることは、「社会的な不正義」である。物の所為に基づく不法行為責任を認めた破毀院1896年6月16日判決（supra note 43）は、自己にフォートが存在しないにもかかわらずその責任を認めるものであって、あらゆる正義の観念に反する結果をもたらす（Planiol, supra note 33, Études sur la responsabilité civile..., pp. 278 et s.）。また、労働災害の事例において、フォートなしの責任を認める1898年4月9日の法律は、法的な議論ではなく、慈悲（la charité）の発想に基づくものである（Ibid., pp. 280 et s.）。いずれにせよ、リスクに基づく民事責任の構想は、フォートの領域を超えて不当な責任を作り出し、適法行為と違法行為の境界を消滅させる。フォートという観念に基づかない責任は、合理的でも、衡平でもないのである（Ibid., p. 288）。
(230) Planiol, supra note 33, Traité élémentaire de droit civil..., n° 863, p. 261.
(231) もっとも、この点については、プラニオルの立場に若干の変化を見て取ることも可能である。というのは、プラニオルは、1896年に公表した判例評釈の中で、以下のように述べていたからである。フォートは先存債務に対する違反であり、従って、債務者ないし行為者が何らの義務にも違反していないのであれば、フォートが存在する余地はない。まず、被害者と行為者との間に何らの契約関係も存在しない場合、違反されている債務は法律上の債務である。それでは、合意が存在する場合はどうか。この局面で、ジャン・グランムーランやドイツ民法典が前提としている考え方、つまり、契約債務の違反は常に法律上の債務の違反に帰着するという考え方は、正当である。何故ならば、ここでのフォートは、可能な限り債務を履行すべきよう命ずる規範、つまり、契約の拘束力という法に反するものだからである。このように、契約不履行を理由とする損害賠償債務は、契約ではなく、法律から生ずる。「フォートは、契約におけるものであっても、不法行為上のものなのである」（Marcel Planiol, Note, sous Paris, 8 fév. 1896, D., 1896, 2, pp. 457 et s. 引用は p. 458）。仮に上記のようなプラニオルの理解が、契約領域における先存債務を、合意から生ずる債務ではなく、合意は守らなければならないという規範それ自体として捉え（後に見るように、これは、アンリ・マゾーの見解へと連なるものである）、いずれのフォートについても、法

う一次的な債務発生原因の二元性を維持しつつも[232]、それらの債務に対する違反がいずれもフォートを構成し、かかるフォートによって二次的債務としての損害賠償債務が発生するという論理構造を提示したのである[233]。

結局、プラニオルは、一元論の法＝契約という命題を放棄しながら、一方で、契約の論理に従い、不法行為領域においても先存債務を観念し（従来、この意味での先存債務は観念されていなかった）[234]、他方で、不法行為の論理に依拠することによって、2つの領域における先存債務の違反が、いずれも二次的な債務発生原因としてのフォートを構成すると捉えることにより、統一的な民事責任の構想、言い換えれば、契約不履行に基づく損害賠償と不法行為に基づく損害賠償の同一性を導いたのである[235]。かくして、プラニオルの下において、契約上のフォートは、その前提となる義務の存在というレベルにおいては意思の拘束を受けつつも、義務違反というレベルにおいては不法行為上のフォートと同じ役割を果たす要件として、つまり、損害賠償債務の発生原因として観念されるに至ったのである[236]。

律によって課された規範に対する違反と認識しているとすれば（つまり、フォートの前提となる先存債務の源を法律に求めているとすれば）、その立場は、グランムーランの理解へと接近する。そうすると、これは、本文で述べた理解とは明確に異なるものだから、プラニオルの議論には変化が見られるということになろう。

(232) Planiol, supra note 33, Classification des sources..., pp. 224 et s.
(233) プラニオルは、以下のように説く。契約不履行に基づく損害賠償の場合においても、不法行為に基づく損害賠償の場合においても、フォートは先存債務に対する違反であり、それが損害賠償債務を生じさせる。先存債務に対する違反、つまり、フォートが存在しなければ、損害賠償責任も存在しないのである（Planiol, supra note 33, Études sur la responsabilité civile..., pp. 285 et s.)。
(234) プラニオルは、以下のように述べている。これまで不法行為上の債務と呼ばれてきたものは、先存する法定債務の金銭的な変形（la transformation）に過ぎない。言い換えれば、「履行されなかった契約債務が損害賠償を支払う債務に代わるという原則」を法定債務に適用したものに過ぎないのである（Planiol, supra note 33, Classification des sources..., p. 231）。従って、法定債務の不履行のケースにおいては、「契約債務の場合と同じように、法定債務が損害賠償債務に変形するのである」（Ibid., p. 233）。
(235) Cf. Bellisent, supra note 20, n°s 399 et s., pp. 200 et s. ジャン・ブリサン（Jean Bellisent）は、プラニオルの論理について、以下のように評価している。プラニオルにおいては、賠償債務の源を先存債務違反として把握するという点において、契約のメカニズムが、不法行為のメカニズムに着想を与え、反対に、不法行為のメカニズムは、賠償債務の目的的という点に関して、契約のメカニズムに侵入することになった（Ibid., n° 441, p. 209）。つまり、まず、第1の振り子運動として、不法行為法は、契約の論理から、賠償債務が先存する債務の違反に基づくものであるとの考え方を借用し、次いで、第2の振り子運動として、契約の領域に、契約のメカニズムとは全く適合しない賠償という観念が導入されたのである（Ibid., n° 494, p. 221）。かくして、プラニオルの先存債務に対する違反というフォートの定義は、根源的な一元性の中の表面的な二元性（Apparente dualité au sein d'une profonde unité）という形で形容すべき民事責任論を作り上げることに成功したのである（Ibid., n° 396, p. 199）。

また、マリアンヌ・フォール・アバ（Marianne Faure-Abbad）も、同様の評価を下している。「連通管の作用（un jeu de vases communicants）」のように、契約制度が、不法行為制度に対して、一部の学説にとっては民事フォートの一元的な定義を見出すのに適した先存債務の違反という考え方を「伝えた」のであり、不法行為制度が、契約不履行法に対して、不当に惹起された損害の賠償という機能を「伝達した」のである（Faure-Abbad, supra note 20, n° 189, p. 161）。
(236) このようなプラニオルの議論の背後には、ドイツ民法典及び民法学からの影響を見て取ることができる（Rémy, supra note 20, La responsabilité contractuelle..., n° 13, pp. 334 et s.）。この点についての詳細は、第2部・第1章・第2節・第1款493頁以下を参照。

◆第1章◆ 性　質

　これに対して、その後の学説は、先存債務に対する違反というプラニオルの民事フォートの定義について、「義務」と「債務」を混同するものであるとの理由から、批判を繰り返してきた(237)(238)。確かに、契約領域において問題になるのは、確定した当事者間の法鎖（vinculum juris）としての本来的な意味における債務（obligation）であるから、この点において、不法行為領域における一般的な義務（devoir）とは異なるものであり、上記のようなプラニオルの定義について、「契約上のフォートには見事に適合する」が、「不法行為上のフォートには当てはまらない」(239)との評価がなされるのは、ある意味、当然であるとも言える。しかし、ここでの批判は、契約上のフォートと不法行為上のフォートを先存債務に対する違反として一元的に把握する構想に向けられているものであって、2つのフォートの本質は同一であるという理解に対してなされているものではないことに注意しなければならない。つまり、プラニオルの民事フォート概念に対する批判は、損害賠償責任を課すための論理構造や、民事責任のメカニズムにおいてフォートが果たすべき役割を対象としたものではなく、あくまでも、民事フォートの定義だけを、契約領域における債務と不法行為領域における義務を統一的に把握しようとする方向性の限度においてのみ問題にしているのである。以下で、このことの意味を明らかにしていこう。

　民事フォートの概念については、それを違法性（l'illicéité）、義務違反、行為の過誤（l'erreur de conduite）等の客観的要素のみによって基礎付ける立場と(240)、このよう

---

(237)　「先存債務の違反」という民事フォートの定義に対しては、それが提唱された直後から今日に至るまで、多くの批判が提起されてきた。例えば、プラニオルの次の世代に属するユジェーヌ・ゴドメ（Eugène Gaudemet）は、プラニオルの定義について、以下のような批判を提起していた。たとえ2つの領域において先存債務が存在するとしても、それらは同じ性格を持つわけではない。「2つの状況に同じ債務という言葉を使うのは、単に、術語が不十分だから」にほかならない。債務が存在するのは、契約領域だけである（Gaudemet, supra note 35, pp. 391 et s.）。このような状況は、今日においても変わらない。ジャック・フルール＝ジャン・ルク・オベール＝エリック・サヴォー（Jacques Flour, Jean-Luc Aubert et Éric Savaux）は、プラニオルの定義について、債務（obligation）という言葉を変質させるものであり、不法行為領域においては、違反を確定するためだけに債務を認定していると批判し（Flour, Aubert et Savaux, supra note 203, n° 98, p.98）、フィリップ・マロリー＝ローラン・エネス＝フィリップ・ストフェル・マンク（Philippe Malaurie, Laurent Aynès et Philippe Stoffel-Munck）も、プラニオルの定義を、曖昧で、不正確かつ非論理的であると断罪している（Malaurie, Aynès et Stoffel-Munck, supra note 35, n° 51, p.29）。

(238)　もちろん、プラニオルの見解を支持する学説も存在した。例えば、D.-C. Stéphanesco Priboy, L'idée de faute et la responsabilité des choses inanimées, th. Paris, 1914 がそれである。もっとも、このテーズを記した著者の指導教官は、プラニオルである。

(239)　Louis Ségur, La notion de faute contractuelle en droit civil français, th. Bordeaux, La pensée universitaire, Aix-en-provence, 1956, p.18.

(240)　H. et L. Mazeaud et Tunc, supra note 29, n°s 387 et s., pp.465 et s.；H. et L. Mazeaud, J. Mazeaud et Chabas, supra note 19, n°s 440 et s., pp.450 et s.；Marty et Raynaud, supra note 37, n°s 454 et s., pp.507 et s.；etc. こうした客観的フォートの概念を主唱したのが、アンリ・マゾーであり（Mazeaud, supra note 206；Id., supra note 27；Id., infra note 248 のほか、Id., Essai de classification des obligations : Obligations contractuelles et extra-contractuelles；《obligations déterminées》et《obligation générale de prudence et diligence》, RTD civ., 1936, pp.1 et s.）、ガブリエル・マルティー（Gabriel Marty）である（Gabriel Marty, L'expérience française en matière de responsabilité civile et les enseignements du Droit comparé, in, Mélanges offerts à Jacques Maury, t.2, Théorie générale du

な客観的要素に加えて、帰責性（la culpabilité あるいは l'imputabilité）という主観的要素を考慮する立場[241]との間で、多くの議論が展開されてきた[242]。かつては、フォートを主観・客観の両面から捉えようとする見解が支配的であったように見受けられるが[243]、1968年1月3日の法律により民法典489-2条（現414-3条）が付加され[244]、精神障害者であっても損害賠償を義務付けられるようになったことにより、フォートの客観化が構想され始め[245]、その後、破毀院が、未成年者の民事責任を問題にする際に、当該未成年者に識別能力が備わっているかどうかを問う必要はない

---

  droit et droit privé, Dalloz-Sirey, Paris, 1960, pp.173 et s. ; Id., Illicéité et responsabilité, in, Études juridiques offertes Léon Julliot de la Morandière, Dalloz, Paris, 1964, pp.339 et s.）。
  なお、アンリ・マゾーの民事責任論については、彼の兄弟であるレオン・マゾー（Léon Mazeaud）、ジャン・マゾー（Jean Mazeaud）のそれとともに、Petites affiches誌上で、その意義や特質等を振り返る特集が組まれており、極めて有益である（Journé Henri, Léon et Jean Mazeaud : La responsabilité civile, Asssociation Henri Capitant des amis de la culture juridique français, Université Paris II (Panthéon-Assas), Petites affiches, 31 août 2006, n° 174）。本書の問題関心に関わるものとして、Geneviève Viney, La doctrine de la faute dans l'œuvre de Henri, Léon et Jean Mazeaud, pp.17 et s. ; Philippe Le Tourneau, La responsabilité du fabricant, pp.24 et s. ; Georges Durry, Resposabilité contractuelle et responsabilité délictuelle, pp.28 et s. ; Jacques Dupichot, L'indemnisation, pp.33 et s. がある。

(241) René Demogue, Traité des obligations en général, t.3, Sources des obligations, Arthur Rousseau, Paris, 1923, n°s 226 et s., pp. 241 et s. ; Henri Lalou, La responsabilité civile, principes élémentaires et applications pratiques, Dalloz, Paris, 1928, n°s 5 et s., pp.7 et s. ; Charles Beudant et Paul Lerebours-Pigeonnière, Cours de Droit civil français, t.9 bis, Les contrats et les obligations, 2ème éd., Arthur Rousseau, Paris, 1932, n° 1395, pp.28 et s. ; Ambroise Colin et Henri Capitant, Cours élémentaire de droit civil français, t.2, 7ème éd., Dalloz, Paris, 1932, n°s 185 et s., pp.174 et s. ; Julien Bonnecase, Précis de droit civil, t.2, Arthur Rousseau, Paris, 1934, n° 397, pp.358 et s. ; Savatier, supra note 37, n°s 161 et s., pp.207 et s. ; Id., La théorie des obligations en droit privé économique, 4ème éd., Dalloz, Paris, 1979, n°s 224 et s., pp.281 et s. ; Planiol et Ripert, supra note 37, n°s 379 et s., pp.499 et s., et n°s 477 et s., pp.642 et s. ; Georges Ripert et Jean Boulanger, Traité élémentaire de droit civil de Planiol, t.2, obligations : contrats : sûretés réelles, 4ème éd., LGDJ, Paris, 1952, n°s 947 et s., pp.330 et s. ; René Rodière, La responsabilité civile, Rousseau et Cie, Paris, 1952, n°s 1407 et s., pp.39 et s. ; Ambroise Colin, Henri Capitant et Léon Julliot de la Morandière, Cours élémentaire de droit civil français, t.2, 10ème éd., Dalloz, Paris, 1953, n°s 305 et s., pp.218 et s. ; etc.
(242) 文献の所在も含めて、Cf. Albert Rabut, De la notion de faute en droit privé, th. Paris, 1946 ; H. et L. Mazeaud et Tunc, supra note 29, n°s 387 et s., pp.465 et s. ; Viney et Jourdain, supra note 31, n°s 441 et s., pp.364 et s. ; etc.
(243) 注(241)で引用した文献は、いずれも、20世紀半ばまでのフランス債務法・民事責任法に関する代表的な教科書・体系書である。また、同時代に公刊されたテーズの中で、このような立場を明確にするものとして、Joseph Rutsaert, Le fondement de la responsabilité civile extra-contractuelle, Bruylant, Bruxelles, Sirey, Paris, 1930, pp. 7 et s. ; Van Ryn, supra note 27, n°s 12 et s., pp.15 et s. ; Ségur, supra note 239, pp.17 et s. ; etc.
(244) フランス民法典414-3条（旧489-2条）「他人に損害を生じさせた者は、精神障害の状況にあったとしても、賠償を義務付けられる（原文は、Celui qui a causé un dommage à autrui alors qu'il était sous l'empire d'un trouble mental, n'en est pas moins obligé à réparation.）」。
(245) 当時の学説は、1968年1月3日の法律について、フォートの客観化を進めるものであり、道徳的要素から切り離されたフォートは、その有用性を失うに至った（Geneviève Viney, Réflextions sur l'article 489-2 du code civil : À partir d'un système de réparation des dommages causés sous l'empire d'un trouble mental, une nouvelle étape de l'évolution du droit de la responsabilité civile, RTD civ., 1970, pp. 263 et s.）、あるいは、フォートに基礎を置く伝統的な民事責任論からの決別を示すもの（René Savatier, Le risque, pour l'homme, de perdre l'esprit et ses conséquences en droit civil, D., 1968, chr., n° 9, p.114）等と評価していたのである。

◆第1章◆ 性　質

と判断したことを契機として[246][247][248]、今日、少なくとも実定法の理解として

---

(246) 未成年者の責任、更には、フォートや民事責任の構想について、破毀院が1つの転換期となる判決を下したのは、1984年5月9日のことである（Cass. ass. plén., 9 mai 1984 (5 arrêts), Bull. ass. plén., n°s 1 à 5 ; D., 1984, 525, concl., Jean Cabannes, note François Chabas ; JCP., 1984, II, 20255, obs., Noël Dejean de la Batie (2 et 3) ; JCP., 1984, II, 20256, obs., Patrice Jourdain (4 et 5) ; JCP., 1984, II, 20291, rapport Fédou (1) ; RTD civ., 1984, 508, obs., Jérôme Huet．なお、この問題につき、それ以前に重要な判断を下したものとして、Cass. 1re civ., 20 juill. 1976, JCP., 1978, II, 18793, obs., Noël Dejean de la Batie がある。17歳の少年YがAを殺害したが、心神喪失を理由に殺人罪を免訴されたという事案で、破毀院は、民法典旧489-2条を適用し、Y（及びその父と保険会社）に対して、Aの母であるXへの損害賠償の支払いを命じた原審に対する上告を棄却する際に、「原審は、民法典489-2条で予定されている賠償債務が、成年者であるか未成年者であるかを問わず、精神障害の下、他人に損害を生じさせた全ての者に関わることを正当に判示している」と判断した。ここで、破毀院は、民法典489-2条が精神障害者である未成年者にも適用されることを示しているのである）。同日に下された5つの連合部判決は、未成年者の不法行為責任のほか、未成年者の親の責任、物の所為に基づく不法行為責任、過失相殺の適用に際しての未成年者のフォートないし保管について、判断を示したものである。

第1事件は、9歳の少年 Y_1 が、Aのトラック、Bの不動産、Cの不動産に相次いで放火をしたという事案に関するものである。A、B、Cからの損害賠償請求を認容した原審に対し、Y_1 及びその両親である Y_2 は、未成年者の責任を認めるためには、その未成年者が当該行為を理解し、欲していることが必要であるとして上告した。これに対し、破毀院は、「原審は、少年が「意識的に放火した」ことを専権的に認定し、この理由のみによって、その判決を法律上正当化した」と判示して、上告を棄却した。

第2事件は、7歳の少年Aが、製作していた弓で矢を放ち、友人Bの目を失明させたので、Bの父親であるXが、民法典1384条4項に基づき、Aの父親であるYに対して損害賠償を請求したという事案に関するものである。Xの請求を認容した原審に対し、Yは、控訴院がAに識別能力があったかどうかを探求していないとして上告した。これに対して、破毀院は、民法典「1384条4項に基づき、同居する未成年者の父母の責任が推定されるためには、未成年者が被害者によって援用されている損害の直接的原因である行為を犯したというだけで十分である」と判示し、上告を棄却した。

第3事件は、3歳の少年Aが、簡易な作りのブランコに乗っていたところ、板が折れ、手にしていた棒が友人Bの目にあたり、失明させてしまったので、Bの父親であるXが、Aの両親であるYらに対して損害の賠償を求める訴訟を提起したという事案に関するものである。Aを棒の保管者と認定して請求を認容した原審に対し、Yは、Aの責任を認めるためには識別能力が必要である等として上告した。破毀院は、「控訴院は、Aが、棒を使用し、指揮し、監督していたことを認定しているのであるから、この未成年者の年齢が極めて若いとはいえ、Aが識別能力を有していたかどうかを探求する必要はなかったのであり、その判決を法律上正当化した」と判示して、上告を棄却した。

第4事件は、5歳の少女Aが、優先通行交差点上でYの運転する自動車と衝突し死亡したという事案に関するものである。Aのフォートを認定しその半分の限度でAの両親であるXの損害賠償請求を認容した原審に対し、Xは、Aには識別能力が存在しなかったのに、Aのフォートを認定して損害賠償額を減額することはできない等として上告した。破毀院は、「原審は、Yの注意不足を明らかにした後、Aが、車道に飛び出し、Yの自動車の危険が迫っているにもかかわらず、突然、車道を横断し、歩道に戻るために引き返したことを認定し、この飛び出しによって、自動車運転者の救助措置が不可能になったと判示している。控訴院は、当該行為の結果を識別することができたかどうかを探求する必要はなかったのであり、これらの事実関係の下において、1382条に基づき、矛盾なく、被害者が、Yのフォートとともに、専権的に評価された割合において、損害の発生に寄与するフォートを犯したと判断することができた。よって、上告には理由がない」と判断した。

第5事件は、13歳の少年Aが、Yの所有する農場の電気設置工事に瑕疵があったために、感電して死亡したという事案に関するものである。Aのフォートを認定しその半分の限度でAの両親であるXの損害賠償請求を認容した原審に対し、Xが上告した。破毀院は、以下のように判断した。原審は、Aが、電球を締める前に、ブレーカーを動かして、電気を切らなければならなかったと評価している。「控訴院は、自己の行為の結果を識別することができたかどうかを探求する必要はなかったのであり、これらの事実関係の下において、1382条に基づき、被害者が、Yの

88

は[249]、フランスの民事責任法は、フォートから主観的要素を排除し、それを客観化する方向に進んでいるとの認識が一般的なものとなっている[250]。このように、フ

フォートとともに、専権的に評価された割合において、損害の発生に寄与するフォートを犯したと評価することができた。よって、上告には理由がない」。

その後も、破毀院は、上記連合部判決の立場を踏襲する判断を示している。例えば、Cass. 2ème civ., 28 fév. 1996, Bull. civ., II, n° 54 ; D., 1996, 602, note François Duquesne ; D., 1997, somm., 28, obs. Denis Mazeaud ; RTD civ., 1996, 628, obs. Patrice Jourdain は、8歳の少年 A が、Y 宅に預けられている際に部屋の中を走り回っていたところ、沸騰した水入りの鍋を持ったY の息子 B とぶつかり、火傷を負ってしまったという事案に関する判決である。破毀院は、A の行為はその年齢から考えてフォートを構成するものではないとして A の両親である X からの損害賠償請求を全額認容した原審を、「未成年者がその行為の結果を識別できない場合であっても、そのフォートを認定することができる」(chapeau)と述べて、破棄している。

(247) このような破毀院の理解が、その後、更に、注(201)、注(202)、注(207)で述べたような他人の行為に基づく不法行為責任に関する判例法理へと展開していったのである。

(248) 1984年5月9日に下された5つの連合部判決について、当時の学説は、客観的なフォートの観念を勝利に導いたものであり、民事フォートを非帰責化 (déculpabiliser) させたものと評価するのが一般的であった (注(246)掲記の判例評釈のほか、Henri Mazeaud, La《faute objective》et la responsabilité sans faute, D., 1985, chr., p. 14 ; etc.。アンリ・マゾーは、客観的フォートを最も強く主張していた論者の1人であり、当然、これらの判決を支持することになる)。もっとも、学説は、これを手放しで受け入れたというわけではない。当時の学説においては、以下のような批判が提起されていたのである。①これらの判決によって、民事責任は、その本質的な要素である規範的機能を奪われ、単なる賠償の手段と化してしまった。②賠償という視点から見ても、過失相殺の可能性が広がってしまうし、また、未成年者は無資力である可能性が高いのであるから、本当の意味での進歩と言えるかどうか疑わしい。③回避することができず、何ら非難されるべきではないにもかかわらず、責任が課されることになってしまう (Ex. Geneviève Viney, La réparation des dommages causés sous l'empire d'un état d'inconscience : un transfert nécessaire de la responsabilité vers l'assurance, JCP., 1985, I, 3189, n°[s] 17 et s., pp. 7 et s. ; etc.)。

(249) 「実定法の理解としては」という表現を用いたのは、民法典414-3条の存在や未成年者の民事責任に関する判例法理の展開にもかかわらず、今日においても、なお、フォートの構成要素として帰責性を要求する立場が有力と見ることができるからである。例えば、Carbonnier, supra note 52, n°[s] 220 et s., pp. 401 et s. (フォートは、物理的要素＝行為 (le fait)、具体的・知的要素＝人間の行為 (le fait de l'homme)、社会学的要素＝違法性 (l'illicéité) からなり、第2の要素の中には、能力と帰責性が含まれる); Sériaux, supra note 203, n° 59, pp. 241 et s., et n°[s] 104 et s., pp. 365 et s. (1968年1月3日の法律及び客観的フォートは、最も基本的な良識や自然法に反するものである。また、1984年5月9日の連合部判決は、常軌を逸した (aberrant) ものであり、フォートからその内容を奪い取って名前だけを残そうとする試みである (n° 106, pp. 374 et s.)); Terré, Simler et Lequette, supra note 55, n°[s] 717 et s., pp. 730 et s. (フォートの構成要素として、法律上の要素と道徳的要素を挙げている); Fabre-Magnan, supra note 203, n°[s] 64 et s., pp. 169 et s. (フォートは、客観的要素＝物理的要素・違法要素と、主観的要素＝意識からなるところ、今日では、意思的要素が消滅してしまっている); etc.

これに対して、本文で述べたような展開を受け、フォートを客観的に捉えようとする見解も有力となりつつある。その代表は、アンリ・マゾーの指導を受けた、ノエル・ドゥジャン・ドゥ・ラ・バティ (Noël Dejean de la Batie) であるが (Charles Aubry, Charles Rau et Noël Dejean de la Batie, Droit civil français, 8ème éd., sous la direction de André Ponsard et Ibrahim Fadlallah, t. 6-2, responsabilité délictuelle, Librairies techniques, Paris, 1989, n°[s] 110 et s. (また、Cf. Noël Dejean de la Batie, Appréciation in abstracto et appréciation in concreto en droit civil français, th. Paris, préf. Henri Mazeaud, Bibliothèque de droit privé t. 57, LGDJ, Paris, 1965))、教科書・体系書レベルでも、Ex. Bénabent, supra note 203, n°[s] 540 et s., pp. 385 et s. (フォートの構成要素として、道徳的なファクターは不要である); Flour, Aubert et Savaux, supra note 203, n°[s] 98 et s., pp. 99 et s. (フォートは、「行為の過誤または不履行 (défaillance)」であり (n° 98-1, p. 99)、そこから、帰責性の要素は放棄されている); Fages, supra note 203, n°[s] 492 et s., pp. 376 et s. (フォートは違法行為であれば足り、そこに道徳的な要素は不要である); Le Tourneau, supra note 20, n°[s] 6705 et s., pp. 1472 et s. 等、その数は増えつつあるように見受けられる。

(250) Cf. Patrice Jourdain, Recherche sur l'imputabilité en matière de responsabilité civile et

ォートの定義については、とりわけ、その主観的要素の意味付けをめぐって、時代により変遷が見られるが、いずれにしても、ここでは、民事フォートの定義として、違法性、義務違反、行為の過誤等の客観的な要素が中核に置かれてきたこと、そして、次第に、フォートから主観的要素が取り去られるようになっていることを確認しておけば十分である。

　こうしたフォートの定義や意味をめぐる論争については、プラニオルの理解との関係で、どのように評価することができるか。まず、フォートを主観的に捉える見解であっても、あるいは、それを客観的に把握する見解であっても、また、フォートの客観的要素をどのように理解する場合であっても、フォートを認定する前提として、義務ないし債務に対する違反が観念されていることに変わりはない（フォートにおける客観的要素の必要性）。従って、プラニオルの見解とその後の学説との相違は、後者が、「契約外の義務」と「契約から生じ、もしくは、契約に接ぎ木された義務及び債務」を区別するのに対し[251]、前者は、それらを「債務」として統一的に把握している点に求められるに過ぎないということになる。言い換えれば、「債務」という言葉の中にどのような意味を込めるのかという点に、差異を見て取ることができるだけなのである。このように見てくると、プラニオルを批判する学説は、損害賠償責任を課すための論理構造や、民事責任のメカニズムにおいてフォートが果たすべき役割それ自体を問題にしているわけではないということが分かるであろう。そして、このことは、プラニオル以降の学説が、「先存債務」を義務と債務に区分した上で、その違反をいずれもフォートとして把握する論理構造を維持しているということを意味する。すなわち、「フォートを性格付けるためには、常に、法秩序によって課された義務ないし債務の違反を明らかにする必要がある。この点について、契約上のフォートと呼ぶべきものと（中略）不法行為上のフォートとの間に、本質的な相違は存在しない」と理解されることになるのである[252]。

　結局、債務発生原因としての民事フォートに基礎を置く民事責任の統一的構想、そして、契約上のフォートを、不法行為上のフォートと同じように、契約不履行に基づく損害賠償の発生原因と見る立場は、マルセル・プラニオルに端を発し、フォートの二元性が承認された後も、その基本的な枠組みにおいて、維持・承継されていると見ることができるのである[253]。

---

pénale, th. Paris II, 1982 ; Id., Droit à réparation / Responsabilité fondée sur la faute / Notion de faute : contenu commun à toutes les fautes, J.-Cl., Civil, Art. 1382 à 1386, Fasc.120-10, 2006 ; Viney et Jourdain, supra note 31, n°s 442 et s., pp. 366 et s.

(251) これは、Viney et Jourdain, supra note 31, p.374 et p.428 の表現である。

(252) Viney et Jourdain, supra note 31, n° 445, p.374. また、Cf. Viney, supra note 19, n°s 168 et s., pp.423 et s.

(253) Cf. Tallon, supra note 20, pourquoi parler de faute contractuelle ?, p.432.

(2) 契約不履行に基づく損害賠償の基礎としての契約上のフォート

　かくして、契約不履行に基づく損害賠償を、不履行によって惹起された損害を賠償するための制度として捉えるフランスの伝統的通説によれば、契約上のフォートは、それによって惹起された損害を賠償するという責任の発生原因、すなわち、文字通りの「責任を生じさせる行為ないし所為」として理解されることになる。そして、このように理解することによって初めて、契約不履行に基づく損害賠償は、契約に由来する一次的債務とは法的に別個の、損害賠償を目的とする二次的債務として観念されうるのである。フランスにおける賠償モデル、つまり、賠償方式としての契約不履行に基づく損害賠償の理論は、上記のような契約上のフォートの観念を前提として成り立っている(254)。

　このように見れば、フランスの伝統的通説が、契約上のフォートという観念を執拗に擁護する理由も明らかとなろう。以下では、契約上のフォートの中身としてどのようなものが観念されているかという視点を踏まえて、その理由を明確にしていく(255)。

　今日、「契約責任」を認めるための要件としては、フォート、損害、因果関係の3つを挙げるのが一般的であるところ(256)、契約上のフォートの中身については、「契

---

(254) Cf. Mazeaud, supra note 27, pp.551 et s.; H. et L. Mazeaud et Tunc, supra note 29, n°s 96 et s., pp.101 et s.; etc.

(255) 以下で行われる考察は、今日におけるフランスの学説を本書の問題関心から整理・分析したものであって、フランスでそのような検討が一般的になされているという趣旨のものではない。このようにフランス法に内在的な形で議論を展開しない理由については、以下の叙述からも明らかになるものと思われるが、本文の内容にも関わるので、ここで予め、フランス民法学説の議論の仕方に由来する3つの理由を指摘しておくことにしよう。

　第1に、既に検討した民事フォートの定義と、これから検討する契約上のフォートの中身との対応関係が、必ずしも明確ではないことである。伝統的理解においては、「契約責任」と不法行為責任は、民事責任というカテゴリーの下、同一の性質を有する2つの責任制度として捉えられている。そうすると、不法行為上のフォートと契約上のフォートは、いずれも、統一的な民事フォートの下位カテゴリーとして把握されることになるはずである。ところが、学説の中には、民事フォートの定義と契約上のフォートの意味付けとの間で齟齬をきたしていると見受けられるものが、数多く存在する。その結果、フランスにおける契約上のフォートの中身に関する議論は、極めて不透明なものとなってしまっているのである。

　第2に、契約上のフォートの中身と手段債務・結果債務の区別との関連が、必ずしも明確ではないことである。本文で指摘するように、今日の通説的見解は、契約上のフォートの問題を手段債務・結果債務の区別との関連で理解しているところ、一部の見解の中には、契約上のフォートがどのような形で把握されるのかという問いと、責任法のコンテクストにおいて手段債務・結果債務という区別がどのような意味を持つのかという問いとの間で、理論的な矛盾あるいは論理的な不整合を生じさせてしまっているものが存在する。このことが、フランスにおける契約上のフォートをめぐる議論を不明確なものとしているのである。

　第3に、外的原因等の免責事由の体系的な位置付けが、必ずしも明確ではないことである。免責事由の体系的位置付けは、外的原因等が存在する場合に、何故に債務者が損害賠償責任を免れるのかという問いになって現れる。しかし、一部の学説においては、免責事由をフォートの不存在として把握するのか、それとも、フォート以外の問題として捉えるのかが、前提としている民事責任の帰責根拠との関連で把握されていないのである。このこともまた、契約上のフォートに関する議論を錯綜させている原因の1つと言うことができる。

(256) 用いられている表現は異なるが、H. et L. Mazeaud, J. Mazeaud et Chabas, supra note 19, pp. 410 et s.; Viney et Jourdain, supra note 31; Carbonnier, supra note 52, n°s 155 et s., pp.295

◆第1章◆ 性　質

約責任におけるフォートは、契約から生じた債務の債務者による違反に存する」[257]、契約上のフォートは「契約から生ずる債務ないし契約に結び付けられた債務の不履行と定義される」[258]、「フォートは不履行の中に含意されているものとみなされうる」[259]等と説かれるのが一般的である[260]。ここでは、民事フォートが、違法行為、義務違反、行為の過誤等の客観的要素のみからなるという理解を前提として、債務不履行を確定すればこの要素は充足されるから、不履行のみによってフォートを認定することができる、つまり、不履行をフォートと同じものとして見ているのである[261]。言い換えれば、フランスの一般的な見解において、契約上のフォートは、契約債務の不履行と同義なのである。

あるいは、フォートの中には帰責性という主観的要素が含まれると理解する立場によれば、「契約責任」の要件として、単なる不履行（フォートの客観的要素）ではなく、フォートある不履行、あるいは、債務者の責めに帰すべき不履行（フォートの客観的要素と主観的要素）が要求されるから、この点で、契約上のフォートは不履行それ自体からは区別されることになる[262]。しかし、この見解を上に述べた一般的な

---

et s. ; Terré, Simler et Lequette, supra note 55, n°s 560 et s., pp. 566 et s. ; Malaurie, Aynès et Stoffel-Munck, supra note 35, n°s 939 et s., pp. 499 et s. ; Malinvaud et Fenouillet, supra note 203, n°s 551 et s., pp. 439 et s. ; Bénabent, supra note 203, n°s 404 et s., pp. 289 et s. ; Larroumet, supra note 24, n°s 603 et s., pp. 632 et s. ; Aubert, Flour et Savaux, supra note 66, n°s 189 et s., pp. 158 et s. ; Philippe Delebecque et Frédéric-Jérôme Pansier, Droit des obligations, 1. Contrat et quasi-contrat, 5ème éd., Litec, Paris, 2010, n°s 487 et s., pp. 294 et s. ; Fages, supra note 203, n°s 374 et s., pp. 302 et s. ; etc.

(257) Aubert, Flour et Savaux, supra note 66, n° 192, p. 160.
(258) Viney et Jourdain, supra note 31, n° 445, p. 374.
(259) Carbonnier, supra note 52, n° 156, p. 298. ただし、民法典 1147 条のテクストでフォートが言及されていないことの理由を説明するというコンテクストでの記述であり、これがジャン・カルボニエの見解というわけではない。
(260) その他、Malaurie, Aynès et Stoffel-Munck, supra note 35, n°s 939 et s., pp. 501 et s. ; Bénabent, supra note 203, n° 405, p. 289 ; Fages, supra note 203, n° 375, p. 302 ; Grynbaum, supra note 203, n° 309, p. 125 ; etc.
(261) この点については、アレン・ベナバン（Alain Bénabent）による以下の叙述が印象的である。「それ故、契約責任は、必然的に、一方当事者による債務の違反と結び付いている。「違反（le manquement）」という言葉は、「契約上のフォート」という表現と等しいものであるが、「フォート」という言葉に結び付けられている道徳的な含意による介入を受けることなく、契約内容との比較において、契約当事者の行態が評価されることをより良く表現するものである。これが、「違反」という表現を用いた理由である」（Bénabent, supra note 203, n° 405, p. 290）。
(262) 必ずしも明確ではないが（というのは、注(255)で指摘したような事情が存在するからである）、例えば、Sériaux, supra note 203, n° 59, p. 241（「契約責任」を認めるためには、債務者のフォートが必要であるところ、ここで言うフォートとは、債務者による債務の違反であって（行態の違法性）、この行為について債務者を非難しうること（行態の帰責性）を意味する。従って、単に損害を生じさせたという行為以上のものが求められることになる）; Terré, Simler et Lequette, supra note 55, n°s 566 et s., pp. 570 et s.（「契約責任」を認めるためには、契約関係の存在、その不履行、フォートある不履行という 3 要素が必要である）; Malinvaud et Fenouillet, supra note 203, n°s 575 et s., pp. 457 et s.（「同意された約束及びそこから生ずる債務を尊重しないことが、フォートである」とされているところ (n° 575, p. 457)、フォートについて、能力という意味での主観的要素は不要であるが、行為の自由という意味での主観的要素は残るという立場を前提としているため (n° 578 et s., pp. 461 et s.)、本文のような立場に依拠していると見ることができる）; Larroumet, supra note 24, n°s 604 et s., pp. 632 et s.（要件として、債務者の責めに帰すべき行為

理解と比べた場合、フォートの意味付け、その中身の理解においては、大きく異なると言わなければならないが[263]、その実質については、それほど異なるものではないと理解するのが適切である。このことの意味は、フランスの判例・学説において一般的に受け入れられている手段債務・結果債務の区別との関連で「フォートある不履行」の意味を検討すれば、より明確になるものと思われる。

　周知のように、手段債務・結果債務の区別は[264][265]、1925年にルネ・ドゥモーグ（René Demogue）が提唱したものであり[266]、その後、区別の内実[267]、区別の基準[268]

(fait) を設定する）; Delebecque et Pansier, supra note 256, n°s 488 et s., pp.294 et s.（契約不履行を証明するためには、契約、債務が履行されなかったこと（法的違反）、債務不履行が債務者の責めに帰すべきこと（道徳的違反）を立証しなければならない）; Muriel Fabre-Magnan, Droit des obligations, 1 – Contrat et engagement unilatéral, PUF., Paris, 2008, n° 243, pp.626 et s.（要件としての生じさせる行為ないし所為を論じたコンテクストで、債権者は、債務者の責めに帰すべき不履行を証明しなければならないとする）; etc.

(263) もちろん、このことの重要性を否定しているわけではない。このような理解の相違は、一面で、民事責任法における帰責原理やフォートという概念にどれだけの重要性を与えているのかという態度決定に由来するものであり、更には、民事責任に関する諸問題を考察する際にも、その理論構成や結論に重大な影響を及ぼしうるものだからである（これらの点については、本書全体の叙述の中で適宜指摘する）。

(264) Cf. G. Marton, Obligations de résultat et obligations de moyens, RTD civ., 1936, pp.499 et s. ; Mazeaud, supra note 240 ; Claude Thomas, La distinction des obligations de moyens et des obligations de résultat, Rev. crit., 1937, pp.635 et s. ; Paul Esmain, Remarques sur de nouvelles classifications des obligations, in, Étude de droit civil à la mémoire de Henri Capitant, Paris, 1939, pp.235 et s. ; Id., L'obligation et la responsabilité contractuelle, in, Études offertes à Georges Ripert, Le droit privé français au milieu du XX siècle, t.2, Paris, 1950, pp.101 et s. ; André Tunc, La distinction des obligations de résultat et des obligations de diligence, JCP., 1945, I, 449 ; André Plancqueel, Obligations de moyens, obligations de résultat (Essai de classification des obligations contractuelles en fonction de la charge de la preuve en cas d'inexécution), RTD civ., 1972, pp.334 et s. ; Florence Maury, Réflexions sur la distinction entre obligations de moyens et obligations de résultat, RRJ., 1998, pp.1243 et s. ; Valérie Malabat, De la distinction des obligations de moyens et des obligations de résultat, in, Études à la mémoire de Christian Lapoyade-Deschamps, Presses Universitaires de Bordeaux, Pessac, 2003, pp.439 et s. ; Fabrice Leduc, L'intensité juridique de l'obligation contractuelle, RRJ., 2011, pp.1253 et s. また、この区別を主要な検討対象とするテーズとして、Joseph Frossard, La distinction des obligations de moyens et des obligations de résultat, th. Lyon, éd. R. Nerson, Bibliothèque de droit privé, t.67, LGDJ., Paris, 1965 ; Nouri Säid Bényahia, L'évolution des concepts d'obligations de moyens et d'obligations de résultat, th. Lille, 1990, dactyl. ; Sophie Hocquet-Berg, Obligation de moyens ou obligation de résultat ? : à propos de la responsabilité civile du médecin, th. Lille, Atelier National de Reproduction des Thèses, Lille, 1995 ; Bellissent, supra note 20. ; etc.

(265) アンリ・マゾーは、結果債務・手段債務という表現ではなく、「確定債務（obligations déterminées）」、「慎重及び勤勉の一般債務（obligation générale de prudence et diligence）」という表現を用いている（Mazeaud, supra note 240）。

(266) René Demogue, Traité des obligations en général, t.5, Sources des obligations, Arthur Rousseau, Paris, 1925, n° 1237, pp.538 et s.

(267) かつては、全ての債務は結果債務である、あるいは、全ての債務は手段債務であるとの批判が提起されていたが（Ex. Marton, supra note 264 ; Esmain, supra note 264, Remarques sur de nouvelles classifications... ; Pierre Wigny, Responsabilité contractuelle et force majeure, RTD civ., 1935, pp.19 et s. ; etc.）、今日においては、より実質的な視点から、債務を手段債務・結果債務に分類することは無益かつ有害であるとの批判がなされている。
　例えば、フィリップ・レミィは、契約不履行に基づく損害賠償において重要なことは、約束されたことが履行されたのかどうかを確定することにあり、そうである以上、債務を2つのカテゴリーに分類することは無益であると説く（Philippe Rémy, Obs., sous Cass. 1re civ., 22 juin 1983,

93

RTD civ., 1984, pp.119 et s.（「手段債務・結果債務という最上位の分類（summa divisio）による分類的迂回（un detour classificatoire）は、スコラ学派の虚栄（la vanité scolastique）であるように思われる。ドゥモーグとその模倣者達（épigones）に慎ましく許しを求めよう」（p.120））; Id., Obs., sous Cass. 1re civ., 10 janv. 1990, RTD civ., 1990, pp.517 et s.（「真実を言えば、手段債務・結果債務という区別それ自体は、有用というよりも、邪魔なものである。この「エレガントな」区別は、多くの偉大な精神を「魅了」した（フランスだけではない。フランスにおいて、ドゥモーグは、不法行為責任と契約責任の体系を統合的に説明するためだけに導入したのである）。この区別は、契約上の債務が同じ強度もしくは同じ範囲を持たないという正しい考え方を表現するものであることも明白である。しかし、債務の段階は2つ以上存在する！半世紀以上慣れ親しみ、全ての2年生に教えられ、万物は陰と陽からなるものとして受け取らせている、知的な習慣を放棄すべき時かどうかは分からない。しかし、それを検討するのに、遅すぎるということはない」(p.519))；Id., Note, sous Cass. 3ème civ., 17 nov. 1993, RGAT., 1994, pp.641 et s.（この区別は、誤った偽りの区別（pseudo-distinction）である。「実際のところ、契約法は、このような区別を必要としていない。各ケースにおいて、裁判官は、約束されたことが履行されたのかどうかということだけを検討すればよい。これは、何よりも、契約内容の確定の問題であり、しばしば、事実審裁判官の専権的評価に委ねられる解釈問題である。それ故、「手段」債務・「結果」債務という契約債務の「最上位の分類」の誤った光を放棄すべきであり、そうすることで、その適用が引き起こすビザンチン的な論争からも解放されることになる。古典的な諸原則に従って、より単純な現実に回帰してみよう。契約不履行は、債権者に対して、債務者に損害賠償を請求する権利を与える。この不履行の証明は、以下の2点が確定されていることを前提とする。(1) 債務の正確な内容。これは無限に変わりうる（契約自由）。(2) 不履行の事実。その評価は、債務者によって約束された給付（現代の学説に従えば、債権者が合理的に期待した給付）が明らかであることを前提とする。従って、債権者が証明しなければならないのが履行の不存在であることは常に同じであるが、これは常に異なるのである。それは、契約上義務付けられたことによるからである」（p.644）））。

　　また、クリスティアン・アティアス（Christian Atias）も、以下のように批判する（Christian Atias, Droit civil, Précis élémentaire de contentieux contractuel, 3ème éd., PUAM, Aix-en-Provence, 2006, nos 236 et s., pp.176 et s.）。手段債務・結果債務の区別は、契約や債務の多様性を見誤ったものであり、各契約や各債務の間に存在する相違やニュアンスを説明することができない（no 236, p.176）。判例においては、明確な区別の基準がなく、被害者の要保護性の視点のみから、各債務が結果債務なのか手段債務なのかが判断されているが、このような不確実性は、不適切かつ非現実的な区別に依拠することの代償にほかならないのである（nos 237 et s., pp.177 et s.）。

　　これらの批判は、手段債務・結果債務の区別に向けられたものであるが、その背後には、レミィやアティアスの「契約責任」に対する一定の見方が存在する。これらの問題については、本款・第2項119頁以下を参照。

(268)　手段債務・結果債務の区別の基準については、これまで、債務者の職業、偶発性（aléa）、債権者の役割、リスクの引受け、契約の無償性等が提唱されてきた。もっとも、判例の様々な解決を単一の基準で説明することは不可能であるとの認識が一般的であり、今日においては、実定法の理解として、または、自らの見解として、基準の定立は不可能であるとし、あるいは、これらの基準の複数を挙げるのが通常である（Sériaux, supra note 203, no 44, p.180（基準というものが存在するとすれば、それは、債務者に対して正当に期待することのできる、物、出来事、人への支配である）; Boris Starck, Henri Roland et Laurent Boyer, Droit civil, les obligations, vol 2, contrat, 6ème éd., Litec, Paris, 1998, nos 1180 et s., pp.412 et s.（偶発性、契約の無償性、問題となっている利益、債権者の役割、保険の有無）; Viney et Jourdain, supra note 31, nos 536 et s., pp.522 et s.（判例・学説を網羅的に検討する）; Terré, Simler et Lequette, supra note 55, nos 586 et s., pp.594 et s.（偶発性、債権者の役割、当事者意思、判例の政策）; Bénabent, supra note 203, no 411, p.293 et s.（偶発性、債権者の役割）; Grynbaum, supra note 203, no 372, p.127（偶発性、債権者の役割、知的労働かどうか）; Malaurie, Aynès et Stoffel-Munck, supra note 35, no 948, pp.504 et s.（偶発性、債権者の役割）; Malinvaud et Fenouillet, supra note 203, no 597, p.472（偶発性、債権者の役割）; Flour, Aubert et Savaux, supra note 66, no 204, pp.171 et s.（手段債務・結果債務の区別の確実な基準など存在しない。偶発性、債権者の役割）; Delebecque et Pansier, supra note 256, no 490, pp.294 et s.（偶発性、衡平、契約の無償性、債権者の役割、債務者の社会的地位）; Le Tourneau, supra note 20, nos 3252 et s., pp.819 et s.； Fabre-Magnan, supra note 262, no 184, pp.461 et s.（偶発性、債権者の役割）; Fages, supra note 203, no 376, p.302（債権者

等について様々な批判を受けながらも、今日では、判例・学説上、確固たるものとして受け入れられた債務の区別である[269]。ここでは、この区別の意義・役割等について検討する必要はない[270]。上記に述べた問題関心から見て重要なのは、手段債務・結果債務それぞれの領域において、理論上、契約上のフォートが、どのように位置付けられているかということである。このような問いに対して、フランスの学説においては、主として、2つの解決ないし方向性が示されている。

1つは、手段債務・結果債務いずれの領域においても、契約不履行に基づく損害賠償をフォートに基づく責任として把握する立場である。一般的に、手段債務が問題となる場合、契約上のフォートは証明されなければならないが、結果債務が問題となる場合には、契約上のフォートは推定される等と説かれているところ[271][272]、こ

の役割、偶発性）; Christophe Radé, La responsabilité civile contractuelle, Les quasi-contrats, Presses universitaires de Grenoble, Grenoble, 2001, pp.39 et s.（偶発性）; Philippe Le Tourneau et Matthieu Poumarède, Contrats et obligations / Classification des obligations : Principe de la distinction des obligations de moyens et des obligations de résultat, J.-Cl. Civil, Art. 1136 à 1145, Fasc.19, 2008, n°s 65 et s., pp.15 et s.（判例・学説を網羅的に検討する）; Jean-Christophe Saint-Pau, Droit à réparation / Conditions de la responsabilité contractuelle / Fait générateur, Obligations, J.-Cl. Civil, Art. 1146 à 1155, Fasc 171-10, 2003, n°s 112 et s., pp.26 et s.（衡平、契約の無償性、偶発性、債権者の役割）; etc.）。なお、手段債務・結果債務の区別の基準が不確かであることは、とりわけ、安全債務の領域で指摘され、重大な問題となっており、これが、民事責任法における混乱の1つの原因となっている。この点については、第2部・第1章・第2節・第1款・第1項501頁以下及び同節・第2款・第1項571頁以下を参照。

(269) ここでは、今日の代表的な教科書・体系書のみを掲げておこう。Carbonnnier, supra note 52, n° 156, pp.298 et s.（批判は存在するが、少なくとも、示唆的な価値（valeur suggestive）は持つ）; Sériaux, supra note 203, n° 44, pp.176 et s. ; Starck, Roland et Boyer, supra note 268, n°s 1166 et s., pp.409 et s. ; Viney et Jourdain, supra note 31, n°s 519 et s., pp.502 et s.（示唆的・教育的価値を認める（n° 528, pp.512 et s.））; Terré, Simler et Lequette, supra note 55, n°s 577 et s., pp.582 et s. ; Bénabent, supra note 203, n°s 406 et s., pp.290 et s. ; Le Tourneau, supra note 20, n°s 3208 et s., pp.907 et s. ; Radé, supra note 268, pp.33 et s. ; Buffelan-Lanore, supra note 203, n°s 841 et s., pp.338 et s. ; Grynbaum, supra note 203, n°s 311 et s., pp.126 et s. ; Malaurie, Aynès et Stoffel-Munck, supra note 35, n°s 939 et s., pp.501 et s.（基準は不確かで、区別は相対的なものであるが、教育的な価値は持つ（n° 948, pp.504 et s.））; Larroumet, supra note 24, n°s 606 et s., pp.635 et s.（基準についての批判は存在するが、この区別は現実に適合的なものである（n° 606, p.636 et n° 628, p.689））; Flour, Aubert et Savaux, supra note 66, n°s 200 et s., pp.166 et s.（区別は相対的なものであるが、契約内容を探求する際の極めて有益な指針となりうる（n° 203, p.142））; Delebecque et Pansier, supra note 256, n°s 488 et s., pp.294 et s. ; Fabre-Magnan, supra note 262, n° 184, pp.460 et s., n°s 194, pp.485 et s., et n° 243, pp.627 et s.（区別の適用に際して困難は生ずるが、債務内容を確定するためのツールとしては有用である（n° 184, p.462））; etc.。

(270) 賠償モデルの下で契約上のフォートにはどのような役割が与えられているのかという問題を解明するに際しては、手段債務・結果債務の区別の意義等を考察する必要はないということである。第2部・第1章・第2節・第1款の中で言及するように、手段債務・結果債務の区別は、フランスの伝統的な民事責任論の形成・発展に際して、大きな役割を果たしてきたのであり（この問題を扱ったのが、Bellissent, supra note 20 である）、本書の問題関心から見ても、この点の検討を避けて通ることはできないのである。

(271) 表現の違いは存在するが、例えば、Carbonnier, supra note 52, n° 156, p.298 ; Malaurie, Aynès et Stoffel-Munck, supra note 35, n° 946, p.503 ; Terré, Simler et Lequette, supra note 55, n° 577, pp.582 et s., et n° 580, p.584 ; Malinvaud et Fenouillet, supra note 203, n° 596, p.471 ; Flour, Aubert et Savaux, supra note 66, n° 201, pp.167 et s. ; Delebecque et Pansier, supra note 256, n°s 489 et s., pp.294 et s. ; Buffelan-Lanore, supra note 203, n°s 839 et s., pp.337

◆第1章◆ 性　質

れは、いずれの領域においても、契約上のフォートが損害賠償責任を課すために必要な要素として捉えられていることを意味している。このような言明を、フォートには主観的要素が必要であるとする立場と併せて理解するならば、そこでは、以下のような論理構造が前提とされていることが明らかとなる。一方で、債務者の行態の評価を伴う手段債務の不履行のケースにおいては、不履行の証明がフォートの証明を意味することになり、契約上のフォートの有無を評価するに際して、不履行とは別に債務者の帰責性の有無を論ずる必要はない。つまり、不履行は契約上のフォートと同義であり、従って、不履行が証明されれば、フォートが証明されたことになる。他方で、結果債務の不履行のケースにおいて、債務者の帰責性は、不履行が外的原因その他の事由に由来することを債務者が証明した場合にのみ否定されるに過ぎないと理解されているから、結局、外的原因によらない不履行は、契約上のフォートを構成するということになる。言い換えれば、不履行の証明によってフォートが推定され、外的原因の証明、つまり、フォートの主観的な構成要素である帰責性不存在を証明することによって、その推定が覆されるわけである[(273)]。

---

　　　et s. ; Jourdain, supra note 250, Droit à réparation, n° 51, p.15 ; etc. また、Bénabent, supra note 203, n°s 406 et s., pp.291 et s. は、実定法の状態として、本文のような説明を行っているが、結果債務の場合には、不可抗力がフォート不存在となるのであるから、純粋な結果債務というカテゴリーは不要であると説いている。

(272) 注(271)で引用したように、第1の立場（不履行＝フォートと見る立場）に依拠するものも含め（全てではない）、このように説かれるのが一般的である。しかし、不履行＝フォートと見る立場によれば、手段債務・結果債務のいずれの領域においても、不履行を証明すればフォートが認定されるはずであり、そうであるならば、フォートの推定、フォートの証明などを語る必要もないはずである（というのは、いずれの場合にも、不履行＝フォートは証明されているからである）。従って、この立場からは、手段債務・結果債務の区別は、債務内容の確定という問題や証明の対象の相違という問題において、意味を持つに過ぎないことになる。しかし、フランスの伝統的通説においては、必ずしもこれらの問題が自覚的に論じられているわけではない。ここに、フランスにおける手段債務・結果債務論の理論的脆弱さと、この区別を日本法の問題として受け入れる際に生じた混乱の原因を指摘することができよう。

(273) もっとも、本文のような分析については、一定の留保が必要である。というのは、外的原因の体系的な位置付けが、必ずしも明確でないからである。まず、フォートに主観的な要素を要求し、かつ、手段債務と結果債務のいずれの不履行についてもこれをフォートに基づく責任と見る学説の中には、本文で述べたような解釈を明確に示していると理解しうるものが存在する一方で、（例えば、Sériaux, supra note 203, n° 59, pp.244 et s.（フォートは債務者に対する非難を含意しているとの立場を前提に、不可抗力の問題をフォートの文脈で扱う）; Terré, Simler et Lequette, supra note 55, n°s 581 et s., pp.584 et s.（「不可抗力もしくは偶発事故」の問題を契約上のフォートの文脈で扱う）; etc.）、不可抗力や偶発事故による免責の体系的な位置付けを提示していないものが存在する（Carbonnier, supra note 52, n° 161, pp.307 et s.（3要件を検討した後に、外的原因を債務者の免責（la libération du débiteur）の問題として議論するが、その位置付けは明確にしていない）; Delebecque et Pansier, supra note 256, n°s 443 et s., pp.270 et s.（外的原因の問題を、「契約責任」だけでなく、解除等も含めた不履行全体の中で扱う）。契約不履行を証明するためには、契約、債務が履行されなかったこと（法的違反）、債務不履行が債務者の責めに帰すべきこと（道徳的違反）を立証しなければならないと述べており、本注冒頭のような解釈に依っているように思われるが、外的原因の体系的位置付けは明確にされていない）; Buffelan, supra note 203, n°s 867 et s., pp.347 et s.（3要件を検討した後に、外的原因を免責原因（les causes d'exonération）の問題として議論するが、その体系的位置付けは明確にしていない）; etc.）。また、同じ前提に依拠しながらも、外的原因による免責を因果関係レベルの問題として捉える見解も存在する（Malinvaud et Fenouillet, supra note 203, n°s 707 et s., pp.547 et s.（フォートについて、

このように見てくると、フォートに主観的要素を要求し、不履行とフォートある不履行を別のものとして構成する立場と、端的に不履行を契約上のフォートとして把握する立場とでは、その実質に相違がないことが分かるであろう。後者の立場であっても、外的原因が証明された場合には、債務者が責任を負うことはないから、両者の差は、外的原因という要素をフォートの問題として取り込むのか、それとも、フォート以外の問題として扱うのかという点に見出されることになる[274]。これを反対から見れば、いずれの立場においても、契約上のフォートは、(外的原因によらない) 債務の不履行からなると言うことができるのである。

　手段債務・結果債務の区別と契約上のフォートとの関係に関するもう１つの理解は、手段債務の領域においてのみ、契約不履行に基づく損害賠償をフォートに基づく責任として捉えるというものである。一部の学説は、契約上のフォートの存否が問題となるのは、行為態様についての評価が行われる手段債務の領域だけであり、結果債務のケースにおいては、契約上のフォートが要件となるわけではないと説いている[275]。これは、フォートの判断は行態について行われるものであるとの理解、

　　能力という意味での主観的要素は不要であるが、行為の自由という意味での主観的要素は残るという立場を前提としながらも（そこでは、まさに外的原因の問題が論じられている。n[os] 573 et s., pp. 456 et s., esp., n° 583, p. 463)、外的原因の問題を因果関係不存在として分析する）；etc.)。しかし、とりわけ、最後の見解については、外的原因の問題が因果関係レベルの議論であるならば、フォートのコンテクストで説かれている、行為の自由という意味での主観的要素が何を意味するのかという問題が生ずることになろう。

(274)　もっとも、この点についても、注(273)で述べたのと同じ留保が必要である。既に指摘したように、フォートに主観的な要素を要求し、かつ、手段債務と結果債務のいずれの不履行についてもこれをフォートに基づく責任と見る学説においては、外的原因による免責の体系的位置付け、すなわち、免責根拠の問題が、必ずしも明確に議論されているわけではなかったが、このことは、フォートから主観的要素を排除する見解においても妥当する。まず、契約不履行＝契約上のフォートと理解する第１の立場によれば、理論上、外的原因等の免責原因は、契約上のフォートの問題とはなりえないはずである（例えば、Viney et Jourdain, supra note 31, n°s 383 et s., pp. 251 et s. は、フォートを客観的に捉える立場から、外的原因をフォートではなく、因果関係の問題として議論している。Cf. Jourdain, supra note 250, Droit à réparation, n°s 78 et s., pp. 20 et s.)。しかし、学説の中には、これを契約上のフォートないし不履行の帰責性というコンテクストで議論するものが存在する (Fages, supra note 203, n°s 377 et s., pp. 303 et s. (契約上のフォートに言及することは、契約責任の分析に何も付け加えるものではないとしながら (n° 375, p. 302)、外的原因を帰責性の問題として扱う); Flour, Aubert et Savaux, supra note 66, n°s 207 et s., pp. 175 et s. (債務者の責めに帰すべき不履行という要件の下で、不可抗力等の免責事由を扱う); etc.)。また、外的原因による免責の問題を契約上のフォートから切り離しつつも、その体系的な位置付けを明示しない学説も存在するのである (Malaurie, Aynès et Stoffel-Munck, supra note 35, n°s 952 et s., pp. 510 et s. (「免責原因」の問題は、契約不履行（契約上のフォート）要件の中で扱われているが、不可抗力がフォートの不存在でないことは明確に示されている。しかし、何故に不可抗力が免責原因となるのかについては論じられていない); Benabent, supra note 203, n°s 331 et s., pp. 259 et s. (外的原因による免責を規定する民法典1148条を、履行不能 (L'impossibilité d'exécution) という表題の下で検討する); etc.)。

(275)　Frossard, supra note 264, esp., n° 198, p. 108 (結果債務の場合、主観的な意味でのフォートは不要であるが、手段債務の場合には、過失 (culpa) が必要となる); Larroumet, supra note 24, n°s 606 et s., pp. 635 et s. (フォートは債務者の行態に対する価値判断であるところ、結果債務の不履行の場合にはこれが存在しない); Fabre-Magnan, supra note 262, n° 243, pp. 627 et s.; Saint-Pau, supra note 268, n[os] 106 et s., pp. 25 et s. (確かに、不履行は、外的原因によって正当化しえない異常な行為 (le fait anormal) に起因するものであるが、常に債務者の行為に由来すると

言いかえれば、フォートの客観的要素は行為の過誤や単なる義務違反に還元されるものではないとの認識を前提に、手段債務の不履行に基づく損害賠償と結果債務の不履行に基づく損害賠償とを異なる帰責原理に服せしめようとするもの（後者をフォートに基づく責任とは捉えない立場）と理解することができる。

このように理解するならば、少なくとも、結果債務の領域においては、契約上のフォートと不履行は異なるものとして把握されることになるし、先に言及した2つの見解との差も明確に捉えることができる。もっとも、このような見方に対しては、1つの重大な疑問が投げかけられることになる。というのは、この見解においては、何故に、結果債務の不履行の場合には、契約上のフォートが存在しないにもかかわらず、債務者が損害賠償責任を負うことになるのかという問題、すなわち、結果債務の不履行のケースにおける帰責根拠の問題について、説得的な説明がなされているとは言えないように見受けられるからである。もちろん、この点については、例えば、リスクの考え方が説かれたり[276]、因果関係レベルでの説明がなされたりしており[277]、一応の正当化は行われていると言うべきなのかもしれない。

しかし、何故に結果債務を負うことがフォートなしの責任を正当化するリスクと把握されうるのか[278]、何故に結果債務の場合にだけ損害の原因となる不履行の存

いうわけではない。また、確かに、結果債務の不履行に基づく責任を原因責任として捉えることはできないが、これを常にフォートに基づく責任と見ることもできない。そうでなければ、フォートという観念が希釈化されてしまうのである）; Id., Droit à réparation / Conditions de la responsabilité contractuelle / Inexécution imputable à une cause étrangère, J.-Cl. Civil, Art. 1146 à 1155, Fasc 171-20, 2004, n°s 1 et s., pp.3 et s.（「契約責任を生じさせる行為ないし所為」は、単なる不履行の問題に帰着するものではないとした上で、手段債務の不履行に関する責任は、フォートに基づく主観的責任であるが、結果債務の不履行についての責任は、客観的なフォートなしの当然責任であると説く）; Id., Droit à réparation / Rapports entre responsabilité délictuelle et contractuelle / Differences, J.-Cl. Civil, Art. 1146 à 1155, Fasc 175, 2007, n° 22, p.6（また、Id., Responsabilité civile et anormalité, in, Études à la mémoire de Christian Lapoyade Deschamps, Presses Universitaires de Bordeaux, Pessac, 2003, pp.249 et s. も参照）; etc.

(276) Saint-Pau, supra note 268, n° 110, p.26.（「この配分的正義は、債務者が引き受けるべき債務（l'engagement）のリスクに基づくものである（中略）。このリスクの分配は、契約の拘束力によって正当化される。これは、債務者のシステマティックな帰責性ではなく、債権者にとっての（人間的、それ故、相対的な）法的安全の問題であるように思われる」。もっとも、注(277)で掲記するように、この学説は、リスクのほかに、因果関係に基づく説明も行っている）

(277) Larroumet, supra note 24, n° 607, p.638 ; Saint-Pau, supra note 275, Droit à réparation / Conditions de la responsabilité contractuelle / Inexécution imputable à une cause étrangère, n°s 60 et s., pp.18 et s. ; Id., Droit à réparation / Exonération de la responsabilité contractuelle / Fait générateur, Inexécution imputable au débiteur, J.-Cl. Civil, Art. 1146 à 1155, Fasc 171-30, 2004. ; etc.

(278) 注(276)の議論に対しては、帰責原理の視点から、以下のような疑問を提示することが可能である。すなわち、ここで問題にしているのは、債務者がどの範囲で責任を負うのかという問いではなく、債務者が契約不履行に基づく損害賠償を義務付けられるのは何故かという問いであるところ、何故に、結果債務の不履行の場合にだけ、「約束は守られなければならない」という規範によって、不履行リスクの所在が決定されるのかが明らかでない。手段債務の不履行のケースにおいても、「約束は守られなければならない」という規範の違反は存在するはずであり、そうであるならば、契約の拘束力に対する違反をフォートと見る立場（後掲・注(287)を参照）の方が説得的であると言わなければならない。ここでは、債務ないし責任の範囲というレベルの問題と責任の基礎というレベルの問題が混同されてしまっているのである。

在によって責任が正当化されうるのか[279]等、多くの問題が未解決のまま残されていることも事実である。確かに、この見解によれば、「契約責任」の領域においても、不法行為責任の場合と同じく、フォートに基づく責任、フォートに基づかない客観的責任という構図を描くことが可能となり、民事責任の一元的把握という視点から見れば、大きな利点を見出すことができるし[280]、行為態様についての評価という意味でフォートを把握することも可能となり、フォートの伝統的な内実を守ることもできるが、他方で、帰責の根拠というレベルでは、債務者に損害賠償責任を課すための十分な理由付けを提供することができなくなってしまうのである。いずれにしても、賠償モデルの下における帰責事由ないし契約上のフォートの意味を考究する本項の問題意識に鑑みれば、契約不履行に基づく損害賠償について契約上のフォートを問題にしない解釈を行うことは、論理的には可能ではあるが、十分に説得的ではないことを確認しておく必要があろう。

このように、フランスの学説の多くが支持している立場（上に述べた第1ないし第2の立場）によれば、契約上のフォートは、（外的原因によらない）債務の不履行に存すると理解されることになるにもかかわらず、フランスの伝統的通説が、不履行ではなく、契約上のフォートを要件として維持し続けるのは、契約不履行に基づく損害賠償を、不法行為に基づく損害賠償と同じ、損害賠償責任の制度として構想するからにほかならない。契約不履行に基づく損害賠償に対して賠償という機能を与える以上、民法典の契約不履行に関するテクストが契約上のフォートに言及していないとしても[281]、また、不履行とは別に「契約上のフォートを語ることが、何らかのものを付け加えるものではない」としても、それは「何ら害を与えるものではない」と述べて[282]、損害賠償責任の発生メカニズムを説明するために、契約上のフォー

---

(279) 注(277)に掲げた学説が説く、「外的原因によって免責されるのは、フォートを犯さなかったからではなく、損害の原因となる行為を犯さなかったからである」という言明によって説明・正当化することができるのは、何故に債務者が外的原因によって生じた不履行について責任を負わないのかという問いであり、何故に債務者が外的原因によらないで生じた不履行について責任を負うのかという問いではない。

(280) この点については、第2部・第1章・第2節・第1款・第1項501頁以下、及び同節・第2款・第1項571頁以下も参照。

(281) フランス民法典1147条「債務者は、必要がある場合には、その者の側に何ら悪意が存在しない場合であっても、不履行がその者の責めに帰すことのできない外的原因に由来することを証明しないときは全て、債務の不履行を理由として、あるいは、履行の遅滞を理由として、損害賠償の支払いを命ぜられる（原文は、Le débiteur est condamné, s'il y a lieu, au payement de dommages et intérêts, soit à raison de l'inexécution de l'obligation, soit à raison du retard dans l'exécution, toutes les fois qu'il ne justifie pas que l'inexécution provient d'une cause étrangère qui ne peut lui être imputée, encore qu'il n'y ait aucune mauvaise foi de sa part.）」。

同1148条「債務者が、不可抗力または偶発事故の結果として、債務を負ったものを与え、または為すことを妨げられ、もしくは、禁止されたことを行ったときは、如何なる損害賠償も生じない（原文は、Il n'y a lieu à aucuns dommages et intérêts lorsque, par suite d'une force majeure ou d'un cas fortuit, le débiteur a été empêché de donner ou de faire ce à quoi il était obligé, ou a fait ce qui lui était interdit.）」。

(282) Jourdain, supra note 21, p.71. また、Fages, supra note 203, n° 375, p.302（「債務者の契約上のフォートを語ることは、契約責任の分析に、何も付け加えないし、何も取り除かない。不履

◆第1章◆性　質

トを要件として維持せざるをえないのである[283][284][285]。結果債務の不履行をフォートに基づかない責任として構想する理解が支持を集めていないのも、契約上のフォートなしでは、損害賠償責任の発生メカニズムを十分に説明することができないという理由に基づくものなのかもしれない。

　以上の検討によって、フランスの伝統的な学説においては、契約上のフォートが契約不履行に基づく損害賠償の基礎として捉えられていることが明らかになった。最後に、日本の有力な学説が、フランスにおける伝統的通説の理解として、契約上のフォートは、「合意は守られなければならない（pacta sunt servanda）」を前提に、債務者が契約によって自らに指示した規律に従わなかったことに求められると説く[286]意味を確認しておくことが必要であろう。

　確かに、一部の学説は、契約上のフォートの基礎付けに際して、自ら締結した契約を履行しなかったこと、あるいは、「合意は守られなければならない」の規範を援用している[287]。しかし、これは、契約不履行に基づく損害賠償が契約から生ずる債務であることを意味していない。上記の学説は、不法行為上のフォートと契約上のフォートを包含する民事フォートを行為の過誤と定義した上で、以下のように述べているのである。「不法行為上のフォートは、被告と同じ外的条件に置かれた思慮深い個人が犯さなかったであろう行為の過誤と定義することができる。しかし、このような定義それ自体は、およそ、契約上のフォートにも適合する。何故ならば、契約債務者が、同じ債務を引き受け、その履行過程で同じ困難に遭遇する「善良なる家父」のように行為しなければ、そこには、フォートが認められるからである」[288]。つまり、善良なる家父は合意を履行するのが通常であるところ、外的原因が存在しなかったにもかかわらず合意を履行しない債務者には、フォートの基準としての善良なる家父の行態に照らせば、行為の過誤が存在すると理解されているの

　　　行は、敢えて言うならば、フォートに等しいが、この不履行が意図的なものであるかどうか、道徳的に避難されるべきものであるかどうかという点は、無関係である」）

(283) Grosser, supra note 21, n[os] 384 et s., pp.510 et s. 不可抗力の証明によって、債務者は、不履行が自己の責めに帰すべからざること、つまり、自己の行態にフォートが存在しないことを証明している。従って、フォートは無益であるとか、債務者は不可抗力の証明によって免責されると言うことはできない。「契約責任」を構想する以上、単なる不履行だけでは足りないのであって、責めに帰すべき不履行を要求することは極めて論理的であると言わなければならないのである。

(284) この点を最も強く意識していたのは、恐らく、20世紀フランス民事責任論の第一人者であるアンリ・マゾーである。この点については、後掲・注(289)を参照。

(285) 今日の学説の中には、契約上のフォートを語るのか、それとも、不履行という表現を用いるのかは、単なる言葉の問題に過ぎないと評価するものがある。例えば、Courtiau, supra note 21 は、「契約責任」を擁護する立場と、不履行は常にフォートであるとの理解を基礎としながら（n[os] 537 et s., pp.312 et s.）、不履行であるのか、フォートであるのかという術語の論争は無益であり、何ら意味を持たないと述べている（n[os] 547 et s., pp.320 et s.）。しかし、本文のように理解するならば、こうした見方には大きな問題を指摘しておかなければならないであろう。

(286) 森田・前掲注(8) 24頁以下。

(287) H. et L. Mazeaud et Tunc, supra note 29, n° 673-2, pp.757 et s. ; H. et L. Mazeaud et Chabas, supra note 19, n° 436, pp.442 et s. ; etc.

(288) H. et L. Mazeaud et Tunc, ibid.

である。

　結局、上記のような契約上のフォートの基礎付けは、契約不履行に基づく損害賠償がフォートによって惹起された損害を賠償するための責任制度であるとの理解を前提として、契約上のフォートと不法行為上のフォートが同一の定義の下に包含されうること、言い換えれば、両者を包含する統一的な民事フォートの構想が可能であることを示すために援用されているものと見ることができよう[289][290]。従って、

(289) アンリ・マゾーが、フォートを客観的に把握した上で（前掲・注(240)を参照）、物の所為に基づく不法行為責任を保管におけるフォートに由来する責任として構想し（前掲・注(206)を参照）、本文で述べたような契約上のフォートの構想を提示したのは、フォートという概念を救うためであった。この点について、ジュヌヴィエーヴ・ヴィネ（Geneviève Viney）は、以下のような分析を行っている（Viney, supra note 240）。アンリ・マゾーのフォートに対する強い情熱は、指導教授であったルイ・ジョスランの考え方を（言うまでもなく、ジョスランは、物の所為に基づく不法行為責任の生成・発展に対する最大の功労者である）、アンリ・カピタン（Henri Capitant）によって「改宗（convertir）」させられたことに起因する（当時、カピタンは、物の所為に基づく不法行為責任に反対していた）。また、20世紀フランス民事責任法のバイブルであった『不法行為及び契約の民事責任に関する理論的・実務的概論（Traité théorique et pratique de la responsabilité civile délictuelle et contractuelle）』の初版が出されたのが、物の所為に基づく不法行為責任についてのジャンドゥール（Jand'heur）判決の直後であったことも（ジャンドゥール判決が下されたのは1930年2月13日（Cf. supra note 43）、トレテの初版が刊行されたのは1931年である）、これに大きく関わっている。このようなコンテクストの中に彼の理解を位置付けると、アンリ・マゾーの著作の目的は、フォートを救うことにあったと言うことができる。もっとも、これは、被害者への賠償の必要性を否定したものではなく、リスクや物の所為に基づく不法行為責任といった法技術を否定したというだけである。アンリ・マゾーは、フォートを客観化することによって、これら2つの要請に応えようとしたのである。

(290) アンリ・マゾーの見解とは若干異なるが、同じく、「フォートを救う」という観点から、契約上のフォートの基礎として契約の拘束力に対する違反を援用する学説も存在する。クリストフ・ラデ（Christophe Radé）の見解がそれである（もっとも、ラデにおいては、統一的な民事フォートを構想するという視点は存在しない）。ラデは言う（Christophe Radé, L'impossible divorce de la faute et de la responsabilité civile, D., 1998, chr., pp. 301 et s.）。これまで、立法や判例によって、フォートは解体され、新たな責任原理の構築が模索されてきた。確かに、フォートは、民事責任の技術的な基礎となりえないかもしれないが、常に、民事責任の理性的（rationnel）かつ倫理的な基礎として理解されるべきなのである。現代の民事責任法は、規範的機能を放棄していないのであって、フォートを理由にして賠償すべき者を特定し、正義の要請に応えているのである（n°s 3 et s., pp. 301 et s.）。「契約責任」においても、その理性的な基礎として、フォートが機能している。民法典1147条によれば、債務者は、不履行が不可抗力ないし偶発事故に帰せられない場合にのみ、損害賠償の支払いを義務付けられることになるが、これは、契約当事者が理性的な基礎としてのフォートを犯しているからである。そして、このフォートは、「他人を害することなかれ」という社会生活における一般規範に対する違反ではなく、「合意は守られなければならない（pacta sunt servanda）」という別の規範に対する違反に存するのである。

　もっとも、その後、ラデは、ボリ・スタルクの保障責任論から影響を受けつつ（Starck, supra note 52. また、Id., Domaine et fondement de la responsabilité sans faute, RTD civ., 1958, pp. 475 et s.（同内容の論文として、Le cas de responsabilité sans faute, in, Études de droit contemporain (nouvelle série), Travaux et recherches de l'institut de droit comparé de l'université de Paris XII, Vème congrès international de droit comparé : Bruxelles 1957 rapports français, préf. L. Julliot de la Morandière, Cujas, Paris, 1963, pp. 169 et s.）。更に、スタルクの保障理論の紹介として、淡路・前掲注(173)「権利保障」、石井智弥「スタルクの民事責任論と不法行為責任の根拠」茨人49号（2010年）1頁以下）、加害者の視点としてのフォート（あるいはリスク）ではなく、被害者の視点としての「安全への権利（droit à la sûreté）」から、民事責任法を構築すべきである旨を説くに至っている（Christophe Radé, Réflexions sur les fondements de la responsabilité civile, 1 – L'impasse, D., 1999, chr., pp. 313 et s. ; Id., Réflexions sur les fondements de la responsabilité civile, 2 – Les voies de la réforme : la promotion du droit à la sûreté, D., 1999, chr., pp. 323 et s. ;

◆第1章◆ 性 質

契約上のフォートの基礎付けにつき、「合意は守られなければならない」の規範を援用する学説は、契約上のフォートと不法行為上のフォートの共通性、更には、契約不履行に基づく損害賠償と不法行為に基づく損害賠償の同一性を、より先鋭な形で提示するものと捉えることができるのである。そして、このような理解は、契約当事者以外の第三者が、債務者に対して不法行為に基づく損害賠償を請求する際に、不法行為上のフォートの基礎として、債務者による不履行＝契約上のフォートを援用することができるという判例上の解決に対し[291]、1つの基礎を与えるとともに、民事責任法に大きな混乱をもたらすことになる[292]。

◇第2項　履行方式としての契約不履行に基づく損害賠償と不履行

近時の有力学説は、契約不履行に基づく損害賠償を、賠償という視点からではなく、履行プロセスの中で捉えている。そこでは、契約不履行に基づく損害賠償は、給付の金銭的等価物による契約の履行方法、すなわち、金銭という形式で、履行されなかった債務の履行を確保するための制度として構想されている。このような理解を前提とすれば、履行の確保を目的とする契約不履行に基づく損害賠償の源は、契約それ自体の中に存することになるから、伝統的通説のように、債務発生原因としての契約上のフォートを観念する必要はなくなるはずである[293]。

ところで、今日の一般的理解によれば、フランス民法典は、契約不履行に基づく損害賠償を「債務の効果」、つまり、等価物による履行の手段として位置付けており、従って、そこには、「契約責任」という概念や、賠償方式としての契約不履行に基づ

　Id., Plaidoyer en faveur d'une réforme de la responsabilité civile, D., 2003, chr., pp.2247 et s.）。損害賠償は、各人が持つところの、平穏に生活する権利、私生活に介入されない権利、利益を侵害されない権利、財産を害されない権利、つまり、「安全への権利」によって基礎付けられる。各人は、他者の平穏を尊重しなければならず、反対に、他人による尊重を期待することができるのであって（Réflexions sur les fondements de la responsabilité civile, 2, n°s 6 et s., pp.324 et s.）、あらゆる損害は、この「安全への権利」を侵害したものと見ることができる。そして、この侵害については、原則として、責任を負うべきものと推定される。民法典1147条は、まさに、このことを規定したテクストなのである（Réflexions sur les fondements de la responsabilité civile, 2, n° 11, p.326）。このような見方によれば、民事責任法は、フォートから切り離されなければならないことになろう。

(291)　Cass. ass. plén., 6 oct. 2006, Bull. civ. ass. plén., n° 9 ; D., 2006, 2825, note Geneviève Viney ; D., 2007, pan., 1830, obs. Louis Rozès ; D., 2007, pan., 2900, obs. Patrice Jourdain ; JCP., 2006, II, 10181, avis André Gariazzo, note Marc Billiau ; JCP., 2007, I, 115, obs. Philippe Stoffel-Munck ; JCP. éd. E., 2007, 1000, 11, note Françoise Auque ; RTD civ., 2007, 61, obs. Pascale Deumier ; RTD civ., 2007, 115, obs. Jacques Mestre et Bertrand Fages ; RTD civ., 2007, 123, obs. Patrice Jourdain ; RJDA, 2007, 3, rapport Francis Assié ; Contra. conc. consom., mars 2007, n° 63, 11, note Laurent Leveneur ; Dr. et pat., sept. 2007, 87, chr., Laurent Aynès et Philippe Stoffel-Munck ; Resp. civ. et assur., 2006, Etudes n° 17, L. Bloch ; RDC., 2007, 269, obs. Denis Mazeaud ; RDC., 2007, 279, obs. Suzanne Carval ; RDC., 2007, 379, obs. Jean-Baptiste Seube ; RDI., 2006, 504, obs. Philippe Malinvaud ; AJDI., 2007, 295, obs. Nicolas Damas.「契約における第三者は、契約違反が自己に損害を生じさせたときには、不法行為責任に基づいて、この違反を援用することができる」。
(292)　この問題については、第2部・第1章・第2節・第2款・第1項602頁以下を参照。
(293)　この点については、文献の所在も含め、序論14頁以下を参照。

く損害賠償の理論も存在しなかったとされている[294]。しかし、契約上のフォートという観念は、民法典における契約不履行に基づく損害賠償のテクストの基礎を提供したロベール・ジョセフ・ポティエの議論や[295]、民法典の理論を承継した19世紀の学説[296]の中にも見出すことができる。それでは、これらの学説における契約

---

[294] Rémy, supra note 20, La responsabilité contractuelle...., n°s 2 et s., pp.324 et s. このような見方は、今日のフランス民法学において、一般的に受け入れられているものである。Cf. Malaurie, Aynès et Stoffel-Munck, supra note 35, n° 934, pp.494 et s.; Terré, Simler et Lequette, supra note 55, n° 559, p.565 ; Le Tourneau, supra note 20, n° 805-2, p.322 ; Larroumet, supra note 21, n° 3, pp.544 et s.; Savaux, supra note 21, n° 3, p.3 ; etc. 詳細については、第2部・第1章・第1節・第1款・第1項381頁以下を参照。

[295] Pothier, supra note 54, n°s 159 et s., pp.76 et s.

[296] ここで言う「19世紀の学説」とは、従来、いわゆる註釈学派と呼ばれてきた学説(これは、20世紀の初頭に作り上げられた見方である。Cf. J. Charmont et A. Chausse, Les interprètes du code civil, in, Le Code civil 1804-1904, Livre du centenaire, t.1, Généralités – Études spéciales, Arthur Rousseau, Paris, 1904, pp.133 et s.; Julien Bonnecase, La pensé juridique française de 1804 à l'heure présente : ses variations et ses traits essentiels, Delmas, Bordeaux, 1933 ; Eugène Gaudemet, L'interprétation du code civil en france depuis 1804, réimp. Présentation de Philippe Jestaz et Christophe Jamin, La Mémoire du Droit, Paris, 2002(同書が刊行されたのは1934年であるが、この復刻版には、いずれもフランスにおける民法学史研究の第一人者であるフィリップ・ジェスタツ(Philippe Jestaz)とクリストフ・ジャマンの手になる解説が付されており、極めて有用である。以下の引用はこの復刻版による。なお、本書の基になったユジェーヌ・ゴドメの講演を紹介するものとして、福井勇二郎「19世紀に於ける佛国民法学の発達——ユージューヌ・ゴドゥメの講演に依りて」同編訳『佛蘭西法学の諸相』(日本評論社・1943年)1頁以下がある。)etc. もっとも、これらの著作において示された見方は、近年、問題に付されており、新たな理解も提示されているが、ここでは触れない。Cf. Philippe Rémy, Éloge de l'exégèse, Droits, t.1, 1985, pp.115 et s.; Id., Le rôle de l'exégèse dans l'enseignement du droit au XIX siècle, Rev. hist. fac. dr., 1985, pp.91 et s.; etc. なお、これらの点については、第2部・第1章・第1節・第1款・第2項395頁以下も参照)、及び、その時代に著されたテーズのことを指している。従って、19世紀の後半になって多く公表されるようになった判例評釈等は検討の対象としていない(もっとも、本款の検討対象である契約上のフォートに関わるものはほとんど存在しない)。以下、本項の叙述において参照・引用するものをまとめて掲げておくことにしよう。

まず、註釈書・教科書類(契約不履行に基づく損害賠償を対象とするもの)として、Jacques de Maleville, Analyse raisonnée de la discussion du code civil au Conseil d'État, t.3, 2ème éd., Garnery, Laporte, Paris, 1807 ; Philippe Antoine Merlin, Répertoire universel et raisonné de jurisprudence, t.6, Remoissenet, Librairie, Propriétaire-éditeur, Paris, 1814 ; Jean Baptiste Joseph Pailliet, Manuel de droit français, 3ème éd., Th. Desoer, Paris, 1818 ; Claude Etienne Delivincourt, Cours de code civil, t.2, L'auteur, Fournier, Paris, 1819 ; Charles Bonaventure Marie Toullier, Le droit civil français, suivant l'ordre du code, ouvrage dans lequel on a taché de réunir la théorie à la pratique, t.6, 4ème éd., Warée, Paris, 1824 ; Joseph-Andre Rogron, Code civil expliqué par ses motifs et par des exemples, avec la solution, sous chaque article, des difficultés ainsi que des principales questions que présente le texte, et la définition de tous les termes de droit, 6ème éd., H. Tablier, Bruxelles, 1833 ; Id., Les codes français expliqués par leur motifs, par des exemples, et par la jurisprudence, avec la solution, sous chaque article, des difficultés, ainsi que des principales questions que présente le texte, la définition des termes de droit et la reproduction des motifs de tous les arrêts-principes, suivis de formulaires, 4ème éd., Henri Plon, Paris, 1857 ; Alexandre Duranton, Cours de droit français suivant le code civil, t.10, Alex-Goberlet, Paris, 1834 ; Louis Poujol, Traité des obligations ou commentaire du titre III du livre III du code civil, t.1, Z. Kæppelin et Ch. George, et Reiffinger, Colmar, La motte, Paris, 1846 ; Victor Marcadé, Explication théorique et pratique du Code Napoléon contenant l'analyse critique des auteurs et de la jurisprudence et un traité résumé après le commentaire de chaque titre, t.4, 5ème éd., Librairie de jurisprudence de cotillon, Paris, 1852 ; Jacques-Marie Boileux, Commentaire sur le code Napoléon contenant l'explication de chaque article séparément, l'énonciation, au bas du commentaire, des questions qu'il a fait naître, les principales raisons de décider pour et contre, l'indication des passages des divers ouvrages ou les questions sont agitées, et le renvoi aux arrêts, t.4, 6ème éd., Marescq et Dujardin, Paris, 1856 ; Gabriel Massé et Charles Vergé, Le droit civil français par K.-S. Zachariæ traduit de l'allemand sur la cinquième édition, t.3, Auguste Durand, Libraire-Éditeur, Paris, 1857 ; Leobon Larombière, Théorie et pratique des obligations ou commentaire des Titres III et IV, Livre III, du Code Napoléon, art.1101 à 1386, t.1, A. Durand, Paris, 1857 ; Frédéric Mourlon, Répétitions écrites sur le deuxième examen du code Napoléon contenant l'exposé des principes généraux leur motifs et la solution des questions théoriques, t.2, 7ème éd. A. Marescq, Ainé, Paris, 1866 ; Charles Demolombe, Cours de code Napoléon, t.24, Traité des contrats ou des obligations conventionnelles en général, t.1, Auguste Durand et L. Hachette et Cie, Paris, 1868 ; Charles Aubry et Charles Rau, Cours de Droit civil français d'après la méthode Zachariæ, t.4, 4ème éd., Imprimerie et Librairie générale de jurisprudence, Marchal, Billard et Cie, Paris, 1871（シャルル・オーブリー＝シャルル・ローの教科書については、原則として、彼らの生前に書かれた第4版を参照している。本款が検討対象とする部分については、1902年に、モーリス・ゴルト（Maurice Gault）の手により第5版が出版されているが（Charles Aubry, Charles Rau et Maurice Gault, Cours de Droit civil français d'après la méthode Zachariæ, t.5, 5ème éd., Imprimerie et Librairie générale de jurisprudence, Marchal et Billard, Paris, 1902)、本文の内容は同じであり、ノートの補充がなされているだけである。従って、以下では、第4版には存在しなかったノートを参照する場合にだけ、特にそのことを明記して、第5版を引用する）; Jean-Bonaventure-Charles Picot, Code Napoléon expliqué article par article d'après la doctrine et la jurisprudence suivi d'une table analytique et alphabétique formant un véritable dictionnaire des matières, t.1, G. Menard et A. David, Paris, 1871 ; Émile Acollas, Manuel de droit civil, commentaire philosophique et critique du Code Napoléon contenant l'exposé complet des systèmes juridiques, t.2, Germer-Baillière, Libraire-Éditeur, Paris, 1874 ; François Laurent, Principes de Droit civil français, t.17, 3ème éd., Bruylant-Cristophe & Cie, Bruxelles, A. Marescq, Ainé, Paris, 1878 ; Prosper Rambaud, Code civil par demandes et réponses, t.2, 5ème éd., Delamotte Fils et Cie, A. Marescq Ainé, Paris, 1881 ; Antoine Marie Demante et Edouard Colmet de Santerre, Cours analytique de code civil, t.5, 2ème éd. E. Plan et Cie, Paris, 1883 ; Ernest Desire Glasson, Éléments du droit français considéré dans ses rapports avec le droit naturel et l'économie politique, nouv. éd., t.1, A. Durand et Pedone-Lauriel, Paris, 1884 ; Th. Aumaitre, Traité élémentaire de droit civil spécialement destiné aux élèves des facultés de droit, t.2, Librairie cotillon, F. Pichon, Paris, 1885 ; A.-H. Adan, Cours de droit civil élémentaire par demandes et réponses avec l'explication des lois belges qui ont modifié le Code, et l'état de la jurisprudence jusqu'en 1891, t.2, Bruxelles, 1891 ; Edouard Fuzier-Herman, Codes annotés contenant sous chaque article l'analyse de la doctrine et de la jurisprudence, Code civil t.2, Société du recueil général des lois et des arrêts, Paris, 1891 ; Théophile Huc, Commentaire théorique et pratique du code civil, F. Pichon, Paris, t.7, 1894 ; Gabriel Baudry-Lacantinerie, Précis de droit civil contenant dans une première partie l'exposé des principes et dans une deuxième les questions de détail et les controverses, t.2, 7ème éd., La société du recueil Gal des lois et des arrêts, Paris, 1899 ; Gabriel Baudry-Lacantinerie et Louis Joseph Barde, Traité théorique et pratique de Droit civil, t.11, Des obligations, t.1, 2ème éd., La société du recueil Gal des lois et des arrêts, Paris, 1900.

次に、契約上のフォートを主たる検討対象とするもので、筆者が参照しえたテーズとして、Henri Loubers, Des dommages et intérêts résultant de l'inexécution des obligations conventionnelles (qui n'ont point pour objet une somme d'argent), th. Paris, 1864 ; Paul Fonbené, De la prestation des fautes en droit romain, De la responsabilité civile des notaires en droit français, th. Bordeaux, 1878 ; Sainctelette, supra note 26 ; Antoine Deschamps, Le dol et la faute des incapables en droit romain, en droit français, A. Giard, Paris, 1889 ; Fromageot, supra note 224 ; Grandmoulin, supra note 25 ; J. Guy, Droit romain : Responsabilité des entrepreneurs de transport, Droit français : De la distinction entre la faute contractuelle et la faute délictuelle appliquée au transport par chemins de fer, th. Paris, Librairie Cotillon, Paris, 1893 ; Henri Auvynet, Droit romain : Théorie des fautes, Droit français : Faute contractuelle et faute délictuelle, th. Paris, A. Durand et Pedone-Lauriel, Paris, 1893 ; Adrien Duffo, De la faute contractuelle en droit romain et en droit français, th. Paris, 1896 ; Aubin, supra note 25 ; Gustave Huber, De la responsabilité contractuelle en matière d'incendie, th. Paris, Arthur Rousseau, Paris, 1898 ; Chenevier, supra note 224 ; Marcel Delmond-Bébet, Contribution à

上のフォートは、何を意味していたのか。言い換えれば、実現されなかった契約ないし契約債務の履行方式として契約不履行に基づく損害賠償を位置付けていたポティエや19世紀の学説において、契約上のフォートは、どのような意義を有していたのか。まずは、この点を明らかにするところから検討を始めることにしよう。近時の有力学説の主張内容は、この問いに答えることによって、より明確な形で提示されることになるからである。

なお、契約上のフォートの歴史は古く、東ローマ帝国の時代を超えて、古典期ローマ法にまで遡りうる。また、これを受けて、フランス古法時代には、後に述べるようなフォートの段階付けに関する議論が盛んに行われていた[297]。もっとも、これらの議論を検討することは、契約不履行に基づく損害賠償の理論枠組みの構築を目的とする本書にとって、直接の考察対象とはならないし、何よりも、筆者の能力を超えるものである。従って、以下では、検討が不十分であるとの批判を甘受しつつ、ポティエの議論を起点に据えることにする。

(1) 契約上のフォートと不法行為上のフォートの峻別

ロベール・ジョセフ・ポティエは、『債務法概論（Traité des obligations）』の第1章「債務の本性に属するもの及びその効果（De ce qui appartient à l'essence des obligations et de leur effets）」、第2節「債務の効果（De l'effet des obligations）」の中で、「債務不履行もしくは履行遅滞の結果生ずる損害賠償（Des dommages et intérêts résultant, soit de l'inexécution des obligations, soit du retard apporté à leur exécution）」（第3款）を扱っている[298]。もっとも、そこで主として論じられているのは、債務者がどの範囲で損害を賠償する義務を負うのかという問題であり[299]、契約上のフォートについての議論は行われていない。しかし、このことは、ポティエが契約上のフォ

---

　l'étude de la faute aquilienne ou délictuelle et de la faute contractuelle, th. Paris, V. Giard & E. Brière, Paris, 1899.
　　もっとも、同じく19世紀の学説といっても、とりわけ、19世紀末のものについては、契約不履行に基づく損害賠償をめぐる議論の内容に若干の変化も見られる（この点については、第2部・第1章・第2節・第1款・第1項453頁以下も参照）。ただし、本款が検討の対象とする契約上のフォートの論理構造については、その基本的方向性に変化は存在しない。

(297) 既に引用したもののほか、Cf. Paul Fonbenė, De la prestation des fautes en droit romain, De la responsabilité civile des notaires en droit français, th. Bordeaux, 1878 ; J.-L. Gay, Recherches sur les origines de la responsabilité contractuelle, in, Études d'histoire du droit canonique dédiées à Gabriel Le Bras, t.2, Sirey, Paris, 1965, pp.1191 et s. ; René Robaye, L'obligation de garde : essai sur la responsabilité contractuelle en droit romain, préf. François Rigaux, Publications des Facultés universitaires Saint-Louis, Bruxelles, 1987 ; etc. また、フォートのみを対象としたものではないが、Cf. Bénédict Winiger, Les effets de la responsabilité contractuelle et délictuelle : une histoire ambiguë, in, Mélanges en l'honneur du professeur Bruno Schmidlin, Collection Genevoise, Pacte, convention, contrat, Edité par Alfred Dufour, Ive Rene, Rudolf Meyer-Pritzl et Bénédict Winiger, Helbing & Lichtenhahn, Bâle et Francfort-sur-le-Main, Faculté de droit de Genève, 1998, pp.161 et s.

(298) Pothier, supra note 54, n[OS] 159 et s., pp.76 et s.
(299) この点については、第2章・第2節・第1款・第2項319頁以下を参照。

◆第1章◆性　質

ートについて無関心であったということを意味するものではない。というのは、それに先立つ「債務者側の債務の効果（De l'effet des obligations de la part du débiteur）」（第1款）において、契約上のフォートに関する議論が展開されているからである。

　与える債務のセクションにおいて、ポティエは、以下のように述べている。特定物が問題となる場合、特定物に関わる債務には、債務者に対して、物の保存につき適切な注意を尽すよう義務付けるという効果が存在し、この注意を尽さなかった結果、目的物が滅失・毀損したときには、債務者は損害賠償の支払いを義務付けられる。ここで、債務者が物の保存につき尽すべき注意は、契約の性質によって異なる。「契約が、物を与えられ、返還される者の有用性のみに関わる場合、物を与え、もしくは、返還する義務を負う債務者は、物の保存につき信義誠実を尽すことだけを義務付けられ、従って、この点については、その重大性を理由に詐欺とみなしうる重フォートについてしか義務を負わない」（ポティエは、例として、寄託の場合の受託者を挙げる）(300)。「契約が、両当事者の共通の有用性に関わる場合、債務者は、物の保存につき、注意深い人が自己の事務に対してなす通常の注意を尽す義務を負い、従って、軽フォートについて義務を負う」（ポティエは、例として、売買の場合の売主、質権設定の場合の質権者を挙げる）(301)。「使用貸借契約のように、契約が債務者の有用性のためだけに締結される場合、この債務者は、物の保存につき、通常の注意だけでなく、可能な全ての注意を尽すよう義務付けられ、従って、最軽フォートについて義務を負う」(302)。

　このようなポティエの叙述を、当時の学理的コンテクストの中に位置付けるならば、古法時代の学説が好んで論じていたフォートの段階付けの議論、あるいは、フォートに関わるローマ法のテクストの解釈についての議論と同列のものとして位置付けることができる。実際、ポティエの理解に対しては、ドゥニ・ルブラン（Denis Lebrun）によって詳細な批判が加えられており、上記の議論は、当時の法学における1つの争点となっていたのである(303)。もっとも、ポティエの理解を後の展開との関連で見たときには、そこに、民法典制定過程における議論の基礎とでも評価すべき部分が含まれていると見うることも事実である。後に触れるように、フランス民法典の制定過程においては、フォートの段階付けに関する議論は放棄され、これを債務の範囲の問題として捉える方向性の端緒が示されることになった。確かに、ポティエは、これとは異なり、物の保存について尽すべき義務の程度をフォートの問題として捉えているが、各種の契約に関するトレテの中では、物の保存について

(300) Pothier, supra note 54, n° 142, p.66.
(301) Pothier, ibid.
(302) Pothier, supra note 54, n° 142, pp.66-67.
(303) Denis Lebrun, Essai sur la prestation des fautes, ou l'on examine combien les lois romaines en distinguent d'espéces, in, Œuvre de Pothier, Annotées et mises en corrélation avec le Code civil et la législation actuelle, par M. Bugnet, t.2, Cosse et N. Delamotte, Paris, 1848, pp.503 et s.

尽すべき義務の程度を当事者が負うべき債務の範囲の問題として構成しているのである[304]。ここには、契約上のフォートの問題を、契約において当事者が負うべき債務内容の確定と不履行の有無という問題に解消する立場の一端を見出すことができよう。

いずれにしても、民法典の起草者は、このようなフォートの段階付けの議論を排斥するに至る。フェリクス・ジュリアン・ジャン・ビゴ・プレアムヌ（Félix Julien Jean Bigot de Préameneu）は、保存債務の範囲に関する民法典1137条[305]の趣旨説明に際して、以下のように述べているのである。「このようなフォートの分割は、実際上、有用であるというよりも技巧的である。フォートを分割したとしても、各フォートについて、債務者の債務がどれだけ厳格であるのか、当事者の利益は何か、当事者がどのように義務付けられることを欲しているのか、状況はどのようなものであるかを吟味しなければならない（中略）。フォートを幾つかの段階に分割する理論は、フォートを確定しえないのであれば、誤った光を放つだけであり、争いの原因を殊更に増加させるだけである。衡平それ自体が繊細な思考を嫌うのである」[306]。

---

[304] 売買契約において売主が負う保存債務について、Robert-Joseph Pothier, Traité du contrat de vente, in, Œuvre de Pothier annotées et mises en corrélation avec le Code civil et législation actuelle, par M. Bugnet, t.3, Casse et N. Delamotte, Paris, 1847, n°s 53 et s., pp.23 et s. 賃貸借契約において借主が負う保存債務について、Id., Traité du contrat de louage, in, Œuvre de Pothier annotées et mises en corrélation avec le Code civil et législation actuelle, par M. Bugnet, t.4, Casse et N. Delamotte, Paris, 1847, n°s 190 et s., pp.69 et s. 労働契約において労働者が負う労務のために提供された物の保存債務について、Ibid., n° 429, p.144. 家畜賃貸借契約において借主が負う家畜の保管債務について、Id., Traité des cheptels, supra, n° 35, p.353. 傭船契約において貸主が負う積み荷に対して適切な注意を尽す債務について、Id., Traité des contrats des louages maritimes, supra, n° 31, pp.391 et s.（もっとも、フォート理論への言及がなされている）使用貸借契約において借主が負う保存債務について、Id., Traité du prêt à usage et du précaire, in, Œuvre de Pothier annotées et mises en corrélation avec le Code civil et législation actuelle, par M. Bugnet, t.5, Casse et N. Delamotte, Paris, 1847, n°s 48 et s., pp.19 et s. 寄託契約において受寄者が負う保存債務について、Id., Traité du contrat de dépôt, supra, n°s 23 et s., pp.131 et s. 委任契約において受任者が負う事務を尽す義務について、Id., Traité du contrat de mandat, supra, n°s 46 et s., pp.188 et s. 質権設定契約において質権設定者が負う保存債務について、Id., Traité du contrat de nantissement, supra, n°s 32 et s., pp.401 et s.

[305] フランス民法典1137条「物の保存について注意する債務は、合意が当事者の一方のみの有用性を目的とする場合であれ、当事者の共通の有用性を目的とする場合であれ、保存の任にあたる者に対し、善良なる家父としての全ての注意を尽すよう義務付ける（原文は、L'obligation de veiller à la conservation de la chose, soit que la convention n'ait pour objet que l'utilité de l'une des parties, soit qu'elle ait pour objet leur utilité commune, soumet celui qui en est chargé à y apporter tous les soins d'un bon père de famille.）。

この債務は、一定の契約に関しては、拡大され、又は縮小される。この点についての契約の効果は、それらに関する章で説明される（原文は、Cette obligation est plus ou moins étendue relativement à certains contrats, dont les effets à cet égard, sont expliqués sous les titres qui les concernent.）」。

[306] P.-A. Fenet, Recueil complet des travaux préparatoires du Code Civil, t.13, Paris, 1827, p.230. また、民法典起草者の１人であるジャック・マルヴィル（Jacques de Maleville）も、民法典制定後に著された解説書の中で、フォートの段階付けが採用されなかった旨を明確に述べている（Maleville, supra note 296, pp.34 et s.）。周知のように、マルヴィルの解説書は、全体的にごく簡単な記述をなしているだけであり、条文によってはテクストをそのまま掲げるだけという場合もある。このような状況の中で、マルヴィルが、解説書の中でフォートの段階付けが廃止され

◆第1章◆ 性　質

　民法典の起草者は、上記のような方針に基づき、同1137条を用意した。すなわち、1137条1項は、保存債務の範囲の一般的な基準として、債務者に対し、物の保存につき「善良なる家父の注意」を尽すよう義務付け、同条2項は、その範囲が各種の契約に応じて異なりうることを規定したのである。もちろん、上記の引用部分に見られるように、民法典の制定過程における議論では、契約領域においてもフォートという表現は用いられているし、排斥されたのはフォートの「段階付け」だけであって、責任の基礎としてのフォートではないと理解することも可能であろう。しかし、かつてのフォートの段階付けに関する議論が放棄され、民法典のテクストにおいて、これを、物を保存する債務の範囲という問題として捉える規定が置かれたことは、大きな意味を持つものである。古法時代の学説におけるフォートの段階付けの議論は、フランス民法典において、当事者の合意、契約の種類や性質等を考慮して決定されるところの債務の範囲の問題として置き換えられるに至ったと評価することは十分に可能であり[307]、むしろ、このような理解こそが、テクストの内容や配置、制定過程における議論に適合的であるとも言えるのである[308]。かくして、契約上のフォートの問題は、債務内容の確定と不履行の有無という問題として定式化される可能性を秘めていたと見ることができるのである。

　それにもかかわらず、19世紀の学説は、とりわけ民法典1137条を注釈する際に、フォートの段階付けの議論、より正確に言えば、民法典はフォートの段階付けを採用したのか、仮にそうであるとして、どのような段階が用意されたのかという議論を復活させた[309][310]。そして、多くの学説は、債務者のフォートを契約不履行に基

　　た旨を明確にしたことは、それが極めて重要な意味を持っていることを示していると言えるのかもしれない。
(307) Rémy, supra note 20, La responsabilité contractuelle..., n° 7, p.329.
(308) この点については、第2部・第1章・第1節・第1款・第1項381頁以下を参照。
(309) 以下では、引用に際して、フォートの段階付けの議論が展開された箇所とその採否についての理解を示すことにする。Merlin, supra note 296, pp.522 et s.（フォート（Faute）の項目）; Toullier, supra note 296, n°s 223 et s., pp.234 et s.（損害賠償の箇所。廃止。）; Rogron, supra note 296, Code civil..., pp.237 et s.（1137条の箇所。廃止）; Id., supra note 296, Les codes français..., p.363（1137条の箇所。廃止）; Duranton, supra note 296, n°s 397 et s., pp.408 et s.（1137条の箇所。同条2項はフォートの段階付けを前提としたものである）; Poujol, supra note 296, pp.222 et s.（1137条の箇所。廃止）; Marcadé, supra note 296, n°s 504 et s., pp.409 et s.（1137条の箇所。廃止）; Boileux, supra note 296, pp.392 et s.（1137条の箇所。廃止）; Mourlon, supra note 296, n°s 1119 et s., pp.567 et s.（1137条の箇所）; Larombière, supra note 296, pp.394 et s.（1137条の箇所。契約の有用性による三分割は否定されたが、抽象的フォートと具体的フォートの区別（軽フォートと重フォートの区別）は採用された）; Demolombe, supra note 296, n°s 402 et s., pp.377 et s.（1137条の箇所。それまでの学説を整理した上で議論を展開）; Aubry et Rau, supra note 296, pp.100 et s. et note 26; Picot, supra note 296, pp.685 et s.（1137条の箇所。廃止）; Accolas, supra note 296, p.784（1137条の文脈。フォートの段階付けは最も無益な理論である）; Laurent, supra note 296, n°s 213 et s., pp.273 et s.（債務不履行の箇所。廃止）; Rambaud, supra note 296, pp.345 et s.（1137条の箇所。原理としては廃止）; Demante et Colmet de Santerre, supra note 296, n°s 53 et s., pp.66 et s.（1137条の箇所。廃止）; Aumaitre, supra note 296, pp.164 et s.（1137条の箇所）; Adan, supra note 296, n° 2020, pp.57 et s.; Huc, supra note 296, n°s 91 et s., pp.135 et s.（1137条の箇所。詐欺に同一視できる重フォートと軽フォートの2種類）; Baudry-Lacantinerie, supra note 296, n°s 865 et s., pp.617 et s.（1137条の箇所。廃止）;

第1節　帰責と実現

づく損害賠償の要件として設定していたのである[311]。この点だけを見れば、19世紀における契約上のフォートの議論は、先に検討したプラニオルの理論と相違がないようにも思われよう。しかし、両者は、そのパラダイムを全く異にするのである。以下では、このことの意味を明らかにしていくことにしよう。

　19世紀の学説においては、契約上のフォートと不法行為上のフォートが明確に峻別され、両者は全く性質の異なるものとして把握されていた[312]。とりわけ、本款

　　　Baudry-Lacantinerie et Barde, supra note 296, n°s 345 et s., pp.346 et s.（1137条の箇所。廃止）; etc.
(310)　19世紀の学説における契約上のフォートに関する議論の詳細と背景については、Cf. Alain Desrayaud, École de l'Exégèse et interprétations doctrinales de l'article 1137 du code civil, RTD civ., 1993, pp.535 et s.
(311)　Cf. supra note 309. また、債務不履行に基づく損害賠償のコンテクストで、この点に言及するものとして、Toullier, supra note 296, n°s 223 et s., pp.234 et s.; Marcadé, supra note 296, n° 516, pp.416 et s.; Boileux, supra note 296, p.404（もっとも、単純にフォートだけが要求されているわけではない。債務不履行に基づく損害賠償が認められるためには、不履行が債務者の責めに帰すべきこと、つまり、フォートもしくは行為が必要である。ここで、フォートとは、不注意、懈怠、無能を、行為とは、債務を履行することができない状態にあることを意味する）; Mourlon, supra note 296, n° 1142, pp.585 et s.（もっとも、単純にフォートだけが要求されているわけではない。債務不履行に基づく損害賠償が認められるためには、不履行が、債務者の悪意（dol）、フォート、行為（fait）に基づくことが必要である。ここで、フォートとは、懈怠、無能、能力の欠如、不注意を、行為とは、債務の存在を知らずに履行しなかったことを意味する）; Aubry et Rau, supra note 296, pp.94 et s.; Accolas, supra note 296, pp.794 et s.（1147条は、錯綜したテクストであるが、債務者の責めに帰すべき行為（fait）、フォートの存在を前提としている）; Laurent, supra note 296, n[os] 213 et s., pp.273 et s.; Rambaud, supra note 296, p.354; Glasson, supra note 296, pp.579 et s.（もっとも、単純にフォートだけが要求されているわけではない。債務不履行に基づく損害賠償が認められるためには、債務の不履行が、行為（fait）、フォート、悪意（dol）に由来することが必要である）; Aumaitre, supra note 296, p.167; Adan, supra note 296, n[o] 2029, p.62（債務不履行に基づく損害賠償を認めるためには、不履行が債務者の責めに帰すべきこと、つまり、悪意（dol）、フォート、附遅滞が必要である）; Baudry-Lacantinerie, supra note 296, n[os] 889 et s., pp.642 et s.（債務不履行に基づく損害賠償が認められるためには、不履行が債務者の責めに帰すべきこと、つまり、悪意（dol）、フォート、行為（fait）が必要である。ここで、フォートとは、害する意図なく犯された懈怠を、悪意とは、害する意図をもって犯された懈怠を意味する。そして、悪意もフォートも存在しないが、損害の原因である場合が行為である）; Baudry-Lacantinerie et Barde, supra note 296, n°s 454 et s., pp.431 et s.（債務不履行に基づく損害賠償を認めるためには、不履行が債務者の責めに帰すべきこと、つまり、フロード、フォートが必要である（Baudry-Lacantinerie, supra note 296と比べたとき、行為による不履行のケースが削除されていることに注目すべきである））; etc.
(312)　Duranton, supra note 296, n°s 463 et s., pp.479 et s.; Id., Cours de droit français suivant le code civil, t.13, Alex-Goberlet, Paris, 1834; Leobon Larombière, supra note 296, pp.394 et s., et pp.521 et s.; Id., Théorie et pratique des obligations ou commentaire des Titres III et IV, Livre III, du Code Napoléon, art.1101 à 1386, t.5, A. Durand, Paris, 1857（民法典1382条は、契約上のフォートとは無関係である（pp.680 et s.））; Demolombe, supra note 296, n°s 402 et s., pp.377 et s.; Id., Cours de code Napoléon, t.31, Traité des contrats ou des obligations conventionnelles en général, t.8, Traité des engagements qui se forment sans convention, A. Lahure, Pedone Lauriel, Marchal, Billard et Cie, Hachette et Cie, A. Marescq Ainé, Paris, 1882（不法行為上のフォートと契約上のフォートは、全く性質が異なるものである。契約上のフォートに関する民法典1136条、1137条、1146条は、不法行為には適用されないし、不法行為上のフォートに関する民法典1382条、1383条も、契約には適用されない（n° 472, pp.406 et s.）; Aubry et Rau, supra note 296, pp.94 et s., et note 1（債務不履行に基づく損害賠償の規定は、不法行為には適用されない。というのは、不法行為に基づく損害賠償は、付随的な債務ではなく、主たる債務にほかならないからである）et p.750（債務不履行に基づく損害賠償に関する民法典1146条、1150条、1151条、1153条は、不法行為に基づく損害賠償には適用されない）; Accolas, supra note 296, p.794（債

◆第1章◆性　質

の問題意識にとって重要なのは、契約上のフォートについては、その存在が推定され、債務者が損害賠償の支払いを免れるためには、外的原因を証明しなければならないと理解されていたことである(313)。もちろん、これは、日本の伝統的通説にお

務不履行に基づく損害賠償についての諸規定は、不法行為には適用されない）; Laurent, supra note 296, n°s 213 et s., pp.273 et s. ; Id., Principes de Droit civil français, t. 20, 3ème éd., Bruylant-Cristophe & Cie, Bruxelles, A. Marescq, Ainé, Paris, 1878 ; Huc, supra note 296, n° 95, p.142 ; Id., Commentaire théorique et pratique du code civil, F. Pichon, Paris, t. 8, 1895（ただし、テオフィーユ・ユク（Théophile Huc）の見解には、それまでの学説とは異なる特徴を見出すことができる。この点については、後掲・注(326)を参照）; Baudry-Lacantinerie, supra note 296, n° 869, pp.621 et s. ; Baudry-Lacantinerie et Barde, supra note 296, n°s 355 et s., pp.355 et s.（ただし、ガブリエル・ボードリー・ラカンティヌリー＝ルイ・ジョセフ・バルド（Gabriel Baudry-Lacantinerie et Louis Joseph Barde）の見解には、それまでの学説とは異なる特徴を見出すことができる。この点については、後掲・注（326）、注（886）を参照）また、Fromageot, supra note 224, pp.15 et s.（契約上のフォートと不法行為上のフォートを区別しない一元論は、誤謬を犯している。2つのフォートは全く性質を異にするのであり、これがローマ法以来の伝統に沿う理解である）; Guy, supra note 296, pp.81 et s. ; Auvynet, supra note 296, pp.16 et s. ; Duffo, supra note 296, pp.77 et s. ; Huber, supra note 296, pp.5 et s. ; Chenevier, supra note 224, pp.26 et s. ; Delmond-Bébet, supra note 296, pp.16 et s.

(313) Duranton, supra note 296, n° 468, pp.487 et s.（債務者は、外的原因が存在する場合を除いて損害賠償の支払いを義務付けられる。そして、この外的原因については、債務者が証明しなければならない）; Poujol, supra note 296, p.208（債務者は、外的原因が存在する場合を除いて損害賠償の支払いを義務付けられる）; Marcadé, supra note 296, n° 516, pp.416 et s.（一方で、債務者は、フォートないし行為（fait）の不存在を証明すれば、損害賠償の支払いを免れるとしながら（ibid., pp.416-417）、後の叙述では、債務者は、外的原因を証明しない限り、損害賠償の支払いを義務付けられると説明する（ibid., p.417））; Boileux, supra note 296, pp.404 et s.（債務不履行に基づく損害賠償が認められるためには、不履行が債務者の責めに帰すべきこと、つまり、フォートもしくは行為（fait）が必要であるとしつつ、これは、債務不履行に正当な理由＝外的原因が存在しないことを意味し、債務者が証明しなければならない要素であると説く）; Mourlon, supra note 296, n° 1143, pp.586 et s.（損害賠償請求の事件において、債権者は、債権の存在、附遅滞、損害を証明しなければならず、それが証明された場合には、今度は、債務者が、外的原因の存在を証明しなければならない）; Aubry et Rau, supra note 296, pp.95 et s.（債務不履行に基づく損害賠償は、債務者に遅滞もしくはフォートが存在する場合にしか認められず（p.95）、「債務者は、為さない債務に違反したとき、あるいは、為す債務もしくは与える債務の履行につき、義務付けられた全ての注意を尽さなかったときに、フォートがある」（p.100）としながら、債務者が損害賠償を免れるためには、債務の完全かつ適切な履行を妨げた債務者の責めに帰すことのできない外的原因を証明しなければならないと説く（pp.103-104））; Picot, supra note 296, p.692（債務の履行を遅滞した債務者は、それだけで、少なくともフォートがあるものと推定される。この推定を覆すためには、債務者が不可抗力を証明しなければならない）; Laurent, supra note 296, n°s 251 et s., pp.313 et s.（債務不履行に基づく損害賠償の請求を認めるには、不履行が債務者の責めに帰すべきものであること（フォート、附遅滞）が必要であるとしながら（n° 251, p.313）、債務者が外的原因を証明すると、この帰責性が覆されると説く（n° 255, pp.318 et s.）; Rambaud, supra note 296, p.354（債務不履行に基づく損害賠償の請求を認めるためには、不履行が債務者のフォートに由来することが必要であるが、債務者は、外的原因の存在を証明することによって損害賠償の支払いを免れる）; Demante et Colmet de Santerre, supra note 296, n° 63, p.90（債務不履行に基づく損害賠償の請求を認めるためには、正当な理由なく債務に違反したことが必要であるところ、債務者は、外的原因の存在を証明すれば、この損害賠償の支払いを免れる）; Adan, supra note 296, n°s 2028 et s., p.62（債務不履行に基づく損害賠償の請求を認めるためには、悪意（dol）、フォート、附遅滞が必要であるとしつつ、債務者は、外的原因を証明しない限り、損害賠償を義務付けられると説く）; Fuzier-Herman, supra note 296, p.1085（1147条は、契約上のフォートの存在を推定した規定である）; Huc, supra note 296, n° 95, p.143（契約上のフォートは推定される）et n°s 143 et s., pp.201 et s.（債務不履行に基づく損害賠償の場合、契約上のフォートは推定され、債務者が外的原因の存在を証明しなければならない）; Id., supra note 312, n° 424, pp.560 et s. ; Baudry-Lacantinerie, supra note 296, n° 891, pp.642 et s.（債務不履行に基づく損害賠償の

110

ける帰責事由についての解釈論と同じく[314]、債務不履行に基づく損害賠償を認めるために必要な要素として契約上のフォートが要求され、ただ、その証明責任が債務者に転換されているということを意味するものではない。注目すべきは、その理由付け、あるいは、正当化根拠である。19世紀の学説は、以下のような議論を展開した。

適法に形成された合意は、それをなした者の間で法律に代わるのであるから（民法典1134条1項[315]）、債務者は、現実の履行によって、あるいは、金銭という等価物による履行によって、自己が引き受けた債務を充足しなければならない。すなわち、民法典1147条及び1148条によれば、債務者は、不履行の原因が自己の責めに帰すことのできない外的原因によらない場合には、損害賠償の支払いを義務付けられることになるが、これは、合意の不可侵性に基づくものである。つまり、たとえ、債務者が善意（bonne foi）であったとしても、「債務者であることに変わりはないのであるから、現実に、あるいは、損害賠償という等価物によって、自己の債務を充足する義務を負う」のは、当然のことであると言うことができる[316]。言い換えれば、契約不履行に基づく損害賠償は、あくまでも、合意によって発生した債務の等価物による履行方式なのであり、合意を締結した段階で当然に備わっている効力なのである[317]。

このように損害賠償の性質を理解すると、19世紀の学説が、外的原因の証明責任は債務者の負担に属すると説いていた意味も、容易に理解することが可能となる。民法典1315条によれば[318]、債権者が債務の現実履行を求めてきた場合、それを免

請求を認めるためには、悪意（dol）、フォート、行為（fait）が必要であるとしながら、外的原因が存在する場合、債務者は損害賠償の支払いを免れると説く。ここで、債務者の契約上のフォートは推定されるから、外的原因を証明しなければならないのは債務者である）; Baudry-Lacantinerie et Barde, supra note 296, n° 466, pp.439 et s.（債務不履行に基づく損害賠償の請求を認めるためには、フロード、フォートが必要であるとしながら、外的原因が存在する場合、債務者は損害賠償の支払いを免れると説く。そして、この外的原因の存在を証明しなければならないのは債務者であると言う）また、Loubers, supra note 296, pp.88 et s.; Fromageot, supra note 224, pp.209 et s.; Guy, supra note 296, pp.100 et s.; Louis Sarran, Étude sur la responsabilité dans le contrat de transport de personnes plus spécialement au cas d'accident, th. Montpellier, 1896, intro., XVII.; Huber, supra note 296, p.11; Delmond-Bébet, supra note 296, pp.32 et s.

(314) 石坂・前掲注(2)489頁以下・580頁、鳩山・前掲注(2)137頁・160頁、富井・前掲注(2)216頁、我妻・前掲注(7)105頁・146頁、於保・前掲注(7)95頁・107頁、林（安永補訂）＝石田＝高木・前掲注(13)94頁〔林執筆部分〕、奥田・前掲注(13)124頁・148頁以下等。
(315) フランス民法典1134条1項「適法に形成された合意は、それをなした者の間で法律に代わる（原文は、Les conventions légalement formées tiennent lieu de loi à ceux qui les ont faites.）」。
(316) Demolombe, supra note 296, n°s 546 et s., pp.538 et s.（引用部分は、n° 550, p.541）
(317) シャルル・オーブリー＝シャルル・ローが、債務不履行に基づく損害賠償を、「債務の法的効果」と題する節の、「債権者の付随的権利（Des droits accessoires au créancier）」と題する款の中で扱い、「全ての債務は、債権者に対して、潜在的に、債務を履行しない、もしくは、違法ないし不完全にしか履行しない債務者に対して損害賠償を求める権利を与えている」と述べているのも（Aubry et Rau, supra note 296, pp.94-95）、このような趣旨を言うものとして理解することができる。なお、この点については、第2部・第1章・第1節・第1款・第2項395頁以下も参照。
(318) フランス民法典1315条「債務の履行を求める者は、債務を証明しなければならない（原文は、Celui qui réclame l'exécution d'une obligation doit la prouver.）」。

◆第1章◆ 性　質

れようとする債務者は、弁済その他の事由によって、債務が消滅していることを証明する必要がある。これと同じことが、契約債務の履行方式である契約不履行に基づく損害賠償にも、そのまま当てはまる。すなわち、債権者が、契約債務の等価物である債務不履行に基づく損害賠償を請求してきた場合、債務者としては、その支払いを免れるための事由としての弁済ないし外的原因を証明しなければならないのである。19世紀の学説が、契約上のフォートは推定されるとの命題や、外的原因の証明責任は債務者にあるという命題を説明するに際して、民法典1315条や[319]、証明責任の一般原則[320]を援用していたのも、このような趣旨を言うものとして理解することができる。

　以上のように、19世紀の学説は、契約不履行に基づく損害賠償が、履行されなかった契約ないし契約債務の等価物による履行方式であること、その源が契約それ自体の中にあること、従って、その支払いを免れようとする者は、証明責任の一般原則に従って、債務の消滅を正当化する事由としての弁済ないし外的原因を証明する必要があることを説いているのである[321]。このように見れば、19世紀の学説が、古法以来の伝統に従って契約上のフォートを問題とし、かつ、それは不履行の事実によって推定されるとしながら、外的原因が存在する場合にのみその推定が覆されるとしていたことも、容易に理解することができるであろう[322]。

　　反対に、債務から解放されたと主張する者は、弁済もしくは債務の消滅を生じさせた事実を証明しなければならない（原文は、Réciproquement, celui qui se prétend libéré, doit justifier le payement ou le fait qui a produit l'extinction de son obligation.）」。
(319) Marcadé, supra note 296, n° 516, p.417 ; Mourlon, supra note 296, n° 1143, pp.586 et s. ; Demolombe, supra note 296, n° 561, p.549 ; Adan, supra note 296, n° 2038, p.65 ; Baudry-Lacantinerie, supra note 296, n° 891, pp.643 et s. ; Baudry-Lacantinerie et Barde, supra note 296, n° 466, pp.439 et s. また、Loubers, supra note 296, pp.88 et s. (債権者が不可抗力を証明しなければならないのは、民法典1315条に基づくものである。同条は、良識の規範であり、永遠の真実である); Delmond-Bébet, supra note 296, p.33.
　　また、ジョセフ・エミール・ラベ（Joseph-Émile Labbé）も、運送事故に関するベルギーの破毀院判決の評釈において、以下のように述べている（Joseph-Émile Labbé, Note, sous Cass. Belgique, 8 janv. 1886, S., 1886, 4, pp.25 et s., et Rev. crit., 1886, pp.436 et s., pp.442 et s.）。民法典1315条は、あらゆる債務に適用される。従って、契約不履行に基づく損害賠償において、債務を履行したこと、不可抗力によって債務の履行を妨げられたことを証明しなければならないのは、債務者なのである（S., p.27）。
(320) Marcadé, supra note 296, n° 516, p.417 ; Demolombe, supra note 296, n° 561, p.549 ; Laurent, supra note 296, n° 278, pp.338 et s. ; Huc, supra note 296, n° 144, p.204. また、Fromageot, supra note 224, pp.209 et s. ; Sarran, supra note 313, intro., XVII（厳密に言えば、民法典は、契約上のフォートを推定しているわけではなく、事物の現実に適合する証明の分配をしているだけである); Delmond-Bébet, supra note 296, p.34.
(321) また、内在的損害と外在的損害の区別を用いて、契約不履行に基づく損害賠償の射程を前者に限定しながら、特別の合意によって契約内容として取り込まれた場合には、後者を契約不履行に基づく損害賠償の対象に含ませるという民法典1150条の解釈も、このような理解を前提として成り立っている。この点については、第2章・第2節・第1款・第2項326頁以下を参照。
(322) これに対して、契約上のフォートを損害賠償責任の発生原因として捉えるならば、フォートの推定は外的原因によってのみ覆すことができるという理解を正当化することは困難となる。というのは、契約不履行に基づく損害賠償を契約上のフォートによって発生する債権として捉えるのであれば、証明責任の一般原則に従う限り、債務発生原因としての契約上のフォートを推定す

◆ 第 1 節 ◆ 帰責と実現

　かつて、契約上のフォートは、不法行為上のフォートの枠内で捉えられていたことから、言い換えれば、契約不履行に基づく損害賠償は、不法行為に基づく損害賠償にほかならなかったことから、その名残として、19世紀の学説においても、契約上のフォートは契約不履行に基づく損害賠償の要件として設定された。しかし、契約訴権がアクリア訴権から解放され、契約不履行に基づく損害賠償が契約の履行方式として観念されるに至ると、少なくとも損害賠償の理論枠組みという視点から見れば、契約上のフォートは、理論上、重要な役割を果たす要件としては捉えられなくなった。そのため、等価物によって契約債務を履行する義務、つまり、契約不履行に基づく損害賠償の有無は、契約債務と債務の消滅事由の存否によって決せられる一方、契約上のフォートについては、いわば、債務者が契約不履行に基づく損害賠償の支払いを義務付けられる場合には全て、その存在が認められる（不履行によって推定され、債務解放事由の証明によってその推定が覆される）という説明がなされていたのである。19世紀の学説にとって、契約上のフォートは、損害賠償債務の発生原因などではなかったのであり[323][324]、そのような発想を受け入れることは不可能

ることはできないはずであり、また、仮に証明責任の一般原則とは別の理由付けによって契約上のフォートが推定されるとしても、その推定は、フォート不存在の証明によって覆されるはずだからである。

[323] このことは、古典理論を擁護するテーゼの以下のような叙述の中に明確な形で示されている。すなわち、（一元論を反駁するというコンテクストで）我々は、フォートという観念を拒絶しているわけではない。債務不履行が賠償訴権を生じさせている以上、債務者の責めに帰すべき事由があることに疑いはないからである。しかし、契約当事者間で問題となるフォートは、原因ではなく、効果である。債務者は、債務を履行しなかったが故に、フォート有りと評価されるだけなのであって、フォートが賠償訴権の原因というわけではないのである。ここにおいて、契約上のフォートと不法行為上のフォートの二元性が現れることになる（Guy, supra note 296, pp.94 et s.）。

[324] 唯一の例外は、フランス革命前に法教育を受け、法の専門家としての歩みをスタートさせていた、シャルル・ボナヴァンチュール・マリ・トゥリエ（Charles Bonaventure Marie Toullier）であろう。トゥリエは、人がフォートによって惹起された損害の賠償を義務付けられるのは、「汝が欲しないことを他人にすることなかれ（Ne fais pas à autrui ce que tu ne veux pas qu'on te fasse à toi-même）」という、神に捧げる道徳の崇高な教えによるものであるとした上で、契約不履行に基づく損害賠償は、このような規範の表明であるところの民法典1382条と同じ原則に基礎を置くものであると理解しているのである（Toullier, supra note 296, n°s 222 et s., pp.289 et s., spec., n°s 232 et s., pp.245 et s.）。

　このようなトゥリエの見方の背後には、彼の債務発生原因に対する一定の理解が存在することを指摘しておくべきであろう。トゥリエは言う。あらゆる債務は法律（la loi）に由来し、あらゆる債務は先存する法律を前提としている。合意それ自体は、約束を守ることを命ずる法律がなければ、義務付けることのできないものである。立法者は、合意に対して、法律の権威を与えるのである（Ibid., n[os] 3 et s., pp.3 et s.）。つまり、トゥリエによれば、合意は、それだけでは、当事者に対して何も義務を負わせることはできないのであって、そうである以上、彼に続く世代の学説が説いていたように、契約不履行に基づく損害賠償の基礎を合意の中に求めることも、およそ不可能ということになるのである（もっとも、その後の巻において、トゥリエは、このような債務発生原因についての見解を改めている。すなわち、債務の源には2つの原因しか存在しない。それは、人間の意思と法律である。同意が与えられ、承諾がなされると、人間の自由な意思は契約に拘束される。この場合、債務は、当事者の意思のみによって、法律が介在することなく発生する。法律は、債務に力（la force）を与え、その履行と実現を確保するためだけに介入するのである。従って、第6巻において、あらゆる債務は法律に由来すると述べたのは誤りである。合意による債務は、法律とは無関係に、人間の意思から直接的に発生するのである（Charles

113

◆第1章◆ 性　質

であった[325][326]。

Bonaventure Marie Toullier, Le droit civil français, suivant l'ordre du code, ouvrage dans lequel on a taché de réunir la théorie à la pratique, t.11, 4ème éd., Warée, Paris, 1824, n°s 2 et s., pp.2 et s.))。

　また、神に捧げる道徳から出発して損害賠償責任を構成する立場の中には、トゥリエの法思想の一端をも読み取ることができる。すなわち、トゥリエには、フランス民法典を理性の法典として、自然法や歴史から導かれる諸原則によって基礎付けようとする傾向が見られ、とりわけ、いわゆる近代自然法論に属する学説（ユーゴー・グロティウス（Hugo Grotius）、サミュエル・フォン・プーフェンドルフ（Samuel von Pufendorf）、クリスティアン・トマジウス（Christian Thomasius）、クリスティアン・ヴォルフ（Christian Wolff）等）を頻繁に引用しているのである。先に引用した民事責任の基本認識は、こうした自然法論からの１つの見方と言うこともできよう。

　トゥリエの法思想、上記のような形でトゥリエが見解を改めた理由についても、考察されるべき興味深い研究テーマの１つであるが、本書の検討対象からは外れる。さしあたり、フィリップ・レミ（野上義博＝金山直樹訳）「トゥリエ」志林99巻２号（2001年）243頁以下を参照。

[325]　そのため、19世紀の学説は、ほぼ例外なく、注[324]で触れたトゥリエの見解を批判していた。とりわけ、フランソワ・ローラン（François Laurent）の批判は辛辣である。「トゥリエの誤謬は明らかである。彼は、合意に基づく債務におけるフォートと不法行為もしくは準不法行為から生ずる債務におけるフォートという全く異なる２つの原理秩序を混同した。２つの異なる規範が存在するのに、彼は、法典が不法行為及び準不法行為について規定している規範を合意に適用して、単一かつ同一の規範を作ったのである」（Laurent, supra note 296, n° 229, p.292）。「不幸なことに、トゥリエの誤謬は別の形でも現れている」。「合意に基づく債務にアクリア上のフォートを適用するならば、法典のテクストに反するだけでなく、法の精神を見誤ることになる。債務者の責任について、合意と不法行為もしくは準不法行為との間に存在する相違は重大である。不法行為は、公序に対する侵害であり、準不法行為も、身体の安全に関わる。人間の生命が不注意によって危険に曝されうるとき、立法者は、厳格さをもって、被害者に補償を与え、また、人に対し、法律の厳格さによって、同胞の負傷や死亡をもたらすようなフォートを防ぐよう義務付ける。しかし、合意に基づく債務は、これとは全く異なる。ある者が引き受けた債務の不履行は、金銭的損害しか生じさせない。従って、立法者は、それほど厳格さを示す必要はないのである（中略）。従って、アクリア上のフォートを合意に持ち込むならば、２つの全く異なる思考秩序を混同することになってしまうのである」（ibid., n° 230, p.293）。その他、Demolombe, supra note 296, n° 402, p.383（（フォートの段階付けの問題を議論するコンテクストではあるが）「適法行為である契約及び準契約のみに関わるこの問題の中に、違法行為である不法行為及び準不法行為のみに関わる1382条・1383条を移転するのは、２つの異なる原理秩序を混同することである」）; Aubry et Rau, supra note 296, pp.100 et s., note 25（トゥリエは、２つのフォートの間に相違を認めていないという点において、誤りを犯している）et note 26（不法行為に関する民法典1382条、1383条を契約に適用している点において、トゥリエの理解を承認することはできない）も参照。

[326]　ただし、19世紀末の学説（註釈書）については、一定の留保が必要である。というのは、この時期の学説には、安全債務等の判例法理の形成、あるいは、ルフェーブルやグランムーランが提唱した一元論の影響を受けて、契約上のフォートの叙述についても、若干の変化を見て取ることができるからである。

　例えば、テオフィーユ・ユクは、従前の学説と同じく、契約上のフォートと不法行為上のフォートを明確に区別し、前者の存在は推定されるとの理解を示した後、ルフェーブルの論文（supra note 25）を引用しつつ、（損害賠償の範囲を論じたコンテクストではあるが）「契約当事者の推定的意思に基礎を置く民法典1149条及び1150条は、不法行為上のフォートには適用されない。もっとも、これらのことは、不法行為責任と契約責任の区別が否定されること（つまり、区別は存在しないとの理解―筆者注）を妨げるものではない」と述べ、一元論に対し一定の理解を示しているし（Huc, supra note 296, n° 95, pp.142 et s. 引用部分は p.144）、また、不法行為を扱う註釈書の中で運送事故の問題を論じたコンテクストにおいても、古典理論に依拠する旨を明示した後に、後述するサンクトレットの見解について、フォートや責任といった考え方を排除しているという点に不都合があり、契約不履行に基づく損害賠償は、保証とは無関係に、契約違反から生ずるものであるとの批判を加えている（Huc, supra note 312, n°s 424 et s., pp.560 et s., spec., n° 430, p.570）。本款の検討からも明らかとなるように、契約不履行に基づく損害賠償の源を契約の中に求める古典理論と、それを契約上のフォートに求める賠償理論との間には、大きな理論的乖離が存在するところ、前者を基本的立場としつつ、後者に理解を示すユクの見解には、確かに

このように見てくると、19世紀の学説における契約上のフォートは、理論上、債務内容の確定・不履行というレベルに解消されうる問題であったと言うことができよう。そして、このような可能性を法理論として提示したのが、19世紀末に刊行されたシャルル・サンクトレットのテーズなのである[(327)]。すなわち、サンクトレットは、上記のような古典的理解を承継しながら、不法行為に基づく損害賠償と契約不履行に基づく損害賠償の相違を強調するために、前者に「責任（la responsabilité）」、後者に「保証（la garantie）」という名称を与え、契約の尊重の確保を目的とする保証の領域においては、契約上のフォートの推定というものは存在しない、つまり、債権者は、契約債務の現実履行を求める場合と同じく、契約の存在とその不履行を証明すれば足り、反対に、債務者がその消滅を正当化しなければならないと説いていたのである[(328)]。ここに、今日においても、サンクトレットの見解が、古典理論の代

論理的な齟齬を指摘することができる。しかし、契約不履行に基づく損害賠償に関するその後の議論の展開を見ると、そこには、1つの学説内部における論理的齟齬という以上に、19世紀末のフランス民法学における、賠償という発想の影響の大きさを見て取るべきなのかもしれない（この点については、第2部・第1章・第2節・第1款・第1項452頁以下も参照）。
　また、ガブリエル・ボードリー・ラカンティヌリー＝ルイ・ジョセフ・バルドも、あくまでも古典理論の立場を前提とした議論を提示した上でのことであるが（Baudry-Lacantinerie et Barde, supra note 296, n°s 345 et s., pp. 346 et s., et n°s 447 et s., pp. 428 et s.）、それに付加する形で、ドイツ民法に関するレイモン・サレイユの著作（Raymond Saleilles, Étude sur les sources de l'obligation dans le projet de code civil allemand, Librairie cotillon, F. Pichon, Paris, 1889 ; Id., Étude sur la théorie générale de l'obligation d'après le premier projet de code civil pour l'empire allemand, 3ème éd., LGDJ., Paris, 1925（初版は1890年である））を参照しつつ、以下のような叙述を残しているのである。「恐らく、不法行為上のフォートと契約上のフォートの間に存在する相違を強調するべきではない。学理的な観点から見れば、両者は、いずれも違法行為である。権利が契約から生じたものであろうと、別の源を持つものであろうと、その違反は民事不法行為を構成する。かくして、サレイユがドイツの学説シュトーベから借用した定式に従って、契約上のフォートは契約上の不法行為責任（une responsabilité de délit contractuel）を生じさせると言うことができる。従って、1137条が規定する責任を正当化するために、黙示の保証という考えに依拠する必要はないのである」（Ibid., n° 356, pp. 356-357. 更に、ボードリー・ラカンティヌリー＝バルドは、ルドルフ・フォン・イェーリング（Rudolf von Jhering）の論文の翻訳に依拠しつつ、フランス法にも契約締結上の過失理論を導入すべきことを説いている（Ibid., n° 362, pp. 360 et s.））。このようなボードリー・ラカンティヌリー＝バルドの理解に対しても、先にユクの見解について述べたのと同じ指摘が妥当しよう。更に付言すれば、先に引用した註釈書の前に刊行されていた、ボードリー・ラカンティヌリー1人の手になる註釈書（Baudry-Lacantinerie, supra note 296）には、上に引用した部分に相当する叙述は見られないこと（もちろん、前者は全25巻、後者は全3巻であり、この分量の差によるものとも考えられるが、後者の初版は1884年から1886年（一元論の学説やサンクトレットの理論が提示されたのとほぼ同時期）にかけて刊行されたものであり、このような時代的な要素も大きいように思われる）、後者では、悪意（dol）、フォート、行為（fait）が債務不履行に基づく損害賠償の要件とされていたのに対し（Baudry-Lacantinerie, supra note 296, n°s 889 et s., pp. 642 et s.）、後者では、そこから行為（fait）が削られ、フォートとフロードが要件として設定されていることも（Baudry-Lacantinerie et Barde, supra note 296, n°s 454 et s., pp. 431 et s.）、賠償理論の影響の大きさを示すものと言えるのではないか。
(327) Sainctelette, supra note 26, pp. 5 et s.
(328) サンクトレットは、以下のように述べている。責任を主張しようとする者は、法律の存在、この法律に違反したこと、それによって損害が発生したことを証明しなければならないが、保証を行使しようとする者は、契約の存在、契約が履行されなかったこと、この不履行から損害が発生したことを証明すれば足りる。責任の領域において証明されなければならないのは債権の存在であるのに対して、保証の領域においては、債務の消滅が問題となるからである（Sainctelette, supra note 26, pp. 27 et s.）。このような区別は、何ら人為的なものではなく、単に、事実の展開

◆第1章◆ 性　質

表として挙げられ続けている理由を見出すことができる[329]。

(2) 契約不履行に基づく損害賠償の基礎としての契約と不履行

　近時の有力学説は、以下のような問題提起から出発する。「契約上のフォートが契約不履行であるならば、何故、単純に契約不履行を語ろうとしないのか」、「何故、契約上のフォートを語るのか」[330]。既に明らかにしたように、その理由は、契約不履行に基づく損害賠償を、不法行為に基づく損害賠償と同じく、損害を賠償するための責任として理解する構想に求められよう。すなわち、賠償モデルの発想の下では、契約上のフォートは、債務者に対して、契約不履行に基づく損害賠償という責任を課すための要素として機能する。従って、契約不履行に基づく損害賠償に対して賠償という機能を与え、それを不法行為と同じ責任の事例として捉えるためには、契約上のフォートという概念が必要不可欠となるのである。

　このように見れば、近時の有力学説が契約上のフォートという概念を批判の標的とするのは、それが賠償方式としての契約不履行に基づく損害賠償を支える法技術となっており、かかる損害賠償の理論枠組みが多くの理論的・体系的問題を惹起していると認識するからにほかならないと言えよう。詳細は後に検討するが、例えば、近時の有力学説は、以下のような指摘を行っている[331]。「契約責任」と不法行為責任を同一の性質を有する2つの責任制度として捉える構想は、2つの責任秩序の境界線を不明瞭なものとし、非競合原則の正当化を困難ならしめるほか、一定の被害者の補償制度を複雑なものとする等、民事責任システムの混乱の源となっている[332]。あるいは、2つの損害賠償制度が同一の性質を有するという前提からは、民法典上、それらの間に存在している制度の相違を正当化することはできない。更に、

　　に従ったものに過ぎない。時にフォートの推定が語られているが、これは誤りである。ここでは、債権者を優遇しているわけではなく、ただ事実に従って規定が置かれただけなのである（Ibid., pp.30 et s.）。
(329) サンクトレットの契約不履行に基づく損害賠償についての法理論は、本文のように理解することができる。しかし、彼がこのような理論を提示した目的の1つは、当時、社会問題化していた運送事故や労働災害のケースについて、被害者に十分な賠償を与えることであった（Sainctelette, supra note 26, pp.87 et s.）。そして、このような目的とそのための法律論は、その後、判例上、安全債務が生成される1つの契機となる。この点において、サンクトレットの見解は、確かに古典的理論の代表ではあったが、それと同時に、やがて来る賠償法理の先駆でもあったのである。この点については、第2部・第1章・第2節・第1款・第1項453頁以下を参照。
(330) 後者は、履行方式として契約不履行に基づく損害賠償を構想する理論の嚆矢となったドゥニ・タロンの論文のタイトルである（Tallon, supra note 20, pourquoi parler de faute contractuelle？前者の引用は p.429）。
(331) 以下の叙述の詳細に関しては、民事責任法の問題につき、第2部・第1章・第2節・第2款・第1項571頁以下を、契約不履行法の問題につき、第2部・第1章・第2節・第2款・第1項639頁以下、同第2章・第1節・第1款・第1項730頁以下を参照。
(332) Rémy, supra note 20, La responsabilité contractuelle..., n°s 16 et s., pp.336 et s.；Id., supra note 20, Critique du système français de responsabilité civile, pp.31 et s.；Deschamps, supra note 20, Mythe de la responsabilité contractuelle..., pp.175 et s.；Leturmy, supra note 20, pp.839 et s.；etc.

契約から満足を受けることができなかった債権者は、種々の救済手段を行使することができるところ、契約不履行に基づく損害賠償を責任レベルの問題で捉える構想は、その1つを完全に孤立させてしまう[333]。ここで、契約上のフォートは、「無益かつ危険」な概念であり、「混同、不法行為の契約への侵食、契約の喪失、矛盾」の原因であると認識されているのである[334]。

　それでは、契約不履行に基づく損害賠償を契約の履行方式として捉える立場は、契約上のフォートに代えて、どのような要件を設定しているのか。近時の有力学説は、概ね、以下のような主張を展開している[335]。

　不法行為責任は、フォート（あるいは、他人の行為ないし物の所為）によって他人に損害を惹起した者はその損害を賠償しなければならないという規律に由来するものである。従って、ここで、責任を生じさせる行為ないし所為、損害、両者の間の因果関係という3要件が設定されること、とりわけ、フォートが責任を生じさせる行為として認識されることに何ら問題はない[336]。

　これに対して、契約不履行に基づく損害賠償が問題となる場合には、状況が全く異なる。契約当事者は、合意を履行しなければならない。そして、契約当事者の一方が債務を履行しない場合には、他方当事者は満足を得ることができない。この場合、債務の履行を受けられなかった当事者は、債務の履行が与えていたであろう利益を獲得するために、履行の等価物たる契約不履行に基づく損害賠償を請求するのである。対象は異なるが、これは、まさに、等価物による契約の履行プロセスである。契約不履行に基づく損害賠償の源は契約それ自体の中に存し、それは、いわば、契約から生じた先存債務の履行の延長なのである[337]。

　このように契約不履行に基づく損害賠償の性質を理解する場合、債務発生原因としての契約上のフォートが不要であることは明らかであろう。ここで、契約不履行に基づく損害賠償は、履行の一方法として把握されているのであるから、新たな債務の発生、帰責のメカニズムを説明するための枠組みを設ける意味や必要性は存在しないのである[338]。そして、また、債権者に対して契約不履行に基づく損害賠償

---

(333) Tallon, supra note 20, Pourquoi parler de faute contractuelle ?, pp.433 et s. ; Id., supra note 20, L'inexécution du contrat..., pp.223 et s. ; Philippe Rémy, Observations sur le cumul de la résolution et des dommages et intérêts en cas d'inexécution du contrat, in, La sanction du droit, Mélanges offerts à Pierre Couvrat, PUF., 2001, pp.121 et s. ; Faure-Abbad, supra note 20, n°s 223 et s., pp.197 et s. ; etc.

(334) Tallon, supra note 20, Pourquoi parler de faute contractuelle ?, p.433 et p.437.

(335) 注(20)掲記の諸論稿を参照。とりわけ、Aubry, supra note 20, n°s 413 et s., pp.401 et s. ; Faure-Abbad, supra note 20 ; Opèle, supra note 20, Faute délictuelle et faute contractuelle, pp.78 et s. ; Le Tourneau, supra note 20, n°s 805-2 et s., p.322 et s.

(336) 例えば、契約不履行に基づく損害賠償を契約の履行方式として把握する理論を主唱した、フィリップ・ル・トゥルノーの体系書においては、不法行為に基づく損害賠償の要件について、本文で述べた伝統的理解が踏襲されている（Le Tourneau, supra note 20, n°s 6702 et s., pp.1470 et s.）。

(337) Cf. Le Tourneau, supra note 20, n°s 803 et s., pp.321 et s.

◆第1章◆性　質

を付与すべきかどうかを決定するに際して重要なことが、賠償モデルの下におけるような意味での契約上のフォートではなく、債権者が債務の履行を受けたかどうか、つまり、債権者が契約において予定したものを取得したかどうかであるということも当然であろう。契約不履行に基づく損害賠償の源が契約それ自体に存する以上、そして、それが契約債務の実現を目指すものである以上、問題とされるべきは、損害賠償責任を生じさせる行為としての契約上のフォートなどではなく、履行がなされたかどうか、つまり、不履行の有無ということになるのである。

　かくして、近時の有力学説は、契約不履行に基づく損害賠償を契約債務の履行手段と位置付けることによって、伝統的通説の下では債務の不履行によって基礎付けられるとされてきた契約上のフォートをその要件から排除し、単純に不履行の有無のみを問題とする要件枠組みを作り上げることに成功したのである。もちろん、この立場によっても、契約が履行されなかった場合の全てにおいて、債務者に損害賠償の支払いが命ぜられるわけではない。現実化したリスクが契約の中で引き受けられていない場合、言い換えれば、ある障害によって履行が妨げられたとき、かかる

（338）小粥・前掲注(10)は、フィリップ・レミィの論文（supra note 20, La responsabilité contractuelle...）を取り上げつつ、以下のような指摘を行っている。今日における日本の有力説は、「伝統理論の用語法における過失という責任要素なしに損害賠償請求権の発生を肯定するものだから、帰責事由なしに責任を肯定するものということもできよう。実際、フランスの有力学説（フィリップ・レミィ）は、債務不履行による損害賠償と称されているものは、契約上の債務の効果（不履行時のフォートの効果ではない）であって、等価物（金銭）による履行の強制だから、そこで帰責事由（フォート）や「責任」を語ることは誤りだという。わが国の新理論が帰責事由の語を用いる理由は、必然的なものではなく、民法415条の解釈上、それが要件とされているからにすぎないとの見方も可能である」（121頁）。また、上記引用部分の中に付された注においては、フィリップ・レミィの見解について、「なお、レミィは、「契約責任」を、不履行という要件のみで（フォートを要せず）契約上の義務の効果として強制された弁済という機能を担うにとどまるものとし、フォートにより生じた損害の賠償（たとえば、判例では契約責任の問題とされている安全義務違反による損害賠償）を、もっぱら不法行為責任の問題とすべきことを主張する。レミィがフォート不要説を維持できる理由のひとつは、債務不履行による損害賠償（補償）の範囲を狭く限定するからだろう」との評価を行っている（122頁・注(21)）。もっとも、このような理解に対しては、以下の2点について、留保が必要である。
　第1に、後に検討するように、日本の有力学説は、契約不履行に基づく損害賠償を、あくまでも契約に基づく責任として位置付けており、ここに、有力学説が帰責事由という要件を維持する理由を見出すべきであるように思われる。日本の有力学説とフランスの有力学説とにおいては、契約不履行に基づく損害賠償の理論枠組みに関するパラダイムが全く異なるのである（この点についての詳細に関して、第2部・第1章・第2節546頁以下・626頁以下も参照）。
　第2に、フランスの有力学説においてフォートが不要とされているのは、契約不履行に基づく損害賠償の射程を限定するからというよりも、契約不履行に基づく損害賠償が契約債務の履行方式として捉えられているからにほかならない。確かに、有力学説の嚆矢となったフィリップ・レミィの学説は、契約不履行に基づく損害賠償の射程を狭く理解しているが、その後の学説は、同じ理論モデルを前提としつつも、レミィより、その範囲を広く理解する傾向にある（この点については、第2部・第1章・第2節・第2款・第1項632頁以下を参照）。そもそも、契約不履行に基づく損害賠償を契約の履行方式と理解する立場において、その射程・範囲をどのように把握するのかは、契約の中身としてどのようなものを観念するのか、より一般的に言えば、前提となっている契約の思想や構想等によるものである（この点についての詳細は、第2部・第2章・第2節・第2款・第2項858頁以下を参照）。問題は、契約不履行に基づく損害賠償の理論枠組みに存するということを改めて明確にしておくべきであろう。

障害を予測し、かつ、それを克服した上で履行を為すことが各契約において予定されていない場合には、等価物による履行は認められないのである。そして、この等価物による履行を排除する事由は、契約当事者によって決定されうるものであるが、そうでない場合には、取引社会における一般的な観念、あるいは、各契約の種類や性質を考慮して決せられる。この意味において、不可抗力は、通説的見解が説くように、債務者の帰責性を覆す事由でも、因果関係の切断を示す事由でもなく、履行の実現の限界を画し、等価物による履行を排除する事由としての意味を持つことになるのである。

　最後に、契約上のフォートについて批判を提起する近時の有力学説が、それと密接に関連する形で議論が展開されてきた手段債務・結果債務の区別、とりわけ、その区別の原理について、どのような評価を下しているのかという問題を、契約不履行に基づく損害賠償の原理という視角から、ごく簡単に検討しておこう[339]。

　近時の有力学説は、手段債務・結果債務についても、以下のような批判を提起している[340]。手段債務・結果債務の区別によって、今日の「契約責任」は、債務者のフォートの証明が必要なケース＝手段債務の不履行と、債務者による不可抗力の証明によって免責されるケース＝結果債務の不履行とに二元化されている。これは、まさに、フォートに基づく責任と物の所為に基づく責任・他人の行為に基づく責任とに区別された、不法行為責任のシェーマにほかならない。あるいは、契約不履行に基づく損害賠償を不法行為に基づく損害賠償に準えて理解する構想それ自体が、このような手段債務・結果債務の区別を要請したとも言える。更に言えば、手段債務・結果債務の区別は、「無益な論理的迂回である。履行されなかった債務が「手段債務である」のか、それとも、「結果債務である」のかを確定するためには、常に、契約の具体的な内容（当事者が欲するものと表明したこと、あるいは、当事者の代わりに法律や裁判官が言明したこと）が検討される。従って、以下のことを問うだけで十分である。すなわち、(1) 債務者がなさなければならなかったこと、(2) 債務者がなさなければならなかったことを適切になしたかどうかである。債務の「性質決定（qualification）」を通じた判断プロセスはまやかしである。現実には、「契約責任」を

---

(339) 帰責事由ないし契約上のフォートの意義の解明という本節の問題設定に鑑み、ここでは、近時の有力学説が、手段債務・結果債務の区別について、契約不履行に基づく損害賠償における帰責という側面から、どのような評価を行っているかという点のみを問題にする。手段債務・結果債務に関しては、とりわけ、安全債務や情報債務の領域において、それが民事責任の混乱の原因になっているとの批判がなされており、この批判は今日のフランス民法学における共通認識となっているが、本節においては、この問題には触れない（この点については、第2部・第1章・第2節・第2款・第1項571頁以下を参照）。以下での考察は、いわば、手段債務・結果債務の区別と契約不履行に基づく損害賠償における帰責メカニズムとの関連性を問おうとするものである。

(340) Deschamps, supra note 20, Le Mythe de la responsabilité contractuelle..., p.186 ; Rémy, supra note 20, Critique du système français..., pp.44 et s. ; Le Tourneau, supra note 20, n°s 3229 et s., pp.914 et s. ; Ophèle, supra note 20, Faute délictuelle et faute contractuelle, n° 13, pp.79 et s., et n°s 19 et s., pp.81 et s. ; Faure-Abbad, supra note 20, n°s 196 et s., pp.166 et s., et n°s 277 et s., pp.240 et s. ; Bellissent, supra note 20.

◆第1章◆性　質

「生じさせる行為ないし所為」に関する問題は、全て、契約の正確な内容という問題に帰着する。1137条が規定しているように、考察されるべきは、「賠償債務」が債務者の「フォート」の証明を前提としているかどうかではなく、引き受けられた債務の「範囲」なのである」[341]。

　もっとも、このような批判の正当性については、一定の留保が必要である。

　第1に、契約不履行に基づく損害賠償の帰責原理という視点のみから見れば、上に述べた批判の前半部分は、必ずしも適切ではない。確かに、契約不履行に基づく損害賠償を損害の賠償方式として構想する伝統的な理解においても、手段債務の不履行をフォートに基づく責任、結果債務の不履行をフォートに基づかない客観的責任として把握しようとする見解は存在し、この理解によれば、「契約責任」と不法行為責任は、いずれも2つの帰責原理を内包するパラレルな責任制度として捉えられることになる[342]。従って、仮に2つの責任制度を同一の枠組みで構築する構想に何らかの不都合が存するというのであれば[343]、上記の批判は正当ということになろう。しかし、多くの学説は、手段債務の不履行と結果債務の不履行を、いずれもフォートに基づく責任と理解しているのであって[344]、そうである以上、帰責というレベルで見た場合、「契約責任」は、フォートに基づかない物の所為に基づく責任や他人の行為に基づく責任が認められている不法行為責任とは、異なるものと言わざるをえないのである[345]。

　もちろん、手段債務の領域における不履行判断は、不法行為法におけるフォートの判断と接近するし、結果債務の不履行を契約上のフォートと捉える考え方は、行

---

(341) Rémy, supra note 20, Critique du système français…, pp.45 et s. また、注(267)で引用したフィリップ・レミィの手になる3つの評釈、クリスティアン・アティアスの批判も参照。

(342) Frossard, supra note 264, esp., n° 198, p.108 ; Larroumet, supra note 24, n°ˢ 606 et s., pp.635 et s. ; Fabre-Magnan, supra note 262, n° 243, pp.627 et s. ; Saint-Pau, supra note 268, n°ˢ 106 et s., pp.25 et s. ; Id., supra note 275, Droit à réparation / Conditions de la responsabilité contractuelle / Inexécution imputable à une cause étrangère, n°ˢ 1 et s., pp.3 et s. ; Id., supra note 275, Droit à réparation / Rapports entre responsabilité délictuelle et contractuelle / Differences, n° 22, p.6 ; etc.

(343) 「契約責任」と不法行為責任をパラレルな構造を持つ責任制度として捉える構想に、理論的・実際的な問題が存しないのであれば、近時の有力学説による手段債務・結果債務の区別への批判は、結果債務の不履行をフォートに基づかない客観的責任と見る立場に対するものとしても、その正当性を失うことになろう。この点は、本款の検討課題ではないが、ここで結論だけを述べておけば、今日のフランス民事責任法の混乱状況を見る限り、上記のような理解を採用することは困難である（詳細は、第2部・第1章・第2節・第2款・第1項571頁以下を参照）。

(344) 今日の代表的な教科書・体系書類のみを掲げておく。Carbonnier, supra note 52, n° 156, p.298 ; Malaurie, Aynès et Stoffel-Munck, supra note 35, n° 946, p.503 ; Terré, Simler et Lequette, supra note 55, n° 577, pp.582 et s., et n° 580, p.584 ; Malinvaud et Fenouillet, supra note 203, n° 596, p.471 ; Flour, Aubert et Savaux, supra note 66, n°ˢ 200 et s., pp.166 et s. ; Delebecque et Pansier, supra note 256, n° 489, p.294 ; Buffelan-Lanore, supra note 203, n°ˢ 839 et s., pp.337 et s. ; Jourdain, supra note 250, Droit à réparation, n° 51, p.15 ; etc.

(345) もっとも、アンリ・マゾーのように、物の所為に基づく責任についても保管のフォートを観念し（Mazeaud, supra note 206）、責任の基礎を（客観的な）フォートに求めるのであれば（この点については、注(289)を参照）、いずれの責任においても、その帰責根拠は債務者ないし行為者のフォートということになる。

為態様の評価を行わずにフォートの存在を認めるものであるから、実質的に見れば、この場合の損害賠償責任は、（伝統的な意味での）フォートに基づかない責任と言うこともできる。また、ジャン・ブリサンのテーゼ[346]が指摘しているように、手段債務・結果債務という区別が、「契約責任」という概念の生成・発展に寄与したことも確かであろう[347]。しかし、純粋に契約不履行に基づく損害賠償の帰責原理という視点だけから問題を考察すれば、手段債務・結果債務の区別とフォートに基づく責任・フォートに基づかない責任との対応関係、2つの責任制度のパラレルな構造を語ることはできないのである。このことを手段債務・結果債務の区別の原理という面から見ると、その生成・発展過程はともかく、少なくとも今日の一般的な理解に即して言えば、手段債務・結果債務の区別は、契約上のフォートという問題から切り離すことの可能な概念、言い換えれば、帰責という問題とは無関係な概念として把握することができるのである。

第2に、上記のように理解するならば、手段債務・結果債務の区別は、契約不履行に基づく損害賠償を損害の賠償方式として把握する立場のみならず、契約不履行に基づく損害賠償を契約の履行方式として捉える立場を前提としても、その有用性を保持しうることになる。つまり、後者のような理解に立つからといって、必然的に、上に述べた批判の後半部分＝手段債務・結果債務の区別の否定が導かれるわけではないのである[348]。もちろん、契約不履行に基づく損害賠償を契約の履行方法として理解する立場によれば、その請求が認められるかどうかを判断するに際して決定的に重要となるのが不履行の有無であることに異論はない。しかし、不履行の有無に関する判断の前提として、当事者がどのような債務を負っていたのか、あるいは、当事者がどのような契約を締結したのかという判断を行う段階で、その分析道具として、手段債務・結果債務の区別を利用することは、なお可能であると言わなければならない。というのは、既に述べたように、手段債務・結果債務の区別は、契約上のフォートの問題から切り離し、債務内容確定のレベルで用いることができる概念だからである[349]。従って、手段債務・結果債務から「時に様々な術語により

---

(346) Bellissent, supra note 20.
(347) フィリップ・ル・トゥルノーは、手段債務・結果債務の区別は、「契約責任」という偽りの概念の危険な子孫であると言う（Le Tourneau, supra note 20, n° 3229-1, p.914）。
(348) このことは、契約不履行に基づく損害賠償を契約の履行方式として理解するドゥニ・タロンが、債務内容の確定に際して、この区別の有用性を指摘していることからも明らかとなろう（Tallon, supra note 20, L'inexécution du contrat..., n° 23, p.231. もっとも、それに先立つ、Id., supra note 20, Purquoi parler de faute contractuelle? における評価とは若干異なっていることに注意が必要である）。
(349) 契約不履行に基づく損害賠償を損害の賠償方式として理解する伝統的通説が、手段債務・結果債務の区別について、示唆的・教育的な価値を認め、債務内容確定に際しての有用性を指摘するのは（Carbonnier, supra note 52, n° 156, pp.298 et s. ; Viney et Jourdain, supra note 31, n°s 519 et s., pp.502 et s. ; Malaurie, Aynès et Stoffel-Munck, supra note 35, n°s 939 et s., pp.501 et s. ; Fabre-Magnan, supra note 262, n° 184, pp.460 et s., n° 194, pp.485 et s. et n° 243, pp.627 et s. ; etc.)、この区別が契約上のフォートの問題から切り離しうることを前提としたものであろ

与えられてきた理論的な含意を取り除くのであれば、そして、安定した基準が存在しないために、この区別には学理的な厳密さが欠けていることを認めるとしても、なお、この区別が、裁判官にとって、約束されたことを確定するための有用な指針となりうることを認める」[350]ことは可能なのである[351]。

このように見てくると、近時の有力学説が行う手段債務・結果債務の区別への批判は、この区別が生成・展開するに至った背景や、それに付随しているが意味を持たない諸概念(例えば、推定されたフォート、証明されたフォート)を取り払うという条件の下では、正鵠を得たものとは言えないことが分かるであろう。いずれにしても、ここでは、契約不履行に基づく損害賠償を契約の履行方式として捉える学説においては、契約上のフォートという概念は意味を持たず、不履行とその限界を問題にする枠組みを構築すれば足りること、その際に手段債務・結果債務の区別を用いることは、なお可能であることを確認しておくべきである。

◆第2款◆ 契約不履行に基づく損害賠償の性質論と帰責事由及び不履行

本節は、契約不履行に基づく損害賠償の理論枠組みという視点から、帰責事由要件の法学的な意味、その要否という問題を考察し、我が国の帰責事由論、近時の「契約責任」論に対して新たな視点を提示するために、フランス法における契約上のフォートをめぐる議論を分析した。まずは、その成果をまとめておこう。

フランスの伝統的通説は、「契約責任」と不法行為責任を同一の性質を有する2つの民事責任制度として、つまり、契約不履行に基づく損害賠償と不法行為に基づく損害賠償を、いずれも、損害を惹起した者に対して当該損害の賠償を義務付ける責任制度として位置付けている。このような前提に立つ場合、契約不履行に基づく損害賠償は、不法行為に基づく損害賠償と同じく、「責任を生じさせる行為ないし所為」、損害、因果関係という3要件を充足することによって初めて認められることになるところ、契約上のフォートは、まさに、この「責任を生じさせる行為ないし所為」として観念されているのである。伝統的通説の枠組みにおいて、契約上のフォートは、惹起された損害を賠償する責任の源、言い換えれば、損害賠償債務の発生原因を意味する。多くの学説が、契約上のフォートは債務の不履行によって基礎付けられると理解しながら、不履行ではなく契約上のフォートを要件として設定するのは、契約上のフォートという概念がなければ、賠償方式としての契約不履行に基づく損害賠償の理論(賠償モデル)が崩壊してしまうからである。このように、契約

う。
(350) Tallon, supra note 20, L'inexécution du contrat..., n° 23, p.231.
(351) 誤解のないように付言しておけば、本文の叙述は、あくまでも、手段債務・結果債務の区別の肯否が、契約上のフォート、更には、特定の契約不履行に基づく損害賠償の理論枠組みと結び付くものではないことを示したものであって、この区別が理論的に必要不可欠な概念であることを述べたものではない。

上のフォートは、賠償モデルに基礎付けられた契約不履行に基づく損害賠償においては、欠くことのできない要件であり、損害賠償責任を課すためのプロセスを担う要件として理解することができるのである。

これに対して、近時の有力学説は、契約不履行に基づく損害賠償を契約ないし契約債務の等価物による履行方法として位置付け、その源を契約それ自体の中に求めている。このような理解によれば、契約不履行に基づく損害賠償の肯否を判断するプロセスにおいて、「責任を生じさせる行為ないし所為」としての契約上のフォートを観念する必要はなく、端的に、約束されたものが履行されたかどうか、債権者が契約において予定したものを獲得したかどうかを問題にすれば足りることになる。契約不履行に基づく損害賠償は、債務者が契約を履行しない場合に、金銭という等価物によって履行の実現を確保しようとするものだからである。この意味で、不履行は、履行モデルに基礎付けられた契約不履行に基づく損害賠償において、実現の有無を判断するファクターとして、反対に、不可抗力は、実現の限界を測るファクターとして、把握することができるのである。

このようなフランス法の分析成果から、我が国の帰責事由論、近時の「契約責任」論に対して、以下のような視点を提示することができよう。

◇第1項　賠償方式としての契約不履行に基づく損害賠償と不履行＋帰責事由

既に本節冒頭で示したように、日本の伝統的な理解は、契約（債務）不履行に基づく損害賠償と不法行為に基づく損害賠償が、同一の性質を有し、同一の原理によって支配されるべきことを議論の出発点として、前者の領域における帰責事由を、後者の領域における主観的要件＝故意・過失と同じ意味を持つ概念として構築した。これは、2つの損害賠償制度が、いずれも、「有責かつ違法な行為によって他人に損害を生じさせた者は、当該行為によって惹起された損害を賠償しなければならない」との原理に基礎を置くという点において共通している以上、その要件についても、同じ枠組みを構築すべきであるとの認識に出たものと言うことができる。以下では、このような思考方法を、「不法行為＝賠償モデル」と呼ぶことにしよう。

他方で、今日の有力な潮流は、契約不履行に基づく損害賠償を、不履行によって生じた損害を賠償するための制度として捉える点においては、不法行為＝賠償モデルと同じ立脚点に位置しながら、その議論の構築に際して契約の視点を入れ、帰責事由の理解についても、契約ないし契約債務との関連性を強調するに至っている。これは、2つの損害賠償制度が、損害の賠償を目的とする点においては共通するものの、制度の理解に際しては、損害賠償に先行する形で存在している契約の特性を考慮しなければならないとの認識に出たものと言うことができる。以下では、このような思考方法を、「契約＝賠償モデル」と呼ぶことにしよう。

◆第1章◆ 性　質

　前款におけるフランス法の分析成果を踏まえるならば、これら2つの思考モデルから導かれる帰責事由の法学的な意味とその問題について、以下のような見方を提示することが可能となる。

(1) 帰責事由と過失の同化の論理構造

　まず、不法行為＝賠償モデルを基礎とした上で、契約（債務）不履行に基づく損害賠償の主観的要件として帰責事由を掲げ、それを債務者の故意・過失と読み替える日本の伝統的通説から[352]、考えてみよう。

　この理解は、2つの損害賠償責任における責任原因を統一的に把握している点において、契約（債務）不履行に基づく損害賠償の理論枠組みという視角から見れば、理論的一貫性を持つものとは言える。しかし、問題は、「契約責任」を民事責任の中に統合し、その主観的要件としては、債務不履行によって性格付けられる契約上のフォートのみを要求するフランスの伝統的な見解とは異なり、あくまでも、不履行とは別に、故意・過失に体現されるところの帰責事由の存在を要求している点にある。その理由は、以下の通りである。

　先に触れたように、フランスにおいては、フォートを客観的に理解する見解と、それに加えて主観的要素をも考慮する見解とが存在していたところ、いずれの見解においても、手段債務の不履行のケースでは、手段債務の違反がフォートを構成する、言い換えれば、手段債務の不履行とフォートは同一の概念であると理解されていた。結果の実現に向けた行為の評価を問題とする債務類型においては、その不履行判断が、行態に対する評価であるところのフォートの存否についての判断と重なることはもちろんであり、フランスの伝統的通説が手段債務の不履行＝契約上のフォートという等式を描いたことは、いわば当然の帰結であったと言うことができる。他方、結果債務の不履行のケースについて、フォートの中で主観的要素を考慮する立場によれば、不履行判断とフォートの判断は異なりうるが、そこでは、結果債務の不履行の証明により契約上のフォートの存在が推定され、ただ、自己の責めに帰すことのできない外的原因を証明すれば、その推定が覆るという理解が暗黙の前提とされていたことに注意を要する。つまり、ここでは、手段債務と結果債務のいずれの領域においても妥当する、契約上のフォート＝債務に対する違反という定式が中核に据えられながらも、結果債務の場合には、手段債務のケースのような形では、行態についての評価が行われていないということになるのである。

　これに対して、日本の伝統的通説は、帰責事由の中身として債務者の故意・過失を設定し、かつ、この場合における過失の意味を善管注意義務違反と規定した[353]。

---

(352) 我妻・前掲注(7)100頁以下、於保・前掲注(7)93頁以下、林（安永補訂）＝石田＝高木・前掲注(13)90頁以下〔林執筆部分〕、奥田・前掲注(13)124頁以下等。

(353) 我妻・前掲注(7)106頁、於保・前掲注(7)93頁・96頁注(16)、林（安永補訂）＝石田＝高木・

既に繰り返し指摘されているように、このような理解については、手段債務の領域においては不履行の判断と善管注意義務を中核とする帰責事由の判断を明確に区別することができないという問題や[354]、全ての事例において善管注意義務違反としての過失を要求する解釈が現実に適合しない、あるいは、判例の現状を理論的に説明することができないという問題[355]が存在する。そして、前款におけるフランス法の契約上のフォートをめぐる議論の分析からは、これらの問題を発生させた根本的な原因は、契約（債務）不履行に基づく損害賠償を不法行為に基づく損害賠償のモデルに依拠させながら、フランスの伝統的通説が意識的あるいは無意識のうちに[356]行ってきた、不履行要件と帰責事由要件についての解釈論的調整を試みてこなかったことに求められる。

　フランスの伝統的通説が採用する思考枠組みは、契約不履行に基づく損害賠償と不法行為に基づく損害賠償を性質的に同一の制度として把握するところから出発して（賠償モデルに依拠した契約不履行に基づく損害賠償の構想。第1のレベルの問題）、2つの損害賠償制度における要件を同一化し（第2のレベルの問題）、多様な事案を包含しうる統一的民事フォートを構想した上で（義務ないし債務に対する違反＝客観的要素を中核とするフォートの判断。第3のレベルの問題）、フォートという要件によって不履行を吸収させる（第4のレベルの問題）という4つのレベルに整理することができる。日本の伝統的通説は、債務不履行に基づく損害賠償と不法行為に基づく損害賠償を「損害賠償債権」の名の下で統一的に論じ、2つの損害賠償制度に共通の要件枠組みを構築していた、かつての支配的学説に端を発するものであるから、第1及び第2のレベルの問題について多くの議論を展開してきたことは、当然であるとも言える[357]。しかし、そこから先の問題、つまり、第3及び第4のレベルの問題に

前掲注(13)91頁・33頁〔林執筆部分〕、奥田・前掲注(13)125頁以下等。
(354) 中野・前掲注(182)67頁以下等を参照。
(355) 長尾・前掲注(183)、平井・前掲注(13)78頁以下、吉田・前掲注(8)48頁以下等を参照。
(356) 「意識的あるいは無意識のうちに」というのは、注(255)、注(272)、注(273)、注(274)で指摘したような事情が存在するからである。
(357) 大正期から昭和初期にかけての学説の多くは、債務不履行に基づく損害賠償と不法行為に基づく損害賠償を「損害賠償債権」の名の下で統一的に論じ、2つの損害賠償制度に共通の要件枠組みを構築していた（石坂・前掲注(2)270頁以下、同『債権法大綱 全（第8版）』（有斐閣・1923年）51頁以下〔初版・1917年〕、鳩山・前掲注(2)64頁以下、津田利治＝内池慶四郎編著『神戸寅次郎民法講義（大正12年度講義録）』（慶應通信・1996年）207頁以下（以下では、「神戸」を著者として引用）、岡村玄治『債権法総論（4版）』（巌松堂書店・1929年）38頁以下〔初版・1924年〕、嘉山幹一『改版 債権総論』（敬文堂・1927年）81頁以下〔初版・1925年〕、岩田新『債権法概論』（同文館・1925年）95頁以下、同『債権法新論（増訂8版）』（有斐閣・1941年）76頁以下〔初版・1934年〕、中島弘道『民法債権法論（訂正第3版）』（清水書店・1929年）464頁以下〔初版・1925年〕、同『債権総論（全訂改版）』（巖翠堂書店・1938年）27頁以下〔初版・1928年〕、中村萬吉『日本民法論 第二分冊』（早稲田法政学会・1927年）385頁以下、富井・前掲注(2)196頁以下、勝本・前掲注(2)279頁以下、同『債権法概論（総論）』（有斐閣・1949年）153頁以下、小池隆一『日本債権法総論（第8版）』（清水書店・1941年）78頁以下〔初版・1933年〕、同『債権法総論』（泉文堂・1954年）79頁以下、池田寅二郎『債権総論 上巻』（清水書店・1934年）115頁以下、穂積重遠『債権法及び担保物権法（講義案）』（有斐閣・1934年）24頁以下、沼義雄『綜合日本民法論別巻第四 債権総論』（巌松堂書店・1936年）95頁以下、石田文次郎『債権総論講義（11版）』（弘文

◆第1章◆ 性　質

堂・1942年）113頁以下〔初版・1936年〕、同『民法大要（債権総論）』（有斐閣書房・1938年）31頁以下、同『債権総論（13版）』（早稲田大学出版部・1963年）50頁以下〔初版・1947年〕、野村平爾『新訂債権法総論（上巻）』（東山堂書房・1940年）70頁以下、浅井清信『日本債権法総論』（立命館出版部・1942年）73頁以下、同『債権法』（眞日本社・1948年）71頁以下、末川博『新版民法（上巻）』（千倉書房・1948年）190頁以下、同『債権法』（評論社・1949年）38頁以下。また、烏賀陽然良『債権総論綱要（上冊）』（巖松堂書店・1924年）は、「損害賠償ノ責任」（95頁以下）、「損害賠償ノ給付」（137頁以下）という形で整理している。

　もちろん、同時期の学説の中には、民法の体系に従って、「損害賠償債権」という項目を設けないものも存在したが、そこでの議論の内容は、統一的に論ずる学説のそれとほとんど同一と言って良い（注釈の形態を採用していた、中島玉吉『民法釋義 巻之三 債権総論上（訂正4版）』（金刺芳流堂・1924年）〔初版・1921年〕、近藤英吉＝柚木馨『註釋 日本民法（債権編総則）上巻（第3版）』（巖松堂書店・1937年）〔初版・1934年〕等は除くとしても、例えば、磯谷幸次郎『債権法論（総論）（改訂5版）』（巖松堂書店・1927年）〔初版・1917年〕、三潴信三『債権法提要 総論 上冊（第9版）』（有斐閣・1936年）〔初版・1923年〕、沼義雄『債権法要論（3版）』（日本大学・1925年）〔初版・1924年〕（もっとも、1936年に刊行された、前掲「総論」では、「損害賠償債権」の項目が設けられている）、中島玉吉『債権総論（第4版）』（金刺芳流堂・1930年）〔初版・1928年〕、大谷美隆『債権総論（3版）』（明治大学出版部・1929年）〔初版・1927年〕、末弘嚴太郎『債権総論』（日本評論社・1928年）、吾孫子勝『債権法要論（4版）』（巖松堂書店・1930年）〔初版・1928年〕、林信雄『判例を中心としたる債権法論（総論）』（凡進社・1934年）、同『債権法総論』（巖松堂書店・1941年）、同『新民法概論（財産編・下）』（青也書店・1948年）（もっとも、林信雄の3冊の教科書においては、債務不履行に続く、「不履行に基く債権の効力」の箇所で、損害賠償請求権全般に妥当する叙述がなされている）、我妻栄『債権法講義案』（岩波書店・1937年）、須賀喜三郎『債権総論』（巖松堂書店・1938年）、近藤英吉『民法要義』（松華堂・1938年）、中川善之助『民法大綱 中巻』（日本評論社・1944年）等）。

　これらの学説により、債務不履行に基づく損害賠償に関する伝統的通説の骨格が形成されることになったが（以下の叙述の詳細については、第2部・第1章・第2節・第1款・第2項546頁以下を参照）、そこでは、まず、ドイツ民法とは異なり「損害賠償債権」について統一的な規定を持たない日本の民法に対して、辛辣な批判が提起された上で、2つの損害賠償が同一の性質を持つことが強調されていた（石坂・前掲注(2)273頁、同・前掲書52頁、鳩山・前掲注(2)64頁以下・68頁、富井・前掲注(2)198頁以下、三潴・前掲書21頁以下、中島(玉)・前掲「釋義総論」454頁、勝本・前掲注(2)281頁以下・294頁・296頁、沼・前掲「総論」104頁、岩田・前掲「概論」96頁、同・前掲「新論」79頁、小池・前掲「日本債権法」78頁以下、同・前掲「総論」80頁、石田・前掲「講義」116頁、池田・前掲書119頁、野村・前掲書74頁以下、近藤＝柚木・前掲書175頁以下、浅井・前掲「総論」76頁、同・前掲「債権法」74頁以下、末川・前掲「民法」190頁、同・前掲「債権法」38頁等）。また、2つの損害賠償請求権に共通する要件枠組みとして、責任原因（故意・過失）、損害の発生、因果関係が設定されたのである（石坂・前掲注(2)275頁以下、同・前掲書53頁以下、鳩山・前掲注(2)69頁以下、三潴・前掲書216頁以下、神戸・前掲書211頁以下（ただし、責任原因、損害、義務者起因を挙げ、第3の要件の中に、因果関係と故意・過失を含める）、岡村・前掲書40頁以下、嘉山・前掲書84頁以下、中島(弘)・前掲「債権法論」467頁以下、同・前掲「総論」29頁以下、中村・前掲書387頁以下、富井・前掲注(2)201頁以下（ただし、責任原因と過失を別の要件とする）、勝本・前掲注(2)308頁以下、同・前掲書164頁以下、烏賀陽・前掲書142頁以下（ただし、責任原因のほかに、「賠償義務者ノ責ニ帰スヘキ行為アリタルコト」を要求する）、池田・前掲書120頁以下、沼・前掲「要論」90頁以下、同・前掲「総論」104頁以下、大谷・前掲書152頁以下、小池・前掲「日本債権法」83頁以下、同・前掲「総論」83頁以下、石田・前掲「講義」119頁以下、同・前掲「大要」33頁以下、同・前掲「総論」57頁以下、林・前掲「判例」98頁以下、同・前掲「総論」141頁以下、野村・前掲書78頁以下、須賀・前掲書92頁以下、浅井・前掲「総論」78頁以下、同・前掲「債権法」75頁以下等）。

　その後の学説は、債務不履行に基づく損害賠償と不法行為に基づく損害賠償を統一的に論ずるための手法を放棄した結果、2つの損害賠償債権に関する性質の同一性や損害賠償債権発生のための3要件を明確な形で提示することは少なくなったが、その基礎に、上記のような理解が存在していることは明らかである（我妻・前掲注(7)98頁以下、於保・前掲注(7)89頁以下、奥田・前掲注(13)122頁以下、林（安永補訂）＝石田＝高木・前掲注(13)86頁以下〔林執筆部分〕のほか、山中康雄『債権法総則講義』（巖松堂書店・1948年）82頁以下、西村信雄『債権法総論』（法律文化社・1950年）68頁以下、柚木馨『判例債権法総論 上巻』（有斐閣・1950年）99頁以下、柚木馨（高木多喜男補訂）『判例債権法総論（補訂版）』（有斐閣・1971年）82頁以下、林信雄＝石川利雄『日本

◆ 第1節 ◆ 帰責と実現

関して言うと、伝統的通説は、ほとんど議論を行ってこなかった。すなわち、少なくとも、債務不履行の領域においては、多様な事案をカバーしうるだけの過失ないし帰責事由の判断枠組みが構築され、それが一般的に受け入れられることはなかったし[(358)(359)]、債務者の故意・過失によって体現されるところの帰責事由と不履行と

民法（財産編）』（評論社・1952年）296頁以下、吾妻光俊『民法債権総論―完』（弘文堂・1953年）19頁以下、同『例解民法精義債権総論・債権各論』（白桃書房・1955年）21頁以下、永田菊四郎『新民法要義（第三巻上 債権総論）』（帝国判例法規出版社・1956年）78頁以下、吉田久『日本民法論（債権編総論）』（巌松堂書店・1956年）176頁以下、松坂佐一『民法提要 債権総論（第4版）』（有斐閣・1982年）66頁以下〔初版・1956年〕、津曲蔵之丞『債権総論 上巻』（青林書院・1959年）92頁以下、宮川澄『民法講義債権』（青木書店・1960年）45頁以下、石本雅男『債権法総論』（法律文化社・1961年）54頁以下、金山正信『債権総論』（ミネルヴァ書房・1964年）54頁以下、澤井裕『テキストブック債権総論』（有斐閣・1980年）31頁以下等）。

(358) 大正期から昭和初期の学説は、過失とは債務の履行に際して必要な注意を尽さなかったことを意味し、その標準は400条の善管注意義務に求められると説明するのが一般的であった（石坂・前掲注(2)412頁以下・433頁以下、同・前掲注(357)83頁以下、鳩山・前掲注(2)23頁以下・157頁以下、磯谷・前掲注(357)163頁以下、三潴・前掲注(357)196頁以下、神戸・前掲注(357)213頁、中島（玉）・前掲注(357)「釋義総論」484頁以下、同・前掲注(357)「総論」152頁以下、嘉山・前掲注(357)168頁以下、沼・前掲注(357)「要論」94頁以下、同・前掲注(357)「総論」109頁以下、勝本・前掲注(2)316頁以下、同・前掲注(357)167頁以下（ただし、いずれも、責任原因としての「過失」を論じたコンテクストにおける叙述である。注(359)で言及するように、債務不履行領域における帰責事由の中身については、同時期の学説とは若干異なる理解を示している）、吾孫子・前掲注(357)88頁以下、中島（弘）・前掲注(357)「債権法論」493頁以下、同・前掲注(357)「総論」55頁、末弘・前掲注(357)66頁以下・67頁以下(17)、中村・前掲注(357)412頁以下、近藤＝柚木・前掲注(357)54頁以下・130頁以下、大谷・前掲注(357)412頁以下、烏賀陽・前掲注(357)99頁以下、野村・前掲注(357)81頁以下、浅井・前掲注(357)「総論」89頁以下等）。そして、その後の学説も、基本的には、このような理解を踏襲することになる（我妻・前掲注(7)106頁、於保・前掲注(7)93頁・96頁注(16)、奥田・前掲注(13)125頁、林（安永補訂）＝石田＝高木・前掲注(13)33頁・91頁〔林執筆部分〕のほか、山中・前掲注(357)92頁以下、柚木・前掲注(357)75頁以下、柚木＝高木補訂・前掲注(357)90頁以下、永田・前掲注(357)79頁、松坂・前掲注(357)70頁、石本・前掲注(357)109頁以下等）。

(359) 注(358)で引用した学説（及び同時期の学説）は、いずれも、帰責事由の中身を債務者の故意・過失（及び信義則上これと同視すべき事由としての履行補助者の故意・過失）と捉えることを前提としていたが（表現の相違はある。注(352)で引用した文献のほか、石坂・前掲注(2)487頁、鳩山・前掲注(2)155頁、磯谷・前掲注(357)229頁・236頁、三潴・前掲注(357)190頁、神戸・前掲注(357)245頁、中島（玉）・前掲注(357)「釋義総論」472頁以下、同・前掲注(357)「総論」148頁、吾孫子・前掲注(357)81頁・87頁以下、岡村・前掲注(357)71頁、嘉山・前掲注(357)164頁（「債務ノ本旨ニ従フ状態ヲ実現セサラシメ且其結果ヲ債務者ニ引受ケシムルヲ正当ト為スヘキ事由」。通常は故意・過失）、中島（弘）・前掲注(357)「債権法論」494頁、同・前掲注(357)「総論」55頁・57頁、烏賀陽・前掲注(357)144頁、大谷・前掲注(357)108頁、沼・前掲注(357)「要論」90頁以下・103頁以下、同・前掲注(357)「総論」105頁以下・203頁、岩田・前掲注(357)「概論」98頁、同・前掲注(357)「新論」82頁、小池・前掲注(357)「日本債権法」84頁、同・前掲注(357)「総論」84頁、末弘・前掲注(357)66頁、石田・前掲注(357)「講義」219頁、同・前掲注(357)「大要」92頁、同・前掲注(357)「総論」58頁以下・180頁（債務者の故意・過失、信義誠実の原則上債務者に不履行の責任を負担させることが正当であると考えられる事由）、野村・前掲注(357)142頁以下（広く社会観念上債務者をして責に任ぜしめるのを正当とするが如き一切の事由、つまり、債務者の故意・過失、人的理由、履行補助者の故意・過失）、近藤＝柚木・前掲注(357)128頁、近藤・前掲注(357)432頁（故意・過失、広く債務者をして責任を負はしむるを相当とするすべての事由。つまり、債務者の人的事由、履行補助者の過失）、林・前掲注(357)「判例」100頁、同・前掲注(357)「総論」124頁、同・前掲注(357)「民法」171頁、浅井・前掲注(357)「総論」91頁以下、石本・前掲注(357)74頁、吾妻・前掲注(357)「総論」21頁、同・前掲注(357)「精義」22頁、柚木・前掲注(357)109頁以下、永田・前掲注(357)79頁等）、これとはニュアンスを異にする見解が存在しなかったわけではない。

例えば、勝本正晃は、帰責事由について、必ずしも故意・過失を意味するわけではなく、債務

の関係に注意が払われることもなかったのである(360)。

もちろん、第3のレベルの問題に関しては、一部の学説によって、債務不履行の過失の内容は、契約等による債務内容の差異を反映して、高度な注意義務からそれほどではないものまで、無過失責任、軽過失責任、重過失責任等、連続的なカーブを描くものであることが指摘されており(361)、議論が存在しなかったわけではない(362)。しかし、不法行為における過失判断のように、過失それ自体の中身につい

者は、信義誠実に従って、自己の資力により債務を履行すべき義務を負うのであるから、このような者が債務を履行するために要求される責任は、一般的な不法行為の場合よりも幾分重いと述べて、履行補助者の故意・過失をその例として挙げる（勝本・前掲注(2)333頁以下、同・前掲注(4)307頁以下、同・前掲注(357)169頁以下）。ここまでは、上に引用した見解とほぼ同じである。しかし、勝本は、そこから更に、以下のように述べているのである。これは、「立法上の問題として見るときは相当に議論の余地があり得る」。「債務者の責に帰すべからざる理由に因り給付義務を免るるは、かかる場合に責任を認むることが、一般の社会観念上、信義衡平の原則に反すると看做さるるが為めである。従って其処には多分に道義的観念が存するが故に、逆に若し道義的観念にして、反対の場合を許す場合には、不可抗力に対しても責任が認めらるることになるのであって、此点から無過失損害賠償責任の如きも認め得ることになるのである」。従って、「債務者の責に帰すべからざる事由、殊に不可抗力に対する責任は、債権其物の本質とは、直接関係なき理由に基づくものであるを以て、立法上に於ては、此責任を指導する基礎理論の如何に依って、かなり、我民法の原則と異なる結果をも導き得る」（同・前掲注(4)310頁以下）。従って、勝本においては、立法論のレベルではあるが、帰責事由を要件としない債務不履行責任の可能性が模索されていたと見ることができるのである。

(360) 債務不履行に基づく損害賠償と不法行為に基づく損害賠償を統一的に論ずる学説は、「損害賠償債権」という項目の下で（あるいは、それとは別の項目の中で)、責任原因、損害、因果関係の3要件を詳しく述べた後、債務不履行を説明する部分では、それを繰り返しつつ、特に過失との関係に言及することなく、不履行の態様を述べるのが一般的であったし（石坂・前掲注(2)271頁以下、同・前掲注(357)51頁以下、鳩山・前掲注(2)64頁以下・128頁以下、神戸・前掲注(357)207頁以下・244頁以下、嘉山・前掲注(357)81頁以下・155頁以下、岡村・前掲注(357)38頁以下・71頁以下、富井・前掲注(2)196頁以下、沼・前掲注(357)「総論」95頁以下、池田・前掲注(357)115頁以下、中島(弘)・前掲注(357)「債権法論」464頁以下・492頁以下、同・前掲注(357)「総論」27頁以下・53頁以下、中村・前掲注(357)385頁以下・418頁以下、穂積・前掲注(357)24頁以下・35頁以下、勝本・前掲注(2)279頁以下、同・前掲注(357)153頁以下・331頁以下、岩田・前掲注(357)「新論」76頁以下、小池・前掲注(357)「日本債権法」78頁以下・136頁以下、同・前掲注(357)「総論」79頁・120頁以下、石田・前掲注(357)「講義」113頁以下・209頁以下、同・前掲注(357)「大要」31頁以下・86頁以下、同・前掲注(357)「総論」50頁以下・168頁以下、野村・前掲注(357)70頁以下・131頁以下、浅井・前掲注(357)「総論」73頁以下・118頁以下、同・前掲注(357)「債権法」71頁以下・107頁以下、末川・前掲注(357)「民法」190頁以下・193頁以下、同・前掲注(357)「債権法」38頁以下・50頁以下)、2つの損害賠償を統一的に論じない学説においても、これとほぼ同じ叙述をするに止まっていたのである（磯谷・前掲注(357)163頁以下、三潴・前掲注(357)111頁以下、中島(玉)・前掲注(357)「釋義総論」448頁以下、同・前掲注(357)「総論」143頁以下、沼・前掲注(357)「要論」86頁以下、末弘・前掲注(357)55頁以下、近藤＝柚木・前掲注(357)122頁以下、大谷・前掲注(357)73頁以下、烏賀陽・前掲注(357)95頁以下、吾孫子・前掲注(357)96頁以下、林・前掲注(357)「判例」76頁以下、同・前掲注(357)「総論」121頁以下、同・前掲注(357)「民法」165頁以下、須賀・前掲注(357)89頁以下、近藤・前掲注(357)427頁以下、中川・前掲注(357)32頁以下等)。
(361) 川島・前掲注(17)101頁（このような理解の背後には、債務不履行に基づく損害賠償に関する一定の歴史的な見方（更に言えば、川島の歴史認識一般）が存在する。この点については、後掲・注(364)のほか、第2部・第1章・第1節368頁以下も参照)、加藤・前掲注(184)151頁（また、同書の基になった、同「新民法体系Ⅲ債権総論 債務不履行の帰責事由」法教281号（2004年）70頁以下も参照）等。
(362) 伝統的通説の中にも、過失判断の基礎となる注意義務の程度について、当事者の合意によって修正が可能であることを認めるものも存在した（石坂・前掲注(2)434頁、同・前掲注(357)87頁、鳩山・前掲注(2)24頁、磯谷・前掲注(357)166頁以下、三潴・前掲注(357)200頁以下、中島

て、そこに軽重の差を認めることは可能であっても、過失責任の原則、つまり、過失を帰責の根拠とする立場を前提としながら[363]、注意義務違反の存在を問わない責任類型を認めることは、過失ないし帰責事由の理解を変質させるか、ほかの帰責根拠を説明しない限り不可能である[364]。この点については、帰責事由が問題とな

(玉)・前掲注[357]「釋義總論」485頁、吾孫子・前掲注[357]90頁、勝本・前掲注[2]339頁以下、同・前掲注[357]172頁以下、浅井・前掲注[357]「總論」95頁、同・前掲注[357]「債權法」88頁以下等。とりわけ、この点を強調していたのが、池田・前掲注[357]122頁以下である。過失責任の原則は、「契約ニ因ル債務ノ不履行ニ付テハ必スシモ常ニ然ラス蓋シ契約ニ因ル債務ニ於テハ債務ノ内容ハ当事者ノ意思ニ因リテ定マリ債務者カ債務ノ履行トシテ目的タル給付（中略）ヲ完成スルニ付キ如何ナル程度ノ注意ヲ用ユヘキヤ換言セハ如何ナル程度ノ責任ヲ引受ケタリヤハ契約当事者ノ意思ニ依リテ定マルモノナリ、左レハ契約ニ因ル債務ノ不履行ニ付キ責任アリヤ否ヤモ其ノ引受ケタル注意ノ程度如何ニ従ヒ其ノ程度ノ注意ヲ欠クヤ否ヤニ依リテ定マルモノニシテ即チ責任ノ有無ハ先以テ契約ノ趣旨ニ因リテ定マルモノト云フヲ正確ナリトス」）。

もっとも、これは、本文で述べた見解のように、契約や債務の性質それ自体によって過失の判断枠組みが変化しうると理解するものではなく、あくまでも、特別の合意によって過失の標準が修正される可能性がありうることを認めたものである点に注意が必要である。確かに、過失の標準を修正する合意の認定方法によっては、つまり、契約ないし債務の類型によって黙示的に上記のような合意が認定されるというのであれば、本文のような理解と相違はないと言えるが、先に引用した学説がそのような趣旨を説いているようには見えないのである。

[363] 債務不履行の領域における過失責任の原則は、帰責事由の中身を債務者の故意・過失として把握する理由として、あるいは、履行遅滞のケースにおいても帰責事由が必要であるとの理解を正当化する根拠として、古くから強調されていたことである（明確なものとして、石坂・前掲注[2]276頁以下、同・前掲注[357]53頁、鳩山・前掲注[2]69頁以下、磯谷・前掲注[357]225頁、三潴・前掲注[357]219頁、神戸・前掲注[357]213頁、嘉山・前掲注[357]85頁以下、岩田・前掲注[357]「概論」95頁、同・前掲注[357]「新論」78頁、富井・前掲注[2]215頁、中島（弘）・前掲注[357]「債權法論」467頁、同・前掲注[357]「總論」30頁、沼・前掲注[357]「總論」105頁、小池・前掲注[357]「日本債權法」83頁以下、同・前掲注[357]「總論」84頁、勝本・前掲注[2]312頁、同・前掲注[357]165頁、中村・前掲注[357]387頁・411頁、石田・前掲注[357]「總論」58頁以下、須賀・前掲注[357]94頁、野村・前掲注[357]80頁、林・前掲注[357]「判例」101頁、同・前掲注[357]「總論」143頁、浅井・前掲注[357]「總論」89頁、同・前掲注[357]「債權法」84頁等）。

[364] ここには、2つのレベルの問題が存在する。1つは、結果債務の不履行に関する責任をフォートに基づかない責任として構成するフランスの学説が抱えるのと同じ問題、すなわち、債務者の無過失責任を基礎付ける根拠が明確にされていないという問題である。この点に関して、川島武宜は以下のように述べている。415条の本来的な意味からすれば、債務不履行責任に故意・軽過失が必要であるが（川島・前掲注[17]96頁)、「資本制社会における人間関係が圧倒的に契約債権関係となり、その上にすべての経済的社会的関係が安定するようになった結果、債権関係に対する信頼はいっそう強くなり、したがって、法的にこれを確保しようとする傾向を生ずる。その結果、多くの契約関係（運送・工場労働など）においては、債務者は、一定の行為をなす債務をおうと言うよりは、むしろ一定の結果の成立存在をひきうけ或は保障する債務をおうと解するのを至当とするにいたった」。「これらの債務においては、故意過失は損害賠償責任の発生にとって積極的には必要でなく、債務者の免責は、きわめて限定された条件のもとにおいてのみ認められるにすぎない」。「しかし、この場合においても、主体的な『責任』の原理は否定されているのではない。ここでも、その責任者が、そのような、特殊な重い責任をおわせるような地位に、企業活動をとおして、主体的に自らをおいたことによって、その重い責任が生ずるのだからである」（同書100頁)。ここでは、今日の有力説が説く結果保証に類似した考え方が提示されており、これが無過失責任の根拠ともなりうる。もっとも、最後の引用部分によれば、この結果保証に類似した責任は、企業活動における、ある種のリスクの帰結として把握されており、一定の企業における一定の取引に限定されざるをえないものである。

もう1つは、原理のレベルの問題、すなわち、何故に帰責事由が求められているのかという問題である。先に引用した部分からも明らかとなるように、川島においては、債務不履行に基づく損害賠償は、債務者の責任として捉えられているから、帰責事由が損害賠償責任を債務者に転嫁するためのファクターとして機能していることは明らかである（その結果、債務不履行に基づく

◆第1章◆性　質

らない領域においては、帰責事由不存在の抗弁が提出されないことになるから問題は存在しない旨の説明がなされているが[365]、理論的な正当化としては不十分である。というのは、帰責事由の不存在を抗弁として位置付ける理由が明らかでないからである。

　確かに、判例は、古くから、帰責事由について、その不存在につき債務者が証明すべきものと判断しており[366]、この点は、学説上も、ほぼ異論なく承認されていると言える[367]。しかし、このような証明責任の所在のあり方は、契約（債務）不履行

　　損害賠償は、帰責事由によって表現されるところの過失に基づく責任と、企業リスクに基づく無過失責任の二元的な構成になる）。これに対して、加藤雅信の見解においては、帰責事由が抗弁であることが強調されているが（加藤・前掲注(184)148頁以下）、それが、債務不履行に基づく損害賠償の構造の中で、どのような役割を持つ要素なのかが明確にされていない。そもそも、帰責事由という要素が持つ役割を明らかにしなければ、その中身を語ることはできないし（伝統的通説は、帰責事由を、過失責任の原則に基礎を置く帰責のファクターとして理解することから出発し、そこから、それを債務者の故意・過失として捉えるに至っているのである）、また、それを抗弁として位置付けることもできないはずなのである。ここに、加藤雅信の見解において、川島のように、無過失責任の根拠を説明するという問題関心が見られない理由を求めることができるように思われる（この点については、森田＝加藤(雅)＝加藤(新)・前掲注(185)21頁以下における議論からも明らかとなる）。

(365)　加藤・前掲注(184)151頁以下。また、潮見佳男＝加藤雅信＝加藤新太郎「債務不履行論の現在と未来」加藤雅信＝加藤新太郎編著『現代民法学と実務（中）』（判例タイムズ社・2008年）29頁以下〔初出・2005年〕、森田＝加藤(雅)＝加藤(新)・前掲注(185)21頁以下における議論も参照。このような説明は、加藤雅信が代表を務める民法改正研究会の改正提案を説明するに際しても、繰り返し述べられている（加藤雅信「「日本民法改正試案」の基本枠組」民法改正研究会・前掲注(81)「世界の民法典」29頁以下〔初出・2008年〕、民法改正研究会（文責・加藤雅信）「民法改正一問一答 学界との対話」同・前掲注(81)「国民・法曹・学界有志案」72頁以下、伊藤栄寿「弁護士会との対話」同・前掲注(81)「国民・法曹・学界有志案」101頁（講演会における加藤回答）、座談会・前掲注(82)「裁判実務」64頁以下（加藤発言）、加藤雅信＝芦野訓和＝中野邦保＝伊藤栄寿「「民法改正国民シンポジウム：『民法改正国民・法曹・学界有志案』の提示のために」を終えて（下）」法時82巻3号（2010年）104頁（鹿島コメントに対する加藤回答）、加藤雅信『民法（債権法）改正──民法典はどこにいくのか』（日本評論社・2011年）35頁以下（なお、同「民法典はどこにいくのか──その1　法制審の議論にみる民法典改悪への影響」法時82巻9号（2010年）94頁）。なお、民法改正研究会案に対する評価については、第2部・第2章・第1節・第2款・第1項788頁以下を参照）。
(366)　大判大正10年5月27日民録27輯963頁、大判大正14年2月27日民集4巻97頁、大判昭和7年5月17日新聞3413号11頁、大判昭和11年3月7日民集15巻5号376頁、大判昭和12年12月24日新聞4237号7頁、最判昭和34年9月17日民集13巻11号1412頁等。
(367)　古くからの一般的理解である。石坂・前掲注(2)489頁以下・580頁、同・前掲注(357)97頁以下、鳩山・前掲注(2)137頁・160頁、磯谷・前掲注(357)170頁・205頁、三潴・前掲注(357)201頁以下、中島(玉)・前掲注(357)「釋義總論」344頁、同・前掲注(357)「総論」130頁、沼・前掲注(357)「要論」116頁、嘉山・前掲注(357)188頁、近藤＝柚木・前掲注(357)161頁、富井・前掲注(2)216頁、小池・前掲注(357)「日本債権法」85頁・144頁、末弘・前掲注(357)59頁、石田・前掲注(357)「講義」118頁・211頁、同・前掲注(357)「大要」87頁、同・前掲注(357)「総論」59頁・170頁、野村・前掲注(357)147頁以下、中村・前掲注(357)431頁、穂積・前掲注(357)38頁・42頁、林・前掲注(357)「判例」83頁・86頁、同・前掲注(357)「総論」125頁・128頁、同・前掲注(357)「民法」167頁、浅井・前掲注(357)「総論」94頁・96頁以下・121頁以下、同・前掲注(357)「債権法」89頁以下・110頁以下、川島・前掲注(17)97頁以下・116頁、吾妻・前掲注(357)「総論」21頁・25頁、西村・前掲注(357)70頁、柚木・前掲注(357)108頁・130頁、林＝石川・前掲注(357)297頁以下、宮川・前掲注(357)61頁、永田・前掲注(357)82頁、柚木＝高木補訂・前掲注(357)89頁・107頁、我妻・前掲注(7)105頁・146頁、於保・前掲注(7)95頁・107頁、松坂・前掲注(357)70頁、林（安永補訂）＝石田＝高木・前掲注(13)94頁〔林執筆部分〕、奥田・前掲注(13)124頁・148頁以下、澤井・前掲注(354)34頁等。

130

に基づく損害賠償を不履行によって生じた損害の賠償を目的とする制度として理解する立場、すなわち、帰責事由というファクターを債務者に損害賠償責任を課すための枠組みとして把握する立場を前提に、論理の問題として考えるならば、それほど自明の事柄とは言えない(368)。むしろ、損害賠償責任の根拠であるはずの帰責事由の存在について債権者側が主張しなければならないと理解するのが自然である(369)。証明責任のレベルで、契約（債務）不履行に基づく損害賠償の原理と調和しない解釈を行う以上、それが判例・実務に従ったものであるとしても、その解釈を理論的に正当化するための説明が求められるのではないか。

　このように見るならば、日本の伝統的通説は、契約（債務）不履行に基づく損害賠償の領域に不法行為に基づく損害賠償の思考モデルを導入し、両者に共通の要件枠組みを構築しようとしたものの、フランスにおける伝統的理解とは異なり、契約（債務）不履行に基づく損害賠償における独自の要件である不履行を維持し、帰責事由の内実を行為態様の評価に求めたことから、上記のような問題を抱えることになったと言うことができよう。確かに、伝統的通説の下では、損害賠償責任の帰責枠組みについて、2つの損害賠償が同一に扱われ、帰責事由という要件が、不法行為領域における故意・過失と同じ役割を果たすものとして、つまり、損害賠償債務の発生原因として観念され、かつ、不法行為法における故意・過失と同じ中身を持つものとして理解されるに至った。しかし、その一方で、不履行という要件を維持したために、2つの損害賠償制度の枠組みを完全に同一化するには至らなかったし、フランスにおいて結果債務の違反がフォートとして観念されるような形で、帰責事由の中身が柔軟に理解されることもなかったのである。以上のことを本書の分析視角を用いて表現するならば、日本の伝統的な議論は、不法行為＝賠償モデルの発想を基礎としながら、フランスの学説とは異なり、それを徹底することができなかったということになろう。ここに、伝統的通説が抱える問題の根源を指摘することができるのである。

---

(368) 注(366)で引用した大判大正14年2月27日民集4巻97頁は、帰責事由不存在の主張・立証責任が債務者にあることの正当化として、給付の不能があれば一応過失の存在は推定されること、民法419条2項（現、同条3項）との対比のほかに、以下のような論拠を挙げている。「給付ノ不能ニ基ク損害賠償請求権ハ給付不能ニ因リ新ニ発生スルモノニ非スシテ本来ノ債権ト同一権利ニシテ単ニ其ノ内容ヲ変更シタルニ過キサルモノト解スヘキヲ以テ給付ノ不能夫自体ハ給付義務ヲ免レシムルモノニ非ス従テ債務者ニ於テ給付義務ヲ免シムトセハ給付ノ不能カ自己ノ責ニ帰スヘカラサル事由ニ因ルコトヲ主張シ且立証セサルヘカラサルモノト解スルヲ相当トス」。しかしながら、このような損害賠償請求権と本来の債権の同一性という理由自体、契約（債務）不履行に基づく損害賠償を不履行によって生じた損害を賠償するための制度として捉えるモデル（賠償モデル）と相容れないものである。この点については、本章・第2節・第2款・第1項195頁以下を参照。

(369) 潮見佳男「債務不履行の構造と要件事実論──債務不履行を理由とする損害賠償請求における要件事実論と民法学」同『債務不履行の救済法理』（信山社・2010年）154頁以下・179頁以下〔初出・2005年〕を参照。

(2) 帰責事由と不履行の同化の論理構造

次に、契約＝賠償モデルを基礎として、契約と帰責事由要件との関連性を説く近時の有力学説について考えてみよう。

契約（債務）不履行に基づく損害賠償を不履行によって惹起された損害を賠償するための責任制度として捉える限り、かかる責任を債務者に対して転嫁するための枠組みが必要となる。契約（債務）不履行に基づく損害賠償は、契約債務の履行を実現するプロセスではなく、それとは別の賠償を目的とする責任事例として位置付けられることになるからである。フランスの伝統的通説が、契約上のフォートを、「責任を生じさせる行為ないし所為」として捉え、それによって債務者への帰責を実現していることは既に述べた通りであり、過失責任の原則を強調する日本の伝統的通説も、これと同じく、債務者の故意・過失と同視されるところの帰責事由に、帰責の根拠を求めているものと見ることができた。

これに対して、近時の有力学説は、過失責任の原則に基礎付けられた帰責原理を批判し、契約ないし契約債務を起点とした「契約責任」論を展開しており、この点において、損害賠償責任を債務者に負担させるための要件として帰責事由を設定する必然性はないようにも見える。しかし、仮に「契約責任」が契約に基づく責任であるとしても、それを不履行によって生じた損害を賠償するための制度として把握するのであれば、理論上、契約不履行に基づく損害賠償は、本来的な契約債務の履行とは別個の賠償責任と構成されることになるから、この場合にも、帰責を正当化する要素を不履行とは別の形で提示しなければならないことに変わりはない。従って、ここで、帰責事由という要件は、文字通り、損害賠償責任を債務者に帰責するための枠組みとして機能することになるのである。

ここで、近時の有力学説が説く帰責事由の意味を確認してみよう。今日の有力な潮流によれば、債務不履行責任における帰責性は、約束したことを履行しなかったこと、つまり、債務者が自らの意思によって設定した契約規範に従わなかったことに求めることができ、その帰責の根拠は、契約の拘束力にあるとされる[370]。あるいは、債務不履行責任の帰責原理としては、保証された事態が発生しない場合に、債務者の具体的行為の当否を問題にすることなく、結果保証を帰責事由として責任を負わせる保証責任と、履行過程における給付義務の具体化としての行為義務の違反を問題とする過失責任が存在するとも説かれている[371]。

言うまでもなく、これらの見解によれば、帰責事由の存否は、不履行と一体的に判断されることになる。それにもかかわらず、ここで帰責事由という要素が維持されているのは、先に述べたように、帰責事由という判断枠組みがなければ、契約不履行に基づく損害賠償を債務者に転嫁することができないと考えられたからである

---

(370) 森田・前掲注(8)46頁以下。
(371) 潮見・前掲注(9)267頁以下。

と見ることができる。そうであるからこそ、近時の学説は、債務者が自らの意思によって設定した契約規範に従わなかったことを帰責事由と構成したり、あるいは、保証引受の主観的モメントを帰責事由とする保証責任[372]、給付義務の具体化としての行為義務違反を帰責事由とする過失責任という2つの帰責原理を構想したりすることで、帰責事由という要件に、債務者に対し損害賠償責任を課すためのファクターとしての役割を与えようとしているのである[373]。

もちろん、こうした帰責のプロセスを、帰責事由という枠組みの外で行うことも考えられる。フランスにおいては、結果債務の不履行に基づく責任を、フォートに基づかない客観的責任として把握しようとする立場が存在したが、これは、契約上のフォートの枠外で、契約不履行に基づく損害賠償における帰責の原理を構築しようとするものである。しかし、既に言及したように、この学説は、リスクや因果関係といった視点を提示していたものの、必ずしもフォートに代わる帰責原理を説得的な形で示すことはできていなかった。確かに、債務不履行と過失の完全な一元化を構想し、債務内容及びその違反レベルに議論を一元化して、主観化され過ぎていた債務不履行責任の客観化を志向することは[374]、判例の現状に適合的な理解であり、(1)で述べたような伝統的通説の理論的問題を回避しうるという点において、魅力的な解釈ではある。しかし、帰責事由という枠組みを捨てたとき、それに代わる新たな帰責の枠組みを、手段債務の類型のみならず、結果債務の類型についても構築しうるかどうかには、なお疑問が残ると言わなければならないであろう。

結局、日本の従来の学説においては、契約（債務）不履行に基づく損害賠償は債務不履行によって惹起された損害を賠償するための責任制度であるという理解が暗黙の前提とされているために、たとえ不履行と一体的に判断される関係にあろうと

---

[372] これは、笠井・前掲注(9)1頁以下・331頁以下によって提示されている保証責任の帰責構造である。

[373] 過失責任という帰責原理とは別に保証責任を構想する学説が、保証責任を基礎付けるためのモメントを提示し、それを帰責事由の中に読み込もうとしてきたのは（ニュアンスの相違はあるが、潮見・前掲注(9)267頁以下〔また、同「契約責任における「過失の標準」」同『契約責任の体系』（有斐閣・2000年）177頁以下〔初出・1993年〕、同・前掲注(121)「免責事由」130頁以下、同「「なす債務」の不履行と過失の判断構造」同・前掲書211頁以下〔初出・1996年〕も参照）、笠井・前掲注(9)1頁以下・331頁以下、円谷・前掲注(9)「現代契約法の課題」193頁以下のほか、渡邉拓「ドイツにおける性質保証概念の展開」神戸47巻2号（1997年）428頁、同「帰責事由としての性質保証と損害担保——ドイツ債務法改正における損害担保責任の導入とその企業買収実務に与える影響を参考にして」静法8巻3＝4号（2004年）194頁以下（また、同「性質保証の表示と制限的文言(1)(2・完)——最近のドイツ法における議論を中心に」静法4巻4号（2000年）163頁以下、5巻1号385頁以下、同「性質保証責任と免責条項の関係についての序章的考察」石田喜久夫先生古稀記念『民法学の課題と展望』（成文堂・2000年）523頁以下、同「スイス債務法における性質保証責任論の系譜(1)(2・完)」静法6巻1号（2001年）81頁以下、2号173頁以下、同「性質保証の証明責任」横国15巻1号（2006年）41頁以下、同「損害担保責任(Garantiehaftung)の法的性質について——2002年ドイツ債権法改正後の法状況」横国16巻1号（2007年）87頁以下も参照））、まさに、帰責事由を、損害賠償責任転嫁のためのファクターとして観念しつつ、その中身を柔軟化する目的に出たものと評価することができよう。

[374] 吉田・前掲注(8)43頁以下。

も、損害賠償責任を債務者に転嫁するためのファクターとして、帰責事由という枠組みが維持され続けていると言うことができるように思われる[375]。

◇第 2 項　履行方式としての契約不履行に基づく損害賠償と不履行＋限界

　第 1 項においては、本書冒頭で提示した契約不履行に基づく損害賠償に関する 2 つの理論モデルのうち、賠償モデルについて、日本法における帰責事由論の展開を踏まえ、不法行為＝賠償モデル、契約＝賠償モデルという下位モデルを設定し、それぞれの下位モデルにおける帰責事由の意義及びその論理構造を明らかにした。また、不法行為＝賠償モデルを前提とする伝統的通説の枠組みに関しては、フランスにおける議論の分析から得られた成果を基に、その論理構造に内在する問題点を指摘した。

　本項における課題は、前項の分析結果を受ける形で、本書冒頭で提示したもう 1 つのモデル、つまり、履行モデルの下において、その要件枠組みがどのような形で構築されるのか、とりわけ、帰責事由にどのような法学的意味が与えられるのかという点を明らかにすることにある。その際、第 1 項においては、その論理構造を提示するだけに止めておいた契約＝賠償モデルにおける帰責事由の意義及び論理構造との対比を行いつつ、このモデルの問題と限界を指摘することを通じて、履行モデルの意義及びその有用性と優位性を明らかにしていくことにしよう。

(1) 合意の意味と不履行＋限界の有用性

　ここでは、まず、近時の学説が強調する「契約を起点に据えた契約責任」、「契約に基づく責任」、「新たな契約責任」[376]とは何かを、帰責のコンテクストに即しても

---

[375] 従って、「わが国の新理論が帰責事由の語を用いる理由は、必然的なものではなく、民法 415 条の解釈上、それが要件とされているからにすぎないとの見方も可能である」との評価（小粥・前掲注(10)121 頁）には、一定の留保が必要であろう。
　　まず、本文で述べたように、伝統的通説においても、近時の有力学説においても、「債務者の責めに帰すべき事由」は、債務者に対して損害賠償責任を課すために必要不可欠な要素として機能していた。それ故、契約（債務）不履行に基づく損害賠償は債務不履行によって惹起された損害を賠償するための責任制度であるとの理解を採用する限り、「債務者の責めに帰すべき事由」という表現を用いるかどうかは別として、この概念が担ってきた損害賠償責任を転嫁するための枠組みそれ自体を排斥することはできない。
　　次に、民法 415 条の「債務者の責めに帰すべき事由」という表現は、（その当否はともかく）日本法における議論の展開という歴史的なコンテクストを離れれば、必ずしも債務者の故意・過失を意味するものではなく、ニュートラルな言い回しである。従って、近時の有力学説が説くような意味を「債務者の責めに帰すべき事由」の中に込めることは十分に可能であると言うべきであろう（更に言えば、それ以外の意味を持たせることも可能である。この点については、民法（債権関係）改正に向けた議論を扱うコンテクストで再論する。第 2 部・第 2 章・第 1 節・第 2 款 781 頁以下を参照。

[376] 第 70 回日本私法学会シンポジウム・前掲注(88)3 頁以下、「特集 契約責任論の再構築（2006 年日本私法学会シンポジウム資料）」ジュリ 1318 号（2006 年）81 頁以下を参照。とりわけ、本節の問題関心との関連では、山本敬三「契約の拘束力と契約責任論の展開」ジュリ 1318 号（2006 年）87 頁以下、小粥・前掲注(10)117 頁以下を参照。

う1度明確にするところから、議論を始めよう。今日の学説が説くところによれば、「新たな契約責任」の特質は、「当事者が契約の履行を怠った場合に認められる責任も、契約の拘束力から基礎づけられると考える」点、すなわち、「みずから特定の行為をすることを契約で約束した以上、それを怠ったときに責任を負うことまで約束した」こと、つまり、契約責任を契約の拘束力によって基礎付けられる責任として認識する点にあるとされる[377]。これは何を意味するのか。

　この「新たな契約責任」をめぐる議論、とりわけ、帰責事由の意味に関する議論の中では、近時の有力学説の説く「契約責任」が、契約に基づく責任なのか、それとも、契約の効力なのかという点が問題とされた。そこでは、以下のような指摘がなされている[378]。すなわち、「新たな契約責任論」によれば、履行請求権だけでなく、その他の手段、例えば、損害賠償責任を負うことも、契約によって約束したと考えることになる。これを契約の責任と呼ぶか、契約の効力と見るかは、責任というものをどのように捉えるかによる。つまり、適法でない行為に対して一定のサンクションを課すものを責任と呼ぶのであれば、契約不履行に基づく損害賠償は、もはや責任ではないし、適法でない行為によって一方当事者が他方当事者に対して負担する不利益を責任と呼ぶのであれば、契約不履行に基づく損害賠償を責任として差し支えないのである。

　しかし、問題の本質は、契約不履行に基づく損害賠償が、契約責任なのか、それとも、契約の効力なのかという点、あるいは、責任という言葉の使い方だけに存するわけではない。その理由は、以下の通りである。

　本書は、その冒頭で、フランスにおける議論の分析から、契約不履行に基づく損害賠償を説明するためのモデルとして、それを債務不履行によって生じた損害の賠償を目的とする制度として捉えるモデルと（賠償モデル）、履行されなかった契約の実現を図るための制度として構想するモデル（履行モデル）を提示した。そして、この2つのモデルのいずれを基礎とするのかによって、契約（債務）不履行に基づく損害賠償をめぐる様々な問題の捉え方が大きく異なりうることは、本書における以下の叙述が示す通りである。ところで、本書が採用する分析枠組みの基礎を提供したフランスの議論においては、「契約責任」を誤った概念であると批判し、それを責任の考え方から解放するのか、それとも、「契約責任」の実在性を強調し、責任の考え方を基礎として契約不履行に基づく損害賠償の問題を捉えるのかが争われていた。つまり、フランスでは、まさに、契約不履行に基づく損害賠償について、それが契約の責任なのか、それとも、契約の効力なのかという点が、議論の根底に据えられ

---

(377) 山本・前掲注(376) 92頁。
(378) シンポジウム・前掲注(88) 10頁以下に掲載された、森田宏樹教授の質問に対する山本敬三教授による回答。また、同27頁以下に掲載された、森田宏樹教授の質問に対する小粥太郎教授による回答も参照。

ており、この点にこそ、問題の核心があると認識されているのである。従って、ここでは、まず、契約不履行に基づく損害賠償の責任性、効力性に関わる議論は、単なる言葉の問題に還元することのできない、思考モデルの問題であることを確認しておかなければならない。

　もちろん、より重要なことは、この思考モデルの中身にある。前款におけるフランスの契約上のフォートをめぐる議論の分析からは、契約不履行に基づく損害賠償を契約の責任として捉える考え方の特質は、債務者に対して損害賠償責任を課すためのプロセスを観念しなければならないという点に求めることができた。そして、フランスの伝統的通説においては契約上のフォートが、日本の伝統的通説においては債務者の故意・過失に体現されるところの帰責事由が、その役割を果たしており、また、日本の有力学説においても、不法行為責任のモデルからは解放された形ではあるが、契約の拘束力を基礎にした帰責事由に、損害賠償責任を転嫁するための機能が与えられていると見ることができる。これに対して、契約（債務）不履行に基づく損害賠償を契約ないし契約債権の実現手段として構想するならば、契約あるいは契約上の債務の発生プロセスとは別に、損害賠償を債務者に課すためのメカニズムを説明する必要はない。ここに、契約（債務）不履行に基づく損害賠償を、契約ないし契約債権の効力として捉える考え方の特質が存するのである。従って、契約（債務）不履行に基づく損害賠償が、契約の責任なのか、契約の効力なのかという問題は、上記のような思考モデルの相違になって現れることになるのである。第1項においては、このような理解を前提に、近時の有力学説の主張内容、そこにおける帰責事由の意味を分析した。

　ところが、今日においては、以上のような理解とは原理的に異なるレベルに属するように見える説明がなされることもある。すなわち、先に、「新たな契約責任」の特質として、「当事者が契約の履行を怠った場合に認められる責任も、契約の拘束力から基礎づけられると考える」こと、「みずから特定の行為をすることを契約で約束した以上、それを怠ったときに責任を負うことまで約束した」と見ることが挙げられている旨を指摘したが、後者の引用部分は、必ずしも、上に述べた思考モデル、更には、第1項で述べたような帰責事由の理解を前提としていないようにも見える。というのは、当事者によって予定された契約が実現されなかったことを帰責事由として債務者に損害賠償責任が転嫁されるという説明は、あくまでも、合意に対する違反を、賠償責任を転嫁するためのプロセスとして認識し、そこから、債務者に損害賠償責任が課せられるという結論を導くものであるのに対して、予定された契約が実現されなかった場合に損害賠償責任が課されることは予め当事者の合意によって想定されているという説明は、損害賠償責任それ自体を当初の契約の効力として把握しようとするものにほかならないようにも見受けられるからである。従って、仮にこのような認識が正当であるとするならば、この理解は、前述の思考モデルで

言えば、契約不履行に基づく損害賠償を、責任ではなく、合意の効力として捉えていることになろう。

　しかし、このような理解については、更に、以下のことを指摘しておかなければならない[379]。それは、この理解が、契約不履行に基づく損害賠償を、「本来的な契約」の効力ではなく、「損害賠償に関する契約」の効力として捉えているということである。このことは、契約不履行に基づく損害賠償の正当化というコンテクストにおける合意の位置付けに現れる。すなわち、契約不履行に基づく損害賠償を不履行によって生じた損害を賠償するための制度として理解し、あくまでも、契約から生じた債権と損害賠償債権とを理論的に切り離して把握するという前提の下、ここで言う契約ないし合意の意味を考えるならば、そこには、契約それ自体に関するものと、不履行によって損害を生じさせた場合に負うべき損害賠償に関するものが含まれうる。つまり、当事者は、契約の内容を実現することに加えて、不履行の場合に生じた損害を賠償することまでをも合意していると言われるとき、この当初の合意には、本来的な契約に関するものと損害賠償に関するものという2つのレベルに属するものが存在しているのである[380]。

　このように見てくると、以上のような発想の背後に、契約不履行に基づく損害賠償を契約それ自体とは法的に別個の存在として認識する立場があることは、容易に理解することができよう。契約不履行に基づく損害賠償が本来的な契約の効力であるならば、損害賠償に関する契約を観念する必要もないからである。従って、ここで、契約不履行に基づく損害賠償は、確かに契約の効力ではあるが、本来的な契約とは別の損害賠償に関する契約、あるいは、責任に関する契約の効力なのである。そして、このような解釈を支えているのは、疑いなく、契約と不履行に基づく損害賠償とを性質的に区別する賠償モデルの発想なのであり、そこから、この損害賠償に関する契約の効力に対して、債務者に損害賠償責任を課すためのプロセスとしての役割が担わされていると理解することができるのである。これを帰責というコンテクストに即して言えば、帰責事由は、第1項で検討した有力学説が説くような意味での「約束したことを守らなかったこと」ではなく、「損害賠償について約束したこと」を意味することになろう。

　ここから、上記のような理解に立つ「新たな契約責任論」に対しては、当事者意思の擬制・捏造といった問題が指摘されることになる[381]。もっとも、この点につ

---

(379) 誤解のないように付言しておけば、以下の叙述は、実際にそのような見方が提示されているという趣旨ではなく、契約不履行に基づく損害賠償の理論枠組みから考えると、そのように理解することができるという趣旨である。
(380) もちろん、有力学説の考え方によれば、契約当事者の合意によって契約内容が確定され、それと連動するような形で契約におけるリスク分配のあり方が探求されることになるから、契約の合意と責任の合意は連続性を持って捉えられることになる。しかし、本文で述べたように、これら2つの合意は、あくまでも法的に別個の存在として観念されなければならない。
(381) 当事者意思の擬制・捏造という批判は、しばしば、「新たな契約責任論」一般に対して向けら

◆第1章◆ 性　質

いては、制度的契約という考え方を基礎として、別の説明がなされる余地もある。すなわち、契約制度を構成するルールの中には、不履行によって損害が発生した場合には債務者に対して契約不履行に基づく損害賠償が課せられるというルールも含まれており、契約を締結するということは、このようなルールを含む契約制度を利用することにほかならないと見るのである[382]。このように理解するならば、契約不履行に基づく損害賠償に関する合意が、個々の契約において実際になされたかどうかを問題にする必要はなくなるから[383]、それがなされていない場合もありうるのではないかとの批判は、さしあたり回避されることにはなるであろう[384]。

　もっとも、ここまで議論を進めてくると、その前提となっている思考モデルとの親和性が問題となりうる。上記のような理解において、契約不履行に基づく損害賠償は、個別の合意を問題にすることなく、契約が締結されたという事実を契機として始動する契約制度の1つとして認識されている。ここで、契約不履行に基づく損害賠償を、債務不履行によって生じた損害を賠償するための制度として捉えるならば、損害賠償責任を債務者に転嫁するモメントは、「契約という制度を利用したこと」に求められなければならない。仮に、有力学説が説くように「約束したことを実現しなかったこと」を帰責の根拠とするのであれば、そもそも、このコンテクストで、制度的行為としての契約という考え方を導入する意味は存在しないからである。もちろん、このような解釈論は可能ではある。

　しかし、問題はその前提にある。ここで、契約不履行に基づく損害賠償を、不履行によって生じた損害を賠償するための制度として捉える意味はどこにあるのか。「契約という制度を利用したこと」という意思的要素を帰責の契機として観念しなければならない理由は、どこにあるのか。制度的行為としての契約という発想には、むしろ、契約不履行に基づく損害賠償を、契約一般の効力として把握し、履行され

　　　れているところであるが、その多くは、契約内容（あるいは、それと表裏一体をなす帰責事由の中身）の確定というレベルの問題に属するものである。損害賠償責任の正当化というコンテクストで、この点を指摘するものとして、シンポジウム・前掲注(88)29頁以下に掲載された、加藤雅信教授の質問を参照。
(382) 山本・前掲注(376)101頁以下を参照。ただし、同論文が制度的行為としての契約を論じているのは、契約内容確定法理、あるいは、自律的な規範としての合意と他律的な規範との関係を議論するコンテクストの中である。これに対して、シンポジウム・前掲注(88)31頁以下に掲載された、加藤雅信教授に対する小粥太郎教授の回答においては、このような可能性が示唆されている。
(383) この点については、シンポジウム・前掲注(88)5頁以下に掲載された、中田裕康教授のコメントが示唆的である。すなわち、「新たな契約責任論」においては、契約を基礎に据えるという場合の契約とは何かを考える必要がある。1つは、契約締結時における合意を重視する近代的契約を想定するのか、それとも、締結前から履行過程に至るプロセスを取り込んだ契約をも想定するのかということである。もう1つは、抽象化された契約一般を考えるのか、それとも、個別具体的な契約を念頭に置くのかということである（7頁）。ここでは、後者の視点が問題となるが、契約ごとに損害賠償に関する契約を問題にするのが後者、制度的行為としての契約を問題にするのが前者ということになろう。
(384) シンポジウム・前掲注(88)14頁以下に掲載された、内田貴教授（当時）、伊藤滋夫教授、金山直樹教授ほか4名の質問に対する山本敬三教授の回答を参照（ただし、契約内容確定というコンテクストにおける議論である）。

138

なかった契約の実現を図るための手段として構想する思考モデルの方が親和的ではないのか。というのは、仮に契約の履行という発想を議論の出発点として据えるのであれば、契約不履行に基づく損害賠償は契約の実現を保証するための制度として構想され、その結果、契約の実現が損害賠償によっていわば制度として担保されていると理解することができるだけでなく、ここでは、損害賠償を債務者に課すためのファクターを問題にする意味はないから、当事者が「契約という制度を利用した」という意思的要素を考慮することなく、端的に「契約という制度を利用した」という事実のみを問題にするだけで、債務者に契約不履行に基づく損害賠償が課せられることを正当化しうるからである。そして、このように理解することで、契約不履行に基づく損害賠償に関する様々な問題を考察するに際して、意思的要素を考慮する立場とは異なる方向性を提示することも可能となろう。

以上の検討から明らかになったことをまとめておこう。今日の有力学説が説く、「契約を起点に据えた契約責任」、「契約に基づく責任」、「新たな契約責任」の中には、帰責事由レベルの問題に関して、2つの大きな方向性が存在していた。1つは、第1項で述べたように、契約規範に従わなかったことを帰責事由として、損害賠償責任を債務者に転嫁するためのプロセスを説明するタイプの議論であり、もう1つは、当事者の合意それ自体を根拠として、損害賠償責任の帰責メカニズムを解明しようとする議論である。そして、このうち後者の見方については、契約不履行に基づく損害賠償を契約それ自体とは別個の存在とした上で、損害賠償に関する契約や、「契約という制度を利用した」という意思的要素を観念して転嫁のプロセスを説明するよりも、その前提とするモデルを排除し、契約不履行に基づく損害賠償の本性につき、履行されなかった契約の実現を確保するための制度として捉える方向性、つまり、上記のような転嫁のファクターを考慮しない立場の方が、契約の効力としての損害賠償、利益を実現する手段である契約制度の1つとしての損害賠償といった基本的な発想と親和的ではないかと思われるのである[385]。

---

[385] 山本敬三は、契約の拘束力によって契約不履行に基づく損害賠償を基礎付けるとしても、そこには、2つの可能性が存在しうると説く。すなわち、1つは、「契約は守らなければならないのに、契約を守らなかったがゆえに、債務者は債務不履行責任を課せられると考える可能性」であり、この考え方は、「「なすべきことを怠った者は、責任を課せられても仕方がない」という帰責の考え方」によって、契約不履行に基づく損害賠償を基礎付けるものである（これを「懈怠責任（違約帰責）構成」と呼んでいる。また、その例として、森田・前掲注(8)、潮見・前掲注(9)を挙げる)。もう1つは、「債務者は特定の行為をすることを契約で約束した以上、それをしなかったときに責任を負うことまで約束したと考えられるがゆえに、債務者は債務不履行責任を課せられると考える可能性」である（これを「契約効果構成」と呼んでいる）（本文で述べたところに対応させるならば、「懈怠責任（違約帰責）構成」が、契約規範に従わなかったことを帰責事由として、損害賠償責任を債務者に転嫁するプロセスを説明するタイプの議論として、「契約効果構成」が、当事者の合意それ自体を根拠として、損害賠償責任の帰責メカニズムを解明しようとする議論ということになる)。その上で、山本は、契約不履行に基づく損害賠償を履行の実現という視角から捉えようとする筆者の議論（拙稿・前掲注(1)「原理と体系」）についても、「契約効果構成」と同じ方向性を志向するものと理解し、先に本文で触れた、意思の擬制・捏造という批判に応える形で、以下のように述べている。「債務者が特定の行為をすることが契約で約束されたときは、その

◆第1章◆ 性　質

　他方、前者のタイプの議論に対しても、上に述べた基本的発想のうち後者の視点から、以下のような疑問が提起されるべきであろう。すなわち、近時の有力学説が主張するように、仮に契約不履行に基づく損害賠償が、契約によって債権者に割り与えられた利益ないし価値を債権者に認めるための制度、つまり、契約利益の価値的な実現手段であるとするならば[386]、それを契約に基づく責任として捉える必要はあるのか。むしろ、端的に、契約において約束されたが実現されなかった履行を金銭という等価物によって実現するための手段として、契約不履行に基づく損害賠償を構成すべきではないのか。契約不履行に基づく損害賠償を損害賠償責任として理解するからこそ、不履行だけでは足りず、帰責を説明するための枠組みを付加せざるをえなくなるのである。もし賠償モデルを放棄し、履行モデルを基礎とした契約（債務）不履行に基づく損害賠償の理論枠組みを構築することができるのであれば、単純に、履行の実現の有無を判断する不履行と、その限界を判断するファクターからなる要件を構築することが可能となるのである[387]。我々には、契約を起点とした「契約責任」論を志向する時点において、既に賠償モデルの原理的な正当性は失われており、契約＝賠償モデルではなく、履行の実現という視点を中核に据えたモデル、つまり、履行モデルが、それに代わる契約（債務）不履行に基づく損害賠償の理論枠組みとして定立されるべきであるように思われるのである。

　　　特定の行為がなされた状態を実現することが契約で約束されたと考えられる。そのような契約の趣旨によると、その特定の行為がされなかったときには、それがされたのと同じ状態を価値的に実現すること―損害を賠償することによりそのような状態を実現すること―が要請される。その意味で、こうした責任を負うことは、契約の趣旨から当然要請されることであり、その意味で契約の内容をなしているとみることは可能だと考えるわけである」（山本（敬）・前掲注(82)11頁以下）。
　　このような山本の理解は、契約不履行に基づく損害賠償を契約それ自体とは別個の存在とした上で、損害賠償に関する契約や、「契約という制度を利用した」という意思的要素を観念して、債務者への損害賠償転嫁のプロセスを説明しているわけではなく、契約の効力としての損害賠償、契約の価値的な実現手段としての損害賠償という考え方を前面に押し出して議論を展開するものであるから、本書の立場と軌を一にするものと見ることができる。しかし、(2)でも触れ、第2部で詳細に論ずるように、本書は、「契約不履行に基づく損害賠償」を主要な検討対象とするものであるが、そこで提示されている履行モデルは、「契約不履行に基づく損害賠償」だけではなく、広く「債務不履行に基づく損害賠償」一般をも包含しうる射程を有している。そうすると、この点に、筆者の議論と山本敬三の理解との相違が見出されることになるのかもしれない。なお、山本と筆者の議論は、それぞれ、第2部・第1章・第1節・第1款・第2項395頁以下で提示する「2つの履行モデル」に対応しているようにも見える。つまり、山本の議論は、ドマ及び19世紀の一般的な理解に、本書の立場は、ポティエやオーブリー＝ローの理解に、それぞれ近いものと評価することができるのである。
(386) 潮見・前掲注(9)307頁以下参照。
(387) 本文のように理解すれば、「要件事実の視点を意識した論者も含め伝統的債務不履行理論・最近の債務不履行理論のいずれに属する民法学説によってもその多くから「民事実体法理論」としての受入れが拒否されている要件事実論」と批判されている（潮見・前掲注(369)184頁）、履行遅滞のケースでの損害賠償請求における「履行したこと」の主張・証明責任を債務者に負担させる判例の解決も（大判大正8年7月22日民録25輯1344頁）、理論的に正当化することが可能となろう。この点については、本章・第2節・第2款・第2項209頁以下を参照。

140

(2) 合意の限界と不履行＋限界の優位性

(1)では、一般的に、「契約を起点に据えた契約責任論」あるいは「新しい契約責任論」としてカテゴライズされ、合意ないし契約の中に、契約不履行に基づく損害賠償の帰責根拠を求める立場として議論されている学説の具体的な言説を捉えて、そこには、論理的に区別されるべき2つの異なる潮流が存在すること、そして、制度的行為としての契約という考え方を援用しつつ、当事者の合意それ自体を根拠として損害賠償責任の帰責メカニズムを解明しようとする立場と、契約の拘束力から出発し、「約束したことを守らなかったこと」を根拠として損害賠償責任の帰責メカニズムを把握しようとする立場との関係で、履行モデルに依拠した枠組みの方が、その根本にある損害賠償の趣旨に適合するのではないかとの視点を提示した。(2)では、より広く、契約＝賠償モデル一般との対比を行い、履行モデルの優位性を示すことにしよう。

契約＝賠償モデルは、伝統的通説における様々な問題点を回避するという実践的目的を持ちつつ、近年のヨーロッパにおける議論等をも踏まえながら、あくまでも、契約不履行に基づく損害賠償を、不履行によって生じた損害を賠償するための制度として捉え、その結果、帰責事由を、損害賠償責任を債務者に転嫁するためのファクターとして認識する構想を維持した上で、契約ないし合意から帰責事由の意義を捉え直そうとする試みである。第1項の(2)で示した通り、これは、1つのありうる解釈ではある。しかし、問題は、契約や合意の視点から導かれる、「約束したことを守らなかったこと」という契約の拘束力に対する違反のモメントや、制度的行為としての契約を利用したという主観的モメントだけで、あらゆるケースにおける契約ないし債務不履行に基づく損害賠償の帰責を説得的に正当化することができるのかという点にある。ここには、以下のような2つのレベルの問題が含まれている。

1つは、合意ないし契約を起点にした議論では、契約以外から生じた債務の不履行に基づく損害賠償の帰責根拠を説明することができないという問題である。日本の民法は、債権総則上に、およそ債権一般に妥当する制度として、債務不履行に基づく損害賠償を規定しているところ、契約の拘束力や制度的行為としての契約といった視点からは、法定債務の不履行に基づく損害賠償に関して、何故に債務者が本来的債務とは別の損害賠償責任を課せられるのかを説明することができない。従って、少なくとも、現行民法の体系を前提とする限り、契約＝賠償モデルは、あらゆる種類の債務不履行に基づく損害賠償に対応することができないという欠点を持つことになろう[(388)]。

[(388)] 今日の民法（債権関係）改正作業において、法制審議会の民法（債権関係）部会は、その「中間的な論点整理」の中で、「契約に関する規定の見直しが法定債権（事務管理、不当利得、不法行為といった契約以外の原因に基づき発生する債権）に関する規定に与える影響に関しては（中略）、債務不履行による損害賠償の帰責根拠を契約の拘束力に求めた場合（前記第3、2(2)）における法定債権の債務不履行による損害賠償の免責事由の在り方（中略）などの検討課題が指摘されて

◆第1章◆ 性　質

　もっとも、このような問題は、契約＝賠償モデルのみならず、契約（債務）不履行に基づく損害賠償を契約ないし契約債権の履行手段として位置付ける履行モデルにも等しく妥当するのであるから、後者が、前者との関連で、解釈枠組みとしての優位性を保持しているわけではないとの反論も予想される。なるほど、これまでの叙述においては、履行モデルの意味を明確に提示するため、意図的に、債務ではなく、契約の実現ないし履行を問題にしてきたのであるから、このような批判が提起されるのは当然であるとも言えよう。

　しかし、履行モデルは、契約ないし契約債務が正確に履行されなかった場合に、債権者が契約債務の履行を通じて獲得していたであろう利益を、本来的な契約債務の実現とは別の金銭という形で実現する、言い換えれば、契約債務に代わり金銭で履行を実現するという考え方である。履行モデルは、契約不履行に基づく損害賠償に対し、契約債務の代替的な履行手段としての位置付けを与えているのである。従って、ここでの契約は、実現対象の有無や範囲を判断するための要素としては決定的に重要な意味を持つことになるが[389]、債務者が損害賠償の支払いを義務付けられる理由を説明するためのファクターとなっているわけではない。言い換えれば、契約不履行に基づく損害賠償は、契約債権の保障形態として、その実現プロセスに組み込まれた1つの制度として捉えられるのである。そうであるとするならば、このような意味を持つ損害賠償を、契約債権に固有の制度として構築する必要はないと見るべきであろう。むしろ、その制度的要請は、あらゆる債権にも及ぶと言わなければならない。何故ならば、日本の民法は、契約から生じたものであろうと、それ以外の原因から生じたものであろうと、およそ、債権というものは履行されなければならないとの立場を基礎としているからである。そうすると、履行モデルと、契約に特有の根本規範である契約の拘束力や、契約制度へのコミットメントを問題にする契約＝賠償モデルとは、その前提に大きな相違があり、履行モデルの論理の射程は、契約＝賠償モデルとは異なり、広く、債務不履行に基づく損害賠償一般に及ぶと言うことができるのである[390][391]。

　　いる（中略）。これらを含めて、契約に関する規定の見直しが法定債権に関する規定に与える影響について、更に検討してはどうか」との意見を公表している（183頁）。しかし、本節の分析成果に従うならば、免責事由のあり方を問う前提として、そもそも、この場合の帰責根拠がどこに存するのかを明らかにしなければならないであろう。この点については、第2部・第2章・第1節・第2款・第1項798頁以下を参照。

(389) ここで言う実現対象の意味については、第2章の議論を参照。

(390) 本書冒頭で見たように、契約不履行に基づく損害賠償に上記のような意味付けを与える際、フランスの有力学説は、「合意は守られなければならない」の規範を援用している。しかし、これは、「合意は守られなければならない」の規範に対する違反を問題にしているのではなく、およそ契約債務は現実もしくは等価物によって履行されなければならないとの意味で用いられていると理解すべきであろう。

(391) 以上の点については、履行モデルの解釈枠組みとしての有用性を問うコンテクストで、より詳細な検討がなされることになる。第2部・第1章・第1節・第2款440頁以下、同章・第2節・第2款・第2項699頁以下を参照。

142

もう1つは、仮に問題を合意ないし契約の領域に限定するとしても、あらゆる契約不履行に基づく損害賠償の帰責根拠を、契約の拘束力や制度的行為としての契約といった視点から、説得的に説明することができるかという問題である。もちろん、前提となる契約の思想や理論、契約構造論等によっては、この問題が妥当しない議論を構築することも可能であるが、ここでは、帰責のレベルでの問題の所在を指摘するという意味で、契約理論とは切り離して、問題点のみを提示しておくことにしよう[392]。

　なるほど、伝統的な意味での給付義務が履行されなかったというケースはもちろん、契約当事者は、明示の合意がない場合であっても、契約の実現に向けて要求される様々な義務を課せられるところ、その不履行によって債権者が契約において予定した利益を得られなかった場合に、債務者に対して損害賠償が課せられることは、契約の拘束力からも基礎付けうるものである。しかし、当事者が本来的に契約で予定した利益の実現とは直接的に関わりのない義務、あるいは、判例が言う「ある法律関係に基づいて特別な社会的接触の関係に入った当事者間において、当該法律関係の付随義務として当事者の一方又は双方が相手方に対して信義則上負う義務」[393]の不履行のケースにおける損害賠償を、「合意は守られなければならない」の規範ないし契約の引受けという視点から正当化することは可能なのか。

　更に言えば、今日では、一定の要件の下、交渉を不当に破棄した者の損害賠償責任や交渉当事者の情報提供義務・説明義務違反に基づく損害賠償責任が認められるに至っているが、判例のように、これを不法行為責任とするのではなく[394]、「契約責任」として捉える場合、このような契約締結前の責任、とりわけ、前者のように契約が有効に成立しなかった場合の責任を契約における引受けという視角から捉えることはできるか。もちろん、中間的合意や前契約の理論によって[395]、契約交渉破棄の事例を契約の問題として構成する方法も考えられる。しかし、「契約を起点に据えた契約責任」論の基礎には、契約の拘束力が存在するはずであり、本契約の締結に至っていない段階において、明確な形で中間的合意を認定することができないにもかかわらず、こうした契約の拘束力に基づく責任を肯定することには問題が存するのではないか。本契約の成立に至っていないということは、そのレベルでの契約規範への拘束が正当化されないことを意味するのであり、そうであるならば、

---

(392) この問題については、第2部・第2章・第1節・第2款・第1項799頁以下も参照
(393) 最判昭和50年2月25日民集29巻2号143頁。
(394) 最判平成23年4月22日民集65巻3号1405頁。本判決は、契約締結前の説明義務違反の事例に関するものであるが、そこでの理由付けは、契約交渉破棄の事例にも及ぶものと見るべきである。
(395) 中間的合意につき、河上正二「『契約の成立』をめぐって（1）（2・完）――現代契約論への一考察」判夕655号（1988年）11頁以下、657号14頁以下等を、前契約につき、横山美夏「不動産売買契約の「成立」と所有権の移転（1）（2・完）――フランスにおける売買の双務予約を手がかりとして」早法65巻2号（1989年）1頁以下、3号（1990年）85頁以下等を参照。

◆第1章◆ 性　質

契約を不当に破棄した者の責任を「契約責任」として理解することはできないと言うべきではないか。仮に、この問題をも「契約責任」の領域に含ませるのであれば、そこで言う契約における引受け、契約の拘束力は、もはや、本契約が締結され、履行請求が認められるに至ったというレベルのものではなく、単に「契約責任」を認めるための仮託に過ぎないということになろう。

　このように見てくると、「契約を起点に据えた契約責任論」、「新しい契約責任論」が志向する帰責事由の捉え方は、帰責のレベルを超えて、契約不履行に基づく損害賠償の領域といった問題にも大きな変化をもたらすものと言えよう[396]。なお、このコンテクストでは、上記の点に、同じく、契約の拘束力を援用しながら、「約束したことを守らなかったこと」それ自体を問題にする日本の有力学説と、「約束したことを守らなかったこと」それ自体ではなく、そこに善良なる家父の視点を介在させるフランスの有力学説との相違を見出しうることを指摘しておくべきである。既に言及したように[397]、アンリ・マゾーは、契約上のフォートを論ずる際に契約の拘束力に言及していたが、それは、善良なる家父であれば合意を守るものであるというコンテクストで用いられていたのであり、善良なる家父を基準とする注意義務違反を問題にする不法行為上のフォートとの論理的な共通性を見出すための議論であった。従って、このような理解の下では、契約の拘束力の援用は、必ずしも契約の領域を限定する方向には作用しない。ここで、「約束を守らなかったこと」は、善良なる家父の注意義務違反を特徴付けるための1つの要素に過ぎないから、契約に際して問題となりうる、当事者が本来的に予定した利益以外の要素に関わる注意義務違反も、当然に契約上のフォートの枠内に収まることになるのである[398]。

　繰り返しになるが、この第2点は、契約＝賠償モデルの問題というよりも、前提とする契約思想・理論の問題であり、それ自体、契約不履行に基づく損害賠償の根拠を、契約の拘束力や制度的行為としての契約という考え方に求める議論の欠点を示すものではない。また、ここでは、そのような帰結の当否を問おうとしているわけでもない。しかし、これらの構想が、当事者の契約への意思を問題にするものであるために、その発想源であるフランスの理論とは異なり、一定の問題を契約領域から放逐する契機を含んでいるということは、ここで改めて確認しておくべきであろう。

---

[396]　これを回避するためには、契約の拘束力によって基礎付けることができないものについて、それ以外の帰責根拠を与えるという方向性も考えられる。ただし、この場合には、契約不履行に基づく損害賠償の基礎が二元的に構成される（その結果、制度も二元化される）という問題が生ずる。そして、仮にその基礎を過失責任に求めるならば、改めて、これらの義務違反に基づく損害賠償を契約の領域で規律することの当否が、更には、契約＝賠償モデルの正当性が問われることになろう。

[397]　この点については、本節・第1款・第1項100頁以下を参照。

[398]　その最も典型的な例が、日本法における安全配慮義務とは比較にならない程広範に認められている安全債務であろう。

◇第 1 節の結論◇

　本節の目的は、契約（債務）不履行に基づく損害賠償における帰責事由の法学的意味、その要否という問題を、賠償モデル・履行モデルという分析枠組みから得られる帰責と実現という視点を用いて分析することに存した。その成果を要約するならば、以下の通りである。

　日本の議論においては、契約（債務）不履行に基づく損害賠償を不履行によって生じた損害を賠償するための制度として捉える立場が前提とされていることから、契約とは法的に別個の存在である損害賠償を債務者に課すための要素が必要とされた。ここで、伝統的通説は、不法行為のモデルを借用し、債務者の故意・過失に体現される帰責事由を、損害賠償成立のための要件として構想したのであり、これを激しく批判する近時の有力学説も、契約の拘束力に対する違反を帰責のための枠組みとして設定したのである。他方、近時の学説の中には、契約不履行に基づく損害賠償の基礎を契約それ自体に求めようとするものが存在したが、そこでも、本体としての契約と損害賠償とを相互に独立したものと見る構想が前提となっていたために、本来的な契約とは別の契約ないし合意を観念して、帰責のメカニズムを説明する必要性に迫られていたのである。

　これに対して、契約（債務）不履行に基づく損害賠償を、履行されなかった契約ないし契約債権を実現するための手段として位置付けるならば、こうした枠組みを設定することなく、不履行とその限界からなる要件枠組みを構築することができる。もちろん、このように理解するときには、民法 415 条後段の「債務者の責めに帰すべき事由によって履行することができなくなったとき」という文言をどのように理解するのかという指摘がなされうる。しかし、「責めに帰すべき事由によって履行することができなくなったとき」という表現自体は、日本法の学説史的なコンテクストを離れるならば、上記の各構想との関連においてニュートラルなものであり、そこに履行モデルからの帰結、意味内容を読み込むことも十分に可能であると言えよう。

　以上が、本節における考察から導かれる、帰責事由要件の法学的意味、その要否についての 1 つの見方である。ところで、近時の有力学説と本書が提示しようとする履行モデルは、（前者の場合には、帰責事由と一体的に判断されることになるが）不履行と免責原因（本書の立場からより厳密な表現を用いれば「免除原因」）からなる要件枠組みを構築しようとする点において、共通している。この局面における唯一の違いは、賠償の論理に従って債務者への帰責を説明する必要があるかどうかという点にあるが、これも、原理の相違に由来する説明の問題と言えなくもない。しかし、それ以外の局面では大きな違いが生じてくることになる。次に、損害賠償請求権の消滅時効という問題を素材に、この点を検討していくことにしよう。

◆第1章◆ 性　質

◆第2節　異別と同一[399]

　日本の一般的な理解によれば、契約（債務）不履行に基づく損害賠償の請求権は、本来的債権の拡張または内容の変更であって、本来的債権と同一性を有するとされる[400]。そして、こうした理解を基礎として、学説においては、本来的債権の担保が損害賠償請求権にも及ぶこと、損害賠償請求権に関する消滅時効期間は本来的債権の性質によって定まること、損害賠償請求権の消滅時効は本来的債権の履行を請求しうる時から進行し、本来的債権が時効により消滅した場合には、もはや損害賠償を請求することはできないこと等の帰結が導かれてきた[401]。判例も、また、本来的債権と債務不履行に基づく損害賠償請求権との性質的同一性を理由として、損害賠償請求権の消滅時効起算点について、学説の多数と同じ判断を示しているところである[402]。

　しかし、このような判例・学説の解決、そして、それを基礎付けている本来的債権と損害賠償請求権との性質的同一性という命題は、日本の伝統的理解が前提としてきた契約（債務）不履行に基づく損害賠償の理論枠組み、つまり、賠償モデルとの間で、論理的な齟齬をきたしているのではないか。契約（債務）不履行に基づく損害賠償が、不法行為に基づく損害賠償と同じく、有責な行為によって生じた損害を賠償するための制度であるとするならば、それは、有責な行為によって損害が惹起された場合に初めて発生する債権であり、本来的債権とは法的に別個の存在であると言わなければならないのではないか。そもそも、日本法における債務不履行理論の学説史というコンテクストで言えば、本来的債権と損害賠償請求権の同一性という命題は、2つの損害賠償制度を「損害賠償債権」という項目の下で統一的に論じ、2つの損害賠償が性質的に同一であることを強調していた、かつての支配的見解に端を発するものである[403]。しかし、契約（債務）不履行に基づく損害賠償と不法行為に基づく損害賠償が同一の性質を持ち、同一の枠組みによって規律されるべきものであるとしながら、何故に、不法行為に基づく損害賠償の請求権については、その要件を充足することによって発生する債権として構成し、契約（債務）不履行に基づ

---

(399) 本節の一部は、拙稿・前掲注(1)「関係」、同・前掲注(1)「理論 (1)」104頁以下を基礎とするものである。その主張内容に変化はないが、ほぼ原形をとどめないほど大幅に加筆されている。
(400) 於保・前掲注(7)123頁、我妻・前掲注(7)101頁、林（安永補訂）＝石田＝高木・前掲注(13)132頁〔林執筆部分〕、奥田・前掲注(13)149頁、平井・前掲注(13)74頁等。
(401) 石坂・前掲注(2)569頁（消滅時効、担保権の存続）、鳩山・前掲注(2)68頁（消滅時効、担保権の存続）、富井・前掲注(2)197頁以下（消滅時効、担保権の存続、抗弁権の存続）、我妻・前掲注(7)101頁（消滅時効、担保権の存続、譲渡前に発生した遅延損害金の移転）、林（安永補訂）＝石田＝高木・前掲注(13)132頁〔林執筆部分〕（消滅時効、担保権の存続、譲渡前に発生した遅延損害金の移転）、平井・前掲注(13)74頁（消滅時効、担保権の存続、譲渡前に発生した遅延損害金の移転）等。
(402) 大判大正8年10月29日民録25輯1854頁、最判昭和35年11月1日民集14巻13号2781頁、最判平成10年4月24日判時1661号66頁。
(403) 鳩山・前掲注(2)68頁、富井・前掲注(2)197頁等。

146

く損害賠償の請求権に関しては、本来的債権と同一性を持つ債権として捉えうるのであろうか。このように区別して扱う時点において、既に２つの損害賠償は性質の異なるものとして把握されているように思われるのである。

　仮に以上のような認識が正当であるとすれば、今度は、本来的債権と損害賠償請求権の同一性という命題が、債務不履行理論においてどのような意味を持ってきたのか、あるいは、どのような理由によって生成されてきたのかという問いが提起されなければならない。というのは、伝統的通説の下で、この命題は、前提となっている契約（債務）不履行に基づく損害賠償の理論枠組みから導かれる帰結を覆すための装置としての役割を果たしているように見受けられるからである。言い換えれば、以下のような問いとして定式化することができよう。すなわち、伝統的通説及び判例は、本来的債権と損害賠償請求権の同一性という命題によって、何を実現しようとしたのか。その背後には、契約（債務）不履行に基づく損害賠償について、ある一定の見方が暗黙のうちに存在しているのではないか。このような問いを立てるのは、仮に契約（債務）不履行に基づく損害賠償を履行されなかった契約ないし契約債権の実現を図るための手段として位置付けるならば、本来的債権と損害賠償請求権の同一性という命題を介することなく、伝統的通説及び判例が同一性命題によって実現しようとした帰結を得られるようにも思われるからである。

　他方、前節において検討した「契約を起点に据えた契約責任論」、「新しい契約責任論」を前提とした場合には、契約不履行に基づく損害賠償と契約ないし契約債権との関係について、どのような理解が導かれるのか。近時の有力学説の中では、この問題についてほとんど言及されることがないが(404)、前節の検討成果を踏まえれば、以下のような理解が示されることになろう。まず、「新しい契約責任論」の下においても、契約不履行に基づく損害賠償は、債務不履行によって生じた損害を賠償するための制度として位置付けられていたから、それは、帰責事由と一体的に判断されるところの不履行によって損害が惹起された場合に初めて発生する債権として構成されることになるはずである。次に、近時の学説の中には、契約不履行に基づく損害賠償の基礎を損害賠償に関する契約に求めようとするものも存在したが、そこでも、本体としての契約と損害賠償とを相互に独立したものと見る構想が前提となっていたのであり、そうであるとすれば、契約不履行に基づく損害賠償は、不履行や損害といった要件を充足しない限り請求しえない債権として把握されることになろう。従って、「新しい契約責任論」に依拠する場合であっても、仮に本来的債権

---

(404) 後述するように、近時の有力学説も、履行請求と損害賠償請求の関係というコンテクストにおいては、伝統的通説が採用する契約債権と損害賠償請求権の同一性という命題に疑問を提示している（第２部・第２章・第２節・第１款・第１項825頁以下を参照）。もっとも、これは、履行請求権の位置付けという視角からなされた問題提起であって、以下で本書が行おうとしているような、契約（債務）不履行に基づく損害賠償と契約ないし契約債権との関係という視角からの批判ではない。従って、さしあたり本節においては、有力学説による同一性命題への問題提起は検討の対象から除外する。

◆第1章◆ 性　質

と損害賠償請求権の同一性という命題を採用するのであれば、基本的には、上に述べた伝統的通説に対するのと同じ問いを提起することが許されるであろう。

　かくして、本節の課題は以下のように設定される。すなわち、契約ないし契約から生じた債権と契約不履行に基づく損害賠償の関係という問題を、賠償モデル・履行モデルという分析枠組みを用いて検討することである。

　そのために、以下では、総論的にはフランス法との比較検討を、各論的には損害賠償請求権の消滅時効起算点（及び、契約（債務）不履行に基づく損害賠償の領域における証明責任分配ルールの正当化）の問題を素材とした検討を行う。その理由と意味について、ごく簡単に言及しておく。

　まず、本節冒頭で引用したように、伝統的通説は、本来的債権と損害賠償請求権の同一性という理由付けから、損害賠償請求権の消滅時効の問題だけでなく、担保権存続の問題をも規律しようとしていた。もっとも、このうち、担保権の存続に関わる問題については、同一性という命題に依ることなく、当事者意思の視点からも正当化することは可能であるから、契約（債務）不履行に基づく損害賠償の性質を検討することを目的としている本節にとって、適合的な素材とは言えない。従って、以下では、担保権存続の問題は直接的な検討の対象から除外する。

　次に、判例は、学説とは異なり、契約（債務）不履行に基づく損害賠償の領域における証明責任の所在を判断するに際しても、本来的債権と損害賠償請求権の同一性という視点から基礎付けを行っている(405)(406)。このような学説と判例における同一性命題への態度の違いは、本節における第2の課題、すなわち、同一性という命題に何が託されてきたのか、その背後には契約（債務）不履行に基づく損害賠償についての一定の見方が存在しているのではないかという問いを考察するときには、非

---

(405) 帰責事由の不存在が債務者側の証明責任に属することの正当化根拠として、本来的債権と損害賠償請求権の同一性を援用する、大判大正14年2月27日民集4巻97頁、債務者が「履行しなかったこと」を証明しなければならないのではなく、債務者が「履行したこと」を証明しなければならないとの解決を導くに際して、本来的債権と損害賠償請求権の同一性を強調する、大判大正8年7月22日民録25輯1344頁を参照。

(406) 「学説とは異なり」という表現には、以下の2つの意味が込められている。
　第1に、学説も、古くから、一般的に、帰責事由の不存在が債務者側の証明責任に属することを認めているが（石坂・前掲注(2)489頁以下・580頁、鳩山・前掲注(2)137頁・160頁、富井・前掲注(2)216頁、我妻・前掲注(7)105頁・146頁、於保・前掲注(7)95頁・107頁、林（安永補訂）＝石田＝高木・前掲注(13)94頁〔林執筆部分〕、奥田・前掲注(13)124頁・148頁以下等）、その正当化根拠として、本来的債権と損害賠償請求権の同一性を援用するものは、ほとんど存在しないということである（例外として、近藤＝柚木・前掲注(357)175頁があるが、多くの学説は、本来的債権と損害賠償請求権の同一性には全く言及していない。
　第2に、学説は、判例が採用し、実務においても受け入れられている（司法研修所編『増補 民事訴訟における要件事実 第1巻』（法曹会・1986年）21頁以下〔初版・1985年〕等を参照）、債権者が「履行しなかったこと」を証明しなければならないのではなく、債務者が「履行したこと」を証明しなければならないとの立場については、その結論自体に反対しているということである（柚木＝高木補訂・前掲注(357)116頁、奥田・前掲注(13)136頁、平井・前掲注(13)82頁等。判例の解決に対する批判的立場は、民事訴訟法学説においても、雉本朗造「大判大正8年7月22日・判批」同『判例批評録 第3巻』（内外出版・1929年）892頁以下以来の一般的見解である）。

148

常に興味深い素材となりうる。もっとも、帰責事由の証明責任に関わる問題については、既に第1節において若干言及している。また、履行遅滞のケースにおける不履行の証明責任の所在も含め、これらの問題については、証明責任論一般からの考察が必要不可欠となる。つまり、証明責任分配ルールのあり方によっては、この問題は、本節の検討対象である、契約（債務）不履行に基づく損害賠償と契約ないし契約債権との関係という問題とは直接的な関わりを持たなくなるのである。従って、以下の叙述においては、上記第2の課題を検討するのに必要な限度で、一般的に受け入れられている証明責任の分配ルールを前提とした考察を行うに止めることにする。

　以上が、本節の各論的な検討素材を損害賠償請求権の消滅時効起算点（及び、契約（債務）不履行に基づく損害賠償の領域における証明責任分配ルールの正当化）に関わる問題に求めた理由である[407]。最後に、フランス法との比較検討を総論的に行うということの含意であるが、これは、フランスにおいては、損害賠償債権の消滅時効に関する問題について、契約不履行に基づく損害賠償の性質、あるいは、契約不履行に基づく損害賠償と契約ないし契約債権との関係という視点からの検討が不十分な状況にあるため、問題を一般的・総論的に分析するだけに止めざるをえないことを意味している。もちろん、契約不履行に基づく損害賠償の消滅時効について議論が存在しないというわけではないし、この点について判断を示した破毀院判決も数多く存在する。しかし、一部の例外を除いて、本書冒頭で言及した契約不履行に基づく損害賠償に関する2つの立場を起点に、これらの学説や判決が検討・分析の対象とされているわけではないのである。従って、フランス法における議論については、契約不履行に基づく損害賠償と契約ないし契約債権との関係という総論的・一般的な視角から、もちろん、個別的な問題としてどのようなものが意識されているのかという点を踏まえつつ、検討することは極めて有益であるが、損害賠償債権の消滅時効という各論的な問題を中心素材として分析することには、本節の問題関心から見て大きな意味は存在しないと考えられるのである。

　これらの諸点を断ったうえで具体的な検討に入ろう。

第1款　フランスにおける契約不履行に基づく損害賠償と契約債権の関係

　本書冒頭で提示したように、フランスにおいては、契約不履行に基づく損害賠償の性質について、それをフォートによって惹起された損害を賠償するための制度と

（407）もう1つ、契約（債務）不履行に基づく損害賠償と契約ないし契約債権との関係の把握の仕方によって、具体的な問題へのアプローチが異なりうる場面として、履行請求と損害賠償請求の関係をどのような形で把握するかという問題がある。もっとも、この問題については、契約（債務）不履行法全体を視野に入れて考察することが適切であるため、本節の検討を前提とした上で、第2部・第2章・第2節・第1款・第1項818頁以下で扱うことにする。

◆第1章◆ 性 質

して捉える伝統的理解と、実現されなかった契約を金銭という等価物によって履行するための制度として構想する有力学説とが存在している。これら2つの潮流において、契約ないし契約債権と契約不履行に基づく損害賠償との関係は、どのように把握されているのか。そこでの理解の相違は、具体的なレベルの問題において、どのような形で現れているのか。これが、本款において検討の対象とされる問題である。

◇第1項　賠償方式としての契約不履行に基づく損害賠償と契約債権の関係

　フランスの伝統的通説は、20世紀初頭以来、「契約責任」と不法行為責任を、同一の性質を有する2つの責任制度として位置付けてきた。民事責任とは、フォートある行為、その他、責任を負うべき他人の行為ないし物の所為によって、他人に損害を生じさせた者に対して、その損害を賠償することを義務付ける規範の総体を意味するから、そこには、「契約責任」と不法行為責任の両者が含まれる。従って、このような理解によれば、「契約責任」は、不法行為責任と同じく、惹起された損害を賠償するための制度として構想され、不法行為責任と同一の原理に服することになるのである[408]。

　このような理解を前提とする場合、契約不履行に基づく損害賠償は、不法行為に基づく損害賠償と同じく、「責任の原因となる行為ないし所為」によって損害を生じさせたこと契機として発生する債権ということになる。つまり、契約不履行に基づく損害賠償は、前節において言及した3つの要件、すなわち、契約上のフォート、損害、因果関係という要件が充足されたことによって初めて発生する債権として把握されることになるのである。

　ここから、以下のような一連の問題が浮かび上がってくる。契約不履行に基づく損害賠償が上記の要件を充足した時に発生する債権であるとして、契約から生じた本来的な債権はどのような運命を辿るのか。言い換えれば、契約不履行によって損害が惹起された場合、すなわち、契約不履行に基づく損害賠償債権が発生した場合、契約債権は消滅するのか、それとも存続するのか。この問題をどのように理解するとしても、提示されている結論はどのようなメカニズムによって正当化されるのか。そもそも、契約を発生原因とする契約債権と不履行によって損害が惹起されたことを発生原因とする損害賠償債権は、どのような関係にあるのか。

　以下では、まず、これらの問いに対するフランス民法学の応答はどのようなものかという点から検討を始めることにしよう[409]。本項の問題意識、すなわち、賠償

---

(408) この点については、文献の所在も含め、序論9頁以下を参照。
(409) 検討に先立って、以下の点に留意しておく必要がある。それは、本文で述べたような問題の立て方が、フランス民法学において、必ずしも常に共有されてきたわけではないということである。より正確に言うならば、19世紀末から20世紀初めにかけてのフランス民法学説は、契約債権と損害賠償債権の関係について多くの議論を展開していたが、その後、20世紀末までのフラン

◆ 第2節 ◆ 異別と同一

ス民法学においては、この問題に関してほとんど議論が行われていなかったところ、今日、再び契約債権と損害賠償債権の関係をめぐる議論が活発になりつつあるということである。

こうした議論の推移をもたらした理由は幾つか考えられるが、言うまでもなく、その最も大きな要因は、契約不履行に基づく損害賠償、あるいは、「契約責任」の性質それ自体に対して向けられた関心が、時代によって一様ではなかったことに求められる。第2部・第1章・第2節・第1款 453頁以下において指摘するように、19世紀末から20世紀初頭にかけてのフランス民法学は、労働災害や交通事故といった社会問題への対応を迫られており、その過程において、契約不履行に基づく損害賠償を不法行為に基づく損害賠償の一種と見る一元論や（Lefebvre, supra note 25 ; Grandmoulin, supra note 25 ; Aubin, supra note 25 ; etc.）、本章・第1節において検討したマルセル・プラニオルの民事フォート論（supra note 33 et supra note 231 で引用した諸論稿）が提唱される等、契約不履行に基づく損害賠償の性質をめぐって、多くの論争が交わされた。その後、1930年前後には、アンリ・マゾーの論文やアンドレ・ブランのテーズに代表される一連の研究によって（Meignié, supra note 27 ; Mazeaud, supra note 27 ; Brun, supra note 27 ; Van Ryn, supra note 27 ; etc.）、「学理的には、2つの責任は存在しない。2つの責任「制度」が存在するだけである」（Brun, supra note 27, n° 352, p.382）との立場が確立し、それ以降、フランス民法学においては、上記のような見方が一般的に受け入れられるに至った（Cf. H. et L. Mazeaud et Tunc, supra note 29, n°S 96 et s., pp.101 et s. ; Viney, supra note 19, n°S 161 et s., pp.395 et s. ; etc.）。ところが、本書冒頭で示したように、近年、歴史的・比較法的研究に基礎を置く等価物による履行論が登場し（supra note 20 で引用した諸論稿を参照）、契約不履行に基づく損害賠償や「契約責任」、そして、その性質について、再び光が当てられることになったのである。従って、このような議論の推移に鑑みれば、あらゆる時代において本文のような問いが立てられなかったことは、いわば当然の事理と言うことができるであろう。

しかし、更に踏み込んで考えてみる必要がある。というのは、安全債務や情報債務、医療事故、製造物責任等、20世紀中葉のフランスにおける社会問題に対処するための問題群が学説の関心を集めたことは当然であるとしても、例えば、既に検討した契約上のフォート等の問題は、本文で述べた問題と同じく、契約不履行に基づく損害賠償に関する純理論上の問題でありながら、20世紀の間にも多くの議論がなされてきたという事実との対比でみると（契約上のフォートを主たる検討対象とし、20世紀半ばに刊行されたテーズとして、Rabut, supra note 242 ; Ségur, supra note 239 ; Léontin-Jean Constantinesco, Inexécution et Faute contractuelle en Droit comparé (Droit français, allemand, anglais), Publications de l'institut de droit européen de l'université de la Sarre, vol. 5, W. Kohlhammer Verlag, Stuttgart, Librairie Encyclopédique, Bruxelles, 1960 ; etc. がある）、契約不履行に基づく損害賠償の性質、あるいは、契約債権と損害賠償債権の関係に関して、一部を除き本文のような問いが共有されることすらなかったという事実は、些か奇妙であるようにも映るからである。

恐らく、このことには、各時代におけるフランス民法学全体の傾向やあり方が多少なりとも影響しているのではないかとも考えられる（詳細な検討及び文献の引用は、第2部・第1章・第2節・第1款 492頁以下及び第2款 664頁以下に委ねることにして、ここでは、本節におけるフランス法研究に必要な範囲でその概要のみを示しておく）。すなわち、20世紀初頭にいわゆる科学学派が登場した後は、各問題についての理論的な研究が主流を占めていた。先に引用した1930年前後の「契約責任」研究は、まさに、この傾向に属するものであったと言える。その後、フランス民法学は、そこでの理論的成果を基礎としつつ、個々の問題群について（「契約責任」に関わるものとしては、安全債務、情報債務、無償援助の合意、契約と第三者、手段債務・結果債務の区別等）、判例や法の現実を出発点とした検討を行うようになる。先に引用した契約上のフォートに関する研究には、このような傾向を顕著に見て取ることができる。ところが、20世紀末に至り、フランス民法学は、再び原理や体系への志向を強めていく。今日のフランスにおける契約法研究、民事責任法研究、そして、契約や民事責任に関わるテーズの質と量は、このような傾向を反映したものであるが、現在、フランスにおいて「契約責任」という概念の是非が問われているのも、まさにこうした時代思潮による影響を受けたものと言えるのかもしれない。

いずれにしても、ここでは、本文で述べたような問題の立て方が、フランス民法学において、必ずしも常に共有されてきたわけではないということ、その背後には、以上に述べたようなフランス民法学の傾向が存在しているということに留意をしておく必要がある。以下で行おうとするフランス法との総合的な比較研究において主たる検討対象としているのは、まさに、理論や原理への関心が強かった19世紀末から20世紀初頭にかけての学説と、今日のフランス民法学説だからであり、また、フランス法において、各論的な問題からのアプローチが希薄である理由の一端も、以上のような民法学全体の傾向の中に見出すことができるように思われるからである（各論

151

◆第1章◆ 性　質

モデルの下における契約不履行に基づく損害賠償と契約債権との関係をより良く理解し、日本の伝統的通説が前提としている損害賠償請求権と契約債権の同一性という命題に内在する問題点を浮き彫りにするためには、フランスの伝統的理解における上記のような問いへの応対を分析することが、極めて有益と考えられるからである。

(1) 損害賠償債権の発生と契約債権の消滅

　19世紀末から20世紀初頭にかけて、一部の学説は、契約上のフォートと不法行為上のフォート、更に、契約不履行に基づく損害賠償と不法行為に基づく損害賠償を明確に対置していた伝統的学説を批判し、法と契約を同一視する立場を前提に、契約不履行に基づく損害賠償について、それが不法行為に基づく損害賠償にほかならないとの見方を提示した[410]。この一元論は、前節において検討した契約上のフォートのみならず、契約債権と損害賠償債権との関係についても、それまでの理解とは全く異なる見方を示した[411]。

　契約不履行に基づく損害賠償であろうと、不法行為に基づく損害賠償であろうと、あらゆる損害賠償は、法律もしくは契約違反に体現されるところのフォートに由来する。すなわち、契約不履行に基づく損害賠償は、契約から生じた当初の債務ではなく、フォートによって惹起された損害を賠償することを目的とした、法律を源とする債務である。従って、契約から生じた債務とその不履行から生ずる損害賠償債務は、別個の存在として捉えられなければならない。それでは、損害賠償債務が発生する場合に、契約から生じた債務はどうなるのか。ここで、契約から生じた債務は、損害賠償債務が発生することによって消滅するものと理解すべきである。民法典1302条は、債務の目的物が債務者のフォートなしに滅失したときには、債務は消滅する旨を規定しているが[412]、このテクストは、目的物が債務者のフォートによって滅失したときには、債務は消滅しないことを示しているのではなく、債務者にフォートが存在する場合には、民法典1382条によって、契約債務とは別の新たな債務が発生することを明らかにした規定である。つまり、フォートによって、契約から生じた債務が消滅し、かつ、損害賠償債務が発生するのである。そして、ここに

　　　的な問題が検討されていることは言うまでもない。「各論的な問題からのアプローチが希薄」との叙述は、あくまでも、具体的問題を出発点とし、そこから帰納的に論理を構築していくスタイルが採られていないということを意味するものに過ぎない。
　(410)　Lefebvre, supra note 25 ; Grandmoulin, supra note 25 ; Aubin, supra note 25 ; etc.
　(411)　Lefebvre, supra note 25, pp.490 et s. ; Grandmoulin, supra note 25, pp.7 et s.
　(412)　フランス民法典1302条1項「債務の目的であった特定物が滅失し、取引外に置かれ、又は遺失してその存在が全く知られないときは、債務は、物が債務者のフォートなしに、かつ、債務者が遅滞になる前に滅失し、又は遺失した場合に限り、消滅する（原文は、Lorsque le corps certain et determiné qui était l'objet de l'obligation, vient à périr, est mis hors du commerce, ou se perd de manière qu'on en ignore absolument l'existence, l'obligation est éteinte si la chose a péri ou a été perdue sans la faute de débiteur et avant qu'il fût en demeure.）」。

は、一種の更改が存在するものと見ることができる[413]。以上のように、一元論、とりわけ、その主唱者であるジャン・グランムーランは、フォートを起点として、契約債権が消滅し、損害賠償債権が発生することを、更改のメカニズムによって説明しているのである。

それでは、上記のような理解は、どのようなコンテクストにおいて主張されたものなのか。一元論は、直接的には、19世紀末から20世紀初頭にかけてのフランス民法学が直面していた社会問題への対応をめぐる議論、すなわち、身体の安全を契約の問題として規律すべきかという問題を論ずる中で、とりわけ、伝統的な契約不履行に基づく損害賠償の理論枠組みを保持しながらも安全の契約化を志向していたシャルル・サンクトレットの理論に対抗する形で提示されたものである[414]。そして、この一元論は、同時代におけるほかの民法学説と同じく、その成果を契約不履行に基づく損害賠償、あるいは、民事責任の一般的理論にまで昇華させた点に、その特徴を見出すことができる。とはいえ、一元論を採用する学説においても、具体的な問題が意識されていなかったわけではなく、フォートによる契約債権の消滅と損害賠償債権の発生という論理を提示するに際して、以下のような問題が念頭に置かれていた。

第1に、損害賠償の範囲の問題である[415]。後に検討する19世紀の一般的な理解のように、損害賠償債務が契約債務にほかならないというのであれば、損害賠償債務の範囲は約束された給付の価値を超えることができない。フランス民法典1149条によれば、契約不履行に基づく損害賠償には、被った損失(dammum emergens)と失った利益(lucrum cessans)が含まれうるのであるから[416]、上記のような理解では、賠償の範囲が不履行によって惹起された損害の全てに及ぶことを説明することができない。従って、このことを説明するためには、損害賠償債務は契約債務とは別個の存在であるとの理解を前提としなければならないのである[417]。

第2に、担保権存続の問題である。19世紀の伝統的な理解は、損害賠償債務が契約債務にほかならないことを示す際に、フォートによって契約債務が消滅するのであれば、契約から生じた債務に付着していた担保権も消滅してしまうとの批判を提

---

(413) ジャン・グランムーランは、いわゆる債務の永久化論を反駁する中で、以下のようにも述べている。債務の永久化論によれば、債務の目的が滅失した場合、債務者は無の債務者となり、不能なものを義務付けられることになる。何故ならば、債務の目的が変われば、同じ債務とは言えないからであり、目的の変更が債務の変更をもたらさないとすれば、目的の変更による更改も更改とは言えなくなるからである。(Grandmoulin, supra note 25, pp.10 et s.)
(414) この点についての詳細は、第2部・第1章・第2節・第1款・第1項456頁以下を参照。
(415) この問題については、第2章・第2節・第1款・第1項306頁以下を参照。
(416) フランス民法典1149条「債権者に支払われるべき損害賠償は、一般に、その者が受けた損失及びその者が奪われた利益である。ただし、以下の例外及び変更については、この限りでない(原文は、Les dommages et intérêt dus au créancier sont, en général, de la perte qu'il a faite et du gain dont il a été privé, sauf les exceptions et modifications ci-après.)」。
(417) Grandmoulin, supra note 25, p.12 ; Aubin, supra note 25, pp.80 et s.

起しているが⁽⁴¹⁸⁾、これは誤った批判である。フォートによる契約債務の消滅と損害賠償債務の発生は、更改のメカニズムに基づくものであるところ、更改においては、一定の場合に、担保権の新債務への移転が認められているからである⁽⁴¹⁹⁾。

　第3に、証明責任の問題である。前節において検討し、また、本款・第2項においても触れるように、19世紀における一般的な見解は、不法行為に基づく損害賠償が要件を充足することによって発生する債権であるのとは異なり、契約不履行に基づく損害賠償の源は契約それ自体に存するとの理解を前提に、民法典1315条を援用することで、債権者が契約債務の等価物である債務不履行に基づく損害賠償を請求してきた場合には、債務者がその支払いを免れるための事由としての弁済もしくは外的原因を証明しなければならないとの解決を導いていたが⁽⁴²⁰⁾、これは誤った論理である。2つの損害賠償は、いずれも、フォートを発生原因とするものであるから、契約不履行に基づく損害賠償と不法行為に基づく損害賠償とにおいて、上記のような証明責任の相違は存在しない⁽⁴²¹⁾。債務の目的（l'objet）が積極的なもので

---

(418) この点については、本款・第2項180頁以下を参照。
(419) Grandmoulin, supra note 25, pp. 16 et s. ここで、グランムーランは、更改における担保権の移転について規定したフランス民法典1278条を援用している。同条は、以下のような内容を持つテクストである。

　　フランス民法典1278条「旧債権の先取特権及び抵当権は、旧債権に代わる債権に何ら移らない。ただし、債権者がそれを明示的に留保した場合には、この限りでない（原文は、Les privilèges et hypothèques de l'ancienne créance ne passent point à celle qui lui est substituée, à moins que le créancier ne les ait expressément réservés.）」。

　　もっとも、このテクストによれば、債権者が明示的に留保しない限り、担保権が損害賠償債務に移転することはなくなってしまう。そこで、一元論の学説は、更改による説明とは別に、当事者意思による正当化をも援用する。すなわち、一般的に、担保権は、債務不履行から生ずる結果についてもカバーするものである（Grandmoulin, ibid.）、あるいは、担保権は、契約締結時から、契約債務ではなく、損害賠償債務を担保するものとして設定されている（Aubin, supra note 25, pp. 81 et s.）等と説明するわけである。

(420) この点については、本款・第2項181頁以下を参照。
(421) 一元論は、2つの損害賠償制度において証明責任の所在が「理論的に」異ならないと理解する点では共通していたが、この立場を前提として、2つの損害賠償の間に「現実に」存在している相違をどのように説明するかという点では、一枚岩ではなかった。本文では、証明責任の規律という点において、その後の学説、更には、手段債務・結果債務の区別に対しても少なからず影響を及ぼした、ジャン・グランムーランの理解を挙げているが、ここでは、その他の学説による説明をフォローしておくことにしよう。

　　まず、フランスにおける一元論の創始者とも言うべきルフェーブルは、所有者の物が滅失したというケースに関連して、以下のように述べている（Lefebvre, supra note 25, pp. 489 et s.）。この場合、所有者は、物を保持していた者が、一般的な契約である法律や特殊な法律である契約によって禁止されていたことを為したこと、あるいは、法律や契約によって義務付けられていたことを為さなかったこと、つまり、フォートの存在を証明しなければならない。反対に、物を保持していた者は、原告である所有者が行った証明を覆す事実、具体的に言えば、自己のフォートを排除する理由としての不可抗力、偶発事故、物固有の欠陥を証明すれば、責任を免れるのである。このように、ルフェーブルの下においては、責任の基礎はフォートであり、原告はそれを証明しなければならないとの考え方と、不可抗力や偶発事故をフォート不存在と見る構想を前提に、いずれの責任領域でも、原告はフォートの存在を証明しなければならず、それがなされた場合には、被告がその不存在を基礎付ける事実を証明しなければならないという、証明責任分配の構図が描かれている。従って、このような理解によれば、「現実に」も、証明責任の相違は存在すべきではないということになろう。もっとも、ルフェーブルは、このように考えなかった。彼は、以下のように続けている（Ibid., pp. 490 et s.）。民法典1302条は、非常に不適切な表現ではあるが、証明

あるのか、それとも、消極的なものであるのかによって、証明責任の所在は異なりうるために、与える債務・為す債務という積極的債務が一般的である契約領域と、為さない債務という消極的債務が通常である不法行為領域とにおいて、証明責任の所在が異なっているように見えるだけなのである[(422)(423)(424)]。

> 責任の転換、つまり、フォートの推定を規定したテクストである。このテクストは、契約関係において物の滅失が問題となるケースの現実、あるいは、当事者の利益を考慮して、抽象的な一般原則を修正したのである。従って、この記述を読む限り、物の滅失が問題となる契約に関連したコンテクストでの叙述との留保を付けなければならないが、ルフェーブルは、2つの責任領域において証明責任の所在が異なる理由を、立法者が証明責任の転換を図ったことに求めていると見ることができるのである。
> 　次に、ジュレ・オバンは、契約不履行に基づく損害賠償と不法行為に基づく損害賠償とにおいて、証明責任の所在が、「理論的に」のみならず、「現実に」も異なるべきではないと説く（Aubin, supra note 25, pp.65 et s.）。すなわち、古典理論が掲げる民法典1315条は、債務の履行に関わるテクストであり、責任の問題とは無関係である。ところで、責任の問題を規定する民法典1147条によれば、契約不履行に基づく損害賠償の訴訟において、債権者は、物理的不履行（l'inexécution matérielle）を証明すれば足り、それがなされた場合には、今度は、債務者が不可抗力を証明しなければならないとされている。これは、物理的不履行の証明によって、責任の基礎である債務者のフォートが推定されること、従って、債務者は、不可抗力、つまり、フォート不存在を証明しなければ、損害賠償を免れえないことを明らかにしたテクストである。確かに、ケースによっては、物理的不履行とフォートは接近しうるが、この場合であっても、債務者には、理性（raison）が存在しなかったこと等を証明する可能性が残されているのであるから、理論上、両者は別個の存在であると言わなければならない。かくして、「契約責任」と不法行為責任のいずれの領域においても、債権者は物理的不履行を証明しなければならないが、それによって債務者のフォートは推定され、今度は債務者がフォートの不存在を証明しなければならないという証明責任の分配構図が導かれるのである。もっとも、このオバンの見解については、以下の点に留意が必要である。それは、少なくとも証明責任を論ずるコンテクストにおいては、フォートの中身が主観的要素に縮減され、そこから客観的要素が放逐されているということである（「少なくとも」というのは、それ以外のコンテクストでは、例えば、「フォートという言葉は、理性を備えた自由な存在によって犯された、あらゆる義務違反を意味する」（Ibid., p.6）等と述べられており、フォートに客観的要素が含まれることが明確にされているからである）。つまり、オバンが構想する物理的不履行は、フォートの客観的要素にほかならないと言えるのであるから、上記のような理解は、債権者がフォートの客観的要素を証明しなければならないこと、債務者はフォートの主観的要素不存在を証明することによって損害賠償の支払いを免れることを説くものに過ぎないとも見ることができるのである。

(422)　Grandmoulin, supra note 25, pp.54 et s. グランムーランは言う。伝統的通説が説くように、証明責任の所在は、前提となっている債務の目的によって異なる。為さないという消極的債務が問題となる場合、原告は、債務の存在、債務の違反（フォート）、損害の発生、違反をしたのが被告であることを証明しなければならず、これらが証明されたとき、今度は被告が不可抗力・偶発事故を証明することになる。これに対して、与える、もしくは、為すという積極的債務が問題となる場合には、原告は、債務の存在、損害の発生を証明すれば足り、今度は被告が債務の履行・消滅を証明しなければならないのである。

(423)　このように、責任の性質ではなく債務の目的によって証明責任の所在を確定しようとする視点は、その後、一部の学説に引き継がれることになる。Ex. Planiol, supra note 231, pp.458 et s.; Id., supra note 33, Traité élémentaire de droit civil, n°s 888 et s., p.273（「契約責任」と不法行為責任とにおいて、フォートの証明を異にするという解釈は、根拠のない気まぐれ（le caprice）であり、立法における非常識（l'absurdité）である）; Marcel Cocat, Du fondement de la responsabilité du voiturier en matière de transport de personnes, th. Paris, Dalloz, Paris, 1923, n° 8, pp.28 et s.; Popesco-Albota, supra note 214, n°s 43 et s. pp.69 et s.; etc.

(424)　もっとも、債務の目的に応じて証明責任の所在が異なりうる理由、つまり、積極的債務のケースにおいては、債務の存在を証明すれば足り、消極的債務のケースでは、債務の存在のみならずその違反についても証明しなければならないと解釈する理由は、いずれの学説においても明確にされていない。ここに、本文のような解釈の理論的脆弱さを指摘することができる。プラニオルが説くように、フォートがあらゆる責任の基礎、あるいは、損害賠償債務の発生原因であり、

◆第1章◆ 性　質

　これらの問題は、いずれも、フォートによる契約債務の消滅と損害賠償債務の発生を更改によって基礎付ける一元論にとって、その論理に関わる問題ではある。しかし、必ずしもその論理の中核に位置する問題というわけではない。一元論の論理は、フォートによる契約債務の消滅（第1命題）、フォートによる損害賠償債務の発生（第2命題）、これら2つの事象の更改による基礎付け（第3命題）、これらの帰結としての契約債務と損害賠償債務の法的な異別性（第4命題）からなる。損害賠償の範囲と証明責任の問題は、このうち、第1、第2、第4の命題に関わるが、実際には、損害賠償債務と契約債務が別個の存在であることを基礎付ければ上記のような解決を導くことはできるから、契約債務の消滅という命題は必要不可欠なものではない。また、担保権存続の問題は全ての命題に関わるが、第3の命題、つまり、更改によらない正当化も可能であり、実際にその方向性も示されていたこと[425]、更に言えば、更改による理由付けは必ずしも適切ではないことに留意する必要があろう[426]。このように見ると、契約債務の消滅と損害賠償債務の発生を更改のメカニズムによって説明する手法は、具体的な課題に応対するために考えられたものではないと言うことができるのである。

　ここから、更に、以下のような視点を得ることができる。一元論は、「契約責任」と不法行為責任を同一視し、その論理構造、つまり、フォートによる契約債務の消滅と損害賠償債務の発生を更改によって基礎付けようとする立場であるが、フォートによる契約債務の消滅と更改のメカニズムによる説明は、少なくとも一元論の学説が想定していた範囲内においては[427]、具体的な問題の解決にとって意味を有していない。ここに、その後の学説が、契約不履行に基づく損害賠償を損害の賠償方式として捉えるのか、それとも、19世紀以来の古典的な理解を維持するのかにかか

　　かつ、フォートの中身を「先存債務に対する違反」として捉えるのであれば、債務が消極的なものであろうと、積極的なものであろうと、債務の存在とその違反を証明しなければ、損害賠償への権利の発生を基礎付けることはできないはずである。そうすると、前提とする実体規範から導かれる証明責任分配ルールを覆しうるだけの正当化根拠が示されなければならないことになるが、グランムーランやプラニオルによって、それが試みられることはなかったのである。この限りにおいて、グランムーラン、そして、プラニオルは、フォートによる損害賠償債権の発生という論理構造と相容れない証明責任規範を採用していると言うことができよう。なお、この点については、後掲・注(508)における考察も参照。

(425) Cf. supra note 419.
(426) 実際、注(419)で言及したように、更改による正当化は、損害賠償債務への担保権の存続を基礎付けるための説明としては不十分である。更改は旧債務を消滅させるものである以上、それとは要素を異にする新債務への担保権移転は、原則として認められないからである。もちろん、民法典1278条は、「債権者がそれを明示的に留保した場合には、この限りでない」と規定しており、この限りにおいて、新債務への担保権移転が認められているが、これは、あくまでも例外的な事態である。このような例外的な規範によって、契約に付着していた担保権が損害賠償債務をもカバーするという原則的な事象を説明することは、やはり不適切であると言わなければならない。
(427) 「少なくとも一元論の学説が想定していた範囲内においては」という形で留保を付けたのは、当時の一元論が想定していなかった問題、具体的に言えば、履行請求と損害賠償請求の関係をどのように規律するのかという問題において、フォートによる契約債務の消滅、更改のメカニズムによる説明が、大きな意味を持つことになるからである。この点については、第2部・第2章・第2節・第1款・第1項827頁以下を参照。

わらず、更改理論に対して激しい批判を提起し、それを容易に放棄することができた理由を見出すことができよう[428]。後に述べるように、「契約責任」と不法行為責任を同一の性質を有する2つの責任制度として構想する20世紀初頭以来の通説的見解においては、多くの場合、フォートによって損害賠償債務が発生し、2つの債務が法的に別個の存在であること（第2命題・第4命題）だけが述べられることになるが、それは、個別の問題の解決に際して、フォートによる契約債務の消滅（第1命題）と損害賠償債務の発生を観念し、それを更改のメカニズムによって説明する（第3命題）必要がなかったからにほかならないと見ることができる。もっとも、フォートによる損害賠償債務の発生と契約債務と損害賠償債務の法的異別性を強調するだけでは、契約によって生じた債務がどのように扱われるのかという問題に答えることはできない。一元論が、更改を援用したのは、まさに、こうした純粋に理論的な問題について説明を行うためだったのである。

　それでは、一元論が理論的な説明のために提示した、フォートによる契約債務の消滅、2つの事象の更改による基礎付けという命題は、その後、フランスにおいてどのような展開を見せたのか。既に言及し、また、後に再論するように、その後の学説の多くは、更改理論に対して批判を提起するだけで、それに代わる説明を尽していないが、契約によって生じた債務がどのように扱われるのかという一元論が取り組んだ問題について、一定の見方を示そうとした学説も散見される。以下では、この点について、簡単にフォローしておくことにしよう。

　19世紀の古典理論に対するアンチテーゼとして登場した一元論は、法と契約を同一視するという前提に多くの問題を抱えていたため、学説の支持を集めることはなかった。しかし、その後、フォートによる損害賠償債務の発生という一元論の命題を引き継ぐ形で、マルセル・プラニオルにより、法と契約を峻別した統一的な民事フォートの構想が提示され、やがて、契約不履行に基づく損害賠償と不法行為に基づく損害賠償を、同一の性質を持つ2つの責任制度として捉える今日の通説的見解が確立する。前節において検討したように、そこでは、契約上のフォートに対し、損害賠償責任の発生原因としての役割が与えられていたから[429]、一元論における4つ命題のうち、フォートによる損害賠償債務の発生、契約債務と損害賠償債務の法的異別性という命題は、承認されていると言ってよい。それでは、フォートによって損害賠償債務が発生した場合には契約から生じた債務は消滅するとの命題、及び、これら2つの事象を更改のメカニズムによって説明する手法はどうであったか。一部の自覚的な論者は、この点についても、一元論の命題を引き継ぐことになる。

　まず、「学理的には、2つの責任は存在しない。2つの責任「制度」が存在するだけである」という有名なフレーズを残し[430]、今日の通説的見解を定式化したアン

---

(428) この点については、本款・第2項177頁以下の叙述を参照。
(429) この点については、本章・第1節・第1款・第1項81頁以下を参照。

◆第1章◆ 性 質

ドレ・ブランは、一元論について、如何なる社会規範もそれに従う全ての者によって同意されていると見ることも、個人が合意によって義務の領域を拡大していると見ることもできないから、法と契約を同一視することはできないとして、批判を提起しつつ、契約から生じた債務と損害賠償債務が法的に別の存在であることを明らかにした点において、大きな功績があると言う[431]。その上で、ブランは、以下のように続ける。一元論のように、損害賠償債務は民法典1382条を根拠とするものであると言うことはできないし、契約債務の消滅と損害賠償債務の発生について、そのテクスト上の根拠を民法典1302条に求めることもできない。しかし、このメカニズムそれ自体は正当なのであって、この状況は、更改や代位と対比しうるものなのである[432]。従って、アンドレ・ブランにおいて、一元論の問題として認識されているのは、法と契約、契約不履行に基づく損害賠償と不法行為に基づく損害賠償を完全に同一視したことだけであって、フォートによる契約債務の消滅、損害賠償債務の発生、2つの事象の更改による説明、契約債務と損害賠償債務の法的異別性という、先に述べた一元論の4命題は、完全に維持されているのである。

このような立場をより明確な形で提示したのが、20世紀フランス民事責任論の第一人者アンリ・マゾーである。アンリ・マゾーは、以下のような議論を展開する[433]。契約から生じた債務は当事者の合意から生ずるものであるのに対して、損害賠償債務はそれとは無関係に不履行を原因として発生する債務であるから、両者は法的に別個の存在である[434]。損害賠償債務が発生したとき、契約から生じた債務は消滅

---

(430) Brun, supra note 27, n° 352, p.382.
(431) Brun, supra note 27, n°s 89 et s., pp.109 et s. 契約から生じた債務と損害賠償債務が別個の存在であることは、ブランのテーズ全編にわたって繰り返し強調されている点である。
(432) Brun, supra note 27, n° 92, pp.111 et s.
(433) アンリ・マゾーが、本節の検討課題について、初めてその見方を明確な形で提示したのは、1929年に公刊された「不法行為責任と契約責任（Responsabilité délictuelle et responsabilité contractuelle）」と題する論文（Mazeaud, supra note 27）においてである。そこで示された構想は、基本的にその後の著作の中でも維持されているが、20世紀フランス民事責任法のバイブルとも言うべき『不法行為及び契約の民事責任に関する理論的・実務的概論』のアンドレ・タンクによる改定版では、アンリ・マゾーのオリジナルな見解とは若干ニュアンスを異にする部分が含まれていることに注意する必要がある（H. et L. Mazeaud et Tunc, supra note 29, n°s 96 et s., pp.101 et s.）。
(434) 長文になるが、フランスにおいても頻繁に参照される有名な叙述を引用しておこう。「当事者が締結した契約は、当事者の間に債務を生じさせる。しかし、契約から生ずる債務はどのようなものか。この契約を履行する債務である。ところで、契約責任の諸原則が適用される局面において問題となるのは、この債務ではない。当事者の一方が、契約によって課せられた債務の履行を拒絶し、または、不完全にしか履行しなかったとする。この行為によって、他方当事者は損害を被る。ここにおいて、全部もしくは部分的に先行債務に代わる新たな債務が発生する。契約の不履行もしくは不完全履行によって生じた損害を賠償する債務である。契約が債務の源であるのはもちろんであるが、契約不履行、つまり、契約責任は、別の債務の源である。契約が締結されると、第1の債務が発生する。各当事者が約束された給付を履行する債務である。この債務が履行されないとき、もしくは、不完全にしか履行されなかったとき、言い換えれば、契約の全部もしくは部分的な不履行が存在する場合、新たな権利関係が形成される。債務者、損害を惹起した者が、生じさせた損害を賠償する債務が発生するのである。これら2つの連続する債務は、少なくとも理論的には、相互に区別される。一方は当事者の共通の意思から生ずるのに対して、他方

する。このように、契約が履行されない場合に契約債務が消滅し、それに代わる新たな債務が発生するというのは、一般原則の適用にほかならず、このことは民法典1302条からも見て取ることができる[435]。もっとも、契約債務と損害賠償債務の間には、「極めて密接な関係が存在することを忘れてはならない。一方が他方に代わるのである。第2の債務は、第1の債務が消滅した場合にのみ、それが消滅した範囲において、かつ、それが消滅したことを理由として発生する。そこには、更改に対比されうるものが存するのである」[436]。かくして、アンリ・マゾーの下においても、「更改に対比されうる」というある種の比喩を用いた形ではあるが、不履行＝フォート[437]による契約債務の消滅、損害賠償債務の発生という一元論の命題それ自体は堅持されているのである。

以上のように、フォートによって契約から生じた債務が消滅すると同時に損害賠償債務が発生するという基本構造と、これら2つの債務が法的に別個の存在であるという認識は、それを更改のメカニズムによって説明するかどうかは別として、今日に至るまで、一部の自覚的かつ有力な学説によって承継されてきた[438]。この事実は、一元論の上記4命題が、契約と法を同一視し、そこから、「契約責任」と不法行為責任を完全に同一視するという論理構造とは無関係であること、従って、「契約責任」と不法行為責任の制度的な二元性を承認したとしても、それらの性質的な一元性を前提とするならば、4命題の採用が可能であることを示している。これを別の角度から見れば、契約不履行に基づく損害賠償債務の発生原因をフォートに求める以上、それとは法的に別個の存在であるはずの契約債務について、その帰趨を考えなければならないことから、アンドレ・ブランやアンリ・マゾーは、一元論が示した論理構造を用いて、この問題に応対したものと見ることができよう。

しかし、ここから、更に、2つの疑問が浮かび上がってくる。1つは、上記のような理解それ自体に対する疑問、すなわち、フォートによる契約債務の消滅、損害賠償債務の発生という論理構造を前提とするならば、債務者にフォート＝不履行が存

はそれとは無関係に存在するものだからである。履行しない者が損害賠償の債務者となり、生じさせた損害の賠償を義務付けられるのは、その意に反していると言わなければならないであろう」（Mazeaud, supra note 27, n° 5, pp.555 et s.）.
(435) Mazeaud, supra note 27, n° 5, pp.556 et s.
(436) Mazeaud, supra note 27, n° 6, p.559.
(437) アンリ・マゾーは、不履行による契約債務の消滅、損害賠償債務の発生を構想しており、この点で、フォートによる契約債務の消滅、損害賠償債務の発生を想定するグランムーラン等とは異なるようにも見える。しかし、アンリ・マゾーの理論において、契約債務の不履行は契約上のフォートと一致するから（この点については、本章・第1節・第1款・第1項100頁以下を参照）、両者の見解は同一と言うことができる。
(438) その他、ポペスコ・アルボータ（Popesco-Albota）も、一元論の立場を前提とした上ではあるが、損害賠償債務と契約債務の法的別異性、フォートによって契約から生じた債務が消滅すると同時に損害賠償債務が発生するという基本構造を明確に提示している（Popesco-Albota, supra note 214, n°s 38 et s., pp.58 et s., et n°s 87 et s., pp.121 et s.）。すなわち、損害賠償債務は、契約債務の効果ではなく、民法典1382条の規定によって課される独立した債務である。このとき、契約債務は不履行によって消滅する。契約債務は損害賠償によって置き代えられるのである。

在する場合、たとえ債務の履行が可能であったとしても、債権者は、もはや履行を求めることができなくなるのではないかという疑問である。もちろん、先に引用した学説、とりわけ、アンリ・マゾーは、賠償の概念を広く捉えることでこの疑問についての手当ても行っているが、この点については、履行請求と損害賠償請求の関係を論ずるコンテクストの中で言及する[439]。もう1つは、上記に引用したもの以外の学説が、契約債務の帰趨、契約債権と損害賠償債務の関係について、どのような理解を示していたのかという疑問である。以下、項目を改めて、この疑問について簡単に検討しておくことにしよう。

(2) 損害賠償債権の発生と契約債権の帰趨

既に繰り返し言及しているように、20世紀初頭以来の通説的理解によれば、契約不履行に基づく損害賠償は、不法行為に基づく損害賠償と同一の性質を持ち、契約上のフォートを発生原因とする責任として捉えられることになる。従って、この考え方を前提とする限り、契約不履行に基づく損害賠償の債権は、その要件を充足したときに発生する存在で、かつ、契約債権とは法的に別個の債権として理解されなければならない。このことは、今日の多くの学説が認めるところである[440]。

もっとも、このような一般論が、具体的な場面においてどのような形で反映されうるのかについては、学説上ほとんど議論がなされていない。それでも、学説の中には、上記の一般論を基礎として、各論的な問題、具体的に言えば、損害賠償債権の発生時期という問題に対して解決の指針を与えようとしているものも散見される[441]。日本の議論との対比という点では興味深い素材となりうるので、簡単にフォローしておくことにしよう。

まず、叙述の便宜のために、不法行為に基づく損害賠償の場合に、損害賠償債権がいつ発生するのかという問題についてどのような理解が示されているのかを見ておこう。破毀院判例の中には、遅延損害金の起算点を判決時とするための理由付けとして、賠償を付与する判決が下されるまでは被害者が債権を持つことはないと判示する（つまり、これを文字通り読めば、判決の時に損害賠償債権が発生するとの判断として理解しうる）ものや[442][443]、不法行為後に行為者が強制和議を申請し、その後に

---

(439) 予め結論だけを述べておけば、アンリ・マゾーは、期日における任意履行以外の事象を、契約あるいは契約債権の実現ではなく、賠償ないし責任の問題として捉えているのである。この点については、第2部・第2章・第2節・第1款・第1項829頁以下を参照。

(440) 文献の所在も含め、Cf. Viney, supra note 19, n°s 161 et s., pp.395 et s. ; Carbonnier, supra note 52, n°s 153 et s., pp.291 et s. ; etc.

(441) Patrice Jourdain, La date de naissance de la créance d'indemnisation, in, La date de naissance des créances, Centre de droit des affaires et de gestion Faculté de droit Paris V, le 25 mars 2004, Petites affiches, 9 nov. 2004, n° 224, pp.49 et s. ; Fabrice Leduc, Régime de la réparation / Modalités de la réparation / Règles communes aux responsabilités délictuelle et contractuelle / Principes fondamentaux. J.-CL., Civil, Art. 1382 à 1386, Fasc.201, 2006 ; Courtiau, supra note 21, n°s 591 et s., pp.355 et s. ; etc.

被害者からの賠償請求がなされたというケースで、強制和議が承認された時に被害者は債権を有していなかったとして、行為者は被害者に対して強制和議を対抗することはできないと判示した（つまり、これを文字通り読めば、不法行為の要件が充足された時に損害賠償債権が発生するわけではないとの判断として理解しうる）ものも存在するが[(444)]、多くの判決は、「責任を生じさせる行為ないし所為」によって損害が発

---

(442) Ex. Cass. civ., 5 nov. 1936, DH., 1936, 585（交通事故の事案である。第1審及び原審ともに、遅延利息は不法行為の時から発生すると判断したのに対して、破毀院は、以下のように判示し、原審の判断を破棄している。「不法行為もしくは準不法行為の被害者の賠償債権は、それを認める判決の時からしか存在しない」(chapeau)、「不法行為もしくは準不法行為の債権は、それが裁判上認められるまでは存在せず、従って、遅延利息を生じさせない。被害者は、自己に補償を与える判決が下されるまでは債権を持たないし、それによって行使することができる権利も持たない」のである）; Cass. 2ème civ., 27 fév. 1957, Bull. civ., II, n° 184 ; Cass. 2ème civ., 16 oct. 1974, Bull. civ., II, n° 266（破毀院は、以下のように判示している。「不法行為もしくは準不法行為から生ずる債権は、それが裁判上認められるまでは存在せず、従って、遅延利息を生じさせない。被害者は、自己に補償を与える判決が下されるまでは債権を持たないし、それによって行使することができる権利も持たない。事実審の裁判官は、その判決よりも前から遅延利息が生じる旨を判示することができるが、それは、この遅延利息が填補の性格を持ち、損害賠償として付与されることを明確にし、かつ、正当化することを条件とする」）; Cass. 2ème civ., 5 mai 1975, Bull. civ., II, n° 136 (Cass. 2ème civ., 16 oct. 1974, supra と同じ判断を示した判決である); etc.

(443) もっとも、注(442)で引用した諸判決の理解については、一定の留保が必要である。というのは、これらの判決が下された後、1985年7月5日の法律によって民法典に1153-1条が新設され、遅延損害金の起算点に関して立法的な手当てがなされており、そうであれば、判決が遅延損害金の起算点を判決時と判断するに際して付加された「損害賠償債権は判決時まで発生しない」との理由づけは、この結論を別の角度から正当化することが可能である以上、意味を失ったと評価することも可能だからである。

フランス民法典1153-1条「あらゆる場面において、補償の支払いを命ずる判決は、請求もしくは判決の特別な処分が存在しない場合であっても、法定利息を含む。法律に特段の定めがある場合を除き、これらの利息は、裁判官が別段の判断をしない限り、判決時から起算する（原文は、En toute matière, la condamnation à une indemnité emporte intérêts au taux légal, même en l'absence de demande ou de disposition spéciale du jugement. Sauf disposition contraire de la loi, ces intérêts courent à compter du prononcé du jugement à moins que le juge n'en décide autrement.）。

控訴審の裁判官が、損害の賠償として補償を付与する判決を是認するだけの場合、この補償は、第1審判決からの法定利息を当然に含む。それ以外の場合、控訴院において付与される補償は、控訴院判決の時からの利息を含む。控訴院の裁判官は、常に、本項の規定に反することができる（原文は、En cas de confirmation pure et simple par le juge d'appel d'une décision allouant une indemnité en réparation d'un dommage, celle-ci porte de plein droit intérêt au taux légal à compter du jugement de première instance. Dans les autres cas, l'indemnité allouée en appel porte intérêt à compter de la décision d'appel. Le juge d'appel peut toujours déroger aux dispositions du présent alinéa.）」。

(444) Ex. Cass. civ., 22 oct. 1901, D., 1901, 1, 527 ; S., 1901, 1, 504（Yは、1886年11月4日に偽造手形を使用したことを理由として、1887年11月20日に有罪判決を受けた。1889年、Xらは、Yに対して、本件偽造手形の割引によって被った損害の賠償を求めた。これに対して、Yは、強制和議の認可を受けたことを援用して、この合意をXらに対抗することができると主張した。破毀院は、上記刑事事件の判決とは無関係であるXらは、損害賠償の請求が認容された1895年7月29日の第1審判決、1896年7月29日の第2審判決までは、Yに対して何ら権利を持たないから、Xらの損害賠償債権は、Yの破産宣告、強制和議前には存在しないとして、強制和議の合意が本件債権に適用されることはないと判断した）; Cass. req., 11 avril 1907, D., 1909, 1, 501 ; S., 1907, 1, 433, note Charles Lyon-Caen（Xは、1901年1月14日、Yの被用者であるAのフォートを原因とする鉄道事故によって負傷した。そこで、Xは、1902年1月11日、Yに対して、損害の賠償を求める訴訟を提起した。その後、1904年1月15日になって、Yに対して8万フランの損害賠償の支払いを命ずる判決が下された。ところで、Yは、1902年6月16日に破

◆第1章◆ 性　質

生した時に、損害賠償債権も発生すると理解している[445]。また、立法や実務の多くも、この考え方を基礎として制度を構築していると言われている[446]。このよう

産状態にあることを宣告され、1903年3月25日に強制和議が承認されていた。強制和議をXに対抗することができるとのYの主張に対し、破毀院は、「強制和議が承認されたとき、Xは、Yに対して、如何なる権利も債権も有していなかった」と判示して、Yの主張を退けた原審を維持した); Cass. civ., 20 janv. 1932, DH., 1932, 130 ; S., 1932, 1, 105, note Henri Rousseau (Yは、代理権を与えられていなかったにもかかわらず、Xの代理人であると称して、Aとの間で小麦を購入する契約を締結した。Xは、Aから小麦の代金の支払いを求められたので、Yが無権限で小麦を購入した結果損害を被ったと主張し、Yに対して損害賠償の支払いを求めた。ところで、本件事件後Xが訴訟を提起する前に、Yは、裁判上の清算を開始し、強制和議の認可を受けていた。破毀院は、「強制和議は、その権利が強制和議の認可前に承認された債権者についてしか対抗することができない」(chapeau) として、Yの「フォートは、強制和議の許可前に確認されたものでも、認められたものでもないから、この強制和議をXに対抗することはできない」と判断した); Cass. req., 2 avril 1941, D., 1944, 43, note Chéron ; JCP., 1943, II, 2096, obs. G. Pean ; Cass. com., 2 déc. 1947, D., 1948, 577, note Georges Ripert ; JCP., 1948, II, 4269, obs. Jacques Becqué (Xは、BからM社の株式50株を購入し、Bの代理人であるYに1万2000フラン余りを支払った。ところが、Yは、Bとの間に取引関係があることを理由として、この1万2000フラン余りをBに引き渡さなかった。そこで、Xは、Yに対して、支払った金銭の返還を求める訴訟を提起し、コルマール控訴院1936年4月8日判決は、この請求を認容した。ところで、この訴訟の継続中に、Yは清算手続きを開始し、1935年7月7日には強制和議の承認を受けていた。そこで、Yは、強制和議が認可されたことを援用して、これをXに対抗することができると主張した。原審は、Yの不履行は重フォートを構成するところ、このフォートの存在が認められたのは、判決が下された1936年4月8日のことであるから、XのYに対する損害賠償債権は、強制和議の承認後に発生しているとして、Yは、Xに対して強制和議を対抗することはできないと判断した。Yの上告に対し、破毀院は、以下のように述べてこれを棄却した。「原審は、1936年4月8日判決によって確定した受任者の不履行が重フォートを構成すること、この判決によってYに対して下された有責判決は民法典1992条に基づくことを判示した」。従って、「控訴院は、本件債権について、それを認めた判決後においてのみ確実なものとして存在し、強制和議の判決後に生じたものであると判示することができた」); etc.

(445) 事案及び法律問題は様々であるが、例えば、以下のような判決がある。①責任を規律する法律が変更された場合、損害が発生した時に効力を有していた法律が適用される旨を判示した、Cass. civ., 17 oct. 1939, DH., 1940, 2、②損害賠償債権が相続人に移転しうるのは、判決の時からではなく、損害発生時からであるとした、Cass. ch. mixte, 30 avril 1976 (2 arrêts), D., 1976, 185, note Monique Contamine-Raynaud、③損害の評価は判決の時になされなければならないが、「事故の被害者が持つ、被った損害の賠償を得る権利は、損害が発生した時から存在する」旨を判示した、Cass. 2ème civ., 11 janv. 1979, Bull. civ., 1979, II, 346, obs. Christian Larroumet、④共有財産制を採用する夫婦の一方が不法行為を犯した場合、判決前に当該夫婦が離婚していたとしても、損害賠償債務は夫婦の連帯債務になると判断した、Cass. 1re civ., 27 janv. 1993, Resp. civ. et assur., 1993, com., n° 147, obs., Christian Lapoyade Deschamps、⑤交通事故で負傷した被害者が控訴手続き中に死亡したという事案で、当該被害者に生じた損害は、それが固定した時に確定的なものとなる以上、事故から死亡までの期間を考慮する必要はないと判断した原審につき、「被った損害の賠償を得るという被害者の権利は、損害が惹起された時から存在するとしても、損害の評価は、裁判官がその判決を下す時に行われなければならない」のであるから、相続人は、被害者が死亡までの間に被った損害の賠償のみを請求することができるとして、これを破棄した、Cass. 2èmeciv., 24 juin 1998, Bull. civ., 1998, II, n° 226、⑥交通事故の被害者が、その後、事故とは関係のない原因によって死亡したという事案で、事故後の事情を考慮に入れることなく損害賠償額を決定した原審につき、「被った損害の賠償を得るという被害者の権利は、損害が惹起された時から存在するとしても、損害の評価は、裁判官が、判決までに明らかになった全ての要素を考慮に入れて、その判決を下す時に行われなければならない」と判示して、これを破棄した、Cass. crim., 3 nov. 2004, Bull. crim., 2004, n° 267 ; etc.

(446) 例えば、加害者が判決の前に損害賠償を支払ったとしても非債弁済にはならないこと、被害者は損害発生時から保険会社に対する直接訴権を行使しうること、被害者は判決の前に損害賠償の支払いを確保するための手段 (例えば、差押え、債権者代位権等) を行使しうること等が、これに当たる。

に、損害発生時（要件充足時）を損害賠償債権の発生時期とする解釈については、不法行為責任を実体法上の債務発生原因として捉える以上、判決の時まで損害賠償債権が発生しないと解することは困難であり、その要件が充足された時に債権が発生するものと理解せざるをえないとして、今日の学説においては、ほぼ異論なく受け入れられていると言ってよい[447]。

それでは、契約不履行に基づく損害賠償の場合はどうか。契約不履行に基づく損害賠償と不法行為に基づく損害賠償を、同一の性質を有する2つの制度として捉える伝統的理解を前提とするならば、前者の発生時期は、後者のそれと同じように、その要件が充足された時、実際上は損害発生時と理解することになりそうである。

もっとも、判例は、問題となる場面に応じて、複数の時点を損害賠償債権の発生時点として観念しているようにも見える。一方で、不履行もしくは「責任を生じさせる行為ないし所為」の時を損害賠償債権の発生時と見るものが存在する。例えば、倒産手続き開始決定との関連で、損害賠償債権の発生時期を不履行時とする一連の判決[448]、保険との関連で、保険期間中に損害賠償債権が発生したかどうかの基準時を不履行時あるいは「責任を生じさせる行為ないし所為」が行われた時に求める一連の判決[449]等が、これに当たる。他方、契約締結時を損害賠償債権の発生時と

---

(447) Jourdain, supra note 441, pp.49 et s. ; Leduc, supra note 441, n° 4, p.4 ; etc.
(448) Cass. com., 26 juin 1978, Bull. civ., IV, n° 180 (X社は、A社との間で、建物を建築してもらう契約を締結し、完成後にこの建物の引渡しを受けた。その後、A社が、裁判上の整理を申し立てたので、1971年11月26日、清算委員であるYとX社は、現に存在し、または、存在していた全ての債務を清算することで合意した（これにより、X社は、40万フランの未払い報酬を支払うことになった）。Yが、X社に対して、40万フランの支払いを求めたところ、X社は、当該建物には瑕疵が存在していると主張し、その修理費用として、294万フラン余りの損害賠償の支払いを求めた。このような事実関係において、破毀院は、以下のように判断する。「控訴院は、瑕疵ある仕事がA社の裁判上の清算前に全て行われていたこと、1971年11月26日の合意によっても、X社の修理費用について補償を受ける権利は何ら影響を受けないことを明らかにし、これらの瑕疵は清算開始後に発見されたものであるが、X社の賠償債権は、（中略）前記の合意ではなく、裁判上の清算の前に発生した建築請負契約の不完全な履行にその源を有するのであるから、X社の債権は清算の対象となる債権であると正当に判示した」); Cass. com., 22 juin 1982, Bull. civ., IV, n° 239 (1956年11月12日、X社は、A社に対し、期間30年の約定で、工場等を含む施設を賃貸する契約を締結した。この契約においては、A社が、期間満了の際この施設を受け取った時の状態で返還すること、価値下落分が存在する場合にはそれに相当する賠償を支払うことが、約定されていた。その後、1968年7月9日にA社の裁判上の清算が開始されたが、本件賃貸借契約は、清算委員であるYによって、1976年11月17日まで継続された。このような事実関係の下、X社は、Yに対し、賃借目的物の価値下落分に相当する額の賠償等を求める訴訟を提起した。破毀院は、以下のように判示して、X社が持つ賠償債権を清算債権であるとした原審の判断を是認した。原審においては、1956年11月12日の賃貸借契約が、A社が裁判上の清算手続きを開始した後も継続されていたこと、その結果、YがA社の負っていた債務、とりわけ、賃貸借契約の終了時にA社が受け取った時の状態で賃借目的物を返還する債務を負うことが、正当に認定されている。X社に生じた損害賠償の債権は、A社の裁判上の清算手続き開始後の出来事である、Yの賃貸借契約終了時における不履行によって生じたものであるから、清算債権に該当するのである); Cass. 3ème civ., 13 oct. 1999, Bull. civ., III, n° 203 (破毀院は、以下のように判示している。「建築作業の履行遅滞のケースにおける賠償の支払いを予定した違約条項の適用から生ずる債権は、借主である被告会社の再生手続き前に確認された、この債務の不履行の時に発生した」); etc.
(449) Cass. 3ème civ., 17 avril 1991, Bull. civ., III, n° 118 (破毀院は、以下のように判示している。「保険契約の効力開始からその満了までの期間に行われる保険料の支払いは、この期間内に生じ

た行為に原因を持つ損害の担保を必然的な反対給付とするものであるにもかかわらず、控訴院は、被保険者による瑕疵ある仕事の履行という損害を生じさせる行為が、保険契約解消前になされたものであるのかどうかを明らかにしていないのであるから、その判決に対し法律上の基礎を与えなかった」); Cass. 1re civ. 2 fév. 1994, RGAT., 1994, 668, note Philippe Rémy（Aは、Bとの間で住居を建築してもらう契約を締結し、完成後に引渡しを受けたところ、1983年に至って屋根に欠陥が存することを発見した。そこで、Aの保険会社Xは、Bが使用した瑕疵あるタイルを製造・販売したCの保険会社Yに対して、担保責任を追及した。これに対して、Yは、Cとの間で締結された保険契約は1983年1月1日に期間満了を迎えているから、Cが負うべき担保責任について保証する義務を負わない等と主張した。原審は、Yの責任を肯定した。これに対し、Yは、以下のような理由を挙げて上告した。すなわち、保険が支払われるのは契約期間満了前に被害者が損害を被ったことを通告した場合に限られるとの条項を第三者に対抗することはできないとした原審は、保険法典L.112-6条、L.124-3条に違反した。また、保険契約の期間満了後に発生した損害について保証するよう命じた原審は、契約の効果が存続しているうちに被害者に対して通告を行うよう求めている条項を変性した。破毀院は、一部理由を差し替えた上で、Yの上告を棄却した。本件条項は、「その責めに帰すことのできない事実を理由として被保険者から保険の利益を奪い、かつ、保険のみに不当な利益を生み出し、反対給付なく保険料を収受せしめるものである。従って、本件条項は、書かれていないものとみなされなければならない。このように控訴院の理由を差し替えることで、保険者によって援用されている条項を変性することなく、損害を生じさせる行為ないし所為、すなわち、製造者による瑕疵あるタイルの引渡しと、建物の屋根設置時（1979年）におけるその使用が、1978年1月1日から効果を持ち、1983年1月1日に解消された保険契約の有効期間中に発生したことを認定した原審は、法律上正当化される」); Cass. 1re civ. 30 mars 1994, Bull. civ., I, n° 119（1980年、A社は、X$_1$の依頼により鶏舎を建築したが、1995年2月16日に、この鶏舎は崩壊してしまった。そこで、X$_1$及びこの建物を取得したX$_2$らは、A社の保険会社であるYに対して、損害賠償の支払いを求める訴訟を提起した。これに対し、Yは、本件保険契約が1983年3月8日に解消されていることを理由に、その支払いを拒絶した。原審は、Xらの請求を認容した。そして、破毀院も、以下のように判示して、原審の判断を是認した。「責任保険契約の効力開始からその満了までの期間に行われる保険料の支払いは、この期間内に生じた行為に原因を持つ損害の担保を必然的な反対給付としている。上記の損害についての保証は、保険契約の解消後直ちに保険料の支払いがなされた場合には、維持されるとの条項は、書かれていないものとみなされなければならない。控訴院は、本件作業が保険契約の効力期間内に行われたことを認定しているのであるから、その判決を法律上正当化した」); Cass. 1re civ. 14 nov. 1995, Bull. civ., I, n° 408 ; RGDA., 1996, 196, note L. Mayaux（A社は、1978年2月15日から1981年12月31日までY社との間で、1982年1月1日から1982年12月31日までB社との間で、1983年1月1日から1986年3月31日までC社との間で、それぞれ保険契約を締結していた。A社は、X社がDとの間で請け負った建築工事に際してタイルを提供したが、このタイルには凍結によってひびが入っていた。原審は、1980年1月以降に、タイルのひびが明らかになったのであるから、Y社がX社に対して保証をしなければならないと判示した。これに対して、破毀院は、「A社による凍結でひびの入ったタイルの引渡しが損害を生じさせる行為をなすところ、控訴院は、この引渡しが、Y社との保険契約の有効期間中に生じたのかを明らかにすることなく、上記のように判示しているのであるから、その判決に法律上の基礎を与えなかった」と判示して、これを破棄した); Cass. 1re civ. 15 juin 1999, RGDA., 1999, 1060, note France Chardin（1987年2月6日、Aらは、Xに対して、小屋の修復作業を依頼した。この作業は、1987年10月22日に開始されたが、壁の崩落により、同年12月16日以降中断され、次いで、Xが鑑定人の選任を命ずるレフェレの判決を得た1988年4月20日に再開された。1989年2月16日、鑑定人はAらに報告書を提出し、Aらは、別の請負人Bの監督・指揮の下、作業を継続することを認められた。ところが、Bは、崩壊が重大であることを理由に、修復作業の遂行を拒絶した。その結果、小屋の修復作業が完成することはなかった。そこで、Aらは、X及びBに対して、損害の賠償を求める訴訟を提起し、裁判所は、1992年10月14日の判決により、新しい鑑定人を選任した。他方、Xは、その保険会社であるYに、補償の支払いを求めたが、Yは、1988年12月31日に保険契約が解消されていること、保険契約解消後も維持されるのは10年担保についての保険のみであるところ、本件においては、未だ受領がなされていないから、Xが補償を求めている損害は保険の対象にはならないことを主張し、これを争った。原審は、Yの主張を正当なものと認めた。これに対して、破毀院は、以下のように判示して、原審を破棄した。「保険会社の保証は、保険契約が効力を持つ期間内に発生した被保険者の責任を生じさせる行為の全てに及ぶ。不動産の作業について言えば、損害を生じさせる行為はその瑕疵ある履行の時に存在する。従って、損害を生じさせ

して捉えている判決も存在する。とりわけ、売主の瑕疵担保責任の領域においては、上に言及した倒産手続き開始決定、保険の効力との関連で、契約締結時が、損害賠償債権の発生時として観念されているように見受けられるのである[450]。

このような状況は、契約不履行に基づく損害賠償の消滅時効起算点という問題領域についても同様であった[451]。例えば、使用者が労働者の退職負担金を支払って

る行為が保険契約の解消前に発生したものであるかどうかを探求していないのであるから、控訴院は、その判決に法律上の基礎を与えなかった」）; etc.
(450) 前者につき、Cass. com., 12 janv. 1982, Bull. civ., IV, n° 10 ; D., 1982, 533, note Fernand Derrida（1970年、Y社は、X社に対してタイルを売却し、同年、X社は、これをA建設会社に転売した。A建設会社は、このタイルを使用して、B夫妻のために建物を建築した。ところが、その後、1977年になって、B夫妻はこのタイルにひびが入っていることを発見し、A建設会社に対して損害賠償の支払いを求める訴訟を提起した。そこで、A建設会社は、X社に対して、また、X社は、Y社に対して、瑕疵担保責任を追及した。ところで、Y社は、1971年11月29日に清算手続きを開始し、1972年11月6日には強制和議を認められ、また、同年12月28日にC社によって吸収されていた。原審は、Y社に対し、瑕疵担保責任を命ずるに際して、X社の Y社に対する瑕疵担保債権が発生するのは、物質の瑕疵が明らかになった時である以上、X社は破産債権者であると判示した。これに対して、破毀院は、以下のように判示して、原審を破棄した。「控訴院は、一方で、本件債権が、「売主の契約責任に基づくものであり」、本件タイルの「売買契約に原因を持つ」こと、他方で、この契約が、Y社の清算手続き開始前に締結されていることを認定しているにもかかわらず、上記のように判示しているのであるから、その事実認定から法律上の帰結を導かなかった」); etc.
　後者につき、Cass. 1re civ., 30 janv. 1996, Bull. civ., I, n° 46（1982年1月27日、A社は、Bに対して、C社製の自動車を販売した。ところが、1983年7月29日、Bは、本件自動車を運転中にエンジンのトラブルが発生したことを原因として運転を誤り、木に衝突して死亡してしまった。そこで、Bの妻と子供（Xら）は、A社、C社及びその保険会社であるYに対して、損害の賠償を求める訴訟を提起した。原審は、A社、C社、Yの連帯責任を認め、また、A社の負う責任について保証すべき旨を判示した。これに対して、A社、C社、Yが上告した（本件の争点は多岐にわたるが、以下では、本文で述べた点に関わるYの上告に関わる部分に叙述を限定する）。破毀院は、以下のように判示して、Y社の上告を容れた。保険法典L.124-1条によれば、「保険は、保険契約が効力を持つ間に発生した被保険者の責任を生じさせる行為の全てに適用される。損害を生じさせる行為は、損害の原因をなす出来事と定義される」。「損害の原因、すなわち、自動車の売買は、保険契約の効力が生ずるよりも前になされたものであるから、Y社は担保を義務付けられない」); etc.
(451) 本文で「同様である」ではなく「同様であった」という過去形を用いたのは、以下で引用する判決が、いずれも、2008年6月17日の法律によって民事時効が改正される前の事案に関するものであり、新時効法の制定に伴い、その意味が失われ変更されるべき内容を持つ判決も存在するからである。
　もっとも、改正前の判例の状況に触れておくことには大きな意味が認められる。確かに、本節冒頭でも述べたように、本款におけるフランス法研究の目的は、契約不履行に基づく損害賠償請求権の消滅時効起算点という個別問題を検討することではなく、各論的な問題を意識しつつ、契約債権と損害賠償債権の関係を総論的に分析することにある。しかし、その数は少ないものの、学説においては、改正前の判例を、契約債権と損害賠償債権の関係、あるいは、契約不履行に基づく損害賠償債権の性質という視角から分析するものが存在した。従って、本節の問題関心からすれば、そこでの議論を分析しておくことは極めて有益であると考えられる。これは、日本とフランスの比較法という視点から見た場合の有用性と言えよう。
　もう1つ、改正前の判例をめぐる議論の分析は、フランス法に内在的な視点からも有用性を持つ。確かに、時効法の改正によって、損害賠償債権の消滅時効一般、その起算点は、一定の修正を受けることになった。しかし、そこでの改正は、時効のみが対象とされているのであるから、契約不履行に基づく損害賠償の理論枠組みと直接的に関わるようなもの、より具体的に言えば、特定の理論枠組みを前提とした上での条文化ではないと見ることができる。そうである以上、民事時効法改正前に学説の一部において行われていた、契約不履行に基づく損害賠償債権の性質という視角からの議論は、改正後も基本的には妥当すると言えるのである。

◆第1章◆ 性　質

いなかったために退職金の額が減少したことから、労働者が使用者に対して損害賠償を求めたという事案や、注文者が仕事を受領する前に請負人に対して契約責任の一般法に基づき損害賠償を請求したという事案、更に、金銭消費貸借契約において、借主が貸付け時における貸主の助言義務違反に基づき損害賠償を請求したという事案では、契約不履行に基づく損害賠償の消滅時効は、損害の発生もしくは被害者がそのことを認識するまでは進行しないと判断されていたのに対して[452][453][454]、売

---

(452) 第1の事案については、以下のような破毀院判例が存在する。Cass. soc., 18 déc. 1991, Bull. civ., V, n° 598 (X は、1943年4月15日から1963年1月25日までの間、Y 社の従業員であったが、Y 社は、X の退職負担金を全額支払っていなかった。そこで、X は、退職後の1986年1月15日に損害賠償を求める訴訟を提起した（なお、本件事案では、裁判中に X が死亡しているので、その妻が訴訟を継続している）。原審は、X の請求を認容した。Y 社からの上告に対し、破毀院は、「責任訴権の時効は、損害の発生時、または、被害者がそのことにつき認識していなかったことを立証したときには、損害が被害者にとって明らかとなった時からしか起算しない」と判示して、これを棄却した); Cass. soc., 1er avril 1997, Bull. civ., V, n° 130 ; RTD civ., 1997, 957, obs., Patrice Jourdain (使用者 Y は、1954年から1959年にかけて、労働者 X の退職負担金を支払っていなかったが、X は、退職金の支払いを求めるまで、そのことに気付いていなかった。X が、退職金の額が減少したことを理由に、Y に対して損害賠償を求める訴訟を提起したところ、原審は、損害を生じさせる行為ないし所為の時から30年が経過しているとして、損害賠償債権の時効消滅を認めた。X からの上告に対し、破毀院は、「労働契約から生じた債務の違反を理由とする責任訴権の時効は、被害者がそのことにつき認識していなかったことを立証したときには、債務の違反が被害者にとって明らかとなった時からしか起算しない」と判示して、原審を破棄した); Cass. soc., 26 avril 2006, Bull. civ., V, n° 146 ; RDC., 2006, 1217, obs., Jean Sébastien Borghetti (X は、1964年3月1日から1970年4月30日までの間、Y の下で働いていた。退職の年を迎えたので、X が職業歴を再生しているところ、1964年から1968年にかけて、Y が退職負担金を支払っていなかったことが明らかになった。そこで、2001年5月7日、X は、Y に対して、損害賠償を求める訴訟を提起した。原審は、1968年12月31日の時点で、X にはその認識があったとして、損害賠償債権の時効消滅を認めた。X からの上告に対し、破毀院は、「契約責任訴権の時効は、損害の発生時、あるいは、被害者がそのことにつき認識していなかったことを立証したときには、損害が被害者にとって明らかとなった時からしか起算しない」と判示して、原審を破棄した); etc.

(453) 第2の事案については、以下のような破毀院判例が存在する。Cass. 3ème civ., 24 mai 2006, Bull. civ., III, n° 132 ; RDC., 2006, 1217, obs., Jean Sébastien Borghetti (1981年10月22日、X は、Y との間で、一戸建ての家を建築してもらう契約を締結した。ところが、完成した建物に瑕疵が存在したので、1993年8月13日、X は、Y 及びその保険会社に対して、損害の賠償を求める訴訟を提起した。これに対して、Y は、消滅時効の抗弁を援用した。原審は、本件建物が受領されていない以上、民法典1147条に基づく損害賠償が問題となるところ、この訴権は、一般法の30年の時効にかかると判示して、X の請求を認容した。これに対して、破毀院は、民法典1147条をビザに、以下のように判示して、原審を破棄した。「受領の前に明らかとなった建築物の瑕疵に関する請負人の一般法に基づく契約責任は、損害が明らかになった時から10年で時効にかかるにもかかわらず、上記のように判示しているのであるから、控訴院は、上記のテクストに違反した」)

(454) 第3の事案については、以下のような破毀院判例が存在する。Cass. com., 26 janv. 2010, D., 2010, 578, obs., V. Avena-Robardet ; D., 2010, 964, note Jérôme Lasserre-Capdeville ; JCP., 2010, 354, note A. Gourio ; JCP. éd. E., 2010, 1153, note D. Legeais ; Gaz. Pal., 23 mars 2010, 19, note S. Pidelièvre ; RDC., 2010, 843, obs., Jean-Sébastien Borghetti (1988年5月31日、Y$_1$ は、X らとの間で、公証人 Y$_2$ の手になる証書により、1991年11月27日に貸し付けを行う契約を締結した。期限後も弁済がなされなかったので、Y$_1$ は、X らに対して貸金の返還を求め、勝訴判決を得た。これに対して、X らは、2004年2月、Y$_1$ に対しては、助言債務の違反を理由に、Y$_2$ に対しては、助言債務、情報債務の違反を理由に、損害賠償の支払いを求める訴訟を提起した。原審は、Y らによる消滅時効の抗弁を容れ、X らの請求を棄却した。破毀院は、以下のように判示して、X らの上告を棄却した。「責任訴権の時効は、損害の発生時、もしくは、被害者が前もってそれを認識していなかったことを証明するときには、損害が被害者にとって明らかとなった時から

主の瑕疵担保責任が問題となるケースで、買主が民法典 1648 条の規定する短期の期間制限内[455]に訴権を行使した後の消滅時効一般法の適用に関しては、その起算点を売買の時と判断する判決が多かったし[456]、また、瑕疵ある製品を購入した買主が行使した一般法の契約責任訴権（瑕疵担保訴権ではない）についても、売買の時から消滅時効が起算されるとの判断が示されていたのである[457]。

　これらの判例における諸解決について、学説は、それほど多くの関心を示してい

起算する。契約を締結しない機会の喪失という形で情報提供債務の違反から生ずる損害は、貸付金の授受がなされた時に明らかとなる。控訴院は、援用されている不履行が契約締結時に明らかとなったことを認定しており、そこから、2004 年 2 月に X らが Y1 に対して行使した訴権が時効によって消滅していることを正確に導いた。よって、上告には理由がない」。また、「控訴院は、X らに対する弁済を求める附遅滞が 1992 年から行われていたこと、従って、損害もこの時期には明らかであったことを認定しており、そこから、Y2 に対して行使された責任訴権が時効によって消滅していることを正確に導いた」）。また、Cf. Cass. 1re civ., 9 juill. 2009, Bull. civ., I, no 172 ; D., 2009, 1960, obs., X. Delpech ; RTD civ., 2009, 728, obs., Patrice Jourdain ; RTD com., 794, obs., D. Legeais.

(455) 判決の内容に関わる問題ではないが、注(456)で引用する判決は、いずれも、2005 年 2 月 17 日のオルドナンスによって（このオルドナンスと立法化への経緯については、窪・前掲注(122) 323 頁以下、馬場・前掲注(122) 69 頁以下、ルヴヌール（平野訳）・前掲注(122) 90 頁以下、平野・前掲注(122) 271 頁以下を参照）、民法典 1648 条が修正される前の事案である。以下、新旧の条文を掲げておく。
　フランス民法典旧 1648 条 1 項「廃却の原因となるべき瑕疵に基づく訴権は、取得者によって、その原因となるべき瑕疵の性質及び売買が行われた地の慣習に従って、短期間のうちに行使されなければならない（原文は、L'action résultant des vices rédhibitoires doit être intentée par l'aquéreur, dans un bref délai, suivant la nature des vices rédhibitoires, et l'usage de lieu où la vente a été faite.）」。
　フランス民法典新 1648 条 1 項「廃却の原因となるべき瑕疵に基づく訴権は、取得者によって、瑕疵の発見から 2 年の間に行使されなければならない（原文は、L'action résultant des vices rédhibitoires doit être intentée par l'aquéreur dans un délai de deux ans à compter de la découverte du vice.）」（なお、その後、2009 年 3 月 25 日の法律によって、同条 2 項が改正されているが、1 項に変化はない）。

(456) Cass. 1re civ., 19 oct. 1999, Bull. civ., I, no 288 ; D., 2001, 413, note I. Bufflier ; RTD civ., 2000, 133, obs., Pierre-Yves Gautier ; Contra. conc. consom., 2000, no 22, note Laurent Leveneur（破毀院は、以下のような一般論を述べている。「隠れた瑕疵の担保に基づき訴訟を提起する買主が、鑑定人を選任するため、レフェレにおいて、短期間のうちに売主に対して訴訟を提起する場合、上記のテクスト（民法典 1648 条―筆者注）の要求を満たしている。従って、売買契約の締結時から起算されるのは一般法の時効である」）; Cass. 1re civ., 25 juin 2002, Bull. civ., I, no 176 (Cass. 1re civ., 19 oct. 1999, supra と同じ一般論が述べられている). Contra. Cass. 1re civ., 21 oct. 1997, D., 1998, 409, note Marc Bruschi ; JCP., 1998, II, 10063, note G. Mouloungi（買主が、レフェレにおいて、民法典 1648 条の規定する短期間のうちに訴権を行使した場合、「このテクストは、もはや適用されず、レフェレの決定の時から起算を開始する一般法の時効」が問題となる）。

(457) Cass. com., 24 janv. 2006, Bull. civ., IV, no 16 ; RTD civ., 2006, 571, obs., Patrice Jourdain（1978 年、X は、A 社からトロール船を購入した。ところが、1992 年 10 月 2 日、航海中にトロール船が爆発したことから、X は負傷した。そこで、X は、A 社（清算手続き中のため、清算人 B）、電気設備のメンテナンスを請け負っていた C 社（清算手続き中のため、清算人 D）、A 社の保険会社である E に対し、損害の賠償を求める訴訟を提起した。原審は、X の損害賠償請求を認容した。本件の争点は多岐にわたるが、以下では、本文で述べた点に関わる部分に叙述を限定する）。破毀院は、消滅時効の点に関し、1985 年 7 月 25 日の製造物責任指令に照らして解釈された民法典 1147 条及び 1384 条 1 項をビザとして（この意味については、第 2 部・第 1 章・第 2 節・第 1 款・第 1 項 520 頁以下を参照）、以下のように判示し、原審を破棄した。「民法典 1386-1 条から 1386-18 条として法典化された 1998 年 5 月 19 日の法律の施行前に流通していた瑕疵ある売買製品の被害者の訴権は、売買契約の時から起算される」）。

◆第1章◆ 性　質

るわけではない。しかし、一部の自覚的な論者は、契約不履行に基づく損害賠償が不法行為に基づく損害賠償と同じ性質を持つという伝統的な立場を前提として、以下のような議論を展開している。

　契約不履行に基づく損害賠償は、契約にその源を持つ債権ではなく、契約上のフォート＝不履行によって損害が惹起されたことを契機として新たに発生する債権である。従って、契約不履行に基づく損害賠償債権が発生するのは、その要件を充足した時、より一般的に言えば、損害発生時である(458)。上記に言及した諸判決の多くも、このような視点から基礎付けることができる。まず、契約不履行に基づく損害賠償に関する債権の発生時を不履行時に求める判例については、多くの場合、損害は不履行と同時に発生するから、判例も損害発生時を損害賠償債権の発生時として捉えていると理解することができる。もちろん、ほかの原因と相まって初めて損害が発生するようなケースも存在し、そこでは、不履行時と損害発生時は異なることになるが、判例は、このような事案を扱っていない。この場合には、損害が発生し、もしくは損害の発生が確実となった時を損害賠償債権の発生時として観念すべきである(459)。また、そもそも損害が生じていなければ損害賠償債権も発生することはなく、従って、債権者は契約不履行に基づく損害賠償を請求することができないのであるから、契約締結時を損害賠償債権の消滅時効起算点と見ることはできない。「発生していない訴権は時効にかからない（actioni non natae non praescribitur）」のである。この意味において、退職負担金未払いに関する使用者の責任、仕事受領前の請負人の責任の消滅時効起算点について判断した判例は正当であり、ただ、「訴えることのできない者に対して時効は進行しない（Contra non valentem agere non currit praescriptio）」との法諺を考慮して、損害の発生につき被害者の認識を要求したものと理解することができる(460)(461)(462)(463)。

（458）　Jourdain, supra note 441, pp.52 et s. ; Id., supra note 454, pp.729 et s. ; Leduc, supra note 441, n⁰ 5, pp.4 et s. ; Courtiau, supra note 21, n^{OS} 591 et s., pp.355 et s.
（459）　Jourdain, supra note 441, p.53.
（460）　Jourdain, supra note 452, pp.957 et s. ; Id., supra note 457, p.572 ; Borghetti, supra note 452, pp.1218 et s.
（461）　もっとも、判例の中には、被害者の認識を問題にしないものも存在する。Ex. Cass. 3ème civ., 26 juin 2002, Bull. civ., III, n⁰ 148 ; RTD civ., 2003, 103, obs., Patrice Jourdain ; RDI, 2002, 424, obs., Philippe Malinvaud（X夫妻は、Aとの間で、居住用の建物を建築してもらう契約を締結した。Aは、建物の骨組みに使用するための木材をYから調達し、これを利用して建物を完成させ、1980年に建物をX夫妻に引き渡した。ところが、その後、骨組みの木がカミキリムシによって侵されていることが明らかになった。そこで、1995年、X夫妻は、A及びYに対して、損害の賠償を求める訴訟を提起した。原審は、Aとの関係では悪意が存在しないとして、Yとの関係ではその消滅時効の抗弁を容れて、X夫妻の請求を棄却した（以下では、後者に対する関係での上告部分についてのみ触れる）。X夫妻からの上告に対し、破毀院は、以下のように判示してこれを棄却した。本件事案において問題となっているのは、不適合を理由とする契約上の直接訴権である。そこから、「控訴院は、商人間もしくは商人と非商人の間で適用される10年の時効期間がX夫妻に適用されること、この時効期間が請負人への資材の引渡し時から起算を開始することを正当に導くことができた」); etc.
（462）　このような立場によれば、「契約責任」と不法行為責任とにおいて、損害賠償債権の消滅時効

168

第 2 節　異別と同一

　これに対して、とりわけ瑕疵担保責任が問題となる事例において、売買契約の締結時を損害賠償債権の発生時とする判例に対しては、理論的な問題を指摘しておかなければならない。確かに、目的物が特定物であるならば契約締結時に所有権が移転するから、その時点で損害が発生すると捉えることも可能である。しかし、不特定物の場合にはそのように理解することはできない。従って、この問題を扱う判例の解決は、契約不履行に基づく損害賠償の理論枠組みを不法行為のモデルに基づいて構築する立場からは、正当化不可能であると言わざるをえないのである[464]。同様に、契約不履行に基づく損害賠償債権の消滅時効起算点を契約締結時とする判決も、損害賠償債権の発生前にその消滅時効起算点を設定するものであるから、賠償方式としての契約不履行に基づく損害賠償の考え方と相容れない、理論的な問題を孕んだ判決と見なければならないのである[465][466]。

起算点を異にする理由は存在しないことになる。ここから、2008 年 6 月 17 日の法律による民事時効法改正以前においては、2 つの損害賠償債権の消滅時効に関する規律を統一すべきとの主張が、解釈論としては、契約不履行に基づく損害賠償債権の消滅時効起算点についても、旧 2270-1 条を類推適用すべきとの提案が有力に説かれることになったのである (Ex. Jourdain, supra note 452, p.958 ; Id., supra note 457, p.572 ; Borghetti, supra note 452, pp.1223 et s. 議論の詳細については、Cf. Marc Bruschi, La prescription en droit de la responsabilité civile, th. Aix-Marseilles, préf. Alain Sériaux, Collection droit civil, Economica, Paris, 1997, n°s 37 et s., pp.56 et s.（時効期間）et n°s 219 et s., pp.279 et s.（契約不履行に基づく損害賠償の消滅時効起算点））。

　フランス民法典旧 2270-1 条「契約外の民事責任訴権は、損害の発生もしくはその悪化の時から 10 年で時効に消滅する（原文は、Les actions en responsabilité civile extra-contractuelle se prescrivent par dix ans à compter de la manifestation du dommage ou de son aggravation.）。

　損害が、拷問及び野蛮行為、暴力、又は未成年者に対する性的侵害によって生じたとき、民事責任訴権は、20 年で時効によって消滅する（原文は、Lorsque le dommage est causé par des tortures et des actes de barbarie, des violences ou des agressions sexuelles commises contre un mineur, l'action en responsabilité civile est prescrite par vingt ans.）」。

(463) ここから、一部の学説は、これらの判決について、履行方式としての契約不履行に基づく損害賠償の考え方を拒絶したもの (Jourdain, supra note 452, p.958 ; Id., supra note 461, p.104)、「契約責任」に賠償機能が存在することを明確にしたもの (Borghetti, supra note 452, p.1223) として位置付けることになる。

(464) Jourdain, supra note 441, p.54.

(465) Jourdain, supra note 457, p.572.

(466) こうした一部の学説による契約不履行に基づく損害賠償の消滅時効起算点に関する議論が、2008 年 6 月 17 日の法律による民事時効法の改正によって、どのような影響を受けたのかを考えておこう。

　まず、改正前の旧 2262 条は、30 年の普通時効についてその起算点を示していなかったが、改正法は、新 2224 条において、5 年の普通時効の起算点を、「権利者が、訴権の行使を可能とする事実を知り、または知るべきであった時」という形で明確に提示した。他方、改正法は、契約外の民事責任に関する損害賠償訴権について、「損害の発生もしくはその悪化の時」から 10 年で時効にかかるとしていた旧 2270-1 条を削除する一方、新 2226 条において、契約不履行に基づく損害賠償であるのか、不法行為に基づく損害賠償であるのかを問わず、身体的損害が問題となる場合には、「当初の損害又は深刻化した損害が確定した時」から 10 年で時効にかかる旨のテクストを用意した。これらの新しいテクストによれば、契約不履行に基づく損害賠償の債権は、通常の場合、新 2224 条の規律に服し、「権利者が、訴権の行使を可能とする事実を知り、または知るべきであった時」から 5 年を経過すると時効によって消滅し、身体的損害が問題となるときには、新 2226 条が適用され、「当初の損害又は深刻化した損害が確定した時」から 10 年で時効消滅することになろう。そして、このことは、不法行為に基づく損害賠償の債権についても妥当する。そうすると、本文で述べた学説が説く主張内容のうち、少なくとも契約不履行に基づく損害賠償と不法行

◆第1章◆ 性　質

　以上のように、契約不履行に基づく損害賠償を、不履行によって生じた損害を賠償するための制度として捉える見解は、「責任を生じさせる行為ないし所為」によって損害が生ずるまでは損害賠償債権が発生することはないとの立場を基礎としており、そこから、損害賠償債権の発生時期という問題に関わる諸判決を分析していることが分かる。契約不履行に基づく損害賠償と不法行為に基づく損害賠償につい

為に基づく損害賠償の統一的な取扱いという点については、立法的な手当てがなされたとも言えそうである。
　もっとも、ここでは、5年の普通時効の起算点について、新2224条が、「権利者が、訴権の行使を可能とする事実を知り、または知るべきであった時」としていること、つまり、「被害者の認識もしくは認識可能性」の対象が「訴権の行使を可能とする事実」とされていることに留意する必要がある。すなわち、新法においては、先に引用した判決（Cass. soc., 26 avril 2006, supra note 452）のように、「被害者の認識もしくは認識可能性」の対象が、損害賠償債権のコンテクストに即した形で、損害の発生に求められているわけではないのである。もちろん、同条については、本文で検討した学説が説くように、損害が発生するまでは契約不履行に基づく損害賠償の債権も生じないとの前提から、「訴権の行使を可能とする事実」を損害の発生と理解し、この損害の発生について「被害者の認識もしくは認識可能性」を要求したテクストとして読むことは可能である。そして、このように理解すれば、身体的損害についても、それ以外の損害についても、2つの損害賠償債権の消滅時効は同一のルールに服することになろう（Jourdain, supra note 454, pp.730 et s. は、被害者が損害の発生を認識しているが、損害の原因となるべき行為を知らなかったというケースも考えられる以上、新法のような定式化が望ましいと評価しているが、これは、先に述べたような理解を前提にしたものと言えよう）。しかし、テクストの文言だけを見れば、本款・第2項で触れる見解のように、契約不履行に基づく損害賠償の源を契約それ自体の中に求めた上で、この局面において「訴権の行使を可能とする事実」は契約の締結を意味するとの解釈もなお可能であると言わなければならないのである（このように解釈したとしても、身体的損害が問題となる場合には新2226条が適用されるから、この限りにおいて、2つの損害賠償における消滅時効は統一されることになる。もっとも、後に述べるように、等価物による履行論の中には、身体的損害の問題を全て契約領域から放逐しようとする立場も存在する（この点については、第2部・第1章・第2節・第2款・第1項626頁以下を参照）。この見解によれば、新2226条が契約不履行に基づく損害賠償に適用されることはないから、2つの損害賠償債権の消滅時効は、同一規範の適用を受けながら、異なるルールに服することになろう）。以下、新旧法の関連条文を掲げておく。
　フランス民法典新2224条「人的訴権また動産に関する物的訴権は、権利者が、訴権の行使を可能とする事実を知り、または知るべきであった時から、5年で時効によって消滅する（原文は、Les actions personnelles ou mobilières se prescrivent par cinq ans à compter du jour où le titulaire d'un droit a connu ou aurait dû connaître les faits lui permettant de l'exercer.）」。
　フランス民法典新2226条「身体的損害を生じさせた場合、そこから生じた損害の賠償を目的とする民事責任訴権は、被害者が直接的であれ間接的であれ、当初の損害又は深刻化した損害が確定した時から、10年で時効によって消滅する（原文は、L'action en responsabilité née à raison d'un événement ayant entraîné un dommage corporel, engagée par la victime directe ou indirecte des préjudices qui en résultent, se prescrit par dix ans à compter de la date de la consolidation du dommage initial ou aggravé.）。
　ただし、拷問、野蛮行為、暴力又は未成年者に対する性的侵害によって生じた損害については、民事責任訴権は、20年で時効によって消滅する（原文は、Toutefois, en cas de préjudice causé par des tortures ou des actes de barbarie, ou par des violences ou des agressions sexuelles commises contre un mineur, l'action en responsabilité civile est prescrite par vingt ans.）」。
　フランス民法典旧2262条「全ての訴権は、対物であれ、対人であれ、30年で時効によって消滅する。この時効を主張する者は、それについて権原を提出する義務を負わない。また、その者に対しては、悪意の抗弁を申し立てることができない（原文は、Toutes les actions, tant réelles que personnelles, sont prescrites par trente ans, sans que celui qui allègue cette prescription soit obligé d'en rapporter un titre, ou qu'on puisse lui opposer l'exception déduite de la mauvaise foi.）」。
　なお、改正法の訳は、金山直樹＝香川崇訳「フランス民法典」金山編・前掲注(99)243頁以下を基礎とし、適宜、修正を加えたものである。

て、損害の賠償を目的とする点において同一の性質を持ち、いずれの損害賠償に関しても、その基礎を、フォートを中核とする「責任を生じさせる行為ないし所為」に求めるとの立場を前提とするのであれば、2つの損害賠償債権の発生時期が異なるというのは論理矛盾である。上記の学説は、このように理解しているわけである。

　ところで、これまでに引用した諸判決の中で問題となっていた事案は、いずれも損害賠償債権がいつ発生するのかという問いに答えれば解決されうるものであった。従って、そこでは、契約によって発生した債権・債務がどのような運命を辿るのかという問いが立てられることはなかった。この指摘は、学説についても妥当する。先に検討したように、一元論を嚆矢とする一部の学説は、更改のメカニズムを用いてこの問いに応答しようとしたが、今日の学説の多くは、判例上問題とされていないこともあって、後者の問いに関心すら示していない。とはいえ、損害賠償債権の発生時期をめぐる議論や、「契約責任」と不法行為責任の関係をめぐる議論の中から、この問いに関わる叙述を拾い出し、その思考枠組みを抽出することは可能である。

　まず、契約不履行に基づく損害賠償の性質、損害賠償債権の発生時期に関して、最も精力的な議論を展開しているパトリス・ジュルダン（Patrice Jourdain）は、契約債権と損害賠償債権の関係についても、以下のような視点を提示している[467]。確かに、契約から生ずる債権には、仮定的な権利（droit éventuel）として、不履行の場合に損害の賠償を請求する債権が含まれているが、これだけで賠償への権利が認められるわけではない。不履行が損害を生じさせたことによって初めて、損害賠償債権は発生し、現実化するのである。この意味において、契約不履行に基づく損害賠償は、その要件を充足することによって新たに発生する債権と言うことができる。従って、契約から生じた債務と損害賠償を支払う債務は、その目的が異なるのであるから別個の債務であり、損害の発生は、債務を更改あるいは変化させると見ることができるのである[468]。

---

(467) Patrice Jourdain, Note, sous Cass. 3ème civ., 4 déc. 2002, JCP., 2003, II, 10058, p.671 ; Id., supra note 461, p.104 ; Id., supra note 441, p.52.

(468) このような理解に基づき、ジュルダンは、請負・売買の契約連鎖の事例において、売買契約の前に発生し現実化していた損害賠償債権が買主へと当然に移転するわけではないと判断した、破毀院民事第3部2002年12月4日判決の解決を正当化しようとする（Jourdain, supra note 467, p.671. Cass. 3ème civ., 4 déc. 2002, Bull. civ., III, n° 250の事案は、以下の通りである。Aは、Yとの間で、建物を建築してもらう契約を締結し、完成後その引渡しを受けた。ところが、この建物には瑕疵が存在したので、Aは、Yに対して、担保責任を追及する訴訟を提起し、1992年12月14日にその勝訴判決を得た。Xらは、Aから、この建物を借り受けていたが、上記判決の後、この建物の所有権を取得した。そこで、Aは、賠償の分け前をXらに分配する旨の決定をした。ところが、Yは、Xらに対する賠償の支払いを拒絶した。原審は、損害賠償債権は不動産と不可分に結合しており、その付随物として所有権と伴に当然に移転すると判断し、Xの請求を認容した。これに対して、破毀院は、民法典1134条をビザに、以下のように判示して原審を破棄した。「不動産売買の場合においては、明示の条項が存在しない限り、売買の前に不動産に生じた損害を理由として売主に発生した損害賠償への権利及び訴権は、買主へと当然に移転するわけではないにもかかわらず、右のように判示しているのであるから、控訴院は、上記のテクストに違

◆第1章◆ 性　質

　このように、ジュルダンは、契約不履行に基づく損害賠償と契約との間に仮定的という形で形容される関係を認めてはいるが、この関係は、契約不履行に基づく損害賠償の性質それ自体に何ら影響を及ぼしていない。契約不履行に基づく損害賠償は、契約から生じた債務とは性質・目的の異なる債務として理解されているからである。そして、債務の更改、変化という表現が用いられていることからすれば、ジュルダンの見解においても、契約不履行に基づく損害賠償の発生に伴い契約債権は消滅するとの理解が前提となっているものと考えられる。従って、法理論として見た場合、ジュルダンの言う損害賠償債権と契約との関係は、損害賠償の前に「契約不履行に基づく」という表現を付加し、また、純粋な更改のメカニズムを用いた説明に対する批判をかわす程度の意味しか有しておらず、その実質は、ジャン・グランムーランやアンリ・マゾーの説明とそれほど異ならないと言うことができる[(469)]。

　これとは若干ニュアンスを異にするのが、ジュルダンの指導を受けたマリー・ノエル・クルチオ（Marie-Noëlle Courtiau）のテーズである[(470)]。クルチオも、契約不履行に基づく損害賠償が不法行為に基づく損害賠償と同じ性質を持つことを議論の出発点とする[(471)]。しかし、彼女は、契約債権と損害賠償債権の関係を更改のメカニズムによって説明する手法を明確に拒絶している。すなわち、契約不履行に基づく損害賠償は、不法行為に基づく損害賠償と同じく、フォートによって生じた損害を賠償するための制度である。しかし、損害賠償債務は、契約債務から区別された、損害発生時に新たに発生する債務ではない。契約における賠償債務は、契約債務の延長（la continuité）なのである。従って、ここに、更改や更改に類するものは存在し

反した」。なお、このような理解は、既に先行する諸判決において示されていたものである。Ex. Cass. 3ème civ., 25 janv. 1983, Bull. civ., III, n° 26 ; Cass. 3ème civ., 18 juin 1997, Bull. civ., III, n° 149 ; Contra. conc. consom., déc. 1997, n° 178, 9, note Laurent Leveneur ; Defrénois, 1997, art. 36634, 1008, obs. Philippe Delebecque. また、破毀院民事第3部2002年12月4日判決以降のものとして、Cass. 3ème civ., 17 nov. 2004, Bull. civ., III, n° 207 ; Cass. 3ème civ., 31 janv. 2007, Bull. civ., III, n° 15 ; RDC., 2007, 738, obs. Suzanne Carval）。もっとも、近時においては、これとはニュアンスを異にする判決も現れており（Cass. 3ème civ., 23 sept. 2009, Bull. civ., III, n° 202 ; RTD civ., 2010, 336, obs. Patrice Jourdain ; RDC., 2010, 589, obs. Olivier Deshayes ; LEDC., déc. 2009, 2, obs. Olivier Deshayes ; RDI., 107, obs. F. Nési et D. Chauchis）、ジュルダンは、先に述べたような視点から、こうした判決の解決を批判することになる（Jourdain, supra, p.338）。
(469) もっとも、ジュルダンが、別の論文の中で、以下のように述べていることにも注意しておく必要がある。「債務は更改されないが、その目的は法律の効果それ自体によって修正される。たとえ損害を賠償する債務が当初の債務の延長（le prolongement）ないし永続化（la perpétuation）でしかないとしても、前者が後者とは異なることを否定しうるのか。というのは、債務者が損害賠償を支払うとき（あるいは、損害を物理的に賠償するとき）、債務者は予定されたものとは別の物を提供しているからである」（Jourdain, supra note 21, p.69）。ここで、ジュルダンは、更改の存在を否定し、法律の効果によって債務の目的が変更されるだけであるとの理解を示しているのである。そうすると、この論文だけを読むならば、ジュルダンは、本文で述べたような理解ではなく、以下の本論の中で触れる、その弟子クルチオが提示した見方を既に示していた（正確に言えば、クルチオが、ジュルダンの理解を発展させた）ということになろう。
(470) Courtiau, supra note 21.
(471) そもそも、クルチオのテーズは、「契約責任」という概念を擁護し、等価物による履行論を排斥することに向けられたものである。

172

ない。もっとも、このことは、契約不履行に基づく損害賠償が契約債務の代替物であることを意味しない。というのは、契約債務と損害賠償債務との間には、目的（l'objet）の相違が存在するからである。従って、契約債務と損害賠償債務が同一性を持つということもできないのである。

　それでは、このような原債務の目的の変化（la mutation）は、いつ、そして、どのようにしてもたらされるのか。クルチオは言う。契約債務の目的の変化は、損害の発生を契機に、法律の効果によってもたらされる。つまり、法律は、不履行によって債権者に損害が発生した場合、契約債務を損害賠償債務へと変化させるのである。この意味において、損害賠償の支払いを目的とする債権は、その要件を充足した時、より具体的には、損害発生時に生ずると言わなければならない[472]。

　このように、クルチオにおいては、契約債務と損害賠償債務の法的異別性が前提とされているものの、これら2つの債務は、一方が消滅し、他方が発生するという関係では捉えられてはおらず、損害賠償債務における契約債務の延長としての性格、目的の変更という説明を介して、一元的に把握されている。この点で、クルチオの見方は、契約債務の消滅、損害賠償債務の発生を前提としていた、グランムーラン、アンリ・マゾー等の見解、更には、先に触れたジュルダンの理解とは大きく異なっている。

　しかし、この見解の中核を構成しているはずの、「損害賠償債務における契約債務の延長としての性格」、「目的の変更」という説明は[473]、その理論的脆弱さを免れていない[474]。この点については、契約には2つの目的が存在し、契約不履行に基づく損害賠償の目的は契約債務の目的の中に含まれているとか、2つの債務は同じ債務である等と述べられているが[475]、それならば、契約不履行に基づく損害賠償の源は契約の中に存するはずであり、何故にそれが損害の発生に求められているのか、また、何故に損害賠償債権の成立時期が損害発生時とされるのかが明らかにされていない。仮に、損害の発生を原因とする債務の目的変更をもって契約債権が損害賠償債権に代わる時点を、損害賠償債権の発生時と理解するにしても、クルチオにおいては、この目的の変更をもたらすものが法律の効果とされているに過ぎないので

---

(472) Courtiau, supra note 21, n°s 172 et s., pp.85 et s., et n°s 591 et s., pp.355 et s.
(473) クルチオは、これら2つの命題を基礎として、不法行為責任との関連における「契約責任」の特殊性を説明しようとする。例えば、損害賠償の範囲につき、Cf. Courtiau, supra note 21, n°s 621 et s., pp.381 et s.
(474) 本文で述べる問題とは異なるが、この見解には、以下のような実際的問題も存在する。不履行によって損害が発生したことを契機に、債務の目的が変更され、契約債務が損害賠償債務へと移行するという論理を採用するならば、不履行によって損害が発生した時点からは損害賠償債務のみが問題となり、もはや契約債務は存在しないということになる。そうすると、損害発生後には、たとえ債務の履行が物理的に可能であったとしても、債権者は、契約債務の履行を求めることができないという帰結が導かれるのである。この点についての詳細は、第2部・第2章・第2節・第1款・第1項819頁以下を参照。
(475) 前者につき、Courtiau, supra note 21, n° 605, pp.364 et s. 後者につき、Ibid., n° 599, p.359.

あって、何らの理論的な説明も付されていないのである。かくして、契約不履行に基づく損害賠償を不法行為に基づく損害賠償と同一の性質を持つ制度として捉える（従って、いずれの損害賠償債権も、その要件が充足された時、つまり、損害発生時に成立するとの）構想と、契約不履行に基づく損害賠償を契約ないし契約債権と繋がりを持った債権として把握する構想を両立させるためには、理論的な説明を放棄し、ある種の感覚的な説明へと逃避するしかないと言うことができよう[476][477]。

上記２つの構想の間に一定の理論的な緊張関係が存在することは、契約不履行に基づく損害賠償と契約ないし契約債権との関係に言及する数少ない学説が、比喩的な説明に終始していることからも明らかとなる。１つの例を挙げて、第１項における検討を終えることにしよう。

アンドレ・タンクは、契約債務と損害賠償債務が「論理的に区別されることに疑いはない。しかし、これら２つの債務の間に極めて密接な関係があることを忘れてはならない。後者の債務は前者の債務に付け加わり、多くの点においてその延長として止まるのである」とし、更に、アンリ・マゾーの更改による説明については、「若干過度」であり、損害賠償債務が契約債務を包み込む（englober）だけであると述べている[478]。タンクの見解において、「延長として付け加わる」、「包み込む」という言葉で表現しようとしているのが、契約不履行に基づく損害賠償を契約ないし契約債権と繋がりを持った債権として把握する構想であることに疑いはない。しかし、単に損害賠償債権が「付け加わる」のではなく、「延長として付け加わる」、あるいは、損害賠償が契約債務を「包み込む」という観念的な把握が、前提とする契

---

(476) 契約上のフォートによる契約債権の消滅と損害賠償債権の発生を説く見解（グランムーランやアンリ・マゾー等）は、この両立困難な２つの命題のうち後者（契約不履行に基づく損害賠償を契約ないし契約債権と繋がりを持った債権として把握する構想）を、第２章で検討する等価物による履行論は、このうち前者（契約不履行に基づく損害賠償を不法行為に基づく損害賠償と同一の性質を持つ制度として捉える構想）を放棄したものと見ることができる。

(477) このような状況は、契約不履行に基づく損害賠償と契約ないし契約債権との関係に言及する数少ない学説においても同様である。例えば、ジョルジュ・リペール＝ジャン・ブーランジェ（Georges Ripert et Jean Boulanger）は、権利が変形すると説き（Ripert et Boulanger, supra note 241, n° 740, p.259）、ジャン・ドゥプレは、契約債権が金銭債権へと変形すると述べているが（Jean Deprez, Les sanctions qui s'attachent à l'inexécution des obligations contractuelles en droit civil et commercial français, Travaux de l'association Henri Capitant des amis de la culture juridique français, t.17, 1964, Journées d'Istanbul (20-23 mai 1964), Les sanctions attachées à l'inexécution des obligations contractuelles, p.45)、このような見方に対しては、何を原因として権利が変形するのかが明らかでないとの批判を提起することが可能である。また、クリストフ・ラデは、不履行を契機に、合意に基づく債務から法定債務へと性質が変更されると述べ（Christophe Radé, Droit à réparation / Conditions de la responsabilité contractuelle / Dommage, J.-Cl. Civil, Art. 1146 à 1155, Fasc.170, 1999, n° 1, p.3)、クリスチャン・ラルメ（Christian Larroumet）は、不履行という事実を契機として、給付の履行が損害賠償の獲得へと代わる、その給付は性質を変え、損害賠償の給付へと転換（la conversion）すると説いているが（Larroumet, supra note 24, n° 600, pp.629 et s.）、これらの見解に対しても、何故に不履行を契機として給付が損害賠償へと変化するのかという疑問を提起することができる。

(478) H. et L. Mazeaud et Tunc, supra note 29, n° 101, pp.107 et s., et note 4. 注(433)で言及したように、この叙述は、アンリ・マゾーの手になるものではなく、改定者のタンクによって付加されたものである。

約不履行に基づく損害賠償に関する理論枠組みとの関連で、どのように基礎付けられるのかは明らかでない。結局、これらは、損害賠償債務と契約ないし契約債務の繋がり、そして、賠償方式としての契約不履行に基づく損害賠償という、2つの構想間の緊張関係を緩和するための比喩的な説明に過ぎないと見ることができるのである[479]。

◇第2項　履行方式としての契約不履行に基づく損害賠償と契約債権の関係

近時の有力学説は、契約不履行に基づく損害賠償を、賠償という視点からではなく、履行プロセスの一部として捉えている。そこでは、契約不履行に基づく損害賠償は、金銭的等価物による契約ないし契約債務の履行方法、すなわち、金銭という形式で履行されなかった契約ないし契約債務の履行を確保するための制度として構想されているのである[480]。このような理解を前提とすれば、履行の確保を目的とする契約不履行に基づく損害賠償の源は、契約それ自体の中に存することになるから、第1項において検討した伝統的学説のように、フォートないし損害の発生によって損害賠償債権が発生し、契約債権が消滅するというプロセスを観念する必要はなくなるはずである。

もっとも、これだけでは、契約不履行に基づく損害賠償と契約ないし契約債権との関係を明らかにしたことにはならない。上記のような伝統的理解を否定することによって明らかになるのは、あくまでも、フォートや損害の発生によって新たに損害賠償債権が発生するわけではないこと、それに伴い契約債権が消滅するわけではないことに過ぎず、このモデルの下において、契約不履行に基づく損害賠償がど

---

(479) この問題について、フィリップ・ドゥルベック＝フレデリック・ジェローム・パンシエ（Philippe Delebecque et Frédéric-Jérôme Pansier）は、以下のように述べている。契約不履行に基づく損害賠償は、契約債務との関係で非自律的な債務である。「賠償債務は、先存する契約関係から独立したものではない。これは、その帰結に過ぎないのである」（Delebecque et Pansier, supra note 256, n° 485, p.293）。また、契約不履行に基づく損害賠償は、「履行されなかった原初債務の投影」である。「「履行されなかった原初債務の投影」という表現は、賠償債務が原債務の性格の全てを持つことを意味している。賠償債務は、損害賠償の付与という別の形式の下での原債務の延長である。従って、原初債務の履行を確保するための担保は、全て維持される。これらは、賠償債務の実効性を確保するのである。また、この債務は、原債務を規律する法律に服することになる。かくして、賠償は、契約と一体をなしているのである。この概念は、契約の拘束力と結び付いたものであり、その当然の帰結なのである」（Ibid., n° 486, pp.294 et s.）。また、ジャック・フルール＝ジャン・リュク・オベール＝エリック・サヴォー も、以下のような議論を展開している。「契約責任は、債務の原初的な源ではない。契約責任は、契約から生ずる先存債務の一種の延長なのである」。「この先存する契約債務は、契約責任の基礎であり、契約責任の目的は、まさに契約債務の尊重を確保することにある。それ故、当初の契約債務とその不履行にサンクションを課す損害賠償の有責判決との間には、延長の関係が存在する。このことが、この責任制度の両義的な性格の説明となるのである」（Flour, Aubert et Savaux, supra note 66, n° 172, p.138）。このようなドゥルベック＝パンシエ、フルール＝オベール＝サヴォーの説明に対しても、アンドレ・タンクに対するのと同様の指摘を行うことが可能である。

(480) この点については、文献の所在も含め、序論14頁以下を参照。

ような性質を持つものとして観念されうるのか、それが契約から生じた本来的な債権とどのような関係にあるのかという問いについては、何ら解答が与えられていないからである。従って、ここでは、契約不履行に基づく損害賠償を実現されなかった契約の履行確保のための手段として位置付ける理論枠組みを前提とする場合に、契約不履行に基づく損害賠償が契約ないし契約債権とどのような関係にあるのかという問題を更に踏み込んで検討しておく必要があるように思われる。

ところで、本章・第1節において検討したように、19世紀の学説は、20世紀初頭以降の一般的な理解とは異なり、契約上のフォートに対して、損害賠償債権の発生原因としての役割を与えていなかった[481]。そうすると、その後に登場した一元論とそれを引き継いだ有力学説のテーゼ、すなわち、フォートによって損害賠償債務が発生し、契約債務が消滅するところ、これは更改ないし更改に類似したメカニズムによって説明されうるとの理解は、19世紀の学説、より具体的に言えば、フォートを損害賠償債務の発生原因として観念しない立場とは大きく異なるということになる。それでは、フォートによって損害賠償債務が発生するとの命題を拒絶する学説は、一元論とそれを引き継いだ有力学説の上記命題以外のテーゼ、つまり、フォートによって契約債務が消滅するとの命題と、契約債務の消滅と損害賠償債務の発生は更改のメカニズムによって基礎付けられるとの命題に対して、どのような評価を下していたのか。まずは、この点を検討するところから考察を始めることにしよう。契約不履行に基づく損害賠償を履行されなかった契約の実現手段として捉える立場は、契約不履行に基づく損害賠償と契約ないし契約債権との関係という問題について、必ずしもその立場を明確に示していないところ、それとは反対の考え方に対する批判を検討することによって、その理解も浮き彫りになると考えられるからである。

(1) 損害賠償債権の不発生と契約債権の不消滅

19世紀末から20世紀初頭にかけて、フランスにおいては、「契約責任」と不法行為責任の関係について、両者を完全に同一視する一元論と[482]、これらを全く異なる性質を持つ制度として捉える古典的理解との間で[483]、多くの議論が展開された。そこでは、ルフェーブルやグランムーランが採用した、法と契約、法律から生ずる義務と契約から生ずる債務を同じものと理解し、そこから、不法行為上のフォートと契約上のフォート、不法行為責任と「契約責任」を同一視する論理に対して激し

---

(481) 本章・第1節・第1款・第2項108頁以下を参照。
(482) Lefebvre, supra note 25 ; Grandmoulin, supra note 25 ; Aubin, supra note 25 ; etc.
(483) 契約不履行に基づく損害賠償を「保証」、不法行為に基づく損害賠償を「責任」と呼ぶ用語法、契約不履行に基づく損害賠償に関わる問題の全てを当事者意思によって説明する手法、労働災害や運送事故によって生じた身体的損害を「保証」の問題として取り込もうとする発想を捨象し、契約不履行に基づく損害賠償の理論枠組みという視点だけから見れば、19世紀の契約不履行に基づく損害賠償論を集大成したのは、Sainctelette, supra note 26 であると言える。

い批判が提起されたが[484]、それと同時に、一元論が提示した契約債務と損害賠償債務の関係についての理解、すなわち、フォートによる契約債務の消滅、損害賠償債務の発生、2つの事象の更改による説明、契約債務と損害賠償債務の法的異別性という4つの命題に対しても、多くの批判が投げかけられることになった[485]。以下では、19世紀末から20世紀初頭にかけての議論をフォローすることによって、当時の学説が、履行方式としての契約不履行に基づく損害賠償と契約ないし契約債権との関係をどのように把握していたのかを明らかにしていこう。

本章・第1節において検討したように、19世紀の学説の多くは、契約上のフォートに言及していたが、20世紀初頭以降の通説的見解とは異なり、それを不法行為上のフォートと同じような意味での債務ないし責任の発生原因として捉えていたわけでも、それに対して、契約不履行に基づく損害賠償の要件枠組みの中で重要な意味を持つ要素としての地位を与えていたわけでもなかった。当時の学説は、契約上のフォートと不法行為上のフォートを明確に区別し、後者にのみ債務発生原因としての意味付けを与えてきたのである[486]。従って、マルセル・プラニオルによって統一的な民事フォートの構想が提示され、その後の学説によって債務ないし責任発生原因としてのフォートという考え方が受容されるに至るまでは、契約上のフォートによる損害賠償債務の発生という命題は、契約上のフォートと不法行為上のフォートの性質的かつ絶対的な対置という論理によって[487]、明確に否定されていたと見ることができる[488][489]。

それでは、フォートによる契約債務の消滅、損害賠償債務の発生と契約債務の消滅という2つの事象を更改のメカニズムによって説明する手法に対しては、どのような理解が示されていたのか。この点について、当時の学説は、一元論を反駁する

---

(484) Fromageot, supra note 224, pp.15 et s. ; Chenevier, supra note 224, pp.61 et s. ; Delmond-Bébet, supra note 296, p.16；また、時代的には、一元論よりも前のものであるが、Cf. Sainctelette, supra note 26, pp.5 et s. 更に、Cf. Brun, supra note 27, n°s 89 et s., pp.109 et s.
(485) Guy, supra note 296, pp.81 et s. ; Auvynet, supra note 296, pp.16 et s. ; Huber, supra note 296, p.21；etc.
(486) この点については、本章・第1節・第1款・第2項108頁以下を参照。
(487) ジョセフ・エミール・ラベは、契約上のフォートと不法行為上のフォートの区別について、法のABCであると述べている（Labbé, supra note 319, S., 1886, 4, p.25）。
(488) Sainctelette, supra note 26, pp.5 et s. ; Guy, supra note 296, pp.94 et s.（一元論を反駁するというコンテクストで、以下のように述べている。我々は、フォートという観念を拒絶しているわけではない。債務不履行が賠償訴権を生じさせている以上、債務者に責めに帰すべき事由が存することに疑いはないからである。しかし、契約当事者間で問題となるフォートは、原因ではなく効果である。債務者は、債務を履行しなかったが故にフォート有りと評価されるだけなのであって、フォートが賠償訴権の原因というわけではないのである。ここにおいて、契約上のフォートと不法行為上のフォートの二元性が現れることになる）; Auvynet, supra note 296, p.17（不法行為上のフォートは、債務の原理それ自体であり、当事者相互間に債務を生じさせる。これに対して、契約上のフォートは、当事者の自由意思によって作られた債務の不履行にほかならない。2つの損害賠償は、源が異なるのである）
(489) もっとも、全ての学説が本文のように理解していたわけではない。例えば、注(324)で検討したトゥリエの見解は、「契約責任」と不法行為責任を同じものと見る構想にほかならない。

◆第1章◆　性　質

中で以下のような議論を展開した[490]。

　一元論によれば、契約から生じた債務は損害賠償債務が発生することによって消滅するものとされ、その根拠となるテクストとして、債務の目的物が債務者のフォートなしに滅失したときには債務は消滅する旨を規定する民法典1302条が、援用されている。しかし、同条は、債務の目的である特定物が債務者のフォートなくして滅失した場合に、債務が消滅することを規定しているだけであって、債務の目的である特定物が債務者のフォートにより滅失した場合に、契約から生じた債務が消滅することも、新たな損害賠償債務が発生することも規定しているわけではない。債務者のフォートによって目的物が滅失した場合には、債務者のフォートなしに目的物が滅失した場合とは異なり、契約債務は消滅しないのである。このことは、ロベール・ジョセフ・ポティエが、物の滅失が契約債務を消滅させるというためには、当該滅失が債務者の所為やフォートなく生じたことが必要であり、仮に当該滅失が債務者の所為によって生じたときには、債務は消滅せず、この物の代価に関する債務に代わると述べていたことからも明らかとなる[491][492]。そして、このように、フ

---

(490) Guy, supra note 296, pp.81 et s.；Auvynet, supra note 296, pp.16 et s.；Huber, supra note 296, p.21；etc. また、Cf. Faure-Abbad, supra note 20, n°s 258 et s., pp.225 et s.

(491) Pothier, supra note 54, n°s 660 et s., pp.359 et s.

(492) もっとも、19世紀の学説の全てが、ポティエの理解を承継していたわけではなかった。例えば、ヴィクトール・マルカデ（Victor Marcadé）やフレデリック・ムールロン（Frédéric Mourlon）は、債務者の所為やフォートに基づく目的物の滅失の場合に、契約債務が消滅すると理解しているようにも見えるのである（Marcadé, supra note 296, n° 863, p.647；Mourlon, supra note 296, n° 1471, p.758）。マルカデは言う。「要するに、私の債務が個別的に特定された物を対象としている場合において、あなたにそれを引き渡すことを絶対的な形で不可能にする出来事が発生したときには、それのみによって、また、この出来事が私の責めに帰すべきものであるかどうかを考慮する必要なく、事物の力それ自体によって、私の債務は消滅する。ただ、もし履行を不能にした出来事が私の責めに帰すべきものである場合には、私の特定物債務は、損害賠償債務によって置き換えられることになるのである」。

　ただし、マルカデやムールロンの上記叙述については、以下の3点に留意しておく必要がある。

　第1に、民法典のテクストや上記引用部分とは明らかに矛盾する叙述も残されていることである。マルカデは、先に引用した部分に続けて、「債務は、不能が債務者のフォートに由来する場合にのみ、特定物引渡しの不能によって消滅する」と述べているが、債務者にフォートが存在する場合にのみ債務が消滅するというのでは、明らかに民法典1302条（更に、上記引用部分）と矛盾することになってしまう。従って、1302条の註釈の局面では、混乱や誤解が生じてしまっていると理解することが可能であり、こうした点を強く読めば、マルカデによる上記叙述にはそれほどの意味は存しないと見ることもできる。

　第2に、仮に、債務者に所為やフォートが存するかどうかにかかわらず、目的物滅失の場合には、契約債務も消滅するという理解を強調して読むとしても、この理解は、あくまでも特定物債務に関して示されたものであり、グランムーランやその他の一元論のように、こうした論理を契約不履行に基づく損害賠償一般にまで拡大しているわけではないということである。

　第3に、仮に、マルカデやムールロンが、目的物滅失の場合には常に契約債務が消滅するという理解を示していたとすれば、そこには、彼らが前提としていた契約不履行に基づく損害賠償に関する理論枠組みとの論理的な不整合を見出しうるということである。というのは、マルカデにしても、ムールロンにしても、契約不履行に基づく損害賠償に関わるテクストである、民法典1147条、1148条、1150条等の註釈においては、ほかの同時期の学説と同じく、明確に、契約不履行に基づく損害賠償を契約の履行方式として捉える構想を前提としているように見受けられるところ、本文で述べるように、同1302条を論じた箇所で展開されている契約債務の消滅というテーゼは、履行方式としての契約不履行に基づく損害賠償の考え方と相容れないものだからである（あ

178

ォートによる損害賠償債務の発生、契約債務の消滅が否定されるのであれば、この2つの現象を更改のメカニズムによって説明することもできなくなるのである[493]。

このような論理は、債務の目的が特定物である場合だけではなく、およそ契約不履行に基づく損害賠償が問題となる場面の全てに妥当するものである。つまり、債務の対象が特定物であろうと、そうでなかろうと、あるいは、債務の対象が滅失しようと、そうでなかろうと、債務者の責めに帰すことのできない事由によって契約の履行を妨げられたのでない限り、契約債務は存続し、債務者は契約上の債務を負い続けるのである。もちろん、債務の対象が存在しない場合には、この契約債務を現実に履行することはできない。しかし、債務者は、この契約債務を金銭という等価物によって履行する義務を負うのである。これが契約不履行に基づく損害賠償の意味なのであり、従って、この損害賠償は、フォート、損害の発生、不履行等を契機として新たに発生するものではなく、契約から生じた債務を金銭上の代替物によって履行しようとするものにほかならないと言うことができる。この意味において、契約不履行に基づく損害賠償は、まさに契約を源としているのであり[494]、そこでは、契約債務が消滅することも、それとは別の損害賠償債務が発生することもないのである[495]。

―――――――――
るいは、ここに、当時における教科書類の一般的なスタイルであった註釈方式の限界を見て取ることができるのかもしれない)。
(493) フォートによる損害賠償債務の発生、契約債務の消滅という問題も含めて、この点を詳細に検討したのが、Hubert de la Massue, De l'absence de novation dans la résolution de l'obligation contractuelle, RTD civ., 1932, pp.377 et s. である (また、Cf. Id., De la substitution de la prescription trentenaire à la prescription annale en matière de contrat de transport, RTD civ., 1929, pp.671 et s. ; Id., Responsabilité contractuelle et responsabilité délictuelle sous la notion de l'abus du droit, RTD civ., 1948, pp.27 et s.)。これらの論文は、20世紀前半、つまり、学説史的に見れば、アンドレ・ブランやアンリ・マゾーらの研究によって (supra note 27)、2つの責任における「性質的一元性、制度的二元性」のテーゼが確立された時期に公表されたものである。従って、ユベール・ドゥ・ラ・マシュ (Hubert de la Massue) の論文は、19世紀の学説において一般的に受け入れられていた契約不履行に基づく損害賠償の理論枠組みを承継した最後の世代に属するものであり (これ以降、履行方式としての契約不履行に基づく損害賠償の理論枠組みが明確な形で提示されることはなくなる)、そこで批判の対象として念頭に置かれていたのは、既に多くの疑問が投げかけられていたジャン・グランムーランの見解ではなく、アンリ・マゾーのそれなのである。
(494) ここで言う「契約を源としている」とは、当事者によって予定された債務とは別の債務としての損害賠償が契約において予め合意されているということではなく、当事者が予定した債務の履行方式としての損害賠償が契約の中に組み込まれているということを意味する。確かに、19世紀の学説においては、とりわけ民法典1150条の正当化というコンテクストで、当事者の副次的合意、契約における黙示の条項等が根拠として挙げられており、これだけを読めば、前者のように理解することもできる。しかし、本文で述べたような解釈、すなわち、契約債務の金銭的等価物による履行という発想からすれば、後者のように理解しなければならない。この点については、シャルル・サンクトレットが、契約不履行に基づく損害賠償を、それを「責任」から区別するため「保証」という表現を用いたことに対し、アンリ・フロマジュオ (Henri Fromageot) が、以下のような批判を提起していることからも明らかとなろう。すなわち、サンクトレットが用いる「保証」という表現は適切でない。保証とは、責任を生じさせる特殊な債務を意味するものだからである (Fromageot, supra note 224, p.23)。
(495) Guy, supra note 296, pp.94 et s. (債務の目的が滅失したとしても、債務は消滅しない。債務の目的が存在しない場合には、債権者は、その価値の獲得を求めることができる。目的が変わ

◆第1章◆ 性　質

　以上のように、フォートによる契約債務の消滅、損害賠償債務の発生、2つの事象を更改のメカニズムによって説明する手法、契約債務と損害賠償債務の法的異別性という一元論における4つの命題を批判し、フォートないし不履行による契約債務の不消滅、損害賠償債務の不発生、損害賠償債務の代替的履行手段性を強調する見解は、フランス法における学説史のコンテクストで見れば、19世紀末から20世紀初頭にかけてのフランス民法学が直面していた社会問題への対応をめぐる議論、すなわち、身体の安全を契約の問題として規律すべきかという課題に取り組む中で生まれた論争において、一元論とともに、一方の極を形成するものであった。もっとも、そこでは、契約不履行に基づく損害賠償の性質に関わる具体的なレベルの問題が全く想定されていなかったというわけではない。契約不履行に基づく損害賠償の古典理論を承継する学説も、ルフェーブルやグランムーランが予定していたのと同じ個別的問題を共有していたのである(496)。

　第1に、損害賠償の範囲の問題である(497)。民法典1150条は、契約不履行に基づく損害賠償の範囲を契約当事者の予見可能性によって画しているが、このような規定が設けられたのは、契約不履行に基づく損害賠償が契約の代替的履行手段であるからにほかならない。というのは、契約不履行に基づく損害賠償が履行されなかった契約の代替的な実現手段であるとすれば、その範囲も、当然、当事者が契約締結時に予定したものに限られなければならないからである。

　第2に、担保権存続の問題である(498)。フォートによって契約債務が消滅するのであれば、契約から生じた債務に付着していた担保権も消滅することになる。一元

ったとしても、コーズは変わらないのであり、債務者は契約上の債務を負い続けるのである）；Auvynet, supra note 296, p.24（物の滅失が債務者のフォートに基づく場合、契約から生じた債務は消滅せずに存続する。この損害賠償債務は、契約不履行に固有の規範、つまり、当事者意思の規範によって規律されるのである）；Huber, supra note 296, p.21（一元論の本質的な問題は、目的物の滅失によって債務が消滅し、フォートによって損害賠償債務が発生すると理解している点にある。契約債務は消滅しない。あらゆる債務は、本質的に価値的・金銭的な性格を持つのであり、現実履行が不可能となったときには、金銭によって実現されなければならないのである）；Delmond-Bébet, supra note 296, pp.21 et s.（債務者は、契約が履行されなかった場合に、物や行為の等価物を与えることを約束している。契約の中には、この点に関する黙示の約束（l'engagement）が存在する。たとえ債務の対象が滅失したとしても、ユス・アド・レム（jus ad rem）は存続するのである）；Massue, supra note 493, De l'absence de novation...., pp.379 et s.（（運送契約を論じたコンテクストにおいて）損害賠償債務は、「運送契約の弁済手段（une forme du paiement du contrat de transport）」である。ここに、更改は存在しない。「当初の合意における条項の効果それ自体によって、損害賠償債務は契約から生ずる（中略）。契約に特殊な責任は、債務の源である不法行為責任とは異なり、契約の効果なのである」（p.381）。「新たな債務は形成されない。更改も存在しない。為す債務の通常の履行と、不履行の場合における損害賠償への解消を予定しているのは、運送契約の当初の合意である」（p.383））；Id., supra note 493, Responsabilité contractuelle et responsabilité délictuelle...., p.30（損害賠償という新たな権利関係を観念する必要はない。損害賠償債務は契約の中に書き込まれている（inscrire）。損害賠償債務は当初の合意の効果それ自体なのである）

(496) 一元論における問題関心については、本款・第1項153頁以下を参照。
(497) この問題については、第2章・第2節・第1款・第2項326頁以下を参照。
(498) Guy, supra note 296, pp.97 et s. ; Sarran, supra note 313, intro. XII ; etc.

180

論は、フォートによる契約債務の消滅と損害賠償債務の発生は、更改のメカニズムに基づくものであるところ、更改においては、一定の場合に、旧債権に付着していた担保権の新債権への移転が認められていると説くが[499]、これは、誤った論理である。民法典1278条によれば、当事者が明示的に留保した場合を除き、旧債権に付着していた抵当権や先取特権は新債権に移転しない。これは、ロベール・ジョセフ・ポティエの見解においても同様であり、ポティエは、「主たる債務の消滅が、あらゆる付随的債務の消滅を導くのと同じく、主たる債務に生ずる更改は、あらゆる付随的債務を消滅させる」とし、その例として、保証債務や抵当権を挙げていた[500]。従って、更改の論理に依拠する限り、契約債務に付着していた担保権も原則として消滅するものと言わなければならない[501]。反対に、契約から生じた債務に付着していた担保権の契約不履行に基づく損害賠償への存続を正当化しているのは、まさに、契約不履行に基づく損害賠償が契約債務の代替的履行手段であるという事実にほかならないのである。

第3に、証明責任の問題である。不法行為に基づく損害賠償がその要件を充足することによって初めて発生する債権であるのとは異なり、契約不履行に基づく損害賠償の源は契約それ自体の中に存する。従って、不法行為法においては、原告である被害者が損害賠償債権の請求を基礎付ける事実であるフォートの存在を証明しなければならないのに対して、契約領域において、債権者は契約債権の存在を証明すればそれだけで契約不履行に基づく損害賠償の請求の基礎を明らかにすることができ、それが証明されたときには、今度は、債務者が債務を履行したこと、もしくは、債務者がその支払いを免れるための事由としての外的原因を証明しなければならないのである。この点については、しばしば、フォートの推定が語られているが、この規範は、フォートの存在を推定したものではなく、証明責任の一般的ルールを適用した結果に過ぎない。債権者が債務の現実履行を求めてきた場合、それを免れようとする債務者は、弁済その他の事由によって債務が消滅していることを証明する必要がある。これと同じことが、契約債務の履行方式である契約不履行に基づく損害賠償にもそのまま当てはまるのである[502]。これに対して、契約不履行に基づく損害賠償を、不法行為に基づく損害賠償と同じ性質を持つ制度として理解するなら

---

(499) Grandmoulin, supra note 25, pp.16 et s.
(500) 他方、ポティエによれば、滅失した物の代価に関する債権（損害賠償債権）は、債務者及びその相続人との関係においてのみならず、保証人一般や、債務を引き受けた者との関係においても存続するとされている（Pothier, supra note 54, n° 665, pp.361 et s.）。このような理解からも、ポティエが、一元論のような更改の考え方を明確に拒絶していたことが分かるであろう。
(501) 担保権の存続に関わる問題ではないが、更改に関するテクストとの関連で言えば、一元論の更改テーゼは、「更改は何ら推定されない。更改を行う意思は、その行為から明白に引き出されるものでなければならない（原文は、La novation ne se presume point ; il faut que la volonté de l'opérer résulte clairemet de l'acte.）」と規定する民法典1273条との間でも、困難な問題を抱えることになろう。
(502) 以上の点については、文献の所在も含め、本章・第1節・第1款・第2項109頁を参照。

181

◆第1章◆ 性　質

ば、このような2つの損害賠償制度における証明責任ルールの相違を正当化することは不可能となる。

　もっとも、このうち、担保権の存続をめぐる議論については、一定の留保が必要である。確かに、判例は、古くから、契約において予定された担保権が損害賠償債務をもカバーすることを認めており、その中には、契約不履行に基づく損害賠償の性質を根拠とするものも存在した[503]。従って、契約不履行に基づく損害賠償を契約の履行方式として捉える古典理論が、その実定法における根拠の1つとしてこの問題を取り上げることは、ある意味では当然であるとも言える。また、契約不履行に基づく損害賠償が契約債務の代替的履行手段であるならば、それが契約に付着していた担保権によってカバーされることも、当然の事理にほかならないと言える。しかし、これもまた古くから今日に至るまで指摘されているように、担保権の損害賠償債務への存続は、当事者意思の観点から説明することも可能であり、実際、一元論の学説もそのような可能性を指摘していた[504][505]。従って、この問題については、以下のように理解すべきであるように思われる。確かに、更改の論理と担保権の存続との間には相容れないものがあり、この限りにおいて、古典理論の批判は正

---

[503]　Ex. Cass. req., 9 mai 1881, D., 1882, 1, 13 ; S., 1882, 1, 150（Aは、鉄道会社Xとの間で、新しい路線を建築する旨の契約を締結した。Y銀行は、Aの建築請負債務を担保するため、Xに対し、ポワティエに所在するB社の株式3000株を質権として提供した。ところが、その後、Aが破産した。その際、AとXは、この請負契約を解消することし、しかし、この契約が解消されたとしても、一方が他方に対して行使することのできる権利の全てを存続させることで合意した。Xが、Aからの損害賠償の支払いを確保するために、Yが提供した質権を実行したところ、Yは、契約の解消により質権も消滅している等と反論した。破毀院は、以下のように述べて、質権の存続を認めた原審の判断を維持した。「担保は、債務者によって設定されたものであろうと、第三者によって提供されたものであろうと、それが充当される債務の履行を担保することを目的としている。この債務の消滅は担保を解放するが、債務が、履行によって消滅したのではなく、不履行の結果、解消された場合は異なる」。民法典1142条によれば、為す債務は、債務者側の不履行の場合、損害賠償に変わるところ、この損害賠償は、新しい債務ではなく、当初の債務によって義務付けられるものであり、法律によって予定された事例においてそのサンクションとなる。従って、担保は、この損害賠償の支払いにも充当される」。契約が「債権者と債務者の間における共通の意思によって解消された場合であっても、その解消の原因が債務者による不履行に存することが立証され、債権者が債務者に対する訴権も担保権も放棄しなかったときにも、同様である」）；Cass. req., 22 juill. 1891, D., 1893, 1, 259（損害賠償が争点となった事案ではないが、破毀院は、「保証証書の文言が一般的かつ無限定である場合、この保証は、主たるものであろうと、付随的なものであろうと、保証した合意から生ずる全ての債務に及ぶのを原則とする」（chapeau）と判示している）；Cass. req., 20 mars 1922, D., 1923, 1, 21（Xは、Aとの間で、一定数の酒樽を賃貸する旨の契約を締結し、その際、Y銀行は、AがXに対して負う賃料債務を保証することにした。ところが、賃貸借期間が終了した後も、Aが酒樽を占有し続けていたので、Xは、Yに対し、Aに代わって損害賠償を支払うよう求める訴訟を提起した。原審は、Aに対し、Xが酒樽を使用・収益できなかったことについての損害賠償の支払いを命じ、Yの保証債務がこれにも及ぶと判断した。破毀院は、「一般的かつ無限定な形で契約の履行を担保する保証は、この契約のあらゆる付随物、とりわけ、この契約から生ずる債務の不履行がもたらしうる損害賠償にも及ぶ」として、原審は不当に保証の範囲を拡大しているとのYによる上告を棄却した）；etc.

[504]　Grandmoulin, supra note 25, pp.16 et s. ; Aubin, supra note 25, pp.81 et s. また、Cf. Chenevier, supra note 224, pp.67 et s. ; etc.

[505]　その他、今日においては、自ら履行を妨げておきながら担保権を免れるのは不当であるとの利益判断も強調されている（Radé, supra note 477, n°1, p.3）。

当と言うべきである[506]。とはいえ、担保権の存続は、契約不履行に基づく損害賠償を契約の履行方式として観念しない限り導きえない結論ではないのである。

　かくして、19世紀末から20世紀初頭の学説において、契約不履行に基づく損害賠償の源を契約それ自体の中に求め、かつ、それを契約の代替的な履行手段として位置付ける構想が具体的な場面で意味を持つと意識されていたのは、損害賠償の範囲と証明責任の所在という2つの問題であることが分かる。もちろん、証明責任の問題については、権利を主張する者がそれを基礎付ける事実を証明し、義務を免れようとする者がそれを正当化する事実を証明するという、証明責任の分配ルールを否定するか、あるいは、一定の範囲でこのルールを修正すれば、契約不履行に基づく損害賠償を契約の履行方式として捉えることなく、伝統的通説のいう債務の不履行＝フォートの証明責任が2つの損害賠償制度において異なりうることを説明することは可能であろう。しかし、少なくとも、契約不履行に基づく損害賠償一般について、証明責任の分配ルールを改め、債務不履行＝フォートの証明責任を債務者の負担に帰すべき旨を説く見解は存在しなかったのであり、この限りにおいて[507]、古典理論が前提とする契約債務の存続、損害賠償債務の代替的履行手段性というテーゼは、当時の学説において大きな意味を有していたと言うべきであろう[508]。

---

(506) 例えば、Demogue, supra note 266, n° 1232, p.526 の批判は、このレベルに関わるものとして理解することができよう。

(507) 「この限りにおいて」という表現には、2つの意味が込められている。1つは、民法典1315条を債務の現実履行のみならず契約不履行に基づく損害賠償にも妥当するルールとして把握し、損害賠償請求訴訟においても、債務を免れる事由としての弁済ないし外的原因の証明責任が債務者の負担に属するとの規律を受け入れる限りにおいて、という意味である。仮に民法典1315条を債務の現実履行のみに適用されるテクストとして把握し、契約不履行に基づく損害賠償が問題となる場面では、債権者側が債務者の不履行＝フォートを証明しなければならないとの規律を設定するのであれば、証明責任のレベルにおいて、2つの損害賠償の取扱いは統一されることになる。そうすると、ここでは、そもそも、2つの損害賠償制度の間に存在する証明責任の相違をどのように正当化するかという問題設定それ自体が意味を持たないことになるのである。

　もう1つは、契約不履行に基づく損害賠償が問題となる場面においては、債務者側が「債務を履行したこと」、つまり、フォート不存在の証明責任を負うというルールを、証明責任の規範ではなく、実体法の規範として正当化しようとする限りにおいて、という意味である。本文で述べたように、証明責任のルールを調整することによって、フォート不存在の証明責任を債務者に負わせることも論理的には可能である。そうである以上、このような留保を付しておく必要が存するのである。

(508) もっとも、契約不履行に基づく損害賠償が問題となる領域の一部について、証明の容易さ、慣性の原理 (le principe d'inertie) 等を根拠に、「履行したこと」の証明責任を債務者に課すことを提案する見解は存在した。既に触れたように、かつて、ジャン・グランムーランやマルセル・プラニオルは、為さないという消極的債務が問題となる場合、債権者は、債務の存在に加えて、その違反の事実を証明しなければならないが、与える債務・為す債務という積極的債務が問題となる場合には、債権者は債務の存在を証明すれば足り、それが証明されたときには、債務者が履行等の債務消滅を基礎付ける事実を証明しなければならない旨を説いていたが (Grandmoulin, supra note 25, pp.54 et s. ; Planiol, supra note 231, pp.458 et s. ; Id., supra note 33, Traité élémentaire de droit civil, n°ˢ 888 et s., p.273 ; etc.)、そのように解釈する理由については、何も触れられていなかった (この点については、注(421)及び注(424)における考察も参照)。ところが、その後、一部の学説は、このような債務の中身による証明責任の所在の相違を、実体法規範としてではなく、証明責任分配ルールの点から基礎付けることを試みた。

　例えば、ロベール・ベネックス (Robert Beineix) は、以下のような議論を展開する (Robert

183

◆第1章◆ 性　質

　いずれにしても、これらの問題は、両者ともに、一方では、労働災害や運送事故等に代表される当時の社会問題への法的アプローチと密接に関わるものであったが、他方で、ロベール・ジョセフ・ポティエやいわゆる註釈学派の著作の中でも活発な議論が展開されていた、古典的問題でもあった[509]。つまり、本節の検討課題である契約不履行に基づく損害賠償の性質論について、後者（学説史）の視角から言うならば、(1)で検討の対象とした学説は、ポティエによって定式化され、民法典によって体現され、そして、いわゆる註釈学派によって深められた、契約不履行に基づく損害賠償の理論枠組みの問題関心を承継しつつ、それらをより明確な形で提示しようとしていたと見ることができるのである。

　ところが、その後、「契約責任」と不法行為責任の性質的同一性が一般的に受け入れられるようになると、一部の著作を除き[510]、フォートないし不履行を契機とする契約債務の不消滅、損害賠償債務の不発生、損害賠償債務の代替的履行手段性という古典的命題は、表舞台からその姿を消すことになる。しかし、これらの命題は、

　　　Beineix, La charge de la preuve de l'exécution en matière de responsabilité contractuelle, Rev. crit., 1938, pp.657 et s., esp. pp.663 et s.）。為す債務の場合、「履行したこと」の証明に関する責任を債務者が負う。もっとも、このとき、債務者は、細部に渡って「完全に履行したこと」を証明する必要はなく、債務の本質的要素について「履行したこと」の証明がなされれば、今度は、債権者が「不完全にしか履行しなかったこと」の証明責任を負担する。このような理解は、民法典1315条の文言に合致するだけでなく、証明の容易さという観点からも支持することができる。他方、為さない債務についても、証明の容易さという視点から証明責任の分配を考えるならば、「履行しなかったこと」の証明責任を債権者が負担すると考えるべきである。
　　　また、ポール・エスマン（Paul Esmain）も、若干異なる視点から、これとほぼ同様の見解を提唱する（Paul Esmain, Le fondement de la responsabilité contractuelle rapprochée de la responsabilité délictuelle, RTD civ., 1933, n°s 7 et s., pp.642 et s.）。まず、前提として、十分な蓋然性原則（Principe de probabilité suffisante）により、各当事者は、完全な証明を尽す義務を負うわけではない。次に、慣性原則（Principe d'inertie）及び証拠への距離原則（Principe d'aptitude à la preuve）により、為さない債務の場合には、債権者がその違反の事実を証明し、為す債務の場合には、債務者がその消滅の事実を証明しなければならないのである。
(509)　損害賠償の範囲について、第2章・第2節・第1款・第2項319頁以下、証明責任について、本章・第1節・第1款・第2項108頁以下を参照。
(510)　Massue, supra note 493, De l'absence de novation... ; Id., supra note 493, Responsabilité contractuelle et responsabilité délictuelle... のほか、教科書・体系書レベルでは、Charles Beudant et Paul Lerebours-Pigeonnière, Cours de Droit civil français, t.8, Les contrats et les obligations, 2ème éd., Arthur Rousseau, Paris, 1936（契約不履行に基づく損害賠償を、間接的強制履行、等価物による履行と構成した上で（n°s 570 et s., pp.411 et s.）、以下のように述べている。債権者は契約の存在を証明すれば足り、それが証明されたときは、債務者が債務の解放事由の証明責任を負う。債権者は、契約の存在を証明すれば、契約の結果（une suite）への権利を持つのである（n° 392, p.286）。債権者は、損害賠償を得るために、債務者側にフォートがあることを証明しなくても良い。というのは、債権を正当化した以上、履行への権利を持つからである（n[o] 578, p.416）。もっとも、シャルル・ブダン（Charles Beudant）は、学説史的に言えば、クロード・ビュフノワール（Claude Bufnoir）やジョセフ・エミール・ラベ等の、いわゆるアレティストの世代に属する学説である。従って、彼の死後に出版された教科書の中で、こうした古典的な理解が示されていたことは、むしろ当然であるとも言える）; Gaudemet, supra note 35（「この損害賠償は、民事責任の一般理論において検討した損害賠償とは異なる。ここでは、特定の権利関係に基づき債権者と債務者との間で先存していた債務の履行として、損害賠償が義務付けられる。従って、損害賠償債務は、この先存債務の継続（la continuation）及び延長でしかなく、先存債務は、単に目的を変えるだけなのである」（p.378）。従って、債権者は債権の存在を証明すれば足りる。これは、証明責任の一般ルールを適用したものにほかならないのである（pp.382 et s.））。

完全に排斥されたわけではなかった。近年、「原典への回帰（un retour aux sources）」、「原典への巡礼（un pèlerinage aux sources）」を標榜し[511]、フランス民法典本来の立場を再評価する視点から、伝統的通説が説く、フォートによる損害賠償債務の発生、契約債務と損害賠償債務の法的異別性、（更には、一部の学説によって明確に提示されている、契約債務の消滅、更改による説明）という命題を激しく批判し、上記の古典的命題を再度復活させようとする立場が有力となっているのである。以下では、項目を改めて、その主張内容とそこで意識されている具体的問題の中身を、ごく簡単にフォローしておくことにしよう。

(2) 契約債権の存続

　契約不履行に基づく損害賠償と契約ないし契約債権との関係、契約不履行に基づく損害賠償の性質という問題について、近時の有力学説が説く主張内容は、19世紀末から20世紀初頭にかけての学説が古典理論を擁護するために行った議論の内容とほぼ同じである。すなわち、契約不履行に基づく損害賠償は、フォートや損害の発生によって新たに発生する債務ではないし、これらの現象を契機として契約債務が消滅することもない。債務者による不履行が存在したとしても契約から生じた当初の債務は存続し、ただ、この場合には、契約債務が契約不履行に基づく損害賠償という代替的な履行手段によって充足される可能性が開かれるだけである。従って、契約不履行に基づく損害賠償と契約債権は、伝統的通説が説くように、法的に別個の存在ではなく、契約の実現という同一の目的のために存在する2つの手段にほかならないのである[512][513][514]。

---

[511] Christian Lapoyade Deschamps, Responsabilité contractuelle ou responsabilité délictuelle ? (Plaidoyer pour un retour aux sources), Resp. civ. et assur., oct. 1992, n° 33, p.5.

[512] Rémy, supra note 20, La responsabilité contractuelle..., n°s 2 et s., pp.324 et s. ; Bellissent, supra note 20, n°s 74 et s., pp.48 et s. ; Faure-Abbad, supra note 20, n°s 256 et s., pp.224 et s. ; Rémy-Corlay, supra note 20, pp.22 et s. ; etc.

[513] ジャン・カルボニエは、契約不履行に基づく損害賠償と契約債権の関係について、以下のように述べている。今日において、「契約責任」は、不法行為のモデルに基づいて形作られている。「現代において、契約責任は不法行為責任の属国となっている。その証拠として、2つの責任の境界を検討するに際して学説上展開されている努力を見れば良い（例えば、マゾーの偉大なトレテは、民事不法行為責任及び契約責任のトレテである）。このことは、単に、1382条の魅惑（la fascination）のみならず、より具体的な所与によって説明される。契約責任が適用される多くの重要な事例において、人間の状況は、不法行為責任の中に見出されうるそれと本質的に異ならないのである」。しかし、「不法行為責任の型紙に基づいて、無理やり損害賠償債務を仕立て直すのは人為的である。契約責任は、債権者と債務者の間で形成された先存する関係の投影として、その結果（une suite）を構成するのに対して、不法行為責任は、偶然によって挿話的に結び付けられる無関係の者の間に介在するものだからである」(Carbonnier, supra note 52, n° 154, 294)。
　このようなカルボニエによる「先存する関係の投影」、先存する関係の「結果」という表現をどのように評価するのかは、1つの大きな問題である。一方で、「投影」「結果」という言い回しを、注(477)、注(478)、注(479)で引用した諸見解と同じく、伝統的通説が前提とする「契約責任」の構想と、契約不履行に基づく損害賠償を契約ないし契約債権と繋がりを持った債権として把握する構想を両立させるための、感覚的・比喩的な説明として捉えることも可能である。実際、カルボニエは、実定法の現状を説く部分では、伝統的通説に従った説明に終始しているのである。し

このように、2つの時期における学説において、その基本的な考え方に変化はないが、今日では、幾つかの方向性から新たな議論が付け加えられている。ここでは、以下の4点を指摘しておく。

第1に、原典からの議論である[515][516]。ジャン・ブリサンは、手段債務・結果債務の区別と民事責任秩序の展開に関する考察へと向けられたテーズの中で、民法典の起草過程を詳細に分析しつつ、不法行為領域における損害賠償の自律性（l'autonomie）、契約領域における損害賠償の補足性（la subsidiarité）を、以下のように説いている[517]。すなわち、民法典起草者は、不法行為領域において先存債務を観念しておらず、損害を出発点としていた。契約債務が合意から生ずるように、不法行為に基づく損害賠償債務は損害から発生するものとされていたのである。この意味において、不法行為に基づく損害賠償は自律性を持つ。これに対して、契約の領域においては、自律的な存在としての損害賠償は構想されておらず、あくまでも、合意によって生じた債務を補充するための存在として損害賠償が観念されていた。民法典は、「合意は守られなければならない」を基礎として、不履行の場合には、債権者に合意を実現するための手段を与えた。これが契約不履行に基づく損害賠償である。かくして、契約不履行に基づく損害賠償は、先存債務との関連で、自律的なものではなく、それを補足ないし補充するためのものとして観念されていたのである[518]。

かし、上記部分は、実定法の状況から独立してカルボニエ自身の見方が示された「問題の状況（État des questions）」から引用したものである。そして、カルボニエは、「問題の状況」においては、賠償方式ではなく、履行方式としての契約不履行に基づく損害賠償に共感を示すような叙述を多く残しているのである（例えば、nº 295, p.520 ; etc.）。そうすると、上記のような「先存する関係の投影」、先存する関係の「結果」という表現も、本文で述べたような近時の有力学説の主張内容と同旨を説くものと理解することができよう。

(514) ボリ・スタルクは、民事責任の基礎を「保障（la garantie）」に求める考え方を出発点として、契約債務と損害賠償債務の関係につき、以下のように述べている（Starck, supra note 52）。「契約責任」と呼ばれているものが、債務者のフォートに基づくというのは不正確である。「債務者は、約束の範囲内において、債権者に対し完全な保障を義務付けられる。言い換えれば、債権者は、約束された給付が実現されないときには、常に補償を受けるべきなのである。これは、約束の拘束力、合意は守られなければならない（pacta sunt servanda）に基づく。この契約上の保障の基礎は、債務者のフォートではなく、契約意思によって作られた法鎖なのである」（pp.276-277）。このように契約不履行に基づく損害賠償の基礎を理解すると、契約債務も、賠償債務も、法律に基礎を置くことに疑いはないが、いずれも、当事者意思という同じ源を持つことになる。不履行が存在する場合であっても、契約債務は消滅しない。担保権が存続し、損害賠償の範囲が予見可能性によって画され、損害賠償債権の消滅時効起算点が契約時に求められるのは、そのためにほかならないのである（p.291）。

確かに、こうしたスタルクの理論は、履行方式としての契約不履行に基づく損害賠償を強調する近時の有力学説とは、その出発点を異にする。しかし、そこでは、「保障」という独自の論理を介して、契約債務ないし契約と損害賠償債務の関係について、本文で述べたような主張内容が共有されていると見ることができるのである。

(515) クリスティアン・ラポヤドゥ・デシャン（Christian Lapoyade Deschamps）の言う「原典への回帰」、「原典への巡礼」の1つである（Deschamps, supra note 511）。
(516) 民法典の立場については、本文で述べるブリサンのテーズのほか、Cf. Rémy, supra note 20, La responsabilité contractuelle..., nᵒˢ 2 et s., pp.324 et s.
(517) Bellissent, supra note 20, nᵒˢ 74 et s., pp.48 et s.
(518) ここから、ブリサンは、損害賠償債権の発生時期についても、以下のような議論を展開する。

第2に、コーズからの議論である。マリアンヌ・フォール・アバは、「契約責任を生じさせる行為ないし所為」を対象としたテーズの中で、契約債務と損害賠償債務におけるコーズの同一性を以下のように指摘している[519]。すなわち、契約関係に入ろうとする債務者は、債務を履行しなかったときに、当初の給付に代えて損害賠償を支払わなければならないことを理解している。同様に、契約関係に入ろうとする債権者も、債務者の履行により満足を得なかったときには、当初の給付に代えて損害賠償の支払いによって弁済を受けるであろうことを理解している。契約から生じた債務と損害賠償は、いずれも、債権者側から見れば自己が受け取るべき給付の実現という意味を持ち、債務者側から見れば受け取った給付の反対給付の実現という意味を持つ。従って、契約不履行に基づく損害賠償の債務と契約債務は、同一のコーズを持つのである。かくして、フォール・アバによれば、契約不履行に基づく損害賠償は、契約から生じた債務を実現するものにほかならないと理解されることになるのである。

　第3に、契約の拘束力からの議論である[520]。ポーリヌ・レミィ・コルレィ（Pauline Rémy Corlay）は、履行と賠償を主題とするコロックの冒頭報告の中で、契約不履行に基づく損害賠償と契約の拘束力との関係について、以下のような視点を提示している[521]。今日の一般的な理解によれば、現実履行への権利は、一義的な性格を持ち、契約不履行に基づく損害賠償との関係で「優越（la primauté）」[522]的な地位にあるとされている[523][524]。言うまでもなく、これは、契約の拘束力の原則を出発点と

　　　契約不履行に基づく損害賠償が契約債務との関係で自律性を持つとするならば、損害賠償債務はいつ発生するのか。仮に不履行時に損害賠償債務が発生するというのであれば、不履行の後にも履行の強制が可能であることをどのように説明するのか。仮に訴権の行使時に損害賠償債務が発生するというのであれば、債権者による救済手段の選択が不確実であることをどのように説明するのか。このような観点から見ても、契約不履行に基づく損害賠償が補充的性格しか持たないと理解するのが、最も正当で、最も単純なのである（Bellissent, supra note 20, n° 93, pp.61 et s.）。

(519)　Faure-Abbad, supra note 20, n° 267, pp.231 et s.
(520)　本文で述べるレミィ・コルレィの見解のほか、Cf. Rémy, supra note 20, La responsabilité contractuelle..., n° 43, pp.352 et s. 更に、Cf. Florence Bellivier et Ruth Sefton-Green, Force obligatoire et exécution en nature du contrat en droits français et anglais : bonnes et mauvaises surprises du comparatisme, in, Études offertes à Jacques Ghestin, Le contrat au début du XXIe siècle, LGDJ., Paris, 2001, n°s 34 et s., p.108.
(521)　Rémy-Corlay, supra note 20, p.25.
(522)　「優越」という表現は、現実履行の一義性をテーマとした、ヴェロニク・ロニ・アポクラスト（Véronique Lonis-Apokourastos）のテーズのタイトルから借用したものである。Véronique Lonis-Apokourastos, La primauté contemporaine du droit à l'exécution en nature, th. Aix-Marseille, préf. Jacques Mestre, PUAM., Aix-en-Provence, 2003.
(523)　文献の所在も含めて、Cf. Lonis-Apokourastos, supra note 522 ; Geneviève Viney, Exécution de l'obligation, Faculté de remplacement et réparation en nature en droit français, in, Les sanctions de l'inexécution des obligations contractuelles, Études de droit comparé, sous la direction de Marcel Fontaine et Geneviève Viney, Bibliothèque de la faculté de droit de l'université Catholique de Louvain, XXXII, Bruylant, Bruxelles, LGDJ., Paris, 2001, pp.167 et s. ; etc.
(524)　もっとも、今日では、比較法的知見や法と経済学の分析成果を基礎として、現実履行の一義性・優位性に対して異論を提示する見解もある。Laithier, supra note 21, n°s 15 et s., pp.37 et s.

◆第1章◆ 性 質

した理解であるが、反対から見れば、契約不履行に基づく損害賠償が付与される場合には、契約の拘束力が侵害されている（現実履行を認めないことは、債務者に対し、履行をしない自由を承認することにほかならない）、あるいは、現実履行がなされる場合と比較して、契約の拘束力が十分に確保されていないとの見方を示すものにほかならない。そして、このような見方の背後には、契約不履行に基づく損害賠償は契約から生じた債務とは法的に別個の債務であるとの認識が存在している。契約不履行に基づく損害賠償が契約と法的な関係を持たない債務であるならば、それが付与されることも契約の実現と何らの関わりも持たないことになるからである。これに対して、契約不履行に基づく損害賠償を契約の履行方式として理解するならば、損害賠償が付与されることによって契約の拘束力が侵害されることはない。そもそも、契約不履行に基づく損害賠償によって契約の実現が確保されること自体、契約の拘束力を尊重するためなのである[525][526]。

　　　et n[OS] 278 et s., pp.365 et s.; Id., La Prétendue primauté de l'exécution en nature, in, Exécution en nature, exécution par équivalent, Colloque du 14 octobre 2004, Cour de Cassation, 1re chambre civile, RDC., 2005, pp.161 et s. また、イブ・マリ・レチェ（平野裕之訳）「契約上の債務の実効的な履行」慶應法学13号（2009年）157頁以下も参照（これは、2008年11月15日に慶應義塾大学で開催された大陸法財団寄附講座「フランス法特別講義」の翻訳である。同講義については、筆者も拝聴する機会を得た）。
　　　イブ・マリ・レティエ（Yves-Marie Laithier）は、以下のような議論を展開する。現実履行の一義性は、思想的には意思主義的な契約構想、実際的には裁判官の評価権限の拘束や予防的効果と結び付いたものであるが、いずれも、その根拠とはなりえない。まず、契約の拘束力の原則と現実履行の一義性は、対の関係で結び付くものではない。契約の拘束力の原則から導くことができるのは、契約債務を尊重しない当事者に対してサンクションが課されることだけであり、サンクションとして何を命ずるかは、契約の拘束力とは無関係である。また、少なくとも民法上、契約違反に対するサンクションにヒエラルヒーは設定されていないから、現実履行の一義性に異議を唱えたとしても、契約の拘束力が侵害されるわけではない。次に、法政策的視点から見た場合にも、現実履行の一義性を導くことはできない。各人は自らの利益のために契約を締結しているのであるから、現実履行が最も有益な効果をもたらすとの主張が説かれることもあるが、こうした議論は、契約締結から履行までの時間的間隔を無視するものであるし、人間の非合理性を過小評価したものである。また、現実履行が当事者の予見に最も適合すると言われることもあるが、英米法の例からも明らかなように、現実履行のみが契約の交換的機能を実現しうるというわけではないし、不履行によって破壊された当事者間の信頼が現実履行によって回復されるとも思えない。そもそも、法と経済学の視点からは、現実履行の一義性を認めると、効率的契約違反や損害軽減義務といった観念を承認しえなくなるというデメリットも存在する。従って、現実履行の一義性を認めるべきではないのである。
　　　このように理解するならば、仮に契約不履行に基づく損害賠償を損害の賠償方式として捉えたとしても、本文で述べるような伝統的通説への危惧は妥当しないことになろう。上記のような理解の評価も含め、詳細は、履行請求と損害賠償請求との関係を扱う、第2部・第2章・第2節・第1款・第1項832頁以下を参照。
(525)　ここでは、契約不履行に基づく損害賠償を契約の履行方式として捉える近時の有力学説が、しばしば、契約の拘束力の原則に言及していることを想起すべきであろう（この点については、文献の所在も含め、序論14頁以下を参照）。
(526)　マリアンヌ・フォール・アバは、契約不履行に基づく損害賠償についても、契約の拘束力の枠内で捉えるべきことを、以下のように説いている（Faure-Abbad, supra note 20, n[o] 276, pp.238 et s.）。契約精神（L'esprit contractuel）の最上位には、契約の拘束力の原則が存在する。契約は何よりも履行されるために締結される。ここから、債務者が債務を履行しない場合には、契約において予定された契約目的を実現するために、債権者に対して、様々な救済が与えられるのである。しかし、契約不履行に基づく損害賠償が契約債務とは法的に別個の存在であるとすれ

188

第4に、契約不履行法の体系からの議論である[527]。債権者は、債務の履行がなされない場合であっても、それがなお可能であるときには、契約の現実履行を求めることができるはずである。既に触れたように、今日の一般的な理解は、契約の拘束力の原則から履行請求の一義性を導いているのであるから、このことは、当然の前提として承認されなければならない。しかし、伝統的通説が説くように、フォートないし損害発生により損害賠償債務が発生し、それと同時に契約債務が消滅するというのであれば、フォートないし損害発生後には、現実履行の対象である契約債務は存在しなくなるはずである。そうであるならば、フォートないし損害の発生による契約債務の消滅という命題を受け入れつつ、この場合にもなお現実履行が可能であることをどのように説明するのか。仮に一部の学説が比喩的な表現で示しているように、フォートないし損害発生後にも契約債務は消滅しないと理解するにしても、契約不履行に基づく損害賠償の債務と契約債務が法的に別個の存在であり、かつ、同じコースを持たないというのであれば、債権者が一方の債務の実現を選択した場合に他方の債務が消滅することをどのように説明するのか。近時の有力学説は、フォートによる契約債務の消滅、契約債務と損害賠償債務の法的異別性というテーゼを、契約不履行法の体系という視点から以上のように批判するのである。

　このように、20世紀末から21世紀初頭にかけての学説は、不履行を契機とする契約債務の不消滅、損害賠償債務の不発生、損害賠償債務の代替的履行手段性という古典的諸命題を再生しつつ、歴史的（第1点）、理論的（第2点）、思想的（第3点）、体系的（第4点）な視点から、これらを、伝統的通説の説く、フォートないし損害の発生による契約債務の消滅、損害賠償債務の発生、契約債務と損害賠償債務の法的異別性という諸命題と対決させ、古典的諸命題をより強固なものへと発展させたと見ることができる。もちろん、近時の有力学説は、上記のような抽象的議論に終始しているわけではない。以下では、本款における考察の終わりとして、近時の有力学説が、契約不履行に基づく損害賠償の性質に関わるものとして、どのような具体的問題を想定しているのかという点を検討していくことになるが、それに先立って、幾つかの問題を(2)における検討の対象から除外する旨とその理由を示しておこう。

　まず、近時の有力学説は、(1)で検討の対象とした学説と同じく、契約不履行に基づく損害賠償の代替的履行手段性を示す例として、契約から生じた債務に付着していた担保権が損害賠償をもカバーすることを挙げているが[528]、既に繰り返し指摘

　　ば、もはや、それをこうした展望の中に位置付けることはできない。かくして、契約精神を構成する最上位の要素は、賠償の論理の前に道を譲ることになってしまうのである。
(527)　Cf. Bellissent, supra note 20, n° 93, pp.61 et s.; Faure-Abbad, supra note 20, n°s 247 et s., pp.218 et s.; Rémy-Corlay, supra note 20, pp.24 et s.; etc. なお、この第4点についての詳細及びそれをめぐる議論については、文献の所在も含めて、第2部・第2章・第2節・第1款・第1項827頁以下を参照。
(528)　Rémy, supra note 20, La responsabilité contractuelle..., n° 3, p.326, note 12; Faure-Abbad, supra note 20, n° 265, pp.229 et s.; etc.

しているように、これは、当事者意思という視点からも正当化可能であり、必ずしも損害賠償の性質論に直結するものではない(529)。また、契約不履行に基づく損害賠償の範囲、履行請求と損害賠償請求との関係といった問題は、契約不履行に基づく損害賠償の性質論を前提としながら、それ自体、別の項目として論ずることが予定されている(530)。従って、上記の3点については、(2)の検討対象から除外する。そうすると、以下の叙述で取り上げるべき具体的問題としては、契約不履行に基づく損害賠償の消滅時効起算点、証明責任の2点が残されることになる。

　ところが、このうち、契約不履行に基づく損害賠償の消滅時効起算点の問題については、履行方式として契約不履行に基づく損害賠償を構想する学説においても、ほとんど議論がなされていない。僅かに、賠償方式として契約不履行に基づく損害賠償を捉える学説が、この問題を論ずる際に、対立する考え方から導かれる帰結として言及・紹介したものがある程度に過ぎない(531)(532)。すなわち、契約不履行に基づく損害賠償は契約の代替的な履行手段であるとの見方を前提とするならば、その消滅時効についても、本来的な契約債権と同一の規律に服さなければならないというわけである(533)。もちろん、近時の有力学説の考え方を基礎とするならば、このように理解すべきことになろう。しかし、これは、あくまでも、有力学説の諸命題を前提とした場合に導かれるであろう帰結を述べたものに過ぎず、これ以上の掘り下げた検討がなされているわけではないのである。従って、この問題について、これ以上の分析を行うことは無益である。かくして、以下で考察すべき問題は、契約不履行に基づく損害賠償の代替的履行手段性を強調する立場において、どのような証明責任分配ルールが用意されているのかという点に限定されることになるのである。

　19世紀の学説は、契約不履行に基づく損害賠償が問題となる場面における証明責任の所在について、その源を契約それ自体に求める立場を前提に、民法典1315条を根拠テクストとして、債権者は契約債権の存在を証明すれば十分であり、それが証明されたときには、今度は債務者が債務を履行したこと、もしくは、その支払いを免れるための事由としての外的原因を証明しなければならないと理解していた。債権者が債務の現実履行を求めてきた場合、それを免れようとする債務者は、弁済そ

---

(529) この点については、本項182頁以下においても指摘した。
(530) 損害賠償の範囲について、第2章・第2節・第1款・第2項329頁以下、履行請求と損害賠償請求の関係について、第2部・第2章・第2節・第1款・第1項830頁以下を参照。
(531) Jourdain, supra note 457, pp.571 et s. ; Borghetti, supra note 452, pp.1218 et s.
(532) 消滅時効起算点を扱ったものではないが、損害賠償債権の発生時期との関連で、Cf. Rémy, supra note 449.
(533) こうして、パトリス・ジュルダンは、瑕疵ある製品を購入した買主が行使した一般法の契約責任訴権(瑕疵担保訴権ではない)に関し、売買の時から消滅時効が起算されると判断したCass. com., 24 janv. 2006, supra note 457 について、契約不履行に基づく損害賠償を契約の履行方式と見ない限り正当化することができない判決であるとして批判する。Jourdain, supra note 457, p.573.

の他の事由によって債務が消滅していることを証明する必要があるところ、これと同じことが、契約債務の履行方式である契約不履行に基づく損害賠償にも、そのまま当てはまると把握していたのである(534)。

　一方で、20世紀末から21世紀初頭における有力学説の中には、この理解を基本的に承継し、より精緻化しようとする立場が存在する(535)。すなわち、契約不履行に基づく損害賠償は契約の代替的な履行手段であるから、その証明責任の分配についても、履行請求と同じく、民法典1315条の規律を受ける。同条によれば、債権者は、契約ないし契約債権の存在を証明し、債務者は債務消滅原因としての弁済ないし外的原因を証明しなければならないものとされているところ、これは、「原告は挙証の責任を負う（Actori incumbit probatio）」、「被告は抗弁の提出によって原告となる（Reus in excipiendo fit actor）」の法諺を採用したものにほかならない。従って、契約不履行に基づく損害賠償においても、基本的にはこのルールが適用される。

　更に言えば、契約債務の履行の証明を債務者に負担させるべきことは、衡平及び実際的な視点からも支持しうる(536)。まず、債務者は、自らの為したことを証明するのに最も適した立場にいる。次に、債権者が債務者に対して等価物による履行の支払いを求めたとき、債務者は「慣性の原理」が言うところの待機状態にあるわけではない。また、不履行の証明責任が債権者に属することの根拠として、「契約は履行されるのが通常である」と言われるが、これは履行請求にも妥当するはずであるし、むしろ、ここでは、債権者の請求に根拠がないのが通常であるのかどうかを問うべきであり、そうでない以上、履行の証明を債務者に課さなければならない。もちろん、このルールは絶対的なものではないから、事案の特殊性に応じて、推定等の法技術を用いることは裁判官の権限として認められるべきであるが、これはあくまでも例外的な事態であり、原則は民法典1315条に存するのである(537)。

　他方で、上記の見解とは異なり、契約不履行に基づく損害賠償を請求しようとする債権者は、債務の存在に加えて、その不履行をも証明しなければならないと説く見解も存在する(538)。確かに、民法典1315条は、「原告は挙証の責任を負う」、「被告は抗弁の提出によって原告となる」の法諺を採用したものである。しかし、このテクストから、直ちに「履行したこと」の証明責任を債務者の負担とすべきであるとの結論を導くことはできない。契約は履行されるのが通常であるから、不履行は例

---

(534) この点については、本章・第1節・第1款・第2項109頁以下も参照。
(535) Rémy, supra note 20, La responsabilité contractuelle..., n° 9, pp.330 et s. ; Bellissent, supra note 20, n°s 115 et s., pp.74 et s., et n°s 609 et s., pp.268 et s. ; Faure-Abbad, supra note 20, n°s 277 et s., pp.240 et s.
(536) Bellissent, supra note 20, n° 633, pp.281 et s.
(537) Bellissent, supra note 20, n° 651, pp.295 et s.
(538) Tallon, supra note 20, L'inexécution du contrat..., n°s 23 et s., pp.230 et s. ; Aubry, supra note 20, n°s 418 et s., pp.406 et s. esp., n°s 429 et s., pp.416 et s. 以下の叙述は、主として、エレーヌ・オーブリー（Hélène Aubry）のテーズに依拠している。

◆第1章◆ 性　質

外的な事実に属する。従って、契約の正確な履行は推定されるべきであり、契約債務の存在と不履行に関する事実の証明は、債権者の負担としなければならないのである。ここで、債権者が契約債務の存在とその不履行の証明を尽した場合、今度は、債務者が、債権者によってもたらされた証明が事実に適合していないこと、つまり、債務を正確に履行したこと、あるいは、不履行が自己の責めに帰すべからざることを証明することになる。民法典1315条2項が規定しているのは、このレベルでの弁済ないし債務の消滅なのである。

　以上の議論をどのように評価すべきか。まず、これら2つの見解には、民法典1315条の読み方という面から見れば大きな相違が存するものの、実体的な理解の出発点としては、共通性が見られるということに注意しておかなければならない。その意味は、以下の通りである。

　すなわち、後者の見解によれば、1315条2項に言う弁済が機能する場面は、一度不履行が証明された後のことであるから、このような前提を共有していない前者の見解における弁済が機能する場面とは、明らかに異なっている。ところで、後者の見解が、同項の弁済の中に一度不履行が証明された後の弁済を読み込んだのは、契約は履行されるのが通常であり、その結果、契約の履行は推定されるべきであると判断したからである。従って、仮に契約は履行されるのが通常であるとの認識が共有されないか[539]、あるいは、それが通常であるとしても、契約の履行を推定する程ではないと判断されるのであれば、債権者は債務の存在を証明すれば足りるというのが、本則であることになる（言うまでもなく、これは前者の見解である）。つまり、両者の見解を隔てているのは、証明のレベルにおける推定の有無であって、実体的な規範ではない。言い換えれば、上記2つの見解は、実体法のレベルでは、債務者が「履行したこと」の証明をすべきであるとの規範を共有しつつ、証明のレベルにおける考慮に基づいて、民法典1315条の読み方を異にしているに過ぎないのである。

　このように理解するならば、これら2つの見解と、賠償方式としての契約不履行に基づく損害賠償を前提とする議論との間における、実体的な出発点の相違も明確になろう。既に手段債務・結果債務の区別と帰責原理との関係を考察する場面で触れたように、フランスの伝統的通説は、手段債務・結果債務のいずれの領域においても、不履行＝フォートの客観的要素については、債権者が証明しなければならないと理解しているが[540]、このような見解が一般的に受け入れられているのは、不

---

　(539) 本文で触れたように、前者の見解は、まさにこの点を指摘しているのである。
　(540) 今日においては、一般的に、手段債務が問題となる場合、契約上のフォートは証明されなければならないが、結果債務が問題となる場合には、契約上のフォートは推定される等と説かれているが（表現の違いは存在するが、例えば、Carbonnier, supra note 52, n° 156, p.298 ; Malaurie, Aynès et Stoffel-Munck, supra note 35, n° 946, p.503 ; Terré, Simler et Lequette, supra note 55, n° 577, pp.582 et s., et n° 580, p.584 ; Malinvaud et Fenouillet, supra note 203, n° 596, p.471 ; Delebecque et Pansier, supra note 256, n° 489, p.294 ; Buffelan-Lanore, supra note 203, n^OS 839 et s., pp.337 et s. ; Jourdain, supra note 250, Droit à réparation, n° 51, p.15 ; etc.）、これ

履行、つまり、フォートが、契約不履行に基づく損害賠償の発生を基礎付ける事実とされているからにほかならない(541)。契約不履行に基づく損害賠償の発生を導く中心的な要件である不履行＝フォートの客観的要素については、それを請求する側が証明しなければならないと考えられているのである。従って、後者の見解と伝統的通説は、債権者が不履行の証明責任を負担すべきであるという同じ証明責任の分配ルールを共有しながらも、それを正当化する理由は、一方で、証明のレベル、他方で、実体法のレベルという形で、大きく異なっていると言うことができよう(542)。

第2款　契約不履行に基づく損害賠償と契約債権の関係

本節は、契約不履行に基づく損害賠償の理論枠組みという視点から、契約ないし契約から生じた債権と契約（債務）不履行に基づく損害賠償との関係という問題、より具体的なレベルとしては、契約（債務）不履行に基づく損害賠償の消滅時効起算点（及び契約（債務）不履行に基づく損害賠償が問題となる場面における証明責任の規律）という問題を検討するために、フランスにおける契約不履行に基づく損害賠償の性質

は、結果債務の領域において、不履行＝フォートの客観的要素が推定されることを示したものではない。結果債務が問題となる場合であっても、結果の不実現については、債権者が証明しなければならない（つまり、手段債務・結果債務いずれの領域においても、不履行については、債権者が証明しなければならない）と理解されているのである。そうすると、ここで言うフォートの推定の意味が問題となりうるが、これは、フォートについて、義務違反という客観的要素のほかに、帰責性という主観的要素を要求する立場を前提とした場合に、不履行＝フォートの客観的要素を証明すれば、その主観的要素の存在が推定されるということを意味している（従って、フォートの中身として客観的要素のみを要求する立場によれば、手段債務・結果債務のいずれの領域においても、不履行を証明すればフォートが認定されるから、フォートの推定、フォートの証明を語る必要も存しないことになる）。この点については、本章・第1節・第1款・第1項93頁以下を参照。

(541) ここでは、民法典1315条2項の言う、債務からの解放が問題となっているのではなく、同条1項の言う、損害賠償債務の存在を基礎付けることが問題となっているのである。

(542) 必ずしも、原理との関係が明確に提示されているわけではないが（証明のレベルでの考察が前面に押し出されているが）、注(508)で引用したロベール・ベネックスやポール・エスマンの見解は（Beineix, supra note 508, pp.663 et s. ; Esmain, supra note 508, n°s 7 et s., pp.642 et s.）、本文で述べた後者の見解とは反対に、証明のレベルでの考慮に基づき、為す債務の領域における「履行したこと」（これを、前提とする契約不履行に基づく損害賠償の理論枠組みに沿った形で表現すれば、不履行の不存在＝フォートの不存在ということになる）の証明責任を債務者に負担させたものとして理解することができる。

また、アンドレ・タンクは、賠償方式としての契約不履行に基づく損害賠償を基礎としながら（Cf. H. et L. Mazeaud et Tunc, supra note 29 ; André Tunc, La responsabilité civile, 2ème éd., Economica, Paris, 1989 ; Id., Force majeure et absence de faute en matière contractuelle, RTD civ., 1945, pp.235 et s. ; Cf. Id., Force majeure et absence de faute en matière délictuelle, RTD civ., 1946, pp.171 et s.）、この場面においても、民法典1315条2項が問題となるとし、同項は、「債務は履行されるのが通常である」との考慮と、証拠への距離を考慮して、不履行の存在を推定し、その証明責任を債務者に負わせたテクストであると理解している（Tunc, supra note 264, n°s 8 et s., p.3）。契約不履行に基づく損害賠償を損害の賠償方式として構想しつつ、1315条2項の言う弁済あるいは債務からの解放がどのような形で問題となりうるのかは明らかでないが、手段債務の領域においては、原則通り、債権者が不履行の証明責任を負うものとされているところからすれば（Ibid., n° 11, pp.3 et s.）、タンクは、先に引用したベネックスやエスマンの見解と同じく、結果債務の領域では、証明レベルでの考慮に基づき、不履行＝フォート不存在の証明責任を債務者に負わせていると理解することができるであろう。

◆第1章◆性　質

に関わる議論を総論的な角度から分析した。まずは、その成果をまとめておこう。

　フランスの伝統的通説は、「契約責任」と不法行為責任を同一の性質を有する2つの民事責任制度として、つまり、契約不履行に基づく損害賠償と不法行為に基づく損害賠償を、損害を惹起した者に対して当該損害の賠償を義務付けるための責任制度として位置付けている。このような前提に立つ場合、契約不履行に基づく損害賠償は、不法行為に基づく損害賠償と同じく、「責任を生じさせる行為ないし所為」、損害、因果関係という3つの要件を充足することによって初めて発生し、契約から生じた債権とは法的に別個の債権として観念されることになる。そうすると、損害賠償債権が発生した場合における、契約から生じた本来的債権の帰趨が問題となりうるが、一部の自覚的な学説は、損害賠償の成立要件が充足されたときには、契約から生じた債権は消滅し、これら2つの事象は、更改のメカニズムによって説明されうると理解していた。もっとも、同じく賠償方式としての契約不履行に基づく損害賠償の考え方を前提としながらも、フォートないし損害の発生による契約債権の消滅、更改による説明という2点に対しては、批判を提起する見解も存在したが、その場合であっても、契約不履行に基づく損害賠償が、契約債権とは法的に別個の存在で、要件を充足した時に初めて発生する債権であるという認識について、異論が示されることはなかったのである。

　これに対して、近時の有力学説は、契約不履行に基づく損害賠償を契約の等価物による履行方法として位置付け、その源を契約それ自体の中に求めている。このような理解によれば、伝統的通説のように、契約不履行に基づく損害賠償をフォートや損害の発生によって新たに発生する債権として構成することはできないし、これらの現象を契機として契約債権が消滅すると見ることもできない。債務者による契約の不履行が存在したとしても、契約から生じた当初の債権はそのまま存続し、ただ、この場合には、契約債権が契約不履行に基づく損害賠償という代替的な履行手段によって充足される可能性が開かれるだけなのである。従って、契約から生じた債権と契約不履行に基づく損害賠償は、伝統的通説が説くように、法的に別個の存在ではなく、契約の実現という同一の目的のために存在する、2つの手段にほかならないと言うことができよう。

　このようなフランス法の分析成果から、日本の契約（債務）不履行に基づく損害賠償の性質に関わる議論、より具体的なレベルの問題としては、契約（債務）不履行に基づく損害賠償の消滅時効起算点をめぐる議論（及び、契約（債務）不履行に基づく損害賠償が問題となるケースにおける証明責任の所在、とりわけ、履行が全く存在しないケースにおける不履行の証明責任の所在に関する議論）に対して、以下のような視点を提示することができよう。

◇第1項　賠償方式としての契約不履行に基づく損害賠償と契約債権の同一性？

　既に本節冒頭において示したように、日本の伝統的理解は、契約（債務）不履行に基づく損害賠償について、本来的債権の内容の変更または拡張であり、本来的債権と性質的に同一性を有すると理解してきた。学説においては、こうした性質についての理解を基礎として、契約（債務）不履行に基づく損害賠償請求権に関する消滅時効期間が本来的債権の性質によって定まること、損害賠償請求権の消滅時効は本来的債権の履行を請求しうる時から進行し、本来的債権が時効により消滅した場合にはもはや損害賠償を請求することはできないことを導いてきたのである。前款におけるフランス法の分析成果からは、上記の理解に対して、どのような視点を提示することができるか。

　なお、本章・第1節・第2款においては、契約（債務）不履行に基づく損害賠償を不履行によって生じた損害を賠償するための制度として捉えるモデル（賠償モデル）の中に、2つの下位モデル、すなわち、不法行為との原理的・性質的な共通性を強調する不法行為＝賠償モデルと、制度の理解に際して契約の特性を考慮する契約＝賠償モデルが存在することを指摘し、それぞれの論理構造とその問題を解明することを通じて、契約（債務）不履行に基づく損害賠償を契約ないし契約から生じた債権の履行方式として捉えるモデル（履行モデル）の有用性と優位性を主張したが、本款の検討においては、このような下位モデルを設定した形での分析は行われない。これは、本節の冒頭で示した通り、いずれの下位モデルに依拠する場合であっても、賠償の論理を前提とする限り、契約（債務）不履行に基づく損害賠償と本来的な契約債権との性質的な関係は同じような形で把握されることになると考えられるからである。以上のことを断った上で、日本における議論の分析を試みていくことにしよう。

(1) 賠償論理の下における同一性の理論的問題

　まず、契約（債務）不履行に基づく損害賠償を、不法行為に基づく損害賠償と同じく、有責な行為によって生じた損害を賠償するための制度として捉える基本構想を前提としつつ、契約（債務）不履行に基づく損害賠償の性質について、それを契約から生じた本来的債権と同一性を有する存在として捉えてきた日本の伝統的通説の命題に対し[543]、理論的な視点から検討を行ってみよう。この立場に対しては、以下のような理論的問題を指摘しておかなければならない。

　契約（債務）不履行に基づく損害賠償と不法行為に基づく損害賠償の原理的な同一性を承認するのであれば、フランスの学説のように、いずれの損害賠償も、有責な行為によって損害が惹起された場合に初めて発生する債権であり、本来的債権と

---

　(543) 於保・前掲注(7)123頁、我妻・前掲注(7)101頁、林（安永補訂）＝石田＝高木・前掲注(13)132頁〔林執筆部分〕、奥田・前掲注(13)149頁、平井・前掲注(13)74頁等。

◆第1章◆　性　質

は法的に別個の存在であると言わなければならないはずである。それにもかかわらず、両者の損害賠償の性質が異なるとの主張を行うとすれば、それは、前提としている契約（債務）不履行に基づく損害賠償の原理と矛盾した言明を説いていることにほかならないと見なければならないのである[544]。そもそも、日本法における債務不履行理論の学説史という視点から言えば、本来的債権と損害賠償請求権の同一性という命題は、2つの損害賠償制度を「損害賠償債権」という項目の下で統一的に論じ、2つの損害賠償が原理的に同一であることを強調していた、かつての支配的見解に端を発するものであった[545]。こうした前提を議論の出発点に据えながら、何故に2つの損害賠償制度においてその性質が異なるのかという点について何らの説明も施すことなく、ただ本来的債権と損害賠償請求権は同一性を持つと述べるだけでは、不履行に基づく損害賠償の理論枠組みとの論理的な矛盾を解消することはできないのである。

　あるいは、契約（債務）不履行に基づく損害賠償が問題となる場合には、不法行為に基づく損害賠償のケースとは異なり、契約関係が存在しているのであるから、こ

（544）この点については、既に有力な学説によって指摘されていたところである。例えば、前田達明は、「債務不履行に基づく損害賠償請求権は、民法415条の構成要件に該当する事実の発生によって当然に発生する法定債権である。したがって、本来の債権（それは殆ど契約によるであろう）とは別の債権であるというべきではなかろうか」との疑問を提起しているが（前田・前掲注(16) 132頁。また、同『口述債権総論（第3版）』（成文堂・1995年）221頁〔初版・1987年〕も参照）、これは、まさに本文で述べた理論的問題を指摘するものと言える。また、視点は異なるが、中松・前掲注(73)35頁以下も参照。

　更に、かつては、このような視点から、損害賠償請求権と本来的債権の同一性を否定する学説が存在していたことも指摘しておくべきであろう。例えば、岡村・前掲注(357)39頁（「本来ノ債権カ履行不能トナリタル為メ発生シタル損害賠償債権ノ如キハ前者ノ消滅ヲ原因トスルモノナレハ其消滅ノ結果発生シタル債権カ消滅シタル債権ト同一ナリト云フカ如キハ全ク矛盾セル不条理ノ観念ナリ」。遅延利息が問題とならないケースでは、「其目的タル給付ノ内容カ本来ノ債権ノ目的タル給付ノ内容トハ全ク別箇ニシテ給付ノ内容ハ即チ債権ノ要素ヲ為スモノナレハ互ニ要素ヲ異ニスル本来ノ債権ト之ニ代ル損害賠償ノ債権トカ同一ナリト云フハ全ク理由ナキ見解ナリト云ハサルヘカラス」）、岩田・前掲注(357)「新論」80頁以下（損害賠償請求権は本来的債権の内容の変更であるという説明では、不法行為に基づく損害賠償を説明しえない。従って、損害賠償は「原権から流出した独立の権利」として理解されなければならない。また、同・前掲注(357)「概論」96頁以下も同旨）、小池・前掲注(357)「日本債権法」81頁以下（履行不能の場合には、本来の債権が消滅し、損害賠償債権が発生するのであるから、両者を同一と見ることはできない。また、債権の同一性の有無を決定するためには、給付の内容によって判断しなければならないが、本来的債権の内容と損害賠償債権のそれは全く異なるものである。従って、損害賠償債権は、「本来の債権より流出した独立の権利」なのである。また、同・前掲注(357)「総論」81頁も同旨）。

（545）本来的債権と損害賠償請求権（損害賠償債権）の同一性を明確に述べているものとして、石坂・前掲注(357)108頁、鳩山・前掲注(2)68頁、神戸・前掲注(357)209頁以下・249頁、中島（玉）・前掲注(357)「釋義総論」520頁以下、沼・前掲注(357)「要論」89頁、富井・前掲注(2)197頁以下、同述『債権総論（大正3年度講義）』（信山社復刻版・1994年）77頁、中島（弘）・前掲注(357)「債権法論」466頁、同・前掲注(357)「総論」29頁、末弘・前掲注(357)68頁、近藤＝柚木・前掲注(357)151頁・174頁、勝本・前掲注(4)306頁以下・312頁以下、同・前掲注(357)160頁、近藤・前掲注(357)446頁、石田・前掲注(357)「総論」56頁、同・前掲注(357)「大要」33頁、同・前掲注(357)「講義」118頁、須賀・前掲注(357)99頁以下、浅井・前掲注(357)「総論」75頁以下、同・前掲注(357)「債権法」74頁、山中・前掲注(357)88頁、川島・前掲注(17)122頁、柚木・前掲注(357)137頁、宮川・前掲注(357)51頁等。

196

うした先存する契約関係を考慮に入れるべきであり、ここから、契約（債務）不履行に基づく損害賠償と本来的債権の同一性という命題は導かれているとの指摘がなされるのかもしれない。実際、学説の多くは、古くから、契約（債務）不履行に基づく損害賠償を、本来的債権の内容の変更ないし拡張と見て、両者の法的な同一性を導いてきたのであり、これは、契約関係の先存性を考慮したものと見ることも可能である[546]。しかし、第１款において行ったフランス法の分析を参考にすれば、このような理由付けに対しては、以下の問題を指摘することができる。

第１に、契約（債務）不履行に基づく損害賠償を、不法行為のモデルに基づいて、有責な行為によって生じた損害を賠償するための制度として捉える構想を採用することは、要件充足による損害賠償債権の発生と、契約から生じた債権と契約（債務）不履行に基づく損害賠償の法的異別性という命題を承認することを意味する。そもそも、賠償モデルは、契約（債務）不履行に基づく損害賠償を、不履行によって生じた損害の賠償を目的とする制度として把握しようとするものであるから、ここで問題となる損害賠償は、契約から発生した債権とその目的を大きく異にすると言わなければならないのである。従って、こうした目的の全く異なる２つの債権を、法的

---

[546] 例えば、石坂・前掲注(2)272頁以下・569頁（損害賠償債権は、不法行為のように、「原始的債権関係トシテ生スル場合」のほか、債務不履行のように、「既ニ存在セル債権関係ヨリ傳来的ニ生スル場合」がある。「債務不履行ニ基ク損害賠償債権ハ或ハ本来ノ債権ニ代リテ生スルコトアリ（履行不能ノ場合）或ハ本来ノ債権ト共ニ生スルコトアリ（履行遅滞ノ場合）」(272-273頁）。「給付不能ニ基ク損害賠償債権ハ本来ノ債権カ単ニ其物體ヲ變更シタルモノニ過キス本来ノ債権カ消滅シ新ナル債権カ生セルニ非ス」(569頁))、同・前掲注(357)108頁（「給付不能ニ基ク損害賠償債権ハ本来ノ債権カ單ニ其内容ヲ變更シタルニ過キサルモノニシテ同一ヲ失ハス」）、鳩山・前掲注(2)67頁以下（損害賠償「債権ハ始ヨリ損害ノ賠償ヲ目的トシテ成立スルコトアリ又他ノ目的ヲ有シタル債権カ其内容ヲ變シテ損害賠償ヲ目的トスルモノトナルコトアリ」）、三瀦・前掲注(357)213頁以下（「債務者ノ故意過失ノミニ因リテ新ニ生シタルニ非スシテ原債権ノ存在ヲ前提トシ之ニ加フルニ故意過失ヲ以テシタルニ過キスト見ルヲ得ヘキカ故ニ損害賠償請求権ハ原債権カ内容ヲ變シタルモノニシテ其延長ト解シテ可ナリ」）、中島（玉）・前掲注(357)「釋義總論」469頁（履行不能の場合、本来的債権は、「損害賠償ト變シ、其ノ本来ノ内容ヲ維持シテ存續スルコトヲ得」。また、同・前掲注(357)「總論」146頁も同旨）、沼・前掲注(357)「要論」88頁以下（「債務不履行ニ因ル損害賠償ノ債務ヲ目的セサルトキハ、更ニ損害賠償ノ請求権ヲ生スルモノニアラスシテ、唯最初ニ發生シタル損害賠償請求権ヵ、其範圍ヲ擴張シタルモノト解スヘキモノトス」。損害賠償債権は、本来的債権と「同一ノ債権ニシテ、唯本来ノ債権カ内容ヲ變シタルニ過キサルモノト解スル」）、同・前掲注(357)「總論」103頁以下（履行に代わる損害賠償は、「本来の債権の延長」であり、履行遅滞に基づく損害賠償は、「本来の給付の拡張」である。「本来の債権は単に其の目的を変更したのみにして存続する」のである）、富井・前掲注(2)197頁（損害賠償債権は、「當初ヨリ此内容ヲ有スル債権トシテ成立スルコトアリ」（不法行為）、「或ハ之ニ反シテ他ノ内容ヲ有スル債権カ或事故ノ發生ニ因リ損害賠償ノ権利ニ變スルコトアリ債務不履行ノ場合ハ即チ之ニ屬ス」）、同・前掲注(545)77頁（債務不履行に基づく損害賠償は、「其ノ基本タル債権カ形ヲ變ヘテ延長セルナリ」）。その他、この点を明確に述べるものとして、池田・前掲注(357)117頁以下、嘉山・前掲注(357)81頁・206頁、野村・前掲注(357)73頁、穂積・前掲注(357)25頁、近藤＝柚木・前掲注(357)174頁、近藤・前掲注(357)446頁、勝本・前掲注(2)291頁以下、中村・前掲注(357)386頁、石田・前掲注(357)「總論」56頁、同・前掲注(357)「大要」33頁、同・前掲注(357)「講義」118頁、林・前掲注(357)「判例」95頁、同・前掲注(357)「總論」140頁、同・前掲注(357)「民法」170頁、浅井・前掲注(357)「總論」75頁、同・前掲注(357)「債権法」74頁、柚木・前掲注(357)137頁、於保・前掲注(7)123頁・101頁、柚木＝高木補訂・前掲注(357)115頁、林（安永補訂）＝石田＝高木・前掲注(13)132頁〔林執筆部分〕、奥田・前掲注(13)149頁等。

◆第1章◆ 性　質

に同一の性質を持つ存在と見ることはできないと言うべきである[547]。

　第2に、仮に目的の異なる2つの存在に対して法的な同一性を付与することができるとしても、ここでは、本来的には別個の存在であるはずの2つの債権が、何故に契約関係が存在するという理由だけで同一の存在として同定されることになるのか、あるいは、何故に要件の充足によって契約債権が契約不履行に基づく損害賠償へと変更するのかを明らかにしなければならないはずである。フランスの一部の学説は、前者が後者へと変更する契機を法律に求めようとしたが、これは、理論的な説明を放棄するものにほかならなかった。これとの対比で見るならば、契約関係が存在するから、本来的に別個であるはずの2つの存在が同一化する、あるいは、契約債権が損害賠償へと変化するとの説明は、前提とする契約不履行に基づく損害賠償の理論枠組みと、契約債権と損害賠償の法的同一性という命題との間に存在する、上記のような理論的緊張関係を緩和するための、ある種の感覚的・比喩的な説明に過ぎないように思われるのである。

　第3に、同じく、仮に本来的債権と不履行に基づく損害賠償の性質的な同一性を承認しうるとしても、両者の関係をどのように把握するのかという問題が残されることになる。というのは、契約（債務）不履行に基づく損害賠償の請求権を本来的債権の内容の変更と捉える通説的理解を文字通り捉えて、その意味を、フランスの一部の学説のように、本来的債権が損害賠償へと移行する旨を説くものと理解するのであれば、損害賠償の関係へと移行した後には、もはや本来的債権はその実在を失うことになってしまうからである[548]。そして、これを回避するために、仮に本来的債権の内容の変更を受けた存在（つまり損害賠償）が本来的債権とは別に生成されると主張するのであれば、そこでは、これら2つの債権ないし請求権の間に法的な同一性を認めることは困難であるように思われるのである[549]。いずれにしても、伝統的通説の下では、同一性という損害賠償の性質のみに関心が集中しているため、本来的な債権の帰趨という問題が不明確なまま残されてしまっていると言えよう。

　かくして、少なくとも契約不履行に基づく損害賠償の理論枠組みという視点から

---

(547) ここでは、契約不履行に基づく損害賠償と不法行為に基づく損害賠償を、同一の性質を有する2つの責任制度として理解するフランスの伝統的通説、とりわけ、法定効果による目的の変更等の理由によって、契約債権と損害賠償債権を関連付けようとする学説でさえも、2つの債権が法的に同一性を有するとは理解していなかったことが想起されるべきであろう。

(548) 従って、契約（債務）不履行に基づく損害賠償の要件が充足されたときには、仮に本来的債権の履行が可能であったとしても、その履行を求めることはできないという帰結が導かれる。ニュアンスは異なるが、この問題を指摘するものとして、岩田・前掲注(357)「概論」96頁以下、同・前掲注(357)「新論」80頁以下、小池・前掲注(357)「日本債権法」81頁、同・前掲注(357)「総論」81頁（同一性命題に対して、損害賠償請求と履行請求が併存することを説明しえないと批判する）。なお、この点については、第2部・第2章・第2節・第1款・第1項819頁以下も参照。

(549) 履行請求と損害賠償請求の関係をめぐる議論を分析するに際しての叙述であるが、潮見・前掲注(9)363頁の指摘を参照（「両請求権が同一であるということは、請求権自体は単一であり、ある時期にその内容が本来の給付から塡補賠償に転換するという意味で連続性を認めたときにはじめて、説得力をもって説明できるものである」）。

見れば、賠償モデルを基礎とする伝統的通説の下において、契約債権と不履行に基づく損害賠償の法的同一性を導くことはできないと言うべきである。それにもかかわらず、日本の伝統的通説が２つの存在の同一性という命題を打ち立てたのは、どのような理由に基づくのか。契約（債務）不履行に基づく損害賠償における賠償理論との抵触を覚悟の上で、本来的債権と不履行に基づく損害賠償の同一性という命題が承認されてきたのは何故か。以下では、項目を改めて、これらの点を検討していくことにしよう。

(2) 賠償論理の下における同一性の実践的問題

(1)の末尾で定立した問いに対する答えは、同一性命題が機能するものとされてきた具体的場面とそれに対する学説の評価を検討することによって、明らかとなる。

明治末期から昭和初期にかけての学説は、契約（債務）不履行に基づく損害賠償と本来的な債権の同一性という命題を根拠として、契約（債務）不履行に基づく損害賠償の消滅時効期間が本来的債権の性質によって定まること、損害賠償請求権の消滅時効は本来的債権の履行を請求しうる時から進行し、本来的債権が時効によって消滅したときにはもはや損害賠償を請求しえないこと[550]、本来的債権に付けられていた担保は不履行に基づく損害賠償をもカバーすること[551]、本来的債権に付着していた抗弁権は損害賠償請求が問題となる場面でも主張しうること[552]を導いてきた。その後の学説は、こうした先行学説の理解を基本的に承継しつつ、これらに加えて、本来的債権が譲渡される前に発生した遅延損害金も、本来的債権と同一性を持つ以上、譲渡によって移転する旨を説くのが、一般的である[553]。判例も、ま

---

(550) 石坂・前掲注(2)569頁、同・前掲注(357)108頁、鳩山・前掲注(2)68頁、磯谷・前掲注(357)224頁、三潴・前掲注(357)214頁、神戸・前掲注(357)208頁、中島(玉)・前掲注(357)「釋義総論」521頁、烏賀陽・前掲注(357)138頁、沼・前掲注(357)「要論」89頁、同・前掲注(357)「総論」104頁、富井・前掲注(2)197頁以下、同・前掲注(545)77頁、池田・前掲注(357)118頁、嘉山・前掲注(357)81頁・206頁、吾孫子・前掲注(357)128頁、野村・前掲注(357)73・157頁、近藤＝柚木・前掲注(357)174頁、勝本・前掲注(2)292頁、同・前掲注(4)313頁、同・前掲注(357)160頁、中村・前掲注(357)386頁、石田・前掲注(357)「総論」56頁、同・前掲注(357)「大要」33頁、同・前掲注(357)「講義」118頁、林・前掲注(357)「判例」95頁、同・前掲注(357)「総論」140頁、同・前掲注(357)「民法」170頁、浅井・前掲注(357)「総論」75頁、同・前掲注(357)「債権法」74頁、柚木・前掲注(357)137頁以下等。

(551) 石坂・前掲注(2)569頁、同・前掲注(357)108頁、鳩山・前掲注(2)68頁、磯谷・前掲注(357)223頁以下、三潴・前掲注(357)214頁、神戸・前掲注(357)209頁、中島(玉)・前掲注(357)「釋義総論」521頁、沼・前掲注(357)「要論」89頁、同・前掲注(357)「総論」104頁、富井・前掲注(2)198頁、吾孫子・前掲注(357)128頁以下、池田・前掲注(357)118頁、嘉山・前掲注(357)81頁・206頁、野村・前掲注(357)73・157頁、近藤＝柚木・前掲注(357)174頁、勝本・前掲注(2)292頁、同・前掲注(4)313頁、同・前掲注(357)160頁、近藤・前掲注(357)447頁、石田・前掲注(357)「総論」56頁、同・前掲注(357)「大要」33頁、同・前掲注(357)「講義」118頁、須賀・前掲注(357)99頁、林・前掲注(357)「総論」140頁、浅井・前掲注(357)「総論」75頁、同・前掲注(357)「債権法」74頁・122頁、柚木・前掲注(357)137頁等。

(552) 三潴・前掲注(357)214頁、富井・前掲注(2)198頁、池田・前掲注(357)118頁等。

(553) 消滅時効、担保権存続等の問題も含め、我妻・前掲注(7)101頁（消滅時効、担保の存続、譲渡前に発生した遅延損害金の移転）、柚木＝高木補訂・前掲注(357)115頁（消滅時効、担保権の

◆第1章◆ 性　質

た、債務不履行に基づく損害賠償の消滅時効起算点について、本来的債権と不履行に基づく損害賠償との法的な同一性を理由に、上記の学説と同じ立場を示してきた(554)(555)(556)。

存続）、松坂・前掲注(357)88 頁（消滅時効、担保権の存続）、津曲・前掲注(357)99 頁（消滅時効）、林（安永補訂）＝石田＝高木・前掲注(13)132 頁〔林執筆部分〕（消滅時効、担保権の存続、譲渡前に発生した遅延損害金の移転）、鈴木禄弥『債権法講義（4 訂版）』（創文社・2001 年）154 頁〔初版・1980 年〕（消滅時効、担保権の存続、譲渡前に発生した遅延損害金の移転）、平井・前掲注(13)74 頁（消滅時効、担保権の存続、譲渡前に発生した遅延損害金の移転）、北川善太郎『民法講要Ⅲ債権総論（第3版）』（有斐閣・2004 年）154 頁以下〔初版・1993 年〕（消滅時効、担保権の存続）、加藤・前掲注(184)106 頁以下（消滅時効、担保権の存続、譲渡前に発生した遅延損害金の移転）等を参照。

(554) 大判大正 8 年 10 月 29 日民録 25 輯 1854 頁。事案の概要は、以下の通りである。明治 38 年 11 月 11 日、X は、Y に対して、何時でも目的物の返還を求めることができるという約定である物品を賃貸した。ところが、その後、大正 6 年になって、Y は、当該物品を第三者 A に売却し、目的物返還債務を履行不能にしてしまった。そこで、X は、大正 7 年 3 月以降、Y に対して当該物品の返還を求め、同年 8 月 16 日には、目的物返還債務の履行不能を理由とする損害賠償の支払いを求めて訴訟を提起した。これに対して、Y は、損害賠償請求権は Y が当該物件を賃借した明治 38 年 11 月 11 日に発生するのであるから、X が本訴を提起した時には、既に時効によって消滅していたとの抗弁を提出した。原審は、X の損害賠償債権が発生したのは目的物返還債務が履行不能となった時であるとして、Y による消滅時効の抗弁を退け、X の請求を認容した。本判決は、この原審に対する Y の上告について判断したものである。大審院は、「契約ノ不履行ニ基ク損害賠償請求権ハ其契約ニ因リテ生シタル本来ノ債権ト同一ノ権利ニシテ単ニ其目的ヲ変更シタルモノニ過キサレハ本来ノ債権カ時効ニ因リテ消滅シタルニ拘ハラス獨リ契約ノ不履行ニ基ク損害賠償請求権ノ存在スル理ナキコト洵ニ明白ナリ」と判示して、原審を破棄した。本件賃貸借契約は、明治 38 年 11 月 11 日に成立し、その時点から、Y は目的物の返還を求めることができるのであるから、当該目的物が履行不能となった大正 6 年当時において、X の有する目的物返還請求権は既に時効によって消滅しており、目的物返還債権と同一性を有する損害賠償請求権も発生する余地がないというわけである。

最判昭和 35 年 11 月 1 日民集 14 巻 13 号 2781 頁。事案の概要は、以下の通りである。昭和 23 年 7 月中旬、X は、自己の所有する 25 馬力のディーゼル 1 基が故障したので、Y との間で、3 ヶ月以内に修理を行うこと、修理が行われた後に工費を支払うことを内容とする契約を締結し、当該機器を Y に引き渡した。昭和 24 年 8 月中旬、X は、度重なる催告にもかかわらず Y が修理を行わなかったので、Y に対して本件契約を解除する旨の意思表示を行った。ところが、その間に、Y は、当該機器を紛失してしまっていた。そこで、X は、昭和 30 年 2 月 12 日、目的物返還義務が履行不能となったことを理由に、Y に対して損害賠償を請求した。つまり、この事案では、解除を理由とする原状回復義務の履行不能に基づく損害賠償が問題となっているのである。原審は、以下のように述べて、Y による消滅時効の抗弁を容れ、X の請求を棄却した。「およそ債務の履行不能による填補賠償義務は履行不能の事実により新たに発生するものではなくして本来の債務が内容を変形しただけでなお同一性を保って存続しているに外ならないから、右賠償義務の消滅時効は本来の債務の履行を請求し得るときから進行を始めるものと解するのが相当である。そして契約解除による原状回復義務については右解除のときからその履行を請求し得べきものであるから、右原状回復債務を本来の債務とするところの不履行による填補賠償義務にあっては、解除のときから消滅時効進行の起算点とせねばならない。されば本件損害賠償債務の消滅時効の進行の起算点は前認定のとおり本件請負契約解除のときである昭和 24 年 8 月頃である。しかして本件請負契約が商事債務であることは X および Y がともに冒頭認定のとおりの商人であることから明かであって、従ってその解除による原状回復債務もまた商事債務と解するを相当とし、右原状回復債務と同一性を失わない本件損害賠償債務もまた商事債務と認めるべきである。されば本件損害賠償債務の消滅時効は昭和 24 年 8 月頃から満 5 ヶ年を経過した昭和 29 年 8 月頃までに完成したものといわねばならない」。本判決は、この原審に対する X の上告について判断したものである。最高裁は、以下のように判示して、X による上告を棄却した。「商事契約の解除による原状回復（本件では特定物の返還義務）は商事債務であり、その履行不能による損害賠償義務も同様商事債務と解すべきである。そして、右損害賠償義務は本来の債務の物体が変更したに止まり、その債務の同一性に変りはないのであるから、商事取引関係の迅速な解決のため短期消滅時効を

200

定めた立法の趣旨からみて、右債務の消滅時効は本来の債務の履行を請求し得るときから進行を始めるものと解すべきである」。なお、本判決の解説・評釈として、北村良一「最判昭和35年11月1日・判解」『最高裁判所判例解説民事篇 昭和35年度』（法曹会・1966年）401頁以下、山中康雄「最判昭和35年11月1日・判批」民商44巻6号（1961年）43頁以下、戸Reminder登「最判昭和35年11月1日・判批」鴻常夫＝中尾昭夫編『商法（総則・商行為）判例百選』（有斐閣・1975年）134頁以下、村田彰「最判昭和35年11月1日・判批」浦川道太郎＝岡孝編『基本判例3 債権総論・各論』（法学書院・2000年）10頁がある。

　最判平成10年4月24日判時1661号66頁。事案の概要は、以下の通りである。昭和39年3月12日、Xは、Yの先代Aとの間で、A所有の農地を購入する契約を締結し、代金全額を支払うとともに、条件付所有権移転仮登記を経由した。昭和51年9月頃、Aは本件土地を農地から転用する手続きを行ったが、実現しなかった。その後、Aが死亡し、YがAを相続した。昭和63年6月、Yは、Xを相手取って、所有権移転許可申請協力請求権が時効消滅したことを理由に、本件仮登記の抹消登記手続きを求める訴えを提起し、Y勝訴の判決が言い渡されて確定した。Yは、この確定判決に基づき、本件仮登記を抹消し、昭和63年12月9日、本件農地を訴外Bに売却し、所有権移転登記を行った。そこで、Xは、Yに対して、本件契約の履行不能を理由とする損害賠償請求訴訟を提起した。これに対して、Yは、平成5年1月25日頃、本件契約に基づく所有権移転許可申請協力請求権の消滅時効を援用した。原審は、本件契約に基づく所有権移転許可申請義務を含む所有権移転義務は、Yが本件土地をBに売却し移転登記を経由したことにより履行不能となっているから、その後になされた所有権移転許可申請協力請求権の消滅時効の援用は、履行不能に基づく損害賠償請求権の帰趨を左右しないとして、Yの抗弁を排斥した。これに対して、Yが上告。最高裁は、上記2判決を引用しつつ、「契約に基づく債務について不履行があったことによる損害賠償請求権は、本来の履行請求権の拡張ないし内容の変更であって、本来の履行請求権と法的同一性を有すると見ることができるから、債務者の責めに帰すべき債務の履行不能によって生ずる損害賠償請求権の消滅時効は、本来の債務の履行を請求し得る時からその進行を開始するものと解するのが相当である」ところ、「Yが本件土地をBに売却してその旨の所有権移転登記を経由したことにより、本件契約に基づくYの売主としての義務は、Yの責めに帰すべき事由に基づく履行不能となったのであるが、これにより生じた損害賠償請求権の消滅時効は、所有権移転許可申請義務の履行を請求し得る時、すなわち、本件契約締結時からその進行を開始するのであり、また、Yが平成5年1月25日ころにした消滅時効の援用は、本来の履行請求権とこれに代わる損害賠償請求権との法的同一性にかんがみれば、右請求権についての消滅時効を援用する趣旨のものとして解し得るのである。そうすると、右損害賠償請求権は、特別の事情がなければ、Yの右時効の援用によって消滅することとなるはずのものである」と述べて、原審を破棄した。なお、本判決の評釈として、佐々木典子「最判平成10年4月24日・判批」民商120巻6号（1999年）183頁以下、高橋眞「最判平成10年4月24日・判批」判評485号（1999年）23頁以下、飯塚和之「最判平成10年4月24日・判批」NBL686号（2000年）70頁以下、難波譲治「最判平成10年4月24日・判批」リマ20号（2000年）18頁以下、内田勝一＝藤田恭宏「最判平成10年4月24日・判批」ジュリ1173号（2000年）131頁以下、長谷川恭弘「最判平成10年4月24日・判批」平成11年度主判解（判タ1036号）（2000年）36頁以下がある。

(555) 注(554)で引用した、最判昭和35年11月1日民集14巻13号2781頁では、2つの領域における先例が前提とされている。

　1つは、解除に基づく原状回復義務の消滅時効起算点に関する判例である。すなわち、同判決は、大判大正7年4月13日民録24輯669頁の「契約ノ解除ニ因ル原状回復ノ請求権ハ契約ノ解除ニ因リテ新ニ発生スル請求権ナルヲ以テ其時効ハ契約解除ノ時ヨリ進行スヘキ」との判断を前提とした上で、原状回復債務の履行不能を理由とする損害賠償請求権の消滅時効が、原状回復債権を行使しうる時、つまり、解除時から進行することを示しているのである。

　もう1つは、債務不履行に基づく損害賠償の消滅時効期間と本来的債権の性質についての判例である。本判決においては、「商事契約の解除による原状回復は商事債務であり、その履行不能による損害賠償義務も同様商事債務と解すべき」との理解が示されているが、これは、大判明治41年1月21日民録14輯13頁が、「債務者カ債務ヲ履行セサルニ因リ債権者ノ有スル損害賠償ノ請求権ハ債権ノ効力ニ外ナラスシテ唯本来ノ債権カ其形ヲ変シタルニ止リ別個ノ債権ヲ成スモノニ非サレハ本来ノ債権ニシテ商行為ニ因リ生シタルモノナルニ於テハ損害賠償ノ請求権モ亦然ラサルヲ得ス」と判断したことを受けたものである（なお、この局面でも、本来的債権と損害賠償債権の同一性が根拠とされていることは、学説の場合と同じである）。

(556) 注(554)で引用した、最判昭和35年11月1日民集14巻13号2781頁に先立つ最上級審判決として、大判昭和18年6月15日法学13巻265頁がある。事案の詳細は不明であるが、「債務の

◆第1章◆ 性　質

　多くの学説は、これらの解決を所与のものとして受け止め、その理由として、不履行に基づく損害賠償と本来的債権が同一性を有することを挙げているが、かつての学説の中には、これとは対照的に、これらの解決を出発点として、2つの債権の同一性を基礎付けようとするものも存在した。すなわち、本来的債権と不履行に基づく損害賠償の消滅時効を同一の規律に服せしめ、本来的債権に付せられていた担保権の効力を損害賠償請求権にも及ぼすことが、損害賠償の目的に合致し、当事者の意思にも適合するから、これらを認めることによって、実際上の不都合を回避することができる。そうである以上、これらの解決を基礎付けるために、不履行に基づく損害賠償と本来的債権の同一性を承認しなければならないのである(557)。そしてまた、このような価値判断は、とりわけ、損害賠償請求権の消滅時効起算点の局面では、今日においてもしばしば指摘されているところである(558)。従って、伝統的通説が説く同一性命題の背後には、そのように理解しなければ実際上不都合な結果が導かれてしまう、消滅時効の問題に即して言えば、その起算点を、賠償モデルから論理的に導かれる帰結である不履行時（あるいは損害発生時）ではなく、本来的債権の履行請求可能時に求めるべきとの価値判断が存在すると言うことができるので

　　　不履行に基因して発生すべき損害賠償債務は本来の債権の給付の物体を変更せるに止り其債務の同一性に消長を来すものに非ず、従て右債務の消滅時効は本来の債務の履行を請求し得る時より進行を始むるものとす」と判断したものである。そうすると、昭和35年11月1日判決は、この判決を踏襲したものということになる。
(557) 鳩山・前掲注(2)68頁・注(4)（「同一ノ債権ト解シ、担保権ノ存続ヲ認ムルコトガ賠償請求権ノ目的ニ適シ又法律行為ヨリ生ジタル債権ニ付テハ当事者ノ意思ニ適スルモノト考フ」）、三潴・前掲注(357)213頁以下（「一般観念上ヨリ見ルモ此見解ハ当事者ノ意思ニ適スヘシ」）、神戸・前掲注(357)209頁（同一性を認めなければ不都合な結果が生ずるとして、保証債務存続の例を挙げる）、中島（玉）・前掲注(357)「釋義總論」521頁（同一性を認めることによって不都合を回避することができる）、富井・前掲注(2)198頁（これらの解決は、「賠償債権ノ目的ニ適合シ且普通ノ場合ニ於テ当事者ノ意思トモ一致スル所ナリ」）、吾孫子・前掲注(357)129頁（これらの解決は当事者意思に適合する）、近藤＝柚木・前掲注(357)174頁（「実際上の結果―即ち時効の起算点、担保の存続等―に於て優り、尚法律行為による債務に付ては、よりよく当事者の意思にも合致する」）等。また、末弘・前掲注(357)68頁（損害賠償債権と本来的債権の同一性を認めるべきかどうかという問題は、抵当権・保証等の担保権を存続せしめるかどうかの問題であるところ、民法には、346条、374条、447条が存在するのであるから、これを肯定すべきである）。
(558) 例えば、内池慶四郎「民事法上の各種の債権ないし請求権の消滅時効期間を述べ、それらがどういう根拠によって定められているのかを吟味し、現代における妥当性を検討せよ」奥田昌道ほか編『民法学1〈総論の重要問題〉』（有斐閣・1975年）324頁（本来の債務の不能は債権者の権利行使を別段妨げるものではないから、履行請求権と損害賠償請求権につき、権利不行使の態度は、両権利を通じて一貫して評価すべきものであり、特に損害発生時から新時効を起算すべき理由がない。また、債務不履行時を起算点とするならば、時効期間経過前に債務不履行となった場合等では、権利関係の不安定な期間が長くなり過ぎる。なお、この内池論文は、最判平成10年4月24日判時1661号66頁の枠付きコメントでも引用されている）、佐々木・前掲注(554)189頁（最判平成10年4月24日判時1661号66頁について、同一性理論からの基礎付けには疑問が残るが、履行不能の発生時期如何にかかわらず、統一的に判断することができ、かつ、いずれの請求権の消滅時効をも援用しうると解することができる点で、簡明な事案の解決には資すると評価）、飯塚・前掲注(554)75頁（伝統的通説の解決は、「人々の意識のうえでも妥当なものと受け入れられているという近代法の理解のうえにたって形成されたもので」ある）、内田＝藤田・前掲注(554)134頁（同一性命題は、無内容なトートロジーなどではなく、法律関係の安定という価値判断に裏付けられたものである）等。

ある。

　しかし、このような価値判断から説き起こして、前提とする契約（債務）不履行に基づく損害賠償の原理、つまり、賠償モデルと相容れない命題を打ち立てる手法に対しては、以下の諸点を指摘しておかなければならない。

　第1に、価値判断に支えられた同一性命題が機能する領域の問題である。同一性命題を批判する学説が指摘してきたように、本来的債権に付着していた担保権が損害賠償請求権をもカバーすること、譲渡前に発生した遅延損害金が本来的債権の譲渡によって移転することは、当事者意思等の別の理由付けによっても正当化可能であるから、これらの解決を基礎付けるために、原理的な不整合を犯してまで同一性命題を介在させる必要はない[559]。これを別の角度から言えば、フランス法の検討の際に繰り返し言及したように、これらの問題と契約（債務）不履行に基づく損害賠償の性質論は、理論的に直結するものではないということである。

　より重要な点として、第2に、上記のような意味を持つ学説上の同一性と判例における同一性との間に存在する、同一性という命題に込められた意味の相違である。仮に問題を損害賠償請求権の消滅時効起算点に限定し、かつ、上記のような価値判断が適切であるとした上で、その受け皿として同一性命題を構想するとしても[560]、こうした消滅時効レベルでの価値判断は[561]、契約（債務）不履行に基づく損害賠償

---

[559] 例えば、岡村・前掲注(357)39頁以下、小池・前掲注(357)「日本債権法」81頁以下、同・前掲注(357)「総論」81頁、前田・前掲注(16)133頁等。

[560] 本文のような解釈の下においては、損害賠償請求権の消滅時効という場面においてのみ妥当する価値判断が、不履行に基づく損害賠償と本来的債権の同一性という一般的な法命題にまで昇華させられていることになる。こうした方法論に対しては、法解釈の基礎をなす価値判断を覆い隠す中間命題それ自体の当否が問題とされうるが（損害賠償と本来的債権の同一性に関わるコンテクストで言えば、例えば、林良平『注解判例民法・債権法Ⅰ』（青林書院・1987年）79頁〔林執筆部分〕の「比喩的表現は別として、具体的に個々の場合の取扱いを説明すれば足りる」との叙述は、この趣旨を言うものとして評価することが可能である）、ここでは、それとは別に、損害賠償請求権の消滅時効という特定の問題を解決するために同一性命題が用いられた結果、契約（債務）不履行に基づく損害賠償に関する基本原理との全面的・一般的な不整合を生ぜしめていることを再度指摘しておくべきであろう。

[561] もちろん、損害賠償請求権の消滅時効と本来的債権のそれは同一の規律に服すべきであるとの価値判断を否定することも可能である（あるいは、今日の民法（債権関係）改正をめぐる議論においては、このような見解こそが有力であると言えるかもしれない。この点については、第2部・第2章・第1節・第2款・第1項801頁以下を参照）。例えば、岡村・前掲注(357)39頁（時効の起算点についていえば、「損害賠償ノ債権自体ハ本来ノ債権ト同一ナラサルカ故ニ損害賠償債権ノ時効ハ其債権発生ノ時ヨリ進行スルモノニシテ本来ノ債権ノ時効ニ従フヘキモノニ非ス。而シテ斯ノ如ク解スルトキハ実際ノ結果ニ於テモ穏当ナリ」）、小池・前掲注(357)「日本債権法」81頁以下（損害賠償債権と本来的債権の消滅時効起算点を同一にすることは、当事者意思に適するものではないし、実際にも妥当な結論をもたらさない。また、同・前掲注(357)「総論」81頁も同旨）、森島昭夫＝平井宜雄「166条」川島武宜編『注釈民法(5) 総則(5) 期間・時効§§138〜174の2』（有斐閣・1974年）288頁〔平井執筆部分〕（「債務不履行の救済としての損害賠償請求権の重要な機能を考えるならば、本来の履行請求権が時効消滅してしまった後にも、その存在を認むべき根拠があるのであり、かつ、債務不履行がなければ損害賠償請求権はそもそも生じえないのだから、債務不履行の時から時効が進行すると解したほうが、「権利を行使することを得る」を起算点とする本条の原則とより整合的であるように思われる」）、金山直樹「時効期間と起算点をめぐる判例の展開——民法典100年の歩み」同『時効における理論と解釈』（有斐閣・2009年）97頁

◆第1章◆性　質

だけでなく、その他の債務不履行に対する救済、例えば、解除権や解除に基づく原状回復債権にも及ばなければならないはずである。実際、日本の一般的な理解によれば、解除も、損害賠償と同じく、債務不履行責任の1つであるから、本来的債権の消滅時効とは別に解除権の消滅時効を観念する余地はないし、本来的債務が消滅したときには、その不履行に基づく損害賠償が請求しえない以上、解除に基づく原状回復も請求しえないと理解すべきであるから、本来的債権の消滅時効とは別に原状回復請求権の消滅時効を観念すべきではないとされてきた[562]。ところが、判例は、このような理解を示してこなかった。判例は、古くから、本来的債権の消滅時効とは別に、債務不履行時を起算点とする解除権自体の消滅時効を観念し[563]、かつ、解除によって発生する原状回復債権についても、解除時を起算点とする消滅時効を認めてきたのである[564]。

こうした伝統的理解と判例の対立構図からは、両者において、不履行に基づく損害賠償と本来的債権の同一性という命題に仮託されてきた意味が異なっていることが分かる。すなわち、学説の多くは、前提とする損害賠償の理論モデルから導かれる帰結を回避し、実質的に妥当であると考えた解決を導くための概念枠組みとして、2つの債権の同一性を用いようとしているのに対して、判例は、損害賠償債権の性質ないし属性それ自体として、本来的債権との同一性を語っているように見えるのである。というのは、契約（債務）不履行に基づく損害賠償についてのみ本来的債権

〔初出・1998年〕等。また、近藤英吉『註釈日本民法 総則編』（厳松堂書店・1932年）597頁も参照。このような理解によれば、不履行に基づく損害賠償の消滅時効起算点という問題を解決するために構想された同一性命題は、完全に意味を失うことになろう。

(562) 我妻・前掲注(90)207頁以下、石田穰『民法V契約法』（青林書院新社・1982年）102頁以下、三宅・前掲注(91)302頁以下（ただし、解除に基づく原状回復義務を契約債務の変形と見る立場からの議論である）、星野・前掲注(90)95頁以下等。

(563) 大判大正6年11月14日民録23輯1965頁。株式の仲買契約において、依頼主Xが、受任者Yの受任事務履行債務の不履行を理由として、契約の解除を主張したという事案である。原審は、両者間における最終の売買委託は明治42年5月22日になされているところ、そこから5年が経過した場合、Xはもはや債務の履行を求めることができないのであるから、債務不履行を理由とする契約解除を行うこともできないとして、大正5年6月12日になされたXによる解除の意思表示は効力を持たないと判断した。これに対して、Xは、不履行の事実を知らなかったのに時効を起算させたことに法令解釈の誤りがある等として上告した（なお、上告理由は複数にわたるが、本節の問題関心に関わる部分だけを挙げている）。大審院は、以下のように判示して、Xの上告を棄却した。「消滅時効ハ権利ヲ行使スルコトヲ得ル時ヨリ進行スルヲ以テ通則トシ」、特別の規定がない限り、「権利者ニ於テ権利発生ノ事実ヲ覚知スルノ要ナク時効ノ適用ニ付テハ債権ト同視スヘキ解除権ニ在リテモ相手方ノ債務不履行ニ因リテ解除権発生シ解除権者カ之ヲ行使シ得ル以上ハ相手方ノ債務不履行ノ事実ヲ覚知スルト否トヲ問ハス時効ハ進行ヲ始ムルモノ」である。つまり、大審院は、解除権を行使することができるのは債務不履行の時からであり、そうである以上、解除権の消滅時効もこの時点から進行すると理解しているのである（もっとも、ここで直接の問題となっていたのは、債権者が債務不履行の事実を覚知しえなかったことを、「権利を行使することができる時」との関連でどのように評価するのかという点であり、解除権それ自体の消滅時効起算点ではない点に留意が必要である）。

(564) 大判大正7年4月13日民録24輯669頁。堤防に定着した樹木・石垣を購入した買主が、履行期から10年近く経過した後に契約を解除し、更にそこから数年後に支払った売買代金の返還を求めたという事案である。大審院は、「契約ノ解除ニ因ル原状回復ノ請求権ハ契約ノ解除ニ因リテ新ニ発生スル請求権ナルヲ以テ其時効ハ契約解除ノ時ヨリ進行スヘキモノトス」と判示した。

との関わりを認め、解除に基づく原状回復債務については本来的債権との関係を否定するという態度は、価値判断のレベルで、両者における消滅時効の規律を異にするための根拠が提示されていない以上(565)、これら２つの債権を性質の異なるものとして把握しているということを意味するからである。言い換えれば、判例上、契約（債務）不履行に基づく損害賠償は本来的債権と同じ性質を持ち、解除に基づく原状回復はそれとは異なる性質を持つと理解されているのである。

このことは、債務不履行に基づく損害賠償の領域における証明責任分配ルール及びその基礎付けという点からも明らかとなる。判例は、履行が全く存在しないケースに関しては、債権者が「履行しなかったこと」を証明するのではなく、債務者が「履行したこと」を証明しなければならないとしているが、その際、不履行に基づく損害賠償と本来的債権の同一性を根拠として挙げていた(566)。また、帰責事由について、その不存在を債務者が証明しなければならないとの解決を基礎付けるに際しても、判例は、不履行に基づく損害賠償と本来的債権の同一性命題をその決定的な根拠として援用している(567)(568)。これに対して、学説の多くは、帰責事由の不存在

---

(565) 誤解のないように付言しておけば、本文の叙述は、契約（債務）不履行に基づく損害賠償債務と解除に基づく原状回復義務の消滅時効に関する規律を同一に扱うべき旨を主張するものではない。

(566) 大判大正８年７月22日民録25輯1344頁。事案の概要は、以下の通りである。Yは、X所有の土地甲上に地上権を設定し、家屋を所有していた。XとYとの間には、Yが当該家屋を売却する必要がある場合、必ずXの承諾を得なければならず、もしXが相当の代価をもって当該家屋の買取りを申し出た場合には、Yはこれを拒絶することができないとの特約が存在していた。ところが、Yは、この特約を無視して、当該家屋をXに無断で訴外Aに売却してしまった。そこで、Xは、この特約違反を理由として、Yに対し、債務不履行に基づく損害賠償の支払いを請求した。原審は、「XハYニ於テ右特約ニ背キXニ無断係争家屋ヲ訴外Aニ売渡シタル旨主張スレトモ右主張事実中Yカ係争家屋ヲ訴外Aニ売却シタル事実ノミニヨリテハ未タYニ於テ其売買ニ付キXノ承諾ヲ得サリシコトヲ推定スル能ハサルヲ以テXハ須ラク之カ立証ヲ為ササルヘカラス蓋シ本訴ハYノ右特約不履行ヲ以テ其請求原因トセルモノナルカ故ニYニ於テ之ヲ争フ以上ハ其請求原因タル事実ノ積極的タルト消極的タルトヲ問ハス総テXニ之カ立証ノ責アルコト民事訴訟上ニ於ケル挙証責任ノ原則ニ照シ明ナルヲ以テナリ」と判示して、Xの請求を棄却した。これに対して、Xが上告した。大審院は、「本件ノ如ク契約ノ不履行ニ基ク損害賠償請求権ナルモノハ不履行ノ事実ニ因リ新ニ発生スルモノニアラス既ニ契約ニ因リテ生シタル本来ノ債権ト同一ノ権利ニシテ単ニ其目的ヲ変更シタルニ過キサルモノト解スルヲ相当トス即チ本件損害賠償請求権ナルモノハ不履行ノ事実存スルカ為メ直接ニ法律ノ規定ニ依リ新ニ生スルモノニアラスシテ当事者間ノ特約ニ因リテ発生シタル権利ナリトス」。本件においては、損害賠償請求権発生の原因たる特約の事実が債権者によって証明されている以上、債権者は、「之ヲ以テ一應自己ノ義務タル立証ヲ為シタルモノト謂フヘキ前示ノ義務不履行ノ事実ノ如キハXニ於テ立証スヘキ事項ニアラス何トナレハYハ本件特約ニ基ク作為義務不履行ノ事実ヲ争フト雖モ既ニ其特約ニ基ク義務ノ発生シタルコト確定シタル以上ハ消滅ノ事実ノ立証アルマテハ其義務ノ尚ホ依然トシテ存続スルコト明カナルヘク未タ其消滅ノ原因タル義務履行アラサルモノト推測スヘキモノナレハナリ」と判示し、原審がXに不履行の事実の証明責任を課したことを違法と判断したが、原審においては特約の不履行が存在しない旨が認定されているとして、結局、Xの上告を棄却した。

(567) 大判大正14年２月27日民集４巻97頁。事案の概要は、以下の通りである。Xは、Y所有の土地甲上に存在する立木・根伐木を購入し、Yが製材した上で、代金の支払いと引き換えに木材の引渡しを受ける旨の契約を締結した。ところが、その後、木材を搬出する前に、Yの管理する隣接地乙で失火が発生し、それが甲に延焼して、本件契約の目的物の大部分が滅失してしまった。そこで、Xは、Yに対して、損害賠償の支払いを求める訴訟を提起した。原審は、目的物が履行不能となった事実を認定したが、これはYの責めに帰すべき事由によって発生したものと

◆第1章◆ 性　質

が債務者側の証明責任に属することを認めながらも(569)、その理由付けとして、損害賠償と本来的債権の同一性を援用することはなかったし(570)(571)(572)、また、債務

は言えないとして、Xの請求を棄却した。これに対して、Xは、債権者において履行不能の事実を証明したときには、債務者においてそれが自己の責めに帰すべからざる事由によって発生したことを証明しなければならない等と主張して上告した。大審院は、債務者の責めに帰すべき事由についての立証責任が、その不存在に関して債務者の負担に属するとした上で、その理由を以下のように述べている。「給付ノ不能ニ基ク損害賠償ノ請求権ハ給付不能ニ因リ新ニ発生スルモノニ非ズシテ本来ノ債権ト同一権利ニシテ単ニ其ノ内容ヲ変更シタルニ過キサルモノト解スヘキヲ以テ給付ノ不能夫自体ハ給付義務ヲ免レシムルモノニ非ス従テ債権者ニ於テ給付義務ヲ免レムトセハ給付ノ不能カ自己ノ責ニ帰スヘカラサル事由ニ因ルコトヲ主張シ且立証セサルヘカラサルモノト解スルヲ相当トス」（なお、本判決は、それ以外の理由として、「給付不能ノ事実存スルニ於テハ一応債権者ノ過失ヲ推定スルコト」ができること、「履行遅滞ノ場合ト対比スルニ債務者カ履行遅滞ノ責ニ任スルニハ其ノ不履行ニ付キ債務者ニ過失アルコトヲ要スヘク此ノ場合ニ於テハ民法第四百十九条第二項（現 419 条 3 項—筆者注）ニ於テ金銭債務ノ履行遅滞ニ付テハ特ニ不可抗力ノ抗弁ヲ為スコトヲ得サル旨ヲ規定セルカ故ニ金銭債務ニ非サル債務ノ履行遅滞ニハ不可抗力ノ抗弁ヲ為シ得ルモノト解セサルヘカラス従テ債権者カ履行遅滞ニ因ル損害賠償ノ請求ヲ為スニハ履行遅滞ニ債務者ノ過失ニ基ケルコトヲ証明スルコトヲ要セス債務者ニ於テ義務ヲ免レムトセハ不可抗力ニ基ケル旨ノ証拠ヲ挙クルコトヲ要スルモノナルコト解釈上疑ナキ所ナルヲ以テ前示挙証責任ノ問題ニ付キ遅滞ノ場合ト給付不能ノ場合トノ間ニ解釈上区別ヲ為スヘキ理論上ノ理由ナク既ニ遅滞ノ場合ニ債務者ノ立証責任アルト為ス以上（大判大正 10 年 5 月 27 日民録 27 輯 963 頁を参照—筆者注）給付不能ノ場合ニ於テモ亦同様ナリト解スヘキ」ことを挙げている）。なお、本判決の評釈として、藤田東三「大判大正 14 年 2 月 27 日・判批」判民大正 14 年度 15 事件 65 頁以下、鎌田薫「大判大正 14 年 2 月 27 日・判批」好美清光編『基本判例双書・民法〔債権〕』（同文舘・1982 年）26 頁以下がある。

(568) それ以降の判決で、大判大正 14 年 2 月 27 日民集 4 巻 97 頁を引用するものとして、理由は付されていないが、大判昭和 7 年 5 月 17 日新聞 3413 号 11 頁、大判昭和 11 年 3 月 7 日民集 15 巻 5 号 376 頁（なお、本判決の評釈として、内田力蔵「大判昭和 11 年 3 月 7 日・判批」判民昭和 11 年度 22 事件 95 頁以下がある）、大判昭和 12 年 12 月 24 日新聞 4237 号 7 頁、最判昭和 34 年 9 月 17 日民集 13 巻 11 号 1412 頁（なお、本判決の解説・評釈として、三淵乾太郎「最判昭和 34 年 9 月 17 日・判解」『最高裁判所判例解説民事篇 昭和 34 年度』（法曹会・1960 年）217 頁以下、水本浩「最判昭和 34 年 9 月 17 日・判批」民商 42 巻 3 号（1961 年）91 頁以下、星野英一「最判昭和 34 年 9 月 17 日・判批」法協 78 巻 1 号（1961 年）122 頁以下、賀集唱「最判昭和 34 年 9 月 17 日・判批」新堂幸司＝青山善充編『民事訴訟法判例百選（第 2 版）』（有斐閣・1982 年）186 頁以下、高田昌宏「最判昭和 34 年 9 月 17 日・判批」小林秀之編『判例講義 民事訴訟法』（悠々社・2001 年）197 頁以下がある）。

(569) 古くから、今日に至るまで、一般的に受け入れられている見解である。石坂・前掲注(2)489 頁以下・580 頁、鳩山・前掲注(2)137 頁・160 頁、富井・前掲注(2)216 頁、我妻・前掲注(7)105 頁・146 頁、於保・前掲注(7)95 頁・107 頁、林（安永補訂）＝石田＝高木・前掲注(13)94 頁〔林執筆部分〕、奥田・前掲注(13)124 頁・148 頁以下等。

(570) 古くから挙げられてきた根拠は、債務者は履行義務を負っているのであるから、債務不履行が存在すれば、それは債務者の責めに帰すべき事由に基づくものであると考えうること（ニュアンスの相違はあるが、この点を明確に述べるものとして、例えば、富井・前掲注(2)217 頁、同・前掲注(545)65 頁、磯谷・前掲注(357)170 頁・205 頁、三潴・前掲注(357)201 頁、嘉山・前掲注(357)188 頁、須賀・前掲注(357)62 頁（ただし、履行不能の場合には、債権者に証明責任があると説いていることに注意が必要である）、西村・前掲注(357)70 頁、山中・前掲注(357)92 頁以下、川島・前掲注(17)97 頁、永田・前掲注(357)82 頁、松坂・前掲注(357)70 頁、星野英一『民法概論Ⅲ 債権総論』（良書普及会・1978 年）51 頁、澤井・前掲注(357)34 頁、柚木＝高木補訂・前掲注(357)108 頁等）、民法 419 条 3 項との対比（この点を明確に述べるものとして、例えば、石坂・前掲注(2)489 頁以下、同・前掲注(357)97 頁以下、富井・前掲注(2)217 頁、同・前掲注(545)65 頁、沼・前掲注(357)「総論」116 頁、野村・前掲注(357)147 頁、近藤＝柚木・前掲注(357)161 頁、石田・前掲注(357)「大要」87 頁、西村・前掲注(357)70 頁等）であり、不履行に基づく損害賠償と本来的債権の同一性に触れるものは少ない。なお、こうした状況は、司法研修所の要件事実論においても同様に見られるところである（司法研修所編・前掲注(406)9 頁以下。そこで挙げられている根拠は、民法 419 条 3 項との対比、帰責事由の主張・立証責任を債権者の負担とするのは、「立証

206

者が「履行したこと」を証明しなければならないとの立場については、その結論それ自体を批判の対象としてきたのである(573)。

　こうした債務不履行に基づく損害賠償の領域における証明責任の所在をめぐる議論を一瞥するだけでも、不履行に基づく損害賠償と本来的債権の同一性という命題に付与されてきた意味付けが、判例と学説において異なることが明確になろう。

　まず、学説が、「履行したこと」ないし「履行しなかったこと」に関する証明責任の所在を決定する場面において同一性という命題を用いていないのは、この問題に対して、消滅時効ないしその起算点の問題において妥当した価値判断を及ぼすことはできないと判断したからであると見ることができる。契約（債務）不履行に基づく損害賠償を、不履行を契機として新たに発生する、本来的な債権とは別の存在として捉えるならば、不履行は、損害賠償債権の発生を基礎付ける要素となるはずであり、そうであるならば、これは、債権者側が証明しなければならない事実ということになる。損害賠償請求権の消滅時効の局面では、実質的妥当性を図るためにこのモデルから導かれる帰結（不履行時ないし損害発生時起算点）を同一性という命題によって覆したが、この局面では、それが不要である、あるいは、それを行うことはできない、つまり、賠償の論理から導かれる帰結を貫徹しなければならないと考えられたのである(574)。

　　責任分配の面で公平を失し、結果も妥当でなくなるおそれがある」ことである）。
(571) この局面で同一性命題が拒絶されていることは、以下のような叙述がなされていることからも明らかとなる。「本来の給付を請求する場合はともかく、損害賠償を請求せんとする場合には、債権者は損害賠償請求権に変じた理由即ち債務不履行の要件を証明すべきものであろう。ただ、帰責事由のみは債務者に挙証責任が存するけれども、そのことは他の理論より導かるべきこと記述の如く（注(570)を参照─筆者注）であって、右の同一性の原理よりこれを導くべきものではないのである」（柚木・前掲注(357)138頁以下、柚木＝高木補訂・前掲注(357)116頁）。
(572) 例外として、石坂・前掲注(2)580頁（「給付不能ハ本来ノ債権ノ内容ヲ変更シ損害賠償債権ニ変セシムルヲ以テ原理トシ債務者ヲシテ債務ヲ免レントセハ自ラ不能カ其責ニ帰スヘカラサル事由ニ因リテ生シタルモノナルコトヲ証明スルコトヲ要スルモノト解スヘシ」）、近藤＝柚木・前掲注(357)175頁（同一性命題は、債務者挙証責任説の有力な根拠である）。
(573) 民法学説でこの点を明確に説くものは少ないが、例えば、柚木＝高木補訂・前掲注(357)116頁、奥田・前掲注(13)136頁、平井・前掲注(13)82頁等。また、前田達明「主張責任と立証責任」同『民法随筆』（成文堂・1989年）286頁〔初出・1986年〕（更に、同「主張責任と立証責任」同『民法学の展開 民法研究 第2巻』（成文堂・2012年）66頁以下〔初出・2004年〕も参照）。議論の状況も含め、潮見・前掲注(369)47頁以下も参照。更に、民事訴訟法学説として、例えば、雉本・前掲注(406)892頁以下、田中和夫『立証責任判例の研究』（巌松堂書店・1953年）56頁以下、村上博巳『証明責任の研究（新版）』（有斐閣・1986年）205頁以下等〔初版・1975年〕を参照。
(574) この局面では、不履行に基づく損害賠償と本来的債権の同一性という命題が完全に放棄され、前者は不履行によって生じた損害を賠償するための制度であるとのモデルから導かれる帰結、つまり、不履行を損害賠償債権の発生原因として構想する理解が前面に押し出されているのである。このことは、「履行しなかったこと」の証明責任が債権者に存するとの通説的理解の基礎を提供した雉本朗造の見解と、契約（債務）不履行に基づく損害賠償を法定債権として捉え、損害賠償債権と本来的債権の同一性を明確に否定する前田達明の見解を対比すれば、より明確となるであろう。
　まず、雉本は、以下のように述べている。「債務不履行ニ基ク損害賠償請求権ノ発生要件（発生原因）ハ、該債務ノ発生要件タル債権契約ニハ非ズシテ、「(a)一定ノ債務カ存シ且履行期ニ在ルニ拘ハラス（b）債務者カ其本旨ニ従ヒタル給付ヲ為サ、ルコト」ニ在ル」のだから、債権者は、

◆第1章◆性　質

　次に、学説が、帰責事由に関する証明責任の所在を確定する局面において、同一性という命題を用いていないのは、それを援用しなくても、それ以外の理由付けで十分であると考えたからにほかならないと言える[575]。賠償の論理からすれば、損害賠償責任の根拠であるはずの帰責事由の存在については、債権者側が主張しなければならないと理解するのが自然であるところ、それとは反対の解決を導くためには、あえて同一性という不明確な命題を持ち出さなくても、その他の理由で足りると判断されたのである。

　最後に、判例が、これらの局面において、同一性という命題を用いているのは、価値判断の表明などではなく、契約（債務）不履行に基づく損害賠償の属性として、本来的債権との同一性を問題としているからである。契約（債務）不履行に基づく損害賠償が本来的債権と同一の実在であるならば、両者の消滅時効起算点は同じ規律に服するはずであるし、それを請求するために証明が求められる要素も、本来的債権の履行請求の場合と同じということになる。かくして、判例は、契約（債務）不履行に基づく損害賠償の性質一般として、本来的債権との同一性を設定し、そこから、損害賠償の性質に関わる諸問題の解決を導いていると見ることができるのである。

　以上の考察を踏まえて、第3に、日本の伝統的通説が同一性命題を用いることの妥当性である。仮に上記のような認識が正当であるとするならば、不履行に基づく損害賠償と本来的債権の同一性という命題は、前提となる契約不履行に基づく損害賠償の理論枠組みと原理的に対立し、かつ、消滅時効の局面における価値判断のみに支えられているということになるから、これを放棄するのが自然であるように思われる。言い換えれば、伝統的通説が採用してきた価値判断に基づく同一性命題は、賠償モデルの下で、理論的に見れば矛盾を、実際的に見れば混乱をもたらしていると評価しうるのである。

　　契約（債務）不履行に基づく損害賠償を請求するためには、損害賠償請求権の「発生要件」、言い換えれば、債務者が「債務ヲ其本旨ニ従ヒテ履行セサリシコト」の主張・立証責任を負わなければならないのである（雉本・前掲注(406)92頁以下）。
　　次に、前田達明は、「履行があったこと」の主張・立証責任を債務者の負担とする司法研修所の立場について、以下のような批判を加えている。「私のように、民法415条の債務不履行に基づく損害賠償債権は、本来的債務の消滅とは無関係であり、債務者自身による債権侵害であって、民法709条の特別法に基づく法定債権であるとする者からいえば、弁済（の提供）が債務の消滅原因であっても、そのことが前記㋩（履行期に履行がなかったこと―筆者注）を履行遅滞の要件でないとする理由とはならない。すなわち、本来的債務の履行請求権とは別の、民法415条の定める「債務ノ本旨ニ従ヒタル履行ヲ為ササル」という要件に該当する要件事実の存在によって発生する法定損害賠償債権なのである。それは措くとしても、民法415条においても、――民法709条と同じく――、損害の発生が要件の一つであることは明らかであるが、㋩を主張せずして、どのように損害を主張し得るであろうか」（前田・前掲注(573)「主張責任と立証責任（民法随筆）」286頁）。
　　これら2つの見方がその基本的発想を同じくしていることは、明らかである。
(575) あるいは、「履行しなかったこと」の証明責任が債権者の負担に属することを正当化するために、賠償の論理を貫徹し、同一性命題を放棄した以上、この局面において、それを用いることはバランスを失すると考えられたのかもしれない。

208

もっとも、不履行に基づく損害賠償と本来的債権の同一性という命題を放棄すれば、問題が解決されるというわけではない。確かに、このように理解すれば、賠償方式としての契約不履行に基づく損害賠償との論理的な矛盾を回避することは可能である。そうすると、少なくとも、この限りにおいて、契約不履行に基づく損害賠償の原理を問おうとする本書にとって、本節における考察は副次的なものに過ぎないとも言える[576]。しかし、この場合には、契約（債務）不履行に基づく損害賠償の請求権に関する消滅時効起算点を、本来的債権の履行を請求することができる時に求める解決について、それをどのように基礎付けるのかという問題が生じうる[577]。この点は別としても、ここでは、判例が同一性という命題によって実現しようとしたことが、学説の言うように、真の意味で是認しえないものなのかどうかを問う必要がある。履行方式として契約（債務）不履行に基づく損害賠償を捉える立場から見れば、判例は、むしろ、損害賠償の性質から導かれる当然の帰結を述べているに過ぎないようにも思われるからである。次に、項を改めて、この点を明らかにしていこう。

◇第２項　履行方式としての契約不履行に基づく損害賠償と契約債権の「同一性」

第１項においては、本書冒頭で提示した契約不履行に基づく損害賠償に関する２つの理論モデルのうち、賠償モデルについて、その論理構造から導かれる契約（債務）不履行に基づく損害賠償の性質と、日本の学説において一般的に受け入れられている不履行に基づく損害賠償と本来的債権の同一性という命題の組み合わせには、理論的にも、実際的にも、多くの問題が内包されていることを指摘した。また、判例は、学説と同じく、同一性という命題を使用しているが、その背後には、学説とは異なり、契約（債務）不履行に基づく損害賠償の性質それ自体、あるいは、その属性として、同一性命題を使用する考え方が存在していることを明らかにした。

本項における課題は、前項の分析結果を受けつつ、本書冒頭で提示したもう１つのモデル、つまり、履行モデルの下において、契約（債務）不履行に基づく損害賠償

---

[576]　この点を補足するならば、以下の通りである。賠償方式としての契約不履行に基づく損害賠償の構想、つまり、賠償モデルと、不履行に基づく損害賠償と本来的債権の同一性という命題の間には、論理的な齟齬が生じているところ、このうち、後者を放棄し、同一性命題によって実現しようとしてきた解決を別の理由付けによって正当化しうるのであれば、前者のモデルそれ自体には何ら問題は存在しないと言うことができるのである。

[577]　ここでは、どのような理由付けをしようとも、不履行に基づく損害賠償請求権の消滅時効起算点を本来的債権の履行請求可能時とする解決は、損害賠償を不履行によって生じた損害の賠償を目的とする制度として捉えるモデルとの間で、論理的な齟齬を生じしめることになるという点を強調しておく。もちろん、判例と伝統的通説が採用してきた解決を離れて、注(561)掲記の諸論稿やフランスの伝統的学説が説いているように、要件の充足時を損害賠償債権の消滅時効起算点とすることは可能であり、そうすることによって、前提としているモデルとの一貫性を確保することができる。

◆第1章◆性　質

と契約ないし契約債権との関係がどのような形で把握されるのか、また、第1項で示したような形で理解することのできる判例法理が、履行モデルの立場からどのように評価されるべきものであるのかを明らかにすることにある。

(1) 履行論理の下における「同一性」の意味

　まず、契約（債務）不履行に基づく損害賠償を契約ないし契約債務の履行方式として捉えるモデルに依拠した場合に、それが契約ないし契約債務とどのような関係にあるものとして把握されるのかという点を、損害賠償請求権の消滅時効起算点、証明責任の所在という個別的な問題も踏まえつつ、フランス法の分析成果に基づいて確認しておこう。

　契約（債務）不履行に基づく損害賠償を、契約ないし契約債務が正確に履行されなかった場合に問題となりうる、その実現手段として位置付けるモデルによれば、契約（債務）不履行に基づく損害賠償の源は契約それ自体の中に求められる。ここでは、フランスの通説的見解や日本の伝統的理解が説くように、不履行によって本来的な債権が損害賠償債権（ないし損害賠償請求権）へと変形することも、本来的債権が拡張することもない。債務者が債務を正確に履行しなかった場合であっても、契約から生じた債務はそのまま存続し、ただ、債権者に対して、その実現手段としての契約（債務）不履行に基づく損害賠償を利用する可能性が与えられるだけなのである。従って、契約（債務）不履行に基づく損害賠償は、契約債権の実現という目的を達成するための1つの手段にほかならないのであり、その結果、契約債権から離れて、独自の意味付けを与えられることも、独自の規律を受けることもないと言うことができる。

　このような理解を基礎とした場合、前項において触れた各論的問題については、以下のような展望が与えられる。

　まず、契約（債務）不履行に基づく損害賠償の消滅時効の問題について言えば、損害賠償は契約ないし契約債権の実現手段に過ぎないのであるから、両者の消滅時効も、同じルールに従って規律されることになる。より正確に言えば、損害賠償について、独自の消滅時効ルールを観念する必要はないということになろう。すなわち、契約債権が時効によって消滅しているのであれば、もはや、その実現手段としての損害賠償を請求することはできないし、損害賠償を請求することができるのも、契約債権の請求が可能である間に限られることになるのである。

　次に、契約（債務）不履行に基づく損害賠償の領域における不履行、帰責事由（ここでの帰責事由は、賠償モデルを前提とする諸学説のように、契約（債務）不履行に基づく損害賠償を債務者に転嫁するためのファクターではなく、あくまでも、履行の限界を画するファクターを意味するものとして用いられている）の証明責任の所在についても、それを履行方式として捉えるモデルによれば、契約債権の履行を求める場合と規律を

異にする理由は存しない。つまり、履行が全くなされていない状況において(578)、債権者が債権の存在を証明したときには、それによって損害賠償の存在は基礎付けられうるから、それを免れようとする債務者が「履行したこと」を証明しなければならないし、自己の責めに帰すことのできない事由によって債務の履行が妨げられたことも、債務の実現を免れようとする債務者がこれを証明しなければならないのである(579)。

(2) 履行論理の下における「同一性」の評価

履行モデルを基礎とした場合、契約（債務）不履行に基づく損害賠償と契約ないし契約債権との関係、また、そこから導かれる具体的帰結については、以上のような展望を得ることができる。そして、ここで改めて強調するまでもなく、履行モデルを基礎とした場合に導かれるこれらの解決は、判例が不履行に基づく損害賠償と本

---

(578) 誤解のないように強調しておけば、本文の叙述は、あくまでも履行が全くなされていないケースを想定したものである。従って、債務者により、一応履行と言えるようなものがなされているときには、債務の存在を証明するだけでは、権利の存在を基礎付けることはできないから、債権者側は、「履行が不完全であること」を証明しなければならないのである。この点については、フランスの判例ではあるが、Cf. Cass. 3ᵉᵐᵉ civ., 14 fév. 1996, Bull. civ., III, n° 46 ; D., 1997, somm., 27, obs., Patrice Jourdain ; RTD civ., 1997, 142, obs., Patrice Jourdain ; Defrénois, 1996, art. 36387, 1077, obs., Alain Bénabent ; Cass. 1ʳᵉ civ., 19 mars 1996, Bull. civ., I, n° 147 ; D., 1997, somm., 27, obs., Patrice Jourdain ; RTD civ., 1997, 142, obs., Patrice Jourdain ; Defrénois, 1996, art. 36448, 1437, obs., Alain Bénabent.

(579) 従って、本文のような見方は、「履行したこと」や「債務者の責めに帰すことのできない事由」の証明責任が債務者の負担に属するという解決について、要件事実の場面で、司法研修所や実務家によってなされている感覚的あるいは価値判断的な説明を（司法研修所編・前掲注(406) 9頁以下・21頁以下、大江忠『要件事実民法 (3) 債権総論（第3版）』（第一法規・2005年）43頁以下（「履行遅滞に基づく損害賠償の要件事実（権利発生根拠事実）は、①債権の発生根拠事実、②履行期の徒過、③損害の発生とその数額であり、不履行、債務者の帰責事由、違法性などは、それらの存在することが請求原因となるものではなく、それらの存在しないことが抗弁となる」。「履行期の定めがあること」と「履行期が経過したこと」が立証できれば、債務者は原則として遅滞に陥るのであるから、「履行がなされたこと」は抗弁となる。その根拠は、「本来、履行すなわち弁済が債務の消滅原因であること、また、主張・立証責任の基本原理である公平の観念」に求めることができる。また、「必ずしも理論的な根拠ではないが、訴訟実務上、本来の債務の履行を求める主請求と併せて当該債務の不履行に基づく損害賠償が付帯請求として求められることが多く、債務の履行の存在を抗弁と位置づけると、請求原因事実が主請求と付帯請求とで基本的部分においてパラレルになり、主請求が認められると、改めて債務の「不履行」の事実認定をすることを要せず、ほぼ自動的に付帯請求を認めることができるので、実務的な感覚として、受け入れやすいといえよう」）、牧野利秋＝土屋文昭＝齋藤隆編『民事要件事実講座3〔民法Ⅰ〕債権総論・契約』（青林書院・2005年）52頁以下〔齋藤執筆部分〕（（履行遅滞に基づく損害賠償の）法律要件は、①本来の債務の発生原因事実、②債務の履行が可能であること（訴訟法的には債務の履行が可能であるのが常態であるから、これは抗弁となる）、③履行期を経過したこと（「一般には債務者がその債務を履行したことが債務の消滅原因として考えられており、債務不履行についても、債務者がこの点につき証明責任を負うとする方が、その分配の基本原理である公平の理念にも合致し、妥当であろう」）、④履行遅滞が「債務者の責めに帰すべき事由」に基づくこと（「債務者は、本来一定の給付をなすべきことが義務付けられているのであるから、それをなし得ない事由があるというのは例外的な場合であると考えられるから、免責を主張する債務者が主張・立証責任を負うとするのが公平の観念に合致するからである」）、⑤履行しないことが違法であること、⑥債務不履行により債権者に損害が生じたこと及びその数額である）等）、実体法のレベルから理論的に基礎付けるものと評価することができるであろう。

来的債権の同一性という命題によって実現しようとした結論と同一である。このような事実と、学説とは異なり契約（債務）不履行に基づく損害賠償の性質一般として同一性を問題にしている判例の立場を併せて考えるならば、前項において言及した判例法理に関して、以下のような読み方を提示することができよう。すなわち、判例は、損害賠償と本来的債権の同一性を、前者の属性、あるいは、その性質それ自体として捉えており、少なくとも、契約（債務）不履行に基づく損害賠償の性質が問題となる局面においては[580]、その解決の背後に、契約ないし本来的債権の実現という視点を有している。

このように、日本の債務不履行をめぐる議論において暗黙の前提とされてきた契約（債務）不履行に基づく損害賠償の原理、つまり、賠償モデルの視点を放棄し、これまでほとんど説かれることのなかった原理、つまり、履行モデルの視点を共有するのであれば、ここでの判例法理は、損害賠償の性質から導かれる当然の帰結を述べているに過ぎないものとして理解することができる。そうすると、不履行の証明責任のレベルにおける批判、解除に基づく原状回復債務の消滅時効と損害賠償債務の消滅時効の規律が異なることに対する批判については、こうした複数のモデルの存在を知らない、あるいは、契約（債務）不履行に基づく損害賠償の原理としては唯一賠償モデルのみが存在するとの前提からなされたものであって、こうした前提が成立しないのであれば、批判としても成り立ちえないと評価することができよう。

まず、履行が全くなされないケースにおける不履行の証明責任という問題について言えば、学説の批判は、賠償の論理を所与の前提とした上で、「履行したこと」の証明責任を債務者に負わせることは論理的に不可能であると説くものであるところ、履行の論理に従えば、こうした解決を何ら問題なく正当化することができるからである。また、解除に基づく原状回復債務の消滅時効の問題に関して、学説の多数は、本来的債務が消滅したときには、その不履行に基づく損害賠償が請求しえない以上、解除に基づく原状回復も請求しえないと理解すべき旨を説くが、こうした批判の背後には、契約（債務）不履行に基づく損害賠償と契約から生じた本来的債務を同一の消滅時効期間に服せしめるべきであるとの価値判断のほかに[581]、契約（債務）不履行に基づく損害賠償と解除に基づく原状回復を同一に扱うべきであるとの価値判断[582]、更にその奥には、契約（契約）不履行に基づく損害賠償と解除を全く同一の機能を持つ手段、つまり、債務不履行に対する責任として把握しようとする

---

[580] 誤解のないように付言しておけば、ここで問題としているのは、あくまでも、契約（債務）不履行に基づく損害賠償の性質に関わる諸問題について判断を示した判例である。契約（債務）不履行に基づく損害賠償に関わる全ての判例について、本文のような読み方を提示しているわけではない。

[581] 伝統的通説は、このレベルの価値判断から、本来的債権と不履行に基づく損害賠償の同一性を導いたのである。

[582] 伝統的通説は、このレベルの価値判断から、解除が問題となる場面の消滅時効と、損害賠償が問題となる場面の消滅時効を、同一の規律に服せしめるべきことを説いたのである。

第 2 節 ❖ 異別と同一

構想の存在を指摘することができる(583)。しかし、契約（債務）不履行に基づく損害賠償を契約ないし契約債務の実現という視点から捉える立場によれば、契約の解除や契約解除を原因とする原状回復債務に対してどのような基礎を与えようとも、契約の実現を目指す損害賠償と、契約の巻き戻し、あるいは、不履行に対するサンクションを目的とする解除の原状回復債務とは、その性質・規律を異にするはずであり(584)、両者の消滅時効に関する規律を同一に扱うべき理由は、理論的には存在しないと言える(585)(586)。そうである以上、この局面における批判も、損害賠償について特定のモデルを暗黙の前提としたものと評価しうる。以上のことを反対から言えば、履行モデルは、前項において言及した不履行に基づく損害賠償の性質に関わる判例法理の正当化モデルとして提示されうるということになるのである。

　もっとも、このような判例の読み方については、一定の留保を付しておく必要がある。それは、安全配慮義務が問題となる場面に関わる。周知のように、最高裁は、安全配慮義務違反に基づく損害賠償を債務不履行と性質決定しているが(587)、通常

(583) 解除と損害賠償を同一平面上の責任制度として位置付けたからこそ、伝統的通説は、両者の消滅時効を同一の規律に服せしめるべきであるとの価値判断を形成するに至ったと評価しうるのである。この点については、第 2 部・第 2 章・第 2 節・第 1 款・第 2 項 835 頁以下の叙述も参照。
(584) 伝統的通説のように、契約解除を債務者の責めに帰すべき事由に基づく債務不履行責任として理解するにしても（我妻・前掲注(90)156 頁、三宅・前掲注(91)187 頁等）、近時の有力学説のように、有用ではなくなった契約からの離脱を可能にするための制度として把握するにしても（好美・前掲注(92)論文、山田・前掲注(92)論文、辰巳・前掲注(92)論文等）、解除は、契約の実現を問題にする契約（債務）不履行に基づく損害賠償とは性格的に異なるものと言わざるをえないのである。これらの点も含め、解除（あるいは解除に基づく原状回復）と損害賠償との関係についての詳細は、第 2 部・第 2 章・第 2 節・第 1 款・第 2 項 834 頁以下を参照。
(585) このような視角から見れば、解除によって発生する原状回復債務の消滅時効起算点を解除時に求める判例の立場は、それが解除権の行使によって発生するものである以上、理論的な視角からも、実際的な視点からも、支持しうるものということになる。
(586) もっとも、本文のように理解するとしても、解除権それ自体の消滅時効については、解除に基づく原状回復債務のそれとは異なる考慮を必要とする。というのは、解除に基づく原状回復債務は解除権の行使によって発生しうるものであるから、注(585)のように理解することが可能であるが、解除権は本来的債務の不履行を前提とするものである以上、本来的債務が時効によって消滅し、その不履行を観念することができなくなった場合において、解除だけを肯定することには、論理的に問題が存在すると言えるからである。そうだとすると、解除権の消滅時効については、学説の多数と同じく、本来的債務と同じ消滅時効期間に服すると解すべきことになろう。
(587) 最判昭和 50 年 2 月 25 日民集 29 巻 2 号 143 頁。本判決の解説・評釈として、柴田保幸「最判昭和 50 年 2 月 25 日・判解」『最高裁判所判例解説民事篇 昭和 50 年度』（法曹会・1979 年）60 頁以下〔後に、下森定編『安全配慮義務法理の形成と展開』（日本評論社・1988 年）307 頁以下に所収。以下では、こちらの頁数で引用する。また、本書に所収されているその他の論稿についても同様とする〕、大内俊身「最判昭和 50 年 2 月 25 日・判批」ひろば 28 巻 6 号（1975 年）37 頁以下、林弘子「最判昭和 50 年 2 月 25 日・判批」労法 96 号（1975 年）71 頁以下、西村健一郎「最判昭和 50 年 2 月 25 日・判批」労判 222 号（1975 年）4 頁以下、同「最判昭和 50 年 2 月 25 日・判批」萩沢清彦編『労働判例百選（第 4 版）』（有斐閣・1981 年）32 頁以下、川崎武夫「最判昭和 50 年 2 月 25 日・判批」法時 47 巻 9 号（1975 年）164 頁以下、下森定「最判昭和 50 年 2 月 25 日・判批」法セ 247 号（1975 年）12 頁以下、森島昭夫「最判昭和 50 年 2 月 25 日・判批」判評 200 号（1975 年）30 頁以下、坂本由貴子「最判昭和 50 年 2 月 25 日・判批」民研 231 号（1976 年）27 頁以下、奥田昌道「最判昭和 50 年 2 月 25 日・判批」昭和 50 年度重判（ジュリ 615 号）（1976 年）57 頁以下〔後に、下森編・前掲書 317 頁以下に所収〕、東条武治「最判昭和 50 年 2 月 25 日・判批」民商 74 巻 1 号（1976 年）73 頁以下、斉藤浩「最判昭和 50 年 2 月 25 日・判批」別冊判タ 2 号『行政訴訟の課題と展望』（1976 年）272 頁以下、岡村親宜「最判昭和 50 年 2 月 25 日・判批」労旬 913 号（1976

213

の契約不履行が問題となる場合とは異なり、不履行に基づく損害賠償と安全配慮義務の同一性を明確に否定し[588]、安全配慮義務違反に基づく損害賠償請求権の消滅時効起算点を、一般的には損害発生時、じん肺にり患したことを理由とする損害賠償請求に関しては、最終の行政上の決定を受けた時に求めており[589]、更に、じん肺

年）20頁以下〔後に、同『労災裁判の展開と法理』（総合労働研究所・1982年）に所収〕、同「最判昭和50年2月25日・判批」岡村親宜＝大竹秀達編『判例通覧労災職業病』（エイデル研究所・1984年）28頁以下、宇都宮純一「最判昭和50年2月25日・判批」法学41巻2号（1977年）102頁以下、乙部哲郎「最判昭和50年2月25日・判批」雄川一郎編『行政判例百選Ⅰ』（有斐閣・1979年）61頁以下、盛誠吾「最判昭和50年2月25日・判批」好美清光編『基本判例双書 民法〔債権〕』（同文舘・1982年）238頁以下、和田肇「最判昭和50年2月25日・判批」塩野宏＝菅野和夫＝田中舘橘編『公務員判例百選』（有斐閣・1986年）96頁以下、浦川道太郎「最判昭和50年2月25日・判批」平井宜雄編『民法の基本判例』（有斐閣・1986年）101頁以下、外間寛「最判昭和50年2月25日・判批」塩野宏編『行政判例百選Ⅰ（第2版）』（有斐閣・1987年）74頁以下、宮本健蔵「最判昭和50年2月25日・判批」森泉章教授還暦記念論集『現代判例民法学の課題』（法学書院・1988年）535頁以下、同「最判昭和50年2月25日・判批」奥田昌道＝池田真朗＝永井正昭編『判例講義民法Ⅱ債権』（悠々社・2002年）30頁以下、國井和郎「最判昭和50年2月25日・判批」星野英一＝平井宜雄編『民法判例百選（第3版）』（有斐閣・1989年）10頁以下、松浦以津子「最判昭和50年2月25日・判批」佐藤進＝西原道雄＝西村健一郎編『社会保障判例百選（第2版）』（有斐閣・1991年）154頁以下、浜川清「最判昭和50年2月25日・判批」塩野宏＝小早川光郎編『行政判例百選Ⅰ（第3版）』（有斐閣・1993年）44頁以下、水野勝「最判昭和50年2月25日・判批」山口浩一郎＝菅野和夫＝西谷敏編『労働判例百選（第6版）』（有斐閣・1995年）122頁以下、外尾健一「最判昭和50年2月25日・判批」労判730号（1998年）2頁、青竹覚「最判昭和50年2月25日・判批」佐藤進＝西原道雄＝西村健一郎＝岩村正彦編『社会保障判例百選（第3版）』（有斐閣・2000年）146頁以下、生田敏康「最判昭和50年2月25日・判批」浦川道太郎＝岡孝編『基本判例3債権総論・各論』（法学書院・2000年）11頁、七戸克彦「最判昭和50年2月25日・判批」川井健＝鎌田薫＝金山直樹編『新判例マニュアル民法Ⅲ債権総論』（三省堂・2000年）56頁以下、三好登＝平山也寸志「最判昭和50年2月25日・判批」同『民法判例入門』（成文堂・2002年）157頁以下、岩村正彦「最判昭和50年2月25日・判批」菅野和夫＝西谷敏＝荒木尚志『労働判例百選（第7版）』（有斐閣・2002年）140頁以下、遠藤浩「最判昭和50年2月25日・判批」みんけん561号（2004年）11頁以下、大嶋芳樹「最判昭和50年2月25日・判批」ひろば58巻3号（2005年）60頁以下、嵩さやか「最判昭和50年2月25日・判批」小早川光郎＝宇賀克也＝交告尚史『行政判例百選Ⅰ（第5版）』（有斐閣・2006年）58頁以下、松本克美「最判昭和50年2月25日・判批」小早川光郎＝宇賀克也＝交告尚史編『行政判例百選Ⅰ（第5版）』（有斐閣・2006年）72頁以下、吉政知広「最判昭和50年2月25日・判批」中田裕康＝潮見佳男＝道垣内弘人編『民法判例百選Ⅱ債権（第6版）』（有斐閣・2009年）6頁以下、高畠淳子「最判昭和50年2月25日・判批」村中孝史＝荒木尚志編『労働判例百選（第8版）』（有斐閣・2009年）110頁以下がある。

(588) 最判平成6年2月22日労判646号12頁（長崎じん肺訴訟第2事件）。安全配慮義務違反に基づく損害賠償請求権の消滅時効は被用者が退職した時から進行するとの被告の主張に対し、最高裁は、以下のように述べて、これを棄却した。「安全配慮義務違反に基づく損害賠償債務は、安全配慮義務と同一性を有するものではない。けだし、安全配慮義務は、特定の法律関係の付随義務として一方が相手方に対して負う信義則上の義務であって、この付随義務の不履行による損害賠償請求権は、付随義務を履行しなかった結果により積極的に生じた損害についての賠償請求権であり、付随義務履行請求権の変形物ないし代替物であるとはいえないからである」。

(589) 最判平成6年2月22日民集48巻2号441頁（長崎じん肺訴訟第1事件）。最高裁は、以下のように判示して、最初の行政上の決定を受けた時から消滅時効が進行するとした原審の判断を破棄した。「一般に、安全配慮義務違反による損害賠償請求権は、その損害が発生した時に成立し、同時にその権利を行使することが法律上可能となるというべきところ、じん肺に罹患した事実は、その旨の行政上の決定がなければ通常認め難いから、本件においては、じん肺の所見がある旨の最初の行政上の決定を受けた時に少なくとも損害の一端が発生したものということができる」。「しかし、このことから、じん肺に罹患した患者の病状が進行し、より重い行政上の決定を受けた場合においても、重い決定に相当する病状に基づく損害を含む全損害が、最初の行政上の決定を受けた時点で発生していたものとみることはできない」。じん肺の病変の特質に鑑みれば、「各行政上の決定に相当する病状に基づく各損害には、質的に異なるものがあるといわざるを得ず、し

によって死亡した場合の損害賠償請求については、死亡の時から、その消滅時効が進行すると理解してきた(590)。つまり、判例は、安全配慮義務のケースのように、当事者が契約において実現しようとしたものが存在しないケースにおいては、そのことを理由に、不履行に基づく損害賠償と本来的債務の同一性を否定し、そこから、損害賠償債務の消滅時効起算点を原則として損害発生時に求めているのである(591)。従って、判例においては、民法415条にいう「債務不履行による損害賠償」

　　たがって、重い決定に相当する病状に基づく損害は、その決定を受けた時に発生し、その時点からその損害賠償請求権を行使することが法律上可能となるものというべきであり、最初の軽い行政上の決定を受けた時点で、その後の重い決定に相当する病状に基づく損害を含む全損害が発生していたとみることは、じん肺という疾病の実態に反するものとして是認し得ない。これを要するに、雇用者の安全配慮義務違反によりじん肺に罹患したことを理由とする損害賠償請求権の消滅時効は、最終の行政上の決定を受けた時から進行するものと解するのが相当である」。
　　なお、本判決の解説・評釈として、倉吉敬「最判平成6年2月22日・判解」『最高裁判所判例解説民事篇 平成6年度』（法曹会・1999年）224頁以下、岡本友子「最判平成6年2月22日・判批」ひろば47巻10号（1994年）49頁以下、高橋眞「最判平成6年2月22日・判批」判評433号（1995年）40以下、前田達明「最判平成6年2月22日・判批」民商113巻1号（1995年）70頁以下、松久三四彦「最判平成6年2月22日・判批」セレクト94（1995年）21頁、松村弓彦「最判平成6年2月22日・判批」NBL570号（1995年）68頁以下、松本克美「最判平成6年2月22日・判批」ジュリ1067号（1995年）127頁以下〔後に、同『時効と正義』（日本評論社・2002年）332頁以下に所収〕、同「最判平成6年2月22日・判批」中田裕康＝潮見佳男＝道垣内弘人編『民法判例百選Ⅰ総則・物権（第6版）』（有斐閣・2009年）86頁以下、藤岡康宏「最判平成6年2月22日・判批」平成6年度重判（ジュリ1068号）（1995年）65頁以下、松本久「最判平成6年2月22日・判批」平成6年度主判解（判タ882号）（1995年）60頁以下、久保野恵美子「最判平成6年2月22日・判批」法協112巻12号（1995年）140頁以下、柳沢旭「最判平成6年2月22日・判批」法時67巻7号（1995年）92頁以下、新美育文「最判平成6年2月22日・判批」リマ11号（1995年）32頁以下、岩村正彦「最判平成6年2月22日・判批」ジュリ1082号（1996年）189頁以下、石松勉「最判平成6年2月22日・判批」岡商法4号（1996年）121頁以下、平井一雄「最判平成6年2月22日・判批」星野英一＝平井宜雄＝能見善久編『民法判例百選Ⅰ総則・物権（第5版）』（有斐閣・2001年）100頁以下がある。また、三柴丈典「安全配慮義務裁判例の再検討(1)」近法52巻1号（2004年）37頁以下にも、本判決についての詳細な研究がある。
(590)　最判平成16年4月27日判時1860号152頁（筑豊じん肺訴訟日鉄鉱業関係）。最高裁は、以下のように判示して、雇用者の安全配慮義務違反によりじん肺にかかったことを理由とする損害賠償請求権の消滅時効は、じん肺法所定の管理区分についての最終の行政上の決定を受けた時から進行すると解すべきところ、この理は、元従業員がじん肺によって死亡した場合にも妥当するものであるから、この場合の消滅時効は、死亡の時ではなく、最終の行政上の決定を受けた時から進行すると解すべきであるとの上告受理申立てを棄却した。「じん肺によって死亡した場合の損害については、死亡の時から損害賠償請求権の消滅時効が進行すると解するのが相当である。なぜなら、その者が、じん肺法所定の管理区分についての行政上の決定を受けている場合であっても、その後、じん肺を原因として死亡するか否か、その蓋然性は医学的にみて不明である上、その損害は、管理2～4に相当する病状に基づく各損害とは質的に異なるものと解されるからである」。
　　なお、本判決の解説・評釈として、原田剛「最判平成16年4月27日・判批」法セ598号（2004年）116頁、高橋眞「最判平成16年4月27日・判批」判評553号（2005年）37頁以下、石松勉「最判平成16年4月27日・判批」銀法649号（2005年）72頁以下、同「最判平成16年4月27日・判批」香川25巻1=2号（2005年）101頁以下、島田佳子「最判平成16年4月27日・判批」平成16年度主判解（判タ1184号）（2005年）104頁以下、清水晶紀「最判平成16年4月27日・判批」自研82巻8号（2005年）133頁以下がある。また、五十川直行「今期の主な裁判例〔民事責任〕」判タ1166号（2005年）85頁以下、原告側訴訟代理人の手になる、馬奈木昭雄「弁護士が語る2004年最高裁判決①筑豊じん肺訴訟」法セ601号（2005年）54頁以下も参照。
(591)　このことは、注(588)、注(589)掲記の判例が登場する以前にも、一部の学説によって明確に自覚されていた。例えば、北川善太郎は、この点について、以下のように述べている。いわゆる「拡大損害」あるいは「結果損害は、その性質上、前述した意味での同一性を当然に有していない」

◆第 1 章◆ 性　質

の中に、性質の異なる 2 つのタイプの損害賠償が観念されていることになるから、この点において、履行モデルは、全ての判例法理を正当化するためのモデルとはなりえないということになろう。

　しかし、この点については、不法行為に基づく損害賠償請求権の期間制限との対比をも踏まえて、更に踏み込んで考えておく必要がある。判例によれば、「加害行為が行われた時に損害が発生する不法行為の場合には、加害行為の時がその（民法 724 条後段の期間制限の—筆者注）起算点となる」が、「当該不法行為により発生する損害の性質上、加害行為が終了してから相当の期間が経過した後に損害が発生する場合には、当該損害の全部又は一部が発生した時が除斥期間の起算点となると解すべきである」とされているから、じん肺を理由とする損害賠償請求の場合には、損害発生時が民法 724 条後段の期間制限の起算点となる[(592)(593)]。そうすると、少なくとも

から、消滅時効等についても個別に考える必要がある。損害賠償請求権の消滅時効起算点に関して言えば、「履行請求権の時効消滅前後に、供給された目的物の瑕疵により結果損害が発生した場合に、その時点から時効が別個に進行する」と理解すべきである（北川・前掲注(11)「理論と判例」102 頁以下。また、同「415 条」奥田昌道編『注釈民法(10)債権(1)債権の目的・効力 §§399〜426』（有斐閣・1987 年）467 頁以下、同・前掲注（553）144 頁以下も参照）。更に、平井・前掲注(13) 74 頁以下、石田喜久夫編『現代民法講義 1 民法総則』（法律文化社・1985 年）274 頁以下〔藤岡康宏＝松久三四彦執筆部分〕も参照。

(592) 最判平成 16 年 4 月 27 日民集 58 巻 4 号 1032 頁（筑豊じん肺訴訟国賠関係）。最高裁は、民法 724 条後段の期間制限の起算点について、以下のように判示している。「民法 724 条後段所定の除斥期間の起算点は、「不法行為ノ時」と規定されており、加害行為が行われた時に損害が発生する不法行為の場合には、加害行為の時がその起算点となると考えられる。しかし、身体に蓄積した場合に人の健康を害することとなる物質による損害や、一定の潜伏期間が経過した後に症状が現れる損害のように、当該不法行為により発生する損害の性質上、加害行為が終了してから相当の期間が経過した後に損害が発生する場合には、当該損害の全部又は一部が発生した時が除斥期間の起算点となると解すべきである。なぜなら、このような場合に損害の発生を待たずに除斥期間の進行を認めることは、被害者にとって著しく酷であるし、また、加害者としても、自己の行為により生じ得る損害の性質からみて、相当の期間が経過した後に被害者が現れて、損害賠償の請求を受けることを予期すべきであると考えられるからである」。これを本件についてみると、「じん肺は、肺胞内に取り込まれた粉じんが、長期間にわたり繊維増殖性変化を進行させ、じん肺結節等の病変を生じさせるものであって、粉じんへの暴露が終わった後、相当長期間経過後に発症することも少なくないのであるから、じん肺被害を理由とする損害賠償請求権については、その損害発生の時が除斥期間の起算点となるというべきである」。

　なお、本判決の評釈として、宮坂昌利「最判平成 16 年 4 月 27 日・判解」『最高裁判所判例解説民事篇 平成 16 年度（上）』（法曹会・2007 年）303 頁以下、森稔樹「最判平成 16 年 4 月 27 日・判批」法資 272 号（2004 年）149 頁以下、青木亮「最判平成 16 年 4 月 27 日・判批」ひろば 57 巻 10 号（2004 年）64 頁以下、北村和生「最判平成 16 年 4 月 27 日・判批」法教 290 号（2004 年）126 頁以下、小宮学「最判平成 16 年 4 月 27 日・判批」労働者の権利 255 号（2004 年）64 頁以下、高橋眞「最判平成 16 年 4 月 27 日・判批」判評 553 号（2005 年）37 頁以下、大塚直「最判平成 16 年 4 月 27 日・判批」セレクト 2004（2005 年）22 頁、下山憲治「最判平成 16 年 4 月 27 日・判批」法セ 609 号（2005 年）127 頁、同「最判平成 16 年 4 月 27 日・判批」環境法 32 号（2007 年）153 頁以下、野呂充「最判平成 16 年 4 月 27 日・判批」平成 16 年度重判（ジュリ 1291 号）（2005 年）46 頁以下、吉村良一「最判平成 16 年 4 月 27 日・判批」平成 16 年度重判（ジュリ 1291 号）（2005 年）84 頁以下、大沼洋一「最判平成 16 年 4 月 27 日・判批」平成 16 年度主判解（判タ 1184 号）（2005 年）102 頁以下、山本隆司＝金山直樹「最判平成 16 年 4 月 27 日・判批」法協 122 巻 6 号（2005 年）172 頁以下、新谷眞人「最判平成 16 年 4 月 27 日・判批」労働 105 号（2005 年）149 頁以下、清水晶紀「最判平成 16 年 4 月 27 日・判批」自研 82 巻 8 号（2005 年）133 頁以下、良永彌太郎「最判平成 16 年 4 月 27 日・判批」法時 78 巻 1 号（2006 年）79 頁以下、中原茂樹「判批」小早川光郎＝宇賀克也＝交告尚史編『行政判例百選 II（第 5 版）』（有斐閣・2006 年）460 頁以下、橋本英史「最

このケースにおいては(594)、被害者が安全配慮義務違反を主張する場合と、不法行

判平成 16 年 4 月 27 日・判批」判例自治 288 号（2007 年）90 頁以下、野川忍「最判平成 16 年 4 月 27 日・判批」西村健一郎＝岩村正彦編『社会保障判例百選（第 6 版）』（有斐閣・2008 年）148 頁以下、山口成樹「最判平成 16 年 4 月 27 日・判批」中田裕康＝潮見佳男＝道垣内弘人編『民法判例百選Ⅱ債権（第 6 版）』（有斐閣・2009 年）198 頁以下がある。

(593) 724 条後段の除斥期間起算点について、同趣旨を述べる判例として、水俣病関西訴訟に関する最判平成 16 年 10 月 15 日民集 58 巻 7 号 1802 頁（本判決の解説・評釈として、長谷川浩二「最判平成 16 年 10 月 15 日・判解」『最高裁判所判例解説民事篇 平成 16 年度（下）』（法曹会・2007 年）553 頁以下、淡路剛久「最判平成 16 年 10 月 15 日・判批」環境と公害 34 巻 3 号（2005 年）53 頁以下、小野田学「最判平成 16 年 10 月 15 日・判批」環境と公害 35 巻 2 号（2005 年）18 頁以下、磯部哲「最判平成 16 年 10 月 15 日・判批」法資 280 号（2005 年）113 頁以下、西村淑子「最判平成 16 年 10 月 15 日・判批」ひろば 58 巻 7 号（2005 年）62 頁以下、江原勲＝北原昌文「最判平成 16 年 10 月 15 日・判批」判例自治 264 号（2005 年）4 頁以下、福士明「最判平成 16 年 10 月 15 日・判批」平成 16 年度重判（ジュリ 1291 号）（2005 年）51 頁以下、田上würcel「最判平成 16 年 10 月 15 日・判批」判評 557 号（2005 年）195 頁以下、吉村良一「最判平成 16 年 10 月 15 日・判批」民商 132 巻 3 号（2005 年）114 頁以下、土居正典「最判平成 16 年 10 月 15 日・判批」鹿法 40 巻 1 号（2005 年）23 頁以下、西田幸介「最判平成 16 年 10 月 15 日・判批」阪経法 63 号（2005 年）125 頁以下、大塚直「最判平成 16 年 10 月 15 日・判批」リマ 32 号（2006 年）40 頁以下、同「最判平成 16 年 10 月 15 日・判批」判タ 1194 号（2006 年）91 頁以下、山村恒年＝恩地紀代子「最判平成 16 年 10 月 15 日・判批」判例自治 274 号（2006 年）57 頁以下、岩﨑勝成「最判平成 16 年 10 月 15 日・判批」判例自治 281 号（2006 年）92 頁以下、平城恭子「最判平成 16 年 10 月 15 日・判批」平成 17 年度主判解（判タ 1215 号）（2006 年）80 頁以下、島村健「最判平成 16 年 10 月 15 日・判批」小早川光郎＝宇賀克也＝交告尚史編『行政判例百選Ⅱ（第 5 版）』（有斐閣・2006 年）462 頁以下、神戸秀彦「最判平成 16 年 10 月 15 日・判批」新潟 39 巻 1 号（2006 年）211 頁以下、同「最判平成 16 年 10 月 15 日・判批」法民 418 号（2007 年）62 頁以下、采女博文「最判平成 16 年 10 月 15 日・判批」鹿法 40 巻 2 号（2006 年）111 頁以下、黒川哲志「最判平成 16 年 10 月 15 日・判批」環境法 32 号（2007 年）11 頁以下がある。また、原告側訴訟代理人の手になる、永嶋里枝「弁護士が語る 2004 年最高裁判決②水俣病・関西訴訟」法セ 602 号（2005 年）60 頁以下も参照）、及び、B 型肝炎訴訟に関する最判平成 18 年 6 月 16 日民集 60 巻 5 号 1997 頁（本判決の解説・評釈として、松波重雄「最判平成 18 年 6 月 16 日・判解」『最高裁判所判例解説民事篇 平成 18 年度（下）』（法曹会・2009 年）706 頁以下、升田純「最判平成 18 年 6 月 16 日・判批」Lexis 判例速報 11 号（2006 年）50 頁以下、渡邊将史「最判平成 18 年 6 月 16 日・判批」立調 262 号（2006 年）26 頁以下、丸山絵美子「最判平成 18 年 6 月 16 日・判批」法セ 621 号（2006 年）109 頁、竹野下喜彦「最判平成 18 年 6 月 16 日・判批」ひろば 59 巻 11 号（2006 年）74 頁以下、田中宏治「最判平成 18 年 6 月 16 日・判批」法教 316 号（2007 年）110 頁以下、青野博之「最判平成 18 年 6 月 16 日・判批」ひろば 60 巻 3 号（2007 年）58 頁以下、米村滋人「最判平成 18 年 6 月 16 日・判批」医事法 22 号（2007 年）156 頁以下、松久三四彦「最判平成 18 年 6 月 16 日・判批」平成 18 年度重判（ジュリ 1332 号）（2007 年）85 頁以下、同「最判平成 18 年 6 月 16 日・判批」判評 585 号（2007 年）178 頁以下、鹿野菜穂子「最判平成 18 年 6 月 16 日・判批」リマ 35 号（2007 年）58 頁以下、蛭川明彦「最判平成 18 年 6 月 16 日・判批」平成 18 年度主判解（判タ 1245 号）（2007 年）105 頁以下、仮谷篤子「最判平成 18 年 6 月 16 日・判批」速報判例解説 2 号（2008 年）87 頁以下がある。また、原告側訴訟代理人の手になる、奥泉尚洋「最高裁判決 2006——弁護士が語る B 型肝炎訴訟」法セ 626 号（2007 年）26 頁以下も参照）がある。

(594)「少なくとも、このケースにおいては」という留保を付したのは、以下の理由に基づく。注 (592) 及び注 (593) で引用した諸判決は、加害行為時と損害発生時との間に相当の時間的な間隔が存在するケースの全てにおいて、除斥期間の起算点を損害発生時に求めているわけではない（もっとも、このような理解を示す学説も存在する。例えば、松本克美「民法 724 条後段の「不法行為の時」と権利行使可能性——筑豊じん肺訴訟最判 2004 年の射程距離」同『続・時効と正義』（日本評論社・2012 年）79 頁以下〔初出・2006 年〕、同「後発顕在型不法行為と民法 724 条後段の 20 年期間の起算点——規範的損害概念の提唱および公訴時効との異同」同・前掲書 135 頁以下〔初出・2007 年〕がある。その際、松本克美は、判例の中で示されている「被害者に酷」、「加害者は予期すべき」という説示を強調する）、「身体に蓄積した場合に人の健康を害することとなる物質による損害や、一定の潜伏期間が経過した後に症状が現れる損害のように」、「損害の性質上」加害行為の終了から相当期間経過した後に損害が発生する場合についてのみ、除斥期間起算点を損害発

217

為を援用する場合とで、消滅時効ないし除斥期間の起算点が同一の時点に求められていることになる(595)。従って、先に引用した安全配慮義務違反に基づく損害賠償請求権の消滅時効に関する判決を、その理由付けも含め、上記の判決との対比で見るならば、判例は、安全配慮義務違反に基づく損害賠償を債務不履行と性質決定し、そこから幾つかの具体的な帰結を導きつつも(596)、その実質、つまり、損害賠償の性質に関わる側面においては、不法行為に基づく損害賠償と同質のものとして捉えて

生時としたものである（注(592)及び注(593)掲記の判例解説・評釈の多くは、このような理解を示している）。そうすると、「損害の性質上」加害行為の終了から相当期間経過した後に損害が発生する場合に該当しないケースでは、安全配慮義務違反に基づく損害賠償請求権の消滅時効起算点と、不法行為に基づく損害賠償の除斥期間起算点は何ら判断を示していない。もっとも、判例は、除斥期間の起算点が加害行為時に求められることになる、「加害行為が行われた時に損害が発生する不法行為の場合」と、それが損害発生時に求められることになる、「損害の性質上、加害行為が終了してから相当の期間が経過した後に損害が発生する場合」のみに言及しているに過ぎないのであって、そのいずれにも入らないケースについては、何ら判断を示していないことに留意しなければならない。また、安全配慮義務違反に基づく損害賠償と不法行為に基づく損害賠償の両者が問題となりうる事案で、上記のいずれにも入らないケースは、管見の及ぶ限り見当たらなかった。

(595) 最判平成16年4月27日民集58巻4号1032頁は、「じん肺被害を理由とする損害賠償請求権については、その損害発生の時が除斥期間の起算点となるというべきである」と述べるだけで、当該事案における具体的な除斥期間起算点については何ら判断を示していない。しかし、この判決は、安全配慮義務違反に基づく損害賠償請求権の消滅時効起算点について判断した最判平成6年2月22日民集48巻2号441頁、最判平成16年4月27日判時1860号152頁と同じく、除斥期間の起算点が最終の行政上の決定時もしくは死亡時であることを当然の前提としているように思われる（山本＝金山・前掲注(592)205頁以下・211頁以下〔金山執筆部分〕、良永・前掲注(592)82頁、新谷・前掲注(592)156頁等を参照）。というのは、判例は、じん肺に関する損害について、各行政上の決定に相当する病状に基づく各損害が、その決定を受けた時に発生するとの理解を示しており、このような損害の捉え方は、損害賠償請求権の性質決定によって異なるものではないからである。

(596) 例えば、遅延損害金に関して、「債務不履行に基づく損害賠償債務は期限の定めのない債務であり、民法412条3項によりその債務者は債権者からの履行の請求を受けた時にはじめて遅滞に陥るものというべきであるから」、遅延損害金は相手方からの履行請求を受けた時点から起算されるとし、また、遺族固有の慰謝料請求について、使用者・被害者間の雇用関係ないしこれに準ずる法律関係の当事者でない遺族が、「雇用関係ないしこれに準ずる法律関係上の債務不履行により固有の慰謝料請求権を取得するものとは解しがたい」と判示した、最判昭和55年12月18日民集34巻7号888頁が、これに当たる。

なお、本判決の解説・評釈として、吉井直昭「最判昭和55年12月18日・判解」『最高裁判所判例解説民事篇 昭和55年度』（法曹会・1985年）411頁以下、中井美雄「最判昭和55年12月18日・判批」民商85巻2号（1981年）133頁以下、野村豊弘「最判昭和55年12月18日・判批」昭和55年度重判（ジュリ743号）(1981年)89頁以下〔後に、下森編・前掲注(587)323頁以下に所収〕、西村健一郎「最判昭和55年12月18日・判批」労判371号（1981年）4頁以下、松本克美＝多田利隆「最判昭和55年12月18日・判批」法セ325号（1982年）120頁以下、岡村親宜「最判昭和55年12月18日・判批」同『労災裁判の展開と法理』（総合労働研究所・1982年）318頁以下、後藤勇「最判昭和55年12月18日・判批」昭和56年度主判解（判タ472号）(1982年)58頁以下、吉田邦彦「最判昭和55年12月18日・判批」法協100巻2号（1983年）244頁以下、岩村正彦「最判昭和55年12月18日・判批」ジュリ775号（1982年）145頁以下、塚原英治「最判昭和55年12月18日・判批」岡村親宜＝大竹秀達編『判例通覧労災職業病』（エイデル研究所・1984年）51頁以下、林弘子「最判昭和55年12月18日・判批」山口浩一郎＝菅野和夫＝西谷敏編『労働判例百選（第6版）』（有斐閣・1995年）124頁以下、水島郁子「最判昭和55年12月18日・判批」菅野和夫＝西谷敏＝荒木尚志『労働判例百選（第7版）』（有斐閣・2002年）144頁以下、三栄丈典「最判昭和55年12月18日・判批」村中孝史＝荒木尚志編『労働判例百選（第8版）』（有斐閣・2009年）114頁以下がある。

いると評価することができるのである[597]。

---

[597] このことは、安全配慮義務違反を主張する場合と不法行為を理由とする場合とにおいて、被害者が行うべき主張・立証の内容がほとんど同じとされていることからも明らかとなる。というのは、判例は、「国が国家公務員に対して負担する安全配慮義務に違反し、右公務員の生命、健康等を侵害し、同人に損害を与えたことを理由として損害賠償を請求する訴訟において、右義務の内容を特定し、かつ、義務違反に該当する事実を主張・立証する責任は、国の義務違反を主張する原告にある、と解するのが相当である」としているからである（最判昭和56年2月16日民集35巻1号56頁。なお、本判決の解説・評釈として、吉井直昭「最判昭和56年2月16日・判解」『最高裁判所判例解説民事篇 昭和56年度』（法曹会・1986年）50頁以下、佐藤康「最判昭和56年2月16日・判批」行政判例研究会編『昭和56年行政判例解説』（ぎょうせい・1981年）199頁以下、小林秀之「最判昭和56年2月16日・判批」判評278号（1981年）32頁以下、同「最判昭和56年2月16日・判批」新堂幸司＝青山善充＝高橋宏志編『民事訴訟法判例百選Ⅱ』（有斐閣・1992年）266頁以下、野村豊弘「最判昭和56年2月16日・判批」ジュリ758号（1982年）144頁以下、星野英一「最判昭和56年2月16日・判批」法教20号（1982年）101頁、後藤勇「最判昭和56年2月16日・判批」昭和56年度重判（ジュリ768号）（1982年）137頁以下、江口克二「最判昭和56年2月16日・判批」駒私7号（1982年）127頁以下、國井和郎「最判昭和56年2月16日・判批」星野英一＝平井宜雄編『民法判例百選Ⅱ債権（第2版）』（有斐閣・1982年）14頁以下、竹下守夫「最判昭和56年2月16日・判批」民商86巻4号（1982年）81頁以下〔後に、下森編・前掲注（587）331頁以下に所収〕、春日偉一郎「最判昭和56年2月16日・判批」昭和56年度主判解（判タ472号）（1982年）249頁以下、岡村親宜「最判昭和56年2月16日・判批」同『労災裁判の展開と法理』（総合労働研究所・1982年）223頁以下、同「最判昭和56年2月16日・判批」岡村親宜＝大竹秀達編『判例通覧労災職業病』（エイデル研究所・1984年）34頁以下、萩沢晴彦「最判昭和56年2月16日・判批」ジュリ776号（1982年）140頁以下、片山欣司「最判昭和56年2月16日・判批」経営法曹会議編『最高裁労働判例4──問題点とその解説』（日本経営者団体連盟・1983年）425頁以下、下森定「最判昭和56年2月16日・判批」加藤一郎＝宮原守男＝野村好弘編『新交通事故判例百選』（有斐閣・1987年）68頁以下、星野雅紀「最判昭和56年2月16日・判批」西村宏一＝幾代通＝園部逸夫編『国家補償法大系3 国家賠償法の判例』（日本評論社・1988年）210頁以下、高田昌宏「最判昭和56年2月16日・判批」小林秀之編『判例講義 民事訴訟法』（悠々社・2001年）194頁以下がある）。なお、同判決の評価については、第2部・第1章・第2節・第2款・第2項684頁以下も参照。

また、近時、最高裁は、使用者の安全配慮義務違反を理由とする債務不履行に基づく損害賠償請求の場面で弁護士費用相当額の賠償を認めるに際し、この場面では、不法行為に基づく損害賠償の場合と同じく、弁護士に訴訟の遂行を委任するのでなければ十分に訴訟活動を行うことができないという点をその理由として挙げているところ、その前提として、最判昭和56年2月16日民集35巻1号56頁を引用しつつ、「労働者が主張立証すべき事実は、不法行為に基づく損害賠償を請求する場合とほとんど変わるところがない」と明確な形で述べるに至っている（最判平成24年2月24日判時2144号89頁）。本判決をより正確に位置付けるならば、以下の通りである。すなわち、従来、最高裁は、不法行為に基づく損害賠償の場面では、訴訟遂行の困難さを理由に、一定の範囲で弁護士費用相当額の賠償を認めてきた。例えば、最判昭和44年2月27日民集23巻2号441頁は、「思うに、わが国の現行法は弁護士強制主義を採ることなく、訴訟追行を本人が行なうか、弁護士を選任して行なうかの選択の余地が当事者に残されているのみならず、弁護士費用は訴訟費用に含まれていないのであるが、現在の訴訟はますます専門化され技術化された訴訟追行を当事者に対して要求する以上、一般人が単独にて十分な訴訟活動を展開することはほとんど不可能に近いのである。従って、相手方の故意又は過失によって自己の権利を侵害された者が損害賠償義務者たる相手方から容易にその履行を受け得ないため、自己の権利擁護上、訴を提起することを余儀なくされた場合においては、一般人は弁護士に委任するにあらずして、十分な訴訟活動をなし得ないのである。そして現在においては、このようなことが通常と認められるからには、訴訟追行を弁護士に委任した場合には、その弁護士費用は、事案の難易、請求額、認容された額その他諸般の事情を斟酌して相当と認められる額の範囲内のものに限り、右不法行為と相当因果関係に立つ損害というべきである」と判示している。これに対して、債務不履行に基づく損害賠償に関しては、先例となるべき判例が存在しなかったところ（なお、弁護士費用が訴訟費用に含まれないことを理由として、債務不履行の領域で弁護士費用相当額の賠償を否定した大審院判決も存在するが（大判大正4年5月19日民録21輯725頁）、既に大審院の時代から、訴訟費用の規定は不法行為法適用の障害にならないと判断されており、また、訴訟費用との関係で不

◆第1章◆ 性　質

　こうした状況を前にどのような方向性を目指すべきかは、損害賠償の性質の検討を目的とする本節の課題ではなく、契約（債務）不履行に基づく損害賠償の理論枠組みと契約の基礎理論、民事責任法との関係を考察する第2部の検討課題であるが[598]、少なくとも、現時点では、以下の点を明確に認識しておくべきであろう。すなわち、損害賠償請求権の消滅時効起算点（及び除斥期間起算点）に関する判例からは、安全配慮義務違反に基づく損害賠償と不法行為に基づく損害賠償の同質性、安全配慮義務違反に基づく損害賠償と本来的債務の不履行に基づく損害賠償の異質性を指摘しうること、従って、判例においては、民法415条の損害賠償の中に性質の全く異なる2つのタイプの損害賠償が観念されていること[599]、仮に不履行法の領域から安全配慮義務に基づく損害賠償請求という異質な要素を排除し、当事者が契約において実現を予定したものが問題となりうる局面に契約（債務）不履行に基づく損害賠償の対象を限定するのであれば、履行方式としての契約（債務）不履行に基づく損害賠償の考え方を判例法理の正当化モデルとして定立しうることである。
　ところで、このような契約（債務）不履行に基づく損害賠償の性質の捉え方と判例理論の読み方は、更に、契約（債務）不履行に基づく損害賠償の歴史的展開という視点によっても補強されうる。本節における検討の最後に、この点に触れておくことにしよう。
　川島武宜は、債務不履行に基づく損害賠償と本来的債権の同一性を肯定するに際し、その論拠として、近代法において損害賠償の把握の仕方が変化したことを挙げ

法行為と債務不履行とを区別する理由もないから、この判決の先例的意味は小さいと評価しうる（伊藤眞「訴訟費用の負担と弁護士費用の賠償」中野貞一郎先生古稀祝賀『判例民事訴訟法の理論（下）』（有斐閣・1995年）101頁以下を参照））、本判決は、安全配慮義務違反を理由とする債務不履行に基づく損害賠償請求に限定したものではあるが、以下のように判示したのである。「労働者が、就労中の事故等につき、使用者に対し、その安全配慮義務違反を理由とする債務不履行に基づく損害賠償を請求する場合には、不法行為に基づく損害賠償を請求する場合と同様、その労働者において、具体的事案に応じ、損害の発生及びその額のみならず、使用者の安全配慮義務の内容を特定し、かつ、義務違反に該当する事実を主張立証する責任を負うのであって（中略）、労働者が主張立証すべき事実は、不法行為に基づく損害賠償を請求する場合とほとんど変わるところがない。そうすると、使用者の安全配慮義務違反を理由とする債務不履行に基づく損害賠償請求権は、労働者がこれを訴訟上行使するためには弁護士に委任しなければ十分な訴訟活動をすることが困難な類型に属する請求権であるということができる（改行）。したがって、労働者が、使用者の安全配慮義務違反を理由とする債務不履行に基づく損害賠償を請求するため訴えを提起することを余儀なくされ、訴訟追行を弁護士に委任した場合には、その弁護士費用は、事案の難易、請求額、認容された額その他諸般の事情を斟酌して相当と認められる額の範囲内のものに限り、上記安全配慮義務違反と相当因果関係に立つ損害というべきである」。なお、筆者の手による本判決の位置付けとして、拙稿「最判平成24年2月24日・判批」民商146巻6号（2012年）611頁以下。また、その他の解説・評釈として、中川敏宏「最判平成24年2月24日・判批」法セ692号（2012年）128頁、河津博史「最判平成24年2月24日・判批」銀法744号（2012年）63頁、夏井高人「最判平成24年2月24日・判批」判例自治354号（2012年）107頁以下がある。

(598) 詳細は、第2部・第1章・第2節・第1款・第2項554頁以下、第2款・第2項670頁以下、及び第2章・第2節・第2款・第2項854頁以下を参照。

(599) ここで予め結論だけを述べておけば、履行の実現を基礎とする契約（債務）不履行に基づく損害賠償の中に賠償を目的とする要素を取り込んだことが、民事責任法に大きな混乱をもたらし、2つの損害賠償における制度的な相違の正当化を困難なものとしているのである。

ている。すなわち、かつて、債務不履行に基づく損害賠償は、本来的債権の効力ではなく、不法行為の効力として把握されていたが、その後、本来的債権は国家によって保障されるという意識が確立するようになると、「損害賠償も本来の債権の効力―その貨幣形態においての強行―として把握せられ構成されるにいたった」。かくして、近代法において、「損害賠償請求権は、本来の債権の内容が転換したものとして構成せられ、この二つの債権は別の独立の存在でなく、一つの存在とされる」ことになったのである[600][601]。

　しかし、このような歴史認識が正当かどうかは別としても[602]、ここで言う損害賠償は、本来的債権の効力それ自体、あるいは、その実現手段として把握されているのであって、もはや、不履行を契機として新たに発生する債権として認識されているわけではない。つまり、上記のような歴史認識によって補強されうるのは、賠償モデルと同一性命題の組み合わせではなく、履行モデルにほかならないと言えるのである。この点、学説の中には、契約（債務）不履行に基づく損害賠償を不法行為と同じく惹起された損害を賠償するための制度として捉えながら、こうした歴史認識を前提としつつ、損害賠償は本来的債権の代償でありそれと価値的な同一性を持つとの説明を介すことによって、両債権が同一性を持つことを正当化しようとするものも存在する[603]。しかし、不法行為の効果から本来的債権の効力へという歴史認識からは、履行実現の手段として損害賠償を構想する方向性を描くことが自然であるし[604]、仮にこの歴史認識を問題にせず、価値的同一性のみを根拠とするとき

---

[600]　川島・前掲注[17]84頁以下〔引用部分は85頁〕。
[601]　ニュアンスは異なるが、山中・前掲注[357]88頁以下も、債務不履行に基づく損害賠償と本来的債権が同一性を持つと述べた後に、以下のように続けている。「沿革的には非金銭債務の財産的責任追求形式としては、契約形式上ははじめより金銭債権のかたちにおいてそれを実現するか、または判決によるそれの金銭債権への移行を、唯一のみちとしてみとめることによりはじまって、やがて当事者の意思をもっともよく実現しうべき方法としての現実的履行強制へのみちが徐々にひらかれたものにほかならぬ。これは損害賠償責任が罰金的な要素を漸次去って、原給付債権と同一性をたもつ延長ないし拡張たるの実質を実現したこと―罰金的要素は精神的損害の賠償にかんする慰謝料においてそのなごりをとどめるのみ―によるものであり、責任追求の方法が、原債権と、たとえ同一性をたもつとはいえ、その延長ないし拡張を実現するということから、一歩をすすめてまったくそれの同一物を実現するという現実的履行強制のみちへと発展がおこなわれたことを意味するものにほかならぬ」。
[602]　この点については、第2部・第1章・第1節368頁以下における検討も参照。
[603]　勝本・前掲注[2]291頁以下（債務不履行に基づく損害賠償は、「本来の債権より独立した別箇の債権に非ずして、本来の債権の延長又は、拡張せられたるものなりと解するのが正しい」。「素より、損害賠償債権の目的と本来の債権の目的とは必ずしも同一ではない。然し、経済上より云ふときは、損害賠償債権は、本来の給付に代はるべきものなるを以て経済的価値は同一である。且つ、本来の債権の存在したることによって、之に代はるものであるから、損害賠償債権は本来の債権の延長とみるべきものである」）、浅井・前掲注[357]「総論」122頁以下（履行不能による「損害賠償は本来の債務が給付不能の結果消滅することから生ずる損害であるから、その損害賠償債務は給付不能となった債務とは本来別個なものであるが、わが民法上は同一に取扱わねばならぬ。その合理的根拠は、その損害賠償は不能となれる給付の経済的代用価値であり、かような代用価値の上に権利を存続せしめるいわゆる代位は民法の常用手段であること」に求められる）等。
[604]　仮に不法行為の効果から債権の効力へという歴史認識が正当であるならば、契約（債務）不履行に基づく損害賠償を不法行為のモデルによって基礎付ける方法は、過渡期の理論枠組みと評

◆第1章◆ 性　質

には、価値の同一性から法的同一性を導く手法それ自体が問題に付されなければならないのである(605)。

◇第2節の結論◇

　本節の目的は、契約ないし契約から生じた債権と契約（債務）不履行に基づく損害賠償との関係という問題、より具体的なレベルの問題としては、契約（債務）不履行に基づく損害賠償請求権の消滅時効起算点（及び契約（債務）不履行に基づく損害賠償が問題となる場面における証明責任の規律）の問題を、賠償モデル・履行モデルという分析枠組みから得られる異別と同一という視点を用いて分析することにあった。その成果を要約するならば、以下の通りである。

　日本の伝統的理解は、契約（債務）不履行に基づく損害賠償を不履行によって生じた損害を賠償するための制度として理解する立場を前提としながらも、実質的に妥当なものと考える解決を得るために、本来的債権と不履行に基づく損害賠償の法的な同一性を肯定した。しかし、この立場は、前提とする損害賠償のモデルからは両者の法的異別性（要件充足による本来的債権とは別の損害賠償債権の発生）が導かれるところ、その法的同一性を肯定するものであるから、損害賠償のモデルとその性質との間に論理的な矛盾を生じさせていると言わざるをえなかった。

　これに対して、契約（債務）不履行に基づく損害賠償を、契約が正確に履行されなかった場合に問題となりうる、その実現手段として位置付けるモデルによれば、債務者が債務を正確に履行しなかった場合であっても、契約から生じた債務はそのまま存続し、ただ、債権者に対して、その実現手段としての契約（債務）不履行に基づく損害賠償を利用する可能性が与えられるに過ぎないとの見方が描かれた。これによると、損害賠償は、契約債権から離れて、独自の意味付けを与えられることも、独自の規律を受けることもなくなる。そうすると、学説とは異なり、契約（債務）不履行に基づく損害賠償の属性、あるいは、性質一般として、両者の同一性を肯定し、そこから、損害賠償請求権の消滅時効、不履行の証明責任の所在といった具体的諸問題を規律しようとする判例の立場も、このモデルによれば、論理的に正当化することが可能となるのである。

　以上が、本節における考察から導かれる、契約ないし契約から生じた債権と契約（債務）不履行に基づく損害賠償との関係についての1つの見方である。これを、本章・第1節の末で示した視点と併せるならば、更に、以下のような見方を提示することができる。日本の学説は、契約とは法的に別個の存在である損害賠償を債務者

すべきことになろう。
(605) 価値の同一性と法的な同一性は、全く次元の異なる問題である。仮に価値的な同一性を承認することが法的同一性の肯定へと繋がるのであれば、例えば、目的物の物権的返還請求権と不法行為に基づく損害賠償請求権等においても、両者の同一性を承認しなければならないであろう。

に課すための要素として帰責事由要件を構想する一方で、契約ないし契約債権と不履行に基づく損害賠償の法的同一性を肯定しているのであるから、論理的に矛盾した状態にあると言える。帰責という考え方を採用している時点において、既に両者の法的異別性が承認されているのであり、反対に、不履行に基づく損害賠償の性質一般として、契約ないし契約債権との同一性を認めるのであれば、帰責の考え方を排除しなければならない。帰責は異別を前提としているのである。他方、本書が提示しようとするモデルは、契約（債務）不履行に基づく損害賠償が契約の実現手段であることを出発点としている。このモデルによると、契約（債務）不履行に基づく損害賠償は、契約ないし契約債権それ自体なのであり、この意味において、契約（債務）不履行に基づく損害賠償と契約とは「同一」と言うことができる。そして、このように考えるからこそ、損害賠償を債務者に帰責するプロセスを観念することなく、不履行とその限界からなる要件枠組みを構築することが可能となったのである。言い換えれば、実現は「同一」を前提としているのである。

◆第 2 章◆ 対　象

　契約（債務）不履行に基づく損害賠償によって塡補ないし充足される対象は何か。また、契約（債務）不履行に基づく損害賠償の対象はどのように確定されるのか。これが、本章において検討の素材とされる問題である。

　一方で、賠償モデルによれば、契約（債務）不履行に基づく損害賠償によって塡補されるのは、不法行為の場合と同じく、有責な不履行によって生じた損害ということになる。また、近時の有力学説のように、賠償の論理を前提としつつも、契約を起点として議論を構築するのであれば、契約不履行に基づく損害賠償の対象は、契約におけるリスク分配を考慮した形で把握される損害ということになる。これに対して、履行モデルによれば、契約（債務）不履行に基づく損害賠償は、契約ないし契約債務の代替的な履行手段として位置付けられるから、その充足対象も、契約（債権）において予定されたが実現されなかった利益として捉えられる。

　このような原理レベルでの理解の差異は、損害概念の把握の仕方、そして、場合によっては、契約（債務）不履行に基づく損害賠償が認められるかどうかの判断にも影響を及ぼしうるものである（第 1 節）。しかし、本章で検討すべき問題は、上記のような抽象的議論に止まるものではない。ここでの対立は、契約（債務）不履行に基づく損害賠償の範囲の確定ルールをどのように理解するのか、それに対する特別ルールをどのように設けるべきかという実践的問題にも大きな影響を及ぼすのである（第 2 節）。

◆ 第1節 損害と契約[606]

　日本の民法において、契約（債務）不履行による損害賠償は、原則として、契約や債権が正確に履行されなかった場合に債権者が債務者に対して請求することのできる一定の金銭として構成されている。それでは、この金銭によって塡補ないし充足される対象、つまり、契約（債務）不履行に基づく損害賠償の対象は何か。その答えは、一見したところ、明白であるように思われる。日本の伝統的通説は、契約（債務）不履行に基づく損害賠償を、不法行為に基づく損害賠償と同じく、不履行によって生じた損害を賠償するための制度として捉えており、このような理解によれば、その対象は、当然、不履行によって生じた損害ということになりそうだからである。しかし、契約（債務）不履行に基づく損害賠償の理論枠組みという視点からより掘り下げて検討するならば、この問題は、それほど単純なものでないことが分かる。

　日本の伝統的通説は、契約（債務）不履行に基づく損害賠償を、有責な不履行によって生じた損害を賠償するための制度として捉えてきた。このような理解によれば、契約（債務）不履行に基づく損害賠償によって塡補される対象は、有責な不履行によって生じた損害ということになろう。ここで、損害概念をめぐる従来の議論に従って、損害を債務不履行がなかったならば存在したであろう利益状態と現在の利益状態との差額として捉える差額説と[607]、それを法益について生じた不利益な事実と理解する損害事実説[608]との対立構図を描くとすれば[609]、契約（債務）不履行に基づく損害賠償は、債務不履行が存在しなかった場合の仮定的利益状態と現在の利益状態との差を塡補し、あるいは、債権者に生じた不利益な事実を塡補するものということになる。そして、この意味での損害が発生しなかった場合、契約（債務）不履行に基づく損害賠償はその対象を欠くことになり、債権者はそれを請求することができないのである。

　このような理解の背後に、契約（債務）不履行に基づく損害賠償と不法行為に基づく損害賠償とを同一の枠組みで捉えようとする思考モデルが存在することは明らかである。差額説における損害概念を不法行為に基づく損害賠償にも妥当させるためには、債務不履行を加害行為に置き換えるだけで十分であるし、損害を不利益な事実として捉える理解は、そのまま、不法行為領域における議論にも妥当するからである。このことは、上記のような損害概念をめぐる議論が、契約（債務）不履行に基づく損害賠償と不法行為に基づく損害賠償を「損害賠償債権」なる項目の下で統一

---

(606) 本節の一部は、拙稿・前掲注(1)「対象」、拙稿・前掲注(1)「理論 (2)」37頁以下を基礎とするものである。その主張内容に変化はないが、ほぼ原形をとどめないほど大幅に加筆されている。
(607) 石坂・前掲注(2)282頁以下、鳩山・前掲注(2)65頁、中島(玉)・前掲注(357)「釋義総論」501頁以下、同・前掲注(357)「総論」172頁以下、柚木＝高木・前掲注(357)111頁、於保・前掲注(7)135頁等。
(608) 平井・前掲注(11)135頁以下、同・前掲注(13)67頁以下等。
(609) 議論の詳細については、髙橋・前掲注(74)121頁以下を参照。

的に論じていた、かつての支配的学説にその淵源を有することからも明確になろう(610)。

これに対して、近時の有力学説のように、「契約を起点に据えた契約責任論」を標榜し(611)、契約不履行に基づく損害賠償を契約利益の価値的な実現手段として捉えようとするならば(612)、債権者による契約不履行に基づく損害賠償の請求が認められるかどうかを決定するに際して重要な意味を持つのは、債権者が契約利益を獲得したかどうかということなる。従って、このような理解を前提とすれば、契約不履行に基づく損害賠償によって塡補される対象は、不履行のために債権者が獲得することのできなかった契約利益ということになろう。そうであるならば、契約不履行に基づく損害賠償については、その対象としての損害を把握するに際して、不法行為に基づく損害賠償とは異なる考慮が必要となるのではないか。つまり、契約不履行に基づく損害賠償の対象としての損害を、不法行為領域と同じような形で、単純に違法行為が存在しなかった場合の仮定的利益状態と現在の利益状態との差や、不履行の事実に帰着させることはできないのではないか(613)。

このような疑問は、契約（債務）不履行に基づく損害賠償を、実現されなかった契約や債権の履行を確保するための制度として理解する立場においては、より先鋭な形で現れる。ここでは、契約（債務）不履行に基づく損害賠償は、金銭という等価物による履行の実現手段として捉えられているから、その肯否を決するためには、契約や債権が通常通り履行されなかったことによって、債権者が契約や債権から期待した利益を獲得することができなかったかのかどうかを評価することが必要となる。それ故、従来の一般的用語に倣ってそれを損害と呼ぶかどうかは別としても、金銭という等価物によって充足される対象は、債権者が契約や債権から期待したが実際には獲得することのできなかった利益と構成されることになろう。そして、仮に以上のような認識が正当であるとするならば、従来の理解によれば損害が存在しないとして損害賠償請求が否定されるケースであっても、債権者による契約（債務）不履行に基づく損害賠償の請求を認めるべき場合が存するのではないかとの疑問が浮かび上がってくることになる。つまり、契約や債権において予定されていたが、

---

(610) 石坂・前掲注(2)282頁以下、同・前掲注(357)54頁、鳩山・前掲注(2)65頁等。また、注釈の形式を採用するため、「損害賠償債権」なる項目を設けているわけではないが、中島(玉)・前掲注(357)「釋義總論」501頁以下等も参照。

(611) 文献の所在も含め、「特集 契約責任論の再構築（2006年日本私法学会シンポジウム資料）」ジュリ1318号（2006年）81頁以下所収の諸論稿を参照。

(612) 潮見・前掲注(9)307頁以下等。

(613) もっとも、近時の有力学説の中には、契約不履行に基づく損害賠償における損害の特殊性を指摘するものも存在する。例えば、潮見・前掲注(9)311頁以下は、損害を、債務不履行がなければ債権者が置かれたであろう仮定的事実状態と、債務不履行の結果として債権者が現在置かれている現実的事実状態との差として把握し、その際、これらの事実状態を規範的に評価するという方向性を提示している。そこでは、仮定的事実状態と現実的事実状態がともに契約上の地位を基礎として規範的に評価されるから、契約不履行に基づく損害賠償の特殊性が見事に示されることになる。

第 1 節　損害と契約

不履行のために債権者が獲得しえなかった利益が存する以上は、不法行為領域と同じような意味で違法行為がなかったならば存在したであろう状態と現在の状態との間に差異が見出しえない場合であっても、債権者による契約（債務）不履行に基づく損害賠償の請求が認められるべきことになるのではないか。ここにおいて、我々は、契約（債務）不履行に基づく損害賠償の対象という問題を設定し、これを検討する必要に迫られるのである。

　ところで、上記のような契約（債務）不履行に基づく損害賠償の対象という問題は、単に、損害概念の捉え方という抽象的なレベルの議論に資するだけではない。契約（債務）不履行に基づく損害賠償の対象をどのように把握するかによって、その射程、つまり、契約（債務）不履行に基づく損害賠償によってカバーされる範囲は、当然、異なることになるからである。とりわけ、契約（債務）不履行に基づく損害賠償を履行の実現という側面から捉えようとする立場から見れば、その対象は、契約や債権の履行が債権者に与えていたであろう利益に限られることになりそうであるから、契約（債務）不履行に基づく損害賠償を、それ以外の損害を賠償するために用いることはできなくなろう。このように見れば、契約（債務）不履行に基づく損害賠償の対象という問題は、それと不法行為に基づく損害賠償との関係を論ずるに際しても[614]、前提とされるべき議論であると言うことができるのである。

　かくして、本節の課題は以下のように設定される。すなわち、契約（債務）不履行に基づく損害賠償によって塡補ないし充足される対象は何かという問題を、賠償モデル・履行モデルという分析枠組みを用いて検討することである。

　そのために、以下では、フランスにおける契約不履行に基づく損害賠償の損害要件に関する議論を検討する。本書冒頭で言及したように、フランスにおいては、契約不履行に基づく損害賠償の性質について、それを債務の不履行によって惹起された損害を賠償するための制度として捉える立場と、履行されなかった契約ないし債務の履行を確保するための制度として理解する立場が対立しており、これら２つの立場の間で、損害要件の位置付け、契約不履行に基づく損害賠償の対象をめぐって多くの議論の蓄積が存在する。従って、前述のような本節の問題意識に鑑みれば、フランスにおける議論の分析は極めて有益であると考えられる。

　ところで、フランスにおける損害要件をめぐる議論は、学理的な問題として捉えられてきた契約上のフォートの要否や賠償範囲の理論的基礎等の議論とは対照的に[615]、まず破毀院の判決が出され、それに基づいて学説が分析・考察を展開するという形で進められてきた。従って、この点に関するフランス法の議論を分析するに

---

(614) この問題については、第２部・第１章・第２節の全体、及び、同・第２章・第２節・第２款・第２項854頁以下を参照。
(615) 契約上のフォートをめぐる議論については、第１章・第１節・第１款69頁以下を、損害賠償の範囲の理論的基礎をめぐる議論については、本章・第２節・第１款287頁以下を参照。

◆第2章◆ 対　象

際しては、近時の破毀院判例の検討が必要不可欠となるが、そのためには、「契約責任」に関わる個々の判例や破毀院判例の全体的な傾向をも考慮することが必要となる。近年の破毀院判決の中には、第三者が不法行為上のフォートの基礎として契約不履行を援用することができるかという問題[616]、塡補賠償の場合にも附遅滞が必要かという問題[617]、運送契約において被害者のフォートは一部免責の原因となりうるかという問題[618]、更には、不可抗力の中身[619]等、判例・学説において争いのあった問題について新たな判断を示した、実際的に見ても、また、契約不履行に基づく損害賠償の理論枠組みという視点から見ても、極めて重要な判例が数多く存在するからである。あるいは、より広く、民事責任に関する判例法理[620]、フランスにおける民事判例一般、更には、債務法改正やヨーロッパ契約法の動向[621]が判例に与える影響等も視野に入れなければならないであろう。本節において、後者の諸視点からの分析を十分に行うことはできないが、以下の考察は、これらの問題を考慮してなされるものである。

　以上のように、本節は、契約不履行に基づく損害賠償の理論枠組みという視角か

---

(616) Cass. ass. plén., 6 oct. 2006, supra note 291 (「契約における第三者は、契約違反が自己に損害を生じさせたときには、不法行為責任に基づいて、この違反を援用することができる」) この判決を含め、本文で述べた問題については、第2部・第1章・第2節・第2款・第1項 602頁以下を参照。

(617) Cass. ch. mixte, 6 juill. 2007, supra note 164. この判決を含め、本文で述べた問題については、第2部・第2章・第2節・第1款・第1項 822頁以下を参照。

(618) Cass. 1re civ., 13 mars 2008, Bull. civ., I, n° 76 ; D., 2008, 1582, note Geneviève Viney ; D., 2008, chronique de la Cour de cassation, 2370, chr., Claude Creton ; D., 2008, pan., 2899, obs. Philippe Brun ; JCP., 2008, II, 10085, note Paul Grosser ; JCP., 2008, I, 186, obs., Philippe Stoffel-Munck ; RTD civ., 2008, 312, obs., Patrice Jourdain ; Resp. civ. et assur., 2008, Etude n° 6, obs., Sophie Hocquet-Berg ; Resp. civ. et assur., 2008, comm., n° 159, obs., Fabrice Leduc ; Petites affiches, 6 août 2008, n° 157, 18, note Christophe Quezel-Ambrunaz ; Petites affiches, 25 août 2008, n° 170, 8, note Nicolas Bouche ; Petites affiches, 4 fév. 2009, n° 25, 9, note Marjorie Brusorio-Aillaud ; RDC., 2008, 743, obs., Denis Mazeaud ; RDC., 2008, 763, obs., Geneviève Viney ; Cass. ch. mixte, 28 nov. 2008, D., 2008, AJ., 3079, obs., Inès Gallmeister ; D., 2009, 461, note Geneviève Viney ; D., 2009, pan., 972, obs., H. Kenfack ; D., 2010, pan., 52, obs., Olivier Gout. ; JCP., 2009, II, 10011, note Paul Grosser ; JCP., 2009, I, 123, obs., Philippe Stoffel-Munck ; JCP. éd. E., 2009, 1949, 27, obs., Cécile Legros ; RTD civ., 2009, 129, obs., Patrice Jourdain ; RTD com., 2009, 434, obs., Bernard Bouloc ; Resp. civ. et assur., 2009, com., 4, note Sophie Hocquet-Berg ; Petites affiches, 4 fév. 2009, n° 25, 9, note Marjorie Brusorio-Aillaud ; RDC., 2009, 487, obs., Thomas Genicon. これらの判決を含め、本文で述べた問題については、第2部・第1章・第2節・第1款・第1項 501頁以下を参照。

(619) Cass. ass. plén., 14 avril 2006 (2 arrêts), Bull. civ. ass. plén., 2006, n°s 5 et 6 ; D., 2006, 1577, note Patrice Jourdain ; D., 2006, pan., 1933, obs., Philippe Brun ; JCP., 2006, II, 10087, note Paul Grosser ; JCP., 2006, I, 166, obs., Philippe Stoffel-Munck ; RTD civ., 2006, 775, obs., Patrice Jourdain ; Contra. conc. consom., 2006, n° 152, note Laurent Leveneur ; Defrénois, 2006, art. 38433, 1212, note Éric Savaux ; RDC., 2006, 1083, obs., Yves-Marie Laithier ; RDC., 2006, 1207, obs., Geneviève Viney ; RLDC., juill. 2006, 17, obs., Mustapha Mekki.

(620) 本書の問題関心との関連で言えば、他人の行為に基づく不法行為責任、未成年者のフォート等に関する判例法理が重要である（この点については、第1章・第1節・第1款・第1項 70頁以下を参照）。

(621) これらの点については、文献の所在も含め、序論 34頁以下を参照。

ら、フランスにおける契約不履行に基づく損害賠償の損害要件に関する議論を分析することによって、日本の「契約責任」論、履行障害論に対し、その対象という問題設定の重要性を説き、そこから得られる幾つかの視点を提示しようとするものである。

●第1款　フランスにおける契約不履行に基づく損害賠償の対象

　契約不履行に基づく損害賠償によって塡補ないし充足される対象は何か。近年、破毀院は、複数の判決の中で、契約不履行に基づく損害賠償を請求する際に損害の発生を必要とするかという問題について判断を示しているが、これら損害の要否について判断を示した一連の破毀院判決は、この問題を検討するに際して格好の素材を提供する。従って、まずは、これらの破毀院判決を概観し、それらをフランスにおける「契約責任」論の中に位置付けておかなければならない。その後に、これらの判決に対する学説の評価と、それらを契機として展開された学理的な議論を、とりわけ、契約不履行に基づく損害賠償を損害の賠償方式として捉え、不法行為に基づく損害賠償とパラレルな構造を持つ制度と理解する立場と、契約不履行に基づく損害賠償を「債務の効果」と位置付けているフランス民法典本来の構造や、近時の国際的ルールの動向を踏まえながら、それを契約の履行方式として把握しようとする立場を主要な対立軸として設定しながら検討していくことにしよう。

◇第1項　契約不履行に基づく損害賠償における損害要件の地位

　フランスの伝統的通説は、20世紀初頭以来、「契約責任」と不法行為責任を、同一の性質を有する2つの責任制度として位置付けてきた。民事責任とは、フォートある行為、その他、責任を負うべき他人の行為ないし物の所為によって、他人に損害を生じさせた者に対して、その損害を賠償することを義務付ける規範の総体を意味するから、そこには、「契約責任」と不法行為責任の両者が含まれる。従って、このような理解によれば、「契約責任」は、不法行為責任と同じく、惹起された損害を賠償するための制度として構想され、不法行為責任と同一の原理に服することになるのである[622]。

　このような理解を前提とする場合、契約不履行に基づく損害賠償は、不法行為に基づく損害賠償と同じく、「責任の原因となる行為ないし所為」によって損害が発生したことを契機として、言い換えれば、「責任を生じさせる行為ないし所為」、損害、両者の間の因果関係という3つの要件を充足することによって初めて認められることになる[623]。そして、契約不履行に基づく損害賠償の本性が、不履行によって生

---

　(622) この点については、文献の所在も含め、序論9頁以下を参照。
　(623) 用いられている表現は様々であるが、H. et L. Mazeaud, J. Mazeaud et Chabas, supra note 19, pp. 410 et s.; Viney et Jourdain, supra note 31; Carbonnier, supra note 52, n°s 155 et s.

◆第2章◆ 対　象

じた損害を賠償することに求められている以上、契約の不履行が存在する場合であっても、債権者に何ら損害が発生していないときには、債権者による契約不履行に基づく損害賠償の請求は認められない。これが、フランスの伝統的通説の理解である(624)。そして、「この命題は証明を要請しない。事物の本質上、賠償は損害を前提とする。契約不履行、違法行為だけでは、賠償を認めるのに十分ではない。原告が、この不履行、違法行為によって、損害を被ったことが必要なのである」等とも評価されているのである(625)。

判例も、古くから、伝統的通説と同じく、契約不履行に基づく損害賠償の請求を認容する前提として、損害の発生を要求してきた(626)。ところが、ここ数年の間に

---

pp.295 et s. ; Terré, Simler et Lequette, supra note 55, n°s 560 et s., pp.566 et s. ; Malaurie, Aynès et Stoffel-Munck, supra note 35, n°s 939 et s., pp.499 et s. ; Malinvaud et Fenouillet, supra note 203, n°s 551 et s., pp.439 et s. ; Bénabent, supra note 203, n°s 404 et s., pp.289 et s. ; Larroumet, supra note 24, n°s 603 et s., pp.632 et s. ; Aubert, Flour et Savaux, supra note 66, n°s 189 et s., pp.158 et s. ; Delebecque et Pansier, supra note 256, n°s 487 et s., pp.294 et s. ; Fages, supra note 203, n°s 374 et s., pp.302 et s. ; etc.

(624) H. et L. Mazeaud, J. Mazeaud et Chabas, supra note 19, n°s 406 et s., pp. 412 et s. ; Viney et Jourdain, supra note 31, n° 247, pp.4 et s. ; Starck, Roland et Boyer, supra note 268, n° 1662, p.577 ; Carbonnier, supra note 52, n° 155, pp.295 et s. ; Terré, Simler et Lequette, supra note 55, n°s 561 et s., pp.566 et s. ; Malaurie, Aynès et Stoffel-Munck, supra note 35, n° 961, pp.516 et s. ; Malinvaud et Fenouillet, supra note 203, n°s 554 et s., pp.439 et s. ; Bénabent, supra note 203, n°s 413 et s., pp.299 et s. ; Larroumet, supra note 24, n°s 643 et s., pp.712 et s. ; Aubert, Flour et Savaux, supra note 66, n°s 216 et s., pp.187 et s. ; Delebecque et Pansier, supra note 256, n° 495, p.297 ; Fages, supra note 203, n°s 385 et s., pp.309 et s. ; Fabre-Magnan, supra note 262, n° 242, pp.632 et s. ; Buffelan-Lanore, supra note 203, n°s 829 et s., pp.335 et s. ; Radé, supra note 268, pp.55 et s. ; etc.

(625) Roujou de Boubée, supra note 48, pp.69 et s.（ただし、私的罰と賠償の区別を論じたコンテクストにおける叙述である）

(626) 例えば、以下のような判決がある。Cass. civ., 2 fév. 1887, S., 1887, 1, 275（事案の詳細は不明であるが、荷受人からの損害賠償請求を認容した原審の判断について、破毀院は、損害の性質及び範囲を考慮することなく、また、これらを明確にすることなく、荷受人の損害賠償請求を認容したとして、これを破棄している）; Cass. civ., 26 nov. 1890, D., 1891, 1, 18 ; S., 1891, 1, 72（Xは、Aに対して、土地甲を代金7000フランで売却し、証書作成費用として558フラン43セントを支出した。ところが、その後、土地甲は競売にかけられ、Bがこれを競落した。Xは、代訴人Yに対して、自己の名において、売買代金7000フランと、証書作成費用558フラン43セントにつき、配当要求するよう依頼した。しかし、Yは、証書作成費用についての配当要求を怠った。そこで、Xは、Yに対して、558フラン43セントの損害賠償の支払いを求めて訴訟を提起した。原審は、Xの請求を認容した。これに対し、破毀院は、以下のように述べて、原審を破棄した。「前記の条文（民法典1382条、1991条、1992条─筆者注）によれば、代訴人は、ほかの受任者と同じように、依頼者に対して、自己がその委任の中で犯したフォートについて責任を負うが、この責任は、依頼者に現実かつ確実な損害が発生しており、かつ、この損害が犯されたフォートから直接的に生じた場合にしか存在しえない」。原審は、Yのフォートを認定した後、Xが債権を行使する権利を奪われたのはYのフォートに基づくものであり、これによって、賠償すべき損害が発生したと判断しており、「手続きの中で配当要求が認められたかどうか、仮に認められたとして、ほかの債権者から異議が出されていたかどうかを検討する必要はない」と判示している。しかし、原審は、フォートの存在を認定しているが、そこから直接的に生じた直接かつ確実な損害の存在を認定しているわけではない。損害賠償の支払いを命ずるためには、裁判所が、代訴人の責めに帰すべき不作為がなければ有益な配当がなされたであろうことを確認し、この配当の有用性を認定することが必要であった。実際、Xが法的に主張を行い、裁判官がXにおいてその権利を行使する機会を奪われ、損害を被ったと判示しうるのは、この条件においてなのである」）; Cass. civ., 3 mars 1902, S., 1903, 1, 357（ライグラスの運送のケースで、期間を経過後にライ

◆ 第1節 ◆ 損害と契約

出された幾つかの破毀院判決は、契約不履行に基づく損害賠償における損害要件の地位について、一見したところ、対極に位置付けられうるような2つの判断を示している。すなわち、破毀院は、一方で、上記のような伝統的通説の見解及び従来の判例とは正反対の判断を示し、損害が存在しないケースにおいても、債権者による

ラスが荷受人の元に到達したという事案である。原審は、荷受人がライグラスを特定の期間に特定の場所で使用することを予定していたという事実関係から、遅滞によって確実な損害を被ったと認定した。破毀院は、原審の判断を正当なものとして是認している）; Cass. civ., 5 mai 1903, S., 1903, 1, 287（荷受人Xが、運送人Yに対し、遅滞によって運送目的物のジャムに毀損が生じたとして、損害賠償の支払いを求めたという事案である。原審は、湿気の多い季節に商品の到達が遅延したのであるから、ジャムの毀損は確実に生じていたであろうと述べて、Xの請求を認容した。これに対して、破毀院は、民法典1382条をビザとして、このような仮定に基づいて判断を下しているのであるから、原審は、上記のテクストを誤って適用し、それに違反したと述べて、原審を破棄した）; Cass. req., 4 nov. 1903, D., 1904, 1, 185, note L. G.（X夫妻とAは、「XはAに対して154フラン35セントの損害賠償を支払え」という判決で終了した訴訟が継続していたときに、2人の仲裁人（B及びY）に対し、AはXに対して責任を負うのか、仮に責任を負うした場合、Aが負うべき責任の範囲はどこまでなのかを判断するよう依頼した。BとYは、数回の会合を持ったが、Yは、審判の手続きが開始された後に、民事訴訟法典旧1014条に反して、職を辞してしまった。そこで、Xは、Yに対して、この辞職によって生じた損害（2万フラン）の賠償を求めた（更に、Xは、控訴院の段階で、仮にAが責任を免れるようなことがあれば、それはYの辞任に基づくものであるとして、前記の2万フランに加え、Aが責任を負うべきはずの6万フランの賠償も求めた）。原審は、AがXの債務者であったのか、XはYのフォートによって損害を受けたのかを検討した後、YはXに何ら損害を生じさせていないとして、Xの請求を棄却した。破毀院は、原審の判断を正当なものとして是認している）; Cass. civ., 26 oct. 1904, S., 1906, 1, 355（事案の詳細は不明であるが、破毀院は、民法典1382条をビザとして、以下のように判示している。「運送契約を規律する一般法も、鉄道運送を規制する特別規定も、遅滞が運送人に対して損害賠償の支払いを命ずるための原因でなければならないと記している。原審は、本件商品の引渡しの遅滞がXらに対し何らかの損害を生じさせたかどうかを認定することなく、運送人Yに対し、損害賠償として200フランの支払いを命じた。このように判示しているのであるから、原審は、上記の法律のテクストを誤って適用し、それに違反した」(chapeau)); Cass. civ., 5 mars 1913, D., 1914, 1, 61（Xは、Y運送会社との間で、Aに引き渡すトマトの袋を運送してもらう契約を締結した。ところが、このトマトの袋を積んだワゴンは、Aの元に遅れて到着した。Aは、トマトの状態を確認したところ傷んでいたので、その受取を拒絶した。そこで、Xは、Yに対して、損害賠償の支払いを求める訴訟を提起した。原審は、Aが受取りを拒否したことに起因するXの損害は、Y運送が遅滞したことによって発生したものではなく、長い道程を十分に考慮しなかったXの責めに帰すべきものであるとして、Xの請求を棄却した。Xの上告に対し、破毀院は、「原則として、全ての損害とは無関係に、単なる遅滞だけで、運送業者に対して損害賠償を支払うよう命ずることはできない」(chapeau) と判示して、原審の結論を維持した）; Cass. req., 5 janv. 1927, S., 1927, 1, 127（Aは、Xから、9年間の約定で、炭酸塩を製造するための不動産を賃借した。その後、Aは、この賃借権と営業権をBに譲渡した。9年が経過した後、賃貸借契約は更新され、Bは、この賃借権と営業権をCに譲渡した。賃貸借契約が終了した後、Xは、炭酸塩の製造によって不動産が毀損しているとして、A、B、Cに対し、その毀損に相当する額（4万6720フラン）の支払いを求めた。原審は、Xの請求を棄却した。破毀院は、以下のように述べて、原審の判断を維持している。原審の認定によれば、Xは、期間満了前に本件賃貸借が解消されたことによって、有利な時期に現実の地価よりも高い価格で本件不動産を譲渡することができた。そして、この譲渡においては、土地のみが対象とされており、本件建物は対象外されていたのであって、この建物は間もなく取り壊され、別の建物が建築される予定であった。「賃借人は、目的物を使用している間に生ずる滅失又は毀損について責任を負う。ただし、賃借人がそのフォートなくして生じたことを証明する場合には、この限りでない（原文は、Il répond des dégradations ou des pertes qui arrivent pendant sa jouissance, à moins qu'il ne prouve qu'elles ont eu lieu sans sa faute.)」と規定する民法典1732条は、「フォートは、それが現実かつ確実な損害を生じさせた場合にしか責任を生じさせないという、一般法の規範の適用である。従って、控訴院は、認定した事実から、Xが何ら損害を被らなかったことを導くことができ、その判決を法律上正当化した」); etc.

231

契約不履行に基づく損害賠償の請求を認める判決を下している。しかしながら、他方で、破毀院は、伝統的通説及び従来の判例の立場に従い、契約不履行に基づく損害賠償の前提として、損害の存在を要求しているのである[627]。

まずは、これら一連の判決の出発点をなし、学説の大きな注目を集めた[628]、破毀院民事第3部2002年1月30日判決[629]から見ていくことにしよう。

(1) 損害要件の放棄と復権

破毀院民事第3部2002年1月30日判決の事案それ自体は、それほど複雑なものではない。賃貸借契約の終了に伴い、賃借人Yが、賃貸借契約締結の際に支払った保証金の返還を求める訴えを提起したのに対して、賃貸人Xが、反訴として、賃借人負担の修繕がなされなかったことを理由に、Yに対し損害賠償を請求したというものである。原審であるランス控訴院2000年3月22日判決は、賃貸人Xによる損害賠償請求を棄却した。そこでは、目的不動産が、賃貸人Xによって不動産開発業者Aに売却され、その後、この不動産開発業者Aによって別の建物を建築するために取り壊されていたこと、その結果、賃貸人Xは、これまでに原状回復の作業を実施していなかったし、また、今後もそれを実施する必要がないこと、更に、賃貸人Xによって、当該不動産をほかの者に賃貸したり、その享受を妨害されたりしたことが証明されなかったことが考慮されており、賃貸人Xに損害が発生していないことを理由として、賃貸人Xによる損害賠償請求が棄却されたのである。

しかしながら、破毀院民事第3部は、伝統的な理解に従って判断したように見える、このランス控訴院の判決を、民法典1147条と1731条[630]をビザとして破棄・移

---

[627] この点に関する近時の判例を概観するには、少し古いが、Savaux et Schütz, supra note 21, pp.271 et s. が有益である。

[628] 注(629)で引用する夥しい数の評釈がそれを物語っている。また、引用はしないが、債務法、民事責任法、契約各論等の教科書・体系書においても、ほぼ例外なく、触れられている判決である。

[629] Cass. 3ème civ., 30 janv. 2002, Bull. civ. III, n° 17 ; D., 2002, AJ., 888, obs. Yves Rouquet ; D., 2002, 2288, note Jean-Luc Elhoueiss ; D., 2003, somm., 458, obs. Denis Mazeaud ; JCP., 2002, I, 186, obs. Geneviève Viney ; Gaz. Pal., 2002, 1107, note Philippe-Hubert Brault ; RTD civ., 2002, 321, obs. Pierre-Yves Gautier ; RTD civ., 2002, 816, obs. Patrice Jourdain ; Contra. conc. consom., avril 2002, n° 83, 7, note Béatrice Vial-Pedroletti ; Dr. et pat., oct. 2002, n° 3166, obs. Francine Macorig-Venier ; Dr. et pat., janv. 2003, n° 3205, obs. François Chabas ; Petites affiches, 18 nov. 2002, n° 230, 10, note Philippe Stoffel-Munck ; AJDI., 2002, 599, obs. Sébastien Beaugendre ; Gilles Goubeaux et Philippe Bihr, 100 commmentaires d'arrêts en droit civil. LGDJ., 2003, n° 49 ; Loyers et copr., Avril 2002, 7, note Béatrice Vial-Pedroletti ; Rev. Royers, 2002, 210, obs. J. Rémy ; Administrer, mai 2002, n° 344, note B. Boccara ; Administrer, juill. 2002, n° 346, note B. Gauclere. Adde. Sébastien Beaugendre, La responsabilité contractuelle à l'épreuve du droit du bail, Petites affiches, 13 sept. 2002, n° 84, pp.3 et s.

[630] フランス民法典1731条「現状確認書が作成されなかった場合、賃借人は、賃貸人負担の修繕について良好な状態で賃借物を受け取ったものと推定され、そのようなものとして賃借物を返還しなければならない。ただし、反対の証明がある場合には、この限りでない（原文は、S'il n'a pas été fait un état des lieux, le preneur est présumé les avoir reçus en bon état de réparations

送する。すなわち、「賃貸借契約において予定されている賃借人負担の修繕の賃借人による不履行を理由とする賃貸人の補償は、これらの修繕の実行にも、損害の証明にも従属するものではないにもかかわらず、上記のように判示しているのであるから、控訴院は、上記のテクスト（民法典1147条及び1731条—筆者注）に違反した」というのである。

ここでは、上記判断の前半部分、つまり、賃借人負担の修繕義務の不履行を理由とする損害賠償請求の前提として、賃貸人による修繕の実行が必要かという問題には触れないでおこう[631]。本節の問題意識にとって重要なのは、破毀院民事第3部が、賃貸人による契約不履行に基づく損害賠償請求を損害の証明に従属させなかったことである。

確かに、これまでにも、破毀院によって、損害の不存在を理由に賃貸人による損害賠償請求を棄却した控訴院判決が破棄された例は存在した。例えば、破毀院民事第3部1997年11月13日判決がそれである[632]。破毀院民事第3部は、許可なく賃貸不動産が改造されたことを理由に、賃貸人が賃借人に対し損害賠償を請求したという事案で、「賃貸人は、何ら損害を被らなかったのであり、また、賃貸人は、建物の堅固さが侵害されたことも、賃借価値が減少したことも証明していない」として、賃貸人による損害賠償請求を棄却した原審（パリ控訴院1995年6月20日判決）の判断を、民法典1143条[633]及び1134条をビザとして破棄したのである[634]。

---

locatives, et doit les rendre tels, sauf la preuve contraire.）」。
(631) 賃貸借契約において予定されている賃借人負担の修繕の不履行を理由とする損害賠償請求が、賃貸人によるこれらの修繕の実行に従属するものではないことは、本判決以前にも、既に破毀院によって認められていたものである。Ex. Cass. 3ème civ., 3 avr. 2001, Loyer et copr., juin 2001, 6 ; etc.
(632) Cass. 3ème civ., 13 nov. 1997, Bull. civ., III, n° 202 ; RTD civ., 1998, 124, obs. Patrice Jourdain ; RTD civ., 1998, 696, obs. Pierre-Yves Gautier.
(633) フランス民法典1143条「ただし、債権者は、債務に違反してなされたものを除去することを請求する権利を有する。また、債権者は、債務者の費用でそれを除去することの許可を受けることができる。必要がある場合には、損害賠償の請求を妨げない（原文は、Néanmoins le créancier a le droit de demander que ce qui aurait été fait par contravention à l'engagement, soit détruit ; et il peut se faire autoriser à le détruire aux dépens du débiteur, sans préjudice des dommages et intérêts, s'il y a lieu.）」。
フランス民法典1142条「為す、又は為さない債務は全て、債務者側の不履行の場合には、損害賠償に変わる（原文は、Toute obligation de faire ou de ne pas faire se résout en dommages et intérêts, en cas d'inexécution de la part du débiteur.）」。
(634) より正確に言えば、本文で引用した破毀院民事第3部1997年11月13日判決の事案は、まず、賃貸人が、賃借人による賃借権譲渡の効力を争い、次に、それが認められなかった場合に備えて、賃貸人が、賃借権の譲受人（新賃借人）に対して無断改造を理由とする損害賠償を請求したものである。より詳細な事案は、以下の通りである。Aは、Xから不動産を借り受け、会社を営んでいた。その後、Aは、清算手続きを開始したところ、1991年12月2日の私署証書で、この営業権をYに譲渡した。その際、Xは、AからYへの営業譲渡に伴い賃借権も譲渡されることから、この私署証書に署名をすることになった。ところで、AとXとの間の賃貸借契約においては、Aは、賃料の支払い及び本件賃貸借の条件の履行につき連帯して保証するのでなければ、本件賃貸借に係る如何なる権利も譲渡し、転貸することはできないとの条項が存在した。譲渡の前に担保が提供されなかったことから、Xは、本件譲渡は当該条項に違反してなされたものであるとして、本件賃借権譲渡の無効を主張した。更に、Xは、仮に本件賃借権の譲渡が有効である

◆第2章◆ 対　象

　しかし、この判決は、無断改築の事案につき、民法典1143条をビザとして下されたものであるから、同判決を為さない債務だけに関わる判決（為さない債務の事案で、為さない債務についてのテクストを根拠に下された判決）として理解することも可能であった。また、債権者は債務に違反して行われたものを除去することを請求する権利を持つ旨を規定する民法典1143条は、一般的に、契約不履行に基づく損害賠償ではなく、履行の強制に関わるテクストであると理解されていることから、この判決においては、履行請求と契約不履行に基づく損害賠償の請求が混同されており、そこから、誤って、履行請求において損害の証明は不要であるとの命題が契約不履行に基づく損害賠償の請求へと及ぼされてしまったと評価されうるものであった(635)(636)。これに対して、破毀院民事第3部2002年1月30日判決においては、契約不履行に基づく損害賠償の根拠条文である民法典1147条が援用されており、同判決は、債務の性質を問わずに、つまり、為さない債務であろうと、あるいは、与える債務、為す債務であろうと、契約不履行に基づく損害賠償の請求が損害の証明に従属しないことを説いたものとして理解することができるのである。

　また、本判決が「損害の証明（la justification）に従属するものではない」と判示し

　　　としても、本件不動産はXの許可なく改造されているのであるから、Yは損害賠償を支払わなければならないと主張した。原審は、いずれの請求も棄却した。破毀院は、前者の主張について（上告理由第1）、「裁判上の清算手続きの際に行われた譲渡の後には、清算人は、Yによる賃料の支払いを保証しえないことと、1953年9月30日のデクレ35条-1第3項は、裁判所に対して、同条の予定する担保を変更するかどうかを決定する権限を委ねており、そこでは、当事者のいずれかのイニシャチブで行われうる訴訟係属について、何ら期間は予定されていないことを認定しているのであるから、控訴院は、上告理由第1に関する判決を法律上正当化した」と判示して、Xの上告を棄却している。本文で述べたのは、上告理由第2に関するものである。
　(635) Jourdain, supra note 632, pp. 124 et s.（本判決は、民法典1143条を誤って適用した、奇妙かつ驚くべき判決である）; Gautier, supra note 632, p. 697.
　(636) 本文で引用した判決が下される前年、破毀院民事第1部は、現実履行の強制が問題となっていたケースで、損害の不存在を理由に原告の請求を棄却していた。破毀院民事第1部1996年11月19日判決が、それである（Cass. 1re civ., 19 nov. 1996, Bull. civ., I, no 404 ; RTD civ., 1997, 156, obs., Pierre-Yves Gautier ; RTD civ., 1997, 437, obs., Patrice Jourdain）。事案の概要は、以下の通りである。薬局の売買契約に際し、売主Yと買主Xとの間で、5年の間、本件薬局から半径3キロメートル以内で同種の営業をしない旨を約束する活動非再開条項が約定された。ところが、売買から1年後に、Yは、本件薬局の近くで同種の営業を再開した。そこで、Xは、契約条項の履行強制としての営業停止と、損害賠償の支払いを求める訴訟を提起した。第1審において、損害額を算定するための鑑定を命ずる判断が下されたが、Xは、そのための費用を入金しなかった。原審は、Xが鑑定費用を納入しなかったという事実は、損害が存在しなかったことを明らかにするものであるとして、Xの請求をいずれも棄却した。Xからの上告に対し、破毀院は、以下のように判示して、これを棄却した。「控訴院は、X夫妻が、依頼した鑑定人の費用を入金しなかったことを明らかにしたのであるから、Xは、損害が存在しない以上、契約条項の履行を求める訴えの利益を持たず、その請求は、権利の濫用に当たると判断することができた」。
　　この判決は、当時の学説から、本件事案では、契約不履行に基づく損害賠償のみならず、履行の強制も問題となっていたのであるから、後者の請求に関しては、損害の不存在を理由に訴えの利益を否定することはできないとの激しい批判を受けた（前掲の各評釈を参照）。本文で引用した判決が、こうした批判を受けて、伝統的理解に従えば損害の存在が必要であるはずの損害賠償請求のケースにまで、損害の存在を不要とする論理を及ぼした（言い方を変えれば、判断を変更する必要がない損害賠償請求についてそれを変更した）ものかどうかは明らかでないが（Gautier, supra note 632, p. 697 は、このような可能性を指摘する）、当時の破毀院が、履行請求と損害賠償請求における損害要件の位置付けについて、混乱していたことは確かであろう。

ていることを捉えて、本判決を損害の証明に関わる判決として理解しようとする立場もありうる。すなわち、契約不履行に基づく損害賠償は、不履行によって生じた損害の賠償を目的としているのであるから、そのための要件として損害の発生が求められるのは当然である。しかし、損害の存在を要件とするにしても、そこから、債権者が損害の存在を証明しなければならないとの帰結を導くことはできない。債権者は債務の履行を期待しているのであるから、債務者による不履行があれば、原則として、それ自体により、債権者に損害が発生する。つまり、損害は不履行の中に含意されているのである。従って、債権者が不履行を証明すれば、それで損害の存在は推定される。しかし、債務者によって反対の証明が提出された場合には、債権者は、損害の存在を基礎付ける事実を証明しなければならない(637)。本判決を、このような理解を示したものとして読むのである(638)。しかしながら、このような読み方は成り立ちえないように思われる。というのは、控訴院は、賃貸人に損害が発生していないことを詳細に認定しており、そうである以上、破毀院としては、賃貸人による損害賠償請求を拒絶しなければならないはずだからである(639)(640)。

　以上のように、破毀院民事第3部2002年1月30日判決は、不法行為領域と同じ意味での損害が存在しない場合であっても、賃貸人による契約不履行に基づく損害賠償の請求が認められうることを示した判決と見ることができるのである。ところが、この判決から約1ヵ月後、今度は、民事第1部が、2002年2月26日判決におい

---

(637) 解釈論として、本文で述べたような理解を示すものとして、Carbonnier, supra note 52, n° 155, pp.295 et s.（民法典1147条は、不履行のみに言及し、損害という言葉を使用していない。これは、損害が不履行の中に含意されているものとみなされうるからである。債権者は、債務の履行から利益を獲得しようとしている以上、不履行の事実のみによって損害を被ったものとみなされうるのである。もっとも、例外的に、不履行が評価可能な損害を生じさせないケースも存在する。1147条の「必要がある場合には（s'il y a lieu）」という表現は、このような例外的ケースを念頭に置いたものである); Radé, supra note 477, n°s 7 et s., pp.4 et s. ; etc.
(638) 本判決の読み方として、本文で述べたような理解を示すものとして、Betoulle, infra note 645, n° 9, pp.362 et s.（破毀院民事第3部が「損害の証明に従属するものではない」と判示したのは、省略法に基づくものである。実際には、以下のような論理が前提とされている。すなわち、賃借人負担の修繕を実行する債務の不履行、つまり、契約債務の不履行という事実のみによって、毀損した財産の所有者における損害の存在が推定される。しかし、この推定は、反証を許さないものではなく、損害の不存在を証明することによって、覆されるのである); Philippe Delebecque et Frédéric-Jérôme Pansier, Droit des obligations, 1. Contrat et quasi-contrat, 3ème éd., Litec, Paris, 2003, n° 466, p.308（損害は、必然的に、債権者によって証明されなければならないというものではないとして、破毀院民事第3部2002年1月30日判決を引用する。ただし、最新版のDelebecque et Pansier, supra note 256では、この記述は削除されている); Brun, supra note 203, n° 92, p.53, note 231（本判決は、「契約責任」概念を批判する学説によってしばしば援用されているが、損害を要求しなかった判決というよりも、契約責任領域においては、「責任を生じさせる行為ないし所為」と損害との関係が特殊であることを示した判決として、読まれるべきものである）
(639) Jourdain, supra note 629, p.817 ; Savaux et Schütz, supra note 21, n° 11, p.278.
(640) 賃貸人に何ら損害が発生していないことが明らかであるにもかかわらず、不履行によって損害が含意されているとの理由で賃貸人による損害賠償請求が認められるとすれば、損害の存在が推定されているのではなく、その存在が「みなされている」か、あるいは、損害賠償請求の要件として損害が要求されていないかのいずれかである。しかし、どちらにしても、現実的な損害の発生が不要であるとされていることに変わりはない。

て、それとは正反対に位置付けられうる解決を提示することになる[641]。

ある弁護士Yが、職業非営利団体Aから脱退するに際して、退職金と引き換えに、仲裁上、トゥール及び隣接市町村で職業活動を行使しないとの活動非再開条項（la clause de non-rétablissement）に同意したが、禁止された地域において再び活動を始めた。そこで、その相手方である弁護士Xが、活動非再開債務の不履行を理由に一定額（62万3400フラン）の支払いを求める一方で、それとは別に、損害賠償（10万フラン）を請求したというのが本件事案である。原審のオルレアン控訴院1999年6月24日判決は、精神的損害の賠償のみ（9万フラン）を認容し、その他の請求を棄却した。ここでの問題は、民法典1145条[642]によれば、為さない債務の場合、「それに違反する者は、違反の事実のみによって、損害賠償の義務を負う」とされているところ、原告によって被った損害を確定する諸要素が証明されなかったことを理由に、精神的損害以外の賠償を拒絶することができるのかという点にある。これが原告側の上告理由でもある[643]。

破毀院民事第1部は、この点について、以下のように判示している。「民法典1145条は、債務者が為さない債務に違反した場合に、附遅滞の手続きを免除する規定であり、この債務に違反したことを理由に賠償を請求しようとする者に対して、その損害の要素と額の立証を免除するものではない。従って、控訴院は、専権的に、精神的損害の額を評価し、原告がその他の損害を証明しなかったことを明らかにしたのであるから、上告には理由がない」。

本判決は、原告側の上告理由に応える形で、民法典1145条の読み方を提示し、そこから、精神的損害以外の損害の存在が立証されていないとして、その賠償を否定している。この意味で、また、(2)で引用する判決も併せて考えるならば、民法典1145条が、破毀院民事第1部の説くように、単に為さない債務の違反のケースにおける附遅滞の免除を規定したテクストであるのか[644]、それとも、原告側の上告理

---

[641] Cass. 1re civ., 26 fév. 2002, Bull. civ., I, no 68 ; Defrénois, 2002, 759, obs., Éric Savaux ; Petites affiches, 18 nov. 2002, no 230, 10, note Philippe Stoffel-Munck ; RTD civ., 2002, 809, obs., Jacques Mestre et Bertrand Fages.

[642] フランス民法典1145条「債務がなさないことにある場合、それに違反する者は、違反の事実のみによって、損害賠償の義務を負う（原文は、Si l'obligation est de ne pas faire, celui qui y contrevient doit des dommages et intérêts par le seul fait de la contravention.）」。

[643] なお、この控訴院判決に対しては、被告側も上告を行っている。控訴院判決では、如何なる点において原告が精神的損害を被ったのかが明らかにされていないというのである。破毀院は、以下のように判示して、このような被告側の上告も棄却した。「原審は、原告の被った精神的損害がトゥールでの職業活動を不当に継続するために被告が用いた策略によって生じたことを、専権的に認定している。控訴院は、この損害の額を専権的に評価したのであるから、その判決を法律上正当化した」。

[644] これが、伝統的な理解であり（François David, De la mise en demeure, Rev. crit., 1939, no 12, pp.119 et s. ; Alex Weill, Dommages-intérêts compensatiores et mise en demeure, Rev. crit., 1939, no 5, pp.213 et s. ; Marie-Jeanne Pierrard, La mise en demeure et les dommages-intérêts compensatoires, JCP., 1945, I, 466, p.2 ; R. Meurisse, Dommages et intérêts compensatoires, dommages et intérêts moratoires et mise en demeure, JCP., 1947, I,

由が主張するように、為さない債務の場合に自動的な契約不履行に基づく損害賠償の付与を認めるテクストであるのかという問題は、判決の理由付けにおいて、極めて重要な要素を構成している。もっとも、契約不履行に基づく損害賠償における損害要件の意義を検討しようとする本節にとって、この問題はそれほど重要ではない。ここで強調されるべきは、破毀院民事第1部が、原告側の上告理由において示された民法典1145条の読み方を排除する中で、同条が損害の証明を免除するものではないこと、そして、本件においては、原告によって精神的損害以外の損害が証明されていないことを理由に、上告を棄却した点である。本判決は、債権者による契約不履行に基づく損害賠償の請求を肯定するためには、債権者が不履行によって損害を被ったこと、そして、この損害が債権者によって証明されることが必要であると理解しているのである。

かくして、破毀院民事第1部2002年2月26日判決は、先に触れた破毀院民事第3部2002年1月30日判決とは正反対の立場を示しているように見受けられるのである。これは、不法行為と同じような意味での損害を契約不履行に基づく損害賠償の不可欠な要件とする伝統的立場への回帰なのか。あるいは、これらの判決は、契約不履行に基づく損害賠償における損害の捉え方の転換を促しているのではないか。これらの問題を検討する前に、もう1つ、破毀院における損害要件の復権を印象付けた判決を紹介しておこう。歓声と溜息をもって迎えられた、破毀院民事第3部2003年12月3日判決がそれである[645]。ここで、破毀院民事第3部は、2002年1月30日判決において示した、賃貸人による契約不履行に基づく損害賠償の請求は損害の証明に従属するものではないとの立場を転換し、損害の存在を必要不可欠なものとする伝統的立場へと回帰しているように見受けられるのである。

賃貸借契約の終了に伴い、賃借人Yが賃貸人Xに対し賃借物件を「酷い状態」で返還したところ、賃貸人Xは、賃借人Yがこの建物を再び賃貸借に供しうるような状態で返還する債務に違反したと主張して、損害賠償を請求した。原審のカーン控訴院2002年5月30日判決は、以下のような理由を挙げて、賃貸人Xによる損害賠償請求を棄却した。すなわち、賃貸人Xは、本件賃貸借契約の終了後、第三者A

667, n° 24, p.3 ; Dominique Allix, Réflexions sur la mise en demeure, JCP., 1977, I, 2844, n° 25, p.5 ; etc.)、かつ、今日においても、一般的に受け入れられている見解である (H. et L. Mazeaud, J. Mazeaud et Chabas, supra note 19, n° 620, p.727 ; Starck, Roland et Boyer, supra note 268, n° 1621, p.562 ; Sériaux, supra note 203, n° 60, p.250 ; Carbonnier, supra note 52, n° 168, p.317 ; Terré, Simler et Lequette, supra note 55, n° 1083, p.1078 ; Malinvaud et Fenouillet, supra note 203, n° 727, p.563 ; Aubert, Flour et Savaux, supra note 66, n° 222, p.195 ; Fages, supra note 203, n° 385, p.310 et n° 389, p.313 ; etc.)。

(645) Cass. 3ème civ. 3 déc. 2003, Bull. civ., III, n° 221 ; D., 2005, pan., 185, obs. Denis Mazeaud ; JCP., 2004, I, 163, obs. Geneviève Viney ; Gaz. Pal., 2004, 525, note Sabine Raby ; RJDA., 2004, 360, rapport Jérôme Betoulle ; Contra. conc. consom., mars 2004, n° 38, 15, note Laurent Leveneur ; Defrénois, 2004, art. 38026, 1332, obs. Laurent Ruet ; AJDI., 2004, 204, obs. Sébastien Beaugendre ; RTD civ., 2004, 295, obs. Patrice Jourdain ; RDC., 2004, 280, obs. Philippe Stoffel-Munck ; RDC., 2004, 359, obs. Jean-Baptiste Seube.

との間で新たな賃貸借契約を締結したが、そこでは、当該物件は美容院に供されることが予定されており、従って、新賃借人Aによる特殊な改修が必要とされていた。ところで、賃貸人Xは、自身で修繕作業を実行したことも、また、当該物件が良い状態で返還された場合よりも不利な条件で新たな賃貸借契約に同意しなければならなかったという事実も主張・立証していない。つまり、本件においては、損害の証明が尽されていないのである。これに対して、賃貸人Xは、破毀院民事第3部2002年1月30日判決を援用し、「賃借人負担の修繕の賃借人による不履行を理由とする賃貸人の補償は、これらの修繕の実行にも、損害の証明にも従属するものではない」と主張して、上告した。

破毀院民事第3部は、ここで、自身が約2年前に提示した立場とは正反対の解決を示した。「損害賠償は、裁判官が判決を下すときに契約上のフォートから損害が発生したことを確認する場合にしか付与されえない」。控訴院は、上記のような事実を認定したのであるから、「賃貸人の損害賠償請求が棄却されるべきことを正確に導いた」。

このように、破毀院民事第3部は、契約不履行に基づく損害賠償の請求の前提として、損害の発生が必要かという問題につき、かつての立場を明瞭に否定し、肯定の答えを示したのである。更に、ここでは、破毀院民事第3部2002年1月30日判決と、同部2003年12月3日判決のビザと判決理由の相違に注目しておかなければならない。確かに、前者の判決は、契約不履行に基づく損害賠償の根拠テクストである民法典1147条をビザとしている。しかし、その「賃貸借契約において予定されている賃借人負担の修繕の賃借人による不履行を理由とする賃貸人の補償は、これらの修繕の実行にも、損害の証明にも従属するものではない」という判決理由を読むならば、同判決の射程は、「賃貸人」による「賃借人負担の修繕の不履行を理由とする」損害賠償請求に限定されているようにも見える[646][647]。これに対して、後者

---

(646) Cf. Jourdain, supra note 629, p.818 (民法典1147条というビザは、この解決の妥当範囲が、賃貸借契約、更に言えば、賃借人負担の修繕の不履行に限定されないことを意味するものではない。破毀院がこれを一般的な原理判決にしようとしたのであれば、破毀院年報に掲載していたはずであるし、また、1つの部ではなく、連合部や合同部の形で判決を下していたと考えられるからである)。

(647) セバスティアン・ボージャンドル (Sébastien Beaugendre) は、破毀院民事第3部2002年1月30日判決について、「契約責任」一般において損害の存在を要求しない解決を示した判例として読むこともできるが、その射程を賃貸借契約、あるいは、賃借人負担の修繕の不履行という特殊なケースに限定することも可能であるとして、以下のように述べている (Beaugendre, supra note 629, La responsabilité contractuelle...., pp.8 et s.)。まず、本判決を賃借人による所有権侵害から基礎付ける方法がありうる。しかし、そうであるならば、民法典544条がビザとされなければならず、この解釈は、本判決が引用するテクスト (民法典1147条) と衝突する (Ibid., p.9)。次に、本判決を保証 (garantie) という考え方によって説明することも可能である。つまり、賃借人を物の保存についての保証人と見るのである。このように理解するならば、損害が発生しそれが消滅したという事実は、賃貸人による損害賠償請求の妨げとなることはない。また、この理解は、本判決が掲げる民法典1147条というビザとも調和しうる (Ibid.)。最後に、本判決の解決を、賃貸借契約、あるいは、賃借人が負うべき修繕債務の特殊性から理解し、民事責任法の領域から

第 1 節 ◆ 損害と契約

　の判決は、民法典 1147 条をビザとして掲げていないし、テクストの解釈について、シャポー（chapeau）を展開しているわけでもない。しかし、上告理由の直後に展開されている、「損害賠償は、裁判官が判決を下すときに契約上のフォートから損害が発生したことを確認する場合にしか付与されえない」との判決理由は、賃借人負担の修繕の不履行を理由とする損害賠償だけでなく、明らかに、およそ契約不履行一般を理由とする損害賠償を対象とした叙述として読むことができる(648)(649)。従って、仮にこのような読み方が正当であるならば、破毀院民事第 3 部は、損害の発生があらゆる契約不履行に基づく損害賠償請求の必要不可欠な要件であるという、伝統的立場への明瞭な回帰を成し遂げたと見ることができるのである。

　しかしながら、破毀院民事第 3 部 2003 年 12 月 3 日判決によって実現された、契約不履行に基づく損害賠償における損害要件の復権は、一時的なものに過ぎなかった。その後、破毀院は、複数の判決において、これとは異なる判断を示すことになる。以下では、項目を改めて、本節の問題意識にとって特に重要であると思われる破毀院判決をフォローしておくことにしよう(650)。

　　離脱させる読み方も考えられる。すなわち、立法は、幾多の法改正によって、賃借人の保護を強化しようとしているが、破毀院民事第 3 部は、こうした法改正に伴い重くなった賃貸人の負担との均衡を図るために、一定の範囲で、賃借人に責任を負わせようとした。つまり、破毀院民事第 3 部 2002 年 1 月 30 日判決は、賃貸借契約における賃借人保護の方針を基礎としつつ、賃借人に対して、賃借目的物を丁寧に扱うよう呼びかけているのである（Ibid., pp.9-10）。

(648) Seube, supra note 645, pp.360 et s.（破毀院民事第 3 部 2003 年 12 月 3 日判決の判決理由は、同部 2002 年 1 月 30 日のそれよりも、率直かつ明確であるように思われる。そこでは、賃貸人も、賃借人負担の修繕の不履行も問題となっていないのであって、そこでの定式は、あらゆる債務について、あらゆる契約当事者に対して適用されうるのである）; Mazeaud, supra note 645, n° 2, p.186（破毀院民事第 3 部によって発せられたメッセージは極めて明確である。すなわち、契約責任は、債権者が損害を被った場合にしか認められないということである）

(649) 破毀院がこの民事第 1 部 2003 年 12 月 3 日判決を重視していたことは、同判決が、P＋B＋R＋I（Bulletin des arrêts. Chambres civiles ; Bulletin d'information de la Cour de cassation ; Rapport annuel de la Cour de cassation（2004 年までは、Rapport de la Cour de cassation）; インターネット）という最も荘厳な形で公表されたことからも明らかとなろう。

(650) 本文で引用するもののほか、Cf. Cass. com., 9 avril 2002, JCP., 2003, II, 10067, note Jean-Marie Tengang. 事案の概要は、以下の通りである。Y、X₁夫妻、X₂は、A 社の株主であり、彼らだけで A 社の株式の 50 パーセントを保有していた。また、彼らは、A 社の取引のために必要な資金を調達するため、A 社の保証人となっていた。1989 年 12 月 20 日、Y、X₁、X₂は、彼らが保有し、または将来的に保有することになるであろう株式について、相互に優先的な購入権を認めることに同意した。ところが、1990 年 7 月 21 日、Y は、この合意の中で義務付けられていた通知を行うことなく、自己の保有する株式の全てを B に譲渡してしまった。そこで、X₁及び X₂は、Y による株式の売買によって、保証人としての地位を引き継ぐという条件下で自身の株式を売却することができなくなった等と主張して、Y に対し損害賠償の支払を求める訴訟を提起した。原審であるオルレアン控訴院 1998 年 9 月 24 日判決は、X らの請求を棄却した。これに対して、X らは、①為す債務・為さない債務はその違反の事実によって損害賠償に解消されるのであるから、Y による合意の違反は必然的に損害を生じさせるものである、②Y による合意の違反は、保証債務の交代と引き換えに、ただ 1 人の譲受人に対し、1 度の売買で株式を譲渡することを不可能なものとしたのであるから、X らには損害が生じている等として上告した。破毀院は、以下のように判示して、X らの上告を棄却した。「原審は、本件期間の間、X₁夫妻及び X₂が、本件会社への参加を強化しようとしていたわけではなく、自己の株式を売却しようとしていたこと、X₁及び X₂は、1990 年 7 月 21 日の合意によって確定された代価で、もしくは、鑑定人の評価する代価で、Y の株式を購入することができたとの主張をしていないこと、X₁及び X₂は、Y の行為に

239

(2) 損害要件をめぐる混迷と秩序

まず、医療責任の領域において、伝統的理解に従った判断を提示した、破毀院民事第1部2002年11月13日判決を見ておこう[651]。事案の概要は、以下の通りである。ある患者Xが、甲状腺に存在した小結節の切断手術を受けたところ、手術後、声に異常が見られたため、回帰神経を侵害されたこと、早期の再手術を可能にするような診断をしなかったことを理由に、臨床医Yに対して損害賠償の支払いを求める訴訟を提起した。鑑定人によれば、本件小結節の切断は適切に行われ、手術も現在の科学的知見の所与に従って実施されていた。また、本件回帰神経の侵害は例外的に生ずる合併症であり、その理由も明らかでないとされた。このような事実関係の下、原審であるルアン控訴院2000年11月15日判決は、患者Xの請求を棄却した。これに対して、患者Xは、上記のような事実関係からは医師Yのフォートの可能性を排除することはできない、また、本件治療に内在する重大なリスクについて情報が提供されていなかった等として上告した。

破毀院民事第1部は、医師Yが何ら契約上のフォートを犯していないこと、回帰神経侵害の原因が確定できないことを指摘し、本件は、医師Yのフォートではなく、医療行為に内在する偶発性の問題であるとして、原告Xの請求を棄却したルアン控訴院の判断を是認するとともに[652]、医師Yが治療に内在する重大なリスクにつ

　よって、保証の交代とともに自己の株式を売却することができなくなったとの立証を行っていないことを認定している。これらの事実認定及び評価から、控訴院は、専権的に、主張されている損害の証明が尽されていないことを導いたのであるから、その判決を法律上正当化した」。
(651) Cass. 1re civ., 13 nov. 2002 (2 arrêt), Bull. civ., I, no 265 et no 266 ; Contra. conc. consom., avril 2003, no 52, 11, note Laurent Leveneur ; RTD civ., 2003, 98, obs., Patrice Jourdain ; RDC., 2003, 47, obs., Denis Mazeaud. 以下の本文で引用するのは、Bull. civ., I, no 265 の事件である。ここでは、Bull. civ., I, no 266 の事件に触れておこう。
　Xは、2度にわたり、消化器病専門医Yによる内視鏡検査を受けた。2度目の内視鏡検査に際し、Xは、腹膜炎を原因とする腸穿孔を発症した。そこで、Xは、第1の内視鏡検査の後、1年を超えて経過観察が必要となる旨を知らされていなかったこと、また、第2の内視鏡検査の後、Yから十分な看護を受けていないこと等を理由として、Yに対し、損害賠償の支払いを求める訴訟を提起した。原審であるレンヌ控訴院2000年11月22日判決は、Xの請求を棄却した。Xからの上告に対し、破毀院は、以下のように判示して、これを棄却した（以下では、本節の問題意識に関わる部分に引用を限定する）。「臨床医が個人的に負う情報債務の違反については、その結果として患者に損害が生ずる場合でなければ、サンクションを課すことはできず、この損害の存在は、事実審の裁判官が専権的に評価する。原審は、Xが、臨床医による情報債務の違反の結果、何らの機会の喪失も被っていないことを専権的に確認したのであるから」、上告には理由がない。
(652) 本文で引用した部分の判断の前提には、以下のような判例法理が存在している。第2部・第1章・第2節・第1款・第1項527頁以下の考察にも関わるので、ここでまとめて整理しておくことにしよう。
　第1に、医師の責任を不法行為ではなく契約の問題として捉える、メルシエ（Mercier）判決以来の判例法理である。かつて、破毀院は、医師の責任を不法行為責任と性質決定していたが（Ex. Cass. req., 18 juin 1835, S., 1835, 1, 401（破毀院審理部は、民法典1382条・1383条に基づき医師の責任を肯定した原審を維持している）; Cass. req., 21 juill. 1862, D., 1862, 1, 419 ; S., 1862, 1, 817（破毀院は、以下のように判示している。民法典1382条・1383条は、「フォートの帰責、並びに、その行為によってのみならず、懈怠もしくは不注意によって生じさせた損害を賠償する必要性について規定した、一般規範である。全ての者は、その状況もしくは職業がどのようなものであっても、この規範に従う。この規範は、法律によって特別に定められた場合を除き、例外を含

まない。ところで、一般法の中にも、その体制についての法規である共和暦11年風月19日の法律の中にも、このような性質の例外は存在しない。裁判官が医療上の理論及び方法の検討にそれほど干渉せず、純粋な科学の問題を議論しようとするのは、恐らく裁判官の賢明さによるものである。しかし、何より各職業において従うべき良識と分別についての一般的な諸規範が存在するのであり、医師が、ほかの全市民と同じように、一般法に従い続けるのは、この関係においてなのである」。このように述べて、破毀院は、医師に対して損害賠償の支払いを命じた原審を維持している）; Cass. req., 21 juill. 1919, D., 1920, 1, 30（医師に不法行為上のフォートは認められないとした判決である）; Cass. civ., 29 nov. 1920, S., 1921, 1, 119（体毛・産毛を取り除くための手術を受けたところ、消すことのできない傷が残ったという事案で、破毀院は、「民法典1382条及び1383条の規定は、その状況もしくは職業がどのようなものであっても、他人に損害を生じさせる人間のあらゆるフォートに適用される。医師についても、例外ではない」と判示して、医師の不法行為責任を認めた原審を維持している）; Cass. civ. 11 janv. 1932, S., 1932, 1, 110（民法典1382条に基づく医師の責任を肯定した判決である）; Cass. req. 31 oct. 1933, S., 1934, 1, 11（不法行為上のフォートの証明がない等として患者の損害賠償請求を棄却した判決である）、その後、破毀院民事部1936年5月20日判決は、これを契約の問題として構成した（Cass. civ., 20 mai 1936, D., 1936, 1, 88, rapport Louis Josserand, concl., Paul Matter, note E. P. (Eustache Pilon) ; S., 1937, 1, 321, note André Breton ; Gaz. Pal., 1936, 2, 41 ; Rev. crit., 1938, 318, note Jacques Flour ; RTD civ., 1959, 691, obs., René Demogue。事案の概要は、以下の通りである。X_1は、鼻の疾患にかかったので、1925年に、放射線医師Yの下で放射線治療を受けたところ、顔粘膜の放射線皮膚炎にり患してしまった。X_1及びX_2（以下、「X」とする）は、この新たな疾患がYのフォートに基づくものであるとして、1929年、20万フランの損害賠償を求める訴訟を提起した。原審であるエクス控訴院1931年7月16日判決（D., 1932, 2, 5, note Marcel Nast）は、この訴権は不法行為ではなく契約に基礎を持つものであるから、Xによって行使された付帯私訴について、刑事訴訟法典638条の3年時効は適用されないとして、請求を認容した。Yからの上告に対し、破毀院は、「医師と患者の間には、真の合意が形成されており、それによれば、臨床医は、患者を治癒するのではないが、少なくとも何らかのではなく、入念で、注意深く、例外的な状況がある場合を除き、科学の所与に適合する治療を与える債務を負う。この契約債務の違反は、たとえ意図的でないとしても、契約という同じ性質の責任によって制裁を受ける。この責任を実現するための付帯私訴は、刑事法違反を構成する事実とは別の、先存する合意の中にその源を持つのであるから、刑事訴訟法典638条の3年時効を免れる」と判示して、これを棄却した）。それ以降、医師の責任を「契約責任」とする判例法理は、ごく最近に至るまで維持されてきた（なお、後述するように、近年の破毀院判例中には、メルシエ判決以前に回帰しつつ、新たな方向を目指すかのような説示も見られる）。

　第2に、医師は原則として手段債務のみを負い、治療における不確実性の結果については、医師が患者に対して負う債務の中に含まれないとする判例法理である。上記に引用したメルシエ判決によれば、医師が負うのは、「入念で、注意深く、科学の所与に適合する治療を与える債務」である。その後、破毀院は、時代を追うにつれて、次第に、一定の範囲で結果債務ないしフォートに基づかない責任を認めるに至ったが（具体的には、①医療器具や医薬品について、Ex. Cass. 1re civ., 4 fév. 1959, D., 1959, 153, note Paul Esmain ; JCP., 1959, II, 11046, obs., René Savatier ; RTD civ., 1959, 317, obs., Henri et Léon Mazeaud（事案の概要は、以下の通りである。XはYクリニックにおいて、外科医の指示に基づき、看護師から血清の皮下注射を受けた。ところが、この注射によって、Xの皮膚に問題が生じ、手術と皮膚の移植が必要となった。その結果、Xの両腿には傷と筋肉の障害が残った。鑑定人によれば、本件事故は、刺激性、あるいは、変質した液体を注射したことによって生じたものであった。原審のリヨン控訴院1955年4月18日判決は、以下のように述べて、Yの責任を肯定した。本件事故が、血清の性質についての錯誤によるものであろうと、アンプルの混和によるものであろうと、血清の変質によるものであろうと、これらいずれの原因によって事故が発生したのかを確定する必要はない。クリニックの債務は、「その性質、品質において、追求された目的に応える液体を提供する」ことに存するのであるから、有害な液体を注射すること自体が、この債務の違反を構成するのである。これに対して、Yが、メルシエ判決の説示を援用して上告した。破毀院は、「患者とクリニックとの間に存在する契約においては、患者がクリニックに対して寄せる信頼を理由として、医薬品について原審が明らかにしたような債務が含まれる」として、Yの上告を棄却した）; Cass. 1re civ., 29 oct. 1985, D., 1987, 417, note Jean Penneau ; Gaz. Pal., 1986, 1, somm., 183, note François Chabas（Xは、歯科医師Yによって、ブリッジを製作・設置してもらった。ところが、何ら異常な使用をしていなかったにもかかわらず、このブリッジは砕けてしまった。そこで、Xは、Yに対して、損害賠償

◆第2章◆ 対　象

の支払いを求める訴訟を提起した。原審はXの請求を認容した。Yからの上告に対し、破毀院は、以下のように判示して、これを棄却した。「Yは、自己がXに対して与える厳密な意味での治療のみならず、欠陥のないブリッジの取得及び設置によって期待されうる状態の回復についても、単に手段債務を負うだけであるが、プロテーゼの供給者としては、患者が合理的に期待しうる役務の提供に適した器具、つまり、欠陥のない器具を引き渡す義務を負い、従って、自己が設置した器具の欠陥に帰すべき損害を賠償しなければならない」);Cass. 1re civ., 12 juin 1990, Bull. civ., I, n° 162 ; D., 1991, somm., 359, obs., Jean Penneau（プロテーゼの製作に関する債務は結果債務であるが、このプロテーゼの設置に必要な注意に関する債務は手段債務であると判断した判決である）; Cass. 1re civ., 22 nov. 1994, Bull. civ., I, n° 340 ; RTD civ., 1995, 375, obs., Patrice Jourdain（道具の供給行為を行う場合、歯科医は、当該道具の構造やその使用条件に関する安全について結果債務を負うとした判決である）; Cass. 1re civ., 9 nov. 1999, D., 2000, 117, note Patrice Jourdain ; JCP., 2000, II, 10251, note Philippe Brun ; Dr. et pat., fév. 2000, n° 2496, obs., François Chabas ; Petites affiches, 10 avril 2000, n° 71, 46, note Emmanuel Imbert ; Petites affiches, 26 oct. 2000, n° 214, 22, note Yannick Dagorne-Labbé ; Défrénois, 2000, art. 37207, obs., Denis Mazeaud（患者が放射線検査の台から転落し負傷したという事案で、「患者と医師との間で締結された契約に対し、検査や看護といった医療行為を履行するために用いる道具について、安全に関する結果債務を負担させることは確かであるものの、患者は、なお、その道具が損害の原因であることを証明しなければならない」と判示した判決である）; Cass. 1re civ., 4 fév. 2003, D., 2004, somm., 600, obs., Jean Penneau（医師は、医療行為、検査、看護の履行のために使用する設備についてのみ結果債務を負い、患者の身体に人工器具を設置する場合には、手段債務のみを義務付けられるとした判決である）; Cass. 1re civ., 23 nov. 2004, D., 2005, pan., 406, obs., Jean Penneau ; RTD civ., 2005, 139, obs., Patrice Joudain ; Dr. et pat., mars 2005, n° 3645, obs., François Chabas（歯科医師は、プロテーゼの製作だけでなく、その構造についても、結果債務を負うとした判決である）; etc. ②院内感染について、Cf. Cass. 1re civ., 29 juin 1999 (3 arrêts), D., 1999, 559, note Dominique Thouvenin ; D., 1999, somm., 395, obs., Jean Penneau ; D. aff., 1999, 1359, obs., J. F. ; JCP., 1999, II, 10138, rapport Pierre Sargos ; JCP., 2000, I, 199, obs., Geneviève Viney ; RTD civ., 1999, 841, obs., Patrice Jourdain ; Dr. et pat., oct. 1999, n°s 2404 et 2405, 108, obs., François Chabas ; Resp. civ. et assur., oct. 1999, n° 20, 6, chr., Hubert Groutel ; Petites affiches, 15 nov. 1999, n° 227, 5, note Isabelle Denis-Chaubet ; Défrénois, 1999, art. 37041, 994, obs., Denis Mazeaud（第1事件の事案と判決は、以下の通りである。Xは、右膝の関節炎を患っていたので、1988年1月29日、Y$_1$病院において、医師Y$_2$による手術を受けた。手術に際し、Y$_2$は、Xの膝にプロテーゼを設置した。ところが、その後、Xは、黄色ブドウ球菌に感染し、それを取り除くため、数回の手術とプロテーゼの交換を余儀なくされた。症状が固定したのは、1990年12月31日のことであり、本件感染の結果、Xは、その職業を継続することができなくなってしまった。そこで、Xは、Y$_1$及びY$_2$に対して、損害賠償の支払いを求める訴訟を提起した。第1審は、Y$_1$及びY$_2$のフォート不存在を理由にXの請求を棄却したが、原審は、Y$_2$の情報提供義務違反を理由に、7万フラン（慰謝料）の賠償を認容した。これに対し、両当事者が上告した（以下では、Xの上告に関わる部分についてのみ引用する）。破毀院民事第1部は、民法典1147条をビザに、以下のように判示した。「患者と医療機関との間で締結される入院・治療契約は、院内感染について、医療機関に対し、安全に関する結果債務を負担させる。医療機関は、外的原因を証明しなければ、この責任を免れることはできない。控訴院は、術前・術後を通じて、如何なる懈怠もフォートもこの医療機関に対して非難することができないと判示し、院内感染の発生を理由にYに対して行使されたXの請求を棄却した。このように判示しているのであるから、控訴院は、上記のテクストに違反した」。第2事件の事案と判決は、以下の通りである。Xは、Y$_1$クリニックにおいて、医師Y$_2$による右膝の手術を受けたが、期待した結果を得られなかった。そこで、Y$_2$は、Xに全身麻酔をかけ、関節造影を施した。ところが、その後、Xは膝の感染症を患い、数回にわたる手術を受けたが、Xには後遺症が残ってしまった。破毀院は、「医師は、院内感染について、患者に対し、安全に関する結果債務を負い、外的原因を証明しなければ、この責任を免れることはできない」と判示して、Y$_1$及びY$_2$の連帯責任を認めた原審を維持した。第3事件の事案と判決は、以下の通りである。放射線専門医であるYは、患者Xに対して、膝関節の撮影を行った。数日後、Xは、撮影の際に侵入した黄色ブドウ球菌が原因で、関節炎を患った。そこで、Xは、Yに対して、損害賠償の支払いを求める訴訟を提起した。原審は、医師が結果債務を負うことはないとして、Xの請求を棄却した。これに対し、破毀院は、民法典1147条をビザに、「医師は、院内感染について、患者に対し、安全に関する結果債務を負い、外的原因を証明しなければこの責任を免れることはできない」(chapeau) と判示し、原審を破棄した）な

◆ 第1節 ◆ 損害と契約

き情報を提供しなかったという主張に関しては、「臨床医が負う情報債務の違反については、その結果として損害が生ずる場合でなければ、サンクションを課すことはできない」ところ、本件において、患者Xは、情報の不存在が自己に損害を惹起したことを証明していないとした控訴院の判断を正当なものと判断し、患者Xによる上告を棄却したのである。

　本判決は、何よりも、医療責任というコンテクストにおいて重要な判決として位置付けられうるものであったが(653)(654)、より広く「契約責任」、あるいは、契約不履

　　お、それ以前、破毀院は、感染症について、医師ないし病院に結果債務を負わせるのではなく、フォートの推定という方法を用いていたことに注目すべきである（Cass. 1re civ., 21 mai 1996, Bull. civ., I., no 219 ; D., 1997, somm., 287, obs. Denis Mazeaud ; D., 1997, somm., 320, obs. Jean Peneau ; Gaz. Pal., 1997, 2, 565, note Sophie Hocquet-Berg ; RTD civ., 1996, 913, obs. Patrice Jourdain ; Rev. praticien, fév. 1997, no 367, 32, obs., François Chabas（破毀院は、「クリニックは、自己のフォートの不存在を証明しない限り、手術室において実施される外科手術時の患者の感染について、責任を負うものと推定される」と判示している）; Cass. 1re civ., 16 juin 1998, D., 1999, 653, note Vincent Thomas ; JCP., 1999, II, 10122, note, Isabelle Denis-Chaubet ; Resp. civ. et assur., juill. 1999, no 29, 1, chr., Hubert Groutel（破毀院は、「控訴院は、まず、正当にも、クリニックは、自己のフォートの不存在を証明しない限り、手術室並びにそれと同視すべき分娩室における患者の感染について、責任を負うものと推定されると判示した」と判示している））、「治療における不確実性の結果についての賠償は、医師が契約上患者に対して負う債務の中に含まれない」とされているのである（Cass. 1re civ., 8 nov. 2000, D., 2001, somm., 2236, obs. Denis Mazeaud ; D., 2001, somm., 3083, obs., Jean Penneau ; JCP., 2001, II, 10493, rapport Pierre Sargos, note François Chabas ; Petites affiches, 4 déc. 2000, no 241, 14, note Stéphane Prieur. 事案の概要は、以下の通りである。Xは水痘症にり患したことから、神経外科医Yによる外科手術を受けた。ところが、手術の直後、麻痺、尿失禁等の症状が現れた。そこで、Xは、Yに対して、損害賠償の支払いを求める訴訟を提起した。原審は、Yにフォートは存在しないとしつつ、「まず、治療の失敗もしくは検査結果とは関係がなく、次に、当初の患者の状態もしくはこの状態の予見可能な展開とも関係を持たず、最後に、合意された医療行為から切り離し可能であるが、それがなければ生じなかったであろうという性格を示す、患者の身体的もしくは精神的完全性に対する損害が、臨床医側の証明されたフォートとは無関係に、検査もしくは治療の際に、患者に生じた」場合には、医師は安全についての結果債務を負うと判断し、Yの責任を肯定した。Yからの上告に対し、破毀院は、民法典1135条及び1147条をビザとして、「治療における不確実性の結果についての賠償は、医師が契約上患者に対して負う債務の中に含まれない」と判示し、原審を破棄した」）。

　　もっとも、医療責任については、その後、特別法が制定されており、更に、重要な判例法理の展開も見られる。これらの点も含め、医療責任に関しては、第2部・第1章・第2節・第1款・第1項527頁以下、同節・第2款・第1項588頁以下で再論するが、2002年3月4日の法律以前の破毀院判例の動向を知るには、さしあたり、破毀院にも所属していたピエール・サルゴ（Pierre Sargos）の一連の論稿が有益である（引用した諸判決の評釈のほか、Pierre Sargos, Réflexions sur les accidents médicaux et la doctrine jurisprudentielle de la Cour de cassation en matière de responsabilité médicale, D., 1996, chr., pp. 365 et s. ; Id., La doctrine jurisprudentielle de la cour de cassation en matière d'obligations des établissements de santé privés et des personnes y exerçant leur activité, in, Droit de la responsabilité médicale : Dernière évolution, Actes d'une journée d'étude organisée par les Editions du Juris-Classeur, Resp. civ. et assur., juill.-août 1999, pp. 35 et s. ; Id., L'information sur les médicaments : Vers un bouleversement majeur de l'appréciation des responsabilités, JCP., 1999, I, 144, pp. 1121 et s. ; Id., L'aléa thérapeutique devant le juge judiciaire, JCP., 2000, I, 202, pp. 189 et s. ; Id., Évolution et mise en perspective de la jurisprudence de la cour de cassation en matière de responsabilité civile des médecins, in, Mélanges en l'honneur de Yvonne Lambert-Faivre et Denis-Clais Lambert, Droit et économie de l'assurance et de la santé, Dalloz, Paris, 2002, pp. 375 et s.）。

(653)　その理由は、以下の通りである。注(652)で触れたように、患者は、原則として、自己に生じた損害が医師のフォートによって発生したものであることを証明しない限り、損害賠償の支払いを求めることができない。そのため、治療行為におけるフォートが証明できないケースでは、し

243

◆第 2 章◆ 対　象

ばしば、医師の情報債務違反が援用されることになった（破毀院の判例上、医療契約における情報債務が問題とされるようになったのは、Cass. req., 28 janv. 1942, D., 1942, 63 以降のことである）。加えて、破毀院民事第 1 部 1997 年 2 月 25 日判決が、医療の局面で、「法律上もしくは契約上、特別の情報債務を負う者は、この債務を履行したことを証明しなければならない」と判示したことから（Cass. 1re civ., 25 fév. 1997, Bull. civ., I, n° 75 ; JCP., 1997, I, 4025, obs., Geneviève Viney ; Gaz. Pal., 1997, 1, 274, rapport Pierre Sargos, note Jean Guigue ; RTD civ., 1997, 434, obs., Patrice Jourdain ; RTD civ., 924, obs., Jacques Mestre ; Dr. et pat., avril 1997, n° 1645, 82, obs., François Chabas ; Resp. civ. et assur., avril 1997, n° 8, 4, chr., Christian Lapoyade Deschamps ; RGDA, 1997, 852, note Philippe Rémy ; Defrénois, 1997, art. 36591, 751, obs., Jean-Luc Aubert. 事案の概要は、以下の通りである。X は、医師 Y によるポリープ切断手術と内視鏡検査を受けたが、その結果、腸穿孔に被害を受けた。そこで、X は、腸穿孔のリスクについて情報を受けていなかった等と主張して、Y に対し、損害賠償の支払いを求める訴訟を提起した。原審は、情報を提供しなかったことを証明しなければならないのは X であるところ、本件においてはこの証明が尽くされていないとして、X の請求を棄却した。X からの上告に対し、破毀院は、民法典 1315 条をビザに、「法律上もしくは契約上、特別の情報債務を負う者は、この債務を履行したことを証明しなければならない」（chapeau）ところ、「医師はその患者に対して特別な情報債務を負い、この債務を履行したことを証明するのは医師であるにもかかわらず、上記のように判示しているのであるから、控訴院は、上記のテクストに違反した」と判示したのである（なお、弁護士の情報債務について、同様の判断を示したものとして、Cf. Cass. 1re civ., 29 avril 1997, JCP., 1997, II, 22948, note Raymond Martin（「弁護士は、その顧客に対して、特別な情報債務及び助言債務を負うところ、この債務を履行したことを証明しなければならないのは、弁護士であると判示しているのであるから、控訴院は、民法典 1315 条を適用しただけである」））。なお、ここでは、手術について情報を提供せず患者の同意を得なかったことが問題となった事案に関するものではあるが、かつて、破毀院が、本判決と反対の解決を示していたことが想起されるべきであろう（Cass. civ., 29 mai 1951, D., 1952, 53, note René Savatier ; S., 1953, 1, 41, note Roger Nerson ; JCP., 1951, II, 6421, obs., Roger Perrot ; Gaz. Pal., 1951, 2, 114 ; RTD civ., 1951, 508, obs., Henri et Léon Mazeaud. 破毀院は、民法典 1147 条及び 1315 条をビザに、「外科医と患者との間に締結された契約には、原則として、たとえ自らが有用と判断するものであっても、予め患者の同意を得た後にだけ特定の外科手術を行う債務が含まれるが、患者が意識の正常な状態で手術を受ける場合に、外科医が、予定している手術の真の性質について情報を提供せず、この手術に対する同意を求めなかったとして、この契約債務に違反したことを証明するのは患者の負担に属する」（chapeau）と判示している））、情報債務違反を利用する方法は、患者による損害賠償請求訴訟において、極めて有用な手段となっていた。このような医療の局面における情報債務の役割、それに関する判例法理の展開に鑑みれば、本判決は、情報債務の違反に基づく医師の責任について、損害発生というレベルで、1 つの重要な限界を設定した判決として評価することができる。というのは、医療行為に内在するリスクが患者に知らされていなかったとしても、これによって患者に損害が発生していなければ、医師の責任が排除されることになるからである（Cf. Mazeaud, supra note 651, p.48）。

(654)「重要な判決として位置付けられうるものであった」として過去形を用いたのは、医療責任の問題については、その後、「患者の権利及び保健システムの質に関する法律（Loi n° 2002-303 du 4 mars 2002 relative aux droits de malades et à la qualité du système de santé）」によって、立法的な手当てが施されたからであり（この法律については、さしあたり、山野嘉朗「フランス賠償医学展望（5）（6）――病人の権利と保健衛生制度に関する新立法について（1）（2）」賠科 28 号（2002 年）68 頁以下、30 号（2003 年）48 頁以下、山口斉昭「「患者の権利および保健衛生システムの質に関する法律」による医療事故等被害救済システムの創設とその修正」医事法 18 号（2003 年）211 頁以下、ジャン・ルイ・ムラリス（力丸祥子訳）「2002 年 3 月 4 日の法律と医療上の責任」比雑 37 巻 3 号（2003 年）27 頁以下、澤野和博「患者の権利に関するフランスの近時の動向について」東北学院 62 号（2004 年）99 頁以下、同「フランスにおける「患者の権利および保健システムの質に関する 2002 年 3 月 4 日の法律」――第 1 編及び第 4 編」東北学院 62 号（2004 年）282 頁以下、同「フランス医療関係新立法「患者の権利および保健システムの質に関する 2002 年 3 月 4 日の法律」――第 2 編」東北学院大学法学政治学研究所紀要 12 号（2004 年）69 頁以下、高山奈美枝「医療事故による損害の賠償　フランス――責任の法理と賠償の確保〔シンポジウム 医療事故による損害の賠償――責任の法理と賠償の確保〕」比研 72 号（2011 年）38 頁以下等を参照）、また、近年の判例においては、人間の尊厳を出発点に、医師による情報債務違反が存在する場合には、損害の有無を問わずに、患者による損害賠償請求が認められるようになっているからである

244

行に基づく損害賠償という視点から見ても、興味深い説示を含むものである[655]。というのは、この破毀院民事第 1 部 2002 年 11 月 13 日判決は、医師の情報債務違反に基づく患者の損害賠償請求に関して、損害が存在しない限り、本件事案に即して言えば、患者に対して手術のリスクに関する情報が提供されていたならば、その必要性にもかかわらず、患者がこの手術を拒否したであろうという状況が認められない限り、患者による契約不履行に基づく損害賠償の請求は認められないと判断した判決として理解することができるからである。医師による情報の不提供という事実のみでは、患者に対する契約不履行に基づく損害賠償の付与を認めるには十分ではない。それに加えて、患者に損害が発生したことが必要となる。破毀院民事第 1 部は、まさに、このことを示したのである。従って、このような一般的視角から見るならば、破毀院民事第 1 部 2002 年 11 月 13 日判決は、契約不履行に基づく損害賠償における損害要件の地位について、伝統的理解に沿って判断したものと評価することができよう。

次に、破毀院民事第 1 部 2005 年 5 月 10 日判決を取り上げる[656]。結論を先取りして言えば、今度は、破毀院民事第 1 部が、2002 年 2 月 26 日判決で示した立場を変更することになる。

カンペール（Quimper）にある A クリニックは、その専門医 X_1 が一定の医療技術を有していなかったことから、1992 年 10 月 25 日、主としてブレスト（Brest）で活動していた心臓病専門医 Y_1 との間で、Y_1 が同クリニックの設備を使用し、その施設内で診療活動を行うことを可能にする旨の契約を締結した。そこでは、契約が解消された場合、Y_1 は、理由の如何を問わず、カンペール及びそこから半径 50 キロメートル以内の場所で、5 年間、当該医療活動を行使しない旨の活動非再開条項が約定された。ところが、1998 年 6 月 25 日以降、必要な装備を設置する行政の許可が更新されなかったので、Y_1 は、本件合意を解消し、同年 12 月、別の医師 Y_2 と共に、同じくカンペールにあり、同年 3 月 3 日から当該医療活動に必要な設備を備えていた B 病院との間で、この装備の使用に関する契約を締結した。他方、1998 年 10 月 12 日、X_1 は、X_2 と共に、彼らの名を持つ心臓病の団体 X を設立した。このような状況において、X_1、X_2、X、A は、Y_1 と A との間で約定された活動非再開条項を援用して、Y_1、Y_2 に対し、アストラントによる条項の尊重と、その違反を理由とする損害賠償の支払を求めた。

原審であるレンヌ控訴院 2002 年 3 月 26 日判決は、信義誠実に従った合意の履行という原則によれば、原告らが、被告らに対し、条項の遵守を義務付け、その医療活動を妨げることは許されないこと、Y_1 らの活動は、原告らによってはなされえないものであったから、原告らに損害を生じさせるものではないことを理由として、

（注(1528)を参照）。
(655) 契約不履行に基づく損害賠償一般における損害要件という視角から本判決を分析するのが、

いずれの請求も棄却した。これに対して、破毀院民事第 1 部は、民法典 1145 条をビザとして、同条の文言を繰り返しつつ、「債務が為さないことにある場合、それに違反する者は、違反の事実のみによって損害賠償の義務を負う」とだけ述べて、原審を破棄したのである。

　なるほど、原審の判決は、信義誠実義務の違反を明らかにすることなく原告らのアストラントによる履行請求を認めなかった点、そして、履行請求の前提としても損害の存在を要求しているように見える点において、破棄されるべきものであった(657)。問題は、破棄の範囲とその理由である。まず、破毀院民事第 1 部は、損害の不存在を理由として原告らの履行請求及び損害賠償請求を否定した控訴院判決を破棄している。従って、本判決の理由付けが損害賠償請求にも及ぶことは明らかである。次に、破毀院民事第 1 部は、「債務が為さないことにある場合、それに違反する者は、違反の事実のみによって損害賠償の義務を負う」との理由で、原審の判断を破棄している。A は、本件活動に必要な装備に関する行政の許可を得ていなかったし、また、X_1らも、本件活動に必要な技術を有していなかったのであるから、原告らは、被告らによる活動非再開債務の違反によって、損害を被ることはなかったように思われる。それにもかかわらず、本判決は原審を破棄した。このような理解は、明らかに約 3 年前に同部が示した解決とは正反対に位置付けられうるものであり、本判決は、少なくとも為さない債務に関しては、契約不履行に基づく損害賠償の前提として、損害の存在を要求していないものと見ることができるのである。

　ところで、破毀院民事第 1 部 2005 年 5 月 10 日判決の事案で、原告らは、損害賠償のみならず、アストラントによる履行の強制をも求めていたことから、本判決における損害賠償の説示は、曖昧なものであるとか、履行請求と損害賠償請求とを混同したものであるとの評価もなされていた(658)。しかし、その後、破毀院民事第 1 部は、原告により契約不履行に基づく損害賠償だけが請求されていた事案において、上記判決と同様の判断を示すことになる。破毀院民事第 1 部 2007 年 5 月 31 日判決がそれである(659)。

　　　Mazeaud, supra note 651, pp.49 et s. である。
(656)　Cass. 1re civ., 10 mai 2005, Bull. civ., I, n° 201 ; JCP., 2006, I, 111, obs., Philippe Stoffel-Munck ; RTD civ., 2005, 594, obs., Jacques Mestre et Bertrand Fages ; RTD civ., 2005, 600, obs., Patrice Jourdain ; Contra. conc. consom., nov. 2005, n° 184, 23, note Laurent Leveneur ; RDC., 2006, 326, obs., Denis Mazeaud ; Defrénois, 2005, art. 38207, 1247, obs., Jean-Luc Aubert.
(657)　Jourdain, supra note 656, pp.600 et s. ; Aubert, supra note 656, p.1248.
(658)　Mestre et Fages, supra note 656, p.596 ; Mazeaud, supra note 656, pp.327 et s. ; Lisanti, infra note 659, n° 6, p.2785 ; Cosson, infra note 659, p.2974 ; Leveneur, infra note 659, p.11 ; Lathier, infra note 659, p.1119.
(659)　Cass. 1re civ., 31 mai 2007, Bull. civ., I, n° 212 ; D., 2007, AJ., 1725, obs., Inès Gallmeister ; D., 2007, 2784, note Cécile Lisanti ; D., 2008, pan., 2974, obs., Bénédicte Fauvarque Cosson ; JCP., 2007, I, 185, obs., Philippe Stoffel-Munck ; RTD civ., 2007, 568, obs., Bertrand Fages ; RTD civ., 2007, 776, obs., Patrice Jourdain ; Contra. conc. consom., oct. 2007, n° 230, 9, note Laurent

ここでも問題となったのは、活動非再開条項の違反である。医師であるXとYは、エスコドゥーブル（Escaudoœvres）にある不動産を取得・管理するための不動産非営利会社（une société civile immobilière）と、資産非営利会社（une société civile de moyens）を設立し、共同で業務を行う契約を締結した。この契約においては、出資者のうち1人が離職する場合、当該離職者は、3ヶ月の間、本件会社の所在地から半径20キロ以内の場所で、同種の業務を行わないことが約定されていた。ところが、その後、Yは、Xと不和になったことから、業務への協力を中止し、本件会社の所在地から400メートルの場所で、その個人事務所を開設するに至った。Xからの活動非再開債務の違反を理由とする損害賠償請求に対し、原審は、活動非再開条項の違反がYの契約責任を生じさせるフォートを構成するとしても、Xは、Yのフォートによって損害が生じたことを立証していないし、また、条項違反が存在するというだけで損害が発生したと言うことはできないとして、これを棄却した。破毀院民事第1部は、Xからの上告を受け、民法典1145条をビザとして、「債務が為さないことにある場合、それに違反する者は、違反の事実のみによって損害賠償を義務付けられる」と判示し、上記のように判断した控訴院の法律違反を認めたのである。

　破毀院民事第1部2005年5月10日判決のケースとは異なり、本件事案においては、損害賠償請求のみが問題となっており、しかも、Xによる損害賠償請求に際して損害の証明が必要かという問題が主要な争点を形成していた。従って、本判決の判断が、契約不履行に基づく損害賠償を対象に、そこでの損害の要否という問題を規律するために下されたものであることは明らかである。また、本判決のビザ（民法典1145条）とシャポーを見るならば、その説示は、活動非再開債務の違反という特殊な事例に向けられたものではなく、およそ為さない債務一般に妥当する判断として定立されたものと評価することができる。かくして、本判決において、破毀院民事第1部は、「民法典1145条は、債務者が為さない債務に違反した場合に、附遅滞の手続きを免除する規定であり、この債務に違反したことを理由に賠償を請求しようとする者に対して、その損害の要素と額の立証を免除するものではない」という、かつての立場を明確に放棄し、為さない債務の違反に基づく損害賠償請求の場面においては損害の存否を問わないとする立場へと変化するに至ったと言うことができるのである[660]。

　これまで見てきたように、破毀院民事第3部は、2002年1月30日判決において示した、賃借人が負担すべき修繕義務の賃借人による不履行を理由とする賃貸人の損害賠償請求は損害の証明に従属しないとの立場を、2003年12月3日判決で覆し、損害の発生が契約不履行に基づく損害賠償の必要不可欠な要件であるという伝統的

　　　Leveneur ; RDC., 2007, 1118, obs., Yves-Marie Laithier ; RDC., 2007, 1140, Suzanne Carval.
(660) Gallmeister, supra note 659, p.1725 ; Lisanti, supra note 659, n° 7, pp.2785 et s. ; Cosson, supra note 659, p.2974 ; Laithier, supra note 659, p.1119.

立場へと回帰したのに対して、破毀院民事第1部は、いずれも為さない債務に関する事案と判断であるが、2002年2月26日判決において示した、損害の証明がなければ損害賠償請求も認められないとの立場を、2005年5月10日判決及び2007年5月31日判決で覆し、為さない債務の違反に基づく損害賠償請求では損害の有無を問題にしないという立場へと変更したのである(661)。それでは、破毀院民事第2部は、この問題をどのように捉えているのか(662)。最後に、同部の理解を窺うことができる2008年9月11日判決に触れておくことにしよう(663)。

事案は若干複雑である。A社の株式の過半数を保有する代表者（gérant majoritaire）であったXは、Y社に対し、株式の過半数を保有しない代表者（gérant minoritaire）の資格を取得するのに必要な一切の事務処理を委託していた。ところが、A社の清算手続きが開始された後、Xは、Y社によって行われた手続きに不備が存在したことから、自己が給与所得者としての地位や、そのための社会保険制度を利用することができないことを知った。そこで、Xは、Yに対して、損害賠償の支払いを求める訴訟を提起した。その後、2003年5月28日の判決（確定判決）により、Yによる事務処理の懈怠が民法典1147条に言う不履行に該当すること、このフォートと、1990年9月28日から1994年2月28日までの期間、病気、破産、老化のリスクについての補償を受けられなかったことに由来する損害との間には、因果関係が存在することが明らかにされた。また、同判決は、この損害について最終的な判断を下す前に、それを評価するための鑑定を命じたほか、Xに対し、判決の日から最大45日の間、1300ユーロを供託するよう命じた。しかしながら、Xは、この供託金を支払わなかった。そのため、2003年9月11日のオルドナンスによって、任命された鑑定人の選任の失効が宣言された。2004年3月24日、控訴院は、審理の再開を命じ、Xに対して、鑑定人が選任されなかったことに伴う結果について責任を持ち、自己の損害額を算定するよう命じたが、Xが損害の証明を尽さなかったので、原審は、その請求を棄却した。これに対して、Xは、過半数を保有しない代表者としての地位を得れば、自動的に社会保障の一般制度の給付を受ける権利を取得するところ、これらの給付を受けられなかったことは、必然的に損害を構成する等と述べて上告した。

破毀院民事第2部は、「契約上のフォートは、それ自体によって必然的に、このフォートと因果関係のある損害の存在を含意するものではない」と判示し、また、援

---

(661) その後も、破棄院民事第1部は、同じ判断を繰り返している。Cf. Cass. 1re civ., 14 oct. 2010, RTD civ., 2010, 781, obs., Bertrand Fages ; RDC., 2011, 452, obs., Suzanne Carval.

(662) 破毀院民事第2部は、主として、不法行為責任が問題となる事件を取り扱うため、契約不履行に基づく損害賠償の原理それ自体に関わるような判決を下すことは少ない。本項が、民事第2部の判決として、以下で引用する2008年9月11日判決にしか言及していないのはそのためである。

(663) Cass. 2ème civ., 11 sept. 2008, Bull. civ., II, no 191 ; D., 2008, AJ., 2348 ; RDC., 2009, 77, obs., Olivier Deshayes.

用されている損害の証明責任を負うXが、供託金を支払わず、その結果、損害評価のための鑑定の実現が妨げられたと判断した上で、「控訴院は、専権的な評価権限を行使して、この拒否から全ての帰結を導き、その他の証拠が提出されていないことを確認することによって、Xが援用されている損害を正当化しなかったと判断することができた」として、Xによる上告を棄却したのである。

　この判決をどのように評価すべきかは1つの大きな問題であるが、これは、損害要件の意義の解明に向けられた本節の目的とするところではない。ここで指摘しておくべきは、破毀院民事第2部が、契約不履行に基づく損害賠償の請求に際して、損害の存在を当然の前提としているということである。なるほど、「契約上のフォートは、それ自体によって必然的に、このフォートと因果関係のある損害の存在を含意するものではない」という理由付けからは、その読み方次第という留保を付けた上ではあるが[664]、不履行の証明から直ちに損害の存在が肯定されるケースも存することが分かる。しかし、ここでは、あくまでも損害が「含意」されているのであって、決して損害が「不要」とされているわけではないことに注意しなければならない。つまり、破毀院民事第2部も、民事第3部と同様、契約不履行に基づく損害賠償請求を肯定するための必要な要素として、損害の発生を観念していると見ることができるのである[665]。

　以上のように、契約不履行に基づく損害賠償における損害の要否に関するフランスの判例は、民事第2部と民事第3部が伝統的な判例の立場と同じ理解を提示し、また、民事第1部の判断も安定してきたという面から見れば、その秩序を回復しつつあるとも言えるが、全体として見た場合、とりわけ、各部の判断が揺れ動いていること、民事第1部の解決とほかの民事部のそれとが対立しているように見えることからすれば[666]、現在においても、なお混迷を極めていると言うことができよう。

---

[664] この点については、Cf. Deshayes, supra note 663, pp.82 et s. 破毀院民事第2部2008年9月11日判決は、「契約上のフォートは、それ自体によって必然的に、このフォートと因果関係のある損害の存在を含意するものではない（une faute contractuelle n'implique pas nécessairement par elle-même l'existence d'un dommage en relation de cause à effet avec cette faute)」と判示しているところ、この「必然的に（nécessairement）」という副詞に与える意味付けによっては、この判文の意味が大きく異なることになる。「必然的に」という言葉を、それが否定形と組み合わされる場合に一般的に用いられている意味で解釈するならば、上記引用部分は、場合によって、契約上のフォートが損害の存在を含意することもありうるとの理解として読むことができる。本書における翻訳は、「必然的に」をこの意味で捉えたものである。

[665] このように理解すると、破毀院民事第2部の解決と民事第3部のそれを隔てているのは、不履行が損害の発生を含意するケースを認めるかどうかという点に存するように見える。もっとも、後者も、この可能性を排除しているわけではない（正確に言えば、民事第3部は、この可能性について何ら言及していない）。

[666] これら2つの立場は両立可能であるとの読み方も提示されうるかもしれない。すなわち、破毀院民事第1部2005年5月10日判決及び同部2007年5月31日判決は、破毀院民事第2部2008年9月11日判決によって認められた、フォートによって損害の存在が含意されるケースについて判断を示した判決である。つまり、破毀院は、全体として、契約不履行に基づく損害賠償につき損害の発生を要件としつつ、一定の場合には、契約上のフォートの証明によって損害の存在が導かれることを認めている。本文で引用した諸判決について、このような解釈を行うわけである。

◆第2章◆ 対　象

　それでは、これらの判決について、学説は、どのような評価をなし、それらを前にして、どのような議論を展開しているのか。以下では、この点について検討を加え、そこから、日本の「契約責任」論に対して幾つかの視点を抽出するための準備的考察を行ってみよう。

◇**第2項　契約不履行に基づく損害賠償における損害要件の意味**

　フランスにおいては、契約不履行に基づく損害賠償の理論枠組みについて、それをフォートによって惹起された損害の賠償方式として捉え、不法行為に基づく損害賠償とパラレルな構造を持つ制度として理解する伝統的通説と、契約の履行方式として把握し、不法行為に基づく損害賠償とは異質な制度として理解する立場が対立している[667]。これまで紹介・検討してきた、契約不履行に基づく損害賠償における損害要件の要否という問題に関わる破毀院判決についても、これら2つの立場を主要な対立軸とした分析がなされ、それぞれの立場からの検討・批判が加えられている[668]。あるいは、近時の破毀院判決それ自体が、上記のような「契約責任」論の影響を受けていると言うことができるのかもしれない[669]。

―――――
　　確かに、民事第1部の2つの判決は、「債務が為さないことにある場合、それに違反する者は、違反の事実のみによって損害賠償の義務を負う」と述べるに止まっており、その文面だけを見れば、為さない債務の違反の事実によって損害が含意され、それによって債務者は損害賠償を義務付けられると読むこともできるから、このような可能性を排除することはできない。しかし、判決の事案まで含めて理解するならば、上記のような読み方を行うのは困難であるように思われる。というのは、破毀院民事第1部2005年5月10日判決の事案は、不履行によって損害の存在が含意されるようなケースではなかったからである。既に本文の中で触れたように、同判決のケースにおいて、損害賠償を求めている A は、当該医療活動に必要な装備に関する行政の許可を得ていなかったし、また、X_1 らも、当該医療活動に必要な技術を有していなかった。従って、同判決のケースは、被告らによる活動非再開条項の違反があったとしても、原告らには何ら損害が発生していないと見るべき事案であった。仮に、こうした状況下においても、不履行を証明するだけで契約不履行に基づく損害賠償の請求が認められるとすれば、それは、もはやその要件としての損害を放棄することを意味するから、これでは、不履行に損害が含意されているという解釈の前提と正面から衝突することになる。よって、本注の冒頭で述べたような判例の解釈は困難であると言うべきである。

(667) この点については、文献の所在も含め、序章8頁以下を参照。
(668) 多くの評釈は、あるいは、「契約責任」に関する2つの学理的潮流との関係で近時の破毀院判例を分析し、あるいは、民事第3部2002年1月30日判決、民事第1部2005年5月10日判決、民事第1部2007年5月31日判決を有力学説への接近を意図したものとして、民事第1部2002年2月26日判決、民事第3部2003年12月3日判決、民事第2部2008年9月11日判決を伝統的理解への回帰を示したものとして位置付けようとしている。Elhoueiss, supra note 629, pp.2289 et s.；Jourdain, supra note 629, p.818；Id., supra note 656, p.601；Id., supra note 659, p.777；Chabas, supra note 629, p.110；Mazeaud, supra note 629, p.458；Id., supra note 645, n° 2, pp.185 et s.；Stoffel-Munck, supra note 645, pp.280 et s.；Savaux, supra note 641, pp.760 et s.；Betoulle, supra note 645, n° 8, p.362；Viney, supra note 645, p.1627；Leveneur, supra note 645, p.16；Ruet, supra note 645, p.1333；Seube, supra note 645, pp.359 et s.；Lisanti, supra note 659, n°s 3 et s., pp.2784 et s.；etc.
(669) とりわけ、破毀院民事第3部2002年1月30日判決について、Elhoueiss, supra note 629, pp.2290 et s.；Viney, supra note 629, p.2166；Jourdain, supra note 629, p.818；Macorig-Venier, supra note 629, p.104；etc. また、Cf. Philippe Malinvaud, Droit des obligations, 8ème éd., Litec, Paris, 2002, n° 542, p.387（ただし、最新版の Malinvaud et Fenouillet, supra note 203 では、その旨の叙述が削除されている）

ここで、議論の見通しを良くするために、その骨格だけを予め示しておくならば、契約不履行に基づく損害賠償をフォートによって惹起された損害の賠償方式として捉える伝統的立場は、債権者に損害が発生しなかった場合であっても債権者の損害賠償請求が認められうるとした判決を激しく批判しているのに対して、それを契約の履行方式として理解する近時の有力学説は、上記のように説く判決に賛意を示し、損害を契約不履行に基づく損害賠償の要件として設定したかのように見える判決に落胆の意を表している。このような各陣営からの判例に対する応接方法が、それぞれが前提とする契約不履行に基づく損害賠償の理論モデルに大きく依存していることに疑いはない。従って、まずは、これらの議論の意味を分析し、そこでの問題点を明らかにしておくことにしよう。

　もっとも、フランスにおける損害の要否をめぐる議論は、契約不履行に基づく損害賠償を損害の賠償方式として捉えるのか、それとも、契約の履行方式として構想するのかという点のみから展開されているわけではない。一部の学説は、上記のような判例・学説の状況を踏まえた上で、これら対極に位置するように見える2つの潮流を統合的に理解することを試みているのである。そして、そこでの議論の中には、本節の問題意識から見て、極めて有用な視点を見出すことができるように思われる。従って、上記2つの立場の議論に続いて、この中間的なテーゼを検討することが求められる。

(1) 損害賠償の対象としての損害

　契約不履行に基づく損害賠償を、フォートによって生じた損害を賠償するための制度として捉える伝統的通説によれば、損害が存在しない限り、債権者による契約不履行に基づく損害賠償の請求は認められない。債権者に損害が発生していない場合、より正確に言えば、損害賠償の支払いを命ずる判決の時に損害が存在しない場合には、契約不履行に基づく損害賠償によって塡補される対象が欠けることになるからである。伝統的通説が損害を契約不履行に基づく損害賠償の要件として設定する理由は、まさに、この点に存するのであり[670]、これは、不法行為に基づく損害賠償と同じ論理に属するものと言える[671][672]。

---

(670) ここでは、近時の教科書・体系書のみを掲げておく。H. et L. Mazeaud, J. Mazeaud et Chabas, supra note 19, n°s 406 et s., pp. 412 et s. ; Viney et Jourdain, supra note 31, n° 247, pp.4 et s. ; Starck, Roland et Boyer, supra note 268, n° 1662, p.577 ; Carbonnier, supra note 52, n° 155, pp.295 et s. ; Terré, Simler et Lequette, supra note 55, n°s 561 et s., pp.566 et s. ; Malaurie, Aynès et Stoffel-Munck, supra note 35, n° 961, pp.516 et s. ; Malinvaud et Fenouillet, supra note 203, n°s 554 et s., pp.439 et s. ; Bénabent, supra note 203, n°s 413 et s., pp.299 et s. ; Larroumet, supra note 24, n°s 643 et s., pp.712 et s. ; Aubert, Flour et Savaux, supra note 66, n°s 216 et s., pp. 187 et s. ; Delebecque et Pansier, supra note 256, n° 495, p.297 ; Fages, supra note 203, n°s 385 et s., pp.309 et s. ; Fabre-Magnan, supra note 262, n° 242, pp.632 et s. ; Buffelan-Lanore, supra note 203, n°s 829 et s., pp.335 et s. ; Radé, supra note 268, pp.55 et s. ; etc.

◆第2章◆ 対　象

（671）2005年9月22日に公表された債務法及び時効法改正準備草案も、この立場を明確に表明している（この草案の概要については序論34頁以下を、この草案における「契約責任」規定の詳細については第2部・第2章・第1節・第1款・第1項714頁以下を参照）。

同草案は、「民事責任（De la responsabilité civile）」という表題の下、不法行為責任と「契約責任」を統一的に扱っており、同草案が賠償方式としての契約不履行に基づく損害賠償というフランスの伝統的な考え方を基礎としていることは、民事責任の部分の起草を担当したジュヌヴィエーヴ・ヴィネの手になる理由書の中でも、明確に宣言されている（Geneviève Viney, Exposé des motifs, in, Avant-projet de réforme du droit des obligations et de la prescription, supra note 98, pp. 162 et s. なお、債務法及び時効法改正準備草案における民事責任の部分の起草を担当したのは、ジュヌヴィエーヴ・ヴィネのほか、ジョルジュ・デュリー（Georges Durry）、パトリス・ジュルダン、パスカル・アンセル（Pascal Ancel）、フィリップ・ブラン（Philippe Brun）、ファブリス・ルデュ（Fabrice Leduc）の6名である）。

債務法及び時効法改正準備草案における民事責任の箇所では、第1節「前加規定（Dispositions préliminaires）」に続き、第2節「責任の要件（Des conditions de la responsabilité）」が置かれ、その第1款「契約責任と契約外責任に共通の規定（Dispositions communes aux responsabilité contractuelle et extra-contractuelle）」で、2つの責任制度に共通の要件が設定されている。そこには、損害が存在しなければ民事責任も存在しない旨を宣言したテクストは置かれていないものの、その冒頭に、§1「賠償されうる損害（Le préjudice réparable）」という項が設けられていることから見れば、同草案が民事責任の要件として損害の存在を要求していることは、明らかである。参考までに、民事責任の第2節「責任の要件」、第1款「契約責任と契約外責任に共通の規定」、§1「賠償されうる損害」の中に置かれている規定を掲げておく（以下の条文を一読すれば明らかとなるように、これらは、全て損害の中身について規定したテクストである）。

債務法及び時効法改正準備草案1343条「財産的であろうと、非財産的であろうと、もしくは、個人的であろうと、集団的であろうと、適法な利益の侵害に存する確実な損害は、全て賠償されうる（原文は、Est réparable tout préjudice certain consistant dans la lésion d'un intérêt licite, patrimonial ou extrapatrimonial, individuel ou collectif.）」。

同1344条「差し迫った損害の発生を回避するため、損害の悪化を避けるため、もしくは、その結果を減少させるために支出された費用は、それが合理的になされたものである限り、賠償されうる損害である（原文は、Les dépenses exposées pour prévenir la réalisation imminente d'un dommage ou pour éviter son aggravation, ainsi que pour en réduire les conséquences, constituent un préjudice réparable, dès lors qu'elles ont été raisonnablement engagées.）」。

同1345条「将来の損害は、それが現在における事物状態の確実かつ直接的な延長であるときには、賠償されうる（原文は、Le préjudice futur est réparable lorsqu'il est la prolongation certaine et directe d'un état de chose actuel.）」。

損害の確実性が将来の不確実な出来事に依存している場合、裁判官は、その判決の執行をこの出来事の発生に従属させることで、直ちに、責任を負う者に有責判決を下すことができる（原文は、Lorsque la certitude du préjudice dépend d'un événement futur et incertain, le juge peut condamner immédiatement le responsable en subordonnant l'exécution de sa décision à la réalisation de cet événement.）」。

同1346条「機会の喪失は、この機会が実現していたならば得させていたであろう利益とは別の賠償されうる損害である（原文は、La perte d'une chance constitue un préjudice réparable distinct de l'avantage qu'aurait procuré cette chance si elle s'était réalisée.）」。

また、第2款「契約外責任に固有の規定（Dispositions propres à la responsabilité extra-contractuelle）」、第3款「契約責任に固有の規定（Dispositions propres à la responsabilité contractuelle）」に置かれている規定は、「責任を生じさせる行為ないし所為」、附遅滞、損害賠償の範囲といった問題に関わるものであり（前者では、人的行為（Le fait personnel）、物の所為（Le fait des choses）、他人の行為（Le fait d'autrui）、相隣トラブル（Les troubles de voisinage）、危険な活動（Les activités dangereuses）についての規定が、後者では、不履行、手段債務・結果債務の区別、附遅滞、損害賠償の範囲についての規定が置かれている）、前項において検討した複数の破毀院判例が契約不履行（または、為さない債務の不履行）に基づく損害賠償の領域において損害の存在は不要であるとの判断を示したこと、あるいは、それをめぐる学説上の議論に関連した規定は置かれていないのである。

（672）序論において触れたように、2008年7月に公表された司法省契約法改正草案には、民事責任に関する部分が含まれていない。契約不履行に基づく損害賠償についても、第10節「不履行（Inexécution）」の中で、第1款「現実の強制履行（L'exécution forcée en nature）」、第2款「解除

◆ 第 1 節 ◆ 損害と契約

　このような理解を前提とする場合、債権者による契約不履行に基づく損害賠償の請求を損害の証明に従属させなかった判決、具体的に言えば、破毀院民事第 3 部 2002 年 1 月 30 日判決、破毀院民事第 1 部 2005 年 5 月 10 日判決、同部 2007 年 5 月 31 日判決は、批判の対象とならざるをえない[673]。ここでは、以下の諸点を指摘し

(La résolution)」に続き、第 3 款「契約責任 (La responsabilité contractuelle)」が設けられているが、そこでは、民法典 1146 条以下の規定が再録されているだけであった。従って、本節の検討課題に対する司法省契約法改正草案の立場は明らかでないと言わなければならない (もっとも、同草案の冒頭に付された説明では、「契約不履行から生ずる損害賠償については、責任法を対象とする全体的な改正を期待して、契約責任に関する民法典のテクストを維持すること (同 172 条から 182 条において民法典 1146 条から 1155 条を再録すること) が提案されている」と述べられており、これによれば、「契約責任」と不法行為責任の統一的な構想が志向されているように見える)。
　これに対して、2010 年 7 月に公表された民事責任法案においては、2 つの損害賠償のいずれもがテクストの対象とされており、債務法及び時効法改正準備草案と同じく、「契約責任」と不法行為責任を一元的に理解しようとする方向性を見て取ることができる (Cf. Rapport d'information, supra note 104, pp.33 et s. そもそも、この法案、そして、その基礎たる民事責任調査報告書自体が、債務法及び時効法改正準備草案の直接的な影響を受けたものである。Cf. Proposition de loi, supra note 105, p.4)。そこでは、「前加規定 (Dispositions liminaires)」に続き、第 2 款「責任の要件 (Des conditions de la responsabilité)」が置かれ、その第 1 項「契約責任と不法行為責任に共通の要件 (Des conditions communes aux responsabilité contractuelle et délictuelle)」で、2 つの責任制度に共通の要件が設定されている。そこには、損害が存在しなければ民事責任も存在しないとの規定は置かれていないものの、賠償されるべき損害についてのテクストが用意されていることからすれば、同草案が民事責任の要件として損害の存在を要求していることは、明らかである。参考までに、第 2 款「責任の要件」、第 1 項「契約責任と不法行為責任に共通の要件」の中に置かれているもので、損害要件に関わる規定を掲げておこう (以下の条文を一読すれば明らかとなるように、これらは、全て損害の中身について規定したテクストである。なお、その内容は、債務法及び時効法改正準備草案のそれに極めて近い。民事責任法案 1384 条 1 項、2 項、3 項が、それぞれ、債務法及び時効法改正準備草案 1343 条、1345 条 1 項、1346 条に、民事責任法案 1385 条が、債務法及び時効法改正準備草案 1344 条に対応する)。
　民事責任法案 1384 条「財産的であろうと、非財産的であろうと、適法な利益の侵害に存する確実な損害は、賠償されうる (原文は、Est réparable le préjudice certain, consistant dans la lésion d'un intérêt licite, patrimonial ou extrapatrimonial.)。
　将来の損害が現在における事物状態の確実かつ直接的な延長であるときにも、同様とする (原文は、Il en est de même du préjudice futur, lorsqu'il est la prolongation certaine et directe d'un état de chose actuel.)。
　機会の喪失は、この機会が実現していたならば得させていたであろう利益とは別の賠償されうる損害である (原文は、La perte d'une chance constitue un préjudice réparable distinct de l'avantage qu'aurait procuré cette chance si elle s'était réalisée.)」。
　同 1385 条「差し迫った損害の発生を回避するため、損害の悪化を避けるため、もしくは、その結果を減少させるために支出された費用は、賠償されうる損害である (原文は、Les dépenses exposées pour prévenir la réalisation imminente d'un dommage, éviter son aggravation ou en réduire les conséquences, constituent un préjudice réparable.)」。
　また、第 2 項「不法行為責任に固有の要件 (Conditions particulières à la responsabilité délictuelle)」、第 3 項「契約責任に固有の要件 (Conditions particulières à la responsabilité contractuelle)」に置かれている規定は、責任を生じさせる行為ないし所為、附遅滞、損害賠償の範囲、第三者との関係といった問題に関わるものであり (前者では、フォートに基づく責任 (De la responsabilité pour faute)、物の所為に基づく責任 (De la responsabilité du fait des choses)、他人の行為に基づく責任 (De la responsabilité du fait d'autrui)、相隣トラブルに基づく責任 (De la responsabilité du fait de troubles de voisinage) についての規定が、後者では、不履行、手段債務・結果債務の区別、附遅滞、損害賠償の範囲、不履行と第三者についての規定が置かれている)、前項において検討した複数の破毀院判例が契約不履行 (または、為さない債務の不履行) に基づく損害賠償の領域において損害の存在は不要であるとの判断を示したこと、あるいは、それをめぐる学説上の議論に関連した規定は置かれていないのである。

(673) とりわけ激しい批判を展開するものとして、Viney, supra note 629, p.2166 ; Gautier, supra

253

ておこう。

　第1に、これらの判決は、履行と賠償とを混同するものである[674]。すなわち、契約の履行請求はその直接的な効力にほかならないから、それを求める債権者としては、自己に損害が発生したことを証明する必要はないのに対して、損害賠償請求は、本来的な履行請求とは別の、不履行によって生じた結果の賠償を求める権利である以上、債権者は、その権利を基礎付けるために、賠償の対象である損害の存在を明らかにしなければならない[675]。それにもかかわらず、債権者による契約不履行に基づく損害賠償の請求を損害の発生に従属させないというのは、上記のような履行と賠償という本質的区別を無視するものである。これは、伝統的通説の論理を前提とする限り、当然の批判であると言うことができる。

　第2に、少なくとも判決の時点において何ら損害を被っていない債権者に対して、契約不履行に基づく損害賠償を付与する理由を見出すことはできない。それどころか、損害不存在のケースにおいても債権者による契約不履行に基づく損害賠償の請求を認めるとすれば、債務者の犠牲において債権者を不当に利得させることになってしまう[676]。つまり、破壊された均衡を回復することに民事責任の本性が求められるとすれば、債権者に何ら不利益が生じていない、つまり、両者の均衡が破壊されていないにもかかわらず、債権者に対して損害賠償を付与するというのは、根拠を欠くばかりか、反対に、現状の均衡を破壊する事態を生み出すことになってしまうのである[677]。これは、民事責任の機能論と利益判断の側面からの議論である。

　第3に、上記の2点と関連することではあるが、仮に、これらの判決を、不履行の存在によって損害の存在は含意されているから、債権者としては不履行だけを証明すれば足り、損害の発生を証明する必要はないとの論理を説くものとして理解するにしても、あらゆるケースにおいて、不履行から直ちに損害の存在を導くことは

---

　　　note 629, pp.322 et s. ; Jourdain, supra note 629, pp.816 et s. ; Chabas, supra note 629, p.110 ; Laithier, supra note 659, p.1119 ; etc. 従って、この立場からは、損害の存在を要求した破毀院民事第3部2003年12月3日判決は、好意的に受け止められることになる。Cf. Raby, supra note 645, p.526 ; Jourdain, supra note 645, pp.296 et s. ; Viney, supra note 645, p.1627 ; Leveneur, supra note 645, p.16 ; Ruet, supra note 645, p.1334 ; etc.

　(674) Viney, supra note 629, p.2166（破毀院民事第3部2002年1月30日判決は、契約の直接的な効果であり、従って、その実行が損害の証明に従属することのない履行への権利と、その要件としてのみならず、その範囲としても、損害の存在を前提としている賠償への権利という、契約における本質的な区別を混同したものである。この根本的で、かつ、契約当事者間の均衡を確保するために必要不可欠な区別が無視されているのは、極めて遺憾である）; Id., supra note 645, p.186 ; Gautier, supra note 629, pp.321 et s. ; Bénabent, supra note 203, n° 413, p.299 ; Malinvaud et Fenouillet, supra note 203, n° 555, pp.440 et s. ; etc.

　(675) Cf. Viney, supra note 523, n° 2, pp.168 et s. ; Jourdain, supra note 21, pp.71 et s. ; etc.

　(676) Jourdain, supra note 629, p.818 ; Id., supra note 645, p.296 ; Chabas, supra note 629, p.110（損害が存在しないにもかかわらず債権者に賠償を付与するというのは、不健全で根拠のない（malsain et infondé）ものである）; Ruet, supra note 645, p.1333（損害の発生を要求するのが良識と正義に適う）; etc.

　(677) Cf. Raby, supra note 645, p.526（損害が存在しない場合に賠償を認めると、契約不履行に基づく損害賠償の賠償機能を低下させることになる）; etc.

不可能である[678]。例えば、競業避止債務や活動非再開債務の債権者がその後に当該活動を止めた場合には、たとえ債務者が対象となっている活動を行ったとしても、債権者には何らの損害も発生しないから、競合避止債務や活動非再開債務の不履行から損害の存在を認定することはできない[679]。従って、これらのケースにおいては、不履行に損害が含意されていると言っても、それは、全くの無内容であり、損害が存在しないにもかかわらず債権者に損害賠償を付与するという結論と何ら変わりはないのである[680][681]。

　第4に、仮に損害不存在のケースにおける契約不履行に基づく損害賠償の付与を何らかの形で正当化しようとするならば、英米法における名目上の損害賠償や懲罰的損害賠償といった考え方に依拠せざるをえない[682]。加えて、この局面においてそれらの考え方を援用しようとすれば、違約条項や法律上の規定が存在しない場合であっても、また、犯されたフォートの重大性がどのようなものであっても、それを認めなければならないことになる。しかし、このような解決は、フランス実定法の認めるところではない[683][684]。そもそも、民事責任法においては、被害者が現実

---

(678) Laithier, supra note 659, pp.1120 et s.; Id., supra note 21, n° 82, pp.114 et s.; Deshayes, supra note 663, pp.84 et s. また、ニュアンスは多少異なるが、Cf. Jourdain, supra note 659, p.778.

(679) この場合には、常に精神的損害が発生しており、それが不履行によって含意されていると解釈する余地も存するが、ここで言う損害賠償は、もはや損害の塡補を目的とするものとは言えないであろう。

(680) もちろん、一定の場合に、損害の存在が推定されることはありうる。しかし、ここでの推定は、事実としての推定である。

(681) 従って、第1項で検討した破毀院判例の現状を、為さない債務については損害の証明を不要としているという形で整理し（Ex. Bénabent, supra note 203, n° 413, p.299. もっとも、このような解釈が困難であることにつき、注(666)を参照）、これを、損害の証明が困難であるという為さない債務の特殊性から基礎付けることはできないことになる。

(682) とりわけ、第1項で検討した破毀院判例の現状を、為さない債務については損害の存在を不要としているという形で整理する場合には、本文で述べた指摘がまさに妥当する。というのは、この場合には、為さない債務の特殊性からその結論を導かざるをえないところ、その特殊性は、この領域において損害の不存在にもかかわらず契約不履行に基づく損害賠償の請求が認められるのは、禁止されていたことを為したという債務者の行為態様に対してサンクションを課さなければならないという考え方をおいて、ほかには考えられないからである。

(683) この点についての詳細は、廣峰・前掲注(98)35頁以下を参照。

(684) もっとも、今日における債務法改正をめぐる議論においては、懲罰的損害賠償の導入が検討されている（この点については、廣峰・前掲注(98)114頁以下、同・前掲注(104)127頁以下も参照）。すなわち、債務法及び時効法改正準備草案においては、「明らかに故意的なフォート（une faute manifestement délibérée）」、とりわけ、「営利目的のフォート（une faute lucrative）」（この概念については、問題となっている事例も含めて、Daniel Fasquelle, L'existence de fautes lucratives en droit français, in, Faut-il moraliser le droit français de la réparation du dommage ?, (À propos des dommages et intérêts punitifs et de l'obligation de minimiser son propre dommage), Centre de droit des affaires et de gestion, Faculté de droit de Paris V, le 21 mars 2002, Petites affiches, 20 nov. 2002, n° 232, pp.27 et s.; Luc Grynbaum, Une illustration de la faute lucrative : le "piratage" de logiciel, D., 2006, pp.655 et s.; Rodolphe Mésa, Précisions sur la notion de faute lucrative et son régime, JCP., 2012, pp.1017 et s.（なお、同著者のテーズとして、筆者未見であるが、Id., Les fautes lucratives en droit privé, th. Littoral-Côte d'Opale, 2006, dactyl.））の行為者に対する懲罰的損害賠償の可能性が認められているし（1371条）、民事責任法案の中でも、行為者が、意図的なフォートにより、通常の損害賠償だけでは剥奪しえないような

に被った損害によって損害賠償の範囲を確定しようとする「完全賠償の原則」、そして、被った損害が現存する範囲においてのみ賠償を認めるという良識の規範が基礎とされているのであるから、上記のような解決は、これらの規範と正面から衝突することになるのである[685][686]。

　　利得を得た場合には、裁判官は懲罰的損害賠償の支払いを命ずることができるとの規定が設けられているのである（1384-25条）（後者については、Cf. Rapport d'information, supra note 104, pp.79 et s.）。また、フランソワ・テレのグループの手になる民事責任法改正の提案においては、「意図的に、営利目的のフォート」が侵された場合に、被害者が被った損害ではなく、被告が得た利益の額を付与することができる旨の提案がなされている（54条）。
　　債務法及び時効法改正準備草案1371条「明らかに故意的なフォート、及び、とりわけ営利目的のフォートの行為者は、塡補損害賠償に加えて、懲罰的損害賠償を命ぜられうる。この場合、裁判官は、その一部を国庫に帰属させる権限を有する。懲罰的損害賠償を命ずる裁判官の決定は、特別に理由を付されなければならず、その額は、被害者に与えられるその他の損害賠償から区別されなければならない。懲罰的損害賠償は、保険に付することができない（原文は、L'auteur d'une faute manifestement délibérée, et notamment d'une faute lucrative, peut être condamné, outre les dommages-intérêts compensatoires, à des dommages-intérêts punitifs dont le juge a la faculté de faire bénéficier pour une part le Trésor public. La décision du juge d'octroyer de tels dommages-intérêts doit être spécialement motivée et leur montant distingué de celui des autres dommages-intérêts accordés à la victime. Les dommages-intérêts punitifs ne sont pas assurables.）」。
　　民事責任法案1386-25条「法律が特別に規定している場合において、損害が意図的に犯された不法行為上のフォートもしくは契約不履行に由来し、それによって、行為者が損害の賠償だけでは消滅させることのできない利得を得たときには、裁判官は、理由を付した決定によって、損害を生じさせた者に対し、第1386-22条の損害賠償に加えて、懲罰的損害賠償を命ずることができる。懲罰的損害賠償の額は、塡補損害賠償の額の2倍を超えることができない（原文は、Dans les cas où la loi en dispose expressément, lorsque le dommage résulte d'une faute délictuelle ou d'une inexécution contractuelle commise volontairement et a permis à son auteur un enrichissement que la seule réparation du dommage n'est pas à même de supprimer, le juge peut condamner, par décision motivée, l'auteur du dommage, outre à dommages et intérêts en application de l'article 1386-22, à des dommages et intérêts punitifs dont le montant ne peut dépasser le double du montant des dommages et intérêts compensatoires.）」。
　　懲罰的損害賠償は、裁判官が決定する割合において、被害者と、被害者が被った損害と同種の損害を賠償することを目的とする補償基金に、それぞれ支払われる。このような基金が存在しない場合、被害者に与えられない損害賠償は、国庫に支払われる（原文は、Les dommages et intérêts punitifs sont, dans la proportion que le juge détermine, versés respectivement à la victime et à un fonds d'indemnisation dont l'objet est de réparer des dommages similaires à celui subi par la victime. À défaut d'un tel fonds, la proportion des dommages et intérêts non attribués à la victime est versée au Trésor public.）」。
　　民事責任法改正の提案54条「損害を惹起した者が、意図的に、営利目的のフォートを犯した場合、裁判官は、特別に理由付けられた判決によって、原告が被った損害の賠償ではなく、被告が得た利益の額を付与する権限を有する。原告が塡補損害賠償として受け取る額を超える部分については、責任保険に付することができない（原文は、Lorsque l'auteur du dommage aura commis intentionnellement une faute lucrative, le juge aura faculté d'accorder, par une décision spécialement motivée, le montant du profit retiré par le défendeur plutôt que la réparation du préjudice subi par le demandeur. La part excédant la somme qu'aurait reçue le demandeur au titre des dommages-intérêts compensatoires ne peut être couverte par une assurance de responsabilité.）」。
(685)　以上の点につき、Cf. Jourdain, supra note 645, pp.296 et s. ; Id., supra note 659, p.778 ; Aubert, supra note 656, pp.1248 et s. ; Savaux, supra note 21, n° 33, p.20 ; Cosson, supra note 659, p.2974.
(686)　もちろん、懲罰的損害賠償の導入を支持する学説からは、一定の限界を付けた上ではあるが、この概念による判例法理の正当化が模索されることになる。Lisanti, supra note 659, n[os] 14 et s., p.2787 ; Carval, supra note 659, pp.1142 et s. ; Jean-Pierre Gridel et Yves-Marie Laithier, Les

このように見てくると、伝統的通説の論理を基礎とする学説は、あくまでも、不法行為に基づく損害賠償と同じ意味での損害が現存する限りにおいてのみ、契約不履行に基づく損害賠償を認めようとするものであり、かつ、そのような理解を所与の前提として、契約不履行領域における損害要件を論じていると言うことができる。それでは、このような伝統的通説による判例の理解と批判を前にして、契約不履行に基づく損害賠償を契約の履行方式として捉える近時の有力学説は、どのような議論を展開しているのか。次に、この点を見ていくことにしよう。

近時の有力学説は、契約不履行に基づく損害賠償を契約の履行方式として把握している。不法行為責任は、他人に対して損害を惹起した者はその損害を賠償しなければならないという規律に由来するものである。それ故、不法行為に基づく損害賠償は、「責任を生じさせる行為ないし所為」により損害が惹起されたことによって新たに発生する債務である。これに対して、契約不履行に基づく損害賠償が問題となる場合には、状況が全く異なる。契約当事者は、合意を履行しなければならない。そして、契約当事者の一方が債務を履行しない場合には、他方当事者は満足を得ることができない。この場合、債務の履行を受けられなかった当事者は、債務の履行が与えていたであろう利益を獲得するために、履行の等価物である契約不履行に基づく損害賠償を請求するのである。対象は異なるが、これは、まさに、等価物による契約の履行プロセスなのである。

このような理解を前提とする場合、契約不履行に基づく損害賠償は、金銭という等価物による契約の履行方法にほかならないから、そこでの損害要件についても、債権者が契約の現実履行を求める場合のそれと同じように位置付けられうることになる。すなわち、不法行為の領域においては、その本性がフォートによって惹起された損害を賠償することに求められる以上、不法行為に基づく損害賠償の要件として損害の発生が設定されることに問題はない。これに対して、契約不履行に基づく損害賠償は、契約の履行方式なのであるから、その要件についても、不法行為に基づく損害賠償ではなく、履行請求あるいは履行の強制のそれと同じように構成されなければならない。つまり、契約不履行に基づく損害賠償を請求しようとする債権者としては、債務者による契約の不履行を明らかにすれば足り、損害を証明する必要はないのである。これは、伝統的理解が説くような履行と賠償の混同ではなく、

---

sanctions civiles de l'inexécution du contrat imputable au débiteur : état des lieux, JCP., 2008, I, 143, n° 37, p.18 ; また、Cf. Cécile Le Gallou, Violation de la clause de non-concurrence et octroi automatique de dommages-intérêts : la punition d'une violation à part, RLDC, 2007, p.1681. なお、スザンヌ・カルバルのテーズは、民事責任法における私的罰機能を論じたものであり (Suzanne Carval, La responsabilité civile dans sa fonction de peine privé, th. Paris I, préf. Geneviève Viney, Bibliothèque de droit privé, t.250, LGDJ., Paris, 1995)、セシル・ル・ガルーのテーズは、私法における賠償概念を扱ったものである (Cécile Le Gallou, La notion d'indemnité en droit privé, th. Perpignan, préf. Alain Sériaux, Bibliothèque de droit privé, t.486, LGDJ., Paris, 2007)。

契約不履行に基づく損害賠償を契約の履行方式として捉える立場から導かれる、1つの論理的帰結であると言える[687][688]。

契約不履行に基づく損害賠償における損害要件について上記のように理解するならば、債権者による契約不履行に基づく損害賠償の請求を損害の証明に従属させなかった諸判決、とりわけ、破毀院民事第3部2002年1月30日判決は、有力学説の論理に従った判決として位置付けられることになる[689]。そして、こうした破毀院

---

[687] もっとも、契約不履行に基づく損害賠償を契約の履行方式として捉える近時の有力学説の多くが、その論文や体系書の中で、直接的に損害不要との議論を展開しているわけではないことに留意が必要である（文献については、Cf. supra note 20）。損害の要否をめぐる議論の中で、本文のようなものとして捉えられている、あるいは、その論理を前提とすれば、本文のように理解することができるということである。例外として、Le Tourneau, supra note 20, n[os] 809 et s., pp.325 et s.

[688] 契約不履行に基づく損害賠償における損害の要否という議論に関連して、シリル・グリマルディ（Cyril Grimaldi）の考察にも触れておく必要があるだろう。

グリマルディのテーゼは、債務の源に関する議論への寄与を目的としており、とりわけ、従来の議論に内在する問題（欠落）を指摘し、それを補完するための概念として、約束（l'engagement）と準約束（le quasi-engagement）を立てつつ、それぞれの内容を分析することに向けられたものである（Cyril Grimaldi, Quasi-engagement et engagement en droit privé : Recherches sur les sources de l'obligation, th. Paris II, préf. Yves Lequette, Doctrat & Notariat, Collection de Thèses dirigée par Bernard Beignier, t.23, Defrénois, Paris, 2007）。グリマルディは、このうち、約束について、債務（l'obligation）とその発生原因である約束（l'engagement）を区別する立場を出発点とし、後者に「法によって捕捉され、あるいはある法規（un statut）（予め確定された諸債務）により、あるいは法の諸効果、とりわけ諸債務（自由に確定された諸債務）の直接的な生成により表現されるところの約束」との定義を与え、債務が必ずしも当事者意思によって規定し尽されるわけではないとの見方を示す（n°s 27 et s., pp.11 et s. 引用部分は、n° 58, p.27）。

こうした前提に依拠しながら、グリマルディは、不履行に基づく損害賠償とそこでの損害の要否について、以下のように述べている（n[os] 1007 et s., pp.468 et s.）。約束の等価物による履行＝損害賠償は、約束の履行方法であり、約束の不履行に対するサンクションではない。全てがノーマルに進行する場合、約束は、予定されたことに従って現実に履行される。しかし、約束は、現実以外の方法でも履行されうる。等価物による履行である。問題は、等価物による履行を、約束違反のサンクションではなく、約束の拘束力の原則に結び付けることが正当かという点にある。この問題については、躊躇なく、等価物による履行が、不履行のサンクションではなく、約束の履行の領域に属すると答えるべきである（これに対して、問題を債務のレベルで見れば、損害賠償は債務の違反に対するサンクションということになる）。約束された債務は、約束を履行する1つの手段でしかないのであり、従って、約束は、債務の現実履行とは別の方法でも履行されうるからである（n[os] 1009 et s., pp.468 et s.）。結局、約束の現実履行も等価物による履行も、同じく履行の領域に属するということになるが、前者の請求の可否が債権者による損害の証明に従属しないというのであれば、等価物による履行も同じように理解しなければならない。ここに、法律事実との対比における法律行為の本質的な利点が存在する。かくして、当事者によって当初に予定された約束の履行がなされないときは、債権者は、損害の証明を尽すことなく、約束の価値に相当する額の補償を受けることができるのである（n° 1012, p.470）。

もっとも、グリマルディは、損害の証明に従属しない損害賠償のほかに、被った損失と失った利益を塡補するために、契約責任として支払われるべき損害賠償の存在も認めている。すなわち、現実履行に瑕疵があった場合、等価物による履行がなされた場合、あるいは、履行遅滞の場合、約束は確かに履行されているが、予定されたものとは異なる方法によって履行されている。従って、この異なる履行が契約債権者に損害を生じさせた場合には、債権者は塡補賠償を受けることができなければならない。これは、履行の問題とは異なるが、不法行為責任とは別に契約責任の問題として捉えられなければならない。そして、こうした契約責任が問題となる場面では、債権者によって損害の存在が明らかにされなければならないのである（n[os] 1020 et s., pp.476 et s.）。

[689] Ex. Elhoueiss, supra note 629, pp.2290 et s. ; Viney, supra note 629, p.2166（破毀院民事第3部2002年1月30日判決を生み出したのは、現実賠償という概念の存在と、等価物による履

第 1 節 　 損害と契約

判決の読み方を補強するために、近年の判例の中には、契約不履行に基づく損害賠償を契約ないし契約債務の履行方式として捉えようとするものが存在することが援用されうる。例えば、民法典 1142 条と 1147 条を援用しつつ、「債務の不履行又は履行の遅滞を理由として債権者に付与される損害賠償は、為す債務もしくは為さない債務の履行方式をなす」と判示した、破毀院社会部 2002 年 12 月 4 日判決がそれである(690)。他方、伝統的通説の論理に従って、契約不履行に基づく損害賠償を請求するための不可欠な要素として損害の存在を要求した破毀院判決、具体的に言えば、

　　　行という曖昧な観念である); Jourdain, supra note 629, p.818（破毀院民事第 3 部 2002 年 1 月 30 日判決は、近時の有力学説に接近するものである); Macorig-Venier, supra note 629, p.104（破毀院民事第 3 部 2002 年 1 月 30 日判決は、「契約責任」という概念に対する批判を受容したものである); etc.

(690) Cass. soc., 4 déc. 2002, Bull. civ., V, n° 368 ; RDC., 2003, 54, obs. Philippe Stoffel-Munck ; RTD civ., 2003, 711, obs., Patrice Jourdain. 事案の概要は、以下の通りである。使用者 A は、労働証明書等の書類を引き渡す義務に違反したとして、被用者 X に対し、損害賠償を支払うよう命ぜられた。ところで、労働法典旧 L.143-11-1 条によれば、使用者は、労働契約の履行において義務付けられた額の不払いのリスクにつき、被用者のため保険を付さなければならないとされていた（なお、同法典は、その後、全面的な改正を受けており、本件事案で問題となった労働法典旧 L.143-11-1 条も廃止されている。もっとも、それに相当する規定は、第 3 部の第 2 編「給与及び様々な利益（Salaire et avantages divers)」、第 5 章「給与の保護（Protection du salaire)」、第 3 節「特権及び保険（Privilèges et assurance)」、第 2 款「再生、裁判上の清算手続きの場合における特権及び保険（Privilèges et assurance en cas de procédure de sauvegarde, de redressement ou de liquidation judiciaire)」、第 2 項「不払いのリスクに対する保険（Assurance contre le risque de non-paiement)」の L.3253-2 条から 3253-18-9 条に存在している。本注末で引用する のは、事件当時の旧 L.143-11-1 条である）。そこで、X は、その保険制度を運用する機関（AGS、以下では、「Y」とする）に対し、A によって支払われなかった損害賠償額の支払を求める訴訟を提起した。原審は、X の請求を認容した。これに対し、Y は、A の負う損害賠償は、「労働契約の履行において」義務付けられたものではなく、使用者のフォートに基づいて課せられたものである等として上告した。破毀院社会部は、以下のように判示して、Y の上告を棄却した。「一方で、民法典1142 条によれば、為す、又は為さない債務は全て、債務者による不履行の場合には、損害賠償に変わる。他方で、同法典 1147 条によれば、債務者は、必要がある場合には、債務の不履行を理由として、あるいは、履行の遅滞を理由として、損害賠償の支払いを命ぜられる。従って、債務の不履行又は履行の遅滞を理由として債権者に付与される損害賠償は、為す債務もしくは為さない債務の履行方式をなす」。よって、使用者による契約債務の不履行によって付与される損害賠償は、Y によって保証されなければならない。

　　もっとも、本判決の射程については、一定の留保が必要である。先に触れたように、本判決においては、ある使用者が報告書の引渡義務に違反したとして支払いを命ぜられた損害賠償についても、「労働契約の履行において」義務付けられた債務であるとして、AGS が保証しなければならないのかという点が問題となっていた。従って、この判決を、AGS に対して損害賠償の支払いを確保させるために、無理を承知で、便宜的に、契約不履行に基づく損害賠償を労働契約の履行方式として構成した判決（保証という目的のために、履行という手段を用いた判決）と読むこともできるからである（Jourdain, Ibid. は、このような読み方を示唆する。これに対して、Stoffel-Munck, ibid. は、本文で述べたような形での位置付けを提示する）。

　　労働法典旧 L.143-11-1 条「商人、職人、農業従事者、もしくは、私法上の法人の資格を持ち、1 人または複数の被用者を有する使用者は、再生もしくは裁判上の清算手続きの場合には、労働契約の履行において義務付けられた額の不払いのリスクにつき、国外に居る労働者や L.351-4 条に規定されている国外賃金労働者を含め、被用者に対し、保険を付さなければならない（原文は、Tout employeur ayant la qualité de commerçant, d'artisan, d'agriculteur ou de personne morale de droit privé et occupant un ou plusieurs salariés doit assurer ses salariés, y compris les travailleurs salariés détachés à l'étranger ainsi que les travailleurs salariés expatriés visés à l'article L. 351-4, contre risque de non-paiement, en cas de procédure de redressement ou de liquidation judiciaire, des sommes qui leur sont dues en exécution du contrat de travail.)」。

◆第2章◆ 対　象

破毀院民事第1部2002年2月26日判決、破毀院民事第3部2003年12月3日判決、破毀院民事第2部2008年9月11日判決は、その論理に反するものとして批判の対象とされうることになる。

　ここで、契約不履行に基づく損害賠償における損害要件を放棄した破毀院判決に対する伝統的通説からの批判について、上記のように理解する立場から、どのように応答することができるのかを確認しておこう。

　まず、損害要件を放棄すれば債務者の犠牲において債権者を不当に利することになるという批判に対しては、反対の理解も可能であるように思われる。なるほど、民事責任法の論理から見れば、損害が存在しない場合に損害賠償の付与を認めることは、被害者に対して不当な利得をもたらすことになるのかもしれない。しかし、契約不履行に基づく損害賠償は、約束されたが獲得することのできなかった利益を等価物によって実現することを目的としているのである。このような視角から見れば、債権者が債務者の不履行によって利益を獲得することができなかった場合に、外的原因が存在しないにもかかわらず、損害の不存在という債務者にとって外在的な事情によって、債務者が債務を免れ、債権者が履行を請求しえなくなる理由は見出しえないとも言える。債権者は、約束された給付を獲得するために、一定の反対給付を履行している、あるいは、その履行を約束しているはずであり、このような場合には、自己の給付を実現し、または、その義務を負っている債権者に対し、受け取らなかった給付に相当する損害賠償を付与するというのがより正当なのではないか。何故に、債務者は、損害賠償の支払いを免れるのか。近時の有力学説は、このように問い返すのである[691][692][693]。

---

(691)　Stoffel-Munck, supra note 645, pp.283 et s. ; Huet, supra note 100, Observations sur la distinction entre les responsabilités contractuelle et délictuelle..., n° 7, pp.35 et s. ; Grimaldi, supra note 688, n° 1013, p.471（破毀院民事第3部2003年12月3日判決によれば、不履行によって債権者に生じた損害が債務の履行コストよりも小さいときには、債務者は債務を履行しなくなるから、効率的な契約違反を認めることにもなってしまう）

　フィリップ・ストフェル・マンク（Philippe Stoffel-Munck）は、以下のような例を挙げている。
　ある者が、あるレストラン主催の食事会に参加し、フルコースの料理を注文して、100ユーロ支払ったとする。ここで、食事の中身として、チーズが出てきただけであったとか、デザートが予定されていたものと違っていたとか、ワインが水で薄められていたという例を想定する。食事会は既に終了しているから、履行の強制は不可能であるし、不履行の程度が重大でないとして、契約の解除も認められない可能性がある。このとき、客は、約束したコース料理を受け取らなかったことを理由として損害賠償を請求するために、損害の存在を証明しなければならないのか。精神的損害も考えられるが、客が、そのような料理ではあったが、なお食事会を楽しんでいたとすれば、どうなるのか。客は、約束された給付を受け取らなかったのであるから、上記のような場合であったとしても、それに相当する損害賠償を獲得することができると言うべきではないか。
　ある者が、ケーブルテレビに加入することにし、100チャンネルを視聴するため、一定額を支払ったとする。ここで、加入手続きが正確に行われていなかったために、80チャンネルしか受信できなかったという例を想定する。この例において、加入者が、損害賠償を請求するためには、加入の申込みをしたチャンネルを視聴しようとしたができなかったことを証明しなければならないのか。このチャンネルが、加入者にとって、全く興味のないチャンネルであった場合はどうか。そうであったとしても、加入者は、約束された給付を受け取らなかったのであるから、それに相当する損害賠償を獲得することができると言うべきではないか。

260

次いで、損害不存在のケースにおいて債権者に損害賠償の付与を肯定することは、名目上の損害賠償、あるいは、懲罰的損害賠償を認めることにほかならないという指摘については、そのような理解は適切でないと言うことができよう。というのは、契約不履行に基づく損害賠償は、あくまでも、契約が正確に履行されなかったことによって獲得することができなくなった利益を金銭の形で実現しようとするものであり、それは、契約利益の不実現が認められる場合に、その限りにおいて、肯定されるものだからある。しかし、仮に、契約不履行に基づく損害賠償を契約の履行方式として捉えるという前提から、ドグマティックに、あらゆる事例において、その要件としての損害が不要であるという帰結を導くのであれば、言い換えれば、債務者の不履行にもかかわらず債権者が契約利益の実現を妨げられなかったケースにおいても、債権者に対する契約不履行に基づく損害賠償の付与を認めるのであれば、このことは、損害賠償によって実現されるべき対象を欠く場合に債権者の損害賠償請求を認めることにほかならないから、上に述べた批判、つまり、損害不存在のケースにおける契約不履行に基づく損害賠償は対象を欠く損害賠償であるとの批判が成り立つことになろう[694]。

ここから、更に以下のような疑問を提起することができよう。仮に近時の有力学説が後者のような見解を採用するものであるとすれば[695]、この立場が依拠する論

　　　ある請負人が、作業の計画に必要な特殊デザインの金属梁 1000 個を注文し、その分の代価を先払いした。ここで、請負人が、全体の 4 分の 3 しか引渡しを受けなかったが、作業の進行中に相場の下落を見込んで計画が見直されていたことから、結局、受け取った 750 個の梁で十分であったという例を想定する。この例において、請負人が、履行の強制や解除を求めることは考えられない。このとき、請負人は、何ら不利益が生じていないことを理由に、損害賠償請求を否定されてしまうのか。

(692)　ピエール・イヴ・ゴティエ（Pierre-Yves Gautier）は、契約不履行に基づく損害賠償の要件として損害の必要性を説く伝統的通説の立場から、この解決が必ずしも道徳的ではないことを承認している。すなわち、破毀院民事第 3 部 2002 年 1 月 30 日判決の事案において、賃貸人による損害賠償請求の可否を判断するに際し決定的に重要であったのは、賃貸人がどのような対価で不動産を売却したかということである。賃貸人が、代価を減額することなく、不動産を市場価格で売却したとすれば、何らの損害も被っていないのであるから、この者に損害賠償という利得を与える理由は存在しないのである。なるほど、この結論は、必ずしも道徳的であるというわけではない。かつての賃借人には、サンクションが課せられるべきであるとも言える。しかし、これは、法規範を厳格に適用することの代償なのである（Gautier, supra note 629, pp.322 et s.）。

(693)　本文で述べたような利益判断を共有しつつ、契約不履行に基づく損害賠償の理論枠組みとは別の視角から、この問題を捉えようとする見解もある。すなわち、セバスティアン・ボージャンドルは、破毀院民事第 3 部 2003 年 12 月 3 日判決について、賃借目的物を「酷い状態で」返還したにもかかわらず、賃借人に何らの損害賠償も課されないというのは、その便宜性の点において是認することはできないとした上で、注（647）で言及したような解決策を提示しているのである（Beaugendre, supra note 645, p.205）。

(694)　誤解のないように付言しておけば、以上の議論は、フランスにおいて実際に展開されているものではない。契約不履行に基づく損害賠償を契約の履行方式として捉える立場を前提とした場合には、本文のように理解することができ、また、本文のような問題を指摘することができるという趣旨での叙述である。

(695)　注（687）で言及したように、契約不履行に基づく損害賠償を契約の履行方式として捉える近時の有力学説は、必ずしも、自らの見解として、損害が不要であるとのテーゼを提示しているわけではない。もっとも、これまで引用してきた文献の多くは、本文で述べたような理解を、擁護

理それ自体に反していると言わなければならないのではないか。契約不履行に基づく損害賠償を履行実現のための制度として位置付けながら、債権者が契約から期待した利益を獲得していた場合、つまり、契約不履行に基づく損害賠償によって実現しようとする対象を欠く場合においてもそれを認めようとするのは、論理的に矛盾しているのではないか。

かくして、これまで明らかにしてきた2つの潮流を統合的に理解し、契約利益の実現という視点から、契約不履行に基づく損害賠償における損害要件を捉えようとする立場が現れることになる。最後に、この議論を検討していくことにしよう。

(2) 履行実現の対象としての損害

一見したところ正反対に位置付けられうる判例を統合的に理解し、2つの学理的潮流の中間に位置するテーゼを提示する立場は、以下のような議論を展開する[696]。

契約は、当事者によって意図された目的を実現するための手段である。このような視点を中核に据えて契約における様々な債務を分析すると、契約の中には、当事者によって追求された契約目的を実現するのに必要不可欠な債務である第一次債務（l'obligation primaire）と、契約目的の実現に必要不可欠というわけではないが、その実現を最適化し、あるいは、契約の履行から受ける結果を保護するための債務である第二次債務（l'obligation secondaire）が存在することが明らかになる[697]。

ところで、破毀院民事第3部2002年1月30日判決は、賃借人負担の修繕義務の不履行が問題となった事案であるが、賃貸借契約の本性が賃借人による賃貸人の物の一時的な使用・収益に存するものである以上、賃借人は期間満了後にその物を返還しなければならないのであるから、賃借人負担の修繕は、前者のカテゴリーの債務、つまり、第一次債務に属するものであると言える[698]。この場合、賃借人によって修繕が履行されなければ、賃貸人は上記のような契約目的の実現を害されることになるから、損害を証明することなくして、契約不履行に基づく損害賠償を請求することができる。

これに対して、破毀院民事第1部2002年2月26日判決においては、弁護士の活動非再開条項が問題となっていた。この活動非再開条項は、当該条項の適用を受ける弁護士が禁止区域内において活動を再開することによって、その相手方である弁

あるいは批判の対象としているように見受けられるのである。

(696) Stoffel-Munck, supra note 629, n°s 3 et s., pp.12 et s.; Id., supra note 645, pp.283 et s.; Malaurie, Aynès et Stoffel-Munck, supra note 35, n° 961, pp.516 et s.; Rémy-Corlay, supra note 20, pp.33 et s. もっとも、フィリップ・ストフェル・マンクの見解には、その後、視点の置き方に若干の変化が見られる（後掲・注(710)を参照）。以下で述べるのは、当初の見解である。

(697) このような債務の分類を提唱したのは、マリアンヌ・フォール・アバのテーゼである（Faure-Abbad, supra note 20, n°s 17 et s., pp.22 et s.）。また、Cf. Malaurie, Aynès et Stoffel-Munck, supra note 35, n° 936, pp.495 et s.

(698) Cf. Faure-Abbad, supra note 20, n° 81, p.69.

護士の顧客の維持が妨げられることを防ぐため、つまり、合意目的の実現を最適化するために約定された条項であると見ることができる(699)。契約不履行に基づく損害賠償の機能は、あくまでも、獲得することができなかった利益の等価物による実現に求められるのであるから、活動非再開債務の違反によって、直ちに契約不履行に基づく損害賠償が肯定されるわけではなく、その違反によって顧客の維持が妨げられた場合、つまり、合意の目的が実現しえなかった場合にのみ、債権者に対する損害賠償の付与が認められる。つまり、この場合には、債権者において契約目的の不実現があったかどうかを確認しなければならないのである。

　かくして、この立場によれば、契約利益の実現という論理を介して、第一次債務の不履行の場合には損害の証明は不要であるが、第二次債務の違反のケースにおいてはそれが必要であるという結論が導かれることになる。従って、このような視点から見れば、例証として提示した、破毀院民事第3部2002年1月30日判決及び破毀院民事第1部2002年2月26日判決は、理論的に正当化されることになる一方で(700)、破毀院民事第3部2003年12月3日判決は、賃借目的物を適切な状態で返還することを内容とする第一次債務の違反が問題となっていたにもかかわらず、損害の存在を要求した判決として、批判の対象とならざるをえない(701)(702)。同じように、活動非再開債務という第二次債務の違反が問題となっていたにもかかわらず、損害の存在を要求しなかった破毀院民事第1部2005年5月10日判決と同部2007年5月31日判決に対しても、批判が提起されるべきことになるのであろう。

　ここでは、第一次債務・第二次債務という債務の分類が適切であるかどうかという問題には触れないでおこう(703)。本節の問題関心にとって重要なことは、これらの学説が、契約不履行に基づく損害賠償の機能を、約束されたが獲得することのできなかった利益の等価物による実現に求めた上で、契約不履行のみによって契約利益の不実現が確認されるときには、債権者による契約不履行に基づく損害賠償の請求を損害の証明に従属させず、反対に、不履行が存在するにもかかわらず、そこから直ちに契約利益の不実現を導くことができない場合には、損害の証明を必要としているという点である。つまり、この立場は、当事者によって予定された契約利益が実現されなかったことを損害要件の中に取り込み、それを不履行それ自体によっ

---

(699) Cf. Faure-Abbad, supra note 20, n°s 84 et s., pp.71 et s.
(700) Stoffel-Munck, supra note 629, n°s 3 et s., pp.12 et s.
(701) Stoffel-Munck, supra note 645, pp.283 et s.
(702) ここから、一部の学説は、破毀院民事第3部2003年12月3日判決によって、判例上この考え方は否定されたと評価する（Seube, supra note 645, p.361.「契約責任」なる概念の否認と肯定の両極の間で、中道（une ligne médiane）を維持することは、ますます、困難になっている）。
(703) 第一次債務・第二次債務という分類は、損害要件の位置付けを分析するために提示されたものではない。これは、Faure-Abbad, supra note 20, n°s 17 et s., pp.22 et s. において提唱された分類であるが、そこには、損害要件だけでなく、「契約責任」に関する諸問題、契約の性質決定、契約に対する眼差し等についての重要な指摘が含まれている。従って、この点に関しては、より広く、契約債務ないし契約一般の基礎理論をも視野に入れて分析することが有益である。

て確認することができるのか、それとも、不履行だけでは確認することができないのかによって、損害の証明を別異に扱う立場であると言うことができるのである[704]。

このような立場を基礎として従来の議論を検討するならば、以下のような問題を指摘することができよう。まず、契約不履行に基づく損害賠償を契約の履行方式として理解する学説の多くは、そのような性質決定から直接的に、契約不履行に基づく損害賠償の要件としての損害は不要であるとの結論を導いているように見受けられる。しかし、このような理解によれば、当事者によって予定された利益が実現されている場合、つまり、契約不履行に基づく損害賠償によって実現される対象が欠ける場合にも、債権者による損害賠償請求を認めざるをえないことになるから、その前提と結論との間に論理矛盾が生じてしまう。契約不履行に基づく損害賠償は、あくまでも履行の代替的手段としての性質を持つのであるから、本来的な契約の履行が機能しない場面において、損害賠償請求が認められることはないのである。

反対に、契約不履行に基づく損害賠償を不履行によって惹起された損害の賠償方式として捉える伝統的通説は、「契約責任」と不法行為責任の性質的同一性という前提から、全ての事例において、不法行為責任の領域と同じ意味での損害を要求する。しかし、このような見方に従うならば、債務者の不履行によって債権者が予定した利益を獲得することができなかった場合であっても、民事責任法理の視点から見た場合の損害が現存しない限り、債権者による契約不履行に基づく損害賠償の請求が否定されることになる。従って、こうした理解によれば、契約利益の不実現という視点を、損害要件の中に汲み上げることができなくなってしまうのである。

しかしながら、一見したところ論理的であるように思われるこの中間的テーゼに対しても、1つの疑問を提起せざるをえないように思われる。すなわち、第一次債務の不履行の場合に、債権者による契約不履行に基づく損害賠償の請求を損害の証明に従属させないとするならば、つまり、契約不履行に基づく損害賠償を請求するに際して、債権者は不履行のみを証明すれば足りるというのであれば、契約不履行に基づく損害賠償の範囲、別の言い方をすれば、契約において予定されたが獲得することのできなかった利益の範囲を、どのように確定すれば良いのか[705]。この考

---

[704] マリアンヌ・フォール・アバによる、以下のような叙述が示唆的である。「あらゆる不履行が「賠償」あるいは「等価物による履行」に値するというわけではない。不履行が主張されている債務を、契約目的という物差しによって評価することが常に必要なのである」(Faure-Abbad, supra note 20, n° 234, p.207)。

[705] 損害要件を不要とする判例・学説への批判として、しばしば指摘されてきた点である。Betoulle, supra note 645, n° 8, p.362(民事第3部2002年1月30日判決について、ドアから出て行った損害要件は、直ちに窓から戻ってくるのではないか。というのは、損害賠償の額を評価しなければならないからである);Leveneur, supra note 645, p.16;Id., supra note 656, p.23;Id., supra note 659, p.11;Jourdain, supra note 645, p.296;Mestre et Fages, supra note 656, p.594;Gallmeister, supra note 659, p.1725;Lisanti, supra note 659, n° 11, p.2788;Cosson, supra note 659, p.2974;Laithier, supra note 659, p.1120.

◆ 第1節 ◆ 損害と契約

え方によれば、債権者は、契約不履行に基づく損害賠償を通じて契約利益の実現を求めていることになるが、第一次債務の不履行の証明によって明らかにされるのは、「契約利益が実現されなかったこと」に限られ、「どの範囲で契約利益が実現されなかったのか」については、何ら明らかとはならないのである。ところで、契約不履行に基づく損害賠償を契約の履行方式として捉える場合であっても、その範囲は、債務の対象それ自体の価値に限定されるものではない。この考え方の下において、契約不履行に基づく損害賠償は、契約において予定されていた利益の塡補、すなわち、債権者によって追求された目的が実現された場合を金銭によって表現したものに相当する[706]。そうである以上、債権者としては、約束されたが獲得することのできなかった利益、つまり、契約不履行に基づく損害賠償によって実現されるべき履行の範囲を明らかにしなければならないように思われるのである。

従って、それでもなお損害の存在、あるいは、契約利益の不実現の範囲を証明することなく、契約不履行に基づく損害賠償の請求を肯定するという結論を提示したいのであれば、損害の賠償という視点、契約の実現という視点のいずれをも放棄し、それとは別の可能性を模索するしかない。もちろん、そのための手段は幾つか考えられよう。既に言及した懲罰的損害賠償の導入がその最も典型的な方策と言えようが[707]、それ以外にも、アメリカ法における「返還的損害賠償 (Restitution damages)」なる概念[708]をフランス法に導入し[709]、損害不存在のケースにおいて、契約不履行によって得た利益を債務者から吐き出させるような枠組みを用意することも、ありうる選択肢の1つである[710]。もっとも、このような構成を採用する場合には、契

---

[706] Cf. Aubry, supra note 20, n[os] 439 et s., pp.428 et s. ; Faure-Abbad, supra note 20, n[os] 231 et s., pp.204 et s. ; etc. なお、この点についての詳細は、本章・第2節・第1款・第2項 334頁以下を参照。

[707] 注(686)掲記の諸論稿、注(684)掲記の立法提案を参照。

[708] Lon L. Fuller and William R. Perdue, The Reliance Interest in Contract Damages I, II (1936), 46 Yale L. J. 52. 以来の概念である。

[709] こうした返還的損害賠償概念の導入可能性が示唆されている背景には、今日のフランスにおいて、契約不履行に基づく損害賠償の範囲を確定するためのより実質的な枠組みを構築するために、遅ればせながら、ドイツやアメリカの利益論への関心が高まっているという議論状況がある（ここでは、近時のテーズのみを掲げておこう）。Eddy Lamazerolles, Les apports de la Convention de Vinne au droit interne de la vente, th. Poitiers, préf. Philippe Rémy, Collection de la faculté de Droit et des Sciences socials de Poitiers, t.1, LGDJ., Paris, 2003, n°s 335 et s., pp.316 et s. ; Laithier, supra note 21, n°s 106 et s., pp.157 et s. ; Thomas Genicon, La résolution du contrat pour inexécution, th. Paris II, préf. Laurent Leveneur, Bibliothèque de droit privé, t.484, LGDJ., Paris, 2007, n°s 988 et s., pp.714 et s. ; Andrea Pinna, La mesure du préjudice contractuel, th. Paris II, préf. Pierre-Yves Gautier, Bibliothèque de droit privé, t.491, LGDJ., Paris, 2007 ; Grimaldi, supra note 688, n°s 1029 et s., pp.480 et s. ; etc.）。そして、こうした議論の状況を生み出したのは、疑いなく、契約不履行に基づく損害賠償を不法行為に基づく損害賠償の知的モデルから解放しようとした、近時の有力学説なのである。この点については、第2部・第1章・第2節・第2款・第1項 660頁以下の考察も参照。

[710] このような可能性を示唆するものとして、Savaux et Schütz, supra note 21, n°s 16 et s., pp.281 et s. ; Stoffel-Munck, supra note 656, p.262 ; Id., supra note 659, p.21 ; Cosson, supra note 659, p.2974.

◆第2章◆ 対　象

　約不履行に基づく損害賠償の中に、賠償もしくは履行に加えて、返還という異なる性質を持つ損害賠償が含まれること、その結果、第1章において検討した損害賠償の性質に関わる諸問題についても、複合的な枠組みを用意しなければならないことに注意しておく必要があろう。

　以上の検討から明らかになったことをまとめておこう。契約不履行に基づく損害賠償を契約の履行方式として捉える立場によれば、その対象は、約束されたが獲得することのできなかった利益ということになる。これを伝統的理解に従って損害と呼ぶかどうかは、もはや単なる語彙・術語の問題に過ぎない。そして、ここでは、契約利益の不実現が存在しない限り、たとえ不履行が存在したとしても、契約不履行に基づく損害賠償は認められないのである。また、契約不履行に基づく損害賠償を履行の実現という視点から捉えるとしても、債権者は、不履行のみならず、契約利益が実現されなかった範囲をも証明しなければならないことに変わりはない。多くの学説が理解しているように、不履行の証明があれば、等価物による履行の請求が肯定されるというわけではないのである。従って、これらの帰結を、別の視点から見れば、ある学説が指摘しているように、この立場において、損害＝契約利益の不実現は、等価物による履行の範囲という問題に帰着すると言うことができるのである[711]。

　このように理解するならば、契約不履行に基づく損害賠償を契約の履行方式として捉えていた19世紀の学説[712]の多くが、その要件として損害を設定していたとしても[713]、そのことから、直ちに、前提となっている契約不履行に基づく損害賠償の理論枠組みとの矛盾を指摘することはもちろん、契約不履行に基づく損害賠償について今日における伝統的通説と同じような理解を示していたとの読み方を提示することもできないことが分かるであろう。そして、これらの学説が、不履行の存在にもかかわらず損害が発生しない例として挙げ[714]、その後の学説も、頻繁に援用してきた担保のケース[715]、例えば、公証人が、貸付契約の証書を作成するに際して、

---

　(711) Tallon, supra note 20, L'inexécution du contrat..., n° 16, p.228. また、Cf. Savaux, supra note 641, pp.760 et s.

　(712) この点については、第1章・第1節・第1款・第2項108頁以下、同・第2節・第1款・第2項177頁以下、本章・第2節・第1款・第2項326頁以下、及び第2部・第1章・第1節・第1款・第2項395頁以下も参照。

　(713) Poujol, supra 296, p.259 ; Marcadé, supra note 296, n° 516, p.416 ; Boileux, supra note 296, p.405 et p.407 ; Mourlon, supra note 296, n° 1142, p.586 ; Demolombe, supra note 296, n°s 565 et s., pp.552 et s. ; Laurent, supra note 296, n° 279, pp.339 et s. ; Adan, supra note 296, n° 2039, p.65 ; Huc, supra note 296, n° 142, pp.200 et s. ; Baudry-Lacantinerie, supra note 296, n° 890, p.642 ; Baudry-Lacantinerie et Barde, supra note 296, n°s 452 et s., pp.430 et s.

　(714) Mourlon, supra note 296, n° 1142, p.586 ; Demolombe, supra note 296, n° 565, p.552 ; Laurent, supra note 296, n° 279, pp.339 et s. ; Baudry-Lacantinerie, supra note 296, n° 890, p.642 ; Baudry-Lacantinerie et Barde, supra note 296, n° 452, p.430.

　(715) Planiol, supra note 33, Traité élémentaire de droit civil..., n° 228, p.75 ; René Foignet, Manuel élémentaire de droit civil conforme au programme en vigueur suivi d'un résumé tableaux synoptiques et d'un recueil des principales questions d'examen, 2ème éd., t.2, Arthur Rousseau,

◆第1節　損害と契約

それに付随する保証契約を証書に記載することを怠ったが、当該貸付契約にはそれ以外の担保も付されており、また、貸主によってそれらの担保が実行されることもなかったことから、貸主には損害が発生しなかったと理解されている例について言えば(716)、以下のような解釈を提示することができる。なるほど、この例において、公証人には不履行が存在する。しかし、貸主と公証人との間で締結された合意における貸主の目的は、債務の弁済を可能ならしめるだけの担保を獲得することに求められ、かつ、貸主は、公証人の不履行によって、当該契約において予定されていた利益を妨げられることはなかった以上、貸主に損害＝契約利益の不実現は発生していない。従って、貸主による契約不履行に基づく損害賠償の請求も認められないのである(717)(718)。

◆第2款　契約不履行に基づく損害賠償の対象

　第1款においては、契約不履行に基づく損害賠償の理論枠組みという視点から、フランスにおける契約不履行に基づく損害賠償の損害要件、契約不履行に基づく損害賠償の対象に関する議論を検討した。まずは、その成果を整理しておこう。
　フランスにおける損害要件をめぐる議論は、契約不履行に基づく損害賠償の理論枠組みに大きく規定される形で展開されていた。
　一方で、契約不履行に基づく損害賠償と不法行為に基づく損害賠償を同一の性質を有する2つの責任制度として理解する伝統的通説は、いずれの領域においても損害を同じ意味で理解し、かつ、債権者ないし行為者の損害賠償請求が認容される時点において損害が存在していることを要求していた。そして、多くの学説は、この意味での損害が存在しないときには、たとえ債権者が契約において予定した利益の

　　Paris, 1907, p.109 ; Bonnecase, supra note 241, n° 518, p.440 ; Louis Josserand, Cours de droit civil positif français, t.2, théorie générale des obligations, les principaux contrats du droit civil, les sûretés, 3ème éd., Sirey, Paris, 1939, n° 608, p.380 ; Marcel Laborde-Lacoste, Précis élémentaire de droit civil conforme aux programmes des examens de capacité en droit, t.2, Les obligations, les sûretés réelles et personnelles, les principaux contrats, les régimes matrimoniaux, Sirey, Paris, 1948, n° 653, p.198 ; Marcel Planiol et Georges Ripert, Traité pratique de droit civil français, t.7, obligations deuxième partie, 2ème éd., LGDJ., Paris, 1954, n° 829, p.158 ; etc. この状況は、今日においても変わりはない。Ex. Savaux, supra note 21, n° 32, pp.19 et s. ; Laithier, supra note 21, n° 82, pp.116 et s. ; Faure-Abbad, supra note 20, n° 234, pp.207 et s. ; etc.

(716) Cf. Cass. 1re civ., 2 juill. 1985, Defrénois, 1985, art.33636, 1443.
(717) このことは、借主が、支払い能力のある保証人を付けるという条件下での貸付契約において、支払い能力があるかどうかを確認することなく保証人を付したにもかかわらず、実際には、この保証人が借主の債務を返還するに足りるだけの資力を有していたという場合においても、同様である。
(718) これに対して、フィリップ・ストフェル・マンクが挙げる例（注(691)を参照）では、いずれも、契約不履行に基づく損害賠償が肯定されることになろう。レストランで予定されていた料理が出てこなかった、100チャンネルのケーブルテレビ視聴契約において実際には80チャンネルしか視聴できなかった、注文した金属梁1000個のうち750個しか引き渡されなかったというのは、明らかに、これらの契約目的、債権者が予定していた利益の実現を妨げているからである。

実現を妨げられていたとしても、契約不履行に基づく損害賠償の請求は認められないとの帰結を導いていた。

他方で、契約不履行に基づく損害賠償と不法行為に基づく損害賠償を全く性質の異なる制度として理解し、前者を契約の履行方式と構成する学説は、契約不履行に基づく損害賠償が問題となる場合には、不法行為責任の領域と同じ意味での損害を問う必要はないとの理解を提示していた。ここでは、契約不履行に基づく損害賠償と契約における履行請求との性質的な同一性を基礎として、後者の請求において損害の存在が要求されないことに異論は存しない以上、前者の請求においても損害要件は不要であるとの議論が展開されていたのであった。

しかしながら、これら両極に位置する立場には、それぞれ問題が内包されていた。そして、その根本的な原因は、2つの制度（伝統的通説においては契約不履行に基づく損害賠償と不法行為に基づく損害賠償、有力学説においては契約不履行に基づく損害賠償と現実の履行請求）の性質的同一性という前提から、契約不履行に基づく損害賠償の特殊性を考慮することなく、損害要件についての解釈を示すという手法に存することが明らかになった。

まず、前者の議論について言えば、契約不履行に基づく損害賠償と不法行為に基づく損害賠償との性質的同一性から、あらゆる場面において、2つの損害を同一の枠組みで捉えようとしたために、当事者が予定した利益の実現という契約領域の特殊性を法理論の中に汲み上げることができなくなってしまった。その結果、一方当事者が対価を伴う形で契約利益の実現を意図し、それが果たされなかったにもかかわらず、この利益に相当する額の損害賠償を得ることができなくなるという、契約の視点から見れば是認しえない解決が、民事責任の視点から見た場合の当然の帰結として承認されなければならなかったのである。

次に、後者の議論について言えば、契約不履行に基づく損害賠償と契約における履行請求との性質的同一性から、あらゆる場面において、損害という要素をその要件枠組みから排除しようとしたために、当事者が予定した利益の実現という視角が、損害賠償の局面からそぎ落とされることになってしまった。その結果、この理解の下においては、契約不履行に基づく損害賠償を契約の実現方式と性質決定したにもかかわらず、予定された利益の実現が妨げられなかった場合であっても、契約不履行に基づく損害賠償の請求が認められるという、論理的な矛盾が生じてしまったのである。

このように、これらの立場における本質的な問題は、いずれも、賠償あるいは履行という契約不履行に基づく損害賠償の性質決定から、直ちに損害要件の地位ないし意味付けについて一定の帰結を導こうとしたことに存すると言えよう。

ところで、フランスにおいては、必ずしも上記のような問題が認識されていたわけではなかった。もっとも、一部の学説は、基本的には契約不履行に基づく損害賠

償を契約の履行方式として捉える立場に立脚しつつ、第一次債務・第二次債務という概念枠組みを用いて、前者の不履行の場合には損害の証明を不要とし、後者の違反のケースにはそれを必要とする解釈を導き、結果として、上記の問題に対処しようとしていた。この立場は、第一次債務・第二次債務という特殊な説明方法を用いるものではあるが、それらの中間的概念を排除するならば、当事者によって予定された契約利益が実現されなかったことを損害要件の中に取り込み、それを不履行それ自体によって確認することができるのか、それとも、不履行だけでは確認することができないのかによって、損害の証明を別異に扱う立場として再構成することができる。

しかしながら、約束の利益が実現されなかったという事実を明らかにしたからといって、どの範囲で実現されなかったのかという問題は明らかにはならないから、場合によっては、上記の学説が言うところの損害＝契約利益の不実現の証明を債権者が尽さなくても良いという帰結が導かれることには疑問が残った。もっとも、この点を別とすれば、契約不履行に基づく損害賠償を履行の実現という視点から捉えながらも、一律に損害要件を排除することなく、それを契約利益の不実現という視角から構成しようとする手法は、上記両極にある判例・学説の問題のいずれをも解消するものとして、積極的に評価されるべきものと言える。

このようなフランス法の分析成果から、日本の契約不履行に基づく損害賠償の対象に関わる議論に対して、以下のような視点を提示することができる。

◇**第1項　賠償方式としての契約不履行に基づく損害賠償と損害**

まず、契約（債務）不履行に基づく損害賠償を、不法行為に基づく損害賠償と同じく、有責な不履行によって生じた損害を賠償するための制度として捉える構想を前提とした上で、契約（債務）不履行に基づく損害賠償の要件として損害を掲げ、それを債務不履行がなかったならば存在したであろう利益状態と現在の利益状態との差額として把握するにせよ[719]、あるいは、法益について生じた不利益な事実として把握するにせよ[720]、これらの概念枠組みで損害を理解しようとする伝統的立場は[721]、2つの損害賠償責任の対象を統一的に把握するという点において、契約不履行に基づく損害賠償の理論枠組みという視角から見れば、理論的一貫性を持つもの

---

[719] 石坂・前掲注(2)282頁以下、鳩山・前掲注(2)65頁、中島(玉)・前掲注(357)「釋義総論」501頁以下、同・前掲注(357)「総論」172頁以下、柚木＝高木・前掲注(357)111頁、於保・前掲注(7)135頁等。

[720] 平井・前掲注(11)135頁以下、同・前掲注(13)67頁以下等。

[721] 議論の詳細については、高橋・前掲注(74)121頁以下、潮見佳男「財産的損害概念についての一考察――差額説的損害観の再検討」判夕687号 (1989年) 4頁以下を参照。また、同「人身侵害における損害概念と算定原理 (1) (2・完) ――「包括請求方式」の理論的再検討」民商103巻4号 (1991年) 1頁以下、5号43頁以下、同「不法行為における財産的損害の「理論」――実損主義・差額説・具体的損害計算」曹時63巻1号 (2011年) 1頁以下も参照。

とは言えよう。しかし、問題は、このような議論の組み立て方それ自体にある。

一方で、損害を違法行為がなかったならば存在したであろう利益状態と現在の利益状態との差額として捉える伝統的な差額説は、債務不履行に基づく損害賠償と不法行為に基づく損害賠償を「損害賠償債権」という項目の下で統一的に論ずる手法と、損害賠償に関わる諸概念及び思考枠組みとともに、ドイツ法学説から継受された(722)(723)。そのことの当否は別としても(724)、ここでは、まず、上記のような経緯からも明らかになるように、差額説的な損害の定義が広く「損害賠償債権」一般に妥当するものとして受け入れられてきたことを確認した上で、伝統的理解によって説かれている、違法行為がなかったならば存在したであろう利益状態と現在の利益状態との差額が、2つの領域において、真の意味で同じように確定されうるのかという点を問わなければならない。より具体的に言えば、不法行為がなかったならば存在したであろう利益状態と、債務不履行がなかったならば存在したであろう利益状態を、同列に論じうるのかということである。

不法行為、契約不履行、それぞれの領域における損害賠償の目的を出発点として、この問題を考えてみよう。不法行為の場合、損害賠償を請求しようとする被害者が求めているのは、違法行為が発生しなかったならばそうであったであろう状態へと回帰することである。ここで、仮に不法行為発生前における被害者の財産状態＝違法行為が発生しなかったならばそうであったであろう財産状態を「X」、不法行為によって減少した被害者の財産を「Y」とすれば、被害者の現在における財産状態は「X−Y」で表現される。このとき、不法行為に基づく損害賠償によって塡補され

---

(722) 日本の損害概念をめぐる議論の中に差額説の考え方を導入する基礎を提供したのは、石坂音四郎と中島玉吉であるが（石坂・前掲注(2)282頁以下、同・前掲注(357)54頁、中島(玉)・前掲注(357)「釋義総論」501頁以下、同・前掲注(357)「総論」172頁以下等）、彼らは、ドイツ法の議論の詳細な分析を通じて、伝統的通説の債務不履行理論を構築した学説でもあった。すなわち、石坂は、まず、ドイツのように損害賠償債権一般に関わる規定を持たない日本の民法を酷評した上で、「損害賠償債権」という項目を設け、2つの損害賠償制度を統一的に論じた（石坂・前掲注(2)270頁以下、同・前掲注(357)51頁以下）。次いで、石坂は、両者に共通の要件枠組みとして、責任原因、損害の発生、両者間の因果関係を設定し（同・前掲注(2)275頁以下、同・前掲注(357)53頁以下）、責任原因（債務者の責めに帰すべき事由）を故意・過失（同・前掲注(2)412頁以下、同・前掲注(357)87頁以下）、因果関係を相当因果関係（適当条件）（同・前掲注(2)288頁以下、同・前掲注(357)56頁以下）と理解する、伝統的理解の骨格を作り上げたのである。他方、中島玉吉の体系書においては、「損害賠償債権」という項目が設けられることはなかったが（もっとも、中島(玉)・前掲注(357)「釋義総論」が、注釈型の教科書・体系書であることを考慮しなければならない）、そこでの内容は、石坂のそれとほぼ同じであるか、その発展として位置付けられるものである。なお、この点については、第2部・第1章・第2節・第1款・第2項546頁以下も参照。

(723) 歴史的な展開も含め、ドイツにおける損害論については、北川善太郎「損害賠償論序説(1)(2・完)——契約責任における」論叢73巻1号（1963年）1頁以下、3号17頁以下、同「損害賠償論の史的変遷」論叢73巻4号（1963年）1頁以下、同「損害賠償法の展開——序論的考察」論叢124巻5＝6号（1989年）21頁以下を参照。また、吉村良一「ドイツ法における財産の損害概念」立命150〜154号（1980年）494頁以下、樫見由美子「ドイツにおける損害概念の歴史的展開——ドイツ民法典成立前史」金沢38巻1＝2号（1996年）211頁以下、若林三奈「法的概念としての「損害」の意義(1)〜(3・完)——ドイツにおける判例の検討を中心に」立命248号（1996年）108頁以下、251号（1997年）105頁以下、252号62頁以下も参照。

(724) この点については、第2部・第1章・第2節・第1款・第2項549頁以下を参照。

る財産上の差額、つまり、被害者に生じた損害は「Y」であるが、損害賠償によって塡補される対象は「－Y」ということになる。これに対して、債務不履行が問題となる場合、損害賠償を請求しようとする被害者が求めるのは、通常、債務者による債務不履行がなかったならばそうであったであろう利益状態を実現することである。つまり、債権者は、債務不履行によって減少した財産「Y」ではなく、債務が履行されていれば増加するはずであった財産「Y」を求めているのである。そうすると、ここでは、債務不履行発生前の被害者の財産状態＝被害者の現在における財産状態が「X」、債務不履行がなかったならばそうであったであろう財産状態が「X＋Y」ということになる。債務不履行の領域においては、不法行為の場合と同じく、被害者に生じた損害は「Y」であるが、損害賠償によって塡補される対象は「＋Y」なのである[725]。

　もっとも、不法行為の領域においても、加害行為が存在しなかったならばそうであったであろう利益状態を実現するという目的を前面に押し出すことも可能である[726]。このような態度決定をするならば、不法行為に基づく損害賠償も、あるべき財産状態の実現を確保するための制度ということになるから、いずれの領域においても、差額の算定は同一の方向性に基づいて行われることになる。とはいえ、不法行為法において、加害行為前の状態への回復を目指すのか、それとも、加害行為が存在しなかったならばそうであったであろう状態の実現を目指すのか、別の言い方をすれば、侵害された権利・利益の価値を金銭によって回復するのか、それとも、侵害された権利・利益によって得られたであろう状態をも実現しようとするのかという選択は、一義的に決定しうるものではない[727]。他方、契約不履行に基づく損害賠償においては、少なくとも契約の清算や投下資本の回収に向けられた損害賠償の存在を承認しないとすれば[728]、債務者による債務不履行がなかったならばそう

---

[725] 以上の点につき、Cf. Faure-Abbad, supra note 20, n° 175, pp.147 et s.
[726] 潮見・前掲注(721)「財産的損害の理論」9頁（『もとより、仮定的財産状態の実現・回復という場合でも、「加害原因（不法行為）が発生する前の財産状態の回復という後ろ向きの方向での差額算定と、加害原因（不法行為）がなかったとしたら当該事態が生じて以後に被害者がおかれているであろう仮定的財産状態の実現という前向きの方向での差額算定という、相反する2方向」での算定方法を観念することができる」）、及び30頁（「原状回復の理念は、差額算定において、相反する2方向（同一の事実を因果関係の起点としつつ、その回復において反対の方向をとるもの）で具体化する。これは、侵害された権利・法益が有する価値の実現・回復にとって、不法行為時点での財産状態を金銭により復元することが望ましいと考えるか（原状回復的損害賠償）、それとも、不法行為後のある時点でのあるべき財産状態の実現を金銭によりおこなうことが望ましいと考えるかに関する──これもまた規範的評価を伴う──態度決定・価値判断に支えられている」）を参照。
[727] 潮見・前掲注(721)「財産的損害の理論」38頁は、「具体の事件でこのような2方向のいずれをめざすかは、被害者の選択にゆだねられてよい」と説く。
[728] この点については、高橋眞「ドイツ（旧）瑕疵担保責任法と損害論」同『損害概念論序説』（有斐閣・2005）17頁以下〔初出・1982年〕、同「積極的契約利益・消極的契約利益と差額説的損害把握」同・前掲書105頁以下〔原論文は、「信頼利益と履行利益」加藤一郎＝米倉明編『民法の争点Ⅱ』（有斐閣・1985年）所収、「契約締結上の過失論の現段階」ジュリ1094号（1996年）〕を参照。

であったであろう利益状態の実現、つまり、前方向での損害賠償のみが問題となるのである。

　このように、同じ違法行為がなかったならば存在したであろう利益状態と現在の利益状態との差額であっても、少なく見積もってもその一部においては、不法行為に基づく損害賠償と契約（債務）不履行に基づく損害賠償とでは、その差額の判断構造に大きな相違が存することが分かる。確かに、最終的に賠償されるべきものとして確定される差額としての損害は、両者ともに「Y」であるから、同じと言うことも可能である。しかし、不法行為に基づく損害賠償と契約（債務）不履行に基づく損害賠償によって塡補される対象は、「－Y」であるのか、「＋Y」であるのかという形で大きく異なっているのであって、こうした側面にまで目を向けるならば、民事責任領域における損害を違法行為がなかったならば存在したであろう利益状態と現在の利益状態との差額として定義し、かつ、これを統一的に論ずることは必ずしも適切でないと言うべきである。このことをより一般化するならば、伝統的な差額説の下においては、契約利益の実現という視点、つまり、「＋Y」における「＋」の部分が、捨象されてしまっていると言うことができるのである。

　こうした契約（債務）不履行に基づく損害賠償の領域における損害概念の特殊性、あるいは、契約利益実現という視点の欠如は、差額の評価というレベルにおいても、以下のような形となって現れる可能性がある。第1款において明らかにしたように、フランスにおける伝統的通説は、不法行為領域と同じ意味での損害が生じていない限り、契約不履行に基づく損害賠償の請求が認められることはないと理解していた。例えば、伝統的理解は、破毀院民事第3部2002年1月30日判決、同部2003年12月3日判決の事案について、損害の不存在を理由に賃貸人による損害賠償請求を棄却すべき旨を主張していた。そして、このような理解に対しては、予定した利益の実現が果たされなかったにもかかわらず、債権者がこの利益に相当する額の損害賠償を得ることができなくなるとの問題が指摘されていた。このような帰結と問題は、日本法上の差額説にも一定の範囲で妥当する。上記破毀院判決の事案で言えば、賃借人による修繕の不履行がなかったならば存在したであろう状態と現在の状態とにおいて、賃貸人の利益状況に差異は存在しない以上、賃貸人による損害賠償請求は否定されなければならないからである。もちろん、このような解決は、契約（債務）不履行に基づく損害賠償に関する解釈・適用論の1つとして、ありうる選択肢ではある。しかし、現実に発生した損害の塡補という民事責任法理からの視点を重視した結果、そこに、財貨の交換を通じた利益の探求という契約法理とは相容れない要素が入り込みうることについては、改めて認識されるべき事柄であると言うべきであろう。

　このことを別の角度から見れば、以下のような問題として定式化することができる。伝統的な差額説は、2つの損害賠償制度における損害を統一的に把握しようと

した結果、契約（債務）不履行に基づく損害賠償の領域における損害の定義の中から、契約利益の実現という考え方、先の比喩的な表現を用いれば、「＋Y」における「＋」の部分を排除した。そのために、差額、つまり、「Y」の評価のレベルにおいても、契約利益の実現という視点が除外され、仮定的財産状態と現実の財産状態との比較が何らの評価も介在させることなく行われるに至った。このような問題関心を、従来の損害概念をめぐる議論のコンテクストに位置付けるならば[729]、以下のように言うこともできよう。すなわち、契約領域における伝統的な差額説は、事実としての財産状態を比較する手法を基礎としているため、債権者が契約を通じて実現しようとした価値を損害という概念の中に汲み上げることができない。別の言い方をすれば、利益状態の差額を問題にする際に、それによって表現しようとしている理念が語られてこなかったのである。

　他方、有力な学説は、差額説的な損害概念に対し、とりわけ、完全賠償原則を背景として財産状態の差額をそのまま賠償されるべき損害とする発想が、ドイツの損害賠償法と構造を大きく異にする日本の民法において法技術的意味を持ちえないことを指摘し[730]、損害概念から金銭的評価の要素を取り出し、それを被害者に生じた不利益な事実として提示する[731]。このように、損害の確定とその金銭的評価という異質なプロセスを分離しようとする問題関心は、多くの学説によって共有されているところではあるが[732]、この見解に対しても、差額説に対するのと同様の視角からの問題を提起することが可能である。すなわち、契約（債務）不履行に基づく損害賠償の対象である損害を確定するに際しても、契約法の視座を組み込むべきではないのか。

　確かに、損害事実説の主唱者は、損害を被害者に生じた不利益と理解した上で、その後の段階において、規範の保護目的の視点から賠償されるべき損害の範囲を確定することを試みており[733]、この限りにおいて、契約（債務）不履行に基づく損害賠償と契約との接合は実現されているとも言える。また、損害の金銭的評価は、裁判官の裁量に委ねられるものとされているから[734]、このレベルにおいて、契約的な視点からの評価を行うことも可能であろう[735]。しかし、こうした損害賠償の範

---

[729] 潮見・前掲注(721)「財産的損害概念」5頁以下を参照。
[730] 平井・前掲注(11)96頁・139頁以下、同「損害概念の再構成(1)」法協90巻12号（1973年）1頁以下を参照。
[731] 平井・前掲注(11)135頁以下、同・前掲注(13)67頁以下等。
[732] 星野・前掲注(570)70頁以下、林（安永補訂）＝石田＝高木・前掲注(13)150頁以下〔林執筆部分〕、奥田・前掲注(13)171頁以下、潮見・前掲注(9)310頁以下、淡路剛久『債権総論』（有斐閣・2002年）154頁以下・167頁以下、内田貴『民法Ⅲ債権総論・担保物権（第3版）』（東京大学出版会・2005年）157頁以下〔初版・1996年〕、中田裕康『債権総論（新版）』（岩波書店・2011年）143頁以下〔初版・2008年〕等。
[733] 平井・前掲注(11)138頁以下・168頁以下、同・前掲注(13)91頁以下。
[734] 平井・前掲注(11)140頁以下・209頁以下、同・前掲注(13)98頁以下。
[735] 更に言えば、損害事実説を採用したからといって、金銭的評価の問題を裁判官の裁量に委ねなければならないというわけではないから、金銭的評価のレベルで契約的な視点を組み込むこと

◆第2章◆ 対　象

囲、事実としての損害の金銭的評価というレベルにおける調整だけでは、なお不十分な事例も存在しうるのではないか。破毀院民事第3部2002年1月30日判決、同部2003年12月3日判決の事案について見ると、この立場によれば、賃借人が賃借目的物を修繕しなかったという事実が損害と評価され、それが当該賃貸借契約の保護範囲に含まれるとされた上で、ただ損害の金銭的評価がゼロになるとの判断が示されることになるのであろう。繰り返し指摘しているように、これも、ありうる解釈論の1つではあるが、損害要件の中から一切の契約的要素を排除し、不法行為領域と同じく、それを不利益な事実として捉えた結果、債権者がその実現を企図し、債務者によってそれが妨げられたにもかかわらず、契約（債務）不履行に基づく損害賠償による塡補を受けることのできない契約利益の類型が生じうること、その要因が、保護範囲や裁判官の裁量に委ねられる金銭的評価といったレベルでは汲み尽すことができない要素、言い換えれば、損害の有無という要件レベルで汲み取るべき要素の存在にあることは、再度指摘されるべきであろう。

　このように、いわゆる損害事実説によれば、損害が、被害者に生じた不利益な事実という不法行為法領域と共通する枠組みで、一元的に把握されることになるから、契約（債務）不履行に基づく損害賠償の肯否を決定し、その対象を確定する段階で、賠償されるべき損害の特殊性を示すことが困難となってしまう。この理解において、契約領域における損害の特殊性を損害賠償の肯否及び賠償額の決定に関する判断プロセスの中に取り込むかどうかは、全て、損害の確定とは別のレベルで行われる裁判官の裁量に委ねられていると言っても良い。もちろん、こうした状況をどのように評価すべきかは、契約（債務）不履行に基づく損害賠償をどのようなものとして構想するのか、あるいは、本書の問題関心に即して言えば、契約（債務）不履行に基づく損害賠償を損害の賠償方式と見るのか、契約ないし契約債務の履行方式として捉えるのかによる。とはいえ、損害を被害者に生じた不利益な事実として捉える枠組みにおいては、損害賠償の理念や機能を反映した包括的な損害概念が用意されておらず、そのために、損害賠償によって到達すべき最終的な目的が不明確なものとなっていること、また、それを反映した要件枠組みが構築されていないことだけは、ここで強調しておくべきである(736)。

　同様の指摘は、違法行為によって債権者が個々の特定の法益について被った不利益を損害と見る立場についても(737)、より先鋭な形で妥当する。このような見解に対しては、既に、全体としての損害が不明確であり、賠償されるべき損害項目が脱

　　も可能である。
(736)　潮見・前掲注(9)311頁の指摘も参照（「損害事実説は、差額説のもつ問題点を克服する点では的を射ている部分が多いものの、逆に、どの損害項目を賠償されるべき損害と見るのか、それをどのような規準で確定するのかということを指示する理念ないし指標が損害概念規定に現れてこない点で問題がある」）。
(737)　林（安永補訂）＝石田＝高木・前掲注(13)133頁〔林執筆部分〕、前田・前掲注(544)166頁、同『民法Ⅵ-2 不法行為法』（青林書院新社・1980年）303頁等。

落してしまう恐れがあるとの批判がなされてきたところであるが⁽⁷³⁸⁾、第1款における フランス法分析の成果を踏まえるならば、以下のように問題を提示することができるのである。すなわち、フランスにおいて直接的に議論の対象となっていたのは、契約不履行に基づく損害賠償の領域における損害要件の要否であるが、その背後には、損害という言葉の中にどのような意味を込めるのか、より具体的に言えば、損害は、損害賠償請求時に債務者が被っている不利益なのか、それとも、契約利益の不実現なのかという問題をめぐる争いが存した。そして、この問いは、事案の解決という具体的なレベルの問題にも大きな影響を及ぼしていた。そうすると、個々の損害項目とは別に、契約（債務）不履行に基づく損害賠償の理念を反映した包括的な損害概念を構想することは、それによって実現すべき目的を明らかにし、損害賠償請求権の成否を明確な形で判断するという意味において、極めて重要であると言うことができる⁽⁷³⁹⁾。従って、損害を個々の特定の法益について被った不利益と概念規定するだけでは、契約（債務）不履行に基づく損害賠償の基本原理から導かれ、その対象となるべき要素を確定する際の指針としては、なお不十分であると言わなければならない。損害、つまり、契約（債務）不履行に基づく損害賠償の対象には、その目的、機能、そして、基礎となる理論枠組みを反映させる必要が存するのであって、そうすることで、具体的な事案の解決にも大いに資することになるのである⁽⁷⁴⁰⁾。

　以上の検討から明らかになったことをまとめておこう。まず、従来の議論においては、損害を、違法行為がなかったならばそうであったであろう仮定的利益状態と現実の利益状態との差として把握するにせよ、被害者が被った不利益な事実と捉えるにせよ、あるいは、個々の法益に生じた（もしくは、総体的な）不利益と理解する

---

(738) 北川・前掲注 (591) 474頁。北川善太郎は、いわゆる「損失説・具体的損害説」に対して、以下のような疑問を提示する。「損失説・具体的損害説は、侵害原因事実によって発生した個々の損害がまず前面に出てくる関係で、その損害の定義づけ自体において自己完結的でないため、損害原因事実によって発生しておりながら、そして賠償されるべきものでありながら脱落している損害項目の存在可能性が、実際問題としてではなく、概念の定義づけの段階で残されているように思われる」。

(739) 高橋眞「損害概念を論ずる意義——「差額説とその批判」の検討」同『損害概念論序説』（有斐閣・2005) 226頁〔初出・1998年〕(損害概念の「役割は、算定論で展開される金銭評価の前提として、評価の対象を明らかにし、また賠償の目的と、賠償によって実現されるべき状態とを明らかにすることにある。すなわち、権利侵害という事実そのものから、それによる不利益へと分析の対象を移行させることによって、以後の算定論の展開を可能にする点に、損害概念の意義が存在する」)。また、中田・前掲注(732)149頁（個別的な損害項目とは別に、包括的な総体としての損害を観念することには、意味があると述べた上で、その理由の1つに、各種の損害を統合する観念として、統一的な損害概念を措定することは、損害に関する議論を明確にすることに繋がるという点を挙げている）の指摘も参照。

(740) 一部の学説は、注(738)で引用した学説による批判を受け、損害を「ある人が被った不利益」という形で包括的に把握しつつ、このような損害を認識し把握するための資料（認識根拠）として、個々の損害項目に意味を認めようとする（奥田・前掲注(13)171頁以下等)。このように理解するならば、損害を個々の法益について被った不利益と定義する見解が抱える問題は解消されることになろうが、損害賠償の理念や機能を反映した包括的な損害概念が構築されていないという問題は、依然として残されたままである。

にせよ、損害概念は、契約(債務)不履行に基づく損害賠償の領域と不法行為に基づく損害賠償の領域のいずれにも妥当するものとして把握されていた。従って、仮に契約(債務)不履行に基づく損害賠償を、有責な不履行によって被った損害を賠償するための制度として捉える立場(賠償モデル)を前提とするのであれば、理論的な一貫性は存在すると言うことができる。しかし、その結果、少なくとも、契約(債務)不履行に基づく損害賠償の要件である損害のレベルに、財貨の交換を通じた一定の目的の実現という契約法の特殊性が現れることはなくなってしまったのである。

次に、フランス法の検討からも明らかになるように、損害要件は、契約(債務)不履行に基づく損害賠償請求権の成否を決定するために、一定の重要な意味を持つ。損害要件を個々の損害項目に分解して捉えることは適切ではないし、まして、債務の不履行という要件に解消することもできない。そうすると、帰責事由がそうであったように[741]、この損害という言葉の中には、契約(債務)不履行に基づく損害賠償の原理、理念、理論枠組みを反映させる必要が存すると言える。しかしながら、損害を事実や不利益として捉える定義の中に、こうした指標を読み取ることは困難である。これに対して、差額説は、違法行為がなかったならばそうであったであろう仮定的利益状態と現実の利益状態との差を損害と定義するものであるから、契約(債務)不履行に基づく損害賠償と不法行為に基づく損害賠償に共通の理念として、原状回復の考え方を提示しているとも見ることができる。しかし、既に述べたように、こうした原状回復の考え方にも2つの方向性が存するのであり、また、不法行為に基づく損害賠償と契約(債務)不履行に基づく損害賠償が、その目的を大きく異にすることに鑑みれば、こうした原状回復の理念を基礎とした損害概念は、少なくとも後者の領域では、適切でないと言うべきである。

ところで、日本の伝統的通説は、2つの損害賠償制度について、共通の性質を持ち、共通の枠組みによって支配されるべきであると認識を前提としているから[742]、実際上の解決としてはともかく、純粋に理論的な視点のみから見れば、契約の特殊性が損害の中に現れていないとの批判は、正当性を欠くことになる。これに対して、近時の有力学説のように、「契約を起点に据えた契約責任論」を標榜し[743]、契約不履行に基づく損害賠償を契約利益の価値的な実現手段として捉えようとするならば[744]、債権者による契約不履行に基づく損害賠償の請求が認められるかどうかを決定するに際して重要な意味を持つのは、債権者が契約利益を獲得したかどうかということになる。従って、このような理解を前提に、上記の課題に応えるとすれば、契約不履行に基づく損害賠償については、その対象としての損害を把握するに際し

---

(741) この点については、第1章・第1節・第2款122頁以下を参照。
(742) この点についての詳細は、第2部・第1章・第2節・第1款・第2項546頁以下を参照。
(743) 文献の所在も含め、「特集 契約責任論の再構築(2006年日本私法学会シンポジウム資料)」ジュリ1318号(2006年)81頁以下所収の諸論稿を参照。
(744) 潮見・前掲注(9)307頁以下等。

て、不法行為に基づく損害賠償とは異なる考慮が必要となるはずである。つまり、契約不履行に基づく損害賠償の対象としての損害を、不法行為領域と同じような形で、単純に、違法行為が存在しなかった場合の仮定的利益状態と現在の利益状態との差や、不履行の事実に帰着させることはできないはずなのである。

　このような疑問は、契約（債務）不履行に基づく損害賠償を、実現されなかった契約ないし契約債務の履行を確保するための制度として理解する立場においては、より先鋭な形で現れる。ここで、契約（債務）不履行に基づく損害賠償は、金銭という等価物による履行の実現手段として捉えられており、その肯否を決するためには、契約が通常通り履行されなかったことによって、債権者が契約から期待した利益を獲得することができなかったのかどうかを評価することが必要となるからである。かくして、これらの見解を基礎とした場合に、損害はどのように把握されるべきであるのかという課題が浮かび上がってくることになる。以下、項を改めて、この問題を考えてみよう。

◇第 2 項　履行方式としての契約不履行に基づく損害賠償と損害

　フランスにおける有力学説と一部の破毀院判例は、契約不履行に基づく損害賠償を契約の履行方式と性質決定するところから、直ちに損害要件を排除するという帰結を導いていた。その結果、そこでは、契約不履行に基づく損害賠償を契約によって予定された利益の価値的な実現手段として認識する理論枠組みが基礎となっていたにもかかわらず、実際には、その前提が無視され、契約利益の不実現が存するかどうかを確認することなく、損害賠償の付与が決定されるという、論理矛盾を生じさせてしまっていた。このモデルにおいても、損害要件は、当事者による契約目的の不実現を認識するファクターとして極めて重要な意味を持つ。以上が、近時のフランスにおける損害要件をめぐる議論の分析から導かれる 1 つの見方であった。

　こうした見方と第 1 項における検討の成果を損害をめぐる議論の中に反映させるとするならば、以下のような視点を提示することができよう。

　第 1 に、契約（債務）不履行に基づく損害賠償という契約ないし契約債権の金銭的等価物によって充足される対象は、債権者が契約から期待したが実際には獲得することのできなかった利益である。これが、契約（債務）不履行に基づく損害賠償によって実現すべき目的となり、損害概念へと反映させるべき理念となる。このような契約（債務）不履行に基づく損害賠償の目的・理念を強調することによって、それに対応した損害概念を構築し、ひいては、財貨の交換を通じた契約利益の実現という視点から、損害賠償請求権の成否を明確な形で跡付けることが可能となるのである。

　第 2 に、損害の中で判断すべきは、債権者が契約から期待したが実際には獲得することのできなかった利益が存するかどうかであるから、まず、契約が正確に履行されていたならばそうであったであろう仮定的な状態を評価することが必要とな

る。契約によって企図されているのは、この状態を実現することなのであり、そうである以上、これを評価することなくして、上記のような目的を反映させた損害概念を構築することはできないからである。もちろん、これだけでは、契約利益の不実現の有無を判断することはできない。これを判断するためには、契約が正確に履行されていない現実の状態を評価し、それと契約が正確に履行されていたならばそうであったであろう仮定的な状態とを比較しなければならないのである。このような比較を通じて、初めて、債権者が契約から期待したが実際には獲得することのできなかった利益の存否を判断することができる[745][746]。

従って、第3に、契約（債務）不履行に基づく損害賠償における損害は、たとえそれを契約ないし契約債権の履行方式として捉えるにしても、欠くことのできない必須の要件である。上記のような判断枠組みを通じて評価される契約利益の不実現が存しなければ、それによって実現すべき対象も存在せず、債権者による契約（債務）不履行に基づく損害賠償の請求も認められないからである。この意味において、損害を契約不履行に基づく損害賠償の要件と見るべきかどうかという、今日におけるフランスの学説が行っている問題設定は、適切でないと言うべきである。また、損害要件は上記のような意味を持つものであるから、債務者が契約を正確に履行しなかったという単なる不履行の問題に帰着させることもできない。

第4に、このように契約（債務）不履行に基づく損害賠償の目的・理念を反映させた形で損害の中身を語り、これを債権者が契約から期待したが実際には獲得することのできなかった利益という形で定式化する場合には、契約利益の不実現＝損害の有無を確定するプロセスと、契約利益の不実現の範囲＝損害賠償の範囲を確定するプロセスとは、不可分一体となる[747]。契約（債務）不履行に基づく損害賠償を契約の履行方式として構想する立場において、その範囲は、債権者によって追求された利益が実現された場合を金銭によって表現したものに相当するところ[748]、これは、まさに、上記のような枠組みを通じて確定される損害にほかならないのである[749]。

---

(745) 潮見・前掲注(9)311頁以下を参照。また、同・前掲注(721)「財産的損害の理論」19頁以下・33頁以下も参照。

(746) 本文のような形で包括的な損害概念を構想するからといって、個別的な損害項目を観念する必要がなくなるわけでも、それを観念することができなくなるわけでもない。損害を多層的に把握することはなお可能であるし、必要でもある。中田・前掲注(732)143頁以下を参照。

(747) 潮見・前掲注(721)「財産的損害の理論」31頁及び同頁・注(49)は、差額説の評価というコンテクストではあるが、以下のように指摘する。「仮定的財産状態と現実の財産状態の「差」をとるという作業は、この規範的評価の過程をあらわすレトリックであり、この作業自体に独自の意義があるわけではない。財産状態の「差」を金額であらわす作業についても同様である。「ここにおいて、賠償されるべき財産的損害が何であり、その金額がいくらかということを確定する法的判断と、賠償範囲の相当因果関係・保護範囲に関する法的判断とが一体化する（＝損害要件と相当因果関係・保護範囲要件との一体化）」のである。また、同・前掲注(9)313頁の指摘も参照（「この意味での損害の確定問題は、「賠償範囲」の確定問題と一致するものである（損害論は――この限りで――賠償範囲論に吸収可能であるし、賠償範囲論を離れた損害論は空虚なものとなる）」）。

(748) この点については、本章・第2節・第2款・第2項355頁以下を参照。

(749) ここにおいて、契約不履行に基づく損害賠償を契約の価値的な実現手段として捉える場合で

もちろん、両者の判断プロセスが同一に帰するからといって、包括的な損害概念が不要となるわけではない。繰り返し指摘しているように、契約（債務）不履行に基づく損害賠償の要件としての損害には、その肯否を判断するに際して、極めて重要な役割が担わされているのである。

　第5に、契約（債務）不履行に基づく損害賠償の対象としての損害を以上のように理解すると、従来の理解によれば損害が存在しないとして損害賠償請求が否定されうるケースであっても、債権者による契約（債務）不履行に基づく損害賠償の請求を認めるべき場合が存しうることになる。ここで問題となっているのは、現に存在している損害の塡補という意味での民事責任法の視点ではなく、債権者が契約によって企図した利益の実現という契約法の視点である。これまで前者の視点で判断されてきた、違法行為がなかったならばそうであったであろう仮定的利益状態と現実の利益状態との差や、被害者が被った不利益な事実が存在しないケースにおいても、後者の視点で判断される、契約で予定されていたが不履行のために債権者が獲得しえなかった利益が存するのであれば、債権者による契約（債務）不履行に基づく損害賠償の請求が認められることになるのである。

　以上が、契約（債務）不履行に基づく損害賠償を契約ないし契約債権の履行方式と捉える前提から導かれる、その対象に関する1つの見方である。もっとも、フランスにおける議論の分析からも明らかなように、上記のような損害の見方は、必ずしも契約（債務）不履行に基づく損害賠償を損害の賠償方式と見るのか、それとも、契約ないし契約債務の履行方式と理解するのかという意味での性質決定だけに依存しているわけではない。むしろ、賠償ないし履行という性質決定から直接的に一定の帰結を導くことは、不適切でもある。より重要なことは、契約不履行に基づく損害賠償に関する理論モデルを基礎としつつ、契約（債務）不履行に基づく損害賠償をどのようなものとして構想するのか、より具体的に言えば、契約（債務）不履行に基づく損害賠償によって到達すべき目的をどのように設定するのか、あるいは、契約（債務）不履行に基づく損害賠償の領域に契約法の視点をどこまで取り込むのかということにある。そうすると、本節、とりわけ、本項における議論は、「契約を起点に据えた契約責任論」を構想し、契約不履行に基づく損害賠償を契約利益の価値的な実現手段として捉えようとする、近時の学説に対しても等しく妥当することになろう。契約不履行に基づく損害賠償を損害の賠償方式として捉えながらも、それに関する法的構成の中で契約との接点を持とうとする以上、このような見方を反映した損害論を構築する必要性は、履行方式としての契約不履行に基づく損害賠償を標榜する立場と同じように存在するからである。

　　あっても、賠償範囲の問題と不可分一体の関係にある損害の存否は、その主張を基礎付ける要素として、債権者側によって証明されなければならないファクターであるとの帰結が導かれることになる。フランスにおける一部の学説が主張しているように、債務の分類に応じて、損害要件の証明責任の所在を分けることは適切ではない。

◆第2章◆ 対　象

◇第1節の結論◇

　本節の目的は、契約（債務）不履行に基づく損害賠償の対象、あるいは、損害要件の意義という問題を、フランスにおける判例・学説の分析成果を基礎として、賠償モデル・履行モデルという分析枠組みから得られる賠償と実現という視点を用いて検討することに存した。その成果を要約しておこう。

　日本の議論においては、契約（債務）不履行に基づく損害賠償を不履行によって生じた損害を賠償するための制度として理解する立場が前提とされていたことから、その対象である損害を把握するに際しても、違法行為が存在しなければそうであったであろう利益状態と現在の利益状態との差、あるいは、違法行為によって被った不利益な事実といった形で、不法行為に基づく損害賠償と共通の枠組みが基礎とされていた。もちろん、これらは、それ自体１つのありうる損害概念ではあるが、その結果、契約（債務）不履行に基づく損害賠償の成否に関わる要件のレベルで、財貨の交換を通じた契約目的・利益の実現という契約法の特性を反映した枠組みを構築することが困難となってしまった。

　これに対して、契約（債務）不履行に基づく損害賠償を、履行されなかった契約ないし契約債務を実現するための手段として位置付けるならば、契約（債務）不履行に基づく損害賠償の対象は、契約によって実現されることを企図したが実際にはそうならなかった利益であり、その有無は、契約が正確に履行されていたならばそうであったであろう状態と現実の状態とを比較することによって評価された。このように理解することによって、契約（債務）不履行に基づく損害賠償の目的・理念を反映した対象論を構築することが可能となったのである。

　以上が、本節における考察から導かれる、損害要件の意義についての１つの見方である。ところで、フランスにおける損害要件をめぐる議論は、「果てしなく彷徨っている」とも評される[750]、破毀院判例を中心として展開されていた。これは、何よりも、契約（債務）不履行に基づく損害賠償の対象をどのように把握するかによって、具体的な事案の解決が左右されること、また、この問題を検討するに際して実際的な考慮が入り込みうることの証左であると言える。従って、本節の検討によって得られた成果を日本法の議論へと還元するに際しては、損害概念が契約（債務）不履行に基づく損害賠償の肯否というレベルでどのような影響をもたらすのかという本節の検討課題のみならず、契約（債務）不履行に基づく損害賠償の対象論が、それと不可分一体の関係にある損害賠償の範囲という問題にどのような影響を及ぼすのか、また、契約（債務）不履行に基づく損害賠償によってカバーされうる領域という問題とどのような関係にあるのかといった点にまで目を向けなければならない。後者の問いは、第２部・第２章・第２節・第２款の検討課題であるから、続く第２節

---

(750) Aubert, supra note 656, p.1248.

では、前者の問い、つまり、損害賠償の範囲に関わる問題を検討していくことにしよう。

◆第2章◆ 対　象

◆ 第2節　制限と完全(751)

　日本におけるかつての通説的立場は、ドイツ法理論の影響の下、民法416条について、相当因果関係の内容を定めた規定と理解してきた。そこでは、賠償されるべき損害の範囲は、債務不履行と相当因果関係に立つ全損害であるとされ、民法416条1項は、相当因果関係の原則を、同条2項は、その基礎とすべき特別事情の範囲を示すものとされた(752)。このような理解に対しては、昭和30年代に、民法416条の沿革的研究と相当因果関係の理論的考察を基礎として、相当因果関係は、完全賠償原則と密接に結び付いており、民法416条が前提とする制限賠償原則の下では意味を持たないとの批判が提起された。そして、相当因果関係説に代わる理論枠組みとして、民法416条を、債務不履行と事実的因果関係にある損害の中から、賠償されるべき損害を選別する政策的価値判断、つまり、保護範囲確定の基準を与える規定として理解する立場が現れたのである(753)。それ以降、一方では、様々な内容の保護範囲確定ルールが提示され、とりわけ、当該契約によって保護されている利益を害する限度で賠償すれば足りるとの観点から賠償範囲が限定されるべき旨を説く契約利益説が有力に主張されるとともに(754)、他方では、相当因果関係説を維持・発展させようとする立場も依然として根強く主張されており(755)、民法416条の理論的基礎をめぐる議論は、これら2つの立場を軸として展開されている(756)。そして、今日では、こうした議論動向は、周知の事実に属すると言ってよい。

　しかし、いずれの見解にも、理論的・体系的な問題が内包されているように思われる。まず、既に指摘されている通り、完全賠償原則と結び付いた相当因果関係説は、それとは構造を異にする民法416条とは相容れない(757)。また、相当因果関係説は、損害賠償の範囲が因果関係という要素によって決せられるとの理解を前提とするから、この点において、民法に存在する2つの損害賠償の範囲は、同一の原理、同一のルールによって規律されることになる。従って、この立場によれば、民法が、

---

(751)　本節の一部は、拙稿・前掲注(1)「賠償範囲の理論的基礎」、同・前掲注(1)「理論(2)」49頁以下を基礎とするものである。その主張内容に変化はないが、ほぼ原形をとどめないほど大幅に加筆されている。
(752)　鳩山・前掲注(2)70頁以下、我妻・前掲注(7)117頁以下、於保・前掲注(7)138頁以下等。
(753)　平井・前掲注(11)。また、同『民法学雑纂 平井宜雄著作集Ⅲ』（有斐閣・2011年）に所収された、同「債務不履行責任の範囲に関する法的構成——民法第416条を中心として」1頁以下、及び「損害賠償額算定の『基準時』に関する一考察——債務不履行責任を中心として」183頁以下も参照。
(754)　川村泰啓『増補 商品交換法の体系Ⅰ』（勁草書房・1982年）142頁以下〔初版・1972年〕、好美清光「大判大正7年8月27日・判批」星野英一＝平井宜雄編『民法判例百選Ⅱ債権』（有斐閣・1975年）24頁以下、円谷・前掲注(9)「現代契約法の課題」278頁以下等。
(755)　澤井・前掲注(357)49頁以下、北川善太郎「416条」奥田昌道編『注釈民法(10)債権(1)債権の目的・効力§§399〜426』（有斐閣・1987年）552頁以下等。
(756)　議論の詳細については、國井・前掲注(78)499頁以下を参照。
(757)　平井・前掲注(11)23頁以下。

282

債務不履行に基づく損害賠償ついてのみ、通常損害・特別損害の区別と予見可能性を中核とする賠償範囲確定ルールを規定した意味を理解することができなくなるのである(758)。

ところで、日本における相当因果関係説は、契約（債務）不履行に基づく損害賠償を、有責な不履行によって惹起された損害を賠償するための制度として捉える立場と、2つの損害賠償制度を統一的な枠組みで構築しようとする手法とともに、ドイツ法及びドイツの学説から継受されたものであった(759)。そうすると、この局面においては、契約（債務）不履行に基づく損害賠償を、「有責な行為によって他人に損害を生じさせた者は、当該行為によって発生した損害を賠償しなければならない」という原理に基礎を置く制度として捉える構想が、民法416条の理解に大きな影響を及ぼしてきたと言うことができるのである。

他方、保護範囲説は、民法416条が完全賠償原則を採用するものではないこと、従って、完全賠償原則と結合した相当因果関係なる概念が無益であること、そして、同条が契約（債務）不履行に基づく損害賠償に固有の規定であることを明らかにした点において、正当な指摘を含む。しかし、なお、以下の点が問題として残されている。

すなわち、仮に、契約（債務）不履行に基づく損害賠償の範囲を、不履行と事実的因果関係に立つ損害のうちどこまでを債務者に賠償させるのが妥当かという、裁判官の政策的価値判断によって導かれる保護範囲の問題として捉えるとしても、同じく有責な行為によって生じた損害を賠償するための制度でありながら、民法が、契約（債務）不履行に基づく損害賠償についてのみ、保護範囲確定の基準となる規定を設けた理由をどのように理解するのか。また、不履行と事実的因果関係に立つ損害は無限定に広がりうるから、賠償の対象となる損害を一定の範囲に限定する必要が

---

(758) このような前提から、民法416条を相当因果関係の内容を定めた規定として理解する、かつての通説的見解は、同条の不法行為に基づく損害賠償への類推適用を肯定するか、相当因果関係による規律が同条を適用したのと同一の結果に至ることを説き（鳩山・前掲注(76)292頁、我妻・前掲注(76)202頁以下等）、民法416条を相当因果関係によって決定される損害賠償の範囲に制限を設けた規定として捉える立場は、「因果関係ヲ定ムル一般的標準ノ外ニ債務不履行ノ場合ニ付キ本条ノ如キ特別規定ヲ設クルコトヲ要スルヤニ付テハ大ニ疑ナキ能ハス」との立法論批判を展開したのである（富井・前掲注(2)233頁）。更に、このコンテクストでは、梅謙次郎が、民法416条に対して、激しい立法論上の批判を提起していたことが想起されるべきであろう（梅謙次郎『民法要義 巻之三 債権篇』（明法堂・1897年）55頁以下、同『民法原理（債権総則）』（和佛法律学校・1902年）291頁以下）。

(759) 民法施行直後の学説は、19世紀のフランス民法学説と同じく、契約（債務）不履行に基づく損害賠償が「債権の効力」であること、不法行為に基づく損害賠償とは性質が全く異なることを強調していたが（松波仁一郎＝仁保亀松＝仁井田益太郎（穂積陳重＝富井政章＝梅謙次郎校閲）『帝国民法正解 第5巻』（日本法律学校・1897年）135頁以下、岡松参太郎（富井政章校閲）『註釈民法理由 下巻』（有斐閣書房・1906年）82頁以下等）、明治末期以降、石坂・前掲注(2)271頁以下、鳩山・前掲注(2)55頁以下等を嚆矢として、多くの学説は、ドイツ法理論の影響を受けて、2つの損害賠償債権を統一的に論じ、それらが同一の性質を有すること、従って、賠償範囲についても、同じく因果関係によって決められることを明らかにしたのである。この点についての詳細は、第2部・第1章・第2節・第1款・第2項546頁以下を参照。

あるとしても、そこから、直ちに通常損害・特別損害の区別と予見可能性を中核とした賠償範囲確定ルールが導かれるわけではない。何故、民法は、賠償範囲を限定する立法政策を、通常損害・特別損害の区別と予見可能性によって実現しようとしたのか。

　また、契約利益説は、契約（債務）不履行に基づく損害賠償の範囲を、当事者が企図した契約利益の価値によって画そうとする試みであり、その指摘自体は、正当に評価されるべきである。しかし、まず、伝統的理解のように、契約（債務）不履行に基づく損害賠償を債務の不履行によって惹起された損害を賠償するための制度として捉えるならば、当事者意思や契約目的を斟酌して評価されるところの契約利益に関わらない損害、具体的には、給付利益を構成しない完全性利益侵害等も、契約（債務）不履行に基づく損害賠償の対象となりうるから[760]、これらの事例の取扱いに困難が生ずることになろう[761]。そして、仮に、ここで言う契約利益を、債権者が当該契約を通じて獲得しようとした利益だけではなく、完全性利益を含めて、契約規範によって保護される利益として広く理解する場合には、当事者の予見可能性によって賠償範囲を限定するという思考それ自体の基礎付けが、再び問題とされなければならないように思われる[762]。更に、同じ性質を持つ賠償制度でありながら、何故、契約（債務）不履行に基づく損害賠償のみに、賠償範囲確定ルールが設けられているのかという問いも、提起されることになろう。

　ここから、更に、以下の疑問が提起されよう。民法が、契約（債務）不履行に基づく損害賠償に関してのみ、通常損害・特別損害の区別と予見可能性を中核とする賠償範囲確定ルールを設けたのは、2つの損害賠償を全く性質の異なる制度として構想したからではないのか。上に掲げた問題は、いずれも、契約（債務）不履行に基づく損害賠償を、不法行為に基づく損害賠償と同じく、有責な行為によって生じた損害を賠償するための制度として捉える構想に端を発している。従って、仮に、契約（債務）不履行に基づく損害賠償を、履行されなかった契約ないし契約債務の履行を確保するための制度として理解するならば、上記の問いに対して、明確な解答を与えることができるのではないか。かくして、本節における第1の課題は、以下のように設定される。すなわち、民法416条の理論的基礎、通常損害・特別損害の区別及び予見可能性による賠償範囲確定ルールを、契約不履行に基づく損害賠償の理論枠組みという視点から考察することである。

　ところで、今日の民法（債権関係）改正をめぐる議論においては、ヨーロッパ契約法原則や共通参照枠草案等の国際的ルール[763]、あるいは、フランス民法典等の各

(760) これは、前節において検討した、契約不履行に基づく損害賠償の対象に関わる問題である。
(761) 川村・前掲注(754)142頁以下・262頁以下を参照。
(762) この点については、潮見・前掲注(9)351頁以下の指摘も参照。
(763) 例えば、以下のようなものがある。
　　PECL 9:503「不履行当事者は、契約締結時に、自らの不履行から生じうる結果として予見し、

国内法における規律(764)から影響を受けつつ、債務者に故意や重過失が存在する場合に、損害賠償の範囲について特別の規律を設けるべきかという問題が、検討の対象とされている。例えば、改正研究会案の副案では、「債務者は、契約締結時に当事者が不履行の結果として生じることを予見し、又は合理的に予見することができた損害についてのみ賠償の責任を負う。ただし、債務不履行が故意又は重大な過失によるものであるときは、この限りでない」との規定が用意されている（343条1項）(765)。また、法制審議会の民法（債権関係）部会においては、故意ないし重過失による債務不履行の場合に損害賠償の範囲に関する特則を設けるべきかどうかが、賠償範囲確定ルールの関連論点として取り上げられ(766)、民法（債権関係）改正に関する中間的な論点整理の中でも、この点について更なる検討を行うべき旨が提案されている(767)。

　これら諸提案は、第2部・第2章・第1節において検討されることになるが、通常損害・特別損害の区別と予見可能性を中核とする賠償範囲確定ルールを、契約不

又は合理的に予見することのできた損害についてのみ、責任を負う。ただし、不履行が故意又は重大な過失によるものであるときは、この限りでない（原文は、The non-performing party is liable only for loss which it foresaw or could reasonably have foreseen at the time of conclusion of the contract as a likely result of its non-performance, unless the non-performance was intentional or grossly negligent.）」（PCC 10:503 も同じ内容の規定である）。

　DCFR III.-3:703「契約又はその他の法律行為から生じた債務の債務者は、債務が発生した時に、不履行から生じうる結果として予見し、又は予見することが合理的に期待されうる損害についてのみ責任を負う。ただし、不履行が故意、無謀又は重大な過失によるものであるときは、この限りでない（原文は、The debtor in an obligation which arises from a contract or other juridical act is liable only for loss which the debtor foresaw or could reasonably be expected to have foreseen at the time when the obligation was incurred as a likely result of the non-performance, unless the non-performance was intentional, reckless or grossly negligent.）」。

　CEDC art.162 al.4「債務者に故意又は過失がある場合を除き、債務者が負うべき損害賠償は、契約内容、諸事情、信義誠実、慣行に従い、通常の注意力を有する者が、契約締結時に、黙示的に責任を負う債務を負担したと、合理的に考えられるべき損害に限定される（原文は、À moins que le débiteur ait agi dol ou faute, la réparation qu'il doit est limitée au dommage duquel – sur la base du texte du contrat, des circonstances, de la bonne foi, des usages – on doit raisonnablement considérer qu'il a, en tant que personne normalement avisé, au moment de la stipulation du contrat implicitement assumé l'obligation de répondre.）」。

(764) フランス民法典1150条のほか、例えば、イタリア民法典1225条、スペイン民法1107条等がある。
(765) なお、改正研究会案・正案では、このような規定は設けられていない。同344条は、「第三百四十二条（債務不履行による損害賠償請求）は、債務不履行によって通常生ずべき損害の賠償を目的とする」（1項）、「特別の事情によって生じた損害であっても、債権発生の時に債権者及び債務者が、又は債務不履行の時に債務者がその事情を予見し、又は予見すべきであったときは、債権者は、その賠償を請求することができる」と規定しているだけである。
(766) 「検討事項 (1)」6頁以下、「検討事項 (1) 詳細版」34頁以下。
(767) 中間的な論点整理の「第3債務不履行に基づく損害賠償」、「3損害賠償の範囲」、「故意・重過失による債務不履行における損害賠償の範囲の特則の要否」では、以下のように述べられている。「債務不履行につき故意・重過失がある場合には全ての損害を賠償しなければならないとするなどの故意・重過失による債務不履行における損害賠償の範囲の特則の要否については、これを不要とする意見、要件を背信的悪意や害意等に限定する必要性を指摘する意見、損害賠償の範囲に関する予見の時期を契約締結時とした場合には（前記 (2)）特則を設ける意義があるという意見等があった。これらを踏まえて、上記特則の要否や具体的要件の在り方について、損害賠償の範囲に関する議論との関連性に留意しつつ、更に検討してはどうか」(10頁)。

◆第2章◆対　象

履行に基づく損害賠償の理論枠組みという視点から分析することを目的としている本節においては、債務者に故意・重過失が存在する場合には上記のような賠償範囲確定ルールを妥当させないという態度決定をしたときに、そのような規律がどのような形で基礎付けられるのかという問いが提起されなければならない。より具体的に言えば、契約不履行に基づく損害賠償に関する2つの理論モデルとの関連で、通常損害・特別損害と予見可能性に基づく賠償範囲確定ルールの理論的基礎を明らかにし、そこでの成果を基礎として、予見可能性ルールという原則を支える理論的基礎が債務者に故意・重過失がある場合に妥当しない理由、そして、予見可能性ルールの排除という例外を支える理論的基礎がどこに存するのかを解明しなければならないのである。このような作業を行うことによって、各理論モデルから見た場合における民法416条の理論的基礎が、より明確な形で提示されうるものと考えられる。

以上のような課題に応えるために、本節においては、フランス法における契約不履行に基づく損害賠償の範囲に関する議論を検討する[768]。フランスにおいては、契約不履行に基づく損害賠償の性質をめぐって、契約不履行に基づく損害賠償を、債務の不履行によって惹起された損害を賠償するための制度として捉える立場（賠償モデル）と、それを、「債務の効果」として位置付け、履行されなかった債務の履行を確保するための制度として理解する立場（履行モデル）が対立しており、これら2つの立場の間で、契約不履行に基づく損害賠償の範囲に関する規定の意義につき、議論の蓄積が存する。従って、上記のような問題意識に鑑みれば、フランスにおける議論の分析は、極めて有益であると考えられる。また、損害賠償の範囲に関する日本の民法とフランス民法典の規定の構造が同一であること、つまり、いずれの民法も、契約（債務）不履行に基づく損害賠償についてのみ、予見可能性を中心とする賠償範囲確定ルールを設けていること、そして、既に指摘されている通り、民法416条が、イギリスの判例、そして、フランス民法典に大きな影響を与えたロベール・ジョセフ・ポティエの理論を承継したものであることも、ここで再度強調しておくべきであろう[769]。

---

(768) フランス法における損害賠償の範囲（不法行為を含む）については、本節の基礎となった、拙稿・前掲注(1)「賠償範囲の理論的基礎」以前にも、既に幾つかの貴重な先行業績が存在した。関口・前掲注(159)論文、松野・前掲注(159)論文、難波・前掲注(159)論文、加藤・前掲注(159)論文が、それである（また、船越隆司「相当因果関係説への疑問――フランス学説例を通して」私法24号（1962年）87頁以下も参照）。本節（及びその基礎となった上記論文）における検討がこれらの先行業績に多くを負っていることは言うまでもないが、本節は、これまで、あまり触れられることのなかった、フランス民法典1150条の意義・存在理由という問題を、契約不履行に基づく損害賠償の理論枠組みという本書独自の視点から分析しようとするものである。

(769) 民法416条の沿革的考察については、既に多くの先行業績が存在する。福島・前掲注(78)182頁以下、山田＝来栖・前掲注(78)500頁以下、平井・前掲注(11)145頁以下、北川・前掲注(11)「日本法学」63頁以下、石田穰『損害賠償法の再構成』（東京大学出版会・1977年）138頁以下、國井・前掲注(78)513頁以下、難波・前掲注(78)319頁以下、中田・前掲注(78)11頁以下等。本節における考察は、この点を直接的に扱うものではないが、これまでの起草趣旨の理解に対する問題提起ともなりうるものと考える。

◆第2節◆　制限と完全

　このように、本節の目的は、契約不履行に基づく損害賠償の理論枠組みという視点から、損害賠償の範囲の問題を考察することによって、民法416条の理論的基礎、とりわけ、契約（債務）不履行に基づく損害賠償についてのみ、通常損害・特別損害の区別と予見可能性を基礎とする賠償範囲確定ルールが設けられた意味を明らかにすることに存する。そのため、予見の主体、対象、時期等の解釈論上の諸問題は、フランス法分析のコンテクストでは直接的な考察の対象とはしない。もちろん、これらの問題は、賠償範囲の理論的基礎と密接な関係を持つものであるから、本節の課題に応えるために必要であれば、議論の対象とされなければならないし、実際、以下の叙述においても、しばしば言及されることにはなろう。しかし、予見の主体、対象、時期等は、あくまでも、賠償範囲の理論的基礎の解明を前提として論じられるべき問題である。従って、これらの諸問題については、フランス法の分析を踏まえ、日本における賠償範囲の理論的基礎に関する検討を終えた後に、議論の俎上に載せることが適切と言えるのである。

　また、契約（債務）不履行に基づく損害賠償の範囲に関する歴史的考察も、本節の目的に必要な範囲に限定される。予見可能性を基軸とする賠償範囲確定ルールは、ポティエを介してシャルル・デュムラン（Charles Dumoulin）、そして、デュムランが予見可能性テーゼを抽出したローマ法源（とりわけ、C. 7. 47.）にまで遡りうる[770]。しかし、この点については、契約不履行に基づく損害賠償それ自体の理論的展開と併せて考察することが適切であり、詳細な検討は、別稿に委ねられる。

◆第1款◆　フランスにおける契約不履行に基づく損害賠償の範囲の理論的基礎

　フランス民法典は、「債務の効果（De l'effet des obligations）」と題する節の中で、契約不履行に基づく損害賠償を扱っており、同節の1149条から1151条において、契約不履行に基づく損害賠償の範囲に関する規定を設けている[771]。このうち、本節

---

(770) Cf. Auguste Dumas, Les origines romaines de l'article 1150 du code civil, in, Études d'histoire juridique offertes à Paul Frédéric Girard, t.2, Librairie Paul Geuthner, Paris, 1913, pp.95 et s.; Van Ryn, supra note 27, n°s 36 et s., pp.49 et s.; C. Bontems, Essai sur la théorie des dommages et intérêts en droit romain et dans les droits savants, th. Paris, 1968; etc. また、デュムランとその損害賠償範囲論については、國宗知子「デュムランの利益論研究のために」中央院12号I-2 (1982年) 41頁以下、同「モリネウスの利益論の射程――「予見可能性」による賠償範囲の確定基準は不法行為のケースにも適用されるか？」片山金章先生追悼論文集『法と法学の明日を求めて』（勁草書房・1989年）499頁以下、同「デュムランの生涯とその作品 (1)」経済系（関東学院大学経済学会研究論集）164集（1990年）70頁以下、大川四郎「シャルル・デュムラウンの利息論についての考察 (1)」名法129号（1990年）91頁以下、湯川益英「損害賠償範囲「制限」理論の成立と、その人間主義的意義――ユスティニアヌス帝の勅法 C.7.47.1 における "Casus certus" と "Casus incertus" に関するデュムーランの解釈」山梨学院大学商学論集20号（1995年）67頁以下を、損害賠償の範囲に関するローマ法以来の歴史的展開については、北川・前掲注(723)「史的変遷」1頁以下、前田・前掲注(544)170頁以下等を参照。

(771) 民法典1149条及び1150条については既に引用してあるが（原文については、注(45)及び注(416)を参照）、参照の便宜を図るため、1151条と併せてここで再度掲げておく。

◆第2章◆ 対　象

の問題意識にとって重要なのは、予見可能性による賠償範囲確定ルールを規定している民法典1150条である。同条の意義ないし存在理由をめぐっては、契約不履行に基づく損害賠償を、賠償という視点から捉え、不法行為に基づく損害賠償とパラレルな構造を持つ制度として構想する20世紀初頭以来の伝統的通説と、契約不履行に基づく損害賠償を「債務の効果」と位置付けているフランス民法典本来の立場や、ヨーロッパ法の動向を踏まえながら、それを履行方式として把握しようとする立場の間で、激しい議論が展開されている。以下では、それぞれの立場における契約不履行に基づく損害賠償の理論枠組みを前提として、フランスにおける契約不履行に基づく損害賠償の範囲の理論的基礎を検討していくことにしよう[(772)][(773)][(774)]。

　　フランス民法典1149条「債権者に支払われるべき損害賠償は、一般に、その者が受けた損失及びその者が奪われた利益である。ただし、以下の例外及び変更については、この限りでない」。
　　同1150条「債務者は、債務が履行されないことが何らその者の悪意によるのでないときは、契約のときに予見し、予見することのできた損害賠償についてでなければ、義務を負わない」。
　　同1151条「合意の不履行が債務者の悪意から生ずる場合であっても、損害賠償は、債権者が被った損失及びその者が奪われた利益に関して、合意の不履行の直接の結果であるものでなければ、含むことができない（原文は、Dans le cas même où l'inexécution de la convention résulte du dol du débiteur, les dommages et intérêts ne doivent comprendre, à l'égard de la perte éprouvée par le créancier et du gain dont il a été privé, que ce qui est une suite immédiate et directe de l'inexécution de la convention.）」。
(772) 2005年9月22日に公表された債務法及び時効法改正準備草案も、基本的には、現行法の立場を承継した規定を設けている（この草案の概要については序論34頁以下を、この草案における「契約責任」規定の詳細については第2部・第2章・第1節・第1款・第1項714頁以下を参照）。
　　同草案は、「民事責任（De la responsabilité civile）」という表題の下、不法行為責任と「契約責任」を統一的に扱っており、同草案が賠償方式としての契約不履行に基づく損害賠償という伝統的な考え方を基礎としていることは、民事責任の部分の起草を担当したジュヌヴィエーヴ・ヴィネの手になる理由書の中でも、明確に宣言されている（Viney, supra note 671, pp.162 et s.）。
　　本款が主題とする損害賠償の範囲に関わるテクストとしては、以下のようなものがある。まず、第2節「責任の要件（Des conditions de la responsabilité）」、第1款「契約責任と契約外責任に共通の規定（Dispositions communes aux responsabilité contractuelle et extra-contractuelle）」、§1「賠償されうる損害（Le préjudice réparable）」の1343条から1346条において、賠償されるべき損害に関するテクストが置かれている（この点については、注(671)を参照）。また、第3節「責任の効果（Des effets de la responsabilité）」、第1款「原則（Principes）」、§2「損害賠償（Les dommages-intérêts）」においては、これまでの判例の中で繰り返し言明されてきた「完全賠償原則」（この点については、第1項冒頭の考察を参照）を表明するテクストが新たに設けられた。
　　債務法及び時効法改正準備草案1370条「反対の規定又は合意がない限り、損害賠償の付与は、被害者を、損害を生じさせる行為がなかったならばそうであったであろう状況に可能な限り回復することを目的としなければならない。損害賠償の付与は、被害者に、損失も利益も生じさせてはならない（原文は、Sous réserve de dispositions ou de conventions contraires, l'allocation de dommages-intérêts doit avoir pour objet de replacer la victime autant qu'il est possible dans la situation où elle se trouvée si le fait dommageable n'avait pas eu lieu. Il ne doit en résulter pour elle ni perte ni profit.）」。
　　次に、契約不履行に基づく損害賠償の範囲については、第2節「責任の要件」、第3款「契約責任に固有の規定（Dispositions propres à la responsabilité contractuelle）」で、現行民法典1150条に相当する特別の規定が置かれている。
　　同1366条「債務者側に悪意又は重大な過失がある場合を除き、債務者は、契約締結時に、合理的に予見することのできた不履行の結果についてのみ賠償する義務を負う（原文は、Sauf dol ou faute lourde de sa part, le débiteur n'est tenu de réparer que les conséquences de l'inexécution raisonnablement prévisibles lors de la formation du contrat.）」。
(773) 2008年12月にフランソワ・テレを代表とするグループによって公表された契約法改正の諸提案も、ヨーロッパにおける契約法調和の動向をも視野に入れながら、基本的には、現行民法典

のそれと類似したテキストを用意している。契約法改正の諸提案は、その第 1 編「契約（Des contrats）」、第 3 章「契約の効果（Des effets du contrat）」、第 1 節「当事者間の効果（Des effets entre les parties）」、§ 3「不履行（De l'inexécution）」、V「損害賠償（Des dommages et intérêts）」において、契約不履行に基づく損害賠償に関する規定を設け、損害賠償の範囲については、以下のように規定しているのである。

契約法改正の諸提案 118 条「損害賠償は、一般的に、債権者が被った損失及びその者が奪われた利益を考慮して、契約が正確に履行されていたならばそうであったであろう状況に債権者を置く額である（原文は、Les dommages et intérêts sont en règle générale, d'un montant qui place le créancier dans la situation où il se trouverait si le contrat avait été dûment exécuté, en considérant la perte qu'il a faite et le gain dont il a été privé.）。

債務者は、不履行が何らその者の悪意又は重大な過失によるのでないときは、契約締結時に予見し、合理的に予見することのできた損害賠償についてでなければ、義務を負わない（原文は、Le débiteur n'est tenu que des dommages et intérêts qui ont été prévus ou qu'on a pouvait raisonnablement prévoir lors de la conclusion du contrat, lorsque l'inexécution n'est point due à son dol ou à sa faute lourde.）」。

同 119 条「契約不履行が債務者の悪意又は重大な過失から生ずる場合であっても、損害賠償は、不履行の直接の結果であるものでなければ、含むことができない（原文は、Dans le cas même où l'inexécution du contrat résulte du dol ou de la faute lourde du débiteur, les dommages et intérêts ne peuvent comprendre que ce qui est une suite immédiate et directe de l'inexécution.）」。

フィリップ・レミィが、契約法改正の諸提案における損害賠償の規定を説明する際に明言しているように（Philippe Rémy, Les dommages et intérêts, in, Pour une réforme du droit des contrats, supra note 106, pp. 283 et s.）、同 118 条 1 項の規定は、ヨーロッパ契約法原則 9:502 条等から着想を得たものである。

PECL 9:502「損害賠償の一般的な範囲は、被害当事者を、契約が適切に履行されていたならばそうであったであろう状況に、可能な限り近づける額である。この損害賠償は、被害当事者が被った損失及びこの者が奪われた利益を含む（原文は、The general measure of damages is such sum as will put the aggrieved as nearly as possible into the position in which it would have been if the contract had been duly performed. Such damages cover the loss which the aggrieved party has suffered and the gain which it has been deprived.）」（PCC 10:502 も同じ内容の規定である）。

DCFR III.-3:702「債務不履行によって生じた損害に関する損害賠償の一般的な範囲は、債権者を、債務が適切に履行されていたならばそうであったであろう状況に、可能な限り近づける額である。この損害賠償は、債権者が被った損失及び債権者が奪われた利益を含む（原文は、The general measure of damages for loss caused by non-performance of an obligation is such sum as will put the creditor as nearly as possible into the position in which the creditor would have been if the obligation had been duly performed. Such damages cover the loss which the creditor has suffered and the gain which the creditor has been deprived.）」。

CEDC art. 166 al.1「以下の規定により修正されている場合を除き、賠償は、一般的に、不履行、不正確な履行、遅滞、又は本法典の規定に従い賠償が義務付けられるその他の状況から生ずる結果を排除することを特別な目的とするものでなければならない。損害賠償は、一般的に、先の状況が生じていなかったならば存在したであろう事実状態を作り出すものでなければならない（原文は、Sauf les assouplissements apportés par les dispositions successives, la réparation doit remplir en général sa fonction spécifique visant à éliminer les conséquences dommageables de l'inexécution, ou de l'exécution inexacte, ou du retard, ou des autres situations en rapport avec lesquels, d'après les règles du présent code, la réparation est due : et ceci doit se produire, en général, créant cet état de fait qui existerait si les susdites situations ne s'étaient pas produites.）」。

(774) 2010 年 7 月に公表された民事責任法案においては、2 つの損害賠償のいずれもがテキストの対象とされており、債務法及び時効法改正準備草案と同じく、「契約責任」と不法行為責任を一元的に理解しようとする方向性を見て取ることができる（Cf. Rapport d'information, supra note 104, pp. 33 et s.）。

本款が主題とする損害賠償の範囲に関わるテキストとしては、以下のようなものがある。まず、第 2 款「責任の要件（Des conditions de la responsabilité）」、第 1 項「契約責任と不法行為責任に共通の要件（Des conditions communes aux responsabilité contractuelle et délictuelle）」の 1384 条と 1385 条において、賠償されるべき損害に関するテキストが置かれている（この点については、注 (672) を参照）。また、第 3 款「責任の効果（Des effets de la responsabilité）」の第 2 項「等価賠

◆第2章◆ 対　象

◇第1項　賠償方式としての契約不履行に基づく損害賠償と予見可能性

　フランスの伝統的通説は、20世紀の初頭以来、「契約責任」と不法行為責任を、同一の性質を有する2つの民事責任制度として位置付けてきた。「「民事責任」という表現は、現在の法律用語においては、他人に損害を生じさせた者に対し、その被害者に補償を提供することによって、当該損害を賠償することを義務付ける規範の総体を意味する。それ故、民事責任は、不法行為責任だけでなく、契約責任をも包含する」のであり[775]、「契約責任」と不法行為責任は、「同じ機能、同じ目的を持つ。そこでは、惹起された損害を賠償することが問題となっているのであり、損害が契約債務の不履行から生じたものであるかどうかは、ほとんど重要ではない」[776]。従って、このような理解によれば、「契約責任」は、不法行為責任と同じく、惹起された損害を賠償するための制度として構想され、不法行為責任と同一の原理に服することになるのである[777]。

　民事責任法が、「責任を生じさせる行為ないし所為」によって生じた損害を賠償するための制度であるならば、損害が、「責任を生じさせる行為ないし所為」によって生じたものと認められる限り、惹起された損害の全てが賠償の対象とされなければならない。つまり、フランス民事責任法においては、「完全賠償（la réparation intégrale）」が原則とされているのである[778]。このことは、そこから導かれる「賠償と損害の等価原則（Le principe de l'équivalence entre la réparation et le dommage）」、「判決日の損害評価原則（Le principe de l'évaluation du dommage au jour du jugement）」とともに、古くから今日に至るまで、ほぼ異論なく承認されてきたところである[779]。

　　償（De la réparation par équivalent）」においては、債務法及び時効法改正準備草案1370条に相当する規定が設けられている。
　　民事責任法案1386-24条1項「損害賠償の付与は、被害者を、損害を生じさせる行為がなかったならばそうであったであろう状況に回復することを目的とし、その結果、被害者に、損失も利益も生じさせてはならない（原文は、L'allocation de dommages-intérêts a pour objet de replacer la victime dans la situation où elle se trouvée si le fait dommageable n'avait pas eu lieu, de sorte qu'il n'en résulte pour elle ni perte ni profit.）」。
　　次に、契約不履行に基づく損害賠償の範囲については、第2款「責任の要件」、第3項「契約責任に固有の要件（Conditions particulières à la responsabilité contractuelle）」で、現行民法典1150条、債務法及び時効法改正準備草案1366条に相当する特別の規定が置かれている。
　　民事責任法案1386-16条「悪意又は重大な過失がある場合を除き、債務者は、契約締結時に、当事者が合理的に予見することのできた不履行の結果についてのみ賠償する義務を負う（原文は、Sauf dol ou faute lourde, le débiteur n'est tenu de réparer que les conséquences de l'inexécution que les parties pouvaient raisonnablement prévoir lors de la formation du contrat.）」。

(775) Viney, supra note 19, n° 1, p.1.
(776) Larroumet, supra note 24, n° 599, p.628.
(777) この点については、文献の所在も含め、序論9頁以下を参照。
(778) フランスにおける「完全賠償原則」の歴史的展開と意義については、加藤雅之「損害要件の再定位（1）――フランス法における賠償原理と損害概念の関係」神戸学院38巻3＝4号（2009年）405頁以下を参照。
(779) Colin et Capitant, supra note 241, n° 199 ter, p.190 ; Beudant et Lerebours-Pigeonnière, supra note 241, n° 1658, pp.277 et s. ; René Savatier, Traité de la responsabilité civile en droit français civil, administratif, professionnel, procédural, t.2, Conséquences et aspects divers de la responsabilité, préf. Georges Ripert, 2ème éd., LGDJ., Paris, 1951, n° 601, p.177 ; Henri et Léon

また、破毀院判例も、繰り返し、「民事責任の本性は、可能な限り正確に損害によって破壊された均衡を回復し、責任を負う者の費用において、損害を生じさせる行為がなかったならばそうであったであろう状態に被害者を戻すことにある」と判示しており[780][781]、更に、今日では、民法典のテクストではなく、「損害の完全賠償の原

Mazeaud, Jean Mazeaud et François Chabas, Traité théorique et pratique de la responsabilité civile délictuelle et contractuelle, t.3, vol.1, 6ème éd., Montchrestien, Paris, 1978, n°s 2332 et s., pp. 657 et s. ; Alex Weill et François Terré, Droit civil, Les obligations, 4ème éd., Dalloz, Paris, 1986, n°s 432 et s., pp.452 et s. ; Marty et Raynaud, supra note 37, n°s 588 et s., pp.739 et s. ; H. et L. Mazeaud, J. Mazeaud et Chabas, supra note 19, n° 623, p.735 ; Carbonnier, supra note 52, n° 285, pp.505 et s. ; Viney et Jourdain, supra note 47, n°s 57 et s., pp.154 et s. ; Terré, Simler et Lequette, supra note 55, n°s 899 et s., pp.910 et s. ; Bénabent, supra note 203, n° 695, pp.503 et s. ; Malaurie, Aynès et Stoffel-Munck, supra note 35, n°s 239 et s., pp.131 et s. ; Malinvaud et Fenouillet, supra note 203, n°s 724 et s., pp.561 et s. ; Flour, Aubert et Savaux, supra note 203, n° 387, pp.425 et s. ; Delebecque et Pansier, supra note 256, n° 504, pp.302 et s. ; Fabre-Magnan, supra note 203, n° 147, pp.341 et s. ; Fages, supra note 203, n°s 563 et s., pp.432 et s. ; Leduc, supra note 441, n°s 46 et s., pp.19 et s. ; etc. また、この問題に関するテーズとして、Cf. Lucienne Ripert, La réparation du préjudice dans la responsabilité délictuelle, Dalloz, Paris, 1933, n°s 56 et s., pp.62 et s. ; Christelle Coutant-Lapalus, Le principe de la réparation intégrale en droit privé, th. Paris II, préf. Frédéric Pollaud-Dulian, PUAM., Aix-en-Provence, 2002.

(780) Cass. 2ème civ., 28 oct. 1954, JCP., 1955, II, 8765, obs., René Savatier（Yの運転する自動車とX社の路面電車が衝突したという事案である。原審は、路面電車の老朽化に損害の重大化の一因があるとして、原状回復費用としての損害賠償については、Xに3分の2、Yに3分の1を負わせるのが衡平に適うとした。これに対して、破毀院は、民法典1382条をビザとして、本文引用部分に続け、「物の原状回復費用の償還は、その代替価値のみを限界とする」と判示し、問題となっている費用が代替費用を超えるかどうかを明らかにすることなく、曖昧かつ仮定的な理由によって、上記のように判示しているのであるから、原審は、その判決に法律上の基礎を与えなかったと判断した）; Cass. 2ème civ. 17 déc. 1959, JCP., 1960, II, 11493, obs., Paul Esmain（事案の概要は、以下の通りである。Xは、自動車を運転中、Yの運転する自動車に衝突された。この事故の原因は、全てYにあるものとされた。そこで、Xは、Yに対し、この自動車の市場価値35万フランと、類似の中古車を探すことができるかどうかは分からないとして、それを塡補するための10万フランの賠償を求めた。原審は、本件事故当時における当該自動車の市場価値から、事故後の残留物の価値を控除した23万フランの賠償のみを認容した。Xからの上告に対し、破毀院は、民法典1382条をビザとして、本文引用部分に続け、「物に生じた損害の完全賠償は、物の原状回復費用の償還、あるいは、その回復価値に相当する金銭の支払いによってのみ確保され、被害者は、これら2つの賠償の方法のうち、より低額な方のみを求めることができる」（chapeau）と判示し、「残留物の売買のリスクを、損害の完全賠償への権利を持つ被害者に負わせることはできないから、この点に関する当事者の合意がない限り、この残骸物を考慮に入れるべきではない」と述べて、原審を破棄した）; Cass. 2ème civ. 1er avril 1963, D., 1963, 453, note Henry Molinier ; JCP., 1963, II, 13408, obs., Paul Esmain（Y協同組合所有のトラックがX所有の家に衝突し、その外壁を突き破ったという事案に関するものである。もっとも、本件事案には、X所有の当該不動産が建築制限の対象となっており、事故の結果、滅失のアレテが発せられ、建物の取壊しが命ぜられることになったという特殊性があった（つまり、Xは、本件土地に建物を再築することができなかったわけである）。XのYに対する損害賠償請求につき、原審は、破壊された不動産の市場価値を基礎として賠償額を算定し、Xが別の土地を購入するために必要な費用に相当する額の賠償を認めなかった。これに対して、Xが上告した。破毀院は、民法典1382条をビザとして、本文引用部分に続け、「物に生じた損害の完全賠償は、物の原状回復費用の償還、あるいは、この原状回復が不可能である場合には、その回復価値に相当する金銭の支払いによってのみ確保される」（chapeau）とした上で、原審の認定によれば、建物の再建築は不可能ということであるから、本件事案において、「損害を生じさせる行為と原因・結果の関係にある損害は、当該建物の再建築に要する費用である」とした。そして、破毀院は、Xには建物再築のために別の土地を取得する必要があったのに、原審はそれを考慮していないとして、これを破棄したのである）; Cass. 2ème civ. 18 janv. 1973, JCP., 1973, II, 17545, obs., M. A.（Xの運転する自動車とYの運転する自動

◆第2章◆ 対　象

車が衝突したという事案である（なお、本件事故の原因は全てYにあるものとされている）。原審は、原状回復に必要な全コストの賠償を命じ、このコストは市場価値を超えると判示した。Yからの上告につき、破毀院は、民法典1382条をビザとして、本文引用部分に続け、「毀損した物の原状回復の償還への権利は、代替価値を限度とする」と判示し、原審を破棄した）; Cass. 2ème civ., 19 nov. 1975, D., 1976, 137, note Philippe Le Tourneau（事案の概要は、以下の通りである。Aは、飛行機を運転中、電線を切断してしまった。そこで、フランス電力会社（X）は、チームを派遣してこれを修理し、それに要した費用等の支払いを、Aの保険会社であるYに求めた。この請求に対し、Yは、電線の原状回復のために必要な作業にかかるコストを除外して補償を支払う旨を通告した。これに対して、Xは、この申し出を拒絶し、損害賠償の支払いを求める訴訟を提起した。原審は、以下のように述べて、Xの請求を棄却した。Xは、修理チームを常に保有しており、その原因がどのようなものであっても、公的サービスを維持・確保するのが任務なのであるから、Xが負うべき負担を第三者に転嫁することは不公平であると言える。また、Xは、原状回復に必要な作業について特別の賃金を支払っていないのであるから、この点について何ら損害を被らなかった。Xからの上告に対し、破毀院は、民法典1382条をビザとして、本文引用部分に続け、「物に生じた損害の完全賠償は、物の原状回復費用の償還によってのみ確保され、被害者が自身もしくはその被用者によってこの原状回復を行ったという事情は、完全賠償への権利を減少させるものではない」と判示し、原審を破棄した）; Cass. 2ème civ., 4 fév. 1982, JCP., 1982, II, 19894, obs., J.-F. Barbièri（自動車事故のケースで、保険会社から一部（市場価値から残存物の価値を控除した額）の補償を受けた被害者が、それによって塡補されない部分の賠償の支払いを求めたという事案である。原審は原告の請求を棄却した。破毀院は、民法典1382条、民事訴訟法典455条、458条をビザとして、本文引用部分に続け、「物に生じた損害の完全賠償は、物の原状回復費用の償還、あるいは、その代替価値に相当する金銭の支払いによってのみ確保される。残存物の売買のリスクを、損害の完全賠償への権利を持つ被害者に負わせることはできないから、この点に関する当事者の合意がない限り、このリスクは、責任を負う者に負わせるべきである」と判示して、原審を破棄した）; etc.

(781)　その他、「完全賠償原則」に関わる重要な破毀院判決として、以下のものがある。Cass. req., 5 mars 1940, DH., 1940, 111（修理のため所有するトラックを引き渡したが、そのトラックが火災によって激しく毀損したという事案である。自動車の市場価値から残存部分の価値を控除したものを賠償額として認定した原審に対する上告につき、破毀院は、「損害を惹起した者が負う賠償は、完全なものでなければならないが、損害の総額を超えることはできない。自動車に生じた事故に関して、事実審の裁判官は、付与されうる賠償が、損害を被っていなければそうであったであろう状態にこの自動車の所有者を回復することを効果とすべきであり、従って、そこから残存する部分の価値を控除し、減失したトラックの価値に相当するものでなければならないと判示しているのであるから、損害賠償の範囲及び方法を評価する専権的な権限を行使したに過ぎない」と判示して、これを棄却した）; Cass. civ., 15 juill. 1943, D., 1944, 81 ; JCP., 1943, II, 2500, obs., G. Hubrecht（村の周囲を囲む壁が崩壊したために、それと接する形で建てられていたY夫妻所有の酒蔵が崩壊し、その結果、X夫妻の住居も崩壊してしまったという事案である。XのYに対する損害賠償請求訴訟では、YがX所有不動産の崩壊について責任を負うべきことを説いた上で、別の不動産によって容易に代替しうることを理由に、事故前における不動産の市場価値を基礎として賠償額を算定した。これに対して、Xが上告した。破毀院は、民法典1382条をビザに、「不法行為もしくは準不法行為の行為者は、自己のフォートによって生じさせた損害を完全に賠償する義務を負う。従って、損害を塡補するために必要な補償は、被害者の補償債権を確定する判決の日における損害の価値に基づいて、評価されなければならない」（chapeau）と判示し、判決日までに生じた全ての損害を考慮しなかった原審を破棄した）; Cass. civ., 21 oct. 1946, JCP., 1946, II, obs., P. L.-P.（事案の概要は、以下の通りである。Aは、運送人Bに対し、その価値を告げて、宝石が入った箱をCの元へ届けるよう依頼したが、箱はCの元に届かなかった。Bは、この箱を、Cが居住する不動産の管理人Dに届けていたが、管理人Dは、C宛ての荷物を受領する権限はなく、また、受け取った後も、箱を保管するのに十分な注意を払っていなかった。そこで、Cに対して補償を支払った保険会社Xは、荷受人Cの権利を代位して、Cが居住する不動産の所有者Yに対して、損害賠償を求める訴訟を提起した。原審は、民法典1384条5項に基づき、Yの責任を肯定したが、Aが、実際の宝石の価値は3万フランであるにもかかわらず、Bに1000フランであると告げていたことから、賠償額を1000フランに限定した。これに対して、Xが上告した。破毀院は、民法典1382条及び1383条をビザに、「法律が不法行為もしくは準不法行為の行為者に課している生じた損害についての民事上の賠償は、責任を負う者が犯したフォートもしくは懈怠の重大性がどのようなものであったとしても、被った損害の全て

第 2 節 ◆ 制限と完全

則」をビザとして判決を下す破毀院判例さえ存在しているのである(782)(783)。

───────

を包含しなければならない」(chapeau) のであり、「フォートの重大性を緩和する性質を持つ状況は、民事不法行為の被害者に支払われるべき賠償に影響を及ぼさない。原審を維持するために民法典1150条を援用することに意味はない。実際、契約時に予見された損害賠償への限定は、管理人が荷受人に対して犯した不法行為の賠償には適用されないのである」と判示し、原審を破毀した); Cass. civ., 26 oct. 1949, JCP., 1950, II, 5310, obs., Paul Esmain (事故で夫を亡くした妻が加害者に対して損害賠償の支払いを求めたという事案である。原審は、事故発生後に様々な出来事が生じており、全ての損害を賠償の対象とするならば、間接的で、予見不能、かつ、仮定的な損害を考慮することになってしまうとして、判決の時に被害者が得ていたであろう収入ではなく、事故当時の収入を基礎として賠償額を算定した。破毀院は、民法典1382条をビザとして、「不法行為もしくは準不法行為の行為者は、自己が生じさせた損害の完全賠償を義務付けられる。従って、損害を塡補するために必要な補償は、被害者の補償債権を確定する判決の日における損害の価値に基づいて、評価されなければならない」(chapeau) と判示し、「被った損害の賠償を得るという事故の被害者の権利が、損害が発生したときから存在するとしても、被害者にとって、もしくは、被害者が死亡した場合にはその承継人にとって、判決の時までに生じた一切の事情、とりわけ、この被害者が判決時に得ていたであろう収入を考慮して、この損害を評価しなければならないことに変わりはない」と述べて、原審を破毀した); Cass. 2ème civ., 20 déc. 1966, D., 1967, 669, note Max Le Roy (民法典1382条・1384条をビザとして、「損害を生じさせる行為の被害者に支払われるべき損害賠償は、被った損害の価値を完全にカバーするものでなければならない」と判示した判決である); etc.

(782) Cass. 2ème civ., 19 juin 2008, Gaz. Pal., 7-8 janv. 2009, 11, note Christophe Quézel-Ambrunaz (事案の概要は、以下の通りである。Xは、Aの運転する自動車と衝突し、負傷した。この事故の責任は全てAにあるものとされ、また、Xの労働能力喪失は25％と判断された。そこで、Xは、健康状態の悪化を理由に、Aの保険会社であるYに対し、損害賠償の支払いを求める訴訟を提起した。原審は、3％分の労働能力喪失について、労働不適合をもたらすものではないとして、被害者の職業的損害を8万3160ユーロに限定した上で、Yに対し、身体的損害の賠償として、60万6830ユーロの支払いを命じた。Xからの上告に対し、破毀院は、「損害の完全賠償の原則」をビザとして、「事実認定によれば、Xの労働能力の喪失は、その健康状態の悪化と直接的な関係があるにもかかわらず、上記のように判示しているのであるから、控訴院は、上記の原則に違反した」と判示し、原審を破毀した)

(783) このように、「完全賠償原則」は、フランス法上、ある種のドグマになっているとさえ言うことができるが、このことは、「完全賠償原則」が損害軽減義務の存在を否定するための1つの重要な論拠となっているからも、明らかとなる。Cf. Cass. 2ème civ., 19 juin 2003 (2 arrêts), Bull. civ. II, n°s 203 et 204 ; D., 2003, 2326, note Jean-Pascal Chazal ; D., 2004, somm., 1346, obs., Denis Mazeaud ; JCP., 2003, II, 10170, note Céline Castets-Renard ; JCP., 2004, I, 101, obs., Geneviève Viney ; Gaz. Pal., 2003, 3101, note Emmanuel Rosenfeld et Christophe Bouchez ; RTD civ., 2003, 716, obs., Patrice Jourdain ; Petites affiches, 17 oct. 2003, n° 208, 16, note Stéphan Reifegerste ; RJDA., 2004, 355, chr., Jean-Luc Aubert ; Defrénois, 2003, art. 37845, 1574, obs., Jean-Luc Aubert (第1事件は、交通事故の被害者Xが、その相手方であるYに対して、事故によって生じた身体的損害の賠償を求めたという事案に関するものである。原審は、Xが、神経科医と神経生理学医によって言語治療や心理療法を勧められていたにもかかわらず、それに従わなかったことを取り上げ、この治療拒絶が部分的に精神的な障害の永続化に寄与したとして、Xに支払われるべき賠償額を減額した。これに対して、破毀院は、民法典1382条をビザとして、「事故を起こした者は、損害を生じさせる結果の全てを賠償する義務を負う。被害者は、責任を負う者の利益において、その損害を軽減する義務を負わない」(chapeau) と述べ、「Xは医師によって勧められた医療行為に従う義務を負っていなかったのに、上記のように判断しているのであるから、原審は、上記のテクストに違反した」と判示している。第2事件の事案の概要は、以下の通りである。パン屋を経営していたX$_1$は、交通事故によって負傷した。そこで、X$_1$は、身体的な障害によって、6年余りの間、パン屋を営業することができなかったことによって被った損害の賠償の支払いを、その娘X$_2$は、繁盛しているパン屋を引き継ぐ機会を喪失したことによって被った損害の賠償の支払いを求めて、交通事故の加害者であるYに対し、訴訟を提起した。原審は、以下のように判断して、Xらの請求を棄却した。「X$_1$は、顧客を失い、設備も廃れてしまったのであるから、営業財産は、1990年3月まで利用されなかったことで、その全ての価値を失ったと主張するが、X$_1$は、第三者によって営業を続ける可能性を有していた。X$_1$が営業財産を破滅に向かわせておくこと

を選択したとすれば、その責任を事故の加害者に押し付けることはできない。また、営業財産の喪失は事故の結果ではないのであるから、X_2は、事故の加害者に対して、その賠償を請求することはできない」。これに対して、破毀院は、民法典1382条をビザとして、第1事件と同じシャポーを述べた後、「原審の認定したところによれば、X_1は、事故により、長きにわたって、全部もしくは一部の労働を行うことができず、X_1には、パン屋の営業再開を妨げるような後遺症が残ったというのであり、また、本件事故と援用されている損害との間に直接の因果関係が存在するにもかかわらず、上記のように判断しているのであるから、原審は、上記のテクストに違反した。よって、機会の喪失に関するX_2の請求棄却についても、取り消さなければならない」と判示した）。Cass. 1re civ., 3 mai 2006, D., 2006, IR., 1403, obs. Inès Gallmeister ; RTD civ., 2006, 562, obs. Patrice Jourdain（Cass. 2ème civ., 19 juin 2003 の第1事件と同じく、治療拒否に関する事案である）; Cass. 3ème civ., 19 mai 2009, RDC., 2010, 53, obs. Yves-Marie Lathier（仕事の依頼主が、期間内に建物が引き渡されなかったことを理由に、損害賠償の支払いを求めたという事案である。破毀院は、以下のように判示して、遅延賠償の支払いを命じた原審を維持した。原審は、「建築居住法典 L.231-6条3項の適用により、仕事を終了させる責めを負う者を指名する義務を負ったYが、X夫妻に対して、合理的な期間内に、為すべき手続きを行わなかった旨を非難しえないことを正確に認定した」のであるから、「Yが遅延賠償を負うことを正当に判示した」）。

もっとも、今日では、上記の諸判例のように、「完全賠償原則」を強調し、損害軽減義務の存在を絶対的に否定することには異論も多い。2003年6月19日の2つの破毀院判決に対する評釈のうち、Chazal, supra, pp.2327 et s.（「過度の補償：直接損害を超える賠償（L'ultra-indemnisation : une réparation au delà des préjudices directs）」との表題を付ける）; Mazeaud, supra, p.1347 ; Rosenfeld et Bouchez, supra, n° 4, pp.3102 et s.（「被害者主義のへつらった侵攻（Invasion rampante du victimisme）」、「被害者崇拝（culte victimaire）」との表現を使用する）は同判決に対し激しい批判を、Jourdain, supra, p.719 ; Viney, supra, p.20 ; Reifegerste, supra ; Aubert, supra は、より穏健的な批判を提起している。上記の判例も含め、損害軽減義務をめぐる議論の動向については、Faut-il moraliser le droit français de la réparation du dommage ?（À propos des dommages et intérêts punitifs et de l'obligation de minimiser son propre dommage）, Centre de droit des affaires et de gestion, Faculté de droit de Paris 5, le 21 mars 2002, Petites affiches, 20 nov. 2002, n° 232 所収の諸論稿のほか、Cf. Stéphan Reifegerste, Pour une obligation de minimiser le dommage, th. Paris I, préf. Horatia Muir Watt, PUAM., Aix-en-Provence, 2002 ; Jean-Luc Aubert, Quelques remarques sur l'obligation pour la victime de limiter les conséquences dommageables d'un fait générateur de responsabilité, in, Études offertes à Geneviève Viney, LGDJ, Paris, 2008, pp.55 et s. ; Olivier Deshayes, L'introduction de l'obligation de modérer son dommage en matière contractuelle - Rapport français, in, Les mutations du droit des contrats（Actes du colloque tenu à Rennes les 5 et 6 novemvre 2009）, RDC., 2010, pp.1139 et s. ; etc.

なお、このような議論の展開を受けて、その後、破毀院の判例も、幾分その態度を軟化させているようにも見受けられる。例えば、以下のような判例がある。Cass. 2ème civ., 22 janv. 2009, D., 2009, 1114, note Romain Loir ; Gaz. Pal., 25-26 mars 2009, 10, note Shaparak Saleh et Julie Spinelli ; Gaz. Pal., 10-11 juill. 2009, 6, note Aline Boyer ; RTD civ., 2009, 334, obs. Patrice Jourdain（事案の概要は、以下の通りである。Xは、レストランを営む会社の経営者であり、その株主である。Xは、1995年11月9日に暴行を受けた結果、1996年11月19日まで仕事を行うことができなくなってしまった。そのため、Xは、1996年7月8日に、本件会社の株を市場価値よりも低い価格で売却した。Xは、刑事裁判所の判決により、市場価値よりも低額で売却したことに関わる損害の賠償を認容され、その額は、693万7033ユーロと算定された。ところが、原審は、以下のような理由を挙げて、経済的損害の額を304万9245ユーロとした。すなわち、Xは、1996年9月20日から、客の迎え入れ、従業員の指揮等を行うため、レストランに居たというのであるから、株の売買は、考えられる唯一の方法ではなかった。また、Xには、より高い価格で株を売却するための時間があった。このような事実関係の下では、Xに、一定の責任を引き受けたと見るべきであり、賠償されるべき損害は、より良い条件で株式を売却する機会を喪失したことに関わるものだけである。Xからの上告に対し、破毀院は、民法典1382条をビザに、以下のように述べて、原審を破棄した。「事故を惹起した者は、損害を生じさせる結果の全てを賠償しなければならない」（chapeau）。「控訴院は、株の売買が合理的な措置であること、この売買と傷害との間に因果関係が存在することを認定しており、このことは、損害が低額で売却したこと（la moins-value）に存することを示しているにもかかわらず、上記のように判示しているのであるから、控訴院は、上記のテクストに違反した」。確かに、本判決は、これを文字通り読むならば、「完

◆ 第 2 節 ◆ 制限と完全

ところで、伝統的な通説は、契約不履行に基づく損害賠償を、不法行為に基づく

全賠償原則」を前提に、損害軽減義務を否定しているように見える。しかし、本判決は、破毀院民事第 2 部 2003 年 6 月 19 日判決とは異なり、明確な形で損害軽減義務を拒絶しているわけではないし、X が「合理的な措置」をとったという原審の事実認定を基礎ともしている。従って、本判決については、X には損害軽減義務が課せられているところ、ただ、本件事案においては、それが果たされているとの判断を示したものとして理解することも可能と言えるのである（Cf. Loir, supra, pp.1116 et s.))；Cass. 2ème civ., 24 nov. 2011, D., 2012, 141, note Hugues Adida-Canac ; JCP., 2012, 303, note Vincent Rebeyrol ; JCP., 2012, 861, chr., Philippe Stoffel-Munck ; RTD civ., 2012, 324, obs., Patrice Jourdain ; RDC., 2012, 437, obs., Suzanne Carval ; Resp. civ. et assur., 2012, comm. 34, note Sophie Hocquet-Berg（事案の概要は、以下の通りである。A は、Y との間で、トラクターについて自動車保険契約を締結した。この契約においては、「離婚も別居もしていない」配偶者 X も被保険者になるものとされていた。その後、A と X は離婚の手続きを開始し、裁判所で両者の別居が認められたので、Y は X に対して、被保険者としての資格を失った旨を通知した。そこで、X は、Y を相手取り、被保険者としての地位の維持と、保険がないためトラクターを利用することができなくなったことによって被った損害及び Y の濫用的な抵抗によって被った損害の賠償を求める訴訟を提起した。原審は、X が別の保険会社と契約を締結する可能性を有していた以上、Y の拒絶によってトラクターの利用を妨げられたことが立証されていないとして、X の請求を棄却した。これに対し、破毀院は、民法典 1147 条をビザに、「その財産的損害の悪化を生じさせた被保険者のフォートを性格付けることなく、上記のように判示しているのであるから、控訴院は上記のテクストに違反した」と判示している）

また、今日の債務法改正に関わる諸草案においては、いずれも、損害軽減義務の導入が企図されていることも、付言しておく必要があろう。

債務法及び時効法改正準備草案 1373 条「被害者が、確実で合理的かつ均衡のとれた方法により、その損害の範囲を減少させ、又はその悪化を回避する可能性を有していたときは、それらの方法が被害者の身体的完全性に侵害をもたらす性質のものである場合を除き、補償の減額によって、その回避が考慮される（原文は、Lorsque la victime avait la possibilité, par des moyens sûrs, raisonnables et proportionnés, de réduire l'étendue de son préjudice ou d'en éviter l'aggravation, il sera tenu compte de son abstention par une réduction de son indemnisation, sauf lorsque les mesures seraient de nature à porter atteinte à son intégrité physique.）」。

契約法改正の諸提案 121 条「債権者が、契約上の義務に違反し、不履行又はその損害を生じさせる結果に寄与したときは、不履行又はその結果に対する寄与に比例して減額された損害賠償についてしか権利を有さない（原文は、Le créancier qui, manquant à ses devoirs contractuels, a contribué à l'inexécution ou à ses conséquences dommageables, n'a droit qu'à des dommages et intérêts réduits à proportion de sa contribution à l'inexécution ou à ses conséquences.）」。

債権者が、その損害を回避し、緩和し、又は消滅させるのに適した、確実かつ合理的な方法をとらなかったときも、同様とする。債権者は、そのために合理的に支出した全ての費用の償還を受けることができる（原文は、Il en va de même si le créancier n'a point pris les mesures sûres et raisonnables, propres à l'éviter, à modérer ou à supprimer son préjudice. Le créancier sera remboursé de tous les frais raisonnablement engagés à cet effet.）」。

民事責任法改正の提案 53 条「人の身体的又は精神的完全性に対する侵害の場合を除き、原告が、その損害を限定するのに適した確実かつ合理的な方法をとらなかったときは、裁判官は、損害賠償を減額することができる（原文は、Sauf en cas d'atteinte à l'intégrité physique ou psychique de la personne, le juge pourra réduire les dommages et intérêts lorsque le demandeur n'aura pas pris les mesures sûres et raisonnables propres à limiter son préjudice.）」。

民事責任法案 1386-26 条「裁判官は、損害の内容、その価値に影響を与える全ての状況、及びその予見可能な展開を考慮して、判決を下す日に、損害を評価する（原文は、Le juge évalue le dommage au jour où il rend sa décision, en tenant compte de toutes les circonstances qui ont pu l'affecter dans sa consistance comme dans sa valeur, ainsi que de son évolution prévisible.）」。

裁判官は、被害者が、確実で合理的かつ均衡のとれた方法により、身体的ではない損害の範囲を減少させ、又はその悪化を回避する可能性を有していたときは、これを考慮する（原文は、Il prend également en compte la possibilité qu'avait la victime, par des moyens sûrs, raisonnables et proportionnés, de réduire l'étendue de son dommage non corporel ou d'en éviter l'aggravation.）」。

◆第2章◆ 対　象

損害賠償と同じ性質を有する責任制度として捉えているのであるから、前者の領域においても、債務者が支払うべき損害賠償には、債権者が被った損害の全てが含まれなければならない。すなわち、フランス法においては、「責任の基礎がどのようなものであっても、責任を負う者は、生じさせた損害を完全に賠償しなければならない」というのが、原則としての地位を占めているのである[784]。

　もっとも、ここで言う「完全賠償原則」は、責任原因（「責任を生じさせる行為ないし所為」）と事実的因果関係に立つ損害の全てが賠償の対象になるという、日本法で一般的に用いられている意味での完全賠償原則とは異なることに注意しなければならない。というのは、フランスの一般的見解においては、賠償されるべき損害を確定する要件レベルの問題として、損害の直接性が要求されているからである[785]。従って、上記のような内容を持つ原則については、誤解を避けるために、これを「全額賠償原則」と呼ぶのが適切であるとも言える[786]。しかし、以下の叙述からも明らかとなるように、民法典1150条の存在理由をめぐる議論の意味を正確に把握するためには、「完全賠償原則」と表現しておくことが必要不可欠となる。そこで、責任原因と事実的因果関係に立つ損害の全てが賠償の対象になるという意味で用いるわけではないとの留保を付けた上で、以下では、フランスにおける上記の原則を括弧つきで「完全賠償」あるいは「完全賠償原則」と表現することにしよう。

　このように、フランス民事責任法において「完全賠償」が原則であるとするならば、契約不履行に基づく損害賠償の範囲を予見可能性によって画そうとする民法典1150条は、「完全賠償原則」に対する例外、すなわち、不法行為における行為者との関連で見た場合には、契約債務者への優遇を定めたテクストということになる[787]。そうすると、条文上、契約不履行に基づく損害賠償に対してのみ設けられている例外を何らかの形で正当化する必要に迫られる。ここにおいて、本款の検討対象である、民法典1150条の意義、存在理由をめぐる議論が、大きな意味を持つことになる

----

(784) Viney, supra note 19, n° 172, p.452.
(785) Henri et Léon Mazeaud et Jean Mazeaud, Traité théorique et pratique de la responsabilité civile délictuelle et contractuelle, t.II, 6ème éd., Montchrestien, Paris, 1970, n°s 1666 et s., pp.781 et s.; Viney et Jourdain, supra note 31, n°s 333 et s., pp.153 et s.; etc.
(786) 加藤・前掲注(778)405頁・注(48)の指摘を参照。
(787) この点を明確に述べるものとして、Demogue, supra note 266, n° 1234, pp.529 et s.（民法典1150条の基礎には、契約債務者は不法行為者よりも保護に値するとの考え方がある）; Id., Traité des obligations en général, t.6, Effets des obligations, Arthur Rousseau, Paris, 1931, n° 274, p.308（「善意の場合における責任の限定は、とりわけ、債権者に全ての安全を与えないことを覚悟した上で、債務者に負担をかけ過ぎないようにしようとする願望に基づくものである」）; Colin et Capitant, supra note 241, n° 104, p.96; Planiol et Ripert, supra note 715, n° 863, p.193（民法典1150条は、契約債務者に予期せぬ負担を課さないようにするために設けられた特権である）et n° 865, p.197（民法典1150条は、善意の債務者に対する優遇である）; Ripert et Boulanger, supra note 241, n° 747, p.261（債務者には予見可能な損害のみを負担させるというのが、衡平に適う）; H. et L. Mazeaud, J. Mazeaud et Chabas, supra note 779, n° 2374, p.725 et n° 2375, p.730（契約債務者に対する優遇の状況）; Malaurie, Aynès et Stoffel-Munck, supra note 35, n° 964, p.519; etc.

のである[788]。

　以上が、フランスの学説における一般的な問題関心である。これに対して、一部の学説は、賠償されるべき損害が確定されると、それは全て賠償されることになるのであるから、結局、契約不履行に基づく損害賠償の領域においても、「完全賠償原則」が妥当すると説いている[789]。つまり、民法典1150条を、「完全賠償原則」に対する例外を定めたテクストなどではなく、賠償されるべき損害の確定というレベルにおいて、2つの責任制度に差異を設けたテクストとして読むのである。もっとも、この見解と伝統的理解とでは、民法典1150条をどのレベルの規定として位置付けるのか、また、その結果として、「完全賠償原則」の中にどのような意味を込めるのかという点の理解に相違があるに過ぎず、前者の読み方をした場合であっても、先に述べた問題関心は等しく妥当することに注意が必要である。というのは、契約不履行に基づく損害賠償と不法行為に基づく損害賠償を、同一の性質を有する2つの責任制度として理解するならば、伝統的理解の下では、賠償の範囲が異なる理由を説明しなければならないが、これと同じように、この見解においても、賠償されるべき損害の範囲が異なる理由を明らかにしなければならないからである。

　これまでの記述によって、本款において行う検討の問題関心が明確になったように思われる。以下では、まず、伝統的通説が民法典1150条にどのような意味付けを与えてきたのかという問いを解明していくことにしよう。

(1)「完全賠償原則」に対する例外の正当化
　最も古典的で、かつ、現在においても通説としての地位を維持している根拠は、契約当事者の意思である。その論理は、単純かつ明快である。すなわち、「契約締結時に予見され、もしくは、予見することのできた損害のみに賠償を限定することは、容易に正当化されうる。契約において、債務は、契約当事者の意思に基礎を置いている。ところで、この意思は、それ自体、為すことのできた予見によって確定される。債務者は、予見しえたことを超えて債務を負うことはできない。また、債務は、履行されないときであっても、それを生じさせた意思の合致に結び付いている。この合致は、為されるべきことを確定し、更には、賠償されるべき損害の範囲を画する。従って、契約領域の中に入らない損害は賠償されえないのである。それを超えて賠償するならば、信義誠実に反することになるからである」[790]。つまり、契約債務の基礎となる当事者意思は、予見を前提としているところ、この意思は、単に、契約債務のレベルだけでなく、不履行によって生ずる結果をも支配しているのであ

---
(788) 民法典1150条に関する伝統的な議論を概観するには、少し古いが、Souleau, supra note 46 が有益である。また、Cf. Roujou de Boubée, supra note 48, pp. 299 et s. ; Laithier, supra note 21, n°s 90 et s., pp. 129 et s. ; etc.
(789) Coutant-Lapalus, supra note 779, n°s 100 et s., pp. 105 et s. ; etc.
(790) Starck, Roland et Boyer, supra note 268, n° 1671, p. 581.

◆第2章◆ 対　象

るから、契約不履行に基づく損害賠償の範囲も、契約締結時の予見可能性によって画されると理解するのである[791]。このような理解によれば、民法典1150条は、意思自治の原則を民事責任法の中に持ち込んだ唯一のテクストということになり[792]、2つの責任制度における賠償範囲の相違も、契約領域においてのみ妥当する意思自治の原則によって正当化されることになる。

　このような理解を、フランスの伝統的通説が前提としている賠償モデルの考え方、そして、第1章において検討した契約不履行に基づく損害賠償の性質論との関連で捉えるならば[793]、以下のような形で定式化することができよう。

　すなわち、フランスの一般的な理解によれば、契約不履行に基づく損害賠償は、契約から生じた債務とは法的に別個の存在であり、フォートを原因として新たに発生する債務である。従って、伝統的理解が民法典1150条の正当化というコンテクストで援用している契約当事者の意思は、契約締結に際し契約債務の発生原因として要求されている意思とは無関係であると言わなければならない。もちろん、観念的な存在としての意思は1つであると言うことは可能であるが、契約ないし契約債務と契約不履行に基づく損害賠償が法的に別の存在である以上、あくまでも、契約ないし契約債務それ自体に関わる意思と契約不履行に基づく損害賠償に関する意思とを、区別して観念しなければならないのである。かくして、ここでは、契約締結時における2つの異なるレベルに属する当事者意思（契約それ自体を規律する意思と損害賠償の範囲を規律する意思）が観念されていることが分かる。そして、一方の意

---

(791) ここでは、近時の代表的な教科書・体系書のみを掲げておこう。H. et L. Mazeaud, J. Mazeaud et Chabas, supra note 19, n° 629, p.748 ; Starck, Roland et Boyer, supra note 268, n° 1671, pp.580 et s. ; Carbonnier, supra note 52, n° 157, p.302 ; Terré, Simler et Lequette, supra note 55, n° 563, p.568 ; Malinvaud et Fenouillet, supra note 203, n°s 746 et s., pp.577 et s. ; Aubert, Flour et Savaux, supra note 66, n° 218, p.192 ; Bénabent, supra note 203, n° 415, p.300 ; Larroumet, supra note 24, n° 657, p.732 ; Malaurie, Aynès et Stoffel-Munck, supra note 35, n° 964, p.519 ; Delebecque et Pansier, supra note 256, n° 501, p.300 ; Fabre-Magnan, supra note 262, n° 246, p.638 ; Fages, supra note 203, n° 396, pp.313 et s. ; Radé, supra note 477, n° 20, pp.7 et s. ; Id., supra note 268, pp.62 et s.（主観的な考慮としての当事者意思のほかに、客観的考慮としての契約の目的（l'objet）を挙げる）; etc.

　また、20世紀に刊行されたテーズ及び論文の中で、賠償モデルを前提としながら、当事者意思により民法典1150条を基礎付ける立場を明確に示しているものとして、Ripert, supra note 779, n° 162, pp.182 et s. ; Van Ryn, supra note 27, n° 42, p.56（契約債務は、当事者による共通意思の作品であり、当事者は、同意した範囲においてのみ義務付けられる。民法典1150条は、このような当事者意思に関する解釈規範の適用に過ぎないのである）; Souleau, supra note 46（ただし、Cf. Infra note 792）; Yves Chartier, La réparation du préjudice dans la responsabilité civile, Dalloz, Paris, 1983, n° 61, pp.84 et s.（まず、スローによる信義誠実の原則を用いた説明について、民法典1150条に無関係な概念を結合させ、その射程を変容させてしまっていると批判し、次いで、同じくスローが援用する契約正義に関して、それだけでは、予見不可能な結果を債権者に負担させることの理由とはならないと指摘した上で、最も優れた説明は、当事者意思であると説く）; Courtiau, supra note 21, n°s 644 et s., pp.397 et s.（民法典1150条は、契約法の基本原則を責任法のレベルで尊重したテクストである）

(792) Souleau, supra note 46, n° 460, p.465. ただし、スローは、民法典1150条の正当化根拠として、契約当事者の意思だけではなく、信義誠実の原則と契約正義を援用している。

(793) 第1章・第2節・第1款・第1項150頁以下を参照。

思は、債務発生原因であると同時にその範囲をも支配する存在として理解されているが、他方の意思、つまり、契約不履行に基づく損害賠償に関わる意思は、その範囲のみを規律し、損害賠償債務の発生原因とはなりえないものとして捉えられているのである(794)。

しかしながら、民法典1150条の当事者意思による正当化に対しては、有力な批判も存在する。本節の問題関心との関連で重要なのは、以下の2点である。

第1に、予見の評価方法に関わる批判である。契約締結時における当事者の意思を問題にするのであれば、ここで言う予見は、主観的・具体的に評価されるのが論理的である。しかし、一般的な見解によれば、ここでは、当事者が予見したかどうか、予見することができたかどうかではなく、通常人が合理的に見て予見することができたかどうかが問われている(795)(796)。そうであるならば、民法典1150条の基礎を、契約当事者の意思に求めることはできない(797)。当事者意思による正当化では、債務者が心理的・主観的に予見することなく損害賠償の支払いを義務付けられるという事態を説明することができないというわけである。

第2に、契約法の発展という視角からの批判である。今日におけるフランス民事責任法の代表的論者であるジュヌヴィエーヴ・ヴィネとパトリス・ジュルダンは、この点に関して、以下のように述べている。すなわち、民法典の起草当時、1150条は、民法典の起草者が契約のアルファでありオメガとすることを望んでいた個人意思の責任段階における支配を表現するものであったように思われる。従って、民法典「1150条が民法典起草者の採用した契約の意思主義的な構想の中にあるというのは正しい。しかし、そこから、同条は契約概念の必然的な帰結であると言うのは、大げさであるように思われる。実際、契約の尊重を危険に曝すことなく同条が消滅するという事態は、十分に考えられるのである」。「確実であるように思われるのは、

---

(794) 後に言及するように、19世紀の学説も、民法典1150条の正当化のために、契約当事者の意思を援用していたが、そこでは、契約不履行に基づく損害賠償をフォートによって新たに発生する債務として捉える構想は存在していなかったから、当事者意思に与えられている意味内容は、本文で述べた見解とは大きく異なっていた。(1) の冒頭で、本文の見解を「最も古典的」と形容したが、これは、賠償モデルを基礎とした諸説の中で最も古典的な見解という意味である。

(795) Henri Lalou, Traité pratique de la responsabilité civile, 5ème éd., Dalloz, Paris, 1955, n° 495, pp.387 et s.; H. et L. Mazeaud, J. Mazeaud et Chabas, supra note 779, n° 2381-2, pp.736 et s.; Philippe Le Tourneau, La responsabilité civile, 2ème éd., Dalloz, Paris, 1976, n° 264, p.101; Id., supra note 20, n° 1041, p.402; H. et L. Mazeaud, J. Mazeaud et Chabas, supra note 19, n° 629, pp.748 et s.; Starck, Roland et Boyer, supra note 268, n°s 1668 et s., pp.579 et s.; Viney et Jourdain, supra note 47, n° 325, pp.715 et s.; Radé, supra note 268, p.76; Carbonnier, supra note 52, n° 160, p.307; Aubert, Flour et Savaux, supra note 66, n° 218, p.192; Bénabent, supra note 203, n° 415, p.300; Malaurie, Aynès et Stoffel-Munck, supra note 35, n° 964, p.519; etc.

(796) このような状況を踏まえて、債務法改正の諸草案・諸提案における賠償範囲確定ルールに関するテクストの中でも、予見可能性の前に、「合理的」という文言が付加されるに至っている。債務法及び時効法改正準備草案1366条、契約法改正の諸提案118条、民事責任法案1386-16条。

(797) Cf. Roujou de Boubée, supra note 48, pp.304 et s.; Laithier, supra note 21 n° 93, pp.132 et s.

◆第2章◆ 対　象

1150条が、19世紀の前半に支配的であった個人意思の崇拝とは完全に調和するが、契約当事者の意思との関係において、この絶対的な従属性を放棄した現代における契約の構想とは調和しないということである」(798)。従って、今日においては、もはや、民法典1150条を、不法行為に基づく損害賠償との関連で、契約不履行に基づく損害賠償の特殊性を示すテクストとして把握することはできないのである。

　もっとも、第2の批判については、（それぞれ異なるレベルに属するものであるが）以下の2点において留保が必要である。

　まず、後に述べるように、民法典起草者が、民法典1150条の正当化根拠として、今日における通説と同じような意味での意思を援用していたという理解は、必ずしも正確ではない。同条は、ロベール・ジョセフ・ポティエの理論を採用したものであるが、そこでは、契約不履行に基づく損害賠償を契約の実現手段として捉える構想が基礎とされていたのであり、そうであるならば、伝統的通説のように、契約不履行に基づく損害賠償に関わる意思を観念する必要は存在しなかったはずだからである。従って、仮に民法典起草者が契約の主意主義的構想を前提としていたという歴史認識が正当であるとしても、彼らが、契約不履行に基づく損害賠償の範囲について、意思に依存しない正当化を試みていたとすれば、民法典1150条を、意思への絶対的な従属性が支配していた時代の産物として評価し、その無力さを導くことはできないのである(799)。

　次に、今日においては、フランス法における意思自治理論の展開過程(800)、とりわけ、民法典起草者が、真の意味での意思自治の原則を確立していたとか、あるいは、

---

(798)　Viney et Jourdain, supra note 47, n° 331, pp.722 et s.
(799)　この点についての詳細は、本款・第2項319頁以下を参照。
(800)　フランスにおける意思自治の原則とその現状につき、山口俊夫「フランス法における意思自治理論とその現代的変容」法学協会編『法学協会百周年記念論文集 第3巻 民事法』（有斐閣・1983年）211頁以下、同「フランス法における意思自治・契約自由の原則について」比研47号（1985年）204頁以下、北村一郎「私法上の契約と「意思自律の原理」」『岩波講座 基本法学4 契約』（岩波書店・1983年）165頁以下、星野英一「契約思想・契約法の歴史と比較法」同『民法論集 第6巻』（有斐閣・1985年）201頁以下〔初出・1983年〕、上井長久「フランス法における意思自律論」明治大学社会科学研究所紀要36巻1号（1997年）55頁以下、坂本武憲「「意思自律の原則」についての一考察──フランスのグノオ学説とカント哲学の関係を中心に」星野英一先生古稀祝賀『日本民法学の形成と課題 上』（有斐閣・1996年）467頁以下、金山直樹「フランスにおける契約自由の原則の誕生──結婚と離婚も踏まえて」同『法典という近代：装置としての法』（勁草書房・2011年）207頁以下〔初出・2004年〕等を、契約領域における自由主義学説に対する批判と、連帯主義学説を代表とする近時の契約理論の動向につき、金山直樹「フランス契約法の最前線──連帯主義の動向をめぐって」野村豊弘先生還暦記念論文集『21世紀 判例契約法の最前線』（判例タイムズ社・2006年）547頁以下〔初出・2005年〕、森田宏樹「契約」北村一郎編『フランス民法典の200年』（有斐閣・2006年）304頁以下、大村敦志『学術としての民法I 20世紀フランス民法学から』（東京大学出版会・2009年）38頁以下・169頁以下、森田修「フランスにおける「契約のエコノミー」論の展開」法協127巻10号（2010年）168頁以下を参照（また、森田修「Pimontの「契約のエコノミー」論（1）（2・完）──契約規範の形態原理をめぐる近時フランス法理論の一斑」法協127巻1号（2010年）124頁以下、9号151頁以下も参照）。また、ドゥニ・マゾー（金山直樹＝幡野弘樹訳）「現代フランスにおける契約法の発展」ジュリ1303号（2005年）74頁以下、ローラン・エネス（平野裕之訳）「契約自由について」慶應法学3号（2005年）61頁以下も参照。

意思という要素に基礎を置いた法典を作り上げたという理解に対して、大きな疑問が提示されている[801]。そもそも、意思自治の原則自体、19世紀後半に至ってようやく、かつ、意思への依存を批判するために定立されたものに過ぎないと言うのである[802]。従って、仮に、1804年当時のフランスにおいて意思主義の原理が法の世界を席巻していたとの歴史認識が正当でないとするならば、民法典起草者が1150条の正当化原理として意思を援用していたという理解も、その基礎を欠くことになろう。かくして、このような視角から見た場合にも、民法典1150条を意思に結び付けて理解する構想に歴史的な基礎を与えることは困難であると言わなければならないのである。

　以上に一瞥したところからは、民法典起草者が当事者意思の視点を前面に押し出して民法典1150条を起草したというわけではないこと、同条については意思に依存しない形で正当化を行う可能性も開かれていること、従って、意思自治が衰退し、契約の基本原理として意思以外の要素が強調されるようになっているとしても、そこから、直ちに民法典1150条の衰退を導きえないことが[803]、明らかとなる。とはいえ、上記の指摘から言えることは、この限度に止まる。先に引用したヴィネ＝ジュルダンによる批判のうち、意思による民法典1150条の説明は「契約当事者の意思との関係において、この絶対的な従属性を放棄した現代における契約の構想とは調和しない」という部分は、伝統的通説に対するものとしては、なお意味を持ち続けているのである。

　そして、本書の問題意識から見ると、こうした批判は、更に以下のような疑問を呼び起こす契機ともなる。そもそも、予見可能性による賠償範囲確定ルールを契約締結時の当事者意思によって根拠付ける手法は、契約法が当事者意思との距離を置き始めた時代に生まれた。一方で、19世紀末から20世紀初頭に、契約不履行に基づく損害賠償の基本原理が履行モデルから賠償モデルへと変化したことを原因とし

(801) クサヴィエ・マルタン (Xavier Marin)、アルフォンソ・ビュルゲ (Alfonso Bürge) が、その代表的論者である。Cf. Xavier Martin, Nature humaine et Révolution française ; du siècle des lumières au Code Napoléon, 2ème éd., Dominique Martin Morin, 2002 ; Id., Mythologie du Code Napoléon : Aux soubassements de la France moderne, Dominique Martin Morin, 2003 (Esp., l'individualisme libéral en France autour de 1800 : Essai de spectroscopie, Rev. hist. fac. dr., 1987, pp.87 et s.) ; Alfonso Bürge, Le code civil et son évolution vers un droit imprégné d'individualisme liberal, RTD civ., 2000, pp.1 et s. ; etc. また、マルタンの手になる日本語の文献として、クザヴィエ・マルタン (野上義博訳)「ナポレオン法典の神話」名城40巻1号 (1990年) 1頁以下、同 (金山直樹訳)「自由・平等・博愛——フランス革命神話の再検討」姫路8号 (1991年) 141頁以下、同「ナポレオン法典の神話」石井三記編『コード・シヴィルの200年』(創文社・2007年) 143頁以下がある。
(802) ベロニク・ラヌーイ (Véronique Ranouil) のテーズの主題である。Véronique Ranouil, L'autonomie de la volonté, naissance et évolution d'un concept, th. Paris II, préf. J.-P. Lévy, PUF., Paris, 1980. 同テーズの紹介として、安井宏「ベロニック・ラヌユイ『意思自治——ある概念の誕生と発展』(紹介)」同『法律行為・約款論の現代的展開——フランス法と日本法の比較研究』(法律文化社・1995年) 178頁以下 [初出・1985年] がある。
(803) 最後の点について、Cf. Laithier, supra note 21, n° 97, p.138.

◆第2章◆ 対　象

て、民法典 1150 条の正当化理由として援用されてきた意思の意味内容も変わり、同条の規範は、より直接的な形で当事者意思に依存することになった。他方、この時代には、レイモン・サレイユやエマニュエル・グノー（Emmanuel Gounot）の意思自治批判[804]、ルネ・ドゥモーグに代表される契約連帯主義の台頭によって[805][806]、意思を基軸とした契約法理論が検討に付され、また、契約当事者の意思解釈ではなく、民法典 1135 条[807]を基礎として、安全債務、情報債務等の法理が展開していった[808]。つまり、契約法における意思の役割が相対的に低下したのと時期を同じくして、民法典 1150 条の意思による正当化が発展したのである。このような学説史的系譜は、些か奇妙な現象と言うべきではないか。

　更に、本書の主題である契約不履行に基づく損害賠償の理論枠組みという視点を織り交ぜるならば、以下のように言うこともできよう[809]。伝統的通説は、契約不履行に基づく損害賠償の基礎ないし発生原因として、「責任を生じさせる行為ないし所為」であるフォートを観念しており、日本の有力学説のように、契約ないし契約上の意思にその基礎を求めることはしていない[810]。つまり、契約不履行に基づく損害賠償の成立というレベルでは、フォートという法律事実による基礎付けが採用されており、意思による正当化は、あくまでも契約不履行に基づく損害賠償の範囲というレベルに限定されているのである。しかし、翻って、何故に、効果を検討する前提となるはずの成立の局面に当事者意思の支配が及ばないのか。あるいは、反対の視点から言えば、何故に、効果についてのみ意思による拘束が及ぶのか。フォートを基礎として発生する債務の範囲が、あらゆるケースにおいて、例外なく、それとは法的に別個の存在である契約債務の基礎＝意思によって規律されるという

---

(804) Raymond Saleilles, De la déclaration de volonté : contribution à l'étude de l'acte juridique dans le Code civil allemand, F. Pichon, Paris, 1901 : Emmanuel Gounot, Le principe de l'autonomie de la volonté en droit privé : Contribution à l'étude critique de l'individualisme juridique, th. Dijon, Arthur Rousseau, Paris, 1912.
(805) ドゥモーグによる契約の小宇宙という例えは、余りにも有名である。なお、ここでは、ドゥモーグが民法典 1150 条を連帯主義の思想に結び付けて捉えていることに注目しておくべきであろう。René Demogue, Les notions fondamentales du droit privé : Essai critique, 1911, réimp., La Mémoire du Droit, Paris, 2001, p.162.
(806) フランスにおける連帯主義の生成について、Cf. Philippe Rémy, La genèse du solidarisme, in, Le solidarisme contractuel, sous la direction de Luc Grynbaum et Marc Nicod, Economica, Paris, 2004, pp.3 et s. また、私法学における連帯主義の生成・展開について、Cf. Christophe Jamin, Plaidoyer pour le solidarisme contractuelle, in, Études offertes à Jacques Ghestin, Le contrat au début du XXI siècle, LGDJ., Paris, 2001, pp.441 et s.
(807) フランス民法典 1135 条「合意は、そこに表明されることだけでなく、債務の性質に従って、衡平、慣習又は法律がそれに与える全ての結果についても、義務を負わせる（原文は、Les conventions obligent non seulement à ce qui est exprimé, mais encore à toutes les suites que l'équité, l'usage ou la loi donnent à l'obligation d'après sa nature.）」。
(808) これらの点については、第 2 部・第 1 章・第 2 節・第 1 款・第 1 項 462 頁以下も参照。
(809) 以下の叙述は、伝統的通説の理解を筆者の問題関心から検討したものであり、フランスでそのような分析が一般的になされているという趣旨のものではない。
(810) この点については、第 1 章・第 1 節・第 1 款・第 1 項 81 頁以下、同節・第 2 款・第 1 項 132 頁以下を参照。

のは、不自然ではないか。従って、こうした視点から見た場合にも、フランスにおける伝統的通説の議論は、奇妙なものとして映るのである。

　かくして、先に引用したフランスで展開されている批判のみならず、これらの疑問が提起されうることから見ても、予見可能性による賠償範囲確定ルールと契約意思を直接的に結び付ける解釈は、その正当性の基礎を失っていると評価すべきなのである。

　このような状況の下、一部の学説は、意思自治による正当化に代えて、あるいは、それとともに、取引促進の必要性という視角から、民法典1150条の存在意義を基礎付けようとしている[811]。ヴィネ＝ジュルダンは、先に引用した意思テーゼに対する批判に続けて、以下のような議論を展開する。すなわち、あるいは、民法典1150条を消滅させれば不履行に対するサンクションが強化されるから、これによって、契約の機能も強化されると考えることも可能である。また、債務者側から見れば、予見不能な損害の賠償を負担させられることは契約の均衡を害すると言えるかもしれないが、同条を債権者側から見た場合には、自己のフォートに基づかないにもかかわらず全ての賠償を受けられないということを意味するから、契約の均衡が害されていると言うこともできる。いずれにしても、ここでは、どちらの当事者が不履行のリスクを負担するのかという点が、問題になっているのである[812]。ところで、今日、行為者が責任を負うべき領域とその範囲は、増加の一途を辿っている。およそあらゆる場面で責任が問題になるといっても過言ではない。従って、仮に契約領域においても「完全賠償原則」が妥当するというのであれば、取引活動は大きく抑制されてしまうし、個人の活動やイニシァチブも大いに妨げられる恐れがある。ここに、民法典1150条の存在理由を見出すことができる。すなわち、損害賠償の範囲を予見可能性によって画そうとする民法典「1150条は、契約上の損害賠償を司法上緩和するという政策を基礎付けるための理想的な手段」として位置付けられるのである。かつて、民法典1150条には、当事者意思の尊重という崇高な使命が与えられていた。もっとも、契約法における意思の衰退によって、この使命を果たすことには、もはや何らの価値も認められなくなった。しかし、このテクストそれ自体がその役割を終えたというわけではない。今日、民法典1150条は、賠償の緩和という政策を実現するための手段として、新たな息吹を吹き込まれるのである[813]。

　もっとも、取引の促進という視角からの正当化については、以下の3点を指摘しておかなければならない。

　第1に、英米法における議論、とりわけ、法と経済学における分析成果を踏まえ

---

(811) Roujou de Boubée, supra note 48, pp. 301 et s.（民法典1150条を個人意思の尊重と取引促進の必要性によって基礎付ける）; Viney et Jourdain, supra note 47, n° 333, pp. 725 et s.; etc.
(812) Viney et Jourdain, supra note 47, n° 331, pp. 722 et s.
(813) Viney et Jourdain, supra note 47, n° 333, pp. 725 et s.

て、このような「マクロな」レベルでの経済的論拠は民法典1150条の正当化根拠となりえないとの批判がなされていることである[814]。イヴ・マリ・レティエは、以下のように指摘する。すなわち、確かに、専門家あるいは職業的な債務者の責任の重大化は、20世紀の間、取引活動に何らかの影響を及ぼしてきたと言えるのかもしれない。しかし、仮に賠償範囲の限定が債務者側の取引意欲を促進させるものであるとしても、債権者側から見れば、このことは、その期待が部分的にしか保護されないことを意味するから、取引を断念させる方向に作用する。従って、これらの理由付けは、純粋な憶測、可能性の1つに過ぎず、法的な基礎とはなりえないのである[815]。

　第2に、仮に取引の促進という視点が、契約不履行に基づく損害賠償の範囲を制限する論拠となりえたとしても、それだけでは、民法典1150条が賠償範囲の限定を予見可能性によって実現しようとしている理由を説明したことにはならないということである。そもそも、損害賠償の範囲を限定する政策は様々なルールによって実現されうるはずであるから、その規範の内容は一義的に定まるものではない。それにもかかわらず、民法典1150条が予見可能性を中核とする賠償範囲確定ルールを定めたことには、どのような意味が存するのか。先に引用したヴィネ＝ジュルダンの理由付けでは、この点を明らかにすることができないのである。このように見ると、マリ・エヴ・ルジュー・ドゥ・ブーベ（Marie-Ève Roujou de Boubée）が、民法典1150条の基礎として、取引促進の必要性に加え、当事者意思という伝統的な考え方を援用していることには[816]、大きな意味が存することが分かる。というのは、こ

---

(814) Laithier, supra note 21, n° 94, pp.134 et s.

(815) レティエは、本文のように述べた後、「ミクロな」レベルでの経済的議論によって、民法典1150条を基礎付けることは可能であると述べている（Laithier, supra note 21, n° 94, pp.135 et s.）。レティエは言う。「仮に、この規範が経済的観点から基礎付けられるとすれば、それは、いわゆる取引活動全体への効果によるものではなく、同規範が当事者間における実効的なリスク分配を可能にするからである」。その上で、レティエは、法と経済学の泰斗リチャード・アラン・ポズナー（Richard Allen Posner）の例を援用しつつ（カメラマンが、飛行機をチャーターし、ヒマラヤ山脈の上空から写真を撮影して、現像のためフィルムをラボラトリーに送ったが、このフィルムが滅失してしまったという例である）、以下のように説く。「損害のリスクが当事者の一方だけに知られている場合、この当事者は、アプリオリにそれを負担し、自身で注意を尽くさなければならない。これに対して、契約相手方が、損害を防ぐのにより適した地位にいるときには、この当事者が、それに注意し、リスクを移転させるためのコストを支払わなければならない。これが、民法典1150条の「法の理性（latio legis）である。つまり、このテクストは、債権者に対し、損害を軽減する「前もっての」義務を負担させているのである」（先の例については、仮にラボラトリーの契約責任が制限されないとすれば、カメラマンは、フィルムの滅失に関わる損害を回避するために何ら注意を尽そうとはしないが、それが制限されているのであれば、彼は、複数のフィルムを使用するとか、ラボラトリーに警告を与える等の策を講ずることになるはずであると言う）。

　しかしながら、レティエ自身も認めているように、これは、法的な基礎付けではない。民法典1150条の存在理由を法的に正当化するためには、本書の問題関心から言えば、前提とする契約不履行に基づく損害賠償の原理との関連で、同条が損害賠償の範囲を制限している理由を明らかにしなければならないのである。

(816) Roujou de Boubée, supra note 48, pp.301 et s.

の見解は、取引安全の視点から賠償範囲の限定という政策的な側面を正当化し、当事者意思の観点から予見可能性による限定という規範的な側面を説明するものと見ることができるからである[817]。

　第 3 に、取引促進の必要性によって民法典 1150 条の存在意義を基礎付けようとする学説が、同条に対して、積極的な位置付けを与えているわけではないということである。これらの学説は、上記のような正当化論拠を展開する前提として、比較法的に見れば、予見可能性によって契約不履行に基づく損害賠償の範囲を限定しようとする立法が少数派に属すること、判例上、民法典 1150 条が問題となる事例が相対的に少ないことを指摘する[818]。その上で、規範の基礎を考察する際には、これらの動向、つまり、民法典 1150 条によって確立された原則の適用領域が、今日、相対的に限定されていることを、考慮しなければならないと説くのである[819]。結局、この見解は、民法典 1150 条の射程を著しく限定し、その範囲内においてのみ、同条の存在意義を認めようとするものにほかならないと言えよう。そして、ヴィネ＝ジュルダンが、民法典 1150 条の規範的側面である予見可能性ルールの基礎付けをしていないのも、まさに、このような同条に対する消極的評価に由来するものと理解することができるのである[820]。

---

(817) この見解によれば、予見可能性の評価が抽象的に行われていることも、取引促進の視点から説明することができる。Cf. Roujou de Boubée, supra note 48, pp.305 et s.

(818) Cf. Roujou de Boubée, supra note 48, pp.309 et s. ; Viney et Jourdain, supra note 47, n° 319, pp.706 et s. ; Patrice Jourdain, Les dommages-intérêts alloués par le juge, Rapport français, in, Les sanctions de l'inexécution des obligations contractuelles, Études de droit comparé, sous la direction de Marcel Fontaine et Geneviève Viney, Bibliothèque de la faculté de droit de l'université Catholique de Louvain, XXXII, Bruylant, Bruxelles, LGDJ., Paris, 2001, n° 19, pp.282 et s. また、Cf. Chartier, supra note 791, n° 60, p.83 ; H. et L. Mazeaud, J. Mazeaud et Chabas, supra note 19, n° 630, p.750 ; etc.

(819) Viney et Jourdain, supra note 47, n°s 319 et s., pp.706 et s.

(820) もっとも、民法典 1150 条の消極的評価を支える 2 つの認識、つまり、比較法、判例法の現状認識については、一定の留保が必要である。
　まず、比較法的に見て予見可能性による賠償範囲確定ルールが少数派に属するとの認識は、必ずしも正当なものとは言えない。各国内法、国際的な立法やモデル・ルールの現状を見る限り、このルールは、むしろ、多数派に属するからである。既に引用したイタリア民法 1225 条、スペイン民法 1107 条、PECL 9:503、DCFR III-.3:703、CEDC art.162 al.4 のほか（注(763)、注(764)を参照）、有名なものとして、以下のものがある。
　CISG art.74「当事者の一方による契約違反についての損害賠償の額は、当該契約違反により相手方が被った損失（得るはずであった利益の喪失を含む。）に等しい額とする。そのような損害賠償の額は、契約違反を行った当事者が契約の締結時に知り、又は知っているべきであった事実及び事情に照らし、当該当事者が契約違反から生じ得る結果として契約締結時に予見し、又は予見すべきであった損失の額を超えることができない（他のモデル・ルール等との原文比較の便宜のため、英文を付しておく。Damages for breach of contract by one party consist of a sum equal to the loss, including loss of profit, suffered by the other party as a consequence of the breach. Such damages may not exceed the loss which the party in breach foresaw or ought to have foreseen at the time of the conclusion of the contract, in the light of the facts and matters of which he then knew or ought to have known, as a possible consequence of the breach of contract.)」。
　PICC 7.4.4「不履行当事者は、契約締結時に、自らの不履行から生じうる結果として予見し、又は合理的に予見することのできた損害についてのみ責任を負う（原文は、The non-performing party is liable only for harm which it foresaw or could reasonably have foreseen at the time of the

◆第2章◆ 対　象

　以上のように、今日では、伝統的通説が依拠する当事者意思による正当化が、意思の役割が相対的に低下した現代契約法においては、民法典1150条の十分な基礎付けとなりえないこと[821]、反対に、同条を契約締結時における主観的な当事者意思に結び付けたとき、予見可能性による賠償範囲確定ルールは、容易に批判の対象とされ、その正当性それ自体を失いかねないことが[822]、認識されている。そしてまた、仮に民法典1150条の当事者意思による正当化が理論的に困難であるならば、契約不履行に基づく損害賠償と不法行為に基づく損害賠償との間に設けられている賠償範囲確定ルールに関する相違を体系的に説明することが困難になること、取引促進の必要性という視点からの説明は、同条の適用領域が、現状では「副次的」なものである[823]、あるいは、同条が「廃れている（désuétude）」[824]との認識を基礎としていることが、明らかにされているのである。

　このような議論状況の下では、民法典1150条の基礎をめぐる議論を超え、同条それ自体に対して批判の目が向けられるのは、いわば必然であるとも言える。以下、項目を改めて、この点を検討していくことにしよう。

(2)　「完全賠償原則」への回帰

　19世紀末から20世紀初頭にかけて、一部の学説は、契約上のフォートと不法行為上のフォート、更に、契約不履行に基づく損害賠償と不法行為に基づく損害賠償を明確に対置していた伝統的学説を批判し、法と契約を同一視する立場を前提に、契約不履行に基づく損害賠償につき、それを不法行為に基づく損害賠償にほかならないと見る主張を展開した[825]。この一元論は、前章において検討した契約上のフォート、損害賠償債権の性質のみならず、損害賠償の範囲についても、2つの損害賠

---

　　　conclusion of the contract as being likely to result from its nonperformance.）」。
　　次に、判例ないし裁判例上、民法典1150条が機能している場面は必ずしも多くはないとの認識については、民法典の適用が紛争の形で現れていないからといって、そこから、直ちにその衰退を導くことはできないとの指摘をしておかなければならない。というのは、契約における紛争は、当事者による自律的な交渉によって解決されることが多く、また、そのような当事者による解決自体の背後に、民法典のテキストの影響を見出しうるケースも少なくないからである。
　　かくして、民法典1150条の正当化根拠として取引促進の必要性を挙げる学説が、その論理の前提として提示としている同条の衰退という現状認識は、必ずしも正当ではないと言わなければならないように思われる。そうすると、民法典1150条が予見可能性による賠償範囲確定ルールを設けている意味、より正確に言えば、賠償範囲の限定という政策的側面のみならず、予見可能性による制限という規範的側面についても、より積極的な形で説明を付す必要があろう。本文で述べた認識が正当でないとすれば、同条に対する消極的評価も意味を持たず、従って、その存在も看過することができないものとなるからである。
(821)　イヴ・マリ・レティエは、民法典1150条を擁護しようとするのであれば、意思自治の原則という基礎を終局的に放棄すること以外の選択肢はないと言う。Laithier, supra note 21, n° 93, p.134.
(822)　Rémy, supra note 20, La responsabilité contractuelle..., n° 41, p.352.
(823)　Jourdain, supra note 21, p.72.
(824)　Jourdain, supra note 818, n° 19, p.282.
(825)　Lefebvre, supra note 25 ; Grandmoulin, supra note 25 ; Aubin, supra note 25 ; etc.

償制度を同一の枠組みで規律し、このような立場を基礎として、民法典 1150 条の正当化を試みている。

すなわち、契約不履行に基づく損害賠償と不法行為に基づく損害賠償が同一の存在であるならば、2 つの損害賠償の範囲も同一のルールによって確定されるというのが論理的である。ところで、民法典 1150 条は、通常のフォートの場合と悪意の場合とで、賠償の範囲に差異を設けているが、これは、帰責性の程度と賠償の範囲を均衡させるとの考慮に基づくものである。つまり、同条は、古典的学説の言うように、契約不履行に基づく損害賠償の特殊性から設けられた規定ではなく、「帰責性と賠償の等価原則」を表明したテクストなのである。かくして、民法典 1150 条は、損害賠償債権一般に関する条文として、不法行為に基づく損害賠償に対しても適用されるべきことになるのである[826][827][828]。

この見解は、民法典 1150 条を「帰責性と賠償の等価原則」の表明として理解することを出発点に、同条をあくまでも契約不履行に基づく損害賠償のみに適用される規定として把握しようとする伝統的通説とは一線を画し、それをいずれの損害賠償制度にも区別なく適用されるテクストとして構想した上で、2 つの損害賠償制度の間に存在する賠償範囲レベルでの相違を解消しようとする試みであると言うことができる。しかし、一元論には、法と契約を同一視するという前提への疑問と、民法典の体系から大きく乖離してしまうという問題が存在したために、その後、学説の支持を集めることはなかった[829]。従って、今日では、このような議論を展開する学説は、管見の及ぶ限り存在しない。

これに対して、今日の有力学説は、「完全であることが、賠償の本性に属する」との理解[830]、すなわち、損害賠償法の世界では「完全賠償」が原則であること、従って、民法典 1150 条が「完全賠償原則」に対する例外をなすことを正面から認めた上で、原則に対する例外の衰退、更には、その排除を望み、原則への回帰を志向しているのである。そこでは、概ね、以下のような議論が展開されている[831]。

マリ・エヴ・ルジュー・ドゥ・ブーベは、民法典 1150 条を当事者意思と取引促進

---

(826) Grandmoulin, supra note 25, pp.58 et s. ; Aubin, supra note 25, pp.91 et s.
(827) このような議論を展開するに際して、ジャン・グランムーランが、ルドルフ・フォン・イェーリングのクルパ (culpa) に関する論文のフランス語訳から着想を得ていたことは、注目されるべき事柄である。Rudolf von Jhering (trad. par Octave Louis Marie Ghislain de Meulenaere), Études complémentaires de l'esprit du droit romain I, De la faute en droit privé, A. Marescq, Aîné, Paris, 1880.
(828) ポペスコ・アルボタも、フォートと惹起された損害との間に因果関係が存する限り、全ての損害が賠償されるべきであるとして、2 つの賠償範囲の統一的な取扱いを支持する (Popesco-Albota, supra note 214, n°s 53 et s., pp.86 et s.)。
(829) この点については、第 1 章・第 1 節・第 1 款・第 1 項 81 頁以下、同章・第 2 節・第 1 款・第 1 項 152 頁以下、及び第 2 部・第 1 章・第 2 節・第 1 款・第 1 項 456 頁以下を参照。
(830) Roujou de Boubée, supra note 48, p.442.
(831) Roujou de Boubée, supra note 48, pp.308 et s. ; H. et L. Mazeaud, J. Mazeaud et Chabas, supra note 779, n° 2391, pp.745 et s.

の必要性という2つの視点から基礎付けた後、以下のように続ける。予見可能な損害と予見不可能な損害との区別は、極めて曖昧であり、不確かである。そのため、裁判官は、契約上のフォートを不法行為上のフォートと性質決定して、この区別から免れようとしているし、契約当事者も、違約条項や損害賠償額の予定等により、不履行の場合に支払われるべき損害賠償を予め明確にしておくことを試みている(832)。翻って、民法典1150条は、当事者意思を最大限に尊重し、かつ、取引の安全を確保していると言えるか。「完全賠償原則」の下においても、当事者の合意による賠償範囲の制限は認められるはずである。ここに、望ましい解決を見出すことができる。すなわち、「賠償のレベルにおける契約責任の特殊性は、合意による賠償範囲の修正という可能性に帰着する。賠償の観点から見た場合、契約責任と不法行為責任との間には、設けるべき根本的な区別は存在しないのである」(833)。このような叙述には、ルジュー・ドゥ・ブーベの民法典1150条に対する消極的評価、更に、賠償の観点、つまり、契約不履行に基づく損害賠償を損害の賠償方式として捉える構想からは、不法行為に基づく損害賠償と同じく、「完全賠償」が望ましいとの理解を見て取ることができよう。

アンリ、レオン、ジャン・マゾー＝フランソワ・シャバスの議論は、更に辛辣である。損害賠償法における「原則は単純である。賠償は、全ての損害を、そして、損害のみを含むものでなければならない」(834)。契約法においても、原則は同じであるが、そこでは、「この原則が例外によって消されてしまっている」(835)。そして、このような状況には、大きな問題が存する(836)。まず、予見可能な損害と予見不可能な損害とを区別することには相当の困難が伴う。そのため、訴訟が終了するまで、その結果を予測することができない。このことだけを見ても、民法典1150条の廃止を求める十分な理由となりうる。次に、民法典1150条は、当事者間に不均衡を生じさせる。このテクストが存在することによって、被害者は、完全な賠償を得ることができなくなる一方、加害者は、それを免れることになる。しかし、契約に違反した者とこの違反から被害を受けた者とにおいて、前者を優遇しなければならないのは何故か。契約に違反した者に対して、一定の範囲の賠償を免れさせる権利を与え、契約違反の被害者に対し、それを負担させるのは何故か。「契約における賠償と不法行為における賠償との間の相違をどのように正当化するのか。被害者が不法行為を利用することができるかどうかによって、損害賠償を増加させたり、減少させたりするのは、不正義かつ非論理的ではないのか」。かくして、民法典1150条は、規定の単純性、衡平の観念、論理的思考という、あらゆる法規範が備えるべき資質

---

(832) Roujou de Boubée, supra note 48, pp.308 et s.
(833) Roujou de Boubée, supra note 48, p.310.
(834) H. et L. Mazeaud, J. Mazeaud et Chabas, supra note 779, n° 2332, p.658.
(835) H. et L. Mazeaud, J. Mazeaud et Chabas, supra note 779, n° 2373, p.725.
(836) H. et L. Mazeaud, J. Mazeaud et Chabas, supra note 779, n° 2391, pp.745 et s.

を欠いていると評価せざるをえない。従って、このテクストは、廃止されなければならないのである。

このように、20世紀フランス民事責任法のバイブルとも評すべき、アンリ、レオン、ジャン・マゾー＝フランソワ・シャバスの体系書においては、不法行為に基づく損害賠償の領域では、原則に従って、フォートによって惹起された損害の全てが賠償の対象となるのに対し、契約不履行に基づく損害賠償の領域では、予見可能性による賠償範囲の限定が設けられている法状況が痛烈に批判され、その結果、後者の領域でも「完全賠償原則」へと回帰すべき旨が説かれているのである。言うまでもなく、このような議論が登場する背景には、契約不履行に基づく損害賠償を、不履行＝フォートによって惹起された損害を賠償するための制度として捉える思考モデルが存在する。同じ原理に支配され、かつ、同じ性質を有するはずの2つの責任制度が、賠償範囲のレベルにおいて、異なる規律を受けるというのは、正義に反し、非論理的であることを免れないと理解されているのである。かくして、契約不履行に基づく損害賠償を損害の賠償方式として構想する伝統的通説のうち、一部の有力な学説は、予見可能性による賠償範囲の制限という、契約法に固有の例外の正当化を諦め、これを排除した上で、この領域においても、フォートと因果関係にある損害の全てが賠償の対象になるという、民事責任法の原則を妥当させようとしていると言うことができよう[837][838]。

---

[837] ジョルジュ・リペール＝ジャン・ブーランジェも、以下のように述べている。「予見可能な損害と予見不可能な損害との区別は、伝統によってしか説明することはできない（中略）。当事者が契約不履行とその結果生ずる損害を予見したというのは、当事者意思解釈の濫用である」。ドイツ法の例を見れば明らかなように、民法典1150条の規範を消滅させることは、可能なのである（Ripert et Boulanger, supra note 241, n° 749, p.262）。

[838] これに対して、一元的な民事フォートの観念により、今日における「契約責任」論の基礎を提供した、マルセル・プラニオルは（この点については、第1章・第1節・第1款・第1項84頁以下を参照）、本文で述べたアンリ、レオン、ジャン・マゾー＝シャバスの議論とは異なり、民法典1150条に対する立法論批判を展開することはなかったが、同条への消極的評価という点では彼らと認識を共有しつつ、実質的にこの規範を無力化しようとした。

まず、プラニオルは、民事フォートの一元性を出発点として、2つの損害賠償制度の間に相違が存在しない旨を強調する。「2種類のフォートの間に存在するものとされている相違は、全く基礎を欠くものである。これは、表面的な検討に基づく一種の幻想に過ぎない。いずれのフォートも、補償によって生じた損害を賠償する債務を作り出す。いずれのフォートも、先存債務を前提としている。いずれのフォートも、この債務の違反という事実に存する。単に、不法行為上のフォートと呼ばれているものにおいては、違反される債務が、一般的に消極的行為・不作為を対象とする法律上の債務であるというだけである」（Planiol, supra note 33, Traité élémentaire de droit civil..., n° 876, p.268）。「一般的に受け入れられている区別は単に批判されるべきというだけに止まらない。この区別には意味も存在理由もないのである」（Ibid., n° 877, p.268）。その上で、プラニオルは、古典的理論において存在するものとされていた様々な相違が（フォートの程度、証明責任等）、何ら根拠のないものであることを論証するが、民法典1150条に関しては、以下のような叙述を残している。民法典1150条は、2つのフォートの間に存在する唯一の現実的な相違である（Ibid., n° 897, p.276）。しかし、プラニオルは、更に続ける。実際上は、裁判官の裁量によって、損害賠償の範囲に関する相違は消滅している。「フランスの学説が2種類のフォートの間に認めている相違は、恐らく根拠のないものである。契約において、害する意図なく行為した者に対し責任の緩和を認めるのが正当であるならば、契約が存在しない場合に犯されたフォートについても同じ理由が妥当するはずなのである」（Ibid.）。

◆第2章◆ 対　象

　ところで、これらの見解は、民法典 1150 条それ自体を問題に付し、これを削除することによって、「完全賠償」という民事責任法の原則への回帰を説くものである。もっとも、契約不履行に基づく損害賠償についてのみ予見可能性を中核とした賠償範囲確定ルールが設けられているという法状況を前にしたとき、同条の廃止を説くだけでは、少なくともその説明・解釈のための議論としては、意味を持ちえない。当事者意思による説明が問題を抱えながらも長らく維持されてきたのは、また、当事者意思に代わる正当化根拠として、取引促進の必要性、信義誠実の原則、契約正義等が提示されてきたのは、そのためである。しかし、こうした原則への回帰という視点は、契約不履行に基づく損害賠償の範囲に関する立法論のレベルにおいてのみ提示されているというわけではない。伝統的通説も、上記の見解と同じく、あくまでも惹起された損害の「完全賠償」を損害賠償法の原則として掲げており、その結果、債務者側に悪意・重過失が存在する場合に予見可能性ルールが排除されるメカニズムを、「完全賠償原則」への回帰と見ているのである。以下では、このことの意味をより明確にしていこう。

　後に言及するように、民法典起草者や 19 世紀の古典的学説は、債務者に悪意が存在する場合に予見可能性を中核とした賠償範囲確定ルールが排除され、「合意の不履行の直接の結果」（民法典 1151 条）という制約を付した上ではあるが、債務者がこの悪意によって生じた全ての損害について賠償を義務付けられるのは、この場合には、契約不履行に基づく損害賠償ではなく、不法行為に基づく損害賠償が問題となるからであると理解していた。契約不履行に基づく損害賠償は、当事者の予見によって規律される契約の価値的な実現手段なのであるから、契約の領域に取り込まれていない損害、つまり、予見不可能な損害をこの制度によってカバーすることはできない。それにもかかわらず、民法典 1150 条が、「債務者は、債務が履行されないことが何らその者の悪意によるのでないときは、契約のときに予見し、予見することのできた損害賠償についてでなければ、義務を負わない」と規定しているのは、

　ここには、フォートの一元性と法典との間で調和を図ろうとするプラニオルの姿勢を見て取ることができる。フォートの理論からすれば、賠償範囲の点において、2 つのフォートに相違は存在しないが、民法典の中には 1150 条というテクストが存在する。ここで、プラニオルは、(1)で検討した見解のように、規範の射程を限定した上で同条を正当化する方法や、本文で引用した見解のように、同条について直接的な立法論批判を展開する方法を採ることなく（もっとも、プラニオルの著作の中では、しばしば、ドイツ民法への言及がなされていることに注目しておかなければならない）、ただ、法典のテクストに抵触しない裁判官の裁量という形で、2 つのフォートにおける賠償範囲が同一に帰しうる旨を説くだけに止めた。かくして、プラニオルは、理論的には同一だが法典上は別異である事象を、結果の面から捉えることで（従って、規範の正当化に深入りすることを回避して）、理論から導かれる帰結へと接近させようとしているのである。この意味において、プラニオルの見解は、本文で述べた見解へと連なるものと評価することができよう（もっとも、初期の判例評釈の中では、ジャン・グランムーランのそれと同じ見解が述べられている。すなわち、民法典 1150 条及び 1151 条は、債務の性質ではなく、イェーリングが「帰責性と賠償の均衡」と呼ぶ、ローマ法以来の伝統に基づくものである。従って、この要請は、債務の性質を問わず問題となる。Planiol, supra note 231, p.459)。

債務者に悪意が存在するケースでは、そのような制約のない不法行為に基づく損害賠償を問題としているからにほかならない。19世紀末までの古典的学説の多くは、このように理解していたのである(839)。

しかし、19世紀末から20世紀初頭にかけての契約不履行に基づく損害賠償の性質あるいは「契約責任」をめぐる論争を経て、それがフォートによって惹起された損害を賠償するための制度として認識されるようになると、議論の状況は一変する。そこでは、2つの損害賠償制度が同一の性質を持つ2つの責任制度として捉えられ、かつ、損害賠償法においては「完全賠償」が原則であるとされているのであるから、契約不履行に基づく損害賠償の対象に予見不可能な損害を含めることには、何らの理論的障害も存在しなくなる。むしろ、それが自然なことであるとも言える(840)。

---

(839) この点については、本款・第2項321頁以下・327頁以下を参照。
(840) 本文で述べた点と関連して、悪意ないし重過失が存在する債務者の責任を不法行為と性質決定する伝統的理解に対しては、非競合原則の視点からも問題が提起されている。すなわち、「契約責任」が問題となる場面で不法行為責任の援用を認めることは、フランス実定法が採用する、2つの責任制度の非競合原則に反するというのである（Ex. Colin et Capitant, supra note 241, n° 105, p.98 ; H. et L. Mazeaud, J. Mazeaud et Chabas, supra note 779, n° 2376, p.733 ; Chartier, supra note 791, n° 76, p.101 ; Weill et Terré, supra note 779, n° 394, p.398 ; Terré, Simler et Lequette, supra note 55, n° 565, p.570 ; etc.）。
 しかしながら、このような批判は、少なくとも古典的理論に対するものとしては適切でない。その理由は、以下の通りである。19世紀の一般的理解によれば、契約不履行に基づく損害賠償は、金銭という等価物によって履行されなかった契約を実現するための制度として捉えられていた。そうすると、契約領域に取り込まれていない損害、つまり、予見不可能であった損害は、契約不履行に基づく損害賠償の対象とはなりえないことになる。言い換えれば、この理解において、予見不可能であった損害は、そもそも契約の問題ではないのである。従って、一般的な理解に従って、2つの損害賠償制度の要件を充足する場合であっても損害賠償請求権者による訴権の選択は認められないという選択禁止のことを、非競合原則と呼ぶのであれば、ここでは、非競合原則を論ずる前提が欠けていると言わなければならない。かくして、少なくとも契約不履行に基づく損害賠償を契約の履行方式として構想するモデルにおいては、悪意ないし重過失の債務者が予見不可能な損害について賠償の義務を負うことを不法行為責任によって説明したからといって、非競合原則に反することにはならないのである。
 これに対して、契約不履行に基づく損害賠償を、不履行＝フォートによって生じた損害を賠償するための制度として捉えるモデルによれば（賠償モデルを基礎としつつ、悪意の場合の例外を不法行為によって説明するものとして、Ex. Van Ryn, supra note 27, n°s 48 et s., pp.63 et s. ; etc.）、本文で述べたように、予見不可能な損害も契約不履行に基づく損害賠償の対象となるから、債務者の悪意・重過失の場合に不法行為責任を認める解決と非競合原則との抵触が問題となりうる。もっとも、このモデルの下においても、非競合原則の趣旨にまで遡って考えるならば、この抵触を実質的な形で回避することは可能であるように思われる。非競合原則の趣旨については、様々な見方が提示されているが、今日の学説の多くは、これを契約の尊重という点に求めている。「1382条以下を契約規範の規律する領域へと拡大することは、この規範を挫折させてしまう恐れがある。ところで、契約債務の不履行に対しサンクションを課すために設けられている責任制度の特殊性は、基本的に合意それ自体を保護するという配慮に基づくものであるから、それを不法行為規範にとって代わらせることは、法律の尊重のみならず、契約の尊重とも両立しないように思われるのである」（Viney, supra note 19, n° 218, p.612）。非競合原則をこのようなものとして捉えるならば、悪意ないし重過失により契約を履行しなかった債務者に対して不法行為責任を課すことは、必ずしも非競合原則への抵触を意味するものではなくなる。というのは、悪意ないし重過失の債務者は、自ら契約が存在しなかったかのように振る舞ったのであり、そうである以上、この者に対しては契約の尊重という視点から導かれる規範の恩恵に服させないとの価値判断も、十分に成り立ちうるからである。従って、契約不履行に基づく損害賠償を損害の賠償方式として構想するモデルの下においても、悪意ないし重過失の債務者が予見不可能な損害について賠償の

◆第2章◆ 対　象

　このことは、立法論として、予見可能性による賠償範囲確定ルールを激しく批判していた、フランソワ・シャバス（François Chabas）による以下のような叙述の中に明確な形で現れている。「予見可能な損害額への責任の限定は、―正当化しえない―優遇であり、悪意もしくは完全な怠慢によって契約に違反した者に対して如何なる優遇も与えないというのは通常のことなのである」[841]。

　もっとも、このような見方は、民法典1150条の正当化を放棄した学説のみによって提示されているものではない。これは、賠償モデルを基礎として議論を構築しようとする学説の多くによって、共有されている見方なのである。既に言及したように、20世紀初頭以来の伝統的通説は、民事責任法の原則として「完全賠償」を掲げ、予見可能性による賠償範囲の限定を契約債務者に付与された優遇、原則に対する例外と理解してきた。このような理解を前提とするならば、債務者が悪意である場合に予見可能性ルールを妥当させないという民法典の立場は、悪意の債務者には、上記のような優遇・恩恵が与えられるべきではないとの価値判断を表明したものと解釈されることになる[842]。つまり、この場面では、原則に戻って、「完全賠償原則」が妥当すると見るわけである。

　ところで、債務者が悪意である場合には「完全賠償原則」へと回帰すると言うだけでは、民法典1150条の規範を完全に正当化したことにはならない。というのは、上記の説明は、損害賠償法を支配する原則へと戻る旨を述べているだけであって、何故に「完全賠償原則」へと回帰するのか、言い換えれば、何故に当事者意思や取引促進の必要性等の予見可能性ルールを基礎付ける理由が妥当しないのかという問いに答えるものではないからである。もちろん、フランスの学説も、この点については、一定の正当化論拠を提示している。例えば、悪意ないし重過失の存する債務者は、信義誠実の原則に違反している、あるいは、相手方の寄せた信頼に背いているといった説明や[843]、契約が存在しないかのように行為した者に対しては、契約

　　義務を負うことを不法行為責任によって説明したからといって、直ちに非競合原則に反していると断ずることはできないのである（形式的には抵触するが、実質的には抵触しないということになろう）。
　　かくして、本注の冒頭で述べた非競合原則からの不法行為説に対する批判は、必ずしも適切ではないと言うことができよう。
(841) H. et L. Mazeaud, J. Mazeaud et Chabas, supra note 779, n° 2376, p.734.
(842) この点を明確に示すものとして、Chartier, supra note 791, n° 76, p.102 ; Sériaux, supra note 203, n° 64, pp.259 et s. ; Starck, Roland et Boyer, supra note 268, n° 1673, p.581 ; Bénabent, supra note 203, n° 415, p.280 ; Malaurie, Aynès et Stoffel-Munck, supra note 35, n° 964, p.519 ; Radé, supra note 477, n° 30, p.10 ; Id., supra note 268, p.70 ; Fabre-Magnan, supra note 262, n° 247, p.641 ; etc.
(843) Ex. Colin et Capitant, supra note 241, n° 105, p.98 ; Weill et Terré, supra note 779, n° 394, p.398 ; Le Tourneau, supra note 795, n° 263, pp.100 et s. ; Terré, Simler et Lequette, supra note 55, n° 565, p.570 ; Larroumet, supra note 24, n° 657, pp.733 et s. ; Radé, supra note 477, n° 29, p.10 ; Saint-Pau, supra note 275, Droit à réparation / Rapports entre responsabilité délictuelle et contractuelle / Differences, n° 62, p.16 ; etc. また、Jean-Pascal Chazal, Les nouveaux devoirs des contractants : Est-on allé trop loin ?, in, La nouvelle crise du contrat, Actes du colloque organisé le 14 mai 2001 par le centre René-Demogue de l'Université de Lille II,

　　　　　　　　　　　　　　　　　　　　　　　第 2 節　制限と完全

法の特殊な規範を利用させるべきではないとった説明が[844][845]、これに当たる。こ
れらの説明を付け加えることによって、フランスの伝統的な通説は、悪意ないし重
過失のある債務者に対しては、当事者意思や取引促進の必要性等によって基礎付け
られる恩恵・優遇を与える必要はなく、従って、民事責任法の原則通り、不履行に
よって惹起された全ての損害の賠償を義務付けなければならないと考えることに
（その当否はともかくとして）成功したのである[846]。

　以上の検討から明らかになることをまとめておこう。まず、原理レベルの議論に
ついては、以下のように整理することができる。民法典 1150 条は、予見可能性によ
る賠償範囲確定ルールという原則と、債務者に悪意・重過失が存する場合における
その例外を規定したテクストではなく、予見可能性による賠償範囲確定ルールとい
う「完全賠償原則」に対する例外と、債務者に悪意・重過失が存する場合における
「完全賠償原則」への回帰を規定したテクストである。契約不履行に基づく損害賠

---

　　sous la direction de Christophe Jamin et Denis Mazeaud, Dalloz, Paris, 2003, pp.116 et s. の指
　　摘も参照。
(844) これは、ルイ・ジョスランによって提示された見方である（Josserand, supra note 715, n°
　　633, pp.402 et s.（「悪意を犯した債務者は、契約という法律から逃避しているのであるから、も
　　はやそれを利用することはできない。自ら契約の外に出たのである」））。今日のものとしては、
　　Aubert, Flour et Savaux, supra note 66, n° 219, p.193（「この賠償負担の増大は容易に正当化す
　　ることができる。契約が課した債務につき故意に違反した債務者は、責任の重さを限定する
　　ために、これと同じ契約を援用することはできないのである」）; Courtiau, supra note 21, n° 649,
　　pp.401 et s.; etc.
(845) もっとも、このような説明に対しては、以下のような疑問も生じうる。すなわち、契約が存
　　在しないかのように行動した債務者に対して契約法上の規律を適用すべきではないとするなら
　　ば、このような債務者に対するサンクションの規範に、契約という性質決定を与えることはで
　　きないのではないか、あるいは、悪意・重過失の債務者に対し契約領域から離脱したとの評価をな
　　すのであれば、この者に対して「契約責任」を課すことはできないのではないかという疑問で
　　ある。
　　　しかし、このような疑問に対する応答が考えられないわけではない。まず、ここで問題となっ
　　ているのは、悪意・重過失の債務者に対し優遇の規定を援用させないということだけであっ
　　て、それ以外については、「契約責任」一般の規律が妥当するとの説明が可能である。次に、契約領域
　　から離脱した悪意・重過失の債務者に対しては民事責任法一般の規範が適用されると理解する場
　　合であっても、伝統的通説によれば、民事責任には不法行為責任と「契約責任」が包含され、
　　これらは基本的に同一の枠組みによって規律されることになるから、ここで「契約責任」に関する
　　ルールを適用したからといって、直ちに理論的な問題を生ぜしめるわけではない。「契約責任」
　　規範の中には、民事責任規範と同じ内容のものが多く含まれているのであるから、民事責任の下位
　　分類である「契約責任」を問題にすることは何ら背理ではないのである。
(846) 本文で述べた見解は、民事責任法における原則への回帰を、信義誠実の原則や信頼といった
　　視点を用いて基礎付けようとしたものである。もっとも、フランスの学説の中には、悪意・重過
　　失の債務者に予見可能性による賠償範囲確定ルールが適用されない理由を、「完全賠償原則」への
　　回帰ではなく、私的罰の原理によって説明しようとする見解も見受けられる。すなわち、契約不
　　履行に基づく損害賠償には、損害の賠償という機能だけでなく、懲罰的な機能、あるいは、抑止
　　的な機能も存在し、これを、悪意・重過失の債務者に対して予見不可能な損害の賠償が義務付け
　　られる理由と見るのである（Cf. Starck, Roland et Boyer, supra note 268, n° 1676, p.582（なお、
　　ボリ・スタルクは、「保障及び私的罰という 2 つの機能から見た民事責任の一般理論（Essai d'une
　　théorie générale de la responsabilité civile considérée en sa double fonction de garantie et de peine
　　privé）」と題する有名なテーズを著した、フランス民事責任法における私的罰研究の先駆者であ
　　る）; Sériaux, supra note 203, n° 64, pp.200 et s.; Saint-Pau, supra note 275, Droit à réparation
　　/ Rapports entre responsabilité délictuelle et contractuelle / Differences, n° 62, p.16 ; etc.）。

313

償がフォートによって生じた損害を賠償するための制度であるとするならば、それが債務者のフォートによって生じたものである限り、全ての損害を賠償の対象としなければならない。このような原理に対して、予見可能性による制約を課すというのは、「完全賠償原則」に対する例外を認めたものにほかならず、また、その制約を課さないというのは、「完全賠償原則」への回帰を承認したものにほかならないのである。

次に、正当化レベルの議論からは、以下のような視点を抽出することができる。債務者に悪意・重過失が存在するケースにおける「完全賠償原則」への回帰をどのような形で正当化するのか、あるいは、それをどのように評価するのかという問題は、予見可能性による賠償範囲確定ルールに対する態度決定に大きく依存している。一方で、予見可能性による賠償範囲確定ルールに懐疑的ないし否定的な見解によれば、原則への回帰は当然の事理を規定したものに過ぎないと評価される。当事者の予見可能性によって賠償範囲を制限する規律が理論的・政策的に正当化しえないものである以上、悪意・重過失の債務者に対しフォートによって生じた全損害の賠償を義務付ける規律こそが、民事責任法における原則ルールを表明したものとして、積極的に評価されることになるのである。従って、ここでは、「完全賠償原則」への回帰を基礎付けるという視点が、大きな意味を持つことはない。他方で、予見可能性による賠償範囲確定ルールを当事者意思、取引促進の必要性等によって基礎付け、それに一定の意味を持たせようとする一般的な見解によれば、債務者に悪意・重過失が存する場合に「完全賠償原則」へと回帰する理由を積極的な形で提示しなければならない。そのために示されていたのが、信義誠実の原則に対する違反、信頼への違反、契約上の規律からの離脱といった視点であった。このように二重の正当化（原則に対する例外の正当化、例外からの離脱と原則への回帰の正当化）を施して初めて、民法典1150条は理論的に基礎付けられることになったのである。

◇**第2項　履行方式としての契約不履行に基づく損害賠償と予見可能性**

近時の有力学説は、契約不履行に基づく損害賠償を、賠償という視点からではなく、履行プロセスの一部として捉えている。そこでは、契約不履行に基づく損害賠償は、給付の金銭的等価物による契約の履行方法、すなわち、金銭という形式で履行されなかった債務の履行を確保するための制度として構想されている。このような理解を前提とすれば、損害の賠償を機能とする不法行為に基づく損害賠償と、履行の確保を目的とする契約不履行に基づく損害賠償は、全く性質の異なる制度ということになるから、民法典1150条も、もはや「完全賠償原則」に対する例外ではなくなるはずである[847]。それでは、この理解の下において、予見可能性による賠償

---

(847) この点については、文献の所在も含め、序論14頁以下を参照。

範囲確定ルールは、どのような意味を持つことになるのか。

ところで、今日の一般的理解によれば、フランス民法典は、契約不履行に基づく損害賠償を「債務の効果」、つまり、等価物による履行手段として位置付けており、従って、そこには、「契約責任」という概念や、賠償方式としての契約不履行に基づく損害賠償の理論も存在しなかったとされている。しかし、契約当事者の意思や黙示の合意といった、一見したところ、第１項において検討した伝統的理解と同じレベルに属するように見受けられる民法典1150条の正当化は、契約不履行に基づく損害賠償のテクストの基礎を提供したロベール・ジョセフ・ポティエや、民法典理論を承継した19世紀の学説の中にも見出すことができる。それでは、これらの学説における意思や合意による予見可能性ルールの正当化は、何を意味していたのか。言い換えれば、履行されなかった債務の履行方式として契約不履行に基づく損害賠償を位置付けていたポティエや19世紀の学説において、予見可能性による賠償範囲確定規範は、どのような意義を有していたのか。まずは、この点を明らかにするところから本項の検討を始めることにしよう。近時の有力学説の主張内容は、この問いに答えることによって、より明確な形で提示されることになるからである。

(1)「完全履行原則」の適用

検討に先立って、考察の起点をポティエの議論に求めた理由について、一言しておこう。予見可能性によって契約不履行に基づく損害賠償の範囲を確定するルールは、シャルル・デュムランが、有名な「利益論」と称される論文の中で、ローマ法源から抽出したものである。この論文は、フランスのみならず、ヨーロッパ世界全体に影響を与えたものとして極めて重要であるが、日本を含め世界各国に存在する多くの先行研究の質と量に鑑みれば[848]、本書の問題関心の枠内において、現時点で、この点につき、何らかの知見を付け加えることはできない。従って、デュムランの利益論については、以下での考察対象から除外する。

また、デュムランからポティエに至るまでの、いわゆる古法の時代においては、ローマ法についても、慣習法についても、また、ローマ法と慣習法の融合という点においても、様々な学説によって、「フランス法」の確立・発展が促され[849]、その中には、本款の検討課題である、予見可能性による賠償範囲の確定ルールに言及するものも見られた。例えば、民法典における民事責任法規定の父とも評すべきジャン・ドマ[850]、部分的かつ断片的にではあるが、予見可能性によって賠償範囲が画

---

(848) 文献の所在も含めて、注(770)で引用した諸論稿を参照。
(849) 野田良之『フランス法概論 上巻』(有斐閣・1970年) のほか、山口俊夫『概説フランス法 上』(東京大学出版会・1978年) 26頁以下等を参照。
(850) Cf. H. et L. Mazeaud et Tunc, supra note 29, n°s 33 et s., pp. 43 et s.; Viney, supra note 19, n°s 10 et s., pp. 13 et s. また、ドマの民事責任論を概観するには、それを直接的な考察の対象としたテーズ、Yves Ranjard, La responsabilité civile dans Domat, th. Paris, 1943 が極めて有益である。更に、野田・前掲注(165)も参照。

◆第2章◆ 対　象

されるべきことを説いていた。しかしながら、ドマがこのような叙述を残したのは、合意に基づく債務一般を扱った、第1編「合意による任意かつ相互の債務（Des engagements volontaires et mutuels par les conventions）」、第1章「合意一般（Des conventions en général）」ではなく⁽⁸⁵¹⁾、同編・第2章「売買契約（Du contrat de vente）」、第2節「売主の買主に対する債務（Des engagements du vendeur envers l'acheteur）」や⁽⁸⁵²⁾、第3編「債務に付け加わり、もしくは債務を強固にする結果（Des suites qui ajoutent aux engagements, ou les affermissent）」、第5章「利息、損害賠償、及び費用の返還（Des intérêts, dommages et intérêts, et restitution de frais）」においてであり⁽⁸⁵³⁾、

(851) 第1章「合意一般」の中には、第1節「合意の性質：合意が形成される方法（De la nature des conventions : des manières dont elles se forment）」、第2節「合意の性質に従った諸原則、及び合意を解釈する規範（Des principes qui suivent de la nature des conventions. Et des régles pour les interpréter）」、第3節「そこに表明されていなかったとしても、合意に必然的に続く債務（Des engagements qui suivent naturellement des conventions, quoi qu'ils n'y soient pas exprimés）」、第4節「合意に付け加わりうる様々な種類の約定：とりわけ条件（Des diverses sortes de pactes qu'on peut ajouter aux conventions : particulièrement des conditions）」、第5節「その当初から無効である合意（Des conventions qui sont nulles dans leur origine）」、第6節「無効ではない合意の解除（De la résolution des conventions qui n'étaient pas nulles）」と題する節が設けられており、このうち、第3節の中に損害賠償に関する叙述が存在する。しかし、そこで論じられているのは、合意の不履行に基づく損害賠償の性質や要件に関する問題であり、損害賠償の範囲についての言及は全く存在しない。なお、ドマの著作を引用する際には、単語の綴り、アクサン等を現代の表記に修正している（以下、本書においては、同様の手法を採用する）。

(852) ドマは、「売主が、引渡しをなすべき時と場所で売却物を引き渡すことを遅滞した場合には、以下の規範に従って、買主に対して、損害賠償を支払わなければならない」（Domat, supra note 54, Liv. I, Tit. II, Sec. II, Nº XVI）、「引き渡すことを遅滞している売主は、物の状態及び諸状況に従って遅滞が生じさせる損害賠償を義務付けられる。引き渡すことを遅滞している不動産の売主は、買主に対して、享受することができなかった果実の価値を与えなければならない。特定の期日に、特定の場所で、小麦、ワイン、その他の食料品を引き渡さなければならない売主は、引渡しをなすべき時及び場所においてその代価が高騰している場合、買主に対して、それらを転売していれば得ていたであろう利益に相当する価値を与えなければならないし、あるいは、買主が、その使用のために、ほかの者から、当該売買のそれを超える代価で購入しなければならなかったときには、その被った損失を賠償しなければならない」（Ibid., Nº XVII）と述べた上で、以下のように続けている。「買主の損害賠償の中に入る利益もしくは損失は、遅滞に帰することができ、かつ、予期することのできた、当然かつ通常の帰結であるものに限定されなければならない。例えば、前条のケースにおいて説明した損害賠償と同じケースにおいて、買主が、購入した穀物を受け取り、運送するために支出した費用、遅滞から通常予期すべき直接的結果が、これに当たる。しかし、より遠く、予見することのできない帰結にまで、損害賠償を拡大してはならない。これらは、引渡しの遅滞というよりも、むしろ、何らかの出来事、神の命令が生じさせる何らかの情勢の異常な効果だからである。例えば、売主が、売却した穀物をなすべき時及び場所において引き渡さなかったために、買主が、引き渡されるべき場所においてよりも高値で売却することができた別の場所にこれらの穀物を運送し、そこで取引することができなくなったとする。あるいは、穀物を得ることができなかったために、買主は、労働者を解雇し、労働を中止させざるをえず、その結果、相当な損害が生じたとする。このとき、売主は、この逸失利益、被った損害について義務を負わない。これらは、引渡しの遅滞に帰することのできる結果ではなく、何人も責任を負うことのない神の命令、偶発事故の効果だからである」（Ibid., Nº XVIII）。

(853) ドマは、本章の冒頭において、損害賠償の問題を以下のように定式化する。「何らかの債務に違反したことによって、何らかの損害を生じさせた者が、その不正を賠償する義務を負うのは、あらゆる種類の特別の債務、他人に不正をしないという一般的債務の当然の結果である」。「損害がどのような性質を持つものであっても、損害がどのような原因によって生じようとも、それについて義務を負う者は、本編で説明される規範に従い、あるいは、フォート、重罪、その他の原因、あるいは、生じた損失と釣り合った損害賠償によって、それを賠償しなければならない」。従

必ずしも、予見可能性による賠償範囲の確定ルールが、契約不履行に基づく損害賠償一般に関するルールとして確立されていたわけではなかった。また、上記のように部分的・断片的な叙述を行うに際しても、その理由が契約不履行に基づく損害賠

って、ここでは、合意の不履行に基づく損害賠償と不法行為に基づく損害賠償が明確に区別されていないことが分かる。
　次いで、ドマは、損害賠償の範囲を検討する際に考慮すべき問題として、以下の2点を挙げる。「第1に、行為の性格を考慮しなければならない。重罪、軽罪、詐欺行為であるのか、それとも、単なるフォート、懈怠、意図的でない債務の不履行なのかということである。後に見るように、これらの相違によって、損害賠償は、あるいは大きくなり、あるいは小さくなるからである」。第2に、「この行為に続く出来事を考慮しなければならない。すなわち、これらの出来事が、行為者に帰責しうるものであるのか、それとも、別の原因が存在するのかということである」。とりわけ、第2の問題は、困難を生ずる。「というのは、当該行為のみによって、様々な損害を生じさせる結果及び出来事が連鎖することも、当該行為とは無関係な別の原因が存在し、当該行為を契機として、何らかの偶発事故が重なって損害が生ずることもありうるからである。これらの出来事の相違に応じて、損害の間に違いが生じ、当該行為者に帰責すべきなのは、その一部であり、それ以外については、行為者に帰責すべきではないということもありうるのである」。こうした叙述からは、ドマは、損害賠償の範囲を確定するために、行為者の主観的態様と、当該行為と損害との間の因果関係を問題にすべき旨を説いているように見受けられる。
　しかし、その後に挙げられている例をも併せて読むならば、ここでは、これら2要素に加えて、予見可能性も考慮の対象とされているように見えるのである（もっとも、ここで言う予見可能性は、ドマ以降の学説がそれに与えることになる意味とは大きく異なっている。この点については、注(854)、注(855)、注(856)を参照)。ドマは、例を挙げながら、以下のように続けている。ある商人が、別の町で開催される定期市に出店するため店舗を借り、商品を運び込んだ。ところが、その後、貸主がこの不動産を追奪されることになったので、この商人は賃料の高い店舗を借り受けなければならなかったとする。あるいは、代替場所を見つけることができなかったために、売買の機会を失い、その結果、この商人は、債務を支払うことができずに倒産してしまったとする。ここで、支払いを余儀なくされた高い賃料、商品の運送費用は、不履行の必然的な結果であるから、損害賠償の対象となる。これに対して、取引から得ることのできなかった利益は、不履行の結果ではあるが、容易に認識することのできない損害であるから、買主がどれだけ存在したか、同種の製品がどれだけ存在したか等の諸状況に従って、損害賠償を評価しなければならない。また、買主の倒産は、予見不可能な出来事であり、かつ、商人の現状に起因するものであるから、賠償の対象にはならない（Domat, supra note 54, Liv. III, Tit. V.）。
　また、ドマは、同章・第2節「損害賠償（Des dommages et intérêts）」においても、同じ趣旨の叙述を残している。少し長いが引用しておこう。「損害賠償を義務付けられるべきかどうかという第1の問題が確定されると、損害賠償は何に存するのかという問題が生ずる。つまり、生じた損害の範囲、及び、損害を賠償する義務を負う者に帰されるべきものと、この者に帰することができないものとを確定するのである」（Ibid., Liv. III, Tit. V, Sec. II, N°III)。ブドウ畑の所有者、もしくはそれを使用する者が、特定の期日に収穫を行うため馬車を賃借したが、それを供給すべき者が約束に違反したため、ほかの者からより高い代金で借りることを余儀なくされたとしよう。あるいは、ほかの馬車を見つけることができなかったため、雹により、債権者に弁済するための唯一の手段として期待していた収穫を奪われ、倒産、あるいは、財産を売却されてしまったとしよう。前者のケースにおいて、賃貸人は、賃借人がほかの者からより高い費用で借り受けたことについて、損害賠償の義務を負う。このことに疑いはない。しかし、第2のケースにおける財産の売却、倒産に関しては、賃貸人の行為から余りに離れており、賃借人の取引状態に直接の原因が存する結果である。従って、この損失は、賃貸人に帰されるべきではない。また、果実の損失については、どのように考えれば良いか。賃貸人に帰しうるのかは、予見することのできなかった出来事であるから、賃貸人に生じたのが偶発事故であったか、別の場所でより大きな利益を得ようとしていたのか、どのような原因によって債務を履行しなかったのか、ほかの場所に馬車を持っていたのか等を考慮して決しなければならない（Ibid., N°IV)。「第3条及び第4条で説明した規範によって、損害賠償を請求することができる損害及び損失には、2種類のものが存在することが明らかになる。1つは、損害賠償を求められている者の行為の結果であり、この行為が唯一の原因であるところの、行為者に帰すべきことが明らかな損害及び損失である。もう1つは、この行為から離れ、別の原因を持つ結果でしかないものである」（Ibid., N°VI)。

償の原理との関係で明確に示されることはなかったし[854][855]、予見可能性ルールと損害の直接性等その他の賠償範囲確定基準との関係も、必ずしも明らかなものとは言えない状況にあった[856]。更に、後に述べるように、ドマの契約不履行に基づく損害賠償の理論には、それを契約の履行方式として明確に提示していたポティエとは異なり、原理的な不明確さを指摘することができる。言い換えれば、ドマの下において、契約不履行に基づく損害賠償は、契約の履行方式として捉えられているとも、損害の賠償方式として構想されているとも言えるのである[857][858]。このような状況は、ほかの古法学説においても同様であり、従って、契約不履行に基づく損害

(854) 注(852)及び注(853)で引用した部分を読む限り、ここでの予見可能性は、ポティエや19世紀の学説が説いていたように、契約において予定されていた利益を標準として損害賠償の範囲を確定しようとする趣旨でも、20世紀以降の伝統的通説が言うように、当事者意思による規律を賠償の局面に及ぼそうとする趣旨でもなく、不履行とは直接的な関係にない損害を賠償の対象から除外しようとする趣旨であったように見受けられる。つまり、ドマは、予見不可能な結果は不履行とは別の偶発的な原因に基づくものであるから、行為者に帰責することはできないとの理解を示しているように思われるのである。

(855) 仮に、注(854)で述べた読み方が正当であるとするならば、予見可能性による賠償範囲の制限は、必ずしも契約不履行に基づく損害賠償にのみ妥当するルールではなくなる。むしろ、2つの損害賠償に共通するルールとして定式化するのが自然であるとも言える。そうすると、ドマが、この問題を、第1編「合意による任意かつ相互の債務」ではなく、第3編「債務に付け加わり、もしくは債務を強固にする結果」の中で論じ、2つの損害賠償を区別することなく議論を展開していたのも、そのような趣旨を前提とするものとして捉えることが可能となる。そして、このように理解するならば、注(856)で指摘するような問題が存在するとはいえ、本文で行った「その理由が契約不履行に基づく損害賠償の原理との関係で明確に示されることはなかった」との評価は、少なくとも「契約不履行」の部分に関しては、適切でないということになろう（従って、より正確には、「その理由が損害賠償の原理との関係で明確に示されることはなかった」との疑問を提起すべきことになる。本文のように述べたのは、その後に登場するポティエの議論との相違を際立たせるためである）。

(856) 仮に注(854)で述べた読み方が正当であるとするならば、予見可能性は、不履行と損害との間の因果関係に関わる概念ということになるが、そうすると、今度は、それが、注(852)及び注(853)で引用した部分において用いられている別の概念、つまり、損害の不履行起因性や損害の直接性とどのような関係にあるのかという点が問題となろう。また、予見不可能性を、損害と不履行との間の直接性を否定するファクターとして構成するとしても、何故に当事者の主観的態様が因果関係という客観的な連結を否定する方向に作用するのかという問題が生ずるようにも思われる。

(857) 一方で、合意一般を扱った箇所では、「全ての合意において、自己が引き受けた債務に違反し、あるいは、遅滞にある者が、それができないのか、欲しないのかにかかわらず、合意の性質、不履行もしくは遅滞の程度、諸状況に従って、他方当事者に対して損害賠償を義務付けられるのは、債務の第2の効果である」と述べられており（Domat, supra note 54, Liv. I, Tit. I, Sec. III, N°IV）、契約不履行に基づく損害賠償は、債務の効果として捉えられているように見受けられるが、他方で、不法行為に基づく損害賠償を論じた、第2編「合意なしに形成される債務（Des engagements qui se forment sans convention）」、第8章「重罪でも、軽罪でもないフォートによって惹起された損害（Des dommages causés par des fautes qui ne sont pas à un crime, ni à un délit）」では、債務不履行を不法行為と同じ意味でのフォートとして構成するかのような叙述が存在するのである。なお、この点についての詳細は、第2部・第1章・第1節・第1款・第1項371頁以下を参照。

(858) 注(854)及び注(855)で指摘したように、ドマの理解において、予見可能性による賠償範囲の限定は、損害の直接性に関わる概念であり、2つの損害賠償に区別なく妥当するルールであるとの読み方が正当であるならば、このことは、ドマが契約不履行に基づく損害賠償を損害の賠償方式として捉えていたことの1つの根拠となりえよう（もちろん、そうすると、今度は、注(857)で引用した部分において契約不履行に基づく損害賠償が債務の効果とされていることの説明が困難となる）。

賠償の理論枠組みを基礎として賠償範囲確定ルールの理論的基礎の考察を行おうとする本節の問題意識から見れば、これらの学説の検討は、必ずしも大きな意味を持つものではないと言える[859]。これらの理由から、以下では、デュムランの議論を承継し、かつ、それを発展させ、フランス民法典1150条へと結実させる役割を担った、ポティエの議論を検討の起点とすることにしたのである。

既に触れたように、ポティエは、『債務法概論』の第1章「債務の本性に属するもの及びその効果」、第2節「債務の効果」の中で、「債務不履行もしくは履行遅滞の結果生ずる損害賠償」（第3款）を扱っており、そこでは、主として、損害賠償の範囲に関わる問題を論じていた[860]。ポティエは、以下のような議論を展開している。「「債務者は、債務不履行の結果生ずる債権者の損害及び利息について義務を負う」と言われるとき、これは、債務者が、債権者に生じた損失及び債務不履行によって奪われた利益を、債権者に対して補償しなければならないことを意味する」[861]。しかしながら、あらゆる損失や利益を損害賠償の対象に含めることはできない。「債務者に対して何ら悪意（dol）を責めることができない場合、また、実現しえないことを軽率に引き受けたためにせよ、あるいは、自己のフォートによって、契約後に債務を実現することができなくなったためにせよ、債務者が債務を履行しなかったのが単純なフォートによるものでしかない場合、債務者は、契約時に、債権者が債務不履行から被りうることを予見することができた損害賠償についてのみ義務を負う。というのは、債務者は、それらの損害賠償についてのみ義務を負うものとみなされているからである」[862]。ここでは、債務者に悪意が存在しない場合、契約不履行に基づく損害賠償の範囲は予見可能性によって画されるという、民法典1150条と同じ規範が示されている。

ポティエは、更に続ける。「通常、当事者は、債務不履行により、債権者が債務の対象であった物それ自体との関連で被りうる損害賠償についてのみ予見し、債務不履行が債権者のその他の財産に生じさせる損害賠償については予見していなかったものとみなされる」[863]。しかし、債務者は、後者の損害であっても、損害賠償を義

---

[859] もちろん、古法時代の学説の検討が意味を持たないというわけではない。契約不履行に基づく損害賠償の理論的展開をフォローし、2つの理論枠組みをより明確な形で基礎付けるという目的からすれば、その検討は極めて有用である。本文の叙述は、あくまでも契約不履行に基づく損害賠償の理論枠組みを起点として賠償範囲確定ルールの意味に関する考察を行おうとする本節の問題意識を前提としたものである。
[860] Pothier, supra note 54, n°s 159 et s., pp.76 et s.
[861] Pothier, supra note 54, n° 159, p.76.
[862] Pothier, supra note 54, n° 160, p.76.
[863] Pothier, supra note 54, n° 161, p.76. ポティエは、以下のような例を挙げている（Ibid., n° 161, pp.76 et s.)。
　馬の売買において、売主が特定の期日に馬を引き渡さなかった。その間に馬の市場価格が上がったことから、買主は、同じ品質の馬を購入するのに、より高い代金を支払わなければならなかった。このとき、売主は、この損害について義務を負う。しかし、この買主が、馬の引渡しを受けられず、また、ほかの馬を見つけることもできなかったので、特定の場所に行くことができず、

◆第2章◆ 対　象

務付けられることがある。「契約によって、これらの損害及び利息が予定され、また、債務不履行の場合に、債務者が明示もしくは黙示にこれを引き受けていた場合」が、これに当たるのである(864)。このような叙述からは、契約不履行に基づく損害賠償の範囲を画する予見可能性について、ポティエが、これを当事者の心理的・主観的な概念としてではなく、契約との関連で客観的に把握していることが明らかになる。すなわち、契約当事者は、債権者が債務の対象それ自体との関連で被りうる損害（内在的損害（dommages intrinsèques））のみを予見し、債務不履行が債権者のその他の財産に対して惹起した損害（外在的損害（dommages extrinsèques））については予見していなかったものとみなされるというのは、通常、契約当事者は、契約を締結することによって、債務の対象それ自体に関わる利益の獲得を目指しており、これが、契約不履行に基づく損害賠償の対象となることを意味している。また、外在的損害であったとしても、契約によってそれが予定され、債務者によって明示もしくは黙示に引き受けられていた場合には、契約不履行に基づく損害賠償の対象となりうるとの理解は、まさに、当該損害が契約の中に取り込まれていたかどうか、債務者の債務として引き受けられていたかどうかを問題にするものと言うことができる。このように、ポティエのシステムは、契約不履行に基づく損害賠償を、「債務の効果」、あるいは、債務が履行されなかった場合における価値的な実現手段として捉える構想を前提に、その範囲を、契約を通じて獲得することが予定されていた利益の範囲によって画そうとするものと見ることができるのである(865)(866)。

　　その結果、そこで得られるはずであった利益を得ることができなかったという場合、売主は、この損害について義務を負わない。これは、債務の対象とは無関係であり、契約締結時に予見することのできなかった損害だからである。
　　賃貸人が、自己の所有物でない家をそうであると信じて賃貸したが、その後、賃借人は、真の所有者からこの土地を追奪された。その結果、この賃借人は、当該賃貸借契約以降の賃料値上げに伴い、追奪から当該賃貸借契約の期間満了までの間、高額の賃料の支払を余儀なくされた。このとき、貸主は、この損害について義務を負う。本件賃貸借契約における賃貸人の債務の対象は不動産の使用・収益であるところ、この損害は、それと直接的な関係を持つからである。しかし、この賃借人が、商売を営んでおり、立ち退きを余儀なくされたために顧客を失い、商売に大きな影響を受けたという場合、あるいは、立ち退きの際に高価な動産が壊れてしまったという場合、貸主は、この損害について義務を負わない。これらは、債務の対象とは無関係であり、契約締結時に予見することのできなかった損害だからである。
　(864)　Pothier, supra note 54, n° 162, p.77. ポティエは、注(863)で引用した例について、以下のように述べている。馬の売買の例で、売買契約の中に、「利益を得るのに十分な時間的余裕をもって、その場所へ行くことができるように馬を引き渡す」との条項がある場合には、目的地で得ることのできた利益についても、契約不履行に基づく損害賠償の対象となる。というのは、「取引の条項によって、この損害のリスクが予定かつ表明され、私はそれを引き受けたものとみなされるからである」。また、建物賃貸借の例で、賃貸人が、商店を営むために、あるいは、宿屋を営むために不動産を賃貸したという場合には、顧客の喪失や取引の損害についても、契約不履行に基づく損害賠償の対象となる。「洋服屋や宿屋を営むために私の家を貸したのであるから、この種の損害は、そのリスクが予定され、黙示に引き受けたものとみなされる損害なのである」。
　(865)　ポティエは、ローマ法源やシャルル・デュムランの議論を検討する中で、以下のようにも述べている（Pothier, supra note 54, n°s 164 et s., pp.78 et s. 引用部分は、n° 164, p.79）。予見可能性ルールの背後には、「契約から生ずる債務は、当事者の同意と意思のみによって形成される」との考え方がある。損害が過度である場合、債務者はそれについて何ら考えていなかったのであ

320

第 2 節　制限と完全

　このような形でポティエにおける契約不履行に基づく損害賠償の範囲の原則論を理解すると、彼が示していた例外についても、以下のような解釈が可能となろう。
　第 1 に、債務者が悪意（dol）であるケースについての例外である[867]。ポティエは、この点について、以下のように述べている。「債務者は、その悪意が生じさせた

から、損害賠償は、債務者がそれについて合理的に考えた範囲に限定されなければならない。「債務者は、それを超えて義務付けられることに同意したとはみなされないのである」。
(866) このような理解は、各種の契約に関するトレテの中でも展開されている。例えば、『売買契約概論（Traité du contrat de vente）』の第 2 章「売主の債務及びそこから生ずる訴権（Des engagements du vendeur, et des actions qui en naissent）」、第 1 節「売買契約の性質から生ずる売主の債務（Des engagements du vendeur qui naissent de la nature du contrat de vente）」、第 1 款「物を引き渡す債務、及び引渡しまでその保存に注意する債務（De l'obligation de livrer la chose, et de veiller à sa conservation jusqu'à la livraison）」では、物が売主の行為によって滅失した場合の取扱いに関連して、以下のような議論がなされている。この場合、売主は、買主に対して物の滅失から生ずる損害賠償の義務を負うが、これは、物を保存する債務の効果である（Pothier, supra note 304, Traité du contrat de vente, n° 57, p.25）。ここで、「売主が引渡しをしなかったために通常義務付けられる損害賠償は、追奪の場合と同じく、買主が契約の対象とされた物それ自体との関係で得ることのできなかったもの全てのうち、支払った代価を超えるものである」（n° 69 bis, p.34）。「というのは、通常、予見され、売主が引き受けようとするのは、この損害賠償だからである。従って、この訴権は、通常、買主が外在的に被り、契約不履行が離れた原因でしかない損害賠償には及ばない」（n° 72, p.35. 以下の例が挙げられている。ある者が農家に対し燕麦を売却したが引き渡さなかった。その結果、農家の馬が瘦せてしまったり、土地を耕せなくなったりしたとしても、これらは外在的な損害であるから、通常は、賠償の対象とならない）。もっとも、外在的な損害であっても、それが契約時に予見され、少なくとも債務者が黙示的にそれを引き受けていたと言える場合には、損害賠償の対象となりうる（n° 73, pp.35 et s. 以下の例が挙げられている。ある者が、建物倒壊の切迫した危険を知らされ、それを承知した上で、補強工事のための木材を売却することを約したが、引き渡さなかった。その結果、建物が倒壊してしまったとすれば、これは外在的損害ということになるが、倒壊を回避することが契約の主たる目的であったことに鑑みれば、この損害は、契約時に予見され、この者によって黙示的に引き受けられていたものと見るべきである）。また、こうした叙述は、『賃貸借契約概論（Traité du contrat de louage）』の中にも、確認することができる（Pothier, supra note 304, Traité du contrat de louage, n° 68, pp.29 et s.）。
(867) この点について、ドマは、損害賠償の範囲を究究する際には、損害の直接性のみならず、行為の性格をも考慮しなければならないと説いていた。すなわち、損害賠償の範囲を決定するためには、「第 1 に、行為の性格を考慮しなければならない。重罪、軽罪、詐欺行為であるのか、それとも、単なるフォート、懈怠、意図的でない債務の不履行なのかということである。後に見るように、これらの相違によって、損害賠償は、あるいは大きくなり、あるいは小さくなるからである」。言い換えれば、これは、「損害賠償を請求されている者に、何らかの害する意図、悪意が存在するのか、それとも、存在しないのかという」問題である（Domat, supra note 54, Liv. III, Tit. V）。更に、ドマは、「損害賠償」と題する款の中で、この規律を更に詳細な形で説明している。「損害賠償を義務付けられる全ての場合において、それを生じさせた行為の性格を考慮し、詐欺も悪意も存在しない行為と、これらが存在する行為とを区別しなければならない。というのは、ほかの状況が同じであったとしても、この相違によって、損害賠償はあるいは大きく、あるいは小さくなるからである」（Ibid., Liv. III, Tit. V, Sec. II, VIII）。
　このようなドマの叙述をどのように理解すべきかは極めて困難な問題であるが、最低限、以下のように評価することは可能であろう。第 3 編「債務に付け加わり、もしくは債務を強固にする結果」の第 5 章「利息、損害賠償、及び費用の返還」においては、合意の不履行に基づく損害賠償と不法行為に基づく損害賠償とが区別なく論じられていることを強調するならば、この叙述は、行為態様ないし行為者の主観的態様が損害賠償一般の範囲に影響を及ぼす旨を述べたものとして理解することができる。ところで、ここでは、上記の引用部分に続けて挙げられている例が、いずれも、追奪担保と瑕疵担保であることを指摘しておかなければならない。つまり、ドマは、売買契約における特殊な規律を、契約不履行に基づく損害賠償を超え、損害賠償一般に妥当する法理として定式化しようと試みているのである。

321

◆第2章◆ 対　象

全ての損害賠償に関して区別なく、つまり、契約の対象とされた物それ自体との関係で被った損害賠償だけでなく、その他の財産との関連で被った全ての損害賠償についても、義務を負う。この場合、債務者がそれを引き受けたものとみなされるべきかどうかを区別する必要も、それを議論する必要もない。というのは、悪意を犯した者は、この悪意によって生ずる全ての不正の賠償を義務付けられるからであ」り、これらの損害を生じさせたのは、まさに、債務者の悪意だからである[868]。結局、悪意の債務者に義務付けられる損害賠償は、その範囲において、善意の債務者が義務付けられる損害賠償とは異なる。というのは、この場合、通常の損害賠償の背後にある原理が適用されないからである[869]。このような叙述からは、債務者が悪意である場合の損害賠償は、債務者の悪意それ自体を原因として義務付けられるものであること、その結果、この損害賠償に関しては、契約を基準として賠償範囲を確定するという原理が妥当しえないこと、つまり、この局面で履行方式としての契約不履行に基づく損害賠償は問題となりえないことが、示されているものと理解することができるのである。

第2に、職業的売主についての例外である[870]。ポティエは、売買契約に関連する箇所のみならず、債務一般に関わる箇所においても、職業的売主に対し、一般的な形で、外在的損害についての賠償義務を負わせる旨の叙述を残している。ポティエは言う。例えば、建物を補強するための木材の売買において、この木材に瑕疵が存在したことから、それを補強に使用した建物が崩壊してしまったという場合、通常の売主であれば、建物の倒壊について損害賠償の義務を負うことはないが、職業的な売主であったときには、建物の倒壊に関する損害についても賠償する義務を負う。もっとも、これは、職業的売主であれば、建物の補強に適する木材を提供しなければならず、その限りにおいて、それに伴うリスクも引き受けているという理由

---

(868) Pothier, supra note 54, n° 166, p.80.
(869) Pothier, supra note 54, n° 168, pp.81 et s.
(870) 職業的売主が負うべき損害賠償の範囲を特別に規律しようとする方向性は、ドマの中にも見出すことができる。ドマは、第2章「売買契約」、第2節「売主の買主に対する債務」の中で、売主の瑕疵担保責任を概観し（Domat, supra note 54, Liv.I, Tit.II, Sec.II, N° IV)、第11節「廃却及び代金減額（De la rédhibition et diminution du prix)」において、その規律を詳細に説明しているが、その中で、以下のような叙述を残しているのである。「売却物の欠陥が売主に知られていなかった場合、売主は、物を引き取り、あるいは、代価を減額するだけでなく（中略）、売買が生じさせた費用を買主に支払う義務を負う」。「売主が売却物の欠陥を認識していた場合、先の規範に従って損害賠償を義務付けられるだけでなく、物の欠陥が生じさせたそれ以上の結果についても責任を負う。例えば、感染症に罹っている羊の群れを告げずに売却した者は、この感染症によってり患させられた買主のほかの家畜の滅失についても義務を負う。売主が売却物の瑕疵を認識すべきであった場合も、同様である。この場合、売主は、それを知らなかったと主張することはできない。例えば、建物の資材を提供する建築家が、不十分な状態でそれを引き渡したときには、そこから生ずる損害についても義務を負う」(Ibid., Liv.I, Tit.II, Sec.XI, N° VI et VII)。上記で挙げられている例のほかに、どのようなケースが、「売主が売却物の瑕疵を認識すべきであった場合」に該当するのかは明らかでないが、少なくとも、「瑕疵を認識すべきであった」と評価される場合に責任を加重しようとする方向性が示されていることは、明らかである。

322

に基づくものである。従って、売主が、一定の規模の建物を補強するために木材を売却したところ、買主が、より大きな建物を補強するためにこの木材を使用したために、建物が崩壊してしまったとしても、この木材が当初予定していた規模の建物を補強するのに十分な強度を有していれば、売主は、建物の崩壊について損害賠償の義務を負わないのである[871]。

このように、ポティエは、職業的売主が負うべき損害賠償の範囲を通常の売主のそれよりも広く設定しているが、これは、今日の判例のように、職業的売主を悪意の売主と同一視したことに由来するものではない。すなわち、20世紀中葉以降の判例は、売主の瑕疵担保責任につき、善意の売主に対しては代金の返還と売買費用の償還のみを義務付け、悪意の売主に対してはそれに加え全ての損害の賠償を義務付けている、民法典のテクストとの関連で[872]、専門家としての売主の責任を加重するために、「職業として、売却目的物の瑕疵を認識していなければならない者は、それを認識していた者と同一視されなければならない」との法理を展開してきた[873][874]。しかし、ポティエの論理は、これとは全くパラダイムを異にするもので

---

[871] Pothier, supra note 54, n° 163, p.77.『売買契約概論』の「廃却の原因となる瑕疵の担保 (De la garantie des vices rédhibitoires)」の中でも、別の例を用いて、同様の法理が提示されている。例えば、樽職人や樽を専門とする売主が樽を売却したが、この樽に瑕疵が存在したために、樽に入れたワインが失われたとか、ワインに悪臭が移ったという場合、この売主は、滅失・毀損したワインの価格についても賠償する義務を負う。もっとも、買主が契約において予定されていたのとは異なる用法で樽を使用したときには、売主は、買主が予定されていた用法で樽を使用した場合に被っていたであろう価値の限度においてのみ損害賠償の義務を負う。というのは、この売主は、樽が契約において予定された用法について適切であることだけを約束しているからである。Pothier, supra note 304, Traité du contrat de vente, n°ˢ 213 et s., pp.88 et s.

[872] フランス民法典1645条「売主は、物の瑕疵を知っていた場合には、受領した代金の返還のほかに、買主に対して全ての損害賠償の義務を負う（原文は、Si le vendeur connaissait les vices de la chose, il est tenu, outre la restitution du prix qu'il en a reçu, de tous les dommages et intérêts envers l'acheteur.)」。

同1646条「売主は、物の瑕疵を知らなかった場合には、代金の返還及び売買によって生じた費用の取得者への償還についてのみ義務を負う（原文は、Si le vendeur ignorait les vices de la chose, il ne sera tenu qu'à la restitution du prix, et à rembourser à l'acquéreur les frais occasionnés par la vente.)」。

[873] Ex. Cass. 1ʳᵉ civ., 24 nov. 1954, JCP., 1955, II, 8565, obs., H. B.（ガスの売買契約において、売主がガスを充塡している際に、ガスに不純物が混入していたことから爆発が生じ、買主が負傷してしまったという事案である。原審は、民法典1641条以下の規定に基づき、全ての損害について賠償を認めた。売主からの上告に対し、破毀院は、以下のように述べてこれを棄却した。「民法典1646条によれば、物の瑕疵を知らなかった売主は、代価の返還と売買によって生じた費用を買主に償還する義務しか負わないが、反対に、同法典1645条によれば、瑕疵の存在を認識していた売主は、自己が受け取った代金のほか、買主に対して全ての損害賠償を義務付けられるところ、職業として瑕疵を認識していなければならない者は、これと同一視されるべきである」); Cass. 1ʳᵉ civ., 19 janv. 1965, D., 1965, 389 ; RTD civ., 1965, 665, obs., Gérard Cornu（ポン・サン・エスプリ (Pont-Saint-Esprit) で発生した、痛んだ小麦で作られたパンを原因とする集団食中毒事件である。この訴訟は、被害者及びその承継人等が、パン屋に対して損害賠償を請求し、このパン屋が、小麦の売主に対して求償を求めたという事案に関するものである。原審は、パン屋の請求を認容している (Nîmes, 25 avril 1960, D., 1960, 725, note René Savatier ; RTD civ., 1961, 102, obs., André Tunc)。小麦の売主からの上告に対し、破毀院は、前掲・破毀院民事第1部1954年11月24日判決と同じ説示を繰り返して、これを棄却した) ; Cass. com., 17 fév. 1965, D., 1965, 353（事案の概要は、以下の通りである。木工細工の請負人が、床の工事を請け負い、仕事

ある。ポティエの理解において、職業的売主の賠償範囲が拡大されているのは、職業的売主であれば、この点に関するリスクを常に引き受けていると考えられたからである。つまり、通常の売主の場合には、特別な形で契約領域の中に取り込まれていない限り、外在的損害は賠償の対象とはなりえないが、職業的売主の場合には、この点に関する特別の約束が存在しない場合であっても、当然に、かつ、常に、それが契約の中に取り込まれていると理解されているのである。このように見ると、職業的売主の賠償範囲に関するポティエの法理が、契約を基準として賠償範囲を確定するという原理の妥当しない悪意の債務者の賠償範囲に関する法理と、その意味を全く異にすることは明らかであろう。職業的売主の例外は、あくまでも契約の論理に従い、ただ、予見可能性ルールを特殊な形で適用しようとするものに過ぎないのである。

かくして、ポティエによる契約不履行に基づく損害賠償の範囲論は、以下のように整理することができる。契約不履行に基づく損害賠償は、履行されなかった契約の価値的な実現手段であるから、その範囲も、当然、契約で予定されたものによって画される。従って、ここで言う予見可能性は、契約における予定を意味するもの

―――――――――――

を完成させたところ、注文者から瑕疵の存在を指摘され、木喰虫が存在する等の不完全な状態にあった床の根太及び薄板の撤去、軋みや歪みのある床の補正・予防措置、更に、仮賠償金の支払いを命ぜられた。そこで、請負人は、根太の供給者に対して、その償還を求めた。破毀院は、「職業として、売却目的物の瑕疵を認識していなければならない者は、それを認識していた者と同一視されなければならない」と判示して、請負人の請求を認容した原審を維持した）; Cass. 1re civ., 28 nov. 1966, D., 1967, 99（売買契約の対象であったレモネードの瓶が爆発し、買主が顔を負傷してしまったという事案である。原審は、民法典1645条に基づき、買主の損害賠償請求を認容した。売主からの上告に対し、破毀院は、「職業として、売却目的物の瑕疵を認識していなければならない者は、それを認識していた者と同一視されなければならない」と判示して、これを棄却した）; Cass. 1re civ., 30 janv. 1967, JCP., 1967, II, 15025（畜産業者との間で締結された種付けのための雄牛の売買契約において、後になって、売買の対象となった雄牛が生殖能力を持たないことが明らかになったという事案に関するものである。買主からの損害賠償請求を認容した原審に対し、畜産業者は、自己が善意であったことを考慮していない等として上告した。破毀院は、「職業として、売却目的物の瑕疵を認識していなければならない者は、それを認識していた者と同一視されなければならない」と判示して、畜産業者の上告を棄却した）; Cass. com., 15 nov. 1971, D., 1972, 211（園芸士が業者から挿し穂と菊を購入したところ、そこに瑕疵が存在したという事案である。園芸師からの損害賠償請求を認容した原審に対し、業者は、本件事情の下で瑕疵の存在を見分けることは不可能であったとして上告した。破毀院は、「職業的売主は、瑕疵を認識しているものとみなされる以上、瑕疵を見分けることが不可能であったとの主張は意味を持たない」として、これを棄却した）; etc.

(874)　それ以前の判例は、民法典1646条の売買費用を広く捉えることによって、売主の責任を加重するという要請に応えていた。Ex. Cass. req., 21 oct. 1925, D., 1926, 1, 9, Rapport Cécile, note Louis Josserand. 事案は、Xが、Yから購入した自動車を使用していたところ、自動車の瑕疵を原因とする事故が発生し、被害者Aに対して損害賠償を支払ったので、売主であるYに対し、その償還を求めたというものである。破毀院は、以下のように判示して、Xの請求を認めた原審を維持した。「上告が主張するように、隠れた瑕疵の存在する物の善意の売主が、買主に対して、代金と契約費用の返還のみを義務付けられるというのは、不正確である。売買の解消は、可能な限り、買主を契約が存在しなかったのと同じ状態に回復させなければならない。買主が正当に期待することのできた利益の喪失を理由とする損害賠償を認めることはできないが、売買によって生じた費用、とりわけ、買主が無駄に支出した費用や、売買目的物によって生じた損害を賠償するために支払いを命ぜられた額については、代金と同時に、買主に対して償還されるというのが正当である」。

として定式化することができる。そして、このルールは、債務者に悪意が存しない限り、債務者が通常人であろうと、職業人であろうと、異なるものではない。両者の区別は、契約解釈のレベルで意味を持つに過ぎないのである。もっとも、債務者に悪意が存在したときには、このルールは適用されない。この場合、損害賠償の原因は、契約ではなく、債務者の悪意それ自体に求められるため、契約の範囲によって賠償範囲を画すルールが適用される余地はないからである。以上のように見てくると、ポティエの理論は、しばしば、今日の通説的見解、つまり、主観的・心理的概念としての予見可能性を前提とした民法典1150条の意思による基礎付けと同列に扱われているが、このような理解は、必ずしも適切ではないと言うべきである[875]。

　フランス民法典1150条は、上記のようなポティエのシステムに依拠して起草された。確かに、起草過程の議論の中で、その旨が直接的に言明されているわけではないが、テクストの体裁や文言、契約不履行に基づく損害賠償の諸規定に対するポティエの影響等を総合的に考慮すれば、同条の基礎には、やはり、ポティエの理論が存在すると言うべきである。また、債務者に悪意が存在する場合の規律について、フェリクス・ジュリアン・ジャン・ビゴ・プレアムヌが、立法院（Corps législatif）で行った趣旨説明からも、その影響を窺い知ることができる。ビゴ・プレアムヌは言う。「債務者がその債務に違反する際に悪意であった場合、この債務者は、契約を締結するときに予見し、または予見することのできたことだけでなく、その悪意がもたらしえた特別な諸結果についても、賠償しなければならない。悪意は、それを犯す者に対して、契約から生ずる債務とは別の新たな債務を負担させるのであり、この新たな債務は、悪意によって生じた全ての損害を賠償することによってしか充足されないのである」[876]。ここでは、悪意の債務者に対して義務付けられる損害賠償が、契約債務とは別に発生する新たな債務であることが述べられており、これを債務者に悪意が存在しない場合に即して言えば、この場合の損害賠償は、契約債務それ自体であり、従って、その範囲も、契約の範囲によって直接的に規律されるという解釈が成り立ちうるのである。

---

(875) 例えば、難波・前掲注(159)(1) 43頁以下は、ポティエの理論を意思説に分類し、その延長線上に、今日の通説的見解を位置付けている（同論文の中では、ポティエのほか、シャルル・デュムラン、シャルル・ドゥモロンブ、ジャン・ヴァン・リャン（Jean Van Ryn）、アンリ・マゾー=レオン・マゾー=フランソワ・シャバス、フィリップ・ル・トゥルノー、イヴ・カルティエ（Yves Chartier）、クリスティアン・ラルメ、ボリ・スタルクが、同じ意思説の中に分類されている）。このような理解は、契約債務が契約当事者の意思に由来し、従って、その代替的履行手段としての損害賠償も当事者意思に結び付けられるとのコンテクストにおいては、正当であるが（Cf. Pothier, supra note 54, n° 164, p.79（「契約から生ずる債務は、当事者の同意及び意思によってのみ形成される」））、ポティエのシステムを、今日の通説的見解と同じ意味での意思説に等しいものと把握するのであれば、適切な理解とは言えない。たとえ表面的な説明が類似するとしても、各々が前提とする契約不履行に基づく損害賠償の理論枠組みによって、予見可能性の意味は大きく異なってくるのである。

(876) Fenet, supra note 306, p.233.

◆第2章◆ 対　象

　更に、19世紀の一般的な学説も、その基本枠組みにおいて、ポティエの理論を承継した。19世紀の学説の多くは、古法以来の伝統に従って、不法行為上のフォートと契約上のフォート、そして、不法行為に基づく損害賠償と契約不履行に基づく損害賠償を明確に対置し[877]、後者の源を契約それ自体の中に求め[878]、そこから、履行方式としての契約不履行に基づく損害賠償の理論を構築した上で、以下のような議論を展開していたのである。契約不履行に基づく損害賠償は、契約を基礎とし、履行されなかった債務を金銭という等価物によって実現するための制度であるから、その範囲も、当然、契約あるいは当事者の同意によって画される。民法典1150条が予見可能性による賠償範囲確定ルールを設けたのは、そのためである[879]。と

---

(877) この点については、第1章・第1節・第1款・第2項109頁以下を参照。
(878) この点については、第1章・第1節・第2款・第2項177頁以下を参照。
(879) ニュアンスの相違はあるが、Marcadé, supra note 296, n° 521, pp.418 et s.（「債務者に対して如何なる悪意も非難することができない場合には、ごく自然に、その損害賠償債務を、この点について債務者と債権者との間で決定された黙示の付随的合意の結果として見ることができる。この当事者の確かな意図は、諸状況及び事物の自然な流れに従って予見することのできた損害についてしか対象としえないから、債務者が負わなければならないのも、この損害の賠償だけなのである」）; Id., Explication théorique et pratique du Code Napoléon contenant l'analyse critique des auteurs et de la jurisprudence et un traité résumé après le commentaire de chaque titre, t.5, 5ème éd., Librairie de jurisprudence de cotillon, Paris, 1852, p.267（民法典1150条は、黙示の合意を基礎とするものであるから、不法行為に基づく損害賠償には適用されない）; Boileux, supra note 296, p.408（「債務者が善意である場合、法律は、債務者が契約を締結することによって黙示的に引き受けた損害賠償のみを義務付けている」）et p.409（「ここでは、黙示の条項、付随的な合意の解釈が問題となっている」）; Larombière, supra note 296, p.549 et p.556 et s.（不法行為に基づく損害賠償の場合、その範囲は、予見可能性を問わず、常に損害に基づいて算定される。というのは、行為者がこの損害について引き受けたものとみなすことはできないからである）; Mourlon, supra note 296, n° 1147, pp.587 et s.（「債務者に悪意が存在しない場合、損害賠償を支払う債務は、黙示の条項を基礎としている。債務者は、この条項によって、債務不履行から生じうる損害について、債権者に賠償することを約束しているものと推定されるのである」）; Demolombe, supra note 296, n° 578, pp.559 et s.（「損害賠償という副次的債務の真の原因は、合意それ自体の黙示の条項に存し、これによって、債務者は、主たる債務が履行されない場合に、債権者に対して補償することを同意しているのである」。「ところで、合意は、当事者の同意によってのみ締結される。そして、当事者の同意は、当事者が予見し、あるいは少なくとも予見することのできたことにしか適用されない」。ここから、民法典1150条の規範が導かれるのである）; Acollas, supra note 296, p.797 ; Laurent, supra note 296, n° 286, p.346（「契約当事者の目的は何か。それは、契約の対象とされた物から生ずる利益を債権者に得させることである。合意の不履行によって、債権者がこの有用性を持たなかった場合、債権者はその補償を受けなければならない。この意味において、債務者は、内在的損害賠償の支払いを義務付けられるのである」）et n° 295, pp.354 et s.（契約不履行に基づく損害賠償のコーズは、契約当事者の意思である）; Rambaud, supra note 296, p.355 ; Demante et Colmet de Santerre, supra note 296, n° 66 bis. I, p.92（債務者に「悪意が存在しない場合、不履行によって生じた損害を賠償する債務は、合意それ自体の中に源を持つ。この債務は、契約の黙示的条項から生じ、これによって、債務者は、損害の賠償を約束しているのである」）; Glasson, supra note 296, p.581 ; Huc, supra note 296, n° 93, p.144（民法典「1149条及び1150条は、契約当事者の推定的意思に基礎を置くものであるから、不法行為上のフォートには適用されない」）et n° 147, pp.209 et s.（「債務者側にフロードが存在しない場合、法律は、当事者間に黙示の条項が存在し、それによって、債務者は、予見することができた範囲内で、自己の行為もしくはフォートによる不履行から生じた損害を賠償する義務を負うとの考え方を出発点としている。従って、1150条は、当事者の推定的意思を解釈したものでしかない」）; Baudry-Lacantinerie, supra note 296, n° 869, p.622（民法典1149条及び1150条は、「契約当事者の推定的意思」に基礎を置くものであるから、不法行為に基づく損害賠償には適用されない）et n° 895, p.646（「損害賠償を支払う債務は、黙示の合意から生ずるものと考えられてい

326

＊第2節＊ 制限と完全

ころで、債務者の不履行を原因として発生する損害には、債務の対象それ自体に対して生ずる損害（内在的損害）と、それ以外の物に対して生ずる損害（外在的損害）が存在する。上記のような契約不履行に基づく損害賠償の性質・機能に鑑みれば、前者は、常に、予見の対象に含まれるが、後者は、特別の約束によって契約領域に取り込まれていない限り、予見の対象になることはないと理解しなければならない(880)(881)。また、民法典1150条は、債務者が悪意の場合に予見可能性による賠償範囲確定ルールが適用されないことを規定しているが、この意味も、上記のような予見可能性の趣旨に照らせば容易に説明することができる。すなわち、この局面で

る」）; Baudry-Lacantinerie et Barde, supra note 296, n° 356, p.356（民法典1149条及び1150条は、「契約当事者の推定的意思」に基礎を置くものであるから、不法行為に基づく損害賠償には適用されない）et n° 483, p.458（「損害賠償を支払う債務は、黙示の合意から生ずるものと考えられている」）; Gabriel Baudry-Lacantinerie et Louis Joseph Barde, Traité théorique et pratique de Droit civil, t.13, Des obligations, t.3, 2ᵉᵐᵉ éd., La société du recueil Gal des lois et des arrêts, Paris, 1905, n° 2879, p.1114（民法典1150条は、契約における黙示の条項に基礎を置くものであるから、不法行為に基づく損害賠償には適用されない）; etc.

また、Cf. Loubers, supra note 296, pp.130 et s.（もっとも、アンリ・ルーベル（Henri Loubers）は、債務者が外在的損害の賠償を義務付けられない理由について、この損害を債務者の責めに帰すことはできないからであるとも述べている）; Sainctelette, supra note 26, p.19（契約当事者は、合意によって、各人が負うべき債務の範囲を限定する。従って、契約当事者は、必然的に不履行の場合に支払うべき損害賠償の範囲をも画しているのである）; Guy, supra note 296, p.95（民法典1150条は、契約上のフォートによって新たに賠償債務が発生するという考え方を排斥している）; Auvynet, supra note 296, p.24（（契約不履行に基づく損害賠償の源を論ずるコンテクストではあるが）契約不履行に基づく損害賠償は、当事者の推定的意思という規範によって規律される）et pp.123 et s.（債務者は、給付を実現する義務のみならず、不履行によって生ずる損害を賠償する義務をも負っている。民法典1150条は、予見不可能であった出来事については引き受けることはできないとの考え方に基礎を置くものである）; Duffo, supra note 296, pp.143 et s.（契約不履行に基づく損害賠償の源は契約にあるから、その範囲も当事者の意思によって画される）; Sarran, supra note 313, intro., XIV（契約の付随的条項）; Albert Zens, De la responsabilité du voiturier à raison des accidents de personnes, th. Paris, A. Pedone, Paris, 1896, pp.129 et s.（契約不履行に基づく損害賠償は、合意それ自体の中に源を持つ。それは、契約における黙示の条項に基づくものであるから、その範囲も、予見によって画されなければならない）; Delmond-Bébet, supra note 296, p.70（民法典1150条は、当事者意思の解釈に基づく規範である）; Edmond Gorisse, De la quotité de la réparation en droit civil, th. Lille, 1911, pp.179 et s.; etc.

(880) Philippe Antoine Merlin, Répertoire universel et raisonné de jurisprudence, t.5, Remoissenet, Libraire, Propriétaire-éditeur, Paris, 1814, p.47（損害賠償（Dommages et intérêts）の項目。ただし、内在的損害・外在的損害という表現が使われているわけではない）; Demolombe, supra note 296, nᵒˢ 580 et s., pp.560 et s.（内在的損害・外在的損害の区別は、「極めて正確かつ重要である」）; Aubry, Rau et Gault, supra note 296, 5ᵉᵐᵉ éd., p.172, note 41 ter（悪意の債務者が義務付けられる賠償の範囲に関連して、内在的損害・外在的損害の区別に言及する。これは、第4版には見られなかった記述である）; Laurent, supra note 296, n° 286, pp.345 et s.; Huc, supra note 296, nᵒˢ 147 et s., p.212; Baudry-Lacantinerie et Barde, supra note 296, nᵒˢ 483 et s., pp.458 et s.; Duffo, supra note 296, pp.137 et s.; Gorisse, supra note 879, pp.181 et s.; etc.

(881) 注(880)で引用したように、シャルル・ドゥモロンブ（Charles Demolombe）、シャルル・オーブリー＝シャルル・ロー、フランソワ・ローラン等、当時の代表的な学説は、ポティエによって提示された内在的損害・外在的損害の区別を用いて、民法典1150条の規範を説明していたが、この区別に批判的な見解が存在しないというわけではなかった。例えば、ヴィクトール・マルカデは、予見可能であったこと全てが賠償の対象になると言えば十分であるとして、この区別の不要性を説いていたのである（Marcadé, supra note 296, nᵒˢ 522 et s., p.419）。その他、この区別を排斥するものとして、Loubers, supra note 296, pp.134 et s.

予見可能性ルールが妥当しないのは、この場合における損害賠償が、契約を源とするものではなく、債務者の悪意それ自体を原因として発生する新たな債務だからであり、ここでは、「フォートによって他人に生じさせた損害を賠償する債務を課す一般原則」が問題となっているからなのである[882][883]。以上のように契約不履行に基づく損害賠償の範囲をめぐる議論を一瞥するだけでも、19世紀の学説において、ポティエによって構築された理論の影響が極めて大きかったこと[884][885]、そして、上記のような民法典1150条の解釈の基礎に、履行方式として契約不履行に基づく損害賠償を捉える構想が存在したことは、容易に理解することができよう[886]。

(882) Demante et Colmet de Santerre, supra note 296, n° 66 bis. I, p.92. その他、Poujol, supra note 296, pp.266 et s. ; Marcadé, supra note 296, n° 521, p.419 ; Mourlon, supra note 296, n° 1147, p.588 ; Demolombe, supra note 296, n° 598, pp.587 et s. ; Acollas, supra note 296, p.797 ; Laurent, supra note 296, n° 295, pp.354 et s. ; Rambaud, supra note 296, p.355 ; Glasson, supra note 296, p.581. ; Huc, supra note 296, n° 150, pp.212 et s. ; Baudry-Lacantinerie, supra note 296, n° 895, p.647 ; Baudry-Lacantinerie et Barde, supra note 296, n° 487, pp.463 et s. ; etc. また、Cf. Loubers, supra note 296, pp.133 et s. ; Duffo, supra note 296, pp.143 et s. ; Gorisse, supra note 879, pp.172 et s.

(883) これに対して、契約不履行に基づく損害賠償を「保証」、不法行為に基づく損害賠償を「責任」と呼び、2つの損害賠償を明確に区別する議論を最も精力的に展開していた、シャルル・サンクトレットは、契約不履行に基づく損害賠償の源を論じたコンテクストにおいてではあるが、先に引用した悪意の債務者の賠償範囲に関するビゴ・プレアムヌの趣旨説明に対して、以下のような批判を提起していた。ビゴ・プレアムヌは、債務者に悪意が存する場合には、契約とは別の新たな賠償債務が発生すると述べている。しかし、この場合であっても、契約債務は消滅せずに存続する。契約債務に代えて不法行為上の賠償債務が発生するというのは、奇妙な更改を認めることにほかならないのである（Sainctelette, supra note 26, pp.34 et s.）。このようなサンクトレットの叙述からは、彼が、同時代におけるその他の学説とは異なり、悪意の債務者に対して義務付けられる損害賠償についても、その源を契約の中に求めていることが分かる。

(884) また、職業的売主の賠償範囲について、Cf. Larombière, supra note 296, p.549（職業に由来する黙示の保障（l'assurance）として構成）

(885) このことは、当時の学説によって挙げられている例のほとんどが、ポティエの著作（あるいは、ポティエが議論の前提としていたデュムランの著作）で引用されていた例（注(863)、注(864)、注(866)、注(871)を参照）であったことからも、明らかとなろう。Merlin, supra note 880, pp.47 et s.（賃貸借契約における追奪の例）; Duranton, supra note 296, n°s 473 et s., pp.494 et s.（伝染病に感染した馬の売買の例、賃貸借契約における追奪の例）; Boileux, supra note 296, p.409（伝染病に感染した馬の売買の例）; Demolombe, supra note 296, n°s 582 et s., pp.563 et s.（追奪担保の例、賃貸借契約における追奪の例、馬の売買の例）; Laurent, supra note 296, n°s 287 et s., pp.346 et s.（賃貸借における追奪の例）; Demante et Colmet de Santerre, supra note 296, n° 66 bis. II, p.93（賃貸借における追奪の例）; Huc, supra note 296, n°s 147 et s., p.212（追奪担保の例、賃貸借契約における追奪の例）更に、職業的売主が負うべき損害賠償の範囲に関連して、Duranton, supra note 296, n°s 476 et s., pp.499 et s.（建物補強のための木材売買の例）; Larombière, supra note 296, p.548（建物補強のための木材売買の例、樽の売買の例）; Demolombe, supra note 296, n°s 588 et s., pp.568 et s.（建物補強のための木材売買の例、樽の売買の例）; etc.

(886) もっとも、注(326)で指摘したように、19世紀末の学説の中には、「契約責任」の性質やフォートの一元性をめぐる議論の影響を受けて、これとは異なったニュアンスを持つ叙述も含まれるようになる。例えば、ガブリエル・ボードリー・ラカンティヌリー＝ルイ・ジョセフ・バルドは、あくまでも古典理論に従った説明を行った上でのことであるが、以下のような叙述を残しているのである。すなわち、「恐らく、不法行為上のフォートと契約上のフォートの間に存在する相違を強調するべきではない。学理的な観点から見れば、両者は、いずれも、違法行為である。権利が契約から生じたものであろうと、別の源を持つものであろうと、その違反は民事不法行為を構成する。かくして、サレイユがドイツの学説シュトーベ（Stobb）から借用した定式に従って、契約

◆ 第 2 節 ◆ 制限と完全

　以上が、ポティエから 19 世紀末に至るまでの学説において展開された、民法典 1150 条の存在意義、予見可能性に与えられるべき意味をめぐる議論の概要である。契約不履行に基づく損害賠償は、履行されなかった契約の価値的な実現手段であるから、その範囲も、契約で予定されていたものによって画されるという考え方が、世紀を超えて、かつ、法典編纂という画期的な出来事を挟んでも、脈々と受け継がれてきたことが分かるであろう。

　契約不履行に基づく損害賠償を契約の履行方式として捉える近時の有力学説は、以上のような理論史的分析の成果の上に成り立っている。最後に、この有力学説の主張内容を概観し、履行モデルの下における損害賠償の範囲論をより明確な形で提示しておくことにしよう[887]。

　民法典 1150 条は、「契約責任」なる概念、つまり、賠償方式としての契約不履行に基づく損害賠償を否定し、履行方式としての契約不履行に基づく損害賠償を構想するならば、容易に基礎付けることができる。すなわち、契約債務の履行は、必然的に、契約当事者が契約において予定したものを範囲とする。従って、等価物による履行としての役割を持つ契約不履行に基づく損害賠償も、当然、契約締結時に当事者が予定した範囲に限定されるのである。このように理解する場合、民法典 1150 条の予見可能な損害は、契約において約束されたが受け取ることのできなかった利益を越えることも、あるいは、それを下回ることもない。つまり、ここで言う予見可能性は、契約締結時における当事者の意思を問題にした主観的・心理的な概念ではなく、債務の対象それ自体によって規律される客観的な概念なのである。かくして、伝統的な見解によれば、契約領域において「完全賠償原則」に対する例外を設けたテクストとして理解される民法典 1150 条は、契約領域に固有の、そして、履行方式としての契約不履行に基づく損害賠償を構想する立場からは、契約規範上、当然の事理を規定したテクストとして理解されることになるのである。伝統的通説の立場から見た場合に、「完全賠償原則」に対する例外を規定した民法典 1150 条を、「制限賠償原則」を定めたテクストと理解するのであれば、近時の有力学説の立場か

　　上のフォートは契約上の不法行為責任（une responsabilité de délit contractuel）を生じさせると言うことができる。従って、1137 条が規定する責任を正当化するために、黙示の保証という考えに依拠する必要はない。更に、不法行為の被害者に支払われるべき賠償の範囲という視点から見た場合にも、立法上、2 つのフォートの間に設けられるべき区別は存在しないと言うこともできるのである」（Baudry-Lacantinerie et Barde, supra note 296, n° 356, pp. 356 et s. ただし、ボードリー・ラカンティヌリー＝バルドは、その直後に、「しかし、類似はこの限度に止まる。2 つのフォートのうち 1 つは先存する合意を前提とし、他方はそれを前提としていないということだけで、両者の間に存在する重要な相違を導くことができる」とも述べている。

(887) Cf. Le Tourneau, supra note 20, n°s 1034 et s., pp. 400 et s. ; Deschamps, supra note 20, Droit des obligations, pp. 133 et s. ; Rémy, supra note 20, Critique du système français..., p. 46 ; Id., supra note 20, La responsabilité contractuelle..., n°s 41 et s., pp. 350 et s. ; Bellissent, supra note 20, n°s 69 et s., pp. 45 et s. ; Lamazerolles, supra note 709, n°s 374 et s., pp. 354 et s. ; Aubry, supra note 20, n°s 432 et s., pp. 420 et s. ; Faure-Abbad, supra note 20, n°s 230 et s., pp. 205 et s. ; Rémy-Corlay, supra note 20, pp. 27 et s.

ら見た場合、同条は、いわば「完全履行原則」を表明したテクストとして構成することができよう。

以上のように、近時の有力学説は、フランス民法典が、契約不履行に基づく損害賠償を契約ないし契約債務の等価物による履行の手段として捉えていること、従って、民法典1150条も、等価物による履行の範囲に関するテクストとして設けられていること、その結果、契約不履行に基づく損害賠償の範囲は、契約当事者の予見可能性によって、つまり、約束されたが履行されなかった利益によって画されることを主張しているのである。そして、19世紀の学説の多くが、古法以来の伝統に従って、不法行為に基づく損害賠償と契約不履行に基づく損害賠償とを明確に対置し、後者の源を契約それ自体の中に求め、更に、内在的損害・外在的損害の区別を用いて、契約不履行に基づく損害賠償の射程を前者に限定しながら、特別の合意によって契約内容として取り込まれた場合には、後者を契約不履行に基づく損害賠償の対象に含ませるという解釈を採用していたことを想起するならば、19世紀末から20世紀初めにかけて生成・発展した、契約不履行に基づく損害賠償を不法行為に基づく損害賠償と同じ賠償という思考に服せしめる構想が、民法典1150条の規範の正当化を困難なものとし、あるいは、著しく限定された範囲内においてのみ、それを維持せざるをえなくなった原因であるとの理解が暗示されているものと言うことができるのである。

(2)「完全履行原則」適用の不都合？

(1)において検討した近時の有力学説の主張に対しては、主として、その論理を貫徹した場合の帰結について、批判が提起されている。以下では、その内容を明らかにし、批判の意味について若干の検討を行うことによって、履行モデルを基礎とした完全履行原則の意義をより明確な形で提示してみよう。

近時の有力学説に対する批判は、概ね以下のようなものである。

第1に、債務不履行から生ずる損害は、内在的損害と外在的損害、あるいは、不履行と不可分の損害（dommages consubstantiels à l'inexécution）と不履行の結果生ずる損害（dommages consécutifs à l'inexécution）[888]という2つのカテゴリーに分類できるところ、後者のカテゴリーに属する損害（外在的損害、不履行の結果生ずる損害）の賠償を、履行のプロセスとして把握することは不可能である。従って、契約不履行に基づく損害賠償を実現されなかった債務の金銭的等価物による履行手段として捉えようとする解釈は、外在的損害についての賠償もその領域に含めていた、ポティエや民法典起草者の構想と相容れない[889]。そればかりか、この立場によれば、

---

[888] この分類は、ポール・グロセ（Paul Grosser）が提唱する分類であるが（Grosser, supra note 21）、その実質は、ポティエ以来の伝統を誇る内在的損害・外在的損害の区別とほぼ同じである。
[889] この点について、ジュヌヴィエーヴ・ヴィネは、以下のように述べている。ポティエは、契

外在的損害あるいは不履行の結果生ずる損害の賠償が、契約不履行に基づく損害賠償の対象から除外されることになるから、これらの損害についての賠償が否定されることになってしまう(890)。

例えば、種を購入した農家が、その種に瑕疵が存在していたために収穫できなかったという場合、この収穫によって得られたであろう利益の賠償は、種を引き渡す債務の履行と言えるのか。また、警報装置を備え付けた商人が、当該装置が役に立たなかったため盗難にあったという場合(891)、あるいは、当該装置の不備によって、火災が発生してしまったという場合、この盗難や火災によって生じた損害の賠償を、警報装置を設置する債務の履行と見ることはできるのか。更に、銀行に融資の助言を依頼した企業が、その助言の誤りのために悪条件の融資契約を締結するに至ったという場合、悪条件の融資契約を締結したことによって被った損害の賠償を、助言債務の履行プロセスとして観念することはできるのか(892)。答えは、もちろん否で

約不履行に基づく損害賠償の射程を、原則として内在的損害に限定しているが、これは、全く絶対的なものではない。というのは、ポティエは、外在的損害が契約不履行に基づく損害賠償の対象となることを認めているからである。従って、ポティエが予見可能性によって損害賠償の範囲を限定しているのは、それを等価物による履行と同一視したからではなく、損害賠償の範囲を緩和させる必要性を感じていたからなのである（Viney, supra note 21, n° 6, pp.627 et s.）。

また、アンドレア・パンナ（Andrea Pinna）も、近時の有力学説による理解がポティエの賠償範囲論と相容れない旨を指摘している。ポティエにおいては、予見可能性について、二重の推定が行われている。すなわち、内在的損害については、契約締結時に予見していたものと推定され、外在的損害については、契約締結時に予見していなかったものと推定されているのである。従って、近時の有力学説は、内在的損害についてのみ予見可能であり、かつ、損害賠償の対象となる旨を主張しているのであるから、ポティエの理解や民法典の立場に反するものと言わなければならない。ポティエは、契約不履行によって不当に惹起された損害についても、契約不履行に基づく損害賠償の対象になると理解していたのである（Pinna, supra note 709, n° 25, pp.28 et s.）。

(890) Viney, supra note 21, n°ˢ 13 et s., pp.934 et s. ; Id., Rapport de synthèse, in, La responsabilité civile à l'aube du XXIᵉ siècle : Bilan prospectif, Colloque organisé par la Faculté de droit et d'économie de l'Université de Savoie et le Barreau de l'Ordre des avocats de Chambéry, Les 7 et 8 décembre 2000, Resp. civ. et assur., juin 2001, n° 4, p.82 ; Courtiau, supra note 21, n°ˢ 508 et s., pp.294 et s. ; Laithier, supra note 21, n° 101, pp.144 et s. ; Aubert, Flour et Savaux, supra note 66, n° 172, p.139.

(891) Cf. Cass. 1ʳᵉ civ. 6 oct. 1998, Bull. civ. I, n° 276 ; JCP., 1999, I, 147, obs. Geneviève Viney（事案の概要は、以下の通りである。Y 社は、店舗を営んでいた X に対して、遠隔探査の警報装置を売却・設置した。しかし、この装置が正確に作動しなかったため、X の店舗に強盗が入ってしまった。そこで、X は、盗難によって生じた損害の賠償を求める訴訟を提起した。原審は、Y の不履行と盗難との間の因果関係の存在を否定し、X の請求を棄却した。これに対して、破毀院は、「設置の欠陥は、損害と原因・結果の関係にあった」として、原審を破棄し、移送した）

(892) これらは、Viney, supra note 21, n° 14, p.935 が挙げる例である。
ミレユ・バカシュ（Mireille Bacache）は、Cass. 1ʳᵉ civ., 28 avril 2011, D., 2011, 1280, obs., Inès Gallmeister ; D., 2011, 1725, note Mireille Bacache ; D., 2012, 47, obs., Olivier Gout ; D., 2012, pan., 468, obs., Mustapha Mekki ; JCP., 2011, 1253, note Laure Bernheim-Van de Casteele ; JCP., 2011, 1333, chr., Philippe Stoffel-Munck ; RTD civ., 2011, 547, obs., Patrice Jourdain ; RTD com., 2011, 631, obs., Bernard Bouloc ; RDC., 2011, 1156, obs., Yves-Marie Laithier ; RDC., 2011, 1163, obs., Geneviève Viney ; Contra. conc. consom., juill. 2011, n° 154, 19, note Laurent Leveneur ; Resp. civ. et assur., comm. 242, note Sophie Hocquet-Berg ; Gaz. Pal., 5-6 oct. 2011, 19, obs., Mustapha Mekki を引用しつつ、等価物による履行論によれば、遅滞の結果生じた損害が契約不履行に基づく損害賠償の対象になることはないとして、この理論の問題を指摘する（Cass. 1ʳᵉ civ., 28 avril 2011 の事案の概要は、以下の通りである。X 夫妻は、キューバ諸島への旅行ツアー

ある。従って、等価物による履行論によれば、これらの損害の賠償が否定されることになってしまうのである(893)(894)。

　第2に、外在的損害あるいは不履行の結果生ずる損害についての賠償を確保するために、不法行為に基づく損害賠償を援用するのであれば、そこから、極めて重大な理論的問題が発生することになる。不法行為責任を認めるためには、不法行為上のフォートが存在しなければならないところ、仮に、不法行為法上、違法と評価すべき義務違反の存在が認められないにもかかわらず、不法行為責任を肯定しようとするならば、契約不履行それ自体を不法行為上のフォートとして構成しなければな

に参加を申込み、パリ・オルリー空港14時10分発の飛行機に乗るため、11時15分にモンパルナス駅到着予定の列車に乗った。ところが、この電車がモンパルナス駅に到着したのは、14時26分のことであり、X夫妻は、予定していた飛行機に乗り遅れてしまった。そこで、Xは、鉄道会社Yに対して、損害の賠償を求める訴訟を提起した。原審は、飛行機に乗り継ぐ乗客がいたことは予見不可能であったとは言えないとして、3100ユーロ余りの賠償を認めた。これに対して、破毀院は、民法典1150条をビザに、以下のように判示して、原審を破棄した。「原審は、Yが、如何なる点において、契約締結時に、列車の到着予定地がX夫妻の最終的な目的地でなかったこと、X夫妻が航空運送契約を締結していたことを予見しえたのかを説明することなく、一般的な理由により、上記のように判示しているのであるから、その判決に法律上の基礎を与えなかった」。また、類似の事案（弁護士が電車の遅延によりクライアントに会うことができなくなったという事案）を扱うものとして、Cass. 1re civ., 26 sept. 2012, D., 2012, 2305, obs., Inès Gallmeister）。

(893) ジュヌヴィエーヴ・ヴィネは、注(891)で引用した判決を、等価物による履行論では満足の行く解決を与えることのできない例として挙げた上で、以下のように評している。「どのように考えても、法的論理の領域において、魔法の杖は、しばしば、まやかしなのである」（Viney, supra note 891, p.1185）。

(894) こうした批判を正当なものとして受け入れるならば、等価物による履行としての契約不履行に基づく損害賠償とは別に、賠償機能を持つ「契約責任」としての契約不履行に基づく損害賠償の存在を認めざるをえない。例えば、シリル・グリマルディは、約束の等価物による履行と契約責任を二元的に構想する立場を基礎として（この点については、注(688)を参照）、損害賠償の範囲の問題について、以下のように述べている。現実履行に瑕疵があった場合、等価物による履行が付与された場合、あるいは、履行遅滞の場合、約束は確かに履行されているが、予定されたものとは異なる方法によって履行されている。そのため、こうした本来予定されていたのとは異なる方法による履行が契約債権者に損害を生じさせることがあり、この場合、債権者は填補賠償を受けることができなければならない。従って、満足的な機能を持つ損害賠償＝約束の等価物による履行に加えて、失った利益と被った損失を填補するために契約責任として支払われる損害賠償を観念する必要がある。そして、この区別は、ポティエが言うところの内在的損害の賠償と外在的損害の賠償に相当するものである（Grimaldi, supra note 688, n° 1012, p.470, n° 1015, p.472 et n° 1020, pp.476 et s.）。ところで、英米法では、外在的損害の賠償について、積極利益と消極利益の区別が知られている。積極利益は、契約が履行されていればそうであったであろう状態に債権者を位置付けることを目的とし、消極利益は、契約が締結されていなかったならばそうであったであろう状態に債権者を位置付けることを目的とする。もっとも、これをフランス法の問題として捉えるときには、この区別に一定の修正を施さなければならない。私見によれば、契約責任（＝填補賠償、外在的損害の賠償）は、専ら、不履行と（現実もしくは等価物による）満足が確定された後においてのみ問題となりうるからである。つまり、英米法では、積極利益の賠償の中に、履行に相当する部分と外在的損害の賠償に相当する部分のいずれもが含まれているが、フランス法では、前者を契約責任から除外し履行の問題として捉えて、後者のみを契約責任の問題としなければならないのである（n°s 1029 et s., pp.480 et s.）。

　もっとも、後に本文で述べるように、約束の等価物による履行の範囲を債務の対象それ自体の価値に限定する理解（むしろ、約束と債務を区別するグリマルディの前提からすれば、約束の等価物による履行を債務の対象それ自体の価値に限定しない理解の方が親和的であるようにも見える）、それを基礎としたポティエの読み方、更に、積極利益の中から履行によって得られたであろう利益に相当する部分を除外する概念操作には、大きな問題がある。

らない。つまり、契約不履行＝不法行為上のフォートという等式を成立させなければ、これまで賠償が認められてきたケースの全てにおいて、外在的損害あるいは不履行の結果生ずる損害についての賠償を確保することができなくなるのである。先に挙げた例で言えば、種の売主、警報装置の設置者、銀行の不法行為責任を肯定するために、種の引渡し債務の不履行、警報装置の設置債務の不履行、助言債務の不履行を、不法行為上のフォートと見なければならないということになろう[895][896]。

　第3に、このような理論的問題には触れないとしても、不法行為責任に依拠した解決は、実際上のレベルにおいても重大な混乱をもたらしうる。まず、内在的損害と外在的損害、あるいは、不履行と不可分の損害と不履行の結果生ずる損害、つまり、等価物による履行の領域に含まれるものと賠償の領域に属するものとは、常に明確な形で区別しうるものではないから、契約ないし不法行為の性質決定について、原告に過大な負担を課すことになる[897]。仮に、訴訟手続きの工夫によってこの問題を回避しうるとしても、不履行という同一の事実から生じた損害が異なるカテゴリーの訴権に服せしめられることに変わりはないから、等価物による履行に含まれるものと賠償の領域に属するものとにおいて、訴訟が二元化され、裁判管轄、訴権の時効、準拠法等について、異なる規律が適用されることになるのである[898]。

　結局、近時の有力学説に向けられた批判は、契約不履行に基づく損害賠償から賠償機能を排除することによって生ずる被害者保護の著しい後退と[899]、不法行為領

---

(895) Viney, supra note 21, n°s 14 et s., pp.934 et s.
(896) もっとも、今日の実定法の状況から見れば、不法行為上のフォートの基礎として契約不履行を援用する解釈は、必ずしも時宜を得ないものとは言えない。というのは、近年、破毀院連合部は、「契約における第三者は、契約違反が自己に損害を生じさせたときには、不法行為責任に基づいて、この違反を援用することができる」と判示し、第三者が、債務者の不法行為責任を問うために、不法行為上のフォートの基礎として、契約不履行を援用することを認めているからである（Cass. ass. plén., 6 oct. 2006, supra note 291）。契約の第三者に認められていることが、当事者との関係では許されないとする理由は存在しないから、少なくとも現在の判例法理を前提とする限り、本文で述べた解釈は十分成り立ちうると言うことができる（もちろん、理論的な問題が存しないというわけではない。この点については、第2部・第1章・第2節・第2款・第1項 602頁以下を参照）。
(897) Larroumet, supra note 21, n° 2, p.544 ; Viney, supra note 21, n° 15, p.936 ; Aubert, Flour et Savaux, supra note 66, n° 172, p.139 ; Courtiau, supra note 21, n° 509, p.296 ; Pinna, supra note 709, n° 38, pp.41 et s. ; Grynbaum, supra note 21, p.411. また、Cf. Delebecque et Pansier, supra note 256, n° 482, p.292.
(898) Viney, ibid. ; Id., supra note 890, n° 5, pp.82 et s. ; Laithier, supra note 21, n° 101, p.147 ; Pinna, supra note 709, n° 38, pp.41 et s.
(899) フランスにおいては、「被害者保護の後退」、「賠償の後退」といった批判が、しばしば提起され、かつ、極めて深刻な批判として受け止められうる土壌が存在する。それは、フランス民事責任法の内奥に、「賠償というイデオロギー（l'idéologie de la réparation）」（ロワ・カディ（Loïc Cadiet）の表現である）を見出すことができるからである（Loïc Cadiet, Sur les faits et les méfaits de l'idéologie de la réparation, in, Mélanges offerts à Pierre Drai, Le juge entre deux millénaires, Dalloz, Paris, 2000, pp.495 et s. また、Cf. Denis Mazeaud, Famille et responsabilité (Réflexions sur quelques aspects de《l'idéologie de la réparation》), in, Études offertes à Pierre Catala, Le droit français à la fin du XXe siècle, Litec, Paris, 2001, pp.569 et s.）。そして、このイデオロギーによって導かれた解決は、しばしば、「被害者の祝典（le sacre de la victime）」（Robert Cario, La prescription de l'action publique, D., 2007, point de vue, p.1798)、「身体的損害の哲学（la

◆第2章◆ 対　象

域の拡大に伴う新たな困難の惹起という点に要約することができるであろう。
　しかしながら、これらの批判は、今日の有力学説に対するものとしては、正当なものとは言えないように思われる。
　まず、近時の有力学説の下においても、契約不履行に基づく損害賠償の対象は、内在的損害、あるいは、不履行と不可分の損害に限定されるものではない。上記の批判は、契約の履行が、債務の対象となった物を引き渡し、あるいは、債務の対象となった行為を実行することに尽きるとの理解を前提としたものである。しかし、当事者が契約によって獲得しようとするものは、債務の対象それ自体に限られないはずである。債権者は、場合によっては、債務の対象を利用して一定の利益を得ようとしているはずである。契約の履行は、契約を通じて実現しようとした目的に適うものでなければならないのであって、今日において契約が果たしている役割・機能に鑑みれば、このような側面を契約の履行から除外し、物理的な側面からのみ履行を捉えようとすることは、許されないと言うべきである。従って、近時の有力学説に対して向けられた批判は、履行を極めて厳格に理解する立場からなされたものであり、こうした前提を共有しえない以上、首肯することはできないと評価すべきなのである。
　次に、このような形で履行の意味を理解するならば、債務の対象それ自体の価値以外の要素であっても、それが契約の領域に取り込まれている限り、損害賠償の対象となりうるのは当然である。契約不履行に基づく損害賠償が契約の代替的な履行手段であるとすれば、それは、債権者が契約の履行を通じて果たそうとしていた目的を実現しうるだけの額に相当するものでなければならないからである。つまり、この理解において、契約不履行に基づく損害賠償は、契約において予定されていた利益を金銭の形で充足させるものなのであり、その額は、債権者によって追求された目的が実現された場合を金銭によって表現したものに等しいのである[(900)][(901)]。

　　philosophie du dommage corporel)」(Jean Carbonnier, Droit et passion du droit : sous la Ve République, Flammarion, Paris, 1996, p.158) として称賛され、「被害者主義 (la victimologie)」、「被害者主義化 (la victimisation)」等の「被害者 (la victime)」を用いた造語となって現れることになる（さしあたり、Cf. Lina Williatte-Pellitteri, Contribution à l'élaboration d'un droit civil des événements aléatoires dommageables, th. Lille II, préf. Françoise Dekeuwer-Défossez, Bibliothèque de droit privé, t.457, LGDJ., Paris, 2009, n°s 476 et s., pp.221 et s.)。
　　本書においてこれまで言及し、あるいは、これから言及することになる、人的フォートの後退、物の所為に基づく不法行為責任及び他人の行為に基づく不法行為責任の発見（これらの問題については、第1章・第1節・第1款・第1項70頁以下を参照）、安全債務の拡散（この点については、第2部・第1章・第2節・第1款・第1項487頁以下・501頁以下、同節・第2款・第1項571頁以下を参照）は、これらの現象の判例法理における代表的な発現として捉えることができる（もちろん、「賠償というイデオロギー」は、判例のみならず、立法、責任外の補償制度にも行きわたっている）。このように、「契約責任」を含め、フランスの民事責任法を検討の対象とする際には、判例・学説・立法の背後にある思想・政策、それらを支えている諸制度にまで目を配らなければならないし、こうした視点を抜きに比較法の対象としてフランス民事責任法を語ることは有害ですらある。本書は、その問題意識に鑑み、こうした視点からの検討に十分な紙幅を割いているわけではないが（その成果の一部については、別稿で公表することを予定している）、本書の叙述は、上記のような問題関心を踏まえた上でなされていることを付言しておく。

ポティエが、外在的損害について、それが、契約の中で予定され、債務者の債務内容を構成している場合には、契約不履行に基づく損害賠償の対象となりうるとしていたのは、このような趣旨を言うものとして理解することができるのである[(902)]。

以上の検討を前提に、有力学説に対する批判に応接してみよう。契約不履行に基づく損害賠償を履行されなかった契約の履行方式として捉える立場によれば、外在的損害あるいは不履行の結果生ずる損害の賠償を契約領域に取り込むことができなくなるとの批判は、履行の範囲を極めて狭く理解する前提を採用しない限り、是認することのできないものである。そもそも、このモデルにおいては、当事者によって契約の問題として予定されていたかどうかが決定的に重要となるのであって、契約のあり方や契約解釈の方法次第では、外在的損害あるいは不履行の結果生ずる損害も契約不履行に基づく損害賠償の対象となりうる[(903)]。先に挙げた例で言えば、種に瑕疵が存在したために収穫を得ることができなかった農家、警報装置の不備により盗難にあった商人、融資の助言が誤っていたために悪条件の融資契約を締結してしまった企業も、作物を収穫する、盗難を防止する、好条件の融資を受けるといった要素が、各々の契約の中に取り込まれている限りにおいて、契約不履行に基づく損害賠償による保護を受けることができるのである。従って、履行方式としての契約不履行に基づく損害賠償を構想する立場においては、外在的損害あるいは不履行の結果生ずる損害が、契約領域から完全に放逐され、不法行為法の問題として規律されることになるとの理解を前提としてなされた批判についても、その大部分は正当性を失うことになろう。

◆第2款◆ 契約不履行に基づく損害賠償の範囲の理論的基礎

本節は、契約不履行に基づく損害賠償の理論枠組みという視点から、通常損害・特別損害の区別と予見可能性による賠償範囲確定ルールを規定している民法416条の理論的基礎を解明するために、フランスにおける契約不履行に基づく損害賠償の範囲に関する議論、とりわけ、民法典1150条の存在理由、予見可能性の意義をめぐる議論を分析した。まずは、その成果を整理しておこう。

---

(900) Cf. Aubry, supra note 20, n[os] 439 et s., pp.428 et s.; Faure-Abbad, supra note 20, n[os] 231 et s., pp.204 et s.

(901) アンドレア・パンナは、本文で述べた理解に対して、以下のような批判を提起している。確かに、契約不履行に基づく損害賠償の主たる機能は、給付の金銭的な等価物を与えることに求められる。しかし、これでは、不履行によって生じた全ての損害を賠償するのに十分ではない。つまり、等価物による履行だけでは、外在的損害をカバーすることができないのである。そこで、一部の学説は、等価物による履行の範囲を広く捉え、外在的損害の賠償もそこに含まれるとの理解を示した。しかし、このような理解は、内在的損害のみが契約不履行に基づく損害賠償の対象になるという前提を大きく変質させることになるのである (Pinna, supra note 709, n[o] 37, pp.39 et s.)。本文で述べたところからすれば、このような批判が適切でないことは明らかであろう。

(902) 従って、注(889)で引用したジュヌヴィエーヴ・ヴィネやアンドレア・パンナによるポティエの読みは、適切ではないと言うべきである。

(903) Cf. Lamazerolles, supra note 709, n[o] 372, pp.351 et s.

◆第2章◆ 対　象

　フランスの伝統的通説によれば、契約不履行に基づく損害賠償は、不法行為に基づく損害賠償と同じく、フォートによって惹起された損害を賠償するための制度として理解されていた。また、一般的に、フォートによって惹起された損害は全て賠償の対象となるという意味での「完全賠償原則」が、民事責任法の基本原理として受け入れられていた。このような立場を前提とする場合、契約不履行に基づく損害賠償の範囲を予見可能性によって制限している民法典1150条は、「完全賠償原則」に対する例外を定めたテクストということになり、その結果、この例外を何らかの形で正当化する必要に迫られることになった。そこで、20世紀初頭以来の学説の多数は、民法典1150条の存在意義を契約当事者の意思によって説明しようとしてきた。

　しかし、「当事者が契約不履行とその結果生ずる損害を予見したというのは、当事者意思解釈の濫用である」という批判は別としても[904]、意思の果たす役割が相対的に低下している現代契約法の中において、契約当事者の契約締結段階における意思が民法典1150条の十分な基礎付けとなりうるかどうかは極めて疑わしい。また、そもそも、契約不履行に基づく損害賠償の発生根拠を契約上のフォートに求めながら、その効果の局面についてだけ意思による拘束を及ぼそうとする説明の手法にも、理論的一貫性の欠如を指摘することができた。

　そこから、一部の学説は、民法典1150条の射程を著しく限定した上で、同条を取引促進のための政策的手段として位置付け、あるいは、同じ民事責任の論理に属しながら、2つの損害賠償の範囲が異なる規律を受けているという状況の不合理さを指摘し、契約不履行に基づく損害賠償と不法行為に基づく損害賠償との間に設けられている賠償範囲の相違を何らかの根拠によって正当化することは困難であることを正面から認めて、同条の廃止を主張するに至ったのである。ところで、民法典1150条は、悪意の債務者に対して予見可能性による賠償範囲確定ルールが適用されない旨を規定している。伝統的通説によれば、これは、まさに、民事責任法の基本原理である「完全賠償原則」への回帰を明らかにしたものとして分析されることになった。

　これに対して、近時の有力学説によれば、契約不履行に基づく損害賠償は、契約ないし契約債務の等価物による履行方法に過ぎないから、契約債務が当事者によって予定されたものを範囲とするように、その代替的履行手段としての契約不履行に基づく損害賠償も、当事者が予定した範囲に限られることになった。従って、ここでの予見可能性は、契約締結時の心理的な意思を問題にするものではなく、契約の対象との関連で客観的に把握される概念ということになる。誤解を恐れずに言えば、予見は、「予定」を意味するのである。

---

(904) Ripert et Boulanger, supra note 241, n° 749, p.262.

しかし、このことは、契約不履行に基づく損害賠償の範囲が、契約債務の対象それ自体の価値に限定されることを含意するものではない。債務対象の価値以外の要素であっても、それが、契約の中に取り込まれ、債務者の債務内容を構成する場合には、契約不履行に基づく損害賠償の対象となりうるのである。従って、この解釈は、民法典1150条を、「完全賠償原則」に対する例外でも、不履行によって生じた損害のうち一定の範囲に属する損害のみを賠償の対象とすれば足りるという意味での制限賠償原則でもなく、契約債務が完全に履行された場合、あるいは、契約において予定されていた利益が実現された場合を、金銭によって表現するという原則、いわば、完全履行原則の表明として位置付けるものなのである。

このようなフランス法の分析成果から、日本の契約（債務）不履行に基づく損害賠償の範囲論、民法416条における予見可能性の意味をめぐる議論に対して、以下のような視点を提示することができる。

◇第1項　賠償方式としての契約不履行に基づく損害賠償と民法416条の正当化

日本の議論を検討するに先立って、まずは、第1款におけるフランス法研究の成果から導かれる分析視角を提示しておこう。

契約（債務）不履行に基づく損害賠償を、不履行によって惹起された損害を賠償するための制度として捉えるならば、損害が不履行によって生じたものと評価される限り、つまり、契約（債務）不履行に基づく損害賠償が認められるための要件を充足する限り、その全てが賠償の対象とされるはずである。つまり、賠償の論理の下では、「完全賠償原則」が議論の出発点となる。フランスの伝統的学説は、この「完全賠償原則」に対する立ち位置との関係で、あるいは、民事責任法における原則を貫徹すべき旨を説き、民法典1150条の削除を提唱するか、あるいは、民事責任法における原則の存在を認めながらも、何らかの形で民法典1150条の存在理由の説明を試み、ただ、債務者が悪意の場合に限って、この原則へと回帰するという解釈を提示していたのである。

しかしながら、「完全賠償原則」を民事責任法における唯一かつ絶対的な原則と見ることはできない。損害賠償を一定の範囲に限定するという立法政策、つまり、制限賠償原則も当然に考えられるのであって、諸外国の立法や国際的なルールの動向に鑑みれば、少なくとも契約（債務）不履行に基づく損害賠償の領域においては、この制限賠償原則こそが賠償モデルの下における通常の形態であるとも言える。もっとも、制限賠償原則は、損害賠償の範囲を制限しようとする論理、つまり、不履行によって惹起された損害のうち、一定の部分について、賠償の対象から除外しようとする論理にほかならないから、何らかの形で「完全賠償原則」が妥当しない理由、あるいは、一定の範囲の損害が賠償の対象から外される理由を明らかにする必要が

ある。フランスの学説において展開されていた、当事者意思や取引促進の必要性による民法典1150条の基礎付けは、まさに、契約領域において「完全賠償原則」が妥当しない理由を明らかにする試みとして評価することができるのである。

ところで、仮に制限賠償原則の妥当性が基礎付けられるとしても、そのことから、直ちに予見可能性によって賠償範囲を制限するルールの存在が説明されるわけではない。損害賠償を一定の範囲に制限する原理をどのようなルールによって実現するのかは一義的に決まりうるものではないから、あるルールを採用しようとする場合には、そのための説明が求められることになる。フランスの伝統的通説は、予見可能性による賠償範囲確定ルールを契約締結時における当事者の主観的な意思によって説明してきたが、これは、制限賠償原則を基礎付けるとともに、制限賠償原則が予見可能性ルールによって実現されている理由をも説明しようとするものと言える。反対に、取引促進の必要性によって民法典1150条を正当化する立場では、何故に同条において予見可能性による賠償範囲確定ルールが設けられているのかという点を説明することができなかった。この点において、取引の活性化という仮定を用いた説明理論に対しては、大きな問題を指摘することができたのである。

このように、賠償モデルの枠組みの下では、契約（債務）不履行に基づく損害賠償の範囲に関する3つのレベルの問題について、態度決定ないし説明を求められることが分かる。すなわち、「完全賠償原則」への立ち位置、制限賠償原則の基礎付け、制限賠償原則を実現するためのルール（日本の民法の下では、通常損害・特別損害の区別と予見可能性による賠償範囲確定ルール）の正当化である。

これらは、フランスにおける議論の検討から導かれた分析視角であるが、日本の議論を考察する際には、第2、第3の視角と関連して、もう1つ、フランス法の検討からは導くことのできない視角を付加しておかなければならない。それは、民法上、債務不履行に基づく損害賠償についてのみ賠償範囲確定ルールが設けられていることの意味の解明である。既に見たように、少なくとも今日のフランスにおいては、民法典1150条が契約不履行に基づく損害賠償に対してのみ適用されるテクストであることに争いは存在しなかった。そうであるからこそ、民法典1150条の正当化論拠として、契約締結時における当事者の意思や取引促進の必要性が挙げられていたのである。従って、フランス法の分析に際しては、この問題を独立して取り上げる必要は存しなかったし、こうした視角を用いる意味も見出せなかった。これに対して、日本の伝統的通説及び判例においては、民法416条は不法行為に基づく損害賠償に対しても類推適用されるとの解釈が一般的に受け入れられてきたのであるから、ここでは、2つの損害賠償の範囲における民法上の相違をどのように説明するのかという視角を付け加えておく必要が存する。もちろん、この問題は、第2、第3の問題と密接に関わるものであるが、契約（債務）不履行に基づく損害賠償の原理として賠償モデルを採用する場合には、2つの損害賠償制度が、同じ賠償の論理に属

しながら、その範囲の点において異なる規律を受けている理由を説明しなければならないから、制度上の相違の正当化という視角を、第2、第3の視角とは別に設けておくことには、大きな意味が認められるのである。

以下では、これら4つの視角を用いて、日本における議論を検討していくことにしよう。

(1) 賠償論理の下における正当化の問題

日本における伝統的通説は、損害賠償の範囲は相当因果関係によって決せられ、民法416条はこの相当因果関係の内容を定めた規定であると理解してきた[905]。この理解は、損害が有責かつ違法な不履行によって発生し、かつ、当該損害と不履行との間に相当な因果関係の存在を認めることができれば、この損害は、契約（債務）不履行に基づく損害賠償の対象になるという論理構造を基礎とするものであるから、損害賠償の範囲を要件レベルの問題で調整しようとする議論と言うことができる。そうすると、この古典的な相当因果関係説は[906]、フランスにおける「完全賠償原則」の判断構造と共通の基盤を有していることが分かる。

ところで、既に述べたように、フランスの一般的理解において、「完全賠償原則」は、責任原因と事実的因果関係に立つ損害の全てが賠償の対象となるという意味ではなく、責任原因と直接的な関係にある損害の全てが賠償の対象となるという意味で用いられていた。つまり、フランスの伝統的学説は、要件レベルにおいて損害の直接性を要求し[907]、それを満たした損害の全てが賠償されることを「完全賠償原則」と捉えているのである。従って、フランスの学説が説く「完全賠償原則」も、日本の伝統的学説が採用する古典的相当因果関係説も、要件レベルで賠償されるべきものとして確定された損害は全て賠償されなければならないという考え方を採用している点において、同じ論理を基礎に据えていると言うことができるわけである。

なお、このことは、相当因果関係という概念が果たしてきた役割という視点からも、明らかとなる。既に一般的な認識となっていることではあるが、相当因果関係説は、損害賠償の範囲を限定する規定を持たなかったドイツにおいて、その範囲を緩和するために考案された論理である[908]。このような理論史的経緯を見れば明らかとなるように、古典的相当因果関係説は、特別な形で損害賠償の範囲を制限するのではなく、事実としての因果関係に相当性という判断を付け加えることによって、要件のレベルで賠償の対象となりうる損害の範囲を調整しようとする論理なのであ

---

(905) 鳩山・前掲注(2)70頁以下、我妻・前掲(7)117頁以下、於保・前掲(7)138頁以下等。
(906) 今日においては、規範の保護目的の視点等も取り入れた上での相当因果関係説も提示されており（ニュアンスは異なるが、例えば、澤井・前掲注(357)49頁以下、北川・前掲注(755)552頁以下等）、本文の考察は、必ずしも全ての相当因果関係説に妥当するわけではない。そこで、以下では、本文におけるような意味での相当因果関係説を「古典的相当因果関係説」と表記する。
(907) これは、フランス民法典1151条から導かれる要件である。
(908) 平井・前掲(11)23頁以下、北川・前掲注(723)「序説」(2・完)17頁以下等を参照。

◆第2章◆　対　象

る。

　しかしながら、日本の古典的相当因果関係説とフランスの伝統的学説とは、予見可能性による賠償範囲確定ルールをどのように位置付けるのかという点に関して、決定的に異なる理解に立脚している(909)。ここに、日本における伝統的通説の大きな問題が存するように思われる。すなわち、フランスの伝統的通説は、不履行と直接的な関係にある損害の全てが賠償の対象となるという法理を「完全賠償原則」と位置付け、その上で、予見可能性による賠償範囲確定ルールを、契約領域に特殊な賠償範囲の制限規定として捉えているのに対して、日本の伝統的理解は、予見可能性による賠償範囲確定ルールそれ自体を相当因果関係の問題として捉えており、従って、フランスの用語法で言えば、民法416条を「完全賠償原則」の考え方と両立させる解釈、あるいは、理論上、賠償範囲の制限という考え方を排除する解釈を展開しているのである。しかし、この解釈には、以下のような問題を指摘することができる。

　まず、上記第2及び第3の視角と関連して、予見可能性を基礎とする相当因果関係を採用した理由が必ずしも明確にされていないとの指摘が可能である。伝統的通説のように民法416条を解釈する場合には、同条が、理論的に幾つか考えられる因果関係概念の中から、相当性という基準のみを採用した理由を明らかにしなければならない。例えば、フランス民法典1151条のように、損害と不履行との直接性・間接性を問う方法も存在するのであり、そうである以上、相当因果関係が採用されるべき根拠を提示しなければならないように思われるのである。また、かつての学説が盛んに論じていたように、仮に、因果関係論において、その他の概念よりも、相当因果関係がより適切であると評価するにしても(910)、今度は、民法が相当因果関係を通常損害・特別損害の区別と予見可能性によって表現しようとした理由を説明しなければならない。そもそも、相当因果関係と予見可能性ルールは、必ずしも対の関係で結び付くものではない。従って、ここでは、何故に主観的な意味で捉えられる相当因果関係が基礎とされるべきであるのかという問いが、解明されなければ

---

(909) 周知のように、日本における相当因果関係概念の中には、純粋な意味での因果関係のみならず、損害の金銭的評価の問題も含まれており、この点においても、これらの問題を区別して論じているフランスの一般的な理解とは異なっている。

(910) ニュアンスの相違はあるが、石坂・前掲注(2)288頁以下、同・前掲注(357)59頁、鳩山・前掲注(2)70頁以下、三潴・前掲注(357)226頁以下、中島(玉)・前掲注(357)「釋義総論」529頁以下、同・前掲注(357)「総論」175頁以下、沼・前掲注(357)「要論」98頁以下、同・前掲注(357)「総論」118頁以下、中島(弘)・前掲注(357)「債権」467頁以下、同・前掲注(357)「総論」31頁以下、近藤＝柚木・前掲注(357)186頁以下、近藤・前掲注(357)447頁、中村・前掲注(357)389頁以下、烏賀陽・前掲注(357)148頁以下、嘉山・前掲注(357)99頁以下、野村・前掲注(357)88頁以下、池田・前掲注(357)132頁以下、大谷・前掲注(357)156頁以下、吾孫子・前掲注(357)128頁以下、須賀・前掲注(357)93頁以下、小池・前掲注(357)「日本債権法」86頁以下、同・前掲注(357)「総論」86頁以下、石田・前掲注(357)「総論」59頁以下、同・前掲注(357)「大要」34頁以下、同・前掲注(357)「講義」120頁以下、林・前掲注(357)「総論」144頁以下、同・前掲注(357)「民法」171頁等。

340

ならないのである[911]。

　次に、上記第4の視角から言えば、この立場に依拠する場合、民法が、債務不履行に基づく損害賠償についてのみ、通常損害・特別損害の区別と予見可能性を中核とする賠償範囲確定ルールを規定した意味を理解することができなくなるとの指摘が可能である。古典的相当因果関係説は、損害賠償の範囲が因果関係によって決せられるとの理解を前提とするものである以上、この理解は、同じ賠償の論理に支配されている不法行為に基づく損害賠償にも及ばなければならないはずである。そうすると、民法に存在する2つの損害賠償は、賠償の範囲という点において、同一の原理、同一のルールによって規律されることになるはずなのである。

　もちろん、法解釈の問題として、判例及び伝統的通説が行ってきたように、民法416条を不法行為に基づく損害賠償にも類推適用（あるいは、準用）する方法や[912][913]、類推適用とまでは行かないとしても、相当因果関係による規律が民法416条を適用した場合と同じ帰結を導くと理解することで、民法416条の存在理由

───────

(911) かつての学説は、民法416条が相当因果関係の内容を規定したものであるのか（川名兼四郎『債権法要論』（金刺芳流堂・1915年）188頁以下、鳩山・前掲注(2)74頁以下、磯谷幸次郎『債権法論（各論）下巻』（巌松堂書店・1929年）893頁、三潴・前掲注(357)233頁以下、川添清吉『民法講義〔債権分冊〕』（巌松堂書店・1936年）404頁以下、近藤＝柚木・前掲注(357)186頁以下、沼・前掲注(357)「要論」110頁、同・前掲注(357)「総論」125頁、同『綜合日本民法別巻第5債権各論 下』（巌松堂書店・1943年）432頁以下、嘉山・前掲注(357)118頁、中村・前掲注(357)392頁、池田・前掲注(357)143頁、小池・前掲注(357)「日本債権法」92頁、石田・前掲注(357)「総論」59頁以下、石田・前掲注(357)「講義」123頁、須賀・前掲注(357)106頁、野村・前掲注(357)90頁以下、末弘・前掲注(357)60頁、林・前掲注(357)「総論」145頁、同・前掲注(357)「判例」103頁、山中・前掲注(357)97頁、川島・前掲注(17)107頁、吾妻・前掲注(357)「総論」37頁、同・前掲注(357)「精義」41頁、宗宮信次『債権各論（再版）』（有斐閣・1958年）383頁〔初版・1952年〕、永田・前掲注(357)107頁、同『新民法要義 第三巻 下（債権各論）』（帝国判例法規出版社・1959年）405頁以下、西村・前掲注(357)87頁以下、宮川・前掲注(357)46頁、石本・前掲注(357)90頁以下、我妻・前掲注(7)117頁以下、於保・前掲注(7)138頁以下、柚木・前掲注(357)139頁以下、柚木＝高木・前掲注(357)116頁等）、それとも、相当因果関係の範囲を拡大したものであるのか（中島（玉）・前掲注(357)「釋義総論」548頁以下、同・前掲注(357)「総論」177頁、勝本・前掲注(2)303頁・365頁以下、同・前掲注(357)180頁、大谷・前掲注(357)163頁等）、あるいは、それを制限したものであるのか（石坂・前掲注(2)300頁・311頁、富井・前掲注(2)210頁以下、今井嘉幸『民法学通論 全』（有斐閣書房・1916年）241頁等）という問題について、多くの議論を展開していた。本文で述べた問題関心から言えば、民法416条＝相当因果関係という定式を描く学説に対しては、民法が相当因果関係を予見可能性によって実現しようとした理由はどこにあるのかという問いが、民法416条≠相当因果関係と見る学説に対しては、民法が因果関係論として適切と評価されている相当因果関係を修正した理由はどこにあるのかという問いが、提起されることになろう。

(912) 川名・前掲注(911)729頁以下、磯谷・前掲注(911)893頁以下、三潴・前掲注(357)236頁以下、岡村玄治『債権法各論』（巌松堂書店・1929年）741頁以下、川添・前掲注(911)404頁以下、沼・前掲注(357)「要論」110頁、同・前掲注(357)「総論」126頁、同・前掲注(911)432頁以下、嘉山・前掲注(357)117頁以下、吾妻子・前掲注(357)119頁・480頁、岩田・前掲注(357)「概論」104頁、同・前掲注(357)「新論」95頁、近藤＝柚木・前掲注(357)192頁以下、小池隆一『日本債権法各論（改訂第13版）』（清水書店・1942年）261頁〔初版・1931年〕、野村・前掲注(357)94頁、浅井・前掲注(357)「総論」100頁以下、同・前掲注(357)「債権」92頁以下、林・前掲注(357)「判例」103頁以下、同・前掲注(357)「総論」145頁、同・前掲注(357)「民法」171頁以下、西村・前掲注(357)89頁、宗宮・前掲注(911)383頁等。

(913) 大連判大正15年5月22日民集5巻386頁以来の判例法理である。

◆第2章◆ 対　象

を消し去る方法(914)をとることは、可能である(915)。しかし、そもそも、民法自身が、2つの損害賠償制度における賠償範囲の問題を別様に規律しようとしていたと見られる以上(916)、こうした立法の欠缺を前提とした議論よりも、2つの損害賠償制度における違いを整合的に説明しうる解釈の方が望ましいと言えよう。このコンテクストでは、民法起草者の1人である梅謙次郎が、ほかの起草委員とは異なり、債務不履行に基づく損害賠償の範囲と不法行為に基づく損害賠償のそれを異なる規律に服せしめる立法は賠償の論理からは正当化しえないとして、民法416条に対し、痛烈な立法論上の批判を提起していたことが想起されるべきである(917)。

---

(914) 鳩山・前掲注(2)74頁以下・75頁注(6)(「損害賠償ノ範囲ニ付テハ債務不履行ト不法行為ト ノ間ニ差異ナキモノトス。もっとも、「余ハ準用ヲ為スヘシトイフニアラス不法行為ニ付テハ何等ノ規定ナキヲ以テ理論ノミニ従ツテ因果関係ノ範囲即チ損害ノ範囲ヲ定ムルモノナルモ其結果ニ於テ第四百十六条ト異ル所ナシトイフナリ」)、同・前掲注(76)943頁(「損害賠償ノ範囲ハ債務不履行ニ因ル損害賠償ノ範囲ト同一ナルヲ原則トス。此点ニ付テ法典上特ニ規定ナシト雖モ、理論上両者ガ範囲ヲ異ニスルノ理ナク又不法行為ニ付テモ限ナク因果関係ノ連鎖ヲ認ムルハ法典ノ趣旨ニ反スルガ故ニ賠償スヘキ損害ノ範囲ハ権利侵害ト相当因果関係ヲ有スル損害ニ限局スヘク、而シテ之ヲ相当因果関係ニ限局スレバ第四百十六条規定スル所ト結果ニ於テ同一ニ帰スヘキナリ」)、池田・前掲注(357)143頁以下(2つの損害賠償において賠償範囲を区別して論ずるのは、「頗ル不合理ナルノミナラス論理的解釈ノ範囲内ニ於テ之ヲ是正スルノ途ナキニ非ス」。損害賠償の範囲は相当因果関係によって決められ、民法416条は相当因果関係を規定した条文なのであるから、結局、不法行為に基づく損害賠償の範囲も民法416条を適用したのと同一のルールによって規律されることになる)、我妻・前掲注(76)202頁、穂積・前掲注(357)26頁、小池・前掲注(357)「日本債権法」92頁等。

(915) これに対して、民法416条＝相当因果関係という定式を採用しない立場によれば、本文で述べたような議論を行うことはできない。この理解を前提にする場合、2つの損害賠償における賠償範囲、より正確に言えば、因果関係の判断が異なるということになるが、こうした相違を正当化することは極めて困難である。

例えば、富井政章は、民法416条を、相当因果関係の範囲を制限した規定と読む立場から、以下のように説いていた。民法416条は、債務不履行における賠償義務者の責任を軽減する趣旨で設けられた規定である（富井・前掲注(2)212頁・230頁）。「蓋不履行ノ事実アリタルニモセヨ債務者ヲシテ其予見スヘキコト能ハサリシ特別事情ヨリ生スル損害ヲモ賠償セシムルハ酷ニ過クレハナリ然レトモ現ニ其事情ヲ予見シ又ハ之ヲ予見スヘカリシ場合ニハ故意又ハ過失ニ出テタルモノトシテ其責ニ任セシムルコトヲ当然」だからである（同231頁）。同条は、債務不履行の場合について相当因果関係の範囲を制限したものであるから、不法行為に基づく損害賠償については、原則通り、相当因果関係によって賠償範囲が決せられることになる。しかし、「因果関係ノ存在ヲ認ムルコト広汎ニ失シ賠償義務者ニ過重ノ責任ヲ負ハシムル結果トナルヘク殊ニ其行為カ故意ニ出テサル場合ニ峻酷ト謂ハサルヘカラス」（同211頁）。もっとも、「立法論トシテハ因果関係ヲ定ムル一般的標準ノ外ニ債務不履行ノ場合ニ付キ本条ノ如キ特別規定ヲ設クルコトヲ要スルヤニ付テハ大ニ疑ナキ能ハス蓋債務ノ不履行モ亦広義ニ於ケル不法行為ノ一種ニ外ナラス而シテ私法上ノ損害賠償ハ凡テ被害者ノ為メニ其受ケタル損害ヲ填補スルヲ以テ目的トスレハナリ」（同233頁以下）。また、富井政章述『債権各論完（大正元年度講義録）』(非売品・1914年〔信山社復刻版・1994年〕)218頁以下も参照。

(916) この点については、第2部・第1章・第1節・第2款・第2項428頁以下を参照。

(917) 「賠償ハ債務ノ不履行ニ因ルモノ外不法行為ニ因ルモノアリ然レトモ是レ稍ヤ其趣ヲ異ニシ法律ノ規定モ亦全ク同シカラス蓋シ賠償ノ理論上ノ性質ニ於テ此異ナル二ヲ負フ者カ其債務ヲ履行セサルモ亦広義ニ於ケル不法行為ナリトスルハ敢テ当ラサルニアラス随テ賠償ハ常ニ不法行為ニ基クモノナリト謂フコトヲ得ヘシト雖モ我民法ニ「不法行為」ト称スルハ債務ノ不履行ノ場合ノ如ク一旦他ノ原因ニ由リテ生シタル債務ヲ履行セサルニ因リ債権者ノ権利ヲ害シ因リテ以テ損害ヲ生セシムル場合ヲ謂フニアラスシテ他ノ原因ニ由ル義務ナキ場合ニ或行為ニ因リ新ニ義務ヲ生スルヲ謂フナリ故ニ二者ノ間固ヨリ其区別アルモノニシテ不法行為ニ因ル賠償ノ問題ハ不法行為ノ章ニ属シ茲ニ論スルノ限ニ在ラス」（梅・前掲注(758)「原理」282頁以下。ま

確かに、古典的相当因果関係説は、不履行に基づく損害賠償の理論枠組みという視点のみから見れば、一貫性があるものと評価することができよう。そこでは、損害賠償の範囲を制限するという考え方が採用されておらず、かつ、2つの損害賠償制度における賠償範囲の問題も、同一の原理、同一のルールによって規律されることになるから、この理解は、賠償の論理を貫徹するものと言うことができるのである。そうすると、古典的相当因果関係説の論理は、民法典1150条の削除を求めていたフランスの学説と共通の発想に出たものと評価しうるし[918]、誤解を恐れずに言えば、予見可能性ルールを賠償範囲に対する制限として構成せずに、賠償の論理を貫徹した日本の古典的学説の方が、フランスの上記理解よりも、解釈論的により洗練されているとさえ見うる[919]。しかし、これは、あくまでも、純粋に原理的な側面のみから見た場合の評価である。この解釈が、日本の民法の体系にそぐわず、その説明を十分になしえないことは明らかであって、こうした面を考慮に入れるときには、多くの問題が内包された議論であると言わなければならないのである[920][921]。

　　た、同講述『民法債権（第一章）（法政大学 明治39年度 第1学年講義録）』（信山社復刻版・1996年）208頁にも同様の叙述が存在する）。ここで、梅は、理論的に見れば、債務不履行は不法行為にほかならないが、民法はこれらを区別して規定したと述べているのである。
　　このような理解を前提として、梅は、民法416条について、以下のような批判を展開する。「本条ハ賠償義務ノ範囲ヲ定メタルモノニシテ其原則トスル所ハ不履行ト損害トノ間ニ原因結果ノ関係アルコトヲ要スルモノトスルニ在リ而シテ法理上ヨリ言ヘハ苟モ原因結果ノ関係アル以上ハ債務者ハ一切ノ損害ヲ賠償スヘキカ如シト雖モ本条ニ於テハ幾分カ債務者ヲ保護シ是ニ制限ヲ附スルコトトセリ」（同・前掲注(758)「要義」55頁以下）。しかしながら、「余ハ立法論トシテハ之ヲ取ラス蓋シ損害ノ通常ナルト非常ナルト当事者カ之ヲ予見セシト予見セサリシトニ論ナク苟モ不履行ナル不法行為ヨリ生シタル損害ヲ総テ之ヲ賠償セシムヘキモノト信ス蓋シ債務者カ予見セサリシ損害ヲ賠償セシムルハ聊カ酷ニ似タリト雖モ債権者ニ取リテハ自己ニ毫末ノ過失ナク全ク債務者ノ過失ノミニ因リテ受ケタル損害ノ全部又ハ一部ヲ自ラ負担シ過失者タル債務者ヲシテ之ヲ償ハシムルコトヲ得ストセハ過失ナキ債権者ヲ保護スルコト未タ盡サヽルモノアリト謂ハサルヘカラス是レ則チ債権ノ効力ヲ充分ニ認メサルモノニシテ決シテ完全ナル法律ト為スコトヲ得ス」（同・前掲注(758)「要義」57頁以下）。また、別の箇所では、より激しい批判もなされている。「苟モ原因結果ノ関係アル以上ハ総テノ損害ヲ賠償スヘク其直接ノ損害ナルト間接ノ損害ナルトヲ問フヘキニ非ス而シテ予見ノ原則ヲ絶対ニ適用シテ毫モ妨ナク断シテ例外ヲ認ムルノ要ナシト信ス」（同・前掲注(758)「原理」292頁）。従って、民法416条は、「固ヨリ謬見ナリ何トナレハ此原則ハ債務カ法律行為ヨリ生シタル場合ニアラサレハ適用アルコトナシ是レ賠償ノ原則トシテ既ニ其当ヲ得サル所ナリ」（同・前掲注(758)「原理」295頁。また、同・前掲書214頁以下）。
(918) 従って、先に本文で提示した第1の視角から見れば、古典的相当因果関係説は、完全賠償原則と矛盾しない形で賠償範囲を限定する論理を構築するもの、あるいは、フランス法の術語で言えば、いずれの損害賠償の領域においても、（フランス流の）「完全賠償原則」を貫こうとするものということになる。
(919) フランスの学説が民法典1150条を「完全賠償原則」に対する制限として捉えてきた背景には、損害賠償の範囲に関わるテクストとして、同条のほかに、損害の直接性・間接性という形で因果関係を問題にしているように見える民法典1151条が存在し、その結果、民法典1150条を因果関係に関するテクストとして構想することが困難になったという事情を指摘することができる。
(920) 誤解のないように付言しておけば、本文の叙述は、あくまでも、日本の古典的な相当因果関係説が、民法における契約（債務）不履行に基づく損害賠償の範囲についての説明として成り立ちえないことを指摘したものであって、これが、不法行為に基づく損害賠償の範囲についての説明理論となりえないことを述べたものではない。これは、以下のことを意味する。
　　すなわち、日本の一般的な理解によれば、契約（債務）不履行に基づく損害賠償は、不履行によって生じた損害を賠償するための制度として構築されているから、この点において、不法行為

343

◆第2章◆ 対　象

　他方、民法416条の沿革的研究と相当因果関係の理論的考察を基礎に、古典的相当因果関係説に対して、民法416条が前提とする制限賠償原則の下では意味を持たないとの批判を提起し、それに代わる理論枠組みとして、民法416条を、債務不履行と事実的因果関係にある損害の中から、賠償されるべき損害を選別する政策的価値判断、つまり、保護範囲確定の基準を与える規定として理解する立場については[922]、第1款におけるフランス法分析の成果を踏まえるならば、以下のような指

に基づく損害賠償と同一の原理に服することになる。このような前提から、かつての通説は、2つの損害賠償の範囲がいずれも相当因果関係の範囲によって決せられ、民法416条はこの相当因果関係を規定した条文であるとの理解を導いた。つまり、この理解において、契約（債務）不履行に基づく損害賠償の範囲と不法行為に基づく損害賠償の範囲は、同一の論理の下、同一のルールに従って、確定されることになるのである（賠償範囲確定原理の同一性＋賠償範囲確定ルールの同一性）。他方、今日の有力学説は、契約（債務）不履行に基づく損害賠償と契約の繋がりを強調し、「契約を起点に据えた契約責任論」を標榜しているから、この限りにおいて、この理解と伝統的通説との相違は明確である。しかし、既に繰り返し指摘しているように、近時の学説においても、賠償の論理が議論の出発点とされていることに変わりはないのであって、そうである以上、同一のルールである必要はなくても、最低限、2つの損害賠償制度において同一の論理に基づき賠償範囲を確定することが要請されるのである。伝統的通説に対峙する学説が、相当因果関係という概念それ自体に対して批判を提起し、因果関係の範囲によって賠償範囲を画する論理を全ての議論から放逐した上で、いずれの損害賠償制度についても、規範の保護目的の考え方を基礎に賠償範囲論を構築しているのは、そのためである。言い換えれば、この理解において、契約（債務）不履行に基づく損害賠償の範囲と不法行為に基づく損害賠償の範囲は、異なるルールに服しながらも、同一の論理によって規律されなければならないのである（賠償範囲確定原理の同一性＋賠償範囲確定ルールの非同一性）。かくして、新たな理論枠組みの下においては、相当因果関係なる概念が、およそ損害賠償法一般から排除されることになった。
　これに対して、本書が主張しているように、2つの損害賠償が全く性質の異なる制度であるとすれば、それらの範囲が異なる論理の規律を受けるというのも、むしろ当然であると言える。従って、契約（債務）不履行に基づく損害賠償の領域で相当因果関係説を問題に付したからといって、直ちに、不法行為に基づく損害賠償の領域においてもそれが成り立ちえないという帰結を導くことはできないのである。不法行為に基づく損害賠償の範囲は、契約（債務）不履行に基づく損害賠償のそれとは全く異なる視点から、つまり、賠償の論理に基づいて考察されるべき問題であり、少なくとも本節における分析を基礎とすれば、この場面における相当因果関係の論理それ自体は、必ずしも批判されるべき対象ではないと言える（「論理それ自体」というのは、不法行為に基づく損害賠償の範囲を因果関係によって画する手法を意味する。これを従来の議論に即して言えば、相当因果関係を民法416条と結び付けている点、相当因果関係の中に金銭的評価の問題を含めている点を除けばという留保が付せられることを意味している）。なお、この点についての詳細は、第2部・第2章・第2節・第2款・第1項845頁以下を参照。
(921) このことを学説史的な視点から見れば、以下のように言うこともできよう。日本における古典的相当因果関係説は、契約（債務）不履行に基づく損害賠償を、有責な不履行によって惹起された損害を賠償するための制度として捉える立場と、2つの損害賠償制度を統一的な枠組みで構築しようとする手法ともに、ドイツ法及びドイツの学説から継受されたものである。原理的な側面から見れば、このこと自体に問題が存するわけではない。しかし、日本の民法は、「損害賠償債権」の総則的な規定を有していたドイツ民法とは異なり、一方を「債権の効力」、他方を債権の発生原因として、別様に規定したのである。従って、ドイツ法の議論のように、2つの損害賠償の範囲に関する説明を、同一の論理、同一のルールに基づいて行うことができないのは、むしろ当然であるとも言える。かくして、契約（債務）不履行に基づく損害賠償の範囲の局面においても、それを「有責な行為によって他人に損害を生じさせた者は、当該行為によって発生した損害を賠償しなければならない」という原理に基礎を置く制度として捉える構想が、民法416条の理解に大きな影響を及ぼしてきたと見ることができるのである。
(922) このように、事実的因果関係、保護範囲、損害の金銭的評価という3つのプロセスを区分し、民法416条を保護範囲確定の基準として捉える手法は、平井・前掲注(11)によって提唱され、今日では、多くの学説によって支持されている枠組みである。例えば、星野・前掲注(570)70頁、内田・前掲注(732)156頁以下、淡路・前掲注(732)167頁以下、大村敦志『基本民法Ⅲ債権総論・担

摘を行うことができる。

　まず、この新たな枠組みは、民法416条が完全賠償原則ではなく、制限賠償原則を採用した規定であるとの理解を出発点に据え(923)、そこから、古典的な相当因果関係説による、(フランス流の)「完全賠償原則」＝相当因果関係による賠償範囲の決定＝民法416条という定式を反駁しようとするものであるところ、ここには、テクストの読み方に関して、フランスの伝統的通説と同じ立脚点を見出すことができる。確かに、フランスの伝統的通説と日本の有力学説とにおいては、「完全賠償原則」という言葉に込められている意味が大きく異なっている。前者は、不履行と直接的な関係にある損害の全てを賠償することを「完全賠償原則」と呼ぶのに対して、後者は、不履行と事実的因果関係に立つ損害の全てを賠償することを完全賠償原則と理解しているからである。それにもかかわらず、両者は、同じ思考枠組みを共有していると言わなければならない。「完全賠償原則」との対比で言えば、いずれの見方も、予見可能性による賠償範囲確定ルールについて、因果関係とは別のレベルで賠償の範囲を制限するものとして捉えており、このような構造を議論の基礎としているからである。

　このように、フランスの伝統的通説と日本の有力学説が、予見可能性を中核とする賠償範囲確定ルールの捉え方について、同じ思考枠組みを共有しているとはいっても、両者の間には、「完全賠償原則」の意味付けに由来する顕著な相違を見出すことができる。前者においては、要件レベルでの制約を受けた「完全賠償原則」が問題となっているから、効果のレベルで賠償の範囲に制限を設ける民法典1150条は、いわば二重の制約を課す存在となる。その結果、民法典1150条に対しては、否定的あるいは消極的な評価も生まれうるし、そこまで行かなくても、同条の存在理由を明確な形で基礎付ける必要性に迫られることになる。これに対して、後者における完全賠償原則は、要件レベルでの制約を受けない概念であるため、民法416条は、唯一、損害賠償の範囲を限定する機能を果たす条文ということになる。民法416条が存在しなければ、不履行と事実的因果関係にある損害の全てが賠償の対象とされることになってしまう。かくして、日本の有力学説においては、フランスの伝統的通説とは比較することができない程に、予見可能性を中核とした賠償範囲の制限ルールに大きな実際上の存在意義が与えられるのである。

　以上のような相違は、「完全賠償原則」への立ち位置（第1の視角）、更には、制限賠償原則の基礎付けに関する議論（第2の視角）の中に、明確な形で現れている。すなわち、フランスにおいては、賠償の論理の下における「完全賠償」の原則性が明確に意識されており、そこから、多くの学説は、当事者意思や取引促進の必要性と

　　保物権（第2版）』（有斐閣・2005年）120頁以下〔初版・2004年〕、中田・前掲注(732)159頁以下等。
(923)　もっとも、本書は、これとは異なる読みを提示するものである。第2部・第1章・第1節・第2款・第2項427頁以下を参照。

いう論拠を提示して、因果関係とは別のレベルで賠償範囲を制限する規範を説明しようと試みてきたのに対して、日本の有力学説においては、完全賠償の原則性が後景に退き、制限賠償が、完全賠償と並ぶか、あるいは、それを超える原則性を獲得しているために、制限賠償を基礎付けるという視点が希薄になっているのである。このことは、以下のような疑問として定式化されうる。

損害賠償を請求するための要件を全て充足しながら損害賠償の範囲を限定する理由を問われたとき、今日では、損害賠償の範囲が無限定に広がってしまうと述べられるのが通例であるところ、これだけでは、賠償の論理の下で、古典的相当因果関係説のように要件レベルでの調整を行うのではなく、効果の段階で賠償範囲を制限しようとする規範の理由付けとしては、必ずしも十分なものとは言えないのではないか。そもそも、要件としての因果関係を純粋に「あれなければこれなし」の公式だけで捉える必然性はないし、完全賠償原則を事実的因果関係に立つ損害の全てを賠償の対象とするという意味で用いる必然性もない。フランス民法典1151条のような規定が存在しない場合であっても、要件のレベルで賠償されるべき損害の範囲に限定を設け、「完全賠償原則」を、こうして確定された損害の全てを賠償の対象とするという意味で用いることは、十分に可能である。既に述べたように、古典的相当因果関係説は、まさに、このような可能性を提示するものとして再構成することができた。そして、このように理解することによって、賠償の論理の下では原則的な形態と評すべき「完全賠償」を、実質的な妥当性を確保した上で、原則としての地位に止めておくことが可能となったのである。こうした可能性が存する以上、古典的相当因果関係は、ドイツ法上の（従って、日本法のコンテクストで一般的に受け入れられている意味での）完全賠償原則と結び付いた概念であり、損害賠償の範囲を制限する規定を持つ日本の民法とは相容れないとの批判を提起し、そこから、事実的因果関係＋制限賠償原則を前提とした保護範囲という判断枠組みの正当性を導くことはできないと言うべきであるように思われる[924]。

---

(924) 金銭的評価の問題を別とすれば、少なくとも理論的には、古典的相当因果関係論のように、民法416条を要件レベルで賠償範囲を調整する規定と読み、（フランス流の）「完全賠償原則」と両立させる解釈も排除されないはずである。この点に関連して、保護範囲説の提唱者である平井宜雄は、「損害賠償の範囲は、端的に416条を構成することばの解釈（中略）によって理由づけられれば足りるのである。言いかえれば、416条と離れて、「相当因果関係」という概念自体を用いる「実益」は、判決理由の論理構成に第一次的に関心を有するところの法解釈学にとっては論理的には存しない。かくして、「相当因果関係」の概念およびそれと関連するところの種々の因果関係論を論ずることは、現実には無用となる」。「法技術的概念としては、「相当因果関係」と416条とが同義と化した以上、「相当因果関係」概念は論理的には存立の余地がなくなったことについては、変りはないのである」（平井・前掲注(11)82頁）と述べている（このような見方は、先例に従って、不法行為に基づく損害賠償についても民法416条が類推適用される旨を判示した最判昭和48年6月7日民集27巻6号681頁に付せられた、大隅健一郎裁判官の反対意見の中にも、明確な形で現れている（民法416条が存在する以上、「解釈上は、債務不履行による損害賠償の範囲はもっぱら同条によって定まるのであるから、この場合、同条のほかに相当因果関係の概念をもち込むことは、右の規定の合理性を説明する手段としてならばとにかく、解釈上は必要のないことといわなければならない」））。

もちろん、この論理の下、事実的因果関係に立つ損害の全てを賠償の対象とするならば、債務者ないし行為者にとって過大な負担となるから、何らかの形で損害賠償の範囲を制限する必要があることに疑いはない。しかし、仮に、第2の視角から導かれる問題が上記のような利益判断によって基礎付けられるとしても、第3の視角から抽出される問題は残されたままである。すなわち、不履行と事実的因果関係に立つ損害は無限定に広がりうるから、賠償の対象となる損害を一定の範囲に限定する必要があるとしても、そこから、直ちに、通常損害・特別損害の区別と予見可能性を中核とした賠償範囲確定ルールが導かれるわけではない。何故、民法は、賠償範囲を限定する立法政策を通常損害・特別損害の区別と予見可能性によって実現しようとしたのか。保護範囲の確定が裁判官の政策的価値判断によって行われるべきことを強調すればする程、民法がその基準を通常損害・特別損害の区別と予見可能性に求めた理由を説明することが困難となるのである[(925)]。

　ここから、更に、第4の視角から導かれる問題が提起されることになる。仮に、民法416条を、不履行と事実的因果関係に立つ損害のうちどこまでを債務者に賠償させるのが妥当かという、裁判官の政策的価値判断によって規律されるべき保護範囲の問題として捉えるとしても、同じく有責な行為によって生じた損害を賠償するための制度でありながら、何故、民法は、契約（債務）不履行に基づく損害賠償についてのみ、保護範囲確定の基準となる規定を設けたのか。2つの損害賠償制度が、いずれも損害を賠償するための制度として把握され、かつ、それらの範囲が同一の判断枠組みによって規律されるにもかかわらず、一方についてのみ、保護範囲確定の基準が用意されているというのは、民法の体系的な説明として問題を内包しているのではないか。賠償の論理と政策的価値判断を強調した保護範囲説の判断枠組みに従う限り、これらの問いに対して説得的な応答を行うことは困難であると言わな

　　しかし、古典的相当因果関係説は、既に述べたように多くの問題を抱えるものではあるが、賠償の原則形態である「完全賠償」との関係で見れば、1つ説明として十分に成り立ちうるものであって、無用の概念であると評価することはできない。反対に、保護範囲説の下では、相当因果関係説のように要件レベルでの調整を行わず、効果の段階で初めて損害賠償の範囲を制限するという思考枠組みが採用されているが、こうした枠組みに依拠しなければならない理由が問われることになる。
(925) この枠組みの提唱者である平井宜雄の以下のような叙述は、まさに、本文で述べたことを示すものと言える。「保護範囲が政策的価値判断の問題である以上、それを決定する一義的な基準は存在しえない。むしろ、損害賠償法全体に対する基本的な見方に関する態度決定をまちつつ、判例法の中からいかなる場合にいかなる程度の損害の賠償まで認められているか、そういう判例の結論にとっていかなる事実関係が重要であったのか、ということを機能的に探求し、それを命題として構成するという作業からはじめて基準が生まれてくるのである。ただし、後に述べるように、債務（契約）不履行にもとづく損害賠償に関しては保護範囲を決定する基準は、抽象的な命題の形で民法典上与えられている。言うまでもなく民法416条がそれであり、したがって、債務不履行における問題は、416条を構成する抽象的な言語の意味を判例に即してより具体的な命題にまで分解するということである」（平井・前掲注(11)139頁）。ここでは、民法416条の「抽象的命題」が所与の前提とされており、それを何らかの形で正当化するという視点は見られない。一義的に決定しえないはずの保護範囲確定の基準が通常損害・特別損害の区別と予見可能性に求められた理由が問われなければならないのである。

ければならないのである。

　確かに、保護範囲説は、古典的相当因果関係説が孕んでいた問題を鋭く指摘し、それに代わる理論枠組みを提示したという点において、賠償範囲に関する議論を大きく前進させた。また、2つの損害賠償の間に存在する相違の説明という問題を除けば、少なくとも民法416条の存在を所与の前提とした解釈論としては、有益な判断枠組みであるとも言える。しかし、賠償モデル・履行モデルという本書の分析視角から導かれる問いに対する応答、すなわち、民法416条の存在理由を問い、同条を正当化ないし説明するための論理としては、なお多くの問題が内包されていると言わなければならないのである[926][927]。

　ところで、当初の保護範囲説は、一方で、保護範囲確定に際しての政策的価値判断の重要性を強調するものであったが、他方で、契約不履行に基づく損害賠償と契約規範との接合を意図し、予見可能性の判断を契約解釈の問題へと帰着させようとするものでもあった[928]。そこから、一部の学説は、当該契約によって保護されている利益を害する限度で賠償すれば足りるとの観点から賠償範囲が限定されるべき旨を説き、契約不履行に基づく損害賠償の範囲を、当事者が企図した契約利益の価値によって画すべきであるとの主張を展開した[929]。こうした視点が、今日におけ

---

(926) 本書が、原理のレベルにおいて、履行モデル・賠償モデルという分析枠組みを提示し、これを用いて契約（債務）不履行に基づく損害賠償や契約不履行法の諸問題を考究することを目的としたのは、解釈のための枠組みを提供するだけでなく、こうした枠組みの基礎となる理論、更には、条文の存在や民法の体系の背後にある原理を解明することも、学説における重要な任務であると考えたからである。民法416条の存在理由、同条の正当化という問いは、まさに、こうした原理からの視点によって初めて得られるものである。なお、本項の冒頭で提示した第3の視角（制限賠償原則を実現するためのルールの正当化）と関連して、本書が採用する分析枠組みとは異なるものの、予見可能性ルールの正当化という問題の重要性を説くものとして、（拙稿・前掲注(1)「理論」を公表し、本書を脱稿した後に現れた論稿であるため応接することはできなかったが）笠井修「損害賠償法における『予見可能性』の基礎付け」中央ロー9巻3号（2012年）49頁以下がある。

(927) 一部の学説は、相当因果関係説と保護範囲説との間で展開された論争を踏まえた上で、民法416条を、相当因果関係の内容を定めた規定として捉えるか、保護範囲の基準を定めた規定として捉えるかは、説明の問題に過ぎず、結局のところ、債務不履行に基づく損害賠償の範囲は通常損害・特別損害の区別と予見可能性によって決せられると言えば十分であると述べている（例えば、林（安永補訂）＝石田＝高木・前掲注(13)143頁〔林執筆部分〕（「債務不履行においての416条の意義は、それが、相当因果関係を定めているといえ、保護範囲の規定であるといっても、問題の解決にはならず、何が通常損害で、何が特別損害なのかを明らかにすることが重要である」）、鈴木・前掲注(553)35頁（「いずれの説を看板にしても実質的な差はなく、聞き慣れた相当因果関係説という名称を変える必要はないのではあるまいか」）、近江幸治『民法講義Ⅳ債権総論（第3版）』（成文堂・2005年）104頁以下〔初版・1994年〕（「およそ賠償法においては、賠償すべき範囲の合理的な制限（＝経験則上の相当性）が要求されるのであって、それを因果関係の問題とするか、政策的価値判断の問題とするかは、説明の問題に過ぎない」。「結局、わが民法おける賠償の範囲は、416条の『通常損害・特別損害』という抽象的な枠組みの実際的運用によって決せられると言えば良い」）、平野裕之『債権総論』（信山社・2005年）266頁（「いずれにせよ、わが国では416条という規定がありその内容の解釈が重要なのであり、いかなる用語によるかは問題ではない」）等）。このような態度は、解釈のための枠組みの提示を拒否している点において、既に是認しえないものであるが、本書の視点から言えば、解釈の土台になるはずの条文や制度の基礎について、一切の説明を放棄するものと見ることができる。

(928) 平井・前掲注(11)168頁以下。

る「契約を起点に据えた契約責任論」の1つの特徴となっていることは、改めて指摘するまでもないであろう(930)。

この契約利益説は、基本的には保護範囲説の枠組みを承継するものであり、先に同説に対して行ったのと同様の指摘が妥当する。しかし、他面において、契約利益説は、契約におけるリスク分配の視点をより前面に押し出すものであるから、政策的価値判断を強調するタイプの保護範囲論とは異なる側面を持つ。そのため、既に検討した保護範囲説とは別に、本節が採用する分析視角、とりわけ、第3の視角（それと関連する範囲で第2の視角）から、この枠組みを検討しておく必要がある(931)。

契約利益説、あるいは、損害賠償の範囲と契約規範との接合を強調する保護範囲説は、予見可能性について、以下のような議論を行っている。民法416条によれば、損害賠償の範囲を定めるに際して、損害が予見可能であったかどうかを判断するためには、どのような態様で損害が発生したのかを評価しなければならない。従って、「予見可能性の判断は契約不履行にあっては契約の目的、当事者の職業等を考慮したところの契約の解釈という操作によって定まるのである」(932)。「予見可能性の判断は究極的には契約の解釈に帰着する。そうして契約の解釈という作業は、契約締結当時の状況を背景として裁判所による当事者の合理的意思の探求ないしその名の下における新たな規範の創出を意味する。保護範囲の確定に際しての契約の解釈もこれを前提とする以上、予見可能性の判断は契約締結当時においてなさるべきことが帰結されるわけである。そのことは、契約の機能という面からも支持されるであろう。すなわち、契約の締結によって当事者は相互に一定の利益を取得することを目的とし、その利益の計算の上に立って取引関係を発展させるのであるから、契約不履行による損害賠償は、契約によって当事者が得ようとした利益の賠償として把握されなければならないはずである（中略）。賠償を求められている当該契約不履行における契約が「いかなる利益を増進しあるいはいかなる利益に奉仕するのか」を問題とし、契約において「使われている言葉と当該取引の背景とに照らしてみて考慮に入れられ、あるいは条件に合理的に含まれるということが示された利益」が賠償さるべき利益の限界を形づくるものを考えるべきである」(933)。かくして、この理解において、契約不履行に基づく損害賠償の範囲は、契約規範によって保護されている利益を基準にして判断され、民法416条が予見可能性による賠償範囲制限ルールを設けている理由も、この点に求められることになる。

---

(929) 川村・前掲注(754)142頁以下、好美・前掲注(754)24頁以下、円谷・前掲注(9)「現代契約法の課題」278頁以下、潮見・前掲注(9)349頁以下等。
(930) 潮見佳男「損害賠償責任の効果——賠償範囲の確定法理」同『債務不履行の救済法理』（信山社・2010年）192頁以下〔初出・2006年〕を参照。
(931) 第1、第4の視角に基づく検討については、保護範囲説に対するのと同じ指摘を行うことが可能なので、ここでは議論の対象としない。
(932) 平井・前掲注(11)90頁以下（引用は90頁）。
(933) 平井・前掲注(11)180頁以下。

◆第2章◆ 対　象

　しかし、このような理解には、損害賠償の範囲を制限する立法政策が予見可能性によって実現されている理由の説明としては、なお問題が内包されているように思われる。その理由は、以下の通りである。

　確かに、当事者が契約を通じて獲得しようとした利益によって賠償範囲を画す方向性を選択するのであれば、フランスの有力学説が試みていたように、予見可能性の中に当事者が契約において予定した利益という意味を読み込むことが可能であり、この限りにおいて、予見可能性ルールが採用された理由は明らかにされたとも言える。ところで、伝統的理解のように、契約不履行に基づく損害賠償を債務の不履行によって惹起された損害を賠償するための制度として捉えるならば、当事者意思や契約目的を斟酌して評価されるところの契約利益に関わらない損害、例えば、給付利益を構成しない完全性利益侵害等も、契約不履行に基づく損害賠償の対象となりうる[934]。そうすると、契約不履行に基づく損害賠償が問題となりうる事例の全て、とりわけ、当事者が契約を通じて獲得しようとした利益とは関わりのない損害について、リスク分配に基礎を置く予見可能性という基準を適用することは可能かという疑問が生じえよう[935]。これらの要素を契約の問題として捉えるにしても、そして、ここで言う予見可能性が、フランスの伝統的学説が説くような意味での主観的・心理的な概念ではないとしても、また、古くから説かれてきたように、予見可能性が規範的に評価されるものであるとしても[936]、（ここで言う）契約規範によって保護される利益の全てを当事者の予定に帰着させることはできない。というのは、伝統的理解のように、契約内容の確定を、自律・他律の二元で行う場合はもちろん、契約を制度的行為として捉え、契約内容確定法理における自律と他律の融合を目指す場合においても[937]、上記のような要素を含む契約規範の基礎を全て当事者の予定に求めることはできないからである。従って、予見可能性は、これらの損害に関する賠償範囲を画する規範としては、適切でないと言わなければならない[938][939]。また、仮に、当事者が契約を通じて獲得しようとした利益とは関わりの

---

(934) これは、前節において検討した「契約不履行に基づく損害賠償の対象」に関わる問題であり、また、「契約不履行に基づく損害賠償の領域」と関連する問題でもある。この点についての詳細は、本章・第1節・第2款・第1項 269頁以下、及び第2部・第2章・第2節・第2款・第2項 855頁以下を参照。

(935) 必ずしも明確に示されているわけではないが、契約利益説を基調とする川村・前掲注(754) 142頁以下・262頁以下は、これらのケースに、民法416条の規範は及ばないと理解しているように見受けられる。

(936) 平井・前掲注(11)173頁、潮見・前掲注(9)332頁以下・349頁以下等。もっとも、有力な反対説もある（例えば、前田達明「損害賠償の範囲──予見性におけるSein と Sollen」同『不法行為法理論の展開』（成文堂・1984年）206頁以下〔初出・1980年〕等）。

(937) こうした整理については、山本・前掲注(376)101頁以下を参照。

(938) 誤解のないように付言しておけば、本文で問題にしたのは、意思の役割が相対的に低下した現代において、契約当事者による意思は、民法典1150条の十分な正当化理由となりえないという、ジュヌヴィエーヴ・ヴィネ＝パトリス・ジュルダンが行っていたような批判ではない。この指摘は、予見可能性を主観的・心理的な概念として把握し、それを当事者意思の問題として定式化する、フランスの伝統的通説に向けられたものであるから、この点において、それとは立場を異に

350

ない損害について、予見あるいは予定を問題にしうるとしても、そこでは、損害の性質上、履行に代わる損害賠償のケースとは異質な考慮が働くはずである[940]。かくして、ここで問題になっている契約利益を、債権者が当該契約を通じて獲得しようとした利益だけではなく、(「その範囲によっては」という留保を付けた上ではあるが)完全性利益等をも含め、契約規範によって保護される利益として理解する場合には、当事者の予見可能性によって賠償範囲を限定するという思考それ自体の基礎付けが、再び問題とされなければならないように思われる。このように、契約利益説によれば、前提となる契約の捉え方次第ではあるが、予見可能性ルールの正当化というレベルにおいて、重大な問題が内包される可能性があることを指摘しておかなければならないのである。

(2) 賠償論理の下における例外ルールの原則化

このように見てくると、賠償の論理を基礎とした不履行に基づく損害賠償の範囲をめぐる議論は、いずれも、制限賠償原則の基礎付け、予見可能性ルールの正当化、2つの損害賠償における相違の説明という点において、大きな問題を孕んでいると言うことができる。ところで、本節冒頭でも触れたように、今日においては、フランス民法典1150条に端を発する国際的潮流の影響を受けて、債務者に故意ないし重過失が存在する場合には、予見可能性による賠償範囲の制限は妥当しないとの解釈論や立法提案がなされている[941]。言うまでもなく、民法416条にこのような規律は存在しないが、予見可能性を中核とする賠償範囲確定ルールを、契約（債務）不履行に基づく損害賠償の理論枠組みという視点から分析することを目的としている本節においては、債務者に故意・重過失が存在する場合には上記のような賠償範囲確定ルールを妥当させないという態度決定をしたときに、こうした規律がどのような形で基礎付けられるのかという問いに関心が向けられることになる。この問いを

する契約利益説には妥当しない。契約利益説において問題とされているのは、直接的な契約当事者の意思や合意の有無・内容ではなく、「「両当事者の合意に基づき設定された契約規範により保護された利益を基準として、これに代わる状態を価値的に実現するためにはどの範囲での賠償を認めるのがよいか」という観点」（潮見・前掲注(930)195頁・注(16)）なのである。

(939) 認識としての予見を問題にするコンテクストでの叙述ではあるが、潮見・前掲注(9)351頁以下の指摘も参照（「制限賠償原則と保護範囲論を支持するとしても、賠償範囲の確定問題を「予見可能性に基づく制限賠償」の思考様式に依拠させることに対しては、疑問がある。「契約によって保護された債権者の利益」を確認して「契約の意味と目的に従った責任の限界づけ」を図る際に考慮すべきファクターを、すべて契約当事者の「認識」の平面へと還元して、「予見可能性」概念に基礎づけられた賠償範囲確定ルールに凝縮できるのかが問題だからである」。「当為規範に盛り込まれる内容を「予見」という認識レベルにすべて還元し、正当化するのは、契約内容を確定しその履行過程でのリスク分配規準をあらわす規範命題の言明として適切さを欠く」）。

(940) この点において、平井・前掲注(11)は、保護範囲確定プロセスにおける政策的価値判断の重要性を強調しているから、本文で述べた問題に対応する素地を有しているとは言えよう。

(941) 改正研究会案の副案343条1項等。なお、難波・前掲注(159)(2)105頁は、フランス法の分析を踏まえた上で、少なくとも故意の不履行の場合には、不履行時の予見を問題にしなければならないと説く。

解明することによって、賠償モデルから見た場合における民法416条の理論的基礎とその問題がより明確な形で提示されうるからである。もっとも、上記のような解釈論ないし立法論の基礎については、一部の例外を除き、これまで、必ずしも、明確な形で示されてきたわけではない。そこで、以下では、第1款において触れたフランスにおける議論を参考に、この問題にアプローチを試みることにする。

フランスの学説の多くは、債務者に悪意・重過失が存在する場合の例外ルールを、信義則違反ないし契約からの意図的離脱を根拠とする「完全賠償原則」への回帰として分析していた。ここから明らかになるのは、以下の3点である。

第1に、このルールが、制限賠償原則の排除と「完全賠償原則」への回帰というテーゼの具現化として捉えられていることである。フランスの伝統的理解においては、賠償の論理を前提に、「完全賠償原則」を出発点とする損害賠償範囲論が構築されていたのであるから、予見可能性による制限の排除は、必然的に原則としての「完全賠償」への復帰を意味するのである。

第2に、この「完全賠償原則」への回帰が、契約的なルールからの逸脱として把握されていることである。第1款で述べたように、予見可能性による賠償範囲確定ルールは、当事者意思や取引促進の必要性といった契約に固有の論理によって基礎付けられていたが、これが適用されないということは、その論拠が妥当しないとの判断がなされたことを意味する。つまり、この場合には、当事者意思による規律を及ぼす必要がない程に、あるいは、取引促進を考慮しなくてもよい程に、債務者の行為態様には問題があると理解されているのである。

第3に、それにもかかわらず、悪意・重過失の債務者に課される損害賠償は、不法行為ではなく、契約不履行に基づくものと性質決定されていることである。言うまでもなく、このような性質決定を可能にしているのは、契約不履行に基づく損害賠償を不履行＝フォートによって生じた損害を賠償するための制度として捉える構想である。ここでは、不履行によって生じた損害である限り、契約不履行に基づく損害賠償の対象とすることに何ら問題は存しないのである。

もっとも、このルールは、悪意・重過失の債務者に対して、事実的因果関係にある損害の全てを賠償させようとするものではないことに注意しておく必要がある。フランス民法典1151条は、債務者に悪意が存する場合であっても、不履行から直接的に生じた結果でなければ賠償の対象となりえない旨を規定しているからである。

以上の議論を踏まえた上で、従来の枠組みとの関連における故意・重過失ルールの意味付けを明らかにしていこう。

一方で、保護範囲の確定に際し、裁判官の政策的価値判断の重要性を強調するならば、債務者に対してどこまでの範囲の賠償を義務付けるかは、基本的に、裁判官の政策的価値判断の問題に属することになる。先に触れたように、この立場においては、損害賠償の範囲を画する概念としての予見可能性に対して、その存在理由を

積極的に基礎付ける論拠は与えられていなかったから、債務者の意思的要素が介在する故意ないし重過失のケースでは、より一層、予見可能性ルールを適用する理由はなくなると言える。契約（債務）不履行に基づく損害賠償と同じ賠償の論理に属する不法行為領域の議論をこの場面にも及ぼすならば、意思的要素を含む不履行の場合には、行為との間に事実的因果関係が存する損害は保護範囲の中に含まれるという解決が導かれるように思われる[942]。ここでは、政策的価値判断として完全賠償原則が妥当する理由を明らかにすれば十分なのであって[943]、フランスにおけるように、予見可能性ルールが妥当しない理由をめぐって多くの議論を展開する必要はない。言い換えれば、予見可能性ルールも、故意・重過失のケースにおける完全賠償ルールも、損害賠償法全体を通じて構築された枠組み（政策的価値判断による保護範囲決定）の１つの適用に過ぎないのである。

　他方で、契約規範によって保護されている利益を保護範囲確定の基準とするならば、予見可能性には一定の意味が与えられることになるから、フランスの議論と同様、予見可能性ルールが適用されない理由を明確に提示しておかなければならない。そうすると、ここでは、契約不履行に基づく損害賠償の範囲は当事者が契約において予定したものに限られるとの立場を採用した上で、故意・重過失のある債務者が義務付けられる損害賠償について、契約とは別の帰責根拠を考え、完全賠償原則の妥当性を基礎付ける方向性が浮かび上がってくる。契約利益説の基礎には、「契約を起点に据えた契約責任論」が存するところ、それとは別に、「契約を起点に据えない契約責任」を構想すれば、契約利益に限定されない賠償を認めることができると考えるわけである。これは、フランスの一般的な理解と同じ思考モデルに属すると言えよう[944]。

　もっとも、先に述べたように、契約利益説においては、当事者が契約の中で予定したものとは関わりのない要素を契約規範によって保護される利益の中に含めなけ

---

[942] 不法行為に基づく損害賠償の範囲について、平井・前掲注[11]456頁以下、同『債権各論Ⅱ不法行為』（弘文堂・1992年）124頁以下を参照。

[943] ここにフランスにおける議論との相違を見出すことができる。フランスにおいては、「完全賠償原則」が議論の出発点となっていたから、そこへの回帰を理由付ける必要は存しなかった。これに対して、日本の議論においては、制限賠償が完全賠償以上の原則性を獲得しているために（その背後に、完全賠償原則の意味が両国において異なっているという事情が存することは、既に指摘した通りである）、完全賠償原則が適用される理由を明らかにすることが求められるわけである。

[944] もっとも、厳密に言えば、本文で述べた議論とフランスの一般的な見解は同一ではない。フランスにおける多数説は、契約不履行に基づく損害賠償の源は常にフォートであるという構想と、フォートによって生じた損害は全て賠償されるべきであるが、契約領域においてはこれが制限されているとの認識を前提として、債務者に故意・重過失が存する場合には、原則に戻って「完全賠償原則」が適用されるとの理解を示すものである。これに対して、本文で述べた見方は、契約不履行に基づく損害賠償の源を契約と故意という形で二元化し、前者については予見可能性ルールを、後者については完全賠償原則を妥当させようとするものである。従って、ここでは、２つの損害賠償確定法理は、フランスの議論のように原則・例外の関係ではなく、並列的なものとして捉えられているのである。

れば、契約不履行に基づく損害賠償の対象となりうる全てのケースを規律することができなかった。そして、これらの要素を契約利益の対象とするならば、予見可能性ルールの基礎付けに大きな困難が生ずることになった。ところで、こうした方向性を更に推し進め、予見可能性に大きな意味を与えないのであれば、上記の理解とは異なる見方を提示することも可能となる。すなわち、債務者に故意・重過失が存在する場合の規律を契約規範の中に含めることで、契約規範によって保護されている利益を賠償すれば足りるとのルールを貫徹するのである[945]。このように理解するならば、通常のケースにおける損害賠償の範囲と、債務者に故意・重過失が存在するケースにおける損害賠償の範囲とは、原則・例外の関係にも、二元的な関係にもなく、いずれも、「契約規範によって保護されている利益は賠償されなければならない」とのルールの支配下にあるということになろう。

　これらの諸見解について、その当否を問うことは本節の目的ではない[946]。ここで指摘しておかなければならないのは、いずれの見解においても、原則としての予見可能性ルールに対する基礎付けが不十分であり、かつ、契約（債務）不履行に基づく損害賠償を賠償の枠組みで捉える構想が前提とされていることから、債務者に故意・重過失が存するケースについて、契約の枠内で予見可能性とは異なるルールを設けることに、（利益判断は別として）理論レベルでの抵抗がほとんど生じていないということである。すなわち、政策的価値判断を強調するタイプの保護範囲説にしても、契約利益説にしても、予見可能性ルールの例外という形で規範を提示する必要はなく、いわば、原則（政策的価値判断による保護範囲確定、「契約利益」による保護範囲確定）の適用として、契約（債務）不履行に基づく損害賠償の領域における完全賠償ルールを定立することが可能となっているのである。このことから見ても、従来の議論において、予見可能性という規範言明の正当化が十分になされてこなかったことが分かるであろう。

　このような形で従来の議論を分析してくると、以下の疑問が浮かび上がってくる。民法が、契約（債務）不履行に基づく損害賠償に関してのみ、通常損害・特別損害の区別と予見可能性を中核とする賠償範囲確定ルールを設けたのは、2つの損害賠償

---

(945) 潮見・前掲注(930)201頁以下を参照（「契約を締結することで契約利益の実現を保障した以上、債務者には、契約締結後も、債権者の下で契約利益が本旨に従って実現されるよう、契約を尊重して、誠実に行動しなければならない（中略）。このような義務の向けられた対象は、債務の履行のみならず、契約締結時点では予見できなかった損害の発生ならびに拡大の認識・回避にも及びうる」。こうした考え方を基礎とすることによって、「ある損害を債務者に帰属させることを正当化する基礎となるのが「契約上の合意」であると考える立場を本則としたうえで（中略）、故意・重過失事例での特別の処理の必要性に関する問題も視野に入れた損失リスクの分配・調整を行うこと」ができる）。また、シンポジウム・前掲注(88)34頁に所収されている難波譲治教授の質問に対する潮見佳男教授の回答も参照（もっとも、そこでは、これとは別の可能性も示唆されている。故意のケースにおける損害帰責のメカニズムは、損害の発生を認識し、あるいは認容しながら行動した場合には、その結果を当該行為者に帰責するというものである。そうすると、これは、契約の場面に限られないから、より高次のレベルの問題として捉えることができる)。

(946) この点については、第2部・第2章・第1節・第2款・第1項787頁以下も参照。

◆ 第 2 節 ◆ 制限と完全

を全く性質の異なる制度として構想したからではないのか。これまで指摘してきた問題は、いずれも、契約（債務）不履行に基づく損害賠償を、不法行為に基づく損害賠償と同じく、有責な行為によって生じた損害を賠償するための制度として捉える構想に端を発している。フランスの議論から抽出された、完全賠償原則への立ち位置、制限賠償原則の正当化、制限賠償原則を表明するルールとしての予見可能性の正当化、同一の原理に基礎を置く2つの制度間に存在する相違の正当化という4つの視角は、いずれも、賠償の論理を前提とした場合に初めて成り立つものだからである。それでは、契約（債務）不履行に基づく損害賠償を、履行されなかった契約ないし契約債務の履行を確保するための制度として理解する立場による場合、民法416条の存在理由、通常損害・特別損害と予見可能性による賠償範囲確定ルールの意味はどのように理解されるのか。また、賠償の論理の下で生じていた諸問題は解消されうるのか。以下では、項を改めて、これらの問題を検討していくことにしよう。

◇第2項　履行方式としての契約不履行に基づく損害賠償と民法416条の正当化

　フランスの有力学説は、契約不履行に基づく損害賠償を、契約債務の等価物による履行方式として捉える立場を基礎に、契約債務が当事者によって予定されたものを範囲とするように、その代替的履行手段としての契約不履行に基づく損害賠償も、当事者が予定した範囲に限られるのは当然であると主張し、このような視点から、フランス民法典1150条の存在理由、予見可能性ルールの意味を正当化していた。ここでは、不履行によって生じた損害を賠償するという発想それ自体が排除されており、不履行から生じた損害の全てを賠償の対象とすべきなのか、それとも、一定の範囲の損害に限って賠償の対象とすべきなのかという問題の立て方、つまり、「完全賠償原則」なのか、制限賠償原則なのかという選択は、存在する余地がない。
　確かに、事象の面から見れば、このモデルにおいても、損害賠償の範囲の問題は、債務者がどれだけの賠償を提供しなければならないのかという問いとなって現れ、その結果、債権者に生じた一定の不利益がその対象から外れるという結論が導き出されるのであるから、この理解も、賠償モデルを基礎とした諸見解が提示していた枠組みを別の形で説明したものに過ぎないとも言える。しかし、理論的に見れば、履行モデルの下で、損害賠償の範囲を制限するという考え方は成り立ちえないのであって、この見解は、これまで展開されてきた損害賠償の範囲に関する判断枠組みとは完全にパラダイムを異にしていると見なければならない。このことを明確に示すために、本書は、等価物による履行論から見た民法典1150条の意義を完全履行原則の表明と名付けたのである。
　このような理解を採用するならば、第1項の冒頭で提示した4つの視角は、いず

◆第2章◆ 対　象

れも不適切なものとなる。説明の便宜上、第4の視角から言えば、不法行為に基づく損害賠償と契約（債務）不履行に基づく損害賠償は全く性質の異なる制度なのであるから、これら2つの損害賠償の範囲に関するルールに相違があるのは、むしろ自然なことである。前者は賠償の論理に従って、後者は履行の論理に従って、その範囲を確定すべきことになるからである。また、賠償の論理を前提とした概念である、完全賠償原則、制限賠償原則も、その存在の基盤を失う。その結果、完全賠償原則への立ち位置を明らかにする必要も、制限賠償原則の正当化や、制限賠償原則を表明するルールとしての予見可能性の正当化を試みる必要もなくなる。この理解においては、唯一、契約（債務）不履行に基づく損害賠償の範囲が、契約を通じて当事者が獲得しようとしたものによって画されることを前提に、それが、通常損害・特別損害の区別及び予見可能性という規範命題によって表現された理由を明らかにすべきことになるのである。

　それでは、この理解において、民法416条のルールに対しては、どのような意味が与えられることになるのか。

（1）履行論理の下における正当化

　ここで、ロベール・ジョセフ・ポティエの理論を振り返ってみよう。ポティエは、予見可能性によって賠償範囲を確定するルールを提示するに際して、不履行によって生ずる損害を内在的損害と外在的損害に分け、前者については、常に予見しているものとみなされるから、賠償の対象から除外されることはないが、後者に関しては、契約において特別に予定されている場合に限って賠償の対象となりうるとの理解を示していた。従って、ここで言う予見可能性は、契約当事者の認識という意味での主観的・心理的な予見ではなく、契約当事者が当該契約に込めていた意味、すなわち、「予定」を意味するのである。かくして、予見可能性という概念は、契約債務が完全に履行された場合、あるいは、契約において予定されていた利益が実現された場合を、金銭によって表現するための規範言明として位置付けられていることが分かる。ここに、履行モデルを前提とした場合における予見可能性の意味を見出すことができるであろう。

　以上の議論を前提に、日本の民法の下で、履行モデルを基礎とした上述の解釈が可能であるかどうかを検討してみよう。

　日本の民法は、債務不履行に基づく損害賠償を「債権の効力」として位置付けており、民法416条は、債務不履行に基づく損害賠償が、債務不履行によって通常生ずべき損害の賠償を目的とすること、また、特別の事情によって生じた損害であっても、当事者の予見可能性を条件として、その対象となりうることを規定している。民法416条の系譜関係から言って当然であるが、同条の構造は、先に述べたポティエのシステムに類似する。従って、契約（債務）不履行に基づく損害賠償を契約ない

し契約債務の履行方式として捉え、その範囲を契約において当事者が予定した利益によって画する方向性を民法416条の中に読み込むことは、十分に可能であると言える。

このような構想を前提とする場合、同条1項に言う、債務の不履行によって通常生ずべき損害とは、当事者の地位・職業等を考慮した上で、当該契約類型から一般的に獲得することができるものと評価しうる利益を意味し、同条2項の特別の事情によって生じた損害とは、契約において、特別の債務が予定されている場合や特別の契約目的の実現が企図されている場合、言い換えれば、当事者が当該契約において特別の利益を予定している場合に、債権者が獲得することができたであろう利益を意味する[947]。そして、同条2項の予見可能性は、契約当事者の認識という意味での主観的・心理的概念として理解されるべきものではなく、契約の内容によって規律される客観的概念として把握されなければならない。このように理解するならば、民法416条が、契約（債務）不履行に基づく損害賠償に関してのみ、通常損害・特別損害の区別と予見可能性を基軸とする賠償範囲確定ルールを設けた意味も明らかとなろう。2つの損害賠償は全く性質の異なる制度なのであり、そうであるからこそ、民法は、両者を異なる規範に服せしめたのである[948]。

(2) 履行論理の下における例外ルールの意味

以上が、履行モデルを基礎とした立場からの民法416条の基本的な読み方である。民法416条の解釈論上の問題としては、これまで、予見の時期、主体、対象が論じられてきたので、最後に、この点について一言しておこう。従来の議論においては、概ね、相当因果関係説の立場から、債務者の不履行時における特別事情についての予見が[949]、保護範囲説の下では、当事者の契約締結時における損害についての予

---

(947) このような意味での通常損害と特別損害の区別は、ポティエの言う内在的損害と外在的損害の区別に対応するものではない。ポティエは、内在的損害として、債務の対象との関連で被る損害を、外在的損害として、債務の対象以外の財産に生じた損害を予定しているが、ここで言う通常損害には、債務の対象との関連で被る損害のみならず、それ以外の要素も含まれよう。例えば、一般的に説かれているように、目的物の転売利益は、通常、特別損害となるが、当事者の属性によっては、通常損害となりうる（ポティエの枠組みで言えば、これは、常に外在的損害と構成される）。契約（債務）不履行に基づく損害賠償の役割を契約によって実現されていたであろう利益の確保に求めるのであれば、問題となっている利益の実現が当該契約において予定されていたかどうかが決定的に重要となるのであって、当該契約の不履行から一般的に生じうる損害を債務の対象それ自体の価値に限定する必然性は何ら存在しない。そもそも、ポティエの時代（更に言えば、フランス民法典が制定された時代）と現在では、取引をめぐる環境が大きく異なっているのであって（このことは、ポティエが挙げていた例（注(863)、注(864)、注(866)、注(871)を参照）を見れば明らかである。フランスにおいて産業革命が本格化し、取引社会の構造が大きく変化したのは、19世紀後半のことである）、こうした点をも考慮するならば、契約（債務）不履行に基づく損害賠償の対象としての「履行」に込められる意味が異なるのは当然であると言うことができる。

(948) この点については、第2部・第2章・第2節・第2款・第1項853頁以下も参照。
(949) 石坂・前掲注(2)312頁以下、鳩山・前掲注(2)76頁以下、富井・前掲注(2)232頁、我妻・前掲注(7)120頁、於保・前掲注(7)140頁以下等。

見が[950]、説かれてきた。もっとも、今日では、このような対応関係は絶対的なものでないことが明らかにされており、保護範囲説を基礎とする立場においても、機会主義的行動抑止の視点や[951]、契約遵守（契約尊重）の道徳性の視点から[952]、債務者の不履行時における予見を問題にする見解が提唱されるに至っている[953]。これらの見解については、既に先行業績によって詳細な分析がなされており[954]、また、本書の分析枠組みを用いたとしても、新たな知見を付け加えることはできないので、以下では、本書の立場から、この問題がどのように捉えられうるのかを述べるに止めておく。

なるほど、契約ないし契約債務の内容は、基本的に、当初の合意の際に確定されるものである。従って、契約（債務）不履行に基づく損害賠償を契約ないし契約債務の履行方式として捉え、その範囲を当事者の予定によって画そうとする立場からは、契約締結時における当事者の予見を問うというのが、最も問題の本質に適合するとも言える。しかし、契約の履行によって当事者が獲得しようとする利益は、時とともに変化しうるものであり、契約締結時においてその全てが確定されているわけではない。既に言及したように、契約（債務）不履行に基づく損害賠償の範囲は、契約債務の価値に尽きるものではないから、後の事情によって新たに生成された履行への利益を、その代替物である契約（債務）不履行に基づく損害賠償に含ませることは、前提とする構想と何ら矛盾しないと言える。それどころか、契約当事者は、契約の実現に向けた規範に拘束されており、契約の履行を確保し、その実現を最適化するための様々な義務を課せられているという視点に立ったとき、こうした事後的な損害についても、債務者の認識を前提として、契約（債務）不履行に基づく損害賠償の対象に含めることが望ましいとも言える。従って、履行モデルの下においても、不履行時における債務者の予定を問うことは可能と言うべきである。

しかしながら、このような解決は、あくまでも、契約（債務）不履行に基づく損害賠償の対象に含まれるのは当事者が契約を通じて実現することを予定したと評価されうる利益に限られるとの前提の上に成り立っていることに注意する必要がある。従って、仮に、本節の冒頭で言及したような形で、債務者が故意・重過失によって債務を履行しなかったときには予見可能性ルールを妥当させないという態度決定をしたとき、これを契約（債務）不履行に基づく損害賠償の枠内で捕捉することは不可

---

(950) 平井・前掲注(11)96頁以下等
(951) 中田・前掲注(78)48頁、同・前掲注(732)162頁（「契約締結時の合意による利益・リスクの分配」と「契約締結後の各当事者の自己中心的な行動（機会主義的行動）を抑止し、両者の協力を促すべき要請」との「兼ね合いの問題であり、それを両立させることを目指すべき」との観点から、債務者による不履行時の予見を問題にする）。
(952) 内田・前掲注(732)162頁（「不履行時説は、契約はあくまで履行すべきで、約束を破る以上、およそ予見しえた損害の賠償を免れるのはけしからんという発想に立つ」。「わが国の法意識の中では、契約を守ることの道徳性を根拠とした判例・通説の立場は十分理由があると思われる」）。
(953) これは、潮見・前掲注(930)196頁以下の整理に従ったものである。
(954) 潮見・前掲注(930)196頁以下・201頁以下。また、同・前掲注(9)349頁以下も参照。

能ということになる(955)。繰り返し指摘しているように、契約(債務)不履行に基づく損害賠償は、契約ないし債権の価値的な実現手段であり、ここから、その範囲は当事者が契約で予定したものによって画されるという規律が導かれている。そうである以上、たとえ債務者に故意・重過失が存する場合であっても、このような意味を持つ契約(債務)不履行に基づく損害賠償の中に、当事者が予定しなかった要素を含ませることはできないと言うべきなのである。従って、履行モデルを前提にこのルールを基礎付けようとするのであれば、ポティエ、ビゴ・プレアムヌ、そして、19世紀の学説が行っていたように、不法行為に基づく損害賠償を援用するか、あるいは、損害が発生することを認識しながら債務を履行しなかった者に対する特別の「損害賠償責任」を構想するしかないのである。

このように見てくると、履行モデルを基礎とした理論枠組みから導かれる具体的解釈は、債務者に故意・重過失が存するケースについて、どのような形で特別のルールを設けることができるかという点を除けば、当事者が契約を通じて獲得しようとした利益が問題となる場面に関する限り、古典的相当因果関係説のそれとも、保護範囲説・契約利益説のそれとも、ほとんど異ならないとも言える。しかし、従来の議論と履行モデルとでは、賠償範囲を確定する原理それ自体が異なるのであり(本節の用語法で言えば、「完全賠償原則」なのか、制限賠償原則なのか、それとも、完全履行原則なのか)、このことが、民法416条の存在理由、予見可能性ルールの正当化論拠に大きな影を落としているという現実は、看過されるべきではないように思われる(956)。

◇第2節の結論◇

本節の目的は、民法416条の理論的基礎、通常損害・特別損害の区別と予見可能性による賠償範囲確定ルールを、賠償モデル・履行モデルという分析枠組みから得られる制限と完全という視点を用いて検討することに存した。ここで、その成果を要約しておこう。

日本の議論においては、契約(債務)不履行に基づく損害賠償を不履行によって生じた損害を賠償するための制度として理解する立場が前提とされていることから、不履行によって生じた損害の全てを賠償の対象とすることは適切ではないとの認識を前提に、どこまでの範囲の損害が賠償の対象とされるべきかという形で問題が定式化されてきた。伝統的通説は、不法行為のモデルと同じように、責任原因、損害、

---

(955) この点に、履行モデルを基礎とした議論と第1項の末に提示した諸見解との大きな相違がある。後者は、いずれにしても、故意・重過失が存在する場合に義務付けられる損害賠償を契約(債務)不履行に基づく損害賠償と性質決定することになるのである。
(956) とりわけ、民法(債権関係)の改正に向けた作業が進行している現在、契約(債務)不履行に基づく損害賠償に関する制度設計を行うに際しては、本節で行ったような規範の基礎付けという視点を欠くことはできないであろう。この点については、第2部・第2章・第1節・第2款781頁以下を参照。

◆第2章◆ 対　象

因果関係という責任の3要素を充足する限り、全ての損害が賠償の対象とされなければならないとの理解から出発しつつ、因果関係を法的に精練するという方法をとることによって、賠償の基本原理である完全賠償原則と矛盾しない形での賠償範囲確定ルールを構築した。しかし、この理解の下では、契約（債務）不履行に基づく損害賠償の特殊性は完全に消滅することになった。他方、これを批判する有力学説は、賠償の論理を前提としながらも、要件レベルではなく、効果のレベルで賠償範囲を制限するという思考枠組みを導入することによって、民法416条の存在意義、契約（債務）不履行に基づく損害賠償の特殊性を基礎付けようとしてきた。しかしながら、内部の諸見解によって濃淡は存するものの、いずれも、前提とする契約（債務）不履行に基づく損害賠償の理論枠組みとの関連で、何故に制限賠償原則が採用されなければならないのか、何故に制限賠償原則が予見可能性によって実現されなければならないのか、何故に同じ賠償の原理に基礎を置く2つの損害賠償制度が異なる賠償範囲確定ルールに服さなければならないのかという問いに対して、十分な応答をすることはできなかった。これに対して、契約（債務）不履行に基づく損害賠償を、履行されなかった契約を実現するための手段として位置付けるならば、完全賠償原則、制限賠償原則という枠組みとは異なる次元で、民法416条を完全履行原則の表明として位置付け、契約法の特性を反映させた賠償範囲確定ルールを基礎付けることができたのである。

　以上が、本節における考察から導かれる、民法416条の存在理由及び同条の規範言明の意味についての1つの理解である。これを、第1節の末で示した見方と併せるならば、更に、以下のような理解を示すことができる。
　契約（債務）不履行に基づく損害賠償の範囲を、契約において予定されていた利益によって画す方向性を志向するならば、賠償範囲の問題は、要件レベルにおける損害の有無を確定するプロセスと不可分一体となる。伝統的な差額説や損害事実説のように、契約の理念や色彩を排除する形ではなく、契約（債務）不履行に基づく損害賠償の目的・理念を反映させた形で損害の中身を語ろうとすれば、損害は、債権者が契約から期待したが実際には獲得することのできなかった利益という形で定式化されることになるからである。もちろん、第1節で述べたように、両者の判断プロセスが同一に帰するからといって、包括的な損害概念が不要となるわけではない。しかし、損害の金銭的評価、賠償の減額調整の問題を別とすれば、従来の枠組みで言うところの保護範囲の問題、つまり、どれだけの契約利益の不実現が存したのかという問いを損害の問題から独立して立てることに意味はないし、むしろ、この問いを立てること自体、前提とする契約（債務）不履行に基づく損害賠償の理論枠組みと論理的に矛盾するとさえ言える。この理解において、民法416条は、効果のレベルでの賠償範囲確定ルールを用意した条文としてのみならず、契約（債務）不履行に

基づく損害賠償の領域における損害の意味を明らかにした条文としても捉えられることになるのである。

◆第2章◆ 対　象

◆ 第 1 部の結論

　第 1 部においては、本書冒頭で提示した契約不履行に基づく損害賠償に関する 2 つの理論枠組みを用いて、契約（債務）不履行に基づく損害賠償の性質及び対象という問題を検討した。その際、従来の日本法における議論と接合するために、前者については、帰責事由、損害賠償請求権の消滅時効、後者については、損害、損害賠償の範囲という各論的な問題を取り上げた。それぞれの問題に対する見方に関しては、既に各節の末尾で言及しているので、ここでは繰り返さない。以下では、これらの問題を包括する視点から一言するに止めておく。

　日本における契約（債務）不履行に基づく損害賠償に関する議論は、賠償の論理を所与の前提として展開されてきた。このことは、2 つの損害賠償に共通の枠組みを構築しようとしてきた伝統的通説に顕著であり、伝統的通説の枠組みは、賠償モデルから導かれる帰結を論理的に貫こうとするものと言うことができる。確かに、これによって、理論的一貫性は構築された。しかし、その結果、第 1 部で検討した様々な場面において、契約法理の特殊性が排除され、民法の体系との整合性が失われてしまったのである。

　他方、近年では、こうした伝統的通説の問題を指摘する形で、「契約を起点に据えた契約責任論」が提唱されるに至っているが、そこでも、個別の問題を検討する限り、賠償の論理が基礎とされていることは明白であった。なるほど、契約の特殊性を回復するという意図は、第 1 部で検討の対象とした問題においては、一定の範囲で実現されていた。しかしながら、その結果、損害賠償の性質の局面では、帰責と実現との間で理論的な歪みが生ずる可能性を指摘することができたし、損害賠償の対象の局面では、賠償の論理を基礎とするが故の限界を指摘することもできた。

　このように、第 1 部の考察からは、日本の契約（債務）不履行に基づく損害賠償に関する議論には、その前提とする原理のレベルにおいて、多くの理論的・実際的問題が内包されているとの認識を得ることができたのである。

　これに対して、本書冒頭で提示した、契約（債務）不履行に基づく損害賠償に関するもう 1 つの理論モデル、すなわち、契約（債務）不履行に基づく損害賠償を履行されなかった契約ないし債権の実現手段として位置付けるモデルによれば、賠償モデルに内在していた理論的・実際的な諸問題を克服し、また、損害賠償の性質・対象という問題に関する限り、契約の特殊性を反映させた、論理的に一貫性のある解釈を提示することができた。従って、少なくとも、第 1 部における検討からは、契約（債務）不履行に基づく損害賠償を履行の実現手段として捉える方向性の意義と優位が明確な形で浮かび上がってくると言うことができる。

〈第2部〉

統　合

本書序論において予告したように、第2部では、契約不履行に基づく損害賠償に関する2つの理論モデルを起点として、契約（債務）不履行に基づく損害賠償を中心としつつ、契約不履行法や民事責任法全体をも視野に入れた、解釈、制度設計、体系のあり方が探求される。ここでの考察を通じて、個々の問題の検討から抽出された成果（第1部の分析成果）が総体として捉えられる一方、契約不履行に基づく損害賠償に関する2つの理論モデルが何を目的として構想されたのか、その目的が達成されているのかという問いが解き明かされることになる。そして、第2部における考察によって、契約（債務）不履行に基づく損害賠償を契約ないし債権の実現手段として構想するモデルが、現行民法の解釈のための枠組みとしてのみならず、契約（債務）不履行に基づく損害賠償や契約不履行法全体の制度設計のあり方を問うための枠組みとしても、有用なものであることが示されることになるのである。
　ここで、予め、第2部で行う考察の順序を明らかにしておく。
　まず、第1章では、現行民法における債務不履行に基づく損害賠償の意味と（第1節）、契約（債務）不履行に基づく損害賠償に関する2つのモデルの理論史的な意義が（第2節）、検討の課題とされる。その際、各節においては、まず、フランスにおける議論が分析され、その後、その成果を基礎として、日本における議論が検討の対象とされることになる。こうした考察スタイルを採用するのは、日本民法における債務不履行法の意義を明確にするためには、その源流であるフランス民法典の債務不履行法を検討しておかなければならないという系譜的な理由もあるが、それ以上に、契約（債務）不履行に基づく損害賠償に関わる諸問題を賠償の原理に基づいて検討する手法が一般的に受け入れられてきた日本の議論の意味付けを解明するためには、これを、契約不履行に基づく損害賠償の性質をめぐって多くの議論が存在するフランス法を分析することによって相対化し、それぞれの理論モデルがどのような意味を持ちえたのかを明らかにする必要があると考えたからである。
　次に、第2章では、フランスにおける「契約責任」ないし契約不履行法の立法提案、及び、フランス民法学から見たヨーロッパにおける「契約責任」ないし契約不履行法の立法提案、モデル・ルール、そして、日本における民法（債権関係）改正論議に際しての契約（債務）不履行に基づく損害賠償をめぐる議論が検討され、契約（債務）不履行に基づく損害賠償及び契約不履行法に関する制度設計のあり方が示される（第1節）。このような手法を採用するのは、本書冒頭において提示した契約不履行に基づく損害賠償の理論枠組みはフランスにおける議論を参考として抽出されたものであるところ、そこでの「契約責任」ないし契約不履行法の制度設計をめぐる議論を検討することによって、立法提案レベルにおける各理論モデルの意義を捉える座標軸を設定した上で、我が国の議論を分析し、日本法の下でのあるべき制度設計を提示することが望ましいと考えられるからである。その後、それまでの成果を踏まえながら、契約不履行に基づく損害賠償に関する2つの理論モデルが契約不履行法及び民事責任法に及ぼす影響について、検討が行われることになる（第2節）。

◆第1章◆ 解　釈(957)

　日本民法及びフランス民法典における契約（債務）不履行に基づく損害賠償は、どのような意義を有するものであったのか。また、本書が分析視角として提示した契約不履行に基づく損害賠償に関する2つの理論モデルは、どのような目的をもって生成され、発展してきたのか。更に、これら2つの理論モデルは、過去、現在、そして、未来において、民法の解釈・制度設計のための有用なモデルとなりうるのか。これらが、本章における検討の背後にある総論的な問題関心である。

　日本の民法において、債務不履行による損害賠償は、「債権の効力」と題する節に存在しており、それ自体が債務発生原因である不法行為に基づく損害賠償とは明確に区別されている。すなわち、不法行為に基づく損害賠償は、故意又は過失による権利侵害・利益侵害の結果として発生する債務であるのに対して、債務不履行による損害賠償は、民法の構造上、有責な不履行や債務者による債権侵害の結果生ずる債務ではなく、先存する「債権の効力」として位置付けられているのである。ここから、以下のような一連の疑問が浮かび上がってくる。上記のような民法の構想を前提とするならば、2つの損害賠償制度は明確に区別されなければならず、両者は全く別個の性質を有する制度として捉えられるべきではないのか。民法が、要件・効果の両面について、2つの損害賠償制度を別異に扱っているのは、それらの性質が異なることを前提としているからではないのか。契約（債務）不履行に基づく損害賠償を履行されなかった契約ないし先存債務の履行を確保・実現するための手段として捉えるならば、民法における債務不履行の諸規定を統一的に説明することができるのではないか。第1部で明らかにしたように、民法制定後の学説が契約（債務）不履行に基づく損害賠償に関する様々な局面において困難な問題を抱えるに至ったのは、契約（債務）不履行に基づく損害賠償を有責な不履行によって惹起された損害を賠償するための制度として捉える構想を前提としたからではないのか。これらの問いを解明することによって、契約（債務）不履行に基づく損害賠償を契約ないし先存債務の履行方式として捉える構想の解釈論的な有用性が明確に提示されることになるであろう（第1節）。

　仮に、民法の債務不履行に関わる諸規定が履行の実現という考え方を基礎として作り上げられたものであるという認識が正当であるならば、今度は、その後の議論が契約（債務）不履行に基づく損害賠償を賠償の論理に基づいて解釈しようとした

---

(957) 本章の一部については、拙稿・前掲注(1)「変遷」、同・前掲注(1)「解釈枠組み(1)(2・完)」、同・前掲注(1)「背景」において、その概要が示されている。その主張・分析内容に変化はないが、全く原形をとどめないほど大幅に加筆されている。

のは何故かという疑問が生じてくる。「履行モデルから賠償モデルへ」という形で跡付けることができる理論モデルの変遷の背後には、何らかの理論的あるいは実践的な意図が存在し、その意図が正当なものとして評価されたからこそ、今日に至るまで、賠償モデルは、何ら問題に付されることなく維持されてきたと考えられるからである。従って、本書が賠償モデルに対峙するテーゼとして履行モデルを提示しようとすることの真の意義を明確にするためには、賠償モデルの理論的・実践的意図を明らかにするとともに、その限界をも解明しておかなければならないのである。また、履行モデルの法学的な意義を明確にするためには、上記の検討と併行して、本書が契約不履行に基づく損害賠償に関する２つの理論モデルを提示するに際して参照枠とした今日のフランスにおいて、契約不履行に基づく損害賠償を等価物による履行方式として捉える構想の復権が唱えられている理由をも明らかにし、それとの対比で、日本法の議論を分析しておくことが必要となるであろう（第２節）。

◆第1章◆ 解　釈

◆第1節　理論モデルの確立

　日本の伝統的通説は、契約（債務）不履行に基づく損害賠償を有責な不履行によって惹起された損害を賠償するための制度として捉えてきた。そこでは、契約（債務）不履行に基づく損害賠償は、不法行為に基づく損害賠償とパラレルな構造を持つ制度として構想され、要件・効果の両面について、2つの損害賠償制度に共通の枠組みが構築されていた。すなわち、要件面では、客観的要件として、不履行ないし不法行為と違法性、帰責のための主観的要件として、過失責任主義に基礎付けられた故意・過失が要求され、効果に関しては、損害賠償の範囲は相当因果関係によって決せられるとの理解が、一般的に受け入れられてきたのである[958]。これに対して、今日においては、上記のような伝統的理解に対して激しい批判が提起され、「契約を起点に据えた契約責任論」、「新しい契約責任論」が提示されるに至っているが[959]、既に個別の問題の検討を通じて明らかにしたように[960]、この理解も、契約不履行に基づく損害賠償を不履行によって生じた損害の賠償方式として見る構想、つまり、賠償モデルの考え方それ自体を放棄するものではなかった。従って、日本法の契約（債務）不履行に基づく損害賠償に関する議論は、その中身について様々なヴァリエーションが提示されているものの、原理的なレベルにおいては、賠償の発想を前提として展開されてきたと言うことができる。

　しかしながら、このように、契約（債務）不履行に基づく損害賠償を、不履行によって生じた損害を賠償するための制度として捉え、契約ないし先存債権とは法的に別個の存在として把握するモデルは、民法それ自体から当然に導かれるものではない。日本の民法は、不法行為に基づく損害賠償と債務不履行に基づく損害賠償を明確に区別し、前者については、債権の発生原因として捉えているのに対して、後者に関しては、「債権の効力」としての位置付けを与えているのである。このような態度決定は、少なくとも理論的に見れば、契約領域における損害賠償を本来的な契約や債権から切り離して考えるモデルに依拠したものではない。むしろ、この体系は、不履行に基づく損害賠償を契約ないし契約債権それ自体の実現手段として構想するモデルに適合的であるとさえ言える。本節において明らかにしようするのは、このことにほかならない。

　こうした検討課題に取り組むために、本節においても、フランスにおける契約不

---

[958] 石坂・前掲注(2)271頁以下、鳩山・前掲注(2)64頁以下・128頁以下、富井・前掲注(2)196頁以下、勝本・前掲注(2)279頁以下、我妻・前掲注(7)98頁以下、於保・前掲注(7)89頁以下・134頁以下等。
[959] 文献の所在も含め、日本私法学会シンポジウム資料・前掲注(88)所収の諸論稿を参照。
[960] 帰責事由について、第1部・第1章・第1節・第2款・第1項132頁以下、損害賠償債権の性質について、同章・第2節・第2款・第1項195頁以下、損害賠償の対象について、第2章・第1節・第2款・第1項269頁以下、損害賠償の範囲について、同章・第2節・第2款・第1項344頁以下を参照。

履行に基づく損害賠償をめぐる議論との比較検討を行う。既に明らかにされているように、日本の民法における債務不履行法はフランス法に由来するのであるから、日本の民法の債務不履行に基づく損害賠償の構造をより良く理解するためには、フランス民法典における契約不履行に基づく損害賠償、更には、フランス民法典制定前後の学説をも併せて検討しておく必要が存するのである[961]。なお、今日のフランスにおける有力学説は、等価物による履行論を提唱するに際して、「原典への回帰」、「原典への巡礼」を、1つのスローガンとしており[962]、この意味において、本節の検討は、第2節で行われる考察の準備作業としての意味も兼ね備えていることを付言しておこう。

　考察に先立って、もう1つ、本節の検討に際しての重要な視点を提示しておかなければならない。それは、フランス民法典と日本民法の体系的な相違に由来する。なるほど、いずれの民法も、契約（債務）不履行に起因する損害賠償を「債権の効力」ないし「債務の効果」として位置付けている。しかし、日本の民法は、第3編「債権」、第1章「総則」、第2節「債権の効力」、第1款「債務不履行の責任等」の中で、「債務不履行による損害賠償」を規定しているのに対して、フランス民法典は、第3編「所有権を取得する様々な方法（Des différentes manières dont on acquiert la propriété）」、第3章「契約もしくは合意に基づく債務一般（Des contrats ou des obligations conventionnelles en général）」、第3節「債務の効果（De l'effet des obligations）」において、「債務不履行の結果生ずる損害賠償（Des dommages et intérêts résultant de l'inexécution de l'obligation）」を扱っている。つまり、日本の民法における「債務不履行による損害賠償」は、契約に限らず、債権一般に妥当する制度としての位置付けを与えられているのに対して、フランス民法典における「債務不履行の結果生ずる損害賠償」は、法典の編成上、契約ないし合意から生ずる「債務の効果」として捉えられているのである。

　このような相違は、民法全体の体系、とりわけ、総則的思考の有無に起因するものと一応は言うことができる。しかし、この相違を強調するならば、以下のような疑問も生じうる。すなわち、フランス民法典の下においては、契約（債務）不履行に基づく損害賠償を契約ないし契約債権の実現手段として捉えることができるとしても、日本の民法の下では、損害賠償制度が契約に特化した形で用意されているわけではないから、こうした基盤が存在しないのではないか。フランス民法典が「債務

---

[961] 序論で触れたように、フランスの「契約責任」論については、個別の問題を検討するものまで含めれば、既に多くの先行業績が存在する。本節（及び、その基礎となった拙稿・前掲注(1)「変遷」、同・前掲注(1)「解釈枠組み (1) (2・完)」、同・前掲注(1)「背景」）における検討が、こうした先行業績に多くを負っていることは言うまでもないが、本節は、これらのプライオリティーを尊重しつつ、あくまでも契約（債務）不履行に基づく損害賠償の理論枠組みという本書独自の視点から、フランス法の議論を分析しようとするものである。

[962] これらは、クリスティアン・ラポヤドゥ・デシャンが用いた表現である。Deschamps, supra note 511.

◆第1章◆ 解 釈

不履行の結果生ずる損害賠償」を「債務の効果」として規定した意味と、日本の民法が「債務不履行による損害賠償」を「債権の効力」とした意味とでは、大きな相違が存するのではないか。そうであるとすれば、契約（債務）不履行に基づく損害賠償を契約ないし契約債権の履行方式として捉える構想は、日本の民法の解釈論として成り立ちえないのではないか。本節における考察は、フランス民法典と日本民法における債務不履行法の意義を解明することによって、上記のような問いに応対しようとする試みでもある。

以上のように、本節の目的は、契約不履行に基づく損害賠償の理論枠組みという視角から、民法における債務不履行による損害賠償の意義を解明することにある。従って、ローマの時代からフランス民法典へと至る契約（債務）不履行に基づく損害賠償の理論枠組みの変遷については、本節の問題関心に必要な限度においてのみ言及され、詳細な検討は、ドイツやイギリス、そして近時のヨーロッパ法の動向をも含めた考察を行うことを予定した「契約不履行法の展開」を主題とする別稿に委ねられる。

◆第1款◆　フランス民法典における契約不履行に基づく損害賠償の構造

フランスの伝統的通説は、20世紀初頭以来、「契約責任」と不法行為責任を、同一の性質を有する2つの責任制度として位置付けている。民事責任とは、何らかの行為によって他人に損害を惹起した者に対して、その損害を賠償することを義務付ける規範を意味するから、そこには、「契約責任」と不法行為責任の両者が含まれる。従って、このような理解によれば、「契約責任」は、不法行為責任と同じく、不履行＝フォートによって惹起された損害を賠償するための制度として構想され、不法行為責任と同一の原理に服することになるのである[963]。

しかしながら、このような「契約責任」の捉え方、あるいは、「契約責任」と不法行為責任を、民事責任という統一的なカテゴリーに服せしめ、同一の原理、同一の枠組みによって規律しようとする立場は、必ずしもフランス民法典の体系から導かれるものではない。既に触れたように、フランス民法典は、契約不履行に基づく損害賠償と不法行為に基づく損害賠償を明確に峻別し、後者を債務発生原因として捉えているのに対し、前者については、「債務の効果」として位置付ける体系を採用しているからである。そして、19世紀の学説の多くも、このような民法典のプランに従って、2つの損害賠償制度を区別して論じ、これらに対して全く異なる意味付けを与えていたのである。このようなフランス民法典の構想、また、それを基礎として行われていた19世紀末以前のフランスにおける契約不履行に基づく損害賠償の議論は、どのような意味を有するものであったのか。本節の冒頭で提示した3つの

---

[963] この点については、文献の所在も含め、序論9頁以下を参照。

課題に応答するために、まずは、この点を明らかにすることから考察を始めることにしよう。

◇**第1項　履行方式としての契約不履行に基づく損害賠償の誕生**

　フランス民法典における契約不履行に基づく損害賠償の意義を明らかにするためには、それに先立つ古法時代の学説、とりわけ、近代的民事責任法の父とも評すべきジャン・ドマの理論と、フランス民法典における債務不履行規定の基礎を提供したロベール・ジョセフ・ポティエの理論の意義を解明しておかなければならない。

　ところで、以下の検討で詳細に跡付けるように、ドマの議論とポティエの議論との間には、看過することのできない重要な相違が存在する。見通しを良くするために、予めその要旨だけを述べておけば、ドマの議論の中には、契約不履行に基づく損害賠償を、債務者によって惹起された損害の賠償方式として捉えているかのような叙述と、実現されなかった契約（あるいは債権）の履行方式として把握するかのような叙述が、ともに存在しているのに対して、ポティエの議論においては、明白に、後者の立場を基礎とした理論が展開されているのである。

　フランス民法典は、これら古法時代の議論をどのように受け止めたのか。そして、同法典は、どのような原理を前提として、契約不履行に基づく損害賠償に関するテクストを用意したのか。

(1) 2つのモデルの萌芽

　従来の一般的な理解によれば、近代的な民事責任の観念、そして、「契約責任」と不法行為責任を民事責任なる観念の下で統一的に把握する構想は、ジャン・ドマにその淵源を有するとされてきた[964]。なるほど、ドマは、近世自然法の力を借りて、当時のフランスにおける慣習法及びローマ法の蓄積を体系化し、刑事責任あるいは罰の観念から民事責任を分離すること、そして、不法行為の領域において、責任を道徳的なフォートの観念に基づかせることに成功したのであり、この点において、ドマの理論が、フランス民法典の不法行為規定の基盤となったことに疑いはない。従って、近代的な民事責任という観念の誕生ないし精緻化に関して、そこにドマの功績を語ることは何ら問題がない。それどころか、ドマの理論を分析することなくしてフランス民法典の不法行為法の源流を解明することは不可能であるとさえ言える[965][966]。それでは、後者の言明、すなわち、ドマの下においても、不法行為責任

---

(964) Cf. H. et L. Mazeaud et Tunc, supra note 29, n°s 33 et s., pp. 43 et s.; Viney, supra note 19, n°s 10 et s., pp. 13 et s.; etc. また、ドマの民事責任論を主題としたテーズである Ranjard, supra note 850 も参照。
(965) これらの点については、日本においても既に優れた先行業績が存在し、かつ、本書の主題からも外れるので、これ以上立ち入らない。野田・前掲注(165)76頁以下を参照。
(966) もちろん、フォートに基礎を置く近代的な民事責任法の生成・発展をドマ1人の功績に帰しえないことは言うまでもない。日本の法史学的な議論の状況に鑑みれば、フランス民法典に結実

◆第1章◆解　釈

と同じ原理に服する「契約責任」なる概念が存在したという理解はどのように評価されるべきか。

　一方で、ドマの著作の中には、彼が、不法行為に基づく損害賠償と契約不履行に基づく損害賠償を、いずれも、フォートによって惹起された損害を賠償するための責任制度として捉えていたと見うるような叙述が存在することを強調し、今日的な意味での「契約責任」の観念をドマにまで遡らせることも可能である(967)。

　ドマは、その主著『自然法秩序における民事法（Les loix civiles dans leur ordre naturel）』の第2編「合意なしに形成される債務（Des engagements qui se forment sans convention）」、第8章「重罪でも、軽罪でもないフォートによって惹起された損害（Des dommages causés par des fautes qui ne sont pas à un crime, ni à un délit）」の冒頭において、3つの種類のフォートを区別している。「何らかの損害を生じさせうる3つの種類のフォートを区別することができる。重罪もしくは軽罪となるフォート、売却物を引き渡さない売主、義務付けられた修理を行わない賃借人のように、合意上の債務に違反する者のフォート、そして、合意とは関係を持たず、また、重罪にも、軽罪にもならないフォートである。例えば、軽率にも窓から物を投げて衣服を駄目にする、十分に監督されていない動物が何らかの損害を与える、不注意により火事を発生させる、崩壊の恐れのある建物がほかの建物を倒壊させる場合が、そうである」(968)。

　次いで、ドマは、このうち後2者のフォートについて、同章の第4節「重罪も軽罪もなく、フォートによって生ずるその他の種類の損害（Des autres espèces de dommages causés par des fautes, sans crime ni délit）」で、以下のように続けている(969)。「不注意、軽率（légèreté）、認識すべきことの不知、あるいは、その他類似のフォートによるものであろうと、また、それが如何に軽いものであろうと、何らかの人の行為によって生じうる損失及び損害は全て、不注意、もしくは、その他のフォートの原因となった者によって賠償されなければならない。というのは、害する意図を

　　するまでの民事責任法の発展過程を描くことも興味深い研究テーマとなりうるが、本書の主題からは外れる。さしあたり Cf. Deschamps, supra note 198, Les origines de la responsabilité pour faute personnelle....
(967)　このような読み方を提示するのが、ジュヌヴィエーヴ・ヴィネである。ヴィネは、『自然法秩序における民事法』の第3編「債務に付け加わり、もしくは債務を強固にする結果」、第5章「利息、損害賠償、及び費用の返還」の叙述を引用しつつ、以下のように結論付けている。「ドマにおいて、契約上の損害賠償が、契約不履行とは別の原因、とりわけ、不法行為上のフォートに基づいて義務付けられる損害賠償と同じ機能を有していたことに、疑いはない」(Viney, supra note 21, n°5, p.926)。
(968)　Domat, supra note 54, Liv.II, Tit.VIII, intro.
(969)　第8章の第1節から第3節においては、それぞれ、第1節「家から投げられたもの、もしくは、家から落下し、損害を生じさせるもの（De ce qui jetté d'une maison, ou qui en peut tomber, et causer du dommage）」、第2節「動物によって生じた損害（Des dommages causés par des animaux）」、第3節「建物の崩壊もしくは何らかの新たな建築物から生じうる損害（De dommage qui peut arriver de la chute d'un batiment, ou de quelque nouvelle œuvre）」が論じられている。

372

有していなかったとしても、その者が行ったのは不正だからである。例えば、通行人にとって危険な場所で不注意にもペルメル球技を行い、人を負傷させた者は、自己が生じさせた損害について義務を負う」[970]。「債務を履行しないこともまた、義務を負うべき損害賠償の原因となりうるフォートである。売却物の引渡しを遅滞している売主、寄託物の返還を延期する受寄者、遺贈された物を保持している相続人、その他、引き渡すべき物を占有している者がそれを拒絶する場合、これらの者は、その遅滞が生じさせうる損害賠償のみならず、仮に返還について遅滞に付された後に物が滅失したときには、それが偶発事故によって生じた場合であっても、その物の価値それ自体について義務を負う」[971]。ここでは、3種類のフォートのうち、少なくとも、契約から生じた債務の不履行と重罪・軽罪ではないフォート（不法行為上のフォート）とが同列に扱われ、いずれのフォートも、行為者に対して、それによって生じた損害の賠償を義務付ける基礎となっていることが分かる。

更に、ドマは、損害賠償の問題を論じた『自然法秩序における民事法』の第3編「債務に付け加わり、もしくは債務を強固にする結果（Des suites qui ajoutent aux engagements, ou les affermissent）」、第5章「利息、損害賠償、及び費用の返還（Des intérêts, dommages et intérêts, et restitution de frais）」においては、少なくとも規範を定立するに際して、契約から生じた債務の違反に基づく損害賠償と重罪・軽罪ではないフォートによる損害賠償とを区別なく取り扱っているように見える。ドマは言う。「何らかの債務に違反したことによって、何らかの損害を生じさせた者が、その不正を賠償する義務を負うのは、あらゆる種類の特別な債務、他人に不正をしないという一般的債務の当然の結果である」。「損害がどのような性質を持つものであっても、損害がどのような原因によって生じようとも、それについて義務を負う者は、本章で説明される規範に従い、あるいは、フォート、重罪、その他の原因、あるいは、生じた損失と釣り合った損害賠償によって、それを賠償しなければならない」[972]。これを文字通りに理解するならば、ドマの理解において、損害賠償は、他人に損害を生じさせないという一般的義務の当然の帰結に過ぎず、損害が契約から生じた債務の不履行に由来するのか、それとも、重罪・軽罪ではないフォートに起因するのかは、必ずしも重要でないということになろう[973]。

しかしながら、他方で、ドマの理論を、上記のように理解するのではなく、フランス民法典の体系へと連なるものとして評価することも可能である。すなわち、ドマの理解において、契約不履行に基づく損害賠償は、フォートを原因として発生す

---

(970) Domat, supra note 54, Liv.II, Tit.VIII, Sec.IV, N°I.
(971) Domat, supra note 54, Liv.II, Tit.VIII, Sec.IV, N°II.
(972) Domat, supra note 54, Liv.III, Tit.V, intro.
(973) ドマは、このように述べた上で、同章の第2節「損害賠償（Des dommages et intérêts）」では、主として、今日の分析枠組みで言うところの損害賠償の範囲の問題を論じている（Domat, supra note 54, Liv.III, Tit.V, Sec.II）。この点については、第1部・第2章・第2節・第1款・第2項315頁以下を参照。

る新たな賠償債務ではなく、合意の効果、つまり、合意の中に内在する効果それ自体として位置付けられていると見ることもできるのである。

まず、ドマは、先に引用した、第2編「合意なしに形成される債務」、第8章「重罪でも、軽罪でもないフォートによって惹起された損害」の冒頭における、3つの種類のフォートを区別する叙述に続けて、「これら3種類のフォートのうち、本章の対象となるのは、最後のフォート（重罪にも、軽罪にもならないフォート—筆者注）である。重罪及び軽罪を民事の問題と混同することはできないし、合意に関係することは第1編で説明したからである」として、契約から生じた債務の不履行に基づく損害賠償の問題を、第1編「合意による任意かつ相互の債務（Des engagements volontaires et mutuels par les conventions）」の叙述に委ねている[974]。

そして、同編の第1章「合意一般（Des conventions en général）」、第3節「そこに表明されていなかったとしても、合意に必然的に続く債務（Des engagements qui suivent naturellement des conventions, quoi qu'ils n'y soient pas exprimés）」では、以下のような議論が展開されているのである。「全ての合意において、自己が引き受けた債務に違反し、あるいは、遅滞にある者が、それができないのか、欲しないのかにかかわらず、合意の性質、不履行もしくは遅滞の程度、諸状況に従って、他方当事者に対して損害賠償を義務付けられるのは、債務の第2の効果である。また、合意を解除する理由がある場合には、合意は、その債務を履行しなかった者に対して課せられる罰とともに、解除される」[975]。ここで、契約不履行に基づく損害賠償は、明確な形で合意一般の効果として位置付けられており、先の引用部分のように、他人に損害を生じさせないという一般的義務の帰結としては分析されていない。

しかも、ドマの理論において、損害賠償を「合意の効果」として認識することは、それを合意の本性に基づいて生ずる債務[976]として構成することを意味する。というのは、ドマは、それに先立つ部分において、以下のように述べているからである。「合意は、そこで表明されたことのみならず、合意の性質が要請すること全て、また、衡平、法律、慣習が、債務に与える結果の全てを義務付ける。従って、合意においては、3つの種類の債務を区別することができる。表明されている債務、合意の当然の結果である債務、何らかの法律もしくは慣行によって規律される債務である。例えば、構成員が、共通の事務について注意を尽すよう義務付けられるのは、自然的衡平による。合意が何も表明していないとしても、物を使用するために借りた者

---

[974]　従って、先に引用した部分は、本論とは直接関係のない叙述ということになる。

[975]　Domat, supra note 54, Liv.I, Tit.I, Sec.III, N° IV.

[976]　ドマにおける「合意の本性」論、あるいは、契約補充論については、石川博康『「契約の本性」の法理論』（有斐閣・2010年）244頁以下〔初出・2005年〜2007年〕を参照。また、ドマにおける契約解釈について、長谷川光一「「契約の解釈」——フランスにおける理論的展開」早院9号（1973年）86頁以下、北村一郎「契約の解釈に対するフランス破毀院のコントロオル（1）」法協93巻12号（1976年）39頁以下、沖野眞已「契約の解釈に関する一考察（2）——フランス法をてがかりとして」法協109巻4号（1992年）55頁以下も参照。

◆ 第1節 ◆ 理論モデルの確立

は、それを保存しなければならないし、売主は、売却した物を担保しなければならないのである。また、正当な対価の半分以下で不動産を購入した者が、あるいはそれを返還し、あるいは代価を完全にしなければならないのは、法律による。家の賃貸借において、幾つかの慣習は、当事者がそれに反対していない限り、一定の間、期間を超えて賃貸借を継続させている。これら全ての合意の結果は、黙示の約束（un pacte）として合意に含まれており、その一部をなしている。というのは、契約当事者は、その約束に本質的なこと全てに同意しているからである」[977]。つまり、ドマは、契約不履行に基づく損害賠償を、物の保存債務、売主の担保債務と同じレベルでの、合意の本性に基づく要素として理解していたのである。従って、このような叙述からは、ドマの理解における契約不履行に基づく損害賠償は、フォートという法律事実を介在させることなく、合意を締結したことそれ自体によって義務付けられる、合意の当然の帰結に過ぎないと言うことができるのである[978][979]。

しかし、この部分を強調して読む場合には、第3編「債務に付け加わり、もしくは債務を強固にする結果」、第5章「利息、損害賠償、及び費用の返還」において、契約から生じた債務の違反に基づく損害賠償と重罪・軽罪ではないフォートによる損害賠償とが区別なく扱われていたことが問題となりうる。一方が、他人に不正をしないという一般的義務ではなく、合意から生じた債務の帰結として認められる債務であり、他方が、フォートによって生ずる債務であるならば、2つの損害賠償を同一の規範に服せしめることには困難を伴うからである。もっとも、ドマがこの章で主として念頭に置いていたのが契約上の損害賠償であることに注意しなければなら

---

[977] Domat, supra note 54, Liv.I, Tit.I, Sec.III, N°I.
[978] 視点は異なるが、このような読み方を提示するのが、ドゥニ・タロンとフィリップ・レミィである。

　タロンは言う。ジュヌヴィエーヴ・ヴィネに代表される今日の学説は、民事フォートに基礎を置く統一的な民事責任概念の淵源をドマに求めているが、これは、ドマを口実として、自らの見解を歴史的に基礎付けようとするものにほかならない。多くの学説は、そのコンテクストを無視しつつドマのテクストを引用することによって、そこに見出そうとするものをドマに言わせているに過ぎないのである。確かに、ドマは、刑事責任と民事責任を分離した点、フォートに基づく一般的な不法行為責任を確立した点において、民事責任法の発展に大いなる貢献をした。しかし、ドマが契約上のフォートの理論を確立することはなかったのである。ドマのテクストの中に、契約上のフォートの理論を見出すことはできないと言うべきなのである（Tallon, supra note 20, Pourquoi parler de faute contractuelle, pp.430 et s.）。

　また、レミィも、以下のように述べる。ドマは合意に関する損害賠償を、責任やフォートという考え方から独立して、債務の効果として位置付けている。従って、「契約責任」という現代的な概念の創始者たる地位をドマに帰すことは、濫用以外の何ものでもない（Rémy, supra note 20, La responsabilité contractuelle..., n°8, p.330）。

[979] 先に引用した箇所からも明らかとなるように、ドマは、契約不履行に基づく損害賠償を合意の本性に基づかせ、当事者意思を超える基礎付けを用意しながら、黙示の約束という主観的な基礎付けをも援用していた（この点については、石川・前掲注(976)248頁の「明示的な当事者意思の内容を超える債権債務関係の発生を肯定するものでありながら、そのような債権債務関係の発生根拠に関しては当事者の黙示的意思の存在を想定しており、その点で両義的な性質のものとなっていた」との指摘を参照）。こうした黙示の約束による契約不履行に基づく損害賠償の基礎付けは、ポティエには見られないものであるが、19世紀の学説に至って、合意の本性というコンテクストとは無関係に援用されることになる。

375

ない。確かに、ドマの手になるテクストを読む限り、同章は、契約から生じた債務の不履行による損害賠償のみならず、不法行為上のフォートに起因する損害賠償をも対象としている。しかし、ドマが挙げている例は、ほとんど全てと言って良い程、契約に関するものなのである。そうすると、少なくとも、そこで提示されている規範は、契約に関して定立されたものであり、ただ、自然的な体系化の呪縛から、ドマはこれを不法行為にも及ぼしうると判断したとの解釈を行う可能性も排除されないように思われるのである[980]。

　以上に示したように、ドマの立場については、いずれのテクストに力点を置いて読むかによって、相反する2つの理解が可能であるように思われる[981]。いずれの読み方が適切であるのかを決することは、本書の関心事でない。ここで指摘しておかなければならないのは、理論史的な視点から問題を眺めたとき、ドマの理論は、あるいは、契約不履行に基づく損害賠償と不法行為に基づく損害賠償を同一の原理に基づかせ、かつ、同一の枠組みで規律する方向にも、あるいは、契約不履行に基づく損害賠償を契約の効果として純化し、契約に特殊な制度として構想する方向にも発展する可能性を秘めていたという事実である。実際、ドマの後に続いたロベール・ジョセフ・ポティエは、後者の視点を基礎とし、契約不履行に基づく損害賠償の体系を作り上げていったのに対して、大著『自然法秩序における民事法』の刊行から200年を経た後の学説は、前者の視点を基礎とし、契約不履行に基づく損害賠償を不法行為に基づく損害賠償に同化させていったのである。この意味において、ドマのテクストの中には、理論的に不鮮明な形ではあるが、本書冒頭で提示した契約不履行に基づく損害賠償に関する2つの理論モデルの萌芽を見出しうるのである。

(2) 履行モデルの生成

　それでは、ドマのテクストの中で示されていた契約不履行に基づく損害賠償を合意一般の効果として位置付ける構想は、ポティエの下において、どのような展開を見たのか。次に、この問いへの応答を試みてみよう。ポティエの議論については、既に、契約上のフォート（フォートの段階付け）、損害賠償の範囲といった問題を論じ

---

[980] もっとも、既に、第1部・第2章・第2節・第1款・第2項315頁以下で触れたように、ドマが、第3編「債務に付け加わり、もしくは債務を強固にする結果」、第5章「利息、損害賠償、及び費用の返還」において定立した規範、とりわけ、賠償範囲の確定ルールは、後の時代のそれとは異なり、必ずしも契約の特殊性を考慮したものとはなっていない。この限りにおいて、少なくともルールのレベルにおいては、契約に関して定立した規範を不法行為にも及ぼしたからといって、理論的な不整合を生ぜしめているというわけではないのである。そうすると、今日に至るまでの議論の蓄積を踏まえた論理的・体系的視点を度外視するならば、2つの損害賠償は、性質の点において大きく異なるが、同一のルールに服せしめられるものとして、ドマのテクストを読むことができる。

[981] エリック・サヴォー（Éric Savaux）は、ドマの思考の中には躊躇いを見出すことができると評価している（Savaux, supra note 21, p.2, note 4）。

◆第1節◆ 理論モデルの確立

た箇所で触れているが[982]、ここでは、若干の重複を甘受しつつ、より一般的・包括的な視角から分析を行うことにする。

　ポティエは、『債務法概論（Traité des obligations）』の第1章「債務の本性に属するもの及びその効果（De ce qui appartient à l'essence des obligations et de leur effets）」、第2節「債務の効果（De l'effet des obligations）」の中で、「債務不履行もしくは履行遅滞の結果生ずる損害賠償（Des dommages et intérêts résultant, soit de l'inexécution des obligations, soit du retard apporté à leur exécution）」（第3款）を扱っていたが、そこで論じられていたのは、主として、債務不履行に基づく損害賠償の範囲の問題であった[983]。もっとも、ポティエが契約領域における損害賠償の性質について無関心であったというわけではない。損害賠償を扱った款が含まれる節のタイトルを見れば明らかなように、『債務法概論』の中では、契約領域における損害賠償を「債務の効果」として位置付ける立場が繰り返し表明されていたのである。

　例えば、ポティエは、「債務の効果」の第1款「債務者側の債務の効果（De l'effet des obligations de la part du débiteur）」において、以下のように述べている。債務の対象が特定物である場合に、物を与える義務を負った者が、その引渡しまで、物の保存について適切な注意を尽さなければならないのは、与える債務の効果である。しかし、与える債務の効果はこれだけに止まらない。「債務者が債務を満足させるのを遅滞した場合に、この遅滞の結果生じた債権者の損害及び利息について義務を負い、従って、債権者の要求後直ちに物が与えられていたならばそうであったであろうこと全てについて賠償しなければならないのも、債務者側の与える債務の効果である」[984]。「ある者が何らかのことを為すのを引き受けた場合の債務の効果は、為すのを約したことを為さなければならないこと、及び、それを為さないときにおいて、それを為すよう遅滞に付された後に、義務を負った相手方に対して損害賠償の支払いを命ぜられることである」[985]。

　また、債務の分類について論じた、第2章「債務の様々な種類（Des différentes espèces d'obligation）」の箇所においては、7番目の債務の分類として[986]、以下のよ

---

(982) 前者については、第1部・第1章・第1節・第1款・第2項105頁以下を、後者については、第1部・第2章・第2節・第1款・第2項319頁以下を参照。
(983) Pothier, supra note 54, n°s 159 et s., pp.76 et s.
(984) Pothier, supra note 54, n°s 142 et s., pp.66 et s.（引用は、n° 143, p.67）
(985) Pothier, supra note 54, n° 146, p.69. また、為さない債務についても、為す債務と同様の記述が存在する（Ibid., n° 148, p.69）。
(986) ポティエが挙げる債務の分類は、以下の通りである。①自然債務（obligation naturelle）と民事債務（obligation civile）、②単純債務（obligation pure et simple）と条件付き債務（obligation conditionnelle）、③与える債務（obligation de donner）、為す債務（obligation de faire）、為さない債務（obligation de ne pas faire）、④確定債務（obligation liquide）と不確定債務（obligation non liquide）、⑤特定物債務（obligation d'un corps certain）と不特定物債務（obligation d'une chose indéterminée）、⑥債務の対象との関連で見た、主たる債務（obligation principale）と付随債務（obligation accessoire）、⑦原初債務（obligation primitive）と二次的債務（obligation secondaire）、⑧債務者との関連で見た、主たる債務（obligation principale）と付随債務（obligation accessoire）、

377

うな記述を見出すことができる[987]。債務は、その引受け方に応じて、原初債務（obligation primitive）と二次的債務（obligation secondaire）に区分することができる。前者は、「主として、第1に、そして、それ自体のために、引き受けられる債務」であり、後者は、「第1の債務（原初債務——筆者注）の不履行の場合に引き受けられる債務」である。売買契約の例で言えば、売却目的物の引渡し債務や担保債務が原初債務に、これらの債務が履行されなかった場合に義務付けられる損害賠償債務が二次的債務にあたる[988]。ところで、二次的債務は、更に、2つの視点から、幾つかの種類に分割することができる。第1に、二次的債務の源からの区別である。一方で、二次的債務には、原初債務の当然の結果でしかなく、「何らの特別の合意も介在することなく、原初債務の単純な不履行もしくは履行遅滞から当然に生ずる」ものが存する。損害賠償債務がその典型的な例であり、物を引き渡す債務や物を担保する債務等の原初債務は、履行されなかった場合、損害賠償債務へと「当然に（naturellement et de plein droit）」変わるのである。他方で、二次的債務は、特別の条項からも生じうる。違約条項がその代表的な例である[989]。第2に、原初債務との関係からの区別である。二次的債務の中には、完全な形で原初債務にとって代わるものと、原初債務を消滅させることなくそれに付け加わるだけのものが存在するのである[990]。

このように、ポティエは、「債務不履行もしくは履行遅滞の結果生ずる損害賠償」を、原初債務の不履行の場合に、当事者の約定を介在させることなく当然に認められる二次的債務として分析している。つまり、ここでの損害賠償は、当事者意思やフォートによって原初債務とは別に発生するものではなく、あくまでも、原初債務の不履行を塡補する役割を担わされているのである。ポティエは、このようなメカニズムを、「（原初）債務の効果」と表現した。

以上のようなポティエの理解を、ドマのそれとの対比において検討してみよう。なるほど、ポティエは、ドマにおいて示されていた債務（合意）の効果という視点を引き継いだ。もっとも、これら2つの見解の間には、微妙ではあるが重要な相違を看取することもできる。そして、そこに、契約不履行に基づく損害賠償を契約（債務）の履行方式として捉えるモデルが誕生する基盤が存在したのである。

第1に、契約（債務）不履行を理由とする損害賠償と不法行為に基づく損害賠償と

⑨特権付きの債務（obligation privilégiée）と特権のない債務（obligation non privilégiée）、⑩抵当権付きの債務（obligation hypothécaire）と抵当権のない債務（obligation chirographaire）、⑪執行力のある債務（obligation exécutoire）と執行力のない債務（obligation non exécutoire）、⑫身体的拘束のある債務（obligation par corps）と通常の民事債務（obligation civile et ordinaire）。以上に一瞥したところからも明らかとなるように、これらの分類は、契約ないし合意に基づく債務に限らず、およそ債務一般に妥当するものである（このことを強調する意味については、後に本文で言及する）。

(987) Pothier, supra note 54, n°s 183 et s., pp.88 et s.
(988) Pothier, supra note 54, n° 183, p.88.
(989) Pothier, supra note 54, n° 184, p.88.
(990) Pothier, supra note 54, n° 185, p.89.

◆　第1節　◆　理論モデルの確立

の峻別の程度である。既に述べたように、ドマにおいては、契約領域における損害賠償を「合意の効果」として捉える記述が存在する一方で、その基礎をフォートに求めるかのような叙述も存在したが、ポティエの理解の下では、このような（今日的な視点から見た場合の）混同は見られない。『債務法概論』はもちろん、各種の契約を扱ったトレテの中でも、フォートを契約領域における損害賠償の基礎として観念するかのような議論は存在しないし、それどころか、債務の不履行に関連した損害賠償は契約当事者の負っている原初「債務の効果」に過ぎないとの理解が繰り返し述べられていたのである[991]。

　このような理解に対しては、ポティエは、与える債務を扱ったセクションで、古法時代の学説が好んで論じていたフォートの段階付けに関する議論、あるいは、フォートに関わるローマ法のテクストの解釈についての議論を展開していたのであって[992]、そこには、契約領域における損害賠償の基礎をフォートに求める立場を見出すことができるのではないかとの批判も提起されうる。しかし、既に言及したように、ポティエが物の保存債務に関連してフォートの段階付けを論じていたのは、主として、契約当事者が負うべき債務の範囲の問題を明らかにするためであった。従って、たとえ叙述の中でフォートという表現が用いられていたとしても、このことから、ポティエの著作の中にフォート＝損害賠償の基礎という今日的な意味での定式の存在を読み取ることはできないと言うべきである[993]。

　第2に、契約領域における損害賠償と合意の接続の程度である。ドマは、契約不履行に基づく損害賠償を「合意の効果」として定立するために、合意の本性論に依拠し、契約不履行に基づく損害賠償を、合意を締結したことそれ自体によって義務付けられる合意の当然の帰結として構成したが、ポティエのテクストの中に、このような議論を見出すことはできない。それどころか、ポティエは、ドマの議論において特徴的であった損害賠償と合意との結び付きを解き放ち、「合意の効果としての契約不履行に基づく損害賠償」をより抽象化して、議論のフィールドを、（合意から生じた）「債務の効果としての債務不履行に基づく損害賠償」へと移転させているように見受けられるのである。

　先に引用した部分、そして、当該引用部分が属するセクションの表題（更に、『債務法概論』という著書のタイトル）からも明らかになる通り、ポティエが債務不履行を理由とする損害賠償についての議論を展開したのは、いずれも債務一般を論ずるコンテクストにおいてであった。もちろん、そこで挙げられているのは、全て契約ないし合意から生じた債務の不履行に関する例であるが、少なくとも、規範それ自

---
　(991) Ex. Pothier, supra note 304, Traité du contrat de vente, n° 57, p.25（売買契約において目的物が滅失した場合、売主は物の滅失から生じた損害を賠償する義務を負うが、これは、目的物を保存する債務の効果である）; etc.
　(992) Pothier, supra note 54, n° 142, pp.66 et s.
　(993) この点については、第1部・第1章・第1節・第1款・第2項105頁以下を参照。

379

体は、およそ債務一般に妥当するものとして定立されている。とりわけ、不履行に基づく損害賠償が、ドマのように合意の本性としてではなく、「原初債務の効果としての二次的債務」として分析されていることは、このことを明確に示すものと言えよう。別の視角から言えば、「合意の効果としての損害賠償」から「債務の効果としての損害賠償」への抽象化を行うために、ポティエは合意に依拠した基礎付けを意識的に採用しなかったと見ることもできるのである（以下では、これを「合意から債務への抽象化」と呼ぶことにしよう）。

　第3に、「債務の効果」の意義に関わる相違である。上記のような「合意から債務への抽象化」は、契約（債務）不履行に基づく損害賠償の議論の中に、微妙な変化をもたらすことになったものと推察される。ドマにおいては、不履行に基づく損害賠償を「合意の効果」として捉える方向性が示されていたものの、そのような構成から導かれる具体的な帰結には何ら触れられていなかった。それどころか、損害賠償の範囲の局面においては、2つの損害賠償制度を同じ規範に服せしめているかのような叙述すら存在したのである。これに対して、ポティエの理解の下では、「債務の効果としての損害賠償」、より正確に言えば、「原初債務の効果としての二次的債務たる損害賠償」という構成が前面に押し出された結果、不履行に基づく損害賠償と原初債務との結び付きが明確な形で現れることになった。既に触れたように、ポティエは、予見可能性を中核とした賠償範囲確定ルールを定立するに際して、債務の対象それ自体との関連で被りうる損害＝内在的損害と、債務不履行が債権者のその他の財産に対して惹起した損害＝外在的損害とを区別し、通常は、内在的損害のみが賠償の対象となるが、外在的損害であっても、債務者が明示もしくは黙示にそれを引き受けていた場合には、賠償の対象となりうるという理解を提示していたところ[994]、このような理解は、理論史的なコンテクストで言えば、不履行に基づく損害賠償を、原初債務と明確な形で結び付け、原初債務の効果、あるいは、原初債務が履行されなかった場合に認められるその価値的な実現手段として把握する構想を基礎に据えたからこそ、導くことができたものと言うことができる。かくして、ポティエの下において、「合意から債務への抽象化」が行われた結果、履行方式としての不履行に基づく損害賠償の考え方が明確な形で誕生するに至ったのである[995][996]。

---

[994] Pothier, supra note 54, n°s 159 et s., pp.76 et s.
[995] 誤解のないように付言しておけば、契約ないし先存債務の履行方式として契約（債務）不履行に基づく損害賠償を捉えるモデルは「合意から債務への抽象化」が行われた場合に初めて成り立ちうるというようなものではない。これを反対から言えば、「合意から債務への抽象化」がなされなかったとしても、履行方式としての契約（債務）不履行に基づく損害賠償を構想することは十分に可能ということである。本文の叙述は、あくまでも、「履行方式としての契約不履行に基づく損害賠償の誕生」という理論史的な検討課題に即して見た場合には、「合意から債務への抽象化」が大きな役割を果たしたという事実を指摘するものに過ぎない。
[996] 「合意から債務への抽象化」が実現されたからといって、契約や合意といった要素が損害賠償の問題から完全に排除されるわけではないことは、もちろんである。債権者は、契約から生じた債務の履行を受けることによって、一定の利益の実現を企図している。第1部・第2章・第2

◆　第1節　◆　理論モデルの確立

　以上のように、フランスにおいては、ポティエが、ドマによって提示された視点を引き継ぎつつ、契約（債務）不履行を理由とする損害賠償と不法行為に基づく損害賠償とを明確に峻別すること、契約領域における損害賠償と合意の接続関係を一度切り離すこと、「原初債務の効果としての二次的債務たる損害賠償」という構成を前面に押し出すことを通じて、履行方式としての契約（債務）不履行に基づく損害賠償の原形を確立したと見ることができるのである[997]。

　フランス民法典は、多くの点で、上記のようなポティエの功績を引き継いだ。このことは、既に引用したテクストの配置及び内容を見るだけでも明らかであるが、以下では、フランス民法典の起草過程を精査しつつ、フランス民法典における契約不履行に基づく損害賠償の意義をより明確に提示してみよう。

　周知のように[998]、フランス民法典へと直接的に結実するのは、ジャン・エティエンヌ・マリー・ポルタリス（Jean-Étienne-Marie Portalis）、フランソワ・ドゥニ・トロンシェ（François Denis Tronchet）、フェリクス・ジュリアン・ジャン・ビゴ・プレアムヌ（Félix Julien Jean Bigot de Préameneu）、ジャック・マルヴィル（Jacques de Maleville）の4人からなる政府委員会（Commission du Gouvernement）が、共和暦8年熱月24日（1800年8月10日）に提出した、いわゆる共和暦8年草案であるが、それに先立って、4つの草案が存在した。ジャン・ジャック・レジ・ドゥ・カンバセレ

節・第1款・第2項319頁以下でも分析したように、ポティエのシステムは、「債務不履行もしくは履行遅滞の結果生ずる損害賠償」を、「債務の効果」、あるいは、債務が履行されなかった場合におけるその価値的な実現手段として捉える構想を前提に、その範囲を、契約を通じて獲得することが予定されていた利益によって画そうとするものなのである。

(997) これに対して、ジュヌヴィエーヴ・ヴィネは、これとは異なる読み方を提示している。ヴィネは言う。ポティエは、「債務不履行もしくは履行遅滞の結果生ずる損害賠償」において定式化したルールを、契約のみならず、準契約、不法行為、準不法行為、法律を原因として発生した債務の不履行にも適用している。つまり、ポティエにおいて、債務不履行に基づく損害賠償は、不履行の対象となった債務の源を問わずに適用される。そして、この場合の損害賠償の機能が損害の賠償にあることは明らかである。というのは、ポティエは、外在的損害であっても債務不履行に基づく損害賠償の対象となりうることを認めており、とりわけ、その典型的な例として、債務者が職業人であるケースを挙げているからである。ポティエの思考において、内在的損害への損害賠償の限定は、損害賠償を緩和するための手段なのであって、損害賠償を等価物による履行と同一視したことに由来するものではないのである（Viney, supra note 21, n°6, pp.927 et s.）。本文で述べたところ、及び、第1部・第2章・第2節・第1款・第2項319頁以下の分析からすれば、このような読み方は成り立ちえないものと言わなければならない。

(998) フランス民法典の制定過程については、個別の問題を検討の対象とするものまで含めれば、既に多くの先行業績の中で言及されている（一般的なものとして、片山謙二「フランス民法典の編纂過程」関西学院大学法文学部研究年誌5輯（1941年）、石崎政一郎「序論——フランスにおける民法典編纂の過程の素描」江川英文編『フランス民法の150年（上）』（有斐閣・1957年）1頁以下のほか、野田・前掲注(849)616頁以下、山口・前掲注(849)49頁以下。また、北村一郎「作品としてのフランス民法典」同編『フランス民法典の200年』（有斐閣・2006年）1頁以下。更に、特定の問題を検討の対象とするもので、フランス民法典の制定過程を詳細にフォローするものとして、金山直樹「フランス民法典制定と時効理論——フランス革命から民法典成立に至る立法論の展開」同『時効理論展開の軌跡』（信山社・1994年）295頁以下〔初出・1993年〕（時効）、同・前掲注(800)207頁以下（婚姻、離婚、契約自由の原則）等）。従って、フランス民法典の制定過程における議論等の位置付けはこれらの論稿に委ね、以下では、本節の検討課題に取り組むために必要な限度でのみ、この点に触れることにする。

381

◆第1章◆解　釈

ス（Jean-Jacques-Régis de Cambacérès）が、共和暦元年熱月 22 日（1793 年 8 月 9 日）、共和暦 2 年実月 23 日（1794 年 9 月 9 日）、共和暦 4 年草月 24 日（1796 年 6 月 14 日）に提出した 3 つの草案と（以下では、慣例に従って、それぞれ「カンバセレス第 1 草案」、「カンバセレス第 2 草案」、「カンバセレス第 3 草案」で引用）、ジャン・イニャス・ジャックミノ（Jean-Ignace Jacqueminot）が、共和暦 8 年霜月 30 日（1799 年 12 月 21 日）に提出した草案（以下では、慣例に従って、「ジャックミノ草案」で引用）が、それである。もっとも、主として家族に関わる部分を対象としていたジャックミノ草案は別としても、カンバセレスの 3 つの草案においては、ドマやポティエによって実現された契約（債務）不履行に基づく損害賠償の理論的展開が、ほとんど反映されていないのである[999]。

まず、カンバセレス第 1 草案においては[1000]、第 3 編「契約（Des contrats）」、第 1 章「債務（Des obligations）」、第 1 節「債務一般、債務のコーズ、債務の効果、及び債務を無効にする瑕疵（Des obligations en général, de leurs causes, de leurs effets et des vices que les annullent）」、第 2 款「債務の効果（De l'effet des obligations）」の中に、契約不履行に基づく損害賠償に関するテクストが置かれている[1001]。確かに、そこでは、不可抗力もしくは偶発事故によって不履行が生じたときには損害賠償を義務付けられることはない旨の規定が置かれており（同草案第 3 編・第 1 章・第 1 節・第 2 款・第 11 条）、後のフランス民法典 1147 条及び 1148 条へと至る源流を見て取るこ

---

[999] 良く知られているように、カンバセレス第 2 草案の条文数は極めて少ない。その結果、この草案からは、契約不履行に基づく損害賠償に関連するテクストが完全に削ぎ落とされてしまっている。P.-A. Fenet, Recueil complet des travaux préparatoires du Code Civil, t.1, Videcoq, Paris, 1836, pp.99 et s.

[1000] Fenet, supra note 999, pp. 17 et s.

[1001] カンバセレス第 1 草案における契約不履行に基づく損害賠償に関わるテクストは、以下の通りである。

カンバセレス第 1 草案・第 3 編・第 1 章・第 1 節・第 2 款・第 8 条「債務が履行されない場合、もしくは、債務が適切で、かつ、合意された時に履行されない場合、債務は損害賠償に変わる。この損害賠償は、簡易な事件では、裁判によって付与され、その他の事件においては、鑑定人によって評価される（原文は、Si l'obligation n'est pas exécutée, on ne l'est pas en temps opportun et convenu, elle se résout en dommages-intérêts qui sont arbitrés en justice, s'il s'agit de choses sommaires, ou estimées par experts dans les autre matières.）」。

同 9 条「債務を負っている当事者は、その債務が損害賠償に変わっていることを主張するために、合意された時期に履行しなかったことを援用することができない（原文は、La partie obligée ne peut se prévaloir de l'inexécution au terme convenu, pour en induire que son obligation est purement résoluble en dommages-intérêts.）。

その利益のために債務が作られた者は、それが可能である限り、債務の履行を請求する権利を有する。この場合、遅滞の損害賠償を請求する権利を失わない（原文は、Celui au profit de qui elle est faite, a le droit d'en réclamer l'exécution tant qu'elle est possible, sans perdre en ce cas les dommages-intérêts du retard.）」。

同 10 条「契約が、その不履行の場合に適用される違約債務を確定しているとき、この債務は、補償の期限及び範囲である（原文は、En cas que le contrat détermine une obligation pénale, applicable à son inexécution, cette obligation est le terme et la mesure de l'indemnité.）」。

同 11 条「債務の不履行が不可抗力もしくは偶発事故から生じたとき、何ら損害賠償を義務付けられない（原文は、Quand l'inexécution de l'obligation vient de force majeure ou de cas fortuit, il n'est point dû de dommages-intérêts.）」。

382

とができる。この限りにおいて、カンバセレス第1草案は、フォートに力点を置いて読む場合のドマの理論とは一線を画しているようにも見受けられる。しかし、そうであるとしても、同草案には、ポティエにおいて特徴的であった、契約不履行に基づく損害賠償の範囲に関する規律は用意されていないのであって、こうした点まで含めて見るならば、カンバセレス第1草案が、どのような構想の下に契約不履行に基づく損害賠償についてのテクストを設けたのかという点は、必ずしも明確でないと言うほかない[1002]。

次に、カンバセレス第3草案においては[1003]、第3編「債務 (Des obligations)」、第1章「債務一般、債務のコーズ、及び債務の効果 (Des obligations en général, de leurs causes et de leurs effets)」の中に、契約不履行に基づく損害賠償に関するテクストが用意されている[1004]。そこには、附遅滞と物の滅失についての規定が設けられている点、証明責任の規律が明らかにされている点等において注目すべき部分が含まれているとはいえ、カンバセレス第3草案の中に、契約不履行に基づく損害賠償全体の包括的なビジョンを垣間見ることは不可能である。というのは、そこで設けられている規定は、テクストが置かれている位置や表題に反して、必ずしも債務一般に関わるものではなく、専ら、物の引渡し義務の不履行に関わるテクストとして構成

[1002] もっとも、カンバセレス第1草案の中には、履行請求と損害賠償請求との関係という視角から見た場合、興味深いテクストを見出すことができる。注[1001]で引用した、第3編・第1章・第1節・第2款の9条がそれである。この点については、後掲注 (2133) を参照。

[1003] Fenet, supra note 999, pp.178 et s.

[1004] カンバセレス第3草案における契約不履行に基づく損害賠償に関わるテクストは、以下の通りである。

カンバセレス第3草案728条「約束された物が、債務者のフォートもしくはその懈怠によって滅失するに至った場合、債務者は、契約を締結した相手方に対して賠償しなければならない(原文は、Lorsque la chose promise vient à périr par la faute du débiteur, ou par sa négligence, il doit indemniser celui avec lequel il a traité.)」。

同729条「義務付けられた物又は約束された物が、偶発事故によって、もしくは、自己の側にフォートなく滅失したことを証明しなければならないのは、債務者である(原文は、C'est au débiteur à prouver que la chose due ou la chose promise a péri par cas fortuit ou sans qu'il y ait faute de sa part.)」。

同730条「特定物もしくは特定された物を引き渡す義務を負う者が、それを引き渡すよう遅滞に付せられなかった場合、この者は、偶発事故についても、不可抗力についても義務を負わない。ただし、別段の合意があるとき、又は、先行するフォートによって、偶発事故を引き起こしたときは、この限りでない。(原文は、Si celui qui doit livrer une chose certaine et déterminée, n'a pas été mis en demeure de la livrer, il n'est tenu ni des cas fortuits, ni de la force majeure, à moins qu'il n'en ait été autrement convenu, ou que par une faute précédente il n'ait donné lieu au cas fortuit.)」。

同731条「債務を履行することを遅滞している者は誰でも、義務を負っている相手方に対して、遅滞の損害について賠償しなければならない(原文は、Quiconque est en demeure de remplir ses engagements, doit dédommager du préjudice du retard celui envers lequel il s'est obligé.)

この者は、相手方に対して、受け取り、受け取ることができた果実について、説明する義務を負う(原文は、Il est tenu aussi de lui faire raison des fruits qu'il a perçus et qu'il aurait pu percevoir.)」。

同732条「合意の不履行から生ずる損害は、代価及び引き渡されるべきであった時期における物の価値に従って規律される(原文は、Le dommage résultant de l'inexécution des conventions se régle suivant le prix et la valeur de la chose à l'époque qu'elle devait être livrée.)」。

◆第1章◆解　釈

されているからである。従って、カンバセレス第3草案の諸規定において、不履行に基づく損害賠償は、ポティエによって実現された「合意から債務への抽象化」はもちろん、ドマのように合意の本性による基礎付けも行われていない。言い換えれば、契約不履行に基づく損害賠償に関するテクストの基礎にあるべき理論ないし思想が存在しないと見なければならないのである。

このように、革命期に現れた諸草案は、いずれも、契約不履行に基づく損害賠償に関するテクストを持たないか、あるいは、それが存在する場合であっても、特定の構想に基づいてテクストを入念に準備したと言えるようなものではなかったのである。

しかし、このような状況は、現行のフランス民法典へと結実する共和暦8年草案の段階に至って一変した[1005]。共和暦8年草案は、現行のフランス民法典と同じく、第3編「所有権を取得する様々な方法 (Des différentes manières dont on acquiert la propriété)」、第3章「契約もしくは合意に基づく債務一般 (Des contrats ou des obligations conventionnelles en général)」、第2節「債務の効果 (De l'effet des obligations)」の中に、第3款「債務不履行の結果生ずる損害賠償 (Des dommages et intérêts résultant de l'inexécution de l'obligation)」を置き、そこで、不履行に基づく損害賠償についてのテクスト（第3編・第3章の44条から51条まで）を用意した[1006]。こ

(1005) P.-A. Fenet, Recueil complet des travaux préparatoires du Code Civil, t.2, Videcoq, Paris, 1836, pp. 3 et s.

(1006) 共和暦8年草案の第3編・第3章・第2節・第3款の中に置かれているテクストは、以下の通りである。

共和暦8年草案・第3編・第3章44条「債務者は、その者の側に何ら悪意が存在しない場合であっても、不履行がその者の責めに帰すことのできない外的原因に由来することを証明することができないときは全て、債務の不履行を理由として、あるいは、履行の遅滞を原因として、債権者に対し損害賠償を支払わなければならない（原文は、Le débiteur doit au créancier des dommages et intérêts, soit à raison de l'inexécution de l'obligation, soit à cause du retard dans l'exécution, toutes les fois qu'il ne peut pas justifier que l'inexécution provient d'une cause étrangère qui ne peut lui être imputée, encore qu'il n'y ait aucune mauvaise foi de sa part.）」。

同45条「債権者に支払われるべき損害賠償は、一般に、その者が受けた損失及びその者が得ることのできなかった利益である。ただし、以下の例外及び変更については、この限りでない（原文は、Les dommages et intérêts dus au créancier, sont en général de la perte qu'il a faite et du gain qu'il a manqué de faire, sauf les exceptions et modifications ci-après.）」。

同46条「債務者は、債務が履行されないことが何らその者の悪意によるのでないときは、契約のときに予見し、予見することのできた損害賠償についてでなければ、義務を負わない（原文は、Le débiteur n'est tenu que des dommages et intérêts qui ont été prévus ou qu'on a pu prévoir lors du contrat, lorsque ce n'est point par son dol que l'obligation n'est point exécutée.）」。

同47条「裁判官は、債務者の側に何ら悪意が存在しないときには、常に、一定の節度をもって、損害賠償を算定しなければならない（原文は、Le juge doit toujours taxer les dommages et intérêts avec une certaine modération, lorsqu'il n'y a point de dol de la part de débiteur.）」。

同48条「合意の不履行が債務者の悪意から生ずる場合であっても、損害賠償は、債権者が被った損失及びその者が得ることのできなかった利益に関して、合意の不履行の直接の結果であるものでなければ、含むことができない（原文は、Dans le cas même où l'inexécution de la convention résulte de dol du débiteur, les dommages et intérêts qu'il doit ne peuvent comprendre, à l'égard de la perte éprouvée par le créancier et du gain qu'il manqué de faire, que celle qui est une suite immédiate et directe de l'inexécution de la convention.）」。

　　　　　　　　　　　　　　　　　　　　第 1 節　理論モデルの確立

れらのテクストを一読するだけでも明らかとなるように、本書の関心対象ではない、損害賠償の約定に関する第 3 編・第 3 章の 49 条、金銭債務の不履行に関する同 50 条及び 51 条を別とすれば、そこで置かれている条文は、現行民法典の内容とほとんど同一である[1007]。次に、このような内容を持つ草案を前にして、その後どのような議論がなされ、どのような形で現行の民法典へと結実することになったのかを検討していこう。

　共和暦 8 年草案は、コンセイユ・デタでの審議に先立って、意見聴取のために、破毀裁判所及び各地の裁判所に回付された。もっとも、「債務不履行の結果生ずる損害賠償」の款に置かれている条文に関して言えば、裁判所の関心は、損害賠償についての約定と金銭債務の不履行に関するテクストに集中していた。契約不履行に基づく損害賠償の総論的な部分に関わるものについては、文言の修正を求める意見しか見られず[1008]、実質的な内容に関して意見が出されることは無かった[1009]。そ

　　　同 49 条「合意によって、その履行を怠る者は一定の金額を支払う旨が定められているときは、損害がより大きい場合であっても、より多い額を他方の当事者に付与することができない（原文は、Lorsque la convention porte que celui qui manquera de l'exécuter paiera une certain somme, il ne peut être alloué à l'autre partie une plus forte somme, quoique le dommage se trouvé plus grand.）。
　　　反対に、裁判官は、約定された額が現実の損害を明らかに超えるときには、それを減額することができる（原文は、Le juge peut, au contraire, modérer celle stipulée, si elle excède évidemment le dommage effectif.）」。
　　　同 50 条「一定の金額を支払うことに存する債務においては、不履行における遅滞から生ずる損害賠償は、専ら、法律によって定められた利息の支払い命令に存する。ただし、商事及び保証に特有の規範が存在する場合には、この限りでない（原文は、Dans les obligations qui se bornent au paiement d'une certaine somme, les dommages et intérêts résultant du retard dans l'inexécution, ne consistent jamais que dans la condamnation aux intérêts fixés par la loi, sauf les règles particulières au commerce et au cautionnement.）。
　　　この損害賠償は、債権者が何らの損失も証明することなく、義務付けられる（原文は、Ces dommages et intérêts sont toujours dus sans que le créancier soit tenu de justifier d'aucune perte.）。
　　　この損害賠償は、請求の日からでなければ、義務付けられない。ただし、法律が、それを法律上当然に進行させる場合には、この限りでない（原文は、Ils ne sont dus que du jour de la demande, excepté dans les cas où la loi les fait courir de plein droit.）」。
　　　同 51 条「利息の利息は義務付けられない（原文は、Il n'est point dû d'intérêts d'intérêts.）。
　　　農地賃貸借、家の賃料、果実の返還のような収入について支払われるべき金額は、利息を生じさせうる元金となる（原文は、Mais les sommes dues pour les revunus, tels que baux à ferme, loyers de maison, restitution de fruits, forment des capitaux qui peuvent produire des intérêts.）。
　　　第三者が債務者のために債権者に支払う利息についても、同様とする（原文は、Il en est de même des intérêts qu'un tiers paie pour un débiteur à son créancier.）」。
　　　また、共和暦 8 年草案において、現行民法典 1148 条に相当する規定は、同節・第 2 款「為す債務又は為さない債務（De l'obligation de faire ou ne pas faire）」の中に、為す債務と為さない債務に特化した形で置かれていた。
　　　同 43 条「債務者が、不可抗力又は偶発事故の結果として、為すことを妨げられ、もしくは、禁止されたことを行ったときは、損害賠償は何ら生じない（原文は、Les dommages et intérêts n'ont point lieu lorsque le débiteur a été empêché de faire, ou a été obligé de faire, par suite d'une force majeure ou d'un cas fortuit, ce qui lui avait été interdit.）」。
[1007]　共和暦 8 年草案・第 3 編・第 3 章の 44 条は現行民法典 1147 条に（文言の相違がある）、同 45 条は現行 1149 条に（文言の相違がある）、同 46 条は現行 1150 条に（文言も同じ）、同 48 条は現行 1151 条に（文言の相違がある）相当する。

◆第1章◆ 解　釈

の結果、コンセイユ・デタには、条文番号と文言に若干の修正が施されたものが提出され、議論の対象とされることになった（以下では、「政府委員会草案」で引用）[1010]。

(1008) 例えば、破毀裁判所は、共和暦8年草案・第3編・第3章の48条に対して、以下のような意見を付していた。「合意の不履行が債務者の悪意による場合、その債務は、制限するというよりも、拡大されるべきであるが、草案における当該条文の表現は、反対の意味を示しているように思われる」。従って、草案48条を47条として、以下のような形で表現が改められるべきである。「合意の不履行が債務者の悪意から生ずる場合、損害賠償は、債権者が被った損失及びその者が得ることのできなかった利益に関して、債務不履行の直接の結果であるもの全てを含まなければならない（原文は、Dans le cas où l'inexécution de la convention résulte de dol du débiteur, les dommages et intérêts qu'il doit, comprennent, à l'égard de la perte éprouvée par le créancier et du gain qu'il manqué de faire, tout ce qui est une suite immédiate et directe de l'inexécution de l'obligation.）」（Fenet, supra note 1005, p.586）。

(1009) アジャン（Agen）（P.-A. Fenet, Recueil complet des travaux préparatoires du Code Civil, t.3, Videcoq, Paris, 1836, pp.1 et s.）、エクス（Aix）（Fenet, ibid., pp.26 et s.）、アジャクシオ（Ajaccio）（Fenet, ibid., pp.118 et s.）、アミアン（Amiens）（Fenet, ibid., pp.124 et s.）、アンジェ（Angers）（Fenet, ibid., pp.142 et s.）、ブザンソン（Besançon）（Fenet, ibid., pp.155 et s.）、ボルドー（Bordeaux）（Fenet, ibid., pp.176 et s.）、ブールジュ（Bourges）（Fenet, ibid., pp.206 et s.）、ブリュッセル（Bruxelles）（Fenet, ibid., pp.255 et s.）、カーン（Caen）（Fenet, ibid., pp.395 et s.）、コルマール（Colmar）（Fenet, ibid., pp.464 et s.）、ディジョン（Dijon）（Fenet, ibid., pp.494 et s.）、ドゥエ（Douai）（Fenet, ibid., pp.506 et s.）、グルノーブル（Grenoble）（Fenet, ibid., pp.528 et s.）、リエージュ（Liége）（Fenet, ibid., pp.617 et s.）、リモージュ（Limoges）（P.-A. Fenet, Recueil complet des travaux préparatoires du Code Civil, t.4, Videcoq, Paris, 1836, pp.1 et s.）、リヨン（Lyon）（Fenet, ibid., pp.27 et s.）、メス（Metz）（Fenet, ibid., pp.350 et s.）、モンペリエ（Montpellier）（Fenet, ibid., pp.419 et s.）、ナンシー（Nancy）（Fenet, ibid., pp.589 et s.）、ニーム（Nimes）（P.-A. Fenet, Recueil complet des travaux préparatoires du Code Civil, t.5, Videcoq, Paris, 1836, pp.1 et s.）、オルレアン（Orléans）（Fenet, ibid., pp.29 et s.）、パリ（Paris）（Fenet, ibid., pp.91 et s.）、ポワティエ（Poitiers）（Fenet, ibid., pp.291 et s.）、レンヌ（Rennes）（Fenet, ibid., pp.319 et s.）、リヨン（Riom）（Fenet, ibid., pp.408 et s.）、ルアン（Rouen）（Fenet, ibid., pp.485 et s.）、トゥールーズ（Toulouse）（Fenet, ibid., pp.554 et s.）。

(1010) この段階において、第3編・第3章・第2節・第3款の中に置かれていたテクストは、以下の通りである。なお、ここで、第3款の表題が、「債務不履行の結果生ずる損害賠償（Des dommages et intérêts résultant de l'inexécution de l'obligation）」から、「債務不履行の結果生ずる損害賠償の規律（Du règlement des dommages et intérêts résultant de l'inexécution de l'obligation）」に改められている（括弧内で共和暦8年草案及び現行フランス民法典との対応関係を示している）。

　　政府委員会草案・第3編・第3章45条「債務者は、その者の側に何ら悪意が存在しない場合であっても、不履行がその者の責めに帰すことのできない外的原因に由来することを証明しないときは全て、債務の不履行を理由として、あるいは、履行の遅滞を原因として、債権者に対し損害賠償を支払わなければならない（原文は、Le débiteur doit au créancier des dommages et intérêts, soit à raison de l'inexécution de l'obligation, soit à cause du retard dans l'exécution, toutes les fois qu'il ne justifie pas que l'inexécution provient d'une cause étrangère qui ne peut lui être imputée, encore qu'il n'y ait aucune mauvaise foi de sa part.）」（原案44条から文言を変更したもの）。

　　同46条「債権者に支払われるべき損害賠償は、一般に、その者が受けた損失及びその者が奪われた利益である。ただし、以下の例外及び変更については、この限りでない（原文は、Les dommages et intérêts dus au créancier sont en général de la perte qu'il a faite et du gain dont il a été privé, sauf les exceptions et modifications ci-après.）」（原案45条から文言を変更したもの。1149条の原初規定と同じ体裁）。

　　同47条（原案46条と同じ内容。1150条の原初規定と同じ体裁。なお、原案47条は削除されている）。

　　同48条「合意の不履行が債務者の悪意から生ずる場合であっても、損害賠償は、債権者が被った損失及びその者が奪われた利益に関して、合意の不履行の直接の結果であるものでなければ、含むことができない（原文は、Dans le cas même où l'inexécution de la convention résulte de dol du débiteur, les dommages et intérêts qu'il doit ne doivent comprendre, à l'égard de la perte

コンセイユ・デタにおける第3編・第3章「契約もしくは合意に基づく債務一般」の審議は、共和暦12年霧月11日（1803年11月3日）、同月18日（同年11月10日）、同月25日（同年11月17日）、霜月2日（同年11月24日）、同月16日（同年12月8日）に行われたが[1011]、このうち、「債務不履行の結果生ずる損害賠償」に関する部分の審議がなされたのは、共和暦12年霧月11日のことである[1012]。そこでは、「債務不履行の結果生ずる損害賠償」に関わる4つの総論的なテクストのうち、現行民法典1149条から1151条に相当する政府委員会草案46条から48条については、何らの議論もなされることなく採択されているが、現行民法典1147条に相当する政府委員会草案45条に関しては、外的原因の意味をめぐって議論が展開されることになった[1013]。

　まず、ミッシェル・ルイ・エティエンヌ・ルニョー・ドゥ・サン・ジャン・ダンジェリィ（Michel-Louis-Étienne Regnaud de Saint-Jean d'Angély）が、損害賠償を義務付けられない場合の規律について、以下のような質問を投げかける。損害賠償の支払いを免れる目的で「自己の遅滞を正当化するためには、債務者にとって外的な原因というだけで十分なのか、また、抗弁を不可抗力のケースだけに限定する必要はないのか」。このような質問に対し、起草者の1人であるビゴ・プレアムヌは、「抗弁は、債務者にとって外的な原因がこの者に帰すことができないケースに限定される。絶対的に不可能なことについて債務者に責任を負わせることは不当だからである」と答える。更に、ジャン・バプティスト・トレラル（Jean-Baptiste Treilhard）も

éprouvée par le créancier et du gain dont il été privé, que ce qui est une suite immédiate et directe de l'inexécution de la convention.)」（原案48条から文言を変更したもの。1151条の原初規定と同じ体裁）。
　同49条（原案49条と同じ内容）。
　同50条（原案50条と同じ内容）。
　同51条「利息の利息は義務付けられない（原文は、Il n'est point dû d'intérêts d'intérêts.）。
　農地賃貸借、家の賃料、果実の返還のような収入について支払われるべき金額は、利息を生じさせうる元金となる（原文は、Mais les sommes dues pour les revunus, tels que baux à ferme, loyers de maison, restitution de fruits, forment des capitaux qui peuvent produire des intérêts.）。
　第三者が債務者のために債権者に支払う利息、及び、本法典第449条及び450条により後見人が記入する義務を負う利息から生ずる金額についても、同様とする（原文は、Il en est de même des intérêts qu'un tiers paie pour un débiteur à son créancier, et des sommes provenant des intérêts dont les tuteurs sont tenus de faire emploi, aux terme des articles 449 et 450 du présent Code.）」（1項・2項については原案51条と同じ内容）。
　また、政府委員会草案においても、現行民法典1148条に相当する規定は、同節・第2款「為す債務又は為さない債務（De l'obligation de faire ou ne pas faire)」の中に、為す債務と為さない債務に特化した形で置かれている。
　同44条「債務者が、不可抗力又は偶発事故の結果として、義務付けられていたことを為すことを妨げられ、もしくは、禁止されたことを行ったときは、如何なる損害賠償も生じない（原文は、Il n'y a lieu à aucuns dommages et intérêts, lorsque, par suite d'une force majeure ou d'un cas fortuit, le débiteur a été empêché de faire ce à quoi il était obligé, ou a été obligé de faire ce qui lui avait été interdit.)」（原案43条から文言を変更したもの）。

[1011] Fenet, supra note 306, pp.3 et s.
[1012] Fenet, supra note 306, pp.55 et s.
[1013] Fenet, ibid.

◆第 1 章 ◆ 解　釈

続ける。「ある者が馬を売却し、次いで、この馬を盗まれたという場合、この者に懈怠を非難することができなければ、損害賠償を義務付けられることはないのである」。

　ここでは、ルニョー・ドゥ・サン・ジャン・ダンジェリィによって、外的原因の方が不可抗力よりも概念的に広いとの認識の下、債務者に損害賠償の支払いを免れさせる範囲が問題とされているが、それに応接したビゴ・プレアムヌとトレラルとにおいては、その応答の仕方に微妙なニュアンスの相違も見受けられる。すなわち、ビゴ・プレアムヌは、不能なことについて債務者に義務を負わせることはできないとの観点、つまり、債務の範囲という視角から、政府委員会草案 45 条の規律を基礎付けようとしているのに対して、トレラルは、外的原因によって債務の履行を妨げられたときには、債務者に懈怠は存在しないという見方、つまり、フォートないし帰責の視角から、規範の基礎付けを試みているように思われるのである。

　このようなトレラルの問題認識は、その後の議論からも明確になる。ピエール・フランソワ・レア（Pierre-François Réal）とルニョー・ドゥ・サン・ジャン・ダンジェリィが、トレラルの挙げる例に触発され、ワインの売買の例を引用し説明を求めたのに対して[1014]、トレラルは、以下のように応対しているのである。「一般的に、損害賠償は、債務者にフォートがある場合にしか義務付けられない。従って、提示された例で、自己が有していなかったワインを売却したというのであれば、この商人は、損害賠償を義務付けられる。反対に、売却目的物を保有していたが、それを停止させることがその者に委ねられていない出来事によって、合意された期間内に目的物を引き渡すことを妨げられたというのであれば、損害賠償を義務付けられることはない」。

　もっとも、ここでトレラルが用いているフォートという言葉の意味、あるいは、トレラルの損害賠償の基礎付けについては、留保を付しておく必要がある。というのは、当時の議論状況に鑑みれば、トレラルの言うフォートを、ドマの著作についての一方の読み方のように、損害賠償の基礎を構成するものとして解釈する可能性に加えて、ポティエにおけるフォートの段階付けの議論に連なるものとして解釈する可能性も残されているからである。既に述べたように、ポティエは、物の保存債務に関連してフォートの段階付けを論じていたが、これは、主として、契約当事者が負うべき債務の範囲の問題を明らかにすることを目的としていた[1015]。従って、トレラルによる上記のような言説も、ポティエにおけるように、損害賠償の基礎と

[1014] レアとルニョー・ドゥ・サン・ジャン・ダンジェリィの質問は、以下の通りである。「ある商人がワインを売却し、その後、これを引き渡すことができなくなったという場合でも、同様なのか」（レア）。「同じケースにおいて、この商人が、合意された期間内にワインを引き渡す義務を負っているとき、水位の変動がワインの到着を妨げたことを理由として、この遅滞は、正当化されるのか」（ルニョー・ドゥ・サン・ジャン・ダンジェリィ）。

[1015] Pothier, supra note 54, nº 142, pp.66 et s.

　　　　　　　　　　　　　　　　　　　　　　　　◆ 第1節　理論モデルの確立

してのフォートではなく、目的物の保存債務違反＝フォートという定式を採用したものとして見ることもできるのである。いずれにしても、ここでは、コンセイユ・デタでの議論において、フォートを損害賠償の基礎として観念しないビゴ・プレアムヌの見方と、そのようなものとしてフォートを観念していたと解釈する余地のある見方の２つが提示されていたことを確認しておくべきであろう。

　コンセイユ・デタでの審議が終わると、政府委員会草案は、そこでの提案を受ける形で修正が施され(1016)(1017)、次いで、護民院との非公式折衝（communication offi-

---

(1016) Fenet, supra note 306, pp. 121 et s.
(1017) この段階で、第３編・第３章・第２節・第２款の中に置かれているテクストは、以下の通りである（括弧内で政府委員会草案及び現行フランス民法典との対応関係を示している）。
　　修正案・第３編・第３章50条（政府委員会草案46条と同じ内容）
　　同51条（政府委員会草案47条と同じ内容）
　　同52条（政府委員会草案48条と同じ内容）
　　同53条「合意によって、その履行を怠る者は一定の金額を支払う旨が定められているときは、より多い、又はより少ない額を他方の当事者に付与することができない（原文は、Lorsque la convention porte que celui qui manquera de l'exécuter paiera une certain somme, il ne peut être alloué à l'autre partie une somme plus forte ni moindre.）」（政府委員会草案49条から内容を変更したもの。1152条の原初規定と同じ体裁）。
　　同54条「一定の金額を支払うことに存する債務においては、不履行における遅滞から生ずる損害賠償は、専ら、法律によって定められた利息の支払い命令に存する。ただし、商事及び保証に特有の規範が存在する場合には、この限りでない（原文は、Dans les obligations qui se bornent au paiement d'une certaine somme, les dommages et intérêts résultant du retard dans l'inexécution ne consistent jamais que dans la condamnation aux intérêts fixés par la loi, sauf les règles particulières au commerce et au cautionnement.）。
　　この損害賠償は、債権者が何らの損失も証明することなく、義務付けられる（原文は、Ces dommages et intérêts sont dus sans que le créancier soit tenu de justifier d'aucune perte.）。
　　この損害賠償は、請求の日からでなければ、義務付けられない。ただし、法律が、それを法律上当然に進行させる場合には、この限りでない（原文は、Ils ne sont dus que du jour de la demande, excepté dans les cas où la loi les fait courir de plein droit.）」（２項について、政府委員会草案50条から文言を変更したもの）。
　　同55条「元本の利息で支払い期に達したものは、あるいは裁判上の請求によって、あるいは特別の合意によって、利息を生じさせることができる。ただし、請求によるのであれ、合意によるのであれ、少なくとも満１年について支払われるべき利息に限定される（原文は、Les intérêts échus des capitaux peuvent produire des intérêts, ou par une demande judiciaire, ou par une convention spéciale, pourvu que, soit dans la demande, soit dans la convention, il s'agisse d'intérêts dus au moins pour une année entière.）」（政府委員会草案51条１項から内容を変更したもの。1154条の原初規定と同じ体裁）。
　　同56条「ただし、小作料、賃料、永久又は終身の定期金の支分金のような収入で支払い期に達したものは、請求又は合意の日から利息を生ずる（原文は、Néanmoins les revenus échus, tels que fermages, loyers, arrérages de rentes perpétuelles ou viagères, produisent intérêts du jour de la demande ou de la convention.）。
　　同一の規則は、果実の返還及び第三者が債務者の弁済として債権者に支払った利息について適用される。ただし、果実の返還については、清算の日からとする（原文は、La même règle s'applique aux restitutions de fruits, à partir du jour de la liquidation, et aux intérêts payés par un tiers au créancier en acquit du débiteur.）」（政府委員会草案51条２項・３項から文言を変更したもの。1155条の原初規定と同じ体裁）。
　　ここで、第３款「債務不履行の結果生ずる損害賠償の規律」の中にあった、政府委員会草案45条は、第２款「為す債務又は為さない債務」へと移されている。
　　同47条「債務者は、必要がある場合には、その者の側に何ら悪意が存在しない場合であっても、不履行がその者の責めに帰すことのできない外的原因に由来することを証明しないときは全て、債務の不履行を理由として、あるいは、履行の遅滞を理由として、損害賠償の支払いを命ぜられ

389

◆第1章◆ 解　釈

cieuse）を経て[1018]、最終的な草案として確定した[1019][1020]。その後、共和暦12年雨月7日（1804年1月28日）、ビゴ・プレアムヌは、第3編・第3章の内容について、立法院において趣旨説明を行う[1021]。債務不履行に基づく損害賠償の原則を規定した民法典1147条（及び1148条）に相当するテクストについて、特に見るべき説明はなされていないが、損害賠償の範囲の問題を規律した民法典1150条及び1151条に関しては、これを検討する際に引用した通り、注目すべき趣旨説明が行われている。すなわち、損害賠償は、契約時に予見し、予見することができたものを超えて、拡大されるべきではないが、「債務者がその債務に違反する際に悪意であった場合、この債務者は、契約を締結するときに予見し、または予見することのできたことだけ

る（原文は、Le débiteur est condamné, s'il y a lieu, au payement de dommages et intérêts, soit à raison de l'inexécution de l'obligation, soit à raison du retard dans l'exécution, toutes les fois qu'il ne justifie pas que l'inexécution provient d'une cause étragère qui ne peut lui être imputée, encore qu'il n'y ait aucune mauvaise foi de sa part.)」（政府委員会草案45条から文言を変更したもの。1147条の原初規定と同じ体裁）。

同49条（政府委員会草案44条と同じ内容）。

(1018) 護民院からは、実質的な内容に関する意見は出されなかったが、規定の位置、テクストの文言について意見が提出されることになった。本書の問題関心に関わるものは、以下の通りである。まず、修正案46条（現行民法典1146条に相当する規定）、47条、49条は、損害賠償に関するテクストであるから、第2款ではなく、第3款の冒頭に置かれるべきである。次に、第3款の表題は、「債務不履行の結果生ずる損害賠償の規律」ではなく、より一般的に、「債務不履行の結果生ずる損害賠償」とすべきである。また、修正案46条と49条は、為す債務と為さない債務に即して規定されているが、これを与える債務も含む形での表現に修正すべきである（Fenet, supra note 306, pp.143 et s.）。注(1020)で引用する最終案は、この意見に従って修正されたものである。

(1019) Fenet, supra note 306, pp.170 et s.

(1020) この段階で、第3編・第3章・第3節・第4款の中に置かれているテクストは、以下の通りである（なお、ここで、第1節「前加規定（Dispositions préliminaires）」、第3節の第1款「一般規定（Dispositions générales）」にも1つの節・款が割り与えられた結果、損害賠償に関する部分は、第3章の第3節・第4款となっている）（括弧内で修正案及び現行フランス民法典との対応関係を示している）。

同46条「損害賠償は、債務者がその債務を履行するについて遅滞にあるときでなければ、義務付けられない。ただし、債務者が与え又は為す債務を負ったものが、一定の期間内でなければ与え又は為すことができないものであったときは、この限りでない（原文は、Les dommages et intérêts ne sont dus que lorsque le débiteur est en demeure de remplir son obligation, excepté néanmoins lorsque la chose que le débiteur s'était obligé de donner ou de faire ne pouvait être donnée ou faite que dans un certain temps qu'il a laissé passer.)」（修正案46条から文言を変更したもの。1146条の原初規定と同じ体裁）。

同47条（修正案47条と同じ内容。1147条の原初規定と同じ体裁）。

同48条「債務者が、不可抗力または偶発事故の結果として、債務を負ったものを与え、または為すことを妨げられ、もしくは、禁止されたことを行ったときは、如何なる損害賠償も生じない（原文は、Il n'y a lieu à aucuns dommages et intérêts lorsque, par suite d'une force majeure ou d'un cas fortuit, le débiteur a été empêché de donner ou de faire ce à quoi il était obligé, ou a fait ce qui lui était interdit.)」（修正案49条から文言を変更したもの。1148条の原初規定と同じ体裁）。

同49条（修正案50条と同じ内容。1149条の原初規定と同じ体裁）。
同50条（修正案51条と同じ内容。1150条の原初規定と同じ体裁）。
同51条（修正案52条と同じ内容。1151条の原初規定と同じ体裁）。
同52条（修正案53条と同じ内容。1152条の原初規定と同じ体裁）。
同53条（修正案54条と同じ内容。1153条の原初規定と同じ体裁）。
同54条（修正案55条と同じ内容。1154条の原初規定と同じ体裁）。
同55条（修正案56条と同じ内容。1155条の原初規定と同じ体裁）。

(1021) Fenet, supra note 306, pp.215 et s.

でなく、その悪意がもたらしえた特別な諸結果についても、賠償しなければならない。悪意は、それを犯す者に対して、契約から生ずる債務とは別の新たな債務を負担させるのであり、この新たな債務は、悪意によって生じた全ての損害を賠償することによってしか充足されないのである」[1022]。

　この説明の中には、契約（債務）不履行に基づく損害賠償に関するポティエの構想が明確な形で現れている。債務者が契約から生じた債務を履行しなかった場合に義務付けられる損害賠償は、契約から生じた債務それ自体なのであり、その結果、損害賠償の範囲も、当事者が予見した範囲に限定されるが、債務者に悪意が存する場合には、損害賠償の源は、もはや契約あるいは契約債務にはなく、債務者は、悪意を原因として新たな賠償債務を義務付けられることになるのであって、そうであるからこそ、契約時に予見することのできなかったものについても賠償する義務を負うことになるのである。このように、ビゴ・プレアムヌによる趣旨説明の背後には、契約（債務）不履行に基づく損害賠償を「債務の効果」、あるいは、契約ないし契約債権の実現手段として観念するポティエの考え方があったと言うことができるであろう[1023]。

　それどころか、ビゴ・プレアムヌの趣旨説明の中には、ポティエの構想を更に推し進める方向性を見て取ることも可能である。既に何度か指摘したように、ポティエは、人文主義法学によるテクスト解釈の成果に依拠しつつ、フォートの段階付けの議論を展開しており、そこに、契約（債務）不履行に基づく損害賠償とフォートとの繋がりの残滓を見ることができた[1024]。このような議論状況において、民法典の起草者は、このフォートの段階付けの議論を明確に排斥したのである。すなわち、「このようなフォートの分割は、実際上、有用であるというよりも技巧的である。フォートを分割したとしても、各フォートについて、債務者の債務がどれだけ厳格で

[1022] Fenet, supra note 306, pp. 232 et s.
[1023] もっとも、このような理解に対しては、一定の留保を付しておく必要がある。というのは、ビゴ・プレアムヌは、本文で引用した部分に続けて、以下のように述べているからである。「しかし、この場合であっても、損害賠償は、合意の不履行の中にその原因を持つことに変わりはない。それ故、この不履行の直接的な結果でない損失または利益にまで損害賠償を拡大することは不当である。従って、債務の対象であった物または行為との関連で被った損害のみが考慮されるべきであって、この債務の不履行が債権者のその他の取引やその他の財産に生じさせた損害については考慮されるべきではないのである」（Fenet, supra note 306, p. 233）。

　ここで、ビゴ・プレアムヌが言う「債務の対象であった物または行為との関連で被った損害」と「債務の不履行が債権者のその他の取引やその他の財産に生じさせた損害」は、その内容を見る限り、それぞれ、ポティエの内在的損害と外在的損害に対応するものと見られる。しかし、ポティエは、この区別を、通常のケースにおいて、契約不履行に基づく損害賠償の範囲を確定するための補助概念として用いていたのであって、ビゴ・プレアムヌの上記引用部分に見られるように、債務者に悪意が存在するケースにおける損害賠償の範囲の限界を画する概念としては使用していなかった。そうすると、ビゴ・プレアムヌが、通常の場合には契約ないし契約債務、債務者に悪意が存する場合には悪意それ自体に、損害賠償の源を求めていたことに疑いはないとしても、そこから導かれる具体的な帰結のレベルでは、損害賠償の源と賠償範囲を確定する際に用いる概念との間で不整合が生じてしまっていると言わなければならないのである。

[1024] この点については、第１部・第１章・第１節・第１款・第２項105頁以下を参照。

◆第1章◆ 解　釈

あるか、当事者の利益は何か、当事者がどのように義務付けられることを欲しているのか、状況はどのようなものであるかを吟味しなければならない。このようにして裁判官の良心が明確にされるとき、衡平に従って判決を下すための一般的規範は不要である。フォートを幾つかの段階に分割する理論は、フォートを確定しえないのであれば、誤った光を放つだけであり、争いの原因を殊更に増加させるだけである。衡平それ自体が、繊細な思考を嫌うのである」(1025)。

　もちろん、上記の引用部分に見られるように、民法典の制定過程における議論では、契約領域においてもフォートという表現は用いられているし、排斥されたのはフォートの段階付けだけであって、責任の基礎としてのフォートではないと理解することも可能であろう。しかし、かつてのフォートの段階付けに関する議論が放棄され、民法典のテクストにおいて、これを、物を保存する債務の範囲という問題として捉える規定が置かれたことは、大きな意味を持つものである。古法時代の学説におけるフォートの段階付けの議論は、フランス民法典において、当事者の合意、契約の種類や性質等を考慮して決定されるところの債務の範囲の問題として置き換えられるに至ったと評価することは十分に可能であり(1026)、むしろ、このような理解こそが、テクストの内容や配置、これまで見てきた制定過程における議論に適合的であるとも言えるのである(1027)。

　ところで、上記のようなビゴ・プレアムヌによる趣旨説明が行われた後、草案は、護民院に送付された。本書の検討対象である「債務不履行の結果生ずる損害賠償」を含め、第4節までの部分については、護民官ギヨーム・ジャン・ファヴァル・ドゥ・ラングラドゥ（Guillaume-Jean Favard de Langlade）が、共和暦12年雨月13日（1804年2月3日）にその説明を行い、共和暦12年雨月16日（1804年2月6日）、草案は、採択された(1028)。次いで、草案は、立法院へと回付され、護民官トマス・ローラン・ムリコール（Thomas Laurent Mouricault）による説明がなされた後、共和暦12年雨月17日（1804年2月7日）に採択された(1029)。こうした手続きを経て、「債務不

(1025) Fenet, supra note 306, p.230.
(1026) Rémy, supra note 20, La responsabilité contractuelle..., n°7, p.329.
(1027) このコンテクストでは、コンセイユ・デタにおいて、ビゴ・プレアムヌが、外的原因について、懈怠やフォートといった観念からではなく、債務の範囲の問題として位置付けようとしていたことが想起されるべきであろう。
(1028) Fenet, supra note 306, pp.312 et s. 本書の問題意識から見て、護民院におけるファヴァルの「債務不履行の結果生ずる損害賠償」の説明には、特に見るべきものは存在しない。もっとも、法案においてフォートの段階付けの議論が排斥された旨の説明がなされていることは、注目されるべきであろう。ファヴァルは、以下のように言う。「法案は、その規範の適用が極めて困難である、これら全ての区別を排除し、自然法における単純な原則を採用している。自然法は、自身のためにして欲しいと思うことを、他人のためにすることを望むものである。引き渡す義務を負った所有物の保存について、債務者に義務を課す契約の性質がどのようなものであっても、物を保存する際の注意は同じでなければならない。物がその占有にある限り、債務者は、あたかも所有者であるかの如くみなされるべきなのある。これが、法案38条によって思慮深く確立された一般的な規範である」(Fenet, supra note 306, p.321)。
(1029) Fenet, supra note 306, pp.413 et s. 本書の問題意識から見て、立法院におけるムリコール

履行の結果生ずる損害賠償」の部分を含む第3編・第3章は、共和暦12年雨月27日（1804年2月17日）に公布され、その後、同年風月30日（1804年3月21日）の法律によって、その他の部分と一体化され、民法典として結実したのである。

　以上の検討から明らかになったことをまとめておこう。

　第1に、少なくとも、「債務不履行の結果生ずる損害賠償」の部分の説明を担当したビゴ・プレアムヌの態度決定の背後には、ポティエの理論、すなわち、契約（債務）不履行に基づく損害賠償を原初債務の効果として把握し、それに原初債務の不履行の塡補という意味付けを与える構想を見出しうることである。このことは、契約（債務）不履行に基づく損害賠償の範囲を規定した民法典1150条及び1151条の趣旨説明を読めば、容易に明らかとなろう。もっとも、フランス民法典の立場は、ポティエのそれと完全に同一というわけではない。とりわけ、以下の第2、第3に関わるものが、重要である。

　第2に、フランス民法典の起草過程における審議の中には、契約（債務）不履行に基づく損害賠償をめぐる議論から、フォートという表現を排除する契機を読み取りうるということである。もちろん、フランス民法典の起草過程においても、契約の領域でフォートという言葉が用いられることはあった。しかし、そこにおける契約領域のフォートは、ドマの影響を受けた不法行為法の領域におけるそれとは異なり、損害賠償の基礎付けとして用いられているわけではなく、物を保存する債務の範囲を規律するための概念として使用されていたに過ぎなかった。しかも、ビゴ・プレアムヌやファヴァルが明確に述べていたように、フランス民法典は、こうした意味を持つフォートの段階付けに関わる議論を放棄し、これを、契約の性質を考慮して判断されるところの債務の範囲の問題へと帰着させたのである。こうした態度は、まさに、「債務不履行の結果生ずる損害賠償」を原初債務の効果として捉える立場を徹底することによって実現されたものと言えるのであって、ここに、ポティエの構想からの理論的展開の一端を読み取ることができる。

　第3に、必ずしも起草過程における審議で明確に認識されていたことではないが、フランス民法典における「債務不履行の結果生ずる損害賠償」は、およそ債務一般に妥当する規律であることが明確にされていた、ポティエの「債務不履行の結果生ずる損害賠償」とは異なり、少なくとも法典の編別上は、「契約もしくは合意に基づく債務」に適用されるルールとして用意されているということである。もっとも、このような変化は、意識的にもたらされたものではなかったと推察される。ドマは、契約不履行に基づく損害賠償を「そこに表明されていなかったとしても、合意に必然的に続く債務」として構成するに際し、合意の本性という視角からの基礎付けを試みていたが、起草過程における議論の中に、同じような説明を見出すことはでき

の「債務不履行の結果生ずる損害賠償」の説明には、特に見るべきものは存在しない。

ないだけでなく、「債務不履行の結果生ずる損害賠償」を契約ないし合意にのみ妥当する規律として提示する理由も、全く述べられていないのである。従って、フランス民法典の中にも、ポティエが「合意から債務への抽象化」を実現することによって描いた履行方式としての契約（債務）不履行に基づく損害賠償の構想は、そのまま承継されていると見るべきである。これを反対から見れば、フランス民法典における「債務不履行の結果生ずる損害賠償」の規定は、理論上、合意ないし契約に特有のものではないと言うことができるのである。

かくして、フランス民法典における「債務不履行の結果生ずる損害賠償」の意義は、以下のように定式化することができよう。すなわち、民法典の体系において、「合意なしに形成される債務（Des engagements qui se forment sans convention）」として扱われている不法行為ないし準不法行為に基づく損害賠償と、契約（債務）不履行に基づく損害賠償とは、全く別個の制度として現れており、同法典は、債務の源を明確に区別し、あくまでも、後者を「債務の効果」に結び付けている。このシステムにおいて、債務不履行は、新たな債務の発生原因などではない。「債務不履行の結果生ずる損害賠償」の源は、契約あるいは契約債権それ自体の中に求められているのであって、この損害賠償には履行されなかった債務を金銭により充足するという役割が付与されているのである[1030][1031]。

(1030) このような見方は、フィリップ・レミィの有名な論文「「契約責任」：誤った概念の歴史（La《responsabilité contractuelle》: histoire d'un faux concept）」（supra note 20）（レミィは言う。民法典の「プランは、単純に、債務の源あるいは「原因」に関する根本的な区別を表現するものである。法典によれば、ポティエにおけるのと同じく、債務の原因に関する最上位の分類は、専ら、合意と不法行為及び準不法行為を含む「その他の原因」とを対置させている。それ故、そこでは、現代の分類のように、2つの責任の区別は問題とならない。古典的なテーゼは、以下のようなものである。契約不履行は新たな債務の原因ではない。不履行のケースにおける損害賠償債務の原因は、契約それ自体なのである」。「法典の理論において、不履行（あるいは不完全履行）は、契約債務から賠償債務への更改をもたらさない。損害賠償を請求するときに債権者が求めているのは、まさに、等価物による履行なのであり、そうであるからこそ、損害賠償を免れようとする債務者が、「債務者を解放する事実」、つまり、債務の消滅を証明しなければならないのである」（Rémy, supra note 20, La responsabilité contractuelle . . . , n° 3, pp. 325 et s.））以降、一般的に受け入れられているものである。Ex. Terré, Simler et Lequette, supra note 55, n° 559, p. 565 ; Malaurie, Aynès et Stoffel-Munck, supra note 35, n° 934, pp. 494 et s. ; Le Tourneau, supra note 20, n° 805-2, p. 322 ; etc.

また、このような状況は、等価物による履行という概念を批判し、「契約責任」を擁護しようとする学説においても変わりはない。Ex. Savaux, supra note 21, n° 3, p. 3（レミィの論文に依拠しつつ、サヴォーは、以下のように述べている。民法典1146条以下の「テクストの内容からは、損害賠償は、債権者が現実の履行を請求し、または、それを得ることができない場合に、契約債務が通常辿ることになる方式であることが分かる。すなわち、1142条は、為す債務または為さない債務は全て、債務者側の不履行の場合に、損害賠償へと変わる（つまり、損害賠償によって弁済される）旨を規定している。1147条は、損害賠償債務を、債務者のフォートによって生じた損害ではなく、債務不履行または履行遅滞に基づかせている。このシステムにおいては、第4章（合意なしに形成される債務）の1382条以下で扱われている不法行為及び準不法行為との混同を示すものは、何ら存在しない。それ故、法典は、債務の源の区別を確固たるものとして維持し、契約上の損害賠償と合意に基づく債務の効果とを明確に結び付けているのである」); Larroumet, supra note 21, n° 3, pp. 544 et s.（「民法典の起草者が、契約債務の不履行を、民事責任を生じさせる行為ないし所為として捉えていなかったことは、確実である。彼らが予定した唯一の責任は、

◇第２項　履行方式としての契約不履行に基づく損害賠償の展開

　第１項で見てきたように、契約（債務）不履行に基づく損害賠償を「債務の効果」と構成し、その実現手段として位置付けるモデルの基本的骨格は、ドマによってその可能性が示され、ポティエによってその理論的基盤が整備された後に、フランス民法典によって採用された。それでは、フランスにおける民法典制定後の学説は、契約不履行に基づく損害賠償をどのように捉えていたのか。

　結論を先取りして言うならば、19世紀の学説も[1032]、基本的には、このモデルを承継し、それを理論的に精錬化したが、他方で、部分的にではあるが、このモデルに対して、それまでとは幾分ニュアンスの異なる説明を付加したのである。19世紀の学説における議論については、契約上のフォートの意味付け、契約債務と損害賠償債務の関係、損害賠償の範囲といった問題を論じたコンテクストで触れているが[1033]、ここでは、若干の重複を恐れずに、より一般的・包括的な視角から分析を行い、その特徴を描き出していくことにしよう。

(1) 2つの履行モデル

　まず、19世紀の学説の多くは、契約不履行に基づく損害賠償を、債務者による不履行を契機として新たに生ずる債務ではなく、契約ないし契約債務の効果として明確に位置付けた。これが、19世紀フランスにおける損害賠償の理論枠組みの大きな特徴である。もっとも、そのことの意味については、ニュアンスの異なる2つの説

　　1382条以下の責任なのである。このことについて、疑いはない」（ただし、一定の留保が付せられていることにも注意が必要である））

(1031)　これに対して、ジュヌヴィエーヴ・ヴィネは、以下のような理由を挙げて、フランス民法典においても、「債務不履行の結果生ずる損害賠償」に対し、不法行為と同じような意味での賠償機能が与えられていた旨を主張する。①民法典1184条2項は損害賠償とともにする解除を認めているところ、この場合の損害賠償は、もはや契約が存在しない以上、賠償機能しか持ちえない。②同1149条によれば、損害賠償は被った損失と失った利益に基づいて評価されるところ、このことは、損害賠償に賠償機能を付与しなければ認められないものである。③契約各論に存在する条文の中には、責任という表現が使われているものが多く存在する（Viney, supra note 21, n° 7, pp. 928 et s. また、Cf. Id., supra note 19, n°s 13 et s., pp. 20 et s.）。

　　このような読み方に対する反論は、本文で述べたことに尽きる。ここでは、ヴィネの挙げる論拠について、一言するに止めておく。まず、ポティエの理論を見れば明らかとなるように、契約（債務）不履行に基づく損害賠償を履行方式として捉える場合であっても、その対象に被った損失、失った利益の双方が含まれることに理論的な障害は存在しない。よって、②は、契約（債務）不履行に基づく損害賠償が賠償機能を持つことの根拠となりえない。また、ここで問題にしているのは、今日一般的に用いられている表現が民法典の条文の中でも使われているかどうかということではなく、民法典の各条文の背後にある契約（債務）不履行に基づく損害賠償の理念・原理はどのようなものかということである。条文の表現は、それが今日と同じ意味で使用されていることを論証しえた場合にのみ説得力を持つのである。従って、③も、ヴィネの読み方を正当化する十分な根拠とは言えないように思われる。また、①の論拠に対する本書の見方については、第２部・第２章・第２節・第１款・第２項834頁以下における考察を参照。

(1032)　ここで言う「19世紀の学説」の意味については、注(296)を参照。

(1033)　契約上のフォートについては、第１部・第１章・第１節・第１款・第２項108頁以下を、契約債務と損害賠償債務の関係については、同章・第２節・第１款・第２項176頁以下を、損害賠償の範囲については、同部・第２章・第２節・第１款・第２項326頁以下を参照。

明が見られる。

　1つは、ポティエによって示された「原初債務の効果としての二次的債務たる損害賠償」という構成の流れを汲む説明である。例えば、19世紀のフランスにおける最高峰とも評される教科書を執筆した、シャルル・オーブリー＝シャルル・ローは、債務不履行に基づく損害賠償を、債務の法的効果と題する節の「債権者の付随的権利（Des droits accessoires au créancier）」と題する款の中で扱いつつ、以下のように述べている。「全ての債務は、債権者に対して、潜在的に、債務を履行しない、もしくは、違法ないし不完全にしか履行しない債務者に対して損害賠償を求める権利を与えている」[1034]。この説明は、不履行の場合、債権者に対しては、債権の内在的かつ付随的な効力として当然に損害賠償を求める権利が認められている旨を述べたものである。従って、オーブリー＝ローの説明は、用いられている表現に違いこそ存在するものの、ポティエにおける「原初債務の効果としての二次的債務たる損害賠償」を、債務の面からではなく、債権の面から捉えたものと言うことができる。

　もう1つは、契約不履行に基づく損害賠償を当事者間における合意の効果として捉える説明である。例えば、註釈学派の王者とも評され、オーブリー＝ローとともに、19世紀のフランスを代表する学説であった、シャルル・ドゥモロンブは[1035]、損害賠償の範囲を論じたコンテクストで、先に引用したオーブリー＝ローの「債権者の付随的権利としての損害賠償」とは明らかに異なる説明を行っている。すなわち、「損害賠償という副次的債務の真の原因は、合意それ自体の黙示の条項に存する。これによって、債務者は、主たる債務が履行されない場合に、債権者に対して補償することを同意しているのである」[1036]。なるほど、ドゥモロンブも、副次的債務という表現を使用しているが、ポティエやオーブリー＝ローとは異なり、損害賠償の源は、抽象化された債務や債権ではなく、あくまでも当事者間の（黙示の）合意に求められている。これは一見すると、ドマによってその端緒が開かれた、合意から損害賠償を基礎付ける手法を彷彿とさせるものである。しかし、ドマにおける契約不履行に基づく損害賠償は、「そこに表明されていなかったとしても、合意に必然的に続く債務」として、いわば、合意の本性に基づいて存在しうる債務であったのに対し、ドゥモロンブの理解する契約不履行に基づく損害賠償は、これとは異なり、「合意それ自体の黙示の条項」という、当事者の主観的契機によって導かれる存在として観念されているのである[1037]。

　いずれにしても、このような後者の視点、つまり、「当事者間における黙示の合意」

[1034] Aubry et Rau, supra note 296, pp.94 et s.
[1035] ドゥモロンブについては、Jacqueline Musset, Un célèbre jurisconsulte caennais du XIXᵉ siècle : Demolombe, RTD civ., 1995, pp.85 et s. で、その生涯と彼に対する評価を概観することができる。
[1036] Demolombe, supra note 296, nº 578, pp.559 et s.
[1037] もっとも、ドマの合意の本性論の中にも、当事者意思という主観的契機を見出しうることについては、注(979)を参照。

◆ 第 1 節 ◆ 理論モデルの確立

によって契約不履行に基づく損害賠償を基礎付ける立場は、ヴィクトール・マルカデ[1038]、ジャック・マリ・ボワルー（Jacques-Marie Boileux）[1039]、フレデリック・ムールロン[1040]、プロスペル・ランボー（Prosper Rambaud）[1041]、フランソワ・ローラン[1042]、アントワーヌ・マリ・ドゥマント＝エドゥアル・コルメ・ドゥ・サンテール（Antoine Marie Demante et Edouard Colmet de Santerre）[1043]、エルヌスト・デジル・グラソン（Ernest Desire Glasson）[1044]、ガブリエル・ボードリー・ラカンティヌリー[1045]等、当時の名立たる民法学説によっても採用されており、19世紀におけるフランス民法学の主流を形成していたことを確認しておくべきであろう[1046]。

こうした黙示の合意による正当化が優越的地位にあったという状況は、19世紀の中葉以降、フランス法あるいはフランスにおいて影響力を持ちつつあった、意思自治の原則の考え方、その思想的コンテクストとしての、イマニュエル・カント（Immanuel Kant）の哲学や、ヴィクトール・クーザン（Victor Cousin）の折衷主義的観念論等の影響、更に、法学的なコンテクストで言えば、フリードリッヒ・カール・フォン・サヴィニー（Friedrich Carl von Savigny）の影響といった視点からも[1047]、説明することができるのかもしれない。そして、仮にこのような認識が正当であると

(1038) Marcadé, supra note 296, n° 521, pp.418 et s. マルカデは、以下のように述べている。「債務者に対して如何なる悪意も非難することができない場合には、ごく自然に、その損害賠償債務を、この点について債務者と債権者との間で決定された黙示の付随的合意の結果として見ることができる」のである。また、Cf. Id., supra note 879, p.267.
(1039) Boileux, supra note 296, p.409. ボワルーは、以下のように述べている。債務者が善意の場合の損害賠償においては、「黙示の条項、付随的な合意の解釈が問題となっている」のである。
(1040) Mourlon, supra note 296, n° 1147, pp.587 et s. ムールロンは、以下のように述べている。「債務者に悪意が存在しない場合、損害賠償を支払う債務は、黙示の条項を基礎とするのであり、この条項によって、債務者は、債務不履行によって生じさせうる損害について、債権者に賠償することを約束しているものと推定されるのである」。
(1041) Rambaud, supra note 296, p.355.
(1042) Laurent, supra note 296, n° 295, pp.354 et s. ローランは、以下のように述べている。通常のケース（債務者に悪意が存在しない場合）における損害賠償のコーズは、契約当事者の意思である。
(1043) Demante et Colmet de Santerre, supra note 296, n° 66 bis.I, p.92. ドゥマント＝コルメ・ドゥ・サンテールは、以下のように述べている。債務者に「悪意が存在しない場合、不履行によって生じた損害を賠償する債務は、合意それ自体の中に源を持つ。この債務は、契約の黙示的条項から生じ、これによって、債務者は、損害の賠償を約束しているのである」。
(1044) Glasson, supra note 296, p.581.
(1045) Baudry-Lacantinerie, supra note 296, n° 895, p.646 ; Baudry-Lacantinerie et Barde, supra note 296, n° 483, p.458. ボードリー・ラカンティヌリー＝バルドは、以下のように述べている。債務者が善意の場合、「損害賠償を支払う債務は、黙示の合意から生ずるものと考えられている」。
(1046) 当事者の黙示の合意による基礎付けを更に推し進めたのが、シャルル・サンクトレットの「保証」理論である。サンクトレットは、本文で述べたような古典的理解を継承しながら、不法行為に基づく損害賠償と契約不履行に基づく損害賠償の相違を強調するため、前者に「責任（la responsabilité）」、後者に「保証（la garantie）」という名称を与えたのである（Sainctelette, supra note 26, pp.5 et s.）。この点については、本章・第2節・第1款・第1項453頁以下を参照。
(1047) アルフォンス・ビュルゲ（金山直樹＝田中実訳）「19世紀フランス私法に対するパンデクテン法学の影響── Vermögen から patrimoine へ」比較法制史学会編『比較法史研究の課題 Historia Juris 比較法史研究──思想・制度・社会①』（未来社・1992年）259頁以下を参照。

するならば、19世紀末以降、履行モデル的な発想が批判の対象とされ、やがて議論の表舞台から消えていったという事実も、意思自律の影響力の相対的低下という枠組みの中で捉えることができる。この点についての詳細は後に述べることになるが(1048)、19世紀末以降、レイモン・サレイユやエマニュエル・グノー等によって意思自治に対する批判が開始され(1049)、意思を基軸とした契約法理論が再検討に付される一方で、契約当事者の意思解釈ではなく、民法典1135条を基礎とする債務群が登場するに至った(1050)。こうした理論的・実際的な動向は、契約不履行に基づく損害賠償を黙示の合意によって基礎付ける手法それ自体にも大きな影響を及ぼしたものと推測されるのである(1051)。

もっとも、こうした意思の視点からの問題提起は、黙示の合意を基礎とした履行モデルのみに妥当するものであって、ポティエやオーブリー＝ローの「債務の効果」「債権の効力」を基軸とした履行モデルに対してはもちろん、ドマがその可能性を提示した、「合意の効果」を出発点とする履行モデルに対しても妥当するものではないことに、再度注意をしておく必要がある。既に述べたように、これらの見解は、契約不履行に基づく損害賠償を、履行されなかった契約ないし契約債務を金銭という等価物によって実現する制度として捉えるという点においては、黙示の合意を基礎とした履行モデルと共通しつつも、その正当化として、あるいは、その発生原因として、契約当事者の意思だけを観念しているわけではないからである。従って、19世紀末以降に履行モデルが完全に排斥されるに至ってしまうのは、ポティエの流れを汲む当事者意思に依存しない履行モデルの可能性が十分に認識されていなかった

(1048) 本章・第2節・第1款・第1項472頁以下を参照。
(1049) Saleilles, supra note 804 ; Gounot, supra note 804 ; etc.
(1050) 言うまでもなく、安全債務がその代表的な存在である。
(1051) 高畑順子は、ジャン・グランムーランとシャルル・サンクトレットの見解を詳細に検討しつつ、以下のように述べている。「古典的と称される責任二元論が契約により生ずる本来の債務と、その不履行によって発生する損害賠償債務とを両者ともに契約を原因として有するとして同一平面でとらえた思想的背景には意思自治論から要請される契約の尊重と、その結果として導かれる契約責任の特殊性が存在したと思われる。契約上の債務不履行責任が本来の債務と同じレベルで契約にとりこまれていたと言えよう」。ジャン・グランムーランやマルセル・プラニオルの見解においては、「契約責任は当事者意思＝合意から隔てられ、契約不履行による損害賠償債務は法律に債務発生原因を有すると理解される」。この過程で、「契約は不履行をきっかけとして当事者の手から離されるとの認識にとどまらず、契約（関係）そのものが既に規範として法律を上位概念に頂くとの認識が必要であった。その結果契約責任の、不法行為責任に対する特殊性は希薄なものとなった」。「「人身」やら「安全」といった、意思＝合意を規範とする古典的な契約では対象となりえないものについて、そのような契約観念と表裏一体の関係で理解されていた契約責任による法的保護を企図したことが既に矛盾を内在していた。契約不履行による損害賠償債務の発生根拠を探求することが債務の発生原因の再考にまで及んだことは必然的であったといえよう」。シャルル・サンクトレットが、「契約上の債務と損害賠償債務を「契約の尊重」という要請から一つの平面でとらえることができたのは、右矛盾の解消が伝統的な契約と法の対置という枠組みで依然可能であった時代の産物とも言い得る」のである（高畑・前掲注(149)「関係」194頁以下）。上記の引用部分で直接的な検討の対象とされているのは、契約不履行に基づく損害賠償を「保証」の枠組みで捉えるシャルル・サンクトレットの見解であるが、この理論が19世紀の一般的な学説の言う黙示の合意の延長線上に位置付けられるものであるとすれば、高畑の指摘は、本文の叙述を、債務発生原因の視角から捉えたものと見ることができるであろう。

ことに、その一因を求めることができるように思われるのである[1052][1053]。(1)において、「2つの履行モデル」との表題を付したのは、履行モデルの基礎付けの可能性として、債務ないし債権を起点にするものと、当事者意思を起点にするものがあることを明確に提示するためであった[1054]。

(2) 履行モデルの帰結

(1)で述べたように、ポティエに倣って（契約上の）債務ないし債権を起点とするのか、それとも、契約や当事者の合意を出発点とするのかという点において、その議論の骨格に相違が存在し、このことが、規範内容の説明や具体的な解釈論にも一定の影響を及ぼしていたのであるが、19世紀の学説において、契約（債務）不履行に基づく損害賠償が、これらの効果として義務付けられるものであって、フォートやその他の法律事実を基礎とするものでないという認識それ自体は、基本的に共有されていたと言うことができる。19世紀フランスの学説は、このモデルを契約（債務）不履行に基づく損害賠償に関する議論の基底に据えた。そして、こうした基本認識から、以下のような議論を展開することが可能となったのである。ここでは、4点を挙げておく。

第1に、契約（債務）不履行に基づく損害賠償の領域におけるフォートの意味ないし法的位置付けに関する議論である。19世紀の学説の多くは、ローマ法のテクスト解釈に関わる議論、古法時代における議論、民法典の制定過程における議論、同時代のドイツ普通法における議論をフォローしつつ、主として、目的物の保存債務について規定した民法典1137条を扱うコンテクストで、フォートの段階付けを論ずる一方[1055]、契約（債務）不履行に基づく損害賠償の要件として、（債務者の行為等と

[1052] 従って、高畑が行っているように、サンクトレットの見解について、当事者意思による契約債務と損害賠償債務の基礎付けが「伝統的な契約と法の対置という枠組みで依然可能であった時代の産物」と評価することは可能であっても、そこから、直ちに、履行方式としての契約不履行に基づく損害賠償一般に対して同様の指摘を行うことはできないのである。

[1053] この点については、本章・第2節・第1款・第1項472頁以下も参照。

[1054] なお、このコンテクストでは、ドマの理論が、合意を起点にするものであったが、19世紀の学説とは異なり当事者意思を起点にするものではなかったことに、再度注意を促しておくべきであろう。

[1055] Merlin, supra note 296, pp.522 et s. ; Toullier, supra note 296, n°s 223 et s., pp.234 et s. ; Rogron, supra note 296, Code civil…, pp.237 et s. ; Id., supra note 296, Les codes français…, p.363 ; Duranton, supra note 296, n°s 397 et s., pp.408 et s. ; Poujol, supra note 296, pp.222 et s. ; Marcadé, supra note 296, n°s 504 et s., pp.409 et s. ; Boileux, supra note 296, pp.392 et s. ; Mourlon, supra note 296, n°s 1119 et s., pp.567 et s. ; Larombière, supra note 296, pp.394 et s. ; Demolombe, supra note 296, n°s 402 et s., pp.377 et s. ; Aubry et Rau, supra note 296, pp.100 et s., et note 26 ; Picot, supra note 296, pp.685 et s. ; Accolas, supra note 296, pp.784 et s. ; Laurent, supra note 296, n°s 213 et s., pp.273 et s. ; Rambaud, supra note 296, pp.345 et s. ; Demante et Colmet de Santerre, supra note 296, n°s 53 et s., pp.66 et s. ; Aumaitre, supra note 296, pp.164 et s. ; Adan, supra note 296, n° 2020, pp.57 et s. ; Huc, supra note 296, n°s 91 et s., pp.135 et s. ; Baudry-Lacantinerie, supra note 296, n°s 865 et s., pp.617 et s. ; Baudry-Lacantinerie et Barde, supra note 296, n°s 345 et s., pp.346 et s. ; etc.

並列する形で）債務者のフォートを設定した[1056]。しかしながら、ここで言うフォートは、19世紀末以降に現れ、20世紀のフランス民法学を支配することになるフォートとは、その意味を全く異にしている。既に詳論したように[1057]、19世紀の学説においては、契約上のフォートの存在は推定され、債務者が損害賠償の支払いを免れるためには、外的原因によって履行が妨げられたことを証明しなければならないとの理解が一般的に受け入れられていたが[1058]、その背後には、契約（債務）不履行に基づく損害賠償を債権あるいは合意の効力として捉える立場を前提に、債権者が債権の存在を証明すれば、それだけで契約（債務）不履行に基づく損害賠償の存在も基礎付けられ、それがなされた場合には、今度は、債務者が債務からの解放原因としての外的原因の存在を証明しなければならないとの構想が存在した[1059]。つまり、19世紀の学説における契約上のフォートは、不法行為の領域におけるように、責任原因あるいは債務発生の基礎としては観念されておらず、少なくとも、理論的に見れば、何らの意味も与えられていない存在であったと言うことができるのである。

第2に、契約（債務）不履行に基づく損害賠償の機能に関する議論である。一方で、債権ないし債務を議論の出発点に据え、その付随的な権利として債務不履行に基づく損害賠償を構成する立場によれば、その機能も、当然、債務者によって実現

[1056] 債務不履行に基づく損害賠償のコンテクストで、この点に言及するものとして、Toullier, supra note 296, n°s 223 et s., pp.234 et s.; Marcadé, supra note 296, n° 516, pp.416 et s.; Boileux, supra note 296, p.404; Mourlon, supra note 296, n° 1142, pp.585 et s.; Aubry et Rau, supra note 296, pp.94 et s.; Accolas, supra note 296, pp.794 et s.; Laurent, supra note 296, n°s 213 et s., pp.273 et s.; Rambaud, supra note 296, p.354; Glasson, supra note 296, pp.579 et s.; Aumaitre, supra note 296, p.167; Adan, supra note 296, n° 2029, p.62; Baudry-Lacantinerie, supra note 296, n°s 889 et s., pp.642 et s.; Baudry-Lacantinerie et Barde, supra note 296, n°s 454 et s., pp.431 et s.; etc.

[1057] 第1部・第1章・第1節・第1款・第2項108頁以下を参照。

[1058] Duranton, supra note 296, n° 468, p.487 et s.; Poujol, supra note 296, p.208; Marcadé, supra note 296, n° 516, pp.416 et s.; Boileux, supra note 296, pp.404 et s.; Mourlon, supra note 296, n° 1143, pp.586 et s.; Aubry et Rau, supra note 296, pp.95 et s.; Picot, supra note 296, p.692; Laurent, supra note 296, n°s 251 et s., pp.313 et s.; Rambaud, supra note 296, p.354; Demante et Colmet de Santerre, supra note 296, n° 63, p.90; Adan, supra note 296, n°s 2028 et s., p.62; Fuzier-Herman, supra note 296, p.1085; Huc, supra note 296, n° 95, p.143 et n°s 143 et s., pp.201 et s.; Id., supra note 312, n° 424, pp.560 et s.; Baudry-Lacantinerie, supra note 296, n° 891, pp.642 et s.; Baudry-Lacantinerie et Barde, supra note 296, n° 466, pp.439 et s. また、Loubers, supra note 296, pp.88 et s.; Fromageot, supra note 224, pp.209 et s.; Guy, supra note 296, pp.100 et s.; Sarran, supra note 313, intro., XVII.; Huber, supra note 296, p.11; Delmond-Bébet, supra note 296, pp.32 et s.

[1059] Demolombe, supra note 296, n°s 546 et s., pp.538 et s. 証明責任を規律した民法典1315条を引用する、Marcadé, supra note 296, n° 516, p.417; Mourlon, supra note 296, n° 1143, pp.586 et s.; Demolombe, supra note 296, n° 561, p.549; Adan, supra note 296, n° 2038, p.65; Baudry-Lacantinerie, supra note 296, n° 891, pp.643 et s.; Baudry-Lacantinerie et Barde, supra note 296, n° 466, pp.439 et s.; Delmond-Bébet, supra note 296, p.33 や、証明責任の一般原則を援用する、Marcadé, supra note 296, n° 516, p.417; Demolombe, supra note 296, n° 561, p.549; Laurent, supra note 296, n° 278, pp.338 et s.; Huc, supra note 296, n° 144, p.204; Fromageot, supra note 224, pp.209 et s.; Sarran, supra note 313, intro., XVII; Delmond-Bébet, supra note 296, p.34 は、この趣旨を述べるものとして理解することができる。

◆第 1 節 ◆ 理論モデルの確立

されなかった債権を金銭の形で充足することに求められる。このような理解こそが、債務不履行に基づく損害賠償を「債権に内在する権利」あるいは「債務の効果」として位置付けるモデルから導かれる 1 つの帰結と言うことができるのであり[1060]、このモデルの原型を確立したポティエも、まさに、このような見方を示していたのであった。

　他方で、契約不履行に基づく損害賠償を当事者間の黙示の合意によって基礎付ける立場からも、合意に基づく債務を金銭の形で履行すること、つまり、合意から生じた債務が正確に履行されていたならばそうであったであろう状態を金銭によって実現することに、その機能が求められることになった。例えば、先に引用したシャルル・ドゥモロンブは、「債務不履行の結果生ずる損害賠償」の部分を論じた箇所で、繰り返し、以下のような理解を示していた。合意によって債務を負った者は、たとえ債務を履行しなかったことにつき悪意が存在しなかったとしても、「債務者であることに変わりはなく、現実に、あるいは損害賠償という等価物によって、自己の債務を充足する義務を負うのである」[1061]。不履行に基づく損害賠償は、塡補賠償と遅延賠償に区別されるところ、前者は、「一般的に、債務が履行された場合と同じ状態に債権者を置くという結果を持つのである」[1062]。債務が正確に履行されなかった場合に付与される「補償は、債務者が債務を履行した場合と同じ状態に債権者を置くことを目的としているのである」[1063][1064]。

　このような理解と、同じく合意による基礎付けの可能性を提示していたドマの見解とを比較するならば、そこには、著しい理論的な展開を見て取ることができる。すなわち、ドマは、契約不履行に基づく損害賠償を合意の本性によって正当化する可能性を示しつつも、合意による基礎付けが持つ意味を具体的な規範のレベルに反

[1060] もっとも、債務不履行に基づく損害賠償を債権に内在する権利として位置付けるオーブリー＝ローが、本文で述べたような見方を明確に提示しているわけではないことに留意が必要である。
[1061] Demolombe, supra note 296, n° 550, p.541.
[1062] Demolombe, supra note 296, n° 567, p.552.（これは、附遅滞を論じた部分の記述である）
[1063] Demolombe, supra note 296, n° 575, pp.557 et s.（これは、民法典 1149 条を論じた部分の記述である）
[1064] このような見方を明確に示すものとして、Laurent, supra note 296, n° 283, p.343（「契約が履行されない場合に、債務者が有責判決を受けることになる損害賠償は、債権者が契約から獲得することができるものと提案され、債務者が債務を履行していれば得ていたであろう全ての利益を塡補するものでなければならない」）et n° 286, p.346（契約当事者の目的は何か。契約の対象とされた物から生ずる利益を債権者に獲得させることである。合意の不履行によって、債権者がこの有用性を持たなかった場合、債権者はその補償を受けなければならないのである」）; Demante et Colmet de Santerre, supra note 296, n° 64 bis, p.91（塡補賠償は、「債権者にとって債務の履行に相当する」ものである）; Baudry-Lacantinerie, supra note 296, n° 888, p.641（損害賠償によって、「債権者は、債務が正確に履行されていたならばそうであったであろう場合に等しい状況に位置付けられることになる」。つまり、塡補賠償は、「債権者が債務の履行に対して有していた利益の金銭上の等価物、従って、不履行が債権者に生じさせた損害の塡補でしかない。もはや不可能となった現実履行に代わり、債権者は、金銭履行（l'exécution en argent）を得るのである」）; Baudry-Lacantinerie et Barde, supra note 296, n° 450, p.429.

映させることはなかった[1065]。これに対し、19世紀の学説は、ポティエの「合意から債務への抽象化」によって示された、履行されなかった債務の価値的実現という方向性を受け継ぎつつ、これを「当事者間における黙示の合意」構成と結び付けることによって、不履行に基づく損害賠償の機能を、契約債務が正確に履行された状態を金銭によって実現することに求めたと見ることができるのである。

第3に、契約（債務）不履行に基づく損害賠償の範囲に関する議論である。これまで述べてきたような形で契約（債務）不履行に基づく損害賠償の基礎及び機能を理解するならば、その範囲を規律するルールについても、当然、これらの議論を反映した形での正当化が試みられることになる。この点に関して、19世紀の一般的な学説は、契約領域における損害賠償が当事者の黙示の合意に基礎を置いているという認識を前提として、民法典1150条が予見可能性による賠償範囲確定ルールを規定した理由を、上記のような損害賠償の特質、つまり、合意において予定された利益の実現という制度の本質に求めたのである[1066]。

ところで、先に詳論したように[1067]、予見可能性による賠償範囲確定ルールは、直接的には、ポティエの定式化に由来するものであるが、ポティエは、この規範を定立するに際して、内在的損害・外在的損害の区別を用いた説明を行った。つまり、債務者の不履行を原因として発生する損害には、債務の対象それ自体に対して生ずる損害（内在的損害）と、債務の対象以外の物に対して生ずる損害（外在的損害）が存在するところ、前者は、常に予見していたものとみなされるが、後者は、特別の約束によって契約領域に取り込まれていない限り、賠償の対象になることはないとしたのである。こうした「債務の対象」を基礎とした区別は、理論史的なコンテクストから言えば、契約（債務）不履行に基づく損害賠償を、原初債務の効果、あるいは、原初債務が履行されなかった場合に認められる価値的な実現手段として把握する構想を基礎に据える立場においては必要なものであったと評価しうる。というのは、契約（債務）不履行に基づく損害賠償を原初債務の効果として把握する以上、賠償の

(1065) そればかりか、ドマは、契約不履行に基づく損害賠償と不法行為に基づく損害賠償を同一の規範に服せしめていたのであった。

(1066) ニュアンスの相違はあるが、Marcadé, supra note 296, n° 521, pp. 418 et s.; Id., supra note 879, p. 267; Boileux, supra note 296, pp. 408 et s.; Larombière, supra note 296, p. 549 et pp. 556 et s.; Mourlon, supra note 296, n° 1147, pp. 587 et s.; Demolombe, supra note 296, n° 578, pp. 559 et s.; Acollas, supra note 296, p. 797; Laurent, supra note 296, n° 286, p. 346 et n° 295, pp. 354 et s.; Rambaud, supra note 296, p. 355; Demante et Colmet de Santerre, supra note 296, n° 66 bis. I, p. 92; Glasson, supra note 296, p. 581; Huc, supra note 296, n° 93, p. 144 et n° 117, pp. 209 et s.; Baudry-Lacantinerie, supra note 296, n° 869, p. 622 et n° 895, p. 646; Baudry-Lacantinerie et Barde, supra note 296, n° 356, p. 356; Id., supra note 879, n° 2879, p. 1114; etc. また、Cf. Loubers, supra note 296, pp. 130 et s.; Saintcelette, supra note 26, p. 19; Guy, supra note 296, p. 95; Auvynet, supra note 296, p. 24; Duffo, supra note 296, pp. 143 et s.; Sarran, supra note 313, intro., XIV; Zens, supra note 879, pp. 129 et s.; Delmond-Bébet, supra note 296, p. 70; Gorisse, supra note 879, pp. 179 et s.

(1067) 第1部・第2章・第2節・第1款・第2項319頁以下を参照。

範囲に関するルールを定式化するに際しても、予見という契約的な規律だけでは不十分であり、それに加えて、債務の目的との関連性を示す概念を用意しておくことが求められるからである。

これに対して、19世紀の学説のように、債務ないし債権ではなく、当事者の合意を出発点として議論を行うのであれば、必ずしも、内在的損害・外在的損害という債務の対象との関連性に着目した区別は、必要不可欠なものではなくなる。むしろ、民法典1150条の文言通りに、こうした区別を介在させない説明の方が直截的であるとも言える[1068]。それにもかかわらず、19世紀の学説の中には、内在的損害と外在的損害の区別を用いて民法典1150条の説明を行うものが存在した[1069]。この事実は、何よりも、債務不履行法の領域においてポティエの理論の影響が如何に大きかったのかを示すものであると言えるが、それと同時に、「合意から債務への抽象化」を経て実現した履行方式としての損害賠償の基本的な思考枠組みが、19世紀の学説における合意による基礎付けの下でも、十分に通用していたことの証左でもあると言えよう[1070]。

第4に、契約（債務）不履行に基づく損害賠償と不法行為に基づく損害賠償との関係に関する議論である。契約領域における損害賠償を、先存する債権の付随的かつ潜在的な権利として構成し、あるいは、当事者間における黙示の合意の効果として見るときには、それと不法行為に基づく損害賠償とを混同する余地は一切なくなる。もちろん、19世紀の学説において、「債務不履行の結果生ずる損害賠償」と不法行為に基づく損害賠償とが別々に扱われているのは、註釈の方法が一般的に採用されていたことからして、当然のことであると言わなければならない。しかし、ここで問

[1068] 19世紀の学説の中にも、この旨を述べるものが存在した。例えば、ヴィクトール・マルカデは、予見可能であったこと全てが賠償の対象となると言えば十分であるとして、この区別の不要性を説いていたのである（Marcadé, supra note 296, n°S 522 et s., p.419）。そのほか、この区別を排斥するものとして、Loubers, supra note 296, pp.134 et s.

[1069] Merlin, supra note 880, p.47（損害賠償（Dommages et intérêts）の項目）; Demolombe, supra note 296, n°S 580 et s., pp.560 et s. ; Aubry, Rau et Gault, supra note 296, 5ème éd., p.172, note 41 ter ; Laurent, supra note 296, n° 286, pp.345 et s. ; Huc, supra note 296, n°S 147 et s., p.212 ; Baudry-Lacantinerie et Barde, supra note 296, n°S 483 et s., pp.458 et s. ; Duffo, supra note 296, pp.137 et s. ; Gorisse, supra note 879, pp.181 et s. ; etc.

[1070] 更に、損害賠償の範囲というコンテクストで言えば、債務者が悪意の場合に予見可能性による賠償範囲確定ルールが適用されない旨の規範も、ポティエや民法典起草者ビゴ・プレアムヌと同じ理由付けによって説明されている。すなわち、この局面で予見可能性ルールが妥当しないのは、この場合における損害賠償が、契約を源とするものではなく、債務者の悪意それ自体を原因として発生する新たな債務であるからという説明がなされていたのである（Demante et Colmet de Santerre, supra note 296, n° 66 bis. I, p.92 のほか、Poujol, supra note 296, pp.266 et s. ; Marcadé, supra note 296, n° 521, p.419 ; Mourlon, supra note 296, n° 1147, p.588 ; Demolombe, supra note 296, n° 598, pp.587 et s. ; Acollas, supra note 296, p.797 ; Laurent, supra note 296, n° 295, pp.354 et s. ; Rambaud, supra note 296, p.355 ; Glasson, supra note 296, p.581 ; Huc, supra note 296, n° 150, pp.212 et s. ; Baudry-Lacantinerie, supra note 296, n° 895, p.647 ; Baudry-Lacantinerie et Barde, supra note 296, n° 487, pp.463 et s. ; etc. また、Cf. Loubers, supra note 296, pp.133 et s. ; Duffo, supra note 296, pp.143 et s. ; Gorisse, supra note 879, pp.172 et s.）。

題にしているのは、このような形式ではなく、実質的な中身である。この観点から19世紀の学説の叙述を眺めてみると、そこでは、繰り返し、2つの損害賠償制度における性質的な異別性が強調されていることに気付くのである。

まず、総論的なレベルでは、「債務の効果」としての「債務不履行の結果生ずる損害賠償」と、債務発生原因としての不法行為に基づく損害賠償との相違が明確に示されていた[(1071)][(1072)]。その結果、これら2つの損害賠償制度を、いずれも、「汝が欲しないことを他人にすることなかれ（Ne fais pas à autrui ce que tu ne veux pas qu'on te fasse à toi-même)」という「神に捧げる道徳の崇高な教え」によって基礎付けようとしていた、シャルル・ボナヴァンチュール・マリ・トゥリエの見解[(1073)]に対しては、「全く異なる2つの原理秩序を混同」するものとして[(1074)]、激しい批判が提起されていたのである[(1075)]。また、19世紀の学説において、「債務の効果」あるいは当事者間における黙示の合意の効果という基礎付けが重要な意味を持っていた規範については、不法行為への適用が明確に否定されていた[(1076)]。とりわけ、第3で検討した民法典1150条に関しては、多くの見解が、不法行為に基づく損害賠償に対しては適用がないことを強調していたのである[(1077)]。

以上に一瞥したところからも明らかとなるように、19世紀の学説は、基本的に、契約（債務）不履行に基づく損害賠償を「債務の効果」と構成し、その実現手段として位置付けるモデルを承継した。もっとも、当時の学説は、古法時代やフランス民法典制定過程における議論をそのまま受け入れたというわけではなかった。まず、

(1071) Aubry et Rau, supra note 296, pp.94 et s., et note 1（債務不履行に基づく損害賠償は、債権に付随する潜在的な権利であるのに対して、不法行為に基づく損害賠償は、それ自体主たる債務である）

(1072) 19世紀に公刊された損害賠償あるいは債務不履行に関するテーズは、そのほとんどが、契約不履行に基づく損害賠償と不法行為に基づく損害賠償（あるいは、契約上のフォートと不法行為上のフォート）を明瞭に区別し、これらの相違を明らかにすることを目的として、執筆されたものであった。Cf. Sainctelette, supra note 26, pp.5 et s.；Fromageot, supra note 224, pp.9 et s.；Guy, supra note 296, pp.81 et s.；Auvynet, supra note 296, pp.1 et s.；Duffo, supra note 296, pp.77 et s.；Sarran, supra note 313, intro.；Hubers, supra note 296, pp.5 et s.；Chenevier, supra note 224；Delmond-Bébet, supra note 296；etc.

(1073) Toullier, supra note 296, n°s 222 et s., pp.289 et s., spec. n°s 232 et s., pp.245 et s. トゥリエの見解の詳細については、注(324)を参照。

(1074) Laurent, supra note 296, n° 229, p.292. また、Cf. Demolombe, supra note 296, n° 406, pp.383 et s.

(1075) Demolombe, supra note 296, n° 406, pp.382 et s.；Aubry et Rau, supra note 296, pp.100 et s., et note 25 et 26；Laurent, supra note 296, n°s 213 et s., pp.273 et s.

(1076) Demolombe, supra note 312, n°s 472 et s., pp.406 et s.；Aubry et Rau, supra note 296, pp.94 et s., et note 1；Laurent, supra note 296, n° 250, p.313；Huc, supra note 296, n° 95, pp.142 et s.；Id., supra note 312, n°s 407 et s., pp.541 et s.；Baudry-Lacantinerie, supra note 296, n° 869, pp.621 et s.；Baudry-Lacantinerie et Barde, supra note 296, n° 355, pp.355 et s. ただし、テオフィーユ・ユクやガブリエル・ボードリー・ラカンティヌリーといった、19世紀末の註釈学派の見解には、それ以前の学説とは異なる特徴を見出すことができる。

(1077) Marcadé, supra note 879, p.267；Larombière, supra note 296, pp.556 et s.；Baudry-Lacantinerie, supra note 296, n° 869, p.622；Baudry-Lacantinerie et Barde, supra note 296, n° 355, p.355；Id., supra note 879, n° 2879, p.1114；etc.

契約（債務）不履行に基づく損害賠償と不法行為に基づく損害賠償との相違が強調されたことは、それまでの議論にはほとんど見られなかった特徴であり、前者の損害賠償を履行されなかった契約ないし契約債務の履行方式と捉える立場からは、議論の深化として肯定的に受け止めることができよう。次に、理論のレベルで言えば、ポティエ、そして、必ずしも明確ではないがフランス民法典起草者が試みていたように、契約（債務）不履行に基づく損害賠償を債務ないし債権それ自体の効力として抽象的に把握する思考方法は後景へと退いており、契約不履行に基づく損害賠償の基礎付けが、再び合意の領域で行われるようになったことに注目しておく必要がある。これを別の視点から見れば、19世紀の多くの学説において、「債務不履行の結果生ずる損害賠償」の規定は、理論上、合意ないし契約に特有のものとして捉えられていると言うことができるのである。しかし、このような相違はあるものの、ポティエが「合意から債務への抽象化」によって企図した、履行方式として「債務不履行の結果生ずる損害賠償」を把握する構想それ自体は、これらの学説の下においても失われておらず、むしろ、より一層、強調されるようになっていたことは、再度ここで強調しておくべきであろう。

　第1款における考察によって、フランス民法典のテクストが、履行方式として「債務不履行の結果生ずる損害賠償」を捉えるモデルを前提に起草されていたこと、このような発想それ自体は、その後の学説においても、脈々と受け継がれていたことが明らかになった[1078]。それでは、フランス民法典のテクストを参考として起草さ

(1078)　いわゆる註釈学派に属し、ベルギーの著名な民法学者であったフランソワ・ローランは、ベルギー司法省からの委託を受けて、同国の「民法典改正準備草案（Avant-projet de révision du Code civil）」（以下では、「ベルギー民法典改正準備草案」で引用）を作成した。ローランの手になるベルギー民法典改正準備草案の債務不履行に基づく損害賠償の規定も、その基本的な枠組みにおいて、フランス民法典のそれと同じ内容を有しているが、本文において明らかにした当時の議論状況に鑑みれば、そこには、体系の面で興味深い特徴を見出すことができる。ベルギー民法典改正準備草案においては、フランス民法典のそれとは異なる体系が採用されているからである。
　ベルギー民法典改正準備草案は、「債務」を扱った編で、まず、債務の発生原因として、契約と責任についての一般的な規定を置き、次いで、「債務の様々な種類（Des diverses espèces d'obligation）」に関する規律を設けており、この第2章の第1節「与える債務、為す債務、又は為さない債務（De l'obligation de donner, de faire ou de ne pas faire）」、第2款「債務不履行の結果（Conséquence d'inexécution de l'obligation）」の中で、「債務不履行の結果生ずる損害賠償（Des dommages et intérêts résultant de l'inexécution de l'obligation）」を規定している。従って、この体系と条文の配置だけを見るならば、たとえ意識的に行われたものでないとしても、当時の議論の要を形成していたはずの、「債務不履行の結果生ずる損害賠償」を「債務の効果」として捉える構想が消滅させられてしまっているということになるし、「債務不履行の結果生ずる損害賠償」が債務の種類という形でおよそ債務一般に妥当するものとして規定されていることからすれば、19世紀の学説が一般的に採用していた合意からの基礎付けがなされているわけでもないということになろう。
　もっとも、この草案の体系に、ローラン自身の見方がどれだけ反映しているのかという点については、疑問を提起せざるをえない。というのは、既に述べたように、ローランは、契約領域における損害賠償を当事者間における黙示の合意によって正当化していたからである（Laurent, supra note 296, n° 295, pp.354 et s.）。また、そもそも、ベルギー民法典改正準備草案のテクストの内容自体は、フランス民法典のそれとほとんど同じであり、その中には、（当時の議論のコンテクストに照らせば）契約領域における損害賠償を債務あるいは合意の効果と見なければ説明でき

◆第1章◆ 解　釈

ない規定も存在するのである。

　参考までに、「債務不履行の結果」と題する款の中に置かれているテクストを掲げておこう（François Laurent, Avant-projet de révision du code civil, Articles 1050 - 1429, Typographie Bruylant-Christophe & Campagnie, Bruxelles, 1884）（なお、括弧内では、フランス民法典に対応するテクストが存在する場合には、それを示している）。

Nº 1「フォート（De la faute）」

　ベルギー民法典改正準備草案 1146 条「債務者は、合意が当事者の一方の便益のみを目的とする場合であろうと、当事者の共通の便益を目的とする場合であろうと、その債務の履行に際して、善良な家父としての全ての注意を尽さなければならない（原文は、Le débiteur doit apporter à l'exécution de son obligation tous les soins d'un bon père de famille, soit que la convention n'ait pour objet que l'utilité de l'une des parties, soit qu'elle ait pour objet leur utilité commune.）。

　この規範は、一定の契約においては修正される。契約の効果は、それらに関する章で確定される（原文は、Cette règle reçoit des modifications dans certains contrats, dont les effets sont déterminés aux titres qui les concernent.）」（フランス民法典 1137 条に相当する規定）。

Nº 2「遅滞（De la demeure）」

　同 1147 条「債務者は、以下の場合に遅滞に付される。1. 催告、又は、債務承認のように、これに相当する行為。2. 合意が行為の必要なく期限の到来のみによって債務者が遅滞となる旨を定めているときの、当該合意の効果。3. 債務者が与え又は為す義務を負ったものが一定の期間内でなければ与え又は為すことができないものであったとき（原文は、Le débiteur est constitué en demeure : 1° par une sommation ou par un acte équivalent, tel que la reconnaissance de la dette ; 2° par l'effet de la convention, lorsqu'elle porte que, sans qu'il soit besoin d'acte, et par la seule échéance du terme, il sera en demeure ; 3° lorsque la chose qu'il s'est obligé de donner ou de faire ne pouvait être donnée ou faite que dans un certain temps, qu'il a laissé passer.）。

　債務者は、為さないことを約束したとき、違反の事実のみによって遅滞となる（原文は、Lorsqu'il a promis de ne pas faire, il est en demeure par le seul fait de la contravention.）」（フランス民法典 1139 条及び 1146 条に相当する規定）。

　同 1148 条「遅滞にある債務者は、損害賠償を義務付けられる（原文は、Le débiteur qui en demeure doit les dommages et intérêts.）。

　債権者は、損害賠償に加えて、債務の履行及び双務契約であるときには契約の解除を求めることができる（原文は、Le créancier peut de plus demander l'exécution de l'obligation et la résolution du contrat, s'il est synallagmatique.）」。

　同 1149 条「遅滞にある債務者は、物を債権者に引き渡していたとしても、債権者のもとで同様に滅失したであろうことを証明しない限り、そのリスクを負担する（原文は、Le débiteur qui est en demeure supporte les risques, à moins qu'il ne prouve que la chose eût également péri chez le créancier, si elle lui eût été livrée.）」（フランス民法典 1302 条に相当する規定）。

Nº 3「債務不履行の結果生ずる損害賠償（Des dommages et intérêts résultant de l'inexécution de l'obligation）」

　同 1150 条「債務者は、必要がある場合には、その者の側に何ら悪意が存在しない場合であっても、フォート又は遅滞にあるときは、債務の不履行を理由として、損害賠償の支払いを命ぜられる（原文は、Le débiteur est condamné, s'il y a lieu, au payement de dommages et intérêts, à raison de l'inexécution de l'obligation, quand il est en faute ou en demeure, encore qu'il n'y ait aucune mauvaise foi de sa part.）」（フランス民法典 1147 条に相当する規定）。

　同 1151 条「損害賠償が履行の遅滞に由来する場合、債権者は、債務を履行するよう債務者を遅滞に付したときにしか、損害賠償を請求することができない（原文は、Si les dommages et intérêts proviennent du retard dans l'exécution, le créancier ne peut les réclamer que lorsqu'il a mis le débiteur en demeure de remplir son obligation.）」（フランス民法典 1146 条に相当する規定）。

　同 1152 条「債務者が、不履行がその者の責めに帰すことのできない外的原因に由来することを証明するときは全て、如何なる損害賠償も生じない。債務者が、不可抗力または偶発事故の結果として、債務を負ったものを与え、又は為すことを妨げられ、もしくは、禁止されたことを行ったときも、同様とする（原文は、Il n'y a lieu à aucuns dommages et intérêts toutes les fois que le débiteur justifie que l'inexécution provient d'une cause étrangère qui ne peut lui être imputée. Il en est ainsi lorsque, par suite d'une force majeure ou d'un cas fortuit, le débiteur a été empêché de donner ou de faire ce à quoi il était obligé, ou a fait ce qui lui était interdit.）」（フランス民法典 1147 条及び 1148 条に相当する規定）。

　同 1153 条「債権者は、その者が受けた損失及びその者が奪われた利益の結果生ずる損害賠償へ

第 1 節 ◆ 理論モデルの確立

れたと言われる日本民法における「債務不履行による損害賠償」は、どのような意義を有するものとして用意されたのか。以下では、款を改めて、この課題に取り組むことにしよう。

の権利を有する。ただし、以下の例外及び変更については、この限りでない（原文は、Le créancier a droit aux dommages et intérêts résultant de la perte qu'il a faite et du gain dont il a été privé, sauf les exceptions et modifications ci-après.）」（フランス民法典 1149 条に相当する規定）。

同 1154 条「債務者は、善意である場合、契約のときにその原因を予し、予見することのできた損害賠償についてのみ義務を負う（原文は、Quand le débiteur est de bonne foi, il n'est tenu que des dommages et intérêts dont la cause a été prévue ou qu'on a pu prévoir lors du contrat.）」（フランス民法典 1150 条に相当する規定）。

同 1155 条「悪意の債務者は、その直接の結果である限り、悪意が生じさせた全ての損害賠償について義務を負う（原文は、Le débiteur de mauvaise foi est tenu de tous les dommages et intérêts auxquels son dol a donné lieu, pourvu qu'ils en soient une suite directe et immédiate.）」（フランス民法典 1150 条及び 1151 条に相当する規定）。

同 1156 条「合意によって、その履行を怠る者は一定の金額を支払う旨が定められているときは、より多い、又はより少ない額を他方の当事者に付与することができない（原文は、Lorsque la convention porte que celui qui manquera de l'exécuter payera une certaine somme à titre de dommages et intérêts, il ne peut être alloué à l'autre partie une somme plus forte ni moindre.）」（フランス民法典 1152 条と同じ体裁）。

同 1157 条「一定の金額を支払うことに存する債務においては、不履行における遅滞から生ずる損害賠償は、専ら、法定利息の支払い命令に存する（原文は、Dans les obligations qui se bornent au payement d'une certaine somme, les dommages et intérêts résultant du retard dans l'exécution ne consistent que dans la condamnation aux intérêts légaux.）。

ただし、以下の場合は例外とする。1. 債務者に悪意が存在する場合。2. 会社及び保証の場合。3. 為替手形の場合（原文は、Il y a exception : 1° en cas de dol du débiteur ; 2° dans la société et le cautionnement ; 3° en matière de lettres de change.）。

この損害賠償は、遅滞の日からでなければ義務付けられない。ただし、法律が、それを法律上当然に進行させる場合には、この限りでない（原文は、Ils sont dus du jour de la demeure, sauf dans les cas où la loi les fait courir de plein droit.）」（フランス民法典 1153 条に相当する規定）。

同 1158 条「支払い期にあり、かつ、清算された利息は、以下の条件において、利息を生じさせることができる。

1. この利息は、裁判上請求されなければならない。この場合、法定利息は、請求の日から起算する。また、この利息は、支払い期日よりも後に合意されなければならない。この場合、この合意が利率を決定する。

2. 請求によるのであれ、合意によるのであれ、少なくとも満 1 年について支払われるべき利息でなければならない。
（原文は、Les intérêts échus et liquidés peuvent produire des intérêts sous les conditions suivantes ;

1° Il faut qu'ils soient demandés en justice ; dans ce cas, les intérêts légaux courront du jour de la demande, ou qu'ils soient convenus postérieurement à l'échéance ; dans ce cas, la convention en réglera le taux ;

2° Il faut que, soit dans la demande, soit dans la convention, il s'agisse d'intérêts dus au moins pour une année entière.）」（フランス民法典 1154 条に相当する規定）

同 1159 条「交互計算において、利息の利息は、商事の慣習によって規律される（原文は、Dans les comptes courants, l'intérêt des intérêts est réglé par les usages du commerce.）」。

同 1160 条「公営質屋及び貯蓄金庫は、利息の元本への組入れについて、特別の規則に従う（原文は、Les monts-de-piété et les caisses d'épargne sont soumis à des règlements spéciaux, quant à la capitalisation des intérêts.）」。

同 1161 条「複利の規律は、小作料、賃料、永久又は終身の定期金の支分金のような収入、果実の返還、及び、第三者が債務者の弁済として債権者に支払った利息には適用されない（原文は、Les règles sur l'anatocisme ne s'appliquent pas aux revenus, tels que les fermages, loyers, arrérages de rentes perpétuelles ou viagères, ni aux restitutions de fruits, ni aux intérêts payés par un tiers en acquit de débiteur.）」。

◆第1章◆ 解　釈

◆**第2款**◆　　日本民法における債務不履行に基づく損害賠償の構造

　日本の契約（債務）不履行に基づく損害賠償に関する議論においては、2つの損害賠償制度を共通の枠組みによって規律しようとする伝統的通説ばかりでなく[1079]、契約を出発点として損害賠償の議論を構築しようとする近時の有力学説も[1080]、契約（債務）不履行に基づく損害賠償を損害の賠償方式として見る構想、つまり、賠償モデルを暗黙の前提としてきた。しかし、このようなモデルは、必ずしも、不法行為に基づく損害賠償と債務不履行に基づく損害賠償とを明確に区別し、前者については債権の発生原因として捉え、後者に対しては「債権の効力」としての位置付けを与えている、日本の民法の構造に適合するものではない。むしろ、民法の体系は、契約上の損害賠償を契約ないし契約債権それ自体の実現手段として構想するモデルに適合的である。第1款における考察を基礎として本款で明らかにしようとするのは、このことにほかならない。

　ところで、日本の民法における債務不履行法の成立過程については、とりわけ、民法415条及び416条を中心として、既に多くの先行業績による貴重な研究の蓄積が存在する[1081]。以下での考察が、これらの先行業績に多くを負っていることは言うまでもないが、本書は、従前の研究のプライオリティーを尊重しつつ、第1款で得られた分析成果を基礎に、契約不履行に基づく損害賠償の理論枠組みという本書独自の視点から、日本民法の債務不履行に基づく損害賠償の意義を明らかにしようとするものである。従って、本款における考察の第1次的な目的は、厳密な意味での沿革研究を、屋上屋を架す形で試みることには存しないし、また、起草者ないし立法者の意思を明らかにすることにも存しない。以下での検討は、あくまでも、本書冒頭及び第1部において提示した2つの理論モデルが、現行民法の債務不履行に基づく損害賠償との間で理論的な整合性を有しているのか、そして、これら2つの理論モデルが、解釈のための枠組みとして有用性を保持しうるのかを問おうとするものである。この限りにおいて、本款は、2つの理論モデルのうちのいずれかが起草者ないし立法者の意思と完全に合致するという旨の主張を行おうとするものではなく、いずれが起草者ないし立法者の意思に整合的かを検討しようとするものなの

(1079)　石坂・前掲注(2)271頁以下、鳩山・前掲注(2)64頁以下・128頁以下、富井・前掲注(2)196頁以下、勝本・前掲注(2)279頁以下、我妻・前掲注(7)98頁以下、於保・前掲注(7)89頁以下・134頁以下等。

(1080)　文献の所在も含め、日本私法学会シンポジウム資料・前掲(88)所収の諸論稿を参照。

(1081)　債務不履行の学説史を含めて、福島・前掲注(78)182頁以下、山田＝来栖・前掲注(78)500頁以下、北川・前掲注(11)「日本法学」34頁以下、早川・前掲注(78)54頁以下、國井・前掲注(78)499頁以下、石崎・前掲注(78)6頁以下、吉田・前掲注(8)論文、難波・前掲注(78)319頁以下、中田・前掲注(78)1頁以下等。また、民法416条の沿革・起草過程に関して言えば、教科書・体系書類においても言及されているという状況にある。例えば、星野・前掲注(570)68頁以下、林（安永補訂）＝石田＝高木・前掲注(13)136頁以下［林執筆部分］、前田・前掲注(544)170頁以下、平井・前掲注(13)88頁以下、奥田・前掲注(13)176頁以下、潮見・前掲注(9)334頁以下、淡路・前掲注(732)156頁以下、平野・前掲注(927)261頁以下等。

◇**第 1 項　旧民法における履行方式としての契約不履行に基づく損害賠償の動揺？**

　現行民法における債務不履行に基づく損害賠償の構造を明らかにするためには、それに先立つ旧民法における債務不履行に基づく損害賠償の意義を解明しておく必要がある。なるほど、今日の民法が旧民法の修正という形で成立したものである以上、このことは、いわば当然であるし、昭和 40 年代以降、多くの学説によって試みられ、日本の民法学に実りある成果をもたらしてきた母法探求・沿革研究と、それと並行するようにして展開されてきた旧民法制定過程の研究の成果に鑑みれば(1082)、今日の学問状況の中で、旧民法研究の意義を強調することは、余りに陳腐であるとさえ言える。

　しかし、債務不履行に基づく損害賠償の場合には、改めて、このことの意味を強調しておく必要が存する。というのは、ギュスタヴ・エミール・ボアソナード (Gustave Emile Boissonade) の手になる旧民法の債務不履行に基づく損害賠償に関わる規定の中には、フランス民法典、更には、同時代のフランスにおける議論と比較した場合、債務不履行に基づく損害賠償の原理の変質をもたらしかねない要素を見出すことができるからである。このことを予告した上で、具体的な検討に入ることにしよう(1083)。

(1082) 文献の所在も含め、今日までのボアソナード（旧民法）研究の動向を精査した、池田真朗『ボワソナードとその民法』（慶應義塾大学出版会・2011 年）235 頁以下を参照。

(1083) 周知のように、旧民法には、ボアソナードの手になる条文及び理由書、Code civil de l'empire du Japon accompagné d'un exposé des motifs, traduction officielle, 4 vol., Tokio, 1891 と、その翻訳『民法理由書』が存在する（形式上は、『民法理由書』が正本、Exposé が公定訳であり、より正確に言えば、エクスポゼ（Exposé）の「訳者」は不明である）。また、旧民法に先立ち、ボアソナードは、注釈付きの『日本帝国のための民法典草案』を起草しており、その内容を修正しつつ、3 度にわたって公刊した（Gustave Emile Boissonade, Projet de Code civil pour l'empire du Japon accompagné d'un commentaire, Tokio, 1882, 2ème éd., 1883, nouv. éd., 1891. 以下では、慣例に従って「プロジェ初版」、「プロジェ第 2 版」、「プロジェ新版」とする。なお、それぞれについて、翻訳も存在する）。

　厳密な法制史的考究を目的とするのであれば、それぞれの内容について、個別の検討を行わなければならないことに疑いはないし、更に言えば、プロジェとエクスポゼだけでなく、ほかの立法資料をも引用し、旧民法典の制定過程における議論全体をフォローする必要があろう。しかし、本書の検討対象に関して言えば、エクスポゼとプロジェの各版において、その実質的な内容は、一部の表現の相違を除き、全く同一であるし（このような状況は、条文だけでなく、注釈についても同様である）、旧民法の制定過程でも、特に見るべき議論はなされていない（ほとんどが条文の文言に関わる議論である）。従って、本書の問題関心に鑑みれば、以下では、旧民法の条文と、（フランス民法典との対比のための）フランス語のテクスト、そして、ボアソナードの手になるいずれかの注釈を検討すれば十分であり、その他の議論については適宜脚注で補足すれば足りるということになるのである（以下の叙述では、エクスポゼ及び必要に応じてプロジェ第 2 版を引用する）。

◆第1章◆ 解 釈

(1) 2つの履行モデルと2つの理論モデルの存在

まず、旧民法における債務不履行に基づく損害賠償の体系的な位置付けを確認しておこう。旧民法は、財産編の第2部「人権及ヒ義務」において、第1章「義務ノ原因」に続き、第2章「義務ノ効力」を置き、その中に、「直接履行ノ訴権」(第1節)、「担保」(第3節)、「義務ノ諸種ノ体様」(第4節)とともに、「損害賠償ノ訴権」(第2節)に関する規定を置いている[(1084)][(1085)]。他方、不法行為に基づく損害賠償に関す

(1084) 財産編・第2部「人権及ヒ義務」・第2章「義務ノ効力」・第2節「損害賠償ノ訴権」の中に置かれている条文を掲げておこう。なお、フランス民法典との比較の便宜のために、旧民法典のフランス語訳(エクスポゼに掲載されているもの)を付しておく。

旧民法財産編383条「債務者カ義務履行ヲ拒絶シタル場合ニ於テ債権者強制執行ヲ求メサルカ又ハ義務ノ性質上強制執行ヲ為スコトヲ得サルトキハ債権者損害賠償ヲ為サシムルコトヲ得債務者ノ責ニ帰ス可キ履行不能ノ場合ニ於テモ亦同シ (フランス語訳は、En cas de refus d'exécuter par le débiteur, si le créancier n'exige pas l'exécution forcée, ou si la nature de l'obligation ne la comporte pas, il obtient la condamnation du débiteur aux dommages-intérêts. ; il en de même au cas d'impossibilité d'exécuter imputable au débiteur.)

又債権者ハ履行遅滞ノミノ為メ損害賠償ヲ為サシムルコトヲ得 (フランス語訳は、Le créancier peut aussi obtenir des dommages-intérêts pour le simple retard dans l'exécution.)

法律ヲ以テ損害賠償ノ額ヲ定メタル場合外当事者之ヲ定メサリシトキハ下ノ区別及ヒ条件ニ従ヒテ裁判所之ヲ定ム (フランス語訳は、Hors les cas où les dommages-intérêts sont fixés par la loi et quand ils ne l'ont pas été par les parties, ils sont fixés par le tribunal, sous les distinctions et conditions ci après.)」

同384条「損害賠償ハ債務者カ第三百三十六条ニ依リテ遅滞ニ付セラレタル後ニ非サレハ之ヲ負担セス (フランス語訳は、Les dommages-intérêts ne sont encourus qu'après que le débiteur a été constitué en demeure, conformément à l'article 336.)

然レトモ不作為ノ義務ニ於テハ債務者ハ常ニ当然遅滞ニ在リ (フランス語訳は、Toutefois, si l'obligation est de ne pas faire, le débiteur est toujours de plein droit en demeure.)

犯罪ニ因リテ他人ニ属スル金銭其他ノ有価物ヲ返還スル責ニ任スル者モ亦同シ (フランス語訳は、Il en est de même de celui qui est tenu par un délit de rendre une chose ou des valeurs appartenant à autrui.)」

同385条「損害賠償ハ債権者ノ受ケタル損失ノ償金及ヒ其失ヒタル利益ノ填補ヲ包含ス (フランス語訳は、En général, les dommages-intérêts comprennent l'indemnité de la perte éprouvée par le créancier et la compensation du gain dont il a été privé.)

然レトモ債務者ノ悪意ナク懈怠ノミニ出テタル不履行又ハ遅滞ニ付テハ損害賠償ハ当事者カ合意ノ時ニ予見シ又ハ予見スルヲ得ヘカリシ損失ト利得ノ喪失トノミヲ包含ス (フランス語訳は、Si cependant l'inexécution ou le retard ne provient que de la négligence du débiteur, sans qu'il y ait mauvaise foi, les dommages-intérêts ne comprennent que les pertes ou les privations de gains que les parties ont prévues ou ont pu prévoir lors de la convention.)

悪意ノ場合ニ於テハ予見スルヲ得サリシ損害ト雖モ不履行ヨリ生スル結果ニシテ避ク可カラサルモノタルトキハ債務者其賠償ヲ負担ス (フランス語訳は、Dans le cas de mauvaise foi, le débiteur doit les dommages-intérêts même imprévus, pourvu qu'ils soient la suite inévitable de l'inexécution.)」

同386条「損害賠償カ主タル訴ノ目的タルトキハ裁判所ハ金銭ニテ其額ヲ定ム (フランス語訳は、Quand les dommages-intérêts sont l'objet d'une action principale, le tribunal en fixe le montant en argent.)

損害賠償ノ請求カ直接履行ノ訴又ハ契約解除ノ訴ニ従タルトキハ裁判所ハ主タル請求ヲ決スルト同時ニ先ツ数額不定ノ損害賠償ヲ債務者ニ言渡シ其計算ノ疎明ヲ待チテ日後之ヲ為サシムルコトヲ得 (フランス語訳は、Si les dommages-intérêts sont demandés accessoirement à l'action pour l'exécution directe ou à l'action en résolution, le tribunal peut, en statuant sur la demande principale, allouer des dommages-intérêts indéterminés, en en réservant la liquidation, pour être faite ultérieurement, sur les justifications à fournir.)

又裁判所ハ債務者ニ直接履行ヲ命スルト同時ニ其極度ノ期間ヲ定メ其遅滞スル日毎ニ又ハ月毎

410

ニ若干ノ償金ヲ払フ可キヲ言渡スコトヲ得此場合ニ於テハ債務者ハ直接履行ヲ為サスシテ損害賠償ノ即時ノ計算ヲ請求スルコトヲ得（フランス語訳は、Le tribunal peut aussi, en ordonnant l'exécution directe par le débiteur, allouer au créancier une indemnité conditionnelle, pour chaque jour ou mois de retard, en fixant un délai extrême pour l'exécution. ; dans ce dernier cas, le débiteur peut toujours provoquer une liquidation immédiate sans faire procéder à l'exécution directe.）」

同387条「不履行又ハ遅延ニ関シ当事者双方ニ非理アルトキハ裁判所ハ損害賠償ヲ定ムルニ付キ之ヲ斟酌ス（フランス語訳は、Si les parties ont eu des torts réciproques, relativement au retard ou à l'inexécution, le tribunal en tient compte dans la fixation des dommages-intérêts.）」

同388条「当事者ハ予メ過怠約款ヲ設ケ不履行又ハ遅延ノミニ付テノ損害賠償ヲ定ムルコトヲ得（フランス語訳は、Les parties peuvent faire, à l'avance, au moyen d'une clause pénale, le règlement des dommages-intérêts, soit pour l'inexécution, soit pour le simple retard.）」

同389条「裁判所ハ過怠約款ノ数額ヲ増スコトヲ得ス又不履行若クハ遅延カ債務者ノ過失ノミニ出テサルトキ又一分ノ履行アリタルトキニ非サレハ其数額ヲ減スルコトヲ得ス（フランス語訳は、Les tribunaux ne peuvent jamais ajouter à la clause pénale ; ils ne peuvent la diminuer que si l'exécution a eu lieu partiellement ou si l'inexécution ou le retard ne proviennent pas uniquement de la faute du débiteur.）」

同390条「双務契約ニ於テ不履行ニ付テノ過怠約款ヲ要約シタルトキト雖モ其債権者ハ解除ノ権利ヲ失ハス但明白ニ其権利ヲ抛棄シタルトキハ此限ニ在ラス（フランス語訳は、Dans le cas d'un contrat synallagmatique, le créancier qui a stipulé une peine pour inexécution de l'obligation ne perd pas son droit de résolution, à moins qu'il n'y ait formellement renoncé.）」

債権者ハ遅滞ノミニ付テノ過怠約款ヲ要約シタルトキニ非サレハ解除ト過怠トヲ併セテ要求スルコトヲ得ス（フランス語訳は、Il (ne－筆者注) peut cumuler la résolution et la peine que si cette dernière a été stipulée pour le simple retard.）」

同391条「金銭ヲ目的トスル義務ノ遅延ノ損害賠償ニ付テハ裁判所ハ法律上ノ利息ノ割合ト異ナル額ニ之ヲ定ムルコトヲ得ス但法律ノ特例アル場合ハ此限ニ在ラス（フランス語訳は、Lorsque l'obligation a pour objet une somme d'argent, les dommages-intérêts à raison du retard ne peuvent être fixé par le tribunal à une somme différente du taux légal de l'intérêt, sauf les cas exceptés par la loi.）

当事者カ損害賠償ノ数額ヲ定ムルトキハ合意上ノ利息ノ最上限以下タルコトヲ要ス（フランス語訳は、Si les parties règlent elles-mêmes les dommages-intérêts, celle-ci ne peuvent excéder le taux maximum de l'intérêt conventionnel.）」

同392条「債権者ハ右ノ損害賠償ヲ請求スル為メニ何等ノ損失ヲモ証スル責ニ任セス又債務者ハ其請求ヲ拒ム為メニ意外ノ事又ハ不可抗力ヲ申立ツルコトヲ得ス（フランス語訳は、le créancier n'est tenu de justifier d'aucune perte pour obtenir ces dommages-intérêts, et le débiteur n'est pas reçu à prouver le cas fortuit ou la force majeure pour repousser la demande du créancier.）」

同393条「遅延利息ヲ生セシムル為メ債務者ヲ遅滞ニ付スルニハ裁判所ニ其利息ヲ請求シ又ハ債務者ノ特別ノ追認ヲ得ルコトヲ要ス但法律カ当然此利息ヲ生セシムル場合及ヒ法律カ催告其他ノ行為ニ因リテ此利息ヲ生セシムルヲ許セル場合ハ此限ニ在ラス（フランス語訳は、La mise en demeure nécessaire pour faire courir les intérêts moratoires ne peut résulter que d'une demande en justice desdits intérêts ou d'une reconnaissance spéciale du débiteur ; sauf les cas où la loi les fait courir de plein droit et ceux où elle permet de les faire courir par une sommation ou autre acte équivalent.）」

同394条「要求スルヲ得ヘキ元本ノ利息ハ填補タルト遅延タルトヲ問ハス其一ケ年分ノ遅滞セル毎ニ特別ニ合意シ若ハ裁判所ニ請求シ其時ヨリ後ニ非サレハ此ニ利息ヲ生セシムル為メ元本ニ組入ルルコトヲ得ス（フランス語訳は、Les intérêts, tant compensatoires que moratoires, des capitaux exigibles, ne peuvent être capitalisés, pour porter eux-mêmes intérêts, qu'en vertu et à partir d'une convention spéciale ou d'une demande en justice faites seulement après une année échue, et ainsi d'année en année.）

然レトモ建物又ハ土地ノ賃貸、無期又ハ終身ノ年金権ノ年金、返還ヲ受ク可キ果実又ハ産出物ノ如キ満期ト為リタル入額ハ一ケ年未満ノ遅滞タルトキト雖モ請求又ハ合意ノ時ヨリ其利息ヲ生スルコトヲ得（フランス語訳は、Mais les revenus échus, tels que le prix des baux à loyer ou à ferme, les arrérages des rentes perpétuelles ou viagères, les restitutions à faire de fruits ou produits, peuvent porter intérêts à partir d'une demande ou d'une convention, lors même qu'ils seraient dus pour moins d'une année.）

◆第1章◆ 解　釈

債務者ノ免責ノ為メ第三者ノ払ヒタル元本ノ利息ニ付テモ亦同シ（フランス語訳は、Il en est de même des intérêts de capitaux payés par un tiers en l'acquit du débiteur.）」

（1085）このような体系は、プロジェの段階から採用されていたものである（第2編「人権又は債権及び債務一般（Des droits personnels ou de créance et des obligations en général）」、第2章「債務の効果（Des effets des obligations）」、第2節「損害賠償訴権（De l'action en dommages-intérêts）」）。また、条分の番号と体裁及び表現に相違はあるが、注（1084）で引用した旧民法の条文は、ほぼそのまま、プロジェの各版の中にも見出すことができる。プロジェ第2版の第2編・第2章・第2節に置かれている条文は、以下の通りである（旧民法の条文とは体裁・表現に相違があるものだけを掲げる）。

プロジェ第2版・第2編403条1項「債務者が債務の履行を拒絶し、又は債務者の責めに帰すべき事由によって債務の履行が不能となった場合、もしくは債務者が単にその履行を遅滞した場合であっても、債権者は、強制履行を求めることができないときは、債務者に対して損害賠償の支払いを命ずる判決を得ることができる（原文は、En cas de refus par le débiteur ou d'impossibilité à lui imputable d'exécuter l'obligation, ou même de simple retard dans l'exécution, le créancier, à défaut d'exécution forcée, obtient la condamnation du débiteur aux dommages-intérêts.）」（旧民法財産編383条1項、2項に相当する規定。本条2項は、旧民法財産編383条3項と同じ内容）。

同404条（旧民法財産編384条1項・2項と同じ内容。同3項は存在しない）。

同405条2項「ただし、不履行又は遅滞が債務者の懈怠のみに由来し、債務者に詐欺又は悪意がないときには、損害賠償は、当事者が合意の時に予見し、予見することのできた損失もしくは利益の剥奪でなければ、含むことができない（原文は、Si cependant l'inexécution ou le retard ne provient que de la négligence du débiteur, sans qu'il y ait dol ou mauvaise foi, les dommages-intérêts ne comprennent que les pertes ou les privations de gains que les parties ont prévues ou ont pu prévoir lors de la convention.）」（旧民法財産編385条2項とは1か所だけ表現が異なる。本条1項及び3項は、旧民法財産編385条1項及び3項と同じ内容）。

同406条1項、3項、4項「損害賠償が主たる訴権の目的であるときは、有責判決は、金銭によってその額を定める（原文は、Quand les dommages-intérêts sont l'objet d'une action principale, la condamnation en fixe le montant en argent.）

裁判所は、債務者に直接の履行を命ずると同時に、その履行のための限度期間を定めて、遅滞する日又は月ごとに、債権者に対して条件付きの補償を付与することができる（原文は、Le tribunal peut aussi, en ordonnant l'exécution directe par le débiteur, allouer au créancier une indemnité conditionnelle, pour chaque jour ou mois de retard, en fixant un délai extrême pour l'exécution, passé lequel il sera statué définitivement.）。

この場合において、債務者は、常に、即時の清算を求めることができる（原文は、Dans ce dernier cas, le débiteur peut toujours provoquer une liquidation immédiate.）」（本条1項は、旧民法財産編386条1項と1か所だけ表現が異なる。同2項は、旧民法財産編386条2項と同じ内容。同3項及び4項は、旧民法財産編386条3項に相当する規定）。

同407条（旧民法財産編387条と同じ内容）

同408条「当事者は、予め、不履行又は遅滞に備えて、違約条項の方法により、損害賠償の規律を定めることができる（原文は、Les parties peuvent faire, à l'avance, au moyen d'une clause pénale, le règlement des dommages-intérêts, en prévision, soit de l'inexécution, soit du simple retard.）」（旧民法財産編388条と若干文言が異なる）。

同409条「裁判官は、違約条項の額を増やすことができない。裁判官は、履行が一部だけなされたとき、又は不履行もしくは遅滞が専ら債務者のフォートに由来しないときでなければ、その額を減ずることができない（原文は、Les juges ne peuvent jamais ajouter à la clause pénale ; ils ne peuvent la diminuer que si l'exécution a eu lieu partiellement ou si l'inexécution ou le retard ne proviennent pas uniquement de la faute du débiteur.）」（旧民法財産編389条と1か所だけ表現が異なる）。

同410条1項「双務契約又は相互契約において、債務不履行についての罰を約定した債権者は、解除の権利を失わない。ただし、債権者がその権利を明白に放棄した場合は、この限りでない（原文は、Dans les cas d'un contrat synallagmatique ou bilatéral, le créancier qui a stipulé une peine pour inexécution de l'obligation ne perd pas son droit de résolution, à moins qu'il n'y ait formellement renoncé.）」（旧民法財産編390条1項と1か所だけ表現が異なる。同2項は、旧民法財産編390条2項と同じ内容）。

同411条2項「当事者は、損害賠償の額を定める場合、合意上の利息の最小限よりも低い額を

　　　　　　　　　　　　　　　　　　　　　　　◆ 第 1 節 ◆ 理論モデルの確立

る規定について、旧民法は、債務不履行に基づく損害賠償とは別に、第 1 章「義務
ノ原因」の第 3 節「不正ノ損害即チ犯罪及ヒ准犯罪」の中で扱っている[(1086)]。従っ
て、条文の配置という視点から見れば、旧民法は、債務不履行に基づく損害賠償を
「債務の効果」として把握し、かつ、2 つの損害賠償制度を別異に扱っている点にお
いて、基本的には、フランス民法典の構想に従っていると言うことができる。

　次に、ボアソナードが、「損害賠償ノ訴権」について、どのような性質を持つ訴権
として捉えていたのかを見ていこう。旧民法は、「義務ノ効力」と題する章の中で、
「直接履行ノ訴権」（第 1 節）、「損害賠償ノ訴権」（第 2 節）を扱っているが、その冒頭
に置かれた「一般規定」において、債務の主たる効力が直接履行に存し、その付随
的な効力が損害賠償に存する旨を規定している[(1087)]。このことの意味について、ボ
アソナードは、以下のように述べている。財産編 293 条 2 項は、債務の定義を規定

　　　定めることはできるが、それよりも高い額を定めることはできない（原文は、Si les parties règ-
　　lent elles-mêmes les dommages-intérêts, elles peuvent fixer une somme inférieure mais non
　　supérieure au taux maximum de l'intérêt conventionnel.）」（旧民法財産編 391 条 2 項と若干表現
　　が異なる。同 1 項は、旧民法財産編 391 条 1 項と同じ内容）。
　　　同 412 条「前条の損害賠償を請求するために、債権者は、如何なる損失も証明する義務を負わ
　　ない。また、債務者は、偶発事故もしくは不可抗力を証明することを認められない（原文は、
　　Pour obtenir ces dommages-intérêts, le créancier n'est tenu de justifier d'aucune perte et le
　　débiteur n'est pas reçu à prouver le cas fortuit ou la force majeure.）」（旧民法財産編 392 条と若干
　　表現が異なる）。
　　　同 413 条「遅延利息を起算させるために必要な附遅滞は、当該利息の裁判上の請求又は債務者
　　の特別な承認のみから生ずる。ただし、法律がそれを法律上当然に起算させている場合、又は単
　　純な催告もしくはその他の相当行為によってそれを起算することを認めている場合には、この限
　　りでない（原文は、La mise en demeure nécessaire pour faire courir les intérêts moratoires ne
　　peut résulter que d'une demande en justice desdits intérêts ou d'une reconnaissance spéciale du
　　débiteur ; sauf les cas où la loi les fait courir de plein droit et ceux où elle permet de les faire courir
　　par une simple sommation ou autre acte équivalent.）」（旧民法財産編 393 条と 1 か所だけ表現が
　　異なる）。
　　　同 414 条 1 項「要求することのできる元本の利息は、塡補であろうと、遅延であろうと、期限の
　　到来した 1 年ごとに、特別の合意又は裁判上の請求により、かつ、その時からでなければ、利息を
　　生じさせるために元本に組み入れることができない（原文は、Les intérêts des capitaux exigi-
　　bles, tant compensatoires que moratoires, ne peuvent être capitalisés, pour porter eux-mêmes
　　intérêts, qu'en vertu et à partir d'une convention spéciale ou d'une demande en justice faites
　　seulement après une année échue et ainsi d'année en année.）」（旧民法財産編 394 条 1 項と若干表
　　現が異なる。同条 2 項及び 3 項は、旧民法財産編 394 条 2 項・3 項と同じ内容）。
(1086) プロジェにおいても同様である。第 1 章「債務の原因又は源（Des causes ou sources des
　　obligations）」、第 3 節「不正な損害又は不法行為及び準不法行為（Des dommages injustes ou des
　　délits et quasi-délits）」。
(1087) 旧民法財産編 381 条「義務ノ主タル効力ハ下ノ第一節第二節及ヒ第三節ニ定メタル区別ニ
　　従ヒテ其義務ヲ直接ニ履行セシムル為メ又不履行ノ場合ニ於テハ附随トシテ損害ヲ賠償セシムル
　　為メノ訴権ヲ債権者ニ与フルニ在リ（フランス語訳は、L'effet principal d'une obligation est de
　　donner au créancier une action en justice pour l'exécution directe de ladite obligation et,
　　subsidiairement, pour les dommages-intérêts, en cas d'inexécution, suivant les distinctions
　　portées aux Sections I, II et III ci-après.）
　　　右ノ外義務ノ効力ハ第四節ニ定メタル義務ノ諸種ノ体裁ニ従ヒテ其広狭ヲ異ニス（フランス語
　　訳は、Lesdits effets des obligations sont, en outre, plus ou moins étendus, suivant les diverses
　　modalités des obligations, telles qu'elles sont prévues à la Section IV.）」
　　　なお、本条は、プロジェ第 2 版・第 2 編 401 条と同じ体裁である。

413

した条文であるが[1088]、これは、純粋に道徳的かつ形而上学的な効果を明らかにしたものに過ぎない。「債務の効果」を明確にしたと言うためには、「債務者が法的義務を履行しなかった場合を想定し、法律が、債務のその後の効果（l'effet ultérieur）、つまり、不履行の諸結果、不履行のサンクションを確定しなければならない。そして、この効果は、債権者の強制手段に存する」のである[1089]。「本条が規定しているように、債権者は、（強制手段として―筆者注）2つの訴権を有している。1つは、債務の直接履行、つまり、義務付けられたこと（物、作為、又は不作為）の現実的な実現を目的とするものであり、もう1つは、債務者が履行しようとしないか、または、そのフォートにより履行することができない状態にある場合、あるいは、債務者が単に履行するのを遅滞した場合に、不履行に基づく補償を得ることを目的としている。これら2つの訴権は、別々にまたは同時に提起することができる。後者の訴権は、ある時は前者の訴権に付随し、またある時には前者の訴権を補完する。しかし、法典は、明確さのために、これらの各訴権に別々の節を与えたのである」[1090]。

以上の記述を一読するだけでも明らかとなるように、ボアソナードは、「損害賠償ノ訴権」を、「直接履行ノ訴権」と並ぶ「債務の効果」として位置付けている。確かに、一方は、「債務の主たる効果」であって、現実の履行を目的とし、他方は、「債務の付随的効果」でしかなく、かつ、金銭による補完を目的とするものであるから、これら2つの訴権は異なっているとも言える。しかし、ボアソナードの構想において、これらは、「債務の効果」として導かれる訴権であるという点において、性質的には同一なのであって、両訴権ともに、債務が任意に履行されなかった場合に債権者がとりうる強制の手段として捉えられていることに変わりはないのである。

このようなボアソナードの理解を、当時のフランス法のコンテクストに位置付けるならば、それは、ポティエの「原初債務の効果としての二次的債務たる損害賠償」や、オーブリー＝ローの「債権の付随的かつ潜在的権利としての損害賠償」と同じ枠組みを示すものとして捉えることができる。そして、このことは、債務不履行一般あるいは債務不履行に基づく損害賠償以外の条文を対象とした注釈の内容からも、明らかとなる。

例えば、更改不存在のケースについて規定した財産編490条[1091]の注釈において

(1088) 旧民法財産編293条2項「義務ハ一人又ハ数人ヲシテ他ノ定マリタル一人又ハ数人ニ対シテ或ル物ヲ与ヘ又ハ或ル事ヲ為シ若クハ為ササルコトニ服従セシムル人定法又ハ自然法ノ羈絆ナリ（フランス語訳は、Obligation est un lien de droit positif ou naturel qui astreint une ou plusieurs personnes à donner, à faire ou à ne pas faire quelque chose, envers une ou plusieurs autres personnes déterminées.）」
(1089) Exposé, supra note 1083, p.516 ; Boissonade, supra note 1083, n° 296, pp.302 et s.
(1090) Exposé, supra note 1083, pp.516 et s. ; Boissonade, supra note 1083, n° 297, p.303.
(1091) 旧民法財産編490条「当事者カ期限、条件又ハ担保ノ加減ニ因リ又ハ履行ノ場所若クハ負担物ノ数量、品質ノ変更ニ因リテ単ニ義務ノ体様ヲ変スルトキハ之ヲ更改ト為サス（フランス語訳は、Il n'y a pas novation, si les parties ont seulement modifié l'obligation soit par l'additive ou le retranchement d'un terme, d'une condition ou d'une sûreté, soit par le changement du lieu de

◆ 第 1 節 ◆ 理論モデルの確立

は、以下のような記述が存在する。すなわち、債務の方式、担保、履行、範囲、証拠等の変更は、その構成要素に関わる変更ではないから、債務は同一性を保持し、従って、更改も存在しない。債務不履行の場合に債務者が支払いを命ぜられる損害賠償についても、これと同じように理解しなければならない。というのは、「損害賠償は、約定されたものであろうと、裁判上宣告されたものであろうと、条件付きとはいえ、原初債務の当然の結果（une suite naturelle de l'obligation primitive）」に過ぎないからである[1092]。ここでは、債務不履行に基づく損害賠償が、原初債務の当然の結果、つまり、「原初債務の効果」でしかないことを理由に、更改の不存在が導かれているのである[1093]。更に付言しておけば、ボアソナードが、ポティエやオーブリー＝ローのように、債務ないし債権を起点としつつ、その履行手段として不履行に基づく損害賠償を位置付けていたことは、「義務ノ効力」としての「損害賠償ノ訴権」が、法典の編別上、合意ないし契約によって発生する債務のみならず、およそ債務一般に妥当する規律として配置されているという事実からも裏付けることができるであろう[1094][1095]。

l'exécution, de la quantité ou de la qualité de la chose due.）

商証券ヲ以テスル債務ノ弁済ハ其証券ニ債務ノ原因ヲ指示シタルトキハ更改ヲ成サス従来ノ債務ノ追認ハ其証書ニ執行文アルトキト雖モ亦同シ（フランス語訳は、Il n'y a pas davantage novation dans le règlement d'une dette en effets de commerce, si la cause de la dette y est indiquée, ni dans l'acte récognitif d'une dette antérieure, même en forme exécutoire.）」

なお、更改が生ずる場合について規定した旧民法財産編 489 条は、以下のような規定である。

同 489 条「更改即チ旧義務ノ新義務ニ変更スルコトハ左ノ場合ニ於テ成ル（フランス語訳は、La novation, ou changement d'une première obligation en une nouvelle obligation, a lieu :）

第一　当事者カ義務ノ新目的ヲ以テ旧目的ニ代フル合意ヲ為ストキ（フランス語訳は、Lorsque les parties conviennent d'un nouvel objet de l'obligation substitué au premier ;）

第二　当事者カ義務ノ目的ヲ変セスシテ其原因ヲ変スル合意ヲ為ストキ（フランス語訳は、Lorsque, l'objet dû restant le même, les parties conviennent qu'il sera dû à un autre titre ou par une autre cause ;）

第三　新債務者カ旧債務者ニ替ハルトキ（フランス語訳は、Lorsqu'un nouveau débiteur prend la place de l'ancien ;）

第四　新債権者カ旧債権者ニ替ハルトキ（フランス語訳は、Lorsqu'un nouveau créancier est substitué au premier.）」

[1092] Exposé, supra note 1083, p.719.
[1093] この点において、旧民法における原初債務と損害賠償債務との関係は、「契約責任」と不法行為責任を同一の性質を有する 2 つの責任制度と理解するフランスの伝統的通説の一部が、契約債務と損害賠償債務との関係を更改のメカニズムによって説明しているのとは、大きく異なっている。この点については、第 1 部・第 1 章・第 2 節・第 1 款・第 1 項 152 頁以下を参照。
[1094] 第 1 章「義務ノ原因」・第 1 節「合意」の中には、「合意ノ効力」（第 3 款）と題する款が置かれているが、そこには、契約（債務）不履行に基づく損害賠償に関する条文は存在しない。
[1095] この点において、旧民法の体系は、ボアソナードが司法省において行った、「フランス実定法概論」（野田良之「日本における外国法の摂取——フランス法」伊藤正己編『岩波講座 現代法 14 外国法と日本法』（岩波書店・1966 年）203 頁）、あるいは、「「自然法の講義」という名の民法の講義」（大久保泰甫『日本近代法の父ボワソナアド』（岩波書店・1977 年）54 頁）とでも言うべき、「性法講義」の体系とは対照をなしている（なお、ボアソナードの性法講義については、文献の所在も含めて、池田真朗「ボワソナード『自然法講義（性法講義）』の再検討」同・前掲注[1082] 25 頁以下〔初出・1982 年〕、同「自然法学者ボワソナード」同・前掲注[1082] 11 頁以下〔初出・1998 年〕等を参照）。性法講義において、ボアソナードは、フランス民法典の体系に従って、契約（債務）不履行に基づく損害賠償を「約束ノ効」と題する節の中で扱っているのである（ボアソナ

415

◆第1章◆ 解　釈

　もっとも、ボアソナードの理解の中には、当時のフランス民法学における主流とも言うべき基礎付け、つまり、「債務不履行の結果生ずる損害賠償」を当事者間における黙示の合意によって正当化する説明をも見出しうることに留意しておかなければならない。というのは、後に述べるように、ボアソナードは、予見可能性による賠償範囲確定ルールを、19世紀フランスにおける多数の学説と同じように、黙示の合意によって説明しているからである[(1096)]。

　このように、ボアソナードの説明の中には、「債務の効果」による正当化と、黙示の合意による正当化という、当時のフランス民法学における2つの潮流が混在していると言うことができる。もっとも、このことは、ボアソナードの理解が理論的な矛盾を来していたということを意味するものではない。確かに、ボアソナードの説明によれば、合意が介在しない場合におよそ債務不履行一般に妥当するはずの予見可能性ルールをどのように説明するのかという問題は残される。しかし、いずれの潮流においても、契約あるいは債務不履行に基づく損害賠償が、契約あるいは債務の代替的な実現手段として捉えられていることに変わりはないのである。いずれにしても、ここでは、ボアソナードが、ドマによって端緒が示され、ポティエによってその原型が確立され、19世紀フランスの学説によって理論的な整備がなされた、債務不履行に基づく損害賠償のモデルを基礎に据えていたことを確認しておくべきである。

　旧民法における「損害賠償ノ訴権」の意義を上記のようなものとして理解すると、債務不履行に基づく損害賠償をめぐって展開されていた議論についても、以下のような読み方を提示することが可能となる。

　まず、損害賠償の基礎に関する議論である。既に引用したところからも明らかとなるように、旧民法における債務不履行に基づく損害賠償の基礎は、原初債務それ自体である。ここには、今日一般的に受け入れられているような形で、過失や帰責事由の存在を根拠に原初債務とは別の損害賠償責任が債務者に課されるという判断枠組みが介在する余地はないのである。もっとも、こうした理解に対しては、異論が提示される可能性もある。というのは、旧民法財産編383条は、債権者に損害賠償訴権が与えられるケースとして、履行拒絶、履行不能、履行遅滞を規定しているところ、このうち履行不能については、「債務者ノ責ニ帰ス可キ履行不能ノ場合」という表現を用いており、この意味に関して、ボアソナードは、「不用意にも、果たしうる以上のことを約束したためにせよ、不完全な事務の管理により、その債務を履行しえなくなったためにせよ、履行が不能となり、かつ、それを債務者の責めに帰

　　　ード講義（井上操筆記）『性法講義（明治10年6月印行司法省蔵版）』（宗文館書店復刻版・1986年）326頁以下、同講義（井上操筆記）『校訂増補 性法講義（明治14年3月出版中正堂版）』（宗文館書店復刻版・1986年）132頁以下）。

　(1096)　Exposé, supra note 1083, p.527 ; Boisonnade, supra note 1083, n° 305, p.318.

すことができる場合がある」と説明しているからである[1097]。つまり、ボアソナードは、「債務者の責めに帰すことができる場合」に限って債務者に損害賠償責任を課すという判断構造を採用しているようにも見えるのである。しかしながら、この記述は、「債務者の責めに帰すことができる場合」が債務者に損害賠償を課すためのファクターとして観念されていたことを意味するものではない。

その理由は、以下の通りである。ボアソナードは、先に引用した部分に続けて、次のように述べている。「このケースは、不履行が偶発事故または不可抗力に由来するケースにおいては、反対の解決に至ることを含意している。例えば、目的物が偶然にも滅失してしまった場合や、目的物が市場から取り除かれた場合がそうである。もちろん、この場合に、偶発事故または不可抗力を証明しなければならないのは債務者である。更に、この履行不能は、債務の消滅原因でもある」[1098]。こうした記述からは、第１に、旧民法において、「債務者の責めに帰すことができる場合」が偶発事故または不可抗力の不存在として用いられていること、第２に、債務者の責めに帰すことのできない事由に基づく履行不能の場合には債務が消滅すること、第３に、偶発事故または不可抗力の証明責任が債務者の負担に属するとされていることが明らかになる。そして、これらの理解は、いずれも、原初債務とは別の損害賠償債務の債務者への帰責という構想を否定するか、あるいは、それとは相容れない、原初債務の効果としての債務不履行に基づく損害賠償という構想を採用することを特徴付けるものなのである。以下で、上記の３点について、順に見ていくことにしよう。

第１に、ボアソナードの理解において、旧民法の財産編383条に言う債務者の責めに帰すべき事由が、不可抗力または偶発事故の対概念として用いられていることである[1099]。つまり、債務者の責めに帰すべき事由が存在しないということは、不可抗力または偶発事故によって履行が不能となったことを意味しているのである[1100]。従って、旧民法における債務者の責めに帰すべき事由なる概念が、「不正ノ損害即チ犯罪及ヒ准犯罪」における「過失」や「懈怠」とは（旧民法財産編370条１項・２項[1101]）、その意味を全く異にしていることはもちろん、損害賠償訴権の基礎として用いられているわけではないことも明らかであろう。

(1097) Exposé, supra note 1083, p.523 ; Boisonnade, supra note 1083, n° 303, pp.314 et s.
(1098) Exposé, ibid. ; Boisonnade, supra note 1083, n° 303, p.315.
(1099) このような理解は、性法講義の中でも示されていた（ボアソナード講義・前掲注(1095)「明治10年性法講義」330頁、同・前掲注(1095)「明治14年性法講義」134頁）。
(1100) この点については、既に、吉田・前掲注(8)5頁以下が指摘していたところである。
(1101) 旧民法財産編370条１項・２項「過失又ハ懈怠ニ因リテ他人ニ損害ヲ加ヘタル者ハ其賠償ヲ為ス責ニ任ス（フランス語訳は、Celui qui cause à autrui un dommage, par sa faute ou sa négligence, est tenu de le réparer.）
　此損害ノ所為カ有意ニ出テタルトキハ其所為ハ民事ノ犯罪ヲ成シ無意ニ出テタルトキハ准犯罪ヲ成ス（フランス語訳は、Si le fait dommageable est volontaire, il constitue en délit civil ; s'il est involontaire, il n'est qu'un quasi-délit.）」

◆第1章◆ 解　釈

　更に、このことは、ボアソナードがその法学的素養の基礎を培った、当時のフランス法の議論状況からも浮き彫りになる。既に詳論したように、19世紀のフランスにおいても、契約上のフォートの段階付けに関する議論がなされていたが、そこでの論争は、帰責の根拠ではなく、目的物の保存債務の範囲に関わるものと見ることができた。ボアソナードも、フランス民法典1137条に相当する規定を設けたが（旧民法財産編334条[1102]）、この条文に関する注釈においても、やはり、当時のフランス民法学と同様、フォート（過失）という言葉で、債務の範囲を論じているように見受けられるのである[1103]。かくして、ボアソナードの理解を当時のフランス法のコンテクストに位置付けるならば[1104]、たとえ条文や注釈の中でフォート（過失）あるいはそれに類する言葉が用いられているとしても、それを今日におけるのと同じ意味のフォート（過失）として解釈することは許されないと言わなければならないのである。

　第2に、旧民法においては、債務者の責めに帰すことができない事由に基づく履行不能、つまり、不可抗力または偶発事故による履行不能の場合には、債務が消滅するとされていることである。これを反対に解釈すれば、債務者の責めに帰すべき履行不能、つまり、不可抗力または偶発事故によらない履行不能の場合には、債務が存続するという帰結が導かれることになる。この点、旧民法は、財産編の第3章

(1102) 旧民法財産編334条「諾約者ハ特定物ノ引渡ヲ為スマテ善良ナル管理人タルノ注意ヲ以テ其物ヲ保存スルコトヲ要ス懈怠又ハ悪意アルトキハ損害賠償ノ責ニ任ス（フランス語訳は、Jusqu'à la livraison d'un corps certain, le promettant doit conserver la chose avec les soins d'un bon administrateur, à peine de dommages-intérêts, en cas de négligence ou de mauvaise foi.）

　無償ニテ譲渡シタル物ノ保存ニ付テハ諾約者ハ自己ノ物ニ加フルト同一ノ注意ヲ加フルノミノ責ニ任ス（フランス語訳は、Toutefois, s'il s'agit d'une aliénation gratuite, le promettant, n'est tenu d'apporter à la garde de la chose que les mêmes soins qu'il apporte aux choses qui lui appartiennent.）

　此他諾約者カ右ト同一ノ注意ノミヲ負担スル場合ハ其各事項ニ於テ之ヲ規定ス（フランス語訳は、Les autres cas exceptionnels où le débiteur ne doit que les mêmes soins réglés au sujet des matières qui comportent cette exception.）」

　なお、本条1項及び2項は、プロジェ第2版・第2編354条1項及び2項と同じ体裁であり、3項は、同条3項と一部表現が異なるだけである。

(1103) ボアソナードは、旧民法財産編334条の元となったプロジェ第2版・第2編354条について、以下のような注釈を付している。すなわち、本条は、フランス民法典1136条及び1137条と同じ趣旨を持つ規定である。かつてはフォートの段階付けに関する議論が活発になされていたが、「フランスにおいて、これらの巧妙な方法は最終的に放棄された。日本においても、これらを導入しないよう注意しなければならない。理性と衡平が要求する唯一の相違は、少なくとも所有権移転型の契約に関して言えば、法律が有償契約と無償契約あるいは慈善との間に設けている相違である。贈与者は、引渡しまでの間、自己の財産に対するのと同じ注意を尽すことのみを義務付けられ、贈与者が損害賠償を負うのは、既に緩和されたこの債務に違反した場合だけというのが、自然なのである」（Boissonade, supra note 1083, nº 136, pp. 147 et s.）。なお、エクスポゼの該当箇所には、比較法に関する記述は見られないが、そこで述べられている内容はプロジェと同じである（Exposé, supra note 1083, pp. 414 et s.）。

(1104) 更に、ボアソナードは、司法省で行ったフランス民法典の契約編に関する講義の中でも、フォートと偶発事故・不可抗力を対概念として捉えているかのような話をしていた。ボアソナード講義『佛国民法契約編 第2回講義（司法省蔵版）』（博聞社・1881年）69頁〔一瀬勇三郎筆記部分〕。

418

◆ 第 1 節 ◆ 理論モデルの確立

「義務ノ消滅」の中に、「履行ノ不能」と題する節を置き、債務者の「過失」なくして債務が履行不能となったときには、債務が消滅する旨の規定を用意している（旧民法財産編539条[1105]）。この条文は、フランス民法典1302条の規律を、特定物の引渡し債務のみならず、為す債務及び為さない債務に対しても妥当させたものである。ところで、フランスにおける19世紀の学説は、民法典1302条の基礎を提供したロベール・ジョセフ・ポティエに倣って、債務者のフォートによって目的物が滅失したときには、債務は消滅せず、この物の代価に関する債務として存続するとの理解を示していた[1106]。ボアソナードが旧民法財産編539条に込めようとした意味もこれと同じであり、ボアソナードは、債務者の「過失」による履行不能の場合には債務が消滅することはないとの理解を明確に提示していたのである[1107]。

第3に、偶発事故または不可抗力の証明責任が、損害賠償の支払いを免れようとする債務者の負担に属するとされていることである。もちろん、この解決それ自体は、今日においても一般的に受け入れられているものに過ぎない。しかし、ここで注目すべきは、その理由付けである。ボアソナードは、上記のルールを規定した旧民法財産編541条[1108]の注釈において、以下のような叙述を残しているのである。「「フォート（過失）は推定されない」という一般原則に従えば、債務者が債務を履行しなかったことにつきフォートが存する旨を証明しなければならないのは、債権者であるようにも思われよう。しかしながら、この原則は、債務を生じさせるフォートが問題となる場合にのみ妥当するものである。確かに、民事不法行為または準不法行為上のフォートの被害者であると主張し、その賠償を請求しようとする者は、

(1105) 旧民法財産編539条「義務カ特定物ノ引渡ヲ目的トシタル場合ニ於テ其目的物カ債務者ノ過失ナク且付遅滞前ニ滅失シ又ハ不融通物ト為リタルトキハ其義務ハ履行ノ不能ニ因リテ消滅ス若シ義務カ定マリタル物ノ中ノ数個ヲ目的トシタル場合ニ於テ其一個ヲモ引渡スコト能ハサルトキハ亦同シ（フランス語訳は、L'obligation est éteinte lorsqu'elle a pour objet la livraison d'un corps certain et que, sans la faute du débiteur et avant qu'il soit en demeure, l'objet vient à périr, à être perdu ou retire du commerce ; il en est de même si l'obligation a pour objet certaines choses à perdre dans en ensemble de choses déterminées et que la livraison d'aucune soit devenue impossible.）
　作為又ハ不作為ノ義務ハ其履行カ右ト同一ノ条件ヲ以テ不能ト為リタルトキハ消滅ス（フランス語訳は、L'obligation de faire ou de ne pas faire est éteinte également lorsque l'exécution en est devenue impossible, dans les memes conditions.）」
　同540条「債務者カ意外ノ事又ハ不可抗力ニ因ル危険及ヒ災害ヲ担任シ若クハ第三百三十六条及ヒ第三百八十四条ニ従ヒテ遅滞ニ付セラレタルトキハ其債務者ハ前条ノ原因ニ由ルモ其義務ヲ免カレス（フランス語訳は、Le débiteur n'est pas libéré par les causes qui précèdent, s'il a pris à ses risques et périls les cas fortuits et la force majeure, ou s'il est constitué en demeure, en vertu de articles 336 et 384.）」
(1106) この点については、第1部・第1章・第2節・第1款・第2項177頁以下を参照。
(1107) Exposé, supra note 1083, pp.787 et s.
(1108) 旧民法財産編541条「債務者カ自己ノ申立ツル意外ノ事又ハ不可抗力ヲ証スルノ責ニ任ス（フランス語訳は、Le débiteur est tenu de prouver le cas fortuit ou la force majeure qu'il invoque.）
　債務者カ第三百三十五条二項ニ依リテ其義務ヲ免カルル為メ仮令其物カ債権者ノ方ニ在ルモ亦滅失ス可カリシコトヲ申立ツルトキハ其証拠ヲ挙クルコトヲ要ス（フランス語訳は、S'il allègue pour sa libération, en vertu de l'article 335, 2 alinéa, que la chose aurait également péri chez le créancier, il doit en faire la prevue.）」

419

◆第1章◆ 解　釈

行為とそのフォートある性格（不正な損害）を証明しなければならない。しかし、ここで問題となっているケースでは、債権者は、自己の権利を生じさせた当初の契約を証明すれば足りるのであって、債務者が不可抗力または偶発的な行為によって履行を妨げられたことを主張しようとするときには、債務者は、以下の2つの原則に従って、これを証明しなければならないのである。1つは、偶発事故及び不可抗力の障害は推定されないという原則であり（中略）、もう1つは、「被告は抗弁において原告になる」という原則である」[1109]。

　以上の叙述を一読するだけで明らかとなるように、ボアソナードの理解において、不可抗力または偶発事故の証明責任が債務者に帰せられるという解決は、以下のような論理構造の上に成り立っていることが分かる。すなわち、債権者は、原初債務の存在を証明すれば、それだけで「原初債務の効果」としての不履行に基づく損害賠償を基礎付けたことになる。従って、今度は、これを免れようとする債務者が、債務消滅原因としての不可抗力または偶発事故に基づく履行不能を証明しなければならない。かくして、この理解によれば、旧民法財産編541条の規律は証明責任の一般原則を適用したものに過ぎないということになるのである。そして、ここでは、上記のような理解が、19世紀のフランス民法学において一般的に受け入れられていた見解と同一であることも、付言しておくべきであろう[1110]。

　以上の3点から明らかになることを整理しておこう。ボアソナードは、債務不履行に基づく損害賠償を原初債務の効果として位置付けており、債務者による債務の不履行が存在し、その履行が不可能になったとしても、債務消滅原因としての不可抗力または偶発事故が証明されない限り、原初債務は消滅することなく存続すると理解していた。債務不履行に基づく損害賠償は、金銭という形で履行されなかった原初債務を実現するものにほかならないのであって、そうであるからこそ、ボアソナードは、原初債務の存在を証明すれば、不履行に基づく損害賠償の存在も基礎付けられるとのルールを導くことができたのである。そして、このような理解の下では、帰責原因としてのフォートや過失が機能する余地は一切存在しない。ボアソナードは、同時代のフランス民法学説と同じように、伝統的に用いられてきたという理由だけで、これらの表現を使用していたと見るべきであるように思われる。

　次に、損害賠償の範囲に関わる議論を見てみよう。旧民法財産編385条2項、3項は、フランス民法典1150条及び1151条と同じように、「債務者ノ悪意ナク懈怠ノミニ出テタル不履行又ハ遅滞」の場合の損害賠償が「当事者カ合意ノ時ニ予見シ又ハ予見スルヲ得ヘカリシ損失ト利得ノ喪失トノミヲ包含」すること、債務者に悪意が存在する場合には、「予見スルヲ得サリシ損害ト雖モ不履行ヨリ生スル結果ニシテ避ク可カラサルモノタルトキハ債務者其賠償ヲ負担」することを規定している。

(1109) Exposé, supra note 1083, p.792.
(1110) この点については、第1部・第1章・第1節・第1款・第2項109頁以下を参照。

420

ボアソナードは、これらの条文の注釈において、具体例を挙げつつ解釈論を提示しているが、その理論的基礎については、ただ、以下のように述べるだけである。「この現実もしくは仮定の予見は、損害賠償に関する黙示の合意とみなされうる」[(1111)]。既に繰り返し述べているように、19世紀の学説は、契約領域における損害賠償が契約債務の効果であるとの理解を起点として、当事者間の黙示の合意を援用することにより、フランス民法典1150条の正当化を試みていた。ボアソナードの手になる上の記述を当時のフランスにおける議論のコンテクストに位置付けるならば、ここでも、ボアソナードが、履行方式として契約（債務）不履行に基づく損害賠償を把握するモデルを基礎に、19世紀フランスの一般的な理解に従って条文を起草したことが分かるであろう[(1112)]。

　以上が、旧民法及びその基礎となったボアソナードの理解における契約（債務）不履行に基づく損害賠償の意義である。これによると、旧民法は、ポティエによって提示された原初債務の効果としての損害賠償という構成を基礎に据えつつ[(1113)]、そこに、その後の学説によってもたらされた理論的な成果をも取り入れながら、「損害賠償ノ訴権」に関する条文を用意したものと見ることができるのである。

　もっとも、旧民法の中には、それまでの議論には見られなかった、2つの損害賠償制度を接近させるかのような規定も存在することを指摘しておかなければならない。すなわち、旧民法は、「義務ノ効力」としての「損害賠償ノ訴権」と「不正ノ損害即チ犯罪及ヒ准犯罪」とを別個に扱っているが、後者の冒頭条文において、不法行為に基づく損害賠償の範囲については、債務不履行に基づく損害賠償の規定に従う旨の規律を設けたのである（旧民法財産編370条3項[(1114)]）。

　その理由について、ボアソナードは、以下のように述べている。「この点に関して、日本の法典は、合意の不履行において犯されたフォートまたは作為の責任を参照さ

(1111) Exposé, supra note 1083, p.527 ; Boissonade, supra note 1083, n° 305, p.318.
(1112) このような理解は、性法講義の中でも示されている。法律は、不履行が過失・怠慢に基づくものであるのか、詐欺・悪意に基づくものであるのかを区別しているところ、前者の場合には、「契約ノ時節ニ負債主ノ之ヲ予察シ或ハ予察スルヲ得タリシコトノ如ク債主ノ受ケタル損失及ヒ其失ヒタル利潤上ニ付テ償金ヲ算定スヘキナリ是レ償金ニ付テ暗ニ約束アリシト云フモ可ナルヘシ」（ボアソナード講義・前掲注(1095)「明治14年性法講義」135頁。また、同・前掲注(1095)「明治10年性法講義」333頁にも、ほぼ同様の記述が存在する）。
(1113) 先に、フランス民法典においては、法典の編別上、「債務不履行の結果生ずる損害賠償」が「契約あるいは合意に基づく債務一般」についてのルールとして定立されているが、その理論的基礎付けをも併せて考えるならば、「債務不履行の結果生ずる損害賠償」の規定は、契約や合意が存在しない場合であっても適用されうるものとして準備されていたという理解を示した。この点、旧民法は、「損害賠償ノ訴権」を、およそ債務一般に妥当するものとして規定しているから、旧民法の体系の方が、フランス民法典のそれよりも、原初債務の効果としての損害賠償という構成をより明快な形で反映したものになっていると言うことができるであろう。
(1114) 旧民法財産編370条3項「犯罪及ヒ准犯罪ノ責任ノ広狭ハ合意ノ履行ニ於ケル詐欺及ヒ過失ノ責任ニ関スル次章第二節ノ規定ニ従フ（フランス語訳は、L'étendue de la responsabilité des délits et des quasi-délits se règle comme celle du dol et des fautes commises dans l'exécution des conventions, ainsi qu'il est dit au Chapitre suivant, Section II.）」

◆第1章◆ 解　釈

せることによって、外国の法典にある欠缺を埋めている（改行）。ヨーロッパにおいては、契約に関して犯された悪意及びフォートの補償を規律する法律上の規定について、不法行為及び準不法行為にも拡大しうると考えている学者は、ほとんど存在しない。しかしながら、類似は明らかである。ここでは、罰ではなく、民事の賠償が問題となっているから」である。「裁判所は、不法行為及び準不法行為のケースにおいては、如何なる規範にも従わず、損害の責任を評価するに際して無限定な権限を有しているのに対して、合意の不履行が問題となる場合には、このような自由を持たない。合意が問題となる場合に、法律が悪意と単純なフォートとの間に設けている区別が、正当で、かつ、合理的なものであるならば、何故に、その他の場合、とりわけ、準契約及び不法行為と準不法行為のケースにおいて、そうでないのかを理解することはできない。いずれにしても、これらの様々なケースの類似性が明文を持たない外国において十分に認められているかどうかを探求するまでもなく、日本の法典の中にこれを規範として定立することができるのである」[1115]。

　このような条文の存在とそれについての注釈が何を意味するのかは、1つの大きな問題である。既に示したように、旧民法、そして、ボアソナードは、債務不履行に基づく損害賠償を原初債務の効果として明確に位置付けており、不法行為に基づく損害とは全く性質の異なる制度として把握していた。加えて、そこでは、予見可能性による賠償範囲確定ルールが、当事者間における黙示の合意によって基礎付けられていた。それにもかかわらず、旧民法は、2つの損害賠償制度の「類似性」を根拠に、損害賠償の範囲についてのみではあるが、両者を同一の規律に服せしめるべきことを規定したのである。これは、フランス法のコンテクストで言えば、2つの損害賠償をいずれもフォートによって惹起された損害を賠償するための制度として捉える可能性を示唆していたドマにまで遡らなければ見られない特徴であり、仮にこのような形で旧民法とドマとの関係性を指摘しうるのであれば、旧民法の中には、債務不履行に基づく損害賠償を原初債務の履行方式として捉えるモデルを動揺させ、かつ、それを債務不履行によって惹起された損害を賠償するための制度として捉えるモデルの萌芽となりうる要素をも見出すことができると言わなければならないのである[1116]。そしてまた、総論的・理論史な視点から見ると、契約（債務）不履

[1115] Exposé, supra note 1083, p.498. 本文で引用した部分に続けて、ボアソナードは、具体例を挙げながら、旧民法財産編385条の全ての項が「不正ノ損害即チ犯罪及ヒ准犯罪」に適用されることを示している。

[1116] ボアソナードの議論を理解するためには、その学説を、同時代のフランス民法学説の中に位置付ける作業（横の相対化）と、19世紀から20世紀に至るフランス法学の展開の中に位置付ける作業（縦の相対化）が要求される〔片山直也「フランス法学説としてみたボアソナード旧民法〈覚書〉」〔特集 ボアソナード民法典とは何か〕法時70巻9号（1998年）21頁以下〕。「横の相対化」作業に関しては、これまで本文で述べたところに尽きるが、「縦の相対化」作業、とりわけ、ボアソナードの学説を、彼の時代以降のフランス民法学説との比較において捉えるならば、以下のような視点を得ることができる。

　本章・第2節・第1款・第1項452頁以下において詳細に跡付けるように、19世紀末以降のフ

422

(2) 履行モデルの動揺？

このように、旧民法における債務不履行に基づく損害賠償の理論枠組みは、それを原初債務の履行方式として理解するモデルを基礎としているものの、あくまで部分的なものではあるが、不履行によって生じた損害の賠償方式として捉える構想へと接近させるかのような意味付けも与えられていたのである。それでは、このような意義を持つ旧民法の債務不履行に基づく損害賠償に対して、当時の学説はどのような理解を示していたのか。以下、ごく簡単に、旧民法下における学説の議論状況をフォローしておくことにしよう。

旧民法の時代における学説は、一部の例外を除き、上記のようなボアソナードの理解を忠実に再現するものであったと言える。

まず、債務不履行に基づく損害賠償が、「義務ノ効力」、債務の付随的効果として認められるものであることが強調されていた[1117]。その結果、不履行に基づく損害賠償の機能についても、それが履行の代用物であること、あるいは、それによって債権者は履行がなされたのと同一の状態に位置付けられることが指摘されるに至った[1118]。要件のレベルでも、債務者の責めに帰すべき事由の必要性が説かれていたが、既に指摘されている通り[1119]、当時の学説においても、この言葉は、不可抗力・偶発事故の対概念として用いられていた[1120]。このことは、債務者の責めに帰すべ

ランス民法学説は、契約不履行に基づく損害賠償を、不履行によって生じた損害を賠償するための制度として捉え、不法行為に基づく損害賠償との性質的同一性を強調することになる。ボアソナードにおける損害賠償の理論枠組みは、本文で述べたように、19世紀のフランス民法学説が採用していたものと同じであり、これとは明らかに異なっている。しかし、旧民法財産編370条3項の規定は、損害賠償の範囲という限定的な局面にのみ関わるテクストであり、かつ、前提とする理論枠組みとの関係でどのように基礎付けるのかという問題が残る条文ではあったが、19世紀末以降に登場する理論、つまり、賠償方式としての契約不履行に基づく損害賠償の考え方に親和的なものであった。そうすると、旧民法財産編370条3項は、上記のような意味でのボアソナードの独自性と先見性が現れた「創案規定」（これは、片山・前掲論文21頁の表現である）と言うことができるように思われる（もっとも、フランス法学説が現実にこのような方向へと進むことはなかった（この点については、第1部・第2章・第2節・第1款・第1項297頁以下を参照））。

(1117) 井上正一『民法正義 財産編第2部 巻之壹』（新法註釋会・1891年〔信山社復刻版（日本立法資料全集 別巻55）・1995年〕）506頁（「債務者カ任意ニ義務ヲ履行セサルトキハ債権者ハ其義務ノ直接履行ヲ求メヌシテ直チニ不履行ヨリ生シ又ハ履行ノ遅滞ヨリ生スル損害ヲ賠償セシムル為メノ訴権ヲ行フコトヲ得ルナリ是レ義務ノ付随ノ効力ナリ」）。

(1118) 磯部四郎『大日本新典 民法釈義 財産編第2部 人権及ヒ義務（上）』（長嶋書房・1891年〔信山社復刻版（日本立法資料全集 別巻83）・1997年〕）1633頁（「損害賠償ノ債権ハ直接履行ノ訴権ノ代用タリ若クハ補助タルヘシ」）、井上操『民法詳解 人権之部』（宝文館・1890年〔信山社復刻版（日本立法資料全集 別巻228）・2002年〕）340頁（「損害ノ賠償トハ義務ノ不履行アリシ場合ニ於テ金銭ノ弁償ヲ得テ履行ヲ受ケタルト同一ノ結果ヲ得ントスルノ方法タルニスキ」ない）。

(1119) 吉田・前掲注(8)6頁以下を参照。

(1120) 井上・前掲注(1117)524頁（「債務者ノ責ニ任スヘキモノニ非スシテ意外ノ事又ハ不可抗

◆　第1章◆　解　釈

き事由が、債務を履行しなかった者に原初債務とは別の損害賠償債務を課すための要素として機能していなかったことを示していると言える。その証左に、当時の学説は、旧民法の条文とボアソナードの注釈に忠実な形で、不可抗力・偶発事故によらずに目的物が滅失したときには、原初債務は消滅せず、それが代替的な履行手段である損害賠償の形で存続するとの理解を示していたのである(1121)。更に、予見可能性による賠償範囲確定ルールを当事者間の黙示の合意によって基礎付ける手法も、ボアソナードと同様であった(1122)(1123)(1124)。

ニ出テタルトキハ債権者ハ自己ノ受ケタル損害ノ賠償ヲ為サシムルノ権ナシ然レハ損害ノ賠償ヲ為サシムルニハ債務者ニ悪意ナキモ少クモ過失アルヲ要ス」）・527頁（債務者の責めに帰すべからざる履行不能が生じたとき、たとえば、「意外ノ事又ハ不可抗力ニ因リ引渡スヘキ物品ノ消滅シタルトキハ引渡ノ義務ハ隨テ消滅スルヲ以テ債権者ハ債務者ヲシテ損害賠償ヲモ為サシムルコトヲ得ス雖モ若シ其物品ノ消滅ニ債務者ノ所為又ハ懈怠ニ原因シタルトキハ之ヲシテ損害賠償ヲ為サシムルコトヲ得ルナリ」）、磯部・前掲注(1118) 1648頁（「債務者カ自己ノ過失又ハ懈怠ニ因リ其物ノ滅失ヲ致シタルトキ」には損害賠償を義務付けられるが、特定物の滅失が「意外ノ事又ハ不可抗力」に基づくときは、引渡し義務は履行不能により消滅するから、債務者が損害賠償義務を負うことはない）、井上・前掲注(1118) 336頁（「債務者ノ責ニ帰スヘキ場合即チ債務者ノ過失懈怠ニ由テ其義務ノ履行スルコト能ハサルニ至リタルトキ故ニ若シ意外ノ事或ハ不可抗力ノ為メ義務ヲ履行スルコト能ハサルニ至リタルトキハ債務者ハ賠償ノ訴ヲ受ケサルノミナラス其義務ハ此ニ消滅ニ帰スルモノナリ」）、本野一郎＝城数馬＝森順正＝寺尾亨［ボアソナード訂定＝富井政章校閲］『日本民法義解財産編 第3巻 人権及ヒ義務（上）』（金蘭社・1891年〔信山社復刻版（日本立法資料全集 別巻113）・1998年〕）775頁・779頁以下（「義務ノ不能ハ通例之ヲ債務者ノ責ニ帰ス可キモノト做シ債務者其起因ノ不可抗力又ハ意外ノ事タルヲ証明シタルトキノミ其責ニ帰ス可カラサルモノトス」）。

(1121) 井上正一『民法正義 財産編第2部 巻之貳』（新法註釋會・1891年〔信山社復刻版（日本立法資料全集 別巻56）・1995年〕）354頁、磯部四郎『大日本新典 民法釈義 財産編第2部 人権及ヒ義務（下）』（長嶋書房・1891年〔信山社復刻版（日本立法資料全集 別巻84）・1997年〕）2329頁（「仮令義務ノ目的タル特定物カ滅失シ若クハ紛失シタルモ之ニ関シテ債務者過怠ノ責アルトキハ其義務消滅スルノ限リニアラス即チ只引渡ノ義務カ賠償ノ義務ニ変更スヘキノミ」）、井上・前掲注(1118) 793頁（「此場合ニ於テハ其本旨ニ従フノ義務ハ既ニ履行スルコト能ハサルモノト為リタルヲ以テ其本前ノ引渡義務ハ消滅ニ帰スルヤ明カナリ故ニ此場合ニ於テハ債務者ハ他ノ名義即チ損害賠償ノ名義ニテ義務ヲ負担スルモノトス」）。

(1122) 井上・前掲注(1117) 535頁［此場合ニ於テハ損害賠償ヲ弁済スルノ義務ハ若シ債務者カ義務ヲ履行セス又ハ其履行ヲ遅滞シタルニ於テハ為メニ生スヘキ損害ヲ賠償スヘシト為ストノ黙示ノ合意ヨリ生シタルモノト看做サルルヘカラス而メ其合意タルヤ主合意ノ当時ニ予見シ又少クモ予見シ得ヘキ損失ト利得トニ非サレハ其目的ト為スヲ得サリシヤ明カナレハナリ」）、磯部・前掲注(1118) 1660頁以下（「義務ノ不履行又ハ遅滞カ止夕債務者ノ懈怠ニ因ルトキハ寛恕スヘキノ事情アルヲ以テ当事者双方カ正ニ予見シ又ハ少ナクモ予見シ得ヘカリシ損害ニ限リ賠償ヲ為サシムルナリ 蓋シ是等ノ賠償ハ締約ノ当時併セテ之ヲ黙示ニテ合意シタルモノト看做シタルニ外ナラス」）、井上・前掲注(1118) 341頁以下（ある学説は、債務者が善意であるか悪意であるかを区別せずに、「眞ニ違約ヨリ生シタル損害ナルトキハ悉ク之レヲ請求スルコトヲ得ヘシ何トナレハ損害賠償ハ唯損害ノ賠償ヲ求ムルニ在レハナリト此論固ヨリ一理ナキニ非ス然レトモ我法律ニ於テ其区別ニ從ヒ賠償ノ額ニ異ニシタルハ実ニ公正ノ道ニ協フモノト云ハサル可ラス」。「債務者カ其義務違反ノ為メ債権者ニ損害ヲ生スルコトヲ知ラサリシ即チ善意ノトキノ賠償額ハ当事者双方カ合意ノ当時ニ於テ暗ニ之レヲ承諾シタルモノト云フコトヲ得ヘキナリ」。本野＝城＝森＝寺尾・前掲注(1120) 789頁以下（債務者が善意である場合と悪意である場合とを区別するのは、「債務者善意ナルトキハ不履行ニ因リ生シタル損害ヲ賠償スルノ義務合意ニ原因スルモノナリ即チ債務者違約セハ損害ヲ賠償スヘシトノ黙示ノ合意ニ原因スルモノナリ故ニ当事者ノ予見シ又ハ予見スルヲ得ヘカリシ損害ニアラサレハ合意ノ目的タル能ハサルヲ以テ債務者ハ之ヲ賠償スルノ義務アルノミ」）。

(1123) もっとも、注(1122)で引用した学説が、予見可能性による賠償範囲確定ルールを黙示の合意によって基礎付ける手法が持つ法学的意味について、正確な理解を示していたかどうかは疑わ

424

第 1 節 ◆ 理論モデルの確立

　このような議論の状況にあって、現行民法の起草者の 1 人である富井政章は、同時代の学説による注釈とは若干ニュアンスの異なる叙述も残していた[(1125)]。富井は、債務不履行に基づく損害賠償（富井は「違約賠償」と呼ぶ）を総論的に論じた場面で、以下のように述べている。「損害賠償ノ責任ハ或ハ違約即チ契約上ノ義務ヲ実行セサルニ原因スルコトアリ或ハ民事犯タル所為ヨリ起生スルコトアリ或ハ又法律ノ規定ニ基ク義務ヲ履行セサルヨリ生スルコトアリ其原因ハ同一ナラスト雖モ其訴権ヲ行フニ必要ナル条件及ヒ賠償金額ヲ定ムルノ標準等ニ至テハ全ク其原則ヲ異ニセス是蓋シ伊太利民法及我新民法ニ於テ債務ノ総原因ヲ規定シテリ其効力ノ處ニ於テ損害賠償ノ訴権ニ関スル規則ヲ掲ケタル所以ナリ」[(1126)]。この叙述は、一見する

────────
しい。例えば、井上正一は、「義務ノ不履行又ハ其履行ノ遅滞ニ因リテ債権者カ其義務ノ目的ニ関シテ受ケタル損害ハ即チ合意ノ当時ニ予見シ得ヘカリシ損失及ヒ利得ノ喪失ナルモ右ノ不履行又ハ遅滞ニ因リ義務ノ目的ヨリ他ノモノニ関シテ受ケタル損害ハ合意ノ時ニ予見スルヲ得ヘカリシ損失及ヒ利得ノ喪失ト為スヘカラサルコト是ナリ」と述べているが（井上・前掲注(1117)536 頁）、「不履行又ハ遅滞ニ因リ義務ノ目的ヨリ他ノモノニ関シテ受ケタル損害」の全てを黙示の合意の対象から除外している点において、個々の契約の実現という視点が後景に退いてしまっている。というのは、債務の目的以外に生じた損害（これは、ポティエの言う外在的損害である）であっても、特別の合意により、契約の対象に含ませることは可能だからである。
(1124) これに対して、民法典論争における延期派の代表的な論客であった江木衷は、予見可能性による賠償範囲確定ルールを規定した旧民法財産編 385 条に対して、痛烈な批判を提起していた。江木は言う。「債務者ニシテ正当ノ義務ヲ履行セルナラハ決シテ発生スルコトナカリシモノニ係ル以上ハ悉ク債務者ニ於テ之ヲ弁償セサルヘカラサルコト明白ナリ」「苟モ損害ニシテ避クヘカラサルモノナルトキハ予見シ得ヘカリシモノト否ラサルモノトヲ問ハス債務者ニ於テ之ヲ賠償セサルヘカラス然ルニ我民法ハ已ニ前項ニ論述シタルカ如ク近世ノ法理ニ従ヒ断然損害ノ間接ナルト直接ナルトヲ区別セサルニ係ハラス予見シ得ヘカリシ損害ト否ラサルモノトヲ区別セルハ自家撞着ノ法理ト謂ハサルヲ得ス」（江木衷『日本民法財産編人権之部』（有斐閣書房・1892 年）359 頁以下）。
　もっとも、その論拠として挙げられているものを見る限り、江木の批判は、必ずしも、予見可能性による賠償範囲確定ルールが持つ意味を十分に理解してなされたものではなかったように思われる。すなわち、江木は、予見可能性による賠償範囲確定ルールを排除すべき理由として、このルールは直接損害・間接損害の区別から導かれる当然の帰結であるところ、旧民法においては、この区別が採用されていないのであるから、予見可能性の有無による区別も放棄されなければならないこと、善意・悪意と予見可能性によって賠償範囲を画する立法が不当であることは、既にフランスの法学者においても一般的に認められていること、不履行によって生じた損害である以上は全て賠償の対象とすべきことを挙げている（江木・前掲書 360 頁以下）。しかし、これらのうち、前 2 者の批判が正鵠を得たものでないことは、本書におけるこれまでの検討を見れば直ちに明らかとなるように思われる。もっとも、最後の論拠だけを取り上げるならば、江木の理解は、賠償の論理を忠実に再現しようとするものと見ることもできる。仮にこのような理解が正当であるとすると（もちろん、江木の著作における旧民法批判のプロパガンダ的性格を差し引いて考えなければならないが）、江木は、そもそも原初債務の効果としての損害賠償という構成を共有していなかったということになろう。
(1125) これに対して、旧民法についての著作を残したもう 1 人の現行民法起草者である梅謙次郎は、債務不履行に基づく損害賠償を直接的な対象とする記述を残していない。
(1126) 富井政章『民法論綱 人権之部 下巻』（宝文館・1890 年〔新青出版復刻版・2001 年〕）14 頁。また、別の個所でも、富井は、ほぼ同様の叙述を残している。富井は言う。「損害賠償ノ義務ハ或ハ違約ヨリ生スルコトアリ或ハ不正ノ損害即チ民事犯ヨリ生スルコトアリ其他契約ヨリ生シタルニ非サル債務ヲ実行セサルニ起ルコトアリ其原因ノ何タルヲ問ハス損害賠償ノ全体ニ関スル法理ハ一ナリ即チ違約ヲ原因トシテ賠償ヲ要求スルモ亦私犯ノ名トシテ要償ヲ為スモ其基礎ノ根基ト為ルヘキ損害ナル者ハ シテ如何」。「其外賠償ヲ為サシムルニ必要ナル条件如何又其賠償金額ヲ定ムルニハ何ヲ標準トスヘキヤ此等ノ問題ハ賠償責任ノ原因如何ニ関セス損害賠償ノコトハ寧ロ之ヲ債権ノ効力ト見ルヲ得ヘシ」。かくして、旧民法は、違約賠償については詳細な規定を持つが、

と、契約（債務）不履行に基づく損害賠償と不法行為に基づく損害賠償を同一のものとして捉える立場を表明しているようにも見受けられる[1127]。確かに、富井は、2つの損害賠償の要件と損害賠償の範囲が同一の原則によって規律されるべきことを述べているから、上記のように理解するのが適切であるとも言える。

しかし、ここでは、富井の理解において、損害賠償を「義務ノ効力」として把握する視点が失われていないことにも注意しておかなければならない。つまり、富井は、旧民法財産編383条以下の損害賠償を、既に存在する債務の効果と位置付け、その違反の場合に認められる損害賠償として捉えているのである。そうすると、理論的に見るならば、不法行為によって発生した損害賠償債務の不履行ならばともかく、それ自体が債務発生原因であるはずの不法行為を、旧民法財産編383条以下の損害賠償に含めることはできないと言うべきであろう。それにもかかわらず、富井は、「違約賠償」と「私犯」が同一の枠組みによって規律されるべきことを説いた。そうすると、富井の見解には、上記の限度において、(本書が採用する視点から見た場合の)混乱ないし誤解が存在すると言わなければならないように思われるのである。

しかし、より掘り下げて検討してみると、そもそも、「其訴権ヲ行フニ必要ナル条件及ヒ賠償金額ヲ定ムルノ標準等ニ至テハ全ク其原則ヲ異ニセス」という総論的な理解が、具体的な場面において重要な意味を有していたかどうかには大きな疑問も残る。例えば、富井は、「違約賠償」の要件として、違約が「債務者ノ所為又ハ過失ニ原因スルコト」[1128]、「義務ノ不実行ハ債務者ノ故意又ハ過失ニ起因スルコト」[1129]を挙げているが、その意味については、同時代の学説と同じく、暴風、洪水、強盗、戦乱等、「天災又ハ抗拒ス可カラサル意外ノ事件ニ因リ義務ヲ実行スル能ハサリシコト」としていたし[1130][1131]、予見可能性による賠償範囲確定ルールに関しても、そ

　　私犯についてはほとんど規定を持たないフランス民法典の欠点を補おうとしたのである（富井政章『民法論綱 人権之部 上巻』（宝文館・1890年〔新青出版復刻版・2001年〕）259頁以下）。
(1127) このような理解は、旧民法の解説以外の場面においても示されていた。例えば、「破約ニ基ク損害賠償」と「私犯ニ基ク損害賠償」との区別は、「外観上用語ノ或ハ其当ヲ得サルノミニシテ不正ノ損害トハ違約ニ原因セサル損害ニ限ルノ謂レナシ畢竟其損害ノ原由即チ侵犯シタル権利ノ本質ニ差異アルノミノコトニシテ其損害ノ点ハ一ナリ賠償ノ責任ヲ生スルノ原理大別ハ寸分相異ナラサルナリ」（富井政章講述『損害賠償法原理』（日本同盟法学会〔信山社復刻版・1991年〕）3頁以下）。
(1128) 富井・前掲注(1126)「民法論綱人権・下巻」16頁。
(1129) 富井・前掲注(1126)「民法論綱人権・下巻」38頁。
(1130) 富井・前掲注(1126)「民法論綱人権・下巻」38頁以下。
(1131) このことは、旧民法の解説以外の場面においても同様である。例えば、富井政章『契約法講義全（再版）』（時習社・1889年（初版・1888年）〔新青出版復刻版・2001年〕）205頁以下（富井は、「違約賠償」の要件として、違約が「義務者其人ニ原因スルコト」を挙げ、その趣旨を「凡ソ責任ハ自由ニ其本ヲ汲ムモノナレハ各其人ニ存スルヲ以テ原則トス故ニ若義務者其人ニ違約ノ原因存セサルトキハ又賠償ノ責任アルコトナシ故ニ天災若クハ抗拒スヘカラサル意外ノ原因ヨリシテ義務ヲ実行スル能ハサリシトキハ全ク違約ノ責ナキモノトス」と理解した上で、違約の原因が義務者に存する場合とは、詐欺、過失、所為に起因する場合を言い、違約の原因が義務者に存しない場合とは、「天災其他総テ抗拒ス可カラサル事変」、つまり、「外因ノ為メニ実行ヲ妨ケラレタルニ由テ賠償ノ責ナキ場合」を言うとする)、同・前掲注(1127)61頁（「破約ト言ヘハ自ラ義務者ノ所為ニ依リ契約ノ破レタルヲ謂フ者ナリ蓋シ法律一般ノ原則トシテ自己ノ所為若クハ過失ナキ

の正当化根拠として、「是レ畢竟此場合ニ於テ賠償ノ責任ハ双方ノ黙約ニ原因スレハナリ」という点を挙げ[1132]、更に、悪意の債務者の賠償責任に関わるコンテクストでは、「此場合ニ於テ斯ク迄違約者ノ責任ヲ過重スル所以ハ他ナシ賠償ノ義務ハ双方ノ黙約ニ基本ヲ汲ムニ非ス悪意即チ責任ノ原因ニシテ又償金ノ額ヲ定ムルノ尺度ト為ルモノナレハナリ」と述べていた[1133][1134]。これらは、当時の理論状況を踏まえると、それ自体が債務発生原因である不法行為法の領域では、本来的に成り立ちえない理解なのであって、こうした点まで併せて考慮するならば、富井の言う「同一ノ原則」という命題は、必ずしも大きな意味を有していなかったように見受けられるのである。また、先に引用したような理解が、契約（債務）不履行に基づく損害賠償を「債務の効果」として把握する当時のフランス法学説のそれと同一であったことも、ここで付言しておくべきであろう。

かくして、富井の見解については、確かに、旧民法においてもその萌芽を見出すことのできた、賠償方式としての不履行に基づく損害賠償の理論の一端を垣間見ることができるが、全体的に見れば、なお、ポティエ以来の流れを汲む履行方式としての不履行に基づく損害賠償の理論が基礎とされていたと理解することができるのである。

◇第２項　現行民法における履行方式としての契約不履行に基づく損害賠償の終焉？

第１項において明らかにしたように、旧民法における債務不履行に基づく損害賠

ニ責任ノ存立スヘキ道理アルコトナシ刑法ト民法トニ区別ナク法律上人ニ責任アリトスルニハ必スヤ其犯権非行ヲ破責者ニ原因シタルコトヲ必要トス故ニ結局義務者ヲシテ破約賠償ノ義務ヲ盡サシムルニハ契約不履行ノ其所為ニ起因シタル場合ナラサル可カラス天災又ハ抗拒ス可カラサル意外ノコトヨリシテ義務ノ実行ナキ場合ニハ賠償ノ責任ナシト断言スルニ躊躇ス可カラサルナリ」)。

(1132) 富井・前掲注(1126)『民法論綱人権・下巻』43頁。
(1133) 富井・前掲注(1126)『民法論綱人権・下巻』50頁。
(1134) このことは、旧民法の解説以外の場面においても同様である。例えば、富井・前掲注(1131) 222頁以下（同・前掲注(1126)『民法論綱人権・下巻』43頁・50頁と同じ記述が存在する）、同講述『契約外ノ債務（佛國民法第三巻第四編（契約外ノ債務）講義）』（大阪攻法会・刊年不明）27頁以下（フランス民法典1150条において、債務者に悪意が存する場合に賠償の範囲が加重されているのは、「此場合ニ於テ斯ク迄ニ破約者ノ責任ヲ過重スル所以ハ他ナシ破約賠償ノ義務ハ双方ノ黙約ニ基本ヲ汲ムニ非ス換言スレハ契約ノ解釈ニ根基トシテ其賠償義務ノ軽重ヲ定ムルコトヲ得ス詐欺又ハ悪意ヲ以テ違約スルコトノ如キハ契約ノ当時ニ於テ契約者ノ脳裏ニ泛ム可カラサル意外ノ事変ト云フヘキ者ナリ故ニ其悪意即チ賠償義務ノ原由トナルヘク且其軽重（賠償金額ノ多寡ヲ云フ）ヲ定ムルノ尺度ト為ラサルヲ得サルナリ何ノ必要アリテ其損害ノ生スヘキコトヲ予知シタルト否トヲ区別センヤ」)・29頁以下（悪性ノ病ニ罹患シタル馬ガ売買ノ対象トサレタケースを挙げつつ、売主がこの馬の価額を償還しなければならないのは、「其売買取引ノ目的トスル所ハ畢竟権利者即チ買主ヲシテ其物件ヲ利用セシムルニ在リ然ルニ悪意ノ有無ヲ問ハス若其約ニ反シ買主ニ於テ物件ヲ利用スルコト能ハサル時ハ其損失ヲ償ハサル可カラサル当然ノコトナリ取引シタル物件ハ之ヲ利用セシメス代額ハ一旦受取レハ返ヘサスト云フ如キハ尋常取引者ノ意思ヲ解釈シタルモノニ非ス凡ソ契約ハ正実ニ之ヲ履行セサル可カラスト云フ近世法律ノ大原則ヨリ者ルモ売主ハ右ノ如キ場合ニ於テ仮令ヒ故意ナキニセヨ売品自体ノ価額ハ予知セサル可カラサル損害トシテ之ヲ償ハサルヲ得サルモノト云フヘシ」)。

◆第1章◆ 解　釈

償は、基本的にフランス法の議論の流れを汲んだものであり、現存している「義務ノ効力」として、履行されなかった債務を金銭の形で実現するための制度という位置付けを与えられていた。もっとも、旧民法には、2つの損害賠償を同一の枠組みによって規律しようとする要素も存在し、こうした理論モデルの動揺は、現行民法起草者の旧民法理解の中にも見出すことができた。それでは、現行民法における債務不履行に基づく損害賠償は、どのような意義を持つ制度として設けられたのか。

議論の見通しを良くするために、ここで予め結論だけを示しておくならば、現行民法の制定過程における債務不履行に基づく損害賠償の審議も、上記のような旧民法及びそこでの議論の内容を引き継ぐ形で、つまり、履行方式としての債務不履行に基づく損害賠償と賠償方式としての債務不履行に基づく損害賠償という2つの異なる視点を併存させながら、行われることになったのである。

ところで、現行民法における債務不履行に基づく損害賠償に関する諸規定の成立過程については、既にそれを詳細に跡付けた先行研究が存在する[1135]。従って、起草委員による原案の作成から、様々なレベルでの審議を経て、現行民法の条文へと結実する経緯については、これらの先行研究の参照を請うことにし、以下では、本節の検討課題を解明するために必要な限度でのみ、起草過程における議論をフォローしていくことにしよう。

(1) 2つの理論モデルの混在

まず、起草委員によって法典調査会に提出された、いわゆる甲号議案（民法第1議案）における債務不履行に基づく損害賠償の体系的な位置付けを確認しておこう。債務不履行に基づく損害賠償の部分を含む甲第20号議案は、第3編「債権」の第1章「総則」の中に、「債権ノ効力」（第2節）と題する節を置き、その中に、第1款「履行」に続く形で、債務不履行に基づく損害賠償に関する第2款「賠償」を用意した[1136][1137]。従って、このような条文の配置だけを見る限り、現行民法における債

[1135] とりわけ、福島・前掲注(78)182頁以下。

[1136] 明治26年6月6日に配布された甲第1号議案では、明治28年1月8日に配布された甲第20号議案とは異なり、第3編の表題が「人権」となっており、また、同編・第1章「総則」には、「債権ノ目的」と題する節は存在せず、「債務ノ効力」が第1節となっていた（法務大臣官房司法法制調査部監修『日本近代立法資料叢書13 民法第一議案』（商事法務研究会・1988年）2頁）。まず、前者の点については、その後、主査会及び総会での議論を踏まえて、「人権」という表題が「債権」へと修正された（法務大臣官房司法法制調査部監修『日本近代立法資料叢書13 法典調査会民法主査会議事速記録』（商事法務研究会・1988年）134頁以下、法務大臣官房司法法制調査部監修『日本近代立法資料叢書12 法典調査会民法総会議事速記録』（商事法務研究会・1988年）55頁以下、法務大臣官房司法法制調査部監修『日本近代立法資料叢書2 法典調査会民法議事速記録二』（商事法務研究会・1984年）966頁以下）。次に、後者の点について言えば、「債権ノ効力」だけでは債権の通則を全て規律することができないとして、第1節に「債権ノ目的」を置き、それに併せて、その表題を「債務」から「債権」へと変更しつつ、「債権ノ効力」を第2節に繰り下げたものである（「民法議事速記録二」967頁）。

[1137] 債務不履行に基づく損害賠償に関する条文の原案は、明治28年1月8日に配布された甲第20号議案の中に含まれている。このうち、第3編「債権」・第1章「総則」・第1節「債権ノ効力」・

428

◆ 第1節 ◆ 理論モデルの確立

務不履行に基づく損害賠償は、旧民法におけるそれと同一の位置付けを与えられていることが分かる。現行民法と旧民法とで、「人権及ヒ義務」の部あるいは「債権」編の体系は大きく異なっているにもかかわらず、債務不履行に基づく損害賠償を債務ないし債権の効力として把握している点、2つの損害賠償を区別して扱っている点において、両者が一致しているという事実は、ここで強調されるべき事柄である。

次に、現行民法が、「債権ノ効力」としての「賠償」について、どのような性質を持つ制度として捉えていたのかを検討する。もっとも、ボアソナードの手になる理由書や注釈書とは異なり、現行民法の制定過程での審議において、債務不履行に基づく損害賠償の意義ないし性質が、明確な形で意識され、議論に付せられたというわけではない。それどころか、法典調査会における審議では、各委員によって、また、同じ委員であっても発言が行われた場面によって、あるいは、債務不履行に基づく損害賠償が「債権の効力」であることを強調し、それを先存債権の実現手段として捉えているように見える発言がなされ、あるいは、債務不履行に基づく損害賠償と不法行為に基づく損害賠償の原理的な共通性を指摘しているように見受けられる場面も存在するのである。以下、法典調査会における審議の中から、そこで行われた議論の対象あるいは素材ごとに、債務不履行に基づく損害賠償の性質に関わるものと理解できる断片を拾い集め、これを本書の問題意識に従って分析してみよう。

第1に、表題に関する議論を取り上げる。「債権ノ効力」の節に置かれている規定に関わる甲号議案は、穂積陳重の手になる原案に、起草委員による討議を踏まえ、修正を施された上で法典調査会へと提出されたものである。穂積は、同節が「履行」と「賠償」という編別を採用した理由に関連して、「履行」の節に置かれた原案408

第2款「賠償」の中に置かれている条文は、以下の通りである(「民法第一議案」184頁以下)。
409条「債務者カ其債務ノ本旨ニ從ヒタル履行ヲ爲ササルトキハ債権者ハ其損害ノ賠償ヲ請求スルコトヲ得但其不履行カ債務者ノ責ニ帰スヘカラサルトキハ此限ニ在ラス」
410条「損害賠償ノ請求ハ通常ノ場合ニ於テ債務ノ不履行ヨリ生スヘキ損害ノ賠償ヲ爲サシムルヲ以テ目的トス
當事者カ始ヨリ豫見シ又ハ豫見スルコトヲ得ヘカリシ損害ニ付テハ特別ノ事情ヨリ生シタルモノト雖モ其賠償ヲ請求スルコトヲ得」
411条「損害賠償ハ金銭ヲ以テ裁判所其額ヲ定ム」
412条「債務ノ不履行ニ関シ債権者ニ過失アリタルトキハ裁判所ハ損害賠償ノ責任及ヒ其金額ヲ定ムルニ付キ之ヲ斟酌ス」
413条「當事者ハ債務ノ不履行ニ付キ損害賠償ノ額ヲ預定スルコトヲ得此場合ニ於テハ裁判所其額ヲ増減スルコトヲ得ス
賠償額ノ豫定ハ履行又ハ解除ノ請求ヲ妨ケス但別段ノ定アルトキハ此限ニ在ラス」
414条「前條ノ規定ハ當事者カ金銭ニ非サルモノヲ以テ損害ノ賠償ニ充ツヘキ旨ヲ豫定シタル場合ニ之ヲ準用ス」
415条「金銭ヲ目的トスル債務ノ不履行ニ付テハ其損害賠償ノ額ハ法定利率ニ依リテ之ヲ定ム但約定利率カ法定利率ヲ超ユルトキハ約定利率ニ依リテ之ヲ定ム
前項ノ場合ニ於テハ債権者ハ損害ノ証明ヲ爲スコトヲ要セス又債務者ハ不可抗力ヲ以テ其抗辨ト爲スコトヲ得ス」
416条「他人ノ物ヲ喪失シ若クハ之ヲ抑留セシメ又ハ他人ノ権利ノ行使ヲ妨碍シタルニ因リテ損害賠償ノ責ニ任スル者カ其物又ハ権利ノ價格ニ對スル賠償ヲ完濟シタルトキハ其物又ハ其権利ニ關シ當然債権者ニ代位スルモノトス」

条（現行414条）の趣旨説明の中で、以下のような発言を行っている。「本條ハ既成法典ニ「直接履行ノ訴権」トアリマス所ノ規定ヲ聊カ修正致シマシタルモノデアリマス乍併多クノ場所ハ文字ノ修正ニ止ツテ居リマスルシ又既成法典ノ中デ無用ニ属シマスル所箇所ヲ削ツタニ止ツテ居リマス先ヅ第一ニ「直接履行」ト申シマスル言葉ヲ本案デハ「強制履行」ト改メマシタノデアリマス既成法典デ「直接履行」ト云フ言葉ヲ使ヒマシタノハ固ヨリ翻譯字デゴザイマシテ或ハ義務ノ實行ヲ行ハシメルノハ直接ノ履行デアツテ賠償ノ如キモノハ間接ノ履行デアルト云フヤウナ考ヘデモ取ツテ居ルノデアラウト思ヒマス乍併賠償ハ固ヨリ履行デナイ不履行ノ結果トカ諸國ノ法典ニ舉ゲテアルガ如ク私ハ賠償ト云フモノハ間接ノ履行デアルト云フコトハ當ツテ居ラヌト思ヒマス要スルニ何ウ云フ事ガアレバ裁判所ノ力ヲ藉ツテ其義務ノ強制履行ヲサセルコトガ出来ルト云フノデアリマスカラ夫故ニ「強制履行」ト云フ字當ルト思ヒマシテ之ヲ改メタノデアリマス」[1138]。

　ここでは、債務不履行に基づく損害賠償を「履行」と見ることはできないという理由で、旧民法における「直接履行」という表現が「強制履行」に改められた旨が述べられている。つまり、穂積の理解においては、「強制履行」と債務不履行に基づく損害賠償とが明確に区別されており、このような考え方が、「履行」と「賠償」という「債権ノ効力」内部の編別を採用せしめたと理解することができるのである。従って、この部分を強調すればする程、現行民法の背後にある債務不履行に基づく損害賠償の理論枠組みは、それを不履行によって生じた損害を賠償するための手段として位置付ける構想であり、そこには、不法行為に基づく損害賠償との原理的同一性を指摘することができるとの理解に傾くことになる。

　もっとも、このような形で速断することは許されない。なるほど、穂積陳重が、債務不履行に基づく損害賠償を、厳密な意味での「履行」として捉えていないことは明らかである。しかし、ここで問題としているのは、債務不履行に基づく損害賠償に対してどのような名称が与えられているのかということではなく、債務不履行に基づく損害賠償に関わる諸問題を検討するに際してどのような思考を辿っているのかということである。契約（債務）不履行に基づく損害賠償を契約ないし債権の履行方式として理解する立場においても、不履行に基づく損害賠償と本来的な意味での履行とでは、債権者に付与される目的物、別の言い方をすれば、債務者によって提供される対象が異なる以上、両者の間に相違が存することは当然の事理として受け止められている。この意味で言えば、履行モデルを前提としたとしても、契約（債務）不履行に基づく損害賠償は、厳密な意味での「履行」ではありえない。このモデルは、契約（債務）不履行に基づく損害賠償の現実的な機能に着目したとき、そこでは「履行」との共通性を指摘しうることから、これを履行確保のための制度と

(1138) 法務大臣官房司法法制調査部監修『日本近代立法資料叢書3 法典調査会民法議事速記録三』（商事法務研究会・1984年) 55頁。

◆ 第1節 ◆ 理論モデルの確立

して位置付け、このような認識を基礎にして、不履行に基づく損害賠償の議論を展開しようとするものなのである。

　こうした視点をも踏まえた場合、仮に穂積が言葉の問題として「履行」と「賠償」とを区別していたとしても、そこで用いられている「履行」や「賠償」の中身が明らかにされていない以上、そこから直ちに、穂積の発言の中に賠償方式としての損害賠償の考え方を読み取ることはできないと言うべきなのである。更に、ここでは、上記の理解を補強する素材として、履行方式としての損害賠償の考え方を基礎としていたボアソナードにおいても、そして、その源流とも言うべきフランス法の議論においても、契約（債務）不履行に基づく損害賠償を厳密な意味での履行と同視するものは存在しなかったという事実を付言しておくことにする。

　このように、甲号議案の「債権ノ効力」と題する節の中で、「履行」と「賠償」に別々の款が与えられていたこと、及び、この区分に関わる起草委員の発言は、債務不履行に基づく損害賠償の理論枠組みと直接的な関係を持つものではなく、本款の検討課題に対しては決定的な根拠を与えるものではないように思われる[1139]。それでは、「履行」と「賠償」を包含する節として設けられていた「債権ノ効力」には、どのような意味が与えられていたのか。穂積陳重は、各条文の逐条審議に際して、この表題の意味について特に言及することはなかったが、それに先立つ形で行われた民法の編別（目録）に関する甲第1号をめぐる主査会での審議において、興味深い議論がなされていた（なお、この段階では、「債権ノ効力」ではなく、「債務ノ効力」である）。

　まず、箕作麟祥から、契約のところでは「効果」という表現が使用されているのに、ここでは「効力」という言葉が用いられているが、このような区別がなされている理由はどこにあるのかという質問が出された。これに対して、富井政章は、「権利又ハ義務ノ方ハ効力ト云フテ、権利義務ヲ生ズル所ノ契約ノ方ハ効果ト云フ方ガ区別ガ立ツテ宜カラウト思ヒマス、何トナレバ権利ノ方ハ其権利ノ力ヲ謂フノデアル、直接ニ実際ノ履行ヲ要求スルコトガ出來ルトカ又ハ或ル場合ニハ夫レガ出來ナイトカ云フ様ナ事ハ皆ナ権利ノ力ノ問題デアル、即チ権利カラ生ズル結果ト云フヨリモ権利ノ力デアル、夫レカラ又引渡シノ義務ガ生ズルトカ所有権ガ移ルトカ云フ様ナ事ハ契約ノ結果デアル、即チ其契約カラ生ジテ來ル所ノ結果デアル、故ニ其方ハ効果トシタ方ガ宜カロウト云フ考デ、効力ト云フ字ト効果ト云フ字ト意アツテ

[1139] 結局、第2節「債権ノ効力」の中に設けられていた、「履行」（第1款）、「賠償」（第2款）、「第三者ニ対スル債権者ノ権利」（第3款）の区別は、整理会の段階で、「履行」の中に置かれていた条文が「債権ノ消滅」の節に移されるに際して、削除されることになった。（法務大臣官房司法法制調査部監修『日本近代立法資料叢書14 法典調査会民法整理会議事速記録』（商事法務研究会・1988年）235頁以下）。その結果、「債権ノ効力」の中には、下位項目（款）が存在しないことになった（周知のように、その後、平成16年の民法現代語化に際して、「債権の効力」の中には、「債務不履行の責任等」（第1款）、「債権者代位権及び詐害行為取消権」（第2款）という下位項目が設けられることになる）。

431

別々ニ用ヰタノデアリマス」[1140]と応対する。次いで、第3編の表題として、「人権」は適切か、「債権」や「債務」の方が良いのではないかという点に議論が及ぶ中で、末松謙澄から、「第一節（債務ノ効力―筆者注）丈ヲ債権トシテモ差支ハアルマイ、中ノ方ニ履行賠償トアツテモ債権ノ効力デ以テ履行ヲ求メタリ賠償ヲ求メタリスル権利ガアルノダカラ差支ハアルマイト思フ」との意見が出されたのに対し、富井政章は、この意見それ自体には特に異論を述べることなく、「夫レデハ編ノ表題ニ行キ當ル又二節三節ノ表題ニモ行キ當ル」と応対しているのである[1141]。

こうした表題の是非をめぐる応対からは、「債権ノ効力」あるいは「債務ノ効力」との表現には、債権それ自体に内在する力という意味が込められていること、また、民法制定過程における議論においては、少なくとも、債務不履行に基づく損害賠償を債権に内在する力の発現として捉える構想が存在したことが明らかとなる。そして、甲号議案の起草に際して、旧民法の「人権及ヒ義務」の体系が大幅に変更されたにもかかわらず、債務不履行に基づく損害賠償を「債権ノ効力」に含める体系は維持されていること、また、「履行」のみならず、債務不履行に基づく損害賠償をも、債権に内在する力の発現として位置付ける立場について、何らの意見も出されなかったことを併せて考えるならば、こうした理論枠組みは、主査会の1委員に止まらず、起草委員の間にも共有されていたとの見方も十分に可能であるように思われる。従って、こうした側面を強調するならば、現行民法における債務不履行に基づく損害賠償は、債権を有していることの結果でも、債権が履行されなかったことの結果でもなく、債権に内在する「効力」としての意味付けを与えられることになるのである。そして、この理解は、系譜的に見れば、合意ではなく債権を起点とする議論を展開していた、ボアソナード、オーブリー＝ロー、ポティエの流れの中に位置付けることが可能なのである。

第2に、帰責事由あるいは不可抗力・偶発事故をめぐる議論を取り上げよう。穂積陳重は、法典調査会における原案409条（現行415条）の趣旨説明に際して、まず、「本條ハ財産編第三百八十三條ヲ修正致シタモノデゴザイマス重モニ文字ノ修正ニ止マツテ居ルノデゴザイマス」と述べた上で、同条のただし書で「其不履行カ債務者ノ責ニ帰スヘカラサルトキハ此限ニ在ラス」と規定された理由について、以下のような発言を残している。「夫レカラ但書ニ於キマシテハ諸國ノ法典抔ニ於テハ多ク不可抗力或ハ……等ノ場合ハ取除イテアリマスガ前ヨリシテ不可抗力又ハ……等ノ事ニ然ウ擧ゲズシテ過失ニ出デストカ云フヤウナ書キ方ニ為リ來ツテ居リマス夫故ニ如何ナル原因ニ依リマシテモ其不履行ト云フモノガ債務者ノ責ニ帰スベカラザルトキハ此損害賠償ノ責ヲ生ジナイト云フコトヲ此處ニ廣ク断ツタ丈ケノコトデゴザイマス」[1142]。

(1140)「民法主査会議事速記録」134頁。
(1141)「民法主査会議事速記録」135頁。

◆ 第1節 ◆ 理論モデルの確立

　このような穂積の発言からは、原案409条が旧民法財産編383条の文言を修正したものに過ぎないこと、「責ニ帰スヘカラサル」という表現も、実質的には、不可抗力や偶発事故が存在するケースを意味するものとして理解されていたことが明らかとなる(1143)。もちろん、「文字ノ修正ニ止マツテ居ル」とされていることだけを取り上げて、直ちに、現行民法も、旧民法における「原初債務の当然の結果としての損害賠償」という構成を引き継いだと断定することはできない。しかし、この段階での帰責事由が、不法行為領域における過失とは全く異なる概念として捉えられていたこと、そして、このような見方は、穂積だけでなく、ほかの起草委員にも共有されていたことは(1144)、ここで、強調されるべき事柄であると言える。

　ところで、原案409条ただし書は、その後、変更が加えられ、修正案414条として、再度、法典調査会の審議にかけられることになった(1145)。この修正案の審議過程においても、帰責事由ないし不可抗力・偶発事故の意味に関連して興味深い議論がなされている。まず、土方寧が、修正案のような形に変更すると、「責ニ帰スヘキ事由」の証明責任の点において不都合が生ずる旨を指摘する(1146)。これに対し、修

―――――――――――――

(1142)「民法議事速記録三」64頁。
(1143) この点については、既に、吉田・前掲注(8)8頁以下が指摘していたところである。
(1144) 例えば、原案730条2項（現行722条2項）の審議過程における梅の発言は、このことを端的に示している。「私ハ此第二項ヲ削ツテ置ク方ガ宜カラウト云フ考デアリマス只今穂積君カラ御説明ガアリマスガ詰リ此規定ハ不履行ニ因ル損害賠償ニ関スル第四百十七條ト権衡ヲ得セシメンガ為ニ設ケテアル規定デアリマス」この「第四百十七條ハ私モあの儘デ宜カラウト思ヒマス而シテ此處ニハ何ゼ夫レデモ類似シタル七百三十條二項ノ規定ガ要ラヌカト云フト私ノ考ヘマスル所デハ不履行ノ場合ノ賠償ノ義務ト夫レカラ此不法行為ノ場合ノ賠償ノ義務トハ性質ガ多少違フ大キイ意味カラ言フト矢張リ不履行ノ場合モ債務者ニ不法行為ガアルト云フコトガ言ヘヌコトモアリマセヌがあそこデハ債務者ガ過失、普通ノ意味ヲ以テスル所ノ過失ト云フモノハ無クテモ矢張リ賠償ノ責任ガアリマス（中略）夫故ニ不履行ノ場合ニハ詰リ過失ハナクテモ債務者ニ責任ノアル場合ガアリマス本條ノ場合ニハ少シデモ過失ガナイト云フト賠償ノ責ガ生ゼヌト云フコトガ餘程事情ガ違ウ所デアリマス夫故ニ此不履行ノ場合ニハ若シモ債権者ノ過失ガ一部分タリトモ助ケタナラバ矢張リ債権者ニ其不履行ノ損害ノ一部デモ責ヲ負ハセルノガ當然デアリマス」（法務大臣官房司法法制調査部監修『日本近代立法資料叢書5 法典調査会民法議事速記録五』（商事法務研究会・1984年）428頁以下）。
(1145) この修正案が、そのまま、民法415条の原初規定（「債務者ガ其債務ノ本旨ニ従ヒタル履行ヲ為ササルトキハ債権者ハ其損害ノ賠償ヲ請求スルコトヲ得但債務者ノ責ニ帰スヘキ事由ニ因リテ履行ヲ為スコト能ハサルニ至リタルトキ亦同シ」）へと結実する。修正の理由は、「四百十四條ノ書方ハドウモ少シ履行不能ガ餘リ憎イト思フ履行ヲ為サザルトキハ損害賠償ヲ求ムルコトガ出来ルガ債務者ノ過失ニ依リ履行ヲ為スコトノ出来ナクナツタトキハ履行ヲ為サナイト云フノガ日本ノ言葉デドウデアリマセウ少シ無理デアラウ結果ハ同ジコトニナラナケレバナラヌ只履行ヲ為サヌト云フ言葉ノ中ニ履行ノ不能ヲ含マスト云フコトハ少シ無理ナヤウニ思ヒマシタカラ此修正案ヲ提出シタノデアリマス」というものである（「民法議事速記録三」641頁）。
(1146) 土方は言う。「一體履行不能ヲ消滅原因トシテ居ツタノヲ本案デハ罷メタカラ既ニ議決ニナツタ四百十四條ノ元ノ文ノヤウニナツテ居ルト履行ノ不能ガ這入ラヌト云フコトヲ恐ルルガ為メニ夫レヲ斯ウ變ヘルト云フ御説明ノヤウニ伺ヒマシタガ事柄ガ少シ違ヒヤマセヌカト思ヒマス、元トノ四百十四條ノ書方デハ履行ノ不能ト云フ場合ハ這入ラヌカ知リマセヌガ何ントカ變ヘルノガ適當ト思ヒマスガ併シ元トノ四百十四條ノ樣ニナツテ居マスト履行ヲシナイトキハ損害賠償ヲシナクテハナラヌト云フコトニナツテ居ツテ若シ債務者ノ責ニ帰スベカラザル天災等ノ意外ノ原因ニ依リテ履行不能ニナツタトキハ其事ハ債務者ノ方デ證明シテ然ウシテ義務ヲ免カレルト云フコトニナツテ來ヤウト思フ然ルニ履行ノ不能ノ場合ハ債権者ノ方デ言フヤウニ此文章デハ見ヘル夫レデハドウモ不都合デハナイカト思フ」（「民法議事速記録三」641頁）。

433

◆第1章◆ 解　釈

　正案414条の趣旨説明を行った富井政章は、以下のような回答を行う。すなわち、「債務ガアルト云フコトハ債権者ノ方カラ證明シナケレバナラヌモノデアルガ一旦債務ガアルト云フコトガ確ニ分ツタ以上ハ履行シナケレバナラヌト云フコトガ本則デアル、履行セヌデモ宜イト云フ特別ノ理由ガアレバ夫レハ債務者ノ方カラ證明シナケレバナラヌト云フコトガ法律上ノ根本原因ニ依テ疑ノナイコトト思フ此規定ガ證據編ニデモアレバ今仰セニナツタヤウナ心配ガアリマセウガ決シテ擧證ノ責ヲ豫定スル様ナコトニハナラヌ債権者ハ履行ノ責ニ任ジナケレバナラヌト云フヤウナコトヲ言ヒ出シテ訴ヲ起スデアリマセウ、是レハ自己ノ責ニ帰スベカラザル原因ニ依テ不能トナツタト云フコトヲ債務者ガ言ヘバ債務者ノ方カラ其過失ノナイト云フコトノ證據ヲ擧ゲナケレバナラヌト云フコトハ少シモ本條アルガ為メニ妨ゲラレルコトガナカラウト思フ」(1147)。その後、土方は、証明責任の所在に疑いが残ることを理由として原案を支持する案を提出するが、起草委員が、証明責任の規律はその通りであるとしても、履行不能の場合の規律を明確にする必要があること（富井政章）、これまでの条文にも証明責任の所在を反映しない形で起草されたものが多く存在し、証拠の問題は民事訴訟法に委ねられるべきこと（梅謙次郎）等を主張したこともあって、結局、原案維持の案は賛成少数となり、修正案414条がそのまま可決されることになった(1148)。

　もちろん、債務者の責めに帰すべき事由の証明責任がその不存在について債務者側の負担に属するという解決それ自体は、今日においても受け入れられているものに過ぎない。ここで注目すべきは、この解決を基礎付けるために富井が述べている理由である。先に引用した部分で、富井は、債務が存在することの証明責任は債権者にあるが、一度債務の存在が証明されたときには、債務者が債務の履行を免れるための事由を証明しなければならないと述べている。つまり、債務の存在が証明されれば、それだけで、債権者の損害賠償への権利は基礎付けられることになるから、今度は、これを免れようとする債務者が、債務消滅原因としての帰責事由の不存在を証明しなければならないと理解しているのである。この論理は、債務不履行に基づく損害賠償を債権それ自体の効力と見る立場を前提にしなければ成り立ちえないものであって、この点からすれば、起草者の見解の中に、「履行」のみならず、債務不履行に基づく損害賠償をも、債権に内在する力の発現として位置付ける立場を見て取ることができると言えよう。そして、ここでは、上記のような理解が、ボアソナードの見解、また、その基礎となったものと推測される19世紀のフランス民法学において一般的に受け入れられていた見解と同一であることも、付言しておくべきである(1149)。

(1147)「民法議事速記録三」641頁。
(1148)「民法議事速記録三」642頁以下。
(1149) ボアソナードの見解について、本款・第1項419頁以下を、19世紀のフランス学説の見解

第 1 節　理論モデルの確立

　第 3 に、損害賠償の範囲をめぐる議論を検討する。損害賠償の範囲についての原案 410 条（現行 416 条）は、債務不履行に基づく損害賠償に関わる条文の中でも、最も激しい議論が交わされた部分であり、法典調査会における審議の結果、一定の修正が施されるに至っている[1150]。また、不法行為に基づく損害賠償に関する原案 719 条（現行 709 条）の審議においても、旧民法の中に存在した債務不履行に基づく損害賠償の範囲についての条文を不法行為に基づく損害賠償へと準用する規定（旧民法財産編 370 条 3 項）が削除されたことをめぐって、多くの議論が展開された[1151]。これらの議論の中には、現行民法における債務不履行に基づく損害賠償の性質はどのようなものであったかという問題関心から見た場合にも、興味深い要素を見出すことができる。委員により、あるいは、同じ委員であっても、損害賠償の範囲の問題を捉える際の基本的視座、つまり、債務不履行に基づく損害賠償に関する理論枠組みにおいて、相反する 2 つの視点が混在しているように見えるからである。以下、具体的に検討してみよう。

　原案 410 条の叩き台となる案の起草を担当した穂積陳重は、その趣旨説明において、予見が標準とされたことの意味につき、まず、「豫見ト云フコトハ何ウモ之ハ債務関係ノ性質ヨリシテ一ツノ標準ト致サナケレバナルマイト存ジマシタ」と述べている[1152]。冒頭の趣旨説明の中で、この「債務関係ノ性質ヨリシテ」の意味がこれ以上明確にされることはなかったが、その後の磯部四郎による予見時期に関わる質問[1153]に対する応答の中で、穂積は、以下のような発言を残している。「御説ノ通リニ私共ニ於テモ途中カラ豫見ヲシタ夫レハ契約ノ場合ニハ限リマセヌガ契約ノ場合ナラバ分リ易イ途中カラアレヲ約束通リ履行ヲシテ呉レヌト私ハ斯ウ云フ位置ニ為ツテ特ニ困ル其損害ハ通常ノ取引ノ売買ニ依テ多数ノ人ガ損害ヲ蒙ルヨリハ私ハ特ニ餘計ニ蒙ルコトガアルト云フ斯ウ云フ事ヲ言ハレタ始メヨリ負擔シテ居リマスル所ノ債務ノ分量ト云フモノハちゃント極ツテ居ル一貫目トカ二貫目トカ云フモノヲ負擔シテ居ルノニ夫レヲ一方ノ意思デ又夫レニ五百目ヲ加ヘルトカ六百目ヲ加ヘル

　　　について、第 1 部・第 1 章・第 1 節・第 1 款・第 2 項 109 頁以下を参照。
(1150)「民法議事速記録三」64 頁以下。具体的に言えば、まず、原案 410 条 1 項の「通常ノ場合ニ於テ債務ノ不履行ヨリ生スヘキ損害ノ賠償」という表現が、「債務不履行ヨリ通常生スヘキ損害ノ賠償」に改められた。また、同 2 項の「當事者カ始ヨリ豫見シ又ハ豫見スルコトヲ得ヘカリシ損害ニ付テハ特別ノ事情ヨリ生ジタルモノト雖モ其賠償ヲ請求スルコトヲ得」という規定について、「始ヨリ」が削除され、かつ、予見の対象を「特別ノ事情」とする旨の修正が施された結果、「特別ノ事情ニヨリ生シタル損害ト雖モ當事者カ其事情ヲ豫見シ又ハ豫見スルコトヲ得ヘカリシトキハ其賠償ヲ請求スルコトヲ得」という形に改められた。これらの点については、既に、注 (1081) で引用した文献を始めとする多くの先行研究が詳細に跡付けており、本書では、これ以上立ち入らない。
(1151)「民法議事速記録五」296 頁以下。
(1152)「民法議事速記録三」66 頁。
(1153) 磯部四郎による質問の要旨は、以下の通りである。「法律ノ理窟問題」として、原案は、「途中カラ豫見ヲシタト云フヤウナ事ノアツタトキニハ夫レハ其損害賠償ノ見積リ額ニ入レルコトハ出來ヌト云フ規定ニハ違ヒアリマスマイガ併シ然ウ云フ制限ヲ設ケナケレバナラヌト云フ必要ガアルカト云フ事ヲ御尋ネシタイ」（「民法議事速記録三」70 頁）。

◆第1章◆ 解　釈

コトガ出來ルト云フコトニ為ルノデアリマスカラ何ウモ理論上途中カラ知ラセテ貰ウトカ又自分ガ豫見シタ事情ニ依テ特ニ其責ガ重クナルト云フヤウニサレルノハ穏カデアルマイ又實際上モ然ウ云フコトヲサセタナラバ弊害ガ殖エルデアラウト云フノデアリマス」[(1154)]。この発言を不履行に基づく損害賠償の理論枠組みという視点から解釈すれば、債務不履行に基づく損害賠償は、先存債権を金銭の形で充足させるものであるから、その範囲も、先存債権が発生した当時の当該債権の範囲によって画されるべきであるとの理解を示したものとして読むことができる。そして、仮にこのような読み方が正当であるならば、穂積の発言は、まさにポティエのシステムを採用したものにほかならないと言うことができよう。

　しかしながら、債務不履行に基づく損害賠償の範囲に関しては、起草委員の間でも対立が存在し、これとは異なる見方も示されていた。梅謙次郎の発言がそれである。梅は、予見の対象は損害ではなく特別の事情とすべきであるという田部芳の修正案に同調しつつ、以下のような論理を展開する。少し長くなるが、梅の見解を端的に示すものとして興味深いので引用しておこう。原案410条には当初から反対であったが、実際上は、それほどの相違が生じないと考えたので、強いて反対をすることはなかった。「私ノ考ヘデハ何レ債権者ガ損害ヲ受ケテハナラヌト云フコトガ原則デナケレバナラヌ譬ヘバ甲ガ乙ニ對シテ斯様ナル債務ガアルト云フコトヲ認メテ居リナガラ其甲ガ其債務ヲ履行シナカツタガ為メニ乙ハ斯ウ云フ損害ヲ受ケルト云フコトガアル夫レデモ夫レハ賠償セヌデモ宜シイト云フコトニ法律デ極メテ置クノハ何ウモ穏カデナイト斯ウ云フ考ヘヲ持ツテ居リマス従ヒテ私ノ意見ヲ極ク十分ニ申シマスレバ「損害賠償ノ請求ハ債務ノ不履行ヨリ生スヘキ一切ノ損害ノ賠償ヲ為サシムルヲ以テ目的トス」ト云フヤウナ風ニシタイト思ヒマス（中略）要スルニ原因結果ノ事情ガ明カデアレバ總テ損害賠償ヲセサルガ宜カラウト考ヘテ居ルノデス」[(1155)]。つまり、ここで、梅は、損害が債務の不履行によって生じたものと評価される限り、その全てが賠償の対象とされなければならないとの論理を展開しているのである。既に検討した通り、これは、効果のレベルで賠償の範囲に制限を設けることに反対し、因果関係の有無のみによって賠償範囲を確定しようとするものであるから、賠償の論理を最も純粋な形で適用するものと見ることができる[(1156)]。

　更に、梅は、田部修正案に賛成する理由を以下のように続けている。「始ヨリ豫見シ又ハ豫見スルコトヲ得ヘカリシ」というのは、「契約上ノ義務ニ付テハ少クトモ説明ガ出來マス宜イトハ言ヒマセヌガ説明ハ出來ル」けれども、「法律ノ規定カラ直接ニ生ズル債務デアルトカ又ハ其外ノ不正行為抔カラ生ズル場合デアルトカ總テ夫レラノ場合ニ於キマシテハ始メヨリ豫見シテ居ツタトカ豫見スルコトガ出來タトカ云

　　(1154)「民法議事速記録三」70頁以下。
　　(1155)「民法議事速記録三」74頁。
　　(1156) この点については、第1部・第2章・第2節・第2款・第1項337頁以下も参照。

第 1 節　理論モデルの確立

フ事柄ハ寔ニ其理由ガナイコトデアラウト思ヒマス」。従って、「私ハ此規定ト云フモノハ理論カラ出タモノデナク實際上ノ便利カラ出タモノデアルト思ヒマス成程債務者ノ不履行ノ場合デアレバ債務者ニアルカラ一切ノ損害ヲ皆其債務者ニ拂ハセテ宜シイケレド然ウスルト非常ナ責任ニナルノデ夫レデハ債務者ガ實際上拂ヘヌ負擔シ切レヌデアラウト云フ理由カラ夫レデ特ニ法律デ以テ斯ウ云フ狭イ區域ヲ定メタルモノデアルト思ヒマス夫レハ私ハ心配シマセヌケレドモ假リニ其説ニ依テ考ヘテ見テモ恰度今田部君カラ出タ案デ澤山デアリマス」(1157)(1158)。このような梅の発言を先に述べた穂積の理解に対する解釈との関連で検討するならば、以下の視点を提示することができる。

　まず、予見可能性による賠償範囲確定ルールは、契約から生じた債務の不履行に基づく損害賠償については説明しうるが、それ以外の原因を持つ債務の不履行に基づく損害賠償に関しては妥当しえないという理解からは、このルールの基礎付けとして、梅が当事者間における黙示の合意を念頭に置いていたとの評価を導きうるということである。このような見方は、旧民法財産編385条をめぐる議論状況からも支持しうるものである。第1項において言及したように、旧民法は、フランス民法典とは異なり、債務一般に妥当するルールとして「損害賠償ノ訴権」を規定していたところ、ボアソナード（及び旧民法下の学説）は、予見可能性による賠償範囲確定ルールを当事者間の黙示の合意によって正当化することを試みていたのであり、この点において、その基礎付けには、契約以外を発生原因とする債務の不履行のケースを説明できないという理論的欠陥が存在した。上記のような梅の評価も、まさに、このことを指摘するものと言うことができるのである。

　次に、予見可能性による損害賠償の範囲の制限は、理論ではなく、実際上の便宜から設けられたものであるとの理解からは(1159)、梅の思考の中に、先存債権の効力

(1157)「民法議事速記録三」74頁以下。
(1158) 梅は、別の個所でも、本文で引用したのと同じ趣旨の発言を行っている。「第一契約ナラバ始メヨリ是丈ケノ物シカ豫期シテ居ラナカツタト云フコトガ稍々理由ノアル事ノヤウデアリマスガ契約ノ債務ニ付テ債務者ガ是丈ケハ義務ヲ承諾シテ居ツタト云フコト先刻ノ理由ハ之ハ契約以外ノ債務ニハ到底當嵌ラヌ話シデアル」。「權利ヲ得テ居ル以上ハ其權利ノ結果ヲ得ナケレバナラヌ權利ガアツテモ其結果ヲ得ラレヌヤウナ權利デアルナラバ不完全極ツタル權利デアリマスカラ夫レデハ法律ノ保護ヲ受ケル所ノ權利トハ言ヘヌト云フ考ヘデアリマス従ツテ途中カラ其事柄ガ知レタト云フ途中カラ其事柄ヲ豫見シ得ベキ事柄ト為ツテ來タト云フ事柄デアツテモ苟モ豫見シ又ハ豫見シ得ベカリシト云フモノデアレバ損害ノ生ズベキ時ヨリ見テ豫見シタト云フコトデ債務者ヲ保護スルト云フコトニシタナラバ十分デアラウト思ヒマス如何トナレバ夫レヲ豫見スベキデアレバ夫レデハ所謂不履行ヲシタナラバ損害賠償ハ無論出ササナケレバナラヌカラ何ウシテモ履行スル斯ウ云フコトニナツテ勉強シテ履行スルト云フコトニ為ルカラ矢張リ構ヒマセヌ」（「民法議事速記録三」77頁以下）。
(1159) 梅は、この実際上の便宜の意味について、原案719条（現行709条）の審議過程の中で以下のように述べている。「純然タル理屈」から言えば、「債務者ガ苟モ債務ヲ負フテ居ル債權者ハ債權ヲ持ツテ居ル債權ト云フモノハ著シイ權利デ法律ガ保護スルモノデアルナラバ相手方ガ債務ヲ負フテ居リナガラ其債務ヲ履行シナイ以上ハ夫レヨリ生ズル費用ヲ總テ負擔シナケレバナラヌノハ當然デアル」から、債務不履行に基づく「損害賠償ノ所デ制限ハ私ハ省イテ頂キタイ」が、ここでは、更に、2つのことを考えておく必要がある。1つは、「債務不履行ノ場合ニハ初メ債務ヲ

◆第1章◆解　釈

としての損害賠償という視点からの基礎付けが共有されていなかったとの評価を導きうるということである。ポティエがそうであり、また、穂積の発言の中にも見られたように、債務不履行に基づく損害賠償を債権（あるいは債務）の効力の発現として理解し、これを基礎に据えて議論を構築するならば、予見という規範言明を用いるかどうかは別としても、損害賠償の範囲が履行されなかった債権の範囲に限定されることは、いわば必然である。それにもかかわらず、梅は、原案410条を理論ではなく利益判断に基づく規定と評価しているのであるから、彼の考えの中に、上記のような理論枠組みによる正当化は存在しなかったと見ることができるのである。

このように見てくると、少なくとも、これまでに引用した原案410条の審議過程における議論に関して言えば、「債権ノ効力」であることを出発点とし、損害賠償の範囲を当該債権の範囲によって画そうとする穂積の見方と、賠償の論理を徹底し、不履行と原因・結果の関係にある損害の全てを賠償の対象にすべき旨を説く梅の見方という、起草委員間の対立構図を読み取ることができるように思われる。

ところが、上記のような梅の発言を受けた後の穂積陳重は、「債権ノ効力」であることを強調する視点から距離を置き、梅の論理に理解を示すかのような発言も残している。予見の対象及び時期に関する田部・梅の修正案について、土方寧が、「債権ノ効力」としての損害賠償という枠組みを強調する立場から、先存債権の範囲は当該債権の成立時に確定するものである以上、その効力としての損害賠償の範囲も「始ヨリ」確定されなければならないとの見解（先に述べた穂積の見解）を繰り返し、穂積（及び富井）にその意見を求めたのに対して(1160)(1161)、穂積は、以下のように述べ

負フ時ニハ豫想シテ居ラナカツタノデアル後日事情ガ生ジテドウモ履行ガ出來ナカツタト云フヤウナ場合ハ随分無責任デ宜イト云フ理論ガ立タヌコトモナイ併シ無責任ト云フコトハ法律上認メラレマスマイケレドモ夫レガ為メニ債務不履行ノ場合ハ不法行為ノ制裁ヨリ緩クシテ置ク理由ガアル如何トナレバ債務不履行ト云フモノハ此處ニ云フ不法行為ヨリカ事情ニ於テ多少違ウ所ガアル」ことである。もう１つは、「法律行為カラ生ズル所ノ債務ニ就テハ當事者ガ初メドレ丈ケノコトヲ望ンダカト云フコトヲ見ルノガ一ツノ標準デアラウト考ヘマス假令債務ヲ履行スルニ就イテ以外ノ事ガ生ジタニセヨ夫レハ以外ノモノデアルカラ言ハバ轉債デアル初メニ豫期シタ事柄丈ケニ就イテサヘ責テ盡セバ宜イト云フ議論モ私ハ正確トハ思ヒマセヌケレドモ多少理屈ガアル」ことである（「民法議事速記録五」310頁以下）。

(1160)　土方の発言は、以下のようなものである。「問題ヲ一口ニ言フト義務ノ本旨ニ従フテ履行セネバナラヌ若シ履行シナケレバ賠償ト云フコトニ為ル賠償ト云フモノハ義務ノ効力ニ為ル夫レハ義務ノ成立シタトキニ定マル……後トカラ……ト云フコトガ問題ニ為ル夫レハ義務ノ成立ノトキニ定ツタ効力ト云フモノト夫レカラ義務ヲ行ハナカツタト云フコトデ其賠償ト云フモノニ變ツタモノトハ丸デ性質ガ變ツタモノデアリマスカラ幾ラカ制限シテ豫見スルコトヲ得ベカリシト云フヤウニ制限スルト云フコトニ為ルト結果ガ大變ニ義務ノ効力ガ後トカラ増スト云フヤウニ為ルト思ヒマス之ハ餘程考フベキ事ト思ヒマス之ハ契約ノ義務ノ始メカラ生ズル場合デモ特別ノ場合デモ義務ノ生ズルトキニ効力ガ定マル法律ノ規定ニ依テ義務行ハナケレバ損害ヲ拂ハナケレバナラヌ其損害ノ金額ヲ定メル標準モ法律ノ規定デ定ツテ居ル賠償ノ場合ニ於テハ義務ノ効力ガ變ハツテ來ルト云フヤウニコトハ性質論トシテ宜シイガ何ウカト云フコトハ餘程考モノト思ヒマス、デアリマスカラ梅君ノ御説モ今始メテ伺ツテ餘程面白キ御説ト思ヒマスガ願クバ其點ヲ能ク明ニセヌデ決シナイデ私一人ノ希望ヲ言ヘバ穂積君富井君御意見ハドンナモノデゴザイマセウカ「始ヨリ」ト云フコトヲ極メテ決シタイト思ヒマス」（「民法議事速記録三」75頁以下）。

(1161)　従って、少なくとも法典調査会のメンバーの中には、ポティエの流れを汲む論理を正確に理解し、それを基礎として議論を行おうとする者が存在したと言うことができる。

438

ているのである。すなわち、「理論上梅君ノ言ハルル如ク苟モ其原因結果ノ関係ガアルナラバ其結果ガ如何ナル事情ヨリ出ヤウトモ夫レハ償ハナケレバナラヌト云フコトニ付テ吾々モ夫レハ大體ニ於テ同意シテ居リマス故ニ梅君ガ申サレタ所ハ本條ハ即チ立法上ノ規定ヲ便宜ヲ圖リ當事者ノ公平ナ所ヲ見テ出來タ箇條ヂヤロウト言ハレタノハ吾々幾ラカノ話シノ結果ヲ述ベラレタノデアラウト思ヒマス」[1162]。つまり、ここでは、原案410条が、理論からの帰結ではなく、利益判断に基づく規定であることが述べられているのである。そうすると、穂積の見解と梅の見解とにおいては、賠償の論理、すなわち、不履行と原因・結果の関係にある損害の全てが賠償の対象とされなければならないという見方が議論の出発点とされている点で共通しており、ただ、予見の対象や時期に由来する当事者間の衡平の図り方に差異があるに過ぎないとも見うるのである。

　もっとも、穂積は、先に引用した部分に続けて、原案に「始ヨリ」という文言を付した理由について、「兎ニ角「始ヨリ」ト云フコトガ理論モ正シイト云フコトデ遂ニ之ヲ原案トシテ出シタ」とも述べてことに留意する必要がある[1163]。原案410条が「理論」の帰結ではないと断定しながら、「始ヨリ」が「理論」的に正しいというのは不整合であるから、この点を捉えるならば、穂積は、やはり、土方発言と同様の方向性を志向していたと評価することができるのである。また、後日に行われた原案719条（現行709条）の審議に際しても、仮に債務不履行が債権侵害として不法行為にも該当すると言うのであれば、2つの損害賠償でその範囲が異なるというのは権衡を失するのではないかとの質問に対し[1164]、穂積は、不法行為の場合、「是丈ケノ豫想ガ備ハツテ居ツテ夫レカラ損害ガ生ジタト云フ以上ハドウモ夫レヲ何處カラ切ルカト言フコトハ法ノ規定トシテハ六ヅカシイ」が、債務不履行の場合には、「當事者ガ或事ヲ双方デもくろんデ是ヲヤラウト思ヒマシタ時ニ於テハ初メカラノ債務ノ性質ト云フモノガ通常生ズベキ損害ノ場合ニ於ケル賠償ト云フモノニ限ツテ丈ケニアルモノ」だから、予見可能性による制限を設けることが適切であると回答しており[1165]、やはり、2つの損害賠償の性質が異なることを議論の出発点としている

(1162)「民法議事速記録三」76頁。
(1163)「民法議事速記録三」76頁。
(1164) これも、土方寧の発言である。土方は言う。「不法行為ニ付テハ他人ノ権利ヲ侵害シテ他人ニ損害ヲ及ボシタナラバ賠償ヲシナケレバナラヌト云フコトガ言ツテアル丈ケデ是ニ関スル制限ノ規則ハ少シモアリマセヌカラシテ詰リ損害ノアツタト云フコトヲ證明スル不法行為ガ原因デ損害ガアツタト云フコトヲ證明セラレタ以上ハ其制限ガナイソレデ債権ノ規則ト債権以外ノ規則ト権衡ヲ得タルモノデアルカドウデアルカト云フノデアリマス寧口此處扰ノ場合ニハ賠償ト云フ他ニ幾ラカ加害者ヲ責罰スルト云フコトモ這入ツテ宜シカラウト思ヒマスケレドモサウ云フコトハ本來刑法ノ方ニ讓ラナケレバナラヌ併シ不法行為ニ基ク損害賠償ニ至ツテハ無制限デアル不法行為ガ原因デ損害ガ生ジタト云フコトガ證明セラレタ以上ハ無制限デアルト云フノハ債権ノ方デ制限シタ理論ト如何ニモ権衡ヲ失スルヤウニ思フ詰テ此七百十九條ノ儘ニシテ置イタナラバ四百十五條ニアルヤウナ制限ハナイト云フコトニ解セラルルト思フ夫レガドウモ理屈ガ分リマセヌカラ其點ヲ伺フノデアリマス起草委員ハサウナツテモ宜シイト云フ御考ヘデアリマスカ如何デアリマスカ」（「民法議事速記録五」304頁）。

ように見受けられる。いずれにしても、法典調査会における穂積の発言には、少なくとも本書の問題関心から見た場合、「債権ノ効力」という視点が強いものの、相互に相容れない2つの原理の存在を指摘することができるように思われるのである。

(2) 2つの理論モデルの整合性

以上の検討から明らかになることを整理し、そこから、本書の問題意識にとって重要な幾つかの視点を提示してみよう。

不履行に基づく損害賠償の理論枠組みという総論的な視点から言えば、起草過程における審議の中には、債務不履行に基づく損害賠償の基礎を債権それ自体に求め、これを、「債権ノ効力」、「債権に内在する力」として把握する構想と、債務不履行に基づく損害賠償を不法行為に基づく損害賠償と同じ性質を持つ制度として位置付ける構想のいずれをも見出すことができた。もっとも、このように民法の制定過程において2つの原理が混在していたという事実は、問題となる場面、あるいは、発言した委員に応じて、理解されなければならない。

まず、前者の「問題となる場面」という点について言えば、債務不履行に基づく損害賠償の体系的な位置付け、及び、証明責任をめぐる議論に端的な形で現れうる、債務不履行に基づく損害賠償の基礎に関する審議の場面では、債権に内在する力、代替的な実現手段といった視点が、法典調査会の議論を支配していたのに対し、債務不履行に基づく損害賠償の範囲という効果の局面では、「債権の効力」という視点と、損害の賠償という視点のいずれもが提示され、議論の基礎となっていた[1166]。このことからは、少なくとも債務不履行に基づく損害賠償の性質については、これを履行手段と呼ぶかどうかは別としても、先存する債権それ自体と同一の存在として観念されていたと言うことができる。つまり、現行民法における債務不履行に基づく損害賠償は、ボアソナード、オーブリー＝ロー、ポティエがそう理解していたように、先存債権に内在する力として、別の言い方をすれば、現実に履行されなかった債権を金銭の形で実現するための制度として作られたと見ることができるのである。ここに、民法が債務不履行に基づく損害賠償を「債権ノ効力」の節に位置付けた意味があると言える。

ところで、このような理解に対しては、効果が問題となっていた局面で2つの相反する原理からの議論が展開されていたことをどのように説明するのかという疑問が投げかけうる。この点に関しては、委員相互間の対立と見ることもできるが、一部の意識的な委員を除き、「債権ノ効力」としての損害賠償という原理論と損害賠償の範囲という効果論とが、必ずしも明確な形で接合されていなかったとの見方も成り立ちうるのではないかと思われる。その理由は、以下の通りである。予見可能性

(1165)「民法議事速記録五」304頁以下。
(1166) これは、ボアソナードの理解の中にも見られた特徴である。

を中核とする賠償範囲確定ルールは、フランスだけでなく、その他の国においても採用されており[1167]、同一あるいは類似の規範言明に対し異なる意味付けが与えられていたところ、ある国で採用されていたルール及びそこでの議論を、フランス流の「債権ノ効力」としての損害賠償という性質論と十分に照らし合わせることなく、原案410条が審議に付されたという事態は、十分に考えられるところである。また、そもそも、旧民法下において、予見可能性による賠償範囲確定ルールは黙示の合意によって基礎付けられており、こうした正当化が債権一般に通用する規律にとって適切でないことは明らかなのであって、履行モデル的な発想を前提とした場合に予見可能性ルールを説明するための黙示の合意に代わる論拠(ポティエによって示されていた論拠)が知られていなかったことから、先に述べたような捩れが生じてしまったという見方も可能であろう。いずれにしても、こうした現行民法の起草過程における議論の不明確さ、そこでの理論的な問題を踏まえるならば、損害賠償の範囲の理論的基礎を、先に述べた性質論と論理的に整合させる形、つまり、債権の代替的実現手段という機能を前面に押し出す形で再提示することは許されると言うべきである。

次に、後者の「発言した委員」という点について言えば、法典調査会の委員の中には、明確に「債権ノ効力」としての損害賠償という視点を打ち出し、これを先存債権の実現手段という角度から捉えようとする者(土方寧)が存在したほか、少なくとも損害賠償の性質論の局面では、起草委員もこのような見方を採用していた。その一方で、梅謙次郎は、損害賠償の範囲に関わるコンテクストという限定を付した上ではあるが、上記の理論枠組みの採用を窺わせるような発言を残すことなく、不法行為に基づく損害賠償との共通性を基礎とした議論を展開していた。このように、委員の間にも、前提としている(と見られる)損害賠償の理論枠組みに対立が存在したと言うことができる。とはいえ、梅の理解については、以下の3点に留意が必要である。

第1に、法典調査会の議場で梅が示した見方は、あくまでも彼個人の見解であり、それが直接的に条文の形へと結実したわけではないということである。つまり、債務不履行に基づく損害賠償の要件を充足している限り、その全ての損害が賠償の対象とされるべきであるという完全賠償の論理は、民法の中の条文に体現されることはなかったのである。このことは、既に、完全賠償原則・制限賠償原則という分析枠組みを用いた先行研究によって明らかにされているところであり[1168]、本書でこれ以上踏み込む必要はないであろう。ここでは、梅が、民法の施行後も、民法416条に対して立法論批判を繰り返していたことだけを指摘しておけば十分であ

[1167] このコンテクストでは、とりわけ、起草委員の発言の中にも現れている「英吉利抔ノ祐明ナ判決例ノ規則」が重要である(「民法議事速記録三」66頁)。
[1168] 平井・前掲注(11)。

◆第1章◆ 解　釈

る(1169)。

　第2に、不履行と原因・結果の関係があれば全ての損害が賠償の対象となるべきであるという理解と、通常損害・特別損害の区別と予見可能性による賠償範囲確定ルールとにおいて、実際上それほど大きな差は生じないと考えられていたことである。このような梅の認識からは、民法制定当時の議論において、債務不履行から生ずる損害として観念されていたのは、当該債務の実現に関わるものだけであって、それ以外の損害についてはほとんど考慮されていなかったとの評価を導くことができる。従って、不履行と因果関係にある損害の全てが賠償の対象になるという言明、そして、梅が理想として説く「損害賠償ノ請求ハ債務ノ不履行ヨリ生スヘキ一切ノ損害ノ賠償ヲ為サシムルヲ以テ目的トス」との規律は、確かに、今日で言うところの、不履行と事実的因果関係にある損害の全てが賠償の対象になるという意味での完全賠償原則と理論的同一性を持つものではあるが、実際上の帰結としては、債務が正確に履行されたならばそうであったであろう状態を金銭により実現するという趣旨を持つ完全履行原則と同じ結論が想定されていたと見ることができるのである。このことを別の角度から見れば、梅が前提としていた賠償の論理は、少なくとも損害賠償の範囲という問題の実際上の帰結としては、特段の意味を有するものではなかったとも言えるのである。

　第3に、賠償の論理を基礎とする立場から、通常損害・特別損害の区別と予見可能性による賠償範囲確定ルールが、理論ではなく、便宜のための規律として捉えられていたことである。なるほど、実際上の帰結という面から見れば、上記の第2のように理解することができる。しかし、理論的な含意というレベルでは、原案410条（現行416条）は、やはり損害賠償の範囲を制限する規律であることに変わりはない。このような前提の下、梅は、原案410条のルールについて、理論的に正当化することが困難であることを認め、単なる利益判断に基づく規定と認識した上で、こうした利益判断は誤りであるとして、賠償の論理の貫徹を求めたのである。

　このような梅の理解の中には、日本の損害賠償の範囲に関する議論において、理論的な問題が生じてしまった要因を見て取ることができよう。既に述べたように、本書は、損害賠償の範囲という問題を検討する際の分析枠組みとして、フランス法の分析成果を基に、「完全賠償原則」への立ち位置、制限賠償原則の基礎付け、制限賠償原則を実現するためのルール（通常損害・特別損害の区別と予見可能性による賠償範囲確定ルール）の正当化、債務不履行に基づく損害賠償と不法行為に基づく損害賠償における相違の説明という4つの視角を提示した(1170)。これらを用いて梅の立法論を分析すると、それは、「完全賠償原則」の適切性を主張し、制限賠償原則に関わ

　(1169)　梅・前掲注(758)「要義」55頁以下、同・前掲注(758)「原理」291頁以下、同・前掲注(917) 213頁。この点については、注(917)で詳細に引用したので、ここでは繰り返さない。
　(1170)　この点については、第1部・第2章・第2節・第2款・第1項337頁以下を参照。

る後3者の正当化がいずれも不可能である旨を説くものであったと言える。もっとも、こうした梅の理解の背後には、当該債務の実現に関わるものだけが賠償の対象に含まれるという暗黙の前提が存在した。そうすると、ここで、仮に賠償の対象とされるべき損害の範囲は当該債務の実現に関係するものだけに限られるとの前提が崩れ、完全賠償原則が、文字通り、不履行と原因・結果のある損害の全てが賠償されなければならないという意味で捉えられるとすれば、利益判断として、損害賠償の範囲を制限する枠組みが求められるから、梅の立法論はその限りで妥当性を失うことになる。しかし、そうであるとしても、梅が理論的に説明することは不可能であると断じた、後3者の問題に応える必要があることに変わりはない。日本の学説は、こうした立法過程における議論から教訓を引き出すことなく、民法416条の存在を当然の前提として理論を構築したことから、梅が正当にも認識していた理論的諸問題に対して、何らの応対もすることができないような枠組みを設定してしまったのである[1171]。

　以上のように見てくると、日本の民法の制定過程における議論の中には、債務不履行に基づく損害賠償の基礎を債権それ自体に求め、これを、「債権ノ効力」、「債権に内在する力」として把握する構想と、債務不履行に基づく損害賠償を不法行為に基づく損害賠償と同じ性質を持つ制度として位置付ける構想のいずれも見出すことができるが、少なくとも、現行民法の条文・体系との整合性、理論モデルの解釈枠組みとしての有用性を問おうとする本節の第1次的目的との関連で言えば、前者のモデルに軍配を上げるべきであるように思われる。もちろん、本書が提示するモデルは、今日までの学問的成果を踏まえた上で、フランスにおける議論の分析成果を基に構築されたものであるから、民法の起草過程でこれらのモデルが明確に示されていないのは当然である。本款の冒頭でも断っておいたように、これまでの考察は、履行モデルが起草者や立法者の意思に完全な形で一致するなどという主張を行おうとするものではない。しかし、民法の制定過程において、「債権ノ効力」としての損害賠償、先存債権の実現手段としての損害賠償という考え方が存在したこと、これらが民法の体系に反映していること、そして、各条文の源流にまで目を配るならば、こうした理論枠組みが債務不履行に基づく損害賠償に関わる条文にも現れていることは疑いのない事実なのである。そうすると、履行モデルは、第1部で検討した諸問題を統合し、それを民法の解釈枠組みにまで高めるための基本構想として、極めて有用なモデルであると言うことができるのである。

　ところで、日本の民法における債務不履行に基づく損害賠償は、債権一般に妥当する規範としての意味を持っており、この点において、契約不履行に基づく損害賠償を「契約もしくは合意に基づく債務一般」の「債務の効果」と題する節に置いて

　(1171) この点については、第1部・第2章・第2節・第2款・第1項339頁以下を参照。

いるフランス民法典の体系とは異なっている。ここから、契約不履行に基づく損害賠償の理論モデルについて、日本の民法とフランス民法典の立場を同様に理解することはできないとの批判が提示されるかもしれない。こうした批判が正当でないことは、これまでの検討で既に明らかとなっているように思われるが、本節冒頭に掲げた視点の1つに関わる問題であるため、念のため一言しておくことにしよう。

確かに、フランス民法典は、体系上、「債務不履行の結果生ずる損害賠償」を契約に関わる章の中で規定している。しかし、既に述べたように、ポティエの構想を承継したフランス民法典の「債務不履行の結果生ずる損害賠償」は、原初債務の付随的・先存的な効果として捉えられており、それに対して、合意ないし契約に特有の理論的基盤が与えられているわけではなかった。つまり、そこでの不履行に基づく損害賠償は、合意や契約を超えて、あらゆる債務に妥当するルールとして構築されていたのである。その後、フランスにおける19世紀の学説の多くは、「債務不履行の結果生ずる損害賠償」を当事者間の黙示の合意によって基礎付けていたから、ポティエ及びフランス民法典との間で、本質的ではないにしても、正当化レベルでの理論的な断絶を生じさせた。もっとも、オーブリー＝ローに代表されるように、当時の学説の中にも、合意に依拠しない基礎付けを試みていた見解が存在したのであり、こうした見方が、ボアソナードを介して、日本の民法へと流れ込んだものと見ることができる。そうすると、フランス民法典と日本民法とにおいて、契約（債務）不履行に基づく損害賠償の基本的な捉え方に理論的な断絶は存在しないと言わなければならない。それどころか、ボアソナードが当事者間の黙示の合意に言及していたことに鑑みるならば、日本民法の立場は、旧民法以上に、フランス民法典やポティエの理論に近いとさえ評価することができるのである。

いずれにしても、契約（債務）不履行に基づく損害賠償を債務ないし債権の効果として把握するポティエの流れを汲む構想は、その源を債権それ自体の力に求め、金銭という等価物によって履行されなかった債務を実現する手段として捉えることを意味している。つまり、この理解においては、当事者の合意や契約、あるいは、合意は守られなければならないという規範からは理論的に独立しつつ、契約から生じた債権に対して、それに内在する効果としての金銭による価値的な実現手段が包含されていると見るのである。従って、契約から生じた債権であろうと、それ以外に源を有する債権であろうと、およそ債権は履行されるべきものであるとの認識を基礎とするならば、ここで、両者を理論的に区別して捉える必要はないと言うべきであろう。もちろん、実現を評価する段階、つまり、不履行に基づく損害賠償の対象や範囲を確定する段階では、契約的な要素が考慮の対象となりうるが、このことは、損害賠償を「債権の効力」として捉える立場と何ら矛盾しない。債務不履行に基づく損害賠償が債権の実現手段であるならば、こうした評価を行うことは、むしろ必然であるとも言えるのである。日本の民法における債務不履行に基づく損害賠償

第 1 節　理論モデルの確立

は、このような意味を持つものとして定式化することができる。

　以上において、日本の民法における債務不履行規定の意義が明らかにされた。その内容についてはこれまで詳細に論じてきたので、改めて整理することはしない。以下、本書における検討が、当時の議論のコンテクストとの関係において、どのように位置付けられるのかを確認するために、民法制定直後の学説をフォローし、本節における考察を終えることにしよう。

　一言で表現すれば、民法施行直後の学説も、制定過程の議論を反映したものとなっており、従って、その基本的な枠組みにおいては、ポティエから現行民法へと至る潮流の中に位置付けることができる。まず、債務不履行に基づく損害賠償を「債権の効力」として位置付ける体系が明確に意識され、不法行為に基づく損害賠償との異質性が強調されていた[1172]。その結果、損害賠償の目的についても、履行との同一性を意識した記述が見られることになった[1173]。次に、帰責事由の問題に関して言えば、それが積極的に語られることはなく、履行不能のケースについてのみ、19世紀のフランス学説やボアソナードの理解と同様、広く不可抗力や偶発事故に基づかない不履行の場合に帰責事由があると述べられているに過ぎなかった[1174][1175][1176]。これに対して、民法416条の理論的基礎のコンテクストでは、利

[1172] 例えば、起草委員の校閲を受けた松波＝仁保＝仁井田・前掲注(759)138頁は、以下のように述べている。「債務者カ債務ノ本旨ニ従ヒタル履行ヲササルニ依リテ生スル損害賠償ノ請求権ハ第三者カ不法行為ニ依リテ物若クハ身体自由又ハ栄誉ニ関スル権利ヲ侵害シタル為メ権利者ノ有スル損害賠償ノ請求権ト其性質ヲ異ニスルモノナリ今債権者カ債務ノ履行ヲササル債務者ニ対シテ有スル損害賠償ノ請求権ハ従来存セル債権ノ効力ニ外ナラスト雖モ第三者ノ不法行為ニ依リテ生スル損害賠償ノ請求権ハ不法行為ニ基ク独立ノ債権ナリトス要スルニ債権者カ債務者ニ対シ損害賠償ノ請求権ヲ有スル所以ハ畢竟之ニ対シテ債権ヲ有シタルカ為メニ外ナラス此ノ如ク債権者カ其債権ノ効力トシテ債務者ニ対シ有スル損害賠償ノ請求権ハ独立ナル別種ノ債権ニ非サルカ故ニ其基本タル債権ト終始運命ヲ共ニスルモノト謂ハサル可カラス」。

[1173] 例えば、同じく起草委員・富井政章の校閲を受けた岡松・前掲注(759)88頁は、以下のように述べている。「損害賠償ノ目的ハ債権者ヲシテ実際債務ノ履行アリタルト同一ノ結果ヲ得セシムルヲ以テ目的トナスモノナルカ故ニ其得ヘカリシ利益モ亦之ヲ賠償スルヲ要スルセハ債務ノ履行ト同一ノ結果ヲ生スルコトヲ得サルヘケレハナリ」（この叙述は、逸失利益が賠償の対象となりうるのかという問題を論じたコンテクストで、それを肯定するための理由付けとして記されたものである）。

[1174] 岡松・前掲注(759)84頁（「債務者ノ故意又ハ過失ニ因ラス全ク天災其他ノ事変ニ因リ履行不能トナリタルトキ」、債務者は不履行に基づく損害賠償を義務付けられることはない）、前田考階＝亀山貞義『民法講義債権編 巻之一 上巻』（講法会・1898年）113頁以下（「天災其他ノ不可抗力ニ依リテ債務ノ履行カ不能トナリタルトキハ」、債務不履行に基づく損害賠償は認められない。「其不能タルヤ債務者ノ責ニ帰スヘキ事由ニ因リタルトキ即チ債務者ノ過失若クハ故意ニ依リ債務ノ履行カ不能トナリタルトキ又ハ直接ニ債務者ノ故意若クハ過失ニ基キ不能トナリタルニ非サルモ結局債務者ノ責ニ帰スヘキ」ときは、債務者は損害賠償の義務を負う）、厳谷孫三＝岡本芳二郎＝大八木耐三＝吉田作彌講述『民法講義 下巻』（国民法政学会・1906年）59頁（415条の「損害賠償ハ原則トシテ過失アルヲ仮定スル者ナリ」）・70頁（債務者は、不履行が「債務者ノ故意、過失又ハ懈怠等ノ原因シタル」場合にのみ賠償を義務付けられ、それが「偶然ノ事変」によるときには賠償の義務を負わない）、飯島喬平講述『民法要論（3版）』（早稲田大学出版部・1915年）394頁〔初版・1911年〕（不履行が「債務者ノ責ニ任スヘキ事由又ハ不可抗力」に起因するときには、賠償は認められない）等。

[1175] この時代、履行不能以外のケースについては、条文の表現の仕方に従って、帰責事由の有無は問題にならないという理解が一般的であった。例えば、松波＝仁保＝仁井田・前掲注(759)139

益判断が指摘されるだけであり、「債権の効力」から議論が展開されることはなかった(1177)。これらを一瞥するだけでも、この時代の議論が、良くも悪くも民法制定過程の議論をそのまま承継したものであることが分かるであろう。従って、当時の学説の中には、論理的な不鮮明さが残されていると言わざるをえない。しかし、少なくとも、債務不履行に基づく損害賠償の性質が問題となる局面、つまり、総論的な問題関心を提示する場面では、総じて、不法行為との異質性、「債権の効力」性が強調されていたのであって、このことは、再度確認しておかなければならないであろう。

◇第１節の結論◇

本節の目的は、民法における債務不履行に基づく損害賠償がどのような意義を有する制度として作られたのかという点を解明することに存した。ここで、その成果を要約しておく。

日本の民法における債務不履行に基づく損害賠償は、少なくともその総論的なビジョンとしては、明確に先存する債権の効力によって基礎付けられ、当該債権の実現を確保するための制度として構想されていた。これに対して、効果のレベルの議論では、賠償と履行という２つの視点が混在していたし、各委員が前提としている（ように見られる）不履行に基づく損害賠償の原理の間に対立も見られたが、同時に、賠償の論理と条文との間には論理的不整合が存在することも認識されていた。このことは、一方で、「債権の効力」としての不履行に基づく損害賠償という基本認識が、ポティエが言うところの、原初債務の効果としての二次的債務たる損害賠償、更には、フランス民法典や旧民法と同じ原理に基盤を置く捉え方であること、他方で、

　　　頁（「債務者ハ債務ヲ履行ス可キ時及ヒ場所ニ於テ債務ノ目的ニ相当スル給付ヲ為シ以テ完全ニ其債務ノ履行ヲ為ス可キモノトス所謂債務ノ本旨ニ従ヒテ履行ヲ為ササル可カラストハ畢竟此意ニ外ナラス而シテ債務者カ債務ノ本旨ニ従ヒ履行ヲ為ササルトキハ債務者ニ故意又ハ過失ノ責ム可キモノアルト否トヲ問ハス債権者ヨリ債務者ニ対シテ損害賠償ノ請求ヲ為スコトヲ得ルモノナリ」）・145頁以下（「注意ス可キハ債務者カ不履行ニ基ク損害賠償ノ責ニ任スルニ敢テ之ニ故意又ハ過失ノ咎ム可キモノアルコトヲ必要トセサルコト是ナリ新民法ニ於テ此ノ如キ主義ヲ採リタルハ債務者ニ故意又ハ過失アル場合ニ限リ不履行ニ基ク損害賠償ノ責任ヲ生スルモノトセハ難訴ノ弊ヲ生ス可ク且ツ債権者ヲシテ債務者ノ故意又ハ過失ニ基ケル損害ヲ負担セシメンヨリハ寧ロ債務者ヲシテ之ヲ負担セシムルヲ可ト為シタルニ依ルナラン今本条ノ規定アル以上ハ債務者ハ其故意又ハ過失ニ依ラスシテ債務ノ履行ヲ遅滞スルモ尚損害賠償ノ責任ヲ負担セサル可カラサルコトヲ知ル」）、巌谷＝岡本＝大八木＝吉田・前掲注(1174)59頁（「確定期限アル債務ノ不履行ハ縦令債務者ノ過失ナシトスルモ之ニ依リテ生シタル損害ハ過失ナキ債権者ニ帰セシムルヨリモ寧ロ之以テ過失ナキ債務者ニ負担セシメラレタリ蓋シ過失ノ有無ニ関シ訴訟ヲ生セシメサランコトヲ欲シテナリ」）等。
　(1176) この点については、既に、吉田・前掲注(8)9頁以下が指摘していたところである。
　(1177) 例えば、松波＝仁保＝仁井田・前掲注(759)151頁（「若シ債務者ヲシテ如何ナル場合ニ於テモ特別ノ事情ニ依リテ生シタル損害ヲ賠償セシム可キモノトセハ債務者ニ対シ極メテ酷ナル結果ヲ生スヘケレハナリ」）、岡松・前掲注(759)86頁（「債務者ハ苟クモ不履行ノ結果タル損害ハ如何ナル事情ニ因テ生スルヲ問ハス総テ之ヲ賠償スヘキモノトスルトキハ債務者ニ対シ甚タ酷ニ失ス」）。

◆ 第 1 節 ◆ 理論モデルの確立

日本の民法における債務不履行規定の多くが、これらの法典のテクストを参考として起草されたものであることに由来する。従って、このような債務不履行規定の成立過程からすれば、賠償モデルの中に、第1部において明らかにしたような理論的諸問題が内在されていることは、いわば必然であったとも言える。また、起草過程における議論の論理的不明瞭さを克服するために、履行方式としての不履行に基づく損害賠償というモデルを基礎に議論を再構築することは十分に可能であるし、更に言うならば、この試みは必要不可欠であるとさえ思われるのである。かくして、本節の考察によって、契約（債務）不履行に基づく損害賠償を、履行されなかった契約ないし債務を実現するための手段として位置付けるモデル、つまり、履行モデルは、契約（債務）不履行に基づく損害賠償に関わる諸問題に対し一定の基礎を与えるという意味での理論的有用性のみならず、これらの問題を統括し、解釈の枠組みとして構築するという意味での体系的有用性をも保持していることが明らかになったと言える。

　以上が、本節の検討から導かれる成果の1つである。しかしながら、これだけでは、賠償モデルに対する履行モデルの優位を真の意味で示したことにはならない。このことを明らかにするためには、一方で、「債権の効力」としての不履行に基づく損害賠償が、損害を賠償するための手段としての損害賠償へと取って代わられた理由、そして、後者の捉え方が異論なく受け入れられるようになった要因を解明し、賠償モデルの理論的・実践的含意を評価しておかなければならないのである。かくして、考察の舞台は、履行方式としての契約不履行に基づく損害賠償の確立から、賠償方式としての契約不履行に基づく損害賠償の生成、発展、動揺、そして、履行方式としての契約不履行に基づく損害賠償の復権へと移されることになる。

◆第1章◆ 解　釈

◆第2節　理論モデルの展開

　前節において詳細に跡付けたように、日本の民法は、少なくともその総論的なビジョンにおいては、債務不履行に基づく損害賠償を、先存債権の効力、あるいは、その代替的な履行実現手段として位置付けていた。また、このような構想は、ボアソナードを介して、フランス民法典、及び、その源流であるポティエにまで遡りうるものであり、フランスにおいても、民法典の制定から約1世紀の間は、上記のような構想が、（理論的基礎付けはともかく）ほぼ異論なく受け入れられていた。

　ところが、その後、日本においても、フランスにおいても、契約（債務）不履行に基づく損害賠償を履行実現のための手段として捉える基本認識が徐々に失われていく。日本では、民法制定後間もなく、契約（債務）不履行に基づく損害賠償を、不法行為に基づく損害賠償とパラレルな構造を持つ制度として捉え、要件・効果の両面について、2つの損害賠償制度に共通の枠組みを構築しようとする伝統的通説が形成された[1178]。そして、少なくとも、契約（債務）不履行に基づく損害賠償を損害の賠償方式として見る構想、つまり、賠償モデルの原理それ自体は、その内部で様々なヴァリエーションを生み出しつつも[1179]、今日に至るまで、ほぼ異論なく承認されてきた。他方、フランスでも、19世紀の末以降、判例と学説が協同するような形で、不法行為責任と同じ原理に支配され、それと同じ機能を持つ、「契約責任」なる概念が登場した。こうして、両国ともに、契約（債務）不履行に基づく損害賠償に対して本来与えられていたはずの債権ないし債務の効力・効果という視点は完全に消滅し、債務不履行によって生じた損害の賠償という基本認識が議論を支配するようになったのである。しかしながら、フランスにおいては、若干の変化も見受けられることに注意しておかなければならない。本書冒頭で示したように、今日の有力な学説は、比較法的・歴史的考察を背景にしつつ、契約不履行に基づく損害賠償を等価物による履行のための手段として再構成することを試みているのである。

　本節は、このような理論モデルの変遷、動揺、復権の過程と、これらをもたらした要因を、日本法とフランス法について、解明しようとするものである。賠償モデルは、どのような動機に導かれ、どのような背景の下に生成・発展したのか。賠償モデルの出現によって、民法の債務不履行に基づく損害賠償には、どのような意義が付与されることになったのか。賠償モデルは、民法を取り巻く社会的・思想的・理論的環境が変化した今日においても有用なモデルとなりえているのか。日本とフ

　(1178)　石坂・前掲注(2)271頁以下、鳩山・前掲注(2)64頁以下・128頁以下、富井・前掲注(2)196頁以下、勝本・前掲注(2)279頁以下、我妻・前掲注(7)98頁以下、於保・前掲注(7)89頁以下・134頁以下等。

　(1179)　第1部・第1章・第1節・第2款・第1項123頁以下において、賠償モデルの下位区分として、不法行為＝賠償モデルと契約＝賠償モデルを設定したが、この下位区分は、本文で述べたヴァリエーションの最も典型的なものと言える。

ランスにおいて、これらの問いに対する見方に差異は存するのか。仮に相違があるとして、それは、どのような理由に基づき、どのような背景に由来するのか。また、フランスにおいて、伝統的な通説のアンチテーゼとして等価物による履行論が出現したのは、どのような理由によるものなのか。こうした状況は日本法にも存在するのか。これらの問いを解明することによって、賠償モデルに対する履行モデルの解釈論的な有用性を提示することが、本節の目的である。

ここで、議論の見通しを良くするために、本節における考察の手順を予告しておこう。以下では、まず、賠償方式としての契約不履行に基づく損害賠償の生成・発展の過程をフォローし、その要因を解明する。その際、フランス法の分析から議論を開始することになるが、これは、そこでの成果を座標軸として日本法の状況を検討することが有益であると考えたからである。その具体的な理由については、以下の行論の中で触れることにしたい（第１款）。次に、賠償方式としての契約不履行に基づく損害賠償が、今日においても有用なモデルとなりえているのか、それに代わる履行方式としての契約不履行に基づく損害賠償には、「契約責任」ないし民事責任法の理論史的コンテクストの中で、どのような意味が存するのかを明らかにする。ここでも、フランス法の分析を先行させることになるが、これも、フランス法の分析成果を基礎として日本法の検討を行うためにほかならない（第２款）。

以上のような本節の検討課題・手順を念頭に置きつつ、具体的な考察に入ることにしよう。

第１款　賠償方式としての契約不履行に基づく損害賠償の構造と意義

既に予告したように、フランスにおいては19世紀の末頃から、日本においては民法典制定後すぐに、契約（債務）不履行に基づく損害賠償を、不履行によって生じた損害を賠償するための制度として捉えるモデルが登場し、その後、この基本モデルは、判例・学説上、異論を見ないと言っても良い程に受け入れられていく。本款は、その要因を、通時的な視点を入れつつ、理論的・思想的・社会的背景との関連で検討することによって、今日における賠償モデルの有用性の有無を明らかにするための基礎的考察を行おうとするものである。

具体的な検討を始めるに先立って、以下の２点を断っておく必要がある。

第１に、日本における先行研究との関連である。債務不履行や「契約責任」の学説史については、日本法のみならず、フランス法に関しても、多くの先行研究による優れた整理が存しており[1180]、その成果の多くは、既に民法学の分野における共通認識となっていると言っても良い。従って、民法学の共有財産を形成している

(1180)　日本における議論の展開について、注(78)掲記の諸論稿を、フランスにおける議論の展開について、注(148)〜注(152)掲記の諸論稿を参照（また、個別の問題、民事責任法全般につき、注(156)〜注(159)掲記の諸論稿、注(165)〜注(177)掲記の諸論稿も参照）。

◆第1章◆ 解　釈

と評価しうるものに対しては、本論の展開にとって必要な限度でのみ叙述を行うことが、プライオリティーを尊重し、かつ、無用な重複を避けるという点からして、必要不可欠であると言える。もっとも、本書の分析枠組みと問題意識を用いて言えば、これまでの先行研究は、賠償モデルを当然の前提として行われてきたものであるから、この限りにおいて、特定の理論モデルに規定された検討に止まっていると評価することができる。ここにおいて、論じ尽されたようにも思える債務不履行及び「契約責任」論史を別の視角から検討に付す余地が生まれる。すなわち、本書は、これまで蓄積されてきた先行研究を前提としつつも、契約不履行に基づく損害賠償の理論枠組みという独自の視点から、かつ、本款の冒頭で提示した検討課題を明らかにするという問題意識の下、従来の契約（債務）不履行に基づく損害賠償をめぐる議論を分析しようとするものなのである。

　第2に、本款における検討対象の問題である。概略的に示すならば、本款が検討の対象とするのは、19世紀末以降の、フランスと日本における、契約（債務）不履行に基づく損害賠償の理論枠組みに直接関わる議論である。つまり、本款の検討対象には、時期、場所、内容という点で、3つの限定が付されることになる。しかし、このような形で検討対象を限定することに対しては、以下のような一連の疑問も生じうる。まず、時期の限定について言えば、かつては、契約（債務）不履行に基づく損害賠償と不法行為に基づく損害賠償（更に、民事の責任と刑事の責任）が理論的に分化されていなかったこともあったし、前節でも触れたように、ジャン・ドマの中には、2つの損害賠償を統一的に論ずる傾向を見出すこともできたのであるから[1181]、賠償モデルの生成を19世紀末以降に求めることは不適切であるとの評価もなされうる。次に、場所の限定に関しては、後に触れるように、日本とフランスにおける賠償モデルの生成と展開の背後には、ドイツ法並びにドイツ民法学の議論の影響が存在したのであるから、この限りにおいて、検討の対象を日本とフランスに限定することは適切ではないとも言える。更に、内容の限定について見れば、契約（債務）不履行に基づく損害賠償を語る際には、個別的な問題の考察を集積しつつ、民事責任法全体を視野に入れた分析を試みる必要があるにもかかわらず、上記のような限定を付そうというのであるから、考察として甚だ不十分であるとの見方もなされえよう。

　しかしながら、時期・場所・内容による検討対象の限定が筆者の能力に由来するものであることを認めたとしても、このような限定には、十分な理由が存すると言わなければならない。

　まず、時期によって検討対象を限定する理由は、以下の通りである。本款の各項には、「賠償方式としての契約不履行に基づく損害賠償の生成」というタイトルが付

(1181) この点については、本章・第1節・第1款・第1項371頁以下を参照。

450

◆ 第2節 ◆ 理論モデルの展開

けられているが、これは、賠償方式としての契約不履行に基づく損害賠償が、歴史的な研究素材として捉えられていることを含意するものではない。もちろん、前述のような問題関心からすれば、通時的な視点を介在させなければならないことに疑いはない。しかし、本節の目的は、あくまでも、契約不履行に基づく損害賠償に関する2つの理論モデルが、民法の解釈論及び制度設計論を展開するためのモデルとして有用であるかどうかを問おうとするものなのであって、そうである以上、今日、一般的に受け入れられている意味での賠償方式としての契約不履行に基づく損害賠償がどのように生成・展開されたのかを議論の対象とすれば足りると言うべきなのである。従って、本書の問題関心からすれば、先に示したような時的限定を付すことは、むしろ当然ということになろう。

　次に、場所によって検討対象を限定するのは、以下のような理由に基づく。日本とフランスの議論に影響を与えた当時のドイツ民法は、「損害賠償債権」に関わる通則を有していたから[1182]、前2者の民法とは異なり、「債権の効力」という視点を前面に押し出して、契約領域における損害賠償の条文を用意したわけではなかった。つまり、本書の問題意識から言えば、契約不履行に基づく損害賠償に関する理論枠組みの変遷という視角からの分析対象としては、必ずしも適切とは言えないのである。もちろん、ドイツ法、とりわけ、普通法時代の議論を契約不履行に基づく損害賠償の理論枠組みそれ自体を用いて検討することは有用であるし、日本やフランス法に対する影響関係の程度を知るためには、そこでの議論を内在的に理解しておく必要もあろう。しかし、前者の課題は、本款の問題関心とは別の次元に属するから、その詳細な検討については、イギリス、そして近時のヨーロッパ法の動向をも含めた考察を行うことを予定とした「契約不履行法の展開」に関わる研究に委ねられるべき問題であるし、後者の課題について言えば、ドイツ「契約責任」論に関する先行研究の質と量を想起したとき、現時点では、本書の問題意識の中で新たに付け加えるべきものは存在しないと言わなければならない[1183]。かくして、本款における考察の対象を日本とフランスの議論に限定することにも、十分な理由が存するのである。

　最後に、内容によって検討対象を限定する理由は、以下の通りである。賠償方式としての契約不履行に基づく損害賠償という理論枠組みの生成・展開を促した要因

(1182)　ドイツ民法旧249条以下が、これに当たる。
(1183)　ドイツ「契約責任」論に関する先行業績については、日本法を検討するコンテクスト（本款・第2項546頁以下及び本節・第2款・第2項669頁以下）で適宜引用する。
　　なお、本書の中には反映させることができなかったが、今日では、ドイツにおいても、フランスにおける「契約責任」論の展開を踏まえた詳細な研究が現れている（Konstanze Brieskorn, Vertragshaftung und responsabilité contractuelle : Ein Vergleich zwischen deutschem und französischem Recht mit Blick auf das Vertragsrecht in Europa, Mohr Siebeck, 2010. 本論文については、水津太郎准教授のご教示を得た。記して感謝申し上げる）。こうした今日のドイツにおける動向についても、「契約不履行法の展開」に関わる研究の中で跡付けることにしたい。

を明らかにするためには、広く民事責任法全体あるいは補償システム全体を視野に入れ、損害賠償法の中を通底している思想や原理にまで検討を及ぼす必要があることは言うまでもない。また、これらを明らかにするという目的の範囲内で、こうした思想や原理の発現としての個別問題にも言及する必要があることは明らかであろう。この点については、異論がないところであり、以下での考察も、不十分であるとの謗りを免れないとはいえ、上記の諸問題に言及している。従って、先に示した内容による限定は、あくまでも、賠償方式としての契約不履行に基づく損害賠償の生成・展開という問題意識に関わるものだけを検討の対象とするという意味で用いたものなのである。

以上の点を断った上で、フランス法、日本法の順に、賠償方式としての契約不履行に基づく損害賠償の生成・展開を跡付けていくことにしよう。

◇第1項　フランスにおける賠償方式としての契約不履行に基づく損害賠償の生成

フランスにおいては、19世紀末以降、契約不履行に基づく損害賠償の性質をめぐって激しい議論が展開された。すなわち、既に検討した古典的理論を引き継ぎ[1184]、契約不履行に基づく損害賠償と不法行為に基づく損害賠償とを全く別個の性質を有する制度として位置付ける構想、つまり、前者を履行されなかった契約（債務）の等価物による実現手段、後者をフォートによって惹起された損害を賠償するための手段として、2つの損害賠償制度を明確に峻別しようとする立場が擁護される一方で[1185]、債務発生原因である法と契約、そして、それらの違反としての契約上のフォートと不法行為上のフォート、更には、これら2つのフォートによって生ずる損害賠償を完全に同一視し、2つの損害賠償制度を、いずれも、フォートによって損害を惹起した者に対してそれを賠償させるための責任制度として捉える立場、つまり、「契約責任は誤った定式」であり、「責任は必然的に不法行為責任」であると理解する立場が主張されたのである[1186]。このような論争は、1930年前後に相次いで公刊されたテーズや論文により、契約不履行に基づく損害賠償と不法行為に基づく損害賠償の性質的な同一性を認めつつも、制度としての二元性を承認する立場へと収斂していき[1187]、ここにおいて、「学理的には、2つの責任は存在しない。2つの責任「制度」が存在するだけである」[1188]という、今日における一般的な見方が確立されるに至ったのである。

(1184) この点については、本章・第1節・第1款・第2項395頁以下を参照。
(1185) Sainctelette, supra note 26 ; etc.
(1186) Lefebvre, supra note 25 ; Grandmoulin, supra note 25 ; Aubin, supra note 25 ; etc.
(1187) Meignié, supra note 27 ; Mazeaud, supra note 27 ; Brun, supra note 27 ; Van Ryn, supra note 27 ; etc.
(1188) Brun, supra note 27, n° 352, p.382.

　　　　　　　　　　　　　　　　　　　　　　　● 第 2 節 ● 理論モデルの展開

　上記のような議論の変遷を一瞥するだけでも明らかになる通り、フランスにおいては、19世紀末から20世紀の初めにかけて、契約不履行に基づく損害賠償の理論モデルの変遷、つまり、契約ないし契約債務の履行方式としての損害賠償から不履行によって惹起された損害の賠償方式としての損害賠償へという形での変遷がもたらされたと言うことができる。まずは、その過程と要因を明らかにするところから考察を始めよう。なお、19世紀末から20世紀初めにかけての契約不履行に基づく損害賠償に関わる議論については、既に第1部において、各論的問題を考察する際に言及しているが(1189)、ここでは、若干の重複を甘受しつつ、より一般的・包括的な視点から、検討を行うことにする。

(1) 賠償モデルの誕生
　19世紀の末、ベルギーの法律家シャルル・サンクトレットは、第1節・第1款で明らかにした19世紀の古典理論を承継し、これを「保証（la garantie）」、「責任（la responsabilité）」という分析枠組みによって補強しつつ、そこに当事者意思の視点を介在させることによって、古典理論を新たなレベルの議論へと展開させた。サンクトレットは、以下のような議論を展開する(1190)。

　権利関係は、常に、公的な意思の発現である法律か、私的な意思の合致である契約から生ずる。民法典は、これら2つの状況、これらに対する違反を明確に区別し、前者の違反に「責任」、後者の違反に「保証」という名称を与えた。責任は、他人の権利を害することはできないという規範に由来するものであるのに対して、保証は、当事者意思の成果、つまり、契約は守られなければならないという規律に由来するものだからである。ここから、証明責任、損害賠償の範囲、免責（責任制限）条項等、様々な場面において、民法典に存在する2つの損害賠償制度は、異なるルールに服せしめられることになったと見ることができる(1191)。従って、責任と保証は明確に区別されなければならず、これらを混同することは許されないのである。

　このように、サンクトレットは、公の意思と当事者意思の峻別というテーゼを基礎に、ポティエ以来の流れを汲む履行方式としての契約不履行に基づく損害賠償を説明しようとしたものと見ることができる。従って、契約不履行に基づく損害賠償を、履行されなかった契約ないし契約債務を金銭によって実現するための手段として捉えているという点においては、サンクトレットの議論を19世紀の学説と同列

(1189) 契約上のフォートについて、第1部・第1章・第1節・第1款・第1項81頁以下、契約債権と損害賠償債権の関係について、同章・第2節・第1款・第1項152頁以下、損害賠償の範囲について、第2章・第2節・第1款・第1項306頁以下を参照。
(1190) Sainctelette, supra note 26, pp.5 et s.
(1191) これらの点については、既に第1部において検討したので、ここでは再論しない。契約不履行に基づく損害賠償が問題となる場面における証明責任のルールに関する議論については、第1部・第1章・第1節・第1款・第2項115頁以下、損害賠償の範囲に関する議論については、第2章・第2節・第1款・第2項326頁以下を参照。

◆第1章◆ 解　釈

に位置付けることができる。しかし、サンクトレットの議論の中には、19世紀の古典理論とは明らかに異なる特徴を見出すことができるのであって、後に述べるように、この点にこそ、契約不履行に基づく損害賠償に関する理論モデルの変遷をもたらした要因の一端を見て取ることができるのである。ここでは、以下の2点を確認しておこう。

　第1に、当事者意思が強調され、議論の出発点とされていることである。確かに、19世紀における学説の多数も、契約不履行に基づく損害賠償の基礎付けに際して、当事者の黙示の合意を援用しており、第1節・第1款・第1項では、そこから、債権を起点とする履行モデルと契約ないし合意を起点とする履行モデルという、2つのありうる履行モデルの考え方を抽出した。しかし、その多くは、契約不履行に基づく損害賠償の範囲、とりわけ、民法典1150条の予見可能性という規範言明を正当化するために、当事者の黙示の合意を用いていたに過ぎなかった。これに対して、サンクトレットにおいては、当事者意思、当事者の私的な利益という視点を前面に押し出す形で、議論が展開されている。サンクトレットが、履行方式としての契約不履行に基づく損害賠償に対して、保証という主観的モメントを強調するかのような名称を与えていたことは、彼の議論における当事者意思の重要性を明瞭に示すものと言える。かくして、19世紀の末において、履行方式としての契約不履行に基づく損害賠償は、明確な形で当事者の私的な意思に結び付いたのである。

　第2に、身体的損害の問題が契約領域の対象に含められたことである。サンクトレットは、責任と保証についての一般論を展開した後、運送事故と労働災害を契約の問題として規律すべき旨を主張した[1192]。サンクトレットは、前者の問題に関して、以下のように述べている。運送契約も契約なのであるから、そこで生ずる問題に対しては、まず、運送契約の規範が、次いで、契約の一般規範が適用される。良識と信義誠実の原則に従って判断すると、運送契約において、運送人は、対象を目的地まで安全に到達させることを約束しているのであり、従って、仮に乗客が出発した時の状態で到達しなかったとすれば、運送人には、債務の不履行が存在することになる。かくして、運送事故の問題も、契約不履行に基づく損害賠償の対象となりうるのである[1193]。

　もちろん、日本法における安全配慮義務や保護義務論の到達点も踏まえて今日的視点から見るならば、身体的安全の問題を契約の領域に取り込んだからといって、そこから、直ちに特定の契約不履行に基づく損害賠償の理論モデル、つまり、賠償モデルが前提とされているとの理解を導くことはできない。身体的な安全の問題が契約の目的の中に取り込まれているのであれば、その金銭による履行を語ることも

　　(1192) 運送事故について、Sainctelette, supra note 26, pp.87 et s. 労働災害について、Ibid., pp.110 et s.
　　(1193) Sainctelette, supra note 26, pp.92 et s.

十分に可能だからである(1194)。しかし、運送事故や労働災害、更に言えば、契約領域における身体的損害の問題が、19世紀の古典理論においては、ほとんど言及されていなかった問題であること、サンクトレットの論考が、マーク・ソーゼ（Marc Sauzet）の論文とともに(1195)、20世紀のフランス民事責任論の象徴とも言うべき身体的安全性の問題に対して、学理的なアプローチを試みる議論の端緒となったものであることを看過してはならない。後に述べるように、運送事故と労働災害の問題は、身体的損害という点において、その対象レベルで不法行為法と同質性を有していたことから、契約領域においても、安全に関わる債務の違反によって身体的損害を発生させた以上、この損害は賠償されなければならないという思考プロセスを生み出すことになったのである。これは、まさに、賠償の論理が契約領域へと侵入したことを意味するものにほかならないと言うことができる(1196)。

　契約不履行に基づく損害賠償の理論モデルの変容が始まった19世紀末のフランスにおいて、履行方式としての契約不履行に基づく損害賠償は、以上のような内容と特徴を有するものとして、つまり、その基礎及び制度の全てが当事者意思によって正当化ないし説明され、かつ、身体的損害の填補を実現するための制度として捉えられていた。繰り返しになるが重要なポイントになるので指摘しておくと、この

（1194）この点については、本節・第2款・第1項632頁以下、第2章・第2節・第2款・第2項858頁以下を参照。なお、本節・第2款・第1項626頁以下で明らかにするように、契約不履行に基づく損害賠償を等価物による履行と性質決定する近時の有力学説の多くは、身体的安全の問題を全て契約領域から放逐しようとしているように見受けられる。これを反対から見れば、身体的損害の問題を契約の中に組み込む理論は本書の分析枠組みで言う賠償モデルにほかならないとの判断がなされていることになろう。しかしながら、このような主張が正当でないことは後に述べる通りである。

（1195）Marc Sauzet, De la responsabilité des patrons, Rev. crit., 1883, pp.596 et s., et pp.677 et s.
　ソーゼは、労働災害の問題について、以下のような議論を展開した。すなわち、使用者は、「労働者の健康及び生命を保護するのに適した全ての措置を講ずる債務」を負う（n° 34, p.615）。この債務は、「労働契約それ自体によって、使用者と労働者との間に形成されている法律関係の必然的帰結として」、使用者に課されるものである（n° 35, p.617）。確かに、その範囲については留保を付さなければならないが、使用者には管理者ないし監督者としての地位がある以上、この債務の存在を否定することはできない（n° 36, pp.617 et s.）。そもそも、責任の原因を考えるに際して、労働者と使用者との間に契約が存在するという事実を考慮に入れないというのは、合理的ではない（n° 37, p.618）。かくして、「危険な産業において、労働契約が使用者と労働者との間に存在するときは、当事者の意図に従って検討した合意の性質それ自体が、使用者に対して、労働者の安全を確保するのに適した全ての措置を講ずる債務を課すのである」（n° 49, p.626）。
　このような立場を前提として、ソーゼは、労働災害を理由に損害賠償の支払いが求められる場面での証明責任の所在について、以下のように続ける（ただし、原論文の構成では、この部分が最初に論じられている）。不法行為規範を適用した場合のように、労働者に対して使用者のフォートの証明を求めるのは、行き過ぎである（n° 13, pp.604 et s.）。これに対して、労働災害を契約の問題とするならば、労働者は、使用者のフォートを証明する必要はない。責任を免れようとする使用者が、自己の責めに帰すことができない事由を証明しなければならないのである。これは、フランス民法典1315条を適用した結果にほかならない。確かに、労働者は、権利の発生を基礎付ける事実を証明しなければならないが、契約不履行に基づく損害賠償が問題となる局面では、それは、使用者のフォートではなく、労働契約それ自体なのである（n° 25, pp.610 et s.）。
　上記のような理論の展開を読む限り、ソーゼの議論において、責任の性質決定の問題と証明責任の所在の問題とが密接に関わっていることは、明らかである。

（1196）Cf. Bellissent, supra note 20, n°s 362 et s., pp.188 et s.

◆第1章◆ 解　釈

　サンクトレットの理論は、債権の実現という視点を基礎としていたポティエやオーブリー＝ロー等の議論とも、当事者意思に依存しない形での合意を起点としていたドマの議論とも、更には、当事者の黙示の合意を援用しつつも、それに部分的な意味しか与えていなかった19世紀の一般的な議論とも異なっている[1197]。従って、ここでは、以下で言及するルフェーブルやジャン・グランムーランの一元論が批判の標的とし、プラニオルの民事フォートの理論や、アンドレ・ブラン、アンリ・マゾーの「性質的一元性、制度的二元性」の議論が克服の対象としたのは、上記のような内容を持つサンクトレット流の二元論、あるいは、サンクトレットの二元論を通じて把握される19世紀の一般的な理解であったことを確認しておかなければならないのである。

　このことは、とりわけ、「契約責任」と不法行為責任の完全な一元化を志向する議論の中に顕著な形で現れている。この一元論は、サンクトレットの説く二元論を激しく批判し、それに代わるテーゼとして2つの損害賠償制度の完全な同一性を提示したものである。まずは、その主張内容を確認しておこう。

　一方で、法律は、契約と同じく、市民の一般意思に基づき、他方で、契約は、当事者間において法律に代わるものなのであるから（フランス民法典1134条1項）、法律と契約は同じ性質を有していると言える。従って、法律に由来する債務と契約から発生する債務は、同一の性格を持つものとして把握される[1198]。ここから、「契約責任」と不法行為責任の同一性が導かれる。すなわち、法律に対する違反が許されないのと同じように、当事者間における法律としての契約に違反することもまた許されない。これらは、いずれもフォートを構成する。そして、これらのフォートを原因として、損害賠償責任が発生するのである[1199]。結局、「契約責任という定式は、誤っている」、つまり、「責任は、必然的に、不法行為責任なのである」[1200]、あるいは、「責任は1つであり不法行為である（中略）。法律上の債務であろうと、契約上の債務であろうと、債務者または第三者が生じさせた侵害は全て不法行為なのであ

(1197) もっとも、本文で述べたようなサンクトレットの議論の特徴のうち、身体的な安全の問題に関して言えば、19世紀末（1880年以降）の学説には若干の変化も見られる。例えば、いわゆる註釈学派の末期の学説であるテオフィーユ・ユクやガブリエル・ボードリー・ラカンティヌリー＝ルイ・ジョセフ・バルドの註釈書においては、運送事故や労働災害を契約の問題として捉えるべき旨を主張する叙述が存在した（Huc, supra note 312, n°s 425 et s., pp.562 et s. ; Baudry-Lacantinerie et Barde, supra note 879, n°s 2866 et s., pp.1093 et s.）。これは、後に本文で述べるような当時の社会的・思想的・理論的傾向に影響を受けたものであると推測される。しかし、上に引用した学説が前提としている契約不履行に基づく損害賠償の理論枠組みそれ自体は、19世紀のフランス民法学における一般的な理解と同様であること（サンクトレットとは異なり、当事者意思に全面的な形で依拠しているわけではないこと）に注意しておく必要があろう。

(1198) Lefebvre, supra note 25, pp.486 et s. ; Grandmoulin, supra note 25, pp.4 et s. ; Aubin, supra note 25, pp.43 et s.

(1199) Lefebvre, supra note 25, pp.485 et s. ; Grandmoulin, supra note 25, pp.2 et s. esp., pp.31 et s. ; Aubin, supra note 25, pp.5 et s.

(1200) Lefebvre, supra note 25, p.485.

456

る」(1201)(1202)。

　当時の学説史的なコンテクストから見たとき、この立場は、法と契約を完全に同一視するという前提と、民法典に存在する損害賠償間の相違を無視するという帰結に多くの問題を抱えていたため、学説の支持を集めることはできなかった(1203)。この意味において、ルフェーブル、ジャン・グランムーラン、ジュレ・オバン等の見方が、過渡期の議論であることに疑いはない。しかし、ここでの議論を、契約不履行に基づく損害賠償に関する理論モデルの変遷という本節の分析視角から眺めたとき、一元論は、以下のような意味を有するものであったと評価することができる。

　第1に、契約領域の中に不法行為法の論理構造を持ち込んだことである。同時代の一般的な理解のように、契約不履行に基づく損害賠償を契約や契約債務の履行方式として捉える限り、フォートによる損害賠償債務の発生（及び、契約債務の消滅）という、不法行為法の論理構造が介入する余地は存在しない。これに対して、一元論は、「契約責任」と不法行為責任の性質的な同一性を標榜するものであるから、上記のような論理構造を前提とし、その上に成り立っている。つまり、一元論は、法と契約の同一視という容易に異論を提起することが可能な前提に依拠したものではあったが、初めて明確な形で、契約の中に、フォートによる損害賠償債務の発生という不法行為法の論理構造を導入しようとしたのである。先に触れたように、その後、一元論のテーゼが賛同を集めることはなかったが、このような論理構造それ自体は、マルセル・プラニオル等によって引き継がれることになる。

　第2に、サンクトレットの中に顕著な形で見られた、契約不履行に基づく損害賠償における当事者意思の役割を重要視する潮流に、批判の目を向ける契機となったことである。ルフェーブルやグランムーランは、20世紀初頭の学説のような形で、契約それ自体における当事者意思の役割に異論を呈していたわけではなかったが、契約不履行に基づく損害賠償の基礎付けとしては、これを採用しなかったのである。このことは、以下のような説明の中に明確な形で現れている。グランムーランは言う。19世紀の古典理論は、契約不履行に基づく損害賠償を当事者の黙示の合意によって正当化するが、債務者が損害賠償を支払わないつもりで契約を締結し債務に違反したケースをどのように説明するのか。「責任は合意とは無関係である。というのは、責任は当事者の意思がどのようなものであっても存在するからである。責任

(1201) Grandmoulin, supra note 25, pp.33 et s.
(1202) このような前提から、一元論は、契約不履行に基づく損害賠償と不法行為に基づく損害賠償の制度における同一化を志向する。この点については、既に第1部において検討したので、ここでは再論しない。契約不履行に基づく損害賠償が問題となる場面における証明責任のルールに関する議論については、第1部・第1章・第2節・第1款・第1項154頁以下、損害賠償の範囲に関する議論については、第2章・第2節・第1款・第1項306頁以下を参照。
(1203) 法と契約の同一視に対する批判について、Ex. Fromageot, supra note 224, pp.15 et s.；Chenevier, supra note 224, pp.61 et s. その他の個別問題に対する批判については、第1部・第1章・第1節・第1款・第1項83頁以下、同章・第2節・第1款・第2項176頁以下、第2章・第2節・第1款・第1項307頁以下を参照。

は不法行為であり法律によって作られるのである」[1204]。確かに、合意や合意から生ずる債務は、損害賠償請求の要件であるが、責任の源ではない。当事者の黙示の合意は、根拠のないフィクションであり、古典理論は、損害賠償債務の源とその要件とを混同していると言わなければならないのである[1205]。

ここでグランムーランが批判の対象としているのが、契約不履行に基づく損害賠償の基礎と制度の全てを当事者意思によって説明しようとするサンクトレットの学説、そして、フランス民法典1150条を正当化するコンテクストで当事者間の黙示の合意を援用する19世紀の多数学説であったことは、明らかであろう。サンクトレットというフィルターを通して理解される19世紀の学説は、履行方式としての契約不履行に基づく損害賠償を基礎付けるに際して、合意、あるいは、その背後にある当事者意思を議論の出発点とするものであった。そして、これらの学説は、合意や原初債権の実現というポティエや19世紀の一部の学説が有していた発想から距離を置き、意思や理性の力によって全てを説明する議論として捉えられうるものであった。一元論は、法と契約の同一視という論理を介して、当事者意思の効力が及ぶのは、その直接の対象である契約に限定されるのであって、そこから先の問題、グランムーランの論理で言うならば、損害賠償という二次的債務の問題は、当事者意思の領域ではないとの批判を提起したのである。19世紀末から20世紀初頭の理論モデルの変遷過程、とりわけ、履行モデルを意図的に排除する議論の中で、このような認識、すなわち、履行モデルと当事者意思を結び付ける手法（サンクトレットの議論を典型的な履行モデルとして把握する手法）と、当事者意思の観点から履行モデルを批判する手法は、多くの学説によって共有され、重要な役割を担うことになった。

こうした一元論の議論の延長線上に、マルセル・プラニオルの民事フォート論が登場する。プラニオルの議論とその今日的な評価については、既に契約上のフォートを論じた箇所で詳細に検討したので[1206]、ここでは、理論モデルの変遷という分析視角からその概要のみを記しておく。

プラニオルは、明らかに、一元論によって提示された諸命題から出発していた。彼が「先存債務に対する違反」という包括的な民事フォートの定義と、民事フォートによる損害賠償債務の発生という論理構造を完成させたのは、1899年に初版が刊行された『民法基礎概論（Traité élémentaire de droit civil）』と、1905年に公表された「民事責任の考察：民事責任の基礎について（Études sur la responsabilité civile : du fondement de la responsabilité civile）」と題する論文においてであるが[1207]、それに先

[1204] Grandmoulin, supra note 25, pp. 28 et s.
[1205] Grandmoulin, supra note 25, pp. 31 et s., et pp. 58 et s.（これは、民法典1150条の説明として当事者間の黙示の合意を援用する19世紀の学説に対する批判を述べたコンテクストでの叙述である）
[1206] 第1部・第1章・第1節・第1款・第1項84頁以下。
[1207] Planiol, supra note 33, Études sur la responsabilité civile…, pp. 277 et s. ; Id., supra note 33, Traité élémentaire de droit civil…, n°s 862 et s., pp. 261 et s.

◆ 第 2 節 ◆ 理論モデルの展開

立つ 1896 年の判例評釈の中で、プラニオルは、グランムーランを引用しつつ、契約債務の違反と法律上の債務の違反とを同一視する論理に与していたからである(1208)。従って、この判例評釈に続く著作において、プラニオルが新たに試みたことは、先に言及した一元論のテーゼを引き継ぎつつ、そこに、法と契約を峻別するという前提を組み込んだことにあったと言える。すなわち、プラニオルは、契約と法律という一次的な債務発生原因の二元性を維持しつつも(1209)、これらの債務に対する違反がいずれもフォートを構成し、かかるフォートによって二次的債務としての損害賠償債務が発生するという論理構造を提示したのである(1210)。ここにおいて、法律 = 契約という一元論の命題に対する批判を回避しながら、そこで提示されていたフォートによる一次的債務とは別の損害賠償責任の発生という論理を肯定する基礎が完成した。そして、また、プラニオルの下においても、一元論と同じように、当事者意思による拘束が、民事フォートの前提である先存債務の存在に及ぶことはあっても、フォートや責任の基礎付けレベルにおいて介在することはなかったのである。

その後の学説は、プラニオルによって示された枠組みの中で、民事フォートの基礎となる「先存債務」の中に区別を設けるべきか（契約債務とそれ以外の義務を区別すべきかどうか）(1211)、「先存債務」の性質に由来する制度の相違を認めるべきか（契約債務とそれ以外の義務を区別すべきであるとして、この先存債務の相違は、損害賠償の制度に対して、どのような影響を及ぼすのか）について(1212)、議論を展開していたに過ぎないと見ることができる(1213)。「学理的には、2 つの責任は存在しない。2 つの責任

(1208) Planiol, supra note 231, p.457.
(1209) Planiol, supra note 33, Classification des sources..., pp.224 et s.
(1210) Planiol, supra note 33, Études sur la responsabilité civile..., pp.285 et s.
(1211) プラニオルの「先存債務に対する違反」という民事フォートの定義が債務と義務を混同するものとして反駁されたこと、契約債務に対する違反が契約上のフォート、法定義務に対する違反が不法行為上のフォートとされ、債務と義務が区別されてきたこと等が、このレベルでの議論に当たる。この点については、第 1 部・第 1 章・第 1 節・第 1 款・第 1 項 86 頁以下を参照。
(1212) 例えば、契約不履行に基づく損害賠償と不法行為に基づく損害賠償とにおいて、損害賠償債権が発生する時期は同じなのか、あるいは、契約不履行に基づく損害賠償についてのみ、予見可能性によって賠償範囲を制限する規定が設けられているのは何故かといった問題が、このレベルに属する議論である。これらの点については、第 1 部・第 1 章・第 2 節・第 1 款・第 1 項 157 頁以下、第 2 章・第 2 節・第 1 款・第 1 項 297 頁以下を参照。
(1213) もちろん、本文で述べたのとは異なる視角から民事責任法を構築しようとした見解が存在しなかったわけではない。例えば、エマニュエル・レヴィ (Emmanuel Lévy) の議論がそれである。レヴィは、「信頼 (la confiance)」を責任の基礎に据える立場から、以下のような議論を展開した (Emmanuel Lévy, Responsabilité et contrat, Rev. crit., 1899, pp.361 et s. Adde. Id., La confiance légitime, RTD civ., 1910, pp.717 et s. 以下の引用は、前者の頁である)。

あらゆる責任はフォートに由来し、フォートは債務ないし義務に対する違反を前提としている (p.367)。この責任の基礎となる債務は、信頼によって発生するものであるから、結局、信頼が裏切られたときにフォートが存在すると言うことができる。つまり、責任を生ずるためには、信頼関係が必要なのである (p.373)。上記のような理解を前提とするならば、フォートの有無を判断するためには、被害者側の正当な信頼が裏切られたのかどうかを明らかにする必要があるということになる。反対に、不可抗力が存在する場合には、信頼が裏切られていないと言うことができる (pp.380 et s.)。ところで、こうした考え方は、不法行為法の領域のみならず、契約法の領域に

◆第1章◆ 解　釈

「制度」が存在するだけである」というアンドレ・ブランの命題は[1214]、今日の通説的見解を表現するものとして頻繁に引用される叙述であるが、フランス民事責任法が一元論からプラニオルへと至る枠組みに規定されていることを的確に表していると言うことができる。

　このようにして、フランスにおいては、19世紀末から20世紀初頭にかけて、履行方式としての契約不履行に基づく損害賠償（履行モデル）の考え方が表舞台から姿を消し、それに代わって、賠償方式としての契約不履行に基づく損害賠償（賠償モデル）の考え方が登場するに至ったのである。それでは、このような原理レベルでの転換がもたらされたのは、どのような理由に基づくものなのか。何故に、19世紀末から20世紀初頭のフランスにおいて、契約不履行に基づく損害賠償に関する理論モデルの転換が起こったのか。

　　　も妥当するものである。契約は、信頼関係に基づいて成立しているからである。従って、「不法行為責任と契約責任は共通の源を持つ。それは、正当な信頼が裏切られたこと（Une confiance légitime trompée）である。単に、契約責任においては、この信頼が約束から生ずるのに対して、不法行為責任においては、この信頼が状況から生ずるというだけなのである」（p.387）。
　　　確かに、上に引用したレヴィの見解は、契約不履行に基づく損害賠償と不法行為に基づく損害賠償をいずれもフォートによって発生する責任制度として捉えており、この点において、この見方も、一元論の枠組みに規定されたものと言うことができる（更に言えば、レヴィの下でも、「契約責任」と不法行為責任が一元的に把握されている）。しかし、レヴィの下において、債務発生原因であるフォートの中身として直接的に観念されるのは、プラニオルの系譜を引く学説が言うような債務や義務の違反ではなく、「正当な信頼が裏切られたこと」なのである。そうすると、ここでは、本文で述べたその後の学説のように、「先存債務」の中に区別を設けるべきか、区別を設けるべきであるとして「先存債務」の性質に応じた相違を認めるべきかという議論は成立しえない。レヴィによれば、制度の構築に際しては、「先存債務」や責任の性質は問題とならず、信頼の程度に応じた相違のみが問題となる。例えば、損害賠償の範囲は、当事者の間に生じていた信頼の範囲によって変化するということになるし（pp.389 et s.）、証明責任の問題について言えば、「契約責任」が問題となる場合であっても、不法行為責任が問題となるケースであっても、原告は、損害賠償の基礎となる信頼関係の存在を証明しなければならないということになるのである（p.388）。従って、レヴィの見解は、必ずしもプラニオルの構築した枠組みに規定されているわけではないのである。
　　　もちろん、本書の分析枠組みで言えば、レヴィの見解は、疑いなく賠償モデルであるし、その後の学説への影響力という面をも併せて考えるならば、レヴィの見解を詳細に分析することは、フランス法内在的に契約不履行に基づく損害賠償に関する理論モデルの変遷を追おうとする本項の目的に必ずしも合致するものではない。それにもかかわらず、本注においてレヴィの見解を紹介・検討したのは、本注冒頭で述べたこと（通説とは異なる議論の枠組みの存在）に注意を喚起する意味もあるが、それ以上に、レヴィの議論の中には、自由主義を背景とした法原理からの思想的転換の一端を見出すことができ、問題をより広いコンテクストで捉えるならば、このような思想的背景の変化が、契約不履行に基づく損害賠償に関する理論モデルの変遷をもたらす遠因となっているように思われるからである（この点については、本論の中で言及する）。
　　　また、今日のフランス民事責任（更に「契約責任」）論においては、正当な信頼という視点からの責任の基礎付けに対する再評価がなされているという事実も指摘しておかなければならないであろう。なるほど、今日の議論は、直接的には、比較法（とりわけ、ドイツ法やヨーロッパ法）の分析成果に基づくものであり、そこで説かれている信頼の中身とレヴィの言う信頼のそれとの間には、看過しえない重大な相違も存在する。しかし、学説史的に見た場合には、19世紀末から20世紀初頭にかけての時期に信頼という視点が提示されていたことは、注目されるべき事実なのであって（フランス民法学において、レヴィの論文が引用されることは余りない）、こうした視点から見た場合にも、本注には大きな存在意義が認められるのではないかと思われる。
　（1214）Brun, supra note 27, n° 352, p.382.

もちろん、こうした壮大なパラダイムシフトを1つの原因に帰しえないことは言うまでもない。当然、そこには様々な要因を見出すことができるし、筆者の能力では、そのうち、どれが条件で、どれが結果なのかを判別することも困難である。しかし、契約不履行に基づく損害賠償に関する2つの理論モデルの解釈論的な有用性を問おうとしている本節においては、日本における議論の相対化作業を行うための基礎的考察として、理論モデルの転換をもたらした諸要因を取り上げ、それらがどのような形で賠償方式としての契約不履行に基づく損害賠償の考え方を生成・発展せしめるのに寄与したのかを明らかにすることだけでも大きな意味があると言える。このような留保を付しつつ、以下では、術語、社会、思想、民法典、民法学をキーワードとして、契約不履行に基づく損害賠償に関する理論モデルの変遷をもたらした要因を明らかにしてみる。

　まず、術語という視点から見るならば、賠償方式としての契約不履行に基づく損害賠償を成立せしめた要因として、フォートないし契約上のフォートという術語が、履行方式としての契約不履行に基づく損害賠償を基礎としている理論の中でも一般的に用いられていたことを挙げることができる。

　既に触れたように、賠償の論理においては、フォートという概念に重要な役割が付与されていた。そこでのフォートは、法ないし契約、あるいは、公の意思ないし当事者意思によって生ずる一次的債務とは別の、新たな債務の発生原因として観念されていたからである。これに対して、履行方式としての契約不履行に基づく損害賠償の考え方を確立した古法時代の学説、フランス民法典の起草過程における議論、そして、19世紀の学説においても、フォートという概念は一般的に使用されていたが、これらの議論におけるフォートは、不法行為が問題となる場面と契約が問題となる場面とにおいて、異なる意味付けを有していた。すなわち、不法行為領域におけるフォートには、損害賠償責任を発生させるためのファクターとしての地位が与えられていたのに対して、契約領域におけるフォートは、二次的債務としての損害賠償責任の発生原因ではなく、単に、契約当事者が負うべき（保存）債務の範囲を規律する概念としての役割を担っていたに過ぎなかった。つまり、当時の学説は、同じフォートという術語を使用しながら、賠償が問題となる場面と履行が問題となる場面とで、そこに、異なる意味、異なる理論的含意を込めていたのである[1215]。

　ここに、賠償方式としての契約不履行に基づく損害賠償の考え方が誕生する素地があった。仮に契約領域においてもフォートが存在するのであれば、それを不法行為法におけるフォートと同様の意味、つまり、債務者に損害賠償債務を帰責するための概念として構成しようとする立場が現れるのも不自然なことではない。過ち、落ち度といったフォートの日常用語としての意味からすれば、むしろ、このような

[1215] 以上の点については、第1部・第1章・第1節・第1款・第2項105頁以下を参照。

位置付けを与えることが自然であるとも言える。19世紀末から20世紀初頭にかけての学説は、古典理論における債務の範囲を規律する概念としての契約上のフォートを、債務発生原因としての不法行為上のフォートと同じ意味を有する概念へと意図的に読み替えることによって、法律用語としてのフォートの理論的意味を統一したのである。このことを別の視点から言えば、ポティエから19世紀の学説に至るまで、一般的に、契約上のフォートという概念が用いられていたからこそ、そこに不法行為上のフォートと同じ意味を読み込むことによって、術語レベルでの抵抗を受けることなく理論モデルの転換を行うことが可能になったと見ることができるのである。これは、当時の学説における戦略が功を奏したという意味で、賠償モデルに起因するファクターであると同時に、古典的な履行モデルが、前提としている契約不履行に基づく損害賠償の原理に適合する術語を用いなかったという意味で（フランス民法典は、少なくとも「債務不履行の結果生ずる損害賠償」に関わるテクストの中では、フォートという単語を使用していない）、履行モデル側に由来する要因であるとも言える。

　もちろん、これまで述べてきたフォートないし契約上のフォートという術語の問題は、契約不履行に基づく損害賠償の原理的な転換を側面から支える要素ではあっても、その直接的な原因として把握されるべきものではない。そもそも、当時の学説が、契約上のフォートという概念を利用し、この概念における意味の転換を行うに際しては、何らかの社会的・思想的・実践的意図に導かれていたはずだからである。そうすると、履行モデルから賠償モデルへという契約不履行に基づく損害賠償に関する理論モデルの転換の要因は、何よりもまず、当時の社会的及び思想的コンテクストの中に求められなければならない。

　フランスにおいては、19世紀の後半から、本格的な産業の転換が始まる。1852年に第二帝政が始まると、皇帝ナポレオン3世は、サン・シモン主義の影響を受けて、国家主導の産業政策を開始した。とりわけ、19世紀の前半、フランスの鉄道は、ほかのヨーロッパ諸国のそれよりも遅れており、小規模の民間事業者によって散在的に敷設されていたに過ぎなかったが、1852年にペレール兄弟によって設立されたクレディ・モビリエ（Crédit Mobilier）や、1864年に設立されたソシエテ・ジェネラル（Société Générale）等の巨大投資銀行による投資を受けて、1860年代には、パリを中心とする星型の鉄道網が完成する。また、パリの都市改造を代表とする大規模公共事業が行われると伴に、鉄道の普及・発展に伴って、製鉄、石炭、機械工業が大きく展開することになったのである。こうした輸送手段と産業構造の変化が人間に生ずる事故の状況に大きな影響を及ぼしたことは、容易に想像することができる。1842年5月には、ヴェルサイユで、50名以上が死亡するという大規模な鉄道事故が初めて発生しているし、労働災害の場面でも、それまで余り見られなかった、機械の発展に由来する事故が起こるようになったのである。19世紀末のフランス民法

◆ 第 2 節 ◆ 理論モデルの展開

学が対峙していたのは、このような社会であった。言うまでもなく、これは、古法時代やフランス民法典制定時に想定されていた社会、馬や家畜を主たる動力としていた社会とは大きく異なっている(1216)。

このような社会状況の下では、産業革命の負の遺産とも言うべき運送事故・労働災害に関わる紛争が増大することは、必然である。鉄道事故に関わる事件については、既に 19 世紀中頃から、各地の裁判所に提訴がなされるようになっていた。しかし、1870 年から 71 年にかけて普仏戦争が勃発し、安全よりも国家事業である戦争の遂行を優先させる政策が採られたことを 1 つの契機として、フランス民法典 1382 条の不法行為に基づく損害賠償の要件であるフォートの認定が厳格に行われるようになった結果、1880 年前後の裁判例において、被害者の損害賠償請求が認められることは、ほとんど無かったと言われている(1217)。このことは、少なくとも 1880 年頃までは、運送手段や産業構造の変容に伴い出現した新たな事故に対して、十分な法的救済が与えられていなかったことを意味している。乗合馬車の運転手の懈怠や、馬車それ自体の欠陥、あるいは、使用者の不注意が容易に認識できた時代は過ぎ去り、人間の姿が見えにくい鉄道事故・労働災害の事案が多発するようになったにもかかわらず、裁判所においては、基本的に、従前の判断枠組みが踏襲されていたわけである。

こうした社会の変容に伴う事故については、国家の産業政策、経済発展の名の下に、それを被害者に甘受させる方向に進むことも考えられた。歴史的コンテクストにおいて、過失責任主義が行動自由の確保と結び付けられて語られるとき、そこでは、しばしば、自由主義経済との関連性が説かれているが(1218)、19 世紀末のフランスにおいても、不法行為領域におけるフォートに基づく責任の原則性を強調し、これを産業保護という政策的な目的から正当化した上で、現状に目を瞑ることも考えられたはずである。また、19 世紀の中葉、フランス民法学においては、思想的には、イマニュエル・カントの哲学、法学のレベルでは、ドイツ民法学、とりわけ、フリードリッヒ・カール・フォン・サヴィニーの影響を受けて、個人の理性や意思の地位が相対的に上昇していた。本書の検討対象である契約不履行に基づく損害賠償との関連で言えば、その基礎を当事者の黙示の合意に求める 19 世紀の一般的学説や、その基礎と制度の全てを当事者意思によって説明しようとするシャルル・サンクト

(1216) ここでは、ポティエや 19 世紀の多くの学説が契約不履行に基づく損害賠償を議論するに際して前提としていたのも、こうした牧歌的社会であったことを再確認しておくべきであろう。
(1217) 例えば、Cass. civ., 10 nov. 1884, infra note 1253 の原審である Amien, 28 déc. 1881, D., 1882, 2, 16 ; etc. この時期における裁判例の状況について、Cf. Jean-Louis Halpérin, La naissance de l'obligation de sécurité, in, Le développement de l'obligation de sécurité, Colloque de Chambéry du 15 nov. 1996, Gaz. Pal., 1997, 2, doc., pp.1176 et s. また、労働災害の問題について、岩村・前掲注(172)182 頁以下も参照。
(1218) 我妻・前掲注(76)94 頁、加藤一郎『不法行為（増補版）』（有斐閣・1974 年）6 頁以下〔初版・1956 年〕等。

◆第1章◆解　釈

レットの議論は、こうした思想的基盤の上に成り立っていたと言うことができる。そして、こうした個人を基調とする思想、民事責任論の場面で言えば、個人主義的な色彩を持つ衡平的正義の考え方は、同じ時期、ナポレオン3世の主導の下に展開されていた経済政策に適合的なものであったとも評価しうる。

　もちろん、19世紀のフランスが、個人主義や自由主義の思想に支配されていたというわけではない。19世紀末のフランスで生じていたのとは異なる社会問題、例えば、労働者の貧困や生活の困窮といった問題は、既にフランス革命前から存在していたし[1219]、19世紀に至ると、こうした社会に向き合い、それを改良していこうとする思想も誕生した。例えば、ナポレオン3世に大きな影響を与えたサン・シモン主義の開祖、サン・シモン伯爵クロード・アンリ・ドゥ・ルヴロワ（Claude Henri de Rouvroy, Comte de Saint-Simon）は、産業社会の実現を起点としつつも、アダム・スミス（Adam Smith）流の古典派経済学とは袂を分かち、産業者を主体とする社会の構築を目指していた。また、ピエール・ジョセフ・プルードン（Pierre Joseph Proudhon）を代表とする社会主義思想が生まれたのも、19世紀の半ばのことであった。このように、19世紀の中葉にあっても、存在する個人を超えた社会に目を向け、そこに新たな理念を与えることによって、当時の社会問題に立ち向かおうとする思潮が存在したのである。更に付言すれば、フランスにおける社会学の祖とも言うべき、イシドール・オーギュスト・マリ・フランソワ・クサヴィエ・コント（Isidore Auguste Marie François Xavier Comte）が活躍したのも、19世紀中葉のことであった。しかし、こうした諸潮流は、少なくとも当時の民法学に対しては、それほど大きな影響を及ぼさなかったように見受けられる。

　ところが、1870年代以降、フランスを取り巻く環境、そして、政治的あるいは社会的思潮は、更なる変化を遂げる[1220]。そして、民法学説も、前述したような機械化に伴う事故の増大、労働者の恒久的な貧困状況に由来する一連の労働者問題等への解決を迫られていた19世紀中葉から20世紀初頭にかけての政治的・思想的基盤の下で、大きな変化を見せることになったのである[1221]。

　　[1219]　フランス革命の直前に出版された、ルイ・セバスティアン・メルシエ（Louis Sébastien Mercier）の『タブロー・ドゥ・パリ（Le tableau de Paris）』では、18世紀のパリとそこで生活する人々の様子が描き出されている。その一部の翻訳として、メルシエ（原宏編訳）『18世紀パリ生活誌　タブロー・ド・パリ（上）』（岩波書店・1989年）。
　　[1220]　以下の叙述については、科学学派によってもたらされた民法学の大転換を、「共和国の民法学」を創出する1つの試みとして位置付け、20世紀フランス民法学の特色を描き出そうとする、大村・前掲注(800)3頁以下、ベル・エポック期の民法学者マルセル・プラニオルの法理論を、当時の時代背景の下で描き出した、フィリップ・レミィ（吉田克己訳）「ベル・エポック期のフランス民法学──プラニオル」北法52巻5号（2002年）220頁以下（フランス語論文として、Philippe Rémy, Planiol : un civiliste à la Belle Époque, RTD civ., 2002, pp.31 et s. その内容に相違はないので、以下では日本語文献を引用する）等も参照。
　　[1221]　今野・前掲注(173)「民事責任と社会秩序（2・完）」89頁以下は、19世紀のフランスにおける大衆的貧困状況とそれに伴って生じた政策転換、すなわち、市場と労働を中核とする社会政策から労働者の道徳的退廃をもたらす労働環境や生活環境の改善へと向かう政策への転換が、社会

464

◆ 第 2 節 ◆ 理論モデルの展開

　1870年代のフランスは、第二帝政の崩壊、普仏戦争の終結、パリ・コミューンの勃発、そして、第三共和政の成立等、政治的動乱期を迎えた。このような状況の後、1880年代から90年代にかけては、ジュール・フェリー（Jules Ferry）に代表される穏健的な共和派、いわゆる「オポルチュニスト（opportuniste）」が、政権の中枢を担うようになる。しかし、有名なドレフェス事件を契機として[1222]、急進的な共和派がその地位にとって代わる。こうした中で、共和国のあり方、共和国の理念をめぐる議論が活性化し、自由と平等を統合するモデルとしての価値理念、あるいは、社会主義と自由主義の中間的思想とも言われる、「連帯主義（solidarisme）」が頭角を現すことになった。急進派の政治家、レオン・ヴィクトール・オーギュスト・ブルジョワ（Léon Victor Auguste Bourgeois）の『連帯（Solidarité）』と、準契約を用いた「社会的債務（dette sociale）」の考え方は[1223]、余りにも有名であろう[1224]。

　こうした政治的動向と社会思想の変化は、立法、そして、民法学（より広く法学）にも大きな影響を及ぼした[1225]。

　　法の生成を促し、それが19世紀末における民事責任法の議論へと繋がったことを論じている。
[1222] ドレフェス事件の推移は、以下のようなものであった。ユダヤ人の陸軍参謀本部大尉であったアルフレッド・ドレフュス（Alfred Dreyfus）が、ドイツに対し軍事機密を流出させていたとして、軍法会議にかけられ有罪とされた（南米のフランス領ギアナへの流刑）。当時の情報部長は、真犯人として、マリ・シャルル・フェルディナン・ヴァルサン・エステラジー（Marie Charles Ferdinand Walsin Esterhazy）を疑ったが、軍の威信を傷つけられることを恐れた上層部は、情報部長を左遷し、エステラジーを無罪とした。その直後の1898年1月13日の新聞「オーロール」に掲載された、エミール・ゾラ（Émile Zola）の手になる大統領宛ての公開質問状「私は弾劾する」は、余りにも有名である（その後、ゾラは、名誉毀損で告発され、有罪判決を受けたことから、イギリスに亡命する）。その後、ドレフェスの無罪が明らかとなり、1899年6月、再審裁判が開かれたが、ドレフェスに対する減刑がなされただけであり、有罪は取り消されなかった。ドレフェスは、同年9月、大統領特赦を受け釈放された。ドレフェスはその後も無罪を主張し続け、1906年7月に至ってようやく、有罪判決が破棄されるに至った。
　　ドレフェス事件は、第三共和政下における政界再編をもたらしたエポック・メイキングの意味を持つ事件であり、従って、これを論じた文献も極めて多い。ここでは、「共和国における法律家の地位」という視角からドレフェス事件を扱った、大村・前掲注(800)32頁以下のみを掲げておく。
[1223] Léon Bourgeois, Solidarité, Armand Colin, Paris, 1897.
[1224] 当時の社会思想としての連帯主義については、さしあたり、大塚桂『フランスの社会連帯主義：L. デュギーを中心として』（成文堂・1995年）、田中拓道『貧困と共和国：社会的連帯の誕生』（人文書院・2006年）、重田園江『フランス社会連帯主義』（勁草書房・2010年）等を参照。
[1225] 既に我が国にも紹介されているように（金山・前掲注(800)「フランス契約法の最前線」547頁以下のほか、森田(宏)・前掲注(800)304頁以下、森田(修)・前掲注(800)「契約のエコノミー論の展開」168頁以下等）、20世紀末から21世紀の初頭にかけて、フランス民法学（とりわけ契約法学）においては、連帯主義を標榜する契約理論が有力に主張された。クリストフ・ジャマンとドゥニ・マゾー（Denis Mazeaud）が、その代表的論者である（ジャマンの綱領論文は、Jamin, supra note 806であるが、その他、筆者が参照しえたものとして、Cf. Christophe Jamin, Révision et intangibilité du contrat ou la double philosophie de l'article 1134 du Code civil, Dr. et pat., mars 1998, pp. 46 et s. ; Id., Une brève histoire politique des interprétations de l'article 1134 du code civil, D., 2002, chr., pp. 901 et s. ; Id., Quelle nouvelle crise du contrat ? : Quelques mots en guise d'introduction, in, La nouvelle crise du contrat, Actes du colloque organisé le 14 mai 2001 par le centre René-Demogue de l'Université de Lille II, sous la direction de Christophe Jamin et Denis Mazeaud, Dalloz, Paris, 2003, pp. 7 et s. ; Id., Le procès du solidarisme contractuel : brève réplique, in, Le solidarisme contractuel, sous la direction de Luc Grynbaum et Marc Nicod, Economica, Paris, 2004, pp. 161 et s. ; Id., Théorie générale du contrat et droit des secteurs

◆第 1 章◆ 解　釈

　まず、前者について言えば、1884 年 3 月 21 日に制定された労働組合に関するワルデック＝ルソー法に始まる労働・社会関係立法の出現は、その象徴である。本款の問題関心との関連で見るならば、19 世紀末から 20 世紀初頭にかけての労働・社会関係立法の中核を占める 1898 年 4 月 9 日の労災補償法が、極めて重要である[(1226)]。この法律を一言で表現するならば、労働災害が問題となる事例の中に、職業的リスクの考え方を基礎としたフォートなしの責任（無過失責任）を導入し、それに応じた補償制度を創設するものということになるが、ここには、当時の民法学における連帯主義の代表的学説であったレイモン・サレイユの「リスクの理論」の影響を、顕著な形で見出すことができる。サレイユについては後に触れることになるが、この法律において目指されていたのは、まさに法の社会化であり、その目的は、労働災害という集団的な現象を社会の中で捉え、個人が被るリスクを連帯的に補償

---

　　régulés, D., 2005, chr., pp.2342 et s. ; etc. また、ドゥニ・マゾーについては、多くの論文・判例評釈があるが、さしあたり、Cf. Denis Mazeaud, Loyauté, solidarité, fraternité : la nouvelle devise contractuelle ?, in, Mélanges en hommage à François Terré, L'avenir du droit, Dalloz, PUF., Juris-Classeur, Paris, 1999, pp.603 et s. のほか、Id., La réduction des obligations contractuelles, Dr. et pat., mars 1998, pp.58 et s. ; Id., Le nouvel ordre contractuel, RDC., 2003, pp.295 et s. ; Id., Les nouveaux instruments de l'équilibre contractuel : Ne risque-t-on pas aller trop loin ?, in, La nouvelle crise du contrat, Actes du colloque organisé le 14 mai 2001 par le centre René-Demogue de l'Université de Lille II, sous la direction de Christophe Jamin et Denis Mazeaud, Dalloz, Paris, 2003, pp.136 et s. ; Id., Regards positifs et prospectifs sur《le nouveau monde contractuel》, in, 100ᵉ congrès des notaires de France, Code civil – Les défis d'un nouveau siècle, Paris, 16-19 mai 2004, Petites affiches, 7 mai 2004, n⁰ 92, pp.47 et s.; Id., Solidarisme contractuel et réalisation du contrat, in, Le solidarisme contractuel, sous la direction de Luc Grynbaum et Marc Nicod, Economica, Paris, 2004, pp.57 et s. ; Id., La révision du contrat, Petites affiches, 30 juin 2005, n⁰ 129, pp.4 et s. ; Id., Le juge et le contrat, in, Mélanges offerts à Jean-Luc Aubert, Propos sur les obligations et quelques autres thèmes fondamentaux du droit, Dalloz, Paris, 2005, pp.235 et s. ; Id., La politique contractuelle de la cour de cassation, in, Libre propos sur les sources du droit, Mélanges en l'honneur de Philippe Jestaz, Dalloz, Paris, 2006, pp.371 et s. ; etc.）。もっとも、その力点の置き方には看過しえない相違も存在し、必ずしも統一的な潮流となっているわけではないとの指摘がなされている（Ex. Philippe Stoffel-Munck, Note, sous Cass. com., 15 janv. 2002, D., 2002, pp.1974 et s. ここで、ストフェル・マンクは、連帯主義には、道徳を強調する立場（ドゥニ・マゾー）と、社会を強調する立場（クリストフ・ジャマン）が存在するとした上で、前者と自由主義的・個人主義的アプローチとの差は程度の問題に過ぎないが、後者は契約の意思主義的構想と決定的に袂を分かつものであると評価する（nᵒˢ 16 et s., pp.1978 et s.）。また、Cf. Aurélien Siri, L'évolution des interprétations du principe de la force obligatoire du contrat de 1804 à l'heure présente, RRJ., 2008, nᵒˢ 33 et s., pp.1380 et s.）、ローラン・ルヴヌール（Laurent Leveneur）やイヴ・ルケット等によって、極めて辛辣な批判も提起されているところであるが（Laurent Leveneur, Le solidarisme contractuel : un mythe, in, Le solidarisme contractuel, sous la direction de Luc Grynbaum et Marc Nicod, Economica, Paris, 2004, pp.173 et s. ; Yves Lequette, Bilan des solidarismes contractuels, in, Mélanges offerts à Paul Didier, Études de droit privé, Economica, Paris, 2008, pp.247 et s. ; etc.）、こうした議論によって、契約法学に新たな息吹が流れ込んだこと（ここでの論争は、契約不履行に基づく損害賠償の理論モデルをめぐる議論にも、間接的にではあるが影響を及ぼしているように見える）、そして、19 世紀末から 20 世紀初頭にかけての連帯主義、とりわけ、（民）法学における連帯主義についての研究が大きく進展したことに疑いはない。以下の叙述も、これらの業績に多くを負っている。

（1226）制定過程における議論も含め、1898 年 4 月 9 日の法律については、岩村・前掲注(172)209 頁以下を参照。

466

することによって、被害者である労働者に対し自動的な賠償を付与することにあったのである。従って、19世紀末以降におけるフランスの社会問題の1つであった労働災害については、19世紀の民法学に影響力を持っていた個人主義的・自由主義的な観念が後景に退き、連帯主義的・社会的な思想に支えられた賠償の論理が前面に押し出されたと見ることができるのである[(1227)]。

次に、民法学、あるいは、法学における連帯・社会思想の影響を見てみよう。19世紀末以降の法学分野における代表的な連帯主義者としては、公法学のレオン・デュギー（Léon Duguit）が有名であるが[(1228)]、連帯や社会の影響は、公法の場面に止まらず、民法学の領域にも及んでいた[(1229)]。とりわけ、フランソワ・ジェニー（François Gény）とともに科学学派の時代を切り開いたレイモン・サレイユは、エミール・デュルケーム（Émile Durkheim）等に代表される社会学の成果も取り入れた、民法学の分野における代表的な連帯主義者として理解されうる学説であった[(1230)]。有名な『意思表示について：ドイツ民法典における法律行為研究への寄与（De la déclaration de la volonté : contribution à l'étude de l'acte juridique dans le Code civil allemand）』における意思自治批判や[(1231)]、『労働災害と民事責任：不法行為責任における客観理論についての試論（Les accidents de travail et la responsabilité : Essai d'une théorie objective de la responsabilité délictuelle）』におけるリスクの理論は[(1232)]、このような背景を持って生み出されたのであった。ここでは、まず、1898年4月9日の労災補償法に影響を与えたリスクの理論ついて簡単に言及しておく[(1233)]。

(1227) もっとも、労災補償法の中には、連帯主義の挫折の側面も見られることが指摘されている。すなわち、「同時期の民事責任論は、あくまで個別の労使関係を念頭に展開された。すなわち、究極的には二当事者間の紛争解決を目的とする民事責任においては、損害はあくまでも個人に帰されることになり、社会全体へ分散することを目的とする保険とは本質的に異なる考慮に立脚している。その結果、労使関係における損害負担を決する際に、保険とは異なり、事故の原因が問題とされる。それゆえ、1898年に成立した労災補償法は、「職業上のリスク」の理論について、一方で、民事責任論の延長線上に労使関係を想定しつつ、他方で、定量的に理解される保険社会を想定したため、結果的に一貫しないものとなった」というわけである（今野・前掲注(173)「民事責任と社会秩序（2・完）」123頁以下〔引用は132頁以下〕）。

(1228) レオン・デュギーの法理論については、高橋和之『現代憲法理論の源流』（有斐閣・1986年）、大塚・前掲注(1224)等を参照。なお、デュギーには、私法の分野においても、連帯主義あるいは社会の視点から契約や民事責任等を分析した業績がある。有名な、『ナポレオン法典以降の私法の一般的変遷』が、それである（Léon Duguit, Les transformations générales du droit privé depuis le code Napoléon, 2ème éd., Alcan, Paris, 1920. 翻訳として、少し古いが、レオン・デュギー（西島彌太郎訳）『私法變遷論』（弘文堂書房・1925年）がある）。

(1229) なお、注(1213)で引用・検討したように、エマニュエル・レヴィは、契約及び民事責任を信頼という視点から構築しようとしていたが、ここにも、法の社会化の一断面を見出すことができる。もっとも、エマニュエル・レヴィは、連帯主義者ではなく、いわゆる社会主義法学者として位置付けられる学説である。

(1230) この点については、Cf. Jamin, supra note 806, pp.444 et s. ; Id., supra note 1225, Le procès du solidarisme contractuel, pp.163 et s. ; Rémy, supra note 806, pp.7 et s. ; etc.

(1231) Saleilles, supra note 804.

(1232) Saleilles, supra note 32.

(1233) サレイユにおけるリスクの理論、あるいは、より広くサレイユの民事責任論については、既にこれらを検討対象とした多くの先行業績が存在する。新関・前掲注(166)「成立」26頁以下、

◆第1章◆ 解　釈

　サレイユは、社会の変容に伴う事故の偶発的・非人間的性格の認識から出発し、裁判例の現実を分析した後、社会に適合する理論枠組みの必要性を説いた上で、ここでの問題を、偶発的な事実のリスクを誰が負担すべきなのかという形で定式化する。そして、フランス民法典1384条1項を、物を原因として発生した損害について、その保管者にリスクを負わせるためのテクストとして理解し、この条文の中に、サレイユが対峙していた社会に接近するための理論、つまり、フォートなしのリスクに基づく民事責任の理論を読み込んだのである。ここには、個人主義的な色彩を持つ正義観から、科学的・社会的・客観的な基礎付けを持つ社会的正義への転換というサレイユのテーゼが[1234]、明確な形で現れているものと見ることができる。そして、この局面におけるサレイユの問題関心が、労働災害や運送事故という社会の変容に伴って生じてきた事故の被害者に対して、どのような形で連帯的に賠償を与えるかという点にあったことは明らかであろう[1235]。

　こうした視点は、サレイユほど明確ではないものの、同じく連帯主義者の1人として位置付けられることのある[1236]、ルイ・ジョスランの著作の中にも見出すことができる[1237]。ジョスランは、サレイユと同時期に公刊された『無生物に基づく責任について（De la responsabilité du fait des choses inanimées）』と題するモノグラフィーの中で[1238]、運送や労働の主役が人や馬から機械へと転換されたことによって、事故が偶発化・匿名化し、その結果、労働者や乗客が機械化に伴うリスクを負担させられることになるという、正義に悖り、衡平に反する状態が生じてしまっているとの認識から出発する。ここから、ジョスランは、産業革命によって増大した不公平な状態を、フォートから切り離された無生物責任を構築することによって解消しようとしたのである。このようなジョスランの無生物責任論の中にも、法を社会との関連において把握し、無生物から生ずるリスクを適切な形で分配していこうとす

　　同・前掲注(166)「理論的基礎」131頁以下、今野・前掲注(151)(1)268頁以下、飛世・前掲注(156)「サレイユ」等。従って、以下では、その概略を記すだけに止めておく。
(1234)　Cf. Raymond Saleilles, Rapports de la sociologie avec le droit, Revue international de sociologie, t.12, 1904, pp.233 et s.
(1235)　ピエール・カイザー（Pierre Kayser）は、サレイユの正義観について、マーク・ソーゼやシャルル・サンクトレットの正義観（カイゼルは、彼らの正義観につき、アルフレッド・フイエ（Alfred Fouillée）の「契約を語ることは正義を語ることである（qui dit contractuel dit juste）」（Alfred Fouillée, La science sociale contemporaine, 2ème éd., Hachette, Paris, 1885, p.410）の枠内にあると評価する）とは大きく異なるものの、これら両者の間には、現に存在する人々の不平等を直視し、私的な関係における平等を追求しようとする点において、共通性が存在し、このような正義観がフランス民事責任法の発展の基礎になったと説く（Pierre Kayser, Le sentiment de la justice et le développement de la responsabilité civile en France, RRJ., 2000, nos 2 et s., pp.448 et s.)。
(1236)　Rémy, supra note 806, p.7.
(1237)　連帯や社会の視点から位置付けられうるジョスランの権利濫用論は、余りにも有名である（Louis Josserand, De l'esprit des droits et de leur relativité : théorie dite de l'abus des droits, 2ème éd., Dalloz, Paris, 1939)。
(1238)　Josserand supra note 32.

る強い態度、問題の解決との関連で言えば、無生物の保管者にリスクを負担させようとする断固とした姿勢を見て取ることができよう[1239][1240][1241]。

(1239) こうした姿勢は、ジョスランがダロズ誌上に寄稿した、夥しい数の判例評釈、論文の中にも現れている（筆者が参照しえたものだけに限っても、判例評釈として、Louis Josserand, Note, sous Trib. civ. de Bourges, 7 fév. 1895 ; Agens, 17 mars 1897 ; Liège, 5 nov. 1898 ; Liège, 12 nov. 1898 ; Trib. civ. de Seine, 28 janv. 1899 ; Trib. civ. de Mayenne, 2 mars 1899, D., 1900, 2, pp.289 et s. ; Id., Note, sous Lyon, 25 avril 1899 ; Riom, 25 mars 1903 ; Trib. civ. de Lyon, 15 nov. 1902 ; Trib. civ. de Seine, 23 janv. 1903 ; Aix, 1er juin 1904 ; Paris, 11 mars 1904, D., 1904, 2, pp.257 et s. ; Id., Note, sous Chambéry, 12 juill. 1905, D., 1905, 2, pp.417 et s. ; Id., Note, sous Trib. civ. de Lannion, 5 déc. 1905 ; Bourges, 15 janv. 1906, D., 1906, 2, pp.249 et s. ; Id., Note, sous Cass. req., 3 juin 1904, D., 1907, 1, pp.177 et s. ; Id., Note, sous Cass. req., 22 janv. 1908, D., 1908, 1, pp.217 et s. ; Id., Note, sous Lyon, 18 janv. 1907, D., 1909, 2, pp.245 et s. ; Id., Note, sous Trib. civ. de Lectoure, 10 avril 1925, D., 1925, 2, pp.105 et s. ; Id., Note, sous Cass. req., 6 mars 1928, D., 1928, 1, pp.97 et s. 論文として、Id., Les collisions entre véhicules et la responsabilité civile, DH., 1928, chr., pp.33 et s. ; Id., Le travail de refoulement de la responsabilité du fait des choses inanimées, DH., 1930, chr., pp.6 et s. ; Id., La responsabilité du fait des automobiles devant les Chambres réunies de la Cour de cassation, DH., 1930, chr., pp.26 et s. ; Id., La doctrine contre la jurisprudence : Sur le problème de la responsabilité du fait des choses inanimées, DH., 1931, chr., pp.69 et s. ; Id., Le gardien de l'automobile, le voleur et la victime d'accident, DH., 1935, chr., pp.37 et s. ; Id., Les collisions entre véhicules et entre présomptions de responsabilité, DH., 1935, chr., pp.41 et s. ; Id., Vers l'objectivation de la responsabilité du fait des choses, DH., 1938, chr., pp.65 et s. がある）。

(1240) もっとも、ジョスランは、契約については、連帯や社会からは若干距離を置いた見方を提示しているようにも見える。すなわち、ジョスランは、20世紀前半に生じた契約現象を分析し、「契約法の黄金時代は終焉の危機を迎えている」と述べ、これを、契約におけるディリジスム（dirigisme）、社会化（socialisation）、国家管理化（étatisation）、介入主義（interventionnisme）、契約の促成栽培（forçage du contrat）等として牽制する。もちろん、これらの現象については、社会・経済的状況に適応するための努力として一定の評価がなされているが、判例・学説における試みの全てが進歩や向上に資するわけではないとの釘も刺されており、とりわけ、安全債務の契約化、民事責任領域における他人のための約定の利用には、激しい嫌悪感が示されていたのである（以下のような論文がある。Louis Josserand, Le contrat dirigé, DH., 1933, chr., pp.89 et s. ; Id., L'essor moderne du concept contractuel, in, Recueil d'études sur les sources du droit en l'honneur de François Gény, t.2, Les sources générales des systèmes juridiques actuels, Sirey, Paris, 1934, pp.333 et s. ; Id., Aperçu général des tendances actuelles de la théorie des contrats, RTD civ., 1937, pp.1 et s. ; Id., La《publication》du contrat, in, Recueil d'études en l'honneur d'Edouard Lambert, Introduction à l'étude du droit comparé, t.3, Sirey, LGDJ., Paris, 1938, pp.143 et s. ; Id., Les dernières étapes du dirigisme contractuel : Le contrat forcé et le contrat légal (contrat dit de salaire différé), DH., 1940, chr., pp.5 et s. 関連する判例評釈として、Id., Note, sous Lyon, 7 déc. 1928, D., 1929, 2, pp.17 et s. ; Id., Note, sous Cass. req., 1er août 1929, D., 1930, 1, pp.25 et s. ; Id., Note, sous Cass. civ. 6 déc. 1932 et Cass. civ., 24 mai 1933, D., 1933, 1, pp.137 et s. また、好意同乗の事例について、Id., Le transport bénévole et la responsabilité des accidents d'automobile, DH., 1926, chr., pp.21 et s. 更に、「契約責任」と不法行為責任の競合を認めた判決に対する、契約自由や契約の拘束力という視点からの批判として、Id., Note, sous Cass. req., 14 déc. 1926, D., 1927, 1, pp.105 et s.）。

(1241) 注(1240)で触れたジョスランの契約理論が、彼の法思想・法理論一般との関連で、どのような意味を持つのかという点を明らかにすることは、極めて興味深い研究対象となりうる。もちろん、この時代の契約現象にどのようなアプローチがとられたのか、無生物責任における革新的な立場と契約における保守的な態度をどのように理解するのかといったこともあるが、それ以上に、ジョスラン研究は、フランス民法学における1つの傾向を明らかにするための素材となりうるように思われるのである。その理由は、以下の通りである。

なるほど、ルイ・ジョスランは、20世紀の前半を代表する民法学者であり、権利濫用論や無生物責任論等、今日の民法学を支える基礎理論を提唱した著名な学説であるが、ほぼ同時期（20世紀前半という意味で広く用いる）に活躍した、アンリ・カピタン（Henri Capitant）、ルネ・ドゥモーグ、ジョルジュ・リペール（Georges Ripert）、ユジェーヌ・ゴドメ等と比べると、これまで、

◆第1章◆ 解　釈

　更に、連帯や社会の視点は、これまで述べてきた賠償のレベルだけではなく、契約の基礎としての意思にも及ぶことになる[1242]。ここでも、サレイユを取り上げよう。サレイユは、その主著『意思表示について』の中で[1243]、契約が社会的事実であること、そして、当事者における内心の意思ではなく表示された意思が考慮されるべきことを説いた。そこでは、当事者の自由な意思の創造から全てが生まれてくるという古典的な見方、サレイユの言う意思自治の理論が、反社会的な論理であるとして退けられており、それに代わり、当事者意思は法律によって権限を付与されているのであって、望んだが故に正当なのではなく、正当であるが故に望まれなければならないのであるとの見方が示されている。このように、サレイユの意思自治批判においては、社会の優位という考え方が明確に打ち出されており、個人あるいは個人の意思に立脚した契約理論ではなく、契約の社会化、道徳化が志向されているのである。そして、この視点を引き継ぎつつ、それを統合し、意思自治の原則を相対化させることに成功したが、エマニュエル・グノーの有名なテーゼ『私法における意思自治の原則：法的個人主義に対する批判的研究への寄与（Le principe de l'autonomie de la volonté en droit privé : Contribution à l'étude critique de l'individualisme juridique)』なのである[1244]。

　以上に一瞥したところからも明らかとなるように、19世紀末に登場した連帯や社会を基軸とする政治・社会理論は、当時の立法及び民法学に大きな影響を与えていたと言うことができる。もちろん、このような連帯を強調する立場に対しては、自由主義を基調とする立場からの有力な批判も存在した。例えば、レイモン・サレイ

　　　　圧倒的にその研究が少なかったと言える（もちろん、個別問題の検討に際して彼の学説を分析するものは多い）。ところが、近年においては、こうした状況から一変して、ジョスランの法理論、とりわけ、彼の契約理論に対して、新たな光が当てられるようになっているのである（Dominique Fenouillet, Etienne, Louis Josserand (1868-1941), Rev. hist. fac. dr., 1996, pp. 27 et s. ; Frédéric Audren et Catherine Fillon, Louis Josserand ou la construction d'une autorité doctrinale, RTD civ., 2009, pp. 41 et s. また、ジャン・パスカル・シャザル（Jean-Pascal Chazal）とクリスティアン・ベヨン・パス（Christian Baillon-Passe）の間では論争も繰り広げられた。Jean-Pascal Chazal, L. Josserand et le nouvel ordre contractuel, RDC., 2003, pp. 325 et s. ; Christian Baillon-Passe, 《Relire Josserand》, D., 2003, point de vue., pp. 1571 et s. ; Jean-Pascal Chazal, 《Relire Josserand》, oui mais… sans le trahir !, D., 2003, chr., pp. 1777 et s. ; Christian Baillon-Passe, Réponse à Jean-Pascal Chazal : 《mission accomplie, on va relire Josserand》, D., 2003, chr., pp. 2190 et s.）。このように、民法典の制度の理解や条文の解釈論というコンテクストで見れば、マルセル・プラニオルやアンリ・カピタン等よりも圧倒的に影響力を有してきた（有している）はずのジョスランの法理論・法思想が、これまで余り顧みられなかったのは何故か。それにもかかわらず、近年に至って、ジョスランの法理論に再度注目が集まっているのは何故か。これらの課題を探求することによって、フランス民法学の一断面を描き出すための基礎を提供することができるように思われるのである（本書の目的からは外れるため、この点については、「フランス民法学研究」のプログラムの一環として、別稿で論ずることにしたい）。

(1242) この点については、既に先行業績による優れた分析が存在するため、以下では、その概略のみを示すに止める。山口・前掲注(800)「現代的変容」217頁以下、北村・前掲注(800)187頁以下を参照。また、星野・前掲注(800)236頁以下も参照。
(1243) Saleilles, supra note 804.
(1244) Gounot, supra note 804.

◆ 第2節 ◆ 理論モデルの展開

ユと同時代の民法学者、マルセル・プラニオルが個人主義的・自由主義的な社会観を有していたことは、良く知られている(1245)。そもそも、賠償モデルの基礎を提供することになったプラニオルによる「先存債務に対する違反」というフォートの定義も、サレイユのリスクの理論に対抗して、フォート、そして、フォートに基づく責任の地位を救うことを目的としたものであった(1246)(1247)。しかし、連帯を標榜するかどうか、あるいは、そこまで行かなくても、連帯の考え方を基調とするかどうかはともかく、当時の大多数の民法学説においては、19世紀後半からのフランス社会を直視し、法を社会の中で捉えようとしていた点、より根源的には、個人に発生した問題を、理性を全ての起点に据える議論のように、あくまでも社会から切り離された抽象的・理念的な個人の問題として認識するのではなく、共同体ないし共和国の問題として把握するための思想的・理論的基盤を有していたという点において、最低限の共通理解が成り立っていたように見受けられる。そして、このことを本書の問題関心との関連で言えば、社会の構造変容に伴って生じた新たな事故、とりわけ、労働災害のケースにおける労働者、運送事故のケースにおける乗客に対して法的救済を付与するために、フォートの証明を必要とする責任制度から決別しなければならず、また、少なくとも、全ての法的効果の源泉として当事者意思を観念する態度を採用することはできないとの認識が形成されていたことを意味するのである(1248)。後に述べるように、このような社会的・思想的コンテクストの中に、契約

(1245) レミィ・前掲注(1220)236頁、吉田・前掲注(152)314頁等。また、小粥太郎「マルセル・プラニオルの横顔」同『民法学の行方』(商事法務・2008年) 39頁以下〔初出・2005年〕も参照。
(1246) Cf. Rémy, supra note 20, La responsabilité contractuelle..., n° 12, p.332 ; Bellissent, supra note 20, n° 399, p.200.
　　プラニオルは、リスクの理論、あるいは、フォートなしの責任を認めることについて、以下のように評価している。フォートなしの責任を認めることは、「社会的な不正義」である。物の所為に基づく不法行為責任(職業的リスクに基づく責任、無生物責任)は、自己にフォートが存在しないにもかかわらずその責任を認めるものであって、あらゆる正義の観念に反するものをもたらす (Planiol, supra note 33, Études sur la responsabilité civile..., pp.278 et s.)。また、労働災害の事例において、フォートなしの責任を認める1898年4月9日の法律は、法的な議論ではなく、慈悲 (la charité) の発想に基づくものである (Ibid., pp.280 et s.)。いずれにしても、リスクに基づく民事責任の構想は、フォートの領域を超えて不当な責任を作り出し、適法行為と違法行為の境界を消滅させてしまう。フォートという観念に基づかない責任は、合理的でも、衡平でもないのである (Ibid., p.288)。また、Cf. Id., Note, sous Cass. civ., 8 mai 1906, D., 1906, 1, pp.457 et s. (フォート、つまり、違法行為は、常にあらゆる責任の基礎であり、仮にそうでないとすれば、恣意的で気まぐれな責任を作り出すことになってしまう)
(1247) もちろん、プラニオルは、労働災害のケースにおける労働者や運送事故のケースにおける乗客に対し賠償を提供するという目的それ自体を否定していたわけではない。フォートに基づかない責任を認めなくても、「先存債務に対する違反」という定義で捉えられるところのフォートに基づく責任で十分だと考えていたのである。Cf. Planiol, supra note 33, Études sur la responsabilité civile..., pp.280 et s.
(1248) このことは、労働災害や運送事故の問題を主たるテーマとし、あるいは、これらを検討の対象とするテーズや論文が、(結論の当否は別として) 数多く執筆されていたことからも明らかとなろう (判例評釈まで含めれば膨大な量の研究が存在するが、以下では、テーズ及び論文のみを掲げておく)。筆者が参照しえたものに限定しても、まず、テーズとして、Sainctelette, supra note 26, pp.45 et s. ; Guy, supra note 296, pp.130 et s. ; Auvynet, supra note 296, pp.30 et s. ; A. Cotelle, Des dommages-intérêts en matière de transports, th. Paris, Marchal et Billard, Paris,

◆第1章◆ 解　釈

不履行に基づく損害賠償の理論枠組みが履行モデルから賠償モデルへと変容する 1 つの契機があった。

　ところで、仮に、19 世紀末から 20 世紀初頭にかけてのフランスの社会的・思想的コンテクストにおいて、新しい類型の事故の被害者に対する法的救済を付与する必要性が認められたとしても、そこから、直ちに、履行方式としての契約不履行に基づく損害賠償が不適切であり、賠償方式としての契約不履行に基づく損害賠償への転換が必要であるとの認識が導かれるわけではない。履行方式としての契約不履行に基づく損害賠償の考え方を維持しながら、新たな事故に伴う安全の問題に対して解決を付与することも、十分に考えられるからである。このような視点から見た場合、それに対応するための可能性としては、履行方式としての契約不履行に基づく損害賠償それ自体によって安全の問題を規律する方法と、履行方式としての契約不履行に基づく損害賠償とは別の手段によって問題の解決を図る方法が想定されうる。

　まず、前者の方法について言えば、先に言及したシャルル・サンクトレットの議論は、当事者意思にその全ての拠り所を求めることによって、問題に対処しようと

1894 ; Paul Rencker, De la non-responsabilité conventionnelle : Étude des principes qui régissent les clauses d'exonération de la responsabilité du débiteur en droit romain et en droit français, th. Dijon, 1894, n°s 190 et s., pp.185 et s. ; Paul Duval, Droit romain : Du contrat de transport à Rome et en particulier de transport maritime, Droit français : De la responsabilité du voiturier et en particulier des moyens de justification et de libération accordés à l'agent de transport, th. Paris, 1895 ; Sarran, supra note 313 ; Ernest Tarbouriech, La responsabilité des accidents dont les ouvriers sont victimes dans leur travail, V. Giard & E. Brière, Paris, 1896 ; Zens, supra note 879 ; Aubin, supra note 25, pp.171 et s. ; Josserand, supra note 32 ; Saleilles, supra note 32 ; Chenevier, supra note 224, pp.75 et s. ; Delmond-Bébet, supra note 296, pp.72 et s. ; Marcel Berthoud, De la responsabilité du voiturier dans le transport des voyageurs, th. Lyon, 1903 ; Jean Granet, Le droit commun en matière de responsabilité du fait des choses inanimées, th. Paris, Arthur Rousseau, Paris, 1909 ; Félix Cluzel, Essai sur les clauses d'irresponsabilité, Librairie de jurisprudence, Paris, 1913, pp.166 et s. ; Jean Guibal, La notion d'accidents de voyageurs et la responsabilité contractuelle, th. Montpellier, 1913 ; Priboy, supra note 238 ; Paul Lévy-Lambert, La responsabilité des accidents du transport terrestre, th. Paris, Sirey, Paris, 1916 ; Marcel Cocat, Du fondement de la responsabilité du voiturier en matière de transport de personnes, th. Paris, Dalloz, Paris, 1923 ; André Visse, De la responsabilité du fait des choses, th. Paris, PUF., Paris, 1923 ; Constantin G. Vasiliu, La portée de la responsabilité contractuelle dans le transport de voyageurs, Sirey, Paris, 1925 ; Roger Denoit, De la responsabilité dans le transport des voyageurs par chemins de fer, th. Paris, A. Pedone, Paris, 1938 ; Mircea Mioc, La sécurité de la personne physique et la responsabilité contractuelle, Librairie de jurisprudence ancienne et moderne, Paris, 1938 ; etc. 次に、論文として、Lefebvre, supra note 25, pp.511 et s. ; Sauzet, supra note 1195 ; Louis Sarrut, Compte rendu, Féraud-Giraud, Code des transports de marchandises et de voyageurs par chemins de fer, Rev. crit., 1885, pp.135 et s. ; Marc Gérard, Le louage de services et la responsabilité des patrons, Rev. crit., 1888, pp.426 et s. ; Planiol, supra note 229 ; Lévy, supra note 1213, Responsabilité et contrat, pp.374 et s. ; Emile Bonnet, Responsabilité délictuelle et contrat, Rev. crit., 1912, pp.418 et s. ; Mazeaud, supra note 27, n°s 56 et s., pp.614 et s. ; Henri Lalou, Contrats comportant pour l'une des parties l'obligation de rendre le contractuel《sain et sauf》, DH., 1931, chr., pp.37 et s. ; G. Camerlynck, De la responsabilité contractuelle en matière d'accidents de personnes, Rev. crit., 1931, pp.83 et s. ; Andrée Jack, Les obligations et la responsabilité du garagiste, RTD civ., 1932, pp.603 et s. ; Louis Gardenat, La portée de la responsabilité contractuelle, JCP., 1939, I, 102 ; etc.

◆ 第 2 節 ◆ 理論モデルの展開

するものであったと理解することができる。サンクトレットは、履行方式としての損害賠償の基礎と制度を全て当事者の意思によって説明していたが、それと同時に、労働契約や運送契約における安全の問題についても、意思解釈の名の下に、合意の問題として捉える方向性を提示するものであった。こうして、サンクトレットは、全面的な形で当事者意思に依拠することによって、古典的な契約不履行に基づく損害賠償の構想を維持しつつ、労働災害や運送事故の問題に法的な解決を与えようとした。つまり、彼は、フォートの証明を債権者側が行うのではなく、外的原因の存在を債務者側が証明するという、証明責任の分配構造を利用することによって[1249]、フォートの証明を必要としない補償制度を作り上げようとしたのである。

しかしながら、当時の理論状況の下で、このような手法が受け入れ難いものであったことは、容易に想像がつくであろう。19世紀末から20世紀初頭は、全ての法定効果の源泉を当事者意思に求める議論からの決別が示されていた時代なのであって、当事者意思に過度の負担を課すサンクトレットの理論は、到底、支持を集めることはできなかったのである。ここには、2つのレベルにおける拒絶を見て取ることができる。

1つは、絶対的な安全の確保を当事者意思の問題として捉えることに対する拒絶である。サンクトレットの論理構造は、まず、運送契約における当事者の意思解釈として、運送人に対し乗客を目的地まで安全に到達させる債務を負わせることから出発し、次いで、乗客が負傷した場合には、この債務が履行されなかった、つまり、この債務によって実現されるべきであった状態が確保されなかったと見た上で、運送人に、この債務の「効力」（繰り返しになるが、この債務の効力自体も運送契約の当事者意思に根拠を持つものである）としての損害賠償義務を負担させるというものであった。これに対して、その後の学説は、このような絶対的な安全に関わる債務を当事者意思から導くことはできないとの批判を提起する。つまり、絶対的な安全の確保を当事者意思に基づかせる手法は、当事者意思を歪めるものにほかならないというのである[1250][1251]。

[1249] この点については、第1部・第1章・第1節・第1款・第2項109頁以下、同章・第2節・第1款・第2項181頁以下を参照。

[1250] Rencker, supra note 1248, n° 196, pp.190 et s., et n° 216, pp.212 et s. (サンクトレットのように、絶対的な安全の確保を使用者の債務の目的とすることは、労働契約の性質及び当事者の意思に反するものである); Sarran, supra note 313, pp.115 et s. (運送人があらゆる種類の事故について保証していると考えることはできない。運送人が負担しているのは、技術の進歩に適合するような設備を備える債務、契約を正確に履行しうるような人材を備えておく債務である); Zens, supra note 879, pp.129 et s. (運送事故を不法行為の問題とする立場から、運送契約の当事者は、安全債務について何ら考えておらず、この契約において安全に関する条項を語ることは、運送契約を完全に作り直すことにほかならないと批判する。他人の不注意から身体・生命を保護するために合意は必要ないというわけである); Ernest Chavegrin, Note, sous Paris, 31 janv. 1895, S., 1896, 2, p.226 (運送人に対し、あらゆるリスクから乗客を保護する債務を負わせることはできない。そうでなければ、運送人に対し保険としての役割を与え、この契約を変質させることになってしまうからである); Delmond-Bébet, supra note 296, p.51 (サンクトレットの考え

◆第1章◆ 解　釈

方に対して、使用者や運送人は保険ではないとして批判する）; Cluzel, supra note 1248, pp. 168 et s.（運送人が絶対的な安全についての債務を負うと同意することは考えられない）; Cocat, supra note 1248, n°s 30 et s., pp. 57 et s.（安全の問題に契約の理論を適用することは、契約の範囲を濫用的に拡大させることにほかならない。契約においては、何よりも当事者の意思を尊重しなければならないのであって、想像上の意思を援用すべきではないのである）; Huc, supra note 312, n° 430, pp. 570 et s.（労働契約における使用者は保険ではないから、使用者が全ての場合において責任を負うと言うことはできない）

(1251)　ベルギーの破毀院は、この点を明確に述べ、また、労働契約の性質からも安全に関わる義務を導くことはできないとして、労働災害を不法行為の問題として規律する立場をとっていた。Ex. Cass. Belgique, 8 janv. 1886, D., 1886, 2, 153, obs. Emile Delecroix ; S., 1886, 4, 25, note Joseph-Émile Labbé ; Rev. crit., 1886, 436 et 442, note Joseph-Émile Labbé（列車警備員として列車内で切符の点検を行っていたXが、線路に転落して死亡したという事案である。事故の原因は明らかでなく、国（使用者、Y）側に、何らのフォートも存在しなかったことが認定されている。原審は、「XとYとの間で締結された契約が、Yに対して、Xが被害者となった状況がどのようなものであっても、あらゆる事故について絶対的な形で保証するよう義務付けるものであるかどうかを検討し、このような責任は、法律が規定するところではないし、当事者間における明示の合意の対象となってもおらず、当事者の共通の意思ではなかったと判示している。使用者が、衡平の諸原則により、労働における労働者の安全に注意する債務を負うとしても、危険の結果生ずる事故が使用者のフォートもしくは予見の欠如の結果でない限り、この労働に内在するあらゆる種類の危険から労働者を保護する義務を負わない。ところで、如何なる法律上の規定も、このような危険に関して、使用者が労働者に対して負う保証を定義していないし、また、明確にもしていない。それ故、労働契約は、この点について、民法典1135条及び1156条の一般規範に従う。衡平の諸原則並びにそれが債務の性質に従って与える諸帰結の評価、また、契約当事者の共通意思の承認は、事実審裁判官の専権的な任務である。控訴院は、上告の対象となっている判決において、上告が誤ってなすことを怠ったと非難していることを行った。すなわち、控訴院は、認定した事実に従い、契約当事者から見て、衡平上、労働者と使用者の間における契約の当然の諸帰結を構成するものを探求した。この点について、その決定は専権的である。他方で、原審は、上告人が主張するような労働者に対する使用者の保証は労働契約の本性ではないと正当に述べている」); Cass. Belgique, 28 mars 1889, S., 1890, 4, 17（労働者Xがクレーンのクランクで頭を打ち死亡したという事案である。「ある者が、合意上、合意がなければ義務付けられないような注意を尽す債務を負う場合で、この者が、この注意を無視し、もしくは、怠ったときには、契約から生ずる訴権、あるいは、アクリア訴権によって、責任を追及される。このローマの法律家の解答は、現代法においても、その権威を保持する。過失ある行為は全て、議論の余地なく、アクリア訴権の基礎となりうるのであるから、原審が、民法典の第3編・第4章に含まれる規範を本件事案に適用したとしても、同法典1382条から1386条に違反するものではない。原審は、専ら、使用者の労働者に対する契約債務が、原告の主張するような射程及び範囲を持たないことのみを判示し、これらの債務の源が1382条から1386条にあるかどうかを探求しているわけではない。この関係において、上告は基礎を欠く」。使用者は不可抗力を証明しない限り責任を免れないとの主張に関して、「原審は、以下のように判示して、この主張を排斥した。一方で、本件においては、合意の明示の文言から、労働者をあらゆる事故から保護する債務を導くことはできない。他方で、法律上、原告が主張するような完全かつ絶対的な保証債務は、契約当事者間における黙示の合致の結果ではない。実際、使用者は、その職業に内在する危険から労働者を常に保護することはできないし、従って、アプリオリに、そして、雇用という事実だけから言っても、命じられた労働の偶発的な結果について義務を負うことはない。如何なる法律のテクストも、使用者が労働者に対して負う保証を定義しておらず、また、それを明確にしていない。それ故、この保証は、雇用契約の本性ではなく、かつ、その通常の結果でもない。使用者が労働者に対して危険な仕事を行わせる場合、労働者は、その操作が繊細で危険な道具を使用することになる。民法典1382条は、1135条とともに、使用者に対して、慎重が要請されるあらゆる注意を尽す義務を負わせる。そして、使用者がこの義務を怠ったときは、そのフォートの諸結果を賠償する義務を負う。このような責任は、労働契約の付随的かつ間接的な帰結でしかないから、使用者は、科学もしくは経験によって課される予防措置をとらなかったことが証明された場合にしか、その職業的リスクについて責任を負うことはない。これらの考慮から、原審は、本件事故が、それ自体によって、国家の債務不履行を立証するものではなく、従って、国家が、その免責の証明を尽す義務を負うことにはならないと正当に判示している」）

474

◆ 第 2 節 ◆ 理論モデルの展開

　もちろん、この議論が批判の対象としているのは、(サレイユが説くように、内心の意思を問題にするのか、それとも表示された意思を問題にするのかという点は措くとして)当事者意思の名の下に全ての債務を基礎付けようとする方法それ自体であるから、この批判は、一面から見れば、意思の領域を適正な範囲に画そうとすること、言い換えれば、契約における意思を救うことを目的としていたと理解することも可能である。実際、一部の学説は、こうした絶対的な安全の確保を、当事者の意思ではなく、フランス民法典1135条を引用しつつ、運送契約や労働契約の性質、衡平の観念等を援用することによって正当化しようとしていた[1252][1253]。また、後の時代に大

[1252] Joseph-Émile Labbé, Note, sous Cour supérieure de justice de Luxembourg, 27 nov. 1884 ; Liège, 18 juin 1885 ; Trib. civ. de Bruxelles, 25 avril 1885 ; Trib. com. de Bruxelles, 28 avril 1885, S., 1885, 4, p.25 (民法典1135条を援用している。もっとも、同条を当事者意思解釈の問題として捉えるものである); Gérard, supra note 1248, p.429 (民法典1135条と衡平を援用している。もっとも、サンクトレットを引用しつつ、黙示的合意にも言及する); Guy, supra note 296, pp.150 et s. (民法典1135条を援用している); Auvynet, supra note 296, pp.32 et s. (契約及び契約の履行は、極めて複雑であり、当事者を特別のリスクに曝すことがある。また、債務者は、債務を履行するため、債権者を事故の原因となるような状況に置かざるをえない場合もある。これらの問題は、特別の約定がなければ、フランス民法典1134条3項及び1135条の管轄に属する。近代法がローマ法の厳正契約から解放されている以上、契約の文言だけでその内容を判断することは許されないし、衡平や良識の規範が、そのことを要請するのである (もっとも、同時に、黙示の合意という表現も用いられている)); Sarran, supra note 313, pp.113 et s. (フランス民法典1784条は (この点については、注[1253]を参照)、同1135条の適用に過ぎない。良識の点から見ても、民法典1135条から見ても、運送人は、善良なる家父の注意を尽す義務を負う。Delmond-Bébet, supra note 296, pp.38 et s. (使用者や運送人は、可能な限り事故が発生しないよう努力する義務を負う。これは、民法典1134条及び1135条に基づくものであり、契約の一般法の問題である); Huc, supra note 312, n° 430, pp.570 et s. (労働災害のケースにおける使用者の責任は、特別の約定がなければ、慣習、衡平に基づくものである)

　また、民法典1135条を援用するものではないが、Cf. Adémar Esmain, Note, sous Rouen, 3 déc. 1898, S., 1900, 2, pp.57 et s. アデマール・エスマン (Adémar Esmain) は、以下のような議論を展開する。被害者に対して運送会社のフォートの証明を課すことは、理性・良識の規範に反する。運送契約における乗客は、受動的な存在なのであるから、自身でその安全を注意することはできない。従って、運送人に対して安全債務を課すことが衡平に適うのである。もっとも、アデマール・エスマンは、労働契約に関しては、これとは異なる理解を示している。すなわち、運送契約の場合、乗客の身体は、契約の目的 (l'objet) を構成する。その結果、運送人の安全に関する債務が導かれることになる。これに対して、労働契約における契約の目的は、労働の提供と給与の支払いであるから、この契約において、安全についての約束がなされることはない。ところで、賃貸借契約の一般原則によれば、賃借目的物に瑕疵が存在する場合、賃貸人はこの瑕疵について責任を負い、この責任は、瑕疵の発見が不可能である場合にのみ排除される。そして、物の賃貸借と労働の賃貸借は同じ性質を持つ契約であるから、この原則は、労働契約の事案にも適用される。従って、使用者は、労働に際して用いられる道具や機械に瑕疵が存在する場合、たとえそのことにつき善意であったとしても、これを知ることができたときには、責任を負うことになるのである (後者の点につき、Id., supra note 43, p.19)。

[1253] 当時の学説は、旅客運送契約の問題を物品運送契約との関連において把握しようとしていた。すなわち、フランス民法典1784条によれば、「運送人は、その者に託される物の減失及び毀損について責任を負う。ただし、それらの物が偶発事故又は不可抗力によって減失し、毀損したことを運送人が証明する場合には、この限りない (原文は、Ils sont responsables de la perte et des avaries des choses qui leur sont confiées, à moins qu'ils ne prouvent qu'elles ont été perdues et avariées par cas fortuit ou force majeure.)」とされているところ、物品の運送について、このような絶対的な債務が運送人に負わされているにもかかわらず、乗客の運送に関して、それと同等もしくはそれ以上の債務が運送人に課せられないというのは均衡を失する。従って、乗客の運送が問題となる場合であっても、安全に関わる債務が存在し、乗客が安全に到達しなかったときには、

◆第1章◆ 解　釈

きく発展することになる判例上の安全債務が、こうした基礎、とりわけ、民法典1135条に言う衡平の上に成り立っていることにも疑いはない[1254]。しかし、このような現象をどのように評価するかは別としても、運送事故や労働災害の出現を契機

その不履行に基づく損害賠償が問題になるというのである（もっとも、ニュアンスの相違は存在する。例えば、生命や身体が商品よりも保護を受けないことの奇妙さを指摘するもの（Sarrut, infra, Note, sous Cass. civ., 10 nov. 1884, p.434 ; Lyon-Caen, infra, Note, sous Cass. civ., 10 nov. 1884, p.130 ; Duval, supra note 1248, n° 44, pp.269 et s.）、旅客運送契約に対して民法典1784条の適用ないし類推適用を説くもの（Sarrut, supra note 1248, p.137（民法典 1784 条は一般法の適用に過ぎないから、物品運送のみならず、旅客運送にも適用される）; Rencker, supra note 1248, n° 192, pp.186 et s. ; Baudry-Lacantinerie et Barde, supra note 879, n° 2866, p.1093（民法典 1784 条は一般法の適用に過ぎないから、物品運送のみならず、旅客運送にも適用される））、民法典 1784 条を契約不履行に基づく損害賠償の一般法と同様の内容を規定したテクストと見た上で、旅客運送契約と物品運送契約の規律を均一化するもの（Sarrut, infra, Note, sous Cass. civ., 10 nov. 1884, p.433（確かに、民法典 1784 条は物品運送に関するテクストである。しかし、このテクストは、例外規範ではなく、証明の一般理論（民法典1147条、1315条）を物品運送契約という特殊な場面に拡大したものにほかならない）; Lyon-Caen, infra, Note, sous Cass. civ., 10 nov. 1884, p.129 ; Auvynet, supra note 296, pp.53 et s. ; Guy, supra note 296, p.150 ; Sarran, supra note 313, p.113 ; Chenevier, supra note 224, p.120 ; Huc, supra note 312, n° 425, pp.562 et s.）等が存在する）。

こうした議論は、直接的には、旅客運送契約に対する民法典1784条の適用を否定した破毀院判例（Cass. civ., 10 nov. 1884, D., 1885, 1, 433, note Louis Sarrut ; S., 1885, 1, 129, note Charles Lyon-Caen ; Rev. crit., 1886, 358, note Charles Lyon-Caen ; Rev. crit., 1886, 434, Joseph-Émile Labbé（運送事故の事案で、民法典1784条の適用を否定した原審（Amiens, 28 déc. 1881, D., 1882, 2, 163）に対する上告につき、破毀院は、以下のように判示している。民法典1784条において、「立法者は、使用する文言それ自体によって、本条が物及び商品の運送だけを予定し、人間の運送については問題としていないことを明確に示した。1784条の規範は、免責の証明についての民法典1302条及び1315条が確立している一般原則を、運送人に預けられた物に関する必然的寄託に適用したものにほかならない。つまり、運送人は、ほかの特定物の受寄者と同じように、預けた者に対し、物を善良な状態で返還しなければならず、あるいは弁済によって、あるいは偶発事故もしくは不可抗力によって、その債務の消滅を正当化しなければならない。この原則は、人の運送には適用されない。民法典1382条以下の不法行為責任の規範だけが適用されるのである」。従って、本件事案において民法典1784条の適用を否定した原審は正当である）; Cass. req. 14 déc. 1903, D., 1905, 1, 314 ; S., 1904, 1, 261（乗客が電車から転落し重傷を負ったという事案で、民法典1784条の適用を否定した原審に対する上告につき、破毀院は、以下のように判示している。控訴院がこの主張を排斥したのは正当である。「立法者は、使用する文言それ自体によって、本条が物及び商品の運送だけを予定し、人間の運送については問題としていないことを明確に示した」））に起因するものであるが、契約の解釈・補充論というコンテクストで見れば、運送契約の性質というより客観的な要素を重視するものとして把握することができる。

(1254) 安全債務の基礎をめぐる議論については、Cf. Patrice Jourdain, Le fondement de l'obligation de sécurité, in, Le développement de l'obligation de sécurité, Colloque de Chambéry du 15 nov. 1996, Gaz. Pal., 1997, 2, doc., pp.1196 et s. ; Bloch, supra note 59, n°s 15 et s., pp.23 et s. また、安全債務を含め、より広いコンテクストで、「契約の補充」現象を分析した、Laurent Leveneur, Le forçage du contrat, in, Que reste-t-il de l'intangibilité du contrat ?, Colloque de 28 nov. 1997 organisé par la Faculté de droit et d'économie de Chambéry, le Centre de droit de la consommation et des obligations et l'Ordre des avocats près la cour de Chambéry, Dr. et pat., mars 1998, pp.69 et s. 契約法における平等の意義を論じたテーズの中で、衡平及び民法典1135条を検討した、Denis Berthiau, Le principe d'égalité et le droit civil des contrats, th. Paris II, préf. Jean-Louis Sourioux, Bibliothèque de droit privé, t.320, LGDJ., Paris, 1999, n°s 635 et s., pp.335 et s. 私法における衡平を論じたテーズの中で、安全債務等の問題を、誠実・協働義務のように衡平に内在する主観的な衡平ではなく、客観的な衡平の問題として捉えた、Christophe Albiges, L'équité du droit privé, th. Montpellier, préf. Rémy Cabrillac, Bibliothèque de droit privé, t.329, LGDJ., Paris, 2000, n°s 402 et s., pp.267 et s.（安全債務についての叙述は、n° 476, pp.312 et s.）も参照。

476

第2節　理論モデルの展開

として、当事者意思から直接的に導くことのできない客観的な基礎付けを持つ債務の存在が承認されるようになったという事実は、極めて重要な意味を持つのであって、このことが、契約不履行に基づく損害賠償の理論枠組みをめぐる議論にも大きな影を落とし、もう1つのレベルでの拒絶へと繋がることになったのである。

　それが、契約不履行に基づく損害賠償を当事者意思によって説明あるいは正当化する方法の拒絶である。ここでは、2つの段階の批判を観念することができる。

　第1に、当事者の意思に基づかない債務の不履行に対する損害賠償の基礎を当事者の意思に求める議論には、論理的な不整合が存在するとの批判である。フランス民法典1135条と契約との関わり合い方については議論が存するが[1255]、少なくとも、同条から導かれる債務が当事者意思だけに依存するものではないという点については、異論はないと言って良い。他方で、サンクトレット、そして、サンクトレットのフィルターを通じて理解されていた19世紀の学説における契約不履行に基づく損害賠償は、その基礎・制度ともに、当事者意思によって正当化されるものであった。そうすると、この2つの命題の間に論理的な齟齬が生じてしまっていることは、容易に理解することができるであろう。サンクトレットの理論によれば、直接的な債務それ自体の根拠が当事者意思に求められていないにもかかわらず、その代替的な履行手段だけが当事者意思によって正当化されることになるからである[1256]。ここにおいて、サンクトレットが説く履行方式としての契約不履行に基づく損害賠償の理論枠組みでは、労働災害や運送事故等の新たな問題に対応しえないとの評価がなされることになったのである[1257]。

(1255) この点については、さしあたり、近年に刊行された2つのテーズ、Philippe Jacques, Regards sur l'article 1135 du Code civil, th. Paris XII, préf. François Chabas, Nouvelle bibliothèque de thèses, t.46, Dalloz, Paris, 2005 ; Clémence Mouly-Cuillemaud, Retour sur l'article 1135 du Code civil : Une nouvelle source du contenu contractuel, th. Montpellier, préf. Didier Ferrier, avant-propos de Christian Atias et Rémy Cabrillac, Bibliothèque de droit privé, t.460, LGDJ, Paris, 2006 を参照（もっとも、その内容には大きな相違が存在する）。

(1256) もっとも、当時の学説が、このような議論を意識的に展開していたというわけではない。注(1250)、注(1252)、注(1253)で引用したように、当時の学説の多くは、サンクトレットの議論のうち、安全債務の基礎を当事者意思に求める方法に対しては批判を提起していたが、本文で述べたような問題、つまり、当事者意思に基づかない債務の不履行による損害賠償を当事者意思によって基礎付ける方法の問題に言及することは、ほとんどなかったのである（その貴重な例外として、アルベール・ザン（Albert Zens）のテーズがある。ザンは、以下のように述べる。契約不履行に基づく損害賠償の債務は、当事者の黙示の合意の中に萌芽を持つものである。運送契約において、ありうる損害賠償を前もって予測しておくことは不可能である。契約不履行に基づく損害賠償の存在もその範囲も、契約締結時には予見されていないのである（Zens, supra note 879, p.132. ここから、ザンは、この問題を不法行為の領域で規律する方向性を提示する））。

(1257) 契約不履行に基づく損害賠償の理論枠組みという問題関心からなされたものではないが、本文で述べた点については、既に、高畑・前掲注(149)「関係」が、指摘していたところである。高畑は、シャルル・サンクトレットとジャン・グランムーランのテーズを詳細に検討しつつ、以下のように評価する（同194頁以下）。「古典的と称される責任二元論が契約により生ずる本来の債務と、その不履行によって発生する損害賠償債務とを両者ともに契約を原因として有するとして同一平面でとらえた思想的背景には意思自治論から要請される契約の尊重と、その結果として導かれる契約責任の特殊性が存在したと思われる。契約上の債務不履行責任が本来の債務と同じレベルで契約にとりこまれていたと言えよう」。これに対して、グランムーランにおいては、「契

◆第1章◆ 解　釈

　第2に、こうした安全の問題に関連して提起された批判は、契約不履行に基づく損害賠償一般へと拡大されることになる。すなわち、債務の基礎として当事者意思を観念するのか、それとも、客観的な枠組みを用意するのかにかかわらず、およそ契約不履行に基づく損害賠償に際して黙示の合意を想定すること自体、当事者意思を強制するものにほかならないというのである[1258]。ところで、この批判は、破毀院判例において運送契約における安全が契約の問題とされ[1259]、かつ、グノーのテーゼによって意思自治の相対化が一般的な認識となった[1260]、1920年代に至って援用されるようになったものである。言い換えれば、当事者意思を基軸とするタイプの履行方式としての契約不履行に基づく損害賠償は、契約法の領域における当事者意思以外の要素の重要性が増大する一方で、こうした要素を支える理論的・思想的基盤が共有され始めた時代に、最終的な形で放棄されたのである。このような時代関係を一瞥するだけでも、当事者意思に全てを依存していたサンクトレットの議論が当時の社会的・思想的要請に応えられなくなっていたことは、明らかであろう。

　このように、当時の学説が想定していた（サンクトレット流の）履行方式としての契約不履行に基づく損害賠償の下では、運送や労働における安全のファクターを契約の問題として規律することに大きな理論的問題が内包されていたし、前提となる損害賠償の基礎付けのレベルでも、この議論には、当時の時代思潮に適合しないという重大な問題が含まれていたのである。既に述べたように、当時の学説史上のコンテクストにおいて、履行方式としての契約不履行に基づく損害賠償は、ポティエや民法典起草者のように、債権の実現という視点を中核に据えた制度としても、ドマのように、当事者意思に依存しない契約の客観的な補充という視点から正当化される制度としても捉えられていなかった。これらの議論によれば、当事者意思への過度の依存というサンクトレットの議論に向けられた批判は妥当しないし、少なく

　　　約責任は当事者意思＝合意から隔てられ、契約不履行による損害賠償債務は法律に債務発生原因を有すると理解される」。この過程で、「契約は不履行をきっかけとして当事者の手から離されるとの認識にとどまらず、契約（関係）そのものが既に規範として法律を上位概念に頂くとの認識が必要であった。その結果契約責任の、不法行為責任に対する特殊性は希薄なものとなった」。かくして、「「「人身」やら「安全」といった、意思＝合意を規範とする古典的な契約では対象となりえないものについて、そのような契約観念と表裏一体の関係で理解されていた契約責任による法的保護を企図したことが既に矛盾を内在していた。契約不履行による損害賠償債務の発生根拠を探求することが債務の発生原因の再考にまで及んだことは必然的であったといえよう」。サンクトレットが、「契約上の債務と損害賠償債務を「契約の尊重」という要請から一つの平面でとらえることができたのは、右矛盾の解消が伝統的な契約と法の対置という枠組みで依然可能であった時代の産物とも言い得る」のである。

(1258) Brun, supra note 27, n° 85, p.102（古典理論は、当事者意思によって損害賠償債務が作り出されるという命題に依拠しているが、契約締結時に、賠償について約束しているというのは、意思を強制することにほかならない。古典理論の誤謬は、当初の債務と損害賠償債務を混同していることにある）; Popesco-Albota, supra note 214, n^OS 35 et s., pp.54 et s.（古典理論は、意思自治の原則から極めて有害な影響を受けている。黙示の合意や意思など存在しないのである）

(1259) 破毀院が運送契約における安全債務の存在を初めて認めたのは、1911年のことである。Cass. civ., 21 nov. 1911, supra note 40.

(1260) グノーのテーゼが公刊されたのは、1912年のことである。

478

とも安全を契約の問題として捉えられうる限りにおいて、その代替的な履行手段を語ることもできる。しかし、契約不履行に基づく損害賠償に関する理論モデルの転換が起こった 19 世紀末から 20 世紀初頭の議論において、これらの可能性は、完全に忘れ去られてしまっていた。履行方式としての契約不履行に基づく損害賠償については、唯一、当事者意思に依存したモデルのみが観念されていたのである。こうして、契約不履行に基づく損害賠償を契約の実現手段として把握するモデルは、そのうちの 1 つの議論が抱えていた重大な問題のために、それ以外の可能性を顧みられることなく放棄されるに至ったのである。

　次に、履行方式としての契約不履行に基づく損害賠償を維持しつつ、それとは別の手段によって運送事故や労働災害の問題を規律する方法について検討してみよう。既に触れた 1898 年 4 月 9 日の労災補償法は、労働過程において労働者に生じた身体的な損害の問題を立法によって解決しようとするものであるから、そのような方法の 1 つとなりうるものであった。しかし、立法的な手当てがなされたのは労働災害の領域に限られ、それ以外の問題、とりわけ、鉄道や客船等の運送事故に関しては、基本的に民法典の規律に委ねられていた。そうすると、履行方式としての契約不履行に基づく損害賠償を維持しながら、社会の問題に対応するための手段としては、不法行為に基づく損害賠償のみが考えられるということになる。しかし、ここにも、大きな困難が待ち受けていた。

　当時の議論が直面していたのは、民法典制定当時には想定していなかった新しい事故が著しく増大した社会であった。そこでは、事故が偶発化・無名化し、その原因を特定することが困難となっていたし、機械との関係において、被害者側の落ち度が介在することもあった。また、当時は、社会思潮の変化と社会権の誕生に伴い、身体や健康の価値が増大し、連帯の精神が息づいていた時代でもあった。こうした状況を前にして、古典的なフォートに基づく不法行為責任のシステムは、使用者や運送会社のフォートの認定という点で、十分な解決策を与えることができなくなっていた。実際、1898 年 4 月 9 日の労災補償法が制定される以前の労働災害の事例や運送事故のケースでは、不法行為の成立が否定されることが多かったのである[1261]。

(1261) Cass. req., 2 déc. 1884, S., 1886, 1, 367（鉱山の労働者が、突き棒に問題があったために負傷したとして、使用者に損害賠償の支払いを求めたという事案である。破毀院は、労働者の損害賠償請求を否定した）; Cass. req., 31 mai 1886, S., 1887, 1, 209, rapport Cotelle, note Charles Lyon-Caen（負傷した船員がその使用者に損害賠償の支払いを求めたという事案である。破毀院は、以下のように判示している。「法律のテクストも、その精神も、船主がその責任を生じさせる準不法行為を犯したことを立証しない限り、船上で負傷した船員に対して、商法典 262 条、272 条によって規定されているもの以外の賠償を請求することを認めていない」）; Cass. 13 oct. 1886, S., 1887, 1, 16 ; Rev. crit., 1887, 279, note Marcel Planiol ; Cass. req., 5 avril 1894, S., 1897, 1, 220（未成年の労働者が、地下の石炭採掘場において、落下してきた石炭のブロックによって負傷したという事案である。破毀院は、労働者の損害賠償請求を否定した）; Cass. req., 15 juill. 1896, S., 1897, 1, 229（破毀院は、以下のように判示している。「被用者が労働の際に発生した事故の被害者となった場合における使用者の責任は、民法典 1710 条及び 1135 条ではなく、1382 条によって規律される。従って、原告は、被告の責めに帰すべき不注意もしくは懈怠を立証

◆第 1 章◆ 解　釈

　しかも、19 世紀の学説は、民法典 1382 条及び 1383 条から導かれるフォートに基づく不法行為責任を過度に一般化していたために、民法典 1384 条以下で限定的に列挙されているケースを除き、フォートなしの不法行為責任の一般原則を肯定することができなかったのである[1262]。

　このような法と社会の状況において、フォートに基づく不法行為責任の原則の射程を限定し、不法行為法に、リスク思想に基礎を置いた物の所為に基づく不法行為責任の原理あるいは無生物責任の原理を導入しようとしたのが、既に触れたレイモン・サレイユやルイ・ジョスランであった。サレイユのリスクの理論やジョスランの無生物責任論は、フォートに基づく責任としてのフランス民法典 1382 条（及び 1383 条）とは別に、同 1384 条 1 項をフォートなしの責任として構築し、これによって、労働者や乗客に賠償を与えようとするものであった。このような理解によれば、履行方式としての契約不履行に基づく損害賠償を維持しながら、当時の社会問題に対応することも十分に可能となるはずである。実際、ジョスランは、契約不履行に基づく損害賠償の理論枠組みについては必ずしも明確にされていないものの[1263]、

しなければ、事故の責任を被告に負わせることはできない」); etc. 使用者の不法行為責任を肯定したものとして、Cass. req., 7 janv. 1878, D., 1878, 1, 297 ; S., 1878, 1, 412（労働者が、高温のかまどの近くで作業中、燃えた鋳物の破片により右目を失ったという事案である。民法典 1382 条に基づき労働者の損害賠償請求を肯定した原審に対する上告について、破毀院は、以下のように判示している。「法律上責めに帰すべきフォートの存在が、民法典 1382 条以下に基づく責任訴権の本質的な要件の 1 つを構成するとしても、原審の認定したところによれば、本件において、労働に内在する危険の諸結果それ自体から労働者を保護する義務を負う Y が、これらの危険を避けるのに必要な措置をとっていれば、X を失明させた事故は回避しえた」）

(1262)　Cf. Rémy, supra note 20, Critique du système français de responsabilité civile, pp. 34 et s. また、民法典制定過程の議論とその後の学説の問題について、Cf. Bellissent, supra note 20, n°s 162 et s., pp. 93 et s., et n°s 530 et s., pp. 237 et s.

(1263)　フィリップ・レミィは、ジョスランを、古典理論（本書の分析枠組みで言えば、履行方式としての契約不履行に基づく損害賠償あるいは履行モデル）の最後の信奉者の 1 人として位置付けているが（Rémy, supra note 20, La responsabilité contractuelle…, n° 3, p. 324, note 10）、このように断定してしまうことには躊躇を覚える。確かに、ジョスランは、「等価物の形式による間接履行（L'exécution indirecte sous forme d'équivalent）」という表題の下で、契約不履行に基づく損害賠償を論じており（Josserand, supra note 715, n°s 602 et s., pp. 377 et s.）、この表現だけを見れば、ジョスランの理解においては、19 世紀の多数学説と同じく、履行方式としての契約不履行に基づく損害賠償が想定されていたと把握することも可能である。しかし、このような標題それ自体は、同時代の教科書・体系書類の中で一般的に使用されていたものであることを看過してはならない（例えば、アンブロワズ・コラン＝アンリ・カピタン（Ambroise Colin et Henri Capitant）は、「等価物による履行（Exécution par équivalent）」という表題の下、契約不履行に基づく損害賠償を論じていたし（Colin et Capitant, supra note 241, n°s 101 et s., pp. 93 et s.）、ジュリアン・ボンヌカーズ（Julien Bonnecase）も、「債務の履行方式（Les modes d'exécution de l'obligation）」という表題を使用して、この問題に取り組んでいる（Bonnecase, supra note 241, n°s 462 et s., pp. 402 et s.）。また、ルネ・ドゥモーグも、繰り返し、「等価的満足（une satisfaction équivalente）」、「等価物による満足（satisfaction par équivalent）」といった表現を用いている（Demogue, supra note 787, n° 225, pp. 245 et s.）。しかしながら、これらの著作における契約不履行に基づく損害賠償の理論枠組みは、その内容を見る限り、疑いなく賠償モデルである）。また、ジョスランの著作において、同じく同時代に公刊された、ユジェーヌ・ゴドメやシャルル・ブダンの教科書のように、履行方式としての契約不履行に基づく損害賠償の考え方が明確に提示されているわけでもないのである（Gaudemet, supra note 35, pp. 377 et s. ; Beudant et Lerebours-Pigeonnière, supra note 510, n°s 570 et s., pp. 411 et s. もっとも、シャルル・ブダンの教科書に対する留意点に

◆ 第2節 ◆ 理論モデルの展開

安全を契約の問題とする立場に対し極めて辛辣な批判を提起し続け⁽¹²⁶⁴⁾、それによって実現しようとしている目的、つまり、被害者に対してフォートの証明責任を免れさせるという目的に関しては、無生物責任を承認することによって十分に到達しうるとの理解を示していたのである⁽¹²⁶⁵⁾⁽¹²⁶⁶⁾。

つき、注(510)を参照)。
　こうしたレミィによるジョスランの学説に対する評価は、更により大きな問題へと連なっているように見える。後に述べるように、フランスにおいて契約不履行に基づく損害賠償を等価物による履行として定式化しようとする学説の多くは、身体的損害の問題を全て不法行為法の領域に属せしめようとしている。また、契約不履行に基づく損害賠償を賠償の論理の下で把握しようとする学説の中には、身体的損害が問題となる場面で、契約の尊重によって基礎づけられる非競合原則を妥当させるべきではない（つまり、不法行為責任と契約責任の競合を認める）との議論を行うものが存在するが、この理解は、債権者に身体的損害が生じたときには、契約の尊重という要請を考慮に入れる必要がないとの態度決定を前提としているから、別の視点から捉えれば、身体的損害の問題が本来的には契約の領域に属するものではないとの見方を示したものとも言える。従って、フランスの学説においては、身体的損害の賠償は本来的に不法行為の管轄に属するものであるとの理解が一般的（少なく見積もっても多数）であるように見えるのである。そうすると、本注冒頭で引用したレミィによるジョスランの学説に対する理解の中にも、こうしたフランス民法学説の傾向の一端を読み取ることができるように思われる。つまり、レミィは、教科書の中で展開されている契約不履行に基づく損害賠償の論理構造ではなく、ジョスランが身体的損害の契約化に正面から反対していたことを捉えて、彼を古典理論の最後の信奉者として位置付けたように思われるのである。しかしながら、日本の議論の到達点も踏まえて学理的に見れば、生命や身体の保護が当事者意思や類型的判断により契約の中に取り込まれている場合には、身体的損害の問題を、等価物としての履行としての契約不履行に基づく損害賠償、あるいは、契約の尊重によって基礎付けられる契約責任としての契約不履行に基づく損害賠償の対象に服せしめることは可能であり、また、そのようにしなければならないから、理論的には、身体的損害の賠償は本来的に不法行為法の領域に属するとの単純な定式を描くことはできない（もちろん、フランスにおいても、このような理解を示したものと評価しうる学説は存在する）。こうした側面からも、ジョスランを古典理論の最後の信奉者の1人として断定することには躊躇を覚えるのである。

(1264) 注(1240)で言及したように、ジョスランは、20世紀初頭に生じた契約現象を、ディリジズム、社会化、国家管理化、介入主義等と評し、そこから距離を置く態度を表明していたが、安全の契約化という問題に対しては、明確な形で包括的かつ全面的な批判を提起していた。
　ジョスランは、以下のような議論を展開する。運送人の安全債務が当事者意思から導かれるというのは、完全な空想である。運送人は、自ら進んで、乗客の身体的損害について責任を負うことを欲するのか。これを認めるならば、当事者意思解釈の名の下に、当事者、とりわけ、運送人の意思を歪めることになっている。いや、当事者が同意していないものを強制的に同意させることになるのである (Louis Josserand, Traité général théorique et pratique de droit commercial, Les transports, Arthur Rousseau, Paris, 1910, n° 872, pp.769 et s. ; Id., supra note 1240, Note, sous Lyon, 7 déc. 1928, p.18 ; Id., supra note 1240, Note, sous Cass. req., 1er août 1929, p.25 ; Id., supra note 1240, Le contrat dirigé, p.91 ; Id., supra note 1240, L'essor moderne du concept contractuel, p.345)。また、仮に安全債務を当事者意思によって正当化しないとしても、安全を契約の領域に含めるならば、契約を歪曲することに繋がる。ここで、契約は、もはや当事者の私的な領域ではなく、公的な行為 (acte public)、有無を言わさない行為 (acte d'autorité) と化しており、契約がより上位の意思によって強制されている。契約債務でありながら、同時に強制された債務でもあるというのは、明らかに矛盾している。従って、安全債務は、契約債務ではなく、純粋に法律上の（正確に言えば、判例上の）債務と見るべきなのである (Id., supra, n° 875, p.775 ; Id., supra note 1240, Note, sous Lyon, 7 déc. 1928, p.18 ; Id., supra note 1240, Note, sous Cass. req., 1er août 1929, p.25 ; Id., supra note 1240, Le contrat dirigé, p.91 ; Id., supra note 1240, L'essor moderne du concept contractuel, p.346 ; Id., supra note 1240, Aperçu général des tendances actuelles de la théorie des contrats, n°s 10 et s., pp.12 et s. ; Id., supra note 1240, La publication du contrat, n°s 10 et s., pp.148 et s.)。

(1265) Josserand, supra note 32 のほか、Id., supra note 1239, Note, sous Trib. civ. de Bourges…, pp.289 et s. ; Id., supra note 1264, n°s 883 et s., pp.784 et s. ; Id., supra note 1240, Note, sous Lyon, 7 déc. 1928, p.19 ; etc.

◆第1章◆ 解　釈

　破毀院も、また、1896年6月16日の有名な「トゥフェイヌ（Teffaine）」判決の中で、かつての立場[1267]とは一線を画し[1268]、偶発事故や不可抗力のみを免責原因と

[1266] その他、この点を明確に述べるものとして、Cluzel, supra note 1248, pp.174 et s.；Cocat, supra note 1248, pp.110 et s.

[1267] Ex. Cass. civ., 19 juill. 1870, S., 1871, 1, 9（事案の概要は、以下の通りである。Xは、Yの所有する共同洗濯場で洗濯していたところ、設置されていたボイラーが爆発し、重傷を負ってしまった。そこで、Xは、Yに対して損害賠償の支払いを求める訴訟を提起した。破毀院は、以下のように判示している。「ナポレオン法典1383条によれば、各人は、自己の行為によってのみならず、その懈怠もしくは不注意によって生じさせた損害について責任を負うとしても、同法典1382条の規定からは、損害がそのフォートによって生じたときでなければ、その行為が賠償を義務付けることはない。法律上責めに帰すべきフォートの存在は、責任訴権の本質的要件の1つである。従って、不法行為もしくは準不法行為によって侵害されたと主張する者は、原則として、それを正当化する義務を負う。この証明が尽されなければ、その請求は、立証されておらず、棄却されなければならない。このとき、被告は、免責の例外の事実を証明する必要はない。本件におけるように、機械、蒸気ボイラーが問題となるケースにおいて、この爆発は所有者もしくは使用人の現実の行為に関係するものであるが、被った損害の賠償を主張する者は、事故のほかに、その責任を生じさせるものとして、所有者もしくは使用人の責めに帰すべきフォートを立証しなければならないのである」）。

[1268] もっとも、破毀院は、民法典1385条が規定する動物の所有者・使用者の責任については、古くから、同条がフォートの推定を規定したものであり、動物の所有者・使用者は不可抗力または被害者のフォートを証明しない限り、責任を免れることができないと理解していた（もちろん、ここでは、フォートの推定を問題にしながら、不可抗力や被害者のフォートによってしかそれを覆すことができない（つまり、フォート不存在の証明では免責されない）としている点において、論理的な不整合を指摘することができるが、この点については触れない。なお、それ以前の判例は、同じくフォートの推定を問題にしつつ、動物の所有者・使用者がフォート不存在の証明を尽すことによって免責されることを認めていた（Cass. req., 23 déc. 1879, S. 1880, 1, 463））。例えば、以下のような判決がある。Cass. civ., 27 oct. 1885, D., 1886, 1, 207（事案の概要は、以下の通りである。Yは、自己の所有する雄ラバを連れて市に出向いたところ、そのうちの1頭が壁上部の石積みを落下させ、その結果、近くにいたXを負傷させてしまった。そこで、Xは、Yに対して、損害賠償の支払いを求める訴訟を提起した。原審は、民法典1385条を、同1382条及び1383条の一般原則に服する規定と理解し、そこから、本件事案においては、Yのフォートの証明が尽されていないとして、Xの請求を棄却した。Xからの上告に対し、破毀院は、民法典1385条をビザし、「本条によって規定されている責任は、損害を生じさせた動物の所有者もしくは事故の時に動物を使用していた者の責めに帰すべきフォートの推定に基礎を置いている。この推定は、偶発事故もしくは侵害された者のフォートが証明されない限り覆されない」（chapeau）と判示して、原審を破棄した）；Cass. civ., 9 mars 1886, D., 1886, 1, 207（馬車の運転手Xが、乗っていた馬によって負傷したことを理由に、その使用者Yに対して損害賠償の支払いを求めたという事案である。破毀院は、上記判決と同じ説示を述べて、Xの損害賠償請求を認容した）；Cass. civ., 11 mars 1902, D., 1903, 1, 614（事案は不明であるが、破毀院は、民法典「1385条は、損害を生じさせた動物の所有者に対して、第三者のみならず、所有者が動物の世話を依頼した者によっても援用されうるフォートの推定を規定しているが、この推定は、偶発事故もしくは被害者の責めに帰すべきフォートが証明されたときには覆される」として、被害者のフォートを認定し動物所有者の責任を否定した原審を維持した）；Cass. civ., 29 mai 1902, D., 1903, 1, 614（馬車の運転手Xが、乗っていた馬によって負傷したことを理由に、その使用者Yに対して損害賠償の支払いを求めたという事案である。破毀院は、「この条文（民法典1385条―筆者注）が所有者に対して課している推定は、偶発事故もしくは損害を被った者のフォートが証明されない限り覆されない」として、Xによる損害賠償請求を認めるためにはYのフォートの証明が必要であるとした原審を破棄した）；Cass. req., 2 juill. 1902, D., 1902, 1, 431（日雇労働者であった馬車の運転手Xが、乗っていた馬によって負傷したことを理由に、その使用者Yに対して損害賠償の支払いを求めたという事案である。破毀院は、上記判決と同じ説示を述べて、Xの損害賠償請求を認容した）；Cass. civ., 28 nov. 1904, D., 1905, 1, 253（Y社の労働者であるAが雌ロバを連れていたところ、そのうちの1頭に蹴り上げられ、死亡してしまったという事案である。Aの相続人であるXからの賠償請求に対し、原審は、本件事案において、Aは労働のリスクを引き受けていたと言える以上、民法典1385条を援用することはできないとして、Xの請求を棄却した。これに対し、破毀

する物の所為に基づく不法行為責任の可能性を認めるに至った(1269)。その後、破毀院は、物を原因とする爆発や火災の事案、自動車事故の事案等において、フォートの証明に依存しない責任法理の適用を行うようになる(1270)。確かに、1910年代、

院は、以下のように判示して、原審の判断を破棄した。民法典「1385条は、損害を生じさせた動物の所有者に対してフォートの推定を規定しているところ、この推定は、第三者のみならず、所有者によって動物を世話するよう依頼された者も援用することができる。また、この推定は、不可抗力、もしくは、被害者の責めに帰すべきフォートの証明がなければ覆されない」); Cass. civ., 19 janv. 1910 (2 arrêts), S., 1910, 1, 375 (不可抗力、偶発事故、被害者のフォートが証明されていないとして、動物所有者の責任を認定した原審を維持した判決である); Cass. civ., 17 juill. 1917 (2 arrêts), S., 1918, 1, 7 (馬車引きAが、乗っていた馬車の転倒により死亡してしまったという事案である。Aの相続人であるXの損害賠償請求につき、破毀院は、「損害を生じさせた動物の所有者に対し、本条によって規定されているフォートの法律上の推定が、偶発事故もしくは不可抗力、あるいは被害者のフォートの証明によってしか覆されないとしても、この責任を援用する者は、必ず、賠償を求めている損害を生じさせたのが被告の動物であることを立証しなければならない」(chapeau) と判示して、Xの損害賠償請求を棄却した原審を維持した); etc.
　なお、フランス民法典1385条は、以下のようなテクストである。
　フランス民法典1385条「動物の所有者又はそれを用いる者は、その使用中は、保管下の動物であれ、逸走した動物であれ、それが生じさせた損害について責任を負う（原文は、Le propriétaire d'un animal, ou celui qui s'en sert, pendant qu'il est à son usage, est responsable du dommage que l'animal a causé, soit que l'animal fût sous sa garde, soit qu'il fût égaré ou échappé.)」。

(1269) Cass. civ., 16 juin 1896, supra note 43. 事案の概要は、以下の通りである。Y_1及びY_2（以下、「Yら」とする）の所有する蒸気牽引機がロワール川の上で爆発し、それによって生じた蒸気と煤煙の噴射により、整備工Aが死亡した。そこで、Aの妻であるXは、自己の名及び未成年子の後見人として、Yらに対して損害賠償の支払いを求める訴訟を提起した（なお、Yらも、船を建築したBに対して求償を求めているが、本文の叙述と関係がないので、以下では省略する）。原審は、以下のように判示して、Yらの責任を肯定した。すなわち、AとYらとの間には契約が存在し、それによれば、Yらは、職務を遂行するのに適した機械を提供する債務を、Aは、機械の操作に注意を尽し、適切に機能させる債務を負っている。本件事故の原因は、Aのフォートにはなく、溶接の欠陥に基づくチューブの断裂にある。ところで、本件合意には、機械の爆発について、Aに対し特別の保証を提供する旨の条項は存在しないから、民法典1160条を適用して、必要な条項を補充しなければならない。また、民法典1386条を類推するならば、Yらは、機械の瑕疵から生じた損害について責任を負うとするのが正当である。これらの理由から、Yらは、本件事故について責任を負う。これに対して、破毀院は、Yらの責任を肯定した結論については原審の判断を維持したものの、そこで示された理由に関しては、これを差し替えている。「原審は、Aの死亡をもたらした蒸気牽引機が建造の瑕疵に帰すべきものであることを専権的に評価している。1384条によれば、この評価は、偶発事故もしくは不可抗力がある場合を除き、事故の被害者に対する牽引機の所有者の責任を明らかにするものである。この場合、牽引機の所有者は、機械の建造者のフォートや瑕疵の隠れた性格を証明して、この責任を免れることはできない」。従って、原審は、別の形で理由付けを行っているが、上告人が援用するテクストに違反しているわけではない。

(1270) 例えば、以下のような判決がある。Cass. req., 30 mars 1897, D., 1897, 1, 433, note Raymond Saleilles（事案の概要は、以下の通りである。アルジェからマルセイユに向かう定期船の中で働いていたAが、ボイラーの爆発により重傷を負い、翌日に死亡した。そこで、Aの妻であるXは、不法行為に基づき、使用者であるYに対して損害賠償の支払いを求める訴訟を提起した。破毀院は、本件事故を偶発事故に基づくものと評価した原審の判断を維持した); Cass. req., 3 juin 1904, D., 1907, 1, 177, note Louis Josserand ; S., 1905, 1, 189（事案の概要は、以下の通りである。Aの居住するアパルトマンの3階と4階でガス爆発が起きた。このガス爆発は、ガス会社Xの従業員がガス漏れを発見するためマッチに火を付けたこと、ガス管に大きな穴が開いていたことを原因とするものとされた。そこで、Aは、Xに対して損害賠償の支払いを求める訴訟を提起し、次いで、Xは、ガスの利用者としてガス管を借り受けていたYに対して損害賠償の支払いを求める訴訟を提起した。原審は、Aの請求を認容し、また、Xの請求も一部認容した。破毀院は、Yが不可抗力、偶発事故、第三者のフォートを証明していない以上、Yの責任を一部認容した原審の判断は正当であると判示した); Cass. civ., 8 mai 1906, D., 1906, 1, 457, note

◆第1章◆ 解　釈

Marcel Planiol（事案の概要は、以下の通りである。Y所有の船とA所有の船を係留していたロープ（B所有）が切断したため、Y所有の船がX所有の船に衝突し、後者が損傷した。そこで、XはYに対して損害賠償の支払いを求める訴訟を提起した。原審は、本件事故がB所有の係留ロープに基づくものであるとして、Xの請求を棄却した。破毀院もXの上告を棄却している）; Cass. req., 22 janv. 1908, D., 1908, 1, 217, note Louis Josserand（Yの従業員であるXが、店先に陳列されていた物を運び出そうとして、先の尖った横棒にあたり右目を負傷したという事案である。破毀院は、以下のように判示して、Xの不注意を認定し、XのYに対する損害賠償請求を棄却した原審を維持した。「実際、民法典1384条によれば、自己が保管する物から生じる損害についても責任を負うところ、この推定は、事故が被害者のフォートのみから生じたものであることが証明された場合には覆される」）; Cass. req., 25 mars 1908, D., 1909, 1, 73, concl., Lombard, note Marcel Planiol ; S., 1910, 16, note Adémar Esmain（事案の概要は、以下の通りである。Y所有の脱穀機から煙と火が出て、近くにあったX所有の小麦の堆積に燃え移ってしまった。そこで、Xは、Yに対して、損害賠償の支払いを求める訴訟を提起した。原審は、脱穀機の所有者には責任の推定が課されており、それを免れるためには、所有者が、偶発事故、不可抗力、その他の外的原因を証明しなければならないと判示し、Yの責任を肯定した。破毀院は、Yからの上告を棄却している）; Cass. req., 29 avril 1913, D., 1913, 1, 427, rapport Michel-Jaffard（事案の概要は、以下の通りである。A及びBは、X社の従業員である。A及びBは、船からの荷降ろし作業を行っていたところ、クレーンの鎖が切れ、死亡もしくは重傷を負ってしまった。その後、Xは、1898年4月9日の労災補償法に基づき、Aの承継人とBに対して補償を支払った。そこで、Xは、クレーンの所有者であるYに対して、損害賠償の支払いを求める訴訟を提起した。破毀院は、Xの請求を棄却した原審につき、「原審は、Yが、上記のように偶発事故を立証し、反対の証明によって、民法典1384条のフォートの推定を覆したと正当に判示している」と判示した）; Cass. req., 19 janv. 1914, D., 1914, 1, 303 ; S., 1914, 1, 128（事案の概要は、以下の通りである。Xは、Yの経営するカフェのテラスに座っていたところ、隣のテーブルにあった水のサイフォンのガラスが破裂し、左ひざを負傷した。そこで、Xは、Yに対して、損害賠償の支払いを求める訴訟を提起した。これに対して、Yは、フォートの存在を証明しなければならないのはXであると主張した。原審は、Xの請求を認容した。破毀院は、以下のように判示して、Yの上告を棄却した。「民法典1384条1項によれば、自己の行為によって生じさせる損害だけでなく、自己が責任を負うべき者の行為又は自己が保管する物から生ずる損害についても責任を負う。この法律の規定は、物の保管者に対して、事故が、偶発事故もしくは不可抗力、あるいは、被害者のフォートを原因とするものであることを証明しない限り、覆すのできないフォートの推定を含意する」(chapeau)）; Cass. civ., 21 janv. 1919, D., 1922, 1, 25, note Georges Ripert ; S., 1922, 1, 265（Y社の機関車が、停車中に爆発し、X所有の動産を破壊したという事案である（なお、爆発の原因は明らかにされていない）。原審は、民法典1384条1項に基づき、XのYに対する損害賠償請求を認容した。Yからの上告に対し、破毀院は、以下のように判示して、これを棄却した。「損害を生じさせた無生物を保管する者に対し、1384条1項によって規定されているフォートの推定は、偶発事故もしくは不可抗力、あるいは、保管者の責めに帰すことのできない外的原因の証明によってしか覆されない。保管者が何らフォートを犯さなかったこと、あるいは、損害の原因が不明であることを証明するだけでは十分でない」）; Cass. req., 28 juin 1920, D., 1922, 1, 25, note Georges Ripert ; S., 1920, 1, 367（事案の概要は、以下の通りである。Yは、自己の工場内で、戦争省との取引に基づき榴弾を作る作業を行っていた。ところが、その後、Yの工場で爆発事故が発生し、隣接するXのアトリエに損害を生じさせてしまった。そこで、Xは、Yに対して、損害賠償の支払いを求める訴訟を提起した。原審は、Xの請求を認容した。Yからの上告に対し、破毀院は、原審の認定によれば、本件事故の原因は不明であり、従って、外的原因の存在も明らかではないとして、これを棄却した）; Cass. civ., 16 nov. 1920, D., 1920, 1, 169, note René Savatier ; S., 1921, 1, 97, note Louis Hugueney（事案の概要は、以下の通りである。Yは、ボルドーの駅に松脂の樽を預けていた。ある日、駅で火災が発生したが、この松脂によって火の勢いは増大し、Xの路面電車の設備が破壊されてしまった。そこで、Xは、Yに対して、損害賠償の支払いを求める訴訟を提起した。原審は、松脂はそれ自体燃えるような性質のものではないとして、Xの請求を棄却した。Xからの上告に対し、破毀院は、民法典1384条1項をビザに、以下のように判示して、原審を破棄した。「損害を生じさせた無生物を保管する者に対し、この条文によって規定されているフォートの推定は、偶発事故もしくは不可抗力、あるいは、保管者の責めに帰すことのできない外的原因の証明によってしか覆されない。保管者が何らフォートを犯さなかったこと、あるいは、損害の原因が不明であることを証明するだけでは十分でない。本条は、物それ自体ではなく、物の保管と責任を結び付けるものであるから、物が、その性質上、損害を生

じさせうる瑕疵を有していることは必要でない」(chapeau)); Cass. civ., 15 mars 1921, D., 1922, 1, 25, note Georges Ripert（駅に預けられていた Y 所有の樹脂の缶から火災が発生し、波止場に停泊していた X の輸送船に損害が生じたという事案である（なお、火災の原因は明らかになっていない）。原審は、X の Y に対する損害賠償請求を認容した（Y は、保管の意味と不可抗力について上告をしているが、以下では、後者に関わる部分だけを取り上げる）。破毀院は、以下のように判示して、Y の上告を棄却した。原審は、火災が樹脂の缶から発生したことを明確にしており、このことは民法典 1384 条 1 項の適用を正当化する。また、「Y は、本条の推定に対して、偶発事故、不可抗力、もしくは自己とは無関係な火災の原因を証明していない」); Cass. req., 31 juill. 1922, S., 1923, 1, 83 (Cass. civ., 16 nov. 1920, supra による移送後の再上告審判決である。移送審は、Y の責任を認容したところ、破毀院は、Cass. civ., 16 nov. 1920, supra とほぼ同旨を述べて、Y の再上告を棄却した); Cass. civ., 29 juill. 1924, D., 1925, 1, 5, note Georges Ripert ; S., 1924, 1, 321, note Paul Esmain（事案の概要は、以下の通りである。A は、Y 所有の自動車を運転中に、X と衝突し、X を負傷させてしまった。そこで、X は、Y に対して損害賠償の支払いを求める訴訟を提起した（以下では、物の所為に基づく不法行為責任に関わる部分だけを取り上げる）。原審は、本件事故を自動車の整備不良に帰すことはできず、また、Y のフォートも証明されていないとして、X の請求を棄却した。X からの上告に対し、破毀院は、民法典 1384 条 1 項をビザに、以下のように判示して、原審を破棄した。「損害を生じさせた無生物を保管する者に対し、本条によって規定されているフォートの推定は、偶発事故もしくは不可抗力、あるいは、保管者の責めに帰すことのできない外的原因の証明によってしか覆されない。保管者が何らフォートを犯さなかったこと、あるいは、損害を生じさせた所為の原因が不明であることを証明するだけでは十分でない」); Cass. req., 25 nov. 1924, S., 1926, 1, 129, note Frédéric Hubert（事案の概要は、以下の通りである。Y 所有の部屋でシャンデリアが落下し、それによって、ガス管が切断されたので、Y の使用人である X は、これを修理した。その日の夜、X がろうそくを持って部屋に入ると、突然、爆発が生じ、X は重傷を負ってしまった。そこで、X は、Y に対して損害賠償の支払いを求める訴訟を提起した。原審は、民法典 1384 条 1 項の適用を肯定したが、X のフォートを認定し、請求の一部のみを認容した。破毀院は、上告を棄却している); Cass. req., 12 janv. 1927, D., 1927, 1, 145, note René Savatier ; S., 1927, 1, 129, note Henri Mazeaud（事案の概要は、以下の通りである。A は、Y 所有のトラックを運転していたところ、X と衝突し、X を負傷させた。その後、A は、刑事訴追を受けたが、本件事故の原因は被害者のみに存するとされ、免訴された。また、X が Y に対して行使した付帯私訴についても、控訴院は、刑事裁判所の判断に拘束されると述べて、これを棄却した。X からの上告に対し、破毀院は、以下のように判断して、これを棄却した。民法典「1384 条 1 項によって規定されているフォートの推定は、損害を生じさせた無生物の所有者ではなく、保管者としての性格に結び付けられている。原則として、所有者はその物を保管しているものとみなされるが、所有者が第三者に対して物の保管を託すということもありうる」。刑事裁判所は、本件事故が X のフォートに基づくものであると判断している。「損害を生じさせた無生物を保管する者に対してなされている 1384 条のフォートの推定は、保管者の責めに帰すことのできない外的原因の証明によって覆される」); Cass. civ., 21 fév. 1927, D., 1927, 1, 97, note Georges Ripert ; S., 1927, 1, 137, note Paul Esmain ; Gaz. Pal., 1927, 1, 407, concl., Langlois ; RTD civ., 1927, 427, obs., René Demogue（いわゆるジャン・ドゥール判決の第 1 次事件である。事案は、X が、A の運転する Y 所有のトラックと衝突し、負傷したというものである。原審は、事故当時、トラックは A によって運転されていたのであるから、民法典 1384 条 1 項の適用はないとして、X の損害賠償請求を棄却した。X からの上告に対し、破毀院は、民法典 1384 条 1 項をビザに、以下のように判示して、原審を破棄した。「他人に損害を生じさせた無生物動産を保管する者に対し、本条によって規定されているフォートの推定は、偶発事故もしくは不可抗力、あるいは、保管者の責めに帰すことのできない外的原因の証明によってしか覆されない。保管者が何らフォートを犯さなかったこと、あるいは、損害を生じさせた所為の原因が不明であることを証明するだけでは十分でない」(chapeau)。「法律は、推定の適用に関して、損害を生じさせた物が人間の手によって操作されていたかどうかによって区別を設けていない。この物が他人に被らせうる危険を理由に保管の必要があるというだけで十分である」); Cass. civ. 25 juill. 1927, DH., 1927, 477 ; S., 1928, 1, 89, note Paul Esmain（事案の概要は、以下の通りである。X が、Y が経営する射的場の前に立ち止まったところ、この射的場から跳ね返ってきた弾に当たり、右目を失明した。そこで、X は、Y に対して損害賠償の支払いを求める訴訟を提起した。原審は、本件事故の原因が不明であること、Y のフォートが明らかにされていないことを理由に、不可抗力を認定し、X の請求を棄却した。破毀院は、民法典 1384 条 1 項及び 1148 条をビザに、以下のように判示して、原審を破棄した。「民法典 1384 条 1 項によって規定されているフォートの推定を

◆第1章◆ 解　釈

　1920年代の破毀院判例は、保管者によって不可抗力や被害者のフォートの存在が証明された場合にしか免責は認められないとしながら、民法典1384条1項については、フォートの推定を規定したテクストであるとの理解を示していたのであり[1271]、この点において、当時の破毀院判決には、理論的な不明確さが残されていたとも言える。しかし、この問題は、1930年2月13日の有名な「ジャン・ドゥール（Jand'heur）」判決の中で、フォートの推定から責任の推定へと表現が改められたことによって、直ちに解消されることになった[1272]。そうすると、少なくとも物が介

───────────

　　適用するためには、損害を生じさせた動産が、他人に被らせうる危険を理由に保管の必要があるというだけで十分である」。「また、他人に損害を生じさせた無生物動産を保管する者に対してなされているこのフォートの推定は、偶発事故もしくは不可抗力、つまり、保管者の責めに帰すことのできない外的原因の証明によってしか覆されない。保管者が何らフォートを犯さなかったこと、あるいは、損害を生じさせた所為の原因が不明であることを証明するだけでは十分でない」（chapeau）; Cass. civ., 26 oct. 1927, S., 1928, 1, 89, note Paul Esmain（通行人が自動車の横転に巻き込まれて死亡したという事案である。破毀院は、民法典1384条1項をビザに、「他人に損害を生じさせた無生物動産を保管する者に対して、本条によって規定されているフォートの推定は、偶発事故もしくは不可抗力、あるいは、保管者の責めに帰すことのできない外的原因の証明によってしか覆されない。保管者が何らフォートを犯さなかったこと、あるいは、損害を生じさせた所為の原因が不明であることを証明するだけでは十分でない」（chapeau）と判示した）; Cass. req., 19 déc. 1927, S., 1928, 1, 177, note Henri Mazeaud（事案の概要は、以下の通りである。Xの被用者であるAは、商品を運送していたところ、Yの経営する路面電車と衝突し、重傷を負った。その後、Xは、1898年4月9日の労災補償法に基づき、Aに対して補償を支払った。そこで、Yに対して損害賠償の支払いを求める訴訟を提起した。原審は、本件事故が専らAの不注意に基づくものであるとして、Xの請求を棄却した。Xから上告がなされたが、破毀院はこれを棄却している）; Cass. civ., 27 fév. 1929, D., 1929, 1, 129, note Georges Ripert : S., 1929, 1, 297, note Louis Huguney ; RTD civ., 1930, 374, obs., René Demogue（事案の概要は、以下の通りである。Xは、Y社の従業員であるところ、粉砕機のシリンダーによって右腕を押しつぶされるという重傷を負った。Xは、1898年4月9日の労災補償法の適用を受けることができなかったので、Yに対して、民法典1384条1項に基づき、損害賠償の支払いを求める訴訟を提起した。原審は、労働契約によって物を使用している者に対しては民法典1384条1項の適用はないと判断して、Xの請求を請求した。これに対して、破毀院は、民法典1384条1項をビザに、以下のように判示して、原審を破棄した。「このテクストによれば、人は保管する物の所為によって惹起された損害について責任を負う。他人に損害を生じさせた無生物を保管する者に対し、本条によって規定されているフォートの推定を適用するためには、この物が他人に被らせうる危険を理由に保管の必要があるというだけで十分である」（chapeau）。「一方で、法律は、推定の適用に関して、被害者が第三者であるのか（中略）、契約によって物の保管と結び付けられている者であるのかによって区別を設けていない。損害を生じさせた物がその職務のため従業員に預けられていた場合であっても、使用者がその物を保管していることに変わりはなく、それについて排他的な責任を負う。他方で、物の保管者に対するフォートの推定は、偶発事故もしくは不可抗力、あるいは、保管者の責めに帰すことのできない外的原因の証明によってしか覆されない。保管者が何らフォートを犯さなかったこと、あるいは、損害を生じさせた所為の原因が不明であることを証明するだけでは十分でない」）; etc.

(1271)　注(1270)で引用した、Cass. civ., 21 janv. 1919 ; Cass. civ., 16 nov. 1920 ; Cass. req., 31 juill. 1922 ; Cass. civ., 29 juill. 1924 ; Cass. req., 12 janv. 1927 ; Cass. civ., 21 fév. 1927 ; Cass. civ., 25 juill. 1927 ; Cass. civ., 26 oct. 1927 ; Cass. civ., 27 fév. 1929.

(1272)　Cass. ch. réun., 13 fév. 1930, supra note 43. 注(1270)で引用した Cass. civ., 21 fév. 1927 による移送後の再上告審判決である。破毀院は、民法典1384条1項をビザに、以下のように判示した。「他人に損害を生じさせた無生物を保管する者に対して、本条によって規定されている責任の推定は、偶発事故もしくは不可抗力、あるいは、保管者の責めに帰すことのできない外的原因の証明によってしか覆されない。保管者が何らフォートを犯さなかったこと、あるいは、損害を生じさせた所為の原因が不明であることを証明するだけでは十分でない」（chapeau）。

在するようなケースにおいては、19世紀末から20世紀初頭にかけて生成されつつあった物の所為に基づく不法行為責任の法理を用いて労働災害や運送事故の問題に対処する方法も、十分に考えられたのである[1273]。

しかしながら、破毀院がこのような方向性に歩みを進めることはなかった。破毀院は、1911年11月21日判決において、運送人の「乗客を目的地まで安全に導く債務」の存在を肯定することで、運送に伴う事故を契約の問題として規律する立場を明らかにし[1274]、その後も、立て続けに、運送事故の被害者（あるいは、その相続人）による運送人に対する損害賠償請求を、不法行為ではなく、契約と性質決定していった[1275]。つまり、破毀院は、物の所為に基づく不法行為責任を利用することがで

(1273) 実際、注(1269)で引用したトゥフェイヌ判決の事案においては、労働の際に生じた損害が問題となっていたのであり、原審も、これを契約の問題として処理していた。それにもかかわらず、破毀院は、あえて原審の契約構成を退け、事案の解決を不法行為法による規律に求めたのである。

(1274) Cass. civ., 21 nov. 1911, supra note 40. 事案の概要は、以下の通りである。1907年3月、Xは、Yからチュニス発ボーヌ行きの乗船券を受け取った。そこには、運送契約の履行から生ずる紛争について、マルセイユ商事裁判所を管轄とする旨の条項が含まれていた。航海中、Xは、荷物のすぐそばの下部デッキに席を与えられたが、樽がしっかりと積まれていなかったことから、それが転落し、足に重傷を負った。そこで、Xは、ボーヌの民事裁判所で、Yに対し損害賠償の支払いを求める訴訟を提起した。これに対して、Yは、契約条項を援用し、管轄違いを争った。原審は、以下のように判示して、管轄違背の抗弁を理由のないものとした第1審の判決を維持した。本件条項は、厳密な意味での運送契約、つまり、その履行に関する紛争のみを規律するものであるところ、Xは、運送契約に基づいて訴訟を提起しているのではなく、準不法行為を理由に損害賠償を請求しているのであるから、この訴権は契約とは関係がない。Yからの上告に対し、破毀院は、民法典1134条をビザに、以下のように判示して、原審を破棄した。「運送契約の履行には、運送人にとって、乗客を目的地まで安全に導く債務が含まれるところ、アルジェ控訴院も、Xが賠償を求めている事故の被害者となったのは、この履行の際に、それに関係する状況においてであるとしている。従って、原審が本件条項に効果を認めず、Yに対しXによって行使された賠償訴権についてはボーヌ民事裁判所が管轄を持つと判示したのは、誤りである」。

(1275) 例えば、以下のような判決がある。ここでは、さしあたり、1940年代前半までの破毀院判決を挙げておくことにする。

Cass. civ., 27 janv. 1913, D., 1913, 1, 249, concl., Louis Sarrut ; note Louis Sarrut ; S., 1913, 1, 177, concl., Louis Sarrut, note Charles Lyon-Caen（事案の概要は、以下の通りである。未成年のAは、バイヨンヌ駅でマンド行きの列車に乗った。ところが、その途中、Aは、サン・ポン郡で発生した衝突事故によって負傷し、バイヨンヌへと引き返した。そこで、Aの父であるXは、運送契約の不履行を理由に、民法典1147条に基づき、契約締結地であるバイヨンヌの商事裁判所に、損害賠償の支払いを求める訴訟を提起した。これに対して、Yは、本件において問題となる責任は不法行為ないし準不法行為であるから、本件訴訟はYの会社所在地もしくは事故発生地で提起されなければならないとして争った。原審（Pau, 2 fév. 1910, D., 1911, 2, 357）は、この抗弁を退けた。Yからの上告に対し、破毀院は、以下のように判示する。「原審がこの抗弁を退けたのは正当である。実際、乗客への切符の引渡しには、それ自体によって、また、この点に関する明示の約定が存在しない場合であっても、運送人にとって、乗客を目的地まで安全に導く債務が含まれる。そして、事故が発生した場合には、Yによる債務の違反、合意の不履行が存在する。従って、Xが、民法典1147条に基づき、Yに対して損害賠償を求める権利を持つことを認め、この訴権について管轄を持つことを宣言しているのであるから、ポー控訴院は、責任と管轄に関する法原則を正確に適用し、上告において援用されている法律のテクストに何ら違反しなかった」）；Cass. civ., 21 avril 1913, D., 1913, 1, 249, note Louis Sarrut ; S., 1914, 1, 5, note Charles Lyon-Caen（事案の概要は、以下の通りである。郵便車乗務員であるAは、パリ発トゥールーズ行きの列車に付属する郵便車で業務に従事していたところ、この列車の脱線事故により死亡してしまった。そこで、Aの妻であるXは、自己とその子の名において、運送会社Yに対して損害賠償の支払いを求める訴訟を提起した。これに対して、Yは、運送契約の中にある訴権放棄条項（こ

◆第1章◆ 解　釈

れは、低額運賃と引き換えに挿入されたものである）、刑事訴訟法典638条の3年の消滅時効を援用した。原審は、Aが放棄することができるのは自己の権利のみであるところ、本件において訴訟を提起しているのはAの妻Xであるから、この抗弁を容れることはできないと判断した。破毀院は、以下のように判示して、Yの上告を棄却した。「一方で、Yは、郵便業務に必要な職員の運送を確保する義務を負うところ、その他の乗客に対するのと同じく、この職員を安全に目的地まで導く債務を負う。他方で、Yは、本件事故が自己の責めに帰すことのできない外的原因に基づくことを証明しなかったのであるから、運送契約の不履行の諸結果について責任を負う。Xによって行使された損害賠償訴権は、上記のように契約債務違反を構成する事実に基礎を置くものであり、不法行為の付帯私訴に関する刑事訴訟法典638条によって規定されている3年時効に従属しない」; Cass. req., 28 juin 1916, D., 1917, 1, 35（事案の概要は、以下の通りである。Xは、運送会社Yのバスに乗車していたところ、このバスが道路から外れ何らかの物体に衝突した衝撃で、しきりの壁に衝突し、打撲傷を負った（もっとも、事故の原因は、正確に特定されていない）。そこで、Xは、当初は民法典1784条に基づき、訴訟係属後になって同1147条に基づき、Yに対して損害賠償の支払いを求める訴訟を提起した。原審は、Xの請求を認容した。破毀院は、「契約の履行には、運送人にとって、Xを目的地まで安全に導く債務が含まれる。そして、Yは、事故が自己の責めに帰すことのできない外的原因に基づくものであることを証明しなかったのであるから、民法典1147条に基づき、債務不履行の諸結果について責任を負う」と判示して、Yによる上告を棄却した）; Cass. civ., 6 fév. 1917, D., 1917, 1, 35（事案の概要は、以下の通りである。Aは、路面電車のプラットホーム上にいたところ、事故に巻き込まれて、死亡した。そこで、Aの妻であるXが、運送会社Yに対して、損害賠償の支払いを求める訴訟を提起した。これに対して、Yは、本件事故は反対方向から列車が来ることを確認しなかったAの不注意に起因するものである等と主張した。原審は、本件死亡が列車の衝突の結果生じたものであることが証明されていないとして、Xの請求を棄却した。Xからの上告に対し、破毀院は、民法典1147条をビザに、以下のように判示して、原審を破棄した。「本条の適用により、運送人は、乗客を目的地まで安全に運送する契約上の債務を負い、事故が発生した場合には、債務の不履行が自己の責めに帰すことのできない外的原因に基づくものであることを証明しなければ、その責任を免れることはできない」(chapeau)。従って、Yが外的原因の証明責任を負担するにもかかわらず、上記のように判断した原審は、証明規範と民法典1147条に違反した）; Cass. req., 12 avril 1918, D., 1919, 1, 45（Xが、電車に乗っていたところ、突然ドアが開き（原因は不明）、線路へと落下して、重傷を負ったという事案である。原審は、Xの損害賠償請求を認容した。これに対して、運送会社Yは、事故の発生につき被害者の関与も認められる場合には、被害者が、何ら関与していなかったこと、運送によって事故が生じたことを証明しなければならないとして上告した。破毀院は、以下のように判示して、これを棄却した。原審は、「Yは、本件事故が自己の責めに帰すことのできない外的原因に基づくものであることを証明しなかったのであるから、自己が負う債務の不履行の諸結果について責任を負う」と判示しており、何ら違反はない）; Cass. req., 25 juin 1918, D., 1919, 1, 45（事案の概要は、以下の通りである。Xは、客車（電車）の中で眠ってしまい、電車が車庫に搬入されてようやく目を覚ました。そこで、Xは、駅へ戻るために線路を歩いていたところ、くぼみで転倒し、負傷してしまった。Xからの損害賠償請求について、原審は、本件事故の原因は被害者自身にあり、合意の不履行は外的原因に基づくものであるとして、これを棄却した。これに対してXが上告したが、破毀院はこれを棄却している）; Cass. civ., 3 août 1918, D., 1919, 1, 45（事案の概要は、以下の通りである。Aは、電車に乗っている際に、行方が分からなくなった鞄を探しに隣の車両へと行こうとしたところ、突然ドアが開き、線路へと投げ出され、死亡してしまった。そこで、Aの妻X_1とその娘X_2（以下、「Xら」とする）は、鉄道会社Yに対して、損害賠償の支払いを求める訴訟を提起した。原審は、事故の原因が運送会社のフォートに基づくものであることが証明されていないとして、Xらの請求を棄却した。Xらからの上告に対し、破毀院は、民法典1147条をビザに、以下のように判示して、原審を破棄した。「運送人は、乗客を目的地まで安全に運送する債務を負う。従って、事故が発生した場合、運送人は、この債務の不履行が自己の責めに帰すことのできない外的原因に基づくものであることを証明しなければならない」(chapeau)）; Cass. req. 27 nov. 1918, D., 1919, 1, 45（事案の詳細は不明であるが、鉄道事故のケースで、当該事故は戦争状態という鉄道会社にとっての外的原因に基づくものであるとして、原告の損害賠償請求を棄却した原審を維持した判決である）; Cass. civ., 2 déc. 1918, D., 1919, 1, 45（事案の概要は、以下の通りである。Xの乗車していた電車が、荷物運搬列車の上に積まれていた標識と衝突したことを原因に停車した。そのため、乗客は乗り換えを余儀なくされた。Xも、乗り換えのため線路に降りようとしたが、その際に転倒し、顔面を負傷してしまった（なお、荷物運搬列車の荷積みに大きな問題があったことが認定されている）。原審は、Xの損害賠償請

488

求を棄却した。破毀院は、以下のように判示して、原審を破棄した。「運送人は、債務の不履行が自己の責めに帰すことのできない外的原因に基づくものであることを証明しなければ、乗客を目的地まで安全に運送する契約上の債務を免れることはできない。そして、この証明によって責任を免れるのは、当該事故が、自己の責めに帰すべきフォートが先に、もしくはそれと同時に起こったの場合に限られる」(chapeau)。本件事案において、電車の衝突、客車の損傷・停車、乗客の降車、Xの転倒の原因となったのは、荷物運搬列車の荷積みの仕方である以上、本件事故は、外的原因に基づくものとはいえない); Cass. req., 18 déc. 1918, D., 1919, 1, 45 (事案の詳細は不明であるが、路面電車内で眠っていた乗客が、無意識のうちに頭部を窓の外に出し、事故に遭って死亡したというケースのようである。破毀院は、本件事故が被害者のフォートに基づくものであるとして被害者の妻からの損害賠償請求を棄却した原審を維持している); Cass. req., 19 fév. 1919, D., 1919, 1, 45 (事案の概要は、以下の通りである。Xは、路面電車に乗っていたが、運転手が数メートル前に停車していた自動車との衝突を避けるために電車を急停車させたことから、その衝撃で左手首を負傷した。そこで、Xは、運送会社Yに対して、損害賠償の支払いを求める訴訟を提起した。破毀院は、以下のように判示して、Xの損害賠償請求を棄却した原審を維持した。原審の認定したところによれば、本件電車の急停車は、自動車との衝突を避けるためになされたのであり、外的原因に基づくものと言える); Cass. civ., 10 mai 1921, D., 1923, 1, 209 ; S., 1922, 1, 324 (事案の概要は、以下の通りである。Xは、乗車中の電車がほかの電車とすれ違ったときに、当該電車から飛んできた物体によって右腕を負傷してしまった。そこで、Xは、運送会社Yに対して、損害賠償の支払いを求める訴訟を提起した。原審は、安全債務の違反を証明しなければならないのはXであるとして、これを棄却した。破毀院は、民法典1147条をビザに、以下のように判示して、原審を破棄した。「運送人は、乗客を目的地まで安全に運送する債務を負う。従って、事故が発生した場合、運送人は、この債務の不履行が自己の責めに帰すことのできない外的原因に基づくものであることを証明しなければならない」(chapeau)。「鉄道会社が自己の免責を証明する義務を負うにもかかわらず、上記のように、事故原因の証明をXに負担させているのであるから、原審は上記のテクストに違反した」); Cass. civ., 24 janv. 1922, S., 1924, 1, 161 (下士官が鉄道事故で死亡したという事案である。原審は、国家と鉄道会社との間には何ら契約関係は存在しないとして、民法典1147条の適用を否定しつつ、同1384条に基づき、鉄道会社の責任を肯定した。これに対して、破毀院は、「Yが乗客の運送を引き受けているとき、この点に関する明示の合意がない場合であっても、乗客を目的地まで安全に運送する債務を負う。従って、この債務に違反したYは、事故の被害者である乗客に対して、民法典1147条が規定する損害賠償を支払う義務を負う」とし、理由を差し替えた上で、Yの上告を棄却した); Cass. civ., 28 mars 1922, D., 1923, 1, 209 (事案の概要は、以下の通りである。Xは、鉄道に乗車中、寄りかかっていたドアが突然開き、転落して負傷した。原審の事実認定からは、この電車には軍人が乗っており、駅に到着したとき、この軍人は、一度電車を降りて、その後、ドアを閉めることなく再び電車に乗ってきたこと、駅員はドアが開いていることに気づき、それを閉めたこと、ホームには、ほかに2人の軍人がおり、電車が動き出した時に乗車してきたことが、明らかにされている。原審は、鉄道会社Yが、本件事情の下でも、ドアの開閉について注意する義務を負うとして、Yの違反を認定し、Yの責任を肯定した。Yからの上告に対して、破毀院は、Yによって外的原因の存在が証明されていないと判断し、理由を差し替えた上で、上告を棄却した); Cass. civ., 20 juin 1922, D., 1923, 1, 209 (事案の概要は、以下の通りである。Xの乗車する電車が地下鉄の駅に到着したとき、ショートによる停電が起き、パニックが発生した。Xは、このパニックに巻き込まれ、負傷してしまった。原審は、本件パニックの発生と事故の原因は運送会社Yにあるとして、Xによる損害賠償請求を認容した。破毀院は、「運送会社は、自己もしくは従業員が何らフォートを犯していなかったことを証明して、乗客を目的地まで安全に運送する契約上の債務を免れることはできない。他方で、乗客は、事故の原因を証明する義務を負わない。事故が運送の過程で生じたことを証明するだけで十分である」と判示した上で、原審は、前者については黙示的に判断を示したと言えるが、不可抗力の抗弁については何ら判断を示していないとして、原審を破棄した); Cass. civ., 4 juill. 1922, S., 1924, 1, 161 (主計曹長が鉄道事故により死亡したという事案である。破毀院は、「Y (運送会社—筆者注) は、乗客の運送を引き受けているとき、この点に関する明示の合意がない場合であっても、乗客を目的地まで安全に運送する債務を負う。従って、この債務に違反したYは、事故の被害者である乗客に対して、民法典1147条が規定する損害賠償を支払う義務を負う」と判示して、管轄不存在を理由に原告の損害賠償請求を否定した原審を破棄した); Cass. civ., 25 juill. 1922, D., 1923, 1, 209 ; S., 1922, 1, 324 (事案の概要は、以下の通りである。Xは、路面電車に乗っていたところ、この電車がアメリカ軍のトラックと衝突し、負傷した。そこで、Xは、運送会社Yに対して、損害賠償の支払いを求める訴訟を提起した。これに対して、

◆第1章◆解　釈

Yは、本件事故は第三者のフォートによって生じたものである等と主張した。原審は、外的原因の抗弁を退けて、Xの請求を認容した。Yからの上告に対し、破毀院は、民法典1147条及び1148条をビザに、「運送人は、事故が、自己の責めに帰すことのできない外的原因、つまり、不可抗力もしくは偶発事故に基づくものであることを証明するときは、乗客を目的地まで安全に運送する契約上の債務を免れる」(chapeau) と判示するように、仮に、原審が認定するように、アメリカ軍のトラックが猛スピードで走行し、警笛も鳴らしていなかったのであれば、これは外的原因に該当すると述べて、原審を破棄した); Cass. req., 31 juill. 1922, D., 1923, 1, 209; S., 1922, 1, 324 (事案の概要は、以下の通りである。Xは、Yが運転するタクシーに乗車していた。ところが、このタクシーが、Aの運転する国のトラックと衝突したため、Xは、負傷してしまった。そこで、Xは、Yに対して、損害賠償の支払いを求める訴訟を提起した。破毀院は、以下のように判示している。「運送人が乗客を目的地まで安全に運送する債務を負うとしても、その債務の不履行が自己の責めに帰すことのできない外的原因に基づくものであることを証明したときには、その責任は生じない」。原審の認定によれば、Yは通常の走行を行っており、そこに何らフォートは存在しなかったとされているのであるから、外的原因の存在を認め、Xの請求を棄却した原審の判断は、正当である（引用部分を読めば明らかとなるように、この判決においては、フォートの不存在と外的原因が混同されているように見える）); Cass. civ., 28 fév. 1923, D., 1923, 1, 209 (事案の概要は、以下の通りである。Xは、電車のドアが閉められる際に、右手中指の先端を挟まれ、負傷した。この事故は、Xが、方向を変えようと、ドアの支柱に手を置いたときに生じたものであった。原審は、外的原因の存在が証明されていないとして、Xの損害賠償請求を認容した。これに対して運送会社Yが上告したが、破毀院はこれを棄却している); Cass. civ., 22 janv. 1924, S., 1924, 1, 161 (軍人が鉄道事故によって死亡したという事案である。破毀院は、「Yが、民事上もしくは軍事上、乗客の運送を引き受けているとき、この点に関する明示の合意がない場合であっても、乗客を目的地まで安全に運送する債務を負う。従って、この債務に違反したYは、事故の被害者である乗客に対して、民法典1147条が規定する損害賠償を支払う義務を負う」と判示して、管轄の不存在を理由にXの損害賠償請求を棄却した原審を破棄した); Cass. req., 23 mars 1925, DH., 1925, 330; S., 1925, 1, 361, note A. Mérignhac (事案の概要は、以下の通りである。Xは、Yのタクシーに乗車している際に、別の自動車に衝突され、頭部を負傷した。なお、その後、Xは刑事訴追を受けたが免訴されている。原審は、Xの損害賠償請求を認容した。破毀院は、「運送人は、乗客を目的地まで安全に運送する債務を負う。従って、事故が発生した場合、運送人は、この債務の不履行が自己の責めに帰すことのできない外的原因に基づくものであることを証明しなければならない」と判示し、Yからの上告を棄却した); Cass. civ., 9 janv. 1929, S., 1929, 1, 369, note François Gény (事案の概要は、以下の通りである。Xとその娘はY社のバスに乗車していたところ、このバスがトラックを牽引したB運転の自動車と衝突し、その結果、Aが負傷してしまった。なお、刑事裁判において、本件事故の原因は全てBにあるものと認定されている。原審は、XのYに対する損害賠償請求を認容したが、破毀院は、民法典1147条及び1148条をビザに、「運送人は、事故が、自己の責めに帰すことのできない外的原因、つまり、不可抗力もしくは偶発事故に由来するものであることを証明すれば、乗客を目的地まで安全に運送する契約債務を免れる」(chapeau) と判示し、原審は、外的原因の抗弁について十分に判断していないとして、これを破棄した); Cass. req., 1er août 1929, D., 1930, 1, 25, note Louis Josserand; S., 1930. 1. 94 (事案の概要は、以下の通りである。Xは、Y社の電車に乗っていたところ、当該電車がトンネル内を走行中に、何者かに襲撃され負傷した。Xからの鉄道会社Yに対する損害賠償請求について、原審は、第三者の行為によって安全債務の履行が妨げられたとして、これを棄却した。これに対してXが上告したが、破毀院はこれを棄却している); Cass. civ., 24 juill. 1930, S., 1930, 1, 368 (バスの衝突事故により乗客が負傷したという事案である。原審は、事故の相手方となった運転手のフォートは外的原因に当たらないとして、被害者の運送会社に対する損害賠償請求を認容した。これに対して、破毀院は、民法典1147条をビザに、「運送人が、乗客を目的地まで安全に運送する債務を負うとしても、事故が発生した場合、この債務の不履行が、自己の責めに帰すことのできない外的原因に基づくものであることを証明すれば、全ての責任を免れる」(chapeau) と判示し、仮に相手方のフォートが証明されているのであれば、外的原因は存在したとして、原審を破棄した); Cass. req., 16 juin 1932, DH., 1932, 429 (路面電車の乗客が、ホーム上で入口のゲートに寄りかかっていたところ、車道に転落して死亡したという事案である。破毀院は、乗客の遺族からの損害賠償請求を認容している); Cass. req., 5 avril 1933, DH., 1933, 265 (船の乗客が、乗船する際に、足の骨を折る怪我をしたという事案である。破毀院は、乗客からの損害賠償請求を認容している); Cass. req., 8 août 1938, DH., 1938, 516 (動いている電車に乗ろうとして死亡した者の配偶者と子供が鉄道会社に対し損害賠償を請求したという事案である。原審は、被害者のフ

第 2 節　理論モデルの展開

きるようなケースで、意図的にそれを排斥し、安全の契約化と契約不履行に基づく損害賠償による規律を選んだのである。

それでは、何故に、破毀院は、運送事故のケースで、物の所為に基づく不法行為責任ではなく、安全債務違反に基づく「契約責任」を問題にしたのか。ここには、以下のような要因を見出すことができる。

まず、最も直接的な要因としては、当時の学理的な状況[1276]、事実審裁判所の動向のほかに、ルイ・サリュ（Louis Sarrut）の影響を指摘することができる[1277]。サリュは、物の所為に基づく不法行為責任に関する判例法理の端緒となった破毀院民事部 1896 年 6 月 16 日判決が出された当時は、破毀院の次席検事として、安全債務に関する判例法理の端緒となった破毀院民事部 1911 年 11 月 21 日判決が出された当時は、その主席検事として、報告書（rapport）ないし総括意見書（conclusions）を執筆したが、彼は、終始一貫して、運送事故を契約の問題として捉えるべきことを主張していた[1278]。サリュは、運送事故や労働災害の問題に対し何らかの法的解決が

ォートを認定し、請求を棄却した。これに対して原告が上告したが、破毀院はこれを棄却している); Cass. civ., 25 janv. 1939, DH., 1939, 195 ; S., 1939, 1, 85（詳細は不明であるが、有効な乗車券を持っていた A が線路の上で死亡した姿で発見されたという事案に関するものである。A の妻である X からの損害賠償請求に対し、原審は、本件事故が運送人の行為によって生じたものであることが証明されていないとして、これを棄却した。破毀院は、民法典 1147 条をビザに、以下のように判示して、原審を破棄した。「本条によれば、運送契約において、運送人は、乗客を目的地まで安全に導かなければならない。運送人は、その不履行が自己の責めに帰すことのできない外的原因に基づくことを証明しなければ、この債務を免れない」(chapeau)。本件事案において、「Y は、運送契約により、責任を負うものと推定される。従って、免責のために、本件事故が自己の責めに帰すことのできない外的原因によって発生したものであることを証明するのは、Y であるが、本件において、これはなされていない」。従って、原審は、証明責任を誤って転換しており、上記のテクストに違反した); Cass. req., 7 nov. 1939, DH., 1940, 18（事案の概要は、以下の通りである。X は、Y 運送会社のバスに乗車していたところ、このバスが A の運転する自動車と衝突事故を起こし、負傷した。この事故については、A に全ての責任があるものとされている。X は、Y 及びその保険会社である B に対して、損害賠償の支払いを求める訴訟を提起したが、原審は、外的原因の存在を認定し、Y 及び B に対する請求を棄却した。これに対して X が上告したが、破毀院はこれを棄却している); Cass. civ., 30 sept. 1940, DH., 1940, 165（事案の概要は、以下の通りである。X は、乗車していたバスが飛び出してきた自転車との衝突を避けるために急ブレーキをかけたので、それを原因として負傷した。X の運送会社 Y に対する損害賠償請求につき、破毀院は、「運送人は、乗客を目的地まで安全に運送する債務を負い、この債務の不履行について責任を負うものと推定されるが、乗客が被害者となった事故の排他的な原因が、偶発事故、不可抗力、もしくは、第三者のフォートにあるときには、それが、避けることができず、かつ、予見することのできない第三者のフォートに帰すべきものであることを証明すれば、全ての責任を免れる」と判示して、外的原因の存在を認定した原審の判断を維持した); Cass. civ. 10 juin 1941, S., 1941, 1, 159（X の乗車していたタクシーがトラックと衝突し、その結果、X が負傷してしまったという事案である。破毀院は、民法典 1147 条をビザに、「運送中に乗客が被った損害についての責任を免れるために運送人によって援用される第三者のフォートは、それが、予見することも、回避することもできず、損害の排他的な原因である場合にしか、運送人を免責しない」(chapeau) と判示し、タクシー会社による免責の主張を認めた原審の判断を破棄した); etc.

(1276) 注(1248)で引用したテーズや論文の多くは、不法行為ではなく、契約による規律を支持するものであった。

(1277) Halpérin, supra note 1217, p.1170 が指摘するところである。また、今野・前掲注(151) (2) 270 頁以下も参照。

(1278) Sarrut, supra note 43 ; Id., supra note 40 ; Id., supra note 1275.

491

◆第1章◆ 解　釈

与えられなければならないとの認識を有していたという点において、不法行為による処理を支持していた学説に同調しつつも、フォートとは無関係にリスクという思想に基づいて責任が課されること、そして、このようなリスクに基づく責任が過度に一般化されることを危惧し、契約不履行に基づく損害賠償による規律を選択するに至ったのである[(1279)]。このような前提からすれば、不法行為に基づく損害賠償の修正・改良ではなく、契約不履行に基づく損害賠償が選択されたことは、いわば当然であったと言うことができる。

次に、間接的ではあるが、本書の問題関心にとって重要な要因として、当事者が契約を通じて獲得しようとした利益以外の要素を契約不履行に基づく損害賠償の問題として捉える基盤が形成されつつあったことを挙げておかなければならない。先に述べたように、サンクトレット流の履行方式としての契約不履行に基づく損害賠償の下で、労働災害や運送事故の問題を契約の領域に取り入れようとするならば、極めて重大な理論的欠陥が生ずることになった。しかしながら、破毀院が運送契約における安全債務の存在を肯定した1911年当時には、契約不履行に基づく損害賠償の理論枠組みをめぐる議論は大きく進展しており、既に、ルフェーブルやグランムーランの一元論、プラニオルの統一的な民事フォート論等が主張され、賠償方式としての契約不履行に基づく損害賠償の考え方が提示されていた。破毀院は、このモデルを利用することによって、サレイユやジョスランのように不法行為法の基本原則を修正することなく、しかも、サンクトレットのように理論的な困難を生ぜしめることなく、安全に対する侵害の賠償を契約不履行に基づく損害賠償の問題とすることで、フランス社会の課題に応接することができたのである。誤解を恐れずに言うならば、フランスの判例は、不法行為法の変革によって対応することができ、また、実際、そのような方向へと歩みを進めていたにもかかわらず、あえて、契約不履行に基づく損害賠償の原理的な転換を選択したということになる。

そうすると、今度は、このような破毀院の態度を支えた賠償モデルの考え方それ自体がどのような要因で生成せしめられたのかという点が、解明されるべき問題として浮かび上がってくる。もちろん、1つのありうる説明として、不法行為法に依拠することなく時代の要請に応える必要があったという点を挙げることができるが、ここでは、それと密接に関わりつつも、そこからは区別されるべき要因、より具体的に言えば、19世紀末から20世紀初頭にかけての民法学の潮流に焦点を当てることにしよう[(1280)]。

(1279) 本文でも言及したように、1930年2月13日のジャン・ドゥール判決に至るまで、破毀院は、民法典1384条1項に基づく責任をフォートの推定によって説明していた。ここにも、民事責任の領域におけるフォートへの固執を見て取ることができるのかもしれない（なお、ルイ・サリュが、1917年から1925年にかけて、破毀院の裁判長の地位にあったことも、付言しておこう）。

(1280) 以下で引用する文献のほか、Cf. Anne Marmisse, Le rôle de la doctrine dans l'élaboration et l'évolution de la responsabilité civile délictuelle au XX siècle, Petites affiches, 20 sept. 2002, n° 189, pp. 4 et s. 同論文は、20世紀末における民事責任法発展の背後に、学説の自由及び自律性

◆ 第 2 節 ◆ 理論モデルの展開

　周知のように、19世紀末から20世紀の初頭のフランス民法学は、註釈学派の衰退と科学学派の誕生によって特徴付けられる[1281]。産業革命と政治的な動乱に伴うフランス社会の変容及び思想的変化は、当然、民法学のあり方にも大きな影響を及ぼし、当時の民法学説は、必然的に、社会、そして、その1つの発現である判例に目を向けるようになっていた。あるいは、20世紀初頭の民法学の転換それ自体が、新たな時代を支えるための企てであったと言えるのかもしれない[1282]。いずれにしても、アレティストの代表格であるジョセフ・エミール・ラベや、科学学派の領袖レイモン・サレイユが、労働災害や運送事故の問題に大きな関心を払っていたのも、このような視点から理解されなければならない[1283]。そして、そこでの議論を通じて、契約不履行に基づく損害賠償を不法行為に基づく損害賠償へと接近させる考え方が発展していったのである。しかしながら、こうした賠償方式としての契約不履行に基づく損害賠償の考え方は、必ずしもフランス民法学だけの学理的な成果として生み出された思考方法ではない。そこには、ドイツ法及びドイツ民法学の影響を顕著な形で見出すことができるのである。

　19世紀中頃のフランスにおいても、比較法に関わる研究は存在したが[1284]、それが明確な形となって結実し始めたのは、第三共和政下で世界主義的傾向の影響が見出される19世紀末のことであった[1285]。レイモン・サレイユや、エドゥアール・ランベール（Edouard Lambert）は、当時の世界を代表する比較法学者であり、1900年には、彼らのイニシアチブによって、パリで初めての国際比較法会議（Congrès international de droit comparé）が開催された[1286]。こうした学問としての比較法研究

と、新たな思考を伝播する手段（判例評釈）の発展があったことを指摘する（p.6）。
(1281) さしあたり、野田良之「註釈学派と自由法」尾高朝雄＝峯村光郎＝加藤新平編『法哲学講座 第3巻 法思想の歴史的展開（Ⅱ）』（有斐閣・1956年）199頁以下、山口俊夫「フランス法学」碧海純一＝伊藤正己＝村上淳一編『法学史』（東京大学出版会・1976年）179頁以下等を参照。
(1282) 大村・前掲注(800)3頁以下は、科学学派によってもたらされた民法学の大転換を、「共和国の民法学」を創出する1つの試みとして位置付け、20世紀フランス民法学の特色を描き出そうとする。
(1283) サレイユの業績については既に本論の中で検討したので、ここでは、ラベの論稿のみを挙げておこう（いずれも、判例評釈であり、契約構成を支持する立場から書かれたものである）。Labbé, supra note 1252, pp.25 et s. ; Id., Note, sous Paris, 23 fév. 1884 ; Paris, 17 mars 1884 ; Paris, 11 fév. 1886, S., 1886, 2, pp.97 et s. ; Id., supra note 319, S., pp.25 et s. ; Id., supra note 1251, pp.434 et s. ; Id., supra note 319, Rev. crit., pp.436 et s., et pp.442 et s. ; Id., Note, sous Gand, 18 juin 1887, S., 1889, 4, pp.1 et s. ; Id., Note, sous Toulouse, 5 déc. 1893, S., 1894, 2, pp.57 et s.
(1284) 例えば、ジャン・ジャック・ガスパル・フェリックス（Jean-Jacques Gaspard Fœlix）の手によって、1834年に創刊された、「外国立法・経済雑誌（Revue étrangère de législation et d'économie politique）」は、有名である。
(1285) 例えば、第三共和政前夜の1869年には、今日まで続く「比較立法協会（Société de législation comparée）」が設立されているし、1890年代からは、パリ大学に比較憲法や比較民法の講座が設置されている。
(1286) 以上の点については、K. ツヴァイケルト＝H. ケッツ（大木雅夫訳）『比較法原論 上巻』（東京大学出版会・1972年）81頁以下、五十嵐清『比較法ハンドブック』（勁草書房・2010年）28頁以下・35頁以下・37頁以下（同『民法と比較法』（一粒社・1984年）所収の論稿と同内容である）、大木雅夫『比較法講義』（東京大学出版会・1992年）46頁以下・52頁以下・60頁以下等を参

493

の展開と呼応するかのように、フランス民法学の世界では、1900年1月1日に施行されたドイツ民法典（それ以前にあっては、第1草案、第2草案）に対する関心も、大きく高まっていったのである。もちろん、それ以前においても、ドイツ民法学は、フランス民法学に対して、看過しえない影響を及ぼしていた[1287]。既に、本項では、19世紀後半のフランス民法学に対するカントやサヴィニーの影響に触れたが、それ以外にも、ドイツの歴史法学派からの影響を受けたアタナーズ・ジュルダン（Athanase Jourdain）の主導の下、1819年から1831年にかけて公刊された雑誌「テミス（Thémis）」の存在は、余りにも有名であるし[1288]、ドイツ普通法学の巨頭、ルドルフ・フォン・イェーリングの主要な著作は、オクタヴ・ルイ・マリ・ジスレン・ドゥ・ムールナール（Octave Louis Marie Ghislain de Meulenaere）によって翻訳が出版され、大きな影響力を持っていた[1289]。また、カール・サロモ・ツァハリエ（Karl Salomo Zachariæ）の『フランス民法提要（Handbuch des französischen Civilrechts）』は、シャルル・オーブリー＝シャルル・ローによって翻訳・出版され、その後、彼らの著作としての形態を採りつつ、フランス民法学における最高峰と評されるまでの教科書になったのである[1290][1291]。このようなドイツ民法学への関心は、民法典の編纂・施行によって、1つの頂点に達する。そして、ここでも、その主導的な役割を果たしたのは、レイモン・サレイユであった[1292]。

(1287) この点については、大木雅夫「独仏法学交流の史的素描」上智19巻2＝3号（1976年）73頁以下（特に101頁以下）、ビュルゲ・前掲注(1047)論文、大村・前掲注(800)54頁以下等を参照。

(1288) テミスについては、既に古くから、日本でも紹介がなされている。牧野英一「ジュールダンの雑誌『テミス』」同『民法の基本問題 第3編』（有斐閣・1925年）239頁以下等。また、ユジェーヌ・ゴドメと並んで、20世紀前半におけるフランス民法学史研究の第一人者であるジュリアン・ボンヌカーズの、Julien Bonnecase, La Thémis (1819-1831) : son fondateur, Athanase Jourdain, Sirey, Paris, 1914、今日のフランス民法学史研究の第一人者であるフィリップ・レミィの Philippe Rémy, «La thémis» et le droit naturel, Rev. hist. fac. dr., 1987, pp.145 et s. も興味深い。

(1289) Rudolf von Jhering (trad. par Octave Louis Marie Ghislain de Meulenaere), L'esprit du droit romain dans les diverses phases de son développement, 4 vol., 3ème éd., A. Marescq, Ainé, Paris, 1886-1888 ; Id., L'évolution du droit, Chevalier-Marescq, Paris, 1901 ; Id., supra note 827. また、ムールナールは、ドイツ民法典の翻訳も公刊している。Id., Code civil allemand et loi d'introduction promulgués le 18 août 1896 pour entrer en vigueur le 1er janvier 1900, A. Marescq, Ainé, Paris, 1897.

(1290) Charles Aubry et Charles Rau, Cours de droit civil français, traduit de l'allemande de M. C. S. Zachariæ 5 vol., F. Lagier, Strasbourg, 1839-1846. その後、第3版の段階で、Cours de droit civil français d'après l'ouvrage de C. S. Zachariæ, 6 vol., Cosse, Paris, 1856-1863 という形にタイトルが改められ、彼ら自身の著作として出版されることになった。なお、本書が引用する第4版と第5版について、Cf. supra note 296.

(1291) ツァハリエの『フランス民法提要』には、ガブリエル・マッセ＝シャルル・ヴェルジェによる翻訳も存在する。Gabriel Massé et Charles Vergé, Le droit civil français par K.-S. Zachariæ traduit de l'allemand sur la cinquième édition, 5 vol., Auguste Durand, Libraire-Éditeur, Paris, 1854-1860.

(1292) サレイユのドイツ民法学への関心は、多くの著作の中に見出されるが、とりわけ重要なのは、Saleilles, supra note 326, Étude sur les sources de l'obligation dans le projet de code civil allemand と、Id., supra note 326, Étude sur la théorie générale de l'obligation d'après le premier projet de code civil pour l'empire allemand の2冊である。

◆ 第 2 節 ◆ 理論モデルの展開

　しかしながら、こうしたドイツ民法学への傾倒は、1 人サレイユだけに見出されるものではなかった。本書の研究対象である契約不履行に基づく損害賠償との関連で言えば、一元論を提唱したジャン・グランムーランと、統一的な民事フォートの概念を作り上げたマルセル・プラニオルの名を挙げておかなければならない。まず、グランムーランは、契約不履行に基づく損害賠償と不法行為に基づく損害賠償の完全な一元化を志向する中で、（その当否はともかく）これがドイツ民法草案の立場であるとの指摘を繰り返し行っていた[1293][1294]。また、予見可能性による賠償範囲確定ルールの理論的基礎を、帰責性と賠償の等価原則に求めるに際しても、グランムーランは、イェーリングのクルパに関する論文のフランス語訳を援用し[1295]、そこから着想を得ていたのである[1296]。次に、マルセル・プラニオルについて言えば、彼の学説におけるドイツ民法学の深い刻印は、今日、良く知られているところであるが[1297]、このことは、彼の民事フォート論の中に最も顕著な形で現れている。プラニオルの『民法基礎概論（Traité élémentaire de droit civil）』は[1298]、ドイツ民法あるいはパンデクテン法学における体系化の成果を積極的に摂取したものであり、そこで展開された統一的な民事フォートの概念は、まさに損害賠償に関する通則を設けていたドイツ民法典の体系に沿うものと評価することができるのである[1299]。

　以上のように、19 世紀末以降に展開された賠償方式としての契約不履行に基づく損害賠償の理論は、こうしたドイツ民法学との対話を通じて形成されたものであると見ることができる。そうすると、契約不履行に基づく損害賠償を用いて労働災害や運送事故の問題を規律する手法が、単に不法行為法に対する消極的評価のみを理由としていたものではないことは明らかであろう。契約構成は、当時の民法学における比較法の勃興という学理的な裏付けがあって、初めて実現可能なものとなったのである。このように、フランスにおける賠償モデルは、比較法的知見の成果を踏まえた学理的体系化の上に、社会的な実態を重ね合わせたものであったと言うことができるであろう。

　契約不履行に基づく損害賠償に関する理論モデルの変遷、賠償モデルの誕生という分析課題について、これまでの検討から明らかになったこと、また、そこから引

(1293) Grandmoulin, supra note 25, p. 34 et p. 88.
(1294) このような指摘は、同時代の学説の中にも見出すことができる。Ex. Guy, supra note 296, pp. 194 et s.; Baudry-Lacantinerie et Barde, supra note 296, n° 356, pp. 356 et s. もっとも、いずれの評価も、サレイユの著作（supra note 1292）を通じたドイツ民法の理解に基づいていることに注意が必要である。
(1295) Jhering, supra note 827.
(1296) Grandmoulin, supra note 25, pp. 58 et s.
(1297) レミィ・前掲注(1220)224 頁以下、吉田・前掲注(152)313 頁（「ドイツ法学への憧憬」と表現する）、小粥・前掲注(1245)412 頁（「ドイツ趣味」と表現する）等。
(1298) Planiol, supra note 33, Traité élémentaire de droit civil....
(1299) Cf. Rémy, supra note 20, La responsabilité contractuelle..., n° 13, pp. 334 et s. レミィ・前掲注(1220)224 頁以下。実際、プラニオルは、フォートあるいは契約不履行に基づく損害賠償を論じたコンテクストで、度々ドイツ民法典の条文を参照している。

◆第1章◆ 解　釈

き出されうる視点を整理しておこう。

　第1に、賠償モデルの誕生を促したのは、19世紀末から20世紀初頭にかけてのフランスの政治的・社会的・思想的状況であったということである。第二帝政下における産業の飛躍的な発展、それに伴う人間の姿の見えにくい事故の増加が、個人にそれまでとは異なる新たな問題を生じさせ、第三共和政の成立を1つの契機とした連帯思想の展開、社会への関心の高まり、社会学の誕生が、こうした問題を共和国全体の問題として捉える枠組みの形成を促進したのである。

　第2に、賠償モデルの誕生を支えたのは、19世紀末から20世紀初頭にかけてのフランス民法学の学理的な傾向であったということである。19世紀の間に積み重ねられてきた比較法、とりわけ、ドイツ法学への関心とその研究成果が、世紀の変わり目に1つの頂点を迎え、その中から、賠償モデルの原型が生み出される一方、そこに、民法典における不法行為法の欠陥、その修正原理としてのリスクの理論に対する敵対心が重なり合い、第1の問題へのアプローチ方法として、契約不履行に基づく損害賠償の賠償化が選択されたのである。

　第3に、賠償モデルの誕生の背後には、19世紀末から20世紀初頭にかけての履行モデルに対する一面的な理解が存在したということである。履行モデル内部においても、債権の実現や意思に依存しない形での合意を起点とするモデルが存在したにもかかわらず、それらが忘れ去られ、当事者意思、黙示の合意といった主観的モメントを出発点とする履行モデルのみが議論の前提とされていたために、当時の履行モデルは、意思に基づかない債務の不履行に基づく損害賠償を意思によって説明するという理論的矛盾を抱え、また、意思自治の相対化という学理的な傾向に抵抗することができなかったのである。

　このようにして、フランスにおける賠償方式としての契約不履行に基づく損害賠償は誕生した。しかしながら、賠償モデルの誕生の裏では、既にその混乱あるいは限界を予兆するかのような出来事も起こっていた。

　まず、破毀院が、賠償モデルを利用した形での事故への対応のほかに、フォートに基づかない不法行為責任の原理も形成しつつあったことである。つまり、賠償モデルは、問題に対応するための唯一絶対的な手段ではなく、それに代わりうる手段が存在していたのである。この点については、既に言及したので、繰り返す必要はないであろう。次に、履行モデルから賠償モデルへの原理的な転換が実現されたにもかかわらず、制度レベル、とりわけ、証明責任のレベルでは、なお、履行モデルに依拠した解決が前提とされていたことである。契約不履行に基づく損害賠償がフォートを原因として生ずる新たな債務であるならば、責任を基礎付ける要件としてのフォートについては、債権者側が証明しなければならないというのが論理的である。それにもかかわらず、当時の判例・学説の多くは、この点について意を払うことなく、漠然とフォートは推定されるという古典的な理解に追従していたように見

受けられるのである。そうすると、当時の議論は、労働者や乗客に対しフォートの証明を回避させるという目的で、つまり、証明責任の問題を解決するために、賠償モデルへの原理的転換を企てたが、そこで前提とされていた証明責任のルールは、履行モデルの下で初めて理論的に正当化しうる規律であったと言うことができる[1300]。ここに、ルネ・ドゥモーグの手によって、手段債務・結果債務の区別が生み出される１つの契機があったし[1301]、更に、そこから、被害者への補償の確保という当初の目的の挫折が始まったのである。

これらの点については、本節・第２款・第１項で検討することになる。そこで、以下では、項目を改めて、その準備的考察としての意味も込めつつ、賠償モデルが契約関係における事故の問題に対処するための特効薬として迎え入れられたことの意味を明らかにするために、その論理構造を明確に提示し、そこで示された視点を用いて、その後のフランスにおける賠償モデルの発展をごく簡単に跡付けてみよう。

(2) 賠償モデルの発展

(1)で明らかにしたように、フランスにおける賠償方式としての契約不履行に基づく損害賠償は、当初、被害者に対し適正な（より正確に言えば、適正なものと考えられた）補償を付与するための有用なモデルとして利用された。これは、賠償モデルが以下のような論理構造を有していることに起因する。

賠償モデルによれば、契約不履行に基づく損害賠償は、不法行為に基づく損害賠償と同じく、「責任を生じさせる行為ないし所為」によって生じた損害を賠償するための制度として理解される。つまり、債権者による契約不履行に基づく損害賠償の請求を認めるためには、「責任を生じさせる行為ないし所為」によって損害が発生したこと、言い換えれば、「責任を生じさせる行為ないし所為」、損害、因果関係という３つの要件が充足される必要がある。ところで、第１部・第１章・第１節で検討したように、19世紀末以降のフランスの一般的な理解において、契約領域における「責任を生じさせる行為ないし所為」は、原則として、契約上のフォートとして定式化されていた。この契約上のフォートをめぐっては、そこに帰責性といった主観的要素を含めるかどうか、客観的要素をどのような形で定義するか等について争いが存在したが、少なくとも、客観的要素としての義務違反が必要であるという点においては一致していた[1302]。つまり、契約領域における「責任を生じさせる行為ないし所為」は、契約領域における義務違反の存在によって規定されるのである。他方、契約上のフォート以外の２要件、すなわち、損害と因果関係に関しては、不法行為

(1300) 以上の点については、第１部・第１章・第１節・第１款・第２項109頁以下、同章・第２節・第１款・第２項181頁以下・190頁以下も参照。
(1301) Demogue, supra note 266, n° 1237, pp.538 et s.
(1302) この点については、第１部・第１章・第１節・第１款・第１項86頁以下を参照。

法との相違は見られず、契約領域における損害や契約領域における因果関係という形で形容されることはなかった[1303]。そうすると、賠償モデルの下では、契約領域における義務違反が認定されれば、あとは不法行為法と同じ判断プロセスを辿ることによって、契約不履行に基づく損害賠償の肯否を決定することができるということになる。ここから、賠償モデルの論理構造においては、被害者による契約不履行に基づく損害賠償の請求を認めるかどうかを決定するに際して、契約上のフォート、つまり、契約領域における義務違反の存在が決定的に重要な役割を果たしているとの理解が導かれる。このことを反対から言えば、契約領域における義務違反の存在が認められさえすれば、問題となっているケースを、不法行為に基づく損害賠償ではなく、契約不履行に基づく損害賠償の対象に含めることができるということになるのである。

　19世紀末から20世紀初頭にかけての判例・学説が利用したのは、以上のような賠償モデルの論理構造であった。この論理によれば、契約領域における義務違反、その前提としての契約領域における義務を拡大するだけで、契約不履行に基づく損害賠償の対象範囲も自動的に拡大させることができる。「責任を生じさせる行為ないし所為」以外に、契約の要素を汲み上げるファクターが存在しないからである。当時の学説と破毀院が行ったことは、ただ、労働災害のケースでは使用者の契約領域における安全義務、運送事故のケースでは運送人の契約領域における安全義務を観念することだけであった。このようにして、契約領域における義務違反を通じて把握される、責任原因としての「責任を生じさせる行為ないし所為」を多様化することによって、契約不履行に基づく損害賠償の中に包含される問題群を拡大することに成功したのである。このことをより一般化するならば、以下のように定式化することができよう。すなわち、賠償モデルは、契約領域における義務を肥大化させれば、それだけ、契約不履行に基づく損害賠償における原理面での調整を行う必要なく、その領域を拡大させることのできる理論モデルである。

　もちろん、契約領域における義務の範囲をどのように決定するのかという問いと、契約不履行に基づく損害賠償の理論枠組みとしてどのような立場をとるのかという問いとは、相互に独立したものである。従って、後者の問いに対して、賠償方式としての契約不履行に基づく損害賠償を選択したからといって、そこから、直ちに、前者の問いについて、契約領域における義務を拡大するという方向性が導かれるわけではない。現実に存在したかどうかを問わないとすれば、賠償方式としての契約不履行に基づく損害賠償の考え方を基礎としながら、契約領域における義務の範囲を限定的に理解する（あるいは、それを拡大させない）解釈も、理論的には、十分に可能である。この意味において、先に行った定式化は、あくまでも、フランスにおけ

(1303) 損害要件について、第1部・第2章・第1節・第1款・第2項251頁以下を参照。

る契約不履行に基づく損害賠償の展開過程においては、賠償モデルと契約領域における義務の拡大が密接に結び付いた形で現れたという事実を指摘するものに過ぎない。しかしながら、他方で、(1)における考察を踏まえるならば、賠償モデルの有用性は、何よりも、不法行為法の領域にあるものと考えられていた事故類型の被害者に対して契約上の損害賠償を付与することに存した以上、契約領域における義務の多様化を伴わない賠償モデルは、契約不履行に基づく損害賠償の理論枠組みを転換することによって実現しようとした目的を果たしえないこともまた事実である。実際、以下で見るように、20世紀の破毀院判例は、賠償モデルの論理構造を最大限に利用することによって、契約領域における義務と契約不履行に基づく損害賠償の領域を著しく増大させることになったのである。

これが、賠償モデルの発展を跡付けるために確認しておくべき、その論理構造である。以下では、こうした賠償モデルの論理構造がどのような形で機能したのかという問題を明らかにするために、20世紀のフランス法における賠償モデルの発展過程を描くことにする。もっとも、本款冒頭で予告したように、ここでの目的は、フランスにおける契約不履行に基づく損害賠償をめぐる議論を網羅的にフォローすることでも、あるいは、フランス「契約責任」論の通時的な歴史を眺めることでもなく、あくまでも、契約不履行に基づく損害賠償に関する2つの理論モデルの解釈論的な有用性を問うための基礎的考察を行うことに存する。従って、以下で扱う素材に関しては、先に定式化したような賠償モデルの論理構造とそこに託された実践的目的をより良く理解するために有益であると考えられるものに限定していることを付言しておく。

19世紀末から20世紀初頭にかけて生成された賠償方式としての契約不履行に基づく損害賠償は、その後、1930年前後に相次いで公刊されたテーズや論文により提唱された、契約不履行に基づく損害賠償と不法行為に基づく損害賠償の性質的な同一性を認めつつも、制度としての二元性を承認する立場の登場によって、確固たる地位を築くようになり[1304]、やがて、学説上、定着することになった[1305][1306]。その

(1304) Meignié, supra note 27 ; Mazeaud, supra note 27 ; Brun, supra note 27 ; Van Ryn, supra note 27 ; etc.

(1305) ここでは、1920年代から1950年代にかけての代表的な教科書・体系書で、このことを明確に述べているものだけを掲げておこう。Demogue, supra note 266, n°s 1230 et s., pp. 523 et s. ; Id., supra note 787, n°s 225 et s., pp. 245 et s. ; Lalou, supra note 241 ; Bonnecase, supra note 241, n°s 471 et s., pp. 409 et s. ; Beudant et Lerebours-Pigeonnière, supra note 241, n°s 1670 et s., pp. 291 et s. (もっとも、この部分は、シャルル・ブダンではなく、協力者のルネ・ロディエール (René Rodière) の手になるものと推測される。ブダン自身は、契約不履行に基づく損害賠償を間接的強制履行あるいは等価物による履行として位置付けており、とりわけ、証明責任を論じたコンテクストで、「債権者は、損害賠償を得るために、債務者側にフォートがあることを証明しなくてもよい。というのは、債権を正当化した以上、履行への権利を持つからである」と述べていること (Beudant et Lerebours-Pigeonnière, supra note 510, n°s 570 et s., pp. 411 et s. (引用は、n° 578, p. 416)、該当部分の叙述は、ルネ・ロディエールが著した論文 (René Rodière, Études sur la dualité des régimes de responsabilité ; Première partie. - la realité de la distinction entre la

499

responsabilité contractuelle et la responsabilité délictuelle, JCP., 1950, I, 861. また, Cf. Id., supra note 241, n°s 1670 et s., pp.290 et s.) のそれとほとんど同じ内容であることが、その理由である); Savatier, supra note 37 ; Id., supra note 779 ; Charles Aubry, Charles Rau et Etienne Bartin, Cours de Droit civil français d'après la méthode Zachariæ, 6ème éd., t.4, Librairies techniques, Paris, 1942, pp.147 et s., note quarter (本文の内容自体は、オーブリー=ローの手になる第4版とそれほど異ならないが、引用した注の中では、契約上のフォートが不履行と非難可能性からなるとの理解が示されている); Charles Aubry, Charles Rau et Paul Esmain, Droit civil français, 6ème éd., t.6, Librairies techniques, Paris, 1951, pp.533 et s. ; Planiol et Ripert, supra note 37, n°s 376 et s., pp.490 et s. ; Planiol et Ripert, supra note 715, n°s 821 et s., pp.147 et s. ; Ripert et Boulanger, supra note 241, n°s 683 et s., pp.240 et s. ; Rodière, supra note 241, n°s 1667 et s., pp.287 et s. ; Colin, Capitant et Julliot de la Morandière, supra note 241, n°s 387 et s., pp.282 et s.; etc.

(1306) 1927年10月には、フランスとイタリアの法学者が共同で起草した「債務及び契約法典草案 (Projet de Code des obligations et des contrats)」が公表されている (Commissione Reale per la riforma dei codici e commission française d'études de l'union législative entre les nations alliées et amies, Progetto di codice delle obbligazioni e dei contratti, Testo definitivo approvato a Parigi nell'Ottobre 1927 – Anno VI : Projet de Code des obligations et des contrats, Texte définitif approuvé à Paris en octobre 1927, Proveditorato Generale Detto Stato, Libreria, Rome, 1928) (以下では、「債務及び契約法典草案」で引用)。この草案の起草作業は第1次世界大戦中に開始されたものであるから、フランスで契約不履行に基づく損害賠償の理論枠組みの転換が行われていたのとほぼ同じ時期にその準備作業が実施されていたことになる。もっとも、契約不履行に基づく損害賠償に関する部分について言えば、フランス民法典と同じ内容のテクストが配置されているか、あるいは、その文言に若干の変更が加えられているのみである。従って、この草案の中に、同時代におけるフランスの学理的な動向を見出すことはできない。もっとも、元々は物の保存債務に関するテクストとして用意されていたはずのフランス民法典1137条に相当する規定が、契約不履行に基づく損害賠償一般に関わるテクストとして位置付けられていることに注目する必要がある（債務及び契約法典草案97条)。このような規定の配置を当時の議論と照らし合わせて考えるならば、このことは、契約不履行に基づく損害賠償一般の要件として、フォートを要求することを意味しているはずであり、そうであるならば、ここに、契約不履行に基づく損害賠償に関する理論モデルの転換の一断面を見て取ることができるからである。参考までに、関連する条文を掲げておくことにしよう（括弧内でフランス民法典の条文との対応関係を示している)。

債務及び契約法典草案96条「債務者は、その者の側に何ら悪意が存在しない場合であっても、不履行がその者の責めに帰すことのできない外的原因に由来することを証明しないときは全て、債務の不履行を理由として、あるいは、履行の遅滞を理由として、損害賠償の支払いを命ぜられる（フランス語原文は、Le débiteur est condamné au payement de dommages et intérêts, soit à raison de l'inexécution de l'obligation, soit à raison du retard dans l'exécution, toutes les fois qu'il ne justifie pas que l'inexécution provient d'une cause étrangère qui ne peut lui être imputée, encore qu'il n'y ait aucune mauvaise foi de sa part.)」（フランス民法典1147条の文言を一部修正したもの)。

同97条「物を保存し、又は管理する債務は、保存の任にあたる者に対し、善良なる家父としての全ての注意を尽くすよう義務付ける（フランス語原文は、L'obligation de conserver ou d'administrer une chose soumet celui qui en est chargé à y apporter tous les soins d'un bon père de famille.)。

この債務は、一定の契約に関しては、拡大され、又は縮小される。この点についての契約の効果は、それらに関する章で説明される（フランス語原文は、Cette obligation est plus ou moins étendue relativement à certains contrats, dont les effets, à cet égard, sont expliqués sous les titres qui les concernent.)」（フランス民法典1137条の文言を一部修正したもの)。

同98条「債権者に支払われるべき損害賠償は、一般に、その者が受けた損失及びその者が奪われた利益である。ただし、以下の例外及び変更については、この限りでない（フランス語原文は、Les dommages et intérêt dus au créancier sont, en général, de la perte au'il a faite et du gain dont il a été privé, sauf les exceptions et modifications ci-après.)」（フランス民法典1149条と全く同じ文言)。

同99条「債務者は、債務が履行されないことが何らその者の悪意によるのでないときは、契約のときに予見し、予見することのできた損害賠償についてでなければ、義務を負わない（フランス語原文は、Le débiteur n'est tenu que des dommages et intérêts qui ont été prévus ou qu'on a pu

反面、古法以来の伝統を誇っていた履行方式としての契約不履行に基づく損害賠償の考え方は、ユジェーヌ・ゴドメや[1307]、ユベール・ドゥ・ラ・マシュ[1308]等のごく僅かな一部の例外を除き、完全に忘れ去られてしまったのである[1309][1310]。

　しかしながら、こうした動向は、単に学理のレベルにおける出来事に止まるものではなかった。破毀院も、契約領域における義務を増大させることを通じて、契約不履行に基づく損害賠償の領域を拡大し、それによって、賠償モデルの考え方を定着させた。ところで、20世紀に破毀院が行った契約領域における義務の拡大は、2つのレベルに整理することができる。1つは、安全債務に代表される義務の拡大であり、もう1つは、義務の源となりうる契約の拡大である。

　まず、前者の問題から見ていこう。既に検討したように、破毀院は、契約不履行に基づく損害賠償を利用することには証明責任のレベルでの利点があるとの認識から出発し、かつ、契約不履行に基づく損害賠償の理論枠組みとして賠償モデルの考え方を採用することを前提に、運送契約における安全債務を承認し、運送事故の被

---

　　prévoir lors du contrat, lorsque ce n'est point par son dol que l'obligation n'est point exécutée.)」（フランス民法典1150条と全く同じ文言）。

　　同100条「合意の不履行が債務者の悪意から生ずる場合であっても、損害賠償は、債権者が被った損失及びその者が奪われた利益に関して、合意の不履行の直接の結果であるものでなければ、含むことができない（フランス語原文は、Dans le cas même où l'inexécution de l'obligation résulte du dol du débiteur, les dommages et intérêts ne doivent comprendre, à l'égard de la perte éprouvée par le créancier et du gain dont il a été privé, que ce qui est une suite directe de l'inexécution.)」（フランス民法典1151条の文言を一部修正したもの）。

(1307) ユジェーヌ・ゴドメは、以下のような議論を展開している（Gaudemet, supra note 35, pp.377 et s.）。債務者が債務を履行しなかった場合であっても、債務は消滅せずに存続する。「この損害賠償は、民事責任の一般理論において検討した損害賠償とは異なる。ここでは、特定の権利関係に基づき債権者と債務者との間で先存していた債務の履行として、損害賠償が義務付けられる。従って、損害賠償債務は、この先存債務の継続及び延長でしかなく、先存債務は、単に目的を変えるだけなのである」(pp.377 et s.)。そして、このような損害賠償の性質から、債権者は債権の存在を証明すれば足りるとの証明責任の分配ルール(pp.382 et s.)、予見可能性を中核とした契約不履行に基づく損害賠償の賠償範囲確定ルール(pp.385 et s.)が導かれるのである。

(1308) ユベール・ドゥ・ラ・マシュは、以下のような議論を展開する（Massue, supra note 493, Responsabilité contractuelle et responsabilité délictuelle...., pp.27 et s. ; Id., supra note 493, De l'absence de novation...., pp.379 et s.）。民法典は、契約不履行に基づく損害賠償を「債務の効果」、不法行為に基づく損害賠償を債務の源として位置付けており、2つの損害賠償制度を明確に区別している。それにもかかわらず、両者を責任の名の下に統一しようとするならば、そこからは、有害な結果がもたらされることになる。契約不履行に基づく損害賠償は、契約それ自体の中に源を有するのである (Id., supra note 493, Responsabilité contractuelle et responsabilité délictuelle...., pp.29 et s.）。このように理解するならば、契約債務と損害賠償債務との間に更改の関係が存在しないことは明らかであろう (Id., supra note 493, De l'absence de novation...., pp.379 et s.）。

(1309) 本節・第2款・第1項で言及するごく僅かな例外を除き、多くの場合には、19世紀末から20世紀初頭にかけて展開された論争を振り返る中で、回顧的に、当事者意思を起点とするサンクトレットのテーゼを中心とした二元論が取り上げられる程度であった。

(1310) 注(326)、注(886)、注(1197)でも言及したように、ガブリエル・ボードリー・ラカンティヌリー＝ルイ・ジョセフ・バルドやテオフィーユ・ユクの著作の中には、あくまでも古典的な履行方式としての契約不履行に基づく損害賠償の考え方を基礎としたものではあるが、賠償方式としての契約不履行に基づく損害賠償の考え方の一端をも見出すことができた。これも、本文で述べたことを象徴する出来事であると言えよう。

害者への補償の提供を確保しようとした。もちろん、契約不履行に基づく損害賠償の理論枠組みについて、履行モデルを採用する場合であっても、ポティエや民法典起草者のように、債権の実現という視点を中核に据えた理論を構築するか、そうでなくても、ドマのように、当事者意思に依存しない契約の客観的な補充という視点から議論を展開するならば、少なくとも安全を契約の問題として捉えられうる限りにおいて、当事者意思との関連で理論的な問題を生ぜしめることなく、その代替的な履行手段としての契約不履行に基づく損害賠償を問題にすることができる。

しかし、厳密な意味での運送に関わらない事故、例えば、ほかの乗客の行為や物によって損害が生じたというケースを運送契約における安全債務の対象に含めたり[1311]、あるいは、20世紀中頃までの判例のように、駅構内やホームで生じた運送

[1311] 例えば、以下のような判決がある。Cass. 1re civ., 8 déc. 1953, JCP., 1954, II, 8000, obs., René Rodière（ある乗客の持ち込んだ火薬が、別の乗客の捨てたタバコによって爆発し、その結果、乗車していたＡが死亡したという事案である。原審は、Ａの妻であるＸからの損害賠償請求を認容した。破毀院は、以下のように判示して、運送会社Ｙの上告を棄却した。「乗客が運送中に被った損害についての責任を免れるために運送人によって援用されている第三者のフォートは、それを予見し、回避することができず、かつ、損害の排他的な原因である場合にしか、運送人の責任を完全に免れさせない」。これを本件について見ると、当時の状況においては、電車で火薬を運搬するという事態を予見するのは不可能ではなかったこと、運送会社は、鞄からはみ出ていた火薬に注意し検査をするのが当然であることからすれば、不可抗力が存在するとは言えない）; Cass. 2ème civ., 18 déc. 1953, D., 1954, 169（ある乗客の持ち込んだ火薬が爆発し、ほかの乗客が死亡もしくは負傷したという事案である。原審は、被害者の１人からの損害賠償請求を認容した。破毀院は、以下のように判示して、運送会社Ｙの上告を棄却した。「乗客が運送中に被った損害についての責任を免れるために運送人によって援用されている第三者のフォートは、それを予見し、回避することができず、かつ、損害の排他的な原因である場合にしか、運送人の責任を完全に免れさせない」。これを本件について見ると、Ｙの従業員は定員17名の客車に39名を乗車させていたこと、乗客が荷物として危険な物を持ち込むという事態は十分に考えられたこと、多くの乗客が喫煙していたことからすれば、運送会社にとって、事故の可能性があることは十分に予見することができ、また、それを回避することも可能であったと言うべきである）; Cass. 1re civ., 28 juin 1955, D., 1955, 654（乗客ＸがほかのＡによって網棚の上に置かれていた荷物の落下によって負傷したという事案である。原審は、Ｘの運送会社Ｙに対する損害賠償請求を認容した。破毀院は、以下のように判示して、Ｙの上告を棄却した。「第三者のフォートは、それを予見し、回避することができず、かつ、損害の排他的な原因である場合にしか、運送人の安全債務を完全に免れさせない」。原審は、本件事故が、予見不可能でも、回避不可能でもなく、また、第三者のフォートが証明されていないことも認定しているのであるから、Ｙの責任のみが問題になると正当に判示することができた）; Cass. 1re civ., 22 mars 1960, D., 1961, 701, note Jean Radouant ; Gaz. Pal., 1960, 2, 263（事案の概要は、以下の通りである。Ｘは、地下鉄に乗車していた。列車はまだ進行中であったが、乗客の１人がドアを開け、別の乗客が地下鉄から降りようとしたことから、Ｘは列車から押し出され、ホームへと転落し、負傷してしまった。そこで、Ｘは、運送会社Ｙに対して、損害賠償の支払いを求める訴訟を提起した。原審は、当該乗客の行為を回避することは不可能であったとして、不可抗力を認定し、Ｘの請求を棄却した。これに対して、破毀院は、民法典1147条をビザに、以下のように判示して、原審を破棄した。「運送人は、乗客を目的地まで安全に運送する債務を負うのであるから、事故の場合、この債務の不履行が、予見することができず、かつ、結果において回避することのできない第三者の行為によること、もしくは、被害者のフォートもしくは、その被った損害の排他的な原因であることを証明しなければ、その全ての責任を免れることはできない」(chapeau)。原審は、当該乗客の行為を予見することは可能であったとしているにもかかわらず、上記のように判示しているのであるから、その判決に法律上の基礎を与えなかった）; Cass. 1re civ., 14 nov. 1962, RTD civ., 1964, 101, obs., André Tunc（バスの乗客がほかの乗客によって引き起こされたパニックの中で転倒し、負傷してしまったという事案である。破毀院は、乗客からの損害賠償請求を認容した）; Cass. 1re civ., 12 déc.

手段とは関わりのない事故を運送契約における安全債務によって包含させたりする手法は[1312][1313][1314]、契約との関連性を「責任を生じさせる行為ないし所為」のレベ

2000, D., 2001, 1650, note Christophe Paulin ; D., 2001, somm., 2230, obs., Patrice Jourdain（Y鉄道会社の電車に乗車していたXが、酩酊したほかの乗客Aから暴行を受け、負傷してしまったという事案である。XのYに対する損害賠償請求について、破毀院は、Yが乗客の安全を確保するために必要な巡回を行っていれば、この侵害を回避することは可能であった以上、本件事案において不可抗力は存在しないと判断し、これを認容した）; Cass. 1re civ., 3 juill. 2002, D., 2002, 2631, note Jean-Pierre Gridel ; Resp. civ. et assur., nov. 2002, comm., n° 323, note Hubert Groutel（事案の概要は、以下の通りである。Xは、運送会社Yの電車に乗っていたところ、何者かにナイフで脅され、負傷した上、宝石を奪われてしまった。結局、この犯人は、不明のままであった。そこで、Xは、Yに対して、損害賠償の支払いを求める訴訟を提起した。破毀院は、「鉄道運送人は、乗客に対して安全に関する結果債務を負うのであるから、不可抗力を証明することによってしかその責任を免れることはできない」と判示した上で、襲撃が予見不可能ではなかったこと、乗員の巡回によってそれを予防しえたこと等を認定し、不可抗力が存在しないと判断した原審の判断を、正当なものとして是認した）; Cass. 1re civ., 21 nov. 2006, Bull. civ., I, n° 512（Y鉄道会社の特急列車の寝台室に居た乗客Aが、運賃を支払わずに乗車していたYによって殺害されたという事案である。原審・破毀院ともに、不可抗力の存在を認めず、Aの遺族であるXのYに対する損害賠償請求を認容した）; etc.

(1312)　かつての破毀院判例は、鉄道運送の事案における運送人の安全債務について、切符に穴をあけた時から切符を返還する時までを、その対象領域としていた。以下のような判決がある。まず、乗車前の事故に関するものとして、Cass. 1re civ., 12 fév. 1964, Bull. civ., I, n° 83 ; D., 1964, 358, note Paul Esmain ; S., 1964, 209, note André Plancqueel ; JCP., 1964, II, 13650, concl., Raymond Lindon, obs., René Rodière ; RTD civ., 1964, 547, obs., André Tunc（地下鉄の利用客Xが、切符を所持してホームへと続く地下鉄の駅の階段を下りていたところ、転倒し負傷したという事案である。原審は、Xの運送会社Yに対する損害賠償請求を棄却した。破毀院は、以下のように判示して、Xからの上告を棄却した。「原審は、Xが地下鉄の切符を所持していたことに異議はないとしても、Xが、事故が発生した場所、つまり、切符を持たない者でも自由に通行できる場所では、未だ切符に穴をあけていなかったことを認定している。従って、必然的に、Xは運送の資格を利用する意思を終局的に表明しておらず、唯一1147条の適用を導きうる運送契約の履行は始まっていなかったということになる。原審は、その判決を法律上正当化した」）; etc. 次に、降車後の事故に関するものとして、Cass. civ., 17 oct. 1945, D., 1946, 165, note René Roger ; JCP., 1946, II, 2945, obs., Jacques-C. Razouls（事案の概要は、以下の通りである。Xは、電車を降り、切符を駅員に返還した後、駅の外にある階段を利用して荷物預かり所に向かっている時に、事故に遭って負傷した（もっとも、どのような事故であったのかは不明である）。Xの運送会社Yに対する損害賠償請求に対し、原審は、人の運送契約と物の運送契約を分けることはできないとして、運送会社が負う安全債務は、乗客が荷物を受け取るまで存続すると判示し、これを認容した。これに対して、破毀院は、民法典1147条をビザに、以下のように判示して、原審を破棄した。「本条によれば、運送契約において、運送人は、乗客を目的地まで安全に導かなければならない。しかしながら、この債務は、乗客が目的地に到着し出発時に受け取った切符を運送人に返還した時に終了するものとみなされるべきである」（chapeau）。「荷物の運送契約が、人の運送契約と同時に締結され、その付随的性格によって、人の運送契約と一体をなすとしても、そこから、必然的に、その締結において単一であるこの契約が、その履行においても不可分であるということにはならない。実際、そこから生ずる2つの債務、つまり、安全債務と記録された荷物の引渡し債務は、その性質及びその射程において、相互に独立しているのである」）; etc. また、Cf. Cass. 2ème civ., 4 mars 1954, JCP., 1954, II, 8122, obs., René Rodière（地下鉄の駅構内で、乗客Xが、湿った床の上で転倒し重度の後遺症を残す重傷を負ったという事案である。原審は、事故当日が暴風雪であったこと、被害者の不注意が本件事故の決定的原因であったことを認定して、XのY運送会社に対する損害賠償請求を棄却した。これに対して、破毀院は、民法典1147条をビザに、以下のように判示して、原審を破棄した。「運送人は、乗客を目的地まで安全に運送する債務を負う。従って、運送人は、この債務の不履行が、自己の責めに帰すことのできない外の原因、あるいは、被った損害の排他的原因としての被害者のフォートに基づくものであることを証明しなければならない」（chapeau））; Cass. 1re civ., 17 déc. 1964, D., 1965, 365, note Paul Esmain（ホームで電車を待っていた乗客Xが、この駅を通過する急行電車から投げ捨てられた瓶にあたり、負傷したという事案である。原審（Riom, 28 nov. 1962, JCP., 1963, II, 13182, obs., Ch.

503

◆第1章◆解　釈

ルでしか考慮しない理論モデル＝賠償モデルに依拠しない限り、採用しえないものである。こうして、フランスの判例は、賠償モデルの論理構造を最大限に活用して、つまり、運送契約における安全債務を承認し、かつ、その射程を著しく拡大することによって、広い意味での運送事故の被害者に対する補償の確保を実現したのである。更に、このような意味での賠償モデルの利用方法は、運送人の免責を極めて限定的にしか認めない破毀院の態度や(1315)(1316)、近時の判例によって明らかにされた

Blaevoet) は、X の運送会社 Y に対する損害賠償請求を認容した。破毀院も、以下のように判示して、Y の上告を棄却した。原審の認定したところによれば、瓶が投げ捨てられるに至った状況は明らかにされておらず、また、この瓶が乗客の投げたものであるのかどうかも明らかではないのであるから、不可抗力は存在しない）

　その後、破毀院は、既に切符が返還されたケースであっても、安全債務が存続することを認めるようになった (Cass. 1re civ., 28 nov. 1955, D., 1955, 173, note René Savatier (乗客 X が、列車を降りた後、駅の小扉の緩衝装置で転倒し負傷したという事案である。原審は、切符の返還によって運送契約が終了していると見て、X の運送会社 Y に対する損害賠償請求を棄却した。これに対して、破毀院は、民法典 1147 条をビザに、以下のように判示して、原審を破棄した。「運送人は、運送契約の際に乗客に生じた事故が専ら被害者のフォートもしくは不可抗力に帰すべきことを証明しなければ、自己が負う安全債務を完全に免れることはできない」(chapeau)。原審は、切符の返還によって運送契約が終了していること、X がほかの乗客と同じように小扉から出ようとしていたこと、この行動は規則に反するものであったが駅員によって黙認されていたことを認定している。X の行動が駅員によって黙認されていたにもかかわらず、原審は、切符の返還によって運送契約が終了しており、しかも、本件事故が被害者のフォートに帰すべきものと判断しているのであるから、その判決に法律上の基礎を与えなかった）; Cass. 1re civ. 17 mai 1961, Bull. civ., I, n° 254 ; D., 1961, 532 ; S., 1961, 333 ; JCP., 1961, II, 12217 bis, note René Rodière ; RTD civ., 1961, 689, obs., André Tunc ; RTD com., 1961, 917, obs., Jean Hémard (乗客 X が、駅で列車を降り、切符を返還した後、通りへと続く駅のホールの階段で転倒し負傷したという事案である。破毀院は、以下のように判示して、X の運送会社 Y に対する損害賠償請求を認容した原審を維持している。本件事故は、乗客が、運送契約の結果として、必ず通らなければならない場所で発生したものであるから、控訴院は、運送人の安全債務が終了していない旨を判示することができた))。

(1313) これに対して、路面電車やバスに関しては、乗客の乗車から降車までの間についてのみ運送人の安全債務の存在が肯定されていた。Cf. Cass. req. 7 mai 1935, DH., 1935, 348 ; S., 1935, 1, 206 (事案の概要は、以下のとおりである。X は、路面電車に乗ったが、混雑のため中に入れなかったので、運賃を後で支払うことにし、列車後部の踏み台の上に立っていた。ところが、その後、路面電車が大木を積載したトラックとすれ違った際に、X は、この大木と衝突し重傷を負った。そこで、X は、運送会社 Y に対して、損害賠償の支払いを求める訴訟を提起した。原審は、X の損害賠償請求を認容した。破毀院は、以下のように判示して、Y からの上告を棄却した。「エクス控訴院は、路面電車において、乗車運賃は運送中に受領されるが、運送契約は、X が運送人の従業員によって車両に乗ることを許された時に形成されることを正当に判示している」。原審の認定したところによれば、本件事故の一部は、X の責めに帰すべき事由に基づくものであるが、定員を超過していたにもかかわらず X を乗車させたこと、運転手も X が危険な場所にいることを知りながら停車させなかったことからすれば、その大部分は、Y の責めに帰すべき事由に基づくものである)

(1314) 本節・第 2 款・第 1 項 578 頁以下で言及するように、破毀院は、その後、「乗客を目的地まで安全に導く債務は、運送契約の履行の間、つまり、乗客が車両に乗り始めてから、降り終わるまでの間しか存在しない」と判示し、鉄道の事案に関する注 (1312) の立場を変更している。Cass. 1re civ., 1er juill. 1969, D., 1969, 640, note G. C.-M. ; JCP., 1969, II, 16091, concl. Raymond Lindon, obs., M. B. et A. R. ; RTD civ. 1970, 184, obs., Georges Durry (ホームへと続く地下通路の階段で転倒した乗客 X が運送会社 Y に対して損害賠償の支払いを求めたという事案である。原審は、既に運送契約の履行が始まっていると判断して、X の請求を認容した。これに対して、破毀院は、民法典 1147 条をビザに、「本条から生ずる、乗客を目的地まで安全に導く債務は、運送契約の履行の間、つまり、乗客が車両に乗り始めてから、降り終わるまでの間しか存在しない」(chapeau) と判示して、原審を破棄した）

504

ように、被害者のフォートを理由とする一部免責の可能性を否定する解決がとられていることからも⁽¹³¹⁷⁾⁽¹³¹⁸⁾⁽¹³¹⁹⁾、裏付けることができるように思われる。破毀院民

<hr />

(1315) 注(1311)、注(1312)、注(1313)で引用した諸判決のほかに、例えば、以下のような判決がある。Cass. civ., 7 mai 1946, D., 1946, 325（事案の概要は、以下の通りである。Xは、運賃を支払ってバスに乗車したが、内部が混雑していたため、屋根の上に乗ることにした。ところが、その後、このバスのタイヤがパンクし、バスが木に衝突した結果、Xも負傷してしまった。Xの運送会社Yに対する損害賠償請求につき、原審は、被害者のフォートを認定し、請求の一部のみを認容した。これに対して、破毀院は、民法典1147条をビザし、「運送人は、不可抗力、偶発事故、もしくは乗客のフォートを証明しない限り、乗客を目的地まで安全に運送する契約上の債務を免れない」(chapeau) と判示し、原審の認定事実（屋根への乗車が禁止されていなかったこと、運賃を支払っていたこと、本件タイヤは使い込まれたものであったこと、定員超過の状況にあったこと）によれば、被害者のフォートを認めることはできないとして、原審を破棄した); Cass. req., 29 juill. 1947, S., 1947, 1, 199（乗客が電車の停止前に降車し負傷したという事案である。原審・破毀院ともに、被害者のフォートの存在を否定している); Cass. civ., 30 juin 1953, D., 1953, 642 ; JCP., 1953, II, 7764（何者かによってレールが取り外され、その結果、列車が脱線し、乗客が死亡したという事案である。原審・破毀院ともに、不可抗力の存在を否定している); Cass. 1re civ., 29 nov. 1960, D., 1961, 75（鉄道の乗客Xが窓から侵入してきた石によって左目を負傷したという事案である。原審・破毀院ともに、不可抗力の存在を否定して、Xの損害賠償請求を認容した); Cass. 1re civ., 29 janv. 1963, RTD civ., 1964, 101, obs. André Tunc（鉄道の乗客が、窓の縁に左腕を乗せていて、負傷したという事案である。原審は、被害者のフォートを認定し、4分の1の限度でのみ乗客の損害賠償請求を認容した。これに対して、破毀院は、乗客の左腕がどの程度窓から出ていたのかは明らかでないから、被害者のフォートは証明されていないと判示して、原審を破棄した); Cass. 1re civ., 3 oct. 1967, JCP., 1968, II, 15365, obs. Paul Durand（レールに設置された発火装置が、列車の通過により爆発し、それによって脱線事故が生じたという事案である。原審・破毀院ともに、本件事案において外的原因を構成するのは、本件発火装置が運送契約の履行に関与しなかった者によって設置された場合に限られるところ、本件事案においては、この証明が尽されていない等として、原告の損害賠償請求を認容した); Cass. 1re civ., 3 mai 1977, RTD civ., 1977, 778, obs. Georges Durry（トロールバスの運転手が、飛び出してきた自動車との衝突を避けるために、急ブレーキを踏み、その結果、乗客Xが負傷してしまったという事案である。原審・破毀院ともに、交通量の多い街中では、自動車の飛び出しは予見不可能なものではないとして、不可抗力の存在を否定し、Xの損害賠償請求を認容した); etc.

(1316) もっとも、近年においては、これまでに引用した諸判決とは若干ニュアンスの異なる判決も現れている。Ex. Cass. 1re civ., 23 juin 2011, D., 2011, 1817, obs. Inès Gallmeister ; JCP., 2011, 1277, C. Paulin ; JCP., 2011, 1333, chr., Cyril Bloch ; RDC., 2011, 1183, obs. Olivier Deshayes ; Cf. Félix Rome, Irresponsabilité de la SNCF : c'est de nouveau possible !, D., 2011, p.1745.（乗客Aが切符を持たないほかの乗客により刺殺されたことから、Aの母であるXが、運送会社Yに対して、損害賠償の支払いを求めたという事案で、不可抗力の存在を認め、Xの損害賠償請求を棄却した判決である）

(1317) Cass. 1re civ., 13 mars 2008, supra note 618. 事案の概要は、以下の通りである。Xは、マルセイユ発トゥール行の列車に乗車し、アヴィニョン駅で降車した。その後、列車が動き出したにもかかわらず、Xは、大急ぎで客車に戻ろうとして列車の下に転落し、膝の上あたりから足を切断されてしまった。そこで、Xは、運送会社Yに対して、損害賠償の支払いを求める訴訟を提起した。原審は、Xの行態にはフォートが存在するが、ドアの開閉を禁止するシステムが存在しなかったこと、出発の合図もなかったこと、ホームに居た駅員や監視カメラによって本件事故を回避することは可能であったこと等からすれば、Xのフォートは、不可抗力には該当せず、また、事故の唯一の原因であるとも言えないとして、Yに対して、Xに生じた損害の半分についての賠償を命じた。これに対して、破毀院は、民法典1147条をビザし、以下のように判示して、原審を破棄した。「乗客に対して安全に関する結果債務を負う運送人は、その責任を部分的に免れることはできず、また、被害者のフォートは、それが不可抗力の性格を有することを条件として、完全な免責のみをもたらすものであるにもかかわらず、上記のように判示しているのであるから、原審は上記のテクストに違反した」。

(1318) 注(1317)で引用した破毀院民事第1部2008年3月13日判決をどのように理解するのかは、1つの大きな問題である。同判決が、フランス国有鉄道を始めとする鉄道運送会社に対して厳格な判断を示した諸判決の流れの中に位置付けられることに疑いはないし（Cf. Jourdain,

505

supra note 618, Obs., sous Cass. 1re civ., 13 mars 2008, p.312 ; Viney, supra note 618, Note, sous Cass. 1re civ., 13 mars 2008, D., p.1584 ; Id., supra note 618, Obs., sous Cass. 1re civ., 13 mars 2008, RDC., p.766（同判決を、客観的責任を超える補償、あるいは、「身体的事故についての自動的な補償」を認めた判決として位置付ける）；Stoffel-Munck, supra note 618, Obs., sous Cass. 1re civ., 13 mars 2008, n° 8, p.27）、当時、既に公にされていた債務法及び時効法改正準備草案の影響を受けた判決と見ることも十分に可能である（債務法及び時効法改正準備草案は、「契約責任」と不法行為責任とに共通する「免責原因（Les causes d'exonération）」として、被害者のフォートを含む外的原因を予定し（1349条）、被害者のフォートが損害の発生に寄与したケースにおける一部免責の可能性を認めつつも、身体的損害が問題となる場合には、その要件として、重フォートの存在を要求しているのである（1351条）。なお、テクストについては、本注の末尾を参照）。問題は、その射程である。

　一方で、同判決の判決理由をそのまま読めば、「乗客に対して安全に関する結果債務を負う運送人」のみがその対象とされていると理解すべきことになる。このように理解すると、同判決が対象としているのは、厳密な意味での運送の間（乗車から降車までの間）に生じた身体的損害を伴う事故ということになろう。従って、同判決の射程は、運送以外の契約における結果安全債務や、不法行為領域における客観的責任に及ぶこともなくなる（Viney, supra note 618, Note, sous Cass. 1re civ., 13 mars 2008, D., n° 1, p.1584 ; Id., supra note 618, Obs., sous Cass. 1re civ., 13 mars 2008, RDC., pp.765 et s. ; Stoffel-Munck, supra note 618, Obs., sous Cass. 1re civ., 13 mars 2008, n° 8, p.27 ; Bouche, supra note 618, pp.9 et s.）。他方で、同判決が民法典1147条をビザとして掲げていることを強調し、判決理由について、一般論を同判決の事案に即して記述したものと捉えるならば、この判決は、（身体に関わる）結果安全債務全般に関して判断した判決として、理解されうる（Grosser, supra note 618, Note, sous Cass. 1re civ., 13 mars 2008, p.28。また、Cf. Jourdain, supra note 618, Obs., sous Cass. 1re civ., 13 mars 2008, p.313 ; Creton, supra note 618, p.2371）。更に、「契約責任」と不法行為責任を民事責任の名の下で統一的に論ずる今日の通説的理解を前提にするならば、2つの責任領域の免責構造を異にする理由は存しないと言えるから、この判決の論理を不法行為領域における客観的責任に及ぼすことも可能となるのである（Jourdain, supra note 618, Obs., sous Cass. 1re civ., 13 mars 2008, p.314 ; Brun, supra note 618, p.2900。また、Cf. Creton, supra note 618, p.237。先に言及した債務法及び時効法改正準備草案のテクストは、このような方向性を志向するものである）。

　こうした破毀院民事第1部2008年3月13日判決の射程をめぐる議論は、本文で言及するような評価が、運送契約を超えて、どこまで及びうるのかという点に関わる。仮に、同判決の射程を最も狭く理解し、かつ、その反対解釈として、その他の結果安全債務のケースにおいては、一部免責の可能性がなお認められていると判断するならば、運送人のみがリスクの保証人として位置付けられていると見るべきことになるし、その他のケースに関しても、一部免責の可能性が閉ざされていると言うのであれば、結果安全債務の債務者は、全て、リスクの保証人として認識されているということになろう。その結果、破毀院が賠償モデルによって実現しようとした補償の確保という目的の到達距離に対する評価も、少なくとも一部免責の可否というレベルにおいては、その読み方によって、大きく変わってくるように思われるのである。いずれにしても、同判決が、身体的安全の賠償という問題に関わる判例法理の評価に対して大きなインパクトを持ちうる判決であったことは、確認しておくべきである。

　本注で引用した債務法及び時効法改正準備草案のテクストは、以下のようなものである。

　債務法及び時効法改正準備草案1349条「損害が不可抗力の性質を示す外的原因によって生じた場合、責任は課せられない（原文は、La responsabilité n'est pas engagée lorsque le dommage est dû à une cause étrangère présentant les caractères de la force majeure.）」。

　外的原因は、偶発事故、被害者の行為、又は、被告が責任を負わない第三者の行為から生じうる（原文は、La cause étrangère peut provenir d'un cas fortuit, du fait de la victime ou du fait d'un tiers dont le défendeur n'a pas à répondre.）」。

　同1351条「一部免責は、被害者のフォートが損害の発生に寄与した場合にのみ生じうる。身体的完全性に対する侵害の場合には、重フォートのみが、一部免責をもたらしうる（原文は、L'exonération partielle ne peut résulter que d'une faute de la victime ayant concouru à la production du dommage. En cas d'atteinte à l'intégrité physique, seule une faute grave peut entraîner l'exonération partielle.）」。

（1319）　注（1317）で引用した破毀院民事第1部2008年3月13日判決が出された後、破毀院合同部は、一見すると、同判決を覆しているかのようにも理解しうる判決を下している。Cass. ch. mixte, 28 nov. 2008, supra note 618 が、それである。事案の概要は、以下の通りである。15歳

事第1部1911年11月21日判決に端を発する運送契約領域における安全債務の承認は、賠償の論理を前提とすることによって、運送人に対して、いわばリスクの保証人としての地位を付与することを目的としていたと言うことができるのである(1320)。

　その後、判例は、運送契約の領域において確立した手法を、その他の契約類型においても用いるようになる。すなわち、フランスの判例は、契約不履行に基づく損害賠償を、不履行によって生じた損害を賠償するための制度として位置付ける構想

のAは、列車が動いている際に、ドアの1つを開け、線路に転落して重傷を負った。そこで、Aの承継人であるXは、運送会社Yに対して、損害賠償の支払いを求める訴訟を提起した。原審は、被害者の危険な行態がYの責任を全て免除するような性質のものではないとして、4分の3の限度で、Xの請求を認容した。これに対し、Yが上告した。破毀院は、以下のように判示し、Yの上告を棄却した。「乗客に対して安全に関する結果債務を負う鉄道運送人が、被害者の不注意というフォートを援用してその責任を免れることができるのは、それが不可抗力の性格を有している場合に限り、その重大性の程度は問わないと言うべきである」。原審は、乗客、とりわけ、子供がドアを開けようとすることは予見不可能ではなく、乗務員を配置する等によってそれを回避することは可能であるとして、被害者のフォートが不可抗力の性質を持たないと判示することができた。

　この判決は、被害者のフォートが不可抗力の性格を示している場合にしか免責の原因とはならない旨を判示するに際して、判決文の上では、全部免責と一部免責を区別していない。ここから、破毀院は合同部を開くことによって民事第1部の判決を覆したとの解釈も、成り立ちうるように見える。しかしながら、このような解釈は困難であるように思われる。その理由は、以下の通りである。本判決は、4分の3の限度でXの請求を認容した原審の判断に対するYの上告に応えたものであって、Xの上告に応答したものではない。つまり、本判決は、上告との関連で、全部免責について判断したのであって、一部免責に関しては何ら判断を示していないのである。また、原審は、Yの一部免責を認めているところ（破毀院民事第1部2008年3月13日判決より前に下されたものである）、仮に、破毀院が、一部免責の問題に対して判断を示そうとしていたのであれば、それを維持するにせよ、あるいは、変更するにせよ、一部免責の問題を意識した形で判決理由を記したはずである。従って、破毀院民事第1部2008年3月13日判決による一部免責の否定は、なお維持されていると見なければならないのである（その理由は多岐にわたるが、多くの判例評釈が指摘するところである）。

(1320) アンドレ・タンクは、破毀院民事第1部1960年11月30日判決（以下のような事件である。郵便電信局X₁の被用者であるX₂は、Yのバスに乗車していた。乗車中、バスの運転手が、交差点に猛スピードで侵入してきたタクシーとの衝突を避けるために急ブレーキをかけたことから、X₂は、前方に投げ出され、負傷してしまった。そこで、X₁及びX₂は、Yに対して、損害賠償の支払いを求める訴訟を提起した。原審は、不可抗力の存在を認定し、Xらの請求を棄却した。これに対して、Xらから上告がなされたが、破毀院も、以下のように判示して、これを棄却した。原審の認定したところによれば、タクシー運転手のフォートは、バスの運転手にとって、予見可能なものでも、回避可能なものでもなかったこと、本件バスの運転手は、優先通行権を持ち、交通規則を遵守していたこと、もしバスの運転手がブレーキをかけていなければ、大事故が発生していたであろうことは、明らかである。これらの事実関係において、「控訴審は、運送人がその債務を免れると判示することができた」）の評釈において、以下のような議論を展開する（André Tunc, Note, sous Cass. 1ʳᵉ civ., 30 nov. 1960, D., 1961, pp.121 et s.）。なるほど、本判決は、実定法の現状には適合するのかもしれないが、被害者にとって満足の行くものではない。被害者は、誰が本件事故について責任を負うのかを知ることはできないのであるから、運送会社に対して常に責任を負わせる解決も、ありうる方策の1つである。そうすると、運送人は、いわばリスクの保証人のような立場に位置付けられることになるのである。ところで、このような解決に何か問題は存するのか。この解決こそ、破毀院民事部1911年11月21日判決の基礎にある考え方なのである（p.123. また、Cf. Id., Note, sous Cass. 1ʳᵉ civ., 20 déc. 1960, JCP., 1961, II, 12031, pp.2 et s.; RTD civ., pp. 311 et s.）。破毀院は、まさに、タンクの願い通りに展開していったと見ることができるであろう。

507

◆第1章◆解　釈

を所与の前提とした上で、それを利用するために必要とされる「責任を生じさせる行為ないし所為」、その前提としての契約領域における義務の範囲を、安全という面で拡大していったのである。その展開過程及び現状を記すことは、下級審のレベルまで含めれば、膨大な数の裁判例が存在するため不可能であるが[1321]、破毀院で問題となった契約類型だけを掲げても[1322]、ロープ・トゥ[1323]やスキーリフト[1324]等

[1321] 1930年代までの裁判例について、Cf. Lalou, supra note 1248, pp.37 et s.; Mioc, supra note 1248, pp.87 et s. 今日までの裁判例について、Cf. Delebecque, supra note 41 ; Viney et Jourdain, supra note 31, n°s 499 et s., pp.453 et s., et n°s 550 et s., pp.542 et s.; Le Tourneau et Poumarède, supra note 41 ; etc. また、日本語文献として、高世・前掲注(41)23頁以下、石川・前掲注(41)45頁以下、伊藤・前掲注(41)論文も参照。

[1322] 以下の注においては、問題となる契約類型毎に関連する破毀院判決を示し、その事案及び判決理由を記すことになる。そこでは、安全に関わる債務を認めている判決、本書の分析視角から言えば、「責任を生じさせる行為ないし所為」の前提としての契約領域における義務を拡大したと評価しうる判決を取り上げており、必ずしも、その全てが原告の損害賠償請求を認容したものではない。その分、注が長大になっていることは否めないが、そこでの記述は、本項における考察のみならず、本節・第2款・第1項571頁以下における検討にとっても（あるいは、そこでの検討に際してこそ）、重要な意味を持つものであることを付言しておく。

[1323] Cass. com., 7 fév. 1949, D., 1949, 377, note Fernand Derrida ; JCP., 1949, II, 4959, obs., René Rodière ; Gaz. Pal., 1949, 1, 215 ; RTD civ., 1949, 525, obs., Henri et Léon Mazeaud（事案の概要は、以下の通りである。Xは、ロープ・トゥを利用していたところ、降車のときに、背負っていたバックの紐にT状のステッキが引っ掛かり、転倒して、負傷した。そこで、Xは、ロープ・トゥの経営者であるYに対し、損害賠償の支払いを求める訴訟を提起した。原審（Grenoble, 11 mars 1941, D., 1943, 143, note Henri Debois）は、運送契約の規範を適用して、Xの損害賠償請求を認容した。これに対して、破毀院は、本件を契約の問題としつつも、民法典1147条をビザに、以下のように判示して、原審を破棄した。「運送契約は、運送人に対して、乗客を目的地まで安全に導くことを義務付けるが、これは、乗客が、運送の物理的な実現に協力するという形で、個人的かつ積極的に介入することなく、運送の支配と履行に関して、完全に、運送人に委ねていることを前提とする」(chapeau)。本件事実関係において、Xは、ロープ・トゥの利用に際し、積極的役割を果たしていたのであるから、原審は、上記のテクストを誤って適用し、その判決を法律上正当化しなかった）; Cass. 2ème civ., 22 déc. 1960, Gaz. Pal., 1961, 1, 302 ; RTD civ., 1961, 482, obs., André Tunc（10歳のスキーヤーが、乗車場の外で、ロープ・トゥの滑車の中に手を入れてしまい、巻き込まれて、負傷したという事案である。原審・破毀院ともに、この段階での安全債務の存在を否定し、原告の損害賠償請求を棄却した）; Cass. 1re civ., 8 oct. 1963, D., 1963, 750 ; S., 1964, 13 ; JCP., 1963, II, 13429 ; Gaz. Pal., 1964, 1, 80 ; RTD civ., 1964, 305, obs., André Tunc（事案の概要は、以下の通りである。X は、Yが運営するロープ・トゥを利用していたが、着地の場所で、器具から手を離したとき、後続利用者のストックが顔に当たり、負傷した。そこで、Xは、Yに対し、損害賠償の支払いを求める訴訟を提起した。原審は、XのYに対する損害賠償請求を棄却した。破毀院も、以下のように判示して、Xからの上告を棄却した。「原審は、ロープ・トゥの経営者と利用者との間に存在する契約の目的を明確にした後、この契約の履行において、経営者は、移動の安全と容易さにとって適切な設備を備えた上で、利用者を頂上まで到達させうるような手段を提供しなければならないが、他方で、利用者も、積極的な役割を果たしており、予定外の場所に到達するために利用者に課せられる動きの中では、注意を尽し、巧妙かつ勤勉に行動しなければならないことを正確に判示した」。控訴院は、本件事故が専らXの不注意によるものであることを明らかにしているのであるから、その判決を法律上正当化した）; Cass. 1re civ., 8 oct. 1968, D., 1969, 157, note Jean Mazeaud ; JCP., 1969, II, 15745, obs., W. R. ; Gaz. Pal., 1968, 2, 361, note W. Rabinovitch ; RTD civ., 1969, 345, obs., Georges Durry（Yが経営するロープ・トゥの利用客Aが、上りの途中で、頭部を負傷し、死亡したという事案である。原審は、Aの相続人であるXのYに対する損害賠償請求を認容した。これに対して、Yは、ロープ・トゥの乗客は積極的な役割を果しているのであるから、自己に課せられているのは手段債務に過ぎない等と主張して、上告した。破毀院は、以下のように判示して、Yの上告を棄却した。「仮に利用者の「行態」が「あらゆる軽率、怠慢、不注意、不手際のないものでなければならない」としても、Xについて如何なるフォートも立証されていないと述べた後に、控訴院の裁

第 2 節　理論モデルの展開

判官は、「事故についての全責任はロープ・トゥ経営者にある」と判示することができた。なお、ロープ・トゥの経営者は、安全に関する確定債務を負う」); Cass. 1re civ., 4 nov. 1992, Bull. civ., I, n° 277 ; D., 1994, somm., 15, obs., Elisabeth Fortis ; D., 1994, 45, note Philippe Brun ; JCP., 1993, II, 22058, note Pierre Sarraz-Bournet ; Gaz. Pal., 1993, 2, 436, note Jacques Leroy ; RTD civ., 1993, 364, obs., Patrice Jourdain (事案の概要は、以下の通りである。X は、Y が経営するロープ・トゥを利用していたところ、到着時に、指を切断する事故に遭ってしまった。そこで、X は、Y とその保険会社に対して、損害の賠償を求める訴訟を提起した。原審は、Y が手段債務しか義務付けられていないことを理由に、X の請求を棄却した。X からの上告に対し、破毀院は、以下のように判示して、これを棄却した。「とりわけ出発時と到着時にロープ・トゥの利用者がその操作に関して果たすべき積極的な関与を理由に、その経営者に課せられる安全債務は手段債務であると正確に判示した後、原審は、当日に行われた検査によれば、その設備に何ら異常はなく、その設備は、正常な状態で、規範に適合しており、指の切断をもたらすような要素はなかったことを認定した。従って、控訴院は、本件事案において、経営者はフォートを犯しておらず、X の請求は受け入れられないと判示することができた」)。

(1324)　Cass. 1re civ., 11 mars 1986, Bull. civ., I, n° 65 ; Gaz. Pal., 1986, 2, somm., 333, note François Chabas ; RTD civ., 1986, 767, obs., Jérôme Huet (4 歳の A が、母親 X と一緒に Y が運営するスキーリフトに乗車していたところ、降車の場所で落下し、負傷したという事案である。原審は、乗車及び降車の際の動作については、被害者に積極的な役割が課せられているから、Y は手段債務のみを義務付けられるところ、本件においては、何らフォートが立証されていないとして、X の Y に対する損害賠償請求を棄却した。これに対して X が上告したが、破毀院はこれを棄却している); Cass. 1re civ., 17 fév. 1987, JCP., 1988, II, 21082, obs., M. M. (Y の経営するスキーリフトの利用者 X が、降りる準備をするため安全ベルトを外そうとしたところ、転落し負傷したという事案である。原審・破毀院ともに、客がリフトに乗車している間については Y が結果債務を負うことを理由に、X の Y に対する損害賠償請求を認容した); Cass. 1re civ., 4 juill. 1995 (2 arrêts), Bull. civ., I, n°s 300 et 301 ; D., 1997, somm., 190, obs., Jean Mouly ; JCP., 1996, II, 22620, note Gilles Paisant et Philippe Brun ; Contra. conc. consom., déc. 1995, n° 201, 8, note Laurent Leveneur (第 1 事件の事案は、以下の通りである。X は、Y が経営するスキーリフトの乗車場所にいた。終了時間が迫っていたが、リフトはまだ動いており、乗車が禁止されていなかったこと、ほかの客がリフト上にいたこともあって、X は、リフトに乗車した。ところが、300 メートル進んだところで、リフトは停車してしまった。X は、リフト上に取り残されることを恐れて、スキーを外して 10 メートル下に飛び降り、重傷を負った。このような事実関係において、X は、Y に対して、損害賠償の支払いを求める訴訟を提起した。原審は、被害者のフォートを認定し、請求額の半分の限度で X の請求を認容した。これに対して、破毀院は、民法典 1147 条をビザに、以下のように判示して、原審を破棄した。「控訴院は、リフトへのアクセスを禁止するバリアや看板が存在しなかったことが、X をしてスキーリフトを利用せしめたことを認定しており、これは X のフォートを排除する理由であるにもかかわらず、上記のように判示しているのであるから、上記のテクストに違反した」。第 2 事件の事案は、以下の通りである。X は、Y が経営するスキーリフトに乗車しようとしたところ、それに失敗し、転倒して負傷した。原審は、本件事故において X が果たした役割を理由に、請求額の一部のみを認容した。これに対して、破毀院は、民法典 1147 条をビザに、以下のように判示して、原審を破棄した。「スキーリフト型の乗降機の経営者は、契約上、その利用者の安全を確保する義務を負う」(chapeau)。「原審によって認定された状況からは、安全債務の債権者のフォートは明らかにならないにもかかわらず、上記のように判示しているのであるから、控訴院は、上記のテクストに違反した」); Cass. 1re civ., 10 mars 1998, D., 1998, 505, note Jean Mouly ; Petites affiches, 2 oct. 1998, n° 118, 23, note Fabrice Gauvin (事案の概要は、以下の通りである。X は、Y が経営するスキーリフトに乗車していたところ、降車場所の近くに設置されていた掲示板の指示に従って手すりを上げた後に、2～3 メートル下の地面に落下して負傷した。X は、Y に対して、損害賠償の支払いを求める訴訟を提起した。原審は、Y が転落を緩和するための措置を講じていなかったことを理由に、X の請求を認容した。これに対して、破毀院は、民法典 1147 条をビザに、以下のように判示して、原審を破棄した。「スキーリフト経営者の負う安全債務が、その行程の間、結果債務であるとしても、乗車と降車の作業時には、利用者が積極的な役割を果たすのであるから、その債務は、もはや手段債務でしかない」(chapeau)。「地面の形状がそれに適さないとの鑑定人の判断を理由に、スキーリフトの下に保護ネットを設置しなかったことを、Y に対して非難することはできないとした後、上記のように判断しているのであるから、控訴院は、その事実認定から法律上の結果を導かず、上記のテクストに違反した」); Cass. 1re civ., 11 juin 2002, Bull. civ., I, n° 166 ;

◆第1章◆　解　釈

の運送に類似した契約[1325]、レストラン[1326]、カフェ[1327]、バー[1328]等の飲食店に関

　　JCP., 2003, I, 152, obs. Geneviève Viney ; Contra. conc. consom., nov. 2002, n° 154, 14, note Laurent Leveneur ; Dr. et pat., sept. 2002, n° 3141, obs. François Chabas（事案の概要は、以下の通りである。Ｘは、Ｙが経営するスキーリフトに乗車中、降車場所から30メートル手前に設置された看板の指示に従って、安全バーを上げた後、12メートル下に転落して負傷した。原審・破毀院ともに、乗車中については結果債務が問題となると判断して、ＸのＹに対する損害賠償請求を認容した）。

(1325)　また、運送に準ずる内容の契約ではないが、それに関わるものとして、パック旅行の企画者が負う安全に関する債務がある。Ex. Cass. 1re civ., 23 fév. 1983, JCP., 1983, II, 19967, concl. Gulphe（事案の概要は、以下の通りである。Ｘは、夫Ａとともに、Ｙが主催する団体旅行に参加していたところ、ホテルから空港へと向かう移動中に、事故に遭い負傷した。そこで、Ｘは、Ｙに対して、損害賠償の支払いを求める訴訟を提起した。原審は、Ｘの損害賠償請求を認容した。破毀院も、以下のように判示して、これを是認した。「海外旅行の主催者は、その土地の運送人を利用する場合、この運送人を監督する債務、とりわけ、この運送人が十分な安全を確保しているかどうかに注意する債務を負う」。本件事故の原因は、バスの運転手の不注意に存するのであるから、Ｙがこの債務に違反したことを認定した原審の判断は、正当である）; Cass. 1re civ., 15 janv. 1991, infra note 1329 ; Cass. 1re civ., 29 janv. 1991, Bull. civ., I, n° 40 ; D., 1992, 435, note Pascal Diener（事案の概要は、以下の通りである。Ｘらは、Ｙが企画した観光旅行に参加し、その道中、Ｙが手配した運送会社Ａのバスに乗車していた。ところが、バスの運転手がカーブを曲がりそこない、このバスが道路の下へと転落した結果、Ｘらは重傷を負ってしまった。そこで、Ｘらは、Ｙに対して、損害賠償の支払いを求める訴訟を提起した。原審は、Ｘらの請求を認容した。破毀院は、以下のように判示して、Ｙの上告を棄却した。「外国旅行の主催者は、現地の運送人を利用する場合、この運送人を監督する債務、とりわけ、安全が十分に確保された状態で運送がなされているかどうかに注意する債務を負う」）。

(1326)　Cass. civ., 6 mai 1946, JCP., 1946, II, 3236, obs. René Rodière（事案の概要は、以下の通りである。Ｘは、Ｙが経営するレストランで昼食をとった後、1階まで降りようとした。ところが、突然、停電が起き、Ｘは、それが原因となって階段を踏み外した結果、階段の下まで転落し、負傷してしまった。原審は、ＸのＹに対する損害賠償請求を棄却した。破毀院は、以下のように判示して、Ｘの上告を棄却した。「控訴院は、レストランの経営者が、客をその施設の外まで安全に連れて行く義務を負わず、単に、経営の組織及び作用において、客の安全に関して求められる注意及び監督についての規範を遵守する義務のみを負うことを正当に判示し」、認定した事実から、「Ｙが客に対して負う安全債務に違反しなかったことを導くことができた」。「契約当事者の関係においては、原則として、契約から生ずる債務の履行において犯されたフォートを規律するために、民法典1382条以下の規定を援用することはできない」のであるから、原審の判断は正当である）; Cass. 1re civ., 7 fév. 1966, D., 1966, 314 ; RTD civ., 1966, 544, obs. René Rodière（事案の概要は、以下の通りである。Ｘは、Ｙが経営するレストランの客であった。Ｘは、レストラン内のトイレに向かう途中、トイレへと繋がる廊下にあった段差につまずき、転倒して負傷した。そこで、Ｘは、Ｙ及びその保険会社に対して、損害賠償の支払いを求める訴訟を提起した。原審はＸの請求を認容した。破毀院も、以下のように判示して、Ｙらからの上告を棄却した。原審の認定によれば、廊下とトイレの床にはいずれも同じタイルが張られており、そこに存在する9.5cmの段差を認識することは困難であったこと、また、この場所には何の警告もなされていなかったことが明らかにされている。このような事実関係から、フォートの存在を認定した原審は、その判決を法律上正当化した）; Cass. 1re civ., 9 mars 1970, Bull. civ., I, n° 87 ; RTD civ., 1971, 139, obs. Georges Durry（Ｙの経営するレストランの客Ｘが、入口のバーに衝突して、負傷したという事案である。Ｘは、民法典1384条1項の適用を主張して、Ｙに対し損害賠償の支払いを求める訴訟を提起した。破毀院は、以下のように判示して、これを棄却した。「本件のように、責任に契約の性質を与える要件が充足されているときには、被害者は、たとえそれを主張する利益があるとしても、不法行為責任の諸規範を援用することはできない」）; Cass. 1re civ., 21 fév. 1995, RTD civ., 1996, 632, obs. Patrice Jourdain（Ｙの経営するレストランの客Ｘが、段差を踏み外して転倒し、負傷したという事案である。原審は、Ｙのフォートが証明されていないとして、Ｘの損害賠償請求を棄却した。破毀院も、以下のように判示して、原審の判断を是認した。原審は、「レストランの経営者は、客に対して安全に関する契約上の債務を負うところ、その責任を認めるためには、フォートの立証が必要であると正当に判示した」）; Cass. 1re civ., 14 mars 1995, supra note 210（事案の概要は、以下の通りである。3歳の子供であったＡは、レストランのプールに入り、

わる契約、ホテル$^{(1329)}$、映画館$^{(1330)}$、デパート$^{(1331)}$、浴場$^{(1332)}$、コイン・ランドリー$^{(1333)}$、

溺れて死亡してしまった。このプールの周りには、椅子が積み上げられており、立ち入りができないようになっていた。このような事実関係の下、Aの両親であるXは、レストランの経営者Yに対して、損害賠償の支払いを求める訴訟を提起した。原審は、被害者のフォートを認定して、Xの請求を棄却した。これに対して、破毀院は、「レストランの経営者は、その施設の整備、組織及び作用について、客の安全が要求する注意及び監督の規範を遵守する義務を負う」と判示して、原審を破棄した）

(1327) Cass. req., 13 nov. 1945, JCP., 1946, II, 3040, obs. René Rodière（事案の概要は、以下の通りである。Xは、電話を利用するために、Yが経営するカフェに入った。ところが、Xは、床に落ちていたバナナの皮に滑り転倒し、負傷してしまった。そこで、Xは、Yに対して損害賠償の支払いを求める訴訟を提起した。原審は、Xの請求を認容した。破毀院は、以下のように述べて、Yの上告を棄却した。原審は、「Yは、客の安全を確保するために必要な措置を講ずる義務を負うところ、客が利用する場所に極めて滑りやすい皮を放置しておくという懈怠と不注意を犯した」と正当に判示している）; Cass. req., 6 janv. 1947, D., 1947, 210（Yの経営するカフェの客Xが、水のまかれたテラスで転倒し、負傷したという事案である。原審は、XのYに対する損害賠償請求を棄却した。これに対して、Xは、民法典1384条1項の適用可能性、1382条におけるフォートの存在、安全債務違反の存在等を主張して上告した。破毀院は、以下のように判示し、本件を契約の問題とした上で、Xの上告を棄却した。原審は、Xの転倒がテラスの不完全な状態によるものではないこと、テラスに水をまくのは通常であることを認定している。そこから、原審は、「何ら変性することなく、Yが客に対して負う安全債務に違反しなかったこと、本件事故がXの不手際に帰すべきものであることを導くことができた」）

(1328) Cass. 1re civ., 2 juin 1981, JCP., 1982, II, 19912, obs., Noël Dejean de la Batie ; Gaz. Pal., 1982, 1, pan., 10, note François Chabas（Yの経営するバーの客Xが、椅子に座ったところ、この椅子が壊れ、転倒し負傷したという事案である。原審は、バーの経営者が客の安全に対して手段債務のみを義務付けられるとしても、一定の領域、とりわけ、椅子の安全性については、結果債務を負うと判示して、XのY（及びその保険会社）に対する損害賠償請求を認容した。破毀院も、以下のように判示して、これを維持した。「バーやカフェの経営者は、客の安全につき、原則として手段債務しか負わないとしても、控訴院は、その重さで潰れないほど十分に頑丈な椅子を客に供する債務を負うと評価することができた」）

(1329) Cass. 1re civ., 15 juill. 1964, D., 1964, 740 ; JCP., 1964, II, 13828 ; RTD civ., 1965, obs., René Rodière（ホテルYの利用者Xが、洋服タンスの転倒によって負傷したという事案である。原審は、XのYに対する損害賠償請求を棄却した。破毀院は、以下のように判示して、Xからの上告を棄却した。原審は、「ホテルの主人は、その施設の構成及び機能について、顧客の安全にとって必要な注意及び監督の規範を遵守することのみを義務付けられる」と判示し、そこから、本件においては、Yのフォートが証明されていないとして、Xの請求を棄却しているのであるから、正当である）; Cass. 1re civ., 14 fév. 1966, D., 1966, 433 ; RTD civ., 1966, 544, obs., René Rodière（事案の概要は、以下の通りである。X$_1$は、Yが経営するホテルに滞在していた。ところが、X$_1$は、テレビのある部屋からバーへと続くドアの段差につまずいて転倒し、左足を骨折してしまった。そこで、X$_1$及びその使用者であるX$_2$（以下、「Xら」とする）が、Yに対して、損害賠償の支払いを求める訴訟を提起した。原審は、Xらの請求を棄却した。破毀院も、以下のように判示して、Xらからの上告を棄却した。原審の認定によれば、テレビルームは非常に暗く、反対に、バーは非常に明るいという状況であったが、そのことから、テレビルームとバーの間にある段差を見分けることができないとは言えないし、また、テレビルームからバーへと行くためには、ドアを開閉しなければならないのであるから、X$_1$も、この段差を認識することができたはずである。従って、Yにはフォートが存在しないと判断した原審は、その判決を法律上正当化した）; Cass. 1re civ., 3 oct. 1974, JCP., 1975, II, 18158, obs., Albert Rabut（Yが経営するホテルの1階で火災が発生し、避難するホテルの2階から飛び降りた客Xが負傷したという事案である。原審は、4分の1の限度で、XのYに対する損害賠償請求を認容した。Yからの上告に対し、破毀院は、以下のように判示して、これを棄却した。原審は、Yが火災から客を保護するために十分な設備を備えておらず、また、そのための監督もしていなかったこと、火災の当時、部屋は客で埋まっていたこと、Yのホテルの廊下及び階段は5m以上の幅を持っていなかったこと等から、Yの慎重及び勤勉に関する一般的債務の違反を認定し、Yに対して責任の一部を負わせることができた）; Cass. 1re civ., 19 juill. 1983, Bull. civ., I, n° 211 ; RTD civ., 1984, 729, obs., Jérôme Huet（ホテルの経営者が客の安全に関して負うのは手段債務であるとしつつ、フォートの存在を認定

511

◆第 1 章◆ 解　釈

した判決である）; Cass. 1re civ., 15 janv. 1991, Bull. civ., I, no 21 ; D., 1992, 435, note Pascal Diener（事案の概要は、以下の通りである。9歳の少年であるAは、両親Xとともに、Y1が手配していたホテルY2に滞在していた。ところが、その期間中、Aは、Y2の庭に存在していた刺のある植物の中で転倒し、目を負傷してしまった。そこで、Xは、Y1及びY2に対して、損害賠償の支払いを求める訴えを提起した。原審は、Xの請求を認容した。Y1からの上告に対し、破毀院は、以下のように判示している。原審は、刺のある植物が夜会の場所へと通ずる通路に多く存在したこと、Y2は、夜会の場所に危険な植物を置いているのであるから、慎重債務に違反していること、Y1は、子供の優遇料金を強調する等、このホテルを褒め称えていたこと、夜会への子供の参加は禁止されていなかったことを明らかにしている。従って、控訴院は、Y1が、自己の提唱した契約の履行のために利用したホテルと同じ責任を負うものと正当に判示した）; Cass. 1re civ., 22 mai 1991, Bull. civ., I, no 163 ; RTD civ., 1991, 757, obs. Patrice Jourdain（事案の概要は、以下の通りである。Yの経営するホテルの客であったXは、ガレージへと続く勾配で転倒し、負傷してしまった。その後、Yは、過失傷害罪で刑事訴追されたが、無罪とされた。XのYに対する損害賠償請求について、原審は、刑事裁判の既判力を理由に、これを棄却した。破毀院は、以下のように判示した。Yが義務付けられているのは手段債務なのであるから、Xの損害賠償請求を棄却した原審の判断は正当である）; Cass. 8 fév. 2005, D., 2005, 2058, note Christina Corgas-Bernard ; Dr. et pat., avril 2005, no 3660, obs. François Chabas（事案の概要は、以下の通りである。Xは、滞在していたホテルの階段から転落し、階段の下にあったガラスの扉に衝突して負傷した。そこで、Xは、施設の所有者であるY1、その保険会社Y2に対して、損害賠償の支払いを求める訴えを提起した。原審は、Xの請求を棄却した。破毀院は、以下のように判示して、Xからの上告を棄却した。「原審は、正当な理由により、段の高さも、木製の段鼻が付いたタイル張りの外装も、半円状の形態も、その幅も、転倒のリスクを増大させるようなものではなかったこと、階段には手すりが備わっていたこと、そして、ガラス扉も最終段のすぐそばに設置されていたわけではないことを認定しているのであるから、ホテル経営者は安全に関する契約上の債務に違反しなかったと認定することができた。次に、この債務はあらゆる不法行為責任を排除すると判断しているのであるから、原審がガラスは損害の手段ではなかったと判断したのは、余分かつ意味のない理由である」）

(1330) Cass. civ., 17 mars 1947, D., 1947, 269 ; JCP., 1947, II, 3736, obs. C. B.（Yの経営する映画館の客Xが、薄暗い階段で転倒し負傷したという事案である。XのYに対する損害賠償請求につき、原審は、被害者のフォートを証明しない限り、映画館の経営者は、民法典1147条に基づき責任を負うとして、これを認容した。これに対して、破毀院は、民法典1147条をビザに、以下のように判示して、原審を破棄した。「契約において、債務者は、自己が債権者に対して負っている債務が充足されなかった場合にのみ、フォートあるものと推定される」(chapeau)。「反対の合意が存在する場合を除き、興行主は、単に、その営業施設の構造及び機能において、観客の安全が要求する慎重及び勤勉の措置を遵守する義務のみを負い、観客をその施設の出口まで安全に連れて行く債務を負うわけではない。従って、原告の援用する損害が被告の負う債務の不履行によって生じたことを証明するのは、損害賠償を求める原告である」。従って、控訴院は、上記のテクストを誤って適用し、それに違反した）; Cass. 1re civ., 29 déc. 1989, Gaz. Pal., 1991, 1, somm., 158, note François Chabas（映画館内で爆弾が爆発し、客が負傷したという事案である。原審・破毀院ともに、映画館側が手段債務しか負わないことを理由に、客の損害賠償請求を棄却した）

(1331) Cass. 1re civ., 20 déc. 1960, D., 1961, 141, note Paul Esmain ; JCP., 1961, II, 12031, obs. André Tunc ; RTD civ., 1961, 309, obs. André Tunc（事案の概要は、以下の通りである。2歳6ヵ月の少年Aは、その親Bに連れられて、Yが経営するデパートの5階にある子供服売り場に居た。ところが、Bが目を離したすきに、Aは、手すりの下から、1階に向かって足場を落とし、1階に居たXを負傷させてしまった。そこで、Xは、B及びYに対して、損害賠償の支払いを求める訴えを提起した。原審 (Paris, 30 juin 1958, D., 1959, somm., 18) は、Bの責任を否定する一方で、Yに対する請求については、安全債務の違反を認め、これを肯定した。これに対してYが上告したが、破毀院はこれを棄却している）

(1332) Cass. 2ème civ., 9 janv. 1959, Bull. civ., II, no 44 ; D., 1959, somm., 66 ; Gaz. Pal., 1959, 1, 292 ; RTD civ., 1959, 533, obs. Henri et Léon Mazeaud（温泉施設の客が転倒して負傷したという事案である。破毀院は、結果債務の存在を否定した原審の判断を維持している）; Cass. 1re civ., 17 juill. 1961, D., 1961, 647 ; RTD civ., 1961, 670, obs. André Tunc（風呂施設Yの客Xが転倒し腕を骨折したという事案である。原審は、問題を不法行為の領域で捉えた上で、Yのフォートが証明されていないとして、Xの損害賠償請求を棄却した。破毀院は、以下のような形で理由を変更しつつ、Xからの上告を棄却した。「その場所の性質、目的に照らせば、風呂施設の経営者は、特

512

◆ 第2節 ◆ 理論モデルの展開

動物園[1334]、キャンプ場[1335]等の施設利用に関わる契約、美容院やエステサロンのような美容に関わる契約[1336]、プール[1337]、スケート場[1338]、スキー場[1339]、アトラ

段の事情のない限り、利用者に対して、利用者が自己の安全について注意し、基本的な予防措置を講ずることを免れるような、身体的完全性を保証するという意味での安全債務を負うものではない。従って、事故の場合における経営者の責任は、被害者が、設備の設置、組織、機能における瑕疵、より一般的に言えば、経営者の責めに帰すべきフォートを構成する事実を証明しない限り、問題にはならない」。原審は、不法行為責任を誤って適用しているが、上記のように理由を変更し、「契約責任」に基づく判断であると評価するならば、その判決を法律上正当化したと言える）；Cass. 1re civ., 3 fév. 1965, D., 1965, 349 ; RTD civ., 1965, 661, obs., René Rodière（温泉施設の客Xが転倒して負傷したという事案である。破毀院は、温泉施設の経営者は手段債務しか負わないとしたが、フォートの存在を認定し、Xの損害賠償請求を肯定した）；Cass. 1re civ., 23 oct. 1967, D., 1968, 106 ; RTD civ., 1968, 381, obs., Georges Durry（湯治客Xが転倒して負傷したという事案である。原審・破毀院ともに、施設の経営者は手段債務しか負わないとの理解を前提に、Xの損害賠償請求を棄却した）．

[1333] Cass. 1re civ., 16 nov. 1976, Bull. civ., I, no 350 ; RTD civ., 1977, 323, obs., Georges Durry（コインランドリーYの利用客Xが、機械から溢れ出した石鹸水で滑り転倒したという事案である。原審・破毀院ともに、Yが客の安全について手段債務を負うことを理由に、Xの損害賠償請求を認容した）．

[1334] Cass. 1re civ., 31 janv. 1973, JCP., 1973, II, 17450, obs., Boris Starck（事案の概要は、以下の通りである。Xは、Yが経営する動物園において、熊のケージから一定の距離を保つために設置されていた障害物の上で転倒した。その後、この障害物が壊れたので、Xは、熊に腕を噛まれてしまった。XのYに対する損害賠償請求につき、原審は、Yが結果債務を負うことを肯定しつつも、外的原因の存在を認定し、Yを一部免責させた。これに対して、破毀院は、民法典1147条をビザに、以下のように判示して、原審を破棄した。「予見不能でなく、回避不能でもない被害者の行為は、それがフォートの性格を示す場合にしか、安全に関する確定債務を負った者にとっての一部免責の原因とならない」(chapeau)。本件事案において、Xには何らのフォートも認められないにもかかわらず、上記のように判示しているのであるから、控訴院は、上記のテクストに違反した）；Cass. 1re civ., 30 mars 1994, Bull. civ., I, no 134 ; JCP., 1994, I, 3773, obs., Geneviève Viney（動物園の経営者に対して手段債務を負わせた判決である）．

[1335] Cass. 1re civ., 17 mars 1965, D., 1965, 432 ; RTD civ., 1965, 661, obs., René Rodière（キャンプ場の客が、深夜に散歩をしていて、小川に転落し負傷したという事案である。破毀院は、キャンプ場経営者が手段債務を負うことを認めたが、本件事案においては、その違反は存在しないと判示した）．

[1336] Cass. 1re civ., 4 oct. 1967, D., 1967, 652 ; JCP., 1968, II, 15698, obs., Noël Dejean de la Batie ; RTD civ., 1968, 163, obs., Georges Durry（事案の概要は、以下の通りである。美容師Yは、Aが製造した髪染め製品を使用したために、客Xの皮膚に火傷を生じさせてしまった。そこで、Xは、Yに対して、損害賠償の支払いを求める訴訟を提起した（また、Yは、Aに対して、その求償を求めている）。原審は、Yが結果債務を負うことを前提に、Yの責任を一部認容し、Aにそれを保証するよう命じた。これに対して、破毀院は、民法典1147条をビザに、以下のように判示して、原審を破棄した。美容師は、客の安全について結果債務を負わず、また、Yのフォートも立証されていないにもかかわらず、上記のように判示しているのであるから、原審は、その判決に法律上の基礎を与えなかった）；Cass. 1re civ., 8 déc. 1998, D. aff., 1999, 205, obs., J. F.（Yの経営するエステサロンの客Xが、熱いシャワーを浴びた際に火傷を負ったという事案である。原審は、XのYに対する損害賠償請求を棄却した。破毀院も、以下のように判示して、Xの上告を棄却した。「エステサロンの経営者は、シャワーを使用している間の客の安全について、手段債務しか義務付けられない」）．

[1337] Cass. 1re civ., 20 oct. 1971, Bull. civ., I, no 269 ; RTD civ., 1972, 608, obs., Georges Durry（プールの利用客が、何者かによって浮橋から突き落とされて重傷を負ったという事案である。破毀院は、プールの経営者は手段債務のみを義務付けられるが、本件事案においてはフォートが存在するとして、経営者の責任を肯定した）．

[1338] Cass. 1re civ., 8 fév. 1961, D., 1961, 254 ; Gaz. Pal., 1961, 1, 394 ; RTD civ., 1961, 481, obs., André Tunc（事案の概要は、以下の通りである。Xは、Yが経営するスケート場を利用していた。ところが、Xは、鎖状舞踊をしていたほかの利用者に衝突され、転倒して、右足を骨折してしまった。原審は、XのYに対する損害賠償請求を認容した。破毀院は、以下のように判示し

513

◆第1章◆ 解　釈

クション⁽¹³⁴⁰⁾、見世物⁽¹³⁴¹⁾、バンパーカー⁽¹³⁴²⁾、ゴーカート⁽¹³⁴³⁾、トボガン⁽¹³⁴⁴⁾、ボ

て、Yの上告を棄却した。原審は、「スケート場を経営する会社は、利用者の安全を確保し、危険な遊びや動きを禁止する義務を負う」と判断した上で、本件事故の発生当時、鎖状舞踊等の危険な動きが、従業員によって禁止されることなく、繰り返し行われていたこと、事故発生後、被害者は病院に運ばれたが、スケート場の経営者は、後日、被害者が相手方に対して権利を行使することができるようにするため何らの措置も講じていなかったことを明らかにしている。原審は、Yに結果債務を負わせるものではないから、法律上その判決を正当化した）

(1339) Cass. 1re civ., 11 mars 2010, Contra. conc. consom., juin 2010, n° 151, 19, note Laurent Leveneur（事案の概要は、以下の通りである。Xは、スキーをしていたところ、雪で覆われた岩に衝突し、30mほど転落して、コース上のネットを吊るす金属製の杭にぶつかり負傷した。そこで、Xは、スキー場の経営者Y及びその保険会社に対して、損害賠償の支払いを求める訴訟を提起した。原審は、Xの請求を認容した。破毀院は、以下のように判示して、Yからの上告を棄却した。「控訴院は、スキー場の経営会社が手段債務を負うことを正確に判示した後、コースが狭くなっている場所に杭が立てられていたという特殊な危険が存在したことを明らかにし、スキー場の経営者が、客観的に見て無視することのできない衝突発生の蓋然性を過小評価し、杭を布で覆うことを怠ったとした。更に、控訴院は、スキーヤーが、衝突の時、及び、それに先立つ時間帯に、不注意な、もしくは、諸状況に照らして不適切な行為を行ったという事実がないことを認定しているのであるから、経営者がその債務に違反したことを導くことができた」); Cass. 1re civ., 4 nov. 2011, Contra. conc. consom., fév. 2012, n° 34, 24, note Laurent leveneur（スキー場で発生した事故について、スキー場経営者に対する損害賠償請求が認容された事案である）

(1340) Cass. req., 13 mai 1947, D., 1947, 348 ; JCP., 1948, II, 4032, note René Rodière（「キャタピラー（chenille）」という名のアトラクションの利用者Xが、それを利用している際に負傷したという事案である。原審は、Xの損害賠償請求を認容した。破毀院は、以下のように判示して、経営者Yの上告を棄却した。控訴院は、X側に何らフォートが存在しないことを認定した後に、「XとYの間に存在する合意は、アトラクションの経営者が、自己を信頼している客に対して、報酬と引き換えに、娯楽を提供する契約であると評価しているのであるから、この契約は、民法典1147条の一般規範に従う。その結果、経営者は、娯楽の間、客の安全を確保するという為す債務を負い、この債務の不履行が存在する場合、本件におけるように、事故が、不可抗力、第三者のフォート、もしくは、被害者自身のフォートに帰すべきものであることが証明されていないのであれば、その責任を負うと正当に判示した」); Cass. 1re civ., 9 janv. 1957, D., 1958, 245, note René Savatier ; JCP., 1957, II, 9915, obs., René Rodière（未成年のAが、Yの経営するアトラクションを利用している際に負傷したという事案である。Aの両親XのYに対する損害賠償請求につき、原審は、アトラクションの瑕疵あるいはYのフォートが証明されていないとして、これを棄却した。破毀院は、以下のように判示して、Xの上告を棄却した。原審によれば、本件アトラクションは、被害者側に、「一定の積極的関与、若干の努力、若干のイニシャチブ」を要求するものであるとされている。従って、原審は、これらの専権的評価から、「アトラクションの経営者は、事故が器具の機能それ自体によって生ずることを回避するために必要な措置を講ずるという慎重及び勤勉債務だけを義務付けられること、フォートの証明が客の負担に属することを判示することができた」); Cass. 1re civ., 4 mars 1957, D., 1958, 245, note René Savatier（「愉快な車輪（la roue joyeuse）」という名のアトラクション（床が一定の速さで動き、遠心力によってその上に居る人を飛ばすもの）の利用者Xが右足を負傷したという事案である。原審は、経営者Yに対するXの損害賠償請求を棄却した。Xからの上告に対し、破毀院は、以下のように判示して、これを棄却した。「控訴院は、本件転倒のリスクがアトラクションの性質それ自体に内在するものであること、Xのみがそれに耐える身体的能力があるかどうかを評価しえたこと、この能力の確定にYは関与していなかったことを認定している。そこから、控訴院は、Xが任意にこのリスクを承諾したこと、従って、このリスクについての責任がYに負わされるものではないことを導くことができた」); Cass. 1re civ., 1er juill. 1964, Gaz. Pal., 1964, 2, 316 ; RTD civ., 1965, 140, obs., René Rodière（アトラクションの利用者が負傷したという事案である。破毀院は、本件アトラクションにおける被害者の消極的な役割から、アトラクションの経営者に対し、被害者のフォートを証明しない限り免れることのできない安全債務を負わせた原審の判断を是認した）; Cass. 1re civ., 23 nov. 1966, D., 1967, 313, note Michel Cabrillac ; RTD civ., 1967, 651, obs., Georges Durry（事案の概要は、以下の通りである。Yは、闘牛を主催しており、その際、全ての見物人に闘牛への参加希望を募った。16歳の少年Aは、これに応じて闘牛に参加したが、闘牛場に放たれた牛によって重傷を負わされてしまった。そこで、Aの父であるXは、自己とAの名におい

514

て、Yに対し、損害賠償の支払いを求める訴訟を提起した。原審・破毀院ともに、Yの「契約責任」を肯定した); Cass. 1re civ., 13 nov. 1974, JCP., 1976, II, 18344, obs., René Rodière (「キャタピラー (chenille)」という名のアトラクションの利用者Xが足を負傷し、その経営者Yに対して損害賠償の支払いを求めたという事案である。原審・破毀院ともに、経営者Yに結果債務を負わせ、Xの請求を認容した); Cass. 1re civ., 18 fév. 1986, Bull. civ., I, n° 32 ; RTD civ., 1986, 770, obs., Jérôme Huet (Yの経営するブランコを利用していた少女Aが、そこから転落して死亡したという事案である。原審・破毀院ともに、Yが結果債務を負うことを理由として、Aの親であるXのYに対する損害賠償請求を認容した)

(1341) Cass. 1re civ., 11 fév. 1975, D., 1975, 533, note Philippe Le Tourneau ; JCP., 1975, II, 18179, obs., Geneviève Viney (事案の概要は、以下の通りである。Xは、Yが主催する「砂漠の列車襲撃 (L'attaque du train du désert)」と題する興行を見物していたところ、左肩を負傷した。そこで、Xは、Yに対して、損害賠償の支払いを求める訴訟を提起した。原審は、興行の主催者が結果債務を負うことを理由に、Xの損害賠償請求を認容した。これに対して、破毀院は、民法典1147条をビザに、以下のように判示して、原審を破棄した。「興行の主催者は、興行の性質に由来する特殊な事情が存在する場合を除き、手段債務のみを義務付けられる。従って、本件において結果債務の存在を示す事情を明らかにすることなく、上記のように判示しているのであるから、原審は、その判決に法律上の基礎を与えなかった」)

(1342) Cass. 1re civ., 6 janv. 1959, D., 1959, 106 ; RTD civ., 1959, 316, obs., Henri et Léon Mazeaud (Yの経営するバンパーカーの利用者Xが、衝突事故を起こし、右足を骨折したという事案である。原審は、XのYに対する損害賠償請求を棄却した。破毀院は、以下のように判示して、Xの上告を棄却した。「控訴院は、Yが、優れた状態の、かつ、規則に適合する車両を客に提供する義務のみを負い、車両の欠陥やアトラクションの異常な動きによって生じた事故についてしか責任を負わないと判示することができた。車両について何らかの瑕疵が存在したことも、経営者にフォートがあったことも証明されていないのであるから、本件事故の責任をYに負わせることはできない」); Cass. 1re civ., 30 oct. 1968, D., 1969, 650, note G. C.-M. ; JCP., 1969, II, 15846, obs., Albert Rabut ; RTD civ., 1969, 343, obs., Georges Durry (事案の概要は、以下の通りである。Xは、Yが経営するバンパーカーを利用しようと、コースに入り、カートへと乗り込もうとした。ところが、Xは、その際に、ほかの利用者との事故に遭って負傷してしまった。そこで、Xは、Yに対して、損害賠償の支払いを求める訴訟を提起した。原審は、「本件事故は、Xが実際に車に乗っていなかった時に発生したものであるから、Xは、その時には第三者であり、民法典1384条の推定の利益を受けると判示して、本件事故についてのYの責任を認めた」。Yからの上告に対し、破毀院は、民法典1147条をビザに、以下のように判示して、原審を破棄した。「既にXとYとの間で契約が締結されていたことに争いはないにもかかわらず、Yのフォートが立証されているかどうかを探求することなく、上記のように判示しているのであるから、控訴院は、その判決に法律上の基礎を与えなかった」); Cass. 1re civ., 28 avril 1969, D., 1969, 650, note G. C.-M. ; JCP., 1970, II, 16166, obs., Albert Rabut ; RTD civ., 1970, 186, obs., Georges Durry (事案の概要は、以下の通りである。Aが運転するバンパーカーの助手席に乗っていたところ、何らかの物体が飛んできて、目を負傷してしまった。そこで、Xは、バンパーカーの経営者Yに対して、損害賠償の支払いを求める訴訟を提起した。原審は、Xの請求を認容した。破毀院も、以下のように判示して、Yの上告を棄却した。「事実審裁判官によって専権的に評価された本件事案の諸事情とは無関係に、バンパーカーの経営者は、安全に関する確定債務を負うのであるから、Xの被った損害の原因が不明であるとしながらもYにその賠償を命じた控訴院は、その判決を法律上正当化した」); Cass. 1re civ., 2 nov. 1972, D., 1972, 713, note G. C.-M. ; RTD civ., 1973, 362, obs., Georges Durry (事案の概要は、以下の通りである。Xは、Yが経営するバンパーカーを利用中、そのコース上で車から降りた。その際、Xは、Aが運転していたバンパーカーに衝突され、このバンパーカーとコースに沿って設置されていたガードとの間に挟まれて、足を負傷した。原審は、XのYに対する損害賠償請求を認容し、2割の過失相殺を行った。破毀院は、Yが利用者の安全を確保するために必要な注意を尽くしていれば、本件事故は起きなかった、あるいは、それほど大きな事故にはならなかったと述べて、Yからの上告を棄却した); Cass. 1re civ., 12 fév. 1975, D., 1975, 512, note Philippe Le Tourneau ; JCP., 1975, II, 18179, obs., Geneviève Viney (事案の概要は、以下の通りである。未成年であるAは、Yが経営するコースで、バンパーカーに乗っていたところ、ほかの利用者が運転するバンパーカーと衝突し負傷した。そこで、Aの親であるXは、Yとその保険会社に対して、損害賠償の支払いを求める訴訟を提起した。原審は、Yが絶対的な安全債務を負わないこと、また、本件事案においてYの一般的な注意義務違反が明らかにされていないことを理由に、Xの請求を棄却した。これに対して、破毀院

◆第1章◆ 解　釈

ブ・リュージュ⁽¹³⁴⁵⁾、パラグライダー⁽¹³⁴⁶⁾、軽量飛行機⁽¹³⁴⁷⁾、スキューバ・ダイビン

　　　　は、民法典1147条をビザに、以下のように判示して、原審を破棄した。「バンパーカーの経営者
　　　　は、客がそれを利用している間、客の安全について結果債務を負うにもかかわらず、上記のよう
　　　　に判示しているのであるから、第2審裁判官は、上記のテクストに違反した」。
　(1343) Cass. 1ʳᵉ civ. 1ᵉʳ déc. 1999 (2 arrêts), supra note 210（第1事件の事案は、以下の通りで
　　　　ある。X は、Y 社によって企画されたゴーカートの入門講座に参加していた。ところが、X は、
　　　　カートを運転中、これを転倒させてしまい、負傷してしまった。そこで、X は、Y 及びその保険
　　　　会社に対して、損害賠償の支払いを求める訴訟を提起した。原審は、X の請求を棄却した。破毀
　　　　院も、以下のように判示して、X からの上告を棄却した。「原審は、主催会社が安全に関する手段
　　　　債務しか負わないことを正当に判示している。次いで、原審は、X がコーチからスピードと安全
　　　　に関して守るべき注意事項について忠告を受けていたこと、「カート」の設備がこのレベルの使用
　　　　に際して要求される規範に適合していたことを明らかにし、そこから、ネットの不設置が主催会
　　　　社の安全債務違反を構成するわけでないこと、事故はスピード超過に帰すべきもので、損害は
　　　　専ら被害者の行為に由来するものであることを導くことができたのである」。第2事件の事案は、
　　　　以下の通りである。14歳の少女 X は、Y が経営するコースの上でカートを運転していた。とこ
　　　　ろが、X は、ヘルメットを装着していなかったために、髪の毛が後輪の回転軸に巻き付き、頭皮
　　　　を剥奪してしまった。そこで、X は、Y に対して、損害賠償の支払いを求める訴訟を提起した。
　　　　原審は、X の請求を棄却した。破毀院は、民法典1147条をビザに、以下のように判示して、原審
　　　　を破棄した。原審によれば、X は、髪の毛が風になびいていることを気にかけずに数周にわたっ
　　　　てカートを運転しており、Y は、カートの運転について何もすることができず、X のみが、それ
　　　　を支配・管理していたとされている。「主催者は、安全に関する手段債務を負い、利用者の行態に
　　　　ついて継続的に監督を行わなければならないにもかかわらず、上記のように判示しているのであ
　　　　るから、原審は、上記のテクストに違反した」）。
　(1344) Cass. 1ʳᵉ Cass. 1ʳᵉ civ., 28 oct. 1991, Bull. civ., I, nº 289 ; D., 1992, somm., 271, obs., Elisabeth
　　　　Fortis ; RTD civ., 1992, 397, obs., Patrice Jourdain ; Contra. conc. consom., mars 1992, nº 51, 7,
　　　　note Laurent Leveneur ; Resp. civ. et assur., mars 1992, nº 8, 1, chr., Hubert Groutel（Y の経営
　　　　するトボガンの利用者 X が、滑走中に負傷したという事案である。破毀院は、「トボガンの経営
　　　　者は、滑降の間、客の安全について結果債務を負う」と判示して、利用者の積極的役割を理由に
　　　　手段債務を問題にした原審を破棄した ; Cass. 1ʳᵉ civ., 30 oct. 1995, RTD civ., 1996, 632, obs.,
　　　　Patrice Jourdain（Y の経営する水上トボガンの利用者 X が、ほかの利用者に衝突され、負傷した
　　　　という事案である。原審は、Y のフォートを認定して、X の損害賠償請求を肯定した。これに対
　　　　して Y が上告をしたが、破毀院はこれを棄却している）。
　(1345) Cass. 1ʳᵉ civ., 17 mars 1993, Bull. civ., I, nº 119 ; D., 1995, somm., 66, obs., Jean Mouly ;
　　　　Contra. conc. consom., juin 1993, nº 104, note Laurent Leveneur（X が、Y の経営するボブスレ
　　　　ー・リュージュのコースを滑走中、事故によって負傷したという事案である。原審は、Y が手段
　　　　債務のみを義務付けられることを理由に、X の損害賠償請求を棄却した。これに対して、破毀院
　　　　は、「ボブスレー・リュージュのコースの経営者は、利用者がその軌道を自由に決定することがで
　　　　きない以上、その安全について結果債務を負う」と判示して、原審を破棄した）。
　(1346) Cass. 1ʳᵉ civ., 5 nov. 1996, supra note 210（事案の概要は、以下の通りである。X は、Y が
　　　　主催していた実習の中で、初めてパラグライダーに乗った。ところが、X は、着陸時における事
　　　　故によって、負傷してしまった。そこで、X は、Y に対して、損害賠償の支払いを求める訴訟を
　　　　提起した。原審は、本件事案において Y にはフォートが存在しなかったと判断して、X の請求を
　　　　棄却した。これに対して、破毀院は、以下のように判示して、原審を破棄した。コーチの行態に
　　　　ついては、行われているスポーツが危険な性格を有するかどうか、また、どれだけの危険が存す
　　　　るのかに照らして評価すべきであるところ、原審は、コーチが、X の初飛行の前に、用心を重ね
　　　　て研修生の身体的及び精神的な状態を調査したかどうかを明らかにしていない）; Cass. 1ʳᵉ civ.,
　　　　21 oct. 1997, Bull. civ., I, nº 287 ; D., 1998, somm., 199, obs., Patrice Jourdain ; D., 1998, 271,
　　　　note Philippe Brun ; JCP., 1998, I, 144, obs., Geneviève Viney ; JCP., 1998, II, 10103, note
　　　　Vincent Varet ; Gaz. Pal., 1999, 1, 236, note Jean Mouly ; Dr. et pat., fév. 1998, nº 1870, obs.,
　　　　François Chabas（事案の概要は、以下の通りである。X は、Y₁が主催するパラグライダーの入門
　　　　講座に参加していた。ところが、X は、コーチ Y₂と伴にパラグライダーを操縦している際に、負
　　　　傷してしまった。そこで、X は、Y₁及び Y₂に対して、損害賠償の支払いを求める訴訟を提起し
　　　　た。原審は、パラグライダーはリスクの高いスポーツであり、利用者もそれを認識すべきであっ
　　　　た等と判示して、X の請求を棄却した。これに対して、破毀院は、民法典1147条をビザに、以下

516

グ⁽¹³⁴⁸⁾等の遊戯に関わる契約、乗馬クラブ⁽¹³⁴⁹⁾あるいは馬の賃貸借⁽¹³⁵⁰⁾、ロバの賃

───────────

のように判示して、原審を破棄した。「利用者は、その飛行中、何ら積極的役割を果たしていないのであるから、パラグライダーの主催者及びコーチは、飛行中の利用者の安全について結果債務を負うにもかかわらず、上記のように判示しているのであるから、控訴院は、上記のテクストに違反した」）; Cass. 1re civ., 16 oct. 2001, supra note 210（事案の概要は、以下の通りである。Xは、グライダーの素人であったところ、まず、アソシアシオンY₁のインストラクターY₂と伴に飛行し、その後、Y₁の管理する飛行区域において、単独でグライダーを操縦しようとした。ところが、牽引作業中に事故が起こり、Xは負傷してしまった。そこで、Xは、Y₁及びY₂に対して、損害賠償の支払いを求める訴訟を提起した。原審は、Y₁及びY₂が結果債務を負うことを前提に、Xの請求を認容した。これに対して、破毀院は、「スポーツのコーチは、参加者の安全に関して、手段債務を負う。しかしながら、危険なスポーツの場合には、より厳格に評価される」と判示し、原審を破棄した）

(1347) Cass. 1re civ., 29 nov. 1994, Bull. civ., I, n° 351 ; Dr. et pat., mars 1995, n° 902, 84, obs., François Chabas（超軽量飛行機のフライトの入門コースに参加していたXが負傷したという事案である。破毀院は、主催者が、参加者の安全に関して、手段債務を負うことを認めつつも、危険なスポーツが問題となる場合には、フォートの存否は厳格に評価されると判示して、Xの請求を棄却した）

(1348) Cass. crim., 1er juill. 1997, Bull. crim., n° 259 ; D., 1998, somm., 199, obs., Patrice Jourdain ; JCP, 1998, I, 144, obs., Geneviève Viney（Xが、Yの主催するスキューバ・ダイビングに参加していたところ、ウツボに噛まれて負傷したという事案である。原審は、Yが手段債務のみを義務付けられることを理由に、XのYに対する損害賠償請求を棄却した。これに対して、破毀院は、ウツボの存在が予見不能で、かつ、抗拒不能であるかどうかを明らかにしていないと判断して、原審を破棄した）

(1349) Cass. 1re civ., 8 fév. 1961, D., 1961, 218 ; S., 1961, 184 ; Gaz. Pal., 1961, 1, 367 ; RTD civ., 1961, 480, obs., André Tunc（事案の概要は、以下の通りである。Xは、Yが主催する乗馬の練習に参加していた。ところが、Xの乗っていた馬が突然ジャンプし、Xは落馬し負傷してしまった。そこで、Xは、Yに対して損害賠償の支払いを求める訴訟を提起した。原審・破毀院ともに、Yが負うのは手段債務であること、Xもリスクを引き受けていたことを挙げて、XのYに対する損害賠償請求を棄却した）; Cass. 1re civ., 26 avril 1963, D., 1963, 440 ; S., 1964, 33, note F. Tarabeux ; JCP, 1963, II, 13307, obs., Paul Esmain ; RTD civ., 1963, 721, obs., André Tunc（馬術クラブYのメンバーXが、ミサに向かう途中、馬に蹴られて足を負傷したという事案である。原審・破毀院ともに、Xによるリスクの引受けがあったこと、また、Yのフォートが証明されていないことを理由に、XのYに対する損害賠償請求を棄却した）; Cass. 1re civ., 30 avril 1965, D., 1965, 709 ; RTD civ., 1966, 98, obs., René Rodière（事案の概要は、以下の通りである。10歳の少年Xは、ほかの生徒と一緒に乗馬のレッスンを受けていた。ところで、Xが乗っていた馬は、障害を超える動作を行っていたことから、著しく興奮していた。そこで、コーチYが、興奮を鎮めるため、この馬をステッキでたたくと、Xは、バランスを失い、落馬しそうになった。Xは、Yの命令により、直ちに馬を下りたが、この馬が手綱に繋がれていなかったため、後ろ足で蹴りあげられ負傷してしまった。そこで、Xは、Yに対して、損害賠償の支払いを求める訴訟を提起した。原審は、Xの請求を認容した。破毀院は、以下のように判示して、Yからの上告を棄却した。原審によれば、Xは、10歳であり、かつ、初心者であったから、特別な注意が必要とされていたこと、当該馬は非常に興奮しており、また、生徒に馬から降りるよう命じたのだから、手綱を繋ぐのはYの任務であること、Xの負傷の原因はヘルメットを装着していなかったことにあり、Yは、ヘルメットを装着している者のみを受け入れるべきであったことが、認定されている。原審は、これらの事実から、Yが生徒の安全を確保するために必要な全ての措置を尽さなかったと判断しているのであり、その判決を法律上正当化した）; Cass. 1re civ., 13 janv. 1969, D., 1969, 237（事案の概要は、以下の通りである。X₁、X₂は、Yが経営する乗馬クラブのレッスンに参加していたところ、X₁は馬に噛まれて、X₂は馬に蹴られて負傷してしまった。なお、これらの事故は、調教師が突然その場を離れたことに馬が驚いて生じたものであった。原審は、Yが慎重及び勤勉の一般的義務に違反することはなかったとして、Xらの損害賠償請求を棄却した。Xらからの上告に対して、破毀院は、以下のように判示して、これを棄却した。「馬術の練習は、時に予見することのできない馬の反応によって引き起こされ、騎手を事故に曝すような一定のリスクの引受けを含意している」。従って、本件において、Yにフォートは存在しないと判断した原審の判断は、正当である）; Cass. 1re civ., 14 mars 1995, supra note 210（Yの経営する乗馬クラブに所属しているXが、

517

◆第1章◆ 解　釈

貸借(1351)等の動物の利用に関わる契約(1352)、林間学校(1353)、スキー講習(1354)、レスリ

乗馬の練習中に、馬から転落して負傷したという事案である。原審は、Yのフォートを認定して、Xの損害賠償請求を認容した。これに対して、破毀院は、原審の理由からは、フォートの存在が明らかにならないと判示して、原審を破棄した); Cass. 1re civ., 28 nov. 2000, supra note 210（事案の概要は、以下の通りである。12歳の少女Aは、Yが主催する乗馬レッスンに参加していた。Aは、ブラシかけをするため、馬を繋ぐ準備をしていたところ、馬が言うことをきかず、負傷してしまった。そこで、Aの法定代理人であるXは、Yに対して、損害賠償の支払いを求める訴訟を提起した。原審は、Xの請求を棄却した。破毀院も、以下のように判示して、Xからの上告を棄却した。ブラシがけの作業は、乗馬クラブで日常的に行われているものであり、特別な注意を必要としないこと、また、Aがgalop 1の免許を有していたことからすれば、Yのフォートの存在を認定しなかった原審の判断は、正当である）

(1350) Cass. 1re civ., 6 juin 1961, D., 1961, 772 ; Gaz. Pal., 1961, 2, 279 ; RTD civ., 1962, 96, obs. André Tunc（事案の概要は、以下の通りである。X、A、Bは、森の中を馬に乗って散策するために、Yから馬を借り受けた。その際、Yの従業員である馬術教師Cが、彼らに同行することになった。ところが、散策中に、Aの乗っていた馬が、Xの乗っていた馬を蹴りつけ、その結果、Xは、馬から転落し、負傷してしまった。そこで、Xは、Yに対して、損害賠償の支払いを求める訴訟を提起した。原審は、馬の賃貸人が賃借人に対して負う債務は手段債務であるが、本件事案においては、馬術教師が同行していたというのであるから結果債務が問題になるとし、Yに免責原因の証明責任を負担させた上で、本件では、これがなされていないと判示して、Xの請求を認容した。これに対して、破毀院は、民法典1147条をビザに、「馬の賃貸人が命じたにせよ、客が要請したにせよ、散歩者に馬術教師が同行したというだけでは、客側の積極的関与を消滅させ、あるいは、スポーツの実施によって曝される危険から客を保護させるのに十分ではない」と判示して、原審を破棄した); Cass. 1re civ., 16 mars 1970, D., 1970, 421, note René Rodière（事案の概要は、以下の通りである。X一家（夫、妻、息子）は、Yから3頭の馬を借り、Yの息子Aの指揮の下、散策に出かけた。ところが、道路を渡る際に、借り受けた馬が、自動車の警告音に驚き、勾配より登り、再度道へと引き返そうとしたため、Xらは、Aの助言に従い、鐙を外し馬から飛び降りたが、その際に足を骨折してしまった。そこで、Xらは、Yに対して、損害賠償の支払いを求める訴訟を提起した。原審は、Yが結果債務を負うことを理由に、Xらの請求を認容した。これに対して、破毀院は、民法典1147条をビザに、以下のように判示して、原審を破棄した。「本件におけるように、施設外で散歩を行うという形で乗馬スポーツを実施する場合には、(利用者は―筆者注) とりわけ、時に予見することができない馬の反応によって生ずる一定のリスクを引き受けていたものと見られる。慎重及び勤勉債務しか義務付けられないにもかかわらず、散策用の馬の賃貸人であるYに対して結果債務を負わせているのであるから、控訴院は、その誤った適用により、上記のテクストに違反した」); Cass. 1re civ., 17 fév. 1982, Gaz. Pal., 1982, 2, pan., 263, note François Chabas（9歳の少年Aが、Yから馬を借り、それに乗っていたところ、この馬が突然後ろ足で立ったため、馬から転落して負傷したという事案である。原審・破毀院ともに、乗馬クラブではなく、単に馬をレンタルする契約においては、被害者側にリスクの引き受けが存在するのであるから、Yのフォートが証明されない限り、損害賠償請求を認容することはできないと判示し、Aの両親であるXの損害賠償請求を棄却した）

(1351) Cass. 1re civ., 25 avril 1967, JCP., 1967, II, 15156, obs., René Rodière ; RTD civ., 1967, 837, obs., Georges Durry（XがYの所有するロバに乗って、Yの引率の下、散策をしていたところ、乗っていたロバが転倒したことによって、負傷してしまったという事案である。XのYに対する損害賠償請求について、原審は、本件契約を運送契約であると認定し、Yに結果安全債務を負わせた上で、これを認めた。これに対してYが上告したが、破毀院はこれを棄却している）

(1352) 動物の利用ではないが、その調教に関するものとして、Cass. 1re civ., 15 avril 1979, JCP., 1980, II, 19402, obs., Alain Bénabent（XがYに馬の調教を依頼したところ、預けられた馬が負傷したという事案である（その原因は明らかにされていない）。原審は、Yが結果債務を負うことを理由に、Xの損害賠償請求を認容した。これに対して、破毀院は、民法典1147条をビザに、「調教契約には、反対の条項がない限り、動物の安全について手段債務しか含まれないにもかかわらず、上記のように判示しているのであるから、控訴院は、上記のテクストに違反した」と判示している）

(1353) Cass. 1re civ., 13 mai 1968, JCP., 1968, II, 15524 bis ; RTD civ., 1968, 713, obs., Georges Durry（林間学校において児童が負傷した事案で、林間学校の責任を肯定した判決である); Cass. 1re civ., 27 janv. 1982, Bull. civ., I, no 47 ; D., 1982, IR., 362, obs. Christian Larroumet ; Gaz. Pal.,

ング教室[(1355)]、体操教室[(1356)]、寄宿舎[(1357)]等の生徒の受入れに関わる契約、ベビー・

1982, 2, pan., 263, note François Chabas（7歳の少年 A が、林間学校に参加中、その昼寝の時間に、共同寝室の窓から投げ出されて負傷したという事案である。原審は、A の両親 X からの主催者 Y に対する損害賠償請求につき、本件事故の原因は何ら明らかにされていないとして、これを棄却した。破毀院も、以下のように判示して、X の上告を棄却した。「林間学校の主催者の責任は、主催者が注意並びに監督債務に違反したことが証明された場合にしか課せられない」）; Cass. 1re civ., 1er fév. 1983, JCP., 1984, II, 20129, obs., François Chabas（7歳の少年 A が、Y の主催する林間学校に参加中、引率者の監督をすり抜けて、2 人の仲間と一緒に、女子のクラスに行こうとした際に負傷したという事案である。原審は、Y が負うのは手段債務であり、引率者は何らフォートを犯していないとして、A の両親である X の損害賠償請求を棄却した。これに対して、破毀院は、原審が手段債務のみを問題にしたのは正当であるとしつつも、フォートの存在を否定することはできないと判示し、原審を破棄した）; Cass. 1re civ., 10 fév. 1993, D., 1993, 605, note Jérôme Bonard（事案の概要は、以下の通りである。14歳の少年 A は、Y が組織する林間学校に参加していた。A は、コーチ等と一緒にピクニックを行っていた際に、滝があったので、その頂上まで登ろうとして、まず、コンクリートの淵を歩いて、次に、岩山を飛び越えて渡ろうとしたところ、転倒し下まで流されて負傷してしまった。そこで、A の母親である X が、Y とその保険会社に対して、損害賠償の支払いを求める訴訟を提起した。原審は、X の請求を認容した。これに対して、Y が上告したものの、破毀院は、以下のように判示して、Y の上告を棄却した。林間学校の主催者は、子供達の安全に関して手段債務を負うところ、子供達が危険に曝されることを回避するために必要な注意を尽す義務を負っている。本件事案においても、Y は、A が危険な行程を辿らないよう注意すべきであったにもかかわらず、それを怠っているのであるから、X の損害賠償請求を認容した原審の判断は、正当である）; Cass. 1re civ., 11 mars 1997, Bull. civ., I, n° 89 ; RTD civ., 1997, 947, obs., Patrice Jourdain（Y の運営する林間学校の際に児童 A が負傷したという事案である。A の親である X の損害賠償請求につき、破毀院は、Y が手段債務を負うこと、Y にはフォートが存在することを理由に、これを認容した）; Cass. 1re civ., 10 fév. 1998, Resp. civ. et assur., mai 1998, com., n° 167, 17（A が、Y の運営する林間学校の際、飛び込み台から水の中に飛び込んだときに、水の中に居た別の少年と衝突し、負傷したという事案に関するものである。原審は、A の親である X の損害賠償請求を棄却した。破毀院も、Y が手段債務のみを義務付けられると判断した原審を正当なものとして是認した）

(1354) Cass. 1re civ., 4 mai 1983, Gaz. Pal., 1983, 2, pan., 261, note François Chabas（スキーヤー X が、Y から指導を受けていたときに負傷したという事案である。原審・破毀院ともに、スキーのコーチ契約にはリスクの引受けが存在するから、Y が負うのは手段債務であり、本件事案において、Y のフォートは何ら明らかにされていないとして、X の損害賠償請求を棄却した）; Cass. 1re civ., 9 fév. 1994, Bull. civ., I, n° 61 ; JCP., 1994, I, 3773, obs., Geneviève Viney ; JCP., 1994, II, 22313, note Daniel Veaux（事案の概要は、以下の通りである。15歳の少女 X が、免許を持つコーチ Y の主催するスキー講習に参加していた。X は、コースを滑走中、カーブで転倒し、岩山まで滑り、10m まで落下して負傷した。その結果、X には重度の後遺症が残ってしまった。そこで、X は、Y に対して、損害賠償の支払いを求める訴訟を提起した。原審は、X の請求を認容した。破毀院は、以下のように判示して、Y からの上告を棄却した。原審は、Y には、雪の状況、岩山の存在等に注意する義務が存在すると判示した上で、この警戒債務（手段債務）に対する違反を認定しているのであるから、X の損害賠償請求を認容した原審の判断は、正当である）。

(1355) Cass. 1re civ., 19 juill. 1988, Bull. civ., I, n° 251 ; D., 1989, somm., 405, obs., Jean-Pierre Karaquillo（レスリングジムの生徒が練習中に負傷したという事案である。原審は、レスリングのスポーツクラブとコーチが、未経験の参加者に対し、必要な注意を尽したことを証明していないとして、被告に損害賠償の支払いを命じた。これに対して、破毀院は、この場合、被害者が手段債務の違反に相当する事実の証明責任を負うと判示して、原審を破棄した）

(1356) Cass. 1re civ., 21 nov. 1995, supra note 210（Y の経営する体操クラブの生徒 X が、つり輪の練習中に負傷したという事案である。原審は、X からの損害賠償請求を一部認容した。破毀院は、以下のように判示して、Y からの上告を棄却した。原審は、「スポーツクラブも、そのコーチも、スポーツの練習における加入者の安全について、手段債務しか負わない」と正当に判示した。従って、本件事案において、Y のフォートを認定し、X の請求を一部認容した原審の判断は、正当である）。なお、スポーツ施設経営者の安全債務に関して、Cass. 1re civ., 15 déc. 2011, D., 2012, 539, note Matthieu Develay ; RTD civ., 2012, 121, obs., Patrice Jourdain ; RDC., 2012, 430, obs., Jean Sébastien Borghetti ; Contra. conc. consom., mars 2012, n° 58, 14, note Laurent

◆第1章◆ 解　釈

シッター契約(1358)を挙げることができる。こうしたリストを一瞥するだけでも、破毀院が、多くの契約の中に、「契約責任を生じさせる行為ないし所為」の基礎となる安全に関わる債務を認めてきたことが分かるであろう。

　また、かつては、安全に関わる債務の存在が否定されていた、あるいは、従来は明確に認められていなかったものの、後になってその存在が肯定されるようになった契約類型もある。

　例えば、製品の瑕疵や欠陥によって買主の身体または財産に損害が生じたというケースに関して、かつての判例は、これを売主の瑕疵担保責任の問題として規律し(1359)、安全に関わる債務の存在を明確に否定していたが(1360)、その後、破毀院は、

　　Leveneur（破毀院は、「スポーツ施設の運営者は、その場所及び設備を利用する者に対して、その者が自由にその活動をしているときであっても、慎重及び勤勉に関する契約上の安全債務を負う」と判示し、スポーツ施設経営者の責任を認めなかった原審を破棄している）

(1357) Cass. 1re civ., 7 juill. 1954, D., 1955, 589, note Paul Esmain ; JCP., 1955, II, 8745, obs. René Savatier（2歳の子供Aが、親権者Xによって、Y$_1$の運営する寄宿舎Y$_2$に預けられていたところ、施設内において、重度の火傷を負ったという事案である（原因は明らかになっていない）。原審は、XのY$_1$及びY$_2$に対する損害賠償請求を認容した。これに対して、Y$_1$及びY$_2$は、本件事案を契約の問題にすることはできない、フォートの証明がなされていない等と主張して上告した。破毀院は、以下のように判示して、Y$_1$及びY$_2$の上告を棄却した。原審は、Xが損害賠償を請求するに際して、訴権の基礎を明確にしていなかったこと、XとY$_1$ないしY$_2$との間には契約が存在し、そこには、Aを監督・維持する債務が含まれていることを判示している。そこから、原審は、Y$_1$及びY$_2$が安全に関する契約債務に違反したと判示することができた）　また、Cf. Cass. 1re civ., 15 déc. 2011, JCP., 2012, 358, note David Bakouche ; JCP., 2012, 865, chr., Philippe Stoffel-Munck ; RTD civ., 2012, 290, obs., Jean Hauser ; RTD civ., 2012, 321, obs., Patrice Jourdain.

(1358) Cass. 1re civ., 13 janv. 1982, Bull. civ., I, n° 24 ; D., 1982, IR., 363, obs., Christian Larroumet（生後14ヶ月の子供Aが、ベビー・シッターYに預けられているときに、プラスティック製リボルバーで転倒し、目を負傷したという事案である。Aの両親であるXの損害賠償請求について、原審は、このリボルバーが両親から渡されたものではないこと、Yは報酬を受け取っていたにもかかわらずAがリボルバーで遊ぶのを放置していたことを認定し、Xの請求を認容した。破毀院も、以下のように判示して、これを維持した。「職業として、報酬と引き換えに、幼年者を預けられたベビーシッターは、結果債務を構成する安全債務を負う」）; Cass. 1re civ., 18 nov. 1997, Gaz. Pal., 1998, 2, 450, note Ismaël Omarjee（生後6ヵ月のAが、ベビー・シッターYに預けられていたときに、酸素欠乏症で死亡したという事案である。原審は、Aの両親であるXの損害賠償請求を棄却した。破毀院も、以下のように判示して、Xからの上告を棄却した。「幼児を預けられた者は、それが有償であろうとなかろうと、その健康について手段債務しか義務付けられない。Yのフォートは証明されていないと認定しているのであるから、控訴院は、その判決を法律上正当化した」）

(1359) Cass. 1re civ., 21 nov. 1978, D., 1979, IR., 348, obs., Christian Larroumet（Yによって販売されたフルーツジュースの瓶が爆発し、それを購入したXが負傷したという事案である。原審・破毀院ともに、民法典1641条以下の瑕疵担保責任に基づく損害賠償請求を認容した）; Cass. 1re civ., 28 nov. 1979, D., 1985, 485, note Jérôme Huet（事案の概要は、以下の通りである。Aの居住するアパルトマンで火災が発生した。Aは、Xから購入したテレビの内破が火災の原因であるとして、民法典1641条以下に基づき、Xに対して、損害の賠償を求める訴えを提起した。そこで、Xも、テレビの製造者Yに対して、その求償を求める訴訟を提起した。原審は、A及びXの請求をいずれも認容した。破毀院は、以下のように判示して、Yからの上告を棄却した。原審の認定したところによれば、本件火災の原因は明確に特定されていないが、爆発がテレビの内部で発生していること、この内破が電子部品の不具合によるものであることは明らかにされており、また、Yも、電子部品の不具合がA及びXのフォートによるものであることを立証していない。そうすると、火災の原因となった製品の瑕疵を認定し、Yの瑕疵担保責任を肯定した原審の判断は、正当である）　また、必ずしも適用条文が明確にされているわけではないが、Cass. 1re civ.,

◆第2節◆ 理論モデルの展開

「職業的売主は、身体もしくは財産に危険をもたらすような瑕疵や欠陥のない製品を引き渡す義務を負う」旨を判示し[(1361)]、しかも、これが、売主の瑕疵担保債務とは

---

22 nov. 1978, JCP., 1979, II, 19139, obs., Geneviève Viney（Xが、ブドウの穂木を守るために、Y製造の殺虫剤を使用したところ、台木の一部が滅失してしまったという事案に関するものである。原審は、免責条項の適用を否定し、XのYに対する損害賠償請求を肯定した。破毀院は、以下のように判示して、原審を維持した。原審は、買主が、売主に対して、売却目的物が予定された用法に適するものであることを期待する権利を持ち、従って、当該土地で本件製品を使用することができないときには、売主は、その場所での販売を自粛すべきである旨を判示している。「上記のように、製造者が実効的かつ用法に適した製品を提供する債務を負うことを正当に判示しているのであるから」、原審は、売主の債務の違反、免責条項を排除する重大なフォートの存在を認定することができた）

(1360) Cass. 1re civ., 16 mai 1984, Bull. civ., I, n° 165 ; D., 1985, 485, note Jérôme Huet ; RTD civ., 1985, 179, obs., Philippe Rémy（事案の概要は、以下の通りである。Xは、Yから購入した牽引車を使用して丸太材を運搬していた。ところが、牽引車のブレーキに不具合が存在したことから、Xは、牽引ロープによって重傷を負ってしまった。そこで、Xは、Yに対して、安全債務の違反を理由に、損害賠償の支払いを求める訴訟を提起した。原審は、Xの請求を棄却した。破毀院は、以下のように判示し、Xの上告を棄却した。「一方で、事実審の裁判官は、職業的売主がその売却目的物によって生じた損害について結果債務を負わないことを正当に判示した。従って、事実審の裁判官が、Xはその売主のフォートの存在を立証していないと評価したのは、証明責任を転換するものではない。他方で、控訴院は、いつの時点で塵がマスターシリンダの中に入り込んだのかを特定することはできないと専権的に評価した。この評価を前提に、Yの責任を認めることはできないと判示しているのであるから、控訴院は、上告第2点の中で援用されているテクスト（1147条、1645条、1315条）に照らし、その判決を法律上正当化した」）

(1361) Cass. 1re civ., 20 mars 1989, Bull. civ., I, n° 137 ; D., 1989, 381, note Philippe Malaurie ; RTD civ., 1989, 756, obs., Patrice Jourdain（事案の概要は、以下の通りである。X$_1$は、Yが製造したテレビを購入した。ところが、このテレビが出火し、内破して、X$_1$は甚大な損害を被った。また、同じアパルトマンに居住する者にも、大きな損害が生じた。そこで、X$_1$の保険会社X$_2$は、アパルトマンの居住者に対して補償を支払った。このような事実関係の下、X$_1$は、自己の名において、X$_2$は、X$_1$を代位して、Yに対し、損害賠償の支払いを求める訴訟を提起した。また、アパルトマンの共同所有組合X$_3$も、X$_2$による保険給付によってカバーされない部分の賠償を求め訴訟に参加した。原審は、いずれの請求も認容した。まず、破毀院は、民法典1135条をビザに、以下のように判示する。原審は、引渡しの時に、製品に瑕疵が存在したことは立証されていないとしながらも、Yに対して、その固有の動力が危険を示さない製品だけを市場に流通させる債務を負わせ、その違反を認定して、いずれの請求も認容している。しかし、「職業的売主は、身体もしくは財産に危険をもたらすような瑕疵や欠陥のない製品を引き渡す義務を負うところ、上記のように判示しているのであるから、控訴院は、上記のテクストに違反した」。次いで、X$_3$の損害賠償請求に関わる部分について、破毀院は、民法典1147条及び1384条1項をビザに、以下のように続ける。原審は、Yが契約債務に違反している旨を認定した後、Yに対してX$_3$に生じた損害についても責任を負わせている。しかし、「YとX$_3$との間には何ら契約関係は存在しないにもかかわらず、上記のように判示しているのであるから、控訴院は、誤った適用により上記前者のテクストに違反し、適用の欠如により上記後者のテクストに違反した」）；Cass. 1re civ. 22 janv. 1991, Bull. civ., I, n° 30 ; RTD civ., 1991, 539, obs., Patrice Jourdain（化粧品店でクリーム製品を購入したXが、それを利用したところ、皮膚に重大な障害が生じたため、売主Y$_1$、供給業者Y$_2$、製造者Y$_3$に対して、損害の賠償を求める訴訟を提起したという事案である。原審は、適合性の欠如が存在しないことを理由に、いずれに対する関係でも請求を棄却した。これに対して、Xは、Y$_1$、Y$_2$、Y$_3$が製品について安全債務を負う等と主張して、上告した。破毀院は、以下のように判示する。「治療もしくは身体の快適さ（confort）のために使用されることが予定された製品の製造者及び売主は、安全債務を負う。この債務は、「供給者の推奨に適合する条件で使用された場合に、通常、使用者にとって何らの危険な性格も示さない製品」を引き渡すことにある。しかしながら、「この安全債務は、製品を使用したことによって生じる全ての損害の当然担保を含むものではない」）；Cass. 1re civ. 15 oct. 1996, Bull. civ., I, n° 354 ; D., 1997, somm., 288, obs., Patrice Jourdain ; D., 1997, somm., 348, obs., Philippe Brun ; JCP., 1997, I, 4025, obs., Geneviève Viney（事案の概要は、以下の通りである。Xは、Y$_1$から、Y$_2$社製の眼鏡を購入した。ところが、Xは、バイクに乗車中、鳥と衝突し、眼鏡が割れて右目を失明するに至った。そこで、Xは、Y$_1$及びY$_2$

521

◆第1章◆ 解　釈

別の安全に関わる債務であることを明らかにするに至った[1362][1363]。

に対して、損害賠償の支払いを求める訴訟を提起した。原審は、X の請求を認容した。破毀院は、以下のように判示して、Y_1 及び Y_2 からの上告を棄却した。「製造者は、職業的売主として、身体もしくは財産に危険をもたらすような欠陥のない製品を引き渡す義務を負う」。従って、「買主は、その眼鏡がバイク用に適するほど丈夫であることを期待する権利を有している以上、その安全債務違反に基づく製造業者の契約責任の存在を正確に認定している」原審の判断を非難することはできない」）; Cass. 1re civ., 3 mars 1998, Bull. civ. I, no 95 ; D., 1999, 36, note Geneviève Pignarre et Philippe Brun ; JCP., 1998, II, 10049, rapport Pierre Sargos ; JCP., 1998, I, 144, obs. Geneviève Viney ; JCP. éd. E., 1998, 1102, note Janine Revel ; Gaz. Pal., 1998, 2, 720, note Eric Fouassier ; RTD civ., 1998, 683, obs. Patrice Jourdain (事案の概要は、以下の通りである。Y は、ある錠剤を販売した。この錠剤の外側は、消化のしにくい海綿から構成されていたので、消化の過程で塩化カリウムを徐々に解消させることができず、体外に排出するためには、自然的方法によるしかなかった。X は、この錠剤を処方され服用したが、やがて右腸骨の激しい痛みに襲われ緊急搬送された。その後、X は緊急手術を受けた。その結果、X の盲腸の周辺に炎症性の突起が発見され、そこに、問題の錠剤があることが明らかになった。そこで、X は、Y に対して、損害賠償の支払いを求める訴訟を提起した。原審は、X の請求を認容した。破毀院は、以下のように判示して、Y の上告を棄却した。「製造者は、身体もしくは財産に危険をもたらすような欠陥のない製品、つまり、合理的に期待されうる安全を提供する製品を引き渡す義務を負う。控訴院の認定によれば、X の被った損害は、錠剤の外側が消化しにくいものであったという特徴に帰すべきものであり、それが、被害者の体内に滞留し、炎症とその後の結果を引き起こしたのである。控訴院は、この製品の欠陥を明らかにしたのであるから、その判決を法律上正当化した」）

(1362) Cass. 1re civ., 11 juin 1991, Bull. civ. I, no 201 ; D., 1993, somm., 241, obs. Olivier Tournafond ; RTD civ., 1992, 114, obs. Patrice Jourdain ; Contra. conc. consom., 1991, no 219, note Laurent Leveneur (事案の概要は、以下の通りである。A は、Y からキャンピングカーを購入した。ところが、A は、このキャンピングカーを使用中に、ガス暖房装置によって生じた一酸化炭素中毒により死亡してしまった。そこで、A の包括承継人である X は、Y に対し、損害賠償及び契約の解除を求める訴訟を提起した。原審は、損害賠償については認容したが、契約の解除に関しては民法典 1648 条の短期間が経過しているとして、これを認めなかった。X からの上告に対し、破毀院は、以下のように判示して、原審を破棄した。「安全債務、すなわち、身体もしくは財産に危険を生じさせるような製造の瑕疵や欠陥のない製品のみを引き渡す債務の違反を理由として、売主に対して行使された契約責任訴権は、民法典 1648 条の短期間に従属しない」）; Cass. 1re civ., 27 janv. 1993, Bull. civ. I, no 44 ; D., 1994, somm., 238, obs. Olivier Tournafond ; RTD civ., 1993, 592, obs. Patrice Jourdain (事案の概要は、以下の通りである。X は、狩りをしている際、銃が暴発して負傷した。この暴発は、B が製造した薬莢の欠陥によるものであった。ところで、この薬莢は、X が、兄弟 A から入手したものであり、A は、これを Y から購入していた。そこで、X は、Y に対して、損害賠償の支払いを求める訴訟を提起した。原審は、Y が薬莢の保管者でないことを理由として民法典 1384 条 1 項に基づく請求を棄却し、また、民法典 1648 条の短期間の内に訴権が行使されていないとして瑕疵担保責任に基づく請求を棄却した。これに対して、破毀院は、以下のように判示して、原審を破棄した。「瑕疵ある製品によって惹起された損害の賠償を得るために、その転買主によって原売主に対して行使された訴権は、担保の規範ではなく、契約責任の規範に従う。従って、この訴権は、民法典 1648 条によって規定されている期間内に行使される必要はない」。「職業的売主は、身体もしくは財産に危険をもたらすような瑕疵や欠陥のない製品を引き渡す義務を負う」のである）　なお、この点については、Cf. Jean Calais-Auloy, Ne mélangeons plus conformité et sécurité, D., 1993, chr., pp. 130 et s.

(1363) その後、破毀院判例においては、こうした判断が輸血製品に関しても妥当することが明らかにされている。Cass. 1re civ., 12 avril 1995 (2 arrêts), JCP., 1995, II, 22467, note Patrice Jourdain ; JCP., 1995, I, 3893, obs. Geneviève Viney ; Dr. et pat. janv. 1996, no 1201 et no 1204, 96, obs. François Chabas (第 1 事件の事案は、以下の通りである。A は、3 回にわたる外科手術を受けたが、その際に輸血をされていた。ところが、その後、検査の結果、エイズ・ウィルスに感染していることが明らかになり、やがて、A は死亡した。そこで、A の相続人である X が、輸血センター Y に対して、損害賠償の支払いを求める訴訟を提起した。原審 (Toulouse, 5 nov. 1991, Gaz. Pal., 1992, 2, 405, note B. Cukier ; RTD civ., 1992, 117, obs. Patrice Jourdain) は、本件輸血が行われた 1982 年当時の基準に照らせば、Y に手段債務の違反は認められないと判示した上で、その他の点について判示する前に、鑑定人を選任した。これに対して、破毀院は、民

◆ 第2節 ◆ 理論モデルの展開

法典1147条をビザに、以下のように判示して、原審を破棄した。「輸血センターは、受取り手に対して、瑕疵のない製品を供給する義務を負い、自己の責めに帰すことのできない外的原因を証明しなければ、この安全債務を免れることはできないにもかかわらず、上記のように判示しているのであるから、控訴院は、上記のテクストに違反した」。第2事件の事案は、以下の通りである。Xは、出産の際、輸血を受けた。ところが、その後、Xは、この輸血のために、エイズ・ウィルスに感染していることが明らかになった。そこで、Xは、輸血センター Y_1 とクリニック Y_2 に対して、損害賠償の支払いを求める訴訟を提起した（なお、訴訟中、Xが死亡したので、相続人が訴訟を承継している）。原審（Paris, 28 nov. 1991, D., 1992, 85, note A. Dorsner-Dolivet ; JCP., 1992, II, 21797, note M. Harichaux ; Gaz. Pal., 1992, 1, 120, note Gilbert Paire ; RTD civ., 1992, 118, obs., Patrice Jourdain）は、Xの請求を認容した。破毀院は、まず、Y_1 からの上告につき、控訴院は、「血液の内部における瑕疵は、たとえ発見することができないものであるとしても、輸血機構にとって外的原因を構成しないこと」を正確に判示したと述べて、これを棄却した。これに対して、破毀院は、Y_2 からの上告に関しては、民法典1147条をビザに、以下のように判示して、原審を破棄した。原審は、「患者がクリニックに対して必然的に信頼を寄せることを理由に、クリニックは、瑕疵のない血液製品を供給する債務を負うこと、また、同クリニックはHIVウィルスに感染した血液を提供しているのであるから、責任を負うべきことを判示するに止めている。クリニックは、輸血センターから引き渡された血液製品の供給において、単純な慎重及び勤勉債務を負うところ、Xに輸血された血液の品質を検査する可能性を有していたかどうかを探求することなく、上記のように判示しているのであるから、控訴院は、上記のテクストに照らして、その判決に法律上の基礎を与えなかった」。なお、本判決については、Cf. Laurent Leveneur, SIDA post-transfusionnel et responsabilité : obligation de résultat ou de moyens pour les fournisseurs de sang ?, Contra. conc. consom., oct. 1995, n° 9, pp. 1 et s.) ; Cass. 1re civ., 9 juill. 1996 (2 arrêts), D., 1996, 610, note Yvonne Lambert-Faivre（第1事件の事案は、以下の通りである。Xは、クリニック Y_1 で手術を受ける際に輸血を受けたが、これによって、エイズ・ウィルスに感染した。この血液は、1983年5月に冷凍保存され、1986年11月に輸血センター Y_2 から Y_1 へと提供されたものであった。Xは、エイズ・ウィルスの補償機構から補償金を受け取ったが、全ての損害を填補することができなかったので、補償ではカバーされなかった精神的損害及び経済的損害の賠償を求めて、Y_1 及び Y_2 に対し損害賠償の支払いを求める訴訟を提起した。原審は、Xの請求を認容した（本件事案の争点は多岐にわたるが、以下では、安全債務に関わる部分のみに言及する）。Y_2 からの上告に対し、破毀院は、以下のように判示してこれを棄却した。「輸血機構は、受取り手に対して、瑕疵のない製品を供給する義務を負い、不可抗力によってしかこの安全債務を免れることはできない。血液の内部における瑕疵は、たとえ発見することができないものであるとしても（中略）、不可抗力を構成しない。よって、上告には理由がない」。第2事件の事案は、以下の通りである。Aは、1984年に外科手術を受けた際、輸血センターYが提供した血球濃縮物を投与された。その結果、Aは、エイズ・ウィルスに感染し、やがて死亡した。そこで、Aの相続人であるXは、Y及びその保険会社に対して、損害賠償の支払いを求める訴訟を提起した。原審は、Xの請求を一部認容した（原審に対しては両当事者から上告がなされているが、以下では、安全債務に関わる部分のみに言及する）。破毀院は、以下のように判示して、Yからの上告を棄却した。「控訴院は、正当にも、血液あるいはその2次製品の供給契約は、輸血センターに対して、不可抗力の場合を除き免責される可能性のない、瑕疵のない製品を引き渡す義務を負わせ、製品の内部における瑕疵は、たとえ発見することができないものであるとしても、供給機構にとっての不可抗力を構成しないと判示した。原審は、上記のように法律上正当化されているから、如何なる上告にも理由がない」。「国内の裁判官は、指令の適用領域に入る事件を付託された場合、この指令のテクスト及び合目的性に照らして国内法を解釈する義務を負うが、それは、この指令が加盟国にとって強制的であり、国内法の共同体法への適合について、加盟国に選択権が与えられていない場合に限られる」。製造物責任指令15条1項は、開発の抗弁について、それを導入するかどうかの選択権を加盟国に与えているから、上告には理由がない）; Cass. 1re civ., 28 avril 1998, JCP., 1998, II, 10088, rapport Pierre Sargos ; Petites affiches, 13 janv. 1999, n° 9, 17, note Eric Fouassier ; RTD civ., 1998, 684, obs., Patrice Jourdain（事案の概要は、以下の通りである。X_1 は、出産の際に輸血を受けた。その結果、X_1 は、エイズ・ウィルスに感染してしまった。そこで、X_1 と、その夫 X_2 及び子 X_3 は、血液を提供した輸血センターY及びその保険会社に対して、損害賠償の支払いを求める訴訟を提起した。原審は、X_1 の請求を認容したが、X_2 及び X_3 の請求については、フォートの証明がなされていないとして、これを棄却した。これに対して、X_2 及び X_3 が上告した。破毀院は、製造物責任に関するEC指令「に照らして解釈した、民法典1147条、1384条1項」をビザに、「全ての製造者は、直接の被害者のみならず、間接被害者に対しても、その製品

523

◆第 1 章◆ 解　釈

　このような破毀院判例の展開は、直接的には(1364)、フランスにおいて、1985 年 7 月 25 日に成立した「欠陥製品に対する責任に係る加盟国の法律、規則、及び行政規定の近似化（the approximation of laws, regulations and administrative provisions of the Member States concerning liability for defective products）」に関する EC 指令（以下では、慣例に従って、「製造物責任指令」で引用）の転換作業が遅れたこと(1365)に起因するものである(1366)。実際、破毀院判決の中には、上記のような職業的売主の安全債務を認めるに際して、製造物責任指令に照らして解釈される民法典 1147 条をビザとするものや(1367)、転換前の事案について、転換作業の遅延を意識した形で判断を示したものさえ存在した(1368)。そうすると、1998 年 5 月 19 日に至って、ようやく製造

の瑕疵によって生じた損害について責任を負う。被害者が、契約当事者であるか、第三者であるかによって区別する必要はない」と判示して、原審を破毀した）; Cass. 2ème civ., 21 avril 2005, Bull. civ., II, n° 108（診療施設 Y で輸血を受けた患者 X が C 型肝炎にり患したという事案である。破毀院は、「提供され、輸血される血液製品の安全性を確かめるために有用なあらゆる措置を講ずるのは、安全に関する結果債務を負う診療施設である」と判示して、X の損害賠償請求を認容した）

(1364) もう 1 つの要因は、2005 年 2 月 17 日のオルドナンスによる改正がなされるまで、売主の瑕疵担保責任の期間制限について、「取得者によって、その原因となるべき瑕疵の性質及び売買が行われた地の慣習に従って、短期間のうちに行使されなければならない」と規定されていたことに求めることができる（民法典旧 1648 条。改正の経緯及び新旧のテクストについては、注 (455) を参照）。破毀院は、職業的売主に対して、製品についての安全債務を負わせ、その違反を「契約責任」の一般法に服せしめることによって、この短期間という制限を回避しようとしたものと見ることができる（Cass. 1re civ., 11 juin 1991, supra note 1362 ; Cass. 1re civ., 27 janv. 1993, supra note 1362 には、このような考慮を見出すことができる）。

(1365) 本文で述べたように、製造物責任指令が成立したのは 1985 年 7 月 25 日であり、この指令の転換期限は 1988 年 7 月 30 日とされていた。しかし、フランスが、製造物責任指令を国内法に転換し、民法典 1386-1 条以下に、「瑕疵ある製品に基づく責任（De la responsabilité du fait des produits défectueux）」と題する節を設けたのは、1998 年 5 月 19 日のことであった。この間、フランスは、ヨーロッパ司法裁判所の 1993 年 1 月 13 日判決によって有責判決を受けており、また、ヨーロッパ委員会は、フランスに罰金を科すための手続きを開始していたのである。

(1366) Cf. Jourdain, supra note 1361, Obs., sous Cass. 1re civ., 20 mars 1989, pp.757 et s.; Id., supra note 1361, Obs., sous Cass. 1re civ., 22 janv. 1991, p.540 ; Id., supra note 1362, Obs., sous Cass. 1re civ., 11 juin 1991, p.115 ; Id., supra note 1362, Obs., sous Cass. 1re civ., 27 janv. 1993, pp.593 et s.; Tournafond, supra note 1362, Obs., sous Cass. 1re civ., 11 juin 1991, p.241 ; Id., supra note 1362, Obs., sous Cass. 1re civ., 27 janv. 1993, p.238 ; Brun, supra note 1361, p.348 ; Pignarre et Brun, supra note 1361, n°s 1 et s., pp.37 et s.; etc.

(1367) Cass. 1re civ., 28 avril 1998, supra note 1363 ; Cass. 1re civ., 24 janv. 2006（3 arrêts）, Bull. civ., III, n°s 33 à 35 ; D., 2006, 1273, note L. Neyrut ; JCP., 2006, II, 10082, note Luc Grynbaum ; JCP., 2006, I, 166, obs. Philippe Stoffel-Munck ; RDC., 2006, 841, obs. Jean-Sébastien Borghetti（破毀院は、製造物責任指令 6 条に照らして解釈された民法典 1147 条をビザに、製造物責任指令 6 条「が要請する形でこのテクストを解釈すれば、製造者は、結果安全債務を負い、売買もしくは配給のため流通に置いた時点で、この製品が、あらゆる状況、とりわけ、説明、合理的に期待されていたであろう用法、及び流通の時期を考慮して、合理的に期待することのできた安全を欠いていたときには、その製品によって損害が発生したときに、この不履行について責任を負う」と判示している）; Cass. 1re civ., 15 mai 2007, Bull. civ., I, n° 186 ; D., 2007, AJ, 1594, obs. Inès Gallmeister ; JCP., 2007, I, 185, obs. Philippe Stoffel-Munck ; RTD civ., 2007, 580, obs. Patrice Jourdain ; RDC., 2007, 1147, obs. Jean-Sébastien Borghetti（訪問販売の会社は、火災を引き起こしたテレビの販売者に過ぎず、製造者ではないことを認定し、製造物責任指令に照らして民法典 1147 条を解釈して、国内法のテクストに基づく契約責任訴権を販売者に対して行使することはできないとした原審の判断を是認した判決である）; etc.

(1368) Cass. 1re civ., 9 juill. 1996, supra note 1363 ; Cass. 1re civ., 15 mai 2007, Bull. civ., I, n^o

物責任指令が国内法に転換され（民法典1386-1条以下）、しかも、ヨーロッパ司法裁判所が、製造物責任指令13条について[(1369)]、隠れた瑕疵の担保またはフォートのように、製品の欠陥、損害、因果関係の証明のみによって責任を認めている指令とは異なる基礎に基づく「契約責任」もしくは契約外責任の適用を排除しない旨の規定（これを反対から言えば、指令と同一の基礎に基づく「契約責任」もしくは契約外責任の適用を排除する旨の規定）と理解している以上[(1370)]、職業的売主に課せられた安全債務

185 ; D., 2007, AJ., 1593, obs., Inès Gallmeister ; JCP., 2007, I, 185, obs., Philippe Stoffel-Munck ; RDC., 2007, 1147, obs., Jean-Sébastien Borghetti（破毀院は、「国内の裁判官は、指令の適用領域に入る紛争を付託された場合、この指令のテクストと合目的性に照らして国内法を解釈する義務を負うが、それは、この指令が、加盟国にとって強制的なもので、国内法を共同体法に適合させる選択権を与えていない場合に限られる」と判示して、開発の抗弁を理由に医薬品製造会社の免責を認めた原審を破棄している）; Cass. com., 24 juin 2008, D., 2008, AJ., 1895 ; D., 2008, 2318, note Jean-Sébastien Borghetti ; JCP., 2008, I, 186, obs., Philippe Stoffel-Munck ; RTD civ., 2008, 685, obs., Patrice Jourdain（事案の概要は、以下の通りである。1995年、A社は、神経・心臓病を専門とするB病院に発電装置を設置した。ところが、この発電装置は、Y社の製造した交流発電機のオーバーヒートによって、発火するに至った。そこで、この発電装置のメンテナンスを請け負っていたX_1と、その保険会社であるX_2は、B病院に生じた物的損害を賠償し、次いで、B病院の権利を代位して、Y社に対し、損害賠償の支払いを求める訴訟を提起した。原審は、Y社に対して、安全債務の違反を理由に損害賠償の支払いを命じた。これに対して、Y社は、製造物責任指令に照らせば、職業的売主に課せられる安全債務は、職業上使用することが予定されている物に生じた損害には及ばないとして、上告した。破毀院は、以下のように判示する。製造物責任指令は、1988年7月30日までに国内法へと転換されなければならなかったところ、転換がなされたのは1998年5月19日である。裁判官は、この指令の転換期限後に、その適用範囲に属する事件を扱うときには、国内法あるいは確定した国内の判例を適用するに際して、指令の目的に適合するような形で、それらを解釈しなければならない。そうすると、「被害者が、損害、製品の欠陥、この欠陥と損害との間の因果関係しか証明していない以上は、国内法あるいは確立した国内の判例の解釈が、被害者に対し職業的に使用することが予定されている物に生じた損害の賠償を認めるものとして、指令9条及び13条に反するかどうかを確定する必要がある」。従って、本件事案の先決問題を解決するために、ヨーロッパ司法裁判所に移送する。なお、この判決を受けて下されたヨーロッパ司法裁判所の判決が、CJCE., 4 juin 2009, D., 2009, 1731, note Jean-Sébastien Borghetti ; D., 2009, 2047, chr., Judith Rochfeld ; D., 2010, 49, obs., Philippe Brun ; JCP., 29 juin 2009, 34, note Patrice Jourdain ; RTD civ., 2009, 738, obs., Patrice Jourdain ; RDC., 2009, 1381, obs., Geneviève Viney ; RDC., 1448, obs., Carole Aubert de Vincelles である）.

[(1369)] 製造物責任指令13条「本指令は、契約責任もしくは非契約責任に関する法原則、または本指令の通知時に存在する特別の責任制度に基づいて被害者が有する権利に影響を与えない（英語版の原文は、This Directive shall not affect any rights which an injured person may have according to the rules of the law of contractual or non-contractual liability or a special liability system existing at the moment when this Directive is notified.）」。

[(1370)] CJCE., 25 avril 2002 (2 arrêts), D., 2002, AJ., 1670, obs., Céline Rondey ; D., 2002, 2462, note Chrstian Larroumet ; D., 2002, somm., 2935, obs., Jean-Pierre Pizzio ; D., 2003, somm., 463, obs., Denis Mazeaud ; RTD civ., 2002, 523, obs., Patrice Jourdain ; RTD civ., 2002, 868, obs., Jean-Pierre Marguenaud et Jacques Raynard ; RTD com., 2002, 585, obs., Monique Luby ; RDC., 2003, 107, obs., Philippe Brun. また、Cf. Cass. com., 28 mai 2010, D., 2010, 1483 ; RTD civ., 2010, 790, obs., Patrice Jourdain ; RDC., 2010, 1266, obs., Suzanne Carval ; Contra. conc. consom., août-sept. 2010, n° 198, 17, note Laurent Leveneur（事案の概要は、以下の通りである。Xは、Yに対し、倉庫を作るための材料を注文した。この材料の一部は、Aによって製造され、Bによって輸入されたものであった。ところが、材料を組み立てた後、運搬作業を行っている際に、これが崩壊し、Xの従業員Cが死亡してしまった。その後、Xは、Cの遺族に対する損害賠償の支払いを命ぜられた。そこで、X（及び、その保険会社）は、Yに対して、その求償を求める訴訟を提起した。原審は、Xの請求を棄却した。破毀院は、以下のように判示して、Xの上告を棄却した。「瑕疵ある製品に基づく責任制度は、フォートに基づく責任及び隠れた瑕疵に基づく担保を除き、正当に期待されうる安全性を欠いた製品の欠陥に基づく一般法の契約責任制度もし

違反に基づく「契約責任」は、その使命を終えたと評価しうる[1371]。しかしながら、このような評価の当否は別としても、製造物責任に関わる一連の判例法理が、契約領域における安全債務の増大化傾向の中に位置付けられうるものであること、そして、こうした手法が、賠償モデルの論理構造を積極的に活用した結果にほかならな

> くは不法行為責任制度の適用を排除する。控訴院は、まず、Yが本件材料の製造者ではなく供給者に過ぎないこと、次いで、Xの保険会社及びXが生産者の素性を認識していたこと、最後に、Xの保険会社及びXが製品の安全の欠如とは区別されるフォートを証明していないことを明らかにしたのであるから（中略）、民法典1386-1条以下の適用により、Yに対して、同1382条に基づく不法行為責任訴権を行使しえないことを正確に演繹した」）

[1371] というのは、判例法理における職業的売主の安全債務違反に基づく責任は、まさに、欠陥、損害、因果関係の証明のみによって認められるものであり、また、先に触れたように、売主の瑕疵担保とは別の、しかも、フォートに基づかない責任として構成されているからある。そうすると、売買契約における安全債務は、製造物責任指令が転換された後の事案については、もはや適用可能性がないということになる。しかしながら、フランス法のコンテクストで見るならば、このような解決には問題が存する。そもそも、製造物責任指令は、消費者保護のために作られた法である。ところが、加盟国の法調和を求めて、製造物責任指令の適用を徹底し、国内法の解決を排除した結果、消費者は、要件・効果の点で利点のある国内法の制度（ここでは、職業的売主の安全債務違反を理由とする責任制度）を利用することができなくなってしまったのである。かくして、注(1370)で引用したヨーロッパ司法裁判所の判決は、「被害者保護の重大な後退」（Mazeaud, supra note 1370, p.464）、「身体的損害の被害者の賠償への権利の驚くべき後退」（Jourdain, supra note 1370, Obs. sous CJCE., 25 avril 2002 (2 arrêts), p.525）をもたらすものと評価され、判例法理の維持を求める見解が有力に主張されているのである。
この点については、多くの文献が存在するが、議論の経緯も含め、Cf. Daniel Mainguy, L'avenir de l'obligation de sécurité dans la vente, Dr. et pat., déc. 1998, pp.68 et s. ; Christian Laporte, Responsabilité du fait des produits défectueux : la France à nouveau épinglée, Contra. conc. consom., juill. 2000, n° 11, pp.4 et s. ; Id., Responsabilité du fait des produits défectueux : La France condamnée, Contra. conc. consom., nov. 2002, n° 20, pp.4 et s. ; Jérôme Huet, La responsabilité professionnelle du fait des choses : La sécurité des produits, in, La responsabilité professionnelle : une spécificité réelle ou apparente, Colloque organisé les 26 et 27 janvier 2001 par le Centre de recherches sur le droit de l'activité professionnelle de l'Université de Rouen en collaboration avec la Chambre des avoués près la cour d'appel de Rouen et l'Ordre des avocats à la Cour d'appel de Rouen, Petites affiches, 11 juill. 2001, n° 137, pp.84 et s. ; Jean Calais-Auloy, Menace européenne sur la jurisprudence française concernant l'obligation de sécurité du vendeur professionnel (CJCE, 25 avril 2002), D., 2002, chr., pp.2458 et s. ; Id., Existe-t-il en droit français plusieurs régimes de responsabilité du fait des produits ?, in, Études offertes à Geneviève Viney, LGDJ., Paris, 2008, pp.201 et s. ; Geneviève Viney, L'interprétation par la CJCE de la directive du 25 juillet 1985 sur la responsabilité du fait des produits défectueux, JCP., 2002, I, 177, pp.1945 et s. ; Id., La mise en place du système français de responsabilité des producteurs pour le défaut de sécurité de leurs produits, in, Mélanges offerts à Jean-Luc Aubert, Propos sur les obligations et quelques autres thèmes fondamentaux du droit, Dalloz, Paris, 2005, pp.329 et s.; Pascal Oudot, L'obligation de sécurité et la responsabilité du distributeur, Contra. conc. consom., juill. 2003, n° 8, pp.7 et s. ; François Gilbert, Obligation de sécurité et responsabilité du fait des produits défectueux, in, L'obligation de sécurité, Actes du colloque franco-algérien, Université Montesquieu Bordeaux IV, Université d'Oran Es-Sénia, 22 mai 2002, sous la direction de Dalila Zennaki et Bernard Saintourens, Presses universitaires de Bordeaux, Pessac, 2003, pp.19 et s. ; Thomas Riehm, Produits défectueux : quel avenir pour les droits communs ? : L'influence communautaire sur les droits français et allemand, D., 2007, chr., pp.2749 et s. ; Sylvie Pugnet, La réglementation de la sécurité des produits : un risque pour l'entreprise, Contra. conc. consom., oct. 2009, n° 10, pp.8 et s. ; etc. また、製造物責任を主題とするテーズ、Jean-Sébastien Borghetti, La responsabilité du fait des produits : Étude de droit comparé, th. Paris I, préf. Geneviève Viney, Bibliothèque de droit privé, t.428, LGDJ., Paris, 2004, n^OS 589 et s., pp.560 et s. も参照。

第 2 節　理論モデルの展開

いことは疑いのない事実なのであって、そうである以上、ここでの議論は、賠償モデルの展開を顕著に示す事実として、認識しておかなければならないのである。

　もう1つ、破毀院が、当初の立場と比較して、契約領域における安全債務を増大化させたと見うる例を挙げてみよう。医療に関わる安全債務がそれである[1372]。

　周知のように、破毀院は、有名なメルシエ判決以降、医師の責任を契約の問題として捉えてきたが、医師が患者に対して負う債務については、「患者を治癒するのではないが、少なくとも、何らかのではなく、入念で、注意深く、例外的な状況がある場合を除き、科学の所与に適合する治療を与える債務」と理解し[1373]、それ以外の事項に関しては、患者の安全に関わりを持つ債務の存在を否定してきた[1374]。と

[1372] 以下の叙述については、注(652)掲記のピエール・サルゴの諸論稿のほか、Cf. Gérard Memeteau, Utilisation du matériel médical et dentaire ; Vers l'obligation de résultat ? (À propos du jugement du Tribunal de grande instance de Poitiers du 23 décembre 1985), Gaz. Pal., 1987, 1, doc., pp.154 et s. ; J.-F. Kriegk, L'obligation de sécurité : de sa maturation à l'admission du risque de développement (à propos de la responsabilité médicale), Gaz. Pal., 1993, 1, doc., pp., .519 et s. ; Jean Picard, Le recours du juge civil à la présomption en matière de responsabilité médicale, Gaz. Pal., 1995, 2, doc., pp.944 et s. ; Geneviève Viney et Patrice Jourdain, L'indemnisation des accidents médicaux : que peut faire la Cour de cassation ? (À propos de Cass. 1re civ., 7 janv. et 25 fév. 1997), JCP., 1997, I, 4016, pp.181 et s. ; Patrice Jourdain, Nature de la responsabilité et portée des obligations du médecin, in, Droit de la responsabilité médicale : Dernière évolution, Actes d'une journée d'étude organisée par les Editions du Juris-Classeur, Resp. civ. et assur., juill.-août 1999, pp.4 et s. ; Jean Penneau, Les fautes médicales, in, Droit de la responsabilité médicale : Dernière évolution, Actes d'une journée d'étude organisée par les Editions du Juris-Classeur, Resp. civ. et assur., juill.-août 1999, pp.9 et s. ; Christian Larroumet, L'indemnisation de l'aléa thérapeutique, D., 1999, chr., pp.33 et s. ; Sophie Hocquet-Berg, Les médecins sont tenus d'une obligation de sécurité-résultat : Commentaire du jugement du tribunal de grande instance de Metz du 12 août 1998, Gaz. Pal., 1999, 1, doc., pp.572 et s. ; Id., Note, sous Paris 15 janv. 1999, Petites affiches 15 juin 1999, n° 118, pp.25 et s. ; Id., Commentaire des arrêts rendus par la première chambre civile de la Cour de cassation le 29 juin 1999 en matière d'infection nosocomiale, Gaz. Pal., 2000, doc., pp.624 et s. ; Yves Lachaud, Responsabilité médicale : L'évolution de la jurisprudence de la Cour de cassation en matière d'infection nosocomiale, Gaz. Pal., 1999, 2, doc., pp.1619 et s. ; Cyril Crément, La responsabilité des établissements de santé du fait des infections nosocomiales, Petites affiches, 2 sept. 1999, n° 175, pp.12 et s. ; Béatrice Mansart, La responsabilité médicale dans la fourniture de prothèses, Petites affiches, 1er oct. 1999, n° 196, pp.4 et s. ; Yvonne Lambert-Faivre, La réparation de l'accident médical, obligation de sécurité : oui ; aléa thérapeutique : non, D., 2001, chr., pp.570 et s. ; Anne-Marie Romani, L'indemnisation de l'accident médical (Du domaine réservé de l'obligation de sécurité de résultat), Petites affiches, 29 mai 2001, n° 106, pp.4 et s. ; Sami Jerbi, La jurisprudence et la responsabilité médicale : la fin de l'arythmie paroxystique ?, in, Études à la mémoire de Christian Lapoyade-Deschamps, Presses Universitaires de Bordeaux, Pessac, 2003, pp.209 et s. ; Christophe Radé, L'obligation de sécurité et la responsabilité médicale, in, L'obligation de sécurité, Actes du colloque franco-algérien, Université Montesquieu Bordeaux IV, Université d'Oran Es-Sénia, 22 mai 2002, sous la direction de Dalila Zennaki et Bernard Saintourens, Presses universitaires de Bordeaux, Pessac, 2003, pp.113 et s. ; etc.

[1373] Cass. civ., 20 mai 1936, supra note 652.

[1374] 例えば、以下のような判決がある。Cass. civ., 27 juin 1939, D., 1941, 53, note Marcel Nast ; S., 1940, 1, 73, note René Morel ; JCP., 1940, II, 1438, obs. R. Dalbont (医師 X が、同僚の放射線医師 Y による治療を受けたところ、皮膚に異常が残ってしまったという事案である。原審は、Y が、X の治療を引き受けたことによって、フォートのほかに、安全に関する債務を負うに至った等と述べて、X の Y に対する損害賠償請求を認容した。これに対して、Y は、メルシエ判決の一般論を述べて上告した。破毀院は、以下のように判示し、理由を差し替えた上で、Y の上告を

◆第1章◆解　釈

ころが、その後、破毀院は、一定の範囲内ではあるが、結果債務あるいはフォートを基礎としない責任を認めるに至った。すなわち、医師は、医薬品や医療器具を用いて患者の治療を行う場合においては、それらの安全について、売買契約における売主と同じように、安全に関する結果債務を負うものとされたのである[1375]。このような解決は、医師及び病院を道具や医薬品の提供者として把握するならば、売買契約とのアナロジーで理解しうるものであった。しかし、破毀院の歩みは、これだけに止まらなかった。破毀院は、更に、手術その他の医療行為に際して患者が感染症にり患したというケースにおいても、それ以前の責任の推定という構成[1376][1377]

　　棄却した。「医師は、患者に対して、入念で、注意深く、科学の所与に適合する治療を与えること以外の債務を負わない。従って、医師がこの債務に違反したと主張する場合、一般法の適用により、それを証明しなければならないのは患者である。裁判官によってクリニックの医師の責任が認められたということは、その前提条件として、医師の犯したフォートが認められていることを意味する」。原審の判断の中には、Yのフォートを明らかにする事情が含まれていたと言うことができる）; Cass. 1re civ., 29 oct. 1968, JCP., 1969, II, 15799, obs., René Savatier（医師に対して結果債務を負担させた原審を破棄した判決である）; Cass. 1re civ., 28 juin 1989, D., 1990, 413, note Yannick Dagorne-Labbé（事案の概要は、以下の通りである。Xは、医師Yによる膝の放射線撮影と関節撮術を受けたところ、黄色ブドウ球菌に感染した。そのため、Xは、抗生物質による治療を受けた後、手術を行ったが、一定の後遺症が残ってしまった。そこで、Xは、Yに対して、損害賠償の支払いを求める訴訟を提起した。原審は、関節撮術がそれほど難しい手術ではないこと、そこには何ら偶発性を示す要素が存在しないことを理由に、Yに対して結果債務を負わせ、Xの請求を認容した。これに対して、破毀院は、以下のように判示して、原審を破棄した。「医師は、結果債務ではなく、手段債務を負うにもかかわらず、以上のような理由により判示しているのであるから、控訴院は、上記のテクスト（民法典1147条─筆者注）に違反した」）

　　また、注(1375)で引用するように、破毀院は、歯科医師によるプロテーゼの設置について、医師に対し結果債務を負わせるようになるが、それ以前の判決は、（少なくとも法律構成上は）この立場を否定し、メルシエ判決の判断基準に従って、損害賠償請求の肯否を判断していた。Ex. Cass. 1re civ., 29 juin 1977, Bull. civ., I, no 303 ; RTD civ., 1980, 122, obs., Georges Durry（歯科医師によるプロテーゼの設置について、医師に結果債務を負わせることなく、メルシエ判決の判断基準に従って医師のフォートを認定した判決である）; Cass. 1re civ., 3 avril 1979, Bull. civ., I, no 107 ; D., 1980, IR., 170, obs., Jean Penneau ; RTD civ., 1980, 122, obs., Georges Durry（歯科医師によるプロテーゼの設置について、医師に結果債務を負わせることなく、メルシエ判決の判断基準に従って医師のフォートを認定した判決である）; Cass. 1re civ., 3 nov. 1982, Bull. civ., I, no 310 ; D., 1983, IR., 376, obs., Jean Penneau（歯科医師が誤ったプロテーゼを設置したことは、義務違反であり、フォートを構成するとして、歯科医師の責任を認めた原審を維持した判決である）; etc.

(1375) 注(1363)で引用した諸判決のほか、Ex. Cass. 1re civ., 4 fév. 1959, supra note 652 ; Cass. 1re civ., 29 oct. 1985, supra note 652 ; Cass. 1re civ., 12 juin 1990, supra note 652 ; Cass. 1re civ., 22 nov. 1994, supra note 652 ; Cass. 1re civ., 9 nov. 1999, supra note 652 ; Cass. 1re civ., 4 fév. 2003, supra note 652 ; Cass. 1re civ., 23 nov. 2004, supra note 652.; etc.

(1376) Cass. 1re civ., 21 mai 1996, supra note 652（事案の概要は、以下の通りである。1986年5月9日、Xは、YクリニックにおいてA医師による左踝靱帯の手術を受けた。ところが、同年6月24日、Xは感染症を患った。そこで、Xは、Yに対して、損害賠償の支払いを求める訴訟を提起した。原審は、Xの請求を棄却した。破毀院は、以下のように判示して、Xの上告を棄却した。「クリニックは、自己のフォートの不存在を証明しない限り、手術室において実施される外科手術時の患者の感染について、責任を負うものと推定される」。原審は、認定した事実から、Yが手術室の殺菌について何らフォートを犯さなかったことを導くことができた）; Cass. 1re civ., 16 juin 1998, supra note 652（事案の概要は、以下の通りである。Xは、1992年6月30日にYクリニックで出産したが、同年7月7日、突然、腹部に強烈な痛みを感じ、Yへと再度搬送された。婦人科医Aと外科医Bは、Xが高熱を出していること、Xの白血球の数が異常に多いことを確認した。A及びBは、腹痛に対する処置を施したが、抗生物質による療法を行うことはなかった。同

を明確に否定した上で、医療機関に対して院内感染を防止する結果債務を負担させるに至ったのである[1378]。

　もちろん、これらの判例法理は、2002年3月4日の「患者の権利及び保健システムの質に関する法律（Loi relative aux droits de malades et à la qualité du système de santé)」の制定によって、医療責任について一定の立法的手当がなされたことに伴い[1379]、その歴史的な役割を果たし終えたと評価しうる[1380]。しかし、製造物責任の場合と同様に、医療器具や医薬品、院内感染に関わる判例が、契約領域における安全債務の増大化傾向の中心として位置付けられうるものであることは看過されるべきではない。また、ここでは、医療行為の特質という視点からの考察も付け加えておかなければならない。そもそも、医療に関わる契約においては、売買契約の事案とは異なって、本質的に偶発的な要素が介在することが多い。メルシエ判決は、この点を考慮し、医師の負う債務を手段債務として性質決定したのであった[1381]。

　　月8日の夕刻から深夜にかけて、Xの腹痛と熱は続き、尿検査の結果、白血球の多過と病原菌の存在が明らかとなり、血流の障害が始まった。同月9日朝、Xは、重度の心血管の虚脱を示したほか、下肢に斑点、低血圧、脈拍の低下が現れた。Bが回復術を、Aが掻爬術を施し、動脈の圧迫に対処するため、カテーテルが右上腕動脈に設置された。この手術の後、血流障害は更に悪化し、Xは、子宮摘出手術を受けることになった。その後、Xは、公病院の蘇生術部門に移され、手足の先端の壊死、骨炎による数ヶ所の切断のため、14度の外科手術を受け、1993年10月に症状が固定した。このような事実関係の下、Xは、Y、A、Bに対して、損害賠償の支払いを求める訴えを提起した。原審は、Xが出産の際に子宮感染したとして、その請求を認容した。破毀院は、以下のように判示して、Yらからの上告を棄却した。「控訴院は、まず、正当にも、クリニックは、自己のフォートの不存在を証明しない限り、手術室並びにそれと同視すべき分娩室における患者の感染について、責任を負うものと推定されると判示した。次いで、控訴院は、鑑定人の報告に基づき、かつ、それを変性することなく、出産に来る全ての女性に、血液中の病原菌が増殖・拡散しうる体質があるのと同じように、Xが、A群β溶血性連鎖球菌に感染し、耳鼻咽喉に影響を受けたことを認定した。更に、第2審は、クリニックに来院したとき、Xは、アンギナに罹っていなかったこと、また、自分自身で感染したり、感染した部位から判断すれば出産後に見舞いに来た人によって感染したりというような事態もありえないことを明らかにした。最後に、控訴院は、Xによるバクテリアの感染が、分娩時に性器の側にいた者のいずれかに由来するものと考えざるをえないことを認定した。これらの認定から、控訴院の裁判官は、Xが出産時における院内感染の被害者であることは明らかであると専権的に評価した（改行）。最後に、控訴院は、院内感染につきクリニックが負う責任の推定に関して、そのフォートを性格付ける必要はなかったのであり、クリニックが、その部門において何らフォートを犯さなかったことを証明しうるような証拠を提示しておらず、従って、その責任推定を免れることはできないとの判断を行った」）。

(1377) 責任の推定という法律構成が示されたのは、注(1376)で引用した破毀院民事第1部1996年5月21日判決においてであるが、それ以前の判決は、メルシエ判決の一般論に従って、損害賠償請求の可否を判断していた。Cf. Cass. 1re civ., 28 juin 1989, supra note 1374.
(1378) Cass. 1re civ., 29 juin 1999 (3 arrêts), supra note 652.
(1379) この点については、注(654)掲記の諸論稿を参照。
(1380) この点については、本節・第2款・第1項588頁以下における考察の中で言及する。
(1381) メルシエ判決以降、本文で述べたような判断が積み上げられていった。多くの判決があるが、その旨を明確に示しているものとして、Cf. Cass. req. 1er juill. 1937, S., 1938, 1, 5（腱膜の収縮を患っていたXが、医師Yによる放射線治療を受けたところ、放射線皮膚炎にり患してしまったという事案である。破毀院は、患者も放射線治療に同意していたこと、XとYとの間に合意が存在したこと、Yにフォートは存在しなかったことを理由に、Xの損害賠償請求を棄却した原審を維持した）; Cass. civ., 13 juill. 1949, D., 1949, 423 ; JCP., 1950, II, 5716, obs., Jean Brunet（民法典1147条をビザに、「全ての人が犯しうる懈怠もしくは軽率を除き、医師は、科学の所与並びに医療実務によって確立されている規範に照らして、その義務の確かな違反を明らかにするよ

◆第1章◆ 解 釈

　そうすると、ここでの判例法理は、上記のような特徴を持つ契約類型の中に、安全に関わる結果債務を導入したものということになる。つまり、道具や医薬品、院内感染という限られた範囲内ではあるが[(1382)]、破毀院は、偶発性の支配する医療契約の中に、絶対的な安全の確保を目的とする債務、本項の問題関心から言えば、医師や医療機関の「契約責任を生じさせる行為ないし所為」の発生原因を読み込んだのである。ここには、賠償モデルの論理構造を積極的に活用し、患者（及びその遺族）に対する補償を確保しようとする、破毀院の明確な意思表示を見て取ることができる[(1383)]。

うな、軽率、不注意、もしくは、懈怠の責めを負う場合でなければ、その治療の結果生じた損害について責任を負わない。このフォートの証明は、賠償訴権の原告である患者が負担する」と判示した判決である）; etc.

(1382) というのは、破毀院は、「治療における不確実性の結果についての賠償は、医師が契約上患者に対して負う債務の中に含まれない」と判示していたからである（Cass. 1re civ. 8 nov. 2000, supra note 652. 事案の概要は、以下の通りである。Xは水痘症にり患したことから、神経外科医Yによる外科手術を受けた。ところが、手術の直後、麻痺、尿失禁などの症状が現れた。そこで、Xは、Yに対して、損害賠償の支払いを求める訴訟を提起した。原審は、Yにフォートは存在しないとしつつ、「まず、治療の失敗もしくは検査結果とは関係がなく、次に、当初の患者の状態もしくはこの状態の予見可能な展開とも関係を持たず、最後に、合意された医療行為から切り離し可能であるが、それがなければ生じなかったであろうという性格を示す、患者の身体的もしくは精神的完全性に対する損害が、臨床医側の証明されたフォートとは無関係に、検査もしくは治療の際に、患者に生じた」場合には、医師は安全についての結果債務を負うと判断し、Yの責任を肯定した。Yからの上告に対し、破毀院は、民法典1135条及び1147条をビザとして、「治療における不確実性の結果についての賠償は、医師が契約上患者に対して負う債務の中に含まれない」と判示し、原審を破棄した）。

(1383) 医療契約に関連するが、医療行為それ自体には関わらないものとして、医療施設ないし医療教育施設内部で生じた事故のケースがある。これらは、医療行為のように偶発的要素が少ないものであるから、メルシエ判決に抵触しない形で、医療施設に絶対的な安全確保義務を課すことも可能となるはずである。それにもかかわらず、破毀院は、この場面において、医療施設ないし医療教育施設に対して、絶対的な安全の確保を目的とする債務ではなく、注意深く看護・監督する債務のみを負担させているのである。

　医療教育施設につき、Ex. Cass. 2ème civ. 11 mars 1981, Gaz. Pal., 1982, 1, pan., 23（医療教育施設Yの寄宿生Xが、自転車に乗っていたところ、ほかの生徒の行為によって負傷したという事案である。原審・破毀院ともに、民法典1384条1項の適用を排除し、Yが責任を負うのはフォートが証明された場合に限られると判示した）; Cass. 1re civ. 4 nov. 1982, Gaz. Pal., 1983, 1, pan., 81, note François Chabas（医療教育施設Yの寄宿生Xが、施設の公園で転倒し負傷したという事案である。原審は、XのYに対する損害賠償請求を認容した。これに対して、破毀院は、Yが負うのは、結果債務ではなく、手段債務であるにもかかわらず、Yがフォートを犯したかどうかを探求することなく、Xの請求を認容しているのであるから、原審の判断を是認することはできないと判示した）; Cass. 1re civ. 12 avril 1983, Gaz. Pal., 1983, 2, pan., 261, note François Chabas（医療教育施設Yの寄宿生Xが、窓から転落して負傷したという事案である。原審・破毀院ともに、Yが負うのは手段債務でしかないが、転落の原因が不明であるという状況からは、Yの監督に問題があったことは明らかであるとして、Xの損害賠償請求を認容した）。

　精神病施設につき、Ex. Cass. 1re civ. 11 juill. 1961, Gaz. Pal., 1961, 2, 317（事案の概要は、以下の通りである。1951年7月25日、Xは、精神分裂の状態にあった娘Aを、精神病施設Yに入院させた。その後、同月29日、Aは、1階の窓から施設を抜け出したが、同日中に戻ってきた。ところが、その翌日、Aは、看護師と伴に食堂に現れたが、再度、施設を抜け出そうとして窓から飛び降り、その結果、重傷を負ってしまった。そこで、Xは、Yに対して、損害賠償の支払いを求める訴訟を提起した。原審は、Yが手段債務を負うことを認めつつも、その違反が証明されていないとして、XのYに対する損害賠償請求を棄却した。これに対して、破毀院は、「精神病施設の入院の場合において、当該施設は、患者に対して、治療債務及び監督債務を負う。監督債

次に、後者の問題、つまり、義務の源となりうる契約の拡大現象とその意味を検討する。ここでも、本款の冒頭で提起した問題意識に鑑み、検討の対象を安全の問題に限定しよう。この問題に対する破毀院の対応には、3つのパターンを確認することができる。

　第1に、特定の当事者間で契約が存在することについては疑いはないが、そこに安全の要素を読み込むかどうかにつき、争いがあった問題類型である（以下では、これを「契約の補充類型」と呼ぶことにしよう）。この契約の補充類型の最も典型的な場面は、医療契約である。既に言及したように、破毀院は、1936年5月20日のいわゆるメルシエ判決の中で医療事故の問題を契約領域に含めたが、それ以前の判決においては、この問題は不法行為法の対象領域であるとの判断を示していた[1384]。つまり、メルシエ判決は、医療に関わる契約を作り出したというわけではないが、その内容を安全の面で補充したと見ることができるのである。もちろん、当時の学説が論じていたように、医療契約の中に、「患者を治癒するのではないが、少なくとも、何らかのではなく、入念で、注意深く、例外的な状況がある場合を除き、科学の所与に適合する治療を与える債務」を観念することが、フィクションであるかのかどうか[1385]、また、医療行為に伴う事故を、賠償モデルを基調とした「契約責任」の問題

務は、患者に対しその安全を確保するために、患者の精神状態及び従前の反応に適した措置を講ずることに存する。施設がこれらの注意を怠ったときは、その責任を生じさせるフォートを犯している」と判示し、原審は、Yの不注意を指摘するXの主張に十分な形で応接していないとして、これを破棄した）; Cass. 1re civ., 17 janv. 1967, D., 1968, 357, note René Savatier（事案の概要は、以下の通りである。Aは、精神病患者であり、Yクリニックに入院していた。Yは、Aが自殺を試みようとしたことから、Aを、より開放的で、監督を余り付けない独居部屋に移すことにした。その後、Aに回復の兆しが見られたことから、施設を出る準備として、Aは1人で外出することを許された。また、退院の期日も決定された。ところが、ある朝、Aは、カーテンレールで首を吊っている姿で発見された。そこで、Aの相続人であるXが、Yに対して、損害賠償の支払いを求める訴訟を提起した。原審は、Aの部屋にあったロープのポケットの中から細い紐が、カバンの中からは砕けた革のベルトがそれぞれ発見されており、医師がこのことを認識していれば必要な措置を講ずることができたはずであるとして、Xの請求を認容した。これに対して、破毀院は、民法典1147条をビザに、以下のように判示して、原審を破棄した。「精神科クリニックは、預けられた患者に対して、監督を行い、医師の処方に従って治療を与える債務しか義務付けられない」(chapeau)。原審は、本件において必要とされる措置が、医師の処方や慣習に照らし、その手段債務の中に入るかどうかを明らかにしていない）

　ところで、このような債務は、医療施設ないし医療教育施設への入所契約から当然に、言い換えれば、これまで見てきた諸契約における安全債務のように、民法典1135条や衡平を媒介とすることなく導かれうるものである。そうすると、この局面では、特に、「契約責任を生じさせる行為ないし所為」、その前提としての契約領域における義務の拡大は見られないと評価すべきことになろう。

(1384)　Cass. req., 18 juin 1835, supra note 652 ; Cass. req., 21 juill. 1862, supra note 652 ; Cass. req., 21 juill. 1919, supra note 652 ; Cass. civ., 29 nov. 1920, supra note 652 ; Cass. civ., 11 janv. 1932, supra note 652 ; Cass. req., 31 oct. 1933, supra note 652 ; etc.

(1385)　Ex. Pilon supra note 652, p.89（メルシエ判決の中に、フィクションなど存在しない）; Marcel Nast, Note, sous Aix, 16 juill. 1931, D., 1932, 2, p.7（医師が治療債務を負っていることに疑いはない。従って、仮に医師が治療を拒絶したり、必要な注意を尽くして治療を行わなかったとすれば、そこには、契約上のフォートが存在する。しかし、医師は病気の完治を約束しているわけではないし、また、運送人のように安全債務を負っているわけでもない。治療の際に犯される医師のフォートは、通常のフォートではなく、専門家のフォートであるし、医師に課せられて

◆第1章◆ 解 釈

とすることにどれだけの意味が存するのか(1386)といった点が問題となりうるが、こ

いる債務は、当事者意思に基づくものではなく、法によって課せられる債務である。そうである以上、当事者意思に基づかない債務、つまり、法律、慣習、判例によってのみ課せられる債務の違反が問題となる場合には、契約上のフォート、そして、「契約責任」を語ることはできないのである。もっとも、その後、マルセル・ナスト（Marcel Nast）は、メルシエ判決を、当事者意思、医療契約の特質から導かれる当然の解決と評価するようになる（Marcel Nast, La nature juridique de la responsabilité des médecins et chirurgiens à raison de leurs fautes médicales, JCP, 1941, I, 203, p.3））

(1386) メルシエ判決で問題となっていたのは、損害賠償訴権の消滅時効期間であった。すなわち、メルシエ判決においては、医療事故が問題となったケースで、この訴権は不法行為ではなく契約に基礎を持つものであるから、患者によって行使された付帯私訴について、刑事訴訟法典638条の3年時効は適用されないとして、患者の損害賠償請求を認容した原審につき、破毀院は、「医師と患者の間には、真の合意が形成されており、それによれば、臨床医は、患者を治癒するのではないが、少なくとも、何らかのではなく、入念で、注意深く、例外的な状況がある場合を除き、科学の所与に適合する治療を与える債務を負う。この契約債務の違反は、たとえ意図的でないとしても、契約という同じ性質の責任によって制裁を課せられる。この責任を実現するための付帯私訴は、刑事法違反を構成する事実とは別の、先存する合意の中にその源を持つのであるから、刑事訴訟法典638条の3年時効を免れる」と判示したのである（その他、同様の点が問題となった事案として、Cass. civ., 18 janv. 1938, S., 1938, 1, 201, note Paul Esmain.（医師Xが、同僚の医師Yから無償で放射線治療を受けたところ、放射線皮膚炎にり患したという事案である。原審は、XのYに対する損害賠償請求を認容した。これに対して、Yは、手術から3年以上経過しているから、Xの訴権は、消滅時効にかかっている等と主張して上告した。破毀院は、メルシエ判決と同じ一般論を述べた後、「医師と患者の間に存在する契約の性質が、与えられる治療の無償性によって影響を受けるかどうかを探求する必要なく」、原審は、契約の存在を認定することができたと判示して、Yの上告を棄却した））。そうすると、当時の法状況からすれば、医療事故の問題を契約と構成することによって、付帯私訴として損害賠償請求を行う場合における3年の消滅時効期間を回避するという利点が存したことになる。

　もっとも、このような消滅時効期間に関わる利点は、今日では完全に消滅している。時系列に沿って見ていこう。

　刑事訴訟法典は、原則として、重罪について10年、軽罪について3年、違警罪について1年の公訴時効を規定している。かつては、損害賠償訴権の行使可能期間を公訴時効期間に一致させるという原則の下、不法行為に基づく損害賠償については、公訴時効と同じ消滅時効期間に服するものとされていた（メルシエ判決の当時は、このような法状況であった。従って、契約の問題とすることには、3年の公訴時効期間を回避するという利点が存したのである）。その後、1980年12月23日の法律によって、刑事訴訟法典10条が改正され、損害賠償請求は、原則として民法典の規律に従うこと、ただし、刑事裁判所において付帯私訴として行使される場合には、公訴時効期間に服することになった（刑事訴訟法典10条1項。なお、2008年6月17日に改正がなされているが、その実質的な内容に変化はない）。つまり、通常の損害賠償請求の事案においては、民事の裁判所に訴訟を提起する限り、不法行為であろうと、契約であろうと、民法典のルールに従うことになったのである。もっとも、1980年の時点では、未だ、契約不履行に基づく損害賠償と不法行為に基づく損害賠償の消滅時効期間は統一されていなかったから（契約不履行に基づく損害賠償は、民法典旧2262条によって30年の普通時効期間に、不法行為に基づく損害賠償は、同旧2270-1条によって10年の消滅時効期間に服していた）、この限りにおいて、患者側から見た場合、この訴権を契約と性質決定する利点があったとも言える。ところが、2008年6月17日の法律による民事時効法の改正に伴い、この利点も消滅するに至った。民法典新2226条は、契約不履行に基づく損害賠償であるのか、不法行為に基づく損害賠償であるのかを問わず、身体的損害が問題となる場合には、当初の損害又は深刻化した損害が確定した時から10年で時効にかかる旨のテクストを用意したからである（新旧の条文及びその訳については、注 (466) を参照）。かくして、メルシエ判決に見られるような消滅時効期間に関わる利点は、今日では、完全に消滅したと言うことができるのである。

　なお、刑事訴訟法典10条1項は、以下のような内容のテクストである。新旧の条文を掲げておく。

　刑事訴訟法典10条1項「付帯私訴が刑事裁判所に行使される場合、この訴権は、公訴の規範に従って時効にかかる。付帯私訴が民事裁判所に行使される場合、この訴権は、民法典の規範に従

532

◆ 第 2 節 ◆ 理論モデルの展開

れらの評価は別としても、少なくとも、破毀院判例の展開という視点から見るならば、医療の場面におけるメルシエ判決以降の一連の判例法理が、契約領域の拡大、契約内容の増大化傾向の中に位置付けられることに疑いはないのである[1387][1388]。もっとも、この点については、近年、医療過誤訴訟の契約という性質決定を覆すような判決も現れているところである。これは、また、後に述べることにしよう[1389]。

第 2 に、特定の当事者間で契約が存在することについては疑いがないが、この契約の効力を一方当事者と密接な関係にある者に対して及ぼすことができるかが争われた問題類型である（以下では、これを「契約の拡張類型」と呼ぶことにしよう）。この契約の拡張類型には、いわゆる契約連鎖や契約グループに関して展開された議論も含まれうるが[1390]、ここでは、賠償モデルの論理構造と義務の源となりうる契約の拡大現象との関係を解明しようとする本項の問題意識に鑑み、民事責任領域における他人のための約定の利用という問題を取り上げることにしよう。

(1)で明らかにしたように、破毀院は、運送契約の中に乗客を目的地まで安全に導く債務を観念し、その違反を「契約責任を生じさせる行為ないし所為」としての契約上のフォートと見た上で、乗客による契約不履行に基づく損害賠償の請求を肯定した。もっとも、このようなメカニズムは、当事者間に契約が存在し、そこから債務が発生していることを前提とするから、基本的には、乗客と運送会社との間でのみ成り立つものである。つまり、運送事故によって死亡した乗客の遺族が、乗客の

って時効にかかる（原文は、Lorsque l'action civile est exercée devant une juridiction répressive, elle se prescrit selon les règles de l'action publique. Lorsqu'elle est exercée devant une juridiction civile, elle se prescrit selon les règles du code civil.）」。
　刑事訴訟法典旧 10 条 1 項「付帯私訴は、民法典の規範に従って時効にかかる。ただし、この訴権は、公訴時効期間満了後には、刑事裁判所に行使することができない（原文は、L'action civile se prescrit selon les règles du code civil. Toutefois, cette action ne peut plus être engagée devant la juridiction répressive après l'expiration du délai de prescription de l'action publique.）」。

(1387) 医療事故に伴う損害賠償請求事件の判例が積み重なっている今日の視点から見れば、メルシエ判決の説示は当然の事理を示したものと言うことになろうが、当時のコンテクストから言えば、時代を象徴する判決の 1 つであったと見なければならない。本文で指摘したことは、メルシエ判決の報告書・評釈の中で強調されていた点でもある。Josserand, supra note 652, p.88 ; Pilon, supra note 652, p.93.

(1388) ジュリアン・ブルドワゾー（Julien Bourdoiseau）は、以下のように論じている。従来の法規範＝不法行為責任では、賠償の不存在という袋小路に入り込んでしまった。そこで、裁判官は、創造的任務を行うべきだと感じた。プラニオルの豊かな創造力が、身体的損害の賠償の不存在を治癒するために、不法行為上のフォートを契約上のフォートに「更改」したのである。しかし、そのためには、前提として、医師と患者との間に契約が存在しなければならない。契約が「発見され」、思慮的で注意深い治療債務の不履行が証明されると、最終的に賠償が確保されるという構造になっているからである。従って、ここには、契約法の道具化（l'instrumentalisation）を見出すことができる。判例は、身体的損害の被害者に有利であるという理由から、契約責任法を始動させるためだけに、契約関係という性格付けを用いているのである（Julien Bourdoiseau, L'influence perturbatrice du dommage corporel en droit des obligations, th. Tours, préf. Fabrice Leduc, Bibliothèque de droit privé, t.513, LGDJ., Paris, 2010, n°s 16 et s., pp.19 et s. esp., n° 19, p.24）。

(1389) この点については、本節・第 2 款・第 1 項 588 頁以下を参照。
(1390) この点については、本節・第 2 款・第 1 項 642 頁以下を参照。

533

相続人としての立場ではなく、自己の名において、運送会社に対し損害賠償を請求する場合、賠償モデルと安全債務を基礎とした上記のメカニズムは問題となりえない。従って、この局面においては、通常通り、不法行為に基づく損害賠償のみが問題となるはずである。初期の判決の中には、その旨を明確に判示するものも存在した[1391]。

ところが、破毀院は、その後すぐに、他人のための約定（フランス民法典1121条[1392]）を利用することによって、乗客と運送会社との間で締結された運送契約の効力を乗客の遺族にも及ぼし、その損害賠償請求を契約の問題として規律するようになる。より具体的に言えば、死亡した乗客の妻、子、法律上の扶養を受けていた者について、乗客と運送会社との間で締結された契約の中に、これらの者のための約定を見出すことを通じて、契約不履行に基づく損害賠償の援用を可能にしたのである[1393]。

(1391) Cass. civ. 27 juill. 1924, S., 1925, 1, 249, note Paul Esmain（船の乗客Aが、船上火災によって死亡した。そこで、Aの母親であるXは、民法典1382条に基づき、運送会社Yに対して、損害賠償の支払いを求める訴訟を提起した。これに対して、Yは、本件事案においては「契約責任」のみが問題となるのであって、そうであるとすれば、商法典433条の消滅時効が完成しており、また、免責条項も存在するのであるから、Xの請求は認められない等と主張した。破毀院は、以下のように判示する。原審は、「Xは、その息子が当事者であった運送契約を援用することなく、民法典1382条に基づき、Yの不法行為上のフォートを原因とする息子の死亡によって被った損害の賠償を請求する権利を持つと正当に判示して、この2つの抗弁を却下した」); Cass. req., 27 juill. 1925, D., 1926, 1, 5, note Georges Ripert（Aは、Y運送会社の船に乗っていたところ、荷積みされていた引火性・爆発性の物質を原因とする火災によって死亡した。そこで、Aの母親であるXは、荷積みについて十分な注意が尽されていなかったとして、自己の名において、Yに対して損害賠償の支払いを求める訴訟を提起した。これに対して、Yは、運送契約においては「契約責任」のみが問題となること、商事消滅時効が完成していること、船長のフォート及び一定の不可抗力（火災を含む）についてYの免責を定めた契約条項が存在することを理由に争った。原審は、Xが第三者として訴権を行使していることを理由に、不法行為に基づく損害賠償の問題であるとした上で、本件事実関係においては、Yが2000人の乗客のいずれかに危険な物質を積むことを許容したという点で、Yには重大な不注意が認められると判断して、Xの請求を認容した。これに対してYが上告したが、破毀院はこれを棄却した); etc.

(1392) フランス民法典1121条「それが、自己のために行う約定又は他の者に対して行う贈与の条件であるときは、同様に第三者のために約定することができる。この約定を行った者は、第三者がその利益を受けようとする旨を申述した場合には、それを撤回することができない（原文は、On peut pareillement stipuler au profit d'un tiers, lorsque telle est la condition d'une stipulation que l'on fait pour soi-même ou d'une donation que l'on fait à un autre. Celui qui a fait cette stipulation ne peut le révoquer, si le tiers a déclaré vouloir en profiter.)」。

(1393) Cass. civ., 6 déc. 1932, D., 1933, 1, 137, note Louis Josserand ; S., 1934, 1, 81, note Paul Esmain ; Gaz. Pal., 1933, 1, 269 ; RTD civ., 1933, 109, obs., René Demogue ; Rev. crit., 1938, 324, note Jacques Flour（事案の概要は、以下の通りである。Aは、Y社の鉄道に乗車中、線路に転落して即死した。そこで、Aの妻であるXは、自己とその子の後見人の名で、Yに対して損害賠償の支払いを求める訴訟を提起した。原審 (Anger, 13 mai 1929, D., 1929, 2, 161, note Louis Josserand) は、Yのフォートが証明されていないとして民法典1382条の適用を排除したが、同1147条に基づく請求についてはこれを認容した。破毀院は、以下のように判示して、Yからの上告を棄却した。「運送契約において、鉄道運送人は、乗客を目的地まで安全に導く債務を負う。契約の履行の際に死亡事故が発生した場合、被害者の配偶者及びその子供は、被害者が行った約定により、1147条に基づいて、損害の賠償を得る権利を有する。この約定は、明示的になされる必要はない」); Cass. civ., 24 mai 1933, D., 1933, 1, 137, note Louis Josserand ; S., 1934, 1, 81, note Paul Esmain ; Rev. crit., 1938, 324, note Jacques Flour（事案の概要は、以下の通りである。Aは、Y社の鉄道に乗っていたところ、線路に転落して死亡した。そこで、Aから生活のための援助を受けていた兄弟Xが、Yに対して損害賠償の支払いを求める訴訟を提起した。原審は、Xの請求

これを本項の分析視点を用いて検討するならば、以下のように整理することができよう。運送契約の中に発見された安全に関わる債務、つまり、乗客のための「契約責任を生じさせる行為ないし所為」は、他人のための約定という法理を介在させることによって、遺族のための「契約責任を生じさせる行為ないし所為」として構成された。かくして、「契約責任を生じさせる行為ないし所為」の源となる契約領域における義務は、各契約類型内部に義務を発見することだけでなく、契約それ自体、ここでは運送契約それ自体を拡張することによって、更なる拡大を見せることになったのである。更に、こうした手法は、運送の局面のみならず、医療の場面でも利用されたこと、具体的に言えば、輸血センターと医療機関の血液供給契約の中に患者のための約定が存在し、患者が輸血センターの契約不履行に基づく損害賠償を問題にすることができたことも付言しておこう(1394)。

を棄却した。破毀院は、以下のように判示して、Xからの上告を棄却した。「死亡事故の被害者である乗客は、法律上の関係により扶養義務を負っていた者の利益のために約定していたものと推定されなければならないが、この推定は、本件におけるように、原告がその訴権を正当化するためにこの種の義務を援用することができない場合にまで、拡大することはできない」); Cass. req., 19 juin 1933, DH., 1933, 429 ; S., 1934, 1, 180 ; Rev. crit., 1938, 324, note Jacques Flour（事案の概要は、以下の通りである。Aは、Y社の鉄道に乗っていたところ、駅の近くで線路に落下し、死亡した。そこで、Aの娘であるXらが、Aの相続人として、また、自己の名において、Yに対して損害賠償の支払いを求める訴訟を提起した。原審は、Xらの請求を認容した。破毀院は、以下のように判示して、Xからの上告を棄却した。「運送契約において、運送人は、乗客を目的地まで安全に導く債務を負う。契約の履行の際に死亡事故が発生した場合、被害者の子供は、被害者が行った約定により、1147条に基づいて、損害の賠償を得る権利を有する」); Cass. 1re civ., 15 fév. 1955, D., 1955, 519（運送事故により死亡した乗客Aの兄弟Xらが、運送会社Yに対して損害の賠償を求めたという事案である。原審は、民法典1122条、1147条を根拠条文として、Xらの請求を認容した。これに対して、破毀院は、民法典1147条をビザに、以下のように判示して、原審を破棄した。「事故によって死亡した乗客は、生じた損害の賠償について、法律上の関係に基づき自己が扶養義務を負う者のために、約定をしたものと推定される。しかし、この推定は、何らの扶養義務も問題とならないケースには及ばない」(chapeau)。よって、原審は、上記のテクストに違反した)

(1394) Cass. 2ème civ., 17 déc. 1954, D., 1955, 269, note René Rodière ; JCP., 1955, II, 8490, obs. René Savatier ; Gaz. Pal., 1955, 1, 54 ; RTD civ., 1955, 30, obs. Henri et Léon Mazeaud（事案の概要は、以下の通りである。Xは、A病院で手術を受ける際に、輸血をされた。ところが、血液提供者が梅毒にり患していたために、Xも梅毒に侵されるに至った。そこで、Xは、輸血センターYに対して、損害賠償の支払いを求める訴訟を提起した。原審は、Xの請求を認容した。これに対し、Yは、本件事案においては「契約責任」が問題となるはずであるのに、不法行為責任が基礎とされていること、仮に不法行為の問題とするにしてもYのフォートが証明されていないこと等を主張して、上告した。破毀院は、以下のように理由を差し替えた上で、Yの上告を棄却した。A病院と「Yとの間で締結された合意が、医療上の処方箋を実行するために、入院患者に対して、血液を提供することを目的としていたことに異論はない。この合意には、Xのためにされた他人のための約定が付されており、Xは、原契約とは無関係であり、また、代理されているわけでもないが、その利益のために引き受けられた債務を援用することができる。従って、債務者の契約の不履行は、1121条及び1135条の規定により、債権者が被った損害について、債務者に対し直接的に責任を負わせる」。「Y自身によって援用されている契約関係において、債務者は、同法典1147条に従って、本件債務に対する違反が、自己の責めに帰すことのできない不可抗力のような、外的原因に基づくものであることを証明しなかったし、また、主張もしなかった。事実審裁判官は、医療のレベルでのあらゆる責任を排除する状況下において、「Xに瑕疵ある血液を接種した」という事実を認定した後、輸血センターがXに対して誠実な給付を提供しなかったことを明らかにして、賠償への権利をこのようにして犯されたフォートによって基礎付けた」); Cass. 1re civ., 14 nov. 1995, Dr. et pat., fév. 1996, n° 1241, obs. François Chabas.

◆第1章◆ 解　釈

　ところで、上記のような賠償モデル、安全債務の肯定による「責任を生じさせる行為ないし所為」の拡大、他人のための約定による「責任を生じさせる行為ないし所為」の当事者以外への拡張という3つの法技術の組み合わせは、遺族の損害賠償請求権を被害者自身のそれと同じ水準にまで高めるために考案されたものである。つまり、破毀院は、第1及び第2の法技術によって被害者の補償を確保し、今度は、第3の法技術によって被害者遺族に対する補償を向上させようとしたのである。そうすると、他人のための約定と民事責任に関する一連の判例法理は、19世紀末から20世紀初頭にかけて展開された議論の延長線上に位置付けられることになる。更に付け加えるならば、第3の法技術それ自体を、第2の法技術が生み出される際に拠り所とされた思想の発展として把握することも可能である。(1)で触れたように、安全に関わる債務は、当事者意思ではなく、民法典1135条、より具体的に言えば、衡平という客観的な基礎を持つ債務として構想された。そこでは、契約内容の全てが当事者意思によって決定されるとの神話は、完全に放棄されていた。他人のための約定も、こうした契約補充のあり方に依拠したものと言える。確かに、破毀院は、民法典1135条をビザとして用いているわけではない。しかし、破毀院が、「契約の履行の際に死亡事故が発生した場合、被害者の配偶者及びその子供は、被害者が行った約定により、1147条に基づいて、損害の賠償を得る権利を有する」という部分に続けて、殊更に、「この約定は、明示的になされる必要はない」と述べていることからすれば[1395]、これらの判例は、上記のような契約内容確定の方法を十分に意識して判決を下したと評価することができるように思われるのである。

　とはいえ、各契約類型の中に安全に関わる債務を補充することと、そこで補充された内容を持つ契約の効力を当事者以外に及ぼすことでは、等しく衡平を根拠にするといっても、契約解釈や契約補充の手法、そして、契約との距離感から見れば、大きな相違が存在する。この点に、ルイ・ジョスランのような安全債務それ自体に批判的な立場からだけでなく[1396]、安全債務に対しては好意的な態度を示す立場か

[1395]　Cass. civ., 6 déc. 1932, supra note 1393.
[1396]　ジョスランは、以下のような批判を展開する（Josserand, supra note 1393, Note, sous Anger, 13 mai 1929, pp.161 et s.; Id., supra note 1393, Note, sous Cass. civ., 6 déc. 1932 et Cass. civ., 24 mai 1933, pp.137 et s.）。他人のための約定を用いて被害者遺族に損害賠償を与えるという方法は、実際的かつ衡平な結果に到達するという目的から見れば、確かに、巧妙であるし、実効的なものである。しかし、到底、是認することはできない。乗客と運送会社との間の契約に安全債務を導入するという時点で、既に契約を強制しているにもかかわらず、そこに、他人のための約定を付け加えるという暴挙に出ているからである。これは、第1のフィクションを、それ自体が人為的な基礎の上に更なる人為性を付け加えており、一種の法的革命にほかならない。更に言えば、こうした判例の態度は、運送契約を集団的な契約へと変貌させるものであり、伝統的な契約の型から大きく離れてしまっている。このような国家主義的な標準化が、知性と人間の尊厳にとっての進歩であるかは、極めて疑わしいのである（ジョスランの契約思想一般については、注[1240]を、安全債務に対する批判については、注[1264]を参照）。また、André Rouast, Note, sous Grenoble, 15 mars 1921, D., 1922, 2, pp.25 et s も、ジョスランと同じような批判を提起している。

◆ 第 2 節 ◆ 理論モデルの展開

らも(1397)、他人のための約定を用いた補償確保の方法に批判が提起され続けている理由(1398)、また、近年に至って、こうした手法を放棄したかのように理解することもできる判例が登場した理由が存するのである(1399)(1400)。第 2 款で述べるように、

(1397) Ex. Esmain, supra note 1393, p.81（判決の理由付けに賛成することはできないが、これを運送契約全体の判例と併せて読むならば、その結論自体は適切である）; Rodière, supra note 1394, p.270（他人のための約定を利用するためには、受益者の承諾が必要となるはずであるが、破毀院民事第 2 部 1954 年 12 月 17 日判決の事案で、当事者は、民法典 1382 条に基づき損害賠償を請求している以上、この承諾は存在しないと見なければならない）; Id., supra note 1305, n° 18, p.6 ; etc.

(1398) もっとも、今日においては、本文で述べたのとは異なるコンテクストではあるが、民事責任の領域で他人のための約定を用いる手法に対して再評価もなされている。パスカル・アンセルの議論がそれである。アンセルは、本節・第 2 款・第 1 項 642 頁以下で言及する直接訴権に関する判例法理を分析した論文の中で、他人のための約定の利用可能性について、以下のような議論を展開する（Pascal Ancel, Les arrêts de 1988 sur l'action en responsabilité contractuelle dans les groupes de contrats, quinze ans après, in, Mélanges en l'honneur du président André Ponsard, La cour de cassation, L'université et le droit, Litec, Paris, 2003, pp.3 et s. esp. n°S 38 et s., pp.30 et s.）。判例上、損害賠償の直接訴権が問題となっているケースについては、他人のための約定によって正当化することができる。そもそも、中間者（連鎖売買のケースで言えば、原買主＝転売主）は、相手方（連鎖売買のケースで言えば、原売主）の不履行が、第三者（連鎖売買のケースで言えば、転買主）に大きな影響を及ぼすことを認識しているはずであり、この第三者のために賠償を確保しておこうとする考えは、何ら人為的なものではない。また、中間者の相手方が第三者に対して何らかの債務を負担していることを承認しているという考えも、不合理なものではない。そうであるとすれば、原契約当事者の意思に準拠することなく、民法典 1135 条に基づいて、原契約の中に他人のための約定を読み込み、これを第三者に援用させることも可能となるのである。
　このようなアンセルの議論は、判例上、損害賠償に関する直接訴権が認められているケースを念頭に置いたものである。従って、この論理を本文で述べたケースにそのまま及ぼすことはできない。しかし、学説上、多くの批判が提起されてきた民事責任領域における他人のための約定法理を再評価する学説として（更には、その背後にある（論文の刊行年で言えば、その基礎として位置付けられる）、契約の拘束力（force obligatoire）と義務的内容（contenu obligationnel）の区別と併せて（Id., Force obligatoire et contenu obligationnel du contrat, RTD civ., 1999, pp.771 et s.））、注目されるべき議論であるとは言える。本文で述べた民法典 1135 条や衡平という視点からの判例法理の評価は、こうしたアンセルの議論から示唆を得たものである。

(1399) Cass. 1re civ., 28 oct. 2003, Bull. civ. I, n° 219 ; D., 2004, 233, note Philippe Delebecque ; JCP., 2004, I, 163, obs., Geneviève Viney ; JCP., 2004, II, 10006, note Gwendoline Lardeux ; RTD civ., 2004, 96, obs., Patrice Joudain ; Resp. civ. et assur., fév. 2004, comm., n° 30, note Hubert Groutel ; Defrénois, март. 37894, 383, obs., Rémy Libchaber. 事案の概要は、以下の通りである。Y 社は、フランス人グループのために、カンボジア旅行を企画した。ツアー中、メコン川に立ち寄った際、カヌーが転覆して、4 人が溺死したが、ほかの者はかろうじて岸に泳ぎ着いた。そこで、生存者 18 人と死者 4 人の遺族（以下、「X ら」とする）は、Y 及びその保険会社に対して、精神的損害の賠償を求める訴訟を提起した。原審は、生存者 18 名が被った精神的損害に関わる損害賠償請求については、契約の問題とした上で、フランス法を準拠法とし損害賠償請求を認めたが、死者 4 人の遺族の精神的損害に関わる損害賠償請求については、不法行為の問題とした上で、カンボジア法を準拠法とし、カンボジアの法律が精神的損害の賠償を認めていないと判示して、その請求を棄却した。これに対して、X らは、以下のような理由で上告した。①原審は、本件契約の中には他人（遺族）のための約定が存在しない以上、被害者遺族の訴権は不法行為の性質を持つとするが、遺族のために黙示の約定が存在したことがあって、原審は民法典 1121 条、1122 条、1147 条に違反している。②責任を生じさせる行為がカンボジアで発生したとしても、その損害はフランスで発生しているのであるから、本件事案にはフランス法が適用されるのであって、カンボジア法を準拠法とした原審は、民法典 3 条、1382 条に違反している。破毀院は、以下のように判示して、これらの上告を棄却した。「原審は、原告らが、間接被害者であり、譲受人として、あるいは、相続人として訴訟を提起しているわけではなく、死亡した両親の承継人でないことを明らかにした後、原告らは、旅行契約における他人のための黙示の約定を利用す

537

◆第 1 章◆解　釈

　ここには、賠償モデルを利用することによって、被害者に対し適正な（より正確に言えば、適正なものと考えられていた）補償を提供するという考え方の問題の 1 つが含まれているように思われるが、いずれにしても、現段階では、第 2 の法技術、つまり、安全債務の肯定による「責任を生じさせる行為ないし所為」の拡大と同じレベルの恩恵を、当事者だけでなく、その遺族にも与えるためには、第 3 の法技術、すなわち、他人のための約定に頼らざるをえなかったという事実を記憶しておかなければならないであろう。

　第 3 に、そもそも当事者間で契約が存在するかどうかについて疑いが存した問題類型である（以下では、これを「契約の生成類型」と呼ぶことにしよう）。この契約の生成類型の最も典型的な場面として、いわゆる無償援助の合意（convention d'assistance）に関するケース、すなわち、契約に基づく義務や法律上の義務を負わない者（以下では、「援助者」と呼ぶことにしよう）が、他人（以下では、「被援助者」と呼ぶことにしよう）に手を差し伸べた際に身体的な損害を被ったという場合において、援助者が被援助者に対して損害賠償を請求するケースがある[1401]。これは、1950 年代頃から破毀院の判例に現れ始めたものである。初期の判決の中には、合意の問題とはせずに、事務管理に基づく請求を肯定した原審を是認したもの[1402]等があった

　　ることができず、従って、その訴権が Y の契約責任に基づくものであるという主張は排斥されると正確に判断した。よって、上告は受け入れられない」。「契約外責任の準拠法は、損害を生じさせる行為が発生した場所の国家法である。そして、この場所は、損害の原因となった行為の場所だけでなく、損害の発生地をも意味する。間接被害者が被った精神的損害について言えば、これは、損害を生じさせる行為と直接の関係を持ち、被害者に生じた損害の中にその源が存在するのであるから、その賠償に適用される法律は、この精神的損害を被った場所ではなく、この損害が発生した場所の法律である」。原審は、損害の原因となった行為がカンボジアで発生したと判断しているのであるから、抵触法の規範を正確に適用した。よって、上告には理由がない。

(1400) 注(1399)で引用した評釈のうち、パトリス・ジュルダンは、一般論として他人のための約定を用いる手法を放棄したものと評価する（Jourdain, supra note 1399, p.97）。また、フィリップ・ドゥルベックも、「破毀院にとって、他人のための約定というリトンは、もはや優れた準拠ではなくなった」と評価している（Delebecque, supra note 1399, n° 17, p.235）。これに対して、レミィ・リブシャベル（Rémy Libchaber）は、本判決の説示の仕方から見れば、必ずしも、あらゆるケースにおいて他人のための約定を放棄したものとは読めないとする（Libchaber, supra note 1399, p.385）。

(1401) この問題については、Cf. Roger Bout, La convention dite d'assistance, in, Études offertes à Pierre Kayser, t.1, PUAM., Aix-en-Provence, 1979, pp.157 et s. ; Sophie Hocquet-Berg, Remarques sur la prétendue convention d'assistance, Gaz. Pal., 1996, 1, doc., pp.32 et s. ; Frédéric Stasiak, Le fondement de la réparation du dommage résultant d'une assistance bénévole au regard des tendances actuelles de la jurisprudence civile, Petites affiches, 19 juill. 1996, n° 87, pp.9 et s. また、この問題を主題とするテーズとして、O. Mahony, De la réparation du préjudice subi par celui qui bénévolement porte aide ou secours à autrui, th. Paris, 1942 ; Claude Roy-Loustaunau, Du dommage éprouvé en prêtant assistance bénévole à autrui : méthodologie de la réparation, préf. Pierre Bonassies, PUAM., Aix-en-Provence, 1980 ; Arnaud Montas, Le quasi-contrat d'assistance : Essai sur le droit maritime comme source de droit, préf. Yves Tassel, avant-propos de Muriel Fabre-Magnan, Bibliothèque de droit privé, t.482, LGDJ., Paris, 2007.

(1402) Cass. 1re civ., 16 nov. 1955, JCP., 1956, II, 9087, obs., Paul Esmain（事案の概要は、以下の通りである。Y は、A の所有する自動車を運転していたところ、横転し、火災を引き起こした。ところが、Y は、事故の衝撃で気絶してしまった。そこで、通行人 B は、自動車から、気絶した

が(1403)、やがて、破毀院は、援助者と被援助者との間に無償援助の合意を観念し、しかも、この合意の中に、「援助を求めた者に関して、援助を求められた者が被った身体的損害を賠償する債務」を含めるに至った(1404)。しかし、判例法理の歩みはこれ

　　Yを引き出した。その結果、Bは、重度の火傷を負い、やがて死亡してしまった。このような事実関係の下、Bの妻であるXは、Yとその保険会社に対して、損害賠償の支払いを求める訴訟を提起した。原審は、民法典1382条、不当利得の適用を否定したが、事務管理を理由として、Y及びその保険会社に対し連帯して損害の賠償を行うよう命じた。これに対してY側が上告したが、破毀院はこれを棄却した）

(1403)　その他、責任の性質決定を行わなかった原審を破棄した判決も存在する。Cass. 1re civ., 21 mars 1955, JCP., 1955, II, 8714, obs. Paul Esmain（泥にはまって動けなくなった自動車の運転手Yを手助けしていたXが、目を負傷したという事案である。原審（Poitiers, 28 nov. 1952, JCP., 1953, II, 7565, obs. Paul Esmain）は、被害者の負傷が必要性状態の帰結であることを述べて、契約あるいは不法行為の性質決定をせずに、XのYに対する損害賠償請求を認容した。これに対して、破毀院は、Yの責任を肯定するために必要な要件を明確にしていないとして、原審を破棄した）

(1404)　Cass. 1re civ., 27 mai 1959, D., 1959, 524, note René Savatier ; JCP., 1959, II, 11187, obs. Paul Esmain ; RTD civ., 1959, 735, obs. Henri et Léon Mazeaud（事案の概要は、以下の通りである。Aは、Yの従業員である。Aは、トラックを運転していたところ、泥にはまってしまったので、近くに居た農民Xに助けを求めた。そして、Xはこれを承諾した。Xは、つるはしを使って車輪の下に小石を詰め込む作業をしていたとき、石の破片によって目を負傷してしまった。その結果、Xは、眼球摘出手術を受けるに至った。そこで、Xは、Yに対して、損害賠償の支払いを求める訴訟を提起した。原審は、Xの請求を認容した（本判決の争点は多岐にわたるが、以下では、無償援助の合意に関わる部分のみを掲記する）。これに対して、Yは、原審は委任契約の存在を肯定しているが、この契約は法律行為のみを対象とするものである等と主張して、上告した。破毀院は、以下のように理由を差し替えた上で、Yの上告を棄却した。「原審に確認された合意は、法律行為の実現を目的としていないから、委任ではない。専権的に認定された事実によれば、Yのために行動していたXとAとの間には、援助の合意が存在する。この合意には、援助を求めた者に関して、援助を求められた者が被った身体的損害を賠償する債務が含まれる」）; Cass. 2ème civ., 23 mai 1962, Gaz. Pal., 1962, 2, 210 ; RTD civ., 1963, 327, obs. André Tunc（事案の概要は、以下の通りである。靴の修理屋を営んでいたYは、別の場所へと移転することを決め、200kgの重さがある「仕上げ台」を運ぶことにした。そこで、Yは、これをトラックに積み込むため、Aら数名に手伝ってもらった。ところが、Aは、これをトラックに積み込もうとしたときに、転倒し、5日後に死亡してしまった。そこで、Aの妻と子であるXらは、Y及びトラックの所有者であるBに対して、損害賠償の支払いを求める訴訟を提起した。原審は、Xらの請求を棄却した（以下では、Yに対する請求の部分についてのみ掲げる）。これに対して、破毀院は、民法典1134条、1135条をビザに、「援助の合意には、衡平が当事者に与える結果として、援助を求めた者に関し、援助を求められた者が被った損害を賠償する債務が含まれる」(chapeau)と判示して、原審を破棄した）; Cass. soc., 14 fév. 1963, JCP., 1964, II, 13611, obs. Paul Esmain（事案の概要は、以下の通りである。Yは、運転していた自動車が溝にはまってしまったので、使用人Aとともに、トラクターで作業をしていたBに援助を依頼した。ところが、その作業中、AとBが負傷してしまった。そこで、農業労働災害に関する法律に基づきBに対し保険金を支払ったXが、Yに対して、損害賠償の支払いを求める訴訟を提起した。また、Aも、Yに対して追加の損害賠償を請求する訴訟を提起した。原審は、Aの請求に関しては、無償援助の合意の当事者ではないとして、また、Xの請求については、無償援助の合意に基づく請求ではないとして、いずれの請求も棄却した。これに対して、破毀院は、以下のように判示した。まず、Aの請求に関して言えば、無償援助の合意はBとYとの間に存在するのであるから、Aの無償援助の合意に基づく請求を棄却した原審の判断は正当である。次に、Xの請求については、「援助を求めた者と求められた者の間で黙示に締結されている援助の合意には、必然的に、援助を求めた者に関して、援助を求められた者が被った全ての損害を賠償する債務が含まれる」ところ、Xは、Bの権利を代位しているのであるから、その支払いが本件事故を直接的な原因としている以上、支払った額の償還を求めることができる。よって、原審の判断には理由がない）; Cass. 1re civ., 1er déc. 1969, D., 1970, 422, note Marc Puech（事案の概要は、以下の通りである。Aの運転する自動車とYの運転する小型オートバイが衝突し、オートバイから火が出た。Xは、その現場に居合わせ、消化器

539

に止まらない。破毀院は、その後、無償援助の合意の中に、「援助を求められた者が被った身体的損害を賠償する債務」のみならず、「援助を求めた者に関して、援助を求められた者がフォート不存在の場合に事故の被害者に対して負う責任を保証する債務」をも含ませたのである[(1405)]。

　以上のような無償援助の合意に関する判例法理は、これまでに述べてきた問題類型とは異なり、無償援助の合意それ自体を責任原因としている点に特徴がある。すなわち、契約の補充類型や契約の拡張類型は、各契約の中に契約領域における義務を生成し、その違反をもって「契約責任を生じさせる行為ないし所為」を認定する手法を当然の前提とした上で、問題となっている事例をこうしたメカニズムに乗せ

　　　で火を消そうと試みたところ、タンクが爆発し、負傷してしまった。そこで、Xは、Yに対して、損害賠償の支払いを求める訴訟を提起した。原審は、黙示の合意の存在を認め、Xの請求を認容した。これに対して、Yは、本件事案においては援助を受ける者の同意が存在しなかった等と主張し、上告した。破毀院は、以下のように判示して、Yの上告を棄却した。「申込みが、専ら名宛人の利益のためになされている場合、この名宛人はそれを承諾したものと推定される以上、控訴院は、援助を受ける者の明確な同意を明らかにする必要はなかった。XとYとの間に援助の合意が締結されたことを専権的に評価したのであるから、控訴院の裁判官が、援助を受ける者は無償で援助を与えた者の被った損害を賠償する債務を負うと判示したのは、正当である」); Cass. 1re civ., 27 janv. 1993, Bull. civ., I, n° 42 ; Gaz. Pal., 1993, 2, 434, note François Chabas ; RTD civ., 1993, 584, obs., Patrice Jourdain (事案の概要は、以下の通りである。Yは、自己所有の土地で木の伐採作業を行っていたところ、電動のこぎりで、その手伝いをしていた兄弟Aを負傷させてしまった。そこで、Aに対して補償を支払った保険会社Xが、Y及びその保険会社に対して、損害賠償の支払いを求める訴訟を提起した。原審は、無償援助の合意の存在を認定したが、本件事案においては、Yの契約違反が明らかにされていないから、民法典1384条1項を適用すべき事案である等と述べて、Xの請求を認容した。これに対して、破毀院は、まず、民法典1382条以下をビザに、「これらのテクストは、原則として、契約債務の不履行と結び付いた損害の賠償には適用されない」(chapeau) と判示した後、民法典1135条及び1147条をビザに、無償援助の合意に関する判例法理を繰り返して、原審を破棄した); Cass. 1re civ., 10 oct. 1995, Contra. conc. consom., janv. 1996, n° 1, 5, note Laurent Leveneur (祭りの準備に無償で協力していたXが負傷したという事案である。原審は、無償援助の合意を認定し、祭りの委員会とその保険会社に対し、連帯して損害を賠償するよう命じた。これに対して、被告側が上告したが、破毀院はこれを棄却している); etc.

(1405)　Cass. 1re civ., 17 déc. 1996, Bull. civ., I, n° 463 ; D., 1997, somm. 288, obs., Philippe Delebecque ; RTD civ., 1997, 431, obs., Patrice Jourdain (事案の概要は、以下の通りである。Yは、友人らとともに、自己の所有する土地の地ならしを行っていた。ところが、その際、そのうちの1人であるAが、別の1人であるXの振り下ろしたつるはしによって負傷してしまった。そこで、Xは、Aに対して、損害賠償を支払った。このような事実関係の下、Xは、Yに対して、自己がAに対して支払った損害賠償の求償を求める訴訟を提起した。破毀院は、以下のように判示する。原審は、「つるはしを使用していた者と土地の所有者との間には、黙示的に、無償援助の合意が締結されていることを認定し、そこから、この合意には、必然的に、援助を求めた者に関して、援助を求められた者がフォート不存在の場合に事故の被害者に対して負う責任を保証する債務が含まれ、この被害者が、別の援助を求められた者かどうかは問わないことを正確に導いた」）それ以前のものとして、Cass. 2ème civ., 21 fév. 1979, D., 1979, IR., 349, obs., Christian Larroumet (事案の概要は、以下の通りである。X社のトラック運転手Aは、泥にはまって動けなくなっていた大型トラックの所有者Yを手伝っていたところ、Bの運転する自動車と衝突してしまった。そのため、Xは、Bに対して、損害賠償を支払った。そこで、Xは、Yに対して、求償のための損害賠償を求める訴訟を提起した。原審は、無償援助の合意には、援助をした者が被った損害を賠償する債務のみが含まれ、第三者が被った損害を賠償する債務は含まれないとして、Xの請求を棄却した。これに対して、破毀院は、以下のように判示して、原審を破棄した。原審は、無償援助の合意の中に、援助を与えた者が事故の被害者に対して負う責任を担保する債務が含まれるかどうかを明らかにしていない）

るために、契約内容を補充したり、契約を拡張したりする類型であった。これに対して、無償援助の合意のケースにおいては、上記のような枠組み、つまり、無償援助の合意を観念し、そこに被援助者にとっての安全債務を読み込み、その違反を「契約責任を生じさせる行為ないし所為」として構成するという手順が踏まれているわけではない。ここでは、被援助者が負うべき安全債務を観念するというプロセスが省略されてしまっている。破毀院は、無償援助の合意の中に、「援助を求めた者に関して、援助を求められた者が被った身体的損害を賠償する債務」、「援助を求めた者に関して、援助を求められた者がフォート不存在の場合に事故の被害者に対して負う責任を保証する債務」を導入しているのであるから、この局面においては、契約領域における義務違反ではなく、契約それ自体が「責任を生じさせる行為ないし所為」として捉えられているのである。

ところで、(2)の冒頭において、賠償モデルが、契約領域における義務を肥大化させ、それを通じて判断される「責任を生じさせる行為ないし所為」を多様化すれば、それだけ、契約不履行に基づく損害賠償における原理面での調整を行う必要なく、その領域を拡大させることのできる理論モデルであることを提示した。そして、これまで、上記のような分析視角に従って、契約領域における義務の拡大と義務の原因となる契約の拡大現象を検討してきた。ところが、先に明らかにしたように、契約の生成類型では、契約領域における義務を観念するというプロセスが中間省略されており、理論的に見れば、この類型は、必ずしも賠償モデルの論理構造を利用したものとは言えなくなっている[1406]。そうすると、契約の生成類型を契約の補充類型や契約の拡張類型と同列に位置付けることには疑問も生じえよう。しかしながら、ここでの問題も、やはり賠償モデルの枠内で理解されなければならないように思われる。その理由は、無償援助の合意に関する判例法理が、物の所為に基づく不法行為責任、契約領域における義務の拡大化傾向を補完するものとして捉えられうることに求められる[1407]。

(1)で述べたように、運送契約の中に、安全に関する債務が発見されたのは、物の所為に基づく不法行為責任が発展していなかった状況の下で、被害者に対し適正な(より正確に言えば、適正なものと考えられていた)補償を提供するためであった。ところで、これも(1)で触れたように、20世紀の初頭、判例は、物の所為に基づく不法行為責任の法理を次第に確立していったから、無償援助の合意に関する判例法理が展開した1950年代に、援助者に対する適正な(より正確に言えば、適正ものと考えら

[1406] というのは、契約の中に損害賠償債務が組み込まれているのであれば、それは、損害担保約束のように、契約それ自体を原因とする債務として理解されることになるからである。そうであるとすれば、無償援助の合意の事例は、契約不履行に基づく損害賠償の理論枠組みに関わる問題ではなくなるのである。

[1407] 以下で述べる視点とは異なるが、Cf. Arhab, infra note 1412. ファリダ・アラブ (Farida Arhab) は、無償援助の合意が民事責任法を補充するための法律構成としての意味を持つとの認識から、これを判例上の安全債務法理の代替物と位置付けている。

れていた）補償を確保するためには、この法理に依拠するという方法もあったはずである。しかし、無償援助の合意に関する判例法理で問題となったようなケースにおける被害者は、物の所為に基づく不法行為責任を利用することができない可能性があった。というのは、1968年12月20日の合同部判決に至るまで[1408]、破毀院は、いわゆる好意同乗の事例において、リスクの引受けを根拠に、民法典1384条1項の適用を否定していたからである[1409]。このように、無償性に基づくリスクの引受けという観念が民法典1384条1項の適用を排除するのであれば、その理は、無償で車に同乗していたというケースだけでなく、（援助をする側と受ける側という違いはあるものの）無償で他人を援助していたというケースにも当てはまる可能性がある。従って、当時の破毀院に残されていたのは、これを合意の問題として構成する方法だけであったと見ることができるのである。

ところで、賠償モデルの論理構造を利用した補償確保のメカニズムは、各契約の中に契約領域における義務を生成し、その違反をもって「契約責任を生じさせる行為ないし所為」を認定するというものであった。従って、問題となっているケースをこのメカニズムに乗せるためには、契約と義務という2つのレベルで生成作業を行わなければならないことになる。しかしながら、1930年代に展開した民事責任と他人のための約定に関する判例法理を見れば明らかになるように、契約（約定）と義務という2つのレベルで生成作業を行う手法には、多くの批判が提起されていた。そうすると、1950年代の破毀院が、無償援助の合意のケースにおいて、契約領域における義務を観念するというプロセス（義務の生成プロセス）を省略したのは、他人のための約定によって被害者遺族への賠償を確保する手法に対して向けられた、二重のフィクションという批判を回避するためであったと理解することができるよう

(1408) Cass. ch. mixte, 20 déc. 1968 (2 arrêts), D., 1969, 37, concl. Schmelk.
(1409) Cass. civ., 27 mars 1928, D., 1928, 1, 145, note Georges Ripert ; S., 1928, 1, 353, note François Gény（事案の概要は、以下の通りである。X夫妻は、Yの自動車に無償で乗せてもらっていたところ、事故に遭い、夫X_1は死亡し、妻X_2も負傷した。そこで、X_2は、Yに対して、民法典1382条、1384条1項に基づき、損害賠償の支払いを求める訴訟を提起した。原審は、民法典1382条に基づく請求については、フォートが立証されていないとして、同1384条1項に基づく請求については、タイヤのパンクが事故の原因になったことが証明されていないとして、X_2の請求を棄却した。破毀院は、以下のように理由を差し替えて、X_2の上告を棄却した。原審は、XがYの自動車に乗っていたのは、Yの好意によるものであるから、その責任は、民法典1382条に基づいてのみ認められるとしている。「実際、他人に被らせうる危険を理由に、「保管」を必要とする無生物動産の保管者に対して、民法典1384条1項によって規定されている責任の推定は、被害者が物の使用に何ら関与していない場合に、補償を確保することによって、その物によって生じた損害の被害者を保護するために設けられたものである。従って、契約により、あるいは、純粋に無償の親切行為により、この自動車の中に居た者は、自動車の保管者に対して、この推定を援用することができない。前者の場合、被害者は、明示もしくは黙示の契約上の約定において運送人に課されている債務によって保護される。これに対して、危険を認識しながら、無償で自動車を使用することを引き受け、あるいは要請した者は、自動車の所有者もしくはその従業員が、民法典1382条、1383条の意味におけるフォートを犯したことを証明しない限り、自動車の所有者から損害賠償を獲得することはできない」） その他、Cf. Cass. req., 21 juill. 1930, S., 1931, 1, 15 ; Cass. civ., 24 juill. 1930, DH., 1930, 523 ; S., 1931, 1, 15 ; Cass. civ., 30 déc. 1931, S., 1932, 2, 62 ; etc.

に思われる。すなわち、無償援助の合意に関する判例法理の説示は、本来であれば賠償モデルの論理構造に依拠した形で判断されるべき問題を、その場合に向けられるであろう批判をかわすために生み出された論理であると言うことができるのである(1410)(1411)。

(1410) もっとも、無償援助の合意という構成に対して批判が向けられなかったというわけではない。それどころか、この構成に対しては、多くの批判が提起されてきた。
　例えば、ソフィー・ホケット・ベルグ（Sophie Hocquet-Berg）は、判例における無償援助の合意について、極めて辛辣な批判を提起している。無償援助の合意は、もはや、「方向付けられた契約（contrat dirigé）」ではなく、完全なフィクションに基づく「強制された契約（contrat forcé）」である。確かに、合意の内容は全て当事者意思によって決定されるわけではない。しかし、ここでの「強制された契約」は、意思自治や契約自由の原則に対して重大な侵害をもたらしているだけでなく、契約の拘束力の基礎であるはずの当事者意思をも侵害している。これは、国家的なディリジスムにほかならないのである（Hocquet-Berg, supra note 1401, esp., n° 19, p.36）。また、パトリス・ジュルダンも、以下のような議論を展開している。そもそも、この場合に合意が存在するかどうかは疑わしいし、更に、そこに判例が説くような債務を結び付けるのは極めて人為的である。意思自治の原則を標榜しないとしても、また、契約の拘束力の基礎を法律に求めるとしても、無償援助の合意は、民法典1135条を濫用し、裁判官の創造的権限を過度に拡充したものと言わなければならない（Jourdain, supra note 1405, pp.432 et s.）。更に、ファリダ・アラブも、損害賠償債務を基礎付けるための法的基礎が存在しないため、無償援助の合意は一定の有用性を持つとの立場からなされたものではあるが、この構成に対して、以下のような問題を指摘している。破毀院で問題となったケースの中に、援助に関わる合意を見出すことは困難である。しかも、破毀院は、日和見主義的に無償援助の合意を認定しているので、その観念自体が希釈化してしまっている（Arhab, infra note 1412, n° 13 et s., pp.568 et s.）。更に言えば、これらを合意の問題とすることは、「予見行為としての契約」という考え方に反するし（この点については、本節・第2款・第1項 660頁以下も参照）、契約関係における法的安定性を損なうものである。結局、破毀院は、被害者に賠償を提供するという目的のために、無償援助の合意という構築物を適用することで満足し、そこからもたらされる様々な危険を全く考えていないのである（Ibid., n° 15, p.568）。
　以上の議論を一瞥するだけでも明らかとなるように、ここでの批判は、契約法の基本原則として、意思自治や契約自由を標榜するかどうか、また、契約の拘束力の基礎を、古典的な学説のように当事者意思に求めるのか、それとも、ハンス・ケルゼン（Hans Kelsen）のような形で法律に求めるのかにかかわらず、なされているものである。従って、ここからは、無償援助の合意に対するフィクション性の批判が多くの学説によって共有されていることが分かるであろう。また、無償援助の合意という構成に対して繰り返し指摘されてきた問題、例えば、契約を締結することができない者（意識がなかった者、未成年者、精神障害者等）との間では無償援助の合意を用いることはできない（Savatier, supra note 1404, p.526 ; Bout, supra note 1401, n° 26, pp.181 et s. ; Puech, supra note 1404, pp.423 et s. ; Arhab, infra note 1412, n° 13, p.568 ; Hocquet-Berg, supra note 1401, n°s 13 et s., pp.34 et s.）、何もしていないという消極的態様を契約の意思表示と見ることはできない（Puech, supra note 1404, p.424 ; Hocquet-Berg, supra note 1401, n°s 6 et s., pp.33 et s.）、好意同乗のケース（判例は、これを不法行為の問題とする。注(1409)及び本節・第2款・第1項 583頁以下を参照）との間で均衡を失している（Esmain, supra note 1404, Obs., sous Cass. 1re civ., 27 mai 1959, p.2 ; Id., supra note 1404, Obs., sous Cass. soc., 14 fév. 1963, p.2 ; Bout, supra note 1401, n° 21, pp.177 et s. ; Arhab, infra note 1412, n° 14, p.568 ; Hocquet-Berg, supra note 1401, n°s 6 et s., pp.33 et s.）等の批判も、究極的には、無償援助の合意という構成のフィクション性を問うものと見ることができる。
　そうすると、破毀院が苦心の末に作り上げた無償援助の合意は、必ずしもその当初の目的を達成したとは言えないということになる（なお、この点については、本節・第2款・第1項 583頁以下で再度触れることになる）。

(1411) 注(1410)で述べたような基本認識から、学説においては、破毀院が無償援助の合意によって解決しようとした問題を、様々な法律構成によって説明しようとする努力が積み重ねられてきた。例えば、事務管理や不法行為のほか（ニュアンスの相違はあるが、Ex. Bout, supra note 1401, n°s 37 et s., pp.191 et s. ; Larroumet, supra note 1405, p.350 ; Jourdain, supra note 1405, p.433）、事務管理や不当利得に類似する準契約（Hocquet-Berg, supra note 1401, n°s 24 et s., pp.37 et s.。また、債務発生原因に関する独自の（従って、それ自体1つの検討対象として認識さ

◆第1章◆ 解　釈

　無償援助の合意に関する判例理論が契約領域における義務の拡大化傾向を補完する役割を有していたという見方は、別の視点からも基礎付けることができる。既に述べたように、20世紀の破毀院判例は、多くの契約類型の中に、安全に関わる債務を作り出してきた。とはいえ、契約あるいは契約の履行と関わりのない状況下で身体的な損害が生じたというケースにおいて、契約上の安全債務違反を基礎とする「契約責任」を認めることには困難が伴う。破毀院は、このような場合に、無償援助の合意を観念することによって、適正な（より正確に言えば、適正であると考えられていた）補償を付与しようとした。すなわち、動産を修理する契約において、依頼主が請負人の作業場から当該動産を荷車に載せて運び出そうとした際に、当該動産が荷車から落下したので、請負人の協力を得て、これを元に戻そうとしたところ、転倒し負傷したという事案において、破毀院は、「控訴院は、一方で、現場の形状を考慮すれば、請負人は、請負契約に付随して、当該家具を作業場のある建物の外へ運搬する債務を負っていたこと、他方で、この運送の際、依頼主と請負人の間には、援助の合意が同意されていたことを専権的に評価した。この援助の合意には、必然的に、援助を求めた者に関して、援助を求められた者が被った身体的損害を賠償する債務が含まれる」と判示し、依頼主の請負人に対する損害賠償請求を認容したのである[(1412)]。このような判例が存在することからも、無償援助の合意に関する判例法理が契約領域における義務の拡大化傾向を補完するために生み出されたものであることが明らかになるものと言えるだろう。

　以上のように、無償援助の合意を代表とする契約の生成類型は、必ずしも賠償モデルの論理構造に依拠したものではないが、それを使うことができない事例について、損害賠償債務を含む契約を生み出すという形で、契約領域における義務の拡大を補完する役割を果たしてきたと言うことができるのである。

　少し叙述が長大になり、引用判例も多くなってしまったので、契約不履行に基づく損害賠償に関する理論モデルの変遷、賠償モデルの発展という分析課題について、これまでの検討から明らかになったこと、また、そこから引き出されうる視点を整理しておこう。

　20世紀の判例は、契約不履行に基づく損害賠償を、契約上のフォート＝不履行によって生じた損害を賠償するための制度として捉える構想（賠償モデル）と、契約領域における義務を肥大化させ、それを通じて判断される「責任を生じさせる行為ないし所為」を多様化すれば、それだけで、契約不履行に基づく損害賠償の領域を拡

　　　　　れるべき）約束（l'engagement）、準約束（le quasi-engagement）概念を介したものであるが、Cf. Grimaldi, supra note 688, n°790-3, p.358）、リスク分配に基づく特別な責任（Esmain, supra note 1403, Obs., sous Poitiers, 28 nov. 1952, p.2 ; Id., supra note 1404, Obs., sous Cass. 1re civ., 27 mai 1959, p.3）、人を助けるという法定の義務の中には損害を被った場合にその賠償を受けるという対価が含まれているとの考え方（Puech, supra note 1404, p.425）等が、その代表である。
(1412)　Cass. 1re civ., 16 juill. 1997, Bull. civ., I, n° 243 ; D., 1998, 566, note Farida Arhab ; JCP., 1998, I, 144, obs., Geneviève Viney ; RTD civ., 1997, 944, obs., Patrice Jourdain.

大することができるという、賠償モデルの論理構造を最大限に利用した。判例法理が試みたことは、単に、契約領域における義務を2つのレベルで拡大すること、つまり、各契約類型の中に安全債務を読み込むことと、契約の拡張や生成を行うことだけであった。これを別の視点から言えば、20世紀の破毀院判例は、賠償モデルの存在を所与の前提とし、これを契約不履行に基づく損害賠償に関する当然の理論枠組みとして捉えていたということになる。

　このような判例法理の展開の背後には、疑いなく、「賠償というイデオロギー」、「被害者主義」とも評すべきフランス民事責任法の基本態度(1413)、あるいは、被害者に対する補償確保への並々ならぬ情熱が存在する。こうした態度が保険制度の発達に支えられていることは言うまでもないが、この点は措くとしても、20世紀における契約領域における義務の拡大が、19世紀末から20世紀初頭にかけての議論と同様に、上記のような基本態度によって導かれていたことは、記憶にとどめておかなければならない。このことは、とりわけ、他人のための約定という法技術を用いた被害者遺族への補償確保、無償援助の合意という法的構成に依拠した援助者への補償確保の場面に端的な形で現れている。そうすると、フランスにおける賠償モデルは、(1)の末尾で整理したように、19世紀末から20世紀初頭にかけての政治的・社会的・思想的コンテクストにおいて、ドイツ法の影響を受けつつ形成されたものであったが、必ずしも時代的な制約を受けた理論枠組みというわけではなく、その後も、補償の確保という目的のために受け継がれ、発展させられてきたと見ることができるのである。

　もちろん、このような評価は、賠償モデルによってこうした目的が真の意味で実現されたのか、また、賠償モデルのみがこうした目的を実現するための唯一の手段であったのかという評価とは別のレベルに属する。この意味において、本項は、賠償モデルが、フランス民法学、更に言えば、フランス社会の時代思潮からの影響を受けつつ、判例の主観的な意図としては、補償の確保のために生成され、利用されてきたということを述べたものに過ぎない。従って、契約不履行に基づく損害賠償に関する2つの理論モデルの解釈論的な有用性を問うことを目的としている本節の考察を完成させるためには、こうした意図それ自体の正当性は別としても、更に、上記のような2つの問い、すなわち、目的の実現可能性、ほかの手段による代替可能性を検証しなければならないのである。これが、本節・第2款の検討課題となる。しかし、その前に、項を改めて、本項における検討成果を踏まえつつ、日本における賠償モデルの展開過程を明らかにしておくことにしよう。

　(1413) この点については、注(899)を参照。

◆第1章◆ 解 釈

◇第2項　日本における賠償方式としての契約不履行に基づく損害賠償の生成

　本章・第1節・第2款で明らかにしたように、日本の民法の制定過程における審議の中には、債務不履行に基づく損害賠償の基礎を債権それ自体に求め、これを、「債権ノ効力」、あるいは、債権に内在する力として把握する構想と、債務不履行に基づく損害賠償を不法行為に基づく損害賠償と同じ性質を持つ制度として位置付ける構想のいずれをも見出すことができた。しかし、少なくとも、債務不履行に基づく損害賠償の基本的な理解をめぐる議論がなされた場面では、前者の構想が前面に押し出されていた。そして、民法施行直後の学説も、制定過程の議論を反映したものとなっており、その基本的な枠組みにおいては、ポティエから現行民法へと至る潮流の中に位置付けることができた。

　ところが、このような議論の状況は長く続かなかった。明治期末以降の学説は、契約（債務）不履行に基づく損害賠償について、不法行為に基づく損害賠償と同じ性質を持ち、同じ原理に支配されるべき制度であるとの理解を示し、その後、このような理解は、ほぼ異論なく受け入れられるようになっていった。また、それと並行するようにして、債権に内在する力としての損害賠償という視点からの議論は、ほとんど見られなくなってしまったのである。まずは、その過程と要因を明らかにするところから考察を始めよう。なお、日本の伝統的通説における契約（債務）不履行に基づく損害賠償に関わる議論については、既に、第1部において、各論的問題を考察する際に言及しているが[1414]、ここでは、若干の重複を甘受しつつ、より一般的・包括的な視点から検討を行うことにする。

(1) 賠償モデルの製造

　日本法においては、民法施行後すぐに、契約（債務）不履行に基づく損害賠償と不法行為に基づく損害賠償の接近が図られた。まずは、そこでの議論を基礎として形成された伝統的通説における契約（債務）不履行に基づく損害賠償をめぐる理解の特徴を整理しておくことにしよう。

　第1に、契約（債務）不履行に基づく損害賠償と不法行為に基づく損害賠償が、「損害賠償債権」という項目の下で統一的に論じられていたことである[1415]。そこ

(1414) 帰責事由について、第1部・第1章・第1節・第2款・第1項124頁以下、契約債権と損害賠償請求権との関係について、同章・第2節・第2款・第1項195頁以下、損害論について、第2章・第1節・第2款・第1項269頁以下、損害賠償の範囲について、同章・第2節・第2款・第1項339頁以下を参照。

(1415) こうした手法を採用した教科書・体系書として、石坂・前掲注(2)270頁以下、同・前掲注(357)51頁以下、鳩山・前掲注(2)64頁以下、神戸・前掲注(357)207頁以下、岡村・前掲注(357)38頁以下、嘉山・前掲注(357)81頁以下、岩田・前掲注(357)「概論」95頁以下、同・前掲注(357)「新論」76頁以下、中島(弘)・前掲注(357)「債権法論」464頁以下、同・前掲注(357)「総論」27頁以下、中村・前掲注(357)385頁以下、富井・前掲注(2)196頁以下、勝本・前掲注(2)279頁以下、同・前掲注(357)153頁以下、小池・前掲注(357)「日本債権法」78頁以下、同・前掲注(357)「総

546

では、損害賠償とは他人の被った損害を賠償することを意味するから、損害賠償債権は、その発生原因を異にする場合であっても、損害の賠償を目的とする点において共通の性質を有し、共通の原則に支配されるべきものとされた[(1416)]。つまり、民法の体系上、2つの損害賠償制度は、明確に区別され、一方は「債権の効力」、他方は債権の発生原因として位置付けられているにもかかわらず、また、民法の制定過程においても、その旨の議論がなされていたにもかかわらず、このような相違が捨象され、両者の原理的な共通性が強調されるようになったのである。もちろん、民

論」79頁以下、池田・前掲注(357)115頁以下、穂積・前掲注(357)24頁以下、沼・前掲注(357)「総論」95頁以下、石田・前掲注(357)「講義」113頁以下、同・前掲注(357)「大要」31頁以下、同・前掲注(357)「総論」50頁以下、野村・前掲注(357)70頁以下、浅井・前掲注(357)「総論」73頁以下、同・前掲注(357)「債権法」71頁以下、末川・前掲注(357)「民法」190頁以下、同・前掲注(357)「債権法」38頁以下等。また、烏賀陽・前掲注(357)95頁以下・137頁以下。

(1416) この点を明確に述べるものとして、鳩山・前掲注(2)64頁以下（「債務不履行ハ性質上一種ノ不法行為ニ外ナラス、損害賠償ノ点ニ付テ両者ノ間ニ差異ノ設クヘキ理由ナシ」）・68頁（日本の「民法ハ損害賠償債権ニ付テ通則ヲ設ケルコトナシ。然レドモ此債権ハ其ノ発生原因ヲ異ル場合ニ於テモ、損害ノ賠償ヲ目的トスル点ニ於テ共通点ヲ有シ、且共通ナル原則ノ支配ヲ受クル」）、富井・前掲注(2)198頁以下（「本来損害賠償債権ハ其発生原因ヲ異ニスル場合ニ於テモ損害ノ賠償ヲ目的トスル点ニ於テ共通ノ性質ヲ有シ共通ノ原則ニ支配サレルヘキモノトス故ニ或損害原因ニ関スル規定ノ如キモ一般的性質ヲ有シ其特別トシ見ルヘカラサルモノハ他ノ原因ヨリ生スル賠償債権ニ之ヲ応用スルコトヲ得」）・200頁以下（「各種ノ場合ニ於ケル損害賠償ノ原其原因ノ如何ニ依リ多少其効力ニ差異ヲ生スト雖モ其性質ニ至リテハ皆同一ナリトス而シテ債務不履行及ヒ不法行為ハ責任原因中ノ主要ナルモノニシテ其規定ノ適用範囲モ亦他ノ場合ト同一ニ論スヘカラサルナリ」）、三潴・前掲注(357)211頁以下（債務不履行に基づく損害賠償と不法行為に基づく損害賠償は、「思フニ其発生原因ハ異ナレリト雖モ之ヨリ生シタル損害賠償請求権カ特別ナル場合ヲ除キテ法理上共通ノ性質ヲ有スルハ疑フヘカラス」）、池田・前掲注(357)119頁（「本来損害賠償債権ハ其ノ発生原因ヲ異ニスルモノト雖モ何レモ損害ノ賠償ヲ目的トスル点ニ於テ共通ノ性質ヲ有シ或ル程度迄統一的法則ニ支配サレルヘキモノトス」）、沼・前掲注(357)「総論」104頁（「損害賠償債権を生ぜしむる債権侵害なる点より観察するときは債務の不履行も亦一の不法行為なるを以て、此の両者の間には本質上の差異あることなし」）、岩田・前掲注(357)「概論」96頁（債務「不履行は債務者の行為に依る債権の侵害であって、その本来の性質は不法行為に外ならぬ」。また、同・前掲注(357)「新論」79頁も同旨）、小池・前掲注(357)「日本債権法」78頁（「元来債務不履行と不法行為とは性質上の区別なき」ことは、もちろん。また、同・前掲注(357)「総論」80頁も同旨）、近藤＝柚木・前掲注(357)175頁以下（「吾民法は、違法行為をば、債務不履行と不法行為との二種に分ちて、格別に、之に関する規定を設けているが、後者は多くは、権利の排他性の侵害なるに反し（中略）、前者は、債権の充実性（中略）の侵害なる点に於て、区別せられ得るに止り、共に違法行為者に損害の賠償をなさしむることを、主要な効果とする点に於ては、全く同一であるから、債務不履行に関する規定と不法行為に関する規定とは、相互に類推適用せらるべきである」）、勝本・前掲注(2)294頁（「損害賠償債権の発生原因としての債務不履行と不法行為とについては、その間に本質上の差異はない。債務不履行と雖も債権の侵害と云ふ点より見れば、一の不法行為である」）・296頁（「債務不履行に因る損害賠償に関する規定と不法行為に因るそれとは、形式上、特則と一般規定との関係にあるも、両種の賠償請求権は其本質を同じくするものであるから、債務不履行につき規定なき点に関しては、理論上特に不法行為に特有なる規定に非ざる限り不法行為の規定を類推適用すべく、又、債務不履行にのみ特有なる規定にして、理論上それが債務不履行にのみ特有なる性質を有せざるときは、不法行為にも同一規定が類推適用せらるるものと解すべきである」）、石田・前掲注(357)「講義」116頁（債務不履行も、性質上不法行為の一種であって、損害賠償の点に関して、不法行為との間に差異を設ける理由はない）、野村・前掲注(357)74頁（「不法行為も債務不履行も共に違法行為である点では本質的に異なる處はない」）、浅井・前掲注(357)「総論」（債務不履行も、債権の侵害であって、その性質は不法行為と異ならない。また、同・前掲注(357)「債権法」74頁以下も同旨）。

◆第1章◆ 解　釈

法の編別に従って、2つの損害賠償制度を区別して論ずる学説も存在したが、そこで説かれている内容は、「損害賠償債権」の通則を設けている学説のそれと全く同じであった(1417)。

　第2に、上記のような形で2つの損害賠償制度の原理的な共通性が強調された結果、要件・効果の両面にわたって、2つの損害賠償に共通の枠組みが構築されるに至ったことである。すなわち、要件レベルでは、契約（債務）不履行に基づく損害賠償と不法行為に基づく損害賠償とに共通する3要件として、過失責任主義に基礎付けられた責任原因としての故意・過失、損害賠償の対象としての損害、行為者と結果とを客観的に連結する要素としての因果関係が設定された(1418)。また、条文上、債務不履行に基づく損害賠償においては要求されていない責任能力に言及する学説も多かった(1419)。更に、効果のレベルにおいては、損害賠償の範囲は因果関係によって決せられるとの理解が一般的に受け入れられていた(1420)。これらの点については、既に第1部で検討したので、ここでは繰り返さない。

　第3に、履行不能、履行遅滞、不完全履行（積極的債権侵害）という、いわゆる不

(1417) 注釈の形を採用する、中島(玉)・前掲注(357)「釋義総論」、近藤＝柚木・前掲注(357)は別としても、磯谷・前掲注(357)、三潴・前掲注(357)、沼・前掲注(357)「要論」、中島(玉)・前掲注(357)「総論」、大谷・前掲注(357)、末弘・前掲注(357)、吾孫子・前掲注(357)、林・前掲注(357)「判例」、同・前掲注(357)「総論」、同・前掲注(357)「民法」、我妻・前掲注(357)、須賀・前掲注(357)、近藤・前掲注(357)、中川・前掲注(357)等。

(1418) 石坂・前掲注(2)275頁以下、同・前掲注(357)53頁以下、鳩山・前掲注(2)69頁以下、三潴・前掲注(357)216頁以下、神戸・前掲注(357)211頁以下（ただし、責任原因、損害、義務者起因を挙げ、第3の要件の中に、因果関係と故意・過失を含める）、岡村・前掲注(357)40頁以下、嘉山・前掲注(357)84頁以下、中島(弘)・前掲注(357)「債権法論」467頁以下、同・前掲注(357)「総論」29頁以下、中村・前掲注(357)387頁以下、富井・前掲注(2)201頁以下（ただし、責任原因と過失を別の要件とする）、勝本・前掲注(2)308頁以下、同・前掲注(357)164頁以下、烏賀陽・前掲注(357)142頁以下（ただし、責任原因のほかに、「賠償義務者ノ責ニ帰スヘキ行為アリタルコト」を要求する）、池田・前掲注(357)120頁以下、沼・前掲注(357)「要論」90頁以下、同・前掲注(357)「総論」104頁以下、大谷・前掲注(357)152頁以下、小池・前掲注(357)「日本債権法」83頁以下、同・前掲注(357)「総論」83頁以下、石田・前掲注(357)「講義」119頁以下、同・前掲注(357)「大要」33頁以下、同・前掲注(357)「総論」57頁以下、林・前掲注(357)「判例」98頁以下、同・前掲注(357)「総論」141頁以下、野村・前掲注(357)78頁以下、須賀・前掲注(357)92頁以下、浅井・前掲注(357)「総論」78頁以下、同・前掲注(357)「債権法」75頁以下等。

(1419) 川名・前掲注(911)187頁以下、石坂・前掲注(2)436頁、同・前掲注(357)86頁、鳩山・前掲注(2)158頁、三潴・前掲注(357)195頁以下、沼・前掲注(357)「総論」115頁以下、岩田・前掲注(357)「概論」98頁、小池・前掲注(357)「日本債権法」84頁以下、同・前掲注(357)「総論」85頁、野村・前掲注(357)79頁以下、中村・前掲注(357)387頁・415頁以下、勝本・前掲注(2)337頁以下（債務不履行にも民法712条・713条を準用すべきことを説く）、同・前掲注(357)171頁以下（債務不履行にも民法712条・713条を準用すべきことを説く）、石田・前掲注(357)「総論」58頁、同・前掲注(357)「大要」34頁、浅井・前掲注(357)「総論」96頁以下、同・前掲注(357)「債権法」90頁等。

(1420) 一般論のコンテクストでこの点を明確に述べるものとして、石坂・前掲注(2)309頁、同・前掲注(357)59頁、中島(玉)・前掲注(357)「総論」174頁以下、富井・前掲注(2)230頁、中島(弘)・前掲注(357)「債権法論」472頁以下、嘉山・前掲注(357)117頁、野村・前掲注(357)93頁以下、近藤・前掲注(357)447頁、須賀・前掲注(357)102頁、我妻・前掲注(357)222頁、中川・前掲注(357)39頁以下、林・前掲注(357)「総論」144頁、末川・前掲注(357)「債権」40頁、同・前掲注(357)「民法」191頁等。

履行の三分体系が導入され[1421]、定着したことである[1422][1423]。もちろん、初期の学説においても、とりわけ、不完全履行の中身について、その理解が一枚岩であったというわけではなく、そこに存在する加害行為の積極性を捉え、通常の不履行とは異なる因果の系列を見る立場も存在した[1424]。また、履行不能に関しては、その内部において様々な分類が提示され、掘り下げた検討がなされていた[1425]。こうした債務不履行態様の分析が行われていたことは、この時期の債務不履行理論の大きな特徴であり、本項の問題関心から見ても、大きな意味を持つものである。

　明治末期以降に展開された契約（債務）不履行に基づく損害賠償をめぐる議論の特徴は、さしあたり、以上のように整理することができる。第3の特徴は別として、第1及び第2の特徴を見る限り、そこでの契約（債務）不履行に基づく損害賠償の理論枠組みは、疑いなく賠償モデルであると言うことができる。それでは、民法制定過程における議論に現れていた履行モデルの発想が排除され、上記のような特徴を持つ賠償モデルの議論が構築されるに至ったのは、どのような要因に基づくものなのか。

　ここで、フランスにおける賠償モデル生成の要因を思い出してみよう。フランスの賠償モデルは、外国法、とりわけ、ドイツ法の議論を参考としつつも、19世紀末から20世紀初頭にかけてのフランス社会で生じた問題に対応するために生み出されたものであり、その背後には、政治的・思想的な展開の影響を見出すことができた。また、そこでは、不法行為に基づく損害賠償の基本原理をめぐる議論との関係も重要な意味を持っていた。このように、フランスにおいて契約不履行に基づく損害賠償の理論枠組みが転換したのは、様々な要因が複合的に絡み合った結果であり、そこには、それ相応の理由が存在したのである。更に付言すれば、フランスの賠償

(1421) 岡松参太郎「所謂「積極的債権侵害」ヲ論ス」新報16巻1号（1906年）57頁以下、2号12頁以下、3号15頁以下、4号35頁以下。
(1422) 川名・前掲注(911)165頁以下、石坂・前掲注(2)589頁以下、同・前掲注(357)111頁以下、鳩山・前掲注(2)後注(357)164頁以下、三潴・前掲注(357)134頁以下、中島(玉)・前掲注(357)「釋義総論」459頁以下、同・前掲注(4)「総論」160頁以下、嘉山・前掲注(357)210頁以下、岡村・前掲注(357)87頁以下、沼・前掲注(357)「総論」211頁以下、中島(弘)・前掲注(357)「債権法論」497頁以下、同・前掲注(357)「総論」58頁以下、近藤＝柚木・前掲注(357)166頁、吾孫子・前掲注(357)103頁以下、小池・前掲注(357)「日本債権法」160頁以下、同・前掲注(357)「総論」134頁以下、石田・前掲注(357)「総論」185頁以下、同・前掲注(357)「大要」94頁以下、同・前掲注(357)「講義」225頁以下、野村・前掲注(357)158頁以下、末弘・前掲注(357)68頁以下、近藤・前掲注(357)443頁以下、中村・前掲注(357)445頁以下、林・前掲注(357)「総論」130頁以下、浅井・前掲注(357)「総論」140頁以下、末川・前掲注(357)「債権」54頁以下、同・前掲注(357)「民法」196頁以下等。
(1423) この点に関する学説の展開については、早川・前掲注(78)54頁以下、潮見・前掲注(78)13頁以下を参照。
(1424) 勝本正晃「不完全履行論」同『民法研究 第1巻』（巌松堂書店・1932年）133頁以下〔初出・1929年〕、同・前掲注(4)424頁以下、同・前掲注(357)364頁以下、舟橋諄一「不完全履行について」末川先生還暦記念『民事法の諸問題』（有斐閣・1953年）67頁以下等。
(1425) 石坂音四郎「給付不能論」同『民法研究 第2巻』（有斐閣書房・1913年）203頁以下〔初出・1911年〜1912年〕等を参照。

◆第1章◆ 解　釈

モデルが、(契約不履行に基づく損害賠償の全てを当事者意思によって説明するタイプの議論のみが念頭に置かれていたという意味で) 確かに一面的な理解に基づくものではあったが、履行モデルとの対決を経て構築されたものであることも看過すべきではない。こうしたフランスの議論におけるような諸要因や対決過程は、日本法のコンテクストでの履行モデルから賠償モデルへの転換過程においても見出すことができるのか。

　一言で表現するならば、日本法における賠償モデルの生成は、フランスのそれとは異なり、何らかの社会的問題に対応するためでも、何らかの政治的・思想的背景に導かれたものでも、更に、不法行為法との関係において促されたものでもなかった。また、その過程において、履行モデルとの対決がなされることもなかった。そこには、ただ、ドイツの議論の影響が見出されるのみであった[1426]。

　まず、第1及び第2の特徴について言えば、当時の学説は、ドイツ民法旧249条以下の構造とドイツ民法学の議論の成果を受け入れ、それを日本民法の条文に即して構成しただけであった。その上、民法の起草者の1人である富井政章や、石坂音四郎、中島玉吉等の当時を代表する学説は、「損害賠償債権」の通則を設けていない日本民法の構造を激しく批判し、それを規定するドイツ民法の体系を高く評価していたのである[1427]。確かに、フランスの賠償モデルにも、ドイツの影響を見出すこ

(1426)　債務不履行法に対するドイツ法の影響という点について言えば、いわゆる学説継受の一断面として、既に先行業績によって指摘されているところである (とりわけ、北川・前掲注(11)「日本法学」が重要である)。以下の叙述は、本書が採用する契約不履行に基づく損害賠償の理論枠組みという分析視角から、この点をサマライズするものに過ぎない。

(1427)　富井・前掲注(2)198頁 (日本民法は、ドイツ民法とは異なり、「損害賠償債権」の通則を有していない。しかし、「此ニ於テ其規定ノ適用範囲ニ付キ疑義ヲ生シ解釈一途ニ出テス是畢竟各種ノ原因ヨリ生スル損害賠償ノ通則ナキカ故ニシテ立法技術上ノ欠点タルコトヲ免レス」)・199頁以下 (ドイツ民法の体系は、「理論上正当ト信スルカ故ニ本書ニ於テモ損害賠償債権其モノニ付キ之ヲ観察シ本節中ノ一款トシテ説明スルコトヲ適当ト認メタルナリ」)、石坂・前掲注(2)273頁 (日本の民法は、「損害賠償債権」についての統一的規定を有しておらず、不法行為に基づく損害賠償と債務不履行に基づく損害賠償とを分けて規定している。しかし、「此規定ノ方法ハ正当ナリト云フヲ得ス」。これでは、債務不履行と不法行為以外の理由を原因として損害賠償が発生する場合に、「債務不履行又ハ不法行為ノ損害賠償ニ関スル規定ヲ適用スルヲ得ス従テ損害賠償債権ノ要件損害賠償ノ範囲方法等ニ関シ適用スヘキ規定ヲ欠ク是レ頗ル法典ノ体裁ヲ失ヒタルモノト云ハサルヘカラス獨民法ニ倣ヒ損害賠償債権一般ニ通スル規定ヲ設クルヲ正当トス」。また、同・前掲注(357)52頁も同旨)。その他、この点を明確に述べるものとして、三潴・前掲注(357)211頁以下 (「債務不履行ヨリ生シタル損害賠償ニ関スル規定ト不法行為ヨリ生シタル損害賠償ニ関スル規定ハ各不備ナルカ故ニ彼此流用ヲ許サストセハ頗ル困難ナル問題ヲ生ス」。「故ニ唯規定ノ不備ヲ云為シテ適用又ハ準用ヲ否認シ説ニ賛セス第七百二十二条第一項ハ不履行ニ関スル第四百十七条ノ規定ヲ不法行為ニ因ル損害賠償ニ準用スル旨ヲ示シタルノミニシテ其他ニ関スル準用規定ナシト雖モ此一事ヲ以テ準用ヲ禁シタルモノト解スルヲ得ス」。「不法行為上ノ損害賠償ニ関スル規定ト雖モ性質ノ許ス限リ其他ノ場合ニ適用又ハ準用スルヲ得ヘシト考フ但立法論トシテハ獨逸民法 (二四九条以下) ノ如ク損害賠償ニ関スル一般的通則ヲ設クルヲ可トス」)、中島(玉)・前掲注(357)「釋義総論」454頁 (日本の民法は、「損害賠償ノ通則ヲ設クル能ハサルニアラサルノミナラス之レカ通則ヲ設クルニ非サレハ各場合ニ於ケル損害賠償ノ原則ヲ明カニスル能ハサル欠点アリ、是レ獨逸民法カ第二百四十九条以下ニ於テ損害賠償ノ通則ヲ設クル所以ナリ」。これは、「立法上ノ一大欠点ト評セサルヘカラス」)、池田・前掲注(357)119頁 (日本の民法は、損害賠償の「間ノ統一連絡充分ナラサルヲ以テ解釈適用上疑義ノ生スルヲ免レス、其ノ他ノ特別規定ニ至リ

550

とはできた。しかし、同じくドイツ法の影響を受けたと言っても、フランスにおいては、当時の政治的・社会的・思想的背景の下、一元論と二元論との対話を通じて賠償モデルが形成されていったのであり、このようなフランスの議論が日本のそれと対照をなしていることは明らかであろう。別の言い方をすれば、フランスの議論は、当時の社会的実体の上にパンデクテン法学の成果を重ね合わせたものであったのに対して、日本の議論は、純粋な解釈の問題としてのみドイツ法の議論をとり入れたのである。

次に、第3の特徴についても、第1及び第2の特徴と同じく、ドイツ法の議論から不完全履行や積極的債権侵害を概念として受け入れ、また、そこでの議論を参考にして履行不能の中身を構築したに過ぎなかった[(1428)]。当時の学説が不完全履行ないし積極的債権侵害として挙げている例は、当時の日本社会が抱えていた問題を反映したものではなかったし、まして、判例や裁判例に基づいて構成されたものでもなかった。これらは、ドイツの議論から借用した例であるか、あるいは、説明の便宜として設けられた例であるかのいずれかであった[(1429)]。

テハ単ニ賠償義務アルコトヲ規定スルノミ立法上ノ不備ナリト云ハサルヘカラス」。2つの損害賠償は、共通の性質を持つのであるから、「獨逸民法第二四九条以下ニ倣ヒ債権総論ノ一部ニ属スルモノトシ損害賠償債権ニ関スル法理ノ要領ヲ説明スヘシ」)、勝本・前掲注(2)281頁（債務不履行と不法行為以外にも損害賠償が発生する場合があるから、「之等総べての場合に適用せらるべき一般的原則を考究する必要がある。獨逸民法二四九条以下が損害賠償一般に関する規定を設けているのは之が為めである」）。

(1428) 契約不履行に基づく損害賠償の理論枠組みの変遷という視角からなされたものではないが、同様の指摘は、既に幾つかの先行業績によってなされているところである。例えば、早川・前掲注(78)57頁（「岡松論文の考え方が定着した理由との関連で興味深いのは、岡松論文およびこれに同調する体系書のなかに、社会の実情から見て第三の債務不履行類型を認める必要があるというような、いわば実務上の要請といった視点からの考察が殆ど見当たらないということである。この点は、実務の要請から出発したドイツの積極的債権侵害論・不完全履行論とは対照的であるといえよう」）・59頁注(24)（「わが国の初期の学説においては、ドイツの積極的債権侵害論を理論として受け入れるという色彩が強く、現実の社会的要請という要素はあまり見られなかった、と一応言うことができよう」)、林良平「契約責任の構造――その素描」『谷口知平先生追悼論文集2 契約法』（信山社・1993年）2頁以下（債務不履行の領域においては、不法行為法とは対照的に、まず、理論が先行し、次いで、実務がそれを追うという形で議論が進められてきた。そこには、契約自由の原則のほかに（契約法においては、実践的解決のための理論的提言を必要としなかった）、ドイツ法学の影響を指摘することができる）、潮見・前掲注(78)16頁（ドイツとは異なり、「日本では、それが現実の問題と切り離され、もっぱら債務不履行「体系」の問題として論じられた」）。

(1429) 当時の学説においては、まず、目的物の瑕疵や不完全な労務の提供によって拡大的な損害が発生したケースについて、例えば、売主が病気の家畜を引き渡したため買主のほかの家畜に病気が感染したという例（石坂・前掲注(2)592頁、同・前掲注(357)111頁、鳩山・前掲注(2)165頁、三潴・前掲注(357)135頁、中島(玉)・前掲注(357)「釋義総論」461頁、嘉山・前掲注(357)210頁、中島(弘)・前掲注(357)「債権法論」497頁、同・前掲注(357)「総論」58頁、沼・前掲注(357)「総論」211頁、野村・前掲注(357)162頁以下、中村・前掲注(357)445頁、勝本・前掲注(4)486頁、末弘・前掲注(357)69頁、近藤＝柚木・前掲注(357)167頁、近藤・前掲注(357)443頁、末川・前掲注(357)「債権」55頁、同・前掲注(357)「民法」196頁等)、売主が腐った果実を引き渡したため買主のほかの果実が腐ってしまったという例（石坂・前掲注(2)592頁、同・前掲注(357)111頁。また、川名・前掲注(911)165頁)、料理が腐っていたために客が病気になったという例（沼・前掲注(357)「総論」211頁、勝本・前掲注(4)485頁、勝本・前掲注(357)369頁、石田・前掲注(357)「総論」188頁、同・前掲注(357)「大要」96頁、同・前掲注(357)「講義」227頁)、労務提供者が

◆第1章◆ 解　釈

　以上に一瞥したところからは、日本とフランスにおいて、契約（債務）不履行に基づく損害賠償の領域でドイツ法の影響の受け方に大きな相違が存在することが明らかとなるであろう。フランスの学説が、ドイツ法の議論を参考としてその考え方を構築したのは、契約不履行に基づく損害賠償の原理というレベルに限られていたのであって、それ以外の面、例えば、債務不履行の内部に区分を設ける方法は、少なくとも一般的なものとして受け入れられることはなかった。これに対して、当時の日本の学説は、契約（債務）不履行に基づく損害賠償の枠組みについて、ほぼ全面的にドイツにおける議論を継受したと見ることができるのである。

　最後に、当時の学説が上記のような特徴を持つ理論を「製造」するに際して、それとは異なる考え方、つまり、民法制定過程や民法制定直後の学説の中に見出されるような意味での履行モデルの考え方が意識され、それと対決がなされることはなかった。当時の論文や体系書・教科書類における債務不履行に関わる叙述を読む限り、契約（債務）不履行に基づく損害賠償を履行の実現という視角から捉える考え方の存在を示すものは、少なくとも管見の及ぶ限り、皆無である。これは、明治末期から大正期にかけての学説が、債務不履行の領域でのフランス法の議論に目を向けてこなかったこと[1430]、民法制定過程における審議が精査されてこなかったことを

　　　過失によって債権者の物を毀損し、あるいは、債権者の身体を負傷させたという例（石坂・前掲注(2)592頁、同・前掲注(357)111頁、嘉山・前掲注(357)210頁）、売主が劣等の商品を供給したために買主が顧客を失ったという例（鳩山・前掲注(2)165頁、勝本・前掲注(4)486頁、石田・前掲注(357)「総論」189頁、同・前掲注(357)「大要」96頁、同・前掲注(357)「講義」227頁）、無煙炭を供給する約束であったのに有煙炭が提供されてしまったことから、燃焼装置に損害が生じたという例（勝本・前掲注(4)486頁、同・前掲注(357)369頁）、気球内に不十分にしかガスを入れなかったので、気球が墜落したという例（勝本・前掲注(357)485頁）が、挙げられていた（川名・前掲注(911)は、売買目的物に隠れた瑕疵が存在することそれ自体を不完全履行の例として挙げる。これは、売主の瑕疵担保責任について、古典的な債務不履行説に依拠したものである）。
　　　次に、情報や調査の誤りに関わるものとして、鉱山調査を請け負った技師が提供した報告に誤りがあったため、その報告を受けた者が損失を被ったという例（鳩山・前掲注(2)165頁、岡村・前掲注(357)87頁、中島(弘)・前掲注(357)「債権法論」497頁、同・前掲注(357)「総論」58頁以下、勝本・前掲注(4)485頁、石田・前掲注(357)「総論」189頁、同・前掲注(357)「講義」227頁）、会社の役員が作成した貸借対照表が誤っており、それに基づき取引した者が損失を被ったという例（石坂・前掲注(2)592頁、同・前掲注(357)111頁、野村・前掲注(357)163頁、近藤＝柚木・前掲注(357)168頁）、資産管理人が顧客の資産について不正の報告をしたという例（中島(玉)・前掲注(357)「釋義総論」461頁）、売主が、爆発の成分を含む燃料を売却したが、それを告げなかったので、買主が爆発事故を起こしたという例（中島(玉)・前掲注(357)「釋義総論」461頁）が、引用されていた（具体例は挙げていないが、三潴・前掲注(357)135頁、嘉山・前掲注(357)210頁も同様である）。
　　　その他、運送人が送先を間違えたという例（石坂・前掲注(2)592頁、三潴・前掲注(357)135頁）、代理人が代理権を濫用したという例（石坂・前掲注(2)592頁、同・前掲注(357)111頁、近藤＝柚木・前掲注(357)167頁）、六法を購入したが、必要な部分が欠落していたために、試験に落第したという例（末弘・前掲注(357)69頁）も示されていた。
　　　これらの例が、当時の日本における社会問題を反映したものでないことは、明らかであろう。
　(1430)　もちろん、フランス法に言及する学説が全く存在しなかったわけではないが、民法学の領域における本格的な研究は、賠償モデルに基づく損害賠償理論の骨格が形成され、それが一般的に受け入れられた後の川島・前掲注(94)を待たなければならなかった。しかも、この論文は、一元論と二元論の対立に言及するものではあったが、いわゆる請求権競合問題への新たなアプローチを求めるという問題関心に導かれていたため、契約不履行に基づく損害賠償の基本原理に考察

示す事実であるとともに[1431]、今日に至るまで、履行モデル的な発想を持つ議論が、それに賛意を示すのか、批判を提起するのかにかかわらず、明確な形で取り上げられてこなかったことの1つの要因となったと言うべきである。

以上のように、日本における賠償モデルは、フランスの賠償モデルのように社会的・政治的・思想的背景を持たないという意味では無自覚的に、ドイツの議論を積極的に摂取したという意味では意識的に作り上げられたものである。また、民法の制定過程に現れていた履行モデルの考え方が排除されたという点から見れば、確かに、契約不履行に基づく損害賠償に関する理論枠組みの転換は存在したが、それが当時の議論において全く意識されていなかったという点を捉えれば、そこには、真の意味での転換など存在しなかったのである。

このような認識を、本章・第1節・第2款における検討成果を踏まえて考察するならば、以下のような理解を導くことができよう。すなわち、現行民法の条文・体系との整合性というレベルにおいては、履行モデルには解釈論的な有用性を、賠償モデルには理論的・体系的な難点を見出すことができた[1432]。そうすると、明治末期から大正期にかけての賠償モデルは、当時の社会的・思想的な背景を下に「製造」されたものではなかったから、フランスにおけるそれとは異なり、少なくとも当時のコンテクストで見れば、何らの有用性も持たないモデルであったと言うことができる。それどころか、当時の議論が、契約（債務）不履行に基づく損害賠償に関するもう1つの発想を、何らの対決も経ることなく議論の土台から完全に消し去ってしまったこと、また、第1部で指摘したように、損害賠償の性質や証明責任の局面において適切であると考える結論を確保するために、賠償モデルとは理論的に相容れない解決を採用していたことをも併せて考えるならば[1433]、日本の初期の賠償モデ

を及ぼすものではなかったのである。

[1431] 契約（債務）不履行に基づく損害賠償に関わる諸規定の系譜的な把握という点だけを見れば、既に、この時代にも正確な認識を示すものは存在した。例えば、日本の債務不履行理論に積極的he債権侵害論を初めて導入し、「特殊ドイツ法的問題設定に傾斜し」ていたとも評される（和仁陽「日本民法学者のプロフィール 岡松参太郎」法教183号（1995年）78頁）岡松参太郎は、名著『無過失損害賠償責任論』の「序」において、過失責任主義と無過失責任主義の対比というコンテクストではあるが、日本民法の債務不履行規定に対するフランス法の影響を正確に指摘していた。岡松は言う。「我民法ハ債務違反ノ責任ニ付テハ佛法ニ倣ヒ必シモ過失ヲ以テ責任ノ要件ト為スコトナシ、反之不法行為ノ責任ニ於テハ却テ羅馬法ノ過失主義ヲ根拠トスル獨逸ニ學ビ佛法ニ従ハズ、而シテ民法カ不法行為ニ関シ明白ニ過失主義ヲ標榜スルヤ、學者或ハ又之ヲ債務違反ニ推及シ明文ノ規定ナキニ漫ニ過失ヲ附會シ終ニ佛法ノ遺物トシテ僅ニ存スル無過失責任ヲモ我民法ヨリ駆逐セントス、職トシテ佛法ノ研究ニ足ラサル所アルニ由ル」（岡松・前掲注(173)序1頁）。しかし、このような指摘を超えて、契約不履行に基づく損害賠償の性質論に着目する形での検討が行われることはなかった。

[1432] この点については、本章・第1節・第2款・第2項440頁以下を参照。

[1433] 当時の学説によれば、契約（債務）不履行に基づく損害賠償は、本来的債権の内容の変更または拡張であり、それと同一性を有するとされるが、このような理解は、賠償モデルの考え方と明らかに矛盾している。また、帰責事由の証明責任に関して言えば、債務者側がその不存在を証明しなければならないとの解決が一般的に受け入れられていたが、これも、賠償モデルの論理構造と正面から衝突するものである。これらの点については、第1部・第1章・第2節・第2款・第1項195頁以下を参照。

ルは、むしろ有害なモデルであったとさえ評しうるのである。

(2) 賠償モデルの利用

(1)で述べたように、日本法のコンテクストでの賠償モデルは、契約（債務）不履行に基づく損害賠償の性質についての掘り下げた検討と、履行モデルとの対話を経た上で作られたものではなかった。そのため、それ以降の学説は、契約（債務）不履行に基づく損害賠償を不履行によって生じた損害を賠償するための制度として把握する構想を所与の前提として、全ての議論を構築していくことになった。確かに、明治末期から大正期にかけて形成された議論の第1の特徴、つまり、契約（債務）不履行に基づく損害賠償と不法行為に基づく損害賠償を「損害賠償債権」の名の下で統一的に論ずる手法は放棄されるに至ったが[1434]、それを前提として成り立っていたはずの第2の特徴、すなわち、要件・効果の両面にわたって2つの損害賠償に共通の枠組みを構築するスタイルは、細部における相違を残しつつも、何の疑いも抱かれることなく引き継がれていった[1435]。

ところが、昭和40年代以降、判例及び学説は、このような契約（債務）不履行に基づく損害賠償の捉え方を積極的に活用する方向へと進むことになる。とりわけ、判例による安全配慮義務の承認と、学説における義務ないし契約の構造論の展開は、それが成功しているかどうかは別としても、賠償方式としての契約不履行に基づく損害賠償の考え方に、初めて実際上の有用性を付与した議論であったと評価することができる。以下では、これらの議論の中で見られた賠償モデルの利用のあり方を解明し、第2款においてその有用性を問うための準備作業を行うことにする。

検討に先立って、第1項におけるフランス法の分析から得られた成果を参考にしながら、日本における賠償モデルの論理構造を明らかにしておこう。

フランスにおける20世紀の判例及び学説が前提としていたのは、契約不履行に基づく損害賠償を、契約上のフォート＝不履行によって生じた損害を賠償するための制度として捉える構想と（賠償モデル）、契約領域における義務を肥大化させ、それを通じて判断される「責任を生じさせる行為ないし所為」を多様化すれば、それだけで、契約不履行に基づく損害賠償の領域を拡大することができるという賠償モデルの論理構造であった。そこでは、各契約の中に、安全に関する義務が読み込ま

[1434] 我妻・前掲注(6)以降の学説は、一般に、民法の編別に従って、契約（債務）不履行に基づく損害賠償と不法行為に基づく損害賠償を別個に論じている。

[1435] 例えば、我妻・前掲注(7)98頁以下、於保・前掲注(7)89頁以下、奥田・前掲注(13)122頁以下、林（安永補訂）＝石田＝高木・前掲注(13)86頁以下〔林執筆部分〕のほか、山中・前掲注(357)82頁以下、西村・前掲注(357)68頁以下、柚木・前掲注(357)99頁以下、柚木＝高木・前掲注(357)82頁以下、林＝石川・前掲注(357)296頁以下、吾妻・前掲注(357)「総論」19頁以下、同・前掲注(357)「精義」21頁以下、永田・前掲注(357)78頁以下、吉田・前掲注(357)176頁以下、松坂・前掲注(357)66頁以下、津曲・前掲注(357)92頁以下、宮川・前掲注(357)45頁以下、石本・前掲注(357)54頁以下、金山・前掲注(357)54頁以下、澤井・前掲注(357)31頁以下等。

れ、また、契約の拡張や契約の生成が行われることによって、被害者に対する補償の確保が実現されていたわけである。

　このようなメカニズムは、日本の伝統的議論の中にも見出すことができる。伝統的理解によれば、契約（債務）不履行に基づく損害賠償は、不法行為に基づく損害賠償と同じく、有責かつ違法な行為によって生じた損害を賠償するための制度として把握される。つまり、債権者による契約（債務）不履行に基づく損害賠償の請求を認めるためには、有責かつ違法な行為によって損害が発生したこと、言い換えれば、有責かつ違法な行為、損害、因果関係という3つの要素が充足される必要がある。もっとも、第1部・第1章・第1節で検討したように、日本の伝統的通説は、フランスの通説的理解のように、有責性判断と不履行判断との調整を行っていなかったから、そこでは、上記の3要素に不履行という要件が付け加えられることになる(1436)。ところで、債務不履行以外の3要素、すなわち、有責かつ違法、損害、因果関係の判断に関しては、2つの損害賠償の間で理論的な相違が説かれることはなかった(1437)。そうすると、日本の賠償モデルの下では、債務の不履行が認定されれば、あとは不法行為法と同じ判断プロセスを辿ることによって、契約（債務）不履行に基づく損害賠償の肯否を決定することができるのである。ここから、賠償モデルの論理構造においては、被害者による契約（債務）不履行に基づく損害賠償の請求を認めるかどうかを決定するに際して、債務の不履行の存在が決定的に重要な役割を果たしているとの理解が導かれうる。このことを反対から言えば、債務の不履行の存在が認められさえすれば、問題となっているケースを、不法行為に基づく損害賠償ではなく、契約（債務）不履行に基づく損害賠償の領域に含めることができるということになるのである。

　以上のことを、具体的な場面に即して見ていくことにしよう。かつての学説は、不完全履行の場面で生じた、いわゆる拡大損害の取扱いについて、当該損害が相当因果関係の範囲内にある限り、契約（債務）不履行に基づく損害賠償の対象になりうるとの理解を示していた(1438)。これは、不完全履行という類型の不履行と損害との間の相当因果関係の有無だけを問題にするものであるから、まさに、上記のような賠償モデルの論理構造に乗せた判断を行っているものと見ることができる。また、給付に瑕疵があることそれ自体の損害とそこから拡大して生ずる損害とを区別し、それぞれについて、通常の不履行と積極的加害行為という異なる因果の系列を求める立場も存在したが(1439)、こうした理解も、賠償モデルのメカニズムに依拠する形

(1436)　この点については、第1部・第1章・第1節・第2款・第1項125頁以下を参照。
(1437)　故意・過失について、第1部・第1章・第1節・第2款・第1項124頁以下を、損害について、第2章・第1節・第2款・第1項269頁以下を、因果関係について、同章・第2節・第2款・第1項339頁以下を参照。
(1438)　末弘・前掲注(357)70頁、我妻・前掲注(7)157頁等。
(1439)　勝本・前掲注(1424)133頁以下、同・前掲注(4)424頁以下、同・前掲注(357)364頁以下、舟橋・前掲注(1424)67頁以下等。

で、契約（債務）不履行に基づく損害賠償の肯否に関わる判断を行っているものと評価しうる。というのは、そこでは、通常の不履行ないし積極的加害行為という名の不履行と、給付に瑕疵があることそれ自体の損害あるいは給付の瑕疵から拡大して生ずる損害との間の因果関係を問題にすることで、契約（債務）不履行に基づく損害賠償請求の可否が決せられているからである。

繰り返しになるが、かつての学説は、このような賠償モデルの論理構造を、それが必要であるからという理由で意識的に作り上げたわけではなかった。このメカニズムに依拠しなければ処理することのできない事例も、少なくとも当時の著作を見る限り、存在しなかったと言える。この意味において、賠償モデルは、相変わらず、純粋に学理的な議論に止まっていたと見ることができる。しかし、昭和40年代以降の判例・学説は、こうした賠償モデルの論理構造を積極的に利用する形での議論を展開することになったのである。

その最も典型的な例が、判例による安全配慮義務の生成である。周知のように、最高裁は、昭和50年2月25日判決において、車両整備中の自衛隊員が後進してきた車両に轢かれて死亡したという事案で、「国は、公務員に対し、国が公務遂行のために設置すべき場所、施設もしくは器具等の設置管理又は公務員が国もしくは上司の指示のもとに遂行する公務の管理にあたって、公務員の生命及び健康等を危険から保護するよう配慮すべき義務（以下「安全配慮義務」という。）を負っている」と判示し、安全配慮義務の存在を認めた上で、この義務について、「ある法律関係に基づいて特別な社会的接触の関係に入った当事者間において、当該法律関係の付随義務として当事者の一方又は双方が相手方に対して信義則上負う義務として一般的に認められるべきもの」との判断を示した(1440)。その後、最高裁は、自衛隊関係や労働関係の事案において、安全配慮義務に関する判断を積み上げる一方で(1441)、安全配慮義務違反を理由とする損害賠償が債務不履行の領域に属することを前提に、安全配慮義務違反に基づく損害賠償請求の遅延損害金が履行請求時から起算されるこ

(1440) 最判昭和50年2月25日民集29巻2号143頁。本判決の解説・評釈については、注(587)を参照。

(1441) 最高裁のレベルのものとしては、以下のような判決がある。最判昭和50年5月25日民集29巻2号143頁（自衛隊関係）、最判昭和55年12月18日民集34巻7号888頁（雇用・労働関係）、最判昭和56年2月16日民集35巻1号56頁（自衛隊関係）、最判昭和58年5月27日民集37巻4号477頁（自衛隊関係、結論否定）、最判昭和58年12月6日訴月30巻6号930頁（自衛隊関係、結論否定）、最判昭和58年12月9日金判706号45頁（自衛隊関係、結論否定）、最判昭和59年3月27日交民集17巻2号289頁（自衛隊関係、結論否定）、最判昭和59年4月10日民集38巻6号557頁（雇用・労働関係）、最判昭和61年5月6日交民集19巻3号583頁（自衛隊関係、結論否定）、最判昭和61年12月19日判時1224号12頁（自衛隊関係）、最判平成2年4月20日訴月37巻3号23頁（雇用・労働関係、結論否定）、最判平成2年11月8日判時1370号52頁（船舶運送委託契約）、最判平成3年4月11日判時1391号3頁（指揮監督・使用従属関係のある下請労働者・元請関係）、最判平成4年7月14日労判615号9頁（雇用・労働関係）、最判平成6年2月22日労判646号12頁（雇用・労働関係）、最判平成6年3月22日労判652号6頁（雇用・労働関係）、最判平成11年4月22日労判760号7頁（雇用・労働関係）、最判平成16年4月27日判時1860号152頁（雇用・労働関係）等。

と⁽¹⁴⁴²⁾、安全配慮義務違反を理由とする遺族固有の慰謝料請求は認められないこと⁽¹⁴⁴³⁾、安全配慮義務の内容を特定しその違反の事実を証明しなければならないのは原告であること⁽¹⁴⁴⁴⁾等の解決を提示していった。そしてまた、下級審の裁判例は、このような最高裁の展開を受ける形で、雇用・労働関係の事案を超え、多くの契約類型の中に安全配慮義務を発見・適用していったのである⁽¹⁴⁴⁵⁾。

このような形で安全配慮義務の法理が生成されるに至った直接的な要因は、不法行為に基づく損害賠償請求の短期消滅時効期間を回避することにあったとされている。実際、自衛隊・公務関係の事例では、当時、国家公務員災害補償法に基づく給付のほかに、国家賠償法等に基づく損害賠償請求が可能であるかどうかが必ずしも明らかではなかったから、安全配慮義務違反を理由とする債務不履行に基づく損害賠償を肯定することによって、不法行為に基づく損害賠償よりも長期の時効期間に服せしめることには大きな意味があった⁽¹⁴⁴⁶⁾。当時のコンテクストから見れば、多くの学説が指摘していたように、判例による安全配慮義務法理は、労災あるいは公務災害の事例で、消滅時効期間の問題から不法行為法によっては救済することのできない被害者に対して損害賠償を付与することを可能にしたという意味において、重要な役割を果たしたと見ることができるのである⁽¹⁴⁴⁷⁾。一部の例外を除き⁽¹⁴⁴⁸⁾、

(1442)「債務不履行に基づく損害賠償債務は期限の定めのない債務であり、民法412条3項によりその債務者は債権者からの履行の請求を受けた時にはじめて遅滞に陥る」というのが、その理由である(最判昭和55年12月18日民集34巻7号888頁。本判決の解説・評釈については、注(596)を参照)。

(1443)「雇用契約ないしこれに準ずる法律関係の当事者でない上告人(原告—筆者注)らが雇用契約ないしこれに準ずる法律関係上の債務不履行により固有の慰藉料請求権を取得するものとは解しがたい」というのが、その理由である(最判昭和55年12月18日民集34巻7号888頁)。

(1444) 最判昭和56年2月16日民集35巻1号56頁。本判決の解説・評釈については、注(597)を参照。

(1445) 安全配慮義務に関する裁判例を整理・検討した文献は数多く存在するが、初期のものとして、國井和郎「「安全配慮義務」についての覚書——「白ろう病」事件判決を素材にして(上)~(下)」判タ357号(1978年)14頁以下、360号10頁以下、364号58頁以下、同「裁判例から見た安全配慮義務——契約責任論の体系的素描」下森定編『安全配慮義務法理の形成と展開』(日本評論社・1988年)3頁以下〔初出・1981年〕、星野雅紀「安全配慮義務とその適用領域について」下森編・前掲書34頁以下〔初出・1983年〕、同「安全配慮義務の適用範囲」吉田秀文=塩崎勤編『裁判実務大系 第8巻 民事交通・労働災害訴訟法』(青林書院・1985年)475頁以下、野田進「安全配慮義務に関する裁判例の最近の動向」判タ598号(季刊・民事法研究14号)(1986年)115頁以下等に、比較的近時のものとして、淡路剛久「日本民法の展開(3) 判例の法形成——安全配慮義務」広中俊雄=星野英一編『民法典の百年Ⅰ全般的観察』(有斐閣・1998年)447頁以下、瀬川信久「安全配慮義務論・再考」高翔龍先生日韓法学交流記念『21世紀の日韓民事法学』(信山社・2005年)195頁以下等に、簡素で優れた整理がある。

(1446) 最判昭和50年2月25日民集29巻2号143頁の事案に即して言えば、自動車損害賠償補償法3条に基づく原告の損害賠償請求につき、民法724条前段の消滅時効が完成していることを理由にこれを棄却した第1審判決を受けて、原告が、原審の段階で、安全配慮義務違反に基づく損害賠償請求を追加的に主張したという事情があり、原審はこの請求を棄却したが、最高裁が原告の上告を容れたのである。もっとも、本判決の調査官が明らかにしているように、このケースにおける消滅時効の問題は、必ずしも克服しえないものではなかった(柴田・前掲注(587)313頁)。

(1447) 判例による安全配慮義務の承認は、少なくとも、不法行為規範の適用によっては保護することのできない労災被害者に対して救済を与えることを可能にしたという意味において、「被害者救済の切り札」(潮見・前掲注(9)125頁)であった。

多くの論者が安全配慮義務に肯定的な立場からの議論を展開していた[1449]理由は、この点に求めることができるであろう。

そうすると、今度は、こうした状況が今日においてもなお妥当するのかという点が問われることになるが、その検討は、賠償モデルの今日的な有用性の検討を目的とした第2款・第2項に譲るとして、ここでは、上記のような判例における安全配慮義務の法理を、先に提示した賠償モデルの論理構造という点から分析しておくことにする。

賠償モデルは、契約（債務）不履行に基づく損害賠償の基礎となりうる不履行の概念、そして、その前提としての債務の種類を拡張すれば、それだけ、契約（債務）不履行に基づく損害賠償の領域を拡大することができる論理構造を有していた。また、少なくとも伝統的な理解においては、損害や帰責事由等の点において、契約（債務）不履行に基づく損害賠償と不法行為に基づく損害賠償とを区別するための指標は存在しなかった。そうすると、判例が行ったことは、他人の生命や健康を害しないように注意するという一般的なレベルの注意義務を、公務員や労働者の「生命及び健康等を危険から保護するよう配慮すべき義務」として定式化し、契約（債務）不履行に基づく損害賠償の基礎としての不履行を多様化して、その領域を拡大させることだけであったと見ることができる。

このような形での整理は、フランスのそれと全く同様であるが、日本の判例で用いられた手法を20世紀のフランス破毀院判例に見られた諸方法と対比するならば、そこには顕著な相違を見出すことができる。すなわち、フランスの破毀院判例によって実現されたのは、各契約類型における義務の拡大と義務の源となりうる契約の拡大であり、いずれにしても、「責任を生じさせる行為ないし所為」の基礎となりうる義務の増大は、あくまでも契約に結び付けられる形で行われていた。これに対して、日本の最高裁判例は、安全配慮義務につき、「ある法律関係に基づいて特別な社会的接触の関係に入った当事者間において、当該法律関係の付随義務として当事者の一方又は双方が相手方に対して信義則上負う義務として一般的に認められるべきもの」と定式化しているから、ここで義務の増大と結び付いているのは、「ある法律関係に基づく特別な社会的接触の関係」であって、契約ではなかった。つまり、純粋に理論的な視点から見れば、不履行に基づく損害賠償の要件としての不履行は、

(1448) 主張内容は大きく異なるが、安全配慮義務の存在を否定するものとして、新美育文「「安全配慮義務」の存在意義」ジュリ824号（1984年）99頁以下、同「「安全配慮義務の存在意義」再論」法論60巻4=5号（1988年）583頁以下、同「安全配慮義務」山田卓生編『新・現代損害賠償法講座1総論』（日本評論社・1997年）223頁以下、青野博之「契約なき債務不履行——契約ある不法行為との関係も含めて」中川淳先生還暦祝賀論集『民事責任の現代的課題』（世界思想社・1989年）169頁以下、平野裕之「安全配慮義務の観念は、これからどの方向に進むべきか」椿寿夫編『講座 現代契約と現代債権の展望2債権総論(2)』（日本評論社・1991年）33頁以下等。

(1449) 下森定編『安全配属義務法理の形成と展開』（日本評論社・1988年）の巻末に、同書刊行時までに公刊された安全配慮義務に関わる論文・判例評釈等が掲記されているが、そのほとんどは、判例の解決に好意的な立場からの議論であった。

◆ 第2節 ◆ 理論モデルの展開

契約から生じた債務の不履行に限定されていないのである。

　もちろん、第1節において検討したように、日本の民法における債務不履行に基づく損害賠償は、債権総則上の制度であり、広く契約以外の理由によって発生した債務の不履行をも含みうる構造となっているから、契約債務の不履行に限定しないことが、直ちに体系的な破綻をもたらすというわけではない[(1450)]。しかし、フランスの判例のように、契約と結び付けることなく、不履行やその前提となる債務の範囲を増大させるということは、反対から言えば、契約という明確な枠による制御を受けることなくして不履行やその前提となる債務を拡大しうるということを意味している。そうすると、あくまでも「ある法律関係に基づく特別な社会的接触の関係」の意味をどのように捉えるかという点によるのではあるが、ここには、フランス以上に、契約（債務）不履行に基づく損害賠償の領域を著しく拡大させる契機が含まれていると同時に、こうした拡大に対して、契約と関連付けた形での批判的言明を提起する可能性を封ずる効果をも内在していると見ることができるのである。

　更に、こうした見方は、2つの損害賠償制度の流動化へと繋がる可能性を秘めている。ここでも、フランスにおける議論との対比において、日本の議論の特徴を浮かび上がらせてみよう。

　フランスの伝統的通説においては、その境界を明確に区別することができるかどうかは別として、少なくとも理論上は、契約の有無、または、契約債務の違反の有無によって、契約不履行に基づく損害賠償の領域が画されることになる[(1451)]。なるほど、契約不履行に基づく損害賠償と不法行為に基づく損害賠償は、同一の理論枠組みに基礎を置いている。しかし、そうであるからといって、前者が契約という指標を超えて拡大することはありえなかった。また、確かに、安全に関わる債務の中に典型的な形で見られたように、かつては不法行為法の領域で捉えられていたものが契約の問題として構成されることもありうるから、このような意味、つまり、当該債務ないし義務、そして、それらの違反に基づく損害賠償が、いずれの領域に属するものと性質決定されるのかという意味での流動性は存在する。とはいえ、上記のような意味での流動性を超えて、現行法の解釈の枠内で、ある事実の中に、契約、契約債務、契約債務の違反の存在が認定され、当該ケースが契約不履行に基づく損害賠償の問題と性質決定されながら、なお、不法行為に基づく損害賠償と同様の規

　(1450)　この点については、本章・第1節・第2款・第2項427頁以下を参照。また、その評価については、本節・第2款・第2項669頁以下を参照。
　(1451)　他人のための約定法理を用いた契約の拡張類型や、無償援助の合意に代表される契約の生成類型は、これらの法理が如何なる場面で問題となりうるのかという点において、極めて不明瞭であるから、契約を基準としたからといって、契約不履行に基づく損害賠償の領域が明確な形で画定されるというわけではない（この点については、本章・第2款・第1項578頁以下を参照）。しかし、少なくとも理論的に見れば、契約、契約債務の存在が、契約不履行に基づく損害賠償を始動させるために必要不可欠なファクターになっているという限りにおいて、フランスの議論は、後に述べる日本の判例のそれとは大きく異なっているのである。

559

律を受けるという事態が生ずることはなかった。言い換えれば、少なくとも個別的な問題の解釈論の枠内では、2つの損害賠償制度それ自体が流動化することはないのである(1452)(1453)。

これに対して、日本の判例における安全配慮義務の捉え方によれば、契約(債務)不履行に基づく損害賠償の領域は、契約及び「ある法律関係に基づく特別な社会的接触の関係」によって画されることになるが、後者から生ずる義務と、不法行為に基づく損害賠償の基礎となりうるような社会的な義務との境界は、契約という指標を媒介していない以上、曖昧なものとなりうる。もちろん、フランスの例を見れば明らかとなるように、契約だけを基準とする場合であっても、そこで前提とされている契約構想・思想によっては、その範囲は著しく拡大することになるが、そこでは、あくまでも契約が指標として掲げられており、そうである以上、それが適切であるかどうかは別としても、当該義務の不履行は、契約と結び付けられることによって契約不履行に基づく損害賠償に服するという帰結が導かれる。しかし、契約とは別の「ある法律関係に基づく特別な社会的接触の関係」には、法律関係という契約的なファクターと、社会的接触の関係という社会的なファクターがともに含まれているから、そこから生ずる債務、更には、当該債務の不履行に基づく損害賠償は、典型的な契約不履行に基づく損害賠償とも、典型的な不法行為に基づく損害賠償とも言えない性質を帯びる。ここにおいて、2つの損害賠償の制度的統一、あるいは、2つの損害賠償の中間領域を構想する可能性が生ずることになる。つまり、日本の判例が用いた手法は、責任原因としての不履行の前提概念の捉え方が流動的であるため、その違反に基づく損害賠償の性質も流動的に理解せざるをえなくなるような議論だったのである。

以上のことを敷衍して言うならば、次のように定式化することができるであろう。日本の判例が安全配慮義務を構想した背景には、疑いなく、契約(債務)不履行に基づく損害賠償を有責な不履行によって生じた損害を賠償するための制度として捉

(1452) もちろん、債務法及び時効法改正準備草案や民事責任法案等の中に端的な形で見られるように、立法論や制度設計論のレベルにおいて、2つの損害賠償制度を可能な限り統一ないし接近させようとする議論は存在する(この点については、第2章・第1節・第1款・第1項714頁以下を参照)。また、解釈論の枠内でも、契約不履行に基づく損害賠償と不法行為に基づく損害賠償が同一の性質を有する制度であるとの認識から出発して、2つの損害賠償制度それ自体を、一般論として、可能な限り縮小しようとする努力も試みられてきた(例えば、本書の中でも度々言及したルフェーブルやジャン・グランムーラン等の一元論は、解釈論として、2つの損害賠償制度を完全に同一化しようとするものであった)。しかしながら、後に本文で述べる日本の議論とは異なり、こうした一般論としての議論を超えて、特定の事案(例えば、安全義務違反に関するケース)についてのみ、契約不履行に基づく損害賠償と不法行為に基づく損害賠償の制度を接近させたり、両者を組み合わせたりするというような試みはなされてこなかったのである。本文で述べた流動性は、このような意味を有するものである。

(1453) ここには、フランス民法学におけるカテゴリーへの情熱が現れているようにも見える。この点については、小粥太郎「法的カテゴリの機能」同『民法学の行方』(商事法務・2008年)83頁以下〔初出・2005年〕を参照。

える構想があった。この点において、日本の最高裁判所の手法とフランス破毀院判例のそれは共通している。しかし、両国における「責任を生じさせる行為ないし所為」あるいは不履行の前提となる債務及び義務の捉え方には、大きな相違があった。一方は、契約を基準とし、他方は、契約だけを基準とするものではないからである。そこから、フランスにおいては、契約領域における義務の拡大という形で整理しうる現象が生じ、当該義務違反に基づく損害賠償が確実に契約というカテゴリーの中に収められることになったのに対して、日本においては、契約領域における義務の拡大という形では整理することのできない言明が誕生した結果、当該義務違反に基づく損害賠償を契約（債務）不履行に基づく損害賠償だけに包摂することが困難になるという事態が生じたのである。

　安全配慮義務の問題が盛んに論じられていた時代の学説の中には、安全配慮義務違反に基づく損害賠償を債務不履行と性質決定しつつも、それに対して不法行為規範を適用すべき旨を説くものが多く存在していた[1454]。また、ここでの問題が「契約責任」と不法行為責任の中間的な領域に属すること等を理由として、それに適した規範の発見・創造が行われるべき旨を説く見解もあった[1455][1456][1457]。これらの

(1454) 例えば、最判昭和55年12月18日民集34巻7号888頁とは異なり、安全配慮義務違反に基づく損害賠償のケースにおいても、不法行為に基づく損害賠償と同様に、遺族固有の慰謝料請求が認められるべき旨を説く見解や（中井・前掲注(596)145頁以下、岩村・前掲注(596)148頁、岡村・前掲注(596)346頁以下等）、安全配慮義務違反に基づく損害賠償請求に対しても、民法724条が類推適用されるべき旨を説く見解（新美・前掲注(1448)「存在意義」104頁、辻伸行「安全配慮義務違反に基づく損害賠償と消滅時効規範――適用すべき消滅時効規範の検討を中心にして」上智39巻3号（1996年）1頁以下等）等が、これに当たる。

(1455) 例えば、藤岡康宏「安全配慮義務における規範の創造」同『損害賠償法の構造』（成文堂・2002年）316頁以下〔初出・1983年〕（藤岡康宏は、以下のように述べている。「安全配慮義務違反による損害賠償請求権で問われているのは、むしろ、実質的には、新しい一個の可能的請求権に対する一個の規範の発見、すなわち、複数規範間の調整（統合）や類推適用ではなく、規範の創造と解されるべきものではないのであろうか」（引用は317頁）。こうした視点は、後述する保護義務論のコンテクストで、既に、判例によって安全配慮義務が認められる以前から提示されていたものである。奥田昌道「契約法と不法行為法の接点――契約責任と不法行為責任の関係および両義務の性質論を中心に」於保不二雄先生還暦記念『民法学の基礎的課題 中』（有斐閣・1974年）257頁以下（奥田昌道は、以下のような議論を展開していた。保護義務関係は、契約関係的に相接触する当事者間において成立する義務の関係であり、当事者の意思に根拠を持たない法定債権関係である。従って、これは、意思を根拠とする本来的な「契約責任」と非意思的な不法行為責任の中間的性格を持つものであり、この関係をいずれかに性質決定することは不可能であるし、また、その必要もない。保護義務が問題となる場面では、「これに適用する規範として、一律に既存の契約規範か不法行為規範かのいずれかのみを択一的に選んで――いわば、どちらかに無理にはめ込んで――処理するというのではなく、当該具体的事例（類型的に確立されていくことが望ましい）に適合的な規範をそこに発見（創造）して、それによる処理をはかっていくという道をとることが最善であろう」（引用は264頁）。

(1456) 四宮和夫は、いわゆる請求権競合問題一般のコンテクストにおいて、以下のような議論を展開している（四宮・前掲注(94)91頁以下）。「損害賠償に関する契約責任規範の本質的目的は、債務者の契約義務違反によって生じた債権者の損害を塡補することにあり、不法行為規範の本質的目的は、社会人としての一般的法義務の違反によって他人に生じた損害を塡補することにある。したがって、両規範は類似する本質的目的を有するものということができる」。もっとも、不法行為責任は、画一的なリスク分配を行うものであるのに対して、「契約責任」は、きめ細かなリスクの分配を可能にするものである。そうすると、「契約責任」と不法行為責任は、規範の統合には適

561

◆第1章◆ 解　釈

主張の背後には、確かに、利益衡量（考量）論という当時の民法学説における支配的な方法論の影響も指摘しうるが(1458)、それ以上に、上記のような契約（債務）不履行に基づく損害賠償の基礎となりうる債務の捉え方の影響があったと言うことができる。また、判例が、安全配慮義務違反に基づく損害賠償を債務不履行と性質決定し、そこから多くの帰結を導きつつも、消滅時効起算点の問題に関しては、典型的な債務不履行に基づく損害賠償ではなく、不法行為に基づく損害賠償と同じ解決を採用しているのも(1459)、このようなコンテクストにおいて理解することができるであろう(1460)。

　　　しているとは言えるが、原則として、「契約責任」規範を優先させるべきことになる。このような視点から、安全配慮義務の問題を考えると、「契約責任規範によるリスク分配は、原則として、当該契約の履行と「内的関連」を有する行為によって安全義務が犯された場合（中略）には及ぶが、契約の履行と内的関連をもたない行為による安全義務違反の場合（中略）には及ばない」という形が浮かび上がってくる。そして、後者の場合には、「契約責任」規範と不法行為規範とのうち、権利者にとって有利なものが適用されると理解すべきである（引用はそれぞれ91頁・95頁）。これは、安全配慮義務の問題を、本来的な「契約責任」とも不法行為責任とも異なるものとして位置付けた上で、それに適した規範の統合を行おうとする議論にほかならないから、注(1455)で引用した諸見解と発想を同じくする（論文の刊行年との関連でより正確に言えば、注(1455)で引用した諸見解に影響を与えた（実際、奥田・前掲注(1455)264頁以下は、四宮の議論を積極的に評価している））ものと言える。
(1457)　こうした主張は、債務不履行と性質決定される安全配慮義務の存在意義を否定する議論へと繋がる可能性を秘めていた。例えば、新美育文は、規範の発見、規範の統合という視点からなされたものではないが、安全配慮義務の存在意義を否定する立場から、以下のように説いている。「安全配慮義務を債務不履行責任と構成しても、不法行為責任と構成することとの間には差異が認められないし、また認めるべきでない」。「少なくとも損害賠償の領域では、安全配慮義務の存在意義はきわめて乏しいのではなかろうか」（新美・前掲注(1448)「存在意義」104頁）。従って、「安全配慮義務についての規範適用の問題を、換言すれば、安全配慮義務の実益ないし存在意義を考えるにあたっては、安全配慮義務の性質決定が重要なのではなく、安全配慮義務がどのような特性を持つ法律問題ないし利害対立状況に直面するのか、そしてそのような法律問題ないし利害対立状況について最も適応するあるいはそのような問題の解決を予定する規範はどれかを探求することが肝要ではなかろうか」（同・前掲注(1448)「再論」588頁。また、同・前掲注(1448)「安全配慮義務」237頁でも、同様の議論が展開されている）。
(1458)　本文で触れた諸見解は、とりわけ、加藤一郎『民法における論理と利益衡量』（有斐閣・1974年）所収の諸論稿で提示されているタイプの利益衡量論の発想に馴染む議論であったと評価することができる（なお、日本法における利益衡量（考量）論の類型を分析した、大村敦志『民法総論』（岩波書店・2001年）119頁以下を参照）。
(1459)　最判平成6年2月22日民集48巻2号441頁（本判決の解説・評釈については、注(589)を参照）、最判平成6年2月22日労判646号12頁、最判平成16年4月27日判時1860号152頁（本判決の解説・評釈については、注(590)を参照）。なお、この点の評価については、第1部・第1章・第2節・第2款・第2項213頁以下を参照。
(1460)　これに対して、判例における安全配慮義務の法理を、通常の債務不履行と同じものとして評価する立場も存在する。例えば、淡路剛久は、以下のように述べている。判例は、「安全配慮義務違反に基づく損害賠償責任の性質・効果を通常の債務不履行責任と同様に解することにより、安全配慮義務違反の責任はなんら特殊な債務ではなく、債務不履行責任そのものだと解するようになっている」。「要するに、契約ないし特別な法律関係から生じる本来の債権・債務関係のほかに、その違反が損害賠償責任を生ぜしめる、付随義務としての安全配慮義務が承認されるようになったのである」。「そうだとすれば、安全配慮義務について、ある種の契約あるいは法律関係には、その契約あるいは法律関係の性質によって付随義務としての安全を保護すべき義務が生ずる、との一般論が承認されれば、安全配慮義務は付随義務としての安全保護義務に、したがって債務不履行の一般論に解消されることになりそうである。判例が向かっているのは、その方向ではないかと推測される」（淡路・前掲注(1445)503頁）。もちろん、学理的な議論として、安全配慮義

もちろん、こうした日本法とフランス法との間に見られる相違を可能ならしめている要因の１つとして、法典上、不履行に基づく損害賠償が、契約に関わる制度として規定されているのか、それとも、債権一般に関わる制度として用意されているのかという点も存するから、その論理構造だけを取り上げて、いずれの構想が適切であるかという評価を行うことはできない。また、日本の一部の議論が安全配慮義務の局面で２つの損害賠償制度を混在化させたことを別とすれば、フランスの破毀院は、契約不履行に基づく損害賠償であることを前提に契約領域における義務を観念し、日本の最高裁判所は、債務不履行に基づく損害賠償であることを前提に「ある法律関係に基づく特別な社会的接触の関係による義務」を観念したと見るならば、不履行の基礎となる債務ないし義務の観念の仕方について、それぞれが前提としている民法の体系との関連で論理的な齟齬を来していると言うこともできない(1461)。しかし、フランスと日本において、同じ安全の問題を扱いながら、また、同じ賠償モデルの論理構造を前提としながらも、その起点となる義務の捉え方に相違があったこと、そして、こうした相違が、拡大された義務の違反に基づく損害賠償をめぐる議論の方法に大きな影響を及ぼしていたことは、疑いのない事実なのであって、フランス法における賠償モデルの分析を参考にしつつ、日本法の賠償モデルのあり方を検討していこうとする本書にとっては、こうした相違を看過することはできないと言わなければならないのである。

　ところで、最高裁によって提示された方向性は、それと前後するような形で展開された学説の議論によって、更に推し進められることになった。こうした議論は、既に昭和初期から、債権関係における協同目的性を強調し、そこでの信頼関係の形成を説く学説が主張するところであったが(1462)、その後、昭和30年代に至り、給付義務についての債務不履行責任体系（基本的契約責任）のほかに、契約利益の保護を

　　務を保護義務論一般の問題に解消することは可能であるが（例えば、潮見・前掲注(9)125頁以下、淡路・前掲注(732)535頁以下、中田・前掲注(732)116頁以下等）、少なくとも判決文と消滅時効に関する判断を前提とする限り、判例における安全配慮義務法理には、なお債務不履行に基づく損害賠償のみに解消することのできない要素が含まれていると見るべきであるように思われる。
(1461)　この点についての評価は、本節・第２款・第２項670頁以下も参照。
(1462)　松坂佐一「積極的債権侵害の本質について」同『債権者取消権の研究』（有斐閣・1962年）217頁以下〔初出・1944年〕。松坂佐一は、以下のように説いている。「債務関係から給付結果、即ち財貨の取得を目的とする給付義務の外に、債務関係の発展過程において、相手方の物的乃至精神的財貨に対する特別な干渉によって生じ得べき損害の防止を目的とするところの保護義務が発生することは、是認せらるべきであろう。けだし、債務関係における当事者は国家目的に適える財貨の配分という協同目的のために相互に協力すべき関係にある結果として、債務関係はその当事者間に信頼関係を成立せしめる。この信頼関係は給付関係に従属するものではなく、却ってこれが地盤をなすものである。したがって、また当事者はその協同目的達成に当っては、信義誠実の原則にしたがい、行為すべき義務を有する（中略）。それは給付結果の実現が信義誠実の原則にしたがいなさるべきことを要求するのみならず、契約の準備および実行に当って相手方の権利領域に対する特別な干渉から生じ得る損害を防止すべき義務、即ち保護義務を発生せしむる」のである（245頁）。このような「保護義務は契約内容と関係がないから、その違反の効果は契約の取消または解除により遡及的に効力を失った場合にも、なおこれを主張することが出来る」（247頁以下）。また、同「信頼関係としての債務関係」同書279頁以下〔初出・1953年〕も参照。

◆第1章◆　解　釈

目的とする各種の付随義務群や、契約の場の確保及び保全によって間接的に契約利益を維持する機能を持つ保護義務を観念し、これらの注意義務違反についても債務不履行責任（補充的契約責任）として構成しようとする構想の登場によって、体系的に位置付けられることになった[(1463)]。そこでの視点は、契約締結段階、契約の履行過程、契約の履行後という各段階において観念される各種義務群の解明へと発展する一方[(1464)]、給付義務の実現を支える付随義務と契約当事者の完全性利益の保護を目的とした保護義務との区別が意識され、やがて、ドイツの議論に範を得ながら、後者の問題を契約的な接触関係から生ずる法定的な義務として構想する、いわゆる「統一的保護関係理論」の構築へと展開していった[(1465)]。上記のような立場は、既に

(1463) 北川善太郎『契約責任の研究』（有斐閣・1963年）のテーゼである〔原論文は、「契約責任法におけるドイツ民法の位置」論叢66巻4号（1960年）、「「積極的債権侵害論」について」論叢66巻5号（1960年）、「瑕疵担保責任について」論叢67巻6号（1960年）、68巻3号、「「契約締結上の過失論」について」論叢69巻2号（1961年）、3号、4号、「契約責任の構造とわが民法理論」論叢69巻6号（1961年）、70巻1号〕（以下では、本書の頁数で引用する）。
(1464) ここでは、契約準備段階における信義則上の注意義務違反に基づく損害賠償責任、いわゆる契約締結上の過失の問題と、契約終了後における信義則上の注意義務違反に基づく損害賠償責任、いわゆる余後効的保護義務の問題が、契約（債務）不履行に基づく損害賠償との関連において認識されるようになったのである。
　これらの問題に関わる文献を全て掲げることは不可能であるが、文献の所在も含め、前者について、注(1462)、注(1463)掲記の諸論稿のほか、北川善太郎「契約締結上の過失」松坂佐一＝西村信雄＝舟橋諄一＝柚木馨＝石本雅男先生還暦記念『契約法大系Ⅰ契約総論』（有斐閣・1962年）221頁以下、上田徹一郎「契約締結上の過失」谷口知平編『注釈民法（13）債権（4）契約総則§§521-548』（有斐閣・1966年）54頁以下、森泉章「「契約締結上の過失」に関する一考察（1）～（3・完）」民研285号（1980年）8頁以下、287号9頁以下、290号（1981年）2頁以下、本田純一「「契約締結上の過失」理論について」遠藤＝林良平＝水本浩監修『現代契約法大系 第1巻 現代契約の法理（1）』（有斐閣・1983年）193頁以下、今西康人「契約準備段階における責任」石田喜久夫＝西原道雄＝高木多喜男先生還暦記念論文集・上巻『不動産法の課題と展望』（日本評論社・1990年）173頁以下等を（なお、議論の展開を知るには、潮見佳男「契約締結上の過失」谷口知平＝五十嵐清編『新版注釈民法（13）債権（4）契約総則§§521-548（補訂版）』（有斐閣・2006年）90頁以下〔初版・1996年〕が有益である）、後者について、熊田裕之「ドイツ法における契約終了後の責任」新報97巻1=2号（1990年）369頁以下、高嶌英弘「契約の効力の時間的拡張に関する一考察（1）（2・完）──ドイツにおける契約の余後効（Nachwirkung）をめぐる議論を手掛かりとして」産法24巻3＝4号（1991年）59頁以下、25巻1号1頁以下等を参照。
(1465) 奥田・前掲注(1455)207頁以下、同「「契約責任と不法行為責任の交錯」をめぐる西ドイツ民法学の近時の動向──債権法改正作業に関連して」比研45号（1983年）141頁以下、下森・前掲注(93)「覚書」4頁以下、同・前掲注(93)「再構成」、同「国の安全配慮義務」同編『安全配慮義務法理の形成と展開』（日本評論社・1988年）233頁以下〔初出・1987年〕、同「民事責任とくに契約責任体系の変貌と再構成──総論的問題提起」同『債権法論点ノート』（日本評論社・1990年）1頁以下〔初出・1982年〕、同「履行障害法再構築の課題と展望」成蹊64号（2007年）1頁以下（また、同「不完全履行論の新たな展開──契約責任再構成の視点から」司研90号（1993年）1頁以下、同「日本法における「専門家の契約責任」」川井健編『専門家の責任』（日本評論社・1993年）9頁以下、同「弁護士の専門家責任」高翔龍先生日韓法学交流記念『21世紀の日韓民事法学』（信山社・2005年）159頁以下も参照、宮本・前掲注(93)所収の諸論稿（とりわけ、「契約責任の拡張と統一的保護関係論」1頁以下〔初出・1981年～1982年〕、「契約締結上の過失責任」57頁以下〔初出・1987年〕、「ドイツにおける使用者の安全配慮義務と保護義務」117頁以下〔初出・1985年〕、「給付義務としての安全配慮義務と保護義務の二分化」173頁以下〔初出・1986年〕）等。
　また、ドイツにおける統一的保護関係理論について、上記の諸論稿のほか、渡辺博之「契約締結上の過失責任をめぐる体系化の傾向と「信頼責任」論──カナリスおよびシュトルの所論を中心として」民商88巻2号（1983年）114頁以下、田辺柾「Canarisの統一的法定保護義務関係論」比雑18巻3号（1984年）75頁以下、潮見佳男「債務履行過程における完全性利益の保護構造」同

指摘されているように、最高裁による安全配慮義務の生成に理論的支柱を与えることになったし(1466)、また、それを承継するのか、それとも、批判的に検討するのかにかかわらず、それ以降の議論の基礎を提供することになったのである。

　こうした契約責任の拡張を志向する議論も、判例における安全配慮義務と同様に、賠償モデルの論理構造を最大限に利用したものである。すなわち、既に言及したように、日本の賠償モデルは、不履行、そして、その前提となる債務の範囲を拡張すれば、それだけで、契約（債務）不履行に基づく損害賠償の領域を拡大しうる理論モデルであるところ、ここでは、契約それ自体から生ずる債務に加えて、「契約関係的に、相接触する当事者間において成立する義務関係」(1467)、「契約類型を問わず契約的接触関係にある当事者に相互に認められる義務」関係(1468)、「契約関係に付随する法定債務」関係(1469)から生ずる債務が構想され、その結果、契約（債務）不履行に基づく損害賠償の基礎が著しく多様化されるに至っているのである。

　また、このような形で、契約ではなく、「契約関係的に接触する関係」、「契約関係に付随する法定債務関係」が債務ないし義務の発生原因として認識されたことから、安全配慮義務を論じたコンテクストで述べたのと同じような意味での流動性、つまり、契約（債務）不履行に基づく損害賠償と不法行為に基づく損害賠償の流動化という現象も生じた。例えば、「契約関係的に接触する関係」は、当事者意思に根拠を持たない法定の債権関係であるから、その違反に基づく損害賠償責任も、意思を根拠とする本来的な「契約責任」と意思を根拠としない不法行為責任との中間的性格を持つものであり、これをいずれかに割り切ることはできないのであって、事態に適合した規範の創造が必要になると説かれたり(1470)、あるいは、この「契約関係に付随する法定債務関係」は、契約ないし契約責任のように個人意思を基礎とするものではなく、これらの背後にある社会的制度＝組織を基礎とするものであり、「従来の

『契約規範の構造と展開』（有斐閣・1991年）103頁以下〔初出・1989年〕、長坂純『契約責任の構造と射程——完全性利益侵害の帰責構造を中心に』（勁草書房・2010年）19頁以下（また、本書の元になった、同「ドイツ法における完全性利益保護義務論の一動向——「統一的法定保護義務関係」論批判説の展開」帯畜11巻1号（2002年）97頁以下、同「ドイツ法における「統一的法定保護義務関係」論の展開」法論77巻1号（2004年）69頁以下、同「ドイツ法における契約義務論の現況」法論78巻4＝5号（2006年）169頁以下、同「契約規範による「完全性利益」の保護——ドイツ法における保護義務論の展開とその評価」新美育文先生還暦記念『現代民事法の課題』（信山社・2009年）85頁以下も参照）等を参照（更に、ドイツにおける統一的保護関係理論の基礎となった、ハインリッヒ・シュトル（Heinrich Stoll）の信頼関係としての保護義務論については、既に、我妻栄「ナチスの契約理論」同『民法研究I私法一般』（有斐閣・1966年）389頁以下〔初出・1942年〕、松坂・前掲注(1462)「積極的債権侵害」225頁以下等において紹介・検討がなされており、当時の議論に対しても大きな影響を与えていた）。

(1466) 例えば、最判昭和50年2月25日民集29巻2号143頁の調査官解説は、奥田・前掲注(1455)を引用しつつ、同判決について、ドイツの判例と同様の解釈を採用することを明らかにしたものと位置付けている（柴田・前掲注(587)312頁以下）。また、潮見・前掲注(78)32頁以下等。
(1467) 奥田・前掲注(1455)257頁。
(1468) 宮本・前掲注(93)183頁。
(1469) 下森・前掲注(93)「覚書」8頁。
(1470) 奥田・前掲注(1455)257頁以下・263頁以下。

契約責任、不法行為責任の中間領域として」観念されるべき問題である以上、当該社会的関係の特殊性を考慮しつつ、政策的に基準原理が確立され、その要件・効果が構築されるべきである等[1471]と述べられているが、こうした議論は、まさに、2つの損害賠償の流動化を示すものであると言うことができる[1472]。

更に、上記のような形での議論が展開されるに際しては、契約（債務）不履行に基づく損害賠償の利用による被害者救済の向上という視点が強調されていたことも、判例が安全配慮義務を承認するに至った問題意識と共通している。このことは、以下のような議論の中に、明確な形で示されていると言うことができる。「契約関係に付随する法定債務関係」は、契約外の市民相互の関係と比べて、契約関係に近いことから、社会全体における契約制度への依存、契約制度に対する信頼の強化、そこでの危険の重大性・多発性といった視点が、こうした中間的領域で生ずる危険に対し、「契約責任」的な救済を与えることを正当化する[1473]。「特殊＝契約的あるいは債権的な人的関係がある場合には、それのない一般的な市民関係の場における場合よりも、注意義務の程度、法的保護の方法・結ંー（例えば、時効期間）がある程度異なっても不都合はなく、法政策的にはむしろその方が妥当とも考えうる」のである[1474]。

このように、昭和30年代以降に展開された一連の契約責任の拡張を志向する議論は、判例における安全配慮義務論と同様、賠償モデルの論理構造を当然の前提とすること、契約を超えた責任原因を構想すること、2つの損害賠償制度の流動化をもたらしたことに、その特徴を有する解釈枠組みであり、その背後には、契約（債務）不履行に基づく損害賠償を利用した被害者救済の向上という実践的な目的が存在したと見ることができるのである。この意味において、契約（債務）不履行に基づく損害賠償を不履行によって生じた損害を賠償するための制度として捉える構想

(1471) 下森・前掲注(93)「覚書」11頁以下。また、安全配慮義務を論じたコンテクストではあるが、下森・前掲注(1465)「国の安全配慮義務」239頁も同旨。
(1472) 本文で述べたような2つの特徴から、更に、契約（債務）不履行に基づく損害賠償を、契約当事者以外の者へと拡張する視座が開かれることになる（下森・前掲注(93)「覚書」11頁以下（また、安全配慮義務を論じたコンテクストではあるが、同「安全配慮義務をめぐる解釈上の諸問題」同『債権法論点ノート』（日本評論社・1990年）252頁以下〔初出・1983年〕、同・前掲注(1465)「国の安全配慮義務」258頁以下も参照））。これは、契約責任の人的拡張あるいは第三者のための保護効を伴う契約に関する議論である（後者については、円谷峻「第三者の為の保護効を伴う契約についての一考察」一橋研究22号（1972年）18頁以下、船越隆司「近時、契約の効力を第三者にも及ぼす必要性が説かれるのはなぜか。また、そのような法理としてどのようなものがあるか」奥田昌道ほか編『民法学5〈契約の重要問題〉』（有斐閣・1976年）45頁以下、田上富信「契約の第三者に対する効力」遠藤浩＝林良平＝水本浩監修『現代契約法大系 第1巻 現代契約の法理(1)』（有斐閣・1983年）106頁以下（結論否定）、渡辺達徳「契約の現代的展開と契約責任の人的拡大——第三者のための保護効を伴う契約」法理をめぐるドイツ判例の新展開を契機として」比雑22巻2号（1988年）57頁以下、本田純一『契約規範の成立と範囲』（一粒社・1999年）255頁以下、山本宣之「契約の第三者保護効についての最近の議論と展望」石田喜久夫先生古稀記念『民法学の課題と展望』（成文堂・2000年）615頁以下等も参照）。
(1473) 下森・前掲注(93)「覚書」12頁。
(1474) 下森・前掲注(93)「再構成」180頁以下。

は、ここでの議論に必要不可欠な基礎となっていたと言うことができるであろう。

　もっとも、こうした「契約責任」の領域を著しく拡張する方向性での見解に対しては、前記特徴のうちの第1、つまり、賠償モデルの論理構造を利用した形での議論を共有し、保護義務の存在を肯定する立場からも、疑問が投げかけており、その後、保護義務と契約との関連性を問うべきである旨の議論が展開された[1475]。例えば、完全性利益の保護が契約で保障された給付利益の実現と関連付けられているかどうかを問い、問題となるケースを、完全性利益が主たる給付利益を構成している場合、完全性利益の保護が契約目的実現のために求められている場合、完全性利益が契約目的実現の過程に関連付けられる場合、完全性利益の侵害が事実的な社会的接触で生ずる場合とに区別した上で、第3の類型については、完全性利益の開示、注意の相手方への付託、給付利益実現過程性、危険実現の特殊性という4つのファクターを満たす場合に限って、これを契約の問題とする一方、第4の類型に関しては、契約ではなく不法行為責任の問題として捉える見解[1476]等が、これである[1477]。

　上記の議論は、保護義務の基礎を契約と関連付けて把握しようとするものであるから、ここでは、安全配慮義務や統一的保護関係理論に見られた第2及び第3の特徴、つまり、契約を超えた責任原因の構想、2つの損害賠償制度の流動化という特徴が後景に退き、それに代わって、契約ないし契約規範という視点が前面に押し出されていることが分かる。すなわち、この立場は、昭和30年代以降の学説・判例が行っていたように、契約を超える義務の存在を観念し、それを、債権一般に妥当する制度として債務不履行に基づく損害賠償を捉えている民法の体系によって正当化した上で、当該義務の不履行を債務不履行に基づく損害賠償の対象に含ませようとする議論ではない。これは、フランスの学説・判例が試みていたように、あくまでも契約と結び付けた形で契約領域における義務の多様化を実現し、これを契約不履行に基づく損害賠償の問題に取り込もうとするものなのである。このことを賠償モデルの論理構造という問題意識から捉えるならば、以下のように言うことができよう。賠償モデルは、不履行、そして、その前提となる債務の範囲を拡張すれば、それだけで、契約不履行に基づく損害賠償の領域を拡大しうる理論モデルであるところ、こ

　(1475)　この点に関する議論については、潮見・前掲注(78)39頁以下に簡素で優れた整理がある。
　(1476)　潮見・前掲注(1465)148頁以下、同・前掲注(9)102頁以下。
　(1477)　その他、ニュアンスの相違はあるが、林・前掲注(1428)論文、林（安永補訂）＝石田＝高木・前掲注(13)112頁以下〔林執筆部分〕（また、林良平「積極的契約侵害論とその展開」同『近代法における物権と債権の交錯（林良平著作選集Ⅰ）』（有信堂高文社・1989年）131頁以下〔初出・1959年、1962年〕も参照）、奥田昌道「安全配慮義務」石田喜久夫＝西原道雄＝高木多喜男先生還暦記念論文集・中巻『損害賠償法の課題と展望』（日本評論社・1990年）1頁以下、同「契約責任と不法行為責任との関係（契約規範と不法行為規範の関係）――特に安全配慮義務の法的性質に関連して」『谷口知平先生追悼論文集2契約法』（信山社・1993年）29頁以下（なお、同論文は、それに先立つ、同「契約責任と不法行為責任との関係（契約法規範と不法行為法規範の関係）――特に安全配慮義務の法的性質に関連して」司研85号（1991年）1頁以下とほぼ同じ内容である）等。

の立場は、契約上の義務を多元化することによって、これを成し遂げようとするものである。

　もちろん、これらの議論は、契約（債務）不履行に基づく損害賠償の領域的拡大とは反対に、契約ないし契約規範の構造分析を踏まえて、それ以前の議論によって広がり過ぎた「契約責任」の範囲を限定するという問題意識に出たものであるから[(1478)]、学説史のコンテクストで見れば、契約（債務）不履行に基づく損害賠償の領域を拡大するという叙述は、必ずしも正確とは言えない。しかし、第1節で検討した民法の立場を出発点とし、かつ、契約不履行に基づく損害賠償に関する2つの理論モデルを分析枠組みとして設定するならば、上記のように評価することができるのであって、第2款で賠償モデルの解釈論的な有用性を問おうとする以上、このことは、正確に認識しておかなければならないのである。

◆第2款　賠償方式としての契約不履行に基づく損害賠償の限界？

　第1款においては、フランス及び日本における賠償モデルの生成・発展過程を追うことによって、このモデルがどのような背景の下に生成されたのか、このモデルが民法の契約（債務）不履行に基づく損害賠償の規定に対し新たにどのような論理構造を与えるようになったのかという問題を検討し、また、いずれの点についても、フランスの議論と日本のそれとの間には大きな相違が存在していたことを明らかにした。本款では、第1款における考察を前提として、賠償モデルの生成・発展過程においてどのような解釈論的問題が生じたのか、賠償モデルの生成・発展を導いた実践的な意図は今日においてもなお妥当するのか、賠償モデルの中で認識された問題を克服するためにどのような議論がなされたのか、また、なされるべきであるのかといった問題が検討の対象とされる。これによって、賠償モデルの解釈論的な有用性が探求されるとともに、現代における履行モデルの意義が明らかにされることになる。

◇第1項　フランスにおける契約不履行に基づく損害賠償に関する理論モデルの展開

　フランスの判例及び学説は、19世紀末から20世紀初頭にかけての社会的・政治的・思想的背景に支えられ、かつ、ドイツ法の議論も摂取しながら、賠償方式としての契約不履行に基づく損害賠償の考え方を確立した。その後、とりわけ、破毀院判例は、被害者に対する賠償の付与という実践的な目的に導かれるようにして、契約領域における義務を2つのレベルで拡張し（義務の拡張、契約の拡張）、賠償の基礎

（1478）こうした視点が、契約ではなく債権を起点とする議論への問題提起、契約不履行法のコンテクストで言えば、「契約を起点に据えた契約責任論」、「新しい契約責任論」の提唱へと繋がっていくわけである。

となる「責任を生じさせる行為ないし所為」を多様化させることによって、契約不履行に基づく損害賠償の領域を著しく膨張させた。これが、前款・第１項の検討によって描かれた、フランスにおける賠償方式としての契約不履行に基づく損害賠償の意義であった。

　本章は、契約不履行に基づく損害賠償に関する２つの理論モデルの解釈論的な有用性を問うことを目的とするものである。従って、このような検討成果に基づき、本項では、「賠償モデルの課題」、「履行モデルの復権」という２つの視角を設定し、そこから導かれる諸課題を検討しておかなければならない。

　第１に、「賠償モデルの課題」という視角から導かれる問いは、次の通りである。

　まず、第１款・第１項で描かれた破毀院判例の展開に伴ってどのような問題が生じたのか、また、判例の論理それ自体に何か問題は存在していなかったのかという問いである。仮に問題が存するとすれば、上記のような問いを解明することによって、賠償モデルの論理構造を利用して契約不履行に基づく損害賠償の領域を拡大するという手法に内包される問題点が浮き彫りにされることになろう。また、契約不履行に基づく損害賠償の領域拡大を伴わない賠償モデルは、確かに論理的には想定しうるものではあるが、第１款において明らかにしたような実践的意図を果たしえないことになるから、この問いの解明は、賠償モデルそれ自体の問題点を明らかにすることにも繋がる。もっとも、この点を明らかにするためには、賠償モデルの論理構造を積極的に利用する破毀院判例の立場に問題が含まれているとして、なお、そこに修正を施す余地が存しないのかどうかを検討しておく必要がある。というのは、仮に賠償モデルの論理構造を利用した判例の解釈に問題が内在している場合であっても、そこに修正を加えることによって、例えば、拡大の範囲を限定することによって問題を解消しうるのであれば、賠償モデルそれ自体には、一定の有用性が残されているとも考えられるからである。つまり、ここでは、補償の確保という目的を達するために構想された賠償モデルが何らかの問題を生じさせていないか、その問題が解決可能なものであるのかという点が問われることになる。

　次に、賠償モデルによって、補償の確保という目的が真の意味で実現されたのか、また、賠償モデルのみがこうした目的を実現するための唯一の手段であったのかという問いである。第１款・第１項において述べたように、破毀院判例が賠償モデルの論理構造を利用する形での解決を示した背景には、適正な（より正確に言えば、適正であると考えられた）補償を提供するという主観的な目的があった。しかし、このような歴史認識と、客観的な評価として上記のような問いを肯定することとは、別のレベルの問題であるから、なお、賠償モデルによる目的の実現可能性とほかの手段による代替可能性が問われなければならないであろう。そして、仮に、賠償モデルによって補償の確保という目的が十分に達成されておらず、また、ほかの手段によってこの目的が実現されるとするならば、賠償モデルは、必ずしも特定の解決を

569

導くための枠組みとして適合的なものとは言えないことになるのである。なお、この局面においては、第1款・第1項において検討した破毀院判例の立場に加えて、そこに一定の修正を施そうとする立場からも、問題を認識しておく必要がある。そうすることによって初めて、賠償モデル一般の課題が浮かび上がってくることになるからである。

　以上のように、本項における第1の課題は、前款・第1項において示した賠償モデルの実践的意図が、何らの問題も生じさせることなく、かつ、真の意味で実現されているのかどうかを明らかにすることに存する。これによって、フランス型の賠償モデルの解釈論的な有用性が解明されることになろう。これが、本項(1)の検討対象である。

　第2に、「履行モデルの復権」という視角から導かれる問いは、次の通りである。

　まず、20世紀末に登場した等価物による履行論が、どのような背景において、どのような目的を持って提唱されたのかという問いである。なるほど、フランス民法典は、ポティエの理解に従って、契約不履行に基づく損害賠償を債権に内在する効力として構成したが、約1世紀の間、賠償方式としての契約不履行に基づく損害賠償の考え方が判例及び学説を支配してきたという状況の下において、何故に民法典本来の立場への回帰を説く見解が主張されたのか。そこには、賠償モデルの生成を促したのと同じような意味で、何らかの社会的・政治的・思想的要因が存するのか。履行方式としての契約不履行に基づく損害賠償の解釈論的な有用性を問うためには、その前提として、上記のような課題に取り組んでおくことが必要であるように思われる。また、これと併せて、履行モデルに対してどのような問題が指摘されており、それはどのように評価されるべきものであるのか、更に、履行モデルが現在のフランス法学においてどのようなインパクトを残しているのかといった点についても、検討しておく必要があるだろう。

　次に、履行方式としての契約不履行に基づく損害賠償の考え方は、(1)で明らかにされるような賠償モデルの問題を克服しうるモデルであるのかという問いである。既に明らかにしたように、契約不履行に基づく損害賠償を履行されなかった契約の実現を確保するための制度として捉えるならば、当事者が契約において予定した利益の不獲得以外の要素について、この制度を利用することはできなくなる[1479]。そうすると、この立場の下では、判例や伝統的通説が契約不履行に基づく損害賠償の領域拡大によって果たそうとした補償の確保という目的が、どのような形で実現されることになるのか、あるいは、そもそも、そのような目的それ自体の正当性が問われることになるのかという点が、検討すべき問題として浮かび上がってくる。このような問いを解明することによって初めて、フランス法のコンテクストにおいて、

　(1479) この点については、第1部・第2章・第1節・第1款・第2項257頁以下、同節・第2款・第2項277頁以下を参照。

履行モデルを復権させようとする議論の中にどのような意義が存するのかという課題への1つの見方が形成されることになるからである。

　以上のように、本項における第2の課題は、現代における履行モデルの意義と課題、第1款・第1項において示された賠償モデルの実践的意図に対する履行モデルによる評価を明らかにすることにある。これによって、フランス型の履行モデルの解釈論的な有用性が解明されることになろう。これが、本項（2）の課題である。

(1) 賠償モデルの課題

　20世紀の破毀院判例は、被害者に対し適正な（より正確に言えば、適正であると考えられた）補償を提供するという目的の下、賠償モデルの論理構造を最大限に利用し、契約領域における義務の拡大を推し進めた。確かに、これによって、当初の目的の一部は達成されることになったが、それに伴い、幾つかの重大な問題も生じてしまった。まずは、これらを、論理構造の点から、契約領域における義務の強度に関わる問題と、契約領域における義務の範囲に関わる問題とに分けて、検討していくことにしよう。

　まず、契約領域における義務の強度に関わる問題というのは、他人の生命や身体（場合によっては財産）の安全に関する義務を契約領域における義務の問題として捉えた結果、当該義務の強度に濃淡が設けられるようになってしまったということである。破毀院が安全に関する義務を運送契約の中に発見した当時においては、運送人の「乗客を目的地まで安全に導く債務」が問題となっていたから、乗客は、「目的地まで安全に導かれなかったこと」、つまり、生命や身体に対する侵害状態を証明すれば、それだけで、「責任を生じさせる行為ないし所為」＝契約上のフォートの基礎となる義務違反の存在を基礎付けることができた。当時の判例及び学説の多くは、こうした証明責任の所在に、契約制度を利用することの利点を見出したのであった(1480)。ところが、その後、1925年に、ルネ・ドゥモーグによって手段債務・結果債務の区別が発見され(1481)、これが一般的に受け入れられるようになると、安全に関わる債務の中にも、結果債務としての安全に関わる債務のほかに、手段債務としての安全に関わる債務が観念されるようになった(1482)。その結果、後者の場合には、

(1480) この点については、本節・第1款・第1項487頁以下を参照。
(1481) Demogue, supra note 266, n° 1237, pp.538 et s.
(1482) Cass. req., 13 nov. 1945, supra note 1327（カフェ）；Cass. civ., 6 mai 1946, supra note 1326（レストラン）；Cass. req., 6 janv. 1947, supra note 1327（カフェ）；Cass. civ., 17 mars 1947, supra note 1330（映画館）；Cass. com., 7 fév. 1949, supra note 1323（ロープ・トゥ）；Cass. 1re civ., 7 juill. 1954, supra note 1357（寄宿舎）；Cass. 1re civ., 9 janv. 1957, supra note 1340（アトラクション）；Cass. 1re civ., 4 mars 1957, supra note 1340（アトラクション）；Cass. 1re civ., 6 janv. 1959, supra note 1342（バンパーカー）；Cass. 2ème civ., 9 janv. 1959, supra note 1332（浴場）；Cass. 1re civ., 20 déc. 1960, supra note 1331（デパート）；Cass. 1re civ., 8 fév. 1961, supra note 1338（スケート場）；Cass. 1re civ., 8 fév. 1961, supra note 1349（乗馬クラブ）；Cass. 1re civ., 6 juin 1961, supra note 1350（馬の賃貸借）；Cass. 1re civ., 17 juill. 1961, supra note 1332（浴場）；Cass. 1re civ.,

◆第1章◆ 解　釈

被害者は、生命や身体に対する侵害状態（結果の不実現）では足りず、債務者が債権者の安全に対して十分な注意を尽さなかったことの証明を求められるようになったのである。このことは、不法行為領域におけるフォートと同じく、債務者の行為態様についての評価を行うことを意味しているから、安全に関わる債務が手段債務として性質決定される場合には、初期の学説が描いたような形で契約制度を利用することに何らの利点も存在しなくなったと言える。すなわち、ここでは、少なくとも、賠償モデルの論理構造を利用することによって実現しようとした補償の確保という当初の目的が、全く実現されていないのである(1483)。

───────────

26 avril 1963, supra note 1349（乗馬クラブ）; Cass. 1re civ., 8 oct. 1963, supra note 1323（ロープ・トゥ）; Cass. 1re civ., 15 juill. 1964, supra note 1329（ホテル）; Cass. 1re civ., 3 fév. 1965, supra note 1332（浴場）; Cass. 1re civ., 17 mars 1965, supra note 1335（キャンプ場）; Cass. 1re civ., 30 avril 1965, supra note 1349（乗馬クラブ）; Cass. 1re civ., 7 fév. 1966, supra note 1326（レストラン）; Cass. 1re civ., 14 fév. 1966, supra note 1329（ホテル）; Cass. 1re civ., 4 oct. 1967, supra note 1336（美容院）; Cass. 1re civ., 23 oct. 1967, supra note 1332（浴場）; Cass. 1re civ., 13 mai 1968, supra note 1353（林間学校）; Cass. 1re civ., 30 oct. 1968, supra note 1342（バンパーカー）; Cass. 1re civ., 13 janv. 1969, supra note 1349（乗馬クラブ）; Cass. 1re civ., 16 mars 1970, supra note 1350（馬の賃貸借）; Cass. 1re civ., 20 oct. 1971, supra note 1337（プール）; Cass. 1re civ., 2 nov. 1972, supra note 1342（バンパーカー）; Cass. 1re civ., 3 oct. 1974, supra note 1329（ホテル）; Cass. 1re civ., 11 fév. 1975, supra note 1341（見世物）; Cass. 1re civ., 16 nov. 1976, supra note 1333（コイン・ランドリー）; Cass. 1re civ., 15 avril 1979, supra note 1352（馬の調教）; Cass. 1re civ., 2 juin 1981, supra note 1328（バー）; Cass. 1re civ., 27 janv. 1982, supra note 1353（林間学校）; Cass. 1re civ., 17 fév. 1982, supra note 1350（馬の賃貸借）; Cass. 1re civ., 1er fév. 1983, supra note 1353（林間学校）; Cass. 1re civ., 23 fév. 1983, supra note 1325（パック旅行）; Cass. 1re civ., 4 mai 1983, supra note 1354（スキー講習）; Cass. 1re civ., 19 juill. 1983, supra note 1329（ホテル）; Cass. 1re civ., 11 mars 1986, supra note 1324（スキーリフト）; Cass. 1re civ., 19 juill. 1988, supra note 1355（レスリング教室）; Cass. 1re civ., 29 déc. 1989, supra note 1330（映画館）; Cass. 1re civ., 15 janv. 1991, supra note 1329（パック旅行、ホテル）; Cass. 1re civ., 29 janv. 1991, supra note 1325（パック旅行）; Cass. 1re civ., 22 mai 1991, supra note 1329（ホテル）; Cass. 1re civ., 4 nov. 1992, supra note 1323（ロープ・トゥ）; Cass. 1re civ., 10 fév. 1993, supra note 1353（林間学校）; Cass. 1re civ., 9 fév. 1994, supra note 1354（スキー講習）; Cass. 1re civ., 30 mars 1994, supra note 1334（動物園）; Cass. 1re civ., 29 nov. 1994, supra note 1347（軽量飛行機。ただし厳格判断）; Cass. 1re civ., 21 fév. 1995, supra note 1326（レストラン）; Cass. 1re civ., 14 mars 1995, supra note 210（レストラン）; Cass. 1re civ., 14 mars 1995, supra note 210（乗馬クラブ）; Cass. 1re civ., 30 oct. 1995, supra note 1344（トボガン）; Cass. 1re civ., 21 nov. 1995, supra note 210（体操教室）; Cass. 1re civ., 5 nov. 1996, supra note 210（パラグライダー。ただし厳格判断）; Cass. 1re civ., 11 mars 1997, supra note 1353（林間学校）; Cass. 1re civ., 18 nov. 1997, supra note 1358（ベビーシッター）; Cass. 1re civ., 10 fév. 1998, supra note 1353（林間学校）; Cass. 1re civ., 10 mars 1998, supra note 1324（スキーリフト）; Cass. 1re civ., 8 déc. 1998, supra note 1336（エステサロン）; Cass. 1re civ., 1er déc. 1999 (2 arrêts), supra note 210（ゴーカート）; Cass. 1re civ., 28 nov. 2000, supra note 210（乗馬クラブ）; Cass. 1re civ., 16 oct. 2001, supra note 210（パラグライダー。ただし厳格判断）; Cass. 1re civ., 8 fév. 2005, supra note 1329（ホテル）; Cass. 1re civ., 11 mars 2010, supra note 1339（スキー場）; etc.

(1483) 多くの学説によって指摘されてきた点である。Rodière, supra note 1327, p.2 ; Azard, infra note 1508, p.737 ; Viney, supra note 1342, p.3 ; Christian Larroumet, Obs., sous Trib. de Grand Inst. Laon, 29 nov. 1977, D., 1978, IR., p.208 ; Rémy, supra note 1360, p.180 ; Patrice Jourdain, Obs., sous Cass. 1re civ., 10 janv. 1990, RTD civ., 1990, p.483. ; Id., infra note 1503, p.550 ; Id., supra note 1329, p.759 ; Id., supra note 1323, pp.367 et s. ; Id., supra note 1363, Obs., sous Cass. 1re civ., 12 avril 1995, p.290 ; Id., infra note 1508, Obs., sous Cass. 1re civ., 29 mars 1996, p.142 ; Id., supra note 1353, p.949 ; Id., supra note 1254, p.1199 ; Id., Obs., sous Cass. 3ème civ., 8 juill. 1998, RTD civ., 1998, pp.910 et s. ; Id., infra note 1496, p.408 ; Id., infra note 1506,

こうした契約領域における義務の強度の問題は、更に、2つの派生的な問題を生み出すことになった。

第1に、手段債務としての安全債務と結果債務としての安全債務の区別についての問題である。前述したように、各契約の中に発見される安全債務が、手段債務と性質決定されるのか、それとも、結果債務と性質決定されるのかによって、当事者の置かれる法的状況は大きく異なることになるから、これら2つのカテゴリーの識別基準を明確にしておくことは極めて重要な意味を持つ。ところが、手段債務と結果債務の区別の基準については、これまで、債務者の職業、偶発性（aléa）、債権者の役割、リスクの引受け、契約の無償性、正当な信頼の有無等が提唱され、明確な基準を確立するための努力が積み重ねられてきたところ[1484]、今日では、判例の様々な解決を単一の基準で説明することは不可能であるとの認識が一般的なものとなっているのである[1485]。実際、破毀院は、ロープ・トゥ[1486]やスキーリフト[1487]等の事

---

p.845 ; Christian Lapoyade Deschamps, L'obligation de sécurité du garagiste réparateur, Resp. civ. et assur., nov. 1993, n° 35, pp.3 et s. ; Hubert Groutel, L'impérialisme de l'obligation de sécurité, Resp. civ. et assur., fév. 1994, n° 6, p.3 ; Philippe Le Tourneau, Les obligations professionnelles, in, Mélanges dédiés à Louis Boyer, Presses de l'Université des Sciences sociales de Toulouse, 1996, n° 59, p.390 ; Leroy, supra note 1323, p.439 ; Corgas-Bernard, supra note 1329, p.2059 ; Bourdoiseau, supra note 1388, n°s 63 et s., pp.58 et s. ; etc.

(1484) 一般的な文献として、Thomas, supra note 264, pp.642 et s. ; René Rodière, Le régime légal de l'obligation de sécurité due par les transporteurs à leurs voyageurs, JCP., 1952, I, 997, n°s 30 et s., pp.14 et s. ; Tunc, supra note 264, n° 6, p.2 ; Frossard, supra note 264, n°s 221 et s., pp.120 et s. ; Maury, supra note 264, pp.1245 et s. ; etc.

また、多くの判例評釈の中でも、諸判例の統一的な説明、あるいは、手段債務・結果債務の合理的な区別を可能にするための基準の探求が試みられている。Rodière, supra note 1340, Obs., sous Cass. req., 13 mai 1947, p.2 ; Id., supra note 1323, pp.1 et s. ; Id., supra note 1340, Obs., sous Cass. 1re civ., 9 janv. 1957, p.2 ; Id., supra note 1340, Obs., sous Cass. 1re civ., 1er juill. 1964, p.140 ; Derrida, supra note 1323, p.378 ; H. et L. Mazeaud, supra note 1323, p.527 ; Id., supra note 1342, p.316 ; Id., supra note 652, p.318 ; Savatier, supra note 1340, pp.245 et s. ; Id., Obs., sous Paris, 14 déc. 1960, JCP., 1962, II, 12547, p.4 ; J. Mazeaud, supra note 1323, pp.157 et s. ; Rabut, supra note 1342, Note, sous Cass. 1re civ., 28 avril 1969, p.2 ; Durry, supra note 1342, Obs., sous Cass. 1re civ., 28 avril 1969, pp.186 et s. ; supra note 1337, pp.608 et s. ; Id., supra note 1342, Obs., sous Cass. 1re civ., 2 nov. 1972, pp.362 et s. ; Le Tourneau, supra note 1341, p.533 ; Id., supra note 1342, p.512 ; Larroumet, supra note 1353, p.362 ; Fortis, supra note 1344, p.271 ; Leveneur, supra note 1344, p.8 ; Id., supra note 1345, p.3 ; Groutel, supra note 1344, p.1 ; Brun, supra note 1323, pp.46 et s. ; Id., supra note 1346, pp.271 et s. ; Leroy, supra note 1323, p.439 ; Bonard, supra note 1353, pp.608 et s. ; Mouly, supra note 1345, pp.66 et s. ; Id., supra note 1324, Obs., sous Cass. 1re civ., 4 juill. 1995, p.191 ; Id., supra note 1324, Note, sous Cass. 1re civ., 10 mars 1998, pp.506 et s. ; Veaux, supra note 1354, n° 15, p.337 ; Chabas, supra note 1347, p.84 ; Lacabarats, supra note 210, Obs., sous Cass. 1re civ., 5 nov. 1996, pp.37 et s. ; Id., supra note 210, Obs., sous Cass. 1re civ., 16 oct. 2001, pp.2711 et s. ; Jourdain, supra note 1346, p.199 ; Gauvin, supra note 1324, pp.23 et s. ; J. F., supra note 1336, p.206.

(1485) 今日の代表的な体系書・教科書類を見ても、本文で述べたような諸基準が挙げられているだけである（Sériaux, supra note 203, n° 44, p.180（基準というものが存在するとすれば、それは、債務者に対して正当に期待することのできる、物、出来事、人への支配である）; Starck, Roland et Boyer, supra note 268, n°s 1180 et s., pp.412 et s.（偶発性、契約の無償性、問題となっている利益、債権者の役割、保険の有無）; Viney et Jourdain, supra note 31, n°s 536 et s., pp.522 et s.（判例・学説を網羅的に検討する）; Terré, Simler et Lequette, supra note 55, n°s 586 et s., pp.594 et s.（偶発性、債権者の役割、当事者意思、判例の政策）; Bénabent, supra note 203, n°

573

案において、経営者が負うべき安全債務の強度につき、繰り返し判例変更を行ってきたし、同じような契約類型及び事実状態でありながら、安全に関わる債務の性質決定について、異なる判断を示すというようなこともあった[1488]。つまり、判例においては、当該契約類型の中に安全に関わる債務が存在するとしても、それが結果債務であるのか、それとも、手段債務であるのかという点が、当事者の法的状況に重大な影響を及ぼすものであるにもかかわらず、極めて不明瞭な状態になってしまっているのである[1489]。そうすると、20世紀における破毀院判例は、後に言及する

411, pp.293 et s.（偶発性、債権者の役割）; Grynbaum, supra note 203, n° 372, p.127（偶発性、債権者の役割、知的労働かどうか）; Malaurie, Aynès et Stoffel-Munck, supra note 35, n° 948, pp.504 et s.（偶発性、債権者の役割）; Malinvaud et Fenouillet, supra note 203, n° 597, p.472（偶発性、債権者の役割）; Flour, Aubert et Savaux, supra note 66, n° 204, pp.171 et s.（偶発性、債権者の役割）; Delebecque et Pansier, supra note 256, n° 490, pp.294 et s.（偶発性、衡平、契約の無償性、債権者の役割、債務者の社会的地位）; Fabre-Magnan, supra note 262, n° 184, pp.461 et s.（偶発性、債権者の役割）; Radé, supra note 268, pp.39 et s.（偶発性）; Fages, supra note 203, n° 376, pp.302 et s.（偶発性、債権者の役割）; Le Tourneau et Poumarède, supra note 268, n^OS 65 et s., pp.15 et s.（判例・学説を網羅的に検討する）; Saint-Pau, supra note 268, n^OS 112 et s., pp.26 et s.; etc.）。

(1486) 初期の判例は、ロープ・トゥの利用過程において、利用者が積極的な役割を果たしている場合には、安全に関する手段債務のみが問題になる旨を判示していた（Cass. com., 7 fév. 1949, supra note 1323 ; Cass. 1re civ., 8 oct. 1963, supra note 1323）。しかし、その後、破毀院は、ロープ・トゥの経営者に対して、安全に関する結果債務を負わせるかのような判断を示した（Cass. 1re civ., 8 oct. 1968, supra note 1323）。ところが、破毀院は、再び、かつての立場へと回帰し、利用者が積極的な役割を果たしている状況下においては、安全に関する手段債務のみが問題になると判断したのである（Cass. 1re civ., 4 nov. 1992, supra note 1323）。

(1487) 多くの判決は、利用者の積極的な役割を基準として、スキーリフトの経営者に対し、乗降車の際には手段債務を、乗車中には結果債務を課しているが（Cass. 1re civ., 11 mars 1986, supra note 1324 ; Cass. 1re civ., 17 fév. 1987, supra note 1324 ; Cass. 1re civ., 10 mars 1998, supra note 1324 ; Cass. 1re civ., 11 juin 2002, supra note 1324）、乗降車の際に事故が生じたというケースにおいても、経営者が結果債務を負うことを前提とした判断を示しているかのような判決も存在するのである（Cass. 1re civ., 4 juill. 1995 (2 arrêts), supra note 1324）。

(1488) 例えば、以下のような例がある。馬の賃貸借のケースにおける賃貸人の安全債務は、手段債務として構成されているのに対し（Cass. 1re civ., 6 juin 1961, supra note 1350 ; Cass. 1re civ., 16 mars 1970, supra note 1350 ; Cass. 1re civ., 16 fév. 1982, supra note 1350 ; etc.）、ロバの賃貸借のケースにおける賃貸人の安全債務は、結果債務であるとされている（Cass. 1re civ., 25 avril 1967, supra note 1351）。また、バンパーカーの経営者は、少なくとも客が乗車している間については、安全に関する結果債務を負うものとされているのに対し（Cass. 1re civ., 28 avril 1969, supra note 1342 ; Cass. 1re civ., 12 fév. 1975, supra note 1342. なお、Cf. Cass. 1re civ., 30 oct. 1968, supra note 1342 ; Cass. 1re civ., 2 nov. 1972, supra note 1342）、ゴーカートの主催者は、客の安全について、手段債務しか義務付けられないとされている（Cass. 1re civ., 1er déc. 1999 (2 arrêts), supra note 210）。更に、かつての判例によれば、駅構内で生じた事故に関しても、運送人は、安全に関する結果債務を負うとされていたのに対し（Cass. civ., 17 oct. 1945, supra note 1312 ; Cass. 1re civ., 28 nov. 1955, supra note 1312 ; Cass. 1re civ., 17 mai 1961, supra note 1312 ; Cass. 1re civ., 12 fév. 1964, supra note 1312. また、Cf. Cass. 2ème civ., 4 mars 1954, supra note 1312 ; Cass. 1re civ., 17 déc. 1964, supra note 1312）、それ以外の公共の場で生じた事故については、各経営者は、手段債務のみを義務付けられるとされていた（例えば、注(1482)で引用した、レストラン、カフェ、バー、デパート、ホテル、コイン・ランドリー、映画館、浴場等についての判例）。これらの例を一瞥するだけでも明らかになる通り、破毀院判例の中には明確な識別基準が存在しないと言わなければならないのである。

(1489) これもまた、多くの学説によって、指摘されてきた点である。René Rodière, Obs. sous Chambéry, 21 mai 1951, JCP, 1951, II, 6516 ; Id., supra note 1484, n^OS 32 et s., pp.15 et s. ; Paul Esmain, Transporteurs, veillez sur nous, D., 1962, chr., pp.1 et s. ; Id., supra note 652, p.154（た

574

ように、安全に関わる債務が認められるかどうかという点において既に曖昧な状態にあるが、仮に債務の存在が肯定されても、どのような強度の債務が認められるのかという点において、極めて不鮮明な状態にあると言うことができるのである。

　第2に、安全に関わる債務が手段債務と性質決定される場合における被害者保護の後退という問題である。第1款において明らかにしたように、20世紀の破毀院判決は、賠償モデルの考え方を前提に、契約における義務を増大させることによって、契約不履行に基づく損害賠償の領域を拡大し、補償の確保という目的を実現しようする一方で、不法行為の領域では、フォートに基礎を置かない物の所為に基づく責任の法理を確立し、補償の確保を図ってきた。当初は、後者の拡大を防ぐために前者が確立されたという事情が存したものの、その後は、いずれの法理も発展を遂げ、フランス民事責任法の中核を担うまでになったのである(1490)。ところで、フランスの破毀院判例は、日本の判例とは異なり(1491)、古くから、契約不履行に基づく損害賠償を援用することができる場合には不法行為に基づく損害賠償を利用することはできないという意味での非競合原則を前提としてきた(1492)。これによれば、契約の

だし、フォートに基づく責任とフォートに基づかない責任に関する叙述である); Id., supra note 1312, Note, sous Cass. 1re civ., 12 fév. 1964, p.359 ; Id., Obs., sous Trib. de Grand Inst. Seine, 3 juin 1965, JCP., 1966, II, 14644, p.3 ; Tunc, supra note 1312, Obs., sous Cass. 1re civ., 12 fév. 1964, p.548 ; Georges Durry, Obs., sous Cass. 1re civ., 9 janv. 1968, RTD civ., 1968, p.555 ; Id., supra note 1342, Obs., sous Cass. 1re civ., 30 oct. 1968, p.344 ; J. Mazeaud, supra note 1323, pp.157 et s. ; Geneviève Viney, Rapport de synthèse, in, Le développement de l'obligation de sécurité, Colloque de Chambéry du 15 nov. 1996, Gaz. Pal., 1997, 2, doc., pp.1215 et s. ; Id., supra note 1341, p.3 ; Deschamps, supra note 1483, p.4 ; Groutel, supra note 1483, p.3 ; Jourdain, supra note 59, pp.1174 et s. ; Roselyne Nerac-Croisier, Soliloque sur la responsabilité du transporteur de personnes, D., 1995, chr., pp.35 et s. ; Denis Mazeaud, Le régime de l'obligation de sécurité, in, Le développement de l'obligation de sécurité, Colloque de Chambéry du 15 nov. 1996, Gaz. Pal., 1997, 2, doc., no 4, p.1202, et nos 11et s., pp.1203 et s. ; Brun, supra note 1346, pp.271 et s. ; Mouly, supra note 1324, Note, sous Cass. 1re civ., 10 mars 1998, pp.506 et s. ; Id., supra note 210, pp.287 et s. ; Gauvin, supra note 1324, no 14, p.25 ; Polère, supra note 210, p.1376 ; Pierre Cabrol, La sécurité des loisirs, Petites affiches, 9 janv. 2001, no 6, pp.8 et s. ; Bloch, supra note 59, nos 144 et s., pp.103 et s. ; Le Tourneau, supra note 20, nos 3306 et s., pp.927 et s. ; Malaurie, Aynès et Stoffel-Munck, supra note 35, nos 949 et s., p.506 ; etc.

(1490) この点については、本節・第1款・第1項479頁以下を参照。
(1491) 例えば、法律問題は様々であるが、大判明治45年3月23日民録18輯284頁、大判明治45年3月23日民録18輯315頁、大連判大正7年5月18日民録24輯976頁、大判大正15年2月23日民集5巻108頁、最判昭和38年11月5日民集17巻11号1510頁等。
(1492) 用いられている表現は様々であるが、既に引用した諸判決のほか、例えば、以下のような判決がある。Cass. civ., 11 janv. 1922, D., 1922, 1, 16 ; S., 1924, 1, 105, note René Demogue (破毀院は、以下のように判示する。「あらゆる何らかのフォートが行為者に対してそこから生じた損害を賠償するよう義務付けるのは、不法行為もしくは準不法行為においてだけである。1382条以下は、契約から生じた債務の履行においてフォートが犯された場合には適用されない。そして、この原則は、債務者が善良な家父ならば犯さないであろうフォートについてのみ責任を負うと規定している民法典1137条によって確立されている」); Cass. civ., 6 avril 1927, D., 1927, 1, 111 ; S., 1927, 1, 201, note Henri Mazeaud (破毀院は、「民法典1382条以下は、フォートが契約から生じた債務の履行において犯された場合には適用されない」(chapeau)と判示する); Cass. req., 9 mars 1936, DH., 1936, 233 (破毀院は、「当事者間において、合意の履行において当事者の一方が犯したフォートに関する責任訴権は、原則として、民法典1382条以下に基礎を置くことはできないが、この訴権が、契約とは無関係な第三者によって行使されるときには、この限りでない」と

中に安全債務の存在が認められ、その違反に基づき損害賠償を請求することができる者は、相手方の不法行為責任を主張しえないということになる。ここにおいて、補償の確保のために認められたはずの安全に関わる債務が、場合によっては、補償の後退をもたらすという逆説的な事態が生ずることになった(1493)。というのは、物の所為に基づく不法行為責任が問題となりうるケースにおいて、安全に関する債務の存在が認められ、これが手段債務と性質決定されるのであれば、その債権者は、物の所為に基づく不法行為責任を援用することができないだけでなく、債務者の手段債務違反、つまり、その言葉本来の意味でのフォートを証明しなければ、損害賠償を得ることができなくなってしまうからである(1494)。このような状況の問題性

判示する）；Cass. req., 8 mars 1937, DH., 1937, 217 ; D., 1938, 1, 76, note René Savatier ; S., 1937, 1, 241, rapport Pilon（破毀院は、「原則として、契約債務の履行において犯されたフォートを規律するために、民法典1382条の規定を援用することはできないが、契約とは無関係な第三者に対しては、同条が適用される」と判示する）；Cass. civ., 6 mars 1945, D., 1945, 217（破毀院は、「損害（契約の不履行もしくは契約の不完全な履行から生ずる損害）を被った被害者は、契約訴権を行使することができる場合には、不法行為訴権の行使を選択することはできない」と判示する）； Cass. 1re civ., 7 déc. 1955, D., 1956, 136 ; JCP., 1956, II, 9246, obs., Paul Esmain（破毀院は、以下のように判示する。「民法典1382条以下は、契約当事者の関係とは無関係なものであり、当該責任の評価に関して合意を無視することはできないから、合意から生じた債務の履行において犯されたフォートの賠償を目的とする請求のために援用することはできない」(chapeau)）； Cass. 1re civ., 11 janv. 1989, JCP., 1989, II, 21326, obs., Christian Larroumet（破毀院は、以下のように判示する。「契約債務の債権者は、この債務の債務者に対して、たとえそれを行使する利点があるとしても、不法行為責任の規範を援用することはできない」）; etc. なお、近時の判決として、Cass. 1re civ., 1er déc. 2011, D., 2011, 2996 ; RTD civ., 2012, 119, obs., Patrice Jourdain ; Contra. conc. consom., mars 2012, no 59, 15, note Laurent Leveneur がある（破毀院は、民法典1147条、1384条1項をビザとして、本件紛争の解決に性質決定は重要でないとして契約の履行中に起きた事故でないにもかかわらず契約責任の存在を認めた原審を破棄している）。

(1493) 多くの学説が指摘するところである。Cf. Rodière, supra note 1484, no 28, p.14 ; Id., Obs., sous Bourges, 23 déc. 1974, JCP., 1977, II, 18587, p.3 ; Paul Esmain, La chute dans l'escalier, JCP., 1956, I, 1321 ; Id., Note, sous Cass. 1re civ., 7 fév. 1962, D., 1962, p.434 ; Id., infra note 1496, p.704 ; Tunc, supra note 1320, Note, sous Cass. 1re civ., 30 nov. 1960, JCP., pp.2 et s. ; Id., supra note 1320, Obs., sous Cass. 1re civ., 30 nov. 1960, RTD civ., 1960, p.731 et s. ; René Savatier, Note, sous Nimes, 25 avril 1960, D., 1960, p.730（ただし、瑕疵担保責任を論じたコンテクストにおける叙述である）； Jean Lacombe, La responsabilité de l'exploitant d'un magasin à l'égard de ses clients, RTD civ., 1963, no 9, pp.257 et s. ; René Koering-Joulin, Note, sous Montpellier, 20 déc. 1973, D., 1974, p.569 ; Philippe Le Tourneau, Note, sous Trib. de Grand Inst. Mans, 9 nov. 1982, D., 1983, pp.129 et s. ; Viney, supra note 1341, p.3 ; Id., Obs., sous Cass. 1re civ., 24 nov. 1993, JCP., 1994, I, 3773 ; Id., supra note 1489, pp.1213 et s. ; Rémy, supra note 1360, pp.179 et s. ; Paire, infra note 1503, p.633 ; Jourdain, infra note 1503, pp.549 et s. ; Id., supra note 1483, Obs., sous Cass. 1re civ., 10 janv. 1990, p.483 ; Id., supra note 59, p.1172 ; Id., supra note 1254, pp.1198 et s. ; Id., supra note 1329, p.758 ; Id., supra note 1323, pp.367 et s. ; Id., Obs., sous Cass. soc., 11 oct. 1994, RTD civ., 1995, p.892 ; Id., infra note 1496, p.408 ; Lambert-Faivre, supra note 59, pp.83 et s. ; Leroy, supra note 1323, p.440 ; Mazeaud, supra note 1489, no 5, p.1202 et no 10, p.1203 ; Veaux, supra note 1354, no 7, p.336 ; Mouly, supra note 210, no 10, p.289 ; Courtiau, supra note 21, nos 672 et s., pp.420 et s. ; Bloch, supra note 59, no 12, p.21（パラドックスと不正義の絶頂と評価する）et nos 144 et s., pp.103 et s. ; Chazal, supra note 843, pp.106 et s. ; Bourdoiseau, supra note 1388, nos 63 et s., pp.58 et s.（「最終的に、裁判官の法的創造物は、プラエトルの手を離れ——「法的怪物」はその創造主を離れた——、被害者をほとんど有用ではない契約責任法の中に閉じ込めた」(no 63, p.59)）; etc.

(1494) 例えば、以下のような事案がある。Cass. 1re civ., 9 mars 1970, supra note 1326（レストランの客Xが、入口のバーに衝突して負傷したことから、民法典1384条1項に基づき、その経営

576

は、同一の事実関係において、当事者以外の第三者は、物の所為に基づく不法行為責任を主張することができるのに対して、契約当事者は、その恩恵を奪われ、債務者のフォートの証明を余儀なくされるという事態が生じたことからも、明らかとなるであろう[1495][1496]。

者Yに対し損害賠償の支払いを求める訴訟を提起したという事案である。破毀院は、以下のように判示している。「本件のように、責任に契約の性質を与える要件が充足されているときには、被害者は、たとえそれを主張する利益があるとしても、不法行為責任の諸規範を援用することはできない」。レストラン経営者が負う安全債務は手段債務とされているから、客は、経営者のフォートを証明しない限り、損害賠償を得ることはできないということになる); Cass. 1re civ., 30 oct. 1968, supra note 1342 (バンパーカー利用者が、カートに乗り込もうとしているときに、事故に遭って負傷したという事案で、原審は、「本件事故は、Xが実際に車に乗っていなかった時に発生したものであるから、Xは、その時には、第三者であり、民法典1384条の推定の利益を受ける」と判示して、本件事故についてのYの責任を認めたのに対して、破毀院は、「既にXとYとの間で契約が締結されていたことに争いはないにもかかわらず、Yのフォートが立証されているかどうかを探求することなく、上記のように判示しているのであるから、控訴院は、その判決に法律上の基礎を与えなかった」と判示している); Cass. req., 6 janv. 1947, supra note 1327 (カフェの客Xが、水のまかれたテラスで転倒し負傷したことから、民法典1384条1項、1382条、1147条に基づき、経営者Yに損害賠償の支払いを求める訴訟を提起したという事案で、これを契約の問題とし、Yの安全債務違反を認めなかった判決である。カフェの経営者が負う安全債務は手段債務とされているから、客は、民法典1384条1項の適用可能性を奪われ、経営者のフォートを証明しない限り、損害賠償を得ることはできなくなる(もっとも、原審の段階で、テラスに水をまくのは通常であると認定されているから、仮に物の所為に基づく不法行為責任の問題にするとしても、損害の発生に対する物の所為の関与が否定される可能性はある)); etc.

[1495] 後に述べるように、ホームや駅構内等で事故が発生したケースの解決については、判例の変遷が見られ、かつての判例は、厳密な意味での運送の間のみ、運送人に対して結果債務を負わせ、それ以外の場合には、手段債務のみを義務付けていたと理解する余地があった(この点については、注(1504)を参照)。これによれば、ホームや駅構内等で事故が生じた場合、契約当事者である乗客は、運送会社のフォートを証明しなければ損害賠償を得ることができないのに対して、契約当事者でない者(付添人、通行人、更には、無賃乗車人)は、民法典1384条1項が規定する物の所為に基づく不法行為責任を援用し、運送会社のフォートを証明することなくして、損害賠償を求めることができるということになるのである。

[1496] 破毀院は、賃貸借契約においても、安全に関する手段債務の存在を認めている (Cass. 1re civ., 18 nov. 1963 (3 arrêts), D., 1964, 702, note Paul Esmain ; RTD civ., 1965, 141, obs., René Rodière (第1事件の事案は、以下の通りである。賃借人Xが、アパルトマンの階段で転倒し負傷した。そこで、Xは、賃貸人Yに対し、夜の22時まで明かりを付けておく債務に違反したとして損害賠償の支払いを求める訴訟を提起した。原審は、本件事故が生じたとき明かりは十分でなかったが、それが22時前に発生したことの証明がなされていないとして、Xの請求を棄却した。Xからの上告に対し、破毀院は、以下のように述べて、これを棄却した。原告であるXは、本件転倒が、Yの契約上の債務、とりわけ、夜の22時まで階段の明かりを確保する債務の違反によって生じたことを証明しなければならない。従って、本件転倒が、夜の22時よりも前に生じたことを証明しなければならないのは、Xである。第2事件は、賃借人Xが、アパルトマンの階段で転倒し負傷したという事案につき、原審・破毀院ともに、階段の瑕疵を認定し、請求額の2分の1の限度でYの責任を認めたものである(なお、第3事件は同一事案の被告側上告に係るものである)); Cass. 2ème civ., 2 déc. 1998, RTD civ., 1999, 407, obs., Patrice Jourdain (事案の概要は、以下の通りである。Xは、Yから、その設備も含めパーティー会場全体を借り受けた。ところが、ガスコンロが爆発し、Xは負傷した。そこで、Xは、Yに対して、不法行為に基づき、損害賠償の支払いを求める訴訟を提起した。原審は、Yが安全に関する手段債務を負うとしつつも、本件損害がYの債務不履行によって発生したものであるかどうかが明らかにされていないとして、Xの請求を棄却した。これに対してXが上告したが、破毀院はこれを棄却している))。これによれば、賃借人は、賃貸人のフォートを証明しない限り、損害賠償を得ることはできなくなる。これに対して、賃借人以外の者に対しては、物の所為に基づく不法行為責任を援用し、賃貸人のフォートを証明することなく損害賠償を得る可能性が残されているのである。

次に、契約領域における義務の範囲に関わる問題というのは、他人の生命や身体（場合によっては、財産）の安全に関する義務を契約領域における債務と構成するにしても、そもそも、そのように捉えられる範囲が明らかでないという問題である。第1款・第1項で示したように、20世紀の破毀院判例は、契約領域における安全の問題について、これを義務と契約の両面にわたって拡大し、しかも後者の局面では、契約の補充、契約の拡張、契約の生成という手法まで持ち出していた。しかし、このような形で義務と契約が拡大された結果、どのような契約において、また、どのような状況があれば、安全に関わる債務が認められるのか、あるいは、安全の問題を含む契約の存在が認められるのかといった点が、極めて不明確なものとなってしまったのである。安全債務に関する破毀院判例の状態について、「法的怪物（Monstre juridique）」[(1497)]、「裁判上の宝くじ（Loterie judiciaire）」[(1498)]等との評価がなされているのは[(1499)]、そのためである[(1500)]。幾つかの例を挙げてみよう。

破毀院が安全債務の存在を初めて認めたのは鉄道運送契約であり、それ以降、この領域では多くの判例が積み重なっていったから、鉄道運送契約においては、安全債務の存在について何ら疑いがないようにも見える。しかし、事故が、乗車中あるいは乗降車の際ではなく、ホームや駅構内、乗り換えの際に生じた場合、つまり、厳密な意味での運送外で生じた場合に関しては、これを不法行為に基づく損害賠償の問題にするのか、それとも、契約不履行に基づく損害賠償の問題にするのかという点で、判例の変遷が存在した[(1501)(1502)]。そして、最終的には、破毀院民事第1部

(1497) Bloch, supra note 59, n° 7, p. 17. シリル・ブロック（Cyril Bloch）による安全債務批判は、極めて辛辣である（なお、以下の叙述のうち、一部は、安全債務一般を対象としたものであるが、安全債務の範囲というコンテクストにおいても妥当するものである）。安全債務は、民事責任法における「あらゆる大混乱の交差点（le croisement de tous les grands bouleversements）」に位置するものであり、それだけで、現代民事責任法の危機の全側面を示していると言える（Ibid., n° 10, p. 18）。安全債務の範囲について言えば、破毀院判例における安全債務の肯否の基準は、極めて不明確である（Ibid., n°s 65 et s., pp. 46 et s.）。判例の判断は、「半ば占いのような直観」、「目が眩むほどの法的印象主義」に基づいて行われており、「予見不能な法的混沌は、科学的というよりも、感覚的な内実」しか持っていないのである（Ibid., n° 92, p. 61）。

(1498) Mouly, supra note 210, n° 2, p. 288.

(1499) その他、Cf. Geneviève Viney, L'indemnisation des atteintes à la sécurité des consommateurs en droit français, in, Sécurité des consommateurs et responsabilité du fait des produits défécteux, Colloque des 6 et 7 novembre 1986 organisé par le Centre de Droit des Obligations de l'Université de Paris I, Panthéon-Sorbonne, sous la direction de Jacques Ghestin, Bibliothèque de droit privé, t.193, LGDJ., Paris, 1987, p. 73 ; Lambert-Faivre, supra note 59, p. 82 ; Mazeaud, supra note 1489, n° 2, p. 1201 ; Patrice Jourdain, La responsabilité professionnelle et les ordres de responsabilité civile, in, La responsabilité professionnelle : une spécificité réelle ou apparente, Colloque organisé les 26 et 27 janvier 2001 par le Centre de recherches sur le droit de l'activité professionnelle de l'Université de Rouen en collaboration avec la Chambre des avoués près la cour d'appel de Rouen et l'Ordre des avocats à la Cour d'appel de Rouen, Petites affiches, 11 juill. 2001, n° 137, pp. 63 et s. ; Courtiau, supra note 21, n° 672, pp. 419 et s. ; etc.

(1500) もちろん、このような評価がなされるに至ったのは、安全債務の存否が不明確であるというだけでなく、仮に安全債務の存在が認められたとしても、その性質決定が不明瞭であるという事情が存するからでもある。

(1501) 初期の判決は、厳密な意味での運送過程の外で生じた事故について、これを不法行為法の

1989 年 3 月 7 日判決が、「民法典 1147 条から生ずる、乗客を目的地まで安全に導くことを内容とする安全債務は、運送契約の履行の間、つまり、乗客が車両に乗り始めてから降り終わるまでの間にしか、運送人に対して義務付けられない」ところ、「運送契約の履行外において、乗客に対する運送人の責任は、不法行為責任の規範に従う」と判示し(1503)、これを不法行為の問題として認識するに至ったのであ

問題として規律していた（Cass. civ., 6 juill. 1925, D., 1925, 1, 233, note René Roger；S., 1925, 1, 278；Gaz. Pal., 1925, 2, 485；RTD civ., 1925, 905, obs. René Demogue（事案の概要は、以下の通りである。A は、ヴェルサイユ行の電車の切符を購入したが、間違えて行き先の違う電車に乗ってしまったので、途中の駅で下車した。A は、再度ヴェルサイユ行の電車に乗るため、この駅の通路で待機していたところ、駅に入ってきた電車のドアが開き、それが衝突した衝撃で転倒し、死亡してしまった。そこで、A の配偶者である X は、運送会社 Y に対して、損害賠償の支払いを求める訴訟を提起した。原審は、本件事故が生じたのは運送契約外であるから、Y に安全債務違反は存在しないとした上で、これを不法行為（民法典 1382 条）の問題として処理した。その上で、Y にはフォートが存在すると判断し、X の請求を認容した。これに対して Y が上告したが、破毀院はこれを棄却している））。ところが、その後、破毀院は、切符に穴をあけた時から切符を返還する時までを、安全債務の対象領域とするようになり（Cass. civ., 17 oct. 1945, supra note 1312；Cass. 1re civ., 12 fév. 1964, supra note 1312. また、Cf. Cass. 2ème civ., 4 mars 1954, supra note 1312；Cass. 1re civ., 17 déc. 1964, supra note 1312)、やがて、既に切符が返還されたケースであっても、安全債務が存続することを認めるようになったのである（Cass. 1re civ., 28 nov. 1955, supra note 1312；Cass. 1re civ., 17 mai 1961, supra note 1312)。

(1502) 学説もまた、この問題について多くの議論を展開してきた。例えば、乗客が運送人に自己の身体を託している間、具体的に言えば、乗客が非公共的な場所へと入り、切符を返還するまでの間にのみ、運送人に対して安全債務を負わせるべきであるとの見解（Roger, supra note 1501, p.234；Id., supra note 1312, pp.165 et s.)、あるいは、乗客が運送人によって支配されている場所にいるかどうかを基準にして、安全債務の存否を判断すべきであるとの見解（Savatier, supra note 1312, p.173)、更に、乗客が乗車を始めてから降車をし終えるまでの間にのみ、運送人に対して安全債務を負わせるべきであるとの見解（この見解は、後に、判例によって採用されることになるが、それ以外の場面について、これを安全に関する手段債務の問題にするのか（Tunc, supra note 1312, Note, sous Cass. 1re civ., 17 mai 1961, pp.690 et s.；Id., supra note 1312, Note, sous Cass. 1re civ., 12 fév. 1964, p.548)、それとも、不法行為に基づく損害賠償の問題にするのか（René Rodière, Obs., sous Paris, 2 mars 1950, JCP., 1950, II, 5470, p.3；Id., supra note 1484, n°s 23 et s., p.13；Id., Obs., sous Trib. de Grand Inst. Seine, 4 juin 1965, RTD civ., 1966, pp.305 et s.；Id., Obs., sous Trib. de Grand Inst. Paris, 19 déc. 1972, JCP., 1974, II, 17618, p.3；Id., supra note 1493, p.3；Blaevoet, supra note 1312, pp.1 et s.；Id., Des accidents dans l'enceinte des chemins de fer, Gaz. Pal., 1964, 2, doc., pp.11 et s.；Id., Obs., sous Cass. 1re civ., 6 oct. 1964, JCP., 1965, II, 14420, p.1；Id., Note, sous Trib. de Grand Inst. Seine, 3 juin 1965, D., 1966, pp.534 et s.；Esmain, supra note 1489, Obs., sous Trib. de Grand Inst. Seine, 3 juin 1965, p.3)で、争いが存した）等が存在したのである。

(1503)　Cass. 1re civ., 7 mars 1989, Bull. civ., I, n° 118；D., 1991, 1, note Philippe Malaurie；Gaz. Pal., 1989, 2, 632, note Gilbert Paire；RTD civ., 1989, 548, obs. Patrice Jourdain（事案の概要は、以下の通りである。X は、電車を降りた後、雨に濡れたホームで転倒し、線路に落ちてしまった。その後、X は、ホームに上がることができず、到着した電車の車両の下敷きになり、足を切断された。そこで、X は、運送会社 Y に対し、契約債務の違反に基づき、損害賠償の支払いを求める訴訟を提起した。原審は、降車後に関しては、Y が安全に関する結果債務を負うことはなく、従って、X は、Y の契約上のフォート（手段債務違反）を証明しなければならないと判断して、X の請求を棄却した。これに対して、破毀院は、まず、安全に関する結果債務についての上告に関しては、「民法典 1147 条から生ずる、乗客を目的地まで安全に導くことを内容とする安全債務は、運送契約の履行の間、つまり、乗客が車両に乗り始めてから降り終わるまでの間にしか、運送人に対して義務付けられない。よって、上告には理由がない」と判示し、原審を維持したが、運送の前後の法的規律に関わる部分については、民法典 1384 条 1 項をビザに、以下のように判示した。「運送契約の履行外において、乗客に対する運送人の責任は、不法行為責任の規範に従う」。原審は、Y のフォートが証明されていないとするが、事故は Y の保管する物によって発生しているの

◆第1章◆ 解　釈

る(1504)(1505)(1506)。このように、最も多くの紛争が生じた契約類型においても、安全

であるから、控訴院は、上記のテクストに違反した）
(1504) 注(1503)で引用した破毀院民事第1部1989年3月7日判決以前にも、破毀院は、「本条から生ずる、乗客を目的地まで安全に導く債務は、運送契約の履行の間、つまり、乗客が車両に乗り始めてから降り終わるまでの間しか存在しない」と判示していた（Ex. Cass. 1re civ., 1er juill. 1969, supra note 1314 ; Cass. 1re civ., 12 nov. 1969（2 arrêts）, JCP., 1970, II, 16190, obs., R. L. ; RTD civ., 1970, 581, obs., Georges Durry（第1事件は、バスの乗客Xが終点に到着した時に転倒して負傷したという事案に関するものである。原審は、バス会社Yに対するXの損害賠償請求を認容した。破毀院は、本件事故の原因は明らかでなく、また、被害者のフォートも証明されていないのであるから、Xの請求を認容した原審は正当であると判示した。第2事件の事案の概要は、以下の通りである。17歳の少年Xは、仲間と一緒に、電車の到着を待っていた。Xは、列車到着のアナウンスを聞いて、ホームへと急いで向かったが、到着したのは貨物列車であった。しかし、Xは、その勢いで、ホームと列車との間に転落してしまい、重傷を負った。鉄道会社Yに対するXの損害賠償請求につき、原審は、本件事故の原因は不明であるとしながらも、この請求を認容した。これに対して、破毀院は、民法典1147条をビザに、「本条から生ずる、乗客を目的地まで安全に導く債務は、運送契約の履行の間、つまり、乗客が車両に乗り始めてから降り終わるまでの間しか存在しない」（chapeau）と判示して、原審を破棄した）; Cass. 1re civ., 27 avril 1976, JCP., 1976, II, 18477, obs., René Rodière ; RTD civ., 1977, 138, obs., Georges Durry（乗客Xが、電車から降りる際に、雨で湿っていた踏み台で滑り、転倒して負傷したという事案である。原審は、運送会社Yに対するXの損害賠償請求を認容した。破毀院も、以下のように判示して、原審の判断を是認した。「運送人は、乗客の安全に関して、乗客が乗車した時に始まり、降車した時に終わる債務を負うところ、乗客の役割が積極的であるかどうかによって、区別する必要はない」。本件事故は、Xの降車中に発生したものであるから、原審は、証明責任を転換することなく、Yが完全に責任を負う旨を正当に判示した）。また、Cf. Cass. 1re civ., 15 juill. 1975, JCP., 1976, II, 18418, obs., René Rodière（バスの乗客Xが、運転手Yから荷物をカフェまで届けるよう依頼され、道を渡っていたところ、自動車にはねられて負傷したという事案である。原審は、Yが結果債務を負うことを理由に、Xの損害賠償請求を認容した。これに対して、破毀院は、民法典1147条をビザに、以下のように判示して、原審を破棄した。「この条文から生ずる、乗客を目的地まで安全に導く債務は、運送契約の履行の間にしか存在しない」（chapeau）。本件事故は、乗客が運送とは無関係な理由でバスから降りた後に生じたものであるにもかかわらず、上記のように判示しているのであるから、原審は、上記のテクストに違反した））。
　しかし、そこでは、同時に、「運送人は、なお、乗客に対して、慎重及び勤勉の一般的債務を負う」との判断も示されていた（Cass. 1re civ., 21 juill. 1970, D., 1970, 767, note Rifaat Abadir ; JCP., 1970, II, 16488 ; RTD civ., 1971, 163, obs., Georges Durry（事案の概要は、以下の通りである。87歳のXは、電車を降り、改札へと向かう途中で切符を探していたため、改札へと走ってきた2人の乗客に相次いで押され、転倒した。その結果、Xは、大腿骨頸部を骨折してしまった。そこで、Xは、運送会社Yに対して損害賠償の支払いを求める訴訟を提起した。原審は、Xの請求を認容した。これに対して、Yは、安全債務を義務付けられるのは厳密な意味での運送の間に限られるとして上告した。破毀院は、以下のように判示して、Yの上告を棄却した。「民法典1147条から生ずる、乗客を目的地まで安全に導く債務は、乗客が車両を降り終わったときには問題とならないが、運送人は、なお、乗客に対して、慎重及び勤勉の一般的債務を負う」。従って、乗客の安全を確保するのに必要な措置をとらなかったとして、Yの責任を認めた原審は、正当である））。この慎重及び勤勉の一般的債務が、手段債務としての安全債務を意味するのか、それとも、不法行為上の一般的注意義務を意味するのかは、判決文からは明らかとならない。そのため、破毀院の立場については、仮に前者のように理解するのであれば（このような理解を示すものとして、Lindon, supra note 1314, pp.2 et s. ; Durry, supra note 1314, p.185）、破毀院は、厳密な意味での運送以外の場面でも、（手段債務としての）安全債務を認めていたという形で捉えることができるし、仮に後者のように把握するのであれば（このような理解を示すものとして、Abadir, supra, p.769 ; Koering-Joulin, supra note 1493, p.570）、厳密な意味での運送外では、不法行為の一般法で規律する態度を示していたという形で捉えることができた。破毀院民事第1部1989年3月7日判決は、後者の立場に依拠することを明らかにしたものであるが、このような経緯から見ても、この問題に対する破毀院の立場が不明確であったことが分かるであろう。
(1505) それ以降の判決として、Ex. Cass. 1re civ., 19 fév. 1991, Gaz. Pal., 1992, 2, somm., 465, note François Chabas（乗り継ぎ時に生じた事故について、1989年3月7日判決の判断を適用し

580

債務の存否についての判断が揺れ動いてきたのであって、こうした事実から見れば、判例の判断が極めて不安定なものであることが分かるであろう[1507]。

もう1つ、安全に関わる債務の存否についての判断基準が不明確であるように思われる例を挙げてみよう。破毀院は、比較的初期の段階から、店舗に買物に来た客が負傷したというケースにおける店舗経営者の責任を、不法行為の領域の問題として規律してきた[1508]。なるほど、買物客が商品を購入しない限り[1509]、店舗経営者

た判決である）; Cass. 2ème civ., 25 juin 1998, D., 1999, 416, note Christian Lapoyade Deschamps（ホームで生じた事故について、民法典1384条1項を適用した判決である）

[1506] もっとも、やや特殊な事案ではあるが、厳密な意味での運送外において、（手段債務としての）安全債務の存在を認めた判決も存在する。Cass. 1re civ., 15 juill. 1999, D., 2000, 283, note Sophie Pech-Le Gac ; D. aff., 1999, 1239, obs., J. F. ; RTD civ., 1999, 844, obs., Patrice Jourdain が、それである。事案の概要は、以下の通りである。フランスに居住するXらは、Y航空のロンドン経由、マドラス・クアラルンプール行きの飛行機に乗車した。この飛行機は、1990年8月1日の夕方にロンドンを出発し、翌日の早朝、クウェート空港に着陸した。ところが、その直後、イラク軍がクウェートに侵攻した。イラク軍による爆撃の恐れがあることから、空港は閉鎖され、乗客はホテルへと移された。しかし、このホテルで、乗客は、イラク軍によって拘束され、次いで、約1ヶ月から3ヶ月の間、イラク及びクウェートの各地で抑留されることになった。その後、Xらは、フランスへと帰国した。このような事実関係において、Xらとその一部の家族は、Yに対して、この拘留によって生じた損害の賠償を求める訴訟を提起した。また、保険法典L.126-1条及びL.422-2条に基づき、フランス国籍を持つ被害者に対して一定額を支払った、テロ行為並びにその他の犯罪行為に関する被害者賠償基金が、この訴訟に加わった。原審は、国際航空運送に関する1929年10月12日のワルシャワ条約ではなく、民法典1147条に基づき判決を下し、Xらの請求及び基金の代位請求を認容した。これに対して、Yが上告した（本判決の争点は多岐にわたるが、以下では、安全債務に関する部分のみに言及する）。破毀院は、以下のように判示して、Yの上告を棄却した。「国際航空運送に関する一定の規範を統一するための1929年10月12日のワルシャワ条約は、乗客に生じた損害について、それらが機内もしくは乗車・降車の作業中に発生した場合の航空運送人の責任しか規律していない。控訴院は、乗客の被った損害が、機外で、かつ、降車後に、ホテルに集められていたときに発生したものであることを確認し、そこから、この条約が本件訴訟に適用されないことを正確に導いた」。「航空運送人は、厳密な意味での飛行中に加え、乗車・降車作業についてしか、乗客に対し、安全に関する結果債務を負わないとしても、顧客との間の契約の履行に際して、なお、安全に関する手段債務を負う。控訴院は、正当な理由により、航空チケットの中で言及されていなかったクウェート空港への着陸が、ロンドンを出発する時に乗客へと知らされたこと、それは、軍事衝突の危機を高い確率で予見することができたときに行われたものであること、航空機には、それを回避するための十分な燃料が備わっていたこと、従って、乗客は、正当な理由なく、戦争の危険に曝されたことを認定した。控訴院は、これらの認定から、Yが手段債務に違反したことを導くことができた」。

[1507] 安全債務の存否に関する判断が揺れ動いてきたという点では、既に検討した、売買契約や医療契約の例を挙げることができるであろう。これらの問題については、本節・第1款・第1項520頁以下を参照。

[1508] 例えば、以下のような判決がある。Cass. 1re civ., 7 nov. 1961, D., 1962, 146, note Paul Esmain ; RTD civ., 1962, 305, obs., André Tunc（事案の概要は、以下の通りである。Aは、ベニヤ板を購入するためYの元に赴き、現場の責任者によって、工場内の線路の荷揚げホームの上に特別に設置された店舗へと案内された。ところが、その後、原因は不明であるが、Aは、3.5m下の線路に転落し死亡してしまった。そこで、Aの相続人であるXは、Yに対して損害賠償の支払いを求める訴訟を提起した。原審は、Xの請求を棄却した。これに対して、Xは、「契約責任」が適用される事案であること、仮に「契約責任」が適用されないとしても民法典1384条1項の責任が問題になること、そうでないとしても同1382条が適用されることを理由に上告した（以下では、「契約責任」について判断した部分のみを取り上げる）。破毀院は、「原審は、正当にも以下のように判示した。契約責任を認めるためには、契約の際に損害が発生したというだけでは足りず、損害がこの契約債務の不履行の結果生じたものでなければならない。売買契約は、買主に対する何らの安全債務も生じさせるものではない。従って、売買契約とは無関係に、店舗経営者は、営業のための場所に赴き買物をする可能性のある全ての者に対して安全債務を負うとの上告理由は、

◆第1章◆ 解　釈

意味を持たない。この場合、不法行為の規範のみが適用されうる」と判示して、上告を棄却した）；Cass. 2ème civ., 19 nov. 1964, D., 1965, 93, note Paul Esmain ; JCP., 1965, II, 14022, obs., René Rodière ; RTD civ., 1965, 363, obs., René Rodière（Yの店舗へと買物に来たXが、その中で転倒し、負傷したという事案である。Xは、Yに対し、民法典1384条1項に基づき損害賠償の支払いを求める訴訟を提起し、控訴院の段階で、安全債務違反に基づく「契約責任」の主張を追加した。原審は、Xの請求を棄却した。破毀院は、以下のように判示して、Xの上告を棄却した。「店舗経営者の契約責任を認めるためには、契約の際に損害が発生したというだけでは足りず、損害がこの契約債務の不履行の結果生じたものでなければならない。売買契約は、買主に対する安全債務を生じさせるものではないし、また、類似の債務が、店舗の中に入り、何かを購入しようとする全ての者に対して存在することもない。この場合、準不法行為責任の規範のみが適用されうる。従って、Yは何らかの債務に違反するものではなかったと判示しているのであるから、第2審裁判官は、1147条を正確に適用した」）；Cass. 2ème civ., 11 mai 1966, D., 1966, 735, note Pierre Azard ; RTD civ., 1967, 639, obs., Georges Durry（Yが経営する店舗で買物をしていたXが、店の勘定台付近を歩いていたところ、勘定台から飛び出していた商品にぶつかり、転倒して負傷したという事案である。原審・破毀院ともに、民法典1384条1項に基づくXの損害賠償請求を棄却している）；Cass. 2ème civ., 24 mai 1978, JCP., 1979, II, 19237, obs., Noël Dejean de la Batie（Yが経営する店舗で買物をしていたXが、店舗内に落ちていた菓子のゴミによって滑り、転倒して負傷したという事案である。原審・破毀院ともに、Xの不法行為に基づく損害賠償請求を肯定している）；Cass. 2ème civ., 16 mai 1984, Bull. civ., II, n° 86 ; RTD civ., 1985, 585, obs., Jérôme Huet（Yが経営する店舗で買物をしていたXが、レジを通過する際に、ほかの客の落した瓶によって負傷したという事案である。原審は、Yが瓶の保管者に当たらないことを理由として、民法典1384条1項の適用を否定し、Xの損害賠償請求を棄却した。破毀院は、保管者に当たらないとした原審を破棄している）；Cass. 2ème civ., 24 janv. 1985, Bull. civ., II, n° 21 ; RTD civ., 1986, 115, obs., Jérôme Huet（Yの店舗で買物をしていたXが、床に落ちていたアイスクリームによって滑り、転倒して負傷したという事案である。原審・破毀院ともに、これを民法典1384条1項の問題として処理している）；Cass. 2ème civ., 5 juin 1991, Bull. civ., II, n° 176 ; D., 1992, somm., 270, obs., Anne Penneau ; D., 1992, 409, note Christian Lapoyade Deschamps ; JCP., 1992, I, 3572, obs., Geneviève Viney ; Gaz. Pal., 1993, 1, 209, note Patrice Jourdain ; Petites affiches, 31 janv. 1992, note Sabine Mazeaud-Leveneur（事案の概要は、以下の通りである。Xらは、Yが経営する店舗から出ようとしたところ、警報システムが作動した。そのため、Xらは、Yの従業員によって検査されたが、特に異常はなかった。そこで、Xらは、Yに対して、精神的損害の賠償を求める訴訟を提起した。原審は、民法典1384条1項に基づき、Xらの請求を認容した。これに対して、Yは、非競合原則に反する等と主張して上告した（上告理由は複数あるが、ここでは、損害賠償請求権の性質決定に関わる部分のみを掲げる）。破毀院は、以下のように判示する。「出入りの自由な施設の組織及び作用についての客に対する商人の責任は、準不法行為の性質を持つ。よって、上告には理由がない」）；Cass. 1re civ., 29 mai 1996, Bull. civ., I, n° 227 ; RTD civ., 1997, 140, obs., Patrice Jourdain（Yが経営する肉屋の買物客Xが、転倒し負傷したという事案である。原審はXのYに対する損害賠償請求を棄却した。これに対して、Xは、Yが安全債務を負うこと等を主張して上告した。破毀院は、以下のように判示して、Xの上告を棄却している。肉屋は、「店の中に居る人に対して安全に関する契約上の債務を負わない」）；etc.

(1509) 実際、破毀院は、買物客が購入物（購入予定物）によって負傷したというケースにおいては、契約不履行に基づく損害賠償を問題にしている。例えば、以下のような判決がある。Cass. 1re civ., 20 oct. 1964, JCP., 1965, II, 14150 ; RTD civ., 1965, 661, obs., René Rodière（Xが、Yの店舗に買物に来ていたところ、購入しようとした瓶の爆発により負傷したという事案である。Xは、民法典1382条、1383条、1641条以下に基づき、Y及び瓶の製造者Aに対して、損害賠償の支払いを求める訴訟を提起した（Yも、Aに対して、求償を求める訴訟を提起しているが、以下では触れない）。原審は、Xの請求を認容した。破毀院も、以下のように判示して、原審を維持した。原審は、YのXに対する責任が「契約責任」であることを正確に判示した後に、本件爆発の原因がYの陳列方法によるものであることを認定した）；Cass. 1re civ., 12 juin 1979, JCP., 1980, II, 19422, obs., Noël Dejean de la Batie（事案の概要は、以下の通りである。Aは、Yが経営するスーパーマーケットで買物をしていたところ、レモネードの瓶を手にとった時に、この瓶が爆発し、負傷してしまった。そこで、Aに対して補償を支払ったXが、その保険会社B、瓶の供給者C、その保険会社Dに対して、損害賠償の支払いを求める訴訟を提起した（更に、Aに対して労働不能期間の休業補償を支払ったEも、訴訟に参加している）。原審（Grenoble, 5 janv. 1978, Gaz. Pal., 1978, 1, 284, note J. R. ; D., 1979, IR. 61, obs., Christian Larroumet）は、Yが

と客との間に明確な形で契約が成立することはないから、店舗内の事故を不法行為法の対象とすることそれ自体に問題が存すると言うことはできない[1510]。しかし、ホテルやレストラン等の客を受け入れる施設や、かつての駅構内等において生じた事故については、店舗内のそれと同じくパブリックなスペースで生じた事故でありながら、経営者の安全債務違反に基づく損害賠償請求が肯定されている（肯定されていた）のであり[1511]、これとの対比で見るならば、店舗内の事故を不法行為法の対象とすることは、やはり、問題のある解決であると言わなければならないように思われるのである。

契約領域における義務の範囲が不明瞭であるという状況は、契約の生成の場面にも見出すことができる。第1款において触れたように、破毀院は、無償で援助を行った者が損害を被ったというケースにおいて、援助者と被援助者との間に無償援助の合意を観念し、そこに、「援助を求めた者に関して、援助を求められた者が被った身体的損害を賠償する債務」や、「援助を求めた者に関して、援助を求められた者がフォート不存在の場合に事故の被害者に対して負う責任を保証する債務」を読み込むことによって、契約領域における義務の拡大を補ってきた[1512]。これに対して、破毀院は、無償で自動車に乗せてもらった者が事故によって損害を被ったという、いわゆる好意同乗のケースおいては、同じく無償の好意に基づく行為でありながら、無償援助ないし無償同乗の合意の存在を否定し、これを不法行為法に属する問題として規律しているのである[1513]。仮に、当該行為の無償性を理由として黙示の合意

　　安全に関する結果債務を負うことを理由に、Xの請求を認容した。Yからの上告に対し、破毀院は、以下のように判示して、これを棄却した。「Yは、その性質から通常生じうるもの以外の危険を示さない商品を客に提供する債務を負っていたのであるから、本件において、Yがこの債務に違反し、自己の責めに帰することのできない外的原因を証明していないとして、Yの責任を認めたのは、正当である」」

(1510)　この点をめぐる議論については、Cf. Lacombe, supra note 1493, pp.242 et s. ; Rodière, supra note 1508, Obs., sous Cass. 2ème civ. 19 nov. 1964, JCP., n° 10, p.4 ; Id., supra note 1508, Obs., sous Cass. 2ème civ. 19 nov. 1964, RTD civ., pp.322 et s. ; Marie-Ève Roujou de Boubée, Note, sous Rennes, 21 nov. 1972, D., 1973, pp.640 et s. ; etc.

(1511)　注(1482)で引用した、レストラン、カフェ、バー、デパート、ホテル、コイン・ランドリー、映画館、浴場等で生じた事故の事例、注(1501)、注(1504)で引用した、駅構内で生じた事故の事例等を参照。

(1512)　この点については、本節・第1款・第1項 538頁以下を参照。

(1513)　Cass. civ. 15 juin 1926, S., 1926, 1, 249, note Paul Esmain（事案の概要は、以下の通りである。Xは、義父Aが所有し、Yが運転する自動車に乗っていたところ、自動車が溝に転落し、その結果、負傷してしまった。そこで、Xは、Yに対して、損害賠償の支払いを求める訴訟を提起した。破毀院は、本件事案を不法行為の問題とした原審を正当なものとして是認している）; Cass. req. 29 mars 1927, D., 1927, 1, 137, note Louis Josserand : S., 1927, 1, 134 ; S., 1927, 1, 217, note Henri Mazeaud（事案の概要は、以下の通りである。Xは、Yが運転する車のサイドカーに無償で乗せてもらっていた。ところが、Yは、電車の警笛が聞こえておりその煙を認識すべきであったにもかかわらず、暗闇の中の踏切に入り、不適切な操作によって、レールの間にタイヤを挟み込んでしまった結果、Yの自動車は、動けなくなり、電車と衝突した。これによって、Xは重傷を負ってしまった。原審・破毀院ともに、民法典1382条に基づくXの損害賠償請求を認容している）　その他、Cass. civ. 27 mars 1928, supra note 1409 ; Cass. req., 21 juill. 1930, supra note 1409 ; Cass. civ. 24 juill. 1930, supra note 1409 ; Cass. civ. 1er août 1930, S., 1931, 1,

583

◆第1章◆　解　釈

の存在を否定し、責任の軽減を認めようとするのであれば、その理は、無償援助の合意が肯定されてきた場面にも及ばなければならないし、反対に、補償の確保という目的を実現するために、無償援助の合意を認めようとするのであれば、このような利益判断は、好意同乗のケースにも妥当しなければならないはずである(1514)(1515)。それにもかかわらず、破毀院は、無償援助の合意と好意同乗のケースとを別異に扱っているのであって、この側面から見ても、破毀院判例上の契約領域における義務の範囲が極めて不明確であることが分かるように思われる。

　以上に一瞥したところから明らかになること、また、そこから引き出される視点を整理しておくことにしよう。

　第1に、賠償モデルの論理構造を利用し契約不履行に基づく損害賠償の領域を拡大してきたフランスの破毀院判例には、契約領域における義務の範囲、賠償モデルの論理に即して言えば、「契約責任を生じさせる行為ないし所為」の範囲が極めて不明確であるという問題が存在したことである。フランスにおける賠償モデルの下では、契約不履行に基づく損害賠償の領域を画定するに際して、契約領域における義務の存否が決定的に重要な意味を持つはずであるにもかかわらず、破毀院は、説得的な基準を打ち出すことなく、いわば場当たり的に、義務と契約の両面にわたって、契約領域における義務の範囲を拡大してきた。もちろん、破毀院判例の背後には、衡平の観念、その実体法上の根拠としての民法典1135条が存在するが、これらは、何ら具体的な指針を示すものではなく、契約領域における義務の範囲を規律するための枠組みとしては無内容である。そのため、類似のケースでありながら契約領域における義務の存否が異なる（その結果、最終的な結論も異なる）というような事態が、しばしば生じてしまっているのである。このことを反対の視点から見れば、補償の確保という目的のための賠償モデルは、契約領域における義務の範囲を画定するための明確な基準が存在しなければ、日和見主義的な解決に陥ってしまうと言うことができよう。

---

　　15 ; Cass. civ., 30 déc. 1931, supra note 1409 ; Cass. req., 5 mai 1942, S., 1942, 1, 125, note Henri Mazeaud ; Cass. 2ème civ., 9 mars 1962, D., 1962, 625, note René Savatier ; JCP., 1962, II, 11728, note Paul Esmain ; Cass. 2ème civ., 5 avril 1962, D., 1963, 78 ; S., 1963, 34, note R. Meurisse ; Gaz. Pal., 1962, 1, 431 ; RTD civ., 1963, 562, obs. André Tunc ; Cass. 2ème civ., 21 déc. 1962, D., 1963, 418, note Jacques Boré ; Gaz. Pal., 1963, 1, 290 ; RTD civ., 1963, 562, obs. André Tunc ; Cass. 2ème civ., 3 déc. 1964, JCP., 1965, II, 14151 ; etc.

(1514) ニュアンスの相違はあるが、Esmain, supra note 1404, Obs., sous Cass. 1re civ., 27 mai 1959, p.2 ; Id., supra note 1404, Obs., sous Cass. soc., 14 fév. 1963, p.2 ; Bout, supra 1401, no 21, pp.177 et s. ; Arhab, supra note 1412, no 14, p.568 ; Hocquet-Berg, supra note 1401, nos 6 et s., pp.33 et s. ; etc.

(1515) 更に付言すれば、かつて、好意同乗のケースにおいては、民法典1384条1項の適用が排除され、その結果、同乗者は、フォートを証明しなければ損害賠償を得ることができないということになっていた（Cass. civ., 27 mars 1928, supra note 1409 ; Cass. req., 21 juill. 1930, supra note 1409 ; Cass. civ., 24 juill. 1930, supra note 1409 ; Cass. civ., 30 déc. 1931, supra note 1409）。つまり、無償援助の合意のケースと好意同乗のケースとでは、合意の有無だけでなく、その結論にも差異が生じていたのである。

これと関連して、第2に、上記のような問題を生ぜしめた要因の1つとして、「契約責任を生じさせる行為ないし所為」の前提となる義務の拡大を、あくまでも、契約と結び付けた形で行おうとする態度があったということである。第1節・第1款で検討し、また、本節・第1款・第1項においても明らかにしたように、フランスの不履行に基づく損害賠償は、債務ではなく、契約不履行に基づく損害賠償として捉えられてきたから、「契約責任を生じさせる行為ないし所為」の多様化も、必ず契約上の義務を拡大させることによって行う必要があった[1516]。この点において、フランスの議論は、日本における安全配慮義務法理や統一的保護関係理論とは対照をなしている。そうすると、ここで、安全に関わる義務は、契約との関連で正当化されなければならないから、運送契約における安全債務をめぐる議論の中に典型的な形で現れているように、どこまでを契約上の義務として捉えるべきかという問題が不可避的に生じ、また、安全債務について、いわば契約を時間的に分節して捉える考え方が生まれたし[1517]、更に、店舗での事故の例に見られるように、ほかの契約類型における事故と同じような事実状態で生じたものでありながら、契約が存在しないという理由で、契約の問題ではなく、不法行為法の管轄に属せしめられる問題群が生じてしまったのである。

　ここから、第3に、契約と結び付けた形で「責任を生じさせる行為ないし所為」を拡大する手法には限界があり、それを回避するために、更なる理論的危険を冒さなければならなかったということである。補償の確保という目的を契約不履行に基づく損害賠償によって実現するために、「責任を生じさせる行為ないし所為」を契約との関連で正当化しようとする限り、同じような事実状況を基礎とした紛争が、契約の有無によって別異に扱われてしまうのは当然である。従って、従来の前提を維持しつつ、これを避けるためには、契約の領域を拡張し、契約不履行に基づく損害賠償による救済の範囲を拡大するしかない。第1款・第1項において触れたように、破毀院は、他人のための約定法理を用いて、運送契約の中に読み込まれた安全債務の効力を遺族等にも及ぼし、これによって、遺族の補償を被害者自身の水準にまで高めようとしてきたが[1518]、これは、まさに、上記のような考慮に基づくものと言うことができる。

　しかし、こうした手法は、更なる問題を生じさせる原因にもなった。まず、ここ

[1516]　フランス民法典の体系について、本章・第1節・第1款・第1項381頁以下、フランスにおける賠償モデルの論理構造について、本節・第1款・第1項497頁以下を参照。

[1517]　同様の考え方は、運送契約のほか、ロープ・トゥ（Cass. com., 7 fév. 1949, supra note 1323 ; Cass. 1re civ., 8 oct. 1963, supra note 1323 ; Cass. 1re civ., 4 nov. 1992, supra note 1323）、スキーリフト（Cass. 1re civ., 11 mars 1986, supra note 1324 ; Cass. 1re civ., 17 fév. 1987, supra note 1324 ; Cass. 1re civ., 10 mars 1998, supra note 1324 ; Cass. 1re civ., 11 juin 2002, supra note 1324）、バンパーカー（Cass. 1re civ., 2 nov. 1972, supra note 1342 ; Cass. 1re civ., 12 fév. 1975, supra note 1342）、ゴーカート（Cass. 1re civ., 1er déc. 1999 (2 arrêts), supra note 210）、トボガン（Cass. 1re civ., 28 oct. 1991, supra note 1344）等にも見られる。

[1518]　この点については、本節・第1款・第1項533頁以下を参照。

◆第1章◆ 解　釈

では、安全に関する債務と他人のための約定という2つの意味でのフィクションが用いられていた[(1519)]。また、このような他人のための約定の恩恵を受けることができる者は、死亡した乗客の妻、子、法律上の扶養を受けていた者に限られており、それ以外の者に関しては、契約不履行に基づく損害賠償を用いた救済が否定されているところ[(1520)]、こうした形で対象を限定しようとする態度は、少なくとも問題を契約法理の枠内で捉えようとする前提との関係で見れば、不自然さが残るものであった[(1521)]。更に、判例は、免責条項が存在する場合等においては、契約上の規律による救済の低下を防ぐために、遺族による他人のための約定の放棄を認め、遺族に対して、安全債務違反に基づく「契約責任」ではなく、物の所為に基づく不法行為責任を問う可能性を与えているが[(1522)]、他人のための約定と受益者の承諾を黙示的

(1519) Cf. Josserand, supra note 1393, Note, sous Anger, 13 mai 1929, pp.161 et s. ; Id., supra note 1393, Note, sous Cass. civ., 6 déc. 1932 et Cass. civ., 24 mai 1933, pp.137 et s. ; Rouast, supra note 1396, pp.25 et s. ; Rodière, supra note 1394, p.270 ; Id., supra note 1305, n° 18, p.6 ; etc.

(1520) Cass. civ., 24 mai 1933, supra note 1393 ; Cass. 1re civ., 15 fév. 1955, supra note 1393（いずれも兄弟によって損害賠償請求がなされた事案である）

(1521) Cf. Josserand, supra note 1393, Note, sous Cass. civ., 6 déc. 1932 et Cass. civ., 24 mai 1933, p.138.

(1522) Cass. com., 19 juin 1951, D., 1951, 717, note Georges Ripert ; S., 1952, 1, 80, note Roger Nerson ; JCP., 1951, II, 6426, obs., Emile Becqué ; RTD civ., 1951, 515, obs., Henri et Léon Mazeaud（事案の概要は、以下の通りである。アルジェ発マルセイユ行きの定期船「ラモリシエール号（Lamoricière）」が、バレアル諸島の沖合で、激しい暴風雨に襲われ、沈没した。そこで、乗客の1人であったAの未亡人であるXは、自己とその息子の法定代理人の資格で、民法典1382条、1384条1項に基づき、船主Y$_1$と備船主Y$_2$に対して、損害賠償の支払いを求める訴訟を提起した。原審は、Y$_1$に対する関係では請求を棄却したが、Y$_2$に対する関係では民法典1384条1項に基づく請求を認容した（ただし、不可抗力の存在を認定し、5分の1の限度でのみ認容）。本判決の争点は多岐にわたるが、ここでは、破毀院が、民法典1384条1項を適用したことに対する上告に応えて、「運送契約の締結時に故人によって承継人のためになされた約定を放棄し、不法行為責任の領域に基づいて訴訟を提起することは許される」と判示したことを確認しておく）; Cass. 2ème civ., 23 janv. 1959, D., 1959, 101, note René Savatier ; JCP., 1959, II, 11002, obs., Michel de Juglart ; RTD civ., 1959, 314, obs., Henri et Léon Mazeaud（事案の概要は、以下の通りである。Aは、Yの水上飛行機に乗っていたところ、飛行機事故によって死亡してしまった。そこで、Aの相続人であるXら（妻と子）は、Yに対して、民法典1384条1項に基づき、損害の賠償を求める訴訟を提起した。原審（Bordeaux, 10 nov. 1954, D., 1955, 32, note Georges Ripert）は、Xらの請求を認容した（なお、第1審につき、Trib. civ. de Bordeaux, 29 juin 1953, D., 1954, 83, note Georges Ripert ; JCP., 1953, II, 7698, obs., Michel de Juglart）。これに対して、Yは、Xらが不法行為責任を援用することはできない等と主張して上告した（本判決の争点は多岐にわたるが、以下では、他人のための約定に関わる部分に限定して引用する）。破毀院は、以下のように判示して、Yの上告を棄却した。「原審の確定したところによれば、Aの承継人は、運送契約の中に含まれている、いわゆる他人のための約定を放棄した。従って、この承継人は、Yに対して、Aの死亡によって生じた損害の賠償を求めるのに、その原因、当事者の資格という点において、本件契約の不履行によって生じうる訴権とは異なる、準不法行為訴権を行使することを禁じられない」）; Cass. 2ème civ., 23 janv. 1959, D., 1959, 281, note René Rodière ; RTD civ., 1959, 314, obs., Henri et Léon Mazeaud（事案の概要は、以下の通りである。Aは、「シャンポリオン号（Champollion）」に乗船していたところ、この船が座礁し、死亡してしまった。そこで、Aの相続人であるXらは、船長Y$_1$、船の所有会社Y$_2$に対し、民法典1382条、1384条1項に基づき、損害の賠償を求める訴訟を提起した。原審は、Y$_1$との関係では請求を棄却したが、Y$_2$との関係では民法典1384条1項に基づく請求を認容した。これに対して、Y$_2$は、Aとの間で締結された契約の中に存在した責任制限条項が考慮されていない等として上告した（本判決の争点は多岐にわたる

に認めておきながら、それを黙示的に放棄することを認めるという手法は、極めて曖昧である。そもそも、契約領域における義務の拡大が補償の確保という目的のために行われてきたものである以上、契約的拘束からの離脱を認める利益判断が、遺族だけに及び、当事者には及ばないとする理由は存しないから（それにもかかわらず、破毀院は、契約当事者による契約的拘束からの離脱を認めていない）、このことは、契約と結び付けた形で「責任を生じさせる行為ないし所為」を拡大する手法の1つの限界を示しているとも言うことができる。

　第4に、賠償モデルの論理構造を利用し契約不履行に基づく損害賠償の領域を拡大してきたフランスの破毀院判例には、契約領域における義務の強度という点において、克服困難な問題が生じていたということである。契約上の債務は様々な強度を持つ存在であるという基本認識が確立され、それを分析するための枠組みとして手段債務・結果債務の区別が一般的に受け入れられるようになると、安全に関わる債務も、結果債務としてだけではなく、手段債務としても性質決定されるようになった。判例においては、この性質決定自体が極めて不明瞭なものになっているという問題が存した。しかし、より一層重大な問題であったのは、安全に関わる債務が手段債務とされる場合には、補償の確保という当初の目的が全く実現されていないばかりか、物の所為に基づく不法行為責任を援用することのできるケースでは、被害者に対する救済であったはずの安全債務が、非競合原則の存在と相まって、反対に、補償の障害物となってしまったということであった。つまり、少なくとも手段債務としての安全債務が問題になる領域では、賠償モデルを利用した契約不履行に基づく損害賠償の領域拡大は、補償の確保という目的を実現することができていないし、場合によっては、それに反しているとさえ言うことができるのである。そうすると、この場面において、安全債務は、その基礎を欠いていると見なければならないように思われる。というのは、安全債務の当初の目的は補償の確保にあり、それが民法典1135条の言う衡平にも適うとされ、その存在が基礎付けられてきたところ、ここでは、安全債務は、補償の障害物となっているのであるから、もはや、その基礎であるはずの衡平に反していると考えられるからである[(1523)]。

　これと関連して、第5に、賠償モデルの論理構造を前提とした契約不履行に基づく損害賠償の拡大が補償の確保という目的との関連で意味を持つのは、「責任を生

　　　が、以下では、他人のための約定に関わる部分に限定して引用する）。破毀院は、以下のように判示して、Y₂の上告を棄却した。「原審の確定したところによれば、Aの承継人は、運送契約の中に含まれている、いわゆる他人のための約定を放棄した。従って、この承継人は、Y₂に対して、Aの死亡によって生じた損害の賠償を求めるために、その原因、当事者の資格という点において、本件契約の不履行によって生じうる訴権とは異なる、準不法行為訴権を行使することを禁じられない」）

(1523)　Cf. Bloch, supra note 59, nᵒˢ 194 et s., pp. 125 et s.（安全債務が民法典1135条の「衡平の結果」であるならば、それは、不衡平な状況を回避しうる場合にのみ正当化されるものである。しかし、安全債務は、手段債務と性質決定されるのであれば、被害者にとって無益かつ有害なものとなっており、もはや、民法典1135条の衡平に適うものではなくなっているのである）

じさせる行為ないし所為」の前提である義務が結果債務と性質決定される場合に限られるということになるが、その場合であっても、この枠組みだけが補償の確保という目的を実現するための唯一の方法ではないということである。破毀院は、20世紀の初頭以降、不法行為の領域において、フォートを問題としない物の所為に基づく不法行為責任を確立していったのであるから、損害の発生について物が介在する場合には、被害者はこの法理を利用することができる。もちろん、結果債務としての安全債務違反に基づく損害賠償の要件と物の所為に基づく損害賠償責任のそれは異なるし、前者が問題となる事例の全てを後者によってカバーすることはできないから、この限りにおいて、賠償モデルの論理構造を基礎とした契約不履行に基づく損害賠償の領域拡大には意味が存するとも言える。しかし、大部分の事例では、損害発生に際して物の介在が認められるから、物の所為に基づく不法行為責任を柔軟に運用すれば、結果債務としての安全債務のみが機能する領域は、非常に限定的なものとなるように見受けられるのである。

　また、そもそも、被害者に対する補償の確保は立法的な関心事でもあり、近年に至って安全に関わる債務が認められるようになった製造物責任の事例や医療の場面では、その後、特別法による規律が設けられるに至っていることも看過すべきではない[(1524)]。すなわち、これらの局面において、安全債務は、指令の転換がなされるまでの、あるいは、立法的な手当てがなされるまでの、過渡期的な法技術として位置付けることができるのである。

　まず、製造物責任のケースについて言えば、既に触れたように、ヨーロッパ司法裁判所は、指令が適用される事例においては、製品の欠陥、損害、因果関係の証明のみによって責任を認めている指令と同じ基礎に基づく「契約責任」もしくは契約外責任の適用が排除される旨の判断を示しているから[(1525)]、職業的売主に課せられた安全債務違反に基づく「契約責任」は、その使命を終えたと評価せざるをえない。また、医療の場面における安全に関わる問題についても、2002年3月4日の「患者の権利及び保健システムの質に関する法律」により立法的手当てがなされ、今日では、公衆衛生法典 L.1142-1条1項が、健康製品の安全を除き、フォートが存在しない限り医師らは責任を負わない旨を規定しているので[(1526)]、医療の場面における安

　(1524) 以下の叙述については、本節・第1款・第1項520頁以下も参照。
　(1525) CJCE., 25 avril 2002 (2 arrêts), supra note 1370.
　(1526) 公衆衛生法典 L.1142-1条「本法典の第4章で規定されている健康の専門家、及び、予防、診断、又は治療行為を行う全ての施設、公共機関、組織は、その責任が健康製品の欠陥を理由に課される場合を除き、フォートが存在する場合でなければ、予防、診断、又は治療行為の結果生ずる損害について責任を負わない（原文は、Hors le cas où leur responsabilité est encourue en raison d'un défaut d'un produit de santé, les professionnels de santé mentionnés à la quatrième partie du présent code, ainsi que tout établissement, service ou organisme dans lesquels sont réalisés des actes individuels de prévention, de diagnostic ou de soins ne sont responsables des conséquences dommageables d'actes de prévention, de diagnostic ou de soins qu'en cas de faute.）」。

　　　　　　　　　　　　　　　　　　　　　　　　　　● 第 2 節 ● 理論モデルの展開

全債務の判例法理も、その意味を失っている(1527)。更に付言しておけば、今日、判例は、医療事故を契約の問題として規律するメルシエ判決以降の判例法理を否定し（本書の分析枠組みで言えば、医療の場面における契約の補充を否定したことになる）、これを、特別法を含む広い意味での不法行為法、あるいは人間の尊厳の保護の問題として捉えているかのように見える判断を下しているのである(1528)(1529)(1530)。

　　上記の施設、公共機関、組織は、外的原因を証明するのでなければ、院内感染から生じた損害について責任を負う（原文は、Les établissements, services et organismes susmentionnés sont resposables des dommages résultant d'infections nosocomiales, sauf s'ils rapportent la preuve d'une cause étrangère.）」。
(1527)　もちろん、同法が施行される前の事案については、安全債務に関する判例法理の適用が問題となりうる。Cf. Cass. 1re civ., 21 juin 2005, Bull. civ., I, no 276 ; Cass. 1re civ., 18 oct. 2005, Bull. civ., I, no 365.
(1528)　Cass. 1re civ., 28 janv. 2010, Bull. civ., I, no 20 ; D., 2010, 1522, note Pierre Sargos ; Resp. civ. et assur., 2010, comm., 85, obs. Christophe Radé ; Gaz. Pal., 17-18 mars 2010, note Christophe Quézel-Ambrunaz（事案の概要は、以下の通りである。2002 年 7 月 16 日、X は、裂孔ヘルニアに伴う胃及び食道の還流を原因とする上腹部の痛みを訴え、手術を受けたが、その後、激しい痛みに襲われた。そこで、X は、医師 Y に対して、損害賠償の支払いを求める訴訟を提起した。第 1 審は、手術に内在するリスクの説明の不存在、治療の不適合の点で、Y のフォートを認定し、全損害の賠償を認容したが、原審は、手術が不適切であったことを認定しながら、賠償されるべき損害を機会の喪失に限定した。X からの上告に対し、破毀院は、公衆衛生法典 L.1142-1 条、民法典 16-3 条をビザに、以下のように判示して、原審を破棄した。「公衆衛生法典 L.1142-1 条によれば、医師は、フォートが存在する場合、予防、診断、又は治療行為の結果生じた損害について責任を負い、民法典 16-3 条によれば、身体の完全性は、医療上の必要性が存する場合、もしくは、他人の治療のために例外的にしか侵害されてはならない」(chapeau)。「控訴院は、医師による情報義務の違反を原因として、X は本件手術を回避する機会を失ったと認定し、Y に対する有責判決を、X が被った特定の損害の補償に限定した。X が被害者となった損害が、直接かつ確実に、専ら、本件不適切な手術から生じたことを認定し、これらは、同じく、賠償への権利を与えるものであるにもかかわらず、上記のように判示しているのであるから、控訴院は、上記のテクストに違反した」); Cass. 1re civ., 3 juin 2010, D., 2010, 1484, obs. Inès Gallmeister ; D., 2010, 1522, note, Pierre Sargos ; D., 2010, 2099, obs. Claude Creton ; D., 2011, pan., 45, obs. Olivier Gout ; RTD civ., 2010, 571, obs. Patrice Jourdain ; RDC., 2010, 1245, Jean-Sébastien Borghetti ; JCP., 2010, 788, note Stéphanie Porchy-Simon ; Petites affiches, 17-18 août 2010, 9, note R. Milawski ; Petites affiches 15 sept. 2010, 15, note M. Bary ; Resp. civ. et assur., 2010, comm., 222, note Sophie Hocquet-Berg ; Gaz. Pal., 16-17 juin 2010, 9, avis, A. Ligoux（事案の概要は、以下の通りである。X は、Y による手術を受けたが、その後、後遺症が残ってしまった。そこで、X は、Y に対して、手術のリスクが説明されていなかったことを理由に、損害賠償の支払いを求める訴訟を提起した。原審は、X の請求を棄却した。これに対して、X は、「身体への侵害をもたらす前に患者に対して情報を伝えるという医師の債務は、人間の尊厳の保護に基づくものである。この基本的な債務に違反する医師は、たとえ精神的なものであっても、必然的に、患者に対して損害を生じさせるのであり、裁判官は、賠償を付与しないでおくことはできない」等と主張して、上告した。破毀院は、民法典 16 条、16-3 条 2 項、1382 条をビザに、以下のように判示して、原審を破棄した。「民法典 16 条及び 16-3 条 2 項によれば、提案された検査、治療、予防措置に先立って、これらに内在するリスクについて情報の提供を受ける権利を有し、その状態が手術を必要とし、かつ、それに対して同意することができない場合を除き、臨床医は、その同意を得なければならない。情報義務の違反から生ずる損害については、民法典 1382 条により、裁判官は、賠償を付与しないでおくことはできない」(chapeau)。「原審は、Y による情報義務違反を確認した後、膀胱のゾンデによる感染のリスクとの関連で、線種切除が実施されたことは十分に理解しうるものであるし、手術によって被りうる勃起障害のリスクを知らされていたとしても、X が、手術を回避し、重大な感染のリスクを生じさせるゾンデを装備し続けることはほとんど考えられなかったと認定し、X に対する Y の責任の全てを否定した。このように判示しているのであるから、控訴院は、その適用拒絶により、上記のテクストに違反した」); Cass. 1re civ., 14 oct. 2010, D., 2010, 2430, obs. Inès Gallmeister ; D., 2010, 2682, note Pierre Sargos ; D.,

589

◆第1章◆解 釈

　これらの事実を一瞥するだけでも容易に想像がつくように、賠償モデルを前提に、安全債務、そして、契約領域における義務の拡大を行うことによる補償の確保は、

2011, pan., 37, obs., Olivier Gout ; Gaz. Pal., 19-21 déc. 2010, obs., M. Perini Mirski ; RTD civ., 2011, 128, obs., Patrice Jourdain ; RDC., 2011, 77, obs., Geneviève Viney（事案の概要は、以下の通りである。2003 年 12 月、Aは、入院中に、悪性インフルエンザの合併症にり患し、死亡した。そこで、Aの夫であるX_1とその子であるX_2は、医師Yに対して、損害賠償の支払いを求める訴訟を提起した。原審は、Yが、Aに対し、献身的で、注意深く、勤勉な注意を尽くしていたならば、Aに対する治療は、より迅速に行われていたはずであるが、そうであるからといって、Aの病気の展開が異なっていたとか、抗生物質治療が進められたとか言うことは極めて困難であり、従って、Aの健康状態の悪化や死亡を回避することができたと言うこともできない以上、Yのフォートが、Aに対し、その生存の機会を失わせたという事実は、何ら立証されていないと判示し、Xの請求を棄却した。これに対して、破毀院は、公衆衛生法典 L.1142-1 条をビザに、以下のように判示して、原審を破毀した。「機会の喪失は、自己にとって有利な可能性の消滅が明らかにされたときには、いつでも、直接かつ確実な性格を示しており、従って、病理の展開が不確実であることも、Aの死亡をもたらした激しい呼吸困難の原因が確定されていないことも、Yの犯したフォートと（中略）、Aにとっての生存する機会の喪失との間の因果関係を排除しうるものではないにもかかわらず、上記のように判示しているのであるから、控訴院は、上記のテクストに違反した」）更に、近時、Cass. 1re civ., 12 juin 2012, D., 2012, 1610, obs., Inès Gallmeister も、Cass. 1re civ., 3 juin 2010, supra と同旨の判断を示している。

　なお、これらの判決の中で引用されているテクストは、以下のような内容を持つものである。

　民法典 16 条「法律は、身体の優越を確保し、身体の尊厳に対する全ての侵害を禁止し、その誕生の時から人間の尊重を保証する（原文は、La loi assure la primauté de la personne, interdit toute atteinte à la dignité de celle-ci et garantit le respect de l'être humain dès le commencement de sa vie.）」。

　民法典 16-3 条「人にとっての医療上の必要性が存在する場合にしか、身体の完全性を侵害してはならない（原文は、Il ne peut être porté atteinte à l'integrité du corps humain qu'en cas de nécessité médicale pour la personne.）。

　その状態が手術を必要とし、それに対して同意することができない場合を除き、前もって関係者の同意を得なければならない（原文は、Le consentement de l'intéressé doit être recueilli préalablement hors le cas où son état rend nécessaire une intervention thérapeutique à laquelle il n'est pas à même de consentir.）」。

(1529) 注(1528)で引用した諸判決の評釈の多くは、本文で述べたような見方を示している。Cf. Sargos, supra note 1528, Note, sous Cass. 1re civ., 3 juin 2010, pp.1523 et s.（本判決を、Cass. req., 18 juin 1835, supra note 652、Cass. civ., 20 mai 1936, supra note 652、Cass. req., 28 janv. 1942, supra note 653 と並ぶ、歴史的な判決と評する）; Id., supra note 1528, Note, sous Cass. 1re civ., 14 oct. 2010, pp.2683 et s.（本判決は、医療責任の非契約責任化を確認したものである。ただし、医師が負う義務の程度について、メルシエ判決の説示を否定しているわけではない。従って、本判決は、メルシエ判決の「レクイエム」というよりも、その「神格化」である）; Borghetti, supra note 1528, pp.1236 et s.（Cass. 1re civ., 3 juin 2010, supra note 1528 を、医療責任の非契約的な性質を明らかにした判決として位置付ける）; Gallmeister, supra note 1528, Obs. sous Cass. 1re civ., 3 juin 2010, p.1484（本判決については、民法典 1382 条というビザを強調して読まなければならない）; Jourdain, supra note 1528, Obs. sous Cass. 1re civ., 14 oct. 2010, pp.129 et s.（医療責任の非契約責任化は、職業上の債務の法定的な性格によって正当化されうる）; etc.

(1530) 注(1528)で引用した諸判決の重要性は、契約法雑誌の 2011 年 1 月号に「亡きメルシエ判決？（Feu l'arrêt Mercier）」と題する特集が組まれていることからも明らかとなる（Mireille Bacache, Longue vie à l'arrêt Mercier, RDC., 2011, pp.335 et s. ; Fabrice Leduc, Pas de requiem prématuré pour l'arrêt Mercier, RDC., 2011, pp.345 et s. ; Philippe Pierre, Feu l'arrêt Mercier ! Feu l'arrêt Mercier ?, RDC., 2011, pp.357 et s.）。また、Cf. Daniel Bert, Feu l'arrêt Mercier !, D., 2010, point de vue, pp.1801 et s. 更に、これらの判決以前に公表されたものであるが、Mireille Bacache, La responsabilité médicale sans faute : Passé, présent et avenir, in, Liber Amicorum Christian Larroumet, Economica, Paris, 2009, pp.20 et s. のほか、Cf. Frédérique Dreifuss-Netter, Feue la responsabilité civile contractuelle du médecin ?, Resp. civ. et assur., oct. 2002, no 17, chr., pp.4 et s. ; Philippe Malaurie, La responsabilité médicale, Defrénois, 2002, art. 37632, pp.1516 et s.

ほかの代替的な補償確保のための手段が見出されるまでの、一時的かつその場しのぎの手段であるようにも思われるのである。

　以上のことを本項冒頭に提示した問題関心に即して言えば、次のように定式化することができよう。賠償モデルの論理構造を利用して契約不履行に基づく損害賠償の領域を拡大する手法には、少なくとも破毀院判例の展開及び現状を見る限り、理論的にも、実際的にも、多くの問題が内包されていた。また、賠償モデルを利用することによって果たそうとした補償の確保という目的は、一定の範囲内においては全く実現されていないし、そうでないとしても、多くのケースでは、賠償モデル以外の手段によって実現されうるものである。

　もっとも、これは、あくまでも、破毀院判例の評価に基づく定式化であることに注意が必要である。本項冒頭でも示したように、賠償モデルの論理構造を用いた契約不履行に基づく損害賠償の領域拡大、そして、賠償モデルの有用性を真の意味で明らかにするためには、賠償モデルの論理構造を積極的に利用する破毀院判例の立場に問題が含まれているとして、なお、そこに修正を施す余地が存しないのかどうかを検討しておかなければならない。このような問題関心の下では、次のような課題に対応することが求められるように思われる。すなわち、まず、上記の第１点及び第２点との関連では、契約領域における義務の範囲を明確にすること、次に、上記の第４点（及び第５点）との関連では、手段債務としての安全債務の問題を再考すること、最後に、上記の第３点（及び第４点）との関連では（もっとも、これは、既に述べた２つの問題と密接に関わるものではある）、補償の確保という要請に応えつつ、同一の事実状態で損害を被った契約当事者と第三者の救済を同じレベルに位置付けるための法技術を考えることである。

　まずは、第４点（及び第５点）との関連で、手段債務としての安全債務の領域においては、賠償モデルを利用した契約不履行に基づく損害賠償の領域拡大が、補償の確保という目的を実現することができておらず、場合によっては、それに反する事態を生じさせているという問題への対応を考えてみよう。

　最も単純な解決策は、安全に関わる手段債務を放棄することである。例えば、パトリス・ジュルダンは、以下のように説いている。手段債務としての安全債務は、不法行為領域における一般的な行為義務と何ら変わるところはない。この義務は、全ての者に対して課される性質のものであり、このように、契約の目的にも、当事者意思にも関わりのない債務を契約の問題として構成することは、極めて人為的である。従って、これは、不法行為法の問題として構想すべきである。そうすることによって、安全債務を手段債務と性質決定することによって生ずる問題を回避することが可能となる。他方、安全債務が結果債務と性質決定され、不法行為上の行為義務との関係で自律性が確保されるとともに、補償の確保という目的を達成するために必要とされる場合においては、その有用性を認めることができる。つまり、「安

全債務は結果債務であり、そうでなければ契約債務ではない」のである[1531][1532]。結局、この見解は、安全に関わる債務が承認された当時の理念に回帰し、補償の確保という目的を実現しうる場合にのみ、それを観念して、契約不履行に基づく損害賠償を利用しようとするものと言うことができる[1533]。

　もう1つの方策は、手段債務としての安全債務を存置しつつも、非競合原則の例外を認めることによって、安全債務の債権者に対し、物の所為に基づく不法行為責任の援用を可能にすることである。そもそも、非競合原則は、当事者意思や契約を尊重するために認められてきたものである[1534]。ところで、安全に関わる債務は、当事者意思とは無関係に、衡平の理念に基づいて課されているのであるから、この

[1531] Jourdain, supra note 59, pp.1175 et s.; Id., supra note 1254, p.1199; Id., supra note 1499, pp.67 et s. のほか、Id., supra note 1503, p.550; Id., supra note 1483, Obs., sous Cass. 1re civ., 10 janv. 1990, p.483; Id., supra note 1329, pp.758 et s.; Id., supra note 1508, Obs., sous Cass. 2ème civ., 5 juin 1991, nos 4 et s., p.210; Id., supra note 1323, pp.367 et s.; Id., supra note 1362, Obs., sous Cass. 1re civ., 27 janv. 1993, p.594; Id., supra note 1493, pp.891 et s.; Id., supra note 1363, Note, sous Cass. 1re civ., 12 avril 1995, p.290; Id., supra note 1353, p.949; Id., supra note 1496, p.408; Id., supra note 1506, p.845. また、Viney et Jourdain, supra note 31, no 501-1, pp.471 et s. も同旨（本文の引用部分は、Id., supra note 1323, p.368）。

[1532] その他、ニュアンスの相違はあるが、Viney, supra note 1341, p.4; Id., supra note 1324; Id., supra note 1363, p.511（手段債務としての安全債務は、その債権者に利益をもたらさないだけでなく、有害でもあるから、これを放棄すべきである。また、Viney, supra note 1508, p.158）; Dejean de la Batie, supra note 1509, pp.2 et s.（本来的に見れば、安全債務に関わる問題は不法行為法の領域に属するものであるが、今日において、判例の展開を完全に否定することは不可能である。もっとも、安全債務が手段債務と性質決定される場合には、安全債務の債権者にとって困難な問題が生ずるから、この部分については非契約化すべきである）; Malaurie, supra note 1503, p.6（安全債務は、全て結果債務であることが望ましい）; Lambert-Faivre, supra note 59, pp.83 et s.（安全債務は、常に結果債務であり、その違反に基づく責任も、常に客観的責任である）; Leroy, supra note 1323, pp.439 et s.（安全債務は、結果債務と性質決定されなければならない）; Mouly, supra note 210, pp.287 et s.（全面的というわけではないが、安全債務の結果債務化を支持している）; Fabrice Defferrard, Une analyse de l'obligation de sécurité à l'épreuve de la cause étrangère, D., 1999, chr., pp.364 et s.（本来、絶対的で、人にのみ関わるものであるが、「実定法における安全債務の極端な膨張により、安全という概念がそれ自体が、その実質を失い、現代法における病理の1つとしての多義的な希釈化の危機に脅かされている」（no 2, p.364）。安全債務は、身体的損害を惹起する恐れのある人及び物を支配することに存するのであるから、そこに、程度の差やヴァリエーション等を観念することはできない）; etc.

[1533] 1990年前後の破毀院判例の中には、このような傾向を見出しうるものも存在した。Ex. Cass. 1re civ., 7 mars 1989, supra note 1503; Cass. 1re civ., 10 janv. 1990, RTD civ., 1990, 481, obs., Patrice Jourdain（Y医療センターの患者であるXが、予定されていた診察までの時間を過ごすために待合室に入るとき、ステップに躓いて転倒し、負傷したという事案である。原審は、本件を「契約責任」の問題ではないとし、また、民法典1384条1項の適用もないとして、Xの請求を棄却した。これに対して、Xは、本件事案においては安全に関する結果債務が問題になるとして上告した。破毀院は、「医療センターと患者との間で締結される契約は、診察と治療に限られる」として、Xの上告を棄却した）; Cass. 2ème civ., 5 juin 1991, supra note 1508; etc.

[1534] Cf. Gérard Cornu, Le problème du cumul de la responsabilité contractuelle et de la responsabilité délictuelle, in, Études de droit contemporain (nouvelle série), VIème Congrès international de droit comparé : Hambourg 1962, rapports français, préf. René Rodière, Cujas, Paris, 1962, pp.239 et s. ジェラール・コルニュは、以下のように述べている。契約当事者に対し不法行為責任を援用することを認めるならば、契約規範の実質を失わせることになってしまう。これは、「アナテマ（anathème）」、「トロイの木馬」であり、「混乱の誘因、無秩序の要因、法的不安定の原因」となる。というのは、そこでは、契約規範の意味が失われ、合意自由の原則が破壊されてしまうからである（p.247）。

場面で、非競合原則の例外を認めたとしても当事者意思や契約を破壊することにはならない。そうであるならば、少なくとも、身体的損害が問題となり、当事者意思や契約の規律を尊重すべきとの要請が働かないときには、契約当事者にも、不法行為責任、このコンテクストで言えば、物の所為に基づく不法行為責任の援用を許すべきである(1535)。要するに、この立場は、手段債務としての安全債務を認めることが債権者に有害な結果をもたらす場合には、不法行為責任の利用を認めることによって、この不都合を回避しようとするものと見ることができる(1536)。

　更に、物の所為に基づく不法行為責任と同じような形で、物の所為に基づく契約責任を確立することも考えられる。つまり、契約の履行過程において物を原因とし

(1535) Viney, supra note 19, n°s 239 et s., pp.649 et s. のほか、Veaux, supra note 1354, n° 8, p.336（今日の民事責任法は、当事者意思の尊重ではなく、弱者保護を目的としている。そうであるならば、非競合原則を「還俗」すべきである）; Christophe Radé, Note, sous Cass. soc., 11 oct. 1994, D., 1995, pp.440 et s.（安全債務の非契約化にも関わる論述であるが、クリストフ・ラデは、以下のような議論を展開する。社会法の領域において顕著に見られる契約の「制度化」という現象は、付随的な義務を契約に結び付けることの正当性を奪い、また、非競合原則の正当化を困難なものとしている。労働契約は、契約と制度という２つの側面を持つのであるから、そこから生ずる訴権の全てを契約のみによって基礎付けることには問題がある。また、非競合原則は、当事者意思・契約の尊重という要請に基づくのであるから、契約の目的（l'objet）と関わりを持つ場合にだけ適用されるべきものであり、それ以外の場合には契約外訴権を問題にするというのが論理的である。なお、本評釈の対象となった判決は、以下のような内容を持つものであった。Ｘは、Ｙ社の従業員であり、ギアボックスの組立てを主たる仕事としていた。この仕事は、膝に負担をかけるものであったので、Ｘは、膝に激しい痛みを感じるようになった。そこで、Ｘは、仕事を止め、外科手術を受けた。ところが、Ｘは、労災給付を受けることができなかったので、Ｙに対して、損害賠償の支払いを求める訴訟を提起した。原審は、民法典1384条１項の適用を認めず、Ｘの請求を棄却した。Ｘからの上告に対し、破毀院は、以下のように理由を差し替えた上で、これを棄却した。「立法により職業病として認定されなかった疾病について、被用者は、自己の健康状態の悪化を使用者によって課せられた労働条件によるものと主張する場合、契約責任の領域に基づいて訴訟を提起することができ、1384条の規定を援用することはできない」）; Courtiau, supra note 21, n°s 712 et s., pp.452 et s.（安全債務が問題となる場合には、契約の均衡という要請が働かないのであるから、非競合原則を排除するのが論理的であるし、また、法的現実にも適う）; etc.

(1536) 今日の債務法改正に関する提案の中でも、このような方向性が志向されている。例えば、以下のようなものがある。

　　債務法及び時効法改正準備草案1341条「契約債務の不履行の場合、債務者も、債権者も、契約責任に特有の規定の適用を免れ、より有利な契約外責任を選択することはできない（原文は、En cas d'inexécution d'une obligation contractuelle, ni le débiteur ni le créancier ne peuvent se soustraire à l'application des dispositions spécifiques à la responsabilité contractuelle pour opter en faveur de la responsabilité extracontractuelle.）。

　　ただし、この不履行が身体的損害を生じさせるときには、契約相手方は、この損害の賠償を得るために、自己にとってより有利な規範を選択することができる（原文は、Toutefois, lorsque cette inexécution provoque un dommage corporel, le cocontractant peut, pour obtenir réparation de ce dommage, opter en faveur des règles qui lui sont plus favorables.）」。

　　民事責任法案1386-17条「契約不履行の被害者である契約当事者は、本項の規定の適用を免れることができない（原文は、Le co-contactant victime d'une inexécution contractuelle ne peut se soustraire à l'application des dispositions de la présente section.）。

　　ただし、この不履行が身体的損害を生じさせるときには、債権者又は債務者は、本款第２項が規定する条件において、この損害の賠償を得ることもできる（原文は、Toutefois, lorsque cette inexécution provoque un dommage corporel, le créancier ou le débiteur peut également obtenir réparation de ce dommage dans les conditions prévues dans la section II du présent chapitre.）」。

◆第1章◆ 解　釈

て損害が発生したときには、債務者のフォートを問題にすることなくその損害賠償責任を肯定し、これによって、不法行為領域における物の所為に基づく責任を援用することができないという不都合を回避するのである。こうした視点は、既に1960年前後から、原則として手段債務のみを義務付けられるとされてきた医師の責任が問題となる場面で提示され[1537]、その後も、一部の学説によって、より一般化した形で説かれてきたが[1538]、破毀院民事第１部1995年１月17日判決が、「教育施設は、契約上、預けられた生徒の安全を確保する義務を負うのであるから、そのフォートによって生徒に生じさせた損害だけでなく、教育機関が契約債務を履行するために使用する物の所為によって生じた損害についても責任を負う」と判示し[1539]、契約

[1537] 例えば、ルネ・サヴァティエ（René Savatier）は、以下のような議論を展開していた。債務者は、契約において引き渡した瑕疵ある物によって損害を生じさせた場合、あるいは、契約の履行のために用いた物によって損害を生じさせた場合、これらの損害について責任を負わなければならない。このことは、手段債務のみを義務付けられている医師についても、同様である（Savatier, supra note 652, p.3 ; Id., supra note 1374, p.2 ; Id., Obs., sous Trib. de Grand Inst. Seine, 3 mars 1965, JCP., 1966, II, 14582, p.4（いずれも、医療責任が問題となった判例の評釈である）。また、ポール・エスマンも、クリニックが「その性質、品質において、追求された目的に応える液体を提供する」債務を負うことを認めた判決（Cass. 1re civ., 4 fév. 1959, supra note 652）の評釈の中で、以下のように述べている。本件事案においてクリニックが責任を負うのは、クリニックによって提供された物によって損害が生じたからであると見ることができる。これは、物の所為に基づく不法行為責任を適用したのと同じことであり、結局、物を支配している者は、第三者に対してだけでなく、契約相手方に対しても、それによって生じた責任を負うことを認めたものにほかならないのである（Esmain, supra note 652, p.154）。

[1538] Dejean de la Batie, supra note 1336, p.3 ; Id., supra note 1328, p.2（損害が瑕疵ある製品や道具によって生じた場合には、債務者は、フォートが存在しなくても、責任を負わなければならない）; Jourdain, supra note 1503, pp.550 et s. ; Id., supra note 1493, p.892 ; etc.

[1539] Cass. 1re civ., 17 janv. 1995, supra note 61. 事案の概要と破毀院の判決は、以下の通りである。4歳の少女Aは、私立学校Bの校庭において、プラスチック製のシーソー（精神運動のために用いられている）で遊んでいたところ、その破片により、右目を負傷してしまった。ところで、このシーソーは、BがCから購入し、CがDに注文して、Dの注文によりEが製造したものであった。そこで、Aの両親であるXは、B、C、D、Eに対して、損害の賠償を求める訴訟を提起した。第１審は、B及びDに対し、連帯してXに損害賠償を支払うよう命じた（つまり、C及びEについては、責任を認めなかった）。これに対して、原審はB及びCの責任を否定し、D及びEの責任のみを肯定した（更に、Eは、Dに対する有責判決を保証するものとされた）。そこで、Eが上告（Dは付帯上告）した。破毀院は、以下のような判断を示した。まず、Dは、フォートが証明されていないのに責任を認めた原審には民法典1382条に対する違反がある旨主張するが、「職業的売主は、身体もしくは財産に危険をもたらすような瑕疵や欠陥のない製品を引き渡す義務を負う。職業的売主は、その買主だけでなく、第三者に対しても責任を負う」ところ、原審は、本件シーソーの構造それ自体に事故の危険が存在したと認定しているのであるから、その判決を法律上正当化した。次に、Eは、Dの有責判決を保証するよう命ずることはできないと説くが、「原審は、Aの被った損害の原因であるシーソーの瑕疵が、専ら、この製品を設計・製造したEの責めに帰すべきものであったことを認定した。原審は、そこから、身体もしくは財産に危険をもたらすような欠陥のないシーソーをDに売却する義務を負う以上、Eが、Aに生じた損害の賠償としてDに対して命ぜられた有責判決の全てを保証しなければならないことを正確に導いた」。最後に、E及びDは、Bの責任を認めなかった原審の判断には違法があると主張している。民法典1135条及び1147条によれば、「教育施設は、契約上、預けられた生徒の安全を確保する義務を負うのであるから、そのフォートによって生徒に生じさせた損害だけでなく、教育機関が契約債務を履行するために使用する物の所為によって生じた損害についても責任を負う」。原審は、本件事故が、契約債務の履行において、この教育施設が犯したフォートの結果であることが立証されていないとして、Bの責任を認めなかったのであるから、上記のテクストに違反した。

領域においても、物の所為に基づく責任が存在するかのような判断を行ったことによって注目を集めたものである。とはいえ、破毀院は、それ以降、この法理を利用することなく、安全債務の論理に従った判断を示しているから[1540]、判例上、物の所為に基づく契約責任が確立されているかどうかについては、これを否定的に理解しなければならない。しかし、少なくとも、安全に関わる債務が手段債務と性質決定される場合の不都合を回避するための論理としては、物の所為に基づく契約責任の構想は、大きな意味を有していたと言うべきであろう[1541]。

これらの方策によって、さしあたり、先に述べた第4点の問題を解消することは可能となる。もっとも、いずれの立場に依拠する場合であっても、上記の第1点及び第2点との関連で、契約領域における義務の範囲を明確にするという課題に応えておかなければならない[1542]。

この問題については、かつて、安全債務一般あるいは「契約責任」の範囲を画するという目的に出たものではあるが、契約が締結されたことにより、契約当事者が、第三者では直面しないような特殊な状況に置かれた場合には「契約責任」が、そうでない場合には不法行為責任が問題になるとの基準が挙げられたことがあった[1543][1544]。今日では、手段債務としての安全債務を非契約化しようとする見解が、

(1540) Ex. Cass. 1re civ., 14 mars 1995, supra note 210 ; Cass. 1re civ., 14 mars 1995, supra note 210 ; Cass. 1re civ., 21 nov. 1995, supra note 210 ; Cass. 1re civ., 5 nov. 1996, supra note 210 ; Cass. 1re civ., 5 mai 1998, supra note 210 ; Cass. 1re civ., 1er déc. 1999 (2 arrêts), supra note 210 ; Cass. 1re civ., 28 nov. 2000, supra note 210 ; Cass. 1re civ., 16 oct. 2001, supra note 210 ; etc.

(1541) 物の所為に基づく契約責任の法理を支持するものとして、Leduc, supra note 211 ; Mazeaud, supra note 1489, n° 27, pp.1206 et s. ; etc.

(1542) 物の所為に基づく契約責任と安全債務は、必ずしも理論的に結び付くものではないが、少なくとも破毀院民事第1部1995年1月17日判決においては、教育機関に対し物の所為に基づく契約責任を負担させるためには、その前提として教育機関に安全債務を負わせることが必要であるとされているように見受けられるのである。Jourdain, supra note 61, RTD civ., p.64 ; Id., supra note 1360, pp.354 et s. また、Cf. Leduc, supra note 211, n° 6, p.166.

(1543) これが、ジェローム・ユエの有名なテーズ『契約責任と不法行為責任：2つの責任秩序間の境界に関する試論（Responsabilité contractuelle et responsabilité délictuelle : Essai de délimitation entre les deux orders de responsabilité）』における主題であった（Huet, supra note 52）。また、Cf. Id., Obs., sous Cass. 2ème civ., 15 fév. 1984, RTD civ., 1985, p.392（XがYに対してソファーを売却し、Yの古いソファーをどかす作業をしていたところ負傷してしまったという事案において、契約の問題ではないと判断した破毀院判決について、本文で述べたような基準から、これを「契約責任」の問題とすべきことを説く）; Id., supra note 1360, pp.486 et s.

(1544) その他、ニュアンスは異なるが、Rodière, supra note 1326, Obs., sous Cass. civ. 6 mai 1946, p.4（契約がなければ存在しなかったであろう状況があるかどうかを基準として挙げる）; Id., supra note 1508, JCP., n° 8, p.3 ; Id., supra note 1508, RTD civ., pp.363 et s.（当該契約が身体に関わる契約であるかどうかを基準として挙げる）。その上で、以下のような例が示されている。例えば、売買契約の事案において、売買目的物が身体的損害を生じさせるものであれば、安全債務の存在を認めることができる。これに対して、店舗における事故のケースについては、身体的損害と売買契約は無関係であるから、安全債務は存在しない）; Id., Obs., sous Cass. com., 28 avril 1965, RTD civ., 1965, pp.818 et s.（当該契約の主たる給付と身体的損害が密接に関わるかどうかを基準として挙げる）; Durry, supra note 1333, pp.323 et s.（当該契約が契約相手方の身体と関係があるかどうかを基準として挙げる）; Id., Obs., sous Cass. 1re civ., 28 avril 1981, RTD civ., 1982, pp.144 et s.（クリニックの患者が、ワックスがかけられ、カーペットが敷かれた床で転倒

◆第1章◆ 解　釈

これを前提としつつ、契約目的との関連性をより意識した形での基準を提示している。すなわち、契約の目的である給付の履行によって債権者が身体的損害を被るリスクがある場合、例えば、運送契約、スポーツに関わる契約、危険を伴うアトラクションの契約等においては、安全に関する結果債務の存在が認められる。この場合には、安全債務が契約に内在していると考えられるからである。これに対して、売買契約等の場合には、給付の履行と身体的損害のリスクとの間に関係は認められないから、安全債務は否定される。また、仮に上記の基準を満たすとしても、ここで問題となっているのは安全に関する結果債務であるから、債務者が給付の履行によって生ずるリスクを支配することができないようなケースでは、安全債務の存在は否定されることになる。例えば、乗馬クラブ、動物の賃貸借、ゴーカート等が、これに当たる(1545)。要するに、この理解は、安全の問題が契約の履行過程に関連付けられうるかどうか、債務者が安全に関わるリスクを支配することができるかどうかによって、安全債務の存否を判断しようとするものと言える(1546)(1547)。

　　し、負傷したというケースにおいて、本件契約の履行が損害の原因であるカーペットと必然的な関係を持たないことを理由に、患者の請求が棄却された事案である。ジョルジュ・デュリーは、ユエの基準を支持する）。

(1545) Jourdain, supra note 1483, Obs., sous Cass. 1re civ., 10 janv. 1990, p.484 ; Id., supra note 1323, pp.367 et s. ; Id., supra note 1508, Obs., sous Cass. 1re civ., 29 mai 1996, p.141 et s.

(1546) 例えば、請負契約において、請負人の仕事により、注文者の身体に損害が生じたという場合や、注文者の財産に損害が発生したという場合には、身体や当該財産の安全と契約の履行過程との間に関連性を認めることはできないから、安全債務の存在を肯定し、これらのケースを契約不履行に基づく損害賠償の対象にすることもできないとされる。Cf. Patrice Jourdain, Obs., sous Cass. 1re civ., 26 mai 1992, RTD civ., 1992, pp.766 et s. (XがYに対して、中央暖房システムの改修を依頼したところ、アセチレンの瓶の爆発によって、Xの自動車が毀損したという事案で、不法行為の問題としつつ、民法典1384条1項の適用は認められないと判断した判決である。ジュルダンは、この判決に賛成する); Id., Obs., sous Cass. 3ème civ., 10 avril 1996, RTD civ., 1996, p.919 (建築会社Yが建設した建物の屋根からガラスが落下し、通行人Aが重傷を負ったので、Aに対して賠償を支払った共同所有組合Xが、Yに対して損害の賠償を求めたという事案である。原審は、Yが危険のない仕事を引き渡す債務を負っていたとして、Xの契約不履行に基づく損害賠償の請求を認容した。これに対して、破毀院は、「法定担保の領域に属する損害は、この担保を義務付けられている者に対し、一般法の契約責任に基づき賠償を請求する訴権の原因とはなりえない」と判示して、原審を破棄した。ジュルダンは、この判決に反対する)。
　もっとも、損害が請負の目的物それ自体に生じた場合については、当該財産と請負人の仕事との間に関連性を見出すことができるから、仕事の対象物という財産に対する安全債務を観念する余地もある。Cf. Patrice Jourdain, Obs., sous Cass. 3ème civ., 9 oct. 1991, RTD civ., 1992, pp.107 et s. (請負人Yが、吹管でのり付けをしていたところ、依頼主Xの所有する家に火災が生じたという事案である。民法典1382条に基づく損害賠償請求を認容した原審に対し、破毀院は、吹管により火災が発生しているとして、原審の判断を破棄した); Id., supra note 1483, Obs., sous Cass. 3ème civ., 8 juill. 1998, p.909 (XがYに対して、サイロの修理を依頼したところ、Yがサイロ内で火災を発生させたという事案である。原審は、民法典1384条1項に基づく損害賠償請求を認容した。これに対して、破毀院は、火災の原因が委託された仕事にある以上、契約の問題であるとして、原審を破棄した。もっとも、ジュルダン自身は否定的な立場を示している)。

(1547) その他、Cf. Théo Hassler, Le point sur l'obligation de sécurité, Petites affiches, 12 fév. 1997, n° 19, pp.18 et s. ; Imbert, supra note 652, n° 6, p.49. また、Defferrard, supra note 1532は、結果債務違反に基づく損害賠償の免責要件である外的原因を分析することを通じ、安全債務が認められるかどうかの基準として、内在性 (n°s 8 et s., pp.365 et s.)、予見可能性 (n°s 11 et s., pp.366 et s.)、回避可能性 (n°s 14 et s., pp.367 et s.) という3つのファクターを定立する。
　なお、安全債務の領域を画定するという意図ではなく、安全債務、とりわけ、安全に関わる結

＊第2節　理論モデルの展開

　今日のフランス民法学において、安全債務に関する判例の問題点を克服するために展開されている議論を、本書の問題関心に従って整理するならば、以上のように要約されうる。これらの議論は、賠償モデルの論理構造を積極的に利用する破毀院判例の問題点を真の意味で解消しているのか。これらの議論は、判例に含まれる諸問題を解消すると同時に、新たな問題を生み出してはいないか。また、これらの議論は、契約不履行に基づく損害賠償に関する理論枠組みとの関連で、どのように評価されうるのか。こうした問いに応接することによって、賠償モデルの論理構造を用いた契約不履行に基づく損害賠償の領域拡大、そして、賠償モデルそれ自体の解釈論的な有用性を明らかにしていこう。

　叙述の便宜上、物の所為に基づく契約責任の構想から検討していく。確かに、この構想によれば、安全債務が手段債務と性質決定される場合に生ずる問題を回避することが可能となるし、また、契約当事者は物の所為に基づく契約責任を、第三者は物の所為に基づく不法行為責任を援用することができるから、両者の取扱いの差を最小限に抑えることも可能となる。しかし、この手段が実定法上ほとんど用いられていないことは別としても、既に指摘されている通り、仮に、物の所為に基づく契約責任が、物の所為に基づく不法行為責任の「クローン」(1548)であり、それと同じ結果を導くために生み出されたものであるならば、端的に、契約当事者が物の所為に基づく不法行為責任を援用しうるような枠組みを構築すれば足りる(1549)(1550)(1551)。つまり、先に述べた第5の問題点は存続する。

　また、契約領域において不法行為法と同じ意味での物の所為に基づく責任を構想することは、契約上のフォートとは異なる「責任を生じさせる行為ないし所為」を観念することにほかならないから、ここでは、契約領域における義務の拡大を通じ

果債務の危険性を指摘するという目的に出たものであるが、Williatte-Pellitteri, supra note 899 は、債務者が支配しえないような偶発的出来事についての責任を課すことは、不可能な債務を課すことにほかならないから、こうした方向性を目指す判例法理の現状を支持することはできないと言う（n°s 64 et s., pp.37 et s.）。このテーゼは、民事責任法を用いて偶発的出来事についての責任を認めるという判例法理の現状を批判し、それに代わり、偶発的出来事に関する特別の補償制度の構築を提唱するものであり（n°s 723 et s., pp.325 et s.）、最終的な結論は、安全債務の領域を適切に画定することで、安全債務の存在を維持しつつ、現在の混乱状況を鎮めようとする本文の見解のそれとは異なっている。もっとも、両者の間では、安全債務の領域が不明瞭であり、その原因の1つが、「債務者」の支配が及ばない場合にまでその責任が肯定されているという点にあるとの認識は、共有されていると見ることができる。本注でこのテーゼを引用したのは、そのためである。

(1548)　Savaux, supra note 21, p.13 の表現である。
(1549)　Cf. Jourdain, supra note 61, RTD civ., p.634 ; Id., supra note 61, D., pp.354 et s. ; Rémy, supra note 211, pp.535 et s.
(1550)　先に触れた安全債務の非契約化や非競合原則の柔軟化は、このような試みである。
(1551)　もっとも、破毀院民事第1部1995年1月17日判決の説示を見る限り、2つの物の所為に基づく責任が完全に同一視されているというわけではない。というのは、物の所為に基づく契約責任においては、「契約債務を履行するために使用する物」という限定が付されており、また、不法行為の場合とは異なり保管が要件となっているわけではないからである。なお、Leduc, supra note 211 は、これらの相違を強調し、物の所為に基づく契約責任の独自性を説いている。

て賠償の基礎となる「責任を生じさせる行為ないし所為」を多様化するという手法が放棄されていることが分かる。つまり、伝統的な議論は、「契約責任」あるいは契約不履行に基づく損害賠償のカテゴリーを遵守するという前提と、その領域を拡大するという要請を両立させるために、「責任を生じさせる行為ないし所為」の前提となる義務を契約と結び付ける形で拡大する手法を採用したが、物の所為に基づく契約責任の構想においては、義務の多様化は何ら目的とされておらず、「責任を生じさせる行為ないし所為」それ自体が直接的に拡大の対象とされているのである。その結果、あくまでも物の所為に基づく契約責任の領域をどのように画定するのかという前提問題によるのではあるが[1552]、契約当事者に第三者と同じような補償を確保するという目的を実現しようとする限り、この構想には、伝統的な議論とは異なり、「契約責任を生じさせる行為ないし所為」と契約との関わり合いを希釈化させる危険性が常に内在していると見ることができるのである[1553]。従って、仮にこのような形で物の所為に基づく契約責任を捉えるならば、先に述べた第1から第3点、すなわち、「責任を生じさせる行為ないし所為」を契約と結び付けようとする手法に伴って生じた、契約領域における義務の範囲の不明瞭、第三者との取扱いの相違といった問題は、上記の限りにおいて回避されうるが[1554]、その反面、「契約責任」ないし契約不履行に基づく損害賠償という性質決定自体が不安定なものになるという問題が新たに生じてしまうのである。

そうすると、物の所為に基づく契約責任は、日本における一部の学説の中に見られたような意味での2つの損害賠償制度の流動化を生み出す要因となるようにも思われる。というのは、物の所為に基づく契約責任の構想は、2つの責任領域における責任原因が完全に同一化されることを前提としているところ、同一の責任原因に基づきながら、異なる性質、異なる効果の損害賠償責任が発生すると考えることには困難を伴うからである。従って、この構想は、19世紀末に主張された一元論とまではいかなくても、かつて、ポール・エスマンやアンドレ・タンクが主張していた、「契約責任」と不法行為責任を可能な限り統一し、それによって、契約当事者と第三者の取扱いを平等化しようとする立場や[1555]、「契約責任」と不法行為責任を超越す

(1552) 注(1542)で言及したように、破毀院民事第1部1995年1月17日判決については、物の所為に基づく契約責任を肯定する前提として安全債務の存在が要求されているものと読むことができたが、このような理解によれば、物の所為に基づく契約責任は、安全債務を介して契約に結び付けられることになる。

(1553) 問題関心は異なるが、Cf. Rémy, supra note 211, p.536.

(1554) 物の所為に基づく契約責任を、注(1552)で示したような形で理解するのであれば、契約領域における義務の範囲の不明瞭という問題は存続することになる。

(1555) ポール・エスマンは、以下のような議論を展開する。契約と性質決定されるのか、それとも、不法行為と性質決定されるのかによって、あるいは、損害を被ったのが契約当事者であるのか、それとも、第三者であるのかによって、異なる規律を受けるというのは是認しえない。どのような性質決定がなされようとも、あるいは、損害を被ったのがどのような者であっても、同一の事実には同一の規範が適用されるべきである。そのためには、「契約責任」と不法行為責任の要件・効果を可能な限り一元化しなければならない。そうでなければ、我が国の法体系は崩壊して

る責任を解釈論として構築しようとする立場[1556]へと連なるものであると言える。こうした主張が成り立ちうることはもちろんであるが、現時点では、物の所為に基づく契約責任の背後に、「契約責任」と不法行為責任、つまり、損害賠償制度の一元化へと繋がる思考モデルが存在するということに留意しておかなければならないであろう[1557]。

次に、安全に関する手段債務を非契約化しようとする立場について検討していこう。この構想によれば、安全債務が手段債務と性質決定されることによって生じて

しまうのである（Esmain, supra note 508, n°s 6 et s., pp.640 et s. ; Id., Trois problèmes de responsabilité civile : Causalité – Concours des responsabilités – Conventions d'irresponsabilité, RTD civ., 1934, n° 21, pp.349 et s. ; Id., supra note 1493, La chute dans l'escalier, pp.1 et s. のほか, Id., supra note 1508, Note, sous Cass. 1re civ., 7 nov. 1961, p.147 ; Id., supra note 1508, Note, sous Cass. 2ème civ., 19 nov. 1964, p.94 ; Id., supra note 1513, pp.249 et s. ; Id., supra note 1386, p.202 ; Id., supra note 1393, pp.81 et s. ; Id., infra note 1569, Note, sous Cass. 2ème civ., 7 fév. 1962, pp.433 et s. ; Id., supra note 1492, pp.2 et s）。

なお、こうしたポール・エスマンの考え方の背後には、契約上のフォートと不法行為上のフォートをいずれも法律上の義務に対する違反として構成する理解があった。エスマンは言う。通説が説くように、「フォートは、契約責任の基礎である。しかし、フォートは、一般的に説かれているような意味での不履行の事実ではない。フォートは、行為の過誤（l'écart de conduite）であり、裁判官が、行為者の行為と抽象的な勤勉人の行為とを比較することによって、不法行為上のフォートを構成する行為の過誤を評価するのと同じように、その行為の過誤を判断するのである」(Id., supra note 508, n° 5, p.637)。「契約責任はフォートを基礎としている。しかし、不法行為上のフォートが、他人の被った損害の物理的な原因となったという事実とは異なるのと同じように、このフォートは、約束された満足を債権者に獲得させなかったという事実とは異なる」。フォートは、「法律上の債務、つまり、法律行為によって引き受けられた約束を履行するという債務の不履行なのである」(Ibid., n° 29, pp.690 et s.)。従って、「不法行為責任と契約責任は、同一の原則によって規律される。責任という考え方は1つだからである」(Ibid., n° 29, p.692)。

また、アンドレ・タンクも、以下のように述べている。損害が契約領域で発生したのかどうかを確定することには、しばしば困難を伴う。また、当事者意思と法律の区別は相対的・流動的であるから、「契約責任」の制度と不法行為責任のそれに相違を設けることは合理的な根拠を持たない。更に、同一の事実状況によって、契約当事者のみならず第三者に対しても損害が生じたときには、この区別は不合理でさえある。もちろん、「2つの責任の区別に異論を唱えることはできない。従って、求めなければならないことは、制度の統一である。不法行為責任と契約責任は、2つの法領域であり、それぞれが固有の問題を扱うが、同一の規範に従う。これによって、奇妙な状態（bizarreries）及び不正義を消滅させることができるのである」(Tunc, supra note 542, La responsabilité civile, n°s 32 et s., pp.32 et s. (引用部分は、n° 46, p.44) ; Id., supra note 1320, Obs. sous Cass. 1re civ., 20 déc. 1960, JCP., p.2 ; Id., supra note 873, p.104.)。

(1556) 専門家責任を論じたものであるが、Cf. Patrick Serlooten, Vers une responsabilité professionnelle ?, in Mélanges offerts à Pierre Hébraud, Université des sciences de Toulouse, Toulouse, 1981, pp.805 et s.（専門家の責任を全て「契約責任」と性質決定するのは、その特殊性や現実に合致しない（n° 4, p.808）。少なくとも実定法を見る限り、専門家の責任は、「契約責任」と不法行為責任の区別を超越するものである（n°s 5 et s., p.808 et s.）。つまり、専門家が負うべきなのは、あらゆる個人が負うところの不法行為責任でも、契約当事者が負うところの「契約責任」でもなく、自律的な「専門家としての責任」なのである（n° 11, pp.815 et s.）。このように理解することによって、責任の性質決定に伴う制度の相違を回避することができるし（n°s 12 et s., pp.816 et s.）、また、民事責任法全体を合理化することが可能となるのである（n° 15, pp.819 et s.）。また、必ずしも明確でないが、Cf. Huet, supra note 1508, Obs., sous Cass. 2ème civ. 16 mai 1984, pp.587 et s.（ジェローム・ユエは、「契約責任」と不法行為責任の区別を超越した、あらゆる者の安全を保証する経営者の債務の存在を肯定すべき旨を説く）; Id., supra note 1508, Obs., sous Cass. 2ème civ., 24 janv. 1985, p.116.

(1557) この点に関する評価については、本款の考察全体を参照。

いた問題を解消することが可能となるし、これまで安全債務が手段債務とされてきたケースにおいては、契約当事者であろうと、第三者であろうと、物の所為に基づく不法行為責任を援用することができるから、両者の取扱いの相違を最小限度に抑えることも可能となる。また、安全に関する（結果）債務が認められるかどうかの基準として、契約の目的である給付の履行によって債権者が身体的損害を被るリスクがあるかどうかという点が挙げられているから、契約領域における義務の範囲が不明瞭であるとの課題にも一応の応接がなされているとも言える。

　しかし、日本の保護義務論に関する到達点をも踏まえて検討するならば、こうした議論と基準がどれほどの意味及び実効性を持つのかは疑わしい。

　第1に、契約の履行と損害発生リスクとの関連性という基準それ自体が極めて曖昧である。この基準を文字通り理解すれば、それは、日本の有力学説[1558]が言う、完全性利益が契約目的実現の過程に関連付けられる類型に該当するように見受けられる。ところが、そこで挙げられている例と、安全債務が契約に内在しているという表現を見る限りでは、完全性利益が主たる給付利益を構成している類型、そして、完全性利益の保護が契約目的実現のために求められている類型を想定しているようにも見えるのである[1559][1560]。つまり、フランスの有力学説が主張する契約の履行と損害発生リスクの関連性という基準は、それだけでは、必ずしも十分な形で機能していない、あるいは、機能しえないと言うべきなのである。

　第2に、上記の点についてどのように理解するとしても、安全債務が常に結果債務として性質決定される理由が不明瞭である。なるほど、補償の確保という視点から見れば、安全に関する手段債務は意味を持ちえないし、衡平を強調すればする程、安全債務を結果債務として性質決定すべき要請が働く。しかし、債務の多様性を前提とする契約法の領域においては、これらの利益判断のみでは、債務者に対して安全に関する結果債務を課す十分な理由とはなりえない。まして、ここでは、身体的損害のリスクと契約との関連性が問われている以上、安全に関する手段債務が不法行為上の一般的な注意義務と共通するからという理由で、それを排斥することはできないと言わなければならないのである[1561]。

(1558) 潮見・前掲注(1465)148頁以下、同・前掲注(9)102頁以下。

(1559) パトリス・ジュルダンが挙げる、運送契約、スポーツに関わる契約、危険を伴うアトラクションの契約等の例は、まさに、完全性利益の保護が契約目的実現のために求められている場合である。また、注(1546)で引用した請負契約の事例は、完全性利益が契約目的実現の過程に関連付けられる場合に該当するが、そこでは、安全債務の存在が否定されているのである。

(1560) これに対して、契約当事者が第三者では直面しないような特殊な状況に置かれた場合には「契約責任」が、そうでない場合には不法行為責任が問題になるとの基準は、完全性利益の侵害と契約の履行過程との関連性というよりも、契約という特殊な場の有無を問題にするものと見ることができる。そうすると、安全債務が認められるべき場面は、完全性利益が主たる給付利益を構成している類型、そして、完全性利益の保護が契約目的実現のために求められている類型に限定されないということになろう。

(1561) 問題関心は異なるが、Cf. Bloch, supra note 59, n° 262, p.153.

第3に、仮に前者のような理解（完全性利益が契約目的実現の過程に関連付けられる類型についても、安全債務の存在を認める立場）を前提としているのであれば、こうした場面における身体的損害の賠償のみが、本来的な契約利益とは別に契約の問題とされる理由を明らかにしなければならないところ、このような問いに対する応接は全く見られない[1562]。これを賠償モデルの論理構造に即して言えば、同じく契約を契機として生じた損害でありながら、そのうちの一部についてのみ、契約不履行に基づく損害賠償の起点となる契約領域における義務の存在を観念しなければならない理由が明確にされていないのである。

　第4に、今度は、仮に後者のような理解（完全性利益が契約目的実現の過程に関連付けられる類型については、安全債務の存在を認めない立場）を前提としているのであれば、ここでは、契約不履行に基づく損害賠償を不履行によって生じた損害を賠償するための制度として捉える構想、つまり、賠償モデルの論理構造は、必ずしも決定的な意味を持たないことになる。完全性利益が主たる給付利益を構成している場合はもちろん、完全性利益の保護が契約目的実現のために求められている場合であっても、身体的な完全性の保護の問題については、個別的な合意を通じて、あるいは、当該契約の類型的な解釈に照らして、契約の中に取り込まれていると考えることができる。そうであるならば、この問題を契約不履行に基づく損害賠償の対象とすることは、それを契約の履行方式として構想する立場からも十分に正当化することができるのであって、この問題に対処するために、あえて賠償モデルの論理構造に依拠する必要はないと言わなければならないのである[1563]。

　このような指摘、とりわけ、第1、第2、第4点は、身体的損害が問題となるケースについて非競合原則の例外を認めようとする立場にも等しく妥当するものである。また、この議論においては、以下のような問題も生じうる。非競合原則の根拠が契約の尊重にあるとすれば、契約とは関わりなく課される債務の不履行に基づく損害賠償について、非競合原則の例外を認め、当事者に不法行為に基づく損害賠償の援用を許すことは可能である。しかし、上記の見解のように、安全に関わる債務と契約との関連性を強調し、これを契約規範の問題として捉えるのであれば、この局面においても、等しく契約を尊重すべきとの要請が働くはずである。つまり、非競合原則を契約の尊重という視点から基礎付けようとする限り、身体的損害の問題

[1562] 日本の有力学説は、完全性利益が契約目的実現の過程に関連付けられる類型につき、これを契約の問題とするためのファクターとして、完全性利益の開示、注意の相手方への付託、給付利益実現過程性、危険実現の特殊性を挙げているところ（潮見・前掲注(1465)148頁以下、同・前掲注(9)102頁以下）、フランスの議論においては、こうした理由付けがほとんどなされていないのである。

[1563] もっとも、後に述べるように、フランスにおける履行方式としての契約不履行に基づく損害賠償の議論の多くは、身体的損害の問題を全て不法行為法の領域に属せしめようとしている。そうすると、フランス法の議論のコンテクストで言えば、本文で述べたような指摘は当たらないということになる。しかしながら、このような理解が正当でないことについては、本項(2)における考察のほか、第2部・第2章・第2節・第2款・第2項858頁以下を参照。

◆第1章◆解　釈

であるからといって、一律に非競合原則を放棄することはできないのである(1564)。従って、それにもかかわらず、非競合原則の例外を認めようとするならば、非競合原則の原則性それ自体を問題にするか、契約の尊重という視点からの正当化を放棄する以外ないように思われるのである。

　以上に見てきたように、安全に関する手段債務の非契約化を志向する議論にも、身体的損害が問題となる場面において非競合原則の例外を認めようとする議論にも、先に述べた判例法の課題と言うべき諸点について、なお実際的・理論的問題が残されているように見える。しかし、フランス法のコンテクストにおいてより重大な問題として受け止められているのは、先に言及した第3点（及び、第4点）との関連で、同一の事実状態において損害を被った契約当事者と第三者との取扱いの相違をどのように消滅させるかという点である。確かに、安全に関する手段債務の非契約化、非競合原則の柔軟な運用によって、契約当事者側の不利益は解消されうる。とはいえ、それだけでは、安全に関する結果債務が問題となるケースにおいて、物の所為に基づく不法行為責任を援用することができない場合には、同一の事実状態で損害を被った契約当事者と第三者との間に解決の相違がもたらされることになってしまう。もちろん、こうした相違をそれ自体として受け止め、契約当事者と第三者との取扱い上の相違を正当化する方向性も考えられるが、フランスにおいては、取扱いの同一化という課題が重要なものとして認識されているのである。

　先に触れたように、破毀院は、この問題に対処するため、他人のための約定という法理を利用した。これは、契約の効力を当事者以外の者にも及ぼすことによって、賠償モデルと安全債務を媒介とした当事者への保護を、第三者にも与えようとするものであった。もっとも、こうした手法には多くの批判が投げかけられてきたし、他人のための約定を援用しうる者が限られているという限界も存した(1565)。また、契約の拡張という視点から見れば、(2)で言及する、契約連鎖、あるいは、契約のグループ論等を利用することも考えられる。しかし、少なくとも実定法の現状を見る限り、契約のグループ論は明確に否定されており、訴権の移転が認められるケースは権利移転型の契約連鎖に限られているから(1566)、これらは、ここで扱う問題に対しての有力な法理論とはなりえない。更に、「契約責任」と不法行為責任の制度上の相違を最小限にしようとする見解も、この問題に対応するために生み出されたものであったが、解釈論としては、多くの困難を伴うものであった。それでは、上記のような諸対応を否定する場合、どのような方策が考えられるか。

　契約当事者以外の第三者に対して契約を拡張し、契約不履行に基づく損害賠償を

(1564) 従って、非競合原則の柔軟化を説く見解の中にも、身体的損害の問題は契約法の本来的な管轄ではないとの認識が現れているように思われるのである。
(1565) この点については、本節・第1款・第1項533頁以下も参照。
(1566) 以上の点については、本項(2)642頁以下の叙述を参照。

援用させることに限界があるとするならば、第三者が、契約当事者の債務不履行を理由に、不法行為に基づく損害賠償を請求することを認めるという方法が考えられる。こうした手法が認められるかどうかについては、破毀院判例の変遷が見られ、また、契約連鎖や契約グループの問題とも関連して、多くの議論が積み重ねられてきた[1567]。以下では、まず、この問題の現状をごく簡単に概観し[1568]、これを安全債務のコンテクストに即して分析した上で、この方法が上記の問いに応対するための有力な手段となりうるのかどうかを検討していこう。

かつての判例の多くは、少なくとも一般論としては、契約債務の不履行がそれだけでは不法行為上のフォートとなりえないことを明確にしていた。例えば、契約債務の不履行が不法行為上のフォートを構成すると言うためには、「非難されるべき行為が、それ自体において、かつ、契約的視点とは無関係に検討される」ものでなければならない等と説かれていたのである[1569][1570]。もっとも、破毀院判決の中に

[1567] この問題については、以下で引用する判決の評釈、判例を契機とする諸論稿のほか、比較的近年のものとして、以下のような論文がある。Geneviève Viney, L'action en responsabilité entre participants à une chaîne de contrats, in, Mélanges dédiés à Dominique Holleaux, Litec, Paris, 1990, pp.399 et s. ; Id., Sous-contrat et responsabilité civile, in, Mélanges Roger O. Dalcq, Responsabilités et assurances, Maison Larcier, Bruxelles, 1994, pp.611 et s. ; Marius Tchendjou, La faute extra-contractuelle, Gaz. Pal., 2000, doc., pp.614 et s. ; Olivier Debat, Le contrat, source de responsabilité envers les tiers, Petites affiches, 23 sept. 2003, n° 190, pp.3 et s. ; Jean-Pierre Tosi, Le manquement contractuel dérelativisé, in, Autour de Michelle Gobert, Ruptures, Mouvements et Continuité du droit, Economica, Paris, 2004, pp.479 et s. ; Jean-Pascal Chazal, Le contrat avec effets protecteurs pour les tiers, RDC., 2004, pp.471 et s. ; Id., Retour sur l'arrêt de l'Assemblée plénière du 6 octobre 2006, à la lumière du droit comparé, in, Études offertes à Geneviève Viney, LGDJ, Paris, 2008, pp.23 et s. ; Fabrice Vetu, L'inexécution contractuelle et la faute délictuelle, RRJ., 2005, pp.117 et s. ; Michel Grimaldi, Le contrat et les tiers, in, Mélanges en l'honneur de Philippe Jestaz, Libre propos sur les sources du droit, Dalloz, Paris, 2006, pp.163 et s. ; Roger Boizel, Intérêt des parties contractantes et protection des tiers : quel équilibre ?, RGDA., 2007, pp.13 et s. ; Xavier Lagarde, Le manquement contractuel assimilable à une faute délictuelle : Considérations pratiques sur la portée d'une solution incertaine, JCP., 2008, I, 200, pp. 17 et s. ; Denis Mazeaud, Contrat, responsabilité et tiers... (Du nouveau à l'horizon...), in, Libre droit, Mélanges en l'honneur de Philippe Le Tourneau, Dalloz, Paris, 2008, pp.745 et s. ; Suzanne Carval, La faute délictuelle du débiteur défaillant : quelques observations sur les pistes ouvertes par l'arrêts d'Assemblée plénière du 6 octobre 2006, in, Études offertes à Geneviève Viney, LGDJ, Paris, 2008, pp.229 et s. ; etc. また、この問題を論じたテーズとして、Mireille Bacache-Gibeili, La relativité des conventions et les groupes de contrats, th.Paris II, préf. Yves Lequette, Bibliothèque de droit privé, t.268, LGDJ, Paris, 1996, n°s 19 et s., pp.16 et s., et n°s 78 et s., pp.75 et s. ; Philippe Delmas Saint-Hilaire, Le tiers à l'acte juridique, th.Bordeaux IV, préf. Jean Hauser, Bibliothèque de droit privé, t.333, LGDJ, Paris, 2000, pp.374 et s. ; Robert Wintgen, Étude critique de la notion d'opposabilité : Les effets du contrat à l'égard des tiers en droit français et allemand, th. Paris I, préf. Jacques Ghestin, Bibliothèque de droit privé, t.426, LGDJ, Paris, 2004, n°s 168 et s., pp.155 et s.

[1568] この問題を扱う日本の先行業績として、松浦・前掲注(177)「契約当事者と第三者の関係」561頁以下、都築・前掲注(177)「複合取引」77頁以下、荻野・前掲注(177)「不法行為法による保護」396頁以下、武川・前掲注(83)691頁以下等がある。

[1569] 例えば、以下のような判決がある。Cass. civ., 22 juill. 1931, DH, 1931, 506(事案の概要は、以下の通りである。Aは、B社の従業員であるところ、仕事中に、Y社の提供したアセチレンの瓶が爆発し、それにより死亡してしまった。そこで、Aの妻であるXは、1898年4月9日の法律

◆第1章◆ 解　釈

に基づく補償を受けた後、Yに対して、瑕疵ある製品を製造し、引き渡したと主張して、同法7条に基づく賠償を求める訴訟を提起した。原審は、Xが行使しているのはBの瑕疵担保訴権にほかならないところ、同法によれば、Xがこれを行使することは認められていないし、また、契約が問題となる場合には不法行為法の規定の適用は排除されるとして、Xの請求を棄却した。これに対して、破毀院は、民法典1382条をビザに、以下のように判示して、原審を破棄した。契約「当事者間においては、原則として、契約債務の履行において犯されたフォートを規律するために、民法典1382条・1383条の規定を援用することはできないが、契約とは無関係な第三者に対しては、同条が適用される」(chapeau)。「原審の認定したところによれば、Xは、Yの買主に対する債務不履行を基礎に訴権を行使しているわけではなく、これら両当事者間に存在する契約とは無関係であることを認めた上で、専ら、アセチレンの瓶を流通に置いたというYの不法行為上のフォートを基礎としているのである」。「実際、契約当事者間における契約債務の違反は、それ自体として、かつ、契約的視点とは無関係に検討した場合、同時に、被害者及びその承継人との関係で、Yの責任をもたらす不法行為上のフォートを構成する」); Cass. req., 28 juin 1938, DH., 1938, 562 (事案の概要は、以下の通りである。Aは、Bから建物を賃借していたところ、バルコニーの手すりが壊れ、そこから転落し、死亡してしまった。本件事故の原因は、この建物を建築・設計した、建築士Y$_1$、請負人Y$_2$のフォートにあるものとされた。そこで、Aの相続人であるXらは、B、Y$_1$、Y$_2$に対して、損害賠償の支払いを求める訴訟を提起した。原審は、まず、Bに対し、10万フランの損害賠償の支払いを命じた後、Y$_1$、Y$_2$に対し、Bの賠償責任について連帯して責任を負うものとした。その際、原審は、Y$_1$及びY$_2$から出された10年時効の抗弁を退けている。破毀院も、以下のように判示して、Y$_1$からの上告を棄却した。「契約当事者間においては、原則として、契約債務の履行において犯されたフォートを規律するために、民法典1382条・1383条の規定を援用することはできないが、契約とは無関係な第三者に対しては、同条が適用される」。「従って、BとY$_1$との間に存在する契約とは無関係な第三者であるAに生じた損害についてのY$_1$の責任は、民法典1792条、2270条ではなく、それ自体において、かつ、契約的視点とは無関係に検討される、Y$_1$の責めに帰すべき準不法行為上のフォートに基づくものであるから、Y$_1$に対し、それによって発生した損害を賠償する義務を負わせる。原審がY$_1$の10年時効の抗弁を退けたのは、正当である」); Cass. 2ème civ., 7 fév. 1962, Bull. civ., 1962, II, n° 89 ; D., 1962, 433, note Paul Esmain (事案の概要は、以下の通りである。Aは、Yとの間で、別荘を建築してもらう契約を締結した。他方、Aは、建築士であるXに対し、建築作業の監督を依頼した。Xは、現場を訪れ、建物の外に作られた階段を利用していたところ、ランプがなかったことから、踏み外して、3メートル下の地面に落下し、負傷してしまった。そこで、Xは、Yに対して、損害賠償の支払いを求める訴訟を提起した。原審は、XがYとの関係で第三者に当たらないとして、Xの請求を棄却した。これに対して、破毀院は、民法典1384条1項をビザに、以下のように判示して、原審を破棄した。「請負人は、厳密な意味での仕事の履行につき責任を負い、工事現場において、安全に関する規範を遵守しなければならない。建築士と請負人は、それぞれ別の契約によって依頼主と繋がっているが、これらの者の関係においては第三者である。従って、非難されるべき行為が、それ自体において、かつ、契約的視点とは無関係に検討されるときには、建築士と請負人は相互に準不法行為責任を負う。従って、控訴院は、誤った適用により、上記のテクストに違反した); Cass. 1re civ., 9 oct. 1962, Bull. civ., 1962, I, n° 405 ; D., 1963, 1, note G. Liet-Veaux ; JCP., 1962, II, 12910, obs., Paul Esmain ; RTD civ., 1963, 332, obs., André Tunc (事案の概要は、以下の通りである。1946年10月1日、Aは、Bとの間で、建築家Yの指揮の下、映画館を建築してもらう契約を締結し、1947年4月25日にこれを受領した。その後、Aは、この映画館をXに賃貸した。1957年9月16日、Xは、Y及びBに対して、建物の瑕疵によって生じた損害の賠償（修理費用）を求める訴訟を提起した。原審は、民法典1382条に基づき、Xの請求を認容した。破毀院は、以下のように判示して、Yからの上告を棄却した。「契約当事者間においては、原則として、契約債務の履行において犯されたフォートを規律するために、民法典1382条の規定を援用することはできないが、契約とは無関係な第三者に対しては、同条が適用される」。原審は、本件建築計画の誤り、監督の欠如から、Yのフォートを認定しており、「それ自体において、かつ、契約的視点とは無関係に検討される、建築士の責めに帰すべき準不法行為上のフォート」は、Yに対して損害の賠償を義務付けるのである。よって、上告に理由はない); Cass. 1re civ., 7 nov. 1962, Bull. civ., 1962, I, n° 465 ; JCP., 1963, II, 12987, note Paul Esmain ; RTD civ., 1963, 332, obs., André Tunc (事案の概要は、以下の通りである。Aは、Xとの間で建物を建築してもらう契約を、Yらとの間で建築の監督をしてもらう契約を締結した。ところが、工事中、バルコニーが崩壊し、作業員1名が死亡し、2名が負傷する事故が起こった。その後、Xは、刑事訴追され有罪判決を受けるとともに、被害者に対する損害賠償の支払いを命ぜられた。そこで、Xは、本件事故

の責任の半分はYらにある等と主張し、Yらに対して、損害賠償の支払いを求める訴訟を提起した。原審は、Yらが監督を十分にしなかったことを指摘して、Xの請求を認容した。これに対して、破毀院は、民法典1382条をビザとし、以下のように判示して、原審を破棄した。「建築士と請負人は、別の合意によって注文者と契約を締結しており、相互の関係においては第三者である。建築士のフォートは、注文者との関係では契約を基礎とするものであるが、その諸結果を負担する請負人にとっては、民法典1382条によって賠償を得ることができる行為となりうる。この場合、援用される違反は、それ自体において、契約的視点とは無関係に検討されなければならず、請負人によって援用されている損害を生じさせるフォートの準不法行為的な性格が明確にされなければならない」(chapeau)。従って、原審は、認定した監督の不十分が、上記のような意味での不法行為上のフォートを構成するかどうかを明らかにすることなく、上記のように判断しているのであるから、その判決に法律上の基礎を与えなかった); Cass. 1re civ., 24 oct. 1967, JCP., 1968, II, 15360, obs., Raymond Lindon ; RTD civ., 1968, 389, obs., Gérard Cornu (事案の概要は、以下の通りである。Aは、複数の一戸建て建物の建築を計画し、Bに対してその工事を、Yに対してその指揮・監督を依頼した。建物の完成後、Aは、これらの不動産を、Xらに賃貸した。ところが、その後、本件不動産には重大な瑕疵が存在することが明らかになった。そこで、Xらは、A、B、Yに対して、Aは、B及びYに対して、損害賠償の支払いを求める訴訟を提起した（以下では、XらのYに対する請求に関わる部分のみを扱う）。原審は、XらのYに対する請求を認容した。破毀院も、以下のように判示して、Yの上告を棄却した。Yは、指揮・監督の任務において懈怠を犯しており、これは、Aに対する契約上のフォートを構成するが、それと同時に、それ自体として、契約的視点とは無関係に検討されるときには、第三者との関係で1383条のフォートを構成する); Cass. com., 4 déc. 1968, D., 1969, 291, note René Rodière ; JCP., 1969, II, 15980, obs., Paul Chauveau (事案の概要は、以下の通りである。Aは、ル・アーブル港で、自己の船に、運送業者Bから受け取った荷物を積む作業をしていた。この荷物の中には、Cの所有する骨董品が入っていたところ、Aから荷積みを請け負った荷物取扱人Yの過失によって、この荷物が、4メートル下の波止場に落下し、壊れてしまった。そこで、B及びCに対して補償をしたAの保険会社であるXは、Yに対して、民法典1382条、1384条に基づき、損害賠償の支払いを求める訴訟を提起した。原審は、Xからの請求を認容した。これに対して、Yは、本件事案においては、契約の性質を持つフォートのみが問題となっている等と主張して上告した。破毀院は、以下のように判示して、Yの上告を棄却した。原審は、Yには、吊り索を十分に締め付けなかったというフォートがあり、これを原因として荷物が落下してしまったところ、Yは、その職業活動の中で犯しうる不法行為上のフォートについて、第三者との関係で責任を負うと判示している。従って、民法典1382条に基づき、Xの損害賠償請求を認容した原審の判断は正当である); Cass. 3ème civ., 3 janv. 1969, JCP., 1969, II, 15863, obs., G. Liet-Veaux (事案の概要は、以下の通りである。Aは、Yに対して、建物を建築するに際しての指揮・監督を依頼した。この不動産は、Xらに分割譲渡されることが予定されていたが、その後、この不動産に瑕疵が存在することが明らかになった。そこで、Xらは、Yに対して、損害賠償の支払いを求める訴訟を提起した。原審は、Xらの不法行為に基づく損害賠償請求を認容した。破毀院は、民法典1792条及び2270条をビザし、以下のように判示して、原審を破棄した。「Xらは、上記に引用した条文に基づき、Yに対して、自己に帰属する訴権を行使することができるにもかかわらず、上記のように判示しているのであるから、Aとの間の契約とは無関係なフォートを明らかにしなかった控訴院は、その判決に法律上の基礎を与えなかった」); Cass. 3ème civ., 31 janv. 1969, JCP., 1969, II, 15937, obs., G. Liet-Veaux ; RTD civ., 1969, 776, obs., Georges Durry (事案の概要は、以下の通りである。Aは、Xとの間で建物を建築してもらう契約を、Yとの間で建築工事の指揮・監督をしてもらう契約を締結した。ところが、骨組みとして使用された木に殺虫加工がなされていなかったために、完成した建物は腐敗してしまった。なお、殺虫加工は、市場において一般的になされているものであり、また、それが行われることは、契約書において特に予定されていたのであった。そこで、Aは、X及びYに対して、損害賠償の支払いを求める訴訟を提起し、Xも、Yに対して、自己が負担することになる賠償の求償を求める訴訟を提起した。原審は、X及びYに対し連帯して責任を負うよう命じた上で、XのYに対する求償については、Yは十分な監督をしておらず、これは、契約的視点から独立して見た場合、不法行為上のフォートを構成するとして、Xの請求を認容した。破毀院は、以下のように判示して、Yからの上告を棄却した。原審は、「建築士と請負人は、注文者と契約を締結しており、相互の関係においては第三者であるところ、建築士は、自己が損害の発生に寄与した限度において、その人的フォートについて、請負人に責任を負わなければならないと正当に判示している。それ自体として、契約的視点とは無関係に検討された建築士の責めに帰すべきフォートが、請負人との関係で、損害を生じさせる行為としての性格を持つという

だけで十分であり、そのフォートを請負契約から切り離すことができるかどうかを探求する必要はない」。よって、上告には理由がない）；Cass. 3ème civ., 16 avril 1970, RTD civ., 1971, 142, obs., Georges Durry（事案の概要は、以下の通りである。Yは、入札心得書の中で集団的使用目的での建築が禁止されていたにもかかわらず、分譲を目的として、3階建ての建物を建築してしまった。そこで、隣地の所有者であるXは、Yに対して、その撤去と、損害賠償の支払いを求める訴訟を提起した。原審（Aix, 13 mars 1967, JCP., 1968, II, 15343）は、Xの損害賠償請求を認容した。これに対して、破毀院は、以下のように判示して、原審を破棄した。原審は、入札心得書の約定が都市計画に関わる一般的な規則でしかないにもかかわらず、この規則の内容を明らかにすることなく、第三者がその違反を援用することができると判断してしまっている）；Cass. 3ème civ., 15 oct. 1970, Bull. civ., I, n° 515（事案の概要は、以下の通りである。Xは映画館の所有者である。Xは、映画館として利用していた建物に瑕疵が存在したことから、騒音が生じ、近隣に居住する者から、損害賠償の支払いを求める訴訟を提起された。そこで、Xは、建物の建築者Yらに対して、損害賠償を求める変更訴権を提起した。控訴院は、Yのフォートとして指摘されているのは契約債務の不履行に過ぎないとして、Xの請求を棄却した。これに対して、破毀院は、民法典1382条及び1383条をビザに、以下のように判示して、原審を破棄した。「これらのテクストは、契約債務の履行において犯されたフォートの結果生じた損害の賠償を得るために援用することはできないが、契約とは無関係な第三者に対しては適用される」（chapeau）。「仕事の依頼主と請負人との間に存在する契約とは無関係な第三者である隣人に生じた損害に関する建築家の責任は、それ自体において、かつ、契約の視点とは無関係に検討される準不法行為上のフォートから生じ、これは、建築家に対して、その懈怠から生ずる損害を賠償するよう義務付けるにもかかわらず、上記のように判示しているのであるから、控訴院は、その誤った適用により、上記のテクストに違反した」）；Cass. 3ème civ., 18 avril 1972, Bull. civ., III, n° 233（事案の概要は、以下の通りである。Xは、Aに対して、屋根の修理を依頼し、Aは、Yから、修理に必要なタイルを購入した。ところが、このタイルに瑕疵が存在したことから、Xは、Aに対しては請負契約に基づき、Yに対しては不法行為に基づき、損害賠償の支払いを求める訴訟を提起した。原審は、いずれに対する関係でもXの請求を認容した。破毀院は、以下のように判示して、Yの上告を棄却した。「原審は、Xが、請負契約によって、Aとは関係を有しているが、AとYの間に存在する契約との関係では第三者であり、Yとの間で契約関係が存在しないことを正当に判示している。従って、控訴院は、Yに対する不法行為責任訴権、Aに対する10年担保訴権を認容したとしても、責任の非競合規範に違反していないし、契約的視点とは無関係に、それ自体において検討されるフォートの賠償を求める前者の訴権を認容しているのであるから、その判決を法律上正当化した」）；Cass. 1re civ., 23 mai 1978, Bull. civ., I, n° 201（事案の概要は、以下の通りである。Xは、Aとの間で、建物を建築してもらう契約を締結した。他方、Aは、Bに対して、暖房設備の設置を依頼し、Bは、重油タンクを埋める作業をYに請け負わせた。ところが、完成後、暖房設備に欠陥が存在することが明らかとなった。これは、タンクが規則通りの厚さを持っていなかったこと、不十分にしか設置されていなかったことによるものであった。そこで、Xは、A、B、Yに対して、損害賠償の支払いを求める訴訟を提起し、Bは、Yに対して、担保責任を追及することにした。原審は、それぞれ20%、80%の割合で、A及びBの損害賠償責任を認容し、Yについては、半分の限度で、その担保責任を負うべきものとした。これに対して、X、Y双方が上告した（本判決の争点は複数あるが、以下では、Xの上告についてのみ言及する）。破毀院は、民法典1382条をビザに、以下のように判示して、原審を破棄した。「第2審の裁判官は、XとYとの間には如何なる権利関係も、法的関係も存在しないことを理由に、XのYに対する損害賠償請求を棄却した」。「本件事案において、仕事の依頼主は、契約的視点とは無関係にそれ自体において検討されるフォートを援用しており、瑕疵ある製品の供給者に対して訴訟を提起することができるにもかかわらず、上記のように判示しているのであるから、控訴院は、上記のテクストに違反した」）；Cass. 1re civ., 27 juin 1978, D., 1978, IR., 409, obs., Christian Larroumet（事案の概要は、以下の通りである。3歳の少年Aは、Bの経営する店舗内の下りエスカレーターに乗車していたところ、機械に足を挟まれ負傷してしまった。そこで、Aの両親は、エレベーターを販売したYに対して、損害賠償の支払いを求める訴訟を提起した。原審は、Yが、建築者、売主、設置者に対する関係で、契約債務に違反しており、これは、同時に、Aに対する不法行為上のフォートを構成すると判示して、Xの請求を認容した。これに対してYが上告したが、破毀院はこれを棄却した）；Cass. 2ème civ., 8 juin 1979, D., 1980, IR., 33, obs., Christian Larroumet ; D., 1980, 563, note Michel Espagnon（事案の概要は、以下の通りである。Xが経営するパン屋の暖炉から出る煤煙によって、A所有の倉庫が焼失してしまった。そこで、Aは、Xに対して、損害賠償の支払いを求める訴訟を提起し、認容された。ところで、この暖炉は、XがBから購入し、BがYに設置を

第 2 節　理論モデルの展開

依頼したものであった。このような事実関係の下、X は、Y に対して、不法行為に基づき、A に対して支払った損害賠償の求償を求める訴訟を提起した。原審は X の請求を認容した。これに対して、Y は、原審の認定した事実からは、契約上の債務に違反したことしか明らかとなっていないにもかかわらず、不法行為に基づき損害賠償を命じているのであるから、原審は、非競合原則に違反していると主張し、上告した。破毀院は、以下のように判示して、Y の上告を棄却した。原審は、X と Y との間に契約関係がないこと、木製のパン屋の中に重油の暖炉を設置することは危険を伴うものであり、Y はこれを認識すべきであったことを認定し、そこから、Y が不法行為上のフォートを犯したことを認定している。従って、原審は、契約責任の規範と不法行為責任の規範を競合的に適用していない); Cass. 3ème civ., 26 avril 1983, Gaz. Pal., 1984, 1, 180, note André Plancqueel (事案の概要は、以下の通りである。X は、A との間で、自己所有建物の屋根をタイルで覆う作業をしてもらう契約を締結した。また、A は、本件工事のために、Y からタイルを購入した。ところが、工事の終了後、本件建物にタイルの瑕疵を原因とする欠陥が存在することが明らかになった。そこで、X は、Y に対して、損害賠償の支払いを求める訴訟を提起した。原審は、X の請求を棄却した。破毀院も、以下のように判示して、X の上告を棄却した。「原審は、本件欠陥がタイルの製造の瑕疵を原因とするものであること、Y がその製造者でないことを確認した後、製造者でない売主の準不法行為責任が、売却した材料に瑕疵が存在したという事実のみによって、第三者との関係において、推定されることはないと正確に判示し、Y が B によって製造されたタイルの瑕疵を認識していたこと、Y がその品質を疑う何らかの理由を有していたこと、あるいは、Y がその引渡しの前に検査をすべきであったこと等は、何ら立証されていないし、また、主張もされていないと専権的に認定している。これらの理由のみによって、控訴院は、民法典 1382 条及び 1383 条に違反することなく、Y がフォートを犯していなかったこと、X に対して材料の製造の隠れた瑕疵について責任を負わないことを導くことができた」。よって、上告には理由がない); Cass. 1re civ., 5 oct. 1983, Bull. civ., I, n° 219 ; RTD civ., 1984, 504, obs., Jérôme Huet (事案の概要は、以下の通りである。X は、A との間で、自動車を売却する旨の契約を締結したが、隠れた瑕疵が存在することを理由に、この売買契約を解除された。ところで、本件自動車は、X が B から購入し、また、B が Y に依頼して修理を行なったものであった。そこで、X は、Y に対して、損害賠償の支払いを求める訴訟を提起した。原審は、X の請求を認容した。破毀院も、契約関係の不存在は、X が「それ自体において、かつ、あらゆる契約的視点とは無関係に検討されるフォート」を援用する妨げとはならないと判示して、Y からの上告を棄却した); Cass. 3ème civ., 21 nov. 1990, RGAT., 1991, 125, note A. D'Hauteville (事案の概要は、以下の通りである。A は、Y$_1$ との間でアパルトマンを建築してもらう契約を、建築士 Y$_2$ との間で工事の監督をしてもらう契約を締結した。他方、X は、1974 年 11 月 30 日に、A との間で、本件アパルトマンを購入する旨の契約を締結し、それに先立つ、1974 年 4 月 18 日に、仮の受領を行った。ところが、その後、本件アパルトマンの絨毯の下の防水塗膜に欠陥があることが明らかとなった。そこで、1985 年 6 月 18 日、X は、A、Y$_1$、Y$_2$ に対して、損害賠償の支払いを求める訴訟を提起した。原審は、A に対する訴権については、10 年の期間経過を理由にこれを棄却し、Y$_1$ 及び Y$_2$ に対する請求についても、不法行為の成立を否定し棄却した。破毀院は、以下のように判示して、X の上告を棄却した。X は、Y$_1$ 及び Y$_2$ が、「契約とは無関係なフォートを犯したこと、もしくは、重フォートと同一視することのできる詐欺的フォートを犯したことを証明しなければ、不法行為に基づいて」損害賠償を請求することはできない); Cass. 1re civ., 16 déc. 1992, Bull. civ., I, n° 316 ; RTD civ., 1993, 362, obs., Patrice Jourdain (事案の概要は、以下の通りである。X$_1$ は、不動産業者 Y の仲介の下、A との間で建物を購入する契約を締結したが、後になって、物の錯誤を理由に、この売買契約を取り消した。そこで、X$_1$ 及び、X$_1$ に対して貸付けを行った銀行 X$_2$ は、本件売買契約の公正証書を作成した B 及び Y に対して、損害賠償の支払いを求める訴訟を提起した (以下、Y に対する請求に関わる部分だけを掲げる)。原審は、Y が責任を負うのは、その契約相手方である A に対してだけであり、契約関係にない X$_1$ 及び X$_2$ との関係では、Y は何らの責任も負わないとした。これに対して、破毀院は、以下のように判示して、原審を破棄した。Y は、「取引の挫折が専門家のフォートに帰すべき場合には、取引の全当事者が被った損害につき責任を負う。この責任の基礎は、顧客に対する関係では契約、それ以外の当事者に対する関係では不法行為である」); etc.

(1570) その他、本文で引用した一般論を提示しているわけではないが、以下のような判決も存在する。Cass. civ., 18 nov. 1895, D., 1896, 1, 16 (事案の概要は、以下の通りである。X と A は、B に対して連帯債務を負っていたところ、X は、自己の負担部分を超えて B に弁済を行った。X は、A に対する求償権を担保するために抵当権を設定したが、公証人 Y による抵当権設定登記が遅れたことから、A の破産により、求償権の行使が不可能となってしまった。そこで、X は、Y

607

に対して、損害賠償の支払いを求める訴訟を提起した。原審は、Yについて、抵当権設定登記の遅滞、この遅滞から生ずる危険の不通知という2つのフォートを認定し、民法典1382条に基づいて、Xの損害賠償請求を認容した。これに対して、破毀院は、以下のように判示して、原審を破棄した。如何なる法律も、委任契約が存在しない限り、公証人に対して、作成した証書の履行を確保するための形式を充足する債務を課していないところ、本件において、XとYとの間に委任契約は存在しないのであるから、Yが上記の債務を負うことはない。また、仮に、Yが、債権者Bの受任者として抵当権設定登記をする義務を負っていたとしても、Xは、この契約の第三者であるから、その遅滞を援用することはできない」; Cass. req., 7 oct. 1940, DH., 1940, 180（事案の概要は、以下の通りである。Aは、Yが製造・販売した自動車を運転中、衝突事故を起こし、Xを負傷させた。本件事故の原因は、自動車の瑕疵によるものとされた。そこで、Xは、Yに対して、損害賠償の支払いを求める訴訟を提起した。原審は、Xの請求を認容した。破毀院も、以下のように判示して、Yの上告を棄却した。「原則として、契約債務の履行において犯されたフォートを規律するために、1382条の規定を援用することはできないが、契約とは無関係な第三者に対しては、同条が適用される。従って、自動車製造の瑕疵に帰すべき事故の被害者であるX夫妻は、YとAとの間で締結された契約の第三者として、自己固有の名において、1382条に基づき、Yに対し、本件事故によって被った損害の賠償を請求する権利を有する」); Cass. 1re civ., 7 juill. 1965, JCP., 1965, II, 14376（事案の概要は、以下の通りである。Aは、Xとの間で建物を建築してもらう契約を締結し、Yとの間でその計画と監督を依頼する旨の契約を締結した。ところが、完成した建物で浸水があったので、Aは、X及びYに対して、損害賠償の支払いを求める訴訟を提起した。また、Xは、Yに対して、自己が負担した部分の求償を求める訴訟を提起した。原審は、A及びXの請求をいずれも認容した。破毀院は、以下のように判示して、Yからの上告を棄却した。「建築士と請負人は、別の合意によって注文者と契約を締結しており、相互の関係においては第三者である。従って、建築士と請負人は、他方に対して、不法行為責任を問うことができる」); Cass. com., 12 mars 1991, RTD civ., 1992, 567, obs. Patrice Jourdain; Contra. conc. consom., 1991, n° 135, note Laurent Leveneur（事案の概要は、以下の通りである。Yは、商業センターAとの間で、店舗用のスペースを借り受ける契約を締結し、その際、ほかの店舗の独占権を尊重する旨の約束をした。ところが、Yは、隣の店舗Xが扱う商品を客に提供してしまった。そこで、Xは、Yに対して、損害賠償の支払いを求める訴訟を提起した。原審は、Yには不誠実な競業があったとして、Xの損害賠償請求を認容した。破毀院も、以下のように判示して、Yの上告を棄却した。控訴院は、契約債務の違反が、契約とは無関係な第三者との関係で、準不法行為上のフォートを構成するものと判示することができた」); Cass. com., 4 juin 1991, Bull. civ., IV, n° 197; D., 1992, 399（事案の概要は、以下の通りである。Y銀行は、A社が振り出した小切手の所持人Bに対して、30万フランを支払った。ところが、後になって、この小切手には、有効であるために必要とされるサインの1つが欠けていることが明らかになった。その後、X社は、Y銀行に対して、A社から振り出された小切手の支払いを求めたが、Y銀行は、残高不足を理由にこれを拒絶した。そうこうするうちに、A社は、倒産してしまった。そこで、X社は、Y銀行に対して、小切手の額面額に相当する損害の賠償を求める訴訟を提起した。破毀院は、以下のように判示する。原審は、「Y銀行が、違法な条件で振り出された小切手について支払いを行ったとして、準不法行為上の性質を持つフォートを犯したことを正確に認定し、30万フランの小切手の弁済を拒絶していれば、それに相当する貯蓄がA社の口座に存在し、Xのために振り出された小切手を決済しえたこと、従って、X社に生じた損害は、この小切手の額に等しいことを明らかにした」); Cass. 2ème civ.,17 mai 1995, RTD civ., 1995, 895, obs. Patrice Jourdain（バイクの運転手Xが、高速道路の工事現場付近の道を運転していたところ、作業の際に作り出された泥濘で転倒し、負傷したという事案である。原審・破毀院ともに、Yが公道を善良な状態に維持する債務に違反したことを認定し、Yの責任を認容した); Cass. 1re civ., 25 nov. 1997, Bull. civ., I, n° 231; JCP., 1998, I, 144, obs., Geneviève Viney（事案の概要は、以下の通りである。Aは、Yに対して、Xが有する営業権を購入するための代理権を与えた。そこで、Yは、Xとの間で、この取引を成立させた。ところが、その後、この営業権の売買契約は、Aの代金不払いにより解除されることになった。そこで、Xは、Yに対して、損害賠償の支払いを求める訴訟を提起した。原審は、本件委任契約が存在するのはAとYとの間である等と述べて、Xの請求を棄却した。これに対して、破毀院は、民法典1382条をビザに、「証書の作成に関与する職業的仲介者は、当事者の一方から委任を受けた後、他方当事者に対しても、合意の法的効力に必要な条件を全て充足していることを確認する義務を負う」と判示して、原審を破棄した); Cass. 1re civ. 16 déc. 1997, Resp. civ. et assur., 1998, com., n° 98; JCP., 1998, I, 144, obs., Geneviève Viney（事案の概要は、以下の通りである。Yは、Aが所有する自動車のエンジン交換を行った。その後、Aは、この自動車をX

は、上記のような一般論を提示しつつも、事案の解決としては、契約から独立した形で第三者に対する不法行為上のフォートの存在を認定しているようには見えないものも存在した[(1571)]。また、とりわけ、近年においては、「契約の第三者は、債務者の契約違反が自己に損害を生じさせたときには、その他の証明を尽すことなく、それを援用する権利を有する」と判示し、第三者に対して、契約債務の不履行のみを理由として不法行為に基づく損害賠償を認めるかのような判断を示していた破毀院民事第1部と[(1572)]、従前の判例法理を引き継ぎつつ、「第三者は、契約の不履行が他

　　に売却した。ところが、数ヶ月後、交換したエンジンが壊れてしまった。そこで、Xは、YがAに対してエンジン交換によって生じうる機能障害を告げていなかったことが、自己に対するフォートに当たると主張して、損害賠償の支払いを求める訴訟を提起した。原審は、Xの請求を棄却した。破毀院も、YがAに対する情報債務・助言債務に違反していたとしても、これは、第三者にとってのリスクの存在ではないから、この契約違反を不法行為上のフォートと性質決定することはできないと判示し、原審を是認した）；etc.

(1571) Ex. Cass. civ., 22 juill. 1931, supra note 1569 ; Cass. req., 7 oct. 1940, supra note 1570 ; Cass. com., 4 déc. 1968, supra note 1569 ; Cass. 3ème civ., 31 janv. 1969, supra note 1569 ; Cass. 1re civ., 5 oct. 1983, supra note 1569 ; Cass. com., 12 mars 1991, supra note 1570 ; etc. なお、この点については、Cf. Bacache-Gibeili, supra note 1567, nos 23 et s., pp. 21 et s.

(1572) Cass. 1re civ., 13 fév. 2001, Bull. civ., I, no 35 ; D., 2001, somm., 2234, obs., Philippe Delebecque : JCP., 2002, II, 10099, note, Cécile Lisanti-Kalczynski ; RTD civ., 2001, 367, obs., Patrice Jourdain ; Contra. conc. consom., juin 2001, no 86, 13, note Laurent Leveneur ; Defrénois, 2001, art. 37365, 712, obs., Éric Savaux（事案の概要は、以下の通りである。Aは、輸血によってエイズ・ウィルスに感染し、その後、死亡してしまった。そこで、Aの娘であるXは、輸血センターYに対して、精神的及び経済的な間接損害の賠償を求める訴訟を提起した。原審は、XとYとの間には契約関係が存在しない以上、Xは安全に関する契約上の債務を援用しえないこと、また、Yのフォートが証明されていないことを理由に、Xの請求を棄却した。これに対して、破毀院は、民法典1165条及び1382条をビザに、以下のように判示して、原審を破棄した。「契約の第三者は、債務者の契約違反が自己に損害を生じさせたときには、その他の証明を尽すことなく、それを援用する権利を有する」(chapeau)。「輸血センターは、譲渡する血液製品について、安全に関する結果債務を負い、また、この債務に対する違反は、直接の被害者のみならず、間接被害者である第三者によっても援用されうる」にもかかわらず、上記のように判断した原審は、民法典1165条及び1382条に違反した）また、Cass. 1re civ., 15 déc. 1998, Bull. civ., I, no 368 ; Contra. conc. consom., mars 1999, no 37, 10, note Laurent Leveneur ; RTD civ., 1999, 623, obs., Jacques Mestre ; Defrénois, 1999, art. 37008, 745, obs., Denis Mazeaud（事案の概要は、以下の通りである。1989年4月7日、Xは、Aとの間で、自己所有の不動産を売却する旨の予約を締結する一方、Aが所有者になるまでの間、Aに対して本件不動産を賃貸する旨の契約を締結した。同年6月9日、AとXは、本件賃貸借契約がAの所有権取得と同時に終了すること、Aが本件不動産並びにAの行う修繕の価値について保険をかけること、また、AがXに対する求償権を放棄することで合意した。その後、Aは、Yとの間で、不動産の内装工事に関する契約を締結し、この作業は、7月3日に開始するものとされた。この契約において、Yは、CCAPと同じ内容と条件に従って、作業を行うものとされており、また、Aは、自己の費用で、工事の監督を行うものとされていた。同年、7月13日、本件不動産で原因不明の火災が発生し、建物が毀損してしまった。なお、Aが本件不動産の所有者になった旨の公正証書が作成されたのは、1990年4月17日のことである。そこで、Xの保険会社は、A及びその保険会社に対して、損害賠償の支払いを求める訴訟を提起した。その結果、A及びその保険会社は、2300万フランの支払いを命ぜられた。その後、Xの保険会社とAの保険会社は和解をするに至った。この和解契約においては、Xが第三者に対する請求を放棄することはない旨の約定がなされていたので、Aの保険会社は、Yに対し、Xを代位して求償を求める訴訟を提起した。原審は、XがAとYとの間で締結された契約の当事者でないこと、従って、CCAPの条項を援用しえないことを理由に、請求を棄却した。これに対して、破毀院は、民法典1165条及び1382条をビザに、「契約の第三者は、契約の瑕疵ある履行が自己に損害を生じさせたときには、それを援用する権利を有する」として、原審を破棄した）；Cass. 1re civ., 18 juill. 2000, Bull. civ., 2000, I, no 221 ; JCP., 2000, II, 10415,

◆第1章◆ 解　釈

人を害してはならないという一般的義務に対する違反を構成する場合にしか、不法行為責任に基づき、この不履行を援用することはできない」と理解していた破毀院商事部が(1573)、対立しているようにも見えたから(1574)、この問題についての判例法

rapport Pierre Sargos ; RTD civ., 2001, 146, obs., Patrice Jourdain ; Contra. conc. consom., déc 2000, n⁰ 175, 10, note Laurent Leveneur; Petites affiches, 23 juill. 2001, n⁰ 145, 11, note Didier R. Martin（事案の概要は、以下の通りである。Aは、躁鬱病にり患していたことから、Yクリニックに入院した。1992年12月10日、Aは、自殺を試みたが未遂に終わった。1993年2月13日、Aの症状は急激に悪化し、医師は、Aが発作状態にあることを確認し、看護師に対して、Aの手首とくるぶしをベルトでベッドに繋いでおくよう命じた。同日の20時45分頃、Aの隣室の患者Bは、隣室から叫び声が聞こえ、煙が上がっていたので、緊急呼び出しをかけた。医師らがAの部屋に駆け付けると、マットレスが燃えており、Aは重度のやけどを負っていた。この火災の原因は、Aが、左手に隠し持っていたライターにより、自殺を試みたことにあるとされた。その後、Aは、火傷の治療のため、手の切断を行い、入院を続けた。ところが、1993年7月23日、近くにある池で、Aの水死体が発見された。そこで、Aの夫であるXは、監督上のフォートを理由に、Aの被った損害については「契約責任」に基づき、自己と娘の被った損害については不法行為責任に基づき、Yに対して損害賠償の支払いを求める訴訟を提起した。原審は、Xの請求を棄却した。Xからの上告に対し、破毀院は、まず、民法典1147条をビザに、以下のように述べる。原審は、Yに監督義務違反はなかったとしている。「しかしながら、患者との入院及び治療契約により、私立の健康施設は、とりわけ、患者の安全に注意するために必要な措置を講ずる義務を負い、この債務に関する要求は、患者の状態によって変わりうる」。控訴院は、Aをベッドに縛り付けておきながら、Aの入院する階に人員を配置しておらず、別の患者の要請によって初めて助けに来ることができたと認定している。従って、控訴院は、その認定から法律上の帰結を導かなかった。次いで、破毀院は、民法典1165条及び1382条をビザに、以下のように判示する。原審は、Xが第三者であることを理由にその請求を棄却している。「しかしながら、一方で、入院及び治療契約はYとAとの間にのみ存在し、自己と娘に生じた間接損害の賠償を求めるXの訴権は必然的に不法行為の性質を持つ。他方で、契約の第三者は、契約の瑕疵ある履行が損害を生じさせたときには、その他の証明を尽すことなく、それを援用する権利を有する」); Cass. 1ʳᵉ civ., 18 mai 2004, Bull. civ., 2004, I, n⁰ 141 ; D., 2005, pan., 187, obs., Denis Mazeaud ; RTD civ., 2004, 516, obs., Patrice Jourdain ; Contra. conc. consom., août-sept. 2004, n⁰ 121, 10, note Laurent Leveneur（事案の概要は、以下の通りである。Xは、不動産甲の所有者である。1997年2月27日、この不動産は、35万フランで競売にかけられた。Yは、Xの債権者であるAから依頼を受け、10度にわたって、競売価格のせり上げを行った。ところが、そうこうするうちに、民事訴訟法典709条の期間が経過し、せり上げ宣告が失効してしまった。その結果、この不動産は、35万フランで売却されることになった。そこで、Xは、Yに対して、損害賠償の支払いを求める訴訟を提起した。原審は、第三者がYのフォートを援用しうるのは、それが契約から切り離し可能である場合に限られるとして、Xの請求を棄却した。これに対して、破毀院は、民法典1991条、1165条、1382条をビザに、以下のように判示して、原審を破棄した。「契約の履行において犯されたフォートは、この契約の第三者に対する関係で行為者の不法行為責任を生じさせうるにもかかわらず、上記のように判示しているのであるから、控訴院は、上記のテクストに違反した」）

(1573) Cass. com., 5 avril 2005, Bull. civ., IV, n⁰ 81 ; D., 2005, pan., 2848, obs., Béndicte Fauvarque-Cosson ; RTD civ., 2005, 602, obs., Patrice Jourdain ; Contra. conc. consom., août-sept. 2005, n⁰ 149, 17, note Laurent Leveneur; RDC., 2005, 687, obs., Denis Mazeaud（事案の概要は、以下の通りである。Aは、Yに対し、美容製品の販売について、排他的なライセンスを与える旨の契約を締結した。この契約においては、2年間、Yがあらゆる競業的な活動をしない旨の約定がされていた。ところが、Yは、この約定に反して競業的な活動を行った。そこで、本件製品の販売のために設立されたAの子会社であるXは、Yに対して、この競業避止債務違反によって生じた損害の賠償を求める訴訟を提起した。原審は、契約の第三者は不法行為の領域において契約によって作られた状況を事実として援用することができるとして、Xの請求を認容した。これに対し、破毀院は、民法典1382条をビザに、以下のように判示して、原審を破棄した。「第三者は、契約の不履行が他人を害してはならないという一般的義務に対する違反を構成する場合にしか、不法行為責任に基づき、この不履行を援用することはできないにもかかわらず、上記のように判示しているのであるから、非難されている行動がXに対するフォートを構成するかどうかを探求しなかった控訴院は、その判決に法律上の基礎を与えなかった」）また、Cass.

com., 2 avril 1996, Bull. civ., IV, n° 101 ; D., 1996, 559, note Philippe Delebecque（事案の概要は、以下の通りである。A は、FOB の条件で、チュニジアの会社 X に対し、無煙炭を売却する旨の契約を締結した。そこで、X は、チュニジアの船舶会社 B に対し、海上運送を依頼した。B は、適当な船舶を所有していなかったので、船主 Y1 及び Y2 との間で、傭船契約を締結した。1989 年 11 月 3 日、ルアン港で商品の積荷みが開始されたが、船長 Y3（Y1 の被用者）は、積み荷が船に危険をもたらしかねないことを理由に、危険は存在しないとの鑑定結果があったにもかかわらず、荷降ろしを命じた。そこで、A は、X に対して、商品の回収・保管のために支出した費用の賠償を求める訴訟を提起した。また、X は、A の請求を争いつつ、Y1、Y2、Y3 に対して、商品到達の遅滞によって生じた損害の賠償を求めた。原審は、A の請求を認容したが、X の請求についてはこれを棄却した（以下では、X の上告のうち、フォートに関わる部分のみ掲げる）。破毀院は、以下のように判示して、原審を破棄した。原審は、X が、Y1、Y2、Y3 に対して、契約上の訴権を行使することができないこと、X は、B との間で締結された契約に基づいてしか訴権を行使することができないこと、従って、X は、不法行為に基づいて損害賠償を請求することができないことを理由に、X の請求を棄却している。しかし、原審は、A に引き渡されるべき商品の荷積みを誤って拒絶したという Y3 の行為が、B に対する契約債務の違反となりうるだけでなく、「傭船契約の第三者である X との関係で、慎重及び勤勉の一般的義務の違反によって、準不法行為上のフォートを構成する」かどうかを判断することなく、上記のように判示しているのであるから、その判決に法律上の基礎を与えなかったと言うことができる）; Cass. com., 17 juin 1997, Bull. civ., IV, n° 187 ; JCP., 1998, I, 144, obs., Geneviève Viney（事案の概要は、以下の通りである。船主 X は、A との間で、トロール船の建造をしてもらう契約を締結した。他方、A は、Y の仲介により、B との間で保険契約を締結した。その後、X の船に毀損が生じた。ところが、A が B との間で締結した保険契約では、A が X に対して負う損害賠償の全てをカバーすることができなかった。そこで、X は、十分な補償を受けられなかったのは Y が A に対して十分な説明をしなかったことによるものである等と主張して、民法典 1382 条に基づき、Y に対して、損害賠償の支払いを求める訴訟を提起した。原審は、X の請求を棄却した。破毀院は、以下のように判示して、X の上告を棄却した。「受任者の委任者に対する契約上のフォートが、第三者に対する不法行為上のフォートと性質決定されるとしても、それは、この契約上のフォートが、慎重及び勤勉の一般的債務の違反を構成することを条件とする。控訴院は、Y に対して非難されうる唯一のフォートが、A に対する助言債務の違反であることを認定しているのであるから、このフォートが X に対する不法行為責任を生じさせる性質のものではないことを導くことができた」）; Cass. com., 8 oct. 2002, JCP., 2003, I, 152, obs., Geneviève Viney ; Defrénois, 2003, art. 37767, 863, obs., Éric Savaux（事案の概要は、以下の通りである。A は、Y との間で、フルーツジュースの製品を作ってもらう契約を締結した。他方、A は、X との間で、本件製品の販売を促進するためのプロジェクトを立ててもらう契約を締結した。ところが、Y の製造が上手く行かなかったので、A と X との間で結ばれた合意が機能することはなかった。そこで、A 及び X は、Y に対して、損害賠償の支払いを求める訴訟を提起した。原審は、A の請求を認容するとともに、Y の契約ణからその不法行為上のフォートを認定し、X の請求も認容した。これに対して、破毀院は、以下のように判示して、原審を破棄した。「契約の第三者は、その当事者の一方が、民法典 1382 条によってサンクションを課される、他人を害さないという一般的義務に違反することによって、自己に損害を生じさせたことを証明しない限り、不法行為責任に基づいて、その契約当事者から賠償を得ることはできないにもかかわらず、上記のように判示しているのであるから、控訴院は、上記のテクストに違反した」）

(1574) これに対して、民事第 2 部及び民事第 3 部は、判決の理由付けからは、その立場を判断することができない状況にあった。

民事第 2 部の判決として、Cf. Cass. 2ème civ., 28 mars 2002, Contra. conc. consom., juill. 2002, n° 105, 12, note Laurent Leveneur（事案の概要は、以下の通りである。X は、A から自動車を購入したが、ブレーキに欠陥があったので、この契約を解除した。ところで、この自動車については、売買の前、Y が A から依頼を受けて検査を行っていたところ、この検査には重大な懈怠があり、その結果、ブレーキの欠陥が発見されなかったとされている。そこで、X は、A 及び Y に対して損害賠償の支払いを求める訴訟を提起した。破毀院は、A 及び Y に対し連帯して責任を負うよう命じた原審を破棄し、移送した）; Cass. 2ème civ., 23 oct. 2003, Bull. civ., II, n° 330 ; JCP., 2004, I, 163, obs., Geneviève Viney ; Dr. et pat., avril 2004, n° 3468, obs., François Chabas ; Resp. civ. et assur., janv. 2004, comm., n° 2（事案の概要は、以下の通りである。A は、Y 夫妻から、ライトバンを駐車しておくためのガレージを借り受けた。A は、ガレージのシャッターが留め金具から外れていたので、元に戻そうとしたとき、踏み台から転倒し、死亡してしまった。そ

理は、極めて不安定な状況にあったと言える。

このような状況下において、破毀院連合部2006年10月6日判決は、第三者が不法行為に基づく損害賠償の基礎として契約債務の不履行を援用することができる旨の判断を行った。すなわち、破毀院連合部は、商事部のような形で特に限定を付することなく、「契約における第三者は、契約違反が自己に損害を生じさせたときには、不法行為責任に基づいて、この違反を援用することができる」と判示したのである(1575)(1576)。この判決については、民事第1部のような定式が採用されていないこ

こで、Aの妻であるXが、Yに対して、損害賠償の支払いを求める訴訟を提起した。原審は、AとYの間には、民法典1891条が問題となるような法的関係がある以上、Xは物の所有に基づく不法行為責任を援用することはできないとして、Xの請求を棄却した。これに対して、破毀院は、民法典1165条及び1384条をビザに、以下のように判示して、原審を破棄した。「事故の間接被害者は、その損害の賠償を得るために不法行為責任訴権を行使することができるにもかかわらず、上記のように判示しているのであるから、控訴院は、上記のテクストに違反した」);etc.

民事第3部の判決として、Cf. Cass. 3ème civ. 6 janv. 1999, D., 2000, 426, note Caroline Asfar ; D. aff., 1999, 204, obs., J. F. ; RTD civ., 1999, 403, obs., Patrice Jourdain (事案の概要は、以下の通りである。Yは、Aら4社を代表して、更生手続中のBに、建物の建築を依頼した。他方、Bは、Xに対して、暖房の配管、換気システムの設置を依頼した。Xは、Bから報酬を受け取ることができなかったので、Y及びAらに対し、損害賠償の支払いを求める訴訟を提起した。原審は、委任とは無関係のフォートを証明しない限り、本件請求を認容することはできないとして、Xの請求を棄却した。これに対して、Xが上告した。破毀院は、民法典1986条、1382条をビザに、以下のように判示して、原審を破棄した。「受任者は、その職務の遂行にあたり犯した不法行為もしくは準不法行為について、第三者に対して個人的に責任を負うにもかかわらず、上記のように判示したのであるから、控訴院は、上記のテクストに違反した」); Cass. 3ème civ., 18 janv. 2006, Bull. civ., III, n° 15 ; RDC., 2006, 814, obs., Geneviève Viney (事案の概要は、以下の通りである。Aは、ワインの鋳造工場を建築するに際し、仕事の監督のために建築士Xと、労働安全確保のためにYとの間で、それぞれ契約を締結した。ところが、洗浄作業中に爆発が起き、労働者1名が負傷し、別の1名が死亡してしまった。Xは、これらの損害についての責任を追及されたので、Yに対して、求償を求める訴訟を提起した。原審は、安全についての立法・規則に対する違反は存在しないとして、Xの請求を棄却した。これに対し、破毀院は、以下のように判示して、原審を破棄した。原審は、「本件事故が、メタンガスの堆積を防ぐための換気の構造の誤りに起因することを明らかにし、とりわけ人間の身体に関わる任務を与えられたYが、何らの留保も述べていなかったことを確認したにもかかわらず、上記のように判示しているのであるから」、民法典1382条に違反した); etc.

(1575) Cass. ass. plén., 6 oct. 2006, supra note 291. 事案の概要は、以下の通りである。Y夫妻は、Aに対して、営業用の不動産を賃貸した。他方、Aは、Xに対して、その営業財産の管理を委託した。その後、賃借不動産が適切に維持・管理されていなかったことを理由に、Xは、Yに対して、賃借不動産の原状回復と損害賠償の支払いを求めて訴訟を提起した。原審は、Xの請求を認容した。これに対して、Yは、以下のような理由により上告した。第三者は、契約によって作り出された状況によって損害を被った場合、不法行為責任を主張するためにこの状況を援用することができるが、そのためには、「あらゆる契約上の視点とは無関係に、それ自体として検討された不法行為上のフォート」の存在を立証しなければならない。ところが、本件において、Aは、Yに知らせることなく、Xに対して営業用財産の管理を委託しているところ、上記のような不法行為上のフォートを性格付けることなく、Xの請求を認容した原審の判断は、民法典1382条に照らして法律上の基礎を欠いていると言わなければならない。これに対して、破毀院連合部は、以下のように判示して、これを棄却した。「契約における第三者は、契約違反が自己に損害を生じさせたときには、不法行為責任に基づいて、この違反を援用することができる。原審は、正当な理由により、賃借不動産の入り口が整備されていなかったこと、正面玄関が塞がれていたこと、業務用エレベーターが機能していなかったこと、その結果、賃借不動産を正常に利用しえなかったことを認定し、賃貸人の違反によって、賃借不動産において行われていた営業財産の管理人＝賃借人に生じた損害を性格付けたのであるから、その判決を法律上正当化した」。

(1576) 本判決については、膨大な数の評釈が著されているが (Cf. supra note 291)、それ以外にも、

と等を理由に、その射程を限定する読み方も提示されているが(1577)、少なくとも、その理由付けが一般的な性格を有していたこと、また、賃貸不動産の修繕義務の不履行という特殊契約的な事案に関する判断であったことに鑑みるならば、破毀院は、契約債務の不履行を、第三者による不法行為に基づく損害賠償請求の基礎となるフォートとして観念したと見るべきであろう(1578)。実際、破毀院は、その後も、同判決の一般論を前提としつつ、事案の中に区別を設けることなく、不法行為に基づく損害賠償を求めようとする第三者に対して、契約違反の援用を許しているのである(1579)(1580)。

契約法雑誌の 2007 年 4 月号には、本判決を契機とする特集「境界なき契約（Contrat sans frontière）」が組まれている（Denis Mazeaud, Préambule, p.537 ; Pascal Ancel, Faut-il《faire avec》?, pp.538 et s. ; Philippe Delebecque, Responsabilité contractuelle et responsabilité délictuelle : brèves remarques, pp.556 et s. ; Pierre-Yves Gautier, Opposabilité du contrat par les tiers : pas trop d'arrêts《doctrinaux》, pp.558 et s. ; Cyril Grimaldi, Toute faute contractuelle est une faute délictuelle, mais encore faut-il s'entendre sur le préjudice réparable !, pp.563 et s. ; Philippe Jacques, Einstein à Cour de cassation : la relativité de la théorie, pp.569 et s. ; Jean-Louis Sourioux, Un qualificatif peut en cacher un autre, pp.583 et s. ; Philippe Stoffel-Munck, La relativité de la faute contractuelle, pp.587 et s. ; Guillaume Wicker, La sanction délictuelle du manquement contractuel ou l'intégration de l'ordre contractuel à l'ordre juridique général, pp.593 et s. ; Robert Wintgen, 《Tout fait quelconque...》 : le manquement contractuel saisi par l'article 1382 du Code civil, pp.609 et s. ; Benoît Moore, L'arrêt de l'Assemblée plénière du 6 octobre 2006 : perspectives québécoises, pp.618 et s. ; Catherine Popineau-Dehaullon, Regards comparatistes sur la responsabilité du contractant à l'égard d'un tiers, victime de l'inexécution du contrat, pp.622 et s.）。また、Cf. Philippe Jacques, La relativité de la faute contractuelle devant l'Assemblée plénière, RLDA., oct. 2006, pp.70 et s.

(1577) 同判決の報告書（rapport）においては、同判決は、必ずしも契約債務の違反が常に不法行為上のフォートを構成する旨の一般論を提示したものではないとの理解が示されている（Cour de cassation, Rapport annuel 2006, pp.398 et s. ; Assié, supra note 291, pp.3 et s.）。また、Cf. Lagarde, supra note 1567, pp.157 et s. なお、同判決についての複数の読み方を提示する、Stoffel-Munck, supra note 291, n°4, pp.19 et s. も参照。

(1578) Viney, supra note 291, p.2828 ; Jourdain, supra note 291, RTD civ., p.124 ; Id., supra note 291, D., p.2900 ; Mazeaud, supra note 291, pp.269 et s.（esp., p.272）; Ancel, supra note 1576, n° 3, pp.538 et s. ; Stoffel-Munck, supra note 1576, pp.587 et s. ; etc. また、Billiau, supra note 291, pp.2116 et s. ; Rozès, supra note 291, pp.1830 et s. ; Carval, supra note 291, pp.280 et s. ; Seube, supra note 291, pp.379 et s. ; Malinvaud, supra note 291, pp.504 et s. ; Damas, supra note 291, pp.295 et s. ; Leveneur, supra note 291, p.11 ; etc. も、本文のような理解を前提として、議論を展開している。

(1579) 例えば、以下のような判決がある。Cass. com., 6 mars 2007, Bull. civ. IV, n° 84 ; D., 2007, AJ., 1078, obs. E. Chevrier ; JCP., 2007, I, 185, obs. Philippe Stoffel-Munck ; RDC., 2007, 1137, obs. Suzanne Carval（事案の概要は、以下の通りである。A は、Y に対して、甲という商標を用いて全世界で様々な製品を製造・販売する権利を与える旨のライセンス契約を締結した。他方、A は、X に対して、甲の商標、商標利用に関する活動部門を譲渡した。この契約においては、移転可能である範囲内で、継続中のライセンス契約も譲渡される旨の約定が存在した。Y が、A との間のライセンス契約中に存在した非移転条項を援用したので、3 社の間で話し合いが行われ、結局、A と X の間における商標譲渡の合意は、Y と A の間のライセンス契約を修正するものではない旨を確認する合意がなされた。ところが、その後、Y は、A 及び X に対して、ライセンス契約に置かれていた更新のオプションを行使しない旨を通知した。そこで、X は、Y に対して、損害賠償の支払いを求める訴訟を提起した。原審は、Y が全世界的に販売するという契約債務に違反していることは明らかであるが、これだけでは民法典 1382 条に基づく損害賠償請求を基礎付けるには足りないと判示し、X の請求を棄却した。これに対して、破毀院は、同連合部 2006 年 10 月 6 日判決の一般論を援用し、原審を破棄した）; Cass. 1re civ., 27 mars, RDC., 2007, 1137,

613

◆第1章◆解　釈

obs., Suzanne Carval（事案の概要は、以下の通りである。Aは、運搬船甲の所有者であり、Xは、その船荷に関する保険会社である。運搬船甲は荒廃していたが、Yによる航海許可証が発行されていた。ところが、ある日の航海中、運搬船甲は沈没してしまった。そこで、Xは、Yに対して、損害賠償の支払いを求める訴訟を提起した。破毀院は、同連合部 2006 年 10 月 6 日判決の一般論を援用し、Xの請求を認容した）; Cass. 2ème civ., 10 mai 2007, Bull. civ., II, n° 126 ; D., 2007, AJ., 1502 ; D., 2007, pan., 2901, obs., Patrice Jourdain ; JCP., 2007, I, 185, obs., Philippe Stoffel-Munck ; RDC., 2007, 1137, obs., Suzanne Carval（事案の概要は、以下の通りである。Aは、断崖に隣接する不動産の所有者である。この不動産には、断崖に沿って土止め壁が建てられていた。他方、Xは、その隣地に、高校の別館を建築した。1993 年 1 月 2 日、Aの不動産は、火災によって滅失した。1994 年 3 月になって、Xは、土止め壁に隣接する別館に損傷があることを発見した。その後、1994 年 5 月 25 日に、アレテが発せられ、XとAは、それぞれが費用を出し合って、修理を行うよう命ぜられた。ところが、1994 年 8 月 18 日、壁の一部が崩落し、Xの校庭へとなだれ込んできたので、Xは、緊急の工事を行った。このような事実関係の下、Xは、A及びその保険会社Yに対して、損害賠償の支払いを求める訴訟を提起した。原審は、Xの請求を認容した（本件においては、損害賠償請求権の消滅時効も問題となっているが、以下では省略する）。これに対して、Yが、自己のフォートは何ら証明されていない等として上告した。破毀院は、同連合部 2006 年 10 月 6 日判決の一般論を援用し、上告を棄却した）; Cass. 1re civ., 15 mai 2007, Bull. civ., I, n° 193 ; D., 2007, AJ., 1594 ; D., 2007, pan., 2900, obs., Patrice Jourdain ; JCP., 2007, I, 185, obs., Philippe Stoffel-Munck ; RTD com., 2008, 172, obs., Bernard Bouloc ; RDC., 2007, 1137, obs., Suzanne Carval（事案の概要は、以下の通りである。Yは、Aとの間で、営業権を譲渡する旨の契約を締結した。その後、この契約は、Yの不履行によって解除され、Aは、支払った代金の返還を受けた。ところが、Aの妻であるXは、Bから融資を受けていたので、利息の支払いを余儀なくされた。そこで、Xは、Yに対して、民法典 1382 条に基づき、損害賠償の支払いを求める訴訟を提起した。原審は、Xが本件契約の第三者であることを理由に、Xの請求を棄却した。これに対して、破毀院は、同連合部 2006 年 10 月 6 日判決の一般論を援用し、原審を破棄した）; Cass. 3ème civ., 4 juill. 2007, Bull. civ., II, n° 122 ; D., 2007, AJ., 2102 ; D., 2007, pan., 2900, obs., Patrice Jourdain ; Defrénois, 2007, art. 38667, 1449, note Éric Savaux（事案の概要は、以下の通りである。Y夫妻は、A夫妻との間で、私署証書を用いて、自己所有の不動産を売却する旨の双務予約を締結し、後日、公正証書を作成することで合意した。ところが、期日に、Yの妻が現れなかったので、夫は、公正証書への署名を拒絶した。ところで、X社は、本件不動産をA夫妻から借り受け、会社の本拠にしようとしていたが、Yの夫の拒絶により、本拠を別の場所へ移転し、登記をしなければならなくなった。そこで、Xは、A及びYに対して、損害賠償の支払いを求める訴訟を提起した。原審は、Xの請求を認容した。Yからの上告に対し、破毀院は、同連合部 2006 年 10 月 6 日判決の一般論を援用し、これを棄却した）; Cass. 3ème civ., 27 mars 2008, RDC., 2008, 1151, obs., Suzanne Carval ; Cass. com., 21 oct. 2008, JCP., 2009, I, 123, obs., Philippe Stoffel-Munck ; RDC., 2009, 506, obs., Jean-Sébastien Borghetti（事案の概要は、以下の通りである。自動車会社Yは、Aとの間で、Y社製の自動車に関する販売店契約を締結していたところ、この契約を濫用的に解消した。その結果、Aは、破産してしまった。そこで、Aの親会社であるXは、Yに対し、民法典 1382 条に基づき損害賠償の支払いを求める訴訟を提起した。原審は、Yに権利の濫用は存在するが、Xは契約当事者でないからこれを援用することはできないとして、Xの請求を棄却した。これに対して、破毀院は、同連合部 2006 年 10 月 6 日判決の一般論を援用し、原審を破棄した）; Cass. 3ème civ., 13 juill. 2010, JCP. éd. E., 2010, n° 51, 31, obs., P. Mousseron ; Gaz. Pal., 2010, n° 304, 16, obs., D. Houtcieff ; Contra. conc. consom., 2010, n° 11, 10, note Laurent Leveneur ; RDC., 2011, 65, obs., Thomas Genicon ; RDC., 2011, 73, obs., Geneviève Viney ; RDC., 2011, 178, obs., Jean-Baptiste Seube（事案の概要は、以下の通りである。Aは、Xとの間で、不動産の一部をテナントとして賃貸する旨の契約を締結した。この契約において、Xは、賃借した場所で、喫茶店、軽食屋、食料品の販売だけを行い、同じ不動産に入居しているほかの賃借人と競合する活動を行わないものとされた。その後、Aは、Xが借り受けていた場所の隣を、同じくテナントとして、同じ条件の下、Bに賃貸した。数年後、Bは、この賃借権をXに譲渡した。その際、Bは、この譲渡契約において、競合禁止条項の存在を明確に約定した。ところが、Yは、この場所で、契約条項に違反して、Xと同じ軽食屋の経営を始めてしまった。そこで、Xは、Yに対して、営業の差止めと損害賠償の支払いを求める訴訟を提起した。原審は、Xの請求を認容した。破毀院は、同連合部 2006 年 10 月 6 日判決の一般論を繰り返しつつ、以下のように判示して、Yの上告を棄却した。「約定された条項は、第 2 賃借人に対し、既に本件不動産に入居していた第 1 賃借人と同じ活動を行うことを禁止する目的の下に作られていたこと、本

他方、学説について言えば、少なくとも破毀院連合部 2006 年 10 月 6 日判決が出される以前においては、第三者が不法行為に基づく損害賠償の基礎として契約債務の不履行を援用することができるのは一定の場合に限られるとの理解（つまり、かつての商事部のような立場）を示すものが多数を占めていたし、同判決以降も、このよ

件活動は、賃借権の譲渡契約の中に挿入されていた非競合条項に違反して行使され、（Xの活動と一筆者注）直接的に競合する行為であったことを認定しているのであるから、控訴院は、譲渡人との間で締結された契約に対する第2賃借人の違反によって生じた損害を明らかにし、本件活動を禁止して、第1賃借人に対する損害賠償の支払いを命ずる判決を、法律上正当化した」）　また、Cf. Cass. 2ème civ., 25 janv., 2007, D., 2007, AJ., 443, obs., Inès Gallmeister ; JCP., 2007, II, 10035, note Christophe Radé ; JCP., 2007, I, 185, obs., Philippe Stoffel-Munck ; RDC., 2007, 725, obs., Jean-Sébastien Borghetti（事案の概要は、以下の通りである。Aは、Yが運転する自動車に轢かれて負傷した。Aは、外科手術を受ける際、Xの提供した血液を輸血された。その結果、Aは、C型肝炎にり患した。その後、Aは、Xに対して損害賠償の支払いを求める訴訟を提起し、認容された。そこで、Xは、Y及びその保険会社に対して求償を求めた。原審は、Yにはフォートが存在すること、輸血の時点でC型肝炎ウィルスを見分けることは困難であったこと、従って、Xには不法行為上のフォートが存在しないことを理由に、全額の求償を肯定した。破毀院は、民法典 1147 条、1382 条、1251 条をビザに、以下のように判示して、原審を破棄した。「血液製品の供給者は、結果債務を負うのであるから、不可抗力のケースを証明しなければ、被害者に対する責任を免れることはできない。交通事故に関与した運転手に対するフォートある共同義務者の変更訴権は、これらのテクストによって規定されている条件においてしか行使することができない。債務への寄与は、それぞれのフォートの割合によって決定される」(chapeau)。「瑕疵のない製品を提供する結果安全債務に違反した血液の供給者は、被害者に対して、不法行為上のフォートを犯しており、従って、交通事故に関与した自動車のフォートある運転手に対する求償は、その一部しか認められないにもかかわらず、上記のように判示しているのであるから、控訴院は、上記のテクストに違反した」）

(1580)　もっとも、近時の判決の中には、若干の動揺も見出すことができる。Cf. Cass. 3ème civ., 22 oct., 2008, D., 2008, AJ., 2793 ; JCP., 2009, I, 123, obs., Philippe Stoffel-Munck ; RTD civ., 2009, 121, obs., Patrice Jourdain. 事案の概要は、以下の通りである。1967 年 1 月 7 日、X 夫妻は、急勾配の土地に建築された別荘を購入し、その建築者である A に対して、整備とバルコニーの建設を依頼した。その後、ひび割れが発見されたことから、B と Y が鑑定人として選任された。控訴院は、A の相続人、バルコニーの設計者である C、コンクリート・エンジニアである D に対して、鑑定人の推奨する作業を行う費用を負担するよう命じ、鑑定人に、その作業の監督を委ねた。1986 年 1 月 16 日、B 及び Y は、A の相続人の破産によって作業に必要な費用を集めることが困難となったことから、よりコストのかからない解決を探る必要があるとの報告書を提出した。その後、1994 年に、この作業が実行された。1999 年 3 月 26 日、X 夫妻は、この別荘を E に売却した。E は、この別荘の改修を予定していたことから、専門家に調査を依頼したところ、建物には基礎の欠陥に由来するひび割れが存在することを発見した。2002 年 10 月 13 日、E は、X 夫妻に対して、瑕疵担保責任に基づき損害賠償の支払いを求める訴訟を提起した。そこで、X 夫妻は、2004 年 3 月 10 日及び 15 日付の証書により、Y に対して、求償を求める訴訟を提起した。原審は、Y にはフォートが存在するが、同時に、X 夫妻にも、買主である E に対し、これまでの経緯とひび割れの可能性を明らかにせず、そのため、瑕疵担保責任を排除する特約を結ばなかった点にフォートが認められるとして、X 夫妻に命じられた損害賠償の半分の限度においてのみ、その請求を認容した。これに対して、破毀院は、以下のように判示して、原審を破棄した。「原審は、認定した契約上のフォートが、Y に対する準不法行為上のフォートを構成するかどうかを明らかにせず、上記のように判示しているのであるから、民法典 1382 条に照らして、この部分の判決につき、法律上の基礎を与えなかった」。

　本判決をその文言通り読むならば、契約上のフォートは常に不法行為上のフォートになるわけではないとの判断を示したものとして理解することができるから、この破毀院民事第 3 部 2008 年 10 月 22 日判決は、破毀院連合部 2006 年 10 月 6 日判決から距離を置いているようにも見えるわけである（ストフェル・マンクは、本判決の中には盲目的な形で破毀院連合部判決に従うことへの躊躇が見られるとし (Stoffel-Munck, supra, n° 7, p.29)、パトリス・ジュルダンは、「後退の端緒か？」という表題の下、本判決を論じている (Jourdain, supra, pp.121 et s.))。

615

うな主張を行う立場が有力に提示され続けている。

　すなわち、契約当事者に課されている債務が、全ての者に対して課されている一般的な義務、つまり、他人に対して損害を生じさせない義務と一致する場合、契約上のフォートは契約を捨象して判断されうるから、第三者は、この契約債務の不履行を援用して、不法行為に基づく損害賠償を求めることができる。これに対して、契約当事者に課されている債務が特殊契約的な債務である場合には、これを認めることはできない(1581)(1582)。その理由は、以下の通りである。まず、仮に、この場合にも、第三者が不法行為に基づく損害賠償を請求するに際して契約債務の不履行を基礎とすることを認めるならば、契約の相対効の原則が侵害され、更には、契約当事者と第三者の区別が混乱することになるからである。特殊契約的な債務が、当事者意思に基礎を置き、相対的効力しか持たないのであれば、その違反を援用しうるのも契約当事者に限られるはずであり、このように理解しても、対抗可能性理論に反するものではない（対抗可能性は、契約債務の不履行という事実が不法行為上のフォー

　(1581) 本文で述べたように、問題となっている債務の性質によって、第三者による契約不履行の援用の可否を判断するものとして、Jourdain, supra note 1570, Obs., sous Cass. com., 12 mars 1991, p.568 ; Id., supra note 1569, pp.362 et s. ; Id., Obs., sous Cass. com., 4 mai 1993, RTD civ., 1994, p.366 ; Id., supra note 1570, Obs., sous Cass. 2ème civ., 17 mai 1995, pp.896 et s. ; Id., supra note 1574, p.404 ; Id., supra note 1572, Obs., sous Cass. 1re civ., 18 juill. 2000, pp.147 et s. ; Id., supra note 1572, Obs., sous Cass. 1re civ., 13 fév. 2001, pp.368 et s. ; Id., supra note 1572, Obs., sous Cass. 1re civ., 18 mai 2004, p.517 ; Id., supra note 1573, p.603 ; Id., infra note 1669, p.752 ; Id., infra note 1672, pp.106 et s. ; Delebecque, supra note 1573, n° 9, p.562 ; Id., supra note 1572, p.2235 ; Viney, supra note 1573, Obs., sous Cass. com., 8 oct. 2002, pp.1354 et s. ; Mazeaud, supra note 1573, p.689 ; Fauvarque-Cosson, supra note 1573, p.2848 ; Vetu, supra note 1567, nos 31 et s., pp.127 et s. ; Debat, supra note 1567, p.11 ; Malaurie, Aynès et Stoffel-Munck, supra note 35, n° 1000, pp.548 et s. ; etc.

　また、その旨を明確に述べているわけではないが、Cf. Cornu, supra note 1569, pp.390 et s. (Cass. 1re civ., 24 oct. 1967, supra note 1569 の事案について、X の損害賠償請求を肯定するためには、Y が、建築した建物によって公共を危険にさらさないようにする義務に違反したことが必要であり、仮に建物の危険が明らかにされていないのであれば、Y に不法行為上のフォートは存在しないと説く); Rodière, supra note 1569, pp.291 et s. (Cass. com., 4 déc. 1968, supra note 1569 の事案について、本件においては、何人も他人の所有権を侵害することはできないという規律によって、Y の不法行為上のフォートを基礎付けることができるとした上で、物の所有者以外の者は、Y の不法行為上のフォートを援用することはできないと説く); Huet, supra note 1569, pp.507 et s.

　更に、破毀院連合部 2006 年 10 月 6 日判決以降のものとして、Jourdain, supra note 291, RTD civ., pp.124 et s. ; Id., supra note 291, D., p.2901 ; Id., supra note 1579, Obs., sous Cass. 2ème civ., 10 mai 2007, p.2901 ; Id., supra note 1579, Obs., sous Cass. 1re civ., 15 mai 2007, p.2900 ; Rozès, supra note 291, p.1831 ; Jacques, supra note 1576, Einstein à Cour de cassation..., p.577 ; Grimaldi, supra note 1567, n° 17, pp.179 et s.

　(1582) これに対して、債務ではなく、損害の性質から、第三者による契約不履行の援用の可否を判断しようとする立場も存在した。まず、問題となっている損害が厳密な意味での契約上の損害である場合、特殊契約的な債務がその発生を条件付けることになるから、第三者は、この特殊契約的な債務の不履行を援用することはできない。これに対して、第三者の被った損害が非契約的な損害である場合には、当該損害を発生させる契約不履行は不法行為上のフォートと一致する。従って、第三者は、不法行為に基づく損害賠償を請求するに際して、この契約不履行を援用することができるのである（Bacache-Gibeili, supra note 1567, nos 78 et s., pp.75 et s.）。また、Cf. Lagarde, supra note 1567, n° 4, p.20.

トを構成することを何ら含意していない。反対に、契約の存在ではなく、契約の内容の主張を許すというのであれば、それは相対効に対する侵害である）というわけである(1583)。次に、特殊契約的な債務の不履行から生ずる損害は、基本的に、当事者が契約を通じて獲得しようとした利益であるところ、契約債務の不履行と不法行為上のフォートとを同一視するならば、第三者が、不法行為訴権を通じて、こうした利益を獲得しうるということになってしまうからである(1584)。最後に、不法行為に基づく損害賠償の基礎として特殊契約的な債務の不履行を観念するならば、この第三者は、契約に根拠を置く債務の不履行を利用しながら、訴権が不法行為と性質決定されるために、当該契約の条項、例えば、免責条項等を回避しうるということになり、債権者や、直接訴権が肯定されること等によって契約に拘束される第三者との関係で、当該第三者を不当に利することになる一方、責任を負う契約当事者の予見のみならず、当事者が予定した契約の均衡も害されることになってしまうからである(1585)。

このような見方は、第三者の行使する訴権を契約不履行に基づく損害賠償と性質

(1583) ニュアンスの相違はあるが、Jourdain, supra note 1572, Obs., sous Cass. 1re civ., 18 juill. 2000, p.148 ; Id., supra note 1572, Obs., sous Cass. 1re civ., 18 mai 2004, p.517 ; Id., supra note 1573, p.603 ; Delebecque, supra note 1573, n° 9, p.562 ; Id., supra note 1572, p.2235（契約債務の不履行と不法行為上のフォートの同一視は、学理的な構築物を破壊する「トロイの木馬」である）; Mazeaud, supra note 1572, Obs., sous Cass. 1re civ., 18 mai 2004, p.187 ; Id., supra note 1573, p.689 : Fauvarque-Cosson, supra note 1573, p.2848 ; Lisanti-Kalczynski, supra note 1572, n°s 13 et s., p.1188 ; Vetu, supra note 1567, n° 14, p.117 ; Ophèle, supra note 20, Faute délictuelle et faute contractuelle, n° 9, p.79 ; Ancel, supra note 1398, Les arrêts de 1988..., n° 22, pp.19 et s.

また、破毀院連合部 2006 年 10 月 6 日判決以降のものとして、Seube, supra note 291, p.383 ; Mazeaud, supra note 291, pp.271 et s. ; Grimaldi, supra note 1567, n° 17, p.180 ; Ancel, supra note 1576, n° 7, pp.541 et s. ; Jacques, supra note 1576, Einstein à Cour de cassation..., pp.575 et s. ; Wintgen, supra note 1576, n°s 5 et s., pp.610 et s.

更に、対抗可能性理論との関係については、Wintgen, supra note 1567 の分析が優れている。
(1584) Bacache-Gibeili, supra note 1567, n° 95, pp.88 et s. ; Mazeaud, supra note 1572, Obs., sous Cass. 1re civ., 18 mai 2004, p.187 ; Grimaldi, supra note 1567, n° 17, p.180 ; Ancel, supra note 1576, n° 7, p.541.

また、破毀院連合部 2006 年 10 月 6 日判決以降のものとして、Viney, supra note 1579, p.73.
(1585) Bacache-Gibeili, supra note 1567, n° 29, pp.29 et s. ; Jourdain, supra note 1572, Obs., sous Cass. 1re civ., 18 juill. 2000, p.148 ; Id., supra note 1572, Obs., sous Cass. 1re civ., 18 mai 2004, p.517 ; Id., supra note 1573, p.603 ; Id., infra note 1672, pp.106 et s. ; Viney, supra note 1567, L'action en responsabilité entre participants..., p.407 ; Id., supra note 1567, Sous-contrat et responsabilité civile, n°s 21 et s., pp.625 et s. ; Id., supra note 890, n° 6, p.83 ; Id., supra note 1573, Obs., sous Cass. com., 8 oct. 2002, pp.1354 et s. ; Id., supra note 1399, n° 17, pp.1631 et s. ; Id., infra note 1669, p.358 ; Bénabent, infra note 1669, p.120 ; Larroumet, infra note 1589, p.8 ; Ancel, supra note 1398, Les arrêts de 1988..., n° 23, p.20 ; Malaurie, Aynès et Stoffel-Munck, supra note 35, n° 1000, pp.548 et s. ; etc. 更に、Cf. Laurent Leveneur, Ombre et lumière sur les actions directes dans les chaînes de contrats, Contra. conc. consom., mai 1993, n° 5, p.3.

また、破毀院連合部 2006 年 10 月 6 日判決以降のものとして、Gridel et Laithier, supra note 686, n° 30, p.17 ; Jourdain, supra note 291, RTD civ., pp.124 et s. ; Id., supra note 291, D., p.2901 ; Viney, supra note 291, pp.2830 et s. ; Damas, supra note 291, p.296 ; Ancel, supra note 1576, n°s 9 et s., pp.543 et s. ; Delebecque, supra note 1576, p.557 ; Jacques, supra note 1576, Einstein à Cour de cassation..., pp.575 et s. ; Wintgen, supra note 1576, n°s 12 et s., pp.613 et s. ; Genicon, supra note 1579, pp.68 et s.

決定するために、一定の範囲内にある第三者を契約の枠内に取り込もうとする解釈論へと発展した。例えば、以下のような議論が展開されている[1586]。第三者による損害賠償請求を不法行為と性質決定することに問題があるとすれば、少なくとも、純粋な契約債務の不履行によって第三者が損害を被った場合には、当該第三者に契約不履行に基づく損害賠償の請求を認めるべきである。そもそも、責任の性質決定にとって重要なのは、被害者の属性ではなく、債務（あるいは損害）の性質なのである。そうであるとすれば、第三者というだけで、契約不履行に基づく損害賠償の請求を否定する理由にはならないと言うべきであろう。このように理解することによって、当該第三者による損害賠償請求を債権者のそれと同じ条件に従属させることができるし、また、同じ状況で損害を被った被害者を同一の法的地位に位置付けることも可能となるのである。そして、こうした主張を基礎付けるために、学説においては、ドイツ法における第三者のための保護効を伴う契約の理論が検討され[1587]、また、かつて有力に説かれ[1588]、一時期、破毀院判例にも採用された[1589]、契約グル

(1586) ニュアンスの相違はあるが、Espagnon, supra note 1569, pp.564 et s.; Viney, supra note 1399, n⁰ 18, p.1632 ; Id., supra note 1573, Obs., sous Cass. com., 8 oct. 2002, p.1355 ; Id., supra note 291, pp.2828 et s.; Fauvarque-Cosson, supra note 1573, p.2848 ; Jourdain, supra note 291, RTD civ., pp.125 et s.; Id., supra note 291, D., p.2901 ; Damas, supra note 291, p.296 ; Delebecque, supra note 1576, p.556 ; Mazeaud, supra note 1567, n^OS 6 et s., pp.748 et s.; Carval, supra note 1567, n^OS 10 et s., pp.239 et s.; etc. また、Cf. Larroumet, supra note 1569, Obs., sous Cass. 2ème civ., 8 juin 1979, p.34 (Cass. 2ème civ., 8 juin 1979, supra note 1569 の事案を、契約の問題として処理すべきことを説く); Huet, supra note 1569, pp.506 et s. (Cass. 1re civ., 5 oct. 1983, supra note 1569 の事案を、契約の問題として処理すべきことを説く)

(1587) Wintgen, supra note 1567, n^OS 197 et s., pp.175 et s.; Chazal, supra note 1567, pp.471 et s. (契約債務の不履行と不法行為上のフォートを同一視する判例の現状について、これでは、全ての契約について第三者のための保護効を認めているようなものであると酷評する)

(1588) Bernard Teyssié, Les groupes de contrats, th. Montpellier, préf. Jean-Marc Mousseron, Bibliothèque de droit privé, t.139, LGDJ, Paris, 1975 ; Jean Néret, Le sous-contrat, th. Paris I, préf. Pierre Catala, Bibliothèque de droit privé, t.163, LGDJ, Paris, 1979 ; etc.

(1589) Cass. 1re civ., 21 juin 1988, Bull. civ., I, n⁰ 202 ; D., 1989, 5, note Christian Larroumet ; D., 1989, somm., 232, obs., Jean-Luc Aubert ; JCP., 1988, II, 21125, obs., Patrice Jourdain ; RTD civ., 1988, 760, obs., Patrice Jourdain ; RTD civ., 1989, 74, obs., Jacques Mestre ; RTD civ., 1989, 107, obs., Philippe Rémy (事案の概要は、以下の通りである。X社の飛行機は、乗客を降ろした後、滑走路に向かうための作業をしている際に、毀損した。この毀損は、Y₁の牽引車が横木から外れたことにより生じたものであり、その原因は、Y₂が製造し、Y₃が設置した空気弁の内部に存在した瑕疵にあった。そこで、Xは、Y₁、Y₂、Y₃に対して、損害賠償の支払いを求める訴訟を提起した。原審は、Y₁に対する請求については、X・Y₁間の契約に存在した条項を理由に請求を棄却したが、Y₂、Y₃に対する請求については、民法典1382条に基づき、それぞれ、半分ずつの割合で責任を負うべき旨を判示した。これに対して、破毀院は、民法典1147条、1382条をビザに、以下のように判示して、原審を破棄した。「契約のグループにおいては、契約責任が、原契約と関係を有していたことのみを原因として損害を被った者全ての賠償請求を必然的に規律する。この場合、債務者は、この問題について適用される契約規範に従って、自己の不履行の結果を予見すべきなのであるから、被害者は、債務者との間に契約関係が存在しない場合であっても、この債務者に対して、契約の性質を持つ訴権しか行使することができない」(chapeau)。「本件損害は、Y₂の責めに帰すべき製造の瑕疵があり、Y₃がY₁に提供した牽引車に備え付けられた物によって、空港援助の合意 (la convention d'asssistance aéroportuaire) の履行において発生したものであるから、XがY₂及びY₃に対して行使した訴権は、契約の性質しか持ちえないのに、上記のように、Y₂及びY₃に対して不法行為責任規範を適用しているのであるから」、控訴院は、上記のテクストに違反した)

第2節　理論モデルの展開

ープ論の再生⁽¹⁵⁹⁰⁾、あるいは、他人のための約定法理の活用等が⁽¹⁵⁹¹⁾、提唱されているところである。また、上記のような見方を基礎としつつ、契約債務が一般的な注意義務と一致し、それが不法行為上のフォートをも構成するようなケースにおいては、第三者に、契約不履行に基づく損害賠償と不法行為に基づく損害賠償の選択を認めようとする解釈論も存在していることを付言しておこう⁽¹⁵⁹²⁾⁽¹⁵⁹³⁾。

(1590) Bacache-Gibeili, suupra note 1567, nos 105 et s., pp.98 et s. また、契約債務の不履行と不法行為上のフォートとの関係という問題を超え、広く契約と第三者の関係一般を対象とした叙述ではあるが、Cf. Christian Larroumet, L'action de nature nécessairement contractuelle et la responsabilité civile dans les ensembles contractuels, JCP., 1988, I, 3357 ; Id., L'effet relatif des contrats et la négation de l'existence d'une action en responsabilité nécessairement contractuelle dans les ensembles contractuels, JCP., 1991, I, 3531, pp.313 et s. ; Viney, supra note 1567, L'action en responsabilité entre participants…, pp.417 et s. ; Patrice Jourdain, La nature de la responsabilité civile dans les chaînes de contrats après l'arrêt d'Assemblée plénière du 12 juillet 1991, D., 1992, chr., pp.149 et s. 更に、Cf. Delebecque, supra note 1576, p.557. (なお、関連する論稿として、Id., L'appréhension judiciaire des groupes de contrats, in, Le juge et l'exécution du contrat, Colloque I.D.A., Aix-en-Provence 28 mai 1993, PUAM., Aix-en-Provence, 1993, pp.117 et s.)

(1591) Ancel, supra note 1576, nos 19 et s., pp.549 et s. ; Id., supra note 1398, Les arrêts de 1988…, pp.3 et s. esp., nos 38 et s., pp.30 et s. (なお、パスカル・アンセルの見解については、注(1398)の叙述も参照); Chazal, supra note 1567, p.481.

(1592) Viney, supra note 1399, n° 18, p.1632 ; Id., supra note 291, p.2831 ; Jourdain, supra note 291, RTD civ., p.126. また、注(1593)で引用する債務法及び時効法改正準備草案に対して肯定的な評価を与えるものとして、Seube, supra note 291, pp.380 et s. ; Malinvaud, supra note 291, p.505.

(1593) これが、債務法及び時効法改正準備草案や民事責任法案の目指す方向でもある。すなわち、これらの草案において、契約不履行によって損害を被った第三者は、契約不履行に基づく損害賠償を請求しうると同時に、不法行為領域における「責任を生じさせる行為ないし所為」が証明されることを条件として、不法行為に基づく損害賠償をも請求することができるとされているのである。

　債務法及び時効法改正準備草案1342条「契約債務の不履行が、第三者の被った損害の直接の原因であるときには、当該第三者は、第1363条から第1366条までの規定に基づいて、債務者に対し、その賠償を請求することができる。この場合において、第三者は、債権者が自己の損害の賠償を得るときに課される全ての制限及び条件に従う（原文は、Lorsque l'inexécution d'une obligation contractuelle est la cause directe d'un dommage subi par un tiers, celui-ci peut en demander réparation au débiteur sur le fondement des articles 1363 à 1366. Il est alors soumis à toutes les limites et conditions qui s'imposent au créancier pour obtenir réparation de son propre dommage.)。
　第三者は、また、契約外責任に基づいて賠償を得ることができる。この場合、当該第三者は、第1352条から第1362条において規定されている責任を生じさせる行為の1つを証明しなければならない（原文は、Il peut également obtenir réparation sur le fondement de la responsabilité extracontractuelle, mais à charge pour lui de rapporter la preuve de l'un des faits générateurs visés aux articles 1352 à 1362.)」。
　民事責任法案1386-18条「契約債務の不履行が、第三者の被った損害の直接の原因であるときには、当該第三者は、本項の規定に基づいて、債務者に対し、その賠償を請求することができる。この場合において、第三者は、債権者が自己の損害の賠償を得るときに課される全ての制限及び条件に従う（原文は、Lorsque l'inexécution d'une obligation contractuelle est la cause directe d'un dommage subi par un tiers, celui-ci peut en demander réparation au débiteur sur le fondement des dispositions de la présente section. Il est alors soumis à toutes les limites et conditions qui s'imposent au créancier pour obtenir réparation de son propre dommage.)。
　第三者は、また、不法行為責任の規範に基づいて賠償を得ることができる。この場合、当該第三者は、本款第2項で規定されている責任を生じさせる行為の1つを証明しなければならない（原文は、Il peut également obtenir réparation sur le fondement des règles de la responsabilité

◆第1章◆解　釈

　他方で、破毀院連合部2006年10月6日判決が示した解決、つまり、第三者は不法行為に基づく損害賠償を請求するに際して契約債務の不履行を援用することができるという解決に賛意を示す立場も存在する。例えば、以下のように説かれている。すなわち、善良なる家父は、契約を正確に履行し、他人に損害を与えないのが通常であるから、契約を履行せずに第三者に損害を与えたという事実があれば、それは、善良なる家父の注意に反した、つまり、当該第三者との関係で不法行為上のフォートを犯したものと見ることができる(1594)。従って、契約当事者が犯した契約上のフォート＝契約債務の不履行は、第三者との関係では、不法行為上のフォートを構成するのである(1595)(1596)。

　以上が、第三者は契約当事者の債務不履行を理由に不法行為に基づく損害賠償を請求することができるかという問題についての判例及び学説の概要である。次に、これらの議論を、安全債務のコンテクストに即して分析してみよう。

　現在の判例や一部の学説が主張しているように、当事者による契約債務の不履行が第三者に対する関係で常に不法行為上のフォートになるというのであれば、安全債務の存在が認められ、かつ、債権者に身体的損害が生じたときには、これによって損害を被った第三者は、この安全債務違反を理由に不法行為に基づく損害賠償を請求することができる。このような帰結は、当該債務が手段債務であろうと、結果債務であろうと変わることはないし、また、この論理が善良なる家父の注意や対抗

---

délictuelle, en rapportant la preuve de l'un des faits générateurs mentionnés à la section II du présent chapitre.）」。

(1594)　ローラン・ルヴヌールが強調する点である。Leveneur, supra note 1572, Note, sous Cass. 1re civ., 15 déc. 1998, p.11 ; Id., supra note 1572, Note, sous Cass. 1re civ., 13 fév. 2001, p.14 ; Id., supra note 1572, Note, sous Cass. 1re civ., 18 mai 2004, p.11 ; Id., supra note 291, p.11. また、Tosi, supra note 1567, no 18, p.492 ; Grimaldi, supra note 1576, pp.564 et s. ; Wicker, supra note 1576, nos 10 et s., pp.597 et s.　（契約は損害を生じさせるものであってはならない。より一般的に言えば、当事者の契約活動全体が損害を生じさせるものであってはならない。これは、他人を害してはならないという一般的義務の適用場面にほかならないのであって、契約が第三者の損害の原因となったのであれば、当該第三者との関係で契約当事者のフォートが認められる）；etc.

(1595)　また、先に言及したように必ずしも説得的ではないが、契約は法律行為であると同時に事実でもあるから、第三者は契約債務の不履行を援用することができるという意味での対抗可能性理論から、契約債務の不履行と不法行為上のフォートの同一視を基礎付けるものとして、Durry, supra note 1569, Obs., sous Cass 3ème civ., 16 avril 1970, p.143 ; Jean-Louis Goutal, Essai sur le principe de l'effet relatif du contrat, th. Paris, préf. Henri Batiffol, Bibliothèque de droit privé, t.171, LGDJ, Paris, 1981, no 36, pp.36 et s. ; Asfar, supra note 1574, p.427 ; Tosi, supra note 1567, no 16, pp.489 et s. ; etc.

(1596)　その他、必ずしも理由は明確でないが、Durry, supra note 1569, Obs., sous Cass. 3ème civ., 31 janv. 1969, p.777（建築家や請負人が仕事の履行過程で犯した契約上のフォートは、第三者に対するフォートであるというのが実定法である）；Larroumet, supra note 1569, Obs., sous Cass. 1re civ., 27 juin 1978, p.409（あらゆる契約違反は第三者に対する不法行為上のフォートを構成する）；Mestre, supra note 1572, Obs., sous Cass. 1re civ., 15 déc. 1998, p.625（契約の履行に対する正当な期待は、第三者にも生じうる）；Carval, supra note 291, pp.280 et s.（破毀院連合部2006年10月6日判決の解決は、第三者を優遇しているわけではなく、当事者と第三者の利益を調整したものと言える）

可能性という視点から基礎付けられている以上、契約債務の違反を援用しうる第三者の範囲に限定が付されることもないから、他人のための約定法理を用いた判例法理や契約グループ論のように、安全債務の恩恵に浴する者の範囲が限られるということもない。更に、以上のような理解は、特殊契約的な債務と一般的な注意義務とを区別し、債権者の負う債務が後者である場合にのみ第三者による契約不履行の援用を認めようとする立場、そして、契約による処理を基礎としつつも、一定の場合に、第三者が不法行為に基づく損害賠償を選択する余地を残そうとする立場からも導かれる。というのは、安全債務は、一般的な注意義務の代表的な存在として位置付けられているからである[1597]。従って、これらの見方によれば、安全に関する結果債務が問題となるケースにおいて、物の所為に基づく不法行為責任を援用することができない場合には、同一の事実状態で損害を被った契約当事者と第三者との間に解決の相違がもたらされるという問題は、さしあたり解消されることになろう。

しかしながら、これらの方策には、重大な理論的問題が含まれているように思われるのである。

まず、契約債務の不履行と不法行為上のフォートを完全に同一視する立場について言えば、既に指摘した問題のほかに、この理解が非常に特殊なフォートの観念を前提とした議論であることを強調しておかなければならない[1598]。ここで示されているフォートの見方は、善良なる家父は合意を履行するのが通常であるところ、外的原因が存在しなかったにもかかわらず合意を履行しない債務者には、フォートの基準としての善良なる家父の行態に照らせば、行為の過誤が存在するというものである[1599]。この定義は、不法行為上のフォートのみならず、契約上のフォートにも妥当するものであるから、ここでは、契約不履行に基づく損害賠償がフォートによって惹起された損害を賠償するための責任制度であるとの理解を前提として、契約上のフォートと不法行為上のフォートが同一の定義の下に包含されうること、つまり、両者を包含する統一的な民事フォートの構想が可能であることが提示されてい

(1597) この点について、Cf. Cass. 1re civ., 13 fév. 2001, supra note 1572 ; Cass. 1re civ., 18 juill. 2000, supra note 1572 ; Cass. 3ème civ., 18 janv. 2006, supra note 1574. また、必ずしも明言しているわけではないが、Cf. Cass. 1re civ., 17 janv. 1995, supra note 61.

(1598) マーク・ビリオ（Marc Billiau）は、契約債務の不履行と不法行為上のフォートの同一視を可能ならしめているのは、フォートの客観化・原因行為化であると指摘している（Billiau, supra note 291, pp.2116 et s.）。確かに、1968年1月3日の法律によって民法典に489-2条（現414-3条）が付加されたことに伴い、フォートが客観化されたこと、また、注(201)及び注(202)で引用した他人の行為に基づく不法行為責任に関する一連の判例法理によって、フォートが原因行為化されたことは事実である（これらの点については、第1部・第1章・第1節・第1款・第1項70頁以下を参照）。しかし、これだけでは、不法行為上のフォートと行為の過誤との結び付きを説明することはできても、不法行為上のフォートと契約債務の不履行を同一視することはできない。この構想を正当化するためには、それに加えて、なお、本文で述べるような契約上のフォートの特殊な定義が必要であるように思われる。

(1599) Cf. H. et L. Mazeaud et Tunc, supra note 29, n° 673-2, pp.757 et s. ; H. et L. Mazeaud et Chabas, supra note 19, n° 436, pp.442 et s. ; etc.

ると見ることができる[1600]。従って、この理解によれば、契約不履行に基づく損害賠償と不法行為に基づく損害賠償における「責任を生じさせる行為ないし所為」としてのフォート、その結果、2つの損害賠償制度の基礎は、完全に同一化されることになるのである[1601]。そうすると、この議論は、2つの責任制度を可能な限り統一しようとする見解や物の所為に基づく契約責任の構想と同じ方向を目指すものと言うことができるであろう[1602]。

また、仮にこうした方向性が解釈論として是認されうるとしても、合意は守られなければならないの規範と善良なる家父の行態を結び付けることには、大きな問題が存する。確かに、合意は守られなければならないという命令は、合意を締結した者全てに対して課される規範である。しかし、現実に締結された合意を守るべきことを要請されるのは、契約当事者間においてなのである。それにもかかわらず、全ての者に対する関係で合意は守られなければならないとの義務を課すことは、合意を非具現化し、かつ、合意から普遍的な義務を生じさせることにほかならない。もちろん、一定の場合に第三者が契約の履行を信頼することはありうるが、そうであるからといって、規範の性格が上記のようなものである以上、合意は守られなければならないの規範を一般化し、そこから、フォートの前提となる義務違反の存在を導くことはできないのである[1603]。従って、合意は守られなければならないの規範に対する違反から第三者との関係で不法行為上のフォートを認定しうる場合があるとしても、それは、第三者が当該合意の履行に対して寄せた信頼との関係で、契約当事者の具体的な行態がフォート有りと評価される場合に限られると理解しなければならないのである[1604]。

次に、債務者が負う債務ないし義務について、特殊契約的な債務と一般的な行為義務とを区別し、後者の違反に関してのみ、不法行為上のフォートの基礎とする立

(1600) この点については、第1部・第1章・第1節・第1款・第1項100頁以下を参照。

(1601) そもそも、2つの責任の基礎を同一にし、制度の相違を可能な限り小さくするというのが、アンリ・マゾーの議論の目的であった。Cf. Durry, supra note 240.

(1602) Cf. Lisanti-Kalczynski, supra note 1572, n° 16., p.1188(契約債務の不履行と不法行為上のフォートの同一視は、あたかも立法者であるかのように、2つの責任を一元化しようとするものである); Ophèle, supra note 20, Faute délictuelle et faute contractuelle, n°s 11 et s., pp.79 et s. ; Mazeaud, supra note 291, pp.271 et s. ; Id., À partir d'un petit cas tragique outre-Rhin : retour sur le désordre de la distinction des ordres de responsabilités..., in, Études offertes à Geneviève Viney, LGDJ., Paris, 2008, n°s 23 et s., pp.727 et s. （これは、第三者が持つ契約外の責任訴権の「準契約化（quasi contractualisation）」である）; Stoffel-Munck, supra note 1576, n° 1, p.587.

(1603) Cf. Ophèle, supra note 20, Faute délictuelle et faute contractuelle, n° 9, p.79 ; Wintgen, supra note 1576, n° 11, pp.612 et s. ; Borghetti, supra note 1579, Obs., sous Cass. com., 21 oct. 2008, p.511.

(1604) Borghetti, supra note 1579, Obs., sous Cass. com., 21 oct. 2008, pp.511 et s. また、Cf. Stoffel-Munck, supra note 1576, n°s 3 et s., pp.589 et s. ; Id., supra note 1579, n° 6, pp.22 et s. （フォートは行態についての価値判断なのであるから、約束されたことが守られなかったという生の事実と、当該行為が合意を守るべき者によってとられるべき行態であったかどうかという評価とは、区別されなければならない）

場に対しては、一般的な行為義務という観念の問題を指摘しておかなければならない。先に検討したように、今日においては、安全債務を無限定に拡張するのではなく、契約の目的である給付の履行との関連でその領域を画そうとする見解が支配的であった。しかし、そうであるとすれば、ここでの安全債務の全てを、常に、何らの評価も経ることなく、一般的な行為義務と見ることはできないはずである。すなわち、上記のように安全債務の領域を捉えるならば、それは、一般的な行為義務に還元されるものではなく、契約の目的を構成したり、契約の履行過程と密接に結び付けられたりする債務ということになる。つまり、この理解の下での安全債務は、契約目的との関連において構造化されているのであって、少なくとも理論上は、全ての者が負うべき義務とは異なっているはずなのである[1605][1606][1607]。とりわけ、契約領域における安全債務は全て結果債務として性質決定されるべきであるとの見解によれば、契約当事者がその相手方に対して負うべき安全債務は、常に、不可抗力等が存在しない限り、その身体的な安全を確保しなければならない債務として捉えられることになるが、これは、(場合によっては、不法行為の領域でも結果債務として構成されることがありうるとしても) 民法典1382条が予定しているような意味での一般的な行為義務とは異質の存在である。それにもかかわらず、当事者が負うべき安全に関する結果債務を一般的な注意義務と同視し、その違反を第三者に対する関係での不法行為上のフォートと見るのであれば[1608]、そこでは、当事者間における安全債務の捉え方と第三者に対する関係での安全債務の捉え方との間で、矛盾が生じてしまっていると言わなければならないのである[1609]。

以上のように、同一の事実状態で損害を被った契約当事者と第三者との間に解決の相違がもたらされるという問題に対処するため、契約当事者以外の第三者に対しても契約を拡張し、契約不履行に基づく損害賠償を援用させる手法には限界があったし、また、第三者に対して、全面的に、あるいは、一定の範囲で、契約当事者の債務不履行を理由として不法行為に基づく損害賠償を請求することを認めるという

[1605] Ancel, supra note 1576, n°s 16 et s., pp.547 et s. また、Bourdoiseau, supra note 1388, n° 62, p.56.（安全債務と一般的な行為義務は一致するが、当事者が契約から特殊なリスクを被る場合は別である）

[1606] もちろん、不法行為領域における義務が契約との関連で捉えられることはあるし、契約との関連で構造化された契約上の債務が不法行為領域の一般的な注意義務と一致することもありうる。しかし、そうであるからといって、安全債務の全てを一律に一般的な注意義務に還元することはできないのである。

[1607] 仮に、安全債務を契約との関連で捉えずに、一般的な注意義務と同質の存在として理解するのであれば、今度は、これを契約債務として把握することの意味が問われることになろう。

[1608] Jourdain, supra note 1572, Obs., sous Cass. 1re civ. 13 fév. 2001, pp.368 et s. なお、既に言及したように、パトリス・ジュルダンは、安全債務を常に結果債務として性質決定すべきことを説く代表的な学説である。

[1609] 安全債務を論じたコンテクストではないが、債務者の負う債務が結果債務である場合に、契約債務の不履行と不法行為上のフォートを同一視することの危険性を指摘するものとして、Debat, supra note 1567, p.10 ; Ancel, supra note 1576, n° 8, p.542 ; Jacques, supra note 1576, Einstein à Cour de cassation..., p.575.

方法には、より一層の理論的な課題が残されていると言うべきである。本書は、フランスにおける議論の解釈論的な当否を問題にするものではないから、これ以上、詳細に立ち入ることは止めるが、これまでの検討によって、少なくとも、賠償モデルの論理構造を利用した契約不履行に基づく損害賠償の拡張に伴って生じた問題の1つ、すなわち、先に言及した第3点（及び、第4点）との関連で、同一の事実状態において損害を被った契約当事者と第三者との取扱いの相違をどのように消滅させるかという課題が、なお克服されずに残されているということだけは、明確になったように思われる。

　少し叙述が長大になり、引用判例も多くなってしまったので、本項の冒頭に掲げた検討課題に応接する形で、これまでの検討から明らかになったこと、また、そこから引き出されうる視点を整理しておこう。

　フランスの判例においては、賠償モデルの論理構造を利用した契約領域における義務の拡大という手法を実行するに際して、契約領域における義務の範囲、契約領域における義務の強度の両面にわたって、困難な問題が生じていた。とりわけ、安全債務が手段債務と性質決定されるときには、安全債務の発見によって実現しようとした補償の確保という目的が全く果たされていないばかりか、場合によっては、それに反するというような事態も起こっていた。また、補償の確保という目的は、賠償モデルを基礎とした契約不履行に基づく損害賠償ではなく、それ以外の手段によっても十分に到達しうるものであった。従って、破毀院判例における賠償モデルは、その当初に限って見れば、被害者に対して適正であると考えられた補償を提供するために生み出された解釈枠組みであったが、少なくとも今日においては、唯一絶対的な手段ではないし、必ずしも有用な枠組みではないと言うことができる。

　他方、学説上は、判例法理に内在する理論的・実際的な諸問題を解消するため、安全に関する手段債務を非契約化すること、非競合原則を柔軟化すること、物の所為に基づく契約責任の法理を活用すること、第三者に対し不法行為に基づく損害賠償請求の基礎として契約不履行の援用を可能にすること等、様々な方策が提唱されていた。これらの対応によって、判例法理の諸問題の一部は解消されるに至ったが、いずれの手段に関しても、別の新たな理論的問題を生ぜしめる原因となっていた。ここでは、とりわけ、以下の2点を指摘しておく必要があろう。

　第1に、いずれの手段による場合であっても、契約領域における義務、あるいは、より広く、契約不履行に基づく損害賠償が、不法行為領域における義務や不法行為に基づく損害賠償一般との関係で、どのような特殊性を持つのかという視点が必ずしも十分に共有されていないことである。確かに、安全に関する手段債務の非契約化を説く見解や、非競合原則を柔軟化しようとする見解においては、安全債務が認められるべき領域を画定するに際して、契約との関連性が強調されていた。もっとも、契約債務の不履行と不法行為上のフォートの関係を論じた局面では、上記のよ

うに契約との関係で確定される義務が、全ての者に課される一般的注意義務と同一のものと理解されており、契約領域における義務と契約との結び付きが緩められているように見受けられる。しかしながら、他方で、一定の契約においては、当事者の安全を確保する義務が当該契約に内在しているという理解も示されており、これによれば、安全に関わる債務は、純粋な賠償の領域ではなく、契約の実現という領域に位置付けられているようにも思われるのである。つまり、今日の学説においては、安全に関わる債務と契約との関係性について、明確な整理を欠いたまま議論が展開されており、これが、賠償モデルを利用した議論の中に理論的問題が含まれる1つの要因となっているものと見ることができるのである。そこで、契約不履行に基づく損害賠償に関する2つの理論モデルの視点を入れつつ、これまで述べてきた議論を整理するならば、次のように定式化することができよう。

　まず、契約債務の不履行と不法行為上のフォートとの関係をめぐる議論の中で示されていたように、安全債務が、結果債務と性質決定される場合も含め、不法行為領域における一般的な義務と変わりないというのであれば[1610]、安全債務を契約との関連性で捉える見方が後景に退くことになる。そうすると、破毀院判例に対するのと同じく、安全債務を契約上の債務と性質決定する理由を再度問わなければならないし、更に言えば、このような一般的義務を契約債務として構成すること自体の意義を問題にしなければならないであろう。というのは、ここでは、契約不履行に基づく損害賠償以外の手段が存在する以上、補償の確保という目的を達成するために、衡平という視点を持ち出しつつ、債務者に対し安全に関する契約上の義務を課す必要はないからである。

　次に、安全に関わる契約債務の領域をめぐる議論のコンテクストで提示されていたように、安全債務が、特定の契約類型に内在し、契約利益の中身を構成しているというのであれば、安全債務違反に基づく損害賠償を賠償の枠組みで捉える見方が後景に退くことになる。ここでは、一定の契約類型あるいは当該契約においては、債権者の生命・身体に対する保護が予定されており、債務者による契約不履行によって、こうした契約利益が実現されなかったと言えば十分であって、殊更に、賠償モデルの論理構造に乗せて議論を展開する必要は存しないのである。

　最後に、以上の2つの議論を整合的に解釈し、生命や身体に対する保護が、契約利益を構成するわけではないが、契約との関連において正当化され、しかも、この生命や身体を保護するための義務が、不法行為領域における一般的義務とは異なっている（もちろん、これらが重なる場合もある）というのであれば、少なくとも、上述のいずれの問題も生ずることはない。しかし、この場合であっても、本項の中で指摘してきたその他の諸問題が残されていることに変わりはないのである。

　(1610) 注(1563)、注(1564)でも言及したように、こうした見方の背後には、本来的に身体的損害の問題は不法行為法の管轄に属するとの認識が存在するように思われる。

◆第1章◆ 解　釈

　第2に、補償の確保のために契約不履行に基づく損害賠償を利用しようとする限り、同一の事実状態で損害を被った契約当事者と第三者の取扱いに差異が生じてしまうことは不可避である。こうした状況を改善すべき課題として認識し、契約不履行に基づく損害賠償を利用するという前提を崩すことなく、何らかの方策によってこの不都合を回避しようとするならば、契約不履行に基づく損害賠償と不法行為に基づく損害賠償を可能な限り同一の枠組みによって規律するしかない。ポール・エスマンやアンドレ・タンクの議論は、一般的な形で、物の所為に基づく契約責任の構想、そして、契約債務の不履行と不法行為上のフォートの同一視は、「責任を生じさせる行為ないし所為」のレベルで、これを実現しようとするものであった。

　しかし、最後の手段は、不法行為に基づく損害賠償を契約不履行に基づく損害賠償へと近づけるものであるが、そこで前提とされているフォートの捉え方に極めて困難な理論的問題が存在した。また、前二者の方法は、契約不履行に基づく損害賠償を不法行為に基づく損害賠償へと接近させるものであり、なるほど、1つの方向性として考えられうる議論ではあるが、賠償モデルの下における契約不履行に基づく損害賠償を不法行為化するというのであれば、むしろ、単純に不法行為に基づく損害賠償を適用することが、進むべき方向性であるようにも思われる。というのは、フランス民法典及び破毀院の判例法理においては、他人の行為に基づく不法行為責任は別としても、フォートに基づく不法行為責任、物の所為に基づく不法行為責任の一般原則が確立されており、適用に困難を伴うような限定は付されていないし、また、補償の確保という目的を実現するために、不法行為に基づく損害賠償ではなく、契約不履行に基づく損害賠償を利用しながら、後者を前者に接近させるというのであれば、そもそも、そこで前提となっている構想、つまり、契約不履行に基づく損害賠償を利用するという立場それ自体を問題に付すべきであるように思われるからである。

　このように、19世紀末から20世紀初頭にかけて、補償の確保という目的のために生み出された賠償モデルは、少なくとも今日のフランス法のコンテクストにおいては、その役割を十分に果たしえていないと言うべきであるし、そこから生じている理論的・実際的諸問題を見るならば、フランスにおける賠償モデルは、解釈論的に有害なモデルではあっても、有用なモデルではないと見ることができるのである。

(2) 履行モデルの復権

　本書冒頭において提示したように、今日のフランスにおいては、契約不履行に基づく損害賠償を、履行されなかった契約ないし契約債権の実現を確保するための制度として捉える立場が有力になっている。こうした主張は、どのような背景の下で、どのような目的を持って提唱されたのか。また、この議論に対しては、どのような問題が指摘され、それは、フランス法のコンテクスト及びフランス法とは切り離し

◆ 第 2 節　理論モデルの展開

た学理的視点から、どのように評価されるべきものなのか。これらが、以下の叙述における検討課題である。

　(1)においては、フランスにおける賠償モデルが解釈論の基盤として有用なモデルとなりえているのかどうかを検討するために、主として、安全の契約化に関わる問題を取り上げて分析した。その中で、安全に関わる債務や安全の要素が含まれる契約を拡大してきた判例法理だけでなく、その部分的な非契約化、非競合原則の柔軟化、物の所為に基づく契約責任の構想、契約不履行と不法行為上のフォートの同一視等を提唱する学説の中にも、様々な理論的・実際的問題が内包されていたこと、その結果、進むべき方向性の１つとして、安全に関わる債務を非契約化し、契約不履行に基づく損害賠償の領域から放逐した上で、これを不法行為法、あるいは、特別な補償制度の問題として構成する形が浮かび上がってきた[1611]。

（1611）安全債務を非契約化し、契約不履行に基づく損害賠償の領域から放逐したとしても、それに代わる補償確保のための枠組みをどのように構築するのかという問題は残される。この点については、不法行為法の改良や特別な無過失責任立法の創設等、広い意味での債務法に属する諸制度によって対処することも可能であるが、債務法の領域外の制度として構築することも理論的には可能である。様々なレベルの提案が存在するが、大別すると（以下の分類は、Bourdoiseau, supra note 1388, n°s 288 et s., pp. 269 et s. に依拠したものである）、①人権、とりわけ、フランス民法典の第１編「人（Des personnes）」、第１章「私権（Des droits civils）」、第２節「身体の尊重（Du respect du corps humain）」で用意されている諸規定（具体的なテクストについては、注(1528)を参照）を拠り所とするもの（必ずしもそれだけに依拠したものではないが、イボンヌ・ランベール・フェブルの著名な体系書（Yvonne Lambert-Faivre, Droit du dommage corporel : systèmes d'indemnisation, 4ème éd., Dalloz, Paris, 2000）、スタルクやラデの理論（注(290)を参照）の中には、こうした傾向の一端を見て取ることができる）、②保険法を拠り所とするもの、③（広い意味での）社会保障法や包括的な補償制度を拠り所にするものが存在する。これらの諸提案、また、それと密接に関連しつつ展開されている不法行為法の本質論・機能論（とりわけ、近年では、不法行為法における予防、抑止、制裁等に注目したテーゼが相次いで公刊され、活発な議論が展開されている。さしあたり、Alexis Jault, La notion de peine privé, préf. François Chabas, Bibliothèque de droit privé, t.442, LGDJ., Paris, 2005 ; Mathilde Boutonnet, Le principe de précaution en droit de la responsabilité civile, préf. Catherine Thibierge, Bibliothèque de droit privé, t.444, LGDJ., Paris, 2005 ; Grégory Maitre, La responsabilité civile à l'épreuve de l'analyse économique du droit, préf. Horatia Muir Watt, LGDJ., Paris, 2005 ; Clothilde Grare, Recherches sur la cohérence de la responsabilité délictuelle : L'influence des fondements de la responsabilité sur la réparation, préf. Yves Lequette, Nouvelle bibliothèque de thèses, t.45, Dalloz, Paris, 2008 ; Cyril Bloch, La cessation de l'illicite : Recherche sur une fonction méconnue de la responsabilité civile extracontractuelle, préf. Roger Bout, avant-propos de Philippe Le Tourneau, Nouvelle bibliothèque de thèses, t.71, Dalloz, Paris, 2008 ; Daphné Tapinos, Prévention, précaution et responsabilité civile : Risque avéré, risque suspecté et transformation du paradigme de la responsabilité civile, préf. Nicolas Molfessis, L'Harmattan, 2008 ; Stéphanie Grayot, Essai sur le rôle des juges civils et administratifs dans la prévention des dommages, préf. Geneviève Viney, Bibliothèque de droit privé, t.504, LGDJ., Paris, 2009 ; Cyril Sintez, La sanction préventive en droit de la responsabilité civile : Contribution à la théorie de l'interprétation et de la mise en effet des normes, préf. Catherine Thibierge et Pierre Noureau, Nouvelle bibliothèque de thèses, t.110, Dalloz, Paris, 2011 ; etc.）の検討は、現在の日本の法状況から見ても興味深い素材を提供しうるものと考えられるが、本書の問題関心からは離れるので、ここでは触れない。フランス民事責任法研究プログラムの一環として、別稿で検討することにしたい（なお、ブルドワゾー自身の議論は、以下の通りである。契約によって身体的損害の賠償を確保するという手法には、(1)で述べたような諸問題（テーゼのタイトルにもなっている「債務法における身体的損害の攪乱的影響」の１つの側面である）が存在する（Bourdoiseau, supra note 1388, n°s 12 et s., pp.17 et s. esp. n°s 32 et s., pp.32 et s., et n°s 57 et s., pp.54 et s. もっとも、彼自身が、そ

627

◆第1章◆ 解　釈

　ところで、このような見方は、安全債務が生成された当時から説かれてきたところであり[1612]、その後も、有力な学説によって繰り返し主張されてきた。例えば、ジャン・カルボニエは、古くから、「安全債務は、公的場所における個人的な自由の否定である（何故ならば、私があなたの安全を確保するというのは、私に警察権を与えることだからである）。更に、契約責任と呼ばれているものは、極めて限定的なものとして、言い換えれば、債権者に対し契約から期待された（金銭的）利益を獲得させる債務として構想されなければならない。折れた腕と人間の死をそこに含ませるのは人為的である。悲劇は 1382 条以下の管轄に属するのである」と述べ続けてきた[1613]。そして、今日のフランスにおいては、こうした主張が、学説上、1つの有力な潮流を形成しているのである。

　安全債務を契約の問題から除外し、不法行為の問題として構成しようとする見解の中には[1614]、安全債務を利用しつつ補償を確保しようとする手法に(1)で明らかにしたような諸問題が含まれていることを（もっとも、その全てが本書のような分析枠組みを用いて検討されているわけではない）、その主たる論拠とするものがある[1615]。また、かつてのルイ・ジョスランのような視点を受け継ぎつつ、安全債務の人為性を強調する見解も存在する。安全債務は、被害者に対して補償を付与するために、事故が生じてから事後的に作り出されるものであるから、通常の契約債務とは異質の存在であり、こうした性質を持つ債務を契約の問題とすることは、契約領域を人為的に拡張することにほかならないというわけである[1616][1617]。

の全てを、かつ、本書のような視角を用いて分析しているわけではない）。また、不法行為法や準契約法を用いて身体的損害の賠償を確保する方策にも、同様の問題が見られる（前者につき、n°s 97 et s., pp. 85 et s. 後者につき、n°s 68 et s., pp. 63 et s.）。従って、身体的損害の被害者に対して適切な補償を提供しつつ、「債務法における身体的損害の撹乱的影響」を鎮めるためには、身体的損害の問題を債務法から切り離し、社会保障法による規律に委ねるべきである（思考実験として、具体的な制度が提案されている（n°s 350 et s., pp. 320 et s.））。そうすることによって（契約についてのみ言及すると）、身体的損害の賠償確保という契約法の手段化はその存在理由を失い、各契約は、当事者が経済的・社会的現実を予め把握し、リスクを予想する場となりうる（n°s 401 et s., pp. 370 et s.））。

(1612) 安全債務をめぐる 20 世紀初頭の議論、とりわけ、判例における安全債務法理に対して極めて辛辣な批判を提起していたルイ・ジョスランの見方については、注(1240)、注(1264)を参照。
(1613) Carbonnier, supra note 52, n° 295, p. 520.
(1614) 以下で引用する文献のほか、Cf. Bernard Gross, Propos dubitatifs sur l'obligation de sécurité pesant sur le vendeur professionnel du fait des produits vendus, D. aff., 1996, pp. 667 et s.（ただし、売主の安全債務のみに関する叙述である）; Olivier Tournafond, Obs. sous Cass. 3ème civ., 10 avril 1996, D., 1997, somm., p. 350 ; Savaux, supra note 21, n°s 40 et s., pp. 24 et s. ; Grosser, supra note 21, n° 405, pp. 538 et s. ; Debat, supra note 1567, p. 9. ; etc.
(1615) Corinne Mascala, Accidents de gare : le《déraillement》de l'obligation de sécurité, D., 1991, chr., pp. 80 et s. ; Courtiau, supra note 21, n°s 678 et s., pp. 424 et s. ; Chazal, supra note 843, pp. 106 et s. ; etc.
(1616) Mascala, supra note 1615, pp. 82 et s. ; Chazal, supra note 843, pp. 106 et s. ; etc.
(1617) また、クリスティーナ・コルガ・ベルナール（Christina Corgas-Bernard）も、ホテルの宿泊契約に即したコンテクストにおける叙述ではあるが、安全に関わる債務について、以下のような評価を下している。当事者に対して債務を課すことを正当化するのは、契約目的と契約正義であるところ、これらだけでは、身体的安全に関わる債務の基礎について、満足の行く説明を提供

628

もっとも、これらの主張は、判例法理における安全債務の理論（及び、それと関連して展開されてきた諸法理）に疑問を呈し、その非契約化を説くものではあるが、契約領域における義務の多様化、そして、「責任を生じさせる行為ないし所為」の拡大を通じて、契約と関連して被った損害の賠償を契約不履行に基づく損害賠償の対象にするという、賠償モデルの論理構造それ自体に関わるものではない。言い換えれば、ここでは、契約不履行に基づく損害賠償を不履行によって生じた損害を賠償するための制度として捉える構想、つまり、賠償モデルは、何ら問題にされていないのである。もちろん、このような議論は可能であり、賠償モデルを維持しつつも、その論理構造を生かした解釈論的な提言を行わないという方向性も十分に考えられるところではある。しかし、本節・第１款・第１項において描いた賠償モデルの生成・発展の過程を眺める限り、契約不履行に基づく損害賠償を「債務の効果」として位置付けているフランス民法典の本来的な構造との関連で、その領域の拡大を伴わない賠償モデルにどれほどの解釈論的な意味が存するのかは極めて疑わしい。というのは、少なくともフランス法のコンテクストにおける賠償モデルは、契約不履行に基づく損害賠償の領域拡大を実現して初めて、その実践的な意図を果たしうるモデルだからである。

　ここに、契約不履行に基づく損害賠償を履行されなかった契約や契約債権の実現手段として捉える構想、つまり、履行モデルが登場する契機の１つが見出される。

　例えば、フィリップ・レミィは、以下のような議論を展開する[1618]。今日におけ

することはできない。「結局、判例による契約の義務の内容の拡大現象は、かくして課される債務が、契約の実効性を強化し、あるいは、当事者間の均衡を回復させる場合にのみ理解されうるものである。それを超える場合、この債務と呼ばれているものは、一般的義務に属するのであり、そのようなものとして、不法行為規範によって規律されなければならないのである。私見によれば、顧客の身体についてホテル経営者が負う安全債務も、この分析の中に位置付けられる。この安全債務は、他人の完全性に対して侵害をもたらさないという一般的な行態と同一視されるものであり、これは、民法典1382条によって規律されるのである」。また、「身体的安全に関する債務の不履行は、生じた損害を賠償するための損害賠償の付与によってしかサンクションを課されえない。契約不履行に対するその他の特殊な救済は適合的ではない。従って、この債務のサンクションの制度は、契約債務というよりも、不法行為責任によって規律される一般的義務に属するのである。繰り返しになるが、このことは、ホテル経営者に負わされた身体的安全に関する債務の契約という性質が人為的であることを物語っている」(Corgas-Bernard, supra note 1329, pp.2059 et s.)。
　更に、ジュリアン・ブルドワゾーは、本文で述べたような論理の逆転現象（債務が存在しその違反によって損害が生じたことを理由に損害賠償責任を課すのではなく、損害賠償責任を課すという結論を出発点として、それに適した法律構成を付与するために、「債務者」とされる者の「債務」を発見する）について、以下のように述べている。「身体的損害の問題に直面した裁判官は、直感的に、衡平から見て、同種の損害を被害者に負担させておくことはできないと感じる。このとき、裁判官は、知性的に決定された解決を満足させるため、事案に適用しようとする規範を強制する大きなリスクを冒して、法的三段論法を反対側から遡っていかなければならなかったのである」(Bourdoiseau, supra note 1388, n° 32, pp.32 et s. ただし、メルシエ判決に始まる医療過誤問題、無償援助の合意を論じたコンテクストにおける叙述である)。

(1618) Rémy, supra note 211, pp.529 et s. ; Id., supra note 20, Critique du système français..., pp.31 et s. ; Id., supra note 20, La responsabilité contractuelle..., pp.323 et s. ; Id., supra note 1360, pp.179 et s.

るフランス民事責任法の無秩序・混乱には、2つの大きな原因が存在する。1つは、民事責任法における過度の抽象性である。本来、不法行為法は、カズイスティックな体系であるはずなのに、その基本原理のレベルにおいて、過度に抽象化・一般原理化されてしまっており、その結果、衡平と良識の要求に応えられなくなってしまったのである[1619]。もう1つは、そこから生じた契約の責任化である。民法典起草者によれば、契約不履行に基づく損害賠償は、先存債務の等価物による履行として構成されていたが、フォートに基づく責任が一般化されていた19世紀の不法行為法では、当時の労働災害や運送事故といった問題に対応することができなかったことから、契約に対し損害を賠償するという任務が与えられるようになった。このようにして誕生した「契約責任」という概念は、契約不履行に基づく損害賠償に対して、必然的に不法行為責任のシェーマを強要することになった。更に、不法行為法と同じく、賠償の機能を持つ「契約責任」が発見されたことによって、(1)で述べたような諸問題が生じ（もっとも、レミィ自身が、その全てを、かつ、本書のような視角を用いて分析しているわけではない)、今日のフランス民事責任法は、「不合理のヒマラヤ（un Humalaya d'absurdités）」[1620]の様相を呈するまでになっているのである。こうした状況を前にして、フランス法が進むべき道は、「契約責任」という誤った概念を放棄し、契約不履行に基づく損害賠償を履行されなかった債務の等価物による履行という機能に回帰させることである。従って、安全の問題は、等価物による履行の対象にはならないから、全て不法行為法の管轄に属するのである。こうすることによって、契約不履行に基づく損害賠償は、契約本来の目的である弁済のみを対象とすることができ、賠償の問題は、全て不法行為に基づく損害賠償の領域に委ねることが可能となる。そして、フランス民事責任法は、このような単純で明快な古典

(1619) 以上の点については、Rémy, supra note 20, Critique du système français..., pp.34 et s. また、フランス民法典1382条及び1383条の一般条項に対するフィリップ・レミィの消極的評価について、Cf. Id., Pour ou contre une clause générale de responsabilité délictuelle ?, in, Aspects nouveaux du droit de la responsabilité aux Pays-Bas et en France, Journée l'étude des 22 et 23 mai 2003, Faculté de Droit et des Sciences sociales de Poitiers et Faculteit der Rechtsgeleerdheid-Katholieke Universiteit Nijmegen, Université de Poitiers, Rose-Noëlle Schütz, Dominique Breillat et André Giudicelli (sous la dir.), Collection de la Faculté de Droit et des Sciences sociales, LGDJ, Paris, 2005, pp.59 et s.レミィは、その理由について、以下の4点を指摘している。不法行為責任が普遍的な救済となり契約上の救済を侵害していること、フォートに基づく責任の普遍性が客観的責任のブレーキになると同時に原動力ともなっていること、特別な補償制度の意味が混乱させられていること、性質的に異なる被害者を別異に扱うという政策が妨げられていることが、それである。

　もっとも、レミィ自身も認めているように、一般条項化されているからこそ、そこに多様な事案を包含しえたと理解することも可能であり、不法行為法の一般条項化を評価するに際しては、この側面をより強調すべきであるようにも思われる（ジュヌヴィエーヴ・ヴィネが強調する点である。Cf. Geneviève Viney, Pour ou contre un《principe général》de responsabilité civile pour faute ?, in, Études offertes à Pierre Catala, Le droit français à la fin du XX siècle, Litec, Paris, 2001, pp.543 et s.; Id., Modernité ou obsolescence du code civil ? : L'exemple de la responsabilité, in, Libre droit, Mélanges en l'honneur de Philippe Le Tourneau, Dalloz, Paris, 2008, pp.1046 et s.).

(1620) Rémy, supra note 20, Critique du système français..., p.33.

的体系を基礎に据えることによって、現在の無秩序状態を脱することができるのである。

　また、クリスティアン・ラポヤドゥ・デシャンも、以下のように述べている[1621]。約1世紀の間、裁判官は、債務者に対する損害賠償の非難を事後的に正当化するため、契約当事者が負うべき債務を増大化させてきた。法技術的に見れば、これは、債務が存在しそれを履行しなかったから責任を負うのではなく、責任を負わせるために債務を課すことを意味しているのであり、民法典1147条の論理は、完全に逆転させられてしまっている。それだけでなく、ここでの契約は、それとは何の関わりもない損害の賠償、あるいは、何ら契約的でない責任を課すための場となっている。これらは、いずれも、不法行為に基づく損害賠償による契約不履行に基づく損害賠償の「植民地化（la colonisation）」[1622]として捉えられうるものであり、その結果、(1)で言及したような様々な問題が生じたのである（もっとも、ラポヤドゥ・デシャン自身が、その全てを、かつ、本書のような視角を用いて分析しているわけではない）。契約不履行によって生じた損害を賠償するための手段としての「契約責任」は、「その時々における法政策によって描かれた即興曲の迷路」にはまり込んでおり[1623]、それにもかかわらず、その存在が問題に付されていないという意味では、「聖なる怪物（le monstre sacré）」と化していると言える[1624]。そうであるならば、この「契約責任」という聖なる怪物の存在それ自体が問題に付されなければならない。そもそも、契約の目的は、当事者に満足を与えることに存するのであるから、「契約責任」の本来的な目的も、契約によって予定されていた利益の喪失を塡補することにある。従って、「契約責任」をそれ以外の目的に使用することは許されないのである。かくして、安全債務と呼ばれているものは、不法行為領域における一般的義務を人為的な形で契約領域に移転したものにほかならず、契約不履行に基づく損害賠償の対象となるに値しないと言うべきなのである。

　このように、フィリップ・レミィにおいても、クリスティアン・ラポヤドゥ・デシャンにおいても、(1)で述べた諸問題をもたらした要因が、安全債務それ自体ではなく、安全債務生成の背後にある契約不履行に基づく損害賠償の賠償手段化に存するとの認識の下、それに対応するための手段として、安全債務を非契約化するだけではなく、より根源的に、契約不履行に基づく損害賠償を非賠償化する方向性が志向されているのである[1625]。

[1621] Deschamps, supra note 1483, pp.4 et s.; Id., supra note 511, pp.4 et s.; Id., supra note 20, Le Mythe de la responsabilité contractuelle..., pp.175 et s. また、Cf. Id., Note, sous Cass. 1re civ., 26 fév. 1991, D., 1991, pp.605 et s.
[1622] Deschamps, supra note 20, Le Mythe de la responsabilité contractuelle..., p.184.
[1623] Deschamps, supra note 1483, p.4.
[1624] Deschamps, supra note 20, Le Mythe de la responsabilité contractuelle..., p.175.
[1625] ここで、レミィとラポヤドゥ・デシャン以外の代表的な学説にも言及しておくことにしよう。

◆第1章◆ 解　釈

　ところで、こうした議論に対しては、2つの点において異論が提起されうる。

　第1に、安全債務に対する批判あるいは安全債務の非契約化と、賠償という機能を持つ「契約責任」なる概念に対する批判あるいは契約不履行に基づく損害賠償の等価物による履行化は、異なるレベルに属する問題であり、前者を肯定することから後者を肯定するという帰結を直接的に導くことはできないという異論である。確かに、歴史的に見れば、安全債務の生成・発展と賠償方式としての契約不履行に基

　まず、ローランス・ルトゥルミィ（Laurence Leturmy）は、「契約当事者の不法行為責任（la responsabilité délictuelle du contractant）」と題する論文の中で、以下のような議論を展開する（Leturmy, supra note 20, pp.853 et s.）。判例は、被害者に対する救済という高貴な目的を追い求めるあまり、直感的に満足の行くものと判断され、かつ、そのようなものに作り上げられた解決を採用している。つまり、裁判所は、個別的な状況に応じて責任の性質を判断するのではなく、まず、適用されるべき責任制度を選択し、次いで、この制度の要件に適合するように各事案の諸状況を作り上げているのである。その結果、「契約責任」と不法行為責任の関係が不明確になってしまった（pp.860 et s.）。損害を生じさせた者と被害者との間に契約関係が存在するかどうかに関わりなく、不法行為責任に対してのみ賠償の機能を与え、「契約責任」を契約の等価物による履行として捉えるならば、「役割の再分配」が可能となる。「契約責任」と不法行為責任の境界に位置するケースの性質決定という問題を解消することができるし、非競合原則に対して失われた正当性を確保することもできるのである（pp.870 et s.）。

　次に、ロワ・カディは、「賠償というイデオロギーの功罪について（Sur les faits et les méfaits de l'idéologie de la réparation）」と題する著名な論文の中で、「契約責任」と不法行為責任の関係にも言及し、以下のように述べている（Cadiet, supra note 899, pp.894 et s.）。フランス民事責任法における最初の「腐敗」は、賠償機能を持つ「契約責任」なる概念の出現と発展にある。本来、契約不履行に基づく損害賠償は、当事者間で合意された債務の履行に関わるものであって、契約債務の不履行とは別の損害の賠償については、不法行為責任の領域に属するものとされていた。しかしながら、安全債務が発見されたことに伴い、「契約責任」という概念が生み出され、この概念は、(1)で示したような数々の「悪行」を重ねてきた（もっとも、カディ自身が、その全てを、かつ、本書のような視角を用いて分析しているわけではない）。今日において、契約法と責任法は大混乱に陥っていると評価することができる。こうした問題は、責任と契約に対して、その本来の純粋さを回復させることによって免れることができるように思われる。すなわち、契約に対しては債務の弁済という機能を、責任に対しては損害の賠償という機能を与えなければならないのである。

　また、マリアンヌ・フォール・アバも、『契約責任を生じさせる行為（le fait générateur de la responsabilité contractuelle）』と題するテーズの中で、安全に関わる債務を補償のために作り出された債務であると理解し（Faure-Abbad, supra note 20, n°s 106 et s., pp.86 et s.）、これによって、(1)で示したような様々な問題が生じてしまったとの認識の下（もっとも、フォール・アバ自身が、その全てを、かつ、本書のような視角を用いて分析しているわけではない）、以下のような解決策を提示する（Ibid., n°s 201 et s., pp.171 et s.）。契約不履行に基づく損害賠償を等価物による履行と理解するのであれば、契約制度と不法行為制度の関係は、専ら、請求の目的と損害の性質によって規律されることになる。つまり、契約債務の不実現が問題となる場合には契約不履行に基づく損害賠償が、契約目的とは関わりのない行為規範の違反が問題となるときには不法行為に基づく損害賠償が、それぞれ適用される。このように、2つの損害賠償制度は、全く異なる機能を有しているのである。また、人為的な契約債務、当事者によって望まれた目的の実現に関わりのない債務は、全て非契約化されなければならない。こうすることによって、契約不履行に基づく損害賠償には弁済という本来の役割が返還されることになり、問題を明確にすることができるのである。

　更に、シルヴィ・ウザン（Sylvie Euzen）も、権限濫用の問題から「契約責任」と不法行為責任の関係へとアプローチした論文の中で、「2つの責任制度の合目的性は、対極にある。契約責任は、単なる等価物による履行であり、賠償の技術ではない（主観的責任）。その特殊性は、契約それ自体に関わる特殊なサンクションの存在によって明確になる。不法行為責任は、客観的状況という性格を持ち、損害を賠償しなければならない」と述べている（Sylvie Euzen, La distinction des responsabilités civiles contractuelle et délictuelle à l'épreuve de l'abus de fonction, Petites affiches, 30 mai 1997, n° 65, pp.4 et s.）。

づく損害賠償の誕生は密接に関連している。しかし、契約不履行に基づく損害賠償について、賠償の機能を維持しつつ、安全債務の非契約化を志向することも十分に可能なのであって、そうである以上、安全債務という構築物に対する批判と「契約責任」という概念に対する批判は、必ずしも直結するものではないと見なければならないのである[1626]。また、仮に安全債務の承認と「契約責任」なる概念が密接な形で結び付いているとしても、そもそも、(1)で指摘した諸問題は安全債務に関わるものであるところ、それ以外の付随的な債務のケースにおいては、基本的に、同じような問題は生じていない。従って、安全債務という特定の問題のみを取り上げて、「契約責任」という概念全体を否定することには、論理の飛躍が存するのである[1627]。

既に述べたように、賠償モデルは、契約領域における義務を多様化し、「責任を生じさせる行為ないし所為」を増大させれば、それだけ、契約不履行に基づく損害賠償の領域を拡大することができる理論モデルであった。もっとも、これは、あくまでも、そのような可能性が開かれるというだけであるから、賠償モデルの考え方から、直ちに、契約不履行に基づく損害賠償の領域を拡大するために契約領域における義務を多様化させるという主張が出てくるわけではない[1628]。この意味において、上記の批判は、理論的な視点だけから見るならば正当である。しかし、第1款・

[1626] 注(1614)、注(1615)で引用した文献は、賠償方式としての契約不履行に基づく損害賠償に問題を呈することなく、安全債務を非契約化しようとするものであるが、その背後には、本文で述べたような考え方が存在するように思われる。
　また、シリル・ブロックは、より穏健的ではあるが、以下のように論じている (Bloch, supra note 59, n°s 254 et s., pp. 149 et s. esp., n°s 289 et s., pp. 167 et s.)。安全債務の非契約化は、「契約責任」から全ての害悪を取り除く契機となりうる。「契約責任」という概念が、あらゆる害悪の根源であるかどうかは、必ずしも明らかではないが、安全債務を非契約化するならば、さしあたり、「契約責任」という構築物を破壊することなく、民事責任法に一貫性を与えることができる。安全債務の非契約化は、民事責任法の無秩序を治癒するための最も適切な手段なのである。

[1627] 以上の点について、Cf. Larroumet, supra note 21, n° 10, p. 550 ; Savaux, supra note 21, n° 40, p. 24 ; Courtieu, supra note 21, n° 694, p. 437 ; Laithier, supra note 21, n°s 88 et s., pp. 123 et s. ; etc.

[1628] ルノー・ロラン (Renaud Rolland) は、契約不履行に基づく損害賠償の性質論には触れずに、賠償されるべき損害の性格を起点として、以下のような議論を展開している (Renaud Rolland, Responsabilité contractuelle ou responsabilité à dommages contractuels ? La doctrine conservatrice face au code civil, RRJ., 2004, pp. 2199 et s.)。同一の損害についての賠償が異なる規範に服するというのは論理的でないから、契約不履行に基づく損害賠償と不法行為に基づく損害賠償は、被害者の性質ではなく、損害の性質によって区別されるべきである。すなわち、債権者以外の者が被りえないような、約束された契約の価値に相当する損害（債権者が被った損失）と遅延損害については、契約不履行に基づく損害賠償の対象となり、債権者以外の者であっても被りうる身体や財産の侵害から生ずる損害については、不法行為に基づく損害賠償の対象となる。従って、前者の場合には、「契約責任」というよりも、「契約損害への責任 (Responsabilité à dommages contractuels)」を語るべきなのである。
　この見方は、契約不履行に基づく損害賠償の対象を、契約で予定されていた利益の実現に相当する損害の賠償に限定しつつも、なお、これを賠償の論理の中で捉えようとするものと見ることができる。つまり、本書の分析枠組みに即して言えば、ルノー・ロランの見解は、契約領域における義務の多様化を通じた契約不履行に基づく損害賠償の領域拡大を伴わない賠償モデルである。

◆第1章◆ 解　釈

　第1項で検討した、フランスにおける賠償方式としての契約不履行に基づく損害賠償の生成・発展過程からは、賠償モデルは、被害者に対する補償を確保するために生み出されたものと見ることができるのであって、このモデルと契約領域における義務の拡大は密接に関連していると言わなければならない。そうすると、契約領域における義務の多様化を通じた契約不履行に基づく損害賠償の領域拡大を伴わない賠償モデルには、それを生み出すことによって果たそうとした補償の確保という目的を実現する能力が欠けているということになる。言い換えれば、こうした賠償モデルは、何ら解釈学的な存在意義を持たないと理解することができるのである。このように、機能的な視点から捉えるならば、上記の批判は、やはり、正鵠を得たものとは言えないと見るべきであるように思われるのである。

　第2に、安全債務を契約領域から完全に放逐することは、現代における契約の基本理念に適合しないとの異論である。なるほど、多くの場合、判例における安全債務は、契約の目的やエコノミーに合致しない。もっとも、場合によっては、安全債務が契約の内容を構成し、あるいは、契約の目的やエコノミーに適合していることもありうる。こうしたケースにおいても、安全債務を非契約化し、これを不法行為の問題として位置付けることは、契約の観念を著しく変質させるものと言わなければならないのである。しかし、問題は、これだけに止まらない。契約不履行に基づく損害賠償を等価物による履行に限定し、契約利益の実現に関わりのない要素を契約から放逐する場合、その射程は、安全債務のみならず、それ以外の様々な付随的債務にも及ぶはずである。ところで、フランス民法典には、契約内容に関わる1135条のほかに、信義則に関する1134条3項[1629]が存在する。これらのテクストによって、現代における契約は、道徳化（moralisation）されてきた。等価物による履行論によれば、こうした付随的債務についても契約の問題から除外してしまうことになるが、それは適切な解釈と言えるか。仮にこれらの義務違反に基づく損害賠償を不法行為の問題として捉えるとしても、こうした契約に関わる諸義務を一般的な義務と見ることはできるのか。そこでは、人為的に一般的な義務が増大させられることになるのではないか。結局、安全債務に代表される付随的債務を非契約化し、契約不履行に基づく損害賠償を等価物による履行と構成することによって、現在の判例法理における無秩序を解消させることはできるのかもしれないが、今度は、別の次元において、新たな無秩序が生まれてくるのである[1630]。

　上記の批判についても、第1の批判と同様に、一面においてはその正当性を認めることができるが、別の一面においてはこれを承認することはできない。

(1629) フランス民法典1134条3項「合意は、信義誠実に従って、履行されなければならない（原文は、Elles（les conventions―筆者注）doivent être exécutées de bonne foi.）」。

(1630) ニュアンスの相違はあるが、Cf. Larroumet, supra note 21, n° 11, p.551 ; Savaux, supra note 21, n°S 37 et s., pp.22 et s. ; Laithier, supra note 21, n°S 88 et s., pp.123 et s. ; etc.

まず、安全に関わる問題の全てを不法行為法の領域に属させることはできないという批判については、少なくとも日本法における学理的な到達点を踏まえるならば、その正当性を承認することができる。フランスにおける等価物による履行論の多くは、必ずしもその全てが明言しているわけではないが、身体的損害の問題を全て不法行為法の管轄に委ねることを前提としているように見受けられる。しかし、契約不履行に基づく損害賠償を契約において予定した利益の実現方法として捉えるときでも、類型的判断、あるいは、個別の合意によって、生命、身体、健康等の保護が契約の中身を構成している場合や、契約の目的実現に必要不可欠である場合においては、これらの問題が契約で予定された利益を構成しているわけであるから、生命、身体、健康に対する侵害が生じたときには、契約不履行に基づく損害賠償によって、その利益の実現が確保されなければならないはずである。それにもかかわらず、生命や身体に対する侵害が契約不履行に基づく損害賠償の対象となりえないとするのであれば、それは、これらの問題が、およそ、契約の内容を構成しえないとの理解を基礎とするほかない。しかし、このような理解は、契約規範の他律的な補充を認める立場はもちろん、純粋な意思自治を起点とする契約法を構想する立場であっても、受け入れられないことは明らかであると言わなければならない[1631]。

これに対して、履行方式としての契約不履行に基づく損害賠償の考え方によれば、契約を取り巻く様々な義務、とりわけ、信義則を媒介として発生する（広い意味での）契約上の協働義務が全て契約領域から放逐されてしまい、その結果、これまで築き上げられてきた契約の徳化が失われてしまうとの批判は、履行モデルに対する偏った理解を前提としているように見受けられる。なるほど、今日のフランス契約法においては、契約における信義則の役割が強調されるようになっており、それを媒介とする様々な義務群の存在も認められている。そして、こうした傾向は、「契約上の連帯主義（Le solidarisme contractuel）」を標榜するかどうかに関わりなく、一定の支持を受けているように思われる[1632]。ここから、一部の学説は、今日の契約不履行

[1631] この点については、本款・第2項669頁以下で行われる日本法の検討も参照。

[1632] 注(1225)で掲記したクリストフ・ジャマン及びドュニ・マゾーの諸論稿のほか、重要なものとして、Ex. Yves Picod, Le devoir de loyauté dans l'exécution du contrat, th. Dijon, préf. Gérard Couturier, Bibliothèque de droit privé, t.208, LGDJ., Paris, 1989 ; Id., L'obligation de coopération dans l'exécution du contrat, JCP., 1988, I, 3318 ; Id., L'exigence de bonne foi dans l'exécution du contrat, in, Le juge et l'exécution du contrat, Colloque I.D.A., Aix-en-Provence 28 mai 1993, PUAM., Aix-en-Provence, 1993, pp. 57 et s. ; Richard Desgorces, La bonne foi dans le droit des contrats : rôle actuel et perspectives, th. Paris II, dactyl., 1992 ; Bertrand Fages, Le comportement du contractant, th.Aix-Marseille, préf. Jacques Mestre, PUAM., Aix-en-Provence, 1997 ; Id., Nouveaux pouvoirs : Le contrat est-il encore la《chose》des parties ?, in, La nouvelle crise du contrat, Actes du colloque organisé le 14 mai 2001 par le centre René-Demogue de l'Université de Lille II, sous la direction de Christophe Jamin et Denis Mazeaud, Dalloz, Paris, 2003, pp.153 et s. ; Catherine Thibierge-Guelfucci, Libres propos sur la transformation du droit des contrats, RTD civ., 1997, pp.357 et s. ; Leveneur, supra note 1254, pp.69 et s. ; Id., supra note 1225, pp.173 et s. ; François Diesse, Le devoir de coopération comme principe directeur du contrat, Arch. Philo., t.43, 1999, pp.259 et s. ; Laurent Aynès,

◆第1章◆ 解　釈

に基づく損害賠償の性質をめぐる議論の背後には、契約の基本構想や思想に関する法政策的な議論の対立が存在するとの認識の下、フランスにおける等価物による履行論を、こうした契約に関わる諸義務を契約から排除しようとする構想と理解した上で、この主張は、意思自治論者、あるいは、そこまで行かなくても、意思主義論者の主張であり、意思に基づく契約法の再生を試みようとするテーゼであるとの理解(1633)、従って、等価物による履行論は、上記のようなフランス契約法の現状に適合しないのではないかとの疑問を提示しているのである(1634)。

確かに、契約不履行に基づく損害賠償を履行されなかった契約の実現方式として捉える立場の中には、意思の重要性を強調しているものも存在するから(1635)、この限りにおいて、上記の問題提起は、一定の正当性を有している。しかしながら、履行方式としての契約不履行に基づく損害賠償の考え方は、少なくとも、上記のような問題の立て方から言えば、特定の契約の構想ないし思想にコミットしているわけ

　　L'obligation de loyauté, Arch. Philo., t.44, 2000, pp.195 et s. ; Georges Flécheux, Renaissance de la notion de bonne foi et de loyauté dans le droit des contrats, in, Études offertes à Jacques Ghestin, Le contrat au début du XXI siècle, LGDJ., Paris, 2001, pp.341 et s. ; Daniel Cohen, La bonne foi contractuelle : Éclipse et renaissance, in, Université panthéon-Assas (ParisII), 1804-2004, Le Code Civil, un passé, un present, un avenir, Dalloz, Paris, 2004, pp.997 et s. ; Marc Mignot, De la solidarité en général, et du solidarisme contractuel en particulier ou le solidarisme contractuel a-t-il un rapport avec la solidarité, RRJ., 2004, pp.2153 et s. ; etc.

(1633) これは、クリストフ・ジャマンが強調する点である。ジャマンは、今日の契約不履行に基づく損害賠償の性質をめぐる議論について、ハンス・ケルゼン流の有効性（la validité）の視点からは、いずれの議論が適切であるのかを決定することは困難であるところ、論争に決着を付ける唯一の方法は、法技術的な議論の背後にある政策的な視点を検討することであるとした上で、以下のように述べている。「契約責任」という概念に批判を提起する見解は、契約内容を当事者によって望まれたことに限定しようとするものであるから、意思の役割を重視する見方であると言える。そうすると、「契約責任」なる概念をめぐる議論を検討するに際しては、このような政策的視点、つまり、契約の意思主義的な構想を擁護すべきであるのか、また、契約の拘束力はどこまで及ぶのかといった問題に対する態度決定が、決定的に重要なのである（Christophe Jamin, Le renouveau des sanctions contractuelles : pot-pourri introductif, in, Le renouveau des sanctions contractuelles, sous la direction de François Collart Dutilleul et Cédric Coulon, Economica, Paris, 2007, n°s 8 et s., pp.9 et s.）。

　　また、フィリップ・ブランも、責任法の術語を論じた論稿の中で、以下のような説明を行っている。すなわち、「契約責任」をめぐる論争の背後には、契約の構想についての対立がある。「契約責任」という概念を否定する立場は、契約を経済的交換の手段として捉えようとしている。すなわち、この立場は、当事者がそこに含めようとしたものによって契約を画し、法秩序が契約に接ぎ木してきた社会規範をそこから排除しようとするものなのである（Philippe Brun, Les mots du droit de la responsabilité : Esquisse d'abécédaire, in, Mélanges en l'honneur de Philippe Le Tourneau, Libre droit, Dalloz, Paris, 2008, pp.126 et s.）。

(1634) クリストフ・ジャマン自身が明言しているわけではないが、彼が契約上の連帯主義の旗手であることからすれば（注(1225)を参照）、ジャマンは、等価物による履行論に対して批判的な立場を採用していると見るべきことになろう。

(1635) Ex. Cédric Beaudeau, La causalité : frontière entre la responsabilité délictuelle et la responsabilité contractuelle, Petites affiches, 25 avril 2008, n° 84, pp.8 et s.（セドリック・ボードーは、以下のように述べている。「契約責任」の特殊性は、責任規範の修正可能性に存するのであるから、この制度は、当事者が契約とその内容を真に欲した場合にしか問題となりえない。つまり、「契約責任」と不法行為責任は、「望まれた契約（contrats volus）」と「課された契約（contrats subis）」によって区別され、当事者によって予定されていた不履行のみが、「契約責任」の対象となるのである）

636

ではなく、必ずしも、契約における誠実な行態の要求を法の領域から排除し、非法化しようとするものではない。ここで、その概要のみをごく簡単に示しておけば、以下の通りである(1636)。

契約の際に要求される誠実な行態は、社会生活において各人に求められる誠実と同じレベルの問題として捉えることができる。もちろん、契約が存在する場合には、当該契約及び契約類型との関連で誠実の要求が具体化されることになるが、ここで必要とされている誠実な行態が、全ての者に対する普遍的な要求と変わるものではない以上、契約の有無によって、その性質が変わると理解すべきではない。つまり、信義誠実の要求に対する違反は、それが各契約の目的実現に必要不可欠な要素を構成している場合を除き（この場合には、信義誠実の要求する行態が契約債務化する）、契約が存在する場合であっても、契約不履行ではなく、不法行為上のフォートを構成するのであり、これを契約法の問題として規律することは詭弁なのである。そもそも、契約交渉破棄のケース等においても、契約ないし契約的関係との関連で信義誠実の要請が具体化されているが、これらの事例は、不法行為法の領域に属し、契約利益の実現とは関わりのないものとして理解されている(1637)(1638)。このような例か

(1636) この点については、第2部・第2章・第2節・第2款・第2項858頁以下も参照。

(1637) 多くの判決が存在するが、比較的近時のものとして（ただし、いずれも、当該事案が不法行為法の問題に属することを当然の前提として、損害賠償の範囲が主たる争点となった判決である）、Ex. Cass. com., 26 nov. 2003, Bull. civ., IV, n° 186 ; D., 2004, 869, note Anne-Sophie Dupré-Dallemagne ; D., 2004, somm., 2922, obs. Eddy Lamazerolles ; JCP., 2004, I, 163, obs. Geneviève Viney ; JCP. éd. E., 2004, 738, note Philippe Stoffel-Munck ; RTD civ., 2004, 80, obs. Jacques Mestre et Bertrand Fages ; RDC., 2004, 257, obs. Denis Mazeaud ; RLDC., janv. 2004, 7, obs. S. Doireau ; Cass. 3ème civ., 28 juin 2006, Bull. civ., III, n° 164 ; D., 2006, pan., 2638, obs. Soraya Armani Mekki et Bénédicte Fauvarque-Cosson ; D., 2006, 2963, note Denis Mazeaud ; JCP., 2006, II, 1509, note Olivier Deshayes ; JCP., 2006, I, 166, obs. Philippe Stoffel-Munck ; RTD civ., 2006, 754, obs. Jacques Mestre et Bertrand Fages ; RTD civ., 2006, 770, obs. Patrice Jourdain ; Contra. conc. consom., 2006, n° 223, note Laurent Leveneur ; RDC., 2006, 1069, obs. Denis Mazeaud ; Cass. 3ème civ., 7 janv. 2009, D., 2009, AJ., 297 ; RTD civ., 2009, 113, obs. Bertrand Fages ; RDC, 2009, 480, obs. Yves-Marie Laithier ; Cass. com., 18 sept. 2012, D., 2012, 2241, obs. X. Delpech ; Cass. com., 10 juill. 2012, D., 2012, 2772, note Marie Caffin-Moi ; etc.

(1638) もっとも、近時の破毀院判例の中には、契約が存在しなければ信義誠実義務も存在しないとの判断を示したかのような判決も存在する。Cass. 3ème civ., 14 sept. 2005, D., 2006, 761, note Denis Mazeaud ; JCP., 2005, II, 10173, note Grégoire Loiseau ; RTD civ., 2005, 776, obs. Jacques Mestre et Bertrand Fages ; Contra. conc. consom., janv. 2006, n° 1, 10, note Laurent Leveneur ; Dr. et pat., janv. 2006, chr. Laurent Aynès et Philippe Stoffel-Munck ; Petites affiches, 1er déc. 2005, n° 239, 16, note Soraya Messai-Bahri ; Defrénois, 2005, art. 38286, 912, note Yannick Dagorne-Labbé ; RDC., 2006, 314, obs. Yves-Marie Laithier ; RDC., 2006, 811, obs. Geneviève Viney がそれである。事案の概要は、以下の通りである。Yは、1997年4月22日付の私署証書によって、Xに対し、不動産を売却することを約束した。ところで、この不動産は、YからAに賃貸されており、Yは、同年2月28日付の公正証書によって、Aに対して、賃貸借契約の解約を通告していた。XとYとの間の契約においては、売買契約の日に本件不動産が明け渡されていることが、停止条件とされていた。ところが、合意されていた期間内にAからの明渡しがなされず、停止条件が成就しなかったので、Yは、同年10月30日、Bに対して、本件不動産を売却してしまった。そこで、Xは、1997年10月30日に締結されたY・B間の売買契約の無効、自己の売買予約の完成、損害賠償の支払を求めて訴訟を提起した。破毀院は、民法典

◆第1章◆ 解　釈

らも明らかになるように、契約における不誠実な行態は、契約とは無関係に犯されたそれと性質的に異ならないのであって、ここには、契約上の債務、そして、契約債務に対する違反を観念する余地など存在しないのである[1639][1640][1641]。以上のように、契約不履行に基づく損害賠償の理論枠組みについてどのような立場を採用するのかという問いとは切り離した形で、契約における誠実の要求を、契約との関連性を保持しつつ、不法行為領域における義務として観念することは十分に可能なのであって[1642]、そうである以上、契約不履行に基づく損害賠償を契約の履行方式として理解する構想に対して、こうした義務を全て排除するものであるとの批判を提起すること、更に言えば、契約不履行に基づく損害賠償の性質に関わる議論を、（上記のような意味での）特定の契約構想との関連で捉えようとする手法は、正当でないと見ることができるのである[1643]。

1134条3項をビザに、以下のように判示した。「原審は、当事者の関係を司るべき誠実によれば、Ｙは、新しい提案ではなく、最初に売却することを約束し、賃借人の予期せぬ態度によって排除された提案に従うべきであるとして、Ｙ及びＡに対して、損害賠償の支払いを命じた。しかしながら、信義誠実債務は契約関係を前提としており、契約関係が従属していた停止条件が成就しなかったときには、この債務も消滅するにもかかわらず、上記のように判断しているのであるから、原審は、上記のテクストに違反した」。

(1639) フィリップ・ストフェル・マンクの有名なテーズ『契約における濫用：一試論（L'abus dans le contrat ; Essai d'une théorie）』は、以上の点を主題の1つとするものであった（Philippe Stoffel-Munck, L'abus dans le contrat ; Essai d'une théorie, th. Aix-Marseille, préf. Roger Bout, Bibliothèque de droit privé, t.337, LGDJ, Paris, 2000, n°s 11 et s., pp.21 et s. et s., Cf. Id., Obs., sous Cass. 3ème civ., 5 nov. 2003, RDC., 2004, pp.639 et s. 更に、Cf. Id., Le juge et la stabilité du contrat, in, Le renouveau des sanctions contractuelles, sous la direction de François Collart Dutilleul et Cédric Coulon, Economica, Paris, 2007, pp.121 et s.）。

(1640) その他、これと同様の見方を示すものとして、Faure-Abbad, supra note 20, n°s 117 et s., pp.98 et s. ; Jacques, supra note 1255, n°s 157 et s., pp.295 et s. ; Messai-Bahri, supra note 1638, pp.21 et s. ; etc.

(1641) これに対して、ジャン・パスカル・シャザルは、ストフェル・マンクの議論を評価しつつも、当事者が契約において予定した目的の実現と契約における道徳の実現は、分離しえない程に密接な形で結び付いており、後者を「契約責任」の問題から切り離すことは許されないとの主張を展開している（Chazal, supra note 843, pp.112 et s.）。

(1642) 実際、クリストフ・ジャマンと並び、契約上の連帯主義の代表的論者であるドゥニ・マゾーは、Cass. 3ème civ., 14 sept. 2005, supra note 1638 で提示された「信義誠実は契約債務である」という公理について、注（1639）、注（1640）で引用した、フィリップ・ストフェル・マンクやフィリップ・ジャックの議論、注（1398）で言及した、パスカル・アンセルによる「契約の拘束力（force obligatoire）」と「義務的内容（contenu obligationnel）」の区別を参考としながら、以下のような見方を提示しているのである。そもそも、契約は、2つの規範的部分から構成されている。一方は、倫理的な合目的性を持ち、契約上の義務、契約当事者の行態に関わる部分であり、他方は、経済的な合目的性を持つ部分である。前者においては、道徳的・社会的義務が問題となっているのであるから、これは、契約の存在と不可分の関係にあるわけではなく、また、契約の義務的内容を構成するわけでもない。この部分は、民法典1382条によって規律されるところの、行態に関する一般的な規範の反映であり、契約領域を超えた普遍的要請である。つまり、「信義誠実は債務ではない。それは、道徳上の義務であり、社会における行為規範である。これらの契約的な性格は、それ自体、信用に足りるものではない」のである（Mazeaud, supra note 1638, n°s 7 et s., pp.763 et s. 引用部分は、n° 8, p.763）。

(1643) 誤解のないように付言しておけば、履行方式としての契約不履行に基づく損害賠償の考え方は、契約に関わる義務の全てを不法行為法の問題として捉えようとするものではない。その理由は、以下の通りである。契約規範を契約目的ないし契約利益の実現に向けられる規範の総体として捉えるならば、契約当事者には、これらの実現に向けて様々な拘束が課せられていると見る

◆ 第2節 ◆ 理論モデルの展開

　以上のように、近年のフランスにおいて等価物による履行論が提唱されるに至った1つの要因は、安全債務の事例を中心として、現在の民事責任法に無秩序状態が蔓延していたこと、そして、これを解消するためには、安全債務という観念のみならず、賠償方式としての契約不履行に基づく損害賠償の考え方それ自体を排斥し、これを契約の実現という側面に帰着させる必要があると考えられたことにあった。また、こうした議論に対しては、とりわけ、安全債務批判から「契約責任」それ自体への批判を導くという方法論上の問題、契約の捉え方に対する問題が指摘されていたが、より掘り下げて検討するならば、いずれについても、十分な問題提起とは言えないことが明らかとなった。

　このように、安全債務あるいはより広く民事責任法に関わる点は、等価物による履行論を生み出す1つの大きな要因となったし、その後、この側面を中心に等価物による履行論をめぐる議論が展開されるようになったが、この点を明らかにしただけでは、本項の冒頭で提示した「履行モデルの復権」という視点から導かれる検討課題を論じ尽したということにはならない。まず、現在の法状況との関連で言えば、民事責任法のほかに、契約不履行法、そして、契約法の基本理念、契約法をめぐる諸問題への基本スタンスからの議論を検討しておかなければならない。また、より広く、フランス民法学の研究手法一般のコンテクストで言えば、民法典ないし学説史研究、「ヨーロッパ契約法」の影響にも言及しておく必要があろう。もっとも、これらの点については、後に別の箇所で検討することが予定されている。従って、以下での考察は、あくまでも、本項の検討課題、つまり、フランスにおける等価物による履行論がどのようなコンテクストにおいて主張されたものであるのか、この議論に対してはどのような問題が指摘されているのか、それはどのように評価されるべきものであるのかといった問いに応答するためになされるものである[1644]。

　まず、契約不履行法の領域において、フランスにおける近時の有力学説が問題にしたのは、伝統的通説の以下のような態度であった。19世紀末に誕生し、20世紀のフランス民法学を支配した賠償モデルの思考枠組みは、必然的に、契約不履行に基づく損害賠償と不法行為に基づく損害賠償との関連性を強めることになった。その結果、2つの損害賠償制度は、その原理及び構成の点において、民事責任の名の下に統一的に把握され、少なくとも学理的な視点から見れば、契約不履行に基づく損害賠償は、契約不履行法の体系から切り離されることになってしまった。このことは、民事責任という表題の下で2つの責任制度を論じようとする学説だけでなく[1645]、

　　ことができる。そして、ここで、契約不履行に基づく損害賠償は、契約利益が実現されなかった場合に認められる代替的な履行実現のための手段なのであるから、これらの義務が履行されなかったことによって契約利益の実現が妨げられたときには、やはり、契約不履行に基づく損害賠償が問題となりうるのである。
　(1644)　契約法との関連につき、第2章・第2節・第2款・第2項858頁以下、契約不履行法との関連につき、同節・第1款・第1項822頁以下及び第2項840頁以下、「ヨーロッパ契約法」につき、同章・第1節・第1款・第2項763頁以下を参照。

639

◆第1章◆ 解　釈

配列上は2つの責任制度を区別して扱う学説にも当てはまるものである[1646]。そのため、フランスの契約不履行法においては、同じく「債務の効果」であるはずの現実履行と損害賠償が完全に分離されてしまっており、更に、これ以外の諸点、例えば、解除が「解除条件（De la condition résolutoire）」（民法典）[1647]、ないし、「双務契約に固有の規範」（学説）として位置付けられていること、不履行の抗弁や代金減額等の手段が法典の中に存在しないこと等をも併せて考えるならば、フランスの契約不履行法は、「分裂した説明方法（la présentation éclatée）」[1648]によって支配されていると言うことができる。そして、こうした思考スタイルが、契約不履行法についての包括的なビジョンを持つことを妨げ、救済の選択における債権者及び裁判官の役割、契約不履行に対する様々な救済手段の結合関係という問題意識を欠落させてしまっているのである[1649][1650]。

(1645) 20世紀のフランス民事責任論に絶大な影響力を持った、アンリ＝レオン・マゾーの『不法行為及び契約の民事責任に関する理論的・実務的概論』（現時点での最終改定版は、H. et L. Mazeaud et Tunc, supra note 29；H. et L. Mazeaud et J. Mazeaud, supra note 785；H. et L. Mazeaud, J. Mazeaud et Chabas, supra note 779；H. et L. Mazeaud et Chabas, supra note 49。また、Cf. H. L Mazeaud, J. Mazeaud et Chabas, supra note 19）、ジュヌヴィエーヴ・ヴィネとパトリス・ジュルダンの手によって著された、今日におけるフランス民事責任論の最も詳細なトレテである、ジャック・ゲスタン（Jacques Ghestin）の『民法概論（Traité de droit civil）』シリーズ（Viney, supra note 19；Viney et Jourdain, supra note 31；Viney et Jourdain, supra note 47）が、その代表である。その他、20世紀前半のものとして、アンリ・ラルー（Lalou, supra note 241；Id., supra note 795）、ルネ・サヴァティエ（Savatier, supra note 37；Id., supra note 779）、ルネ・ロディエール（Rodière, supra note 241）等の教科書・体系書が、20世紀後半のものとして、ガブリエル・マルティ＝ピエール・レイノー（Marty et Raynaud, supra note 37）、アンドレ・タンク（Tunc, supra note 542, La responsabilité civile）、フィリップ・マランボー（＝ドミニク・フヌイエ）（Philippe Malinvaud et Dominique Fenouillet）（supra note 203）等の教科書・体系書がある。

(1646) というのは、ここでは、契約不履行に基づく損害賠償と不法行為に基づく損害賠償の単なる配列が問題となっているわけではなく、そこで前提とされている思考モデルが問われているからである。

(1647) 良く知られているように、フランス民法典の契約解除に関する条文（1184条）は、第3章「契約もしくは合意に基づく債務一般」、第4節「様々な債務の種類（Des diverses espèces d'obligations）」、第1款「条件付き債務（Des obligations conditionnelles）」の§3「解除条件（De la condition résolutoire）」の中で規定されている（1184条のテクストについては、注(162)を参照）。

(1648) Tallon, supra note 20, L'inexécution du contrat..., p.224.

(1649) ドゥニ・タロンが強調する点である。Tallon, supra note 20, L'inexécution du contrat...が代表的な論稿であるが、その他、Id., Les remèdes, Le droit français, in, Le contrat aujourd'hui : comparaisons franco-anglaises, sous la direction de Denis Tallon et Donald Harris, Bibliothèque de droit privé, t.196, LGDJ., Paris, 1987, pp.271 et s.；Id., Breach of Contract and Reparation of damage, in, Towards a European Civil Code, A.S. Hartkamp, M.W. Hesselink, E.H. Hondius, C.E. du Perron and J.B.M. Vranken (eds.), Ars Aequi Libri, Nijimegen Martinus Nijhoff Publishers, Dordrecht, Boston, London, 1994, pp.223 et s.；Id., L'article 1184 du Code civil : Un texte à rénover, in, Clé pour le siècle : Droit et science politique, information et communication, science économique et de gestion, Dalloz, Paris, 2000, pp.253 et s.

(1650) 同様の批判は、債務法及び時効法改正準備草案に対しても向けられうる。というのは、同草案は、第1章「契約及び合意に基づく債務一般（Du contrat et des obligations conventionnelles en général）」、第3節「合意の効果（De l'effet des conventions）」の中に、第5款として、「債務の不履行及び契約の解除（De l'inexécution des obligations et de la résolution du contrat）」を設けているが、契約不履行に基づく損害賠償は、そこから除外され、第3章「民事責任（De la responsabilité civile）」の中で扱われているからである。Cf. Faure-Abbad, supra note 100, pp.165 et s., et pp.169 et s.；Tallon, supra note 100, p.132；Savaux, supra note 100, n°2, p.46；Le

このような法状況の下において、近時の有力学説は、契約不履行に基づく損害賠償の賠償手段化を否定し、これを契約の実現という視角から捉えることで、契約不履行法の体系の中に組み込もうとした。その方法には様々なヴァリエーションが存在しているが、ここでは、前述のような問題関心に鑑み、近時の等価物による履行論の嚆矢となったドゥニ・タロンの議論を見ておこう。タロンは、英米法における契約違反の考え方から示唆を受けつつ[1651]、実際的な視角から、時系列的に、契約不履行に対する救済手段を整理すべき旨を説く。すなわち、議論の出発点として据えられるべきであるのは、責任の視点から導かれるフォートの思考ではなく、よりニュートラルな不履行という概念である。そうすることによって、債務者による防御方法を、不履行の不存在と免除原因という形で並列的に捉えることができるし、また、不履行という概念を中心に、前提的救済としての不履行の抗弁と再交渉、終局的救済としての履行の強制、損害賠償、契約解除を配置することが可能となる。更に、契約不履行に基づく損害賠償から責任やフォートの思考が排除されることになるので、これと契約不履行に対するその他の救済手段との関係も、契約法の特性に合わせた形でより明確に捉えることができるのである[1652]。

　こうした契約不履行法の体系化という視角からの議論に対しては、確かに、契約不履行に基づく損害賠償を民事責任の下で扱うとすれば、契約不履行法との関わりを意識することが難しくなるから、教育的配慮に欠けているとの指摘がなされてもやむをえない側面もあるし、また、契約不履行に基づく損害賠償と契約不履行に対するその他の救済との関係に関わる研究の欠落をもたらす危険性もあるが、問題は、その限度に止まっており、仮に、賠償方式としての契約不履行に基づく損害賠償の考え方が、契約不履行法の体系化に対する障害とならないのであれば、上記の議論は決定的なものとはなりえないとの指摘もなされている[1653]。この指摘は、一面においては、真実を含んでいる。なるほど、契約不履行法におけるフォートの思考、あるいは、契約不履行に基づく損害賠償の賠償手段化は、契約不履行に基づく損害賠償に関わる議論それ自体や、民事責任法の構想に多くの問題を生じさせているが[1654]、それだけで、賠償モデルが、契約不履行法の体系化に悪辣な影響を与えていることの論証に成功したと言うことはできない。この点を明らかにするためには、（立法論ではなく、解釈論的な議論を行っている以上）教育的・実際的配慮を超え

　　　Tourneau, supra note 100, Brefs propos critiques sur la responsabilité contractuelle…, pp.2180 et s. ; Thellier de Ponchevile, supra note 104, pp.656 et s. また、より穏健的ではあるが、Cf. Ancel, supra note 100, Quelques observations sur la structure…, n° 9, p.111. なお、この点についての詳細は、第2章・第1節・第1款・第1項714頁以下を参照。
(1651) 後に触れるように、タロンの議論の中には、英米法のみならず、「ヨーロッパ契約法」の影響も見出すことができる。
(1652) Tallon, supra note 20, L'inexécution du contrat…, n°S 21 et s., pp.230 et s.
(1653) Viney, supra note 21, n° 18, pp.937 et s.
(1654) 前者における問題については、第1部で取り上げた各議論を、後者における問題については、本款における議論を参照。

て、より具体的かつ理論的に、賠償モデルの下において、契約不履行法の体系化あるいは契約不履行に対するその他の救済手段にどのような問題が生じうるのか、それを回避するための手段は何か考えられないのか、そして、その場合に新たな問題が生ずることはないのか等を検討しなければならないからである。この意味において、上記の指摘は正当である。しかし、他方で、民事責任法ではなく契約不履行法との関連を意識した契約不履行に基づく損害賠償の理論枠組み、あるいは、控え目に言っても、上記のような等価物による履行論の問題提起それ自体が、契約不履行法の体系化や契約不履行に対する諸救済の関係についての研究を促したことも、また、事実である。実際、20世紀の末頃から、フランスにおいては、この問題についての研究が格段に進展しているのである[1655]。従って、等価物による履行論は、少なく見積もっても、契約不履行法の問題領域に対する関心が希薄であったという学理的な状況の下に提唱され、この状況を一変させるだけのインパクトを有していたと言うことができるであろう。

次に、より広く契約法全体に視野を広げるならば、等価物による履行論を生み出すに至った学理的な背景事情として、とりわけ、以下の2点を挙げておかなければならないように思われる。

第1に、契約と第三者に関わる諸問題、より具体的に言えば、契約連鎖の場面において転債権者が原債務者に対して契約上の訴権を行使することができるのかという問題、また、第三者が不法行為に基づく損害賠償を請求する際して契約不履行を援用することができるのかという問題との関連で、判例法理が進展し、かつ、それに併せて、契約グループ論等の学理的な議論が活発になったことによって、契約において予定されていた利益の実現という側面、あるいは、これを債務者側から見て、契約において予定されたリスクの負担という側面に強い関心が寄せられるようになったことである。第三者による契約不履行の援用問題については既に言及してあるので、ここでは、まず、契約連鎖の場面における直接訴権についての判例法理を概観しておこう[1656][1657]。

[1655] Ex. Jean Marc Mousseron, 《Responsable mais pas coupable》: La gestion des risques d'inexécution du contrat, in, Mélanges Christian Mouly, t.2, Litec, 1998, pp.141 et s. ; Richard Desgorces, La combinaison des remèdes en cas d'inexécution du contrat imputable au débiteur, in, Mélanges en l'honneur de Denis Tallon, D'ici, d'ailleurs : Harmonisation et dynamique du droit, Société de législation comparée, Paris, 1999, pp.243 et s. ; Grosser, supra note 21 ; Laithier, supra note 21 ; Éric Brousseau, La sanction adéquate en matière contractuelle : Une analyse économique, Petites affiches, 19 mai 2005, n° 99, pp.43 et s. ; Sophie le Gac-Pech, Vers un droit des remèdes, Petites affiches, 4 déc. 2007, n° 242, pp.7 et s. ; Id., La direction de la sanction, Petites affiches, 9 mars 2009, n° 48, pp.3 et s. ; Catherine Popineau-Dehaullon, Les remèdes de justice privée à l'inexécution du contrat : Étude comparative, th. Paris II, préf. Marie Goré, Bibliothèque de droit privé, t.498, LGDJ., Paris, 2008 ; Anne-Cécile Martin, L'imputation des risques entre contractants, th. Montpellier, préf. Didier Ferrier, Bibliothèque de droit privé, t.508, LGDJ., Paris, 2009 ; Marie Tinel, La correction, par le débiteur, de l'inexécution des obligations, RRJ., 2012, pp.265 et s. ; etc.

(1656) この問題については、以下の叙述の中で引用する判決の評釈、判例を契機とする諸論稿のほか、比較的近年のものだけに限定しても、以下のような論文・テーゼがある。Georges Bonet et Bernard Gross, La réparation des dommages causés aux constructions par les vices des matériaux, JCP., 1974, I, 2602, n°s 16 et s., pp.4 et s. ; Bernard Boubli, Soliloque sur la transmission de l'action en garantie (À propos de l'arrêt de la troisième Chambre civile du 9 juillet 1973), JCP., 1974, II, 2646 ; Id., Transfert de propriété et responsabilité dans les groupes de contrats (à propos de l'arrêt de 12 juillet 1991), RDI., 1992, pp.27 et s. ; Philippe Malinvaud, L'action directe du maître de l'ouvrage contre les fabricants et fournisseurs de matériaux et composants, D., 1984, chr., pp.41 et s. ; Larroumet, supra note 1590, L'action de nature nécessairement contractuelle..., Id., supra note 1590, L'effet relatif des contrats..., pp.313 et s. ; Viney, supra note 1567, L'action en responsabilité..., pp.399 et s. ; Id., supra note 1567, Sous-contrat et responsabilité civile, pp.611 et s. ; Christophe Jamin, Une restauration de l'effet relatif du contrat (à propos de l'arrêt de l'Assemblée plénière du 12 juill. 1991, Besse), D., 1991, chr., pp.257 et s. (同著者の関連するテーゼとして、Id., La notion d'action directe, th. Paris I, préf. Jacques Ghestin, Bibliothèque de droit privé, t.215, LGDJ., Paris, 1991. また、同テーゼの要約的な論文として、Id., Breves réflexions sur un mécanisme correcteur : L'action directe en droit français (Rapport français), in, Les effets du contrat à l'égard des tiers : Comparaisons franco-belges, sous la direction de Marcel Fontaine et Jacques Ghestin, Bibliothèque de droit privé, t.227, LGDJ., Paris, 1992, pp.263 et s.) ; Jean-Pierre Karila, L'action directe du maître de l'ouvrage à l'encontre du sous-traitant est nécessairement de nature délictuelle (assemblée plénière du 12 juillet 1991), Gaz. Pal., 1992, 1, doc., pp.18 et s. ; Jacques Ghestin, Introduction (Rapport français), in, Les effets du contrat à l'égard des tiers : Comparaisons franco-belges, sous la direction de Marcel Fontaine et Jacques Ghestin, Bibliothèque de droit privé, t.227, LGDJ., Paris, 1992, pp.4 et s. ; Delebecque, supra note 1590, pp.117 et s. ; Leveneur, supra note 1585, pp.1 et s. ; Frédéric Leclerc, Les chaînes de contrats en droit international privé, JDI., 1995, pp.268 et s. ; Daniel Mainguy, La revente, th. Paris II, préf. Philippe Malaurie, Litec, Paris, 1996, n°s 92 et s., pp.129 et s. ; Guillaume Blanc, Clause compromissoire et clause attributive de juridiction dans un même contrat ou dans un même ensemble contractuel : De la concurrence à la subsidiarité de la compétence des tribunaux étatiques, JCP. éd. E., 1997, I, 707, pp.485 et s. ; Marie-Laure Izorche, Le vendeur professionnel, entre vices cachés et jurisprudence hermétique (à propos d'un arrêt de la première chambre civile de la Cour de cassation du 8 juin 1999), D., 2000, chr., pp.407 et s. ; Denis Mazeaud, Les groupes de contrats, in, Le contrat : Questions d'actualité, Paris, Automobile club, 1er fév. 2000, Petites affiches, 5 mai 2000, n° 90, pp.64 et s. ; Jacques Moury, Réflexions sur la transmission des clauses de compétence dans les chaînes de contrats translatifs, D., 2002, chr., pp.2744 et s. ; Cécile Lisanti-Kalczynski, L'action directe dans les chaînes de contrats ?, Plus de dix ans après l'arrêt Besse, JCP., 2003, I, 102, pp.61 et s. ; Céline Laronde-Clerac, La nature toujours controversée de la responsabilité dans les chaînes contractuelles, Contra. conc. consom., mai 2003, n° 6, pp.6 et s. ; Luc Grynbaum, Les chaînes de contrat : suite... bientôt fin ?, RDC., 2003, pp.287 et s. ; Ancel, supra note 1398, Les arrêts de 1988..., pp.3 et s. ; Pascal Puig, Faut-il supprimer l'action directe dans les chaînes de contrats ?, in, Liber amicorum Jean Calais-Auloy, Études de droit de la consommation, Dalloz, Paris, 2004, pp.913 et s. ; Olivier Deshayes, La transmission de plein droit des obligations à l'ayant-cause à titre particulier, préf. Geneviève Viney, Bibliothèque de l'Institut André Tunc, LGDJ., Paris, 2004 ; Id., Précisions sur la nature et les fonctions de la règle d'effet relatif des contrats, in, Études offertes à Geneviève Viney, LGDJ., Paris, 2008, pp.333 et s. ; Daniel Mainguy, L'actualité des actions directes dans les chaînes de contrats, in, Études offertes à Jacques Béguin, Droit et actualité, Litec, Paris, 2005, pp.449 et s. ; Michel Espagnon, La prévision contractuelle et l'action en responsabilité du tiers contre le contractant (de l'arrêt Lamborghini à l'article 1342 du projet de réforme du droit des obligations et de la prescription), in, Études offertes à Geneviève Viney, LGDJ., Paris, 2008, pp.377 et s.

また、契約連鎖及び契約グループに関わる議論と並行するようにして展開された、契約当事者をめぐる議論について、Jacques Ghestin, La distinction entre les parties et les tiers au contrat, JCP., 1992, I, 3628, pp.517 et s. ; Id., Nouvelles propositions pour un renouvellement de la distinction des parties et des tiers, RTD civ., 1994, pp.777 et s. ; Jean-Luc Aubert, À propos d'une distinction renouvelée des parties et des tiers, RTD civ., 1993, pp.263 et s. ; Catherine

◆第1章◆　解　釈

　判例は、売買目的物が転売された場合において（以下では、これを「売買・売買の連鎖」と呼ぼう）、売買契約には、売買目的物に付随している権利の移転も含まれるとして、古くから、転買主が原売主に対して瑕疵担保に基づき損害賠償を請求することを認めてきた[1658]。他方、転買主の原売主に対する解除訴権については、これを否定する判決もあったが[1659]、その後、原売主は原売買の価格を超える代金の返還を義務付けられることはないとの判断を行うことによって、これを肯定する場合に生じうるものされた問題、つまり、2つの売買契約で代金額が異なる場合に原売主が自己の受け取った代金額以上の返還を余儀なくされるとの問題を解消し[1660]、解除に関する直接訴権も認められるようになった[1661]。今日では、「売買・売買の連鎖」

Guelfucci-Thibierge, De l'élargissement de la notion de partie au contrat... à l'élargissement de la portée du principe de l'effet relatif, RTD civ., 1994, pp.275 et s. ; Cyrille Charbonneau et Frédéric-Jérôme Pansier, Du renouveau de la notion de partie, Defrénois, 2000, art. 37110, pp.284 et s.

(1657) この問題を論じた我が国の先行業績として、野澤・前掲注(177)47頁以下、森田・前掲注(177)145頁以下、松浦・前掲注(177)「契約当事者と第三者の関係」561頁以下、工藤・前掲注(177)論文、都築・前掲注(177)77頁以下、山田・前掲注(177)論文、武川・前掲注(83)691頁以下等がある。

(1658) Ex. Cass. civ. 12 nov. 1884, D., 1885, 1, 358 ; S., 1886, 1, 149（事案の概要は、以下の通りである。Yは、ある機械をAに対して売却し、Aは、本件機械をXに対して売却した。ところが、本件機械に隠れた瑕疵が存在したことから、Xは、A及びYに対して、瑕疵担保責任を追及した。原審は、Xの請求を認容した。破毀院も、以下のように判示して、Yからの上告を棄却した。「XのYに対する訴権は、民法典1166条において確立されている原則ではなく、物の売買には、全ての付随物、とりわけ売主が取得することのできた訴権が含まれるという原則に基づくものである」）; etc.

(1659) Cass. com., 27 fév. 1973, D., 1974, 138, note Philippe Malinvaud ; JCP., 1973, II, 17445, obs., René Savatier ; Gaz. Pal., 1973, 2, 737, note André Plancqueel ; RTD civ., 1973, 582, obs., Gérard Cornu（事案の概要は、以下の通りである。Yは、Aに対して、カキの養殖に使用するための機械を譲渡し、Aも、Xに対して、これを転売した。その後、Xは、本件機械には瑕疵があり、契約を締結した目的を達成することができなくなったとして、Y及びAを相手に、瑕疵担保訴訟を提起した。原審は、損害賠償訴権のみならず、解除訴権についても認容した。これに対して、破毀院は、民法典1165条をビザに、以下のように判示して、原審を破棄した。「本件においては、連続して2つの売買が締結されているところ、転買主であるXは、原売主であるYに対して、解除の直接訴権を行使することはできず、間接的な方法によってのみ、この目的で訴権を行使することができる」）

(1660) Cass. com., 27 fév. 1973, supra note 1659 に批判的な判例評釈が強調していた点である。Malinvaud, supra note 1659, pp.138 et s. ; Cornu, supra note 1659, pp.583 et s. Contra, Savatier, supra note 1659, p.1.

(1661) Cass. com., 17 mai 1982, Bull. civ., IV, n⁰ 182 ; D., 1983, IR., 479, obs., Christian Larroumet ; RTD civ., 1983, 135, obs., Georges Durry（事案の概要は、以下の通りである。Xは、Aからトラックを購入した。このトラックは、AがYから購入したものであった。ところが、このトラックには度重なる故障が生じたので、Xは、A及びYに対し、隠れた瑕疵に基づき売買契約の解除を求める訴訟を提起した。原審は、Xの請求を認容した。そこで、Yが上告した。破毀院は、以下のように判示して、原審を破棄した。「転買主が、その製造時から存在する売却目的物の隠れた瑕疵の担保を理由に、製造者又は中間売主に対して行使する直接訴権は、必然的に契約の性質を持つ。従って、控訴院は、Yに対して行使された廃却訴権を認容することができた」。しかしながら、控訴院が、Yに対して、XがAに対して支払った代金の返還を命じた点については、是認することができない。「売買契約の解除の場合、売主が受け取った代金の返還は、買主による物の返還の反対給付に相当し、従って、物の返還を受けた者だけが、買主に対して、受け取った代金を返還する義務を負う」。「控訴院は、売買契約の解除を認め、Aへのトラックの返還を命じた後に、Yに対し、Aと連帯して、Xにトラックの代金を支払うよう命じた。このように判示しているのであるから、控訴院は、上記のテクスト（民法典1644条─筆者注）の諸規定に違反

の場合に、原買主＝転売主の有していた原契約上の訴権が転買主に移転し、転買主が原売主に対して訴権を行使しうることは、異論なく承認されている(1662)(1663)。ま

した」）; Cass. 1re civ., 27 janv. 1993, Bull. civ. I, no 45 ; D., 1994, somm., 239, obs., Olivier Tournafond ; JCP., 1993, I, 3684, obs., Jacques Ghestin ; JCP. éd. E., 1993, I, 231, obs., Jacques Raynaud ; Défrénois, 1993, art. 35673, 1437, obs., Georges Vermelle ; Cass. 1re civ. 4 mars 1997, Contra. conc. consom., juin 1997, no 93, 8, note Laurent Leveneur ; Défrénois, 1997, art. 36690, 1343, obs., Denis Mazeaud（破毀院は、以下のように判示している。「買主が原売主に対して行使した廃却訴権は転売主の訴権であるから、原売主は自己が受け取ったもの以上を返還する義務を負わない。原売主 Y は A から材料の引渡しについて代金の支払いを受けていなかったのであるから、原審は、X が A に対して支払った手付金を返還する義務を Y が負わないことを正確に導いた」。よって、上告には理由がない）; Cass. 1re civ., 20 mai 2010, D., 2010, 1416, obs., X. Delpech ; D., 2010, 1757, note Olivier Deshayes ; RDC., 2010, 1317, obs., Philippe Brun（事案の概要は、以下の通りである。X は、薬品産業向けに化学製品を製造する会社であり、産業用原材料の国際取引を業とする Y₁ から、SUS316 ステンレスの中古コンテナーを購入した。このコンテナーは、Y₁ が、Y₂ から購入したものであった。ところが、このコンテナーには、SUS304 ステンレスが含まれており、化学製品には不適合であることが明らかになった。そこで、X は、Y₁ 及び Y₂ に対して、契約の解除及び損害賠償の支払いを求める訴訟を提起した。その後、Y₁ は、清算手続きを開始し、その清算人は、Y₂ との同意により、Y₂ との間の契約を解除した。原審は、X の Y₂ に対する請求を棄却した。破毀院は、以下のように判示して、原審を破棄した。「民法典 1604 条、1610 条及び 1611 条によれば、同じ適合性の欠如を理由とする解除訴権は、引き渡された物と伴に移転する。従って、この訴権が、一方で、転買主により、中間売主及び原売主に対して行使され、他方で、中間売主により、原売主に対して行使されたときには、転買主が中間売主及び原売主に対して行使した訴権のみが認容され、この場合、中間売主は、原売主に対して、転買主のために自己に対して命ぜられた有責判決の保証を目的としてのみ、訴権を行使することができる。また、原売主は、転買主または中間売主に生じた損害の賠償を義務付けられることがあるにしても、自己が受け取ったもの以上を返還するよう義務付けられることはない。原審は、X が Y₂ との間で何ら契約関係にないこと、原売主に対する中間売主の清算人の請求が認められていることを認定し、X の Y₂ に対する請求を棄却した。転買主は、中間売主と原売主に対し、同時に訴訟を提起しており、従って、転買主が原売主に対して行使した解除訴権は認容されなければならないにもかかわらず、上記のように判示しているのであるから、控訴院は、上記のテクストに違反した」）; etc.

(1662) 例えば、以下のような判決がある。Cass. 1re civ., 4 fév. 1963, S., 1963, 193, note R. Meurisse ; JCP., 1963, II, 13159, obs., René Savatier（事案の概要は、以下の通りである。A は、オートバイに乗っていたところ、X が運転する自動車と衝突し、死亡した。本件事故の原因は、X の運転する自動車の操縦がきかなくなったことによるものとされた。ところで、本件自動車は、X が、B から購入し、B は、Y から購入したものであった。このような事実関係の下、A が、X に対して損害賠償の支払いを求める訴訟を提起したので、X は、瑕疵担保責任を援用して、B 及び Y に対して、求償を求める訴訟を提起した（なお、B も、本件自動車の修理を行った C に対して求償を求めているが、以下では触れない）。原審は、まず、民法典 1384 条 1 項に基づき、A の X に対する損害賠償請求を認容し、次いで、Y に対して、この有責判決を全て保証するよう命じた（上告は多岐にわたるが、以下では、Y の上告に関わる部分のみを掲げる）。破毀院は、以下のように判示している。「売主が隠れた瑕疵を理由に負う担保は、売買の目的それ自体に内在するものであるから、契約に由来する自己固有の権利によって物を保持する者として、買主に帰属する。従って、控訴院が、転買主は「原売主に対して直接的に廃却訴権を行使する」ことができると評価したのは、正当である」。もっとも、原審は、民法典 1646 条に基づき、売買費用の中に、X が負う損害賠償を含めているが、本件事案において、Y は善意であったから、上記のように判断した原審を是認することはできない）; Cass. 1re civ., 5 janv. 1972, JCP., 1972, II, 17340, obs., Philippe Malinvaud（事案の概要は、以下の通りである。Y は、A に対して、中古車を売却し、A は、X との間で、本件中古車を別の物と交換した。その後、X は、B に対して、本件中古車を売却した。ところが、本件中古車には、油圧システムに問題があることが明らかとなったので、B は、X に対して、契約の解除、売買費用の賠償等を求める訴訟を提起した。そこで、X は、Y に対して、売買契約上の瑕疵担保責任を追及する訴訟を提起した。原審は、B 及び X のいずれの請求も認容した。破毀院は、以下のように判示して、Y からの上告を棄却した。「一方で、中古車の連鎖売買の場合においては、売買目的物の所有権が最終買主に帰属していたときに発見された隠れた

645

瑕疵が、第1の売買の時に存在していれば、原売主の担保が認められる」); Cass. 1re civ., 9 oct. 1979, Bull. civ., I, n° 241 ; D., 1980, IR., 222, obs., Christian Larroumet ; Gaz. Pal., 1980, 1, 249, note André Plancqueel ; RTD civ., 1980, 354, obs., Georges Durry (事案の概要は、以下の通りである。1968年9月5日、Xは、Aから、C社製の中古車を購入した。ところが、同年1月15日、Xは、サスペンションの瑕疵を原因として、事故を起こしてしまった。ところで、この瑕疵については、既に1967年5月8日の段階で、製造者がその存在を認めていた。Bは、フランスにおけるC社製自動車の輸入業者である。Bは、一定の期間、前所有者の費用で本件自動車の維持を行っており、Cの指示を受け取っていたが、勧められた修理を行うことはなかった。このような事実関係の下、Xは、A、B、Cに対して、民法典1147条、同1582条以下に基づく訴訟を提起した。第1審は、Aが6分の1、Bが6分の2、Cが6分の3の割合で、連帯して責任を負うよう命じた。他方、原審は、B、Cに対する請求については、民法典1383条に基づき、それぞれ半分の割合で責任を負うべき旨を判示したが、Aに対する請求については、Aは瑕疵の存在を知らなかったとして、これを棄却した。これに対して、前者の部分につきB及びCが、後者の部分につきXが、それぞれ上告した。まず、破毀院は、B及びCの上告に関し、民法典1147条及び1648条をビザに、「その製造の時から存在する売却目的物の隠れた瑕疵の担保を理由として、転買主が製造者もしくは中間売主に対して行使する直接訴権は、必然的に契約の性質を持ち、従って、訴権が法律によって規定された短期間のうちに行使されたかどうかを探求するのは、事実審裁判官であるにもかかわらず、上記のように判示しているのであるから、控訴院は、上記のテクストに違反した」と判示して、原審を破棄した。次いで、破毀院は、Xの上告部分につき、民法典1165条をビザに、以下のように判示して、原審を破棄した。「控訴院は、本件自動車をXに売却したAがその隠れた瑕疵を認識していたことが立証されていないと判示して、Aに対する請求を棄却している。Aは、職業的売主として、売却された自動車の瑕疵を認識しているものとみなされるにもかかわらず、上記のように判示しているのであるから、控訴院は、上記のテクストに違反した」）。

（1663）もっとも、このような状況は国内の売買に限られており、国際的な売買が問題となる場合には、転買主の原売主に対する損害賠償請求の契約的性質が否定されるようになっている。

まず、ヨーロッパ司法裁判所は、この場合には、契約についての裁判管轄を規定した、民事及び商事における裁判管轄及び判決の執行に関する1968年9月27日の条約（Convention on jurisdiction and the enforcement of jugements in civil and commercial matters）の5条が適用されないことを明らかにし（CJCE., 17 juin 1992, D., 1993, somm., 214, obs., Jérôme Kullmann ; JCP., 1992, II, 21927, note, Christian Larroumet ; JCP. éd. E., 1992, II, 363, note Patrice Jourdain ; JCP. éd. E., 1992, I, 199, obs., Marianne Mousseron, Jean Marc Mousseron et Jacques Raynaud ; RTD civ., 1993, 131, obs., Patrice Jourdain ; RTD eur., 1992, 709, note Pascal de Vareilles-Sommières ; Rev. crit. dr. inter. privé, 1992, 726, obs., Hélène Gaudemet-Tallon ; JDI., 1993, 469, obs., J.-M. Bischoff（事案の概要は、以下の通りである。X社（フランス）は、A社（スイス）から、研磨機を2台購入した。この研磨機には、B社（ドイツ）によって製造され、C社（フランス）によって売却・設置された吸引システムが付けられていた。ところが、この設備が衛生・労働安全の規則に適合していなかったので、X社は、A、B、Cに対して損害賠償の支払いを求める訴訟を、X社の所在地にある裁判所に提起した。第1審は、民事及び商事における裁判管轄及び判決の執行に関する1968年9月27日の条約5条1項に基づき、Aに対する請求については、管轄の不存在、B及びCに対する請求ついては、管轄の存在を判断した。また、第2審であるシャンベリー控訴院1989年3月20日判決も、XのBに対する訴権は、転買主の直接訴権であり、フランスにおいても、条約においても、契約の性質を持つから、管轄が存在すると判断した原審を是認した。これに対して、Bが上告した。これを受けて、破毀院は、ヨーロッパ司法裁判所に対し、先決問題の判断を委ねた（Cass. 1re civ., 8 janv. 1991, Rev. crit. dr. inter. privé, 1991, 411, obs., Y. L.）。ヨーロッパ司法裁判所は、以下のように判示している。「15．条約5条1項における「契約事項」という観念は、当事者間において自由に引き受けられた債務が存在しない状況を対象とするものとして理解することはできない。16．中間売主から商品を購入した転買主が、物の不適合から生じた損害の賠償を得るために、製造者に対して行使する訴権について言えば、製造者は、転買主に対して、何ら契約の性質を持つ債務を負っていないのであるから、転買主と製造者との間には、如何なる契約関係も存在しないことを確認しておくのが重要である」。よって、「民事及び商事における裁判管轄及び判決の執行に関する1968年9月27日の条約の5条1項は、物の瑕疵もしくは予定された用法への不適合を理由とする、物の転買主とその売主ではない製造者との間の紛争には適用されないものと解釈されなければならない」）、破毀院も、これに従った判決を下している（Cass. com., 18 oct. 1994, Rev. crit. dr. inter. privé, 1995, 721, obs., Anne Sinay-Cytermann）。

た、同様の解決は、請負目的物が譲渡された場合においても（以下では、「請負・売買の連鎖」と呼ぼう）、比較的初期の段階から認められてきた。そこでは、買主は、請負人に対して、注文者＝売主から承継した請負契約上の訴権を直接行使することができるものとされているのである[1664]。更に、これとは反対に、注文者からの依頼を

　　次いで、破毀院は、国際物品売買契約に関する国際連合条約が適用される場面では、転買主の原売主に対する訴権の契約的性質を否定したかのように読むことができる判決を下したのである（Cass. 1re civ., 5 janv. 1999, Bull. civ., I, n° 6 ; D., 1999, 383, note Claude Witz ; JCP., 2000, I, 199, obs., Geneviève Viney ; JCP. éd. E., 1999, 962, note Laurent Leveneur ; RTD civ., 1999, 503, obs., Jacques Raynard ; RTD com., 1999, 739, obs., Bernard Bouloc ; Contra. conc. consom., avril 1999, n° 53, 12, note Laurent Leveneur（事案の概要は、以下の通りである。Y社（アメリカ）は、冷凍システムをA社（フランス）に売却し、A社は、これをB社に売却した。その後、B社は、この冷凍システムをXのトラックに設置した。ところが、Xが、トラックで冷凍魚をスーパーマーケットへと運搬していたところ、積んでいた冷凍魚が全て溶けてしまったので、スーパーマーケット側はその受取りを拒否した。そこで、Xは、Y、A、Bに対して、損害賠償の支払いを求める訴訟を提起した。原審は、Xの担保訴権に基づく請求を認容した。これに対して、破毀院は、国際物品売買契約に関する国際連合条約1条、4条をビザに、以下のように判示して、原審を破棄した。「これらのテクストによれば、条約は、国際物品売買契約に適用され、この契約が売主と買主との間に生じさせる権利義務を排他的に規律する」（chapeau）。「XとYとの間に、同条約によって規律される売買契約が存在するかどうかを確認することなく、上記のように判示しているのであるから、控訴院は、上記のテクストに違反した」）。

[1664] 例えば、以下のような判決がある。Cass. 1re civ., 28 nov. 1967, D., 1968, 163（事案の概要は、以下の通りである。不動産開発会社Aは、建築士Y₁、請負人Y₂との間で、建物を建築してもらう契約を締結した。XはA社の株主であるが、A社の解散・株式分割により、本件不動産の所有者となった。ところが、その後、本件不動産に瑕疵が発見されたので、Xは、Y₁及びY₂に対して、請負契約上の担保責任を追及した。原審は、XとY₁及びY₂との間に契約関係が存在しないこと等を理由として、Xの請求を棄却した。これに対して、破毀院は、民法典1792条、2270条をビザに、以下のように判示して、原審を破棄した。「このテクストによって建築士及び請負人が負担する10年担保の債務は、不動産の所有権と結び付いた法律上の保護であり、注文者のみならず、承継人として注文者を引き継いだ全ての者によって援用されうる」）; Cass. 3ème civ., 23 mars 1968, D., 1970, 663, note Philippe Jestaz（事案の概要は、以下の通りである。1958年、Aは、コンクリートの専門家Yとの間で、ガレージに使用するためのコンクリート製の建物を建築してもらう契約を締結した。その後、1960年に、Aは、本件不動産をXに譲渡した。ところが、1961年になって、本件不動産には、ひび割れが存在することが明らかとなった。そこで、Xは、Yに対して、請負契約上の担保責任を追及した。原審は、Xの請求を認容した。破毀院は、以下のように判示して、Yからの上告を棄却した。「民法典1792条及び2270条の担保は、注文者が建築家または建築請負人に建造を依頼した場合にしか援用することができないところ、これらの条文が予定する10年の期間は、不動産の堅固さと仕事の正確な履行を試験するための期間である。従って、担保訴権への権利は、専ら注文者という人に結び付けられているわけではないし、時効期間内に不動産が売却された場合、この権利は、その付随物として、売買目的物に随伴し、それと一体化する」。よって上告には理由がない）; Cass. 1re civ., 9 mars 1983, Bull. civ., I, n° 92 ; JCP., 1984, II, 20295, obs., Patrick Courbe ; RTD civ., 1983, 753, obs., Philippe Rémy（事案の概要は、以下の通りである。Aは、Bに対し、加圧蒸気滅菌器を注文し、Bは、イギリスのYに対し、その製造を依頼した。完成後、この機械は引き渡され、Bによって設置されたが、爆発を起こし、Aに損害を生じさせた。Aに対して補償を支払った保険会社Xが、瑕疵担保を根拠に、B及びYに対して損害賠償の支払いを求める訴訟を提起した。原審は、Bに対する請求については、民法典1648条が定める短期間のうちに訴権が行使されていないことを理由に、Yに対する請求については、Aとの間に契約関係がないことを理由に、請求を棄却したが、控訴審の段階で追加された民法典1382条の訴権については、これを認容した。これに対して、Yが上告した（本件事案においては、準拠法の決定も問題となっていたが、以下では、Xが行使する訴権の性質の問題に叙述を限定する）。破毀院は、以下のように理由を差し替えた上で、上告を棄却した。「控訴院は、Yが、その安全装置に瑕疵があり、注文に適合しない加圧蒸気滅菌器を引き渡したことを明らかにし、引渡し債務の違反を正当化した。従って、転買主に移転した賠償訴権は、民法典1648条の特別規定ではなく、契約責任に関する一般法の規範に従属する」）; Cass. 1re civ.,

◆第1章◆　解　釈

受けた請負人が、第三者から物を購入し、これを請負目的物に付着させた場合に関しても（以下では、「売買・請負の連鎖」と呼ぼう）、判例は、売買契約上の訴権が請負目的物と伴に注文者へと移転することを認めている[1665]。

26 mai 1999, Contra. conc. consom., nov. 1999, n° 153, 10, note Laurent Leveneur（事案の概要は、以下の通りである。Xは、Aから、トロール船を購入した。ところで、このトロール船には損傷があったので、Yが修理を行っていた。しかし、その後、Yによる修理が不十分であったことを理由とする欠陥が現れた。そこで、Xは、A及びYに対して、損害賠償の支払いを求める訴訟を提起した。原審は、Yに対する請求については、XとYとの間に契約関係が存在しないことを理由に、これを棄却した。これに対して、破毀院は、民法典1134条、1147条をビザに、これまでの判例と同じ立場を述べて、原審を破棄した）; Cass. 1re civ., 21 janv. 2003, Bull. civ. I, n° 18 ; D., 2003, 2993, note Delphine Bazin-Beust ; Defrénois, 2003, art. 37810, 1172, obs., Jean-Luc Aubert（事案の概要は、以下の通りである。X₁は、Aからメリーゴーランドを購入した。このメリーゴーランドは、AがBから購入したものであり、AがX₁へと転売する前に、Yによって技術的な調整がなされていた。ところが、その後、メリーゴーランドの籠が外れたことによって、死亡事故が発生した。被害者に損害賠償を支払うよう命じられたX₁とその保険会社X₂は、B及びYに対して、不法行為に基づく損害賠償を請求したが、この請求は棄却された。そこで、X₂は、今度はYのみを被告として、民法典1147条に基づく損害賠償請求訴訟を提起した。原審は、X₂の請求を認容した。これに対して、Yは、X₁との間で契約関係が存在しないにもかかわらず契約責任規範を適用した原審の判断には、民法典1134条、1147条、1165条の違反がある等として上告した。破毀院は、以下のように判示して、Yの上告を棄却した。「転買主は、その所有する物に結び付いた全ての権利及び訴権を享受し、従って、場合によっては、その売主が当該物の所有権を保持していたならば有していたであろう契約責任訴権を行使することができる。それ故、保険者は被保険者がメリーゴーランドの買主の資格で行使することのできた契約責任訴権を代位したことを明らかにした後に、Yに対して契約責任の規範を適用した原審は正当である」）

[1665] Cass. ass. plén., 7 fév. 1986 (2 arrêts), D., 1986, 293, note Alain Bénabent ; JCP., 1986, II, 20626, obs., Philippe Malinvaud ; Gaz. Pal., 1986, 2, 543, note J.-M. Berly ; RTD civ., 1986, 364, obs., Jérôme Huet ; RTD civ., 1986, 594, obs., Jacques Mestre ; RTD civ., 1986, 605, obs., Philippe Rémy ; Defrénois, 1986, art. 33285, 1499, obs. Jean-Luc Aubert ; RDI, 1986, 210, obs., Philippe Malinvaud et Bernard Boubli（第1事件の事案は、以下の通りである。Xは、Aに対して、建築の請負を依頼し、Aは、Yが提供したレンガを使用して仕切り（cloison）を作った。ところが、その後、この仕切りにひび割れが存在することが明らかとなったので、Xは、Yに対して、損害賠償の支払いを求める訴訟を提起した。原審は、修理費用に相当する額の損害賠償を認容した。破毀院は、以下のように判示して、Yからの上告を棄却した。「注文者は、転取得者として、自己の所有する物と結び付いたあらゆる権利及び訴権を享受する。従って、注文者は、この効果として、製造者に対し、引き渡された物の不適合に基づく契約上の直接訴権を行使することができる」。よって、Yが契約に不適合な物を引き渡したことを認定しているのであるから、Xは一般法の時効期間内であればYに対し損害賠償を請求することができるとした原審の判断は正当である。第2事件の事案は、以下の通りである。1969年、Xは、建築士Aに対して、建物の建築を依頼し、Bがその基礎作業を請け負うことになった。また、Bは、Cに対して、Dが行う導管設置のための掘削作業を請け負わせた。そして、Cは、Y社から購入した断熱材を導管の周りに配置した。ところが、その後、導管の腐食によって水漏れが発生した。導管の腐食は、断熱材の瑕疵に由来するものであり、これが、断熱材の不完全な設置によって悪化したのであった。そこで、Xは、Y、B、C、Aに対して、損害賠償の支払いを求める訴訟を提起した（以下では、Yに対する請求の部分についてのみ触れる）。原審は、民法典1382条に基づき、XのYに対する請求を認容した。これに対して、Yは、Xが行使しているのは瑕疵担保訴権であるところ、短期間のうちに行使されていない等として上告した。破毀院は、以下のように理由を差し替えた上で、Yの上告を棄却した。「注文者は、転取得者として、自己の所有する物と結び付いたあらゆる権利及び訴権を享受する。従って、注文者は、この効果として、製造者に対し、引き渡された物の不適合に基づく契約上の直接訴権を行使することができる」。従って、Xは、一般法の時効期間で訴権を行使することができるのであるから、上告には理由がない）

また、これに先立つものとして、Cass. 3ème civ., 5 déc. 1972, D., 1973, 401, note Jean Mazeaud（事案の概要は、以下の通りである。Xは、Aとの間で、建物を建築してもらう契約を締結した。他方、Aは、Bに対し、窓の建具の製造・設置を依頼し、Bは、Yとの間で、建具の製

造をしてもらう契約を締結した。ところが、その後、窓フレームの機密性に問題があることが明らかになった。そこで、Xは、A、B、Yに対して、窓の取換え費用等に相当する額の損害賠償を求める訴訟を提起した。原審・破毀院ともに、A、B、Yに対し、連帯して責任を負うよう命じた）; Cass. 1re civ., 29 mai 1984, D., 1985, 213, note Alain Bénabent ; Gaz. Pal., 1985, 2, 437, note Henri Souleau ; RTD civ., 1985, 407, obs., Philippe Rémy ; RTD civ., 1985, 588, obs., Jérôme Huet ; RDI., 1984, 421, obs., Philippe Malinvaud et Bernard Boubli（事案の概要は、以下の通りである。X_1とX_2は、不動産を共有していたところ、1966年になって、Aに対し、屋根をタイル張りにしてもらうよう依頼した。このタイルは、Yによって製造され、Aに売却されたものであったが、その後、凍結によって裂け目が入ってしまった。そこで、Xらは、Yに対して、損害賠償の支払いを求める訴訟を提起した。原審は、Xらの訴権を不法行為と性質決定した上で、請求を認容した。これに対して、破毀院は、民法典1147条、1648条をビザに、以下のように判示して、原審を破棄した。「注文者は、請負人によって設置された材料の製造者に対して、その製造の時から売却目的物に影響を及ぼしている隠れた瑕疵の担保に関する直接訴権を行使することができ、この訴権は、必然的に契約の性質を持つにもかかわらず、上記のように判示しているのであるから、控訴院は、上記のテクストに違反した」）; Cass. 3ème civ., 19 juin 1984, Bull. civ., III, n° 120 ; D., 1985, 213, note Alain Bénabent ; RTD civ., 1985, 407, obs., Philippe Rémy ; RTD civ., 1985, 587, obs., Jérôme Huet（事案の概要は、以下の通りである。Xは、Aに対して、別荘の屋根の修理を依頼した。Aは、Yによって製造され、Bから購入したタイルを用いて本件工事を行った。ところが、その後、水漏れが生じたので、Xは、Yに対して、損害賠償の支払いを求める訴訟を提起した。原審は、Xの訴権を不法行為と性質決定し、請求を認容した。破毀院は、以下のように理由を差し替えた上で、Yの上告を棄却した。原審は、瑕疵の存在を認定し、それが水漏れの唯一の原因であると判断している。「契約領域外においてフォート及び損害との間の因果関係を特徴付ける判決理由によって、控訴院は、注文者と直接の権利関係にない製造者の責任を認定することができた」）; etc. Contra. Cass. 1re civ., 27 janv. 1981, Bull. civ., I, n° 30 ; RTD civ., 1981, 634, obs., Georges Durry（事案の概要は、以下の通りである。AはBとの間で、請負契約を締結し、Bは、その材料であるレンガをYから購入した。ところが、レンガに瑕疵があったために、完成物に欠陥があることが明らかとなった。そこで、Aに対して補償を支払った保険会社Xは、Yに対して、損害賠償の支払いを求める訴訟を提起した。原審は、Aが有するのは売買契約上の瑕疵担保訴権であるとした上で、Yが援用した民法典1648条の抗弁を容れ、Xの請求を棄却した。これに対して、破毀院は、Aが有するのは不法行為訴権であるとして、原審を破棄した）

更に、これ以降のものとして、Cass. 3ème civ., 3 oct. 1991, Bull. civ., III, n° 220 ; D., 1992, somm., 272, obs., Jérôme Kullmann ; RTD civ., 1992, 579, obs., Pierre-Yves Gautier（事案の概要は、以下の通りである。Xは、建物の建築を計画し、Aとの間で、鏡の製造所を設置してもらう契約を締結した。他方、Aは、Bに対して、二重ガラスを注文し、Cに対して、その設置を依頼した。また、金属製の留め具は、Dによって設置された。ところが、その後、瑕疵の存在が明らかになったので、Xは、A、B、C、Dに対して、損害賠償の支払いを求める訴訟を提起した。原審は、Aに対して、Xに生じた損害の賠償を行うよう命じ、Bに対し、Aに対し、隠れた瑕疵の担保責任を理由に、それを保証するよう命じた。破毀院は、以下のように判示して、原審を破棄した。「控訴院は、同一の売却目的物の瑕疵について、仕事の依頼主の製造者に対する請求と請負人による製造者に対する請求を、2つの異なる法的基礎に基づいて認容することはできないにもかかわらず、上記のように判示しているのであるから、上記のテクスト（民事訴訟法典455条—筆者注）の要求を満たさなかった」）; Cass. 1re civ., 28 oct. 1991, JCP. éd. E., 1992, I, 199, obs., Marianne Mousseron, Jean Marc Mousseron et Jacques Raynaud ; Contra. conc. consom., fév. 1992, n° 25, 11, note, Laurent Leveneur（注文者が、請負人に材料を提供した者に対して、損害賠償の支払いを求める訴訟を提起したという事案で、「注文者は、転取得者として、自己の所有する物と結び付いたあらゆる権利及び訴権を享受する」と判示した判決である）; Cass. 3ème civ., 14 nov. 1991, Bull. civ., III, n° 271 ; JCP., 1992, I, 3572, obs., Geneviève Viney ; JCP. éd. E., 1992, I, 199, obs., Marianne Mousseron, Jean Marc Mousseron et Jacques Raynaud ; RDI., 1992, 76, obs., Philippe Malinvaud et Bernard Boubli（事案の概要は、以下の通りである。Xは、Aとの間で、居住用の建物を建築してもらう契約を締結した。他方、Aは、Bから、工事のためのコンクリートを、Cから、その上塗りに必要な塗料を購入した。ところが、建物の完成後、ひび割れ、剥離が存在することが明らかになったので、Xは、B及びCに対して、損害賠償の支払いを求める訴訟を提起した。原審は、Xの請求を認容した。破毀院も、以下のように判示して、上告を棄却した。「控訴院は、Xが材料の製造者及び売主に対して行使する訴権が契約の性質を持つことを正確に認定し（中略）、この部分の判決を法律上正当化した」）; Cass. 1re civ., 23 juin 1993, Bull. civ.,

◆第1章◆ 解　釈

　これに対して、請負人が下請を用いた場合において（以下では、「請負・請負の連鎖」と呼ぼう）、注文者が、下請負人に対して、請負契約上の訴権を行使することができるかという点については、判例の対立・変遷があった。すなわち、かつての破毀院民事第1部は、これを、契約連鎖ではなく、契約グループ論の問題として捉え、「契約のグループにおいては、契約責任が、原契約と関係を有していたことのみを原因として損害を被った者全ての賠償請求を必然的に規律する。この場合、債務者は、この問題について適用される契約規範に従って、自己の不履行の結果を予見すべきなのであるから、被害者は、債務者との間に契約関係が存在しない場合であっても、この債務者に対して、契約の性質を持つ訴権しか行使することができない」と判示していたのに対し(1665)、同時期の破毀院民事第3部は、合意の相対効を強調し、「合意は、契約当事者間においてしか、効力を持たない。合意は、民法典1121条において予定されている場合を除き、第三者を害することも、利することもない」ことを理由に、依頼主が下請負人に対して行使する訴権を不法行為と性質決定していた(1667)(1668)。そして、その後、破毀院連合部は、民事第3部の立場、つまり、注文者

I, n° 226 ; Contra. conc. consom., nov. 1993, n° 190, 5, note Laurent Leveneur（建物建築の依頼主が材料提供者に対して損害賠償の支払いを求めたという事案である。破毀院は、「仕事の依頼主は、製造者に対して、この製造者が仕事を行う請負人に対して売却した製品の不適合に基づく契約訴権を行使することができる」と判示している）; Cass. 3ème civ., 28 mars 2001, Contra. conc. consom., août-sept. 2001, n° 118, 13, note Laurent Leveneur（防音工事の依頼主が材料の提供者に対して損害賠償の支払いを求めたという事案である。破毀院は、「転買主は、自己に帰属する物に結び付いた全ての権利及び訴権を享受し、製造者に対して、直接の契約訴権を行使することができる」と判示している）; Cass. 3ème civ., 12 déc. 2001, RTD civ., 2002, 303, obs., Patrice Jourdain ; RDI., 2002, 92, obs., Philippe Malinvaud ; etc.

(1666)　Cass. 1re civ., 21 juin 1988, supra note 1589. また、Cf. Cass. 1re civ., 8 mars 1988, Bull. civ., I, n° 69 ; JCP., 1988, II, 21070, obs., Patrice Jourdain ; RTD civ., 1988, 741, obs., Jacques Mestre ; RTD civ., 1988, 760, obs., Patrice Jourdain（事案の概要は、以下の通りである。Xは、Aに対して、スライドの引き延ばしを依頼し、Aは、この作業を、Yに請け負わせた。ところが、Yは、このスライドを紛失してしまった。そこで、Xは、Yに対して、損害賠償の支払いを求める訴訟を提起した。原審は、XのYに対する不法行為に基づく損害賠償請求を認容した。これに対して、Yは、本件で問題となっているのは契約訴権であるから、XとA、AとYの契約に存在する責任制限条項を援用することができる等と主張して上告した。破毀院は、民法典1147条、1382条をビザに、以下のように判示して、原審を破棄した。「契約債務の債権者が、この債務の履行を別の者に依頼した場合、債権者は、この者に対して、必然的に契約の性質を持つ訴権しか行使することができない。債権者は、自己の権利及び交代した債務者の債務の範囲という二重の限界において、直接的に、この契約訴権を行使することができる」）

(1667)　Cass. 3ème civ., 13 déc. 1989, Bull. civ., III, n° 236 ; D., 1991, 25, note Jérôme Kullmann ; JCP., 1990, II, 21554, obs., Laurence Bouilloux-Lafont ; RTD civ., 1989, 287, obs., Patrice Jourdain（事案の概要は、以下の通りである。Aは、Xに対して、建物の建築を依頼した。他方、Xは、Bに対して、屋根と防水の作業を下請けに出し、Bも、この作業を、Yに請け負わせた。ところが、その後、水漏れが明らかになったので、Aは、Xに対して、Xは、Yに対して、損害賠償の支払いを求める訴訟を提起した。原審は、請負人であるBは、下請負人であるYの不履行によって、自らの結果債務を履行することができなくなったというのであるから、Xは、Yに対して担保訴権を行使することができると判示し、Yに対して、Aのために、Xに下された有責判決を担保するよう命じた。これに対して、破毀院は、民法典1165条をビザに、以下のように判示して、原審を破棄した。「合意は、契約当事者間においてしか、効力を持たない。合意は、民法典1121条において予定されている場合を除き、第三者を害することも、利することもない」（chapeau）。主たる請負人と、自己の請負人の請負人との間には、何ら契約関係が存在しないに

650

の下請負人に対する訴権の性質は不法行為であるとの判断を示し[1669]、この問題に

もかかわらず、上記のように判示したのであるから、控訴院は、上記のテクストに違反した）また、Cass. 3ème civ., 7 mai 1986, Bull. civ., III, n° 62 ; D., 1987, 257, note Alain Bénabent ; RTD civ., 1987, 361, obs. Philippe Rémy（事案の概要は、以下の通りである。AとBは、プロモーターCの勧めで、2つの不動産を建築した。その際、工事の指揮は、Yに委ねられた。ところが、その後、これらの不動産に欠陥が見つかった。そこで、本件不動産の共同所有組合であるX_1と、その所有者X_2（以下では、「Xら」とする）が、Y、A、Bに対して損害賠償の支払いを求める訴訟を提起した。原審は、契約不履行に基づく損害賠償の一般法を適用し、Xらの請求を認容した。これに対して、破毀院は、民法典1165条をビザに、以下のように判示して、原審を破棄した。原審は、「民法典1792条及び2270条の適用を排除した後、専ら契約責任の一般法を適用すべきであると判示し、Yに対して、X_1と一部の共同所有者に損害賠償を支払うよう命じた。YとXらを結び付ける契約関係の存在を明らかにすることなく、上記のように判示しているのであるから、控訴院は、その判決に法律上の基礎を与えなかった」）; Cass. 3ème civ., 22 juin 1988, Bull. civ., III, n° 115 ; JCP., 1988, II, 21125, obs. Patrice Jourdain ; RTD civ., 1988, 760, obs. Patrice Jourdain ; RGAT., 1990, 486, comm., Pierre Francon（事案の概要は、以下の通りである。Xは、Aに対して、建物の建築を依頼し、Aは、その骨組み作業を、Yに請け負わせた。ところが、完成した建物に瑕疵が存在したことから、Xは、Yに対して、損害賠償の支払いを求める訴訟を提起した。原審は、本件訴権を不法行為と性質決定した上で、瑕疵の存在を理由とするXの損害賠償請求を棄却した。破毀院は、以下のように判示して、Xの上告を棄却した。「下請負人が元請負人に対して負う、瑕疵のない仕事を履行するという結果債務は、これらの者の間に存在する契約的・人的関係のみを基礎とするものであり、下請負人の合意とは無関係である依頼主は、これを援用することはできない」）; Cass. 3ème civ., 28 mars 1990, D., 1991, 25, note Jérôme Kullmann（事案の概要は、以下の通りである。Xは、Aに対して、ガレージの建設を依頼した。他方、Aは、Yに対して、屋根の防水作業を委託した。1972年9月27日、本件ガレージの引渡しが行われたが、その後、水漏れの存在が明らかになった。そこで、1982年12月9日、Xは、Yに対して、損害賠償の支払いを求める訴訟を提起した。原審は、Xの請求を認容した。これに対して、破毀院は、民法典1165条、1382条をビザに、以下のように判示して、原審を破棄した。「下請負人が主たる請負人に対して負う瑕疵のない仕事を実行する結果債務は、契約関係と両者の間に存在する者のみを基礎としており、下請負人の合意と関係を持たない仕事の依頼主が、それを援用することはできないにもかかわらず、上記のように判示したのであるから、控訴院は、上記のテクストに違反した」）その他、Cass. 3ème civ., 31 mai 1989, Bull. civ., III, n° 121 ; RTD civ., 1990, 287, obs., Patrice Jourdain ; RGAT., 1990, 486, comm., Pierre Francon ; Cass. 3ème civ., 25 oct. 1989, Bull. civ., III, n° 121 ; RTD civ., 1990, 287, obs., Patrice Jourdain ; Cass. 3ème civ., 31 oct. 1989, Bull. civ., III, n° 208 ; Cass. 3ème civ., 6 déc. 1989, Bull. civ., III, n° 228 ; etc.

(1668) また、この時期の商事部は、基本的に、民事第3部のそれと同じ立場であったものと見受けられる。Cf. Cass. com., 17 fév. 1987, D., 1987, 543, note Patrice Jourdain ; JCP., 1987, II, 20892, obs., Philippe Dubois ; Gaz. Pal., 1988, 1, 224, note A. Viandier ; RTD civ., 1988, 741, obs., Jacques Mestre（事案の概要は、以下の通りである。Xは、Aに対して、トロール船の建造を依頼した。他方、Aも、その仕事の一部をYに請け負わせた。完成後、本件トロール船はXに引き渡されたが、損傷の存在が明らかになったことから、Xとその権利を代位した保険会社は、Yに対して、YがAに提供した部分に隠れた瑕疵が存在したことを理由に、不法行為に基づく損害賠償を請求した。原審は、Xの請求を棄却した。これに対して、Xは、XとYとの間に契約は存在しないのであるから、民法典1382条の適用が問題となるし、また、仮に不法行為責任が認められないとするならば、契約責任が問題となるはずである等と主張して、上告した。破毀院は、以下のように判示して、Xの上告を棄却した。「一方で、控訴院は、Aとの間で締結された契約の履行として、Yによって製造された部品の欠陥は、Xの不法行為的性質を持つ訴権の原因とはなりえないことを正当に判示した。また、本件においては、不法行為に基づく損害賠償が請求されているのであるから、契約不履行に基づく損害賠償について判断する必要はない")

(1669) Cass. ass. plén., 12 juill. 1991, Bull. civ. ass. plén., n° 5 ; D., 1991, somm., 321, obs., Jean-Luc Aubert ; D., 1991, 549, note Jacques Ghestin ; D., 1992, somm., 119, obs., Alain Bénabent ; JCP., 1991, II, 21743, obs., Geneviève Viney ; JCP. éd. E., 1991, II, 218, obs., Christian Larroumet ; JCP. éd. E., 1991, I, 104, obs. Marianne Mousseron, Jean Marc Mousseron et Jacques Raynaud ; RTD civ., 1991, 750, obs., Patrice Jourdain ; RTD civ., 1992, 90, obs., Jacques Mestre ; RTD civ., 1992, 593, obs., Frédéric Zenati ; Contra. conc. consom., 1991,

◆第 1 章◆ 解　釈

決着を受けたのである(1670)。

(1670) n° 200, note Laurent Leveneur；RJDA., 1991, 583, concl. R. Mourier et rapport P. Leclercq（事案の概要は、以下の通りである。X は、A に対して、建物の建築を依頼した。他方、A は、Y に対して、配管に関する仕事を請け負わせた。ところが、この配管に欠陥が存在したことから、X は、A 及び Y に対して、損害賠償の支払いを求める訴訟を提起した。なお、本件は、X が不動産を受領してから、10 年が経過していた事案である。破毀院は、民法典 1165 条をビザに、以下のように判示した。「合意は、契約当事者間においてしか、効力を持たない」(chapeau)。「原審（ナンシー控訴院 1990 年 1 月 16 日判決）は、契約債務の債務者がほかの者にこの債務の履行を任せた場合、債権者は、この者に対して、自己の権利及び代替債務者の債務の範囲内においてしか、必然的に契約の性質を持つ訴権を行使することができないと判示して、そこから、Y は、X に対し、X と主たる請負人との間で締結された建築請負契約上の全ての抗弁と、それを規律する法律上の規定、とりわけ、10 年の期間制限を対抗することができるとして、下請負人に対する請求を棄却した。下請負人は、契約上、注文者と結び付けられていないのに、上記のように判示しているのであるから、控訴院は、上記のテクストに違反した」)

(1670) それ以降のものとして、以下のような判決がある。Cass. 1re civ., 23 juin 1992, Bull. civ., I, n° 195；RTD civ., 1993, 131, obs., Patrice Jourdain；Contra. conc. consom., nov. 1992, n° 200, 5, note Laurent Leveneur（事案の概要は、以下の通りである。X は、有害な煙を排出する活動を行っていたので、A との間で、公害を防止し、エネルギーを再利用するための設備を設置してもらう契約を締結した。他方、A は、B に対し、また、B は、C に対し、公害防止システムの設置を請け負わせた。ところが、設置されたシステムに欠陥があったので、X は、A、B、C に対して、損害賠償の支払いを求める訴訟を提起した。原審は、X の請求を認容した。破毀院も、以下のように判示して、B、C からの上告を棄却した。「合意は、契約当事者間においてしか、効力を持たない。それ故、下請負人は、仕事の依頼主と契約関係にはない。従って、控訴院は、準不法行為の規範に基づき、A との間でしか契約を締結していない仕事の依頼主に対する、A の下請負人である B 及び C の責任を評価しているのであるから、民法典 1147 条及び 1382 条を正確に適用した。よって、上告には理由がなく、棄却されなければならない」)；Cass. 1re civ., 7 juill. 1992, Bull. civ., I, n° 221；RTD civ., 1993, 131, obs., Patrice Jourdain（事案の概要は、以下の通りである。X は、A に対し、ワイン蔵の修理を依頼し、A は、Y に対し、外装工事を下請けに出した。ところが、この外装工事に欠陥があったので、X は、A、Y、その保険会社に対して、損害賠償の支払いを求める訴訟を提起した。破毀院は、民法典 1165 条をビザに、以下のように判示する。「合意は、契約当事者間においてしか、効力を持たない」(chapeau)。「控訴院は、Y が A に対して結果債務を負っていること、X が、「契約の履行につきその直接の契約相手方の代わりとなった者に対しても、同じ契約規範に従って」、訴訟を提起する権利を有していることを認定し、X の Y に対する責任訴権を認容した（改行）。しかしながら、下請負人は仕事の依頼主と契約関係にないにもかかわらず、上記のように判示しているのであるから、控訴院は、上記のテクストに違反した」)；Cass. 18 nov. 1992, Gaz. Pal., 1993, 2, 432, note Bernard Boubli（事案の概要は、以下の通りである。A は、B との間で、建物を建築してもらう契約を締結した。また、B は、C に対して、その作業の一部を請け負わせた。C は、その材料となるガラスを D から購入し、D はこのガラスを E から購入していた。ところが、完成した建物に瑕疵が存在したことから、本件建物の共同所有組合、その他の共同所有者（以下、「X ら」とする）は、A、B、C、D に対して、損害賠償の支払いを求める訴訟を提起した。原審は、いずれに対する請求も認容した（以下では、C の上告に関わる部分のみを掲げる）。破毀院は、民法典 1382 条、1648 条をビザに、以下のように判示して、原審を破棄した。「一方で、下請負人は注文者との間で契約を締結していないから、注文者は下請負人に対して証明されたフォートに基づく不法行為責任訴権しか行使することができず、他方で、隠れた瑕疵の担保訴権は、短期間のうちにしか行使することができないにもかかわらず、控訴院は、C が下請負人であるかどうか、及び、その不法行為ないし準不法行為上のフォートが証明されているかどうか、また、C が供給者であるならば、訴権が短期間のうちに行使されなければならないかどうかを探求することなく、上記のように判示しているのであるから、その判決に法律上の基礎を与えなかった」)；Cass. com., 13 oct. 2009, RDC., 2010, 585, obs., Olivier Deshayes（事案の概要は、以下の通りである。石油会社 X は、Y₁ に対し、変圧装置の製造を依頼し、Y₁ は、Y₂ に対し、変圧機を注文した。ところが、完成した変圧装置が機能しなかったので、X は、Y₁ 及び Y₂ に対して、損害賠償の支払いを求める訴訟を提起した。破毀院は、以下のように判示している。「一方で、原審は、X が、Y₁ に対し、明確な設計明細書に従って変圧装置を注文したこと、Y₁ が、Y₂ に対し、同じ明細書に基づいて変圧機を注文したこと、従って、この注文は、型に従って製造される部品

◆ 第2節 ◆ 理論モデルの展開

　以上のような破毀院判例の立場は、次のような形で定式化することができる。すなわち、複数の契約が連鎖している場合、直接の契約関係にない者の間の損害賠償請求は、所有権の移転があり、それに伴って、付随する権利の移転を観念することができるケース（売買・売買の連鎖、請負・売買の連鎖、売買・請負の連鎖）においては、契約訴権と性質決定されるのに対して、所有権の移転がなく、従って、それに付随する権利の移転を観念することができないケース（請負・請負の連鎖）においては、不法行為訴権と性質決定される[1671][1672]。こうした判例法理については、そこで前提とされているものと見られている付随物の理論によって、その解決の全てを説明することはできないのではないか[1673][1674]、付随物の理論ではなく、「物的考慮

ではなく、特殊な部品を対象とするものであることを認定した。控訴院は、これらの事実認定から、Ｘが、Ｙ₁との間で締結された主たる請負契約における仕事の依頼主であったこと、Ｙ₁が、下請契約により、仕事の一部をＹ₂へと下請に出したことを導いたのであるから、仕事の依頼主が下請負人に対して準不法行為の性格を持つ訴権しか行使しえないことを正当に判断した」）；etc.

(1671) そのため、賃借人が、賃借目的物に瑕疵が存在することを理由として、それを製造した請負人に対して損害賠償を請求する場合には、所有権の移転は存在しないから、契約訴権の移転もありえず、従って、この損害賠償請求は不法行為と性質決定されることになる。Cf. Cass. 3ème civ., 25 janv. 1989, Bull. civ., III, n° 21 ; RTD civ., 1989, 551, obs., Patrice Jourdain ; Cass. 3ème civ., 6 déc. 1989, Bull. civ., III, n° 229 ; RTD civ., 1990, 287, obs., Patrice Jourdain ; Cass. 3ème civ., 11 oct. 1995, Contra. conc. consom., fév. 1996, n° 21, 5, note Laurent Leveneur（事案の概要は、以下の通りである。Ｘは、Ａとの間で、Ｙが建築した建物を賃借する契約を締結した。ところが、本件建物に瑕疵が存在したので、Ｘは、Ａ及びＹに対して、損害賠償の支払いを求める訴訟を提起した。原審は、注文者でも買主でもない以上、Ｘは、Ｙの契約上のフォートを援用することはできないと判示して、Ｘの請求を棄却した。これに対して、破毀院は、民法典1382条をビザに、以下のように判示して、原審を破棄した。「Ｙが、賃借人との関係で民法典1382条に基づく責任を生じさせるような準不法行為上のフォートを犯したかどうかを探求することなく、上記のように判示しているのであるから、控訴院は、その判決に法律上の基礎を与えなかった」）

(1672) 従って、注文者が下請負人の材料提供者に対して損害賠償を請求する場合には（売買・請負・請負の連鎖）、下請が介在し、所有権移転の連鎖も切断されることになるから、この訴権は、不法行為と性質決定されることになる。Cf. Cass. 3ème civ., 28 nov. 2001, Bull. civ., III, n° 137 ; D., 2002, 1442, note Jean-Pierre Karila ; JCP., 2002, II, 10037, note Daniel Mainguy ; RTD civ., 2002, 104, obs., Patrice Jourdain ; Resp. civ. et assur., fév. 2002, comm., n° 67, note Hubert Groutel ; Defrénois, 2002, art. 37486, 255, obs., Rémy Libchaber ; RDI., 2002, 93, obs., Philippe Malinvaud（事案の概要は、以下の通りである。Ａは、Ｂとの間で、工業用建物の屋根を設置し、その骨組みを強化してもらう契約を締結した。また、Ｂは、新しい屋根と骨組みの設置をＣに請け負わせた。更に、Ｃは、鋼鉄製の骨組みをＹから購入した。ところが、その後、この骨組みには、穴が開いており、浸食が存在することが明らかになった。そこで、Ａに対して補償を支払ったＸは、Ａの権利を代位して、Ｂ、Ｃ、Ｙに対し、損害賠償の支払いを求める訴訟を提起した。原審は、Ｂに対する請求については、民法典1792条に基づいて、Ｃ及びＹに対する請求については、民法典1382条に基づいて、Ｘの請求を認容した。これに対して、Ｂ、Ｃ、Ｙが上告した（本件の争点は多岐にわたるが、以下では、Ｙの上告部分のみを掲げる。なお、破毀院は、いずれの上告も棄却している）。破毀院は、以下のように判示して、Ｙの上告を棄却した。「原審は、下請負人であるＣが、不法行為に基づいて、仕事の依頼主に対して責任を負うことを正確に判断した後、この下請負人に材料を提供したＹが、仕事の依頼主に対し、同じ基礎に基づいて、その行為につき責任を負うことを正当に判断した」）

(1673) 例えば、判例によれば、中間売主は、それを行使するにつき利益を有している場合には、自己の売主に対する担保訴権を保持するとされているが（Cf. Cass. 3ème civ., 8 janv. 1997, JCP., 1997, II, 22877, note Marie-Christine Monsallier（事案の概要は、以下の通りである。Ｘは、Ｙが所有する居住用建物を競落した。占有を開始した後、本件建物には、水道が引かれていないことが明らかになった。その後、Ｘは、本件建物をＡに売却した。原審は、Ｘが本件建物を転売している以上、もはや損害賠償を請求することはできないとして、ＸのＹに対する損害賠償請求を

653

(Intuitus rei)」を用いた説明の方がより適合的なのではないか(1675)、また、原契約が事業者間の取引であり、その中に、責任に関わる条項が存在する場合、転債権者が消費者であったとしても、原債務者は、転債権者に対してこの条項を対抗しうることになるが(1676)、これは、消費者法の基本理念、あるいは、認識していなかった者に

棄却した。これに対して、破毀院は、以下のように判示して、原審を破棄した。「X が、不動産の所有権と伴に、売却目的物の引渡しの瑕疵から生ずる債権を買主に譲渡したかどうかを確認することなく、上記のように判示しているのであるから、控訴院は、その判決に法律上の基礎を与えなかった」）その他、Cass. 1re civ., 19 janv. 1988, Bull. civ., I, n° 20 ; RTD civ., 1988, 549, obs., Philippe Rémy ; Cass. 3ème civ., 27 juin 2001, D., 2002, somm., 1005, obs., Philippe Brun ; etc.）。物の所有権と伴に転買主へと移転したはずの権利がなお中間売主に帰属することをどのように説明するのかは、明らかでない。

(1674) Cf. Ghestin, supra note 1669, nos 22 et s., pp.554 et s. ; Viney, supra note 1567, L'action en responsabilité..., pp.416 et s. ; Jamin, supra note 1656, Une restauration de l'effet relatif du contrat..., n° 6, pp.260 et s. ; Brun, supra note 1673, p.1005 ; Lisanti-Kalczynski, supra note 1656, n° 19, p.65 ; Ancel, supra note 1398, Les arrêts de 1988..., n° 17, pp.14 et s. ; etc.

(1675) Cf. Aubert, supra note 1665, p.1499 ; Id., supra note 1669, p.321 ; Id., supra note 1664, p.1173 ; Bazin-Beust, supra note 1664, pp.2295 et s. ; etc.

(1676) Cf. Cass. 3ème civ., 30 oct. 1991, Bull. civ., III, n° 220 ; D., 1992, somm., 272, obs., Jérôme Kullmann ; JCP., 1992, I, 3572, obs., Geneviève Viney ; JCP. éd. E., 1992, I, 199, obs., Marianne Mousseron, Jean Marc Mousseron et Jacques Raynaud ; Contra. conc. consom., fév. 1992, n° 25, 11, note, Laurent Leveneur ; RDI., 1992, 76, obs., Philippe Malinvaud et Bernard Boubli（事案の概要は、以下の通りである。A は、X に対して工場の建設を依頼した。X は、そのための材料である石綿セメントを B から購入した。このセメントは、B がその製造者 Y から購入したものであった。その後、本件工場に瑕疵が発見されたので、X は、A に対して損害賠償を支払った。そこで、X は、A の権利を代位して、Y に対し、損害賠償の支払いを求める訴訟を提起した。なお、B・Y 間の契約には、管轄条項が存在した。原審は、Y の管轄不存在の抗弁を認容した。破毀院は、以下のように判示して、X からの上告を棄却した。「注文者は、材料の製造者に対して、直接の契約訴権を行使することができ、この訴権は、この製造者と中間売主との間で締結された売買契約に基づくものであることを正確に判示したのであるから、控訴院は、そこから、この契約の中に存在する管轄条項を注文者に対抗しうることを正当に導いた」）; Cass. 3ème civ., 26 mai 1992, Bull. civ., III, n° 168 ; JCP., 1992, I, 3625, obs., Geneviève Viney ; Gaz. Pal., 1993, 2, 427, note Denis Mazeaud ; RTD civ., 1993, 131, obs., Patrice Jourdain ; RDI., 1993, 515, obs., Philippe Malinvaud et Bernard Boubli（事案の概要は、以下の通りである。A 病院は、B に対して、ボイラー室を設置してもらう契約を締結し、B は、Y からボイラーを購入した。この売買契約には、担保を1年に制限する旨の特約が付けられていた。他方、A は、X との間で、火力発電のメンテナンスに関する契約を締結しており、それによれば、X は A に対してその完全な保証をするものとされていた。ボイラーに欠陥が見つかったので、A に対して補償を支払った X が、A を代位して、B 及び Y に対して損害賠償の支払いを求める訴訟を提起した。原審は、A がこの分野の専門家でないことを理由に本件特約の対抗を認めず、X の請求を認容した。これに対して、破毀院は、民法典1134条をビザに、以下のように判示して、原審を破棄した。「Y は、契約の性質を持つ訴権を行使する X に対して、自己がその契約相手方に対抗することのできる全ての抗弁を対抗する権利を有するにもかかわらず、上記のように判示しているのであるから、控訴院は、上記のテクストに違反した」）; Cass. 1re civ., 7 juin 1995, Bull. civ., I, n° 249 ; D., 1996, somm., 14, obs., Olivier Tournafond ; D., 1996, 395, note Denis Mazeaud ; RTD com., 1996, 105, obs., Bernard Bouloc ; Contra. conc. consom., oct. 1995, n° 159, 3, note Laurent Leveneur ; RDI., 1996, 74, obs., Philippe Malinvaud et Bernard Boubli（事案の概要は、以下の通りである。A は、新しいボイラーの設置を目的として、B に対し、2つの穴から流れ出てくる水を集積するための工事を依頼した。他方、B は、Y に対し、この工事に必要な弁を注文した。ところが、工事の終了後、この弁が破裂し、A は、大きな損害を被ってしまった。そこで、A に対して補償を支払った保険会社 X は、A を代位して、Y 及びその保険会社に対して、損害賠償の支払いを求める訴訟を提起した。原審は、弁の欠陥に由来する損害については、Y が全ての責任を負うべきであると判断した後、Y と B との間で締結された契約の中に存在した、損害賠償額を弁の交換費用に限定する旨の担保条項は、その分野の専門家ではない A には対抗することができないと判示して、X の請求を認容

◆ 第 2 節 ◆ 理論モデルの展開

た。これに対して、破毀院は、民法典 1134 条をビザに、「Y は、契約訴権を行使する X に対して、自己の契約相手方に対して対抗することのできる全ての抗弁を対抗する権利を有する」として、原審を破毀した）；Cass. 1re civ., 27 mars 2007, D., 2007, AJ., 1086, obs., X. Delpech；D., 2007, 2077, note Sylvain Bollée（事案の概要は、以下の通りである。X$_1$は、モバイル端末のメーカーである。X$_1$は、同じグループ企業である A と、新しい携帯電話の製造に向けて共同して開発を行うことを決定した。その後、A は、Y$_1$との間で、電子部品の売買契約を締結した。この契約には、フィラデルフィアのアメリカ仲裁協会（AAA）を仲裁人とする旨の仲裁条項が存在した。他方、Y$_1$は、部品の製造業者である B との間で、鋳造契約を締結しており、そこには、カリフォルニア州サンタ・クララのアメリカ仲裁協会を仲裁人とする旨の仲裁の合意が存在した。B は、製造したチップを直接 A へと引き渡し、このチップは、A の下でカプセル化された後に、X$_1$へと引き渡された。ところが、引き渡されたチップに欠陥が存在したことから、X$_1$とその保険会社である X$_2$は、Y$_1$と、そのフランスの子会社 Y$_2$及び Y$_3$に対して、損害賠償の支払いを求める訴訟を商事裁判所に提起した。これに対して、Y$_1$らは、仲裁条項の存在を理由に、管轄の不存在を主張した。破毀院は、以下のように判示している。「所有権を移転する契約の連鎖において、仲裁条項は、それ自体が移転した権利の付随物である訴権の付随物として、この連鎖が同質であるか異質であるかを問うことなく、当然に、移転するものと言うべきである。原審は、適切な理由により、まず、本件目的物である電子部品が、B によって製造され、B により Y$_1$へと売却され、その後、Y$_1$が A に転売したこと、次いで、A が製品を「カプセル化」し、鑑定人の証言によれば、X$_1$へと引き渡される前には、その製品が分離可能であって、X$_1$が携帯電話の中にはめ込んでいたことを認定している。これらの事実によれば、原審は、所有権を移転する契約の連鎖が存在したことを正当に認定し、そこから、A と Y$_1$との間の契約に存在していた仲裁条項が、それ自体が移転した権利の付随物である訴権の付随物として移転されるものである以上、この条項が X$_1$に対しても拘束力を持つことを正当に導いた。よって、上告は棄却されなければならない」）；etc.

もっとも、仲裁条項に関しては、上に引用した諸判決とはニュアンスの異なる判断も示されている。Cf. Cass. 1re civ., 6 fév. 2001, Bull. civ., I, n° 22；D., 2001, somm., 1135, obs., Philippe Delebecque；JCP., 2001, II, 10567, note Cécile Legros；JCP. éd. E., 2001, 1238, note Jean-Baptiste Seube；RTD com., 2001, 413, obs., Éric Loquin；RTD com., 2001, 754, obs., Bernard Bouloc；Contra. conc. consom., juin 2001, n° 82, 10, note Laurent Leveneur；Defrénois, 2001, art. 37365, 708, obs., Rémy Libchaber；Rev. arb., 2001, 765, note D. Cohen；Rev. crit. dr. inter. privé, 2001, 522, note Fabienne Jault-Seseke（事案の概要は、以下の通りである。X は、A からの注文を受けて、B との間で、トウモロコシ 1 万 5000 トンを購入する契約を締結した。B は、このトウモロコシを C から購入し、C は、これを D から購入していた。ところで、C と D との間の契約には、紛争が生じた場合、アメリカ仲裁協会を仲裁人とし、ニューヨーク州法を準拠法とする条項（Naega II 条項）、及び、瑕疵担保責任を制限する旨の条項が存在した。その後、貨物が到着したが、A は、トウモロコシにゾウムシが蔓延していることを理由に、その引き取りを拒絶した。そこで、X は、B、C、D に対して、損害賠償の支払いを求める訴訟をパリ商事裁判所に提起した。「原審は、X が、原供給者に対して訴権の性質を持つ訴権を行使し、売買に関する担保を主張しているとしても、X は、Naega II 条件に依拠する旨の契約を締結しておらず、また、仲裁条項を認識していなかったのであるから、この条項を引き受けていなかったと見ることができ、従って、移転も存在しないから、この条項を X に対抗することはできないと判示して、原売買の契約の中に存在する条項を適用して X に対する管轄の抗弁を認めることを拒絶している」。しかしながら、「商品の移転契約の同質的連鎖において、国際仲裁条項は、この条項の存在を合理的に知らなかったことを証明しない限り、契約訴権とともに移転する」（chapeau）。よって、原審の判断には理由がない）　また、Cf. Cass. 3ème civ., 16 nov. 2005, D., 2006, 971, note Rémy Cabrillac；JCP., 2006, II, 10069, note François Guy Trébulle；RDC., 2006, 330, obs., Denis Mazeaud；RLDC., janv. 2006, n° 942, obs., Cécile Le Gallou（事案の概要は、以下の通りである。土地甲が、Y から A、A から B、B から X へと譲渡された。このうち、A と B との間の契約には、担保責任を免除する旨の条項が存在した。その後、X は、土地甲に炭化水素が含まれていることを発見し、Y 及び A に対して、瑕疵担保責任を追及した。破毀院は、民法典 1641 条及び 1165 条をビザに、以下のように判示している。「原審は、隠れた瑕疵に基づく X の請求を棄却するために、A と B の売買証書の中で約定された免責条項の有効性と、X によって行使された担保訴権への対抗可能性を認定し、担保訴権は、中間売主の段階で排除されるから、原売主である Y に対する関係では想定できず、認められないと判断した。中間売主がその買主に対抗することのできる免責条項は、最終買主の原売主に対する直接訴権の障害とはなりえず、第 1 売買の際に免責条項は約定されていないにもかかわらず、上記のように判断しているのであるから、原審は、

対しては契約条項を対抗することができないとの法理に反するのではないか[1677]等の疑問も提示されているが、これらは、本書の主たる問題関心に直接関わるものではない。「履行モデルの復権」という(2)の問題意識からは、これらの判例法理の展開と並行するような形で行われた学理的な議論を取り上げることが必要不可欠である。

　学説においては、先に言及したいずれの類型についても、これを契約の問題として規律すべき旨を主張する見解が支配的であったように見受けられる。その根拠として挙げられていたファクターは多岐にわたるが、とりわけ、1990年前後の議論において強調されていたのは、以下の点である。

　契約連鎖・転契約の事例においては、一方の契約の実現が、他方の契約のそれに大きく依存している。つまり、転契約者の下において、その契約の目的を実現しようとするならば、原契約が正確に履行される必要が存するのであり、原債務者が自己の債務を履行しなかったときには、それによって、転契約者に契約利益の不実現に関わる損害が生ずるのである。契約連鎖・転契約の諸類型がこのような構造を有するものである以上、転契約者が原債務者に対して損害賠償を求めることができるとすれば、それは、契約の問題として規律されなければならない。このことは、転契約者の視点のみならず、原債務者の視点からも基礎付けることができる。というのは、仮にこれを不法行為法の問題領域に位置付けるならば、原債務者は、契約において予定していたのとは異なる性質を持つ訴権の相手方となるため、その予見は著しく害され、原債務者が原契約の中に読み込んだリスク分配も無に帰することになるからである。従って、このような視角から見れば、損害賠償の法的性質を所有権の移転に関連付けて論ずる必要はないのであって、こうした観点から言うと、請負・請負の連鎖類型における破毀院民事第3部や連合部の判決は批判されるべきであり、反対に、民事第1部の解決こそが支持されるべきということになる[1678]。ま

上記のテクストに違反した」） 更に、これと同旨の判決として、Cass. 3ème civ., 22 juin 2011, JCP., 2011, 1899, chr., Jacques Ghestin ; RDC., 2011, 1197, obs., Denis Mazeaud.

(1677) Cf. Kullmann, supra note 1667, n^{OS} 18 et s., p.29 et n° 32, p.32 ; Ghestin, supra note 1669, n° 17 et s., pp.553 et s. ; Viney, supra note 1567, L'action en responsabilité..., pp.422 et s. ; Mazeaud, supra note 1676, Note, sous Cass. 3ème civ., 26 mai 1992, n^{OS} 7 et s., p.428 et n° 17, p.430（契約連鎖の存在は、違法条項・濫用条項に対する消費者や非専門家の保護を挫折させる。これは、付随物の理論という法技術の面からは正当化されうるとしても、法政策的には、消費者を犠牲にするものとして是認することはできない）; Id., supra note 1676, Note, sous Cass. 1re civ., 7 juin 1995, n^{OS} 5 et s., pp.396 et s. ; Lisanti-Kalczynski, supra note 1656, n^{OS} 6 et s., pp.62 et s. ; Ancel, supra note 1398, Les arrêts de 1988..., n° 10, pp.9 et s. ; etc. Contra. Tournafond, supra note 1676, p.14.

(1678) もっとも、Cass. 1re civ., 8 mars 1988, supra note 1666 が、「契約債務の債務者が、この債務の履行を別の者に依頼した場合、債権者は、この者に対して、必然的に契約の性質を持つ訴権しか行使することができない」という部分に続けて、「債権者は、自己の権利及び交代した債務者の債務の範囲という二重の限界において、直接的に、この契約訴権を行使することができる」と判示したことについては、批判もなされている。確かに、原債務者から見れば、自己の契約相手方に対するもの以上の責任を負う理由はないと言えるし、また、転債権者から見れば、自己の契約相手方に対するもの以上の権利を持つ理由はないとも言えるが（Cf. Larroumet, supra note

た、契約グループの考え方を否定することによって、契約不履行に基づく損害賠償を利用しうる第三者の範囲を限定し、それ以外の第三者に対しては不法行為に基づく損害賠償のみを認める手法は、その結果として、第三者に対する補償を確保するために、不法行為上のフォートの基礎として、契約不履行の援用を認めようとする立場へと連ならざるをえないのであるから(1679)、この点においても、破毀院民事第3部や連合部の立場には、大きな問題が含まれていると言わなければならない(1680)。
更に、上記のような論理は、契約連鎖の場面だけでなく、複数の契約が密接に関わり合っている場合にも妥当するものであり、契約グループの観念を認め、より広く契約不履行に基づく損害賠償の機能領域を肯定すべきである(1681)(1682)(1683)。

1589, pp.7 et s.; Id., supra note 1590, L'action de nature nécessairement contractuelle...., n° 9, p.5 et n° 13, pp.6 et s.; Id., supra note 1590, L'effet relatif des contrats...., pp.313 et s. (また、Id., supra note 1662, pp.222 et s.); etc.)、転債権者に原契約と転契約という二重の制約を課すというのは、原債務者の予見を重視する余り、転債権者の予見を害しているとも考えられるからである(Aubert, supra note 1589, p.233; Id., supra note 1669, p.321 (Cass. ass. plén., 12 juill. 1991, supra note 1669 は、契約の予見機能を回復させたという点において、支持しうるものである); Jourdain, supra note 1666, JCP., pp.2 et s.; Id., supra note 1666, RTD civ., pp.765 et s. (転契約の類型においては、下位契約が主たる契約に従属しているから、この二重の制約を正当化することは可能であるかもしれないが、それ以外の類型では、これを正当化することは不可能である); Kullmann, supra note 1667, n°s 18 et s., p.29; Ghestin, supra note 1669, n°s 17 et s., pp.553 et s.; etc. また、Cf. Ancel, supra note 1398, Les arrêts de 1988...., n° 11, pp.10 et s.)。

(1679) Cf. Cass. ass. plén., 6 oct. 2006, supra note 291.
(1680) Cf. Jourdain, supra note 1590, n° 33, p.155; Viney, supra note 1567, Sous-contrat et responsabilité civile, n° 25, pp.629 et s.; Bacache-Gibeili, supra note 1567, n°s 20 et s., pp.17 et s.
(1681) 以上の点について、ニュアンスの相違はあるが、Cf. Bénabent, supra note 1665, Note, sous Cass. 3ème civ., 19 juin 1984, p.214; Id., supra note 1665, Note, sous Cass. ass. plén., 7 fév. 1986 (2 arrêts), pp.294 et s. (本判決が、「注文者は、転取得者として、自己の所有する物と結び付いたあらゆる権利及び訴権を享受する」と判示し、訴権の移転を物と結び付けていることは問題である。この解決は、あらゆる契約連鎖に及ぼされなければならない); Id., supra note 1667, p.258 (Cass. 3ème civ., 7 mai 1986, supra note 1667 は、「抵抗」、「引き延ばし作戦 (combat d'arrière-garde)」である); Id., supra note 1669, pp.119 et s.; Larroumet, supra note 1589, pp.7 et s. (民事第3部の解決は、「厳格な保守主義」であり、契約グループという「経済的にリアリストな見方」に反するものである); Id., supra note 1590, L'action de nature nécessairement contractuelle...., n°s 4 et s., pp.2 et s.; Id., supra note 1590, L'effet relatif des contrats...., pp.313 et s.; Id., supra note 1669, n° 8, p.281; Jourdain, supra note 1590, pp.149 et s.; Id., supra note 1668, pp.544 et s.; Id., supra note 1666, JCP., pp.2 et s.; Id., supra note 1666, RTD civ., pp.765 et s.; Id., supra note 1667, Obs., sous Cass. 3ème civ., 22 juin 1988, JCP., n° 4, p.3; Id., supra note 1667, Obs., sous Cass. 3ème civ., 31 mai 1989 et Cass. 3ème civ., 25 oct. 1989, pp.288 et s.; Id., supra note 1669, pp.751 et s.; Id., supra note 1672, pp.106 et s.; Id., supra note 1665, p.304; Mestre, supra note 1589, p.75; Bouilloux-Lafont, supra note 1667, p.3; M. Mousseron, J. M. Mousseron et Raynaud, supra note 1669, n° 13, p.543; Viney, supra note 1567, L'action en responsabilité...., pp.417 et s.; Leveneur, supra note 1585, p.2; etc.
また、必ずしも、本文で述べた理解を明確にしているわけではないが、第三者への契約不履行に基づく損害賠償の拡張を志向するものとして、Cf. Durry, supra note 1662, p.356 (通行人のように純粋な第三者のみが不法行為法の対象となる); Id., supra note 1665, pp.635 et s.; Souleau, supra note 1665, p.437; Malinvaud et Boubli, supra note 1665, Obs., sous Cass. 1re civ., 29 mai 1984, pp.420 et s.; Malinvaud, supra note 1656, pp.41 et s. (ただし、理論的には、付随物理論を支持する); Id., supra note 1672, p.93; etc.
(1682) パスカル・アンセルは、本文で述べたような考慮を、契約グループではなく、他人のための約定を用いて実現しようとする。すなわち、判例上、損害賠償の直接訴権が問題となっているケ

◆第1章◆ 解　釈

　このような議論は、やがて、契約不履行に基づく損害賠償の機能論と接合することになった。ミレユ・バカシュ・ジベリ（Mireille Bacache-Gibeili）は、一方で、ベルナル・テシエ（Bernard Teyssié）やジャン・ネル（Jean Néret）のテーゼを嚆矢として[1684]、学説上、多くの賛同を得るに至った、契約グループに関する議論を批判的に承継しつつ、他方で、ジェローム・ユエのテーゼによって提示された、契約不履行に基づく損害賠償の機能を賠償と弁済とに区分する方法[1685]に依拠しながら、以下のような議論を展開しているのである[1686]。

　契約当事者が負う債務には、厳密な意味での契約債務（l'obligation strictement contractuelle）と、付随物による契約債務（l'obligation contractuelle par accessoire）が存在する。前者は、債権者に対して特定の利益を与えることを目的としており、その不履行によって債権者が契約的なものを得られなかった場合に、契約上の損害が発生する。つまり、ここで、契約上のフォートと契約上の損害は表裏一体をなしている。従って、この場合に債権者へと付与される契約不履行に基づく損害賠償は、厳密な意味での契約債務の別の面、つまり、等価物による履行方法でしかない。他方、後者は、約束した利益を与えることではなく、合意の対象以外の要素を保護することを目的としている。その結果、ここで生ずる損害も、契約的なものを得られなかったこととは関係のない、非契約上＝不法行為上の損害ということになる。この場面では、まず、不法行為上の損害が契約上の損害に変性させられ、その後、この損害の不存在を目的とする債務＝付随物による契約債務が観念されているのである。そうすると、この場合に債権者へと付与される契約不履行に基づく損害賠償は、前者のような履行機能ではなく、純粋に、債権者に生じた損害を賠償する機能を持つことになるのである[1687]。

　こうした形で契約当事者が負うべき契約債務を整理すると、厳密な意味での契約

　　　ースについては、他人のための約定によって正当化することができる。そもそも、中間者は、契約相手方の不履行がもう一方の契約相手方に大きな影響を及ぼすことを認識しているはずであり、この者のために賠償を確保しておこうとする考えは、何ら人為的なものではない。また、中間者の相手方がもう一方の相手方に対して何らかの債務を負担することを承認しているという考えも、不合理なものではない。そうであるとすれば、原契約当事者の意思に準拠することなく、民法典1135条に基づいて、原契約の中に他人のための約定を読み込み、これを第三者に援用させることも可能となるのである（Ancel, supra note 1398, Les arrêts de 1988..., n°s 38 et s., pp.30 et s.）。

(1683)　もちろん、その観念が曖昧であるとか、その制度に欠陥がある等というレベルでの問題提起ではなく、契約グループの考え方それ自体に対して批判を提起し、基本的には、不法行為法の問題として処理すれば足りるとの見解や（Ex. Philippe Conte, Note, sous Agen, 7 déc. 1988, Gaz. Pal., 1989, 2, pp.899 et s.; etc.）、そこまで行かなくても、直接訴権の理論的精緻化こそが求められるべきであるとの見解（Jamin, supra note 1656, Une restauration de l'effet relatif du contrat..., n° 8, pp.261 et s. また、Cf. Ghestin, supra note 1669, pp.549 et s.）も存在した。

(1684)　Teyssié, supra note 1588; Néret, supra note 1588.

(1685)　Huet, supra note 52.

(1686)　Bacache-Gibeili, supra note 1567.

(1687)　Bacache-Gibeili, supra note 1567, n°s 57 et s., pp.54 et s.

債務の不履行は、契約上の損害の発生を条件付けているから（債務・損害という２つのレベルでの相対性）、契約当事者以外の第三者によって援用されることはないが、反対に、付随物による契約債務の不履行は、非契約的な損害を生じさせるものであるから、第三者によっても援用されうるという構図が浮かび上がってくる[1688][1689]。以上のような分析を前提にするならば、契約グループは、第三者が債務者による厳密な意味での契約不履行によって契約上の損害を被る可能性がある場合に認められるべきことになる。言い換えれば、同じ対象を持つ複数の契約が存在し、かつ、そこから生ずる債務が同一の目的によって結合されている場合、そこには、契約のグループが存在する[1690]。そして、このように理解することによって、弁済機能を持つ契約不履行に基づく損害賠償が、同じ契約グループに属するほかの契約の当事者にも付与されることになり、その結果、不法行為に基づく損害賠償を認めることによって生ずる様々な困難を回避することが可能となるのである[1691]。

以上のようなバカシュ・ジベリの契約グループ論が、契約不履行に基づく損害賠償を履行されなかった契約の実現という視点から捉える構想を基礎に据えていることは明らかであろう。もちろん、そこで用いられている術語は、必ずしもこのような構想を反映したものとはなっていないし、また、契約不履行に基づく損害賠償の機能的二元性が承認されていることからすれば、この議論と等価物による履行論とを同視することはできない。しかし、少なくとも、この議論、そして、それを生み出した契約グループ論には、契約不履行に基づく損害賠償の領域において、契約において予定された利益の実現、あるいは、契約において予定したリスクの負担という視座が重要であることを示す要素が含まれていたのであって[1692]、そうすると、契約と第三者に関する一連の議論は、疑いなく、等価物による履行論を生成する１つの重要な契機になったと言うことができるのである。

第２に、こうした個別の問題に関する議論や、後述する「ヨーロッパ契約法」からの影響を受けつつ、契約不履行に基づく損害賠償を履行の実現という視点から捉えるのに適した契約の基礎理論が主張され、発展したことである。等価物による履

[1688] Bacache-Gibeili, supra note 1567, n[os] 78 et s., pp.75 et s.
[1689] バカシュ・ジベリは、この場合、契約当事者は賠償機能を持つ契約不履行に基づく損害賠償の制度に、第三者は不法行為に基づく損害賠償の制度に従うことになり、その結果、制度の調和という点において問題が生ずることになるが、これは、契約グループの観念ではなく、契約当事者を不法行為に基づく損害賠償の制度に従わせることによって解決されるべき問題であると説く（Bacache-Gibeili, supra note 1567, n[o] 192, pp.162 et s.）。従って、バカシュ・ジベリにおいては、契約不履行に基づく損害賠償の２つの機能のうち、賠償機能に対しては、消極的な評価しか与えられていないと見ることができる。
[1690] Bacache-Gibeili, supra note 1567, n[os] 105 et s., pp.98 et s.
[1691] Bacache-Gibeili, supra note 1567, n[os] 175 et s., pp.152 et s.
[1692] 注[1689]で言及したように、バカシュ・ジベリが、契約不履行に基づく損害賠償の賠償機能に消極的評価しか与えていなかったことも、看過されるべきではない。この点を強調して読むならば、バカシュ・ジベリの議論は、等価物による履行論との距離をほとんど残さないということになるからである。

◆第1章◆解　釈

行論への影響という視角から把握することのできる契約の基礎理論は多様であるし、また、必ずしも統一的な潮流を形成しているわけではないが、以下では、そのうちの幾つかを取り上げて検討してみよう(1693)。

まず、契約の予見行為としての側面が再度強調されたことを挙げておくべきであろう。このことは、既に公法学者のモーリス・オーリウ（Maurice Hauriou）等によっ

（1693）本文で触れるもののほか、以下のような議論がある。

まず、フローランス・ブリヴィエ＝ラス・セフトン・グリーン（Florence Bellivier et Ruth Sefton-Green）は、フランスとイギリスにおける契約の拘束力と現実履行の関係を論じた論稿の中で、契約不履行に基づく損害賠償にも言及し、次のような視点を提示している（Bellivier et Sefton-Green, supra note 520, pp. 91 et s.）。契約の拘束力は、同意の交換に由来するものであり、契約が最終的にどのような形で履行されるのかという点とは無関係である。従って、契約の拘束力と現実履行の一義性との間に必然的な関係は存在しない。この点において、両者を直結する伝統的な理解の捉え方は誤っている。それどころか、契約不履行に基づく損害賠償を等価物による履行として把握するのであれば、この手段は、契約の拘束力を強化する方向に作用しているとさえ言える。というのは、ここにおける契約不履行に基づく損害賠償は、現実履行と同じく、債権者の期待を満足させるものだからである（n°s 34 et s., p.108）。この議論は、同意の交換によって契約の拘束力が生じ、かつ、契約の拘束力は履行によって担保されているという基本認識を下に、契約不履行に基づく損害賠償を履行のプロセスの中に取り込み、これによって、契約不履行に基づく損害賠償についても、契約の拘束力を担保する手段として把握しようとするものと言うことができる（この点において、ブリヴィエ＝セフトン・グリーンの見方は、同じく、英米法の議論を参考にしながら、現実履行の一義性に対して批判を提起する、イヴ・マリ・レティエの見解（Laithier, supra note 21, n°s 15 et s., pp. 37 et s., et n°s 278 et s., pp. 365 et s. ; Id., supra note 524, pp. 161 et s.（なお、レティエの議論については、注(524)）を参照）とは異なっている。レティエは、契約の拘束力によって導くことができるのは、不履行の場合にサンクションが課されるということだけであり、サンクションの中身として何を命ずるかは、契約の拘束力とは関係のない問題であると説いているが、これは、拘束力を担保するためには、サンクションが存在していれば十分であり、これを履行の問題として捉える必要はないとの見方を前提とするものである）。

次に、時代的には少し遡るが、ピエール・エブロー（Pierre Hébraud）は、「法律行為における意思と客観的要素の役割（Rôle respectif de la volonté et des éléments objectifs dans les actes juridiques）」と題する著名な論文の中で、契約不履行に基づく損害賠償にも言及し、以下のような視点を提示している（Pierre Hébraud, Rôle respectif de la volonté et des éléments objectifs dans les actes juridiques, in, Mélanges offerts à Jacques Moury, t. 2, Théorie générale du droit et droit privé, Dalloz-Sirey, Paris, 1960, pp. 462 et s.）。今日では、契約の中に、主観的要素とは別の客観的要素が数多く混入しており、その結果、「契約責任」と不法行為責任の区別が、極めて曖昧で恣意的なものになってしまっている。この状況を立て直すためには、債務の目的を、現実もしくは等価物によって履行を行うことに求め、契約における客観的要素の多くをそれ本来の領域に返還することが必要である。こうすることによって、契約不履行に基づく損害賠償は、生じた損害の賠償ではなく、契約の実現を目指すための制度として位置付けられることになるのである。エブローの論文は、契約不履行に基づく損害賠償を主たる検討対象とするものではなく、また、契約不履行に基づく損害賠償に言及する場合であっても、「契約責任」の拡大現象に関心を寄せているように見受けられるが、その中で、契約債務の本性を履行の実現に求める視点が提示されていたこと、そして、このような見方が、様々な基礎理論へと変容しながら、等価物による履行論を支える枠組みへと結実していったことは、看過されるべきではない。

また、必ずしも等価物による履行の考え方を明確に示しているわけではないが、マリ・エロディ・アンセル（Marie-Élodie Ancel）は、『契約の特徴的給付（La prestation caractéristique du contrat）』と題するテーズの中で、国際私法上の概念である「特徴的給付」について検討を加え、この概念が、不履行判断との関係でどのような意味を持ちうるのかを検討している（Marie-Élodie Ancel, La prestation caractéristique du contrat, th. Paris I, préf. Laurent Aynès, Economica, Paris, 2002, n°s 360 et s., pp. 277 et s.）。後に言及するように、各契約類型において、特徴的な給付を取り出し、その内容を分析するという手法は、等価物による履行の考え方に親和的であるようにも思われるのである。

660

て古くから指摘されてきたことであり[1694]、更に、近年では、契約連鎖や契約グループ論の局面においても指摘されてきたことではあるが、1990年代の後半に至って、予見行為としての契約の考え方を発展させ、これを契約法、契約不履行に基づく損害賠償の議論の基礎に据えようとする立場が現れたのである。

　近時刊行されたオリヴィエ・プナン（Olivier Penin）のテーズによれば、予見行為として契約を捉える議論の中には、信頼性（la fiabilité）を重視して、時の経過に伴う偶発性、つまり、未来を現在の契約によって支配・拘束すること、日本の議論のコンテクストに即して言えば、未来を現在化することに、予見行為として契約を把握することの意味を見出そうとするタイプの見方と、未来を捕捉することが不可能であることを前提に、当初の契約において予定されたものではなく、当事者が契約を通じて期待したものについての予見、あるいは、契約の締結と内容を動機付けた諸理由の総体を問題にし、予見を契約当事者によって期待された未来として定式化する（従って、当事者の期待に適合する限りで契約の修正も認める）タイプの見方が存在するとされる。このうち、前者の理解によると、契約はそれが締結された時に同意された内容に拘束され、しかも、当事者の期待という要素が契約の予見から排除されることになるから、債務者は、当初内容通りの債務をそのまま正確に履行しなければならず、また、当初に予定されたものとは異なる内容の給付によって契約を実現することもできない。このことを本書の問題関心に即して言うと、契約不履行に基づく損害賠償は、当初の契約で予定されたものとは異なる内容を持つから、これを契約の履行方式と見ることはできないとされるのである[1695]。これは、履行過程での契約の内容形成を認めないという意味でその締結過程と履行過程を明確に区別し、履行の内容を締結内容と完全に一致させる立場、あるいは、現在化をその極限まで推し進める立場と言える。

　これに対して、後者のタイプの議論によると、契約不履行に基づく損害賠償はどのように把握される可能性を持つのか。例えば、エルヴェ・レキュワイエ（Hervé Lécuyer）は、以下のような議論を展開する。そもそも、契約を尊重しなければならないのは、債務者がそれを約束したからでも、債権者がそれを信頼したからでもなく、契約が両当事者にとっての予見行為だからである[1696]。このような契約の拘束力の捉え方、そして、その背後にある予見行為としての契約という考え方、とりわ

[1694] Ex. Maurice Hauriou, Principes de droit public, 2ème éd., Sirey, Paris, 1916, p.201 ; etc.

[1695] 予見行為としての契約という概念に対する2つの理解について、Olivier Penin, La distinction de la formation et de l'exécution du contrat : Contribution à l'étude du contrat acte de prévision, th. Paris II, préf. Yves Lequette, Bibliothèque de droit privé, t.535, LGDJ., Paris, 2012, n°s 165 et s., pp.78 et s. また、前者のタイプの議論からの契約不履行に基づく損害賠償の理解について、Cf. Penin, supra, n°s 97 et s., pp.51 et s. esp., n°s 129 et s., pp.65 et s. Adde., n°s 178 et s., pp.82 et s.

[1696] Hervé Lécuyer, Redéfinir la force obligatoire du contrat ?, Petites affiches, 6 mai 1998, n° 54, pp.44 et s.

け、当事者が契約を通じて獲得しようとした期待に対する予見という観念を基礎に据えるならば、契約法の根幹には、当事者が契約において予定し、期待したことの実現という視点を置かなければならない。更に、このような契約の本性を尊重するためには、契約の履行に関わる問題と不履行に関わる問題を分離するのではなく、いずれの問題についても、契約において期待したことの実現という視点からアプローチを試みる必要がある。ここにおいて、契約不履行に基づく損害賠償は、不履行によって生じた損害を賠償するための手段ではなく、契約において予定し、期待したことを実現するための手段として位置付けられることになるのである[1697]。

次に、正当な期待という概念に注目が集まってきたことを挙げておかなければならない。例えば、以下のような議論がなされている[1698]。契約法における期待という概念は、これまでのフランスでは、ほとんど受け入れられてこなかったが、今日においては、コーズ、契約のエコノミー、契約の改定等、期待という視点から説明することのできる現象が生じ、こうした観点からの学理的議論が積み重ねられている。ところで、ここで言う期待は、個別具体的な状況下における相手方の行為態様への期待ではなく、契約当事者の通常の意思、類型的な意思における期待を意味するから、ここでは、契約において予定された両当事者に共通の期待が問題となる[1699]。このような期待概念を中核に据えて契約不履行に基づく損害賠償の問題を検討すると、次のような見方を提示することができる[1700]。契約が正確に履行されたかどうかを判断するためには、まず、契約において予定された期待がどのようなものであったのかを評価し、次いで、この期待と現実に履行されたものとを比較す

[1697] Hervé Lécuyer, Le contrat, acte de prévision, in, Mélanges en hommage à François Terré, L'avenir du droit, Dalloz, PUF., Juris-Classeur, Paris, 1999, pp.652 et s. また、レキュワイエは、こうした形で契約不履行に基づく損害賠償を捉えると、賠償方式としての契約不履行に基づく損害賠償の下では排除されていた「比例原則」が見出されるようになるとも説く (Id., Le principe de proportionalité et l'extinction du contrat, in, Existe-t-il un principe de proportionalité en droit privé ?, Colloque du 20 mars 1998 organisé par le Centre de droit des affaires et de gestion de la Faculté de droit de Paris V, Petites affiches, 30 sept. 1998, n° 117, pp.34 et s.)。

[1698] ニュアンスは異なるが、Cf. Aubry, supra note 20, n^{OS} 220 et s., pp.245 et s. ; Id., Un apport du droit communautaire au droit français des contrats : La notion d'attente légitime, RIDC., 2005, pp.627 et s. ; Pascal Lokiec, Le droit des contrats et la protection des attentes, D., 2007, chr., pp.321 et s. ; etc. また、契約法のみを対象とするものではないが、同じく、正当な期待を論じたものとして、Jean Calais-Auloy, L'attente légitime, Une nouvelle source de droit subjectif ?, Mélanges en l'honneur de Yves Guyon, Aspects actuels du droit des affaires, Dalloz, Paris, 2003, pp.171 et s. がある。更に、Cf. Sylvia Calmes, Du principe de protection de la confiance légitime en droit allemand, communautaire et français, th. Paris II, préf. Didier Truchet, Nouvelle bibliothèque de thèses, t.1, Dalloz, Paris, 2001 ; Bénédicte Favarque-Cosson(sous la dir.), La confiance légitime et l'estopel, Droit privé comparé et européen, vol.4, Société de législation comparée, 2007 ; Valérie-Laure Bénabou et Muriel Chagny, La confiance en droit privé des contrats, Dalloz, Paris, 2008.

[1699] 注[1698]掲記の諸論稿の中では引用されていないが、この点については、Cf. Judith Rochfeld, Cause et type de contrat, préf. Jacques Ghestin, th. Paris II, Bibliothèque de droit privé, t.311, LGDJ., Paris, 1999, n^{OS} 306 et s., pp.275 et s.

[1700] Cf. Rochfeld, supra note 1699, n^{OS} 327 et s., pp.291 et s.

ることを通じて、期待が実現されているかどうかを明らかにしなければならない。つまり、期待は、不履行の範囲を画する。そして、契約不履行に基づく損害賠償は、このようにして確定された期待の不実現を填補するものとして把握されることになる。従って、期待は、不履行の範囲だけでなく、契約不履行に基づく損害賠償の範囲をも画するのである[1701]。

このような議論を一瞥するだけでも明らかとなるように、契約法における予見や期待をめぐる議論は、議論の重心を債務者の行態から契約全体へと移行させ、契約における予見ないし期待の実現の有無によって不履行の問題を規律しようとするものであり、等価物による履行論の判断枠組みに適合的である。視点こそ異なるが、いずれの議論も、当事者、あるいは、当事者によって選択された類型的要素が契約に与える意味を探求し、それが実現されているかどうかによって、不履行の問題を捉える枠組みを用意するものである。こうした見方が契約不履行に基づく損害賠償の意味付けに大きな影響を及ぼしたことは、明らかであろう[1702]。もちろん、予見や期待の内容、また、等価物による履行論の言う履行の中身は、一義的に定まるものではないから、両者が不可分一体の関係にあるというわけではない。しかし、フランス法において、予見行為としての契約という見方、契約における正当な期待という概念と、等価物による履行がほぼ同時期に提唱されたことは確かなのであって[1703]、等価物による履行論の背景にあるコンテクストを探求するに際しては、この事実を看過することは許されないと言うべきであろう。

なお、期待と契約不履行に基づく損害賠償との関連性という点では、フラー＝パーデュ論文に端を発する、アメリカ法の期待利益の概念が想起されうるが[1704]、少なくともテクストのレベルでは、アメリカにおける利益論がフランスにおける等価物による履行論に直接的な影響を与えたという事実を見出すことはできない。むしろ、フランスにおいては、等価物による履行論の提唱を契機として、契約不履行に

[1701] このように理解するならば、民法典1150条における予見可能性は、主観的・心理的概念ではなく、損害の性質に依拠した客観的な概念として把握されることになる（Lokiec, supra note 1698, pp.322 et s.）。

[1702] 等価物による履行論の嚆矢となったのは、フィリップ・レミィの手になる2つの論文であるが（Rémy, supra note 20, La responsabilité contractuelle... ; Id., supra note 20, Critique du système français...）、彼が、『民法季刊雑誌（Revue trimestrielle de droit civil）』の中で、長らく、「契約各論（contrats spéciaux）」の判例研究を担当してきたことは、本文で述べた点に大きく関わるのではないかとも考えられる。関連する論稿として、Philippe Rémy, La jurisprudence des contrats spéciaux, Quarante ans de chroniques à la Revue Trimestrielle de Droit Civil, in, L'évolution contemporaine du Droit des contrats, Journées René Savatier (Poitiers 24-25 oct. 1985), PUF., 1986, pp.103 et s. ; Id., Droit des contrats : questions, positions, propositions, in, Le droit contemporain des contrats, Bilan et perspectives, Economica, 1987, pp.271 et s. ; Id., Cent ans de chroniques, RTD civ., 2002, pp.665 et s. がある。

[1703] エレーヌ・オーブリーのテーズは、「ヨーロッパ契約法」からの影響を受けつつ、正当な期待を中核に据えて契約法を構築し、その中で、契約不履行に基づく損害賠償を履行されなかった契約の実現という視点から捉えようとするものである（Aubry, supra note 20）。

[1704] Fuller et Perdue, supra note 708.

基づく損害賠償の範囲を確定するための基準の定立に関心が集まり、ドイツやアメリカの利益論を研究する論稿が増えたと見るべきである[1705]。従って、この点、つまり、損害賠償の範囲を実質的に確定するための枠組みを探求するきっかけになったという意味においても、等価物による履行という概念は、それに賛成するかどうかは別としても、大きな功績を有していたと言える。

以上において、等価物による履行という考え方の再生・復権へと導いた、契約不履行法、契約法の議論状況が明らかになったものと思われる。最後に、フランス民法学における研究動向というコンテクストの中で、民法典及び学説史研究、そして、「ヨーロッパ契約法」の影響にも言及しておくことにする。もっとも、民法典及び学説史については、既に本章・第1節・第1款において詳細に検討しているから[1706]、ここでは、2004年にフランス民法典が200周年を迎える少し前から、広い意味での「法典」研究が蓄積され始めたこと、それと並行するように、契約不履行に基づく損害賠償、あるいは、より広く、契約不履行法についての民法典の立場を探求する研究が登場し、賠償方式としての契約不履行に基づく損害賠償の対立軸として、「原典への回帰」、「原典への巡礼」を標榜する見解が現れたこと[1707]、こうした姿勢とその後の議論の批判的な検討が、等価物による履行論を発展せしめる原動力となったこと[1708]、そして、このような主張が、今日のフランス民法学における学説史研究の第一人者であるフィリップ・レミィによってもたらされたことを指摘しておけば十分であろう。そこで、以下では、等価物による履行論に対する「ヨーロッパ契約法」の影響についてごく簡単に言及しておくことにする。

既に、序論において触れておいたように[1709]、今日のフランス契約法の研究は、それに賛意を示す見解であれ、敵意を示す議論であれ、「ヨーロッパ契約法」という座標軸を持つことなしに行うことはできない。もちろん、契約不履行に基づく損害賠償に関わる議論も、その例外ではない。近時の学説において、契約不履行に基づく損害賠償のあり方をめぐる議論が展開されたのは、少なく見積もっても、「ヨーロッパ契約法」の動向に刺激されたことを1つの要因とするものであったと言うこと

(1705) Ex. Lamazerolles, supra note 709, n°s 335 et s., pp.316 et s.; Laithier, supra note 21, n°s 106 et s., pp.157 et s.; Genicon, supra note 709, n°s 988 et s., pp.714 et s.; Pinna, supra note 709; etc.

(1706) 本章・第1節・第1款370頁以下を参照。

(1707) Deschamps, supra note 511.

(1708) 言うまでもなく、Rémy, supra note 20, La responsabilité contractuelle...; Id., supra note 20, Critique du système français... が、その代表である。また、ジャン・ブリサンの有名なテーズ『手段債務・結果債務の区別の分析に対する寄与：民事責任秩序の展開に関して（Contribution à l'analyse de la distinction des obligations de moyens et des obligations de résultat : à propos de l'évolution des ordres de responsabilité civile）』は（Bellissent, supra note 20）、原典の立場を座標軸の1つとして、手段債務・結果債務の区別と民事責任法の展開過程を詳細に分析した貴重な業績である。

(1709) 以下の叙述のうち、「ヨーロッパ契約法」一般に関わる部分については、文献の所在も含め、序論39頁以下を参照。

第2節　理論モデルの展開

ができる。あるいは、大げさに言えば、等価物による履行論は、あくまでも論者の主観的な意図においてではあるが、来るべき「ヨーロッパ契約法」への1つの対応であったとさえ見ることができるのである。フランスあるいはフランスの民法学の視点から、「ヨーロッパ契約法」の中身を検討する作業は、第2章・第1節・第1款・第2項で行うことが予定されているので、ここでは、契約不履行に基づく損害賠償を等価物による履行として把握しようとする見解と「ヨーロッパ契約法」との関係を見ておくことにしよう。

フランス民法学において「ヨーロッパ契約法」が自覚的に論じられるようになったのは、20世紀から21世紀への変わり目のことであり、しかも、そこでは、それに批判的な論調が大勢を占めていた。また、それ以前のフランスにおいて、「ヨーロッパ契約法」に言及する論稿は、ほとんど存在しなかった。このような状況にあって、「ヨーロッパ契約法」の存在に光を当て、そこでの成果をフランス法へと還元しようとしたのが、ヨーロッパ契約法委員会のメンバーでもある、英米法・比較法学者のドゥニ・タロンであった[1710]。そして、このタロンこそ、フィリップ・レミィと並び、等価物による履行の再生・復権をもたらした、もう1人の立役者だったのである。

タロンが展開した契約不履行に基づく損害賠償の議論は、以下のようなものである[1711]。契約不履行に基づく損害賠償に関する議論は、フランスの伝統的通説のように、契約上のフォートとその責任ではなく、英米法や国際物品売買契約に関する国際連合条約のように、契約違反とその救済という概念によって構築されなければならない。手段債務・結果債務の区別と結び付いた契約上のフォートという概念は、国内法的には、契約不履行に基づく損害賠償の不法行為に基づく損害賠償による吸収、契約不履行法の破壊をもたらすが、それだけでなく、国際的な視点で見れば、諸外国の法律家によるフランス法の理解を困難なものとし、フランス法が混乱しているとのイメージを与えてしまっている[1712]。こうした状況を脱するためには、債権者が約束したものを獲得することができなかった状態を契約違反と見た上で、契約不履行に基づく損害賠償をこの契約違反に対する救済、つまり、金銭の形で契約を実現するための「等価物による履行（performance by equivalence）」の制度として把握することが必要となる。こうすることによって、契約不履行に基づく損害賠償が、契約不履行法の中に取り込まれることになり、実用的・時系列的な視点から、契約不履行法の体系を構想することが可能となるのである。

[1710]　ドゥニ・タロンの「ヨーロッパ契約法」に関する論稿については、注(123)で引用してある。
[1711]　Tallon, supra note 20, Pourquoi parler de faute contractuelle？; Id., supra note 20, L'inexécution du contrat…のほか、Id., supra note 1649, Les remèdes…; Id., supra note 1649, Breach of Contract and Reparation of damage; Id., supra note 1649, L'article 1184 du Code civil….
[1712]　Tallon, supra note 20, Pourquoi parler de faute contractuelle？, pp.433 et s.

◆第1章◆解　釈

　なるほど、タロンは、上記のような契約不履行に基づく損害賠償の見方を提示するに際して、「ヨーロッパ契約法」のテクストや解説、「ヨーロッパ契約法」をめぐる議論を直接的に参照しているわけではない[1713]。しかし、「ヨーロッパ契約法」に大きな影響を与えている英米法やCISGの考え方を積極的に評価していたことからすれば、タロンは、そこでの議論に大きな影響を受けていたと見て良いであろう[1714]。もちろん、論者の主観的意図は別として、より客観的に評価するならば、契約不履行に基づく損害賠償を履行されなかった契約の履行方式として位置付ける考え方は、「ヨーロッパ契約法」における契約不履行に基づく損害賠償の1つの読みとしては成り立ちうるとしても、これが「ヨーロッパ契約法」の立場であると言い切ることはできないように思われる。ただ、少なくとも、「ヨーロッパ契約法」における契約不履行に基づく損害賠償の研究が、不法行為法のモデルに支配されていたフランスの伝統的通説の理論枠組みに対する大きな問題提起となりえたことは事実である。そうであるからこそ、その後、等価物による履行論に賛意を示す立場から、「ヨーロッパ契約法」の考え方を積極的に取り込んでいこうとする研究が積み重ねられていくことになったのである[1715][1716]。このように見るならば、等価物による履行論の背後には、疑いなく、「ヨーロッパ契約法」の大きな影があったと言うことができるように思われるのである[1717][1718]。

　最後に、(2)の冒頭に提示した課題に答える形で、これまでの検討成果を整理して

(1713) そもそも、ヨーロッパ契約法原則の第1部が公表されたのは1995年のことであるから、1994年公刊のTallon, supra note 20, pourquoi parler de faute contractuelle？; Id., supra note 20, L'inexécution du contrat...; Id., supra note 1649, Breach of Contract and Reparation of damageの中でそれに触れることには困難を伴ったという事情もあるだろう。あるいは、フランス民法学における「ヨーロッパ契約法」へのアレルギー反応が考慮されたのかもしれない。

(1714) 穿った見方をすれば、タロンは、注(1711)で引用した諸論稿の中で、やがて来る「ヨーロッパ契約法」に、フランス契約法を調和させようとしていたのかもしれない。

(1715) 既に触れた、Aubry, supra note 20, n°S 220 et s., pp. 245 et s.; Id., supra note 1698, pp. 627 et s. のほか、国際物品売買契約に関する国際連合条約を対象としたものであるが、Cf. Lamazerolles, supra note 709, n°S 335 et s., pp. 315 et s.

(1716) これに対して、不法行為責任と「契約責任」の融合化を志向する立場からの議論として、Cf. Véronique Wester-Ouisse, Responsabilité délictuelle et responsabilité contractuelle : fusion des régimes à l'heure internationale, RTD civ., 2010, pp. 419 et s.

(1717) 等価物による履行論を復権させたもう1人の立役者であるフィリップ・レミィも、基本的に、「ヨーロッパ契約法」に賛成の立場であった。とりわけ、後述する債務法改正のコンテクストで、レミィは、ヨーロッパ契約法原則を参考とした議論を展開しているのである（Rémy, supra note 97, pp. 1183 et s.）。

(1718) マル・エレ（Mare Herail）は、フランスにおける契約不履行法の議論に対する「ヨーロッパ契約法」の影響について、以下のような分析を行っている（Mare Herail, L'influence de droit européen sur l'évolution des sanctions contractuelles, in, Le renouveau des sanctions contractuelles, sous la direction de François Collart Dutilleul et Cédric Coulon, Economica, Paris, 2007, pp. 63 et s.）。フランスにおける契約不履行法の議論は、「ヨーロッパ契約法」の影響を受けて、債務者に対する制裁という視点から、債権者の満足という視点へとシフトしているように見受けられる（pp. 65 et s.）。これを契約不履行に基づく損害賠償のコンテクストで見るならば、「ヨーロッパ契約法」は、伝統的通説のような「契約責任」ではなく、近時の有力学説の言う等価物による履行の後ろ盾となりうるものであるように思われるのである（pp. 69 et s.）。

おこう。フランスにおける「履行モデルの復権」は、民法典研究と「ヨーロッパ契約法」研究に支えられながら、賠償モデル下での民事責任法の無秩序状態を解消すること、契約不履行に基づく損害賠償を契約不履行法の下で体系化すること、契約（契約利益、予見、期待）の実現という視点を中核に据えた契約法に適合的な損害賠償の枠組みを構築することを目的として、企てられたものである。

　まず、第1の目的について言えば、等価物による履行論は、契約で予定された利益の実現とは関わりのない要素についての賠償を、特別法も含めた広い意味での不法行為法に委ねようとするものであるから、賠償モデルの下で生じていた諸問題は、さしあたり解消されることになる。もっとも、その反面、判例において安全に関する結果債務の存在が認められ、しかも、物の所為に基づく不法行為責任を利用することができないケースについて見ると、「賠償というイデオロギー」が支配するフランス民事責任法においては看過することのできない、被害者保護の後退という「恐るべき」事態が生ずる。等価物による履行を提唱する学説は、この点について直接的な言及をしていないが、このような態度は、特別法の生成と改良によって対処されるべき問題であるとの認識を前提としたものであろう。また、これとは反対に、これまで契約という性質決定を行い、債務者に手段債務を課すことによってフォートなしの不法行為責任の介入を排除し、適正なリスク分配が行われてきた領域、例えば、医療の局面等においては[1719]、これを、不法行為法の問題にすることによっ

(1719) 医療の場面において、物の所為に基づく不法行為責任の介入を明確に排除したものとして、以下のような判決がある。Cass. civ., 27 mai 1940, D., 1941, 53, note Marcel Nast（事案の概要は、以下の通りである。Xは、左膝に狩猟用の弾丸を受けた。そこで、A医師による弾丸の摘出手術が行われた。その際、Xは、Yによる放射線治療を受けた。ところが、その結果、Xは、放射線皮膚炎にり患し、皮膚の摘出を余儀なくされてしまった。そこで、Xは、A及びYに対して、民法典1147条、1382条、1383条、1384条に基づき、損害賠償の支払いを求める訴訟を提起した。原審は、民法典1384条1項の物の所為に基づく不法行為責任を援用し、Yを医療器具の保管者と認定して、Yに対する損害賠償請求を認容した。これに対して、破毀院は、民法典1147条をビザに、以下のように判示して、原審を破棄した。「放射線技師と患者との間には、放射線技師につき、当該器具によって、入念で、注意深く、慎重で、科学の所与に適合する治療を含む債務を与える債務を課されており、これに違反もしくは瑕疵ある履行は、同じ性質の責任によって制裁を課され、保管している物を理由とする民法典1384条1項の責任は排除される」(chapeau)。原審は、上記のように恣意的な形でYの債務を限定し、民法典1147条ではなく、同1384条1項を根拠に、Xの損害賠償請求を認容しているのであるから、上記のテクストに違反した）; Cass. 1re civ., 30 oct. 1962, D., 1963, 57, note Paul Esmain ; JCP., 1962, II, 12924, obs., René Savatier ; RTD civ., 1963, 329, obs., André Tunc（事案の概要は、以下の通りである。Xは、Yによる医療検査を受けた後、踏み台を利用して検査台から降りようとした。ところが、この踏み台が床の上を滑り、患者の重さで潰れた結果、Xは、床にたたきつけられ重傷を負ってしまった。そこで、Xは、Yに対して、損害賠償の支払いを求める訴訟を提起した。原審は、本件事故の当時、既に検査が終了していたことを理由として、民法典1384条1項に基づき、Xの損害賠償請求を認容した。これに対して、破毀院は、民法典1147条をビザに、以下のように判示して、原審を破棄した。「医師は、患者との契約によって、患者に対し、入念で、注意深く、慎重な、科学の所与に適合する治療を与える義務を負う。このような債務の違反もしくは瑕疵ある履行は、契約の性質を持つ責任によって制裁を課されるのであり、民法典1384条1項の責任は排除される」(chapeau)。原審の「事実認定によれば、Xが被った損害の原因である物の使用は、必然的な関係によって医療契約の履行と結び付けられているにもかかわらず、当該医療行為を、それを包含する契約から恣意的に分離しているのであるから、控訴院は上記のテクストに違反した」）; Cass. 1re civ., 16 nov.

て、債権者による物の所為に基づく不法行為責任の援用が可能となる結果、リスク分配のあり方が崩されるとの懸念も生じうる[1720]。しかし、この点に関しては、既に立法的な手当てがなされ、フォートに基づく責任の原則性が明示されるに至っているから、上記のような懸念は妥当しえないのである。要するに、等価物による履行論は、当事者が契約において予定した利益とは関わりのない要素についての賠償を、全て（広い意味での）不法行為法の管轄に属する問題であると認識した上で、これまで賠償モデルを基礎とした契約不履行に基づく損害賠償によって実現されてきた補償の確保とリスク分配に関しては、物の所為に基づく不法行為責任や補償を目的とする特別の立法により十分に対応することができるし、また、その方が望ましいと説くわけである[1721]。

1965, D., 1966, 61 ; RTD civ., 1966, 309, obs. René Rodière（事案の概要は、以下の通りである。Xは、Yの下で外科手術を受けたが、その際、針が折れ、約10mmの金属製の先端がXの体内に残されてしまった。そこで、Xは、Yに対して、損害賠償の支払いを求める訴訟を提起した。原審は、Xの請求を棄却した。破毀院は、民法典1384条1項、1147条をビザに、以下のように判示して、Xの上告を棄却した。「医師は、患者との契約によって、患者に対し、入念で、注意深く、慎重な、科学の所与に適合する治療を与える義務を負う。このような債務の違反もしくは瑕疵ある履行は、契約の性質を持つ責任によって制裁を課されるのであり、民法典1384条1項の責任は排除される」。また、本件において、Yのフォートは何ら証明されていない）; Cass. 1re civ. 25 mai 1971, D., 1972, 534, note Jean Penneau ; Gaz. Pal., 1972, 2, 696, note Paul-Julien Doll（事案の概要は、以下の通りである。医師Yは、脊椎の放射線写真をとるため、患者AをBクリニックに入院させ、準備検査をした後、麻酔・着色のための注射を行った。ところが、その後、Aは、昏睡状態に陥り、蘇生術が施されたものの、4週間後に死亡してしまった。そこで、Aの妻であるXは、民法典1384条1項に基づき、Yに対して、損害賠償の支払いを求める訴訟を提起した。原審は、Xの損害賠償請求を棄却した。破毀院も、以下のように判示して、Xの上告を棄却した。原審は、医師の使用した注射に瑕疵があったかどうかは明らかでないとした上で、この注射が医療行為に該当することを認定し、民法典1384条1項の適用を排除して、その判決を正当に理由付けた）; etc.

(1720) もっとも、かつての判例の中には、医療行為によって患者が死亡した場合に、その遺族らの民法典1384条1項に基づく損害賠償請求を認容したものも存在した。Ex. Cass. 1re civ., 1er avril 1968, D., 1968, 653, note René Savatier ; JCP., 1968, II, 15547, obs. Albert Rabut ; RTD civ., 1968, 714, obs. Georges Durry（事案の概要は、以下の通りである。Aは、Bクリニックの手術室で、外科手術に先立ち、Yによる麻酔を受けていたところ、麻酔の機械が爆発し、死亡してしまった。そこで、Aの両親であるXは、Yに対し、自己の名において、自己に生じた損害の賠償を求める訴訟を提起した。原審は、民法典1384条1項に基づくXの請求を認容した。これに対して、Yは、本件において問題となるのは「契約責任」である等と主張し、上告した。破毀院は、以下のように判示して、Yの上告を棄却した。「事実審裁判官が強調しているように、Aの両親は、「自己固有の名において」、Aの死亡によって生じた「人的損害」の賠償を求めている。このように、故人の相続人としてではなく、単に、医療契約とは関係のない第三者の資格で訴訟を提起しているのであるから、両親は、不法行為責任を基礎とすることができ、控訴院は、その判決を民法典1384条1項によって基礎付けることができた」）　従って、この場面では、同一の事実状況の下で損害を被った契約当事者と第三者の取扱いが異なるという意味で、既にリスク分配のあり方が破壊されていたと見ることもできる（上記判決の評釈は、いずれも同判決に否定的な態度を示している）。

(1721) なお、本文の叙述と直接的に関わるものではないが、今日では、等価物による履行論が「契約責任」という概念を批判するのと同じような形で、「物の所為に基づく不法行為責任」という法的構築物に対して全面的な批判を提起する学説も現れている。ジャン・セバスティアン・ボルゲッティ（Jean-Sébastien Borghetti）の論文が、それである（Jean-Sébastien Borghetti, La responsabilité du fait des choses, un régime qui a fait son temps, RTD civ., 2010, pp.1 et s. また、これに応接する論文として、Philippe Brun, De l'intemporalité du principe de responsabilité du

次に、第2の目的に関して言えば、履行モデルの下での契約不履行に基づく損害賠償は、履行請求と並ぶ契約の実現手段となるから、賠償モデルのように、債権者がとりうる2つの手段が責任法と契約法に分属させられるという事態は生じえない。また、このモデルは、契約不履行法の包括的なビジョンを持ち、契約不履行の諸救済の体系化に新たな光を当てることを可能にする。この点については、更に、第2章・第2節・第1款で検討することにしよう。

更に、第3の目的について言えば、等価物による履行の考え方は、契約と第三者に関わる諸問題において展開された議論、更に、それを1つの契機として生み出された、予見行為としての契約、正当な期待実現のための契約という視点に適合的であり、債務者の行態ではなく、契約全体へと視野を広げながら、契約法を構築する契約構想の中に位置付けられるものである。

このように見るならば、フランスにおける履行モデルは、契約不履行法、契約法、民事責任法の領域において、賠償モデルの困難を克服し、契約の実現という視点からこれらの議論を構築していく可能性を秘めた、一貫性のある枠組みであると言うことができる。また、仮に履行モデルを排斥するにしても、このモデルには、少なくとも、契約不履行法、民事責任法の様々な面において、従来の議論では抜け落ちていた問題を提起したという点で、重要な意味があったと見なければならない。確かに、フランスの等価物による履行論には、安全の問題を全て契約の領域から放逐してしまう等の面で、重大な問題も存在した。しかし、契約不履行に基づく損害賠償、あるいはより広く、契約法、契約不履行法、民事責任法の解釈枠組みというレベルにおいて、フランスの履行モデルが多くの成果を上げていることは、疑いのない事実なのである[(1722)]。

◇第2項　日本における契約不履行に基づく損害賠償に関する理論モデルの意義

本節・第1款・第2項において示したように、日本の学説は、民法施行後直ぐに、契約（債務）不履行に基づく損害賠償を、不履行によって生じた損害を賠償するための制度として捉えるモデル（賠償モデル）を導入した。当時の議論は、19世紀末から

---

　　fait des choses : Et de quelques autres considérations sur ses prétendues répercussions négatives en droit des obligations, RTD civ., 2010, pp.487 et s.）。学理的な観点から言えば、フォートなしの責任を物の所為に結び付ける必然性は全く存在しないので、「物の所為に基づく不法行為責任」という法的構築物を持たない国の学説から見ると、ボルゲッティの論旨は説得力を持つように思われる。もっとも、ボルゲッティ自身も認めているように、現在の法状況において、物の所為に基づく不法行為責任を放棄するならば、被害者補償の著しい後退を招くことになろうから、この立論は、あくまでも（物の所為に代わる）フォートに基づかない責任の法理や特別立法が存在することが前提となる。

(1722)　本書では全く触れていないが、近年においては、ケベックにおいても、同様の議論が現れている。Cf. Daniel Gardoner et Benoît Moore, La responsabilité contractuelle dans la tourmente, Cah. dr., vol.48, n° 3, 2007, pp.543 et s.

◆第1章◆ 解　釈

20世紀初頭のフランスの学説とは異なり、何らかの社会的・政治的・思想的要求に応えるために賠償モデルの考え方を確立したわけではなかったが、その後、賠償モデルの論理構造を活用して、契約（債務）不履行に基づく損害賠償の領域を拡大しようとする議論が登場し、賠償モデルには、一定の解釈論的な意味付けが付与されるに至った。本項においては、まず、第1節・第2款における民法の構造に関わる考察と、前項におけるフランス法の分析成果を前提として、こうした賠償モデルの生成・発展過程においてどのような解釈論的問題が生じたのか、賠償モデルの生成・発展へと導いた実践的な意図は今日においてもなお妥当するのか、賠償モデルの中で認識された問題を克服するためにどのような議論がなされたのか、また、なされるべきであるのかといった問題が検討の対象とされる。これによって、日本における賠償モデルが解釈論的に有用なモデルであるのかという問いに対して、消極的な見方が示されることになる。これが、(1)の課題となる。次いで、(2)においては、第1部も含め、これまでの全ての考察を踏まえて、契約（債務）不履行に基づく損害賠償を履行されなかった契約ないし債権の履行方式として捉えるモデル（履行モデル）について、これを現在の日本民法における解釈枠組みとして提示する作業を行う。

(1)　賠償モデルの問題

(1)においては、第1項で行った、フランスにおける賠償モデルの解釈論的有用性に関する検討の成果を基に、日本法のコンテクストでの賠償モデルの解釈論的有用性が問われることになる。もっとも、第1款・第2項において触れたように、賠償モデルの論理構造を利用した日本の解釈論の中には、不履行の基礎となる債務ないし義務を、契約と関連付けることなく拡大しようとするタイプの議論と、そこでの議論を受け、「契約責任」の拡大に歯止めをかけるという目的の下、不履行の基礎となる債務を、契約と関連付けて正当化しようとするタイプの議論が存在した。賠償モデルの解釈論的な有用性を問うためには、これら両者を検討の対象としなければならないが、いずれのタイプの議論であるかによって、検討すべき内容も大きく異なってくる。従って、以下では、まず、前者のタイプの議論を分析し、次いで、そこでの検討成果を踏まえつつ、後者のタイプの議論を検討の対象とすることにしたい。

前項では、補償の確保という目的に導かれたフランス型の賠償モデルに存在する問題を明らかにした。その成果を踏まえ、日本における補償の確保という目的を持った賠償モデルについて、検討すべき課題を抽出し、それについて考察を行うと、以下のように整理することができる。

第1に、契約（債務）不履行に基づく損害賠償の基礎となる不履行、あるいは、その前提としての債務ないし義務の範囲の問題である。

◆ 第 2 節 ◆ 理論モデルの展開

　破毀院判例においても、また、これを自覚的に論じていたフランスの学説においても、賠償モデルの論理構造を利用する際に必要となる、「責任を生じさせる行為ないし所為」の基礎としての契約領域における義務の範囲が極めて不明確であり、従って、補償の確保という目的のための賠償モデルは、契約領域における義務の範囲を画定するための明確な基準が存在しないために、日和見主義的な解決に陥ってしまっていた。賠償モデルは、契約（債務）不履行に基づく損害賠償を、契約上のフォートないし不履行によって生じた損害を賠償するための制度として捉える枠組みであるところ、少なくともフランスの一般的な理解と日本の伝統的理解によれば、契約上のフォートないし不履行のほかに、契約あるいは債務不履行の特殊性を汲み上げうるファクターは存在しなかったのであるから、この点は、フランスのみならず、日本の議論においても、避けて通ることのできない問題であると言える。しかも、日本の安全配慮義務に関する判例法理や統一的保護関係理論に示唆を得た学説は、フランスの議論とは異なり、不履行、そして、その前提となる義務の領域を、契約と結び付ける形で画定しないのであるから、この問題は、より一層、深刻なものとして受け止められなければならない。ところが、安全配慮義務に関する最高裁判例が言う、「ある法律関係に基づいて特別な社会的接触の関係に入った当事者間において、当該法律関係の付随義務として当事者の一方又は双方が相手方に対して信義則上負う義務」にしても、学説が説く、「契約関係的に、相接触する当事者間において成立する義務関係」[1723]、「契約類型を問わず契約的接触関係にある当事者相互に認められる義務」関係[1724]、「契約関係に付随する法定債務」関係[1725]から生ずる債務にしても、フランスの判例・学説が依拠している（ように見受けられる）基準以上に不明確である。従って、仮にこれらのみが現実の紛争を解決あるいは予防するための指針として提示されたときには、損害賠償の性質決定という点において、20世紀フランス民事責任法と同じ、あるいは、それ以上の無秩序と混沌が生じてしまうように思えてならないのである。

　もちろん、フランスの現状とは異なり、上記の諸基準は、現実の紛争を規律するための枠組みとして、実際上、必ずしも作用しているわけではない。というのは、判例の言う「ある法律関係に基づく特別な社会的接触関係」から生ずる義務が認められているのは、最高裁のレベルでは、基本的に、公務・自衛隊関係、雇用・労働関係に限定されているし[1726]、統一的保護関係を構想する学説においてその一部を

(1723) 奥田・前掲注(1455)257頁。
(1724) 宮本・前掲注(93)183頁。
(1725) 下森・前掲注(93)「覚書」8頁。
(1726) 周知のように、判例は、安全配慮義務を提示するに際して、「ある法律関係に基づいて特別な社会的接触の関係に入った当事者間において、当該法律関係の付随義務として当事者の一方又は双方が相手方に対して信義則上負う義務」という定式化を行ったが、この定式化は、少なくとも最高裁のレベルにおいては、公務・自衛隊関係、雇用・労働関係でしか用いられていない（注(1441)掲記の判例を参照）。例えば、学校事故の事案につき、最判平成18年3月13日判時1929

671

◆第 1 章◆ 解　釈

形成するものと理解されている、契約締結前の法的責任の問題は、判例においては、基本的に、不法行為法の領域に属するものと理解されているからである(1727)(1728)(1729)。従って、これは、あくまでも、フランス民事責任法の現状認識から

号 41 頁を参照 (「担当教諭は、できる限り生徒の安全にかかわる事故の危険性を具体的に予見し、その予見に基づいて当該事故の発生を未然に防止する措置を執り、クラブ活動中の生徒を保護すべき注意義務を負う」)。また、いずれも国家賠償法に基づき損害賠償が請求された事案であるが、同じく、学校事故における学校・教員の義務内容について、最判昭和 58 年 2 月 18 日民集 37 巻 1 号 101 頁 (「課外のクラブ活動であっても、それが学校の教育活動の一環として行われるものである以上、その実施について、顧問の教諭を始め学校側に、生徒を指導監督し事故の発生を未然に防止すべき一般的な注意義務のあることを否定することはできない」)、最判昭和 58 年 6 月 7 日判時 1084 号 70 頁、最判昭和 62 年 2 月 6 日判時 1232 号 100 頁 (「学校の教師は、学校における教育活動により生ずるおそれのある危険から生徒を保護すべき義務を負っており、危険を伴う技術を指導する場合には、事故の発生を防止するために十分な措置を講じるべき注意義務があることはいうまでもない」)、最判昭和 62 年 2 月 13 日民集 41 巻 1 号 95 頁 (「学校の教師は、学校における教育活動によって生ずるおそれのある危険から児童・生徒を保護すべき義務を負っている」)、最判平成 9 年 9 月 4 日判時 1619 号 60 頁 (ただし、予備的主張として債務不履行に基づく損害賠償が援用されている。「心身共に未発達な中学校の生徒に対する柔道 (中略) の指導に当たる者は、柔道の試合又は練習によって生ずるおそれのある危険から生徒を保護するために、常に安全面に十分な配慮をし、事故の発生を未然に防止すべき一般的な注意義務を負う」)、最判平成 20 年 4 月 18 日判時 2006 号 74 頁 (安全確保又は児童に対する指導監督についての過失) も参照。

(1727) 最判平成 23 年 4 月 22 日民集 65 巻 3 号 1405 頁。事案の概要は、以下の通りである。平成 11 年 3 月 2 日、X らは、中小企業等協同組合法に基づいて設立された Y 信用協同組合に対して、各 500 万円の出資を行った。ところが、平成 12 年 12 月 16 日、Y は、金融再生委員会から、金融機能の再生のための緊急措置に関する法律 8 条に基づく金融整理管財人による業務及び財産の管理を命ずる処分を受け、その経営が破綻した。その結果、X らは、本件各出資に係る持分の払戻しを受けることができなくなった。そこで、X らは、Y に対し、出資の勧誘に際し実質的な債務超過の状態にあり経営が破綻する恐れがあったことを説明する義務に違反した等と主張して、主位的に、不法行為による損害賠償請求権、または、詐欺取消しもしくは錯誤無効を理由とする不当利得返還請求権に基づき、予備的に、債務不履行による損害賠償請求権に基づき、各 500 万円及び遅延損害金の支払いを求める訴訟を提起した。原審は、主位的請求については、消滅時効の完成を認め、棄却したが、予備的請求に関しては、これを認容した。これに対して、Y が上告した。最高裁は、以下のように判示して、原審を破棄し、自判した。「契約の一方当事者が、当該契約の締結に先立ち、信義則上の説明義務に違反して、当該契約を締結するか否かに関する判断に影響を及ぼすべき情報を相手方に提供しなかった場合には、上記一方当事者は、相手方が当該契約を締結したことにより被った損害につき、不法行為による賠償責任を負うことがあるのは格別、当該契約上の債務の不履行による賠償責任を負うことはないというべきである。」「なぜなら、上記のように、一方当事者が信義則上の説明義務に違反したために、相手方が本来であれば締結しなかったはずの契約を締結するに至り、損害を被った場合には、後に締結された契約は、上記説明義務の違反によって生じた結果と位置付けられるのであって、上記説明義務をもって上記契約に基づいて生じた義務であるということは、それを契約上の本来的な債務というか付随義務というかにかかわらず、一種の背理であるといわざるを得ないからである。契約締結の準備段階においても、信義則が当事者間の法律関係を規律し、信義則上の義務が発生するからといって、その義務が当然にその後に締結された契約に基づくものであるということにならないことはいうまでもない (改行)。このように解すると、上記のような場合の損害賠償請求権は不法行為により発生したものであるから、これには民法 724 条前段所定の 3 年の消滅時効が適用されることになるが、上記の消滅時効の制度趣旨や同条前段の起算点の定めに鑑みると、このことにより被害者の権利救済が不当に妨げられることにはならないものというべきである」。

本判決には、千葉勝美裁判官の補足意見が付せられている。後の叙述にも関わるので、少し長くなるが、その一部を引用しておこう。「民法には、契約締結準備段階における当事者の義務を規定したものはないが、契約交渉に入った者同士の間では、誠実に交渉を行い、一定の場合には重要な情報を相手に提供すべき信義則上の義務を負い、これに違反した場合には、それにより相手方が被った損害を賠償すべき義務があると考えるが、この義務は、あくまでも契約交渉に入ったこと自体を発生の根拠として捉えるものであり、その後に締結された契約そのものから生ずるも

672

のではなく、契約上の債務不履行と捉えることはそもそも理論的に無理があるといわなければならない。講学上、契約締結上の過失を債務不履行責任として捉える考え方は、ドイツにおいて、過失ある錯誤者が契約の無効を主張することによって損害を受けた相手方を救済する法理として始まったとされているが、これは、不法行為の成立要件が厳格であるドイツにおいて、被害者の救済のため、契約責任の拡張を模索して生み出されたという経緯等に由来する面があろう」。学説の中には、「①素人が銀行に対して相談や問い合わせをした上で一定の契約を締結した場合に、その相談や問い合わせに対する銀行の指示に誤りがあって、顧客が損害を被ったときや、②電気器具販売業者が顧客に使用方法の指示を誤って、後でその品物を買った買主が損害を被ったときについて、契約における信義則を理由として損害賠償を認めるべきであるとするものがある」。このような例は、「契約締結の準備段階に入った者として当然負うべきものであるとして挙げられているものであるが、私としては、これらは、締結された契約自体に付随する義務と見ることもできるものであると考える。そのような前提に立てば、上記の学説も、契約締結の準備段階を経て契約関係に入った以上、契約締結の前後を問うことなく、これらを契約上の付随義務として取り込み、その違反として扱うべきであるという趣旨と理解することができ、この考え方は十分首肯できるところである」。そもそも、この例は、「その違反がたまたま契約締結前に生じたものではあるが、本来、契約関係における当事者の義務（付随義務）といえるものである。また、その義務の内容も、類型的なものであり、契約の内容・趣旨から明らかなものといえよう。したがって、これを、その後契約関係に入った以上、契約上の義務として取り込むことは十分可能である」。これに対して、「本件のような説明義務は、そもそも契約関係に入るか否かの判断をする際に問題になるものであり、契約締結前に限ってその存否、違反の有無が問題になるものである。加えて、そのような説明義務の存否、内容、程度等は、当事者の立場や状況、交渉の経緯等の具体的な事情を前提にした上で、信義則により決められるものであって、個別的、非類型的なものであり、契約の付随義務として内容が一義的に明らかになっているようなものではなく、通常の契約上の義務とは異なる面もある」。「もっとも、このような契約締結の準備段階の当事者の信義則上の義務を一つの法領域として扱い、その発生要件、内容等を明確にした上で、契約法理に準ずるような法規制を創設することはあり得るところであり、むしろその方が当事者の予見可能性が高まる等の観点から好ましいという考えもあろうが、それはあくまでも立法政策の問題であって、現行法制を前提にした解釈論の域を超えるものである」。

なお、本判決の評釈として、以下のものがある。平野裕之「最判平成23年4月22日・判批」NBL955号（2011年）15頁以下、河津博史「最判平成23年4月22日・判批」銀法55巻7号（2011年）58頁、辰巳裕規「最判平成23年4月22日・判批」消費者情報422号（2011年）28頁、石井教文＝桐山昌己「最判平成23年4月22日・判批」金法1928号（2011年）29頁以下、佐久間毅「最判平成23年4月22日・判批」金法1928号（2011年）40頁以下、松浦聖子「最判平成23年4月22日・判批」法セ681号（2011年）130頁、宮下修一「最判平成23年4月22日・判批」国民生活研究51巻2号（2011年）55頁以下、久須本かおり「最判平成23年4月22日・判批」愛法190号（2011年）89頁以下、中村肇「最判平成23年4月22日・判批」金判1379号（2011年）8頁以下、本多知志「最判平成23年4月22日・判批」金法1942号（2012年）67頁以下、牧野高志「最判平成23年4月22日・判批」志学館13号（2012年）127頁以下、小笠原奈菜「最判平成23年4月22日・判批」現代消費者法15号（2012年）82頁以下、藤田寿夫「最判平成23年4月22日・判批」法時84巻8号（2012年）94頁以下。また、鈴木尊明「契約締結前の説明義務違反と契約責任——関西興銀事件・最二判平成23年4月22日民集65巻3号1405頁を契機として」Law & Practice6号（2012年）169頁以下。

(1728) 注(1727)で引用した判決は、契約締結前の説明義務違反に基づく損害賠償請求に関するものであるが、そこで示されている理由付けは、契約交渉破棄に基づく損害賠償請求にも及びうるものである。

(1729) それ以前の判例は、契約交渉破棄に基づく損害賠償請求、契約締結前の説明義務違反に基づく損害賠償請求の性質決定について、態度を明らかにしていなかった。例えば、最判昭和58年4月19日判時1082号47頁（交渉破棄の事例において、最高裁は、「契約締結の準備がこのような段階（交渉の結果に沿った契約の成立を期待し、そのための準備を進めている段階——筆者注）にまでいたった場合には、YとしてもXの期待を侵害しないように誠実に契約の成立に努めるべき信義則上の義務があると解するのを相当とし、Yがその責に帰すべき事由によってXとの契約の締結を不可能ならしめた場合には、特段の事情のない限り、Xに対する違法行為が成立する」として不法行為の成立を認めた原審の判断を是認している）、最判昭和59年9月18日判時1137号51頁（交渉破棄の事例において、最高裁は、「契約締結に至らない場合でも、当該契約の実現を目的とする右準備行為当事者間にすでに生じている契約類似の信頼関係に基づく信義則上の責任

◆第1章◆ 解　釈

導かれる1つの仮定・推測に過ぎない(1730)。この意味において、上記の指摘は、フランスにおけるように、決定的な意味を持つわけではない。しかし、契約と結び付けることなく、契約（債務）不履行に基づく損害賠償の基礎としての不履行や義務を捉えようとする立場には、不履行ないし義務の基準の不明確さという論理外在的な問題だけではなく、以下で述べるように、より重大で、しかもその論理に内在する問題が含まれているのである。

　第2に、「ある法律関係に基づく特別な社会的接触の関係」から生ずる義務、あるいは、契約的接触の関係から生ずる義務の違反に基づく損害賠償を、契約（債務）不履行に基づく損害賠償と性質決定することの理由とその前提である。

　フランスの判例・学説は、契約、不法行為というカテゴリーを遵守するために、「契約責任を生じさせる行為ないし所為」の前提となる義務の拡大を、あくまでも契約と結び付けた形で行おうとしていた。その結果、運送契約の場合のように、どこまでを契約上の義務として捉えるべきかという問題が不可避的に生じ、また、店舗における事故の例に典型的な形で見られたように、ほかの契約類型における事故と同じような事実状態で生じたものでありながら、契約が存在しないという理由で、契約の問題ではなく、不法行為法の管轄に属せしめられる問題群が生じてしまっていた。しかし、そうであるからといって、契約、不法行為というカテゴリーが歪められることはなかった(1731)。また、このような基本認識から、契約締結前の交渉破

　　として、相手方が該契約が有効に成立するものと信じたことによって蒙った損害（いわゆる信頼利益）の損害賠償を認めるのが相当である」とした原審につき、「原審の適法に確定した事実関係のもとにおいては、Yの契約準備段階における信義則上の注意義務違反を理由とする損害賠償責任を肯定した原審の判断は、是認することができ」ると判示している）、最判平成15年12月9日民集57巻11号1887頁（情報提供・説明義務違反の事例（結論否定））、最判平成16年11月18日民集58巻8号2225頁（説明義務違反の事例）、最判平成18年6月12日判時1941号94頁（説明義務違反の事例）、最判平成19年2月27日判時1964号45頁（交渉破棄の事例において、最高裁は、損害賠償の性質決定を明らかにすることなく、「契約準備段階における信義則上の注意義務違反」を認めている）。また、三当事者以上の者が関わった事案についてのものであるが、最判平成17年9月16日判時1912号8頁（説明義務違反の事例）、最判平成18年9月4日判時1949号30頁（契約交渉破棄の事例）。

(1730) 後に述べるように、損害賠償の性質決定に関わる問題について、日本とフランスの議論を比較する場合には、いわゆる請求権競合の問題を考慮しておかなければならない。フランスの判例においては、（「契約責任」と不法行為責任の）非競合が原則とされているから、契約領域における義務の範囲の画定は、契約不履行に基づく損害賠償のみならず、不法行為に基づく損害賠償の領域を画するためにも、決定的に重要な意味を持つ。これに対して、日本の判例では、基本的に請求権競合の立場が採用されているために、不履行及びその前提としての義務の範囲は、契約（債務）不履行に基づく損害賠償の領域を画するという点において意味を持つが、不法行為に基づく損害賠償の領域画定とは無関係である。従って、同じく、契約（債務）不履行に基づく損害賠償の基礎となる不履行、あるいは、その前提としての債務ないし義務の範囲の問題といっても、日本とフランスとでは、それに付与されている法律論上の意味が異なっているのである。もっとも、ここでは、契約（債務）不履行に基づく損害賠償という性質決定を行うために必要な、不履行、あるいは、その前提としての債務ないし義務の範囲が問題とされているのであるから、上記のような相違があるとしても、日本法とフランス法との比較は意味を持つのである。

(1731) もっとも、契約領域における義務の範囲が不明確であることからも明らかとなるように、フランスにおいては、どのような理由に基づいて、安全債務が契約上の債務と性質決定されるのかという点について、必ずしも説得的な理由が示されているわけではなかった。従って、フラン

674

棄・説明義務違反等の事例においては、契約が存在しない以上、「契約責任」が問題となることもないという理解が導かれていたのであった。

これに対して、日本の民法では、法典上、債務不履行に基づく損害賠償が契約に特殊な制度として構築されているわけではないから、必ずしも、債務不履行に基づく損害賠償の基礎となる不履行を契約と結び付けた形で拡大する必然性は存在しなかった。むしろ、安全配慮義務に関する判例法理や一部の学説は、それを意識していたかどうかは別としても、こうした構造を利用することによって、「ある法律関係に基づく特別な社会的接触」に由来する義務の存在を観念し、こうした義務を債権総則上の債務と見た上で、その不履行を損害賠償の基礎として想定したのであった。そしてまた、こうした前提から、契約締結前の交渉破棄・説明義務違反等の事例についても、これを債務不履行の領域で規律すべきであるとの議論が展開されていたのであった[(1732)]。そうすると、この解釈の下では、「ある法律関係に基づく特別な社会的接触」の取り方によっては、フランスの賠償モデルの下で生じていたような、被害者間における取扱いの相違という問題の大部分を回避することが可能となる[(1733)]。とはいえ、この場合には、損害賠償の基礎となる不履行あるいは債務のレベルにおいても、契約の特殊性が完全に排除されることになってしまうから、ここでの義務、更には、この義務の違反に基づく損害賠償を債務不履行と性質決定することの意味が、改めて問われることになろう。このような問題認識は、とりわけ、

スにおける議論は、表面的に見れば、契約、不法行為というカテゴリーを遵守していると一応は言うことができるが、その実質においては、カテゴリーの中身あるいはカテゴリーの器それ自体を肥大化させることによって、問題となる事例を、無理やり、契約というカテゴリーの中に含ませているに過ぎないと見ることもできよう。

(1732) これに対して、判例は、契約締結前の説明義務違反に基づく損害賠償請求を不法行為と性質決定している。しかも、その理由付けは、「一方当事者が信義則上の説明義務に違反したために、相手方が本来であれば締結しなかったはずの契約を締結するに至り、損害を被った場合には、後に締結された契約は、上記説明義務の違反によって生じた結果と位置付けられるのであって、上記説明義務をもって上記契約に基づいて生じた義務であるということは、それを契約上の本来的な義務というか付随義務というかにかかわらず、一種の背理である」（法廷意見）、「契約交渉に入った者同士の間では、誠実に交渉を行い、一定の場合には重要な情報を相手に提供すべき信義則上の義務を負い、これに違反した場合には、それにより相手方が被った損害を賠償すべき義務があると考えるが、この義務は、あくまでも契約交渉に入ったこと自体を発生の根拠として捉えるものであり、その後に締結された契約そのものから生ずるものではなく、契約上の債務不履行と捉えることはそもそも理論的に無理がある」（千葉裁判官の補足意見）というものであり、ここでは、明らかに、契約（債務）不履行に基づく損害賠償の肯否が契約と結び付ける形で判断されている。従って、この点だけを見れば、判例について、不履行の基礎となる債務ないし義務を、契約と関連付けることなく拡大しようとするタイプの議論として位置付けることは、不正確である。以下の叙述で検討の対象としているのは、あくまでも、本文で述べたような議論を前提とする安全配慮義務についての判例法理であることを強調しておく。なお、この点については、後に本文で言及する。

(1733) これに対して、社会的接触あるいは契約的接触の関係に置かれることのない者、例えば、被害者遺族による損害賠償請求については、「他人のための約定」（フランス）、「第三者のための保護効を伴う契約」（ドイツ）のような特別の法理を介在させない限り、不法行為に基づく損害賠償と性質決定されることになるから、この局面においては、被害者間の取扱いの相違が生まれうる。なお、この点については、安全配慮義務の場面における遺族固有の慰謝料請求について判断を示した、最判昭和55年12月18日民集34巻7号888頁も参照。

◆第1章◆　解　釈

安全配慮義務を債務不履行に基づく損害賠償の領域に属させることの問題を指摘するコンテクストの中で、既に幾つかの先行業績によって示されていたことではある(1734)。

　もっとも、問題は、これだけに止まらない。契約不履行に基づく損害賠償の理論枠組みの探求を目的とする本書の立場からは、更に、以下のような問題を指摘しておかなければならないのである。

　伝統的通説の枠組みにおいて、契約（債務）不履行に基づく損害賠償は、不法行為に基づく損害賠償と同じく、有責な行為によって生じた損害を賠償するための制度として捉えられているところ、この議論で、2つの損害賠償制度を区別しているのは、唯一、債務不履行というファクターだけであった。ところで、フランスの議論においては、「契約責任」と不法行為責任が同一の性質を有する制度として認識されながらも、「契約外の義務」の違反に基づくフォートであるのか、それとも、「契約から生じ、もしくは、契約に接ぎ木された義務及び債務」の違反に基づくフォートであるのかによって(1735)、2つの損害賠償の性質決定が行われていたのであった。しかしながら、上記のような日本の伝統的理解によれば、契約（債務）不履行に基づく損害賠償における不履行、その前提としての債務は、契約の頸木から解放されることになるから、これらは、理論上、あらゆる債務者の、あらゆる債務についての不履行を含意しうることになる。そして、ここでの債務の不履行が、不法行為領域における義務違反と性質的に異ならないのであれば、伝統的な債務不履行理論の立場から見る限り、債務不履行に基づく損害賠償と不法行為に基づく損害賠償とを区別するものは、少なくとも理論上は全く存在しないということになる。ここにおいて、物の所為に基づく不法行為責任の「クローン」としての物の所為に基づく契約

(1734) 例えば、高橋眞「安全配慮義務の性質論について」奥田昌道先生還暦記念『民事法理論の諸問題 下巻』（成文堂・1995年）283頁（安全配慮義務は、如何なる意味において契約上の義務とされるのかという問題意識から、宮本・前掲注(93)の議論を分析し、以下のように指摘する。信頼関係の基礎を契約ではなく事実的接触に求め、しかも、相手方の法益に対する影響可能性から生ずる信頼関係が、特別の危険に対する保護・救済の必要性と同じ内容であるならば、事実的な信頼関係を問題にする限り、これを「契約責任」とするか、不法行為責任とするかは論理必然の問題ではない。事実的な信頼関係を基礎とする議論においては、ここでの損害賠償が「契約責任」と不法行為責任の中間領域に位置付けられることまでは明らかにできても、その契約的性質は論証されていない）・291頁（たとえ契約を1つの契機とするものであっても、相手方を危険に曝しうる事実的接触関係というだけでは、保護義務が契約上の義務であることを論証したことにはならない。そこでは、むしろ、本来的に不法行為法の問題であることが強調されている）、窪田充見「要件事実から考える安全配慮義務の法的性質」大塚直＝後藤巻則＝山野目章夫編『要件事実論と民法学との対話』（商事法務・2005年）373頁以下（安全配慮義務の法理においては、これが、「なぜ債務不履行責任となるのかという説明は十分になされておらず、また、前提となる不法行為責任と契約責任に関する基本的な洞察は決定的に欠落してきたのではないか」。安全配慮義務が、危険な事実状態を基礎として認められるものであるならば、不法行為法の規律に服すべきことになるし、契約の危険性を根拠とするものであるならば、契約それ自体の義務として分析すれば足りる。また、安全配慮義務違反に基づく損害賠償請求の要件事実の中には、それを債務不履行と性質決定すべき積極的な要素が欠落しているのである）等。

(1735) Cf. Viney et Jourdain, supra note 31, p.374 et p.428.

責任を構想していた学説のように、2つの損害賠償制度の流動化、つまり、不法行為に基づく損害賠償と債務不履行に基づく損害賠償の一元化、あるいは、そこまで行かなくても、不法行為に基づく損害賠償と債務不履行に基づく損害賠償の中間領域を構想する解釈が現れることになったのである[1736][1737]。これを別の視点から言えば、賠償モデルを前提とする場合[1738]、債務不履行に基づく損害賠償が、債権総則上の制度であることを強調すればする程、それは、不法行為に基づく損害賠償へと接近、更には、融合せざるをえないと言うことができる。

しかしながら、こうした議論は、少なくとも現行民法の解釈枠組みとしては[1739]、困難を伴うものであるように思われる。

まず、現在の民法の下において、2つの損害賠償制度を完全に一元化することは不可能である。もちろん、こうした主張は、これまで全面的に展開されたことはなかったが[1740]、債務不履行に基づく損害賠償における債務の不履行と不法行為に基づく損害賠償における義務違反とが性質的に異ならないというのであれば、理論上、2つの損害賠償制度を区別することはできないはずである。そうであるとすれば、2つの損害賠償制度の一元化という主張は、契約と結び付けない形で債務不履行を拡大するタイプの賠償モデルにおける、1つの論理的な帰結と見ることができる。しかし、19世紀末のフランスにおいて主張された一元論の挫折、そして、マルセル・プラニオルによって提唱された統一的な民事フォートの概念に対する激しい批判が端的な形で示しているように、2つの損害賠償制度を区別して規定し、それぞれに異なる規律を用意している民法の立場を前提とする限り、2つの損害賠償制度の完

(1736) 2つの損害賠償制度の流動化という表現の意味については、本節・第1款・第2項559頁以下を参照。
(1737) このことは、統一的保護関係理論を志向する学説の叙述の中にも読み取ることができるように思われる。例えば、下森定は、「契約関係に付随する法定債務」関係の意味を論じた後に、そこから生ずる義務違反の性質について、この責任は、従来の「契約責任」と不法行為責任の中間領域に位置するものであり、従って、これを、「補充的契約責任」ではなく、不法行為法によって規律することも可能であるところ、これを、「契約責任化によって処理するか、あるいは、不法行為責任の厳格責任化によって処理するかは、それぞれの国、時代の法意識、法体系、法技術の差異によって規定される」と述べている(下森・前掲注(93)「覚書」11頁以下、同・前掲注(93)「再構成」179頁以下)。これは、「契約責任」と不法行為責任の中間領域に位置付けられる「補充的契約責任」が、性質的には、「契約責任」とも、不法行為責任とも捉えられうるという理解を前提としたものと見ることができる。そうであるとすれば、ここには、まさに、損害賠償制度の一元化の一端が見出されるように思われるのである。
(1738) これに対して、履行モデルの下では、契約(債務)不履行に基づく損害賠償が、債権総則上の制度であることを強調したとしても、それと不法行為に基づく損害賠償との同化ないし融合化は起こりえない。
(1739) こうした議論の制度設計論あるいは立法論における評価については、第2章・第1節・第1款・第1項714頁以下及び第2款・第1項788頁以下を参照。
(1740) もっとも、既に述べた通り、契約(債務)不履行に基づく損害賠償と不法行為に基づく損害賠償を「損害賠償債権」という項目の下で統一的に論じていたかつての支配的学説の中には、債務不履行は不法行為にほかならないとのテーゼを強調する立場も存在したのであり、そうすると、ここでは、2つの損害賠償制度の完全な一元化が志向されていたものと見ることができる。本文の叙述は、あくまでも、2つの損害賠償について、性質的には同一であっても制度としては区別されなければならないとの認識が共有された時代以降の学説を念頭に置いたものである。

◆第1章◆ 解　釈

全な統合・一元化を実現しえないことは、明らかである[1741]。

　次に、債務不履行に基づく損害賠償と不法行為に基づく損害賠償の中間領域を構想する議論は、どのように評価されうるか。仮に、このタイプの議論が、安全配慮義務ないし保護義務違反に基づく損害賠償について、債務不履行に基づく損害賠償とも、不法行為に基づく損害賠償とも異なる、第三のカテゴリーとしての損害賠償を構築しようとするもの、あるいは、こうしたカテゴリー化、性質決定を問題にする必要がない旨を説くものであるとすれば[1742]、既に請求権競合論の場面における規範統合の議論に対する批判として繰り返し述べられてきたのと同じ指摘、つまり、解釈の枠を超えるという批判が、ここでもなされることになろう[1743][1744]。もちろん、こうした指摘は、法解釈の方法論にも関わるものであり、それ自体を本書の問題関心から論ずることはできない[1745]。ただ、本書の分析視角を用いて言えば、上

(1741) 誤解のないように付言しておけば、本文の指摘は、従来の一般的な理解に従って、民法上の債務不履行に基づく損害賠償の規定の中に損害の賠償という機能を読み込むのか、それとも、本書のように、それを契約ないし債権の実現方式として理解しようとするのかという点の態度決定に関わるものではない。民法における債務不履行規定の意味をどのように理解するとしても、民法では、2つの損害賠償が区別され、異なる規律に服せしめられていることに変わりはないのであって、そうである以上、このような体系・制度上の相違を説明しようとする限り、債務不履行に基づく損害賠償と不法行為に基づく損害賠償とを完全に一元化することは不可能なのである。この点については、第2章・第2節・第2款・第1項845頁以下も参照。

(1742) 例えば、奥田・前掲注(1455)257頁以下（保護義務関係は、契約関係的に相接触する当事者間において成立する義務の関係であり、当事者の意思に根拠を持たない法定債権関係である。従って、これは、意思を根拠とする本来的な「契約責任」と非意思的な不法行為責任の中間的性格を持つものであり、この関係をいずれかに性質決定することは不可能であるし、また、その必要もない。保護義務が問題となる場面では、「これに適用する規範として、一律に既存の契約規範か不法行為規範かのいずれかのみを択一的に選んで—いわば、どちらかに無理にはめ込んで—処理するというのではなく、当該具体的事例（類型的に確立されていくことが望ましい）に適合的な規範をそこに発見（創造）して、それによる処理をはかっていくという道をとることが最善であろう」）、藤岡・前掲注(1455)316頁以下（「安全配慮義務違反による損害賠償請求権で問われているのは、むしろ、実質的には、新しい一個の可能的請求権に対する一個の規範の発見、すなわち、複数規範間の調整（統合）や類推適用ではなく、規範の創造と解されるべきものではないのであろうか」）等は、こうした方向性を志向する議論であろう。

(1743) このコンテクストでは、請求権競合問題一般を視野に入れいわゆる全規範統合方式を提唱した、四宮・前掲注(94)論文（とりわけ、91頁以下）が、本文で述べた議論に大きな影響を与えていたことを想起すべきである。

(1744) 問題となる場面は異なるが、最判平成23年4月22日民集65巻3号1405頁の千葉裁判官の補足意見が指摘するところである（千葉裁判官は言う。「もっとも、このような契約締結の準備段階の当事者の信義則上の義務を一つの法領域として扱い、その発生要件、内容等を明確にした上で、契約法理に準ずるような法規制を創設することはあり得るところであり、むしろその方が当事者の予見可能性が高まる等の観点から好ましいという考えもあろうが、それはあくまでも立法政策の問題であって、現行法制を前提にした解釈論の域を超えるものである」）。

(1745) フランスにおいては、少なくとも解釈論の枠内では、「契約責任」、不法行為責任とは別のカテゴリーを構築したり、これらの法典上のカテゴリーを消滅させたりするような議論は、ほとんど見られなかったのに対して（もちろん、「契約責任」、不法行為責任という区別への消極的評価は存在したが、このような評価と、これらの区別を解釈の名の下に超越しようとする試みとは、別の問題である。また、「契約責任」、不法行為責任の区別の廃止を提唱する見解もあったが、これは、あくまでも立法論として説かれたものであった）、日本の議論においては、このような方向性が有力に主張されたことは、日本とフランスにおける（法解釈方法論に止まらない）民法学の思考様式の相違を映しているように思われる。本書においては、こうした総論的な課題に十分応対することはできないが、この点を含め、「フランス民法学研究」のプログラムの一環として、広

記のような議論の背後には、債務不履行に基づく損害賠償と不法行為に基づく損害賠償が同一の性質と機能を有しているという認識、従って、これら2つのカテゴリーへの分類はそれほど意味を持たないという理解（その前提として、債務不履行に基づく損害賠償、不法行為に基づく損害賠償という区別への否定的な評価）が存在し、その結果、有責な行為によって生じた損害を賠償するための制度として、広大な領域を持つ損害賠償法を構想し、その中で、事案の特性に合わせ、多様なヴァリエーションを持つ制度を構築していこうとする解釈枠組みが生まれたものと見ることができる。そうすると、このタイプの議論は、2つの損害賠償制度の完全な一元化を志向する立場と、基本的には、同じ前提に依拠しているということになるのである[1746]。

また、安全配慮義務あるいは保護義務の中間的性質を強調する見解には、あくまでも、問題を契約（債務）不履行に基づく損害賠償の枠内で捉えつつ、本来的な債務不履行とは性質的に異なっていることを理由に、それに適した要件・効果の枠組みを構築すべき旨を説くタイプの議論も存在する[1747]。日本の安全配慮義務に関する判例法理は、その違反に基づく損害賠償の性質が債務不履行であることを基本としつつ、時効の局面に限って、本来的な債務不履行ではなく、不法行為に基づく損害

く民事責任法全般を素材に、日本とフランスの民法学における思考様式の相違を検討することを予定している。

[1746] 新美育文は、注[1448]掲記の諸論稿（とりわけ、新美・前掲注[1448]「存在意義」、同・前掲注[1448]「再論」）の中で、安全配慮義務の存在意義を否定しており、そのため、一般的には、安全配慮義務（あるいは保護義務）の存在を否定する学説の代表として位置付けられているように見受けられる。しかしながら、その論理展開を考えるならば、そこでの議論は、本文で述べた立場に近いものとして理解されなければならないように思われる。その理由は、以下の通りである。新美は、安全配慮義務違反を債務不履行の問題として捉えることが、「債務概念の体系化ないし思考の整理といった点での実益を超えて、適用規範を異ならしめることなどのゆえに、現実の紛争解決にとって一定の実益を有するとみることに対しては、賛成できない」とした上で、「安全配慮義務についての規範適用の問題を、換言すれば、安全配慮義務の実益ないし存在意義を考えるにあたっては、安全配慮義務の性質決定が重要なのではなく、安全配慮義務がどのような特性を持つ法律問題ないし利害対立状況に直面するのか、そしてそのような法律問題ないし利害対立状況について最も適応するあるいはそのような問題の解決を予定する規範はどれかを探求することが肝要ではなかろうか」と述べている（同・前掲注[1448]「再論」588頁）。ここでは、2つの損害賠償が同一の性質を持ち、かつ、同一の原理に支配されていること、従って、規範の統合ないし調整が可能であることを前提とした上で、安全配慮義務の問題において適用されるべき規範の探求がなされているものと見ることができる。これは、まさに、本文で述べた見解と同じ方向性を志向するものである。言い換えれば、この議論において否定されているのは、債務不履行と性質決定される安全配慮義務違反に基づく損害賠償という構築物だけなのであって、安全配慮義務違反を債務不履行と性質決定することはできない旨が述べられているわけではないのである。この点において、新美の見解は、安全を完全に非契約化し、この問題の全てを不法行為というカテゴリーで規律しようとするフランスの有力学説とは、大きく異なっていると言うことができる。

[1747] 例えば、下森・前掲注[93]「覚書」8頁以下、同・前掲注[93]「再構成」179頁以下（給付義務についての債務不履行責任体系（基本的契約責任）のほかに、契約利益の保護を目的とした各種の付随義務群や、契約の場の確保及び保全によって間接的に契約利益を維持する機能を持つ保護義務を観念し、これらの注意義務違反についても債務不履行責任（補充的契約責任）として構成しようとする北川善太郎の構想（北川・前掲注[1463]）を受け継ぎつつ、補充的契約責任の類型を、本来的な「契約責任」と不法行為責任の中間に位置するものとして位置付ける）、宮本・前掲注[93]（ドイツの統一的保護関係理論に示唆を受けつつ、契約類型を問わず契約的接触関係にある当事者に相互に認められる義務の関係の存在を肯定すると伴に、こうした保護義務とは別に、給付義務としての安全配慮義務を認める（とりわけ、117頁以下・359頁以下））等を参照。

◆第1章◆ 解　釈

賠償と同じように、損害発生時から消滅時効を起算させているわけであるから[1748]、まさに、このタイプの議論に属するものと言うことができる[1749]。これらは、契約（債務）不履行に基づく損害賠償と不法行為に基づく損害賠償という2つのカテゴリーが存在することを前提とした上で、問題となる事例をいずれかの領域に属せしめようとするものであり、この意味において、2つの損害賠償制度を一元化ないし融合化しようとする議論とは異なっているようにも見える。しかし、より踏み込んで検討するならば、このタイプの議論も、その実質においては、先に述べた2つの見解と相違ないように思われる。その理由は、以下の通りである。

　この理解によれば、契約（債務）不履行に基づく損害賠償の中には、2つの（場合によっては、それ以上の）制度が予定されることになる。ところで、民法は、契約（債務）不履行に基づく損害賠償、不法行為に基づく損害賠償について、それぞれの領域で問題となる事例を想定しながら、それに適した基本原理を設定し、こうした基本原理から正当化することの可能な制度を設計しているはずである。本書は、このような問題関心に基づき、民法における債務不履行規定の分析を行い、その中に、契約（債務）不履行に基づく損害賠償を、履行されなかった契約ないし契約債務の実現を確保するための制度として捉えるモデルを読み込んだわけであるが[1750]、仮に、こうした見方を共有しない、つまり、ここでの損害賠償を不履行によって生じた損害を賠償するための制度として捉えるモデルを前提とする場合であっても、基本原理から制度を正当化するという要請が消え去るわけではない[1751]。この点、先に引用した学説は、個人意思を法政策的な原理とする基本的契約責任と、社会制度＝組織的な原理を基礎とする補充的契約責任とを観念しているから[1752]、こうした原理の相違から、それぞれの制度の差異を説明していくことになるのかもしれない[1753]。

(1748) この点については、第1部・第1章・第2節・第2款・第2項213頁以下を参照。
(1749) このように、基本的契約責任と補充的契約責任という2種類の「契約責任」（あるいは債務不履行責任）を構想する立場は、一見したところ、契約不履行に基づく損害賠償に対して、弁済と賠償という2つの機能を承認しようとするフランスの議論（ジェローム・ユエ（supra note 52）、更には、ミレユ・バカシュ・ジベリ（supra note 1567））に類似している。しかしながら、実質的に見れば、これらの議論は、その内容を大きく異にしている。というのは、フランスの議論は、契約不履行に基づく損害賠償における弁済・賠償といった機能が、「契約責任」の領域画定、あるいは、契約グループの問題を検討するに際して考慮されるべきことを説くものであって、前者の議論とは異なり、2つの機能のいずれが問題となるかによって、その要件・効果を変化させようとするものではないからである。
(1750) この点については、本章・第1節・第2款・第2項440頁以下を参照。また、このような視点から行われる、制度間の相違の正当化につき、第2章・第2節・第2款・第1項845頁以下を参照。
(1751) 本書は、こうした問題意識に基づき、契約不履行に基づく損害賠償に関する2つの理論モデルを設定し、第1部において、帰責事由、損害賠償の性質、対象、及び損害賠償の範囲をめぐる議論を分析したのである。
(1752) 下森・前掲注(93)「覚書」6頁以下、前掲注(93)「再構成」170頁以下等。
(1753) 本文で述べた視点とは異なるが、例えば、以下のような叙述は、このような方向性を示すものと言うことができる。「個人意思に基礎を置く既存の契約責任論を固守する限り、かかる問題領域に発生した損害について契約責任的救済を要求する社会的要請に応ずることは困難」であり、補充的契約責任類型における成立要件、主体の範囲、時間的範囲、責任の客観的範囲等の問題は、

しかし、そもそも、こうした異なる原理に基づく複数の損害賠償制度を同一のカテゴリーの中で扱うことは可能なのか。仮に、これらの問題群が法の欠缺に属する事例であるとしても、このような取扱いは許されないのではないか。ここでは、個人意思に基礎を置くはずの契約（債務）不履行に基づく損害賠償が、不法行為に基づく損害賠償と同じような意味で、性質の異なる雑多な事案を受け入れるための一般条項と化してしまっているのではないか[(1754)]。

　このように考えてくると、上記の見解は、民法における契約（債務）不履行に基づく損害賠償の制度について、必ずしも原理に基礎付けられた要請とは見ておらず、それを純粋に技術的なもの、あるいは、不法行為法と同じく、損害の衡平な分担を可能にするための道具と認識した上で、議論を展開しているように見受けられる。というのは、仮に、民法の債務不履行規定が、特定の原理に基づく要請として受け止められているのであれば、それと同じカテゴリーの中に、それとは異なる要件・効果を持つ制度を構築することは困難であるように思われるからである。そうすると、この見解は、契約（債務）不履行に基づく損害賠償というカテゴリーにそれほどの重要性を見るものではない[(1755)]、別の言い方をすれば、契約（債務）不履行に基づく損害賠償に対して、不法行為に基づく損害賠償を含めた広大な損害賠償法における１つのありうる衡平の図り方を示した制度としての位置付けしか与えないものと言うことができる。かくして、ここでの議論は、結局のところ、民法が予定していない第三のカテゴリーの構築を回避するために、問題となる事例を債務不履行というカテゴリーへと無理やり押し込めて、表面的な体裁を整えているだけであるように思われるのである。そうであるとすれば、このタイプの議論は、２つの損害賠償制度の完全な一元化を志向する立場、第三のカテゴリーの損害賠償を構想する立場と、基本的には、同じ前提に依拠しているものと見ることができるのである。

　以上のように、被害者への補償の確保という目的のため、不履行の基礎となる債務ないし義務を契約と関連付けることなく拡大しようとするタイプの議論は、「ある法律関係に基づく特別な社会的接触の関係」から生ずる義務、あるいは、契約的接触の関係から生ずる義務の違反に基づく損害賠償を、契約（債務）不履行に基づく損害賠償と性質決定することの意味につき、大きな問題を抱えているところ、その要因は、契約（債務）不履行に基づく損害賠償の原理的な基礎付けの不足（不法行為

　　　「個人意思に基礎を置く責任原理によってのみでは、その判断基準を決めることが困難であり、当該契約関係を支えている社会関係の特殊性に立脚し、各契約の付随義務の類型毎に、政策的に判断基準原理が確立され、要件論、効果論が構築されるべき」である（下森・前掲注(93)「再構成」180頁以下。また、同・前掲注(93)「覚書」15頁以下）。
(1754)　むしろ、補充的契約責任の領域における社会的関係や法政策的視点の重要性を強調すればする程、これを債務不履行ではなく不法行為のカテゴリーに含めさせる方向性が、浮かび上がってくるようにも見える。
(1755)　このような基本認識の中に、安全配慮義務や保護義務の違反を債務不履行と性質決定することについて、理論的な理由付けが不十分であることの根本的な要因を見出すことができる。

に基づく損害賠償との一元化・融合化）に求めることができる。これを別の視点から言えば、第三のカテゴリーの構築、性質決定の重要性の否定、異質な債務不履行責任の併存といった解釈を可能にしているのは、まさに、契約（債務）不履行に基づく損害賠償と不法行為に基づく損害賠償との性質的な一元化・融合化であったと見ることができるのである。このような諸解釈に対する個別の疑問・問題は既に述べた通りあるが、ここでは、それ以上に、こうした基本態度が、契約（債務）不履行に基づく損害賠償をめぐる諸問題の議論に混迷をもたらし、また、２つの損害賠償制度における相違の正当化を困難なものにしているという点を、改めて強調しておくべきであるように思われる(1756)。

　第３に、「ある法律関係に基づく特別な社会的接触の関係」から生ずる義務、あるいは、契約的接触の関係から生ずる義務の違反に基づく損害賠償を、債務不履行に基づく損害賠償と性質決定することの解釈論的な意義である。

　契約との関連を解き放たれた安全配慮義務や保護義務が、上記のようなものであるとすれば、これらの違反を債務不履行と性質決定する理論的な必然性は存在しないということになる(1757)。それにもかかわらず、こうした義務の違反に基づく損害賠償を債務不履行の領域に含ませる理由は、どこに存するのか。この点、19世紀末から20世紀初頭にかけてのフランスの判例・学説は、とりわけ、運送事故や労働災害の局面におけるフォートの立証責任の問題を解消し、被害者への補償の確保を実現するために、賠償モデルの論理構造を最大限に利用して、安全債務の発見・拡大を通じた「責任を生じさせる行為ないし所為」の肥大化を試みたわけであるが、既に本節・第１款・第２項でも指摘したように、日本の安全配慮義務法理の生成や初期の保護義務論の背後にも、被害者への補償の確保という目的が存在していた(1758)(1759)。問題は、このような実践的意図が真の意味で実現されているのか、それを実現するために何らかの問題を生じさせていないのかという点にある。仮に、

(1756) 前者については、第１部における検討を、後者については、第２部・第２章・第２節・第２款・第１項845頁以下を参照。

(1757) このことについては、契約類似の社会的接触関係から生ずる義務の違反を補充的契約責任として構成する学説も、認めていたところである（下森・前掲注(93)「覚書」12頁以下、同・前掲注(93)「再構成」180頁以下等）。

(1758) 具体的な事件を離れて、当時の一般的コンテクストから見れば、判例による安全配慮義務法理は、労災あるいは公務災害の事例で、消滅時効期間の問題から不法行為法によっては救済することのできない被害者に対して、損害賠償を付与することを可能にしたという意味において、「被害者救済の切り札」（潮見・前掲注(9)125頁）としての役割を果たした。

(1759) 例えば、下森定は、以下のように述べている。「補充的契約責任の対象領域において生じた危険（損害）の救済は、不法行為責任に関する法的技術の駆使・改善によっても対処しうることはいうまでもない。契約責任化によって処理するか、あるいは、不法行為責任の厳格責任化によって処理するかは、それぞれの国、時代の法意識、法体系、法技術の差異によって規定される」（下森・前掲注(93)「覚書」13頁）。「特殊＝契約的あるいは債権的な人間関係がある場合には、それのない一般的な市民関係の場における場合よりも、注意義務の程度、法的保護の方法・結論（たとえば時効期間）がある程度異なっても不都合はなく、法政策的にはむしろその方が妥当とも考えうる」（同・前掲注(93)「再構成」180頁以下）。

賠償モデルによる実践的意図の実現可能性が否定されるのであれば、補償の確保に結び付けられた安全配慮義務や保護義務はもちろん、この局面における賠償モデルそれ自体の解釈論的有用性も失われることになろう。というのは、少なくとも、日本とフランスにおける契約（債務）不履行に基づく損害賠償についての近代以降の展開過程を見る限り[1760]、当事者が契約で予定したものとの関連で、契約（債務）不履行に基づく損害賠償の領域拡大を伴わない賠償モデルには、その存在理由が乏しいと言うことができるからである。

　もっとも、このような問題関心から、日本の議論とフランス法のそれを比較する場合には、以下の点に留意しておかなければならない。前項において明らかにしたように、賠償モデルの論理構造を利用して契約不履行に基づく損害賠償の領域を拡大するというフランスの議論には、多くの問題が存在したが、それらを生み出していたのは、非競合原則、手段債務・結果債務の区別、物の所為に基づく不法行為責任という、日本の実定法には存在しない概念や法技術であった。すなわち、当初は結果債務とされていた安全債務が手段債務と性質決定されるようになると、不法行為の一般法（フランス民法典1382条・1383条）との関連で、補償の確保という当初の目的が全く実現されていないばかりか、物の所為に基づく不法行為責任を援用することができるケースでは、被害者に対する救済であったはずの安全債務が、非競合原則の存在と相まって、反対に補償の障害物となってしまっていた。つまり、少なくとも手段債務としての安全債務が問題になる領域では、賠償モデルを利用した契約不履行に基づく損害賠償の領域拡大は、補償の確保という目的を実現することができていないし、場合によっては、それに反しているとさえ言うことができたのである。従って、フランス法における賠償モデルの論理構造を利用した解釈論の有用性を問う場合には、こうしたフランス民事責任法に特殊な法理を十分に考慮する必要があった。これに対して、日本の実定法は、2つの損害賠償の要件を充足する場合であっても、原則として、債権者による不法行為に基づく損害賠償の援用を認めている[1761]。そうすると、日本においては、フランス法とは異なり、少なくとも被害者本人に関する限り、債務不履行と性質決定される安全配慮義務・保護義務違反に基づく損害賠償を認めることが、不法行為法との関連で、補償の確保の目的に反するという事態は生じえない[1762]。従って、以下の叙述においては、ここでの議論

[1760] フランスの議論につき、本節・第1款・第1項497頁以下を、日本の議論につき、同款・第2項554頁以下を参照。

[1761] 問題となっている場面は異なるが、例えば、大判明治45年3月23日民録18輯284頁、大判明治45年3月23日民録18輯315頁、大連判大正7年5月18日民録24輯976頁、大判大正15年2月23日民集5巻108頁、最判昭和38年11月5日民集17巻11号1510頁等。

[1762] もちろん、訴訟技術上の問題として、原告が、債務不履行に基づく損害賠償を選択したことにより、不法行為に基づく損害賠償を選択した場合と比べ、救済の点において、補償の確保という目的に反する事態が生ずることはありうる（例えば、遺族固有の慰謝料や遅延損害金の起算点等）。しかし、この場合であっても、原告は、不法行為に基づく損害賠償を選択する可能性を有している。そうすると、この意味での補償の確保に反する事態というのは、そもそも、そのような可能性

◆第1章◆ 解　釈

が補償の確保という目的を実現することができているかという視点からのみ検討を行わなければならないのである[1763]。

　まず、フランスの判例・学説が安全債務の存在を認める直接的な動機となった証明責任の問題について言えば[1764][1765]、少なくとも、安全配慮義務に関する日本の判例の現状を前提とする限り、その違反を債務不履行と性質決定する利点は存在しない。なるほど、安全配慮義務の存在が認められるに至った当時は、この証明責任の点に、不法行為ではなく、債務不履行として構成することの意義を見出したものもあった[1766]。しかし、その後、最高裁が、「国が国家公務員に対して負担する安全配慮義務に違反し、右公務員の生命、健康等を侵害し、同人に損害を与えたことを理由として損害賠償を請求する訴訟において、右義務の内容を特定し、かつ、義務違反に該当する事実を主張・立証する責任は、国の義務違反を主張する原告にある」と判示し[1767]、また、学説上、行為債務ないし手段債務領域において不履行と過失の判断を区別することは不可能ないし困難であるとの指摘がなされるに及んで[1768]、今日においては、判例の理解として、証明責任の点に債務不履行と性質決

　　　が封じられているフランスのそれとは大きく異なっているのである。
(1763)　他方、判例とは異なり、純粋な法条競合の立場を前提とする場合には、原告が不法行為に基づく損害賠償を選択する余地はなくなるから、この点において、フランスと同じく、補償の確保という目的に反する事態が生ずるようにも思われる。確かに、遅延損害金の起算点等においては、安全配慮義務の債権者に不利益な事態も起こりうる。しかし、日本の不法行為法においては、フランスにおける物の所為に基づく不法行為責任に類似するような、一般条項としての無過失責任が確立されているわけではない。従って、仮に法条競合の立場を採用したとしても、日本においては、フランスほどドラスティックな補償の後退は生じえないのである。
(1764)　19世紀末から20世紀初頭におけるフランス法のコンテクストで言えば、契約上のフォートは、不法行為上のフォートとは異なり、推定されるものとされていたために（この意味については、第1部・第1章・第1節・第1款・第2項109頁以下を参照）、労働災害や運送事故における安全の問題を契約領域に含ませることには、証明責任の点において大きな意味があった。また、今日のフランス法のコンテクストで言えば、安全債務が結果債務と性質決定される場合には、安全債務の債権者は、やはり、事故の発生を証明しさえすれば、債務者の契約上のフォートの存在を明らかにすることができるから、安全の契約化は意味を持つものであった。
(1765)　安全配慮義務の証明責任の問題については、注(597)で掲記した最判昭和56年2月16日民集35巻1号56頁の解説・評釈のほか、小林秀之「一般条項の主張・証明責任——安全配慮義務違反の場合を素材として」Law school 41号（1982年）65頁以下、小山昇「安全義務に係わる立証」判タ463号（1982年）45頁以下、水野勝「安全配慮義務の再検討——主として主張・立証責任を中心として」労判432号（1984年）4頁以下、村上博巳「証明責任」下森定編『安全配慮義務法理の形成と展開』（日本評論社・1988年）171頁以下〔初出・1985年〕、後藤勇「安全配慮義務と証明責任」塩崎勤編『現代民事裁判の課題⑧〔交通損害・労働災害〕』（新日本法規・1989年）865頁以下、松本博之「安全配慮義務違反に関する証明責任の分配」三ヶ月章先生古稀祝賀『民事手続法学の革新 中巻』（有斐閣・1991年）371頁以下等を参照。また、要件事実論から安全配慮義務の法的性質を分析した、窪田・前掲注(1734)論文も参照。
(1766)　例えば、最判昭和50年2月25日の調査官解説も、証明責任のレベルにおける債務不履行構成の利点を指摘していた（柴田・前掲注(587)311頁）。
(1767)　最判昭和56年2月16日民集35巻1号56頁。
(1768)　医療の場面を対象としたものであるが、中野・前掲注(182)67頁以下、同「医療過誤訴訟の手続的課題」同『過失の推認』（弘文堂・1978年）103頁以下〔初出・1976年〕以降、一般的に受け入れられている見方である。なお、同じく医療過誤の問題を扱った、山本隆司「医療過誤訴訟における契約責任構造と帰責要件 (1) (2)」立命144号（1979年）35頁以下、145号15頁以下、飯塚和之「医療過誤——帰責事由」川井健＝田尾桃二編『転換期の取引法——取引法判例10年

684

定することの意義を求めることはできないとの見方が一般的なものとなっている(1769)。つまり、日本の判例によれば、フランスのそれとは異なり、証明責任のレベルにおいて、補償の確保という目的が実現されているわけではないのである。

もちろん、こうした判例上の解決を離れ、不法行為の被害者との関連で、安全配慮義務ないし保護義務の債権者の証明負担を軽減し、この点に、安全配慮義務ないし保護義務の意義を求めようとする議論も可能である。例えば、通常の安全配慮義務のほかに、絶対的な安全の確保を目的とする債務を認める立場によると(1770)、この場合、債権者は、安全が確保されなかったことを立証すれば、不履行の証明を尽したことになるから、不法行為領域における故意・過失を証明するよりも容易に、損害賠償の基礎を正当化することができる(1771)(1772)(1773)。とはいえ、第1項におけ

―――――――――――
の軌跡』（商事法務・2004年）329頁以下等も参照。
(1769) 安全配慮義務の存在意義を否定する、新美・前掲注(1448)「存在意義」100頁、同・前掲注(1448)「再論」592頁以下、同・前掲注(1448)「安全配慮義務」227頁・244頁以下のほか、西村健一郎『労災補償と損害賠償』（一粒社・1988年）124頁以下、山田創一「安全配慮義務における請求権競合問題について」新報105巻2=3号（1998年）310頁以下、岡林伸幸「安全配慮義務」名城54巻1=2号(2004年)287頁以下等。また、要件事実論からの分析として、窪田・前掲注(1734)384頁以下。なお、このような理解は、今日の教科書・体系書の中でも示されているものである。平井・前掲注(13)58頁、淡路・前掲注(732)133頁、内田・前掲注(732)134頁以下、平野・前掲注(927)236頁、中田・前掲注(732)117頁等。

　　このことは、最高裁自身も認めているところである。すなわち、最判平成24年2月24日判時2144号89頁は、使用者の安全配慮義務違反を理由とする債務不履行に基づく損害賠償請求の場面で弁護士費用相当額の賠償を認めるに際し、この場面では、不法行為に基づく損害賠償の場合と同じく、弁護士に訴訟の遂行を委任するのでなければ十分に訴訟活動を行うことができないという点をその理由として挙げているところ、その前提として、最判昭和56年2月16日民集35巻1号56頁を引用しつつ、「労働者が主張立証すべき事実は、不法行為に基づく損害賠償を請求する場合とほとんど変わるところがない」と明確な形で述べているのである。
(1770) 國井・前掲注(1445)「覚書（下）」72頁以下、同・前掲注(1445)「裁判例」25頁以下（また、同「最判昭和59年4月10日・判批」季刊民事法研究7号（判タ529号）（1984年）196頁以下、同「安全配慮義務違反の成立要件――契約責任と不法行為責任との比較」山口和男編『現代民事裁判の課題⑦損害賠償』（新日本法規・1989年）180頁以下も参照）、和田肇「雇用と安全配慮義務」下森定編『安全配慮義務法理の形成と展開』（日本評論社・1988年）148頁以下〔初出・1985年〕、伊藤・前掲注(41)(2・完)155頁以下等。
(1771) 竹下守夫は、「いかなる範囲の事実を義務違反を構成する事実とし、いかなる範囲の事実を帰責事由に該当する事実とするかが重要な問題」であるとの認識の下、「安全配慮義務違反＝債務不履行の事実の主張・立証としては、使用者の設置・提供する場所・施設・機械・器具等に瑕疵があって、労働者の生命・健康が害される危険が存在し、使用者においてその危険を除去すべきであったにもかかわらず、事故当時、それが除去されずに存在していたこと、を主張・立証すれば足りることになる（中略）。これに対して、使用者においてその瑕疵ないし危険の存在を予知することを期待できたか、予知しえたとしてそれを除去することが物理的ないし社会的に可能であったか、危険を除去しえなかったのは不可抗力によるものであったか、などの事情は、帰責事由の有無に関する事実であり、使用者側において主張・立証責任を負うと解すべきである」との主張を展開している（竹下・前掲注(597)339頁以下。また、下森・前掲注(1465)「国の安全配慮義務」250頁以下、宮本・前掲注(93)145頁以下等も参照）。竹下自身も認めているように、仮に、この議論が、安全配慮義務の社会的性格及び生命・健康の価値の絶対性を考慮して、この義務を危険防止のための最善の努力をすべき配慮義務ではなく、生命・健康侵害をもたらす危険の除去という結果を実現すべき結果義務として把握しようとするものであるならば、これは、問題となっている結果こそ異なるものの（安全の確保なのか、危険の除去なのか）、本文で述べた見解と同様の論理構造を有するものと言うことができる。
(1772) 高橋眞は、学校事故の事案を含め、安全配慮義務に関する判例の分析を踏まえて、以下のよ

うな議論を展開している（高橋眞「学校事故と安全配慮義務——安全配慮義務の構造に関する準備的考察」法雑 55 巻 3=4 号（2009 年）273 頁以下）。安全配慮義務の内容については、これまで、業務の安全な遂行を妨げる危険等を排除しうるに足りる人的・物的諸条件を整えることに尽きるという見解、使用者の支配管理を受けて業務に従事する者が業務遂行上危険の発生を防止するために尽すべき注意義務も含まれるという見解、被用者の過失・第三者の行為・不可抗力が介在する場合は別として、生命・身体に対する危険が如何なる原因によるものであるかを問わず、被用者の生命・身体に対する安全それ自体を確保する義務が存在するという見解が、主張されてきた（遠藤賢治「最判昭和 58 年 5 月 27 日・判解」『最高裁判所判例解説民事篇 昭和 58 年度』（法曹会・1988 年）199 頁以下等）。しかし、判例の分析と、「実現されるべき結果の側面とそれを実現するための行為の側面との統一として債権・債務を捉える」ときには、これらの諸見解は、相互に対立するものとして捉えられるべきではない。「学校法人自体、あるいは使用者自身が債務として安全配慮義務を負うこと、「債務」であるということは、具体的な注意を含みつつも、児童・生徒や被用者の安全な活動の条件を確保するという結果を保証すべきものであること、したがって、物的な条件や人的な配置・研修等に瑕疵があれば安全配慮義務の違反があること（場合によっては、経験的に生じがちな事故が生じたときには安全配慮義務違反が推定されることもあるかもしれない）、その上で債務不履行責任における証明責任の原則に従い、帰責事由の問題として具体的な予見可能性の有無を論ずること——このような形で、債務不履行構成の意義を再評価する必要がある」（引用部分は、280 頁）。

　この議論は、最判平成 18 年 3 月 13 日判時 1929 号 41 頁の検討を出発点とし、その成果を基礎に、安全配慮義務の構造を明らかにしようとするものであるが、その実質的な内容は、注(1771)の見解と同じ方向性を目指すものではないかと思われる（なお、高橋眞の見解は、ここで検討の対象としている議論、つまり、補償の確保という目的に導かれ、契約と直接的に結び付けることなく、不履行、その前提となる義務の範囲を拡大しようとする議論ではない（高橋眞『安全配慮義務の研究』（成文堂・1992 年）、同・前掲注(1734)論文を参照））。その理由は、以下の通りである。

　まず、上記の引用部分における、結果と行為の統一体として債権・債務を捉えることの意味が問題である。安全な活動の条件を確保するという結果（なお、上記の論稿の中では、2 つの異なる結果、つまり、安全の確保という結果と、安全な活動の条件の確保という結果が観念されている。これらのいずれを前提とするかによって、結果実現の有無、つまり、不履行の判断が異なってくるようにも思われるが、以下では、「むすびにかえて」で示されている、安全な活動の条件の確保に統一する）の実現を、使用者が負う債務の内容とするのであれば、安全な活動の条件が確保されていなければ、債務不履行の存在を明らかにすることができる。従って、不履行の有無を評価するに際し、使用者が負う安全配慮義務の中身として、行為の側面を観念し、その態様を問題にする余地はない。もちろん、結果債務の場合であっても、当該結果に到達するための行為は存在するが、これ自体が債務の内容を構成することはないのである。これに対して、仮に行為の側面が債務の中身を構成しているというのであれば、それは、もはや結果債務ではない。

　次に、引用部分の「場合によっては、経験的に生じがちな事故が生じたときには安全配慮義務違反が推定されることもある」との叙述の意味が問題である。上記のように、安全な活動の条件の確保という結果の実現を使用者が負うべき債務の内容と見る場合、安全な活動の条件が確保されていなければ、安全配慮義務違反が存在することになるのであるから、この局面において、安全配慮義務違反の推定を語る余地はない（仮にこの場面で推定を問題にするのであれば、それは、結果不実現の推定を意味することになってしまう。なお、ここで、安全配慮義務の推定とされているのは、結果と行為の統一体として債務を捉えるという前提によるものであろう）。そうすると、ここで言う推定は、債務者の責めに帰すべき事由の推定を意味することになる。もっとも、推定という言葉を使うかどうかは別として、債務者の責めに帰すべき事由については、その不存在に関し債務者側が証明するというのが判例及び一般的な理解であるから、ここでは、このような理解を別の言葉で敷衍しているに過ぎないことになる。

　最後に、債務者の責めに帰すべき事由の中身が問題である。この点について、高橋は、業務の場で事故が生じたときには、安全確保のための債務が履行されなかったと考えることも可能であるが、このことは、「あらゆる事故について無過失責任として使用者の責任を認めることを意味するものではな」く、「「被用者の過失・第三者の行為・不可抗力が介在する場合」には、使用者の責任は否定される」としつつ、以下のように続けている。「ただ、一定の事故については、経験的に、使用者の側に適切な管理についての不手際の存在が推測されることがありうる」。「経験的に使用者の不適切な対応が推測されうるような場合に関する限りにおいては、安全の確保という結果が実現できなかったものとして安全配慮義務違反ありとし、使用者の労務管理が適切であった

るフランス法の分析成果によれば、こうした安全に関わる債務の中に手段債務・結果債務という形で濃淡を設ける解釈は、それを基礎付ける根拠と識別の基準を提示しなければ、成り立ちえないものであることを思い起こすべきであろう[(1774)]。また、確かに、補償の確保という視点から見れば、証明責任の点において安全に関する手段債務は意味を持ちえないし、衡平を強調すればする程、安全配慮義務を結果債務として性質決定すべき要請が働くのかもしれない[(1775)]。そうすると、絶対的な安全の確保が契約の目的とされている場合や、それが契約類型の構造上要請されている場合は別として[(1776)]、上記のように、契約と関連付けることなく安全配慮義務を定式化する立場を前提とするときには、利益判断や政策的価値判断のみを根拠とした絶対的安全配慮義務の存在を承認すべきということになるのであろう。しかし、ここでは、上記のような契約外在的な考慮が不法行為の領域において作用しない理由が、問われることになるのではないか。あるいは、被害者が持つ権利の視点から絶対的（あるいは高度の）安全配慮義務の存在を肯定するとしても、ここでの権利は、非契約的な色彩を有しているのであるから、この場面でも、やはり、こうした議論が不法行為法において妥当しない理由が問題となる。そして、仮に、これらの考慮が不法行為法においても問題となり、安全が確保されなかったことによって過失の存在が基礎付けられる（あるいは推定される）類型を認めるべきであるとすれば[(1777)]、

か否かについては、帰責事由の問題として使用者側が免責立証をするという処理が、論理的にも実際的にも適切ではないか」（941頁以下）。ここで、高橋は、2つのケースを想定しているように見えるが、要するに、通常のケースにおいては「被用者の過失・第三者の行為・不可抗力」を、「経験的に」より重い責任が課されるべきケースにおいては「使用者の労務管理が適切であった」ことを証明すれば、使用者は責任を免れるものとされているところ（もっとも、不可抗力免責を認めている限りにおいて、前者の証明の方が後者のそれよりも容易であるようにも見える）、こうした理解は、伝統的な債務者の責めに帰すべき事由の概念の中でも実現されうるものである（もっとも、注(1773)で述べるような問題はある）。

　以上のことから明らかとなるように、この見解は、結局、概念の中身にこそ若干の違いは存するものの、注(1771)で引用した見解と同じ論理構造を有しているように見えるのである。

(1773)　もっとも、本文、注(1771)、注(1772)で述べた見解は、必ずしも明確にされているわけではないが、近時の有力学説とは異なり、あくまでも不履行と帰責事由を分離し、後者の中身について伝統的通説の理解に従い、しかも、その証明責任が債務者側にあるという解決を前提としたものである。そうすると、第1部・第1章で述べたように、ここでは、このような当然の前提とされている枠組みの中に理論的問題が存在していることを指摘しておかなければならないということになろう。

(1774)　ここでは、フランス法において、安全債務の性質決定に関し判例変更が繰り返されてきたこと、現在では、その基準について正当化困難な状況に陥っていること、その結果、類似の状況にありながら異なる性質決定がなされるという事態が生じてしまっていることが、想起されるべきであろう。

(1775)　國井・前掲注(1445)「裁判例」25頁が言う「事物適合的な法的処理」とは、このことを意味するのであろう。

(1776)　これらのケースにおいては、安全が契約の中に取り込まれているわけであるから、ここで、「特別の社会的接触関係」、「契約的関係」といったファクターを問題にする意味は存しない。従って、これらのケースにおける安全に関わる債務は、もはや「安全配慮義務」と呼ばれるべき存在ではない。

(1777)　本文においては、「安全が確保されなかったことによって過失の存在が基礎付けられる類型」という表現を用いているが、これは、民法709条の要件枠組みを遵守するために、フランスの

安全配慮義務を認めることに、証明責任のレベルにおける利点は、もはや存在しないということになるのである(1778)。

次に、安全配慮義務を生み出す直接的な契機となったと言われる期間制限（消滅時効）の問題については、どのように評価すべきか。なるほど、消滅時効期間の長短だけを比べれば、債務不履行と性質決定することには、一応、利点が存すると言うことができる。また、この問題を安全配慮義務が承認された当時の事実的なコンテクストに位置付ければ、そこでは、公務・自衛隊関係事故の被害者ないしその遺族が、国家（地方）公務員災害補償法に基づく補償金のほかに、損害賠償を請求しうることを知らなかったという事情も指摘されており(1779)、このことを、安全配慮義務違反に基づく損害賠償請求を債務不履行と性質決定する意義として捉えることもできる。もっとも、安全配慮義務に関する裁判例の大部分を占める、公務・自衛隊関係の災害事例、更には、一般の労働災害の事例において(1780)、災害補償や労災補償とは別に民法上の規範に基づいて損害賠償請求をすることができるとの認識が一般的に獲得されている現状を見る限り、こうした点が、現在のコンテクストにおいて、どれほどの意味を持ちうるのかという指摘をすることは許されるだろう。また、そもそも、期間制限の問題を考える際には、単純な期間の長短のみならず、その起

伝統的通説における結果債務違反＝契約上のフォートという定式化を参考として作り上げたものである。しかしながら、これは、行為義務違反を中核とする一般的な過失の判断とは異質なものであるから、あくまでも、過失責任の建前を守り、通常の過失判断と平仄を合わせようとするならば、過失の推定が語られることになろう。もっとも、この場面（より正確に言えば、単なる価値判断ではなく、被害者の権利の視点からの基礎付け）において主として念頭に置いているのは、こうした過失をめぐる議論ではなく、被害者が持つ権利の視点から不法行為法を構築しようとする、ボリ・スタルクの「保障理論」や（Starck, supra note 52 ; Id., supra note 290）、そこから示唆を受けたクリストフ・ラデの「安全への権利（droit à la sûreté）」論（Radé, supra note 290, Réflexions sur les fondements de la responsabilité civile, 1 et 2 ; Id., supra note 290, Plaidoyer en faveur d'une réforme）である。なお、誤解のないように付言しておけば、以上の叙述は、筆者がこのような議論を支持しているというような趣旨のものではない。

(1778) その他、注意義務の高度化による無過失責任化を提唱する議論や（後藤勇「注文者・元請負人の不法行為責任（下）――裁判例を中心として」判タ391号（1979年）21頁以下、同「労働契約と安全配慮義務」Law school 27号（1980年）43頁以下）、立証責任の転換を提言する議論（小林・前掲注(1765)67頁以下、水野・前掲注(1765) 6頁以下、塩崎勤「労災事故と使用者の民事責任」平沼高明先生古稀記念論集『損害賠償法と責任保険の理論と実務』（信山社・2005年）111頁以下等）も存在するが（なお、岡村・前掲注(597)「判批①」262頁（最判昭和56年2月16日民集35巻1号56頁には、法律解釈を誤った違法があると言う）、同・前掲注(597)「判批②」38頁以下（最判昭和56年2月16日民集35巻1号56頁には、先例的価値がないと言う）も参照）、こうした議論に対しても、本文で述べたのと同じ趣旨の指摘が妥当しよう。
(1779) 最判昭和50年2月25日民集29巻2号143頁の原審である東京高判昭和48年1月31日民集29巻2号165頁においては、以下のような事実が認定されている。「当時自衛隊において災害補償事務を取り扱う係官は、自衛隊内の事故については、所定の補償金以外には国に対する損害賠償の請求は出来ないとの考えであり、事故死した自衛隊員の遺族をもって組織する遺族会においても、会員たる遺族に対し、国に対する損害賠償の請求を別途になすように指導することは行わず、専ら国家公務員災害補償法による補償金、退職手当、遺族年金などを引き上げるための運動を行っていたことが認められる」。なお、原々審である東京地判昭和46年10月30日民集29巻2号160頁も参照。
(1780) 最高裁に限定したものではあるが、注(1441)、注(1726)を参照。

688

第 2 節　理論モデルの展開

算点、適用制限等の理解をも併せて考えなければならないところ、民法 724 条の前段における権利行使可能性を基軸とした起算点の柔軟な解釈と、消滅時効援用の制限論等の活用により、従来、安全配慮義務を債務不履行と性質決定することの利点として強調されてきた消滅時効の問題の大部分に対しては、不法行為法の下においても、一定の解決を提供しうるようにも思われる[1781][1782][1783]。いずれにしても、

[1781] 最判昭和 50 年 2 月 25 日民集 29 巻 2 号 143 頁の事案について言えば、注(1779)のような事情を考慮して、起算点を後ろにずらしたり、国による時効の援用を制限したりする等の解釈の可能性が指摘されていた（例えば、下森・前掲注(587)19 頁、森島・前掲注(587)35 頁等）。

[1782] 松本克美は、裁判例の丁寧な分析を踏まえた上で、労働災害の事案においては、不法行為領域における消滅時効期間の 3 年が経過してから損害賠償請求訴訟を提起するケースが多いと理解し、このような権利行使遅延の理由を、雇用関係継続への要請、被害認識の阻害、事故原因の隠蔽、請求権認識の阻害、権利意識形成の阻害という 5 つの要因に整理している。その上で、松本は、「労災・安全配慮義務の場合に、不法行為と同じような「三年内に権利行使すべし」という要請は当てはまらない。債権の消滅時効の一般原則の「十年間」はこの意味で妥当なのである。そのことによって、仮に使用者が立証困難に陥ろうとも、それは自らの原因究明義務を尽さなかった結果として、自らが負担しなければならないリスクである」と結論付けている（松本克美「時効規範と安全配慮義務──時効論の新たな胎動」同『時効と正義』（日本評論社・2002 年）46 頁以下〔初出・1989 年〕)。

もっとも、このうち、「請求権認識の阻害」という要因は、本文で述べた通り、時代的なコンテクストにおいて捉えられるべきものであり、今日においては、必ずしも不法行為法の消滅時効規範を排除するための積極的な論拠とはなりえないように思われる。また、「被害認識の阻害」について言えば、そこで主として念頭に置かれているのは、じん肺等に代表される潜在的かつ遅発的な損害であるところ、安全配慮義務に関する判例法理を前提とする限り、こうしたケースにおいては、各行政上の決定や死亡がそれぞれ別々の損害として捉えられることになるから（最判平成 6 年 2 月 22 日民集 48 巻 2 号 441 頁、最判平成 16 年 4 月 27 日判時 1860 号 152 頁を参照）、ここでは、こうした損害についての被害者の認識を起点とする 3 年の消滅時効が問題となる。そうすると、この局面において「権利行使遅延」が存在するとしても、それは、後に発生する損害について、未だ権利の行使が問題となりえない場面での「権利行使遅延」なのであって、このことから、債務不履行法の消滅時効規範を適用すべきとの帰結を導くことはできないと言うべきであろう。

更に、「事故原因の隠蔽」という要因に関しては、仮に事故原因が隠蔽され、その原因が分からないときには、被害者において、現実具体的に損害賠償請求権を行使する可能性は存在しないと見ることができるから（なお、内池慶四郎『不法行為責任の消滅時効』（成文堂・1993 年）所収の諸論稿、とりわけ、「不法行為による損害賠償請求権の時効起算点──被害者における認識の原理とその限界」1 頁以下〔初出・1971 年〕、「損害賠償請求権の消滅時効」131 頁以下〔初出・1976 年〕、「不法行為責任の時効起算点とその原理的課題」303 頁以下〔初出・1991 年〕を参照）、被害者が「損害及び加害者を知った」とは言えず、そもそも、民法 724 条前段の消滅時効が起算されることもない（この点については、「損害及び加害者を知った時」とは、「加害者に対する賠償請求が事実上可能な状況のもとに、その可能な程度にこれを知った時を意味する」旨を判示した、最判昭和 48 年 11 月 16 日民集 27 巻 10 号 1374 頁、最判平成 14 年 1 月 29 日民集 56 巻 1 号 218 頁、最判平成 23 年 4 月 22 日判時 2116 号 61 頁（なお、筆者の手による同判決の位置付けとして、拙稿「最判平成 23 年 4 月 22 日・判批」民商 145 巻 3 号（2011 年）379 頁以下）を参照。また、使用者責任に関する最判昭和 44 年 11 月 27 日民集 23 巻 11 号 2265 頁も参照）。そうすると、この場面においても、「権利行使遅延」が、不法行為法における消滅時効との関連で、損害賠償請求への障害となるわけではなく、従って、不法行為法の消滅時効規範を排除するための説得的な論拠とはなりえないように思われる。

残るは、「雇用関係継続への要請」、「権利意識形成の阻害」ということになるが、これらは、松本自身の言葉を借りれば、「労働契約関係の特殊性に規定された本質的な賠償抑止要因」と表現することができる。こうした要因に基づく「権利行使遅延」については、それが今日の状況の下でどれほど存在するのか、また、行政法や労働法の問題としてではなく民事責任法の分野における救済が求められているのかといった点が問われることになろう。しかし、仮にこれらの問いが肯定されるとしても、まずは、消滅時効法の問題（時効の起算点や援用の制限）として受け止めら

689

◆第1章◆ 解　釈

　こうした期間制限の問題は、まず、それぞれの条文解釈の中で受け止められるべきものであって(1784)、仮に、そこでの議論によって問題を解消しうるのであれば、先に述べたような損害賠償法における理論的混乱をもたらしてまで、安全配慮義務違反の債務不履行という性質決定に固執する必要はないものと理解すべきである(1785)(1786)。

　最後に、安全配慮義務を債務不履行の領域で把握することには、不法行為法における過失の評価では捉えることのできない内容の義務を問題にすることができるという点において意味を持つとの理解については(1787)、どのように考えるべきか。仮に、特別な社会的接触が存する場合には、それが存在しない場合と比べて、より高度な義務を課すことができる、あるいは、不法行為領域においては問題となりえない作為義務を課すことができるというのであれば、この点に、債務不履行領域で安全配

　　　れるべき（受け止められうる）問題ではないかと思われる。
(1783) 公務・自衛隊関係、労働関係における事故以外で、安全配慮義務が問題となりうる領域については、安全配慮義務の消滅時効における利点を強調する見解も、不法行為法の消滅時効規範で問題に対処しうることを認めている。松本・前掲注(1782)49頁以下・54頁以下（「労災にかかわる安全配慮義務の場合には、「労働契約関係の特殊性に規定された本質的な賠償抑止要因」を析出することができ、ここでは不法行為の場合の短期消滅時効規範は妥当性を有しない。またそのことの不利益は安全配慮義務が課されている使用者が負担するのが衡平に適する（改行）。これに対してその他の契約類型での安全配慮義務違反の場合には、このような「当該契約関係に本質的な賠償抑止要因」が存在しない。これらの義務は「給付義務としての安全配慮義務」ではありながら、むしろ民法724条の射程距離が及ぶようにも思われる。その結果の個々の不都合は、724条の起算点の解釈論や援用論によって個々に対処することも可能であろう」。もっとも、留保が付されている）。
(1784) 瀬川・前掲注(1445)219頁以下。
(1785) 視点は異なるが、窪田・前掲注(1734)391頁の指摘を参照（仮に消滅時効の問題を克服しうるというのであれば、「安全配慮義務という法律構成の有用性や必要性は再検討されてしかるべきである。すなわち、契約の成立を不可欠の前提とするわけではない信義則上の義務であり、その実質的な内容も不法行為法上の義務と異ならないという法的性質が判然としない安全配慮義務を債務不履行法に厳格に位置づけ、そこでいわば機械的に債務不履行法によって解決するという手法に問題がないのかは厳しく検討されるべきものであろう」)。
(1786) 問題となっている場面は異なるが、最判平成23年4月22日民集65巻3号1405頁が、「このように解すると、上記のような場合（契約締結前の説明義務違反―筆者注）の損害賠償請求権は不法行為により発生したものであるから、これには民法724条前段所定の3年の消滅時効が適用されることになるが、上記の消滅時効の制度趣旨や同条前段の起算点の定めに鑑みると、このことにより被害者の権利救済が不当に妨げられることにはならないものというべきである」と判示していることを、重く受け止めるべきである。
(1787) ニュアンスの相違はあるが、國井・前掲注(1770)「成立要件」196頁以下、同・前掲注(1770)「最判昭和59年4月10日・判批」、奥田・前掲注(1477)「安全配慮義務」38頁以下、同・前掲注(1477)「関係」49頁以下、同「請求権競合問題について――債務不履行責任（契約責任）と不法行為責任との関係を中心に」法教159号（1993年）25頁以下等。例えば、以下のように説かれている。不法行為規範は、「自己の行為ないし支配領域からの権利侵害を生ぜしめないという消極的内容のものであって、積極的に他人の権利を保護することを内容とするものではない。自らの行為または支配領域からの危険を除去した結果が、他人の権利の不可侵、つまり他人の法益の現状維持につながっているだけである。他人の行為や支配領域に積極的に介入してその他人の法益の保護（中略）を図るという義務までも負うものではない（改行）。このように考えるならば、他人の行為（あるいは人格的利益）や支配領域に積極的に介入してその他人の法益を保護すべき義務は、契約または契約規範によってはじめて設定されるといいうるであろう」（奥田・前掲注(1477)「安全配慮義務」39頁）。

690

慮義務を構想することの意義が見出されることになる。

　ここで、フランスにおける議論を想起してみよう。フランスにおいては、安全債務が結果債務と性質決定される場合には、不法行為の一般法との関連で、「責任を生じさせる行為ないし所為」の存在が容易に基礎付けられるという利点が存在した。もっとも、20世紀初頭以降、不法行為の領域でも、物の所為に基づく責任というフォートに基づかない責任の一般法理が発展し、2つの損害賠償制度のいずれにおいても、フォートに基づく損害賠償の原理と、（行為態様を問わないという意味での）フォートに基づかない損害賠償の原理が併存することになったから、この限度において、結果債務としての安全債務を認める意味は失われていた。他方、安全債務が手段債務と性質決定される場合、その違反は、不法行為上のフォートと同じように評価されていたから、言い換えれば、手段債務としての安全債務と不法行為上のフォートの基礎となる義務との間には内容的な相違は存在しないと理解されていたから、手段債務としての安全債務を認めることに何ら有用性は存しなかった。結局、フランスの議論においては、安全債務の中身、これを法的構成のレベルで言えば、「責任を生じさせる行為ないし所為」の評価について、不法行為責任と「契約責任」との間で、必ずしも実際的な相違が説かれていなかったのである(1788)。

　日本における安全配慮義務の内容も、構図こそ異なるが、基本的には、これと同じような状況にあるものと理解すべきである。確かに、不法行為上の規範は、特定の者の間に限定されるわけではなく、一般的な射程を持つものである。しかし、その規範の具体的発現、そして、そこから生ずる具体的な義務の内容は、一律ではなく、当該事案を取り巻く諸状況、ここでの問題に即して言えば、契約、社会的接触の有無やその性質・目的によって異なりうるはずである。一部の学説が説くように、「不法行為上の一般的注意義務といえども、濃淡様々な関係にある者の間における注意義務を想定するものであり、そこには安全配慮義務が認められるような「特別の社会的接触」が存在する場合も含まれ、その濃淡に応じた内容・程度の注意義務が社会通念によって設定される」のである(1789)(1790)。他方、安全配慮義務の局面で

　(1788) もちろん、一般的な理解によれば、契約領域においては、手段債務の違反に基づく損害賠償も、結果債務の違反に基づくそれも、フォートに基礎を置く責任として捉えられているのに対して、不法行為領域における物の所為に基づく責任は、フォートに基礎を置かない責任として理解されているのであるから、2つの損害賠償制度における「責任を生じさせる行為ないし所為」は、理論的に見れば大きく異なっている。本文の叙述は、安全配慮義務や保護義務の「実践的な意図」の実現の有無を評価するという問題意識に鑑み、あくまでも、実際的な帰結に注目してなされたものである。

　(1789) 新美育文「最判昭和59年4月10日・判批」下森定編『安全配慮義務法理の形成と展開』（日本評論社・1988年）358頁〔初出・1985年〕（従って、「「特別の社会的接触」が存在する場合に、信義則上すなわち社会通念上安全配慮義務が認められるならば、それと同様の内容・程度の不法行為上の注意義務が認められるはずである」）。また、同・前掲注(1448)「存在意義」101頁（安全配慮義務の内容確定の方法は、不法行為の場合と異なるところはない）、同・前掲注(1448)「再論」594頁、同・前掲注(1448)「安全配慮義務」234頁以下（「作為義務を措定できるかどうかは、当該事実関係のもとで社会通念によれば作為義務を命じるのが適切であるとの判断が導かれるか

691

◆第1章◆ 解　釈

問題となっている、生命及び健康等を危険から保護するよう配慮しなければならないという要請は、当事者意思や特定の契約類型等を基礎として自律的に設定されるものではなく(1791)、人間の生命・身体という根本的な価値あるいは権利に根差した生命及び健康等を害さないとの他律的な規範が、契約や社会的接触等の事実的ファクターを媒介として、通常のケースよりも高度化されつつ、形成されたものと見るべきである(1792)(1793)。このような見方によれば、日本法の下では、契約や社会的接触を考慮して課される安全配慮義務について、これを不法行為法の中で受け止めることは、十分に可能であると言わなければならないのである(1794)。

このように見てくると、被害者保護の特効薬として称賛された、あるいは、現在においても、この点に関して、肯定的な評価がなされている安全配慮義務法理は、必ずしも、補償の確保という目的に資するものではないと言える(1795)。一部の学説

　　　どうかにかかっているのであって、契約を経由するかどうかではあるまい」)。更に、円谷峻「製造物責任と安全配慮義務」Law school 27号（1980年）33頁以下（「製造物責任や公害事件の場合には、不法行為法における注意義務が全く不特定の人間集団に向けられるというよりは、消費者、地域住民という一定程度、製造者、公害企業からみて測定可能な人的範囲における被害が問題となる」から、「製造業者や企業の負う注意義務が高度なものとされる」ところ、安全配慮義務も、これと同じである」)。
(1790) このことは、契約交渉破棄や説明義務違反に基づく損害賠償請求が問題となる局面で、一般的に見られる現象であろう。契約交渉破棄の場面に即して言えば、先行行為に対する信頼の保護、先行行為から導かれる期待の保護という一般的な要請が、契約交渉を契機として具体化し、しかも、当事者の属性、交渉の程度・態様等を通じて、個別の（新美の表現を用いれば、濃淡のある）規範として形成されているわけである。
(1791) こうした要請が契約の内容を構成しているときには、もはや、ここで言う「安全配慮義務」ではなく、契約から生じた債務が問題となる。もっとも、このような場合であっても、この契約債務が、本文で述べたような視点から、不法行為規範によってカバーされることは十分にありうる。
(1792) 視点は異なるが、高橋・前掲注(1734)309頁以下の分析を参照（「他人を危険に接触すべく強制することは、この場合には両当事者の契約によって正当化され、それ自体は違法ではない（「許された危険」）が、危険を管理する使用者は、その危険が現実化しないように、積極的に必要な措置をとる義務を課せられる」。「要するに、他人をこのような危険に接触させることが「先行行為」と同様の意味を持ち、また被用者に対する「支配・管理」自体でなく、自己の支配・管理のもとに被用者を危険に接触すべく強制することが、安全確保のための積極的な行為義務を基礎づけるものと思われる」。確かに、強制の許される根拠は契約であるが、「契約上の義務を介在させなければ、右の義務が不法行為上の義務として認められないということを意味するものではない。右のような社会的事実につき、同時に不法行為法上の義務の成否が問題になりうると考え、これを不法行為法の側から見るときは、当事者の契約は、そのような危険への接触を正当化する根拠としての意味を持ち、その上でいかなる措置が要求されるかについては不法行為法秩序の観点から決せられることになる」)。
(1793) 第1項で触れたように、フランスにおける一般的な理解は、本文で述べたような見方を前提としているように思われる。
(1794) 広く保護義務を対象としたものではあるが、潮見・前掲注(9)105頁を参照（「特別結合関係にある当事者間においても不法行為上の注意義務（行為義務〔結果回避義務〕）―しかも、特別結合の目的、当事者の属性、提供される財貨・役務の内容・性質ならびに危険性等を考慮に入れて内容が確定されるもの―の成立が認められるという立場をとる場合には（中略）、保護義務違反が認められる場面では、同時に不法行為責任をも観念することができる」。「ここでは、義務内容の確定プロセスは契約上の保護義務と不法行為上の注意義務の両者に共通のものと考えられるし、義務内容面においても差異はない」)。なお、同『民事過失の帰責構造』（信山社・1995年）も参照。
(1795) 安全配慮義務に対しては、戦前・戦中に日本で炭鉱労働等に従事していた外国人が強制連行・強制労働等を理由に損害賠償を請求する場面で、当時の企業に対する損害賠償請求の根拠と

が説いているように、安全配慮義務は、労災救済法理が不十分で、民事責任の基礎理論が確立していなかった時代における、「いわば時代の寵児」として捉えられるべきであり、労働法その他の特別法上の救済理論や民事責任の基礎理論へと解消されるべきものとして把握されうるのである[1796]。他方、安全配慮義務に関する判例法理の展開と並行するような形で学説上提唱された、「契約関係的に、相接触する当事者間において成立する義務関係」、「契約類型を問わず契約的接触関係にある当事者相互に認められる義務」関係、「契約関係に付随する法定債務」関係から生ずる一連の義務群についても、規範の統合を放棄し、債務不履行という性質決定を行う限り、基本的には、安全配慮義務の諸制度と同じように理解することができる。そうすると、補償の確保という目的のために賠償モデルの論理構造を利用し、理論的な混乱をもたらしながらも、契約と結び付けることなく不履行及びその前提となる義務の範囲を拡大する議論は、現在では、解釈論的有用性を持たないと見ることができるのである。

　第4に、「ある法律関係に基づく特別な社会的接触の関係」から生ずる義務、あるいは、契約的接触の関係から生ずる義務の違反に基づく損害賠償を、債務不履行に基づく損害賠償と性質決定することから生まれる派生的な不都合である。判例は、遅延損害金の起算点、遺族固有の慰謝料請求等の局面では、安全配慮義務の債務不履行としての性質を貫いているから[1797]、この点において、不法行為法の領域における規律よりも、補償の確保という目的が後退することになる。もっとも、日本の判例を前提とする場合、原告は、その要件が充足されている限り、不法行為に基づく損害賠償を選択することができるために、この場面、つまり、債務不履行に基づく損害賠償と不法行為に基づく損害賠償のいずれをも請求する可能性が開かれている場面では、フランス法のように、実際上の解決のレベルで、深刻な事態が生ずるわけではない[1798]。

　　して有用性を持つとの指摘もなされている。国家賠償法が制定される以前においては、国家無答責の法理が受け入れられており、その結果、これを理由に、公権力に対して損害賠償を請求することはできないとの判断がなされていること、また、不法行為に基づく損害賠償の場合には、判例上、20年の期間制限が除斥期間とされており、多くの場合、損害賠償請求がシャットアウトされてしまうことが、その理由である（松本克美「強制連行・強制労働と安全配慮義務（1）（2・完）──合意なき労働関係における債務不履行責任成否の可否」立命270号（2000年）1頁以下、273号33頁以下。また、松本克美「戦後補償訴訟と時効──中国人・朝鮮人強制連行問題を中心に」同『続・時効と正義』（日本評論社・2012年）179頁以下〔初出・2005年〕）。しかし、請求権放棄の問題には触れず（最判平成19年4月27日民集61巻3号1188頁、最判平成19年4月27日判時1969号38頁。なお、前者は、安全配慮義務違反を理由とした損害賠償請求の事案である）、仮に安全配慮義務の有用性がこの点に認められるとしても、上記の問題のように、高度に政治的な問題の解決の便宜になることを理由として、（損害賠償法に理論的な混乱をもたらす）安全配慮義務の意義を語ることはできないのではないか。

(1796) 潮見・前掲注(9)126頁以下。もっとも、後述するように、民事責任の基礎理論への解消の仕方は、本書の立場と異なる。
(1797) 最判昭和55年12月18日民集34巻7号888頁。
(1798) もっとも、原告がいずれの損害賠償制度を選択するかによって実際上の帰結に差異が生ずるという問題は残る。債務不履行に基づく損害賠償と不法行為に基づく損害賠償の規範の統合を

◆第1章◆ 解　釈

　より重要なのは、上記のような可能性を持つ者とそうでない者との取扱いの相違である。フランスにおいては、被害者間における取扱いの相違という問題が深刻に受け止められており、その結果、他人のための約定を用いた契約の拡張や、契約債務の不履行と不法行為上のフォートとの同一視によって、これを解消するための努力が積み重ねられてきた(1799)。もっとも、そこで問題とされていたのは、損害賠償請求の肯否に関わる「責任を生じさせる行為ないし所為」のレベルでの均一化であって、それを超えた制度の一元化は、少なくとも解釈論のレベルでは、実現されていなかった(1800)。これに対して、日本の議論においては、先に述べたように有力な批判は存在するものの、契約（債務）不履行に基づく損害賠償の基礎となる安全配慮義務を、不法行為に基づく損害賠償の基礎となる注意義務として認めることができるから、責任原因のレベルでの差異は問題となりえない(1801)。他方、仮に、「ある法律関係に基づく特別な社会的接触の関係」を広く理解し、現在の最高裁判例の立場以上に安全配慮義務の領域を拡大する場合や、契約的接触の関係から生ずる義務を文字通り理解する場合には、同じような、あるいは、同一の事実状態で損害を被った被害者が、こうした関係の有無によって、異なる制度上の規律に服せしめられるという事態が生じうる。もちろん、先に述べたように、不法行為に基づく損害賠償と安全配慮義務違反に基づく損害賠償とにおいて、それほど多くの差異が存在するわけではないが、それでも、時効期間の長短等の面では重要な相違が発生しうるの

　　試みる立場、あるいは、いずれとも異なる第三のカテゴリーとしての損害賠償を構築しようとする立場は、このような取扱いの相違を解消するための議論であると言うことができる。例えば、奥田・前掲注(1455)261頁以下（「保護義務と不法行為法上の安全義務とは内容的にも質的にもとりたてていうほどの差異はなく、区別をするとしても程度の差といったものでしかない」とすれば、「保護義務侵害の場面では両者は同一の規律に服して然るべきである」。例えば、消滅時効の取扱いの違いについて、「これをバラバラにしておいたままでそのどちらかを適用することによって、同一事案が構成の違いのみで具体的結論において大きく異なるというのは不合理である」。「要するに、この時効の点についても、保護義務侵害の場面では、「契約責任だから」「不法行為責任だから」という発想ではなく、事態を直視して、それに最も適応した規範を発見（創造）するという道を歩むのが最も適切ではないかと思われる」）。また、「安全配慮義務の存在意義」を否定し、「安全配慮義務がどのような特性を持つ法律問題ないし利害対立状況に直面するのか、そしてそのような法律問題ないし利害対立状況について最も適応するあるいはそのような問題の解決を予定する規範はどれかを探求すること」の重要性を説く立場も、同様である。新美・前掲注(1448)「再論」587頁（「ひとつの事故による損害賠償請求権について、その法的構成を操作するだけで、適用規範が異なり、したがって解決結果に差異が生ずるとすることが果たして妥当なものといえるのか疑問である」）、同・前掲注(1448)「安全配慮義務」253頁（「同じ事故についての損害賠償請求権がレッテルを貼り替えるだけで扱いを異にされるというのは、およそ不自然である」）。

(1799) もっとも、その結果、重大な理論的問題が生じてしまっていたことは、既に述べた通りである。

(1800) なお、今日では、消滅時効の問題に関して、立法的な手当てがなされ、契約不履行に基づく損害賠償と不法行為に基づく損害賠償の一元化が実現されている。この点については、注(466)を参照。また、それ以外の点も含め、第2章・第1節・第1款・第1項714頁以下において検討する近時の立法提案も参照。

(1801) 従って、安全配慮義務の中に、通常の安全配慮義務に加えて、絶対的な安全の確保を目的とする債務を認める立場によれば（注(1770)、注(1771)、注(1772)を参照）、責任原因のレベルにおいても取扱いの相違が生じ、フランス法と同じような問題を想定しなければならないことになろう。

である。なるほど、この問題については、適用規範の相違に由来するものと割り切ることはできるのかもしれない。しかし、ここでの議論においては、補償の確保という目的を果たすために賠償モデルの論理構造が利用され、不履行及び義務の範囲が意図的に拡大されているのであるから、そこから生じうる結果についても、十分に対応しておかなければならないように思われるのである。

　これらの検討から、賠償モデルの論理構造を利用した解釈論のうち、補償の確保という目的のために、不履行の基礎となる債務ないし義務を契約と関連付けることなく拡大しようとするタイプの議論には、当該債務の違反を債務不履行と性質決定する理由が明らかでないという点、また、その前提として、2つの損害賠償制度の統一化ないし融合化を試みざるをえないという点において、理論的な問題が内包されていること、そして、こうした手法によって果たそうとしてきた補償の確保という目的が、不法行為法との関連で、必ずしも実効的な形で実現されていなかったことが、明らかになったものと思われる。なお、以上の叙述においては、判例について、安全配慮義務に関する法理を前提に、こうしたタイプの議論を基礎に据えたものとして位置付けてきたが、契約締結前の説明義務違反に基づく損害賠償請求の局面では、社会的接触・契約的関係を根拠として債務不履行責任を根拠付ける議論が退けられていることを付言しておくべきであろう[1802]。そこでは、債務不履行の基礎となる債務ないし義務が契約との関連で捉えられており、ここから、当該義務違反の不法行為という性質決定が導かれているのである。仮に最高裁がこのような方向性へと歩み出したと言うことができるのであれば、社会的接触を用いた安全配慮義務の基礎付けは異質の存在と見るべきであるし、これまで本論の中で述べてきたような形で判例の現状を位置付けることも適切でないと言うことができよう[1803][1804]。

　ところで、(1)の冒頭で触れたように、賠償モデルの論理構造を利用した日本の解釈論の中には、不履行の基礎となる債務ないし義務を契約と関連付けることなく拡大しようとするタイプの議論のほかに、そこでの課題を受け、「契約責任」の拡大に歯止めをかけるという目的の下、不履行の基礎となる債務を契約と関連付けて正当化しようとするタイプの議論が存在していた。本項の問題関心から検討すべき内容も、いずれのタイプの議論であるかによって大きく異なってくる。前者の解釈論的有用性については既に検討したので、次に、後者のそれを分析していくことにし

[1802]　最判平成23年4月22日民集65巻3号1405頁。
[1803]　平野裕之は、同判決について、「昭和50年判決の信義則上の義務論が暴走する危険性を孕んでいたのを——事実、本判決の原審判決等、信義則上の義務論に基づいた判決を下す下級審判決が出されている——押さえこもうとした」もの、「昭和50年判決の信義則上の義務論が安全配慮義務を超えて拡大していく可能性のある一般法理を宣言したのを、明確に債務不履行責任を否定し歯止めをかけた」ものと位置付け、肯定的に評価している（平野・前掲注(1727)15頁以下（前者の引用は16頁、後者の引用は23頁））。
[1804]　この点については、本項(2)のほか、第2章・第2節・第2款・第2項855頁以下の叙述も参照。

◆第1章◆ 解　釈

よう。

　安全配慮義務に関する判例法理や統一的保護関係理論に対しては、フランス法の分析成果を下に、①契約（債務）不履行に基づく損害賠償の基礎となる不履行、あるいは、その前提としての債務ないし義務の範囲、②その違反に基づく損害賠償を契約（債務）不履行と性質決定する理由及びその前提、③このような議論の解釈論的ないし実際的意義、④そこから生ずる派生的な問題という4つの分析課題を抽出し、それぞれについて、理論的・実際的な問題を指摘した。これに対して、保護義務と契約との関連性を問題にし、契約（債務）不履行に基づく損害賠償の基礎となる不履行、その前提となる債務ないし義務を契約との関連付けにおいて正当化しようとするタイプの議論に関して言えば、前者の議論に対する理論的・実際的問題の指摘のうち、第1点及び第2点については、基本的に妥当しない。

　まず、第1点については、既に触れた通り、例えば、問題となるケースを、完全性利益が主たる給付利益を構成している場合、完全性利益の保護が契約目的実現のために求められている場合、完全性利益が契約目的実現の過程に関連付けられる場合、完全性利益の侵害が事実的な社会的接触で生ずる場合とに区別した上で、第3の類型については、完全性利益の開示、注意の相手方への付託、給付利益実現過程性、危険実現の特殊性という4つのファクターを満たす場合に限って、これを契約の問題とする一方、第4の類型に関しては、契約ではなく不法行為責任の問題として捉える見解等が提唱されている(1805)。フランスでは、ここでの議論と同じく、あくまでも契約との関連において「責任を生じさせる行為ないし所為」を把握する方向性が示されていたが、それを画するファクターが明確に提示されていなかったために、場当たり的、日和見主義的な解決に陥っていたし、その結果、契約との結び付きを持たない統一的保護関係理論以上に、「責任を生じさせる行為ないし所為」の範囲が拡大されているという状態にあった。このようなフランス法の状況と比べるならば、ここでは、契約との関連を持つ明確なファクターが提示され、一応の基準が定立されているように見える。また、第2点に関しては、上記の類型・基準からも明らかとなるように、この議論は、保護義務の基礎を契約と関連付けて把握しようとするものであるから、ここには、安全配慮義務や統一的保護関係理論に見られた、債務不履行という性質決定の理論的基礎の欠落、そして、2つの損害賠償制度の一元化・融合化といった特徴は、存在しない。

　もっとも、第2点については、一定の留保を付しておく必要がある。それは、保護義務が契約の内容や目的から直接的に導かれない場合、反対から言えば、完全性利益が契約目的実現の過程に関連付けられ、その結果、保護義務が「契約責任」の領域に服せしめられる場合（第3の類型）において、このような保護義務違反に基づ

(1805) 潮見・前掲注(1465)148頁以下、同・前掲注(9)102頁以下。また、奥田・前掲注(1477)「安全配慮義務」39頁以下。

く損害賠償と通常の契約（債務）不履行に基づく損害賠償を、同一の原理、同一の制度に服せしめることができるのかという点である。例えば、近時の学説のように、契約不履行に基づく損害賠償における帰責の根拠を契約の拘束力に対する違反に求めることを前提として、保護義務違反に基づく損害賠償の基礎付けを考えてみる。なるほど、契約の拘束力による帰責の説明の意味を、「自らの意思（合意）によって設定した契約規範に従わなかった」[1806]というコンテクストで捉えるときには、仮に、自らの意思（合意）に重きを置かず、「契約規範に従わなかった」という部分に重点を置くのであれば、保護義務違反に基づく損害賠償を正当化することが可能になるのかもしれない。しかし、そうではなく、この意味を、約束したというコンテクストで捉えるときには、保護義務違反に基づく損害賠償について、こうした視点から基礎付けを行うことには困難を伴うようにも思われる[1807][1808]。また、契約不履行に基づく損害賠償の範囲を、当該契約によって保護されている利益によって限定しようとする立場を前提に[1809]、保護義務違反に基づく損害賠償の範囲の確定ルールを考えてみよう。確かに、上記のような保護義務を契約規範の中に取り込むのであれば、完全性利益も契約規範によって保護された利益ということになるから、こうした原理によって、賠償範囲の問題を規律することができる。しかし、そうであるからといって、契約の内容や目的を構成していない契約利益に関わる賠償の範囲を、民法416条の予見可能性という規範言明によって説明することは、困難であるように思われるのである[1810]。このように、保護義務の問題を契約との関連において正当化しようとする議論においては、それが適切な範囲に限定されている限り[1811]、契約不履行に基づく損害賠償と不法行為に基づく損害賠償の一元化ないし融合化という問題は生じないが、前者の中に、そこで本来予定されているものとは異質な性質を持つ損害賠償が含まれる結果、原理の理解や制度の説明のレベルにおいて、問題を生ぜしめる可能性が存在しているのである。

　他方、第3点、第4点については、安全配慮義務に関する判例法理や統一的保護

[1806]　森田・前掲注(8)49頁。
[1807]　この点については、第1部・第1章・第1節・第2款・第2項143頁以下を参照。
[1808]　これに対して、帰責原理の異なる2つの「契約責任」を構想する立場、例えば、保証された事態が発生しない場合に、債務者の具体的行為の当否を問題にすることなく、結果保証を帰責事由として債務者に責任を負わせる類型としての保証責任と、履行過程でされた具体的行為の不当性（具体的行為義務違反）を問題とする過失責任という、2つの帰責原理の併存を認める立場によれば（潮見・前掲注(9)271頁等）、保護義務の問題は後者の領域に属することになるから、本文で述べたような問題は生じえない。もっとも、この場合には、「契約責任」の中に、2つの異なる帰責原理が存在することになるため、これらを同一の制度に服せしめることは可能かという問いが提起されることになろう。
[1809]　例えば、川村・前掲注(754)142頁以下、好美・前掲注(754)24頁以下、円谷・前掲注(9)「現代契約法の課題」278頁以下、潮見・前掲注(9)349頁以下等。
[1810]　この点については、第1部・第2章・第2節・第2款・第1項350頁以下を参照。
[1811]　このような限定を付けるのは、フランスにおける一部の学説に見られたように、安全債務と契約との結び付きが十分でなければ、2つの損害賠償制度の一元化を志向せざるをえなくなるからである。

◆第1章◆解　釈

関係理論をベースとした議論に対するのと同様の指摘が、ここでも妥当することになる。ただし、第4点、つまり、保護義務違反に基づく損害賠償を請求しうる者とそうでない者との取扱いの相違という問題について言えば、フランス法のように、それほど深刻な状況には陥らない。ここでは、保護義務の存在が契約との関連で位置付けられ、しかも、その範囲が限定されているため、同一の事実状況で損害を被った者が異なる規範に服せしめられるという事態の発生それ自体が極めて限定されることになるし、また、保護義務の債権者とそうでない者との取扱いに差異を設けるべきであるとの議論についても、それが契約という視点から正当化される限りにおいて、十分に成り立ちうるからである。これに対して、第3点、つまり、賠償モデルの論理構造を利用しながら、契約と結び付けつつ、不履行及び義務の範囲を拡大しようとする議論(1812)の実際的な意義については、安全配慮義務に関する判例法理や統一的保護関係理論を基礎とした学説に対して行ったのと同様の指摘が、そのまま妥当する。つまり、消滅時効期間の単純な長短を除き、保護義務違反を債務不履行と性質決定する実践的な理由は存在しないし、保護義務の問題は、不法行為法によって十分にカバーされうるのである(1813)。従って、仮にこの議論が補償の確保という目的に出たものであるならば、その目的は、不法行為法との関連で、ほとんど実現されておらず、この点に、解釈論的な有用性を見出すことはできないと見ることができよう。

　もっとも、この立場は、こうした補償の確保という実践的な目的を強調しておらず、むしろ、契約ないし契約規範の構造分析を出発点とするものであることに留意しておく必要がある。このことを本書の問題関心から敷衍すれば、次のように言うことができよう。すなわち、賠償モデルの論理構造を前提として、契約の内容や目的から直接的に導くことのできない保護義務を観念することに、現代社会の要請から見て実際的な意味が存在しないというのであれば、それは、契約（債務）不履行に基づく損害賠償の諸問題を考察するに際して、このモデルを基礎としなければならない必然性が存しないことを意味している。従って、問題は、上記のように一定の保護義務をも含む形で契約や契約規範を捉え、これを契約（債務）不履行に基づく損害賠償の枠内で受け止める議論と、契約の内容や目的を構成しない保護義務につい

(1812) これらの議論は、契約ないし契約規範の構造分析を踏まえて、それ以前の議論によって広がり過ぎた「契約責任」の範囲を限定するという問題意識に出たものであるから、学説史のコンテクストで見れば、不履行及び義務の範囲の拡大と表現することは、必ずしも正確とは言えない。しかし、第1節で検討した民法の立場を出発点とし、かつ、契約不履行に基づく損害賠償に関する2つの理論モデルを分析枠組みとして設定するのであれば、なお本文で述べたように評価することができるのである。

(1813) 後者について、潮見・前掲注(9)105頁（「義務内容確定プロセスは契約上の保護義務と不法行為上の注意義務の両者に共通のものと考えられるし、義務内容面においても差異はない」）。これに対して、本文で述べた前者の問題について、どのような理解がなされているのかは明らかでないが、仮に安全配慮義務と同様の法理が妥当するというのであれば（同106頁以下・123頁以下）、本文で述べたような理解へと至ることになろう。

ては、契約を取り巻く規範ではあるが、契約制度で規律されるべきものではないと見た上で、これを、契約（債務）不履行に基づく損害賠償の枠内から除外する議論とにおいて、どちらが契約という民法の中核をなす制度の基本的な思想・考え方に適合的なモデルであるのかという点に存することになろう。そして、これを本書の問題関心に即して見ると、前者の議論を可能ならしめているのが賠償モデル、後者の議論に親和的であるのが履行モデルということになるから、結局のところ、上記のような問いは、賠償モデルと履行モデルとにおいて、どちらが契約（債務）不履行に基づく損害賠償に関する諸問題を理論的に説明しうるモデルであるのか、あるいは、より広く、契約不履行法、契約法、民事責任法、更には、民法全体との関連で、どちらが体系的な整合性を持ちうるモデルであるのか、更には、契約という制度の本質に適合するモデルであるのかという問いへと繋がることになる。これまでにおける考察からは、本書が履行モデルを基礎とした議論を構築すべき旨を説くものであることは明らかであろうが、以下、項目を改めて、この点を明確に提示しておくことにしよう。

(2) 履行モデルの提唱

　本書は、契約（債務）不履行に基づく損害賠償を、実現されなかった契約ないし債務の履行を確保するための制度として位置付けようとするものであり、その中で、本章は、上記の構想を現行民法の解釈枠組みとして提示することを目的としていた。そこで、以下では、第１部及び本章の分析成果を必要な範囲で整理しつつ、履行モデルの解釈論的な意味付けを、もう１度、明らかにしておくことにしよう。その上で、この履行モデルが、従来の日本における議論との関連で、どのように位置付けられるのかを示し、このモデルを現行民法の解釈枠組みとして提示する場合に問題とされうる、幾つかの留意点に触れておくことにする。

　まず、第１部においては、本書冒頭で提示した２つの理論モデルを用いて、原理レベルから、契約（債務）不履行に基づく損害賠償の問題を検討した。そこでは、契約（債務）不履行に基づく損害賠償の性質、対象という２つの原理的な問題を設定し、かつ、帰責事由の意味、損害賠償請求権の性質、損害賠償によって塡補ないし充足される対象、損害賠償の範囲という４つの具体的な問題の中で、それぞれ、帰責と実現、異別と同一、損害と契約、制限と完全という対立構図を描くことによって、契約（債務）不履行に基づく損害賠償に関する２つの理論モデルが持つ意味を確認した。そして、賠償モデルには、様々な点において理論的問題が内包されていたこと、履行モデルが、契約（債務）不履行に基づく損害賠償に関わる諸問題に対し、一定の基礎を与えるという意味での理論的有用性を有していることを明らかにした。

　次に、前節においては、日本民法における債務不履行規定の構造と意義を検討し

た。その結果、民法における債務不履行に基づく損害賠償は、少なくともその総論的なビジョンとしては、明確に、先存する「債権の効力」によって基礎付けられ、当該債権の実現を確保するための制度として構想されていることを確認した。また、起草過程においては、効果の局面で、賠償と履行という2つの視点が混在しているかのような議論も見られたが、それと同時に、賠償の発想と各条文との間には論理的な不整合が存在していたことを示した。ここから、賠償の原理と民法の条文・体系との齟齬の中に、賠償モデルに理論的な問題が含まれている理由を求めると同時に、履行モデルが、契約(債務)不履行に基づく損害賠償に関わる諸問題を統括し、それらを解釈の枠組みとして構築するという意味での体系的有用性をも保持していることを明らかにした。

　最後に、本節においては、19世紀末以降の契約(債務)不履行に基づく損害賠償をめぐる議論の展開をフォローしつつ、賠償モデルの解釈論的有用性を検討した。これによって、賠償モデルは、種々の要因に規定されながら、補償の確保という目的を実現するために生み出され、あるいは、利用されてきたが、今日では、ほかの法制度との関係で、必ずしもその役割を十分に果たしえていないことを示した。また、賠償モデルの論理構造を利用した様々な解釈には、いずれも、理論的・実際的な問題が数多く内包されていたことも明らかにした。

　このような検討成果に基づき、本書は、契約(債務)不履行に基づく損害賠償を、実現されなかった契約ないし債務の履行を確保するための制度として捉える立場を提示するわけであるが、(2)では、履行モデルの解釈論的な有用性を補強するためのファクターとして、更に、以下の2点を指摘しておくことにしよう。

　第1に、契約不履行に基づく損害賠償に関する2つの理論モデルと、債務不履行に基づく損害賠償との関係である。

　本書の基礎となった諸論文においては、タイトルの中に「契約不履行に基づく損害賠償」との表現が用いられ[1814]、また、本書でも、「契約不履行に基づく損害賠償」との表現が繰り返し使用されてきた。これは、債務不履行に基づく損害賠償が問題となる場面のほとんどが契約不履行に関するケースであり、従来もこの場面を念頭に置いて議論が行われてきたこと、債権についてどのような態度決定をするのにかかわらず、債権発生原因から切り離された形での不履行法の構築には限界があること、このような問題関心から、近時においては、債権ではなく「契約を起点に据えた契約責任論」が展開されてきたことのほか[1815]、本書の中には、こうした契約を中心にした理論化、あるいは、控え目に言って、主として契約の場面を想定した理論化が、契約以外の発生原因を持つ債務の不履行の問題にどのような影響を及ぼ

(1814) 注(1)で引用した論稿がそれである。
(1815) これらの点については、文献の所在も含めて、「特集 契約責任論の再構築(2006年日本私法学会シンポジウム資料)」ジュリ1318号(2006年)81頁以下所収の諸論稿を参照。

しているのかという問題意識が内在していることを考慮したものである。とはいえ、現行の民法が、債権（ないし債務）を体系化原理の1つとして採用し、広く債権・債務一般を対象とする形で不履行に基づく損害賠償の制度を規定している以上、現行民法を説明・正当化するためのモデルは、これらの場面をも包含しうるものでなければならない。

　この点、本書におけるこれまでの検討からは、本書が提示しようとする履行モデルの論理は、契約以外の原因に基づき発生した債権・債務のケースにも及び、広く、債務不履行に基づく損害賠償一般を射程としうるものであることが明らかとなる。契約（債務）不履行に基づく損害賠償を実現されなかった契約ないし債権の履行を確保するための制度として捉える構想は、それを（契約上の）債務ないし債権の効果として把握し、その源を債権それ自体の力に求め、損害賠償を金銭という形で履行されなかった債務を実現する手段として捉えることを意味している。そうすると、このような理解において、合意は守られなければならないという規範は、「合意は守られなければならないのであるから、そこから生じた債務を実現しなかった場合には、その違反を根拠として、合意とは別の損害賠償責任を課せられる」という意味ではなく、「合意は守られなければならない以上、そこから生じた債権には、それが実現されなかった場合に、損害賠償という代替的な手段でそれを実現する力が含まれている」という意味で用いられることになる。つまり、このモデルは、契約の拘束力の規範を正当化のための1つの根拠としつつも、そこからは理論的に独立しつつ、契約から生じた債権に対して、それに内在する効果としての金銭による価値的な実現手段が包含されていると見るのである。

　従って、契約から生じた債権であろうと、それ以外に源を有する債権であろうと、およそ債権は履行されるべきものであるとの認識を基礎とするならば、ここで、両者を理論的に区別して捉える必要はない（前述したような意味での合意の拘束力を「債権の拘束力」として捉えることは可能）と言わなければならないのである。もちろん、債権が実現されているのかどうかを評価する段階、つまり、損害賠償の対象や範囲を確定する段階では、契約的な要素が考慮の対象となりうるが、このことは、損害賠償を「債権の効力」として捉える立場と何ら矛盾しない。契約（債務）不履行に基づく損害賠償が契約ないし債権の実現手段であるならば、こうした評価を行うことは、むしろ必然であるとさえ言えるからである。結局、以上の認識を前提とすれば、契約（債務）不履行による損害賠償は、契約から発生したものであるかどうかを問わず、（契約から生じた）債務が正確に履行されなかった場合に債権者が当該債務の履行を通じて獲得していたであろう利益を金銭で実現するための制度として定式化されよう。契約（債務）不履行による損害賠償は、（契約から生じた）債権の保障形態としてその実現プロセスに組み込まれた1つの制度なのである。

　それでは、賠償モデルは、債務不履行に基づく損害賠償一般を包含しうるモデル

と見ることができるのか。第1部の考察に際して提示した、2つの下位モデルに従って(1816)、考えてみよう。

　一方で、不法行為＝賠償モデルによれば、契約以外の原因に基づいて発生した債務の不履行についても、このモデルの中で捉えることが可能となる。ここでは、債務者に損害賠償責任を課すための原理として過失責任の原則が設定され、債務を履行しなかったことが有責かつ違法であるならば債務不履行に基づく損害賠償を課せられるという枠組みが採用されているからである。つまり、債務不履行に基づく損害賠償は、明確に契約から切り離されているのである。しかし、その反面、不法行為＝賠償モデルの下では、債務不履行に基づく損害賠償が債権総則上の制度であることを強調すればする程、それと不法行為に基づく損害賠償との関係が曖昧となり、2つの損害賠償制度の一元化、融合化がもたらされることになるという問題が生じていた(1817)。

　他方、契約＝賠償モデルは、「契約を起点に据えた契約責任」を標榜し、契約の拘束力、契約規範によって保護されている利益といった契約に固有の論理によって、契約不履行に基づく損害賠償の問題を構築していこうとするものであるから、この枠組みの中で、契約以外の原因に基づいて発生した債務の不履行を捉えることは困難である。履行モデルとは異なり、この契約＝賠償モデルにおいては、合意に違反したことや損害賠償に関わる合意をしたこと等の当事者の主体的な要素を問題とせざるをえないから、合意を根拠とする損害賠償の論理を、こうした主体的契機が存在しないこともありうる合意以外の不履行の場面に及ぼすことはできないのである。従って、この契約＝賠償モデルの下で、債務不履行に基づく損害賠償一般を正当化しようとするならば、契約や合意以外を発生原因とする債務の不履行について、それらとは別の根拠を想定しておく必要がある。もっとも、現行民法は債務不履行による損害賠償を債権総則上の制度としているから、この考え方を実現しようとすれば、同じ条文の中に2つの異なる基礎を読み込まなければならず、その結果、特定の制度についても2つの視点からの基礎付けを行わなければならないことになるのである。

　以上のように、賠償モデルは、不法行為に基づく損害賠償との関連における債務不履行に基づく損害賠償の独立性を保ちつつ、その論理を債務不履行一般に及ぼすことの隘路となりうるモデルなのである。これとの対比で見るならば、履行モデルは、契約（債務）不履行に基づく損害賠償を債権総則上の制度として規定する民法の解釈枠組みとして、極めて有用なモデルであると言うことができるであろう。本書

　(1816) 第1部・第1章・第1節・第2款・第1項123頁以下を参照。
　(1817) このことは、2つの損害賠償制度を「損害賠償債権」なる項目の下で統一的に論じていたかつての支配的学説の中に、顕著な形で現れている。また、契約（債務）不履行に基づく損害賠償における不履行、その前提としての債務について、契約との関連付けを行うことなく拡大しようとする議論の中にもその一端を見出すことができた。

が契約（債務）不履行に基づく損害賠償の根拠をめぐる議論とは別に賠償モデル・履行モデルというモデル化を行った意味、履行モデルが現行民法の体系に適合的であると主張する理由の1つはこの点に存する。

　第2に、契約（債務）不履行に基づく損害賠償に関する2つの理論モデル、とりわけ、履行モデルと実定法の正当化との関係である。

　判例は、契約（債務）不履行に基づく損害賠償の諸問題を検討するに際して、基本的に、伝統的通説によって形成された、債務者の責めに帰すべき事由＝故意・過失または信義則上これと同視すべき事由という定式、相当因果関係といった概念を用いているから、表面的に見れば、履行モデルと判例の乖離は明らかである。もっとも、このような意味での債務者の責めに帰すべき事由や相当因果関係は、必ずしも伝統的通説が説く内容通りに機能していないことは既に指摘されている通りであり、実質的な内容として履行モデルとの間にそれほどの距離があるわけではない(1818)。それどころか、既に示した通り、契約（債務）不履行に基づく損害賠償の性質が問題となる局面、具体的に言えば、損害賠償請求権の消滅時効の問題や、債務者の責めに帰すべき事由、あるいは、履行が全く存在しないケースにおける不履行の証明責任の問題を判断する場面では、履行モデルの考え方を前提とすることによって初めて正当化することのできる解決が示されているのである(1819)。

　他方、本節で検討した安全配慮義務に関する判例法理については（それが契約の内容や目的から直接的に導かれる場合は別である）、賠償モデルの論理構造を基礎としなければ、論理的に説明をすることができない。しかし、ここでは、安全配慮義務違反に基づく損害賠償の債務不履行という性質決定が、2つの意味において異質であることを強調しておくべきである。すなわち、まず、安全配慮義務と同じ根拠が妥当するはずの契約締結前の法的義務の違反に関しては、債務不履行という性質決定が明確に拒絶されている。つまり、安全配慮義務違反に基づく損害賠償と契約締結前の法的義務違反に基づく損害賠償の性質決定が異なっているという意味での異質性が1つ目である。次に、安全配慮義務の消滅時効起算点の問題については、その性質決定にもかかわらず、不法行為と同じ解決が導かれている。つまり、安全配慮義務違反に基づく損害賠償の性質とそれ以外の債務不履行に基づく損害賠償の性質が異なっているという意味での異質性が2つ目である。もちろん、これが現在の実定法の状況であるから、その全てをいずれかのモデルによって説明することは不可能である。しかし、仮に、前述したように、安全配慮義務を生み出すに至った利益判断が、今日においては、もはやそれほどの意味を有していないことを強調して、債務不履行法の領域から安全配慮義務という異質な要素を排除し、当事者が契約に

　(1818)　文献の所在も含め、帰責事由については、第1部・第1章・第1節・第2款122頁以下を、損害賠償の範囲については、同部・第2章・第2節・第2款335頁以下を参照。
　(1819)　この点の評価については、第1部・第1章・第2節・第2款・第2項210頁以下を参照。

◆第1章◆解　釈

おいて実現を予定したものが問題となりうる局面に契約（債務）不履行に基づく損害賠償の対象を限定するならば、履行方式としての契約不履行に基づく損害賠償の考え方を判例法理の正当化モデルとして定立することは、十分に可能であるように思われるのである。

　以上のように、履行モデルは、契約（債務）不履行に基づく損害賠償に関する諸問題について、民法の構造に適合的な形で理論的に整理しつつ、判例法理の「解決」を正当化するための有力なモデルであると言うことができるであろう。

　これらの理由から[1820]、本書は、契約（債務）不履行に基づく損害賠償を、実現されなかった契約ないし債権の履行を確保するための制度として捉えるものである。もっとも、こうした見方は、これまでの日本法上の議論から完全に断絶されたものではなく、むしろ、従来の議論の中で示されていた幾つかの視点を発展的に構築しつつ形成されたものと言える。個別の問題については、既に第1部において十分に検討しているので触れることを止め、以下では、総論的な視角からのみ、本書の見方と従来の見解との異同を明確にするという意味も含めて、この点に少しだけ言及しておくことにしよう。

　既に繰り返し触れているように、今日では、不法行為法のモデルに基づいて構築された伝統的な債務不履行理論とは別に、「契約を起点に据えた契約責任」、「新しい契約責任」が提唱されている。こうした潮流は必ずしも一枚岩ではなく、そこで説かれている内容には微妙なニュアンスの相違も存在し、それが個々の問題の捉え方に重要な差異をもたらしているわけであるが[1821]、総論的に見れば、「債権・債務の発生原因である個別・具体的な「契約」から説き起こして問題を捉え、当該債務が「契約」に基づいて生じたものであることや、当該債務を発生させた「契約」の内容が、債務不履行の問題を処理するための法理論にどのような影響を与えるかという点に関心を向ける姿勢」を有していることでは共通するものと言える[1822]。この意味において、本書が提示しようとする履行モデルも、これらの議論と方向性を同じくするものである。しかし、これら2つの間には、契約（債務）不履行に基づく損害賠償の問題を、なお賠償の枠組みの中で捉えるのか、それとも賠償の頸木から解放し、履行の枠組みの中で把握するのかという点、また、契約不履行に固有の論理を構築するのか、それとも、契約法理に適合的な枠組みを構築しつつ、それを債務不履行一般へと還元するための理論化を図るのかという点に決定的な相違がある。そして、このような位置付けの相違を明確にし、問題をいずれも後者の視点から捉え

[1820] 現在までのところ、本書では、契約（債務）不履行に基づく損害賠償それ自体に関わる検討しか行っていないため、その部分の理由だけを挙げている。更に、履行モデルと、契約不履行法、契約法、民事責任法全体との関連については、第2章・第2節における検討を参照。

[1821] 本書で触れた（これから触れる）もので言えば、契約の拘束力と債務者の責めに帰すべき事由の捉え方、履行請求権の位置付け等が、これに該当する。

[1822] 潮見佳男「契約責任論の現状と課題」同『債務不履行の救済法理』（信山社・2010年）1頁〔初出・2006年〕

ることにこそ、契約（債務）不履行に基づく損害賠償における諸問題を解く鍵があるというのが、本書の主張なのである。

　また、上記のような潮流の中では、契約関係において獲得しようとした契約利益の実現へと向けられた権利・義務の体系として契約機構を把握し、そこから、契約規範において保護されている契約利益を起点とした契約不履行理論を構想する立場が有力に主張されている[1823]。そこでは、「債権者利益については、たとえ債務者の具体的行為を対象とする請求権が及ぶものでない（債務者の具体的行為が期待できない）にしても、「損害賠償」の形で、すなわち履行利益の賠償として、債務者から債権者への利益移転が認められるべきである」とか[1824]、「「契約上の地位」もしくは「債権」という権利の実現を損害賠償の形で保障するのが損害賠償であるという面に着目した場合には、債務不履行による損害賠償請求権は、「契約上の地位」もしくは「債権」の価値代替物の意味を有する。ここでは、金銭に形を変えての本来的権利内容の貫徹という、権利追及機能（権利保護機能）が前面に出てくるのである」等と説かれているのである[1825]。これまで述べてきたところからも明らかとなるように、本書も、こうした方向性を共有するものである。しかし、上記のような債権・債務観あるいは債権機構の捉え方から導かれる「「契約上の地位」もしくは「債権」という権利の実現」手段としての損害賠償については、これを賠償の論理ではなく、履行の論理の枠内で捉えた方がその実態に適合する。本書が、賠償モデル・履行モデルという分析枠組みを設定し、しかも、前者の中に、契約＝賠償モデル、不法行為＝賠償モデルという下位モデルを用意したのは、こうした諸モデルを基礎とした分析を通じて、賠償の論理では、このような債権・債務観、あるいは、そこまで行かなくても、契約の実態を反映した議論を構築しきれないことを明らかにし、これらをより適切に反映することのできる枠組みを提示するという意味があったのである。

　更に、これらとは直接的な関わりを持たないものの、かつて、契約責任の拡大化現象に批判的な立場から、給付利益（動的利益）と完全性利益（静的利益）、更には、財貨交換法（動的利益保護法）と財貨帰属法（静的利益保護法）の区分を前提として、前者の問題を契約不履行に基づく損害賠償の、後者の問題を不法行為に基づく損害賠償の問題とすべき旨が説かれたことがあった[1826]。確かに、こうした見方には、

(1823) 潮見・前掲注(9)22頁以下・258頁以下等。また、同『契約規範の構造と展開』（有斐閣・1991年）、同『契約責任の体系』（有斐閣・2000年）、同『契約法理の現代化』（有斐閣・2004年）、同『債務不履行の救済法理』（信山社・2010年）所収の諸論稿も参照。
(1824) 潮見・前掲注(9)25頁。
(1825) 潮見・前掲注(9)312頁以下（損害論のコンテクストにおける叙述である）。
(1826) 平野裕之の議論がそれである。平野・前掲注(148)「本質と限界」575頁以下、同「完全性利益の侵害と契約責任論——請求権競合論及び不完全履行論をめぐって」法論60巻1号（1987年）43頁以下、同「利益保障の2つの体系と契約責任論——契約責任の純正化及び責任競合否定論」法論60巻2＝3号（1987年）519頁以下、同「いわゆる「契約締結上の過失」責任について」法論61巻6号（1989年）61頁以下、同・前掲注(1448)33頁以下。

◆第1章◆ 解　釈

財貨帰属法と財貨交換法の区分に関わる問題は別としても、完全性利益が如何なる場合であっても契約の問題となりえないと理解する点において、重大な問題が内包されていた[1827]。もっとも、利益保障の2つの体系、動的利益と静的利益の区別、契約法の領域では有形的な財貨の移転のみが問題になるとの見方等を放棄し、ここで言う完全性利益（静的利益）が、場合によっては、契約の内容や目的を構成しうることを認めるならば、つまり、この議論の基礎となっている諸前提と切り離し、契約（債務）不履行に基づく損害賠償の捉え方という点だけから見るときには、ここには、履行モデルへと繋がる視点が含まれている。例えば、「契約責任を、代償による履行と解し、それは契約の効力に基づくものであり（中略）、「責任」の用語は適切ではないところの（履行責任としての意味なら別だが）本来の履行義務と同質のものとする」といった指摘は[1828]、本書の分析枠組みを用いて見れば、契約（債務）不履行に基づく損害賠償を契約ないし債権の履行方式として把握すべきことを説くものとして理解することができるのである[1829][1830][1831]。

(1827) 潮見・前掲注(1465)147頁以下、高橋・前掲注(1734)296頁以下、新美・前掲注(1448)「安全配慮義務」233頁等。

(1828) 平野・前掲注(1826)「利益保障の2つの体系」522頁。

(1829) 本文で述べたように、こうした理解は、そこで採用されていた利益保障の2つの体系を放棄することが前提となっている。従って、例えば、契約不履行に基づく損害賠償の対象を給付に代わる価格に限定するという見方は、受け入れることができないし（この点については、第1部・第2章・第2節・第2款・第2項356頁以下も参照）、以下のような叙述についても、これを支持することはできない。為す債務の場合には、行為それ自体が契約利益を構成する。「為す債務では、履行の結果として現にある財貨状態を考え、その代償を考えることはできず、役務がないまたは意味をなさないことに対し、双務契約上の対価調整（反対債権の消滅・減額）を考えれば、契約法（動的利益保護法）のレベルとしては十分となりそうである」（平野・前掲注(1826)「利益保障の2つの体系」532頁）。「契約の履行により新たな財貨状態が生じるものではない、純粋に役務を契約利益の目的とする場合」、「財貨状態の代償は仮定しえず、有償契約における対価的均衡の確保の要請から、履行が意味を失ったことに対し、反対給付の対価的調整を行う他ない」（同537頁以下）。

(1830) もっとも、平野は、その後、こうした見方を放棄しているように思われる。平野は言う（平野・前掲注(94)295頁以下、同「契約と損害賠償責任(1)——「債権の効力」及び同一性理論を中心に」法論69巻2号（1996年）31頁以下、同「債務不履行責任の拡大と失火責任法」伊藤進教授還暦記念論文集『民法における「責任」の横断的考察』（第一法規・1997年）285頁以下、同・前掲注(89)論文、同・前掲注(8)489頁、同・前掲注(927)197頁）。かつての論稿（注(1826)を参照）では、①契約責任を「契約の履行」と呼べるような財貨交換法に位置付けることが可能なものに限定し、②それ以外の損害賠償責任を「不法行為責任」に統一した。しかし、ネーミングが失敗したため、不必要に誤解されてしまったようである。そこで、呼称を変えて、①の契約上の財貨交換レベルでの義務については、損害賠償責任とは本質的に異なることを示すため、「法により契約に接ぎ木された代償による（ないし代替的）給付義務」とでも称し、②については単に「損害賠償責任」と称することにする」（同・前掲注(94)296頁以下。また、同・前掲「契約と損害賠償」40頁）。これだけを読めば、単に呼称を変えただけであるようにも見える。しかし、その後、以下のような議論が展開されているのである。「これまで、契約責任・不法行為責任と称してきたものを損害賠償責任という形で異質のものではない1つの領域」の中に含めるべきである。そして、そこには、「一般社会生活上の注意義務（一般的不可侵義務）の違反」から生ずる「一般的（ないし原則的）損害賠償責任」、「契約で約束した給付義務を履行しないことにより、相手方（中略）に生じた損害を賠償すべき」「給付欠缺型（ないし債務不履行型）損害賠償責任」、「給付義務の不履行ともいえないが、しかし、単なる一般的不可侵義務の違反ともいうことができない」「契約的接触型損害賠償責任」が含まれる（同・前掲注(94)326頁以下）。このうち、「給付欠缺型（ないし債務不履行型）損害賠償責任」は、「契約が介在しているだけで、給付利益とか履行利益とかいわ

◆ 第2節 ◆ 理論モデルの展開

　本章の検討を終えるに当たって、現行民法の解釈枠組みとして履行モデルを提示するに際して問題とされうる点を明確にし、それに予め応対しておく必要があろう[(1832)]。具体的に言えば、フランスにおける等価物による履行論と本書が提示する履行モデルとの関係ないし異同、「ヨーロッパ契約法」への立ち位置である。

　まず、前者について言えば、本書は、前述のような議論状況・問題関心の下に、フランスにおける契約不履行に基づく損害賠償の性質をめぐる議論の検討を踏まえて、賠償モデル・履行モデルという分析枠組みを構築し、かつ、個別の問題や理論モデルの展開を明らかにするに際しても、フランス法の議論を参照枠として設定した。もっとも、本書の履行モデルは、等価物による履行論（フランス型の履行モデル）を発想源とするものであるが、これらの間には、テクストの解釈に基づく再構成という手法によっても解消することのできない[(1833)]、重要な相違が存在した。個別の問題については既に触れているので繰り返すことは止めるが、ここで、その要因だけを示しておけば、そもそも民法の構造が異なることのほかに（契約不履行に基づく損害賠償だけのモデル化で足りるのか、それとも、債務不履行に基づく損害賠償全般を包含しうるモデル化が必要なのか。具体的には、契約の拘束力に与えられる意味や「債権の効力」としての位置付けの評価）、フランスの議論においては、損害賠償請求が問題となる場面を想定することなく、（等価物による）履行という性質決定から直截に一定の帰結を導こうとする傾向があったこと（損害をめぐる議論）、等価物による契約の実現という視点を前面に押し出しながら、何が実現されるべき契約であるのか、あるいは、何が契約利益であるのかという点の研究が欠落していたこと（損害賠償の範

　れるものの、損害が不法行為責任といわれている場合と本質的に異なるものではない」（同・前掲注(94)326頁）。また、この債務不履行責任を「債権の効力」ということができるのかという点については、「結論としてはこれを否定し、損害賠償義務は損害発生→損害賠償責任成立の効果にすぎず、債権（ないし契約）の存在は、当該損害を当事者間において利益保証範囲＝賠償範囲に取り込むという効果を持つものにすぎ」ないのであって、この責任は、「本質的・構造的に不法行為責任と異ならない」ものと理解すべきである（同・前掲「契約と損害賠償」41頁。また、同・前掲注(89)(2) 43頁）。結局、「債務不履行責任を債権の効力と位置づけて不法行為責任と断絶することには反対しており、その事例においてその当事者間にいかなる利益保障が認められるかを考えればよい」のである（同・前掲注(89) (1) 199頁。また、同・前掲注(89) (3) 174頁、同・前掲注(8)499頁以下・524頁）。このような見方は、引用部分冒頭の①及び②を含めて全てを損害賠償責任の中に組み込み、これらの性質的な相違を否定する（本書の分析枠組みで言えば、全てを賠償の論理の中に一元化する）ものにほかならないから、「履行モデル」とは対極をなす議論であるように思われるのである。

(1831)　平野は、Rémy, supra note 20, La responsabilité contractuelle . . . の翻訳の「訳者あとがき」において、自説がフィリップ・レミィの見解と同じであるとの評価をなしている（321頁）。確かに、契約不履行に基づく損害賠償の理論枠組みという視点だけから見れば、両者の見解を同列に位置付けることも可能であるが、レミィの見解においては、利益保障の2つの体系、動的利益と静的利益の区別といった理解が前提とされているわけではない。また、平野の見解を、注(1830)で述べたように理解するのであれば、それは、レミィの見解とは対極に位置するものである。

(1832)　なお、これは、第2章・第1節で行われる制度設計論の構築、民法（債権関係）改正に向けた議論の検討に際しても、意味を持つものである。

(1833)　このような作業を行うことなくして、日本とフランスの議論を比較することはできないであろう。実際、本書においても、フランスのテクストの「読み」を通じたその再構成がしばしば行われている。

囲、身体的損害をめぐる議論)、賠償モデルの下で用いられていた諸概念について、その論理構造を明らかにすることなく排斥しようとする傾向が見られたこと(手段債務・結果債務をめぐる議論)等を挙げることができる[1834]。こうした指摘は、履行モデルの解釈論的有用性の基礎付けに何らかの意味を持つわけではないが[1835]、外国法研究に際して、しばしば問題とされうる点であるので、確認しておくことにしよう。

次に、後者について言えば、本書は、「ヨーロッパ契約法」及びそれをめぐる議論を直接的な検討対象としていないし[1836]、この点に関する膨大な先行研究による限り[1837]、契約(債務)不履行に基づく損害賠償を履行されなかった契約ないし債権の履行方式として位置付ける考え方を、「ヨーロッパ契約法」の立場として定立することもできない。もっとも、ドゥニ・タロンの議論に象徴されるように、この考え方を、「ヨーロッパ契約法」における契約不履行に基づく損害賠償の1つの読みとして提示することは可能であろうし、その基本構造に親和的な議論であると評価することはできよう。しかし、ここで述べようとするのは上記のことではなく、民法(債権関係)改正をめぐる議論に際して示されている、「ヨーロッパ契約法」や国際物品売買契約に関する国際連合条約を発想源とした見解に対して、ある種のアレルギー反応、あるいは、控え目に言って、日本の民法との構造的差異を強調する見方[1838]

[1834] これらの要因は、フランス民法学における思考様式の一端、すなわち、概念の構築・分類への傾斜を反映しているようにも見える。

[1835] もっとも、このことからは、賠償モデル・履行モデルというモデル化が、契約(債務)不履行に基づく損害賠償に関わる様々な言明が前提としている思考枠組み、あるいは、その基礎となる考え方を基にして構築されたものであること、従って、それぞれのモデルが単一の内容を持つわけではなく、その内部に多様なヴァリエーションを含みうるものであることを再確認しうる。

この点と関連して、パスカル・アンセルは、フランスにおける議論について、「契約責任に関わる2つの両極的な構想——契約責任を履行方法に帰着させる構想と契約責任を不法行為責任の中に完全な形で溶け込ませる構想——の間には、よりニュアンスに富んだ、そして、恐らくは契約に関する様々な構想に対応した、一連の中間的な立場が存在する」と評価している(Ancel, supra note 21, p.246. ただし、アンセルは、引用部分に続けて、現在のフランス実定法が後者の構想を基礎としていることに疑いはないとも述べている)。仮に、この叙述が、(本書が採用するところの)各理論モデル内部においても、様々なヴァリエーションを持つ考え方が存在しうるとの認識を示したものであるとすれば、これを正当なものとして認めることはできるが、そうではなく、賠償モデルと履行モデルの間に、(これらには属さない)様々な中間的モデルが存在するとの指摘を行うものであるとすれば、これを承認することはできない。アンセルの言う中間的な立場も、その基礎においては、賠償ないし履行という発想を起点に据えており、この限りにおいて、賠償モデル・履行モデルというより上位の思考に規定されているものと見るべきだからである。

なお、この点については、序論19頁以下を参照。

[1836] もっとも、第2章・第1節・第1款・第2項763頁以下においては、フランス民法学というフィルターを通じた「ヨーロッパ契約法」が検討の対象とされることになる。

[1837] さしあたり、注(121)で引用した諸論稿を参照。

[1838] 例えば、野澤正充「民法(債権法)改正の意義と課題〔特集「債権法改正の基本方針」を読む〕」法時81巻10号(2009年)5頁以下、同「総括と将来の課題——「債権法改正の基本方針」を踏まえて」同編『瑕疵担保責任と債務不履行責任』(日本評論社・2009年)195頁〔初出・2009年〕(また、同「ボワソナードの日本民法学への影響——その立法思想と独創性〔特集 民法(債権法)改正——基礎法学・法の歴史の視点から〕」法時82巻10号(2010年)36頁以下)、角紀代恵「債権法改正の必要性を問う——「契約ルールの世界的・地域的統一化」への批判を中心に」法時

への1つの応答である。すなわち、今日においては、「ヨーロッパ契約法」や国際物品売買契約に関する国際連合条約を参考とした債務不履行理論、履行障害論に対して、日本の民法、取引実務には適合しないとの批判が提起されている。しかし、少なくとも本書の考察からは、(「ヨーロッパ契約法」それ自体でなくても、それに親和的な考え方である)履行モデルは、「ヨーロッパ契約法」等を発想源とするものでないことはもちろん、日本の民法の体系に適合的で、判例法理の現状の多くを説明しうる枠組みであることが明らかとなるのである。

◇**第2節の結論**◇

　本節は、契約(債務)不履行に基づく損害賠償に関する理論モデルの変遷、動揺、復権の過程、及び、これらをもたらした要因、それによってもたらされた結果を、日本法とフランス法について分析することを通じて、2つの理論モデルに関し、現行民法の解釈枠組みとしての有用性を問うことを目的としていた。ここで、その成果を、日本法に即する形で、ごく簡単にだけ要約しておこう。

　日本においては、民法施行直後から、契約(債務)不履行に基づく損害賠償を有責な不履行によって生じた損害を賠償するための制度として捉える考え方が、主張され、異論なく受け入れられていった。こうした履行モデルから賠償モデルへの転換は、何らかの理論的・実践的要請に基づくものではなかったが、その後の判例・学説は、この賠償モデルの論理構造を積極的に利用することによって、補償の確保という目的を実現しようとした。もっとも、今日において、このような目的は、必ずしも、契約(債務)不履行に基づく損害賠償、更には、それを支えている賠償モデルの考え方に依拠しなければ果たしえないというものではなかった。また、契約と結び付けることなく賠償モデルの論理を推し進めた結果、2つの損害賠償制度の一元化あるいは融合化といった事態も生じてしまっていた。そうすると、少なくとも実際的な視点から見れば、日本の賠償モデルは、解釈論的有用性を持たないだけでなく、民法の体系を覆し、契約(債務)不履行の特殊性を消滅せしめているという意味で、有害なモデルであるとさえ言うことができる。もちろん、今日の有力な学説のように、賠償モデルを前提としつつも、契約と関連付ける形で債務の範囲を画定することで、上記のような理論的問題を防ぐことは可能であったが、その場合であっても、賠償モデルそれ自体に解釈論的な有用性が欠けているという点では変わりはなかった。また、第1部における個別問題の検討、前章における民法の構造分析を踏まえるならば、このモデルが民法の解釈枠組みとして有用であるかという点には、大きな疑問が残った。これに対して、履行モデルは、契約(債務)不履行に基づく損

82巻2号(2010年)77頁以下、加藤・前掲注(365)「民法(債権法)改正」81頁以下・116頁以下(なお、加藤雅信「民法典はどこにいくのか——その2　比較法学の憧憬の地、西洋は、日本国民安住の地か?」法時82巻10号(2010年)68頁以下)等。

◆第1章◆ 解　釈

害賠償に関する諸問題を民法の構造に適合的な形で理論的に整理しつつ、判例法理の「解決」を正当化するための、有益なモデルであると言うことができたのである。

◆第2章◆ 設　計

　契約不履行に基づく損害賠償に関する2つの理論モデルは、現行民法の解釈枠組みとしてのみならず、契約不履行法や民事責任法の制度設計のあり方を問うための枠組みとしても有用なのか。今日、様々なレベルで明らかにされている改正提案や、それをめぐる議論は、本書が採用する契約不履行に基づく損害賠償の理論枠組みという視点から、どのように評価されうるのか（第1節）。また、契約不履行に基づく損害賠償に関する理論モデルは、契約（債務）不履行に基づく損害賠償それ自体の解釈や制度設計のみならず、契約不履行法、民事責任法に対しても、影響を及ぼしうるものなのか。仮に影響関係が存在するとして、それは、どのような形で現れているのか（第2節）。これらの問いが、本章において検討の対象とされる課題である。つまり、本章は、契約不履行に基づく損害賠償に関する2つの理論モデルが、制度設計及び法体系に及ぼす影響を考察の対象とするものである。言い換えれば、本章においては、契約（債務）不履行に基づく損害賠償それ自体の解釈論を超えて、より広い視点から制度や体系のあり方が問われることになる。

◆第2章◆ 設　計

◆第1節　理論モデルの利用

　本節は、契約（債務）不履行に基づく損害賠償に関する立法提案とそれをめぐる議論を検討素材として、その制度設計のあり方を問おうとするものである。具体的には、まず、フランスにおける「契約責任」ないし契約不履行法の立法提案、及び、フランス民法学から見たヨーロッパにおける「契約責任」ないし契約不履行法の立法提案、モデル・ルールを検討し（第1款）、その後に、日本における民法（債権関係）改正論議に際しての契約（債務）不履行に基づく損害賠償をめぐる議論を分析の対象とすることによって、契約不履行に関する制度設計のあり方を提示する（第2款）。このように、フランス法の考察を先行させるのは、そこにおいては、契約（債務）不履行に基づく損害賠償の性質をめぐって議論の蓄積が存在するだけでなく、この点が債務法及び民事責任法改正に際しての1つの争点を形成しているため、フランスにおける「契約責任」ないし契約不履行法の制度設計をめぐる議論を検討することによって、立法提案レベルにおける各理論モデルの意義を捉える座標軸を設定した上で、日本の議論を検討し、日本法の下でのあるべき制度設計を提示することが望ましいと考えられるからである。

◆第1款◆　フランスの制度設計論

　既に予告したように、本款においては、日本の契約（債務）不履行に基づく損害賠償、あるいはより広く、契約不履行法、契約法の改正をめぐる議論を、契約不履行に基づく損害賠償の理論枠組みという視角から分析するための予備的考察として、フランスで展開されている「契約責任」ないし民事責任に関する制度設計をめぐる議論を検討する。もっとも、このような形でフランスにおける制度設計をめぐる議論を検討するといっても、そこには、性質の異なる2つの対象が存在している。

　1つは、「フランスにおける」契約不履行に基づく損害賠償の立法提案及びそれらをめぐる議論である。序論において触れたように、フランスにおいては、数年前から債務法改正に向けた作業が進行しており、本書の検討対象に含まれるもので言えば、債務法及び時効法改正準備草案を皮切りに、司法省契約法改正草案、契約法改正の諸提案（及び民事責任法改正の提案）、民事責任法案（その基礎となる民事責任調査報告書）が公表されている[1839][1840]。これらの草案・提案は、濃淡こそあるが、「ヨー

(1839) 文献の所在も含め、序論 34 頁以下を参照。
(1840) 既に何度か言及しているように、フランス民法典の時効に関わる部分については、2008 年 6 月 17 日の法律によって改正が実現されており、その中には、契約不履行に基づく損害賠償の消滅時効に関わる規定も含まれている。もっとも、本款では、この改正法の内容を検討の対象とはしていない（なお、別の箇所では、この点に言及している。注(466)を参照）。本章は、契約（債務）不履行に基づく損害賠償の制度設計のあり方を探求しようとするものであり、このような問題関心からすれば、契約不履行に基づく損害賠償に関する2つの理論モデルとの関連で、民事責任の消滅時効の問題を検討することには大きな意味が存在する。しかし、このような視点を持つ

◆ 第1節 ◆ 理論モデルの利用

ロッパ契約法」及びそれをめぐる議論から影響を受けつつも、フランスの実定法の状態及びそこにおける議論との連続性において捉えられうるものである。そうすると、これらの草案・提案を検討することには、契約不履行に基づく損害賠償に関する2つの理論モデルを深化させるという意味のほかに（フランス法に外在的な視点からの検討）、契約不履行に基づく損害賠償の性質について激しい議論が展開されている状況下において、一定の立法的な態度決定がなされる至った、理論的、思想的、社会的、歴史的背景を探求するという意味（フランス法に内在的な視点からの検討）が存することになる。従って、このような分析を行うことによって、契約不履行に基づく損害賠償の理論モデルという視角から捉えた場合に各草案・提案が持つ意味とその背景が明らかにされ、日本における議論を分析するための有用な座標軸を設定することができるのである（第1項）。

　もう1つは、「フランスから見た」契約不履行に基づく損害賠償の立法提案ないしモデル・ルール及びそれらをめぐる議論である。これも序論において述べておいたように、EUでは、契約法の統一・調和に向けた作業が進行中であり、その学理的な成果として、ヨーロッパ契約法原則、ヨーロッパ契約法典草案、アキ原則、共通参照枠草案等が公表されている。かつてのフランスでは、「ヨーロッパ契約法」の構想に否定的あるいは消極的な見解が多数を占め、これらの草案・提案もほとんど検討されていないという状況にあったが、今日では、「ヨーロッパ契約法」にどのような態度で臨むのかにかかわらず、その内容を分析し、フランス法のそれと比較するような論稿が増えているし、また、アンリ・カピタン協会も、ヨーロッパ私法に関するジョイント・ネットワークに参与して、共通契約原則、共通契約術語を著しているのである[1841]。このような状況下においては、「フランスから見たヨーロッパ契約法」を検討することが極めて有益であるように思われる。「ヨーロッパ契約法」に関する草案・提案は、フランス債務法改正に関わる草案・提案とは異なり、フランス実定法の状態及びそこにおける議論との連続性で捉えられるものではない。そのため、上記の検討により、こうしたフランス法独自のコンテクストを離れて、「契約責任」、契約不履行法における態度決定それ自体についての評価がどのようになされているのかという点を確認することができる。すなわち、フランスにおいては、今日、契約不履行に基づく損害賠償の性質について多くの議論がなされているところ、このような損害賠償の性質論を起点に据えた場合に、「ヨーロッパ契約法」におけるテクストがどのように評価されうるのか、どのような理由からそのような評価がなされているのかといった問いを解明することができるのである（第2項）。

　　　ことなく（より正確に言えば、このような視点が表面化することなく）起草された改正法の内容
　　　を検討しても、本章の考察に資するところはないのである（これを反対から言えば、このような
　　　視点を持ちつつ起草された、債務法及び時効法改正準備草案における民事責任の消滅時効は、本
　　　章の考察にとっても重要な意味を持つことになる）。
　　(1841)　以上の点については、文献の所在も含め、序論39頁以下を参照。

713

◆第2章◆ 設　計

◇第1項　フランスにおける契約不履行に基づく損害賠償の制度設計

本項においては、債務法及び時効法改正準備草案、司法省契約法改正草案、契約法改正の諸提案（及び民事責任法改正の提案）、民事責任法案（その基礎となった民事責任調査報告書）、これらの理由書・解説[1842]、及びこれらをめぐって展開されている議論[1843]が扱われる。もちろん、本書は、契約不履行に基づく損害賠償の理論を検討しようとするものであるから、これらの草案・提案の全てが叙述の対象となるわけではなく、あくまでも、本款冒頭で述べた問題関心からのアプローチが試みられるに過ぎない[1844]。

本書が採用する契約不履行に基づく損害賠償の理論モデルという視点から上記の草案・提案を眺めた場合、そこには、対照的な2つの制度設計のあり方を見出すことができる。すなわち、債務法及び時効法改正準備草案、そして、そこから多くを引き継いだ民事責任法案（その基礎となった民事責任調査報告書）は、契約不履行に基づく損害賠償をフォートによって生じた損害を賠償するための制度として捉える伝統的通説の立場を基礎に、実定法において指摘されていた諸問題への対応を試みながら、その方向性を更に推し進めているに対して、契約法改正の諸提案（及び民事責任法改正の提案）は、こうした伝統的通説の立場から距離を置き、かつ、「ヨーロッパ契約法」からの教えを積極的に摂取しながら、むしろ、契約不履行に基づく損害賠償を実現されなかった契約の履行を確保するための制度として捉える方向性に舵を切っているようにも見えるのである。

以下では、こうした2つの傾向に分けて、その内容を検討していくことにしよう。なお、後に触れるように、司法省契約法改正草案には、契約不履行に基づく損害賠償に関する規定は存在しない。そのため、同草案の規定それ自体をいずれかの傾向の中に位置付けることは不可能である。もっとも、この草案は、契約不履行に基づく損害賠償以外の規定の内容やその体系を見る限り、債務法及び時効法改正準備草案や民事責任法案との連続性において理解されるべきものである。従って、この草案については、賠償モデルからのアプローチの中で言及する。

(1) 賠償モデルからのアプローチ

2005年9月22日に、ピエール・カタラを中心とするグループによって公表された債務法及び時効法改正準備草案の第3編「債務（Des obligations）」に関わる部分は、「債務の原因（De la source des obligations）」と題する前加章に続き、「契約及び合

(1842) これらの草案・提案の出典については、注(98)、注(101)、注(104)、注(105)、注(106)を参照。

(1843) 注(100)、注(102)、注(103)、注(104)、注(107)で、これらの草案・提案を主たる検討対象とする諸論稿を引用しておいた。また、これらに先立つものとして、注(97)で引用した諸論稿も参照。

(1844) これらの草案・提案を検討する日本の先行業績として、注(98)、注(104)で引用した諸論稿がある。

　　　　　　　　　　　　　　　　　　　　　　第 1 節　理論モデルの利用

意に基づく債務一般（Du contrat et des obligations conventionnelles en général）」、「準契約（Des quasi-contrats）」、「民事責任（De la responsabilité civile）」という 3 つの章を設けている[(1845)]。このうち、「契約及び合意に基づく債務一般」には、第 1 節「一般規定（Dispositions générales）」、第 2 節「合意の有効性にとって本質的な要件（Des conditions essentielles pour la validité des conventions）」に続けて、第 3 節「合意の効果（De l'effet des conventions）」が置かれ[(1846)]、その中に、「債務の不履行及び契約の解除（De l'inexécution des obligations et de la résolution du contrat）」と題する款（第 5 款）が設けられている。しかしながら、この款の中に用意されているテクストは[(1847)]、現

(1845) この点において、債務法及び時効法改正準備草案の体系は、現行のフランス民法典のそれとは大きく異なっている。まず、債務法及び時効法改正準備草案の第 3 編「債務」は、債務法に関する一般的な教科書類と同じく、契約総論、債務の一般的制度、民事責任を主たる対象としているのに対して、フランス民法典の第 3 編は、「所有権を取得する様々な方法（Des différentes manières dont on acquiert la propriété）」として、これら以外に、相続、贈与・遺言、各種の契約をも扱っている。また、債務法及び時効法改正準備草案においては、準契約と民事責任が別々に規定されているのに対して、現行民法では、これらが「合意なしに形成される債務（Des engagements qui se forment sans convention）」の中に統合されている（もっとも、1998 年に追加された「瑕疵ある製品に基づく責任（De la responsabilité du fait des produits défectueux）」には、「合意なしに形成される債務」とは別の章が与えられている）。
(1846) 現行民法典では、「合意の効果」ではなく、「債務の効果（De l'effet des obligations）」となっている。現行民法典では、債務と合意が明確に使い分けられておらず、そこに置かれているテクストの内容を見る限り、こうした修正は時宜を得たものと言えるのかもしれない。もっとも、「債務の効果」から「合意の効果」への変更ないし修正によって、ポティエによって描かれていた、「債務の効果としての損害賠償」、より正確に言えば、「原初債務の効果としての二次的債務たる損害賠償」という視点が、間接的に退けられる結果となっている。
(1847) ここでは、以下のようなテクストが用意されている。
　債務法及び時効法改正準備草案 1157 条「双務契約において、各当事者は、相手方がその債務を履行しない限り、自己の債務の履行を拒絶することができる（原文は、Dans un contrat synallagmatique, chaque partie peut refuser d'exécuter son obligation tant que l'autre n'exécute pas la sienne.）。
　不履行が不可抗力もしくはその他の正当な原因から生ずる場合において、この不履行が治癒できないものでないときは、契約もその効力を停止する（原文は、Lorsque l'inexécution résulte d'une force majeure ou d'une autre cause légitime, le contrat peut être pareillement suspendu si l'inexécution n'est pas irrémédiable.）。
　他方当事者は、不履行の抗弁に対し、契約の効力停止が正当でないことを裁判上証明することによって抗弁を提出することができる（原文は、À l'exception d'inexécution, l'autre partie peut répliquer en prouvant en justice que la suspension du contrat n'est pas justifiée.）」。
　同 1158 条「全ての契約において、債務の履行を受けず、又は不完全にしかその履行を受けなかった当事者は、債務の履行を求めるか、契約の解除を生じさせるか、損害賠償を請求するかの選択権を有する。損害賠償は、場合によっては、履行又は解除に付加されうる（原文は、Dans tout contrat, la partie envers laquelle l'engagement n'a pas été exécuté, ou l'a été imparfaitement, a le choix ou de poursuivre l'exécution de l'engagement ou de provoquer la résolution du contrat ou de réclamer des dommages-intérêts, lesquels peuvent, le cas échéant, s'ajouter à l'exécution ou à la résolution.）。
　債権者は、解除を選択する場合、それを裁判官に請求することができる。また、債権者は、合理的な期間内に債務を履行するよう不履行債務者を遅滞に付し、自分自身で解除を求めることができる。この場合、債権者は、その期間内に履行がなされなかったときに、契約を解除する権利を持つ（原文は、Quand il opte pour la résolution, le créancier peut soit la demander au juge, soit, de lui-même, mettre en demeure le débiteur défaillant de satisfaire à son engagement dans un délai raisonnable, à défaut de quoi il sera en droit de résoudre le contrat.）。
　不履行が続く場合、債権者は、契約の解除及びそれを正当化する理由を債務者に通知する。契

◆第2章◆ 設　計

行民法には存在しなかった、不履行の抗弁、契約の効力停止に関わるものと、契約解除についてのものであり、ここに、契約不履行に基づく損害賠償についての規定は全く存在しない。つまり、契約不履行に基づく損害賠償は、「合意の効果」としては位置付けられていない。それでは、同準備草案における契約不履行に基づく損害賠償に関するテクストはどこにあるのかというと、それは、不法行為に基づく損害賠償と一緒に、「民事責任」の章の中で規定されているのである。

　このような体裁を採用した理由について、民事責任の部分の起草担当者であるジュヌヴィエーヴ・ヴィネは、以下のように述べている。現行民法典のように2つの責任制度を区別して規定するのか、それとも、これらを民事責任の名の下で統一的に規定するのかという問題については、起草グループのメンバー[1848]の間でも意見

　　　約の解除は、他方当事者が通知を受け取った時に効力を生ずる（原文は、Lorsque l'inexécution persiste, le créancier notifie au débiteur la résolution du contrat et les raisons qui la motivent. Celle-ci prend effet lors de la réception de la notification par l'autre partie.）」。
　　　同1158-1条「債務者は、自己の責めに帰すべき違反が契約の解除を正当化しない旨を援用することによって、裁判上、債権者の決定に異議を申し立てることができる（原文は、Il est loisible au débiteur de contester en justice la décision du créancier en alléguant que le manquement qui lui est imputé ne justifie pas la résolution du contrat.）。
　　　裁判官は、状況に応じて、解除を宣言し、又は契約の履行を命ずるときに、債務者に期間を付与することができる（原文は、Le juge peut, selon les circonstances, valider la résolution ou ordonner l'exécution du contrat, en octroyant éventuellement un délai au débiteur.）」。
　　　同1159条「解除条項は、その不履行が契約の解除をもたらす債務を明確に指し示すものでなければならない（原文は、Les clauses résolutoires doivent expressément désigner les engagements dont l'inexécution entraînera la résolution du contrat.）。
　　　解除は、それが不履行の事実のみから生ずる旨が合意されている場合を除き、附遅滞に従属する。附遅滞は、それが明確な表現で解除条項を想起させるものでない限り、効力を生じない（原文は、La résolution est subordonnée à une mise en demeure infructueuse, s'il n'a pas été convenu qu'elle résulterait du seul fait de l'inexécution. La mise en demeure n'est efficace que si elle rappelle en termes apparents la clause résolutoire.）。
　　　如何なる場合であっても、解除は、債務者に対する通知がなされ、それが受領された時でなければ、効力を生じない（原文は、En toute hypothèse, la résolution ne prend effet que par la notification qui en est faite au débiteur et à la date de sa réception.）」。
　　　同1160条「契約の履行が可分である場合、解除は、その一部についてのみ、行うことができる（原文は、La résolution peut avoir lieu pour une partie seulement du contrat, lorsque son exécution est divisible.）」。
　　　同1160-1条「契約の解除は、各当事者をその債務から解放する（原文は、La résolution du contrat libère les parties de leurs obligations.）。
　　　継続的又は定期供給契約において、解除は解約に相当する。当事者の約束は、解除の決定又は一方的解除の通知の時から、将来に向かって終了する（原文は、Dans les contrats à exécution successive ou échelonnée, la résolution vaut résiliation ; l'engagement des parties prend fin pour l'avenir, à compter de l'assignation en résolution ou de la notification de la résolution unilatérale.）。
　　　契約が部分的に履行されている場合において、その履行が各当事者の債務に適合しているときには、なされた給付の返還及び賠償を許さない（原文は、Si le contrat a été partiellement exécuté, les prestations échangées ne donnent pas lieu à restitution ni indemnité lorsque leur exécution a été conforme aux obligations respectives des parties.）。
　　　即時履行の契約において、解除は遡及する。各当事者は、本章第6節の規定に従い、受け取ったものを相手方に返還する（原文は、Dans les contrats à exécution instantanné, elle est rétroactive ; chaque partie restitue à l'autre ce qu'elle en a reçu, suivant les règles posées à la section 6 ci-après du présent chapitre.）」。

の対立が存在したので、まずは、全ての条文の起草が終わるまで、この問題を棚上げにしておいた。その後、2つの責任制度に共通する規定の方が圧倒的に多いことを確認し、多数決で、後者の方法を採用することにしたのである[1849][1850][1851]。このような説明からは、契約不履行に基づく損害賠償を不法行為に基づく損害賠償と統一的に規定したのは、その実質に関する態度決定に由来していることが分かる。そうすると、問題は、この態度決定がどのようなものであったかということになるが、ヴィネは、近時の「契約責任」をめぐる議論に触れながら、次のように論じている。等価物による履行を説く学説のような「物の見方は、大多数の判例に反しており、学説の多くの支持を得ていない。また、起草グループのメンバーも、これを採用しなかった。我々は、履行を受けなかった債権者のために、履行を要求しまたは契約の解除を求める権利のほかに、不履行によって生じた損害の賠償を得る可能性を残しておくことが必要であると判断したのである。ところで、この第3の手段は、原告に課される要件に関しても、原告がそこから期待しうる効果に関しても、ほかの2つの手段との関連で、完全に自律的なものである。また、これは、契約不履行という損害を生じさせる結果から債権者を保護する唯一の手段なのであるから、債権者の保護にとって必要不可欠なものである。更に、その賠償という目的と、それが不履行——つまり、広い意味での違法行為——から生ずるという事実は、これを責任という概念に結び付けることを可能にするのである」[1852]。結局、債務法及び時効法改正準備草案は、実定法との整合性、履行請求と損害賠償請求の異質性、損害を被った債権者の要保護性を理由に、等価物による履行論を排斥し[1853]、2つの損害賠償制度を同一の枠組みの下に統合するという、伝統的な理解に沿った立法政策を選択したものと見ることができよう[1854]。

[1848] 民事責任の部分を担当した起草グループのメンバーは、ジュヌヴィエーヴ・ヴィネのほか、ジョルジュ・デュリー、パトリス・ジュルダン、パスカル・アンセル、フィリップ・ブラン、ファブリス・ルデュであり、いずれも、今日におけるフランス民事責任法の第一人者と言うべき学説である。

[1849] Viney, supra note 671, pp. 162 et.

[1850] このような体裁では、「契約責任」の特殊性を十分に反映させることができないとして、これに反対するメンバーも存在したとされている（Viney, supra note 671, p. 162 et note 1）。

[1851] なお、当初は、「契約及び合意に基づく債務一般」における「債務の不履行及び契約の解除」の節に、「契約責任」の原則を規定した条文が用意されていたが、最終的に削られたようである（Ancel, supra note 100, Présentation des solutions de l'avant-projet…, n° 3, p. 20）。

[1852] Viney, supra note 671, p. 163. また、Cf. Id., supra note 100, Le droit de la responsabilité dans l'avant-projet Catala, n° 6, pp. 476 et s.

[1853] これらは、等価物による履行論を批判するコンテクストで、既に指摘されていたものである。履行請求と損害賠償請求の異質性について、第1部・第2章・第1節・第1款・第2項254頁以下を、損害を被った債権者の要保護性について、同章・第2節・第1款・第2項330頁以下を参照。

[1854] また、作業グループのメンバーであったパスカル・アンセルも、以下のように述べている。債務法及び時効法改正準備草案は、伝統的な通説の構想を採用した。これは、等価物による履行論よりも、「契約責任」論の方が、「実際的」であると評価されたからである。仮に、契約不履行に基づく損害賠償の中に契約から期待された利益の実現に相当する部分があるとしても、規定上、この部分とそれ以外の損害の賠償に相当する部分とを区分することは、望ましくないのであ

◆第2章◆ 設　計

債務法及び時効法改正準備草案は、このような理解を出発点として、第1節「前加規定（Dispositions préliminaires）」[1855]、第2節「責任の要件（Des conditions de la responsabilité）」[1856]、第3節「責任の効果（Des effets de la responsabilité）」[1857]、第

　　　　　(Ancel, supra note 100, Présentation des solutions de l'avant-projet..., n° 2, pp.19 et s.)。
[1855] 第1節「前加規定」の中に置かれている条文は、以下の通りである（本書の内容に関わりのない部分については適宜省略する。以下同じ。）。
　　同1340条「他人に損害を生じさせた違法もしくは異常な行為は全て、それを責めに帰すことのできる者に対し、損害を賠償するよう義務付ける（原文は、Tout fait illicite ou anormal ayant causé un dommage à autrui oblige celui à qui il est imputable à le réparer.）。
　　同様に、債権者に損害を生じさせた契約債務の不履行は全て、債務者に対し、その損害について責任を負うよう義務付ける（原文は、De même, toute inexécution d'une obligation contractuelle ayant causé un dommage au créancier oblige le débiteur à en répondre.）」。
　　同1340-1条「他人に損害を生じさせた者は、判断能力が存在しなかったとしても、賠償を義務付けられる（原文は、Celui qui a causé un dommage à autrui alors qu'il était privé de discernement n'en est pas moins obligé à réparation.）」。
　　同1341条「契約債務の不履行の場合、債務者も、債権者も、契約責任に特有の規定の適用を免れ、より有利な契約外責任を選択することはできない。
　　ただし、この不履行が身体的損害を生じさせるときには、契約相手方は、この損害の賠償を得るために、自己にとってより有利な規範を選択することができる」（原文は、注（1536）を参照）。
　　同1342条「契約債務の不履行が、第三者の被った損害の直接の原因であるときには、当該第三者は、第1363条から第1366条までの規定に基づいて、債務者に対し、その賠償を請求することができる。この場合において、第三者は、債権者が自己の損害の賠償を得るときに課される全ての制限及び条件に従う。
　　第三者は、また、契約外責任に基づいて賠償を得ることができる。この場合、当該第三者は、第1352条から第1362条において規定されている責任を生じさせる行為の1つを証明しなければならない」（原文は、注（1593）を参照）。
[1856] 第2節「責任の要件」においては、まず、第1款「契約責任と契約外責任に共通の規定（Dispositions communes aux responsabilité contractuelle et extra-contractuelle）」が規定され、その後、第2款「契約外責任に固有の規定（Dispositions propres à la responsabilité extra-contractuelle）」、第3款「契約責任に固有の規定（Dispositions propres à la responsabilité contractuelle）」が用意されている。それぞれの款の構成及びそこに置かれている条文は、以下の通りである。
　第1款「契約責任と契約外責任に共通の規定」
　　§1「賠償されうる損害（Le préjudice réparable）」
　　同1343条「財産的であろうと、非財産的であろうと、もしくは、個人的であろうと、集団的であろうと、適法な利益の侵害に存する確実な損害は、全て、賠償されうる」。
　　同1344条「差し迫った損害の発生を回避するため、損害の悪化を避けるため、もしくは、その結果を減少させるために支出された費用は、それが合理的になされたものである限り、賠償されうる損害である」。
　　同1345条「将来の損害は、それが現在における事物状態の確実かつ直接的な延長であるときには、賠償されうる。
　　損害の確実性が将来の不確実な出来事に依存している場合、裁判官は、その判決の執行をこの出来事の発生に従属させることで、直ちに、責任を負う者に有責判決を下すことができる」。
　　同1346条「機会の喪失は、この機会が実現していたならば得させていたであろう利益とは別の賠償されうる損害である」（1343条から1346条までの原文は、注（671）を参照）。
　　§2「因果関係（Le lien de causalité）」
　　同1347条「責任は、被告の責めに帰すべき行為と損害との間の因果関係が立証されることを前提とする（原文は、La responsabilité suppose établi un lien de causalité entre le fait imputé au défendeur et le dommage.）」。
　　同1348条「損害がグループのメンバーのいずれかによって生じさせられたときには、全てのメンバーが連帯してその責任を負う。ただし、自己が行為者でないことを証明する場合には、この限りでない（原文は、Lorsqu'un dommage est causé par un membre indéterminé d'un groupe, tous les membres identifiés en répondent solidairement sauf pour chacun d'eux à démontrer qu'il

ne peut en être l'auteur.）」。
§3「免責原因（Les causes d'exonération）」
　同1349条「損害が不可抗力の性質を示す外的原因によって生じた場合、責任は課せられない。外的原因は、偶発事故、被害者の行為、又は、被告が責任を負わない第三者の行為から生じうる」（原文は、注（1318）を参照）。
　同1350条「被害者は、自発的に損害を欲したときには、賠償を受けることができない（原文は、La victime est privée de toute réparation lorsqu'elle a recherché volontairement le dommage.）」。
　同1351条「一部免責は、被害者のフォートが損害の発生に寄与した場合にのみ生じうる。身体的完全性に対する侵害の場合には、重フォートのみが、一部免責をもたらしうる」（原文は、注（1318）を参照）。
　同1351-1条「前2条の規定する免責は、判断能力を欠く者に対しては適用しない（Les exonérations prévues aux deux articles précédents ne sont pas applicables aux personnes privées de discernement.）」。
第2款「契約外責任に固有の規定」
§1「人的行為（Le fait personnel）」
　同1352条「全てのフォートは、その行為者に対して、それによって生じた損害を賠償するよう義務付ける（原文は、Toute faute oblige son auteur à réparer le dommage qu'il a causé.）。
　フォートは、法律又は規則によって課せられた行為規範の違反、もしくは、慎重又は勤勉に関する一般的義務の違反である（原文は、Constitue une faute la violation d'une règle de conduite imposée par une loi ou un règlement ou le manquement au devoir général de prudence ou de diligence.）。
　行為者が、刑法典第122-4条から第122-7条までの規定で予定されている状況にあるときは、フォートは存在しない（原文は、Il n'y a pas de faute lorsque l'auteur se trouve dans l'une des situations prévues aux articles 122-4 à 122-7 du Code pénal.）」。
　同1353条「法人のフォートは、代表者が犯したフォートだけでなく、組織又は作用の欠陥から生ずるフォートとしても、評価される（原文は、La faute de la personne moral s'entend non seulement de celle qui est commise par un représentant, mais aussi de celle qui résulte d'un défaut d'organisation ou de fonctionnement.）」。
§2「物の所為（Le fait des choses）」
　同1354条「保管する物の所為によって生じた損害についても当然に責任を負う（原文は、On est responsable de plein droit des dommages causés par le fait des choses que l'on a sous sa garde.）」。
　同1354-1条「物の所為は、この物が動いている時に損害の発生源と接触している場合には、証明される（原文は、Le fait de la chose est établi dès lors que celle-ci, en mouvement, est entrée en contact avec le siège du dommage.）。
　それ以外の場合において、被害者は、物の瑕疵、又はその位置もしくは状態の異常性を明らかにして、物の所為を証明しなければならない（原文は、Dans les autres cas, il appartient à la victime de prouver le fait de la chose, en établissant soit le vice de celle-ci, soit l'anormalité de sa position ou de son état.）」。
　同1354-2条「保管者は、損害を生じさせる行為の時に物を支配している者である（原文は、Le gardien est celui qui a la maîtrise de la chose au moment du fait dommageable.）。
　所有者は、保管者と推定される（原文は、Le propriétaire est présumé gardien.）」。
　同1354-3条「物の瑕疵も、保管者の身体障害も、免責原因とはならない（原文は、Ni le vice de la chose, ni le trouble physique du gardien ne constituent une cause d'exonération.）」。
　同1354-4条「第1354条から第1354-3条までの規定は、動物によって生じた損害に適用される（原文は、Les articles 1354 à 1354-3 sont applicables aux dommages causés par les animaux.）」。
§3「他人の行為（Le fait d'autrui）」
　同1355条「生活方法を規律する者、又は自己の利益のためにその活動を組織し、指揮し、監督する者によって生じた損害についても当然に責任を負う（原文は、On est responsable de plein droit des dommages causés par ceux dont on règle le mode de vie ou dont on organise, encadre ou contrôle l'activité dans son propre intérêt.）。
　この責任は、第1356条から第1360条までにおいて予定されている場合及び要件の下で生ずる。この責任は、損害を直接生じさせた者の責任を生じさせうる行為が証明されることを前提とする（原文は、Cette responsabilité a lieu dans les cas et aux conditions prévues aux articles 1356 à 1360. Elle suppose la preuve d'un fait de nature à engager la responsabilité de l'auteur direct du

dommage.)」。

　同 1356 条「以下の者は、未成年子によって生じた損害について責任を負う。
　　親権を行使する父母
　　父母が死亡した場合における後見人
　　裁判もしくは行政上の決定により、又は合意により、未成年者の生活方法を規律する責任を負った自然人もしくは法人。この責任は、両親又は後見人の責任と競合しうる（原文は、Sont responsables des dommages causés par un enfant mineur :
　　– Ses père et mère en tant qu'ils exercent l'autorité parentale,
　　– le tuteur en cas de décès de ceux-ci,
　　– la personne physique ou morale chargée par décision judiciaire ou administrative ou convention, de régler le mode de vie du mineur. Cette responsabilité peut se cumuler avec celle des parents ou tuteur.)」。

　同 1357 条「裁判もしくは行政上の決定により、又は合意により、その生活方法を規律する責任を負った自然人もしくは法人は、その状態又は状況において特別の監督を必要とする成人によって生じた損害について責任を負う（原文は、Est responsable des dommages causés par un majeur dont l'état ou la situation nécessite une surveillance particulière la personne physique ou morale chargée, par décision judiciaire ou administrative ou par convention, de régler son mode de vie.)」。

　同 1358 条「職業として他人を監督する任務を引き受ける者は、損害を直接引き起こした者の行為について責任を負う。ただし、フォートを犯していないことを証明する場合には、この限りでない（原文は、Les autres personnes qui assument, à titre professionnel, une mission de surveillance d'autrui, répondent du fait de l'auteur direct du dommage, à moins qu'elles ne démontrent qu'elles n'ont pas commis de faute.)」。

　同 1359 条「使用者は、その被用者によって生じた損害について責任を負う。被用者の職務遂行と関係のある命令又は指示を与える権限を持つ者は、使用者である（原文は、Le commettant est responsable des dommages causés par son préposé. Est commettant celui qui a le pouvoir de donner des ordres ou des instructions en relation avec l'accomplissement des fonctions de préposé.)。
　使用者は、被用者が許可なく権限と関わりのない目的で委託された職務外の行為をしたことを証明するときは、責任を負わない。また、被用者が使用者のために行為をしていることを、被害者において正当に信ずることができなかったことを証明するときも、同様とする（原文は、Le commettant n'est pas responsable s'il prouve que le préposé a agi hors des fonctions auxquelles il était employé, sans autorisation et à des fins étrangères à ses attributions. Il ne l'est pas davantage s'il établi que la victime ne pouvait légitimement croire que le préposé agissait pour le compte du commettant.)」。

　同 1359-1 条「被用者は、故意的なフォートを犯さずに、その権限に適合する目的で、かつ、使用者の命令に背くことなく、その職務の範囲内の行為をしたときには、被害者が、使用者からも、その保険業者からも、損害の賠償を得ることができなかったことを証明する場合にしか、個人的な責任を負わない（原文は、Le préposé qui, sans commettre une faute intentionnelle, a agi dans le cadre de ses fonctions, à des fins conformes à ses attributions et sans enfreindre les ordres de son commettant ne peut voir sa responsabilité personnelle engagée par la victime qu'à condition pour celle-ci de prouver qu'elle n'a pu obtenir du commettant ni de son assureur réparation de son dommage.)」。

　同 1360 条「使用関係が存在しない場合においても、他人の職業活動を指揮又は組織し、そこから経済的利益を得る者は、その者がこの活動の行使によって生じさせた損害について責任を負う。とりわけ、医療機関は、雇用する医師によって生じた損害について責任を負う。原告は、損害を生じさせる行為が当該活動から生じたこと証明しなければならない（原文は、En l'absence de lien de préposition, celui qui encadre ou organise l'activité professionnelle d'une autre personne et en tire un avantage économique est responsable des dommages causés par celle-ci dans l'exercice de cette activité. Il en est ainsi notamment des établissements de soins pour les dommages causés par les médecins qu'ils emploient. Il appartient au demandeur d'établir que le fait dommageable résulte de l'activité considérée.)。
　依存関係にありながら自己の計算において活動している専門家の経済的又は財産的活動を監督する者は、被害者において、損害を生じさせる行為が当該監督の行使と関係があることを証明する場合には、同じく責任を負う。とりわけ、親会社は、その子会社によって生じた損害について、

権限を与えた者は、それを受けた者によって生じた損害について、責任を負う（原文は、De même, est responsable celui qui contrôle l'activité économique ou patrimoniale d'un professionnel en situation de dépendance, bien qu'agissant pour son propre compte, lorsque la victime établit que le fait dommageable est en relation avec l'exercice du contrôle. Il en est ainsi notamment des sociétés mères pour les dommages causés par leurs filiales ou des concédants pour les dommages causés par leurs concessionnaires.）」。
§4「隣人トラブル（Les troubles voisinage）」
　同1361条「隣人の通常の不都合を超える妨害を引き起こす土地の所有者、占有者、又は開発者は、この妨害の結果について当然に責任を負う（原文は、Le propriétaire, le détenteur ou l'exploitant d'un fonds, qui provoque un trouble excédant les inconvénients normaux du voisinage, est de plein droit responsable des conséquences de ce trouble.）」。
§5「危険な活動（Les activités dangereuses）」
　同1362条「特別の規定が存在する場合を除き、極めて危険な活動を行う事業者は、たとえ適法であっても、この活動から生じた損害を賠償する義務を負う（原文は、Sans préjudice de dispositions spéciales, l'exploitant d'une activité anormalement dangereuse, même licite, est tenu de réparer le dommage consécutif à cette activité.）。
　多数の人に対して同時に影響を及ぼしうる重大な損害の危険を生み出す活動は、極めて危険な活動とみなされる（原文は、Est réputée anormalement dangereuse l'activité qui crée un risque de dommages graves pouvant affecter un grand nombre de personnes simultanément.）。
　事業者は、第1349条から第1351-1条が規定する要件において、被害者のフォートの存在を証明する場合にしか、免責されない（原文は、L'exploitant ne peut exonérer qu'en établissant l'existence d'une faute de la victime dans les conditions prévues aux articles 1349 à 1351-1.）」。
　第3款「契約責任に固有の規定」
　同1363条「有効に締結された契約から生ずる債務の債権者は、不履行の場合、債務者に対し、本款の諸規定に基づき、その損害の賠償を請求することができる（原文は、Le créancier d'une obligation issue d'un contrat valablement formé peut, en cas d'inexécution, demander au débiteur réparation de son préjudice sur le fondement des dispositions de la présente section.）」。
　同1364条「債務者が、第1149条の結果を獲得させる義務を負っている場合、不履行は、結果が実現されなかったという事実のみによって立証される。ただし、債務者が、第1349条の外的原因を証明する場合は、この限りでない（原文は、Dans le cas où le débiteur s'oblige à procurer un résultat au sens de l'article 1149, l'inexécution est établie du seul fait que le résultat n'est pas atteint, à moins que le débiteur ne justifie d'une cause étrangère au sens de l'article 1349.）。
　その他の全ての場合において、債務者は、必要な全ての注意を実行しなかった場合にのみ賠償を義務付けられる（原文は、Dans tous les autres cas, il ne doit réparation que s'il n'a pas effectué toutes les diligences nécessaires.）」。
　同1365条「遅滞から生ずる損害の賠償は、債務者を予め遅滞に付することを前提とする。附遅滞は、その他の全ての損害については、それが不履行を明らかにするために必要である場合においてのみ要求される（原文は、La réparation du préjudice résultant du retard suppose la mise en demeure préalable du débiteur. La mise en demeure n'est requise pour la réparation de tout autre préjudice que lorsqu'elle est nécessaire pour caractériser l'inexécution.）」
　同1366条「債務者側に悪意又は重大な過失がある場合を除き、債務者は、契約締結時に、合理的に予見することのできた不履行の結果についてのみ賠償する義務を負う」（原文は、注(772)を参照）。
(1857) 第3節「責任の効果」においては、まず、第1款「原則（Principes）」が規定され、その後、第2款「一定のカテゴリーに属する損害の賠償に特殊な規範（Règles particulières à la réparation de certaines catégories de dommages）」、第3款「賠償についての合意（Les conventions portant sur la réparation）」、第4款「責任訴権の時効（La prescription de l'action en responsabilité）」についての規定が用意されている。それぞれの款の構成及びそこに置かれている条文は、以下の通りである。
第1款「原則」
　同1367条「賠償債権は、損害発生時、又は、将来発生する損害の場合には、その発生が確実になった時に発生する（原文は、La créance de réparation naît du jour de la réalisation du dommage ou, en cas de dommage futur, du jour où sa certitude est acquise.）」。
　同1368条「賠償は、裁判官の選択により、現実賠償又は損害賠償の支払い命令の形式をとる。これら2つの型の手段は、損害の完全な賠償を確保するため、競合することができる（原文は、

La réparation peut, au choix du juge, prendre la forme d'une réparation en nature ou d'une condamnation à des dommages-intérêts, ces deux types de mesures pouvant se cumuler afin d'assurer la réparation intégrale du préjudice.）」。

§ 1「現実賠償（La réparation en nature）」

同 1369 条「裁判官が現実賠償の手段を命ずる場合、この手段は、損害を消滅させ、減少させ、又は塡補するのに、特に適したものでなければならない（原文は、Lorsque le juge ordonne une mesure de réparation en nature, celle-ci doit être spécifiquement apte à supprimer, réduire ou compenser le dommage.）」。

同 1369-1 条「損害が悪化し、再生し、又は永続する恐れがある場合、裁判官は、被害者の請求に基づき、必要があるときには損害を生じさせる活動の停止を含め、これらの結果を回避するのに適したあらゆる手段を命ずることができる（原文は、Lorsque le dommage est susceptible de s'aggraver, de se renouveler ou de se perpétuer, le juge peut ordonner, à la demande de la victime, toute mesure propre à éviter ces conséquences, y compris au besoin la cessation de l'activité dommageable.）」。

裁判官は、また、被害者自身が、責任を負う者の費用において、これらの手段をとることを認めることができる。責任を負う者は、前もって、必要な費用の支払いを命ぜられることがある（原文は、Le juge peut également autoriser la victime à prendre elle-même ces mesures aux frais du responsable. Celui-ci peut être condamné à faire l'avance des sommes nécessaires.）」。

§ 2「損害賠償（Les dommages-intérêts）」

同 1370 条「反対の規定又は合意がない限り、損害賠償の付与は、被害者を、損害を生じさせる行為がなかったならばそうであったであろう状況に可能な限り回復することを目的としなければならない。損害賠償の付与は、被害者に、損失も利益も生じさせてはならない」（原文は、注（772）を参照）。

同 1371 条「明らかに故意的なフォート、及び、とりわけ営利目的のフォートの行為者は、塡補損害賠償に加えて、懲罰的損害賠償を命ぜられうる。この場合、裁判官は、その一部を国庫に帰属させる権限を有する。懲罰的損害賠償を命ずる裁判官の決定は、特別に理由を付されなければならず、その額は、被害者に与えられるその他の損害賠償から区別されなければならない。懲罰的損害賠償は、保険に付すことができない」（原文は、注（684）を参照）。

同 1372 条「裁判官は、その内容と価値に影響を及ぼす全ての事情、及び合理的に予見することのできる展開を考慮して、判決を下す日に損害を評価する（原文は、Le juge évaluer le préjudice au jour où il rend sa décision, en tenant compte de toutes les circonstances qui ont pu l'affecter dans sa consistance comme dans sa valeur, ainsi que de son évolution raisonnablement prévisible.）」。

同 1373 条「被害者が、確実で合理的かつ均衡のとれた方法により、その損害の範囲を減少させ、又はその悪化を回避する可能性を有していたときは、それらの方法が被害者の身体的完全性に侵害をもたらす性質のものである場合を除き、補償の減額によって、その回避が考慮される」（原文は、注(783)を参照）。

同 1374 条「裁判官は、主張され、判断の対象となっている項目ごとに区別して、損害を評価しなければならない。ある損害項目に関する請求を棄却する場合においては、裁判官は、特にその判決を理由付けなければならない（原文は、Le juge doit évaluer distinctement chacun des chefs de préjudice allégués qu'il prend en compte. En cas de rejet d'une demande relative à un chef de préjudice, le juge doit motiver spécialement sa décision.）」。

同 1375 条「被害者は、ある損害項目が未だ請求の対象になっていないこと、又は損害が悪化していることを証明したときには、場合によっては新たな訴権を行使することによって、補足的な賠償を得ることができる（原文は、Si la victime établit qu'un chef de préjudice n'a pas fait encore l'objet d'une demande de sa part ou que son dommage s'est aggravé, elle peut obtenir en tout état de cause une réparation complémentaire, le cas échéant par l'introduction d'une action nouvelle.）」。

同 1376 条「第 1379-3 条が規定する場合を除き、補償は、裁判官の選択により、一時金又は定期金の形式で付与されうる（原文は、L'indemnité peut être allouée au choix du juge sous forme d'un capital ou d'une rente, sous réserve des dispositions de l'article 1379-3.）」。

同 1377 条「裁判官が損害賠償を特殊な賠償の方法に充当することを正当化する特別な事情が存する場合を除き、被害者は、自由に付与された金銭を使用することができる（原文は、Sauf circonstances particulières justifiant l'affectation par le juge des dommages-intérêts à une mesure de réparation spécifique, la victime est libre de disposer comme elle l'entend des sommes qui lui

　　　　　　　　　　　　　　　　　　　　　　　　第1節　理論モデルの利用

sont allouées.）」。
　§3「責任を負う者が複数存在する場合の影響（Incidence de la pluralité de responsables）」（同 1378 条、1378-1 条（略））
第2款「一定のカテゴリーに属する損害の賠償に特殊な規範」
　§1「身体的完全性に対する侵害の結果生ずる損害の賠償に特殊な規範（Règles particulières à la réparation des préjudices résultant d'une atteinte à l'intégrité physique）」
　同1379条「身体的完全性に対する侵害の場合、被害者は、とりわけ、現実の支出、将来の費用、収入の逸失、失った利益に相当する経済的及び職業的な損害の賠償のみならず、身体機能に関する損害、忍耐による苦痛、容姿に関する損害、娯楽に関する固有の損害、性に関する損害、定着に関する損害のような非経済的及び個人的な損害の賠償への権利を有する（原文は、En cas d'atteinte à son intégrité physique, la victime a droit à la réparation de ses préjudices économiques et professionnels correspondant notamment aux dépenses exposées et aux frais futurs, aux pertes de revenus et aux gains manqués, ainsi qu'à la réparation de ses préjudices non économiques et personnels tels que le préjudice fonctionnel, les souffrances endurées, le préjudice esthétique, le préjudice spécifique d'agrément, le préjudice sexuel et le préjudice d'établissement.）。
　間接被害者は、様々な出費及び収入の逸失に基づく経済的な損害の賠償のみならず、愛情及び連れ添いに関する個人的な損害の賠償への権利を有する（原文は、Les victimes par ricochet ont droit à la réparation de leurs préjudices économiques consistant en des frais divers et pertes de revenus ainsi que de leurs préjudices personnels d'affection et d'accompagnement.）。
　裁判官は、賠償を命ずる経済的又は個人的な損害のそれぞれを、その判決の中で区別しなければならない（原文は、Le juge doit distinguer dans sa décision chacun des préjudices économiques ou personnels qu'il indemnise.）」。
　（同1379条-1条～1379-8条（略））
　§2「物に対する侵害の結果生ずる損害の賠償に特殊な規範（Règles particulières à la réparation des préjudices résultant d'une atteinte aux bien）」
　同1380条「物が滅失又は毀損した場合、被害者は、物の代替又は原状回復に必要な賠償への権利を有し、老朽化を理由とする減額を受けることはない。当該賠償によって生じうる価値の上昇は、考慮されない（原文は、En cas destruction ou de détérioration d'un bien, la victime a droit, sans déduction au titre de la vétusté, à une indemnité lui permettant le remplacement ou la remise en état du bien. Il n'est pas tenu compte de la plus-value éventuellement inhérente à la réparation.）。
　ただし、修理に要する額が代替に要する額よりも高額である場合、被害者は代替のみを請求することができる（原文は、Si toutefois le coût de la réparation est plus élevé que celui du remplacement, la victime ne peut exiger que ce dernier.）」。
　同1380-1条「物を修理することも、代替することもできない場合、被害者は、その物が損害を受ける以前の状態における価値を請求する権利を有する。この価値は、判決時に評価される。責任を負う者は、その物を現在の状態で引き渡すよう請求することができる。売却される予定であった物が、そのような状態にない場合も、同様とする（原文は、Lorsque le bien ne peut être ni réparé, ni remplacé, la victime a droit à la valeur de celui-ci dans son état antérieur au dommage, estimée au jour de la décision. Le responsable peut exiger que le bien lui soit remis dans son état actuel. Il en est de même lorsque celui-ci, destiné à la vente, n'est plus en état d'être vendu.）」。
　同1380-2条「修理したにもかかわらず、物がその価値の一部を失ったときには、被害者は、その価値減少についての賠償を請求する権利を有する（原文は、Si, nonobstant les réparations, le bien a perdu une partie de sa valeur, la victime a droit à une indemnité de dépréciation.）。
　被害者は、それに加えて、利用できなかったことから生ずる損害、及び、必要がある場合には、開発できなかったことから生ずる損害の賠償を請求する権利を有する（原文は、Elle a droit, en outre, à l'indemnisation des dommages consécutifs à la privation de jouissance et, le cas échéant, des pertes d'exploitation.）」。
　§3「金銭の支払いにおける遅滞の結果生ずる損害の賠償に特殊な規範（Règles particulières à la réparation des préjudices résultant du retard dans le paiement d'une somme d'argent）」
　（同1381条（略））
第3款「賠償についての合意」
　§1「賠償を排除し、又は制限する合意（Conventions excluant ou limitant la réparation）」

723

4節「責任又は補償の主要な特別制度（Des principaux régimes spéciaux de responsabilité ou d'indemnisation）」[(1858)(1859)]という構造を描き、各条文を用意した。以下、

　　同1382条「賠償を排除し、又は制限することを目的とする合意は、契約においても、契約外においても、原則として有効である（原文は、Les conventions ayant pour objet d'exclure ou de limiter la réparation sont en principe valables, aussi bien en matière contractuelle qu'extracontractuelle.）」。
　　同1382-1条「何人も、責任を負うべき身体的損害の賠償を排除し、又は制限することはできない（原文は、Nul ne peut exclure ou limiter la réparation d'un dommage corporel dont il est responsable.）」。
　　同1382-2条「契約当事者は、詐欺的もしくは重大なフォート、又は本質的債務に対する違反によって相手方に生じた損害の賠償を排除し、又は制限することができない（原文は、Un contractant ne peut exclure ou limiter la réparation du dommage causé à son contractant par une faute dolosive ou lourde ou par le manquement à l'une de ses obligations essentielles.）」。
　　現実的で、根拠のある、明確に約定された反対給付が存在しないときには、専門家は、非専門家又は消費者に生じた契約上の損害を賠償する債務を排除し、又は制限することができない（原文は、En l'absence de contrepartie réelle, sérieuse et clairement stipulée, un professionnel ne peut exclure ou limiter son obligation de réparer le dommage contractuel causé à un non-professionnel ou consommateur.）」。
　　同1382-3条「契約において、賠償を排除し、又は制限する条項を対抗される当事者は、契約締結前に、それを認識することができなければならない（原文は、En matière contractuelle, la partie à laquelle est opposée une clause excluant ou limitant la réparation doit avoir pu en prendre connaissance avant la formation du contrat.）」。
　　同1382-4条「契約外の責任においては、自己のフォートによって生じた損害の賠償を排除し、又は制限することができない（原文は、En matière extracontractuelle, on ne peut exclure ou limiter la réparation du dommage qu'on a causé par sa faute.）」。
　　それ以外の場合において、この合意は、それを援用する当事者が、被害者が明確な方法でそれを承諾したことを証明する場合にしか、効果を持たない（原文は、Dans les autres cas, la convention n'a d'effet que si celui qui l'invoque prouve que la victime l'avait acceptée de manière non équivoque.）」。
§2「予定賠償の合意及び違約条項（Conventions de réparation forfaitaire et clauses pénales）」
　　同1383条「当事者が支払うべき賠償を予め定めた場合、裁判官は、職権で、それが明らかに過剰であるときには、合意された制裁を緩和することができる（原文は、Lorsque les parties ont fixé à l'avance la réparation due, le juge peut, même d'office, modérer la sanction convenue si elle est manifestement excessive.）」。
　　裁判官は、契約債務者に履行を強制する条項についても、同じ権限を行使する（原文は、Le juge dispose du même pouvoir à l'égard des clauses dont l'objet est de contraindre le débiteur contractuel à l'exécution.）」。
　　債務が部分的に履行されていた場合、裁判官は、一部履行が債権者に獲得させた利益に応じて、合意された制裁を縮減する。ただし、前項の適用を妨げない（原文は、Lorsque l'engagement a été exécuté en partie, la sanction convenue peut, même d'office, être diminuée par le juge à proportion de l'intérêts que l'exécution partielle a procuré au créancier, sans préjudice de l'application de l'alinéa précédent.）」。
　　反対の約定は、全て、書かれていないものとみなされる（原文は、Toute stipulation contraire est réputée non écrite.）」。
第4款「責任訴権の時効」
　　同1384条「民事責任訴権は、損害の発生もしくはその悪化の時から10年で時効によって消滅する。身体的損害の場合には、固定の日を考慮しない（原文は、Les actions en responsabilité civile se prescrivent par dix ans à compter de la manifestation du dommage ou de son aggravation, sans égard, en cas de dommage corporel, à la date de la consolidation.）」。
(1858) 具体的には、「交通事故被害者の補償（L'indemnisation des victimes d'accidents de la circulation）」（第1款）と、「瑕疵ある製品に基づく責任（La responsabilité du fait des produits défectueux）」（第2款）が規定されている。
(1859) なお、特別な民事責任制度をどの程度まで民法典の中に組み込むのかという点において、作業グループのメンバー内でも議論があったようである（Viney, supra note 671, p.161）。本書

724

その特徴のうち、本書の問題関心にとって重要と思われるものを一瞥しておこう。

第1に、要件レベルにおける一定の相違を除き、契約不履行に基づく損害賠償と不法行為に基づく損害賠償に対して、同一の枠組みが用意されていること、つまり、20世紀初頭以降の通説的見解である「性質的一元性、制度的二元性」の立場が立法化されていることである。まず、債務法及び時効法改正準備草案は、2つの損害賠償制度について、いずれも、違法ないし異常な行為によって生じた損害を賠償するための制度であることを明確に宣言した（1340条）[1860]。その上で、同草案は、これらに共通の枠組みとして、「責任を生じさせる行為ないし所為」、損害、因果関係という3要件を設定し、後2者と免責原因に関しては、2つの損害賠償において全く同一の構成を採用しつつ（第2節・第1款）、ただ、「責任を生じさせる行為ないし所為」についてのみ、それぞれの特殊性に配慮した規定を設けたのである（第2節・第2款及び第3款）。もっとも、この特殊性は、「責任を生じさせる行為ないし所為」の中身に関わるものに過ぎず、その要件構成における位置付けを変更させるものではない。すなわち、契約領域において、「契約責任を生じさせる行為ないし所為」としての不履行は、手段債務・結果債務という債務の射程に応じた区別に従って評価されるものであるが（1363条、1364条）[1861]、これは、あくまでも、（広い意味での）違法かつ異常な行為（1340条）、つまり、責任の発生原因として捉えられているのである。このような状況は、民事責任の効果に関しても同様である。すなわち、損害賠償の範囲（1366条）、免責ないし責任制限条項の効力（1382-2条から1382-4条）については[1862]、多少の相違が見られるものの、それ以外の点、とりわけ、損害賠償の性

の問題関心に直接関わるものではないが、民事責任の本質、更には、民法典の意義を考える際には興味深い素材となるであろう（Cf. Poumarède, supra note 100）。

[1860] Catala, supra note 98, p.171 note 2. 1340条2項の「同様に」という言葉で、このことを表現したとされている。

[1861] 手段債務・結果債務については、第1章「契約及び合意に基づく債務一般」、第3節「合意の効果」の第3款「債務の様々な種類（De diverses espèces d'obligations）」にも、規定が置かれている。

同1149条「債務者が、不可抗力の場合を除き、債権者に約束した満足を獲得させる義務を負うとき、債務は結果債務である。この場合、債務者の責任は、債務者が特定の目的を実現できなかったという事実のみによって課される（原文は、L'obligation est dite de résultat lorsque le débiteur est tenu, sauf cas de force majeure, de procurer au créancier la satisfaction promise, de telle sorte que, ce cas excepté, sa responsabilité est engagée du seul fait qu'il n'a pas réussi à atteindre le but fixé.）」。

債務者が、特定の目的を実現するために通常必要な注意及び勤勉を尽す義務だけを負うとき、債務は手段債務である。この場合、債務者の責任は、債務者が慎重又は勤勉を欠いたという証拠に従属する（原文は、L'obligation est dite de moyens lorsque le débiteur est seulement tenu d'apporter les soins et diligences normalement nécessaires pour atteindre un certain but, de telle sorte que sa responsabilité est subordonnée à la preuve qu'il a manqué de prudence ou de diligence.）」。

[1862] 債務法及び時効法改正準備草案1382条では、責任の性質を問わず、免責ないし責任制限条項の効力が認められているところ、1382-4条では、契約外責任についてのみ、フォートによって生じた損害の賠償に関しては、その責任を排除ないし制限することはできないとされているのである。

質や評価方法等の面では、2つの損害賠償制度が全く同一に扱われている。例えば、いずれの領域においても、「完全賠償」が原則であること（1370条）、損害賠償債権が損害発生時（将来の損害については損害発生が確実になった時）に発生すること（1367条）、損害賠償債権の消滅時効が損害発生時（あるいは悪化時）から起算されること（1384条）等が、明らかにされているのである。

これと関連して、第2に、契約不履行に基づく損害賠償の特殊性がごく限られた範囲に限定されているように見えること、つまり、損害賠償の制度的な二元化が最小限に抑えられていることである。債務法及び時効法改正準備草案の中で、契約不履行に基づく損害賠償と不法行為に基づく損害賠償との相違が現れているのは、「責任を生じさせる行為ないし所為」（1352条以下、1363条、1364条）、附遅滞（1365条）、損害賠償の範囲（1366条）、免責ないし責任制限条項の効力（1382-2条から1382-4条）だけである。しかも、古くから判例が認めてきたように[1863]、合意の履行にも関わり、不法行為領域では基本的に問題となりえない附遅滞の問題を除くとすれば、その相違の程度は、実定法と比べても限定的である。まず、「責任を生じさせる行為ないし所為」について言えば、不法行為責任の領域では、「人的行為」、「物の所為」、「他人の行為」という伝統的な三分体系が採用されているのに対して、「契約責任」の領域においては、手段債務・結果債務に関するテクストが用意されているという点において相違はあるものの、先に触れた通り、その要件レベルでの位置付けは同じであり、これらは、いずれも、責任を生じさせる違法かつ異常な行為として観念されている。次に、損害賠償の範囲については、現行民法と同じく、予見可能性を中核とした賠償範囲確定ルールが設けられているが、相違はそれだけであり、賠償されるべき損害の中身（1343条以下）、損害の金銭的評価の方法（1370条以下）に関するルールは、2つの損害賠償で共通しているのであって、契約の特殊性は考慮されていないように見受けられる。例えば、「物に対する侵害の結果生ずる損害の賠償に特殊な規範」の中で用意されているのは、基本的に、代替もしくは原状回復を中心とした後ろ向きのルールであり、契約法の領域で問題となりうる価値の増大といった前向きのルールは見られない。また、懲罰的損害賠償（1371条）、被害者の行態の考慮（1373条）のルール化に際しても、それぞれの領域の特性を考慮することなく、同一の規範が作られているのである。

第3に、賠償モデルの論理構造を利用した判例法理の解決が明文化され、かつ、そこで指摘されていた諸問題を解消するために、一定の修正が施されていることで

(1863) Cass. req., 14 janv. 1856, D., 1856, 82 ; Cass. civ., 30 nov. 1858, S., 1859, 1, 251（破毀院は、以下のように判示している。「ナポレオン法典1146条が、合意上の債務の履行を遅滞している債務者に対し損害賠償を義務付けるために、附遅滞を要求しているとしても、この規定は、本件におけるように、準不法行為を構成する行為、懈怠もしくは不注意が問題となるケースにおいては適用されない」）; Cass. req., 4 fév. 1868, D., 1868, 1, 271 ; S., 1868, 1, 129 ; Cass. civ., 2 mars 1875, S., 1875, 1, 292 ; etc.

ある。まず、第1章「契約及び合意に基づく債務一般」、第3節「合意の効果」、第3款「債務の様々な種類」の中には、安全債務の存在を認め、それを定義するための条文が置かれた（1150条）[1864]。これだけならば、実定法の問題を引き継ぐことになってしまうが[1865]、債務法及び時効法改正準備草案は、安全債務が手段債務と性質決定される場合には安全の債権者が不利に扱われる、契約の有無によって同一状況下で損害を被った被害者が別様に扱われるといった問題を解消すべく、学説上の議論を踏まえて、2つの制度を創設した。1つは、非競合原則の柔軟化である（1341条2項）[1866]。すなわち、判例においては、安全に関する手段債務の債権者が、物の所為に基づく不法行為責任を援用することができないために、契約関係にない第三者と比べて、極めて不利な状況に置かれてしまっていたが、同草案は、一部の学説の提案を受けて[1867]、身体的損害が問題となる場合には、債権者が「自己にとってより有利な規範を選択することができる」ものとすることで、これを解消したのである。もう1つは、第三者に対する債務者の責任の性質についての規定である（1342条）。第1章・第2節で概観したように、今日の判例は、契約連鎖のケースでは「契約責任」を、それ以外のケースでは不法行為責任を問題にし、かつ、後者の場合には、第三者が不法行為に基づく損害賠償の基礎として契約不履行を援用することを認めていたが、そこでは、契約当事者の予見が害される、第三者を不当に利することになる等の批判がなされ、学説の多くは、この解決に反対し、契約領域の拡大を提唱していた[1868]。こうした傾向、とりわけ、そこでなされていた「実際的な考慮」を踏まえて[1869][1870]、債務法及び時効法改正準備草案は、「契約債務の不履行が、第

(1864) 同1150条「安全債務は、一定の約束に内在し、債権者の身体及び財産の完全性に注意するよう義務付ける（原文は、L'obligation de sécurité, inhérente à certains engagements contractuels, impose de veiller à l'intégirité de la personne du créancier et de ses biens.）」。
(1865) 債務法及び時効法改正準備草案は、手段債務・結果債務についてのテクストを設けたが、その識別基準を規定したテクストを用意していないので、この点に関連した問題は存続することになる。
(1866) そもそも、法典の中に、こうした諸外国に類を見ない原則を規定すること自体についても、議論があったようである（Viney, supra note 671, p.164）。
(1867) Viney, supra note 19, n°s 239 et s., pp.649 et s.; Veaux, supra note 1354, n° 8, p.336; Radé, supra note 1535, pp.440 et s.; Courtiau, supra note 21, n°s 712 et s., pp.452 et s.; etc.
(1868) この点については、第1章・第2節・第2款・第1項615頁以下を参照。
(1869) Viney, supra note 671, pp.164 et s. では、作業グループの中で、以下のような議論がなされたことが明らかにされている。まず、衡平の観念及び対抗可能性理論からすれば、現在の実定法のように、債務者が第三者に対して広く責任を負うこと自体は認められて良い。しかし、この責任を契約外の責任と性質決定するならば、契約当事者の予見は害され、第三者に不当な利益を与えることになってしまう。ところで、このような性質決定を行うに際して、契約の相対効の原則が援用されることもあるが、この原則からは、当事者以外の者を契約に拘束しえないこと、当事者以外の者に履行請求権を付与しえないことは導けても、責任制度の不法行為という性質を導くことはできない。1342条は、このような検討結果から、起草されたものなのである。また、Cf. Viney, supra note 100, Le droit de la responsabilité dans l'avant-projet Catala, n° 9, pp.479 et s.
(1870) 1342条に付されたノートによれば、このテクストは、第1章・第3節・第7款「第三者に対する合意の効果（De l'effet des conventions à l'égard des tiers）」の作業グループの検討結果を受けて起草されたものとされている。そこに、同条に相当する規定は存在しないが、現行民法典に

三者の被った損害の直接の原因である」場合、この第三者は、債務者の「契約責任」を問うことができ、また、不法行為責任の要件が充足されることを条件として、その不法行為責任を問題にすることもできるとしたのである。

第4に、契約不履行に基づく損害賠償の理論枠組みに直接関わるものではないが、賠償モデルの選択を間接的に支える要素として、補償の確保、あるいは、「身体的損害または身体に対する侵害の被害者への優遇」[1871]が、民事責任の一般法の中で明確にされたことである。すなわち、債務法及び時効法改正準備草案は、既に判例上確立されていた物の所為に基づく不法行為責任（1354条以下）、他人の行為に基づく不法行為責任（1355条以下）[1872]、民事責任を問う前提として行為者の判断能力が不要であるという解決（1340-1条）[1873]を確認しただけではなく、以下のような規律を新しく用意するに至ったのである。まず、既に触れたように、身体的損害の被害者は、「契約責任」と不法行為責任を選択することができるものとされた（1341条2項）。また、免責原因のレベルでは、身体的損害の場合に、被害者のフォートが一部免責の理由となりえないこと（1351条後段）[1874]、免責・責任制限条項の対象ともなりえないことが明らかにされた（1382-1条）。更に、同草案では、被害者が損害の範囲を減少させ、その悪化を回避しえたときには、賠償の減額がなされる旨のテクストが用意されたが、これも、身体的損害の場合には別であるとされたのである（1373条）。このように、債務法及び時効法改正準備草案は、時に「賠償というイデオロギー」とも評される20世紀フランス民事責任法の傾向に沿って、とりわけ、身体的損害についての補償の確保を基本理念として起草されているものと見ることができる。

以上のような特徴を持つ債務法及び時効法改正準備草案における契約不履行に基づく損害賠償に関する規定を、本書の問題関心から評価してみよう。

は見られない対抗可能性についての規定が設けられている。
　　同1165-2条「合意は、第三者に対抗することができる。第三者は、合意を尊重しなければならず、また、それを援用することができる。ただし、その履行を求めることはできない（原文は、Les conventions sont opposables aux tiers ; ceux-ci doivent les respecter et peuvent s'en prévaloir, sans être en droit d'en exiger l'exécution.）」。
(1871) Viney, supra note 671, p.165.
(1872) もっとも、債務法及び時効法改正準備草案は、行為者の「責任を生じさせうる行為が証明されることを前提とする」と規定しているから（1355条2項後段）、この点において、未成年子の行為に対する父母の責任が問題となる場面において、子のフォートを要求していない判例の立場（Cass. 2ème civ., 10 mai 2001, supra note 207 ; Cass. ass. plén., 13 déc. 2002, supra note 207 ; Cass. 2ème civ., 17 fév. 2011, supra note 207 ; etc.）とは異なっている。
(1873) この点は、フォートの定義にも関わるところである（第1部・第1章・第1節・第1款・第1項86頁以下を参照）。しかし、債務法及び時効法改正準備草案は、この規定をフォートの箇所ではなく、第1節の「前加規定」の中に配置した。これは、判断の能力を欠く者もフォートを犯すことができる旨の規定を置くことを避けるためであったとされている（Catala, supra note 98, p.171, note 3）。
(1874) 同条のノートでは、これは、実定法で認められていないものであり、「身体的損害の被害者に対する優遇」を表明したテクストであるとされていた（Catala, supra note 98, p.175, note 2）。しかし、その後、判例は、その射程をどのように理解するのかという点で問題は残るものの、このような可能性を認めるに至っている（Cass. 1re civ., 13 mars 2008, supra note 618. 同判決の内容については、注(1317)を、その読み方については、注(1318)を参照）。

◆第1節 ◆理論モデルの利用

　まず、債務法及び時効法改正準備草案は、民事責任法全体を通底する明確な理念・問題関心から出発し、それを実現するための原理を設定した上で、この原理に即した構成・条文を用意していることが分かる。すなわち、同草案は、補償の確保という目的のために（第4の特徴）、賠償モデルを原理として選択し、それに沿う形で、「契約責任」と不法行為責任を可能な限り統一的に規定したのである（第1・第2の特徴）。そうすると、同草案における契約不履行に基づく損害賠償に関する規定は、判例・学説によって形成されてきた補償確保のための枠組みを肯定的に評価し、それに最も適した体系・条文を作り上げた、本書の検討対象に即して言えば、賠償モデルに最も適合的な「契約責任」と不法行為責任の理論的一元化を成し遂げたものと見ることができる。これを反対から言えば、契約不履行に基づく損害賠償を履行の実現という視角から捉える考え方が採用されなかったのは、それでは、補償の確保という目的・理念を実現することができないと判断されたからであるとも見うる(1875)(1876)。この意味において、債務法及び時効法改正準備草案も、思想的・社会的・理論的な側面においては、19世紀末以降のフランス民事責任法との連続性の中で捉えられなければならないものである。もっとも、このことは、同草案が実定法をそのまま引き継いだということを意味するものではない。現在の判例には、補償の確保という目的から見た場合に様々な問題が存在していたところ、同草案は、前述のような民事責任法の理念をより確実に実現するため、実定法に一定の修正を加えているのである（第3の特徴）(1877)。

　このように、契約不履行に基づく損害賠償の理論枠組みという視点から見れば、債務法及び時効法改正準備草案の立場は、補償の確保というフランス民事責任法の理念を十分に取り入れた、理論的に一貫性を持つ体系であると評価することができる。また、そこでは、損害の賠償に関する規範が一元的に規律されることになり、その結果、2つの損害賠償制度の関係といった、解釈上、極めて困難な問題に正面から取り組むことができるという利点も存する。すなわち、同草案は、実定法において受け入れられていた非競合原則を明文化し、その例外を認めたり、あるいは、第三者に対する契約当事者の責任の性質に関わる規定を設けたが、こうしたテクストは、2つの損害賠償を別々に規律するよりも、これらを横並びの制度とし、その性質

(1875) 先に引用した通り、ジュヌヴィエーヴ・ヴィネは、等価物による履行論が排斥された理由として、実定法との整合性、履行請求と損害賠償請求の異質性、損害を被った債権者の要保護性を挙げていたが、本文で述べた評価は、前章におけるフランス法の分析成果と同草案の第4の特徴を踏まえて、第1及び第3の理由を強調したものである。これに対して、第2の理由は、等価物による履行の考え方を排除し、「契約責任」の実在性を基礎付けるための根拠というよりも、後者のような態度決定から導かれる1つの帰結に過ぎないように思われる。
(1876) もちろん、このような認識が正当なものであるかどうかは、また別の問題である（この点については、第1章・第2節・第2款・第1項 626頁以下を参照）。
(1877) 日本における民法（債権関係）改正に向けた議論への視点を提示するという意味も込めて念のため付言しておけば、ここで行われているのは、単なる判例法や利益判断の条文化ではなく、あくまでも、民事責任法において措定された理念と損害賠償の基本原理に基づいた条文化である。

729

についての解釈の幅を狭めることによって、極めて容易に用意することができるようになったのではないかと思われるのである。

しかし、同草案の立法的な態度決定は、上記のような利点を持つ一方で、契約不履行に基づく損害賠償の特殊性を著しく減少させ、それと契約不履行法との連続性を切断するという問題を生ぜしめていることを確認しておかなければならない[1878]。まず、前者について見ると[1879]、例えば、2つの損害賠償制度で損害の内容や評価を同一のルールに服せしめるならば、契約不履行に基づく損害賠償をどのような枠組みで構成するのかにかかわらず問題となりうるはずの契約利益の実現という要素が、規範上、排除されることになってしまう点において、問題があるように思われる[1880][1881]。それ以上に深刻なのが、後者の点、つまり、この選択が、契約不履行に基づく損害賠償を、契約不履行が問題となる場面におけるその他の諸手段、更には、契約不履行法、契約法から切り離すという副作用を有していることである[1882]。例えば、履行請求や解除と損害賠償との関係については、現行の民法典（1184条2項）と同じく、これらの手段が選択・競合関係にあるとされているだけで（同1158条1項）[1883]、損害賠償との関係で履行請求が一義性を持つことを認めるのか[1884]、あるいは、解除と伴にする損害賠償は通常の損害賠償と比べてどのような

(1878) フィリップ・レミィは、債務法及び時効法改正準備草案が公表される以前に、「契約責任」を民事責任の中に統一する方法に対して、以下のような危惧を表明していた。このような形での民法典の改正は、約1世紀前から行われてきた「吸収」を完成させることになろう。しかし、これによって、債権者に与えられる諸手段は分断され、契約不履行法の再構成が不可能となる。更に、そこでは、「契約責任」の特殊性が完全に失われることになるのかもしれない（Rémy, supra note 97, pp.1178 et s.）。

(1879) Cf. Faure-Abbad, supra note 100, p.166（「契約不履行を民事責任のメカニズムとして分析することは、契約制度にとって1つの危険を示すものである。契約制度は、不法行為制度へと引きつけられ、相次いでその特殊性を失うことになりかねない。たとえ契約責任がその最も典型的な要素を保持しているとしても、このリスクは、準備草案が行った2つの責任間の観念的・形式的な接近により、増大することになるであろう」）et pp.169 et s.; Huet, supra note 100, Observations sur la distinction entre les responsabilités contractuelle et délictuelle..., n°s 5 et s., pp.34 et s.; Savaux, supra note 100, n° 2, p.46 et n° 9, p.50.

(1880) Faure-Abbad, supra note 100, p.171; Savaux, supra note 100, n° 8, p.50.

(1881) これに対して、パスカル・アンセルは、1374条が裁判官に対して損害項目ごとの評価を命じている以上、債務法及び時効法改正準備草案の下でも、損害の評価のレベルで契約の特殊性を考慮することは可能であると評価している（Ancel, supra note 100, Quelques observations sur la structure..., n° 11, p.112; Id., supra note 100, Présentation des solutions de l'avant-projet..., n° 12, p.24）。

(1882) Cf. Ancel, supra note 100, Quelques observations sur la structure..., n°s 8 et s., pp.110 et s.; Tallon, supra note 100, p.132; Faure-Abbad, supra note 100, pp.165 et s.; Le Tourneau, supra note 100, Brefs propos critiques sur la responsabilité contractuelle..., pp.2181 et s.; Savaux, supra note 100, n° 8, p.50; Thellier de Poncheville, supra note 104, pp.656 et s.

(1883) もっとも、債務法及び時効法改正準備草案においては、「合意の効果」の中に「債務の不履行及び契約の解除」と題する款が設けられたこと、救済手段を示すテクストが解除条項の中から解放されたこと、現行民法典1184条2項の読みにくさが解消されたこと等の点で、一定の進歩は見られる。しかし、「一貫性のある体系の中に編成され、それ自体で十分であり、契約不履行の諸帰結の全体——救済間の選択から契約上の損害賠償額の評価基準、救済相互間の連結・競合——を集積し、秩序付ける、不履行の理論」としては、同草案の構成は不十分である（Faure-Abbad, supra note 100, p.165）。

特殊性を持つのか、これらの問題についてどのように理解するとしても、それはどのような理由によって正当化されるのかといった、諸手段間の関係に関する問題が検討・条文化されることはなかった[(1885)]。そして、このような体系を総論的な視点から評価するならば、確かに、こうした形での「契約責任」の立法化は、「ヨーロッパ契約法」の時代におけるフランス法のプレゼンスを示すことにはなるのかもしれないが[(1886)]、契約不履行の場面で問題となるはずの契約不履行に基づく損害賠償がそこから切り離されているという点において、民法典へのアクセスの容易さ（l'accessibilité）を弱める、極めて悪辣な効果を持つことになるように思われるのである。

　更に、債務法及び時効法改正準備草案は、確かに、賠償モデルの論理を徹底した構成を採用しており、この点において、2つの損害賠償制度の性質的一元性を見事に実現したものと評価しうるが、利益判断に基づき原則を修正する場面では、その理論的基礎付けが存在せず、その結果、制度的二元性が十分な形で正当化されていないようにも見受けられる。例えば、同草案は、現行民法典と同じく、予見可能性を中核とする賠償範囲確定ルールを用意している（1366条）。しかし、このルールが、同草案の基礎にある「完全賠償原則」（1370条）との関係でどのように正当化されるのかという点については、大きな問題が残ろう[(1887)]。つまり、ここでは、性質的一元性の下での制度的二元性の基礎付け方が問われることになるのである。また、同草案においては、契約の第三者による契約不履行に基づく損害賠償の主張が認められている（1342条）。しかし、仮に、契約当事者の予見を保護するために、こうしたプラグマティックな規定が必要であるとしても[(1888)]、何故に、不履行によって直接

(1884) 債務法及び時効法改正準備草案1158条1項は、「債務の履行を求めるか、契約の解除を生じさせるか、損害賠償を請求するかの選択権を有する」としているところ、これを文字通りに読めば、これら3つの選択肢の間にヒエラルヒーは存在しないということになろう。しかし、債務法及び時効法改正準備草案のように、契約不履行に基づく損害賠償の源を、契約ではなく、「責任を生じさせる行為ないし所為」としてのフォートに求めつつ、契約本来の効力としての履行請求と、民事責任としての損害賠償請求との間に、救済としての優劣を設けないというのは、契約の拘束力を著しく侵害する。そうすると、この立場の下では、本文で述べたように、履行請求に対し、損害賠償請求との関連で一義性を認めるべきことになろうが、これは、1158条1項の文言に反するように思われる。いずれにしても、こうした重要な問題について立法が口を閉ざすのは、適切ではないだろう。

(1885) これらの問題は、等価物による履行論の登場に伴い、近年に至って、ようやく議論されるようになったものである（第1章・第2節・第2款・第1項639頁以下のほか、本章・第2節・第1款の検討も参照）。そうすると、これを反対から見れば、等価物による履行論の問題提起を受け止めることが困難な構想を採用したことから、こうした問題が抜け落ちてしまったとも言えようか。

(1886) 逆に言えば、これは、フランス法が、「ヨーロッパ契約法」から遠のくことを意味している。Le Tourneau, supra note 100, Brefs propos critiques sur la responsabilité contractuelle..., p.2182.

(1887) 第1部・第2章・第2節・第1款・第1項304頁以下で述べたように、「損害賠償の司法的緩和という政策的手段」を設けることが必要であるとしても（Viney et Jourdain, supra note 47, n[OS] 331 et s., pp.722 et s.）、そこから、予見可能性という規範言明を導くことはできないのである。なお、Cf. Le Tourneau, supra note 100, Brefs propos critiques sur la responsabilité contractuelle..., pp.2181 et s.

的に損害を被った第三者の全てが、契約不履行に基づく損害賠償を請求することができるのか[1889]、しかも、契約当事者の予見の保護という趣旨を掲げながら、何故に、それと同時に不法行為に基づく損害賠償を請求する可能性が残されることになるのかという点に関しても、理論的な問題が生ずることになろう。この規定を突き詰めれば、第三者は、要件を充足する限り、いずれの損害賠償をも請求しうるということになるわけであるから、そもそも、どのような理由から制度的な二元化が要請されるのかという問いに行き付かざるをえないのである。つまり、ここでは、制度的な二元性それ自体の妥当性が問われるのである。

以上のように、債務法及び時効法改正準備草案における契約不履行に基づく損害賠償の規定は、補償の確保というフランス民事責任法の基本理念を背景に、損害の賠償という視点、賠償モデルの論理を強調し、それを適切に反映させることで生まれたものである。しかし、その結果、契約不履行に基づく損害賠償の規定は、契約法ないし契約不履行法から断絶されてしまった。また、同草案においては、損害賠償制度の性質的一元性が強調されたために、不法行為に基づく損害賠償との関係におけるその特殊性の基礎付けという問題が、より際立った形で生ずることになったのである。

その後に現れた、司法省契約法改正草案、民事責任法案（その基礎となった民事責任調査報告書）も、基本的には、上記のような債務法及び時効法改正準備草案の特徴を引き継いでおり、それに対するのと同じ評価を受けうるものである。以下、ごく簡単に、その内容をフォローしておこう。

まず、司法省契約法改正草案は、債務法及び時効法改正準備草案、契約法改正の諸提案に関わる議論のほか、ヨーロッパ契約法原則、共通参照枠の策定に向けた議論の成果、ユニドロワ国際商事契約原則、ヨーロッパ契約法典草案、そして、各国内法等を参照しつつ起草され、2008年7月に公表されたものである。この草案は、現行民法典の第3編・第3章「契約または合意に基づく債務一般」の改正を目的としており、これを新しく第3章「債務」とし、そのうち、前加節「債務の源（La source des obligations）」、第1節「契約（Le contrat）」のみを対象としている。従って、債務の一般的な制度、民事責任に関する部分は、この草案の中に含まれていない[1890]。司法省契約法改正草案の契約に関する節は、時系列的なプランに従って、

(1888) Ancel, supra note 100, Présentation des solutions de l'avant-projet...., n° 21, p.29. なお、この議論の意味については、第三者が不法行為に基づく損害賠償を請求するに際して契約不履行を援用することができるのかという問題を検討するコンテクストで触れた。以下の叙述も含め、第1章・第2節・第2款・第1項602頁以下を参照。

(1889) ニュアンスは異なるが、Cf. Huet, supra note 100, Observations sur la distinction entre les responsabilités contractuelle et délictuelle...., n°ˢ 18 et s., pp.40 et s. ; Savaux, supra note 100, n°ˢ 12 et s., pp.50 et s. ; Le Tourneau, supra note 100, Brefs propos critiques sur la responsabilité contractuelle...., pp.2182 et s.

(1890) 司法省契約法改正草案が公表された時点では、これらの部分は、別のテキストによって段階的に起草されることが予定されていたようである。

◆ 第1節 理論モデルの利用

11の款から構成されている(1891)。報告書によれば、こうした修正は、「ヨーロッパ契約法」の時代におけるフランス法の競争力と魅力を高め、市民が民法典を読むだけで契約に関する規範を発見しうるようにすることを目的としたものであるとされている(1892)。実際、前者の点に関して言えば、司法省契約法改正草案の体系は、フランス色を残した債務法及び時効法改正準備草案のそれよりも、「ヨーロッパ契約法」に接近しているように見受けられる。

司法省契約法改正草案では、第1節「契約」の第10款として、「不履行」に関する規定が用意されている(1893)。そこでは、まず、不履行及びその救済手段に関する

(1891) 具体的には、以下の通りである。「定義（Définitions）」（第1款）、「指導原理（Principes directeurs）」（第2款）、「締結（Formation）」（第3款）、「代理（Représentation）」（第4款）、「方式（Forme）」（第5款）、「有効性（Validité）」（第6款）、「履行（Exécution）」（第7款）、「効果（Effets）」（第8款）、「解釈及び性質決定（Interprétation et qualification）」（第9款）、「不履行（Inexécution）」（第10款）、「電子契約（Le contrat électronique）」（第11款）。
(1892) 以上について、司法省契約法改正草案に付せられた、Rapport de présentation, p.1.
(1893) 第10款「不履行」の構成及びそこに置かれている条文は、以下の通りである（なお、各条文の末尾に債務法及び時効法改正準備草案の該当条文を記しておく）。
司法省契約法改正草案159条「債務の履行を受けず、又は不完全にしかその履行を受けなかった当事者は、債務の強制履行を求め、契約の解除を生じさせ、あるいは、損害賠償を請求することができる。損害賠償は、場合によっては、履行又は解除に付加されうる（原文は、La partie envers laquelle l'engagement n'a pas été exécuté, ou l'a été imparfaitement, peut, soit poursuivre l'exécution forcée de l'engagement, soit provoquer la résolution du contrat, soit réclamer des dommages-intérêts, lesquels peuvent, le cas échéant, s'ajouter à l'exécution ou à la résolution.）」（債務法及び時効法改正準備草案1158条1項に相当する規定）。
同160条「双務契約において、各当事者は、相手方がその債務を履行しない場合には、それが要求できるものである限り、自己の債務の履行を拒絶することができる（原文は、Dans un contrat synallagmatique, chaque partie peut refuser d'exécuter son obligation si l'autre n'exécute pas la sienne, alors même qu'elle est exigible.）」（債務法及び時効法改正準備草案1157条1項に相当する規定。文言に若干の相違がある）。
同161条「不履行が不可抗力から生ずる場合において、この不履行が治癒できないものでないときは、双務契約はその効力を停止する（原文は、Lorsque l'inexécution résulte d'une force majeure, le contrat synallagmatique peut être suspendu si l'inexécution n'est pas irrémédiable.）」（債務法及び時効法改正準備草案1157条2項に相当する規定）。
第1項「現実の強制履行（L'exécution forcée en nature）」
同162条「為す債務の債権者は、その履行が不可能であるか、又はその費用が明らかに不合理である場合を除き、その現実履行を求めることができる（原文は、Le créancier d'une obligation de faire peut en poursuivre l'exécution en nature sauf si cette exécution est impossible ou si son coût est manifestement déraisonnable.）。
現実の強制履行がない場合、為す債務は損害賠償に変わる（原文は、A défaut d'exécution forcée en nature, l'obligation de faire se résout en dommages-intérêts.）」（債務法及び時効法改正準備草案1154条1項・3項に相当する規定）。
同163条「為さない債務の不履行は、それのみによって、損害賠償の原因となりうる。債権者は、また、将来のために、この債務の現実履行を求めることができる（原文は、La seule inobservation d'une obligation de ne pas faire peut donner lieu à des dommages et intérêts. Le créancier peut également exiger l'exécution en nature de cette obligation pour l'avenir.）」（債務法及び時効法改正準備草案1154-1条に相当する規定）。
同164条「債権者は、債務者の費用により、自ら債務を履行し、又は債務に違反してなされたことを除去することの許可を、裁判官から受けることができる。債務者は、前もって、費用の支出を命ぜられることがある（原文は、Le créancier peut être autorisé par le juge à faire exécuter lui-même l'obligation ou à détruire ce qui a été fait par contravention à celle-ci aux frais du débiteur. Celui-ci peut être condamné à faire l'avance des sommes.）」（債務法及び時効法改正準

◆第 2 章◆設　計

備草案 1154-2 条に相当する規定)。
第 2 項「解除 (La résolution)」
　同 165 条「契約の解除は、解除条項の適用、債務者に対する債権者の通知、裁判上の請求から生ずる（原文は、La résolution d'un contrat peut résulter de l'application d'une clause résolutoire, d'une notification du créancier au débiteur, ou d'une demande en justice.)」。
　同 166 条「即時履行の契約において、解除は、その不履行を理由に、契約の遡及的消滅をもたらす。解除は、各当事者をその債務から解放する。継続的又は定期供給契約において、当事者の約束は、一方的解除の決定又は通知の時から、将来に向かって消滅する（原文は、Dans les contrats à exécution instantanée, la résolution s'entend de l'anéantissement rétroactif d'un contrat en raison de son inexécution. Elle libère les parties de leurs obligations. Dans les contrats à exécution successive ou échelonnée, l'engagement des parties prend fin pour l'avenir, à compter de l'assignation ou de la notification de la résolution unilatérale.)」（債務法及び時効法改正準備草案 1160-1 条 1 項、2 項、4 項前段に相当する規定)。
　同 167 条「解除条項は、その不履行が契約の解除をもたらす債務を明確に指し示すものでなければならない。解除は、それが不履行の事実のみから生ずる旨が合意されている場合を除き、附遅滞に従属する。附遅滞は、それが明確な方法で解除条項に言及するものでない限り、効力を生じない。解除は、債務者に対する通知によって、それが受領された時に、効力を生ずる（原文は、La clause résolutoire doit expressément désigner les engagements dont l'inexécution entraînera la résolution du contrat. La résolution est subordonnée à une mise en demeure infructueuse, s'il n'a pas été convenu qu'elle résulterait du seul fait de l'inexécution. La mise en demeure n'est efficace que si elle mentionne de manière apparente la clause résolutoire. Elle prend effet par la notification qui en est faite au débiteur et à la date de sa réception.)」（債務法及び時効法改正準備草案 1159 条に相当する規定。文言及び体裁に若干の相違がある)。
　同 168 条「不履行が債権者から契約への利益を奪う場合、債権者は、合理的な期間内に債務を履行するよう不履行債務者を遅滞に付すことができる。附遅滞は、それが、明確な方法で、その期間内に債務者が債務を履行をしなかったときに、債権者が契約を解除する権利を有する旨に言及する場合にしか、効力を生じない。債務者は、附遅滞の期間内において、レフェレの裁判官に対し、解除についての異議を申し立てることができる。この手続きは、解除を中断させる。不履行が続き、裁判官への提訴がなされなかった場合、債権者は、契約の解除及びそれを正当化する理由を債務者に通知する。解除は、他方当事者が通知を受け取った時に効力を生ずる（原文は、Lorsque l'inexécution prive le créancier de son intérêt au contrat, il peut mettre en demeure le débiteur défaillant de satisfaire à son engagement dans un délai raisonnable. La mise en demeure n'est efficace que si elle mentionne de manière apparente qu'à défaut pour le débiteur de satisfaire à son engagement, le créancier sera en droit de résoudre le contrat, à ses risques et périls. Le débiteur peut pendant le délai de la mise en demeure saisir le juge des référés pour contester la résolution. Cette procédure suspend la résolution. Lorsque l'inexécution persiste et en l'absence de saisine du juge, le créancier notifie au débiteur la résolution du contrat et les raisons qui la motivent. Celle-ci prend effet lors de la réception de la notification par l'autre partie.)」（債務法及び時効法改正準備草案 1158 条 2 項第 2 文・第 3 文、3 項に相当する規定)。
　同 169 条「当事者は、他方当事者がその本質的な債務を履行しない旨が明白であるときには、期日前であっても、前条が規定する方式に従って、契約を解除することができる（原文は、Une partie peut, selon les modalités prévues à l'article précédent, résoudre un contrat, dès avant l'échéance, lorsqu'il est manifeste que l'autre partie ne pourra pas exécuter son obligation essentielle.)」。
　同 170 条「いずれの場合であっても、解除は、裁判上請求され、又は異議を申し立てることができる（原文は、En toute hypothèse, la résolution peut être poursuivie ou contestée en justice.)。
裁判官は、状況に応じて、解除を宣言し、又は契約の履行を命ずるときに、債務者に期間を付与することができる（原文は、Le juge peut, selon les circonstances, valider la résolution ou ordonner l'exécution du contrat, en octroyant éventuellement un délai au débiteur.)」（債務法及び時効法改正準備草案 1158 条 2 項第 1 文、1158-1 条に相当する規定)。
　同 171 条「各当事者は、第 103 条から第 109 条の規定に従い、受け取ったものを相手方に返還する。ただし、継続的又は定期供給契約において、その履行が各当事者の債務に適合しているときには、なされた給付の返還を許さない（原文は、Chaque partie restitue à l'autre ce qu'elle en a reçu, suivant les règles posées aux articles 103 à 109. Toutefois, dans les contrats à exécution successive ou échelonnée, les prestations échangées ne donnent pas lieu à restitution lorsque leur

一般的なテクスト、不履行の抗弁と契約の中断に関するテクストが置かれた後、「現実の強制履行」、「解除」、「契約責任」という3つの項が設けられている。これだけを読めば、司法省契約法改正草案は、債務法及び時効法改正準備草案とは異なり、契約不履行に基づく損害賠償を、不履行に対するそれ以外の救済手段と並列的な形で契約不履行法の中に統合し、民事責任ではなく、契約の中で扱おうとする基本構想を有しているようにも見える。しかしながら、「契約責任」と題する項の中には、現行民法典の規定（1146条から1155条）が、そのまま再録されているだけであり、そこでの規定を上記のような方向で修正していこうとする姿勢は見られない。そればかりか、同草案に付された報告書は、このような決定がなされたことについて、「契約不履行から生ずる損害賠償については、責任法を対象とする包括的な改正を期待して、契約責任に関する民法典のテクストを維持することが提案されている」と述べている[1894]。つまり、司法省契約法改正草案においても、契約不履行に基づく損害賠償の規定は、不法行為に基づく損害賠償との関連で把握・起草されることが予定されているのである。

このように規定の具体的な内容が明らかにされていない以上、こうした態度決定それ自体を取り上げて、契約不履行に基づく損害賠償の理論枠組みという視点から評価することはできないが、少なくとも、以下のように言うことは許されるのではないかと思われる。すなわち、司法省契約法改正草案においては、暫定的なものとはいえ、契約不履行に基づく損害賠償に対して、多くの議論のある「契約責任」という名称が付せられていること、「不履行」の款に存在する規定の多くは、債務法及び時効法改正準備草案に倣ったものであること[1895]、契約不履行に基づく損害賠償の規定が民事責任に関する規律と伴に準備・起草されるとの予定が明らかにされていること[1896]からすれば、同草案は、伝統的通説の枠組み（あるいは、債務法及び時効法改正準備草案の構想）に従い、契約不履行に基づく損害賠償を捉えることを前提としている[1897]。

もちろん、司法省契約法改正草案は、どのような形になるのかは明らかでないが[1898]、契約不履行に基づく損害賠償の規定を「不履行」の中にも置こうとしてい

---

  exécution a été conforme aux obligations respectives des parties.）」（債務法及び時効法改正準備草案1160-1条3項、4項後段に相当する規定）。
  第3項「契約責任（La responsabilité contractuelle）」
   同172条から182条に、現行民法典1146条から1155条がそのまま再録されている。
(1894) Rapport de présentation, supra note 1892, p.7.
(1895) 注(1893)引用の各条文の末尾に付された比較のコメントを参照。
(1896) そもそも、「契約責任」の性質について検討を重ね、その態度決定をすることなく、これを契約不履行法の中に位置付けるのか、それとも、民事責任の中に位置付けるのかという選択を行うことはできないはずである（Cf. Genicon, supra note 103, p.82）。そうすると、司法省契約法改正草案は、やはり債務法及び時効法改正準備草案の構想を前提としているものと見ることができるのである。
(1897) Stoffel-Munck, supra note 102, n° 15, pp.340 et s.
(1898) つまり、債務法及び時効法改正準備草案の作業グループが当初予定していたような形で（注

735

る限りにおいて、債務法及び時効法改正準備草案に対する批判を踏まえた一定の修正を施していると一応は言うことができる[1899][1900]。しかし、仮に債務法及び時効法改正準備草案のように、2つの損害賠償制度を包括する民事責任法の体系が志向されているのであれば[1901]、目標として掲げられているアクセスの容易さを回復しうるのかという疑問のほかに[1902]、同草案に対するのと同様の問題、すなわち、契約不履行に基づく損害賠償の特殊性を著しく減少させ、それと契約不履行法との連続性を切断するという問題を指摘することができる[1903]。また、そうでないとしても、契約不履行に基づく損害賠償の規定だけを契約不履行法・契約法から切り離して準備するという方法は、契約法(更には、債務法)全体の一貫性を損なう恐れがあり、債務法改正の起草のあり方として問題が存するばかりでなく[1904][1905][1906]、契

(1851)を参照)、「契約責任」の項の中にその原則を規定したテクストだけを置き、あとは全て民事責任法に委ねるのか、それとも、重複することを顧みずに、民事責任法の規定を「契約責任」に即して配置し直すのかということである。

(1899) Cf. Genicon, supra note 103, p.81.
(1900) 現行のフランス民法典との関係で言えば、そこでは、「現実の強制履行」、「損害賠償」、「解除」の規定が散在し、「分裂した説明方法」となってしまっているから(等価物による履行論が強調される点である。Tallon, supra note 20, L'inexécution du contrat..., p.224)、司法省契約法改正草案には、確かに一定の進歩は見られる(Cf. Fontaine, supra note 102, n° 17, p.378)。
(1901) 注(1898)で言及した方法で言えば、「契約責任」の中にその原則を規定したテクストだけを置くという方法が、それを最も反映させた構成ということになろう。
(1902) 注(1898)で言及した方法のうち、民事責任法の規定を「契約責任」に即して配置し直すという方法においても、アクセスの容易さの点で問題が残ることになろう。
(1903) Cf. Fontaine, supra note 102, n° 18, p.375 (司法省契約法改正草案が「契約責任」を民事責任として扱おうとしていることには驚きを隠せない。確かに、2つの損害賠償制度には一定の類似性が存在するが、契約不履行に関する規範の一元性を確保することの方が重要である) et n° 20, p.378 (契約不履行法の自律的な体系を提案するのであれば、司法省契約法改正草案における「契約責任」の取扱いは、驚くべきものである); Fabre-Magnan, supra note 102, pp.13 et s. (等価物による履行論を支持しないとしても、「契約責任」と不法行為責任を一元的に構成する方法には問題がある)
(1904) 債務法を3つの分野(契約、債務の一般制度、民事責任)に分け、段階的に改正を行うという方法に対する批判も含め、Cf. Mazeaud, supra note 102, Rapport de synthèse, n° 9, pp.399 et s.; Id., supra note 102, Réforme du droit des contrats..., n° 4, p.2676; Malaurie, supra note 102, n° 1, p.17; Cabrillac, supra note 102, n° 4, p.18; Henry, supra note 102, p.29; etc.
(1905) これを反対から見れば、債務法及び時効法改正準備草案のような形も考えられる以上、契約不履行に基づく損害賠償の規定を不法行為に基づく損害賠償から切り離して準備するという方法にも問題が存するということになる(これは、日本の民法(債権関係)改正に向けた法制審議会・民法(債権関係)部会の議論に対する1つの自戒ともなりうる)。
(1906) 更に、注(1904)との関連で付言しておけば、司法省契約法改正草案は、契約交渉破棄や契約締結前の情報提供義務違反を理由とする損害賠償について、条文上、不法行為責任と性質決定し、その損害賠償の範囲をも定めており(20条2項、21条、26条、50条)、この点において、こうした性質決定を行わず、単に「責任を生じさせる」とだけ規定している債務法及び時効法改正準備草案(1104条、1110-1条)とは対照をなしている。しかしながら、「契約責任」と不法行為責任の関係を問題にせず、かつ、民事責任法についての規定の起草を後回しにしながら、上記のような態度決定を行うことは、理論的に見て、極めて問題のある方法と言わなければならないであろう。
　同20条「契約締結前の交渉の発議、展開及び破棄は自由である(原文は、L'initiative, le déroulement et la rupture des négociations précontractuelles sont libres.)。
　これらの交渉におけるフォートある行為又は破棄は、その行為者に対して、不法行為責任に基づく賠償を義務付ける。フォートは、とりわけ、当事者の一方が、同意に達する意図なく、交渉を開始し又は継続したときに、認められる。損害賠償は、締結されなかった契約から期待される

約法・契約不履行法の構築に際して問われるべき課題、例えば、契約不履行に対する救済相互間の関係、契約と第三者の関係といった問題を見失わせることにもなる。実際、司法省契約法改正草案においては、「現実の強制履行」[1907]、「解除」、「契約責任」が、それぞれどのような関係にあるのかという点には一切触れられていないし[1908]、また、契約と第三者の関係についても、債務法及び時効法改正準備草案と

利益の喪失を塡補することを目的とするものではない（原文は、La conduite ou la rupture fautive de ces négociations oblige son auteur à réparation sur le fondement de la responsabilité délictuelle. La faute est notamment constituée lorsque l'une des parties a entamé ou a poursuivi des négociations sans intention de parvenir à un accord. Les dommages et intérêts ne peuvent avoir pour objet de compenser la perte des bénéfices attendus du contrat non conclu.）」。

同21条「交渉の際に獲得した秘密の情報を権限なく使用する者は、あらゆる破棄とは無関係に、不法行為責任を負う（原文は、Indépendamment de toute rupture, celui qui utilise sans autorisation une information confidentielle obtenue à l'occasion des négociations engage sa responsabilité délictuelle.）」。

同26条「申込みの撤回は、第25条において規定されている維持債務に違反するときには、その行為者の不法行為責任のみを生じさせる。この場合、撤回者は、契約から期待される利益の喪失を塡補するよう義務付けられることはない（原文は、La rétractation de l'offre, en violation de l'obligation de maintien prévue à l'article 25, n'engage que la responsabilité délictuelle de son auteur sans l'obliger à compenser la perte des bénéfices attendus du contrat.）」。

同50条「契約当事者は、その重要性が他方当事者の同意にとって決定的である情報を知り、又は知ることができる状況にある場合において、他方当事者が、正当に、この情報を知ることができず、又は契約相手方を信頼することができるときには、この情報を他方当事者に提供しなければならない。契約の内容又は当事者の属性と直接的かつ必要的な関係を持つ情報は、決定的である。情報債務の不履行を主張する契約当事者は、他方当事者が、この情報を知らなかったこと、もしくは、この債務を履行したことを証明する場合を除き、他方当事者がこの情報を知り、又は知ることができる状況にあったことを証明しなければならない。この情報債務に対する違反は、全て、その義務を負っていた者の不法行為責任を生じさせる。同意の瑕疵の場合には、契約の無効を妨げない（原文は、Celui des contractants qui connaît ou est en situation de connaître une information dont l'importance est déterminante pour le consentement de l'autre doit l'en informer dès lors que, légitimement, ce dernier peut ignorer cette information ou faire confiance à son cocontractant. Sont déterminantes les informations qui ont un lien direct et nécessaire avec le contenu du contrat ou la qualité des parties. Le contractant qui se prévaut de l'inexécution d'une obligation d'information doit prouver que l'autre partie connaissait ou était en situation de connaître cette information, sauf pour celle-ci à prouver qu'elle les ignorait elle-même ou qu'elle a satisfait à son obligation. Tout manquement à cette obligation d'information engage la responsabilité civile délictuelle de celui qui en était tenu, sans préjudice, en cas de vice du consentement, de la nullité du contrat.）」。

債務法及び時効法改正準備草案1104条「契約締結前の交渉の発議、展開及び破棄は自由である。ただし、これらは、信義誠実の要求を満たすものでなければならない（原文は、L'initiative, le déroulement et la rupture des négociations précontractuelles sont libres, mais ils doivent satisfaire aux exigences de la bonne foi.）。

交渉の破棄は、それが一方当事者の不誠実又はフォートに帰すべき場合にしか、責任を生じさせない（原文は、L'échec d'une négociation ne peut être source de responsabilité que s'il est imputable à la mauvaise foi ou à la faute de l'une des parties.）」。

同1110-1条「情報債務に対する違反は、欺く意図が存しない場合であっても、その義務を負っていた者の責任を生じさせる（原文は、Le manquement à une obligation de renseignement, sans intention de tromper, engage la responsabilité de celui qui en était tenu.）」。

(1907) なお、司法省契約法改正草案における「現実の強制履行」の規定は、為す債務、為さない債務という区分に即して記述されており、この点において、「ヨーロッパ契約法」のように一般化されていない。

(1908) この点については、債務法及び時効法改正準備草案に対するのと同じ問題を指摘することができる。なお、視点は異なるが、契約不履行に対する救済間の関係について、Cf. Genicon,

は異なり[1909]、いわゆる対抗可能性に関するテクストが責任法の場面において何を意味するのかという点も、明らかにはされていないのである[1910]。

次に、元老院が、2010年7月に公表した民事責任法案の内容を見ていこう。もっとも、この法案は、それに先立つ2009年7月に、アレン・アンジアーニ（Alain Anziani）とローラン・ベタイユ（Laurent Béteille）の手によって作成され、「憲法、立法、普通選挙、規則及び一般行政委員会（La commission des lois constitutionnelles, de législation, du suffrage universel, du règlement et d'administration générale）」の名で公表された、民事責任調査報告書を下敷きとするものであるから、まずは、この報告書から検討を開始しなければならない。

民事責任調査報告書は、まず、「1804年以来、契約責任（1146条から1155条）または契約外責任（1382条から1386条）に関する民法典の極めて簡素な規範は、ほとんど修正を受けてこなかった。しかしながら、民事責任法は、判例の展開と断続的な特別制度の増加という2つの動きにより、大きく発展し、複雑化した結果、一貫性と法的安定を欠くものとなっている。また、他国において進行中の発展と、契約について共通参照枠を作り上げようとするヨーロッパ連合の意思も無視することはで

---

supra note 103, p.81（ジュニコンは、解除のケースにおける損害賠償の評価方法についても、例えば、「損害賠償が解除と伴に請求される場合、損害賠償は、債権者の選択に従って、契約が正式に履行されていたならばそうであったであろう財産的状況、もしくは、契約が締結されていなかったならばそうであったであろう財産的状況に債権者を置く方法で評価されなければならない。いずれの場合であっても、解除によってなされた返還の価値が考慮される」というような条文を置くべきであると言う）。

(1909) 先に引用した債務法及び時効法改正準備草案の1342条は、「第三者に対する合意の効果」のところで規定されている対抗可能性についてのテクストを受けて起草されたものであった。これとの対比で見ると、司法省契約法改正草案では、対抗可能性に関するテクストが責任法の場面で持つ意味について、明確な理解が示されていないのである。

(1910) 司法省契約法改正草案の第1章「契約」、第8款「効果（Effets）」、第2項「第三者に対する契約の効果（Les effets du contrat à l'égard des tiers）」、§1「一般規定（Dispositions générales）」では、合意の相対効に関する条文（137条）に続けて、対抗可能性についての条文（138条）が用意されている。しかし、債務法及び時効法改正準備草案とは異なり、それが、責任法の場面でどのような意味を持ち、どのような効果をもたらすのか、より具体的に言えば、第三者が、どのような要件の下、どのような責任を問いうるのかと言う点については何も触れられていないのである。

同137条「契約は、当事者の間でなければ、効力を有しない（原文は、Le contrat n'a d'effet qu'entre les parties.）。

契約は、第三者に対して、効力を有さない。第三者は、本項が規定する場合を除き、履行を請求することも、履行を強制されることもない（原文は、Il n'a pas d'effet à l'égard des tiers qui ne peuvent ni en demander l'exécution ni se voir contraints de l'exécuter sous réserve des dispositions de la présente section.）」。

同138条「契約は、第三者に対抗することができる。第三者は、契約によって作られた法的状況を尊重しなければならない（原文は、Le contrat est opposable aux tiers qui doivent respecter la situation juridique ainsi créée.）。

契約は、第三者によって当事者に対抗することができる。第三者は、とりわけ、ある事実の証明を行い、又は当事者の責任を追及するために、契約によって作られた法的状況を援用することができる（原文は、Le contrat est opposable aux parties par les tiers qui peuvent invoquer à leur profit la situation juridique ainsi créée notamment pour rapporter la preuve d'un fait ou encore rechercher la responsabilité d'une partie.）」。

きない」との問題意識から出発する[(1911)]。その上で、同報告書は、「民事責任法の改正には賛成であるが、この改正が、民事責任法の根本的な規範を変容させるものであってはならず、判例によるアキ（acquis）の補強、現在の賠償メカニズムを向上させるための明確化及び革新が行われる機会でなければならない」との基本方針を設定し[(1912)]、改正の諸原則、責任の要件、効果について、28の提言を行っている[(1913)]。

[(1911)] Rapport d'information, supra note 104, p.16. これは、債務法改正の目的として語られているものを民事責任に関して敷衍したものと言える。
[(1912)] Ibid.
[(1913)] Rapport d'information, supra note 104, pp. 9 et s., et pp.17 et s. 本書の問題関心に関わるものについては後に検討することにして、ここでは、28の提言を整理しておこう。
　まず、改正の諸原則については、「民事責任法の一貫性を確保すること」という目標に関して、1. 一般規範の解釈の多様化というリスクを回避するために、特別制度の中に存在する一般制度との重複をなくし、レファレンスを利用すること、2. 一般制度との関連における特別制度の適用の排他性原則を確認することが、「民事責任法の読みやすさとアクセスしやすさを確保すること」という目標に関して、3. 交通事故被害者の状況の改善及び補償手続きの促進に関する1985年7月5日の法律の規定を民法典に統合すること、4. その他の特別制度を特別法典の中に統合するという解決を承認すること、5. 確立されるべき解決を選択しながら、民事責任法に関する判例のアキを民法典の中で条文化することが、「民事責任法の現在の構造を維持すること」という目標に関して、6. それぞれの制度を接近させつつ、契約責任と不法行為責任という古典的な区別を保持すること、7. 身体的損害の被害者について例外を認めつつ、契約責任と不法行為責任の非競合原則を確立すること、8. 契約の第三者に対して、あるいは、その規範の全てに従いつつ、契約責任に基づいて、あるいは、その責任の実行に必要な要件の充足を証明するという条件の下、不法行為責任に基づいて、契約債務の不履行によって生じた損害の賠償の請求を認めることが、挙げられている。
　次に、責任の要件については、「賠償されるべき損害を制限すること」という目標に関して、9. 「集団的損害」の観念を民法典の中に導入しないこと、10. 将来の不確実な出来事に依存する損害の行為者に対して直ちに損害賠償を命ずる可能性を排除することが、「因果関係を明確にすること」という目標に関して、11. 被害者が判断能力を欠く場合は別として、損害が被害者の行為によって生じた場合における行為者の免責に関する判例上の規範を民法典に記すこと、12. 鉄道及び路面電車の事故と、原動機付の陸上交通手段が関わるその他の事故を同一視すること、13. 運転手とその他の交通事故被害者を同一視すること、14. グループのメンバーのいずれかによって生じた損害に関するメンバーの連帯責任を一般化しないことが、「生じさせる行為ないし所為を明確にすること」という目標に関して、15. 物の所為に基づく責任の一般制度を確立すること、16. 未成年子の行為に基づく親の責任に際して、子の原因行為のみを問題にしている判例を再検討し、子の行為についてフォートを要求すること、17. 同居要件を排除し、未成年子の行為に基づく親の責任を親権の行使のみに結び付けること、18. 被用者が権限を濫用し、又は刑事違反を犯した場合にのみ、使用者責任を問題にしている判例の規範を維持すること、19. 経済的従属状態を理由とするフォートなしの責任を認めないことが、挙げられている。
　最後に、「責任の効果」については、「損害に対する被害者の態度をより考慮すること」という目標に関して、20. 非身体的損害の被害者が、損害を減少させ、又はそれを悪化させない債務を負うことを制度化し、この債務を、諸状況及び被害者の属性に従って具体的に評価される手段債務とすることが、「合意による賠償の修正に関わる諸方法を明確化すること」という目標に関して、21. 賠償に関する条項に適用される規範を明確にし、原則として、フォートなしの不法行為責任に関してもそれを認め、また、それが契約の本質的債務の履行を問題にする場合には、裁判上の改定を予定することが、「損害の賠償に関するより実効的な手段を創設すること」という目標に関して、22. 付帯私訴を付託された刑事裁判官による損害の賠償を促進すること、23. 営利を目的にしたフォートが複数の被害者に対して犯されたが、それぞれの損害額は小さい場合において、集団訴権の導入を考えること、24. 一定の特別な紛争において営利目的のフォートが犯された場合に、懲罰的損害賠償を認めること、この懲罰的損害賠償は、まず、優先的に被害者へと支払われ、裁判官によって確定される一定の額については、補償基金、それが存在しない場合には、国庫に支払われるようにすること、その額は、塡補損害賠償の額に応じて確定されるようにすることが、「損害の賠償における裁判を受ける人の平等を保証すること」という目標に関して、25. そ

◆第2章◆ 設　計

　このうち、本書の問題関心にとって重要なのは、改正の諸原則に関わるもののうち[(1914)]、「民事責任法の現在の構造を維持すること」という目標に関連して提示されている、提案6、提案7、提案8である。その内容は、「契約責任」と不法行為責任の区別を維持しながら、その制度的相違を可能な限り小さくすること（提案6）、「契約責任」と不法行為責任の非競合原則を明文化しつつ、身体的損害の被害者に対しては例外を認めること（提案7）、第三者が、契約当事者に対して「契約責任」を主張することを認め、かつ、その要件が充足されている限り、不法行為責任の主張も許すこと（提案8）というものである。これを一読するだけでも明らかとなるように、これらの提案6から8は、債務法及び時効法改正準備草案の立場（基本構造、1341条、1342条）を、そのまま承認したものなのである[(1915)]。

　それでは、これらの提言がなされた理由はどのようなものであったのか。報告書の内容を見ていこう。まず、報告書は、「契約責任・不法行為責任という古典的な区別は、これらの制度を接近させ、その適用関係に注意するという2つの条件を満たすならば、身体的損害の賠償の場合も含めて、維持されるべきである」と言う[(1916)]。その上で、これを維持する意味について、債務法及び時効法改正準備草案に対する破毀院の作業グループの報告書を引用しながら[(1917)]、以下のように述べている。「まず、契約責任は補償の目的を果たしており、これは契約の強制履行という機能だけ

　　の額がごく小さい損害を除き、裁判官に対し、各項目ごとに区別して損害の評価を行うよう義務付け、また、請求を棄却する場合には、その判決を理由付けるよう義務付けること、26. デクレによって、疾病の計算表を導入し、裁判官に対して損害評価のための基準を与えること、27. その額が小さい損害については、一時金の形式による賠償の支払いを促進すること、28. 裁判官がスライド式の定期金の支払いを決定する場合、裁判官に対して、その指標を定め、また、損害が減少し又は悪化したときに定期金が改定される条件を定める権限を与えることが、挙げられている。

(1914) なお、改正の諸原則に関わるもののうち、提案1から5は、民事責任法改正の総論的な方向性を明らかにしたものである（注(1913)を参照）。その提案理由を説明した場面では、ヨーロッパ法の展開を考慮しながら、しかし、現在のフランス法の骨格を覆すことなく、よりアクセスが容易な民事責任法を作るという、先に本文で述べた基本方針が詳細に述べられている（Rapport d'information, supra note 104, pp. 17 et s.）。本書の問題関心との関連で言えば、とりわけ、「ヨーロッパ法」の影響を論じたコンテクストで、以下のような叙述がなされていることが興味深い。我々は、「ヨーロッパにおける調和を考慮せずに、民事責任法の改正を行うことができないとしても、調和それ自体は、それ以外の目的（民事責任法の一貫性とアクセスの容易さを確保するという目的―筆者注）との関連で、副次的な目的でしかないと評価する（改行）。この点に関しては、フランス民法典の改正が、それを、一貫性のある、より完全な、より確かな、より現代社会に適合したものとすることで、その影響力を増大させ、それに重みを与えうるものでなければならないということを忘れるべきではない」(Ibid., p.33)。この叙述それ自体は、既に債務法改正に向けた作業が開始された当時から繰り返し指摘されてきたことに過ぎないが、これを民事責任法のコンテクストで見れば、本文で述べるような民事責任法の構想を前面に押し出すことで、フランス法のプレゼンスを示そうとする姿勢を表現したものと見ることができる。

(1915) より正確に言えば、この民事責任調査報告書全体が、債務法及び時効法改正準備草案における民事責任の部分から大きな影響を受けている。このことは、注(1913)の提言内容を見れば、明らかである。

(1916) Rapport d'information, supra note 104, p.33.

(1917) Rapport du groupe de travail de la Cour de cassation sur l'avant-projet de réforme du droit des obligations et du droit de la prescription, pp. 29 et s.

に限定されるものではない。不履行の場合、満足を受けなかった債権者は、契約の履行またはその解除のみならず、場合によっては、それと競合して、賠償を得ることができなければならない。ところで、この賠償は、経済的かつ法的に見れば、合意によって義務付けられた給付と同じではない」。「次に、2つの責任に共通する規範が極めて多いとしても、契約責任に固有の規定も存在し、それが完全な同一視の妨げとなる。例えば、賠償は予見可能な損害によって画されるという原則は、契約のエコノミーが、前もって合意関係を予定し、かつ、組織しているという事実によって正当化される。同様の考慮は、契約において、より広い範囲で免責もしくは責任制限条項の作用を認めるよう導くのである」(1918)。「民事責任法の新しい構造を探求するという試みは、身体的損害の被害者に対してより良い補償を確保するという配慮と密接に結び付いている。しかしながら、恐らく、契約責任と不法行為責任の制度を調和させる方がより単純であろう」。確かに、この点については、自律的な責任制度の創設等、様々な見解が提唱されている。しかし、こうした「民事責任法の構造改革を実行することは困難である」。従って、債務法及び時効法改正準備草案が行っているように、「身体的完全性の侵害の賠償における最も明白な不平等を排除しながら、現在の責任法の構造を保持するのがより単純」なのである(1919)。ここには、債務法及び時効法改正準備草案を検討する際に指摘した、4つの特徴をそのまま見出すことができよう。すなわち、民事責任調査報告書も、補償の確保という目的のために（第4の特徴）、賠償モデルを原理として選択し、それに沿う形で、「契約責任」と不法行為責任を可能な限り統一的に規定する方向性を示す一方（第1・第2の特徴）、このような民事責任法の理念をより確実に実現するため、実定法に一定の修正を加えようとしているのである（第3の特徴）。

　民事責任法案は、このような構想を基礎に据えて作成された(1920)。同法案は、現行民法典の契約不履行に基づく損害賠償に関する規定を削除する旨、及び、第3編・第4章「合意なしに形成される債務」を「合意なしに形成される債務及び責任」に改める旨の規定を用意した後(1921)、同・第2節「責任（De la responsabilité）」を、債務法及び時効法改正準備草案と同じく、「前加規定（Dispositions liminaires）」（第1

(1918) Rapport d'information, supra note 104, pp.34 et s.
(1919) Rapport d'information, supra note 104, pp.35 et s. （引用は、p.35 et p.37）
(1920) 同法案に付せられた理由書においては、民事責任調査報告書の中で述べられていた改正の方向性が再度述べられている。また、そこでは、法案の作成に当たり、債務法及び時効法改正準備草案から直接的な着想を得ていることが強調されている（Proposition de loi, supra note 105, Exposé des motifs, p.3）。
(1921) 同1条「民法典第1146条から第1152条、及び第1153-1条を削除する（原文は、Sont abrogés les articles 1146 à 1152, et 1153-1 du code civil.）」。
　　同2条「民法典第3編第4章の表題を「合意なしに形成される債務及び責任」に改める（原文は、Le titre IV du livre III du code civil est ainsi intitulé :《Des engagements qui se forment sans convention et de la responsabilité》.）」。
　　同法典第3編第4章第2節を以下のように改正する（原文は、Le chapitre II du titre IV du livre III du même code est ainsi rédigé.）」。

◆第2章◆ 設　計

款）[(1922)]、「責任の要件（Des conditions de la responsabilité）」（第2款）[(1923)]、「責任の効

[(1922)] 第1款「前加規定」の中に置かれている条文は、以下の通りである。
　　同1382条「他人に損害を生じさせる人の何らかの行為又は契約債務に対する違反は全て、その行為者に対して、それを賠償する義務を負わせる（原文は、Tout fait quelconque de l'homme ou toute contravention à une obligation contractuelle, qui cause à autrui un dommage, oblige son auteur à le réparer.）」。
　　同1383条「本節の規定は、他の法律によって規定されている特別規範の適用を妨げない（原文は、Les dispositions du présent titre ne font pas obstacle à l'application des règles spéciales prévues par d'autres lois.）。
　　法律によって予定されている場合を除き、これらの特別規範は、本節の規定を排除して適用される（原文は、Sauf dans les cas prévus par la loi, ces règles spéciales de responsabilité s'appliquent à l'exclusion des dispositions du présent titre.）」。
[(1923)] 第2款「責任の要件」においては、まず、第1項「契約責任と不法行為責任に共通の要件（Des conditions communes aux responsabilité contractuelle et délictuelle）」が規定され、その後、第2項「不法行為責任に固有の要件（Conditions particulières à la responsabilité délictuelle）」、第3項「契約責任に固有の要件（Conditions particulières à la responsabilité contractuelle）」が用意されている（このような構成も、債務法及び時効法改正準備草案と同じである）。それぞれの項の構成及びそこに置かれている条文は、以下の通りである（なお、各条文の末尾に債務法及び時効法改正準備草案の該当条文を記しておく。以下同じ）。
　第1項「契約責任と不法行為責任に共通の要件」
　　同1384条「財産的であろうと、非財産的であろうと、適法な利益の侵害に存する確実な損害は、賠償されうる。
　　将来の損害が現在における事物状態の確実かつ直接的な延長であるときにも、同様とする。
　　機会の喪失は、この機会が実現していたならば得させていたであろう利益とは別の賠償されうる損害である」（1項は債務法及び時効法改正準備草案1343条、2項は同1345条1項に相当する規定。3項は同1346条と全く同じ規定）。
　　同1385条「差し迫った損害の発生を回避するため、損害の悪化を避けるため、もしくは、その結果を減少させるために支出された費用は、賠償されうる損害である」（債務法及び時効法改正準備草案1344条に相当する規定）（なお、1384条及び1385条の原文は、注（672）を参照）。
　　同1386条「第1384条及び第1385条に反して、偶発事故、被害者の行為又は第三者の行為から生ずる損害は、これらの出来事が、予見することができず、また、抵抗することができないものであるときには、賠償されない（原文は、Par dérogation aux articles 1384 et 1385, n'est pas réparable le dommage résultant d'un cas fortuit, du fait de la victime ou du fait d'un tiers, lorsque ces évènements présentent un caractère imprévisible et irrésistible.）」。
　　損害が被害者によって自発的に引き起こされたときも同様とする。ただし、被害者が判断能力を欠く状態にあったときは、この限りでない（原文は、Il en est de même du dommage volontairement provoqué par la victime, sauf lorsque celle-ci est privée de discernement.）」（1項は、債務法及び時効法改正準備草案1349条、2項は、同1350条、1351-1条に相当する規定）。
　　同1386-1条「一部免責は、被害者のフォートが損害の発生に寄与した場合にのみ生じうる。身体的完全性に対する侵害の場合には、重フォートのみが、一部免責をもたらしうる（原文は、L'exonération partielle ne peut résulter que d'une faute de la victime ayant concouru à la production du dommage. En cas d'atteinte à l'intégrité physique, seule une faute grave peut entraîner l'exonération partielle.）」（債務法及び時効法改正準備草案1351条と全く同じ規定）。
　　同1386-2条「複数の者が、専門家と消費者の間で締結され、あるいは、商法典第4編、又は、通貨及び財政法典第3編もしくは第4編第6章第5節第1款によって禁止されている取引に相当する、契約の不履行又は不完全履行の結果生ずる類似の物理的損害の被害者であるときには、これらの違反の行為者の責任は、裁判官によって、全ての類似の事案について宣告される（原文は、Lorsque plusieurs personnes sont victimes de dommages matériels similaires résultant de l'inexécution ou de la mauvaise exécution d'un contrat liant un professionnel et un consommateur, ou constituant une pratique prohibée par le livre IV du code de commerce ou par le livre III ou la section 1 du chapitre V du titre VI du livre IV du code monétaire et financier, la responsabilité de l'auteur des manquements peut être prononcée par le juge pour tous les cas semblables.）。
　　前項に該当する違反の行為者の責任を宣告する訴権は、司法大臣及び経済担当大臣のアレテにより、この目的のため特別に認可された消費者又は投資家保護団体によって行使される（原文は、

À peine d'irrecevabilité, l'action en déclaration du principe de la responsabilité de l'auteur du manquement est introduite par une association de défense des consommateurs ou des investisseurs spécialement agréée à cet effet par arrêté conjoint du ministre de la justice et du ministre chargé de l'économie.)。

第1項に該当する違反の行為者の責任が立証されたときには、被害者は、同じ訴訟手続きにおいて、コンセイユ・デタのデクレが規定する条件の下、集団的に、自己が被った物理的損害の賠償を求める訴えを提起することができる（原文は、Une fois le principe de la responsabilité de l'auteur du manquement établi, les victimes peuvent agir collectivement, au cours d'une même instance, en réparation des dommages matériels subis par chacune d'elles, dans des conditions prévues par décret en Conseil d'État.)」。

第2項「不法行為責任に固有の要件」

第1号「フォートに基づく責任（De la responsabilité pour faute)」

同1386-3条「法律又は規則の違反、もしくは、慎重又は勤勉に関する債務の違反は、その行為者に対して、それによって生じた損害を賠償するよう義務付ける（原文は、La violation d'une loi ou d'un règlement, ou le manquement à une obligation de prudence ou de diligence, oblige son auteur à réparer le dommage qu'il a causé.)」（債務法及び時効法改正準備草案1352条1項・2項に相当する規定)。

第2号「物の所為に基づく責任（De la responsabilité du fait des choses)」

同1386-4条「保管する物又は動物の所為によって生じた損害についても当然に責任を負う（原文は、On est responsable de plein droit des dommages causés par le fait des choses ou des animaux que l'on a sous sa garde.)。

物の瑕疵も、保管者の身体障害も、免責原因とはならない（原文は、Ni le vice de la chose, ni le trouble physique du gardien ne constituent une cause d'exonération.)」（1項は、債務法及び時効法改正準備草案1354条、1354-4条に相当する規定、2項は、同1354-3条と全く同じ規定)。

同1386-5条「物の所為は、この物が動いている時に損害の発生源と接触している場合には、証明される（原文は、Le fait de la chose est établi dès lors que celle-ci, en mouvement, est entrée en contact avec le siège du dommage.)。

それ以外の場合において、被害者は、物の瑕疵、又はその位置もしくは状態の異常性を明らかにして、物の所為を証明しなければならない（原文は、Dans les autres cas, il appartient à la victime de prouver le fait de la chose, en établissant soit le vice de celle-ci, soit l'anormalité de sa position ou de son état.)」（債務法及び時効法改正準備草案1354-1条と全く同じ規定)。

同1386-6条「保管者は、損害を生じさせる行為の発生の時に物又は動物を支配している者である。所有者は、保管者と推定される（原文は、Le gardien est celui qui a la maîtrise de la chose ou de l'animal lors de la survenance du fait dommageable. Le propriétaire est présumé gardien.)」（債務法及び時効法改正準備草案1354-2条に相当する規定)。

第3号「他人の行為に基づく責任（De la responsabilité du fait d'autrui)」

同1386-7条「以下の者は、未成年子によって生じた損害について当然に責任を負う。

　　親権を行使する父母

　　父母が死亡した場合における後見人

　　裁判もしくは行政上の決定により、又は合意により、未成年者の生活方法を規律する責任を負った自然人もしくは法人（原文は、Sont responsables de plein droit des dommages causés par un enfant mineur :

　- Ses père et mère en tant qu'ils exercent l'autorité parentale ;
　- Son tuteur, en cas de décès de ceux-ci ;
　- les personnes physiques ou morales chargées, par décision judiciaire ou administrative ou par convention, de régler son mode de vie.)

前項の責任は、両親又は後見人の責任と競合しうる（原文は、La responsabilité mentionnée à l'alinéa précédent peut se cumuler avec celle des parents ou tuteur.)」（債務法及び時効法改正準備草案1356条に相当する規定)。

同1386-8条「裁判もしくは行政上の決定により、又は合意により、その生活方法を規律する責任を負った自然人もしくは法人は、その状態又は状況において特別の監督を必要とする成人によって生じた損害について当然に責任を負う（原文は、Est responsable de plein droit des dommages causés par une personne majeure dont l'état ou la situation nécessite une surveillance particulière la personne physique ou morale chargée, par décision judiciaire ou administrative ou par convention, de régler son mode de vie.)」（債務法及び時効法改正準備草案1357条に相当す

る規定）。

　同 1386-9 条「第 1386-7 条及び第 1386-8 条が規定する者以外で、職業として他人を監督する任務を引き受ける者は、損害を直接引き起こした者の行為について責任を負う。ただし、フォートを犯していないことを証明する場合には、この限りでない（原文は、Les personnes non mentionnées aux articles 1386-7 et 1386-8 qui assument, à titre professionnel, une mission de surveillance d'autrui, répondent du fait de l'auteur direct du dommage, à moins qu'elles ne démontrent qu'elles n'ont pas commis de faute.）」（債務法及び時効法改正準備草案 1358 条に相当する規定）。

　同 1386-10 条「使用者は、その被用者によって生じた損害について責任を負う。ただし、被用者が許可なく権限と関わりのない目的で委託された職務外の行為をしたことを証明するとき、又は、被用者が使用者のために行為をしていることを、被害者において正当に信ずることができなかったことを証明するときは、この限りでない（原文は、Le commettant est responsable des dommages causés par son préposé, à moins qu'il prouve que le préposé a agi hors des fonctions auxquelles il était employé, sans autorisation et à des fins étrangères à ses attributions, ou qu'il établisse que la victime ne pouvait légitimement croire que le préposé agissait pour le compte du commettant.）」（債務法及び時効法改正準備草案 1359 条に相当する規定）。

　同 1386-11 条「第 1386-7 条から第 1386-10 条が規定する者は、損害を直接生じさせた者の責任を生じさせうる行為が証明されなければ、責任を負うべき者の行為に基づいて責任を課せられない」（原文は、Les personnes mentionnées aux articles 1386-7 à 1386-10 ne peuvent voir leur responsabilité engagée du fait des personnes dont elles doivent répondre qu'à condition que soit rapportée la preuve du fait qui serait de nature à engager la responsabilité de l'auteur direct du dommage.）」（債務法及び時効法改正準備草案 1355 条 2 項に相当する規定）。

　第 4 号「隣人トラブルに基づく責任（De la responsabilité du fait de troubles de voisinage）」

　同 1386-12 条「隣人の通常の不都合を超える妨害を引き起こす土地の所有者、占有者、又は開発者は、この妨害の結果について当然に責任を負う（原文は、Le propriétaire, l'occupant ou l'exploitant d'un fonds, qui provoque un trouble excédant les inconvénients normaux du voisinage, est responsable de plein droit des conséquences de ce trouble.）」（債務法及び時効法改正準備草案 1361 条に相当する規定）。

　同 1386-12-1 条「土地の上で作業を行う請負人は、この作業の履行におけるフォート又は被用者の行為が第三者に生じさせうる損害について責任を負う。請負人は、仕事の依頼主に対して、その債務の違反を理由として行使されうる全ての訴えについて保証する（原文は、L'entrepreneur effectuant des travaux sur un fonds est responsable des dommages qu'une faute dans l'exécution de ces travaux ou le fait de ses préposés peuvent causer aux tiers. Il garantit le maître de l'ouvrage et le maître d'oeuvre de tout recours qui pourrait être exercé contre eux à raison du manquement à ses obligations.）」。

　第 3 項「契約責任に固有の要件」

　同 1386-13 条「適法に締結された合意の不履行から生ずる契約相手方の損害に基づく責任は、本項の規定に従う（原文は、La responsabilité du fait d'un dommage résultant, pour un co-contactant, de l'inexécution d'une convention valablement formée est soumis aux dispositions de la présente section.）」（債務法及び時効法改正準備草案 1363 条に相当する規定）。

　同 1386-14 条「債務者が債権者に対し結果を獲得させる義務を負っている場合、不履行は、この結果が実現されなかったという事実のみによって立証される（原文は、Dans le cas où le débiteur s'oblige à procurer au créancier un résultat, l'inexécution est établie du seul fait que ce résultat n'est pas atteint.）」。

　その他全ての場合において、債務者は、必要な全ての注意を実行しなかった場合にのみ賠償を義務付けられる（原文は、Dans tous les autres cas, il ne doit réparation que s'il n'a pas effectué les diligences nécessaires.）」（債務法及び時効法改正準備草案 1364 条に相当する規定）。

　同 1386-15 条「債務の不履行における遅滞から生ずる損害の賠償は、債務者を予め遅滞に付すことを前提とする（原文は、La réparation du dommage résultant du retard dans l'inexécution de l'obligation suppose la mise en demeure préalable du débiteur.）。

　この附遅滞は、その他の全ての損害については、それが不履行を明らかにするために必要である場合においてのみ要求される。附遅滞は、債務それ自体から生ずることがある（原文は、Cette mise en demeure n'est requise pour la réparation de tout autre préjudice que lorsqu'elle est nécessaire pour caractériser l'inexécution. Elle peut résulter de l'obligation elle-même.）」（債務法及び時効法改正準備草案 1365 条に相当する規定）。

第 1 節 ◆ 理論モデルの利用

果（Des effets de la responsabilité）」（第 3 款）[(1924)]、「幾つかの特別な責任制度（De

同 1386-16 条「悪意又は重大な過失がある場合を除き、債務者は、契約締結時に、当事者が合理的に予見することのできた不履行の結果についてのみ賠償する義務を負う」（債務法及び時効法改正準備草案 1366 条に相当する規定。原文は、注(774)を参照）。

同 1386-17 条「契約不履行の被害者である契約当事者は、本項の規定の適用を免れることができない。

ただし、この不履行が身体的損害を生じさせるときには、債権者又は債務者は、本款第 2 項が規定する条件において、この損害の賠償を得ることもできる」（債務法及び時効法改正準備草案 1341 条に相当する規定。原文は、注(1536)を参照）。

同 1386-18 条「契約債務の不履行が、第三者の被った損害の直接の原因であるときには、当該第三者は、本項の規定に基づいて、債務者に対し、その賠償を請求することができる。この場合において、第三者は、債権者が自己の損害の賠償を得るときに課される全ての制限及び条件に従う。

第三者は、また、不法行為責任の規範に基づいて賠償を得ることができる。この場合、当該第三者は、本款第 2 項で規定されている責任を生じさせる行為の 1 つを証明しなければならない」（債務法及び時効法改正準備草案 1342 条に相当する規定。原文は、注 (1593) を参照）。

(1924) 第 3 款「責任の効果」においては、第 1 項「賠償の方式（Des modalités de la réparation）」、第 2 項「合意による賠償の修正（De l'aménagement conventionnel de la réparation）」が規定されている。それぞれの項の構成及びそこに置かれている条文は、以下の通りである。

第 1 項「賠償の方式」

同 1386-19 条「賠償債権は、損害発生時、又は、将来発生する損害の場合には、その発生が確実になった時に発生する（原文は、La créance de réparation naît du jour de la réalisation du dommage ou, en cas de dommage futur, du jour où sa certitude est acquise.）」（債務法及び時効法改正準備草案 1367 条と全く同じ規定）。

同 1386-20 条（略、責任を負う者が複数いる場合の規律）

同 1386-21 条（略、同上）

第 1 号「現実賠償（De la réparation en nature）」

同 1386-22 条「損害の現実賠償は、損害を消滅させ、減少させ、又は、塡補することを目的とする。現実賠償は、等価物による賠償とともに認められる（原文は、La réparation en nature du dommage a pour objet de supprimer, réduire ou compenser le dommage. Elle peut se combiner avec une réparation par équivalent.）」（債務法及び時効法改正準備草案 1368 条、1369 条に相当する規定）。

同 1386-23 条「損害が悪化し、再生し、又は永続する恐れがある場合、裁判官は、被害者の請求に基づき、必要があるときには損害を生じさせる活動の停止を含め、これらの結果を回避するのに適したあらゆる手段を命ずることができる（原文は、Lorsque le dommage est susceptible de s'aggraver, de se renouveler ou de se perpétuer, le juge peut ordonner, à la demande de la victime, toute mesure propre à éviter ces conséquences, y compris la cessation de l'activité dommageable.）。

裁判官は、また、被害者自身が、責任を負う者の費用において、これらの手段をとることを認めることができる。責任を負う者は、前もって、必要な費用の支払いを命ぜられることがある（原文は、Le juge peut également autoriser la victime à prendre elle-même ces mesures aux frais du responsable. Celui-ci peut être condamné à faire l'avance des sommes nécessaires.）」（債務法及び時効法改正準備草案 1369-1 条と全く同じ規定）。

第 2 号「等価物による賠償（De la réparation par équivalent）」

同 1386-24 条「損害賠償の付与は、被害者を、損害を生じさせる行為がなかったならばそうであったであろう状況に回復することを目的とし、その結果、被害者に、損失も利益も生じさせてはならない（原文は、L'allocation de dommages et intérêts a pour objet de replacer la victime dans la situation où elle se trouvée si le fait dommageable n'avait pas eu lieu, de sorte qu'il n'en résulte pour elle ni perte ni profit.）。

損害賠償の付与は、被害者の請求に基づき、又は損害の現実賠償が不可能であるときに、裁判官によって宣告される（原文は、Elle est prononcée par le juge, à la demande de la victime ou lorsque la réparation en nature du dommage est impossible.）」（1 項は、債務法及び時効法改正準備草案 1370 条に、2 項は、同 1368 条に相当する規定）。

同 1386-25 条「法律が特別に規定している場合において、損害が意図的に犯された不法行為上

のフォートもしくは契約不履行に由来し、それによって、行為者が損害の賠償だけでは消滅させることのできない利得を得たときには、裁判官は、理由を付した決定によって、損害を生じさせた者に対し、第1386-22条の損害賠償に加えて、懲罰的損害賠償を命ずることができる。懲罰的損害賠償の額は、塡補損害賠償の額の2倍を超えることができない。

懲罰的損害賠償は、裁判官が決定する割合において、それぞれ、被害者と、被害者の被った損害に類似する損害を賠償するための補償基金に支払われる。基金が存在しない場合において、被害者に支払われない部分の損害賠償は、国庫に支払われる」（1項は、債務法及び時効法改正準備草案1371条に相当する規定。原文は、注(684)を参照）。

同1386-26条「裁判官は、その内容と価値に影響を及ぼす全ての事情、及び予見することのできる展開を考慮して、判決を下す日に損害を評価する。

裁判官は、また、被害者が、確実で合理的かつ均衡のとれた手法により、その身体的でない損害の範囲を減少させ、又はその悪化を回避する可能性を有していたときには、それを考慮する」（1項は、債務法及び時効法改正準備草案1372条に、2項は、同1373条に相当する規定。原文は、注(783)を参照）。

同1386-27条「損害が日常事件裁判官の管轄に属する額を下回る場合を除き、裁判官は、主張され、判断の対象となっている項目ごとに区別して損害を評価する（原文は、À l'exception des dommages inférieurs au taux decompétence du juge de proximité, le juge évalue distinctement chacun des chefs de préjudice allégués qu'il prend en compte.）」（債務法及び時効法改正準備草案1374条に相当する規定）。

同1386-28条「裁判官は、身体的損害について判決を下す場合、規則によって定められた最新の疾病に関する一覧表及び計算表に準拠する（原文は、Lorsque le juge statue en matière de dommages corporels, il se réfère à une nomenclature ainsi qu'à un barème national d'invalidité régulièrement mis à jour, définis par voie réglementaire.）」。

同1386-29条「損害賠償は、一時金又は定期金の形式で付与されうる（原文は、Les dommages et intérêts peuvent être alloués sous forme d'un capital ou d'une rente.）。

ただし、補償が規則によって定められた額を下回る場合には、補償は、優先的に、一時金の形式で支払われる（原文は、Toutefois, lorsqu'elle est inférieure à un montant défini par voie réglementaire, l'indemnité est versée, par priorité, sous forme d'un capital.）」（債務法及び時効法改正準備草案1376条に相当する規定）。

同1386-30条～1386条-32条（略）

第2項「合意による賠償の修正」

同1386-33条「合意は、本項の規定する条件の下で、身体的でない損害の賠償を排除し、又は制限することができる（原文は、Des conventions peuvent exclure ou limiter la réparation d'un dommage autre que corporel sous réserve des dispositions de la présente section.）」（債務法及び時効法改正準備草案1382条、1382-1条に相当する規定）。

同1386-34条「契約債務の履行における詐欺又は重大なフォートから生ずる損害の賠償は、合意によって排除し、又は制限することができない（原文は、La réparation du dommage résultant d'une faute dolosive ou lourde dans l'exécution d'une obligation contractuelle ne peut être exclue ou limitée par convention.）」（債務法及び時効法改正準備草案1382-2条1項に相当する規定）。

同1386-35条「合意の本質的債務の不履行又は不完全履行から制裁の実効性を奪うことを目的とし、もしくは、それを効果とする条項は、書かれていないものとみなす（原文は、La clause ayant pour objet ou pour effet de priver l'inexécution ou la mauvaise exécution de l'obligation essentielle d'une convention de toute sanction effective est réputée non écrite.）」（債務法及び時効法改正準備草案1382-2条1項に相当する規定）。

同1386-36条「合意において、本質的債務も含め合意を履行することを怠った者が損害賠償として一定額を支払う旨が約定されている場合、他方当事者に対して、それ以上の額も、それ以下の額も付与することはできない（原文は、Lorsque la convention stipule que celui qui manquera de l'exécuter, y compris s'agissant de l'obligation essentielle, payera une certaine somme à titre de dommages et intérêts, il ne peut être alloué à l'autre partie une somme plus forte, ni moindre.）。

ただし、合意された罰が明らかに過剰又は過小であるときには、裁判官は、職権で、それを緩和し、又は増大させることができる。反対の約定は、全て、書かれていないものとみなされる（原文は、Néanmoins, si la peine convenue est manifestement excessive ou dérisoire, le juge peut, même d'office, la modérer ou l'augmenter. Toute stipulation contraire est réputée non écrite.）」

quelques régimes spéciaux de responsabilité)」(第4款)[(1925)]に区分して、それぞれの規定を置いている。民事責任調査報告書が先に述べたような内容と特徴を有していたことからして当然であるが、民事責任法案の体系、その条文の多くが、債務法及び時効法改正準備草案を引き継いだものである[(1926)]。もちろん、同法案の中には、オリジナルな提案も存在するが、それは技術的・政策的な規定であり、民事責任の本質に関わるものではない。そうすると、民事責任法案も、債務法及び時効法改正準備草案の特徴、念のため確認しておけば、性質的一元性・制度的二元性を基礎とした民事責任法の構築[(1927)]、「契約責任」の特殊性の縮小化[(1928)]、賠償モデルの論理構造を利用した判例上のアキの明文化、補償の確保という目的の最大限の追求という特徴を備えており、従って、同草案が有する利点と問題を同時に承継していると言うことができるのである。更に付言しておけば、民事責任法案は、契約不履行に基づく損害賠償を契約法から完全に切り離して改正作業の対象とするものであるから、司法省契約法改正草案が抱えていた段階的な起草の問題をも引き継いでしまっているということになる。

　以上の債務法及び時効法改正準備草案、司法省契約法改正草案、民事責任法案(その前提としての民事責任調査報告書)の検討から引き出される、契約不履行に基づく損害賠償の制度設計レベルでの示唆を整理するならば、以下のように定式化することができるであろう。すなわち、これら3つの立法提案に見られた、2つの損害賠償制度を同一の枠組みの中で規定し、可能な限りその間に存在する相違を小さくする手法については、それが賠償モデルの考え方を最も素直に反映したものであるこ

　　(債務法及び時効法改正準備草案1383条に相当する規定)。
　　　同1386-37条「不法行為責任においては、合意によって、自己のフォートによって生じた損害の賠償を排除し、又は制限することができない(原文は、En matière délictuelle, on ne peut, par convention, exclure ou limiter la réparation du dommage qu'on a causé par sa faute.)。
　　　それ以外の場合において、この合意は、それを援用する当事者が、被害者が明確な方法でそれを承諾したことを証明する場合にしか、効果を持たない(原文は、Dans les autres cas, la convention n'a d'effet que si celui qui l'invoque prouve que la victime l'avait acceptée de manière non équivoque.)」(債務法及び時効法改正準備草案1382-4条に相当する規定)。
(1925) 具体的には、「瑕疵ある製品に基づく責任(De la responsabilité du fait des produits défectueux)」(第1項)と、「交通事故に基づく責任(De la responsabilité du fait des accidents de la circulation)」(第2項)が規定されている。
(1926) 注(1922)、注(1923)、注(1924)引用の各条文の末尾に付された比較のコメントを参照。
(1927) 債務法及び時効法改正準備草案との対比で言えば、民事責任法案は、より一層、2つの責任の一元化を推し進めているような印象を受ける。というのは、同法案1382条は、不法行為についての原則規定である現行民法典1382条の中に「契約責任」を組み込む形で、民事責任の原則規定を起草し、「契約責任」と不法行為責任を一元的に条文化しているのに対して、同草案1340条は、一応、「契約責任」と不法行為責任を1項・2項に分けて、二元的に規定しているからである。もちろん、同草案1340条に付されたノートによれば、同条2項の「同様に」という言葉で、性質的な同一性を表現したとされており(Catala, supra note 98, p.171, note 2)、2つの立法提案において、実質的な相違は存在しない。しかし、民事責任法の冒頭の条文の中で、「契約責任」と不法行為責任が一元的に規定されているという事実は、象徴的な意味を持つように思われる。
(1928) もっとも、民事責任法案においては、債務法及び時効法改正準備草案の中に見られた、損害の評価に関する詳細なルールは存在しない。従って、同法案には、損害の金銭的評価の方法に関するルールの共通性という特色は、規定上見られないということになる。

と（原理の制度レベルへの反映），その背後には，フランス民事責任法のイデオロギーとも言うべき補償の確保というある種の絶対的な理念が存したこと（理念の原理への反映），また，これは，実定法の状況に最も近い構成であること（実定法の原理・制度への反映，実定法との連続性），前章・第2節で明らかにした実定法の無秩序状態との関連で見れば，このような構成には，2つの損害賠償制度の関係を明確に把握しうるという利点が存在したこと（実定法の修正による問題の解消，制度設計レベルでの有用性），また，これは，「ヨーロッパ法」の中でフランス法のプレゼンスを示しうる構成であること（改正目的の実現），他方で，契約の特殊性を反映した損害賠償制度が後景に退いてしまうこと，契約不履行に基づく損害賠償が契約法・契約不履行法から切り離される結果，契約法の枠組みの中で検討されるべき問題が見失われてしまうこと（制度設計レベルでの弊害），更には，民法典へのアクセスの容易さが弱まること（改正目的の不実現）である。

(2) 履行モデルからのアプローチ

2009年3月に，フランソワ・テレを中心とする道徳政治科学アカデミーの研究グループ[1929]が公表した契約法改正の諸提案は，司法省契約法改正草案と同様，債務法全体ではなく，契約に関する部分を対象としたものである。そこでは，現行民法典の第3編を「債務（Des obligations）」として再編成し[1930]，その第1章に「契約（Des contrats）」を設けることが予定されている[1931]。この契約に関わる章においては，基本原則についての規定，「一般規定（Dispositions générales）」（第1節）に続けて，

(1929) 起草委員会のメンバーは，カロル・オベール・ドゥ・ヴァンセル（Carole Aubert de Vincelles），ドミニク・フヌエ（Dominique Fenouillet），ディミトリ・ウトシエフ（Dimitri Houtcieff），アン・ウタン・アダム（Anne Outin-Adam），フィリップ・レミ，ポーリヌ・レミ・コルレィ，フランソワ・テレ，クロード・ヴィッツ（Claude Witz）である。その他，作業に参加した者として，ジャン・フォワイエ（Jean Foyer），ローラン・エネス，フィリップ・ドゥルペック，フィリップ・ストフェル・マンク，ミシェル・ジェルマン（Michel Germain），アレン・デルフォス（Alain Delfosse），リサ・フィトゥシ（Lisa Fitoussi），ジャン・ピエール・グリデル（Jean-Pierre Gridel），ベルナルド・ルバ（Bernard Lebas）の名が挙げられている（また，個別的に，能力に関して，アンヌ・マリ・ルロワイエ（Anne-Marie Leroyer），形式・証拠に関して，ヴェロニク・マニエ（Véronique Magnier）が作業に参加している）。このように見ると，契約法改正の諸提案の作業グループには，民法学者のみならず，商法学者，比較法（ヨーロッパ法）学者，更には，法曹実務家も参加していることが分かる。こうしたメンバー構成が，以下で述べるような同提案の内容・特徴にも微妙な影響を与えたのではないかと推察される。

(1930) 従って，現行民法典の第3編に存在する章のうち，「相続（Les successions）」（第1章），「生存者間の贈与及び遺言（Des donations entre vifs et des testaments）」，「婚姻契約及び夫婦財産制度（Du contrat de mariage et des régimes matrimoniaux）」は，第3編から削除された後，前2者は，第5編「相続及び無償譲与（Successions et libéralités）」として独立させ，後者は，第1編の中に組み込まれることが予定されているようである。Cf. Philippe Rémy, Observations générales sur le plan proposé pour un Livre III,《Des obligations》, in, Pour une réforme du droit des contrats, supra note 106, p.106 et note 8.

(1931) その結果，第3編には，「契約」（第1章），「合意なしに形成される債務（Des engagements qui se forment sans convention）」（第2章），「債務一般の制度（Du régime des obligations en général）」（第3章）が置かれ，以下，現行民法第6章以下の契約各則に関する章が続くことになる（Rémy, supra note 1930, pp.106 et s.）。

748

「契約の成立（De la formation du contrat）」（第2節）、「契約の効果（Des effets du contrat）」（第3節）と題する節が置かれている[1932]。そして、契約不履行に基づく損害賠償に関する規定は、第3節「契約の効果」の第1款「当事者間における効果（Des effets entre les parties）」、§3「不履行（De l'inexécution）」の中で、不履行についての一般規定、不履行の抗弁、現実履行、契約の解除と伴に位置付けられているのである[1933]。この点において、契約法改正の諸提案は、契約不履行に基づく損害賠償を

[1932] この点において、契約法改正の諸提案は、時系列的なプランに従って契約に関する節を細分化していた司法省契約法改正草案とは異なっている。

[1933] §3「不履行」の中に置かれている条文は、以下の通りである。

同97条「債務の履行を受けず、又は不完全にしかその履行を受けなかった当事者は、状況に応じて、他方当事者に対し債務の現実の強制履行を求め、自己の債務の履行を停止させ、代価を減少させ、契約を解除し、あるいは、損害賠償を請求する選択権を有する（原文は、La partie envers laquelle l'engagement n'a pas été exécuté, ou l'a été imparfaitement, a le choix, selon les circonstances, de poursuivre contre l'autre l'exécution forcée en nature de l'engagement, de suspendre l'exécution de sa propre obligation, de réduire le prix, de résoudre le contrat, ou le réclamer des dommages et intérêts.）」。

両立することのできない救済は、競合しえない。損害賠償は、その他の全ての救済に付加されうる（原文は、Les remèdes qui ne sont pas incompatibles peuvent être cumulés ; des dommages et intérêts peuvent s'ajouter à tous les autre remèdes.）」。

同98条「法律上の規定又は合意に反対の定めがある場合を除き、債務者は、催告、又は、その文言からそれが十分な督促となる場合の書簡のように、その他のこれに相当する行為によって、遅滞に付される（原文は、Sauf disposition légale ou convention contraires, le débiteur est constitué en demeure par une sommation ou par un autre acte équivalent, telle une lettre missive, lorsqu'il ressort de ses termes une interpellation suffisante.）」。

同99条「履行が契約への適合性の欠如を理由に拒絶された場合、債務者は、その結果生ずる遅滞が重大な不履行でないときには、適合する新たな履行を行うことができる。ただし、損害賠償の請求を妨げない（原文は、Lorsque l'exécution a été rejetée pour défaut de conformité au contrat, le débiteur peut procéder à une nouvelle exécution conforme si le retard qui en résulte ne constitue pas une inexécution grave. Le tout sans préjudice de dommages et intérêts.）」。

同100条「債務者が、自己の制御を超える出来事によって履行を妨げられたことを証明し、当事者が、契約締結時に、債務者がその出来事を予想もしくは克服し、又はその結果を予想もしくは克服することを、合理的に予見することができなかったときには、契約における不可抗力が存在する（原文は、Il y a force majeure en matière contractuelle lorsque le débiteur établit qu'il a été empêché d'exécuter par un événement échappant à son contrôle, et que les parties ne pouvaient raisonnablement prévoir, lors de la conclusion du contrat, qu'il le préviendrait ou le surmonterait, ou qu'il en préviendrait ou surmonterait les conséquences.）」。

債務者は、前項の出来事を知り、又は知るべきであったときは、合理的な期間内に、これを債権者に通知しなければならない。この期間内に通知をしなかったときには、場合によって、損害賠償が生ずる（原文は、Le débiteur, dès qu'il a ou devait avoir connaissance d'un tel empêchement, doit le notifier au créancier dans un délai raisonnable ; le défaut de notification dans un tel délai donne lieu, le cas échéant, à des dommages et intérêts.）」。

同101条「不可抗力が重大で治癒できない不履行を生じさせる場合、契約は当然に解除され、両当事者はその債務を免れる（原文は、Dans le cas où la force majeure conduit à une inexécution grave et irrémédiable, le contrat est résolu de plein droit et les deux parties sont libérées de leurs obligations réciproques.）」。

履行不能が一時的である場合、契約はその効力を停止する。ただし、その結果生ずる遅滞が、それ自体、重大な不履行であるときには、この限りでない（原文は、Si l'impossibilité d'exécuter est provisoire, le contrat est suspendu, sauf si le retard qui en résulterait constitue par lui-même une inexécution grave.）」。

契約の解除又は停止は、前条が規定する通知から生ずる（原文は、La résolution ou la suspension du contrat résulteront de la notification prévue à l'article précédent.）」。

◆第2章◆ 設　計

　同102条「法律上の規定に反対の定めがある場合を除き、当事者は、不履行の場合に債権者に対して与えられる救済を限定し、又は排除することができる。この条項は、債務者に詐欺又は重大なフォートが存在する場合には、何ら効力を持たない（原文は、Sauf disposition légale contraire, les parties peuvent limiter ou exclure les rémèdes offerts au créancier en cas d'inexécution. Ces clauses n'auront point d'effet en cas de dol ou de faute lourde du débiteur.）」。
　I．「不履行の抗弁（De l'exception d'inexécution）」
　同103条「双務契約において、当事者の一方がその債務を履行しない場合、相手方は、その債務の全部又は一部の履行を拒絶することができる。ただし、この拒絶が違反と釣り合わないときは、この限りでない（原文は、Si dans un contrat synallagmatique, une partie n'exécute pas son obligation, l'autre peut refuser, totalement ou partiellement, d'exécuter la sienne, à condition que ce refus ne soit pas disproportionné au regard du manquement.）」。
　同104条「当事者の一方は、期日に相手方の不履行が存在し、その結果が債権者にとって重大であることが明らかである場合には、前条と同じ条件の下で、その給付の履行を停止することができる（原文は、Une partie peut, sous la même réserve, suspendre l'exécution de sa prestation dès lors qu'il est manifeste qu'il y aura inexécution de la part du cocontractant à l'échéance et que ses conséquences sont suffisamment graves pour le créancier.）」。
　II．「現実履行（De l'exécution en nature）」
　同105条「債権者は、それが可能であり、かつ、その費用が債権者の利益との関係で明らかに不均衡でない場合にはいつでも、附遅滞の後に、債務の強制履行を求めることができる（原文は、Le créancier peut, après mise en demeure du débiteur, exiger l'exécution forcée d'une obligation chaque fois qu'elle est possible et que son coût n'est pas manifestement disproportionné par rapport à l'intérêt que le créancier en retire.）」。
　同106条「債権者は、附遅滞の後に、ある期間及び合理的な費用で、自ら債務を履行し、又は債務に違反してなされたものを除去することができる。債権者は、債務者に対し、その費用の償還を求めることができる。必要があれば、損害賠償の請求を妨げない（原文は、Après mise en demeure, le créancier peut aussi, dans un délai et à un coût raisonnable, faire exécuter lui-même l'obligation ou détruire ce qui a été fait par contravention à celle-ci. Il peut en demander remboursement au débiteur, sans préjudice de dommages et intérêts s'il y a lieu.）」。
　債権者は、債務者にこの履行に必要な費用を前払いさせるため、裁判官に提訴することができる（原文は、Il peut aussi saisir le juge pour que le débiteur avance les sommes nécessaires à cette exécution.）」。
　III．「代価の減額（De la réduction du prix）」
　同107条「債権者は、債務者の不適合な履行を受領し、それに応じて代価を減額することができる（原文は、Le créancier peut accepter une exécution non conforme du débiteur et réduire proportionnellement le prix.）」。
　債権者は、既に弁済をしていた場合には、剰余分の償還を得ることができる（原文は、Il peut s'il a déjà payé, obtenir remboursement du surplus.）」。
　債権者は、その他の損害について、損害賠償を請求することができる（原文は、Il peut demander des dommages et intérêts pour tout autre préjudice.）」。
　IV．「解除（De la résolution）」
　同108条「契約の解除は、あるいは解除条項の適用から、あるいは、重大な不履行の場合には、裁判上の請求又は通知から生ずる（原文は、La résolution d'un contrat résulte soit de l'application d'une clause résolutoire, soit, en cas de grave inexécution, d'une demande en justice ou d'une notification.）」。
　同109条「不履行は、それを厳格に守ることが契約の本性である債務を対象とするときには、重大である（原文は、L'inexécution est grave lorsqu'elle porte sur une obligation dont la stricte observation est de l'essence du contrat.）」。
　不履行が、契約から正当に期待することができたものを債権者から実質的に奪う場合にも、同様とする。ただし、債務者が、不履行によってそのような結果が生ずることを予見することができなかったときは、この限りでない（原文は、Il en va de même lorsqu'elle prive substantiellement le créancier de ce qu'il pouvait légitimement attendre du contrat, à moins que le débiteur n'ait pas pu prévoir que l'inexécution aurait un tel résultat.）」。
　意図的な不履行は、債務者が将来において履行しないであろうことを推定させるときには、常に、重大なものとみなされる（原文は、L'inexécution intentionnelle est toujours considérée comme grave lorsqu'elle fait présumer que le débiteur n'exécutera pas dans le futur.）」。

同110条「債権者は、通知の方法で解除を行う場合、履行がなされない場合には契約を解除する旨を明確にして、合理的な期間内に履行をするよう予め債務者を遅滞に付さなければならない。不履行が続く場合には、解除は、債務者が通知を受け取った時に効力を生ずる（原文は、Lorsque le créancier procède par voie de notification, il doit préalablement mettre en demeure le débiteur de s'exécuter dans un délai raisonnable, en précisant qu'à défaut d'exécution il sera en droit de résoudre le contrat. Si l'inexécution persiste, la résolution est acquise à la réception de la notification par le débiteur.）。
　債権者は、それが不履行を明らかにするために必要でない場合、又は緊急の場合には、附遅滞を免れる。この場合、解除は、通知の中で定められた合理的な期間の満了時に効力を生ずる（原文は、Le créancier est dispensé de la mise en demeure lorsqu'elle est inutile pour caractériser l'inexécution ou en cas d'urgence. La résolution est alors acquise à l'expiration d'un délai raisonnable fixé dans la notification.）。
　債務者は、場合によってはレフェレで、いつでも解除を争うことができる。この場合、債権者は、不履行の重大性を証明しなければならない。裁判官は、状況に応じ、あるいは、場合によっては実の期日を定めて、解除を認め、あるいは、場合によっては債務者に期間を付与して、契約の履行を命ずることができる。ただし、損害賠償の請求を妨げない（原文は、Le débiteur peut, à tout moment, contester la résolution, le cas échéant, en référé. Le créancier doit alors prouver la gravité de l'inexécution. Le juge peut, selon les circonstances, soit constater la résolution, en statuant le cas échéant sur sa date, soit ordonner l'exécution du contrat en octroyant éventuellement un délai au débiteur. Le tout sans préjudice de dommages et intérêts.）」。
　同111条「期日前であっても、解除の要件が充足されることが確実である場合には、債権者は、履行がなされない場合には単なる通知のみによって契約を解除する旨を明確にして、債務者に対し、予定された時期に履行することを保証するよう求めることができる（原文は、Si dès avant l'échéance, il est certain que les conditions de la résolution sont acquises, le créancier peut demander au débiteur de l'assurer qu'il sera en mesure d'exécuter dans le temps prévu en précisant que, à défaut, il sera en droit de résoudre le contrat par simple notification.）」。
　同112条「解除条項は、その不履行が契約の解除をもたらす債務を指し示すものでなければならない（原文は、La clause résolutoire doit désigner les engagements dont l'inexécution entraînera la résolution du contrat.）。
　解除は、それが不履行の事実のみから生ずる旨が合意されていた場合を除き、附遅滞に従属する。附遅滞は、それが明確な文言で解除条項を想起させるものでなければ、効力を生じない（原文は、La résolution est subordonnée à une mise en demeure infructueuse, s'il n'a pas été convenu qu'elle résulterait du seul fait de l'inexécution. La mise en demeure n'est efficace que si elle rappelle en termes apparents la clause résolutoire.）。
　解除は、債務者に対する通知によって、それが受領された時に、効力を生ずる（原文は、La résolution ne prend effet que par la notification qui en est fait au débiteur et à la date de sa réception.）」。
　同113条「解除は、いつでも、裁判上求めることができる（原文は、La résolution peut toujours être poursuivie en justice.）。
　債権者は、期日前であっても、解除の要件が充足されることが確実である場合には、裁判官に提訴することができる（原文は、Le créancier peut même saisir le juge dès avant l'échéance s'il est certain que les conditions de la résolution sont acquises.）。
　裁判官は、状況に応じ、契約の解除を宣告し、又はその履行を命ずるときに、債務者に期間を付与することができる（原文は、Le juge peut, selon les circonstances, prononcer la résolution ou ordonner l'exécution du contrat, en octroyant éventuellement un délai au débiteur.）」。
　同114条「履行が可分である場合、解除は、契約の一部についてのみ行うことができる。ただし、その結果、重大な不均衡が生ずる場合には、この限りでない（原文は、Lorsque l'exécution est divisible, la résolution peut avoir lieu pour une partie seulement du contrat, s'il n'en résulte aucun déséquilibre significatif.）」。
　同115条「契約の解除は、将来に向かって当事者を解放する。契約の解除は、あるいは、解除条項が予定する条件において、あるいは、通知が効力を生ずる日に、あるいは、判決の日に、効力を生ずる（原文は、La résolution du contrat libère les parties pour l'avenir. Elle prend effet, selon les cas, soit dans les conditions prévues par la clause résolutoire, soit au jour où la notification prend effet, soit au jour de la décision de justice.）。
　ただし、解除は、紛争の解決に関する条項、又は、秘密保持条項及び競業避止条項のように、

解除の場合にも効果が生ずることを予定した条項に影響を及ぼさない（原文は、Toutefois, la résolution n'affecte ni les clauses relatives au règlement des différends ni celles destinées à produire effet même en cas de résolution, telles les clauses de confidentialité et de non-concurrence.）」。

同116条「当事者の一方が、債務者によって行われるべき給付を受領することなく、債務を履行した場合、返還が行われる（原文は、Il y a lieu à restitution lorsqu'une partie a exécuté une obligation sans recevoir la prestation due par le débiteur.）。

当事者が、契約の履行を不可分一体のものとみなした場合も、同様とする（原文は、Il en va de même lorsque les parties ont envisagé l'exécution du contrat comme formant un tout.）。

それ以外の点について、返還は、非債弁済に関する規定に従う（原文は、Pour le surplus, les restitutions sont soumises aux règles relatives à la répétition de l'indu.）」。

V. 「損害賠償（Des dommages et intérêts）

同117条「債務者は、必要がある場合には、契約の全部又は一部の不履行を理由として、あるいは、履行の遅滞を理由として、損害賠償の支払いを命ぜられる。ただし、債務者が不可抗力によって履行を妨げられたことを証明するときには、この限りでない（原文は、Le débiteur est condamné, s'il y a lieu, au paiement de dommages et intérêts, soit à raison de l'inexécution, totale ou partielle, du contrat, soit à raison du retard dans l'exécution, sauf à établir qu'il a été empêché d'exécuter par suite d'une force majeure.）」。

同118条「損害賠償は、一般的に、債権者が被った損失及びその者が奪われた利益を考慮して、契約が正確に履行されていたならばそうであったであろう状況に債権者を置く額である。

債務者は、不履行が何らその者の悪意又は重大な過失によるのでないときは、契約締結時に予見し、合理的に予見することのできた損害賠償についてでなければ、義務を負わない」（原文は、注（773）を参照）。

同119条「契約不履行が債務者の悪意又は重大な過失から生ずる場合であっても、損害賠償は、不履行の直接の結果であるものでなければ、含むことができない」（原文は、注（773）を参照）。

同120条「ただし、債務者に悪意が存在するときには、履行されなかった債務の債権者は、裁判官に対して、債務者が不履行から獲得した利益の全部又は一部を自己に支払うよう命ぜられることを求めることができる（原文は、Toutefois, en cas de dol, le créancier de l'obligation inexécutée peut préférer demander au juge que le débiteur soit condamné à lui verser tout ou partie du profit retiré de l'inexécution.）」。

同121条「債権者が、契約上の義務に違反し、不履行又はその損害を生じさせる結果に寄与したときは、不履行又はその結果に対する寄与に比例して減額された損害賠償についてしか権利を有さない。

債権者が、その損害を回避し、緩和し、又は消滅させるのに適した、確実かつ合理的な方法をとらなかったときも、同様とする。債権者は、そのために合理的に支出した全ての費用の償還を受けることができる」（原文は、注（783）を参照）。

同122条「法律上の規定又は合意に反対の定めがある場合を除き、損害賠償は、債務者がその債務を履行するについて遅滞にあるときでなければ、履行遅滞を理由として義務付けられない（原文は、Sauf disposition légale ou convention contraires, les dommages et intérêts ne sont dus pour le retard dans l'exécution que lorsque le débiteur est en demeure de remplir son obligation.）。

一定の金額を支払うことに存する債務においては、履行遅滞から生ずる損害賠償は、法律上の規定又は合意に反対の定めがある場合を除き、専ら、支払いの催告又はその他の同等の行為の時から起算される、法定利息の支払い命令に存する。遅滞にある債務者が、悪意によって、この遅滞とは別の損害を生じさせた場合、債権者は、遅延利息とは別の損害賠償を得ることができる（原文は、Dans les obligations qui se bornent au paiement d'une certaine somme, les dommages et intérêts résultant du retard dans l'exécution ne consistent jamais, sauf disposition légale ou convention contraires, que dans la condamnation aux intérêts au taux légal, à compter de la sommation de payer ou d'un autre acte équivalent. Le créancier auquel son débiteur en retard a causé, par sa mauvaise foi, un préjudice indépendant de ce retard, peut obtenir des dommages et intérêts distincts des intérêts moratoires.）。

塡補損害賠償については、附遅滞は、それが不履行を明らかにするために必要である場合においてのみ要求される（原文は、S'agissant des dommages et intérêts compensatoires, la mise en demeure n'est en principe requise que lorsqu'elle est nécessaire pour caractériser l'inexécution.）」。

同123条「合意によって、その履行を怠る者は一定の金額を支払う旨が定められているときは、

契約法から排除していた(1)の諸草案とは大きく異なっていることが分かる。実際、同グループは、契約不履行に基づく損害賠償とは完全に切り離した形で、不法行為責任のみを対象とする民事責任法改正の提案を公表しているところである。

このように契約法改正の諸提案が契約不履行に基づく損害賠償を不履行法の中で規定したことについて、起草グループのメンバーの1人であるフィリップ・レミィは、現行民法典、債務法及び時効法改正準備草案、司法省契約法改正草案、「ヨーロッパ契約法」に関する諸ルールと対比させつつ、以下のように述べている(1934)。現行民法典には、現実履行に関わるテクストが散在していること、不履行の抗弁に関するテクストが存在しないこと、解除が条件付き債務の箇所で規定されていること等の点において、欠陥がある。債務法及び時効法改正準備草案は、新しく、「債務の不履行及び契約の解除」という款を設けているから、一応これらの欠陥を解消していると言うことができる。しかし、それにもかかわらず、同草案には、2つの重大な問題が存在する。1つは、履行請求に関するテクストが、「債務の不履行及び契約の解除」の中に統合されておらず、また、与える債務、為す債務、為さない債務という区分に即して記述され、一般化されていないことであり(1935)(1936)、もう1つは、契約不履行に基づく損害賠償が、契約法から切り離され、民事責任法の中に組み込まれていることである。とりわけ、後者の問題は深刻である。というのは、これによって、契約不履行に基づく損害賠償に関する規範は大きく変質し、等価物による履行という特殊な機能が、不当に惹起された損害の賠償という機能によって完全に吸

　　より多い、又はより少ない額を他方の当事者に付与することができない（原文は、Lorsque le contrat porte que celui qui manquera de l'exécuter payera une certaine somme à titre de dommages et intérêts, il ne peut être alloué à l'autre partie une somme plus forte, ni moindre.）。
　　ただし、裁判官は、合意された罰が明らかに過剰又は過小であるときには、職権で、それを緩和し、又は増大させることができる。反対の約定は、全て、書かれていないものとみなされる（原文は、Néanmoins, le juge peut, même d'office, modérer ou augmenter la peine qui avait été convenue, si elle est manifestement excessive ou dérisoire. Toute stipulation contraire est réputée non écrite.）。
　　債務が部分的に履行されていた場合、裁判官は、一部履行が債権者に獲得させた利益に応じて、合意された制裁を縮減することができる。ただし、前項の適用を妨げない。反対の約定は、全て、書かれていないものとみなされる（原文は、Lorsque l'engagement a été exécuté en partie, la peine convenue peut, même d'office, être diminuée par le juge à proportion de l'intérêt que l'exécution partielle a procuré au créancier, sans préjudice de l'application de l'alinéa précédent. Toute stipulation contraire est réputée non écrite.）。
　　契約の中にそれを履行しなければならない旨の文言が含まれているかどうかにかかわらず、罰は、債務者が遅滞にあるときでなければ生じない。ただし、反対の条項がある場合には、この限りでない（原文は、Que le contrat contienne ou non un terme dans lequel il doit être exécuté, la peine n'est encourue que lorsque le débiteur est en demeure, sauf clause contraire.）」。

(1934) Philippe Rémy, L'inexécution du contrat, in, Pour une réforme du droit des contrats, supra note 106, pp.253 et s. また、Cf. Id., supra note 773, pp.281 et s.
(1935) 債務法及び時効法改正準備草案は、「債務の不履行及び契約の解除」の前に、「債務の履行（De l'exécution des obligations）」と題する款を置き、その中で、与える債務（§1、1152条から1153-1条）、為す債務又は為さない債務（§2、1154条から1154-2条）、使用させる債務（§3、1155条から1156条）に即して、「債務の履行」の問題を扱っている。
(1936) この点は、司法省契約法改正草案も同様である（注(1907)の指摘を参照）。

◆第2章◆ 設　計

収されてしまっているからである[(1937)]。これに対して、ヨーロッパ契約法原則やユニドロワ国際商事契約原則の不履行に関するセクションは、上記のような欠陥を持たず、より構造化された体系に基づいている。こうした体系には、明晰性、一貫性という点で大きな利点が存するのであり、フランス法も、このモデルに従うべきなのである。このようなフィリップ・レミィの説明からは、契約不履行に基づく損害賠償を「不履行」の中で規定するという態度決定が、債務法及び時効法改正準備草案に見られた、契約不履行に基づく損害賠償の特殊性を著しく減少させ、それと契約不履行法との連続性を切断するという問題に対処するためになされたものであることが分かる。

　そうすると、次に問題となるのは、契約不履行に基づく損害賠償、あるいは、より広く契約不履行法の特殊性あるいは実質として、契約法改正の諸提案の中でどのようなものが想定されていたのかということになる。レミィは、以下のように続けている[(1938)]。契約法改正の諸提案においては、「当事者の正当な期待の満足を不履行規範の機能とすることが提案されている。実際、契約は、法律がそれに与える拘束力によって承認された約束の交換に尽きるものではない。契約は、当事者に予測を生じさせる取引でもあり、この予測は、それが合理的なものである限り、当事者に対し、不履行という特殊な民事フォートの「サンクション」というよりも、不履行に対する「救済」を与えることによって、尊重されなければならないのである。このような「救済的な」展望の下では、不履行の場合に開かれている手段の総体を構想することができる。この展望は、合意された給付の強制的な獲得を目指す現実履行に関して不可欠なものであるが、それだけでなく、迅速かつ低廉なコストで履行されなかった契約からの離脱を可能にする解除、そして、契約の履行から正当に期待しえたことの等価物を債権者に与えることを原理とする損害賠償についても、等しく妥当するものである」。ところで、こうした体系の中核にあるのは、問題となっている利害の均衡、つまり、債務者の利害に配慮しつつ、債権者の満足を実現するという視点である。そして、契約不履行法、契約不履行に対する様々な救済手段については、こうした視点から、その制度が構築されるべきなのである。

　以上のように、契約法改正の諸提案が契約不履行に基づく損害賠償を「不履行」の中に組み込んだ背景には、契約を予見や正当な期待という概念を用いて理解する構想、従って、契約における予見ないし正当な期待の実現の有無によって不履行の問題を統一的に規律しようとする方向性が存在したと見ることができる。このような立場を基礎に据えるのであれば、契約不履行に基づく損害賠償についても、それ

　　(1937) 他方、レミィは、司法省契約法改正草案に対しては、契約不履行に基づく損害賠償に関する規定が整備されていないために、附遅滞や免責原因に関するテクストの位置付けが不明確になっていると指摘する（Rémy, supra note 1934, p.254）。
　　(1938) Rémy, supra note 1934, pp.254 et s.

を正当な期待の実現手段として位置付けるのが適切であるし、これを反対から見れば、契約不履行に基づく損害賠償を民事責任法の中に取り込み、違法な行為によって生じた損害を賠償するための責任制度として捉えることは不適切ということになる[1939]。契約法改正の諸提案における契約不履行に基づく損害賠償は、当事者の正当な期待の満足という視点から構築された契約不履行法における1つの制度なのであり、まさに、履行されなかった契約を金銭という代替物によって実現することを任務としているのである。なお、このコンテクストでは、近時の等価物による履行論を生みだした要因の1つに、予見や正当な期待を基礎とした契約法の構想があったことを想起すべきであろう[1940]。本書は、契約法改正の諸提案の契約不履行に基づく損害賠償を履行モデルに定位したものと理解しているところ、上記の事実は、同提案が等価物による履行論から大きな影響を受けていることの証左となりうるからである。

　契約法改正の諸提案は、以上のような理解を出発点として、契約不履行に基づく損害賠償に関するテクストを用意した。以下、債務法及び時効法改正準備草案の4つの特徴に対応させる形で、同提案の特色を描いておこう。

　第1に、2つの損害賠償制度の性質的一元性を表現するかのような枠組みや概念が使用されていないことである。例えば、契約法改正の諸提案においては、債務法及び時効法改正準備草案や民事責任法案のように、不履行が、違法かつ異常な行為、フォート、あるいは、「責任を生じさせる行為ないし所為」として位置付けられることはなかったし、「責任を生じさせる行為ないし所為」、損害、因果関係という民事責任の3要件が設定されることもなかった。そこでは、専ら、債務が履行されたかどうか、不可抗力によって履行が妨げられたのかどうかが問われているだけなのである（117条）。これと関連して、債務法及び時効法改正準備草案では、2つの損害賠償の免責原因が統一的に規定されていたが（1349条から1351-1条）、契約法改正の諸提案においては、契約不履行に適合させる形で不可抗力が定義されていることにも（100条）、注意しておくべきであろう[1941]。また、同提案は、債務法及び時効法改正

[1939] フィリップ・レミィは、債務法のプランを検討した論文の中でも、以下のように述べている。契約不履行に基づく損害賠償の位置付けについて、「ヨーロッパ契約法」と債務法及び時効法改正準備草案との間には大きな差異が存在する。前者は、契約利益の実現という損害賠償制度の実質・特質を反映したものとなっているが、後者によれば、そのような理解が完全に失われてしまうのである (Philippe Rémy, Plan d'exposition et catégories du droit des obligations : Comparaison du projet Catala et des projets européens, in, Pour une réforme du droit des contrats, supra note 106, n°s 29 et s., pp.100 et s. なお、この論文は、Pour une réforme du droit des contrats, supra note 106 に収められているが、契約法改正の諸提案の内容を説明したものではなく、既存の法典・諸提案のプランを比較・検討したものである。また、Cf. Id., supra note 97, pp.1178 et s.)。

[1940] この点については、第1章・第2節・第2款・第1項660頁以下を参照。

[1941] その理由について、フィリップ・レミィは、以下のように述べている。不法行為法における不可抗力は、帰責性（フォート不存在）あるいは因果関係の問題に関わるのに対して、契約不履行法における不可抗力では、債務者がそのリスクを引き受けていたかどうか（引き受けたものと

準備草案（1364条）とは異なり、契約不履行に基づく損害賠償の中で、手段債務・結果債務の区別に言及することもない。この区別は、債務内容の確定というレベルで問題となりえても、責任のレベルでは問題となりえないというのがその理由である[1942]。更に、同提案には、債務法及び時効法改正準備草案の中に見られた、違法な行為によって生じた損害の賠償という視点から導かれるテクスト、例えば、損害賠償債権の発生時期を損害発生時とする規定（1367条。また、民事責任法案1386-19

みなされるかどうか）が問題となっている。このような理解から、同提案100条は、契約に固有の不可抗力の内実として、当事者の合理的な予見を問題にしたのである（Rémy, supra note 1934, p.258）。

なお、契約法改正の諸提案とは別に公表された民事責任法改正の提案における「責任の排除または免責原因（Des causes d'exclusion ou d'exonération de la responsabilité）」の中に置かれているテクスト（つまり、不法行為領域における免責原因に関するテクスト）は、以下の通りである。

民事責任法改正の提案44条「反対の規定がない限り、排除もしくは免責は、以下の各条が規定する場合及び条件においてのみ生ずる（原文は、Sauf disposition contraire, l'exclusion ou l'exonération n'ont lieu que dans les cas et aux conditions prévues aux articles suivants.）」。

同45条「刑法典の規定に従って、損害を生じさせる行為は、それが、立法又は規則により命ぜられ、正当な権限により要求され、もしくは、上位の利益の正当な防衛又は保護の必要性により要請される場合には、責任を生じさせない。ただし、損害を生じさせる行為が、被害者のそれとは別の利益の防衛の必要性によって正当化されるときには、被害者は、その損害の衡平な賠償を求める権利を有する（原文は、Conformément aux dispositions du code pénal, le fait dommageable ne donne pas lieu à responsablité lorsqu'il était prescrit par des dispositions législatives ou réglementaires, imposé par l'autorité légitime ou commandé par la nécessité de la légitime défense ou de la sauvegarde d'un intérêt supérieur. Néanmoins, lorsque le fait dommageable était justifié par la nécessité de la sauvegarde d'un intérêt autre que celui de la victime, celle-ci a droit à une réparation équitable de son dommage.）」。

被害者が処分することのできる権利もしくは利益を侵害する行為は、被害者が同意した場合には、責任を生じさせない（原文は、Ne donne pas non plus lieu à responsabilité le fait dommageable portant atteinte à un droit ou à un intérêt dont la victime pouvait disposer, si celle-ci y a consenti.）」。

同46条「偶発事故、第三者もしくは被害者の行為は、それが不可抗力の性格を持つ場合には、完全に免責する（原文は、Le cas fortuit, le fait du tiers ou de la victime sont totalement exonératoires s'ils remplissent les caractères de la force majeure.）」。

不可抗力は、被告又は被告が責任を負うべき者が、適切な方法によってその発生もしくは結果を回避することができない出来事である（原文は、La force majeure est l'événement dont le défendeur ou la personne dont il doit répondre ne pouvait pas éviter la réalisation ou les conséquences par des mesures appropriées.）」。

同47条「被害者又は被害者が責任を負うべき者のフォートは、それが損害の発生に寄与した場合には、部分的に免責する（原文は、La faute de la victime ou d'une personne dont la victime doit répondre est partiellement exonératoire lorsqu'elle a contribué à la réalisation du dommage.）」。

判断能力を欠く状況の下で、自己の損害の発生に寄与した者は、賠償債権を減少されない（原文は、Celui qui a contribué à la réalisation de son propre dommage alors qu'il était dépourvu de discernement ne peut voir sa créance de réparation réduite.）」。

同48条「フォートに基づく責任は、契約によって制限し、又は排除することができない（原文は、La responsabilité pour faute ne peut être limitée ou exclue par contrat.）」。

反対の規定がない限り、フォートなしの責任は、契約によって制限し、又は排除することができる。この制限もしくは排除は、身体的又は精神的完全性に対する侵害の場合に義務付けられる賠償については効果を有さない（原文は、Sauf disposition contraire, la responsabilité sans faute peut être limitée ou exclue par contrat. Une telle limitation ou exclusion est sans effet sur la réparation due en cas d'atteinte à l'intégrité physique ou psychique.）」。

(1942) Rémy, supra note 773, p.283.

条)、原状回復を中心とした後ろ向きの損害賠償評価のためのルール（1379条以下）等が存在しないことも指摘しておくべきであろう。

　第2に、先に述べたような契約不履行に基づく損害賠償の特性、つまり、債権者の期待や予見の確保ないし実現という特質を反映した規定が設けられていることである。まず、契約法改正の諸提案118条1項は、とりわけ、ヨーロッパ契約法原則9:502を参考にしつつ、「損害賠償は、一般的に、債権者が被った損失及びその者が奪われた利益を考慮して、契約が正確に履行されていたならばそうであったであろう状況に債権者を置く額である」との一般原則を設けた。これによって、履行の実現という契約不履行に基づく損害賠償の機能が明確に表現されると同時に、「責任を生じさせる行為ないし所為」の発生以前の状態に被害者を服せしめるという意味での民事責任法領域における「完全賠償原則」（債務法及び時効法改正準備草案1370条、民事責任法案1386-24条1項）が明確に拒絶されることになる[1943]。また、同条2項は、予見可能性を中核とした賠償範囲確定ルールを規定している。こうしたルール自体は、賠償モデルを基礎とする諸提案の中にも見られたが（債務法及び時効法改正準備草案1366条、民事責任法案1386-16条）、そこでは、債務者に課せられる損害賠償を減額するための手段という、純粋に政策的な視点からの正当化しか与えられていなかった。これに対して、契約法改正の諸提案の下では、予見可能性を中核とした賠償範囲確定ルールに明確な意味付けが与えられることになる。すなわち、契約不履行に基づく損害賠償が契約の実現手段であるならば、その範囲も、当然、契約で予定した利益の範囲に限られるのである[1944][1945]。

　第3に、判例法理ではなく、現行民法典の枠組みを承継したものになっていることである。既に触れたように、債務法及び時効法改正準備草案や民事責任法案においては、補償の確保という目的の下、賠償モデルの論理構造を利用し、「契約責任を生じさせる行為ないし所為」の範囲を拡大してきた判例法理が肯定的に受け止められ、それを反映させた民事責任法の構想が採用されると伴に、判例法理に存在していた様々な問題を解消するため、同一の性質を持つ2つの損害賠償制度間の適用関係を調整するための規定が設けられていた。これに対して、契約法改正の諸提案における契約不履行に基づく損害賠償は、基本的に、賠償モデルの考え方を排斥しているから、その論理構造を利用した判例法理の諸解決や、2つの損害賠償制度の性質的一元性を前提とした解決を受け入れることはできない。従って、上記の草案・法案のように、「契約責任」の領域拡大の象徴とも言うべき安全債務が条文化されて

[1943] Rémy, supra note 773, pp.283 et s.
[1944] Rémy, supra note 1934, pp.225 et s.
[1945] このように理解すると、債務者に悪意や重フォートが存在する場合の特則をどのように正当化するのかという点が問題となりうるが、報告書の中では、ビゴ・プレアムヌや19世紀の学説によって示されていた不法行為による基礎付けが示唆されている（Rémy, supra note 773, p.285）。なお、この点については、第1部・第2章・第2節・第1款・第2項325頁以下を参照。

◆第2章◆ 設　計

いないことはもちろんのこと、契約当事者ではない第三者に対し、契約利益の実現を目的とする契約不履行に基づく損害賠償の援用が認められることもないのである(1946)。

　他方、債務法及び時効法改正準備草案や民事責任法案は、契約不履行に基づく損害賠償と不法行為に基づく損害賠償を民事責任の名の下で統一的に規律する手法を採用しており、この点において、これらを明確に区別している現行民法典の枠組みからは大きく隔たるものとなっていた。また、各条文に関しても、賠償モデルの考え方に適合的な内容に改められていた。これに対して、契約法改正の諸提案における契約不履行に基づく損害賠償は、基本的に、現行民法典の体系・内容を引き継いだものとなっている。損害賠償の原則規定である同117条や、予見可能性ルールを規定した同118条2項（更に、同119条）は、それぞれ、現行の1147条、1150条（1151条）の表現に若干の修正を加えたものに過ぎない。もちろん、取引の国際化・高度化を反映して、現行民法典には存在しないテクストも新設されたが（同120条、121条）、これらは、契約不履行に基づく損害賠償の理論枠組みに直接関わるものではないのである。このような契約法改正の諸提案の態度には、現行のフランス民法典における契約不履行に基づく損害賠償に対する肯定的な評価、その前提として、民法典の損害賠償規定が等価物による履行という発想を基礎として作られたものである

　(1946)　契約法改正の諸提案は、第3節「契約の効果」の第1款「当事者間における効果」に続けて、第2款「第三者に対する効果（Des effets à l'égard des tiers）」を用意し、その冒頭に以下のような条文を置いている。
　　同124条「契約は、当事者の間でなければ、効力を有しない（原文は、Le contrat n'a d'effet qu'entre les parties.）」。
　　契約は、第三者に対して、効力を有さない。第三者は、本款が規定する場合を除き、履行を請求することも、履行を強制されることもない（原文は、Il n'a pas d'effet à l'égard des tiers qui ne peuvent ni en demander l'exécution ni se voir contraints de l'exécuter, sous réserve de la présente section.）」。
　　同125条「第三者は、契約によって作り出された状況を尊重しなければならず、また、それを援用することができる（原文は、Les tiers doivent respecter la situation créée par le contrat et peuvent s'en prévaloir.）。
　　契約当事者による債務の不履行によって第三者が損害を被ったというだけでは、この第三者に対する契約当事者の不法行為責任は生じない（原文は、La seule existance d'un dommage subi par un tiers du fait de l'inexécution d'une obligation par un contractant n'engage pas la responsabilité délictuelle de celui-ci à l'égard du tiers.）」。
　　これらの条文は、一見すると、司法省契約法改正草案137条、138条、その基礎になった債務法及び時効法改正準備草案1165条、1165-2条、1342条と同じ趣旨であるようにも見える。しかしながら、債務法及び時効法改正準備草案1342条（更には、民事責任法案1386-18条）が、第三者に対して、「契約責任」及び不法行為責任のいずれについても、援用の可能性を認めているのとは異なり、契約法改正の諸提案125条2項は、不法行為責任にしか言及していない。つまり、これを反対に解釈すれば、そこでは、第三者による「契約責任」の援用は、原則として認められないということになるのである。この問題に関しても、契約不履行に基づく損害賠償の性質についての理解が大きな影響を及ぼしていることが分かるであろう（もちろん、契約連鎖のケースにおける付随物理論、契約グループの理論等が排除されることはない。しかし、当事者以外の者による契約不履行に基づく損害賠償の援用が認められるのは、あくまでも、こうした法理によって、第三者による契約利益の獲得が正当化される範囲内においてであって、上記の草案・法案のように、理論上、「契約責任」の適用可能性が広く開かれることはない）。

との理解を見て取ることができよう(1947)。

　第4に、契約法改正の諸提案における契約不履行に基づく損害賠償では、予見あるいは期待の保護・実現という契約法の視点が前面に押し出されていること、その反面、賠償モデルの考え方が排斥されたことからして当然であるが、補償の確保という民事責任法の視点が全く存在しないことである。諸要因については既に言及してあるので、ここでは補償の確保という視点の有無についてだけ簡単に述べておく。なるほど、民事責任改正の提案、つまり、不法行為法改正のコンテクストでは、同グループの提案の中にも補償の確保という視点を見出すことができる。しかし、契約法改正の諸提案における契約不履行に基づく損害賠償の枠内では、こうした民事責任法固有の理念が強調されることも、それを前提としたテクストが設けられることもなかったのである。契約不履行に基づく損害賠償を履行の実現という視角から捉えるモデルが前提とされている以上、このことは当然であるとも言うことができよう。

　以上のような特徴を持つ契約法改正の諸提案における契約不履行に基づく損害賠償に関する規定を、本書の問題関心から評価してみよう。

　まず、契約法改正の諸提案は、契約法・契約不履行法全体を通底する明確な理念・問題関心から出発し、それを実現するための原理を設定した上で、この原理に即した構成・条文を用意していることが分かる。すなわち、同提案は、正当な予見ないし期待の保護・実現という契約法の理念を実現するために（第4の特徴）、履行モデルを原理として選択し、それに沿う形で、契約不履行に基づく損害賠償の特殊性を反映させたテクストを準備したのである（第1・第2の特徴）。そうすると、同提案における契約不履行に基づく損害賠償に関する規定は、判例・学説によって形成されてきた、契約不履行に基づく損害賠償を用いた補償確保のための枠組みを否定的に評価する一方、民法典の立場を発展的に承継したもの（第3の特徴）、本書の検討対象に即して言えば、履行モデルに適合的な規律を用意したものと見ることができるであろう。従って、契約法改正の諸提案も、債務法及び時効法改正準備草案とは異なった形ではあるが、第1章で検討したフランスにおける契約不履行に基づく損害賠償の理論モデルの変遷の中で捉えられなければならないのである。

　契約法改正の諸提案におけるような形で契約不履行に基づく損害賠償を理解するならば、それは、契約法、契約不履行法の枠組みの中で把握されるべき存在として位置付けられることになる。従って、ここでは、不法行為に基づく損害賠償との関係における契約不履行に基づく損害賠償の特殊性が、明瞭な形で浮かび上がってくる。この点については、既に言及したので繰り返さない。また、契約法改正の諸提

　　(1947)　なお、このコンテクストでは、近時の等価物による履行論を生みだした要因の1つに「原典への回帰」があったことを想起すべきであろう。この点については、第1章・第2節・第2款・第1項664頁を参照。

案は、契約不履行法全体を正当な期待の保護という視点から理解しようとするものであるため、契約不履行に基づく損害賠償と契約不履行に対するその他の救済手段との関係も、こうした視点から明確化される可能性を秘めている。もっとも、同提案97条は、各救済手段が選択・競合関係にあると規定しているだけで、それ以上のことを述べていない。同じような規定は、債務法及び時効法改正準備草案（1158条1項）や司法省契約法改正草案（159条）にも存在しているから、契約法改正の諸提案は、必ずしもこうした利点を生かし切れていないとも言える。しかし、契約法改正の諸提案の背後にある理論枠組み＝履行モデルの実質をも考慮するならば、同提案97条1項の意味は、上記の諸草案のそれとは大きく異なっており、同じような文言の規定でこのことを十分に規律していると理解することもできるように思われる。

　例えば、履行請求と損害賠償請求との関係について考えてみると、賠償モデルの下では、一方は契約、他方は責任の問題に属するため、契約の拘束力の観点から見れば[1948]、これら2つの手段は、債権者の自由な選択に委ねられるべき性質のものではなく、履行請求を優先させるべきとの要請が働く。そうすると、債務法及び時効法改正準備草案や司法省契約法改正草案が言う選択権は、条文の文字通りの理解とは異なり、全く自由なものではない。言い換えれば、ここでは、条文上、履行請求と損害賠償請求との関係が十分に規律されていない。これに対して、履行モデルにおいては、いずれの手段も、契約の効力、あるいは、正当な期待を満足させるための手段として把握されるので、これらを債権者の選択に委ねたとしても、契約の拘束力との関係で問題が生ずることはない。つまり、この考え方を基礎とする契約法改正の諸提案は、「選択権を有する」と規定することで、救済間のヒエラルヒーを排除していると読むことができるのである[1949]。もちろん、こうした解決の当否それ自体を問題に付すことは可能であるし、また、履行モデルを前提としたからといって、そこから、常に、履行請求と損害賠償請求を並列的に捉える方向性が導かれるわけでもない。しかし、上記の解決は、契約法改正の諸提案が、契約不履行に基づく損害賠償を契約不履行法の中に取り込み、履行の実現という視角から捉えたからこそ可能になったものなのであって、このように理解するならば、同提案は、97条1項の簡素な文言によって、契約不履行に対する救済手段の関係を十分に表現したと評価することもできるのである。

　もっとも、契約法改正の諸提案のような形で契約不履行に基づく損害賠償を捉えると、2つの損害賠償制度を一元的に把握しようとする制度設計の中に存在した利点、すなわち、2つの損害賠償制度の関係等といった困難な問題に正面から取り組

[1948] もっとも、注(524)で触れたように、今日では、比較法的知見、法と経済学の分析成果を基礎として、履行請求を契約の拘束力と結び付ける理解、そして、そこから導かれる現実履行の一義性・優位性に対して異論を提示する見解も有力である。

[1949] Rémy, supra note 1934, p.256. ただし、一定の留保が付せられている。

むことができるという利点は、失われることになる。しかしながら、これは、契約法改正の諸提案の重大な欠点とはなりえない。その理由は、以下の通りである。債務法及び時効法改正準備草案や民事責任法案が、非競合原則を条文化しつつその例外を認めたり、第三者に対して契約不履行に基づく損害賠償の援用を認めたりする解決を採用したのは、これらを認めなければ、現在の判例法理のように、補償の確保という目的に反するような事態が生じ、また、同一の事実状態で損害を被った被害者間で取扱いの相違が生じてしまうからであった。そして、現在の判例において、こうした問題を生み出す契機となっていたのは、契約不履行に基づく損害賠償を、不法行為に基づく損害賠償と同じく、フォートによって生じた損害を賠償するための制度として捉える考え方それ自体であった。つまり、上記の草案・法案に見られるような解決を要請しているのは、まさに、賠償モデルの論理構造を最大限に利用した解釈論なのである。ところで、契約法改正の諸提案において、契約不履行に基づく損害賠償は、履行されなかった契約を実現するための制度として捉えられているから、その適用領域も、契約で予定された利益の実現によって画されることになる。そのため、この立法提案の下では、契約不履行に基づく損害賠償を、それ以外の損害の賠償を行うために利用することはできない。そうすると、ここでは、現在の実定法で困難を生じせしめていた問題の多くは、不法行為法の領域に属するから、契約制度の利用による被害者保護の後退、被害者間の取扱いの相違というような課題が発生することもありえない。従って、そもそも、このモデルにおいては、立法上、上記のような解決を明文化しなければならないという要請は大きくないのである。このように見るならば、たとえ2つの損害賠償制度の関係等を規律することがなかったとしても、それを契約法改正の諸提案の重大な欠陥と言うことはできないであろう[1950]。

以上のように、契約法改正の諸提案は、正当な期待という視点を契約法・契約不履行法の中核に据え、そこから、履行モデルを原理として選択し（理念の原理への反映）、それを適切に条文化すること（原理の制度レベルへの反映）によって、生まれたものである。こうした構想は、確かに、実定法の現状からは大きく離れるものであったが（実定法との不連続性）、そこに存在した無秩序状態からは解放されていたし（実定法の放棄による問題の解消）、何よりも、フランス民法典との連続性において捉

(1950) 実際、民事責任法改正の提案では、本文で述べたような理解を反映したテクストが設けられている。

　同3条「反対の規定がある場合を除き、人間の身体的及び精神的完全性に対する侵害は、契約の履行の際に生じたものであっても、本節の規範に従って賠償される（原文は、Sauf disposition particulière, les atteintes à l'intégrité physique et psychique de la personne sont réparées d'après les règles du présent chapitre alors même qu'elles seraient causées à l'occasion de l'exécution d'un contrat.）」。

　同4条「契約不履行は、〔テレ草案第116〕条以下が規定する条件及び範囲内においてしか、損害賠償を生じさせない（原文は、L'inexécution du contrat ne donne lieu à dommages et intérêts qu'aux conditions et dans la mesure prévue par les articles〔116 s. du projet Terré〕.）」。

えられうるものであった（原典との連続性）。更に、これによって、契約不履行に基づく損害賠償の特殊性は明確なものとなり、契約不履行法の整合性も確保されることになった（制度設計レベルでの有用性）。なお、この体系をフランスにおける債務法改正のコンテクストで評価するならば、契約法改正の諸提案は、契約の規律を一体化しているという意味で、債務法及び時効法改正準備草案や民事責任法案（更には、司法省契約法改正草案）よりも、民法典へのアクセスの容易さを高めるものと見ることができる（改正目的の実現）。また、同提案は、これらの草案・提案と比べて、フランス法の学理的な特性[1951]を反映しておらず、むしろ、「ヨーロッパ契約法」へと接近するものと言える（改正目的の不実現？[1952])　[1953]）。

(1951) 学理的な特性という表現を用いたのは、本文で述べたように、契約法改正の諸提案は、フランス民法典の立場に近く、この意味では、フランス法の特性を反映したものとなっているからである。
(1952) ここで「？」を付したのは、「ヨーロッパ契約法」に対してどのようなスタンスをとるかによって、その評価が異なってくるからである。すなわち、フランス法のプレゼンスを示すことに重点を置くならば、債務法改正の目的は達成されていないと言えるが、ヨーロッパにおける法調和を目指すのであれば、その目的は実現されていると見ることができるのである。
(1953) 先に、司法省契約法改正草案については、債務法を3つの分野（契約、債務の一般制度、民事責任）に分け段階的に改正を行う方法に対して批判が提起されていること、同草案においては、契約交渉破棄や契約締結前の情報提供義務違反を理由とする損害賠償が不法行為と性質決定され、その損害賠償の範囲も定められているところ（20条2項、21条、26条、50条）、「契約責任」と不法行為責任の関係を問題にせず、民事責任法についての規定の起草を後回しにしながら、上記のような態度決定を行うのは、理論的に見て、極めて問題が多いことを指摘した（注(1906)を参照）。この点、契約法改正の諸提案も、契約法だけを対象とするものであり、しかも、司法省契約法改正草案と同様、契約交渉破棄、契約締結前の情報提供義務違反に基づく損害賠償を不法行為あるいは「責任」（同提案が依拠する等価物による履行論によれば、「契約責任」は存在せず、責任は（広い意味での）不法行為責任だけを意味するから、ここでの責任も不法行為を指しているのであろう）と性質決定しているから（18条3項、24条2項、25条、34条）、同提案に対しても、同じような問題を指摘することができるようにも思われる。しかし、契約法改正の諸提案は、契約不履行に基づく損害賠償を契約の履行方式として捉えるものである。このような理解によれば、明確な形で合意がなされていない限り、契約締結前の問題について契約の実現という視角から把握することはできないため、そこでの義務違反に基づく損害賠償を契約不履行に基づく損害賠償の対象とすることもできない（これに対して、賠償モデルの考え方によれば、日本の統一的保護関係理論に見られるように、「責任を生じさせる行為ないし所為」の捉え方次第では、契約締結前の義務違反を契約不履行に基づく損害賠償の対象とすることは、「理論的には」可能である）。従って、契約法改正の諸提案が、これを不法行為あるいは責任と性質決定しても、そこに何ら不自然な点は存在しないのである。
　同18条「申込者は、明確に予定された期間、それがない場合には、合理的な期間、申込みを維持する義務を負う（原文は、L'offre oblige son auteur à la maintenir pendant le délai expressément prévu, ou à défaut, pendant un délai raisonnable.）。
　この維持債務に違反してなされた、特定の者に対する申込みの撤回は、契約の成立を妨げない（原文は、La révocation de l'offre faite à personne déterminée, en violation de cette obligation de maintien, n'empêche pas la formation du contrat.）。
　申込みが不特定の者に対してなされたとき、その撤回は、申込者の民事責任のみを生じさせる。この場合、撤回者は、締結されなかった契約から期待される利益の喪失を填補するよう義務付けられることはない（原文は、Si l'offre est faite à personne indéterminée, sa révocation n'engage que la responsabilité civile de son auteur sans l'obliger à compenser la perte des bénéfices attendus du contrat non conclu.）」。
　同24条「交渉の発議、展開及び破棄は自由である。ただし、信義誠実の要求に従わなければならない（原文は、L'initiative, le déroulement et la rupture des pourparlers sont libres, mais ils doivent satisfaire aux exigences de la bonne foi.）。

◆**第1節** ◆ 理論モデルの利用

◇第2項　フランスから見た契約不履行に基づく損害賠償の制度設計

　本款冒頭で述べた通り、本項では、フランス法から見た「ヨーロッパ契約法」における契約不履行に基づく損害賠償が議論の対象とされる。日本においては、ヨーロッパ契約法原則や共通参照枠草案を中心に、「ヨーロッパ契約法」に関する研究の蓄積が存在し、それが、契約不履行に基づく損害賠償、契約不履行法の議論にも大きな影響を与えてきた[1954]。従って、本書が「ヨーロッパ契約法」それ自体を検討することは、屋上屋を架すだけで、議論を進展させることには繋がらない。むしろ、契約不履行に基づく損害賠償の理論枠組みという本書が採用している分析視角から見たときには、こうした枠組みが共有されているフランス法のフィルターを通じて、「ヨーロッパ契約法」を眺めることが有益であるように思われる。上記のような検討を行うことによって、フランスにおいては、今日、契約不履行に基づく損害賠償の性質について多くの議論がなされているところ、このような損害賠償の性質論を起点に据えた場合に、「ヨーロッパ契約法」がどのように評価されうるのか、どのような理由からそのような評価がなされているのかといった問いを解明することができるのである。

　ところで、今日のフランスでは、「ヨーロッパ契約法」についてどのような態度決定をするのかにかかわらず、各提案やモデル・ルールの基本理念、テクストの内容を紹介・検討し、フランス契約法と対比する論稿が増えている。とりわけ、契約における自由、誠実、安全といった指導原理[1955]、その具体的発現として理解されている、一方的解除、一方当事者による代価の確定、契約の改定、再交渉義務、損害軽減義務等については、かなりの議論の蓄積が存在する[1956]。契約不履行に基づく

　　　破棄する権限の行使に際して犯されたフォートは責任の原因である。このフォートは、とりわけ、当事者の一方が、同意に達しようとする真の意図を持つことなく、交渉を開始し又は継続したときに認められる。（原文は、La faute dans l'exercice de la faculté de rompre est source de responsabilité. Elle est notamment constituée lorsque l'une des parties a entamé ou a poursuivi des négociations sans avoir de véritable intention de parvenir à un accord.）
　　　如何なる場合においても、損害賠償は、締結されなかった契約から期待される利益の喪失を塡補するものではない（原文は、En aucun cas les dommages et intérêts ne peuvent compenser la perte des bénéfices attendus du contrat non conclu.）」。
　　同25条「交渉の際に獲得した秘密の情報の無権限使用は、あらゆる破棄とは無関係に、不法行為責任の一般法の条件において、賠償への権利を与える（原文は、Indépendamment de toute rupture, l'utilisation non autorisée d'une information confidentielle obtenue à l'occasion des négociations ouvre droit à réparation dans les conditions du droit commun de la responsabilité délictuelle.）」。
　　同34条「情報債務の違反は、それを負っていた者の責任を生じさせる。また、場合によっては、第35条以下の定める条件において契約の無効をもたらす（原文は、Le manquement à une obligation d'information engage la responsabilité de celui qui en était tenu et, le cas échéant, conduit à la nullité du contrat dans les conditions des articles 35 et suivants.）」。
(1954)　注(121)掲記の諸論稿を参照。
(1955)　後に触れるように、アンリ・カピタン協会と比較立法協会は、ヨーロッパ私法に関するジョイント・ネットワークに参加し、共通の術語と契約法の指導原理を検討する役割を担った。本文で述べた、自由、誠実、安全は、この契約法の指導原理として取り上げられたものである（Projet de cadre commun de référence, Principes contractuels communs, supra note 144）。

763

損害賠償についても、近時のフランスにおける議論の内容を反映して、その性質・機能といった視点から、「ヨーロッパ契約法」へのアプローチを試みている文献が存在するが、それほど数が多いわけではない。また、「ヨーロッパ契約法」における契約不履行に基づく損害賠償に関心を寄せる学説のほとんどは、等価物による履行論を支持するか、あるいは、その方向性に賛意を示すものである。本来であれば、第１項と同じように、賠償モデル、履行モデルそれぞれの立場からの理解を検討することが本書の問題関心を深めることになるのではあるが、それを行うと、フランスにおける議論の所在を見失わせ、本項の検討課題である「フランスから見た契約不履行に基づく損害賠償の制度設計」を歪めることにもなりかねない。そこで、以下では、項目立ての体裁を損なうことを甘受しつつ、まず、フランス民法学全体から見た「ヨーロッパ契約法」における契約不履行に基づく損害賠償の理解に触れ、次いで、履行モデルに親和的な立場からの議論を検討していくことにする。

(1)　「フランス民法学」の理解

(1)で検討の対象とされるのは、アンリ・カピタン協会と比較立法協会が、ヨーロッパ私法に関するジョイント・ネットワーク[1957]に参与する中で作成した共通契約原則と共通契約術語である[1958]。元々、これらの機関は、ジョイント・ネットワークの中で、ヨーロッパ契約法の指導原理と術語の検討作業を委託されていたが、最終的には、それに限らず、ヨーロッパ契約法原則の改定・修正作業を実施するという形で、モデル・ルールに関わる作業にも寄与することになった。そうすると、ここには、３つの素材、すなわち、契約法の指導原理に関する検討、契約法の術語に関する検討、ヨーロッパ契約法原則の改定版が存在するということになる。もっとも、このうち、指導原理に関する検討は、契約における自由、誠実、安全について、その具体的な発現や適用も含め、各国内法、国際的な立法やモデル・ルール、EU のアキ等を素材に比較分析するもので、極めて興味深いが、本書の検討対象に直接関わるものではない。従って、以下では、ヨーロッパ契約法原則の改定作業と契約法の術語に関する検討、後者については、とりわけ、契約不履行に基づく損害賠償に関わる、「フォート・違反（La faute – Le manquement）」、「損害賠償・補償（Dommages et intérêts – Indemnité）」の項目[1959]を素材として、フランス民法学が「ヨーロッパ契

(1956) Ex. Fages, supra note 141, Quelques évolutions du droit français des contrats..., pp.2386 et s.; Lemaire et Maurin, supra note 141, pp.38 et s.; Mazeaud, supra note 128, pp.205 et s.; Id., supra note 141, Faut-il avoir peur d'un droit européen des contrats..., pp.397 et s.; Id., supra note 141, Principes de droit européen du droit du contrat..., pp.723 et s.; Id., supra note 141, Le droit européen des contrats..., pp.1 et s.; etc.

(1957) ヨーロッパ私法に関するジョイント・ネットワーク等については、文献の所在も含め、序論 41 頁以下を参照。

(1958) Projet de cadre commun de référence, Principes contractuels communs, supra note 144; Projet de cadre commun de référence, Terminologie contractuelle commune, supra note 145.

(1959) 前者につき、Projet de cadre commun de référence, Terminologie contractuelle commune,

約法」における契約不履行に基づく損害賠償をどのように理解しているのかという点を明らかにしていくことにしよう。

なお、具体的な考察に先立って、共通契約原則の作業プロセスとの関連で、本項がそれを分析の対象とすることの意味を明らかにしておく必要がある。アンリ・カピタン協会及び比較立法協会によるヨーロッパ契約法原則の改定作業は[1960]、自由と契約正義を両立させ、理論的な一貫性を犠牲にすることなく実務的な要求に応えうる、「最良の」契約法を探求することを目的として行われた。その具体的な作業は、まず、ヨーロッパ契約法原則の各条文について、その意味と射程、問題点を洗い出し、次いで、これを、各国内法、ユニドロワ国際商事契約原則、国際物品売買契約に関する国際連合条約、ヨーロッパ契約法典草案、債務法及び時効法改正準備草案と比較して、最後に、その理由を明示しながら修正を施すという形で行われている。従って、ここでは、「フランス法の視点」からの分析が前面に押し出されているわけではなく、むしろ、それは忌避されているとさえ言える[1961]。そうすると、共通契約原則の検討は、契約不履行に基づく損害賠償の理論枠組みを基礎として、フランスにおける「ヨーロッパ契約法」の損害賠償規定の理解を明らかにするという本項の目的に、必ずしも相応しくないようにも見える。

しかしながら、そのような理解は適切ではない。まず、「フランス法の視点」の意味が問題である。本書が採用する賠償モデル・履行モデルという分析枠組み、あるいは、フランス法の「契約責任」、等価物による履行という概念は、契約不履行に基づく損害賠償に関わる様々な言明が前提としている思考プロセス、あるいは、その基礎となっている原理を背景として構築されたものであるから、日本ないしフランス法に固有のコンテクストでしか成り立ちえないというものではない。本書の考察は、日本とフランスの議論のみを対象としているが、これらの枠組みや概念、そして、それらが様々な場面で及ぼす具体的な影響は、普遍的な性格を有している。そうであるとすれば、「契約責任」、等価物による履行という発想は、「フランス法の視点」ではないということになろう。実際、共通契約原則や共通契約術語の中でも、事柄の性質上、必ずしも前面に押し出されているわけではないが、こうした発想を前提とした議論がなされているのである。

次に、「フランス法の視点からの分析」の意味が問題である。本項においては、フランス法に内在的な視点から、つまり、第1項で扱った債務法改正のための諸草案・

---

supra note 145, pp.273 et s. 後者につき、Ibid., pp.361 et s.
(1960) もっとも、その全てが対象とされているわけではない。具体的には、「一般規定」（第1節）、「多数当事者」（第10節）、債権譲渡（第11節）、相殺（第13節）、時効（第14節）、「利息の元本への組入れ」（第17節）は、対象外とされている。
(1961) 以上の点について、Cf. Guillaume Wicker et Jean-Baptiste Racine, Introduction, in, Projet de cadre commun de référence, Principes contractuels communs, supra note 144, pp.14 et s.（なお、ギヨーム・ヴィッカーは、指導原理の検討チーム、ジャン・バプティスト・ラシヌは、ヨーロッパ契約法原則の改定チームの責任者である）

提案と同じように、フランスの思想的・社会的背景や実定法との関連で「ヨーロッパ契約法」がどのように理解・修正されうるのかという点ではなく、こうした諸要素から独立した形で「ヨーロッパ契約法」がどのように捉えられているのかという点を問題にしている。共通契約原則や共通契約術語が行っているのも、まさに、このような作業であると言うことができる。そうすると、ここには、フランス法の諸前提に依存しない形でのフランス民法学の契約不履行に基づく損害賠償の制度設計のあり方に関する1つの理解が存在するということになろう。そして、契約不履行に基づく損害賠償に関する制度設計のあり方として、フランス法は、前項で検討した債務法及び時効法改正準備草案、司法省契約法改正草案、民事責任法案に顕著な形で見られるように、契約法に関する規律を時系列的に配置し、契約不履行に基づく損害賠償を契約不履行法の中に組み込む構想を持つヨーロッパ契約法原則とは異なる方向へと歩みを進めようとしているところ、共通契約原則や共通契約術語を検討することによって、フランス民法学が提案しようとしている様々なルールの意味がより明確な形で浮かび上がってくるように思われるのである。以上のことを断った上で、具体的な検討に入ることにしよう。

本書の検討対象である契約不履行に基づく損害賠償、あるいは、より広く契約不履行に関して、共通契約原則は、ヨーロッパ契約法原則の第8章「不履行及び救済手段一般（Inexécution et moyens en général）」、第9章「不履行の場合における様々な救済手段（Les divers moyens en cas d'inexécution）」を1つずつ繰り下げ、それぞれ、第9章及び第10章としている[1962]。まずは、そこで行われている議論の内容について、本書の問題関心から重要と思われるものだけをごく簡単に概観しておく[1963]。

「不履行及び救済手段一般」の章について、ヨーロッパ契約法原則にはプランが欠けており、読みやすさ及び一貫性の確保の観点から章立てがなされるべき旨が述べられた後[1964]、各条文の検討が行われる。各条文の修正案は、基本的に、文言の変更や、条文の統合・分離に関わるものであり、特に見るべきものはないが、そこでの議論の中には、先に述べたような問題関心から見て、興味深いものも存在する。

まず、不履行の原因に応じて債権者が行使することのできる救済手段を整理した

[1962] ヨーロッパ契約法原則の第6章「内容及び効果（Contenu et effets）」が、第6章「内容（Contenu）」、第7章「効果（Effets）」に分けられることになったことを理由とするものである。

[1963] 以下では、共通契約原則の条文を引用する場合、それに対応するヨーロッパ契約法原則の条文を括弧内で付記する。また、両者の条文が同一であるか、字句の修正がなされているに過ぎない場合には、共通契約原則の条文のみを掲げる。更に、これまでの叙述では、ヨーロッパ契約法原則のテクストについて、英語版の原文を付してきたが、本項においては、その改定版である共通契約原則との対比が必要となるため、フランス語版の原文を付すことにする。

[1964] Projet de cadre commun de référence, Principes contractuels communs, supra note 144, p.617. 具体的には、PCC 9:101 条から 9:103 条（PECL 8:101 条から 8:103 条）までを「救済手段一般（Les moyens en général）」（第1節）に、PCC 9:104 条から 9:106 条（PECL 8:104 条から 8:106 条）までを「特殊な救済（Les moyens particuliers）」（第2節）に、PCC 9:107 条から 9:109 条（PECL 8:108 条、8:109 条。なお、8:107 条は削除されている）までを「免責の場合（Les cas d'exonération）」（第3節）に、それぞれ統合することが提案されている。

9:101条（8:101条）に関して[1965]、このような「使用説明書（mode d'emploi）」の条文に規範的な価値はないが、教育的な意味は大いにあるとされ、この点において、規定が散在している債務法及び時効法改正準備草案とは対照をなしていると言う[1966]。ここには、アクセスの容易さという観点から、契約不履行に基づく損害賠償を含め、契約不履行に対する全ての救済手段を統一的に把握する構想への肯定的な評価を見て取ることができるのではないかと思われる。次に、債務者による治癒に関する9:104条（8:104条）について[1967]、非常に実用的であり、実際上の有用性も高いとの評価がなされている。債権者は損害賠償よりも現実履行を望むものであるから、これによれば、債権者に最大限の満足を与えることができるし、また、契約の消滅も回避することができるというのが、その理由である[1968]。こうした理由付けの背後には、原則として債権者の自由に委ねられている救済手段の選択の中で[1969]、できる限り現実履行の実現を果たしていくのが望ましいとの評価を読み取りうるであろう。このような視点は、次の「不履行の場合における様々な救済手段」、とりわけ、履行請求を扱うコンテクストでも繰り返し強調されている。

「不履行の場合における様々な救済手段」の章については、個別的検討の前に、以下のような一般的な考察がなされている。不履行の場合に債権者は何をすることができるのかという問いの背後には、極めて重大な理論的かつ実際的な争点が存在する。この点について、ヨーロッパ契約法原則は、取引の要請に適合する解決を設け

[1965] PCC 9:101 債権者が行使する救済手段の使用（Utilisation des moyens dont dispose le créancier）（修正）

「当事者の一方が契約から生じた債務を履行しないときはいつでも、債権者は、第10章で定められたいずれの救済手段も用いることができる。ただし、本条第2項以下に該当する場合は、この限りでない（原文は、Toute les fois qu'une partie n'exécute pas une obligation résultant du contrat le créancier est fondé à recourir à l'un quelconque des moyens prévus au chapitre 10 sous réserve des dispositions du présent article.）。

債務者が9:107条によって免責されるときは、債権者は、現実の履行請求及び損害賠償請求を除き、第10章で定められたいずれの救済手段も用いることができる（原文は、Lorsque le débiteur bénéficie de l'exonération prévue à l'article 9:107, le créancier est fondé à recourir à l'un quelconque des moyens prévus au chapitre 10 excepté les demandes d'exécution en nature et de dommages et intérêts.）。

債務者が9:108条によって免責されるときは、債権者は、第10章で定められたいずれの救済手段も用いることができない（原文は、Lorsque le débiteur bénéficie de l'exonération prévue à l'article 9:108, le créancier ne peut recourir à aucun des moyens prévus au chapitre 10.）」。

[1966] Projet de cadre commun de référence, Principes contractuels communs, supra note 144, p.618 et pp.620 et s.

[1967] PCC 9:104 債務者による治癒（Correction par le débiteur）（修正）

「債務者は、履行期が到来していないとき、又は遅滞が本質的な不履行とならないときは、契約に適合しない履行を治癒する権利を有する（原文は、Le débiteur a le droit de prendre toute mesure destinée à corriger une exécution non conforme au contrat si la date d'exécution n'est pas arrivée ou si le retard ne constitue pas une inexécution essentielle.）。

治癒は、債権者による損害賠償の請求を妨げない（原文は、La correction n'exclut pas une demande de dommages et intérêts par le créancier.）」。

[1968] Projet de cadre commun de référence, Principes contractuels communs, supra note 144, p.633.

[1969] Ibid., p.618.

ている。「しかしながら、第9章の一般的な構想に対しては、幾つかの批判も存在する。その背後にあるモデルは、専門家の間で締結された売買であった（国際物品売買契約に関する1980年のウィーン条約の影響は否定できない）。ところで、契約は、その全てが売買というわけではないし、専門家の間で締結されるわけでもない。時に厳格な債務が債権者に課せられている（例えば、被った損害の減少）。ところで、この債権者が専門家でないこともありうる。確かに、ヨーロッパ契約法原則の中心にある合理性という観念によれば、この事実を考慮することができる。しかし、それにもかかわらず、第9章の一般的な精神は、経済学の用語で言う「完全に合理的な存在」としての債権者というイメージを前提としている。事実は、常にそうというわけではないのである」(1970)。

こうした一般的な考察がなされた後、それぞれの救済手段、条文ごとの検討が行われる。まず、履行請求権（第1節）に関しては、本節の中に、とりわけ、フランスの法律家の視点から見た場合には、契約の拘束力を深刻に揺り動かすような規律があること、時に債務者が債権者よりも有利に扱われているように見えることが強調されている（とりわけ、10:101条2項（9:101条2項）、10:102条2項b号及びd号（9:102条2項b号及びd号）(1971)(1972)(1973)。これは、フランスにおいては、契約の道徳

(1970) Ibid., p.675.
(1971) PCC 10:101 金銭債務（Dettes de somme d'argent）（維持）
　「債権者は、履行期が到来した金銭債務の支払いを請求する権利を有する（原文は、Le créancier a droit d'obtenir paiement d'une dette de somme d'argent exigible.）。
　債権者が自己の債務を未だ履行しておらず、かつ、債務者がその履行を受領しないことが明らかであるときであっても、債権者は、自らの履行をして、その契約に基づく金銭の支払いを得ることができる。ただし、次の各号のいずれかに該当する場合には、この限りでない（原文は、Lorsque le créancier n'a pas encore exécuté sa propre obligation et qu'il est manifeste que le débiteur n'acceptera pas de recevoir l'exécution, le créancier peut néanmoins passer à l'exécution et obtenir paiement de toute somme exigible en vertu du contrat à moins）。
　　(a)債権者が、過分の努力も費用も要することなく、合理的な代替取引を行うことができた場合（原文は、qu'il n'ait en la possibilité d'effectuer une opération de remplacement raisonnable sans efforts ni frais appréciables.）
　　(b)その債務の履行が諸状況に照らして不合理である場合（原文は、ou que l'exécution de son obligation n'apparaisse déraisonnable en égard aux circonstances.）」。
PCC 10:102 非金銭債務（Obligations autres que de somme d'argent）（修正）
　「金銭債務以外の債務の債権者は、瑕疵ある履行の治癒を含め、現実履行を請求する権利を有する（原文は、Le créancier d'une obligation autre que de somme d'argent a droit d'exiger l'exécution en nature, y compris la correction d'une exécution défectueuse.）。
　ただし、次の各号のいずれかに該当する場合には、履行を請求することができない（原文は、Toutefois, l'exécution en nature ne peut être obtenue lorsque）。
　　(a)履行が、不可能又は違法である場合（原文は、l'exécution serait impossible ou illicite ;）
　　(b)履行が、債務者に不合理な努力又は費用をもたらす場合（原文は、elle comporterait pour le débiteur des efforts ou dépenses déraisonnables ;）
　　(c)履行が、債務者の人格に影響を及ぼす場合（原文は、elle affecte le débiteur en sa personne ;）
　　(d)債権者が、他の手段によって、合理的な履行を得ることができる場合（原文は、ou le créancier peut raisonnablement obtenir l'exécution par un autre moyen.）。
　債権者は、不履行を知った時、又は知るべきであった時から合理的な期間内に履行を請求しないときは、履行請求権を失う（原文は、Le créancier est déchu du droit à l'exécution en nature s'il manque à la demander dans un délai raisonnable à partir du moment où il a eu, ou aurait dû avoir,

的な価値、つまり、契約の拘束力の原則と、そこから導かれる履行請求の一義性が基礎に据えられているのに対して、ヨーロッパ契約法原則では、これとは異なり、客観的な意味での経済的関係として契約を把握する構想を基礎に、合理性の観点から履行請求への制約が加えられているとの理解によるものであろう[1974]。もっとも、共通契約原則において、これらの条文は、実質的な修正を施されていないから、それ自体、1つの規律のあり方として受け止められているのではあるが[1975]、上記のような評価がなされるに至った背後には、やはり、フランスの理解とヨーロッパ契約法原則の相違、とりわけ、フランスの一般的な理解における、契約の拘束力と結び付いた現実履行への執着を見て取ることができるように思われる[1976]。そして、更に、このことは、フランスでは、契約不履行に基づく損害賠償を、履行とは性格の異なる、つまり、契約の拘束力とは結び付かない、単なる損害の賠償手段として捉える立場が一般的に受け入れられているとの見方が、共通契約原則にも存在することを示しているのである[1977]。

connaisance de l'inexécution.）」。
(1972) Projet de cadre commun de référence, Principes contractuels communs, supra note 144, pp.676 et s.
(1973) もっとも、司法省契約法改正草案は、為す債務に限定したものではあるが、10:102条2項b号（9:102条2項b号）に類似する規定を設けている（162条）。
(1974) Cf. Projet de cadre commun de référence, Principes contractuels communs, supra note 144, p.677. 以下のような叙述が存在する。「本節において、契約は、道徳的な約束というよりも、客観的な意味での経済的関係として把握されているように思われる。それにもかかわらず、ここからは、債権者（強者？）というよりも、債務者（弱者？）保護の強い印象を受ける。本節を支配しているのは、契約の単なる功利主義的・客観的な見方なのであろうか？恐らく、その両者である」。
(1975) こうした条文は、契約における信義誠実、あるいは、契約の均衡確保という視点からは支持することができるとされている（Ibid., pp.684 et s. もっとも、そこで挙げられている設例の解決に対しては、疑問が示されている（p.681））。
(1976) Cf. Mazeaud, supra note 141, Le droit européen des contrats..., p.16. ドゥニ・マゾーは、この規定の存在意義についての理解を示す中で、以下のように述べている。この規範については、経済的実効性を第一義的なものとする契約構想の中に位置付けられるのか、一定の範囲で効率的契約違反の理論に道を開くものなのかが問われよう。この理論によれば、債務者がそこに利益を見出さない限り、契約は尊重されないことになるから、結局、契約の拘束力は、債務を履行するのか、それとも、債権者に補償を提供するのかという、債務者の選択に還元されることになる。「仮にこれがこの例外に与えられるべき意味であるとすれば、フランスの契約モデルの基礎に対する侵害は重大である。というのは、このことは、約束の尊重という道徳的原理を一掃し、従って、契約当事者が約束をすることによって放棄した自由も価値のないものとなるからである」。
(1977) もっとも、強制履行の節を扱った箇所には、「9:102条が「現実履行を請求する権利」に幾つかの制限を設けているとしても、9:103条は、これらの例外によって、「損害賠償請求は妨げられない」と規定している。これは、契約の拘束力を想起させるものである（等価物による履行、それとも、損害の制裁？）」との叙述も存在する（Projet de cadre commun de référence, Principes contractuels communs, supra note 144, p.677）。これを文字通り読めば、そこでは、契約の拘束力は損害賠償請求によっても確保されうるとの見方が示されていることになる。これが、ヨーロッパ契約法原則の理解として提示されたものであるのか、それとも、フランス法も含めた一般論として示されたものであるのかは、そのコンテクストからは明らかとならない。仮に前者であるとして、契約の拘束力をフランスにおける伝統的な意味において理解するのであれば（つまり、現実の履行のみが契約の拘束力を確保する）、共通契約原則では、ヨーロッパ契約法原則における契約不履行に基づく損害賠償が、等価物による履行論に親和的なものとして把握されているとい

◆第2章◆ 設　計

　次に、「解除」（第3節）については、「解除（résolution）」というフランス語版の訳語の問題が指摘された後[1978]、各条文に対して多くの修正が施されている。本書の問題関心に関わる修正としては、解除の効果と関連して、ヨーロッパ契約法原則には存在しなかった、解除の場合における損害賠償の評価方法を規定する条文（10:314条、10:315条）が設けられていることが挙げられる[1979]。もっとも、救済手段の競合可能性を一般的に認めた9:102条（8:102条）のほかに[1980]、こうした規定が追加されるに至った経緯や[1981]、解除を行使することができるにもかかわらずそれをしな

うことになろう。これに対して、後者のような理解によれば、契約不履行に基づく損害賠償が認められれば、それで契約の拘束力は守られるとの一般的な見方が示されていることになり、従って、本文のような理解も正当でないことになる。しかし、上記の引用部分では、その末尾に「（等価物による履行、それとも、損害の制裁？）」との括弧書きが「？」と伴に付されていることに留意しておかなければならない。これは、そのような一般的な見方が、損害賠償の性質をどのように把握するのかという点に依存していること、つまり、契約不履行に基づく損害賠償が損害の制裁を目的とするのであれば、契約の拘束力との関係で問題が生ずる可能性があることを示しているように思われるのである。そうであるとすれば、やはり本文のような理解へと至ることになろう。

　なお、PCC10:103条（9:103条）は、以下のような規定である。
PCC 10:103 損害賠償請求権の存続（Conservation du droit d'obtenir des dommages et intérêts）（維持）
　　「本節の規定によって履行請求が認められないときでも、損害賠償請求は妨げられない（原文は、Les dispositions précédentes en vertu desquelles l'exécution en nature n'est pas admise ne font point obstacle à une demande de dommages et intérêts.）」。
(1978) フランス法における「解除」は契約の遡及的な消滅をもたらすものであるところ、ヨーロッパ契約法原則における「解除」はそうでないのであるから、ここでは、「解除」ではなく、「解消（résiliation）」あるいは「破棄（rupture）」が望ましいとされる（Projet de cadre commun de référence, Principes contractuels communs, supra note 144, p.690）。ヨーロッパ契約法原則の日本語訳としても「解消」の方が相応しいように思われるが、共通契約原則の下でも「解除」の言葉が使われているため、以下では、「解除」で表記を統一する。
(1979) PCC 10:314 契約解除の場合に義務付けられる損害賠償（Dommages et intérêts dus en cas de résolution du contrat）（追加）
　　「解除の場合、不履行の被害当事者は、その相手方から損害賠償を得ることができる。この損害賠償は、被害当事者を、契約が履行されていればそうであったであろう状況に可能な限り位置付けることを目的とする（原文は、En cas de résolution, la partie victime de l'inexécution peut obtenir de son cocontractant des dommages et intérêts. Ces dommages et intérêts ont pour objet de la placer autant que possible dans la situation où elle se serait trouvée si le contrat avait été exécuté.）」。
PCC 10:315 解除が存在しない場合における損害賠償（Dommages et intérêts en l'absence de résolution）（追加）
　　「当事者の一方が本節の規定により契約を解除することができるにもかかわらずこの権利を行使しないとき、又は当事者の一方がこの権利を有していたにもかかわらず10:303条及び10:307条の適用によりそれを失ったとき、この者は、相手方から損害賠償を得ることができる。ただし、その額は、解除原因が被らせた損害に限定される（原文は、Lorsqu'une partie est en droit de résoudre un contrat en vertu du présent chapitre mais n'exerce pas ce droit, ou lorsqu'elle avait ce droit mais l'a perdu en application des dispositions des articles 10:303 et 10:307, elle peut obtenir de son cocontractant des dommages et intérêts limités au préjudice que lui a fait subir la cause de résolution.）」。
(1980) PCC 9:102 救済手段の競合（Cumul des moyens）（維持）
　　「矛盾しない救済手段は、競合的に主張することができる。特に、当事者は、その他の救済手段を受ける権利の行使によって、損害賠償を請求する権利を奪われない（原文は、Les moyens qui ne sont pas incompatibles peuvent être cumulés. En particulier, une partie ne perd pas le droit de demander des dommages et intérêts en exerçant son droit de recourir à tout autre moyen.）」。

った場合には履行利益賠償が否定されるかのように読める規定が用意された理由は、全く明らかにされていない。そのため、履行請求権の箇所で行ったのと同じような形で議論を展開することはできないが、さしあたり、次のことは言えるのではないかと思われる。すなわち、10:314条のような解決がヨーロッパ契約法原則の下でも当然に予定されていることに鑑みると、フランス民法学においては、救済手段相互間の関係についてより明確な規定を設けるべきであるとの認識が存在しているように見受けられること、これは、債務法及び時効法改正準備草案や民事責任法案（更に、司法省契約法改正草案）とは反対の方向性に位置付けられるものであること、それにもかかわらず、フランスの学説による救済相互関係の把握には不十分な点が存在すること、とりわけ、日本の議論の成果を踏まえて言うならば[1982]、履行請求権の一義性を前提としながら、解除を行使しない場合に履行利益賠償を奪うことで解除を促そうとする解決には問題が存することである。

　最後に、損害賠償（第5節）に関しては、契約における損害賠償請求権の原則を規定した10:501条（9:501条）について[1983]、「本条は、フォートの地位について何も語っていない。債権者が損害賠償請求権を持つためには、債務者が契約の履行においてフォートを犯したことが必要なのか？　本条は、これを明確にしていない。その定式を見る限り、同条は、むしろ、不可抗力のような正当な障害のケースを除き、不履行の場合における自律的な責任制度を予定している。従って、手段債務・結果債務の区別も採用されていない。しかしながら、この区別に明確な形で言及することは有益であるように思われる」とのコメントがなされている[1984]。このような判断もあって、共通契約原則は、手段債務・結果債務の区別に関する規定（6:103条）を、第6章「契約の内容」に置いているのである[1985][1986]。

(1981)　なお、共通参照枠草案では、ヨーロッパ契約法原則9:305条に相当する規定（III.-3:509条）の3項として、解消によっても損害賠償請求権が消滅しない旨の規定が設けられている。

(1982)　森田修「英米法における「損害軽減義務」」同『契約責任の法的構造』（有斐閣・2006年）183頁〔初出・1993年〕。

(1983)　PCC 10:501 損害賠償請求権（Droit à dommages et intérêts）（維持）
　　「債権者は、債務者が9:107条によって免責されないときは、不履行によって生じた損害について、損害賠償請求権を有する（原文は、Le créancier a droit à des dommages et intérêts pour le préjudice que lui cause l'inexécution lorsque le débiteur ne bénéficie pas de l'exonération prévue à l'article 9:107.）。
　　賠償されうる損害には、次の各号に掲げるものが含まれる（原文は、Le préjudice réparable inclut :）。
　　(a)非財産的損害（原文は、le préjudice non pécuniaire.）
　　(b)合理的に見て発生が見込まれる将来の損害（原文は、le préjudice futur dont la réalisation peut raisonnablement être tenue pour vraisemblable.）」。

(1984)　Projet de cadre commun de référence, Principes contractuels communs, supra note 144, p.724.

(1985)　6:103 手段債務及び結果債務（Obligations de moyens et de résultat）（追加）
　　「結果債務の債務者は、約束された結果を提供する義務を負う。9:107条が規定する障害の場合を除き、その違反は、債務者が結果を実現しなかったという事実のみによって証明される（原文は、Le débiteur d'une obligation de résultat s'engage à fournir le résultat promis. Sauf cas d'empêchement au sens de l'article 9:107, son manquement est prouvé du seul fait qu'il n'a pas

◆第2章◆ 設　計

　こうしたコメントと手段債務・結果債務の区別の導入が何を意味するのかについて、共通契約術語における「フォート・違反」の項目の叙述から推察してみよう。そこでは、以下のような認識が示されている。フォートは、2つの意味で理解することができる。1つは、契約債務の違反ないし不履行という意味であり、この場合には、フォートではなく、よりニュートラルな「不履行（défaillance）」や「違反（manquement）」が用いられる傾向にある。もう1つは、道徳的に避難されるべき行態の意味であり、この場合、当事者の行態の評価に基づく契約「責任」が問題となっている。この点、国際的あるいはヨーロッパ共同体のアキでは、ほとんどの場合で、フォートではなく、不履行や違反が用いられているから、そこでは、前者のアプローチが採用されていると見ることができる。もっとも、後者のアプローチ、つまり、行為態様の評価という意味でのフォートが全く存在しないというわけではない。具体的には、手段債務・結果債務の区別、免責あるいは責任制限条項の効力、損害賠償の範囲の場面では、こうした意味でのフォートが現れているのである[1987]。このような共通契約術語における理解からは、手段債務・結果債務の区別が、フォートあるいは「契約責任」に結び付いており、従って、契約不履行に基づく損害賠償の場面でも、これを用いるべきであるとの評価[1988]、そして、契約不履行に基づく損害賠償の問題をフランスの伝統的通説の言う「契約責任」の枠組みで把握していこうとする方向性を読み取ることも不可能ではないであろう。このことは、同じ

---

atteint le résultat.)。
　手段債務の債務者は、債務の履行に対し、同じ職業で同じ状況に置かれた合理的な者の注意及び勤勉を尽す義務を負う。その違反は、証明されなければならない（原文は、Le débiteur d'une obligation de moyens s'engage à apporter à l'exécution de l'obligation le soin et la diligence d'une personne raisonnable de même qualité et placée dans la même situation. Son manquement doit être prouvé.)。
　債務が手段債務であるのか、結果債務であるのかを確定する際には、とりわけ、次の各号に掲げる事情が考慮される（原文は、Pour déterminer si l'obligation est de moyens ou de résultat, on prend notamment en considération :)
　(a) 給付の性質及び給付と代価の関係に応じて確定される当事者の意図（原文は、l'intention des parties laquelle peut être fixée par référence à la qualité de la prestation et son rapport avec le prix fixé）
　(b) 結果の実現において通常存在する偶発性の程度（原文は、le degré d'aléa normalement présent dans la poursuite du résultat recherché）
　(c) 債務の履行について債務者が行使する影響（原文は、l'influence que peut exercer le débiteur sur l'exécution de l'obligation）
　(d) 契約の性質及び目的（la nature et le but du contrat.)」。
(1986) ヨーロッパ契約法原則6:102条の箇所では、手段債務・結果債務の区別は、コメントのところでしか言及されていないが、黙示的な形で存在しているのであるから、明確にすることが望ましいとされている（Projet de cadre commun de référence, Principes contractuels communs, supra note 144, p.497）。
(1987) 以上につき、Projet de cadre commun de référence, Terminologie contractuelle commune, supra note 145, pp.275 et s.
(1988) もちろん、手段債務・結果債務の区別を「契約責任」の論理から切り離して用いることも可能である（この点については、第1部・第1章・第1節・第1款・第2項119頁以下を参照）。本文で述べたのは、あくまでも、共通契約原則及び共通契約術語の1つの読み方である。

く10:501条につき、同条が、損害、因果関係を要件としているとの叙述に続けて、「この3部作―生じさせる行為、損害、因果関係―は、真の意味での法の一般原則として把握することができる」とされ[1989]、契約ないし債務の不履行を「契約責任を生じさせる行為」として捉えていることからも、明らかになるのではないかと思われる。

なお、契約不履行に基づく損害賠償に関するその他の条文に関しては、本書の問題関心から見て、特に取り上げるべき議論はなされていない。損害賠償の一般的範囲（10:502条（9:502条））、予見可能性による賠償範囲確定ルール（10:503条（9:503条））、損害軽減義務（10:505条（9:505条））については[1990]、ヨーロッパ契約法原則の条文に肯定的な評価が与えられているだけであるし[1991]、債権者の責めに帰すべき損害（10:504条（9:504条））、代替取引が行われた場合の損害賠償（10:506条（9:506条））、代替取引が行われなかった場合の損害賠償（10:507条（9:507条））に関しては[1992]、その趣

(1989) Projet de cadre commun de référence, Principes contractuels communs, supra note 144, p.724.
(1990) PCC 10:502 損害賠償の一般的範囲（Mesure des dommages et intérêts）（維持）
「損害賠償の一般的な範囲は、被害当事者を、契約が適切に履行されていたならばそうであったであろう状況に、可能な限り近づける額である。この損害賠償は、被害当事者が被った損失及びこの者が奪われた利益を含む（原文は、Les dommages et intérêts sont en règle générale d'un montant qui permette de placer, autant que possible, le créancier dans la situation où il se serait trouvé si le contrat avait été dûment exécuté. Ils tiennent compte tant de la perte qu'il a subie que du gain dont il a été privé.）」
PCC 10:503 損害の予見可能性（Prévisibilité du dommage）（維持）
「不履行当事者は、契約締結時に、自らの不履行から生じうる結果として予見し、又は合理的に予見することのできた損害についてのみ、責任を負う。ただし、不履行が故意又は重大な過失によるものであるときは、この限りでない（原文は、Le débiteur n'est tenu que du préjudice qu'il a prévu ou aurait dû raisonnablement prévoir au moment de la conclusion du contrat comme étant une conséquence vraisemblable de l'inexécution, lorsque ce n'est point intentionnellement ou par sa faute lourde que l'obligation n'est pas exécutée.）」
PCC 10:505 損害の軽減（Réduction du préjudice）（維持）
「債務者は、債権者が被った損害について、債権者が合理的な措置を講じていればその損害を軽減できた限度において、義務を負わない（原文は、Le débiteur n'est point tenu du préjudice souffert par le créancier pour autant que ce dernier aurait pu réduire son préjudice en prenant des mesures raisonnables.）。
債権者は、損害を軽減するため合理的に支出した全ての費用の償還を求める権利を有する（原文は、Le créancier a droit au remboursement de tous frais qu'il a raisonnablement engagés en tentant de réduire le préjudice.）」。
(1991) Projet de cadre commun de référence, Principes contractuels communs, supra note 144, pp.725 et s., et pp.730 et s. とりわけ、損害軽減義務については、「ヨーロッパ契約法の影響により考え方が進展し、被った損害の軽減に関する規範を明確に確立するところまで、フランス法は発展するのではないか」とまで言う（p.731）。
(1992) PCC 10:504 債権者の責めに帰すべき損害（Préjudice imputable au créancier）（修正）
「債権者は、その実現が自己の責めに帰すべき損害の賠償を求めることができない（原文は、Le créancier ne peut pas prétendre à l'indemnisation de la part du préjudice dont la réalisation lui est imputable.）」。
PCC 10:506 代替契約（Contrat de remplacement）（修正）
「契約が解除された場合において、債権者が合理的な期間内及び条件で代替契約を締結したときは、債権者は、元の契約の価格と代替契約の価格の差額を得ることができる（原文は、En cas de résolution du contrat, le créancier, qui a passé un contrat de remplacement dans un délai et

◆第2章◆ 設　計

旨に賛意を示しつつ、それをより明確にするための表現上の修正が加えられているだけである。

　以上のような共通契約原則の内容から明らかになることを、第1項の「フランスにおける契約不履行に基づく損害賠償の制度設計」に関する検討成果も踏まえて整理すれば、次のようになろう。

　第1に、ヨーロッパ契約法原則における契約不履行法の体系化に肯定的な評価が与えられていたこと、また、共通契約原則では救済手段相互の関係について更なる明確化が企図されていたことである。とりわけ、共通契約原則においては、契約不履行に基づく損害賠償を契約法・契約不履行法の中に組み込む構想や、契約不履行に基づく損害賠償とその他の救済手段との関係を明確にする条文の意義が繰り返し指摘されている。これらは、フランス法の独自性が強調されていた、債務法及び時効法改正準備草案、司法省契約法改正草案、民事責任法案には見られず、しかも、これらの草案・法案における問題として認識されていた特徴である。そうすると、ここには、「フランス民法学」において、契約不履行に基づく損害賠償を不法行為に基づく損害賠償と伴に民事責任法の中で規定する方法の1つの限界が明確な形で認識されていたことの証左を見出すことができるように思われる。別の視点から見れば、これは、フランスの判例法理及び伝統的な学説が採用する理論体系ではなく、フランスの学理的なコンテクストを離れて、契約不履行に基づく損害賠償を、契約法あるいは契約不履行法の中に位置付ける構想が評価されていることを示すものと言えるだろう。

　第2に、共通契約原則の中では、契約不履行に基づく損害賠償を賠償の論理の中で捉える構想、つまり、賠償モデルが前提とされていたことである。この点、契約法改正の諸提案は、多くの国際的立法やモデル・ルールと同様、契約不履行に基づく損害賠償を契約不履行法の中に組み込む体系を採用しており、そこでは、履行モデルに親和的な議論がなされていた。そうすると、共通契約原則も、契約法改正の諸提案の議論を参考にしながら、履行モデルの考え方を基礎としつつ、ヨーロッパ

> dans des conditions raisonnables, est fondé à obtenir la différence entre prix du contrat originel et celui du contrat de remplacement.）。
> 　債権者は、また、その他の全ての損害についても、損害賠償を得ることができる（原文は、Il peut également obtenir des dommages et intérêts pour tout autre préjudice.）」。
> PCC 10:507 時価（Prix courant）（修正）
> 　「投機目的で契約が解除された場合において、債権者が代替契約を締結しなかったときは、債権者は、約束された給付に時価が存する場合には、契約で予定されている代価と解除時における時価の差額を得ることができる。時価は、市場で一般的に行われている代価である（原文は、En cas de résolution d'un contrat à visée spéculative, le créancier qui ne procède pas à un contrat de remplacement est fondé, si la prestation promise a un prix courant, à obtenir la différence entre le prix prévu au contrat et le prix courant au moment de la résolution. Le prix courant est le prix généralement pratiqué sur le marché.）。
> 　債権者は、また、その他の全ての損害についても、損害賠償を得ることができる（原文は、Il peut également obtenir des dommages et intérêts pour tout autre préjudice.）」。

◆ 第1節 ◆ 理論モデルの利用

契約法原則へとアプローチしていくことも考えられたはずである。しかしながら、共通契約原則は、このような方法をとらなかった。同原則は、あくまでも、賠償の論理に基づいてヨーロッパ契約法原則を理解し、そこに、賠償モデルに適合的な概念を組み込もうとしたのである（例えば、手段債務・結果債務の区別の導入を介したフォートの復権等）。このような態度が、ヨーロッパ契約法原則の理解から導かれたものであるのか、それとも、フランスの議論をベースとしたヨーロッパ契約法原則の改定のあり方を示したものであるのかは必ずしも明らかでないが、少なくとも、そこに、「理論的な一貫性を犠牲にすることなく」、実務的な要求に応え、法調和を実現するという共通契約原則の目的が現れていることだけは確かであろう。すなわち、ここでは、「理論的な一貫性」の確保の仕方として、履行モデルではなく、賠償モデルが選択され、それを反映した枠組みが提示されていると見ることができるのである。

第3に、ヨーロッパ契約法原則における契約不履行法に対して、現実履行の一義性を基礎としたアプローチがなされていたことである。このことは、とりわけ、現実の履行請求に制約を課した諸条文に対する理解を示した場面で、「フランス法からの理解」として繰り返し強調されていた。先に述べたように、これは、フランス法とヨーロッパ契約法原則における契約観、契約の拘束力に対する見方の相違に由来するものであり、それ自体を本書の中で論ずることはできない。しかし、ここには、契約の拘束力に結び付けられるのは現実履行だけであり、契約不履行に基づく損害賠償はそこから導かれるものではない、むしろ、それを侵害するものであるとの認識が潜在的に存在しているように思われる。ところで、この理解は、契約不履行に基づく損害賠償の実質について、契約の基礎とは関係を持たない、損害の賠償手段として捉えるモデルを前提とするものにほかならない。そうすると、結局のところ、フランス法のコンテクストで言えば、賠償モデルは、現実の履行を頂点に置く救済手段の体系を構築するためのモデルとして認識されているようにも見えるのである[1993]。もっとも、共通契約原則では、ヨーロッパ契約法原則における履行請求権の規律がそのまま維持されており、現実の履行請求に一定の制約が課せられている。従って、仮に契約の拘束力をフランス法的に理解するのであれば、こうした現実履行の規律と賠償モデルとの間で「理論的一貫性」をどのように確保するのかという問題が生ずることにはなろう。

第4に、上記の2点と関連して、共通契約原則の中では、フランス法における道

[1993] 誤解のないように付言しておけば、履行モデルを基礎としたからといって、現実履行と等価物による履行の完全な自由選択という帰結が導かれるわけではない。確かに、本書の立場から見れば、現実履行と等価物による履行は、契約の実現を目的とする点において共通し、しかも、いずれも「債権の効力」から基礎付けられることになる。しかし、これら2つの手段においては履行の対象が異なっている以上、そこに制度的な優劣を設けることは十分に可能なのである。なお、この点については、本章・第2節・第1款・第1項830頁以下を参照。

775

徳的価値の重視、ヨーロッパ契約法原則における経済的理念の重視という対立構図が描かれているように見えることである。すなわち、契約不履行に基づく損害賠償の局面で、賠償モデルの論理構造が強調され、それに伴い、手段債務・結果債務の区別を介して間接的にフォートの導入が企図されたのは、たとえそれが客観的に評価され、不履行と同一視されるものであるとしても[1994]、フォートという言葉の中に存在する価値的要素を重視した結果であるようにも考えられる。また、殊更に、損害賠償請求に対する現実の履行請求の優越が語られていたのも、そこでは、合意は守られなければならないとの道徳的価値が基礎に据えられていたからであった。そして、これらの要素は、少なくとも共通契約原則の理解では、「ヨーロッパ契約法」には見られない特徴であった。そうすると、ヨーロッパ契約法原則と共通契約原則における上記のような相違は、こうした基本的な理念の差に由来するものとも見ることができよう。しかしながら、こうした理解は一面的である。というのは、仮に上記のような対立構図を描くことが正当であるとしても[1995]、契約不履行に基づく損害賠償を履行の論理に基づいて捉えるのであれば、この制度は履行の実現を確保するものとなる以上、それを認めることが契約を遵守させることになり、従って、フォートを要求しないことが、あるいは、現実履行請求の一義性を徹底しないことが、道徳的価値を低下させることに繋がるわけではないからである。

　このように、共通契約原則は、契約不履行に基づく損害賠償を契約不履行法の中に組み込みつつも、なお、それを賠償の論理の中で捉えるという方向性を示すものであり、第1項で検討した、債務法及び時効法改正準備草案、司法省契約法改正草案、民事責任法案とも、契約法改正の諸提案とも異なる制度設計のあり方を提示するものであった。ただし、共通契約原則は、あくまでも、ヨーロッパ契約法原則を検討・修正しようとするものであることに注意を要する。そのため、ここで示された方向性は、もちろん、1つの構想として採用しうるものであるが、こうした基本原理から個々の制度がどのように基礎付けられるのかという問題関心はほとんど見られず、そこで目標として掲げられていた「理論的一貫性」が十分に達成されているとも言い難い。また、そもそも、ヨーロッパ契約法原則における契約不履行法の中に賠償モデルの論理構造を組み込むことが、フランスの論理体系への接近という点のほかにどのような意味を持ちうるのかについても、明らかにはされていない。そ

(1994) このことは、Projet de cadre commun de référence, Terminologie contractuelle commune, supra note 145, pp.290 et s. でも強調されている。
(1995) そもそも、本文で述べたような形で二極の対立構図を描くことには問題があるように思われる。ヨーロッパ契約法原則において、契約の経済的なビジョンが前面に押し出されているとしても、そこで、道徳的な価値に基礎付けられた諸要求が排除されているわけではないからである。従って、ドゥニ・マゾーが強調するように、ヨーロッパ契約法原則の3つの基礎、つまり、自由、誠実、安全は、非常に柔軟なものであり、各国内法は、その特殊性を失うことなく、ヨーロッパ契約法原則へと接近することが可能と言うべきである（Cf. Mazeaud, supra note 141, Un droit européen en quête d'identité..., n° 6, p.2960）。

して、仮に、共通契約原則が、債務法及び時効法改正準備草案や民事責任法案で示されていた契約不履行に基づく損害賠償の捉え方を前提としており、ただ、これを契約不履行法の中に組み込んだだけというのであれば、それらに存在していた問題がそのまま引き継がれることになるのである。他方で、上記のような基本構想が、フランス法のコンテクストから離れて提示されたものであることにも注目しておく必要があろう。すなわち、共通契約原則の検討からは、契約不履行に基づく損害賠償と不法行為に基づく損害賠償を民事責任法に統合する手法が、フランス実定法の現状や学理的体系との関連で見れば、それなりの意味を持ちうるが、そうでなければ、それほどの意味を持ちえず、むしろ、有害なモデルであることが、より一層明確になるのである。

(2) 履行モデルからの理解

(2)では、フランスの個々の学説が、「ヨーロッパ契約法」、とりわけ、ヨーロッパ契約法原則における契約不履行に基づく損害賠償をどのように理解・評価しているのかという問題を取り上げる。それにもかかわらず、(2)が、「フランス民法学説からの理解」ではなく、「履行モデルからの理解」との表題を付せられているのは、「ヨーロッパ契約法」における契約不履行に基づく損害賠償を論じた文献のほとんどが、等価物による履行論を基礎とするか、あるいは、それに好意的な議論を展開しているものだからである。例えば、フィリップ・レミィ[1996]、エレーヌ・オーブリー[1997]、ヴァンサン・プルショ・トリブレ（Vincent Perruchot-Triboulet）[1998][1999]、エレーヌ・

[1996] Rémy, supra note 97, pp.1169 et s. フィリップ・レミィが、等価物による履行論の代表的な論者であることは、ここで繰り返すまでもないだろう。

[1997] Aurby, supra note 20 ; Id., supra note 1698, pp.627 et s. エレーヌ・オーブリーの議論については、第1章・第2節・第2款・第1項 662頁以下も参照。

[1998] プルショ・トリブレは、Prieto, supra note 141 の中で、ヨーロッパ契約法原則の第9章・第5節を担当し、その中で、同原則の契約不履行に基づく損害賠償を論じている（以下では、ヨーロッパ契約法原則の条文を付して、Perruchot-Triboulet, supra note 141, 9:501, pp.508 et s. 等で引用する）。

[1999] プルショ・トリブレの議論については、本書の中ではほとんど触れてこなかったので、ここで、その概要だけを紹介しておこう。彼は、『債務の一般制度と民事責任（Régime générale des obligations et responsabilité civile）』と題するテーズの中で、以下のように述べている。「填補賠償は、債権者から見れば、債務の現実かつ正確な履行が与えたであろう利益の金銭的等価物に相当する。それ故、履行を填補する金銭は、賠償ではなく、等価物の履行手段である。実際、賠償は、現実になされるものであっても、単に填補するものであるのに対して、履行は、等価物によるものであっても、債権者の満足を目的としているのである」（Perruchot-Triboulet, supra note 20, n° 387, p.187）。今日では、契約不履行に基づく損害賠償を賠償と理解するのが一般的であるが、「損害の賠償は、必然的に主観的であり、損害の適切な填補の提供へと向けられているのに対して、履行は、給付の等価物の付与による客観的満足を目的としている」（n° 390, p.188）。「履行されなかった債務の源が契約に存する場合に、フォートや損害に条件付けられない等価物による履行が、厳密な意味での「契約責任」でないことは明らかである。契約債務の不履行は、フォートの有無を問わずに、履行の代替物の要求のみを認めるのである」。これまで、学説においては、不法行為責任に相当する責任が契約にも存在するものと信じられてきた。「しかしながら、責任秩序の一元性及び制度の統一は、空想でしかない。何故ならば、概念的に見れば、契約責任と呼ばれているものは、契約不履行に続く等価物による履行でしかないからである」（n° 392, p.189）。

◆第2章◆ 設　計

ブカル（Hélène Boucard）[2000]、更には、フィリップ・ストフェル・マンク[2001][2002]の名を挙げることができる。従って、第1章・第2節で述べたように、等価物による履行論は、「ヨーロッパ契約法」を1つの発想源として議論を展開したと見ることができるのである[2003]。この点については既に言及しているので、ここでは、こうした傾向に属する学説が、「ヨーロッパ契約法」における契約不履行に基づく損害賠償をどのように理解・評価して、等価物による履行論を構築したのかという点を見ていくことにしよう。

　まず、ヨーロッパ契約法原則における契約不履行に基づく損害賠償の要件として、フォートが要求されていないことが強調されている[2004]。例えば、ストフェル・マンクは、同原則 8:101 条の注釈の中で、同条は、契約不履行に基づく損害賠償の基礎をフォートに求めるフランスの伝統的な考え方とは大きく異なるものであり、これは、過ちによるものでも、偶然でもないと述べる[2005]。その上で、彼は、以下のように続けている。同条は、「契約責任」モデルではなく、「契約不履行（défaillance contractuelle）」モデル（等価物による履行論）に根拠を与えるものであり、それ故、ここで、不法行為責任の知的モデルは、分析枠組みとして成り立ちえない。8:101 条によれば、「要件は客観的であり、より主観的かつ道徳的な「フォート」という観念に依拠することは前提とされていない。従って、救済手段の付与は、債務者の行態に対する道徳的な価値判断とは無関係であるように見えるのである」[2006]。また、プルショ・トリブレも、ヨーロッパ契約法原則の 9:501 条の注釈で、以下のような理解を示している。すなわち、同条において、「損害賠償請求権は、債務者のフォートの存在の証明によって条件付けられていない。それ故、この損害賠償請求権については、契約上のフォートに基づく賠償の付与ではなく、等価物による強制履行の表現

(2000) Hélène Boucard, Les instruments internationaux d'unification : concurrence ou modèle pour les droits nationaux ?, in, Droit européen du contrat et droits du contrat en europe : Quelles perspectives pour quel équilibre ?, sous la direction de Guillaume Wicker, Actes du colloque organisé par le Centre d'étude et de recherche en droit des affaires et des contrats (CERDAC) le 19 septembre 2007, Litec, Paris, 2008, pp.21 et s.

(2001) ストフェル・マンクは、Prieto, supra note 141 の中で、ヨーロッパ契約法原則の第8章を担当し、その中で、同原則の契約不履行に基づく損害賠償を論じている（以下では、ヨーロッパ契約法原則の条文を付して、Stoffel-Munck, supra note 141, 8:101, pp.415 et s. 等で引用する）。

(2002) もっとも、ストフェル・マンクは、等価物による履行論に親和的な議論を展開しているが（この点については、損害要件をめぐる議論の中で触れた。第1部・第2章・第1節・第1款・第2項 262 頁以下）、必ずしも、それを全面的に受け入れているというわけではない（より正確に言えば、契約不履行に基づく損害賠償の性質に関わる問題について態度決定をしているわけではない）。

(2003) この点については、第1章・第2節・第2款・第1項 664 頁以下を参照。

(2004) 以下で引用するもののほか、Cf. Rémy, supra note 97, p.1184（「不履行は事実である——債務者の行為ではない——。債権者が契約から（正当に）期待された利益を受け取らなかったという事実である」）

(2005) Stoffel-Munck, supra note 141, 8:101, n° 2, pp.415 et s. なお、ここで、ストフェル・マンクは、ヨーロッパ契約法委員会のメンバーであったドゥニ・タロンが契約上のフォートという概念を批判したことを想起させている。

(2006) Stoffel-Munck, supra note 141, 8:101, p.416.

778

と見なければならない（中略）。明らかに、フォートの地位は縮減されており、損害賠償は、契約上の不完全な行態を理由とする賠償ではなく、契約の完全な履行への権利によって正当化されているのである」[(2007)]。

なお、フォートの問題と関連して、手段債務・結果債務の区別の意義も失われると理解されていることも指摘しておくべきであろう。例えば、以下のように説かれている。このような構想がフランス法の分析手法に与える影響は大きい。手段債務・結果債務の区別は、その実際的な有用性の大部分を失う。この区別の主たる利益は、どのような場合に債務者のフォートを証明しなければならないのかという問題を解決することに存したからである[(2008)]。救済手段が認められるかどうかを決するためには、いずれの場合であっても、債務の中身がどのようなものなのかを問い、その不履行を確定するだけで十分なのである[(2009)]。

次に、契約不履行に基づく損害賠償の範囲について、契約の実現という視点からの理解がなされ、フランスの一般的な理解との相違が指摘されている。ヨーロッパ契約法原則の9:502条は、損害賠償への権利を規定した条文を受けて、履行の価値への権利を規定している。つまり、同条は、期待利益のみを問題とし、信頼利益を排除している。このように明確な条文によって、ヨーロッパ契約法原則は、損害を賠償することではなく、債権者に給付の金銭的等価物を提供することを、不履行によって生じた損害の填補ではなく、債権者の満足を問題にしているのである。従って、「契約責任」を支持するフランスの伝統的な学説は、「失望」することになるし、反対に、等価物による履行論は、同条の中にその支柱を見出すことになろう[(2010)]。また、予見可能性による賠償範囲確定ルールを規定した9:503条も支持しうるものであるが[(2011)]、同条が債務者の予見可能性を問題にしている点については、「当惑」を覚える。同様のルールを規定するフランス民法典1150条は両当事者の予見を問題にしているところ、これは、両当事者によって欲された行為としての契約という考え方を基礎としているからである[(2012)][(2013)]。

また、こうした契約不履行に基づく損害賠償のモデルの背後に、正当な期待という考え方があることが強調されている。既に言及したエレーヌ・オーブリーのテーズは、「ヨーロッパ契約法」からの影響を受けつつ、正当な期待を中核に据えて契約

[(2007)] Perruchot-Triboulet, supra note 141, 9:501, n° 10, pp.512 et s.
[(2008)] これを反対から読めば、手段債務・結果債務の区別は、債務内容の確定というレベルでは、なお有用性を持ちうると理解されていることになろう。
[(2009)] Stoffel-Munck, supra note 141, 8:101, n° 2, pp.416 et s.
[(2010)] Perruchot-Triboulet, supra note 141, 9:502, n° 3, pp.515 et s.
[(2011)] プルショ・トリブレが直接的に言及しているわけではないが、9:502条の場面における叙述を見る限り、ここでは、等価物による履行論による同条の正当化を念頭に置いているのであろう。この点については、第1部・第2章・第2節・第1款・第2項329頁以下を参照。
[(2012)] Perruchot-Triboulet, supra note 141, 9:503, n° 3, p.518.
[(2013)] フィリップ・レミィは、等価物による履行という考え方の下でヨーロッパ契約法原則9:502条のような規定を設けることは、悪い選択ではないとする（Rémy, supra note 97, p.1187）。

法を構築し、その中で、契約不履行に基づく損害賠償を履行されなかった契約の実現という視点から捉えようとするものであった[2014]。フィリップ・レミィも、ヨーロッパ契約法原則における契約を、以下のように評価する。「このような不履行観念の背後にある思想は、正当な期待という考え方である。これが、契約の拘束力を基礎付けているのであり、それは、義務を負う主体の意思自律ではなく、契約関係が他方当事者に生じさせた（合理的な）期待に基づいているのである。（双務）契約において、各当事者は、他方当事者によって約束された利益を追求しており、他方当事者に対してその実現を期待している。この不完全な社会においても、社会の人間は、同胞に対し、その言葉の尊重を期待しているからである。「合意は守られなければならない」は、カントの格言ではなく、社会的信頼の規範である。それがなければ、法的取引は存在しえないのである」[2015]。

更に、ヨーロッパ契約法原則における契約不履行法の体系化のあり方が積極的に評価されている。例えば、フィリップ・レミィは、先に引用した部分の前後で、以下のように説いている。フランス民法典のプランにおいては、債権者に付与される救済手段が複雑に配列されている。こうした状況は改善されなければならないが、そのためには、ヨーロッパ契約法原則から多くを学ぶことができる[2016]。同原則においては、正当な期待という考え方から救済手段の体系が構築されている。「債権者に与えられる救済手段は、債権者が契約においてどのような期待を抱いたのか、債権者はどのような手段によればその満足を合理的に得ることができるのかという点に依拠しているのである」。そして、このようなシェーマによれば、各救済手段の機能を正確に把握することも可能になる。とりわけ、契約不履行に基づく損害賠償について、フランスの学説はそれと不法行為に基づく損害賠償を混同する傾向にあるが、ヨーロッパ契約法原則における契約不履行法の構想は、ポティエの流れを汲む民法典本来の契約不履行に基づく損害賠償の機能を思い出させるものなのである[2017][2018]。

以上に一瞥したところからも明らかとなるように、等価物による履行論は、基本的に、その論理構造に沿うような形で、ヨーロッパ契約法原則の契約不履行に基づく損害賠償、契約不履行法を捉えていることが分かる。もちろん、このような見方

(2014) Aubry, supra note 20. また、Id., supra note 1698, pp.627 et s.
(2015) Rémy, supra note 97, pp.1184 et s.
(2016) これに対して、ヨーロッパ契約法典草案は、フランス法と同じような困難に直面しているとされる（Rémy, ibid., p.1183）。
(2017) Rémy, supra note 97, pp.1183 et s.（引用は p.1185）
(2018) また、ドゥニ・マゾーも、ヨーロッパ契約法原則における３つの基礎、すなわち、自由、誠実、安全の意義を検討した論文の中で、安全の具体的発現として、当事者の合理的期待の保護を挙げている（Mazeaud, supra note 141, Un droit européen en quête d'identité..., n°s 25 et s., pp.2964 et s.）。その中で、マゾーは、救済手段に関する規定は債権者の合理的期待の満足という考え方によって支配されており、とりわけ、損害賠償の範囲に関するテクストの中には経済的効率性への配慮があると述べている（n° 27, p.2965）。

を、ヨーロッパ契約法原則の1つの読み方ではなく、その本来的な理解として提示しうるかどうかは問題であるが、この点は、本項の問題関心ではない。ここで確認しておかなければならないのは、既に述べたように、等価物による履行論の背後に、疑いなく「ヨーロッパ契約法」の影があったこと[2019]、そして、ヨーロッパ契約法原則の中に、等価物による履行論における1つの制度設計のあり方が認識されていたことである。

そして、この事実を、第1項で行った「フランスにおける契約不履行に基づく損害賠償の制度設計」に関する検討と併せて考えるならば、以下のように言うこともできよう。すなわち、今日のフランスにおいて提示されている様々な債務法（契約法、民事責任法）改正草案（法案、提案）のうち、契約法改正の諸提案は、履行モデルを基礎として作り上げられたものであった。同提案は、「ヨーロッパ契約法」（より正確に言えば、(2)で明らかにしたような「ヨーロッパ契約法」の理解）から大きな影響を受けたものであったが、そうであるからといって、フランス法のコンテクストから切り離されていたわけではなく、むしろ、フランス民法典との連続性の中で捉えることができた。従って、履行モデルを基礎とした契約不履行に基づく損害賠償の制度設計論、つまり、契約法改正の諸提案やフランス学説の理解するヨーロッパ契約法原則は、フランスにおける立法提案としてだけでなく、ある種の普遍的な構想として把握することができるように思われるのである。この点において、債務法及び時効法改正準備草案や民事責任法案における契約不履行に基づく損害賠償の制度設計が、フランス法独自のコンテクストにおいてのみ意味を持ちうるものであったのとは、対照をなしていると言うことができよう。

◆ 第2款　日本の制度設計論[2020]

本款は、日本における民法（債権関係）改正論議に際しての契約（債務）不履行に基づく損害賠償をめぐる議論を分析の対象とすることによって、契約（債務）不履行に基づく損害賠償、あるいは、より広く契約（債務）不履行法に関する制度設計のあり方を提示することを目的としている。

周知のように、法制審議会の民法（債権関係）部会は、契約法を中心とする債権法の見直しに向けた検討を開始し、「民法（債権関係）の改正に関する中間的な論点整理」を公表して、現在では、第2ステージの審議に入り、中間試案の公表に向けた作業を行っている。また、学界有志の研究グループの手になる改正提案についても、改正検討委員会・基本方針、改正研究会案が公表され、多くの研究者・実務家が、これらの提案に関して様々な角度からの検討を加え、あるいは、改正に向けた問題

(2019) この点については、第1章・第2節・第2款・第1項664頁以下を参照。
(2020) 本節の一部は、拙稿・前掲注(1)「原理と体系」を基礎とするものである。その主張内容に変化はないが、ほぼ原形をとどめないほど大幅に加筆されている。

点を抽出している。これらの先行研究によって、契約（債務）不履行に基づく損害賠償、あるいはより広く、契約（債務）不履行法の改正に向けた議論・問題点は、既に検討し尽されたようにも見える[2021]。しかし、なお、これまでの議論とは異なる視角からの考察が必要不可欠である。

　今日、契約（債務）不履行に基づく損害賠償をめぐる議論は、民法典に存在する2つの損害賠償制度を、「有責かつ違法な行為によって他人に損害を生じさせた者は、当該行為によって発生した損害を賠償しなければならない」との原理に基礎を置く制度であるという点において、共通の原理に服すべきものと理解し、要件・効果の両面について共通の準則を構築してきた伝統的理論と[2022]、「契約を起点に据えた契約責任論」を標榜し、契約の拘束力、契約におけるリスク分配を基礎としてその要件・効果を提示しようとする「新しい契約責任論」[2023]との対立構図で描かれるのが一般的である[2024]。このような視点からは、改正検討委員会・基本方針は後者の立場を基本としているのに対して、改正研究会案は前者の立場を基礎としながら一定の修正を加えるものとして理解されることになる。具体的に言えば、改正検討委員会・基本方針は、契約不履行に基づく損害賠償の基礎を契約の拘束力に求める立場から、「契約において引き受けていなかった事由」によって不履行が生じたときには損害賠償責任を負わないとする免責規定を用意し（【3.1.1.63】）、過失責任主義の染み込んだ「責めに帰すべき事由」という表現を回避する一方で、損害賠償の範囲についても、予見可能性を中核とするルールを設けている（【3.1.1.67】）[2025]。これに対して、改正研究会案は、基本的には、現行民法の表現と伝統的理解に依拠しつつ、「責めに帰すべき事由」の不存在が抗弁事由となることを明確な形で位置付けるための修正を施し（342条）、損害賠償の範囲については、現行民法416条に若干

(2021)　文献の所在も含め、序論 26 頁以下を参照。
(2022)　鳩山・前掲注(2)64 頁以下・128 頁以下、我妻・前掲注(7)98 頁以下、於保・前掲注(7)89 頁以下・134 頁以下等。
(2023)　文献の所在も含めて、「特集 契約責任論の再構築（2006 年日本私法学会シンポジウム資料）」ジュリ 1318 号（2006 年）81 頁以下所収の諸論稿を参照。
(2024)　山本豊「契約責任論の新展開（その一）（その四）（その五）」法教 342 号（2009 年）84 頁以下、347 号 65 頁以下、348 号 60 頁以下等。
(2025)　改正検討委員会・基本方針【3.1.1.62】（債務不履行を理由とする損害賠償）
　「債権者は、債務者に対し、債務不履行によって生じた損害の賠償を請求することができる」。
　同【3.1.1.63】（損害賠償の免責事由）
　「〈1〉契約において債務者が引き受けていなかった事由により債務不履行が生じたときには、債務者は、【3.1.1.62】の損害賠償責任を負わない。
　〈2〉債務者が、【3.1.1.54】または【3.1.1.55】に定められた抗弁権を有しているときには、債務者は【3.1.1.62】の損害賠償責任を負わない」。
　同【3.1.1.67】（損害賠償の範囲）
　「〈1〉契約に基づき発生した債権において、債権者は、契約締結時に両当事者が債務不履行の結果として予見し、または予見すべきであった損害の賠償を、債務者に対して請求することができる。
　〈2〉債権者は、契約締結後、債務不履行が生じるまでに債務者が予見し、または予見すべきであった損害についても、債務者がこれを回避するための合理的な措置を講じたのでなければ、債務者に対して、その賠償を請求することができる」。

の修正を加えた条文を用意している（344条）[2026]。また、法制審議会の民法（債権関係）部会においても、こうした対立構図を基礎として議論が展開されている[2027]。

　これらの提案や議論、とりわけ、改正検討委員会・基本方針に対しては、既に様々な観点からの検討がなされ、多くの批判が提起されている。もっとも、そこでの議論については、幾つかの異なるレベルに整理することができる[2028]。第1に、契約（債務）不履行に基づく損害賠償の原理として、過失責任主義や不法行為から借用したモデル、あるいは「契約を起点に据えた契約責任論」をどのように評価すべき

[2026] 改正研究会案342条（債務不履行による損害賠償）
　「債務者がその債務の本旨に従った履行をしない（以下「債務不履行」という。）ときは、債権者は、債務者に対し、これによって生じた損害の賠償を請求することができる。ただし、債務不履行が債務者の責めに帰すべき事由によるものでないときは、この限りでない」。
　同344条（損害賠償の範囲）
　「第三百四十二条（債務不履行による損害賠償請求）は、債務不履行によって通常生ずべき損害の賠償を目的とする。
　特別の事情によって生じた損害であっても、債権発生の時に債権者及び債務者が、又は債務不履行の時に債務者がその事情を予見し、又は予見すべきであったときは、債権者は、その賠償を請求することができる」。

[2027] 法制審議会民法（債権関係）部会「検討事項（詳細版）(1)」では、例えば、「「債務者の責めに帰すべき事由」の意味・規定の在り方」について、「債権債務関係の最も基本的なルールの一つを定める規定の意味が不明確であることは望ましくないとして条文の文言等を再考すべきという考え方もあるが、このような点を踏まえ、「債務者の責めに帰すべき事由」の規定の在り方について、どのように考えるか」との問題が設定され、帰責根拠を過失責任主義に求めるかどうかで争いがあるとの認識の下、過失責任主義に根拠を求める考え方（A案）と、契約の拘束力に根拠を求める考え方（B案）が提示されていた（28頁以下）。また、これを受ける形で、「中間的な論点整理」でも、「第3 債務不履行による損害賠償」の「2.「債務者の責めに帰すべき事由」について」に、「(2)「債務者の責めに帰すべき事由」の意味・規定のあり方」という項目が設けられ、以下のように述べられている。「「債務者の責めに帰すべき事由」の意味は、条文上必ずしも明らかではないが、伝統的には、債務不履行による損害賠償責任の帰責根拠を過失責任主義（故意・過失がない場合には責任を負わないとする考え方）に求め、「債務者の責めに帰すべき事由」の意味を、故意・過失又は信義則上これと同視すべき事由と解する見解が通説とされてきた。これに対し、判例は、必ずしもこのような帰責根拠・判断基準を採用しているわけではなく、また、「債務者の責めに帰すべき事由」の意味を、契約から切り離された債務者の不注意と解しているわけでもないという理解が示されている。このような立場から、「債務者の責めに帰すべき事由」の意味も、帰責根拠を契約の拘束力に求めることを前提として検討すべきであるとの見解が示された。他方で、帰責根拠を契約の拘束力のみに求めることについては、それが取引実務に与える悪影響を懸念する意見もあった。これに対しては、ここでいう「契約」が、契約書の記載内容を意味するのではなく、当事者間の合意内容を、当該合意に関する諸事情を考慮して規範的に評価することにより導かれるものであるとの指摘があった（改行）以上の議論を踏まえ、債務不履行による損害賠償責任の帰責根拠を契約の拘束力に求めることが妥当かという点や、仮に帰責根拠を契約の拘束力に求めた場合には、損害賠償責任からの免責の処理はどのようにされることが適切かという点について、判例の立場との整合性、取引実務に与える影響、債務の種類による差異の有無等に留意しつつ、更に検討してはどうか（改行）。その上で、「債務者の責めに帰すべき事由」という文言については、債務不履行による損害賠償責任の帰責根拠との関係で、この文言をどのように理解すべきかという検討を踏まえ、他の文言に置き換える必要があるかどうか、また、それが適当かどうかという観点から、更に検討してはどうか。その際、文言の変更が取引実務や裁判実務に与える影響、民法における法定債権の規定に与える影響、その他の法令の規定に与える影響等に留意しながら、検討してはどうか」（8頁）。

[2028] 従来の議論においては、異なるレベルに属する指摘や批判が混然一体となって展開されており、そこから、混乱や誤解が生じてしまっているようにも見受けられる。もちろん、これらの問題が、密接に関わり合っていることは言うまでもない。

か(2029)(2030)。これと関連して、第2に、不法行為モデルの損害賠償責任論、あるいは、契約を基礎とした契約不履行に基づく損害賠償・契約不履行法の理論は、日本の契約法・民法と調和するのか(2031)(2032)。第3に、こうした原理の選択を行う前提

(2029) 下森・前掲注(83)192頁以下、潮見・前掲注(82)「救済手段」89頁以下、山本（敬）・前掲注(82) 10頁以下等。また、債権パラダイムと契約パラダイムの対立構図を描く、吉田克己「民法改正と民法の基本原理──民法（債権法）改正検討委員会「債権法改正の基本方針」をめぐって〔特集 民法（債権法）改正──基礎法学・法の歴史の視点から〕」法時82巻10号（2010年）6頁以下も参照。

(2030) また、椿寿夫「『債権法改正の基本方針』についての差し当たっての所感（上）──2009年4月29日シンポジウム傍聴期」NBL906号（2009年）25頁（改正検討委員会・基本方針の提案について、「未来への結実を渇望する壮年武者の咆哮ではなかろうか」、「論旨の巨視的かつ自信たっぷりの提案に対し、なるほどと感心しはするが、さてすぐにとはね、とでもいえばいか」との感想を述べる）、奥田昌道「債権法改正への視座──「債権法改正の基本方針」を検討して」NBL910号（2009年）17頁以下（改正検討委員会・基本方針における免責規定について、「これは従来のわが国の債権法上の学説の大勢からの大転換を意味する」。債務者の責めに帰すべき事由の廃棄と債務不履行の一元的な理解は、伝統的な思考と法的処理に馴染んできた者にとっては、唐突であり、戸惑いを禁じ得ない）の指摘及び感想は、このレベルに属するものであろう。

(2031) 改正検討委員会・基本方針においては、売主の担保責任と債務不履行責任が一元化され（【3.2.1.06】以下）、解除の要件として「契約の重大な不履行」が設定され（【3.1.1.76】）、あるいは、契約（債務）不履行に基づく損害賠償の基礎理論が大きく転換されているが、これらの提案は、国際的な立法やモデル・ルール、とりわけ、国際物品売買契約に関する国際連合条約に影響を受けたものであるところ、その基礎にある英米法的な契約観と日本の契約観が調和するのかといった指摘ないし批判がなされている（野澤・前掲注(1838)「意義と課題」6頁以下、同・前掲注(1838)「総括」195頁、角・前掲注(1838)74頁以下、加藤雅信＝平林美紀＝宮下修一＝橋本陽介「民法改正学際シンポジウム：民法と他法との対話──学際的民法改正のために」を終えて」法時82巻1号（2010年）71頁以下（潮見コメントに対する野澤コメント）、座談会「債権法改正と日本民法の将来──4月のパブコメ実施を前にして」法時83巻4号（2011年）82頁以下（加藤発言）・84頁（角発言、加藤発言）等）。

もっとも、このような指摘・批判も、厳密に言えば、①一般論として、国際的立法やモデル・ルールを日本民法改正に際しての指針とすることは適切なのか、②これらのルールをどのように理解するのか、あるいは、これらのルールについて複数の読み方を提示することはできないのか、③日本の契約観ないし実務は、これらのルールと相容れないのか、そして、④仮に日本の現状と国際的立法やモデル・ルールの間に齟齬が存在するとした場合、これらを何らかの形で接合することはできないのかという4つの異なる問題に整理することができる。例えば、上記引用文献のうち、角・前掲注(1838)は、①につき、これを否定的に理解し（改正検討委員会・基本方針は、国際物品売買契約に関する国際連合条約に影響を受けているが、「問題は、なぜ、ウィーン売買条約の路線に国内法を併せる必要があるのかである」。世界的な潮流がそうであるからとされているが、この条約が世界的な潮流であるかどうかは疑わしい。また、この条約は、クロス・ボーダー取引の規定であるから、それだけでは、これを国内法化する十分な理由とはなりえない（77頁））、②に関しては、これらの立法やルールを、経済的効率性をベースとした新自由主義的契約観に基づくものと評価した上で、③について、無自覚的な同一化を批判している（「そのような契約観に基づく契約法を日本法としてよいのか。それは、これから日本をどんな社会にしていくかという国家としての選択に係っているといえよう」。従って、世界の潮流に乗り遅れるなというだけで、無自覚的に、これを選択することは許されない（77頁以下））。また、野澤・前掲注(1838)「意義と課題」は、改正検討委員会・基本方針に代表される近時の「契約責任」論を国際的な立法やモデル・ルールに従った解釈と理解した上で、②及び③につき、両者の間に適用対象の相違があること、英米法と大陸法における契約の基本的考え方に相違があること、国際的な立法やモデル・ルールには体系的な理解が希薄であることを理由として、近時の議論や改正提案を批判する。

(2032) また、損害賠償の帰責ないし免責事由に関連したものではあるが、債務者の責めに帰すべき事由の倫理的・非難的要素の重要性を指摘する見解も、このレベルに属するものと言えるだろう（例えば、滝沢聿代「シンポジウム「債権法改正の基本方針」とその後──改正への1つのアプローチ」法政ロー6巻1号（2010年）94頁（契約違反が非難の表現と伴に認定されれば、間接的に履行の重要性を強調することにもなる。契約の拘束力に基づく立論は、確かに、現代的・合理

認識として、現行民法の規定や判例法理、例えば、民法415条の債務者の責めに帰すべき事由や相当因果関係をどのように理解すべきか。第4に、原理の選択が行われた場合に、そこから導かれる解釈準則をどのような形で表現するのか、今日の議論に即して言えば、債務者の責めに帰すべき事由や「契約において引き受けていなかった事由」といった言葉をどのように評価するか(2033)。そして、第5に、これらの全てと関わる問題として、現行民法の規定を改正することによって、どのような実務上の影響が生ずるのか(2034)。このうち、第3(及び、これと関連する範囲で第5)

的であるが、日本の契約や契約意識は、それに対応するだけの合理性を持つのか)、髙須・前掲注(82)34頁以下(従来の債務者の責めに帰すべき事由という要件は、規範性、倫理価値的側面を有していた。債務者の責めに帰すべき事由の排除によって、この側面を考慮することができなくなってしまう)、同「債務不履行責任(損害賠償責任および解除権)のあり方と要件事実論」伊藤滋夫編『債権法改正と要件事実(法科大学院要件事実教育研究所報第8号)』(日本評論社・2010年)103頁以下等。更に、法制審議会民法(債権関係)部会「第3回会議議事録」30頁以下(髙須幹事発言)・34頁(木村委員発言)、法制審議会民法(債権関係)部会第27回会議に提出された、日本チェーンストア協会の説明資料「チェーンストアのビジネス及び取引の特徴ならびに実務に照らした懸念事項等」7頁)。

(2033) 改正検討委員会・基本方針の【3.1.1.63】が、債務者の責めに帰すべき事由につき、過失責任主義の染み込んだ表現と評価してその使用を回避したこと(民法(債権法)改正検討委員会・前掲注(80)「基本方針Ⅱ」244頁以下)、及び、それに代わる「契約において債務者が引き受けていなかった事由」という表現について、その分かりにくさ等を理由に、多くの批判がなされていることが、このレベルに属する議論である(民法(債権法)改正検討委員会・前掲注(80)「シンポジウム」84頁(米山コメント)、大阪弁護士会・前掲注(82)「実務家からみた民法改正」93頁以下、中村・前掲注(82)78頁、林・前掲注(82)33頁、池田真朗「民法(債権法)改正論議と学者グループの提案」同『債権譲渡と電子化・国際化——債権譲渡の研究 第4巻』(弘文堂・2010年)400頁以下(前半部分の原論文は、同「民法(債権法)改正検討委員会試案の成果と課題」ビジネス法務2009年9月号)、座談会・前掲注(82)「企業実務」24頁(森脇発言)、座談会・前掲注(82)「裁判実務」66頁以下(房村・髙須発言)等)。また、(第3点・第5点と関連して)内容的な変更がないのであれば敢えて表現を変える必要はないとの指摘も参照(民法(債権法)改正検討委員会・前掲注(80)「シンポジウム」84頁(米山コメント)、座談会・前掲注(82)「裁判実務」64頁以下(加藤・細川発言)、水口洋介「労働法から見た民法(債権関係)改正について——労働者側弁護士から見て〔特集 民法改正論議と労働法〕」労働法229号(2010年)36頁、座談会・前掲注(2031)83頁(児玉発言))。

(2034) ここには、2つの問題がある。1つは、債権法の改正によって、現在の実務に実質的な変更がもたらされるのかという点である(多くの実務家が、改正検討委員会・基本方針の方向性で改正がなされると、契約書が長大となるだけでなく、弱い立場にある当事者にとって不利な契約条項が増加する恐れがあると指摘しているのが、その例である(例えば、大阪弁護士会・前掲注(82)「実務家からみた民法改正」92頁以下、佐藤=良永=角田編・前掲注(82)124頁以下〔宮岡執筆部分、鹿島執筆部分、西村執筆部分〕、東京弁護士会法友全期会債権法改正プロジェクトチーム・前掲注(82)150頁〔中村=青木執筆部分〕、中村・前掲注(82)79頁、岡・前掲注(82)40頁、林・前掲注(82)32頁以下、飛松=倉持・前掲注(82)63頁以下、児玉隆晴「債権法改正の重要な問題点と実務家からの改正試案」法時82巻7号(2010年)76頁以下、髙須・前掲注(82)36頁、同・前掲注(2032)103頁以下、座談会・前掲注(2031)83頁(児玉発言)、山本(健)・前掲注(82)85頁。また、法制審議会民法(債権関係)部会「第3回会議議事録」26頁以下(大島委員発言)・39頁(中井委員発言)、法制審議会民法(債権関係)部会第28回会議に提出された、全国宅地建物取引業協会連合会の説明資料「民法(債権関係)の改正に関する意見書」7頁、同第29回会議に提出された、日本弁護士連合会(消費者問題対策委員会)の説明資料「「民法(債権関係)の改正に関する中間的な論点整理」に対する意見書〜消費者の観点から〜」5頁)。もちろん、これとは異なる見方を示す実務家も存在する(澤口・前掲注(82)6頁以下))。

もう1つは、仮に実質的変更を意図するものでないとしても、文言を変えることによって何らかの変化が生じうるのではないかという点である(例えば、文言の変更により判例が定着するまで紛争が増加することを懸念する、座談会・前掲注(82)「企業実務」22頁(森脇発言)や、「べき

の問題については、判例上、債務者の責めに帰すべき事由は、伝統的通説が説くような意味での主観的な故意・過失ではなく、より客観的に判断されていること、この点は、既に先行研究によって明らかにされ[2035]、実務家にとっても一般的な認識となっていること[2036]、また、これまで相当性の名の下で斟酌されてきた要素を予見可能性の中で考慮することも可能であるとされていることを[2037]、改めて確認しておけば足りる。また、第4（及び、これと関連する範囲で第5）の問題は、民法ユーザーにとってのアクセスの容易さと、規定や制度の根底にある思想・モデルを適切に提示しうるような表現の問題であり、その基礎となる考え方を十分に議論した後で検討されるべきものである。従って、本款においては、第1の問題、すなわち、語られているような原理の選択について、なお検討すべき問題が残されていないのかどうか、また、それと関連する範囲で第2の問題が問われることになる[2038]。

ところで、伝統的理論（それを承継する改正研究会案）と、今日の「新しい契約責任論」（それを積極的に摂取する改正検討委員会・基本方針）とでは、その基礎とする考え方は異なるものの、契約（債務）不履行に基づく損害賠償を不履行によって生じた損害の賠償を目的とする制度として捉える点において同一であり、両者は、いずれも賠償の論理の中に位置付けられるものである。もっとも、このようなモデルは、唯一絶対的な論理というわけではない。本書が提示するように、契約（債務）不履行に基づく損害賠償を、実現されなかった契約ないし債権の履行を確保するための制度として、履行プロセスの中に位置付けるモデルも存在するのである。そして、これら2つのモデルを分析枠組みとして設定することによって、契約（債務）不履行に基づく損害賠償をめぐる議論に対して別の角度から光が当てられ、従来の議論における問題・課題を浮かび上がらせるだけでなく、それとは異なる方向性を提示することも可能となる。本款の課題は、前款の検討成果を踏まえつつ、契約不履行に基づく損害賠償に関する2つのモデルを用いて、日本における民法（債権関係）の改正提

　　基準」が「いる基準」に変更されることに伴う実務への影響を議論する、法制審議会民法（債権関係）部会「第3回会議議事録」31頁以下（道垣内幹事・高須幹事・鎌田部会長発言）・35頁（木村委員発言）等（また、佐藤＝良永＝角田編・前掲注(82)124頁〔宮岡執筆部分〕・127頁〔矢嶋執筆部分、日高執筆部分〕、東京弁護士会法友全期会債権法改正プロジェクトチーム・前掲注(82)151頁〔中村＝青木執筆部分〕・199頁〔吉里執筆部分〕、水口・前掲注(2033)36頁、山本（健）・前掲注(82)85頁、日本弁護士連合会（消費者問題対策委員会）説明資料・前掲5頁))。
(2035) 長尾・前掲注(183)、平井・前掲注(13)78頁以下、吉田・前掲注(8)48頁以下等を参照。
(2036) 飛松＝倉持・前掲注(82)62頁、座談会・前掲注(82)「企業実務」22頁以下（安永・森脇・池本発言）、座談会・前掲注(2031)83頁以下（鹿島発言）等。
(2037) 民法（債権法）改正検討委員会・前掲注(80)「シンポジウム」91頁（潮見コメント）等。
(2038) もちろん、第3から第5の問題を軽視しているわけではない。法と言語が密接に関係していることに鑑みれば、表現や文言についても慎重かつ多面的な分析を行わなければならないことに疑問の余地はないし（フランスにおいては、債務法改正、「ヨーロッパ契約法」をめぐる議論に際して、言語の観点からの考察がなされているが、これは、日本の民法（債権関係）改正作業に対しても、多くの示唆を与えるものである）、民法が日常生活や取引活動に関わる法であるならば、その改正が実務に与える影響を検討することこそが求められているとも言える。ただ、これらは本書の問題関心から外れ、また、何よりも、筆者にはその能力も経験も欠けていることから、本款は、その考察範囲を限定し、その前提としての原理を問うことにしたのである。

案並びにそれらをめぐる議論を分析することにある。

◇第1項　従来の契約不履行に基づく損害賠償の制度設計

　契約（債務）不履行に基づく損害賠償を分析する際の基本枠組みについては、それを不法行為のモデルに基づいて構築する立場と、契約を起点に据えて契約領域に固有の枠組みを構築しようとする立場が知られている。既に繰り返し述べているように、これら2つの立場は、その考え方に大きな相違があるとはいえ、基本的には賠償の論理を前提とするものである。以下では、第1部で設定した賠償モデルの下位区分に従い、前者を不法行為＝賠償モデル、後者を契約＝賠償モデルと呼ぶことにしよう[2039]。これに対して、契約との関係を強調する点においては契約＝賠償モデルと同じでありながら、賠償の論理を放棄し、契約不履行に基づく損害賠償を契約ないし債権の実現の問題として把握することも可能である。本書が提示する履行モデルがそれである。このような基本原理の対立は、単に理念のレベルに止まるものではない。第1部及び前章で明らかにしたように、契約（債務）不履行に基づく損害賠償の基礎をどのように理解するかによって、民法の解釈（解釈枠組み）には大きな相違が生じていた。そして、また、本章・第1節におけるフランス法の考察からも明確になる通り、こうした原理についての態度決定は、契約（債務）不履行に基づく損害賠償の制度設計にも大きな影響を及ぼすのである。

　ところで、フランスにおいては、契約不履行に基づく損害賠償の制度設計として、契約不履行に基づく損害賠償と不法行為に基づく損害賠償の性質的同一性を強調し、これらの制度をできる限り統一して、両者を民事責任の中に統合する構想が有力に提唱されていた（債務法及び時効法改正準備草案、民事責任法案。また、必ずしも明確にされているわけではないが、司法省契約法改正草案）。こうした方向性は、1つのありうる制度設計の形ではあったが、フランスの実定法及び学理的体系に強く規定されたものであり、その前提が共有されないのであれば、十分な説得力を持ちえなかった。ところで、日本の実定法においては、フランスとは異なり、契約（債務）不履行に基づく損害賠償と不法行為に基づく損害賠償の非競合が原則として確立されているわけでも、前者の領域が著しく肥大化しているわけでもなく、従って、2つの損害賠償制度の関係について、学理的にはともかく、実務的に見て、解決困難な問題が存在しているわけでもなかった。そのため、契約（債務）不履行に基づく損害賠償を民事責任法に統合する方法は、日本法のコンテクストでは、余り意味のある構成ではないように思われる。今日の民法（債権関係）改正論議において、不法行為＝賠償モデルを基礎とする立場がこのような主張を行っていないことは、上記のような認識を前提としているのであろう。従って、フランス法で強く主張されていた民事

　　[2039]　この点については、第1部・第1章・第1節・第2款・第1項123頁以下を参照。

◆第2章◆ 設　計

責任構想は、必ずしも、「日本における契約不履行に基づく損害賠償の制度設計」の考察を目的とする本款の問題関心に適合するものではないので、以下での検討対象から外すことにする。もっとも、これは、あくまでも、体系的な議論としての民事責任構想（つまり、2つの損害賠償制度を民事責任法の中に統合する構想）の排除を意味するだけであり、2つの損害賠償制度の性質的な同一性を前提とした制度設計については、検討の対象とされなければならない。日本法のコンテクストにおいて、契約（債務）不履行に基づく損害賠償と不法行為に基づく損害賠償を別異に扱いつつ、両者の原理的な同一性を基礎とした制度を構築することは、なお可能なのであり、実際、このような理解を前提とするかのような主張もなされているのである。このような観点から見れば、フランスにおける契約不履行に基づく損害賠償の制度設計論は、日本の議論を分析する際の有用な参照枠を構成することになろう。というのは、債務法及び時効法改正準備草案や民事責任法案は、不法行為＝賠償モデルの下における典型的な制度設計のあり方を示すものだからである。

以上のような形で検討対象についての前置きをした上で、日本における契約（債務）不履行に基づく損害賠償の立法提案を検討していこう。具体的には、不法行為＝賠償モデルを基礎とした議論、とりわけ、改正研究会案（正案）と、契約＝賠償モデルを基礎とした立論、とりわけ、改正検討委員会・基本方針が検討の素材とされる。なお、法制審議会・民法（債権関係）部会における議論については、これらを分析する中で、適宜、取り上げられることになる。

(1) 不法行為＝賠償モデルからの議論

改正研究会案は、第3編「債権」の第1章「総則」に、第1節「通則」を設け、その中で、債務不履行に基づく損害賠償についての規定を用意している（342条以下）。そうすると、ここでは、民法の体系上、現行民法における「債権の効力」としての「債務不履行による損害賠償」という構成が、明確に退けられていることが分かる。現行民法と改正研究会案は、同じく、債権一般に妥当する債権総則上の制度として債務不履行に基づく損害賠償を予定しながらも、両者において、損害賠償に与えられている体系的な意味付けは大きく異なっている。すなわち、現行民法の制定過程では、債務不履行に基づく損害賠償につき、その総論的なビジョンとしては、「債権の効力」であることが強調されていたが[2040]、改正研究会案においては、このような理解が放棄されていると見ることができるのである。また、近時の国際的立法やモデル・ルール等とも異なり、ここでの損害賠償が、契約不履行に基づく損害賠償として構成されているわけでもない。同案では、あくまでも、債権総則上の制度として、債務不履行に基づく損害賠償が位置付けられているのである。まずは、

　　(2040) この点については、第1章・第1節・第2款・第2項427頁以下を参照。

これらのことを確認しておこう。その上で、改正研究会案の内容を、第1部で提示した2つの原理に関わる課題（性質と対象）、4つの具体的問題（性質に関わるものとして、帰責事由、損害賠償請求権の消滅時効（及び証明責任）、対象に関わるものとして、損害要件の意味、損害賠償の範囲）に即して検討することにしよう。

　第1に、債務者が損害賠償の支払いを義務付けられる根拠の問題を取り上げる。改正研究会案342条は、債務者に債務不履行が存在する場合、「債権者は、債務者に対し、これによって生じた損害の賠償を請求することができる」が、ただし、「債務不履行が債務者の責めに帰すべき事由によるものでないときは、この限りでない」と規定している。しかしながら、この条文を読むだけでは、債務者が債務を履行しなかった場合に損害賠償の支払いを義務付けられる根拠は明らかとならない。第1部で指摘した通り、賠償の論理を前提とする場合には、損害賠償責任を債務者に課すためのファクターが必要となるところ、伝統的通説が依拠する不法行為＝賠償モデルによれば、それは、債務者の故意・過失によって履行をしなかったことに、近時の有力学説が前提とする契約＝賠償モデルによれば、約束したことを守らなかったことに求められていた[2041]。ところが、改正研究会案では、このような帰責のためのファクターが、明確に提示されていないのである。言うまでもなく、これは、言葉や表現の問題などではなく、契約（債務）不履行法全体を貫く原理の問題であり、債務不履行に基づく損害賠償の基本条文において、こうした原理の中身が明らかにされていないのは、看過しえない事態であるように見える[2042]。このような状況は、同じく、不法行為＝賠償モデルを基礎としつつ、債務不履行を「責任を生じさせる行為ないし所為」として明確に示していた、フランスの債務法及び時効法改正準備草案や民事責任法案とは対照をなすものと言えよう。

　また、仮に、同342条ただし書の「債務者の責めに帰すべき事由」が、帰責のためのファクターを構成しうると理解するにしても、同条の論理によれば、全ての場合の帰責根拠を説明することができなくなってしまう。すなわち、同342条に関しては、現行民法415条とは異なり、帰責事由の不存在が抗弁であることが明確にされており、この点に改正研究会案の利点が存するとも言われている。その際、同研究会のメンバーの1人は、後に述べる改正検討委員会・基本方針のような提案を学理のレベルに止まるものと評価した上で、改正研究会案によれば、帰責事由が問題とならない領域においては、帰責事由不存在の抗弁が提出されないことになるから、結果として、今日の有力学説の一部を取り込むことも可能になると述べている[2043]。

(2041)　以上の点については、第1部・第1章・第1節・第2款・第1項123頁以下を参照。
(2042)　あるいは、342条ただし書にある帰責事由の存在が帰責の根拠であるとの反論がなされるかもしれないが、これは、責任を負うべき事由があれば責任を負うと述べているに過ぎず、何ら帰責の根拠を説明するものではない。また、仮に帰責事由の存在が帰責根拠になりうるとしても、本文で述べるように、改正研究会案では、帰責事由が抗弁として位置付けられており、それが存在しない場合であっても、債務不履行に基づく損害賠償が認められうるわけであるから、これは、全ての場合における帰責根拠を説明するファクターとなりえない。

◆第2章◆設 計

　しかしながら、この論理によれば、帰責事由が存在しなくても債務不履行に基づく損害賠償が認められるケースがあるということになるから、これでは、債務不履行に基づく損害賠償が問題になる全ての場合の帰責根拠を説明することができないのである。ここでも、先に挙げたフランスにおける改正の諸提案が、不履行それ自体を「違法かつ異常な行為」あるいはフォートと構成することによって、「契約責任」が問題になる全てのケースで帰責根拠を観念していたことを想起すべきであろう。

　更に問題は続く。仮に上記の問題が何らかの形で解決されうると仮定しても、今度は、帰責事由を抗弁として位置付ける規定それ自体の正当性が問われなければならない。確かに、判例は、古くから、帰責事由については、その不存在につき債務者が証明すべきものと判断しており(2044)、この点は、学説上も、ほぼ異論なく承認されていると言える(2045)。そして、改正研究会案も、この理解を引き継ぐものであることに疑いはない。しかし、既に述べた通り、このような証明責任のあり方は、不法行為＝賠償モデルを前提に、論理の問題として考えるならば、それほど自明の事柄とは言えず、むしろ、損害賠償責任の帰責根拠であるはずの帰責事由に関しては、債権者側が主張しなければならないと理解するのが自然である(2046)。ところで、改正研究会案は、不法行為法において、過失の証明責任を被害者側に負わせる解決を基本としつつ、生命・身体に対する侵害の場合に限って、その転換を行っている（657条1項(2047)）。もっとも、これは、あくまでも、通常の証明責任分配ルールを前提とした上で、保護法益の重大性に鑑み、一定の範囲内でその転換を図ったものであり(2048)、その当否はともかく、正当化のための理由は一応提供されているものと

(2043) 加藤・前掲注(365)「日本民法改正試案」29頁以下、民法改正研究会（文責・加藤）・前掲注(365)72頁以下、伊藤・前掲注(365)101頁（講演会における加藤回答）、座談会・前掲注(82)「裁判実務」64頁以下（加藤発言）、加藤＝芦野＝中野＝伊藤・前掲注(365)104頁（鹿島コメントに対する加藤回答）、加藤・前掲注(365)「民法（債権法）改正」35頁。また、加藤・前掲注(184)151頁以下。更に、潮見＝加藤（雅）＝加藤（新）・前掲注(365)29頁以下、森田＝加藤（雅）＝加藤（新）・前掲注(185)21頁以下における議論も参照。
(2044) 大判大正10年5月27日民録27輯963頁、大判大正14年2月27日民集4巻97頁、大判昭和7年5月17日新聞3413号11頁、大判昭和11年3月7日民集15巻5号376頁、大判昭和12年12月24日新聞4237号7頁、最判昭和34年9月17日民集13巻11号1412頁等。
(2045) 古くからの一般的理解である。石坂・前掲注(2)489頁以下・580頁、鳩山・前掲注(2)137頁・160頁、富井・前掲注(2)216頁、我妻・前掲注(7)105頁・146頁、於保・前掲注(7)95頁・107頁、林（安永補注）＝石田＝高木・前掲注(13)94頁〔林執筆部分〕、奥田・前掲注(13)124頁・148頁以下等。
(2046) この点については、第1部・第1章・第1節・第2款・第1項128頁以下を参照。
(2047) 同657条（不法行為による損害賠償）
　「他人の生命又は身体を侵害した者は、これによって生じた損害を賠償する責任を負う。ただし、侵害した者が損害の発生を防止するために必要な注意をしたときは、この限りでない。
　故意又は過失によって、他人の身体的自由、所有権その他物権及びこれに類する権利を侵害した者は、これによって生じた損害を賠償する責任を負う。
　故意又は過失によって、他人の信用、名誉その他の人格的利益を侵害した者は、これによって生じた損害を賠償する責任を負う。ただし、その侵害が社会生活上容認すべきものその他違法性を欠くものであるときは、この限りでない。
　故意又は過失によって、他人の債権、生活上の利益その他前三項に定めるもの以外の法律上保護される利益を違法に侵害した者は、これによって生じた損害を賠償する責任を負う」。

見ることができる。しかしながら、債務不履行において、このような理由はほとんどの場合で成り立たないし、そもそも、あらゆるケースにおいて、一律に証明責任の転換を行う論拠を提供しうるかには疑問も残る。証明責任のレベルで、前提原理と調和しない立法提案を行おうとする以上、いかに判例・実務に従ったものであるとしても、そのための説明が求められるのではないかと思われるのである。この場面においても、フランスでは、「異常かつ違法な行為」あるいはフォートとしての不履行について、債権者側が証明すべきものとされていたことを確認しておくべきであろう。

　このように、不法行為＝賠償モデルの枠組みの下では、債務者が損害賠償の支払いを義務付けられる根拠の問題について、不法行為法に類するような帰責原理を設定し、それを全ての債務不履行類型に及ぼした上で、帰責根拠を債権者側の証明事項とする論理が導かれうるが、改正研究会案は、このいずれにおいても、明確な指針を欠いているように思われる。もちろん、ここに一定の修正を加えることは可能であり、実定法との連続性を考えるならば、それを行う必要が存することに疑いはない。しかし、これらは、債務不履行に基づく損害賠償に関する前提原理との論理的不整合を生じさせるものである以上、何らかの説得的な理由付けが求められるのである。そうでなければ、民法の学問的体系は大きく破壊されることになってしまうであろう[2049]。

　第2に、債務不履行に基づく損害賠償の性質と関連して、損害賠償請求権の消滅時効の問題を取り上げる。日本の一般的な理解によれば、債務不履行に基づく損害賠償請求権は、本来的債権の拡張または内容の変更であって、本来的債権と同一性を有するとされる[2050]。そして、このような理解を前提として、判例は、損害賠償請求権の消滅時効が本来的債権の履行を請求しうる時から進行し、本来的債権が時効により消滅した場合には、もはや損害賠償を請求することはできないという解決を導いている[2051]。改正研究会案は、この点につき特段の規定を設けていないが、伝

[2048] 加藤雅信「日本民法改正試案の基本方向——民法財産法・冒頭と末尾（「第1章 通則」「不法行為」）の例示的検討」民法改正研究会・前掲注(81)「世界の民法典」174頁〔初出・2008年〕。

[2049] 改正研究会案の基礎には、「壊れていないものを修理するな」との考え方があるように見受けられる。これは、カール・リーゼンフーバー（渡辺達徳訳）「債務不履行による損害賠償と過失原理」民法改正研究会・前掲注(81)「世界の民法典」268頁・注(100)〔初出・2008年〕（英語版として、Karl Lisenhuber, Damages for non-performance and the fault principle, ERCL, 2 / 2008, 119）によって紹介され、その後、現状維持を説く立場によって、しばしば引き合いに出されている言葉である。この言説を民法改正の局面で引用することの意味、また、このような態度それ自体の当否は別としても、果たして、不法行為＝賠償モデルに依拠する伝統的理論は壊れていないと言えるのか。これまで見てきたところからも明らかなように、不法行為＝賠償モデルは、帰責の問題だけを考えても、原理として多くの問題を内包しており、伝統的通説は、このモデルからは本来的に正当化しえないはずの解決を、別の理由を用いながら、あたかもこのモデルから当然に説明しうるかのように装っているに過ぎないようにも見えるのである。

[2050] 於保・前掲注(7)123頁、我妻・前掲注(7)101頁、林（安永補訂）＝石田＝高木・前掲注(13)132頁〔林執筆部分〕、奥田・前掲注(13)149頁、平井・前掲注(13)74頁等。

[2051] 大判大正8年10月29日民録25輯1854頁、最判昭和35年11月1日民集14巻13号2781

統的通説・判例の思考モデルをその基礎としていることから見て、基本的には、上のような解決を維持することになるのであろう[2052]。

　しかしながら、債務不履行に基づく損害賠償が、不法行為に基づく損害賠償と同じく、有責な行為によって生じた損害を賠償するための制度であるとするならば、損害賠償債権は、有責な行為によって損害が惹起された場合に初めて発生する債権であり、本来的債権とは法的に別個の存在であると言わなければならない。従って、この点において、2つの損害賠償の消滅時効制度を別異に設計する理論的理由は、全く存在しない。また、仮に、何らかの実際的な理由から、2つの損害賠償請求権の消滅時効起算点を別々に用意する必要が認められるとしても、少なくとも、損害賠償請求権の消滅時効起算点を、本来的債権の履行を請求しうる時に求めることはできないはずである[2053]。つまり、賠償モデルという原理の問題として見た場合には、上記の解決は、その基礎にある原理と完全に矛盾していると理解しなければならないのである。それにもかかわらず、本来的債権と損害賠償請求権の同一性という賠償の論理とは相容れない言明によって、上記のような消滅時効起算点を採用するのは、それを自覚的に論じていた、かつての学説によれば、そのような解決が当事者意思に合致し、適切な結論を導くことができるからであり[2054]、また、本来的債権と損害賠償請求権は価値的に同一で、後者は前者の代償と見ることができるからであった[2055]。しかし、このような理由付けは、解除権や解除に基づく原状回復にも及ばなければならないはずであるし[2056]、何よりも、この局面において、債務不履行に基づく損害賠償に関する議論の出発点であるはずの賠償モデルを放棄することを意味しているのである[2057]。

　かくして、損害賠償請求権の消滅時効起算点の問題については、以下のように整理することができる。すなわち、不法行為＝賠償モデルの論理を維持するのであれば、フランスにおける債務法及び時効法改正準備草案（また、解釈の余地はあるが、現在のフランス民法典）のように、2つの損害賠償請求権の消滅時効を同一に設定すべ

　　頁、最判平成10年4月24日判時1661号66頁。
(2052)　改正研究会案106条は、消滅時効の起算点について、現行民法166条の規律を維持しているから、同条の適用により、判例法理の解決が維持されることになるのであろう。
　　同106条（消滅時効の進行等）
　　　「消滅時効は、権利を行使することができる時から進行する。
　　　前項の規定は、始期付権利又は停止条件付権利の目的物を占有する第三者のために、その占有の開始の時から取得時効が進行することを妨げない。ただし、権利者は、いつでも占有者の承認を求め、時効を新たに進行させることができる」。
(2053)　前田・前掲注(16)132頁以下。また、中松・前掲注(73)35頁以下も参照。
(2054)　注(557)及び注(558)で引用した諸論稿を参照。
(2055)　勝本・前掲注(2)291頁以下、浅井・前掲注(357)「総論」122頁以下等。
(2056)　しかしながら、判例は、古くから、本来的債権の消滅時効とは別に、債務不履行時を起算点とする解除権自体の消滅時効を観念し（大判大正6年11月14日民録23輯1965頁）、また、解除によって発生する原状回復請求権についても、解除時を起算点とする消滅時効を認めてきたのである（大判大正7年4月13日民録24輯669頁）。
(2057)　以上の点については、第1部・第1章・第2節・第2款・第1項195頁以下を参照。

きである$^{(2058)}$。また、何らかの理由により、2つの損害賠償請求権の消滅時効を別異に扱うとしても、最低限、債務不履行に基づく損害賠償の消滅時効起算点をその要件充足時以降に求めなければならない。そうしなければ、賠償モデルの論理と正面から衝突することになってしまうからである$^{(2059)}$。従って、仮に現在の判例法理の解決を維持しようというのであれば、賠償モデルの論理それ自体を放棄するしかないのである。

　第3に、債務不履行に基づく損害賠償の対象の問題について、ごく簡単にだけ言及しておく。改正研究会案は、現行民法と同じく、債務不履行の領域において賠償されるべき損害の内容を規定していない。もちろん、第1部・第2章・第1節で検討した損害の捉え方に関する議論は、学理的な問題であり、これ自体を民法の中で規定する必要はないが、不法行為＝賠償モデルを前提とする以上、債務不履行に基づく損害賠償と不法行為に基づく損害賠償とで賠償されるべき損害の中身に差異を設けることは困難である$^{(2060)}$。そうすると、同提案の不法行為法との対比で考える場合には、債務不履行に基づく損害賠償の箇所においても、解釈に委ねるのではなく、同658条$^{(2061)}$のような規定を置く必要があるのではないか。というのは、これに類する解決を債務不履行法でも認めるとすれば、現行民法や実定法との関連で、一定の不連続性が生ずることになるからである$^{(2062)}$。反対に、債務不履行法の領域で同658条のような規定を置かなかった趣旨が、その解決を否定することに求められるというのであれば、今度は、2つの損害賠償制度において、このような相違をもたらす理由が問われることになるのである。

(2058) 例えば、不法行為に基づく損害賠償に関する改正研究会案665条を、債務不履行に基づく損害賠償にも妥当させる方法が考えられよう。
　　　同665条（不法行為による損害賠償請求権の期間の制限）
　　　「不法行為による損害賠償請求権は、被害者又はその法定代理人が損害及び賠償義務者を知った時から三年間行使しないときは、時効によって消滅する。
　　　不法行為による損害賠償請求権は、損害発生の時から二十年を経過したときは、消滅する。
　　　前項の規定にかかわらず、（新）第六百五十七条（不法行為による損害賠償）第一項に基づく損害賠償請求権は、加害者に故意があるときは、損害発生の時から三十年を経過したときに、消滅する。
　　　裁判所は、時効を援用し若しくは除斥期間を適用することが、その期間中の損害賠償義務者の行為からみて（新）第三条（信義誠実の原則と権利濫用の禁止）に反すると認められるときは、第一項及び第二項の規定は、適用しない」。
(2059) いずれの場合においても、その規律を解釈に委ねるのではなく、明文化することが望ましいであろう。
(2060) この点については、第1部・第2章・第1節・第2款・第1項269頁以下を参照。
(2061) 同658条（財産以外の損害の賠償）
　　　「前条の規定により損害賠償の責任を負う者は、財産以外の損害に対しても、その賠償をしなければならない。
　　　他人の生命を侵害した者は、被害者の父母、配偶者及び子に対しては、その者自身に財産的損害がなかった場合においても、損害の賠償をしなければならない」。
(2062) ここでは、とりわけ、安全配慮義務違反に基づく損害賠償に際して、遺族固有の慰謝料請求が否定されていることが（最判昭和55年12月18日民集34巻7号888頁）、想起されるべきであろう。

◆第2章◆ 設　計

　第4に、債務不履行に基づく損害賠償の範囲の問題を取り上げる。第1部・第2章・第2節で述べたように、契約（債務）不履行に基づく損害賠償が不履行によって惹起された損害を賠償するための制度であるならば、その要件を充足する限り、不履行によって惹起された損害の全てが賠償の対象とされるはずである。つまり、賠償の論理の下では、完全賠償原則が議論の出発点となる。しかしながら、完全賠償原則を唯一の絶対的な原則と見ることはできない。賠償を一定の範囲に限定するという立法政策、制限賠償原則も当然に考えられるのであって、今日においては、むしろ、この制限賠償原則こそが賠償モデル下での原則形態であるとも言える。ただし、制限賠償原則は、不履行によって生じた損害のうち、一定の部分について賠償の対象から除外しようとするものであるから、何らかの形で完全賠償原則が妥当しない理由を明らかにしておく必要がある。また、このように損害賠償を一定の範囲に制限する法理をどのようなルールによって実現するかは、一義的に決まるものではないから、あるルールを採用しようとする場合には、そのための説明が求められることになるのである(2063)。

　改正研究会案は、基本的に現行民法416条を引き継ぐ形で、通常損害・特別損害の区別を基礎とし、特別損害について、債権発生時における当事者の予見可能性ないし不履行時における債務者の予見可能性を要件とする構成を採用している（344条）。そうすると、上記のような問題関心からすれば、こうした提案に対しては、何よりも、このような賠償範囲確定ルールを用意した理由を問わなければならない。仮に、完全賠償原則を不履行と事実的因果関係に立つ全ての損害が賠償の対象とされるという意味で捉え、利益判断から損害賠償の範囲を制限する必要性を基礎付けるとしても、そのための規律は一義的に定まるものではなく、従って、解釈論ならばともかく、立法論としては、同条の基礎にある考え方を説明しなければならないからである。もっとも、この点は、改正研究会案の理由書が公表されておらず、同条の審議の過程が明らかでないため、これ以上のことは言えないが、仮に、債務不履行理論については基本的に伝統的な通説・判例の立場に従うとの態度決定に従って、この規定を相当因果関係によって基礎付けようとするのであれば、相当因果関係と制限賠償原則との調和、契約法理との理論的な接合といった既に繰り返し指摘されている批判をどのように受け止めるのかが問題となろう。国民にとっての分かりやすさ、実務への影響の考慮が必要であることはもちろんであるが、立法提案に際しては、各規定を学理的に基礎付けることも重要な問題となるはずである。

　なお、今日においては、フランス民法典1150条に端を発する国際的潮流の影響を受けて、債務者に故意ないし重過失が存在する場合には、予見可能性による賠償範

(2063) 以上の点については、第1部・第2章・第2節・第2款・第1項337頁以下を参照。なお、本文の叙述をそこでの分析視角に即して言えば、制限賠償原則それ自体と制限賠償原則を実現するためのルールの基礎付けが必要になるということである。

囲の制限は妥当しないとの解釈論や立法提案もなされている。改正研究会案の副案343条1項も、その1つである[2064]。不法行為＝賠償モデルを基礎とする同提案の正案には、このような規定は存在しないが、契約不履行に基づく損害賠償の理論枠組みという視点から、その制度設計のあり方を分析することを目的としている本款においては、債務者に故意・重過失が存在する場合には上記のような賠償範囲確定ルールを妥当させないという態度決定をしたときに、こうした規律がどのような形で基礎付けられるのかという点を検討しておかなければならない。

　不法行為＝賠償モデルに従えば、故意・重過失のケースにおける例外ルールは、完全賠償原則への回帰として分析される。契約（債務）不履行に基づく損害賠償が有責な不履行によって生じた損害の賠償を目的とする制度であるならば、不履行によって惹起された損害の全てが賠償の対象とされるはずであるから、先に検討した賠償範囲確定に関する一般ルールは、それを例外的に制限したものということになる。従って、債務者の故意・重過失による不履行の場合に、そのような賠償範囲を限定するルールを適用しないということは、言うまでもなく、完全賠償原則への回帰を意味する。そして、仮に、損害賠償の範囲の制限規定について、これを相当因果関係によって説明するとの前提に立つとして、このことを理論的に見れば、この場合には、相当性による因果関係の絞りがなされないことを意味するのである。もっとも、何故に原則へと回帰しなければならないのか、より正確に言えば、何故に損害賠償の範囲を制限する立法政策が妥当しないのかという正当化根拠については、不法行為に基づく損害賠償の範囲との関連で、以下の2つの可能性が考えられる。

　まず、損害賠償の範囲について、契約（債務）不履行に基づく損害賠償に関してのみ賠償範囲を制限するルールを定めたとする。この場合、例外ルールは、単に、不法行為＝賠償モデルの論理を純粋に貫くことを意味するに過ぎない。もちろん、これは、2つの損害賠償制度が同一の性質を持ちながら原則的に異なる賠償範囲確定ルールに服することを前提とするものであるから、ここでは、より一層、債務不履行領域のルールの特殊性が浮き立つことになり、その明確な意味付けが問われることにはなろう。次に、損害賠償の範囲について、2つの損害賠償のいずれに関しても賠償範囲を制限するルールを定めたとする。この場合、例外ルールの射程は、債務不履行に基づく損害賠償のみならず、不法行為に基づく損害賠償に対しても及ばなければならない。そして、このことは、およそ損害賠償の範囲というもの、伝統

　(2064) 同副案343条（損害賠償の範囲）
　　「債務者は、契約締結時に当事者が不履行の結果として生じることを予見し、又は合理的に予見することができた損害についてのみ賠償の責任を負う。ただし、債務不履行が故意又は重大な過失によるものであるときは、この限りでない。
　　前項の規定は、契約締結後、債務不履行の時点までに債務者が予見し、又は合理的に予見することができた損害についても、準用する」。

的通説の論理で言えば、因果関係に絞りをかけるかどうかは、加害者の帰責性の程度を考慮して決定されるとの命題へと繋がる。2つの損害賠償の範囲を同一のルールによって規律しようとする伝統的通説の立場を前提として、故意・重過失の場合の例外規則を設けようとするならば、このような後者の理由付けが採用されることになるものと思われる。

しかしながら、そもそも、このような例外ルールに合理性があるかどうかは極めて疑わしい。このことは、フランス法との対比によって明らかとなる。すなわち、フランスでは、現行の民法典（1150条）においても、今日の改正提案においても[(2065)]、債務者に故意（ないし重過失）が存在する場合に、予見可能性による賠償範囲確定ルールを妥当させない旨の規律が設けられていたが、この規律は、悪意・重過失の債務者に対して、不履行と事実的因果関係にある損害の全てを賠償させようとするものではなかった。いずれの立法あるいは提案においても、不履行から直接的に生じた結果でなければ、賠償の対象となりえない旨が規定されているからである[(2066)]。ところで、先に触れたように、日本の伝統的理解における完全賠償原則への回帰は、相当性による因果関係の絞りがなされないこと、つまり、不履行と事実的因果関係にある損害の全てが賠償の対象になることを意味する。そうすると、仮に、債務者に故意・重過失が存在する場合には、賠償範囲を制限するルールが適用されない旨の立法を設けてしまうと、債務者は、文字通り、不履行によって生じた損害の全てを賠償するよう義務付けられることになるのである。日本における損害賠償の範囲に関する議論は、価値判断として、こうした解決が受け入れられないことを当然の前提としていたはずであるから、やはり、上記のようなルールは合理性を欠くと言うべきである。それでもなお、故意・重過失の債務者に通常の債務者よりも重い賠償責任を課したいというのであれば、その場合に適用される基準やルールを明確に設定することが必要であろう。

これまで見てきたように、債務不履行に基づく損害賠償に関わる問題だけを取り上げても、改正研究会案には、多くの理論的課題が山積しているように見受けられる。その要因は、大きく分けて、次の2つに求めることができるように思われる。

1つは、債務不履行に基づく損害賠償の原理として、伝統的通説の不法行為＝賠償モデルを設定しながら、それが理論的に徹底されていないこと、あるいは、そのような意識を持たずに起草作業が行われていることである。「理論偏重におちいって学者のための民法改正にならないよう」注意し、「国民のための民法改正」を行うという、民法改正研究会の基本方針に[(2067)]、異論を唱えるつもりはないが、そこで

(2065) 債権法及び時効法改正準備草案1366条、民事責任法案1386-16条、契約法改正の諸提案118条。

(2066) フランス民法典1151条、契約法改正の諸提案119条。債権法及び時効法改正準備草案や民事責任法案には、これを直接的に規定した条文はないが、賠償されるべき損害についての諸規定から、このように理解することができる。

第 1 節　理論モデルの利用

は、現行民法や実定法との連続性を意識するあまり、債務不履行に基づく損害賠償の原理面からの基礎付けが忌避されてしまっているのではないかとの疑問も生ずる。この点において、改正研究会案とフランスにおける改正諸提案との間には、大きな相違を見出すことができよう。フランスでは、いずれの改正提案においても、契約不履行に基づく損害賠償の制度設計に際して、まず、明確な理念が設定され、それに適合的な原理が構築された上で、それぞれの制度や条文が用意されていたからである。従って、我が国において、仮に不法行為＝賠償モデルを基礎とした立法提案を行うのであれば、その体系的欠陥は別としても、フランスの債務法及び時効法改正準備草案や民事責任法案から、多くを学ぶことができるのではないかと考えられる。

　もう1つは、不法行為＝賠償モデルと現行民法及び実定法との離齬である。改正研究会案は、基本的に、現行民法の債務不履行法と実定法をベースとした改正提案を行っている。しかしながら、本書の考察によれば、日本の民法は、少なくともその総論的なビジョンとしては、債務不履行に基づく損害賠償を、「債権の効力」、あるいは、債権の実現手段として位置付けるモデルを基礎としていた。これは、不法行為＝賠償モデルとは全く異なるパラダイムに属しており、伝統的通説は、このような内実を持つ民法の規定に、不法行為＝賠償モデルの解釈枠組みを接ぎ木した結果、様々な面で多くの理論的問題を抱えたのであった。従って、現行民法の条文に不法行為＝賠償モデルの考え方を乗せるという改正提案は、必然的に伝統的通説と同じような理論的問題を抱え込むことになるのである。また、(1)の冒頭で触れたように、民法改正研究会案においては、体系上、「債権の効力」としての債務不履行に基づく損害賠償という視点が排除されていることにも留意しておくべきであろう。これは、条文の体裁や文言から見れば類似するようにも見える現行民法と改正研究会案がその基礎とする原理を異にしていることを示す事実であるとともに、不法行為＝賠償モデルとは別の原理、具体的に言えば、現行民法の解釈枠組みとして最も適合的な履行モデルによって、現行民法の条文を引き継いだ改正研究会案を正当化する可能性を減少させる要素でもある。更に、日本の判例は、表面上、伝統的通説の枠組みに従っているように見えるが、その実質においては、必ずしもそうではなく、むしろ、履行の実現という発想に親和的な解決も提示していた。そうすると、不法行為＝賠償モデルの考え方を出発点に、判例法理の解決を取り入れるという方法にも、理論的な問題を生ぜしめる契機が内在しているのである。

　これらのことをより一般化して言えば、次のように定式化することができよう。日本法において、不法行為＝賠償モデルに基づき債務不履行に基づく損害賠償の制度設計を行う場合には、一定の範囲内で、現行民法や実定法との不連続性を甘受し

(2067) 加藤・前掲注(365)「日本民法改正試案」4頁以下。

なければならない。それでもなお、現行民法や実定法との接続を維持しようとするのであれば、賠償の論理に依拠した制度設計の形を放棄するしかない。

(2) 契約＝賠償モデルからの議論

改正検討委員会・基本方針は、第3編「債権」、第1部「契約および債権一般」、第1章「契約に基づく債権」において、「債権の基本的効力」（第1款）に続ける形で、「債務不履行」（第2款）を用意し、その中で、強制履行（第1目）、解除（第3目）とともに、損害賠償（第3目）を扱っている。ここで、債権編は、契約債権に即する形での体系化がなされており、法定債権については、別途、第3部「法律に基づく債権」が設けられている[(2068)]。従って、改正検討委員会・基本方針において、不履行に基づく損害賠償は、現行民法や改正研究会案とは異なり、まさに、契約不履行に基づく損害賠償として提示されていることになるのである。このことを確認した上で、(1)と同様、第1部で提示した2つの原理に関わる課題、4つの具体的問題に即して、改正検討委員会・基本方針の内容を検討していくことにしよう。

第1に、債務者が損害賠償の支払いを義務付けられる根拠の問題を取り上げる。改正検討委員会・基本方針は、契約債務の不履行が存在する場合、債権者は不履行によって生じた損害の賠償を請求することができるが（【3.1.1.62】）、「契約において債務者が引き受けていなかった事由により債務不履行が生じたときには」、債務者は損害賠償責任を負わない旨の規定を設けている（【3.1.1.63】）。本書の分析枠組みによれば、これは、契約＝賠償モデルを基礎として、約束違反を帰責の根拠とすることを裏側から規定したものである。すなわち、債務不履行の場面では、債務者の行動自由の確保を起点とした過失責任原則は妥当しない。そうではなくて、ここで債務者が債務不履行を理由として損害賠償責任を義務付けられるのは、「契約による債務負担という拘束を受けた債務者が当該契約により義務付けられたことを行わなかったという点に求められる。要するに、契約に拘束されていること―契約の拘束力―が、債務不履行を理由とする損害賠償責任を債務者に負わせることの根拠となる」[(2069)]。つまり、改正検討委員会・基本方針は、必ずしも条文上明確に表現されているわけではないが、今日の有力学説のように、契約の拘束力を起点に据えて、債務者が自らの意思によって設定した契約規範に従わなかったことに帰責の根拠を求め[(2070)]、この中に、賠償モデルの論理において必要不可欠であるところの、損害賠償責任を債務者に転嫁するためのファクターを見ているのである。改正検討委員会自身も指摘しているように、これによって、実務上の帰結に何らかの実質的変更

(2068) この点については、民法（債権法）改正検討委員会・前掲注(80)「基本方針Ⅰ」16頁以下を参照。
(2069) 民法（債権法）改正検討委員会・前掲注(80)「基本方針Ⅱ」247頁。
(2070) 森田・前掲注(8)46頁以下等。

をもたらすことが企図されているわけではないが(2071)、ここでは、言葉の問題に尽きることのない、不法行為＝賠償モデルから契約＝賠償モデルへの原理の転換が意図されていることを改めて強調しておかなければならない。

しかしながら、このように基礎となる考え方を変更することによって、伝統的通説が抱えていた諸問題、すなわち、契約（債務）不履行に基づく損害賠償を行動自由の確保を理念とする過失責任主義によって基礎付けることの問題、行為債務ないし手段債務の領域における不履行判断と帰責事由判断の重複という問題を回避することができるとしても、別の新たな問題が生ずる可能性もある。というのは、約束したことに違反したというモメントだけで、あらゆるケースの損害賠償を理論的に正当化しうるかどうかには疑問が残るからである。ここには、2つの問題が存在する。

1つは、合意ないし契約を起点にした議論では、契約以外から生じた債務の不履行に基づく損害賠償の帰責根拠を説明することができないという問題である。この点、改正検討委員会・基本方針は、現行民法とは異なり、契約債権に固有の規定として、契約不履行に基づく損害賠償についての条文を設けている。従って、【3.1.1.62】及び【3.1.1.63】の範囲内において、法定債務の不履行に基づく損害賠償の帰責根拠という問題が生ずることはない。しかし、そうであるからといって、契約以外の原因から発生した債務の不履行については、帰責根拠を観念しなくても良いということにはならないから、この場合には、契約の拘束力とは別の帰責根拠を提示しておく必要がある。改正検討委員会・基本方針や法制審議会においては、法定債務の不履行に基づく損害賠償の免責規定について、それを設けるべきかどうか、どのような規律を設けるべきかという点が議論されているようであるが(2072)(2073)、そもそも、その前提問題として、何故に法定債務の債務者が不履行に基づく損害賠償の支払いを義務付けられるのかという問いに対する解答を明確にしておかなければ、免責規定のあり方を議論することはできないように思われるのである。

もう1つは、仮に問題を合意ないし契約の領域に限定するとしても、あらゆる契約不履行に基づく損害賠償の帰責根拠を、契約の拘束力から説得的に説明することができるかという問題である。もちろん、前提となる契約の思想や理論、契約構造論等によっては、この問題が妥当しない議論を構築することも可能であるが、ここ

(2071) 民法（債権法）改正検討委員会・前掲注(80)「基本方針Ⅱ」254頁以下。
(2072) 同【3.3.01】（損害賠償の免責事由）
「契約以外の原因に基づいて発生した債務の不履行を理由とする損害賠償の場合に免責を認める規定が必要か否かについて、検討を行うこととする」。
(2073) 「契約に関する規定の見直しが法定債権（事務管理、不当利得、不法行為といった契約以外の原因に基づき発生する債権）に関する規定に与える影響に関しては（中略）、債務不履行による損害賠償の帰責根拠を契約の拘束力に求めた場合（前記第3、2 (2)）における法定債権の債務不履行による損害賠償の免責事由の在り方（中略）などの検討課題が指摘されている（中略）。これらを含めて、契約に関する規定の見直しが法定債権に関する規定に与える影響について、更に検討してはどうか」（法制審議会民法（債権関係）部会「中間的な論点整理」183頁）。

◆第2章◆ 設　計

では、帰責のレベルでの問題の所在を指摘するという意味で、契約理論とは切り離して、問題点のみを提示しておくことにしよう。確かに、契約当事者は、明示の合意がない場合であっても、契約の実現に向けて要求される様々な義務を課せられるところ、その不履行によって債権者が契約において予定した利益を得られなかった場合に、債務者に対して損害賠償が課せられることは、契約の拘束力からも基礎付けうるものである。しかし、契約利益の実現とは関係のない義務、あるいは、判例が言う「ある法律関係に基づいて特別な社会的接触に入った当事者間において、当該法律関係の付随義務として当事者の一方又は双方が相手方に対して信義則上負う義務」[2074]の不履行のケースにおける損害賠償を、契約の拘束力という視点から正当化することは可能か[2075]。更に言えば、改正検討委員会・基本方針は、交渉を不当に破棄した者の損害賠償や（【3.1.1.09】）、交渉当事者の情報提供義務・説明義務違反に基づく損害賠償（【3.1.1.10】）について[2076]、それを「契約責任」と構成するか、不法行為責任と理解するかは、開かれた問題であるとの認識を示しているが[2077]、このような契約締結前の責任、とりわけ、前者のように契約が有効に成立しなかった場合の責任を契約の拘束力という視角から捉えることはできるのか。もちろん、中間的合意や前契約の理論によって、契約交渉破棄の事例を契約の問題として構成する方法も考えられる。しかし、「契約を起点に据えた契約責任論」の基礎には、契約の拘束力が存在するはずであり、本契約の締結に至っていない段階において、明確な形で中間的合意を認定することができないにもかかわらず、こうした契約の拘束力に基づく責任を肯定することは論理矛盾ではないのか。本契約の成立に至っていないということは、そのレベルでの契約規範への拘束が正当化されないことを意味するのであり、そうであれば、契約を不当に破棄した者の責任を「契約

(2074) 最判昭和50年2月25日民集29巻2号143頁。

(2075) もちろん、これらを不法行為の問題として規律することも可能であり、それを前提とすれば、本文で述べたような疑問は生じない。本文の叙述は、あくまでも、従来の判例法理と学説における議論を前提としたものである。なお、後に述べるように、改正検討委員会・基本方針によれば、債務不履行に基づく損害賠償と不法行為に基づく損害賠償の消滅時効は同一の規律に服するものとされているから（民法（債権法）改正検討委員会・前掲注(80)「基本方針Ⅲ」163頁以下・176頁以下）、不法行為における短期消滅時効の回避という安全配慮義務が生み出されるに至った利益判断は、もはや妥当しなくなることを付言しておこう。

(2076) 同【3.1.1.09】（交渉を不当に破棄した者の損害賠償責任）

「〈1〉当事者は、契約の交渉を破棄したということのみを理由としては、責任を問われない。

〈2〉前項の規定にもかかわらず、当事者は、信義誠実の原則に反して、契約締結の見込みがないにもかかわらず交渉を継続し、または契約の締結を拒絶したときは、相手方が契約の成立を信頼したことによって被った損害を賠償する責任を負う」。

同【3.1.1.10】（交渉当事者の情報提供義務・説明義務）

「〈1〉当事者は、契約の交渉に際して、当該契約に関する事項であって、契約を締結するか否かに関し相手方の判断に影響を及ぼすべきものにつき、契約の性質、各当事者の地位、当該交渉における行動、交渉過程でなされた当事者間の取決めの存在およびその内容等に照らして、信義誠実の原則に従って情報を提供し、説明をしなければならない。

〈2〉〈1〉の義務に違反した者は、相手方がその契約を締結しなければ被らなかったであろう損害を賠償する責任を負う」。

(2077) 民法（債権法）改正検討委員会・前掲注(80)「基本方針Ⅱ」40頁・46頁以下。

責任」と理解することはできないと言うべきではないか。仮にこの問題をも「契約責任」の領域に含ませるのであれば、そこで言う契約の拘束力は、もはや、本契約が締結され、履行請求が認められるに至ったというレベルのものではなく、単に、「契約責任」を認めるための仮託に過ぎない。

　このように見ると、改正検討委員会・基本方針が志向する契約＝賠償モデルへの原理の転換によって、債務者の責めに帰すべき事由ないし「契約において債務者が引き受けていなかった事由」の判断には変化が生じなくても、それ以外のレベル、例えば、契約不履行に基づく損害賠償の対象領域といった問題において、実務・学理に大きな変化がもたらされるのかもしれない[(2078)]。

　第2に、契約（債務）不履行に基づく損害賠償の性質と関連して、損害賠償請求権の消滅時効の問題を取り上げる。その前提として、まずは、改正検討委員会・基本方針において、契約不履行に基づく損害賠償がどのような性質を持つものとして捉えられているのかを見ておこう。改正検討委員会・基本方針は、契約債権、履行請求権の異同を説明する中で、以下のように述べている[(2079)]。契約債権は、「契約によって債権者が債務者に対して認められる法的地位の総体」を意味する。また、履行請求権は、「契約債権」が一段階具体化されたものであり、債権者が債務者に任意の履行を請求することができる地位を基礎付ける（【3.1.1.53】[(2080)]）。契約が成立すると、契約債権が発生し、これは、履行請求権が排除されたとしても（【3.1.1.56】[(2081)]）、存続する。このとき、履行に代わる損害賠償の要件が充足される場合には（【3.1.1.65】[(2082)]）、填補賠償請求権が認められるが、この損害賠償請求権を基礎付

(2078) それを回避するためには、契約の拘束力によって基礎付けることができないものについて、それ以外の帰責根拠を与えるという方向性も考えられる。ただし、この場合には、契約不履行に基づく損害賠償の基礎が二元的に構成される（その結果、制度も二元化されてしまう）という問題が生ずる。そして、仮にその基礎を過失責任に求めるならば、改めて、これらの義務違反に基づく損害賠償を契約の領域で規律することの当否が、更には、改正検討委員会・基本方針が採用する契約＝賠償モデルの正当性が問われることになろう。
(2079) 民法（債権法）改正検討委員会・前掲注(80)「基本方針Ⅱ」230頁。
(2080) 同【3.1.1.53】（債権と請求力）
　　「債権者は、債務者に対し、債務の履行を求めることができる」。
(2081) 同【3.1.1.56】（履行を請求することができない場合）
　　「履行が不可能な場合その他履行をすることが契約の趣旨に照らして債務者に合理的に期待できない場合、債権者は、債務者に対して履行を請求することができない」。
(2082) 同【3.1.1.65】（履行に代わる損害賠償）
　　「〈1〉債権者は、次の各号に掲げる事由が生じたとき、【3.1.1.62】のもとで、債務者に対し、履行に代わる損害賠償を請求することができる。
　　〈ア〉履行が不可能なとき、その他履行をすることが契約の趣旨に照らして債務者に合理的に期待できないとき
　　〈イ〉履行期の到来の前後を問わず、債務者が債務の履行を確定的に拒絶する意思を表明したとき
　　〈ウ〉債務者が債務の履行をしない場合において、債権者が相当の期間を定めて債務者に対し履行を催告し、その期間内に履行がされなかったとき
　　〈エ〉債務を発生させた契約が解除されたとき
　　〈2〉履行に代わる損害賠償請求権の債権時効は、〈1〉〈ア〉から〈ウ〉までについては、【3.1.3.44】〈1〉に定める期間は、各号に定める債務不履行にあたる事実が発生した時から起算され、同〈2〉に定める期間は、右の事実が発生したことを債務者が知った時から起算される。また、〈1〉〈エ〉

けているのも、契約債権である[2083]。これを読む限り、改正検討委員会・基本方針における契約不履行に基づく損害賠償は、契約債権に内在する効力として把握されているようにも見える。しかし、第1部・第1章・第1節で明らかにしたように、賠償モデルを前提として、契約不履行に基づく損害賠償の帰責根拠を契約の拘束力に求める場合において、その意味を、「自ら設定した契約規範に違反した」というレベルで捉えるときには、契約不履行に基づく損害賠償を、契約を1つの契機として発生する債権と捉えることはできても、契約債権それ自体と同視することはできなかった。損害賠償の帰責という考え方は、それと契約債権との法的異別性を前提としているからである[2084]。従って、仮に先に検討したような形での帰責根拠を想定するのであれば、契約不履行に基づく損害賠償は、契約債権それ自体ではなく、やはり、「債務不履行の効果」として発生するものと見なければならないのである[2085]。改正検討委員会・基本方針の中に見られる契約債権が損害賠償請求権を基礎付けるという叙述も、このような意味において理解されなければならない。

このような形で契約不履行に基づく損害賠償の性質を理解するならば、その消滅時効起算点を本来的債権の履行を請求しうる時に求める判例の立場は、明確に否定されなければならない。それに代わって、ここでは、契約不履行に基づく損害賠償の要件が充足され、当該債権が発生した時から消滅時効期間を起算するという制度設計のあり方が浮かび上がってくる。改正検討委員会・基本方針におけるルールは、上記のような態度を基礎に据えたものと見ることができる。すなわち、改正検討委員会・基本方針は、履行に代わる損害賠償の消滅時効起算点について、【3.1.3.44】〈1〉が定める客観的起算点を、不履行にあたる事実が発生した時、同〈2〉が定める主観的起算点を、その事実が発生したことを債権者が知った時としている(【3.1.1.65】〈2〉)[2086]。これは、賠償モデルの考え方からは正当化することのできな

　　については、【3.1.3.44】〈1〉に定める期間は、解除の原因となった不履行に当たる事実が発生した時から起算され、〈2〉に定める期間は、右の事実が発生したことを債権者が知った時から起算される」。

(2083)　また、別の個所でも、同じような叙述が存在する。「債務の履行をすることが債務者に期待できない場合」には、債権者は債務者に対して履行の請求をすることができないが(【3.1.1.56】)、債務の履行を債務者に期待しえないものとした事情が、契約において債務者が引き受けていた事由により生じた場合には(【3.1.1.63】)、契約債権者は債務者に対して塡補賠償を請求することができる(【3.1.1.65】)。このとき、債権者には履行請求権は認められないが、なお契約債権は有しており、それに基づいて塡補賠償が可能となっている(民法(債権法)改正検討委員会・前掲注(80)「基本方針Ⅱ」232頁)。

(2084)　この点については、第1部・第1章・第2節の結論222頁以下を参照。

(2085)　【3.1.1.62】の解説では、「本提案は、債務不履行の効果としての損害賠償請求権が発生することを示したものである」と述べられている(民法(債権法)改正検討委員会・前掲注(80)「基本方針Ⅱ」242頁)。

(2086)　同【3.1.3.44】(債権時効の起算点と時効期間の原則)
　　「〈1〉債権時効の期間は、民法その他の法律に別段の定めがある場合を除き、債権を行使することができる時から〔10年〕を経過することによって満了する。
　　〈2〉〈1〉の期間が経過する前であっても、債権者(債権者が未成年者または成年被後見人である場合は、その法定代理人)が債権発生の原因および債務者を知ったときは、その知った時また

い判例法理を放棄し、その基礎とする原理から導かれる解決を採用したものと言うことができよう。

　もっとも、契約不履行に基づく損害賠償の原理という点から見た場合には一貫性を持つ規律と評価しうる改正検討委員会・基本方針についても、幾つかの疑問を提示しておく必要がある。改正検討委員会・基本方針における債権時効規定の基礎にある考え方の１つは、時効期間・起算点の統一化であり[2087]、このような観点から、同基本方針においては、短期消滅時効規定の廃止、契約不履行に基づく損害賠償と不法行為に基づく損害賠償の時効期間の一元化が企図され（【3.1.3.45】[2088]）、かつ、契約不履行を理由とする救済手段についての債権消滅時効ルールも統一されている（【3.1.1.90】[2089]）。

　しかし、まず、賠償モデルの論理構造を前提とするならば、その要件が充足されない限り、損害賠償請求権の法的な行使も可能とならないのであるから、【3.1.3.44】〈1〉の客観的起算点も、フランスの債務法及び時効法改正準備草案1384条のように、債務不履行ではなく、損害発生時に求めるべきである。もちろん、履行に代わる損害賠償が問題となる場合には、不履行時に損害も発生するのが通常であるため、この限りにおいて、不履行時と損害発生時は一致し、実際上の問題は生じえない。ただ、履行に代わらない損害賠償が問題となるケース、例えば、安全配慮義務違反に基づく損害賠償等の場合には、不履行時と損害発生時は異なることがある。この場合、改正検討委員会・基本方針の下では、履行に代わる損害賠償に関する【3.1.1.65】

は債権を行使することができる時のいずれか後に到来した時から〔３年／４年／５年〕の経過により、債権時効の期間は満了する。
　【〈2〉の時効期間を３年とする場合】
　　〈3〉〈1〉にもかかわらず、債権者（債権者が未成年者または成年被後見人である場合は、その法定代理人）が債権を行使することができる時から〔10年〕以内に債権発生の原因および債務者を知ったときは、その知った時から〔３年〕が経過するまで、債権時効の期間は満了しない」。
[2087] 民法（債権法）改正検討委員会・前掲注(80)「基本方針Ⅲ」163頁以下。
[2088] 同【3.1.3.45】（短期消滅時効規定の扱い）
　「〈1〉現民法169条から174条までは、廃止する。
　　〈2〉現民法724条は、廃止する。
　　〈3〉【3.1.3.44】と異なる定めをする現民法上のその他の規定は、原則として廃止が望ましいが、なお個別に検討する必要がある。
　　〈4〉商法上の消滅時効に関する規定については、商法622条は廃止が望ましく、各則規定も可能な限り廃止が望ましいが、商法改正に関する検討に委ねる」。
[2089] 同【3.1.1.90】（債務不履行を理由とする救済手段についての債権時効その他の期間制限）
　「〈1〉同一の原因による債務不履行を理由として債権者が債務者に対し取得する権利（代償請求権を含める。以下同じ。）の債権時効その他の期間制限については、特別の定めがある場合を除いて、起算点を統一する。
　　〈2〉同一の原因による債務不履行を理由として債権者が債務者に対し取得する権利の債権時効その他の期間制限については、特別の定めがある場合を除いて、【3.1.3.44】〈1〉に定める期間は、当該債務不履行に当たる事実が発生した時から起算され、同〈2〉に定める期間は、右の事実が発生したことを債権者が知った時から起算される。
　　〈3〉同一の原因による債務不履行を理由として債権者が債務者に対し取得した複数の権利の１つについて、債権時効その他の期間制限に関する期間の更新、進行停止または満了の延期に当たる事由が生じたとき、この事由は、その余の権利についても等しく効力を有するものとする」。

〈2〉ではなく、債権時効一般に関する【3.1.3.44】が適用され、同条の解釈によって、損害発生時に消滅時効の起算点を求めることになるのであろう[2090]。しかし、そうすると、消滅時効に関する制度設計のあり方として、履行に代わる損害賠償についてのみ、一般的規律では足りず、特別の規律を設けなければならない意味、これを反対から言えば、履行に代わらない損害賠償についてのみ、損害賠償の項目で消滅時効の問題を扱わないことの意味が問題とされよう[2091]。そして、仮に、これが履行に代わる損害賠償とそれ以外の損害賠償との性質的な相違に由来するものであるとすれば、履行に代わる損害賠償以外の要素を契約不履行に基づく損害賠償と性質決定することそれ自体の当否が問われるのではないか。つまり、契約＝賠償モデルの下では、契約不履行の中に取り込まれるべき損害賠償と民事責任法の中に組み込まれるべき損害賠償とが併存しており、損害賠償請求権の消滅時効のルール化というレベルで、そのことが具現化されているように見えるのである。

次に、履行に代わる損害賠償について特別のルール化が求められるとして、「履行に代わる」という形で性質決定される損害賠償が、消滅時効起算点の点で、履行請求と異なる規律を受ける理由はどこに存するのか[2092]。これは、履行請求権が本来

[2090] 不法行為に基づく損害賠償を論じたコンテクストではあるが、「権利を行使することができる時」は、一般的には、不法行為の時と解してよいが、遅発性の損害の場合等には、賠償請求しうるほどに損害が明らかになった時と考えるべきこともありうるところ、【3.1.3.44】は、この問題に決着を付けようとするものではないとされている（民法（債権法）改正検討委員会・前掲注(80)「基本方針Ⅲ」176頁）。

[2091] 現行民法166条1項の「権利を行使することができる時」については、判例上、個別の事案に照らして様々な解釈操作が行われているところ、【3.1.3.44】にいう「債権を行使することができる時」についても、こうした解釈操作は妨げられないと言うのであれば（民法（債権法）改正検討委員会・前掲注(80)「基本方針Ⅲ」169頁）、履行に代わる損害賠償に関して、殊更にルールを設ける必要はないようにも思われる。

[2092] この点において、改正検討委員会・基本方針のルールは、時効法研究会による改正提案168条が、2つの損害賠償債権の消滅時効を同一の規律に服せしめながら、「契約上の債権の履行に代わる場合を除き」との例外を設けているのとは対照的である。その理由について、金山編・前掲注(99)304頁。また、加藤雅之「損害賠償債権の消滅時効――不法行為を中心に」金山編・前掲注(99)77頁も参照。なお、2008年度・私法学会シンポジウム「消滅時効法の改正に向けて」の際に実施されたアンケートによれば、損害賠償債権に関する時効期間の統一に賛成する立場が72％と多数を占めたようであるが（シンポジウム「消滅時効法の改正に向けて」私法71号（2009年）120頁。また、時効法研究会座談会「2008年私法学会シンポジウム『消滅時効法の改正に向けて』を振り返って」NBL912号（2009年）68頁も参照）、これが、時効研究会案に賛成するものなのか、それとも、完全な一元化を支持するものなのかは、公表されているアンケート結果からは明らかとならない。

改正提案167条（消滅時効の期間および起算点）
　「債権の消滅時効は、債権者に権利行使を期待することができる時から、5年の経過によって完成する。弁済期から10年を経過したときも、同様とする。
　所有権は時効によって消滅しない。
　債権及び所有権以外の財産権の消滅時効は、この法律その他の法律に別段の定めがないかぎり、20年の経過によって完成する。」
同168条（損害賠償債権の消滅時効）
　「損害賠償債権の消滅時効は、契約上の債権の履行に代わる場合を除き、権利者又はその法定代理人が損害及び賠償義務者を知った時から5年行使しないときは、完成する。但し、権利者に権利行使を期待できないときは、権利行使を期待することができる時まで消滅時効は進行しない。

的債権に基づいて発生する権利であるのに対して、損害賠償請求権が債務不履行を契機として発生する救済手段であり、賠償の論理に服すべきものと理解されたことによるものである。そうすると、契約不履行に基づく損害賠償の原理面から見たとき、この場合の損害賠償は、もはや「履行に代わる」損害賠償とは言えない。また、制度設計のレベルで言えば、主として不履行のケースにおいて問題となりうるはずの履行請求を、時効の局面でほかの救済、とりわけ、「履行に代わる」損害賠償から切り離すことは、時効期間の統一という目的に反しないのか、むしろ、履行請求をも不履行に対する救済と位置付けた上で、統一的な規律に委ねるべきではないかとの疑問が生じえよう[2093]。仮に、債権の効力としての請求力を実体的に把握し、かつ、時効期間を統一する方向性を目指すとすれば、賠償の論理を放棄し、契約不履行に基づく損害賠償を特殊な履行方法として構想した上で、いずれの時効起算点についても、本来的債権の履行を請求しうる時に求めるという形が浮かび上がってくる。そして、これは、第2項で述べる履行モデルの下で、実定法の現状を理論的に基礎付けた形で制度化することにほかならないのである。

第3に、契約（債務）不履行に基づく損害賠償の対象の問題について、ごく簡単に言及しておこう。改正検討委員会・基本方針は、【3.1.1.68】〈2〉において、損害の金銭的評価に即した形ではあるが、債務の内容である給付の価値、債務不履行によって債権者が被った積極的損害、債権者が奪われた利益、債権者が受けた非財産的損害を考慮すべきことを規定している[2094]。この提案自体は、どのような観点から

　　前項の消滅時効は、損害発生時から10年を経過したときも、完成する。この期間は、生命、身体、健康または自由に対する侵害に基づく損害賠償債権については20年とする」。
[2093] 更に、履行請求権の消滅時効に関する規律と履行請求権の特殊形態である追完請求権のそれ（【3.1.1.57】）が異なるというのも、少なくとも請求権の性質という視点からは正当化しえない。改正検討委員会・基本方針における追完請求権は、「債権の基本的効力」と題する款において、履行請求に続いて規定されており、解説によれば、履行請求権と本質を同じくするものとされているからである（民法（債権法）改正検討委員会・前掲注(80)「基本方針Ⅱ」200頁）。もし、消滅時効起算点における履行請求権と追完請求権の相違を正当化しようとするならば、追完請求権を、「債権の基本的効力」ではなく、「債務不履行」の款に配置し、不履行に対する救済として明確に位置付けるべきであろうが、そうすると、今度は、履行請求についても同じように規律すべきではないかとの疑問が生ずることになろう。
　同【3.1.1.57】（追完請求権）
　　「〈1〉債務者が不完全な履行をしたときは、債権者は履行の追完を請求することができる。
　　〈2〉〈1〉の場合において、債権者が追完の催告をしたにもかかわらず、相当の期間を経過しても債務者が追完しないときは、債権者は追完に代わる損害賠償を請求することができる。
　　〈3〉〈1〉〈2〉にかかわらず、追完を債務者に請求することが、契約の趣旨に照らして合理的には期待できないときは、債権者は債務者に対し直ちに追完に代わる損害賠償を請求することができる。
　　〈4〉〈3〉の場合において、債務者は、【3.1.1.58】に従い追完をなすことによって追完に代わる損害賠償義務を免れることができる。
　　〈5〉追完および追完に代わる損害賠償請求権についての債権時効については、【3.1.3.44】〈1〉に定める期間は、不完全な履行に当たる事実が発生した時から起算され、同〈2〉に定める期間は、債権者が不完全な履行に当たる事実が発生したことを知った時から起算される」。
[2094] 同【3.1.1.68】（金銭での賠償）
　　「〈1〉債務不履行による損害賠償は、別段の意思表示がないときは、金銭の支払によって行う。

◆第2章◆ 設　計

賠償されるべき損害額が確定されるのかという点に関する一般的な指針を示したものに過ぎず[(2095)]、契約不履行に基づく損害賠償の基本原理との関連で、それほどの意味を持つものではない。むしろ、損害要件が、契約不履行に基づく損害賠償の目的、機能、基本原理を反映すべきもので、その対象となるべき要素を確定する際の指針として重要な意味を有するという認識に立ち帰ったときには、改正検討委員会・基本方針の基礎にある契約＝賠償モデルの理念を反映させた損害の判断枠組みを示す条文を設けるべきであり、そうすることによって、具体的な事案の解決にも大いに資することになる[(2096)]。例えば、ヨーロッパ契約法原則9:502条、共通参照枠草案Ⅲ.-3:702条、契約法改正の諸提案118条1項のように、契約債権の実現という方向性を明確にする規定が、それに当たる[(2097)]。もっとも、損害賠償の範囲の場面でも触れるように、改正検討委員会・基本方針、あるいは、より広く契約＝賠償モデルの下において、契約債権の実現という視点から、あらゆる損害を捕捉することができるのかという点については、疑問も残るところである。とりわけ、契約不履行に基づく損害賠償の対象を広く構想する余地を残したいというのであれば、上記のような規定を設けることは、その障害ともなりうる。ただし、この場合には、賠償されるべき損害のレベルで、2つの損害賠償に差異は存在しないことになるから、この限りにおいて、契約＝賠償モデルは、その正当性を失い、不法行為＝賠償モデルへと接近してしまうことになろう。

　第4に、契約（債務）不履行に基づく損害賠償の範囲の問題を取り上げる。改正検討委員会・基本方針は、現行民法416条の通常損害・特別損害の区別を排除し、予見可能性を中核とした賠償範囲確定ルールを採用している。すなわち、契約締結時に当事者が予見し、または予見すべきであった損害と、不履行時までに債務者が予見し、または予見すべきであった損害が、賠償の対象に含まれるとされている（【3.1.1.67】）。本書の分析枠組みに照らせば[(2098)]、このルールは、契約＝賠償モデルを前提に、契約におけるリスク分配を重視して[(2099)]、損害賠償の範囲を制限する立

　　〈2〉損害を金銭に評価するに当たっては、債務の内容である給付の価値のほか、債務不履行により債権者が受けた積極的損害、債権者が奪われることとなった将来の利益および債権者が受けた非財産的損害を考慮して、賠償額を確定する」。
(2095) 民法（債権法）改正検討委員会・前掲注(80)「基本方針Ⅱ」269頁。
(2096) この点については、第1部・第2章・第1節・第2款・第2項277頁以下を参照。
(2097) このことは、改正検討委員会・基本方針の中でも、意識されていたところである。例えば、賠償範囲確定ルールの制度設計に際して、以下のように述べられている。「債務の履行がされていれば実現されていたのと同様の価値的状態を金銭で債権者にもたらすという債務不履行の損害賠償制度の目的を考慮したときには、むしろ、債権の発生原因である契約と賠償範囲との関連づけを図ること、すなわち、債権者の置かれるべき状態を、当該債権を発生させた原因である契約に即して判断していくという手法をとるのが優れている」（民法（債権法）改正検討委員会・前掲注(80)「基本方針Ⅱ」264頁）。
(2098) 第1部・第2章・第2節・第2款・第1項337頁以下を参照。
(2099) 改正検討委員会・基本方針が強調する点である（民法（債権法）改正検討委員会・前掲注(80)「基本方針Ⅱ」264頁以下）。

◆ 第1節 ◆ 理論モデルの利用

法政策を予見可能性という基準によって実現しようとしたものと言うことができる。

このように、改正検討委員会・基本方針は、賠償範囲確定ルールの正当化という側面においては、問題を解決しているように見受けられるが、それと同時に、幾つかの疑問も浮かび上がってくることを指摘しておかなければならない。まず、契約におけるリスク分配の考え方を、何故に予見という規範言明によって実現しようとするのかという点である[2100]。確かに、近時の国際的立法やモデル・ルール、各国内法においても、予見可能性（foreseeability, prévisibilité）に基礎を置く賠償範囲確定ルールが設けられており[2101]、こうした国際的な潮流との親和性を1つの根拠とすることはできる。しかし、履行モデルとは異なり、契約＝賠償モデルは、不履行に基づく損害賠償と契約債権との法的異別性を前提としている以上、契約債権として予定されたものが損害賠償の範囲をも画するという論理構造を持たない。そうであるならば、契約におけるリスク分配を実現するために、予見可能性ルールによらなければならない必然性は、全く存在しないのである。更に言えば、予見可能性に基づく賠償範囲確定ルールを採用しているフランス法の議論からも明らかとなるように、この予見という表現は、主観的・心理的に解釈され、契約におけるリスク分配という視点を見失わせる恐れもあろう[2102]。

次に、帰責の根拠のコンテクストにおける指摘と関連して、契約不履行に基づく損害賠償が問題となりうる事例の全て、とりわけ、当事者が契約を通じて獲得しようとした利益とは関わりのない損害について、リスク分配に基礎を置く予見可能性という基準を適用することは可能か。これらの要素を契約の問題として捉えるにしても、そして、ここで言う予見可能性が規範的に評価されるとしても、契約におけるリスク分配という視点から、損害賠償の範囲を画することはできるのか。たとえ可能であるとしても、そこでは、履行に代わる損害賠償のケースとは異質な考慮が働くのではないか。そうであるならば、予見可能性の意味は二元的に把握され、ひいては、制度も二元化することになってしまうのではないか。このように、前提となる契約の捉え方によっては、改正検討委員会・基本方針の提案に重大な問題が内包される可能性があることを指摘しておかなければならないのである。

ところで、今日においては、フランス民法典1150条に端を発する国際的潮流の影響を受けて、債務者に故意ないし重過失が存在する場合には、予見可能性による賠償範囲の制限は妥当しないとの解釈論や立法提案もなされている。改正検討委員会・基本方針には、その旨の規定は存在しないが[2103]、同じく、近時の有力学説の影

(2100) 山本（豊）・前掲注(82)「債務不履行・約款」89頁が、契約利益説からの再定式化の可能性を指摘するのも、同様の問題意識に出たものであろう。
(2101) ヨーロッパ契約法原則9:504条、共通参照枠草案Ⅲ.-3.703条、ユニドロワ国際商事契約原則7.4.4条、フランス民法典1150条、イタリア民法1225条、スペイン民法1107条等。
(2102) この点については、第1部・第2章・第2節・第1款・第1項299頁を参照。

807

響を受けた改正研究会案の副案には、債務不履行が故意又は重過失によるものであるとき、債務者は、契約締結時に当事者が予見することのできなかった損害についても責任を負うとの規律が用意されている（343条1項）。それでは、仮にこのような規律を設けるとして、それは、どのように基礎付けられることになるのか[(2104)]。

契約不履行に基づく損害賠償について、契約利益説的な立場から賠償範囲を制限する立場を採用するとき、予見可能性には一定の意味が付与されることになるから、何故に、故意・重過失による不履行の場合にだけ、そこから逸脱する損害の賠償可能性を認めなければならないのか、言い換えれば、故意・重過失が存在する場合に、何故に、契約＝賠償モデルから、不法行為＝賠償モデルへと転換しなければならないのかという問いに答えておく必要がある。このような問題設定をする場合、契約利益説な発想を前提とするモデルの下では、契約不履行に基づく損害賠償の範囲は当事者が契約において予定したものに限られるとの立場を原則とした上で、故意・重過失の債務者が義務付けられる損害賠償について、契約とは別の帰責根拠を考え、完全賠償原則の妥当性を基礎付ける方向性が浮かび上がってくる。今日の学説の表現を借りて言えば、「契約を起点に据えた契約責任」とは別に、「契約を起点に据えない契約責任」を構想すれば、契約利益に限定されない賠償を認めることができると考えるわけである。しかし、ここでは、そのメカニズムをどのように説明するのかという点において、大きな問題が残されることになる。また、何よりも、「契約を起点に据えない契約責任」を構想することは、「契約責任」それ自体を二元化し（契約＝賠償モデルと不法行為＝賠償モデルの並列構造）、それに応じて、制度も二元化せざるをえないことに留意しておかなければならないであろう。

これに対して、契約利益説的な発想を前面に押し出さず、当事者が契約の中で予定したものとは関わりのない要素を契約規範によって保護される利益の中に含めて、これを予見可能性という規範言明によって正当化しようとする方向性を推し進めれば、予見可能性には、それほど大きな意味が与えられないことになる。そうすると、ここでは、債務者に故意・重過失が存在する場合の規律を契約規範の中に含めることで、契約規範によって保護されている利益を賠償すれば足りるとの原則ルールを貫徹するという方法が考えられる。このように理解するならば、通常のケースにおける損害賠償の範囲と、債務者に故意・重過失が存在するケースにおける損害賠償の範囲とは、原則・例外の関係にも、二元的な関係にもなく、いずれも、契約規範によって保護されている利益を賠償しなければならないとのルールの支配下にあるということになろう。しかし、こうした考え方は、先に述べた通り、予見可

(2103)【3.1.1.67】では、「債務者が予見（認識）した損害を賠償範囲に入れている。そして、債務者が意欲または認容した損害、すなわち、債務者に損害惹起の故意がある場合には、債務者が損害の発生を認識していることから、〈1〉〈2〉により処理できる」というのが、その理由である（民法（債権法）改正検討委員会・前掲注(80)「基本方針Ⅱ」267頁）。

(2104) 以下の叙述については、第1部・第2章・第2節・第2款・第1項351頁以下も参照。

能性による賠償範囲確定ルールの正当性それ自体を失わせかねないものであり、原則ルールとして予見可能性基準を用いる場合には、必ずしも整合的な説明ではないように思われる。これを別の視点から言えば、ここでは、債務者に故意・重過失が存する場合の例外ルールのために、基本原理それ自体が不透明なものとなる恐れが存するのである[(2105)]。

このように見てくると、契約＝賠償モデルを前提とし、かつ、予見可能性による賠償範囲確定ルールを採用する場合において、債務者に故意・重過失が存在することを理由に予見可能性による賠償範囲の制限を課さないという例外ルールを理論的に基礎付けることには、大きな困難を伴うと言えよう。

以上のように、改正検討委員会・基本方針は、近時の学理的な成果を積極的に受け入れる形で、伝統的通説に内在していた問題を解消し、契約を基礎とした契約不履行に基づく損害賠償の制度設計を行っている。既に述べたように、本書も、契約の実現という視点を中核に据える点では、これと基本的な方向性を同じくするものであるし[(2106)]、また、同基本方針は、不法行為＝賠償モデルとは異なる、賠償モデル下でのありうる１つの制度設計を示すものとしても、肯定的に評価されうる。もっとも、そこには、一定の範囲で実定法との不連続性が見られた。また、この点は措くとしても、契約＝賠償モデルは、契約の実現という視点に、賠償という異質な原理を組み合わせている結果、制度の基礎付けレベルにおいて、幾つかの問題も生じてしまっていた。更に、契約だけを視野に入れた制度設計が行われたため、契約以外を発生原因とする債務の不履行に基づく損害賠償について、別の原理・制度を予定せざるをえなくなってしまった。もとより、契約を中心とした債権法の体系化に異論を唱えるわけではないが、２つの原理的に異なる不履行に基づく損害賠償制度が用意されるという事態は、必ずしも望ましいものとは思われないのである。

ところで、これらの問題は、決して解消しえないものではない。賠償の考え方を排除し、履行の実現という視点を中核に据えることで、現行民法及び契約（債務）不履行に基づく損害賠償の性質に関わる場面での実定法との連続性を確保しつつ、債権一般を視野に入れた不履行に基づく損害賠償の制度を構築することができるのである。項を改めて、この点を明らかにしていこう。

◇第２項　新しい契約不履行に基づく損害賠償の制度設計

履行モデルは、契約（債務）不履行に基づく損害賠償を、実現されなかった契約ないし債権の履行確保のための手段として位置付けるものである。もっとも、歴史的

(2105) 注(2103)で引用したように、改正検討委員会・基本方針は、債務者に故意・重過失が存する場合の規律を【3.1.1.67】に委ねているところ、ここでは、当事者間のリスク分配に基づく予見可能性ルールの正当化という視点が大きく後退しているように見える。
(2106) この点については、第１章・第２節・第２款・第２項704頁以下を参照。

に見た場合、履行モデルには、2つの異なるアプローチが存在した。1つは、ロベール・ジョセフ・ポティエの「原初債務の効果としての二次的債務たる損害賠償」という構想の流れを汲み、フランス民法典、旧民法を介して、現行民法へと結実した、「債権の効力」性を強調するタイプの議論であり、もう1つは、ドマにその端緒を見出すことができ、19世紀のフランスの学説が採用していた、合意を強調するタイプの議論である(2107)。いずれの議論も、不履行に基づく損害賠償を、債権ないし合意から生ずる債権の実現手段として捉える点において変わりはなく、従って、ここでの対立は、具体的な制度の中身に大きな影響を及ぼすものではない。しかし、いずれのタイプの議論を基礎に据えるかによって、不履行に基づく損害賠償の体系的な位置付け、制度設計の基本枠組みは大きく異なってくる。

一方で、前者の議論によれば、不履行に基づく損害賠償は、現行民法と同じく、債権一般を対象とする債権総則上の制度として位置付けられる。これに対して、後者の議論に依拠するならば、不履行に基づく損害賠償は、あくまでも、合意が存在する場合に、かつ、19世紀のフランス学説の表現に従えば、黙示の合意の効力として認められるものとなるから、その射程が、契約以外を発生原因とする債務の不履行に及ぶことはない。従って、ここでは、契約以外を発生原因とする債務の不履行に基づく損害賠償について、別の制度を用意しておく必要がある。いずれの考え方も論理的には可能であるが、現行民法との連続性、理論モデルの包括性ないし統合性に鑑みれば、前者のタイプの議論に多くの利点が存するように思われる。もちろん、この場合であっても、債権編の体系として債権総則を維持するかどうかは、また別の問題である。つまり、現行民法のように、不履行に基づく損害賠償を契約から切り離して債権総則に置くのではなく、これを「債権の効力」として把握した上で、契約に即して記述し、かつ、契約以外を発生原因とする債権に準用するという体系化の形も可能なのである(2108)。他方で、現行民法の体系化を維持しようとする場合には、改正研究会案のように、「債権の効力」としての債務不履行に基づく損害賠償という視点を排除することが許されないのは、もちろんである。いずれにしても、ここでは、履行モデルの考え方が、あらゆる債権法の体系化に対応可能であることを確認しておこう。

以上のことを理解した上で、不法行為＝賠償モデル、契約＝賠償モデルと同じく、第1部で提示した2つの原理に関わる課題、4つの具体的問題に即して、履行モデル下における制度設計のあり方を検討していくことにしよう。

第1に、債務者が損害賠償の支払いを義務付けられる根拠の問題を取り上げる。従来の日本における帰責事由をめぐる議論の対立軸は、その中身としてどのような

(2107) この点については、とりわけ、第1章・第1節・第1款・第2項395頁以下を参照。
(2108) 債権総則と契約総則の分断という現行民法の問題や、民法へのアクセスの容易さを考えるならば、この方法が最も適切ということになろうか。

ものを観念するかという点にあり、それが債務者に対して損害賠償責任を課すために必要不可欠な要素であるという点については、不法行為＝賠償モデルと契約＝賠償モデルとにおいて、争いは存在しなかった。言い換えれば、帰責という原理を前提として、その内容が議論されていたわけである。これに対して、契約（債務）不履行に基づく損害賠償を履行プロセスの中に組み込み、金銭的等価物による履行方法として構想するならば、損害賠償の源が契約（あるいは債権）それ自体の中に求められる以上、上記の２つのモデルとは異なり、損害賠償を債務者に転嫁するための要素を改めて論ずる必要はなくなる。つまり、ここでは、端的に、履行の実現の有無を判断する不履行と、その限界を判断するファクターを問題にすれば足りるのである(2109)(2110)。そして、この論理は、広く債権一般にも妥当するものであるから、契約＝賠償モデルのように、その射程が限定されてしまうという問題が生ずることもない。

第２に、契約（債務）不履行に基づく損害賠償の性質と関連して、損害賠償請求権の消滅時効の問題を取り上げる。契約（債務）不履行に基づく損害賠償を、契約や債権が正確に履行されなかった場合に問題となりうる、その実現手段として位置付けるモデルによれば、債務者が債務を正確に履行しなかった場合であっても、契約から生じた債務はそのまま存続し、ただ、債権者に対して、その実現手段としての契約（債務）不履行に基づく損害賠償を利用する可能性が与えられるに過ぎないとの見方が描かれる。これによると、損害賠償は、契約債権から離れて、独自の意味付けを与えられることも、独自の規律を受けることもなくなる。そうすると、契約（債務）不履行に基づく損害賠償の消滅時効起算点も、履行請求権と同様、本来的債権の履行を請求しうる時に求められることになる。そして、これは、実定法の現状を

(2109) もっとも、これまでの改正提案においては、規定上、賠償モデルにおける帰責のプロセスが明確に表現されているわけではなかった。従って、実際上の規定のあり方としては、本文で述べたような意味内容を、現行民法 415 条、改正研究会案 342 条、改正検討委員会・基本方針【3.1.1.62】及び【3.1.1.63】の中に読み込むことは、十分に可能である。ただし、改正検討委員会・基本方針の「契約において債務者が引き受けていなかった事由」という表現については、その分かりにくさは別としても、契約以外を発生原因とする債務の不履行に対応できないこと、また、契約不履行の場面においても、「免責について契約の拘束力に強いて一元化する必要はないのではないか」とも思われること（中田・前掲注(83)22 頁）からすれば、再考されるべきことになろう。

(2110) 従来の議論においては、契約の拘束力による基礎付けの意味を、約束に違反したことではなく、約束したことに求める立場も存在したが（山本(敬)・前掲注(82)11 頁）、この見解も、本文で述べたような理解へと至ることになろう。なお、笠井修「契約責任は厳格責任か(2)──アメリカ契約法学に見る論争」中央ロー 8 巻 1 号（2011 年）68 頁（仮に契約の拘束力による基礎付けが、「契約上の約束の内容が、損害賠償にまで及ぶという趣旨であるならば、それは、損害賠償の義務もまた契約自由から直接生じる履行義務となるということを意味する。将来日本法においてもこのように損害賠償義務を理論的に基礎付けるというのであれば、損害賠償義務も契約自由と契約の拘束力の中に解消され、現行民法 415 条に対応する改正規定は、契約上の履行義務の単なる確認的な規定となり、それがなくても損害賠償の根拠付けには何ら支障が生じないものとなることを意味する。同時に、過失を要件とする損害賠償義務もそれを要件としない損害賠償義務も、やはり契約自由から導かれることになる。そうすると、「損害賠償責任」という言葉の意味も含め、その法的性格が大きく書きかえられることになるであろう」）、伊藤編・前掲注(82)27 頁以下（笠井発言、潮見発言）も参照。

◆第2章◆ 設　計

理論的に基礎付けた形で制度化することにほかならないのである。なお、契約（債務）不履行に基づく損害賠償の性質との関連で言えば、履行モデルが、裁判実務で一般的に受け入れられている、「履行したこと」の証明責任が債務者の負担に属するというルールを理論的に基礎付けうるモデルであることも、ここで強調しておくべきであろう[2111]。

　第3に、契約（債務）不履行に基づく損害賠償の対象の問題に言及しておく。第1部・第2章・第1節で明らかにしたように[2112]、損害要件は、契約（債務）不履行に基づく損害賠償の目的、機能、基本原理を反映すべきもので、その対象となるべき要素を確定する際の指針として重要な意味を有しており、こうした包括的な損害論を想定することは、実際的な解決にも大きな影響を及ぼしていた。そうすると、履行モデルの下では、近時の国際的な立法やモデル・ルールのように、「契約上の（あるいは債務不履行に基づく）損害賠償は、契約（あるいは債権）が正確に履行されていたならば得たであろう利益を債権者に獲得させることを目的とする」というような一般的規定を、賠償範囲確定ルールの前に置き、かつ、それを損害の金銭的評価の問題のみならず、損害賠償の理念として宣言することが有用である。もちろん、契約（債務）不履行に基づく損害賠償の範囲を、契約において予定されていた利益によって画する方向性を志向するならば、賠償範囲の問題は、要件レベルにおける損害の有無を確定するプロセスと不可分一体となるから、損害賠償の範囲を確定するルールによって、契約（債務）不履行に基づく損害賠償領域における損害の意味を明らかにすることも可能である。しかし、これまでの日本及びフランスにおける議論からも明らかとなるように、通常損害・特別損害の区別や予見可能性を中核とした賠償範囲確定ルールは、様々な原理からアプローチされうるものであり、その結果、様々な理論的混乱が生じてきたことに鑑みれば、賠償範囲確定ルールの前に、それを指導する理念を示す意味も込めて、契約（債務）不履行に基づく損害賠償の対象が、契約（あるいは債権）によって実現されることを企図したが実際にはそうならなかった利益であることを明確にする規定を置くことには、大きな意味が存すると言えよう。

　第4に、損害賠償の範囲の問題を取り上げる。契約（債務）不履行に基づく損害賠償を契約ないし債権の履行実現方法として位置付けるならば、契約債務が契約において予定されたものを範囲とするように、その代替的履行手段としての契約（債務）不履行に基づく損害賠償の範囲も、契約において予定されたものに限られることになる。つまり、このモデルからは、契約が完全に履行された場合、あるいは、契約において予定していた利益が完全に実現された場合を金銭によって表現するという原則、完全履行原則が帰結として導かれるのである[2113]。こうした視点を基礎とす

　[2111]　この点については、第1部・第1章・第2節・第2款・第2項210頁以下を参照。
　[2112]　以下の叙述も含め、第1部・第2章・第1節・第2款・第2項277頁以下を参照。

る場合、現行民法416条における通常損害・特別損害の区別と予見可能性を中核とした賠償範囲確定ルールは、細部の表現は別として、大枠から見れば、必ずしもその基本構造を変更されるべきものとは言えない。というのは、通常損害について、当事者の地位・職業等を考慮した上で当該契約類型から一般的に獲得することができる利益、特別損害について、当該契約において特別に予定された利益という形で読むならば、主観的・心理的概念としても把握されうる予見可能性のみで規律するよりも、これらの概念を用いた規律の方が、契約における利益確定の重要性を適切に表現することができるのではないかと思われるからである。

なお、今日の改正提案では、契約締結時（債権発生時）における当事者の予見可能性のみならず、不履行時までの債務者の予見可能性をも考慮すべきものとされているが（改正研究会案344条2項、改正検討委員会・基本方針【3.1.1.67】）、こうした方向性は、履行モデルからも支持しうるものである[2114]。契約の履行によって当事者が獲得しようとする利益は、時とともに変化しうるものであり、契約締結時においてその全てが確定されているわけではない。契約（債務）不履行に基づく損害賠償は、契約債務の価値に尽きるものではないから、後の事情によって新たに生成された履行への利益を、その代替物である契約（債務）不履行に基づく損害賠償に含ませることは、前提とする構想と何ら矛盾しない。それどころか、契約当事者は、契約の実現に向けた規範に拘束されており、契約の履行を確保し、その実現を最適化するための様々な義務を課せられているという視点に立ったとき、こうした事後的な「損害」についても、債務者の認識を前提として、契約（債務）不履行に基づく損害賠償の対象に含めることが望ましいとも言えるのである。

また、仮に、債務者に故意・重過失が存在する場合には、予見可能性による賠償範囲確定ルールを妥当させないという態度決定をしたとき、履行モデルによれば、この例外ルールを契約（債務）不履行に基づく損害賠償の枠内で捉えることは不可能である。ここでは、契約（債務）不履行に基づく損害賠償が金銭的等価物による履行方式として位置付けられているため、契約において予定されていた利益以外の要素を契約（債務）不履行に基づく損害賠償の対象とすることはできないからである。もちろん、故意・重過失の債務者に契約的規律を援用させないという趣旨の下、履行モデルを前提にこのルールを基礎付けようとするのであれば、ポティエ、ビゴ・プレアムヌ、19世紀の学説が行っていたように、不法行為に基づく損害賠償を援用するか、あるいは、損害が発生することを認識しながら債務を履行しなかった者に対する特別の損害賠償責任を構想することが考えられる[2115]。しかしながら、そもそも、故意・重過失のケースにおける例外ルールを規定することは必要か。実質的

[2113] この点については、第1部・第2章・第2節・第2款・第2項356頁以下を参照。
[2114] この点については、第1部・第2章・第2節・第2款・第2項357頁以下を参照。
[2115] この点については、第1部・第2章・第2節・第2款・第2項358頁以下を参照。

に見て、故意・重過失の理解によっては、その適用範囲が広くなり過ぎる恐れがあるから、それ自体が不法行為を構成するような場合に例外ルールの適用を限定すべきであるとするならば、そのようなルールを設ける必要はないと言える[2116]。この意味において、ここでの問題は、契約（債務）不履行に基づく損害賠償（あるいは、それに加えて、不法行為に基づく損害賠償）の範囲に関する一般ルールによって規律すれば足りると言うべきであろう。

このように、履行モデルは、現行民法の解釈枠組みとして提示されたことからして当然であるが、現行民法及び実定法との連続性において、かつ、従来の議論に存在した問題点を解消しつつ、契約（債務）不履行に基づく損害賠償の制度を設計することができる枠組みである。また、債権法の体系化という面から言えば、このモデルは、不履行に基づく損害賠償を債権総則の中で規律する方法にも、それを契約法の中に取り込む方法にも適合的であると言える。なお、本款の冒頭で触れたように、今日の民法（債権関係）改正の議論に際しては、契約を基礎とした契約（債務）不履行に基づく損害賠償や契約（債務）不履行法の理論に対して、国際的潮流に盲目的な形で従うことはできない、あるいは、その背後にある英米法的な契約観が日本のそれとは調和しない等との批判が提起されているが、少なくとも本書が提示する履行モデルに関する限り、上記のような批判が正鵠を得たものとは言えないことは明らかであろう。本書がこれまで展開してきたように、履行モデルは、国際的な立法やモデル・ルールの方向性に沿うものではあるが、それらを直接の発想源としているわけではなく、むしろ、現行民法の構造と、その下における判例法理や実務の展開、学理的な議論を十分に踏まえた上で、かつ、それに加えて債権法の体系化のあり方を視野に入れつつ、提示された枠組みだからである。

◇第1節の結論◇

本節の目的は、フランスの「契約責任」ないし民事責任に関する制度設計をめぐる議論を踏まえつつ、日本の契約（債務）不履行に基づく損害賠償、あるいはより広く、契約不履行法、契約法の改正をめぐる議論を、契約不履行に基づく損害賠償の理論枠組みという視角から分析することに存した。ここで、その成果をごく簡単に要約しておこう。

今日のフランスにおける契約不履行に基づく損害賠償の立法提案には、2つの損害賠償を民事責任の中に統合し、それらの制度を可能な限り一元化しようとする構想と（債務法及び時効法改正準備草案、民事責任法案。また、必ずしも明確に提示されているわけではないが、司法省契約法改正草案）、2つの損害賠償制度を明確に区別し、契約不履行に基づく損害賠償を履行の実現という視角から捉えようとする構想が（契

[2116] 法制審議会民法（債権関係）部会「第3回会議議事録」48頁（三上委員発言）。

約法改正の諸提案）、存在した。これら２つの構想は、いずれも、契約不履行に基づく損害賠償に関する原理（賠償モデル、履行モデル）を反映したものであり、こうした原理に適合するような制度・条文を設けていた。また、いずれの構想の中にも、そのような原理の選択を支える明確な理念（補償の確保、正当な期待の実現）が設定されていた。この意味において、フランスにおける契約不履行に基づく損害賠償の諸立法提案は、論理的に一貫した構造を有しているものと見ることができる。もっとも、前者の立場には、契約不履行に基づく損害賠償が契約不履行法・契約法から切り離され、その特殊性が失われるという問題が存在した。もちろん、フランスの実定法や学理的議論との連続性で捉えるときには、契約不履行に基づく損害賠償を民事責任法の中に組み込む構想は、２つの損害賠償制度の関係を明確に提示しうるという点で大きな意味を有していたが、そのような前提を共有しない場合には、純粋に理論的な一貫性を別とすれば、有害なモデルであると言うことができた。また、契約不履行に基づく損害賠償と不法行為に基づく損害賠償の性質的一元性を前提としつつ、前者を契約不履行法の中に組み込む方法も考えられたが（共通契約原則）、制度的二元性のあり方、その正当化方法について、難問を抱え込むことになった。これに対して、後者の立場は、フランス法のコンテクストにおいても、それを共有しない場合であっても、理論的一貫性を持つ有益なモデルとして理解することができたのである。

　他方、日本における契約（債務）不履行に基づく損害賠償の立法提案、及びそれらをめぐる議論は、基本的に賠償モデルの考え方を基礎として行われていた。まず、改正研究会案は、債務不履行に基づく損害賠償の原理として、２つの損害賠償の性質的同一性を前提とする不法行為＝賠償モデルを設定していた。しかしながら、そこでは、フランスの諸提案とは異なり、上記のような損害賠償の原理が明確に意識されていなかったことから、多くの場面で理論的不整合が生じてしまっていた。また、同案は、不法行為＝賠償モデルを基礎としながらも、債務不履行に基づく損害賠償を債権の実現手段として位置付けるモデルを基礎とする民法の構造と判例法理をベースとした改正提案を行ったために、基本原理と条文との間に理論的乖離を生ぜしめていた。次に、改正検討委員会・基本方針は、近時の国際的立法やモデル・ルールの研究成果、学理的な議論の進展を踏まえつつ、契約＝賠償モデルを基礎とした立法提案を行っていた。もっとも、同基本方針には、一定の範囲で実定法との不連続性が見られた。また、契約＝賠償モデルは、契約の実現という視点に賠償という異質な原理を組み合わせる枠組みであるため、制度の基礎付けレベルにおいて幾つかの問題も生じていた。更に、契約＝賠償モデルは、契約に固有の枠組みを構築するものであるから、契約以外を発生原因とする債務の不履行に基づく損害賠償について、別の原理・制度を予定せざるをえなくなってしまった。これに対して、本書が提示する履行モデルによれば、日本の民法・実定法との連続性を確保しつつ、

しかも、契約の特殊性の考慮と債権全体への包括性という、相反するような2つの要請を同時に充足しながら、不履行に基づく損害賠償の制度を構築することが可能となったのである。このように、履行モデルは、フランスのみならず、日本における契約（債務）不履行に基づく損害賠償の制度設計に際しても、極めて有用なモデルであると言うことができるであろう。

第2節　理論モデルの影響

　本書においては、これまで、契約（債務）不履行に基づく損害賠償それ自体を対象として、解釈及び制度設計に関する検討が行われてきた。もっとも、本書の中で採用されている契約不履行に基づく損害賠償に関する2つの理論モデルは、より一般的に、契約不履行法、契約法、損害賠償法、民事責任法等との関連においても、意味を持つものである。すなわち、契約（債務）不履行に基づく損害賠償の基礎をどのように理解するのか、あるいは、契約（債務）不履行に基づく損害賠償の原理としてどのような枠組みを採用するのかという点は、契約（債務）不履行に基づく損害賠償それ自体の解釈や制度設計だけでなく、より一般的に、契約不履行法全体、更には、民事責任制度のあり方、民事責任法の構造にも大きな影響を及ぼしうるものなのである。もちろん、これらは、契約（債務）不履行に基づく損害賠償の原理を確定すれば直ちに解答が与えられるというような問題ではない。しかし、従来の議論においては、契約（債務）不履行に基づく損害賠償を不履行によって生じた損害を賠償するための制度として把握する構想が所与の前提とされていたことから、上記のような影響関係が見過ごされてきてしまっているようにも見受けられる。従って、これまで抜け落ちていた視点を補うという意味でも、契約不履行に基づく損害賠償の理論枠組みという視角から、契約不履行法、民事責任法を検討することには、大きな意義が認められるように思われる。

　このような問題関心に基づき、本節においては、まず、契約不履行法の体系化問題と関連して、契約（債務）不履行に基づく損害賠償とその他の救済手段との関係、より具体的には、本書の冒頭で提示したプランに従い検討対象を限定して、損害賠償と履行請求及び解除との関係が扱われる（第1款）。次いで、更に視野を広げて、契約不履行に基づく損害賠償の理論枠組みの民事責任法への影響関係、より具体的に言えば、2つの損害賠償制度の領域及び相違という問題が検討の対象とされる（第2款）。このように、本節は、契約（債務）不履行に基づく損害賠償の原理を問い、そこから、契約不履行法・民事責任法の体系を考察することによって、日本の議論に新たな視点を提供すると同時に、契約（債務）不履行法改正に向けた議論の基礎を構築しようとするものである。

第1款　契約不履行法への影響

　契約（債務）不履行に基づく損害賠償は、契約不履行に対するその他の救済手段とどのような関係にあるのか。これが、本款の検討課題である。しかしながら、この問いそれ自体は、これまでの議論においても強く意識されてきたものである。実際、現実の履行請求と損害賠償請求との関係、解除と損害賠償請求との関係については、今日に至るまで多くの議論の蓄積が存在し、民法（債権関係）改正の議論に際して

◆第2章◆ 設 計

も、とりわけ、現実の履行請求の位置付けを中心に掘り下げた検討がなされているところである。しかし、契約（債務）不履行に基づく損害賠償の原理あるいは理論モデルという視点から、債務不履行に対する救済間の関係を眺めてみると、その把握の仕方、更には、制度設計に際して考慮されるべき本質的な疑問が浮かび上がってくることになる。従来の議論においては、それぞれの関係を構築するに際して、捩れや歪みが生じてしまっているのではないか。本款は、履行請求と解除を素材として、このことを明らかにし、制度構築のための基礎的考察を行おうとするものにほかならない。

　なお、本款では、これまでの叙述とは異なり、フランス法の検討を先行させ、その成果を基礎に日本の議論の分析を行うという形ではなく、まず、それぞれの問題領域、つまり、現実の履行請求と損害賠償請求との関係、解除と損害賠償請求との関係という問題領域において、これまでの日本の議論の中に存在する思考モデルを抽出し、それを検討するに際して、分析視角を得るためにフランスの議論を参考にするという方法が採られている。その理由は、フランスにおける議論の状況に求めることができる。すなわち、債務法及び時効法改正準備草案や民事責任法案に端的な形で現れているように、フランスにおいては、伝統的に、契約不履行に基づく損害賠償を民事責任法の中で分析する手法が採用されてきたことから、それを契約不履行法の中に位置付け、それとその他の救済手段との関係を考察し、契約不履行法を体系化するという視点が希薄であった。つまり、民事責任法の視点が前面に押し出された結果、現実の履行請求ないし解除と損害賠償請求との関係について、掘り下げた検討がなされてこなかったのである。もちろん、一部の自覚的な学説や、等価物による履行論の問題提起を受けた今日の学説は、この問題について分析を行っており、そこでの議論は、日本の不履行法に対しても、重要な視点を与えうるものである。しかし、それでも、これまでの領域のように、フランスにおける議論から有益な対立軸を抽出しうる程の研究の蓄積が存在するわけではないのである。従って、契約不履行に基づく損害賠償に関する理論モデルの「契約不履行法への影響」を問題にしている本款においては、こうしたフランス法の議論について、これをそのまま検討するよりも、むしろ、日本法上の議論を分析する中で、それぞれの思考モデルに対する問題提起として用いる方が有用であると考えられるのである。このことを断った上で、具体的な検討に入ることにしよう。

◇第1項　履行請求と契約不履行に基づく損害賠償の関係

　契約（債務）不履行に基づく損害賠償と現実の履行請求との関係について、従来の議論においては、主として、現実の履行請求は損害賠償請求との関係で一義的な性格を持つのか、あるいは、現実の履行請求は債権や契約の効力なのか、それとも、債務不履行後に認められる救済手段なのかという形で問題が設定されてきた[2117]。

判例によれば、履行が不能となるか（あるいは、不能に準じた状態になるか[2118]）、契約が解除されない限り、原則として、債権者は塡補賠償を請求することはできないが、債権者が相当期間を定めて催告し、その期間内に履行がなされない場合には、塡補賠償の請求が認められるとされるが[2119]、これも、上記のような枠組みの中で理解されることになる。もちろん、このような問題設定が不要というわけではないし、こうした視点からの検討によって議論が深められたことに疑いの余地はない。しかしながら、2つの制度の関係を検討する際には、両者の性質やその基礎にある考え方を前提としなければならないはずであるのに、従来の枠組みにおいては、契約（債務）不履行に基づく損害賠償の性質が考慮されないまま議論が展開されてしまっている。契約（債務）不履行に基づく損害賠償を、債務不履行によって生じた損害を賠償するための制度として理解するのか、それとも、実現されなかった契約ないし契約債権の履行を確保するための制度として把握するのかによって、それと現実の履行請求との関係性も大きく変わってくるのではないか。更に言えば、契約（債務）不履行に基づく損害賠償の原理をどのように理解するのかによって、これまでの議論において前提とされていた、履行請求権の一義性、契約の拘束力に対する侵害といった視点の持つ意味も、異なってくるのではないか。本項は、このような問題関心に基づき、あくまでも、契約不履行に基づく損害賠償の理論枠組みという視角から、契約（債務）不履行に基づく損害賠償と現実の履行請求との関係を検討しようとするものである。

(1) 履行と賠償

　契約（債務）不履行に基づく損害賠償が、不法行為に基づく損害賠償と同じく、不履行によって生じた損害を賠償するための制度であるとすれば、損害賠償請求権は、その要件を充足した時、より具体的に言えば、不履行によって損害が発生した時に発生する。しかしながら、判例は[2120]、これとは異なり、債務が履行不能もしくは

(2117) 近時の学説を概観するには、窪田・前掲注(85)103頁以下が有益である。
(2118) 大判大正4年6月12日民録21輯931頁等。
(2119) 大判昭和8年6月13日民集12巻14号1437頁。
(2120) かつての判例は、債務不履行によって損害が発生すれば、それだけで、債権者は履行に代わる損害賠償を請求することができるとしていた。例えば、大判明治34年3月30日民録7輯3巻93頁（事案の詳細は不明であるが、大審院は、「本訴ハ契約ノ効力ガ其儘ニ存續シテ單ニ履行遅滞ノ為メ生シタル損害ノ賠償ヲ求ムル場合ト異ナリ之レガ契約ノ履行ヲ受ケタルト同一ノ状態ニ帰セシメンガ為メ全部不履行ニ對スル損害ノ賠償ヲ求メ契約ノ履行ニ代ヘテ其履行ト均シキ救済ヲ求ムルモノナレハ賣買契約ヲ解除セスシテ債務不履行ヲ理由トシ直チニ損害賠償ヲ求ムルハ不當ナリ」として、原告の損害賠償請求を棄却した原審を、以下のように判旨して破棄・差し戻した。「債務者ガ債務不履行ニ依リテ損害ヲ生シタルトキハ如何ナル場合カヲ問ハス債權者ハ之ニ對シテ其不履行ニ代ハルヘキ損害ノ賠償ヲ請求スルコトヲ得ヘキハ法律上ノ原則ナリ蓋シ債權者ノ損害賠償請求權ハ其債權者ガ契約ニ拠リテ有スル債權ノ効力ニ外ナラサレハナリ故ニ本件ノ如キ上告人ガ被上告人ノ債務不履行ニ基キ損害賠償ノ請求ヲ為ス場合ニ於テ先ツ契約解除權ヲ行使スルコトヲ要セサルハ勿論」である。なお、この判決において、不履行に基づく損害賠償を「債權ノ効力」として捉える考え方が強調されていることも、看過されるべきではない）。

それに準じた状態になるか(2121)、契約が解除されない限り、あるいは、債権者が相当期間を定めて催告し、その期間内に履行がなされない場合でなければ、債権者は履行に代わる損害賠償を請求することができないとしており(2122)(2123)、学説の多くも、このような判例の解決を支持してきた(2124)。これを契約（債務）不履行に基づく

また、この点は、初期の学説についても同様である。松波＝仁保＝仁井田・前掲注(759)115頁、岡松・前掲注(759)83頁、横田秀雄『債権総論全（訂正第9版）』（清水書店・1912年）240頁・317頁〔初版・1908年〕（ただし、後者の引用部分では、一定の留保が付せられている。「債務者カ債務ノ履行ヲ遅滞シタルトキハ債権者ハ其選択ニ従ヒ直接履行ト遅滞ヨリ生スル補充ノ賠償ヲ請求シ又ハ直接履行ニ代ヘテ全部賠償ヲ請求スルコトヲ得ヘシト雖モ債務者カ有効ナル時期ニ於テ直接履行ヲ提供シタルトキハ債務者ハ遅滞ノ為メニ生シタル賠償ノ責ミニ任シ全部賠償ノ責任ヲ免カレ得ヘキモノト解釈スルヲ相当トス」）、今井・前掲注(911)239頁等。

(2121) 大判大正4年6月12日民録21輯931頁（大審院は、以下のように判示する。「債務者カ其債務ノ本旨ニ従ヒタル履行ヲ為ササルトキハ債権者ハ其給付ト共ニ履行遅滞ノ為メニ蒙リタル損害ノ賠償ヲ請求スル権利ヲ有スルモ債務者ノ遅滞後ニ於ケル給付カ債権者ノ利益トヲラサル場合又ハ債務者ノ遅滞ノ為メニ給付不能ヲ生スル場合換言スレハ履行期カ債務ノ性質若クハ特約等ニ依リ債務関係ノ要素ヲ為セル如キ特別ノ事由ノ存スルニアラサレハ直チニ履行ニ代ヘキ全部ノ損害賠償ヲ請求スルコトヲ得サルモノトス従テ債務カ契約ニ依リ発生シタル場合ニ於テハ債権者ハ民法第五百四十一條ニ依リ契約ノ解除ヲ為スヘク之カ手續ヲ為ススシテ債務者ノ遅滞ノ理由トシ壊補賠償ヲ請求スルコトヲ得ス」）、大判大正7年4月2日民録24輯615頁（大審院は、以下のように判示する。「買主カ賣主ヨリ一定ノ履行期間内ニ米ノ給付ヲ受クルニ非サレハ其買賣ヲ為シタル目的ヲ達スルコト能ハサルカ如キ特別ノ事由存セサル限リハ其賣買契約ノ解除ヲ為シタル後ニ非サレハ履行ニ代ハルヘキ損害賠償ヲ請求スルコトヲ得サルモノトス」）。

(2122) 大判昭和8年6月13日民集12巻14号1437頁（大審院は、以下のように判示する。債務の「本旨ニ従フ履行ノ尚可能ナル限リ夫ノ債権者ナルモノハ依々便々只管其ノ履行ニ俟タサル可カラサルカ斯ルハ却テ其ノ堪ユルトコロニ非ス於是カ債務者ノ為メニ一ノ便宜ヲ與ヘサル可カラス便宜トハ如何ニ債権者ハ先ツ相當ノ期間ヲ定メテ履行ヲ催告シ其ノコレ無キニ及ヒ債務者ニ對シ一ノ意思表示ヲ為シ爾今以後本旨ニ従フ履行ハ最早之ヲ受ケス唯履行ニ代ハル損害賠償ヲ得テ甘ンセンノミト言明スルトキハ茲ニ始メテ當初ノ債務ハ其ノ態様ヲ金銭的賠償債務ニ更ムルニ至ルトスルコト即是ナリ」）。

ただし、既に指摘されている通り、その先例的価値については疑問もある。というのは、同判決は、契約の解除と壊補賠償の請求を択一的な関係で捉えており、これを本文で述べたような解決の理由の1つとしているところ（大審院は言う。「解除ノ目的ハ孰ニセヨ一切ノ契約関係ヲ拭ヒ去リ契約締結テフコトノ未タ曾テ有ラサリシ故態ニ還元スルニ在ルカ故ニ契約上ノ義務不履行ヨリ生スル損害賠償ノ如キ若クハ履行ニ代ル損害賠償ノ如キ固ヨリ以テ問題タル可キモアラス蓋此種ノ損害賠償ハ契約関係ノ成立ト存續ヲ前提トシテ始メテ意識スルヲ得ヘキ観念ニ外ナラサレハナリ」）、多くの判決のように（大判明治38年7月10日民録11輯7巻1150頁等）、契約解除の場合に認められる損害賠償を通常の債務不履行に基づく損害賠償と異ならないものと理解するのであれば、あえて解除を回避して壊補賠償を請求する必要性は存しないからである（山田晟「大判昭和8年6月13日・判批」判民昭和8年度100事件386頁以下、我妻・前掲注(7)114頁等）。

(2123) また、判例は、履行不能とは言えない執行不能の場合に備えて、訴訟で損害賠償請求を併合するときにも、壊補賠償の請求を認めている（大連判昭和15年3月13日民集19巻7号530頁、最判昭和30年1月21日民集9巻1号22頁等）。

(2124) 挙げられている要素に相違はあるが、石坂・前掲注(2)499頁以下（解除、履行不能、定期行為）、同・前掲注(357)100頁以下（解除、履行不能、定期行為）、磯谷・前掲注(357)181頁以下・226頁以下（解除、履行不能、定期行為、相当期間を定めた催告。ただし、初期には、注(2120)で引用した判例・学説と同様の理解が示されていた（磯谷幸次郎講述『債権総論完』（東京法学院大学・刊年不明））、嘉山・前掲注(357)190頁（履行への利益不存在）、大谷・前掲注(357)89頁以下（履行不能、執行不能、履行への利益不存在）、野村・前掲注(357)148頁（定期行為、履行への利益不存在）、中村・前掲注(357)432頁（解除、履行不能、履行への利益不存在）、近藤＝柚木・前掲注(357)164頁（履行への利益不存在）、近藤・前掲注(357)430頁（解除、履行への利益不存在）、勝本・前掲注(4)191頁以下（定期行為、履行への利益不存在、相当期間を定めた催告）、石田・前掲注(357)「総論」173頁（定期行為、履行への利益不存在）、同・前掲注(357)「講義」213頁（定期行為、履行への利益不存在）、同・前掲注(357)「大要」89頁（定期行為、履行への利益不存在）、

損害賠償に即して言えば、その要件が充足されている場合であっても、上記のような事由が発生するまでは、債権者はそれを請求しえないということになる。確かに、このように考えるならば、損害賠償請求との関連における現実の履行請求の一義性は確保されうるが、賠償モデルの論理構造の下で、この解決を理論的に基礎付けることができるかどうかには、大きな疑問が残る。

　繰り返し述べているように、賠償モデルによれば、契約（債務）不履行に基づく損害賠償は、有責な不履行によって生じた損害を賠償するための制度という位置付けを与えられるから、損害賠償請求権も、その要件を充足した時に発生することになる。そして、債務に何らかの形で履行期が設定されている場合、債権者がその期日に債務の履行を受けなければ、その時点で損害も発生するはずである。そうであるとすれば、単なる履行遅滞のケースであっても、履行期が経過すれば、契約（債務）不履行に基づく損害賠償の要件は完全に充足されることになる。このような観点からは、契約（債務）不履行に基づく損害賠償の要件を充足しながら、上記のような事情が発生するまで、履行に代わる損害賠償を請求することができないと構成する理由はないと言うべきである。しかも、伝統的通説は、本来的債権と損害賠償請求権の性質的な同一性を認め[2125]、本来的な債権がある一定の時期に損害賠償へと転化するという、いわゆる債務転形論を承認している。これによれば、上記のような事由が発生するまで損害賠償は存在していないと理解せざるをえない。そうすると、ここでは、賠償モデルの論理構造とは相容れないような解釈がなされていると見なければならないのである[2126][2127]。もちろん、単に履行期を経過しただけでは損害が発生することはないと理解する余地もあるが、今度は、上記のような事情があって初めて損害が発生することをどのように説明するのかという疑問が生ずることに

　　中川・前掲注(357)35頁（相当期間を定めた催告、履行への利益不存在）、山中・前掲注(357)95頁以下（相当期間を定めた催告、履行への利益不存在）、川島・前掲注(17)115頁以下（履行不能、履行への利益不存在）、永田・前掲注(357)86頁（定期行為、相当期間を定めた催告）、柚木・前掲注(357)118頁以下（定期行為、相当期間を定めた催告）、柚木＝高木・前掲注(357)97頁以下（定期行為、相当期間を定めた催告）、我妻・前掲注(7)112頁以下（解除、履行不能、履行への利益不存在、相当期間を定めた催告）、於保・前掲注(7)100頁以下（解除、履行不能、履行への利益不存在、相当期間を定めた催告（ただし、後二者については、履行不能として理解する（104頁以下）））、松坂・前掲注(357)75頁（解除、履行不能、定期行為、履行への利益不存在、相当期間を定めた催告）、奥田・前掲注(13)137頁以下（解除、履行不能、定期行為、相当期間を定めた催告）等。
(2125) 於保・前掲注(7)123頁、我妻・前掲注(7)101頁、林〔安永補訂〕＝石田＝高木・前掲注(13)132頁〔林執筆部分〕、奥田・前掲注(13)149頁、平井・前掲注(13)74頁等。
(2126) かつての学説の中には、履行請求と損害賠償請求の併存関係を説明することができないとして、同一性理論を否定するものも存在した（岩田・前掲注(357)「概論」96頁以下、同・前掲注(357)「新論」80頁以下、小池・前掲注(357)「日本債権法」81頁以下、同・前掲注(357)「総論」81頁以下）。
(2127) 本来的債権と損害賠償債権の同一性、本来的債権から損害賠償債権への転化、要件充足による損害賠償債権の発生という3つの命題を矛盾なく結合しようとすれば、債務不履行によって損害が発生した時に本来的債権が損害賠償債権へと転化することを認めざるをえない。しかし、これでは、債務不履行後において、債権者は一切の現実履行を求めることができなくなってしまう。

◆第2章◆ 設　計

なろう⁽²¹²⁸⁾。

　この点において、フランスの学説において展開された附遅滞の要否に関する議論は、少なくとも 19 世紀末以降に関する限り⁽²¹²⁹⁾、一面においては⁽²¹³⁰⁾、賠償モデルから導かれる帰結、つまり、要件充足時の損害賠償債権発生という理解と、原則として附遅滞がなされない限り損害賠償を請求することはできないと規定する民法典 1146 条⁽²¹³¹⁾とを、どのようにして調整するのかという問題関心に導かれたものであったようにも思われる。

　すなわち、一方で、賠償モデルの考え方によれば、フォート、損害、因果関係という 3 要件の充足によって、損害賠償債権が発生することを認めざるをえない。しかしながら、他方で、1146 条によれば、損害賠償を請求するためには附遅滞が必要とされており、これは、上記の要請と相容れないように見える。しかも、フランスの学説の中には、不履行＝フォートによって損害賠償債権が発生し、かつ、契約債権も消滅するとの理解を示すものが存在したから⁽²¹³²⁾、仮に、不履行後も附遅滞がなされるまでは、債権者は、損害賠償を請求することができず、履行請求をしなければならないというのであれば、上記の考え方と正面から衝突することになる⁽²¹³³⁾。

(2128) このような問題提起は、既に、北川・前掲注(11)「理論と判例」98 頁以下（同・前掲注(755) 465 頁も同旨）でなされていたところである。北川善太郎は言う。「債務不履行後、契約が解除されて始めて、塡補賠償請求権が突然発生してくるとみるのは何か不自然であるし、前述した三つの事例（本文で述べた判例法理―筆者注）の要件のどれかがみたされたときに、はじめて塡補賠償請求権が発生しかつ行使されうると説明するのは何かしっくりしない。何故、こうした点が理論的にすっきりしないのであろうか。契約当事者の立場に立ってみると、むしろ、塡補賠償請求権（結果的には賠償額）をめぐる抗争、かけひきは、おそくとも、契約債権関係が正常に展開せず、異常な経過をたどり出した時期から始まっているのである（中略）。履行期の経過とともに、債務不履行から生ずる損害は、現実には、契約当事者にとって市価の変動や他の第三者との取引関係の存否などに左右されながら、潜在的に存在し、しかもたえず変動しているものである。たんに解除という決定的な時点ではじめて塡補賠償請求権が生じるというには現実の動きはより複雑である」。従って、本文の叙述は、こうした先行研究による指摘を契約不履行に基づく損害賠償の原理という側面から述べたものに過ぎない。

(2129) このような留保を付すのは、19 世紀の学説において、契約不履行に基づく損害賠償は契約の履行方式として把握されており、従って、そこにおける附遅滞の要否に関する議論を、本文で述べたような視点から捉えることはできないからである。言い換えれば、19 世紀の学説における附遅滞の要否に関する議論は、本来的な履行請求と代替的な履行請求との関係を論じたものと言うことができる。

(2130) フランスの附遅滞については、森田・前掲(163)論文が、債務転形論という問題意識から詳細な検討を行っている。以下の叙述は、契約不履行に基づく損害賠償の理論枠組みという視点から、フランスにおける議論の 1 つの読み方を提示するものである。

(2131) フランス民法典 1146 条「損害賠償は、債務者がその債務を履行するについて遅滞にあるときでなければ、義務付けられない。ただし、債務者が与え又は為す債務を負ったものが、一定の期間内でなければ与え又は為すことができないものであったときは、この限りでない。附遅滞は、それが十分な督促となる場合には、書簡からも生じうる（原文は、Les dommages et intérêts ne sont dus que lorsque le débiteur est en demeure de remplir son obligation, excepté néanmoins lorsque la chose que le débiteur s'était obligé de donner ou de faire ne pouvait être donnée ou faite que dans un certain temps qu'il a laissé passer. La mise en demeure peut résulter d'une lettre missive, s'il en ressort une interpellation suffisante.）」。

(2132) この点については、第 1 部・第 1 章・第 2 節・第 1 款・第 1 項 152 頁以下を参照。

(2133) 賠償モデルの考え方を採用するものではないが、カンバセレス第 1 草案・第 3 編・第 1 章・

◆ 第 2 節　理論モデルの影響

　ところで、フランスにおいては、この附遅滞があらゆる損害賠償請求の前提として要求されるのかという点が、古くから争われてきた。この議論の中で、19世紀末以降、フォートを起点とした一連の議論が登場し、フォートによる損害賠償債権の発生（及び契約債権の消滅）という命題と附遅滞制度を理論的に調整する試みがなされたのである。

　まず、マルセル・プラニオルは、1146条によれば、附遅滞は損害賠償請求に必要な要件であるところ、債務を履行することができなくなった状態が債務者のフォートによるものである場合には、附遅滞は不要であると説く[2134]。つまり、フォートが存在すれば、それだけで損害賠償債権が発生し、債権者は、附遅滞を行うことなく、債務者に対して損害賠償を請求することができると理解されているのである。本書でも繰り返し触れているように、プラニオルは、包括的な民事フォートを基礎とした「契約責任」論の端緒となった学説なのであり、上記のような理解は、まさに、フォートによる損害賠償債権の発生という基本構想と附遅滞制度を矛盾なく両立させようとしたものと見ることができるのである[2135]。

　また、アレックス・ヴァイユ（Alex Weill）も、プラニオルの議論を引き継ぎつつ、以下のように述べている[2136]。民法典の条文及び判例において附遅滞が不要とされているケースは[2137]、全て、債務者が既に不履行の責めを負わされている場合に関わるものである。つまり、これらのケースにおいて、債務者は不履行について有責であるために、債権者は、附遅滞を行うことなく、損害賠償を請求することができ

　　　第1節・第2款8条は、「債務が履行されない場合、もしくは、債務が適切で、かつ、合意された時に履行されない場合、債務は損害賠償に変わる」と規定しながら、その後の9条2項本文は、「その利益のために債務が作られた者は、それが可能である限り、債務の履行を請求する権利を有する」としている。こうしたカンバセレス第1草案と同じような意味での衝突が、賠償モデルの下でも生じているわけである。

(2134) Marcel Planiol, Note, sous Cass. civ., 11 janv. 1892, D., 1892, pp.257 et s.
(2135) プラニオルは、単純な遅滞のケースを除くと、債務が確定的に履行されない状態には、3つの類型が存在すると言う。すなわち、第1に、永続的な遅滞や債務者の履行拒絶のケースである。この場合には、附遅滞を不要とする理由はない。第2に、外的原因によって債務の履行が妨げられるケースである。この場合には、民法典1302条によって問題が解決される。つまり、外的原因によって債務の履行が妨げられたときには、債務者は免責される。他方で、附遅滞が外的原因の発生前に行われていれば、債務者がそれを負担することになる。第3に、債務者のフォートによる不履行のケースであり、この場合、附遅滞は不要である（Planiol, supra note 2134, pp.257 et s.）。ところで、プラニオルによれば、フォートは「先存債務に対する違反」と定義されているところ、上記の叙述からは、履行遅滞の場合、附遅滞によって債務の不履行（つまり、フォート）が明らかにされるという理解を読み取ることができる。結局、プラニオルの下においては、フォートによって損害賠償債権が発生し、附遅滞はそれを制約する制度ではないと捉えられているように見えるのである。
(2136) Weill, supra note 644.
(2137) ヴァイユが挙げるのは、為さない債務（民法典1145条）、定期行為の不履行（同1146条）、不法行為に基づく損害賠償（注(1863)で引用した諸判決を参照）、債務者の明確な履行拒絶（Ex. Cass. req., 4 janv. 1927, DH., 1927, 65（破毀院は、以下のように判示している。「債務者が、債権者に対して、債務の履行を拒絶する旨を積極的に宣言している場合には、附遅滞は無益（inutile）である」））、契約解除（Ex. Cass. civ., 24 juill. 1928, D., 1930, 1, 16）、履行不能、即時履行の契約（Ex. Cass. req., 18 fév. 1874, D., 1874, 1, 309 ; S., 1875, 1, 112）である。

823

◆第2章◆ 設　計

るのである[2138]。そして、このような理解は、フォートによって権利関係が発生するという原則にも合致する。というのは、フォートがあれば、債務者は、損害賠償責任を負うことになるはずだからである[2139]。結局、ヴァイユの下においても、プラニオルと同様、賠償モデルの論理構造を前提として、債務者にフォートが存在すればそれだけで、そうでなければ附遅滞によって損害賠償債権が発生するものと理解されているのである。ここでも、フォートによる損害賠償債権の発生という基本構想と附遅滞制度の両立が試みられていることが分かるであろう[2140]。

　こうした方向性を更に推し進め、附遅滞制度を賠償モデルの枠組みの中に取り込んだのが、ドミニク・アリックス（Dominique Allix）である。アリックスは言う[2141]。民法典の条文や判例において附遅滞が不要とされているケースは、債務者が終局的に債権者の権利を侵害し、不履行が債務者の責めに帰すべきことが明らかな場合である。他方、附遅滞は、こうした状況にない場合について、債務不履行の帰責性を明らかにするために必要とされるものである。つまり、その性質上、不履行がフォートを含意している場合には、附遅滞は不要であり、それが不確かであるときには、附遅滞によって債務者のフォートを明確にすることが求められるのである。結局、アリックスによれば、附遅滞は、フォートという「責任を生じさせる行為ないし所為」を明らかにするための手段として位置付けられることになり、いずれにしても、フォートによる損害賠償債権の発生という賠償モデルの論理が守られていることが分かる。

　以上のように、フランスの一部の自覚的な学説は、要件充足による損害賠償債権の発生という賠償モデルの論理と附遅滞制度を両立させるべく、あるいは、後者の領域を限定し、あるいは、後者をフォートの中に組み込もうとしてきたのである。このような視点から見れば、契約の不履行が既定的（acquis）であるかどうかによって、附遅滞の要否を決する方向性を示した近年の合同部判決は[2142][2143]、肯定的に

(2138) Weill, supra note 644, n° 13, pp.223 et s., et n° 17, p.228.
(2139) Weill, supra note 644, n° 20, pp.233 et s.
(2140) マリ・ジャンヌ・ピエラル（Marie-Jeanne Pierrard）は、民事責任の論理によれば、フォート、損害、因果関係という3要件が充足されると損害賠償債権が発生するのであるから、原則として附遅滞は不要であるが、単純な遅滞の場合には、債権者が債務者に対し黙示的に期限を付与したとみなされうるから、この点において、その要件を明らかにするために、附遅滞が必要であると説いている（Pierrard, supra note 644. また、Cf. Id., Obs., sous Cass. soc., 17 déc. 1943, JCP., 1947, II, 3373）。これは、本文で述べたプラニオルやヴァイユの見方と同じ論理を共有しつつ、それを遅滞とそれ以外の不履行という伝統的な区別に結び付けたものである。
(2141) Allix, supra note 644.
(2142) Cass. ch. mixte, 6 juill. 2007, supra note 164. 事案の概要は、以下の通りである。Yは、Xとの間でワインを売却する旨の契約を締結し、その引渡しは、2004年3月20日から2004年12月31日までの間に行われるものとされた。その後、Xは、2004年7月20日付けの書面で、Yに対し、可能な限り迅速にワインを引き渡すよう求め、2004年11月29日、本件売買契約の解除と損害賠償の支払いを求めて訴訟を提起した。原審は、契約の解除を認め、Yに対し、損害賠償として、1万5000ユーロの支払いを命じた。これに対して、Yは、「損害賠償は、債務者が債務を履行するよう遅滞に付されたときにしか義務付けられない。原審は、XによるYの附遅滞が存

824

評価されることになろう(2144)。もちろん、全ての学説が、このような理解を明示しているわけではない(2145)。また、こうした見方によれば、「既定的」の中に盛り込む意味にもよるが、現実履行の損害賠償に対する「優越（la primauté）」性は、大きく損なわれることになるようにも見える(2146)。この点について、上記の学説がどのようにアプローチするのかは明らかではないが、いずれにしても、ここでは、日本の伝統的な学説とは異なり、賠償モデルとの論理的整合性だけは確保されているということを確認しておけば十分であろう(2147)。

上記のような問題関心から出発するならば、日本法のコンテクストにおいても、塡補賠償請求権は債務不履行時に発生するものと理解せざるをえない。その上で、損害賠償請求に対する履行請求の優越性を確保し、判例法理の解決を正当化するためには、一定の要件を満たすまで、債権者は塡補賠償請求権を行使することはできないとの構成に辿り着くことになる。つまり、債権者は、確定的不履行があるまでは履行請求に拘束され、それ以降になって初めて塡補賠償を請求することができると理解するわけである(2148)(2149)。このように理解すれば、賠償の論理から導かれる

　　在しないにもかかわらず、「契約の文言からは、売主を遅滞に付す債務が存在すると言うことはできない」として、Yに対し1万5000ユーロの支払いを命じたのであるから、民法典1146条に違反した」と主張して上告した。破毀院は、以下のように判示して、これを棄却した。「契約の不履行は既定的（acquis）であり、かつ、それがXに対して損害を生じさせたことを認定しているのであるから、原審は、損害賠償を付与する理由があることを正確に導いた。よって、上告には理由がない」。もっとも、同判決は、あくまでも事案に即した判断をしているだけであり、また、伝統的に附遅滞が不要とされてきた解除に関わる事案であったことから、この判決がどれほどの射程を持つのかは、明らかでないと言うべきであろう（Mazeaud, supra note 164, p.1117 ; Viney, supra note 164, p.2644 ; Mekki, supra note 164, p.31 ; etc.）。

(2143) 賠償モデルを採用する債務法及び時効法改正準備草案1365条や民事責任法案1386-15条も、同じ立場である。

(2144) Jourdain, supra note 164, pp.688 et s.（不履行が完成し、損害が発生している場合、損害賠償への権利は当然に（de plein droit）発生する。これに先立つものとして、Cf. Id., Obs., sous Cass. com., 28 mai 1996, RTD civ., 1996, p.922）; Leveneur, supra note 164, p.17（不履行が不可逆的である場合、附遅滞は無益かつ有害である。この場合にも附遅滞を要求するならば、不履行が終局的で、かつ、損害が発生しているにもかかわらず、債権者は損害賠償を求めることができないということになってしまうからである）; Gallmeister, supra note 164, p.1957（不履行が確定的であるとき、損害賠償への権利は当然に発生する）; etc.

(2145) 債務法に関する教科書や体系書類の中では、附遅滞の機能に触れられることはあっても、その理論的意味が言及されることはほとんどない。

(2146) というのは、附遅滞制度の射定を限定すればする程、賠償モデルの論理が前面に押し出されることになるからである。

(2147) このような問題が明確に意識されているのは、契約不履行に基づく損害賠償が民事責任法の中に組み込まれていることによるのであろう。

(2148) ニュアンスの相違はあるが、例えば、北川・前掲注(11)「理論と判例」99頁（「わが法の構造としては、契約債務不履行によって、塡補賠償債権が成立するが、その行使は、本来の履行につき債権者の有する利益の喪失、相当期間を定めた履行の催告後の期間徒過、執行不能などの法定条件にかからしめられているとみてよいのではなかろうか。いいかえると、実質論からいって、この立場は債務不履行が確定的となった時点で履行に代わる損害賠償請求権の行使が可能になるという解釈論であるといえる」）、同・前掲注(755)465頁以下、星野英一「最判昭和30年1月21日・判批」法協93巻6号（1976年）145頁以下、森田宏樹「売買契約における瑕疵修補請求権──履行請求権、損害賠償又は解除との関係」同『契約責任の帰責構造』（有斐閣・2002年）258頁以下〔初出・1990年～1991年〕（履行請求の拘束力の問題は、①債権者に対する拘束力（債権者

帰結を承認しつつ、履行請求の一義性を基礎に据えた解釈を展開することが可能となろう。改正検討委員会・基本方針の【3.1.1.65】〈1〉における「履行に代わる損害賠償」と履行請求との関係についての規律も、基本的には、このような理解を前提としたものである[2150]。

フランスの学説の中にも、このような見方を示しているように見受けられるものが存在する。例えば、以下のような議論が、それである。すなわち、附遅滞は、先に引用した学説が説くような意味で、不履行を明らかにするという機能を持つが、それと同時に、債務者に対して警告を発し、履行を促すという機能を有する。この機能によって、損害賠償との関連における履行の優位性は確保される。そして、このことは、合意の履行における当事者間の協同関係あるいは信義誠実の原則によって説明されうるのである[2151]。「このような機能の二元性から、履行が未だ可能である場合、また、債務の履行期が合意によって明確に決定されていない場合、あるいは、より一般的に、債務者が履行遅滞にあることを正当に知りえない場合には、損害賠償に先立つ附遅滞の要求を維持するのが有用である。実際、この場合において、附遅滞は、不履行を警告・予防する役割と、それを証明する役割を果たすのである」。「これに対して、履行が不可能となった場合や、債権者にとってその利益が失われた場合、また、債務者が不履行の事実について如何なる疑いも持ちえない場

は、どの時点まで履行請求権を選択しなければならないか）と、②債務者に対する拘束力（債務者は、どの時点まで債権者の履行請求に拘束されるのか）という2つの側面に区別することができ、これらは、それぞれ異なった価値判断に対応した別個の問題である。従来の理解は、①を②に一致させる考え方に立つものであるが、このような解釈は、債務者の利益保護とはなっても、債権者の利益を不当に制約するものとなりうる。従って、①については債権者の利益の観点から判断し、契約目的の実現が不確実な履行請求をするよりも填補賠償を請求する方が望ましい場合、つまり確定的不履行となった時点からは、債権者は履行を拒絶して填補賠償を請求することができる）等。

(2149) 債務不履行によって損害賠償請求権が発生することを前提としつつ、一定の範囲内で、権利濫用や信義則による請求権行使の制約を認めていたかつての有力学説も、同様の方向性を目指すものであろう。鳩山・前掲注(2)139頁以下（「原則トシテハ債権者ガ此権利ヲ有スルモノトナシ、唯契約ノ性質又ハ当事者ノ意思表示ニヨリテ此権利ナキモノト認ムベキ場合及ビ此権利ヲ行使スルコトガ信義ノ原則ニ反スル場合ニ於テノミ例外トシテ此権利ナキモノト解セントス」）、三潴・前掲注(357)127頁以下、沼・前掲注(357)「要論」84頁以下、同・前掲注(357)「総論」101頁・201頁等。

(2150) 民法（債権法）改正検討委員会・前掲注(80)「基本方針Ⅱ」261頁。そこでは、以下のような説明がなされている。同提案の〈イ〉〈ウ〉に該当する場合には、債権者は、債務者に対する履行請求権とともに、履行に代わる損害賠償請求権をも手にする。債権者としては、履行請求をしても良いし、履行に代わる損害賠償を請求しても良い。他方、同提案によれば、債権者は、〈イ〉〈ウ〉の要件を満たしたときに、初めて、履行に代わる損害賠償を請求しうることになるから、これは、債権者としては、まず履行請求すべきことを意味している）。

(2151) こうした機能は、とりわけ、近年の学説によって強調されているところである。ニュアンスの相違はあるが、Cf. Xavier Lagarde, Remarques sur l'actualité de la mise en demeure, JCP., 1996, I, 3974, pp.423 et s. ; Rémy Libchaber, Demeure et mise en demeure en droit français, in, Les sanctions de l'inexécution des obligations contractuelles, Études de droit comparé, sous la direction de Marcel Fontaine et Geneviève Viney, Bibliothèque de la faculté de droit de l'université Catholique de Louvain, XXXII, Bruylant, Bruxelles, LGDJ., Paris, 2001, pp.113 et s. ; etc.

合には、附遅滞の要求は、警告・予防的な有用性、証明的な有用性を持たないから、完全に余分なものとなる。それ故、附遅滞は排除されなければならない」。他方、履行は可能であり、かつ、債権者にとって利益をもたらすものであるが、不履行は確定的なものとなっている場合はどうか。このとき、附遅滞には、不履行を証明するという意味はないが、なお、警告・予防としての意味は持ちうるように思われるのである(2152)。こうした理解を先の問題関心に即して整理すれば、債務不履行が明確である場合にはそれ自体によって、そうでない場合には附遅滞によって、不履行に基づく損害賠償の債権は発生するが、履行請求の一義性を担保するために、契約不履行に基づく損害賠償の行使要件として附遅滞が課され、それがなされるまでは、債権者は損害賠償を求めることはできないという見方として定式化することができよう(2153)(2154)。

このように、フランスの一部の学説においては、附遅滞という制度を利用することによって、契約不履行に基づく損害賠償の行使に一定の制約が設けられていた。これに対して、日本においては、附遅滞に類するような制度は存在しない。そうすると、日本の現行法の下で、上記のような解決、つまり、契約(債務)不履行による損害賠償請求権の発生、確定的不履行に至るまでの行使の制約といった解決をどのような形で制度的に担保するのかという点については、問題も残ることになろう(2155)(2156)。しかしながら、この点は措くとしても、上記のような理解に対しては、

(2152) Viney, supra note 164, p.2645.
(2153) このように、信義則を利用しながら、債権者に債務者への通知を要求する解釈論は、比較的古くから主張されていた。例えば、アレックス・ヴァイユは、不履行を知らない債務者に対して損害賠償を負担させることはできるかという問題を設定し、ルネ・ドゥモーグの契約思想を援用しながら、債権者に対して、協力義務、その具体的発現としての警告義務を課す。その上で、彼は、債権者にこの意味での協力義務違反がある場合には、外的原因が存在すると見ることができるから、損害賠償請求が否定されることになると説くのである(Weill, supra note 644, n° 35, pp.253 et s.)。もっとも、ヴァイユにおいては、本文で述べた見方とは異なり、警告の機能が附遅滞には結び付けられておらず、従って、附遅滞が「契約責任」の行使要件として機能することもない。そこでは、あくまでも、フォートないし附遅滞による損害賠償債権の発生という論理が基礎に据えられており、債権者に協力義務違反が存する場合には、外的原因の存在を認め、「契約責任」それ自体が成立しないと理解されているのである。
(2154) ただし、フランスにおける賠償モデルの下で、上記のような見方が成り立ちうるかどうかには疑問も残る。というのは、上記の理解は、一定の範囲で、契約債権と損害賠償債権が併存することを認めるものであるところ、第1部・第1章・第2節・第1款・第1項152頁以下において検討したように、フランスの自覚的な学説は、不履行=フォートによって、損害賠償債権が発生することだけでなく、契約債権が消滅することをも認めており、これによれば、契約債権と損害賠償債権が併存することなどありえないからである。もちろん、多くの学説は、この点について何も態度決定していなかったから、恐らく、不履行=フォート後も契約債権が存続することを認めているのであろうが、そうすると、今度は、以下の本文で述べるような問題が生ずることになる。
(2155) 従って、現行民法の条文だけを見るならば、契約(債務)不履行に基づく損害賠償の要件を充足する限り、債権者はそれを行使することができるという理解が導かれる。こうした理解を示すものとして、中島(玉)・前掲注(357)「釋義総論」522頁以下(債権者は、債務不履行があれば、直ちに全部の賠償を請求することができる。債務の本旨に従わない履行がありながら、損害賠償を請求することができないというのは、民法415条を「曲解」するものであり、判例上の解決は、「長足ノ退歩」、「一大失策」である。また、同・前掲注(357)「総論」130頁・167頁、同「呉区判

より重大な疑問を提示しておく必要があるように思われるのである。

　日本の伝統的通説が、一定の事由が発生するまで塡補賠償請求権が発生しないと理解する背後には、本来的な債権がある一定の時期に損害賠償へと転化するという、いわゆる債務転形論があり、更に、こうした債務転形論は、本来的な（契約）債権と損害賠償請求権の同一性という命題によって支えられていた。そして、近時の学説や改正検討委員会・基本方針が、一定の範囲で、履行請求と損害賠償請求の併存を認めたということは、言うまでもなく、この債務転形論と同一性理論をも放棄したことを意味している。そのこと自体に問題はない[2157]。しかし、同時に、ここから1つの疑問も生ずる。すなわち、一方で、賠償の論理によれば、契約（債務）不履行に基づく損害賠償の目的は、不履行によって生じた損害を賠償することに存するから、本来的な（契約）債権の目的とは異なることになる。他方で、本来的な（契約）債権と損害賠償請求権の同一性という命題を放棄するならば、これら2つの存在は、互いに法的な結合関係から解き放たれることになる。このような前提に立つ場合、債権者が現実の履行請求を選択したときに、併存的に存在しているはずの損害賠償債権はどのように扱われることになるのか。反対に、債権者が塡補賠償請求を選択したときに、本来的な（契約）債権はどのように処理されることになるのか。2つの存在は、一方の実現によって他方が消滅するという関係に立ちうるのか。

　もっとも、契約（債務）不履行に基づく損害賠償は、債務不履行に対する救済手段の1つであるから、債権者が現実の履行請求を選択し、本来的な（契約）債権が履行されるに至れば、不履行も治癒され、従って、その救済手段も消滅すると捉えることは可能である。しかし、第2の問題は残るのではないか。不履行によって生じた損害の賠償を目的とする請求権を行使したからといって、本来的な契約債権の目的は達成されえないのではないか[2158]。理論的に見れば、履行請求権の排除原因が生じない限り、それは存続することになるのではないか。言うまでもなく、現実の履行請求と損害賠償請求を同時に認めることにより、債権者に対して二重の利得を得させるという事態は、回避されなければならない。しかしながら、一方を、「債権の効力」に基づく請求権として、他方を、不履行によって生じた損害を賠償するための救済手段として捉えつつ、両者の併存を認めるという前提の下、その論理を説明

昭和4年2月25日・判批」論叢21巻6号（1929年）125頁以下）、前田・前掲注(544)221頁以下（「本来的履行請求権と塡補賠償請求権は両立し、どちらを請求するかは債権者の自由です」。「とにかく債務不履行があれば損害賠償請求権が発生し（415条）、解除や不能などといった事態は、その損害の内容を決定するものであって損害賠償請求権行使の法定要件という必要はないでしょう」）等。

(2156) 仮に、賠償モデルを基礎とした制度設計を行い、かつ、損害賠償請求権の行使に一定の制約を設けるのであれば、それを明文化することが望ましいであろう。

(2157) 賠償モデルの下における同一性理論の問題については、第1部・第1章・第2節・第2款・第1項195頁以下を参照。

(2158) Cf. Faure-Abbad, supra note 20, n° 269, pp.234 et s. ; Rémy-Corlay, supra note 20, p.25 ; etc.

第 2 節　理論モデルの影響

することはできるのか。

　この点において、アンリ・マゾーの「賠償」の理解は、上記のような課題に応えうるものであったと評価することができる。アンリ・マゾーは、「賠償」概念について、以下のような理解を示している[(2159)]。すなわち、「賠償」には、加害者がフォートを犯していなければそうであったであろう状態に被害者を回復させる「現実賠償（réparation en nature）」と、損害を消滅させるのではなく、それを塡補することによって、被害者に対し被った損害に等しい利益を提供する「等価賠償（réparation en équivalent）」が存在する[(2160)]。このうち、前者は、「被害者に対して単なる等価物を提供するだけで損害を存続させるのではなく、被告のフォートによって生じた損害を消滅させ、消すこと」を意味し、履行の強制が、これに当たる[(2161)]。これに対して、後者は、損害の存続・塡補を問題にするものであり、ここには、非金銭的等価賠償と金銭的等価賠償が存在するのである[(2162)]。結局、アンリ・マゾーの理解においては、債務者による任意の履行以外の事象は、全て、「賠償」の問題とされているのである[(2163)]。ところで、第 1 部・第 1 章・第 2 節で見たように、アンリ・マゾーは、契約債権と損害賠償債権との関係について、更改のメカニズムを用いた説明を行っており、不履行＝フォートを契機として、契約債権が消滅し、損害賠償債権が発生するとの理解を示していた[(2164)]。このような損害賠償債権の性質に関する理解と上記の「賠償」概念の捉え方とを併せて考えるならば、ここでは、債務者による不履行があった場合には、契約債務の履行の問題からそれとはレベルの異なる「賠償」ないし民事責任の問題へと移行するという構図が描かれることになる。かくして、アンリ・マゾーの言う「現実賠償」（強制履行）と「等価賠償」（損害賠償）は、いずれも、責任法のレベルにおける同一の目的を持った制度として位置付けられることになるから、2 つの手段の関係も整合的に説明することが可能となるのである[(2165)]。

　こうしたアンリ・マゾーの議論からは、履行請求と損害賠償請求の併存を認め、かつ、それらの関係を理論的に調整するためには、少なくとも、両者を同じ性質及び目的を持つ手段として位置付けることが必要となるのではないかと思われる。そ

(2159)　H. et L. Mazeaud, J. Mazeaud et Chabas, supra note 779, n°s 2302 et s., pp.614 et s.
(2160)　H. et L. Mazeaud, J. Mazeaud et Chabas, supra note 779, n° 2302, p.614.
(2161)　H. et L. Mazeaud, J. Mazeaud et Chabas, supra note 779, n°s 2303 et s., pp.615 et s.（引用は、n° 2303, p.615）
(2162)　H. et L. Mazeaud, J. Mazeaud et Chabas, supra note 779, n°s 2317 et s., pp.632 et s.
(2163)　一般的な用語法によれば、マゾーの「現実賠償」が履行に、「非金銭的等価賠償」が現実賠償に、「金銭的等価賠償」が損害賠償に相当する。
(2164)　この点については、第 1 部・第 1 章・第 2 節・第 1 款・第 1 項158頁以下を参照。
(2165)　こうした「賠償」と「履行」の捉え方については、しばしば、単なる術語の問題との評価がなされているが（Ex. Roujou de Boubée, supra note 48, pp.139 et s.; Grosser, supra note 21, n°s 76 et s., pp.93 et s.; Courtiau, supra note 21, n° 316, p.177 ; etc.）、こうした概念区分は、極めて重要な理論的・体系的意味を持っていると言うことができる。

829

うすると、1つの方向性としては、契約（債務）不履行に基づく損害賠償を、不履行に対する救済であるところの損害賠償のための手段として捉える構想を維持としつつ、現実の履行請求についても、（マゾーのようにこれを「賠償」とするかどうかは別として）不履行に対する救済手段として位置付ける形が浮かび上がってくる[2166]。このように理解するならば、不履行を契機として、履行請求と損害賠償請求とが併存することを無理なく説明しうるし[2167]、その制約についても、債務者の追完権や両当事者の衡量から説明を付けることができる[2168]。しかし、そうではなくて、現実の履行請求をあくまでも債権の効力として把握する構想を維持した上で、契約（債務）不履行に基づく損害賠償の原理を転換することによって、2つの手段の関係を整理することも可能である。それが、履行モデルからの議論である。以下、項目を改めて、この点に言及していくことにしよう。

(2) 履行と履行

本書のように、契約（債務）不履行に基づく損害賠償を、（契約から生じた）債権の効力として捉え、その履行を実現するための手段として位置付けるモデルによれば、損害賠償請求も、現実の履行請求と性質を同じくするものとして把握される。すな

(2166) 潮見・前掲注(9) 26頁を参照（履行請求権は、「伝統的な債権観が想定したような、債権の一時的内容ないし本来的内容として債権に内在している——しかも、それと同時に、請求権中心の体系を組み立てることにより債権・債務の外延をも画することになる——潜在的・観念的請求権の意味で用いられるのではな」く、「履行障害が生じたときに、債権者利益獲得のために債務者に特定の具体的行為（作為・不作為）を請求するため、履行障害に直面した債権者に与えられる救済手段のひとつにすぎない」）。

(2167) 潮見佳男は、以下のような議論を展開している。「塡補賠償請求権は債務者の債務不履行を原因として発生するものであるし、履行請求権もまた、債務者の債務不履行を原因として発生するものである。両請求権は連続性をもって——履行請求権が塡補賠償請求権に転換するというような関係で——捉えられるものではなく、債務不履行に対する別個の救済手段として並列的に捉えられるものである。せいぜい、両救済手段は共通する価値実現をめざし相互排他的に存在するものだから、債権者に二重の利得をもたらすことのないように配慮しなければならないという点において関連性を有するにすぎない」（潮見・前掲注(9)363頁）。こうした立場から見れば、「債務不履行があった場合に、履行請求をするか塡補賠償をするかは、原則として債権者の自由である。履行不能もしくは契約解除があってはじめて履行請求権が塡補賠償請求権へと転形するわけではない」。「履行がされないかまたは不完全な履行がされたとき、債権者は、債務者に対して、履行請求をすることなく、いきなり債務不履行を理由として塡補賠償請求をすることができる。これが原則である」（同369頁）。

(2168) 潮見は、注(2167)の引用部分の後に、以下のように続けている。「債権者からの塡補賠償請求権の行使に対し、債務者は、遅延損害金とともに本来の給付を提供する（中略）ことにより、塡補賠償請求権からの解放を求めることができる。債権者としては、当初の契約で予定された利益が実現されるのであれば、これを拒むことは認められない（債務者の履行提供権）」。「また、債権者からの塡補賠償請求権の行使に対し、債務者は、履行がなお可能であること、期日よりも遅れて（遅延賠償金とともに）本来の契約利益を取得したところで債権者にとって特別の不利益はないこと、債務者としても塡補賠償をするのに要する費用がみずからのおかした不履行行為と比較して過大なものとなることを証明することにより、塡補賠償請求を拒絶することができる。この場合には、債権者としては、相当期間を定めて履行を催告し、その徒過を待ってはじめて—債務者が猶予期間中に履行提供行為をしなかったがゆえに、もはや債務者からの本来の履行が期待できないことを理由として—塡補賠償請求をすることになる」（潮見・前掲注(9)369頁以下）。

わち、債権には、その現実的な履行を求める権利のほかに、金銭という等価物によって履行を実現する権能が含まれている。言い換えれば、従来の議論において履行請求権と呼ばれてきたものも（混乱を避けるため、以下では、この意味での履行請求権を「現実の履行請求権」と呼ぼう）、損害賠償請求権も、債権が持つ広い意味での「履行請求権」の一形態であり、いずれも債権の実現を確保するものとして理解することができる。債権が正常に履行されなかったときには、債権者に対して、その実現手段の１つとしての契約（債務）不履行に基づく損害賠償を利用する可能性が与えられるに過ぎないのである。従って、現実の履行請求権と損害賠償請求権は、当然、その運命を共にし、一方によって、「履行請求権」が充足されれば、他方も消滅するという関係にある。しかし、これは、あくまでも、「履行請求権」の充足を前提とするから、現実の履行請求ができず、しかも、「履行請求権」が存続する場合には、当然、損害賠償請求によってこれを充足しなければならない。言い換えれば、現実の履行請求が排除されたとしても、直ちに、債権における「履行請求権」が消滅することにはならず、それが存在する限り、その力によって、契約（債務）不履行に基づく損害賠償が認められることになるのである[2169]。

(2169) 森田修は、履行請求権を、「救済としての履行請求権」と「体系化原理としての履行請求権」とに区別した上で、以下のような議論を展開している。「救済としての履行請求権」は、民事執行法等において認められた個々の執行手段を債務者に対して発動させる地位を債権者に認めるものとして現れる。これに対して、「体系化原理としての履行請求権」は、「契約債権者の権利が侵害された場合に発生するところの、損害賠償、解除、そして既述した『救済としての履行請求権』」といった、あれこれの実体法上の請求権をコントロールする体系化の基軸概念としての機能を営むものである」。ところで、債務不履行後、契約関係そのものは、当初の契約意思の拘束を離れて維持されるのであり、当事者がそこで負う義務には契約の存続を志向するという方向性がある。これを法技術的に基礎付けるのが、履行請求権である。「確かに履行請求権はその成立は当初契約意思であるが、契約の履行プロセスの或る段階でノーマルな展開に障害が生じたという意味での債務不履行後は、契約当事者間の権利義務関係の内容は、当初契約意思によって内容的に規定され尽されるものではなくなる。そこでは履行請求権こそが、権利義務関係を逐次的に形成していく基準点となる。そして契約債権当事者間の義務群に、『契約の尊重』という志向性が失われることを『履行請求権の排除』が法技術的に表現する」。この場合、救済としての履行請求権は行使できなくなり、填補賠償請求権が可能となるのである（森田・前掲注(83)「民法典」41頁以下、同・前掲注(83)「履行請求権」83頁以下（引用部分は、前者の42頁）。また、同『契約責任の法学的構造』（有斐閣・2006年）2頁以下）。

ところで、本文で述べたような理解は、契約（あるいは債権者）利益を追求する権利としての「履行請求権」が存在していることを前提とするものであるから、この点において、上記の見解、更に言えば、債権ないし「履行請求権」の理解を別とすれば、伝統的な議論とも共通している。しかも、この「履行請求権」は、当初の当事者意思のみならず、契約締結後の交渉や客観的な規範によっても形成されうることが予定されている（その１つの現れとして、賠償範囲確定ルールにおける予見時期の問題がある。この点については、第１部・第２章・第２節・第２項357頁以下、本章・第１節・第２款・第２項813頁を参照）。また、債務不履行後も「履行請求権」それ自体が存続している限り、債権を通じて獲得しようとした利益を求める地位自体は存続しているから、場合によっては、それを基準点として、新たな関係が構築されていくこともありうる。そうすると、本文の理解は、上記の見解と何ら矛盾するものではないと言える。

もっとも、森田修の理解においては、「救済としての履行請求権」だけでなく、「体系化原理としての履行請求権」も含め、そこでの履行請求権が、あくまでも、（本書の言う）現実の履行請求権に結び付けられており、債権を通じて獲得しようとした利益の金銭による実現＝損害賠償が、（本書の言う）「履行請求権」から切り離されている（このことは、伝統的通説が採用する債務転

◆第2章◆ 設 計

このような形で契約（債務）不履行に基づく損害賠償を理解すると、債務者による債務の不履行が存在する場合、債権者は、現実の履行を請求することも、契約（債務）不履行に基づく損害賠償を請求することもできる。言い換えれば、これらの手段の選択は債権者の自由に委ねられるということになる。いずれの手段も、債権者が有している「履行請求権」の具体的発現なのであり、そうである以上、その選択に制約を設ける理由は存在しないからである。これが原則である。最初期の判例や学説が、第1章・第1節で明らかにしたような民法の構造を正確に把握しつつ、損害賠償における「債権の効力」性を強調して、不履行があれば直ちに塡補賠償請求権を行使しうるとしていたのは[2170]、この意味において理解することができよう[2171]。

もっとも、こうした理解に対しては、主として、2つの方向性からの疑問が提起されうるように思われる。

1つは、損害賠償請求との関連で現実の履行請求の優越性を認めないとすれば、合意は守られなければならないの原則が侵害されるのではないかという疑問である[2172]。しかし、この評価は、合意は守られなければならないの意味と、履行の捉

　　　形論の否定に明確な形で現れている）。これに対して、本書の理解は、現実の履行請求権が排除されたからといって、直ちに、債権が持つ「履行請求権」が消滅するわけではなく、むしろ、それが存続する限り、債権者には、債権を通じて獲得することを予定した利益を求める地位があると見て、損害賠償という手段を通じて、可能な限りその地位を実現していく方向性を目指すものである。

(2170) 大判明治34年3月30日民録7輯3巻93頁等。また、松波＝仁保＝仁井田・前掲注(759)115頁、岡松・前掲注(759)83頁、横田・前掲注(2120)240頁・317頁、今井・前掲注(911)239頁等。

(2171) 仮に、本文で述べたような形で、現実の履行請求と損害賠償請求との選択権を無制限に認める場合には、長期間、債務者を不安定な地位に置かないために、一定の対抗手段を設けておく必要がある。現行民法の様々な場面における利益バランスのとり方を参考に制度設計を行うとすれば、債務者に催告権を与え、期間内に確答がなされない場合には、損害賠償を選択したものとみなすというような規律を設けることが望ましいであろう（自身の支持する「体系化原理としての履行請求権」と対置されるレメディ・アプローチからの議論として排斥するものではあるが、この点については、森田・前掲注(83)「履行請求権」86頁を参照）。

(2172) とりわけ、予見行為として契約を捉えることの意味を現在による未来の拘束と理解する立場からは、本文のような疑問が最も尖鋭な形で提起される。例えば、オリヴィエ・プナンは、以下のような議論を展開する。契約はそれが締結された時に同意された内容に拘束され、しかも、当事者の期待が契約の予見から排除されるとの前提に立つと、債務者は、当初内容通りの債務をそのまま正確に履行しなければならず、また、当初に予定されたものとは異なる内容の給付によって契約を実現することもできないということになる。このように、契約締結時に約束された内容と履行の内容とを完全に一致させることによって、契約の拘束力＝契約の不可侵性＝約束された内容の実現は最大限に確保される。言い換えれば、契約の履行がその締結時に約束された内容と全く同じ場合に限って、契約の拘束力が尊重されていると評価しうるのである（Penin, supra note 1695, n°s 91 et s., pp. 48 et s.）。ところで、契約締結時に約束された内容の履行がなされなかったというケースには、その状態を解消させることができる場合と、その状態が確定的でもはや解消されえない場合とが存在する。前者の場合には、未だ契約締結時に約束された内容を実現することは可能であるから、不履行（inexécution）ではなく、単なる未履行（non-exécution）の状態があるに過ぎない。反対に、不履行とは、契約が終局的に挫折したこと、つまり、契約の死を意味する。そして、この段階になって初めて、締結時に約束された内容の実現とは異なるレベルに属する不履行のサンクション＝損害賠償が問題となる。このように理解することで、契約の拘束力＝契約の不可侵性＝約束された内容の実現がより良く確保されるのである（Ibid., n°s 97 et s.,

832

え方による。すなわち、一方で、契約の拘束力から導かれるのは、「債権者は履行請求できる」、「債務者は履行へと義務付けられる」ということだけであり、「債権者は履行請求しなければならない」という債権者に対する法的拘束力は出てこないという理解や[2173]、債務不履行に対する一定の救済が確保されていれば、現実に履行されなかったとしても、契約の拘束力は侵害されていないと見る理解によれば[2174]、契約（債務）不履行に基づく損害賠償を命ずることが契約の拘束力を侵害することには繋がらない。また、他方で、そもそも、本書のように、契約（債務）不履行に基づく損害賠償を、本来的債権の効力として、その履行を確保するための手段として位置付けるならば、損害賠償の付与を認めることによって契約の拘束力が侵害されることはない。そもそも、契約（債務）不履行に基づく損害賠償によって契約の実現が確保されること自体、契約の拘束力を尊重するためなのである[2175]。

　もう1つは、契約（債務）不履行に基づく損害賠償が、契約ないし契約債権の履行を確保・実現するための手段であるならば、それは、既に契約締結時から行使しうるはずであり、従って、モデルとして不適切ではないかとの疑問である。しかしながら、履行モデルは、契約（債務）不履行に基づく損害賠償を、契約や債権が正確に履行されなかった場合に金銭的等価物によってその利益を実現するための代替的な手段として捉えるものであるから、当事者の真の意図が現実履行の獲得にある以上、この代替的な履行実現手段を、少なくとも債務不履行以前に認めることは、不可能である。また、仮にこうした方向性を更に推し進め、債務者による不履行があった後に、一定の範囲で契約（債務）不履行に基づく損害賠償の行使に制約を設けたとし

---

　　　pp. 51 et s.）。結局、この見方を本書の問題意識に即して捉えるならば、契約不履行に基づく損害賠償は、契約締結時に約束された内容を実現するものではなく、従って、契約の拘束力に対する侵害となりうるから、契約が終局的に挫折した場合に限って認められるべきである（約束された内容の実現が可能である限りそれに拘束されるべきである）との趣旨を言うものとして理解することができるであろう。
　　　こうした見方に対しては、現在化を貫徹するという基本的態度決定に含まれる問題のほかに、本項の問題関心からは、以下のような一連の疑問を提起することが可能である。まず、「未履行」の状態では「不履行」＝フォートが存在せず、従って損害賠償の要件も充足されていないというが、債務者が任意に履行しないという状態が不履行＝フォートと評価されないのは何故か。次に、仮に債務者の任意履行がない状態を不履行＝フォートと見るべきであるとすれば、上記の理解を賠償モデルの論理構造とどのように両立させるのか（契約不履行に基づく損害賠償の要件を充足しているのに、履行されないという状態が終局的になるまで債権者が損害賠償を請求しえないのは何故か）。また、恐らく債権者を履行請求へと過度に拘束することを避けるためであろうが、プナンは、「未履行」が「不履行」へと変わるファクターとして、不能、不可抗力のほかに、債権者の意思を挙げているところ、なるほど、不履行に直面した債権者の判断によって契約の終局的な挫折を導くことは可能であるとしても、債権者が履行請求ではなく損害賠償を選択したという事実によって、「未履行」が「不履行」へと変わる（言い方を変えれば、債権者の意思により、債務者側の要件であるはずの不履行＝フォートを充足する）のは何故か。
(2173)　潮見・前掲注(9)368頁。
(2174)　Ex. Laithier, supra note 21, n°s 15 et s., pp. 37 et s., et n°s 278 et s., pp. 365 et s. ; Id., supra note 524, pp. 161 et s.（また、レチェ・前掲注(524)157頁以下も参照）
(2175)　Rémy-Corlay, supra note 20, p. 25 ; Rémy, supra note 20, La responsabilité contractuelle…, n° 43, pp. 352 et s. ; Faure-Abbad, supra note 20, n° 276, pp. 238 et s. また、Cf. Bellivier et Sefton-Green, supra note 520, p. 108.

ても、先に言及した賠償モデルのように、理論的な困難を生ぜしめるものではない。もちろん、これは、履行モデルから直接導かれる帰結ではない。ここでは、不履行によって損害賠償請求権が行使可能になることを前提としつつ、契約締結から現在に至るまでの当事者の関係、とりわけ、現実の履行に向けた信頼状況を考慮して、同じく「債権の効力」としての性格を有する現実の履行請求権と損害賠償請求権との間に優劣を設けることが問題となっているのである。このような視点からすれば、例えば、現実の履行請求が可能である場合において、債権者が現実の履行を受けることで別段の不都合がなく、また、損害賠償請求を負担させることが債務者にとって過大な負担になるときには、債権者による損害賠償請求に制約を設け、ただ、判例の言うように、債権者が相当期間を定めて催告をし、その期間内に履行がなされなかったときには、債権者による代替的な履行確保手段の行使を認めるという解決も(2176)、考慮に値するものであるように思われるのである(2177)。

◇第2項　契約解除と契約不履行に基づく損害賠償の関係

　契約（債務）不履行に基づく損害賠償の基本原理から見た場合、それと現実の履行請求との関係については、第1項のような形で整理することができる。しかし、理論的により深刻な問題は、契約（債務）不履行に基づく損害賠償と解除との関係の中に現れる。周知のように、解除と損害賠償との関係、より具体的に言えば、契約が解除された場合の損害賠償の範囲をどのように理解するのかという点については、解除の法的構成と関連して、古くから多くの議論が展開されてきたところ(2178)(2179)、判例と学説の多数は、ここで言う損害賠償は、415条のそれと異なるものではないと理解している(2180)。他方、今日においては、契約の解除それ自体の機能及び性質に関しても、多くの議論が積み重ねられている(2181)。すなわち、伝統的な理解は、契約解除を債務者の責めに帰すべき事由に基づく債務不履行責任として捉えてきたのに対して(2182)、今日の学説は、解除について、債務者に対する制裁ではなく、有用

(2176) 潮見・前掲注(9)368頁以下も、このような可能性を認めている。
(2177) 注(2169)で述べたように、本書の理解は、債権が持つ「履行請求権」の存在を前提としており、この点において、現実の履行請求を含め全てを債務不履行に対する救済として把握する立場とは、体系的に大きく異なっているが、本文で述べた結論は、結果として、レメディ・アプローチと呼ばれているものに近接している（「体系化原理としての履行請求権」論とレメディ・アプローチを対比する、森田・前掲注(83)「履行請求権」82頁以下（特に85頁以下）を参照）。
(2178) 議論の状況については、平野・前掲注(89)論文等で整理されている。
(2179) なお、本文で述べた問題も含め、解除に関わる問題の学説史については、既に多くの先行業績によって適切にフォローされている。そのため、契約（債務）不履行に基づく損害賠償の場合とは異なり、本書の問題関心からは、各議論の論理構造を明らかにすることはできても、議論の総体について新たな視点からの整理・分析を行うことはできない。従って、以下の叙述における文献の引用は、必要最低限に止めている。
(2180) 大判明治38年7月10日民録11輯1150頁等。また、我妻・前掲注(90)199頁以下、星野・前掲注(90)93頁以下等。
(2181) 危険負担との関係も含めて、今日の議論状況を概観するには、松岡久和「履行障害を理由とする解除と危険負担」ジュリ1318号（2006年）138頁以下が有益である。

ではなくなった契約からの離脱を可能にするための制度として把握しようとするのである(2183)。もっとも、このような解除の本質に関する議論の転換は、解除の場合における損害賠償の理解について、何ら影響を及ぼしていないように見える。そして、今日においては、恐らく、契約解除の場合においても、履行利益に相当する額の賠償が認められるべきであるとの結論については、ほぼ異論がないように思われる。

しかしながら、このような議論の状況には問題が存するのではないか。そこには、なお検討すべき課題が残されているのではないか。伝統的理解が、解除の遡及効の有無に関する議論とは別に、解除のケースにおける損害賠償を民法415条のそれと同一に理解してきた背後には、契約（債務）不履行に基づく損害賠償についての一定の見方が存在するのではないか。反対に、解除について、契約からの離脱を目的とし、かつ、ここでの損害賠償を、契約利益の実現を目的とする制度として理解するのであれば、これらの両立可能性を認めることは、原理のレベルで矛盾を抱えることになるのではないか。解除と損害賠償との関係は既に議論し尽されたかのように見えるが、契約（債務）不履行に基づく損害賠償の原理の面から光を当て直すことによって、これまで余り意識されていなかった問題を再提示することができるように思われるのである。従って、以下では、解除の機能と契約不履行に基づく損害賠償の理論枠組みという2つの視角を用いて(2184)、従来の議論において暗黙の前提とされていた論理構造を解明し、それぞれの理論枠組みの中で、両者の関係の理解につき、理論的にどのような可能性が存在するのかを明らかにしていこう。

(1) 制裁と賠償

伝統的な議論が、解除のケースにおける損害賠償の範囲について、解除がない場合の損害賠償と異ならないと理解する背後には、解除を債務不履行に対する制裁ないし責任として捉える発想と（以下では、「解除＝責任モデル」と呼ぼう）、契約（債務）不履行に基づく損害賠償を有責な不履行によって生じた損害を賠償するための制度として理解する構想（賠償モデル）が存在した。

まず、前者の解除＝責任モデルについて、一言しておくことが必要であろう。多くの学説は、解除を、損害賠償と同じく、債務不履行に対する責任として理解し、

(2182) 我妻・前掲注(90)156頁、三宅・前掲注(91)187頁等。
(2183) 好美・前掲注(92)179頁以下、山田・前掲注(92)論文、辰巳・前掲注(92)331頁以下、渡辺・前掲注(92)1頁以下等。
(2184) もちろん、解除の法律構成や利益判断の重要性を否定するものではない。むしろ、従来の議論は、これらの要素によって規定されてきたとも言える。それにもかかわらず、本文で述べたような問題意識に従って検討を行うのは、こうしたファクターとは別に、あるいは、それらの背後に、結論を導くに際しての前提となっている、契約（債務）不履行に基づく損害賠償と解除に関する一定の見方が存在すると考えられるからであり、原理のあり方を問題にしている本書の立場からは、こうした考察を行うことこそ必要であると思われるからである。

◆第2章◆ 設　計

そこから、あらゆる解除の前提として、損害賠償と同じ意味での帰責事由が必要である旨を導いてきたが[2185]、既に、帰責事由の要否というコンテクストで、幾つかの先行研究によって指摘されている通り[2186]、このような理解は、損害賠償の思考モデルが解除へと移植されたことによって実現されたものである。つまり、ここでは、解除と損害賠償が、同じ債務不履行に対する責任制度として並列的に理解されているのである。こうした解釈、より正確に言えば、（履行遅滞）解除に帰責事由が必要かという問題関心自体、民法施行直後の学説には存在せず[2187]、その後の学説によって作り上げられたものであること、解除の債務不履行責任化に先行するような形で[2188]、賠償モデルの考え方が受け入れられていたことを併せて考えるならば[2189]、賠償という思考モデルが、日本の契約不履行法の議論に大きな影響を及ぼしてきたことが分かるであろう。いずれにしても、ここでは、伝統的な議論が、解除を損害賠償と同じ責任制度として捉えていることを確認しておこう。

ところで、伝統的通説は、直接効果説を前提に、解除によって契約が遡及的に消滅すると理解してきた[2190]。この理解によれば、解除に伴って、契約を前提とする債務不履行状態も消滅することになりそうである。ここから、上記のような解除の法的構成の当否も含めて[2191]、解除と契約（債務）不履行に基づく損害賠償との関係に関する議論が展開されてきたわけである。しかしながら、少なくとも原理のレベルで見るならば、解除＝責任モデルと賠償モデルを前提として、2つの手段の並存

(2185) 初期の論文として、石田文次郎「民法第五四一条に就て」論叢5巻6号（1921年）65頁以下、小池隆一「契約の解除に就て」法研2巻3＝4号（1923年）40頁以下等。また、鳩山秀夫『増訂日本債権法各論 上巻』（岩波書店・1924年）215頁・221頁以下、磯谷幸次郎『債権法論（各論）上巻（再版）』（巌松堂書店・1929年）255頁以下〔初版・1926年〕、我妻・前掲注(90)156頁、三宅・前掲注(91)187頁等。

(2186) 渡辺達徳「民法541条による契約解除と「帰責事由」(1)(2・完)──解除の要件・効果の整序に向けた基礎資料」商討44巻1=2号（1993年）239頁以下、3号（1994年）81頁以下、同「契約解除の要件枠組みに関する総論的考察──民法541条の起草過程をてがかりとして」商討46巻1号（1995年）247頁以下。また、ドイツの議論も含め、遠山純弘「不履行と解除(1)〜(3・完)」北研42巻3号（2006年）1頁以下、43巻1=2号（2007年）47頁以下、2号31頁以下も参照。

(2187) 例えば、松波仁一郎＝仁保亀松＝仁井田益太郎（穂積陳重＝富井政章＝梅謙次郎校閲）『帝国民法正解 第6巻』（日本法律学校・1897年）874頁以下、岡松・前掲注(759)496頁以下、小沢許『日本契約法原論（訂正再版）』（有斐閣・1898年）289頁以下〔初版・1897年〕、鈴木喜三郎講述『債権各論 完〔明治38年度講義録〕』（中央大学・刊年不明）60頁以下等。

(2188) 例えば、石坂音四郎は、日本の議論の中に賠償モデルの考え方を持ち込んだ学説であり、債務不履行に基づく損害賠償については、履行遅滞も含め、全ての場合に帰責事由が必要であるとしていたが、契約解除に関しては、民法541条は「履行遅延」（単に履行が遅れている状態）に関する規定であり、債務者が「単ニ履行ヲ為ササルヲ以テ足リ其不履行カ債務者ノ過失ニ因ルト否ト関スル所ナシ従テ債務者カ遅滞（有責な遅延のこと──筆者注）ニ在ルト否トヲ問フ所ナシ」と述べていた（石坂音四郎『日本民法第三編 債権 第三巻（訂正再版）』（有斐閣書房・1915年）2279頁〔初版・1915年〕）。つまり、石坂の下では、債務不履行に基づく損害賠償の責任化は実現されていたが、解除のそれは未だなされていなかったのである。

(2189) この点については、第1章・第2節・第1款・第2項546頁以下を参照。

(2190) 鳩山・前掲注(2185)198頁以下・230頁以下、我妻・前掲注(90)188頁以下等。

(2191) 議論の詳細については、高森八四郎「解除の効果と第三者(1)(2・完)」関法26巻1号（1976年）80頁、2号65頁、北村実「解除の効果──545条をめぐって」星野英一編代『民法講座5 契約』（有斐閣・1985年）113頁以下等を参照。

836

を認め、解除が損害賠償に影響を与えないと理解することは十分に可能である。というのは、契約の解除が、債務者の責めに帰すべき事由を帰責原因とする債務不履行の責任であり、かつ、契約（債務）不履行に基づく損害賠償が、不法行為に基づく損害賠償と同じような意味での、有責・違法な行為に対する責任制度としての側面を持つのであれば、つまり、いずれの制度も、有責な債務不履行を起点とする責任制度であるというのであれば、債務者に対するサンクションとしての債務不履行責任を問い、その具体的な制度である解除と損害賠償との並存を認め、解除の有無を問わず通常の損害賠償を課したとしても、何ら原理的な矛盾は生じないからである。言い換えれば、解除の責任化という構成によって、その特殊性が消し去られ、賠償モデルの論理と繋ぐことができるようになったのである。

　もちろん、判例や一般的学説のように、契約を遡及的に消滅させながら、いわゆる履行利益に相当する額の損害賠償の付与を認めるというのは、評価面での衝突を生み出すことになる。これを重大な問題と見た学説は、あるいは、解除の遡及効を認めない議論を展開し[2192]、あるいは、解除の場合の損害賠償の範囲を限定すること等で[2193]、こうした衝突を解消しようとした。しかし、解除と損害賠償との間で原理レベルでの矛盾が生じていない以上、評価面での衝突を解消するためには、損害賠償の側面で解除の遡及効が制限されると言うだけで足りてしまうのである。こうして伝統的通説は、解除の有無にかかわらず、損害賠償の範囲を同一の判断枠組みで規律することになった。結局、伝統的通説の解除＝責任モデルと賠償モデルによれば、解除の効果に関する法律構成レベルでの抵触は生じても、原理レベルでの矛盾は発生しえないのである。ここに、伝統的通説が、解除の場合の損害賠償と解除がない場合の損害賠償とを同一視してきた原理的な意味がある。

　なお、このような見方は、構図こそ異なるが、フランスにおける議論の状況からも裏付けられるのではないかと思われる。

　フランスでは、近年に至るまで、解除の場合の損害賠償が、解除のない場合の損害賠償と異なるのかという問題意識が持たれることすらほとんどなかった。その理由は、契約不履行に基づく損害賠償が、契約不履行法から切り離され、民事責任法の中に統合されているという体系的な問題のほかに[2194]、契約不履行に基づく損害賠償が、フォートによって生じた損害を賠償するための制度として位置付けられ、完全に、民事責任の枠組みによって規定されてきたことに求めることができる。す

[2192]　例えば、山中康雄「解除の効果」同『総合判例研究叢書　民法（10）』（有斐閣・1958年）152頁以下、四宮・前掲注(94)207頁等。
[2193]　ニュアンスの相違はあるが、石田文次郎『財産法に於ける動的理論』（巌松堂書店・1928年）432頁以下、同『債権各論（28版）』（早稲田大学出版部・1963年）52頁〔初版・1947年〕、松坂佐一『民法提要　債権各論（第5版）』（有斐閣・1993年）70頁以下〔初版・1956年〕（なお、同「解除と損害賠償」同『債権者取消権の研究』（有斐閣・1962年）257頁以下〔初出・1952年〕）等。
[2194]　この点については、第1章・第2節・第2款・第1項639頁以下、本章・第1節・第1款・第1項714頁以下を参照。

なわち、民事責任法では、フォートによって損害が発生しさえすれば、損害賠償の請求が認められ、しかも、その範囲は、「完全賠償原則」というある種のドグマによって規律されてきたことから、フランス法では、契約の解除の有無という点が問題関心として取り込まれにくい状況にあったように思われる。更に、フランスにおいては、近年まで、履行利益・信頼利益の区別が受け入れられることもなかったので、解除による契約の遡及的消滅を前提としても、日本の学説のように、契約の遡及的消滅と履行に相当する損害賠償の肯定との間における評価矛盾が意識されることもなかったのである[2195]。そうすると、フランスでは、解除の場合の損害賠償と解除がない場合の損害賠償との同一性が導かれるに際して、解除の法的基礎に関する議論は影響していないようにも見受けられるが、これは、前述のように、フランスにおける契約不履行に基づく損害賠償の議論が、日本におけるそれ以上に、不法行為のモデルに規定されていることによるものと理解しうる。日本においては、契約（債務）不履行に基づく損害賠償が、形式上、債務不履行法の中で捉えられてきたから、解除の責任化によって、賠償モデルの論理と係留する必要があったのに対して、フランスにおいては、それをする必要がない程に、契約不履行に基づく損害賠償が不法行為化していた（契約不履行に基づく損害賠償における賠償の原理が強かった）のである。

このような相違はあるにせよ、日本においても、フランスにおいても、解除の際の損害賠償と解除がない場合の損害賠償との同一性を導くに際して、賠償モデルの考え方が重要な役割を担っていたことは、確かであろう。

(2) 離脱と実現

既に一般的な認識となっているように、近時においては、伝統的議論が採用する解除＝責任モデルに対して、とりわけ、債務者の責めに帰すべき事由という要件につき、激しい批判が提起されている。すなわち、契約の解除は、債務者に対する制裁あるいは債務者の責任ではなく、債権者にとって有用ではなくなった契約からの離脱を可能にするための制度であるから、帰責事由という要件を課す必要はないと言うのである[2196]。解除から主観的要件を除外し、危険負担制度の廃止を提案する、改正検討委員会・基本方針や[2197]、改正研究会案の副案も[2198]、このような方向性を

(2195) Cf. Rémy, supra note 333, n°s 1 et s., pp.121 et s.
(2196) 好美・前掲注(92)179頁以下、山田・前掲注(92)論文、辰巳・前掲注(92)331頁以下、渡辺・前掲注(92)1頁以下等。
(2197) 民法（債権法）改正検討委員会・前掲注(80)「基本方針Ⅱ」293頁以下（特に312頁以下）。同【3.1.1.77】（解除権の発生要件）
　「〈1〉契約当事者の一方に重大な不履行があるときには、相手方は、契約の解除をすることができる。
　〈ア〉契約の重大な不履行とは、当事者の一方が債務の履行をしなかったことによって、相手方が契約に対する正当な期待を失った場合をいう。
　〈イ〉契約の性質または当事者の意思表示により、特定の日時または一定の期間内に債務の履行

目指すものである。そして、このような解除における議論と並行するようにして、契約不履行に基づく損害賠償についても、「契約を起点とした契約責任論」(契約＝賠償モデル) が提唱されるに至っていることは、既に繰り返し述べている通りである。ここにおいて、1つの原理的な疑問が生ずることになる。すなわち、解除が有用でなくなった契約からの離脱を目的とし、かつ、契約不履行に基づく損害賠償が契約利益の価値的な実現を目的とする制度であるならば、これらの両立可能性を認めることは、原理のレベルで矛盾を抱えることになるのではないか。このような疑問は、当然、履行モデルにも及ぶことになる。債権者に対して、解除による契約からの離脱を認めながら、その代替的な履行実現手段としての契約(債務)不履行に基づく損害賠償を認めることは可能なのか。

なお、こうした問題提起は、解除の法的性質についてどのような理解を示すのか、より具体的に言えば、解除によって契約が遡及的に消滅すると捉えるのかという点とは無関係に妥当することを付言しておかなければならない。というのは、解除のケースにおける、契約、契約債権、履行請求権等の帰趨について、どのような規律を与えようと、契約からの離脱と契約利益の価値的実現をどのように調和させるのかという原理レベルでの問題は当然生ずるし、また、解除によって行使することができなくなるはずの履行請求に「代わる損害賠償」をどのように基礎付けるのかという、法的構成レベルの問題は存続することになるからである[2199]。言い換えれば、

をしなければ契約の目的を達成することができない場合において、当事者の一方が履行をしないでその時期を経過したときは、契約の重大な不履行にあたる。
　〈2〉契約当事者の一方が債務の履行をしない場合に、相手方が相当の期間を定めてその履行を催告し、催告に応じないことが契約の重大な不履行にあたるときは、相手方は契約の解除をすることができる。
　〈3〉事業者間で結ばれた契約において、契約当事者の一方が債務の履行をしない場合、相手方が相当の期間を定めてその履行の催告をし、その期間内に履行がないときは、相手方は、契約の解除をすることができる。ただし催告に応じないことが契約の重大な不履行にあたらないときはこの限りでない」。
同【3.1.1.85】(危険負担制度の廃止)
　「現民法534条・535条・536条1項を廃止する」。
[2198] 同副案483条(債務不履行による解除)
　「当事者の一方がその債務を履行しない場合において、相手方が相当の期間を定めてその履行の催告をし、その期間内に履行がないときは、相手方は、契約の解除をすることができる。ただし、その履行しない債務が、要素たる債務でないときは、この限りでない」。
同副案484条(契約の自動解除と催告を要しない解除)
　「履行の全部が不能となったときは、契約は解除されたものとみなす。
　次の各号に掲げる場合には、相手方は、前条の催告をすることなく、直ちに契約の解除をすることができる。
　一　契約の性質又は当事者の意思表示により、特定の日時又は一定の期間内に履行をしなければ契約をした目的を達することができない場合において、当事者の一方が履行をしないでその期間を経過したとき。
　二　履行の一部が不能となり、そのために契約の目的を達することができないとき」。
[2199] 鶴藤倫道「契約の解除と損害賠償(1)(2・完)——売買契約解除に関するドイツ法を中心に」民商110巻3号(1994年)31頁以下、4=5号269頁以下(特に(2・完)290頁以下)が、ドイツ法の分析成果を踏まえて、契約解除と損害賠償の目的はそれぞれ逆を向いているから、双方を債権者に認めるのは矛盾であり、仮に契約が遡及的に消滅しないと理解するにしても、そこか

これは、まさに、解除の原理と損害賠償の原理をどのように理解し、調整するのかという問題に関わるのである。従って、仮に、判例法理の解決を前提としてこの点に関する制度設計を行おうとする場合には[2200]、それを正当化するための論理を提示しておかなければならないであろう。

原理の側面から見た場合、上記のような問いに対する応対としては、2つの方向性を想定することができる。

1つは、契約（債務）不履行に基づく損害賠償からの議論である。すなわち、かつて、一部の学説が、契約の遡及的消滅と履行利益賠償との間の評価矛盾を解消するために説いていたように[2201]、契約の解除がなされた場合における損害賠償は、当該契約から得ることができたであろう利益を塡補するものではなく、当該契約が正確に履行されるであろうと信じたことによって被った損害を賠償するものであると捉えるのである。もちろん、不履行債務者との契約を締結していなければ、ほかの者との間で契約を結んでいたと考えることもできるから、この枠組みにおいても、ほかの者と契約を締結していれば実現していたであろう利益の賠償が否定されることはない。

今日のフランスにおいては、等価物による履行論の問題提起を受けて[2202]、履行利益・信頼利益の区別や、解除と契約不履行に基づく損害賠償との関係についても、議論がなされつつあるが、上記のような見方は、そこで、有力に主張されているものである[2203]。例えば、アンドレア・パンナは、契約不履行に基づく損害賠償の機

　　　ら、直ちに契約解除と履行利益賠償を重ねて認めることはできないと説くのも、同様の趣旨を言うものであろう（なお、同著者の手になる沿革研究として、同「旧商法典における解除と損害賠償との関係について——民法典の沿革的考察」石田喜久夫先生古稀記念『民法学の課題と展望』（成文堂・2000年）571頁以下、同「旧民法典における解除と損害賠償との関係について (1) (2・完)」関東学園10巻1号（2000年）69頁以下、2号227頁以下がある）。

(2200) 改正検討委員会・基本方針の【3.1.1.82】〈3〉（「解除権の行使は損害賠償の請求を妨げない」）は、提案の上には現れていないが、履行利益賠償を認める判例・学説の状態を前提としたものであるとされている（民法（債権法）改正検討委員会・前掲注（80）『基本方針Ⅱ』334頁）。改正研究会案の副案488条4項（「解除権の行使は、（副案）（新）第三百四十二条（債務不履行による損害賠償）による損害賠償の請求を妨げない。ただし、債務者は、債務を履行しないことにつき帰責事由がないときは、その賠償の責任を負わない」）も同様であろう。

　　　なお、改正研究会案の正案486条5項にも、同様の規定があるが（「第一項の解除権の行使は、（新）第三百四十二条（債務不履行による損害賠償）に定める損害賠償の請求を妨げない」）、同案の債務不履行に基づく損害賠償の規定は、伝統的通説の立場に従ったものとされているから、そこでの解除と損害賠償の関係は、(1)で述べたように理解されることになる。

(2201) 石田・前掲注(2193)「動的理論」432頁以下、同・前掲注(2193)「各論」52頁等。
(2202) この点については、第1章・第2節・第2款・第1項663頁を参照。
(2203) 時期的には少し遡るが（言い換えれば、この問題を論じた先駆的業績として位置付けられる）、カトリーヌ・ゲルフュッシ・ティビエルジュ（Catherine Guelfucci-Thibierge）の有名なテーズ『無効、返還、責任（Nullité, restitutions et responsabilité）』も、本文で述べたような見方を示している（無効に関するものであるが、Catherine Guelfucci-Thibierge, Nullité, restitutions et responsabilité, th. Paris I, préf. Jacques Ghestin, Bibliothèque de droit privé, t.218, LGDJ., Paris, 1992, nos 112 et s., pp. 83 et s. esp. no 160, p.110. 解除の場合にも同じ論理が妥当するとされている（no 181, pp.120 et s.）。なお、契約が無効となった場合の責任の性質を論じたコンテクストの中で、契約不履行に基づく損害賠償は、債権者に対して契約の履行の等価物を与

能につき、それが解除なしに請求されるときには、可能な範囲内で、履行を受けなかった債権者を契約が正確に履行されていればそうであったであろう状況に位置付けることにあるが、解除と伴に請求されるときには、契約が締結されなかったならばそうであったであろう状況に債権者を回復させることにあると見た上で[2204]、後者の場合にも、代替取引を締結する「時宜の喪失（la perte d'une opportunité）」[2205]があったと見て、そこから得ることのできた利益の賠償を認めることができると説いている[2206]。日本の議論状況から見れば、こうした主張自体に何らかの示唆が含まれているわけではないが、(1)で触れたようなフランスにおける従来の議論状況との関連で見れば、解除との調整を図るために、契約不履行に基づく損害賠償の中身からの議論がなされ、不法行為モデルからの離脱が図られていることは、確認しておくべき事実であると言えよう。

　しかしながら、こうした解釈論ないし制度設計論は、少なくとも日本法に関する限り、困難であるように思われる。その理由は、何よりも、判例法理と実務に受け入れられている解決に反することに求められる。とりわけ、代替性のない取引の場合には、ほかの者と契約を締結していれば実現していたであろう利益を観念することはできないから、実際上の結論も、現状と大きく乖離することになる。また、理論的に見た場合には、上記のような理解によれば、契約（債務）不履行に基づく損害賠償が性質的に変更されることになってしまう。履行モデルはもちろん、契約＝賠償モデルにおいても、そこでの契約（債務）不履行に基づく損害賠償は、不履行債務者との間で締結された契約の利益を実現ないし填補するものとして位置付けられているから、上記のように、ほかの者との契約から得られる利益の実現ないし填補をそこに含ませることは、理論的に不可能である。従って、仮に、こうした要素を契約（債務）不履行に基づく損害賠償の対象に含ませようとするならば、履行の実現あるいは「契約を起点に据えた契約責任論」とは別の原理、別の枠組み、別の制度を用意しなければならないのである[2207]。

　もう１つは、解除からの議論である。確かに、契約解除は有用でなくなった契約

　　　えることを目的としており、履行それ自体と同じく、契約の直接的な効果であると述べられていることも（n° 251, p.158）、（等価物による履行論の端緒の１つとして）注目しておこう。
(2204)　Pinna, supra note 709, n°s 19 et s., pp.23 et s.
(2205)　パンナは、ここで言う「時宜の喪失（la perte d'une opportunité）」は、消極利益の賠償の際に問題となるものであり、積極利益の賠償に際して問題となる「機会の喪失（la perte d'une chance）」とは異なるとしている（Pinna, supra note 709, n° 506, p.477）。
(2206)　Pinna, supra note 709, n°s 503 et s. pp.475 et s. また、用いられている概念は異なるが、Grimaldi, supra note 688, n°s 1032-1 et s., p.481.
(2207)　ジャン・ブリサンは、等価物による履行論の立場から、解除と伴に請求する損害賠償について、この場合の損害賠償は等価物による履行ではないとした上で、それにもかかわらず、フランス民法典が解除の場合の損害賠償の存在を認めているのは、そこに、単なる不履行とは区別されるフォートの存在を見ているからであると述べている（Bellissent, supra note 20, n°s 275 et s., pp.160 et s.）。つまり、ここでは、等価物による履行ではなく、フォートを基礎とする損害賠償責任が観念されているのである。

からの離脱を認めるものであるが、これは、債権者に対して、もはや現実に履行されることが期待しえなくなった契約からの解放を認めるというだけで、その契約から得られるはずであった利益の放棄を強制するものではない。また、債務者側から見ても、解除の原因となる不履行を犯しながら、そこからの完全な離脱を認めることは適切ではない[2208]。ローマ以来の長い伝統を持ち、今日の国際的立法やモデルルール、一部の国内法で使用され[2209]、日本の民法（債権関係）改正のコンテクストでも使用されている[2210]表現を用いて言えば、債権者は、契約の解除によって、双務性の原理に基づき、被った損失（dammum emergens）に相当する部分を放棄しているが、そうであるからといって、失った利益（lucrum cessans）に相当する部分を諦めているわけではないと理解するわけである。

　今日のフランスの学説にも、このような理解を示すものがある。例えば、フィリップ・レミィは、以下のように述べている。解除によって、債権者は契約の対象への権利を失うことになるが、「そうであるからといって、契約からの離脱は、債権者が、その積極利益の一部を債務者に負担せしめることを放棄するわけではない。良く考えてみれば、不履行が債務者の責めに帰すべきものである場合に、何故、解除が債権者から全ての「正当な期待」を奪う効果を持つことになるのか。無効の場合に生ずる事態とは異なり、ここでは、有効な契約が締結されており、それによって、債権者の履行利益は基礎付けられていたのである。給付を拒絶する権利や給付の返還を請求する権利に加えて、期待した利益の損失という効果を生じさせるならば、それは、恐らく、契約からの債権者の離脱以上のことを、解除の遡及効に要請していることになるのである」[2211][2212][2213]。

[2208] シンポジウム・前掲注(88)11頁以下に掲載された、森田宏樹教授の質問（契約の拘束力が維持しえない場面である解除の場合の填補賠償請求について、合意に基礎を求めることができるのか）に対する山本敬三教授の回答（解除は、債権者側に契約からの離脱を認める制度であるところ、債務者側は、自ら約束しながら債務を履行していないのであるから、このような債務者に対して、契約の拘束力からの解放を認める必要はない）を参照。
[2209] ヨーロッパ契約法原則9:502条、共通参照枠草案III.-3:702条、ユニドロワ国際商事契約原則7.4.2条等。
[2210] 改正検討委員会・基本方針の【3.1.1.68】〈2〉。
[2211] Rémy, supra note 333, n° 5, pp.126 et s.
[2212] トマス・ジェニコン（Thomas Genicon）も、同様の説明を行っている（Genicon, supra note 709, n°s 1033 et s., pp.744 et s.）。もっとも、ジェニコンは、本文で述べた2つのタイプの説明を統合し、解除がなされなかった場合も含めて、つまり、解除の有無を問わず損害賠償が問題となる全ての場面で、いずれのタイプの損害賠償を請求するかは債権者の選択に委ねられていると主張するものである（Ibid., n°s 988 et s., pp.714 et s.　また、Id., supra note 103, pp.81 et s.　では、司法省契約法改正草案159条に関連して、以下のような立法提案もなされている。「損害賠償が解除とともに請求される場合、損害賠償は、債権者の選択に従って、契約が正式に履行されていたならばそうであったであろう財産的状況、もしくは、契約が締結されていなかったならばそうであったであろう財産的状況に債権者を置く方法で評価されなければならない。いずれの場合であっても、解除によってなされた返還の価値が考慮される」）。
[2213] また、エディ・ラマゼロレ（Eddy Lamazerolles）も、必ずしもその理由付けは明確ではないが、国際物品売買契約に関する国際連合条約の分析を基礎に、フィリップ・レミィと同様の解決を提示し、その関係を民法典レベルで明確に規律すべき旨を説いている（Lamazerolles, supra

先に触れたように、契約（債務）不履行に基づく損害賠償の性質及び中身に変更を加える議論には、理論的・実際的問題が内在していたから、履行モデルないし契約＝賠償モデル下における契約（債務）不履行に基づく損害賠償と解除との関係を整合的に説明するための理論は、上記のような解除からの議論に求められることになろう。もっとも、これは、あくまでも原理レベルでの調整であって、仮に解除の効果として契約の遡及的消滅を認めるのであれば、この点についての対処も必要となる。しかし、上記のように理解すれば、履行利益に相当する損害賠償を認めることと、契約からの離脱を認めることの間に、さしあたり、原理的な矛盾は存在しないことになるから、こうした法律構成上の問題あるいは説明のための法技術的問題は、それを制限するという形で容易に乗り越えられるのである。もちろん、その他の可能性もありうるのかもしれない。この意味で、上記の検討は、原理レベルの調整の一例を示したものに過ぎないとも言える。しかし、ここで重要なのは、契約（債務）不履行に基づく損害賠償や解除法理の原理的転換が叫ばれている中にあって、こうした転換によって、契約不履行法の体系化にどのような影響が生じうるのか、現在の実定法における解決が成り立ちえなくなるのかという問題が生じうることを認識し、その問いを原理の側面から検討してみることなのである。従って、上記の検討は、契約（債務）不履行に基づく損害賠償の原理への問いを目的としている本書にとっては、極めて重要な意味を持つものと言うことができよう。

第2款　民事責任法への影響

　契約（債務）不履行に基づく損害賠償は、不法行為に基づく損害賠償とどのような関係にあるのか。これが、本款の検討課題である。もっとも、このように言うだけでは、本款の問題関心を明らかにしたことにはならない。契約（債務）不履行に基づく損害賠償の原理を問おうとしている本書の立場からは、上記のような問いには、2つの意味が込められることになる。1つは、契約（債務）不履行に基づく損害賠償と不法行為に基づく損害賠償に存在する制度上の相違をどのように理解するのか、より具体的に言えば、2つの損害賠償はいずれも損害の賠償を目的とする点において共通しているとの理解を前提に、類似の枠組みを用意し、それに基づいて制度を構築すべきなのか、それとも、2つの損害賠償が全く性質の異なる制度であることを前提として、類似の枠組みを用意する必要はないと考えるのかという問いである。これらの問題が、契約不履行に基づく損害賠償の理論枠組みと密接に関わるものであることは、改めて説明するまでもないであろう。もう1つは、契約（債務）不履行に基づく損害賠償（及び、それと関連する範囲で、不法行為に基づく損害賠償）の領域をどのように画定するのかという問いである。この問いは、いわゆる契約責任の拡大

---

note 709, n°s 395 et s., pp.374 et s.）。

や請求権競合問題として、多くの議論がなされてきた問題に関わるものであるところ、これまでの本書の叙述からも明らかとなるように、こうした問題が、契約（債務）不履行に基づく損害賠償の原理に対する態度決定に大きく依存していることは明らかであろう。

なお、具体的な考察に先立って、とりわけ、以下の2点について、予め断っておく必要があろう。

第1に、上記の諸問題に関する議論の状況との関係である。言うまでもなく、上記の諸問題については、いずれについても、膨大な量の議論の蓄積が存在しており、本書の中で、その全てをフォローするのは不可能である。また、契約（債務）不履行に基づく損害賠償と不法行為に基づく損害賠償の関係を論ずるためには、後者からのアプローチも必要不可欠となる。しかも、不法行為法においては、（要件・効果の枠組みは言うまでもなく）その基本理念からして大きな対立があるし[2214]、現実の法は、多くの、そして、時に相反するような内容を持つ判例によって形成されてきたのであるから、この点から見ても、本書で不法行為法のあり方を論じようとすることは無謀な企てであるとも言える。更に付け加えれば、問題を制度設計のあり方を問うというコンテクストで捉えたときにも、今日、法制審議会の民法（債権関係）部会は、不法行為法を主たる検討対象とはしない旨の態度決定を行っているから、現時点における民法（債権関係）の制度設計を論じる場合に不法行為法へと言及することは、適切でないのかもしれない[2215]。

しかしながら、日本の伝統的学説において、契約（債務）不履行に基づく損害賠償の基本原理が不法行為のモデルに依拠して構築されてきたという経緯と、2つの損害賠償はいずれも同じ賠償の論理に属するという支配的理解に鑑みれば、契約（債務）不履行に基づく損害賠償の原理のあり方を問う本書にとって、その選択が不法行為法・民事責任法全体にどのような影響を及ぼすのかという問題は、重要な課題として浮かび上がってくる。そして、問題を契約不履行に基づく損害賠償の理論枠組みという視点から捉えるならば、たとえ不法行為法からのアプローチを試みなかったとしても（それを十分に踏まえていることはもちろんであるが）、上記の諸問題に対する検討を深化させ、これまで抜け落ちていた視点を提供することができるように思われるのである。

第2に、本書のこれまでの叙述との関係である。本款の冒頭で提示した諸問題については、これまでの叙述においても、既に様々な場面で言及してきた[2216]。まず、

(2214) とりわけ、権利を起点とした不法行為法の再構築は、不法行為法のあり方に大きな影響を及ぼすものである。潮見佳男『不法行為法Ⅰ、Ⅱ（第2版）』（信山社・2010〜2011年）〔初版・1999年〕、山本敬三「不法行為法学の再検討と新たな展望——権利論の視点から」論叢154巻4＝5＝6号（2004年）292頁以下、同「基本権の保護と不法行為法の役割」民法研究5号（2008年）77頁以下等。

(2215) 改正検討委員会・基本方針も同様である。

(2216) そこで、以下の叙述においては、無用な重複を避けるために、既に同一のコンテクストで文

844

制度の相違という点に関して言えば、第1部で、帰責原理、損害賠償の性質、損害論、損害賠償の範囲といった問題を扱い、伝統的通説が採用する不法行為＝賠償モデルと履行モデルの対比を行う中で、ある程度、各理論モデルにおける制度の相違へのアプローチ方法は明確にされているはずである。もっとも、そこでは、契約（債務）不履行に基づく損害賠償の原理に関わる諸問題を解明することに力点が置かれていたから、ここで、改めて、2つの損害賠償制度の相違という視点から各理論モデルの帰結を整理しておくことには、意味が存するものと考えられる。次に、2つの損害賠償の領域という問題については、既に第2部の第1章・第2節において、賠償モデルの生成・発展過程を跡付け、その実践的意図を解明する中で、このモデルが契約（債務）不履行に基づく損害賠償の領域拡大を行うための枠組みとして機能してきたことが明らかにされている。従って、本款で、この点を改めて検討することは、屋上屋を架すだけである。そうではなくて、ここで行わなければならないのは、第2部・第1章・第2節における検討成果を前提に、賠償モデルとの対比を行いつつ、履行モデルの下において、契約（債務）不履行に基づく損害賠償の領域がどのように捉えられうるのか、そして、それがどのように評価されうるのかという点を明示しておくことである。本書が履行モデルを基礎とした解釈論・制度設計論を提示するものである以上、このような問いに応対しておかなければならないのは当然であろう。

◇第1項　契約不履行に基づく損害賠償と不法行為に基づく損害賠償の制度的関係

　契約（債務）不履行に基づく損害賠償と不法行為に基づく損害賠償における制度の類似性ないし別異性という問題は、契約（債務）不履行に基づく損害賠償にはどのような意味が与えられているのかという問い、すなわち、契約（債務）不履行に基づく損害賠償の性質に関わっている。契約不履行に基づく損害賠償の理論枠組みをどのように捉えるのかによって、故意又は過失による権利侵害・利益侵害の結果生じた損害の賠償を任務とする不法行為に基づく損害賠償との制度レベルにおける類似性ないし別異性のあり方も、大きく変わってくることになるからである。本書が「契約不履行に基づく損害賠償と不法行為に基づく損害賠償の制度的関係」を論ずる意味は、この点に存する。

　なお、本項の検討は、現行民法の解釈論を対象とするのか、制度設計論を対象とするのかによって、若干、異なる意味を持つことになる。まず、前者のコンテクストで言えば、現行民法（及び関連する諸法）は、基本的に、契約（債務）不履行に基づく損害賠償と不法行為に基づく損害賠償に対して、それぞれ異なる制度を与えてい

献を引用している場合には、該当部分へのレファレンスのみを行い、当該文献について重ねての引用は行わないことにする。

るために、2つの損害賠償の間に存在する制度上の相違をどのように正当化するのかという問いに結実することになる。これに対して、後者のコンテクストにおいては、こうした現行法による制約を受けることはないから、2つの損害賠償に関する各制度をどのように設計すれば良いのかという問いが提起されることになるのである。

ところで、2つの損害賠償制度の類似性ないし別異性という観点から取り上げられるべき対象は、極めて多い。しかしながら、その中には、損害賠償の原理に関わらない問題も多く含まれていることに鑑みれば、フランスの学説が行っているように、契約不履行に基づく損害賠償と不法行為に基づく損害賠償の各規律のあり方を網羅的に取り上げて検討することは、筆者の能力を超えるし、何よりも、叙述を徒に長大化させるだけで、本書の問題関心に適うものでもない。こうした分析が必要であることはもちろんであるが、契約不履行に基づく損害賠償の理論枠組みと制度のあり方との関係を問うという本項の課題からすれば、理論モデルによる相違が最も顕著な形で現れる、帰責ないし免責の問題と損害賠償の範囲の問題を議論の対象とすれば、十分であると考えられる。

(1) 制度の類似

賠償モデルは、契約（債務）不履行に基づく損害賠償を不履行によって生じた損害を賠償するための制度として捉えるものである。つまり、このモデルにおいて、契約（債務）不履行に基づく損害賠償は、故意又は過失による権利侵害・利益侵害の結果生じた損害の賠償を任務とする不法行為に基づく損害賠償と、同じメカニズムを有することになる。今日においては、両者の同一性を追い求める不法行為＝賠償モデルのほかに、契約の特殊性を考慮した契約＝賠償モデルも提唱されているところであるが、後者のモデルに依拠するからといって、賠償のメカニズムを放棄して良いということにはならない。この場合であっても、契約不履行に基づく損害賠償は、契約的な色彩を帯びながらも、惹起された損害を賠償するための制度であるという点において、不法行為と共通性を持つことになる。そのため、このモデルの下では、2つの損害賠償制度の帰責ないし免責及び賠償範囲確定ルールについて、同一のルールである必要はないとしても、同じ論理＝賠償の論理を基礎とした判断枠組みが作られることになるのである。2つの個別問題に即して、その意味を確認していこう。

まず、帰責ないし免責について見ると[2217]、そこでは、2つの損害賠償ともに、一定の理由に基づいて損害賠償責任が課され、場合によって、一定の理由に基づいて損害賠償が免責されるという判断構造が、「必然的に」採用されることになる。この

(2217) この点については、文献の所在も含め、第1部・第1章・第1節・第2款・第1項123頁以下も参照。

点、契約（債務）不履行に基づく損害賠償と不法行為に基づく損害賠償を「損害賠償債権」なる項目の下で統一的に論じていたかつての支配的学説の流れを汲む潮流や、フランスの伝統的通説は、いずれの領域においても、故意・過失ないしフォートに基づいて損害賠償責任が課されるという枠組みを構築した。これは、前述のような判断構造を前提に、そこに乗せる内容までをも一元化しようとしたものと見ることができる。他方、「契約を起点に据えた契約責任論」を標榜する近時の学説は、過失責任主義を放棄しているから、表面上は、必ずしも、上記の判断構造に依拠していないようにも見える。しかし、ここでも、やはり、約束に違反したというモメントにより損害賠償責任が課され、不可抗力や「契約において引き受けていなかった事由」による債務不履行の場合には、損害賠償を免責するという判断枠組みが基礎となっている[2218]。帰責原理こそ異なるものの、2つの損害賠償において、帰責・免責という構造がその基礎にあることに変わりはないのである。従って、ここからは、賠償の論理に依拠する限り、2つの損害賠償の帰責・免責に関わる制度を、同一のルールである必要はないとしても、少なくとも同一の判断構造の上に構築せざるをえないことが分かるであろう。

　このことは、賠償範囲確定ルールについても妥当する[2219]。すなわち、賠償の論理の下では、不履行（有責かつ違法な行為）によって生じた損害である限り、その全てが賠償の対象になるという判断構造（完全賠償原則の判断構造）、あるいは、一定のルールに基づいてそれを制限するという判断構造（制限賠償原則の判断構造）が、ここでも「必然的に」基礎とされることになる。この点、伝統的通説（及び判例）は、損害賠償の範囲は相当因果関係の有無によって決せられるとの認識の下、債務不履行に基づく損害賠償の領域で相当因果関係を規定している民法416条が、不法行為に基づく損害賠償にも類推適用ないし準用されると理解した。これは、帰責・免責の問題と同様、先に述べた判断構造のうちの前者＝完全賠償原則の判断構造を前提に、そこに乗せる内容までをも一元化しようとしたものと見ることができる。他方、「契約責任」の特殊性を強調する近時の学説は、相当因果関係による判断を否定し、契約利益の価値的実現という方向性を目指しているから、上記のような判断構造が放棄されているようにも見える。しかし、ここでも、やはり、2つの損害賠償が同一の判断構造に服していることに変わりはない。というのは、契約利益説の源流である保護範囲説は、要件レベルでは、原因行為と事実的因果関係に立つ損害の全てが賠償の対象になるところ、これを、「およそ、あらゆる義務と規範は一定の利益領域を保護対象として内包しているのであって、行為者は、この保護された範囲内の利

　(2218) これは、（広い意味での）不法行為法において、報償責任や危険責任等の無過失責任を基礎付ける原理を理由として損害賠償責任が課され、一定の事実の存在、例えば、不可抗力等を理由に免責されるという構造と同じである。
　(2219) この点については、文献の所在も含め、第1部・第2章・第2節・第2款・第1項337頁以下も参照。

益侵害についてのみ責任を負えば足りる」という意味での規範の保護目的の考え方(2220)によって制約し、しかも、この考え方を、2つの損害賠償制度に区別なく妥当させようとするものだからである(2221)。つまり、規範の保護目的の内容こそ異なるものの、いずれの損害賠償の領域においても、同じメカニズムによる賠償範囲の制限（先に述べた判断構造のうちの後者＝制限賠償原則の判断構造）が問題となっているのである。従って、ここからは、賠償の論理を前提とする限り、2つの損害賠償の範囲に関わる制度を、同一のルールである必要はないとしても、少なくとも同一の判断構造の上に構築すべき要請が働くと言うことができよう(2222)。

　これら2つの問題からも明らかとなるように、賠償モデルの考え方からは、損害賠償の原理レベルに関わるものについては、契約（債務）不履行に基づく損害賠償と不法行為に基づく損害賠償の各制度を、少なくとも、賠償の論理に従った同一の判断構造に服せしめるべきことが帰結される。もちろん、伝統的通説のように、その判断構造だけでなく、具体的なルールに至るまでをも統一する必要はなく、近時の学説が行っているような形で、判断構造を共有させつつ、具体的なルールに違いを設けることも可能である。帰責・免責の枠組みで言えば、過失責任主義と契約の拘束力、賠償範囲確定ルールで言えば、規範の保護目的の中身の相違がそれである。しかしながら、第1部及び第2部・第1章における考察によれば、現行民法は、契約（債務）不履行に基づく損害賠償と不法行為に基づく損害賠償を区別して扱い、少なくともその体系及び条文の上では、両者の判断構造を異なるものとして設計していた。そうすると、現行民法の解釈枠組みとしては、2つの損害賠償制度における判断構造が共通であることを前提とした議論、つまり、賠償モデルを展開することには大きな困難を伴う。これが、これまでの本書の考察から明らかにされうることであり、かつ、(1)において確認されるべきことの1つである。

　もっとも、これは、あくまでも、現行民法の解釈論を前提とした見方である。これに対して、制度設計論の場面では、現行民法及び判例法理との連続性をどの程度

(2220) 前田達明「Hans Stoll 著『不法行為法における因果関係と規範目的』（kausalzusammenhang und Normzweck im Deliktsrecht, 1968)（紹介）」同『判例不法行為法』（青林書院新社・1978年）40頁以下〔初出・1970年〕、澤井裕「不法行為における因果関係」星野英一編代『民法講座6 事務管理・不当利得・不法行為』（有斐閣・1985年）259頁以下、四宮和夫「不法行為における後続侵害の帰責基準」同『四宮和夫民法論集』（弘文堂・1990年）281頁以下〔初出・1983年〕、米村滋人「法的評価としての因果関係と不法行為法の目的 (1)——現代型不法行為訴訟における責任範囲拡大化を契機とする因果関係概念の理論的検討」法協 122 巻 4 号（2005年）158頁以下等を参照。

(2221) 平井・前掲注(11)162頁以下・429頁以下、同・前掲注(13)88頁以下、同・前掲注(942)109頁。

(2222) そうであるからこそ、フランスの学説は、契約不履行に基づく損害賠償の領域で予見可能性による賠償範囲確定ルールを定めた民法典1150条について、2つの損害賠償において賠償範囲確定ルールの判断構造を異ならせている規定と見た上で、このテクストを何らかの形で正当化するという問題意識を共有せざるをえなかったし、賠償の論理から見れば、これを説明することは困難であるとの認識を持たざるをえなかったのである。

確保するのかという問題はあるものの、少なくとも一般的な方法論の上では、実定法の制約を受けることなく議論を展開しうるわけであるから、上記のように結論付けることは許されない。実際、フランスの債務法及び時効法改正準備草案や民事責任法案は、現行のフランス民法典の体系を放棄し、可能な限り２つの損害賠償制度を一元化しようとしていた[2223]。本項の分析枠組みに照らせば、これは、日本の伝統的な議論と同じように、各制度の判断構造のみならず、具体的なルールのレベルでも、その内容を同一にし、賠償の論理を徹底しようとするものと見ることができる。もちろん、そこには、契約不履行に基づく損害賠償の特殊性をそこまで減少させて良いのか、契約不履行に基づく損害賠償を契約不履行法から切り離して良いのかといった問題も存したが、最低限、賠償の原理の視点からは、一貫性を持つものと評価することができた。それでは、この点に関して、日本における民法（債権関係）改正をめぐる議論は、どのように評価することができるか。次に、この点について簡単に言及しておこう。

改正研究会案は、基本的に、伝統的議論の立場、本書の分析枠組みで言えば、不法行為＝賠償モデルを基礎とした制度の設計を行っていた[2224]。そうすると、ここでは、２つの損害賠償において、各制度の判断構造及び具体的なルールの同一性が帰結され、しかも、それは賠償の論理から基礎付けうるものでなければならないという要請が作用する。また、仮に具体的なルールに相違を設けようとするのであれば、それを基礎付けるための理由が提示されなければならないことになる。このような観点から見ると、改正研究会案には、帰責・免責の問題についても、賠償範囲確定ルールについても、理論的な問題が内包されていると評価せざるをえない。

まず、前者の問題に関して言えば、改正研究会案には、既に述べた通り、債務不履行に基づく損害賠償の領域における帰責の枠組みが不明確であること、仮に債務者の責めに帰すべき事由が帰責のファクターを構成していると読むにしても、この理解によれば、帰責という枠組みが全てのケースで妥当しなくなってしまうこと、証明責任の所在の点から見て、債務不履行領域の債務者の責めに帰すべき事由と不法行為領域における故意・過失に与えられている意味が異なっているように見えること等の点において、問題が存した。つまり、不法行為＝賠償モデルの枠組みの下では、２つの損害賠償のいずれについても、類似の帰責枠組みを設定し、それを全ての問題類型に及ぼした上で、帰責根拠を被害者側の証明事項とする論理が導かれうるが、改正研究会案は、このいずれにおいても、明確な指針を欠いているように思われるのである。従って、改正研究会案においては、債務不履行に基づく損害賠償の帰責・免責の問題について、賠償の論理から導かれる判断構造が正確に適用されておらず、基礎とするモデルから導かれる要請が遵守されていないと見ることがで

(2223) この点については、本章・第１節・第１款・第１項714頁以下を参照。
(2224) この点については、本章・第１節・第２款・第１項788頁以下を参照。

きる。

　次に、後者の問題について見てみよう。改正研究会案は、債務不履行の領域において、通常損害・特別損害の区別と予見可能性による賠償範囲確定ルールを規定し（344条）、不法行為に基づく損害賠償についても、これとほぼ同様の規定を設けている（659条1項[2225]）。言うまでもなく、この態度は、債務不履行に関する規定である現行民法416条の規範が不法行為にも妥当すると理解してきた判例及び伝統的通説に従ったものである[2226]。ところで、先に見たように、不法行為＝賠償モデルにおいては、債務不履行に基づく損害賠償と不法行為に基づく損害賠償の各制度を、賠償の論理に従った同一の判断構造に服せしめ、できる限り同一のルールによって規律すべきことが要請されるところ、改正研究会案は、2つの損害賠償領域で類似の賠償範囲確定ルールを設けているのであるから、少なくとも規定上は、上記の要請を満たしていると言える。この意味で、改正研究会案は、不法行為領域にも明確な条文を置くことで、現行民法が債務不履行についてのみ通常損害・特別損害の区別と予見可能性を基礎とする賠償範囲確定ルールを設けた理由を説明することができないという伝統的通説の抱えていた問題を回避していると見ることができる。

　しかしながら、改正研究会案に対しては、当該賠償範囲確定ルールが賠償の論理から基礎付けうるものであるのかという本質的な疑問を提示しておく必要がある。既に、契約（債務）不履行に基づく損害賠償の範囲を論じたコンテクストで言及し、改正研究会案の債務不履行規定を検討する中でも触れたことではあるが[2227]、同案については、以下のような一連の疑問が浮かび上がってくるのである。すなわち、損害賠償の範囲を制限する立法政策を通常損害・特別損害の区別と予見可能性によって実現しようとする理由はどこに存するのか。数ある選択肢の中からこのようなルールを採用した理由はどこに存するのか。もっとも、このような疑問に対しては、現行民法下における法状況を承継しただけであるとの応答がなされるかもしれない。しかし、実務への影響を考慮して、そのような態度が首肯されうるものであるとしても、今度は、契約の特殊性を考慮して作り上げられたはずのルール＝通常損害・特別損害の区別と予見可能性による賠償範囲確定ルールを不法行為にも適用することは適切かという繰り返し指摘されている問題に応えなければならないはずである。改正研究会案は、現実の法状況を踏まえた上で提示されているものであるか

(2225) 同659条（損害賠償の範囲と方法）
　　「不法行為による損害賠償の請求は、不法行為によって通常生ずべき損害の賠償を目的とする。ただし、特別の事情によって生じた損害であっても、加害行為をした者がその事情を予見し、又は一般に予見しうるときは、被害者は、その賠償を請求することができる。
　　（2項以下、略）」。
(2226) 大連判大正15年5月22日民集5巻386頁等。また、我妻・前掲注(76)200頁以下、加藤・前掲注(1218)152頁以下等。
(2227) 第1部・第2章・第2節・第2款・第1項339頁以下、本章・第1節・第2款・第1項794頁以下を参照。

ら、この点において、大いに歓迎されうるが、改めて原理の側面から問い直すならば、重大な問題を内包していると言わなければならないのである。このことを本項の分析枠組みに即して言えば、改正研究会案においては、判断構造と具体的なルールの同一化は実現されているが、それが、賠償の論理から基礎付けられていないということになろう。

　これに対して、改正検討委員会・基本方針は、近時の学理的成果を積極的に摂取しつつ、契約＝賠償モデルを基礎とした制度の設計を行っていた(2228)。そうすると、ここでは、契約不履行に基づく損害賠償と不法行為に基づく損害賠償について、同一のルールに服せしめるべきとの要請が働くことはないが、最低限、賠償の論理に従った判断構造を共有させる必要性は存することになる。このような観点から改正検討委員会・基本方針を検討するならば(2229)、同提案は、帰責・免責の問題についても、賠償範囲確定ルールについても、上記のような要請を充足していると評価することができる。

　まず、前者の問題について、改正検討委員会・基本方針は、契約不履行に基づく損害賠償の領域で、「契約による債務負担という拘束を受けた債務者が当該契約により義務付けられたことを行わなかったという点」に帰責の原理を求め、「契約において引き受けていなかった事由」によって債務不履行が生じたときには、債務者を免責するという構造を採用している。同基本方針は、不法行為法を対象としていないため、厳密に言えば、2つの損害賠償の帰責・免責の枠組みを比較することはできないが、仮に、不法行為法のそれについて現在の考え方に変更を加えるものでないとすれば、ここでは、2つの損害賠償ともに、一定の理由に基づいて損害賠償責任が課され、場合によって、一定の理由に基づいて損害賠償が免責されるという判断構造が共有されていることになる。しかも、2つの損害賠償領域におけるルール面での相違は、契約の特殊性によって説明されうるものである。そうすると、改正検討委員会・基本方針においては、契約不履行に基づく損害賠償の帰責・免責の問題について、賠償の論理から導かれる判断構造が正確に適用され、基礎とするモデルからの要請が遵守されていると評価しうるのである。

　次に、賠償範囲確定ルールについて検討する。改正検討委員会・基本方針は、不法行為を含む法定債権を検討対象から除外しているが、不法行為に基づく損害賠償の範囲については、「当該損害賠償責任を基礎づける規範が保護の対象としている損害およびその損害の相当の結果として生じた損害」が賠償の対象となるという規

(2228) この点については、本章・第1節・第2款・第1項798頁以下を参照。
(2229) もちろん、本書の立場からは、改正検討委員会・基本方針の提案に対して、全面的な賛成を与えることはできない。また、既に述べたように、同提案には、幾つかの問題も内包されているように見受けられる。以下で述べるのは、あくまでも、「契約不履行に基づく損害賠償と不法行為に基づく損害賠償の制度的関係」という視点から見た場合の改正検討委員会・基本方針に対する評価である。

律を提案している（【3.3.02】）[(2230)]。この提案は、後日に行われることも否定されない不法行為法の現代化にとって支障にならない形で、「現時点における理論の最大公約数的な共通理解、いい換えれば、できるだけ多くの理論から説明が可能な準則であり、かつ、現民法416条の準則・類推適用のもとで展開されてきた実務に無用の影響を及ぼさないもの──（どの考え方からも、なんらかの説明を付加することによって）それほどの違和感なく受入れが可能なルール──、しかも、【3.1.1.67】の基礎にある基本的考え方と矛盾しないものを用意しておくことが望ましい」との方針の下に作成されたものである[(2231)]。もちろん、不法行為法を直接の検討対象としていない本書の枠内で、この提案の是非を問うことはできないから、ここでは、こうした提案の背後にある考え方を探求しておこう。

　本書の分析枠組みに従えば、改正検討委員会・基本方針における契約不履行に基づく損害賠償の規律は、契約＝賠償モデルを前提とするものである。これによると、契約不履行に基づく損害賠償は、契約的な色彩を帯びながらも、惹起された損害を賠償するための制度であるという点において不法行為と共通することになる。そうすると、各損害賠償における賠償範囲確定ルールについても、同じ判断構造を前提とした規律を用意せざるをえない。つまり、制限賠償原則を実現するための論理は同一に、ただ、契約領域においては、その特殊性を反映させるという要請を満たす必要が生ずるのである。同基本方針の【3.3.02】は、このような理解を前提として作成されたものと見ることができよう。すなわち、同提案は、規範の保護目的論を基礎とするものであるが、契約におけるリスク分配という視点から作成された同【3.1.1.67】も、規範の保護目的論の延長である契約利益説の発想に親和的な規律なのである[(2232)]。この意味において、改正検討委員会・基本方針における損害賠償の範囲のルールは、理論的に見れば、一貫したものと評価することができるのである[(2233)]。

　以上における2つの提案の検討からも明らかになるように、賠償モデルの下で損害賠償法の制度設計を行おうとするときには、最低限、原理レベルに関わる損害賠償の制度を、同一の判断構造に服せしめることによって初めて、一貫性のある体系を確保することが可能となる。これが、(1)において確認されるべき、2つ目の視点

(2230) 同【3.3.02】（損害賠償の範囲）
　　「契約上の債務の不履行以外の理由による損害賠償の場合には、当該損害賠償責任を基礎づける規範が保護の対象としている損害およびその損害の相当の結果として生じた損害が賠償される」。
(2231) 民法（債権法）改正検討委員会・前掲注(80)「基本方針Ⅴ」442頁下・444頁。
(2232) 先に【3.3.02】の提案理由として引用した部分のうち、「【3.1.1.67】の基礎にある基本的考え方と矛盾しないもの」というのは、このことを意味するのであろう。
(2233) このように理解するならば、不法行為に基づく損害賠償の範囲に関して、【3.3.02】が、実定法の依拠している規範とは大きく異なる表現を採用している以上、【3.1.1.67】の提案も、予見可能性という規範言明を用いずに契約利益説的に再構成すべきではないかとの疑問が、より一層強くなる。

である。

(2) 制度の別異

(1)では、賠償モデルが、契約（債務）不履行に基づく損害賠償と不法行為に基づく損害賠償の各制度における判断構造の同一性、具体的ルールの類似性を要請するモデルであることを明らかにした。つまり、ここでは、2つの損害賠償制度の解釈及び設計に際して、それぞれの損害賠償の側からの制約が相互に課せられているのである。しかしながら、本書のこれまでの考察によれば、こうした規律のあり方が絶対的なものでないことは明らかである。すなわち、履行モデルは、契約（債務）不履行に基づく損害賠償を、実現されなかった契約ないし債権の履行を確保・実現するための制度として把握するものである。この考え方を前提とするならば、契約（債務）不履行に基づく損害賠償は、「債権の効力」として位置付けられるべき実体を持つことになるから、ここに、不法行為に基づく損害賠償のような賠償の論理が介在する余地は一切存在しない。履行モデルの下では、むしろ、同じ判断構造に基づいて2つの損害賠償の制度を解釈・設計すること自体が論理矛盾となる。言い換えれば、契約（債務）不履行に基づく損害賠償の制度は、履行の論理に従って検討されるべき問題であるのに対して、不法行為に基づく損害賠償の制度は、賠償の論理に従って、それ自体、独立に検討されるべき開かれた問題なのである。

このことの意味を、(1)で取り上げた2つの問題に即して言えば、以下のようになる。なお、本書は、不法行為に基づく損害賠償についての解釈論・制度設計論を検討対象とするものではないから、以下で述べようとするのは、あくまでも、分析に際しての視点であることを断わっておく。

まず、債務者ないし行為者が損害賠償の支払いを義務付けられる根拠の問題について言えば、契約（債務）不履行に基づく損害賠償においては、不法行為法のように、帰責・免責という枠組みを採用する必要がない。履行モデルによれば、帰責のためのファクター、免責のための要素という枠組みを設定することなく、債務不履行と履行実現の限界からなる要件論を構築することができる[2234]。この点、現行民法及び改正の諸提案における債務不履行に基づく損害賠償の一般規定では、文言上、賠償モデルにおける帰責のプロセスが明確に表現されているわけではなかった。従って、実際上の規定のあり方としては、前述のような意味内容を、現行民法415条、改正研究会案342条、改正検討委員会・基本方針【3.1.1.62】及び【3.1.1.63】の中に読み込むことは、十分に可能であるし、むしろ、こうした読みの方が条文の文言に適合的であるように見えるのである。

次に、賠償範囲確定ルールに関して言うと、契約（債務）不履行に基づく損害賠償

(2234) 本書が、履行モデルを論じた場面で、免責ではなく、免除という表現を用いてきたのは、2つの損害賠償領域における根拠の枠組みの判断構造が異なることを明確にするためであった。

については、履行の論理に従って、当事者が契約を通じて実現することを予定したものによってその範囲が画されるのに対し、不法行為に基づく損害賠償においては、賠償の論理に従って、その範囲を確定するための規律が設けられることになる。従って、契約＝賠償モデルにおけるように、不法行為法において、規範の保護目的の考え方を取り入れなければならないとの要請は存在しない。言い換えれば、不法行為法の解釈・制度設計に際して、相当因果関係の論理に従った賠償範囲確定ルールを採用することも、規範の保護目的の考え方に基づいた賠償範囲確定ルールを取り入れることも、排除されないということである。これは、不法行為法の基本理念・思想を考慮した上で決せられるべき、契約（債務）不履行に基づく損害賠償から独立した問題として位置付けられるものなのである。そうすると、少なくとも規定の上では、現行民法のように、債務不履行に基づく損害賠償についてのみ、契約の特殊性を考慮した賠償範囲確定ルールを設け、不法行為に基づく損害賠償については、何らの規定も用意しないという態度は、必ずしも不適切なものとは言えないということになろう。

◇第2項　契約不履行に基づく損害賠償と不法行為に基づく損害賠償の領域的関係

　叙述の便宜のために、一定の者に損害賠償を課すための規範の総体を民事責任と呼ぶことにしよう[2235]。この民事責任という法領域において2つの損害賠償の関係を問うとすれば、そこには、それぞれの対象領域、とりわけ、契約（債務）不履行に基づく損害賠償の領域をどのように画定するのか、仮にそれぞれの要件を充足するケースが存在するとして、2つの損害賠償の適用関係をどのように規律するのかという、2つの異なった問題が浮かび上がってくる。このうち、第2の問題、すなわち、伝統的に請求権競合論と呼ばれてきた問題は、契約（債務）不履行に基づく損害賠償の理論枠組みという視点に関連するものではあるが、そこから、直接的に一定の帰結が導かれるという性質の問題ではない。もちろん、古くから指摘されてきたように[2236]、契約上の規律を尊重するという態度決定は（言うまでもなく、契約＝賠償モデル、履行モデルがそれである）、契約（債務）不履行に基づく損害賠償の規律を優先的に適用するという立場に親和的ではある。しかし、そうであるとすれば、この契約の尊重という視点が持つ意味を契約法（及び民事責任法）全体の考察を通じて明らかにした後でなければ、真の意味で契約（債務）不履行に基づく損害賠償を優先的に適用すべきであるのか、また、優先的に適用されるというのはどのようなことを

(2235) このように述べるのは、民事責任法が、不法行為を中心とした責任法の領域であるならば、本書の立場から見ると、契約（債務）不履行に基づく損害賠償を民事責任として把握することに対して、大きな疑問が生じうるからである。
(2236) 川島・前掲注(94)論文。

意味しているのかという問いに答えることはできないはずである。この意味で、本書が採用する視点のみからこの問題へとアプローチを試みることは、危険ですらあると言えよう。そこで、以下では、この第2の問題が重要であることを認識しつつも、第1の問題に限定して議論を行うことにする[2237]。

ところで、契約（債務）不履行に基づく損害賠償と不法行為に基づく損害賠償における領域的関係という問題は、前者の領域をどのように画定するのかという問いに関わるものである。もちろん、この問いに与えられる意味は、先に触れた第2の問題への対処方法によって異なることになる。すなわち、フランス法のように、2つの損害賠償の非競合を前提とする法システムの下では、契約（債務）不履行に基づく損害賠償の領域を画定することは、不法行為に基づく損害賠償の領域を画定することにも繋がる。これに対して、日本の実定法のように、2つの損害賠償の競合を前提とするならば、上記のような対応関係は存在しない。しかし、それでもなお、契約（債務）不履行に基づく損害賠償の領域画定のメカニズムを解明しておくことが非常に有益な作業であるという点に、疑いはないであろう。

念のため、本項の問題関心を確認しておこう。これまでの叙述からも明らかになる通り、契約（債務）不履行に基づく損害賠償の領域を実際上どのように画定するのかという問いは、議論の前提とされている契約思想、構想に大きく規定される。本項は、それ自体を問おうとするものではない。そうではなくて、ここでは、こうした契約思想や構想を考慮に入れつつ、各理論モデルの下における契約（債務）不履行に基づく損害賠償の領域画定のメカニズムを解明しようとするものである。

(1) 領域の拡大

第2部の第1章において、賠償モデルの生成・発展過程を跡付け、その実践的意

[2237] フランス法においては、伝統的に、契約不履行に基づく損害賠償と不法行為に基づく損害賠償の非競合が前提とされ、この規範は、契約の尊重という視点から説明されてきた（Cf. Cornu, supra note 1534 ; etc.）。ところで、フランス民事責任論の有力な潮流は、可能な限り2つの損害賠償制度を一元化するため、多くの努力を重ねてきた。そして、一定の範囲内ではあるが、伝統的に契約の存在から正当化されてきた契約不履行に基づく損害賠償の特殊性を消し去ることにも成功した。つまり、契約不履行に基づく損害賠償の規範のレベルでは、契約の尊重という要請が緩和されているようにも見えるのである。ここから、以下のような一連の疑問が生ずることになる。すなわち、こうした民事責任法の基本構想は、必ずしも、契約の尊重を理由とした非競合原則と調和しないのではないか。それにもかかわらず、フランスにおいて、非競合原則が確固たる規範として確立されているのは、どのような理由に基づくのか。この錯綜は、契約の尊重という言葉に与えられている意味内容が、学説（更に言えば、問題となる場面）によって、異なっていることを意味しているのではないか。更に、フランス契約法（及び民事責任法）で、（この表現が用いられるかどうかは別として）契約の尊重が語られることは多いが、上記のような状況は、これらの場面でも当てはまるのではないか。こうした問題関心は、日本の議論から見ても、興味深いものであるように思われる。というのは、日本の議論においても、契約の尊重という言葉の中で、様々な問題・意味内容が語られているように見えるからである。そこで、2つの損害賠償請求権の適用関係については、フランス法との比較法的考察も含め、契約の尊重や「契約不履行法の体系」に焦点を当てた研究プログラム＝別稿の中で検討することにしたい。

◆第2章◆ 設　計

図を解明する中で明らかにしたように、このモデルは、契約（債務）不履行に基づく損害賠償の領域を拡大するための枠組みとして機能する。この点については、既に詳細な検討を行っているので繰り返さない[2238]。ここでは、その要旨だけを確認し、賠償モデルを基礎とした制度設計を行う場合に有しておくべき視点を整理しておくことにしよう。

　賠償モデルによれば、契約（債務）不履行に基づく損害賠償は、債務の不履行によって生じた損害を賠償するための制度として位置付けられるから、被害者による契約（債務）不履行に基づく損害賠償請求を肯定するためには、何らかの債務の不履行によって損害が惹起されることが必要となる。つまり、当事者が契約によって獲得しようとした利益とは関わりのない要素を契約上の損害賠償の問題として認識する前提としては、こうした利益を保護するための債務を観念することが不可欠となる。これが、契約上の義務を拡大させる契機となる。あとは、この債務の違反を通じて判断される責任原因を多様化すれば、それだけ、契約（債務）不履行に基づく損害賠償の領域も拡大することができるのである。従って、従来の議論における契約責任の拡張を支えていたのは、まさに賠償モデルの論理構造にほかならないと言うことができるわけである。

　以上を前提に、契約（債務）不履行に基づく損害賠償の制度設計論、今日の民法（債権関係）改正に向けた議論に対して、1つの視点を提示してみよう[2239]。

　まず、伝統的通説と同じく、不法行為＝賠償モデルを前提としているものと目される改正研究会案の中には、債務不履行に基づく損害賠償の領域を拡大するための素地があると理解することができる。つまり、同提案の中には、契約や債務の捉え方によって、契約の領域が大きく膨らむ可能性が秘められているのである。しかも、改正研究会案は、債務不履行に基づく損害賠償を、全ての債権・債務に妥当する債権総則上の制度として位置付けている。このような体系的位置付けによれば、不履行判断の基礎となる債務ないし義務の範囲を契約と結び付けて決定する必然性は存在しなくなるから、判例の言う「ある法律関係に基づく特別な社会的接触の関係」から生ずる信義則上の義務を増大化させることも、理論的には可能となる。例えば、同案の中で規定されている、交渉段階における誠実義務（457条）や説明義務・秘密保持義務（458条）の違反のように、契約締結以前に問題となりうる責任も[2240]、少

　　[2238]　第1章・第2節・第1款・第1項497頁以下、及び同・第2項554頁以下を参照。
　　[2239]　以下の叙述は、あくまでも、契約不履行に基づく損害賠償の理論枠組みという視角から、ありうる可能性を検討したものであり、各改正提案の当否それ自体を論ずるものではない。本文の中でも留保を付したように、契約（債務）不履行に基づく損害賠償の領域は、契約の基本構想・思想に大きく依存する。契約（債務）不履行に基づく損害賠償の原理は、仮に契約責任の拡張を志向するとした場合に、いわば、その前提条件として機能するものである。
　　[2240]　同457条（契約交渉における誠実義務）
　　　　「当事者は、自由に契約の交渉をすることができ、契約の成立に至らなかったときも、その責任を負わない。
　　　　　前項の規定にかかわらず、（新）第三条（信義誠実の原則と権利濫用の禁止）第一項に反して交

856

なくとも損害賠償の原理からは、「契約責任」として構成する余地が存在するのである[2241]。ただし、このような解釈を行うときには、常に、統一的保護関係理論に見られるような２つの損害賠償制度の流動化、つまり、２つの損害賠償の制度的な一元化、あるいは、２つの損害賠償の中間領域を構想する可能性が生じうることを付言しておかなければならない。改正研究会案は、不法行為＝賠償モデルから導かれる帰結に反して、帰責・免責のメカニズム、消滅時効期間・起算点（107条１項・665条）、損害賠償請求権者の範囲等について、必ずしも２つの損害賠償の制度を統一していないため、債務ないし義務の性質決定によって、損害賠償請求権者の法的地位が大きく異なることになるからである。

これに対して、改正検討委員会・基本方針の場合には、異なる考慮が必要となる。既に指摘したように、そこでは、契約の拘束力、契約におけるリスク分配という要素を基礎とした規律が行われているところ、このような視点からは、今日の議論において「契約責任」の適用の有無が議論されている問題の全てを捉えることはできないからである[2242]。もちろん、改正検討委員会・基本方針は、責任の性質決定が問題となる局面の一部、具体的には、契約締結前の段階における義務違反の性質について、それが解釈に委ねられた問題であることを指摘しており、明確な態度決定をしていないから[2243]、同提案の中に論理的不整合があると見ることはできない。まして、改正検討委員会・基本方針における契約法の規律は、特定の契約思想、構想に依拠して作り上げられたものではないようである。そうすると、契約不履行に基づく損害賠償の領域をどのように捉えるのかという点についても、開かれた問題ということになる。しかし、「契約を起点に据えた契約責任論」、本書の分析枠組みで言えば、契約＝賠償モデルにおいては、契約不履行に基づく損害賠償の原理面か

渉を行い、又は交渉を打ち切った当事者は、相手方が契約交渉に費やした費用及びその交渉により実際に失われた取引の機会から得られたであろう利益を賠償しなければならない」。
　同458条（契約交渉における説明義務と秘密保持義務）
　「契約交渉を行う当事者は、交渉の相手方が当該契約の締結にあたって当然知っておくべき不可欠な前提事情を知らないでいることを認識し、又は認識することができた場合において、相手方の不知を放置することがその契約の性質及び当事者の特性に照らし（新）第三条（信義誠実の原則と権利濫用の禁止）第一項に反するときは、その事情を相手方に説明する義務を負う。
　当事者は、契約の交渉によって得た情報を信義誠実の原則に反して第三者に開示しない義務を負う。
　前二項の義務に違反した者は、これによって生じた損害を相手方に賠償する責任を負う」。
　同459条（交渉補助者等の行為についての責任）
　「前二条の適用に際し、当事者が契約の交渉又は締結のために用いた被用者その他の補助者、代理人、媒介者又は共同して交渉した者の行為は、当事者の行為とみなす。ただし、契約が成立した場合において、第三百四十八条（損害賠償の予定）第六号の規定が適用されるときは、これらの者の行為については同条ただし書の規定が準用される」。

[2241] 改正研究会案は、同457条及び458条の責任について性質決定を行っていないが、同457条２項の損害賠償の範囲に関するルールからは、契約締結前の法的責任を「契約責任」と見ているようにも理解することができる。
[2242] この点については、本章・第１節・第２款・第１項799頁以下を参照。
[2243] 民法（債権法）改正検討委員会・前掲注(80)「基本方針Ⅱ」40頁・46頁以下。

ら見たときに、その拡張に一定の限界が設定されることは、確かである。必ずしも表面に現れる問題ではないが、契約（債務）不履行に基づく損害賠償の制度設計を論ずる際には、この点も強く意識しておくべきであろう。

(2) 領域の「縮小」？

契約（債務）不履行に基づく損害賠償を、実現されなかった契約ないし契約債務の履行を確保・実現するための制度として位置付けるモデルによれば、それによって充足される対象は、契約によって実現されることを企図したが実際にはそうならなかった利益ということになる[2244]。従って、ここでは、契約（債務）不履行に基づく損害賠償を、こうした要素以外の損害を賠償するために用いることはできない。これが、履行モデルの下における、契約（債務）不履行に基づく損害賠償の領域画定の基準となる。もちろん、契約ないし債権の内容が一義的に定まるものでない以上、上記の命題を超えて、その実現手段である契約（債務）不履行に基づく損害賠償の領域を明確にすることは不可能であるが、さしあたり、上記のような基本的理解を確認しておく必要がある。

一例として、契約当事者の身体的完全性の問題を考えてみよう。上記のような理解によれば、身体的安全の問題が、当事者の個別の合意、あるいは、類型的判断により、契約の中で予定されているものと評価することができる場合、それは、契約（債務）不履行に基づく損害賠償の対象となりうる。しかし、そうでない限り、身体的損害の賠償は、（広い意味での）不法行為法の管轄に属する。現実の履行請求と損害賠償請求の関係を論じたコンテクストでの表現を用いて言えば、ここでは、各契約において、身体的完全性の保護が債権の持つ「履行請求権」の内容を構成しているかどうかという点が、決定的に重要となるのである[2245]。この点、フランスにおける等価物による履行論は、身体的損害の全てを契約不履行に基づく損害賠償の領域から除外しているようにも見受けられた[2246]。しかし、契約（債務）不履行に基づく損害賠償を契約（債権）において予定した利益の実現方法として捉えるときであっても、生命、身体、健康等の保護が、契約の中身を構成している場合や、契約の目的実現に必要不可欠である場合においては、これらの問題が契約で予定された利益を構成しているわけであるから、生命や身体に対する侵害が生じたときには、契約（債務）不履行に基づく損害賠償によって、その利益の実現が確保されなければならない。これが、本書の説く履行モデルから導かれる帰結であり、フランスにおけ

[2244] この点については、第1部・第2章・第1節・第2款・第2項277頁以下を参照。

[2245] そうすると、有力学説が説く保護義務の4類型のうち（潮見・前掲注(1465)148頁以下、同・前掲注(9)102頁以下）、完全性利益の侵害が事実的な社会的接触で生ずる場合はもちろん、完全性利益が契約目的実現の過程に関連付けられるだけという場合にも、これを契約（債務）不履行に基づく損害賠償の領域に含ませることはできないということになろう。

[2246] この点については、第1章・第2節・第2款・第1項629頁以下を参照。

る等価物による履行論との間における顕著な相違の1つである。また、上記のように捉えると、これまで保護義務として観念されてきたものに一定の限定を加えることになるが、そうであるからといって、日本法の現状の下で、何らかの実際的不都合が生ずるわけではない[2247]。

　このように理解すると、履行モデルにおける契約（債務）不履行に基づく損害賠償は、現在の法状況、より正確に言えば、賠償モデルを前提とした議論の中に存在する領域拡大の可能性との関連では、確かに、その領域を縮小するものと言えるが、当事者が予定した利益の実現という契約本来の機能を基準として見たときには、その領域を縮小するものとは言えず、むしろ、契約の機能をそのまま損害賠償の領域論に移行させるものと言うことができる。(2)の表題で、「領域の縮小」に「？」を付けた意味は、そこにある。

　また、こうした理解は、契約上の債務ないし義務の捉え方にも反映する。履行モデルは、債権者が契約を通じて獲得しようとした利益が実現されているかどうかという点を、決定的に重要なものとして認識するモデルである。これによれば、契約（債務）不履行に基づく損害賠償は、債務不履行によって何らかの損害が発生したことではなく、債務不履行によって満足が得られなかったことを理由として、その支払いを命ぜられる。このような視点から見た場合には、契約当事者間において、契約利益の実現に向けた様々な債務が課されることは、何ら否定されない。むしろ、契約利益の実現を最適化し、あるいは、その保持を確実にするための拘束を、契約当事者が負うべき契約債務として観念することは、自然なことでもある。ただし、ここでは、あくまでも、これらの契約上の諸債務の不履行によって契約利益の実現が妨げられたことを原因として、債権者による契約（債務）不履行に基づく損害賠償の請求が認められるという構造になっていることを、改めて強調しておかなければならない。

　別の視点から言えば、契約利益の実現に関わらない拘束は、たとえ契約当事者が負うものであっても、契約（債務）不履行に基づく損害賠償における不履行判断の基礎となる契約債務ではないということになる。近年の判例で問題となった、貸金業者の取引履歴開示義務を例にとれば[2248]、貸金業者に課される取引履歴開示義務は、

(2247) この点については、第1章・第2節・第2款・第2項 682頁以下を参照。
(2248) 最判平成17年7月19日民集59巻6号1783頁。本判決の解説・評釈として、以下のものがある。福田剛久「最判平成17年7月19日・判解」『最高裁判所判例解説民事篇 平成17年度（下）』（法曹会・2008年）472頁以下、阪岡誠「最判平成17年7月19日・判批」消費者信用2005年9月号90頁以下、塩崎勤「最判平成17年7月19日・判批」民情229号（2005年）72頁以下、宮内豊文「最判平成17年7月19日・判批」司法書士404号（2005年）50頁以下、T「最判平成17年7月19日・判批」法セ610号（2005年）134頁、川畑大輔「最判平成17年7月19日・判批」金法1754号（2005年）52頁以下、升田純「最判平成17年7月19日・判批」Lexis判例速報1号（2005年）30頁以下、今野裕之「最判平成17年7月19日・判批」金融ビジネス244号（2005年）95頁以下、潮見佳男「最判平成17年7月19日・判批」NBL822号（2005年）10頁以下、田中幸弘「最判平成17年7月19日・判批」ビジネス法務5巻12号（2005年）97頁以下、小野秀誠「最

貸金業法の適用を受ける金銭消費貸借契約の目的それ自体でないことはもちろん、その実現に寄与したり、あるいは、それを最適化するものでもない。つまり、貸金業者による取引履歴の開示・不開示は、借主が金銭消費貸借契約で予定した利益の実現には影響を及ぼさない。従って、仮に、貸金業者が取引履歴を開示しなかったことによって借主に損害が生じたとしても、これが、契約（債務）不履行に基づく損害賠償によって塡補されることはないのである(2249)。最高裁が、「貸金業者は、債務者から取引履歴の開示を求められた場合には、その開示要求が濫用にわたると認められるなど特段の事情のない限り、貸金業法の適用を受ける金銭消費貸借契約の付随義務として、信義則上、保存している業務帳簿（保存期間を経過して保存しているものを含む。）に基づいて取引履歴を開示すべき義務を負う」としながら、この義務違反に基づく損害賠償を不法行為と性質決定したのも、このような趣旨を言うものとして理解することができる。これに対して、賠償モデルの論理構造によれば、損害が契約債務の不履行によって生じたものと評価される限り、債権者は契約（債務）不履行に基づく損害賠償を請求しうるはずであるから、判例のように、契約上の義務の存在を認定しながら、その違反に基づく損害賠償を不法行為と性質決定することは許されないであろう(2250)。

　以上のことをより一般化して言うならば、次のように定式化することができる。契約（債務）不履行に基づく損害賠償の領域は、当事者が合意もしくは類型の選択により予定した利益の範囲によって、かつ、その利益が実現されなかった範囲によって画される。もちろん、契約当事者に対しては、契約利益の実現に向けた諸債務だけではなく、それとは直接関わりのない諸義務が課せられていることもあるし、その違反によって相手方に損害が生ずることもある。しかしながら、こうした契約利

　　判平成 17 年 7 月 19 日・判批」金判 1230 号（2005）64 頁以下、同「最判平成 17 年 7 月 19 日・判批」セレクト 2005（2006 年）22 頁、遠藤曜子「最判平成 17 年 7 月 19 日・判批」金判 1231 号（2006 年）20 頁以下、河津博史「最判平成 17 年 7 月 19 日・判批」銀法 655 号（2006 年）51 頁、角田美穂子「最判平成 17 年 7 月 19 日・判批」判評 568 号（2006 年）6 頁以下、小粥太郎「最判平成 17 年 7 月 19 日・判批」平成 18 年度重判（ジュリ 1313 号）（2006 年）71 頁以下、安部勝「最判平成 17 年 7 月 19 日・判批」平成 18 年度主判解（判タ 1215 号）52 頁、坂東俊矢「最判平成 17 年 7 月 19 日・判批」リマ 33 号（2006 年）46 頁以下、橋本恭宏「最判平成 17 年 7 月 19 日・判批」CHUKYO LAWYER4 号（2006 年）153 頁以下、倉持弘「最判平成 17 年 7 月 19 日・判批」岡商大 42 巻 1 号（2006 年）23 頁以下、渡辺達徳「最判平成 17 年 7 月 19 日・判批」クレジット 38 号（2007 年）213 頁以下、吉野内謙志「最判平成 17 年 7 月 19 日・判批」判タ 1248 号（2007 年）42 頁以下、須田典明「最判平成 17 年 7 月 19 日・判批」判タ 1306 号（2009 年）14 頁以下がある。また、原告側訴訟代理人の手になるものとして、井上元「貸金業者の取引履歴開示義務が認められる──最高裁平成 17・7・19 判決」消費者法ニュース 64 号（2005 年）74 頁以下、同「最高裁判決 2005──弁護士が語る 消費者金融の取引履歴開示訴訟」法セ 615 号（2006 年）26 頁以下。

(2249)　言うまでもなく、取引履歴開示が約款等により契約の中で予定されている場合は別である。そこでは、特別の契約利益が観念されているからである。

(2250)　潮見・前掲注(2248)17 頁以下、小野・前掲注(2248)「金判」68 頁（この判決を規範統合の一形態を示したものと理解している）。また、加藤雅之「貸金業者の取引履歴開示義務と民事責任──最高裁平成 17 年 7 月 19 日判決を契機として」神戸学院 35 巻 4 号（2006 年）22 頁以下の分析も参照。

益の実現とは直接関わりのない損害を、契約（債務）不履行に基づく損害賠償の対象に含ませることはできない。そもそも、契約利益の中身に直接関わらない義務群は、たとえ契約当事者が負うものであっても、社会生活における一般的な要求が当該契約ないし特定の契約類型との関連で具体化されたものに過ぎないと見るべきである[2251][2252]。例えば、契約当事者に対しては、時に相手方の利益に配慮した誠実な行態が求められるが、これも、各契約（類型）における目的の実現に必要不可欠なものとなっている場合を除き[2253]、社会生活において各人に求められる誠実と同じレベルの問題として捉えることができる。そうである以上、契約の存否という事実のみによって、当該義務の性質が変わるものと理解すべきではない[2254]。反対に、問題となっている拘束が、当該契約ないし特定の契約類型に固有の要請であるというのであれば[2255]、それは、文字通り契約から生じた債務であり、当事者によって予定された契約上の利益を構成しているのである。

　そうすると、本書冒頭で提示した問いの１つ、すなわち、契約不履行に基づく損害賠償に関する２つの理論モデルは、債務や義務の問題と密接不可分の関係にある契約観、契約思想、契約構想といった問題について、特定の考え方を前提としなければ成り立ちえないのかという問いに対しては、否定的に答えるべきことになる。フランスにおいては、契約不履行に基づく損害賠償の性質をめぐる議論の背後に、契約の基本構想や思想に関する法政策的な議論を読み取り、等価物による履行論に対して、こうした契約に関わる諸義務を契約から排除しようとする構想、より一般的なコンテクストでは、意思自治論者、あるいは、そこまで行かなくても、意思主義論者の主張であり、意思に基づく契約法の再生を試みようとするテーゼであるとの批判を行う学説も存在する[2256]。しかしながら、このような理解が適切でないこ

(2251) 貸金業者の取引履歴開示義務について言えば、これは、消費貸借契約というよりも、かつてのみなし弁済規定、制限利率問題等に起因する消費者信用（あるいは、より広く消費者法）全体、更には、ヤミ金問題を含めた貸金業規制一般からの要請という側面を持つものであろう（前者につき、利息制限法、貸金業法、出資法の改正のほか、最判平成16年4月20日民集58巻2号380頁、最判平成16年4月20日民集58巻2号475頁、最判平成18年1月13日民集60巻1号1頁等の一連の判例法理を、後者につき、最判平成20年6月10日民集62巻6号1488頁を参照）。
(2252) これは、契約締結前の交渉破棄事例や説明義務・情報提供義務違反の類型で、社会生活における誠実の一般的な要求が、交渉の内容や程度、予定されている契約（類型）の中身等を考慮して具体化されるのと同じメカニズムである。
(2253) この場合、社会生活における一般的な要求は、当該契約ないし特定の契約類型との関連で具体化されているだけではなく、その目的実現に向けた拘束の中に取り込まれていると見ることができる。
(2254) Cf. Stoffel-Munck, supra note 1639, L'abus dans le contrat, n°s 11 et s., pp. 21 et s. ; Faure-Abbad, supra note 20, n°s 117 et s., pp. 98 et s. ; Jacques, supra note 1255, n°s 157 et s., pp. 295 et s. ; Messai-Bahri, supra note 1638, pp. 21 et s. ; Mazeaud, supra note 1638, n°s 7 et s., pp. 763 et s. ; etc.
(2255) もちろん、注(2253)で述べたように、ここで言う「当該契約ないし特定の契約類型に固有の要請」には、社会生活における一般的な要求が契約目的の実現に向けられたシステムの中に取り込まれる場合も含まれうる。
(2256) Jamin, supra note 1633, n°s 8 et s., pp. 9 et s. ; Brun, supra note 1633, pp. 126 et s. ; etc.

とは明らかである。すなわち、等価物による履行の本質、そして、そこでの議論を基礎として日本法のコンテクストの下で再構成した履行モデルは、契約（債務）不履行に基づく損害賠償を、契約によって予定された利益を等価物によって実現するための制度として位置付け、その実現に向けた拘束のみを契約の問題として捉えるものである。より広い視点から見れば、このモデルは、契約利益（もちろん、これは、当初意思のみによって規定し尽されるものではない）の実現と離脱に関わる問題を契約不履行法の内容として定立するものであると言える。とはいえ、既に述べたように、社会一般の要請が、各契約（契約類型）の下で具体化され、契約を取り巻く規範群として階層的に構築されうることは何ら否定されない。ただ、履行モデルの下では、その違反によって生じた損害の賠償が、契約（債務）不履行に基づく損害賠償ではなく、不法行為に基づく損害賠償の対象になるというだけである。履行モデルにおいても、こうした広い意味での「契約法」を観念することが可能である以上、このモデルが、一定の契約思想や構想に親和的であることまでは言えても、それだけにコミットするものでないことは明らかであろう[2257]。

◇第 2 節の結論◇

本節は、契約不履行に基づく損害賠償の理論枠組みという視点から、契約不履行法の体系化問題との関連で、契約（債務）不履行に基づく損害賠償と履行請求及び解除との関係を、民事責任法の体系化問題との関連で、契約（債務）不履行に基づく損害賠償と不法行為に基づく損害賠償の制度的及び領域的関係を検討することにあった。ここで、その成果の一部をごく簡単に要約しておく。

まず、契約（債務）不履行に基づく損害賠償と履行請求及び契約解除との関係について、従来の議論においては、契約（債務）不履行に基づく損害賠償の性質を考慮することなく、履行請求及び契約解除の特性だけを視野に入れた議論がなされてきた。その結果、2 つの手段相互間に生じていた原理レベルでの捩れや歪みが認識されることも、履行請求の一義性や契約の拘束力等、これまで検証の対象とされることなく当然の前提として共有されてきた理念や枠組みの意味が問われることも、あるいは、問題の所在を認識しつつも、それを原理レベルでの調整によって解消する試みがなされることもなかった。重要な点だけを示しておくと、履行請求との関連では、日本における一般的な理解によれば、履行の論理に属することになる現実の履行請求権と、賠償の論理に属することになる契約（債務）不履行に基づく損害賠償が、その発生及び消滅の点で、理論上、相互に影響を及ぼしうるのかという問題が、契約解除との関連では、伝統的な理解のように、契約（債務）不履行に基づく損害賠償と解除のいずれをも、債務者の有責性を前提とした責任の観念の中で捉えるのであれ

[2257] この点については、第 1 章・第 2 節・第 2 款・第 1 項 634 頁以下の叙述も参照。

ば格別、契約からの離脱を目的とする解除と契約の実現を任務とする損害賠償が、理論上、競合しうるのかという問題が生ずることになった。そして、こうした諸問題は、契約（債務）不履行に基づく損害賠償（及び「履行請求権」、解除）の原理を問うことによって初めて認識されうるものであった。

　次に、契約（債務）不履行に基づく損害賠償と不法行為に基づく損害賠償との関係について、前者を賠償の枠組みの中で捉えるモデルによれば、2つの損害賠償制度を同一のルールでないにしても同一の判断構造（賠償の論理）に服せしめるべきことが、契約（債務）不履行に基づく損害賠償を履行の枠組みの中で把握するモデルにおいては、2つの損害賠償の制度をそれぞれ異なった判断構造（履行と賠償の論理）の下で把握することが要請された。実定法との関連性を問わないとすれば、いずれの立場も想定しうるものであるが、少なくとも現行民法の解釈の中では、後者の方向性を志向すべきことが導かれた。また、契約不履行に基づく損害賠償の理論枠組みは、その対象領域の画定方法にも大きな影響を及ぼすものであった。とりわけ、不法行為＝賠償モデルと不履行に基づく損害賠償を債権総則上の制度として位置付ける体系的プランを組み合わせれば、債務不履行に基づく損害賠償は、ほぼ無限定に拡張されうる理論的素地を備えることになった。他方、本書が説く履行モデルの立場からは、契約において予定された利益の実現という視角から、その領域を画する方向性が浮かび上がってきた。この基準自体は、従来の議論との関連で特に新鮮さを持つものではないのかもしれないが、こうした視点からのアプローチは、契約債務及び義務を契約利益・目的の実現という視角から階層的に把握していくための起点ともなりうるものであったことを看過すべきではない。

◆ 第2部の結論

　第2部においては、本書冒頭で提示した契約不履行に基づく損害賠償に関する2つの理論枠組みを用いて、その解釈、制度設計、体系のあり方を探求した。その際、第1章では、契約不履行に基づく損害賠償に関する理論モデルの変遷を追う形で、民法の債務不履行規定の意義と、2つの理論モデルの実際的・理論的意味を解明し、賠償モデルとの関係における履行モデルの解釈論的有用性を示した。また、第2章では、契約不履行に基づく損害賠償に関する2つの理論モデルを起点に、その制度設計レベルにおける意義、契約不履行法及び民事責任法の体系化レベルでの意義を検討することによって、賠償モデルとの関係における履行モデルの設計論的・体系的有用性を提示した。その具体的な中身については、既に各節の末尾で整理してあるので、ここでは繰り返さない。以下では、第2部全体の考察を包括する視点から、一言するに止めておく。

　本書冒頭で提示した契約（債務）不履行に基づく損害賠償を履行されなかった契約ないし債権の実現手段として位置付けるモデルは、現行民法の構造に適合的な解釈枠組みであり、また、実定法との連続性を確保した制度設計を行うに際しても、あるいは、より広く、契約不履行法・民事責任法全体を視野に入れた体系化を図る際にも基礎とされるべき有用なモデルであった。他方、契約不履行に基づく損害賠償に関するもう1つの理論モデル、すなわち、それを不履行によって生じた損害を賠償するための制度として位置付けるモデルも、ありうる1つの説明原理であり、現行民法の制約を離れ、かつ、民事責任法の体系として純化されるならば、理論的整合性を保持した議論を構築することができる。そして、日本及びフランスにおける民法施行後の判例・学説の展開に鑑みれば、このモデルが一定の実践的役割を果たしてきたことも事実である。しかし、これを反対から見れば、賠償モデルは、現行民法の解釈枠組み、また、実定法との連続性を意識した制度設計の枠組みとしては有用でないと言うことができるし、更に、今日、補償の確保という目的は、ほかの制度によって十分に実現されているから、その実践的役割も果たしえていないと考えることができるのである。

　このように、第2部の考察からも、契約（債務）不履行に基づく損害賠償を履行の実現方法として捉える方向性の意義と優位が明確な形で浮かび上がってくると言うことができる。

◆ 結　論 ◆

◇第1項　本書の結論

　本書は、契約不履行に基づく損害賠償の理論枠組みという視角から、契約不履行法、「契約責任」論、履行障害論を再検討し、その成果を契約法、損害賠償法の基礎理論と接合しようとするものであった。その具体的な成果については、既に各節及び各部末尾の結論において提示してあるので、ここでは、結びとして、本書の提示する理論の要旨だけをごく簡潔な形で示しておくことにしよう。

　契約（債務）不履行に基づく損害賠償は、（契約から生じた）債権の効力であり、その代替的な履行確保のための手段として位置付けられるべきである。これは、現行民法の解釈論のみならず、制度設計論の中でも同じである。このような基本認識を持つことによって、契約（債務）不履行に基づく損害賠償に関わる諸問題（帰責事由の意味、損害賠償請求権の消滅時効、証明責任の所在、契約不履行に基づく損害賠償の対象、損害賠償の範囲等）について、判例上の解決を無理なく説明しつつ、理論的に一貫性のある枠組みを構築することができるし、また、契約が問題となる場面では、その特性を考慮に入れた理論を提供することができる。そして、こうした方向性は、契約不履行法、契約法、民事責任法の体系化に向けた有用な視座ともなりうるのである。日本のこれまでの一般的な理解のように、契約（債務）不履行に基づく損害賠償は、不履行によって生じた損害を賠償するための制度として捉えられるべきではない。

◇第2項　残された課題

　最後に、残された課題に言及しておこう。第1項で要約した本書の見方は、日本及びフランスにおける膨大な量の議論の蓄積の上に形成されたものである。これまでの日本の議論の中にも、履行の実現という視点を（潜在的にではあるが）示すものも見られたが、少なくとも、それが、体系的に、かつ、議論の根幹に据える形で提示されたことはなかった。この点において、本書の理解には、一定の意味が存するのではないかと考えられる。もっとも、残された課題も多い。本書の中に潜在する問題意識、本書の検討過程で生まれた派生的な問題意識、これらの問題意識から導かれる検討課題については、適宜、脚注の中で言及しておいたので、ここでは、本書の内容と関連する範囲で、以下の3点を指摘しておくに止める。

　第1に、契約類型との関連における契約（債務）不履行に基づく損害賠償の検討である。ここには2つの問題がある。1つは、各契約類型「における」契約（債務）不履行に基づく損害賠償の検討である。契約（債務）不履行に基づく損害賠償が、実現

◆結　論◆

されなかった契約ないし債権の履行を確保・実現するための制度であるならば、各契約類型の中に予定されている損害賠償制度も、当該契約の特性を反映した代替的な履行確保のための手段として位置付けられることになる。そうすると、民法の中に存在する各典型契約の損害賠償制度についても、本書の分析視角から検討することが求められるであろう。例えば、売買契約における瑕疵担保責任に関しては、法定責任説と契約責任説の対立、危険負担との類似性を指摘する学説の登場から、受領に焦点を当てた研究、「契約責任の再構築」の中での瑕疵担保責任研究等、今日では、多面的かつ複合的な議論がなされているところ[2258]、本書が採用した契約（債務）不履行に基づく損害賠償の理論枠組みからの研究は、こうした瑕疵担保責任の議論に対しても、一定の有益な視点を提示しうるのではないかと考えられるのである。もう１つは、各契約類型「からの」契約（債務）不履行に基づく損害賠償の検討である。本書のように、契約（債務）不履行に基づく損害賠償の領域を、契約において予定された利益の実現という視点から画し、それに伴って、契約債務及び契約上の義務を契約利益や契約目的の実現から階層的に把握していくという方向性を採用するときには、個別の契約のみならず、各類型毎にその内容を分析していく作業が必要不可欠となる。これは、契約類型の中身を構造化しつつ、契約（債務）不履行に基づく損害賠償の領域を画定していくプロセスの実践としての意味を持つものである。結局、これらの課題は、その他の問題も含めて、「契約不履行法の構造」の解明を目的とした研究プログラムの中に位置付けられるものと言える。

　第２に、契約の尊重との関連における契約（債務）不履行に基づく損害賠償（更には、契約不履行法）の検討である。本論の中でも言及したように[2259]、契約（債務）不履行に基づく損害賠償と不法行為に基づく損害賠償の適用関係を考察するためには、その前提として、契約の尊重という視点が持つ意味を解明することが必要となる。というのは、このことを契約法（及び民事責任法）全体の考察を通じて明らかにした後でなければ、真の意味で契約（債務）不履行に基づく損害賠償を優先的に適用すべきであるのか、また、優先的に適用されるというのはどのようなことを意味しているのかという問いに答えることはできないからである。また、契約の尊重との関連で契約（債務）不履行に基づく損害賠償を検討することは、とりわけ、契約不履行法の体系化のコンテクストで、「体系化原理としての履行請求権」を強調する立場[2260]からの議論に応接することにもなるし、更には、本書の中では検討を留保した代金減額請求権の意味付け、及び、それと損害賠償との関係を解明することにも繋がるように思われる（これは、第１の第１点における問題関心とも関連するものであ

[2258] 文献の所在も含めて、さしあたり、野澤正充編『瑕疵担保責任と債務不履行責任』（日本評論社・2009 年）所収の諸論稿を参照。
[2259] 第２部・第２章・第２節・第２款・第２項 854 頁以下を参照。
[2260] 森田・前掲注(2169)、同・前掲注(83)「民法典」41 頁以下、同・前掲注(83)「履行請求権」83 頁以下。

ろう）。加えて、本書における考察を前提とした上で、こうした視点を持ちつつ、（本書が採用するような意味での）「履行請求権」、あるいは、伝統的に「現実の履行請求権」と呼ばれてきたもの、そして、債権者側の追完請求権や債務者側の追完権の意味を解明することも有用であろう。これによって、契約不履行法の体系化が図られることになるからである。結局、これらの課題は、その他の問題も含めて、「契約不履行法の体系」の解明を目的とした研究プログラムの中に位置付けられるものと言える。

　第3に、理論史的コンテクストでの契約（債務）不履行に基づく損害賠償の検討である。本書は、日本における契約（債務）不履行に基づく損害賠償の理論枠組みとして、履行モデルを提示することを目的としていたから、この問題については、それに必要な限度の考察しか行っていない。フランス民法典に先立つ時期の議論、日本・フランスの賠償モデルの形成に大きな影響を与えたものと目されるドイツ普通法学説、また、一定の範囲で現行民法の損害賠償規定にも影響を及ぼしたイギリスにおける契約（債務）不履行に基づく損害賠償を、本書の分析枠組みを用いて検討することが有益であろう。これは、純粋に歴史的な関心事に尽きるものではなく、契約不履行に基づく損害賠償に関する2つの理論モデルをより精練化する作業である。それと同時に、とりわけ、ドイツ普通法学説の検討は、日本の古典的学説の中に見られた、先存債権の延長としての損害賠償という位置付けと、不法行為と同じ意味での賠償手段としての損害賠償という位置付けが、どのような形で混在し、どのような形で分離していったのかを明らかにし、その理論的含意を探求することを意味しているのである。結局、これらの研究は、フランスやヨーロッパにおける債務法、契約法、民事責任法の改正動向のフォロー、そして、日本の民法（債権関係）改正に向けた議論への応接も含めて、「契約不履行法の展開」を語ることを目的とした研究プログラムの中に位置付けられるものと言える。

　以上の3点のほかにも、本書の問題関心の中で扱い切れなかった検討課題は数多く存在する。こうした点も含めて、残された課題の検討については他日を期すことにし、契約不履行法の「構造」、「体系」、「展開」を目的とした研究構想の実現を目指すことにしたい。

法令等索引

◆日　本◆

旧民法……………………………………409
　財産編 293 条 2 項……………………414
　財産編 334 条…………………………418
　財産編 370 条 1 項・2 項……………417
　財産編 370 条 3 項……………………421
　財産編 381 条…………………………413
　財産編 383 条……………………410, 416
　財産編 384 条…………………………410
　財産編 385 条………………410, 420, 437
　財産編 386 条…………………………410
　財産編 387 条…………………………411
　財産編 388 条…………………………411
　財産編 389 条…………………………411
　財産編 390 条…………………………411
　財産編 391 条…………………………411
　財産編 392 条…………………………411
　財産編 393 条…………………………411
　財産編 394 条…………………………411
　財産編 489 条…………………………415
　財産編 490 条…………………………414
　財産編 539 条…………………………419
　財産編 540 条…………………………419
　財産編 541 条……………………419, 420
ボアソナード・プロジェ（Projet）………409
　第 2 編 354 条…………………………418
　第 2 編 401 条…………………………413
　第 2 編 403 条…………………………412
　第 2 編 404 条…………………………412
　第 2 編 405 条…………………………412
　第 2 編 406 条…………………………412
　第 2 編 407 条…………………………412
　第 2 編 408 条…………………………412
　第 2 編 409 条…………………………412
　第 2 編 410 条…………………………412
　第 2 編 411 条…………………………412
　第 2 編 412 条…………………………413
　第 2 編 413 条…………………………413
　第 2 編 414 条…………………………413
民法改正 国民・法曹・学界有志案（改正
　研究会案）……………26, 781, 788, 849, 856
　106 条……………………………………792
　342 条……………………………783, 789, 811
　344 条……………………………………783, 813
　457 条……………………………………856
　458 条……………………………………857
　459 条……………………………………857
　657 条……………………………………790
　658 条……………………………………793
　659 条……………………………………850
　665 条……………………………………793
　副案 343 条 1 項……………285, 795, 808
　副案 483 条……………………………839
　副案 484 条……………………………839
債権法改正の基本方針（改正検討委員会・
　基本方針）……………26, 781, 798, 851, 857
　【3.1.1.09】……………………………800
　【3.1.1.10】……………………………800
　【3.1.1.53】……………………………801
　【3.1.1.56】……………………………801
　【3.1.1.57】……………………………805
　【3.1.1.62】……………………………798, 811
　【3.1.1.63】……………………782, 798, 811
　【3.1.1.65】……………………………801, 826
　【3.1.1.67】……………………782, 806, 813
　【3.1.1.68】……………………………805, 842
　【3.1.1.77】……………………………838
　【3.1.1.85】……………………………839
　【3.1.1.90】……………………………803
　【3.1.3.44】……………………………802
　【3.1.3.45】……………………………803
　【3.3.01】………………………………799
　【3.3.02】………………………………852
時効研究会改正提案
　167 条……………………………………804

869

168条······804
法典調査会甲号議案（民法第1議案）
　409条······429, 433
　410条······429, 435
　411条······429
　412条······429
　413条······429
　414条······429
　415条······429
　416条······429

◆フランス◆

カンバセレス第1草案······382, 383
　第3編・第1章・第1節・第2款8条
　　······382, 823
　第3編・第1章・第1節・第2款9条
　　······382, 823
　第3編・第1章・第1節・第2款10条··382
　第3編・第1章・第1節・第2款11条··382
カンバセレス第2草案······382
カンバセレス第3草案······382, 383
　728条······383
　729条······383
　730条······383
　731条······383
　732条······383
共和暦8年草案······381, 384
　第3編・第3章43条······385
　第3編・第3章44条······384
　第3編・第3章45条······384
　第3編・第3章46条······384
　第3編・第3章47条······384
　第3編・第3章48条······384
　第3編・第3章49条······385
　第3編・第3章50条······385
　第3編・第3章51条······385
契約法改正の諸提案······38, 288, 748-762
　97条······749, 760
　98条······749
　99条······749
　100条······749, 755
　101条······749

102条······750
103条······750
104条······750
105条······750
106条······750
107条······750
108条······750
109条······750
110条······751
111条······751
112条······751
113条······751
114条······751
115条······751
116条······752
117条······752, 755, 758
118条······289, 752, 757, 758
119条······289, 752, 796
120条······752, 758
121条······295, 752, 758
122条······752
123条······752
124条······758
125条······758
刑事訴訟法典10条1項······532
公衆衛生法典L.1142-1条······588
債務及び契約法典草案······500
　96条······500
　97条······500
　98条······500
　99条······500
　100条······501
債務法及び時効法改正準備草案
　······35, 252, 255, 288, 714-732
　1104条······737
　1110-1条······737
　1149条······725
　1150条······727
　1157条······715
　1158条······715, 730
　1158-1条······716
　1159条······716

1160 条	716
1160-1 条	716
1165-2 条	728
1340 条	718, 725
1340-1 条	718, 728
1341 条	593, 727, 728
1342 条	619, 718, 727, 731
1343 条	252, 718
1344 条	252, 718
1345 条	252, 718
1346 条	252, 718
1347 条	718
1348 条	718
1349 条	506, 719
1350 条	719
1351 条	506, 719, 728
1351-1 条	719
1352 条	719
1353 条	719
1354 条	719
1354-1 条	719
1354-2 条	719
1354-3 条	719
1354-4 条	719
1355 条	719
1356 条	720
1357 条	720
1358 条	720
1359 条	720
1359-1 条	720
1360 条	720
1361 条	721
1362 条	721
1363 条	721, 725, 726
1364 条	721, 725, 726
1365 条	721, 726
1366 条	288, 721, 725, 726, 796
1367 条	721, 726
1368 条	721
1369 条	722
1369-1 条	722
1370 条	288, 722, 726, 731
1371 条	256, 722, 726
1372 条	722
1373 条	295, 722, 726, 728
1374 条	722
1375 条	722
1376 条	722
1377 条	722
1379 条	723
1380 条	723
1380-1 条	723
1380-2 条	723
1382 条	724
1382-1 条	724, 728
1382-2 条	724
1382-3 条	724, 725
1382-4 条	724, 725
1383 条	724
1384 条	724, 726
司法省契約法改正草案	37, 252, 732
20 条	736
21 条	737
26 条	737
50 条	737
137 条	738
138 条	738
159 条	733
160 条	733
161 条	733
162 条	733
163 条	733
164 条	733
165 条	734
166 条	734
167 条	734
168 条	734
169 条	734
170 条	734
171 条	734
政府委員会草案	386
第 3 編・第 3 章 44 条	387
第 3 編・第 3 章 45 条	386
第 3 編・第 3 章 46 条	386

第3編・第3章47条 ……………… 386
第3編・第3章48条 ……………… 386
第3編・第3章49条 ……………… 387
第3編・第3章50条 ……………… 387
第3編・第3章51条 ……………… 387
民事責任法案 ……… 38, 253, 255, 289, 738-747
　1条 ……………………………… 741
　2条 ……………………………… 741
　1382条 ………………………… 742
　1383条 ………………………… 742
　1384条 …………………… 253, 742
　1385条 …………………… 253, 742
　1386条 ………………………… 742
　1386-1条 ……………………… 742
　1386-2条 ……………………… 742
　1386-3条 ……………………… 743
　1386-4条 ……………………… 743
　1386-5条 ……………………… 743
　1386-6条 ……………………… 743
　1386-7条 ……………………… 743
　1386-8条 ……………………… 743
　1386-9条 ……………………… 744
　1386-10条 …………………… 744
　1386-11条 …………………… 744
　1386-12条 …………………… 744
　1386-12-1条 ………………… 744
　1386-13条 …………………… 744
　1386-14条 …………………… 744
　1386-15条 …………………… 744
　1386-16条 …………… 290, 745, 796
　1386-17条 …………………… 593, 745
　1386-18条 …………………… 619, 745
　1386-19条 …………………… 745
　1386-22条 …………………… 745
　1386-23条 …………………… 745
　1386-24条 …………………… 290, 745
　1386-25条 …………………… 256, 745
　1386-26条 …………………… 295, 746
　1386-27条 …………………… 746
　1386-28条 …………………… 746
　1386-29条 …………………… 746
　1386-33条 …………………… 746

1386-34条 ……………………… 746
1386-35条 ……………………… 746
1386-36条 ……………………… 746
1386-37条 ……………………… 747
民事責任法改正の提案 ……… 38, 256, 761
　3条 ……………………………… 761
　4条 ……………………………… 761
　18条 …………………………… 762
　24条 …………………………… 762
　25条 …………………………… 763
　34条 …………………………… 763
　44条 …………………………… 756
　45条 …………………………… 756
　46条 …………………………… 756
　47条 …………………………… 756
　48条 …………………………… 756
　53条 …………………………… 295
　54条 …………………………… 256
民法典
　16条 …………………………… 590
　16-3条 ………………………… 590
　414-3条 ………………………… 87
　1121条 ………………………… 534
　1134条1項 …………………… 111
　1134条3項 …………………… 634
　1135条 ……………… 302, 475, 476, 536
　1137条 ………………………… 107
　1142条 ………………………… 233
　1143条 ………………………… 233
　1145条 ……………… 236, 246, 247
　1146条 ………………………… 822
　1147条 ……………… 99, 111, 238
　1148条 ……………………… 99, 111
　1149条 ……………………… 153, 288
　1150条 ………………… 13, 16, 288,
　　　　　296, 298, 304, 305, 306,
　　　　　308, 325, 326, 329, 390, 402, 403
　1151条 ……………… 288, 390, 796
　1153-1条 ……………………… 161
　1184条 ………………………… 56
　1273条 ………………………… 181
　1278条 ……………………… 154, 181

法令等索引

1302 条	152, 178
1315 条	111, 183, 191, 192
1382 条	70
1383 条	70
1384 条	71, 480
1385 条	483
1645 条	323
1646 条	323
1648 条	167
1731 条	232
1784 条	475
2224 条	170
2226 条	170

民法典旧規定
489-2 条	87
1648 条	167, 524
2262 条	170
2270-1 条	169

❖ヨーロッパ・その他❖

共通契約原則 …… 52, 764
6:103 条	771
9:101 条	767
9:102 条	770
9:104 条	767
10:101 条	768
10:102 条	768
10:103 条	770
10:314 条	770
10:315 条	770
10:501 条	771
10:502 条	773
10:503 条	773
10:505 条	773
10:506 条	773
10:507 条	774

共通参照枠草案 …… 41
III.-3:702	289, 842
III.-3:703	289

製造物責任指令 …… 525
ベルギー民法典改正準備草案 …… 405
1146 条	406
1147 条	406
1148 条	406
1149 条	406
1150 条	406
1151 条	406
1152 条	406
1153 条	406
1154 条	407
1155 条	407
1156 条	407
1157 条	407
1158 条	407
1159 条	407
1160 条	407
1161 条	407

ユニドロワ国際商事契約原則 …… 42
7.4.2 条	842
7.4.4 条	305

ヨーロッパ契約法原則
…… 40, 766, 768-771, 774-777
8:101 条	767
8:102 条	770
8:104 条	767
9:101 条	768
9:102 条	768
9:103 条	770
9:501 条	771
9:502 条	289, 773, 779, 842
9:503 条	284, 773, 779
9:504 条	773
9:505 条	773
9:506 条	773
9:507 条	774

ヨーロッパ契約法典草案 …… 40
162 条	285
166 条	289

873

事項索引

◆あ 行◆

アキ・グループ……………………………41
アキ原則……………………………………41
悪　意………………310, 321, 325, 327, 391
アクセスの容易さ………………………767
アレティスト……………………………493
安　全……………………………………627
安全債務………………………12, 13, 476, 491
　──の非契約化…………………………632
安全の契約化……………………………491
安全配慮義務……………………213-215, 218,
　　　　　　　　　　220, 556, 557, 671
　──の証明責任……………………684-688
　──の内容……………………………690-691
安全配慮義務違反に基づく損害賠償請求権
　の消滅時効……………………………218
　──の起算点……………………………214
安全への権利…………………………101, 688
アンリ・カピタン協会………………52, 764
意思自治……………………………397, 470
　──の原則……………………298, 300, 301
意思的要素………………………………138
医師の情報債務…………………………244
一元論………………………81-83, 152, 153, 156,
　　　　　　　　　306, 307, 456-458
一次的債務…………………………………91
一部免責…………………………………505
一般的な行為義務………………………622
違法性………………………………………86
医療契約…………………………………531
医療責任……………………………240, 529
医療に関わる安全債務…………………527
因果関係……………………………………98
院内感染……………………………242, 529
請負・請負の連鎖…………………650, 653
請負・売買の連鎖…………………647, 653
失った利益…………………………153, 842

訴えることのできない者に対して時効は
　進行しない……………………………168
売主の瑕疵担保責任……………166, 323, 520
運送事故……………………454, 455, 463, 471
エクスポゼ………………………………409

◆か 行◆

外在的損害…………16, 320, 327, 330, 380, 402, 403
解　除………………………………………31
　──からの議論…………………………841
　──に基づく原状回復債務の消滅時効……212
解除＝責任モデル……………………835, 836
解除権の消滅時効………………………204
改正研究会案………………26, 781, 788, 849, 856
改正検討委員会・基本方針…………26, 781,
　　　　　　　　　　798, 851, 857
外的原因……………………………96, 97, 388
下位モデル……………………………19, 20
科学学派…………………………………493
拡大損害…………………………………555
確定的不履行……………………………825
貸金業者の取引履歴開示義務…………859
過　失………………………………124, 127, 128
過失責任……………………………………67, 132
　──の原則……………………………………129
活動非再開条項……………………236, 245, 247, 262
患者の権利及び保健システムの質に関する
　法律…………………………244, 529, 588
慣性の原理…………………………183, 191
間接履行…………………………………430
完全性利益…………………………350, 601, 696
完全賠償原則………13, 23, 24, 296, 345, 346, 794
　──の判断構造…………………………847
　──への回帰……………………………795
「完全賠償原則」……………………………296, 297,
　　　　　　　　　307-309, 337-340, 345, 346
　──に対する例外………………………296
　──への回帰……………………………310

事項索引

完全履行原則……………………330, 355, 812
カンバセレス第1草案……………………382, 383
カンバセレス第2草案……………………382
カンバセレス第3草案……………………382, 383
期間制限……………………………………688
帰責事由……………21, 22, 66-69, 124,
　　　　　　　　　　127, 132, 432, 433
――不存在の抗弁……………………130, 789
帰責性………………………………………87, 96
――と賠償の等価原則………………307, 495
帰責のためのファクター……………………789
期待利益……………………………………663
規範の保護目的……………………………848
義務違反……………………………………86
義務ノ効力………………………………413, 423
救済としての履行請求権……………………831
旧民法………………………………………409
共通契約原則………………………………52, 764
共通契約術語………………………………52, 764
共通参照枠草案……………………………41
協働義務……………………………………635
共和暦8年草案……………………………384
偶発事故………………………417, 423, 432, 433
契約(債務)不履行に基づく損害賠償からの
　議論………………………………………840
　――の消滅時効……………210, 791, 801, 811
　――の消滅時効起算(点)
　　……………22, 148, 165, 190, 200, 792, 811
　――の性質…………………………………21
　――の対象…………………22, 227, 793, 805, 812
　――の特殊性……………………726, 730, 754, 762
　――の範囲………………23, 402, 779, 794, 806, 812
　――の領域…………………………………854
契約=賠償モデル…123, 140, 141, 702, 798, 851
契約違反……………………………………665
契約解除と契約不履行に基づく損害賠償の
　関係………………………………………834
契約からの離脱………………………835, 838, 839
契約規範……………………………………354
契約グループ(論)………618, 642, 650, 657-659
契約交渉破棄…………………………637, 673
契約債務と損害賠償債務の法的異別性
　………………………………………156-158
契約債務の延長……………………………172
契約上の義務………………………………859
　――の債務…………………………………859
　――の連帯主義……………………………635
契約責任……………9, 16, 17, 630-633, 772, 778
　――の拡大…………………………………32
　――の拡張…………………………………565
　契約を起点に据えた――…134, 144, 226, 349,
　　　　　　　　　　　　353, 702, 704, 800, 808
　契約を起点に据えない――……………353, 808
　他人の行為に基づく――………………79, 81
　物の所為に基づく――………79, 80, 593, 597, 598
契約締結時…………………………………163, 165
契約締結上の過失……………………………564
契約締結前の(法的)責任……………………143, 672
　――の説明義務違反………………………673, 695
契約当事者の身体的完全性………………858
契約と第三者………………………………642
　――における予見…………………………754
　――の拡大…………………………………531
　――の拡張類型……………………………533
　――の基礎理論……………………………659
　――の拘束力………132, 135, 136, 143, 187,
　　　　188, 660, 697, 768, 769, 775, 798-801, 833
　――の効力…………………………………135, 136
　――の生成類型……………………………538
　――の責任…………………………………136
　――の相対効の原則………………………616
　――の尊重…………………………………854
　――の補充類型……………………………531
契約不履行法……………………………639-641
　――との連続性……………………………730, 754
　――の体系…………………………………189
　――の体系化………………………………774, 780
契約法改正の諸提案………………38, 288, 748
契約利益………………226, 263, 277, 278, 730
契約利益説……………………………284, 349, 353
契約領域における義務の拡大……………501
　――の強度…………………………………571, 587
　――の多様化………………………………499
　――の範囲………………………578, 584, 595, 600

875

事項索引

契約連鎖	642, 656
結果債務	93, 95-98, 119, 241, 528, 529, 600
——としての安全債務	571, 573, 623
結果保証	129, 132
原告は挙証の責任を負う	191
現在化	661
現実の履行請求権	831
現実履行の一義性	187, 775
原状回復	276
原状回復請求権の消滅時効	204
原初債務	378
——の効果としての二次的債務たる損害賠償	380, 396
原典との連続性	762
原典への回帰	185, 186, 664
厳密な意味での契約債務	658
原理の制度レベルへの反映	748, 761
故意・重過失	351, 352, 358, 795, 808, 813
合意から債務への抽象化	380, 394
好意同乗	542, 583
行為の過誤	86, 100
合意の効果	374, 396, 398
——の拘束力	701
——の相対効	650
——の本性	374, 375
行為の無償性	583
合意は守られなければならない	15, 100, 622
更　改	153, 154, 156, 158, 159, 171, 172, 414, 415
公衆衛生法典	588
行使要件	827
行動自由の確保	463
衡　平	475, 476, 536, 587
被った損失	153, 842
国際商事契約原則	42
国際物品売買契約に関する国際連合条約	42
個人主義	464
個人の理性	463
コーズ（cause）	187

◆さ　行◆

債権者の付随的権利としての損害賠償	396
債権者の要保護性	717
債権の拘束力	701
債権の(ノ)効力	25, 368-370, 428, 429, 431, 432, 440, 443, 810
債務及び契約法典草案	500
債務転形論	821, 828
債務の効果	15, 16, 377-379, 393, 394, 398, 404
債務の付随的効果	414, 423
債務発生原因	10, 11, 90
債務不履行がなかったならば存在したであろう利益状態	270
債務不履行に基づく損害賠償	700
債務不履行の効果	802
債務法及び時効法改正準備草案	35, 252, 255, 288, 714-732
差額説	225, 270, 272
差額の評価	272
サン・シモン主義	462
三分体系（責任を生じさせる行為ないし所為）	74, 726
三分体系（不履行）	549
識別能力	87
時効期間・起算点の統一化	803
時効法研究会	804
時効法の改正	169
実定法との整合性	717
——との連続性	748
——の正当化	703
私的罰	313
司法省契約法改正草案	37, 252, 732
社会学	464
社会主義思想	464
ジャックミノ草案	382
シャポー（chapeau）	239, 247
ジャン・ドゥール（Jand'heur）判決	486
自由主義	464
自由主義経済	463
手段債務	93, 95-98, 119, 241, 599, 600
——としての安全債務	571, 573, 591
手段債務・結果債務の区別	93, 119, 571, 587, 726, 772

876

事項索引

　　──の基準……………………………94, 573
消極的債務………………………………………155
証明責任……………111, 112, 130, 131, 148, 154,
　　　　181, 190-193, 205, 210, 212, 417,
　　　　419, 420, 433, 434, 790, 791, 812
証明の容易さ……………………………………183
職業的売主…………………………………322-324
　　──の安全債務………………………………524
信義則………………………………………634, 635
身体の損害…………………………………454, 455
信　頼……………………………………………459
推　定……………………………………………192
請求権競合（論）………………………………32, 854
制限賠償原則……23, 24, 337, 338, 345, 346, 794
　　──の判断構造………………………………847
政策的価値判断…………………………347, 352, 353
性質決定（損害賠償の）…………………………674
性質的一元性，制度的二元性……………………725
誠実な行態………………………………………637
製造物責任………………………………………588
製造物責任指令…………………………………524
正当な期待………662, 663, 754, 755, 759, 779, 780
制度的関係………………………………………845
制度的契約………………………………………138
制度の別異………………………………………853
　　──類似………………………………………846
政府委員会草案…………………………………386
責任の推定…………………………………486, 528
責任を生じさせる行為ないし所為………10, 11,
　　　　　　　　　　　　　　　　70, 71, 91, 725
積極的債務………………………………………155
善管注意義務……………………………………124
前契約………………………………………143, 800
先存債務……………………………………11, 85
　　──に対する違反…………………11, 84, 86, 458
善良なる家父…………………………100, 144, 620-622
相当因果関係………………………………339, 340
相当因果関係説……………………283, 339-341, 343
損　害………………………………………23, 225, 226
　　──の衡平な分担……………………………681
　　──の証明……………………………………234, 264
　　──の直接性…………………………………296

損害軽減義務………………………………293-295
損害事実説……………………………225, 273, 274
損害賠償債権の発生時期………………163, 170, 171
損害賠償債務の代替的履行手段性………180, 189
　　──の発生原因………………………………85, 131
損害賠償責任の発生メカニズム…………………99
損害賠償に関する契約の効力……………………137
損害賠償の範囲………………………………153, 180, 435
損害発生時……………………………………163, 168, 803
損害要件の地位…………………………………229

◆た　行◆

代　位……………………………………………158
第一次債務………………………………………262
体系化原理としての履行請求権…………………831
対抗可能性…………………………………616, 620
第三共和政………………………………………465
第三者のための保護効を伴う契約………………618
第三のカテゴリーとしての損害賠償……………678
第二次債務………………………………………262
第二帝政…………………………………………462
他人に対して損害を生じさせない義務…………616
他人の行為に基づく責任………………75, 76, 81, 119
他人のための約定………………………533-536, 585
　　──の放棄……………………………………586
担保権の存続………………………………148, 153, 180
遅延損害金の起算点……………………………160
治　癒……………………………………………767
中間的合意…………………………………143, 800
註釈学派……………………………………103, 493
懲罰的損害賠償……………………………255, 261
直接訴権…………………………………………642
直接履行…………………………………………430
治療における不確実性…………………………241
賃借人負担の修繕義務…………………………233
　　──の不履行…………………………………238, 262
追完請求権………………………………………805
通常損害・特別損害の区別………………284, 340,
　　　　　　　　　　　　　　　347, 442, 813
テミス……………………………………………494
転契約……………………………………………656
ドイツ民法学……………………………494, 495, 550

877

事項索引

同一性……………………… 146, 147, 195, 198,
　　　　199, 202- 209, 214, 215, 791, 792, 821, 828
統一的保護関係理論………………………… 564, 671
等価物による履行論（フランス型の履行
　モデル）………………… 635, 667, 668, 707, 778
等価物による履行を排除する事由………… 119
同　居…………………………………………… 77
当事者意思………………… 297, 298, 453- 455,
　　　　　　　　　　　457, 463, 473, 477, 478
道徳的価値……………………………… 775, 776
トゥフェイヌ（Teffaine）判決………… 482
特殊契約的な債務………………… 616, 617, 622
特徴的給付………………………………… 660
特別な社会的接触の関係………………… 558, 674
取引促進の必要性……………………… 303- 305

◆な　行◆

内在的損害……… 16, 320, 327, 330, 380, 402, 403
為さない債務…………………………… 234, 246, 247
二次的債務……………………………… 91, 378
――としての損害賠償債務……………………85
人間の尊厳…………………………………… 589

◆は　行◆

「賠償」…………………………………… 829
賠償というイデオロギー…… 333, 545, 667, 728
賠償と損害の等価原則……………………… 290
賠償モデル…………………… 9- 14, 497, 633, 714,
　　　　　　　　　　　　729, 741, 774, 775, 846
――の論理構造……… 497, 498, 554, 821, 856
売買・請負の連鎖………………………… 648, 653
売買・売買の連鎖………………………… 644, 653
発生していない訴権は時効にかからない…… 168
判決日の損害評価原則……………………… 290
被害者主義…………………………… 334, 545
被害者保護…………………………………… 333
　　――の後退……………………………… 575
比較法……………………………………… 493
比較立法協会……………………… 52, 493, 764
非競合原則………… 17, 311, 575, 587, 592, 601
非契約化…………………………………… 627
被告は抗弁の提出によって原告となる……… 191

ビザ（visa）……………… 238, 239, 247, 293
非賠償化……………………………………… 631
表　題……………………………………… 429
フォート（faute）…… 10, 70, 159, 372, 373, 388,
　　　　　　　　　392, 399, 400, 461, 462, 772, 778
――なしの責任……… 70, 76, 81, 119, 241, 466
――に基づく責任……………… 70, 76, 80, 119
――に基づく不法行為責任…………… 479, 480
――による契約債務の消滅…………… 156, 158
――による損害賠償債務の発生……… 156, 157
――の客観化………………………………… 87
――の客観的要素…………………………… 86
――の主観的要素…………………………… 87
――の推定……………………………… 486
――の段階付け… 106- 108, 379, 391, 392, 399
　契約上の――………………… 11, 18, 69, 70, 81,
　　　　　　　83, 85, 90, 91, 95- 102, 105, 106,
　　　　　　　109, 110, 112, 113, 115, 116, 461
　被害者の――……………………………… 505
　不法行為上の――………………… 11, 81, 100,
　　　　　　　　　　　　　　　603, 620, 621
不可抗力…………… 119, 388, 417, 423, 432, 433
不完全履行（積極的債権侵害）……… 548, 551
付随的債務………………………………… 634
付随物による契約債務………………… 658, 659
付随物の理論……………………………… 653
２つの損害賠償制度の関係…………… 729, 760
　――の流動化………………… 559, 566, 598, 677
２つの損害賠償の制度的統一……………… 560
　――の中間領域……………………… 560, 678
２つの履行モデル…………………………… 395
附遅滞…………………………………… 822, 826
不法行為＝賠償モデル… 123, 702, 788, 849, 856
不法行為責任…………………………………… 9
　他人の行為に基づく――………… 71, 72, 74, 76
　物の所為に基づく――………… 71, 76, 480,
　　　　　　　　　　　　483, 576, 587, 588
不法行為に基づく損害賠償請求権の期間制限
　………………………………………… 216
不法行為に基づく損害賠償の基礎としての
　契約債務の不履行……………………… 615
不法行為法の論理構造…………………… 457

878

事項索引

父母の責任……………………………… 76-78
フランス法のプレゼンス…………… 731, 748
不履行…………………………………… 118
　――と不可分の損害………………… 330
　――に対する救済…………………… 830
　――の結果生ずる損害……………… 330
不履行時………………………………… 803
ベルギー民法典改正準備草案……… 405
返還的損害賠償……………………… 265
ボアソナード・プロジェ（Projet）…… 409
包括的な損害概念…… 274, 275, 278, 279
法定債務の不履行に基づく損害賠償…… 141, 799
法典調査会………………………… 428, 429
法典調査会甲号議案（民法第１号議案）…… 429
法の社会化………………………… 466
保管におけるフォート………………… 76
保険法グループ………………………… 41
保護義務……………… 564, 567, 696, 698
保護範囲………………………………… 347
保護範囲説……………………………… 283
保　証……………………… 115, 453, 454
保証責任………………………… 67, 132
補償の確保…………… 504, 545, 585, 587, 682, 683, 729, 741, 748, 759
保障理論（保障責任論）…… 101, 186, 688
保存債務の範囲……………………… 107, 108

◆ま　行◆

未成年者の責任……………………… 87, 88
民事責任………………………………… 9
　――の本性…………………………… 254
民事責任調査報告書……………… 38, 738
民事責任法案…… 38, 253, 255, 289, 738
民事責任法改正の提案……… 38, 256, 761
民事フォート…… 11, 84, 86, 100, 101, 458, 621
民法（債権関係）の改正に関する中間的な
　論点整理…………………………… 26, 781
民法改正 国民・法曹・学界有志案…… 26
民法典へのアクセス………… 731, 748, 762
無償援助の合意…… 538-540, 543, 544, 583
無生物責任………………………… 468, 480
名目上の損害賠償………………… 255, 261

メルシエ（Mercier）判決…… 240, 527, 531, 589
黙示の合意………… 396, 398, 416, 421, 424, 463
黙示の条項……………………………… 396
物の所為に基づく責任……… 75, 76, 81, 119

◆や　行◆

ユニドロワ国際商事契約原則……………… 842
ヨーロッパ共通売買法草案………………… 42
ヨーロッパ契約法…………… 39-53, 664-666, 708-709, 763-766, 777
ヨーロッパ契約法委員会………………… 40, 665
ヨーロッパ契約法原則…………………… 40, 766, 768-771, 774-777
ヨーロッパ契約法典草案………………… 40
ヨーロッパ私法学者アカデミー…………… 40
ヨーロッパ私法に関するジョイント・ネット
　ワーク………………………………… 41, 764
ヨーロッパ民法典研究グループ…………… 41
予　見……………………………… 435, 436
　――の時期…………………………… 357
　――の主体…………………………… 357
　――の対象…………………………… 357
　――の評価方法……………………… 299
予見可能性…… 13, 16, 284, 324, 340, 347, 350, 356, 380, 437, 442, 697, 806, 807, 813
予見行為としての契約……… 661, 663, 832
余後効的保護義務……………………… 564

◆ら　行◆

利益論…………………………………… 663
履　行…………………………………… 430
　――したこと…………… 205, 207, 211, 212
　――しなかったこと……………… 205, 207
　――に代わらない損害賠償………… 804
　――に代わる損害賠償…………… 802-804
履行請求………………………………… 30
　――と損害賠償請求の異質性……… 717
　――と損害賠償請求の関係……… 760, 818
　――の一義性……………………… 769
　――の優越性……………………… 832
「履行請求権」……………………… 831, 832
履行モデル…………… 14-19, 140, 142, 211-213,

879

事項索引

　　　　　356, 358, 699, 701, 703, 704, 707,
　　　　　748, 759, 781, 809, 853, 858, 859, 862
リスク……………………………98, 466, 492
　──の引受け…………………………542
　──の保証人…………………………507
　──の理論………………………466, 467
リスク分配………………………………656
理念の原理への反映…………………748, 761

領域的関係………………………………854
領域の拡大………………………………855
理論モデル…………………………8, 19, 20
レメディ・アプローチ…………………834
連帯主義……………………………302, 465
労災補償法………………………………466
労働災害……………………454, 455, 463, 471

880

〈著者紹介〉

白 石 友 行（しらいし ともゆき）

1981年生まれ
2004年　慶應義塾大学法学部法律学科卒業
現　在　三重大学人文学部准教授
　　　　博士（法学）（慶應義塾大学）

学術選書
107
民　法

❀❀❀

契約不履行法の理論

2013年（平成25）年9月25日　第1版第1刷発行
6702-0：P900　¥19800 E-012：040-010

著　者　白　石　友　行
発行者　今井　貴　稲葉文子
発行所　株式会社 信 山 社

〒113-0033　東京都文京区本郷6-2-9-102
Tel 03-3818-1019　Fax 03-3818-0344
info@shinzansha.co.jp
笠間才木支店　〒309-1611　茨城県笠間市笠間515-3
笠間来栖支店　〒309-1625　茨城県笠間市来栖2345-1
Tel 0296-71-0215　Fax 0296-72-5410
出版契約 2013-6707-5-01010　Printed in Japan

Ⓒ 白石友行, 2013　印刷・製本／亜細亜印刷・渋谷文泉閣
ISBN978-4-7972-6707-5 C3332　324.520-b005　民法
《禁無断複写》

JCOPY 〈(社)出版者著作権管理機構 委託出版物〉
本書の無断複写は著作権法上での例外を除き禁じられています。複写される場合は，
そのつど事前に，(社)出版者著作権管理機構（電話 03-3513-6969, FAX03-3513-6979,
e-mail:info@jcopy.or.jp）の許諾を得てください。

● 判例プラクティスシリーズ ●

判例プラクティス憲法
憲法判例研究会 編
淺野博宣・尾形健・小島慎司・宍戸常寿・曽我部真裕・中林暁生・山本龍彦

判例プラクティス民法Ⅰ〔総則・物権〕
松本恒雄・潮見佳男 編

判例プラクティス民法Ⅱ〔債権〕
松本恒雄・潮見佳男 編

判例プラクティス民法Ⅲ〔親族・相続〕
松本恒雄・潮見佳男 編

判例プラクティス刑法Ⅰ〔総論〕
成瀬幸典・安田拓人 編

判例プラクティス刑法Ⅱ〔各論〕
成瀬幸典・安田拓人・島田聡一郎 編

信山社

法律学の森シリーズ

新　正幸　憲法訴訟論［第2版］
大村敦志　フランス民法
潮見佳男　債権総論Ⅰ［第2版］
潮見佳男　債権総論Ⅱ［第3版］
潮見佳男　契約各論Ⅰ
潮見佳男　契約各論Ⅱ［続刊］
潮見佳男　不法行為法Ⅰ［第2版］
潮見佳男　不法行為法Ⅱ［第2版］
潮見佳男　不法行為法Ⅲ［第2版］
藤原正則　不当利得法［第2版］［続刊］
青竹正一　新会社法［第3版］［近刊］
泉田栄一　会社法論
小宮文人　イギリス労働法
高　翔龍　韓国法［第2版］

信山社

携帯性、一覧性に優れた好評薄型・厳選六法

法学六法（入門用）　標準六法（専門課程用）

石川明・池田真朗・宮島司・三上威彦
大森正仁・三木浩一・小山剛 編集代表

大村敦志 解題

穂積重遠 法教育著作集　（全3巻）

われらの法

来栖三郎著作集　（全3巻）

我妻洋・唄孝一編

我妻栄先生の人と足跡

藤岡康宏 著

法の国際化と民法

民法講義シリーズ　**不法行為法**

平野裕之 著

担保物権法（第2版）／債権総論
契約法／不法行為法（第3版）

信山社